ENCYCLOPÆDIA UNIVERSALIS

ENCYCLOPÆDIA UNIVERSALIS

CHIFFRES DU MONDE 1998

ENCYCLOPÆDIA UNIVERSALIS, ÉDITEUR À PARIS

Un atlas statistique de 205 entrées, 206 cartes administratives, quelque 1 200 tableaux... d'une édition à l'autre, *Chiffres du monde* dresse, pays par pays, l'inventaire renouvelé de l'économie mondiale. Pièce du « système Universalis », l'ouvrage entre en interaction avec ses autres composantes, *Grands Atlas* de Géographie ou de l'Histoire, et bien sûr articles de fond de l'Encyclopédie elle-même : les données récentes actualisent les textes, lesquels aident en retour à en préciser le sens et à en approfondir la compréhension. Mais il existe aussi par lui-même : *Chiffres du monde 1998* fournit ainsi, sous une forme ramassée, un survol de l'économie mondiale lors de l'année écoulée et la « photographie » statistique de chaque entité nationale à partir d'une même grille d'interrogation. Des annexes détaillées, à jour au 1er janvier 1998, complètent l'approche.

Table des matières

Tristan Doelnitz

L'économie mondiale perturbée par ses champions

La conjoncture mondiale s'est rapprochée en 1997 des conditions nécessaires à une croissance durable. Malgré une révision en baisse des projections dans le courant de l'année, le dynamisme de la reprise s'est affirmé. Il a été entretenu par un accroissement des échanges internationaux évalué à 7,7 p. 100 (contre 5 p. 100 en 1996), tandis que les politiques d'ajustement budgétaire, le maintien à un bas niveau des taux d'intérêt mais aussi la baisse des prix du pétrole et des matières premières ont contribué à un sensible recul de l'inflation.

Malgré des divergences cycliques plus accentuées entre les économies les plus évoluées, on a pu constater une réduction des écarts de performance entre les grandes zones. L'amorce d'un redressement des économies en transition et la confirmation d'une éclaircie en Afrique subsaharienne y ont contribué. Mais ces améliorations ont paru occultées au second semestre par la crise monétaire en Asie du Sud-Est, l'événement majeur de l'année, qui a remis en cause la prospérité des pays les plus dynamiques de la planète.

Les remous monétaires, dont le point de départ fut la dévaluation du baht thaïlandais au début de juillet, se sont étendus aux autres pays les plus performants de ce continent, réduisant ainsi leur expansion à un rythme moins disproportionné avec celui que connaît le monde industrialisé.

Ces perturbations ont été d'autant plus inquiétantes que le Japon s'est trouvé lui-même, en fin d'année, aux prises avec des difficultés financières de nature à compromettre le rôle stabilisateur que ses dirigeants ambitionnaient de le voir jouer à l'égard de la région. D'où l'évocation, par certains économistes, d'un dysfonctionnement comparable à la crise de l'endettement partie du Mexique en 1982. Les leçons qui auraient dû être tirées de l'histoire monétaire récente n'avaient pas permis de prévenir de nouvelles perturbations des marchés.

Mais le caractère spectaculaire de ces événements et l'évocation qu'ils ont parfois inspirée d'un risque systémique portaient à reléguer au second plan les tendances de fond de l'économie mondiale. La volatilité des marchés a reflété une vision plus orientée vers la sphère financière que vers l'économie réelle. L'Asie, dans son ensemble, compte pour plus de 50 p. 100 de la population du globe mais, si l'on excepte la Chine et l'Inde qui n'ont guère été atteintes par la tourmente, elle n'intervient que pour quelque 7 p. 100 du P.I.B. et 4,4 p. 100 des exportations de biens et services. Les événements ont eu aussi un aspect positif : l'intervention de la communauté internationale pour y faire face comportait la condition d'ajustements du secteur financier selon les normes des économies les plus évoluées.

Dans ses *Perspectives de l'économie mondiale* publiées à la mi-septembre (deux mois et demi après le début de la crise), le F.M.I. a estimé que la croissance pouvait se poursuivre encore pendant la première décennie du XXIe siècle. La principale raison en était l'absence des tensions et déséquilibres qui précèdent généralement les fins de cycles économiques.

Dans une autre étude publiée le 21 décembre pour tenir compte des événements, le F.M.I. a révisé en baisse sa prévision pour la croissance de l'économie mondiale. Elle ne devait atteindre, selon ce document, que 4,1 p. 100, soit 0,1 point de moins que la précédente estimation. La croissance des pays industrialisés était évaluée à 2,8 p. 100, contre 2,5 p. 100 précédemment, tandis qu'un sensible ralentissement était anticipé pour les pays en développement, dont la croissance devait revenir de 6,4 p. 100 en 1996 à 5,9 p. 100.

États-Unis : le « nouveau paradigme » ?

Pour ce qui concerne les premiers, le rapprochement des rythmes d'activité entre l'Amérique du Nord et l'Europe ne s'est pas manifesté comme on le prévoyait au début de l'année. Les écarts cycliques entre les économies les plus évoluées se sont au contraire élargis. Le dynamisme a été plus accentué que prévu aux États-Unis ainsi que, dans une moindre mesure, au Canada et au Royaume-Uni, tandis que la reprise se révélait quelque peu décevante en Allemagne et en France. Le Japon est apparu de plus en plus, au fil des mois, comme « un cas à part », subissant l'effet d'un ensemble de facteurs : politique fiscale restrictive, retard pris par les réformes structurelles, contagion de la crise en Asie. Ce pays paraissait incapable de retrouver le dynamisme qui avait fait de lui un géant industriel.

Dans un rapport publié le 15 décembre, l'O.C.D.E. a révisé en baisse de 0,3 point, à 3 p. 100, sa prévision de croissance pour les vingt-neuf pays membres, contre 2,8 p. 100 en 1996. La performance des États-Unis est demeurée « exceptionnelle », leur croissance ayant atteint 3,8 p. 100 (contre 2,8 p. 100 l'année précédente), ce qui était le meilleur résultat des sept grands pays industrialisés (G7). Ce pays a bénéficié d'une demande « remarquablement bien équilibrée » mais aussi d'un flux d'investissements qui ont permis d'accroître de plus de 4 p. 100 les capacités de production, ce qui ne s'était pas vu depuis vingt-huit ans. L'appréciation du dollar, amorcée au quatrième trimestre de 1994, n'a pas empêché une augmentation des exportations de plus de 13 p. 100 (contre 8,3 p. 100 en 1996).

Ces progrès ont été favorisés par la réduction des dépenses publiques en vue d'une élimination, à terme, du déficit budgétaire. Celui-ci s'est chiffré, pour l'exercice fiscal terminé le 30 septembre, à 22,6 milliards de dollars, ce qui constitue le résultat le plus favorable depuis 1974 : l'impasse ne représente plus que 0,5 p. 100 du P.I.B. Les budgets des États et des collectivités locales continuaient, pour leur part, d'enregistrer des excédents.

L'amélioration du déficit structurel a eu pour conséquence d'accroître l'épargne nationale, un domaine dans lequel les États-Unis sont parmi les moins bien classés des pays de l'O.C.D.E. Les experts de cette organisation estiment que l'épargne, grâce à ce facteur, s'est probablement accrue d'environ 1,9 point de P.I.B. par rapport à ce qu'elle aurait été si le déficit structurel, rapporté au P.I.B. potentiel, était demeuré à son niveau de 1992.

La politique monétaire est demeurée empreinte d'une grande vigilance, la Réserve fédérale étant attentive à tous les indices possibles d'une remontée de l'inflation. Constatant que le regain de vigueur de l'économie réelle amorcé au quatrième trimestre de 1996 se poursuivait, le F.O.M.C. (Federal Open Market Committee) a relevé le 25 mars d'un quart de point, à 5,50 p. 100, le taux des fonds fédéraux. Cette décision mettait un terme à quatorze mois de stabilité des taux directeurs. De nouvelles hausses leur paraissant probables, les opérateurs ont alors, pendant plusieurs semaines, fait monter les taux du marché. Mais la tendance de ce dernier s'est inversée en avril, à la suite d'informations qui semblaient annoncer un ralentissement de l'activité et donnaient par ailleurs des indications étonnamment bonnes sur l'inflation. Le taux des bons du Trésor à court terme est tombé en conséquence nettement au-dessous de celui des fonds fédéraux, si bien que l'effet restrictif du durcissement intervenu en mars a été intégralement annulé.

L'économie américaine était-elle donc entrée dans l'« ère nouvelle » d'une croissance sans inflation, malgré un taux de chômage inférieur au seuil qui marquait précédemment la remontée de cette dernière ? Les économistes en ont longuement disputé.

« Nous ignorons actuellement, et je me demande si quiconque le sait, si les événements actuels sont un de ces phénomènes, advenant une ou deux fois par siècle, qui portent la tendance de la productivité [...] sur une trajectoire supérieure, ou si nous constatons simplement quelques variations inhabituelles dans le contexte d'une expansion cyclique. » Cette phrase prononcée en juillet devant le Congrès par Alan Greenspan, le président de la Réserve fédérale, a alimenté le débat : si un homme aussi mesuré envisageait publiquement la possibilité du « nouveau paradigme » c'est, ont estimé certains, que lui-même y croyait...

Aux États-Unis, selon les tenants de cette théorie, les prix sont maintenant contenus par la concurrence étrangère, en raison de la mondialisation de l'économie. La productivité, sous-estimée par les statistiques, a été fortement accrue par des investissements massifs dans les procédés informatisés. La moyenne d'âge de la population active tend à s'accroître, ce qui contribue à la stabilité de l'emploi et atténue la revendication salariale.

Les sceptiques rétorquent que des pays plus ouverts que les États-Unis au commerce international, en Europe notamment, ne sont pas moins exposés au risque d'inflation, que les gains de productivité ne sont pas supérieurs à la tendance à long terme (les progrès dans le secteur industriel sont compensés par les faibles gains dans celui des services, qui accroît sa part du P.I.B.) et que la production augmente plus que la productivité, ce qui s'accompagne d'une tension accrue sur les salaires.

Les anticipations inflationnistes prennent généralement en ligne de mire la tendance des salaires. Cette dernière est étroitement tributaire du marché du travail. D'où l'intérêt porté à la mesure du « chômage d'équilibre », ou N.A.I.R.U. (*non accelerating inflation rate of unemployement*). On en évaluait précédemment le taux à 5,5 p. 100, mais l'indicateur du chômage est tombé à un niveau inférieur depuis le deuxième semestre de 1996 (il a été estimé pour 1997 à 4,9 p. 100) sans apparemment créer de tensions sur les prix. Le nouveau seuil n'en a pas été déterminé pour autant.

Une nouvelle étape pour l'Europe

« Si l'Union économique et monétaire fonctionne bien pour l'Europe, elle en fera autant pour les États-Unis. Plus la monnaie unique aidera l'Europe à se doter d'une économie robuste, saine et ouverte sur les marchés mondiaux, plus ce projet sera le bienvenu ». Ces propos du sous-secrétaire américain au Trésor Lawrence Summers, le 21 octobre, devant une commission du Congrès, marquent un revirement de l'attitude de Washington à l'égard de l'Union économique et monétaire (U.E.M.). Eurosceptique à sa manière, l'Amérique craignait qu'un échec du projet n'eût, pour elle-même, des répercussions fâcheuses.

La marche vers la monnaie unique a effectivement constitué le point focal de l'actualité européenne en 1997. La Commission de Bruxelles a estimé en octobre que onze États membres pourraient faire partie du premier « train » de l'euro, lorsque celui-ci sera créé le 1er janvier 1999. Faisaient exception les trois pays qui ont réservé leur décision à ce sujet, le Royaume-Uni, la Suède et le Danemark, ainsi que la Grèce, dont les progrès sur le chemin de la convergence étaient encore insuffisants.

L'accord définitif sur le pacte de stabilité et de croissance, qui a permis de boucler le cadrage politique, juridique et technique au dossier de l'euro, a par ailleurs été un des principaux acquis du Conseil européen d'Amsterdam au terme duquel les Quinze ont conclu, le 18 juin, un nouveau traité pour l'Union. Les ministres des Finances ont adopté le 17 novembre à Bruxelles le principe de la création d'un Conseil de l'euro, un organisme informel qui sera chargé de la coordination des politiques économiques après le 1er janvier 1999.

En revanche, les chefs d'État et de gouvernement n'ont pas réussi à s'entendre sur la réforme des institutions préalable au futur élargissement à l'Est. Ils ont toutefois entériné le 13 décembre à Luxembourg la proposition de la Commission d'ouvrir des négociations en vue de l'adhésion de six pays : la Hongrie, la Pologne, l'Estonie, la République tchèque, la Slovénie et Chypre. Dans un deuxième temps, les pourparlers pourront s'engager avec la Bulgarie, la Lettonie, la Lituanie, la Roumanie et la Slovaquie. Ces choix répondaient aux critères adoptés au Conseil européen de Copenhague en 1992 : des institutions stables garantissant la démocratie, la primauté du droit, les droits de l'homme, le respect et la protection des minorités (ce qui a écarté une fois de plus la candidature de la Turquie), l'existence d'une économie de marché viable à l'intérieur de l'Union et la capacité de souscrire aux objectifs de l'Union politique, économique et monétaire.

Dans ses prévisions économiques d'automne, la Commission a estimé la croissance du P.I.B. de l'Union européenne (U.E.) à 2,6 p. 100 en 1997 (soit 0,2 point de plus que dans le rapport de printemps), contre 1,8 p. 100 en 1996. « L'inflation, souligne-t-elle, devrait rester maîtrisée, légèrement au-dessus de 2 p. 100 en moyenne dans l'U.E., tandis que la convergence continue de s'améliorer ».

Les progrès ont été particulièrement sensibles dans le domaine des finances publiques : le déficit budgétaire moyen au sein de l'U.E. est revenu d'un sommet de 6,4 p. 100 du P.I.B. en 1993 à 4,3 p. 100 en 1996 et à une estimation de 2,7 p. 100 pour 1997. Au cours de cette année, treize États membres ont enregistré un déficit ne dépassant pas 3 p. 100, conformément à la norme du traité de Maastricht. Seules la France, avec 3,1 p. 100, et la Grèce, avec 4,2 p. 100, n'ont pu s'y conformer.

Parallèle franco-allemand

L'économie allemande a présenté en 1997 un contraste entre le dynamisme du secteur exportateur et l'atonie de la demande des ménages. L'industrie a bénéficié jusque vers la fin de l'année d'un environnement international très favorable, toutes les zones étant en croissance. Le rythme de progression annuelle des exportations dépassait alors 10 p. 100, soit environ 3 points de plus que l'expansion du commerce mondial. Cette performance, particulièrement marquée dans le domaine des produits intermédiaires, soulignait la compétitivité des productions allemandes, malgré la lourdeur des coûts salariaux.

D'importants investissements visant à des gains de productivité en étaient à l'origine ; ils ont eu pour prix l'augmentation du chômage, dont le taux est passé de 8,9 p. 100 en 1996 à 10 p. 100 (selon l'estimation de la Commission européenne) en 1997. Le rebond enregistré dans la consommation au deuxième trimestre, aidé par une baisse du taux d'épargne de 12,2 à 11,9 p. 100 du revenu disponible, a été sans lendemain et le profil des ventes au détail s'est dégradé à partir de l'été. L'indice de confiance des industriels et celui des ménages ont ainsi évolué de façon opposée.

La Bundesbank a relevé le 9 octobre son taux d'intervention de 0,3 point, pour le porter à 3,30 p. 100 Cette initiative, attribuée à la nécessité de faciliter l'unification des taux d'intérêt en vue de l'avènement de l'euro, a aussitôt été suivie par plusieurs pays européens, dont la France.

De ce côté-ci du Rhin, le climat des affaires s'est dégradé au cours du quatrième trimestre, alors que la demande des ménages semblait sur le point de repartir à la hausse et que le trimestre précédent avait vu l'optimisme des dirigeants d'entreprise se redresser vivement. Ceux-ci auraient réduit leurs projets d'investissements pour 1998, les maintenant en termes réels au même niveau qu'en 1997.

Plusieurs facteurs ont motivé ce pessimisme. L'impôt sur les bénéfices des entreprises (dont le chiffre d'affaires est égal ou supérieur à 50 millions de francs) a été majoré de 15 p. 100 pour les exercices 1997 et 1998. La loi sur les 35 heures, dont le projet a été annoncé le 10 octobre par le gouvernement, aura pour effet d'accroître les coûts salariaux. La crise monétaire en Asie risquait de compromettre les débouchés sur un marché en direction duquel nombre d'exportateurs avaient entrepris un vigoureux effort. Cette révision en baisse des projets d'investissements est d'autant plus notable qu'elle s'est inscrite dans le contexte d'une hausse du taux d'utilisation des capacités de production, de 83,7 p. 100 en juillet à 84,4 p. 100 en octobre.

Le regain de confiance des ménages français, qui tardait encore à se manifester par des achats (après une hausse éphémère en juillet), a été en partie fondé sur une amélioration des anticipations concernant l'évolution du marché du travail. Le taux de chômage est resté stable aux alentours de 12,5 p. 100, mais le nombre des demandeurs d'emploi a eu tendance à diminuer à partir de juin. La croissance du P.I.B. en 1997 a été estimée par l'O.C.D.E. à 2,3 p. 100, contre 1,5 p. 100 en 1996.

Comme en Allemagne, l'exportation est demeurée le principal moteur de l'économie. Les soldes bénéficiaires des échanges commerciaux ont, depuis le début de l'année, alimenté d'importants excédents de la balance des opérations courantes, dont le cumul devait représenter environ 2 p. 100 du P.I.B.

Le « oui mais » de Londres à l'euro

Avec une croissance estimée à 3,4 p. 100, le Royaume-Uni a enregistré une des meilleures performances parmi les grands pays de l'Union européenne, seule l'Espagne ayant fait jeu égal. Mais ce résultat a eu pour contrepartie une inflation excessive, de l'ordre de 2,5 p. 100. Le pays accusait un retard – évalué à environ deux ans par les économistes – sur le chemin de la convergence, ce qui ne pouvait manquer de peser sur son attitude à l'égard de l'Union monétaire. Le retour au pouvoir, au début de mai, d'un Parti travailliste rajeuni sous l'impulsion de son chef, Tony Blair, allait débloquer la situation à ce sujet.

La première grande décision, prise dans la foulée de l'élection, fut d'octroyer l'indépendance à la Banque d'Angleterre. La responsabilité de la politique monétaire a été confiée à un comité de neuf membres parmi lesquels le gouverneur et les deux sous-gouverneurs (il n'y en avait précédemment qu'un seul) de l'institut d'émission. Le rôle du gouvernement se limitera à nommer quatre membres du comité et à fixer un objectif d'inflation, en l'occurrence 2,5 p. 100, pour les deux années à venir. La Banque sera tenue de faire rapport sur tout dépassement éventuel supérieur à 1 point.

Cette dernière s'est rapidement prévalue de son nouveau statut, relevant le taux directeur d'un quart de point à chacune des trois premières réunions mensuelles du comité monétaire. Le risque de surchauffe persistant, une quatrième hausse de même ampleur est intervenue au début de novembre.

Le resserrement de la politique monétaire a eu pour inconvénient de porter la livre sterling à un niveau excessif, selon un mouvement qui s'est accéléré au second semestre, notamment vis-à-vis du deutsche Mark et du franc.

La présentation en juin du nouveau budget par le chancelier de l'Échiquier, Gordon Brown, donnait la possibilité de régler le problème de l'inflation par le biais fiscal, mais le gouvernement était lié par sa promesse électorale de ne pas augmenter les impôts.

Sa position sur la monnaie unique a été clarifiée le 27 octobre par le chancelier : un « oui » de principe, qui ne pourra toutefois être exprimé que par un référendum, et seulement après les prochaines élections, c'est-à-dire en 2002 au plus tôt. Le gouvernement ne recommandera l'adhésion du pays que si les cinq conditions suivantes sont remplies : la réduction du décalage conjoncturel avec les participants à l'Union monétaire, la flexibilité accrue du marché du travail, l'amélioration de l'investissement, l'affirmation de la City comme place financière européenne, la défense de l'emploi.

Le difficile redressement italien

Grâce à des mesures très restrictives, le gouvernement de Romano Prodi a réussi, contre toute attente, à ramener à 3 p. 100 du P.I.B. le déficit budgétaire de 1997. Après deux trimestres de récession, l'économie italienne a rebondi au second semestre de 1997. La croissance a été estimée par l'O.C.D.E. à 1,5 p. 100 pour le premier semestre, s'accélérant à 2 p. 100 au second. Sur les neuf premiers mois de l'année, le déficit des finances publiques a été réduit de près de 50 p. 100 par rapport à celui qui avait été enregistré au cours de la même période de 1996.

Mais Rome devait encore confirmer ces bons résultats pour le budget de 1998 et pour les suivants. Or, plusieurs mesures d'ajustement prises en 1997, telles que l'impôt pour l'Europe, le report de paiements par l'État et le gel d'investissements publics, avaient un caractère exceptionnel. Romano Prodi a donc décidé de réformer le régime des retraites, qui absorbait les deux tiers des dépenses sociales (la moyenne européenne en la matière étant inférieure à 50 p. 100). Pour être limité en 1998 à 2,8 p. 100 du P.I.B., le déficit budgétaire a dû être réduit de 25 000 milliards de lires, dont 5 000 milliards au titre de la protection sociale. La mesure a d'abord provoqué le retrait du parti de la Refondation communiste, entraînant ainsi la chute du gouvernement. Mais cette formation a rejoint la coalition après avoir obtenu des concessions sur la réduction du temps de travail.

L'Europe de l'Est renoue avec la croissance

Dans son rapport annuel sur la Transition, publié au début de novembre, la Banque européenne pour la reconstruction et le développement (B.E.R.D.) a estimé que, pour la première fois depuis l'effondrement du communisme en 1989, les pays de l'ancien bloc communiste ont enregistré globalement une croissance. La zone composée des pays d'Europe centrale et orientale (P.E.C.O.), de la Communauté des États indépendants (C.E.I.) et des républiques baltes, a bénéficié d'une expansion économique de 1,7 p. 100, et il était prévu que la totalité de ces économies seraient en progrès en 1998, avec une croissance d'ensemble de 3,5 p. 100.

La sortie de récession de la Russie, dont l'économie est dominante, a contribué à cette amélioration : son P.I.B. a amorcé une hausse, estimée à 1 p. 100. Les résultats des autres pays ont été fortement contrastés. Les plus performants ont été la Géorgie, dont la croissance a atteint 10 p. 100, et l'Azerbaïdjan, en progrès de 8,5 p. 100. À l'opposé, l'Albanie et le Turkménistan ont enregistré une contraction économique de 15 p. 100, reflet des troubles politiques qui les ont agités. Entre ces extrêmes ont figuré le Tadjikistan, dont la conjoncture a stagné, et la Roumanie, dont l'expansion s'est limitée à 1,5 p. 100.

Les experts de la B.E.R.D. estiment que les pays les plus avancés sur la voie de la transition sont exposés à un ralentissement lié à la nécessité de stabiliser la balance des opérations courantes. Celle-ci est demeurée déficitaire dans la totalité de ces pays, en raison d'une poussée des importations qui n'a pas été compensée par un redémarrage des exportations.

La B.E.R.D. note aussi que les économies en transition ont déjà perdu une partie de leur avantage en coût de la main-d'œuvre, alors qu'ils sont généralement loin d'avoir retrouvé leur P.I.B. de 1989. Seule la Pologne a dépassé ce niveau, dans la proportion de 8 p. 100. La Slovénie et la Slovaquie l'ont approché, avec des écarts de 5 p. 100 et 10 p. 100 respectivement. Le P.I.B. de la Russie ne représentait encore, à la fin de 1997, que 57 p. 100 de celui de 1989.

Les autorités russes ont conclu au début d'octobre, au terme de six années de négociations, un accord de rééchelonnement de la dette de 35 milliards de dollars due aux banques commerciales.

Après avoir progressivement diminué son taux de refinancement au cours de l'année, la Banque de Russie l'a relevé le 10 novembre de 7 points, à 28 p. 100, pour protéger le rouble contre les attaques spéculatives. Cette retombée de la crise asiatique révélait la fragilité du système financier russe. La Banque centrale a prévu une réforme monétaire pour le 1er janvier 1998, au terme de laquelle un nouveau rouble, qui aura perdu trois zéros, évoluera dans une marge de fluctuation de 15 p. 100 de part et d'autre d'un taux pivot de 6,1 roubles (nouveaux) pour 1 dollar. Cette réforme s'est inscrite dans le cadre d'un programme de stabilisation en 19 points applicable jusqu'à la fin du premier semestre de 1998.

L'Amérique latine à mi-chemin de la restructuration

Le sous-continent latino-américain a continué de bénéficier en 1997 d'une reprise économique qui était la troisième, depuis la crise de l'endettement commencée en 1982, à faire suite à un ralentissement cyclique. Dans ses *Perspectives de l'économie mondiale*, le F.M.I. a souligné que la remontée de l'activité en 1996-1997 a été similaire à celles de 1984-1985 et 1991-1992. La croissance a été estimée dans le rapport de décembre de cette institution à 5,2 p. 100, contre 3,5 p. 100 en 1996 et ce redressement s'est accompagné d'une diminution de l'inflation.

Les deux grandes économies de la région, celles du Brésil et de l'Argentine, ont continué de bénéficier de leurs programmes de stabilisation, mais ces succès n'ont pas été isolés, la quasi-totalité des pays de la région ayant accompli d'importants progrès en ce domaine.

La bonne performance d'ensemble a été attribuée à la discipline imposée à la politique financière, à la réforme des régimes de retraite, à la désindexation des salaires, à la restructuration et à la privatisation des entreprises publiques. Les échanges extérieurs ont bénéficié d'une réduction des barrières non tarifaires, d'une baisse et d'une moindre dispersion des tarifs douaniers.

Selon les experts internationaux, des progrès étaient encore attendus de la « deuxième génération de réformes », concernant la pertinence des dépenses publiques, la transparence et l'application équitable du dispositif réglementaire, la flexibilité du marché du travail et la restructuration du système bancaire. Cependant, le creusement des déficits des balances courantes, financés par un montant record de capitaux étrangers et accompagnés de surévaluations des devises locales, était porteur de risques pour l'avenir.

Ces derniers se sont manifestés au Brésil dans le sillage de la crise en Asie. L'économie du pays ayant été rendue vulnérable par des déficits excessifs sur les plans budgétaire et commercial (10 milliards de dollars, en ce dernier domaine, sur les dix premiers mois de l'année), on a pu observer le phénomène inverse de « l'effet tequila » consécutif à la crise mexicaine de 1995 : les investisseurs affectés par la baisse des bourses asiatiques ont vendu, pour récupérer des liquidités, leurs actions sur la place de São Paulo.

Pour faire face à la spéculation contre le real, la Banque du Brésil a doublé les taux d'intérêt le 30 octobre, les portant à plus de 40 p. 100 Mais cette mesure était préjudiciable à l'activité économique et se révéla en outre inefficace. En quelques semaines la Banque centrale dut consacrer quelque 8 milliards de dollars à la défense de la monnaie. Le gouvernement changea alors de tactique, annonçant le 10 novembre une série de mesures budgétaires destinées à réduire le déficit de 18 milliards de dollars : relèvement d'environ 10 points de la plupart des taux de l'impôt sur le revenu, réduction des abattements fiscaux, hausses des taxes sur les carburants, les voyages aériens et les boissons alcoolisées.

Le redressement encore fragile de l'Afrique subsaharienne

Le bilan économique de l'Afrique subsaharienne a comporté en 1997 d'incontestables progrès, qui devaient toutefois être appréciés dans un contexte de grande vulnérabilité. L'amélioration de la politique macro-économique et le processus d'ajustement structurel se sont généralisés, mais, la plupart des pays étant partis de très bas en ces domaines, les résultats étaient encore loin de satisfaire aux exigences des investisseurs internationaux.

La croissance de cette zone a été estimée par le F.M.I. à 4,1 p. 100, contre 4,5 p. 100 en 1996, l'expansion démographique se chiffrant à 2,8 p. 100. Trente-cinq pays devaient atteindre une croissance d'au moins 3 p. 100 en 1997. Mais les progrès sont demeurés inégaux. Ils ont suivi l'élargissement du rôle du secteur privé et l'amélioration de la politique économique en Éthiopie, au Ghana, au Malawi et en Ouganda, tandis que les pays de la zone C.F.A. ont continué de bénéficier de la dévaluation de 1994 et des réformes qui ont suivi.

D'importants progrès demeuraient donc à faire. La Banque mondiale a estimé que si la croissance se maintenait à 4 p. 100 par an, le revenu moyen par habitant retrouverait en 2006 le niveau de 1982 et serait encore inférieur de 5 p. 100 à celui de 1974.

L'économie sud-africaine, la principale du Continent noir, n'a pas joué le rôle de moteur que l'on en attendait. Après la croissance de 3,5 p. 100 en rythme annuel qui avait suivi les élections de mai 1994, à la faveur d'un afflux de capitaux extérieurs, l'Afrique du Sud a vu son expansion se limiter à environ 2 p. 100 Les autorités de Pretoria continuaient de miser sur une croissance de 6 p. 100 en l'an 2000, mais de nombreux analystes n'hésitaient pas à envisager une récession. Ce scepticisme était inspiré par la politique jugée volontariste du gouvernement, qui hésitait toujours à embrasser l'économie de marché. Le taux de chômage, évalué officiellement entre 25 et 30 p. 100, paraissait sanctionner cette attitude.

L'ouverture se fait attendre au Moyen-Orient

Les pays du Moyen-Orient et d'Afrique du Nord (M.O.A.N.) risquent de laisser passer la chance que leur offre la mondialisation de l'économie, a écrit le F.M.I. dans un rapport publié à l'occasion de la conférence qui les a réunis le 16 novembre à Doha, au Qatar. Les économies de cette zone ont certes continué de progresser en 1997 pour atteindre une croissance d'ensemble estimée à 4 p. 100, contre 4,8 p. 100 en 1996, mais les auteurs du rapport estiment que le secteur privé devra y bénéficier d'incitations accrues pour affronter la concurrence internationale « plutôt que de profiter de situations de rente et des largesses du gouvernement ».

Cet avertissement était d'autant plus pertinent que l'environnement a été en 1997 moins favorable qu'en 1996, année au cours de laquelle les pays de la zone M.O.A.N. ont bénéficié d'une forte hausse des prix du pétrole (18,9 p. 100), des derniers « dividendes de la paix » au sujet de la Palestine, ainsi que de conditions météorologiques particulièrement bonnes au Maghreb. À partir de 1997, en revanche, les autorités devaient se préoccuper de mettre en valeur le capital humain. Il s'agissait donc, selon le F.M.I., d'améliorer les performances économiques grâce à de saines politiques fiscales et monétaire et de renoncer aux stratégies de confinement des échanges et de primauté du secteur public.

Les progrès dans la stabilisation économique amorcée au début des années 1990 ont été particulièrement notables en Égypte, en Jordanie, en Israël, au Maroc et en Tunisie. L'évolution a été amorcée, avec des résultats variables, en Iran et au Yémen. La croissance s'est ralentie, pour des raisons diverses, en Syrie, au Liban, en Israël, en Palestine et au Maroc.

La fin du « miracle » asiatique ?

La crise monétaire qui a pris naissance en Thaïlande au début de juillet s'est rapidement étendue, par un « effet domino », à trois autres économies dynamiques d'Asie (E.D.A.), les Philippines, la Malaisie et l'Indonésie. Mais l'événement a bientôt pris de telles proportions que les prévisions pour l'économie internationales allaient être remises en cause. La contagion avait en effet gagné le Japon et la Corée du Sud, dont les économies se situent, respectivement, au deuxième et au onzième rang mondial.

Quelques acteurs de la scène asiatique, en particulier la Chine, l'Inde et dans une moindre mesure Taiwan et Singapour, ont échappé à la tourmente, le plus souvent, comme dans le cas des deux premiers, en raison du caractère fermé de leur économie. Les pays qui allaient être les plus exposés ont, quant à eux, bénéficié au premier semestre de la progression de leurs exportations sous l'effet du raffermissement de la demande mondiale amorcé vers le milieu de 1996. Mais le ver était dans le fruit.

Ces bons résultats ont contribué à la crise, dans la mesure où ils ont incité les investisseurs internationaux à financer le développement accéléré des E.D.A. : les performances enregistrées par Hong Kong, la Malaisie, les Philippines, Singapour, la Thaïlande et Taiwan leur tenaient lieu de garanties. Selon la Banque des règlements internationaux, les flux bancaires « consortiaux » (c'est-à-dire accordés par au moins trois banques) vers les pays d'Asie ont atteint au troisième trimestre le chiffre record de 14,1 milliards de dollars. Les « tigres » asiatiques n'ont pas profité de cette manne pour développer leurs infrastructures et ils n'ont pas entrepris de mettre aux normes occidentales leurs systèmes bancaire et financier et leurs cadres juridique et réglementaire. L'attitude qui consiste à abandonner aux pays à bas salaires les productions à faible valeur ajoutée apparaissait, aux yeux de leurs dirigeants, comme la voie menant progressivement au statut d'économie évoluée. Ces derniers ont paru ignorer la nécessité de l'intégration économique, qui en est le corollaire ; mais l'importante intégration commerciale de la zone (les E.D.A. réalisent 40 p. 100 de leurs échanges entre elles) a rendu la crise contagieuse.

Accélérée par les transferts de technologie, la course à la croissance impliquait des déficits extérieurs, qui se trouvaient aisément financés par l'afflux de capitaux étrangers, lui-même stimulé par la vogue des marchés émergents. Ce système a bien fonctionné tant que le dollar, auquel sont ancrées la plupart des monnaies de la région, se trouvait en position de faiblesse. Son regain de vigueur à partir de la mi-1995 a fini par rompre cet équilibre instable. La bulle gonflée par la spéculation dans l'immobilier et à la Bourse allait contribuer à précipiter les événements.

En Thaïlande, la dégradation de plusieurs indicateurs a précédé l'apparition de la crise. Le déficit courant, aggravé par la surévaluation du baht, avait atteint 6 p. 100 du P.I.B. en 1996 et les prêts à court terme constituaient jusqu'à 50 p. 100 d'une dette extérieure en accroissement rapide. Le gouvernement de Chavalit Yaongchaiyudh s'est vu contraint, le 2 juillet, de laisser flotter le baht, ce qui s'est traduit aussitôt par une perte de valeur de 30 p. 100. Mais cela n'a pas suffi à rétablir la confiance, en raison notamment d'une instabilité politique persistante et de l'état inquiétant des bilans dans le secteur des entreprises et des banques. La dette en devises des premières atteignait alors 91,6 milliards de dollars, dont environ 20 milliards venaient à échéance avant la fin de l'année. Au 30 juin, 8,5 p. 100 des prêts en portefeuille des quinze principales banques étaient en souffrance depuis un an ou plus.

Le directeur général du F.M.I., Michel Camdessus, a déclaré que les autorités de Bangkok n'avaient pas tenu compte des mises en garde qui leur avaient été adressées. Il indiquait ainsi que, sur le plan de la surveillance, les leçons de la crise mexicaine en 1995 n'avaient pas été perdues, tout en précisant qu'il n'appartenait pas à une institution internationale de mettre publiquement en cause le gouvernement d'un pays membre.

La Thaïlande a accepté en août un plan de secours de 17,2 milliards de dollars (auquel le Japon et d'autres pays de la région ont largement contribué), assorti de conditions qui allaient se retrouver dans les plans adoptés ultérieurement pour l'Indonésie (33 milliards de dollars) et la Corée du Sud (5760 milliards) : réduction des déficits dans les domaines du budget et de la balance courante, réforme du secteur financier impliquant la fermeture d'établissements déficitaires.

La Thaïlande a décidé le 8 décembre (moins d'un mois après un changement de gouvernement) de fermer 56 établissements financiers dont les actifs totalisaient l'équivalent de 23,7 milliards de dollars. En Indonésie, 16 banques insolvables ont été fermées et celles qui paraissaient vulnérables ont été tenues de présenter des plans de redressement. Les Philippines ont reçu une aide supplémentaire du F.M.I. pour la mise en œuvre de la réforme fiscale et du resserrement de la politique budgétaire et monétaire.

Après avoir dénoncé la politique du F.M.I. comme une atteinte au droit au développement économique, le gouvernement de la Malaisie a fini par s'y conformer pour mettre un terme à une inflation galopante et à une baisse accélérée du ringgit sur le marché des changes.

Le relèvement du loyer de l'argent a constitué, en fait, l'arme principale des E.D.A. contre la spéculation monétaire, mais le remède avait aussi pour effet de tarir l'investissement. C'est à ce prix que l'Autorité monétaire de Hong Kong a réussi à maintenir la parité fixe du dollar local vis-à-vis de celui des États-Unis, qui est de 7,8 pour 1.

En Corée du Sud, un programme d'aide internationale d'un montant record, annoncé le 5 décembre, deux semaines après un plan d'urgence gouvernemental, n'a pas eu l'effet escompté sur la confiance des investisseurs. Sur un total de 57 milliards de dollars, 35 milliards devaient être versés, par tranches successives, par le F.M.I., la Banque mondiale et la Banque asiatique de développement. Washington s'est engagé à titre subsidiaire à fournir 5 milliards et Tōkyō 10 milliards, au cas où l'aide de ces institutions ne suffirait pas.

L'économie coréenne avait pour elle le bénéfice de substantiels excédents budgétaires et commerciaux. Mais son empire industriel était affaibli par le surinvestissement, en particulier dans les secteurs de l'automobile et des semi-conducteurs. La charge financière qui en résultait avait réduit la marge bénéficiaire des entreprises à moins de 1 p. 100 du chiffre d'affaires. Sept des quarante grands groupes, les chaebols, ont fait faillite en 1997 et leurs pertes se sont répercutées sur leurs banques.

Le ministère des Finances a admis le 8 décembre que l'endettement à court terme du pays atteignait 100 milliards de dollars, 34,4 milliards de plus que ce qui avait été déclaré au F.M.I. D'autres facteurs ont contribué au malaise. Dès le 9 décembre, le gouvernement a fait appel, en vain, aux États-Unis et au Japon pour qu'ils versent sans délai leur part de l'assistance internationale. Un rapport du F.M.I. a indiqué que les réserves de change de la Corée ne se chiffraient plus au 2 décembre qu'à 6 milliards de dollars car, sur un total de 23,9 milliards, 17,9 millliards étaient immobilisés dans des comptes à l'étranger de banques coréennes.

Une reprise toujours aléatoire au Japon

Les difficultés économiques du Japon, dues aux contraintes budgétaires, ont été aggravées vers la fin de l'année par le climat d'inquiétude provoqué par la crise en Asie. L'O.C.D.E. a estimé la croissance de son P.I.B. en 1997 à 0, 5 p. 100, la plus faible depuis 1994, contre 3,5 p. 100 en 1996. Le dynamisme du secteur exportateur n'a pas suffi à compenser un fort ralentissement de la consommation des ménages consécutif au relèvement, le 1er avril, de la taxe sur la consommation (portée de 3 à 5 p. 100) ainsi qu'à la suppression des abattements fiscaux temporaires.

Ce resserrement de la politique budgétaire avait trouvé son expression dans la décision du gouvernement de Ryutaro Hashimoto, entérinée par le Parlement le 6 novembre, de réduire le déficit budgétaire à 3 p. 100 du P.I.B. au 31 mars 2003, contre 5,5 p. 100 en 1997-1998. Il s'agissait de remédier aux conséquences inflationnistes de la série des programmes de relance qui avaient mobilisé quelque 66 000 milliards de yen depuis 1990. Cette rigueur a été jugée prématurée par certains analystes, séduits par l'exemple des États-Unis qui ont su profiter d'une conjoncture favorable pour progresser significativement sur la voie de l'équilibre budgétaire.

L'économie japonaise était aussi compromise par la faiblesse d'un système bancaire toujours hypothéqué, depuis la crise immobilière et bancaire, par un portefeuille de créances non performantes évalué à 28 000 milliards de yen. En fait, les deux problèmes étaient liés, l'aide à ce secteur supposant le recours à des fonds publics, à moins d'accepter la faillite des établissements de crédit les plus vulnérables ; l'une et l'autre solution se heurtaient à de fortes oppositions politiques.

Les observateurs n'ont guère été impressionnés par le troisième plan de relance proposé, le 16 décembre, par le parti libéral-démocrate, en dépit d'allégements fiscaux prévus à 850 milliards de yen, soit 0,2 p. 100 du P.I.B. Après une réduction de 3,5 points, le taux de l'impôt sur les sociétés serait en effet encore, à 46,36 p 100, sensiblement supérieur à la norme des pays développés. Le plan prévoyait aussi l'émission d'emprunts totalisant 10 000 milliards de yen pour venir en aide à certains établissements financiers.

Tōkyō s'est efforcé de contribuer à la solution de la crise monétaire en Asie en proposant, à l'assemblée annuelle du F.M.I., qui s'est tenue en septembre à Hong Kong, la création d'un fonds asiatique destiné à faire face aux difficultés des pays de la région. L'idée a été reprise le 19 novembre à Manille par les ministres des Finances des pays membres de l'A.S.E.A.N. et précisée par eux au début de décembre à Kuala Lumpur. Cette contribution financière se fera au cas par cas pour s'ajouter éventuellement aux concours du F.M.I., qui restera seul maître d'œuvre. Il a été prévu en outre un dispositif de « surveillance des pairs », comparable à celui qui est en vigueur au sein du G7.

Ces initiatives ont été consacrées par le sommet de l'A.P.E.C., le forum économique de la zone Asie-Pacifique, qui s'est tenu du 23 au 25 novembre à Vancouver. Le principal résultat de la diplomatie économique américaine, dans cette enceinte, a été une résolution en faveur du projet d'accord international sur les échanges de services financiers dans le cadre de l'Organisation mondiale du commerce (O.M.C.). Washington avait fait échec à ce projet en 1995, en raison de l'insuffisance des offres des principaux pays en développement ; mais la crise en Asie et ses répercussions (y compris au Brésil) risquaient de conduire ces derniers à durcir encore leurs positions. Les dirigeants des pays en difficulté ont toutefois compris qu'ils ne pouvaient espérer un retour des capitaux internationaux sans ouvrir leurs marchés aux banques et aux institutions financières étrangères. Ainsi a pu être conclu à Genève, à la date limite du 12 décembre, après sept ans de négociations, un accord entre 102 pays qui s'appliquera aux 132 membres de l'O.M.C. pour les activités de banque, d'assurance et de transactions sur valeurs mobilières.

Si les premiers bénéficiaires de cette avancée devaient être les pays d'Asie en crise, l'économie internationale franchissait aussi une nouvelle étape vers la mondialisation, après celle des réformes structurelles imposées par les institutions multilatérales aux économies les plus vulnérables du Tiers Monde.

Pour autant, la crise en Asie était encore en attente de solutions et l'année 1997 s'achevait dans un climat d'incertitudes. La coordination internationale des politiques économiques, orientée depuis une quinzaine d'années vers le contrôle de l'inflation, allait-elle faire face au risque opposé, celui de la déflation, qui se profilait désormais à l'horizon ?

Atlas statistique des pays

Codes I.S.O. des pays

AD	ANDORRE
AE	ÉMIRATS ARABES UNIS
AF	AFGHANISTAN
AG	ANTIGUA ET BARBUDA
AL	ALBANIE
AM	ARMÉNIE
AO	ANGOLA
AR	ARGENTINE
AT	AUTRICHE
AU	AUSTRALIE
AZ	AZERBAÏDJAN
BA	BOSNIE-HERZÉGOVINE
BB	BARBADE
BD	BANGLADESH
BE	BELGIQUE
BF	BURKINA
BG	BULGARIE
BH	BAHREÏN
BI	BURUNDI
BJ	BÉNIN
BN	BRUNÉI
BO	BOLIVIE
BR	BRÉSIL
BS	BAHAMAS
BT	BHOUTAN
BW	BOTSWANA
BY	BIÉLORUSSIE
BZ	BELIZE
CA	CANADA
CD	CONGO (RÉPUBLIQUE DÉMOCRATIQUE DU)
CF	CENTRAFRICAINE (RÉPUBLIQUE)
CG	CONGO (RÉPUBLIQUE DU)
CH	SUISSE
CI	CÔTE D'IVOIRE
CL	CHILI
CM	CAMEROUN
CN	CHINE
CO	COLOMBIE
CR	COSTA RICA
CU	CUBA
CV	CAP-VERT
CY	CHYPRE
CZ	TCHÈQUE (RÉPUBLIQUE)
DE	ALLEMAGNE
DJ	DJIBOUTI
DK	DANEMARK
DM	DOMINIQUE
DO	DOMINICAINE (RÉPUBLIQUE)
DZ	ALGÉRIE
EC	ÉQUATEUR
EE	ESTONIE
EG	ÉGYPTE
ER	ÉRYTHRÉE
ES	ESPAGNE
ET	ÉTHIOPIE
FI	FINLANDE
FJ	FIDJI
FM	MICRONÉSIE
FR	FRANCE
GA	GABON
GB	ROYAUME-UNI
GD	GRENADE
GE	GÉORGIE
GF	Guyane française
GH	GHANA
GL	Groenland
GM	GAMBIE
GN	GUINÉE
GP	Guadeloupe
GQ	GUINÉE ÉQUATORIALE
GR	GRÈCE
GT	GUATEMALA
GW	GUINÉE-BISSAU
GY	GUYANA
HK	Hong Kong
HN	HONDURAS
HR	CROATIE
HT	HAÏTI
HU	HONGRIE
ID	INDONÉSIE
IE	IRLANDE
IL	ISRAËL
IN	INDE
IQ	IRAK
IR	IRAN
IS	ISLANDE
IT	ITALIE
JM	JAMAÏQUE
JO	JORDANIE
JP	JAPON
KE	KENYA
KG	KIRGHIZSTAN
KH	CAMBODGE
KI	KIRIBATI
KM	COMORES
KN	SAINT-CHRISTOPHE ET NIÉVÈS
KP	CORÉE DU NORD
KR	CORÉE DU SUD
KW	KOWEÏT
KZ	KAZAKHSTAN
LA	LAOS
LB	LIBAN
LC	SAINTE-LUCIE
LI	LIECHTENSTEIN
LK	SRI LANKA
LR	LIBERIA
LS	LESOTHO
LT	LITUANIE
LU	LUXEMBOURG
LV	LETTONIE
LY	LIBYE
MA	MAROC
MC	MONACO
MD	MOLDAVIE
MG	MADAGASCAR
MH	MARSHALL
MK	MACÉDOINE
ML	MALI
MM	BIRMANIE
MN	MONGOLIE
MO	Macao
MQ	Martinique
MR	MAURITANIE
MT	MALTE
MU	MAURICE
MV	MALDIVES
MW	MALAWI
MX	MEXIQUE
MY	MALAISIE
MZ	MOZAMBIQUE
NA	NAMIBIE
NC	Nouvelle-Calédonie
NE	NIGER
NG	NIGERIA
NI	NICARAGUA
NL	PAYS-BAS
NO	NORVÈGE
NP	NÉPAL
NR	NAURU
NZ	NOUVELLE-ZÉLANDE
OM	OMAN
PA	PANAMA
PE	PÉROU
PF	Polynésie française
PG	PAPOUASIE-NOUVELLE-GUINÉE
PH	PHILIPPINES
PK	PAKISTAN
PL	POLOGNE
PM	Saint-Pierre-et-Miquelon
PR	Porto Rico
PT	PORTUGAL
PW	PALAU
PY	PARAGUAY
QA	QATAR
RE	Réunion
RO	ROUMANIE
RU	RUSSIE
RW	RWANDA
SA	ARABIE SAOUDITE
SB	SALOMON
SC	SEYCHELLES
SD	SOUDAN
SE	SUÈDE
SG	SINGAPOUR
SI	SLOVÉNIE
SK	SLOVAQUIE
SL	SIERRA LEONE
SM	SAINT-MARIN
SN	SÉNÉGAL
SO	SOMALIE
SR	SURINAME
ST	SAO TOMÉ ET PRINCIPE
SV	SALVADOR
SY	SYRIE
SZ	SWAZILAND
TD	TCHAD
TG	TOGO
TH	THAÏLANDE
TJ	TADJIKISTAN
TM	TURKMÉNISTAN
TN	TUNISIE
TO	TONGA
TR	TURQUIE
TT	TRINITÉ ET TOBAGO
TV	TUVALU
TW	TAÏWAN
TZ	TANZANIE
UA	UKRAINE
UG	OUGANDA
US	ÉTATS-UNIS
UY	URUGUAY
UZ	OUZBÉKISTAN
VA	VATICAN *ou* SAINT-SIÈGE
VC	SAINT-VINCENT ET LES GRENADINES
VE	VENEZUELA
VN	VIETNAM
VU	VANUATU
WF	Wallis et Futuna
WS	SAMOA
YE	YÉMEN
YT	Mayotte
YU	YOUGOSLAVIE
ZA	AFRIQUE DU SUD
ZM	ZAMBIE
ZW	ZIMBABWE

Codes I.S.O. des monnaies

ADP peseta andorrane
AED dirham des Émirats arabes unis
AFA afghani (Afghanistan)
ALL nouveau lek (Albanie)
AMD dram (Arménie)
AOR kwanza réajusté (Angola)
ARS peso argentin
ATS schilling (Auriche)
AUD dollar australien (+ Kiribati, Nauru)
AZM manat d'Azerbaïdjan
BAM mark convertible de la Bosnie-Herzégovine
BBD dollar de la Barbade
BDT taka (Bangladesh)
BEF franc belge
BGL lev (Bulgarie)
BHD dinar de Bahrein
BIF franc du Burundi
BMD dollar des Bermudes
BND dollar de Brunéi
BOB boliviano (Bolivie)
BRL real (Brésil)
BSD dollar des Bahamas
BTN ngultrum (Bhoutan)
BWP pula (Botswana)
BYB rouble biélorusse
BZD dollar de Belize
CAD dollar canadien
CHF franc suisse (Confédération helvétique, Liechtenstein)
CLP nouveau peso chilien
CNY yuan, ou renminbi (Chine)
COP peso colombien
CRC colón du Costa Rica
CUP peso cubain
CVE escudo du Cap-Vert
CYP livre cypriote
CZK couronne tchèque (koruna)
DEM mark allemand (deutsche Mark)
DJF franc de Djibouti
DKK couronne danoise (krone) ; Groenland
DOP peso de la république Dominicaine
DZD dinar algérien
ECS sucre (Équateur)
EEK couronne estonienne (kroon)
EGP livre égyptienne
ERB birr érythréen
ESP peseta (Espagne + Andorre)
ETB birr (Éthiopie)
FIM mark finlandais (markka)
FJD dollar des Fidji
FRF franc français (+ Guadeloupe, Guyane française, Martinique, Mayotte, Réunion, Saint-Pierre et Miquelon, T.A.A.F. ; Andorre, Monaco)
GBP livre (pound) sterling (Grande-Bretagne et Irlande du Nord, îles Anglo-Normandes)
GEL lati (Géorgie)
GHC nouveau cedi (Ghana)
GIP livre de Gilbraltar
GMD dalasi (Gambie)
GNF franc guinéen
GRD drachme (Grèce)
GTQ quetzal (Guatemala)
GWP peso de Guinée-Bissau
GYD dollar de Guyana
HKD dollar de Hong Kong
HNL lempira (Honduras)
HRK kuna (Croatie)
HTG gourde (Haïti)
HUF forint (Hongrie)
IDR roupie indonésienne (rupiah)
IEP livre irlandaise
ILS nouveau shequel [ou shekel] (Israël)
INR roupie indienne
IQD dinar irakien
IRR rial iranien
ISK couronne islandaise (króna)
ITL lire (Italie ; Saint-Marin, Vatican)
JMD dollar jamaïcain
JOD dinar jordanien
JPY yen (Japon)
KES shilling du Kenya
KGS som du Kirghizstan
KHR riel (Cambodge)
KMF franc des Comores
KPW won nord-coréen
KRW won sud-coréen
KWD dinar koweïtien
KZT tengué (Kazakhstan)
LAK nouveau kip (Laos)
LBP livre libanaise
LKR roupie du Sri Lanka
LRD dollar libérien
LSL loti (Lesotho)
LTL litas lituanien
LUF franc luxembourgeois
LVL lats letton
LYD dinar libyen
MAD dirham marocain
MDL leu moldave
MGF franc malgache
MKD denar macédonien
MMK kyat (Birmanie [Myanma])
MNT tugrik (Mongolie)
MOP pataca (Macao)
MRO ouguiya (Mauritanie)
MTL livre maltaise
MUR roupie mauricienne
MVR roupie des Maldives (rufiyaa)
MWK kwacha du Malawi
MXN nouveau peso mexicain
MYR dollar malais (ringgit)
MZM metical (Mozambique)
NAD dollar namibien
NGN naira (Nigeria)
NIO cordoba (Nicaragua)
NLG florin (gulden) des Pays-Bas
NOK couronne norvégienne (krone)
NPR roupie népalaise
NZD dollar néo-zélandais
OMR rial omani
PAB balboa (Panama)
PEN nouveau sol (Pérou)
PKG kina (Papouasie-Nouvelle-Guinée)
PHP peso philippin
PKR roupie pakistanaise
PLN nouveau złoty (Pologne)
PTE escudo portugais
PYG guarani (Paraguay)
QAR riyal (rial) du Qatar
ROL leu (Roumanie)
RUR rouble russe
RWF franc du Rwanda
SAR riyal (rial) d'Arabie Saoudite
SBD dollar des îles Salomon
SCR roupie des Seychelles
SDD dinar soudanais
SEK couronne suédoise (krona)
SGD dollar de Singapour
SIT tolar (Slovénie)
SKK couronne slovaque (koruna)
SLL leone (Sierra Leone)
SOS shilling de Somalie
SRG florin (gulden) du Suriname
STD dobra (Sao Tomé et Principe)
SVC colón d'El Salvador
SYP livre syrienne
SZL lilangeni (Swaziland)
THB baht (Thaïlande)
TJR rouble tadjik
TMM manat du Turkménistan
TND dinar tunisien
TOP pa'anga (Tonga)
TRL livre turque
TTD dollar de Trinité et Tobago
TVD dollar du Tuvalu
TWD nouveau dollar de Taïwan
TZS shilling tanzanien
UAH hryvnia (Ukraine)
UGX shilling ougandais
USD dollar des États-Unis (+ Porto Rico...) ; îles Marshall, Micronésie, Palau
UYU peso uruguayen
UZS soum d'Ouzbékistan
VEB bolivar (Venezuela)
VND dông (Vietnam)
VUV vatu (Vanuatu)
WST talá (Samoa occidentales)
XAF franc de la coopération en Afrique centrale, ou franc CFA (Banque des États de l'Afrique centrale [zone B.E.A.C.] : Cameroun, République centrafricaine, Congo, Gabon, Guinée équatoriale, Tchad)
XCD dollar des Caraïbes de l'Est, ou Caraïbes orientales (Antigua et Barbuda, Dominique, Grenade, Saint-Christophe et Niévès, Sainte-Lucie, Saint-Vincent)
XDR droit de tirage special (D.S.T.), unité de compte du F.M.I.
XEU écu européen
XOF franc de la communauté financière en Afrique, ou franc CFA (Banque centrale des États de l'Afrique de l'Ouest [zone U.M.O.A., Union monétaire ouest-africaine] : Bénin, Burkina, Côte d'Ivoire, Mali, Niger, Sénégal, Togo)
XPF franc CFP (change franc Pacifique : Nouvelle-Calédonie, Polynésie française, Wallis et Futuna)
YER rial yéménite
YUM « nouveau » nouveau dinar yougoslave
ZAR rand (Afrique du Sud)
ZMK kwacha de Zambie
ZRN nouveau zaïre (Zaïre)
ZWD dollar du Zimbabwe

Légende des cartes

———	frontière
– – – –	frontière maritime ou bien frontière contestée ou indéterminée
———	limite administrative principale
······	limite administrative secondaire
LIMBOURG	subdivision administrative
▽	site archéologique important
)	barrage
canal symbol	canal
grey area	zone urbaine

villes (nombre d'habitants) :

●	plus de 3 000 000
●	de 1 000 000 à 3 000 000
•	de 500 000 à 1 000 000
·	moins de 500 000

BRUXELLES	capitale d'État
Liège	chef-lieu de subdivision administrative
Bastogne	autre ville

AFGHANISTAN

- ***Nom officiel*** : État islamique d'Afghanistan (dari, pachtou : Afghānistān). Code I.S.O. : AF.
- ***Forme de gouvernement*** : État islamique [a].
- ***Chef de l'État*** : président.
- ***Chef du gouvernement*** : Premier ministre.
- ***Capitale*** : Kaboul (Kābul).
- ***Langues officielles*** : dari ; pachtou.
- ***Religion officielle*** : islam.
- ***Unité monétaire*** : 1 afghani (AFA) = 100 puli ; valeur (31 déc. 1997) : 100 AFA = 0,511 FRF (cours officiel) [cours commercial 100 AFA = 0,030 FRF].

Démographie

■ ***Population*** (estim. 1997) : 23 738 000 [b].

■ ***Densité*** (1997) : 36,4 hab./km².

■ ***Répartition urbaine/rurale*** (1995) : population urbaine 20,0 % ; population rurale 80,0 %.

■ ***Répartition par sexe*** (1997) : hommes 51,50 % ; femmes 48,50 %.

■ ***Répartition par âge*** (1997) : moins de 15 ans 43 % ; de 15 à 29 ans 27,4 % ; de 30 à 44 ans 16,2 % ; de 45 à 59 ans 8,9 % ; de 60 à 74 ans 3,8 % ; 75 ans et plus 0,7 %.

■ ***Projection démographique*** : 26 668 000 en 2000 ; 34 098 000 en 2010.

■ ***Temps de doublement*** : 24 ans.

■ ***Composition ethnique*** (1990) : Pachtouns 38,0 % ; Tadjiks 25,0 % ; Hazāras 19,0 % ; Ouzbeks 6,0 % ; Tchahār Aymaq, Turkmènes, Baloutches et autres 12,0 %.

■ ***Appartenances religieuses*** (1990) : musulmans sunnites 84,0 % ; musulmans chiites 15,0 % ; autres 1,0 %.

■ ***Principales villes*** (1988) : Kaboul 700 000 hab. (estim. 1993) ; Kandahar 225 500 hab. ; Herat 177 300 hab. ; Mazar-i-Sharif 130 600 hab.

Statistiques de l'état civil

■ ***Taux de natalité*** (1997) : 43 ‰ (moyenne mondiale 25,0 ‰).

■ ***Taux de mortalité*** (1997) : 18 ‰ (moyenne mondiale 9,3 ‰).

■ ***Taux d'accroissement naturel*** (1997) : 25 ‰ (moyenne mondiale 15,7 ‰).

■ ***Taux de fécondité*** (nombre moyen de naissances par femme en âge de procréer, 1997) : 6,1.

■ ***Espérance de vie*** à la naissance (1997) : hommes 46,4 ans ; femmes 45,2 ans.

■ ***Principales causes de décès*** (pour 100 000 hab.) : n.d. ; toutefois, les blessures et empoisonnements, les maladies infectieuses et parasitaires, les maladies de l'appareil respiratoire et les maladies de l'appareil digestif étaient les causes principales de décès au début des années 1990.

Économie nationale

■ ***Budget de l'État*** (1987-1988)
Recettes : 79 800 000 000 AFA (1984-1985 : recettes fiscales 45,4 % ; recettes non fiscales 54,6 %).
Dépenses : 105 800 000 000 AFA (1981-1982 : dépenses gouvernementales 50,0 % ; budget de développement 31,9 % ; service de la dette 13,9 %).

■ ***Dette publique*** (extérieure, créances, 1993) : 5 381 000 000 USD.

■ ***Tourisme*** : recettes touristiques (1993) 1 000 000 USD ; dépenses touristiques à l'étranger (1987) 1 000 000 USD.

■ ***Production***
Agriculture, sylviculture, pêche (1997).
Blé 1 700 000 t ; maïs 360 000 t ; raisins 330 000 t ; riz 300 000 t ; pommes de terre 235 000 t ; orge 180 000 t ; amandes 9 000 t ; pavot 600 t à 3 000 t.
Cheptel (sur pied) : moutons 14 300 000 ; chèvres 2 715 000 ; bovins 1 500 000 ; ânes 1 160 000 ; chevaux 300 000 ; chameaux 265 000 ; poulets 7 200 000.
Bois (1995) : 7 680 000 m³.
Pêche (1994) : 1 300 t.
Industries extractives (1995) : sel 13 000 t ; cuivre 5 000 t ; gypse 3 000 t ; baryte 2 000 t.
Industries manufacturières (valeur de la production, millions d'AFA, 1988-1989) : produits alimentaires 4 019 ; cuirs et fourrures 2 678 ; textiles 1 760 ; imprimerie et édition 1 070 ; produits chimiques industriels (engrais compris) 1 053 ; chaussures 999 ; produits en plastique 452.
Bâtiment (valeur, 1985) : 1 094 000 000 AFA.
Énergie (production/consommation) : électricité (1994) 687 000 000/815 000 000 kWh ; charbon (1994) 6 000/6 000 t ; produits pétroliers (1994) 0/280 000 t ; gaz naturel (1994) 175 032 000/175 032 000 m³.

■ ***Produit intérieur brut*** (1995) : 13 598 000 000 USD (572 USD/hab.).

	millions d'AFA [1]	% du total	effectifs	% des effectifs
agriculture	61 400	48,5	4 276 100	67,2
industrie mines et entreprises publiques	32 800	25,9	298 900	4,7
bâtiment	12 400	9,8	81 400	1,3
transports et communications	5 300	4,2	139 900	2,2
commerce	12 400	9,8	420 600	6,6
administration et services publics	2 400	1,9	929 300	14,6
autres			214 300	3,4
total	**126 700**	**100,0** [2]	**6 360 500**	**100,0**

1. Aux prix de 1978-1979. 2. Le total général ne correspond pas exactement au détail en raison des arrondis.

Structure du produit intérieur brut et effectifs (1992-1993).

→ ***Corpus*** : AFGHANISTAN
→ ***Grand Atlas de Géographie*** (éd. 1992) : 118, 120, 126
→ ***Grand Atlas de l'Histoire*** : 228, 229, 261, 281, 284, 295

Corpus : ASIE – Géographie humaine (l'Asie sud-occidentale) ; DROGUE ; GHAZNI ; ISLAM (Histoire) – Modernisme dans le monde musulman (Moyen-Orient non arabe) ; PASHTO (LANGUE ET LITTÉRATURE) ; PROCHE ET MOYEN-ORIENT CONTEMPORAIN (aspects d'histoire économique) ; TURKMÈNES.

Universalia 1998 : 137 La montée des talibans.

Thesaurus :
AIMAG
BALKH
BÉLOUTCHES
BÉLOUTCHISTAN
HAZĀRA
HERĀT
KABOUL
KANDAHAR
NOURISTANI
OUZBEK
PASHTAN
SĪSTĀN
TADJIK

provinces	capitales	superficie (km^2)	population (estim. 1987)
Badakshan (Badaxšān)	Faizābād	47 403	501 000
Badghis (Bādğis)	Qalayi Naw	21 858	235 000
Baghlan (Bağlān)	Baghlan	17 109	497 000
Balkh (Balx)	Mazar-i-Sharif (Mazāri Šarīf)	12 593	587 000
Bamiyan (Bāmyān)	Bamiyan	17 414	270 000
Farāh	Farāh	47 788	236 000
Fariab (Fāryāb)	Maimana (Maymana)	22 279	587 000
Ghazni (Ğaznī)	Ghazni	23 378	650 000
Ghor (Ğor)	Chaghcharan (Čağčarān)	38 666	340 000
Helmand (Hilmand)	Lashkargah (Laškargāh)	61 829	521 000
Herat (Hirāt)	Herat	61 315	777 000
Jozjan (Jawzjān)	Shibirghan (Šibirğān)	25 553	592 000
Kaboul (Kābul)	Kaboul	4 585	1 470 000
Kandahar (Qandahār)	Kandahar	47 676	575 000
Kapisā	Mahmūd Rāqī	1 871	252 000
Konar (Kunar)	Asadābād	10 479	252 000
Konduz (Qondūz)	Konduz	7 827	561 000
Laghman (Lāğmān)	Mihtarlām	7 210	313 000
Logar	Pulialam	4 652	217 000
Nangarhār	Jalālābād [Jalai-Kut]	7 616	752 000
Nimruz (Nīmrōz)	Zaranj	41 356	104 000
Paktikā	Sharan (Šaran)	19 336	246 000
Paktyā	Gardēz	9 581	487 000
Parwan (Parvān)	Charikar (Čārikār)	9 399	508 000
Samangān	Āybak	15 465	264 000
Sar-e Pol[1]	Sar-e Pol	n.d.	n.d.
Takhar (Taxār)	Tāluqān	12 376	523 000
Uruzgan (Orūzgān)	Tirīn Kot	29 295	447 000
Wardak	Maydan Shahr (Maydān Šahr)	9 023	290 000
Zaboul (Zābul)	Qalāt	17 293	181 000
total		**652 225**	**15 735 000**[2]

1. Nouvelle province. 2. Ce total inclut quelque 2,5 millions de nomades. Le nombre de réfugiés afghans avoisine 3 millions au Pakistan et 2 millions en Iran.

Territoire et population.

	1988	1989	1990	1991	1992	1993	1994
indice des prix à la consommation	64,3	83,1	100,0	266,0	420,8	563,9	676,7

Indice des prix (1990 = 100).

	1989	1990	1991	1992	1993	1994
millions de USD	−249	−351	−265	−236	+234	−306
% du total	29,1	38,7	27,4	24,7	15,5	34,1

Balance commerciale (prix courants).

	nombre d'établissements	nombre d'enseignants	nombre d'élèves	nombre d'élèves par enseignant
primaire	1 753	20 055	1 312 197	n.d.
secondaire[1]	819	12 548	512 851	n.d.
professionnel et formation à l'enseignement[1]	33	12 548	512 851	
supérieur[2]	5[1]	444[3]	9 367[3]	21,1

1. 1988-1989. 2. Universités uniquement. 3. 1989-1990.

Enseignement (1994-1995).

■ ***Population active***[c] (1994) : 5 557 000 ; taux d'activité 29,4 % (taux de participation : femmes 9,0 % ; sans-emploi [1990] 3,4 %).

■ ***Utilisation du sol*** (1993) : forêts 2,9 % ; prairies et pâturages 46,0 % ; terres cultivées et plantations 12,4 % ; autres 38,7 %.

Échanges extérieurs[d]

■ ***Importations*** (1994) : 602 000 000 USD (1989-1990 : équipement industriel et de transport 37,7 % ; produits manufacturés de base 18,3 % ; minéraux et combustibles 10,9 %). *Principales sources des importations* : Japon 14,4 % ; Singapour 7,1 % ; Chine 5,2 % ; Inde 5,0 % ; Pakistan 4,6 % ; Hong Kong 4,3 % ; Thaïlande 2,8 % ; France 2,7 % ; Allemagne 2,7 % ; Royaume-Uni 2,5 %.

■ ***Exportations*** (1994) : 296 000 000 USD (1992 : fruits secs et noix 51,3 % ; tapis et carpettes 13,1 % ; laine et peaux 4,9 % ; coton 1,4 %). *Principales destinations des exportations* : Belgique et Luxembourg 3,8 % ; Pakistan 3,7 % ; Allemagne 3,6 % ; Chine 3,2 % ; Royaume-Uni 2,0 % ; Arabie Saoudite 1,9 %.

Transports et communications

■ ***Transports***
Chemins de fer (1995) : longueur 25 km.
Routes (1995) : longueur totale 21 000 km (13 % recouvertes).
Véhicules (1995) : voitures particulières 34 000 ; camions et autobus 31 000.
Marine marchande : aucune.
Transports aériens (1993) ; trafic : 197 000 000 passagers-km ; 11 000 000 t-km. 3 aéroports desservis par des vols réguliers (1996).

■ ***Communications***
Journaux quotidiens (1994) : diffusion totale 216 000 ; diffusion pour 1 000 hab. 11.
Radiodiffusion (1995) : 1 670 000 postes récepteurs ; 73,7 pour 1 000 hab.
Télévision (1995) : 180 000 postes récepteurs ; 10 pour 1 000 hab.
Téléphone (1995) : 29 000 lignes principales ; 1,4 pour 1 000 hab.

Éducation et santé

■ ***Niveau d'éducation*** (1980)
Proportion de la population âgée de 25 ans et plus : sans instruction scolaire 88,5 % ; ayant une éducation primaire incomplète 6,8 % ; éducation primaire 0,3 % ; éducation secondaire 1,2 % ; éducation supérieure 3,2 %.

■ ***Alphabétisation*** (1995) : personnes âgées de 15 ans et plus alphabétisées 31,5 % ; hommes 47,2 % ; femmes 15,0 %.

■ ***Santé*** (1988-1993) : 2 347 médecins (1 pour 6 690 hab.) ; 5 331 lits d'hôpital (1 pour 2 945 hab.) ; taux de mortalité infantile (1995) : 152,8 ‰.

■ ***Alimentation*** (1992) : apport journalier en calories par habitant 1 523 (alimentation d'origine végétale 89 % ; d'origine animale 11 %) ; soit 62 % du niveau minimal recommandé par la F.A.O.

Défense nationale

■ ***Contingent*** (1996) : le gouvernement officiel ne contrôle aucune armée identifiable.

■ ***Dépenses militaires*** (1990) : 15,0 % du P.N.B. (moyenne mondiale 4,5 %) ; soit 29 USD/hab.

a. La conquête de Kaboul par les talibans, en septembre 1996, a conduit à la mise en place d'un gouvernement dirigé par un mollah et à l'instauration d'un régime totalement islamique.

b. Non compris les réfugiés afghans estimés à environ 1,6 million au Pakistan et moins de 1 million en Iran.

c. Population sédentaire uniquement.

d. Exportations F.O.B. ; importations C.I.F.

AFRIQUE DU SUD

● ***Noms officiels*** : République d'Afrique du Sud (anglais : Republic of South Africa). Code I.S.O. : ZA.

● ***Forme de gouvernement*** : république à régime multipartiste avec deux chambres législatives (Conseil national des provinces [90] et Assemblée nationale [400] [a]).

● ***Chef de l'État et du gouvernement*** : président [a].

● ***Capitales*** : Pretoria, siège de l'exécutif ; Le Cap, siège législatif ; Bloemfontein, siège judiciaire.

● ***Langues officielles*** : afrikaans, anglais, ndébélé, pédi, sotho, swazi, tsonga, tswana, venda, xhosa, zoulou.

● ***Religion officielle*** : aucune.

● ***Unité monétaire*** : 1 rand (ZAR) = 100 cents ; valeur (31 déc. 1997) : 100 ZAR = 123,06 FRF.

Démographie

■ ***Population*** (estim. 1997) : 42 446 000.

■ ***Densité*** (1997) : 34,8 hab./km².

■ ***Répartition urbaine/rurale*** (1996) : population urbaine 55,4 % ; population rurale 44,6 %.

■ ***Répartition par sexe*** (1996) : hommes 47,98 % ; femmes 52,2 %.

■ ***Répartition par âge*** (1995) : moins de 15 ans 37,3 % ; de 15 à 29 ans 27,1 % ; de 30 à 44 ans 18,5 % ; de 45 à 59 ans 10,4 % ; de 60 à 74 ans 5,2 % ; 75 ans et plus 1,5 %.

■ ***Projection démographique*** : 44 315 000 en 2000 ; 46 038 000 en 2010.

■ ***Temps de doublement*** : 43 ans.

■ ***Composition ethnique*** (1994) : Noirs 76,3 %, dont Zoulous env. 22,0 %, Xhosas env. 18,0 %, Pédis env. 9,0, Sothos env. 7,0 %, Tswanas env. 7,0 %, Tsongas env. 3,5 %, Swazis env. 3,0 % ; Blancs 12,7 % ; Métis 8,5 % ; Asiatiques 2,5 %.

■ ***Appartenances religieuses*** [b] (1991) : chrétiens 66,4 %, dont Église indépendante noire 22,2 %, Église réformée afrikaans 11,8 %, catholiques romains 7,6 %, méthodistes 5,9 %, anglicans 3,8 %, luthériens 2,5 % ; hindous 1,3 % ; musulmans 1,1 % ; juifs 0,2 % ; sans religion 1,2 % ; autres et religions traditionnelles 29,8 %.

■ ***Principales villes*** (zones urbaines, 1991) : Le Cap 2 350 157 hab. ; Johannesburg 1 916 063 hab. ; Durban 1 137 378 hab. ; Pretoria 1 080 187 hab. ; Port Elizabeth 853 204 hab.

Statistiques de l'état civil

■ ***Taux de natalité*** (1996) : 27,4 ‰ (moyenne mondiale 25,0 ‰).

■ ***Taux de mortalité*** (1996) : 11,1 ‰ (moyenne mondiale 9,3 ‰).

■ ***Taux d'accroissement naturel*** (1996) : 16,3 ‰ (moyenne mondiale 15,7 ‰).

■ ***Taux de fécondité*** (nombre moyen de naissances par femme en âge de procréer, 1996) : 3,3.

■ ***Espérance de vie*** à la naissance (1996) : hommes 55,7 ans ; femmes 60,2 ans.

■ ***Principales causes de décès*** (pour 100 000 hab., 1993-1994) : accidents et actes de violence 221,9 ; maladies de l'appareil circulatoire 102,3 ; maladies infectieuses et parasitaires 51,8.

Économie nationale

■ ***Budget de l'État*** (1995-1996)
Recettes : 119 957 000 000 ZAR (impôts sur le revenu 42,2 % ; taxe à la valeur ajoutée 27,3 % ; taxes sur les revenus des entreprises 13,8 %).
Dépenses : 152 573 000 000 ZAR (éducation 21,9 % ; remboursement de la dette publique 19 % ; santé 10,2 % ; défense 7,2 %).

■ ***Production***
Agriculture (valeur de la production en millions de ZAR), *sylviculture, pêche* (1995).
Volailles 4 327 ; viande de bœuf 3 080 ; maïs 2 825 ; fruits tropicaux 1 964 ; blé 1 955 ; canne à sucre 1 657 ; lait 1 577 ; pommes de terre 1 081 ; agrumes 988 ; raisins 966 ; viande de mouton et de chèvre 824 ; viande de porc 509.
Bois (1995) : 25 332 000 m³.
Pêche (1995) : 575 177 t.
Industries extractives (valeur des ventes en millions de ZAR, 1995) : or 23 335 ; diamants bruts 16 431 ; charbon 12 586 ; platine 6 573 (1993) ; cuivre 1 679 ; chaux et pierre à chaux 693 ; manganèse 687 ; chrome 607.
Industries manufacturières (valeur ajoutée, millions de USD, 1994) : produits alimentaires 2 734 ; fer et acier 2 303 ; équipement de transport 2 082 ; produits métalliques 1 588 ; machines non électriques 1 566 ; boissons 1 531 ; pétrole raffiné 1 281.
Bâtiment (construction privées achevées, 1995 ; valeur) : résidentiel 6 065 ; non résidentiel 1 974.
Énergie (production/consommation) : électricité (1994) 187 448 000 000/(1995) 172 039 000 000 [b] kWh ; charbon (1994) 182 496 000/140 581 000 t ; pétrole brut (1996) 3 650 000/(1994) 125 000 000 [b] barils ; produits pétroliers (1994) 16 425 000 [b]/16 428 000 [b] t ; gaz naturel (1994) 1 896 000 00 m³/1 896 000 000 m³.

■ ***Tourisme*** (1995) : recettes touristiques 1 595 000 000 USD ; dépenses touristiques à l'étranger 1 749 000 000 USD.

■ ***Produit national brut*** (1995) : 130 918 000 000 USD (3 160 USD/hab.).

■ ***Population active*** (1994) : 14 297 048 ; taux d'activité 35,3 % (taux de participation : 15 ans et plus 55,6 % ; femmes 44,2 % ; sans-emploi (1997) [c] 25 %.

■ ***Revenus et dépenses des ménages***
Taille moyenne des ménages (1994) : 4,6.
Revenu annuel moyen par ménage (1990-1991) : 16 814 ZAR (6 500 USD), dont ménages noirs 9 348 ZAR (3 614 USD), ménages métis 19 284 ZAR (7 455 USD), ménages asiatiques 29 712 ZAR (11 487 USD), ménages blancs 56 148 ZAR (21 707 USD) ; source des revenus (1992) [c] : salaires et traitements 73,6 % ; intérêts, dividendes et loyers 21,5 % ; transferts 4,9 %.
Dépenses (1992) [c] : alimentation et boissons 35,8 % ; transports 14,7 % ; biens ménagers 10,0 % ; logement et énergie 9,6 %.

→ *Corpus* : AFRIQUE DU SUD (RÉPUBLIQUE D')
→ *Grand Atlas de Géographie* (éd. 1992) : 152, 154 ; 239d (Johannesburg)
→ *Grand Atlas de l'Histoire* : 208, 209, 218, 219, 240, 241, 249, 266, 282, 283, 295

Corpus : AFRIQUE (Histoire) – La décolonisation (la forteresse des Blancs) ; AFRIQUE (Structure et milieu) – Géographie générale (données économiques) ; APARTHEID ; BANTOU (les Bantous méridionaux) ; DIAMANT (les principaux pays producteurs) ; HOTTENTOTS ; HOUILLERS (BASSINS) [répartition et importance] ; MINERAIS (principaux producteurs) ; NGUNI ET SOTHO ; PÊCHE ; PLATINE ET PLATINOÏDES ; URANIUM (répartition géographique des gisements).

Universalia 1985 : 165 Stratégies sud-africaines de confrontation et de coopération ; ***Universalia 1986 :*** 177 La présence indienne ; 179 L'apartheid en état de siège ; ***Universalia 1987 :*** 169 La montée des pressions extérieures ; 172 Les Zulu ; ***Universalia 1988 :*** 163 Les Afrikaners ; ***Universalia 1990 :*** 173 Émergence d'une culture noire dans les townships ; ***Universalia 1991 :*** 111 Les conflits communautaires et ethniques dans le monde contemporain ; 191 Du blocage à l'incertitude : la logique des réformes ; ***Universalia 1992 :*** 122 L'Europe et l'Afrique : quelles perspectives ? ***Universalia 1995 :*** 160 Les élections : consécration de la nouvelle Afrique du Sud.

Thesaurus :
BLOEMFONTEIN
CAPETOWN
DURBAN
HERERO
JOHANNESBURG
OVAMBO
PIETERMARITZBURG
PORT ELIZABETH
PRETORIA
SOTHO
SWAZI
TSWANA
XHOSA

provinces	capitales	superficie (km²)	population (recens. 1996)
Est-Cap	Bisho-King William's Town	169 580	5 865 000
Est-Transvaal (Mpumalanga)	Nelspruit	79 490	2 646 000
État libre d'Orange	Bloemfontein	129 480	2 470 000
Kwazulu-Natal	Pietermaritzburg	92 100	7 672 000
Nord-Cap	Kimberley	361 830	746 000
Nord-Ouest	Mmabatho	116 320	3 043 000
Nord-Transvaal	Pietersburg	123 910	4 128 000
Ouest-Cap	Le Cap	129 370	4 118 000
Pretoria Witwatersrand Vereeniging	Johannesburg	17 010	7 171 000
total		**1 219 090**	**37 859 000**

(•) Préliminaire.

Territoire et population.

	1995		1994	
	millions de ZAR [1]	% du total	effectifs [2]	% des effectifs
agriculture	18 779	4,4	1 277 346	8,9
mines	33 305	7,7	277 176	1,9
industrie	104 474	24,3	1 614 596	11,3
bâtiment	13 606	3,2	437 167	3,1
entreprises publiques	17 797	4,1	95 046	0,7
transports et communications	32 691	7,6	520 789	3,6
commerce	10 094	16,3	1 675 448	11,7
finance, immobilier	56 877	13,2	587 331	4,1
administration, défense nationale	65 463	15,2	3 055 753	21,4
services	8 479	2,0		
autres	8 859	2,0	4 756 396 [2]	33,3
total	**430 424**	**100,0**	**14 297 048**	**100,0**

1. Au coût des facteurs. 2. Dont 4 656 076 sans-emploi.

Structure du produit intérieur brut et effectifs.

	1991	1992	1993	1994	1995	1996	1997
indice des prix à la consommation	115,3	131,3	144,0	157,0	170,5	183,1	200,3
indice des revenus mensuels •	115,0	129,6	143,2	n.d.	n.d.	n.d.	n.d.

(•) Dans l'industrie uniquement.

Indices des prix et des revenus (1990 = 100).

	1991	1992	1993	1994	1995	1996
millions de ZAR	+ 16 146	+ 13 917	+ 20 500	+ 13 719	+ 2 783	+ 10 578
% du total	14,3	11,6	14,8	8,3	1,4	4,4

Balance commerciale (prix courants).

	nombre d'établissements	nombre d'enseignants	nombre d'élèves	nombre d'élèves par enseignant
primaire/secondaire	22 260	349 436	11 782 324	35,7
professionnel et formation à l'enseignement	187	10 807	140 531	13,0
professionnel du 3e cycle	15	7 341 •	151 410	18,7 •
universitaire	n.d.	27 099	617 897	22,8 •

(•) 1993.

Enseignement (1994).

■ ***Dette publique*** (extérieure, déc. 1996) : 3 053 000 000 USD.

■ ***Utilisation du sol*** (1994) : forêts 6,7 % ; prairies et pâturages 66,7 % ; terres cultivées et plantations 10,8 % ; autres 15,8 %.

Échanges extérieurs

■ ***Importations*** (1995) : 98 614 000 000 ZAR (machines et appareils 31,9 % ; produits chimiques et dérivés 12,5 % ; véhicules automobiles 11,6 %).
Principales sources des importations : Allemagne 15,9 % ; Royaume-Uni 11,5 % ; États-Unis 10,9 % ; Japon 9,8 %.

■ ***Exportations*** (1995) : 101 397 000 000 ZAR (or 19,9 % ; métaux et produits métalliques de base 15,4 % ; diamants précieux 9,8 % ; produits alimentaires 7,4 %).
Principales destinations des exportations : Italie 7,8 % ; Japon 7,3 % ; États-Unis 6,6 % ; non déterminé 27,9 %.

Transports et communications

■ ***Transports***
Chemins de fer : longueur (1995) 21 595 km ; trafic (1992-1993) : 895 400 000 passagers-km ; 95 260 000 000 t-km.
Routes (1995) : longueur totale 182 580 km (33 % recouvertes).
Véhicules (1995) : voitures particulières 3 810 000 ; camions et autobus 1 640 000.
Marine marchande (1992) : 219 navires ; 282 533 tonneaux de port en lourd.
Transports aériens (S.A.A. uniquement, 1996) ; trafic : 13 833 000 000 passagers-km ; 539 977 000 t-km. 24 aéroports desservis par des vols réguliers (1996).

■ ***Communications***
Journaux quotidiens (1995) : diffusion totale 1 201 000 ; diffusion pour 1 000 hab. 33.
Radiodiffusion (1996) : 11 200 000 postes récepteurs ; 268 pour 1 000 hab.
Télévision (1995) : 3 485 000 postes récepteurs ; 84 pour 1 000 hab.
Téléphone (1995) : 3 919 000 lignes principales ; 95 pour 1 000 hab.

Éducation et santé

■ ***Niveau d'éducation*** (1994)
Proportion de la population âgée de 25 ans et plus : sans instruction scolaire 14,5 % ; ayant une éducation primaire 19,6 % ; une éducation secondaire incomplète 42,0 % ; une éducation secondaire complète ou supérieure incomplète 20,4 % ; une éducation supérieure 3,1 % ; indéterminée 0,4 %.

■ ***Alphabétisation*** (1995) : population âgée de 15 ans et plus alphabétisée 81,8 %.

■ ***Santé :*** (1994) 26 452 médecins (1 pour 1 529 hab.) ; (1995) 172 292 lits d'hôpital (1 pour 339 hab.) ; (1994) taux de mortalité infantile : 52,4 ‰.

■ ***Alimentation*** (1995) : apport journalier en calories par habitant 2 890 (alimentation d'origine végétale 88 % ; d'origine animale 12 %) ; soit 118 % du niveau minimal recommandé par la F.A.O.

Défense nationale

■ ***Contingent*** (1996) : 137 900 (armée de terre 85,6 % ; marine 4,0 % ; armée de l'air 6,1 % ; services médicaux communs 4,3 %).

■ ***Dépenses militaires*** (1995) : 2,2 % du P.N.B. (moyenne mondiale 2,8 %) ; soit 71 USD/hab.

a. La nouvelle Constitution a été ratifiée par le président le 10 décembre 1996.

b. Données prenant en compte le Botswana, le Lesotho, la Namibie et le Swaziland.

c. Données excluant le Transkei, le Venda, le Bophuthatswana et le Ciskei.

ALBANIE

- ***Nom officiel*** : République d'Albanie (Republika e Shqipërisë ; forme courte : Shqipëria). Code I.S.O. : AL.
- ***Forme de gouvernement*** : république à structure étatique unitaire et à régime multipartiste avec une assemblée législative (Assemblée populaire [155]).
- ***Chef de l'État*** : président.
- ***Chef du gouvernement*** : Premier ministre.
- ***Capitale*** : Tirana (Tiranë).
- ***Langue officielle*** : albanais.
- ***Religion officielle*** : aucune.
- ***Unité monétaire*** : 1 nouveau lek (ALL) = 100 qindars ; valeur (29 déc. 1997) : 100 ALL = 4,03 FRF.

Démographie

- ***Population*** (estim. 1997) : 3 293 000[a].
- ***Densité*** (1997) : 115 hab./km².
- ***Répartition urbaine/rurale*** (1995) : population urbaine 42,4 % ; rurale 57,6 %.
- ***Répartition par sexe*** (1995) : hommes 49,5 % ; femmes 50,5 %.
- ***Répartition par âge*** (1996) : moins de 15 ans 34,1 % ; de 15 à 29 ans 24,2 % ; de 30 à 44 ans 20,1 % ; de 45 à 59 ans 12,4 % ; de 60 à 74 ans 7,5 % ; 75 ans et plus 1,7 %.
- ***Projection démographique*** : 3 427 000 en 2000 ; 3 860 000 en 2010.
- ***Temps de doublement*** : 47 ans.
- ***Composition ethnique*** (1989) : Albanais 98,0 % ; Grecs 1,8 % ; Macédoniens 0,1 % ; autres 0,1 %.
- ***Appartenances religieuses***[b] (1996) : musulmans 70 % ; orthodoxes 6 % ; catholiques 3 % ; autres 21 %.
- ***Principales villes*** (1990) : Tirana 243 000 hab. ; Durrës 85 400 hab. ; Elbasan 83 300 hab. ; Shkodër 81 800 hab.

Statistiques de l'état civil

- ***Taux de natalité*** (1996) : 22,8 ‰ (moyenne mondiale 25,0 ‰).
- ***Taux de mortalité*** (1996) : 7,7 ‰ (moyenne mondiale 9,3 ‰).
- ***Taux d'accroissement naturel*** (1996) : 15,1 ‰ (moyenne mondiale 15,7 ‰).
- ***Taux de fécondité*** (nombre moyen de naissances par femme en âge de procréer, 1995) : 2,7.
- ***Espérance de vie*** à la naissance (1995) : hommes 68,5 ans ; femmes 74,3 ans.

Économie nationale

- ***Budget de l'État*** (1995)

Recettes : 54 024 000 000 ALL (impôts 73,6 %, dont impôts sur les chiffres d'affaires 19,3 %, cotisations de la sécurité sociale 17,1 % ; droits d'importation et taxes à l'exportation 11,5 % ; impôts indirects 26,4 %).
Dépenses : 77 134 000 000 ALL (dépenses courantes 76,1 %, dont salaires des personnels 23,9 %, sécurité sociale 18,2 %, administration et maintenance 15,9 %, service de la dette publique 6,5 %, dépenses en capital 23,9 %).

- ***Dette publique*** (1995) : 556 700 000 USD.
- ***Tourisme*** (1995) : recettes touristiques 7 000 000 USD ; dépenses touristiques à l'étranger 5 000 000 USD.
- ***Production***

Agriculture, sylviculture, pêche (1996).
Céréales 537 600 t ; légumes et melons 459 000 t (principalement pois, oignons, tomates, choux, aubergines et carottes) ; pommes de terre 137 000 t ; betteraves à sucre 74 000 t ; raisins 64 000 t ; olives 45 000 t ; pommes 10 000 t ; oranges 5 500 t.
Cheptel (sur pied) : moutons 2 500 000 ; chèvres 1 900 000 ; bovins 850 000.
Bois (1995) : 63 500 m³.
Pêche (1995) : 3 488 t.

→ *Corpus* : ALBANIE
→ ***Grand Atlas de Géographie*** (éd. 1992) : 22, 38
→ ***Grand Atlas de l'Histoire*** : 215, 228, 267, 295

Corpus : BALKANIQUE (PÉNINSULE) ; DINARIDES (les hommes) ; EUROPE DE L'EST – Les économies des pays communistes ; SOCIALISME – Économie des pays socialistes ; Socialisme et Tiers Monde.

Universalia 1991 : 117 La Communauté européenne dans la nouvelle configuration Est-Ouest ; ***Universalia 1992*** : 179 Les ratés de la démocratie ; 201 Le retour des nationalités ; ***Universalia 1998*** : 143 L'impossible démocratisation.

Thesaurus :
BEKTĀSHIYYA
DURRËS
GUÈGUES
KORCË
KOSSOVO

Industries extractives (1995) : minerai de cuivre 258 000 t ; minerai de chromite 243 000 t.
Industries manufacturières (valeur de la production en prix constants de 1990, millions de ALL, 1993) : produits alimentaires 824 ; textiles 263 ; vêtements 139 ; produits de consommation 93 ; tabac 70 ; matériaux de construction 64.
Bâtiment (1990) : 12 428 unités.
Énergie (production/consommation) : électricité (1994) 3 903 000 000/3 903 000 000 kWh ; charbon (1994) 179 000/179 000 t ; pétrole brut (1994) 3 527 800/2 703 500 barils ; produits pétroliers (1994) 261 000/261 000 t ; gaz naturel (1994) 77 000 000/77 000 000 m³.

■ ***Produit national brut*** (1995) : 2 199 000 000 USD (670 USD/hab.).

■ ***Population active*** (1995) : 1 325 000 ; taux d'activité 63,0 % (1993 taux de participation : 15-64 ans 90,2 % ; femmes 49,0 % ; sans-emploi 12,9 %).

■ ***Utilisation du sol*** (1994) : forêts 38,2 % ; prairies et pâturages 15,5 % ; terres cultivées et plantations 25,6 % ; autres 20,7 %.

Échanges extérieurs

■ ***Importations*** (1995) : 679 000 000 USD (nourriture, boissons, animaux sur pied et tabac 22,3 % ; produits manufacturés 21,2 % ; équipement industriel et de transport 20,3 % ; combustibles minéraux 9,7 % ; produits chimiques 6,8 %).
Principales sources des importations : Italie 37,9 % ; Grèce 26,8 % ; Bulgarie 8,0 % ; Allemagne 4,6 % ; Turquie 4,1 % ; Autriche 2,0 %.

■ ***Exportations*** (1995) : 205 000 000 USD (divers objets manufacturés 45,5 % ; matières premières 24,7 % ; produits manufacturés 14,1 %).
Principales destinations des exportations : Italie 51,5 % ; Grèce 9,9 % ; Turquie 6,2 % ; Belgique et Luxembourg 5,4 %.

Transports et communications

■ ***Transports***
Chemins de fer (1996) : longueur 670 km ; trafic : 197 000 000 passagers-km ; 428 000 000 t-km.
Routes (1995) : longueur totale 15 500 km (30 % recouvertes).
Véhicules (1995) : voitures particulières 58 682 ; camions et autobus 34 441.
Marine marchande (1990) : 24 navires (de 100 tjb et plus) ; 80 954 tonneaux de port en lourd.
Transports aériens (1995) : 1 aéroport desservi par des vols réguliers ; 3 519 000 passagers-km ; 325 000 t-km.

■ ***Communications***
Journaux quotidiens (1995) : diffusion totale 165 000 ; diffusion pour 1 000 hab. 54.
Radiodiffusion (1996) : 550 000 postes récepteurs ; 157 pour 1 000 hab.
Télévision (1995) : 300 000 postes récepteurs ; 89 pour 1 000 hab.
Téléphone (1995) : 42 000 lignes principales ; 12 pour 1 000 hab.

Éducation et santé

■ ***Niveau d'éducation*** (1989)
Proportion de la population âgée de 10 ans et plus : ayant une éducation primaire 65,3 % ; éducation secondaire 29,1 % ; éducation supérieure 5,6 %.

districts (rrethet)	chefs-lieux	superficie (km²)	population (estim. 1990)
Berat (Berati)	Berat	1 027	180 500
Dibër (Dibra)	Peshkopi (Peshkopia)	1 568	153 800
Durrës (Durrësi)	Durrës	848	251 000
Elbasan (Elbasani)	Elbasan	1 481	248 700
Fier (Fieri)	Fier	1 175	251 100
Gjirokastër (Gjirokastra)	Gjirokastër	1 137	67 400
Gramsh (Gramshi)	Gramsh	695	44 800
Kolonjë (Kolonja)	Ersekë (Erseka)	805	25 300
Korçë (Korça)	Korçë	2 181	218 200
Krujë (Kruja)	Krujë	607	109 900
Kukës (Kukësi)	Kukës	1 330	104 700
Lezhë (Lezha)	Lezhë	479	63 500
Librazhd (Librazhdi)	Librazhd	1 013	73 900
Lushnjë (Lushnja)	Lushnjë	712	137 800
Mat (Mati)	Burrel (Burreli)	1 028	78 800
Mirditë (Mirdita)	Rrëshen (Rrësheni)	867	51 700
Përmet (Përmeti)	Përmet	929	40 400
Pogradec (Pogradeci)	Pogradec	725	73 300
Pukë (Puka)	Pukë	1 034	50 300
Sarandë (Saranda)	Sarandë	1 097	89 500
Shkodër (Shkodra)	Shkodër	2 528	241 500
Skrapar (Skrapari)	Çorovodë (Çorovoda)	775	47 600
Tepelenë (Tepelena)	Tepelenë	817	51 000
Tiranë (Tirana)	Tiranë	1 238	374 500
Tropojë (Tropoja)	Bajram Curri	1 043	46 000
Vlorë (Vlora)	Vlorë	1 609	180 700
total		**28 748**	**3 255 900**

Territoire et population.

	1994		1995	
	millions de ALL	% du total	effectifs	% des effectifs
agriculture	92 254	55,5	778 000	49,0
industrie, mines et entreprises publiques	20 966	12,6	95 000	22,2
bâtiment	15 732	9,5	21 000	7,3
transports et communications	5 546	3,3	30 000	2,1
commerce			62 000	1,9
administration, défense nationale	31 799	19,1	n.d.	n.d.
services			79 000	17,5
autres			260 000*	n.d.
total	**166 297**	**100,0**	**1 325 000**	**100,0**

(*) Y compris 171 000 sans-emploi.

Structure du produit intérieur brut et effectifs.

	1990	1991	1992	1993	1994	1995
millions de ALL	− 150	− 308	− 454	− 490	− 460	− 474
% du total	24,5	60,3	76,4	68,6	62,0	53,6

Balance commerciale (prix courants).

	nombre d'établissements	nombre d'enseignants	nombre d'élèves	nombre d'élèves par enseignant
primaire (6-13 ans)	1 777	32 098	535 713	16,7
secondaire (14-17 ans)	47*	4 149	73 259	17,7
professionnel et formation à l'enseignement*	466	7 390	138 000	18,7
supérieur	8*	1 774	30 185	17,0

(*) 1990.

Enseignement (1993).

	1991	1992	1993	1994	1995	1996
indice des prix à la consommation	100,0	325,2	602,0	737,8	794,7	896,0
indice des revenus annuels	n.d.	n.d.	n.d.	n.d.	n.d.	n.d.

Indices des prix et des revenus (décembre 1991 = 100).

■ ***Alphabétisation*** (1989) : personnes âgées de 15 ans et plus alphabétisées 91,8 %.

■ ***Santé*** (1994) : 6 154 médecins[c] (1 pour 552 hab.) ; 10 200 lits d'hôpital (1 pour 333 hab.) ; taux de mortalité infantile (1996) : 49,2 ‰.

■ ***Alimentation*** (1995) : apport journalier en calories par habitant 2 324 (alimentation d'origine végétale 64 % ; d'origine animale 36 %) ; soit 96 % du niveau minimal recommandé par la F.A.O.

Défense nationale

■ ***Contingent*** (1996) : 54 000 (armée de terre 83,3 % ; marine 4,6 % ; armée de l'air 12,1 %).
■ ***Dépenses militaires*** (1995) : 1,1 % du P.N.B. (moyenne mondiale 2,8) ; soit 14 USD/hab.

a. À la mi-1995, environ 500 000 Albanais travaillaient à l'étranger.
b. Une partie importante de la population ne se déclare pas adepte d'une religion.
c. Comprend les dentistes.

ALGÉRIE

→ *Corpus* : ALGÉRIE
→ *Grand Atlas de Géographie* (éd. 1992) : 132, 144
→ *Grand Atlas de l'Histoire* : 209, 240, 241, 249, 260, 261, 276, 282, 283, 294, 295

- ***Nom officiel*** : République algérienne démocratique et populaire (el Djemhoûrîya el Djazâirîya ed Dîmôqrâṭîya ech Cha'bîya ; forme courte : el Djazâir). Code I.S.O. : DZ.
- ***Forme de gouvernement*** : république à régime multipartiste avec deux corps législatifs (Conseil de la Nation [144], Assemblée nationale du peuple [380])[a].
- ***Chef de l'État*** : président.
- ***Chef du gouvernement*** : Premier ministre.
- ***Capitale*** : Alger (El Djazâir).
- ***Langue officielle*** : arabe.
- ***Religion officielle*** : islam.
- ***Unité monétaire*** : 1 dinar algérien (DZD) = 100 centimes ; valeur (31 déc. 1997) : 100 DZD = 10,27 FRF.

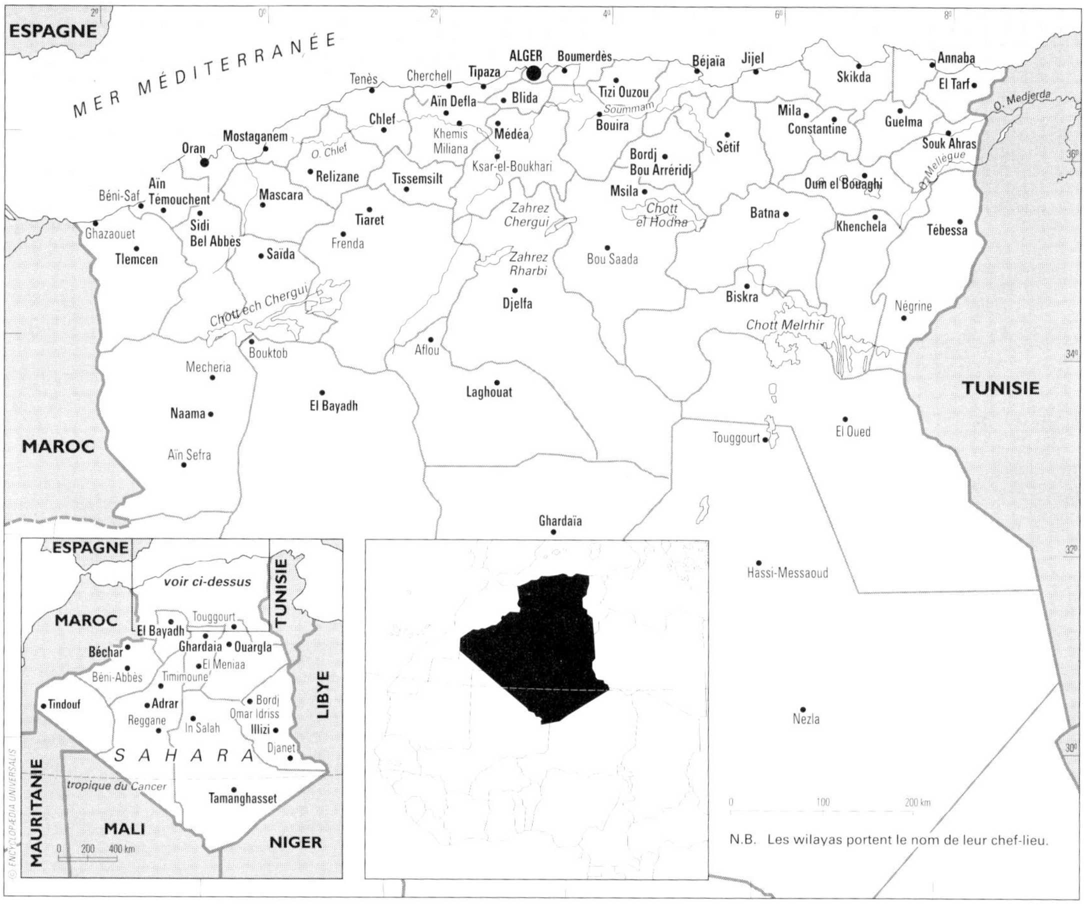

Démographie

- ***Population*** (estim. 1997) : 29 476 000[b].
- ***Densité*** (1997) : 12,4 hab./km².
- ***Répartition urbaine/rurale*** (1995) : population urbaine 55,8 % ; population rurale 44,2 %.
- ***Répartition par sexe*** (1995) : hommes 50,60 % ; femmes 49,40 %.
- ***Répartition par âge*** (1995) : moins de 15 ans 39,0 % ; de 15 à 29 ans 29,6 % ; de 30 à 44 ans 17,3 % ; de 45 à 59 ans 8,2 % ; de 60 à 74 ans 4,6 % ; 75 ans et plus 1,3 %.
- ***Projection démographique*** : 31 410 000 en 2000 ; 38 479 000 en 2010.
- ***Temps de doublement*** : 31 ans.
- ***Composition ethnique*** (1992) : Arabes env. 80,0 % ; Berbères env. 20,0 %, dont Kabyles env. 13,0 %, Chaouïa env. 6,0 %.
- ***Appartenances religieuses*** (1990) : musulmans 99,9 %, dont sunnites 99,5 %, abadites 0,4 % ; catholiques 0,1 %.
- ***Principales villes*** (1987) : Alger 2 168 000 hab. (1995, aire métropolitaine 3 702 000) ; Oran 609 823 hab. ; Constantine 440 842 hab. ; 'Annaba 222 518 hab. ; Bâtna 181 601 hab.

Statistiques de l'état civil

- ***Taux de natalité*** (1996) : 28,5 ‰ (moyenne mondiale 25,0 ‰).
- ***Taux de mortalité*** (1996) : 5,9 ‰ (moyenne mondiale 9,3 ‰).
- ***Taux d'accroissement naturel*** (1996) : 22,6 ‰ (moyenne mondiale 15,7 ‰).
- ***Taux de fécondité*** (nombre moyen de naissances par femme en âge de procréer, 1996) : 3,6.
- ***Nombre de mariages*** (pour 1 000 hab., 1993) : 5,7.

Corpus : AFRIQUE (Structure et milieu) – Afrique du Nord ; ALGER ; ALPHABÉTISATION ; ARABE – Les Arabes ; BERBÈRES ; FAMILLE – Les communautés familiales ; GAZ NATUREL ; ISLAM (Histoire) – Modernisme dans le monde musulman (le Maghreb) ; KABYLES ; MAGHREB ; MÉDITERRANÉE (HISTOIRE DE LA) [mutations sociales et économiques] ; MÉDITERRANÉE (MER) [exploitation] ; MOZABITES ; PÉTROLE – Géographie du pétrole ; POPULATION (GÉOGRAPHIE DE LA) [population et démographie].

Universalia 1989 : 178 Avant et après octobre 1988 ; *Universalia 1990* : 302 La longue marche du Maghreb ; *Universalia 1991* : 210 Le nouveau paysage audiovisuel en Afrique francophone ; *Universalia 1992* : 122 L'Europe et l'Afrique : quelles perspectives ? ; *Universalia 1993* : 171 La démocratie sauvée ? ; *Universalia 1997* : 139 À huis clos.

Thesaurus :
ALGÉRIE (HAUTES PLAINES D')
ANNABA EL HADJAR
CONSTANTINE
KABYLIES
MITIDJA
MOUDJAHID (EL-)
ORAN-ARZEW
SAHARA ALGÉRIEN
SERSOU
SKIKDA
TELL ALGÉRIEN
TLEMCEN
TOUAREG

wilayas et chefs-lieux *	superficie (km²)	population (recens. 1987)
Adrâr	422 500	217 678
'Aïn Defla ('Aïn ed Defla) [Duperré]	4 557	537 256
'Aïn Temoûchent	2 491	274 990
Alger (El Djazâir, El Djazaïr, El Djezaïr)	263	1 690 191
'Annaba [Bône]	1 196	455 888
Bâtna	12 121	752 617
el Bayad (El Beyyadh, El Bayadh) [Géryville]	79 912	153 254
Béchar [Colomb-Béchar]	163 000	185 346
Bedjâya (Béjâïa) [Bougie]	3 280	700 952
Biskra (Beskra)	16 327	430 202
Blida (El Boulaïda)	1 597	702 188
Bordj Bou Arréridj (Bordj Boû 'Arîrîdj)	4 136	424 828
Bouira (El Bouîra)	4 572	526 900
Boumerdès (Boû Merdês)	1 619	650 975
Chélîf (Ech Cheliff, Chlef ; ex-El Asnam) [Orléansville]	4 205	684 192
Constantine (Qacentina, Qoussanţîna)	2 150	664 303
Djelfa (El Djelfa)	23 328	494 494
Djîdjel (Jîjel) [Djidjelli]	2 350	472 312
Ghardâya (Ghardaïa)	87 000	216 140
Ghelîzâne (Ghilîzâne, Relizane)	5 016	544 877
Guelma (Gâlma)	4 291	353 309
Illizi (Ilizi) [Fort-Polignac]	260 000	18 930
Khenchela (Kenchla)	10 596	246 541
Laghouâţ	25 403	212 388
Mascara (Mouaskar)	5 846	566 901
Médéa (El Mediyya, Lemdiyya)	8 834	652 863
Mîla	3 490	511 605
Mostaganem (Mestghânem)	1 977	505 932
Msîla (El Msîla)	17 852	604 693
Naama (En Na'âma)	30 801	113 700
Oran (Wahran, Ouahrâne)	2 114	932 473
Ouargla (Wargla)	280 000	284 454
el Oued (El Ouâdi, El Wad)	73 200	376 909
Oum el Bouâgui (Oum el Bouaghi) [Canrobert]	6 259	403 936
Saïda (Sa'îda)	6 129	235 494
Sétif (Seţîf, Stif)	6 648	1 000 694
Sidi-bel-Abbès (Sidi Bel Abbês)	9 258	446 277
Skîkda [Philippeville]	4 120	622 510
Souk Ahras (Soûq Ahrâs)	4 345	296 077
Tamanrasset (Tamenghest) [Fort-Laperrine]	570 000	95 822
el Tarf (Eţ Târf)	3 144	275 315
Tébessa (Tbessa)	14 984	410 233
Tiâret (Tihert)	19 921	575 794
Tindoûf	153 000	16 428
Tipasa (Tipaza)	2 072	620 151
Tissemsîlt [Vialar]	3 477	228 120
Tîzi Oûzou	3 025	936 948
Tlemcen (Tilimsen, Tlemsâne)	9 335	714 862
total	**2 381 741**	**23 038 942** [1]

(•) Les noms entre parenthèses sont des variantes de translittération ; les noms entre crochets rappellent d'anciennes dénominations françaises.
1. Population de facto.

Territoire et population.

	1994		1990	
	millions de DZD	% du total	effectifs	% des effectifs
agriculture	140 500	9,5	907 490	15,9
pétrole et gaz naturel	334 200 [1]	22,7	55 000	1,0
autres activités minières	2 200	0,2	n.d.	n.d.
industrie	137 000	9,3	646 390	11,3
entreprises publiques et bâtiment	182 100	12,4	651 370	11,4
administration, défense nationale	187 000	12,7	1 318 370	23,1
transports et communications			252 230	4,4
commerce	488 400 [2]	33,2	444 970	7,8
autres			1 435 180 [3]	25,1
total	**1 471 400**	**100,0**	**5 711 000**	**100,0**

1. Le pétrole et le gaz naturel comprennent le pétrole raffiné et les produits dérivés du pétrole. 2. Comprend 119 100 000 000 DZD de droits d'importation. 3. Dont 1 141 278 sans-emploi.

Structure du produit intérieur brut et effectifs.

	1990	1991	1992	1993	1994	1995	1996
indice des prix à la consommation	100,0	125,9	165,8	199,8	257,8	340,8	420,1 [1]
indice des revenus [2]	100,0	131,1	170,2	199,1	203,8	224,2	246,6

1. Moyenne du 2ᵉ trimestre. 2. Employés d'État uniquement ; données fondées sur la moyenne des revenus bruts de janvier.

Indices des prix et des revenus (1990 = 100).

	1990	1991	1992	1993	1994	1995
millions de USD	+ 3 215	+ 4 107	+ 2 489	+ 1 312	− 1 005	+ 429
% du total	14,2	21,1	12,6	7,0	5,5	2,2

Balance commerciale (prix courants).

■ ***Nombre de divorces :*** n.d.

■ ***Espérance de vie*** à la naissance (1996) : hommes 67,2 ans ; femmes 69,5 ans.

■ ***Principales maladies infectieuses*** (cas déclarés, pour 100 000 habitants, 1990) : hépatite 15,1 ; fièvre typhoïde 11,3 ; rougeole 7,2 ; choléra 5,2 ; tuberculose 4,8.

Économie nationale

■ ***Budget de l'État*** (1995)
Recettes : 600 900 000 000 DZD (taxes à l'exportation sur les hydrocarbures 50,8 % ; taxes à la valeur ajoutée 16,1 %).
Dépenses : 627 700 000 000 DZD (dépenses courantes 70,8 % ; dépenses de développement 23,1 % ; autres 6,1 %).

■ ***Dette publique*** (extérieure, créances, 1995) : 30 442 000 000 USD.

■ ***Tourisme*** (1995) : recettes touristiques 27 000 000 USD ; dépenses touristiques à l'étranger 135 000 000 USD.

■ ***Production***
Agriculture, sylviculture, pêche (1996).
Blé 2 800 000 t ; orge 1 690 000 t ; pommes de terre 1 150 000 t ; tomates 718 000 t ; dattes 360 600 t ; olives 313 300 t ; oignons 312 900 t ; oranges 236 700 t ; raisins 132 300 t.
Cheptel (sur pied) : moutons 17 565 000 ; chèvres 2 895 000 t.
Bois (1995) : 2 517 000 m³.
Pêche (1995) : 106 246 t.
Industries extractives (1996) : minerai de fer (poids brut) 2 245 000 t ; phosphate minéral (poids brut) 1 051 000 t ; mercure 10 669.
Industries manufacturières (valeur ajoutée en millions d'USD, 1994) : produits alimentaires 686 ; fer et acier 594 ; produits manufacturés métallurgiques 489 ; ciment, briques et tuiles 358 ; équipement de transport 333 ; matériel électrique 227.
Bâtiment : n.d.
Énergie (production/consommation) : électricité (1994) 19 888 000 000/18 764 000 000 kWh ; charbon (1994) 20 000/1 280 000 t ; pétrole brut (1995) 278 860 000/(1994) 160 307 000 barils ; produits pétroliers (1994) 39 543 000/10 862 000 t ; gaz naturel (1995) 60 600 000 000/(1994) 19 209 000 000 m³.

■ ***Produit national brut*** (1995) : 44 409 000 000 USD (1 600 USD/hab.).

■ ***Population active*** (1994) : 6 814 000 ; taux d'activité 24,8 % (taux de participation [1987] : 15-64 ans 44,3 % ; femmes 9,2 % ; sans-emploi [1995] plus de 28 %).

■ ***Revenus et dépenses des ménages***
Taille moyenne des ménages (1992) : 6,9.
Revenu annuel moyen par ménage : n.d. ; sources des revenus (1995) : salaires et traitements 43,1 % ; activités non salariées 38,3 % ; transferts 18,6 %.
Dépenses (1988) : alimentation et boissons 52,3 % ; transports et communications 12,0 % ; habillement 8,6 % ; logement et énergie 6,7 % ; autres 20,4 %.

■ ***Utilisation du sol*** (1994) : forêts 1,6 % ; prairies et pâturages 13,3 % ; terres cultivées et plantations 3,4 % ; autres (désert principalement) 81,7 %.

	nombre d'établissements	nombre d'enseignants	nombre d'élèves	nombre d'élèves par enseignant
primaire (6-11 ans)	17 186	169 010	4 617 000	27,3
secondaire (12-17 ans)	3 954	150 397	2 544 864	16,9
supérieur*	n.d.	14 475	233 019	16,1

(*) 1994-1995.

Enseignement (1995-1996).

Échanges extérieurs[c]

■ ***Importations*** (1994) : 9 599 000 000 USD (produits alimentaires 29,4 %, dont céréales et dérivés 13,8 % ; machines non électriques 14,7 % ; produits métallurgiques 9,5 %).
Principales sources des importations (1995) : France 29,6 % ; Espagne 10,5 % ; Italie 8,2 % ; États-Unis 8,0 % ; Allemagne 5,6 %.

■ ***Exportations*** (1994) : 8 594 000 000 USD (pétrole brut 45,7 % ; gaz naturel 31,2 % ; pétrole raffiné 18,8 %).
Principales destinations des exportations (1995) : Italie 18,8 % ; États-Unis 14,8 % ; France 11,8 % ; Espagne 8,0 % ; Allemagne 7,9 %.

Transports et communications

■ ***Transports***
Chemins de fer (1994) : longueur 4 772 km ; trafic (1994) : 2 524 000 000 passagers-km ; 2 400 000 000 t-km.
Routes (1995) : longueur totale 102 424 km (69 % recouvertes).
Véhicules (1995) : voitures particulières 871 000 ; camions et autobus 566 000.
Marine marchande (1992) : 149 navires (de 100 tjb et plus) ; 1 093 363 tonneaux de port en lourd.
Transports aériens (Air Algérie, 1996) ; trafic : 2 644 000 000 passagers-km ; 14 826 000 t-km. 28 aéroports desservis par des vols réguliers (1996).

■ ***Communications***
Journaux quotidiens (1994) : diffusion totale 1 440 000 ; diffusion pour 1 000 hab. 52.
Radiodiffusion (1996) : 3 500 000 postes récepteurs ; 122 pour 1 000 hab.
Télévision (1995) : 2 000 000 postes récepteurs ; 71 pour 1 000 hab.
Téléphone (1995) : 1 174 300 lignes principales ; 42 pour 1 000 hab.

Éducation et santé

■ ***Niveau d'éducation*** (1989)
Proportion de la population active âgée de 16 ans et plus : sans instruction scolaire 38,2 % ; ayant une éducation coranique 0,9 % ; éducation primaire 20,8 % ; éducation secondaire 11,1 % ; éducation professionnelle 19,7 % ; éducation supérieure 9,3 %.

■ ***Alphabétisation*** (1995) : personnes âgées de 15 ans et plus alphabétisées 10 531 000 (61,6 %) ; hommes 6 368 000 (73,9 %) ; femmes 4 163 000 (49,0 %).

■ ***Santé*** (1994) : 25 796 médecins (1 pour 1 066 hab.) ; 53 612 lits d'hôpital (1 pour 513 hab.) ; taux de mortalité infantile (1994) : 48,7 ‰.

■ ***Alimentation*** (1995) : apport journalier en calories par habitant 3 042 (alimentation d'origine végétale 90 % ; d'origine animale 10 %) ; soit 127 % du niveau minimal recommandé par la F.A.O.

Défense nationale

■ ***Contingent*** (1996) : 123 700 (armée de terre 86,5 % ; marine 5,4 % ; armée de l'air 8,1 %).

■ ***Dépenses militaires*** (1995) : 3,2 % du P.N.B. (moyenne mondiale 2,8 %) ; soit 43 USD/hab.

---

a. Les sièges du Conseil des Nations sont pourvus à la fin de 1997 ; 48 d'entre eux sont désignés par le président.

b. Non compris environ 1 200 000 Algériens vivant à l'étranger.

c. Importations C.I.F. ; exportations F.O.B.

→ ***Corpus*** : ALLEMAGNE
→ ***Grand Atlas de Géographie*** (éd. 1992) : 30, 52, 54, 56, 60 ; 229 (Ruhr), 230a (Berlin)
→ ***Grand Atlas de l'Histoire*** : 208, 209, 210, 211, 212, 213, 216-217 (L'unification de l'Allemagne de 1815 à 1871), 244, 245, 252, 253, 256, 257, 264, 265, 266, 267, 268, 269, 272, 273, 274, 275, 295.

ALLEMAGNE

• ***Nom officiel*** : République fédérale d'Allemagne, abr. R.F.A. (Bundesrepublik Deutschland, abr. B.R.D.). Code I.S.O. : DE.

• ***Forme de gouvernement*** : république fédérale à régime multipartiste avec un Parlement comprenant deux chambres, le Bundestag (Diète fédérale [672]) et le Bundesrat (Conseil fédéral [68]).

• ***Chef de l'État*** : président.

• ***Chef du gouvernement*** : chancelier fédéral.

• ***Capitale*** : Bonn (provisoirement siège du gouvernement ; capitale désignée : Berlin).

• ***Langue officielle*** : allemand.

• ***Religion officielle*** : aucune.

• ***Unité monétaire*** : 1 deutsche Mark (DEM) = 100 pfennigs ; valeur (31 déc. 1997) : 100 DEM = 334,57 FRF ; 1 écu = 1,976 32 DEM.

Démographie

■ ***Population*** (estim. 1997) : 82 143 000.

■ ***Densité*** (1997) : 230,1 hab./km².

■ ***Répartition urbaine/rurale*** (1996, janvier) : population urbaine 86,1 % ; population rurale 13,9 %.

■ ***Répartition par sexe*** (1996) : hommes 48,68 % ; femmes 51,32 %.

■ ***Répartition par âge*** (1996, janvier) : moins de 15 ans 16,2 % ; de 15 à 29 ans 19,4 % ; de 30 à 44 ans 23,8 % ; de 45 à 59 ans 19,6 % ; de 60 à 74 ans 14,6 % ; 75 ans et plus 6,4 %.

■ ***Projection démographique*** : 82 931 000 en 2000 ; 85 613 000 en 2010.

■ ***Temps de doublement*** : sans objet.

■ ***Composition ethnique*** (nationalités, 1997) : Allemands 91,2 % ; Turcs 2,5 %, dont Kurdes (1990) environ 0,5 % ; Yougoslaves 1,0 % ; Italiens 0,7 % ; Grecs 0,4 % ; Bosniaques 0,4 % ; Polonais 0,3 % ; Autrichiens 0,2 % ; Croates 0,2 % ; Espagnols 0,2 % ; autres 2,9 %.

■ ***Appartenances religieuses*** ex-R.F.A. (1987) : catholiques 42,9 % ; luthériens 41,6 % ; musulmans 2,7 % ; calvinistes 0,6 % ; juifs 0,1 % ; autres 12,1 % ; ex-R.D.A. (1990) : protestants 47,0 % ; catholiques 7,0 % ; sans appartenance et autres 46,0 %.

■ ***Principales villes*** (1995) : Berlin 3 470 200 hab. ; Hambourg 1 706 800 hab. ; Munich 1 240 600 hab. ; Cologne 964 200 hab. ; Francfort-sur-le-Main 651 200 hab. ; Essen 616 400 hab. ; Dortmund 600 000 hab. ; Stuttgart 587 000 hab. ; Düsseldorf 571 900 hab. ; Brême 549 000 hab. ; Duisburg 535 200 hab. ; Hanovre 524 600 hab. ; Nuremberg 494 100 hab.

■ ***Ménages*** (1996)
Nombre de ménages : 37 281 000.
Taille moyenne des ménages : 2,2.
Composition des ménages : ménages d'une personne 35,4 % ; de 2 personnes 32,3 % ; de 3 personnes 15,5 % ; de 4 personnes 12,2 % ; de 5 personnes ou plus 4,6 %.

Statistiques de l'état civil

■ ***Taux de natalité*** (1995) : 9,4 ‰ (moyenne mondiale 25,0 ‰) ; taux de naissances légitimes 83,9 %, illégitimes 16,1 %.

Länder (États fédérés)	capitales	superficie (km²)	population (janvier 1996)
Bade-Wurtemberg (Baden-Württemberg)	Stuttgart	35 752	10 319 400
Bavière (Bayern)	Munich (München)	70 551 •	11 993 500
Berlin	Berlin	344	3 471 400
Brandebourg (Brandenburg)	Potsdam	29 479	2 542 000
Brême (Freie Hansestadt Bremen)	Brême (Bremen)	404	679 800
Hambourg (Freie Hansestadt Hamburg)	Hambourg (Hamburg)	755	1 707 900
Hesse (Hessen)	Wiesbaden	21 114	6 009 900
Mecklembourg-Poméranie antérieure, ou occidentale (Mecklenburg-Vorpommern)	Schwerin	23 170	1 823 100
Rhénanie-du-Nord-Westphalie (Nordrhein-Westfalen)	Düsseldorf	34 078 •	17 893 000
Rhénanie-Palatinat (Rheinland-Pfalz)	Mayence (Mainz)	19 848 •	3 977 900
Sarre (Saarland)	Sarrebruck (Saarbrücken)	2 570	1 084 400
Saxe (Sachsen)	Dresde (Dresden)	18 413	4 566 600
Saxe-Anhalt (Sachsen-Anhalt)	Magdebourg (Magdeburg)	20 446	2 738 900
Saxe (Basse-) [Niedersachsen]	Hanovre (Hannover)	47 610	7 780 400
Schleswig-Holstein	Kiel	15 570	2 725 500
Thuringe (Thüringen)	Erfurt	16 171	2 503 800
total		**357 022 •**	**81 817 500**

(•) Le détail général ne correspond pas exactement au détail en raison des arrondis.

Territoire et population.

	millions de DEM	% du total	effectifs	% des effectifs
agriculture	37 150	1,0	942 000	2,4
mines, entreprises publiques	82 420	2,3	454 000	1,1
industrie	843 810	23,8	8 356 000	20,9
bâtiment	217 270	6,1	2 881 000	7,2
transports et communications	176 680	5,0	1 923 000	4,8
commerce	294 820	8,3	4 696 000	11,7
finance, immobilier	497 570	14,0	1 182 000	3,0
services	809 670	22,9	9 728 000	24,3
administration, défense nationale	387 040	10,9	3 320 000	8,3
autres	194 570	5,5	6 503 000 [2]	16,3 [2]
total	**3 541 000**	**100,0** [1]	**39 985 000**	**100,0**

1. Le total général ne correspond pas exactement au détail en raison des arrondis. 2. Y compris 4 003 000 sans-emploi.

Structure du produit intérieur brut et effectifs 1996.

	nombre d'établissements	nombre d'enseignants	nombre d'élèves	nombre d'élèves par enseignant
primaire (6-10 ans)	17 910	199 623	3 634 342	18,2
secondaire (10-19 ans)	17 771	402 472	5 822 242	14,5
professionnel et formation à l'enseignement	9 245	107 548	2 435 753	22,6
supérieur	335	152 401	1 838 456	12,1

Enseignement (1995-1996).

■ ***Taux de mortalité*** (1995) : 10,8 ‰ (moyenne mondiale 9,3 ‰).

■ ***Taux d'accroissement naturel*** (1995) : – 1,4 ‰ (moyenne mondiale 15,7 ‰).

■ ***Taux de fécondité*** (nombre moyen de naissances par femme en âge de procréer, 1994) : 1,5.

■ ***Nombre de mariages*** (pour 1 000 hab., 1995) : 5,3.

■ ***Nombre de divorces*** (pour 1 000 hab., 1994) : 2,0.

■ ***Espérance de vie*** à la naissance (1995) : hommes 73,0 ans ; femmes 79,5 ans.

■ ***Principales causes de décès*** (pour 100 000 hab., 1995) : maladies de l'appareil circulatoire 525,8 ; tumeurs malignes (cancers) 260,7, dont cancers des bronches, du poumon et de la trachée 45,5 ; maladies de l'appareil respiratoire 66,0, dont pneumonie 21,6, bronchite chronique 14,2 ; suicides 15,8.

Indicateurs sociaux

■ ***Niveau d'éducation*** (1995)
Proportion de la population âgée de 25 ans et plus : ayant une éducation primaire et secondaire 60,0 % ; secondaire général 19,3 % ; secondaire professionnel 7,6 % ; post-secondaire et supérieure 18,1 %.

■ ***Qualité de la vie professionnelle***
Durée moyenne de la semaine de travail (1995) : 39,6 heures.
Taux annuel (pour 100 000 actifs, 1993) : d'accidents du travail 4 808 ; de décès 6,7.
Proportion d'effectifs assurés contre dommages ou pertes de revenus résultant de : blessures, presque 100 % ; incapacité permanente, presque 100 % ; décès, presque 100 %.
Nombre moyen (pour 1 000 jours ouvrables) de journées perdues en raison d'arrêts de travail (1996) : 4,1.

■ ***Accès aux services***
Proportion (1996) de logements équipés : de l'électricité presque 100 %, de l'eau courante presque 100 % ; d'installations sanitaires (1993) 98,4 % ; se trouvant dans le rayon d'action des services publics de la protection contre l'incendie 100 %.

pourcentage du revenu familial par quintile				
1	2	3	4	5 (le plus haut)
6,5	11,8	17,3	27,2	37,2

Répartition du revenu (ex-R.F.A. uniquement, 1993).

■ ***Participation à la vie sociale***
Électeurs inscrits ayant participé au dernier scrutin national (oct. 1994) 79,1 % ; personnes participant au travail bénévole n.d. ; taux d'adhésion aux syndicats (1994) environ 27 % des effectifs salariés ; pourcentage de personnes pratiquantes parmi celles qui déclarent une appartenance religieuse (1994) : 5 % des protestants et 25 % des catholiques assistent régulièrement aux offices religieux.

■ ***Délinquance et/ou déviance sociale***
Délits pour 100 000 habitants (1995) : meurtres et homicides involontaires 4,8 ; violences sexuelles 58 (dont voies de fait contre enfants 20, viols 14) ; vols à main armée 78 ; coups et blessures 117 ; vols 4 712.
Taux (pour 100 000 hab., fin des années 1970) : d'alcoolisme 2 500-3 000 ; de toxicomanie 650 ; de suicide (1995) 15,8.

■ ***Niveau de confort*** (revenu moyen, 1996)[a]
Ménages possédant : automobile 96,1 % ; poste téléphonique 99,5 % ; récepteur de télévision en couleurs 95,9 % ; réfrigérateur 79,3 % ; lave-linge 97,7 % ; congélateur 72,1 % ; ordinateur 48,8 % ; magétoscope 80,1 %.

Économie nationale

■ ***Budget de l'État*** (1996)
Recettes : 1 753 518 000 000 DEM (taxes 83,9 %).
Dépenses : 1 864 196 000 000 DEM (pensions et autres paiements de sécurité sociale 33,8 % ; achats de services et de bien courants 22,3 % ; coût en personnel 20,9 %).

■ ***Produit national brut*** (aux prix courants du marché, 1995) : 2 252 343 000 000 USD (27 510 USD/hab.).

■ ***Dette nationale totale*** (1995) : 1 285 900 000 000 DEM.

■ ***Tourisme*** (1996) : recettes touristiques 15 787 500 000 USD ; dépenses touristiques à l'étranger 49 557 600 000 USD.

■ ***Production***
Agriculture (valeur de la production, millions de DEM, 1995-1996), *sylviculture, pêche*.
Céréales 5 713 ; fruits 3 031 ; fleurs et plantes ornementales 2 655 ; betteraves à sucre 2 453 ; raisins 2 336 ; légumes 2 055 ; pommes de terre 1 862 ; pépinières 1 710 ; graines oléagineuses 1 018.
Cheptel (sur pied, 1995) : porcs 24 377 900 ; bovins 15 760 000 ; volailles 87 695 200.
Bois (1996) : 38 970 000 m³.
Pêche (1995) : 298 017 t.
Industries extractives (1996) : potasse 34 600 000 t.
Industries manufacturières (valeur ajoutée aux coûts des facteurs, millions de DEM, 1994) : équipement de base 250 212, dont machines 88 631 ; équipement de transport 70 647 ; équipements électriques 64 067 ; produits chimiques et pharmaceutiques 62 401 ; produits alimentaires et boissons 39 578 ; produits plastiques et synthétiques 28 108 ; verre et céramique 24 094 ; meubles et autres produits en bois 17 024 ; papiers et dérivés 12 608 ; textiles 8 743 ; vêtements 5 847.
Bâtiment (1995) : résidentiel 47 263 000 m² ; non résidentiel 47 229 000 m².

Corpus : ACIER (ÉCONOMIE DE L') [la répartition mondiale de la production] ; AUTOMOBILE – Industrie ; BERLIN ; CHARBONNAGES (l'Europe charbonnière) ; DANUBE ; ÉLECTRONIQUE (INDUSTRIE) [l'électronique dans le monde] ; ENTREPRISES PUBLIQUES (développement) ; EUROPE (Structure et milieu) – Géographie (l'expansion démographique) ; EUROPE DE L'EST – Les économies des pays communistes ; EUROPE OCCIDENTALE ; INDUSTRIE – Groupes industriels et financiers ; KONZERN ; MACHINES-OUTILS (répartition géographique actuelle) ; MIGRANTS ; MINERAIS (principaux producteurs) ; NUCLÉAIRE (INDUSTRIE) ; PHARMACIE ET INDUSTRIE PHARMACEUTIQUE ; POPULATION (GÉOGRAPHIE DE LA) [population et démographie] ; PORTS MARITIMES (les grands ports du monde) ; RECHERCHE SCIENTIFIQUE ; RECONVERSION ÉCONOMIQUE ; RHIN ; SEL (l'économie du sel à la fin du XXe siècle) ; SIDÉRURGIQUE (INDUSTRIE) ; SOCIALISME – Économie des pays socialistes ; TÉLÉVISION ET RADIODIFFUSION – Les organismes dans les pays occidentaux ; TEXTILES (INDUSTRIES) ; TOURISME ; TRANSPORTS ; VIANDE ; VILLE – Réseau urbain (les réseaux urbains nationaux).

Universalia 1985 : 173 Les relations interallemandes ; ***Universalia 1988*** : 105 Europe de l'Est : la diffusion de l'« effet Gorbatchev » ; 169 Une année électorale difficile ; 421 Le 750e anniversaire de Berlin ; ***Universalia 1989*** : 182 Les relations avec l'Europe de l'Est ; 185 Les relations franco-allemandes ; 245 La pollution du Rhin ; 331 Rôle et fonctions des élections dans les pays de l'Est ; ***Universalia 1990*** : 184 R.D.A. : la révolution tranquille ; ***Universalia 1991*** : 117 La Communauté européenne dans la nouvelle configuration Est-Ouest ; 129 La fin de la satellisation de l'Europe de l'Est ? ; 158 Transports internationaux et enjeux géopolitiques ; 165 Le fardeau des déchets industriels ; 194 L'introduction de l'informatique dans l'agriculture ; 198 1990 : l'année de l'unité ; 200 Le nouveau paysage politique ; 263 De nouveaux défis pour le management des entreprises ; ***Universalia 1992*** : 122 L'Europe et l'Afrique : quelles perspectives ? ; 182 Un an après l'Unité ; 301 La réunification des musées de Berlin ; ***Universalia 1993*** : 173 La reconstruction économique ; ***Universalia 1994*** : 180 L'extrême droite ; ***Universalia 1995*** : 163 Une année électorale chargée ; ***Universalia 1996*** : 166 Pauvreté et exclusion ; ***Universalia 1997*** : 144 L'austérité et ses conséquences ; 229 Mer Baltique : géostratégies et nouveaux enjeux.

Thesaurus :
AIX-LA-CHAPELLE
ALPES BAVAROISES
AUGSBOURG
BADE
BADE-WURTEMBERG
BASSE-SAXE
BAVIÈRE
BERG
BEZIRK
BILD ZEITUNG
BONN
BRANDEBOURG
BRÊME
BRISACH
BRUNSWICK
COBLENCE
COLOGNE
DRESDE
ELBE
ERFURT
FRANCFORT-SUR-LE-MAIN
FRANCFORT-SUR-L'ODER
FRIBOURG-EN-BRISGAU
GÖTTINGEN
HAMBOURG
HANOVRE
HEIDELBERG
KARLSRUHE
KIEL
LAND
LÜBECK
LUSACE
MAGDEBOURG
MARSCHEN
MAYENCE
MECKLEMBOURG
MITTELLANDKANAL
MOSELLE
MUNICH
MÜNSTER
NECKAR
NECKAR (MITTLERER)
NUREMBERG
ODER
ODER-NEISSE (LIGNE)
OLDENBURG
POTSDAM
RATISBONNE
RHÉNANIE
RHÉNANIE DU NORD-WESTPHALIE
ROSTOCK
RUHR
SAALE
SARRE
SCHLESWIG-HOLSTEIN
SOUABE
SPIEGEL (DER)
STERN (DER)
THURINGE
ULM
WEIMAR
WELT (DIE)
WESER
WITTENBERG
WURZBURG
ZEIT (DIE)

	1991	1992	1993	1994	1995	1996	1997 (sept.)
taux de change, DEM pour 1 [1] :							
USD	1,516 0	1,614 0	1,726 3	1,548 8	1,433 5	1,554 8	1,765 5
D.T.S.	2,168 5	2,219 3	2,371 2	2,261 0	2,130 9	2,235 7	2,410 3
réserves internationales (USD) [1] :							
total (sans l'or, millions)	63 001	90 967	77 640	77 363	85 005	83 178	77 195
D.T.S. (millions)	1 917	841	962	1 114	2 001	1 907	1 831
réserve éventuelle au F.M.I. (millions)	3 567	4 239	3 951	4 030	5 210	5 468	5 008
devises (millions)	57 517	85 877	72 727	72 219	77 794	75 083	70 356
or (onces, millions)	95,18	95,18	95,18	95,18	95,18	95,18	95,18
% des réserves mondiales	10,13	10,24	10,43	10,46	10,48	10,52	10,67
intérêts et prix [1] :							
escompte de la Banque centrale (%)	8,0	8,3	4,8	4,5	3,0	2,5	2,5
taux de rendement des bons du Trésor (%)	8,6	8,0	6,3	6,7	6,5	5,6	5,1
cotation des actions des sociétés industrielles (1990 = 100) [2]	89,1	86,2	87,8	105,9	103,5	117,9	176,9
balance des paiements [1] **(USD, milliards) :**							
balance commerciale	+ 19,92	+ 28,72	+ 41,75	+ 51,68	+ 66,12	71,21	n.d.
importations F.O.B.	383,48	401,51	340,73	318,59	457,10	488,22	n.d.
exportations F.O.B.	403,37	430,23	382,49	430,27	523,22	519,44	n.d.
balance des transactions invisibles	− 37,80	− 48,11	− 55,15	− 71,99	− 87,10	− 84,28	n.d.
balance des paiements, compte courant	+ 17,88	− 19,39	− 13,40	− 20,31	− 20,98	− 13,07	n.d.

1. Fin de période. 2. Moyenne annuelle.

Agrégats financiers.

	nombre d'entreprises	nombre d'employés	salaire hebdomadaire en % de la moyenne de tous les salaires	chiffre d'affaires annuel (millions de DEM)
gaz	151	37 000	n.d.	42 228
eau	183	40 000	n.d.	3 443
électricité	462	296 000	n.d.	147 076
transport :				
aérien	133	57 390	n.d.	20 270
bus, trains	6 055	609 738	n.d.	27 283
bateaux	1 449	9 076	n.d.	n.d.
communications :				
presse	2 452	240 075	n.d.	31 096
cinéma [1]	615	3 000	n.d.	836
postes	17 616 [2]	672 573	n.d.	68 346
hôtellerie et restauration	135 141	652 251	n.d.	60 267
commerce de gros	36 605 [2]	152 629	n.d.	1 015 984
commerce de détail	152 629	2 241 000	n.d.	605 755

1. 1984. 2. 1990.

Services (1991).

	nombre d'entreprises [1]	nombre de commerçants et professionnels [2]	salaire de la profession en % de la moyenne de tous les salaires	valeur de la production annuelle brute (millions de DEM)
industrie	**39 316**	**6 644 000**	**100,0**	**2 059 072**
véhicules automobiles	827	694 000	112,6	260 587
machines non électriques	5 803	1 039 000	99,6	248 037
machines et appareils électriques	2 427	795 000	106,9	226 297
produits chimiques	1 292	551 000	102,7	224 693
produits alimentaires et boissons	4 421	546 000	90,0	218 037
pétrole et gaz naturel	54	25 000	124,1	113 716
caoutchouc et matières plastiques	2 560	358 000	n.d.	88 127
verre et céramique	2 398	282 000	n.d.	74 286
bois et dérivés	2 039	127 000	83,8	31 726
textiles	1 296	149 000	81,8	31 641
mines et industries extractives	**782**	**188 000**	**105,3**	**40 084**
bâtiment	**24 738**	**1 486**	**100,0**	**259 416**

1. De plus de 10 ouvriers. 2. 1994 ; Allemagne de l'Ouest seulement.

Industrie, mines et bâtiment (1995).

Énergie (production/consommation) : électricité (1994) 528 221 000 000/530 558 000 000 kWh ; houille anthraciteuse (1994) 57 623 000/66 255 000 t ; lignite (1994) 207 077 000/209 308 000 t ; pétrole brut (1994) 21 535 000/793 500 000 barils ; produits pétroliers (1994) 99 578 000/113 839 000 t ; gaz naturel (1994) 20 904 000/92 770 000 m³.

■ ***Population active*** (1994) : 40 236 000 ; taux d'activité 49,4 % (taux de participation : 15-64 ans 71,7 % ; femmes 42,7 % ; sans-emploi 10,3 %).

■ ***Revenus et dépenses des ménages***
Revenu annuel moyen par ménage (1996[a]) : 82 488 DEM (54 816 USD) ; sources des revenus : salaires 78,8 % ; activités non salariées 11,6 % ; paiements de transfert 9,6 %.
Dépenses : loyers 23,9 % ; alimentation et boissons 21,2 % ; transports 18,0 % ; loisirs et éducation 11,4 % ; dépenses ménagères 7,2 % ; habillement 6,4 %.

■ ***Utilisation du sol*** (1994) : forêts 30,6 % ; prairies et pâturages 15,1 % ; terres cultivées et plantations 19,9 % ; autres 34,4 %.

Échanges extérieurs

■ ***Importations*** (1996) : 669 060 500 000 DEM (équipement industriel et de transport 33,4 %, dont matériel de transport routier 9,9 %, machines de bureau et micro-ordinateur 6,7 %, équipements électriques 4,4 % ; produits chimiques et dérivés 8,6 %, dont produits chimiques organiques 2,0 %, plastiques 1,6 % ; produits alimentaires et boissons 7,8 %, dont fruits et légumes 2,7 %, viande et produits dérivés de la viande 1,2 %, café, thé et cacao 0,9 % ; combustibles minéraux 7,7 %, dont pétrole brut et produits pétroliers 5,3 %, gaz naturel 1,9 % ; habillement 6,4 % ; fer et acier 2,6 % ; meubles 1,5 %).
Principales sources des importations : France 10,3 % ; Pays-Bas 8,3 % ; Italie 8,0 % ; États-Unis 7,1 % ; Royaume-Uni 6,6 % ; Belgique et Luxembourg 6,1 % ; Japon 4,9 % ; Suisse 3,8 % ; Autriche 3,7 %.

■ ***Exportations*** (1996) : 771 913 400 000 DEM (équipement industriel et de transport, 49,6 %, dont matériel de transport routier 16,4 %, matériels électriques et machines de bureau 7,9 %, produits chimiques et dérivés 13,1 %, dont produits chimiques organiques 2,6 %, plastiques 2,3 %, médicaments 2,1 %).
Principales destinations des exportations : France 10,9 % ; Royaume-Uni 7,8 % ; États-Unis 7,5 % ; Italie 7,4 % ; Pays-Bas 7,4 % ; Belgique et Luxembourg 6,2 % ; Autriche 5,6 % ; Suisse 4,9 % ; Espagne 3,6 % ; Japon 2,7 % ; Suède 2,4 %.

Transports et communications

■ ***Transports***
Chemins de fer (1995) : longueur 80 297 km ; trafic : 63 581 000 000 passagers-km ; 70 863 000 000 t-km.
Route (1996) : longueur totale 228 860 km (99 % recouvertes).
Véhicules (1997, janvier) : voitures particulières 41 045 200 ; camions et autobus 2 381 500.
Marine marchande (1995) : 1 476 navires (de 100 tjb et plus) ; 5 721 000 tonneaux de port en lourd.
Transports aériens (lignes intérieures uniquement, 1995) : trafic : 64 185 615 000 passagers-km ; 5 835 802 000 t-km. 35 aéroports desservis par des vols réguliers (1997).

■ ***Communications***
Journaux quotidiens (1994) : diffusion totale 30 641 000 ; diffusion pour 1 000 hab. 375.
Radiodiffusion (1995) : 150 000 000 postes récepteurs ; 1 836 pour 1 000 hab.

	1992	1993	1994	1995	1996	1997 (sept.)
indice des prix à la consommation	105,1	109,7	112,7	114,8	116,5	119,0
indice des revenus horaires	107,1	113,5	115,3	n.d.	n.d.	n.d.

Indices des prix et des revenus (1991 = 100).

	1992	1993	1994	1995	1996
milliards de DEM	+ 45,91	+ 75,81	+ 88,73	+ 103,40	+ 117,27
% du total	3,6	6,4	6,8	7,4	8,1

Balance commerciale (prix courants).

Télévision (1995) : 45 000 000 postes récepteurs ; 551 pour 1 000 hab.
Téléphone (1995) : 40 400 000 lignes principales ; 495 pour 1 000 hab.

Éducation et santé

■ ***Santé*** (1996) : 279 335 médecins (1 pour 293 hab.) ; 61 404 dentistes (1 pour 1 334 hab.) ; (1995) 628 658 lits d'hôpital (1 pour 130 hab.) ; taux de mortalité infantile : 5,3 ‰.

■ ***Alimentation*** (1995) : apport journalier en calories par habitant 3 265 (alimentation d'origine végétale 68 % ; d'origine animale 32 %) ; soit 123 % du niveau minimal recommandé par la F.A.O.

Défense nationale

■ ***Contingent*** (1997) : 347 100 (armée de terre 69,6 % ; marine 8,1 % ; armée de l'air 22,3 %).

■ ***Dépenses militaires*** (1995) : 1,8 % du P.N.B. (moyenne mondiale 2,8 %) ; soit 496 USD/hab.

a. Ex-R.F.A. uniquement.

→ *Corpus* : ANDORRE
→ *Grand Atlas de Géographie* (éd. 1992) : 68

ANDORRE

- ***Nom officiel*** : Principauté d'Andorre (Principat d'Andorra). Code I.S.O. : AD.
- ***Forme de gouvernement*** : co-principauté parlementaire avec une assemblée (Conseil général des Vallées [28]).
- ***Chefs de l'État*** : président de la République française et évêque d'Urgel (Espagne).
- ***Chef du gouvernement*** : président du Conseil exécutif.
- ***Capitale*** : Andorre-la-Vieille (Andorra la Vella).
- ***Langue officielle*** : catalan.
- ***Religion officielle*** : le catholicisme a une reconnaissance spéciale en accord avec la tradition andorrane.
- ***Unité monétaire*** : le franc français (FRF) et la peseta espagnole (ESP) ont tous les deux cours ; 1 peseta andorrane (ADP) ; valeur (31 déc. 1997) : 100 ADP = 3,950 FRF.

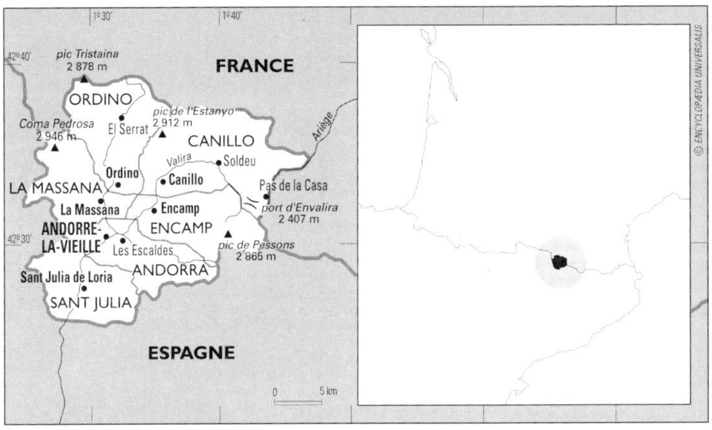

Démographie

- ***Population*** (estim. 1997) : 64 600.
- ***Densité*** (1997) : 138,0 hab./km².
- ***Répartition urbaine/rurale*** (1995) : population urbaine 62,5 % ; population rurale 37,5 %.
- ***Répartition par sexe*** (1996) : hommes 52,71 % ; femmes 47,29 %.
- ***Répartition par âge*** (1993) : moins de 15 ans 16,3 % ; de 15 à 29 ans 27,7 % ; de 30 à 44 ans 27,2 % ; de 45 à 59 ans 15,1 % ; de 60 à 74 ans 9,9 % ; 75 ans et plus 3,8 %.
- ***Projection démographique*** : 66 000 en 2000 ; 71 000 en 2010.
- ***Temps de doublement*** : 92 ans.
- ***Composition ethnique*** (par nationalité, 1995) : Espagnols 46,4 % ; Andorrans 19,5 % ; Portugais 10,8 % ; Français 6,7 % ; autres nationalités 5,3 % ; nationalité non déclarée 11,3 %.
- ***Appartenances religieuses*** (1992) : catholiques 92,0 % ; protestants 0,5 % ; juifs 0,4 % ; autres 7,1 %.
- ***Principales villes*** (1993) : Andorre-la-Vieille 21 984 hab. ; Les Escaldes 13 200 hab. ; Encamp 9 700 hab.

Statistiques de l'état civil

- ***Taux de natalité*** (1995) : 11,0 ‰ [a] (moyenne mondiale 25,0 ‰).
- ***Taux de mortalité*** (1995) : 3,4 ‰ [a] (moyenne mondiale 9,3 ‰).
- ***Taux d'accroissement naturel*** (1995) : 7,6 ‰ (moyenne mondiale 15,7 ‰).
- ***Taux de fécondité*** (nombre moyen de naissances par femme en âge de procréer, 1996) : 1,1.
- ***Nombre de mariages*** (pour 1 000 hab., 1995) : 2,2.
- ***Nombre de divorces*** : n.d.
- ***Espérance de vie*** à la naissance (1995) : hommes 75,6 ans ; femmes 81,7 ans.
- ***Principales causes de décès*** (pour 100 000 hab.) : n.d. ; toutefois, l'Andorre connaît les maladies typiques d'un pays développé : maladies cardio-vasculaires, hypertension, tumeurs malignes (cancers).

Économie nationale

- ***Budget de l'État*** (1996)
Recettes : 25 449 000 000 ESP (impôts indirects sur les denrées 76,6 %, revenus fonciers 11,4 %).
Dépenses : 25 795 000 000 ESP (dépenses administratives 26,2 %, dépenses en capital 24,0 %, éducation et loisirs 15,9 %, services publics généraux 8,7 %, assistance sociale 5,1 %, santé 3,3 %).
- ***Production***
Agriculture (1995).
Tabac 920 t ; le fourrage, les pommes de terre et le raisin font partie des récoltes traditionnelles.
Cheptel (sur pied ; 1996) : moutons 2 038 ; bovins 1 253.
Industries extractives : de petites quantités de marbre sont extraites.
Industries manufacturières (valeur des exportations enregistrées, 1995) : véhicules à moteur et pièces détachées 1 584 000 000 ESP ; matériel non électrique 842 000 000 ESP ; vêtements 733 000 000 ESP ; journaux et périodiques 577 000 000 ESP ; matériel électrique 531 000 000 ESP ; les autres produits comprennent les cigares, les cigarettes et les liqueurs.
Bâtiment (1995) : nouvelles constructions autorisées 159 800 m².
Énergie (production/consommation) : électricité (1995) 89 000 000/324 000 000 kWh ; charbon 0/n.d. ; pétrole brut 0/n.d. ; produits pétroliers 0/n.d. ; gaz naturel 0/n.d.
- ***Population active*** (1995) : 27 314 ; taux d'activité 42,8 % (taux de participation : 15-64 ans 58,2 % ; femmes 45,6 % (1989) ; sans-emploi aucun [non officiel]).
- ***Dette publique*** (1994) : environ 125 000 000 USD.
- ***Tourisme*** : plus de 6 000 000 de visiteurs (1997) ; nombre d'hôtels et autres résidences de nuit (1995) 276.
- ***Produit intérieur brut*** (aux prix courants du marché, 1995) : 1 034 000 000 USD (16 130 USD/hab.) [b].
- ***Revenus et dépenses des ménages***
Taille moyenne des ménages : n.d.
Revenu annuel moyen : n.d. ; sources des revenus : n.d.
Dépenses : n.d.
- ***Utilisation du sol*** (1994) : forêts 22,0 % ; prairies et pâturages 56,0 % ; terres cultivées et plantations 2,0 % ; autres 20,0 %.

paroisses et chefs-lieux	superficie (km²)	population (estim. janv. 1993)
Andorre-la-Vieille (Andorra la Vella ; esp. Andorra la Vieja)	127 *	22 400
Canillo	191 (Canillo et Encamp)	2 200
Encamp		9 700
La Massana	65	5 300
Les Escaldes-Engordany	— *	13 200
Ordino	85	1 700
Sant Julia de Loria (esp. San-Julián de Loria)	— *	7 200
total	**468**	**61 700**

(*) Andorre-la-Vieille comprend Les Escaldes-Engordany et Sant Julia de Loria.

Territoire et population.

Corpus : PYRÉNÉES (géographie humaine).

	effectifs	% des effectifs
agriculture	174	0,6
mines	n.d.	n.d.
industrie	1 243	4,6
bâtiment	4 573	16,7
entreprises publiques	n.d.	n.d.
transports et communications	n.d.	n.d.
commerce	5 293	19,4
restauration et hôtellerie	5 209	19,1
finance, immobilier et assurance	1 263	4,6
administration	3 274	12,0
services	4 738	17,3
autres	1 547	5,7
total	**27 314**	**100,0**

Structure de la main-d'œuvre (1995).

	1991	1992	1993	1994	1995	1996	1997 (juin)
indice des prix à la consommation [1]	100,0	105,9	110,8	116,1	121,4	125,8	127,7
indice des revenus annuels [2]	100,0	107,6	114,4	117,1	121,2	n.d.	n.d.

1. Indice espagnol. 2. Selon le Bureau andorran de sécurité sociale.

Indices des prix et des revenus (1991 = 100) en pesetas espagnoles.

	1990	1991	1992	1993	1994	1995
millions de ESP	− 117 280	n.d.	− 112 177	n.d.	− 117,846	− 125,510
% du total	95,5	n.d.	93,0	n.d.	89,7	91,1

Balance commerciale (prix courants).

	nombre d'établissements	nombre d'enseignants	nombre d'élèves	nombre d'élèves par enseignant
primaire/secondaire 1er cycle (7-15 ans)	12	n.d.	5 424	n.d.
secondaire 2e cycle	6	n.d.	2 655	n.d.
supérieur	—	—	—	—

Enseignement (1996-1997).

Échanges extérieurs

■ ***Importations*** (1995) : 131 602 000 000 ESP (alimentation, boissons, tabac 29,6 % ; machines et appareils 14,1 % ; produits chimiques 8,9 % ; matériel de transport 7,9 % ; textile et habillement 7,5 % ; matériel photographique et optique, montres et horloges 4,4 %).
Principales sources des importations : Espagne 40,2 % ; France 31,1 % ; Allemagne 4,8 % ; États-Unis 4,2 % ; Italie 3,6 %.

■ ***Exportations*** (1995) : 6 095 000 000 ESP (matériel de transport 26,4 % ; textile et habillement 21,5 % ; matériel électrique 8,7 % ; produits agricoles 6,5 % ; produits chimiques 6,2 %).
Principales destinations des exportations : France 47,8 % ; Espagne 47,0 % ; Allemagne 1,5 %.

Transports et communications

■ ***Transports***
Chemins de fer : aucun, toutefois les réseaux ferroviaires français et espagnol s'arrêtent près de la frontière.
Routes (1994) : longueur totale 269 km (74 % recouvertes).
Véhicules (1995) : voitures particulières 35 941 ; camions et autobus 4 186.
Marine marchande : aucun navire de 100 tjb et plus.
Transports aériens : aucun aéroport desservi par des vols réguliers.

■ ***Communications***
Journaux quotidiens (1994) : diffusion totale 4 000 ; diffusion pour 1 000 hab. 62.
Radiodiffusion (1996) : 10 000 postes récepteurs ; 156 pour 1 000 hab.
Télévision (1993) : 20 000 ; 315 pour 1 000 hab.
Téléphone (1995) : 29 795 lignes principales ; 465 pour 1 000 hab.

Éducation et santé

■ ***Niveau d'éducation*** (milieu des années 1980).
Proportion de la population âgée de 15 ans et plus : sans instruction scolaire 5,5 % ; ayant une éducation primaire 47,3 % ; éducation secondaire 21,6 % ; éducation postsecondaire 24,9 % ; inconnu 0,7 %.

■ ***Alphabétisation*** (1987) : population alphabétisée à presque 100 %.

■ ***Santé :*** 132 médecins en 1994 (1 pour 491 hab.) ; 114 lits d'hôpital en 1993 (1 pour 556 hab.) ; taux de mortalité infantile (1995) : 7,7 ‰.

■ ***Alimentation*** (1995, valeurs regroupées à partir des données françaises et espagnoles sur l'alimentation) : apport journalier en calories par habitant 3 463 (alimentation d'origine végétale 67 % ; d'origine animale 33 %) ; soit 139 % du niveau minimal recommandé par la F.A.O.

Défense nationale

■ ***Contingent*** (1996) : aucun. La sécurité extérieure de l'Andorre est assurée par la France et par l'Espagne. La police d'Andorre (32 hommes) est assistée alternativement par la gendarmerie française et par la police de Barcelone.

a. Chiffre officiel.

b. Les principales sources du P.I.B. sont le commerce, le tourisme (qui comprend les sports d'hiver, les foires et les fêtes) et le système bancaire (qui joue un certain rôle de refuge fiscal pour des investissements financiers et des transactions d'origine étrangère).

→ *Corpus* : ANGOLA (RÉPUBLIQUE D')
→ *Grand Atlas de Géographie* (éd. 1992) : 136, 148
→ *Grand Atlas de l'Histoire* : 276, 282, 283, 295.

ANGOLA

- ***Nom officiel*** : République d'Angola (República de Angola). Code I.S.O. : AO.
- ***Forme de gouvernement*** : république unitaire à régime multipartiste avec une Assemblée nationale (220 [a]).
- ***Chef de l'État et du gouvernement*** : président assisté du Premier ministre.
- ***Capitale*** : Luanda.
- ***Langue officielle*** : portugais.
- ***Religion officielle*** : aucune.
- ***Unité monétaire*** : 1 kwanza réajusté [b] (AOR) = 100 lwei ; valeur (31 déc. 1997) : 100 AOR = 0,002 28 FRF.

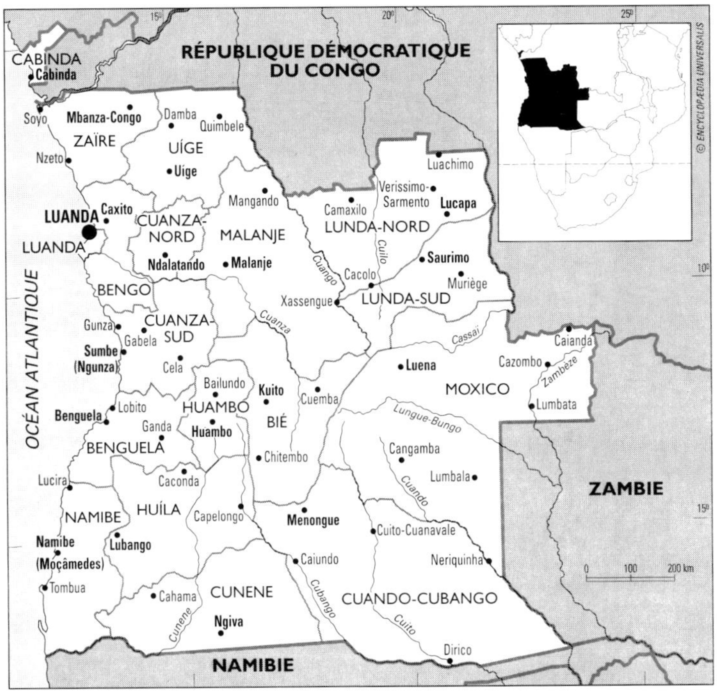

Démographie

- ***Population*** (estim. 1997) : 10 624 000.
- ***Densité*** (1997) : 8,5 hab./km².
- ***Répartition urbaine/rurale*** (1996) : population urbaine 31,6 % ; population rurale 68,4 %.
- ***Répartition par sexe*** (1997) : hommes 50,41 % ; femmes 49,59 %.
- ***Répartition par âge*** (1997) : moins de 15 ans 44,7 % ; de 15 à 29 ans 25,8 % ; de 30 à 44 ans 15,8 % ; de 45 à 59 ans 8,9 % ; 60 ans et plus 4,8 %.
- ***Projection démographique*** : 13 400 000 en 2000 ; 18 082 000 en 2010.
- ***Temps de doublement*** : 26 ans.
- ***Composition ethnique*** (1983) : Ovimbundus 37,2 % ; Mbundus 21,6 % ; Kongos 13,2 % ; Luimbés 5,4 % ; Humbés et Nyanekas 5,4 % ; Tchokwés 4,2 % ; Luénas 3,4 % ; Luchasis 2,4 % ; Ovambos 2,4 % ; Lundas 1,2 % ; autres 3,6 %.
- ***Appartenances religieuses*** (1995) : chrétiens 70,1 %, dont catholiques 50,7 %, protestants 14,6 % ; religions tribales 29,9 %.
- ***Principales villes*** (1995) : Luanda 2 081 000 hab. (1988) ; Huambo 203 000 hab. (1983) ; Benguela 155 000 hab. (1983) ; Lobito 150 000 hab. (1983) ; Lubango 105 000 hab. (1984).

provinces	capitales	superficie (km²)	population (estim. 1997)
Bengo	Caxito	31 371	n.d.
Benguela	Benguela	31 788	718 000
Bié	Kuito (Cuito)	70 314	1 280 000
Cabinda	Cabinda	7 270	199 000
Cuando-Cubango (Kwando Kubango)	Menongue	199 049	139 000
Cuanza-Nord (Kwanza Norte)	Ndalatando	24 190	440 000
Cuanza-Sud (Kwanza Sul)	Sumbe (ex-Ngunza)	55 660	710 000
Cunene (Counéné, Kunene)	Ngiva	89 342	255 000
Huambo	Huambo	34 274	1 730 000
Huíla	Lubango	75 002	954 000
Luanda	Luanda	2 418	2 022 000
Lunda-Nord (Lunda Norte)	Lucapa (Lukapa)	102 783	320 000
Lunda-Sud (Lunda Sul)	Saurimo	45 649	165 000
Malanje (Malange)	Malanje (Malange)	97 602	1 020 000
Moxico	Luena (Lwena)	223 023	360 000
Namibe (ex-Moçâmedes)	Namide	58 137	154 000
Uíge	Uíge	58 698	985 000
Zaïre	Mbanza-Congo (Mbanza-Kongo)	40 130	262 000
total		**1 246 700**	**10 624 000** (•)

(•) Le total général ne correspond pas exactement au détail en raison des arrondis.

Territoire et population.

Statistiques de l'état civil

- ***Taux de natalité*** (1996) : 44,6 ‰ (moyenne mondiale 25,0 ‰).
- ***Taux de mortalité*** (1996) : 17,7 ‰ (moyenne mondiale 9,3 ‰).
- ***Taux d'accroissement naturel*** (1996) : 26,9 ‰ (moyenne mondiale 15,7 ‰).
- ***Taux de fécondité*** (nombre moyen de naissances par femme en âge de procréer, 1996) : 6,3.
- ***Nombre de mariages*** (pour 1 000 hab., 1972) : 4,5.
- ***Nombre de divorces*** : n.d.
- ***Espérance de vie*** à la naissance (1996) : hommes 44,7 ans ; femmes 49,1 ans.
- ***Principales causes de décès*** (1990) : maladies diarrhéiques 25,8 % ; malaria 19,4 % ; choléra 7,3 % ; infections respiratoires aiguës 6,8 % ; rougeole 6,2 %.

Économie nationale

- ***Budget de l'État*** (1997)
  Recettes : 694 600 000 000 AOR : (1994) recettes fiscales 98,4 %, dont impôts sur le revenu 71,8 %, taxes pétrolières 19,0 %, droits d'importation 4,3 % ; recettes non fiscales 1,6 %).
  Dépenses : 521 300 000 000 AOR : (1994) (défense et sécurité intérieure 56,5 % ; administration 29,0 % ; santé 3,4 % ; éducation 2,6 % ; autres 8,5 %).
- ***Dette publique*** (extérieure, créances, 1995) : 9 533 000 000 USD.
- ***Tourisme*** : recettes touristiques (1994) 13 000 000 USD ; dépenses touristiques à l'étranger (1993) 66 000 000 USD.
- ***Production***
  Agriculture, sylviculture, pêche (1996).
  Manioc 2 500 000 t ; maïs 398 000 t ; canne à sucre 330 000 t ; bananes 295 000 t ; patates douces 190 000 t ; haricots secs 175 000 t ;

Corpus : AFRIQUE (Structure et milieu) – Géographie générale (géographie humaine et économique) ; AFRIQUE NOIRE – Société et économie ; BOCHIMANS ; DIAMANT.

Thesaurus :
LUANDA
OVIMBUNDU

	1991	1992	1993	1994
indice des prix à la consommation	100,0	595,0	11 534	123 639
indice des revenus mensuels	100,0	150,0	1 000,0	8 800,0

Indices des prix et des revenus (1991 = 100)

	1994		1991	
	milliards de AON	% du total	effectifs	% des effectifs
agriculture	85 567	11,9	2 892 000	69,4
mines	367 436	51,1		
industrie	24 448	3,4		
bâtiment	11 505	1,6		
finance	3 595	0,5	438 000	10,5
commerce	72 624	10,1		
entreprises publiques	—	—		
transports et communications	15 100	2,1		
administration, défense nationale	138 778	19,3		
services			836 000	20,1
autres	n.d.	n.d.		
total	**719 053**	**100,0**	**4 166 000**	**100,0**

Structure du produit intérieur brut et effectifs.

	1990	1991	1992	1993	1994	1995
millions de USD	+ 1 276	+ 2 080	+ 1 160	+ 1 551	+ 1 565	+ 2 180
% du total	25,1	43,6	19,0	35,2	37,6	39,1

Balance commerciale (prix courants).

	nombre d'établissements	nombre d'enseignants	nombre d'élèves	nombre d'élèves par enseignant
primaire (7-10 ans)	6 308[1]	31 062	990 155	31,9
secondaire (11-16 ans)	5 276[1]	5 138[2]	166 812	n.d.
professionnel et formation à l'enseignement	n.d.	566[2]	19 687	n.d.
supérieur	1[1]	439	6 534	14,9

1. 1985-1986. 2. 1989-1990.

Enseignement (1990-1991).

millet 102 000 t ; huile de palme 52 000 t ; arachides 28 000 t ; café 5 000 t.
Cheptel (sur pied) : bovins 3 309 000 ; chèvres 1 470 000 ; porcs 810 000 ; moutons 245 000 ; poulets 6 500 000.
Bois (1995) : 7 005 000 m³.
Pêche (1995) : 93 847 t.
Industries extractives (1994) : diamants 1 350 000 carats.
Industries manufacturières (1994) : pain 15 082 t ; sucre 3 190 t (1989) ; pâtes 3 190 t (1989) ; farine de froment 4 496 t ; farine de maïs 2 513 t ; savons 530 t ; chaussures en cuir 132 000 paires (1989) ; bière 123 300 hl ; boissons non alcoolisées 69 050 hl (1989) ; tissu 3 038 000 m² ; allumettes 6 357 000 boîtes (1989).
Bâtiment (valeur, 1986) : résidentiel 608 000 000 AON ; non résidentiel 1 977 000 000 AON.
Énergie (production/consommation) : électricité (1992) 1 855 000 000/1 855 000 000 kWh ; charbon 0/0 ; pétrole brut (1992) 192 634 000/10 373 000 barils ; produits pétroliers (1992) 1 317 000/346 000 t ; gaz naturel (1992) 166 576 000/166 576 000 m³.

■ ***Produit national brut*** (aux prix courants du marché, 1995) : 4 427 000 000 USD (410 USD/hab.).

■ ***Population active*** (1991) : 4 166 000 ; taux d'activité 40,3 % (taux de participation : 10 ans et plus 60,1 % ; femmes 38,4 % ; sans-emploi n.d.).

■ ***Revenus et dépenses des ménages***
Taille moyenne des ménages (1980) : 4,8.
Revenu annuel moyen par ménage : n.d. ; sources des revenus : n.d.

■ ***Utilisation du sol*** (1995) : forêts 18,5 % ; prairies et pâturages 43,3 % ; terres cultivées et plantations 2,8 % ; autres 35,4 %.

Échanges extérieurs

■ ***Importations*** (1995) : 1 700 000 000 USD (1991 : biens de consommation courants 50,2 % ; biens d'équipement 20,2 % ; biens de consommation intermédiaires 18,9 % ; équipement de transport 6,8 %).
Principales sources des importations (1991) : Portugal 29,8 % ; États-Unis 10,5 % ; France 9,7 % ; Japon 7,8 % ; Brésil 7,3 %.

■ ***Exportations*** (1995) : 3 880 000 000 USD (combustibles minéraux 74,6 % ; diamants 2,5 %).
Principales destinations des exportations (1991) : États-Unis 56,6 % ; Allemagne 5,6 % ; Brésil 4,9 % ; Pays-Bas 4,2 % ; Royaume-Uni 3,4 % ; Belgique et Luxembourg 3,3 %.

Transports et communications

■ ***Transports***
Chemins de fer (1988) : longueur 2 798 km ; trafic : 326 000 000 passagers-km ; 1 720 000 000 t-km.
Routes (1995) : longueur totale 72 626 km (25 % recouvertes).
Véhicules (1995) : voitures particulières 197 000 ; camions et autobus 26 000.
Marine marchande (1992) : 113 navires (de 100 tjb et plus) ; 123 479 tonneaux de port en lourd.
Transports aériens (ligne aérienne T.A.A.G. uniquement, 1991) : 948 000 000 passagers-km ; 113 000 000 t-km. 17 aéroports desservis par des vols réguliers (1997).

■ ***Communications***
Journaux quotidiens (1995) : diffusion totale 121 500 ; diffusion pour 1 000 hab. 11.
Radiodiffusion (1995) : 450 000 postes récepteurs ; 39 pour 1 000 hab.
Télévision (1995) : 550 500 postes récepteurs ; 48 pour 1 000 hab.
Téléphone (1995) : 60 000 lignes principales ; 5,2 pour 1 000 hab.

Éducation et santé

■ ***Niveau d'éducation*** : n.d.

■ ***Alphabétisation*** (1990) : personnes âgées de 15 ans et plus alphabétisées 41,7 % ; hommes 55,6 % ; femmes 28,5 %.

■ ***Santé*** (1990) : 662 médecins (1 pour 15 136 hab.) ; 11 857 lits d'hôpital (1 pour 845 hab.) ; taux de mortalité infantile (1995) : 142,1 ‰.

■ ***Alimentation*** (1995) : apport journalier en calories par habitant 1 927 (alimentation d'origine végétale 93 % ; d'origine animale 7 %) ; soit 82 % du niveau minimal recommandé par la F.A.O.

Défense nationale

■ ***Contingent*** (1996) : 95 500 (armée de terre 92,8 % ; marine 1,5 % ; armée de l'air 5,7 %).

■ ***Dépenses militaires*** (1985) : 3,1 % du P.N.B. (moyenne mondiale 2,8 %) ; soit 22 USD/hab.

a. Le gouvernement d'unité nationale a prêté serment le 11 avril 1997.

b. Introduction, le 1er juillet 1995, d'une nouvelle unité monétaire, le kwanza réajusté (1 AOR = 1 000 AON).

→ *Thesaurus :* LEEWARD ISLANDS
→ *Grand Atlas de Géographie* (éd. 1992) : 206, 208c
→ *Grand Atlas de l'Histoire :* 227, 277

ANTIGUA ET BARBUDA

• ***Nom officiel*** : Antigua et Barbuda (Antigua and Barbuda). Code I.S.O. : AG.

• ***Forme de gouvernement*** : monarchie constitutionnelle avec deux chambres législatives (Sénat [17] et Chambre des représentants [17]).

• ***Chef de l'État*** : reine d'Angleterre, représentée par un gouverneur général.

• ***Chef du gouvernement*** : Premier ministre.

• ***Capitale*** : Saint-Jean (Saint John's).

• ***Langue officielle*** : anglais.

• ***Religion officielle*** : aucune.

• ***Unité monétaire*** : 1 dollar des Caraïbes de l'Est (XCD) = 100 cents ; valeur (31 déc. 1997) : 100 XCD = 221,78 FRF.

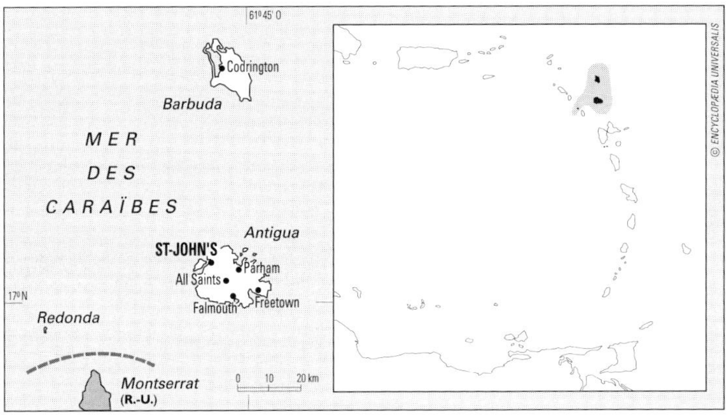

Démographie

■ ***Population*** (estim. 1997) : 64 500.[a]

■ ***Densité*** (1997) : 146,1 hab./km^2.

■ ***Répartition urbaine/rurale*** (1995) : population urbaine[b] 36,5 %, rurale 63,5 %.

■ ***Répartition par sexe*** (1991) : hommes 48,20 % ; femmes 51,80 %.

■ ***Répartition par âge*** (1991) : moins de 15 ans 30,4 % ; de 15 à 29 ans 27,8 % ; de 30 à 44 ans 20,5 % ; de 45 à 59 ans 10,2 % ; de 60 à 74 ans 7,7 % ; 75 ans et plus 3,4 %.

■ ***Projection démographique*** : 65 000 en 2000 ; 66 000 en 2010.

■ ***Temps de doublement*** : 50 ans.

■ ***Composition ethnique*** (1994) : Noirs 91,3 % ; Métis 3,7 % ; Blancs 2,4 % ; Syriens et Libanais 0,6 % ; Indo-Pakistanais 0,4 % ; Amérindiens 0,3 % ; autres 1,3 %.

■ ***Appartenances religieuses*** (1991) : protestants 73,7 %, dont anglicans 32,1 %, frères moraves 12,0 %, méthodistes 9,1 %, adventistes du septième jour 8,8 % ; catholiques 10,8 % ; témoins de Jehovah 1,2 % ; rastas 0,8 % ; autres 13,5 %.

■ ***Principale ville*** (1991) : Saint John's 22 342 hab.

Statistiques de l'état civil

■ ***Taux de natalité*** (1995) : 20,9 ‰ (moyenne mondiale 25,0 ‰) ; taux (1988) de naissances légitimes 23,4 %, illégitimes 76,6 %.

■ ***Taux de mortalité*** (1995) : 6,7 ‰ (moyenne mondiale 9,3 ‰).

■ ***Taux d'accroissement naturel*** (1995) : 14,2 ‰ (moyenne mondiale 15,7 ‰).

■ ***Taux de fécondité*** (nombre moyen de naissances par femme en âge de procréer, 1996) : 1,7.

■ ***Nombre de mariages*** (pour 1 000 hab., 1988) : 4,9.

■ ***Nombre de divorces*** (pour 1 000 hab., 1988) : 0,2.

■ ***Espérance de vie*** à la naissance (1996) : hommes 71,5 ans ; femmes 75,8 ans.

■ ***Principales causes de décès*** (pour 100 000 hab., 1988) : maladies de l'appareil circulatoire 237,5 ; tumeurs malignes (cancers) 44,5 ; maladies de l'appareil respiratoire 44,5; troubles endocriniens et du métabolisme 25,4.

paroisses et autres îles	superficie (km^2)	population (recens. 1991)
paroisses [1] :		
Saint-Georges (Saint George)	24,1	4 473
Saint-Jean (Saint John)	73,8	35 635
Saint-Paul (Saint Paul)	47,9	6 117
Saint-Philippe (Saint Phillip)	44,0	2 964
Saint-Pierre (Saint Peter)	32,9	3 622
Sainte-Marie (Saint Mary)	57,0	5 303
autres îles [1] :		
Barbuda	160,6	1 241
Redonda	1,3	–[2]
total	**441,6**	**59 355**

1. Les conseils de communauté sont les organes des gouvernements locaux. 2. Inhabitée.

Territoire et population.

Économie nationale

■ ***Budget de l'État*** (1995)
Recettes : 289 600 000 XCD (droits sur les transactions internationales 35,2 %, dont droits d'importation 15,8 % ; taxes à la consommation 26,6 % ; recettes non fiscales 13,4 % ; recettes fiscales 9,8 %).
Dépenses : 355 400 000 XCD (dépenses courantes 86,1 % ; dépenses de développement 13,9 %).

■ ***Dette publique*** (extérieure, créances, fin 1995) : 235 500 000 USD.

■ ***Tourisme*** : (1995) recettes touristiques 328 500 000 USD ; (1994) dépenses touristiques à l'étranger 25 000 000 USD.

■ ***Production***
Agriculture, sylviculture, pêche (1995).
Fruits tropicaux dont papayes, goyaves, corossols et oranges 5 500 t ; mangues 1 300 t ; aubergines 250 t ; citrons et limes 220 t ; carottes 210 t ; ananas 150 t.
Cheptel (sur pied) : bovins 15 700 ; moutons 12 200.
Pêche (1995) : 470 t.
Industries extractives : pierre concassée pour l'usage local.
Industries manufacturières (1994) : bière et malt 166 000 caisses ; tee-shirts 179 000 pièces ; les autres productions sont le ciment, les produits artisanaux, les petits appareils ménagers et les composants électroniques.
Bâtiment (1995) : valeur brute des constructions en chantier 154 000 000 XCD.
Énergie (production/consommation) : électricité (1994) 117 500 000/105 700 000 kWh ; charbon 0/0 ; pétrole brut 0/0 ; produits pétroliers (1994) négligeable/101 000 t ; gaz naturel 0/0.

■ ***Produit national brut*** (aux prix courants du marché, 1994) : 453 000 000 USD (6 970 USD/hab.).

■ ***Population active*** (1991) : 26 753 ; taux d'activité 45,1 % (taux de participation : de 15 à 64 ans 69,7 % ; femmes 45,6 % ; sans-emploi [1994] 6,7 %).

■ ***Revenus et dépenses des ménages***
Taille moyenne des ménages (1991) : 3,2.
Revenu annuel moyen par ménage : n.d. ; sources des revenus : n.d.
Dépenses (1974)[c] : alimentation et boissons non alcoolisées 42,9 % ; logement 23,3 % ; transports 10,0 % ; habillement 7,5 % ; énergie 5,5 % ; boissons alcoolisées et tabac 3,6 % ; autres 7,2 %.

■ ***Utilisation du sol*** (1994) : forêts 11,0 % ; prairies et pâturages 9,0 % ; terres cultivées et plantations 18,0 % ; autres 62,0 %.

Corpus : CARAÏBES (AIRE DES) [géopolitique de l'espace] ; ZONES FRANCHES.

Thesaurus :
CARAÏBES (AIRE DE LIBRE COMMERCE DES)
CARIBBEAN BASIN INITIATIVE

	1995		1991	
	millions de XCD [1]	% du total	effectifs	% des effectifs
agriculture, pêche	43,5	3,2	1 040	3,9
exploitation de carrières	20,2	1,5	64	0,2
industrie	22,7	8,8	1 444	5,4
bâtiment	119,3	3,9	3 109	11,6
entreprises publiques	52,9	15,9	435	1,6
transports et communications	215,8	18,9	2 395	9,0
commerce, restauration et hôtellerie	255,8	12,6	8 524	31,9
finance, immobilier	171,5	16,1	1 454	5,4
administration, défense nationale	217,9	6,0	2 572	9,6
services	81,2	11,4	5 207	19,5
autres	154,0		509	1,9
total	**1 355,2**	**100,0**	**26 753**	**100,0**

1. Au coût des facteurs. 2. Moins les frais de service bancaire.

Structure du produit intérieur brut et effectifs.

	1990	1991	1992	1993	1994	1995
indice des prix à la consommation	100,0	105,7	108,9	112,2	116,2	119,5
indice des revenus hebdomadaires	100,0	100,0	112,7	n.d.	n.d.	n.d.

Indices des prix et des revenus (1990 = 100).

	1989	1990	1991	1992	1993	1994
millions de USD	−316,0	−325,0	−326,0	−347,0	−375,0	−403
% du total	83,4	83,0	76,7	71,4	78,6	83,1

Balance commerciale (prix courants).

	nombre d'établissements	nombre d'enseignants	nombre d'élèves	nombre d'élèves par enseignant
primaire (5-11 ans)	43*	439	11 506	26,2
secondaire (12-16 ans)	12*	277	4 294	15,5
supérieur	1	16	46	2,9

(*) 1991-1992.

Enseignement (1994-1995).

Échanges extérieurs[d]

■ ***Importations*** (1992) : 417 000 000 USD (produits agricoles 9,0 %, autres [incluant les produits pétroliers pour la réexportation] 91,0 %).
Principales sources des importations (estim. 1989) : États-Unis 27,0 % ; Royaume-Uni 16,0 % ; Canada 4,0 % ; pays de l'Organisation des États des Caraïbes 3,0 % ; Italie 3,0 %.

■ ***Exportations*** (1992) : 70 000 000 USD (réexportations [produits pétroliers réexportés dans les îles voisines] 78,0 % ; exportations domestiques 22,0 %).
Principales destinations des exportations (estim. 1989) : États-Unis 41,0 % ; Royaume-Uni 19,0 % ; Allemagne 19,0 %.

Transports et communications

■ ***Transports***
Chemins de fer[e].
Routes (1995) : longueur totale 245 km (56 % recouvertes).
Véhicules (1995) : voitures particulières 13 588 ; camions et autobus 1 342.
Marine marchande (1992) : 292 navires (de 100 tjb et plus) ; 997 381 tonneaux de port en lourd.
Transports aériens (1993) : trafic : 225 000 000 passagers-km (1991) ; 200 000 t-km. 2 aéroports desservis par des vols réguliers (1996).

■ ***Communications***
Journaux quotidiens : n.d.
Radiodiffusion (1996) : 50 000 postes récepteurs ; 776 pour 1 000 hab.
Télévision (1995) : 28 000 postes récepteurs ; 435 pour 1 000 hab.
Téléphone (1995) : 20 000 lignes principales ; 311 pour 1 000 hab.

Éducation et santé

■ ***Niveau d'éducation*** (1991).
Proportion de la population âgée de 25 ans et plus : sans instruction scolaire 1,1 % ; ayant une éducation primaire 50,5 % ; éducation secondaire 33,4 % ; éducation supérieure 5,4 % ; universitaire 6,2 % ; autres ou de niveau inconnu 3,4 %.

■ ***Alphabétisation*** (1990) : population âgée de 15 ans et plus alphabétisée 45 000 (90 %).

■ ***Santé*** (1992) : 59 médecins (1 pour 1 083 hab.) ; 369 lits d'hôpital (1 pour 173 hab.) ; taux de mortalité infantile (1994) : 17,2 ‰.

■ ***Alimentation*** (1995) : apport journalier en calories par habitant 2 406 (alimentation d'origine végétale 65 % ; d'origine animale 35 %) ; soit 102 % du niveau minimal recommandé par la F.A.O.

Défense nationale

■ ***Contingent*** (1995) : 100, faisant partie du système régional de sécurité des Caraïbes de l'Est.

a. Personnes évacuées de Montserrat non comprises.
b. La population considérée comme urbaine est celle de Saint John's.
c. Poids respectifs des composants de l'indice des prix à la consommation.
d. Importations C.I.F. ; exportations F.O.B.
e. Il n'existe que des lignes privées, pratiquement non utilisées.

→ **Corpus** : ARABIE SAOUDITE
→ **Grand Atlas de Géographie** (éd. 1992) : 118, 126, 140
→ **Grand Atlas de l'Histoire** : 260, 261, 284, 285, 295

ARABIE SAOUDITE

• ***Nom officiel*** : Royaume d'Arabie Saoudite (al Mamlakah al Arabīyah as Saūdīyah). Code I.S.O. : SA.

• ***Forme de gouvernement*** : monarchie assistée d'un conseil consultatif (90 membres).

• ***Chef de l'État et du gouvernement*** : roi.

• ***Capitale*** : Riyadh (ar Riyāḍ).

• ***Langue officielle*** : arabe.

• ***Religion officielle*** : islam.

• ***Unité monétaire*** : 1 riyal d'Arabie Saoudite (SAR) = 100 halalas ; valeur (31 déc. 1997) : 100 SAR = 159,66 FRF.

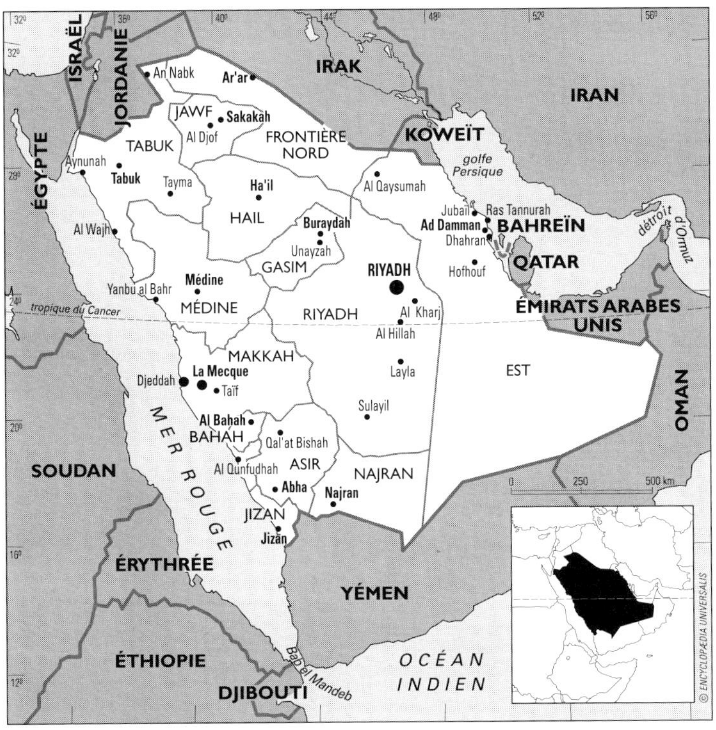

Démographie

■ ***Population*** (estim. 1997) : 19 072 000.

■ ***Densité*** (1997) : 8,5 hab./km².

■ ***Répartition urbaine/rurale*** (1995) : population urbaine 80,2 % ; population rurale 19,8 %.

■ ***Répartition par sexe*** (1995) : hommes 55,72 % ; femmes 44,28 %.

■ ***Répartition par âge*** (1995) : moins de 15 ans 41,9 % ; de 15 à 29 ans 24,5 % ; de 30 à 44 ans 19,7 % ; de 45 à 59 ans 9,5 % ; de 60 à 74 ans 3,6 % ; 75 ans et plus 0,8 %.

■ ***Projection démographique*** : 21 257 000 en 2000 ; 28 880 000 en 2010.

■ ***Temps de doublement*** : 23 ans.

■ ***Composition ethnique*** (1983) : Saoudiens 82,0 % ; Yéménites 9,6 % ; Arabes 3,4 % ; autres 5,0 %.

■ ***Appartenances religieuses*** (1980) : musulmans sunnites 95,5 % ; musulmans chiites 3,3 % ; chrétiens 0,8 % ; autres 0,4 %.

■ ***Principales villes*** (1991) : Riyadh 1 800 000 hab. ; Djeddah 1 500 000 hab. ; La Mecque 630 000 hab. ; aṭ Ṭa'if (Taïf) 410 000 hab. ; Médine 400 000 hab.

Statistiques de l'état civil

■ ***Taux de natalité*** (1990-1995) : 35,1 ‰ (moyenne mondiale 25,0 ‰).

■ ***Taux de mortalité*** (1990-1995) : 4,7 ‰ (moyenne mondiale 9,3 ‰).

■ ***Taux d'accroissement naturel*** (1990-1995) : 30,4 ‰ (moyenne mondiale 15,7 ‰).

■ ***Taux de fécondité*** (nombre moyen de naissances par femme en âge de procréer, 1990-1995) : 6,4.

■ ***Nombre de mariages*** : n.d.

■ ***Nombre de divorces*** : n.d.

■ ***Espérance de vie*** à la naissance (1990-1995) : hommes 68,4 ans ; femmes 71,4 ans.

■ ***Principales causes de décès*** : n.d. ; toutefois, la malaria, la diarrhée, le choléra, le trachome, la méningite cérébro-spinale, la fièvre jaune, la fièvre typhoïde, la tuberculose, les infections pulmonaires, les infections parasitaires et les troubles du métabolisme sont parmi les principales maladies connues en Arabie Saoudite.

Économie nationale

■ ***Budget de l'État*** (1997)
Recettes : 164 000 000 000 SAR (revenus pétroliers [1996] 76,0 %).
Dépenses : 181 000 000 000 SAR (défense nationale et sécurité 37,6 % ; éducation 23,0 % ; santé et développement social 7,9 ; transports et communications 3,8 % ; services municipaux 3,0 %).

■ ***Dette publique*** (extérieure, créances, 1991) : 2 893 000 000 USD.

■ ***Tourisme*** : recettes touristiques (1989) 2 050 000 000 USD ; dépenses touristiques à l'étranger (1988) 2 000 000 000 USD ; 2 000 000 de pèlerins venant de l'étranger à La Mecque (1994).

■ ***Production***
Agriculture, sylviculture, pêche (1997).
Blé 1 500 000 t ; orge 800 000 t ; dattes 597 000 t ; tomates 500 000 t ; pommes de terre 435 000 t ; pastèques 41 000 t ; raisins 135 000 t ; concombres et cornichons 135 000 t ; aubergines 70 000 t ; potirons, gourdes et courges 70 000 t ; carottes 30 000 t ; millet 13 700 t.
Cheptel (sur pied) : moutons 7 800 000 ; chèvres 4 400 000 ; chameaux 422 000 ; bovins 200 000 ; ânes 97 000 ; poulets 95 000 000.
Pêche (1994) : 49 920 t.
Industries extractives (1994) : gypse 337 573 t ; or 8 080 kg.
Industries manufacturières (valeur ajoutée en millions d'USD, 1994) : produits chimiques industriels 2 663 ; ciment, verrerie et autres produits minéraux non métalliques 875 ; pétrole raffiné 818 ; fer et acier 516 ; alimentation, boissons et tabac 457 ; produits métalliques 358 ; produits plastiques 206.
Bâtiment (1991) : résidentiel 16 077 677 m² ; non résidentiel 2 204 894 m².
Énergie (production/consommation) : électricité (1992) 48 620 000 000/48 620 000 000 kWh ; charbon n.d./n.d. ; pétrole brut 2 993 000 000 (1996)/588 700 000 (1994) barils ; produits pétroliers (1993) 89 691 000/35 680 000 t ; gaz naturel (1994) 37 701 000 000/37 701 000 000 m³.

■ ***Produit national brut*** (1995) : 133 540 000 000 USD (7 040 USD/hab.).

■ ***Population active*** (1994) : 5 614 000 ; taux d'activité 32,2 % (taux de participation [1988] : 15-64 ans 59,1 % ; femmes 3,5 %).

■ ***Revenus et dépenses des ménages***
Taille moyenne des ménages (1992) : 6,1.
Dépenses (foyers à revenus moyens uniquement, 1988) : alimentation 37,0 % ; logement 21,0 % ; transports et communications 15,0 % ; habillement 8,0 % ; équipements domestiques 7,0 % ; éducation et loisirs 2,0 %.

Corpus : ARABE – Les Arabes ; ASIE – Géographie humaine (l'Asie sud-occidentale) ; ISLAM (Histoire) – Modernisme dans le monde musulman ; PÉTROLE – Géographie du pétrole (Moyen-Orient) ; PROCHE ET MOYEN-ORIENT CONTEMPORAIN (aspects d'histoire économique contemporaine) ; ROUGE (MER) [histoire] ; TRANSPORTS – Transport aérien.

Universalia 1991 : 97 La crise du Golfe ; U.R.S.S. et péninsule Arabique ; ***Universalia 1992*** : 133 Nouveau désordre régional et enjeux démocratiques au Moyen-Orient ; 270 Pour un nouvel ordre mondial ? ; ***Universalia 1994*** : 169 L'accord israélo-palestinien : vers la fin du conflit israélo-arabe.

Thesaurus :
ASSIR
CHAMIYÉ
DJEDDAH
HEDJAZ
MECQUE (LA)
MÉDINE
NADJD
NEFOUD
RIYAD
RUB'AL-KALI
TIHAMA

régions [1] et districts administratifs	chefs-lieux	superficie (km²)	population [2] (estim. 1985)
al Gharbīyah (Ouest)	—	**352 000**	**3 043 200**
al Bāḥah	al Bāḥah	15 000	n.d.
al Madīnah	Médine (al Madīnah)	173 000	n.d.
Makkah	La Mecque (Makkah)	164 000	n.d.
al Janūbīyah (Sud)	—	**217 000**	**625 000**
ʻAsīr	Abha	81 000	n.d.
Jizān	Jizān	17 000	n.d.
Najrān	Najrān	119 000	n.d.
ash Shamālīyah (Nord)	—	**367 000**	**679 500**
al Jawf	Sakākah	139 000	n.d.
al Hudūd ash Shamāliyah (frontière Nord)	ʻAr ʻar	120 000	n.d.
Ṭabūk	Tabūk	108 000	n.d.
ash Sharqīyah (Est)	—	**710 000**	**3 030 800**
ash Sharqīyah	ad Dammām	710 000	—
al Wūsṭā (Centre)	—	**602 000**	**3 632 100**
Ḥā'il	Hā'il	125 000	
al Qaṣīm	Buraydah	65 000	n.d.
ar Riyāḍ	Riyadh (ar Riyāḍ)	412 000	n.d.
total		**2 248 000**	**11 010 600**

1. 13 régions administratives ont été créés en septembre 1993. 2. Le recensement préliminaire de 1992 donne un total de 16 929 294 hab.

Territoire et population.

	1996		1990	
	millions de SAR [1]	% du total	effectifs	% des effectifs
agriculture	32 162	6,3	569 200	9,9
mines	185 190	36,4	3 500	0,1
secteur pétrolier			46 800	0,8
industrie	47 652	9,4	374 900	6,5
bâtiment	44 477	8,7	944 100	16,4
entreprises publiques	853	0,2	126 900	2,2
transports et communications	31 507	6,2	262 300	4,5
commerce	34 258	6,7	898 300	15,6
finance	28 002 [2]	5,5	99 000	1,7
administration, défense nationale	88 873	17,5	624 800	10,8
services et autres	13 800	2,7	1 822 000	31,6
autres	2 542 [3]	0,5		
total	**509 286**	**100,0** [4]	**5 771 800**	**100,0** [4]

1. Valeur de la production aux prix courants. 2. La finance comprend l'immobilier et les services financiers. 3. Droits d'importation moins les frais de services bancaires. 4. Le total général ne correspond pas exactement au détail en raison des arrondis.

Structure du produit intérieur brut et effectifs.

	1990	1991	1992	1993	1994	1995	1996
indice des prix à la consommation	100,0	104,6	104,2	105,0	105,7	111,1	112,0
indice des revenus	n.d.	n.d.	n.d.	n.d.	n.d.	n.d.	n.d.

Indices des prix et des revenus (1990 = 100).

	1991	1992	1993	1994	1995	1996
millions de USD	+ 21 818	+ 20 039	+ 16 522	+ 21 289	+ 24 390	+ 31 345
% du total	29,6	24,9	24,2	33,3	32,2	38,2

Balance commerciale (prix courants).

	nombre d'établissements	nombre d'enseignants	nombre d'élèves	nombre d'élèves par enseignant
primaire (6-12 ans)	11 217	169 321	2 248 122	13,3
secondaire (13-18 ans)	6 346 [1]	105 056	1 375 753	13,1
professionnel et formation à l'enseignement	293 [1,2]	4 473	49 032	11,0
supérieur	77	18 039	233 710	13,0

1. 1994-1995. 2. Y compris les collèges de transition.

Enseignement (1995-1996).

■ ***Utilisation du sol*** (1994) : forêts 0,8 % ; prairies et pâturages 55,8 % ; terres cultivées et plantations 1,8 % ; surfaces construites, terres incultes et autres 41,6 %.

Échanges extérieurs[a]

■ ***Importations*** (1996) : 103 979 000 000 SAR (machines et appareils 21,0 % ; équipement de transport 15,3 % ; métaux et produits métalliques 10,0 % ; produits chimiques 8,1 % ; légumes 7,4 % ; textiles et vêtements 7,3 % ; animaux sur pied et produits animaux 4,9 %).
Principales sources des importations : États-Unis 21,9 % ; Royaume-Uni 9,0 % ; Allemagne 7,5 % ; Japon 7,0 % ; Italie 4,7 % ; Suisse 4,7 % ; France 4,1 %.

■ ***Exportations*** (1996) : 212 353 000 000 SAR (pétrole 88,6 % ; dont pétrole brut 72,3 % ; produits pétrochimiques 4,0 %).
Principales destinations des exportations : Japon 16,9 % ; États-Unis 15,0 % ; Corée du Sud 10,6 % ; Singapour 7,9 % ; France 4,5 % ; Inde 3,3 % ; Pays-Bas 3,2 % ; Italie 3,0 %.

Transports et communications

■ ***Transports***
Chemins de fer : longueur (1995) 1 390 km ; trafic : 139 000 000 passagers-km (1993-1994) ; 816 000 000 t-km (1993-1994).
Routes (1994) : longueur totale 156 084 km (40 % recouvertes).
Véhicules (1994) : voitures particulières 1 671 200 ; camions et autobus 1 146 600.
Marine marchande (1992) : 301 navires (de 100 tjb et plus) ; 1 381 651 tonneaux de port en lourd.
Transports aériens (Saudi Arabian Airline uniquement, 1995) ; trafic : 18 501 400 000 passagers-km ; 894 900 000 t-km. 25 aéroports desservis par des vols réguliers (1997).

■ ***Communications***
Journaux quotidiens (1994) : diffusion 950 000 ; diffusion pour 1 000 hab. 54.
Radiodiffusion (1995) : 3 800 000 postes récepteurs ; 213 pour 1 000 hab.
Télévision (1995) : 4 600 000 postes récepteurs ; 257 pour 1 000 hab.
Téléphone (1995) : 1 719 400 lignes principales ; 96 pour 1 000 hab.

Éducation et santé

■ ***Niveau d'éducation*** (1986)
Proportion de la population âgée de 25 ans et plus : sans instruction scolaire 31,8 % ; ayant une éducation primaire, secondaire ou supérieure 68,2 %.

■ ***Alphabétisation*** (1995) : personnes âgées de 15 ans et plus alphabétisées 62,8 % ; hommes 71,5 % ; femmes 50,2 %.

■ ***Santé*** (1995) : 30 306 médecins (1 pour 590 hab.) ; 41 916 lits d'hôpital (1 pour 427 hab.) ; taux de mortalité infantile (1990-1995) : 29,0 ‰.

■ ***Alimentation*** (1995) : apport journalier en calories par habitant 2 746 (alimentation d'origine végétale 88 % ; d'origine animale 12 %) ; soit 113 % du niveau minimal recommandé par la F.A.O.

Défense nationale

■ ***Contingent*** (1997) : 105 500 (armée de terre 66,4 % ; marine 12,8 % ; armée de l'air 20,8 %).

■ ***Dépenses militaires*** (1995) : 13,5 % du P.I.B. (moyenne mondiale 2,8 %) ; soit 919 USD/hab.

a. Importations C.I.F.

→ *Corpus* : ARGENTINE
→ *Grand Atlas de Géographie* (éd. 1992) : 212, 220, 222 ; 254 (Buenos Aires)
→ *Grand Atlas de l'Histoire* : 209, 219, 226, 227, 286, 287, 294

ARGENTINE

- ***Nom officiel*** : République argentine (República argentina). Code I.S.O. : AR.
- ***Forme de gouvernement*** : république fédérale avec un Congrès comprenant deux assemblées législatives (Sénat [72] et Chambre des députés [257]).
- ***Chef de l'État et du gouvernement*** : président [a].
- ***Capitale*** : Buenos Aires.
- ***Langue officielle*** : espagnol.
- ***Religion officielle*** : catholicisme.
- ***Unité monétaire*** : 1 peso [b] (ARS) = 100 centavos ; valeur (31 déc. 1997) : 100 ARS = 598,81 FRF.

provinces et autres entités fédérales	superficie (km²)	population (estim. 1995)
provinces :		
Buenos Aires	307 571	13 333 670
Catamarca	102 602	287 567
Chaco	99 633	890 548
Chubut	224 686	396 800
Córdoba	165 321	2 914 972
Corrientes	88 199	852 685
Entre-Rios	78 781	1 063 416
Formosa	72 066	444 367
Jujuy	53 219	551 804
La Pampa	143 440	280 876
La Rioja	89 680	246 158
Mendoza	148 827	1 500 818
Misiones	29 801	877 904
Neuquén	94 078	460 395
Río Negro	203 013	556 674
Salta	155 488	952 174
San Juan	89 651	550 641
San Luis	76 748	320 109
Santa Cruz	243 943	180 115
Santa Fe	133 007	2 934 220
Santiago del Estero	136 351	696 092
Terre de Feu (Tierra del Fuego)*	21 263	96 917
Tucumán	22 524	1 209 716
autres entités fédérales :		
district fédéral (Distrito federal)	200	2 988 006
total	**2 780 092**	**34 586 644**

(*) La surface de la Terre de Feu (province depuis 1991) ne comprend pas les îles de l'Atlantique sud en contestation avec la Grande-Bretagne.

Territoire et population.

Démographie

- ***Population*** (estim. 1997) : 35 409 000 [c].
- ***Densité*** (1997) : 12,7 hab./km².
- ***Répartition urbaine/rurale*** (1991) : population urbaine 86,9 % ; population rurale 13,1 %.
- ***Répartition par sexe*** (1995) : hommes 49,06 % ; femmes 50,94 %.
- ***Répartition par âge*** (1991) : moins de 15 ans 28,9 % ; de 15 à 29 ans 24,8 % ; de 30 à 44 ans 19,0 % ; de 45 à 59 ans 14,1 % ; de 60 à 74 ans 9,8 % ; 75 ans et plus 3,4 %.
- ***Projection démographique*** : 36 648 000 en 2000 ; 40 755 000 en 2010.
- ***Temps de doublement*** : 58 ans.
- ***Composition ethnique*** (1986) : Européens 85 % ; Métis, Amérindiens et autres 15 %.
- ***Appartenances religieuses*** (1995) : catholiques 90,9 % ; autres 9,1 %.
- ***Principales villes*** (1991) : Buenos Aires 2 988 006 hab. (grand Buenos Aires 11 295 555 hab., 1995) ; grand Córdoba 1 208 713 hab. ; grand Rosario 1 118 984 hab. ; grand La Plata 642 979 hab.

Statistiques de l'état civil

- ***Taux de natalité*** (1995-2000) : 19,9 ‰ (moyenne mondiale 25,0 ‰).
- ***Taux de mortalité*** (1995-2000) : 7,9 ‰ (moyenne mondiale 9,3 ‰).
- ***Taux d'accroissement naturel*** (1995-2000) : 12,0 ‰ (moyenne mondiale 15,7 ‰).
- ***Taux de fécondité*** (nombre moyen de naissances par femme en âge de procréer, 1995-2000) : 2,6.
- ***Espérance de vie*** à la naissance (1995-2000) : hommes 69,6 ans ; femmes 76,8 ans.
- ***Principales causes de décès*** (pour 100 000 hab., 1993) : maladies cardiaques 247,1 ; tumeurs

	1994		1980	
	millions de ARA	% du total	effectifs	% des effectifs
agriculture	13 665,7	4,8	1 200 992	12,0
mines	4 672,7	1,7	47 171	0,5
industrie	56 443,3	20,0	1 985 995	19,9
bâtiment	18 858,5	6,7	1 003 175	10,1
entreprises publiques	4 735,5	1,7	103 256	1,0
transports et communications	15 234,5	5,4	460 476	4,6
commerce	41 132,0	14,6	1 702 080	17,0
finance	50 267,0	17,8	395 704	4,0
administration, défense nationale, services	71 970,8	25,6	2 399 039	24,0
autres	4 665,0 [1]	1,7	691 302	6,9
total	**281 654,0** [2]	**100,0**	**9 989 190**	**100,0**

1. Droits d'importation. 2. Le total général ne correspond pas exactement au détail en raison des arrondis.

Structure du produit intérieur brut et effectifs.

	1991	1992	1993	1994	1995	1996
indice des prix à la consommation	272,0	339,0	375,0	391,0	404,0	405,0
indice des revenus mensuels [2]	249,0	324,0	365,0	390,0	384,0	386,0

1. Le nouveau peso a été introduit le 1er janvier 1992 au taux suivant : 1 peso = 10 000 australs (ARA).
2. Secteur industriel uniquement.

Indices des prix et des revenus (1990 = 100 [1]).

	1991	1992	1993	1994	1995	1996
millions de USD	+ 4 572	− 1 388	− 1 576	− 4 002	− 2 985	+ 1 621
% du total	23,6	5,4	5,7	11,3	7,7	3,5

Balance commerciale (prix courants).

	nombre d'établissements	nombre d'enseignants	nombre d'élèves	nombre d'élèves par enseignant
primaire (6-12 ans)	25 448	286 885	5 126 307	17,9
secondaire (13-17 ans)*	7 239	233 564	2 238 091	9,6
supérieur	1 705	118 695	926 793	7,8

(*) Le professionnel et la formation à l'enseignement sont compris dans le secondaire.

Enseignement (1994-1995).

malignes (cancers) 143,5 ; maladies cérébrales 75,8 ; accidents 32,8 ; diabète 20,5.

Économie nationale

■ **_Budget de l'État_** (1995)
Recettes : 55 650 600 000 USD (recettes courantes 96,9 %, dont recettes fiscales 90,0 %, recettes non fiscales 6,5 %, autres 0,4 % ; revenu des domaines 3,1 %).
Dépenses : 55 560 600 000 USD (1989 : sécurité sociale 35,3 % ; services économiques 16,0 % ; éducation 9,9 % ; défense nationale 9,9 % ; transports et communications 8,8 % ; service de la dette 7,4 %).

■ **_Dette publique_** (extérieure, créances, 1995) : 62 181 000 000 USD.

■ **_Tourisme_** (1995) : recettes touristiques 4 306 000 000 USD ; dépenses touristiques à l'étranger (1993) 2 067 000 000 USD.

■ **_Production_**
Agriculture, sylviculture, pêche (1996).
Canne à sucre 17 600 000 t ; blé 15 200 000 t ; soja 12 654 000 t ; maïs 10 466 000 t ; graines de tournesol 5 300 000 t ; raisins 2 728 000 t ; sorgho 2 132 000 t ; pommes de terre 2 000 000 t ; tomates 740 000 t.
Cheptel (sur pied) : bovins 54 000 000 ; moutons 17 000 000.
Bois (1995) : 11 450 000 m³.
Pêche (1995) : 930 592 t.
Industries extractives (1995) : argent 1 536 386 onces ; or 26 910 onces.
Industries manufacturières (1994) : ciment 6 306 000 t ; farine de blé 3 346 000 t ; huile végétale 3 027 000 t ; sucre 1 110 000 t ; papier 966 000 t ; acide sulfurique 199 285 t ; soda 22 528 000 hl ; vin 14 179 000 hl ; bière 11 293 000 hl.
Bâtiment (constructions autorisées, 1994) : 15 081 456 m².
Énergie (production/consommation) : électricité (1994) 66 196 000 000/67 162 000 000 kWh ; charbon (1994) 348 000/1 596 000 t ; pétrole brut (1994) 245 053 000/173 749 000 barils ; produits pétroliers (1994) 21 499 000/19 743 000 t ; gaz naturel (1994) 28 675 000 000/31 293 000 000 m³.

■ **_Produit national brut_** (1995) : 278 431 000 000 USD (8 030 USD/hab.).

■ **_Population active_** (1995) : 14 345 171 ; taux d'activité 41,5 % (taux de participation : 15-64 ans 64,5 % ; femmes 36,9 % ; sans-emploi [1996] 17,0 %).

■ **_Utilisation du sol_** (1994) : forêts 18,6 % ; prairies et pâturages 51,9 % ; terres cultivées et plantations 9,9 % ; autres 19,6 %.

Échanges extérieurs [d]

■ **_Importations_** (1994) : 21 590 000 000 USD (équipement industriel et de transport 52,0 % ; produits chimiques 14,0 % ; produits manufacturés 12,9 % ; produits alimentaires et animaux sur pied 4,6 %).
Principales sources des importations : États-Unis 22,8 % ; Brésil 19,9 % ; Italie 6,6 % ; Allemagne 6,4 % ; France 5,0 % ; Chili 3,9 % ; Uruguay 3,7 % ; Japon 2,9 %.

■ **_Exportations_** (1994) : 15 839 100 000 USD (produits alimentaires et animaux sur pied 35,2 % ; produits manufacturés 12,5 % ; équipement industriel et de transport 11,2 % ; pétrole et produits pétroliers 10,4 % ; huiles animales et végétales 9,6 % ; produits chimiques 5,9 %).
Principales destinations des exportations : Brésil 23,1 % ; États-Unis 11,0 % ; Pays-Bas 7,5 % ; Chili 6,3 % ; Uruguay 4,1 % ; Italie 4,1 % ; Espagne 4,0 % ; Allemagne 3,8 % ; Japon 2,1 %.

Transports et communications

■ **_Transports_**
Chemins de fer : longueur (1995) 33 821 km ; trafic (1994) : 6 460 159 000 passagers-km ; 7 613 000 000 t-km.
Routes (1995) : longueur totale 216 100 km (29 % recouvertes).
Véhicules (1995) : voitures particulières 4 665 329 ; véhicules commerciaux et autobus 1 181 569.
Marine marchande (1992) : 423 navires (de 100 tjb et plus) ; 1 173 105 tonneaux de port en lourd.
Transports aériens (1995) : trafic : 11 785 000 000 passagers-km ; 1 330 000 000 t-km. 39 aéroports (1997).

■ **_Communications_**
Journaux quotidiens (1992) : diffusion totale 4 780 000 ; diffusion pour 1 000 hab. 137.
Radiodiffusion (1996) : 21 500 000 postes récepteurs ; 614 pour 1 000 hab.
Télévision (1995) : 12 000 000 postes récepteurs ; 347 pour 1 000 hab.
Téléphone (1995) : 5 531 700 lignes principales ; 160 pour 1 000 hab.

Éducation et santé

■ **_Niveau d'éducation_** (1991)
Proportion de la population âgée de plus de 25 ans : sans instruction scolaire 5,7 % ; ayant une éducation primaire incomplète 22,3 % ; éducation primaire 34,6 % ; éducation secondaire incomplète 12,5 % ; éducation secondaire 12,8 % ; éducation supérieure 12,0 %.

■ **_Alphabétisation_** (1995) : personnes âgées de 15 ans et plus alphabétisées 96,2 %.

■ **_Santé_** (1992) : 88 800 médecins (1 pour 376 hab.) ; 147 000 lits d'hôpital (1 pour 227 hab.) ; taux de mortalité infantile (1995) : 22,0 ‰.

■ **_Alimentation_** (1995) : apport journalier en calories par habitant 3 100 (alimentation d'origine végétale 70 % ; d'origine animale 30 %) ; soit 131 % du niveau minimal recommandé par la F.A.O.

Défense nationale

■ **_Contingent_** (1997) : 73 000 (armée de terre 56,2 % ; marine 27,4 % ; armée de l'air 16,4 %).

■ **_Dépenses militaires_** (1995) : 1,7 % du P.N.B. (moyenne mondiale 2,8 %) ; soit 177 USD/hab.

a. Assisté d'un coordinateur ministériel chargé de l'administration générale du pays.

b. Ce nouveau peso a été introduit le 1er janvier 1992 au taux suivant : 1 peso = 10 000 australs (ARA).

c. Y compris les 2 millions d'immigrants illégaux boliviens et paraguayens.

d. Importations : chiffres F.O.B. pour la balance commerciale et C.I.F. pour les marchandises et les partenaires commerciaux.

Corpus : ALIMENTATION (ÉCONOMIE DE L') – Les grands produits alimentaires ; AMÉRIQUE LATINE – Économie et société ; AYMARAS ; BUENOS AIRES ; CÉRÉALES ; CHACO ; FUÉGIENS ; GAZ NATUREL ; LATIFUNDIA ; PATAGONS ; VIANDE (production et consommation).

Universalia 1985 : 618 Raul Alfonsin ; ***Universalia 1988 :*** 181 La démocratie entre la crise et les militaires ; ***Universalia 1989 :*** 132 L'épuisement du modèle national de développement en Amérique latine ; ***Universalia 1990 :*** 130 Les villes géantes ; 193 La démocratie à l'épreuve du nouveau péronisme ; ***Universalia 1991 :*** 151 Amérique latine : une nouvelle donne ; ***Universalia 1992 :*** 191 Des militaires à la recherche du temps perdu ; ***Universalia 1997 :*** 147 Amérique latine : la difficile reconversion des militaires ; 150 Amérique latine : le Mercosur, pôle d'attraction pour l'intégration latino-américaine.

Thesaurus :
BAHÍA BLANCA
CHACO
CÓRDOBA
CORRIENTES
CUYO
MALOUINES (GUERRE DES)
MENDOZA
MISIONES (PROVINCE DE)
PAMPA
PARANÁ
PATAGONIE
PLATA (LA)
PRENSA (LA)
ROSARIO
SALTA ET JUJUY
SANTA FE
TUCUMÁN

→ ***Corpus :*** ARMÉNIE (l'Arménie soviétique) ; U.R.S.S. et ex-U.R.S.S.
→ ***Grand Atlas de Géographie*** (éd. 1992) : 80, 92
→ ***Grand Atlas de l'Histoire :*** 208, 209, 212, 213, 218, 230-231 (L'Empire russe : expansion et modernisation de 1815 à 1917), 244, 245, 250, 251, 252, 253, 256, 257, 258-259 (La Révolution russe), 264, 265, 266, 272, 273, 274, 290-291 (Le développement de l'Union soviétique depuis 1926), 292, 293, 294, 295

ARMÉNIE

- ***Nom officiel*** : République d'Arménie (Hayastani Hanrapetutyun ; forme courte : Hayastan). Code I.S.O. : AM.
- ***Forme de gouvernement*** : république à structure étatique unitaire et à régime multipartiste avec un seul corps législatif (Assemblée nationale [190]).
- ***Chef de l'État*** : président.
- ***Chef du gouvernement*** : Premier ministre.
- ***Capitale*** : Erevan.
- ***Langue officielle*** : arménien.
- ***Religion officielle***[a] : aucune (dominante : apostolique arménienne).
- ***Unité monétaire***[b] : 1 dram (AMD) = 100 lumas ; valeur (31 déc. 1997) : 100 AMD = 1,205 FRF.

Démographie

- ***Population*** (estim. 1997) : de jure 3 773 000 ; de facto env. 3 000 000[c].
- ***Densité*** (1997) : 126,4 hab./km².
- ***Répartition urbaine/rurale*** (1995) : population urbaine 67,6 % ; population rurale 32,4 %.
- ***Répartition par sexe*** (1994) : hommes 48,42 % ; femmes 51,58 %.
- ***Répartition par âge*** (1993) : moins de 15 ans 30,1 % ; de 15 à 29 ans 24,4 % ; de 30 à 44 ans 22,4 % ; de 45 à 59 ans 12,3 % ; de 60 à 74 ans 8,6 % ; 75 ans et plus 2,2 %.
- ***Projection démographique*** : 3 787 000 en 2000 ; 3 892 000 en 2010.
- ***Temps de doublement*** : plus de 100 ans.
- ***Composition ethnique*** (1989) : Arméniens 93,3 % ; Azéris 2,6 % ; autres 4,1 %.
- ***Appartenances religieuses*** (1991) : église apostolique arménienne principalement.
- ***Principales villes*** (1991) : Erevan 1 283 000 hab. ; Goumri (Koumaïri, ex-Leninakan) 163 000 hab. (1989) ; Kirovakan 76 000 hab. (1989).

Statistiques de l'état civil

- ***Taux de natalité*** (1995) : 13,3 ‰ (moyenne mondiale 25,0 ‰) ; taux (1993) de naissances légitimes 86,0 %, illégitimes 14,0 %.
- ***Taux de mortalité*** (1995) : 6,5 ‰ (moyenne mondiale 9,3 ‰).
- ***Taux d'accroissement naturel*** (1995) : 6,8 ‰ (moyenne mondiale 15,7 ‰).
- ***Taux de fécondité*** (nombre moyen de naissances par femme en âge de procréer, 1994) : 2,0.
- ***Espérance de vie*** à la naissance (1994) : hommes 67,0 ans ; femmes 73,7 ans.
- ***Principales causes de décès*** (pour 100 000 hab., 1993) : maladies de l'appareil circulatoire 395,6 ; tumeurs malignes (cancers) 78,6 ; maladies de l'appareil respiratoire 38,3 accidents et actes de violence 24,2.

Économie nationale

- ***Bugdet de l'État*** (1995)
Recettes : 103 834 000 000 AMD (recettes fiscales 64,0 %, dont impôts sur les bénéfices des sociétés 23,0 %, taxes à la valeur ajoutée 16,3 %, impôts sur les salaires 10,3 %, impôts sur le revenu 6,6 % ; emprunts 18,3 % ; recettes non fiscales 17,7 %).
Dépenses : 155 492 000 000 AMD (dépenses courantes 75,6 %, dont pensions et sécurité sociale 16,1 %, intérêts 10,4 %, santé et éducation 8,3 %, salaires 8,7 % ; autres 32,3 %, dépenses en capital 24,4 %).
- ***Dette publique*** : n.d.
- ***Production***
Agriculture, sylviculture, pêche (1996).
Pommes de terre 423 163 t ; tomates 180 361 t ; blé 168 000 t ; raisins 158 200 t ; pommes 118 000 t ; orge 105 000 t.
Cheptel (sur pied) : moutons et chèvres 561 000 ; bovins 49 500 ; porcs 79 000 ; volailles 2 700 000.
Bois (1991) : 44 100 m³.
Pêche (1995) : 4 500 t.
Industries extractives (1995) : cuivre 10 000 000 t ; perlite 200 000 t ; molybdène 5 000 t.
Industries manufacturières (millions d'AMD, 1994) : matériaux de construction 18 436 ; produits alimentaires 13 842 ; produits chimiques et pétrochimiques 5 330 ; sidérurgie 5 259 ; textiles 2 500 ; produits en cuir 2 335.
Bâtiment (1995) : 284 000 m².
Énergie (production/consommation) : électricité (1995) 5 560 000 000/5 674 000 000 kWh ; charbon (1994) 0/36 000 t ; pétrole brut (1994) 0/1 195 000 barils ; produits pétroliers (1994) 0/36 000 t ; gaz naturel (1994) 0/883 773 000 m³.
- ***Population active*** (1995) : 1 562 000 ; taux d'activité 41,5 % (taux de participation, 1994 : 16-59 ans [hommes], 16-54 ans [femmes] 75,4 % ; femmes [1994] 45,0 % ; sans-emploi 4,3 %).
- ***Produit national brut***[d] (1995) : 2 752 000 000 USD (730 USD/hab.).
- ***Revenus et dépenses des ménages***
Taille moyenne des ménages (1989) : 4,7.
Revenu annuel moyen par ménage (1994) : 47 352 AMD ; sources des revenus (1994) : traitements et salaires 52,3 % ; revenus agricoles 7,7 % ; autres 40,0 %.
Dépenses (1994) : biens et services 78 % ; taxes et impôts 22,0 %.
- ***Utilisation du sol*** (1994) : forêts 13,4 % : prairies et pâturages 23,1 % ; terres cultivées et plantations 20,1 % ; autres 43,4 %.

Échanges extérieurs

- ***Importations*** (1995) : 672 900 000 USD (produits alimentaires 33,4 % ; produits minéraux 33,1 % ; bijoux 4,3 % ; autres 29,2 %).
Principales sources des importations : ex-U.R.S.S. 49,6 %, dont Russie 19,9 % ; Turkmé-

Corpus : ALIMENTATION (ÉCONOMIE DE L') — Les grands produits alimentaires ; ASIE : (Géographie humaine) [l'Asie septentrionale] ; CAUCASE ; COOPÉRATIVES (extension du secteur coopératif) ; KOLKHOZ ; KURDES ; MINERAIS (principaux producteurs) ; NUCLÉAIRE (INDUSTRIE) ; PÉTROLE — Géographie du pétrole ; POPULATION (GÉOGRAPHIE DE LA) [population et démographie] ; SOCIALISME — Économie des pays socialistes ; SOVKHOZ ; TOURISME (marchés, chaînes et réseaux) [l'insertion des pays collectivistes].

Universalia 1987 : 147 L'information en Union soviétique et dans les autres pays socialistes ; 356 Les Juifs en U.R.S.S ; ***Universalia 1990 :*** 111 La réforme politique et institutionnelle ; 358 La crise caucasienne ; 361 La revanche du secteur privé ; ***Universalia 1991 :*** 111 Les conflits communautaires et ethniques dans le monde contemporain ; 136 L'U.R.S.S. et le désarmement ; 351 La présidentialisation du régime ; ***Universalia 1992 :*** 139 La recomposition de l'espace stratégique soviétique ; ***Universalia 1995 :*** 180 Caucase : le retour de la Russie.

Thesaurus :
AZERI
EREVAN

régions	superficie (km²)	population (estim. 1995)
Aragatsi	2 755	161 700
Ararati	2 104	302 100
Armavir	1 241	314 000
Gegharkunik	4 073	255 800
Kotayk	2 100	327 100
Lori	3 791	391 700
Shirak	2 679	357 600
Syunik	4 505	161 400
Vayots-Dzor	2 308	69 700
Tavush	2 702	170 000
villes		
Erevan	210	1 248 700
autres	1 278	
total	**29 743**	**3 759 800**

Territoire et population.

	millions d'AMD	% du total	effectifs	% des effectifs
agriculture	167 475	32,7	492 000	31,5
industrie, mines entreprises publiques	164 834	31,6	352 000	22,5
bâtiment	48 368	9,3	96 000	6,2
transports et communications	17 687	3,4	27 000	1,7
commerce	42 927	8,2	63 000	4,0
finance	–	–	–	–
administration, défense nationale	–	–	29 000	1,9
services	–	–	341 000	21,8
autres	80 994	14,8	162 000	10,4
total	**522 285**	**100,0**	**1 562 000**	**100,0**

Structure du produit intérieur brut et effectifs (1995).

	1992	1993	1994	1995	1996
indice des prix à la consommation	100	1 075	86 355	237 947	282 384
indice des revenus	n.d.	n.d.	n.d.	n.d.	n.d.

Indices des prix et des revenus (1992 = 100).

	1993	1994	1995	1996
millions de AMD	– 20,0	– 128,3	– 354,5	– 468,1
% du total	5,1	22,9	39,6	44,6

Balance commerciale (prix courants).

	nombre d'établissements	nombre d'enseignants	nombre d'élèves	nombre d'élèves par enseignant
primaire (6-13 ans) secondaire (14-17 ans)	1 400	54 000 •	574 500	10,6 •
professionnel et formation à l'enseignement	69 •	n.d.	25 200 •	n.d.
supérieur	14 •	n.d.	36 500	n.d.

(•) 1993-1994.

Enseignement (1994-1995).

nistan 19,2 % ; autres pays de l'ex-U.R.S.S. 19,2 % ; autres pays 50,4 %, dont les États-Unis, l'Iran, la France et la Belgique sont les principales sources d'importation.

■ ***Exportations*** (1995) : 270 900 000 USD (bijoux 33,1 % ; machines et équipement 14,7 % ; produits minéraux 10,6 %).
Principales destinations des exportations : ex-U.R.S.S. 61,7 %, dont russie 32,6 % ; Turkménistan 25,3 % ; autres pays de l'ex-U.R.S.S. 3,8 % ; autres pays, dont Iran 13,0 %, Belgique 11,3 %, Allemagne 3,7 %.

Transports et communications

■ ***Transports***
Chemins de fer (1996) : longueur 829 km ; trafic (1995) : 316 000 000 passagers-km ; 4 884 000 000 t-km.
Routes (1996) : longueur totale 7 500 km (98 % recouvertes).
Véhicules (1991) : voitures particulières 2 782 ; camions et autobus : 12 034.
Marine marchande : n.d.
Transports aériens (1990) ; trafic 5 556 900 000 passagers-km ; 49 000 000 t-km ; 1 aéroports desservi par des vols réguliers (1997).

■ ***Communications***
Journaux quotidiens (1995) : diffusion totale 80 000 ; diffusion pour 1 000 hab. 23.
Radiodiffusion : n.d.
Télévision (1995) : 900 000 postes récepteurs ; 241 pour 1 000 hab.
Téléphone (1995) : 583 500 lignes principales ; 155 pour 1 000 hab.

Éducation et santé

■ ***Niveau d'éducation*** (1989)
Proportion de la population âgée de 25 ans et plus : sans instruction scolaire ou une éducation primaire 7,6 % ; éducation secondaire incomplète 19,1 % ; éducation secondaire ou début d'éducation postsecondaire 59,2 % ; éducation supérieure 14,2 %.

■ ***Alphabétisation*** (1989) : personnes âgées de 15 ans et plus alphabétisées 98,8 % ; hommes 99,4 % ; femmes 98,1 %.

■ ***Santé*** (1994) : 13 000 médecins (1 pour 288 hab.) ; 30 000 lits d'hôpital (1 pour 125 hab.) ; taux de mortalité infantile : 14,7 ‰.

Défense nationale

■ ***Contingent*** (1997) : env. 58 600 (armée de terre 100 %).

■ ***Dépenses militaires*** (1995) : 0,9 % du P.N.B. (moyenne mondiale 2,8 %) ; soit 23 USD/hab.

a. La Constitution prévoit la liberté du culte. Dans les faits, la loi impose des restrictions. La loi de 1991 sur les Églises mentionne la séparation de l'Église et de l'État, mais reconnaît à l'Église apostolique arménienne un statut spécial. Toutes les autres Églises doivent se déclarer au ministère de la Justice, et le prosélytisme est interdit.

b. Le dram, introduit le 22 novembre 1993 pour remplacer le rouble russe, valait à cette date 200 roubles. À la fin de 1996, on observe : 1 AMD = 13,5 RUR environ.

c. Environ un cinquième de la population arménienne a quitté le pays depuis 1993 en raison de la crise de l'énergie.

d. Données incertaines.

→ *Corpus* : AUSTRALIE
→ *Grand Atlas de Géographie* (éd. 1992) : 156, 158, 160 ; 240a (Sydney), 240b (Melbourne), 166c (île Norfolk)
→ *Grand Atlas de l'Histoire* : 208, 209, 218, 219, 236-237 (Le développement de l'Australie), 266, 270, 271, 295

AUSTRALIE

- ***Nom officiel*** : Australie (Australia). Code I.S.O. : AU.
- ***Forme de gouvernement*** : monarchie constitutionnelle avec un Parlement fédéral comprenant deux chambres législatives (Sénat [76] et Chambre des représentants [148]).
- ***Chef de l'État*** : reine d'Angleterre, représentée par un gouverneur général.
- ***Chef du gouvernement*** : Premier ministre.
- ***Capitale*** : Canberra.
- ***Langue officielle*** : anglais.
- ***Religion officielle*** : aucune.
- ***Unité monétaire*** : 1 dollar australien (AUD) = 100 cents ; valeur (31 déc. 1997) : 100 AUD = 391,23 FRF ; 1 écu = 1,690 98 AUD.

Démographie

- ***Population*** (estim. 1997) : 18 508 000.
- ***Densité*** (1997) : 2,4 hab./km².
- ***Répartition urbaine/rurale*** (1997) : population urbaine 85,0 % ; rurale 15,0 %.
- ***Répartition par sexe*** (1997) : hommes 49,46 % ; femmes 50,54 %.
- ***Répartition par âge*** (1996) : moins de 15 ans 21,6 % ; de 15 à 24 ans 14,5 % ; de 25 à 44 ans 30,8 % ; de 45 à 64 ans 21,0 % ; 65 ans et plus 12,1 %.
- ***Projection démographique*** : 19 058 000 en 2000 ; 20 830 000 en 2010.
- ***Temps de doublement*** : 99 ans.
- ***Composition ethnique*** (1987) : Blancs 95,2 % ; Aborigènes 1,5 % ; Asiatiques 1,3 % ; autres 2,0 %.
- ***Appartenances religieuses*** (1991) : chrétiens 74,0 %, dont catholiques 27,3 %, Église anglicane d'Australie 23,8 % (Église unitarienne et méthodistes 8,2 %, autres protestants 7,6 %, presbytériens 4,3 %), orthodoxes 2,8 % ; musulmans 0,9 % ; bouddhistes 0,8 % ; juifs 0,4 % ; hindous 0,3 % ; sans appartenance 12,9 % ; autres 10,7 %.
- ***Principales villes*** (1995) : Sydney 3 772 700 hab. ; Melbourne 3 218 100 hab. ; Brisbane 1 489 100 hab. ; Perth 1 262 600 hab. ; Adélaïde 1 081 000 hab. ; Newcastle 466 000 hab. ; Canberra 331 800 hab. (y compris Queanbeyan) ; Gold Coast 326 900 hab. (y compris une partie de Tweed Shire) ; Wollongong 253 600 hab. ; Hobart 194 700 hab.
- ***Lieu de naissance*** (1996)
Proportion de la population née en Australie 73,9 % ; à l'étranger 26,1 % (Europe 12,4 %, dont Royaume-Uni et République d'Irlande 6,3 %, Italie 1,3 %, Grèce 0,7 %, Allemagne 0,6 % ; Pays-Bas 0,5 %, autres pays d'Europe 3,0 ; Asie et Moyen-Orient 5,6 % ; Nouvelle-Zélande 1,6 % ; Afrique, Amériques et autres 6,5 %).
- ***Mobilité*** (1995-1996)
Sans changement de résidence depuis 1994 81,6 % ; changement de résidence à l'intérieur du pays 18,4 %.
- ***Ménages*** (1993-1994)
Nombres de ménages 6 616 800. Taille moyenne des ménages : 2,6 ; ménages d'une personne 21,8 % ; de 2 personnes 25,8 % ; couples avec enfants 23,7 % ; couples avec enfants et autres personnes à charge 12,4 % ; parents uniques avec enfants 6,6 % ; autres 9,7 %.
- ***Immigration*** (1996)
Immigrants légaux : 96 970.
Pays d'origine : Royaume-Uni et Irlande 12,8 % ; Nouvelle-Zélande 11,8 % ; Chine 7,6 % ; Vietnam 4,8 % ; Hong Kong 4,6 % ; Inde 4,4 % ; Philippines 3,9 % ; Afrique du Sud 3,2 % ; Bosnie-Herzégovine 3,2 % ; Yougoslavie 3,1 % ; Sri Lanka 2,2 %.
Réfugiés arrivés (1994-1995) : 13 600.

Statistiques de l'état civil

- ***Taux de natalité*** (1996) : 14,1 ‰ (moyenne mondiale 25,0 ‰) ; taux (1993) de naissances légitimes 75,0 %, illégitimes 25,0 %.

États et territoires	capitales	superficie (km²)	population (recens. 1996)
États :			
Australie méridionale (South Australia)	Adélaïde (Adelaide)	984 000	1 427 936
Australie occidentale (Western Australia)	Perth	2 525 500	1 726 095
Nouvelle-Galles du Sud (New South Wales)	Sydney	801 600	6 038 696
Queensland	Brisbane	1 727 200	3 368 850
Tasmanie (Tasmania)	Hobart	67 800	459 659
Victoria	Melbourne	227 600	4 373 520
territoires :			
Territoire de la capitale australienne (Australian Capital Territory)	Canberra	2 400	299 243
Territoire du Nord (Northern Territory)	Darwin	1 346 200	195 101
total		**7 682 300**	**17 892 423 ***

(*) Y compris 3 323 personnes de zones indéterminées.

Territoire et population.

pourcentage du revenu familial par décile									
1	2	3	4	5	6	7	8	9	10 (le plus haut)
1,4	3,1	4,2	5,5	6,9	8,6	10,6	13,3	17,2	29,2

Répartition du revenu familial (déc. 1990)

	1994-1995 [1]		1995-1996	
	millions de AUD	% du total	effectifs	% des effectifs
agriculture	13 592	3,3	421 900	4,7
mines	17 983	4,4	85 300	0,9
industrie	64 623	15,7	1 111 300	12,3
bâtiment	27 031	6,5	600 300	6,6
entreprises publiques	13 449	3,3	80 800	0,9
transports et communications	36 978	9,0	546 700	6,0
commerce, dont hôtels et restaurants	78 442	19,0	2 106 500	23,2
finance, immobilier	91 176	22,1	1 111 400 [2]	12,3
administration, défense nationale	15 226	3,7	378 700	4,2
services	56 324	13,6	1 844 200	20,3
autres	– 2 231 [3]	– 0,6 [4]	779 200 [3]	8,6
total	**412 593**	**100,0**	**9 066 400**	**100,0**

1. Aux prix de 1989-1990. 2. 1994. 3. Sans-emploi principalement. 4. Moins les frais de service bancaire.

Structure du produit intérieur brut et effectifs.

	nombre d'établissements [1]	nombre d'employés	bénéfice par personne employée (millier d'AUD, 1993-1994)	chiffre d'affaires annuel (millions de AUD)
industrie :				
alimentation, boissons et tabac	3 514	163 100	243,4	41 010
produits métalliques	7 522	147 400	229,6	34 691
équipement industriel	8 988	202 800	178,0	38 189
produits chimiques, pétroliers et houillers	3 009	91 100	330,0	30 462
imprimerie et édition	5 265	94 200	139,0	13 621
produits manufacturés divers	5 973	54 000	102,1	5 754
produits en bois et en papier	3 973	63 800	174,1	11 360
produits minéraux non métalliques	1 909	39 000	225,4	8 951
textile, habillement, cuir	4 456	76 600	124,6	9 786
mines :				
houille, pétrole, gaz	254	29 600	n.d.	17 023
minerais métalliques	261	25 700	n.d.	11 913
minerais non métalliques [2]	699	8 799	n.d.	2 240
bâtiment [3]	98 100	518 200	n.d.	34 407

1. 1993-1994. 2. 1990-1991. 3. 1991-1992.

Industrie, mines et bâtiment (1994-1995).

	nombre d'établissements	nombre d'employés	total des salaires et traitements (millions de AUD)	chiffre d'affaires annuel (millions de AUD)
concessionnaires de véhicules motorisés, stations services	37 305	220 661	2 572 [1]	44 954
magasins d'alimentation	53 166	406 299	2 461 [1]	43 963 [2]
grands magasins	459	87 148	1 175 [1]	11 209 [2]
magasins de vêtements, de tissus et d'ameublement	21 688	91 138	965 [1]	7 957 [2]
quincaillerie et électroménager	14 268	75 355	629	12 588 [2]
publicité	858	9 083	n.d.	842,1
justice	8 850	63 108	n.d.	5 105,2
services comptables	8 699	60 000	n.d.	4 051,2
immobilier	7 265	51 922	n.d.	2 798,7
conseil en ingénierie et en services	5 454	28 208	n.d.	2 325,2
services d'évaluation	4 894	30 062	n.d.	3 928,8
urbanisme	4 409	16 204	n.d.	945,2

1. 1985-1986. 2. 1994-1995.

Commerce de détail et services (1991-1992).

	1991	1992	1993	1994	1995	1996	1990*
indice des prix à la consommation	103,2	104,2	106,1	108,1	113,2	116,1	116,5
indice des revenus hebdomadaires	105,1	109,3	111,3	115,0	120,8	125,7	129,9

(•) Deuxième trimestre.

Indices des prix et des revenus (1990 = 100).

	1992	1993	1994	1995	1996	1997 (juillet)
millions de AUD	2 850	427	– 3 188	– 5 803	– 1 197	– 312
% du total	2,5	0,3	2,4	3,9	0,8	0,2

Balance commerciale (prix courants).

■ ***Taux de mortalité*** (1996) : 6,9 ‰ (moyenne mondiale 9,3 ‰).

■ ***Taux d'accroissement naturel*** (1996) : 7,2 ‰ (moyenne mondiale 15,7 ‰).

■ ***Taux de fécondité*** (nombre moyen de naissances par femme en âge de procréer, 1996) : 1,82.

■ ***Nombre de mariages*** (pour 1 000 hab., 1996) : 6,0.

■ ***Nombre de divorces*** (pour 1 000 hab., 1996) : 2,7.

■ ***Espérance de vie*** à la naissance (1996) : hommes 75,4 ans ; femmes 81,1 ans.

■ ***Principales causes de décès*** (pour 100 000 hab., 1995) : maladies de l'appareil circulatoire 296 ; tumeurs malignes (cancers) 190 ; maladies de l'appareil respiratoire 52 ; empoisonnements, accidents et autres morts violentes 41 ; troubles endocriniens, nutritionnels et du métabolisme 23 ; maladies de l'appareil digestif 21 ; troubles du système nerveux 17.

Indicateurs sociaux

■ ***Niveau d'éducation*** (1995)
Proportion de la population âgée de 15 à 64 ans : sans instruction scolaire 0,3 % ; ayant une éducation secondaire incomplète 36,3 %, dont éducation secondaire complète (1994) 17,8 % ; éducation postsecondaire ou technique 33,7 % ; éducation universitaire 11,9 %.

■ ***Qualité de la vie professionnelle*** (1995-1996)
Durée moyenne de la semaine de travail 40,5 heures (heures supplémentaires 16,8 %).
Taux annuel (pour 100 000 hab.) : d'accidents ou de blessures (1992-1993) 3 200 ; de maladies professionnelles n.d. ; de décès n.d.
Proportion d'effectifs assurés contre dommages ou pertes de revenus résultant de : blessures (1992-1993) 100 % ; incapacité permanente (1992-1993) 100 % ; décès (1992-1993) 100 %.
Principaux moyens de transport jusqu'au lieu de travail (1986) : voitures particulières 69,4 % ; transports en commun 10,1 % ; bicyclettes et cyclomoteurs 3,2 % ; à pied 6,6 % ; autres 10,7 %.
Proportion de sans-emploi sans perspectives d'emploi (considérés comme étant trop jeunes ou trop vieux, sans emplois disponibles dans leur secteur d'activité, 1995) : 1,3 % des effectifs totaux.

■ ***Accès aux services*** (1976)
Proportion de logements équipés : de l'électricité 99,5 % ; d'une salle de bains 96,0 % ; d'installations sanitaires 92,2 % ; d'une cuisine 97,9 % ; du tout-à-l'égout 73,4 %.

■ ***Participation à la vie sociale***
Électeurs inscrits ayant participé au dernier scrutin national (1996) : 95,8 % (le vote est obligatoire) ; proportion de la population (âgée de plus de 16 ans) participant au travail bénévole n.d. ; taux d'adhésion aux syndicats (1996) : 31 %.

■ ***Délinquance et/ou déviance sociale***
Délits pour 100 000 habitants (1996) : meurtres 3,8 % ; violences sexuelles 78,7 ; voies de fait 620,8 ; vols de véhicules 672,2 ; cambriolages et effractions 4 608,2 ; vol à la tire, vol à main armée 34,0.
Taux (pour 100 000 hab.) : alcoolisme n.d. ; toxicomanes emprisonnés (1994) 8,8 ; suicides (1995) 13,1.

Corpus : ALIMENTATION (ÉCONOMIE DE L') – Les grands produits alimentaires ; AUSTRALIENS (ABORIGÈNES) ; CÉRÉALES ; CHARBONNAGES – Géographie de l'exploitation charbonnière ; GAZ NATUREL ; MINERAIS (principaux producteurs) ; OCÉANIE – Géographie humaine ; SEL (l'économie du sel à la fin du XXe siècle) ; SUCRE (la production) ; TOURISME ; URANIUM (répartition géographique des gisements) ; VIANDE (production et consommation).

Universalia 1989 : 320 Les télécommunications de la zone Pacifique ; ***Universalia 1991 :*** 165 Le fardeau des déchets industriels ; ***Universalia 1993 :*** 185 Une puissance régionale asiatique ?

Thesaurus :
ADELAIDE
AUSTRALIE-MÉRIDIONALE
AUSTRALIE-OCCIDENTALE
BRISBANE
CANBERRA
HOBART
KAMILAROI
MANUS
MELBOURNE
MURNGIN
NEWCASTLE
NOUVELLE-GALLES DU SUD
OVINS
PERTH
QUEENSLAND
SYDNEY
TASMANIE
TERRITOIRE DU NORD
VICTORIA

	1991	1992	1993	1994	1995	1996	1997 (août)
taux de change, AUD pour 1 :							
USD	0,78	0,74	0,68	0,73	0,74	0,80	0,73
D.T.S.	0,53	0,50	0,49	0,53	0,50	0,55	0,54
réserves internationales (USD) :							
total (sans l'or, millions)	16 535	11 208	11 102	11 285	11 896	14 534	16 189
D.T.S. (millions)	290	96	82	73	55	37	23
réserve éventuelle au F.M.I. (millions)	351	577	550	506	502	482	491
devises (millions)	15 894	10 536	10 470	10 706	11 340	14 016	15 676
or (onces, millions)	7,93	7,93	7,90	7,90	7,90	7,90	3,16 [2]
% des réserves mondiales	0,8	0,9	0,9	0,9	0,9	0,9	n.d.
intérêts et prix :							
escompte de la Banque centrale (%)	10,99	6,96	5,83	5,75	5,75	5,75 [1]	n.d.
taux de rendement des bons du Trésor (à court terme ; %)	9,94	7,25	5,63	7,65	7,60 [1]	7,53	5,58 [3]
cotation des actions des sociétés industrielles (1990 = 100)	96,4	100,3	104,7	112,9	114,2	152,0	180,3 [3]
balance des paiements (USD, millions) :							
balance commerciale	+ 3 529	+ 1 640	− 29	− 3 280	4 166	− 891	n.d.
importations F.O.B.	38 833	41 173	42 666	50 611	57 311	60 955	15 562 [3]
exportations F.O.B.	42 362	42 813	42 637	47 331	53 145	60 064	17 599 [3]
balance de transactions invisibles	− 11 036	− 10 971	− 9 666	− 16 364	− 19 040	− 15 977	− 2 010 [3]
balance des paiements, compte courant	− 11 131	− 11 076	− 9 876	− 16 717	− 19 107	− 15 870	− 2 043 [3]

1. Deuxième trimestre. 2. Août. 3. Juillet.

Agrégats financiers.

■ ***Niveau de confort*** (1995)
Ménages possédant : automobile 85 % ; poste téléphonique 95 % ; réfrigérateur 99,7 % ; climatisation (1983) 32,3 % ; ordinateur (1994) 23,0 % ; lave-linge 90,0 % ; chauffage central (1983) 3,9 % ; piscine (1983) 10,1 %.

Économie nationale

■ ***Budget de l'État*** (1996-1997)
Recettes : 130 160 000 000 AUD (impôts sur le revenu 71,2 %, dont impôts sur le revenu des particuliers 50,7 %, impôts sur le revenu des sociétés 15,1 % ; impôts indirects et taxes sur les ventes 21,0 %).
Dépenses : 129 686 000 000 AUD (sécurité sociale et assistance sociale 37,7 % ; santé 15,0 % ; transferts aux gouvernements des États 12,9 % ; services publics et économiques 12,7 % ; intérêt de la dette publique 7,5 %).

■ ***Produit national brut*** (1995) : 337 909 000 000 USD (18 720 USD/hab.).

■ ***Dette publique*** (1996) : 97 659 000 000 AUD.

■ ***Tourisme*** (1996) : recettes touristiques 8 127 500 000 USD ; dépenses touristiques à l'étranger 5 038 800 000 USD.

■ ***Production***
Agriculture, sylviculture, pêche (valeurs brutes, milliers d'AUD, 1995-1996).
Bétail abattu 6 066 400 (bovins 3 474 300 ; volailles 964 600 ; moutons et agneaux 1 005 500 ; porcs 589 200).
Blé 4 602 000 ; laine 2 686 800 ; orge 1 347 000 ; canne à sucre (1994-1995) 1 319 700 ; coton (1994-1995) 851 000 ; raisins 680 600 ; pommes de terre (1994-1995) 378 000 ; avoine (1994-1995) 311 000 ; pommes (1994-1995) 269 800 ; bananes (1994-1995) 254 700 ; sorgho (1994-1995) 242 000 ; oranges (1994-1995) 214 800 ; riz (1994-1995) 216 000 ; tomates (1994-1995) 166 000 ; carottes (1994-1995) 133 000 ; poires (1994-1995) 73 400 ; oignons 54 100 ; pêches (1994-1995) 50 000 ; ananas (1994-1995) 43 300 ; maïs 41 000 ; tabac (1994-1995) 40 000 ; choux-fleurs (1992-1993) 33 700.
Cheptel (nombre d'animaux sur pied, 1997) : moutons 121 900 000 ; bovins 26 250 000 ; porcs 2 410 000 ; volailles 73 509 000.
Bois (1995) : 22 458 000 m^3.
Pêche (1995) : 219 499 t.
Industries extractives (métal contenu, 1995-1996) : minerai de fer 142 936 000 t ; bauxite 42 655 000 t ; zinc 930 000 t ; plomb 455 000 t ; cuivre 437 000 t ; étain 8 175 t ; or 253 504 kg ; diamants 40 693 000 carats.
Industries manufacturières (valeur ajoutée, millions d'USD, 1994) : produits alimentaires 10 043 ; équipements de transport 5 860 ; produits métalliques 5 234 ; imprimerie et édition 4 940 ; métaux non ferreux 4 624 ; tissus en laine (1994-1995) 8 624 000 m^2 ; bière 17 410 000 hl.
Bâtiment (valeur des travaux achevés, milliers d'AUD, 1995-1996) : logements neufs 12 105 700 AUD ; aménagement et agrandissement de bâtiments 2 883 500 AUD ; non résidentiel 10 728 400 AUD.
Énergie (production/consommation) : électricité (1994) 167 151 000 000/167 151 000 000 kWh ; charbon (1994) 176 078 000/52 678 000 t ; pétrole brut (1994) 159 160 000/202 490 000 barils ; produits pétroliers (1994) 33 086 000/33 707 000 t ; gaz naturel (1994) 25 185 000 000/17 438 000 000 m^3.

■ ***Population active*** (1995-1996) : 9 066 400 ; taux d'activité 49,9 % (taux de participation : 15 ans et plus 63,7 % ; femmes 42,9 % ; sans-emploi 8,5 %).

■ ***Revenus et dépenses des ménages***
Taille moyenne des ménages (1993-1994) : 2,6.
Revenu annuel moyen par ménage (1993-1994) : 37 700 AUD (27 585 USD) ; sources des revenus : salaires et traitements 72,7 % ; paiements de transfert 13,0 % ; activités non salariées 7,5 % ; autres 6,8 %.
Dépenses (1993-1994) : alimentation et boissons 18,7 % ; transports et communications 15,3 % ; logement 13,9 % ; loisirs 13,3 % ; articles ménagers 6,6 % ; habillement 5,7 % ; santé 4,6 % ; énergie 2,8 % ; autres 19,1 %.

■ ***Utilisation du sol*** (1995) : terres cultivées et plantations 6,3 % ; autres 93,7 (dont prairies et pâturages [1994] 54,2 %).

Échanges extérieurs

■ ***Importations*** (1995-1996) : 77 819 000 000 AUD (machines 33,4 %, dont machines de bureau et matériel du traitement de l'information 7,7 % ; produits manufacturés de base 14,2 %, dont filés et tissus de textile 3,0 %, papier et dérivés 2,5 %, fer et acier 1,8 % ; matériel de transport 13,5 %, dont véhicules automobiles 10,2 % ; produits chimiques et dérivés 11,4 % ; combustibles minéraux et lubrifiants 5,5 % ; produits alimentaires et animaux sur pied 3,7 % ; matières premières non comestibles à l'exclusion des combustibles 2,0 % ; boissons et tabac 0,6 %).
Principales sources des importations : États-Unis 22,6 % ; Japon 13,9 % ; Royaume-Uni 6,3 % ; Allemagne 6,2 % ; Chine 5,1 % ; Nouvelle-Zélande 4,6 % ; Singapour 3,4 % ; Taïwan 3,3 % ; Corée du Sud 2,9 % ; Italie 2,9 %.

■ ***Exportations*** (1995-1996) : 75 999 000 000 AUD (produits alimentaires et animaux sur pied 20,1 %, dont céréales et dérivés 6,5 %, viande et dérivés 4,3 %, sucre, miel et dérivés 2,3 %, produits laitiers 2,2 %, matières premières à l'exclusion de combustibles 19,4 %, dont minerai métallifère et déchets métalliques 11,4 %, fibres textiles et leurs chutes 5,3 % ; combustibles minéraux et lubrifiants 16,6 %, dont charbon, houille et briquettes 18,3 %, pétrole, produits dérivés et gaz naturel 4,2 % ; produits manufacturés de base 12,9 %).
Principales destinations des exportations : Japon 21,6 % ; Corée du Sud 8,7 % ; Nouvelle-Zélande 7,4 % ; États-Unis 6,0 % ; Chine 5,0 % ; Singapour 4,7 % ; Taïwan 4,5 % ; Hong Kong 4,0 % ; Indonésie 3,7 %.

Transports et communications

■ ***Transports***
Chemins de fer[a] : longueur (1995) 36 026 km ; trafic : 407 170 000 voyages de passagers (1994) ; 98 864 000 000 t-km (1995-1996).
Routes (1995) : longueur totale 895 030 km (38,6 % recouvertes).
Véhicules (1995) : voitures particulières 8 370 000 ; camions et autobus 2 640 300.
Marine marchande (1992) : 90 navires (de 150 tjb et plus) ; 3 499 527 tonneaux de port en lourd.
Transports aériens (1996) : trafic : 71 917 000 000 passagers-km ; 1 836 000 000 t-km. 400 aéroports desservis par des vols réguliers (1996).

■ ***Communications***
Journaux quotidiens (1994) : diffusion totale 4 600 000 ; diffusion pour 1 000 hab. 258.
Radiodiffusion (1996) : 21 000 000 postes récepteurs ; 1 148 pour 1 000 hab.
Télévision (1995) : 11 565 000 postes récepteurs ; 641 pour 1 000 hab.

groupes selon la C.T.C.I.	importations		exportations	
	millions de USD	%	millions de USD	%
00 produits alimentaires et animaux sur pied	2 159	3,8	9 671	18,3
01 boissons et tabac	374	0,6	431	0,8
02 matières premières à l'exclusion des combustibles	1 297	2,3	10 127	19,1
03 combustibles minéraux, lubrifiants et produits dérivés	2 916	5,1	8 882	16,8
04 huiles animales et végétales, graisses et cires	193	0,3	190	0,4
05 produits chimiques et dérivés N.D.A.	6 112	10,6	2 090	3,9
06 produits manufacturés de base	8 495	14,8	7 647	14,4
07 équipement industriel et de transport	26 939	46,9	6 764	12,8
08 articles manufacturés divers	8 096	14,1	1 877	3,5
09 produits non classifiés	842	1,5	5 295	10,0
total	**57 423**	**100,0**	**52 974**	**100,0**

Échanges par groupes de produits (1995-1996).

	importations		exportations	
	millions de USD	%	millions de USD	%
Afrique	**361**	**0,6**	**763**	**1,6**
Amérique du Sud	**641**	**1,1**	**553**	**1,1**
Amérique centrale et du Nord	**13 720**	**24,1**	**4 351**	**8,9**
États-Unis	12 577	22,1	3 423	7,0
Asie	**21 463**	**37,7**	**28 651**	**58,4**
Japon	8 869	15,6	16 369	23,2
Europe	**15 414**	**27,1**	**6 152**	**12,5**
C.E.E.	14 405	25,3	5 795	11,8
Russie	27	0,05	108	0,2
autres pays d'Europe	982	1,7	249	0,5
Océanie	**3 262**	**5,7**	**5 364**	**10,9**
Nouvelle-Zélande	2 491	4,4	3 921	8,0
autres	**2 020**	**3,6**	**3 239**	**6,6**
total	**56 881**	**100,0 (•)**	**49 073**	**100,0**

(•) Le total général ne correspond pas exactement au détail en raison des arrondis.

Répartition du commerce extérieur (1995-1996).

	nombre d'établissements	nombre d'enseignants	nombre d'élèves	nombre d'élèves par enseignant
primaire (6-12 ans) } secondaire (13-17 ans) }	9 865	202 401	1 833 681	n.d.
			1 275 656	n.d.
professionnel et enseignement spécialisé	234 [1]	19 210	917 801	47,8
supérieur	95 [2]	25 916 [2]	604 177	n.d.

1. 1986. 2. 1989.

Enseignement (1995).

Téléphone (1996) : 9 500 000 lignes principales ; 519 pour 1 000 hab.

Éducation et santé

■ ***Alphabétisation*** (1996) : personnes âgées de 15 ans et plus alphabétisées 99,5 %.

■ ***Santé*** : 45 800 médecins en 1995-1996 (1 pour 400 hab.) ; 77 494 lits d'hôpital en 1994-1995 (1 pour 226 hab.) ; taux de mortalité infantile (1996) : 5,7 ‰.

■ ***Alimentation*** (1995) : apport journalier en calories par habitant 3 068 (alimentation d'origine végétale 66 % ; d'origine animale 34 %) ; soit 115 % du niveau minimal recommandé par la F.A.O.

Défense nationale

■ ***Contingent*** (1997) : 57 400 (armée de terre 44,3 % ; marine 24,9 % ; armée de l'air 30,8 %).

■ ***Dépenses militaires*** (1995) : 2,5 % du P.N.B. (moyenne mondiale 2,8) ; soit 465 USD/hab.

a. Chemins de fer de l'État uniquement.

→ ***Corpus*** : AUTRICHE
→ ***Grand Atlas de Géographie*** (éd. 1992) : 22, 30, 56, 57 ; 230b (Vienne)
→ ***Grand Atlas de l'Histoire*** : 210, 252, 253, 266, 267, 274, 275, 295

AUTRICHE

- ***Nom officiel*** : République d'Autriche (Republik Österreich). Code I.S.O. : AT.
- ***Forme de gouvernement*** : république fédérale à régime multipartiste, avec deux assemblées législatives (Conseil fédéral ou Bundesrat [64] et Conseil national ou Nationalrat [183]).
- ***Chef de l'État*** : président.
- ***Chef du gouvernement*** : chancelier.
- ***Capitale*** : Vienne (Wien).
- ***Langue officielle*** : allemand.
- ***Religion officielle*** : aucune.
- ***Unité monétaire*** : 1 schilling (ATS) = 100 groschen ; valeur (31 déc. 1997) : 100 ATS = 45,562 FRF ; 1 écu = 13,902 0 ATS.

Démographie

■ ***Population*** (estim. 1997) : 8 087 000.

■ ***Densité*** (1997) : 96,4 hab./km².

■ ***Répartition urbaine/rurale*** (1991) : population urbaine 64,5 % ; population rurale 35,5 %.

■ ***Répartition par sexe*** (1995) : hommes 48,50 % ; femmes 51,50 %.

■ ***Répartition par âge*** (1995) : moins de 15 ans 17,5 % ; de 15 à 29 ans 21,4 % ; de 30 à 44 ans 23,2 % ; de 45 à 59 ans 18,1 % ; de 60 à 74 ans 13,6 % ; 75 ans et plus 6,2 %.

■ ***Projection démographique*** : 8 149 000 en 2000 ; 8 283 000 en 2010.

■ ***Composition ethnique*** (origines nationales, 1991) : Autrichiens 93,4 % ; citoyens de l'ancienne Yougoslavie 2,5 % ; Turcs 1,5 % ; Allemands 0,7 % ; autres 1,9 %.

■ ***Appartenances religieuses*** (1991) : catholiques 78,0 % ; sans religion et athées 8,6 % ; luthériens 4,8 % ; musulmans 2,0 % ; juifs 0,2 % ; autres (chrétiens principalement) 2,7 % ; inconnus 3,7 %.

■ ***Principales villes*** (1991) : Vienne 1 539 848 hab. ; Graz 237 810 hab. ; Linz 203 044 hab. ; Salzbourg 143 978 hab. ; Innsbruck 118 112 hab.

Statistiques de l'état civil

■ ***Taux de natalité*** (1996) : 10,8 ‰ (moyenne mondiale 25,0 ‰) ; (1995) taux de naissances légitimes 72,6 %, illégitimes 27,4 %.

■ ***Taux de mortalité*** (1996) : 9,9 ‰ (moyenne mondiale 9,3 ‰).

■ ***Taux d'accroissement naturel*** (1996) : 0,9 ‰ (moyenne mondiale 15,7 ‰).

■ ***Taux de fécondité*** (nombre moyen de naissances par femme en âge de procréer, 1996) : 1,5.

■ ***Nombre de mariages*** (pour 1 000 hab., 1995) : 5,3.

■ ***Nombre de divorces*** (pour 1 000 hab., 1995) : 2,3.

■ ***Espérance de vie*** à la naissance (1995) : hommes 73,5 ans ; femmes 80,0 ans.

■ ***Principales causes de décès*** (pour 100 000 hab., 1995) : maladies de l'appareil circulatoire 539,9, dont maladies cardio-vasculaires 211,6 ; tumeurs malignes (cancers) 243,5 ; maladies du système digestif 47,6.

États	capitales	superficie (km²)	population (estim. 1995)
Basse-Autriche (Niederösterreich)	Sankt Pölten	19 174	1 518 000
Burgenland	Eisenstadt	3 966	274 000
Carinthie (Kärnten)	Klagenfurt	9 533	561 000
Haute-Autriche (Oberösterreich)	Linz	11 979	1 386 000
Salzbourg (Salzburg)	Salzbourg (Salzburg)	7 155	507 000
Styrie (Steiermark)	Graz	16 388	1 206 000
Tyrol (Tirol)	Innsbruck	12 648	658 000
Vienne (Wien)	–	415	1 595 768
Vorarlberg	Bregenz	2 601	343 000
total		**83 859**	**8 047 000**

Territoire et population.

Économie nationale

■ ***Budget de l'État*** (1994)
Recettes : 819 990 000 000 ATS (recettes fiscales 90,8 %, dont cotisations de sécurité sociale 38,8 %, impôts sur le revenu 17,2 % ; taxe à la valeur ajoutée 14,9 %, recettes non fiscales 8,5 %).
Dépenses : 915 900 000 000 ATS (sécurité sociale et assistance sociale 46,4 % ; santé 13,5 % ; éducation 9,6 % ; services économiques 7,5 % ; défense nationale 2,2 %).

■ ***Dette nationale*** (fin 1996) : 127 440 000 000 USD.

■ ***Tourisme*** (1996) : recettes touristiques 13 821 000 000 USD ; dépenses touristiques à l'étranger 12 105 000 000 USD.

■ ***Production***
Agriculture, sylviculture, pêche (1995).
Betteraves à sucre 2 886 000 t ; maïs 1 474 000 t ; orge 1 065 000 t ; blé 1 301 000 t ; pommes de terre 724 000 t ; pommes 324 000 t ; seigle 314 000 t ; raisins 290 000 t ; graines de colza 263 000 t ; haricots 124 000 t.
Cheptel (sur pied) : porcs 3 706 000 ; bovins 2 326 000 ; poulets 13 157 000.
Bois (1995) : 14 407 000 m³.
Pêche (1995) : 4 458 t.
Industries extractives (1995) : minerai de fer 2 107 000 t ; magnésite 783 000 t ; graphite 12 000 t.
Industries manufacturières (valeur ajoutée, milliards de ATS, 1994) : matériel et appareils électriques 47,1 ; matériel et appareils non électriques 37,3 ; produits alimentaires, boissons et tabac 31,0 ; produits chimiques 26,8 % ; produits métalliques manufacturés 24,9 ; matériel de transport 23,9.
Bâtiment (valeurs des constructions achevées, 1994) : résidentiel 31,1 ; non résidentiel 28,9.
Énergie (production/consommation) : électricité (1995) 56 587 000 000/54 077 000 000 kWh ; charbon 1 391 000 (1994)/4 651 000 (1995) t ; pétrole brut 7 309 000 (1995)/65 465 000 (1994) barils ; produits pétroliers (1994) 8 460 000/10 330 000 t ; gaz naturel (1995) 1 482 000 000/7 193 000 000 m³.

■ ***Produit national brut*** (aux prix courants du marché, 1995) : 216 547 000 000 USD (26 890 USD/hab.).

■ ***Population active*** (1995) : 3 808 000 ; taux d'activité 47,3 % (taux de participation : 15-64 ans (1993) 69,3 % ; femmes 41,8 % ; sans-emploi [1996] 7,0 %).

■ ***Revenus et dépenses des ménages***
Taille moyenne des ménages (1995) : 2,5.

Corpus : ALPES – Les grandes divisions alpines (les Alpes calcaires du Nord) ; DANUBE ; EUROPE OCCIDENTALE ; FORÊTS (richesse forestière du globe) ; TOURISME ; VIENNE.

Universalia 1989 : 192 L'affaire Waldheim et le cinquantenaire de l'Anschluss ; ***Universalia 1991*** : 213 Dans le processus européen ; ***Universalia 1994*** : 194 Ses minorités et ses voisins.

Thesaurus :
ARLBERG
BASSE-AUTRICHE
BRENNER
CARINTHIE
GRAZ
HAUTE-AUTRICHE
INNSBRUCK
KLAGENFURT
LINZ
SALZBOURG, land
SALZBOURG
STYRIE
TYROL
VIENNE
VORARLBERG

	millions de ATS	% du total	effectifs	% des effectifs
agriculture	35 500	1,6	243 800	6,4
mines	8 250	0,4	11 000	0,3
industrie	466 800	20,5	806 900	21,2
bâtiment	169 130	7,4	330 800	8,7
entreprises publiques	64 450	2,8	37 000	1,0
transports et communications	141 820	6,2	233 900	6,1
commerce, restauration	375 560	16,5	756 500	19,9
finance, immobilier	464 800	20,5	338 400	8,9
administration, défense nationale	340 030	15,8	841 400	22,6
services	105 750	4,7	188 300 [1]	4,9
autres	80 180	3,5		
total	**2 272 280**	**100,0** [2]	**3 808 000**	**100,0** [2]

1. Taxe à la valeur ajoutée plus droits d'importation (196 990 000 000 ATS), moins les frais de service bancaire (116 810 000 000 ATS). 2. Le total général ne correspond pas exactement au détail en raison des arrondis.

Structure du produit intérieur brut et effectifs (1995).

	1990	1991	1992	1993	1994	1995	1996
indice des prix à la consommation	100,0	103,3	107,5	111,4	114,7	117,3	119,4
indice des revenus mensuels	100,0	105,2	110,3	116,1	120,7	124,0	n.d.

Indices des prix et des revenus (1990 = 100).

	1989	1990	1991	1992	1993	1994
millions de ATS	− 47 910	− 65 190	− 86 300	− 79 700	− 72 500	− 89 300
% du total	6,8	6,5	8,3	7,6	7,2	8,0

Balance commerciale (prix courants).

	nombre d'établissements	nombre d'enseignants	nombre d'élèves	nombre d'élèves par enseignant
primaire et secondaire 1er cycle (6-13 ans)	4 557	65 977	649 994	9,9
secondaire 2e cycle et formation (14-17 ans)	693	39 553	295 473	7,5
supérieur	44	14 322	222 095	15,9

Enseignement (1995-1996).

Revenu moyen net par ménage (1993) : 291 930 ATS (25 110 USD) ; sources des revenus (1993) : salaires et traitements 55,8 % ; paiements de transfert 25,4 % ; autres 18,8 %.
Dépenses (1993) : alimentation et boissons 17,4 % ; transports 16,3 % ; logement 14,5 % ; hôtels et restaurants 10,7 %.

■ ***Utilisation du sol*** (1994) : forêts 39,2 % ; prairies et pâturages 24,3 % ; terres cultivées et plantations 18,3 % ; autres 18,2 %.

Échanges extérieurs[a]

■ ***Importations*** (1995) : 668 000 000 000 ATS (équipement industriel et de transport 36,9 %, dont véhicules automobiles 11,4 %, matériel et appareils électriques 4,6 % ; produits chimiques et dérivés 10,7 % ; produits alimentaires 5,3 % ; habillement 4,7 %).
Principales sources des importations : Allemagne 43,6 % ; Italie 8,8 % ; France 4,9 % ; États-Unis 4,2 % ; Suisse 3,8 % ; Pays-Bas 3,4 %.

■ ***Exportations*** (1995) : 580 000 000 000 ATS (équipement industriel et de transport 39,0 %, dont équipement électrique 7,5 %, véhicules automobiles 7,3 %, produits chimiques 9,7 % ; papier et dérivés 6,3 % ; fer et acier 5,7 %).
Principales destinations des exportations : Allemagne 38,4 % ; Italie 8,8 % ; Suisse 5,4 % ; France 4,4 % ; Hongrie 3,6 % ; Royaume-Uni 3,3 %.

Transports et communications

■ ***Transports***
Chemins de fer : longueur (1995) 5 672 km ; trafic (chemin de fer fédéral uniquement, 1995) : 10 476 000 000 passagers-km ; (1995) 13 908 000 000 t-km.
Routes (1995) : longueur totale 130 023 km (100 % recouvertes).
Véhicules (1995) : voitures particulières 3 593 588 ; camions et autobus 300 042.
Marine marchande (1992) : 26 navires (de 100 tjb et plus) ; 208 504 tonneaux de port en lourd.
Transports aériens (Austrian Airlines, Lauda Air et Tyrolean Airways, 1995) ; trafic : 7 566 000 000 passagers-km ; 175 595 000 t-km. 6 aéroports desservis par des vols réguliers (1996).

■ ***Communications***
Journaux quotidiens (1994) : diffusion totale 3 736 000 ; diffusion pour 1 000 hab. : 465.
Radiodiffusion (1996) : 4 710 000 postes récepteurs ; 584 pour 1 000 hab.
Télévision (1995) : 2 706 000 postes récepteurs ; 336 pour 1 000 hab.
Téléphone (1995) : 3 749 000 lignes principales ; 466 pour 1 000 hab.

Éducation et santé

■ ***Niveau d'éducation*** (1993)
Proportion de la population âgée de 25 ans et plus : éducation secondaire premier cycle 37,5 % ; professionnel et secondaire second cycle non achevé 44,6 % ; secondaire 6,1 % ; professionnel supérieur 5,5 % ; supérieur 6,3 %.

■ ***Alphabétisation*** : presque 100 %.

■ ***Santé*** (1996) : 27 869 médecins (1 pour 289 hab.) ; 68 641 lits d'hôpital (1 pour 117 hab.) ; taux de mortalité infantile : 5,0 ‰.

■ ***Alimentation*** (1994) : apport journalier en calories par habitant 3 417 (alimentation d'origine végétale 65 % ; d'origine animale 35 %) ; soit 130 % du niveau minimal recommandé par la F.A.O.

Défense nationale

■ ***Contingent*** (1996) : 55 800 (armée de terre 92,3 % ; armée de l'air 7,7 %).

■ ***Dépenses militaires*** (1994) : 1,0 % du P.N.B. (moyenne mondiale 3,0 %) ; soit 232 USD/hab.

a. Importations : chiffres F.O.B. pour la balance commerciale et C.I.F. pour les marchandises et les partenaires commerciaux.

→ **Corpus :** U.R.S.S. et ex-U.R.S.S.
→ **Grand Atlas de Géographie** (éd. 1992) : 80, 92, 93
→ **Grand Atlas de l'Histoire :** 208, 209, 212, 213, 218, 230-231 (L'Empire russe : expansion et modernisation de 1815 à 1917), 244, 245, 250, 251, 252, 253, 256, 257, 258-259 (La Révolution russe), 264, 265, 266, 290-291 (Le développement de l'Union soviétique depuis 1926), 292, 293, 294, 295

AZERBAÏDJAN

● ***Nom officiel*** : République azerbaïdjanaise (Azärbaycan Respublikasi). Code I.S.O. : AZ.

● ***Forme de gouvernement*** : république fédérale à régime multipartiste avec un seul corps législatif (Assemblée nationale [124[a]]).

● ***Chef de l'État et du gouvernement*** : président, assisté du Premier ministre.

● ***Capitale*** : Bakou (Baky).

● ***Langue officielle*** : azeri.

● ***Religion officielle*** : aucune (dominante : islam chiite).

● ***Unité monétaire*** : 1 manat d'Azerbaïdjan[b] (AZM) = 100 giapik [ou gopik] ; valeur (30 déc. 1997) : 100 AZM = 0,154 FRF.

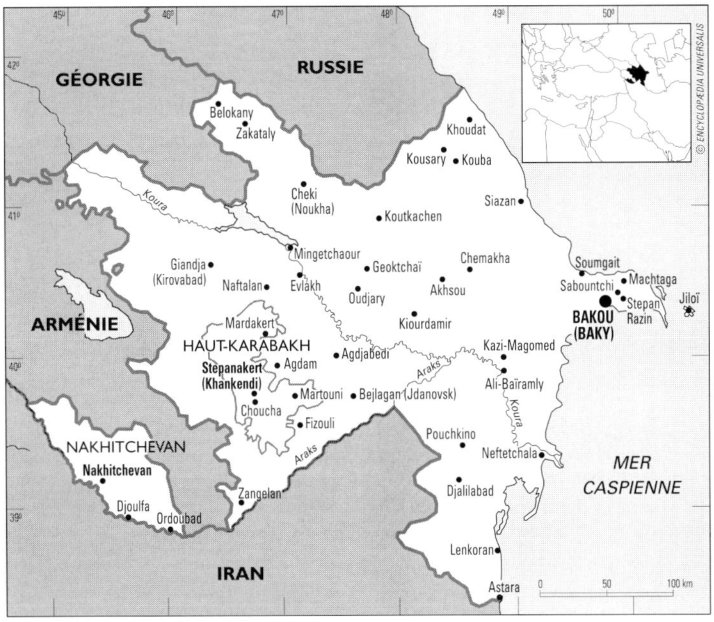

Démographie

■ ***Population*** (estim. 1997) : 7 617 200.

■ ***Densité*** (1997) : 88,0 hab./km².

■ ***Répartition urbaine/rurale*** (1995) : population urbaine 53,0 % ; population rurale 47,0 %.

■ ***Répartition par sexe*** (1995) : hommes 49,20 % ; femmes 50,80 %.

■ ***Répartition par âge*** (1995) : moins de 15 ans 33,2 % ; de 15 à 29 ans 26,1 % ; de 30 à 44 ans 28,1 % ; de 45 à 59 ans 10,1 % ; de 60 à 69 ans 5,8 % ; 70 ans et plus 6,7 %.

■ ***Projection démographique*** : 7 783 800 en 2000 ; 8 284 600 en 2010.

■ ***Temps de doublement*** : 50 ans.

■ ***Composition ethnique*** (1989) : Azéris 82,7 % ; Russes 5,6 % ; Arméniens 5,6 % ; Lezgins 2,4 % ; Avars 0,6 % ; Ukrainiens 0,5 % ; Tatars 0,4 % ; autres 2,2 %.

■ ***Appartenances religieuses*** (1997) : musulmans (principalement chiites) 93,3 % ; orthodoxes russes 1,1 % ; arméniens apostoliques (orthodoxes) 1,1 % ; autres 4,5 %.

■ ***Principales villes*** (1995) : Bakou (Baky), agglomération 2 500 000 hab. ; Giandja (ex-Kirovabad) 291 000 hab. ; Soumgait 268 000 hab. ; Mingetchaour 96 000 hab. ; Nakhitchevan 76 000 hab.

Statistiques de l'état civil

■ ***Taux de natalité*** (1996) : 16,9 ‰ (moyenne mondiale 25,0 ‰) ; (1994) taux de naissances légitimes 94,8 % ; illégitimes 5,2 %.

■ ***Taux de mortalité*** (1996) : 6,5 ‰ (moyenne mondiale 9,3 ‰).

■ ***Taux d'accroissement naturel*** (1996) : 10,4 ‰ (moyenne mondiale 15,7 ‰).

■ ***Taux de fécondité*** (nombre moyen de naissance par femme en âge de procréer, 1993) : 2,8.

■ ***Nombre de mariages*** (pour 1 000 hab., 1994) : 6,3.

■ ***Nombre de divorces*** (pour 1 000 hab., 1994) : 0,8.

■ ***Espérance de vie*** à la naissance (1994) : hommes 65,2 ans ; femmes 73,9 ans.

■ ***Principales causes de décès*** (pour 100 000 hab., 1994) : maladies de l'appareil circulatoire 336,3 ; accidents, empoisonnements et actes de violence 99,1 ; maladies de l'appareil respiratoire 98,6 ; tumeurs malignes (cancers) 67,6 ; maladies de l'appareil digestif 31,7 ; maladies infectieuses et parasitaires 29,0 ; troubles endocriniens et du métabolisme 14,2 ; troubles du système nerveux 12,1.

Économie nationale

■ ***Budget de l'État*** (1995)
Recettes : 1 872 500 000 000 AZM (recettes fiscales 52,2 %, dont impôt sur les bénéfices des entreprises 21,8 %, taxe à la valeur ajoutée 9,4 % ; impôts sur le revenu des particuliers 6,2 %, impôts indirects 4,7 % ; recettes non fiscales 34,0 %, dont taxes sur le commerce extérieur 16,9 %, douane 3,7 % ; autres 13,8 %).
Dépenses : 2 395 300 000 000 AZM (biens et services 30,5 % ; protection sociale 22,3 % ; salaires et traitements 16,3 % ; autres 17,9 % ; subventions 9,7 % ; dépenses en capital 3,3 %).

■ ***Dette publique*** (1995) : 206 000 000 USD.

■ ***Tourisme*** (1995) : 2 000 000 USD.

■ ***Production***
Agriculture, sylviculture, pêche (1996).
Céréales 1 032 000 t ; fruits 957 000 t ; légumes (sauf pommes de terre) 377 000 t ; coton 274 000 t ; pommes de terre 209 000 t ; tabac 68 000 t ; thé 4 000 t.
Cheptel (sur pied) : moutons et chèvres 4 574 000 ; bovins 1 658 000 ; chevaux 32 000 ; porcs 31 000 ; volailles 16 000 000.
Bois (1993) : 17 000 m³.
Pêche (1995) : 38 000 t.
Industries extractives (1995) : minerai de fer 1 000 000 t ; alunite 600 000 t.
Industries manufacturières (valeur de la production en millions de AZM, 1994) : textiles 110 265 ; conserves alimentaires 107 943 ; matériel de construction et d'usinage de métal 82 939 ; produits chimiques 60 977 ; matériaux de construction 34 164 ; métallurgie ferreuse et non ferreuse 23 184 ; viande et produits laitiers 22 540 ; vêtements 11 847.
Bâtiment (1994) : constructions résidentielles achevées 779 000 m².
Énergie (production/consommation) : électricité (1994) 17 600 000 000/17 800 000 000 kWh ; charbon (1994) 0/8 000 t ; pétrole brut (1994) 70 393 000/76 672 000 barils ; produits pétroliers (1994) 6 259 000/6 208 000 t ; gaz naturel (1994) 5 549 000 000/7 706 000 000 m³.

■ ***Population active*** (1994) : 2 614 000 ; taux d'activité 35,1 % (taux de participation : 16-59 ans [hommes] 16-54 ans [femmes] 71,5 % ; femmes 42,6 % ; sans-emploi [1995] 1,0 %).

■ ***Produit national brut***[c] (aux prix courants du marché, 1995) : 3 601 000 000 USD (480 USD/hab.).

■ ***Revenus et dépenses des ménages***
Taille moyenne des ménages (1989) : 4,8.
Revenu annuel moyen par ménage (1994) : 71 443 AZM ; sources des revenus (1993) : traitements et salaires 50,9 % ; revenus agricoles 24,0 % ; revenus sociaux 10,2 %.
Dépenses : alimentation 61,2 % ; vêtements et meubles 11,1 % ; services 3,0 %.

■ ***Utilisation du sol*** (1994) : forêts 11,0 % ; prairies et pâturages 25,4 % ; terres cultivées et plantations 48,5 % ; autres 15,1 %.

Corpus : ALIMENTATION (ÉCONOMIE DE L') — Les grands produits alimentaires ; ASIE (Géographie humaine) [l'Asie septentrionale] ; CASPIENNE (MER) [ressources et activités] ; CAUCASE ; CÉRÉALES ; COOPÉRATIVES (extension du secteur coopératif) ; ISLAM — Modernisme dans le monde musulman ; KOLHOZ ; MINERAIS (principaux producteurs) ; NUCLÉAIRE (INDUSTRIE) ; OASIS (différents types d'oasis) ; PÊCHE ; PÉTROLE — Géographie du pétrole ; POPULATION (GÉOGRAPHIE DE LA) [population et démographie] ; SOCIALISME — Économie des pays socialistes ; SOVKHOZ ; TOURISME (marchés, chaînes et réseaux) [l'insertion des pays collectivistes].

Universalia 1987 : 147 L'information en Union soviétique et dans les autres pays socialistes ; **Universalia 1989 :** 145 La crise de légitimité ; **Universalia 1990 :** 111 La réforme politique et institutionnelle ; 358 La crise caucasienne ; 361 La revanche du secteur privé ; **Universalia 1991 :** 111 Les conflits communautaires et ethniques dans le monde contemporain ; 136 L'U.R.S.S. et le désarmement ; 351 La présidentialisation du régime ; **Universalia 1992 :** 139 La recomposition de l'espace stratégique soviétique ; **Universalia 1995 :** 180 Caucase : le retour de la Russie ; **Universalia 1997 :** 96 Transition à l'Est et coopération européenne ; 157 Asie centrale : la Caspienne, l'enjeu du pétrole.

Thesaurus :
AZERBAÏDJAN (R.S.S. D')
AZERI
BAKOU

républiques, régions, ville	capitales	superficie (km²)	population (estim. 1991)
républiques :			
Haut-Karabakh (Nagorno-Karabah)*	Stepanakert (azéri : Khankendi)	4 400	193 300
Nakhitchevan (Nahičevan')	Nakhitchevan	5 500	305 700
régions dépendant de la République		76 700	4 924 300
ville :			
Bakou (Baky)			1 713 300
total		**86 600**	**7 136 600**

(•) En 1991, l'Azerbaïdjan a mis fin au statut d'oblast autonome du Haut-Karabakh qui, de son côté, s'est autoproclamé indépendant. Ce territoire, peuplé à 80 p. 100 d'Arméniens, n'est séparé de l'Arménie que par le couloir de Latchine.

Territoire et population.

	1993		1994	
	millions de AZM	% du total	effectifs	% des effectifs
agriculture	42 653	26,8	899 000	34,4
mines, industrie	39 035 (mines, industrie, entreprises publiques)	24,5	374 000	14,3
entreprises publiques			n.d.	n.d.
bâtiment	11 438	7,2	192 000	7,4
transports et communications	12 532	7,9	176 000	6,7
commerce	8 452	5,3	141 000	5,4
finance	11 278	7,1	13 000	0,5
administration, défense nationale	9 415	5,9	49 000	1,9
services	24 016	15,1	698 000	26,7
autres	626	0,4	72 000 [1]	2,8
total	**159 445** [2]	**100,0** [2]	**2 614 000**	**100,0** [2]

1. Y compris 24 000 sans-emploi et 48 000 personnes non réparties par secteur. 2. Le total général ne correspond pas exactement au détail en raison des arrondis.

Structure du produit matériel net et effectifs.

	1993	1994	1995
indice des prix à la consommation	100,0	728,9	2 884
indice des revenus mensuels	100,0	1 887	3 483

Indices des prix et des revenus (1993 = 100).

	1993	1994	1995
millions de USD	– 160	– 121	– 121
% du total	10,6	4,0	10,0

Balance commerciale (prix courants).

	nombre d'établissements	nombre d'enseignants	nombre d'élèves	nombre d'élèves par enseignant
primaire (6-13 ans), secondaire (14-17 ans)	4 502	156 000	1 486 000	9,5
professionnel et formation à l'enseignement	78	n.d.	73 000	n.d.
supérieur	23	n.d.	89 100	n.d.

Enseignement (1994-1995).

Échanges extérieurs

■ ***Importations*** (1995) : 668 000 000 USD (produits alimentaires 41,5 % ; équipement industriel et machines 18,4 % ; produits chimiques 10,9 % ; métaux 6,3%).
Principales sources des importations : Turquie 21,1 % ; Russie 13,2 % ; Iran 12,0 % ; Turkménistan 7,6 % ; Ukraine 5,1 % ; Kazakhstan 2,7 %.

■ ***Exportations*** (1995) : 547 000 000 USD (produits pétroliers 57,8 % ; coton 21,4 % ; équipements industriels et machines 8,4 % ; produits alimentaires 7,1 % ; métaux 3,3 %).
Principales destinations des exportations : Iran 29,8 % ; Russie 18,1 % ; Grande-Bretagne 9,0 % ; Ukraine 6,0 % ; Turquie 4,8 %.

Transports et communications

■ ***Transports***
Chemins de fer (1994) : longueur 2 120 km ; trafic : 671 701 000 passagers-km ; 4 416 000 000 t-km.
Routes (1995) : longueur totale 57 770 km (93,8 % recouvertes).
Véhicules (1995) : voitures particulières 289 000 ; camions et autobus : 88 800.
Marine marchande : n.d.
Transports aériens (1994) ; trafic : 2 026 000 000 passagers-km. 3 aéroports desservis par des vols réguliers (1997).

■ ***Communications***
Journaux quotidiens (1995) : diffusion totale 210 000 ; diffusion pour 1 000 hab. 28.
Radiodiffusion : n.d.
Télévision (1995) : 1 600 000 postes récepteurs ; 212 pour 1 000 hab.
Téléphone (1995) : 640 000 lignes principales ; 86 pour 1 000 hab.

Éducation et santé

■ ***Niveau d'éducation*** (1989)
Proportion de la population âgée de 15 ans et plus : sans instruction scolaire ou ayant une éducation primaire 12,1 % ; éducation secondaire incomplète 9,1 % ; éducation secondaire ou postsecondaire 27,5 % ; éducation supérieure 7,6 %.

■ ***Alphabétisation*** (1989) : personnes âgées de 15 ans et plus alphabétisées : 97,3 %.

■ ***Santé*** (1994) : 29 000 médecins (1 pour 256 hab.) ; 74 000 lits d'hôpital (1 pour 100 hab.) ; (1996) taux de mortalité infantile : 20,3 ‰.

■ ***Alimentation*** : n.d.

Défense nationale

■ ***Contingent*** (1997) : 66 700 (armée de terre 80,0 % ; marine[d] 3,3 % ; armée de l'air 16,8 %).

■ ***Dépenses militaires*** (1995) : env. 2,8 % du P.N.B. (moyenne mondiale 2,8 %) ; soit 40 USD/hab.

a. Non compris un siège vacant réservé pour le Haut-Karabakh.

b. Le manat a été introduit le 15 août 1992 et a circulé parallèlement au rouble russe. Depuis le 1er janvier 1994, le manat est le seul moyen de paiement légal en Azerbaïdjan.

c. Données incertaines.

d. L'Azerbaïdjan contrôle une partie de la flotte de la mer Caspienne.

→ ***Thesaurus :*** BAHAMAS (ARCHIPEL DES)
→ ***Grand Atlas de Géographie*** (éd. 1992) : 198, 206, 208b
→ ***Grand Atlas de l'Histoire :*** 227, 277

BAHAMAS

● ***Nom officiel*** : Commonwealth des Bahamas (Commonwealth of the Bahamas). Code I.S.O. : BS.

● ***Forme de gouvernement*** : monarchie constitutionnelle avec un Parlement comprenant deux chambres (Sénat [16] et Assemblée [40]).

● ***Chef de l'État*** : reine d'Angleterre, représentée par un gouverneur général.

● ***Chef du gouvernement*** : Premier ministre.

● ***Capitale*** : Nassau.

● ***Langue officielle*** : anglais.

● ***Religion officielle*** : aucune.

● ***Unité monétaire*** : 1 dollar des Bahamas (BSD)[a] = 100 cents ; valeur (31 déc. 1997) : 100 BSD = 598,81 FRF.

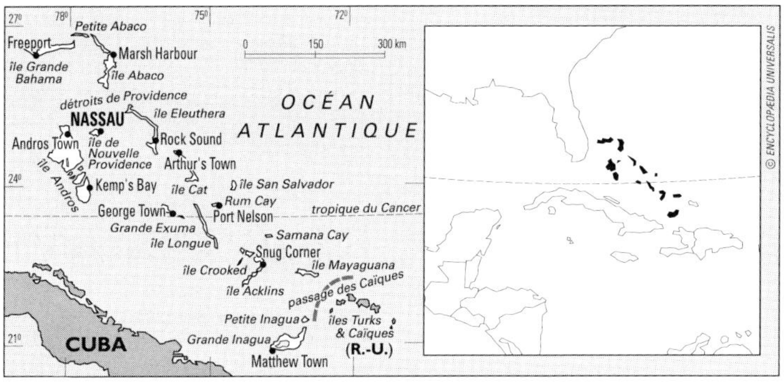

Démographie

■ ***Population*** (estim. 1997) : 287 000.

■ ***Densité***[b] (1997) : 28,5 hab./km².

■ ***Répartition urbaine/rurale*** (1995) : population urbaine 86,0 % ; population rurale 14,0 %.

■ ***Répartition par sexe*** (1995) : hommes 48,91 % ; femmes 51,09 %.

■ ***Répartition par âge*** (1995) : moins de 15 ans 29,3 % ; de 15 à 29 ans 28,6 % ; de 30 à 44 ans 23,2 % ; de 45 à 59 ans 11,6 % ; de 60 à 74 ans 5,1 % ; 75 ans et plus 2,2 %.

■ ***Projection démographique*** : 295 000 en 2000 ; 321 000 en 2010.

■ ***Temps de doublement*** : 42 ans.

■ ***Composition ethnique*** (1993) : Noirs 85,0 % ; Blancs 12,0 % ; Asiatiques ou Hispaniques 3,0 %.

■ ***Appartenances religieuses*** (1990) : protestants non anglicans 46,4 %, dont baptistes 31,1 %, anglicans 16,0 % ; catholiques 16,0 % ; autres 21,6 %.

■ ***Principales villes*** (1990) : Nassau 172 196 hab. (population pour l'île de Nouvelle-Providence) ; Freeport/Lucaya 26 574 hab. ; Marsh Harbour 3 611 hab. ; Bailey Town 1 490 hab. ; Dunmore Town (Harbour Island) 1 219 hab.

îles et groupes d'îles [1]	superficie [2] (km²)	population (recens. 1990)
Abaco (Grande et Petite)	1 681	10 034
Acklins (île)	497	405
Andros (île)	5 957	8 187
Berry (îles)	31	628
Bimini (île)	23	1 639
Cat (île)	388	1 698
Crooked (île) et Long Cay	241	412
Eleuthera (île)	484	7 993
Exuma (Grande) et cayes	290	3 556
Grand Bahama	1 373	40 898
Harbour (île)	8	1 219
Inagua (Grande et Petite)	1 551	985
Long Island	596	2 954
Mayaguana (île)	285	312
Nouvelle-Providence (île de) [New Providence]	207	172 196
Ragged (île)	36	89
Rum Cay	78	53
San Salvador	163	465
Spanish Wells	26	1 372
autres cayes inhabités	23	–
total	**13 939** [3]	**255 095**

1. Mis à part l'île de Nouvelle-Providence, toutes les îles ou groupes d'îles sont gouvernés par des commissaires désignés par le gouvernement central. 2. Comprend les superficies des lacs, lagunes et bras de mer presque entièrement entourés par la terre. La surface terrestre est de 10 070 km². 3. Le total général ne correspond pas exactement au détail en raison des arrondis.

Territoire et population.

Statistiques de l'état civil

■ ***Taux de natalité*** (1995) : 22,5 ‰ (moyenne mondiale 25,0 ‰) ; taux (1994) de naissances légitimes 44,7 %, illégitimes 55,3 %.

■ ***Taux de mortalité*** (1995) : 5,9 ‰ (moyenne mondiale 9,3 ‰).

■ ***Taux d'accroissement naturel*** (1995) : 16,6 ‰ (moyenne mondiale 15,7 ‰).

■ ***Taux de fécondité*** (nombre moyen de naissances par femme en âge de procréer, 1996) : 2,0.

■ ***Nombre de mariages*** (pour 1 000 hab., 1994) : 9,2.

■ ***Nombre de divorces*** (pour 1 000 hab., 1994) : 1,7.

■ ***Espérance de vie*** à la naissance (1996) : hommes 68,0 ans ; femmes 77,2 ans.

■ ***Principales causes de décès*** (pour 100 000 hab., 1994) : maladies du système circulatoire 137,8 ; maladies infectieuses et parasitaires 99,1, dont le sida 88,1 ; tumeurs malignes (cancers) 86,6.

Économie nationale

■ ***Budget de l'État*** (1996-1997)
Recettes : 714 900 000 BSD (droits d'importation 47,2 % ; droits de timbre 17,8 % ; droits d'exportation 8,3 %).
Dépenses : 765 800 000 BSD (éducation 17,4 % ; santé 13,8 % ; administration générale 13,8 % ; travaux publics 12,4 % ; intérêt de la dette publique 11,77 % ; police 10,4 % ; défense nationale 2,8 %).

■ ***Dette nationale*** (mars 1997) : 1 556 000 000 USD.

■ ***Tourisme*** : recettes touristiques (1996) 1 458 000 000 USD ; dépenses touristiques à l'étranger 240 000 000 USD.

■ ***Production***
Agriculture, sylviculture, pêche (valeur de la production, 1996).
Langoustes 54 000 000 BSD ; autres produits de la pêche (coquillages, mérous et conches principalement) 2 500 000 BSD ; volailles 26 300 000 BSD (1993) ; agrumes (particulièrement pamplemousses et citrons) 12 000 000. Bois (1995) : 117 000 m³.
Industries extractives (valeur de la production à l'exportation, 1996) : sel 18 100 000 BSD ; aragonite 4 900 000 BSD.
Industries manufacturières (valeur de la production à l'exportation, 1996) : produits pharmaceutiques et autres produits chimiques (1995) 74 200 000 BSD ; rhum 5 200 000 BSD.
Bâtiment (valeur des constructions, 1996) : résidentiel 92 000 000 BSD ; non résidentiel 65 000 000 BSD.

Corpus : CARAÏBES (AIRE DES) [géopolitique de l'espace] ; ZONES FRANCHES.

Universalia 1991 : 158 Transports internationaux et enjeux géopolitiques ; 236 Les pavillons de complaisance.

Thesaurus : NASSAU

	1992		1994	
	millions de BSD	% du total	effectifs	% des effectifs
agriculture, pêche	89	2,9	6 614	4,7
industrie } mines	105	3,4	5 060	3,6
mines } entreprises publiques			2 010	1,4
entreprises publiques	88	2,9		
bâtiment	91	3,0	8 651	6,1
transports et communications	227	7,4	10 821	7,7
commerce, restaurants	705	23,0	36 507	25,9
finance, immobilier	610	19,9	11 940	8,5
administration, défense nationale	179	5,8	40 063	28,4
services } autres	523	17,1	19 348[2]	13,7
autres	443[1]	14,5		
total	**3 059**[3]	**100,0**[3]	**141 014**	**100,0**[3]

1. Comprend les taxes indirectes nettes (430 000 000 BSD) et l'écart statistique (13 000 000 BSD). 2. Dont 18 754 sans-emploi. 3. Le total général ne correspond pas exactement au détail en raison des arrondis.

Structure du produit intérieur brut et effectifs.

	1991	1992	1993	1994	1995	1996	1997 (mai)
indice des prix à la consommation	100,0	105,8	108,6	110,2	112,4	114,0	114,6
indice des revenus annuels	100,0	112,8	116,8	n.d.	n.d.	n.d.	n.d.

Indices des prix et des revenus (1991 = 100).

	1990	1991	1992	1993	1994	1995
millions de BSD	− 874	− 866	− 845	− 792	− 904	− 1 067
% du total	64,7	65,8	68,7	70,9	73,0	75,2

Balance commerciale (prix courants).

	nombre d'établissements	nombre d'enseignants	nombre d'élèves	nombre d'élèves par enseignant
primaire (5 à 10 ans)	115	1 581	33 343	21,1
secondaire	n.d.	n.d.	n.d.	n.d.
supérieur	1	300	3 201	10,7

Enseignement (1993-1994).

Énergie (production/consommation) : électricité 1 254 000 000 (1995)/1 085 000 000 kWh ; charbon 0/0 ; pétrole brut 0/0 ; produits pétroliers (1994) négligeable/555 000 t ; gaz naturel 0/0.

■ ***Produit national brut*** (1995) : 3 297 000 000 USD (11 940 USD/hab.).

■ ***Population active*** (1994) : 138 700 ; taux d'activité 50,7 % (taux de participation : 15-64 ans 77,8 % ; femmes 46,8 % ; sans-emploi [1996] 13 %).

■ ***Revenus et dépenses des ménages***
Taille moyenne des ménages (1994) : 3,9.
Revenu annuel moyen par ménage (1994) : 27 000 BSD (27 000 USD).
Dépenses (dépenses domestiques uniquement, 1995) : logement 32,8 % ; transports et communications 14,8 % ; alimentation et boissons 13,8 % ; équipements domestiques 8,9 %.

■ ***Utilisation du sol*** (1994) : forêts 32,4 % ; prairies et pâturages 0,2 % ; terres cultivées et plantations 1,0 % ; autres 66,4 %.

Échanges extérieurs[c]

■ ***Importations*** (1995) : 1 243 000 000 BSD (équipement industriel et de transport 24,8 % ; produits alimentaires 16,8 % ; pétrole à usage domestique 12,6 % ; produits chimiques et dérivés 8,1 %).
Principales sources des importations : États-Unis 92,8 % ; Communauté européenne 2,8 % ; Canada 1,0 %.

■ ***Exportations*** (1995) : 174 000 000 BSD (exportations domestiques 52,6 %, dont langoustes 31,9 %, sel 7,7 % ; reexports 47,4 %, dont matériel et équipement de transport 24,1 %, produits chimiques 9,5 %).
Principales destinations des exportations : États-Unis 81,1 % ; Communauté européenne 9,2 % ; Canada 1,9 %.

Transports et communications

■ ***Transports***
Chemins de fer : aucun.
Routes (1995) : longueur totale 2 450 km (57 % recouvertes).
Véhicules (1994) : voitures particulières 46 089 ; camions et autobus 11 858.
Marine marchande (1992) : 1 061 navires (de 100 tjb et plus) ; 33 081 652 tonneaux de port en lourd.
Transports aériens (1994) ; trafic : 191 000 000 passagers-km ; 18 000 t-km. 23 aéroports desservis par des vols réguliers (1996).

■ ***Communications***
Journaux quotidiens (1994) : 3 ; diffusion totale 35 000 ; diffusion pour 1 000 hab. 126.
Radiodiffusion (1996) : 80 000 postes récepteurs ; 282 pour 1 000 hab.
Télévision (1995) : 50 000 postes récepteurs ; 179 pour 1 000 hab.
Téléphone (1995) : 77 000 lignes principales ; 277 pour 1 000 hab.

Éducation et santé

■ ***Niveau d'éducation*** : n.d.

■ ***Alphabétisation*** : personnes âgées de 15 ans et plus alphabétisées : 164 000 (98,2 %).

■ ***Santé*** : 373 médecins en 1992 (1 pour 709 hab.) ; 1 081 lits d'hôpital en 1993 (1 pour 249 hab.) ; taux de mortalité infantile (1995) : 19,0 ‰.

■ ***Alimentation*** (1995) : apport journalier en calories par habitant 2 498 (alimentation d'origine végétale 68 % ; d'origine animale 32 %) ; soit 103 % du niveau minimal recommandé par la F.A.O.

Défense nationale

■ ***Contingent*** (1996) : 860 (gardes-côtes 100 %).

■ ***Dépenses militaires*** (1996) : 0,6 %[d] du P.N.B. (moyenne mondiale n.d.) ; soit 74 USD/hab.

a. Cours fixe vis-à-vis du dollar des États-Unis (1 BSD = 1 USD), qui circule également aux Bahamas.

b. Sur la base de la surface terrestre.

c. Importations C.I.F. ; exportations F.O.B.

d. Comprend la police.

→ *Corpus :* BAHREIN
→ *Grand Atlas de Géographie* (éd. 1992) : 134, 126
→ *Grand Atlas de l'Histoire :* 228, 229, 260, 261, 277, 284, 285, 295

BAHREÏN

• ***Nom officiel*** : État de Bahreïn (Dawlat al Baḥrayn). Code I.S.O. : BH.

• ***Forme de gouvernement*** : monarchie (émirat) avec un Conseil consultatif (40 nommés).

• ***Chef de l'État*** : émir.

• ***Chef du gouvernement*** : Premier ministre.

• ***Capitale*** : Manama (al-Manāmah).

• ***Langue officielle*** : arabe.

• ***Religion officielle*** : islam.

• ***Unité monétaire*** : 1 dinar de Bahreïn (BHD) = 1 000 fils ; valeur (31 déc. 1997) : 100 BHD = 1 592,58 FRF.

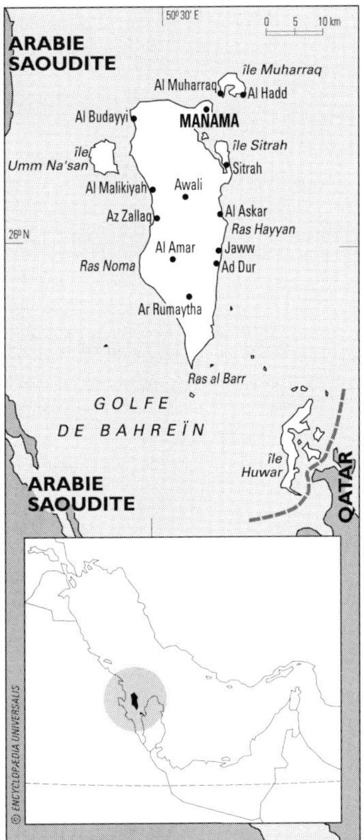

régions, villes et îles	superficie (km^2)	population (recens. 1991)
régions [1] (villes et villages) :		
Est	n.d.	3 242
al-Gharbīyah	156,1	22 034
al-Ḥadd	6,0	8 610
Judd Ḥafṣ	21,6	44 769
al-Manāmah	25,8	136 999
al-Muḥarraq	16,0	74 245
ar-Rifā	291,6	49 752
ash-Shamālīyah	36,8	33 763
Sitrah	28,8	36 755
al-Wusṭā	35,2	34 304
villes à statut spécial :		
Ḥammād	13,1	29 055
Madīnat Īsa	12,4	34 509
îles :		
Ḥuwār [2] et autres	50,6	n.d. [3]
total	**694,2** [4]	**508 037**

1. La création de quatre unités administratives a été décidée en 1997, mais les régions n'ont pas de fonction administrative ; les six principales villes de Bahreïn étaient administrées par un conseil municipal unique. 2. Également revendiquée par le Qatar. 3. La population de Ḥuwār et autres îles est comprise dans la région Est. 4. Le total général ne correspond pas exactement au détail en raison des arrondis.

Territoire et population.

Démographie

■ ***Population*** (estim. 1997) : 620 000.

■ ***Densité*** (1997) : 893,1 hab./km^2.

■ ***Répartition urbaine/rurale*** (1995) : population urbaine 90,3 % ; rurale 9,7 %.

■ ***Répartition par sexe*** (1994) : hommes 57,78 % ; femmes 42,22 %.

■ ***Répartition par âge*** (1995) : moins de 15 ans 32,3 % ; de 15 à 29 ans 22,7 % ; de 30 à 44 ans 30,6 % ; de 45 à 59 ans 10,1 % ; de 60 à 74 ans 3,6 % ; 75 ans et plus 0,7 %.

■ ***Projection démographique*** : 660 000 en 2000 ; 780 000 en 2010.

■ ***Temps de doublement*** : 32 ans.

■ ***Composition ethnique*** (1991) : Arabes originaires de Bahreïn 63,6 % ; Perses, Indiens, Pakistanais et autres Asiatiques 30,3 % ; autres Arabes 3,5 % ; Européens 1,2 % ; autres 1,4 %.

■ ***Appartenances religieuses*** (1995) : musulmans 81,8 %, dont chiites 57,2 %, sunnites 24,5 % ; chrétiens 8,5 % ; autres 9,7 %.

■ ***Principales villes*** (1991) : al-Manāmah 140 400 hab. (1992) ; ar-Rifā 45 956 hab. ; al-Muḥarraq 45 337 hab. ; Madīnat Isā 34 509 hab.

Statistiques de l'état civil

■ ***Taux de natalité*** (1994) : 27,4 ‰ (moyenne mondiale 25,0 ‰).

■ ***Taux de mortalité*** (1994) : 5,4 ‰ (moyenne mondiale 9,3 ‰).

■ ***Taux d'accroissement naturel*** (1994) : 22,0 ‰ (moyenne mondiale 15,7 ‰).

■ ***Taux de fécondité*** (nombre moyen de naissances par femme en âge de procréer, 1994) : 3,6.

■ ***Nombre de mariages*** (pour 1 000 hab., 1993) : 6,4.

■ ***Nombre de divorces*** (pour 1 000 hab., 1993) : 1,3.

■ ***Espérance de vie*** à la naissance (1994) : hommes 69,0 ans ; femmes 72,4 ans.

■ ***Principales causes de décès*** (pour 100 000 hab., 1991) : maladies de l'appareil circulatoire 100,4 ; tumeurs malignes (cancers) 34,1 ; maladies de l'appareil respiratoire 29,7 ; accidents et actes de violence 28,5 ; troubles endocriniens, nutritionnels et du métabolisme 17,4 ; anomalies congénitales 13,8 ; maladies de l'appareil génito-urinaire 13,4 ; maladies de l'appareil digestif 10,7.

Économie nationale

■ ***Budget de l'État*** (1996)
Recettes : 633 300 000 BHD (1995, recettes non fiscales 62,2 %, dont revenus des entreprises et des propriétés 57,7 % ; recettes fiscales 29,8 %, dont droits d'importation 8,4 %, aides extérieures 6,7 %).
Dépenses : 627 300 000 BHD (1995, administration générale et police 28,5 %, défense 17,3 %, éducation 13,4 %, combustible et énergie 9,6 %, santé 9,3 %, transports et communications 9,0 %).

■ ***Dette publique*** (extérieure, créances, y compris la dette privée à long terme non garantie par le gouvernement, 1991) : 1 810 000 000 USD.

■ ***Tourisme*** (1995) : recettes touristiques 288 000 000 USD ; dépenses touristiques à l'étranger 163 000 000 USD.

■ ***Production***
Agriculture, sylviculture, pêche (1997).
Fruits (sauf melons) 25 095 t ; lait 20 000 t ; dattes 20 000 t ; tomates 5 000 t ; œufs 3 050 t ; oignons 1 600 t ; concombres 530 t.
Cheptel (sur pied) : moutons 29 400 ; chèvres 18 000 ; bovins 16 500 ; chameaux 900 ; poulets 680 000.
Pêche (1994) : 9 031 t.
Industries manufacturières (barils, 1994) : gazole 28 900 000 ; fuel 20 900 000 ; kérosène 10 400 000 ; essence 7 700 000 ; combustible pour avions 7 100 000 ; naphta 1 860 000 ; propane 1 500 000 ; butane 1 190 000 ; (1996) aluminium 461 200 t ; les autres productions importantes sont le méthanol, l'ammoniaque, les plastiques et le papier.
Bâtiment (permis de construire, 1991) : constructions résidentielles 5 931 ; non résidentielles 718.
Énergie (production/consommation) : électricité (1993) 4 330 000 000/4 330 000 000 kWh ; charbon 0/n.d. ; pétrole brut (1996) 14 124 000/89 516 000 barils ; produits pétroliers (1996) 13 100 000/538 000 t ; gaz naturel (1996) 10 210 000/10 210 000 m^3.

■ ***Produit national brut*** (aux prix courants du marché, 1995) : 4 525 000 000 USD (7 840 USD/hab.).

■ ***Population active*** (1991) : 226 448 ; taux d'activité 44,6 % (taux de participation : de 15 à 64 ans 66,1 % ; femmes 17,5 % ; [1997] sans-emploi env. 30 %).

Corpus : ARABE – Les Arabes ; ASIE – Géographie humaine (l'Asie sud-occidentale) ; ÉMIRATS ARABES DU GOLFE ; PÉTROLE – Géographie du pétrole (Moyen-Orient) ; PROCHE ET MOYEN-ORIENT CONTEMPORAIN (aspects d'histoire économique contemporaine) ; ZONES FRANCHES.

Universalia 1991 : 357 U.R.S.S. et péninsule Arabique.

	1996		1991	
	millions de BHD [1]	% du total	effectifs	% des effectifs
agriculture	22,0	1,1	5 108	2,3
mines	396,0	19,7	3 638	1,6
industrie	393,5	19,5	26 618	11,8
bâtiment	98,8	4,9	26 738	11,6
entreprises publiques	35,6	1,8	2 898	1,3
transports et communications	184,5	9,2	13 789	6,1
commerce	207,4	10,3	29 961	13,2
finance	371,7	18,4	17 256	7,6
administration, défense nationale	373,3	18,5	83 944	37,1
Services	105,1	5,2		
autres	– 172,6	– 8,6	16 498	7,3
total	**2 015,7**	**100,0**	**226 448**	**100,0** [2]

1. Valeur des achats aux prix courants. 2. Le total général ne correspond pas exactement au détail en raison des arrondis.

Structure du produit intérieur brut et effectifs.

	1990	1991	1992	1993	1994	1995	1996
indice des prix à la consommation	100,0	100,8	100,6	103,1	104,0	106,8	106,6
indice des revenus	n.d.	n.d.	n.d.	n.d.	n.d.	n.d.	n.d.

Indices des prix et des revenus (1990 = 100).

	1991	1992	1993	1994	1995	1996
millions de BHD	– 227,3	– 300,3	– 50,6	– 49,3	+ 149,3	+ 191,7
% du total	7,9	10,3	1,8	1,8	5,1	5,9

Balance commerciale (prix courants).

	nombre d'établissements	nombre d'enseignants	nombre d'élèves	nombre d'élèves par enseignant [1]
primaire (6-11 ans)	124	3 536 [3]	72 329	20,8
secondaire (12-17 ans)	35 [2]	2 305 [3]	48 944	20,2
professionnel et formation à l'enseignement	9 [2]	820 [3]	7 113	8,2
supérieur	4 [2]	655 [1]	7 676 [1]	11,7

1. 1993-1994. 2. 1987-1988. 3. Enseignants de l'école publique uniquement.

Enseignement (1994-1995).

■ ***Revenus et dépenses des ménages***
Taille moyenne des ménages (1991) : 5,8.
Revenu annuel moyen par ménage n.d. ; sources des revenus n.d.
Dépenses (1984) : alimentation et tabac 33,3 % ; logement 21,2 % ; fournitures domestiques 9,8 % ; transports et communications 8,5 % ; loisirs 6,4 % ; habillement 5,9 % ; éducation 2,7 % ; santé 2,3 % ; énergie et eau 2,2 %.

■ ***Utilisation du sol*** (1994) : prairies et pâturages 5,8 % ; terres cultivées et plantations 2,9 % ; agglomérations et terres incultes (plaines de sable et marais salants principalement) 91,3 %.

Échanges extérieurs[a]

■ ***Importations*** (1995) : 1 397 100 000 BHD (produits pétroliers 35,8 % ; équipement de transport et machines 16,0 % ; produits alimentaires et animaux sur pied 9,3 % ; produits chimiques 8,9 %).
Principales sources des importations : États-Unis 8,3 % ; Royaume-Uni 5,9 % ; Arabie Saoudite 4,9 % ; Australie 4,8 % ; Japon 4,1 % ; Allemagne 4,0 %.

■ ***Exportations*** (1995) : 1 546 400 000 BHD (produits pétroliers 59,7 % ; produits manufacturés de base 27,3 %).
Principales destinations des exportations : Arabie Saoudite 6,1 % ; Corée du Sud 3,8 % ; Japon 3,5 % ; États-Unis 3,2 % ; Inde 2,5 %.

Transports et communications

■ ***Transports***
Chemins de fer : aucun.
Routes (1994) : longueur totale 2 818 km (74,6 % recouvertes).
Véhicules (1994) : voitures particulières 133 071 ; camions et autobus 28 847.
Marine marchande (1992) : 87 navires (de 100 tjb et plus) ; 192 487 tonneaux de port en lourd.
Transports aériens[b] (1996) ; trafic : 2 758 800 000 passagers-km ; 105 754 000 t-km. 1 aéroport desservi par des vols réguliers (1997).

■ ***Communications***
Journaux quotidiens (1994) : diffusion totale 70 000 ; diffusion pour 1 000 hab. 128.
Radiodiffusion (1995) : 320 000 postes récepteurs ; 555 pour 1 000 hab.
Télévision (1995) : 255 000 postes récepteurs ; 442 pour 1 000 hab.
Téléphone (1995) : 140 900 lignes principales ; 244 pour 1 000 hab.

Éducation et santé

■ ***Niveau d'éducation*** (1991).
Proportion de la population âgée de 25 ans et plus : sans instruction scolaire 38,4 % ; ayant une éducation primaire 26,2 % ; éducation secondaire 25,1 % ; éducation supérieure 10,3 %.

■ ***Alphabétisation*** (1995) : personnes âgées de 15 ans et plus alphabétisées 85,2 % ; hommes 89,1 % ; femmes 79,4 %.

■ ***Santé*** (1993) : 482 médecins (1 pour 1 115 hab.) ; 1 529 lits d'hôpital (1 pour 352 hab.) ; taux de mortalité infantile (1994) : 23,8 ‰.

Défense nationale

■ ***Contingent*** (1997) : 11 000 (armée de terre 77,3 % ; marine 9,1 % ; armée de l'air 13,6 %).

■ ***Dépenses militaires*** (1995) : 5,4 % du P.N.B. (moyenne mondiale 2,8 %) ; soit 473 USD/hab.

a. Importations : chiffres F.O.B. pour la balance commerciale et C.I.F. pour les marchandises et les partenaires commerciaux.

b. Un quart des vols internationaux de la Gulf Air (ligne gérée conjointement par les gouvernements de Bahreïn, d'Oman, du Qatar et des Émirats arabes unis).

→ *Corpus* : BANGLADESH
→ *Grand Atlas de Géographie* (éd. 1992) : 118, 120
→ *Grand Atlas de l'Histoire* : 277, 280, 281, 295

BANGLADESH

• ***Nom officiel*** : République populaire du Bangladesh (Gana Prajatantri Bangladesh). Code I.S.O. : BD.

• ***Forme de gouvernement*** : république à structure étatique unitaire et à régime multipartiste avec un Parlement (Jatiya Sanysad [330 [a]]).

• ***Chef de l'État et du gouvernement*** : président assisté par un conseiller en chef intérimaire.

• ***Capitale*** : Dhākā (anc. Dacca).

• ***Langue officielle*** : bengali.

• ***Religion officielle*** : islam.

• ***Unité monétaire*** : 1 taka (BDT) = 100 paisa ; valeur (30 déc. 1997) : 100 BDT = 13,23 FRF.

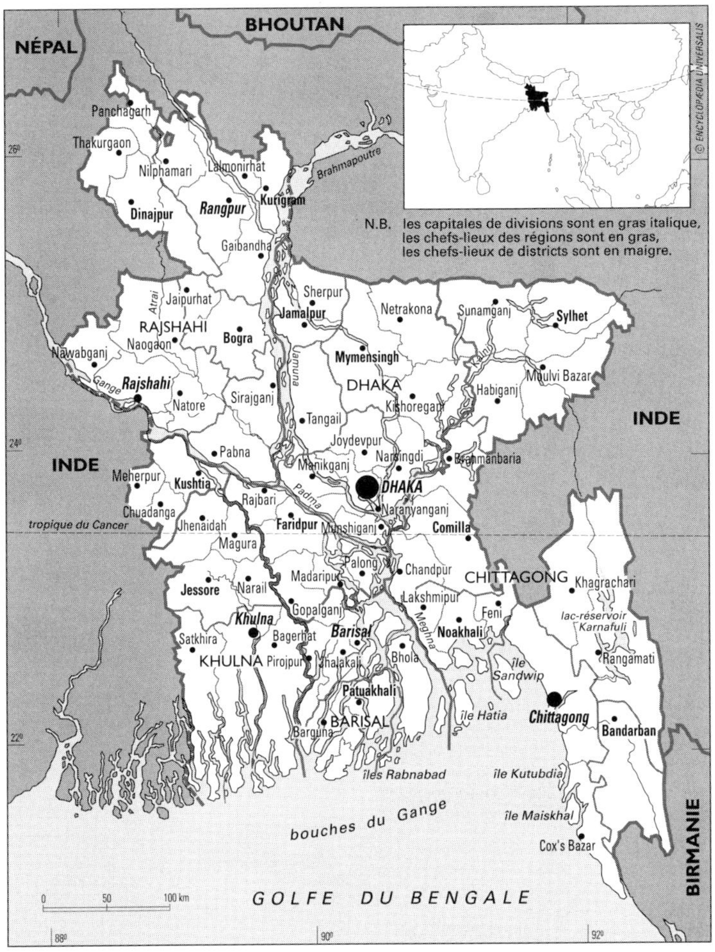

divisions	centres administratifs	superficie (km²)	population (recens. 1991)
Barisal	Barisal	13 297	7 757 334
Chittagong	Chittagong	33 771	21 865 850
Dhākā	Dhākā	31 119	33 939 848
Khulna	Khulna	22 274	13 243 054
Rājshāhi	Rājshāhi	34 513	27 499 727
Sylhot	Sylhot	4 863	7 149 372
total		**147 570**	**111 455 185**

Territoire et population.

Démographie

■ ***Population*** (estim. 1997) : 125 340 000.

■ ***Densité*** (1997) : 849,4 hab./km².

■ ***Répartition urbaine/rurale*** (1997) : population urbaine 20,0 % ; population rurale 80,0 %.

■ ***Répartition par sexe*** (1996) : hommes 72 % ; femmes 28 %.

■ ***Répartition par âge*** (1996) : moins de 15 ans 42,0 % ; de 15 à 29 ans 26,4 % ; de 30 à 44 ans 17,8 % ; de 45 à 59 ans 8,9 % ; de 60 à 74 ans 3,8 % ; 75 ans et plus 1,1 %.

■ ***Projection démographique*** : 132 081 000 en 2000 ; 153 195 000 en 2010.

■ ***Temps de doublement*** : 48 ans.

■ ***Composition ethnique*** (1991) : Bengalis 98,8 % ; dont les Chakmas 0,2 %, Santals 0,2 %, Marmas 0,1 %, autres 0,1 %.

■ ***Appartenances religieuses*** (1991) : musulmans 88,3 % ; hindous 10,5 % ; bouddhistes 0,6 % ; chrétiens 0,3 % ; autres 0,3 %.

■ ***Principales villes*** (agglomérations, 1991) : Dhākā 6 105 160 hab. ; Chittagong 2 040 663 hab. ; Khulna 877 388 hab. ; Rājshāhi 517 136 hab.

Statistiques de l'état civil

■ ***Taux de natalité*** (1997) : 26,8 ‰ (moyenne mondiale 25,0 ‰).

■ ***Taux de mortalité*** (1997) : 12,2 ‰ (moyenne mondiale 9,3 ‰).

■ ***Taux d'accroissement naturel*** (1997) : 14,6 ‰ (moyenne mondiale 15,7 ‰).

■ ***Taux de fécondité*** (nombre moyen de naissances par femme en âge de procréer, 1997) : 3,2.

■ ***Nombre de mariages*** (pour 1 000 hab., 1995) : 10,2.

■ ***Nombre de divorces*** (pour 1 000 hab., 1981) : 3,6.

■ ***Espérance de vie*** à la naissance (1997) : hommes 58,0 ans ; femmes 58,0 ans.

■ ***Principales causes de décès*** (1990) ; fièvre typhoïde 19,8 % ; sénilité 14,8 % ; tétanos 10,1 % ; tuberculose et autres maladies de l'appareil respiratoire 8,7 % ; diarrhée 6,4 % ; suicides, accidents et empoisonnements 5,1 % ; hypertension et maladies de cœur 5,0 %.

Économie nationale

■ ***Budget de l'État*** (1994-1995)
Recettes : 216 940 000 000 BDT (impôts sur les recettes 62,9 %, dont taxes sur les ventes 20,2 %, droits de douane 14,8 %, impôts sur le revenu 9,7 % ; dividendes et profits provenant des entreprises publiques 7,2 % ; recettes de développement 37,1 %).
Dépenses : 197 084 000 000 BDT (dépenses de développement 40,0 % ; rémunérations 22,0 % ; paiements de transfert 12,9 % ; biens et services 13,8 %).

■ ***Dette publique*** (extérieure, créances, 1995) : 15 543 000 000 USD.

■ ***Tourisme*** (1995) : recettes touristiques 23 000 000 USD ; dépenses touristiques à l'étranger 229 000 000 USD.

	1994-1995		1990	
	millions de BDT	% du total	effectifs	% des effectifs
agriculture	361 367	30,9	33 303 000	65,0
mines	112 948	9,7	15 000	—
industrie			5 925 000	11,6
bâtiment	69 209	5,9	525 000	1,0
entreprises publiques	23 646	2,0	40 000	0,1
transports et communications	139 049	11,9	1 611 000	3,1
commerce	100 548	8,6	4 285 000	8,4
finance	23 127	2,0	296 000	0,6
administration, défense nationale	62 308	5,3	5 200 000	10,2
services et autres	278 059	23,8		
total	**1 170 261**	**100,0** (•)	**51 200 000**	**100,0**

(•) Le total général ne correspond pas exactement au détail en raison des arrondis.

Structure du produit intérieur brut et effectifs.

	1990	1991	1992	1993	1994	1995	1997
indice des prix à la consommation	100,0	107,2	111,8	111,8	115,8	122,5	125,8
indice des revenus (•)	100,0	104,9	109,3	114,8	121,7	n.d.	n.d.

(•) Salaires dans l'industrie.

Indices des prix et des revenus (1990 = 100).

	1991	1992	1993	1994	1995	1996
millions de BDT	– 48 564	– 55 276	– 52 113	– 59 665	– 107 719	– 110 988
% du total	28,2	25,3	22,5	21,9	29,7	28,7

Balance commerciale (prix courants).

	nombre d'établissements	nombre d'enseignants	nombre d'élèves	nombre d'élèves par enseignant
primaire (6-10 ans)	66 168	242 252	15 185 000	62,7
secondaire (11-17 ans)	11 019	135 217	4 884 000	36,1
professionnel et formation à l'enseignement	152	1 857	29 923	16,1
supérieur	1 268	36 000	1 032 635	28,7

Enseignement (1993-1994).

■ ***Production***

Agriculture, sylviculture, pêche (1996).

Riz paddy 27 000 000 t ; canne à sucre 7 446 000 t ; blé 1 320 000 t ; jute 770 000 t ; bananes 630 000 t ; légumes secs 545 000 t ; graines oléagineuses 520 000 t ; mangues 189 000 t ; ananas 150 000 t ; thé 51 000 t.

Cheptel (sur pied) : chèvres 30 330 000 ; bovins 24 340 000 ; moutons 1 155 000 ; buffles 882 000 ; poulets 123 000 000 ; canards 16 200 000.

Bois (1995) : 32 044 000 m^3.

Pêche (1995) : 1 170 365 t.

Industries extractives (1995) : sel de mer 350 000 t ; calcaire 23 500 t.

Industries manufacturières (valeur ajoutée en millions d'USD, 1994) : textiles 617 ; produits chimiques 473 ; produits alimentaires 359 ; vêtements 225 ; tabac et produits dérivés 225 ; appareillage électrique 88 ; papier et dérivés 86.

Énergie (production/consommation) : électricité (1994) 10 010 000 000/10 010 000 000 kWh ; charbon (1994) 0/198 000 t ; pétrole brut (1994) 134 000/8 966 000 barils ; produits pétroliers (1994) 1 104 000/2 006 000 t ; gaz naturel (1994) 6 635 000 000/6 635 000 000 m^3.

■ ***Produit national brut*** (aux prix courants du marché, 1995) : 28 599 000 000 USD (240 USD/hab.).

■ ***Population active*** (1990) : 51 200 000 ; taux d'activité 46,9 % (taux de participation : plus de 10 ans 69,7 % ; femmes 39,3 % ; sans-emploi 1,0 % [sous-employés non compris]).

■ ***Revenus et dépenses des ménages***

Taille moyenne des ménages (1991) : 5,6.

Revenu annuel moyen par ménage (1991-1992) : 40 092 BDT (1 061 USD) ; sources des revenus (1991-1992) : activités non salariées 51,6 % ; salaires et traitements 23,1 % ; paiements de transfert 10,3 % ; autres 15,0 %.

Dépenses (1991-1992) : alimentation et boissons 66,6 % ; logement et loyers 10,4 % ; combustibles et éclairage 5,6 % ; habillement 4,7 % ; autres 12,7 %.

■ ***Utilisation du sol*** (1994) : forêts 14,6 % ; prairies et pâturages 4,6 % ; terres cultivées et plantations 74,5 % ; autres 6,3 %.

Échanges extérieurs

■ ***Importations*** (1994-1995) : 234 530 000 000 BDT (textiles [filés et tissés] et articles de confection 22,6 % ; équipement industriel et de transport 12,4 % ; pétrole et produits dérivés 6,1 % ; produits chimiques 5,9 % ; céréales et dérivés 4,22 % ; fer et acier 3,5 %).

Principales sources des importations (1995) : Japon 12,5 % ; Inde 9,5 % ; Hong Kong 8,0 % ; Corée du Sud 6,9 % ; Chine 5,1 % ; Singapour 4,6 % ; États-Unis 4,3 %.

■ ***Exportations*** (1994-1995) : 131 310 000 000 BDT (vêtements de prêt-à-porter 56,6 % ; produits manufacturés en jute 10,4 % ; poissons et bouquets 10,1 % ; cuir et dérivés 6,7 % ; engrais 2,4 % ; jute brut 2,0 % ; thé 1,0 %).

Principales destinations des exportations (1993) : Europe occidentale 40,2 % ; États-Unis 33,6 % ; Hong Kong 2,7 % ; Japon 2,5 %.

Transports et communications

■ ***Transports***

Chemins de fer (1994-1995) : longueur 2 706 km ; trafic : 4 037 000 000 passagers-km ; 760 000 000 t-km.

Routes (1995) : longueur totale 168 513 km (9 % recouvertes).

Véhicules (1994) : voitures particulières 82 198 ; camions et autobus 104 860.

Marine marchande (1992) : 301 navires (de 100 tjb et plus) ; 566 775 tonneaux de port en lourd.

Transports aériens (Bangladesh Biman uniquement, 1993-1994) : trafic : 2 838 000 000 passagers-km ; 121 000 000 t-km. 8 aéroports desservis par des vols réguliers (1997).

■ ***Communications***

Journaux quotidiens (1994) : diffusion totale 51 000 ; diffusion pour 1 000 hab. 0,4.

Radiodiffusion (1996) : 8 000 000 postes récepteurs ; 65 pour 1 000 hab.

Télévision (1995) : 600 000 postes récepteurs ; 5 pour 1 000 hab.

Téléphone (1995) : 286 600 lignes principales ; 2,4 pour 1 000 hab.

Éducation et santé

■ ***Niveau d'éducation*** (1991)

Proportion de la population âgée de 25 ans et plus : sans instruction scolaire 65,4 % ; ayant une éducation primaire 17,1 % ; éducation secondaire 13,8 % ; éducation postsecondaire 3,7 %.

■ ***Alphabétisation*** (1991) : personnes âgées de 15 ans et plus alphabétisées 34,8 % ; hommes 45,2 % ; femmes 23,7 %.

■ ***Santé*** (1994) : 24 911 médecins (1 pour 4 759 hab.) ; 35 800 lits d'hôpital (1 pour 3 312 hab.) ; taux de mortalité infantile (1997) : 7 ‰.

■ ***Alimentation*** (1995) : apport journalier en calories par habitant 2 017 (alimentation d'origine végétale 97 % ; d'origine animale 3 %) ; soit 87 % du niveau minimal recommandé par la F.A.O.

Défense nationale

■ ***Contingent*** (1997) : 121 000 (armée de terre 83,5 % ; marine 8,7 % ; armée de l'air 7,8 %).

■ ***Dépenses militaires*** (1995) : 1,7 % du P.N.B. (moyenne mondiale 2,8 %) ; soit 4 USD/hab.

a. Dont 30 sièges réservés aux femmes.

Corpus : ALIMENTATION (ÉCONOMIE DE L') – Les grands produits alimentaires ; ASIE – Géographie humaine (l'Asie méridionale) ; INDIEN (HISTOIRE DE L'OCÉAN) [les transformations aux XIXe et XXe siècles] ; ISLAM (Histoire) – Modernisme dans le monde musulman (Asie du Sud) ; PÊCHE ; SÉPARATISME ; ZONES FRANCHES.

Thesaurus : BRAHMAPOUTRE
CHITTAGONG
DACCA

→ *Thesaurus* : BARBADE
→ *Grand Atlas de Géographie* (éd. 1992) : 198, 206, 209g
→ *Grand Atlas de l'Histoire* : 227, 277

BARBADE

• ***Nom officiel*** : Barbade (Barbados). Code I.S.O. : BB.

• ***Forme de gouvernement*** : monarchie constitutionnelle avec un Parlement national comprenant deux chambres (Sénat [21] et Assemblée [28]).

• ***Chef de l'État*** : reine d'Angleterre, représentée par un gouverneur général.

• ***Chef du gouvernement*** : Premier ministre.

• ***Capitale*** : Bridgetown (paroisse de Saint-Michel).

• ***Langue officielle*** : anglais.

• ***Religion officielle*** : aucune.

• ***Unité monétaire***[a] : 1 dollar de la Barbade (BBD) = 100 cents ; valeur (31 déc. 1997) : 100 BBD = 297,22 FRF.

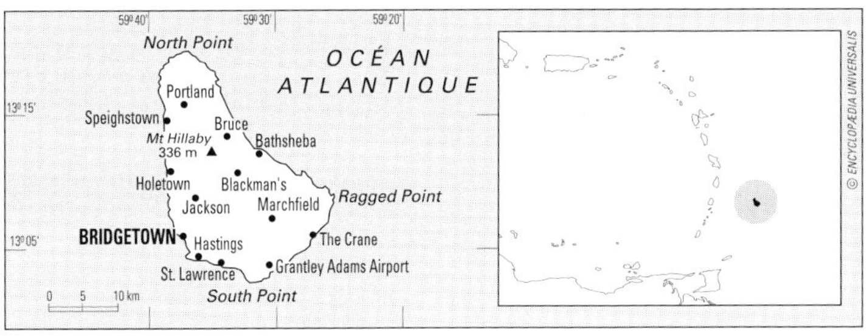

Démographie

■ ***Population*** (estim. 1997) : 265 000.

■ ***Densité*** (1997) : 616 hab./km².

■ ***Répartition urbaine/rurale*** (1990) : population urbaine 37,9 % ; population rurale 62,1 %.

■ ***Répartition par sexe*** (1996) : hommes 47,86 % ; femmes 52,14 %.

■ ***Répartition par âge*** (1996) : moins de 15 ans 23,8 % ; de 15 à 29 ans 25,8 % ; de 30 à 44 ans 24,8 % ; de 45 à 59 ans 12,8 % ; de 60 à 74 ans 7,9 % ; 75 ans et plus 4,9 %.

■ ***Projection démographique*** : 266 000 en 2000 ; 270 000 en 2010.

■ ***Temps de doublement*** : sans objet.

■ ***Composition ethnique*** (1990) : Noirs 92,5 % ; Blancs 3,2 % ; métis 2,8 % ; autres 1,5 %.

■ ***Appartenances religieuses*** (1990) : anglicans 33,0 % ; autres protestants 29,8 %, dont pentecôtistes 12,7 %, méthodistes 5,9 % ; sans appartenance 20,2 % ; catholiques 4,4 % ; autres 12,6 %.

■ ***Principale ville*** (1990) : Bridgetown 6 070 hab. (zone urbaine 85 000 hab.) ; Speighstown env. 3 500.

Statistiques de l'état civil

■ ***Taux de natalité*** (1996) : 13,3 ‰ (moyenne mondiale 25,0 ‰) ; taux (1979) de naissances légitimes 26,9 %, illégitimes 73,1 %.

■ ***Taux de mortalité*** (1996) : 9,1 ‰ (moyenne mondiale 9,3 ‰).

■ ***Taux d'accroissement naturel*** (1996) : 4,2 ‰ (moyenne mondiale 15,7 ‰).

■ ***Taux de fécondité*** (nombre moyen de naissances par femme en âge de procréer, 1996) : 1,8.

■ ***Nombre de mariages*** (pour 1 000 hab., 1993) : 8,5.

■ ***Nombre de divorces*** (pour 1 000 hab., 1989) : 1,6.

paroisses [1]	superficie (km²)	population (recens. 1990)
Christ Church	57	44 993
Saint-André (St. Andrew)	36	6 426
Saint-Georges (St. George)	44	18 390
Saint-Jacques (St. James)	31	20 827
Saint-Jean (St. John)	34	10 206
Saint-Joseph (St. Joseph)	26	7 619
Saint-Michel (St. Michael)[2]	39	97 517
Saint-Philippe (St. Philip)	60	19 755
Saint-Pierre (St. Peter)	34	10 388
Saint-Thomas (St. Thomas)	34	11 508
Sainte-Lucie (St. Lucy)	36	9 454
total	**430**[3]	**257 083**

1. Les paroisses n'ont pas de fonction administrative locale. 2. Comprend la ville de Bridgetown. 3. Le total général ne correspond pas exactement au détail en raison des arrondis.

Territoire et population.

■ ***Espérance de vie*** à la naissance (1996) : hommes 71,6 ans ; femmes 77,2 ans.

■ ***Principales causes de décès*** (pour 100 000 hab., 1992) : maladies de l'appareil circulatoire 366,8 ; tumeurs malignes (cancers) 178,5 ; troubles endocriniens et du métabolisme 120,2 ; accidents, empoisonnements et actes de violence 40,3 ; maladies de l'appareil respiratoire 40,0 ; maladies de l'appareil digestif 28,9 ; maladies infectieuses et parasitaires 19,0 ; troubles du système nerveux 17,1.

Économie nationale

■ ***Budget de l'État*** (1996-1997)
Recettes (recettes courantes uniquement) : 1 231 064 000 BBD (recettes fiscales 91,9 %, dont taxes sur les biens et services 39,1 %, impôts sur le revenu des particuliers et des sociétés 32,3 %, droits d'importation 7,4 % ; recettes non fiscales 8,1 %).
Dépenses : 1 359 104 000 BBD (dépenses courantes 83,5 %, dont éducation 18,1 %, santé 11,8 %, services économiques 10,4 %, sécurité sociale et aide sociale 8,2 %).

■ ***Dette publique*** (extérieure, créances, 1995) : 369 600 000 USD.

■ ***Tourisme*** : recettes touristiques (1995) 680 000 000 USD ; dépenses touristiques à l'étranger (1993) 52 000 000 USD.

■ ***Production***
Agriculture, sylviculture, pêche (1995).
Sucre brut 38 500 t ; patates douces 5 202 t ; ignames 2 750 t ; laitues 1 909 t ; choux 1 823 t ; oignons 1 804 t ; concombres 1 428 t ; carottes 1 305 t ; tomates 1 153 t ; courges 1 080 t ; manioc 818 t.
Cheptel (sur pied, 1993) : moutons 66 000 ; porcs 45 000 ; chèvres 38 000 ; bovins 33 000.
Bois : n.d.
Pêche (1995) : 3 286 t.
Industries manufacturières (valeur ajoutée, 1994) : produits alimentaires, boissons et tabac (sucre, mélasse, rhum, cigarettes et bière principalement) 108 000 000 BBD ; produits papetiers, imprimerie et édition 33 000 000 BBD ; produits métalliques et produits assemblés (composants électroniques principalement) 28 000 000 BBD ; textiles et vêtements 11 700 000 BBD.
Bâtiment (valeur ajoutée, 1995) : 150 500 000 BBD.
Énergie (production/consommation) : électricité (1994) 571 000 000/571 000 000 kWh ; charbon 0/0 ; pétrole brut (1994) 452 000/1 909 000 barils ; produits pétroliers (1996) 255 000/314 000 t ; gaz naturel (1994) 22 065 000/22 065 000 m³.

■ ***Produit national brut*** (aux prix courants du marché, 1995) : 1 745 000 000 USD (6 560 USD/hab.).

■ ***Population active*** (1996) 136 200 ; taux d'activité 51,5 % (taux de participation : 15 ans et plus 67,5% ; femmes 62,1 % ; sans-emploi 16,2 %).

■ ***Revenus et dépenses des ménages***
Taille moyenne des ménages (1990) : 3,5.
Revenu annuel moyen par ménage (1988 : 13 455 BBD (6 690 USD) ; sources des revenus : n.d.
Dépenses (1978-1979) : alimentation 43,2 % ; logement 13,1 % ; fonctionnement du foyer 9,6 % ; alcool et tabac 8,4 % ; combustibles et éclairage 6,2 % ; habillement 5,1 % ; transports 4,6 % ; autres 9,8 %.

Corpus : CARAÏBES (AIRE DES) [géopolitique de l'espace].

Thesaurus : CARIBBEAN BASIN INITIATIVE

	millions de BBD	% du total	effectifs	% des effectifs
agriculture, pêche	149,5	4,3	5 900	4,6
mines	17,9 [1]	0,5	n.d.	n.d.
industrie	208,0	6,0	10 000	7,7
bâtiment	133,8	3,8	7 800	6,0
entreprises publiques	104,6 [1]	3,0	1 200	0,9
transports et communications	270,0	7,8	4 200	3,3
commerce, restauration	923,9	26,6	25 700	19,9
finance, immobilier	471,5	13,6	6 300	4,9
administration, défense nationale	522,8	15,0	39 700	30,8
services	122,0	3,5		
autres	553,2 [2]	15,9	28 200 [3]	21,9
total	**3 477,2**	**100,0**	**129 000**	**100,0**

1. Le gaz naturel est inclus dans les entreprises publiques. 2. Taxes indirectes nettes. 3. Sans-emploi.

Structure du produit intérieur brut et effectifs (1994).

	1990	1991	1992	1993	1994	1995	1996
indice des prix à la consommation	100,0	106,3	112,7	114,0	114,1	116,2	119,0
indice des revenus horaires	100,0	n.d.	n.d.	n.d.	n.d.	n.d	n.d.

Indices des prix et des revenus (1990 = 100).

	1991	1992	1993	1994	1995	1996
millions de BBD	− 984,6	− 568,8	− 689,3	− 753,8	− 917,0	− 1 106
% du total	53,6	42,6	48,9	50,9	49,3	49,6

Balance commerciale (prix courants).

	nombre d'établissements	nombre d'enseignants	nombre d'élèves	nombre d'élèves par enseignant
primaire (3-11 ans) [1]	106	1 553	26 662	17,2
secondaire (12-16 ans)	33	1 406	21 259	15,1
professionnel [2]	8	79	996	12,6
supérieur [3]	1	153	1 314	8,6

1. 1991-1992. 2. 1987-1988. 3. Université des Caraïbes, campus de Cave Hill.

Enseignement (1989-1990).

■ ***Utilisation du sol*** (1994) : forêts 11,6 % ; prairies et pâturages 4,7 % ; terres cultivées et plantations 39,5 % ; autres 44,2 %.

Échanges extérieurs[b]

■ ***Importations*** (1996) : 1 667 287 000 BBD (importations non réexportées 92,0 %, dont machines, alimentation et boissons 15,6 %, matériaux de construction 6,8 %, produits chimiques 6,4 %, combustibles 5,4 % ; importations réexportées 8,0 %).
Principales sources des importations (1994) : États-Unis 33,5 % ; Trinité et Tobago 16,4 % ; Royaume-Uni 9,8 % ; Canada 4,9 % ; Japon 4,7 % ; Venezuela 4,5 % ; Jamaïque 3,2 % ; Allemagne 2,8 %.

■ ***Exportations*** (1996) : 556 690 000 BBD (exportations domestiques 76,3 %, dont sucre et produits chimiques 9,8 %, composants électriques 9,7 %, rhum 2,1 %, huile végétale 2,1 %, vêtements 1,4 % ; réexportations 23,7 %).
Principales destinations des exportations (1993) : États-Unis 20,6 % ; Royaume-Uni 14,2 % ; Trinité et Tobago 12,2 % ; Jamaïque 9,0 % ; Canada 7,1 % ; Saint-Vincent et les Grenadines 3,9 %.

Transports et communications

■ ***Transports***
Chemins de fer : aucun.
Routes (1995) : longueur totale 1 610 km (95 % recouvertes).
Véhicules (1995) : voitures particulières 43 711 ; camions et autobus (taxis inclus) 10 583.
Marine marchande (1992) : 37 navires (de 100 tjb et plus) ; 84 000 tonneaux de port en lourd.
Transports aériens (1995) ; trafic : 699 000 arrivées de passagers ; 707 400 départs de passagers ; 8 382 t de marchandises déchargées ; 4 717 t de marchandises chargées. 1 aéroport desservi par des vols réguliers (1997).

■ ***Communications***
Journaux quotidiens (1994) : diffusion totale 41 405 ; diffusion pour 1 000 hab. 157.
Radiodiffusion (1996) : 300 000 postes récep ; 1 034 pour 1 000 hab.
Télévision (1995) : 75 000 postes récepteurs ; 287 pour 1 000 hab.
Téléphone (1995) : 90 100 lignes principales ; 345 pour 1 000 hab.

Éducation et santé

■ ***Niveau d'éducation*** (1990)
Proportion de la population âgée de 25 ans et plus : sans instruction scolaire 0,4 % ; ayant une éducation primaire 23,7 % ; éducation secondaire 60,3 % ; éducation supérieure 11,2 % ; autres 4,4 %.

■ ***Alphabétisation*** (1995) : personnes âgées de 15 ans et plus alphabétisées 97,4 % (hommes 98,0 % ; femmes 96,8 %).

■ ***Santé*** (1992) : 312 médecins (1 pour 842 hab.) ; 1 966 lits d'hôpital (1 pour 134 hab.) ; taux de mortalité infantile (1996) : 14,2 ‰.

■ ***Alimentation*** (1995) : apport journalier en calories par habitant 3 207 (alimentation d'origine végétale 74 % ; d'origine animale 26 %) ; soit 133 % du niveau minimal recommandé par la F.A.O.

Défense nationale

■ ***Contingent*** (1997) : 610 (armée de terre 82,0 % ; marine 18,0 %).

■ ***Dépenses militaires*** (1995) : 0,8 % du P.N.B. (moyenne mondiale 2,8 %) ; soit 50 USD/hab.

a. Cours fixe vis-à-vis du dollar des États-Unis (2 BBD = 1 USD env.).

b. Importations : chiffres F.O.B. pour la balance commerciale et C.I.F. pour les marchandises et les partenaires commerciaux.

→ *Corpus :* BELGIQUE
→ *Grand Atlas de Géographie* (éd. 1992) : 22, 50, 58, 60 ; 225 (Anvers, Bruxelles, Gand).
→ *Grand Atlas de l'Histoire :* 208, 209, 210, 214, 252, 253, 257, 264, 265, 266, 267, 274, 276, 295

BELGIQUE

● ***Noms officiels*** : Royaume de Belgique ; Koninkrijk België. Code I.S.O. : BE.

● ***Forme de gouvernement*** : monarchie fédérale constitutionnelle avec un Parlement comprenant deux assemblées législatives (Sénat [71 [a]] et Chambre des représentants [150]).

● ***Chef de l'État*** : roi.

● ***Chef du gouvernement*** : Premier ministre.

● ***Capitale*** : Bruxelles (Brussel).

● ***Langues officielles*** : français, néerlandais (et allemand, localement).

● ***Religion officielle*** : aucune.

● ***Unité monétaire*** : 1 franc belge (BEF) = 100 centimes ; valeur (31 déc. 1997) : 100 BEF = 16,219 FRF ; 1 écu = 40,767 5 BEF.

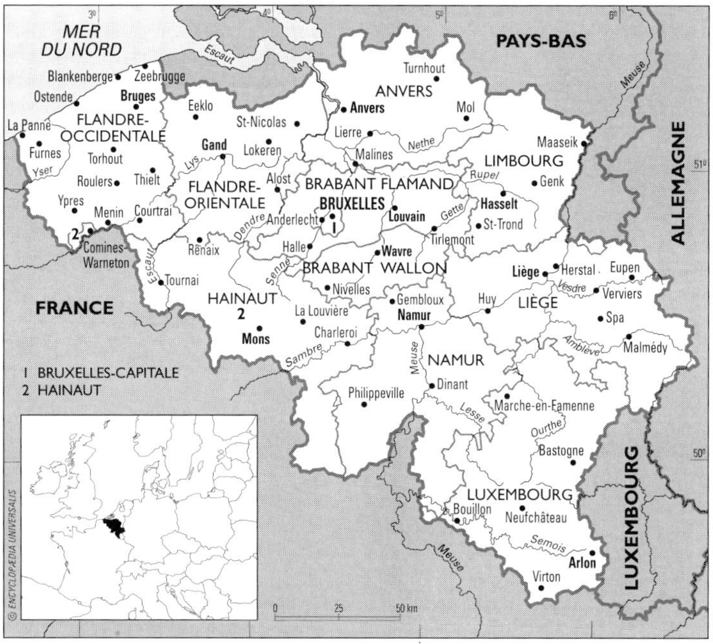

Démographie

■ ***Population*** (estim. 1997) : 10 189 000.
■ ***Densité*** (1997) : 333,8 hab./km².
■ ***Répartition urbaine/rurale*** (1995) : population urbaine 96,8 % ; rurale 3,2 %.

■ ***Répartition par sexe*** (janv. 1996) : hommes 49,02 % ; femmes 50,98 %.
■ ***Répartition par âge*** (janv. 1994) : moins de 15 ans 18,1 % ; de 15 à 29 ans 20,7 % ; de 30 à 44 ans 22,7 % ; de 45 à 59 ans 17,3 % ; de 60 à 74 ans 15,1 % ; 75 ans et plus 6,1 %.

provinces [1]	chefs-lieux	superficie (km²)	population (estim. 1996)
Bruxelles – Capitale	–	**161**	**948 122**
Flandre	–	**13 522**	**5 880 357**
Anvers		2 867	1 631 243
Brabant flamand [2]	Leuven	2 106	999 186
Flandre-Occidentale	Bruges	3 145	1 122 849
Flandre-Orientale	Gand	2 982	1 351 777
Limbourg	Hasselt	2 422	755 302
Wallonie	–		
Brabant wallon [2]	Wavre	**1 091**	**339 062**
Hainaut	Mons	3 786	1 284 761
Liège	Liège	3 862	1 013 729
Luxembourg	Arlon	4 440	241 339
Namur	Namur	3 666	435 677
total		**30 528** [3]	**10 143 047**

1. Les provinces correspondent à la répartition officielle des langues : néerlandais (Flandre), français (Wallonie), bilinguisme (Bruxelles-Capitale). 2. L'ancienne province du Brabant a été divisée en deux entités le 1er janvier 1995. 3. Le total général ne correspond pas exactement au détail en raison des arrondis.

Territoire et population.

■ ***Projection démographique*** : 10 353 000 en 2000 ; 10 189 000 en 2010.

■ ***Composition linguistique*** (1987) : Flamands 58,5 % ; Français 33,6 % ; Italiens 2,6 % ; Allemands 0,6 % ; autres 4,7 %.

■ ***Appartenances religieuses*** (1980) : catholiques 90,0 % ; musulmans 1,1 % ; protestants 0,4 % ; sans appartenance et athées 7,5 % ; autres 1,0 %.

■ ***Principales villes*** (janv. 1996) : Bruxelles 136 424 hab. [1991] (région bruxelloise 948 122 hab.) ; Anvers 455 852 hab. ; Gand 226 464 hab. ; Charleroi 205 591 hab. ; Liège 190 525 hab.

Statistiques de l'état civil

■ ***Taux de natalité*** (1996) : 11,4 ‰ (moyenne mondiale 25,0 ‰) ; taux (1989) de naissances légitimes 88,7 %, illégitimes 11,3 %.

■ ***Taux de mortalité*** (1996) : 10,4 ‰ (moyenne mondiale 9,3 ‰).

■ ***Taux d'accroissement naturel*** (1996) : 1,0 ‰ (moyenne mondiale 15,7 ‰).

■ ***Taux de fécondité*** (nombre moyen de naissances par femme en âge de procréer, 1990-1995) : 1,6.

■ ***Nombre de mariages*** (pour 1 000 hab., 1994) : 5,1.

■ ***Nombre de divorces*** (pour 1 000 hab., 1994) : 2,2.

■ ***Espérance de vie*** à la naissance (1991-1993) : hommes 73,0 ans ; femmes 79,8 ans.

■ ***Principales causes de décès*** (pour 100 000 hab., 1989) : maladies de l'appareil circulatoire 412,8, dont maladies cérébro-vasculaires 103,1 ; tumeurs malignes (cancers) 274,6.

Économie nationale

■ ***Budget de l'État*** (1994)
Recettes : 2 292 500 000 000 BEF (impôts directs 52,3 % ; impôts indirects 40,8 % ; contributions de sécurité sociale 1,5 % ; recettes non fiscales 4,2 %).
Dépenses : 2 668 700 000 000 BEF (services gouvernementaux 27,9 % ; dette publique 27,7 % ; transferts intérieurs 16,3 % ; dépenses en capital 5,4 %).

■ ***Dette publique*** (janv. 1996) : 314 300 000 000 USD.

■ ***Tourisme*** (1995) [b] : recettes touristiques 5 587 700 000 USD ; dépenses touristiques à l'étranger 9 038 100 000 USD.

■ ***Production***
Agriculture, sylviculture, pêche (1997) [b].
Betteraves à sucre 5 245 000 t ; pommes de terre 2 490 000 t ; blé 1 910 000 t ; orge 435 500 t ; pommes 302 400 t ; tomates 300 000 t.
Cheptel (sur pied) : porcs 7 050 000 ; bovins 3 000 000 ; moutons 161 000 ; chevaux 24 000.
Bois (1995) [b] : 4 185 000 m³.
Pêche (1995) : 36 445 t.
Industries extractives (1994) : quartz 500 000 t ; baryte 30 000 t ; granite 2 105 000 m³ ; marbre 330 m³.

Corpus : ACIER (ÉCONOMIE DE L') [la répartition mondiale de la production] ; ANVERS ; ARDENNES (géographie humaine) ; BENELUX ; BRUXELLES ; CHARBONNAGES (l'Europe charbonnière) ; EUROPE (Structure et milieu) – Géographie (répartition des populations) ; EUROPE OCCIDENTALE ; FLANDRE ; GAND (au XXe siècle) ; LIÈGE ; MIGRANTS ; PORTS MARITIMES (les grands ports du monde) ; RECHERCHE SCIENTIFIQUE ; RHIN (l'utilisation du fleuve) ; SÉPARATISME ; TÉLÉVISION ET RADIODIFFUSION – Les organismes dans les pays occidentaux ; TOURISME ; WALLONIE.

Universalia 1985 : 195 La crise économique ; *Universalia 1989 :* 195 La Société générale de Belgique ; 198 Une Nouvelle coalition, de nouvelles réformes ; *Universalia 1991 :* 117 La Communauté européenne dans la nouvelle configuration Est-Ouest ; 216 L'institution monarchique ; *Universalia 1992 :* 122 L'Europe et l'Afrique : quelles perspectives ? ; *Universalia 1993 :* 191 Élections et réformes institutionnelles ; *Universalia 1994 :* 197 La Constitution ; *Universalia 1996 :* 172 Les premières élections de la Belgique fédérale ; *Universalia 1997 :* 164 La Belgique dans la tourmente.

Thesaurus :
BORINAGE
BRABANT
CAMPINE
CHARLEROI
HAINAUT BELGE
HERSTAL
HESBAYE
LIBRE BELGIQUE (LA)
LIMBOURG
LOUVAIN
MONS
NAMUR

	1994		1996	
	millions de BEF	% du total	effectifs	% des effectifs
agriculture	126 600	1,8	104 100	2,5
mines	18 100	0,2	10 000	0,2
industrie	1 656 300	22,8	754 700	18,0
bâtiment	384 900	5,3	254 100	6,1
entreprises publiques	185 800	2,6	24 400	0,7
transports et communications	593 600	8,2	286 200	6,8
commerce	983 500	13,6	682 500	16,3
finance	1 392 300	19,2	401 400	9,6
administration, défense nationale	1 181 700	16,3	1 244 700	29,7
services	724 900	10,0		
autres	n.d.	n.d.	429 300 [1]	10,2
total	**7 247 700**	**100,0**	**4 196 600** [2]	**100,0** [2]

1. Dont 404 200 sans-emploi. 2. Le total général ne correspond pas exactement au détail en raison des arrondis.

Structure du produit intérieur brut et effectifs.

	1990	1991	1992	1993	1994	1995	1996
indice des prix à la consommation	100,0	103,2	105,7	108,6	111,2	112,8	115,2
indice des revenus horaires	100,0	105,1	110,1	112,4	114,7	n.d.	n.d.

Indices des prix et des revenus (1990 = 100).

	1991	1992	1993	1994	1995	1996
millions de BEF	+ 30 900	+ 67 500	+ 370 500	+ 513 000	+ 427 700	+ 402 000
% du total	0,4	0,9	4,7	5,9	4,4	4,5

Balance commerciale (prix courants).

	nombre d'établissements	nombre d'enseignants	nombre d'élèves	nombre d'élèves par enseignant
primaire (6-12 ans)	4 453	72 589 [2]	731 527	n.d.
secondaire (12-18 ans)	1 950	110 599 [1]	796 914	n.d.
professionnel et formation à l'enseignement [1]	304	14 548 [3]	155 192	n.d.
supérieur [1]	21	10 517 [3]	123 320	n.d.

1. 1992-1993. 2. Comprend les classes maternelles. 3. 1987-1988.

Enseignement (1993-1994).

Industries manufacturières (valeur ajoutée, 1993) : produits métalliques et machines 430 436 000 000 BEF ; produits alimentaires, boissons et tabac 245 022 000 000 BEF ; produits chimiques et plastiques 195 571 000 000 BEF ; textiles et vêtements 99 014 000 000 BEF ; papier, imprimerie et édition 92 275 000 000 BEF ; fonte, acier et métaux non ferreux 82 373 000 000 BEF.
Bâtiment (1993) : résidentiel 33 063 200 m³ ; non résidentiel 42 864 000 m³.
Énergie (production/consommation) : électricité (1994) 72 236 000 000/76 219 000 000 kWh ; charbon (1994) 753 000/13 050 000 t ; pétrole brut (1994) 0/206 706 000 barils ; produits pétroliers (1994) 25 373 000/17 036 000 t ; gaz naturel (1994) 1 351 000/11 531 000 000 m³.

■ ***Produit national brut*** (1995) : 250 710 000 000 USD (22 920 USD/hab.).

■ ***Population active*** (1996) : 4 196 000 ; taux d'activité 41,3 % (taux de participation : 14-64 ans 61,1 % ; femmes 41,6 % ; sans-emploi 9,6 %).

■ ***Revenus et dépenses des ménages***
Taille moyenne des ménages (1991) : 2,7.
Sources des revenus (1992) : salaires et traitements 49,6 % ; paiements de transfert 20,7 % ; revenus fonciers 18,8 % ; activités non salariées 10,9 %.
Dépenses (1992) : alimentation 18,0 % ; logement 17,0 % ; transports 13,3 % ; santé 11,8 % ; équipements domestiques 10,7 % ; habillement 7,7 %.

■ ***Utilisation du sol*** [b] (1994) : forêts 21,3 % ; prairies et pâturages 21,0 % ; terres cultivées et plantations 24,2 % ; autres 33,5 %.

Échanges extérieurs [b]

■ ***Importations*** (1994) : 4 206 413 900 000 BEF (équipement industriel et de transport 25,6 % ; produits chimiques et dérivés 13,0 % ; produits alimentaires et animaux sur pied 8,9 % ; diamants et pierres précieuses 7,2 % ; combustibles minéraux et lubrifiants 6,9 %.
Principales sources des importations : Allemagne 20,2 % ; Pays-Bas 17,7 % ; France 16,1 % ; Royaume-Uni 9,4 % ; États-Unis 5,4 % ; Italie 4,3 %.

■ ***Exportations*** (1994) : 4 588 184 500 000 BEF (équipement industriel et de transport 28,1 % ; produits chimiques 16,7 %, dont matières plastiques 5,1 % ; produits alimentaires et animaux sur pied 9,1 % ; diamants précieux 6,8 % ; fer et acier 6,0 % ; textiles 5,0 % ; pétrole et produits pétroliers 2,8 %).
Principales destinations des exportations : Allemagne 21,0 % ; France 19,0 % ; Pays-Bas 13,2 % ; Royaume-Uni 8,5 % ; Italie 5,2 % ; États-Unis 5,0 %.

Transports et communications

■ ***Transports***
Chemins de fer (1995) : longueur 3 368 km ; trafic : 6 757 000 000 passagers-km ; 7 787 000 000 t-km.
Routes (1995) : longueur totale 142 555 km (97 % recouvertes).
Véhicules (1996) : voitures particulières 4 339 231 ; camions et autobus 431 376.
Marine marchande (1992) : 232 navires (de 100 tjb et plus) ; 218 506 tonneaux de port en lourd.
Transports aériens (1994) ; trafic : 7 496 412 000 passagers-km ; 422 249 000 t-km. 2 aéroports desservis par des vols réguliers (1997).

■ ***Communications***
Journaux quotidiens (1995) : diffusion 3 089 200 ; diffusion pour 1 000 hab. 304.
Radiodiffusion (1994) : 7 690 000 postes récepteurs ; 757 pour 1 000 hab.
Télévision (1995) : 4 700 000 postes récepteurs ; 464 pour 1 000 hab.
Téléphone (1995) : 4 632 100 lignes principales ; 457 pour 1 000 hab.

Éducation et santé

■ ***Niveau d'éducation*** (1981)
Proportion de la population âgée de 15 ans et plus ayant : une éducation secondaire incomplète ou moins 44,0 % ; éducation secondaire (premier cycle) 26,5 % ; éducation secondaire (second cycle) 17,0 % ; éducation professionnelle 2,9 % ; formation à l'enseignement 0,6 % ; formation universitaire 3,5 %.

■ ***Alphabétisation*** (1995) : population alphabétisée à presque 99 %.

■ ***Santé*** : 38 363 médecins en 1996 (1 pour 264 hab.) ; 77 181 lits d'hôpital en 1994 (1 pour 131 hab.) ; taux de mortalité infantile (1996) : 5,6 ‰.

■ ***Alimentation*** (1995) : apport journalier en calories par habitant 3 530 (alimentation d'origine végétale 68 % ; d'origine animale 32 %) ; soit 134 % du niveau minimal recommandé par la F.A.O.

Défense nationale

■ ***Contingent*** (1996) : 46 300 (armée de terre 65,0 % ; marine 5,7 % ; armée de l'air 26,6 % ; services médicaux 2,7 %).

■ ***Dépenses militaires*** (1995) : 1,7 % du P.N.B. (moyenne mondiale 2,8 %) ; soit 439 USD/hab.

a. Non compris certains membres de la famille royale siégeant ex officio.
b. Y compris le Luxembourg.

→ *Thesaurus* : BELIZE
→ *Grand Atlas de Géographie* (éd. 1992) : 198, 200
→ *Grand Atlas de l'Histoire* : 277, 287, 294

BELIZE

- ***Nom officiel*** : Belize. Code I.S.O. : BZ.
- ***Forme de gouvernement*** : monarchie constitutionnelle avec deux assemblées législatives (Sénat [9] et Chambre des représentants [29[a]]).
- ***Chef de l'État*** : reine d'Angleterre, représentée par un gouverneur général.
- ***Chef du gouvernement*** : Premier ministre.
- ***Capitale*** : Belmopan.
- ***Langue officielle*** : anglais.
- ***Religion officielle*** : aucune.
- ***Unité monétaire*** : 1 dollar de Belize (BZD)[b] = 100 cents ; valeur (31 déc. 1997) : 100 BZD = 299,41 FRF.

Démographie

■ ***Population*** (estim. 1997) : 228 000.

■ ***Densité*** (1997) : 9,5 hab./km².

■ ***Répartition urbaine/rurale*** (1994) : population urbaine 47,5 % ; population rurale 52,5 %.

■ ***Répartition par sexe*** (1996) : hommes 50,02 % ; femmes 49,98 %.

■ ***Répartition par âge*** (1996) : moins de 15 ans 41,6 % ; de 15 à 29 ans 26,4 % ; de 30 à 44 ans 16,3 % ; de 45 à 59 ans 8,6 % ; 60 ans et plus 7,1 %.

■ ***Projection démographique*** : 248 000 en 2000 ; 307 000 en 2010.

■ ***Temps de doublement*** : 26 ans.

■ ***Composition ethnique*** (1991) : Métis 43,6 % ; Créoles 29,8 % ; Indiens Mayas 11,0 % ; Garifunas (Caraïbes noirs) 6,7 % ; Blancs 3,9 % ; Indiens asiatiques 3,5 % ; autres 1,5 %.

■ ***Appartenances religieuses*** (1991) : catholiques 57,7 % ; protestants 34,3 %, dont anglicans 7,0 %, pentecôtistes 6,3 %, méthodistes 4,2 %, adventistes du septième jour 4,1 %, mennonites 4,0 % ; autres chrétiens 1,7 % ; autres 0,3 % ; sans religion 6,0 %.

■ ***Principales villes*** (1996) : Belize City 52 670 hab. ; Orange Walk 14 960 hab. ; San Ignacio/Santa Elena 11 315 hab. ; Corozal 8 020 hab. ; Belmopan 6 490 hab.

Statistiques de l'état civil

■ ***Taux de natalité*** (1996) : 32,8 ‰ (moyenne mondiale 25,0 ‰) ; taux (1992) de naissances légitimes 41,6 %, illégitimes 58,4 %.

■ ***Taux de mortalité*** (1996) : 5,7 ‰ (moyenne mondiale 9,3 ‰).

■ ***Taux d'accroissement naturel*** (1996) : 27,1 ‰ (moyenne mondiale 15,7 ‰).

■ ***Taux de fécondité*** (nombre moyen de naissances par femme en âge de procréer, 1996) : 4,1.

■ ***Nombre de mariages*** (pour 1 000 hab., 1994) : 6,3.

■ ***Nombre de divorces*** (pour 1 000 hab., 1993) : 0,6.

■ ***Espérance de vie*** à la naissance (1996) : hommes 66,6 ans ; femmes 70,6 ans.

■ ***Principales causes de décès*** (pour 100 000 hab., 1990) : accidents 92,6 ; maladies de cœur ischémiques 84,7 ; maladies de l'appareil respiratoire 57,1 ; tumeurs malignes (cancers) 52,4 ; maladies cérébro-vasculaires 47,6 ; diabètes 37,0.

Économie nationale

■ ***Budget de l'État*** (1996-1997)
Recettes : 302 800 000 BZD (recettes courantes 88,3 % ; recettes de développement 11,7 %).
Dépenses : 375 000 000 BZD (dépenses courantes 71,2 % ; dépenses de développement 28,8 %, dont aides et prêts étrangers 27,0 %).

■ ***Dette publique*** (extérieure, créances, 1995) : 220 300 000 USD.

■ ***Tourisme*** (1995) : recettes touristiques 78 000 000 USD ; dépenses touristiques à l'étranger 21 000 000 USD.

■ ***Production***
Agriculture, sylviculture, pêche (1996).
Canne à sucre 1 091 000 t ; oranges 127 900 t ; bananes 67 000 t ; pamplemousses 44 000 t ; maïs 28 200 t ; riz 9 600 t ; noix de coco 3 200 t ; haricots rouges nains 3 100 t ; cacao 3 200 t ; miel (1994) 55 t.
Cheptel (sur pied) : bovins 60 000 ; porcs 22 000 ; poulets 1 300 000.
Bois (1994) : 187 600 m³.
Pêche (1995) : 1 366 t, dont crevettes 635 t, homards 392 t, conques 184 t, poissons d'eau douce et poissons de mer 155 t.
Industries extractives (1995) : sable et gravier 320 000 t, pierre à chaux 310 000 t.
Industries manufacturières (1995) : sucre (1996) 110 500 t ; mélasse 46 500 t ; engrais 26 600 t ; farine 11 500 t ; concentrés d'orange (1996) 113 000 hl ; bière 41 100 hl ; concentrés de pamplemousse (1996) 34 000 hl ; cigarettes 94 000 000 unités ; vêtements (1996) 2 100 000 unités.
Bâtiment (bâtiments en construction financés par l'État, 1991) : 180 ; non résidentiel n.d.
Énergie (production/consommation) : électricité (1994) 110 000 000/110 000 000 kWh ; charbon 0/0 ; pétrole brut 0/0 ; produits pétroliers (1994) 0/81 000 t ; gaz naturel 0/0.

■ ***Produit national brut*** (aux prix courants du marché, 1995) : 568 000 000 USD (2 630 USD/hab.).

■ ***Revenus et dépenses des ménages***
Taille moyenne des ménages (1991) : 4,9.
Revenu annuel moyen par employé (1993) : 6 450 BZD[c] (3 225 USD[c]).
Dépenses (1990) : alimentation, boissons et tabac 34,0 % ; transports 13,7 % ; énergie et eau 9,1 % ; logement 9,0 % ; habillement 8,8 % ; équipements domestiques 8,0 %.

■ ***Population active*** (1996) : 75 450 ; taux d'activité 34,1 % (taux de participation 14 ans à 64 : 58,5 % ; femmes 30,8 % ; sans-emploi 13,9 %).

■ ***Utilisation du sol*** (1994) : forêts 92,1 % ; prairies et pâturages 2,2 % ; terres cultivées et plantations 3,6 % ; autres 2,1 %.

districts	chefs-lieux	superficie (km²)	population (estim. 1994)
Belize	Belize (Belize City)	4 307	62 939
Cayo	San Ignacio (ex-El Cayo)	5 196	41 594
Corozal	Corozal	1 860	31 412
Orange Walk	Orange Walk	4 636	33 855
Stann Creek	Dangriga (Stann Creek)	2 554	19 957
Toledo	Punta Gorda	4 413	19 243
total		**22 965** [1,2]	**209 000**

1. Comprend 689 km² de récifs. 2. Le total général ne correspond pas exactement au détail en raison des arrondis.

Territoire et population.

Corpus : CARAÏBES (AIRE DES) [géopolitique de l'espace].
Universalia 1988 : 184 Une oasis de paix ; *Universalia 1991* : 151 Amérique latine : une nouvelle donne.
Thesaurus :
CARAÏBES (AIRE DE LIBRE COMMERCE DES)
CARIBBEAN BASIN INITIATIVE

	1995		1996	
	milliers de BZD [1]	% du total	effectifs	% des effectifs
agriculture, sylviculture, pêche	205 800	20,9	18 650	24,7
mines	6 200	0,6	85	0,1
industrie	135 600	13,7	6 770	9,0
bâtiment	65 400	6,6	3 250	4,3
entreprises publiques	36 400	3,7	925	1,2
transports et communications	100 700	10,2	3 845	5,1
commerce, restauration	170 400	17,3	13 815	18,3
finance, immobilier, assurance	121 300	12,3	1 760	2,3
administration, défense nationale	123 900	12,6	15 015	19,9
services	59 800	6,1		
autres	– 39 500 [3]	– 4,0	11 335 [2]	15,0
total	**986 000**	**100,0** [4]	**75 450**	**100,0**

1. Au coût des facteurs. 2. Dont 8 085 sans-emploi. 3. Moins les frais de service bancaire. 4. Le total général ne correspond pas exactement au détail en raison des arrondis.

Structure du produit intérieur brut et effectifs.

	1990	1991	1992	1993	1994	1995	1996
indice des prix à la consommation	100,0	102,3	104,7	106,2	108,7	111,5	115,6
indice des revenus	n.d.	n.d.	n.d.	n.d.	n.d.	n.d.	n.d.

Indices des prix et des revenus (1990 = 100)

	1991	1992	1993	1994	1995	1996
millions de BZD	– 222,5	– 217,2	– 237,8	– 170,6	– 144,4	– 129,4
% du total	31,4	27,9	30,3	22,0	18,3	16,2

Balance commerciale (prix courants).

	nombre d'établissements	nombre d'enseignants	nombre d'élèves	nombre d'élèves par enseignant
primaire (5-12 ans)	245	1 974 •	52 994	25,9 •
secondaire (13-16 ans)	30	740 •	10 648	13,7 •
professionnel, formation à l'enseignement et supérieur	11	n.d.	2 469	n.d.

(•) 1994-1995.

Enseignement (1996-1997).

Échanges extérieurs[d]

■ ***Importations*** (1995) : 517 000 000 BZD (équipement industriel et de transport 25,8 % ; produits alimentaires et boissons 18,3 % ; combustibles minéraux et librifiants 11,5 % ; produits chimiques et dérivés 10,7 %).
Principales sources des importations : États-Unis 54,0 % ; Mexique 11,0 % ; Royaume-Uni 6,3 % ; Antilles néerlandaises 5,0 % ; Canada 3,0 %.

■ ***Exportations*** (1995) : 323 400 000 BZD (exportations domestiques 88,4 %, dont sucre 29,5 %, concentrés d'orange 13,9 %, bananes 13,6 %, produits de la mer 9,6 % ; vêtements 9,0 % ; réexportations 11,6 %).
Principales destinations des exportations : Royaume-Uni 42,0 % ; États-Unis 36,0 % ; Allemagne 5,0 % ; Canada 4,0 %.

Transports et communications

■ ***Transports***
Chemins de fer : aucun.
Routes (1995) : longueur totale 2 770 km (19 % recouvertes).
Véhicules (1993) : voitures particulières 10 667 ; camions et autobus 6 108.
Marine marchande (1992) : 32 navires (de 100 tjb et plus) ; 45 706 tonneaux de port en lourd.
Transports aériens (aéroport international de Belize uniquement, 1995) : trafic : 174 824 arrivées de passagers ; 191 404 départs de passagers ; marchandises chargées 299 t ; marchandises déchargées 1 176 t. 9 aéroports desservis par des vols réguliers (1997).

■ ***Communications***
Journaux quotidiens : aucun.
Radiodiffusion (1996) : 29 620 postes récepteurs ; 133 pour 1 000 hab.
Télévision (1995) : 23 547 postes récepteurs ; 109 pour 1 000 hab.
Téléphone (1995) : 28 900 lignes principales ; 134 pour 1 000 hab.

Éducation et santé

■ ***Niveau d'éducation*** (1991)
Proportion de la population âgée de 25 ans et plus : sans instruction scolaire 13,0 % ; ayant une éducation primaire 64,3 % ; éducation secondaire 14,9 % ; éducation supérieure 6,6 % ; autres 1,2 %.

■ ***Alphabétisation*** (1991) : personnes âgées de 14 ans et plus alphabétisées 75 500 (70,3 %).

■ ***Santé*** : (1995) 139 médecins (1 pour 1 546 hab.) ; (1993) 585 lits d'hôpital (1 pour 350 hab.) ; taux de mortalité infantile (1996) : 33,9 ‰.

■ ***Alimentation*** (1992) : apport journalier en calories par habitant 2 662 (alimentation d'origine végétale 75 % ; d'origine animale 25 %) ; soit 118 % du niveau minimal recommandé par la F.A.O.

Défense nationale

■ ***Contingent*** (1996) : 1 050 (armée de terre 95,2 % ; marine 4,8 %).

■ ***Dépenses militaires*** (1994) : 1,7 % du P.N.B. (moyenne mondiale 3,0 %) ; soit 43 USD/hab.

a. Non compris le président de la Chambre, qui peut être élu par la Chambre sans être lui-même un des représentants élus.

b. Le dollar de Belize est officiellement lié au dollar des États-Unis (2 BZD = 1 USD).

c. Estimation pour environ 33 000 employés chef de famille.

d. Importations : chiffres F.O.B. pour la balance commerciale et C.I.F. pour les marchandises et les partenaires commerciaux.

→ *Corpus* : BÉNIN (RÉPUBLIQUE DU)
→ *Grand Atlas de Géographie* (éd. 1992) : 132, 146
→ *Grand Atlas de l'Histoire* : 276, 283, 295

BÉNIN

- ***Nom officiel*** : République du Bénin. Code I.S.O. : BJ.
- ***Forme de gouvernement*** : république à régime multipartiste avec une assemblée (Assemblée nationale [83]).
- ***Chef de l'État et du gouvernement*** : président assisté du Premier ministre.
- ***Capitale*** [a] : Porto-Novo.
- ***Langue officielle*** : français.
- ***Religion officielle*** : aucune.
- ***Unité monétaire*** : 1 franc CFA (XOF) = 100 centimes ; valeur : 100 XOF = 1,00 FRF [b].

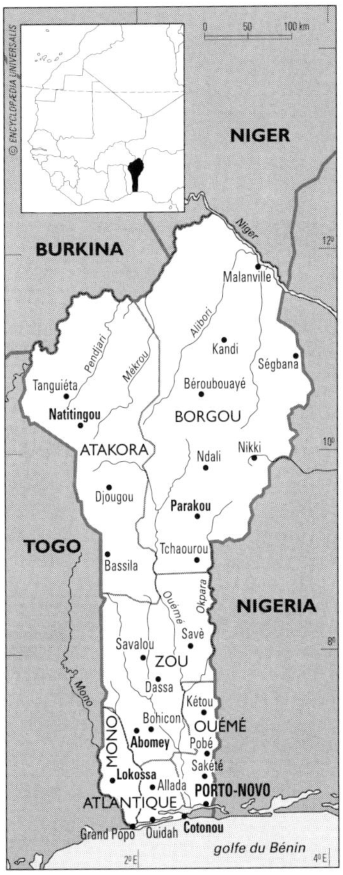

Démographie

■ ***Population*** (estim. 1997) : 5 902 000.

■ ***Densité*** (1997) : 52,4 hab./km².

■ ***Répartition urbaine/rurale*** (1994) : population urbaine 41,0 % ; population rurale 59,0 %.

■ ***Répartition par sexe*** (1997) : hommes 48,83 % ; femmes 51,17 %.

■ ***Répartition par âge*** (1997) : moins de 15 ans 48,0 % ; de 15 à 29 ans 27,5 % ; de 30 à 44 ans 13,5 % ; de 45 à 59 ans 7,2 % ; de 60 à 74 ans 3,1 % ; 75 ans et plus 0,7 %.

■ ***Projection démographique*** : 6 517 000 en 2000 ; 8 955 000 en 2010.

■ ***Temps de doublement*** : 21 ans.

■ ***Composition ethnique*** (1992) : Fons 39,7 % ; Yoroubas 12,1 % ; Adjaras 11,1 % ; Aizos 8,6 % ; Baribas 8,6 % ; Sombas 6,6 % ; Peuls 5,6 % ; autres 7,7 %.

■ ***Appartenances religieuses*** (1991) : croyances traditionnelles, y compris le vaudou 62,0 % ; chrétiens 23,3 %, dont catholiques 21,0 %, protestants 2,3 % ; musulmans 12,0 % ; autres 2,7 %.

■ ***Principales villes*** (1992) : Cotonou 533 212 hab. ; Porto-Novo 177 660 hab. ; Djougou 132 192 hab. ; Abomey 125 565 hab. ; Parakou 106 708 hab.

provinces*	chefs-lieux	superficie (km²)	population (recens. 1992)
Atakora (Atacora)	Natitingou	31 200	648 330
Atlantique	Cotonou	3 200	1 060 310
Borgou	Parakou	51 000	816 278
Mono	Lokossa	3 880	646 954
Ouémé	Porto-Novo	4 700	869 492
Zou	Abomey	18 700	813 985
total		**112 680**	**4 855 349**

(*) En 1997, une réorganisation administrative a créé 12 départements ; les données statistiques ne sont pas disponibles.

Territoire et population.

Statistiques de l'état civil

■ ***Taux de natalité*** (1997) : 46,0 ‰ (moyenne mondiale 25,0 ‰).

■ ***Taux de mortalité*** (1997) : 13,0 ‰ (moyenne mondiale 9,3 ‰).

■ ***Taux d'accroissement naturel*** (1997) : 33,0 ‰ (moyenne mondiale 15,7 ‰).

■ ***Taux de fécondité*** (nombre moyen de naissances par femme en âge de procréer, 1997) : 6,6.

■ ***Nombre de mariages*** (pour 1 000 hab., 1980-1985) : 12,8.

■ ***Nombre de divorces*** (pour 1 000 hab., 1980-1985) : 0,8.

■ ***Espérance de vie*** à la naissance (1996) : hommes 50,7 ans ; femmes 54,7 ans.

■ ***Principales causes de décès*** (1995) : n. d. ; toutefois, environ 13 680 cas de maladies infectieuses sont enregistrés par l'Organisation mondiale de la santé, dont rougeole 77 % ; tuberculose 18 % ; lèpre 4 % ; sida 2 % ; tétanos néonatal 0,2 %.

Économie nationale

■ ***Budget de l'État*** (1997)
Recettes : 183 984 000 000 XOF (1996, recettes courantes 68,2 %, dont recettes fiscales non pétrolières et droits de douane 56,3 % ; autres recettes non fiscales 11,9 %).
Dépenses : 295 547 000 000 XOF (1996, dépenses courantes 63,9 %, dont salaires 24,9 %, service de la dette 12,2 %).

■ ***Dette publique*** (extérieure, créances, 1995) : 1 514 000 000 USD.

■ ***Tourisme*** (1995) : recettes touristiques 27 000 000 USD ; (1994) dépenses touristiques à l'étranger 19 000 000 USD.

■ ***Production***
Agriculture, sylviculture, pêche (1997).
Manioc 1 451 628 t ; ignames 1 346 040 t ; maïs 503 818 t ; coton brut 444 124 t ; sorgho 111 843 t ; tomates 71 714 t ; arachides 84 204 t ; patates douces 67 732 t ; haricots secs 58 966 t ; canne à sucre 29 594 t ; millet 28 758 t ; noix de coco 20 000 t ; beurre de karité 15 000 t ; riz paddy 15 000 t ; (1996) palmistes 13 300 t ; bananes 13 000 t ; mangues 12 000 t ; oranges 12 000 t ; ananas 3 000 t ; tabac 325 t.
Cheptel (sur pied, 1997) : bovins 1 350 000 ; chèvres 1 012 960 ; moutons 601 183 ; porcs 584 000 ; poulets 25 000 000.
Bois (1995) : 5 899 000 m³.
Pêche (1995) : 37 000 t.
Industries extractives (1994) : pierre à chaux 500 000 t ; sel de mer 100 t.
Industries manufacturières (1994) : ciment 380 000 t (1993) ; fibre de coton 103 000 t ; viande 68 000 t ; farine de blé 11 515 t ; huile de palme 9 432 t.
Bâtiment : n.d.
Énergie (production/consommation) : électricité (1994) 6 000 000/248 000 000 kWh ; charbon 0/0 ; pétrole brut (1994) 2 130 000/41 000 barils ; produits pétroliers (1994) 0/144 000 t ; gaz naturel 0/0.

■ ***Produit national brut*** (aux prix courants du marché, 1995) : 2 034 000 000 USD (370 USD/hab.).

■ ***Population active*** (1992) : 2 085 400 ; taux d'activité 43,0 % (taux de participation 15-64 ans : 73,4 % ; femmes 42,6 % ; sans-emploi n.d.).

■ ***Revenus et dépenses des ménages***
Taille moyenne des ménages (1992) : 5,9.
Revenu annuel moyen par ménage (1983) : 240 USD ; sources des revenus : activités non salariées 73,7 % ; salaires et traitements 26,3 %.
Dépenses : n.d.

■ ***Utilisation du sol*** (1995) : terres cultivées et plantations 17,0 % ; autres 83,0 % (dont forêts 30,7 %, prairies et pâturages 4,0 % [1994]).

Corpus : AFRIQUE NOIRE – Société et économie ; VODOU (le vodou africain).

Universalia 1991 : 210 Le nouveau paysage audiovisuel en Afrique francophone ; 219 La démocratie retrouvée ; ***Universalia 1992*** : 116 La difficile démocratisation des systèmes politiques africains ; 177 La seconde naissance de la presse indépendante en Afrique ; ***Universalia 1995*** : 157 Afrique : la dévaluation du franc CFA ou la fin d'un tabou.

Thesaurus :
ABOMEY
ATAKORA
COTONOU
FON
PORTO-NOVO
YORUBA

	1995		1992	
	milliards de XOF	% du total	effectifs	% des effectifs [1]
agriculture	351,5	33,9	1 147 746	55,0
mines et industrie	7,2	0,7	661	0,0
entreprises publiques	83,7	8,1	180 406	7,7
bâtiment	6,8	0,7	1 176	0,1
commerce et finance	49,6	4,8	51 655	2,5
transports et communications	78,0	7,5	52 837	2,5
administration, défense nationale	215,6	20,8	432 501	20,7
services	79,8	7,7	3 106	0,1
autres	103,6	10,0	164 544	7,9
total	**1 035,8** [2]	**100,0**	**2 085 446**	**100,0** [2]

1. Personnes âgées de 10 ans et plus. 2. Le total général ne correspond pas exactement au détail en raison des arrondis.

Structure du produit intérieur brut et effectifs.

	1991	1992	1993	1994	1995	1996	1997 (mai)
indice des prix à la consommation	100,0	104,0	104,5	144,7	165,7	173,7	181,1
indice des revenus horaires*	100,0	100,0	100,0	144,1	n.d.	n.d.	n.d.

(*) Salaire horaire minimum dans l'industrie.

Indices des prix et des revenus (1990 = 100).

	1992	1993	1994	1995	1996
milliards de XOF	– 50,1	– 50,3	– 33,5	– 104,2	– 64,0
% du total	20,3	18,8	7,2	20,1	12,9

Balance commerciale (prix courants).

	nombre d'établissements	nombre d'enseignants	nombre d'élèves	nombre d'élèves par enseignant
primaire	2 889	12 343	602 069	48,8
secondaire	145	2 384	97 480	40,9
professionnel et formation à l'enseignement	14	283	4 873	17,2
supérieur	16	602	9 964	16,5

Enseignement (1993-1994)

Échanges extérieurs

■ ***Importations*** (1996) : 280 200 000 000 XOF (1989 : produits manufacturés 28,8 %, dont filés et tissus de coton 10,7 % ; produits alimentaires 24,7 %, dont céréales 17,6 % ; équipement industriel et de transport 10,9 % ; produits chimiques 10,0 % ; produits du pétrole raffiné 8,5 % boissons et tabac 7,3 %).

Principales sources des importations (1995) : France 27,1 % ; Royaume-Uni 9,6 % ; Chine 9,3 % ; Thaïlande 9,1 % ; Hong Kong 8,8 % ; Pays-Bas 5,6 % ; États-Unis 4,8 % ; Allemagne 4,3 %.

■ ***Exportations*** (1996) : 216 200 000 000 XOF (filés de coton 49,6 % ; pétrole brut 2,9 % ; coton brut 2,3 %).

Principales destinations des exportations (1995) : Brésil 18,2 % ; Portugal 13,5 % ; Maroc 10,3 % ; Libye 7,5 % ; Inde 6,5 % ; Italie 4,5 % ; États-Unis 4,5 %.

Transports et communications

■ ***Transports***

Chemins de fer (1994) : longueur 578 km ; trafic : 107 000 000 passagers-km ; 253 000 000 t-km.

Routes (1995) : longueur totale 8 460 km (31,4 % recouvertes).

Véhicules (1995) : voitures particulières 22 200 ; camions et autobus 12 400.

Marine marchande (1992) : 12 navires (de 100 tjb et plus).

Transports aériens (représente un onzième du trafic d'Air Afrique uniquement, 1996) : 224 736 000 passagers-km ; 16 420 000 t-km. 1 aéroport desservi par des vols réguliers (1997).

■ ***Communications***

Journaux quotidiens (1995) : 1 ; diffusion totale 12 000 ; diffusion pour 1 000 hab. 2.

Radiodiffusion (1995) : 400 000 postes récepteurs ; 73 pour 1 000 hab.

Télévision (1995) : 20 000 postes récepteurs ; 4 pour 1 000 hab.

Téléphone (1995) : 27 500 lignes principales ; 5 pour 1 000 hab.

Éducation et santé

■ ***Niveau d'éducation*** (1992)
Proportion de la population âgée de 25 ans et plus : sans instruction scolaire 78,5 % ; ayant une éducation primaire 10,8 % ; éducation secondaire incomplète 8,2 % ; éducation secondaire 1,2 % ; éducation postsecondaire 1,3 %.

■ ***Alphabétisation*** (1995) : personnes âgées de 15 ans et plus alphabétisées 37,0 % ; hommes 48,7 % ; femmes 25,8 %.

■ ***Santé*** : 363 médecins en 1993 (1 pour 14 216 hab.) ; 1 235 lits d'hôpital en 1993 (1 pour 4 182 hab.) ; taux de mortalité infantile (1997) : 103 ‰.

■ ***Alimentation*** (1995) : apport journalier en calories par habitant 2 405 (alimentation d'origine végétale 96 % ; d'origine animale 4 %) ; soit 105 % du niveau minimal recommandé par la F.A.O.

Défense nationale

■ ***Contingent*** (1997) : 4 800 (armée de terre 93,8 % ; marine 3,1 % ; armée de l'air 3,1 %).

■ ***Dépenses militaires*** (1995) : 1,2 % du P.N.B. (moyenne mondiale 2,8 %) ; soit 4 USD/hab.

a. Porto-Novo est la capitale officielle établie par la Constitution et le siège du pouvoir législatif ; mais Cotonou est la résidence du président et de la plupart des ministres.

b. Dévaluation de 50 % du franc CFA le 12 janvier 1994.

→ *Corpus* : BHOUTAN
→ *Grand Atlas de Géographie* (éd. 1992) : 118, 120
→ *Grand Atlas de l'Histoire* : 277, 281, 295

BHOUTAN

● ***Nom officiel*** : Royaume du Bhoutan (Druk-Gyal-Khab ; forme courte : Druk-Yul). Code I.S.O. : BT.

● ***Forme de gouvernement*** : monarchie[a], assistée d'une Assemblée nationale (Tshogdu [152, dont 47 non-élus]).

● ***Chef de l'État et du gouvernement*** : roi (*druk gyalpo*).

● ***Capitales*** : Thimbou (Thimbu, var. Thimphu) ; Paro (siège de l'Assemblée).

● ***Langue officielle*** : dzongkha (dialecte tibétain).

● ***Religion officielle*** : bouddhisme mahāyāna.

● ***Unité monétaire*** : 1 ngultrum[b] (BTN) = 100 chetrums ; valeur (31 déc. 1997) : 100 BTN = 15,27 FRF.

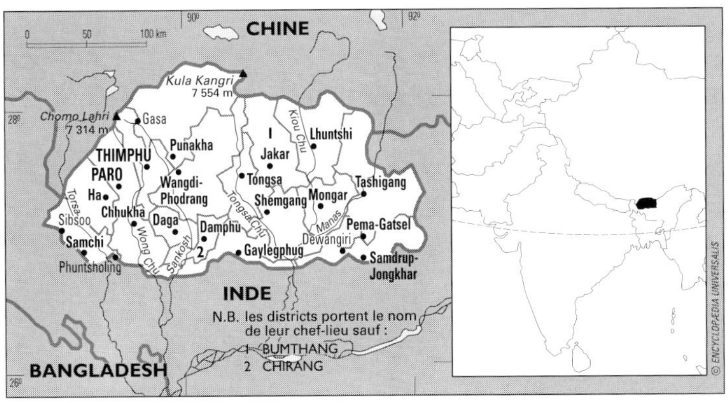

Démographie

■ ***Population*** (estim. 1997) : 860 000[c].

■ ***Densité*** (1997) : 18,3 hab./km².

■ ***Répartition urbaine/rurale*** (1997) : population urbaine 7,0 % ; rurale 93,0 %.

■ ***Répartition par sexe*** (1988) : hommes 50,97 % ; femmes 49,03 %.

■ ***Répartition par âge*** (1988) : moins de 15 ans 40,3 % ; de 15 à 29 ans 26,4 % ; de 30 à 44 ans 16,5 % ; de 45 à 59 ans 10,5 % ; de 60 à 74 ans 5,2 % ; 75 ans et plus 1,1 %.

■ ***Projection démographique*** : 916 000 en 2000 ; 1 129 000 en 2010.

■ ***Temps de doublement*** : 26 ans.

■ ***Composition ethnique*** (1993) : Bhotias 50,0 % ; Népalais-Gurungs 35,0 % ; Sharchops 15,0 %.

■ ***Appartenances religieuses*** (1980) : bouddhistes 69,6 % ; hindous 24,6 % ; musulmans 5,0 % ; autres 0,8 %.

■ ***Principales villes*** : Thimbou 30 300 hab. (1993) ; Phuntsholing 10 000 hab. (1982).

districts	capitales	superficie (km²)	population rurale [1] (estim. 1985)
Bumthang	Jakar (Bjakar)	2 990	23 900
Chirang	Damphu	800	108 800
Chhukha	Chhukha	n.d.	n.d.
Dagana	Dagana (Daga)	1 400	28 400
Gaylegphug	Gaylegphug	2 640	111 300
Haa	Paro	2 140	16 700
Lhuntsi	Lhuntsi	2 910	39 600
Mongar	Mongar	1 830	73 200
Paro	Paro	1 500	45 600
Pema-Gatsel	Pema-Gatsel	380	37 100
Punakha	Punakha	6 040	33 600
Samchi	Samchi	2 140	172 100
Samdrup-Jongkhar	Samdrup-Jongkhar	2 340	73 100
Shemgang	Shemgang	2 540	44 500
Tashigang	Tashigang	4 260	177 700
Thimbou (Thimphu)	Thimphu	1 620	58 700
Tongsa	Tongsa	1 470	26 000
Wangdi-Phodrang	Wangdi-Phodrang	3 000	47 200
total		**47 000** [2]	**1 285 300** [3]

1. Les données utilisées pour les statistiques sont fondées sur les résultats du recensement de 1980 (dénoncés par le roi) qui doivent être considérés avec une extrême prudence car la population réelle en 1996 pourrait se situer entre 800 000 et 1 600 000. 2. 7 000 km ne sont pas répartis dans les districts. 3. Le total comprend la population urbaine.

Territoire et population.

Statistiques de l'état civil

■ ***Taux de natalité*** (1997) : 41,3 ‰ (moyenne mondiale 25,0 ‰).

■ ***Taux de mortalité*** (1997) : 13,9 ‰ (moyenne mondiale 9,3 ‰).

■ ***Taux d'accroissement naturel*** (1997) : 27,4 ‰ (moyenne mondiale 15,7 ‰).

■ ***Taux de fécondité*** (nombre moyen de naissances par femme en âge de procréer, 1997) : 5,9.

■ ***Situation matrimoniale*** (1985) de la population âgée de 15 ans et plus : mariés 71,2 % ; célibataires 19,7 % ; veufs 7,5 % ; divorcés 1,6 %.

■ ***Espérance de vie*** à la naissance (1997) : hommes 51,0 ans ; femmes 53,0 ans.

■ ***Principales causes de décès*** (1989) : infections de l'appareil respiratoire 19,5 % ; diarrhée et dysenterie 15,2 % ; maladies de la peau 12,2 % ; infections parasitaires dues aux vers 10,0 % ; malaria 9,4 %.

Économie nationale

■ ***Budget de l'État*** (1996-1997)
Recettes : 5 107 000 000 BTN (recettes internes 38,8 % ; subventions de l'O.N.U. et autres organisations internationales 33,5 % ; subventions du gouvernement indien 27,7 %.
Dépenses : 5 663 000 000 BTN (dépenses en capital 61,2 % ; dépenses courantes 38,8 %).

■ ***Dette publique*** (extérieure, créances, 1995) : 86 600 000 USD.

■ ***Tourisme*** (1995) : recettes touristiques 5 830 000 USD ; dépenses touristiques à l'étranger n.d.

■ ***Production***
Agriculture, sylviculture, pêche (1996).
Oranges 58 000 t ; riz 50 000 t ; maïs 39 000 t ; pommes de terre 34 000 t ; canne à sucre 13 000 t ; poivre vert et piments 8 500 t ; millet 7 000 t ; pommes 5 500 t ; blé 5 000 t ; orge 4 000 t ; légumes secs 1 600 t.
Cheptel (sur pied) : bovins 435 000 ; porcs 75 000 ; moutons 59 000 ; chèvres 42 000 ; chevaux 30 000.
Bois (1995) : 1 399 000 m³.
Pêche (1995) : 340 t.
Industries extractives (1995) : pierre à chaux 267 000 t ; dolomite 249 000 t ; gypse 52 000 t.
Industries manufacturières (valeur de la production, 1994) : produits chimiques 419 000 000 BTN ; ciment 25 000 000 BTN ; produits de distillerie 17 803 000 BTN ; produits alimentaires 14 000 000 BTN ; produits de la sylviculture 230 000 BTN ; fruits 103 000 BTN.
Bâtiment (unités construites, 1977-1978) : résidentiel 10 ; non résidentiel (pension) 1.
Énergie (production/consommation) : électricité (1994) 1 682 000 000/230 000 000 kWh ; charbon (1994) 2 000/20 000 t ; pétrole brut 0/n.d. ; produits pétroliers (1994) 0/31 000 t ; gaz naturel 0/n.d.

■ ***Produit national brut*** (aux prix courants du marché, 1995) : 295 000 000 USD (420 USD/hab.).

■ ***Revenus et dépenses des ménages***
Taille moyenne des ménages (1980) : 5,4.

Corpus : HIMALAYA (aspects ethnographiques).

Thesaurus : LEPCHA

	1995		1984	
	millions de BTN	% du total	effectifs	% des effectifs
agriculture	3 912,8	41,6	303 000	87,1
mines	193,1	2,0		
industrie	1 088,8	11,6		
bâtiment	921,9	9,8		
commerce	730,7	7,6	3 000	0,9
entreprises publiques	826,1	8,8		
transports et communications	687,6	7,3		
finance	525,2	5,6		
administration, défense nationale	751,4	8,0	12 000	3,4
services			30 000	8,6
autres	– 231,0*	– 2,5	n.d.	n.d.
total	**9 466,6**	**100,0**	**348 000**	**100,0**

(*) Frais de service bancaire.

Structure du produit intérieur brut et effectifs.

	1989	1990	1991	1992	1993	1994	1995
indice des prix à la consommation	90,9	100,0	112,3	130,2	144,8	155,0	168,3
indice des revenus	n.d.	n.d.	n.d.	n.d.	n.d.	n.d.	n.d.

Indices des prix et des revenus (1990 = 100).

	1989-1990	1990-1991	1991-1992	1992-1993	1993-1994	1994-1995
millions de BTN	– 481,6	– 583,5	– 687,9	– 1 633,6	– 966,2	– 1 337,4
% du total	17,5	18,3	17,4	30,8	18,7	23,1

Balance commerciale (prix courants).

	nombre d'établissements	nombre d'enseignants	nombre d'élèves	nombre d'élèves par enseignant
primaire (7-11 ans)*	235	1 859	56 773	30,5
secondaire (12-16 ans)	31	662	15 984	24,1
professionnel et formation à l'enseignement	8	149	1 822	12,2
supérieur	2	57	519	9,1

(*) 1993.

Enseignement (1990).

Revenu annuel moyen par ménage : n.d.
Dépenses (1979) : alimentation 72,3 % ; habillement 21,2 % ; énergie 3,7 % ; autres 2,8 %.

■ ***Population active***[c] (1984) : 348 000 ; taux d'activité 53,4 % (taux de participation : 15-64 ans 94,8 % ; femmes 55,0 % ; sans-emploi 6,5 %).

■ ***Utilisation du sol*** (1994) : forêts 54,5 % ; prairies et pâturages 5,8 % ; terres cultivées et plantations 2,8 % ; autres 36,4 %.

Échanges extérieurs[d]

■ ***Importations*** (1994-1995) : 3 562 400 000 BTN (produits pétroliers 7,4 % ; riz 6,9 % ; véhicules automobiles et pièces détachées 5,1 % ; produits métallurgiques 2,0 % ; tissus 1,2 % ; pièces détachées de machines 0,4 %)[e].
Principale source des importations : Inde 77,2 %.

■ ***Exportations*** (1994-1995) : 2 225 000 000 BTN (électricité 24,9 % ; bois d'œuvre et produits manufacturés en bois 11,5 % ; ciment 12,8 % ; fruits et légumes 9,5 %)[e].
Principale destination des exportations : Inde 93,8 %.

Transports et communications

■ ***Transports***
Chemins de fer : aucun.
Routes (1995) : longueur totale 3 216 km (79 % recouvertes [1991]).
Véhicules (1988) : voitures particulières 2 590 ; camions et autobus 1 367.
Marine marchande : aucune.
Transports aériens (1996) : trafic 46 000 000 passagers-km ; 1 aéroport desservi par des vols réguliers (1997).

■ ***Communications***
Journaux quotidiens : aucun[f].
Radiodiffusion (1996) : 23 000 postes récepteurs ; 27 pour 1 000 hab.
Télévision : n.d.
Téléphone (1995) : 5 200 lignes principales ; 6,3 pour 1 000 hab.

Éducation et santé

■ ***Niveau d'éducation*** : n.d.

■ ***Alphabétisation*** (1995) : personnes âgées de 15 ans et plus alphabétisées 42,2 % ; hommes 56,2 % ; femmes 28,1 %.

■ ***Santé*** : 100 médecins (1 pour 8 000 hab.) (1994) ; 970 lits d'hôpital (1 pour 825 hab.) ; taux de mortalité infantile (1997) : 105 ‰.

■ ***Alimentation*** (1975-1977) : apport journalier en calories par habitant 2 058 (alimentation d'origine végétale 98 % ; d'origine animale 2 %) ; soit 89 % du niveau minimal recommandé par la F.A.O.

Défense nationale

■ ***Contingent*** (1993) : environ 7 000 (armée de terre 100 %).

a. Il n'y a pas de Constitution formelle au Bhoutan, mais une forme de monarchie constitutionnelle est en place.

b. Valeur identique à celle de la roupie indienne (1 BTN = 1 INR).

c. Les données utilisées pour les statistiques sont fondées sur les résultats du recensement de 1980 (dénoncés par le roi) qui doivent être considérés avec une extrême prudence, car la population réelle pourrait se situer entre 800 000 et 1 600 000.

d. Importations : C.I.F. pour la balance commerciale, les marchandises et les partenaires commerciaux.

e. Échanges avec l'Inde uniquement.

f. Un hebdomadaire gouvernemental est publié à Thimbou en dzongkha, en népalais et en anglais ; sa diffusion, en 1995, était de 10 000 exemplaires.

→ *Corpus* : BIRMANIE
→ *Grand Atlas de Géographie* (éd. 1992) : 108, 110
→ *Grand Atlas de l'Histoire* : 248, 261, 270, 271, 276, 277, 278, 279, 280, 281, 295

BIRMANIE

- ***Nom officiel*** : Union de Birmanie, ou Union du Myanma (Pyi-Daung-Zu Myanma Nainggan ; forme courte : Myanma). Code I.S.O. : MM.
- ***Forme de gouvernement*** : régime militaire[a].
- ***Chef de l'État et du gouvernement*** : président du Conseil pour la loi d'Etat et la restauration de l'ordre.
- ***Capitale*** : Rangoun (Yangon).
- ***Langue officielle*** : birman.
- ***Religion officielle*** : aucune.
- ***Unité monétaire*** : 1 kyat (MMK) = 100 pyas ; valeur (26 déc. 1997) : 100 MMK = 92,618 FRF.

Démographie

- ***Population*** (estim. 1997) : 46 822 000.
- ***Densité*** (1997) : 69,2 hab./km².
- ***Répartition urbaine/rurale*** (1997) : population urbaine 27,0 %, rurale 73,0 %.
- ***Répartition par sexe*** (1993) : hommes 49,72 % ; femmes 50,28 %.
- ***Répartition par âge*** (1990) : moins de 15 ans 36,0 % ; de 15 à 29 ans 29,7 % ; de 30 à 44 ans 17,8 % ; de 45 à 59 ans 10,1 % ; de 60 à 74 ans 5,3 % ; 75 ans et plus 1,1 %.
- ***Projection démographique*** : 51 539 000 en 2000 ; 61 596 000 en 2010.
- ***Temps de doublement*** : 40 ans.
- ***Composition ethnique*** (1983) : Birmans 69,0 % ; Chans 8,5 % ; Karens 6,2 % ; Arakanais 4,5 % ; autres 11,8 %.
- ***Appartenances religieuses*** (1990) : bouddhistes 89,1 % ; chrétiens 4,9 % ; musulmans 3,8 % ; autres 2,2 %.
- ***Principales villes*** (1983) : Rangoun 2 513 023 hab. ; Mandalay 532 949 hab. ; Moulmein 219 961 hab. ; Pégou 150 528 hab.

Statistiques de l'état civil

- ***Taux de natalité*** (1997) : 27,4 ‰ (moyenne mondiale 25,0 ‰).
- ***Taux de mortalité*** (1997) : 9,9 ‰ (moyenne mondiale 9,3 ‰).
- ***Taux d'accroissement naturel*** (1997) : 17,5 ‰ (moyenne mondiale 15,7 ‰).
- ***Taux de fécondité*** (nombre moyen de naissances par femme en âge de procréer, 1997) : 3,3.
- ***Espérance de vie*** à la naissance (1997) : hommes 58,0 ans ; femmes 62,0 ans.
- ***Principales causes de décès*** (pour 100 000 hab., 1987) : maladies infectieuses et parasitaires 29,5 ; maladies de l'appareil respiratoire 14,8 ; maladies de l'appareil circulatoire 10,0 ; tumeurs malignes (cancers) 7,9 ; malnutrition 2,2.

Économie nationale

- ***Budget de l'État*** (1994-1995)
Recettes : 32 029 000 000 MMK (recettes fiscales 62,7 %, dont taxes sur les biens et services 28,5 %, taxes sur le commerce international 13,2 % ; recettes non fiscale 35,4 % ; revenus des domaines 1,9 %).
Dépenses : 48 021 000 000 MMK (défense nationale 36,8 % ; transports 13,5 % ; éducation 11,7 % ; agriculture 10,3 % ; santé 4,0 ; sécurité sociale et aide sociale 3,6 %).
- ***Dette publique*** (extérieure, créances, 1995) : 5 378 000 000 USD.
- ***Tourisme*** : recettes touristiques (1995) 38 000 000 USD ; dépenses touristiques à l'étranger (1992) 16 000 000 USD.
- ***Production***
Agriculture, sylviculture, pêche (1996).
Riz 20 885 000 t ; canne à sucre 3 132 000 t ; légumes secs 1 289 000 t ; arachides 568 000 t ; graines de sésame 351 000 t ; bananes plantains 282 000 t ; maïs 247 000 t ; coton brut 214 000 t ; pommes de terre 191 000 t ; oignons 187 000 t ; millet 165 000 t ; tabac en feuilles 45 000 t ; jute 43 000 t.
Cheptel (sur pied) : bovins 10 121 000 ; porcs 3 229 000 ; buffles 2 266 000 ; moutons et chèvres 1 492 000 ; poulets 27 600 000 ; canards 4 710 000.
Bois (1995) : 23 281 000 m³.
Pêche (1994) : 824 468 t.
Industries extractives (1995-1996) : gypse 35 481 t ; concentrés de cuivre 19 060 t ; plomb raffiné 1 512 t ; concentrés d'étain 473 t ; jade 261 t ; argent raffiné 112 270 onces.
Industries manufacturières (1994) : ciment 469 582 t ; azote 149 000 t ; sucre 47 600 t ;

divisions et États	chefs-lieux	superficie (km²)	population (estim. 1994)
divisions :			
Irraouaddi (Ayeyarwady)	Bassein (Pathein)	35 138	6 107 000
Magwe (Magway)	Magwe	44 820	4 067 000
Mandalay	Mandalay	37 024	5 823 000
Pégou (Bago)	Pégou	39 404	4 607 000
Rangoun (Yangon)	Rangoun	10 171	5 037 000
Sagaing	Sagaing	94 625	4 889 000
Tenasserim (Tanintharyi)	Tavoy	43 343	1 187 000
États :			
Arakan (Rakhine)	Sittwe (anc. Akyab)	36 778	2 482 000
Chin	Falam (Hakha)	36 019	438 000
Kachin	Myitkyinā	89 041	1 135 000
Karen (Kayin)	Pa-an (Hpa-an)	30 383	1 323 000
Kayah	Loi-kaw (Loikaw)	11 733	228 000
Mon	Moulmein (Mawlamyaing)	12 297	2 183 000
Shan	Taunggyi	155 801	4 416 000
total		**676 577**	**43 922 000**

Territoire et population.

	millions de MMK	% du total	effectifs*	% des effectifs
agriculture	295 200	62,2	11 848	67,4
mines	2 784	0,6	116 000	0,7
industrie	34 325	7,2	1 481 000	8,4
bâtiment	8 026	1,7	354 000	2,0
entreprises publiques	1 680	0,4	19 000	0,1
transports et communications	8 238	1,7	441 000	2,5
commerce	106 595	22,4	1 715 000	9,7
finance	788	0,2	1 339 000	7,6
administration et services	9 995	2,1		
autres	7 255	1,5	274 000	1,6
total	**474 886**	**100,0**	**17 587 000**	**100,0**

(•) Actifs occupés uniquement.

Structure du produit intérieur brut et effectifs (1995-1996).

	1990	1991	1992	1993	1994	1995	1996
indice des prix à la consommation	100,0	132,3	161,3	212,6	263,8	330,3	384,0
indice des revenus mensuels*	100,0	92,8	129,4	144,8	n.d.	n.d.	n.d.

(•) Salaires dans l'industrie.

Indices des prix et des revenus (1990 = 100).

	1991	1992	1993	1994	1995	1996
millions de MMK	− 1 055,4	− 338,1	− 948,4	− 195,8	− 2 050,7	− 3 231,5
% du total	16,7	4,9	11,6	2,1	17,5	28,3

Balance commerciale (prix courants).

	nombre d'établissements	nombre d'enseignants	nombre d'élèves	nombre d'élèves par enseignant
primaire (5-9 ans)	35 856	169 148	5 711 202	33,6
secondaire (10-15 ans)	2 916	71 904	1 779 503	24,7
professionnel et formation à l'enseignement	103	2 462	25 374	10,3
supérieur	51	9 147	309 446	33,8

Enseignement (1994-1995).

lessive 36 431 t ; pâtes 25 065 t ; papier 14 315 t ; coton tissé 10 804 000 mètres ; cigarettes 440 000 000 ; sacs de jute 26 769 000 ; bouteilles de verre 16 268 000 unités.
Bâtiment (unités construites, 1987-1988) : résidentiel 1 193 ; non résidentiel 1 483.
Énergie (production/consommation) : électricité (1994) 3 500 000 000/3 500 000 000 kWh ; charbon (1994) 76 000/78 000 t ; pétrole brut (1994) 4 817 000/6 893 000 barils ; produits pétroliers (1994) 759 000/921 000 t ; gaz naturel (1994) 1 359 000 000/1 359 000 000 m³.

■ ***Produit national brut*** (aux prix courants du marché, 1995-1996) : 83 419 000 000 USD (1 790 USD/hab.).

■ ***Population active*** (1995-1996) : 766 000 ; taux d'activité 41,2 % (taux de participation : 15-64 ans [1983] 64,2 % ; femmes [1987-1988] 35,3 % ; sans-emploi 6,2 %).

■ ***Revenus et dépenses des ménages***
Taille moyenne des ménages (1994) : 5,6.

■ ***Utilisation du sol*** (1994) : forêts 49,3 % ; prairies et pâturages 0,5 % ; terres cultivées et plantations 15,3 % ; autres 34,9 %.

Échanges extérieurs[b]

■ ***Importations*** (1994-1995) : 8 332 000 000 MMK (équipement industriel et de transport 31,8 % ; produits manufacturés de base 17,5 % ; produits chimiques 7,3 % ; huiles animales et végétales 9,7 % ; produits alimentaires et animaux vivants 5,6 %).
Principales sources des importations : Japon 26,6 % ; Singapour 14,6 % ; Chine 12,2 % ; Thaïlande 10,0 % ; Malaisie 9,4 % ; Corée du Sud 4,7 % ; Indonésie 3,9 %.

■ ***Exportations*** (1994-1995) : 5 405 000 000 MMK (produits alimentaires et animaux vivants 50,6 % ; matières premières non comestibles 28,2 % ; produits manufacturés de base 4,6 %).
Principales destinations des exportations : Singapour 16,4 % ; Indonésie 15,6 % ; Inde 12,9 % ; Thaïlande 10,0 % ; Chine 5,1 % ; Hong Kong 5,0 %.

Transports et communications

■ ***Transports***
Chemins de fer (1995-1996) : longueur (1994) 5 060 km ; trafic : 4 894 000 000 passagers-km ; 888 000 000 t-km.
Routes (1995) : longueur totale 27 600 km (12 % recouvertes).
Véhicules (1995) : voitures particulières 44 000 ; camions et autobus 42 000.
Marine marchande (1992) : 144 navires (de 100 tjb et plus) ; 1 354 005 tonneaux de port en lourd.
Transports aériens (1995-1996) trafic : 428 000 000 passagers-km ; 3 212 000 t-km. 19 aéroports desservis par des vols réguliers (1997).

■ ***Communications***
Journaux quotidiens (1994) : diffusion totale 1 032 000 ; diffusion pour 1 000 hab. 23.
Radiodiffusion (1996) : 3 300 000 postes récepteurs ; 72 pour 1 000 hab.
Télévision (1995) : 1 000 000 postes récepteurs ; 22 pour 1 000 hab.
Téléphone (1995) : 146 700 lignes principales ; 3,3 pour 1 000 hab.

Éducation et santé

■ ***Alphabétisation*** (1983) : personnes âgées de 15 ans et plus alphabétisées 16 472 494 (78,5 %) ; hommes 85,8 % ; femmes 71,6 %.

■ ***Santé*** : 12 245 médecins (1 pour 3 554 hab.) [1993-1994] ; 27 830 lits d'hôpital (1 pour 1 586 hab.) [1990 1991] ; taux de mortalité infantile (1997) : 79 ‰.

■ ***Alimentation*** (1995) : apport journalier en calories par habitant 2 752 (alimentation d'origine végétale 96 % ; d'origine animale 4 %) ; soit 127 % du niveau minimal recommandé par la F.A.O.

Défense nationale

■ ***Contingent*** (1996) : 321 000 (armée de terre 93,5 % ; marine 3,7 % ; armée de l'air 2,8 %).

■ ***Dépenses militaires*** (1994) : 5,0 % du P.N.B. (moyenne mondiale 3,7 %) ; soit 37 USD/hab.

Corpus : ASIE – Géographie humaine (l'Asie méridionale) ; CÉRÉALES (le riz) ; DROGUE ; MÔN.

Universalia 1992 : 208 Démocratie et drogue.

Thesaurus :
CHAN
KACHIN
KAREN
MANDALAY
MOULMEIN
RANGOON

a. Le gouvernement militaire a refusé de rendre le pouvoir à la Ligue nationale pour la démocratie qui avait remporté les élections multipartistes en 1990.

b. Importations : chiffres F.O.B. pour la balance commerciale et C.I.F. pour les marchandises et les partenaires commerciaux.

→ ***Corpus :*** BOLIVIE
→ ***Grand Atlas de Géographie*** (éd. 1992) : 210, 216
→ ***Grand Atlas de l'Histoire*** : 226, 227, 286, 287, 294

BOLIVIE

- ***Nom officiel*** : République de Bolivie (República de Bolivia). Code I.S.O. : BO.
- ***Forme de gouvernement*** : république à structure étatique unitaire et à régime multipartiste avec un Congrès comprenant deux assemblées législatives (Sénat [27] et Chambre des députés [130]).
- ***Chef de l'État et du gouvernement*** : président.
- ***Capitales*** : La Paz (capitale de facto, siège du gouvernement) ; Sucre (capitale constitutionnelle).
- ***Langues officielles*** : espagnol, aymara et quechua.
- ***Religion officielle*** : catholicisme.
- ***Unité monétaire*** : 1 boliviano (BOB) = 100 centavos ; valeur (31 déc. 1997) : 100 BOB = 111,93 FRF.

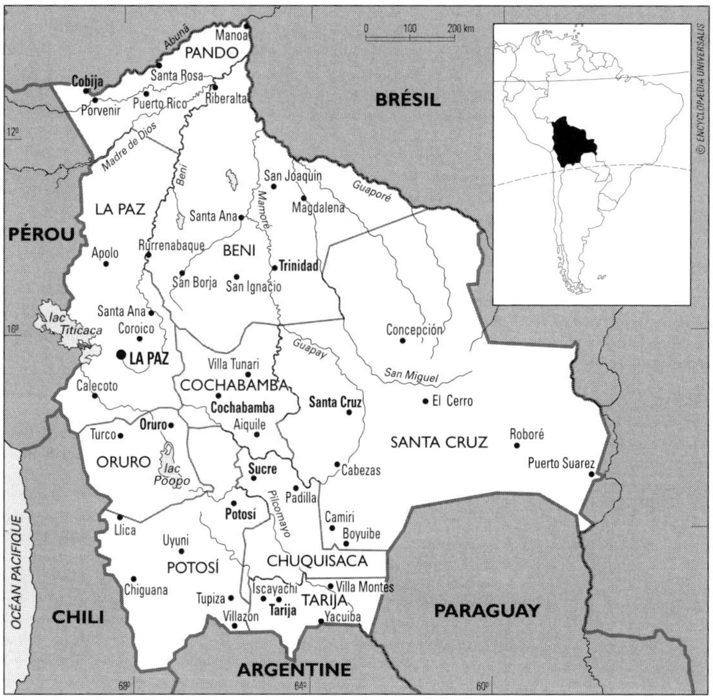

Corpus : AMÉRIQUE LATINE – Économie et société ; ANDES (CORDILLÈRE DES) [les Andes aujourd'hui] ; AYMARAS ; CHACO ; DROGUE ; LATIFUNDIA (les latifundios latino-américains) ; MINERAIS (principaux pays producteurs) ; QUETCHUAS.

Universalia 1988 : 189 La fin de l'ère de l'étain ; ***Universalia 1989*** : 132 L'épuisement du modèle national de développement en Amérique latine ; ***Universalia 1991*** : 111 Les conflits communautaires et ethniques dans le monde contemporain ; 151 Amérique latine : une nouvelle donne ; ***Universalia 1997*** : 150 Amérique latine : le Mercosur, pôle d'attraction pour l'intégration latino-américaine.

Thesaurus :
ALTIPLANO
CHIQUITO
CHIRIGUANO
COCA
COCHABAMBA
LENCA
MOJO
PAZ (LA)
POTOSÍ
PUNA
SUCRE
TITICACA (lac)

Démographie

- ***Population*** (estim. 1997) : 7 767 000.
- ***Densité*** (1997) : 7,1 hab./km².
- ***Répartition urbaine/rurale*** (1997) : population urbaine 61,2 % ; population rurale 38,8 %.
- ***Répartition par sexe*** (1997) : hommes 49,68 % ; femmes 50,32 %.
- ***Répartition par âge*** (1995) : moins de 15 ans 40,6 % ; de 15 à 29 ans 27,5 % ; de 30 à 44 ans 16,3 % ; de 45 à 59 ans 9,6 % ; de 60 à 74 ans 5,0 % ; 75 ans et plus 1,0 %.
- ***Projection démographique*** : 8 329 000 en 2000 ; 10 229 000 en 2010.
- ***Temps de doublement*** : 30 ans.

départements	chefs-lieux	superficie (km²)	population (estim. 1997)
Beni (El Beni)	Trinidad (de Mojos)	213 564	336 633
Chuquisaca	Sucre (ex-La Plata)	51 524	549 835
Cochabamba	Cochabamba	55 631	1 408 071
La Paz	La Paz (de Ayacucho)	133 985	2 268 824
Oruro	Oruro	53 588	383 498
Pando	Cobija	63 827	53 124
Potosí	Potosí	118 218	746 618
Santa Cruz (de la Sierra)	Santa Cruz (de la Sierra)	370 621	1 651 950
Tarija	Tarija	37 623	368 506
total		**1 098 581**	**7 767 059**

Territoire et population.

- ***Appartenances religieuses*** (1995) : catholiques 88,5 % ; protestants 10,4 % ; autres 1,1 %.
- ***Composition ethnique*** (1996) : Indiens 55,0 % ; Métis 30,0 % ; Blancs 15,0 %.
- ***Principales villes*** (1993) : La Paz 784 976 hab. ; Santa Cruz 767 260 hab. ; Cochabamba 448 756 hab. ; El Alto 446 189 hab. ; Oruro 201 831 hab. ; Sucre 144 994 hab.

Statistiques de l'état civil

- ***Taux de natalité*** (1997) : 33,5 ‰ (moyenne mondiale 25,0 ‰).
- ***Taux de mortalité*** (1997) : 9,2 ‰ (moyenne mondiale 9,3 ‰).
- ***Taux d'accroissement naturel*** (1997) : 24,3 ‰ (moyenne mondiale 15,7 ‰).
- ***Taux de fécondité*** (nombre moyen de naissances par femme en âge de procréer, 1997) : 4,4.
- ***Nombre de mariages*** (pour 1 000 hab., 1980) : 4,8.
- ***Nombre de divorces*** : n.d.
- ***Espérance de vie*** à la naissance (1997) : hommes 59,6 ans ; femmes 62,9 ans.
- ***Principales causes de décès*** (en pourcentage du total des décès enregistrés, 1980-1981) : maladies infectieuses et parasitaires 23,9 % ; maladies de l'appareil circulatoire 19,5 % ; maladies de l'appareil respiratoire 14,0 % ; accidents, homicides et actes de violence 9,8 % ; mlaladies de l'appareil digestif 8,6 %.

Économie nationale

- ***Budget de l'État*** (1995)

Recettes : 5 256 100 000 BOB (taxes sur les biens et services 39,5 % ; recettes des entreprises gouvernementales 24,6 % ; impôts fonciers 10,2 % ; taxes sur le commerce international 6,7 % ; cotisations de sécurité sociale 6,5 % ; impôts sur le revenu 2,5 %).
Dépenses : 6 801 600 000 BOB (éducation 19,3 % ; sécurité sociale 16,0 % ; services publics 14,0 % ; transports et communications 12,3 % ; défense 8,4 % ; police et sécurité 8,1 % ; santé 6,2 %).

- ***Production***

Agriculture, sylviculture, pêche (1996).
Canne à sucre 4 120 000 t ; soja 862 000 t ; pommes de terre 715 000 t ; maïs 613 000 t ; bananes et bananes plantains 495 000 t ; riz 344 000 t ; manioc 311 000 t ; blé 99 000 t ; café 22 000 t.
Cheptel (sur pied) : moutons 8 039 000 ; bovins 6 118 000 ; porcs 2 482 000 ; chèvres 1 496 000 ; ânes 631 000 ; chevaux 322 000.
Bois (1995) : 2 208 000 m³.
Pêche (1995) : 6 308 t.
Industries extractives (métal pur, 1996) : zinc 114 764 t ; plomb 16 538 t ; étain 14 778 t ; argent 384 kg ; or 14,9 kg.
Industries manufacturières (valeur ajoutée en USD, 1994) : produits pétroliers 375 000 ; produits alimentaires 160 000 ; boissons 99 000 ; produits minéraux non métalliques 36 000 ; édition et publications 19 000 ; métaux non ferreux 18 000.

	1996		1992	
	milliers de BOB [1]	% du total	effectifs [2]	% des effectifs
agriculture	2 906 264	14,9	984 407	38,9
mines	1 923 665	9,9	52 623	2,1
industrie	3 264 962	16,8	222 485	8,8
bâtiment	705 764	3,6	129 409	5,1
entreprises publiques	418 125	2,2	6 086	0,2
transports et communications	1 944 309	10,0	116 800	4,6
commerce	2 359 237	12,1	232 429	9,2
finance	2 221 079	11,4	54 711	2,2
administration, défense nationale	1 796 796	9,3	406 928	16,1
services	839 871	4,3		
autres	1 066 142 [3]	5,5	324 531	12,8
total	**19 446 214**	**100,0**	**2 530 409**	**100,0**

1. Aux prix de 1990. 2. Personnes de 7 ans et plus. 3. Droits d'importation nets.

Structure du produit intérieur brut et effectifs.

	1990	1991	1992	1993	1994	1995	1996
indice des prix à la consommation	100,0	121,4	136,1	147,7	159,3	175,6	197,4
indice des revenus mensuels*	100,0	113,8	131,8	152,6	177,1	195,9	n.d.

(*) Dans le secteur privé à La Paz.

Indices des prix et des revenus (1990 = 100).

	1990	1991	1992	1993	1994	1995	1996
millions de USD	+ 326,6	+ 59,0	− 294,4	− 384,1	− 89,3	− 162,5	− 313,4
% du total	21,4	3,6	17,2	20,9	4,1	6,9	12,1

Balance commerciale (prix courants).

	nombre d'établissements [1]	nombre d'enseignants	nombre d'élèves	nombre d'élèves par enseignant
primaire (6-13 ans)	9 758	51 763	1 278 775	24,7
secondaire (14-17 ans)	724	12 434	219 232	17,6
professionnel et formation à l'enseignement	47			
supérieur [2]	10	4 261	109 503	25,7

1. 1986-1987. 2. 1991-1992.

Enseignement (1990-1991).

Bâtiment (activité patronnée par l'État uniquement, 1985) : logements résidentiels 226.
Énergie (production/consommation) : électricité (1994) 2 876 000 000/2 892 000 000 kWh ; charbon (1991) 0/0 ; pétrole brut (1994) 8 937 000/9 268 000 barils ; produits pétroliers (1994) 1 183 000/1 257 000 t ; gaz naturel (1994) 3 425 000 000/1 159 000 000 m³.

■ ***Dette publique*** (extérieure, créances, 1995) : 4 452 000 000 USD.

■ ***Tourisme*** (1995) : recettes touristiques 146 000 000 USD ; dépenses touristiques à l'étranger 148 000 000 USD.

■ ***Produit national brut*** (aux prix courants du marché, 1995) : 5 905 000 000 USD (800 USD/hab.).

■ ***Ménages***
Taille moyenne des ménages (1992) : 3,8.

■ ***Dépenses*** (1988) : alimentation 35,5 % ; transports et communications 17,7 % ; logement 14,8 % ; équipements domestiques 7,3 % ; habillement 5,1 % ; boissons et tabac 4,5 % ; loisirs 2,7 % ; santé 2,1 % ; éducation 0,3 %.

■ ***Population active*** (1992) : 2 530 409 ; taux d'activité 33,6 % (taux de participation : 15-64 ans 63,6 % ; femmes 39,0 % ; sans-emploi 2,5 %).

■ ***Utilisation du sol*** (1994) : forêts 53,5 % ; prairies et pâturages 24,4 % ; terres cultivées et plantations 2,2 % ; autres 19,9 %.

Échanges extérieurs[a]

■ ***Importations*** (1996) : 1 635 023 000 USD (biens d'équipement 39,1 %, dont équipement industriel 22,0 %, équipement de transport 15,9 % ; matières premières 36,8 %, dont matières premières pour l'industrie 26,5 % ; biens de consommation 21,2 %, dont biens durables 10,7 %, biens périssables 10,5 %).

Principales sources des importations (1995) : États-Unis 18,2 % ; Brésil 14,5 % ; Japon 13,8 % ; Argentine 10,4 % ; Chili 7,4 % ; Pérou 5,0 % ; Allemagne 4,7 %.

■ ***Exportations*** (1996) : 1 295 308 000 USD (soja 15,5 % ; zinc 11,7 % ; pétrole 10,9 % ; or 9,7 % ; gaz naturel 7,3 % ; étain 6,4 % ; bois d'œuvre 6,4 % ; argent 4,9 %).

Principales destinations des exportations (1995) : États-Unis 23,3 % ; Royaume-Uni 15,1 % ; Pérou 12,0 % ; Argentine 12,0 % ; Allemagne 5,4 % ; Pays-Bas 4,3 % ; France 3,6 %.

Transports et communications

■ ***Transports***

Chemins de fer (1993) : longueur 3 694 km ; trafic : 348 900 000 passagers-km ; 761 900 000 t-km.

Routes (1995) : longueur totale 55 487 km (5 % recouvertes).

Véhicules (1995) : voitures particulières 213 666 ; camions et autobus 133 984.
Marine marchande (1992) : 1 navire (de 100 tjb et plus) ; 15 765 tonneaux de port en lourd.
Transports aériens (1996) ; trafic : 1 468 000 000 passagers-km ; 46 216 000 t-km. 14 aéroports desservis par des vols réguliers (1997).

■ ***Communications***
Journaux quotidiens (1994) : diffusion totale 500 000 ; diffusion pour 1 000 hab. 69.
Radiodiffusion (1996) : 4 250 000 postes récepteurs ; 560 pour 1 000 hab.
Télévision (1995) : 1 500 000 postes récepteurs ; 202 pour 1 000 hab.
Téléphone (1995) : 347 800 lignes principales ; 47 pour 1 000 hab.

Éducation et santé

■ ***Niveau d'éducation*** (1992)
Proportion de la population âgée de 25 ans et plus : sans instruction scolaire 23,3 % ; éducation primaire incomplète 20,3 % ; ayant une éducation primaire 21,7 % ; éducation secondaire incomplète 9,0 % ; éducation secondaire 6,5 % ; éducation supérieure incomplète 5,0 % ; éducation supérieure 4,8 % ; indéfinie 9,4 %.

■ ***Alphabétisation*** (1992) : personnes âgées de 15 ans et plus alphabétisées 79,5 % ; hommes 87,7 % ; femmes 71,8 %.

■ ***Santé*** (1994) : 1 973 médecins (1 pour 3 663 hab.) ; 7 203 lits d'hôpital (1 pour 1 005 hab.) ; taux de mortalité infantile (1997) : 67 ‰.

■ ***Alimentation*** (1995) : apport journalier en calories par habitant 2 192 (alimentation d'origine végétale 83 % ; d'origine animale 17 %) ; soit 92 % du niveau minimal recommandé par la F.A.O.

Défense nationale

■ ***Contingent*** (1997) : 33 500 (armée de terre 74,6 % ; marine 13,4 % ; armée de l'air 12,0 %).

■ ***Dépenses militaires*** (1995) : 2,3 % du P.N.B. (moyenne mondiale 2,8 %) ; soit 18 USD/hab.

a. Importations : chiffres F.O.B. pour la balance commerciale et C.I.F. pour les marchandises et les partenaires commerciaux.

→ *Corpus* : YOUGOSLAVIE
→ *Grand Atlas de Géographie* (éd. 1992) : 22, 36, 38
→ *Grand Atlas de l'Histoire* : 215, 228, 252, 253, 264, 265, 267, 272, 273, 274, 275, 292, 294, 295

BOSNIE-HERZÉGOVINE [a]

- ***Nom officiel*** : Bosnie-Herzégovine (Bosna i Hercegovina). Code I.S.O. : BA.
- ***Forme de gouvernement*** : république fédérale à régime multipartiste avec deux assemblées (Sénat [15 non-élus]) et Chambre des représentants (42).
- ***Chef de l'État*** : président tripartite.
- ***Chef du gouvernement*** : deux co-présidents assistés par un Conseil des ministres.
- ***Capitale*** : Sarajevo.
- ***Langue officielle*** : serbo-croate.
- ***Religion officielle*** : aucune.
- ***Unité monétaire*** : 1 mark convertible de Bosnie-Herzégovine [b] (BAM) ; valeur (31 déc. 1997) : 100 BAM = 334,57 FRF.

	1989		1990	
	millions de YUN	% du total	effectifs*	% des effectifs
agriculture	2 963	10,9	39 053	3,8
mines et industrie	15 589	57,6	496 190	48,3
bâtiment	1 918	7,1	74 861	7,3
entreprises publiques	403	1,5	22 345	2,2
transports et communications	1 600	5,9	68 798	6,7
commerce	3 777	13,9	130 914	12,8
finance			38 686	3,8
administration, défense nationale			155 411	15,1
services	834	3,1		
autres				
total	**27 084**	**100,0**	**1 026 258**	**100,0**

(*) Non compris 28 000 travailleurs du secteur privé.

Structure du produit matériel brut et effectifs.

Démographie

- ***Population*** (estim. 1997) : 3 124 000 [c].
- ***Densité*** (1997) : 61,1 hab./km^2.
- ***Répartition urbaine/rurale*** (1981) : population urbaine 36,2 % ; population rurale 63,8 %.
- ***Répartition par sexe*** (1991) : hommes 49,79 % ; femmes 50,21 %.
- ***Répartition par âge*** (1991) : moins de 15 ans 23,4 % ; de 15 à 29 ans 26,5 % ; de 30 à 44 ans 22,8 % ; de 45 à 64 ans 16,0 % ; 65 ans et plus 11,3 %.
- ***Projection démographique*** : 3 012 000 en 2000 ; 3 328 000 en 2010.
- ***Temps de doublement*** : sans effet.
- ***Composition ethnique*** (1991) : Musulmans 43,7 % ; Serbes 31,3 % ; Croates 17,3 % ; autres (dont Yougoslaves) 7,7 %.
- ***Appartenances religieuses*** (1992) : musulmans 40 % ; orthodoxes serbes 31 % ; catholiques 15 % ; protestants 4 % ; autres 10 %.
- ***Principales villes*** (1991) : Sarajevo (1997) 360 000 hab. ; Banja Luka 143 079 hab. ; Zenica 96 027 hab. ; Tuzla 83 770 hab. ; Mostar 75 865 hab.

Statistiques de l'état civil

- ***Taux de natalité*** (1996) : 7,9 ‰ (moyenne mondiale 25,0 ‰).
- ***Taux de mortalité*** (1996) : 15,4 ‰ (moyenne mondiale 9,3 ‰).
- ***Taux d'accroissement naturel*** (1996) : – 7,5 ‰ (moyenne mondiale 15,7 ‰).
- ***Espérance de vie*** à la naissance (1996) : hommes 51,2 ans ; femmes 61,4 ans.
- ***Principales causes de décès*** (pour 100 000 hab., 1989) : maladies de l'appareil circulatoire 344,1 ; tumeurs malignes (cancers) 122,6 ; accidents, empoisonnements et actes de violence 47,1 ; maladies de l'appareil digestif 29,2 ; maladies de l'appareil respiratoire 29,0. Durant les premières années de la décennie de 1990, la violence et les actes de guerre furent les principales causes de décès.

Économie nationale

- ***Budget de l'État*** (1997)
Recettes : 618 000 000 DM (principalement droits de douane et impôts indirects).
Dépenses : 598 500 000 DM (défense nationale 41,1 % ; pensions aux mutilés de guerre 29,3 %).
- ***Tourisme*** (1991) : 2 360 000 nuitées.
- ***Production***
Agriculture, sylviculture, pêche (1996).
Maïs 589 000 t ; pommes de terre 347 000 t ; blé 166 000 t ; orge 47 000 t ; prunes 25 000 t.
Cheptel (sur pied) : bovins 314 000 ; moutons 276 000 ; porcs 165 000.
Bois (1995) : 40 000 m^3.
Pêche (1995) : 2 500 t.
Industries extractives (1993) : minerai de fer (poids brut) 150 000 t ; bauxite 75 000 t ; barite (concentré) 2 000 t.
Industries manufacturières (1995) : ciment 150 000 t ; acier brut 150 000 t ; fonte 100 000 t ; alumine 50 000 t.
Bâtiment (unités résidentielles construites, 1990) : 26 568.
Énergie (production/consommation) : électricité (1994) 1 921 000 000/2 081 000 000 kWh ; charbon (1994) 1 400 000/1 400 000 t ; pétrole brut (1994) 0/0 baril ; produits pétroliers (1994) 0/35 000 t ; gaz naturel (1994) 0/378 000 000 m^3.
- ***Population active*** (1991) : 992 000 ; taux d'activité 22,7 % (taux de participation : 15-64 ans 35,6 % ; femmes [1990] 37,7 % ; sans-emploi [1996] 75 %).

Corpus : AUTOGESTION (l'expérience autogestionnaire yougoslave) ; BALKANIQUE (PÉNINSULE) [le contexte humain] ; COGESTION (l'expérience yougoslave) ; DINARIDES (les hommes) ; EUROPE (Structure et milieu) – Géographie (répartition des populations) ; EUROPE DE L'EST ; MÉDITERRANÉE (HISTOIRE DE LA) [mutations sociales et économiques] ; MIGRANTS (ampleur du mouvement migratoire) ; SOCIALISME – Économie des pays socialistes.

Universalia 1988 : 112 Europe centrale : le problème des minorités ethniques et nationales ; ***Universalia 1989*** : 331 Rôle et fonctions des élections dans les pays de l'Est ; ***Universalia 1990*** : 366 Entre autogestion et libéralisme ; ***Universalia 1991*** : 111 Les conflits communautaires et ethniques dans le monde contemporain ; 354 La transformation du système des mass media ; ***Universalia 1992*** : 201 Le retour des nationalités ; 336 La dislocation dans l'affrontement ; ***Universalia 1994*** : 162 Yougoslavie : l'implosion yougoslave ; ***Universalia 1995*** : 176 La tragédie bosniaque.

Thesaurus :
BOSNIE-HERZÉGOVINE
SARAJEVO
YOUGOSLAVES (POPULATIONS)

districts	superficie (km²)	population (recens. 1991)	districts	superficie (km²)	population (recens. 1991)
Banja Luka	1 232	195 139	Livno	994	39 526
Banovići	176	26 507	Lopare	429	32 400
Bihac	689	70 896	Lukavac	350	56 830
Bijeljina	734	96 796	Ljubinje	326	4 162
Bileća	633	13 269	Ljubuški	289	27 182
Bosanska Dubica	499	31 577	Maglaj	384	43 294
Bosanska Gradiška	762	60 062	Modriča	297	35 413
Bosanska Krupa	780	58 212	Mostar	1 300	126 067
Bosanski Brod	234	33 962	Mrkonjić grad	679	27 379
Bosanski Novi	554	41 541	Neum	230	4 268
Bosanski Petrovac	853	15 552	Nevesinje	923	14 421
Bosanski Šamac	219	32 835	Odžak	205	30 651
Bosansko Grahovo	780	8 303	Olovo	408	16 901
Bratunac	793	33 575	Orašje	166	28 201
Brčko	493	87 332	Posušje	372	16 659
Breza	83	17 266	Prijedor	834	112 470
Bugojno	366	46 843	Prnjavor	631	46 894
Busovaća	145	18 883	Prozor	477	19 601
Cazin	381	63 406	Pucarevo	232	30 624
Ćajniće	275	8 919	Rogatica	664	21 812
Ćapljina	249	27 852	Rudo	344	11 572
Ćelinac	365	18 666	Sanski Most	984	60 119
Ćitluk	181	14 709	Sarajevo	2 049	525 980
Derventa	516	56 328	Skender Vakuf	360	19 416
Doboj	684	102 546	Sokolac	723	14 833
Donji Vakuf	338	24 232	Srbac	447	21 660
Foča	1 270	40 513	Srebrenica	527	37 211
Fojnica	308	16 227	Srebrenik	249	40 769
Gacko	736	10 844	Stolac	541	18 845
Glamoč	1 096	12 421	Šekovići	195	9 639
Goražde	383	37 505	Šipovo	470	15 553
Gornji Vakuf	402	25 130	Teslič	846	59 632
Graćanica	387	59 050	Tešanj	223	48 390
Gradačac	405	56 378	Titov drvar	950	17 079
Grude	218	15 976	Tomislavgrad	967	29 261
Han Pijesak	342	6 346	Travnik	563	70 402
Jablanica	289	12 664	Trebinje	1 205	30 879
Jajce	398	44 903	Tuzla	307	131 861
Kakanj	462	55 857	Ugljevik	199	25 641
Kalesija	272	41 795	Vareš	356	22 114
Kalinovik	732	4 657	Velika Kladuša	304	52 921
Kiseljak	165	24 081	Visoko	242	46 130
Kladanj	325	16 028	Višegrad	448	21 202
Ključ	850	37 233	Vitez	156	27 728
Konjic	1 101	43 636	Vlasenica	532	33 817
Kotor Varoš	574	36 670	Zavidovići	540	57 153
Kreševo	149	6 699	Zenica	500	145 577
Kupres	622	10 728	Zvornik	500	81 111
Laktaši	387	29 910	Žepče	210	22 840
Lištica	388	26 437	Živinice	281	54 653
			total	**51 129** (·)	**4 365 639**

(·) L'addition des superficies des cent districts donne, par rapport à la superficie officielle totale de la Bosnie-Herzégovine, un excédent de 554 km² dont l'origine n'a pu être déterminée.

Territoire et population.

	1984	1985	1986	1987	1988	1989	1990
indice des prix à la consommation	58	100,0	188	400	1 188	16 169	109 000
indice des revenus mensuels	n.d.	n.d.	n.d.	n.d.	n.d.	n.d.	n.d.

Indices des prix et des revenus (1985 = 100).

	1991	1992	1993	1994	1995	1996
millions d'USD	n.d.	n.d.	− 339	− 614	− 891	− 1 708
% du total	n.d.	n.d.	66,6	89,5	89,7	83,3

Balance commerciale (prix courants).

	nombre d'établissements	nombre d'enseignants	nombre d'élèves	nombre d'élèves par enseignant
primaire (7-14 ans)	2 205	23 369	539 875	23,1
secondaire (15-18 ans)	238	9 030	172 063	19,1
supérieur	44	2 802	37 541	13,4

Enseignement (1990-1991).

■ ***Produit national brut*** (1994 ; estimation) : 2 470 000 000 USD (700 USD/hab.).

■ ***Revenus et dépenses des ménages***
Taille moyenne des ménages (1991) : 3,4.
Revenu annuel moyen par ménage (1990) : 72 850 YUN (6 437 USD) ; sources des revenus : salaires et traitements 53,2 % ; paiements de transfert 18,2 % ; activités non salariées 12,0 % ; autres 16,6 %.
Dépenses (1988) : alimentation 41,3 % ; habillement 8,3 % ; combustibles 7,8 % ; logement 7,8 % ; transports 6,0 % ; boissons et tabac 5,7 %.

■ ***Utilisation du sol*** (1994) : forêts 39,2 % ; prairies et pâturages 23,5 % ; terres cultivées et plantations 15,7 % ; autres 21,6 %.

Échanges extérieurs

■ ***Importations*** (1996, estimation) : 1 879 000 000 USD.
Principales sources des importations : Croatie 32 % ; Slovénie 15 % ; Allemagne 13 % ; Italie 13 % ; Hongrie 6 %.

■ ***Exportations*** (1996, estimation) : 171 000 000 USD.
Principales destinations des exportations : Croatie 34 % ; Italie 26 % ; Allemagne 16 % ; Slovénie 8 % ; États-Unis 5 %.

Transports et communications

■ ***Transports***
Chemins de fer (1991) : longueur 1 021 km ; trafic : 554 000 000 passagers-km ; 1 946 000 000 t-km.
Routes (1991) : longueur totale 21 168 km (54 % recouvertes).
Véhicules (1990) : voitures particulières 438 080 ; camions et autobus 50 578.
Transports aériens (1997) : n.d.[d]

■ ***Communications***
Journaux quotidiens (1995) : diffusion totale 520 000 ; diffusion pour 1 000 hab. 150.
Radiodiffusion (1995) : n.d.
Télévision (1995) : 325 000 postes récepteurs ; 94 pour 1 000 hab.
Téléphone (1995) : 237 800 lignes principales ; 69 pour 1 000 hab.

Éducation et santé

■ ***Niveau d'éducation*** (1981)
Proportion de la population âgée de 15 ans et plus : ayant une éducation primaire incomplète 49,6 % ; éducation primaire 24,3 % ; éducation secondaire 21,8 % ; éducation postsecondaire ou supérieure 4,3 %.

■ ***Alphabétisation*** (1981) : personnes âgées de 10 ans et plus alphabétisées 85,5 %.

■ ***Santé*** : 4 500 (estimation) médecins en 1996 (1 pour 703 hab.) ; 19 858 lits d'hôpital en 1990 (1 pour 217 hab.) ; taux de mortalité infantile (1996) : 43,2 ‰.

Défense nationale

■ ***Contingent***[e] (1997) : 40 000 (armée de terre 100,0 %).

■ ***Dépenses militaires*** : n.d.

a. Certaines données se réfèrent aux conditions existant avant la signature de l'accord de paix du 14 décembre 1995 (accord de Dayton), mettant fin à la guerre civile qui avait divisé le pays en deux entités politiques distinctes : « Fédération croato-bosno-musulmane de Bosnie » et « République serbe de Bosnie ».

b. Certaines valeurs peuvent être exprimées en dinars yougoslaves (YUN).

c. Non compris 1 300 000 réfugiés dans les pays limitrophes et en Europe occidentale.

d. L'aéroport de Sarajevo refonctionne depuis août 1996.

e. Non compris 16 000 soldats du Conseil croate de défense, plus de 30 000 soldats de la Republika Srpska et 33 000 soldats de la force de paix de l'O.T.A.N.

→ *Corpus* : BOTSWANA
→ *Grand Atlas de Géographie* (éd. 1992) : 136, 152
→ *Grand Atlas de l'Histoire* : 276, 283, 295

BOTSWANA

- ***Nom officiel*** : République du Botswana (Republic of Botswana). Code I.S.O. : BW.
- ***Forme de gouvernement*** : république à régime multipartiste, avec une assemblée législative (Assemblée nationale [46, dont 6 non-élus]) et une Chambre des chefs (consultative).
- ***Chef de l'État et du gouvernement*** : président.
- ***Capitale*** : Gaborone.
- ***Langues officielles*** : anglais ; tswana (langue nationale).
- ***Religion officielle*** : aucune.
- ***Unité monétaire*** : 1 pula (BWP) = 100 thebe ; valeur (31 déc. 1997) : 100 BWP = 157,22 FRF.

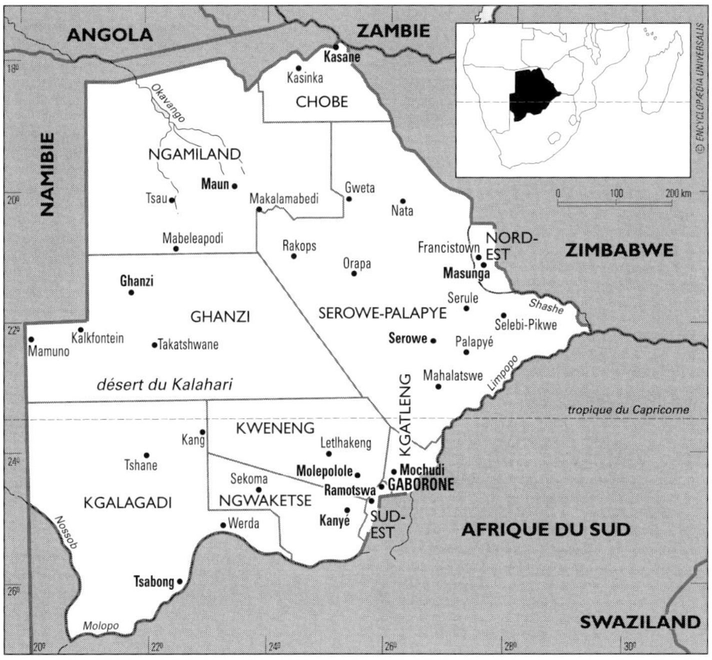

districts et villes	chefs-lieux	superficie (km²)	population (recens. 1991)
districts :			
Barolong	–	2 003	18 400
Centre	Serowe	147 730	412 970
Ghanzi	Ghanzi	117 910	24 719
Kgalagadi	Tsabong	106 940	31 134
Kgatleng	Mochudi	7 960	57 770
Kweneng	Molepolole	35 890	170 437
Nord-Est	Masunga	5 120	43 354
Nord-Ouest :			
Chobe	Kasane	20 800	14 126
Ngamiland	Maun	86 400	57 811
Ngwaketse	Kanye	26 467	128 989
Okavango	Orapa	22 730	36 723
Sud-Est	Ramotswa	1 780	43 584
villes [3] :			
Francistown	–	79	65 244
Gaborone	–	169	133 468
Jwaneng	–	100	11 188
Lobatse	–	42	26 052
Orapa	–	17	8 827
Selebi-Pikwe	–	50	39 772
Sowa	–	159	2 228
total		**582 143**	**1 326 796**

Territoire et population.

Corpus : AFRIQUE (Structure et milieu) [géographie humaine et économique] ; AFRIQUE NOIRE – Société et économie ; AFRIQUE DU SUD (RÉPUBLIQUE D') [relations économiques internationales] ; BANTOU ; BOCHIMANS.

Thesaurus :
KUNG
SOTHO
TSWANA

Démographie

- ***Population*** (estim. 1997) : 1 501 000.
- ***Densité*** (1997) : 2,6 hab./km².
- ***Répartition urbaine/rurale*** (1996) : population urbaine 29,2 % ; rurale 70,8 %.
- ***Répartition par sexe*** (1996) : hommes 49,02 % ; femmes 50,98 %.
- ***Répartition par âge*** (1995) : moins de 15 ans 43,2 % ; de 15 à 29 ans 28,5 % ; de 30 à 44 ans 16,5 % ; de 45 à 59 ans 7,9 % ; de 60 à 74 ans 3,2 % ; 75 ans et plus 0,7 %.
- ***Projection démographique*** : 1 557 000 en 2000 ; 1 598 000 en 2010.
- ***Temps de doublement*** : 23 ans.
- ***Composition ethnique*** (1983) : Tswanas 75,5 % ; Chonas 12,4 % ; Bochimans 3,4 % ; Hottentots 2,5 % ; Ndébélés 1,3 % ; autres 4,9 %.
- ***Appartenances religieuses*** (1980) : pratiques traditionnelles 49,2 % ; protestants 29,0 % ; chrétiens africains 11,8 % ; catholiques 9,4 % ; autres 0,6 %.
- ***Principales villes*** (1993) : Gaborone 156 803 hab. ; Francistown 75 678 hab. ; Selebi-Pikwe 42 350 hab. ; Molepolole 36 928 hab. ; Kanye 34 233 hab.

Statistiques de l'état civil

- ***Taux de natalité*** (1991-1995) : 37,1 ‰ (moyenne mondiale 25,0 ‰) ; taux[a] (1986) de naissances légitimes 28,8 %, illégitimes 71,2 %.
- ***Taux de mortalité*** (1991-1995) : 6,6 ‰ (moyenne mondiale 9,3 ‰).
- ***Taux d'accroissement naturel*** : (1991-1995) : 30,5 ‰ (moyenne mondiale 15,7 ‰).
- ***Taux de fécondité*** (nombre moyen de naissances par femme en âge de procréer, 1996) : 4,3.
- ***Nombre de mariages*** (pour 1 000 hab., 1987) : 1,6.
- ***Espérance de vie*** à la naissance (1993) : hommes 59,5 ans ; femmes 65,6 ans.
- ***Principales causes de décès*** (pourcentage du total des décès enregistrés, 1992) : tuberculose et autres maladies de l'appareil respiratoire 14,3 % ; pneumonie 10,0 % ; maladies du système digestif 8,9 % ; maladies cérébro-vasculaires 4,2 % ; sida 3,9 % ; maladies rénales 3,0 %.

Économie nationale

- ***Budget de l'État*** (1996-1997)
Recettes : 5 421 300 000 BWP (redevances minières 47,4 % ; droits de douane et impôts indirects 20,1 % ; revenus des impôts fonciers 17,8 % ; impôts sur les intérêts 4,6 %).
Dépenses : 6 057 000 000 BWP (1995-1996 : services économiques 40,4 % ; éducation 20,8 % ; police et sécurité 3,5 % ; assurance sociale 3,0 % ; santé 2,5 %).
- ***Population active*** (1991) : 441 203 ; taux d'activité 33,2 % (taux de participation : 15-64 ans 59,6 % ; femmes 38,4 % ; sans-emploi 13,9 %).

	1995-1996		1991	
	millions de BWP	% du total	effectifs	% des effectifs
agriculture	546 200	3,7	97 626	22,1
mines	5 084 800	34,2	13 264	3,0
industries	686 200	4,6	26 470	6,0
bâtiment	877 900	5,9	57 510	13,0
entreprises publiques	312 500	2,1	6 388	1,4
transports et communications	507 200	3,4	11 398	2,6
commerce	2 474 000	16,6	35 194	8,0
finance et services financiers	1 231 300	8,3	13 286	3,0
administration, défense nationale	2 517 700	16,9	34 002	7,7
services	638 800	4,3	72 061	16,3
autres	n.d.	n.d.	74 001 [1]	16,8
total	**14 876 600**	**100,0** [2]	**441 203**	**100,0** [2]

1. Comprend 61 265 sans-emploi. 2. Le total général ne correspond pas exactement au détail en raison des arrondis.

Structure du produit intérieur brut et effectifs.

	1990	1991	1992	1993	1994	1995	1996
indice des prix à la consommation	100,0	111,8	129,8	148,4	164,1	181,3	199,6
indice des revenus mensuels	100,0	113,6	133,5	162,0	169,8	181,6	n.d.

Indices des prix et des revenus (1990 = 100).

	1990	1991	1992	1993	1994	1995
millions de BWP	+ 241,3	+ 398,1	+ 299,1	+ 668,4	1 216,3	1 623,6
% du total	3,8	5,6	4,2	8,4	14,0	15,6

Balance commerciale (prix courants).

	nombre d'établissements	nombre d'enseignants	nombre d'élèves	nombre d'élèves par enseignant
primaire (6-13 ans)	669	11 726	310 050	26,4
secondaire (14-18 ans)	188	4 712	86 687	18,4
professionnel et formation à l'enseignement	45	966	6 373	6,6
supérieur	1	507	5 062	10,0

Enseignement (1994).

■ ***Production***
Agriculture, sylviculture, pêche (1996).
Céréales 82 900 t, dont sorgho 55 100 t, maïs 23000 t, millet 4 000 t ; légumes et melons 16 000 t ; légumes secs 14 000 t ; fruits 10 500 t ; racines et tubercules 9 000 t ; coton brut 3 000 t.
Cheptel (sur pied) : bovins 1 950 000 ; chèvres 1 900 000 ; moutons 250 000 ; mules et ânes 237 500 ; chevaux 31 500.
Bois (1995) : 1 584 000 m^3.
Pêche (1993) : 2 000 t.
Industries extractives (1996) : diamants 17 707 062 carats ; cuivre 29 979 t ; nickel 17 461 t ; cobalt 405 t.
Industries manufacturières (valeur ajoutée, millions de BWP, 1994) : produits alimentaires 164,3 ; vêtements 78,9 % ; papier et dérivés 28,0, produits chimiques 18,7 ; bois 17,5.
Bâtiment (valeur ajoutée, millions de BWP, 1994-1995) : résidentiel 573 400 m^2.
Énergie (production/consommation) : électricité (1993) 970 000 000/970 000 000 kWh ; charbon (1992) 901 452 t/n.d. ; pétrole brut 0/n.d.

■ ***Dette publique*** (extérieure, créances, 1995) : 682 100 000 USD.

■ ***Tourisme*** (1994) : recettes touristiques 35 000 000 USD ; dépenses touristiques à l'étranger 52 000 000 USD.

■ ***Produit national brut*** (1994) : 4 037 000 000 USD (2 800 USD/hab.).

■ ***Revenus et dépenses des ménages***
Taille moyenne des ménages (1991) : 4,8.
Revenu annuel moyen par ménage : (1985-1986) 3 910 BWP (2 080 USD) ; sources des revenus (1987) : salaires et traitements 73,3 % ; activités non salariées 15,9 % ; transferts 10,8 %.
Dépenses (1985-1986) : alimentation, boissons et tabac 39,4 % ; équipements domestiques 14,0 % ; loyers et services 13,3 % ; transports 13,1 % ; habillement 5,6 % ; santé 2,3 %.

■ ***Utilisation du sol*** (1994) : forêts 46,8 % ; prairies et pâturages 45,2 % ; terres cultivées et plantations 0,7 % ; autres 7,3 %.

Échanges extérieurs[b]

■ ***Importations*** (1995) : 5 304 800 000 BWP ([1994] équipement et machines de transport 29,4 %, dont équipement de transport 12,0 % ; produits alimentaires, boissons et tabac 17,6 % ; produits chimiques et caoutchouc 9,7 % ; métaux et produits métalliques 9,4 % ; textiles et chaussures 8,9 % ; bois et papier 5,8 % ; combustibles minéraux 5,7 %).
Principales sources des importations : C.U.S.A. (Union douanière de l'Afrique australe) 73,9 % ; Corée du Sud 7,1 % ; Zimbabwe 5,5 % ; Royaume-Uni 2,5 % ; États-Unis 2,0 %.

■ ***Exportations*** (1995) : 5 931 600 000 BWP ([1994] diamants 79,9 % ; matte de nickel-cuivre 5,6 % ; textiles 3,8 % ; produits à base de viande 3,7 %).
Principales destinations des exportations : Royaume-Uni 37,5 % ; C.U.S.A. 21,5 % ; Zimbabwe 3,0 % ; États-Unis 0,9 %.

Transports et communications

■ ***Transports***
Chemins de fer : longueur (1995) 971 km ; trafic : 86 000 000 passagers-km ; (1994) 1 710 000 000 t-km.
Routes (1995) : longueur totale 18 327 km (25 % recouvertes).
Véhicules (1994) : voitures particulières 27 058 ; camions et autobus 42 696.
Marine marchande : aucune.
Transports aériens (Air Botswana uniquement, 1994) ; trafic 58 370 000 passagers-km ; 540 000 t-km. 4 aéroports desservis par des vols réguliers (1996).

■ ***Communications***
Journaux quotidiens (1995) : diffusion totale 42 100 ; diffusion pour 1 000 hab. 29.
Radiodiffusion (1995) : 1 190 000 postes récepteurs ; 821 pour 1 000 hab.
Télévision (1995) : 35 000 postes récepteurs ; 24 pour 1 000 hab.
Téléphone (1995) : 59 700 lignes principales ; 41,1 pour 1 000 hab.

Éducation et santé

■ ***Niveau d'éducation*** (1991)
Proportion de la population âgée de 25 ans et plus : sans instruction scolaire 42,9 % ; ayant une éducation primaire 17,3 % ; éducation secondaire incomplète 32,3 % ; éducation secondaire 3,9 % ; éducation postsecondaire 3,7 %.

■ ***Alphabétisation*** (1996) : personnes âgées de 15 ans et plus alphabétisées 591 700 (69,8 %) ; hommes 324 900 (80,5 %) ; femmes 266 800 (59,9 %).

■ ***Santé*** (1994) : 339 médecins (1 pour 4 395 hab.) ; 3 299 lits d'hôpital (1993) (1 pour 434 hab.) ; taux de mortalité infantile : 39 ‰.

■ ***Alimentation*** (1995) : apport journalier en calories par habitant 2 153 (alimentation d'origine végétale 83 % ; d'origine animale 17 %) ; soit 93 % du niveau minimal recommandé par la F.A.O.

Défense nationale

■ ***Contingent*** (1996) : 7 500 (armée de terre 93,3 % ; armée de l'air 6,7 %).

■ ***Dépenses militaires*** (1995) : 5,3 % du P.N.B. (moyenne mondiale 2,8 %) ; soit 155 USD/hab.

a. Naissances enregistrées uniquement.
b. Importations : chiffres F.O.B. pour la balance commerciale et C.I.F. pour les marchandises et les partenaires commerciaux.

→ *Corpus* : BRÉSIL
→ *Grand Atlas de Géographie* (éd. 1992) : 210, 216, 218, 220, 223 ; 253a (Rio de Janeiro), 253b (São Paulo)
→ *Grand Atlas de l'Histoire* : 219, 226, 227, 266, 286, 287, 294, 295

BRÉSIL

- ***Nom officiel*** : République fédérative du Brésil (República federativa do Brasil). Code I.S.O. : BR.
- ***Forme de gouvernement*** : république fédérale à régime multipartiste avec un Congrès comprenant deux assemblées législatives (Sénat [81] et Chambre des députés [513]).
- ***Chef de l'État et du gouvernement*** : président.
- ***Capitale*** : Brasilia (Brasília).
- ***Langue officielle*** : portugais.
- ***Religion officielle*** : aucune.
- ***Unité monétaire*** : 1 real[a] (BRL) = 100 centavos ; valeur (31 déc. 1997) : 100 BRL = 536,52 FRF.

Démographie

- ***Population*** (estim. 1997) : 159 691 000.
- ***Densité*** (1997) : 18,7 hab./km^2 (sur la base de la surface terrestre).
- ***Répartition urbaine/rurale*** (1995) : population urbaine 79,0 % ; rurale[b] 21,0 %.
- ***Répartition par sexe*** (1995)[b] : hommes 48,99 % ; femmes 51,01 %.
- ***Répartition par âge*** (1995)[b] : moins de 15 ans 32,2 % ; de 15 à 29 ans 26,9 % ; de 30 à 44 ans 20,6 % ; de 45 à 59 ans 11,9 % ; de 60 et plus 8,4 %.

États et autre entité fédérale	capitales	superficie (km²)	population (estim. 1995)
États :			
Acre	Rio Branco	153 150	455 200
Alagoas	Maceió	27 933	2 685 400
Amapá	Macapá	143 454	326 200
Amazone (Amazonas)	Manaus (anc. Manáos)	1 577 820	2 320 200
Bahia	Salvador	567 295	12 646 000
Ceará	Fortaleza	146 348	6 714 200
Espírito Santo	Vitória	46 194	2 786 700
Goiás	Goiânia	341 289	4 308 400
Maranhão	São Luís	333 366	5 231 300
Mato Grosso	Cuiabá	906 807	2 313 600
Mato Grosso do Sul	Campo Grande	358 159	1 912 800
Minas Gerais	Belo Horizonte	588 384	16 505 300
Pará	Belém	1 253 165	5 448 600
Paraíba	João Pessoa	56 585	3 340 000
Paraná	Curitiba	199 709	8 712 800
Pernambouc (Pernambuco)	Recife	98 938	7 445 200
Piauí	Teresina	252 379	2 725 000
Rio de Janeiro	Rio de Janeiro	43 910	13 296 400
Rio Grande do Norte	Natal	53 307	2 582 300
Rio Grande do Sul	Pôrto Alegre	282 062	9 578 600
Rondônia	Pôrto Velho	238 513	1 339 500
Roraima	Boa Vista	225 116	262 200
Santa Catarina	Florianópolis	95 443	4 836 600
São Paulo	São Paulo	248 809	33 699 600
Sergipe	Aracajú	22 050	1 605 300
Tocantins	Miracema do Tocantins	278 421	1 007 000
autre entité fédérale :			
district fédéral (Distrito federal)	Brasília	5 822	1 737 800
zones contestées [1]		2 977	–
total		**8 547 404** [2,3]	**155 822 200**

1. Il s'agit de la zone en litige entre le Ceará et le Piauí. 2. Le total général ne correspond pas exactement au détail en raison des arrondis. 3. La surface terrestre est de 8 456 508 km².

Territoire et population.

pourcentage du revenu national par décile [1,2]									
1	2	3	4	5	6	7	8	9	10 (le plus haut)
0,7	1,7	2,2	3,4	3,9	5,0	6,8	9,9	15,9	50,5

1. Non compris la population rurale de l'Acre, de l'Amazone, de Pará, de Rondônia, d'Amapá et du Roraima. 2. En 1992, 33 000 000 de Brésiliens vivaient dans une pauvreté extrême (plus de la moitié d'entre eux vivaient dans les neuf États du nord-est).

Répartition du revenu (1988).

	1995		1993	
	millions de BRE [1]	% du total	effectifs [2]	% des effectifs
agriculture	68 290	12,2	18 253 856	25,7
mines	5 867	1,0	n.d.	n.d.
entreprises publiques	14 198	2,5	n.d.	n.d.
industrie	123 821	22,0	9 486 435	13,4
bâtiment	45 124	8,0	4 289 159	6,0
transports et communications	30 702	5,5	2 283 978	3,2
commerce	38 037	6,8	8 474 935	11,9
finance, immobilier	42 824	7,6	1 929 077	2,7
administration, défense nationale	70 154	12,5	3 044 332	4,3
services	162 097	28,9	17 418 896	24,5
autres	– 39 333 [3]	– 7,0	5 784 710 [4]	8,2
total	**561 781**	**100,0**	**70 965 378**	**100,0**

1. Au coût des facteurs. 2. Non compris la population rurale de l'Acre, d'Amapá, de l'Amazone, de Pará, de Rondônia et du Roraima. 3. Moins les frais de service bancaire. 4. Y compris 4 395 621 sans-emploi.

Structure du produit intérieur brut et effectifs.

	1992	1993	1994	1995	1996	1997 (mai)
indice des prix à la consommation	5,9	100,0	2 769,4	5 106,1	6 036,8	6 766,7
indice des revenus mensuels*	4,3	100,0	n.d.	n.d.	n.d.	n.d.

(*) Salaire minimum.

Indices des prix et des revenus (1990 = 100).

■ ***Projection démographique*** : 164 163 000 en 2000 ; 179 995 000 en 2010.

■ ***Temps de doublement*** : 60 ans.

■ ***Composition ethnique*** (1995)[b] : Blancs 54,4 % ; Mulâtres et Métis 40,1 % ; Noirs et Noirs amérindiens 4,9 % ; Asiatiques 0,5 % ; Amérindiens 0,1 %.

■ ***Appartenances religieuses*** (1995) : catholiques[c] 74,3 %, dont catholiques romains 72,3 % ; protestants 22,5 %, dont pentecôtistes 19,1 % ; autres chrétiens 0,9 % ; autres 2,3 %.

■ ***Principales villes*** (villes : recens. 1991 ; agglom. : estim. 1995) : São Paulo 9 393 753 hab. (agglom. 16 417 000 hab.) ; Rio de Janeiro 5 473 909 hab. (agglom. 9 888 000 hab.) ; Salvador 2 070 296 hab. (agglom. 2 819 000 hab.) ; Belo Horizonte 1 529 566 hab. (agglom. 3 889 000 hab.) ; Brasília 1 492 542 hab. (agglom. 1 778 000 hab.) ; Recife 1 296 995 hab. (agglom. 3 168 000 hab.) ; Pôrto Alegre 1 237 223 hab. (agglom. 3 349 000 hab.) ; Manaus 1 005 634 hab. (agglom. 1 189 000 hab.) ; Goiânia 912 136 hab. (agglom. 1 033 000 hab.) ; Curitiba 841 882 hab. (agglom. 2 270 000 hab.) ; Belém 765 476 hab. ; (agglom. 1 574 000 hab.) ; Campinas 748 076 hab. (agglom. 1 607 000 hab.) ; Fortaleza 743 335 hab. (agglom. 2 660 000 hab.).

■ ***Lieu de naissance*** (1991) : nés au Brésil 99,47 % ; naturalisés 0,11 % ; étrangers 0,42 %.

■ ***Émigration*** : l'émigration pour raisons économiques s'est accélérée dans les années 1980. En 1995, on estimait officiellement que de 1 à 2,5 millions de Brésiliens vivaient à l'étranger. Destinations principales : États-Unis, Japon, Royaume-Uni.

■ ***Mobilité*** : n.d.

■ ***Familles***[b] : (1990)
Taille moyenne des ménages 3,9 ; ménages de 1 ou 2 personnes 26,2 % ; de 3 personnes 21,3 % ; de 4 personnes 21,5 % ; de 5 ou 6 personnes 22,3 % ; de 7 personnes et plus 8,7 %.

Statistiques de l'état civil

■ ***Taux de natalité*** (1996) : 20,8 ‰ (moyenne mondiale 25,0 ‰).

■ ***Taux de mortalité*** (1996) : 9,2 ‰ (moyenne mondiale 9,3 ‰).

■ ***Taux d'accroissement naturel*** (1996) : 11,6 ‰ (moyenne mondiale 15,7 ‰).

■ ***Taux de fécondité*** (nombre moyen de naissances par femme en âge de procréer, 1996) : 2,3.

■ ***Nombre de mariages*** (pour 1 000 hab., 1994) : 5,0.

■ ***Nombre de divorces*** (pour 1 000 hab., 1994) : 0,6.

■ ***Espérance de vie*** à la naissance (1996) : hommes 56,7 ans ; femmes 66,8 ans.

■ ***Principales causes de décès*** (estimations fondées sur 67 % environ du total des décès, pour 100 000 hab., 1994) : maladies de l'appareil circulatoire 238 ; accidents, meurtres et actes de violence 104 ; tumeurs malignes (cancers) 94 ; maladies de l'appareil respiratoire, troubles endocriniens, du métabolisme et nutritionnels 45 ; maladies infectieuses et parasitaires 41 ; causes liées à la grossesse 37 ; maladies de l'appareil digestif 36 ; maladies du système génito-urinaire 12.

Indicateurs sociaux

■ ***Niveau d'éducation*** (1995)[b]
Proportion de la population âgée de 10 ans et plus : sans instruction scolaire ou moins d'une année d'éducation primaire 16,2 % ; ayant une éducation primaire incomplète 55,9 % ; éducation primaire 7,6 % ; éducation secondaire incomplète 4,6 % ; éducation secondaire 9,1 % ; 1er cycle universitaire incomplet 2,4 % ; 1er cycle universitaire 3,9 % ; inconnu 0,3 %.

Corpus : AFRO-AMÉRICAINES (RELIGIONS) ; ALIMENTATION (ÉCONOMIE DE L') – Les grands produits alimentaires ; AMAZONE ; AMAZONIE ; AMÉRIQUE LATINE – Économie et société ; BRASÍLIA ; CARAÏBES (AIRE DES) [géopolitique de l'espace] ; DIAMANT (les principaux pays producteurs) ; INDIENS D'AMÉRIQUE (Amazonie et Guyanes) ; MINERAIS (principaux producteurs) ; PÊCHE ; POPULATION (GÉOGRAPHIE DE LA) [population et démographie] ; RIO DE JANEIRO ; SAÕ PAULO ; SUCRE (la production) ; TRANSPORTS – Transport aérien ; VILLAGEOISES (COMMUNAUTÉS) [les Brésiliens et la fixation au sol] ; ZONES FRANCHES.

Universalia 1986 : 207 La reconstruction de la démocratie ; ***Universalia 1987*** : 197 Le ournant ; ***Universalia 1989*** : 132 L'épuisement du modèle national de développement en Amérique latine ; ***Universalia 1990*** : 130 Les villes géantes ; ***Universalia 1991*** : 151 Amérique latine : une nouvelle donne ; 223 Retour à la légitimité constitutionnelle ; ***Universalia 1993*** : 197 Le recensement démographique décennal de 1991 ; ***Universalia 1996*** : 184 L'achèvement de la transition démocratique ; ***Universalia 1997*** : 147 Amérique latine, la difficile reconversion des militaires ; 150 Amérique latine : le Mercosur, pôle d'attraction pour l'intégration latino-américaine.

Thesaurus :
BELÉM
BELO HORIZONTE
BORORO
CAFÉ
CAMPOS
CANDOMBLÉ
CARAJA
CHAVANTE
CURITIBA
FAZENDA
FORTALEZA
GÉ
GOIÂNIA
LONDRINA
MACEIÓ
MANAUS
MANIOC
MBAYA
NAMBIKWARA
NATAL
NITERÓI
PANO
PARANÁ
PORTO ALEGRE
RECIFE
SALVADOR
SAÕ LUÍS
SISAL
SOJA
TUCUNA
URUGUAY, fleuve
YANOMANI

	nombre d'entreprises	nombre d'employés	salaire de la profession en % de la moyenne de tous les salaires	valeur ajoutée dans le prix à la production (milliards de BRR)*
produits chimiques, y compris produits pharmaceutiques	2 795	360 800	170,4	1 351
alimentation	5 241	548 400	63,8	1 040
machines non électriques	2 036	297 000	120,7	994
produits métalliques usinés, fer et acier et métaux non ferreux	2 325	377 200	123,9	923
matériel de transport	830	282 000	162,1	784
machines électriques	1 366	215 900	135,5	591
textiles	1 439	242 600	64,4	379
produits minéraux non métalliques	1 638	145 200	91,5	369
papier et dérivés	824	116 900	103,6	296
habillement et chaussures	2 480	459 200	37,6	272
édition et imprimerie	920	103 000	121,7	226
plastiques	828	106 500	83,5	193
boissons	508	84 900	93,0	178
caoutchouc	439	54 500	97,9	91
bois et dérivés (sauf meubles)	860	79 500	45,4	91
meubles	845	72 100	48,9	86

(•) 1993.

Industrie (1992).

	nombre d'entreprises	nombre d'employés	salaire annuel en % de la moyenne de tous les salaires	valeur annuelle des ventes (milliards de BRR)
concessionnaires d'automobiles et de pièces détachées	5 239	241 299	133,8	1 939
grands magasins (alimentation comprise)	3 260	328 303	93,0	1 432
vêtements et chaussures	4 654	189 980	90,2	479
stations-service	11 302	139 348	94,5	942
produits métalliques, bois, verrerie et matériaux de construction	3 423	64 432	73,2	246
matériel électronique, meubles, vaisselle	6 192	126 136	85,7	395
alimentation, boissons et tabac	2 476	101 439	100,1	446
produits pharmaceutiques et cosmétiques	1 816	55 069	94,4	241
équipement industriel et agricole	1 980	43 171	115,3	189

Commerce de détail (1993).

■ ***Qualité de la vie professionnelle***
Taux annuel estimé (pour 100 000 travailleurs déclarés, 1990) : d'accidents du travail 2 032 ; de maladies professionnelles 17 ; de décès 4. Proportion d'effectifs couverts par la sécurité sociale (1990) : 50,1 %.
Proportion des actifs anciennement occupés percevant le salaire minimum (1993) : 25,0 %.

■ ***Accès aux services*** (1995)[b]
Proportion de foyers équipés de l'électricité 91,7 % (foyers urbains 98,6 %, foyers ruraux 62,9 %) ; raccordés à un réseau public d'eau courante potable 71,3 % (foyers urbains 85,4 %, foyers ruraux 11,6 %) ; raccordés à un réseau public de collecte des eaux usées 39,5 % (foyers urbains 48 2 %, foyers ruraux 3,2 %).

■ ***Participation à la vie sociale***
Le vote aux élections nationales est obligatoire. Lors des élections de 1994, les bulletins blancs ou nuls ont représenté environ 15 % du total. Adhérents aux syndicats (1991) : 16 748 155 ; proportion de personnes pratiquantes parmi celles qui se déclarent catholiques (1990) : 25 %.

■ ***Délinquance et/ou déviance sociale*** (le taux de criminalité n'est pas recensé avec précision). Délits punis d'emprisonnement (1990) : 159 071, dont meurtres 7,3 %, autres voies de fait 11,0 %, cambriolages et effractions 26,6 %, vols et escroqueries 12,2 %, trafic de stupéfiants 6,3 %, toxicomanie 4,5 %. Suicides : 5 142.

■ ***Niveau de confort***[b] (1995)
Ménages possédant : téléphone 22,3 % (foyers urbains 26,7 %, foyers ruraux 3,5 %) ; télévision couleur 60,9 % (foyers urbains 69,8 %, foyers ruraux 23,3 %) ; réfrigérateur 74,8 % (foyers urbains 83,7 %, foyers ruraux 38,7 %) ; machine à laver le linge 26,6 % (foyers urbains 31,2 %, foyers ruraux 7,3).

	1992	1993	1994	1995	1996	1997 (avril)
taux de change*, BRL pour 1 :						
USD	0,002	0,049	0,846	0,973	1 039	1 064
D.T.S.	0,006	0,163	1,235	1,446	1,495	1 453
réserves internationales (USD)* :						
total (sans l'or, millions)	22 521	30 604	37 070	49 708	58 329	54 117
D.T.S. (millions)	1	2	–	1	1	n.d.
réserve éventuelle au F.M.I. (millions)	–	–	–	–	–	–
devises (millions)	22 520	30 602	37 069	49 707	58 322	54 117
or (onces, millions)	2,23	2,93	3,71	4,58	3,69	4,75
% des réserves mondiales	0,24	0,32	0,37	0,50	0,41	0,53
intérêts et prix* :						
escompte de la Banque centrale (%)	1 489	5 757	56	39	24	22
taux de rendement des bons du Trésor (%)	n.d.	n.d.	n.d.	n.d.	n.d.	n.d.
cotation des actions des sociétés industrielles	n.d.	n.d.	n.d.	n.d.	n.d.	n.d.
balance des paiements* (USD, millions) :						
balance commerciale	+ 15 239	+ 14 329	10 861	– 3 157	n.d.	n.d.
importations F.O.B.	20 554	25 711	32 241	49 663	n.d.	n.d.
exportations F.O.B.	35 793	39 640	44 102	46 506	n.d.	n.d.
balance des transactions invisibles	– 9 150	– 14 309	– 12 014	– 14 979	n.d.	n.d.
balance des paiements, compte courant	+ 6 089	+ 20	– 1 153	– 18 136	n.d.	n.d.

(•) Le taux de change, les réserves internationales, les intérêts et prix et la balance des paiements sont fondés sur les chiffres de fin de période.

Agrégats financiers.

	1991	1992	1993	1994	1995	1996
millions de USD	+ 10 578	+ 15 239	+ 13 299	+ 10 466	– 3 115	– 5 539
% du total	20,1	27,4	20,8	13,7	3,3	5,5

Balance commerciale (prix courants).

	nombre d'établissements	nombre d'enseignants	nombre d'étudiants	nombre d'élèves par enseignant
primaire (7-14 ans)	195 545	1 335 270	30 101 662	23,3
secondaire (15-17 ans)	13 449	295 542	4 510 199	15,3
supérieur	851	155 776	1 661 034	10,7

Enseignement (1994).

Économie nationale

■ ***Budget de l'État*** (1995)
Recettes : 320 178 000 000 (recettes de développement 62,6 %, dont crédits 58,4 % ; recettes courantes 37,4 %, dont contributions 19,3 % [sécurité sociale comprise 9,2 %], taxes 13,3 %).

Dépenses : 320 178 000 000 (administration et organisation 59,5 % ; assurances sociales 13,9 % ; développement régional 6,0 % ; santé et prévention sanitaire 4,9 % ; agriculture 3,1 % ; éducation 2,7 % ; défense et ordre public 2,6 %).

■ ***Produit national brut*** (aux prix courants du marché, 1995) : 579 787 000 000 (3 640 USD/hab.).

■ ***Dette publique*** (extérieure, créances, 1995) : 96 609 000 000 USD.

■ ***Tourisme*** (1995) : recettes touristiques 2 171 000 000 USD ; dépenses touristiques à l'étranger 4 245 000 000 USD.

■ ***Population active*** (1993)[b] : 70 965 378 ; taux d'activité 47,9 % (taux de participation : de 15 à 59 ans 72,7 % ; femmes 39,6 % ; sans-emploi [mai 1996 ; pour les six plus grandes régions métropolitaines ; sont exclus les travailleurs du secteur informel, important] 5,9 %).

■ ***Utilisation du sol*** (1994) : forêts 57,7 % ; prairies et pâturages 21,9 % ; terres cultivées et plantations 6,0 % ; autres 14,4 %.

■ ***Production***
Agriculture, sylviculture, pêche (1996).
Canne à sucre 324 414 000 t ; maïs 3 201 000 t ; manioc 24 569 000 t ; soja 23 171 000 t ; oranges 21 848 000 t ; riz 10 039 000 t ; bananes 5 738 000 t ; blé 3 277 000 t ; haricots secs 2 776 000 t ; pommes de terre 2 656 000 t ; tomates 2 650 000 t ; papayes 2 200 000 t ; café 1 264 000 t ; noix d'acajou 1 250 000 t ; ananas 1 052 000 t ; noix de coco 984 000 t ; oignons 944 000 t ; mandarines et oranges 760 000 t ; raisins 731 000 t ; patates douces 655 000 t ; pommes 653 000 t ; coton en graines 650 000 t ; citrons et limes 495 000 t ; tabac 476 000 t ; mangues 435 000 t ; fibre de coton 360 000 t ; sorgho 310 000 t ; fèves de cacao 313 000 t ; noix d'acajou 187 000 t ; arachides 154 000 t ; maté 150 000 t ; sisal 133 000 t ; huile de palme 76 000 t ; ail 57 000 t ; graines de ricin 48 000 t ; caoutchouc naturel 30 000 t ; noix du Brésil 25 000 t.
Cheptel (sur pied) : bovins 165 000 000 ; porcs 36 600 000 ; moutons 18 000 000 ; chevaux 6 300 000.
Bois (1995) : 220 263 000 m³.
Pêche (1995) : 800 000 t, dont poissons d'eau douce 202 000 t.
Industries extractives (valeur de la production d'exportation en millions d'USD, 1996) : minerai de fer 2 668 000 ; cuivre semi-fini 165 ; ferroniobium 153 ; bauxite 115 ; granite 97 ; étain semi-fini 68 ; kaolin 65 ; manganèse 55 ; amiante 35 ; pierres précieuses (1994) 27.
Or pour l'usage national et pour l'exportation 1 833 000 onces ; le Brésil est aussi un producteur notable de quartz et de tantale de haute qualité.
Industries manufacturières (valeur ajoutée, millions d'USD, 1994) : produits alimentaires 19 450 ; équipement de transport 16 050 ; peinture, savon, droguerie et médicaments 15 600 ; machines électriques 12 350 ; machines non électriques 11 600 ; produits chimiques industriels 11 000 ; fer et acier 8 800 ; textiles 7 100 ; métaux de base 6 000 ; ciment, briques et tuiles 5 700 ; papier et dérivés 5 250.
Bâtiment (constructions neuves urbaines autorisées pour 74 villes, 1987) : constructions résidentielles 20 090 000 m² ; non résidentielles 8 180 000 m².
Énergie (production/consommation) : électricité (1996) 273 827 000 000/(1995) 243 836 000 000 kWh ; charbon (1996) 5 400 000/(1994) 15 811 000 t ; pétrole brut (1996) 293 997 000/(1994) 469 227 000 barils ; produits pétroliers (1993) 52 081 000/54 477 000 t ; gaz naturel (1996) 9 181 000 000/(1994) 4 103 000 000 m³ ; alcool (1995) 9 946 000/9 946 000 m³.

■ ***Revenus et dépenses des familles*** (1993)
Taille moyenne des familles : 3,7[b].
Revenu annuel moyen par famille : 2 178[b] USD ; sources des revenus (1987-1988) : salaires et traitements 62,4 % ; activités non salariées 14,7 % ; transferts 10,9 % ; autres 12,0 %.
Dépenses (1987-1988) : alimentation et boissons 25,3 % ; logement, énergie et équipements domestiques 21,3 % ; transports et communications 15,0 %.

Échanges extérieurs

■ ***Importations*** (1995) : 49 621 000 000 USD (appareils et matériel non électriques et électriques 27,7 % ; produits chimiques 12,7 % ; combustibles minéraux 12,5 % ; équipement de transport 11,9 %).
Principales sources des importations : États-Unis 23,9 % ; Argentine 11,0 % ; Allemagne 10,4 % ; Italie 5,5 % ; Japon 5,1 % ; France 2,7 % ; Corée du Sud 2,4 % ; Arabie Saoudite 2,3 % ; Canada 2,2 % ; Chili 2,2 %.

■ ***Exportations*** (1995) : 46 506 000 000 USD (fer et acier 8,7 % ; appareils et matériels non électriques 8,5 % ; minerai de fer 5,9 % ; véhicules à moteur 5,9 % ; pâte à bois, papier et dérivés 5,9 % ; café 4,4 % ; sucre raffiné et dérivés 4,3 % ; aluminium et produits dérivés 3,3 % ; appareils et matériels électriques 3,2 % ; chaussures et produits en cuir 3,2 %).
Principales destinations des exportations : États-Unis 18,7 % ; Argentine 8,7 % ; Japon 6,7 % ; Pays-Bas 6,3 % ; Allemagne 4,6 % ; Italie 3,7 % ; Belgique 3,4 % ; Royaume-Uni 2,9 % ; Paraguay 2,8 % ; Chili 2,6 %.

Transports et communications

■ ***Transports***
Chemins de fer (1995) : longueur 29 899 km ; trafic (1993) : 14 498 000 000 passagers-km ; 136 442 000 000 t-km.
Routes (1995) : longueur totale 1 939 000 km (9 % recouvertes).
Véhicules (1995) : voitures particulières 12 000 000 ; camions et autobus 3 160 689.
Marine marchande (1992) : 635 navires (de 100 tjb et plus) ; 9 348 339 tonneaux de port en lourd.
Transports aériens (compagnies T.A.M., Transbrasil, V.A.R.I.G. et V.A.S.P. uniquement, 1996) ; trafic : 36 164 000 000 passagers-km ; 1 632 000 000 t-km. 139 aéroports desservis par des vols réguliers (1997).

■ ***Communications***
Journaux quotidiens (1994) : diffusion totale 8 500 000 ; diffusion pour 1 000 hab. 47.
Radiodiffusion (1996) : 55 000 000 postes récepteurs ; 348 pour 1 000 hab.
Télévision (1995) : 30 000 000 postes récepteurs ; 193 pour 1 000 hab.
Téléphone (1995) : 12 082 600 postes téléphoniques ; 78 pour 1 000 hab.

Éducation et santé

■ ***Alphabétisation*** (1995)[d] : personnes âgées de 15 ans et plus alphabétisées 83,3 %.

■ ***Santé*** : 222 658 médecins (1 pour 681 hab.) [1992] ; 509 270 lits d'hôpital (1 pour 298 hab.) [1993] ; taux de mortalité infantile : 55,3 ‰ (1996).

■ ***Alimentation*** (1995) : apport journalier en calories par habitant 2 834 (alimentation d'origine végétale 81 % ; d'origine animale 19 %) ; soit 119 % du niveau minimal recommandé par la F.A.O.

Défense nationale

■ ***Contingent*** (1994) : 336 800 (armée de terre 65,0 % ; marine 17,3 % ; armée de l'air 17,7 %).

■ ***Dépenses militaires*** (1995) : 1,7 % du P.N.B. (moyenne mondiale 2,8 %) ; soit 68 USD/hab.

---

a. Introduction, le 1er juillet 1994, du real (BRL), en remplacement du cruzeiro real (BRR), sur la base de 1 BRL = 2 750 BRR. Le cruzeiro real avait été introduit le 2 août 1993 en remplacement du cruzeiro (1 BRR = 1 000 BRE).

b. Non compris la population rurale de l'Acre, de l'Amazone, de Pará, de Rondônia, d'Amapá et du Roraima.

c. Les catholiques spiritistes se livrent régulièrement et d'une façon active aux pratiques médiumniques. Une grande majorité de catholiques se soumettent aux dogmes spiritistes et participent de temps en temps à des rituels spiritistes.

d. Selon les estimations officielles, le taux réel d'alphabétisation pourrait n'être que de 42 % de la population âgée de 15 ans et plus.

→ *Corpus* : BRUNEI DARUSSALAM
→ *Grand Atlas de Géographie* (éd. 1992) : 108, 112
→ *Grand Atlas de l'Histoire* : 277, 278, 279, 295

BRUNÉI

- ***Nom officiel*** : État (Sultanat) de Brunéi, asile de paix (Negara Brunei darussalam). Code I.S.O. : BN.
- ***Forme de gouvernement*** : monarchie (sultanat) ; un corps de 21 membres non élus conseille le sultan en matière législative.
- ***Chef de l'État et du gouvernement*** : sultan.
- ***Capitale*** : Bandar Seri Begawan.
- ***Langue officielle*** : malais.
- ***Religion officielle*** : islam.
- ***Unité monétaire*** : 1 dollar de Brunéi (BND) = 100 cents ; valeur (31 déc. 1997) : 100 BND = 355,90 FRF.

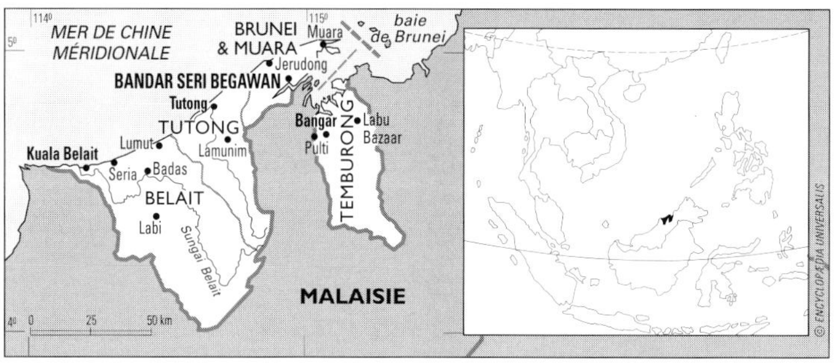

Démographie

■ ***Population*** (estim. 1997) : 308 000.

■ ***Densité*** (1997) : 53,4 hab./km².

■ ***Répartition urbaine/rurale*** (1997) : population urbaine 58,0 % ; population rurale 42,0 %.

■ ***Répartition par sexe*** (1995) : hommes 52,91 % ; femmes 47,09 %.

■ ***Répartition par âge*** (1993) : moins de 15 ans 34,0 % ; de 15 à 29 ans 28,0 % ; de 30 à 44 ans 24,9 % ; de 45 à 59 ans 8,7 % ; de 60 ans et plus 4,4 %.

■ ***Projection démographique*** : 331 000 en 2000 ; 410 000 en 2010.

■ ***Temps de doublement*** : 35 ans.

■ ***Composition ethnique*** (1992) : Malais 67,1 % ; Chinois 15,4 % ; autres ethnies indigènes 6,0 % ; Indiens et autres 11,5 %.

■ ***Appartenances religieuses*** (1991) : musulmans 67,2 % ; bouddhistes 12,8 % ; chrétiens 10,0 % ; autres 10,0 %.

■ ***Principales villes*** (1991) : Bandar Seri Begawan 45 900 hab. (aire métropolitaine, estim. 1988) ; Kuala Belait 21 163 hab. ; Seria 21 100 hab. ; Tutong 13 000 hab.

Statistiques de l'état civil

■ ***Taux de natalité*** (1997) : 23,3 ‰ (moyenne mondiale 25,0 ‰) ; taux (1982) de naissances légitimes 99,6 %, illégitimes 0,4 %.

■ ***Taux de mortalité*** (1997) : 3,0 ‰ (moyenne mondiale 9,3 ‰).

■ ***Taux d'accroissement naturel*** (1997) : 20,3 ‰ (moyenne mondiale 15,7 ‰).

■ ***Taux de fécondité*** (nombre moyen de naissances par femme en âge de procréer, 1997) : 2,9.

■ ***Nombre de mariages*** (pour 1 000 hab., 1993) : 7.

■ ***Nombre de divorces*** (pour 1 000 hab., 1992) : 1.

districts	chefs-lieux	superficie (km²)	population (estim. 1995)
Belait	Kuala Belait	2 724	60 000
Brunei & Muara	Bandar Seri Begawan	571	195 000
Temburong	Bangar	1 304	8 500
Tutong	Tutong	1 166	32 500
total		**5 765**	**296 000**

Territoire et population.

	1989	1990	1991	1992	1993	1994	1995
indice des prix à la consommation	98,0	100,0	101,6	102,9	107,3	109,9	116,5
indice des revenus mensuels	n.d.	n.d.	76,9	87,5	n.d.	n.d.	n.d.

Indices des prix et des revenus (1990 = 100).

Corpus : ASIE – Géographie humaine (l'Asie méridionale) ; GAZ NATUREL ; KALIMANTAN ; MALAISIE (les Malais ; la Fédération : élargissement ou novation) ; MALAISIE ET INDONÉSIE (Langues et littératures).

Universalia 1995 : 166 Asie du Sud-Est : quel rôle pour l'A.S.E.A.N. ?

■ ***Espérance de vie*** à la naissance (1997) : hommes 73,0 ans ; femmes 78,0 ans.

■ ***Principales causes de décès*** (pour 100 000 hab., 1992) : maladies cardio-vasculaires 55,3 ; tumeurs malignes (cancers) 37,3 ; accidents, empoisonnements et actes de violence 30,6 ; maladies cérébro-vasculaires 19,0 ; pneumonie 12,3 ; hypertension 9,7 ; anomalies congénitales 9,7.

Économie nationale

■ ***Budget de l'État*** (1995)
Recettes : 3 538 000 000 BND (recettes non fiscales 68,4 %, dont revenus fonciers 19,4 % ; taxes 31,6 %, dont impôts sur le revenu des entreprises 22,8 %, droits d'importation 2,8 % ; revenus commerciaux 7,7 %).
Dépenses : 3 649 000 000 BND (dépenses courantes 62,1 % ; dépenses de développement 19,8 %).

■ ***Dette publique*** (extérieure, créances) : aucune.

■ ***Tourisme*** (1990) : recettes touristiques 35 000 000 USD ; dépenses touristiques à l'étranger n.d.

■ ***Production***
Agriculture, sylviculture, pêche (1996).
Légumes et melons 8 500 t ; fruits (sauf melons) 4 890 t ; manioc 1 500 t ; riz 1 000 t ; ananas 650 t.
Cheptel (sur pied) : bovins 5 000 ; porcs 4 000 ; buffles 3 500 ; chèvres 1 800 ; poulets 2 500 000.
Bois (1995) : 295 000 m³.
Pêche (1995) : 4 812 t.
Industries extractives (pétrole et gaz naturel non compris, 1992) : aucune production, à l'exception de sable et de gravier pour le bâtiment.
Industries manufacturières (1994) : essence 172 000 t ; combustible diesel 122 000 t ; mazout 55 000 t ; combustible pour l'aviation 59 000 t ; kérosène 4 000 t.
Bâtiment (valeur en millions de BND, 1989) : résidentiel 26,2 ; non résidentiel 5,1.
Énergie (production/consommation) : électricité (1994) 1 315 000 000/1 315 000 000 kWh ; charbon 0/0 ; pétrole brut (1994) 59 087 000/1 930 000 barils ; produits pétroliers (1994) 856 000/852 000 t ; gaz naturel (1994) 8 794 000 000/1 938 000 000 m³.

■ ***Produit national brut*** (aux prix courants du marché, 1994) : 3 975 000 000 USD (14 240 USD/hab.).

■ ***Population active*** (1991) : 111 955 ; taux d'activité 43,0 % (taux de participation : 15-64 ans 67,6 % ; femmes 32,9 % ; sans-emploi 4,7 %).

■ ***Revenus et dépenses des ménages***
Taille moyenne des ménages (1991) : 5,8.
Revenu annuel moyen par ménage : n.d. ; sources des revenus : n.d.
Dépenses (1990) : alimentation 38,7 % ; transports et communications 19,9 % ; logement 18,6 % ; habillement 6,4 % ; autres 16,4 %.

■ ***Utilisation du sol*** (1994) : forêts 85,4 % ; prairies et pâturages 1,1 % ; terres cultivées et plantations 1,3 % ; autres 12,2 %.

Échanges extérieurs

■ ***Importations*** (1994) : 2 517 000 000 BND (équipement industriel et de transport 40,0 % ;

	1995		1991	
	millions de BND	% du total	effectifs	% des effectifs
agriculture	188,0	2,7	2 162	1,9
mines industrie	2 756,0	39,0	9 397	8,4
bâtiment	405,0	5,7	14 145	12,6
entreprises publiques	74,0	1,1	2 223	2,0
transports et communications	299,0	4,2	5 392	4,8
commerce	596,0	8,4	15 404	13,8
finance	549,0	7,8	5 807	5,2
services	2 390,0	33,8	52 121	46,6
autres	– 188,0	– 2,7	5 304 (•)	4,7
total	**7 069,0**	**100,0**	**111 955**	**100,0**

(•) Sans-emploi.

Structure du produit intérieur brut et effectifs.

	1989	1990	1991	1992	1993	1994
millions de BND	+ 1 998	+ 2 197	+ 2 417	+ 1 946	+ 1 672	+ 866
% du total	37,4	37,7	39,2	33,7	29,3	14,7

Balance commerciale (prix courants).

	nombre d'établissements	nombre d'enseignants	nombre d'élèves	nombre d'élèves par enseignant
primaire (5-11 ans) (•)	170	3 380	55 241	16,3
secondaire (12-20 ans)	37	2 157	27 801	12,8
professionnel et formation à l'enseignement	6	370	1 966	5,3
supérieur	4	325	1 606	4,9

(•) Y compris les maternelles.

Enseignement (1995).

produits manufacturés 21,5 % ; articles manufacturés divers 17,2 % ; produits alimentaires et animaux sur pied 11,2 % ; produits chimiques 4,9 % ; matières premières 2,3 % ; boissons et tabac 2,1 %).
Principales sources des importations : pays de l'A.S.E.A.N. 47,0 %, dont Singapour 28,9 %, Malaisie 11,9 % ; pays de la C.E.E. 17,3 % ; États-Unis 11,3 % ; Japon 9,2 %.

■ ***Exportations*** (1994) : 3 383 200 000 BND (pétrole brut 45,8 % ; gaz naturel 41,8 % ; produits pétroliers 3,1 %).
Principales destinations des exportations : Japon 67,5 % ; pays de l'A.S.E.A.N. 23,1 %, dont Thaïlande 10,7 %, Singapour 10,0 %, Corée du Sud 17,7 % ; Taïwan 2,7 %.

Transports et communications

■ ***Transports***
Chemins de fer (chemin de fer privé, 1993) : longueur 19 km.
Routes (1994) : longueur totale 2 457 km (59 % recouvertes).
Véhicules (1994) : voitures particulières 141 371 ; camions et autobus 16 557.
Marine marchande (1992) : 51 navires (de 100 tjb et plus) ; 349 718 tonneaux de port en lourd.
Transports maritimes (1992) : marchandises embarquées 20 411 000 t ; marchandises débarquées 1 377 000 t.
Transports aériens (1996) : trafic : 2 712 000 000 passagers-km ; 108 079 000 t-km ; 1 aéroport desservi par des vols réguliers (1997).

■ ***Communications***
Journaux quotidiens (1994) : diffusion totale 20 000 ; diffusion pour 1 000 hab. 70.
Radiodiffusion (1996) : 125 000 postes récepteurs ; 417 pour 1 000 hab.
Télévision (1995) : 90 000 postes récepteurs ; 308 pour 1 000 hab.
Téléphone (1995) : 68 100 lignes principales ; 233 pour 1 000 hab.

Éducation et santé

■ ***Niveau d'éducation*** (1981)
Proportion de la population âgée de 25 ans et plus : sans instruction scolaire 32,1 % ; ayant une éducation primaire 28,3 % ; éducation secondaire 30,1 % ; éducation postsecondaire ou supérieure 9,4 %.

■ ***Alphabétisation*** (1991) : personnes âgées de 15 ans et plus alphabétisées 87,8 %.

■ ***Santé*** (1993) : 197 médecins (1 pour 1 398 hab.) ; 967 lits d'hôpital (1 pour 285 hab.) ; taux de mortalité infantile (1997) : 9,0 ‰.

■ ***Alimentation*** (1995) : apport journalier en calories par habitant 2 849 (alimentation d'origine végétale 78 % ; d'origine animale 22 %) ; soit 127 % du niveau minimal recommandé par la F.A.O.

Défense nationale

■ ***Contingent*** (1996) : 5 000[a] (armée de terre 78,0 % ; marine 14,0 % ; armée de l'air 8,0 %).

■ ***Dépenses militaires*** (1995) : 6,0 % du P.N.B. (moyenne mondiale 2,8 %) ; soit 920 USD/hab.

a. Tous les corps sont rattachés à l'armée de terre.

→ ***Corpus*** : BULGARIE
→ ***Grand Atlas de Géographie*** (éd. 1992) : 22, 38
→ ***Grand Atlas de l'Histoire*** : 215, 228, 252, 253, 267, 272, 273, 292, 295

BULGARIE

• ***Nom officiel*** : République de Bulgarie (Republika Bălgarija). Code I.S.O. : BL.

• ***Forme de gouvernement*** : république à structure étatique unitaire et à régime multipartiste avec une chambre législative (Assemblée nationale [240]).

• ***Chef de l'État*** : président.

• ***Chef du gouvernement*** : Premier ministre.

• ***Capitale*** : Sofia (Sofija).

• ***Langue officielle*** : bulgare.

• ***Religion officielle***[a] : aucune.

• ***Unité monétaire*** : 1 lev (plur. leva) [BGL] = 100 stotinki (sing. stotinka) ; valeur (30 déc. 1997) : 100 BGL = 0,335 FRF.

régions	superficie (km²)	population (estim. 1995)
régions et capitales :		
Burgas	14 724	846 524
Khaskovo	13 824	897 863
Lovech	15 150	990 307
Montana (Mikhaylovgrad)	10 607	615 629
Plovdiv	13 585	1 213 966
Razgrad	10 843	760 029
Sofia (Sofija)	19 021	966 502
Varna	11 929	901 160
commune urbaine :		
Sofia	1 311	1 192 735
total	**110 994**	**8 384 715**

Territoire et population.

Corpus : BALKANIQUE (PÉNINSULE) ; DANUBE ; EUROPE (Structure et milieu) – Géographie (répartition des populations) ; EUROPE DE L'EST – Les économies des pays communistes ; NOIRE (MER) [l'activité économique] ; SOCIALISME – Économie des pays socialistes ; TABAC (aspects socio-économiques).

Universalia 1988 : 105 Europe de l'Est : diffusion de l'« effet Gorbatchev » ; 112 Europe centrale : le problème des minorités ethniques et nationales ; ***Universalia 1991*** : 129 La fin de la satellisation de l'Europe de l'Est ? ; 226 Les minorités turques ; 263 De nouveaux défis pour le management des entreprises ; 354 La transformation du système des mass media ; ***Universalia 1992*** : 201 Le retour des nationalités ; ***Universalia 1993*** : 200 La démocratisation ; ***Universalia 1997*** : 96 Transition à l'Est et coopération européenne.

Thesaurus :
BULGARES (POPULATIONS)
BURGAS
CHOPES
DOBROUDJA
GAGAOUZES
MACÉDOINE MODERNE ET CONTEMPORAINE
PLOVDIV
RUSE
SOFIA
THRACE
TURQUES (POPULATIONS)
VARNA

Démographie

■ ***Population*** (estim. 1997) : 8 329 000.

■ ***Densité*** (1997) : 75,0 hab./km².

■ ***Répartition urbaine/rurale*** (1996) : population urbaine 52,6 % ; population rurale 47,4 %.

■ ***Répartition par sexe*** (1996) : hommes 47,80 % ; femmes 52,20 %.

■ ***Répartition par âge*** (1995) : moins de 15 ans 16,9 % ; de 15 à 29 ans 20,5 % ; de 30 à 44 ans 20,0 % ; de 45 à 59 ans 19,4 % ; de 60 à 74 ans 17,6 % ; 75 ans et plus 5,6 %.

■ ***Projection démographique*** : 8 218 000 en 2000 ; 7 898 000 en 2010.

■ ***Temps de doublement*** : sans objet.

■ ***Composition ethnique*** (1992) : Bulgares 85,7 % ; Turcs 9,4 % ; Tsiganes 3,6 % ; autres 1,3 %.

■ ***Appartenances religieuses***[b] (1992) : orthodoxes 85,7 % ; musulmans sunnites 12,1 % ; musulmans chiites 1,0 % ; autres 1,2 %.

■ ***Principales villes*** (1996) : Sofia 1 116 823 hab. ; Plovdiv 344 326 hab. ; Varna 301 421 hab. ; Burgas 199 470 hab. ; Rousse 168 051 hab.

Statistiques de l'état civil

■ ***Taux de natalité*** (1996) : 8,6 ‰ ([1995] moyenne mondiale 25,0 ‰) ; taux (1995) de naissances légitimes 74,3 %, illégitimes 25,7 %.

■ ***Taux de mortalité*** (1996) : 14,0 ‰ ([1995] moyenne mondiale 9,3 ‰).

■ ***Taux d'accroissement naturel*** (1996) : – 5,4 ‰ ([1995] moyenne mondiale 15,7 ‰).

■ ***Taux de fécondité*** (nombre moyen de naissances par femme en âge de procréer, 1995) : 1,23.

■ ***Nombre de mariages*** (pour 1 000 hab., 1996) : 4,3.

■ ***Nombre de divorces*** (pour 1 000 hab., 1995) : 1,3.

■ ***Espérance de vie*** à la naissance (1995) : hommes 67,1 ans ; femmes 74,9 ans.

■ ***Principales causes de décès*** (pour 100 000 hab., 1995) : maladies de l'appareil circulatoire 869,8 ; tumeurs malignes (cancers) 192,4 ; accidents, empoisonnements et actes de violence 66,0 ; maladies de l'appareil respiratoire 63,0 ; maladies de l'appareil digestif 42,8 ; troubles endocriniens et du métabolisme 27,3.

Économie nationale

■ ***Budget de l'État*** (1995)
Recettes : 328 328 900 000 BGL (recettes fiscales 79,8 %, dont charges sociales 22,4 %, taxe à la valeur ajoutée 18,1 %, impôts sur le revenu 11,1 %, impôts sur les bénéfices 10,1 %, taxes indirectes 7,1 %, droits de douane 6,5 %, autres 4,5 % ; recettes non fiscales 15,2 % ; autres 9,5 %).
Dépenses : 377 923 300 000 BGL (service de la dette 32,9 % ; charges sociales 24,6 % ; défense 9,4 % ; éducation 9,4 % ; développement économique 4,7 %).

■ ***Dette publique*** (extérieure, créances 1995) : 9 574 000 000 USD.

■ ***Tourisme*** (1995) : recettes touristiques 473 000 000 USD ; dépenses touristiques à l'étranger 195 000 000 USD.

■ ***Production***
Agriculture, sylviculture, pêche (1996).
Blé 1 788 000 t ; maïs 1 198 000 t ; graines de tournesol 530 000 t ; raisins 350 000 t ; orge 459 000 t ; tomates 350 000 t ; pommes de terre 302 000 t.
Cheptel (sur pied) : moutons 3 383 000 ; porcs 2 140 000 ; chèvres 757 000 ; bovins 632 000.
Bois (1995) : 1 970 000 m³.
Pêche (1995) : 23 400 t.
Industries extractives (1995) : zinc 75 000 t.
Industries manufacturières (valeur de la production en millions de BGL, 1995) : transformation du pétrole et chimie 186 592 ; nourriture, boissons et tabac 162 596 ; exploitation minière 96 394 ; travail du métal et machines 81 156 ; matériel électrique et électronique 37 871 ; autres 220 947.
Bâtiment (1995) : 429 972 m², dont non résidentiel 156 890 m².
Énergie (production) : électricité (1994) 39 306 000 000 kWh ; charbon (1994) 30 833 000 t ; pétrole brut (1995) 343 100 barils ; produits pétroliers (1993) 4 010 t ; gaz naturel 60 094 000 m³.

	millions de BGL	% du total	effectifs	% des effectifs
agriculture	239 451	12,9	783 000	21,1
industrie, mines	767 083	41,2	956 000	25,8
bâtiment	99 454	5,3	188 000	5,1
transports et communications	136 480	7,3	251 000	6,8
commerce	196 845	10,6	357 000	9,6
entreprises publiques, logement	142 059	7,6	81 000	2,2
Finances	73 883	4,0	51 000	1,4
administration, défense nationale	67 530	3,6	76 000	2,1
services	135 804	7,3	532 000	14,4
autres	2 414	0,1	430 000 [1]	11,6
total	**1 861 003**	**100,0 [2]**	**3 705 000**	**100,0 [2]**

1. Dont 423 773 sans-emploi. 2. Le total général ne correspond pas exactement au détail en raison des arrondis.

Structure du produit intérieur brut et effectifs (1995).

	1990	1991	1992	1993	1994	1995	1996
indice des prix à la consommation	100,0	438,5	786,6	1 228	2 296	3 722	8 300
indice des revenus mensuels	100,0	267,3	622,1	965,0	1 485	2 170	3 793

Indices des prix et des revenus (1990 = 100).

	1991	1992	1993	1994	1995	1996
millions de BGL	+ 12 235,0	– 12 748,3	– 28 645,7	– 10 815,9	– 20 348,5	87 297,9
% du total	11,9	6,5	12,2	2,4	2,8	5,0

Balance commerciale (prix courants).

	nombre d'établissements	nombre d'enseignants	nombre d'élèves	nombre d'élèves par enseignant
primaire (6-14 ans) / secondaire (15-17 ans)	3 325	70 763	963 582	13,6
professionnel et formation à l'enseignement	535	19 141	213 337	11,1
supérieur	88	25 339	248 571	9,8

Enseignement (1995-1996).

■ ***Produit national brut*** (1995) : 11 255 000 000 USD (1 334 USD/hab.).

■ ***Population active*** (1995) : 3 705 000 ; taux d'activité 44,2 % ([1992] taux de participation : 16-59 ans [hommes], 16-54 ans [femmes] 70,2 % ; femmes 48,4 % ; sans-emploi 11,4 %).

■ ***Revenus et dépenses des ménages***
Taille moyenne des ménages (1995) : 3,0.
Revenu annuel moyen par ménage (1995) : 189 523 BGL (2 824 USD) ; sources des revenus : salaires et traitements 37,5 % ; activités agricoles non salariées 25,2 % ; paiements de transfert 15,7 %.
Dépenses (1995) : alimentation 42,8 % ; logement et énergie 7,5 % ; habillement 7,2 % ; transports 6,6 % ; équipements domestiques 4,0 % ; santé 3,5 % ; éducation et culture 2,9 %.

■ ***Utilisation du sol*** (1995) : forêts 30,2 % ; prairies et pâturages 16,2 % ; terres cultivées et plantations 38,0 % ; autres 15,6 %.

Échanges extérieurs

■ ***Importations*** (1996) : 905 613 000 000 BGL (1995 : matériel de construction et d'usinage de métal 13,8 % ; équipement électrique et électronique 7,6 % ; nourriture, boissons et tabac 7,1 % ; textiles et lainage 4,5 %).
Principales sources des importations : C.E.I. 40,5 ; Allemagne 10,9 % ; Italie 5,9 % ; Grèce 3,4 % ; France 3,0 %.

■ ***Exportations*** (1996) : 818 315 000 000 BGL (1995 : produits chimiques et plastiques 25,9 % ; alimentation, boissons et tabac 16,9 % ; matériel de construction et d'usinage de métal 16,9 % ; textiles et lainages 3,3 %).
Principales destinations des exportations : C.E.I. 19,4 % ; Italie 9,7 % ; Allemagne 9,1 % ; Turquie 8,2 %.

Transports et communications

■ ***Transports***[c]
Chemins de fer (1995) : longueur 6 507 km ; trafic : 5 065 000 000 passagers-km ; 7 549 000 000 t-km.
Routes (1995) : longueur totale 37 320 km (92 % recouvertes).
Véhicules (1995) : voitures particulières 1 647 571 ; camions et autobus 204 950.
Marine marchande (1995) : 61 navires (de 100 tjb et plus) ; 391 000 tonneaux de port en lourd.
Transports aériens (1995) ; trafic : 2 840 000 000 passagers-km ; 35 200 000 t-km. 3 aéroports internationaux desservis par des vols réguliers (1997).

■ ***Communications***
Journaux quotidiens (1995) : diffusion totale 1 179 000 ; diffusion pour 1 000 hab. 141.
Radiodiffusion : n.d.
Télévision (1995) : 3 011 000 postes récepteurs ; 359 pour 1 000 hab.
Téléphone (1995) : 2 563 000 lignes principales ; 306 pour 1 000 hab.

Éducation et santé

■ ***Niveau d'éducation*** (1992)
Proportion de la population âgée de 25 ans et plus : sans éducation 4,7 % ; ayant une éducation primaire incomplète 12,5 % ; éducation primaire 31,9 % ; éducation secondaire 35,7 % ; éducation supérieure 15,0 %.

■ ***Alphabétisation*** (1992) : population âgée de 15 ans et plus alphabétisée 97,9 % ; hommes 98,7 % ; femmes 97,1 %.

■ ***Santé*** (1995) : 29 069 médecins (1 pour 288 hab.) ; 89 190 lits d'hôpital (1 pour 94 hab.) ; (1995) taux de mortalité infantile : 15,6 ‰.

■ ***Alimentation*** (1995) : apport journalier en calories par habitant 2 907 (alimentation d'origine végétale 78 % ; d'origine animale 22 %) ; soit 116 % du niveau minimal recommandé par la F.A.O.

Défense nationale

■ ***Contingent*** (1995) : 101 900 (armée de terre 75,9 % ; marine 2,9 % ; armée de l'air 21,2 %).

■ ***Dépenses militaires*** (1995) : 2,8 % du P.N.B. (moyenne mondiale 2,8 %) ; soit 125 USD/hab.

a. La Bulgarie n'a pas de religion officielle ; cependant, la Constitution de 1991 mentionne la religion orthodoxe comme étant la religion traditionnelle.

b. Les données du recensement reflètent l'identité religieuse traditionnelle de la Bulgarie mais ignorent apparemment les agnostiques qui pourraient représenter plus de la moitié de la population adulte.

c. Secteur public.

→ *Corpus* : BURKINA FASO
→ *Grand Atlas de Géographie* (éd. 1992) : 132, 146
→ *Grand Atlas de l'Histoire* : 276, 283, 295

BURKINA

- ***Nom officiel*** : Burkina Faso (forme courte : Burkina). Code I.S.O. : BF.
- ***Forme de gouvernement*** : république à régime mulpitartiste avec un corps consultatif (chambre des représentants [178 [a]] et une assemblée législative (Assemblée des députés du peuple [107]).
- ***Chef de l'État*** : président.
- ***Chef du gouvernement*** : Premier ministre.
- ***Capitale*** : Ouagadougou.
- ***Langue officielle*** : français.
- ***Religion officielle*** : aucune.
- ***Unité monétaire*** : 1 franc CFA (XOF) = 100 centimes ; valeur : 100 XOF = 1,00 FRF [b].

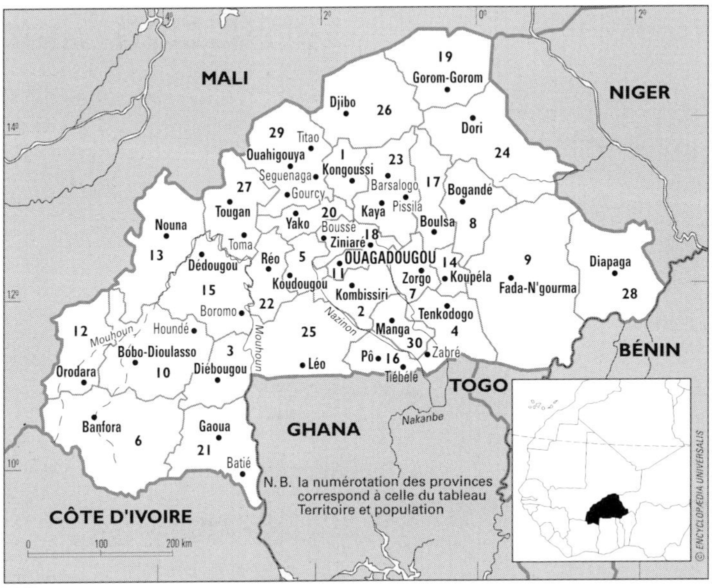

Démographie

■ ***Population*** (estim. 1997) : 10 891 000.

■ ***Densité*** (1997) : 39,7 hab./km².

■ ***Répartition urbaine/rurale*** (1991) : population urbaine 14,0 % ; population rurale 86,0 %.

■ ***Répartition par sexe*** (1997) : hommes 48,65 % ; femmes 51,35 %.

■ ***Répartition par âge*** (1997) : moins de 15 ans 48,1 % ; de 15 à 29 ans 27,0 % ; de 30 à 44 ans 12,6 % ; de 45 à 59 ans 8,5 % ; de 60 à 74 ans 3,9 % ; plus de 75 ans 0,9 %.

■ ***Projection démographique*** : 11 840 000 en 2000 ; 14 150 000 en 2010.

■ ***Temps de doublement*** : 26 ans.

■ ***Composition ethnique*** (1983) : Mossis 47,9 % ; Mandés 8,8 % ; Peuls 8,3 % ; Lobis 6,9 % ; Bobos 6,8 % ; Sénoufos 5,3 % ; Grusis 5,1 % ; Gourmantchés 4,8 % ; Touareg 3,3 % ; autres 2,8 %.

■ ***Appartenances religieuses*** (1980) : croyances traditionnelles 44,8 % ; musulmans 43,0 % ; chrétiens 12,2 %, dont catholiques 9,8 %, protestants 2,4 %.

■ ***Principales villes*** (1993) : Ouagadougou 690 000 hab. ; Bobo-Dioulasso 300 000 hab. ; Koudougou 105 000 hab. ; (1995) Ouahigouya 38 902 hab. ; (1985) Banfora 35 319 hab.

Statistiques de l'état civil

■ ***Taux de natalité*** (1996) : 47,0 ‰ (moyenne mondiale 25,0 ‰).

■ ***Taux de mortalité*** (1996) : 20,0 ‰ (moyenne mondiale 9,3 ‰).

■ ***Taux d'accroissement naturel*** (1996) : 27,0 ‰ (moyenne mondiale 15,7 ‰).

■ ***Taux de fécondité*** (nombre moyen de naissances par femme en âge de procréer, 1996) : 6,8.

■ ***Espérance de vie*** à la naissance (1996) : hommes 43,5 ans ; femmes 42,4 ans.

■ ***Principales causes de décès*** : n.d. ; toutefois, la malaria, les maladies de l'appareil respiratoire, les infections intestinales et la méningite étaient les principales maladies du pays en 1991 pour la population âgée de 15 ans ou plus.

Économie nationale

■ ***Budget de l'État*** (1995)
Recettes : 224 800 000 000 XOF (1993 : droits d'importation 23,4 % ; impôts sur le revenu des particuliers 18,8 % ; impôts sur les ventes 14,7 % ; droits d'exportation 11,6 %).
Dépenses : 244 800 000 000 XOF (salaires et traitements 25,2 % ; service de la dette 6,2 %).

■ ***Dette publique*** (extérieure, créances, 1995) : 1 136 000 USD.

■ ***Tourisme*** : recettes touristiques (1995) 22 000 000 USD ; dépenses touristiques à l'étranger (1994) 23 000 000 USD.

■ ***Production***
Agriculture, sylviculture, pêche (1996).
Sorgho 1 314 000 t ; millet 785 000 t ; canne à sucre 400 000 t ; maïs 222 000 t ; arachides 213 000 t ; coton brut 170 000 t ; riz 124 000 t ; patates douces 20 000 t ; manioc 2 000 t ; sésame 2 000 t.
Cheptel (sur pied) : chèvres 7 300 000 ; moutons 5 800 000 ; bovins 4 350 000 ; poulets 19 000 000.
Bois (1995) : 10 033 000 m³.
Pêche (1995) : 8 000 t.
Industries extractives (1995) : or 672 kg [c] ; argent 100 kg (1992).
Industries manufacturières : sucre 47 107 t ; farine 31 046 t ; savon 5 787 t ; huiles alimentaires 4 286 t ; bière et boissons non alcoolisées 287 000 hl ; tissus imprimés 5 297 000 m² ; bicyclettes 11 150 unités ; mobylettes 8 673 unités ; cigarettes 47 000 000 paquets.
Bâtiment (valeur ajoutée, 1993) : 42 400 000 000 XOF.
Énergie (production/consommation) : électricité (1993) 196 000 000/196 000 000 kWh ; pétrole brut 0/n.d. ; produits pétroliers (1993) 0/188 000 t.

■ ***Produit national brut*** (1995) : 2 417 000 000 USD (230 USD/hab.).

■ ***Population active*** (1991) : 4 679 000 ; taux d'activité 50,9 % (taux de participation [1988] : 15 ans et plus 83,0 % ; femmes 49,1 % ; sans-emploi 0,9 %).

■ ***Revenus et dépenses des ménages***
Taille moyenne des ménages (1985) : 6,2.
Revenu annuel moyen par ménage (1985) : 303 000 XOF (640 USD) ; sources des revenus : n.d.
Dépenses (poids respectifs de l'indice des prix à la consommation, pour Ouagadougou uniquement, 1985) : alimentation 38,7 % ; transports 18,6 % ; électricité et combustibles 13,7 % ; boissons 9,0 % ; santé 5,2 % ; logement 5,1 %.

■ ***Utilisation du sol*** (1994) : forêts 50,5 % ; prairies et pâturages 21,9 % ; terres cultivées et plantations 13,0 % ; autres 14,6 %

Échanges extérieurs

■ ***Importations*** (1995) : 242 100 000 000 XOF (biens d'équipement 31,1 % ; produits alimentaires 14,4 ; produits pétroliers 10,6 % ; matières premières 8,7 %).
Principales sources des importations (1993) : France 24,5 % ; Côte-d'Ivoire 17,9 % ; Nigeria 6,6 % ; Japon 6,4 % ; Chine 5 % ; États-Unis 4,3 % ; Pays-Bas 4,3 %.

■ ***Exportations*** (1995) : 164 400 000 000 XOF

Corpus : AFRIQUE NOIRE – Société et économie (population et richesse des nations) ; MOOSE ; PEULS ; TOURISME.

Universalia 1988 : 599 Thomas Sankara ; *Universalia 1989* : 200 Du Conseil national de la révolution au Front populaire ; *Universalia 1991* : 210 Le nouveau paysage audiovisuel en Afrique francophone ; *Universalia 1992* : 177 La seconde naissance de la presse indépendante en Afrique ; 212 Marche chaotique vers l'État de droit ; *Universalia 1995* : 157 Afrique : la dévaluation du franc CFA ou la fin d'un tabou.

Thesaurus :
BOBO
BOBO-DIOULASSO
LOBI
MALINKÉ
OUAGADOUGOU
SENOUFO

provinces	chefs-lieux	superficie (km²)	population (estim. 1991)
1 Bam	Kongoussi	4 017	173 500
2 Bazéga	Kombissiri	5 313	352 100
3 Bougouriba	Diébougou	7 087	243 000
4 Boulgou	Tenkodogo	9 033	465 800
5 Boulkiemdé	Koudougou	4 138	393 900
6 Comoé (Komoé)	Banfora	18 393	296 100
7 Ganzourgou	Zorgo (var. Zorgho)	4 087	223 600
8 Gnagna	Bogandé	8 600	272 200
9 Gourma	Fada-N'gourma (var. Fadan Gourma)	26 613	350 300
10 Houet (Houé)	Bobo-Dioulasso	16 672	724 800
11 Kadiogo	Ouagadougou	1 169	652 400
12 Kénédougou	Orodara	8 307	162 000
13 Kossi	Nouna	13 177	389 400
14 Kourittenga	Koupéla	1 627	227 100
15 Mouhoun	Dédougou	10 442	329 100
16 Nahouri (Naouri)	Pô	3 843	119 100
17 Namentenga	Boulsa	7 755	214 600
18 Oubritenga	Ziniaré	4 693	328 700
19 Oudalan	Gorom-Gorom	10 046	123 500
20 Passoré	Yako	4 078	232 300
21 Poni	Gaoua	10 361	258 600
22 Sanguié	Réo	5 165	234 100
23 Sanmatenga	Kaya	9 213	404 600
24 Séno	Dori	13 473	269 900
25 Sissili	Léo	13 736	297 600
26 Soum	Djibo	13 350	218 000
27 Sourou	Tougan	9 487	313 400
28 Tapoa	Diapaga	14 780	187 800
29 Yatenga	Ouahigouya	12 292	558 300
30 Zoundwéogo	Manga	3 453	175 200
total		**274 400**	**9 191 000**

Territoire et population.

	millions de XOF	% du total	effectifs	% des effectifs
agriculture	367 100	31,6	4 293 784	11,8
mines	232 300	20,0	2 590	0,1
industrie			51 694	1,1
bâtiment	62 400	5,4	11 016	0,2
entreprises publiques	10 600	0,9	3 844	0,1
transports et communications	44 700	3,8	15 041	0,3
commerce	140 400	12,1	120 314	2,6
finance	n.d.	n.d.	2 075	-
administration, défense nationale	248 200	21,3	111 556	2,4
services	57 200 [1]	4,9	67 299 [2]	1,4
autres				
total	**1 163 000**	**100,0**	**4 679 193**	**100,0**

1. Comprend les taxes indirectes moins les frais de service bancaires et les subventions. 2. Y compris 49 819 sans-emploi.

Structure du produit intérieur brut et effectifs (1995).

	1990	1991	1992	1993	1994	1995	1996
indice des prix à la consommation	100,0	102,5	100,5	101,1	126,5	135,8	144,2
indice des revenus horaires*	100,0	100,0	100,0	n.d.	n.d.	n.d.	n.d.

(*) Janvier ; fondés sur le S.M.I.G.

Indices des prix et des revenus (1990 = 100).

	1991	1992	1993	1994	1995	1996
millions de XOF	+ 99,80	+ 93,10	+ 69,30	− 22,90	+ 1,96	− 122,85
% du total	22,8	24,4	18,1	5,6	0,37	28,3

Balance commerciale (prix courants).

	nombre d'établissements	nombre d'enseignants	nombre d'élèves	nombre d'élèves par enseignant
primaire	2 971	10 300	600 032	58,2
secondaire	173*	3 346*	116 033	34,7
professionnel	22*	639	8 808	13,8
supérieur	9*	571	8 815	15,4

(*) 1991-1992.

Enseignement (1993-1994).

(coton brut 42,2 % ; animaux sur pied 18,9 % ; or 12,1 % ; cuirs et peaux 8,9 %).

Principales destinations des exportations (1993) : Côte d'Ivoire 34,9 % ; France 21,1 % ; Mali 5,4 % ; Taïwan 3,5 % ; Ghana 2,7 % ; Togo 1,7 %.

Transports et communications

■ ***Transports***
Chemins de fer : longueur (1995) : 622 km ; trafic (1984)[d] : 202 000 000 passagers-km ; 45 000 000 t-km.
Routes (1992) : longueur totale 13 117 km (12 % recouvertes [1986]).
Véhicules (1994) : voitures particulières 11 000 ; camions et autobus 13 700.
Marine marchande : aucune.
Transports aériens (1993) : 217 154 000 passagers-km ; 34 204 000 t-km. 2 aéroports desservis par des vols réguliers (1996).

■ ***Communications***
Journaux quotidiens (1995) : diffusion (pour 3 quotidiens uniquement) 17 000 ; diffusion pour 1 000 hab. 1,6.
Radiodiffusion (1996) : 512 500 postes récepteurs ; 48,3 pour 1 000 hab.
Télévision (1995) : 45 500 postes récepteurs ; 4,4 pour 1 000 hab.
Téléphone (1995) : 30 000 lignes principales ; 2,9 pour 1 000 hab.

Éducation et santé

■ ***Niveau d'éducation*** (1985)
Proportion de la population âgée de 10 ans et plus : sans instruction scolaire 86,1 % ; ayant une éducation primaire incomplète 7,3 % ; éducation secondaire générale 2,2 % ; éducation secondaire spécialisée et postsecondaire 3,8 % ; autres 0,6 %.

■ ***Alphabétisation*** (1995) : personnes âgées de 15 ans et plus alphabétisées 18,2 % ; hommes 29,5 % ; femmes 9,2 %.

■ ***Santé*** (1991) : 341 médecins (1 pour 27 158 hab.) ; 5 041 lits d'hôpital (1 pour 1 837 hab.) ; taux de mortalité infantile (1996) : 117,8 ‰.

■ ***Alimentation*** (1995) : apport journalier en calories par habitant 2 155 (alimentation d'origine végétale 96 % ; d'origine animale 4 %) ; soit 91 % du niveau minimal recommandé par la F.A.O.

Défense nationale

■ ***Contingent*** (1996) : 5 800 (armée de terre 96,6 % ; armée de l'air 3,4 %).

■ ***Dépenses militaires*** (1994) : 2,4 % du P.N.B. (moyenne mondiale 3,0 %) ; soit 6 USD/hab.

a. 114 membres élus par les autorités traditionnelles et religieuses, 64 membres désignés par le gouvernement.
b. Dévaluation de 50 % du franc CFA le 12 janvier 1994.
c. Or vendu sur le marché officiel uniquement ; il existe également une importante production illégale.
d. Chiffres fondés sur le trafic entre Abidjan (Côte d'Ivoire) et Ouagadougou.

→ *Corpus* : BURUNDI
→ *Grand Atlas de Géographie* (éd. 1992) : 136, 150
→ *Grand Atlas de l'Histoire* : 277, 283, 295

BURUNDI

● ***Nom officiel*** : République du Burundi ; Republika y'Uburundi. Code I.S.O. : BI.

● ***Forme de gouvernement*** : régime militaire[a] avec une chambre législative (Assemblée nationale [81]).

● ***Chef de l'État et du gouvernement*** : président assisté par un Premier ministre.

● ***Capitale*** : Bujumbura.

● ***Langues officielles*** : français ; kirundi.

● ***Religion officielle*** : aucune.

● ***Unité monétaire*** : 1 franc du Burundi (BIF) = 100 centimes ; valeur (31 déc. 1997) : 100 BIF = 1,48 FRF.

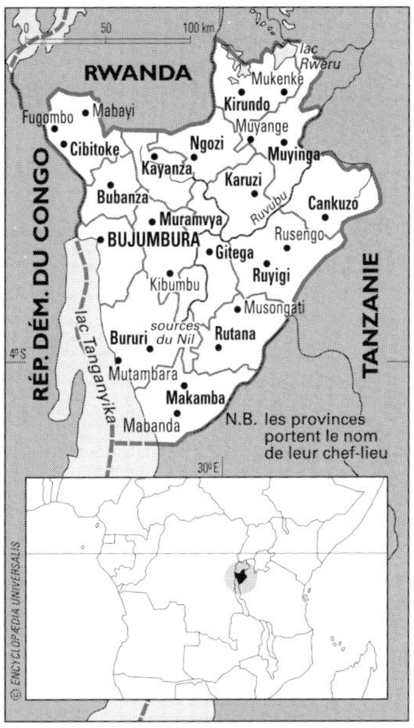

Démographie

■ ***Population*** (estim. 1997) : 6 053 000[b].

■ ***Densité***[c] (1997) : 233,3 hab./km².

■ ***Répartition urbaine/rurale*** (1990) : population urbaine 6,3 % ; rurale 93,7 %.

■ ***Répartition par sexe*** (1995) : hommes 48,94 % ; femmes 51,06 %.

■ ***Répartition par âge*** (1995) : moins de 15 ans 46,2 % ; de 15 à 29 ans 25,9 % ; de 30 à 44 ans 16,4 % ; de 45 à 59 ans 7,0 % ; de 60 à 74 ans 3,5 % ; 75 ans et plus 1,0 %.

■ ***Projection démographique*** : 6 493 000 en 2000 ; 8 229 000 en 2010.

■ ***Temps de doublement*** : 28 ans.

■ ***Composition ethnique*** (1983) : Rundis 97,4 %, dont Hutus 82,9 %, Tutsis 13,6 % ; Pygmées Twas 1,0 % ; autres 2,6 %.

■ ***Appartenances religieuses*** (1990) : catholiques 65,1 % ; protestants 13,8 % ; musulmans 1,6 % ; croyances traditionnelles 0,3 % ; sans appartenance 18,6 % ; autres 0,6 %.

■ ***Principales villes*** (1990) : (1994) Bujumbura 300 000 hab. ; Gitega 101 827 hab. ; Bururi 15 816 hab. ; Ngozi 14 511 hab. ; Cibitoke 8 280 hab.

Statistiques de l'état civil

■ ***Taux de natalité*** (1996) : 42,7 ‰ (moyenne mondiale 25,0 ‰).

■ ***Taux de mortalité*** (1996) : 17,8 ‰ (moyenne mondiale 9,3 ‰).

■ ***Taux d'accroissement naturel*** (1996) : 24,9 ‰ (moyenne mondiale 15,7 ‰).

provinces et chefs-lieux	superficie (km²)	population (recens. 1990)
Bubanza	1 089	222 953
Bujumbura	1 319	608 931
Bururi	2 465	385 490
Cankuzo	1 965	142 707
Cibitoke	1 636	279 843
Gitega (anc. Kitega)	1 979	565 174
Karuzi	1 457	287 905
Kayanza	1 233	443 116
Kirundo	1 703	401 103
Makamba	1 960	223 799
Muramvya	1 535	441 653
Muyinga (anc. Muhinga)	1 836	373 382
Ngozi	1 474	482 246
Rutana	1 959	195 834
Ruyigi	2 339	238 567
total	**25 949**	**5 292 703**
surface des eaux intérieures	1 867	
superficie totale	**27 816**	

Territoire et population.

Corpus : AFRIQUE NOIRE – Société et économie ; ALIMENTATION (ÉCONOMIE DE L') – Les grands produits alimentaires ; PYGMÉES.

Thesaurus :
BUJUMBURA
HUTU
TUTSI

■ ***Taux de fécondité*** (nombre moyen de naissances par femme en âge de procréer, 1996) : 6,5.

■ ***Nombre de mariages et de divorces*** : n.d.

■ ***Espérance de vie*** à la naissance (1996) : hommes 44,3 ans ; femmes 47,3 ans.

■ ***Principales causes de décès*** : n.d. ; toutefois, la malaria, la grippe, les maladies diarrhéiques, la rougeole et le sida sont parmi les principales maladies du pays.

Économie nationale

■ ***Budget de l'État*** (1995)
Recettes : 59 600 000 000 BIF (droits de douane 37,0 % ; impôts indirects 22,6 % ; impôts sur le revenu 19,2 % ; taxes sur les biens et services 14,6 % ; recettes administratives 2,4 %).
Dépenses : 49 100 000 000 BIF (salaires et traitements 27,5 % ; biens et services 18,4 % ; subventions et transferts 9,8 % ; dette publique 6,3 %).

■ ***Dette publique*** (extérieure, créances, 1995) : 1 095 000 000 USD.

■ ***Tourisme*** (1995) : recettes touristiques 1 000 000 USD ; dépenses touristiques à l'étranger 25 000 000 USD.

■ ***Production***
Agriculture, sylviculture, pêche (1996).
Bananes 1 544 000 t ; patates douces 670 000 t ; manioc 549 000 t ; haricots secs 288 000 t ; canne à sucre 148 000 t ; maïs 144 000 t ; ignames et taros 103 000 t ; sorgho 66 000 t ; pommes de terre 42 000 t ; riz 42 000 t ; café 25 000 t ; millet 11 000 t ; arachides 10 000 t ; blé 9 000 t.
Cheptel (sur pied) : chèvres 900 000 ; bovins 390 000 ; moutons 320 000 ; poulets 4 000 000.
Bois (1995) : 4 969 000 m³.
Pêche (1995) : 21 100 t.
Industries extractives (1991) : tourbe 10 026 t ; kaolin 6 682 t ; chaux 86 t ; or 804 onces.
Industries manufacturières (1994) : bière 1 382 670 hl ; boissons gazeuses 201 400 hl ; cigarettes 584 580 000 unités ; couvertures 248 438 ; chaussures 74 890 paires.
Bâtiment : n.d.
Énergie (production/consommation) : électricité (1994) 147 000 000/192 000 000 kWh ; charbon 0/n.d. ; pétrole brut 0/n.d. ; produits pétroliers (1994) 0/71 000 t ; gaz naturel 0/n.d ; tourbe (1994) 12 000/12 000 t.

■ ***Produit national brut*** (aux prix courants du marché, 1995) : 984 000 000 USD (160 USD/hab.).

■ ***Population active*** (1991) : 2 779 771 ; taux d'activité 52,9 % (taux de participation : 15-64 ans 91,4 % ; femmes 52,6 % ; sans-emploi n.d.).

■ ***Revenus et dépenses des ménages***
Taille moyenne des ménages (1990) : 4,6.
Revenu annuel moyen par ménage : n.d. ; sources des revenus : n.d.
Dépenses (poids respectifs des éléments de l'indice des prix à la consommation, 1990) : alimentation 59,6 % ; habillement 11,1 % ; ameublement et articles ménagers 6,0 % ; énergie et eau 5,8 % ; logement 4,4 % ; autres 13,1 %.

■ ***Utilisation du sol*** (1994) : forêts 12,7 % ; prairies et pâturages 38,6 % ; terres cultivées et plantations 45,9 % ; autres 2,8 %.

	1995		1990	
	millions de BIF	% du total	effectifs	% des effectifs
agriculture	126 664	47,8	2 574 443	93,1
mines	1 296	0,5	1 419	–
entreprises publiques			1 672	0,1
industrie	27 855	10,5	33 867	1,2
bâtiment	11 436	4,3	19 737	0,7
transports et communications	8 892	3,3	8 504	0,3
commerce	8 709	3,3	25 822	0,9
finance	n.d.	n.d.	2 005	0,1
administration, défense nationale	37 866	14,3	85 191	3,1
services	4 648	1,7		
autres	37 623 [1]	14,2	13 270	0,5
total	**264 990** [2]	**100,0**	**2 765 930**	**100,0**

1. Taxes indirectes moins les subventions. 2. Le total général ne correspond pas exactement au détail en raison des arrondis.

Structure du produit intérieur brut et effectifs.

	1990	1991	1992	1993	1994	1995	1996
indice des prix à la consommation	100,0	109,0	111,0	121,7	139,8	166,7	210,8
indice des revenus	n.d.	n.d.	n.d.	n.d.	n.d.	n.d.	n.d.

Indices des prix et des revenus (1990 = 100).

	1991	1992	1993	1994	1995	1996
millions de BIF	– 28 144	– 30 751	– 26 417	– 22 603	– 24 018	– 26 039
% du total	45,8	50,0	44,0	29,9	31,1	53,5

Balance commerciale (prix courants).

	nombre d'établissements *	nombre d'enseignants	nombre d'élèves	nombre d'élèves par enseignant
primaire (6-11 ans)	1 342	9 582	631 039	65,9
secondaire (12-18 ans)	113	2 026 *	46 508	n.d.
supérieur	8	492	3 830	7,8

(*) 1990-1991.

Enseignement (1991-1992).

Échanges extérieurs [d]

■ ***Importations*** (1995) : 52 082 600 000 BIF (1994 : équipement industriel et de transport 21,3 % ; produits alimentaires et dérivés 17,9 % ; produits pétroliers 8,2 % ; produits pharmaceutiques 6,4 %).
Principales sources des importations : Belgique et Luxembourg 14,8 % ; France 9,2 % ; Allemagne 8,8 % ; Japon 6,1 % ; États-Unis 5,7 % ; Pays-Bas 4,5 % ; Kenya 4,3 %.

■ ***Exportations*** (1995) : 28 872 000 000 BIF (café 80,7 % ; thé 7,8 % ; coton 1,6 % ; cuirs et peaux 1,2 %).
Principales destinations des exportations : Allemagne 21,6 % ; Belgique et Luxembourg 17,6 % ; France 10,9 % ; États-Unis 6,7 % ; Rwanda 3,6 % ; Royaume-Uni 3,6 % ; Pays-Bas 2,3 % ; Zaïre 1,6 %.

Transports et communications

■ ***Transports***
Chemins de fer : aucun.
Routes (1995) : longueur totale 14 480 km (7 % recouvertes).
Véhicules (1995) : voitures particulières 16 800 ; camions et autres véhicules 15 000.
Marine marchande (1979) : 1 navire (de 100 tjb et plus) ; 385 tonneaux de port en lourd.
Transports aériens (pour l'aéroport de Bujumbura uniquement, 1994) ; trafic : arrivées de passagers 28 762, départs de passagers 33 750 ; marchandises chargées 1 597 t, marchandises déchargées 13 463 t. 1 aéroport desservi par des vols réguliers (1997).

■ ***Communications***
Journaux quotidiens (1996) : diffusion totale 20 000 ; diffusion pour 1 000 hab. 3,4.
Radiodiffusion (1996) : 300 000 postes récepteurs ; 50 pour 1 000 hab.
Télévision (1995) : 40 000 postes récepteurs ; 7 pour 1 000 hab.
Téléphone (1993) : 17 200 lignes principales ; 2,7 pour 1 000 hab.

Éducation et santé

■ ***Niveau d'éducation*** : n.d.

■ ***Alphabétisation*** (1995) : personnes âgées de 15 ans et plus alphabétisées 35,3 % ; hommes 49,7 % ; femmes 22,5 %.

■ ***Santé*** (1990) : 168 médecins (1 pour 31 777 hab.) ; 10 370 lits d'hôpital (1 pour 515 hab.) ; taux de mortalité infantile (1996) : 104,8 ‰.

■ ***Alimentation*** (1995) : apport journalier en calories par habitant 1 749 (alimentation d'origine végétale 97 % ; d'origine animale 3 %) ; soit 75 % du niveau minimal recommandé par la F.A.O.

Défense nationale

■ ***Contingent*** (1996) : 18 500 (armée de terre 100 %).

■ ***Dépenses militaires*** (1995) : 4,4 % du P.N.B. (moyenne mondiale 2,8 %) ; soit 6 USD/hab.

a. Le gouvernement militaire a rétabli l'Assemblée nationale dans ses fonctions en juillet 1996 ; le gouvernement de transition annoncé en septembre 1996 demeurera en place jusqu'en septembre 1999.

b. Le chiffre est incertain en raison des réfugiés dus à la guerre civile au Rwanda.

c. Sur la base de la surface terrestre.

d. Importations : chiffres F.O.B. pour la balance commerciale et C.I.F. pour les marchandises et les partenaires commerciaux.

→ *Corpus* : CAMBODGE
→ *Grand Atlas de Géographie* (éd. 1992) : 108, 110
→ *Grand Atlas de l'Histoire* : 248, 276, 277, 278, 279, 295

CAMBODGE

- ***Nom officiel*** : Royaume du Cambodge[a] (Kâmpŭchéa). Code I.S.O. : KH.
- ***Forme de gouvernement*** : monarchie constitutionnelle avec une assemblée législative (Assemblée nationale [120]).
- ***Chef de l'État*** : roi
- ***Chefs du gouvernement*** : Co-Premiers ministres.
- ***Capitale*** : Phnom Penh (Phnum Pénh).
- ***Langue officielle*** : khmer.
- ***Religion officielle*** : bouddhisme.
- ***Unité monétaire*** : 1 riel (KHR) = 100 sen ; valeur (31 déc. 1997) : 100 KHR = 0,171 FRF.

Démographie

■ ***Population*** (estim. 1997) : 10 385 000.

■ ***Densité***[b] (1997) : 57,1 hab./km².

■ ***Répartition urbaine/rurale*** (1995) : population urbaine 21,0 % ; population rurale 79,0 %.

■ ***Répartition par sexe*** (1997) : hommes 48,24 % ; femmes 51,76 %.

■ ***Répartition par âge*** (1997) : moins de 15 ans 45,4 % ; de 15 à 29 ans 25,3 % ; de 30 à 44 ans 17,1 % ; de 45 à 59 ans 7,6 % ; de 60 à 74 ans 3,8 % ; 75 ans et plus 0,8 %.

■ ***Projection démographique*** : 11 267 000 en 2000 ; 14 602 000 en 2010.

■ ***Temps de doublement*** : 27 ans.

■ ***Composition ethnique*** (1994) : Khmers 88,6 % ; Chinois 3,1 % ; Vietnamiens 5,5 % ; Chams 2,3 % ; autres 0,5 %.

■ ***Appartenances religieuses*** (1994) : bouddhistes 95,0 % ; musulmans 2,0 % ; autres 3,0 %.

■ ***Principales villes*** (1987) : Phnom Penh 920 000 hab. (estim. 1994) ; Battambang 45 000 hab. ; Kompong Cham 33 000 hab. ; Pursat 16 000 hab. ; Kompong Chhnang 15 000 hab.

Statistiques de l'état civil

■ ***Taux de natalité*** (1997) : 43,0 ‰ (moyenne mondiale 25,0 ‰).

■ ***Taux de mortalité*** (1997) : 15,0 ‰ (moyenne mondiale 9,3 ‰).

■ ***Taux d'accroissement naturel*** (1997) : 28,0 ‰ (moyenne mondiale 15,7 ‰).

■ ***Taux de fécondité*** (nombre moyen de naissances par femme en âge de procréer, 1997) : 5,8.

■ ***Nombre de mariages*** : n.d.

■ ***Nombre de divorces*** : n.d.

■ ***Espérance de vie*** à la naissance (1997) : hommes 52,0 ans ; femmes 55,0 ans.

■ ***Principales causes de décès*** : n.d. Toutefois, les principaux problèmes de santé sont la tuberculose de l'appareil respiratoire, la malaria et la pneumonie ; d'autre part, les actes de violence dus à la guerre (explosion de mines, par exemple) continuent de faire des victimes.

Économie nationale

■ ***Budget de l'État*** (1996)
Recettes : 797 500 000 000 KHR (taxes sur le commerce international 46,9 % ; impôts indirects 22,3 %, dont taxes à la consommation 8,3 % ; recettes non fiscales 27,6 %).
Dépenses : 1 395 100 000 000 KHR (1997 : dépenses courantes 61,2 %, dont affaires économiques et financières 26,8 % ; défense 21,4 %, éducation 12,3 %, santé publique 8,7 % ; dépenses de développement 38,8 %).

■ ***Dette publique*** (extérieure, créances, 1995) : 1 942 000 000 USD.

■ ***Tourisme*** (1995) : recettes : 100 000 000 USD ; dépenses : 8 000 000 USD.

■ ***Production***
Agriculture, sylviculture, pêche (1996).
Riz 3 500 000 t ; canne à sucre 205 000 t ; bananes 140 000 t ; racines et tubercules 138 000 t, dont manioc 90 000 t, patates douces 30 000 t ; maïs 60 000 t ; oranges 60 000 t ; caoutchouc 40 000 t ; mangues 30 000 t ; soja 18 000 t ; tabac en feuilles 10 000 t.
Cheptel (sur pied, 1997) : bovins 2 800 000 ; porcs 2 050 000 ; buffles 770 000 ; volailles 14 300 000.
Bois (1995) : 7 765 000 m³.
Pêche (1995) : 112 510 t.
Industries extractives : n.d.
Industries manufacturières (valeur de la production, millions de KHR, 1988) : cigarettes 1 064,5 ; produits alimentaires 116,9 ; produits chimiques et caoutchouc 83,5 ; industries légères et textile 63,2 ; équipements mécaniques 46,8 ; matériaux de construction 4,5.
Bâtiment : n.d.
Énergie (production/consommation) : électricité (1994) 181 000 000/181 000 000 kWh ; charbon 0/n.d. ; pétrole brut 0/n.d. ; produits pétroliers (1994) 0/159 000 t ; gaz naturel 0/n.d.

■ ***Revenus et dépenses des ménages***
Taille moyenne des ménages (1980) : 5,6.
Revenu annuel moyen par ménage : n.d. ; sources des revenus : n.d.
Dépenses : n.d.

■ ***Produit intérieur brut*** (1995) : 2 718 000 000 USD (270 USD/hab.).

■ ***Population active*** (1993) : 4 010 000 ; taux d'activité 43,1 % (taux de participation : 15-64 ans 86,2 % ; femmes 55,8 %).

■ ***Utilisation du sol*** (1994) : forêts 69,1 % ; prairies et pâturages 8,5 % ; terres cultivées et plantations 21,7 % ; autres 0,7 %.

Échanges extérieurs

■ ***Importations*** (1996) : 1 010 000 000 USD (1995 : or 32,8 % ; cigarettes 20,7 % ; essence et gazole 11,7 % ; motocyclettes 3,9 % ; véhicules à moteur 2,4 %).
Principales sources des importations (1995) : Singapour 35,7 % ; Thaïlande 23,8 % ; Vietnam 6,3 % ; Japon 5,4 % ; Malaisie 5,4 %.

■ ***Exportations*** (1996) : 615 000 000 USD (1995 : exportations domestiques 49,6 %, dont bois d'œuvre 16,5 %, tronçons de bois 11,8 %, réexportations 50,4 %).
Principales destinations des exportations (1995) : Thaïlande 42,7 % ; Singapour 11,1 % ; Inde 7,6 % ; Vietnam 5,8 % ; Allemagne 5,3 %.

Corpus : ASIE – Géographie humaine (l'Asie méridionale) ; CAOUTCHOUC (géographie de la production) ; MÉKONG (un grand projet d'aménagement) ; MÔN ; PÊCHE.

Universalia 1989 : 203 Les problèmes de la paix ; *Universalia 1994* : 203 La restauration de la monarchie ; *Universalia 1998* : 160 La fin de la transition démocratique ?

Thesaurus :
JARAÏ
PHNOM PENH
RHADÉ

provinces	capitales	superficie (km²)	population (estim. 1987)
(Bântéay Méanchey)	—	—[1]	—[1]
Battambang (Batdâmbâng)	Battambang	19 044	837 000
Kampot (Kâmpôt)	Kampot	9 862	412 000
Kandal (Kândal)	—	3 813	838 000
Koh Kong (Kaôh Kŏng)	Koh Kong (Krŏng Kaôh Kŏng)	11 140	30 000
Kompong Cham (Kâmpóng Cham)	Kompong Cham	10 498	1 244 000
Kompong Chhnang (Kâmpóng Chhnŏng)	Kompong Chhnang	5 520	257 000
Kompong Som (Kâmpóng Saôm)	Kompong Som	69	61 000
Kompong Speu (Kâmpóng Spoe)	Kompong Speu	7 016	396 000
Kompong Thom (Kâmpóng Thum)	Kompong Thom	12 251	441 000
Kratié (Krâchéh)	Kratié	11 094	182 000
Mondolkiri (Môndól Kiri)	Senmonorom	14 288	18 000
(Ŏtdar Méanchey)	—	—[2]	—[2]
Phnom Penh (Phnum Pénh)	Phnom Penh	46	564 000
Preah Vihear (Preah Vihéar)	Phnum Tbéng Meanchey	14 350	80 000
Prey Veng (Prey Vêng)	Prey Veng	4 883	782 000
Pursat (Poăthisat)	Pursat	12 692	204 000
Ratanakiri (Rôtânôkiri)	Lomphat (Lumphăt)	10 782	52 000
Siem Reap (Siĕmréab)	Siem Reap	10 897	555 000
Stung Treng (Stœ̆ng Trêng)	Stung Treng	11 209	46 000
Svay Rieng (Svay Ring)	Svay Rieng	2 966	340 000
Takéo (Takêv)	Takéo	3 818	618 000
total		**176 238**	**7 957 000**
surface des eaux intérieures		5 678	
superficie totale		**181 916**	

1. Chiffres compris dans ceux de Battambang. 2. Chiffres compris dans ceux de Siem Reap.

Territoire et population.

	1995		1996	
	millions de KHR	% du total	effectifs	% des effectifs
agriculture	3 826	43,1	3 732 000	72,6
mines et industrie	387	5,4	1 406 000	27,4
bâtiment	561	7,8		
entreprises publiques	50	0,7		
transports et communications	248	3,4		
commerce	983	13,7		
administration, défense nationale	283	3,9		
services, autres	862	12,0		
total	**7 200**	**100,0**	**5 138 000**	**100,0**

Structure du produit intérieur brut et effectifs.

	1991	1992	1993	1994	1995	1996	1997 (juin)
indice des prix à la consommation	31,8	64,7	119,7	100,0	105,3	115,9	129,5
indice des revenus	n.d.	n.d.	n.d.	n.d.	n.d.	n.d.	n.d.

Indices des prix et des revenus (1994 = 100).

	1991	1992	1993	1994	1995	1996
millions de USD	− 33,0	− 86,0	− 203,0	− 275,0	− 382,0	− 395,0
% du total	7,1	14,0	31,7	22,9	19,1	24,3

Balance commerciale (prix courants).

	nombre d'établissements	nombre d'enseignants	nombre d'élèves	nombre d'élèves par enseignant
primaire (6-10 ans)	4 539 *	37 827	1 703 316	45,0
secondaire (11-16 ans)	440 *	16 349	297 555	18,2
professionnel et formation à l'enseignement	65 *	2 618 *	16 350	n.d.
supérieur	9 *	784	11 652	14,9

(*) 1992-1993.

Enseignement (1994-1995).

Transports et communications

■ ***Transports***

Chemins de fer : longueur (1995) 612 km ; trafic (1981) : 54 000 000 passagers-km ; 10 000 000 t-km.

Routes (1995) : longueur totale 12 300 km (34 % recouvertes).

Véhicules (1996) : voitures particulières 42 210 ; camions et autobus 9 005.

Marine marchande (1992) ; 3 navires (de 100 tjb et plus) ; 3 839 tonneaux de port en lourd.

Transports aériens (1977) ; trafic : 42 000 000 passagers-km ; 400 000 t-km. 8 aéroports desservis par des vols réguliers (1997).

■ ***Communications***

Journaux quotidiens : n.d.

Radiodiffusion (1995) : 1 192 000 postes récepteurs ; 124 pour 1 000 hab.

Télévision (1995) : 76 900 postes récepteurs ; 8 pour 1 000 hab.

Téléphone (1996) : 10 100 lignes principales ; 1 pour 1 000 hab.).

Éducation et santé

■ ***Niveau d'éducation*** : n.d.

■ ***Alphabétisation*** (1993) : personnes âgées de 15 ans et plus alphabétisées 65,3 % ; hommes 79,7 % ; femmes 53,4 %.

■ ***Santé*** : 600 médecins en 1994 (1 pour 7 900 hab.) ; 12 098 lits d'hôpital[c] en 1994 (1 pour 791 hab.) ; taux de mortalité infantile (1997) : 106 ‰.

■ ***Alimentation*** (1995) : apport journalier en calories par habitant 2 012 (alimentation d'origine végétale 94 % ; d'origine animale 6 %) ; soit 91 % du niveau minimal recommandé par la F.A.O.

Défense nationale

■ ***Contingent*** (1997) : 140 500[d] (armée de terre 59,8 % ; marine 3,6 % ; armée de l'air 1,0 % ; forces provinciales 35,6 %)[e].

■ ***Dépenses militaires*** (1995) : 3,1 % du P.N.B. (moyenne mondiale 2,8 %) ; soit 9 USD/hab.

---

a. L'autorité intérimaire des Nations unies au Cambodge a contrôlé les élections qui se sont tenues en mai 1993. Le royaume du Cambodge a été officiellement proclamé le 24 septembre 1993.

b. Sur la base de la surface terrestre.

c. Dans les hôpitaux publics uniquement.

d. Estimation prenant en compte les forces provinciales et ne prenant pas en compte les forces paramilitaires.

e. Le nombre de guérilleros khmers rouges pourrait s'élever entre 10 000 et 12 000. Environ 22 000 soldats des Nations unies se sont retirés après que le gouvernement civil a été rétabli en 1993.

→ *Corpus* : CAMEROUN
→ *Grand Atlas de Géographie* (éd. 1992) : 132, 148
→ *Grand Atlas de l'Histoire* : 240, 241, 276, 283, 295

CAMEROUN

- ***Noms officiels***: République du Cameroun ; Republic of Cameroon. Code I.S.O. : CM.
- ***Forme de gouvernement*** : république à structure étatique unitaire et à régime multipartiste avec une assemblée législative (Assemblée nationale [180]).
- ***Chef de l'État*** : président.
- ***Chef du gouvernement*** : Premier ministre.
- ***Capitale*** : Yaoundé.
- ***Langues officielles*** : français ; anglais.
- ***Religion officielle*** : aucune.
- ***Unité monétaire*** : 1 franc CFA (XAF) = 100 centimes ; valeur : 100 XAF = 1,00 FRF[a].

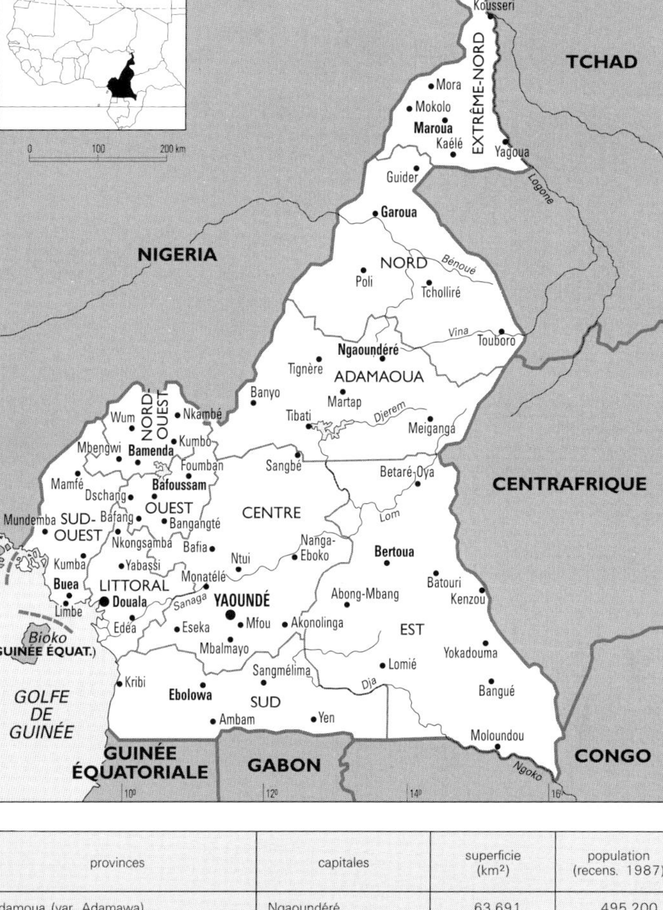

provinces	capitales	superficie (km²)	population (recens. 1987)
Adamoua (var. Adamawa)	Ngaoundéré	63 691	495 200
Centre	Yaoundé	68 926	1 651 600
Est (East)	Bertoua	109 011	517 200
Extrême-Nord (Far North)	Maroua	34 246	1 855 700
Littoral	Douala	20 239	1 354 800
Nord (North)	Garoua	65 576	832 200
Nord-Ouest (North-West)	Bamenda	17 810	1 237 400
Ouest (West)	Bafoussam	13 872	1 339 800
Sud (South)	Ebolowa	47 110	373 800
Sud-Ouest (South-West)	Buea	24 471	838 000
total		**475 444** *	**10 495 700**

(•) La superficie des terres est de 464 952 km² et correspond à l'addition des superficies des provinces ; le total général correspond à la superficie totale du pays (terres + eaux intérieures).

Territoire et population.

Corpus : AFRIQUE NOIRE – Société et économie ; ALIMENTATION (ÉCONOMIE DE L') – Les grands produits alimentaires ; BAMILÉKÉ ; BANTOU ; GAZ NATUREL.

Universalia 1991 : 210 Le nouveau paysage audiovisuel en Afrique francophone ; *Universalia 1992* : 177 La seconde naissance de la presse indépendante en Afrique ; *Universalia 1995* : 157 Afrique : la dévaluation du franc CFA ou la fin d'un tabou.

Thesaurus :
BAMOUM
DOUALA
CACAO
ÉDÉA
KOTOKO
TCHAD (LAC)
YAOUNDÉ

Démographie

- ***Population*** (estim. 1997) : 14 678 000.
- ***Densité***[b] (1997) : 31,6 hab./km².
- ***Répartition urbaine/rurale*** (1991) : population urbaine 41,2 % ; rurale 58,8 %.
- ***Répartition par sexe*** (1991) : hommes 49,88 % ; femmes 50,12 %.
- ***Répartition par âge*** (1991) : moins de 15 ans 46,4 % ; de 15 à 29 ans 24,4 % ; de 30 à 44 ans 15,1 % ; de 45 à 59 ans 8,6 % ; 60 ans et plus 5,5 %.
- ***Projection démographique*** : 15 966 000 en 2000 ; 20 630 000 en 2010.
- ***Temps de doublement*** : 25 ans.
- ***Composition ethnique*** (1983) : Fangs 19,6 % ; Bamilékés et Bamoums 18,5 % ; Doualas, Luandas et Basas 14,7 % ; Peuls 9,6 % ; Tikars 7,4 % ; Mandaras 5,7 % ; Makas 4,9 % ; Chambas 2,4 % ; Mboums 1,3 % ; Haoussas 1,2 % ; Français 0,2 % ; autres 14,5 %.
- ***Appartenances religieuses*** (1990) : catholiques 34,7 % ; animistes 26,0 % ; musulmans 21,8 % ; protestants 17,5 %.
- ***Principales villes*** (1991) : Douala 1 200 000 hab ; Yaoundé 1 000 000 hab. ; Bafoussam 200 000 hab. ; Garoua 120 000 hab ; Maroua 80 000 hab.

Statistiques de l'état civil

- ***Taux de natalité*** (1995-2000) : 39,3 ‰ (moyenne mondiale 25,0 ‰).
- ***Taux de mortalité*** (1995-2000) : 11,9 ‰ (moyenne mondiale 9,3 ‰).
- ***Taux d'accroissement naturel*** (1995-2000) : 27,4 ‰ (moyenne mondiale 15,7 ‰).
- ***Taux de fécondité*** (nombre moyen de naissances par femme en âge de procréer, 1995-2000) : 5,3.
- ***Espérance de vie*** à la naissance (1995-2000) : hommes 54,5 ans ; femmes 57,2 ans.
- ***Principales causes de décès*** : n.d. ; toutefois, la rougeole, la malaria, la tuberculose de l'appareil respiratoire, l'anémie, la méningite, l'occlusion intestinale et la hernie sont les principaux problèmes de santé du pays.

Économie nationale

- ***Budget de l'État*** (1995-1996)
Recettes : 654 900 000 000 XAF (redevances pétrolières 21,8 % ; impôts sur les biens et les services 19,7 % ; droits de douane 18 %).
Dépenses : 775 200 000 000 XAF (dépenses courantes 94,4 %, dont service de la dette 45,1 %, salaires et traitements 24,3 %, biens et services 15,1 %).
- ***Produit national brut*** (aux prix courants du marché, 1995) : 8 615 000 000 USD (650 USD/hab.).
- ***Revenus et dépenses des ménages***
Taille moyenne des ménages (1980) : 5,2.
Revenu annuel moyen par ménage (1983) : 420 USD ; sources des revenus : n.d.
Dépenses[c] (1993) : alimentation 49,1 % ; logement 18,0 % ; transports et communications

	1995-1996		1985	
	millions de XAF	% du total	effectifs	% des effectifs
agriculture	1 836	40,2	2 900 871	74,0
mines	334	7,3	1 793	0,1
industrie	453	9,9	174 498	4,5
bâtiment			66 684	1,7
entreprises publiques			3 522	0,1
transports et communications	220	4,8	51 688	1,3
commerce			154 014	3,9
finance	1 230	26,9	8 009	0,2
services	n.d.	n.d	292 922	7,5
administration, défense nationale	370	8,1		
autres	128	2,8	263 634	6,7
total	**4 571**	**100,0**	**3 917 635**	**100,0**

Structure du produit intérieur brut et effectifs.

	1991	1992	1993	1994	1995	1996
indice des prix à la consommation	101,1	100,0	96,8	130,8	149,0	156,0
indice des revenus	n.d.	n.d.	n.d.	n.d.	n.d.	n.d.

Indices des prix et des revenus (1990 = 100).

	1989	1990	1991	1992	1993	1994
milliards de XAF	+ 40,3	+ 141,5	+ 198,6	+ 197,6	+ 249,7	+ 387,4
% du total	5,2	14,8	22,3	25,9	30,6	34,5

Balance commerciale (prix courants).

	nombre d'établissements	nombre d'enseignants	nombre d'élèves	nombre d'élèves par enseignant
primaire (6-14 ans)	6 801	40 970	1 896 722	46,3
secondaire (15-24 ans)	388 [1]	14 917	159 068	30,8
professionnel	220 [1]	5 885	91 779	15,6
supérieur [2]	5 [1]	1 086	33 177	30,5

1. 1986-1987. 2. 1990-1991.

Enseignement (1994-1995).

13,0 % ; santé 8,6 % ; habillement 7,6 % ; loisirs 2,4 %.

■ ***Population active*** (1991) : 4 740 000 ; taux d'activité 40,0 % (taux de participation [1985] : 15-69 ans 66,3 % ; femmes 38,5 % ; sans-emploi : n.d.).

■ ***Production***
Agriculture, sylviculture, pêche (1996).
Canne à sucre 1 350 000 t ; manioc 1 300 000 t ; bananes 980 000 t ; bananes plantains 970 000 t ; maïs 654 000 t ; légumes et melons 385 000 t ; patates douces 180 000 t ; huile de palme 130 000 t ; cacao 120 000 t ; ignames 110 000 t ; arachides 100 000 t ; millet 100 000 t ; riz 80 000 t ; palmistes 56 000 t. Cheptel (sur pied) : bovins 4 900 000 ; moutons 3 800 000 ; chèvres 3 800 000 ; porcs 1 410 000. Bois (1994) : 13 948 000 m³.
Pêche (1995) : 63 947 t.
Industries extractives (1994) : marbre 200 000 t ; pozzolane 130 000 t ; aluminium 85 000 t ; pierre à chaux 57 000 t ; minerai et concentré d'étain 4 t.
Industries manufacturières (valeur ajoutée, millions de XAF, 1994) : boissons 49 314 ; bois et dérivés 42 756 ; produits en caoutchouc et en plastique 38 928 ; produits alimentaires 30 030 ; produits en fer et en acier 29 424 ; textiles 20 113 ; pétrole raffiné et dérivés 17 888 ; produits chimiques industriels 8 559 ; poterie et céramique 6 773 ; papeterie 3 652.
Bâtiment (1983) : résidentiel 230 400 m² ; non résidentiel 51 100 m².
Énergie (production/consommation) : électricité (1994) 2 740 000 000/2 740 000 000 kWh ; charbon (1994) 1 000/1 000 t ; pétrole brut (1993) 39 462 000/7 889 000 barils ; produits pétroliers (1994) 1 023 000/1 014 000 t ; gaz naturel 0/n.d.

■ ***Dette publique*** (extérieure, créances, 1995) : 8 061 000 000 USD.

■ ***Tourisme*** (1993) : recettes touristiques 47 000 000 USD ; dépenses touristiques à l'étranger 225 000 000 USD.

■ ***Utilisation du sol*** (1994) : forêts 77,1 % ; prairies et pâturages 4,3 % ; terres cultivées et plantations 15,1 % ; autres 3,5 %.

Échanges extérieurs[d]

■ ***Importations*** (1994-1995) : 464 700 000 000 XAF (produits demi-finis 18,8 % ; produits alimentaires, boissons et tabac 14,2 % ; équipement industriel 12,4 % ; équipement de transport 11,0 %).

Principales sources des importations (1995) : France 39,2 % ; États-Unis 9,7 % ; Allemagne 9,1 % ; Japon 6,9 % ; Belgique et Luxembourg 6,8 % ; Italie 4,5 % ; Pays-Bas 4,3 % ; Royaume-Uni 3,9 %.

■ ***Exportations*** (1994-1995) : 811 000 000 000 XAF (pétrole brut 38,1 % ; bois scié 11,0 % ; cacao 8,4 % ; café 7,3 % ; aluminium 6,7 % ; coton 3,1 %).

Principales destinations des exportations (1995) : France 29,7 % ; Italie 16,6 % ; Espagne 14,3 % ; Pays-Bas 13,0 % ; Corée du Sud 2,8 % ; Allemagne 2,3 %.

Transports et communications

■ ***Transports***
Chemins de fer (1995) : longueur 1 006 km ; trafic : 317 000 000 passagers-km ; 812 000 000 t-km.
Routes (1991) : longueur totale 48 400 km (8 % recouvertes).
Véhicules (1995) : voitures particulières 92 200 ; camions et autobus 60 000.
Marine marchande (1992) : 47 navires (de 100 tjb et plus) ; 39 797 tonneaux de port en lourd.
Transports aériens (1992) : 315 000 000 passagers-km ; 39 000 000 t-km. 5 aéroports desservis par des vols réguliers (1997).

■ ***Communications***
Journaux quotidiens (1995) : diffusion 66 000 ; diffusion pour 1 000 hab. 5,0.
Radiodiffusion (1995) : 4 100 000 postes récepteurs ; 325 pour 1 000 hab.
Télévision (1995) : 960 000 postes récepteurs ; 72,1 pour 1 000 hab.
Téléphone (1995) : 59 700 lignes principales ; 4,5 pour 1 000 hab.

Éducation et santé

■ ***Niveau d'éducation*** (1976)
Proportion de la population âgée de 15 ans et plus : sans instruction scolaire 51,1 % ; ayant une éducation primaire 41,7 % ; éducation secondaire incomplète 0,2 % ; éducation secondaire 5,7 % ; début d'éducation post-secondaire 0,3 % ; éducation supérieure 0,2 % ; sans précision 0,8 %.

■ ***Alphabétisation*** (1995) : personnes âgées de 15 ans et plus alphabétisées 63,4 % ; hommes 75,0 % ; femmes 52,1 %.

■ ***Santé*** : 945 médecins en 1989 (1 pour 11 848 hab.) ; 29 285 lits d'hôpital en 1988 (1 pour 371 hab.) ; taux de mortalité infantile (1995-2000) : 58,0 ‰.

■ ***Alimentation*** (1995) : apport journalier en calories par habitant 2 214 (alimentation d'origine végétale 94 % ; d'origine animale 6 %) ; soit 95 % du niveau minimal recommandé par la F.A.O.

Défense nationale

■ ***Contingent*** (1997) : 13 100 (armée de terre 87,8 % ; marine 9,9 % ; armée de l'air 2,3 %).

■ ***Dépenses militaires*** (1994) : 1,9 % du P.N.B. (moyenne mondiale 3,0 %) ; soit 8 USD/hab.

a. Dévaluation de 50 % du franc CFA le 12 janvier 1994.
b. Sur la base de la surface terrestre.
c. Poids respectifs des éléments de l'indice des prix à la consommation.
d. Importations : chiffres F.O.B. pour la balance commerciale, C.I.F. pour les marchandises et les partenaires commerciaux.

→ *Corpus* : CANADA
→ *Grand Atlas de Géographie* (éd. 1992) : 168, 174, 176, 178 ; 241 (Montréal, Toronto)
→ *Grand Atlas de l'Histoire* : 208, 209, 219, 256, 257, 266, 272, 273, 294

CANADA

- ***Nom officiel*** : Canada. Code I.S.O. : CA.
- ***Forme de gouvernement*** : État fédéral à régime parlementaire multipartiste avec un Parlement comprenant deux chambres (Sénat [104] et Chambre des communes [301]).
- ***Chef de l'État*** : reine d'Angleterre, représentée par un gouverneur général canadien.
- ***Chef du gouvernement*** : Premier ministre.
- ***Capitale*** : Ottawa.
- ***Langues officielles*** : anglais ; français.
- ***Religion officielle*** : aucune.
- ***Unité monétaire*** : 1 dollar canadien (CAD) = 100 cents ; valeur (31 déc. 1997) : 100 CAD = 417,82 FRF ; 1 écu = 1,582 56 CAD.

Démographie

- ***Population*** (estim. 1997) : 30 287 000.
- ***Densité*** [a] (1997) : 3,3 hab./km².
- ***Répartition urbaine/rurale*** (1996) : population urbaine 77,9 % ; population rurale 22,1 %.
- ***Répartition par sexe*** (1997) : hommes 49,53 % ; femmes 50,47 %.
- ***Répartition par âge*** (1997) : moins de 15 ans 19,8 % ; de 15 à 29 ans 20,7 % ; de 30 à 44 ans 25,5 % ; de 45 à 59 ans 17,7 % ; de 60 à 74 ans 11,0 % ; 75 ans et plus 5,3 %.
- ***Projection démographique*** : 31 472 000 en 2000 ; 35 065 000 en 2010.
- ***Origines ethniques*** (1991) : Français 22,8 % ; Britanniques 20,8 % ; Allemands 3,4 % ; Italiens 2,8 % ; Chinois 2,2 % ; Amérindiens et Inuktituts (Esquimaux) 1,7 % ; Ukrainiens 1,5 % ; Néerlandais 1,3 % ; origines multiples et autres 43,5 %.
- ***Appartenances religieuses*** (1991) : catholiques 45,2 % ; protestants 36,4 % ; orthodoxes 1,9 % ; juifs 1,2 % ; musulmans 0,9 % ; bouddhistes 0,6 % ; hindous 0,6 % ; sans appartenance 12,5 % ; autres 0,7 %.
- ***Principales zones métropolitaines*** (1996) : Toronto 4 263 757 hab. ; Montréal 3 326 510 hab. ; Vancouver 1 831 665 hab. ; Ottawa-Hull 1 010 498 hab. ; Edmonton 862 597 hab. ; Calgary 821 628 hab. ; Québec 671 889 hab. ; Winnipeg 667 209 hab. ; Hamilton 624 360 hab. ; London 398 616 hab.

provinces et territoires	capitales	superficie (km²)	population (1996)
provinces :			
Alberta	Edmonton	661 190	2 847 000
Colombie-Britannique (British Columbia)	Victoria	947 800	3 933 300
Île-du-Prince-Édouard (Prince Edward Island)	Charlottetown	5 660	137 200
Manitoba	Winnipeg	649 950	1 145 200
Nouveau-Brunswick (New Brunswick)	Fredericton	73 440	762 000
Nouvelle-Écosse (Nova Scotia)	Halifax	55 490	947 900
Ontario	Toronto	1 068 580	11 407 700
Québec (Quebec)	Québec	1 540 680	7 419 900
Saskatchewan	Régina (Regina)	652 330	1 023 500
Terre-Neuve (Newfoundland)	Saint-Jean (Saint John's)	405 720	563 600
territoires :			
Nord-Ouest (territoires du) (Northwest Territories) [1]	Yellowknife	3 426 320	67 500
Yukon (territoire du) (Yukon Territory)	Whitehorse	483 450	31 600
total		**9 970 610** [2]	**30 286 600** [2]

1. Le 25 mai 1993, le Premier ministre et les représentants des Inuit ont signé un accord prévoyant la création du Nunavut en 1999. Il devrait comprendre 2 201 400 km² pris sur la partie est des Territoires du Nord-Ouest et compter une population de 22 000 habitants (dont 17 500 Inuit). 2. Le total général ne correspond pas exactement au détail en raison des arrondis.

Territoire et population.

■ ***Lieu de naissance*** (1991)
Proportion de la population née au Canada 84,6 % ; à l'étranger 15,4 % (dont Royaume-Uni 2,6 % ; reste de l'Europe 5,9 % ; Asie 3,8 % ; autres 2,2 %).

■ ***Mobilité*** (1991)
Sans changement de résidence depuis 1986 53,3 % ; changement de résidence à l'intérieur d'une même province 39,1 % ; entre différentes provinces 7,6 %.

■ ***Ménages*** (1995)
Nombre de ménages 11 243 000. Taille moyenne des ménages 2,6 ; ménages d'une personne 24,9 % ; de 2 personnes 32,9 % ; de 3 personnes 16,5 % ; de 4 personnes 16,8 % ; de 5 personnes et plus 8,9 %.
Ménages familiaux 7 879 700 (70,0 %) ; ménages non familiaux 3 363 300 (30,0 %, dont célibataires 83,3 %).

■ ***Immigration*** (1994)
Immigrants légaux permanents admis 228 875. Lieux d'origine : Hong Kong 19,7 % ; Philippines 8,5 % ; Inde 7,7 % ; Chine 5,6 % ; Taïwan 3,3 % ; Sri Lanka 3,0 % ; États-Unis 2,8 % ; Vietnam 2,8 % ; Royaume-Uni 2,7 %.
Réfugiés : 19 089.

Statistiques de l'état civil

■ ***Taux de natalité*** (1996) : 12,5 ‰ (moyenne mondiale 25,0 ‰) ; taux (1985) de naissances légitimes 83,8 %, illégitimes 16,2 %.

■ ***Taux de mortalité*** (1996) : 7,2 ‰ (moyenne mondiale 9,3 ‰).

■ ***Taux d'accroissement naturel*** (1996) : 5,3 ‰ (moyenne mondiale 15,7 ‰).

■ ***Taux de fécondité*** (nombre moyen de naissances par femme en âge de procréer, 1993) : 1,9.

■ ***Nombre de mariages*** (pour 1 000 hab., 1995) : 5,4.

■ ***Nombre de divorces*** (pour 1 000 hab., 1995) : 2,7.

■ ***Espérance de vie*** à la naissance (1996) : hommes 74,9 ans ; femmes 81,2 ans.

pourcentage du revenu national par quintile				
1	2	3	4	5 (le plus haut)
5,3	13,6	19,7	25,9	35,5

Répartition du revenu (1991).

■ ***Principales causes de décès*** (pour 100 000 hab., 1994) : maladies de l'appareil circulatoire 247,1 ; tumeurs malignes (cancers) 196,0 ; maladies de l'appareil respiratoire 55,4 ; accidents et actes de violence 42,5 (dont suicides 12,8).

Indicateurs sociaux

■ ***Niveau d'éducation*** (1991)
Proportion de la population âgée de 25 ans et plus : sans instruction scolaire 1,0 % ; ayant une éducation primaire incomplète 4,0 % ; éducation primaire 11,7 % ; éducation secondaire du 1er cycle 34,3 % ; éducation secondaire du 2e cycle 27,7 % ; éducation post-secondaire 21,4 %.

■ ***Qualité de la vie professionnelle*** (1995)
Durée moyenne de la semaine de travail 38,4 heures.
Taux annuel (pour 100 000 actifs) : d'accidents, de blessures ou de maladies professionnelles (1990) 3 320 ; de décès (1992) 5,1.
Nombre moyen (pour 1 000 journées-ouvriers) de journées perdues en raison d'arrêts de travail (1995) : 0,5.
Durée moyenne du trajet jusqu'au lieu de travail (zone urbaine 1983) : 23 minutes.

Principaux moyens de transport jusqu'au lieu de travail : transports en commun 17,3 % ; voitures particulières 72,8 % ; autres 9,9 %.
Proportion de sans-emploi sans perspective d'emploi (1983) : 10,5 ‰.

■ ***Accès aux services*** (1990)
Proportion de logements équipés : de l'électricité 100 % ; de l'eau courante 99,8 % ; du tout-à-l'égout 99,3 %.

■ ***Participation à la vie sociale***
Électeurs inscrits ayant participé au dernier scrutin national (juin 1997) : env. 70 % ; proportion de la population âgée de 18 ans et plus participant au travail bénévole (1987) 27,0 % ; taux d'adhésion aux syndicats (1992) 29,7 % ; proportion de personnes pratiquantes parmi celles qui déclarent une appartenance religieuse (1991) 87,6 %.

■ ***Délinquance et/ou déviance sociale***
Délits pour 100 000 habitants (1994) : crimes avec violence 1 037 ; atteintes à la propriété 5 212, dont vols de véhicules 546 (1991), cambriolages et effractions 1 327 (1991). Taux (pour 100 000 hab.) : d'alcoolisme 2 285 ; de toxicomanie 258.

■ ***Loisirs préférés*** (heures par semaine, 1992) : télévision 15,3 ; vie sociale 12,7 ; lecture 3,5 ; sports et loisirs 0,9.

■ ***Niveau de confort*** (1995)
Ménages possédant : automobile 74,5 % ; poste téléphonique 98,5 % ; récepteur de radio 98,9 % ; récepteur de télévision couleur 98,5 % (1990) ; réfrigérateur 99,7 % ; climatisation 24,6 % (1989) ; télévision câblée 73,4 % ; magnétoscope 82,1 % (1989) ; four à micro-ondes 83,4 %.

Économie nationale

■ ***Budget de l'État*** (1995-1996)
Recettes : 145 453 000 000 CAD (impôts sur le revenu des particuliers 45,1 % ; impôts sur la valeur ajoutée 15,2 % ; impôts sur le revenu des entreprises 9,9 % ; droits d'importation 2,6 %).
Dépenses : 177 703 000 000 CAD (services sociaux 32,5 % ; intérêt de la dette publique 26,9 % ; défense nationale 8,2 % ; santé 4,7 % ; éducation 2,9 %).

■ ***Produit national brut*** (1996) : 573 695 000 000 USD (19 380 USD/hab.).

■ ***Dette nationale*** (1996) : 569 691 000 000 CAD.

■ ***Tourisme*** (1996) : recettes touristiques 8 811 500 000 USD ; dépenses touristiques à l'étranger 11 168 000 000 USD.

	1995		1996	
	millions de CAD [1]	% du total	effectifs	% des effectifs
agriculture	15 421	2,8	453 300	3,0
mines	23 678	4,4	279 900	1,8
industrie	102 384	18,9	2 082 500	13,8
bâtiment	27 221	3,2	718 600	4,7
entreprises publiques	17 632	4,0	147 000	1,0
transports et communications	48 605	9,0	872 600	5,8
commerce	65 494	12,1	2 361 200	15,6
finance	86 772	16,0	799 900	5,3
administration, défense nationale	32 690	6,0	820 100	5,4
services	122 110	22,5	5 141 200	33,9
autres	—	—	1 469 200 [2]	9,7
total	**542 007** [3]	**100,0** [4]	**15 145 400**	**100,0**

1. Aux prix de 1986. 2. Sans-emploi. 3. Le P.I.B. aux prix courants de 1993 est de 776 299 000 000 CAD.
4. Le total général ne correspond pas exactement au détail en raison des arrondis.

Structure du produit intérieur brut et effectifs.

Corpus : AÉROSPATIALE (INDUSTRIE) [les puissances aérospatiales] ; ALIMENTATION (ÉCONOMIE DE L') – Les grands produits alimentaires ; ATLANTIQUE (PLAINE) ; AQUACULTURE ; CÉRÉALES ; CHARBONNAGES ; ESQUIMAUX ; FORÊTS (richesse forestière du globe) ; GAZ NATUREL ; GRANDS LACS AMÉRICAINS ; INDIENS D'AMÉRIQUE (le Canada) ; INDUSTRIE – Groupes industriels et financiers ; MINERAIS (principaux producteurs) ; MINORITÉS (l'oppression des minorités) ; MONTRÉAL ; NUCLÉAIRE (INDUSTRIE) ; OTTAWA ; PÊCHE ; PÉTROLE – Géographie ; QUÉBEC ; QUÉBEC (PROVINCE DE) ; SAINT-LAURENT ; SEL (l'économie du sel à la fin du XXe siècle) ; TABAC (aspects socio-économique) ; TÉLÉVISION ET RADIODIFFUSION – Les organismes dans les pays occidentaux ; TERRE-NEUVE ; TOURISME ; TRANSPORTS – Transport aérien ; URANIUM (répartition géographique des gisements).

Universalia 1986 : 209 Rêves québécois, réalité canadienne ; ***Universalia 1991 :*** 158 Transports internationaux et enjeux géopolitiques ; ***Universalia 1992 :*** 188 L'autodétermination des Inuit : progrès et embûches ; ***Universalia 1998 :*** 163 Le Québec : d'une révolution tranquille à l'autre.

Thesaurus :
ACADIE
ALBERTA
COLOMBIE BRITANNIQUE
ESTRIE
GASPÉSIE
LAURENTIENNE (RÉGION)
MANITOBA
MICMAC
NIAGARA (PÉNINSULE DU)
NOUVEAU-BRUNSWICK
NOUVELLE-ÉCOSSE
ONTARIO
PRAIRIES (LES)
SASKATCHEWAN
TSIMSHIAN

	nombre d'entreprises	nombre d'employés	salaire horaire en % de la moyenne de tous les salaires	valeur ajoutée annuelle (millions de CAD)
industrie :				
alimentation et boissons	3 657	222 000	91,3	18 260
matériel de transport	1 469	204 000	120,1	16 480
produits chimiques et dérivés	1 629	101 000	115,0	12 910
papier et dérivés	715	114 000	133,0	10 210
imprimerie, édition et dérivés	5 522	142 000	110,4	8 950
outillage	4 694	148 000	96,0	8 840
produits électriques et électroniques	1 378	123 000	97,2	8 710
métaux de base	493	97 000	150,8	7 530
métallurgie	3 913	135 000	94,1	7 530
bois	2 672	104 000	100,9	5 210
caoutchouc et plastique	1 547	87 000	86,0	5 010
habillement	2 994	110 000	59,2	3 880
textiles	1 337	72 000	76,2	3 470
produits minéraux non métalliques	1 447	41 000	103,3	3 270
produits pétroliers et houillers	154	18 000	150,2	2 990
ameublement et aménagements	2 607	66 000	73,1	2 620
production de tabac	18	5 000	n.d.	1 140
mines	1 232	113 000	149,3 [1]	29 650
bâtiment [2]	n.d.	800 000	112,3	28 182

1. 1986. 2. 1988

Industrie, mines et bâtiment (1990).

	nombre d'entreprises	nombre d'employés [1]	salaire hebdomadaire en % de la moyenne de tous les salaires	ventes annuelles (millions de CAD)
concessionnaires de véhicules à moteur	n.d.	79 800	n.d.	35 917
magasins d'alimentation	n.d.	213 400	n.d.	35 187
stations-service	n.d.	63 700	n.d.	14 612
grands magasins	n.d.	— [2]	n.d.	13 271
magasins de vêtements	n.d.	50 200	n.d.	7 486
pharmacies	n.d.	52 400	n.d.	7 459
magasins d'ameublement	n.d.	62 100	n.d.	4 447
concessionnaires automobiles	n.d.	31 500	n.d.	3 767
magasins généraux	n.d.	231 700 [2]	n.d.	3 109
fournitures pour le sport	n.d.	n.d.	n.d.	2 669
boutiques	n.d.	— [2]	n.d.	2 415
quincailleries	n.d.	17 300	n.d.	1 824
magasins de chaussures	n.d.	18 400	n.d.	1 599
bijouteries	n.d.	14 000	n.d.	1 215
supermarchés	n.d.	45 100	n.d.	1 057

1. 1984. 2. Le nombre d'employés des grands magasins et des boutiques est inclus dans celui des magasins généraux.

Entreprises de services, commerce de détail (1988).

	1990	1991	1992	1993	1994	1995	1996
indice des prix à la consommation	100,0	105,6	107,2	109,2	109,4	111,8	113,5
indice des revenus horaires*	100,0	105,5	108,2	110,5	111,5	113,1	116,7

(*) Dans l'industrie uniquement.

Indices des prix et des revenus (1990 = 100).

	1991	1992	1993	1994	1995	1996
milliards de CAD	+ 5,2	+ 8,2	+ 12,1	+ 19,3	+ 38,7	+ 36,4
% du total	2,1	3,2	3,4	4,5	7,9	7,1

Balance commerciale (prix courants).

■ ***Production***

Agriculture, sylviculture, pêche (1996).
Blé 23 024 000 t ; orge 13 590 000 t ; maïs 7 000 000 t ; graines de colza 6 089 000 t ; pommes de terre 3 800 000 t ; avoine 3 475 000 t ; soja 2 820 000 t ; légumes 2 098 883 t, dont tomates 500 590 t, carottes 330 920 t, oignons 174 051 t, choux 143 000 t ; pois secs 1 690 000 t ; graines de lin 1 115 000 t ; betteraves à sucre 1 030 000 t ; pommes 560 000 t ; seigle 276 000 t.
Cheptel (sur pied) : bovins 12 767 000 ; porcs 12 223 700 ; moutons 622 300 ; chevaux 350 000.
Bois (1996) : 188 482 000 m³.
Fourrures (1994) : 1 881 693 unités.
Pêche (1995) : 1 010 582 t.

Industries extractives (1996) : minerai de fer 36 030 000 t ; zinc 1 877 829 t ; cuivre 665 891 t ; plomb 246 083 t ; nickel 184 548 t ; uranium 11 448 t ; molybdène 8 845 t ; argent 1 228 kg ; or 164,1 kg.

Industries manufacturières (valeur ajoutée en millions de CAD, 1996) : équipement de transport 16 181,7 ; matériel électrique 12 570,7 ; produits alimentaires et boissons 10 556,6 ; produits chimiques 8 159,1 ; produits papetiers 7 755,9 ; produits métalliques 6 467,8 ; produits en bois 5 371,4 ; imprimerie et édition 4 288,8 ; produits en plastique et en caoutchouc 3 890,4 ; machines 3 797,0 ; vêtements 2 079,0 ; textiles 2 008,3 ; meubles 1 774,7.

Bâtiment (valeur ajoutée en millions de CAD, 1996) : résidentiel 6 683,8 ; non résidentiel 20 001,7.

Énergie (production/consommation) : électricité (1994) 554 186 000 000/510 272 000 000 kWh ; charbon (1994) 78 824 000/52 229 000 t ; pétrole brut (1994) 638 633 000/507 557 000 barils ; produits pétroliers (1994) 87 161 000/77 264 000 t ; gaz naturel (1994) 148 129 000 000/78 223 000 000 m³.

■ ***Population active*** (1996) : 15 145 400 ; taux d'activité 50,5 % (taux de participation : 15-64 ans 64,8 % ; femmes 45,2 % [1995] ; sans-emploi 9,7 %).

■ ***Revenus et dépenses des ménages***

Taille moyenne des ménages (1995) : 2,6.
Revenu annuel moyen par famille (1994) : 54 153 CAD (39 655 USD) ; sources des revenus (1995) : salaires et traitements 57,0 % ; paiements de transfert 20,7 % ; revenus fonciers

	1992	1993	1994	1995	1996	1997 (oct.)
taux de change, CAD pour 1 :						
USD	1,21	1,29	1,36	1,37	1,36	1,39
D.T.S.	1,75	1,82	2,05	2,03	1,97	1,95
réserves internationales (USD) :						
total (sans l'or, millions)	11 431	12 481	12 286	15 049	20 422	21 818
D.T.S. (millions)	1 039	1 062	1 148	1 177	1 168	1 146
réserve éventuelle au F.M.I. (millions)	1 011	948	919	1 243	1 224	1 135
devises (millions)	9 382	10 471	10 219	12 629	18 028	19 536
or (onces, millions)	9,94	6,05	3,41	3,41	3,09	3,09
% des réserves mondiales	1,07	0,65	0,43	0,38	0,34	0,35
intérêts et prix :						
escompte de la Banque centrale (%)	7,36	4,11	7,00	5,79	3,25	3,50*
taux de rendement des bons du Trésor (%)	8,77	8,75	8,63	8,28	7,50	5,99*
cotation des actions des sociétés industrielles (1990 = 100)	99,5	114,1	125,2	129,6	154,0	205,8*
balance des paiements (USD, millions) :						
balance commerciale	+ 5 981	+ 7 612	+ 12 202	+ 22 341	+ 30 062	n.d.
importations F.O.B.	126 370	136 418	151 290	167 513	175 737	n.d.
exportations F.O.B.	132 351	144 030	163 492	189 854	205 799	n.d.
balance des transactions invisibles	− 27 951	− 31 481	− 29 590	− 31 034	− 27 254	n.d.
balance des paiements, compte courant	− 22 060	− 23 869	− 17 388	− 17 388	2 808	n.d.

(*) Octobre.

Agrégats financiers.

et revenus des entreprises 13,7 % ; bénéfices 8,6 %.

Dépenses (1992) : logement, énergie et services 24,7 % ; alimentation 15,5 % ; transports et communications 15,3 % ; biens ménagers durables 9,1 % ; loisirs 8,4 % ; habillement 5,1 % ; santé 4,3 % ; éducation 3,0 %.

■ ***Utilisation du sol*** (1994) : forêts 53,6 % ; prairies et pâturages 3,0 % ; terres cultivées et plantations 4,9 % ; surfaces construites, terres incultes et autres 38,5 %.

Échanges extérieurs

■ ***Importations*** (1996) : 239 576 900 000 CAD (équipement industriel et de transport 53,4 %, dont véhicules automobiles 21,4 % ; produits alimentaires, nourriture pour animaux, boissons et tabac 11,8 % ; pétrole et produits énergétiques 4,0 % ; produits forestiers 0,8 %).

Principales sources des importations : États-Unis 67,4 % ; Japon 4,5 % ; Mexique 2,5 % ; Royaume-Uni 2,5 % ; Allemagne 2,1 % ; Chine 2,1 % ; France 10,5 % ; Italie 1,2 % ; Corée du Sud 1,2 %.

■ ***Exportations*** (1996) : 280 566 300 000 CAD (équipement industriel et de transport 44,8 %, dont véhicules automobiles 22,6 % ; combustibles minéraux 9,1 %, dont pétrole brut 3,5 % ; produits alimentaires 8,7 %, dont blé 2,0 % ; bois de construction 5,6 % ; papier journal et produits papetiers 4,4 % ; pâte de bois 2,2 %).

Principales destinations des exportations : États-Unis 82,3 % ; Japon 3,7 % ; Royaume-Uni 1,4 % ; Allemagne 1,2 % ; Chine 1,0 % ; Corée du Sud 1,0 % ; France 0,6 % ; Pays-Bas 0,6 %.

groupes selon la C.T.C.I.	importations		exportations	
	millions de USD	%	millions de USD	%
00 produits alimentaires et animaux vivants	8 228,8	5,0	11 472,2	6,0
01 boissons et tabac	750,6	0,5	869,7	0,4
02 matières premières à l'exclusion des combustibles	5 856,7	3,6	23 684,2	12,3
03 combustibles minéraux, lubrifiants et produits dérivés	6 004,4	3,6	16 108,8	8,4
04 huiles animales et végétales, graisses et cires	n.d.	n.d.	n.d.	n.d.
05 produits chimiques et dérivés N.D.A.	12 858,5	7,8	10 900,3	5,7
06 produits manufacturés de base	21 761,6	13,2	32 268,3	16,8
07 équipement industriel et de transport	84 554,2	51,4	75 069,9	39,1
08 articles manufacturés divers	19 051,6	11,6	9 613,2	5,0
09 produits non classifiés	5 034,9	3,1	10 495,1	5,5
total	**164 333,6** *	**100,0** *	**192 132,1** *	**100,0** *

(*) Le total général ne correspond pas exactement au détail en raison des arrondis et des ajustements.

Échanges par groupes de produits (1995).

	importations [1]		exportations	
	millions de USD	%	millions de USD	%
Afrique	**1 516**	**0,9**	**9,7**	**0,4**
Asie	**21 683**	**12,8**	**17 081**	**8,5**
Chine	3 610	2,1	2 067	1,0
Japon	7 664	4,5	7 471	3,7
Taïwan	2 099	1,2	1 020	0,5
autres pays d'Asie	8 310	4,9	6 523	3,3
Amérique	**122 129**	**71,8**	**168 437**	**84,2** [2]
États-Unis	114 626	67,4	164 761	82,3
Mexique	4 281	2,5	855	0,4
autres pays d'Amérique	3 222	1,9	2 821	1,4
Europe	**20 412**	**12,0**	**12 661**	**6,3**
Union européenne	16 704	9,8	10 783	5,4
autres pays d'Europe	3 708	2,2	1 878	0,9
Océanie	**1 189**	**0,7**	**859**	**0,4**
total	**170 038** [2]	**100,0**	**200 146** [2]	**100,0** [2]

1. Le total des importations comprend 3 220 000 000 d'USD (1,9 % du total des importations, plus spécialement des transactions spéciales), non répartis par zone. 2. Le total ne correspond pas exactement au détail en raison des arrondis et des ajustements.

Répartition du commerce extérieur (1996).

Transports et communications

■ ***Transports***

Chemins de fer (1995) : longueur 71 592 km ; trafic : 1 430 000 000 passagers-km ; 271 032 000 000 t-km.

Routes (1995) : longueur totale 1 021 000 km (35 % recouvertes).

Véhicules (1995) : voitures particulières 14 280 000 ; camions et autobus 3 895 600.

Marine marchande (1993) : 1 049 navires (de 100 tjb et plus) ; 1 910 000 tonneaux de port en lourd.

Transports aériens (1996) ; trafic : 56 016 000 000 passagers-km ; 1 780 980 000 t-km. 269 aéroports desservis par des vols réguliers (1997).

■ ***Communications***

Journaux quotidiens (1995) : diffusion totale 6 330 000 ; diffusion pour 1 000 hab. 215.

Radiodiffusion (1994) : 26 878 000 postes récepteurs ; 919 pour 1 000 hab.

Télévision (1995) : 18 917 000 postes récepteurs ; 647 pour 1 000 hab.

	nombre d'établissements	nombre d'enseignants	nombre d'élèves	nombre d'élèves par enseignant
primaire (6-14 ans)	12 700	148 724	2 413 126	16,2
secondaire (14-18 ans)	3 324	133 358	2 469 552	18,5
postsecondaire et supérieur [1]	265	64 100 [2]	1 209 386 [3]	14,4 [2]

1. 1996-1997. 2. 1993-1994. 3. Y compris 248 231 étudiants universitaires à temps partiels.

Enseignement (1994-1995).

Téléphone (1995) : 17 457 300 lignes principales ; 590 pour 1 000 hab.

Éducation et santé

■ ***Alphabétisation*** (1986) : personnes âgées de 15 ans et plus alphabétisées 18 745 000 (96,6 %) ; hommes (1975) 95,6 % ; femmes (1975) 95,7 %.

■ ***Santé*** : 54 786 médecins en 1994 (1 pour 534 hab.) ; 163 399 lits d'hôpital en 1993 (1 pour 177 hab.) ; taux de mortalité infantile (1995) : 6,1 ‰.

■ ***Alimentation*** (1995) : apport journalier en calories par habitant 3 093 (alimentation d'origine végétale 71 % ; d'origine animale 29 %) ; soit 116 % du niveau minimal recommandé par la F.A.O.

Défense nationale

■ ***Contingent*** (1997) : 61 600 (armée de terre 35,6 % ; marine 15,3 % ; armée de l'air 23,7 % ; affectation non précisée 25,4 %).

■ ***Dépenses militaires*** (1995) : 1,7 % du P.N.B. (moyenne mondiale 2,8 %) ; soit 318 USD/hab.

a. Sur la base de la surface terrestre.

→ *Corpus* : CAP-VERT (RÉPUBLIQUE DU)
→ *Grand Atlas de Géographie* (éd. 1992) : 132, 146a
→ *Grand Atlas de l'Histoire* : 276, 282

CAP-VERT

- ***Nom officiel*** : République du Cap-Vert (República de Cabo Verde). Code I.S.O. : CV.
- ***Forme de gouvernement*** : république à régime multipartiste avec une assemblée législative (Assemblée nationale populaire [72]).
- ***Chef de l'État*** : président.
- ***Chef du gouvernement*** : Premier ministre.
- ***Capitale*** : Praia.
- ***Langue officielle*** : portugais.
- ***Religion officielle*** : aucune.
- ***Unité monétaire*** : 1 escudo du Cap-Vert (CVE) = 100 centavos ; valeur (31 déc. 1997) : 100 CVE = 6,28 FRF.

Démographie

- ***Population*** (estim. 1997) : 394 000.
- ***Densité*** (1997) : 97,8 hab./km^2.
- ***Répartition urbaine/rurale*** (1990) : population urbaine 29,7 % ; population rurale 70,3 %.
- ***Répartition par sexe*** (1990) : hommes 47,29 % ; femmes 52,71 %.
- ***Répartition par âge*** (1990) : moins de 15 ans 45,1 % ; de 15 à 29 ans 27,2 % ; de 30 à 44 ans 11,4 % ; de 45 à 59 ans 7,9 % ; 60 ans et plus 8,4 %.
- ***Projection démographique*** : 411 000 en 2000 ; 464 000 en 2010.
- ***Temps de doublement*** : 25 ans.
- ***Composition ethnique*** (1986) : Métis 71 % ; Noirs 28 % ; Blancs 1 %.
- ***Appartenances religieuses*** (1995) : catholiques 95,9 % ; protestants et autres 4,1 %.
- ***Principales villes*** (1990) : Praia 61 644 hab. ; Mindelo 47 109 hab. ; São Filipe 5 616 hab.

Statistiques de l'état civil

- ***Taux de natalité*** (1997) : 35,5 ‰ (moyenne mondiale 25,0 ‰) ; taux (1989) de naissances légitimes 28,9 %, illégitimes 71,1 %.
- ***Taux de mortalité*** (1997) : 7,8 ‰ (moyenne mondiale 9,3 ‰).
- ***Taux d'accroissement naturel*** (1997) : 27,7 ‰ (moyenne mondiale 15,7 ‰).
- ***Taux de fécondité*** (nombre moyen de naissances par femme en âge de procréer, 1997) : 5,2.
- ***Nombre de mariages*** (pour 1 000 hab., 1990) : 4,5.
- ***Nombre de divorces*** : n.d.
- ***Espérance de vie*** à la naissance (1997) : hommes 66,8 ans ; femmes 73,4 ans.
- ***Principales causes de décès*** (pour 100 000 hab., 1987) : entérites et autres maladies diarrhéiques 97,4 ; maladies de cœur 77,9 ; tumeurs malignes (cancers) 47,9 ; pneumonie 46,4 ; accidents, empoisonnements et actes de violence 44,0.

îles et comtés	chefs-lieux	superficie (km^2)	population (recens. 1990)[1]
Boa Vista[2]		620	**3 457**
Boa Vista	Sal Rei		
Brava[3]		67	**6 980**
Brava	Nova Sintra		
Fogo[3]		476	**33 860**
Fogo	São Filipe		
Maio[3]		269	**4 964**
Maio	Porto Inglês		
Sal[2]		216	**7 998**
Sal	Santa Maria		
Santiago[2]		991	**171 433**
Praia	Praia		82 874
Santa Catarina	Assomada		37 274
Santa Cruz	Pedro Badejo		26 732
Tarrafal	Tarrafal		24 553
Santo Antão[2]		779	**43 272**
Paúl	Pombas		7 926
Porto Novo	Porto Novo		14 838
Ribeira Grande	Ponta Sol		20 508
São Nicolau[2]		388	**13 577**
São Nicolau	Ribeira Brava		
São Vicente[2]		227	**51 257**
São Vicente	Mindelo		
total		**4 033**	**336 798**

1. Résultats préliminaires. 2. Îles constituant le groupe des îles du Vent. 3. Îles constituant le groupe des îles Sous le Vent.

Territoire et population.

Économie nationale

- ***Budget de l'État*** (1995)
Recettes : 8 404 000 000 CVE (droits d'importation 44,7 % ; impôts sur le revenu 25,4 % ; impôts et revenus fonciers 5,8 % ; transferts 5,1 % ; impôts municipaux 1,2 %).
Dépenses : 19 128 000 000 CVE (dépenses en capital 51,5 % ; dépenses courantes 48,5 %, dont salaires et traitements 20,6 %, transferts 8,7 %, dette publique 6,3 %, biens et services 1,5 %).
- ***Dette publique*** (extérieure, créances, 1995) : 191 400 000 USD.
- ***Tourisme*** (1995) : recettes touristiques 10 000 000 USD ; dépenses touristiques à l'étranger 12 000 000 USD.
- ***Production***
Agriculture, sylviculture, pêche (1996).
Canne à sucre 12 500 t ; bananes 6 000 t ; noix de coco 5 000 t ; légumes et melons 4 200 t ; fruits (sauf melons) 4 000 t ; manioc 3 000 t ; pommes de terre 2 090 t ; patates douces 1 190 t.
Cheptel (sur pied) : porcs 460 000 ; chèvres 109 000 ; bovins 21 000.
Bois : n.d.
Pêche (1995) : 7 081 t.
Industries extractives (1992) : sel 4 000 t.
Industries manufacturières (1994) : pain 3 926 t (1991) ; thon en conserve 273 t ; cigarettes 94 t ; boissons non alcoolisées 932 154 l ; bière 4 162 033 l ; les autres productions sont le rhum et la farine.
Bâtiment (valeur, 1982) : résidentiel 365 800 000 CVE ; non résidentiel 1 700 000 CVE.
Énergie (production/consommation) : électricité (1994) 59 527 000/46 570 000 kWh ; charbon 0/0 ; pétrole brut 0/0 ; produits pétroliers (1995) 0/70 329 t ; gaz naturel 0/0.
- ***Produit national brut*** (aux prix courants du marché, 1995) : 366 000 000 USD (960 USD/hab.).
- ***Population active*** (1990) : 120 565 ; taux d'activité 35,3 % (taux de participation : 15-64 ans 64,3 % ; femmes 38,0 % ; sans-emploi 25,8 %).
- ***Revenus et dépenses des ménages***
Taille moyenne des ménages (1990) : 5,1.
Revenu annuel moyen par ménage : n.d. ; sources des revenus : n.d.
Dépenses (1988) : alimentation 51,1 % ; loge-

	1993		1990	
	millions de CVE	% du total	effectifs	% des effectifs
agriculture	4 878	20,7	29 876	24,7
industrie	1 515	6,4	5 520	4,6
entreprises publiques	698	3,0	883	0,7
mines	67	0,2	410	0,3
bâtiment	4 814	20,4	22 722	18,9
transports et communications	2 898	12,3	6 138	5,1
commerce	5 634	23,9	12 747	10,6
finance	939	4,0	821	0,7
administration, défense nationale	1 936	8,2	17 358	14,4
services	221	0,9		
autres	n.d.	n.d.	24 090	20,0
total	**23 600** [1]	**100,0** [1]	**120 565**	**100,0**

1. Le total général ne correspond pas exactement au détail en raison des arrondis.

Structure du produit intérieur brut et effectifs.

	1990	1991	1992	1993	1994	1995
indice des prix à la consommation	100,0	110,0	113,0	120,0	128,0	138,0
indice des revenus mensuels	100,0	117,0	140,0	121,0	124,0	141,0

Indices des prix et des revenus (1990 = 100).

	1989	1990	1991	1992	1993	1994
millions de CVE	− 8 179	− 9 097	− 10 031	− 11 907	− 12 075	− 13 678
% du total	88,6	92,0	92,0	94,8	95,1	95,1

Balance commerciale (prix courants).

	nombre d'établissements	nombre d'enseignants	nombre d'élèves	nombre d'élèves par enseignant
primaire (7-12 ans)	370 [1]	2 657	78 173	29,4
secondaire (13-17 ans)	16	438	11 808	27,0
professionnel et formation à l'enseignement	3 [2]	94 [2]	2 289	n.d.
supérieur	n.d.	n.d.	n.d.	n.d.

1. 1991. 2. Formation à l'enseignement uniquement.

Enseignement (1993-1994).

ment, combustible et énergie 13,5 % ; boissons et tabac 11,8 % ; transports et communications 8,8 % ; équipement domestique 6,9 % ; autres 7,9 %.

■ ***Utilisation du sol*** (1994) : forêts 0,2 % ; prairies et pâturages 6,2 % ; terres cultivées et plantations 11,2 % ; autres 82,4 %.

Échanges extérieurs[a]

■ ***Importations*** (1994) : 14 012 000 000 CVE (1993, produits alimentaires et boissons 34,6 % ; équipement de transport 13,3 % ; machines et appareils 11,4 % ; produits minéraux non métalliques 10,3 % ; produits métalliques 7,3).
Principales sources des importations (1993) : Portugal 33,6 % ; Pays-Bas 8,5 % ; Allemagne 4,9 % ; France 4,4 % ; États-Unis 3,5 %.

■ ***Exportations*** (1994) 330 300 000 CVE (poisson et dérivés 62,6 % ; bananes 11,7 %).
Principales destinations des exportations (1993) : Portugal 48,8 % ; Angola 16,0 % ; Pays-Bas 3,4 %.

Transports et communications

■ ***Transports***
Routes (1995) : longueur totale 1 095 km (78 % recouvertes).
Véhicules (1993) : voitures particulières 6 479 ; camions et autobus 2 099.
Marine marchande (1992) : 42 navires (de 100 tjb et plus) ; 30 921 tonneaux de port en lourd.
Transports aériens (T.A.C.V. Airline uniquement, 1994) ; trafic : 171 000 000 passagers-km ; 19 207 000 t-km. 9 aéroports desservis par des vols réguliers (1997).

■ ***Communications***
Journaux quotidiens : aucun.
Radiodiffusion (1995) : 57 000 postes récepteurs ; 146 pour 1 000 hab.
Télévision (1995) : 1 000 postes récepteurs ; 2,6 pour 1 000 hab.
Téléphone (1995) : 21 500 postes téléphoniques ; 55 pour 1 000 hab.

Éducation et santé

■ ***Niveau d'éducation*** (1990)
Proportion de la population âgée de 25 ans et plus : sans instruction scolaire 47,9 % ; ayant une éducation primaire 40,9 % ; ayant une éducation secondaire incomplète 3,9 % ; ayant une éducation secondaire 1,4 % ; éducation supérieure 1,5 % ; sans précision 4,4 %.

■ ***Alphabétisation*** (1995) : personnes âgées de 15 ans et plus alphabétisées 71,6 % ; hommes 81,4 % ; femmes 63,8 %.

■ ***Santé*** (1987) : 77 médecins (1 pour 4 208 hab.) ; 625 lits d'hôpital (1 pour 550 hab.) ; taux de mortalité infantile (1995) : 55,9 ‰.

■ ***Alimentation*** (1994) : apport journalier en calories par habitant 3 031 (alimentation d'origine végétale 83 % ; d'origine animale 17 %) ; soit 119 % du niveau minimal recommandé par la F.A.O.

Défense nationale

■ ***Contingent*** (1997) : 1 100 (armée de terre 90,9 % ; armée de l'air 9,1 %).

■ ***Dépenses militaires*** (1995) : 1,0 % du P.N.B. (moyenne mondiale 3,0 %) ; soit 10 USD/hab.

Corpus : PÊCHE.

Universalia 1992 : 116 La difficile démocratisation des systèmes politiques africains.

a. Importations C.I.F.

→ *Corpus* : CENTRAFRIQUE
→ *Grand Atlas de Géographie* (éd. 1992) : 132, 148
→ *Grand Atlas de l'Histoire* : 276, 283, 295

CENTRAFRICAINE (RÉPUBLIQUE)

● ***Nom officiel*** : République centrafricaine (R.C.A.) [abréviation non officielle : Centrafrique]. Code I.S.O. : CF.

● ***Forme de gouvernement*** : république multipartite avec un corps législatif (Assemblée nationale [85])[a].

● ***Chef de l'État*** : président.

● ***Chef du gouvernement*** : Premier ministre.

● ***Capitale*** : Bangui.

● ***Langues officielles*** : français, sango.

● ***Religion officielle*** : aucune.

● ***Unité monétaire*** : 1 franc CFA (XAF) = 100 centimes ; valeur : 100 XAF = 1,00 FRF[b].

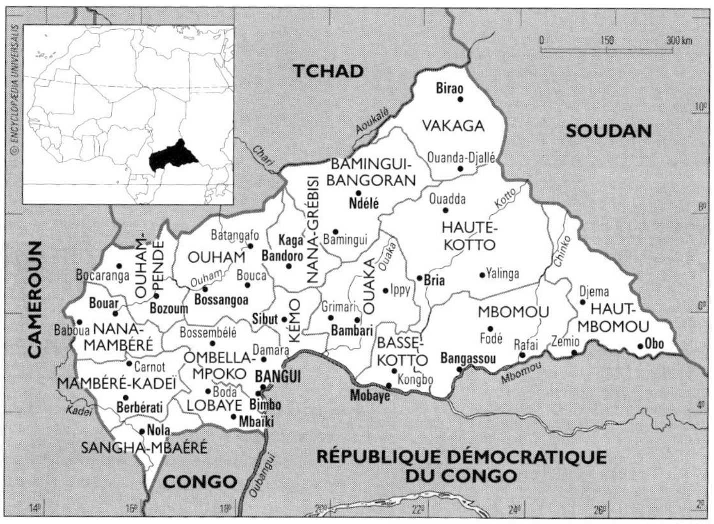

Démographie

■ ***Population*** (estim. 1997) : 3 342 000.

■ ***Densité*** (1997) : 5,4 hab./km².

■ ***Répartition urbaine/rurale*** (1996) : population urbaine 39,0 % ; rurale 61,0 %.

■ ***Répartition par sexe*** (1997) : hommes 49,30 % ; femmes 50,70 %.

■ ***Répartition par âge*** (1997) : moins de 15 ans 44,1 % ; de 15 à 29 ans 27,3 % ; de 30 à 44 ans 15,1 % ; de 45 à 59 ans 8,2 % ; de 60 à 74 ans 4,2 % ; 75 ans et plus 1,1 %.

■ ***Projection démographique*** : 3 539 000 en 2000 ; 4 177 000 en 2010.

■ ***Temps de doublement*** : 30 ans.

■ ***Composition ethnolinguistique*** (1988) : Bayas 23,7 % ; Bandas 23,4 % ; Mandjias 14,7 % ; Ngbakas 7,6 % ; Saras 6,5 % ; Mbums 6,3 % ; Karés 2,4 % ; Français 0,1 % ; autres 15,3 %.

préfectures	chefs-lieux	superficie (km²)	population (recens. 1988)
Bamingui-Bangoran	Ndélé	58 200	28 643
Bangui *	Bangui	67	451 690
Kémo (ex-Kémo-Gribingui)	Sibut (ex-Fort-Sibut)	17 204	82 884
Kotto (Basse-)	Mobaye	17 604	194 750
Kotto (Haute-)	Bria	86 650	58 838
Lobaye	Mbaïki	19 235	169 554
Mambéré-Kadei	Berbérati	30 203	230 364
Mbomou	Bangassou	61 150	119 252
Mbomou (Haut-)	Obo	55 530	27 113
Nana-Gribizi	Kaga Bandoro (ex-Fort-Crampel)	19 996	95 497
Nana-Mambéré	Bouar	26 600	191 970
Ombella-Mpoko	Bimbo	31 835	180 857
Ouaka	Bambari	49 900	208 332
Ouham	Bossangoa	50 250	262 950
Ouham-Pendé	Bozoum	32 100	287 653
Sangha-Mbaéré	Nola	19 412	65 961
Vakaga	Birao	46 500	32 118
total		**622 436**	**2 688 426**

(*) Commune autonome.

Territoire et population.

Corpus : AFRIQUE NOIRE – Société et économie ; BANTOU ; DIAMANT (les principaux producteurs).

Universalia 1991 : 210 Le nouveau paysage audiovisuel en Afrique francophone ; *Universalia 1995* : 157 Afrique : la dévaluation du franc CFA ou la fin d'un tabou ; *Universalia 1997* : Bokassa (J. B.).

Thesaurus :
BANGUI
CHARI-LOGONE
ZANDÉ

■ ***Appartenances religieuses*** (1985) : protestants 25,0 % ; catholiques 25,0 % ; religions tribales 24,0 % ; musulmans 15,0 % ; autres (en majorité chrétiens) 11,0 %.

■ ***Principales villes*** (1994) : Bangui 524 000 hab. ; Berbérati 47 000 hab. ; Bouar 43 000 hab. ; Bambari 41 000 hab. ; Carnot 41 000 hab. ; Bossangoa 33 000 hab.

Statistiques de l'état civil

■ ***Taux de natalité*** (1997) : 39,0 ‰ (moyenne mondiale 25,0 ‰) ; taux de naissances légitimes n.d., illégitimes n.d.

■ ***Taux de mortalité*** (1997) : 17,0 ‰ (moyenne mondiale 9,3 ‰).

■ ***Taux d'accroissement naturel*** (1997) : 22,0 ‰ (moyenne mondiale 15,7 ‰).

■ ***Taux de fécondité*** (nombre moyen de naissances par femme en âge de procréer, 1997) : 5,2.

■ ***Nombre de mariages et de divorces*** : n.d.

■ ***Espérance de vie*** à la naissance (1996) : hommes 47,0 ans ; femmes 52,0 ans.

■ ***Principales causes de décès*** : n.d. ; toutefois, les infections respiratoires (principalement la tuberculose et la pneumonie), les troubles digestifs, la méningite, les maladies diarrhéales, la malnutrition, les maladies cardio-vasculaires, la malaria, l'hépatite virale et le sida sont les principales causes de décès au milieu des années 1990.

Économie nationale

■ ***Budget de l'État*** (1996)
Recettes : 45 800 000 000 XAF (impôts 96,1 % ; recettes non fiscales 3,9 %).
Dépenses : 114 400 000 000 XAF (dépenses courantes 50,5 % ; dépenses en capital 49,5 %).

■ ***Dette publique*** (extérieure, créances, 1995) : 852 000 000 USD.

■ ***Tourisme*** (1993) : recettes touristiques 3 000 000 USD ; (1994) dépenses touristiques à l'étranger 43 000 000 USD.

■ ***Production***
Agriculture, sylviculture, pêche (1997).
Manioc 578 700 t ; ignames 320 000 t ; bananes 100 000 t ; arachides 97 800 t ; bananes plantains 78 000 t ; maïs 65 000 t ; coton sec 50 000 t ; graines de sésame 32 000 t ; légumineuses 26 000 t ; sorgho 25 000 t ; oranges 20 000 t ; café 18 000 t ; coton en graines 10 000 t (1994) ; riz paddy 9 000 t ; fibre de coton 7 000 t (1994).
Cheptel (sur pied) : bovins 2 926 000 ; chèvres 1 340 000 ; porcs 596 000 ; poulets 3 600 000.
Bois (1995) : 3 864 000 m³.
Pêche (1995) : 13 300 t.
Industries extractives (1996) : diamants 487 300 carats ; or (1995) 98 kg.
Industries manufacturières (valeur ajoutée, pour 1 000 USD, 1994) : alimentation, boissons et tabac 19 000 ; produits chimiques 3 000 ; produits en bois 2 000 ; textiles, vêtements et produits en cuir 1 000 ; équipement de transport 1 000.
Bâtiment (Bangui uniquement, 1992) : résidentiel 10 052 m² ; non résidentiel 82 411 m².
Énergie (production/consommation) : électricité (1994) 101 000 000/101 000 000 kWh ; charbon

	1995		1988	
	millions de XAF*	% du total	effectifs	% des effectifs
agriculture	282 800	53,4	1 113 900	80,4
mines	32 700	6,2	15 400	1,1
industrie	46 600	8,8	22 400	1,6
bâtiment	25 000	4,7	7 000	0,5
entreprises publiques	4 300	0,8	1 500	0,1
transports et communications	15 600	2,9	1 500	0,1
commerce	56 600	10,7	118 000	8,5
autres services	25 200	4,8	15 600	1,1
administration, défense nationale	41 000	7,7	91 700	6,6
total	**529 800**	**100,0**	**1 387 000**	**100,0**

(*) Au coût des facteurs.

Structure du produit intérieur brut et effectifs.

	1990	1991	1992	1993	1994	1995	1996
indice des prix à la consommation	100,0	97,8	56,5	93,6	116,6	139,0	143,7
indice des revenus	n.d.	n.d.	n.d.	n.d.	n.d.	n.d.	n.d.

Indices des prix et des revenus (1990 = 100).

	1990	1991	1992	1993	1994	1995
milliards de XAF	−9,3	−13,0	−10,1	−4,5	+4,3	−0,7
% du total	12,4	32,9	15,2	6,7	2,7	0,4

Balance commerciale (prix courants).

	nombre d'établissements	nombre d'enseignants	nombre d'élèves	nombre d'élèves par enseignant
primaire (6-11 ans)	930 [1]	4 004 [1]	277 961	n.d.
secondaire (12-18 ans)	46 [1]	845 [1]	42 263	n.d.
professionnel	11	11	1 477	n.d.
supérieur [2]	1	139	2 923	21,0

1. 1990-1991. 2. Université de Bangui uniquement.

Enseignement (1991-1992).

0/n.d. ; pétrole brut 0/0 ; produits pétroliers (1994) 0/79 000 t ; gaz naturel 0/0.

■ ***Produit national brut*** (aux prix courants du marché, 1995) : 1 123 000 000 USD (340 USD/hab.).

■ ***Population active*** (1988) : 1 387 000 ; taux d'activité 48,2 % (taux de participation : 15-64 ans 78,3 % ; femmes 46,8 % ; sans-emploi 7,5).

■ ***Revenus et dépenses des ménages***
Taille moyenne des ménages (1988) : 4,7.
Revenu annuel moyen par ménage (1988) : 91 985 XAF (435 USD) ; sources des revenus : n.d.
Dépenses (poids respectifs des éléments de l'indice des prix à la consommation, 1991) : alimentation 70,5 % ; habillement 8,5 % ; autres produits manufacturés 7,6 % ; énergie 7,3 % ; services (comprend transports et communications, loisirs et santé) 6,1 %.

■ ***Utilisation du sol*** (1994) : forêts 75,0 % ; prairies et pâturages 4,8 % ; terres cultivées et plantations 3,2 % ; autres 17,0 %.

Échanges extérieurs

■ ***Importations*** (1995) : 94 203 000 000 XAF (1992 : produits alimentaires 22,2 % ; matériel de transport 16,6 % ; produits chimiques 13,7 % ; produits énergétiques 11,0 %).
Principales sources des importations : France 37,0 % ; Japon 24,3 % ; Cameroun 6,3 % ; Allemagne 3,7 % ; Belgique et Luxembourg 3,2 % ; États-Unis 2,6 %.

■ ***Exportations*** : 93 524 000 000 XAF (diamants 49,7 % ; café 15,7 % ; bois 15,5 % ; coton 12,1 %).
Principales destinations des exportations : Belgique et Luxembourg 40,1 % ; France 16 % ; république démocratique du Congo 2,1 % ; république du Congo 1,1 % ; Royaume-Uni 1,1 %.

Transports et communications

■ ***Transports***
Chemins de fer : aucun.
Routes (1996) : longueur totale 24 000 km (2 % recouvertes).
Véhicules (1995) : voitures particulières 9 500 ; camions et autobus 7 000.
Marine marchande : aucune.
Transports aériens (Air Afrique uniquement, 1996) : 224 736 000 passagers-km ; 16 420 000 t-km. 1 aéroport desservi par des vols internationaux (1997).

■ ***Communications***
Journaux quotidiens (1995) : diffusion totale 2 000 ; diffusion pour 1 000 hab. 1,0.
Radiodiffusion (1995) : 245 000 postes récepteurs ; 75 pour 1 000 hab.
Télévision (1995) : 16 000 postes récepteurs ; 5 pour 1 000 hab.
Téléphone (1995) : 7 800 lignes principales ; 2,4 pour 1 000 hab.

Éducation et santé

■ ***Niveau d'éducation*** (1988)
Proportion de la population âgée de 10 ans et plus : sans instruction scolaire 59,3 % ; ayant une éducation primaire 29,6 % ; éducation secondaire 9,8 % ; éducation supérieure 1,3 %.

■ ***Alphabétisation*** (1995) : personnes âgées de 15 ans et plus alphabétisées 60,0 % ; hommes 68,5 % ; femmes 52,4 %.

■ ***Santé*** : 157 médecins en 1992 (1 pour 18 660 hab.) ; 4 258 lits d'hôpital en 1991 (1 pour 672 hab.) ; taux de mortalité infantile (1997) : 108,0 ‰.

■ ***Alimentation*** (1995) : apport journalier en calories par habitant 1 885 (alimentation d'origine végétale 91 % ; d'origine animale 9 %) ; soit 83 % du niveau minimal recommandé par la F.A.O.

Défense nationale

■ ***Contingent*** (1997) : 2 650 (non compris 2 300 gendarmes) [armée de terre 94,3 % ; armée de l'air 5,7 %].

■ ***Dépenses militaires*** (1994) : 3,2 % du P.N.B. (moyenne mondiale 3,0 %) ; soit 10 USD/hab.

a. La nouvelle Constitution a été promulguée le 14 janvier 1995.

b. Dévaluation de 50 % du franc CFA le 12 janvier 1994.

→ *Corpus* : CHILI
→ *Grand Atlas de Géographie* (éd. 1992) : 212, 216, 220, 222 ; 252e (Santiago), 166 (île de Pâques)
→ *Grand Atlas de l'Histoire* : 219, 226, 227, 286, 287, 294

CHILI

- ***Nom officiel*** : République du Chili (República de Chile). Code I.S.O. : CL.
- ***Forme de gouvernement*** : république à régime multipartiste avec deux chambres législatives (Sénat [47, dont 8 non-élus] et Chambre des députés [120]).
- ***Chef de l'État et du gouvernement*** : président.
- ***Capitale***[a] : Santiago.
- ***Langue officielle*** : espagnol.
- ***Religion officielle*** : aucune.
- ***Unité monétaire*** : 1 nouveau peso chilien (CLP) = 100 centavos ; valeur (31 déc. 1997) : 100 CLP = 1,36 FRF.

Démographie

■ ***Population*** (estim. 1997) : 14 583 000.

■ ***Densité*** (1997) : 19,3 hab./km².

■ ***Répartition urbaine/rurale*** (1995) : population urbaine 85,8 % ; population rurale 14,2 %.

■ ***Répartition par sexe*** (1994) : hommes 49,40 % ; femmes 50,60 %.

■ ***Répartition par âge*** (1994) : moins de 15 ans 30,5 % ; de 15 à 29 ans 25,5 % ; de 30 à 44 ans 22,1 % ; de 45 à 59 ans 12,7 % ; de 60 à 74 ans 6,9 % ; 75 ans et plus 2,3 %.

■ ***Projection démographique*** : 15 086 000 en 2000 ; 16 480 000 en 2010.

■ ***Temps de doublement*** : 50 ans.

■ ***Composition ethnique*** (1992) : Européens et Métis 89,7 % ; Araucans (Mapuches) 9,6 % ; Aymaras 0,5 % ; Rapa Nui Polynésiens 0,2 %.

■ ***Appartenances religieuses*** (1992) : catholiques 76,7 % ; protestants 13,2 % ; athées et sans appartenance 5,8 % ; autres 4,3 %.

■ ***Principales villes*** (1995) : grand Santiago 5 076 808 hab. ; Concepción 350 268 hab. ; Viña del Mar 322 220 hab. ; Valparaíso 282 168 hab. ; Talcahuano 260 915 hab. ; Temuco 239 340.

Statistiques de l'état civil

■ ***Taux de natalité*** (1995) : 19,7 ‰ (moyenne mondiale 25,0 ‰) ; taux (1990) de naissances légitimes 61,9 %, illégitimes 38,1 %.

■ ***Taux de mortalité*** (1995) : 5,5 ‰ (moyenne mondiale 9,3 ‰).

■ ***Taux d'accroissement naturel*** (1995) : 14,2 ‰ (moyenne mondiale 15,7 ‰).

■ ***Taux de fécondité*** (nombre moyen de naissances par femme en âge de procréer, 1994) : 2,3.

■ ***Nombre de mariages*** (pour 1 000 hab., 1993) : 6,7.

■ ***Nombre de divorces*** (pour 1 000 hab. 1993) : 0,5.

■ ***Espérance de vie*** à la naissance (1990-1995) : hommes 71,8 ans ; femmes 77,8 ans.

■ ***Principales causes de décès*** (pour 100 000 hab., 1993) : maladies de l'appareil circulatoire 157,4 ; tumeurs malignes (cancers) 111,5 ; accidents 66,1 ; maladies de l'appareil respiratoire 64,9.

Économie nationale

■ ***Budget de l'État*** (1994)
Recettes : 4 843 100 000 000 CLP (impôts sur le revenu 84,3 % ; recettes non fiscales 15,7 %).
Dépenses : 4 481 980 000 000 CLP (sécurité sociale et assistance sociale 33,3 % ; services et affaires économiques 15,4 % ; éducation 13,9 % ; santé 12,2 % ; défense 8,8 %).

■ ***Dette publique*** (extérieure, créances, 1995) : 7 178 000 USD.

■ ***Tourisme*** (1995) : recettes touristiques 900 000 000 USD ; dépenses touristiques à l'étranger 774 000 000 USD.

■ ***Production***
Agriculture, sylviculture, pêche (1996).
Betteraves à sucre 2 804 000 t ; raisins 1 527 000 t ; tomates 1 370 000 t ; blé 1 227 000 t ; maïs 932 000 t ; pommes de terre 828 000 t ; oignons secs 390 000 t ; avoine 200 000 t ; riz 154 000 t ; orge 64 000 t.
Cheptel (sur pied) : moutons 4 516 000 ; bovins 3 858 000 ; porcs 1 486 000.
Bois (1995) : 31 365 000 m³.
Pêche (1995) : 7 590 000 t.
Industries extractives (1995) : fer 8 174 000 t ; cuivre 2 488 000 t ; zinc 30 000 t ; molybdène 17 889 t ; argent 1 032 000 kg ; or 30 000 kg.
Industries manufacturières (valeur ajoutée en millions d'USD, 1994) : produits alimentaires 2 725 ; métal et produits métalliques 2 123 ; pétrole et produits pétroliers 1 042 ; papier et dérivés 782 ; boissons 671 ; produits minéraux non métalliques 535 ; produits du tabac 488 ; bois et dérivés 467.
Bâtiment (constructions autorisées, 1994) : résidentiel 7 049 369 m² ; non résidentiel 2 875 935 m².
Énergie (production/consommation) : électricité (1994) 25 250 000 000/25 250 000 000 kWh ; charbon (1994) 1 182 000/3 145 000 t ; pétrole brut (1994) 4 459 000/54 141 000 barils ; produits pétroliers (1994) 7 136 000/8 399 000 t ; gaz naturel (1994) 1 954 000 000/1 865 000 000 m³.

■ ***Produit national brut*** (1995) : 59 151 000 000 USD (4 160 USD/hab.).

■ ***Population active*** (1995) : 5 274 200 ; taux d'activité 37,8 % (taux de participation : 15-64 ans 58,6 % ; femmes 32,4 % ; sans-emploi 4,7 %).

■ ***Revenus et dépenses des ménages***
Taille moyenne des ménages (1994) : 3,8.

Corpus : AGRAIRES (RÉFORMES) [deux tentatives réformistes, du Venezuela au Chili] ; AMÉRIQUE LATINE – Économie et société ; ANDES (CORDILLÈRE DES) [les Andes aujourd'hui] ; ARAUCANS ; AYMARAS ; CUIVRE (économie du cuivre) ; FUÉGIENS ; MINERAIS (principaux producteurs) ; PÂQUES (ÎLE DE) [les fluctuations démographiques] ; PÊCHE ; ZONES FRANCHES.

Universalia 1989 : 132 L'épuisement du modèle national de développement en Amérique latine ; *Universalia 1991* : 151 Amérique latine : une nouvelle donne ; 231 Stabilité politique et expansion économique ; *Universalia 1994* : 208 Vingt ans après le coup d'État militaire ; *Universalia 1997* : 147 Amérique latine : la difficile reconversion des militaires ; 150 Amérique latine : le Mercosur, pôle d'attraction pour l'intégration latino-américaine.

Thesaurus :
ANTOFAGASTA
ARAUCANIE
ATACAMA (DÉSERT D')
AYSÉN (ÎLES D')
CHILOÉ
CHUQUICAMATA
CONCEPCIÓN
JUAN FERNÁNDEZ (ÎLES)
MERCURIO (EL)
NORTE CHICO
SANTIAGO
VALLE CENTRAL
VALPARAISO

régions	capitales	superficie (km²)	population [1] (recens. 1992)
Aisén (del General Carlos Ibáñez del Campo)	Coihaique	109 025	82 071
Antofagasta	Antofagasta	126 444	407 409
Araucanie (la Araucanía)	Temuco	31 858	774 959
Atacama	Copiapó	75 573	230 786
Biobío (el Biobío ; var. Bío-Bío)	Concepción	36 929	1 729 920
Coquimbo	La Serena	40 656	502 460
Libertador General Bernardo O'Higgins	Rancagua	16 365	688 385
Los Lagos	Puerto Montt	66 997	953 330
Magellan et Antarctique chilienne (Magellanes y Antártica Chilena)	Punta Arenas (Magallanes)	132 034 [2]	143 058
Maule (el Maule)	Talca	30 302	834 053
Tarapacá	Iquique	58 698	341 112
Valparaíso (ex-Aconcagua) [3]	Valparaíso	16 396	1 373 967
Région métropolitaine de Santiago	Santiago	15 349	5 170 293
total		**756 626** [2]	**13 231 803**

1. Préliminaire. 2. Ne comprend pas les eaux intérieures, ni la portion de l'Antarctique revendiquée par le Chili (administrée par la région de Magellan et Antarctique chilienne). 3. Cette région comprend plusieurs îles situées dans l'océan Pacifique sud : l'île de Pâques (isla de Pascua ; var. polynés. Rapa Nui, Tepito-Te Henua), la petite île Sala y Gómez ; l'archipel Juan Fernández (isla Alejandro Selkirk, ex-isla Más Afuera ; isla Róbinson Crusoe, ex-isla Más a Tierra ; isla Santa Clara) ; ainsi que l'île San Félix et l'île San Ambrosio.

Territoire et population.

	1994		1995	
	millions de CLP [1]	% du total	effectifs	% des effectifs
agriculture	486 595	8,3	809 700	15,4
mines	470 974	8,0	93 200	1,8
industrie	1 003 765	17,1	861 500	16,3
bâtiment	322 992	5,5	410 700	7,8
entreprises publiques	160 600	2,8	28 100	0,5
transports et communications	454 329	7,8	400 500	7,6
commerce	993 408	17,0	974 100	18,5
finance	972 559	16,6	340 100	6,4
administration, défense nationale	159 952	2,7	1 322 800	25,1
services	397 881	6,8		
autres	431 956 [2]	7,4	33 500 [3]	0,6
total	**5 855 011**	**100,0**	**5 274 200** [4]	**100,0**

1. Aux prix constants de 1986. 2. Moins les frais de service bancaire. 3. Sans-emploi à la recherche de leur premier emploi. 4. Le total général ne correspond pas exactement au détail en raison des arrondis.

Structure du produit intérieur brut et effectifs.

	1990	1991	1992	1993	1994	1995	1996
indice des prix à la consommation	100,0	122,0	141,0	158,0	177,0	191,0	205,0
indice des revenus mensuels	100,0	121,2	146,2	n.d.	n.d.	n.d.	n.d.

Indices des prix et des revenus (1990 = 100).

	1991	1992	1993	1994	1995	1996
millions de USD	+ 1 575	+ 749	− 979	+ 660	+ 1 384	− 1 147
% du total	9,7	3,9	5,1	2,9	4,5	3,6

Balance commerciale (prix courants).

	nombre d'établissements	nombre d'enseignants	nombre d'élèves	nombre d'élèves par enseignant
primaire (6-13 ans)	8 323	78 813	2 119 737	26,9
secondaire (14-17 ans)	2 956 [1]	50 187	664 498	13,2
supérieur	201 [1]	18 084 [2]	315 653 [3]	n.d.

1. 1988. 2. Universités uniquement. 3. 1993.

Enseignement (1994).

Revenu annuel moyen par ménage (novembre 1994) : 5 981 706 CLP (12 552 USD) ; sources des revenus (1990) : salaires et traitements 75,1 % ; paiements de transfert 12,0 % ; autres 12,9 %.
Dépenses (1989) : alimentation 27,9 % ; vêtements 22,5 % ; logement 15,2 % ; transports 6,4 %.

■ ***Utilisation du sol*** (1994) : forêts 22,0 % ; prairies et pâturages 18,2 % ; terres cultivées et plantations 5,7 % ; autres 54,1 %.

Échanges extérieurs[b]

■ ***Importations*** (1994) : 11 125 400 000 USD (produits intermédiaires 51,8 % ; biens d'équipement 28,7 % ; biens de consommation 17,5 %).
Principales sources des importations : États-Unis 23,2 % ; Japon 8,9 % ; Brésil 8,8 % ; Argentine 8,4 % ; Allemagne 4,9 % ; France 3,2 %.

■ ***Exportations*** (1994) : 11 645 100 000 USD (produits industriels 44,9 %, dont produits alimentaires, papier et dérivés 7,9 %, produits chimiques et pétroliers 6,3 % ; produits miniers 43,8 % ; fruits et légumes 9,5 %).
Principales destinations des exportations : États-Unis 17,3 % ; Japon 17,0 % ; Argentine 5,5 % ; Brésil 5,2 % ; Allemagne 5,0 % ; Taïwan 4,6 % ; Royaume-Uni 4,5 % ; France 3,5 %.

Transports et communications

■ ***Transports***
Chemins de fer (1995) : longueur 6 572 km ; trafic : 689 000 000 passagers-km ; (1994) 2 329 246 000 t-km.
Routes (1995) : longueur totale 79 750 km (14 % recouvertes).
Véhicules (1995) : voitures particulières 888 645 ; camions et autobus 469 142.
Marine marchande (1992) : 392 navires (de 100 tjb et plus) ; 854 850 tonneaux de port en lourd.
Transports aériens (1995) ; trafic : 6 332 843 000 passagers-km ; 1 348 083 000 t-km. 28 aéroports desservis par des vols réguliers (1997).

■ ***Communications***
Journaux quotidiens (1994) : diffusion 1 411 000 ; diffusion pour 1 000 hab. 101.
Radiodiffusion (1996) : 4 400 000 postes récepteurs ; 305 pour 1 000 hab.
Télévision (1995) : 4 000 000 postes récepteurs ; 280 pour 1 000 hab.
Téléphone (1995) : 1 884 800 lignes principales ; 13,8 pour 1 000 hab.

Éducation et santé

■ ***Niveau d'éducation*** (1992)
Proportion de la population âgée de 25 ans et plus : sans instruction scolaire 5,7 % ; ayant une éducation primaire 44,2 % ; éducation secondaire 42,2 % ; éducation supérieure 7,9 %.

■ ***Alphabétisation*** (1995) : personnes âgées de 15 ans et plus alphabétisées 95,2 %.

■ ***Santé*** (1994) : 16 000 médecins (1 pour 875 hab.) ; 43 076 lits d'hôpital (1 pour 326 hab.) ; taux de mortalité infantile (1995) : 11,1 ‰.

■ ***Alimentation*** (1995) : apport journalier en calories par habitant 2 769 (alimentation d'origine végétale 78 % ; d'origine animale 22 %) ; soit 113 % du niveau minimal recommandé par la F.A.O.

Défense nationale

■ ***Contingent*** (1997) : 94 300 (armée de terre 54,1 % ; marine 31,6 % ; armée de l'air 14,3 %).

■ ***Dépenses militaires*** (1995) : 3,8 % du P.N.B. (moyenne mondiale 2,8 %) ; soit 158 USD/hab.

a. Les corps législatifs siègent à Valparaiso.
b. Importations : chiffres F.O.B. pour la balance commerciale et C.I.F. pour les marchandises et les partenaires commerciaux.

→ *Corpus :* CHINE (La République populaire)
→ *Grand Atlas de Géographie* (éd. 1992) : 98, 102, 104, 106 ; 235b (Shanghai), 235d (T'aipei), 237a (Pékin), 237d (Hong Kong).
→ *Grand Atlas de l'Histoire :* 209, 218, 219, 232-233 (L'effondrement de l'empire chinois de 1842 à 1911), 248, 249, 262-263 (La révolution chinoise de 1912 à 1949), 270, 271, 278, 279, 295

CHINE

● ***Nom officiel*** : République populaire de Chine (Zhōnghuá Rénmín Gònghéguó ; forme courte : Zhōngguó). Code I.S.O. : CN.

● ***Forme de gouvernement*** : république populaire à régime de parti unique avec un organe suprême (Assemblée nationale populaire [2 978]).

● ***Chef de l'État*** : président.

● ***Chef du gouvernement*** : Premier ministre.

● ***Capitale*** : Pékin (Běijīng).

● ***Langue officielle*** : chinois (langue mandarine [guoyo, ou « pŭtōnghuà »]).

● ***Religion officielle*** : aucune.

● ***Unité monétaire*** : 1 rénmínbì yuán (CNY) = 10 jiăo ou 100 fēn ; valeur (31 déc. 1997) : 100 CNY = 72,32 FRF[a].

Démographie

■ ***Population*** (estim. 1997) : 1 227 740 000.

■ ***Densité*** (1997) : 128,3 hab./km².

■ ***Répartition urbaine/rurale*** (1997) : population urbaine 32,0 %, rurale 68,0 %.

■ ***Répartition par sexe*** (1995) : hommes 51,03 % ; femmes 48,97 %.

■ ***Répartition par âge*** (1990) : moins de 15 ans 27,7 % ; de 15 à 29 ans 31,0 % ; de 30 à 44 ans 20,7 % ; de 45 à 59 ans 12,0 % ; de 60 à 74 ans 6,9 % ; 75 ans et plus 1,7 %.

■ ***Projection démographique*** : 1 261 480 000 en 2000 ; 1 348 957 000 en 2010.

■ ***Temps de doublement*** : 77 ans.

■ ***Composition ethnique*** (1990) : Han (Chinois) 91,96 % ; Zhuang 1,37 % ; Mandchous 0,87 % ; Hui 0,76 % ; Miao 0,65 % ; Ouighours 0,64 % ; Yi 0,58 % ; Dujia 0,50 % ; Mongols 0,42 % ; Tibétains 0,41 % ; Puyi 0,23 % ; Dong 0,22 % ; Yao 0,18 % ; Coréens 0,17 % ; Bai 0,14 % ; Hani 0,11 % ; Kazakhs 0,10 % ; Dai 0,09 % ; Li 0,09 % ; autres 0,51 %.

■ ***Appartenances religieuses*** (1980) : sans appartenance 51,9 % ; croyances populaires 20,1 % ; athées 12,0 % ; bouddhistes 8,5 % ; musulmans 1,4 % ; chrétiens 0,1 % ; autres 6,0 %.

■ ***Principales villes*** (1990) : Shanghai 7 496 509 hab. ; Beijing (Pékin) 5 769 607 hab. ; Tianjin 4 574 689 hab. ; Shenyang 3 603 712 hab. ; Wuhan 3 284 229 hab. ; Guangzhou (Canton) 2 914 281 hab. ; Harbin 2 443 398 hab. ; Chongqing 2 266 772 hab. ; Nanjing (Nankin) 2 090 204 hab. ; Xi'an 1 959 044 hab. ; Dalian 1 723 302 hab. ; Chengdu 1 713 255 hab. ; Changchun 1 679 270 hab. ; Taiyuan 1 533 884 hab. ; Jinan 1 480 915 hab. ; Qingdao 1 459 195 hab. ; Anshan 1 203 986 hab ; Fushun 1 202 388 hab. ; Lanzhou 1 194 640 hab. ; Changzhou 1 159 679 hab. ; Zibo 1 138 074 hab. ; Kunming 1 127 411 hab.

■ ***Ménages*** (1995)
Taille moyenne des ménages ruraux 4,5 ; ménages urbains 3,2. Ménages familiaux (1990) 277 390 000 (99,4 %) ; ménages collectifs 1 671 000 (0,6 %).

provinces, régions autonomes et zones municipales	capitales	superficie (km²)	population (janv. 1996)
provinces :			
Anhui [Ngan-houei]	Hefei [Ho-fei]	139 900	60 130 000
Fujian [Fou-kien]	Fuzhou [Fou-tcheou]	123 100	32 190 000
Gansu [Kan-sou]	Lanzhou [Lan-tcheou]	366 500	24 380 000
Guangdong [Kouang-tong]	Canton (Guangzhou [Kouang-tcheou])	197 100	68 680 000
Guizhou [Kouei-tcheou]	Guiyang [Kouei-yang]	174 000	35 080 000
Hainan	Haikou [Hai-k'eou]	34 300	7 240 000
Hebei [Ho-pei]	Shijiazhuang [Che-kia-tchouang]	202 700	64 370 000
Heilongjiang [Hei-long-kiang]	Harbin [Ha-eul-pin] (Kharbine)	463 600	37 010 000
Henan [Ho-nan]	Zhengzhou [Tcheng-tcheou]	167 000	91 000 000
Hubei [Hou-pei]	Wuhan [Wou-han]	187 500	57 720 000
Hunan [Hou-nan]	Changsha [Tch'ang-cha]	210 500	63 920 000
Jiangsu [Kiang-sou]	Nankin (Nanjing [Nan-king])	102 600	70 660 000
Jiangxi [Kiang-si]	Nanchang [Nan-tch'ang]	164 800	40 630 000
Jilin [Ki-lin]	Changchun [Tch'ang-tch'ouen]	187 000	25 920 000
Liaoning [Leao-ning]	Shenyang [Chen-yang] (anc. Moukden)	151 000	40 920 000
Qinghai [Ts'ing-hai]	Xining [Si-ning]	721 000	4 810 000
Shandong [Chan-tong]	Jinan [Tsi-nan]	153 300	87 050 000
Shānxi ou Shanxi [Chan-si]	Taiyuan [T'ai-yuan]	157 100	30 770 000
Shănxi ou Shaanxi [Chen-si]	Xi'an [Si-ngan]	195 800	35 140 000
Sichuan [Sseu-tch'ouan]	Chengdu [Tch'eng-tou]	546 000	98 650 000
Taiwan [T'ai-wan] 2	Taibei [T'ai-pei]	— 1	— 1
Yunnan	Kunming [K'ouen-ming]	436 200	39 390 000
Zhejiang [Tchö-kiang]	Hangzhou [Hang-tcheou]	101 800	43 190 000
régions autonomes :			
Guangxi [Kouang-si] Zhuangzu Zizhiqu	Nanning	220 400	45 430 000
Nei Monggol Zizhiqu (Mongolie-Intérieure)	Huhhot (Houhehot)	1 177 500	22 840 000
Ningxia [Ning-hia] Huizu Zizhiqu	Yinchuan [Yin-tch'ouan]	66 400	5 130 000
Xinjiang [Sin-kiang] Uygur Zizhiqu	Ürümqi (Ouroumtsi)	1 646 900	16 610 000
Xizang [Si-tsang] Zizhiqu (Tibet)	Lhasa	1 221 600	2 400 000
zones municipales :			
Chongging [Chungking]	—	23 000	14 600 000
Pékin (Beijing [Pei-king])	—	16 800	12 510 000
Shanghai [Chang-hai]	—	6 200	14 150 000
Tianjin [T'ien-tsin]	—	11 300	9 420 000
total		**9 572 900** 2	**1 211 210 000** 3

Les toponymes chinois sont exprimés en transcription internationale officielle *pinyin*, suivie entre crochets de la transcription traditionnelle E.F.E.O.
1. On trouvera les données statistiques concernant cette province revendiquée par la Chine à la notice « Taïwan ».
2. Comprend 11 900 km² non répartis par région. 3. Ce total comprend des fonctionnaires n'apparaissant dans les comptes d'aucune entité administrative de ce tableau.

Territoire et population.

Statistiques de l'état civil

■ ***Taux de natalité*** (1997) : 16,4 ‰ (moyenne mondiale 25,0 ‰).

■ ***Taux de mortalité*** (1997) : 7,1 ‰ (moyenne mondiale 9,3 ‰).

■ ***Taux d'accroissement naturel*** (1997) : 9,3 ‰ (moyenne mondiale 15,7 ‰).

■ ***Taux de fécondité*** (nombre moyen de naissances par femme en âge de procréer, 1997) : 1,8.

■ ***Nombre de mariages*** (pour 1 000 hab., 1995) : 7,7.

■ ***Nombre de divorces*** (pour 1 000 hab., 1995) : 0,9.

■ ***Espérance de vie*** à la naissance (1997) : hommes 68,0 ans ; femmes 72,0 ans.

■ ***Principales causes de décès*** (1995)[b] : maladies de l'appareil circulatoire 22,2 % ; tumeurs malignes (cancers) 21,9 % ; maladies de l'appareil respiratoire 15,7 % ; maladies de cœur 15,3 % ; blessures et empoisonnements 6,9 % ; maladies de l'appareil digestif 3,3 %.

Indicateurs sociaux

■ ***Niveau d'éducation*** (1990)
Proportion de la population âgée de 25 ans et plus : sans instruction scolaire 29,3 % ; ayant une éducation primaire incomplète 34,3 % ; ayant une éducation primaire 34,4 % ; éducation postsecondaire 2,0 %.

■ ***Qualité de la vie professionnelle*** (1991)
Durée moyenne de la semaine de travail : 48 heures.
Fonds d'assistance sociale et pensions de retraite (1994) : 121 890 000 000 CNY.

■ ***Accès aux services***
Proportion de communes équipées de l'électricité (1979) 87,1 % ; raccordées à un réseau public d'eau potable (1994) 93,0 %.

■ ***Participation à la vie sociale***
Électeurs inscrits ayant participé au dernier scrutin national n.d. ; proportion de la population participant au travail bénévole n.d. ; taux d'adhésion aux syndicats (1991) 17,9 %.

Corpus : AGRAIRES (RÉFORMES) [la « révolution de la civilisation » chinoise] ; ALIMENTATION (ÉCONOMIE DE L') – Les grands produits alimentaires ; AQUACULTURE ; ASIE – Géographie humaine (l'Asie extrême-orientale) ; BASSIN ROUGE ; CANTON ; CÉRÉALES ; CHARBONNAGES (les grands pays socialistes) ; HIMALAYA (aspects ethnographiques) ; HONG KONG ; HOUILLERS (BASSINS) [répartition et importance] ; ISLAM (Histoire) – Modernisme dans le monde musulman (Chine) ; KALMOUKS ; MIAO ET YAO ; MINERAIS (principaux producteurs) ; MONGOLIE (Histoire) [sous le régime populaire] ; OÏRAT (le XXe siècle) ; OLÉAGINEUX (répartition géographique) ; PÊCHE ; PÉKIN ; PÉTROLE – Géographie du pétrole ; POPULATION (GÉOGRAPHIE DE LA) [population et démographie] ; RECHERCHE SCIENTIFIQUE (les pays socialistes) ; SEL (l'économie du sel à la fin du XXe siècle) ; SHANGHAI ; SINO-SOVIÉTIQUES (RELATIONS) [relations économiques et techniques] ; SOCIALISME – Économie des pays socialistes ; Socialisme et Tiers Monde ; SUCRE (la production) ; TABAC (aspects socio-économiques) ; TAIWAN ; THAI ; TIBET ; TOURISME – Les pays collectivistes ; TRANSPORTS – Transport maritime ; XINJIANG ; YANGZIJIANG ; ZONES FRANCHES.

Universalia 1985 : 198 Le nouveau cours de la politique extérieure ; ***Universalia 1988 :*** 119 Les ambiguïtés d'une modernisation autoritaire ; 125 Un coup d'arrêt « conservateur» ? ***Universalia 1990 :*** 105 Chine-U.R.S.S.-États-Unis : le triangle brisé ? ; 130 Les villes géantes ; ***Universalia 1991 :*** 144 La réforme politique ou l'impossible démocratisation ; ***Universalia 1993 :*** 138 La relance des réformes.

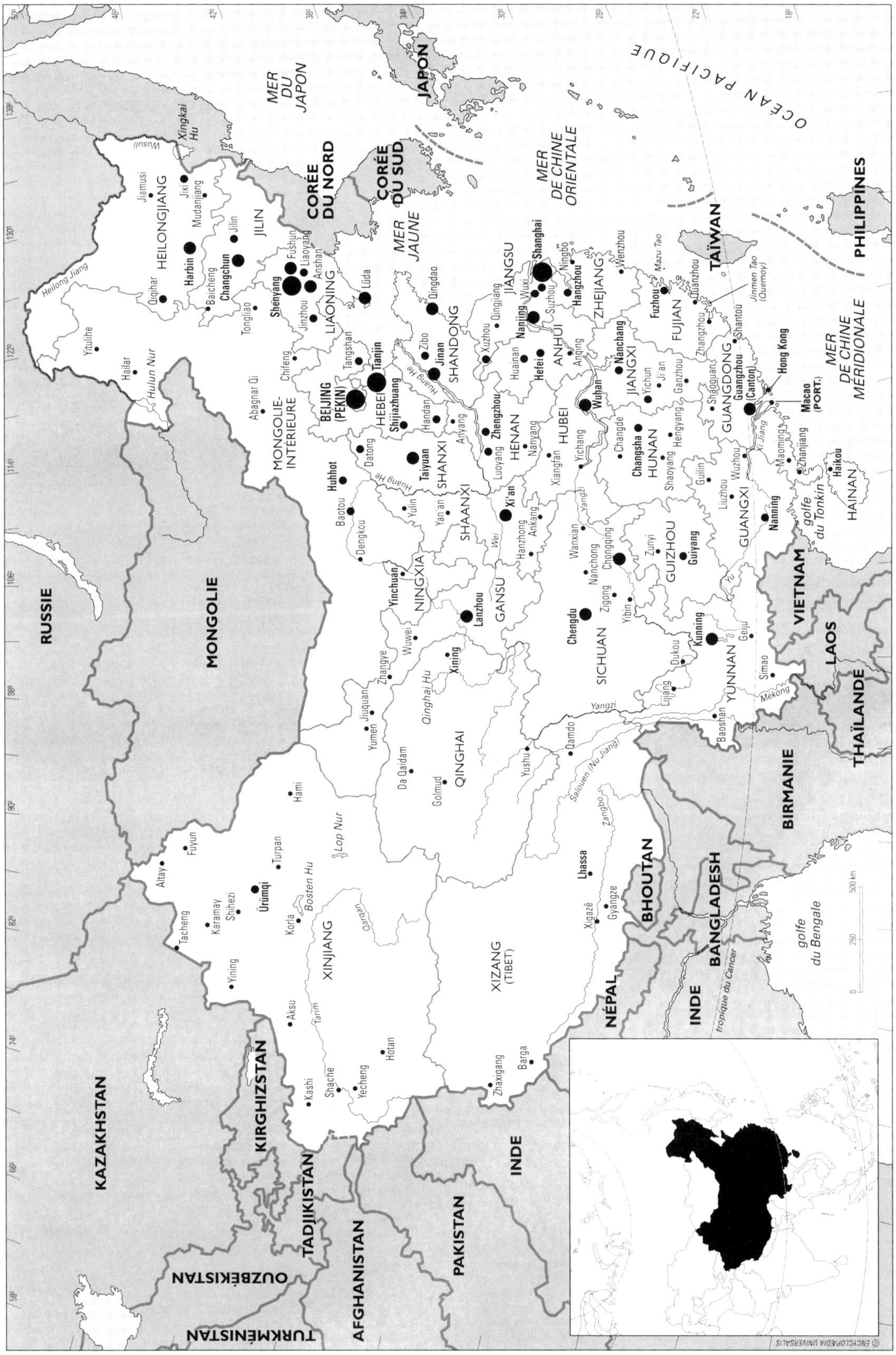

Thesaurus :
ANSHAN
BENXI
CHANGCHUN
CHANGSHA
CHENGDU
CHINE (MINORITÉS ETHNIQUES EN)
CHINOIS HORS DE CHINE
CHONGQING
DANDONG
DAQING
DATONG
DAZHAI
FUJIAN
FUSHUN
FUZHOU
GANSU
GUANGDONG
GUANGXI (RÉGION AUTONOME DU)
GUIZHOU
HA'ERBIN
HAINAN (ÎLE DE)
HAKKA
HANGZHOU
HEBEI
HEILONGJIANG
HENAN
HUANGSHI
HUBEI
HUHEHOT
HUNAN
ISLAM EN CHINE
JIANGSU
JIANGXI
JILIN, province
JILIN, ville
JINAN
KHALKHA
KUNMING
LANZHOU
LHASA
LIAONING
LIAOYUAN
LIUJIA (BARRAGE DE)
LÜDA
LUOYANG
NANKIN
NINGXIA (RÉGION AUTONOME DU)
ORDOS
QINGDAO
QINGHAI
QIQIHAER
QUOTIDIEN DU PEUPLE (LE)
SANMEN, barrage
SHANDONG
SHĀNXI
SHENYANG
SHIJIAZHUANG
SICHUAN
SUZHOU
TAIYUAN
TANGSHAN
THÉ
TIANJIN
TUMET
XIAMEN
XI'AN
YAN'AN
YICHANG
YUNNAN
ZHANGJIAKOU
ZHEJIANG
ZHENGZHOU

■ ***Délinquance et/ou déviance sociale***
Nombre d'arrestations signalées (pour 100 000 habitants 1986) : atteintes à la propriété 20,7 ; atteintes aux droits des personnes 7,2 ; abus de biens sociaux 3,3 ; menaces contre la sécurité publique 1,0[c].

■ ***Niveau de confort*** (1995)
Biens des familles urbaines (nombre par famille) : bicyclette 1,9 ; poste de télévision 1,2 ; lave-linge 0,9 ; réfrigérateurs 0,7 % ; machine à coudre 0,6 ; appareil photographique 0,3.
Biens des familles rurales (nombre par famille) : bicyclette 1,5 ; poste de télévision 0,8 ; machine à coudre 0,7 ; lave-linge 0,2.

Économie nationale

■ ***Produit national brut*** (aux prix courants du marché, 1995) : 744 890 000 000 USD (620 USD/hab.).

■ ***Budget de l'État*** (1996)
Recettes : 736 661 000 000 CNY (impôts 93,7 % ; fonds collectés pour l'énergie et les transports et autres 6,3 %).
Dépenses : 791 438 000 000 CNY (culture, éducation et santé publique 21,5 % ; biens de production 11,2 % ; administration 8,1 % ; développement des entreprises 6,7 % ; développement agricole 6,6 % ; défense nationale 4,7 % ; travaux de voierie publique 3,7 %).

■ ***Dette publique*** (extérieure, créances, 1995) : 94 675 000 000 USD.

■ ***Tourisme*** (1995) : recettes touristiques 8 733 000 000 USD ; dépenses touristiques à l'étranger 3 688 000 000 USD.

■ ***Production***
Agriculture, sylviculture, pêche (1996).
Céréales : riz 197 200 000 t ; maïs 127 810 000 t ; blé 110 315 000 t ; sorgho 4 098 000 t ; orge 3 500 000 t ; millet 2 701 000 t.
Graines oléagineuses : soja 13 010 000 t ; arachides 10 230 000 t ; colza 9 166 000 t ; tournesol 1 290 000 t.
Fruits : pastèques 21 708 000 t ; pommes 17 058 000 t ; oranges 8 050 000 t ; cantaloups 5 962 000 t ; poires 5 921 000 t.
Autres produits agricoles : patates douces 100 196 000 t ; canne à sucre 70 840 000 t ; pommes de terre 36 769 000 t ; betteraves à sucre 16 726 000 t ; choux 16 214 000 t ; tomates 15 532 000 t ; concombres 13 351 000 t ; coton brut 12 609 000 t ; oignons 9 630 000 t ; aubergines 9 325 000 t ; ail 8 574 000 t ; tabac en feuilles 3 210 000 t ; thé 614 000 t.
Cheptel (sur pied) : porcs 452 199 000 ; chèvres 149 908 000 ; moutons 127 261 000 ; bovins 108 910 000 ; zébus 23 315 000 ; ânes 10 745 000 ; chevaux 10 071 000 ; poulets 2 902 000 000 ; canards 483 000 000.
Bois (1995) : 297 653 000 m³.
Pêche (1995) : 24 433 321 t.
Industries extractives (1996).
Métaux (concentrés) : zinc 1 119 000 t ; cuivre 906 000 t ; plomb 530 000 t ; antimoine 99 000 t ; étain 56 000 t ; tungstène 24 000 t.

revenu par habitant par quintile en CNY (revenu moyen 4 288 CNY)				
1	2	3	4	5
2 478	3 364	4 074	4 958	7 134

Répartition du revenu des foyers urbains (1995).

	milliards de CNY	% du total	effectifs	% des effectifs
agriculture	1 199,30	20,6	330 180	52,9
mines	n.d.	n.d.	10 670	1,7
industrie	2 435,37	41,8	98 030	15,7
bâtiment	381,96	6,6	33 220	5,3
entreprises publiques	n.d.	n.d.	2 580	0,4
transports et communications	323,65	5,6	19 420	3,1
commerce	509,44	8,7	49 920	6,9
finance	n.d.	n.d.	3 560	0,6
administration	n.d.	n.d.	10 420	1,7
services	976,33	16,7	28 050	4,5
autres	n.d.	n.d.	44 830	7,2
total	**5 826,05**	**100,0**	**623 880**	**100,0**

Structure du produit national brut et effectifs (1995).

	nombre d'entreprises	nombre d'employés	salaire annuel en % de la moyenne de tous les salaires	valeur de la production annuelle brute (millions de CNY)
commerce de détail [1]	**10 063 000**	**24 345 000**	**n.d.**	**n.d.**
épiceries	171 000	1 213 000	n.d.	n.d.
grands magasins	174 000	2 120 000	n.d.	n.d.
autres magasins d'alimentation	120 000	824 000	n.d.	n.d.
fournitures agricoles	100 000	508 000	n.d.	n.d.
accessoires électriques	96 000	930 000	n.d.	n.d.
quincailleries	71 000	377 000	n.d.	n.d.
huiles et grains	81 000	783 000	n.d.	n.d.
textiles	40 000	288 000	n.d.	n.d.
pharmacies	32 000	251 000	n.d.	n.d.
librairies	28 000	151 000	n.d.	n.d.
charbon	16 000	200 000	n.d.	n.d.
entreprises de services [1]	**1 842 000**	**4 522 000**	**n.d.**	**n.d.**
réparation	742 000	1 110 000	n.d.	n.d.
coiffeurs	508 000	779 000	n.d.	n.d.
hôtels	189 000	1 427 000	n.d.	n.d.
studios de photographie	98 000	225 000	n.d.	n.d.
industrie [2] **:**				
produits manufacturés en métal, équipement industriel et de transport	131 810	17 740 000	96,7 [4]	1 462 671
produits alimentaires	61 983	4 760 000	87,5 [4]	620 008
produits chimiques	59 010	7 470 000	92,1 [4]	733 852
textiles	25 686	6 730 000	95,5 [4]	460 400
mines [2] **:**				
charbon	11 953	5 210 000	119,8 [4]	115 516
métaux	5 915	840 000	107,6 [4]	43 410
pétrole brut	134	1 280 000	n.d. [4]	142 846

1. 1992. 2. 1995. 3. Dans les entreprises d'État uniquement. 4. 1979.

Commerce de détail, services, industrie et mines.

	1989	1990	1991	1992	1993	1994	1995	1996
indice des prix à la consommation	98,6	100,0	105,1	114,1	133,5	165,9	193,9	210,0
indice des revenus annuels*	90,4	100,0	109,3	126,7	157,5	212,1	257,0	n.d.

(*) Salaire annuel moyen dans les établissements industriels des zones urbaines.

Indices des prix et des revenus (1990 = 100).

Minerais : minerai de fer 250 000 000 t ; bauxite 5 500 000 t ; minerai de manganèse (1995) 250 000 000 t ; argent (1995) 250 t ; or (1995) 140 t.
Non-métaux : sel 28 990 000 t ; gypse 7 500 000 t ; phosphates (1995) 7 000 000 t ; talc 2 500 000 t ; spath fluor 2 000 000 t ; baryte 1 500 000 t ; graphite (1995) 350 000 t ; amiante 250 000 t.
Industries manufacturières (1996) : ciment 490 000 000 t ; acier 86 110 000 t ; engrais chimiques 26 600 000 t ; papier et carton (1995) 24 000 000 t ; acide sulfurique 18 890 000 t ; sucre 6 500 000 t ; filés de coton 4 900 000 t ; tissés de coton 22 120 000 000 m ; cigarettes 34 420 000 paquets ; récepteurs de télévision en couleurs 21 090 000 ; lave-linge (1995) 9 448 000 ; réfrigérateurs 9 280 000 ; véhicules automobiles 1 490 000.
Bâtiment (1995) : résidentiel 1 074 330 000 m² ; non résidentiel 381 670 000 m².
Répartition de la production industrielle (pourcentage de la valeur globale par secteur, 1978/1995) : entreprises gérées par l'État 80,6 %/34,0 % ; entreprises collectives 19,2 %/36,6 % ; entreprises privées 0,2 %/29,4 %.
Ventes de détail (pourcentage des ventes globales par secteur, 1978/1995) : entreprises gérées par l'État 90,5 %/29,8 % ; entreprises collectives 7,4 %/19,3 % ; entreprises privées 2,1 %/50,9 %.
Énergie (production/consommation) : électricité (1994) 928 083 000 000/926 037 000 000 kWh ; charbon (1994) 1 239 902 000/1 231 928 000 t ; pétrole brut (1994) 1 069 320 000/1 024 375 000 barils ; produits pétroliers (1994) 106 629 000/114 972 000 t ; gaz naturel (1994) 17 540 000 000/17 540 000 000 m³.

■ ***Population active*** (1995) : 696 600 000 ; taux d'activité 57,8 % (taux de participation : [1987] 15 ans et plus 76,8 % ; [1987] femmes 49,7 % ; sans-emploi 10,4 %).
Main-d'œuvre urbaine (par secteur d'activité, 1978/1995) : entreprises gérées par l'État 74 500 000/109 550 000 ; entreprises collectives 20 000 000/30 760 000 ; activités indépendantes ou entreprises privées 150 000/8 770 000.

	1990	1991	1992	1993	1994	1995	1996
taux de change*, CNY pour 1 :							
USD	5,22	5,43	5,75	5,80	8,45	8,32	8,31
D.T.S.	7,43	7,77	7,91	7,97	12,33	12,36	11,93
réserves internationales* (USD)							
total (sans l'or, millions)	29 586	43 674	20 620	22 387	52 914	75 377	107 039
D.T.S. (millions)	562	577	419	484	539	582	614
réserve éventuelle au F.M.I. (millions)	430	433	758	704	755	1 216	1 396
devises (millions)	28 594	42 664	19 443	21 199	51 260	73 579	105 029
or (onces, millions)	12,7	12,7	12,7	12,7	12,7	12,7	12,7
% des réserves mondiales	1,4	1,4	1,4	1,4	1,4	1,4	1,4
intérêts et prix :							
escompte de la Banque centrale (%)	n.d.	n.d.	n.d.	n.d.	n.d.	n.d.	n.d.
taux de rendement des bons du Trésor (%)	n.d.	n.d.	n.d.	n.d.	n.d.	n.d.	n.d.
cotation des actions des sociétés industrielles	n.d.	n.d.	n.d.	n.d.	n.d.	n.d.	n.d.
balance des paiements (USD, millions) :							
balance commerciale	+ 9 165	+ 8 743	+ 5 183	− 10 654	+ 7 290	+ 18 050	+ 19 535
importations F.O.B.	42 354	50 176	64 385	86 313	95 271	10 060	131 542
exportations F.O.B.	51 519	58 919	69 568	75 659	102 561	128 110	151 077
balance des transactions invisibles	+ 2 833	+ 5 022	+ 1 218	− 955	− 758	11 774	12 437
balance des paiements, compte courant	+ 11 998	+ 13 765	+ 6 401	− 11 609	+ 6 532	+ 6 276	+ 7 098

(*) Le taux de change et les réserves internationales sont fondés sur les chiffres de fin de période.

Agrégats financiers.

■ ***Revenus et dépenses des ménages***
Taille moyenne des ménages (1995) : 3,7 ; ménages ruraux 4,5 ; ménages urbains 3,2.
Revenu annuel moyen par ménage : 11 555 CNY ; ménage rural 10 474 CNY ; ménage urbain 13 851 CNY.
Sources des revenus.
Ménages ruraux (1995) : revenus provenant des activités familiales 80,3 % ; salaires 15,2 % ; autres 4,5 %.
Ménages urbains (1995) : salaires 80,6 % ; revenus provenant des activités 5,7 % ; autres 13,7 %.
Dépenses (1995).
Ménages ruraux : alimentation 58,6 % ; logement 13,9 % ; activités culturelles 7,8 % ; habillement 6,9 % ; équipements domestiques 5,2 % ; santé 3,2 % ; transports 2,6 %.
Ménages urbains : alimentation 49,9 % ; habillement 13,5 % ; activités culturelles 8,8 % ; équipements domestiques 8,4 % ; logement 7,1 % ; transports 4,8 % ; santé 3,1 %.

■ ***Utilisation du sol*** (1994) : forêts 14,0 % ; prairies et pâturages 42,9 % ; terres cultivées et plantations 10,3 % ; autres 32,8 %.

Échanges extérieurs[d]

■ ***Importations*** (1995) : 132 078 000 000 USD (équipement industriel et de transport 39,9 % ; produits de l'industrie textile, produits en métal et en caoutchouc 21,8 % ; produits chimiques et dérivés 13,1 % ; matières premières non comestibles 7,7 % ; produits alimentaires et animaux sur pied 4,6 % ; combustibles minéraux et lubrifiants 3,9 %).
Principales sources des importations : Japon 22,0 % ; États-Unis 12,2 % ; Taïwan 11,2 % ; Corée du Sud 7,8 % ; Hong Kong 6,5 % ; Allemagne 6,1 % ; Russie 2,9 % ; Singapour 2,6 % ; Italie 2,4 % ; France 2,0 % ; Australie 2,0 %.

■ ***Exportations*** (1995) : 148 770 000 000 USD (produits de l'industrie textile, produits en métal et en caoutchouc 21,7 % ; équipement industriel et de transport 21,1 % ; produits alimentaires et animaux sur pied 6,7 % ; produits chimiques et dérivés 6,1 % ; combustibles minéraux et lubrifiants 3,6 % ; matières premières non comestibles 2,9 %).
Principales destinations des exportations : Hong Kong 24,2 % ; Japon 19,1 % ; États-Unis 16,6 % ; Corée du Sud 4,5 % ; Allemagne 3,8 % ; Singapour 2,4 % ; Pays-Bas 2,2 % ; Taïwan 2,1 % ; Royaume-Uni 1,9 % ; Italie 1,4 %.

	1991	1992	1993	1994	1995	1996
millions de CNY	+ 8 743	+ 5 183	− 10 654	+ 7 290	+ 18 050	+ 19 535
% du total	8,0	3,9	6,6	3,7	7,6	6,9

Balance commerciale (prix courants).

	nombre d'établissements	nombre d'enseignants	nombre d'élèves	nombre d'élèves par enseignant
primaire (7-13 ans)	849 123	6 539	159 064	24,3
secondaire (13-17 ans)	81 020	3 334	53 710	16,1
secondaire spécialisé	14 196	549	8 205	14,9
supérieur	1 054	401	2 906	7,2

Enseignement (1995).

Transports et communications

■ ***Transports***
Chemins de fer : longueur (1995) 72 934 km ; trafic (1995) : 354 750 000 000 passagers-km ; 1 287 000 000 000 t-km.
Routes (1995) : longueur totale 1 157 009 km (90 % recouvertes).
Véhicules (1995) : voitures particulières 4 179 000 ; camions et autobus 5 213 270.
Marine marchande (1992) : 2 390 navires (de 100 tjb et plus) ; 20 657 996 tonneaux de port en lourd.
Transports aériens (1995) ; trafic : 68 130 000 000 passagers-km ; 2 230 000 000 t-km. 113 aéroports desservis par des vols réguliers (1996).

■ ***Communications***
Journaux quotidiens (1994) : diffusion 27 790 000 ; diffusion pour 1 000 hab. 23.
Radiodiffusion (1996) : 215 950 000 postes récepteurs ; 177 pour 1 000 hab.
Télévision (1995) : 227 880 000 postes récepteurs ; 189 pour 1 000 hab.
Téléphone (1995) : 40 706 000 postes téléphoniques ; 34 pour 1 000 hab.

Éducation et santé

■ ***Alphabétisation*** (1990) : personnes âgées de 15 ans et plus alphabétisées 636 112 000 (77,7 %) ; hommes 364 687 000 (87,0 %) ; femmes 271 425 000 (68,0 %).

■ ***Santé*** (1995) : 1 918 000 médecins (1 pour 628 hab.) ; 3 141 000 lits d'hôpital (1 pour 384 hab.) ; taux de mortalité infantile (1997) : 39,0 ‰.

■ ***Alimentation*** (1995) : apport journalier en calories par habitant 2 741 (alimentation d'origine végétale 82 % ; d'origine animale 18 %) ; soit 116 % du niveau minimal recommandé par la F.A.O.

Défense nationale

■ ***Contingent*** (1997) : 2 840 000 (armée de terre 73,6 % ; marine 9,9 % ; armée de l'air 10,5 %).

■ ***Dépenses militaires*** (1995) : 2,3 % du P.N.B. (moyenne mondiale 2,8 %) ; soit 53 USD/hab.

a. Unification du double marché des changes à compter du 1er janvier 1994.

b. Chiffres fondés sur un échantillon d'habitants urbains.

c. À l'exclusion des arrestations pour activités anticommunistes.

d. Importations F.O.B. ; exportations F.O.B.

→ *Corpus* : HONG KONG
→ *Grand Atlas de Géographie* (éd. 1992) : 98, 237d
→ *Grand Atlas de l'Histoire* : 279, 295

CHINE : Hong Kong

• ***Noms officiels*** : chin. Xianggang ; angl. Hong Kong [a]. Code I.S.O. : HK.

• ***Statut politique*** : région administrative spéciale [b] (République populaire de Chine) avec une chambre législative, Conseil législatif [60, dont 21 non élus]).

• ***Chef de l'État*** : président.

• ***Chef du gouvernement local*** : Premier ministre.

• ***Capitale*** : aucune [c].

• ***Langues officielles*** : anglais [a] ; chinois.

• ***Religion officielle*** : aucune.

• ***Unité monétaire*** : 1 dollar de Hong Kong (HKD) = 100 cents ; valeur (31 déc. 1997) : 100 HKD = 77,29) FRF [d].

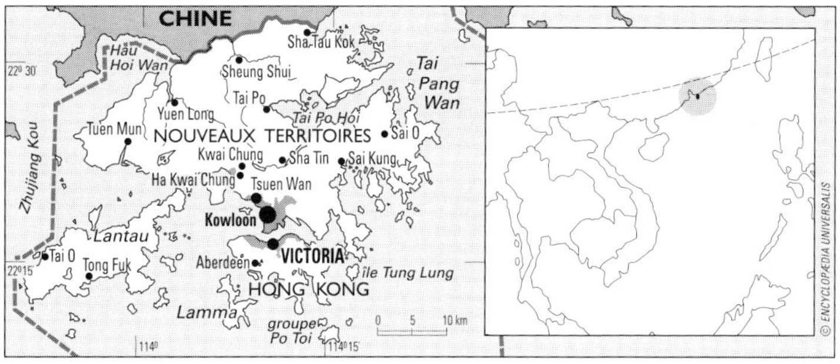

Démographie

■ ***Population*** (estim. 1997) : 6 491 000.

■ ***Densité*** (1997) : 5 945 hab./km².

■ ***Répartition urbaine/rurale*** (1997) : population urbaine 100 %.

■ ***Répartition par sexe*** (1996) : hommes 50,06 % ; femmes 49,94 %.

■ ***Répartition par âge*** [e] (1996) : moins de 15 ans 18,9 % ; de 15 à 29 ans 22,4 % ; de 30 à 44 ans 29,4 % ; de 45 à 59 ans 15,1 % ; de 60 à 74 ans 10,5 % ; 75 ans et plus 3,7 %.

■ ***Projection démographique*** : 6 928 000 en 2000 ; 8 606 000 en 2010.

■ ***Temps de doublement*** : sans objet.

■ ***Composition linguistique*** (1991) : Chinois 96,8 %, dont Cantonais 88,7 % ; Anglais 2,2 % ; autres 1,0 %.

■ ***Appartenances religieuses*** (1997) : principalement bouddhistes et taoïstes ; on compte cependant environ 260 000 protestants (1994), 254 100 catholiques, 50 000 musulmans et 12 000 hindous.

■ ***Principales villes*** : il n'y a pas de localités bien délimitées à Hong Kong.

Statistiques de l'état civil

■ ***Taux de natalité*** (1996) : 10,0 ‰ (moyenne mondiale 25,0 ‰) ; taux (1985) de naissances légitimes 94,5 %, illégitimes 5,5 %.

■ ***Taux de mortalité*** (1996) : 4,9 ‰ (moyenne mondiale 9,3 ‰).

■ ***Taux d'accroissement naturel*** (1996) : 5,1 ‰ (moyenne mondiale 15,7 ‰).

■ ***Taux de fécondité*** (nombre moyen de naissances par femme en âge de procréer, 1995) : 1,1.

■ ***Nombre de mariages*** (pour 1 000 hab., 1996) : 5,9.

■ ***Nombre de divorces*** (pour 1 000 hab., 1995) : 1,5.

■ ***Espérance de vie*** à la naissance (1996) : hommes 75,9 ans ; femmes 81,5 ans.

■ ***Principales causes de décès*** (pour 100 000 hab., 1996) : tumeurs malignes (cancers) 156,1 ; maladies de l'appareil circulatoire 131,3 ; maladies de l'appareil respiratoire 96,6 ; accidents et empoisonnements 26,2 ; maladies de l'appareil digestif 21,6 ; maladies de l'appareil génito-urinaire 18,6 ; infections et maladies parasitaires 17,9.

Économie nationale

■ ***Budget de l'État*** (1996-1997)
Recettes : 202 276 000 000 HKD (impôts sur les revenus et les bénéfices 40,6 % ; taxes indirectes 24,8 %, dont droits de timbres et taxes sur les jeux 15,1 %, droits de douane 4,1 % ; revenus des domaines 18,4 %).
Dépenses : 217 194 000 000 HKD (éducation 18,0 % ; logement 11,9 % ; santé 11,5 % ; transports et travaux publics 11,1 % ; ordre public et justice 9,2 % ; assistance sociale 8,3 % ; culture et loisirs 5,1 %).

■ ***Dette publique*** : n.d.

■ ***Tourisme*** (1995) : recettes touristiques 9 314 000 000 USD ; dépenses touristiques à l'étranger n.d.

■ ***Production***
Agriculture, sylviculture, pêche (1996).
Légumes 76 000 t ; fruits et noix 5 230 t ; récoltes des champs 660 t ; lait 439 t ; œufs 30 600 000.
Cheptel (sur pied) : porcs 288 000 (à l'exclusion des porcs d'élevage familial ne passant pas par les abattoirs) ; bovins 270 ; poulets 3 290 000.
Bois (1995) : 200 000 m³.
Pêche : 175 130 t.
Industries extractives : n.d. La production d'argile, de kaolin et de feldspath a cessé depuis 1990.
Industries manufacturières (valeur ajoutée, 1994) : vêtements 13 515 000 000 HKD ; matériel électrique et électronique 12 621 000 000 HKD ; textiles 11 595 000 000 HKD ; imprimerie et édition 9 949 000 000 HKD ; produits métalliques de base et produits manufacturés en métal 5 547 000 000 HKD ; produits en plastique 2 495 000 000 HKD.
Bâtiment (1996) : résidentiel 819 000 m² ; non résidentiel 1 067 000 m².
Énergie (production/consommation) : électricité (1994) 26 741 000 000/33 236 000 000 kWh ; charbon (1994) 0/8 450 000 t ; produits pétroliers (1994) 0/4 472 000 t ; gaz naturel (1990) 0/385 800 000 m³.

■ ***Produit intérieur brut*** (1995) : 142 332 000 000 USD (22 990 USD/hab.).

■ ***Population active*** (1996) : 3 093 800 ; taux d'activité 49,0 % (taux de participation : 15 ans et plus 61,8 % ; femmes 47,8 % ; sans-emploi 2,8 %).

■ ***Revenus et dépenses des ménages***
Taille moyenne des ménages (1996) : 3,2.
Revenu mensuel moyen par ménage (1996) : 17 500 HKD (2 300 USD) ; sources des revenus : n.d.
Dépenses (1994-1995) : alimentation 29,5 % ; logement 28,8 % ; transports 7,8 % ; habillement 6,7 % ; biens durables 5,5 %.

■ ***Utilisation du sol*** (1995) : forêts 20,1 % ; terres cultivées et plantations 5,8 % ; réservoirs à poissons 1,5 % ; surfaces construites et autres 72,6 %.

Échanges extérieurs

■ ***Importations*** (1996) : 1 537 013 000 000 HKD (équipement industriel et de transport 37,0 %, dont matériel électrique 12,7 %, matériel de télécommunication 9,2 % ; filés de textiles et tissus 8,3 % ; produits chimiques et autres produits dérivés 6,9 % ; appareils et accessoires 6,9 % ; appareils photographiques, montres et horloges 4,1 % ; produits alimentaires et animaux sur pied 4,0 %).

zones	superficie (km²)	population (recens. 1996)
Île de Hong Kong	80,1	1 312 637
Kowloon et New Kowloon	46,5	1 987 996
Nouveaux Territoires (New Territories)	965,3	2 906 733
Zone maritime	–	10 190
total	**1 091,9**	**6 217 556**

Territoire et population.

Corpus : CHINE (La République populaire) – Développement économique (le commerce extérieur) ; ZONES FRANCHES.

Universalia 1991 : 158 Transports internationaux et enjeux géopolitiques ; 236 Les pavillons de complaisance ;

Universalia 1998 : 216 La rétrocession de Hong Kong à la Chine.

	millions de HKD	% du total	effectifs	% des effectifs
agriculture	1 453	0,1	534 600	17,8
mines	268	–		
industrie	89 719	8,4		
bâtiment	49 753	4,6	229 300	7,7
entreprises publiques	23 562	2,2	–	–
transports et communications	100 129	9,4	327 700	10,9
commerce	278 581	26,0	824 900	27,5
finance, assurance et immobilier	253 492	23,7	341 700	11,4
administration, défense nationale et services	174 448	16,3	609 800	20,3
autres	99 969 [1]	9,3	132 700 [2 3]	4,9
total	**1 071 374**	**100,0**	**3 000 700**	**100,0**

1. Taxes indirectes moins les subventions. 2. Y compris les services publics. 3. Dont 95 600 sans-emploi.

Structure du produit intérieur brut et effectifs (1995).

	1990	1991	1992	1993	1994	1995	1996
indice des prix à la consommation	100,0	111,6	122,0	132,5	143,2	155,7	164,9
indice des revenus quotidiens*	100,0	110,4	121,4	133,2	143,6	160,4	167,6

(*) Septembre.

Indices des prix et des revenus (1990 = 100).

	1991	1992	1993	1994	1995	1996
millions de HKD	– 13 096	– 30 342	– 26 347	– 80 695	– 146 994	– 137 664
% du total	0,1	1,6	1,2	3,3	5,2	4,7

Balance commerciale (prix courants).

	nombre d'établissements	nombre d'enseignants	nombre d'élèves	nombre d'élèves par enseignant
primaire (6-11 ans)	856	19 710 [1]	466 507	23,7
secondaire (12-18 ans)	498	22 777 [1]	477 708	21,2 [1]
professionnel	9	2 488 [2]	48 837	18,5 [2]
supérieur	17	1 422 [2]	87 411	32,4 [2]

1. 1995-1996. 2. 1987-1988.

Enseignement (1996-1997).

Principales sources des importations : Chine 37,1 % ; Japon 13,6 % ; Taïwan 8,0 % ; États-Unis 7,9 % ; Singapour 5,3 % ; Corée du Sud 4,8 % ; Malaisie 2,2 % ; Allemagne 2,2 % ; Royaume-Uni 2,2 %.

■ ***Exportations*** (réexportations [1 185 758 000 000 HKD] non comprises, 1996) : 212 160 000 000 HKD (articles d'habillement et vêtements 32,7 % ; matériel électrique 14,3 % ; montres et réveils 7,1 % ; tissus 6,5 % ; machines de bureau et matériel informatique 6,2 % ; matériel de télécommunication 4,0 % ; articles en résines artificielles et plastiques 2,7 % ; produits métalliques 2,7 % ; papier et produits dérivés 1,4 %).
Principales destinations des exportations : Chine 29,0 % ; États-Unis 25,4 % ; Allemagne 5,4 % ; Japon 5,3 % ; Royaume-Uni 5,0 % ; Singapour 4,7 % ; Taïwan 3,1 %.

Transports et communications

■ ***Transports***
Chemins de fer (1995) : longueur 34 km ; trafic : 3 591 000 000 passagers-km ; (1994) 99 000 000 t-km.
Routes (1996) : longueur totale 1 743 km (100 % recouvertes).
Véhicules (1996) : voitures particulières 325 131 ; camions et autobus 142 446.
Marine marchande (1992) : 387 navires (de 100 tjb et plus) ; 11 688 605 tonneaux de port en lourd.
Transports aériens (1996) ; trafic : arrivées de passagers 11 692 404 ; départs de passagers 11 785 771. 1 aéroport desservi par des vols réguliers (1997).

■ ***Communications***
Journaux quotidiens (1995) : 32 ; diffusion 2 951 000 ; diffusion pour 1 000 hab. 479.
Radiodiffusion (1996) : 3 700 000 postes récepteurs ; 586 pour 1 000 hab.
Télévision (1995) : 2 092 000 postes récepteurs ; 340 pour 1 000 hab.
Téléphone (1995) : 3 508 000 lignes principales ; 556 pour 1 000 hab.

Éducation et santé

■ ***Niveau d'éducation*** (1996)
Proportion de la population âgée de 15 ans et plus : sans instruction scolaire 9,5 % ; ayant une éducation primaire 22,6 % ; éducation secondaire 46,6 % ; éducation postsecondaire 15,2 %.

■ ***Alphabétisation*** (1985) : personnes âgées de 15 ans et plus alphabétisées 3 668 000 (88,1 %) ; hommes 2 040 000 (94,7 %) ; femmes 1 628 000 (80,9 %).

■ ***Santé*** (1996) : 9 196 médecins (1 pour 686 hab.) ; 29 956 lits d'hôpital (1 pour 211 hab.) ; taux de mortalité infantile : 4,1 ‰.

■ ***Alimentation*** (1995) : apport journalier en calories par habitant 3 285 (alimentation d'origine végétale 68 % ; d'origine animale 32 %) ; soit 143 % du niveau minimal recommandé par la F.A.O.

Défense nationale

■ ***Contingent*** (1996) : 850 (armée de terre 53,0 % ; marine 23,5 % ; armée de l'air 23,5 %).

■ ***Dépenses militaires*** (1984) : 0,6 % du P.N.B. (moyenne mondiale 5,9 %) ; soit 39 USD/hab.

---

a. L'anglais est également utilisé comme langue officielle par les autorités exécutives, les corps législatif et judiciaire de Hong Kong.

b. Le 1er juillet 1997, Hong Kong a été restitué à la Chine en tant que région administrative spéciale dans laquelle il existe un système socio-économique qui ne devrait pas être remanié pendant cinquante ans.

c. Victoria, siège de l'administration britannique, a longtemps été considérée comme la capitale.

d. Cours indexé sur le dollar américain depuis le 17 octobre 1983 (1 USD = 7,8 HKD env.).

e. Personnes en transit et réfugiés vietnamiens non compris.

→ ***Thesaurus*** : CHYPRE
→ ***Grand Atlas de Géographie*** (éd. 1992) : 128
→ ***Grand Atlas de l'Histoire*** : 276, 277, 284, 295

CHYPRE

● ***Noms officiels***[a] : République de Chypre (grec : Kypriakí Dimokratía [forme courte : Kypros] ; turc : Kıbrıs Cumhuriyeti). Code I.S.O. : CY.

● ***Forme de gouvernement*** : république à structure étatique unitaire et à régime multipartiste avec une assemblée législative (Chambre des représentants [80, dont 24 sièges réservés aux Chypriotes Turcs non pourvus.]).

● ***Chef de l'État et du gouvernement*** : président.

● ***Capitale*** : Nicosie (Levkosía ; Lefkoşe).

● ***Langues officielles*** : grec ; turc.

● ***Religion officielle*** : aucune.

● ***Unités monétaires***[b] : 1 livre cypriote (CYP) = 1 000 mils ; valeur (31 déc. 1997) : 100 CYP = 1 139,07 FRF. Unité monétaire du secteur turc : 1 livre turque (TRL) ; valeur (31 déc. 1997) : 100 TRL = 0,002 912 FRF.

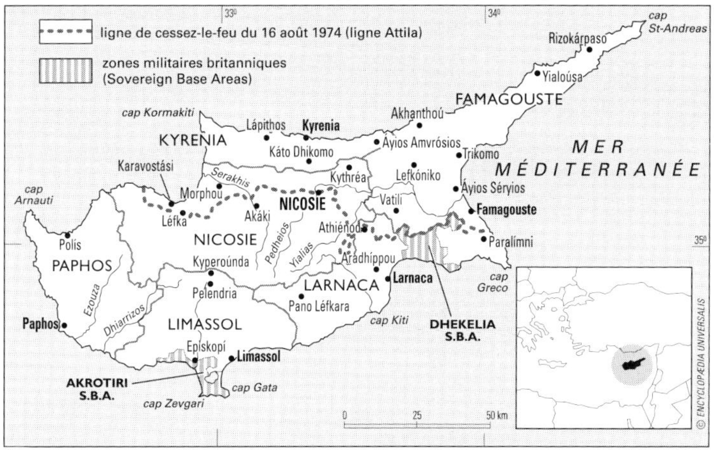

Démographie

■ ***Population*** (estim. 1997) : 860 000 (secteur grec 662 000 ; secteur turc 198 000).

■ ***Densité*** (1997) : 93,0 hab./km².

■ ***Répartition urbaine/rurale***[c] (1994) : population urbaine 68,0 % ; population rurale 32,0 %.

■ ***Répartition par âge***[c] (1994) : moins de 15 ans 25,3 % ; de 15 à 29 ans 21,8 % ; de 30 à 44 ans 22,4 % ; de 45 à 59 ans 15,6 % ; de 60 à 74 ans 10,2 % ; 75 ans et plus 4,7 %.

■ ***Projection démographique*** : 832 000 en 2000 ; 982 000 en 2010.

■ ***Composition ethnique***[c] (1992) : Chypriotes grecs 95,1 % ; Britanniques 0,8 % ; autres 4,1 %.

■ ***Appartenances religieuses***[c] (1995) : orthodoxes grecs 92,0 % ; maronites 1,3 % ; autres 6,7 %.

■ ***Zones urbaines*** (1994) : Nicosie 186 400 hab. ; Limassol 143 400 hab ; Larnaca 64 000 hab.

Statistiques de l'état civil[c]

■ ***Taux de natalité*** (1995) : 15,4 ‰ (moyenne mondiale 25,0 ‰).

■ ***Taux de mortalité*** (1995) : 7,7 ‰ (moyenne mondiale 9,3 ‰).

■ ***Taux d'accroissement naturel*** (1995) : 7,7 ‰ (moyenne mondiale 15,7 ‰).

■ ***Taux de fécondité*** (nombre moyen de naissances par femme en âge de procréer, 1983) : 2,5.

■ ***Nombre de mariages*** (pour 1 000 hab., 1984) : 7,8.

■ ***Nombre de divorces*** (pour 1 000 hab., 1984) : 0,4.

■ ***Espérance de vie*** à la naissance (1994-1995) : hommes 75,3 ans ; femmes 79,8 ans.

districts et capitales	superficie (km²)	population [1] (recens. 1982)
Famagouste (Famagusta)	1 984	24 187
Kyrenia	640	n.d.
Larnaca	1 121	83 151
Limassol	1 393	143 847
Nicosie (Nicosia)	2 717	207 290
Paphos	1 396	45 023
total	**9 251**	**503 498** [2]

1. La population de la zone contrôlée par le gouvernement était officiellement de 503 498 hab. Le dénombrement, la répartition et la composition de la population ont été considérablement modifiés depuis l'invasion turque, comprenant maintenant des réfugiés intérieurs ne résidant plus dans leur district d'origine, des immigrants turcs et internationaux. 2. Le recensement au 1er octobre 1992 était de 602 025 hab.

Territoire et population.

Économie nationale[c]

■ ***Budget de l'État***[d] (1994)
Recettes : 1 144 300 000 CYP (taxes indirectes 39,3 % ; impôts directs 24,9 % ; cotisations de sécurité sociale 20,4 %).
Dépenses : 1 196 100 000 CYP (dépenses courantes 89,6 % ; dépenses de développement 10,4 %).

■ ***Dette publique*** (extérieure, créances, 1985) : 922 600 000 USD.

■ ***Tourisme***[e] (1994) : recettes touristiques 1 653 000 000 USD ; dépenses touristiques à l'étranger 247 000 000 USD

■ ***Production***
Agriculture (valeur de la production en millions de CYP, 1993).
Lait 27,9 ; pommes de terre 24,1 ; volailles 24,1 ; orge 21,8 ; viande de porc 20,0 ; raisins 15,6.
Industries manufacturières (valeur ajoutée, millions de CYP, 1993) : produits alimentaires 62,5 ; vêtements 46,9 ; ciment, briques et tuiles 38,8 ; boissons 35,1.
Énergie (production) : électricité (1994) 2 681 000 000 kWh.

■ ***Produit national brut*** (1994) : 7 254 000 000 USD (11 440 USD/hab.).

■ ***Population active*** (1990) : 277 200 ; taux d'activité (1983) 32,2 % (taux de participation : plus de 15 ans 75,0 % ; femmes 39,2 % ; sans-emploi 3,7 %).

■ ***Revenus et dépenses des ménages***
Taille moyenne des ménages (1982) : 3,5.
Revenu annuel moyen par ménage : n.d. ; sources des revenus : n.d.
Dépenses (1992) : boissons 22,7 % ; transports et communications 15,6 % ; cafés et hôtels 13,6 %.

■ ***Utilisation du sol*** (1983) : forêts 18,5 % ; prairies et pâturages 10,1 % ; terres cultivées et plantations 46,8 % ; autres 24,6 %.

Échanges extérieurs[c,f,g]

■ ***Importations*** (1995) : 1 670 400 000 CYP (biens de consommation 27,9 % ; équipement de transport 11,9 % ; biens d'équipement 10,7 % ; combustibles minéraux 7,7 %).
Principales sources des importations : États-Unis 13,0 % ; Royaume-Uni 11,8 % ; Italie 9,8 % ; Allemagne 8,2 % ; Grèce 7,2 %.

■ ***Exportations*** (1995) : 555 500 000 CYP (réexportations 50,0 % ; exportations domestiques 41,8 %, dont vêtements 8,0 %, pommes de terre 7,8 %).
Principales destinations des exportations : Russie 13,7 % ; Royaume-Uni 13,3 % ; Bulgarie 9,1 % ; Grèce 6,0 %.

Corpus : CHYPRIOTE (QUESTION) ; MÉDITERRANÉE (HISTOIRE DE LA) [époque contemporaine].

Universalia 1987 : 200 Une île à la dérive ; ***Universalia 1991*** : 158 Transports internationaux et enjeux géopolitiques ; 236 Les pavillons de complaisance.

Thesaurus : NICOSIE

Secteur grec (1995)	millions de CYP	% du total	effectifs	% des effectifs
agriculture	204,0	5,3	34 000	11,4
mines	10,7	0,3	800	0,3
industrie	459,2	11,9	44 300	14,8
bâtiment	339,1	8,8	23 500	7,8
entreprises publiques	83,6	2,2	1 500	0,5
transports et communications	299,7	7,7	17 500	5,8
commerce	751,0	19,4	72 000	24,0
finance, assurance	628,8	16,3	21 500	7,2
administration, défense nationale	502,7	13,0	62 900	21,0
services	296,8	7,7	21 700[1]	7,2
autres	285,1	7,4		
total	**3 860,7**	**100,0**	**299 700**	**100,0**

Secteur turc (1993)	milliards de TRL	% du total	effectifs	% des effectifs
agriculture et pêche	735	10,8	18 100	23,8
industrie, mines	635	9,3	8 198	10,8
bâtiment	443	6,5	9 584	12,6
entreprises publique	115	1,7		
transports et communications	588	8,6	6 144	8,1
commerce, restauration	1 420	20,8	7 889	10,4
administration	1 280	18,7	16 365	21,5
finance, immobilier				
services	993	14,5	9 098	12,0
autres	619[2]	9,1	569[3]	0,8
total	**6 828**	**100,0**	**75 947**	**100,0**

1. Dont 7 800 sans-emploi. 2. Droits de douane. 3. Sans-emploi.

Structure du produit intérieur brut et effectifs.

	nombre d'établissements	nombre d'enseignants	nombre d'élèves	nombre d'élèves par enseignant
Secteur grec				
primaire (6-11 ans)	381	3 424	64 907	19,0
secondaire (12-17 ans)	103	3 714	50 870	13,7
professionnel	11	501	3 867	7,7
supérieur	30	568	6 732	11,9
Secteur turc				
primaire (7-12 ans)*	354	1 834	29 126	15,9
secondaire (13-18 ans)	15	429	5 751	13,4
professionnel	10	308	2 297	7,5
supérieur	7	n.d.	12 333	n.d.

(•) Comprend les maternelles.

Enseignement (1993-1994).

Transports et communications[c]

■ ***Transports***
Chemins de fer : aucun.
Routes (1994) : longueur totale 10 117 km (59 % recouvertes).
Véhicules (1994) : voitures particulières 210 365 ; camions et autobus 98 114.
Marine marchande (1992) : 1 416 navires (de 100 tjb et plus) ; 36 198 083 tonneaux de port en lourd.
Transports aériens (Cyprus Airways uniquement, 1995) ; trafic : 2 667 000 000 passagers-km ; 36 196 000 t-km. 2 aéroports desservis par des vols réguliers (1996).

■ ***Communications***
Journaux quotidiens (1993) : 9 ; diffusion totale 84 600 ; diffusion pour 1 000 hab. 135.
Télévision (1995) : 102 500 postes récepteurs (1 pour 6,3 hab.).
Téléphone (1993) : 311 000 lignes principales (1 pour 2,5 hab.).

Éducation et santé[c]

■ ***Niveau d'éducation*** (1976)
Proportion de la population âgée de 20 ans et plus ayant : une éducation primaire 54,9 % ; éducation secondaire 36,7 % ; éducation supérieure 7,7 % ; sans précision 0,7 %.

■ ***Alphabétisation*** (1992) : personnes âgées de 15 ans et plus alphabétisées 95,2 % (hommes 97,8 % ; femmes 92,8 %).

■ ***Santé***[h] (1993) : 1 455 médecins (1 pour 433 hab.) ; 3 297 lits d'hôpital (1 pour 191 hab.) ; taux de mortalité infantile (1994) : 9,0.

■ ***Alimentation*** (1979-1981) : apport journalier en calories par habitant 3 378 (alimentation d'origine végétale 74 % ; d'origine animale 26 %) ; soit 136 % du niveau minimal recommandé par la F.A.O.

Défense nationale

■ ***Contingent cypriote grec*** (1986) : 13 000 (armée de terre 100 %).

■ ***Dépenses militaires*** (1985) : 62 183 000 USD ; soit 31,0 USD/hab.

■ ***Contingent cypriote turc*** (1986) : 4 500.

■ ***Dépenses militaires*** (1985) : 5 297 000 USD ; soit 32,4 USD/hab.

---

a. Deux États existent de fait sur l'île de Chypre : la République grecque de Chypre, située dans les deux tiers méridionaux de l'île, qui est l'entité reconnue par la communauté internationale pour la totalité de l'île, et la République turque de Chypre (Kuzey Kıbrıs Türk Cumhuriyeti), proclamée unilatéralement le 15 novembre 1983, et non reconnue par la communauté internationale, située sur le territoire réservé à la population cypriote turque à la suite de l'intervention de la Turquie en juillet 1974.

b. Pour le secteur nord, sous tutelle turque, l'administration a adopté la livre turque en remplacement de la livre cypriote, comme unité monétaire, en janvier 1983.

c. Ces données ne se réfèrent qu'au secteur grec.

d. *Budget* du secteur turc (1994) : recettes 4 641 000 000 000 TRL (sources intérieures 67,4 % ; emprunts 19,0 % ; aides de la Turquie 13,4 %) ; dépenses 6 261 000 000 000 TRL.

e. Les deux stations balnéaires les plus connues (Famagouste et Kyrenia) se trouvent dans le secteur turc.

f. *Échanges extérieurs* du secteur turc (1994) :
Importations : 286 600 000 USD (équipement industriel et de transport 22,1 % ; produits alimentaires 13,0 %).
Principales sources des importations : Turquie 45,1 % ; Royaume-Uni 25,6 % ; autres pays de la Communauté européenne 10,8 %.
Exportations : 53 400 000 USD (produits industriels 51,3 % ; agrumes 30,0 %).
Principales destinations des exportations : Royaume-Uni 46,3 % ; Turquie 19,5 %.

g. Importations C.I.F. ; exportations F.O.B.

h. Santé du secteur turc (1993) : 252 médecins (1 pour 615 hab.) ; 1 047 lits d'hopital (1 pour 148 hab.) ; taux de mortalité infantile 4,3 ‰.

→ *Corpus* : COLOMBIE
→ *Grand Atlas de Géographie* (éd. 1992) : 210, 214
→ *Grand Atlas de l'Histoire* : 219, 226, 227, 286, 287, 294

COLOMBIE

- ***Nom officiel*** : République de Colombie (República de Colombia). Code I.S.O. : CO.
- ***Forme de gouvernement*** : république à structure étatique unitaire et à régime multipartiste avec un Congrès comprenant deux assemblées législatives (Sénat [102] et Chambre des représentants [165]).
- ***Chef de l'État et du gouvernement*** : président.
- ***Capitale*** : Santa Fe de Bogotá.
- ***Langue officielle*** : espagnol.
- ***Religion officielle*** : aucune.
- ***Unité monétaire*** : 1 peso colombien (COP) = 100 centavos ; valeur (31 déc. 1997) : 100 COP = 0,463 FRF.

Démographie

- ***Population*** (estim. 1997) : 36 200 000.
- ***Densité*** (1997) : 31,7 hab./km².
- ***Répartition urbaine/rurale*** (1990) : population urbaine 70,3 %, rurale 29,7 %.
- ***Répartition par sexe*** (1996) : hommes 49,24 % ; femmes 50,76 %.
- ***Répartition par âge*** (1996) : moins de 15 ans 33,5 % ; de 15 à 29 ans 28,1 % ; de 30 à 44 ans 21,5 % ; de 45 à 59 ans 10,4 % ; de 60 ans à 74 ans 5,3 % ; 75 ans et plus 1,2 %.
- ***Projection démographique*** : 37 822 000 en 2000 ; 42 959 000 en 2010.
- ***Temps de doublement*** : 35 ans.
- ***Composition ethnique*** (1985) : Métis 58,0 % ; Blancs 20,0 % ; Mulâtres 14,0 % ; Noirs 4,0 % ; Amérindiens 1,0 % ; autres 3,0 %.
- ***Appartenances religieuses*** (1995) : catholiques 95,2 % ; autres 4,8 %.
- ***Principales villes*** (1993) : Santa Fe de Bogotá 5 434 244 hab. ; Cali 1 847 176 hab. ; Medellín 1 834 881 hab. ; Barranquilla 1 090 916 hab.

Statistiques de l'état civil

- ***Taux de natalité*** (1996) : 25,9 ‰ (moyenne mondiale 25,0 ‰).
- ***Taux de mortalité*** (1996) : 5,9 ‰ (moyenne mondiale 9,3 ‰).
- ***Taux d'accroissement naturel*** (1996) : 20,0 ‰ (moyenne mondiale 15,7 ‰).
- ***Taux de fécondité*** (nombre moyen de naissances par femme en âge de procréer, 1996) : 2,9.
- ***Espérance de vie*** à la naissance (1996) : hommes 65,4 ans ; femmes 73,3 ans.
- ***Principales causes de décès*** (pour 100 000 hab., estim. fondée sur environ 75 % des décès, 1990) : homicides par armes à feu 101,0 ; tumeurs malignes (cancers) 82,6 ; maladies de cœur ischémiques 70,4.

Économie nationale

- ***Budget de l'État*** (1995)
Recettes : 13 405 350 000 000 COP (impôts indirects 36,9 % ; impôts directs 26,8 % ; crédits 22,3 %).
Dépenses : 9 510 848 000 000 COP (éducation 20,2 % ; crédits financiers et publics 16,9 % ; défense nationale 12,4 % ; travaux publics et transports 8,9 % ; police 7,4 % ; santé 7,3 %).
- ***Dette publique*** (extérieure, créances, 1995) : 12 983 000 000 USD.
- ***Tourisme*** (1995) : recettes touristiques 851 000 000 USD ; dépenses touristiques à l'étranger 822 000 000 USD.
- ***Production***
Agriculture, sylviculture, pêche (1996).
Canne à sucre 32 500 000 t ; bananes plantains 3 212 000 t ; pommes de terre 2 594 000 t ; bananes 2 100 000 t ; riz 1 787 000 t ; maïs 1 058 000 t ; café (vert) 821 800 t ; sorgho 540 000 t.
Cheptel (sur pied) : bovins 26 088 000 ; vigognes 3 708 000 (1991) ; porcs 2 431 000 ; moutons 2 540 000.
Bois (1995) : 20 491 000 m³.
Pêche (1995) : 167 080 t.
Industries extractives (1996) : minerai de fer (1991) 605 716 t ; sel 560 000 t ; or (1995) 710 013 onces ; argent (1995) 169 252 onces ; émeraudes (1995) 6 305 903 carats.
Industries manufacturières (valeur ajoutée, millions de COP, 1992) : produits de l'industrie alimentaire 1 160 000 ; boissons 953 400 ; textiles et habillement 631 700 ; machines et appareils électriques 351 200 ; papiers et produits papetiers 266 500 ; équipement de transport 260 800 ; acier brut 203 900.
Bâtiment (constructions autorisées pour 7 aires métropolitaines et 10 villes, 1996) : résidentiel 6 118 m² ; non résidentiel 3 138 m².
Énergie (production/consommation) : électricité (1994) 43 474 000 000/43 617 000 000 kWh ; charbon (1994) 22 527 000/6 476 000 t ; pétrole brut (1994) 168 202 000/97 085 000 barils ; produits pétroliers (1994) 12 510 000/11 482 000 t ; gaz naturel (1994) 5 111 119 000/5 111 119 000 m³.
- ***Produit national brut*** (1995) : 70 263 000 000 USD (1 910 USD/hab.).
- ***Population active*** (1985) : 9 558 000 ; taux d'activité 34,3 % (taux de participation : plus de 12 ans 49,4 % ; femmes 32,8 % ; sans-emploi 4,3 %).
- ***Revenus et dépenses des ménages***
Taille moyenne des ménages (1985) : 4,7.
Revenu annuel moyen par ménage : n.d. ; sources des revenus (1992) : salaires 45,1 % ; activités non salariées 35,4 % ; paiements de transfert 14,2 %.

Corpus : ALIMENTATION (ÉCONOMIE DE L') – Les grands produits alimentaires ; AMAZONIE ; AMÉRIQUE LATINE – Économie et société ; ANDES (CORDILLÈRE DES) [les Andes aujourd'hui] ; CARAÏBES (AIRE DES) [géopolitique de l'espace] ; DROGUE ; INDIENS D'AMÉRIQUE (Amazonie et Guyanes) ; ZONES FRANCHES.

Universalia 1989 : 132 L'épuisement du modèle national de développement en Amérique latine ; *Universalia 1991* : 151 Amérique latine : une nouvelle donne ; 233 L'année de la guerre à la drogue ; *Universalia 1997* : 147 Amérique latine : la difficile reconversion des militaires.

Thesaurus :
BARRANQUILLA
BOGOTÁ
CAFÉ
CALI
CARTAGENA
CHOCÓ
COCA
MAGDALENA
MEDELLIN
PÁEZ
TIEMPO (EL)
WITOTO

départements	chefs-lieux	superficie (km²)	population (1993)
Antioquia	Medellín	63 312	4 919 619
Atlantique (Atlántico)	Barranquilla	3 388	1 837 468
Bolivar (Bolívar)	Carthagène (Cartagena)	25 978	1 702 188
Boyacá	Tunja	23 189	1 315 579
Caldas	Manizales	7 888	1 030 062
Caquetá	Florencia	88 965	367 898
Cauca	Popayán	29 308	1 127 678
César (Cesar, Cesare)	Valledupar	22 905	827 219
Chocó	Quibdó	46 530	406 199
Córdoba	Montería	25 020	1 275 623
Cundinamarca	Santa Fe de Bogotá (Bogotá)	22 623	1 875 337
Huila	Neiva	19 890	843 361
La Guajira	Riohacha	20 848	433 361
Magdalena	Santa Marta	23 188	1 127 691
Meta	Villavicencio	85 635	618 427
Nariño	Pasto (San Juan de Pasto)	33 268	1 443 671
Norte de Santander	Cúcuta (San José de Cúcuta)	21 658	1 162 474
Orinoquia-Amazoniá	—	483 083	688 805
Quindío	Armenia	1 845	495 212
Risaralda	Pereira	4 140	844 184
San Andrés & Providencia [1]	San Andrés	44	61 040
Santander	Bucaramanga	30 537	1 811 741
Sucre	Sincelejo	10 917	701 105
Tolima	Ibagué	23 562	1 286 078
Valle del Cauca (Valle)	Cali	22 140	3 736 090
capitale :			
Santa Fe de Bogotá	—	1 587	5 484 244
total		**1 141 568** [2]	**37 422 791**

1. Îles situées dans les Caraïbes. 2. Le total général ne correspond pas exactement au détail en raison des arrondis.

Territoire et population.

	1995		1980	
	millions de COP	% du total	effectifs	% des effectifs
agriculture	9 513 515	13,1	2 412 413	28,5
mines	3 973 366	5,5	49 740	0,6
industrie	13 573 048	18,8	1 136 735	13,4
bâtiment	4 628 555	6,4	242 191	2,9
entreprises publiques	2 344 821	3,2	44 233	0,5
transports et communications	6 897 403	9,5	352 623	4,2
commerce	7 184 183	9,9	1 261 633	14,9
finance	24 292 123 (finance, administration, défense nationale, services, autres)	33,6	278 210	3,2
administration, défense nationale			1 998 460 (administration, défense nationale, services)	23,6
services				
autres			690 762 *	8,2
total	**72 407 014**	**100,0**	**8 467 000**	**100,0**

(*) Comprend les sans-emploi.

Structure du produit intérieur brut et effectifs.

	1990	1991	1992	1993	1994	1995	1996
indice des prix à la consommation	100,0	130,4	165,6	203,1	251,5	304,2	365,8
indice des revenus mensuels *	100,0	126,1	158,9	198,7	n.d.	n.d.	n.d.

(*) Salaire minimum réajusté annuellement le 2 janvier.

Indices des prix et des revenus (1990 = 100).

	1991	1992	1993	1994	1995	1996
millions de USD	+ 2 720,1	+ 920,1	+ 1 970,0	– 2 640,7	– 3 157,6	– 2 206,7
% du total	23,2	7,1	12,2	13,6	13,9	9,4

Balance commerciale (prix courants).

	nombre d'établissements	nombre d'enseignants	nombre d'élèves	nombre d'élèves par enseignant
primaire (6-10 ans)	46 707	170 526	4 327 507	25,4
secondaire (11-16 ans) [1]	8 161	141 484	2 879 681	20,3
supérieur [2]	235 [3]	54 164	510 649	9,4

1. Le secondaire comprend le professionnel et la formation à l'enseignement. 2. 1992. 3. 1987.

Enseignement (1994).

Dépenses (1992) : alimentation 34,2 % ; transports 18,5 % ; logement 7,8 % ; soins médicaux 6,4 % ; biens domestiques durables 5,7 % ; habillement 4,5 %.

■ ***Utilisation du sol*** (1994) : forêts 22,0 % ; prairies et pâturages 18,2 % ; terres cultivées et plantations 5,7 % ; autres 54,1 %.

Échanges extérieurs [a]

■ ***Importations*** (1996) : 13 676 000 000 USD (équipement industriel et de transport 45,3 % ; produits chimiques 24,7 % ; légumes et dérivés 7,5 % ; métaux 6,6 % ; alimentation et tabac 6,1 % ; papiers et dérivés 3,5 %).

Principales sources des importations (1995) : États-Unis 39,1 % ; Venezuela 9,8 % ; Japon 7,6 % ; Allemagne 5,8 % ; Mexique 3,3 % ; Brésil 2,8 %.

■ ***Exportations*** (1996) : 10 574 000 000 USD (produits pétroliers 27,4 % ; café 14,9 % ; produits chimiques 10,2 % ; sylviculture et pêche 10,0 % ; vêtements et tissus 8,1 % ; houille 8,0 % ; produits alimentaires et tabac 7,1 %). *Principales destinations des exportations* (1995) : États-Unis 34,9 % ; Allemagne 7,3 % ; Pérou 6,1 % ; Venezuela 5,5 % ; Équateur 4,1 % ; Japon 3,6 % ; Pays-Bas 3,4 %.

Transports et communications

■ ***Transports***
Chemins de fer : longueur (1994) 3 230 km ; trafic (1992) : 15 524 000 passagers-km ; 242 917 000 t-km.
Routes (1995) : longueur totale 106 600 km (12 % recouvertes).
Véhicules (1995) : voitures particulières 7 150 000 ; camions et autobus 550 000.
Marine marchande (1992) : 101 navires (de 100 tjb et plus) ; 403 047 tonneaux de port en lourd.
Transports aériens (1995) ; trafic : 4 565 477 000 passagers-km ; 965 828 000 t-km. 43 aéroports (1997).

■ ***Communications***
Journaux quotidiens (1994) : 45 ; diffusion (pour 26 quotidiens uniquement) 1 910 020 ; diffusion pour 1 000 hab. 55.
Radiodiffusion (1996) : 5 400 000 postes récepteurs ; 151 pour 1 000 hab.
Télévision (1995) : 7 314 000 postes récepteurs ; 188 pour 1 000 hab.
Téléphone (1995) : 3 872 800 lignes principales ; 100 pour 1 000 hab.

Éducation et santé

■ ***Alphabétisation*** (1995) : personnes âgées de 15 ans et plus alphabétisées 91,3 %.

■ ***Santé*** : 33 498 médecins en 1992 (1 pour 1 078 hab.) ; 45 888 lits d'hôpital en 1989 (1 pour 693 hab.) ; taux de mortalité infantile (1995) : 26,9 ‰.

■ ***Alimentation*** (1995) : apport journalier en calories par habitant 2 758 (alimentation d'origine végétale 84 % ; d'origine animale 16 %) ; soit 119 % du niveau minimal recommandé par la F.A.O.

Défense nationale

■ ***Contingent*** (1997) : 146 300 (armée de terre 82,7 % ; marine 12,3 % ; armée de l'air 5,0 %).

■ ***Dépenses militaires*** (1995) : 2,6 % du P.N.B. (moyenne mondiale 2,8 %) ; soit 55 USD/hab.

a. Importations : chiffres F.O.B. pour la balance commerciale et C.I.F. pour les marchandises et les partenaires commerciaux.

→ *Corpus* : COMORES
→ *Grand Atlas de Géographie* (éd. 1992) : 136, 153a
→ *Grand Atlas de l'Histoire* : 277, 283

COMORES [a]

• ***Noms officiels*** : République fédérale islamique des Comores ; Djamhoûrîyat el Qomor el Itḥâdîyah el Islâmîyah. Code I.S.O. : KM.

• ***Forme de gouvernement*** : régime de transition [b].

• ***Chef de l'État et du gouvernement*** : président.

• ***Capitale*** : Moroni.

• ***Langues officielles*** : français ; arabe ; comorien.

• ***Religion officielle*** : islam.

• ***Unité monétaire*** : 1 franc des Comores (KMF) = 100 centimes ; valeur : 100 KMF= 1,333 FRF [c].

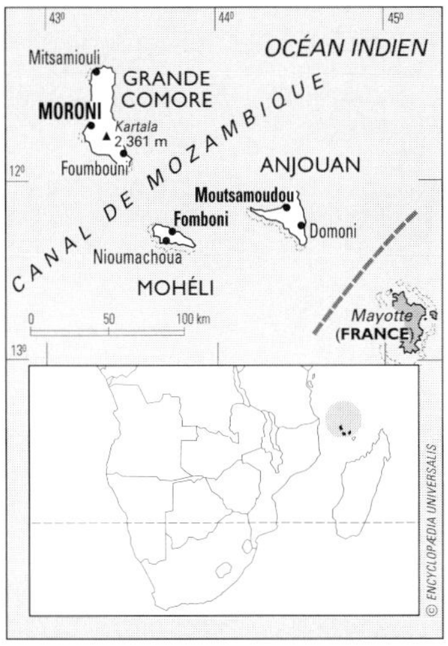

Démographie

■ ***Population*** (estim. 1997) : 514 000.

■ ***Densité*** (1997) : 276,0 hab./km².

■ ***Répartition urbaine/rurale*** [d] (1995) : population urbaine 30,8 % ; population rurale 69,2 %.

■ ***Répartition par sexe*** [d] (1991) : hommes 49,49 % ; femmes 50,51 %.

■ ***Répartition par âge*** [d] (1995) : moins de 15 ans 48,5 % ; de 15 à 29 ans 26,4 % ; de 30 à 44 ans 13,8 % ; de 45 à 59 ans 7,3 % ; de 60 à 74 ans 3,4 % ; 75 ans et plus 0,6 %.

■ ***Projection démographique*** : 549 000 en 2000 ; 689 000 en 2010.

■ ***Temps de doublement*** : 20 ans.

■ ***Composition ethnique*** (1995) : Comoriens (mélange de Bantous, d'Arabes, de Malais et de Malgaches).

■ ***Appartenances religieuses*** (1994) : musulmans sunnites 98,9 % ; catholiques 1,1 %.

■ ***Principales villes*** (1991) : Moroni 30 000 hab. ; Moutsamoudou 20 000 hab. ; Domoni (1990) 8 000 hab. ; Fomboni (1990) 5 600 hab.

Statistiques de l'état civil

■ ***Taux de natalité*** (1996) : 45,8 ‰ (moyenne mondiale 25,0 ‰).

■ ***Taux de mortalité*** (1996) : 10,3 ‰ (moyenne mondiale 9,3 ‰).

■ ***Taux d'accroissement naturel*** (1996) : 35,5 ‰ (moyenne mondiale 15,7 ‰).

■ ***Taux de fécondité*** (nombre moyen de naissances par femme en âge de procréer, 1996) : 6,7.

■ ***Espérance de vie*** à la naissance (1996) : hommes 56,4 ans ; femmes 61,0 ans.

■ ***Principales causes de décès*** : n.d. ; cependant, la malaria (qui affecte 80 à 90 % de la population adulte), la tuberculose, la lèpre et le kwashiorkor (carence nutritionnelle) sont parmi les principales maladies du pays.

Économie nationale

■ ***Budget de l'État*** (1996)
Recettes : 18 593 000 000 KMF (emprunts 54,9 % ; recettes fiscales 53,6 % ; recettes non fiscales 7,2 %).
Dépenses : 23 355 000 000 KMF (dépenses courantes 78,1 % ; dépenses de développement 21,9 %).

îles [1]	chefs-lieux	superficie (km²)	population (estim. 1995)
île d'Anjouan [2] (Ndzouani ou Nzwani)	Moutsamoudou (Mutsamudu)	424	211 900
île de la Grande Comore (Ngazidja ou Njazidja)	Moroni	1 148	250 500
île de Mohéli [2] (Moili ou Mwali)	Fomboni	290	27 600
total		**1 862**	**490 000**

1. Entre parenthèses, les noms des îles en swahili. 2. Anjouan et Mohéli ont déclaré unilatéralement leur indépendance, respectivement en août et en octobre 1997 ; cette indépendance n'est pas reconnue par la communauté internationale.

Territoire et population.

■ ***Dette publique*** (extérieure, créances, 1995) : 186 700 000 USD.

■ ***Tourisme*** (1995) : recettes touristiques 20 900 000 USD ; dépenses touristiques à l'étranger 6 600 000 USD.

■ ***Production***
Agriculture, sylviculture, pêche (1996).
Noix de coco [d] 60 000 t ; bananes [d] 57 000 t ; manioc [d] 50 000 t ; riz [d] 17 000 t ; légumes secs [d] 8 000 t ; maïs [d] 3 700 t ; clous de girofle 1 600 t ; vanille 200 t ; huile essentielle d'ilang-ilang 50 t ; les autres récoltes exportées comprennent des petites quantités de café, de cannelle et de tubéreuses.
Cheptel [d] (sur pied) : chèvres 128 000 ; bovins 50 000 ; moutons 14 500.
Pêche [d] (1995) : 13 200 t.
Industries extractives : sable, gravier et corail concassé pour la construction locale.
Industries manufacturières : les principales productions des Comores sont la vanille, l'ilang-ilang, le ciment, les articles artisanaux, le savon, les boissons non alcoolisées, le bois travaillé et les vêtements.
Bâtiment : n.d.
Énergie (production/consommation) : électricité 32 200 000 (1995)/20 000 000 (1993) kWh ; charbon 0/0 ; pétrole brut 0/0 ; produits pétroliers (1994) 0/22 000 t ; gaz naturel 0/0.

■ ***Produit national brut*** (aux prix courants du marché, 1995) : 237 000 000 USD (470 USD/hab.).

■ ***Population active*** (1991) : 215 000 ; taux d'activité 44,4 % (taux de participation : 10 ans et plus 57,8 % ; femmes 40,0 % ; sans-emploi 20 %).

■ ***Revenus et dépenses des ménages***
Taille moyenne des ménages (1985) : 5,6.
Revenu annuel moyen par ménage : n.d. ; sources des revenus : n.d.
Dépenses (1986) [e] : alimentation et boissons 67,3 % ; habillement 11,6 % ; tabac et cigarettes 4,1 % ; énergie 3,8 % ; soins médicaux 3,2 % ; équipements domestiques 3,0 % ; autres 7,0 %.

■ ***Utilisation du sol*** [d] (1994) : forêts 17,9 % ; prairies et pâturages 6,7 % ; terres cultivées et plantations 44,9 % ; autres 30,5 %.

Échanges extérieurs [f]

■ ***Importations*** (1995) : 23 400 000 000 KMF (riz 22,4 % ; produits pétroliers 12,4 % ; ciment 7,1 % ; viande et poisson 7,1 % ; véhicules 7,0 % ; fer et acier 3,8 % ; marchandises non spécifiées 30,0 %).
Principales sources des importations : France 32,0 % ; Inde 17,3 % ; Arabie Saoudite 9,4 % ; Afrique du Sud 6,7 %.

■ ***Exportations*** (1996) : 2 400 000 000 KMF (vanille 42,5 % ; ilang-ilang 26,5 % ; clous de girofle 8,6 %).
Principales destinations des exportations : France 48,9 % ; Allemagne 13,6 % ; États-Unis 11,8 %.

Transports et communications

■ ***Transports***
Chemins de fer : aucun.
Routes (1995) : longueur totale 875 km (76 % recouvertes).

Corpus : INDIEN (HISTOIRE DE L'OCÉAN) [les transformations aux XIXe et XXe siècles].

	1995		1980	
	millions de KMF	% du total	effectifs	% des effectifs
agriculture, pêche	32 883	39,1	53 063	53,3
mines	n.d.	n.d.	62	0,1
industrie	3 715	4,4	3 946	4,0
bâtiment	5 631	6,7	3 267	3,3
entreprises publiques	1 251	1,5	129	0,1
transports et communications	3 715	4,4	2 118	2,1
commerce, restauration, hôtellerie	22 686	27,0	1 873	1,9
finance, assurance	12 138	14,4	237	0,2
administration, défense nationale			2 435	2,5
services	2 112	2,5	4 646	4,7
autres	—	—	27 687	27,8
total	**84 131**	**100,0**	**99 463**	**100,0**

Structure du produit intérieur brut et effectifs.

	1989	1990	1991	1992	1993	1994	1995
indice des prix à la consommation [1]	105,0	n.d.	n.d.	98,2	100,0	121,7	130,3
indice des revenus mensuels [2]	n.d.	n.d.	n.d.	n.d.	100,0	121,0	137,6

1. Moroni seulement. 2. Moyenne sur le mois de juillet pour les fonctionnaires seulement.

Indices des prix et des revenus (1993 = 100).

	1993	1994	1995	1996
milliards de KMF	− 7,9	− 14,2	− 15,8	− 17,1
% du total	39,3	61,2	65,1	77,1

Balance commerciale (prix courants).

	nombre d'établissements	nombre d'enseignants	nombre d'élèves	nombre d'élèves par enseignant
primaire (7-12 ans)	275	1 737 [1]	77 837	n.d.
secondaire (13-19 ans)	n.d.	613 [2]	17 474	n.d.
formation à l'enseignement	n.d.	n.d.	163	n.d.
supérieur	n.d.	n.d.	223	n.d.

1. Dans le public uniquement. 2. 1991-1992.

Enseignement (1993-1994).

Véhicules (1995) : voitures particulières 7 080 ; camions et autobus 4 870.
Marine marchande (1992) : 6 navires (de 100 tjb et plus) ; 3 579 tonneaux de port en lourd.
Transports aériens (1993) : 3 000 000 passagers-km. 2 aéroports desservis par des vols réguliers (1997).

■ ***Communications***
Journaux quotidiens (1995) : n.d.
Radiodiffusion (1996) : 61 000 postes récepteurs ; 122 pour 1 000 hab.
Télévision (1993) : 200 postes récepteurs ; 0,4 pour 1 000 hab.
Téléphone (1995) : 4 377 lignes principales ; 8,9 pour 1 000 hab.

Éducation et santé

■ ***Niveau d'éducation*** (1980)
Proportion de la population âgée de 25 ans et plus : sans instruction scolaire 56,7 % ; ayant une instruction scolaire coranique 8,3 % ; éducation primaire 3,6 % ; éducation secondaire 2,0 % ; éducation supérieure 0,2 % ; sans précision 29,2 %.

■ ***Alphabétisation*** (1995)[d] : personnes âgées de 15 ans et plus alphabétisées : 192 000 (57,0 %) ; hommes alphabétisés 108 000 (64 %) ; femmes alphabétisées 84 000 (50 %).

■ ***Santé*** : (1993) environ 77 médecins (1 pour 6 500 hab.) ; (1990) 649 lits d'hôpital (1 pour 715 hab.) ; taux de mortalité infantile (1996) : 75,3 ‰.

■ ***Alimentation*** (1995) : apport journalier en calories par habitant 1 850 (alimentation d'origine végétale 94 % ; d'origine animale 6 %) ; soit 79 % du niveau minimal recommandé par la F.A.O.

Défense nationale

■ ***Contingent*** (1995) : 800.

■ ***Dépenses militaires*** : n.d.

a. Sauf indication contraire, les données excluent la collectivité territoriale française de Mayotte.

b. Depuis le 13 septembre 1997.

c. Dévaluation de 33,33 % du franc des Comores le 12 janvier 1994.

d. Y compris Mayotte.

e. Poids respectifs des éléments de l'indice des prix à la consommation pour Moroni.

f. Importations C.I.F., exportations F.O.B.

→ *Corpus* : CONGO (RÉPUBLIQUE DU)
→ *Grand Atlas de Géographie* (éd. 1992) : 136, 148 ; 239b (Brazzaville)
→ *Grand Atlas de l'Histoire* : 240, 241, 276, 282, 283, 295

CONGO (RÉPUBLIQUE DU)

• ***Nom officiel*** : République du Congo. Code I.S.O. : CG.

• ***Forme de gouvernement*** : république de transition [a] avec un Parlement comprenant deux chambres législatives (Sénat [60] et Assemblée nationale [125]).

• ***Chef de l'État*** : président [a].

• ***Capitale*** : Brazzaville.

• ***Langue officielle*** [b] : français.

• ***Religion officielle*** : aucune.

• ***Unité monétaire*** : 1 franc CFA (XAF) = 100 centimes ; valeur : 100 XAF = 1,00 FRF [c].

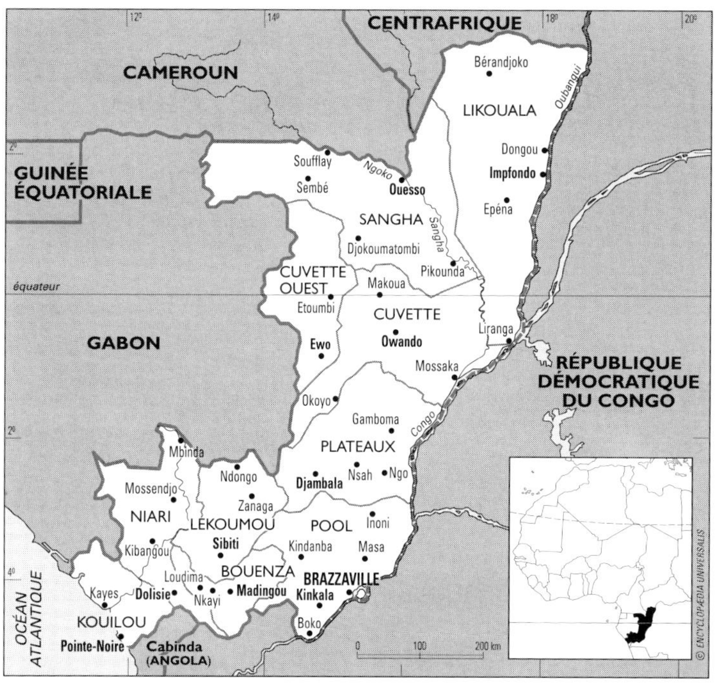

Démographie

■ ***Population*** (estim. 1997) : 2 583 000.

■ ***Densité*** (1997) : 7,6 hab./km².

■ ***Répartition urbaine/rurale*** (1991) : population urbaine 41,1 % ; population rurale 58,9 %.

■ ***Répartition par sexe*** (1995) : hommes 48,92 % ; femmes 51,08 %.

■ ***Répartition par âge*** (1995) : moins de 15 ans 45,6 % ; de 15 à 29 ans 26,4 % ; de 30 à 44 ans 14,6 % ; de 45 à 59 ans 8,1 % ; de 60 à 74 ans 4,2 % ; 75 ans et plus 1,0 %.

■ ***Projection démographique*** : 2 750 000 en 2000 ; 3 298 000 en 2010.

■ ***Temps de doublement*** : 24 ans.

■ ***Composition ethnique*** (1983) : Kongos 51,5 % ; Tékés 17,3 % ; Mboshis 11,5 % ; Mbétés 4,8 % ; Punus 3,0 % ; Sangas 2,7 % ; Makas 1,8 % ; Pygmées 1,5 % ; autres 5,9 %.

■ ***Appartenances religieuses*** (1997) : catholiques 40,9 % ; croyances traditionnelles 32,9 % ; protestants 24,2 % ; musulmans 2,0 %.

■ ***Principales villes*** (1992) : Brazzaville 937 600 hab. ; Pointe-Noire 576 200 hab. ; Loubomo 83 600 hab. ; Nkayi 42 500 hab. ; Mossendjo 16 400 hab.

Statistiques de l'état civil

■ ***Taux de natalité*** (1990-1995) : 44,7 ‰ (moyenne mondiale 25,0 ‰).

■ ***Taux de mortalité*** (1990-1995) : 14,9 ‰ (moyenne mondiale 9,3 ‰).

■ ***Taux d'accroissement naturel*** (1990-1995) : 29,8 ‰ (moyenne mondiale 15,7 ‰).

■ ***Taux de fécondité*** (nombre moyen de naissances par femme en âge de procréer, 1990-1995) : 6,3.

■ ***Nombre de mariages*** : n.d.

■ ***Nombre de divorces*** : n.d.

■ ***Espérance de vie*** à la naissance (1990-1995) : hommes 48,9 ans ; femmes 53,8 ans.

■ ***Morbidité et mortalité*** : au début des années 1990, la malaria, les maladies respiratoires aiguës, la diarrhée, les traumatismes, l'helminthiase et les maladies sexuellement transmissibles (dont le sida) étaient parmi les principales causes de décès du pays.

Économie nationale

■ ***Budget de l'État*** (1996)
Recettes : 353 750 000 000 XAF (recettes pétrolières 59,6 % ; recettes non pétrolières 40,4 %, dont [1993] droits de douane 19,2 %, impôts sur le revenu 12,6 %).
Dépenses : 380 500 000 000 XAF (service de la dette 39,6 %, traitements 27,9 % ; transferts et subventions 8,7 % ; biens et services 7,1 %).

■ ***Dette publique*** (extérieure, créances, 1995) : 4 955 000 000 USD.

■ ***Tourisme*** (1995) : recettes touristiques 4 000 000 USD ; dépenses touristiques à l'étranger 39 000 000 USD.

■ ***Production***
Agriculture, sylviculture, pêche (1996).
Manioc 720 000 t ; canne à sucre 460 000 t ; bananes plantains 99 000 t ; bananes 46 000 t ; arachides 28 000 t ; maïs 26 000 t ; avocats 26 000 t ; ignames 17 000 t ; huile de palme 17 000 t ; ananas 13 000 t ; fèves de cacao 2 000 t ; café 1 000 t.
Cheptel (sur pied) : chèvres 312 000 ; moutons 114 000 ; bovins 70 000.
Bois (1995) : 3 834 000 m³.
Pêche (1995) : 35 024 t.
Industries extractives (1997) : extraction artisanale de 5 kg d'or seulement.
Industries manufacturières (1994) : résidus pétroliers 288 000 t ; ciment 87 400 t ; pétrole distillé 95 000 t ; essence pour avions 58 000 t ; essence 58 000 t ; kérosène 52 000 t ; sucre raffiné 27 000 t ; farine de blé (1993) 15 131 t ; poisson séché et salé (1992) 4 000 t ; bière 507 000 hl ; cigarettes 655 000 000 cartouches ; boissons non alcoolisées 220 000 hl ; textiles (1993) 1 800 000 m ; bois de placage en feuilles (1993) 35 000 m³ ; chaussures 300 000 paires (1990).
Bâtiment : n.d.
Énergie (production/consommation) : électricité (1994) 435 000 000/547 000 000 kWh ; charbon (1994) 0/0 t ; pétrole brut (1996) 80 300 000/(1994) 8 040 000 barils ; produits pétroliers (1994) 570 000/540 000 t ; gaz naturel (1994) 5 125 000/5 125 000 m³.

■ ***Produit national brut*** (aux prix courants du marché, 1995) : 1 784 000 000 USD (680 USD/hab.).

■ ***Population active*** (1992) : 886 000 ; taux d'activité 37,4 % (taux de participation (1984) : 15-64 ans 54,0 % ; femmes 45,6 % ; sans-emploi 2,3 %).

■ ***Revenus et dépenses des ménages***
Taille moyenne des ménages (1984) : 5,2.
Revenu moyen par ménage : n.d. ; sources des revenus : n.d.
Dépenses : n.d.

■ ***Utilisation du sol*** (1994) : forêts 58,3 % ; prairies et pâturages 29,3 % ; terres cultivées et plantations 0,5 % ; autres 11,9 %.

Corpus : AFRIQUE (Structure et milieu) [géographie humaine et économique] ; AFRIQUE NOIRE – Société et économie (population et richesse des nations) ; CONGO (Fleuve et bassin).

Universalia 1991 : 210 Le nouveau paysage audiovisuel en Afrique francophone ; *Universalia 1992* : 116 La difficile démocratisation des systèmes politiques africains ; 117 La seconde naissance de la presse indépendante en Afrique ; *Universalia 1995* : 157 Afrique : la dévaluation du franc CFA ou la fin d'un tabou.

Thesaurus :
BAKOTA
BRAZZAVILLE
M'BOCHI
POINTE-NOIRE
VILI

régions et communes	chefs-lieux	superficie (km²)	polulation (estim. 1992)
régions :			
Bouenza	Madingou	12 258	177 400
Cuvette de l'Est	Owando (ex-Fort-Rousset)	74 850	151 800
Cuvette de l'Ouest	Ewo		
Kouilou	Pointe-Noire	13 650	89 300
Lékoumou	Sibiti	20 950	74 400
Likouala	Impfondo	66 044	70 700
Niari	Dolisie (ex-Loubomo)	25 918	120 100
Plateaux	Djambala	38 400	119 700
Pool	Kinkala	33 955	182 700
Sangha	Ouesso	55 795	36 000
communes :			
Brazzaville	–	100	937 600
Loubomo	–	18	83 600
Mossendjo	–	5	16 400
Nkayi	–	8	42 500
Ouesso	–	5	16 200
Pointe-Noire	–	44	576 200
total		**342 000**	**2 694 600**

Territoire et population.

	1996		1991	
	millions de XAF [1]	% du total	effectifs	% des effectifs
agriculture, sylviculture, pêche	119 600	9,7	471 000	59,1
pétrole	500 700	40,6		
industrie et mines	94 300	7,6	101 000	12,7
bâtiment	18 000	1,5		
entreprises publiques	15 800	1,3		
commerce	137 700	11,2		
transports et communications	90 800	7,4		
administration, défense nationale	124 000	10,0	225 000	28,2
services	80 200	6,5		
autres	53 600	4,3		
total	**1 234 700** [2]	**100,0**	**797 000**	**100,0**

1. Au coût des facteurs courants. 2. Le total général ne correspond pas exactement au détail en raison des arrondis.

Structure du produit intérieur brut et effectifs.

	1990	1991	1992	1993	1994	1995
indice des prix à la consommation*	100,0	109,2	111,3	113,6	170,1	206,5
indice des revenus	n.d.	n.d.	n.d.	n.d.	n.d.	n.d.

(•) Pour les foyers africains, à Brazzaville uniquement.

Indices des prix et des revenus (1990 = 100).

	1991	1992	1993	1994	1995	1996
milliards de XAF	+ 169,6	+ 195,9	+ 175,3	+ 192,1	+ 261,8	+ 32,2
% du total	37,2	45,8	38,2	22,0	28,7	2,2

Balance commerciale (prix courants).

	nombre d'établissements	nombre d'enseignants	nombre d'élèves	nombre d'élèves par enseignant
primaire (6-13 ans)	1 612	7 060	497 305	70,4
secondaire (14-18 ans)	238 [1]	5 710	189 381	33,2
professionnel et formation à l'enseignement	60 [1]	1 463	25 269	17,3
supérieur	12 [1]	656 [2]	13 806 [2]	21,0 [2]

1. 1989. 2. 1992.

Enseignement (1995-1996).

Échanges extérieurs

■ ***Importations*** (1995) : 339 900 000 000 XAF (1991 : équipement industriel et de transport 38,0 % ; produits manufacturés de base 27,4 % ; produits alimentaires et animaux sur pied 11,2 % ; produits chimiques et dérivés 8,4 % ; combustibles minéraux 3,2 % ; boissons et tabac 2,3 %).
Principales sources des importations : France 32,0 % ; États-Unis 9,6 % ; Pays-Bas 6,6 % ; Italie 4,4 % ; Belgique et Luxembourg 3,8 % ; Allemagne 3,3 %.

■ ***Exportations*** (1995) : 624 000 000 000 XAF (pétrole et produits pétroliers 84,6 % ; bois et dérivés 8,4 % ; autres 7,0 %).
Principales destinations des exportations : États-Unis 22,6 % ; Italie 15,4 % ; Pays-Bas 12,5 % ; France 9,2 % ; Espagne 4,6 %.

Transports et communications

■ ***Transports***
Chemins de fer (1995) : longueur 795 km ; trafic : 302 000 000 passagers-km ; 267 000 000 t-km.
Routes (1995) : longueur totale 12 760 km (10 % recouvertes).
Véhicules (1995) : voitures particulières 36 100 ; camions et autobus 15 600.
Marine marchande (1992) : 22 navires (de 100 tjb et plus) ; 10 840 tonneaux de port en lourd.
Transports aériens (Air Afrique uniquement, 1996) ; trafic : 224 736 000 passagers-km ; 16 420 000 t-km. 10 aéroports desservis par des vols réguliers (1997).

■ ***Communications***
Journaux quotidiens (1992) : diffusion totale 19 000 ; diffusion pour 1 000 hab. 8,0.
Radiodiffusion (1995) : 808 000 postes récepteurs ; 312 pour 1 000 hab.
Télévision (1995) : 44 000 postes récepteurs ; 17 pour 1 000 hab.
Téléphone (1995) : 21 400 lignes principales ; 8,1 pour 1 000 hab.

Éducation et santé

■ ***Niveau d'éducation*** (1984)
Proportion de la population âgée de 25 ans et plus : sans instruction scolaire 58,8 % ; ayant une éducation primaire 21,3 % ; éducation secondaire 16,9 % ; éducation post-secondaire 3,0 %.

■ ***Alphabétisation*** (1995) : personnes âgées de 15 ans et plus alphabétisées 74,9 % ; hommes 83,1 % ; femmes 67,2 %.

■ ***Santé*** (1990) : 613 médecins (1 pour 3 595 hab.) ; 4 817 lits d'hôpital, 1989 (1 pour 446 hab.) ; taux de mortalité infantile (1990-1995) : 84,0 ‰.

■ ***Alimentation*** (1995) : apport journalier en calories par habitant 2 141 (alimentation d'origine végétale 93 % ; d'origine animale 7 %) ; soit 96 % du niveau minimal recommandé par la F.A.O.

Défense nationale

■ ***Contingent*** (1997) : 10 000 (armée de terre 80,0 % ; marine 8,0 % ; armée de l'air 12,0 %).

■ ***Dépenses militaires*** (1995) : 2,5 % du P.N.B. (moyenne mondiale 2,8 %) ; soit 19 USD/hab.

a. La Constitution de transition proclamée le 3 novembre 1997 investit le président du pouvoir exécutif, et le Conseil national de transition du pouvoir législatif.

b. Le lingala et le monokotuba sont aussi des langues nationales.

c. Dévaluation de 50 % du franc CFA le 12 janvier 1994.

→ *Corpus* : ZAIRE
→ *Grand Atlas de Géographie* (éd. 1992) : 148, 150
→ *Grand Atlas de l'Histoire* : 276, 282, 283, 295

CONGO (RÉPUBLIQUE DEMOCRATIQUE DU)

- ***Nom officiel*** : République démocratique du Congo[a]. Code I.S.O. : CD.
- ***Forme de gouvernement*** : régime révolutionnaire militaire[a].
- ***Chef de l'État***[a].
- ***Chef du gouvernement***[a].
- ***Capitale*** : Kinshasa.
- ***Langue officielle*** : français.
- ***Religion officielle*** : aucune.
- ***Unité monétaire*** : 1 nouveau zaïre (ZRN) = 100 makuta (sing. likuta) ; valeur (31 déc. 1997) : 100 ZRN = 0,005 63 FRF[b].

Démographie

■ ***Population*** (estim. 1997) : 46 674 000.

■ ***Densité*** (1997) : 19,9 hab./km².

■ ***Répartition urbaine/rurale*** (1995) : population urbaine 29,1 % ; population rurale 70,9 %.

■ ***Répartition par sexe*** (1995) : hommes 49,41 % ; femmes 50,59 %.

■ ***Répartition par âge*** (1995) : moins de 15 ans 47,3 % ; de 15 à 29 ans 25,9 % ; de 30 à 44 ans 14,1 % ; de 45 à 59 ans 8,1 % ; de 60 à 74 ans 3,8 % ; 75 ans et plus 0,8 %.

■ ***Projection démographique*** : 51 136 000 en 2000 ; 68 876 000 en 2010.

■ ***Temps de doublement*** : 22 ans.

régions	chefs-lieux	superficie (km²)	population (estim. 1994)
Bandundu	Bandundu	295 658	4 907 000
Bas-Zaïre	Matadi	53 920	2 578 000
Équateur	Mbandaka	403 292	4 789 000
Haut-Zaïre	Kisangani	503 239	5 432 000
Kasai-Occidental	Kananga	154 742	3 117 000
Kasai-Oriental	Mbuji-Mayi	170 302	3 778 000
Kinshasa	—	9 965	4 655 000
Maniema	Kindu	132 250	1 048 000
Nord-Kivu	Goma	59 483	3 546 000
Shaba	Lubumbashi	496 877	5 602 000
Sud-Kivu	Bukavu	65 130	3 093 000
total		**2 344 858**	**42 545 000**

Territoire et population.

■ ***Composition ethnique*** (1983) : Loubas 18,0 % ; Kongos 16,1 % ; Mongos 13,5 % ; Rwandas 10,3 % ; Zandés 6,1 % ; Bangis et Ngalas 5,8 % ; Rundis 3,8 % ; Tékés 2,7 % ; Boas 2,3 % ; Tchokwés 1,8 % ; autres 19,6 %.

■ ***Appartenances religieuses*** (1995) : catholiques 41,0 % ; protestants 32,0 % ; sectes chrétiennes africaines 13,4 %, dont kimbanguistes 13,0 % ; autres chrétiens 0,8 % ; musulmans 1,2 % ; croyances traditionnelles et autres 11,6 %.

■ ***Principales villes*** (1994) : Kinshasa 4 655 300 hab. ; Lubumbashi 851 400 hab. ; Mbuji-Mayi 806 500 hab. ; Kisangani 417 500 hab. ; Kananga 393 000 hab.

Statistiques de l'état civil

■ ***Taux de natalité*** (1990-1995) : 47,5 ‰ (moyenne mondiale 25,0 ‰).

■ ***Taux de mortalité*** (1990-1995) : 14,5 ‰ (moyenne mondiale 9,3 ‰).

■ ***Taux d'accroissement naturel*** (1990-1995) : 33,0 ‰ (moyenne mondiale 15,7 ‰).

■ ***Taux de fécondité*** (nombre moyen de naissances par femme en âge de procréer, 1990-1995) : 6,7.

■ ***Espérance de vie*** à la naissance (1990-1995) : hommes 50,4 ans ; femmes 53,7 ans.

■ ***Principales causes de décès*** : n.d. ; toutefois, les principales causes de morbidité au début des années 1990 sont la malaria, la rougeole, la diarrhée, les infections respiratoires aiguës, le sida, la malnutrition, les maladies parasitaires et la grippe.

Économie nationale

■ ***Budget de l'État*** (1996)
Recettes : 374 000 000 000 USD (droits de douane et impôts sur le commerce international 33,4 % ; impôts sur la production minière 11,2 % ; autres 55,3 %).
Dépenses : 1 163 000 000 USD (service de la dette 71,5 %, dont extérieure 62,7 %, intérieure 8,8 % ; salaires et traitements 6,4 % ; dépenses à l'étranger 5,2 %).

■ ***Dette publique*** (extérieure, créances, 1995) : 9 621 000 000 USD.

■ ***Tourisme*** (1993) : recettes touristiques 6 000 000 USD ; dépenses touristiques à l'étranger 16 000 000 USD.

■ ***Production***
Agriculture, sylviculture, pêche (1996).
Manioc 18 000 000 t ; bananes plantains 2 270 000 t ; canne à sucre 1 300 000 t ; maïs 1 100 000 t ; arachides 580 000 t ; riz 430 000 t ; bananes 412 000 t ; patates douces 410 000 t ; ignames 315 000 t ; mangues 212 000 t ; papayes 210 000 t ; huile de palme 181 000 t ; oranges 156 000 t ; ananas 145 000 t ; haricots secs 125 000 t ; coton brut 77 000 t ; palmistes 72 000 t ; café 60 000 t ; caoutchouc naturel (1995) 11 000 t.
Cheptel (sur pied) : chèvres 4 172 000 ; bovins 1 480 000 ; porcs 1 157 000 ; moutons 1 043 000 ; poulets 34 000 000.
Bois (1995) : 48 747 000 m³.

	1995		1991	
	millions de ZRZ	% du total	effectifs	% des effectifs
agriculture	2 148 000	58,0	9 021 000	65,1
mines	1 591 000	4,3		
industrie	2 365 000	6,5		
bâtiment	845 000	2,3	2 200 000	15,9
entreprises publiques	604 000	1,6		
transports et communications	1 023 000	2,8		
commerce	6 114 000	16,7		
administration, défense nationale	483 000	1,3	2 627 000	19,0
finance et services	2 038 000	5,6		
autres	313 000	0,9		
total	**36 622 000**	**100,0**	**13 848 000**	**100,0**

Structure du produit intérieur brut et effectifs.

	1992	1993	1994	1995	1996
indice des prix à la consommation	10	199	47 501	304 915	2 313 781
indice des revenus	n.d.	n.d.	n.d.	n.d.	n.d.

Indices des prix et des revenus (1992 = 10).

	1991	1992	1993	1994	1995	1996
millions de USD	+ 108	+ 403	+ 477	+ 643	+ 581	+ 708
% du total	3,4	18,5	26,3	33,8	25,0	27,8

Balance commerciale (prix courants).

	nombre de classes	nombre d'enseignants	nombre d'élèves	nombre d'élèves par enseignant
primaire (6-11 ans)	14 885	121 054	5 417 506	44,8
secondaire (12-17 ans)	4 276 [1]	59 325 [1]	640 298 [3]	22,6
professionnel et formation à l'enseignement	— [1]	— [1]	701 148 [3]	n.d.
supérieur	n.d.	3 873 [2]	93 266	15,9 [2]

1. Le secondaire comprend le professionnel et la formation à l'enseignement. 2. 1989. 3. 1993-1994.

Enseignement (1994-1995).

Pêche (1995) : 158 627 t.
Industries extractives (1995) : cuivre (métal contenu) 39 647 t ; cobalt (métal contenu) 4 041 t ; zinc (métal contenu) 3 162 t ; or 1 252 kg ; diamants 22 240 000 carats.
Industries manufacturières (1995) : tissus de coton imprimés 15 728 000 m² ; allumettes 3 305 000 boîtes ; chaussures 1 600 000 paires ; bière 1 781 000 hl ; boissons non alcoolisées 807 000 hl ; fer et acier 965 000 t ; ciment 194 000 t ; sucre 82 461 t ; savon 46 733 t ; pneus 50 000.
Énergie (production/consommation) : électricité (1994) 5 545 000 000/4 523 000 000 kWh ; charbon 14 400 (1995)/136 000 (1994) t ; pétrole brut 10 087 000 (1995)/2 782 000 (1994) barils ; produits pétroliers (1994) 350 000/1 024 000 t ; gaz naturel 0/n.d.

■ ***Revenus et dépenses des ménages***
Taille moyenne des ménages (1982) : 6,0.
Revenu annuel moyen par ménage (1982) : 1 200 ZRZ (209 USD) ; sources des revenus : n.d.
Dépenses (1985) : alimentation 61,7 % ; logement et énergie 11,5 % ; habillement 9,7 % ; transports 5,9 % ; meubles et ustensiles 4,9 % ; soins médicaux 2,6 % ; loisirs et éducation 2,0 %.

■ ***Produit national brut*** (1995) : 5 313 000 000 USD (120 USD/hab.).

■ ***Population active*** (1991) : 13 848 000 ; taux d'activité 35,9 % (taux de participation [1987] : plus de 10 ans 57,4 % ; femmes 40,8 % ; sans-emploi n.d.).

■ ***Utilisation du sol*** (1994) : forêts 76,7 % ; prairies et pâturages 6,6 % ; terres cultivées et plantations 3,5 % ; autres 13,2 %.

Échanges extérieurs

■ ***Importations*** (1995) : 870 200 000 USD (pétrole 6,0 % ; autre 94,0 %).
Principales sources des importations (1995) : Belgique et Luxembourg 15,0 % ; États-Unis 6,7 % ; Allemagne 6,0 % ; France 4,2 % ; Pays-Bas 4,0 % ; Chine 3,6 % ; Italie 3,3 %.

■ ***Exportations*** (1995) : 1 451 500 000 USD (diamants 17,2 % ; pétrole brut 11,4 % ; café 8,8 % ; cuivre 7,9 %).
Principales destinations des exportations (1995) : Belgique et Luxembourg 36,3 % ; États-Unis 16,9 % ; Italie 9,7 % ; Japon 5,0 % ; Allemagne 4,0 % ; France 2,6 % ; Canada 2,2 %.

Transports et communications

■ ***Transports***
Chemins de fer (1994)[c] : longueur (1996) 5 138 km ; trafic : 29 000 000 passagers-km ; 176 000 000 t-km.
Routes (1995) : longueur totale 154 027 km (2 % recouvertes).
Véhicules (1995) : voitures particulières 154 027 ; camions et autobus 55 000.
Marine marchande (1992) : 27 navires (de 100 tjb et plus) ; 30 692 tonneaux de port en lourd.
Transports aériens (Air Zaïre uniquement, 1991 ; déclaré en faillite en 1995) ; trafic : 144 242 000 passagers-km ; 21 046 000 t-km. 22 aéroports desservis par des vols réguliers (1997).

■ ***Communications***
Journaux quotidiens (1995) : diffusion totale 120 000 ; diffusion pour 1 000 hab. 2,7.
Radiodiffusion (1995) : 3 480 000 postes récepteurs ; 79,3 pour 1 000 hab.
Télévision (1995) : 22 000 postes récepteurs ; 0,5 pour 1 000 hab.
Téléphone (1995) : 36 000 lignes principales ; 0,8 pour 1 000 hab.

Éducation et santé

■ ***Niveau d'éducation*** : n.d.

■ ***Alphabétisation*** (1995) : personnes âgées de 15 ans et plus alphabétisées 77,3 % ; hommes 86,6 % ; femmes 67,7 %.

■ ***Santé*** : 2 469 médecins en 1990 (1 pour 15 584 hab.) ; 68 508 lits d'hôpital en 1986 (1 pour 487 hab.) ; taux de mortalité infantile (1990-1995) : 93 ‰.

■ ***Alimentation*** (1995) : apport journalier en calories par habitant 1 879 (alimentation d'origine végétale 97 % ; d'origine animale 3 %) ; soit 85 % du niveau minimal recommandé par la F.A.O.

Défense nationale

■ ***Contingent*** (1997) : les forces armées zaïroises se sont débandées en 1997 ; 20 000 à 40 000 personnes de l'Armée de libération du Congo remplacent l'armée nationale.

■ ***Dépenses militaires*** (1995) : 0,3 % du P.N.B. (moyenne mondiale 2,8 %) ; soit 0 USD/hab.

a. La République démocratique du Congo a été proclamée le 23 mai 1997 en remplacement de la République du Zaïre. Le chef de l'État a le titre de président ; il n'a pas nommé de Premier ministre, contrairement aux dispositions de la Constitution de 1994. Une nouvelle Constitution devrait être élaborée en 1998.

b. L'hyperinflation qu'a connue le Zaïre a conduit à l'introduction d'un « nouveau zaïre » le 21 octobre 1993, équivalant à 3 millions d'anciens zaïres (1 ZRN = 3 000 000 ZRZ).

c. Chiffres concernant les services opérés par la Société nationale des chemins de fer zaïrois (S.N.C.Z.), qui régit plus de 90 % des installations ferroviaires du pays.

Corpus : AFRIQUE NOIRE – Société et économie (population et richesse des nations) ; AFRIQUE DU SUD (RÉPUBLIQUE D') [relations économiques internationales] ; BANTOU ; CONGO (Fleuve et bassin) ; CUIVRE (économie du cuivre) ; DIAMANT (les principaux pays producteurs) ; KUBA ; LUBA ET LUNDA ; MINERAIS (principaux pays producteurs) ; MONGO ; PYGMÉES ; SWAHILI.

Universalia 1990 : 368 La crise des relations avec la Belgique ; ***Universalia 1991 :*** 210 Le nouveau paysage audiovisuel en Afrique francophone ; ***Universalia 1992 :*** 177 La seconde naissance de la presse indépendante en Afrique ; ***Universalia 1996 :*** Les trente ans de pouvoir de Mobutu ; ***Universalia 1998 :*** 140 Afrique : la crise de l'Afrique des Grands Lacs.

Thesaurus :
INGA (BARRAGE D')
KINSHASA
KISANGANI
LUBUMBASHI
MANGBETU
ZANDÉ

→ *Corpus* : CORÉE
→ *Grand Atlas de Géographie* (éd. 1992) : 98, 102
→ *Grand Atlas de l'Histoire* : 278, 279, 292, 295

CORÉE DU NORD

• ***Nom officiel*** : République populaire démocratique de Corée (Chosŏn Minjujuŭi Inmin Konghwaguk ; forme courte : Chosŏn). Code I.S.O. : KP.

• ***Forme de gouvernement*** : république à structure étatique unitaire et à régime de parti unique avec un organe suprême (Assemblée populaire suprême [687]).

• ***Chef de l'État*** : président.

• ***Chef du gouvernement*** : Premier ministre.

• ***Capitale*** : Pyŏngyang (P'yŏngyang).

• ***Langue officielle*** : coréen.

• ***Religion officielle*** : aucune.

• ***Unité monétaire*** : 1 won (KPW) = 100 chon ; valeur (31 déc. 1997) : 100 KPW = 272,19 FRF.

Démographie

■ ***Population*** (estim. 1997) : 24 317 000.

■ ***Densité*** (1997) : 198,1 hab./km².

■ ***Répartition urbaine/rurale*** (1995) : population urbaine 61,3 % ; population rurale 38,7 %.

■ ***Répartition par sexe*** (1997) : hommes 48,83 % ; femmes 51,17 %.

■ ***Répartition par âge*** (1997) : moins de 15 ans 26,5 % ; de 15 à 29 ans 26,0 % ; de 30 à 44 ans 21,9 % ; de 45 à 59 ans 15,2 % ; de 60 à 74 ans 8,7 % ; 75 ans et plus 1,7 %.

■ ***Projection démographique*** : 25 491 000 en 2000 ; 28 491 000 en 2010.

■ ***Temps de doublement*** : 39 ans.

■ ***Composition ethnique*** (1989) : Coréens 99,8 % ; Chinois 0,2 %.

■ ***Appartenances religieuses*** (1980) : athées ou sans appartenance 67,9 % ; croyances traditionnelles 15,6 % ; ch'ŏndogyo 13,9 % ; bouddhistes 1,7 % ; chrétiens 0,9 %.

■ ***Principales villes*** (1987) : Pyŏngyang 2 500 000 hab. (estim. 1996) ; Hamhŭng 701 000 hab. ; Ch'ŏngjin 520 000 hab. ; Namp'o 370 000 hab. ; Sonch'on 356 000 hab.

Statistiques de l'état civil

■ ***Taux de natalité*** (1996) : 22,05 ‰ (moyenne mondiale 25,0 ‰).

■ ***Taux de mortalité*** (1996) : 5,3 ‰ (moyenne mondiale 9,3 ‰).

■ ***Taux d'accroissement naturel*** (1996) : 17,2 ‰ (moyenne mondiale 15,7 ‰).

■ ***Taux de fécondité*** (nombre moyen de naissances par femme en âge de procréer, 1996) : 2,3.

■ ***Nombre de mariages*** (pour 1 000 hab., 1987) : 9,3.

■ ***Nombre de divorces*** (pour 1 000 hab., 1987) : 0,2.

■ ***Espérance de vie*** à la naissance (1997) : hommes 69,0 ans ; femmes 75,0 ans.

■ ***Principales causes de décès*** (pour 100 000 hab., 1986) : maladies de l'appareil circulatoire 224,9 ; tumeurs malignes (cancers) 69,0 ; maladies de l'appareil digestif 51,6 ; maladies de l'appareil respiratoire 46,7 ; blessures et empoisonnements 38,2 ; maladies infectieuses et parasitaires 19,4.

Économie nationale

■ ***Budget de l'État*** (1994)
Recettes : 41 525 200 000 KPW (ventilation pour 1984 : impôts sur les chiffres d'affaires 55,0 % ; contributions des entreprises d'État 30,0 %).
Dépenses : 41 525 200 000 KPW (économie nationale 67,8 % ; affaires sociales et culturelles 19,2 % ; défense nationale 11,6 % ; administration 0,8 %).

■ ***Dette publique*** (extérieure, créances, 1993) : 10 300 000 000 USD.

■ ***Production***
Agriculture, sylviculture, pêche (1997).
Riz 2 300 000 t ; pommes de terre 1 550 000 t ; maïs 1 500 000 t ; choux 700 000 t ; pommes 650 000 t ; patates douces 455 000 t ; soja 420 000 t ; poires 120 000 t ; pêches et nectarines 110 000 t ; pastèques 105 000 t ; blé 100 000 t ; concombres et cornichons 65 000 t ; tomates 65 000 t ; tabac en feuilles 63 000 t ; orge 55 000 ; millet 10 000 t ; avoine 10 000 t.
Cheptel (sur pied) : porcs 3 100 000 ; bovins 1 150 000 ; moutons 355 000 ; chèvres 265 000 ; poulets 14 000 000.
Bois (1995) : 4 923 000 m³.
Pêche (1995) : 1 850 000 t.
Industries extractives (1995) : minerai de fer 11 000 000 t ; magnésite (métal contenu) 1 600 000 t ; phosphate minéral 520 000 t ; soufre 250 000 t ; zinc 200 000 t ; plomb (métal contenu) 80 000 t ; spath fluor 40 000 t ; graphite 40 000 t ; cuivre 16 000 t ; argent 50 t ; or 5 000 kg.
Industries manufacturières (1995) : ciment 17 000 000 t ; acier brut 8 100 000 t ; fonte 6 600 000 t ; coke 3 000 000 t ; produits semi-finis en métal 2 700 000 t (1994) ; engrais chimiques 2 500 000 t ; viande 259 200 t (1996) ; essence 8 600 000 barils ; tissus 350 000 000 m² (1994).
Bâtiment : n.d.
Énergie (production/consommation) : électricité (1994) 37 000 000/37 000 000 kWh ; charbon (1994) 71 500 000/73 425 000 t ; pétrole brut (1994) 0/16 492 500 barils ; produits pétroliers (1994) 2 835 000/4 346 000 t ; gaz naturel 0/n.d.

■ ***Population active*** (1994) : 12 486 000 ; taux d'activité 53,2 % (taux de participation [1988-1993] : 15-64 ans 49,5 ; femmes 46,0 ; sans-emploi n.d.).

■ ***Indices des prix et des revenus*** : n.d.

■ ***Revenus et dépenses des ménages***
Taille moyenne des ménages (1987) : 4,8.

Corpus : ASIE – Géographie humaine (l'Asie extrême-orientale) ; MINERAIS (principaux producteurs) ; SOCIALISME – Économie des pays socialistes.

Thesaurus :
CHONGJIN
PYONG-YANG

provinces, villes et district spécial	capitales	superficie (km²)	population [1] (estim. 1987)
provinces :			
Chagang-do	Kanggye	16 968	1 156 000
Hamgyŏng-namdo (sud)	Hamhŭng	18 970	2 547 000
Hamgyŏng-pukto (nord)	Ch'ŏngjin	17 570	2 003 000
Hwanghae-namdo (sud)	Haeju	8 002	1 914 000
Hwanghae-pukto (nord)	Sariwŏn	8 007	1 409 000
Kangwŏn-do	Wŏnsan	11 152	1 227 000
P'yŏngan-namdo (sud)	Nampo	11 577	2 653 000
P'yŏngan-pukto (nord)	Sinŭiju	12 191 [2]	2 380 000
Yanggang-do	Hyesan	14 317	628 000
villes spéciales :			
Kaesŏng	–	1 255	331 000
Namp'o	–	753	715 000
P'yŏngyang	–	2 000	2 355 000
district spécial :			
Hyangsan-chigu	–	– [2]	28 000
total		**122 762**	**19 346 000**

1. Population civile uniquement ; le recensement effectué en 1993 donne un total de 21 123 376 hab., mais le détail n'est pas disponible. 2. P'yŏngan-pukto comprend le district spécial de Hyangsan-chigu.

Territoire et population.

	1982		1990-1992	
	millions de KPW	% du total	effectifs	% des effectifs
agriculture	n.d.	n.d.	4 987 000	43,0
mines et industrie	n.d.	n.d.		
bâtiment	n.d.	n.d.	3 479 000	30,0
entreprises publiques	n.d.	n.d.		
transports et communications	n.d.	n.d.		
commerce	n.d.	n.d.		
finance	n.d.	n.d.		
administration, défense nationale	n.d.	n.d.	3 131 000	27,0
services	n.d.	n.d.		
autres	n.d.	n.d.		
total	**11 800**	**100,0**	**11 597 000**	**100,0**

Structure du produit intérieur brut et effectifs.

	1990	1991	1992	1993	1994	1995
millions de USD	– 420,5	– 764,7	– 600,0	– 600,0	– 429,5	– 880,0
% du total	21,0	35,6	18,8	22,7	20,4	42,7

Balance commerciale (prix courants).

	nombre d'établissements	nombre d'enseignants	nombre d'élèves	nombre d'élèves par enseignant
primaire (6-9 ans)	6 122	138 945	1 543 000	11,1
secondaire (10-15 ans)	n.d.	111 000	2 468 000	22,2
professionnel et formation à l'enseignement	473 *	n.d.	220 000	n.d.
supérieur	281	27 000	390 000	14,4

(*) 1986.

Enseignement (1987).

Revenu annuel moyen par ménage (1980) : 3 677 KPW (4 275 USD) ; sources des revenus : n.d.
Dépenses (ouvriers et employés de bureau uniquement, 1984) : alimentation 46,5 % ; habillement 29,9 % ; meubles 3,8 % ; énergie 3,3 % ; logement 0,6 %.

■ ***Tourisme*** (1986) : 85 000 visiteurs.

■ ***Produit national brut*** (1994) : 21 300 000 000 USD (890 USD/hab.).

■ ***Utilisation du sol*** (1994) : forêts 61,2 % ; prairies et pâturages 0,4 % ; terres cultivées et plantations 16,6 % ; autres 21,8 %.

Échanges extérieurs [a]

■ ***Importations*** (1995) : 1 470 000 000 USD (le pétrole brut, le charbon et le coke, l'équipement industriel et de transport [dont les camions principalement], les produits chimiques, les filés et tissus et les céréales constituent les importations principales).
Principales sources des importations : Chine 30,0 % ; Japon 15,8 % ; Autriche 9,3 % ; Ukraine 5,9 % ; Hong Kong 3,7 % ; Brésil 2,9 % ; Inde 2,9 %.

■ ***Exportations*** (1995) : 590 000 000 USD (les produits miniers [dont le plomb, la magnésite et le zinc principalement], les produits métallurgiques [fer et acier, métaux non ferreux], le ciment, les produits agricoles [dont le poisson, les céréales, les fruits et les légumes et le tabac principalement], les produits manufacturés [tissus et vêtements] constituent les exportations principales).
Principales destinations des exportations : Japon 31,4 % ; Autriche 17,3 % ; Inde 6,9 % ; Chine 6,0 % ; Arabie Saoudite 5,0 %.

Transports et communications

■ ***Transports***
Chemins de fer (1990) : longueur 8 533 km ; trafic : 3 400 000 000 passagers-km ; 9 100 000 000 t-km.
Routes (1992) : longueur totale 30 000 km (6,2 % recouvertes).
Véhicules (1990) : voitures particulières 248 000.
Marine marchande (1992) : 100 navires (de 100 tjb et plus) ; 951 222 tonneaux de port en lourd.
Transports aériens (1994) ; trafic : 84 000 000 passagers-km ; 2 000 000 t-km. 1 aéroport desservi par des vols réguliers (1997).

■ ***Communications***
Journaux quotidiens (1994) : diffusion totale 5 000 000 ; diffusion pour 1 000 hab. 213.
Radiodiffusion (1995) : 4 700 000 postes récepteurs ; 200 pour 1 000 hab.
Télévision (1995) : 2 000 000 postes récepteurs ; 85,1 pour 1 000 hab.
Téléphone (1995) : 1 104 000 lignes principales ; 47 pour 1 000 hab.

Éducation et santé

■ ***Niveau d'éducation*** (1987-1988)
13,7 % de la population âgée de 16 ans et plus ont obtenu un diplôme de l'enseignement postsecondaire.

■ ***Alphabétisation*** (1992) : 95 %.

■ ***Santé*** (1989) : 57 690 médecins (1 pour 370 hab.) ; 290 590 lits d'hôpital (1 pour 74 hab.) ; taux de mortalité infantile (1997) : 52,0 ‰.

■ ***Alimentation*** (1995) : apport journalier en calories par habitant 2 360 [b] (alimentation d'origine végétale 91 % ; d'origine animale 9 %) ; soit 109 % du niveau minimal recommandé par la F.A.O.

Défense nationale

■ ***Contingent*** (1997) : 1 055 000 (armée de terre 87,5 % ; marine 4,4 % ; armée de l'air 8,1 %).

■ ***Dépenses militaires*** (1995) : 28,6 % du P.N.B. (moyenne mondiale 2,8 %) ; soit 255 USD/hab.

a. Importations F.O.B.

b. En 1996 et 1997, la famine a réduit l'apport journalier à moins de 1 000 calories par habitant.

→ *Corpus* : CORÉE
→ *Grand Atlas de Géographie* (éd. 1992) : 98, 102 ; 237b (Séoul)
→ *Grand Atlas de l'Histoire* : 278, 279, 292, 294, 295

CORÉE DU SUD

- ***Nom officiel*** : République de Corée (Taehan Min'guk ; forme courte : Han-guk). Code I.S.O. : KR.
- ***Forme de gouvernement*** : république à structure étatique unitaire et à régime multipartiste avec une assemblée législative (Assemblée nationale [299]).
- ***Chef de l'État*** : président.
- ***Chef du gouvernement*** : Premier ministre.
- ***Capitale*** : Séoul (Seoul).
- ***Langue officielle*** : coréen.
- ***Religion officielle*** : aucune.
- ***Unité monétaire*** : 1 won (KRW) = 100 chon ; valeur (31 déc. 1997) : 100 KRW = 0,353 FRF.

Démographie

■ ***Population*** (estim. 1997) : 45 628 000.

■ ***Densité*** (1997) : 459 hab./km².

■ ***Répartition urbaine/rurale*** (1995) : population urbaine 81,0 % ; population rurale 19,0 %.

■ ***Répartition par sexe*** (1996) : hommes 50,34 % ; femmes 49,66 %.

■ ***Répartition par âge*** (1996) : moins de 15 ans 22,6 % ; de 15 à 29 ans 28,0 % ; de 30 à 44 ans 25,5 % ; de 45 à 59 ans 14,6 % ; de 60 à 74 ans 7,5 % ; 75 ans et plus 1,8 %.

■ ***Projection démographique*** : 46 789 000 en 2000 ; 49 683 000 en 2010.

■ ***Temps de doublement*** : 78 ans.

■ ***Composition ethnique*** (1990) : Coréens 99,9 % ; autres 0,1 %.

■ ***Appartenances religieuses***[a] (1995) : bouddhistes 23,3 % ; protestants 19,8 % ; catholiques 6,7 % ; confucéens 0,4 % ; wonbulgyo 0,2 % ; ch'öndogyo 0,1 % ; autres 0,6 % ; sans appartenance 48,9 %.

■ ***Principales villes*** (1995) : Séoul 10 229 262 hab. ; Pusan 3 813 814 hab. ; Taegu 2 449 139 hab. ; Inch'on 2 307 618hab. ; Taejon 1 272 143 hab.

Statistiques de l'état civil

■ ***Taux de natalité*** (1997) : 15,1 ‰ (moyenne mondiale 25,0 ‰).

■ ***Taux de mortalité*** (1997) : 6,4 ‰ (moyenne mondiale 9,3 ‰).

■ ***Taux d'accroissement naturel*** (1997) : 8,7 ‰ (moyenne mondiale 15,7 ‰).

■ ***Taux de fécondité*** (nombre moyen de naissances par femme en âge de procréer, 1997) : 1,7.

■ ***Nombre de mariages*** (pour 1 000 hab., 1994) : 6,8.

■ ***Nombre de divorces*** (pour 1 000 hab., 1994) : 1,1.

■ ***Espérance de vie*** à la naissance (1997) : hommes 69,0 ans ; femmes 76,0 ans.

■ ***Principales causes de décès*** (pour 100 000 hab., 1994) : maladies de l'appareil circulatoire 155,0 ; tumeurs malignes (cancers) 111,3 ; accidents, empoisonnements et actes de violence 72,0 ; maladies de l'appareil digestif 39,6 ; maladies de l'appareil respiratoire 25,2.

Économie nationale

■ ***Budget de l'État*** (1996)
Recettes : 81 581 000 000 000 KRW (taxes sur les biens et services 32,8 % ; impôts sur le revenu 29,1 % ; recettes non fiscales 11,9 % ; cotisations de sécurité sociale 7,7 % ; taxes sur le commerce international 6,2 %).
Dépenses : 73 582 000 000 000 KRW (éducation 21,1 % ; défense nationale 16,8 % ; sécurité sociale et assistance sociale 10,5 % ; transports et communications 9,0 % ; agriculture 8,2 % ; ordre public 5,9 % ; services publics généraux 4,5 %).

■ ***Tourisme*** (1995) : recettes touristiques 5 587 000 000 USD ; dépenses touristiques à l'étranger 5 903 000 000 USD.

■ ***Dette publique*** (extérieure, créances, 1995) : 24 095 000 000 USD.

■ ***Production***
Agriculture, sylviculture, pêche (1996).
Riz 6 284 000 t ; choux 3 200 000 t ; pommes 630 000 t ; mandarines 600 000 t ; oignons secs 570 000 t ; ail 360 000 t ; orge 300 000 t ; soja 160 000 t.
Cheptel (sur pied) : porcs 6 950 000 ; bovins 3 463 000 ; poulets 88 000 000.
Bois (1995) : 6 485 000 m³.
Pêche (1993) : 2 648 977 t.
Industries extractives (1995) : minerai de cuivre 233 000 t ; minerai de fer 184 443 t ; concentrés de zinc 15 494 t ; concentrés de plomb 8 128 t.
Industries manufacturières (1995) : ciment 56 101 000 t ; fonte 22 344 000 t ; papier journal 956 864 t ; résine de chlorure de polyvinyle 914 201 t ; engrais azotés 868 130 t ; tissus de laine 17 773 134 m² ; postes récepteurs de télévision couleur 18 555 000 ; voitures particulières 1 999 000.
Bâtiment (1996) : résidentiel 71 404 000 m² ; non résidentiel 73 226 000 m².
Énergie (production/consommation) : électricité (1995) 163 270 000 000/163 270 000 000 kWh ; charbon (1994) 7 438 000/42 660 000 t ; pétrole brut (1994) 0/544 369 000 barils ; produits pétroliers (1994) 103 580 000/84 788 000 t ; gaz naturel (1994) 0/3 864 000 000 m³.

Corpus : ASIE – Géographie humaine (l'Asie extrême-orientale) ; MINERAIS (principaux producteurs) ; PÊCHE ; POPULATION (GÉOGRAPHIE DE LA) [population et démographie] ; NAVALES (CONSTRUCTIONS) [une industrie mondiale] ; TEXTILES (INDUSTRIES) ; TRANSPORTS – Transport aérien ; ZONES FRANCHES.

Universalia 1985 : 202 La reprise économique ; *Universalia 1989* : 214 Aspirations démocratiques et performances économiques ; *Universalia 1990* : 130 Les villes géantes ; *Universalia 1991* : 158 Transports internationaux et enjeux géopolitiques.

Thesaurus :
GWANGJU
INCHON
PUSAN
SÉOUL
TAEGU
TAEJON

provinces et villes spéciales	capitales	superficie (km²)	population (recens. 1995)
provinces :			
Cheju-do	Cheju	1 845	505 442
Chŏlla-namdo (sud)	Kwangju	11 911	2 066 865
Chŏlla-pukdo (nord)	Chŏnju	8 058	1 902 205
Ch'ungch'ŏng-namdo (sud)	Taejŏn	8 547	1 767 105
Ch'ungch'ŏng-pukdo (nord)	Ch'ŏngju	7 433	1 396 481
Kangwŏn-do	Ch'unch'ŏn	16 534	1 466 794
Kyŏnggi-do	Suwŏn	10 115	7 649 914
Kyŏngsang-namdo (sud)	Masan	11 566	3 845 569
Kyŏngsang-pukdo (nord)	Taegu	19 022	2 676 344
villes spéciales :			
Inch'ŏn-chikhalsi	Inch'ŏn	955	2 307 618
Kwangju-chikhalsi	Kwangju	501	1 257 504
Pusan-chikhalsi	Pusan	749	3 813 814
Sŏul-t'ŭkpyŏlsi	Sŏul (Seoul)	606	10 229 262
Taegu-chikhalsi	Taegu	886	2 449 139
Taejŏn-si	Taejŏn	540	1 272 143
total		**99 268**	**44 606 199**

Territoire et population.

	milliards de KRW [1]	% du total	effectifs	% des effectifs
agriculture	17 582,9	6,4	2 405 000	11,3
mines	825,0	0,3	24 000	0,1
industrie	82 849,0	30,0	4 677 000	22,1
bâtiment	31 128,2	11,3	1 968 000	9,3
entreprises publiques	6 881,9	2,5		
transports et communications	22 976,6	8,3		
commerce	34 282,2	12,4	11 689 000	55,2
finance	47 366,8	17,2		
administration, défense nationale	15 274,0	5,5		
services	15 593,1	5,7		
autres	1 089,8 [2]	0,4	425 000 [3]	2,0
total	**275 849,5**	**100,0**	**21 188 000**	**100,0**

1. Aux prix constants de 1990. 2. Droits d'importation moins frais de service bancaire. 3. Sans-emploi.

Structure du produit intérieur brut et effectifs (1996).

	1990	1991	1992	1993	1994	1995	1996
indice des prix à la consommation	100,0	109,3	116,1	121,7	129,3	135,1	141,8
indice des revenus mensuels	100,0	116,9	135,2	149,9	173,1	190,2	213,6

Indices des prix et des revenus (1990 = 100).

	1991	1992	1993	1994	1995	1996
millions de USD	− 3 968	− 588	+ 2 880	− 729	− 2 896	− 12 411
% du total	3,6	0,4	1,8	0,5	1,1	4,6

Balance commerciale (prix courants).

	nombre d'établissements	nombre d'enseignants	nombre d'élèves	nombre d'élèves par enseignant
primaire (6-13 ans)	5 732	137 912	3 800 540	27,6
secondaire (14-19 ans)	3 790	157 731	3 683 857	23,4
professionnel	797	44 163	950 173	21,5
supérieur	802	60 883	2 056 370	33,8

Enseignement (1996).

■ ***Revenus et dépenses des ménages*** (1995)
Taille moyenne des ménages[b] : 3,7.
Revenu annuel moyen par ménage : 39 390 000 KRW (51 070 USD) ; sources des revenus : salaires 50,0 % ; autres 50,0 %.
Dépenses : alimentation et boissons 25,5 % ; éducation et loisirs 13,4 % ; transports et communications 9,8 % ; habillement 7,0 % ; soins médicaux 4,4 % ; équipements domestiques 4,3 % ; services 3,7 % ; logement 3,4 % ; autres 28,5 %.

■ ***Produit national brut*** (aux prix courants du marché, 1995) : 435 137 000 000 USD (9 700 USD/hab.).

■ ***Population active*** (1996) : 21 188 000 ; taux d'activité 46,5 % (taux de participation : 15 ans et plus 62,0 % ; femmes 40,1 % [1994] ; sans-emploi 2,0 %).

■ ***Utilisation du sol*** (1994) : forêts 65,4 % ; prairies et pâturages 0,9 % ; terres cultivées et plantations 20,6 % ; autres 13,1 %.

Échanges extérieurs

■ ***Importations*** (1996) : 150 339 100 000 USD (équipement industriel et de transport 36,3 % ; combustibles minéraux et lubrifiants 16,2 % ; produits manufacturés 13,9 % ; produits chimiques 8,8 % ; matières premières non comestibles 7,3 %).

Principales sources des importations : États-Unis 22,2 % ; Japon 20,9 % ; Allemagne 4,8 % ; Arabie Saoudite 4,4 % ; Australie 4,2 % ; Indonésie 2,7 % ; Italie 2,0 % ; Malaisie 2,0 %.

■ ***Exportations*** (1996) : 129 715 100 000 USD (équipement industriel et de transport 52,1 % ; produits manufacturés 20,8 % ; produits chimiques 7,1 % ; combustibles minéraux 3,0 % ; produits alimentaires et animaux sur pied 2,1 %).
Principales destinations des exportations : États-Unis 16,7 % ; Japon 12,2 % ; Hong Kong 8,6 % ; Singapour 5,0 % ; Allemagne 3,6 % ; Malaisie 3,3 % ; Taïwan 3,1 % ; Royaume-Uni 2,5 %.

Transports et communications

■ ***Transports***
Chemins de fer (1995) : longueur 6 554 km ; trafic : 29 292 000 000 passagers-km ; 13 838 000 000 t-km.
Routes (1995) : longueur totale 74 235 km (76 % recouvertes).
Véhicules (1995) : voitures particulières 6 006 290 ; camions et autobus 2 462 611.
Marine marchande (1992) : 2 138 navires (de 100 tjb et plus) ; 11 724 942 tonneaux de port en lourd.
Transports aériens (1995) ; trafic : 48 504 000 000 passagers-km ; 5 729 000 000 t-km. 14 aéroports desservis par des vols réguliers (1996).

■ ***Communications***
Journaux quotidiens (1994) : diffusion 18 000 000 ; diffusion pour 1 000 hab. 405.
Radiodiffusion (1996) : 42 000 000 postes récepteurs ; 928 pour 1 000 hab.
Télévision (1995) : 10 430 000 postes récepteurs ; 233 pour 1 000 hab.
Téléphone (1995) : 18 600 200 lignes principales ; 415 pour 1 000 hab.

Éducation et santé

■ ***Niveau d'éducation*** (1995)
Proportion de la population âgée de 25 ans et plus : sans instruction scolaire 8,5 % ; ayant une éducation primaire ou moins 17,7 % ; éducation secondaire incomplète ou éducation secondaire 53,1 % ; éducation postsecondaire 20,6 %.

■ ***Alphabétisation*** (1990) : personnes âgées de 15 ans et plus alphabétisées 96,3 % ; hommes 99,1 % ; femmes 93,5 %.

■ ***Santé*** (1995) : 57 188 médecins (1 pour 784 hab.) ; 196 232 lits d'hôpital (1 pour 229 hab.) ; taux de mortalité infantile (1996) : 10,0 ‰.

■ ***Alimentation*** (1995) : apport journalier en calories par habitant 3 268 (alimentation d'origine végétale 84 % ; d'origine animale 16 %) ; soit 139 % du niveau minimal recommandé par la F.A.O.

Défense nationale

■ ***Contingent*** (1996) : 660 000 (armée de terre 83,0 % ; marine 9,1 % ; armée de l'air 7,9 %).

■ ***Dépenses militaires*** (1994) : 3,7 % du P.N.B. (moyenne mondiale 3,0 %) ; soit 293 USD/hab.

a. Les chiffres se réfèrent aux pratiquants réguliers.
b. Non compris les ménages d'agriculteurs.

→ ***Corpus*** : COSTA RICA
→ ***Grand Atlas de Géographie*** (éd. 1992) : 198, 204
→ ***Grand Atlas de l'Histoire*** : 226, 227, 286, 287, 294

COSTA RICA

• ***Nom officiel*** : République du Costa Rica (República de Costa Rica). Code I.S.O. : CR.

• ***Forme de gouvernement*** : république à structure étatique unitaire et à régime multipartiste avec une assemblée (Assemblée législative [57]).

• ***Chef de l'État et du gouvernement*** : président.

• ***Capitale*** : San José.

• ***Langue officielle*** : espagnol.

• ***Religion officielle*** : catholicisme.

• ***Unité monétaire*** : 1 colón du Costa Rica (CRC) = 100 céntimos ; valeur (31 déc. 1997) : 100 CRC = 2,45 FRF.

Démographie

■ ***Population*** (estim. 1997) : 3 462 000.

■ ***Densité*** (1997) : 7,7 hab./km².

■ ***Répartition urbaine/rurale*** (1995) : population urbaine 44 % ; population rurale 56 %.

■ ***Répartition par sexe*** (1997) : hommes 50,50 % ; femmes 49,50 %.

■ ***Répartition par âge*** (1996) : moins de 15 ans 34,5 % ; de 15 à 29 ans 27,0 % ; de 30 à 44 ans 21,2 % ; de 45 à 59 ans 10,4 % ; de 60 à 74 ans 5,4 % ; 75 ans et plus 1,5 %.

■ ***Projection démographique*** : 3 705 000 en 2000 ; 4 422 000 en 2010.

■ ***Temps de doublement*** : 36 ans.

■ ***Composition ethnique*** (1993) : Blancs 87,0 % ; Métis 7,0 % ; Mulâtres 3,0 % ; Asiatiques (principalement Chinois) 2,0 % ; Amérindiens 1,0 %.

■ ***Appartenances religieuses*** (1992) : catholiques 80,0 % ; protestants évangéliques 15,0 % ; autres 5,0 %.

■ ***Principales villes*** (1996) : San José 324 011 hab. (agglomération 968 367 hab.) ; Puerto Limón 57 216 hab. ; Alajuela 49 568 hab. ; San Isidro de El General 41 912 hab. ; Desamparados 39 221 hab.

Statistiques de l'état civil

■ ***Taux de natalité*** (1995) : 23,8 ‰ (moyenne mondiale 25,0 ‰) ; taux de naissances légitimes 53,4 %, illégitimes 46,6 %.

■ ***Taux de mortalité*** (1995) : 4,2 ‰ (moyenne mondiale 9,3 ‰).

■ ***Taux d'accroissement naturel*** (1995) : 19,6 ‰ (moyenne mondiale 15,7 ‰).

■ ***Taux de fécondité*** (nombre moyen de naissances par femme en âge de procréer, 1995) : 2,8.

■ ***Nombre de mariages*** (pour 1 000 hab., 1995) : 7,1.

■ ***Nombre de divorces*** (pour 1 000 hab., 1992) : 1,1.

■ ***Espérance de vie*** à la naissance (1990-1995) : hommes 71,9 ans ; femmes 77,5 ans.

■ ***Principales causes de décès*** (pour 100 000 hab., 1994) : maladies de l'appareil circulatoire 126,6, dont maladies de cœur ischémiques 59,8 et maladies cérébro-vasculaires 24,6 ; tumeurs malignes (cancers) 80,0 ; maladies de l'appareil respiratoire 40,6 ; accidents 36,1 ; maladies de l'appareil digestif 24,6.

provinces	capitales	superficie (km²)	population (estim. janv. 1996)
Alajuela	Alajuela	9 753	601 674
Cartago	Cartago	3 125	378 188
Guanacaste	Liberia	10 141	266 198
Heredia	Heredia	2 657	270 096
Limón	Puerto Limón (Limón)	9 188	255 248
Puntarenas	Puntarenas	11 277	375 639
San José	San José	4 959	1 220 412
total		**51 100**	**3 367 455**

Territoire et population.

Économie nationale

■ ***Budget de l'État*** (1995)
Recettes : 427 400 000 000 CRC (recettes fiscales 85,5 %, dont cotisations de sécurité sociale 25,9 %, impôts sur les ventes 20,2 %, droits d'importation 11,5 %, impôts sur le revenu 11,0 % ; recettes non fiscales 14,1 %).
Dépenses : 472 200 000 000 CRC (santé 20,7 % ; sécurité sociale et assistance sociale 19,9 % ; paiement des intérêts 19,3 % ; éducation 16,8 % ; services publics généraux 6,7 % ; police 6,2 %).

■ ***Dette publique*** (extérieure, créances, 1995) : 3 132 000 000 USD.

■ ***Tourisme*** (1995) : recettes touristiques 661 000 000 USD ; dépenses touristiques à l'étranger 332 000 000 USD.

■ ***Production***
Agriculture, sylviculture, pêche (1996).
Canne à sucre 3 620 000 t ; bananes 2 100 000 t ; ananas 260 000 t ; riz 186 400 t ; oranges 165 000 t ; café 142 600 t ; manioc 125 000 t ; bananes plantains 105 000 t ; huile de palme 92 800 t ; pommes de terre 63 900 t ; autres fruits tropicaux, production de fleurs coupées et de plantes ornementales cultivées pour l'exportation.
Cheptel (sur pied) : bovins 1 585 000 ; porcs 300 000 ; poulets 16 500 000.
Bois (1995) : 4 806 000 m³.
Pêche (1994) : 20 849 t, dont crevettes 5 468 t.
Industries extractives (1995) : (1994) pierre à chaux 1 700 000 t ; or 16 000 onces.
Industries manufacturières (valeur ajoutée, millions de CRC, 1993) : produits alimentaires 51 902, dont produits de la boulangerie 11 651 ; boissons non alcoolisées et eaux gazeuses 11 044 ; bière 10 561 ; radios, téléviseurs et équipement de communication 7 494 ; vêtements 6 943 ; produits en plastique 6 800.
Bâtiment (constructions achevées, 1995) : 1 515 000 m².
Énergie (production/consommation) : électricité (1995) 4 843 000 000/4 342 000 000 kWh ; charbon 0/0 ; pétrole brut (1994) 0/4 757 000 barils ; produits pétroliers (1994) 538 000/1 396 000 t ; gaz naturel 0/0.

Corpus : ALIMENTATION (ÉCONOMIE DE L') – Les grands produits alimentaires ; AMÉRIQUE LATINE – Économie et société ; CARAÏBES (AIRE DES) [géopolitique de l'espace] ; INDIENS D'AMÉRIQUE (Méso-Amérique) ; ZONES FRANCHES.

Universalia 1989 : 139 Lueurs de paix en Amérique centrale ; ***Universalia 1991*** : 151 Amérique latine : une nouvelle donne ; ***Universalia 1992*** : 185 Crise du marxisme et montée en force du néo-libéralisme.

Thesaurus :
CARIBBEAN BASIN INITIATIVE
SAN JOSÉ

	milliards de CRC	% du total	effectifs	% des effectifs
agriculture, sylviculture, pêche	289	17,4	252 500	20,5
mines	308	18,6	2 500	0,2
industrie			192 100	15,6
bâtiment	38	2,3	13 900	6,6
entreprises publiques	56	3,4	12 300	1,0
transports et communications	88	5,3	61 600	5,0
commerce, restaurants	335	20,2	225 400	18,3
finance, immobilier	202	12,2	50 500	4,1
administration	292	14,0	287 000	23,3
services	109	6,6		
autres	—	—	73 900[2]	6,0
total	**1 659**[1]	**100,0**	**1 231 600**	**100,0**

1. Le total général ne correspond pas exactement au détail en raison des arrondis. 2. Y compris 63 500 sans-emplois.

Structure du produit intérieur brut et effectifs (1995).

	1990	1991	1992	1993	1994	1995	1996
indice des prix à la consommation	100,0	128,7	156,8	172,1	195,4	240,7	282,9
indice des revenus mensuels*	100,0	120,3	144,5	176,2	207,6	250,0	n.d.

(*) Moyenne de juillet pour chaque année.

Indices des prix et des revenus (1990 = 100).

	1991	1992	1993	1994	1995	1996
millions de USD	−97,5	−364,0	−611,6	−490,2	−236,8	−322,3
% du total	3,0	9,0	13,3	9,9	4,2	5,5

Balance commerciale (prix courants).

	nombre d'établissements	nombre d'enseignants	nombre d'élèves	nombre d'élèves par enseignant
primaire (7-12 ans)	3 544	15 806*	508 923	31,4*
secondaire (13-17 ans)	285	n.d.	207 231	n.d.
supérieur	29[1]	n.d.	79 959	n.d.

(*) 1994.

Enseignement (1995).

■ ***Produit national brut*** (aux prix courants du marché, 1995) : 8 884 000 000 USD (2 610 USD/hab.).

■ ***Population active*** (1994) : 1 187 005 ; taux d'activité 38,7 % (taux de participation : 15-69 ans 59,7 % ; femmes 30,1 % ; sans-emploi [juill. 1996] 6,2 %).

■ ***Revenus et dépenses des ménages***
Taille moyenne des ménages (1996) : 4,1.
Revenu annuel moyen par ménage (1996) : 1 247 867 CRC (5 980 USD) ; sources des revenus (1987-1988) : salaires et traitements 61,0 % ; activités non salariées 22,6 % ; transferts 9,6 % ; autres 6,8 %.
Dépenses (1987-1988) : alimentation et boissons 39,1 % ; logement et énergie 12,1 % ; transports 11,6 % ; équipements domestiques 10,9 % ; autres 26,3 %.

■ ***Utilisation du sol*** (1994) : forêts 30,8 % ; prairies et pâturages 45,8 % ; terres cultivées et plantations 10,4 % ; autres 13,0 %.

Échanges extérieurs[a]

■ ***Importations*** (1995) : 3 024 800 000 USD (matières premières pour l'industrie 37,2 % ; biens de consommation périssables 18,7 % ; biens d'équipement pour l'industrie 14,4 % ; biens de consommation durables 10,9 %).
Principales sources des importations : États-Unis 44,2 % ; pays d'Amérique centrale 7,6 % ; Japon 5,5 % ; Venezuela 4,5 % ; Mexique 4,5 %.

■ ***Exportations*** (1995) : 2 624 100 000 USD (bananes 23,7 % ; café 15,5 % ; textiles, vêtements et chaussures (1993) 5,7 % ; poissons et crevettes (1994) 4,7 % ; plantes et fleurs ornementales 4,3 %).
Principales destinations des exportations : États-Unis 50 % ; Allemagne 8 % ; Italie 3 % ; Canada 3 % ; Royaume-Uni 3 %.

Transports et communications

■ ***Transports***
Chemins de fer[b] : longueur (1995) 950 km.

Routes (1995) : longueur totale 35 600 km (17 % recouvertes).

Véhicules (1995) : voitures particulières 259 000 ; camions et autobus 132 940.

Marine marchande (1992) : 24 navires (de 100 tjb et plus) ; 8 368 tonneaux de port en lourd.

Transports aériens (Lacsa uniquement, 1995) ; trafic : 1 827 000 000 passagers-km ; 43 773 000 t-km. 14 aéroports desservis par des vols réguliers (1996).

■ ***Communications***
Journaux quotidiens (1994) : diffusion totale 333 000 ; diffusion pour 1 000 hab. 102.

Radiodiffusion (1996) : 760 000 postes récepteurs ; 224 pour 1 000 hab.

Télévision (1995) : 340 000 postes récepteurs ; 102 pour 1 000 hab.

Téléphone (1995) : 557 200 lignes principales ; 167 pour 1 000 hab.

Éducation et santé

■ ***Niveau d'éducation*** (1996)
Proportion de la population active âgée de 5 ans et plus : sans instruction scolaire 11,7 % ; ayant une éducation primaire incomplète 28,5 % ; éducation primaire 25,8 % ; éducation secondaire incomplète 16,0 % ; éducation secondaire 9,0 % ; éducation supérieure 8,5 % ; autre ou inconnue 0,5 %.

■ ***Alphabétisation*** (1995) : personnes âgées de 15 ans et plus alphabétisées 2 118 000 (94,8 %) ; hommes 1 054 000 (94,7 %) ; femmes 1 064 000 (95,0 %).

■ ***Santé*** (1996) : 4 422 médecins (1 pour 763 hab.) ; 5 941 lits d'hôpital (1 pour 566 hab.) ; taux de mortalité infantile (1995) : 13,3 ‰.

■ ***Alimentation*** (1992) : apport journalier en calories par habitant 2 883 (alimentation d'origine végétale 83 % ; d'origine animale 17 %) ; soit 129 % du niveau minimal recommandé par la F.A.O.

Défense nationale

■ ***Dépenses paramilitaires*** (1995) : 0,3 % du P.N.B. (moyenne mondiale 2,8 %) ; soit 8 USD/hab. L'armée a été officiellement supprimée en 1948. Les forces paramilitaires (police) comptent 7 000 hommes en 1996.

a. Importations : chiffres F.O.B. pour la balance commerciale et C.I.F. pour les marchandises et les partenaires commerciaux.
b. Les services ferroviaires ont été interrompus en juin 1995 par manque de fonds.

→ *Corpus :* CÔTE D'IVOIRE
→ *Grand Atlas de Géographie* (éd. 1992) : 132, 146
→ *Grand Atlas de l'Histoire :* 240, 241, 276, 283, 294, 295

CÔTE D'IVOIRE

- ***Nom officiel*** : République de Côte d'Ivoire. Code I.S.O. : CI.
- ***Forme de gouvernement*** : république à régime multipartiste avec une assemblée législative (Assemblée nationale [175]).
- ***Chef de l'État*** : président.
- ***Chef du gouvernement*** : Premier ministre.
- ***Capitale*** : Yamoussoukro (depuis 1983 ; Abidjan demeure le siège des ambassades).
- ***Langue officielle*** : français.
- ***Religion officielle*** : aucune.
- ***Unité monétaire*** : 1 franc CFA (XOF) = 100 centimes ; valeur : 100 XOF = 1,00 FRF[a].

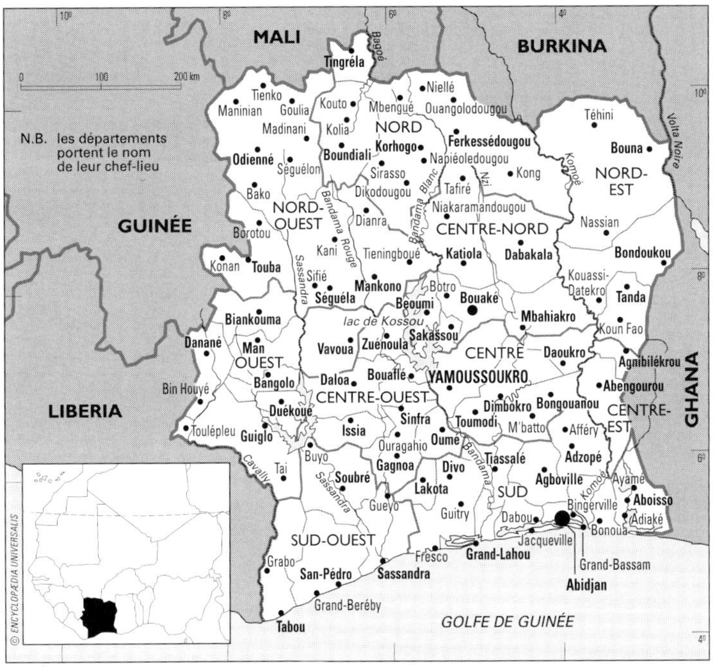

Démographie

- ***Population*** (estim. 1997) : 14 986 000.
- ***Densité*** (1997) : 46,7 hab./km².
- ***Répartition urbaine/rurale*** (1995) : population urbaine 43,6 % ; rurale 56,4 %.
- ***Répartition par sexe*** (1993) : hommes 50,77 % ; femmes 49,23 %.
- ***Répartition par âge*** (1993) : moins de 15 ans 48,8 % ; de 15 à 29 ans 24,7 % ; de 30 à 44 ans 14,1 % ; de 45 à 59 ans 8,1 % ; de 60 à 64 ans 1,7 % ; 65 ans et plus 2,6 %.
- ***Projection démographique*** : 16 031 000 en 2000 ; 19 978 000 en 2010.
- ***Temps de doublement*** : 21 ans.
- ***Composition ethnolinguistique***[b] (1988) : Akans 41,8 % ; Voltaïques 16,3 % ; Malinkés 15,9 % ; Krus 14,6 % ; Mandés du Sud 10,7 % ; autres 0,7 %.
- ***Appartenances religieuses*** (1988) : musulmans 38,7 % ; catholiques 20,8 % ; animistes 17,0 % ; athées 13,4 % ; protestants 5,3 % ; autres 4,8 %.
- ***Principales villes*** (1988) : Abidjan 2 168 000 hab. (1990) ; Bouaké 329 850 hab. ; Daloa 121 842 hab. ; Korhogo 109 445 hab. ; Yamoussoukro 106 786 hab.

Statistiques de l'état civil

- ***Taux de natalité*** (1990-1995) : 49,9 ‰ (moyenne mondiale 25,0 ‰).
- ***Taux de mortalité*** (1990-1995) : 15,1 ‰ (moyenne mondiale 9,3 ‰).
- ***Taux d'accroissement naturel*** (1990-1995) : 34,8 ‰ (moyenne mondiale 15,7 ‰).
- ***Taux de fécondité*** (nombre moyen de naissances par femme en âge de procréer, 1990-1995) : 7,4.
- ***Espérance de vie*** à la naissance (1990-1995) : hommes 49,7 ans ; femmes 52,4 ans.
- ***Principales causes de décès*** : n.d. ; toutefois, le sida, la fièvre jaune, la trypanosomiase, les maladies infantiles et la tuberculose étaient parmi les principales causes de mortalité et de morbidité à la mi-1990.

départements	superficie (km²)	population (recens. 1988)
Abengourou	5 200	214 162
Abidjan	8 550	2 492 513
Aboisso	6 250	225 882
Adzopé	5 230	237 265
Agboville	3 850	203 730
Agnibilekrou	1 700	84 404
Bangolo	2 060	80 374
Béoumi	2 820	91 062
Biankouma	4 950	99 431
Bondoukou	10 040	175 632
Bongouanou	5 570	225 432
Bouaflé	3 980	163 917
Bouaké	4 700	453 074
Bouna	21 470	134 459
Boundiali	7 895	127 231
Dabakala	9 670	82 094
Daloa	5 450	361 472
Danané	4 600	222 045
Daoukro	3 610	86 425
Dimbokro	4 920	141 934
Divo	7 920	389 530
Duékoué	2 930	101 451
Ferkessédougou	17 728	172 850
Gagnoa	4 500	275 765
Grand-Lahou	2 280	52 645
Guiglo	11 220	169 660
Issia	3 590	194 974
Katiola	9 420	131 221
Korhogo	12 500	387 947
Lakota	2 730	115 948
Man	4 990	286 860
Mankono	10 660	123 723
M'bahiakro	5 460	102 774
Odienné	20 600	169 433
Oumé	2 400	140 166
Sakassou	1 880	59 494
San-Pédro	6 900	168 174
Sassandra	5 190	107 616
Séguéla	11 240	121 120
Sinfra	1 690	120 301
Soubré	8 270	309 307
Tabou	5 440	59 708
Tanda	6 490	203 129
Tiassalé	3 370	132 626
Tingréla	2 200	55 251
Touba	8 720	109 155
Toumodi	2 780	80 909
Vavoua	6 160	169 454
Yamoussoukro	6 160	284 613
Zuénoula	2 830	114 440
total	**320 763**	**10 812 782**

Territoire et population.

Économie nationale

- ***Budget de l'État*** (1996)
Recettes : 1 272 400 000 000 XOF (recettes courantes 81,8 %, principalement (1995) droits d'importation et droits de douane 22,8 %, taxes sur les biens et services 18,3 % ; droits à l'exportation 16,1 %).
Dépenses : 1 062 900 000 000 XOF (dépenses courantes 71,4 %, dont traitements et salaires 36,9 %, service de la dette 30,1 % ; autres 28,6 %).
- ***Dette publique*** (extérieure, créances, 1995) : 11 899 000 000 USD.
- ***Tourisme*** (1995) : recettes touristiques 72 000 000 USD ; dépenses touristiques à l'étranger 159 000 000 USD.
- ***Production***
Agriculture, sylviculture, pêche (1995-1996).
Ignames (1996) 2 824 000 t ; manioc (1996) 1 564 000 t ; (1996) bananes plantains 1 300 000 t ; canne à sucre (1996) 1 236 000 t ; riz (1996) 1 223 000 t ; fèves de cacao 1 254 480 t ; maïs 552 000 t ; huile de palme 265 693 t ; bananes 258 026 t ; graine de coton 217 216 t ; noix de coco 213 000 t ; café 195 981 t ; caoutchouc 72 299 t.
Cheptel (sur pied) : moutons 1 314 000 ; bovins 1 277 000 ; chèvres 1 027 000.
Bois (1995) : 14 290 000 m³.
Pêche (1995) : 70 526 t.
Industries extractives : or 1 500 kg ; diamants 15 000 carats.

Corpus : AFRIQUE (Structure et milieu) [géographie humaine et économique] ; AFRIQUE NOIRE – Société et économie ; ALIMENTATION (ÉCONOMIE DE L') – Les grands produits alimentaires ; BAULE.

Universalia 1991 : 210 Le nouveau paysage audiovisuel en Afrique francophone ; *Universalia 1992 :* 116 La difficile démocratisation des systèmes politiques africains ; 177 La seconde naissance de la presse indépendante en Afrique ; *Universalia 1995 :* 157 Afrique : la dévaluation du franc CFA ou la fin d'un tabou.

Thesaurus :
ABIDJAN
BÉTÉ
BOUAKÉ
CACAO
CAFÉ
KOSSOU (BARRAGE DE)
LOBI
MALINKÉ
SAN PEDRO
SENOUFO

	1995		1994	
	milliards de XOF	% du total	effectifs	% des effectifs
agriculture	1 572,9	31,3	2 886 000	51,1
industrie, mines	876,8	17,4	650 000	11,5
bâtiment, entreprises publiques	99,1	2,0		
transports et communications	362,9	7,2		
commerce	1 024,6	20,4		
finance, administration, défense	442,2	8,8	2 112 000	37,4
services	395,9	7,9		
autres (recettes douanières)	257,0	5,1 *		
total	**5 031,4**	**100,0**	**5 648 000**	**100,0**

(*) Le total général ne correspond pas au détail en raison des arrondis.

Structure du produit intérieur brut et effectifs.

	1990	1991	1992	1993	1994	1995	1996
indice des prix à la consommation	100,0	101,7	106,0	108,3	136,5	156,0	159,9
indice des revenus horaires *	100,0	100,0	100,0	100,0	100,0	110,0	110,0

(*) Au S.M.I.G., janvier.

Indice des prix et des revenus (1990 = 100).

	1990	1991	1992	1993	1994	1995
millions de USD	+ 1 297,6	+ 880,1	+ 961,6	+ 734,5	+ 1 260,9	+ 1 450,3
% du total	27,6	19,4	19,5	17,1	28,2	23,1

Balance commerciale (prix courants).

	nombre d'établissements	nombre d'enseignants	nombre d'élèves	nombre d'élèves par enseignant
primaire (7-12 ans)	7 185	36 058	1 609 929	44,6
secondaire (13-19 ans) [1]	147	9 505	463 810	48,8
professionnel et formation à l'enseignement	n.d.	1 424	11 037	7,8
supérieur	n.d.	n.d.	51 215	n.d.

1. Les données ne comprennent pas 208 écoles privées avec 107 096 étudiants (1992).

Enseignement (1994-1995).

Industries manufacturières (valeur ajoutée en milliards de XOF, 1993) : produits de la viande 717 ; produits chimiques industriels 357 ; cacao et chocolat 275 ; produits en cuir 275 ; produits métalliques usinés 191 ; matériel d'optique et de photographie 129.
Énergie (production/consommation) : électricité (1995) 2 915 000 000/2 140 000 000 kWh ; charbon 0/n.d. ; pétrole brut (1994) 2 441 000/24 623 000 barils ; produits pétroliers (1994) 2 320 000/2 306 000 t.

■ ***Produit national brut*** (1995) : 9 248 000 000 USD (660 USD/hab.).

■ ***Population active*** (1994) : 5 648 000 ; taux d'activité 41,1 % (taux de participation : à partir de l'âge de 10 ans 64,3 % ; femmes 33,9 % ; sans-emploi n.d.).

■ ***Revenus et dépenses des ménages***
Taille moyenne des ménages (1988) : 5,4.
Revenu annuel moyen par ménage (1980) : 500 000 XOF (2 200 USD) ; sources des revenus : activités non salariées 49,9 % ; salaires 44,9 % ; transferts et autres ressources 5,2 %.
Dépenses (poids respectifs des éléments de l'indice des prix à la consommation pour les familles vivant dans la capitale, 1993) : alimentation 48,0 % ; transports 12,2 % ; habillement 10,1 % ; énergie et eau 8,5 % ; logement 7,8 % ; équipement domestique 3,4 %.

■ ***Utilisation du sol*** (1994) : forêts 34,3 % ; prairies et pâturages 40,9 % ; terres cultivées et plantations 11,7 % ; autres 13,1 %.

Échanges extérieurs

■ ***Importations*** (1995) : 1 379 200 000 000 XOF (produits alimentaires et dérivés 18,9 % ; pétrole brut et pétrole raffiné 17,0 % ; équipement de transport 9,0 % ; fer 10,5 % ; matières plastiques 4,7 % ; papier et dérivés 4,7 % ; produits pharmaceutiques 4,5 % ; équipement électrique 4,1 %).
Principales sources des importations : France 32,0 % ; Nigeria 19,6 % ; États-Unis 5,9 % ; Ghana 4,0 % ; Allemagne 3,9 % ; Italie 3,8 %.

■ ***Exportations*** (1995) : 1 931 800 000 000 XOF (fèves de cacao 33,5 % ; café 11,0 % ; bois et dérivés 9,3 % ; produits pétroliers 9,2 % ; produits de la pêche 6,5 % ; coton et tissus de coton 4,4 %).
Principales destinations des exportations : France 18,1 % ; Pays-Bas 8,3 % ; Allemagne 7,8 % ; Italie 7,6 % ; Mali 5,9 % ; Burkina Faso 5,0 % ; États-Unis 4,6 % ; Belgique et Luxembourg 4,7 % ; Espagne 4,5 %.

Transports et communications

■ ***Transports***
Chemins de fer (1995) : longueur 639 km ; trafic : 129 000 000 passagers-km ; 58 000 000 t-km.
Routes (1995) : longueur totale 50 160 km (9,6 % recouvertes).
Véhicules (1995) : voitures particulières 271 000 ; camions et autobus 150 000.
Marine marchande (1992) : 51 navires (de 100 tjb et plus) ; 98 618 tonneaux de port en lourd.
Transports aériens (représente un onzième du trafic d'Air Afrique uniquement, 1996) : 224 736 000 passagers-km ; 16 420 000 t-km. 5 aéroports desservis par des vols réguliers (1997).

■ ***Communications***
Journaux quotidiens (1995) : diffusion totale 198 000 ; diffusion pour 1 000 hab. 13,9.
Radiodiffusion (1995) : 1 600 000 postes récepteurs ; 112 pour 1 000 hab.
Télévision (1995) : 810 000 postes récepteurs ; 56,8 pour 1 000 hab.
Téléphone (1995) : 115 800 lignes principales ; 8,1 pour 1 000 hab.

Éducation et santé

■ ***Niveau d'éducation*** (1988)
Proportion de la population âgée de 6 ans et plus : sans instruction scolaire 60,0 % ; école coranique 3,6 % ; ayant une éducation primaire 24,8 % ; éducation secondaire 10,7 % ; éducation supérieure 0,9 %.

■ ***Alphabétisation*** (1995) : personnes âgées de 15 ans et plus alphabétisées 40,1 % ; hommes 49,9 % ; femmes 30,0 %.

■ ***Santé*** : 1 020 médecins en 1990 (1 pour 11 745 hab.) ; 7 928 lits d'hôpital en 1993 (1 pour 1 698 hab.) ; taux de mortalité infantile (1990-1995) : 92,0 ‰.

■ ***Alimentation*** (1995) : apport journalier en calories par habitant 2 517 (alimentation d'origine végétale 96 % ; d'origine animale 4 %) ; soit 109 % du niveau minimal recommandé par la F.A.O.

Défense nationale

■ ***Contingent*** (1997) : 8 400 (armée de terre 81,0 % ; marine 10,7 % ; armée de l'air 8,3 %) ; non compris 700 soldats français stationnant en Côte d'Ivoire.

■ ***Dépenses militaires*** (1995) : 1,1 % du P.N.B. (moyenne mondiale 2,8 %) ; soit 7 USD/hab.

a. Dévaluation de 50 % du franc CFA la 12 janvier 1994.

b. Ivoiriens de souche uniquement représentant 65 % de la population de facto.

→ *Corpus :* CROATIE, YOUGOSLAVIE
→ *Grand Atlas de Géographie* (éd. 1992) : 22, 36
→ *Grand Atlas de l'Histoire :* 215, 228, 252, 253, 264, 265, 267, 272, 273, 274, 275, 292, 294, 295

CROATIE

• ***Nom officiel*** : République de Croatie (Republika Hrvatska ; forme courte : Hrvatska). Code I.S.O. : HR.

• ***Forme de gouvernement*** : république à régime multipartiste avec deux assemblées législatives (Chambre des communes [68, dont 5 sièges non électifs] et Chambre des représentants [127, dont 12 sièges réservés aux Croates à l'étranger]).

• ***Chef de l'État*** : président.

• ***Chef du gouvernement*** : Premier ministre.

• ***Capitale*** : Zagreb.

• ***Langue officielle*** : croate (kajkavien).

• ***Religion officielle*** : aucune.

• ***Unité monétaire***[a] : 1 kuna (HRK) = 100 lipas ; valeur (31 déc. 1997) : 100 HRK = 95,12 FRF.

	1994		1991	
	millions de HRK	% du total	effectifs	% des effectifs
agriculture	9 248,8	11,0	265 000	13,0
mines / industrie	23 538,1	28,0	613 000	30,0
bâtiment	1 792,0	2,1	98 000	4,8
entreprises publiques	12 972,0	15,4	32 700	1,6
transports et communications	3 750,9	4,5	120 000	5,9
commerce	10 057,3	12,0	163 000	8,0
finance	6 741,0	8,0	60 400	3,0
administration, défense nationale	12 541,6	15,0	315 000	15,4
services	3 327,8	4,0	80 700	4,6
autres			292 200*	14,3
total	**83 924,5**	**100,0**	**2 040 000**	**100,0**

(*) Comprend les sans-emploi.

Structure du produit intérieur brut et effectifs.

Corpus : AUTOGESTION (l'expérience autogestionnaire yougoslave) ; BALKANIQUE (PÉNINSULE) [le contexte humain] ; COGESTION (l'expérience yougoslave) ; DINARIDES (les hommes) ; EUROPE (Structure et milieu) — Géographie (répartition des populations) ; EUROPE DE L'EST ; MÉDITERRANÉE (HISTOIRE DE LA) [mutations sociales et économiques] ; migrants (ampleur du mouvement migratoire) ; SOCIALISME — Économie des pays socialistes.

Universalia 1988 : 112 Europe centrale : le problème des minorités ethniques et nationales ; ***Universalia 1989*** : 331 Rôle et fonctions des élections dans les pays de l'Est ; ***Universalia 1990*** : 366 Entre autogestion et libéralisme ; ***Universalia 1991*** : 111 Les conflits communautaires et ethniques dans le monde contemporain ; 354 La transformation du système des mass media ; ***Universalia 1992*** : 201 Le retour des nationalités ; 336 La dislocation dans l'affrontement ; ***Universalia 1994*** : 162 L'implosion yougoslave.

Thesaurus :
CROATIE
DALMATIE
ISTRIE
SLAVONIE
YOUGOSLAVES (POPULATIONS)
ZAGREB

Démographie

■ ***Population*** (estim. 1997) : 4 774 000.

■ ***Densité*** (1997) : 86,3 hab./km².

■ ***Répartition urbaine/rurale*** (1991) : population urbaine 54,2 % ; population rurale 45,8 %.

■ ***Répartition par sexe*** (1991) : hommes 48,50 % ; femmes 51,50 %.

■ ***Répartition par âge*** (1991) : moins de 15 ans 19,4 % ; de 15 à 29 ans 20,7 % ; de 30 à 44 ans 22,7 % ; de 45 à 59 ans 18,3 % ; de 60 à 74 ans 12,9 % ; 75 ans et plus 4,5 % ; indéterminé 1,5 %.

■ ***Projection démographique*** : 4 771 000 en 2000 ; 4 761 000 en 2010.

■ ***Composition ethnique*** (1991) : Croates 78,1 % ; Serbes 12,1 % ; Musulmans 0,9 % ; Hongrois 0,5 % ; Slovènes 0,5 % ; autres 7,9 %.

■ ***Appartenances religieuses*** (1997) : catholiques 72,1 % ; orthodoxes 14,1 % ; musulmans 1,3 % ; autres 12,5 %.

■ ***Principales villes*** (1991) : Zagreb 867 717 hab. ; Split 200 459 hab. ; Rijeka 167 964 hab. ; Osijek 129 792 hab.

Statistiques de l'état civil

■ ***Taux de natalité*** (1995) : 10,5 ‰ (moyenne mondiale 25,0 ‰).

■ ***Taux de mortalité*** (1995) : 10,6 ‰ (moyenne mondiale 9,3 ‰).

■ ***Taux d'accroissement naturel*** (1995) : – 0,1 ‰ (moyenne mondiale 15,7 ‰).

■ ***Taux de fécondité*** (nombre moyen de naissances par femme en âge de procréer, 1993) : 1,5.

■ ***Espérance de vie*** à la naissance (1991) : hommes 68,6 ans ; femmes 76,0 ans.

■ ***Principales causes de décès*** (pour 100 000 hab., 1993) : maladies de l'appareil circulatoire 533,2 ; tumeurs malignes (cancers) 218,0 ; accidents, actes de violence et empoisonnements 95,0 ; maladies de l'appareil digestif 49,7.

Économie nationale

■ ***Budget de l'État*** (1996)
Recettes : 31 085 318 000 HRK (impôts sur les ventes 63,2 % ; droits d'importation 15,6 % ; impôts sur le revenu 14,2 %).
Dépenses : 31 621 691 000 HRK (défense 36,6 % ; assurances sociales 13,8 % ; éducation 11,7 %).

■ ***Production***
Agriculture, sylviculture, pêche (1996).
Maïs 1 883 000 t ; betteraves à sucre 906 000 t ; blé 741 000 t ; pommes de terre 665 000 t ; raisins 373 000 t ; orge 88 000 t ; prunes 38 215 t.
Cheptel (sur pied) : porcs 1 196 000 ; bovins 462 000 ; moutons 427 000 ; volailles 10 000 000.
Bois : 2 912 000 m³.
Pêche (1995) : 31 533 t.
Industries extractives (1995) : chaux 150 000 t ; gypse 50 000 t.
Industries manufacturières (valeur ajoutée en millions d'USD, 1996) : produits alimentaires 895 ; équipement de transport 425 ; machines électriques 362 ; textiles 285 ; vêtements 260.
Bâtiment (valeur en milliers de HRK, 1994) : résidentiel 1 966 315 ; non résidentiel 4 590 289.
Énergie (production/consommation) : électricité (1994) 8 275 000 000/11 840 000 000 kWh ; charbon (1994) 96 000/460 000 t ; pétrole brut (1994) 11 559 000/37 280 000 barils ; produits pétroliers (1994) 4 462 000/3 148 000 t ; gaz naturel (1994) 3 054 000 000/1 427 000 000 m³.

comtés et ville	superficie (km²)	population (recens. 1991)
comtés :		
Bjelovar-Bilogora	2 647	144 042
Brodsko-Posavska	2 034	174 998
Dubrovačko-Neretvanska	1 784	126 329
Istarska	2 815	204 346
Karlovačka	3 306	174 105
Koprivničko-Križevačka	1 772	129 907
Krapinsko-Zagorska	1 222	149 534
Ličko-Senjska	3 729	71 215
Medimurska	730	119 866
Osječko-Baranjska	3 608	331 979
Požeško-Slavonska	2 377	134 548
Primorsko-Goranska	3 594	323 130
Sibenska	1 932	109 171
Sisačko-Moslavačka	5 138	287 002
Splitsko-Dalmatinska	4 526	474 019
Varaždinska	1 248	187 343
Virovitičko-Podravska	2 068	104 625
Vukovarsko-Srijemska	2 442	231 241
Zadarsko-Kninska	6 347	272 003
Zagrebačka	2 090	167 145
ville :		
Zagreb	1 282	867 717
total	**56 691**	**4 784 265**

Territoire et population.

	1991	1992	1993	1994	1995	1996
indice des prix à la consommation	100	735,3	11 663	24 162	25 148	25 879
indice des revenus annuels	100	414,9	6 659	15 529	22 623	25 276

Indices des prix et des revenus (1990 = 100).

	1990	1991	1992	1993	1994	1995
millions de HRK	− 11 333	− 7 160	− 3 877	+ 1 636	− 3 604	− 5 962
% du total	13,7	7,8	2,2	5,5	10,0	18,7

Balance commerciale (prix courants).

	nombre d'établissements	nombre d'enseignants	nombre d'élèves	nombre d'élèves par enseignant
primaire (7-14 ans)	1 928	24 194	431 795	17,8
secondaire (15-18 ans)	482	15 269	196 740	12,9
professionnel et formation à l'enseignement	3	79	2 660	33,7
supérieur	61	5 814	77 525	13,3

Enseignement (1994-1995).

■ ***Population active*** (1991) : 2 040 000 ; taux d'activité 42,6 % (taux de participation : 15-64 ans 57,2 % ; femmes 42,8 % ; sans-emploi 11,2 %).

■ ***Produit intérieur brut*** (1994) : 11 885 800 000 USD (2 482 USD/hab.).

■ ***Revenus et dépenses des ménages***
Taille moyenne des ménages (1991) : 3,1.

■ ***Utilisation du sol*** (1994) : forêts 37,1 % ; prairies et pâturages 19,3 % ; terres cultivées et plantations 21,6 % ; autres 22,0 %.

Échanges extérieurs[b]

■ ***Importations*** (1996) : 7 787 000 000 USD (1994 : équipement industriel et de transport 25,9 % ; produits finis divers 14,6 % ; combustibles minéraux, lubrifiants et produits similaires 11,8 % ; produits chimiques 10,4 % ; alimentation et animaux sur pied 9,5 % ; matières premières sauf fuel 2,9 % ; boissons et tabac 1,2 %[c]).
Principales sources des importations : Allemagne 20,6 % ; Italie 18,3 % ; Slovénie 9,9 % ; Autriche 7,7 % ; Libye 3,1 %.

■ ***Exportations*** (1996) : 4 512 000 000 USD (1994 : produits finis divers 29,0 % ; équipement industriel et de transport 17,5 % ; produits chimiques 12,9 % ; combustibles minéraux, lubrifiants et produits similaires 9,3 % ; alimentation et animaux sur pied 9,3 % ; matières premières sauf pétrole 5,0 % ; boissons et tabac 1,6 %[c]).
Principales destinations des exportations : Italie 21,0 % ; Allemagne 18,6 % ; Slovénie 13,5 % ; Bosnie 12,2 % ; Liberia 5,9 %.

Transports et communications

■ ***Transports***
Chemins de fer (1994) : longueur 2 699 km ; trafic : 962 000 000 passagers-km ; 1 563 000 000 t-km.
Routes (1995) : longueur totale 26 929 km (82 % recouvertes).
Véhicules (1994) : voitures particulières 698 391 ; camions et autobus 53 860.
Marine marchande (1994) : 155 cargos.
Transports aériens (1997) ; trafic 563 000 000 passagers-km ; 2 268 000 t-km. 4 aéroports desservis par des vols réguliers (1997).

■ ***Communications***
Journaux quotidiens (1995) : diffusion totale 2 600 000 ; diffusion pour 1 000 hab. 575.
Radiodiffusion (1996) : 1 100 000 postes récepteurs ; 230 pour 1 000 hab.
Télévision (1995) : 1 100 000 postes récepteurs ; 230 pour 1 000 hab.
Téléphone (1995) : 1 287 000 lignes principales ; 269 pour 1 000 hab.

Éducation et santé

■ ***Niveau d'éducation*** (1991) :
Proportion de la population âgée de 15 ans et plus : sans instruction scolaire ou inconnu 10,1 % ; ayant une éducation primaire incomplète 21,2 % ; éducation primaire 23,4 % ; éducation secondaire 36,0 % ; éducation post-secondaire ou supérieure 9,3 %.

■ ***Alphabétisation*** (1991) : personnes âgées de 10 ans et plus alphabétisées 96,7 %.

■ ***Santé*** (1994) : 9 138 médecins (1 pour 524 hab.) ; 28 230 lits d'hôpital (1 pour 169 hab.) ; (1995) taux de mortalité infantile : 8,9 ‰.

Défense nationale

■ ***Contingent*** (1997) : 58 000 (armée de terre 86,2 % ; marine 5,2 % ; armée de l'air 8,6 %).

■ ***Dépenses militaires*** (1995) : 5,0 % du P.N.B. (moyenne mondiale 2,8 %).

a. Le 30 mai 1994, introduction du kuna, en remplacement du dinar croate (HRD), sur la base de 1 HRK = 1 000 HRD.

b. Exportations : chiffres F.O.B. ; importations : chiffres C.I.F.

c. Classification selon les critères de la Standard International Trade Classification (S.I.T.C., ou C.T.C.I.).

→ *Corpus :* CUBA
→ *Grand Atlas de Géographie* (éd. 1992) : 206, 208p ; 252b (La Havane)
→ *Grand Atlas de l'Histoire :* 226, 227, 286, 287, 293, 294

CUBA

- ***Nom officiel*** : République de Cuba (República de Cuba). Code I.S.O. : CU.
- ***Forme de gouvernement*** : république socialiste à structure étatique unitaire avec un organe suprême (Assemblée nationale du pouvoir populaire [589]).
- ***Chef de l'État et du gouvernement*** : président.
- ***Capitale*** : La Havane (La Habana).
- ***Langue officielle*** : espagnol.
- ***Religion officielle*** : aucune.
- ***Unité monétaire*** : 1 peso cubain (CUP) = 100 centavos ; valeur (31 déc. 1997) : 100 CUP = 598,81 FRF (parité avec le dollar US)[a].

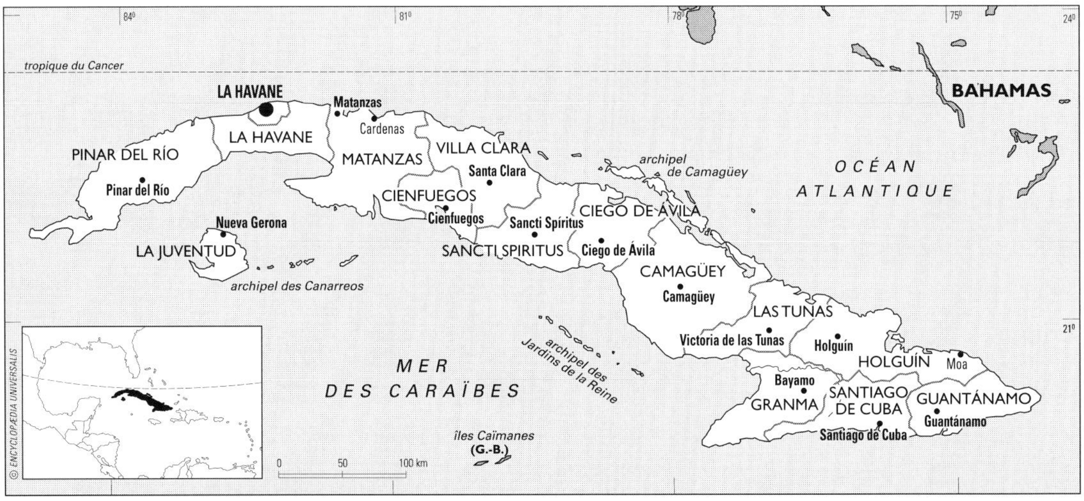

Démographie

- ***Population*** (estim. 1997) : 11 190 000.
- ***Densité*** (1997) : 100,9 hab./km².
- ***Répartition urbaine/rurale*** (1995) : population urbaine 76,0 % ; population rurale 24,0 %.
- ***Répartition par sexe*** (1994) : hommes 50,20 % ; femmes 49,80 %.
- ***Répartition par âge*** (1994) : moins de 15 ans 22,8 % ; de 15 à 29 ans 28,0 % ; de 30 à 44 ans 21,8 % ; de 45 à 59 ans 15,2 % ; de 60 à 74 ans 8,4 % ; 75 ans et plus 3,8 %.
- ***Projection démographique*** : 11 502 000 en 2000 ; 12 181 000 en 2010.
- ***Composition ethnique*** (1994) : Métis 51,0 % ; Blancs 37,0 % ; Noirs 11,0 % ; autres 1,0 %.
- ***Appartenances religieuses*** (1997) : sans appartenance 57,9 % ; catholiques 39,5 % ; protestants 2,4 % ; autres 0,2 %.
- ***Principales villes*** (1993) : La Havane 2 176 000 hab. ; Santiago de Cuba 440 100 hab. ; Camagüey 294 000 hab. ; Holguín 242 100 hab. ; Guantánamo 207 800 hab.

Statistiques de l'état civil

- ***Taux de natalité*** (1997) : 13,2 ‰ (moyenne mondiale 25,0 ‰).
- ***Taux de mortalité*** (1997) : 7,4 ‰ (moyenne mondiale 9,3 ‰).
- ***Taux d'accroissement naturel*** (1997) : 5,8 ‰ (moyenne mondiale 15,7 ‰).
- ***Taux de fécondité*** (nombre moyen de naissances par femme en âge de procréer, 1997) : 1,5.
- ***Espérance de vie*** à la naissance (1997) : hommes 72,8 ans ; femmes 77,7 ans.
- ***Principales causes de décès*** (pour 100 000 hab., 1992) : maladies de cœur 173,4 ; tumeurs malignes (cancers) 115,5 ; maladies cérébrovasculaires 60,9 ; accidents 45,8 ; maladies circulatoires 23,5 ; grippe et pneumonie 22,7.

Économie nationale

- ***Budget de l'État*** (1990)
Recettes : 12 463 200 000 CUP.
Dépenses : 14 448 400 000 CUP (investissements 37,7 % ; éducation et santé publique 20,4 % ; activités sociales, culturelles et scientifiques 17,3 % ; défense nationale et sécurité intérieure 9,5 % ; logements et actions de solidarité locale 6,0 %).
- ***Production***
Agriculture, sylviculture, pêche (1996).
Canne à sucre 40 000 000 t ; pommes de terre 364 000 t ; oranges et mandarines 291 000 t ; pamplemousses 261 000 t ; bananes et bananes plantains 260 000 t ; manioc 250 000 t ; riz 223 000 t ; patates douces 220 000 t ; tomates 139 000 t ; feuilles de tabac 30 000 t ; café 18 000 t.
Cheptel (sur pied) : bovins 4 650 000 ; porcs 1 500 000 ; poulets 19 000 000.
Bois (1995) : 3 152 000 m³.
Pêche (1995) : 93 435 t.
Industries extractives (1996) : minerai de nickel 50 000 t ; chromite 30 000 t.
Industries manufacturières (valeur ajoutée en millions de USD, 1990) : tabac 2 629 ; produits alimentaires 1 033 ; boissons 358 ; produits chimiques 354 ; matériel de transport 225 ; équipement non électrique 176 ; textiles (sauf vêtements de prêt-à-porter) 109 ; habillement 88 ; produits en caoutchouc 83.
Bâtiment (valeur brute de la construction, 1989) : résidentiel 227 000 000 CUP ; non résidentiel 872 000 000 CUP.
Énergie (production/consommation) : électricité (1996) 8 654 000 000/8 654 000 000 kWh ; charbon (1994) 0/153 000 t ; pétrole brut (1994) 6 552 000/38 326 000 barils ; produits pétroliers (1994) 4 456 000/7 905 000 t ; gaz naturel (1994) 39 004 000/39 004 000 m³.
- ***Tourisme*** : recettes touristiques (1995) 1 100 000 000 USD ; dépenses touristiques à l'étranger (1990) 48 000 000 USD.
- ***Dette publique*** (créances extérieures, 1996) : 12 000 000 000 USD.
- ***Produit national brut*** (1991) : 17 000 000 000 USD (1 580 USD/hab.).

Corpus : AFRO-AMÉRICAINES (RELIGIONS) ; AGRAIRES (RÉFORMES) [une révolution agraire imprudente à Cuba] ; AMÉRIQUE LATINE – Économie et société ; CARAÏBES (AIRE DES) [géopolitique de l'espace] ; SOCIALISME – Économie des pays socialistes ; SUCRE (la production) ; TABAC (aspects socio-économiques).

Universalia 1985 : 206 Une économie tributaire de l'Union soviétique ; ***Universalia 1989*** : 217 Trente ans de révolution ; ***Universalia 1991*** : 151 Amérique latine : une nouvelle donne ; ***Universalia 1998*** : 168 Une année charnière.

Thesaurus :
CIBONEY
HAVANE (LA)
SANTIAGO DE CUBA

■ ***Population active*** (1988) : 4 570 236 ; taux d'activité 43,7 % (taux de participation : plus de 15 ans 56,9 % ; femmes 36,1 % ; sans-emploi 6,0 %).

■ ***Revenus et dépenses des ménages***
Taille moyenne des ménages (1990) : 3,7.
Revenu annuel moyen par ménage (1982) : 3 680 CUP (4 330 USD) ; sources des revenus : traitements et salaires 57,3 % ; primes et autres versements 42,7 %.
Dépenses de consommation personnelle (1989) : nourriture 26,7 % ; autres achats de détail 60,5 % ; transports 5,4 % ; énergie 2,7 % ; nourriture produite et autoconsommée 1,5 % ; entretien 1,3 % ; autres 1,9 %.

■ ***Utilisation du sol*** (1993) : forêts 23,7 % ; prairies et pâturages 27,0 % ; terres cultivées et plantations 30,4 % ; autres 18,9 %.

provinces	chefs-lieux	superficie (km²)	population (estim. janv. 1990)
provinces :			
Camagüey	Camagüey	15 990	744 700
Ciego de Ávila	Ciego de Ávila	6 910	367 500
Cienfuegos	Cienfuegos	4 178	366 500
Granma	Bayamo	8 372	793 900
Guantánamo	Guantánamo	6 186	499 200
Holguín	Holguín	9 301	997 700
La Havane (La Habana)*	La Havane (La Habana)	5 731	647 300
La Havane (Ciudad de La Habana)*	La Havane (Ciudad de La Habana)	727	2 107 600
Las Tunas	Victoria de las Tunas	6 589	495 100
Matanzas	Matanzas	11 978	612 300
Pinar del Río	Pinar del Río	10 925	694 300
Sancti Spíritus	Sancti Spíritus	6 744	430 700
Santiago de Cuba	Santiago de Cuba	6 170	995 400
Villa Clara	Santa Clara	8 662	810 200
municipalité spéciale :			
Isla de la Juventud	Nueva Gerona	2 398	73 300
total		**110 861**	**10 635 700**

(•) La province de La Havane est contiguë à la ville et la borde à l'est, au sud et à l'ouest.

Territoire et population.

	1994		1989	
	millions [1] de CUP	% du total	effectifs [2]	% des effectifs
agriculture	879,4	6,8	721 100	20,4
mines	97,5	0,7		
industrie	3 340,6	26,0	767 500	21,8
entreprises publiques	350,0	2,7		
bâtiment	383,9	3,0	344 300	9,8
transports et communications	708,7	5,5	235 900	6,7
finance, assurance	492,4	3,8	21 700	0,6
commerce	2 935,2	22,8	395 300	11,2
administration	–	–	151 700	4,3
services	3 680,6	28,6	835 700	23,7
autres	–	–	53 400	1,5
total	**12 868,3** [3]	**100,0**	**3 526 600**	**100,0**

1. Aux prix constants de 1981. 2. Secteur étatique uniquement ; militaires et sans-emploi non compris. 3. Aux coûts des facteurs.

Structure du produit intérieur brut et effectifs.

	1983	1984	1985	1986	1987	1988	1989
indice des prix à la consommation	94,9	98,0	100,0	101,4	102,8	103,1	n.d.
indice des revenus mensuels*	95,9	99,0	100,0	100,1	98,1	99,6	100,0

(•) Secteur étatique uniquement ; militaires et sans-emploi non compris.

Indices des prix et des revenus (1985 = 100).

	1991	1992	1993	1994	1995	1996
millions de USD	– 1 332	– 412	– 551	– 797	– 1 166	– 1 179
% du total	38,4	15,1	19,2	24,4	28,3	24,4

Balance commerciale (prix courants).

Échanges extérieurs[b]

■ ***Importations*** (1996) : 3 010 000 000 USD (1992 : combustibles minéraux et lubrifiants 39,4 % ; produits alimentaires et animaux sur pied 25,4 % ; équipement industriel et de transport 15,8 % ; produits manufacturés de base 6,6 % ; matières premières non comestibles 3,2 %).
Principales sources des importations : Espagne 17,0 % ; Russie 16,9 % ; Mexique 11,6 % ; France 7,2 % ; Canada 6,2 % ; Argentine 4,5 %.

■ ***Exportations*** (1996) : 1 831 000 000 USD (1992 : sucre 63,4 % ; minerai et concentré 10,6 % ; produits de la pêche 5,9 % ; tabac brut et produits dérivés 4,6 % ; agrumes et autres produits agricoles 3,4 %).
Principales destinations des exportations : Russie 20,2 % ; Canada 16,1 % ; Pays-Bas 11,1 % ; Chine 6,8 % ; Espagne 6,5 % ; Japon 3,3 %.

Transports et communications

■ ***Transports***
Chemins de fer (1994) : longueur 4 807 km ; trafic : 2 347 000 000 passagers-km ; 645 000 000 t-km.
Routes (1986) : longueur totale 46 555 km (27 % recouvertes).
Véhicules (1988) : voitures particulières 241 300 ; camions et autobus 208 400.
Marine marchande (1992) : 393 navires (de 100 tjb et plus) ; 924 591 tonneaux de port en lourd.
Transports aériens (1996) ; trafic : 2 153 000 000 passagers-km ; 56 300 000 t-km. 14 aéroports desservis par des vols réguliers (1997).

■ ***Communications***
Journaux quotidiens (1997) : diffusion totale 1 315 000 ; diffusion pour 1 000 hab. 122.
Radiodiffusion (1995) : 3 608 000 postes récepteurs ; 325 pour 1 000 hab.
Télévision (1995) : 2 200 000 postes récepteurs ; 200 pour 1 000 hab.
Téléphone (1995) : 353 200 lignes principales ; 32 pour 1 000 hab.

Éducation et santé

■ ***Niveau d'éducation*** (1981)
Proportion de la population âgée de 25 ans et plus : sans instruction scolaire ou ayant une éducation primaire incomplète 39,6 % ; ayant une éducation primaire 26,6 % ; éducation secondaire 29,6 % ; éducation supérieure 4,2 %.

	nombre d'établissements	nombre d'enseignants	nombre d'élèves	nombre d'élèves par enseignant
primaire (6-11 ans)	9 862	90 565	1 074 153	11,9
secondaire (12-17 ans)	2 175*	46 772	460 348	9,8
professionnel et formation à l'enseignement	618*	27 267	244 253	9,0
supérieur	35*	22 967	122 346	5,3

(•) 1989-1990.

Enseignement (1995-1996).

■ ***Alphabétisation*** (1995) : personnes âgées de 15 ans et plus alphabétisées 95,7 %.

■ ***Santé*** (1992) : 46 860 médecins (1 pour 231 hab.) ; 80 684 lits d'hôpital (1 pour 134 hab.) ; taux de mortalité infantile (1997) : 7,3 ‰.

■ ***Alimentation*** (1994) : apport journalier en calories par habitant 2 291 (alimentation d'origine végétale 84 % ; d'origine animale 16 %) ; soit 99 % du niveau minimal recommandé par la F.A.O.

Défense nationale

■ ***Contingent*** (1997) : 60 000 (armée de terre 75,0 % ; marine 8,3 % ; armée de l'air 16,7 %).

■ ***Dépenses militaires*** (1995) : 1,6 % du P.N.B. (moyenne mondiale 2,8 %) ; soit 32 USD/hab.

a. Cours des bureaux de change : 100 CUP = 25,82 FRF.
b. Importations C.I.F. ; exportations F.O.B.

→ *Corpus* : DANEMARK
→ *Grand Atlas de Géographie* (éd. 1992) : 22, 26, 41
→ *Grand Atlas de l'Histoire* : 215, 274, 295

DANEMARK

• ***Nom officiel*** : Royaume du Danemark (Kongeriget Danmark). Code I.S.O. : DK.

• ***Forme de gouvernement*** : monarchie constitutionnelle à régime parlementaire avec une chambre législative (Folketing [179]).

• ***Chef de l'État*** : roi.

• ***Chef du gouvernement*** : Premier ministre.

• ***Capitale*** : Copenhague (København).

• ***Langue officielle*** : danois.

• ***Religion officielle*** : Église luthérienne évangélique.

• ***Unité monétaire*** : 1 couronne danoise (krone, plur. kroner [DKK]) = 100 øre ; valeur (31 déc. 1997) : 100 DKK = 87,84 FRF ; 1 écu = 7,527 97 DKK.

Démographie

■ ***Population*** (estim. 1997) : 5 284 000.

■ ***Densité*** (1997) : 122,6 hab./km².

■ ***Répartition urbaine/rurale*** (1995) : population urbaine 85,2 % ; population rurale 14,8 %.

■ ***Répartition par sexe*** (janvier 1996) : hommes 49,37 % ; femmes 50,63 %.

■ ***Répartition par âge*** (janvier 1996) : moins de 15 ans 17,5 % ; de 15 à 29 ans 20,8 % ; de 30 à 44 ans 22,1 % ; de 45 à 59 ans 19,9 % ; de 60 à 74 ans 12,7 % ; 75 ans et plus 7,0 %.

■ ***Projection démographique*** : 5 348 000 en 2000 ; 5 504 000 en 2010.

■ ***Temps de doublement*** : sans objet.

■ ***Composition ethnique*** (1996) : Danois 95,8 % ; Asiatiques 1,6 %, dont Turcs 0,7 % ; originaires de l'ancienne Yougoslavie 0,5 % ; autres Scandinaves 0,4 % ; Africains 0,3 % ; autres 1,4 %.

■ ***Appartenances religieuses*** (1995) : luthériens évangéliques 87,0 % ; autres chrétiens 1,7 % ; musulmans 1,5 % ; sans appartenance et autres 9,8 %.

■ ***Principales zones urbaines*** (1994) : grand Copenhague 1 346 289 hab. ; Århus 209 404 hab. ; Odense 143 029 hab. ; Ålborg 116 567 hab. ; Frederiksberg 88 789 hab. (1994).

Statistiques de l'état civil

■ ***Taux de natalité*** (1996) : 12,9 ‰ (moyenne mondiale 25,0 ‰) ; taux (1995) de naissances légitimes 53,5 %, illégitimes 46,5 %.

■ ***Taux de mortalité*** (1996) : 11,6 ‰ (moyenne mondiale 9,3 ‰).

■ ***Taux d'accroissement naturel*** (1996) : 1,3 ‰ (moyenne mondiale 15,7 ‰).

■ ***Taux de fécondité*** (nombre moyen de naissances par femme en âge de procréer, 1995) : 1,8.

■ ***Nombre de mariages*** (pour 1 000 hab., 1995) : 6,7.

■ ***Nombre de divorces*** (pour 1 000 hab., 1995) : 2,5.

■ ***Espérance de vie*** à la naissance (1994-1995) : hommes 72,6 ans ; femmes 77,8 ans.

■ ***Principales causes de décès*** (pour 100 000 hab., 1995) : tumeurs malignes (cancers) 296,6 ; maladies de cœur ischémiques 242,3 ; maladies cérébro-vasculaires 105,9.

Économie nationale

■ ***Budget de l'État*** (1995)
Recettes : 589 933 000 000 DKK (impôts directs 52,3 % ; impôts indirects 29,7 %).
Dépenses : 604 806 000 000 DKK (sécurité et assistance sociales 42,4 % ; éducation 11,7 % ; santé 9,8 % ; défense 2,9 %).

■ ***Dette nationale*** (fin 1995) : 663 653 000 000 DKK.

■ ***Tourisme*** (1995) : recettes touristiques 3 673 000 000 USD ; dépenses touristiques à l'étranger 4 281 000 000 USD.

■ ***Production***
Agriculture (valeur ajoutée en millions de DKK, 1995), *sylviculture, pêche.*
Viande de porc 16 005 ; lait 11 152 ; viande de bœuf 3 554 ; blé 3 411 ; orge 2 731 ; fleurs et plantes 2 541 ; orge 2 203 ; fourrures de vison 1 991.
Bois (1995) : 2 288 000 m³.
Pêche (1995) : 2 041 133 t.
Industries extractives (1994) : sable et gravier 24 829 000 m³ ; craie 3 522 000 t.
Industries manufacturières (valeur ajoutée en millions de DKK, 1994) : produits alimentaires 38 325, dont viande 11 170 ; machines et appareils non électriques 23 331 ; produits chimiques et dérivés 18 504 ; machines et appareils électriques 14 428 ; imprimerie et édition 9 649 ; produits manufacturés en métal 9 479.
Bâtiment (travaux achevés, 1995) : résidentiel 1 375 000 m² ; non résidentiel 3 573 000 m².
Énergie (production/consommation) : électricité 34 332 000 000 (1995)/36 252 000 000 (1994) kWh ; charbon (1994) 0/13 087 000 t ; pétrole brut 75 920 000 (1996)/65 802 000 (1994) barils ; produits pétroliers (1994) 8 691 000/ 8 069 000 t ; gaz naturel (1994) 4 902 000 000/ 2 992 000 000 m³.

■ ***Produit national brut*** (1995) : 156 027 000 000 USD (29 890 USD/hab.).

■ ***Population active*** (1996) : 2 796 501 ; taux d'activité 52,7 % (taux de participation : 15-64 ans 79,1 % ; femmes 45,3 % ; sans-emploi [avril 1996-mars 1997] 8,4 %).

Corpus : ESQUIMAUX ; EUROPE (Structure et milieu) - Géographie (l'expansion démographique) ; EUROPE OCCIDENTALE ; FORÊTS (richesse forestière du globe) ; GROENLAND ; PÊCHE ; SCANDINAVIE ; TOURISME ; TRANSPORTS - Transport aérien.

Universalia 1988 : 314 La « longue marche » de la social-démocratie ; *Universalia 1991* : 117 La Communauté européenne dans la nouvelle configuration Est-Ouest ; 158 Transports internationaux et enjeux géopolitiques ; 165 Le fardeau des déchets industriels ; *Universalia 1992* : 122 L'Europe et l'Afrique : quelles perspectives ? ; 188 L'autodétermination des Inuit : progrès et embûches ; *Universalia 1994* : 211 L'année des Danois.

Thesaurus :
BERLINGSKE TIDENDE
CONSEIL NORDIQUE
COPENHAGUE
ELSENEUR
FÉROÉ (ÎLES)
JUTLAND
SEELAND

départements et villes	chefs-lieux	superficie [1] (km²)	population [1] (estim. janv. 1996)
départements :			
Århus (var. Aarhus)	Århus	4 561	625 224
Bornholm	Rønne (var. Rœnne)	588	45 186
Copenhague (København)	Copenhague	526	353 674
Fionie (Fyn)	Odense	3 486	470 528
Frederiksborg	Hillerød (var. Hillerœd)	1 347	607 344
Jutland du Nord (Nordjylland)	Ålborg (var. Aalborg)	6 173	490 836
Jutland du Sud (Sønderjylland)	Åbenrå (var. Aabenraa)	3 938	223 097
Ribe	Ribe	3 131	271 730
Ringkøbing	Ringkøbing	4 853	225 520
Roskilde	Roskilde	891	252 929
Seeland de l'Ouest (Vestjælland)	Sorø	2 984	257 495
Storstrøm	Nykøbing	3 398	339 818
Vejle	Vejle	2 997	289 852
Viborg	Viborg	4 122	232 254
communes :			
Copenhague (København)	–	88	476 751
Frederiksberg	–	9	88 789
total		**43 094** [2]	**5 251 027**

1. Groenland et îles Féroé non compris. 2. Le total général ne correspond pas exactement au détail en raison des arrondis.

Territoire et population.

	millions de DKK [1]	% du total	effectifs	% des effectifs
agriculture, pêche	34 999	4,2	115 000	4,1
mines	7 225	0,9	4 000	0,1
industrie	167 943	20,2	521 200	18,6
bâtiment	47 015	5,7	164 100	5,9
entreprises publiques	16 172	1,9	16 500	0,6
transports et communications	79 261	9,5	188 800	6,7
commerce, restauration	108 604	13,1	435 500	15,5
finance, immobilier	158 299	19,0	261 500	9,3
administration, défense nationale	183 466	22,1	156 800	5,6
services	52 935	6,4	739 300	26,4
autres	– 24 185 [2]	– 2,9	199 500 [3]	7,1
total	**831 733** [4]	**100,0** [4]	**2 802 400**	**100,0**

1. Au coût des facteurs. 2. Frais de service bancaire. 3. Comprend 195 500 sans-emploi. 4. Le total général ne correspond pas exactement au détail en raison des arrondis.

Structure du produit intérieur brut et effectifs (1995).

	1991	1992	1993	1994	1995	1996 (mars)	1997 (mai)
indice des prix à la consommation	102,4	104,5	105,9	108,0	110,2	112,6	115,0
indice des revenus horaires	103,1	106,2	108,6	113,3	117,2	n.d.	n.d.

Indices des prix et des revenus (1990 = 100).

	1991	1992	1993	1994	1995	1996
millions de DKK	+ 22 945	+ 35 166	+ 43 077	+ 41 596	+ 29 500	+ 31 206
% du total	5,3	7,7	9,1	8,6	5,9	5,8

Balance commerciale (prix courants).

	nombre d'établissements	nombre d'enseignants*	nombre d'élèves	nombre d'élèves par enseignant*
primaire et secondaire 1er cycle (7-15 ans)	2 536	58 500	605 798	10,4
secondaire 2e cycle (16-18 ans)	153	11 000	75 793	6,8
professionnel	237	12 000	168 417	13,6
supérieur	158	8 000	155 661	19,5

(*) 1993-1994.

Enseignement (1993-1994).

■ ***Revenus et dépenses des ménages***
Taille moyenne des ménages (1996) : 2,2.
Revenu annuel moyen par ménage (1988) : 199 354 DKK (29 613 USD) ; principales sources des revenus (1993) : salaires et traitements 61,2 % ; transferts 26,2 % ; activités non salariées 14,7 %.
Dépenses (1993) : logement 22,9 % ; produits alimentaires et boissons 17,9 % ; transports et communications 15,5 % ; loisirs 8,3 % ; fournitures domestiques 6,1 % ; énergie 6,1 %.

■ ***Utilisation du sol*** (1994) : forêts 10,5 % ; prairies et pâturages 7,5 % ; terres cultivées et plantations 55,9 % ; autres 26,1 %.

Échanges extérieurs[a]

■ ***Importations*** (1995) : 236 587 000 000 DKK (biens de consommation domestique 25,8 % ; matériel de transport et pièces détachées 11,1 % ; machinerie et appareillage 8,7 %).
Principales sources des importations : Allemagne 22,8 % ; Suède 12,2 % ; Pays-Bas 7,3 % ; Royaume-Uni 7,0 % ; France 5,4 % ; Norvège 5,0 %.

■ ***Exportations*** (1995) : 266 087 000 000 DKK (équipement électrique et non électrique 25,1 % ; viande de porc fraîche ou congelée 6,0 % ; produits pharmaceutiques 4,7 % ; meubles 4,6 % ; textiles et habillement 4,5 %).
Principales destinations des exportations : Allemagne 23,2 % ; Suède 10,0 % ; Royaume-Uni 8,1 % ; Norvège 6,1 % ; France 5,5 %.

Transports et communications

■ ***Transports***
Chemins de fer (1995) : longueur 2 865 km ; trafic : 3 004 000 000 passagers-km ; 1 985 000 000 t-km.
Routes (1995) : longueur totale 71 420 km (100 % recouvertes).
Véhicules (1995) : voitures particulières 1 729 405 ; camions et autobus 288 464.
Marine marchande (1992) : 456 navires (de 100 tjb et plus) ; 7 569 069 tonneaux de port en lourd.
Transports aériens (part danoise du Scandinavian Airlines System et Maersk Air, 1996) ; trafic : 5 376 000 000 passagers-km ; 170 768 000 t-km. 13 aéroports desservis par des vols réguliers (1996).

■ ***Communications***
Journaux quotidiens (1995) : diffusion totale 1 610 000 ; diffusion pour 1 000 hab. 308.
Radiodiffusion (1996) : 5 200 000 postes récepteurs ; 988 pour 1 000 hab.
Télévision (1995) : 2 700 200 postes récepteurs ; 516 pour 1 000 hab.
Téléphone (1995) : 3 202 500 lignes principales ; 612 pour 1 000 hab.

Éducation et santé

■ ***Niveau d'éducation*** (1995)
Proportion de la population âgée de 25 à 69 ans : ayant une éducation secondaire (1er cycle) ou indéterminée 40,0 % ; éducation secondaire (2e cycle) ou professionnelle 40,3 % ; éducation professionnelle supérieure 6,0 % ; université (1er cycle) 8,9 % ; université (2e cycle) 4,8 %.

■ ***Alphabétisation*** : presque 100 %.

■ ***Santé*** (1994) : 14 497 médecins (1 pour 358 hab.) ; 26 170 lits d'hôpital (1 pour 199 hab.) ; taux de mortalité infantile (1996) : 5,7 ‰.

■ ***Alimentation*** (1995) : apport journalier en calories par habitant 3 704 (alimentation d'origine végétale 54 % ; d'origine animale 46 %) ; soit 138 % du niveau minimal recommandé par la F.A.O.

Défense nationale

■ ***Contingent*** (1996) : 32 900 (armée de terre 57,8 % ; marine 18,2 % ; armée de l'air 24,0 %).

■ ***Dépenses militaires*** (1994) : 1,9 % du P.N.B. (moyenne mondiale 3,0 %) ; soit 522 USD/hab.

a. Importations : chiffres F.O.B. pour la balance commerciale et C.I.F. pour les marchandises et les partenaires commerciaux.

→ *Corpus* : GROENLAND
→ *Grand Atlas de Géographie* (éd. 1992) : 18, 168
→ *Grand Atlas de l'Histoire* : 294

DANEMARK : Groenland

• ***Noms officiels*** : Grønland (danois : Grønland ; eskimo : Kalaallit Nunaat). Code I.S.O. : GL.

• ***Statut politique*** : État autonome du royaume du Danemark avec un Parlement régional (Landsting [27]) ; le Groenland envoie deux représentants au Folketing.

• ***Chef de l'État*** : roi du Danemark.

• ***Chefs du gouvernement*** : haut-commissaire (pour le Danemark) et Premier ministre (pour le Groenland).

• ***Capitale*** : Godthaab (Godthåb ; Nuuk).

• ***Langue officielle*** : groenlandais (eskimo) ; le danois est également parlé.

• ***Religion officielle*** : Église luthérienne évangélique du Groenland.

• ***Unité monétaire*** : 1 couronne danoise (krone, pl. kroner [DKK]) = 100 øre ; valeur (31 déc. 1997) : 100 DKK = 87,84 FRF.

Démographie

■ ***Population*** (estim. 1997) : 56 000.

■ ***Densité***[a] (1997) : 0,16 hab./km².

■ ***Répartition urbaine/rurale*** (1994) : population urbaine (villes) 80,6 % ; population rurale (colonies) 19,4 %.

■ ***Répartition par sexe*** (1996) : hommes 53,40 % ; femmes 46,60 %.

■ ***Répartition par âge*** (1996) : moins de 15 ans 27,7 % ; de 15 à 29 ans 22,3 % ; de 30 à 44 ans 27,7 % ; de 45 à 59 ans 15,0 % ; 60 ans et plus 7,4 %.

■ ***Projection démographique*** : 57 000 en 2000 ; 59 000 en 2010.

■ ***Temps de doublement*** : 29 ans.

■ ***Composition ethnique*** (selon le lieu de naissance, 1990) : personnes nées au Groenland 83,1 % ; nées ailleurs 16,9 %.

■ ***Appartenances religieuses*** (1993) : luthériens 98,2 % ; autres 1,8 %.

■ ***Principales villes*** (1990) : Nuuk (Godthåb) 12 700 hab. (estim. 1995) ; Sisimiut (Holsteinsborg) 4 871 hab. ; Ilulissat (Jakobshavn) 4 191 hab. ; Aasiaat (Egedesminde) 3 308 hab. ; Maniitsoq (Sukkertoppen) 3 135 hab.

Statistiques de l'état civil

■ ***Taux de natalité*** (1994) : 20,7‰ (moyenne mondiale 25,0 ‰) ; taux (1988) de naissances légitimes 27,5 %, illégitimes 72,5 %.

■ ***Taux de mortalité*** (1994) : 8,0 ‰ (moyenne mondiale 9,3 ‰).

■ ***Taux d'accroissement naturel*** (1994) : 12,7 ‰ (moyenne mondiale 15,7 ‰).

■ ***Taux de fécondité*** (nombre moyen de naissances par femme en âge de procréer, 1992) : 2,9.

■ ***Nombre de mariages*** (pour 1 000 hab., 1991) : 8,1.

■ ***Nombre de divorces*** (pour 1 000 hab., 1988) : 2,7.

■ ***Espérance de vie*** à la naissance (1993) : hommes 60,7 ans ; femmes 68,4 ans.

■ ***Principales causes de décès*** (pour 100 000 hab., 1993) : maladies de l'appareil circulatoire 188,2 ; tumeurs malignes (cancers) 186,3 ; accidents, empoisonnements et actes de violence 152,0 ; maladies de l'appareil respiratoire 47,0 ; maladies infectieuses et parasitaires 27,1 ; maladies de l'appareil digestif 12,7.

Économie nationale

■ ***Budget de l'État*** (1989)
Recettes : 3 580 000 000 DKK (recettes cou-

comtés et communes	superficie (km²)	population (estim. janv. 1990)
Groenland Est (Tunu/Østgrønland)	**115 900**	**3 443**
Illoqqortoormiut/Scoresbysund	n.d.	554
Tasiilaq/Angmagssalik (Ammassalik)	n.d.	2 889
Groenland Nord (Avanersuaq/Nordgrønland)	**106 700**	**846**
Qaanaaq/Thule	n.d.	846
Groenland Ouest (Kitaa/Vestgrønland)	**119 100**	**50 217**
Aasiaat/Egedesminde	n.d.	3 599
Ilulissat/Jakobshavn	n.d.	4 568
Ivittut/Ivigtut	n.d.	4
Kangaatsiaq/Kangatsiaq	n.d.	1 347
Maniitsoq/Sukkertoppen	n.d.	4 075
Nanortalik	n.d.	2 672
Narsaq/Narssak	n.d.	2 148
Nuuk/Godthåb	n.d.	12 687
Paamiut/Frederikshåb	n.d.	2 556
Qaqortoq/Julianehåb	n.d.	3 543
Qasigiannguit/Christianshåb	n.d.	1 712
Qeqertarsuaq/Godhavn	n.d.	1 164
Sisimiut/Holsteinsborg	n.d.	5 090
Upernavik	n.d.	2 375
Uummannaq/Umanaq	n.d.	2 677
total (libre de glace)	**341 700**	**55 558**(•)
glace permanente	1 833 900	
superficie totale	**2 175 600**	

(•) Comprend 1 052 personnes non réparties dans les comtés.

Territoire et population.

	1979		1987	
	millions de DKK [1]	% du total	effectifs [2]	% des effectifs
agriculture, pêche, chasse et élevage ovin	231,8	20,8	727	3,1
mines et industrie	327,0	29,4	2 577	11,2
bâtiment	259,8	23,3	2 861	12,4
transports et communications	42,5	3,8	1 161	5,0
commerce, restauration	172,5	15,5	2 214	9,6
entreprises publiques	–	–	387	1,7
administration	–	–	12 606	54,7
services privés	80,5	7,2	444	1,9
autres	–	–	85	0,4
total	**1 114,1**	**100,0**	**23 062**	**100,0**

1. Valeur ajoutée des entreprises privées uniquement. 2. Employés à plein temps et à mi-temps.

Structure du produit intérieur brut et effectifs.

Corpus : DANEMARK ; ESQUIMAUX ; PÊCHE.

Universalia 1992 : 188 L'autodétermination des Inuit : progrès et embûches.

	1984	1985	1986	1987	1988	1989	1990
indice des prix à la consommation* ..	91.4	100.0	105.4	108.4	116.7	121.8	128.9
indice des revenus mensuels*	91.8	100.0	104.6	107.4	113.3	118.6	125.3

(*) Janvier.

Indices des prix et des revenus (janv. 1985 = 100).

	1984	1985	1986	1987	1988	1989
millions de DKK	− 1 085	− 1 303	− 834	− 1 101	− 864	+ 169
% du total	23.6	26.3	16.7	18.9	23.4	2.9

Balance commerciale (prix courants).

	nombre d'établissements	nombre d'enseignants	nombre d'élèves	nombre d'élèves par enseignant
primaire (6-15 ans) .... / secondaire (15-19 ans)	90 [1]	994	9 061	9.1
professionnel	8	n.d.	2 297 [2]	n.d.
supérieur	2	35	200	5.7

1. 1988-1989. 2. 1986-1987.

Enseignement (1989-1990).

rantes 87,1 %, dont subventions du gouvernement danois 42,7 %, droits d'importation et redevances 19,4 %, impôts sur le revenu 15,1 % ; recettes de développement 12,9 %).
Dépenses : 3 315 000 000 DKK (dépenses courantes 67,0 %, dont assistance sociale 23,2 % ; dépenses de développement 33,0 %, dont industrie 18,2 %).

■ ***Dette publique*** : n.d.

■ ***Tourisme*** : recettes touristiques n.d. ; dépenses touristiques à l'étranger n.d.

■ ***Production***
Agriculture, chasse, pêche (1989).
Pêche : 214 200 t (navires locaux 162 100 t, dont morue 87 100 t, crevettes 65 100 t ; navires étrangers 52 100 t).
Cheptel (sur pied, 1988) : moutons 21 197 ; rennes 6 000.
Produits animaux (valeur des exportations, 1989) : laine et mouton 12 160 000 DKK[b] (1986) ; peaux de phoque 11 664 000 DKK ; viande et graisse de baleine 2 909 000 DKK[b] (1986) ; produits du renne 128 000 DKK (1987) ; peaux de renard 66 000 DKK.
Industries extractives (1990)[c] : concentrés de zinc 86 000 t ; concentrés de plomb 25 500 t.
Industries manufacturières : produits artisanaux et préparations à base de poisson principalement.
Bâtiment : résidentiel (1987) 47 700 m² ; non résidentiel (1985) 12 300 m².
Énergie (production/consommation) : électricité (1991) 215 000 000/215 000 000 kWh ; charbon 0/0 ; pétrole brut 0/0 ; produits pétroliers (1989) 0/178 000 t ; gaz naturel 0/0.

■ ***Produit national brut*** (aux prix courants du marché, 1990) : 987 000 000 USD (17 780 USD/hab.).

■ ***Population active***[d] (1987) : 23 062 ; taux d'activité 42,8 % (taux de participation : 15-64 ans n.d. ; femmes 43,4 % ; sans-emploi [nov. 1989] 6,2 %).

■ ***Revenus et dépenses des ménages***
Taille moyenne des familles (1989) : 1,9.
Revenu moyen imposable par contribuable (1987) : 130 600 DKK (19 090 USD).
Dépenses (1987) : alimentation 18,9 % ; loisirs 12,4 % ; équipements domestiques 9,3 % ; boissons alcoolisées 8,9 % ; logement 8,9 % ; habillement 7,6 %.

■ ***Utilisation du sol*** (1988) : forêts 0,03 % ; prairies et pâturages 0,69 % ; terres cultivées et plantations 0 % ; autres (principalement calotte glacière) 99,28 %.

Échanges extérieurs[e]

■ ***Importations*** (1993) : 346 600 000 USD (1989 : biens pour la consommation des ménages 36,7 % ; biens intermédiaires pour l'industrie 32,6 % ; combustibles, lubrifiants et courant électrique 9,4 % ; machines et biens d'équipement 8,2 %).
Principales sources des importations (1989) : Danemark 69,2 % ; R.F.A. 4,4 % ; Norvège 3,8 % ; États-Unis 3,7 % ; Japon 3,5 %.

■ ***Exportations*** (1993) : 312 300 000 USD (1989 : crevettes, bouquets et mollusques 59,7 % ; poissons et produits dérivés 18,2 % ; zinc 15,8 % ; plomb 2,8 %).
Principales destinations des exportations (1989) : Danemark 73,8 % ; R.F.A. 11,2 % ; Suède 6,1 % ; Royaume-Uni 2,1 %.

Transports et communications

■ ***Transports***
Chemins de fer : aucun.
Routes (1990) : longueur totale 80 km.
Véhicules (1989) : voitures particulières 1 990 ; camions et autobus 1 557.
Marine marchande (1990) : 87 navires (de 100 tjb et plus) ; tonnage transporté n.d.
Transports aériens (Greenland Air uniquement, 1985) ; trafic : 26 300 000 passagers-km ; 340 000 t-km. 5 aéroports desservis par des vols réguliers (1995).

■ ***Communications***
Journaux quotidiens : aucun.
Radiodiffusion (1994) : 22 000 postes récepteurs (1 pour 2,5 hab.).
Télévision (1994) : 21 000 postes récepteurs (1 pour 2,6 hab.).
Téléphone (1993) : 18 000 lignes principales (1 pour 3,2 hab.).

Éducation et santé

■ ***Niveau d'éducation*** (1970)
Proportion de la population âgée de 14 à 39 ans : ayant une éducation primaire 61,7 % ; éducation secondaire 25,9 % ; sans précision 12,4 %.

■ ***Alphabétisation*** (1986) : personnes âgées de 15 ans et plus alphabétisées 40 218 (presque 100 %).

■ ***Santé*** (1990) : 70 médecins (1 pour 794 hab.) ; 444 lits d'hôpital (1 pour 125 hab.) ; taux de mortalité infantile (1994) : 13,0 ‰.

■ ***Alimentation*** : apport journalier en calories par habitant n.d.

Défense nationale

■ ***Contingent*** (1987) : 290 personnes (appartenant à l'armée de l'air des États-Unis uniquement. Le Danemark assure la défense du Groenland ; les Groenlandais ne sont pas assujettis au service militaire).

a. Sur la base de la surface libre de glace.
b. Valeur des ventes intérieures.
c. Les mines de zinc et de plomb ont fermé en 1990.
d. Employés à plein temps et à mi-temps.
e. Importations C.I.F. ; exportations F.O.B.

→ ***Thesaurus*** : WINDWARD ISLANDS
→ ***Grand Atlas de Géographie*** (éd. 1992) : 206, 208d
→ ***Grand Atlas de l'Histoire*** : 227, 277

DOMINIQUE

• ***Nom officiel*** : Commonwealth de Dominique (Commonwealth of Dominica). Code I.S.O. : DM.

• ***Forme de gouvernement*** : république à régime multipartiste avec une assemblée législative (Assemblée [32, dont 10 non-élus]).

• ***Chef de l'État*** : président.

• ***Chef du gouvernement*** : Premier ministre.

• ***Capitale*** : Roseau (Le Roseau) [paroisse de Saint-Georges].

• ***Langue officielle*** : anglais.

• ***Religion officielle*** : aucune.

• ***Unité monétaire*** : 1 dollar des Caraïbes de l'Est (XCD) = 100 cents ; valeur (31 déc. 1997) : 100 XCD = 221,78 FRF.

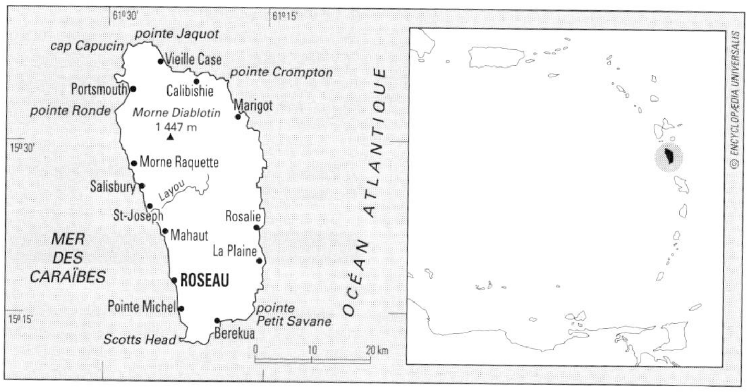

Démographie

■ ***Population*** (estim. 1997) : 74 400.

■ ***Densité***[a] (1997) : 99,2 hab./km².

■ ***Répartition urbaine/rurale*** : n.d.

■ ***Répartition par sexe*** (1991) : hommes 50,04 % ; femmes 49,96 %.

■ ***Répartition par âge*** (1989) : moins de 15 ans 35,1 % ; de 15 à 29 ans 28,1 % ; de 30 à 44 ans 14,5 % ; de 45 à 59 ans 9,5 % ; 60 ans et plus 11,7 % ; inconnus 1,1 %.

■ ***Projection démographique*** : 75 000 en 2000 ; 76 000 en 2010.

■ ***Temps de doublement*** : 54 ans.

■ ***Composition ethnique*** (1981) : Noirs 91,2 % ; Métis 6,0 % ; Amérindiens 1,5 % ; Blancs 0,5 % ; autres 0,8 %.

■ ***Appartenances religieuses*** (1992) : catholiques 79,2 % ; autres 20,8 %.

■ ***Principales villes*** (1991) : Roseau 15 853 hab. ; Portsmouth 3 621 hab. ; Marigot 2 919 hab. ; Atkinson 2 518 hab. ; Mahaut 2 372 hab.

Statistiques de l'état civil

■ ***Taux de natalité*** (1996) : 18,4 ‰ (moyenne mondiale 25,0 ‰).

■ ***Taux de mortalité*** (1996) : 5,3 ‰ (moyenne mondiale 9,3 ‰).

■ ***Taux d'accroissement naturel*** (1996) : 13,1 ‰ (moyenne mondiale 15,7 ‰).

■ ***Taux de fécondité*** (nombre moyen de naissances par femme en âge de procréer, 1996) : 1,9.

■ ***Nombre de mariages*** (pour 1 000 hab., 1990) : 3,3.

■ ***Nombre de divorces*** (pour 1 000 hab., 1990) : 0,4.

paroisses	superficie (km²)	population (recens. 1991)
Saint-André (St. Andrew)	179	11 106
Saint-David (St. David)	127	6 977
Saint-Georges (St. George)	54	20 365
Saint-Jean (St. John)	60	4 990
Saint-Joseph (St. Joseph)	119	6 183
Saint-Luc (St. Luke)	10	1 552
Saint-Marc (St. Mark)	10	1 943
Saint-Patrick (St. Patrick)	83	8 929
Saint-Paul (St. Paul)	67	7 495
Saint-Pierre (St. Peter)	29	1 643
total	**750** [1]	**71 183** [2]

1. Le total comprend la surface des eaux intérieures (12 km²). 2. Préliminaire. Le recensement ne prend pas en compte les personnes hospitalisées ou internées.

Territoire et population.

■ ***Espérance de vie*** à la naissance (1996) : hommes 74,5 ans ; femmes 80,4 ans.

■ ***Principales causes de décès*** (pour 100 000 hab., 1990) : maladies de l'appareil circulatoire 273,5, dont maladies de cœur ischémiques 120,8, hypertension 88,8 ; tumeurs malignes (cancers) 116,6 ; troubles endocriniens, du métabolisme et nutritionnels 51,4 ; maladies du système respiratoire 43,0 ; maladies infectieuses et parasitaires 37,5.

Économie nationale

■ ***Budget de l'État*** (1995-1996)
Recettes : 194 100 000 XCD (impôt sur le revenu 67,9 %, dont taxes à la consommation 25,1 %, taxes sur les recettes et les bénéfices 18,3 % ; subventions 15,7 % ; recettes non fiscales 14,1 % ; autres 2,3 %).
Dépenses : 219 100 000 XCD (dépenses courantes 70,4 % ; dépenses de développement 29,6 %).

■ ***Dette publique*** (extérieure, créances, 1995) : 102 300 000 USD.

■ ***Tourisme*** (1995) : recettes touristiques 35 700 000 USD ; dépenses touristiques à l'étranger 4 300 000 USD.

■ ***Produit national brut*** (aux prix courants du marché, 1995) : 218 000 000 USD (2 990 USD/hab.).

■ ***Production***
Agriculture, sylviculture, pêche (1995).
Bananes 39 928 t (1996) ; bananes plantains 15 358 t ; racines alimentaires 14 818 t, dont taros 6 710 t, ignames 4 479 t ; pamplemousses 10 682 t ; noix de coco 8 853 t ; oranges 4 340 t ; citrons 3 314 t ; mangues 1 633 t ; poivre 144 t ; concentrés de piment 16 t.
Cheptel (sur pied, 1996) : chèvres 13 400 ; bovins 9 700 ; moutons 7 600.
Bois : n.d.
Pêche : 892 t.
Industries extractives : pierre ponce, pierre à chaux, sable et gravier pour la consommation locale.
Industries manufacturières (valeur de la production, 1996) : savon 36 873 000 XCD ; huile de coprah brute 1 615 XCD ; eau de source en bouteille 323 000 caisses (1990) ; les autres productions sont les jus de fruits, la bière, les vêtements, les meubles, la peinture et les boîtes en carton.
Bâtiment (valeur des constructions entreprises, 1993) : 12 100 000 USD.
Énergie (production/consommation) : électricité (1994) 52 400 000/43 500 000 kWh ; charbon 0/0 ; pétrole brut 0/0 ; produits pétroliers (1994) 0/6 600 t ; gaz naturel 0/0.

■ ***Population active*** (1989) : 30 600 ; taux d'activité 37,5 % (taux de participation : 15-64 ans 62,3 % ; femmes 41,8 % ; sans-emploi [1994] 23,0 %).

■ ***Revenus et dépenses des ménages***
Taille moyenne des ménages (1981) : 4,3.
Revenu annuel moyen par ménage : n.d.
Dépenses (poids respectifs des éléments de l'indice des prix à la consommation, 1984) : alimentation et boissons non alcoolisées 43,1 % ; logement et meubles 16,1 % ; transports 11,6 % ; habillement 6,5 % ; équipements domestiques 6,0 %.

■ ***Utilisation du sol*** (1994) : forêts 66,0 % ; prairies et pâturages 3,0 % ; terres cultivées et plantations 23,0 % ; autres 8,0 %.

Corpus : ARAWAKS ET KARIBS ; CARAÏBES (AIRE DES) [géopolitique de l'espace] ; ZONES FRANCHES.

Thesaurus :
CARAÏBES (AIRE DE LIBRE COMMERCE DES)
CARIBBEAN BASIN INITIATIVE

	1995		1991	
	millions de XCD	% du total	effectifs	% des effectifs
agriculture	100,9	19,8	7 344	30,8
mines	4,4	0,9	65	0,3
industrie	35,8	7,0	1 947	8,2
bâtiment	44,4	8,7	2 819	11,8
entreprises publiques	21,0	4,1	304	1,3
transports et communications	88,4	17,3	1 202	5,0
commerce, hôtellerie, restauration	76,6	15,0	3 658	15,4
finance, immobilier, assurance / services	82,7	16,2	810 / 3 446	3,4 / 14,5
administration, défense nationale	92,9	18,2	1 520	6,4
autres	– 36,8 [1]	– 7,2 [1]	699	2,9
total	**510,3** [2]	**100,0**	**23 819**	**100,0**

1. Taxes indirectes nettes moins les frais de service bancaire. 2. Le total général ne correspond pas exactement au détail en raison des arrondis.

Structure du produit intérieur brut et effectifs.

	1991	1992	1993	1994	1995	1996	1997 (avril)
indice des prix à la consommation	106,2	111,4	113,1	113,1	114,6	116,5	118,6
indice des revenus	n.d.	n.d.	n.d.	n.d.	n.d.	n.d.	n.d.

Indices des prix et des revenus (1990 = 100).

	1990	1991	1992	1993	1994	1995
millions de XCD	– 129,3	– 110,5	– 140,3	– 123,6	– 137,3	– 189,4
% du total	29,9	26,9	32,7	32,3	35,8	44,0

Balance commerciale (prix courants).

	nombre d'établissements	nombre d'enseignants	nombre d'élèves	nombre d'élèves par enseignant
primaire	64	641 (primaire et secondaire)	12 600	29,8 (primaire et secondaire)
secondaire	13 (•)		6 493	
supérieur (•)	2	34	484	14,2

(•) 1994-1995.

Enseignement (1994-1995).

Échanges extérieurs[b]

■ ***Importations*** (1995) : 314 300 000 XCD (équipement industriel et de transport 28,5 % ; produits manufacturés de base 25,1 % ; produits alimentaires 18,4 % ; produits chimiques et dérivés 12,8 %).
Principales sources des importations :
pays du Caricom 25,8 % ; États-Unis (y compris Porto Rico) 23,4 % ; Royaume-Uni 13,7 % ; France 8,2 % ; Japon 7,6 %.

■ ***Exportations*** (1995) : 115 000 000 XCD (exportations manufacturées 49,3 %, dont savon à base de noix de coco 32,9 % ; légumes frais et racines et tubercules 47,7 %, bananes 38,5 % ; réexportations 3,0 %).
Principales destinations des exportations (ne comprend pas les réexportations) : Royaume-Uni 53,5 % ; pays du Caricom 24,2 % ; États-Unis (y compris Porto Rico) 15,7 %.

Transports et communications

■ ***Transports***
Chemins de fer : aucun.
Routes (1995) : longueur totale 765 km (50 % recouvertes).
Véhicules (1995) : voitures particulières 2 770 ; camions et autobus 2 839.
Marine marchande (1992) : 7 navires (de 100 tjb et plus) ; 3 153 tonneaux de port en lourd.
Transports aériens (1991) : arrivées de passagers 43 312, départs de passagers n.d. ; marchandises chargées 415 t, marchandises déchargées 259 t ; 2 aéroports desservis par des vols réguliers (1996).

■ ***Communications***
Journaux quotidiens : n.d.
Radiodiffusion (1996) : 65 000 postes récepteurs ; 875 pour 1 000 hab.
Télévision (1995) : 5 200 postes récepteurs ; 70 pour 1 000 hab.
Téléphone (1995) : 17 800 lignes principales ; 240 pour 1 000 hab.

Éducation et santé

■ ***Niveau d'éducation*** (1981)
Proportion de la population âgée de 25 ans et plus : sans instruction scolaire 6,6 % ; ayant une éducation primaire 80,6 % ; éducation secondaire 11,1 % ; éducation supérieure 1,7 %.

■ ***Alphabétisation*** (1986) : personnes âgées de 15 ans et plus alphabétisées 94,4 %.

■ ***Santé*** : 24 médecins en 1993 (1 pour 2 952 hab.) ; 241 lits d'hôpital, 1992 (1 pour 298 hab.) ; taux de mortalité infantile (1996) : 9,6 ‰.

■ ***Alimentation*** (1995) : apport journalier en calories par habitant 3 032 (alimentation d'origine végétale 79 % ; d'origine animale 21 %) ; soit 125 % du niveau minimal recommandé par la F.A.O.

Défense nationale

■ ***Contingent*** (1996) : aucun. La police, qui compte 300 hommes, comprend une unité de garde-côtes.

a. Sur la base de la surface terrestre.
b. Importations : chiffres F.O.B. pour la balance commerciale et C.I.F. pour les marchandises et les partenaires commerciaux.

→ *Corpus* : ÉGYPTE DEPUIS L'ISLAM – L'Égypte républicaine
→ *Grand Atlas de Géographie* (éd. 1992) : 134, 138 ; 239c (Le Caire)
→ *Grand Atlas de l'Histoire* : 218, 228, 229, 240, 241, 248, 249, 260, 261, 276, 277, 283, 284, 285, 292, 293, 294, 295

ÉGYPTE

- ***Nom officiel*** : République arabe d'Égypte (Jumhūrīyah Miṣr al'Arabīyah ; forme courte : Miṣr). Code I.S.O. : EG.
- ***Forme de gouvernement*** : république avec une assemblée législative (Assemblée populaire [454, dont 10 non-élus]).
- ***Chef de l'État*** : président.
- ***Chef du gouvernement*** : Premier ministre.
- ***Capitale*** : Le Caire (al-Qāhirah).
- ***Langue officielle*** : arabe.
- ***Religion officielle*** : islam.
- ***Unité monétaire*** : 1 livre égyptienne (EGP) = 100 piastres = 1 000 millièmes ; valeur (31 déc. 1997) : 100 EGP = 175,07 FRF.

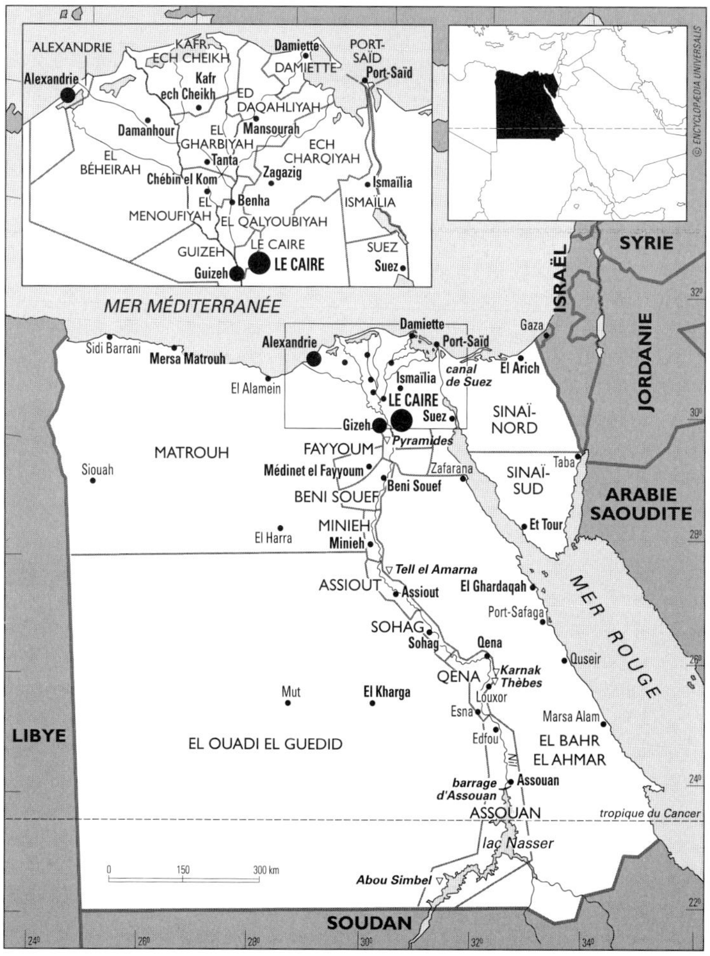

Démographie

- ***Population*** (estim. 1997) : 62 110 000.
- ***Densité*** (1997) : 62,3 hab./km².
- ***Répartition urbaine/rurale*** (1996) : population urbaine 43,0 %, rurale 57,0 %.
- ***Répartition par sexe*** (1997) : hommes 50,52 % ; femmes 49,48 %.
- ***Répartition par âge*** (1997) : moins de 15 ans 36,5 % ; de 15 à 29 ans 28,4 % ; de 30 à 44 ans 18,5 % ; de 45 à 59 ans 10,8 % ; de 60 à 74 ans 4,9 % ; 75 ans et plus 0,9 %.
- ***Projection démographique*** : 65 604 000 en 2000 ; 75 349 000 en 2010.
- ***Temps de doublement*** : 29 ans.
- ***Composition ethnique*** (1986) : Égyptiens 99,9 % ; autres 0,1 %.
- ***Appartenances religieuses*** (1990) : musulmans sunnites env. 90 % ; chrétiens env. 10 %.
- ***Principales villes*** (1996) : Le Caire 9 900 000 hab. ; Alexandrie (agglom.) 3 700 000 hab. ; Gizeh 2 144 000 hab. (1992).

Statistiques de l'état civil

- ***Taux de natalité*** (1997) : 28,0 ‰ (moyenne mondiale 25,0 ‰).
- ***Taux de mortalité*** (1997) : 9,0 ‰ (moyenne mondiale 9,3 ‰).
- ***Taux d'accroissement naturel*** (1997) : 19,0 ‰ (moyenne mondiale 15,7 ‰).
- ***Taux de fécondité*** (nombre moyen de naissances par femme en âge de procréer, 1997) : 3,5.
- ***Espérance de vie*** à la naissance (1994) : hommes 65,4 ans ; femmes 69,5 ans.
- ***Principales causes de décès*** (pour 100 000 hab., 1987) : maladies de l'appareil circulatoire 314,4 ; maladies de l'appareil respiratoire 140,7.

Économie nationale

- ***Budget de l'État*** (1995-1996)
Recettes : 60 893 000 000 EGP (taxes générales 62,8 %, dont impôts sur le revenu 22,5 %, impôts sur les ventes 17,2 %, droits de douane 13,0 % ; recettes pétrolières 7,7 % ; recettes du canal de Suez 4,9 %).
Dépenses : 63 889 000 000 EGP (dépenses courantes 81,3 %, dont service de la dette 25,1 % ; salaires et traitements 22,0 % ; défense nationale 10,9 % ; retraites 6,7 % ; dépenses en capital 18,7 %).
- ***Dette publique*** (extérieure, créances, 1995) : 31 325 000 000 USD.
- ***Tourisme*** (1995) : recettes touristiques 2 800 000 000 USD ; dépenses touristiques à l'étranger 1 278 000 000 USD.
- ***Production***
Agriculture, sylviculture, pêche (1997).
Canne à sucre 14 104 770 t ; blé 5 600 000 t ; maïs 5 180 000 t ; tomates 5 037 970 t ; riz 4 900 000 t ; oranges 1 608 000 t ; fibre de coton 890 000 t ; sorgho 650 000 t.
Cheptel (sur pied) : moutons 3 491 000 ; buffles 2 800 000 ; chèvres 3 250 000 ; bovins 2 700 000 ; poulets 42 000 000.
Bois (1995) : 2 698 000 m³.
Pêche (1995) : 309 576 t.
Industries extractives (1995) : kaolin 293 381 000 t ; minerai de fer 2 430 000 t ; sel 1 900 000 t.
Industries manufacturières (1995-1996) : ciment 17 200 000 t ; engrais azotés 7 354 000 t ; engrais phosphatés 1 200 000 t ; sucre 1 131 000 t.
Énergie (production/consommation) : électricité (1994) 47 920 000 000/47 920 000 000 kWh ; charbon (1994) n.d./1 852 000 t ; pétrole brut (1994) 323 676 000/192 342 000 barils ; produits pétroliers (1994) 26 424 000/16 630 000 t ; gaz naturel (1994) 10 544 000 000/10 544 000 000 m³.
- ***Produit national brut*** (1995) : 45 507 000 000 USD (790 USD/hab.).
- ***Population active*** (1995-1996) : 16 925 000 ; taux d'activité 28,1 % (taux de participation : 15-64 ans 49,0 % ; sans-emploi 9,4 %).
- ***Utilisation du sol*** (1995) : terres cultivées et plantations 3,3 % ; autres 96,7 %.

régions et gouvernorats	capitales	superficie (km²)	population (estim. 1995)
Désert :			
al-Baḥr al-Aḥmar	al-Ghurdaqah	203 685	115 000
Maṭrūḥ	Mersa Matruh (Marsā Maṭrūḥ)	212 112	186 000
Sinaï-Sud (Janūb Sīnā')	aṭ-Ṭūr	33 140	35 000
Sinaï-Nord (Shamāl Sīnā')	El Arich (al 'Arish)	27 574	219 000
al-Wādi al-Jadid	El Kharga (al-Kharijah)	376 505	136 000
Basse-Égypte :			
Behera (al-Buḥayrah)	Damanhour (Damanhūr)	10 130	3 973 000
Damiette (Dumyāṭ)	Damiette	589	898 000
Dagahlîya (ad-Daqahliyah)	Mansourah (al-Manṣūrah)	3 471	4 226 000
Gharbîya (al-Gharbiyah)	Ṭanṭā	1 942	3 437 000
Ismaïlia (al-Ismā'iliyah)	–	1 442	681 000
Kafr el Sheikh (Kafr ash-Shaykh)	Kafr el Sheikh	3 437	2 266 000
Menûfîya (al-Minūfiyah)	Shibin el Kom (Shibin al-Kawm)	1 532	2 672 000
Qalyûbîya (al-Qalyūbiyah)	Benha (Banhā)	1 001	3 045 000
Sharqîya (ash-Sharqiyah)	Zagazig (az-Zaqāziq)	4 180	4 220 000
Haute-Égypte :			
Assiout (Asyūṭ)	Assiout	1 553	2 843 000
Assouan (Aswān)	Assouan	679	1 042 000
Beni Suef (Bani Suwayf)	Beni Suef	1 322	1 836 000
Fayoum (al-Fayyūm)	Fayoum	1 827	1 995 000
Giseh (al-Jizah)	Giseh (Gîza)	85 153	4 525 000
Minieh (al-Minyā)	Minieh	2 262	3 372 000
Qena (Qinā) *	Qena	1 851	2 607 000
Sohag (Sawhāj)	Sohag	1 547	3 067 000
villes :			
Alexandrie (al-Iskandariyah)	–	2 679	3 431 000
Le Caire (al-Qāhirah)	–	214	6 955 000
Louxor *	–	–	159 000
Port-Saïd (Būr Sa'id)	–	72	467 000
Suez (as-Suways)	–	17 840	411 000
total		**997 739**	**58 819 000**

(*) La superficie de Louxor est comprise dans le gouvernorat de Qena.

Territoire et population.

	1995-1996 [4]		1992	
	millions de EGP	% du total	effectifs	% des effectifs
agriculture	24 470	16,0	5 535 000	35,0
mines (pétrole)	41 335	26,9	44 900	0,3
industrie			2 014 600	12,7
bâtiment	7 898	5,1	884 200	5,6
entreprises publiques	3 190	2,1	147 300	0,9
transports et communications	16 116 [1]	10,5	777 700	4,9
commerce	28 545 [3]	18,6	1 332 100	8,4
finance	8 832	5,8	237 100	1,5
administration, défense nationale, services	11 150	7,3	3 420 200	21,4
autres	11 833	7,7	1 416 000	8,9
total	**153 369**	**100,0** [2]	**15 814 800** [2]	**100,0**

1. Le transport comprend les revenus du trafic sur le canal de Suez. 2. Le total comprend 5 700 personnes non réparties par secteur. 3. Le commerce comprend la restauration et l'hôtellerie. 4. Aux prix constants de 1991-1992.

Structure du produit intérieur brut et effectifs.

	1991	1992	1993	1994	1995	1996	1997 (juill.)
indice des prix à la consommation	119,7	136,1	152,5	165,0	190,9	204,7	214,7
indice des revenus annuels *	119,9	133,9	155,4	n.d.	n.d.	n.d.	n.d.

(*) Moyenne des salaires pour chaque année fiscale.

Indices des prix et des revenus (1990 = 100).

	1991	1992	1993	1994	1995	1996
millions de USD	− 5 667	− 5 231	− 6 378	− 5 953	− 7 597	− 8 390
% du total	40,5	41,6	47,4	42,4	44,8	46,7

Balance commerciale (prix courants).

	nombre d'établissements	nombre d'enseignants	nombre d'élèves	nombre d'élèves par enseignant
primaire (6-11 ans) [2]	16 188	302 916	7 470 437	24,7
secondaire (12-17 ans) [2]	7 307 [1]	235 313	4 242 245	18,0
professionnel	1 351 [1]	133 794	1 900 406	14,2
formation à l'enseignement	56 [1]	650	2 664	4,1
supérieur	12 [3]	38 828 [1, 4]	696 988 [5]	n.d.

1. 1993-1994. 2. Ne comprend pas 1 770 écoles primaires et 1 449 écoles secondaires du système d'enseignement d'El Azhar. 3. Universités uniquement. 4. Ne comprend pas l'université d'El Azhar. 5. 1994-1995.

Enseignement (1995-1996).

Échanges extérieurs

■ ***Importations*** (C.I.F., 1995-1996) : 13 826 400 000 USD (équipement industriel et de transport 29,7 % ; produits alimentaires 20,9 % ; produits métalliques 9,5 % ; produits chimiques 3,9 %).

Principales sources des importations : États-Unis 18,9 % ; Allemagne 9,6 % ; Italie 7,6 % ; France 7,5 % ; Japon 5,1 % ; Royaume-Uni 3,8 %.

■ ***Exportations*** (1995-1996) : 4 592 800 000 USD (pétrole et produits pétroliers 48,5 % ; filés de coton, textiles et vêtements 12,5 % ; métaux de base et produits manufacturés 5,4 %.

Principales destinations des exportations : Italie 18,6 % ; États-Unis 11,1 % ; Allemagne 6,8 %.

Transports et communications

■ ***Transports***

Chemins de fer (1995) : longueur 4 810 km ; trafic : (1993-1994) 47 992 000 000 passagers-km ; (1993-1994) 2 336 000 000 t-km.

Routes (1995) : longueur totale 58 000 km (78 % recouvertes).

Véhicules (1995) : voitures particulières 1 280 000 ; camions et autobus 423 300.

Marine marchande (1992) : 444 navires (de 100 tjb et plus) ; 1 685 245 tonneaux de port en lourd.

Voies d'eau intérieures (1996-1997) : passages sur le canal de Suez 14 704 ; 354 591 000 t.

Transports aériens (Egypt Air uniquement, 1996) ; trafic : 8 742 200 000 passagers-km ; 197 974 000 t-km. 11 aéroports desservis par des vols réguliers (1997).

■ ***Communications***

Journaux quotidiens (1995) : diffusion partielle 2 600 000 ; diffusion pour 1 000 hab. 43.

Radiodiffusion (1995) : 19 400 000 postes récepteurs ; 312 pour 1 000 hab.

Télévision (1995) : 6 850 000 postes récepteurs ; 110 pour 1 000 hab.

Téléphone (1995) : 2 716 200 lignes principales ; 46,3 pour 1 000 hab.

Éducation et santé

■ ***Niveau d'éducation*** (1986)

Proportion de la population âgée de 25 ans et plus : sans instruction scolaire 64,1 % ; ayant une éducation primaire incomplète 16,5 % ; éducation primaire ou secondaire 14,8 % ; éducation supérieure 4,6 %.

■ ***Alphabétisation*** (1995) : personnes âgées de 15 ans et plus alphabétisées 51,4 %.

■ ***Santé*** : 129 000 médecins en 1996 (1 pour 472 hab.) ; 113 020 lits d'hôpital en 1994 (1 pour 515 hab.) ; taux de mortalité infantile (1997) : 71,0 ‰.

■ ***Alimentation*** (1995) : apport journalier en calories par habitant 3 327 (alimentation d'origine végétale 94 % ; d'origine animale 6 %) ; soit 132 % du niveau minimal recommandé par la F.A.O.

Défense nationale

■ ***Contingent*** (1997) : 450 000 (armée de terre 71,1 % ; marine 4,4 % ; armée de l'air 24,5 %).

■ ***Dépenses militaires*** (1995) : 5,7 % du P.N.B. (moyenne mondiale 2,8 %) ; soit 43 USD/hab.

Corpus : AFRIQUE (Structure et milieu) – Afrique du Nord ; ARABE – Les Arabes ; ASIE – Géographie humaine (l'Asie sud-occidentale) ; ISLAM – Modernisme dans le monde musulman (l'Égypte) ; MÉDITERRANÉE (HISTOIRE DE LA) [mutations sociales et économiques] ; NIL ; PÉTROLE – Géographie du pétrole (Moyen-Orient) ; PHOSPHATES SÉDIMENTAIRES (gisements) ; POPULATION (GÉOGRAPHIE DE LA) [population et démographie] ; PROCHE ET MOYEN-ORIENT CONTEMPORAIN (aspects d'histoire économique contemporaine) ; ROUGE (MER) [histoire] ; SUEZ (CANAL DE) ; ZONES FRANCHES.

Universalia 1987 : 228 Une difficile troisième voie ; ***Universalia 1991 :*** 97 La crise du Golfe ; ***Universalia 1992 :*** 122 L'Europe et l'Afrique : quelles perspectives ? ; 133 Nouveau désordre régional et enjeux démocratiques au Moyen-Orient ; ***Universalia 1994 :*** 169 L'accord israélo-palestinien, vers la fin du conflit israélo-arabe ; 231 Entre les bombes et les urnes.

Thesaurus :
AHRAM (AL-)
ALEXANDRIE
ASSIOUT
CAIRE (LE)
FAYOUM
GIZÈH
MANSOURAH
PORT-SAÏD
SINAI
SUEZ
TANTAH

→ ***Corpus*** : ÉMIRATS ARABES UNIS
→ ***Grand Atlas de Géographie*** (éd. 1992) : 134, 126
→ ***Grand Atlas de l'Histoire*** : 276, 277, 284, 285, 295

ÉMIRATS ARABES UNIS

• ***Nom officiel*** : Émirats arabes unis (al Imārāt al' Arabīyah al Muttaḥidah). Code I.S.O. : AE.

• ***Forme de gouvernement*** : union fédérale de sept émirats avec une assemblée consultative (Conseil fédéral de la nation [40 nommés]).

• ***Chef de l'État*** : président.

• ***Chef du gouvernement*** : Premier ministre.

• ***Capitale*** : Abu Dhabi (Abou Dhabî, Aboû Dabî, Abū Ẓabī).

• ***Langue officielle*** : arabe.

• ***Religion officielle*** : islam.

• ***Unité monétaire*** : 1 dirham des Émirats arabes unis (AED) = 100 fils ; valeur (31 déc. 1997) : 100 AED = 163,12 FRF.

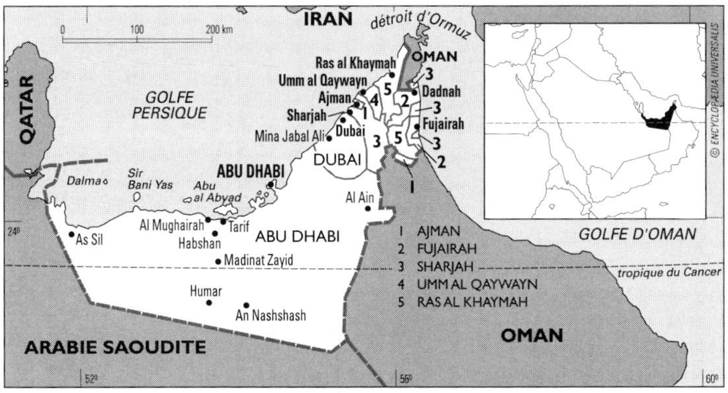

Démographie

■ ***Population*** (estim. 1997) : 2 580 000.

■ ***Densité*** (1997) : 30,9 hab./km².

■ ***Répartition urbaine/rurale*** (1995) : population urbaine 84,0 % ; population rurale 16,0 %.

■ ***Répartition par sexe*** (1995) : hommes 66,45 % ; femmes 33,55 %.

■ ***Répartition par âge*** (1994) : moins de 15 ans 34,3 % ; de 15 à 29 ans 25,3 % ; de 30 à 44 ans 30,6 % ; de 45 à 59 ans 7,8 % ; de 60 à 74 ans 1,5 % ; 75 ans et plus 0,5 %.

■ ***Projection démographique*** : 2 722 000 en 2000 ; 3 277 000 en 2010.

■ ***Temps de doublement*** : 32 ans.

■ ***Composition ethnique*** (1993) : émigrés du Bangladesh, de l'Inde, du Pakistan et du Sri Lanka 45 % ; Arabes 25 % ; Iraniens 17 % ; Asiatiques et Africains 8 % ; Européens et Nord-Américains 5 %.

■ ***Appartenances religieuses*** (1995) : musulmans 96 % (sunnites 80 %, chiites 16 %) ; autres (principalement chrétiens et hindous 4 %).

■ ***Principales villes*** (1989) : Dubai 585 200 hab. ; Abu Dhabi 363 400 hab. ; al-'Ayn 176 400 hab. ; Sharjah 125 000 hab. (1980) ; Ras al Khaymah 42 000 hab. (1980).

émirats et capitales	superficie (km²)	population (estim. 1995)
Abu Dhabi (Aboû Dabî, var. Abū Ẓabī)	73 060*	928 360
Adjmân ('Ajmān, var. 'Ujmān)	260	118 812
Chârdjah (Ash-Shārjah, var. Ash-Shāriqah)	2 600	400 339
Doubaï (Dubai, Dubay, Dubayy)	3 900	674 101
Foudjaïrah (Al-Fujayrah)	1 300	76 254
Oumm al-Qaïwaïn (Umm al-Qaywayn)	780	35 157
Râs al-Khaïmah (Rā's al-Khaymah)	1 700	114 430
total	**83 600**	**2 377 453**

(*) Données approximatives.

Territoire et population.

	1990	1991	1992	1993	1994	1995
millions de USD	+ 11 960	+ 10 471	+ 4 528	+ 3 755	− 1 974	− 1 000
% du total	34,1	27,3	10,1	8,7	4,9	2,2

Balance commerciale (prix courants).

	1989	1990	1991	1992	1993	1994	1995
indice des prix à la consommation*	98,8	100,0	105,4	112,4	118,0	123,9	129,3
indice des revenus	n.d.	n.d.	n.d.	n.d.	n.d.	n.d.	n.d.

(*) Pour la ville d'Abu Dhabi uniquement.

Indices des prix et des revenus (1990 = 100).

Statistiques de l'état civil

■ ***Taux de natalité*** (1994) : 25,0 ‰ (moyenne mondiale 25,0 ‰) ; taux de naissances légitimes n.d., illégitimes n.d.

■ ***Taux de mortalité*** (1994) : 3,4 ‰ (moyenne mondiale 9,3 ‰).

■ ***Taux d'accroissement naturel*** (1994) : 21,6 ‰ (moyenne mondiale 15,7 ‰).

■ ***Taux de fécondité*** (nombre moyen de naissances par femme en âge de procréer, 1994) : 3,5.

■ ***Nombre de mariages*** (pour 1 000 hab., 1994) : 3,2.

■ ***Nombre de divorces*** (pour 1 000 hab., 1994) : 1,0.

■ ***Espérance de vie*** à la naissance (1994) : hommes 69,2 ans ; femmes 75,2 ans.

■ ***Principales causes de décès*** (pour 100 000 hab., 1989)[a] : accidents et empoisonnements 43,7 ; maladies de l'appareil circulatoire 34,3 ; tumeurs malignes (cancers) 13,7 ; maladies de l'appareil respiratoire 8,1.

Économie nationale

■ ***Budget de l'État*** (1996)
Recettes : 17 396 000 000 AED (1994 : recettes locales 79,5 % ; autres revenus 20,5 %).
Dépenses : 18 254 000 000 AED (1994 : dépenses courantes 95,3 %, dont défense nationale 37,1 %, éducation 17,2 %, sécurité publique 12,9 %, santé 7,3 %, services économiques 5,3 % ; affaires religieuses et culturelles 3,2 %).

■ ***Dette publique*** (extérieure, créances, 1995) : 3 900 000 000 USD.

■ ***Tourisme*** (1995) : 2 200 000 touristes.

■ ***Production***
Agriculture, sylviculture, pêche (1997).
Tomates 545 000 t ; dattes 245 000 t ; choux 45 000 t ; citrons et limes 21 000 t ; courges 20 000 t ; aubergines 16 983 t ; concombres et cornichons 13 612 t ; mangues 9 500 t ; choux-fleurs 8 000 t.
Cheptel (sur pied) : chèvres 990 000 ; moutons 385 000 ; chameaux 160 000 ; bovins 70 000 ; poulets 10 700 000.
Pêche (1994) : 108 000 t.
Industries extractives (1994) : soufre 144 000 t ; gypse 100 000 t ; chaux 45 000 t ; marbre, schistes pour fabrications céramiques et agrégats pour ciment.
Industries manufacturières (valeur de la production, 1993) : produits chimiques et dérivés 13 086 000 000 AED ; produits manufacturés en métal 2 234 000 000 AED ; alimentation, boissons et tabac 2 122 000 000 AED ; produits minéraux non métalliques 2 025 000 000 AED ; produits manufacturés en métal de base

Corpus : ARABE – Les Arabes ; ASIE – Géographie humaine (l'Asie sud-occidentale) [le monde arabe] ; ÉMIRATS ARABES DU GOLFE ; GAZ NATUREL ; ISLAM (Histoire) – Modernisme dans le monde musulman ; MINERAIS (États producteurs) ; PÉTROLE – Géographie du pétrole ; PROCHE ET MOYEN-ORIENT CONTEMPORAIN (aspects d'histoire économique contemporaine).

Universalia 1991 : 357 U.R.S.S. et péninsule Arabique.

Thesaurus :
DUBAY
PERSIQUE (GOLFE)

	1996		1990	
	millions de AED [1]	% du total	effectifs	% des effectifs
agriculture	3 703	2,4	43 100	6,3
mines	53 572	34,7	43 100	1,5
industrie	13 242	8,6	63 400	9,2
bâtiment	14 611	9,5	119 200	17,3
entreprises publiques	1 687	1,1	20 600	3,0
transports et communications	8 696	5,6	71 700	10,4
commerce	19 323	12,5	101 400	14,7
finance, immobilier	20 357	13,2	18 800	2,7
administration, défense nationale	17 547	11,4	241 300	35,0
services	2 969 [2]	1,9		
autres	− 1 423 [3]	− 0,9	—	—
total	**154 284**	**100,0**	**689 500**	**100,0** [4]

1. En prix courants. 2. Les services comprennent les aides domestiques. 3. Droits d'importation moins les frais de service bancaire. 4. Le total général ne correspond pas exactement au détail en raison des arrondis.

Structure du produit intérieur brut et effectifs.

	nombre d'établissements	nombre d'enseignants	nombre d'élèves	nombre d'élèves par enseignant
primaire (6-11 ans)	512 [1]	15 449	262 628	17,0
secondaire (12-18 ans)		12 388	158 625	12,0
professionnel	9 [2]	189	1 215	6,4
supérieur	4	510 [3]	13 900	19,2 [3]

1. 1991-1992. 2. 1990-1991. 3. 1992-1993.

Enseignement (1993-1994).

1 992 000 000 AED ; textiles, vêtements et dérivés du cuir 1 135 000 000 AED ; papier et produits dérivés 690 000 000 AED ; bois et produits dérivés 680 000 000 AED.
Bâtiment : n.d.
Énergie (production/consommation) : électricité (1994) 18 870 000 000/18 870 000 000 kWh ; charbon 0/n.d. ; pétrole brut (1996) 803 000 000/(1994) 73 722 000 barils ; produits pétroliers (1994) 14 710 000/7 625 000 t ; gaz naturel (1996) 35 000 000 000/27 800 000 000 m^3.

■ ***Produit national brut*** (aux prix courants du marché, 1995) : 42 806 000 000 USD (17 400 USD/hab.).

■ ***Population active*** (1992) : 733 500 ; taux d'activité 36,9 % (taux de participation [1986] : 15-64 ans 76,7 % ; femmes 6,6 % ; sans-emploi n.d.).

■ ***Revenus et dépenses des ménages***
Taille moyenne des ménages (1986) : 6,8.
Revenu annuel moyen par ménage : n.d. ; sources des revenus : n.d.
Dépenses (1991) : loyer, combustible et éclairage 23,9 % ; alimentation 22,7 % ; transports et communications 14,1 % ; biens domestiques durables 11,6 % ; éducation et loisirs 8,6 %.

■ ***Utilisation du sol*** (1994) : prairies et pâturages 2,4 % ; terres cultivées et plantations 0,5 % ; surfaces construites, terres incultes et autres 97,1 %.

Échanges extérieurs

■ ***Importations*** (1994) : 23 883 000 000 USD (1993 : équipement industriel et de transport 38,4 % ; produits manufacturés de base 24,8 % ; produits alimentaires et animaux sur pied 9,7 % ; produits chimiques 6,1 % ; minerais bruts 1,6 % ; combustibles minéraux 1,4 %).
Principales sources des importations : Japon 10,4 % ; Royaume-Uni 7,8 % ; Allemagne 7,5 % ; États-Unis 7,3 % ; Italie 6,7 % ; Corée du Sud 5,4 % ; Inde 4,9 % ; Hong Kong 4,5 % ; Chine 4,0 % ; France 3,9 % ; Singapour 3,7 % ; Taïwan 2,8 % ; Malaisie 2,3 % ; Arabie Saoudite 2,0 % ; Pays-Bas 1,8 %.

■ ***Exportations*** (1994) : 20 906 000 000 USD (1993 : pétrole brut et raffiné 92,6 % ; produits manufacturés 3,0 % ; équipement industriel et de transport 0,8 % ; produits alimentaires et animaux sur pied 0,6 %).
Principales destinations des exportations : Japon 39,7 % ; Inde 5,3 % ; Oman 4,9 % ; Corée du Sud 4,7 % ; Iran 4,6 % ; Singapour 3,8 % ; Thaïlande 2,7 % ; Hong Kong 2,4 % ; États-Unis 2,1 % ; Royaume-Uni 1,5 % ; Pakistan 1,3 % ; Kenya 1,2 % ; Taïwan 1,1 % ; Turquie 1,0 %.

Transports et communications

■ ***Transports***
Chemins de fer : aucun.
Routes (1995) : longueur totale 4 750 km (100 % recouvertes).
Véhicules (1995) : voitures particulières 197 000 ; camions et autobus 49 150.
Marine marchande (1992) : 276 navires (de 100 tjb et plus) ; 1 491 728 tonneaux de port en lourd.
Transports aériens (1996) ; trafic[b] : 2 758 697 000 passagers-km ; 105 754 000 t-km. 6 aéroports desservis par des vols réguliers (1997).

■ ***Communications***
Journaux quotidiens (1994) : diffusion partielle 300 000 ; diffusion pour 1 000 hab. 135.
Radiodiffusion (1995) : 490 000 postes récepteurs ; 206 pour 1 000 hab.
Télévision (1995) : 43 900 postes récepteurs ; 18 pour 1 000 hab.
Téléphone (1995) : 140 900 lignes principales ; 59 pour 1 000 hab.

Éducation et santé

■ ***Niveau d'éducation*** (1975)
Proportion de la population âgée de 25 ans et plus : sans instruction scolaire 72,2 % ; ayant une éducation primaire 5,2 % ; éducation secondaire 16,6 % ; éducation supérieure 6,0 %.

■ ***Alphabétisation*** (1995) : personnes âgées de 15 ans et plus alphabétisées 79,2 % ; hommes 78,9 % ; femmes 79,8 %.

■ ***Santé*** (1994) : 4 095 médecins (1 pour 545 hab.) ; 6 193 lits d'hôpital (1 pour 360 hab.) ; taux de mortalité infantile (1995) : 16,6 ‰.

■ ***Alimentation*** (1995) : apport journalier en calories par habitant 3 361 (alimentation d'origine végétale 75 % ; d'origine animale 25 %) ; soit 139 % du niveau minimal recommandé par la F.A.O.

Défense nationale

■ ***Contingent*** (1997) : 64 500 (armée de terre 91,5 % ; marine 2,3 % ; armée de l'air 6,2 %).

■ ***Dépenses militaires*** (1995) : 4,8 % du P.I.B. (moyenne mondiale 2,8 %) ; soit 643 USD/hab.

a. Enregistrés ; uniquement pour l'émirat d'Abu Dhabi.
b. Un quart des vols internationaux de Gulf Air.

→ ***Corpus :*** ÉQUATEUR (RÉPUBLIQUE DE L')
→ ***Grand Atlas de Géographie*** (éd. 1992) : 210, 214
→ ***Grand Atlas de l'Histoire :*** 226, 227, 286, 287, 294

ÉQUATEUR

- ***Nom officiel*** : République de l'Équateur (República del Ecuador). Code I.S.O. : EC.
- ***Forme de gouvernement*** : république à structure étatique unitaire et à régime multipartiste avec une assemblée législative (Congrès national [82]).
- ***Chef de l'État et du gouvernement*** : président.
- ***Capitale*** : Quito.
- ***Langue officielle*** : espagnol.
- ***Religion officielle*** : aucune.
- ***Unité monétaire*** : 1 sucre (ECS) = 100 centavos ; valeur (31 déc. 1997) : 100 ECS = 0,136 FRF.

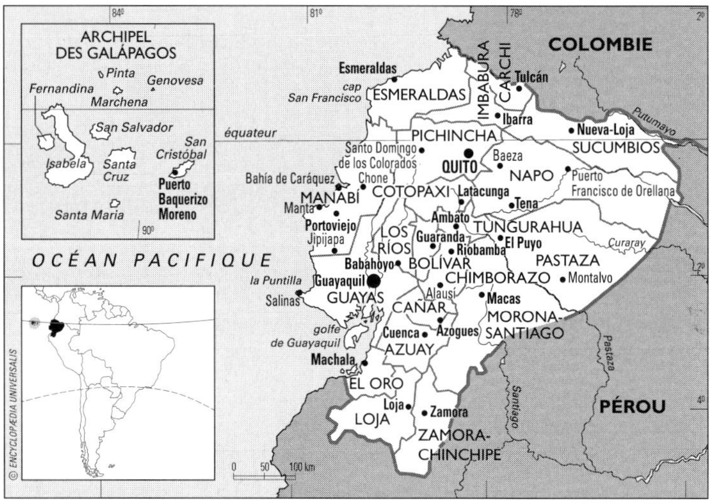

Démographie

- ***Population*** (estim. 1997) : 11 937 000.
- ***Densité*** (1997) : 43,9 hab./km².
- ***Répartition urbaine/rurale*** (1997) : population urbaine 62,0 % ; rurale 38,0 %.
- ***Répartition par sexe*** (1997) : hommes 50,23 % ; femmes 49,77 %.
- ***Répartition par âge*** (1997) : moins de 15 ans 35,4 % ; de 15 à 29 ans 29,1 % ; de 30 à 59 ans 28,9 % ; 60 et plus 6,6 %.

régions et provinces	chefs-lieux	superficie (km²)	population (estim. 1997)
Amazonica :			
Morona-Santiago	Macas	33 930	131 845
Napo	Tena	25 690	146 319
Pastaza	Puyo	29 774	57 339
Sucumbíos	Nueva Loja	18 327	128 512
Zamora-Chinchipe	Zamora	23 111	94 339
Costa :			
El Oro	Machala	5 850	524 466
Esmeraldas	Esmeraldas	15 239	389 967
Guayas	Guayaquil	20 503	3 210 672
Los Ríos	Babahoyo	7 175	630 303
Manabí	Portoviejo	18 879	1 211 064
Insular :			
Galápagos	San Cristóbal	8 010	14 713
Sierra :			
Azuay	Cuenca	8 125	597 798
Bolívar	Guaranda	3 940	178 706
Cañar	Azogues	3 122	210 340
Carchi	Tulcán	3 605	160 983
Chimborazo	Riobamba	6 569	412 836
Cotopaxi	Latacunga	6 072	299 443
Imbabura	Ibarra	4 569	316 793
Loja	Loja	11 026	418 292
Pichincha	Quito	12 915	2 295 739
Tungurahua	Ambato	3 335	428 116
total		**272 045** [1]	**11 936 858** [2]

1. Comprend 2 289 km² non répartis par régions. 2. Le total comprend 87 273 personnes non réparties dans les provinces.

Territoire et population.

Corpus : AMAZONIE ; AMÉRIQUE LATINE – Économie et société ; ANDES (CORDILLÈRE DES) [les Andes aujourd'hui] ; PÊCHE ; PÉTROLE – Géographie du pétrole (Amérique latine) ; QUETCHUAS.

Universalia 1989 : 132 L'épuisement du modèle national de développement en Amérique latine ; ***Universalia 1991 :*** 151 Amérique latine : une nouvelle donne ; ***Universalia 1993 :*** 212 La social-démocratie s'efface.

Thesaurus :
BANANE
ÉQUATORIEN (ORIENTE)
ÉQUATORIENNE (CÔTE)
ÉQUATORIENNE (SIERRA)
GALAPAGOS (ARCHIPEL DES)
GUAYAQUIL
JIVARO
QUITO

- ***Projection démographique*** : 12 646 000 en 2000 ; 14 899 000 en 2010.
- ***Temps de doublement*** : 61 ans.
- ***Composition ethnique*** (1989) : Amérindiens 40,0 % ; Métis 40,0 % ; Blancs 15,0 % ; Noirs 5,0 %.
- ***Appartenances religieuses*** (1995) : catholiques 93,4 % ; autres 6,6 %.
- ***Principales villes*** (1997) : Guayaquil 1 973 880 hab. ; Quito 1 487 513 hab. ; Cuenca 255 028 hab. ; Machala 197 350 hab. ; Santo Domingo 183 219 hab.

Statistiques de l'état civil

- ***Taux de natalité*** (1995) : 15,8 ‰ [a] (moyenne mondiale 25,0 ‰) ; taux (1982) de naissances légitimes 67,9 %, illégitimes 32,1 %.
- ***Taux de mortalité*** (1995) : 4,4 ‰ [a] (moyenne mondiale 9,3 ‰).
- ***Taux d'accroissement naturel*** (1995) : 11,4 ‰ [a] (moyenne mondiale 15,7 ‰).
- ***Taux de fécondité*** (nombre moyen de naissances par femme en âge de procréer, 1994) : 3,1.
- ***Nombre de mariages*** (pour 1 000 hab., 1992) : 6,4 [a].
- ***Nombre de divorces*** (pour 1 000 hab., 1992) : 0,6 [a].
- ***Espérance de vie*** à la naissance (1994) : hommes 67,5 ans ; femmes 72,6 ans.
- ***Principales causes de décès*** (pour 100 000 hab., 1995) : maladies de l'appareil circulatoire 55,1 ; accidents, empoisonnements et actes de violence 29,2 ; pneumonie 27,2 ; diabète 15,4 ; tumeurs malignes (cancers) 12,8 ; maladies parasitaires 12,1 ; maladies de l'appareil respiratoire 10,2.

Économie nationale

- ***Budget de l'État*** (1995)
Recettes : 4 972 654 000 000 ECS (revenus pétroliers 42,8 % ; impôts indirects 40,1 % ; impôts directs 17,1 %).
Dépenses : 4 972 654 000 000 ECS (administration générale 48,7 %, service de la dette 16,2 % ; subventions 14,5 %).
- ***Dette publique*** (extérieure, créances, 1995) : 12 032 000 000 USD.
- ***Tourisme*** (1995) : recettes touristiques 255 000 000 USD ; dépenses touristiques à l'étranger 235 000 000 USD.
- ***Production***
Agriculture, sylviculture, pêche (1996).
Canne à sucre 6 750 000 t ; bananes 5 309 000 t ; riz 1 346 000 t ; maïs 855 000 t ; bananes plantains 681 000 t ; pommes de terre 460 000 t ; soja 88 000 t ; cacao 87 500 t.
Cheptel (sur pied) : bovins 5 105 000 ; porcs 2 621 000 ; moutons 1 709 000 ; poulets 63 105 000.
Bois (1995) : 10 361 000 m³.
Pêche (1994) : 339 915 t.
Industries extractives (1994) : pierre à chaux 1 900 000 t ; or 7 000 kg.

	1995		1990	
	millions de ECS [1]	% du total	effectifs	% des effectifs
agriculture	37 033	17,2	1 035 712	30,8
mines	31 348	14,6	20 870	0,6
industrie	32 794	15,3	370 338	11,0
bâtiment	5 225	2,4	196 716	5,9
entreprises publiques	2 956	1,4	12 660	0,4
transports et communications	19 313	9,0	131 084	3,9
commerce	31 679	14,7	476 730	14,2
finance	25 467	11,8	81 357	2,4
administration, défense nationale	15 579	7,2	838 129 (administration, défense nationale; services)	24,9
services	12 683	5,9		
autres	997	0,5	196 171 [2]	5,8
total	**215 074**	**100,0**	**3 359 767**	**100,0** [3]

1. Aux prix constants de 1975. 2. Comprend les sans-emploi à la recherche de leur premier emploi. 3. Le total général ne correspond pas exactement au détail en raison des arrondis.

Structure du produit intérieur brut et effectifs.

	1990	1991	1992	1993	1994	1995	1996
indice des prix à la consommation	100,0	148,7	229,9	333,3	424,3	521,6	648,3
indice des revenus horaires *	100,0	125,0	187,5	206,3	218,8	n.d.	n.d.

(*) Salaire minimum.

Indices des prix et des revenus (1990 = 100).

	1991	1992	1993	1994	1995	1996
millions de USD	+ 736,0	+ 1 031,9	+ 680,7	+ 508,0	+ 532,4	+ 1 510,5
% du total	14,1	20,7	13,3	7,3	6,6	18,3

Balance commerciale (prix courants).

	nombre d'établissements [1]	nombre d'enseignants	nombre d'élèves	nombre d'élèves par enseignant
primaire (4-12 ans)	16 146	63 347	1 986 753	31,4
secondaire (12-18 ans) / professionnel [2]	2 207	62 630	813 557	13,0
supérieur	21	12 856 [2]	206 541 [2]	16,1 [2]

1. 1986-1987. 2. 1989-1990.

Enseignement (1992-1993).

Industries manufacturières (valeur ajoutée, millions de ECS, 1994) : produits chimiques 2 115 314 ; produits alimentaires 803 936 ; produits minéraux non métalliques 256 750 ; textiles 226 901.
Bâtiment : (valeur des constructions autorisées à Cuenca, Guayaquil et Quito uniquement, 1992) : résidentiel 93 166 704 000 ECS ; non résidentiel 58 102 274 000 ECS.
Énergie (production/consommation) : électricité (1994) 8 163 000 000/8 163 000 000 kWh ; pétrole brut (1994) 123 998 000/35 436 000 barils ; produits pétroliers (1994) 6 499 000/5 135 000 t ; gaz naturel (1994) 204 000 000/204 000 000 m³.

■ ***Produit national brut*** (1995) : 15 997 000 000 USD (1 390 USD/hab.).

■ ***Population active*** (1990) : 3 359 767 ; taux d'activité 34,8 % (taux de participation : 8 ans et plus 44,0 % ; femmes 26,4 % ; sans-emploi [1994] 7,1 %).

■ ***Revenus et dépenses des ménages***
Taille moyenne des ménages (1990) : 4,1.
Revenu annuel moyen par ménage (1995) : 9 825 610 ECS (3 830 USD) ; sources des revenus (1995) : activités non salariées 70,9 % ; salaires 16,0 % ; paiements de transfert 6,7 % ; autres 6,4 %.
Dépenses (1995) : alimentation et tabac 37,9 % ; transports et communications 15,0 % ; habillement 9,2 % ; fournitures domestiques 6,5 % ; logement 5,3 % ; santé 4,6 %.

■ ***Utilisation du sol*** (1994) : forêts 56,3 % ; prairies et pâturages 18,4 % ; terres cultivées et plantations 11,0 % ; autres 14,3 %.

Échanges extérieurs[b]

■ ***Importations*** (1995) : 4 195 159 000 USD (équipement industriel et de transport 40,0 % ; produits manufacturés de base 18,8 % ; produits chimiques 17,4 % ; produits alimentaires et animaux sur pied 6,3 % ; combustibles minéraux 5,9 %).
Principales sources des importations : États-Unis 31,2 % ; Colombie 9,6 % ; Japon 7,9 % ; Venezuela 6,1 % ; Allemagne 4,7 % ; Brésil 4,5 % ; Mexique 3,7 % ; Chine 2,7 %.

■ ***Exportations*** (1995) : 4 321 900 000 USD (produits alimentaires et animaux sur pied 47,6 % ; combustibles minéraux 30,2 % ; produits manufacturés de base 2,7 % ; matières premières 2,3 %).
Principales destinations des exportations : États-Unis 42,7 % ; Colombie 5,7 % ; Chili 4,5 % ; Italie 4,0 % ; Allemagne 3,8 % ; Espagne 3,4 % ; Japon 2,7 % ; Belgique 2,2 %.

Transports et communications

■ ***Transports***
Chemins de fer (1994) : longueur 966 km ; trafic : 27 000 000 passagers-km ; 9 000 000 t-km.
Routes (1995) : longueur totale 43 106 km (18 % recouvertes).
Véhicules (1995) : voitures particulières 395 000 ; camions et autobus 58 650.
Marine marchande (1992) : 154 navires (de 100 tjb et plus) ; 504 127 tonneaux de port en lourd.
Transports aériens (1994) ; trafic : 1 410 000 000 passagers-km ; 162 000 000 t-km. 14 aéroports (1996).

■ ***Communications***
Journaux quotidiens (1994) : diffusion totale 808 000 ; diffusion pour 1 000 hab. 72.
Radiodiffusion (1996) : 3 240 000 postes récepteurs ; 277 pour 1 000 hab.
Télévision (1995) : 900 000 postes récepteurs ; 79 pour 1 000 hab.
Téléphone (1995) : 748 200 lignes principales ; 65 pour 1 000 hab.

Éducation et santé

■ ***Niveau d'éducation*** (1990)
Proportion de la population âgée de 25 ans et plus : sans instruction scolaire 2,2 % ; ayant une éducation primaire incomplète 54,3 % ; éducation primaire 28,0 % ; éducation postsecondaire 15,5 %.

■ ***Alphabétisation*** (1990) : personnes âgées de 15 ans et plus alphabétisées 5 217 543 (88,3 %) ; hommes 2 616 192 (90,5 %) ; femmes 2 601 351 (86,2 %).

■ ***Santé*** (1993) : 12 149 médecins (1 pour 904 hab.) ; (1992) 17 253 lits d'hôpital (1 pour 623 hab.) ; taux de mortalité infantile (1995) : 30,5 ‰.

■ ***Alimentation*** (1992) : apport journalier en calories par habitant 2 583 (alimentation d'origine végétale 86 % ; d'origine animale 14 %) ; soit 113 % du niveau minimal recommandé par la F.A.O.

Défense nationale

■ ***Contingent*** (1996) : 57 100 (armée de terre 87,6 % ; marine 7,2 % ; armée de l'air 5,2 %).

■ ***Dépenses militaires*** (1994) : 3,5 % du P.N.B. (moyenne mondiale 3,0 %) ; soit 49 USD/hab.

a. Données ne concernant pas les tribus indiennes nomades.

b. Importations : chiffres F.O.B. pour la balance commerciale et C.I.F. pour les marchandises et les partenaires commerciaux.

→ *Corpus :* ÉTHIOPIE
→ *Grand Atlas de Géographie* (éd. 1992) : 134, 140
→ *Grand Atlas de l'Histoire :* 240, 241, 276, 277, 283, 295

ÉRYTHRÉE

● ***Nom officiel*** : État d'Érythrée. Code I.S.O. : ER.

● ***Forme de gouvernement*** : régime de transition avec un corps législatif intérimaire (Assemblé constituante [150 [a]]).

● ***Chef de l'État et du gouvernement*** : président assisté par le Conseil d'État.

● ***Capitale*** : Asmara.

● ***Langue officielle*** : aucune.

● ***Religion officielle*** : aucune.

● ***Unité monétaire*** [b] : 1 nakfa (ETB) = 100 cents ; valeur (31 déc. 1997) : 100 ETB = 87,24 FRF.

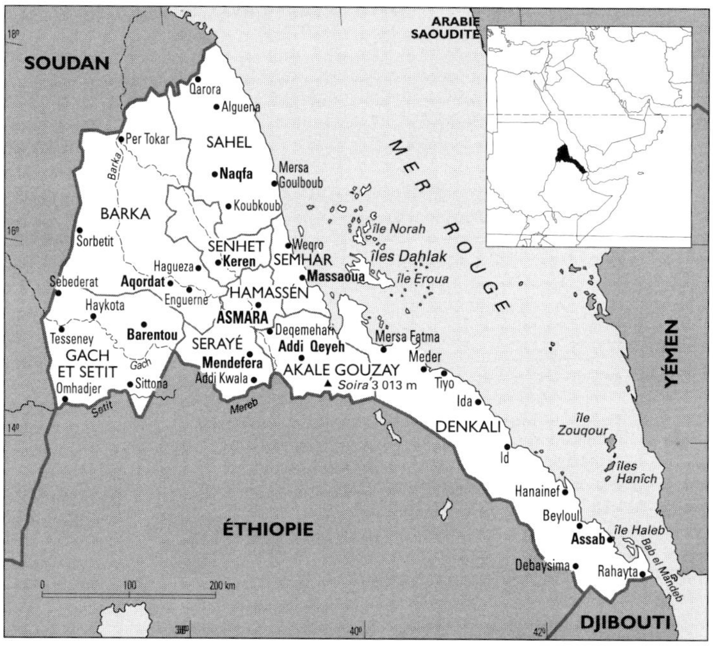

Démographie

■ ***Population*** (estim. 1997) : 3 590 000.

■ ***Densité*** (1997) : 29,7 hab./km².

■ ***Répartition urbaine/rurale*** (1992) : population urbaine 16,3 % ; population rurale 83,7 %.

■ ***Répartition par sexe*** (1997) : hommes 50,00 % ; femmes 50,00 %.

■ ***Répartition par âge*** (1997) : moins de 15 ans 42,8 % ; de 15 à 29 ans 29,3 % ; de 30 à 44 ans 13,6 % ; de 45 à 59 ans 9,1 % ; de 60 à 74 ans 4,2 % ; 75 ans et plus 1,0 %.

■ ***Projection démographique*** : 4 461 000 en 2000 ; 5 956 000 en 2010.

■ ***Temps de doublement*** : 28 ans.

■ ***Composition linguistique*** (1976) : Tigrignas 49,0 % ; Tigréens 31,7 % ; Afars 4,3 % ; autres 15,0 %.

■ ***Appartenances religieuses*** (1993) : chrétiens env. 50 % ; musulmans animistes env. 50 %.

■ ***Principales villes*** (1992) : Asmara 400 000 hab. ; Assab 50 000 hab. ; Keren 40 000 hab. ; Massaoua 40 000 hab. ; Mendefera 14 800 hab. (1989).

Statistiques de l'état civil

■ ***Taux de natalité*** (1995-2000) : 39,8 ‰ (moyenne mondiale 25,0 ‰).

■ ***Taux de mortalité*** (1995-2000) : 14,7 ‰ (moyenne mondiale 9,3 ‰).

■ ***Taux d'accroissement naturel*** (1995-2000) : 25,1 ‰ (moyenne mondiale 15,7 ‰).

■ ***Taux de fécondité*** (nombre moyen de naissances par femme en âge de procréer, 1995-2000) : 5,3.

■ ***Espérance de vie*** à la naissance (1995-2000) : hommes 49,1 ans ; femmes 52,1 ans.

■ ***Principales causes de morbidité*** : malaria, maladies infectieuses et parasitaires, malnutrition, diarrhée et dysenterie.

Économie nationale

■ ***Budget de l'État*** (1995)
Recettes : 1 345 200 000 ETB (taxes 53,2 %, dont impôts directs 25,3 %, droits d'importation 16,7 %, impôts indirects 11,2 ; recettes non fiscales 46,8 %).
Dépenses : 2 657 100 000 ETB (dépenses courantes 80,2 %, dont matériel 32,0 %, salaires et traitements 24,3 % ; capital 19,8 %).

■ ***Dette publique*** : n.d.

■ ***Tourisme*** (1993) : 12 grands hôtels.

■ ***Production***
Agriculture, sylviculture, pêche (1996)
Céréales 124 000 t ; racines et tubercules 110 000 t ; sorgho 80 000 t ; millet 35 000 t ; orge 35 000 t ; légumes secs 33 000 t ; légumes et melons 30 000 t ; blé 12 000 t ; maïs 10 080 t ; graines de sésame 7 000 t ; haricots secs 4 000 t ; pois chiches 4 000 t.
Cheptel : moutons 1 530 000 ; chèvres 1 400 000 ; bovins 1 320 000 ; chameaux 69 000.
Pêche (1995) : 3 773 t.
Industries extractives : sel 305 120 t ; le marbre et le granite sont exploités, de même que le sable et l'agrégat pour la construction.
Industries manufacturières (valeur brute, 1995) : boissons 163 400 000 ETB ; produits alimentaires 122 000 000 ETB ; produits chimiques 101 900 000 ETB ; chaussures et produits en cuir 57 900 000 ETB ; produits textiles 54 300 000 ETB ; produits métalliques 47 000 000 ETB ; produits non métalliques 31 300 000 ETB ; papiers et produits imprimés 19 100 000 ETB ; tabac et allumettes 13 400 000 ETB.
Bâtiment : n.d. ; la reconstruction après trente ans de guerre civile est la priorité du gouvernement.
Énergie : n.d.

■ ***Produit national brut*** (aux prix courants du marché, 1993) : env. 393 415 000 USD (115 USD/hab.).

■ ***Population active*** : n.d.

■ ***Revenus et dépenses des ménages***
Taille moyenne des ménages (1984) : 4,5.
Revenu annuel moyen par ménage : n.d.
Dépenses : n.d.

■ ***Utilisation du sol*** (1994) : forêts 7,3 % ; prairies et pâturages 69,0 % ; terres cultivées et plantations 5,1 % ; autres 18,6 %.

Échanges extérieurs

■ ***Importations*** (1995) : 2 608 500 000 ETB (équipement industriel et de transport 45,2 % ; produits manufacturés 19,1 % ; produits alimentaires 17,1 % ; produits chimiques 6,0 % ; matières premières 2,5 % ; pétrole et produits dérivés 1,9 % ; huiles végétales et animales 1,2 %).
Principales sources des importations : Arabie Saoudite 19,6 % [c] ; Italie 17,5 % ; Émirats arabes unis 9,2 % ; Allemagne 5,9 % ; États-Unis 5,9 % ; Éthiopie 5,5 % ; Royaume-Uni 3,8 ; Soudan 3,0 %.

Corpus : AFRIQUE (Structure et milieu) – Géographie générale (données économiques) ; ALIMENTATION (ÉCONOMIE DE L') – Les grands produits alimentaires (le café) ; GALLA ET SOMALI ; NILOTIQUES (la société sans État des Nuer) ; ROUGE (MER) [les États riverains et la politique de neutralisation].

Universalia 1986 : 244 Éthiopie : dix ans de révolution ; ***Universalia 1995*** : 197 Érythrée : un nouvel État.

Thesaurus :
ADDIS-ABEBA
AFAR
AFAR (DÉPRESSION DE L')
ASMARA
FALASHA-S
ISSA

régions [1]	capitales	superficie [2] (km²)	population (estim. 1997)
Région 1	Assab	27 600	n.d.
Région 2	Massaoua	27 800	n.d.
Région 3	Keren	23 200	n.d.
Région 4	Barentou	33 200	n.d.
Région 5	Mendefera	8 000	n.d.
Région 6	Asmara	1 300	n.d.
total		**121 000**	**3 590 000**

1. Depuis mai 1995, l'Érythrée a été divisée en six régions administratives, au sein desquelles seront créées des sous-régions. 2. Données approximatives.

Territoire et population.

	1995		1992	
	millions de ERB	% du total	effectifs	% des effectifs
agriculture	390,8	8,4	647	2,6
industrie	571,3	12,2	11 894	48,3
mines	2,1	0,1	292	1,2
entreprises publiques	59,8	1,3	2 284	9,3
bâtiment	235,6	5,0	298	1,2
transports et communications	453,4	9,7	3 126	12,7
commerce	921,9	19,7	597	2,4
finance	136,8	2,9	382	1,6
administration, défense nationale	558,0	11,9		
services	156,2	3,3	5 001	20,3
autres	1 195,7 [1]	25,5 [1]		
total	**4 681,5** [2]	**100,0**	**24 621** [2]	**100,0**

1. Comprend les taxes indirectes moins les subventions. 2. Le total général ne correspond pas exactement au détail.

Structure du produit intérieur brut et effectifs.

	1991	1992	1993	1994	1995
indice des prix à la consommation	91,9	100,0	119,2	127,4	141,3
indice des revenus	n.d.	n.d.	n.d.	n.d.	n.d.

Indices des prix et des revenus (1992 = 100).

	1992	1993	1994	1995
millions de USD	−263	−239	−331	−323
% du total	89,8	76,8	71,9	66,6

Balance commerciale (prix courants).

	nombre d'établissements	nombre d'enseignants	nombre d'élèves	nombre d'élèves par enseignant
primaire (7-12 ans)	537	5 828	241 725	41,5
secondaire (13-18 ans)	86 [1]	2 031	78 902	38,8
professionnel et formation à l'enseignement [2]	4 [1]	133	1 246	9,4
supérieur [2]	1	144	2 032	14,1

1. 1992-1993. 2. 1994-1995. 3. Étudiants à plein temps uniquement (1993-1994).

Enseignement (1995-1996).

■ ***Exportations*** (1995) : 529 500 000 ETB (matières premières 29,8 % ; produits alimentaires 26,2 % ; produits manufacturés 19,3 % ; boissons et tabac 3,8 % ; équipement industriel et de transport 3,8 % ; produits chimiques 2,5 %).
Principales destinations des exportations : Éthiopie 63,3 % ; Soudan 16,4 % ; Yémen 4,9 % ; Arabie Saoudite 3,7 % ; Italie 2,2 % ; Allemagne 0,5 %.

Transports et communications

■ ***Transports***
Chemins de fer (1997) : une ligne de 117 km a été réouverte, en janvier 1977, entre Asmara et Massaoua.
Routes (1995) : longueur totale 3 930 km (recouvertes 21 %).
Véhicules : voitures particulières 5 350 ; camions et autobus n.d.
Marine marchande : n.d.
Transports aériens (aéroport d'Asmara uniquement, 1993) ; arrivées de passagers 47 645 ; départs de passagers 42 548 ; 2 aéroports desservis par des vols réguliers (1997).

■ ***Communications***
Journaux quotidiens (1994) : n.d.
Radiodiffusion : n.d.
Télévision (1995) : 22 000 postes récepteurs ; 6 pour 1 000 hab.
Téléphone (1995) : 17 200 lignes principales ; 4,8 pour 1 000 hab.

Éducation et santé

■ ***Alphabétisation*** (1993) : env. 20 %.

■ ***Santé*** : 69 médecins en 1993 (1 pour 36 000 hab.) ; 2 449 lits d'hôpital en 1986-1987 (1 pour 1 100 hab.) ; taux de mortalité infantile (1995-2000) : 98 ‰.

■ ***Alimentation*** (1993) : apport journalier en calories par habitant 1 750 (alimentation d'origine végétale et animale : n.d.) ; soit 93 % du niveau minimal recommandé par la F.A.O.

Défense nationale

■ ***Contingent*** (1997) : les effectifs de l'armée érythréenne (principalement d'anciens guérilleros) semblent avoir diminué de 45 000 à 35 000 hommes.

a. Les députés ont été élus par région entre janvier et mars 1997. L'Assemblée constituante doit rédiger une nouvelle Constitution, qui sera mise en œuvre avant cinq ans.

b. Introduit le 8 novembre 1997 en remplacement du birr éthiopien (ETB).

c. L'Arabie Saoudite est essentiellement un lieu de transit ; le pourcentage indiqué ici ne concerne pas uniquement des produits d'origine saoudienne.

→ *Corpus* : ESPAGNE – Géographie ; Le retour à la démocratie
→ *Grand Atlas de Géographie* (éd. 1992) : 22, 34 ; 232a (Madrid), 232d (Barcelone)
→ *Grand Atlas de l'Histoire* : 208, 209, 210, 212, 213, 256, 260, 264, 265, 267, 268, 274, 276, 295

ESPAGNE

• ***Nom officiel*** : Royaume d'Espagne (Reino de España). Code I.S.O. : ES.

• ***Forme de gouvernement*** : monarchie constitutionnelle avec deux assemblées législatives, les Cortes (Sénat [255 [a]] et Congrès des députés [350]).

• ***Chef de l'État*** : roi.

• ***Chef du gouvernement*** : président du gouvernement.

• ***Capitale*** : Madrid.

• ***Langues officielles*** : espagnol, castillan [b].

• ***Religion officielle*** : aucune.

• ***Unité monétaire*** : 1 peseta (ESP) = 100 centimos ; valeur (31 déc. 1997) : 100 ESP = 3,950 FRF ; 1 écu = 167,388 ESP.

Démographie

■ ***Population*** (estim. 1997) : 39 323 000.

■ ***Densité*** (1997) : 77,7 hab./km².

■ ***Répartition urbaine/rurale*** (1990) : population urbaine 78,4 % ; population rurale 21,6 %.

■ ***Répartition par sexe*** (1997) : hommes 48,92 % ; femmes 51,08 %.

■ ***Répartition par âge*** (1997) : moins de 15 ans 15,8 % ; de 15 à 29 ans 24,1 % ; de 30 à 44 ans 22,1 % ; de 45 à 59 ans 16,8 % ; de 60 à 69 ans 10,4 % ; 70 ans et plus 10,8 %.

■ ***Projection démographique*** : 39 466 000 en 2000 ; 39 917 000 en 2010.

■ ***Temps de doublement*** : sans objet.

■ ***Composition ethno-linguistique*** (1991) : Espagnols 74,4 % ; Catalans 16,9 % ; Galiciens 6,4 % ; Basques 1,6 % ; autres 0,7 %.

■ ***Appartenances religieuses*** (1993) : catholiques 94,9 % ; musulmans 1,2 % ; protestants 0,5 % ; autres 3,4 %.

■ ***Principales villes*** [c] (1991) : Madrid 3 029 734 hab. ; Barcelone 1 614 516 hab. ; Valence 764 293 hab. ; Séville 719 588 hab. ; Saragosse 607 899 hab.

Statistiques de l'état civil

■ ***Taux de natalité*** (1995) : 9,2 ‰ (moyenne mondiale 25,0 ‰) ; taux (1988) de naissances légitimes 92,0 %, illégitimes 8,0 %.

■ ***Taux de mortalité*** (1995) : 8,7 ‰ (moyenne mondiale 9,3 ‰).

■ ***Taux d'accroissement naturel*** (1995) : 0,5 ‰ (moyenne mondiale 15,7 ‰).

■ ***Taux de fécondité*** (nombre moyen de naissances par femme en âge de procréer, 1996) : 1,3.

■ ***Nombre de mariages*** (pour 1 000 hab., 1995) : 4,8.

■ ***Espérance de vie*** à la naissance (1996) : hommes 74,9 ans ; femmes 81,8 ans.

■ ***Principales causes de décès*** (pour 100 000 hab., 1994) : maladies de l'appareil circulatoire 334,2 ; tumeurs malignes (cancers) 224,3 ; maladies de l'appareil respiratoire 78,8.

Économie nationale

■ ***Budget de l'État*** (prévisionnel, 1996)
Recettes : 16 090 900 000 000 ESP (taxes directes 46,8 % ; taxes indirectes 38,9 %, dont taxes à la valeur ajoutée 24,1 % ; autres taxes sur la production 14,3 %).
Dépenses : 18 099 200 000 000 ESP (dette publique 19,1 % ; santé 18,2 % ; éducation 5,9 % ; retraites 5,0 % ; défense 4,8 % ; travaux publics 4,8 %).

■ ***Dette publique*** (1995) : 38 697 700 000 000 ESP (312 000 000 000 USD).

■ ***Production***
Agriculture, sylviculture, pêche (1996).
Betteraves à sucre 10 660 000 t ; orge 7 359 000 t ; blé 6 002 000 ; raisins 4 486 000 ; pommes de terre 4 032 000 ; maïs 3 996 000 ; olives 2 856 000 ; tomates 2 780 000 ; oranges 2 154 000 ; graines de tournesol 1 208 000.
Cheptel (sur pied) : moutons 21 322 000 ; porcs 18 000 000 ; bovins 5 660 000 ; chèvres 2 465 000.
Bois (1995) : 15 121 000 m³.
Pêche (1995) : 1 320 000 t.
Industries extractives (métal contenu, 1996) : minerai de fer 1 269 000 t ; zinc 140 000 t ; plomb 24 000 t.
Industries manufacturières (valeur ajoutée, milliers d'USD, 1994) : équipement industriel et

	millions de ESP	% du total	effectifs	% des effectifs
agriculture	2 582 800	3,5	1 310 600	8,2
mines			78 900	0,5
industrie	17 468 000	23,7	2 673 600	16,8
entreprises publiques			95 400	0,6
bâtiment	5 720 400	7,7	1 516 500	9,5
transports et communications	n.d.	n.d.	803 900	5,0
commerce			3 307 100	20,8
finance			1 217 900	7,6
services	43 505 100	59,1	3 390 600	21,3
administration, défense nationale				
autres	4 384 700 [1]	6,0	1 541 500 [2]	9,7
total	**73 661 000**	**100,0**	**15 936 000** [3]	**100,0**

1. Taxes d'importation et T.V.A. 2. Dont 813 600 sans-emploi à la recherche de leur premier emploi. 3. Le total général ne correspond pas exactement au détail en raison des arrondis.

Structure du produit intérieur brut et effectifs (1996).

	1990	1991	1992	1993	1994	1995	1996
indice des prix à la consommation ...	100,0	105,9	112,2	117,3	122,9	128,6	133,2
indice des revenus mensuels	100,0	108,2	116,5	124,4	124,4	136,2	137,2

Indices des prix et des revenus (1990 = 100).

communautés autonomes et provinces	capitales [1]	superficie (km^2)	population (estim. juill. 1987)
communautés autonomes			
provinces			
Andalousie (Andalucía)	**Séville (Sevilla)**	**87 268**	**6 773 400** [2]
Almeria (Almería)	Almeria	8 774	432 100
Cadix (Cádiz)	Cadix	7 385	1 039 700
Cordoue (Córdoba)	Cordoue	13 718	757 900
Grenade (Granada)	Grenade	12 531	797 900
Huelva	Huelva	10 085	440 300
Jaen (Jaén)	Jaen	13 498	672 600
Malaga (Málaga)	Malaga	7 276	1 078 300
Séville (Sevilla)	Séville	14 001	1 554 500
Aragon (Aragón)	**Saragosse (Zaragoza)**	**47 650**	**1 207 600**
Huesca	Huesca	15 613	216 800
Saragosse (Zaragoza)	Saragosse	17 252	836 000
Teruel	Teruel	14 785	154 800
Asturies (Principado de Asturias)	**Oviedo**	**10 565**	**1 134 800**
Baléares (îles) [Islas Baleares]	**Palma de Majorque (Palma de Mallorca)**	**5 014**	**671 200**
Basque (Pays) [basque **Euskadi,** esp. Pais Vasco]	**Vitoria** (basque **Gasteiz**)	**7 261**	**2 191 100**
Alava (Álava)	Vitoria (Gasteiz)	3 047	263 800
Biscaye (basque Biskaia, esp. Vizcaya) ..	Bilbao (basque Bilbo)	2217	1 216 700
Guipuzcoa (Guipúzcoa)	Saint-Sébastien (basque Donostia, esp. San Sebastián)	1 997	710 600
Canaries (îles) [Islas Canarias]	**Las Palmas** [1]	**7 242**	**1 443 000** [2]
Las Palmas	Las Palmas	4 072	747 700
Santa Cruz de Tenerife	Santa Cruz de Tenerife [1]	3 170	695 200
Cantabrie (Cantabria)	**Santander**	**5 289**	**526 300**
Castille et Léon (Castilla y León)	**Valladolid** [1]	**94 193**	**2 620 800**
Avila (Ávila)	Avila	8 048	186 300
Burgos	Burgos	14 309	368 800
Léon (León)	Léon	15 468	531 200
Palencia	Palencia	8 035	191 300
Salamanque (Salamanca)	Salamanque	12 336	369 500
Ségovie (Segovia)	Ségovie	6 949	151 500
Soria	Soria	10 287	102 200
Valladolid	Valladolid	8 202	488 800
Zamora	Zamora	10 559	231 200
Castille-la Manche (Castilla-la Mancha)	**Tolède (Toledo)**	**79 230**	**1 687 600** [2]
Albacete	Albacete	14 862	347 500
Ciudad Real	Ciudad Real	19 749	486 400
Cuenca	Cuenca	17 061	221 100
Guadalajara	Guadalajara	12 190	146 800
Tolède (Toledo)	Tolède	15 368	485 900
Catalogne (catalan **Catalunya,** esp. **Cataluña)**	**Barcelone (Barcelona)**	**31 930**	**6 079 900**
Barcelone (Barcelona)	Barcelone	7 733	4 719 200
Gérone (cat. Girona, esp. Gerona)	Gérone	5 886	476 700
Lérida (cat. Lleida)	Lérida	12 028	360 500
Tarragone (Tarragona)	Tarragone	6 283	523 500
Estrémadure (Extremadura)	**Mérida**	**41 602**	**1 093 500**
Badajoz	Badajoz	21 657	660 800
Cacerès (Cáceres)	Cacerès	19 945	432 700
Galice (galicien **Galizia,** esp. **Galicia)**	**Saint-Jacques-de-Compostelle (Santiago de Compostela)**	**29 434**	**2 845 400** [2]
La Corogne (gal. A Coruña, esp. La Coruña)	La Corogne	7 876	1 106 000
Lugo	Lugo	9 803	410 300
Orense (gal. Ourense)	Orense	7 278	435 300
Pontevedra	Pontevedra	4 477	893 700
Madrid (Communauté de) [Comunidad de Madrid]	**Madrid**	**7 995**	**4 893 700**
Murcie (Région de) [Región de Murcia]	**Murcie (Murcia)** [1]	**11 317**	**1 006 900**
Navarre (Communauté forale de) [Comunidad foral de Navarra]	**Pampelune (Pamplona)**	**10 421**	**518 900**
Rioja (La Rioja)	**Logrono**	**5 034**	**258 300**
Valence (Communauté de) [Comunidad Valenciana]	**Valence (Valencia)**	**23 305**	**3 754 200** [2]
Alicante	Alicante	5 863	1 182 900
Castellon (Castellon)	Castellon de la Plana	6 679	444 500
Valence (Valencia)	Valence	10 763	2 126 700
total		**504 750**	**38 706 600**
enclaves sur la côte du Maroc (Plazas de Soberanía en el Norte de África) :			
Ceuta (arabe Sebta)	–	18,5	69 000
Melilla	–	14,0	56 700
Chafarines (îles) [Islas Chafarinas]	–	0,61	–
Peñón de Vélez de la Gomera	–	0,04	–
Peñón de Alhucemas	–	0,01	–
total		**504 783,16**	**38 832 300** [3]

1. Les capitales des communautés autonomes sont à la fois siège du gouvernement et du Parlement, sauf aux Canaries (où Las Palmas est siège du gouvernement et Santa Cruz de Tenerife siège du Parlement), en Castille et Léon (où le siège du Parlement est Tordesillas) et dans la Région de Murcie (où le siège du Parlement est Cartagène [Cartagena]). 2. Le total ne correspond pas exactement au détail en raison des arrondis. 3. Le recensement de 1991 donne 38 425 679 habitants (Andalousie : 6 859 958 ; Aragon : 1 178 521 ; Asturies : 1 091 093 ; Baléares : 702 770 ; Pays basque : 2 093 415 ; Canaries : 1 456 474 ; Cantabrie : 523 633 ; Castille et Léon : 2 537 495 ; Castille-la-Manche : 1 650 083 ; Catalogne : 5 959 929 ; Estrémadure : 1 050 490 ; Galice : 2 709 743 ; Madrid : 4 845 851 ; Murcie : 1 032 275 ; Navarre : 516 333 ; Rioja : 261 634 ; Valence : 3 831 197 ; Ceuta : 68 288 ; Melilla : 56 497).

Territoire et population.

de transport 20 322 000 ; produits alimentaires 11 072 000 ; produits chimiques 8 618 000 ; imprimerie, papier et dérivés 6 082 000 ; bois et liège 3 208 000 ; vêtements et chaussures 3 182 000 ; textiles 2 650 000.
Bâtiment (1995) : logements 332 059.
Énergie (production/consommation) : électricité (1994) 161 502 000 000/163 377 000 000 kWh ; charbon (1994) 29 556 000/42 808 000 t ; pétrole brut (1994) 6 057 000/407 793 000 barils ; produits pétroliers (1994) 47 227 000/40 591 000 t ; gaz naturel (1994) 206 650 000/7 754 694 000 m^3.

■ ***Produit national brut*** (1995) : 532 347 000 000 USD (13 580 USD/hab.).

■ ***Tourisme*** (1994) : recettes touristiques 21 853 000 000 USD ; dépenses touristiques à l'étranger 4 188 000 000 USD.

■ ***Population active*** (1996) : 15 936 000 ; taux d'activité 40,6 % (taux de participation [1995] : 16-64 ans 60,7 % ; femmes 38,3 % ; sans-emploi 22,9 %).

■ ***Revenus et dépenses des ménages***
Taille moyenne des ménages (1991) : 3,4.
Revenu annuel moyen par ménage (1996) : 2 964 843 ESP (23 408 USD) ; sources des revenus (1991) : salaires et traitements 48,5 % ; bénéfices et activités non salariées 27,5 % ; sécurité sociale 19,5 %.
Dépenses (1995) : logement 26,0 % ; alimentation 24,0 % ; transports 12,8 % ; habillement 7,4 % ; équipements domestiques et services 6,1 %.

■ ***Utilisation du sol*** (1994) : forêts 32,3 % ; prairies et pâturages 21,4 % ; terres cultivées et plantations 40,3 % ; autres 6,0 %.

Échanges extérieurs

■ ***Importations*** (1996) : 15 435 699 000 000 ESP (machines 12,1 % ; produits énergétiques 9,1 %, dont pétrole brut 9,0 % ; équipement de transport 8,5 % ; produits agricoles 7,9 %).
Principales sources des importations : France 17,8 % ; Allemagne 14,8 % ; Italie 9,5 % ; Royaume-Uni 8,3 % ; Japon 2,8 %.

■ ***Exportations*** (1996) : 12 931 008 000 000 ESP (équipement de transport 20,2 % ; produits agricoles 12,8 % ; machines 8,3 %).
Principales destinations des exportations : France 20,1 % ; Allemagne 14,5 % ; Italie 8,7 % ; Royaume-Uni 8,5 %.

Transports et communications

■ ***Transports***
Chemins de fer (1995) : longueur 13 280 km ; trafic : 15 330 000 000 passagers-km ; 9 671 000 000 t-km.
Routes (1995) : longueur totale 343 197 km (99 % recouvertes).
Véhicules (1995) : voitures particulières 14 212 257 ; camions et autobus 2 984 140.
Marine marchande (1992) : 2 190 navires (de 100 tjb et plus) ; 5 077 275 tonneaux de port en lourd.
Transports aériens (1995) ; trafic : 34 043 765 000 passagers-km ; 3 763 516 000 t-km. 25 aéroports desservis par des vols réguliers (1996).

Corpus : ALIMENTATION (ÉCONOMIE DE L') – Les grands produits alimentaires ; ANDALOUSIE ; AUTOMOBILE – Industrie ; BALÉARES ; BASQUES ; CORPS GRAS (étude économique) ; EUROPE (Structure et milieu) – Géographie (répartition des populations) ; EUROPE OCCIDENTALE – Politique agricole ; GIBRALTAR ; IBÉRIQUE (PÉNINSULE) [économie] ; LÉGUMES (importance économique) ; MADRID ; MÉDITERRANÉE (HISTOIRE DE LA) [époque contemporaine] ; MÉDITERRANÉE (MER) [exploitation] ; MIGRANTS (l'ampleur du mouvement migratoire) ; MINERAIS (principaux producteurs) ; PÊCHE ; TÉLÉVISION ET RADIODIFFUSION – Les organismes dans les pays occidentaux ; TOURISME ; TRANSPORTS – Transport aérien.

Universalia 1986 : 287 L'entrée de l'Espagne dans le Marché commun ; ***Universalia 1987 :*** 244 La vie politique ; ***Universalia 1990 :*** 220 Les découpages territoriaux en question ; 305 Pays basque ; ***Universalia 1991 :*** 117 La Communauté européenne dans la nouvelle configuration Est-Ouest ; 158 Transports internationaux et enjeux géopolitiques ; 165 Le fardeau des déchets industriels ; ***Universalia 1992 :*** 122 L'Europe et l'Afrique : quelles perspectives ? ; 242 La confirmation de Felipe González ; 245 Racisme et mémoire ; ***Universalia 1993 :*** 215 La confusion des sentiments ; ***Universalia 1994 :*** 206 Catalogne espagnole : moins qu'un État, plus qu'une région ; 245 La nouvelle victoire de Felipe González ; ***Universalia 1996 :*** 208 Le Parti populaire ; ***Universalia 1997 :*** 202 Europe : la politique méditerranéenne de l'Union européenne ; 205 Europe méditerranéenne : les enjeux de l'eau ; 429 Aznar (J. M.).

Thesaurus :
ABC, journal
ALICANTE
ARAGÓN
ARRIBA
ASTURIES
BARCELONE
BASQUE (PAYS)
BILBAO
BURGOS
CADIX
CAMBIO 16
CANARIES (ÎLES)
CASTILLE
CATALOGNE
CORDOUE
COROGNE (LA)
COSTA BRAVA
DIARO 16
ESTRÉMADURE ESPAGNOLE
GALICE
GIJÓN
GRENADE
HUERTA
HURDES (LAS)
ÍNDICE
LEÓN
LEVANT ESPAGNOL
MADRID
MÁLAGA
MANCHE
MURCIE
NAVARRE
OVIEDO
PAÏS (EL)
PALMA DE MAJORQUE
PAMPELUNE
SANTANDER
SARAGOSSE
SÉVILLE
TAGE
TARRAGONE
VALENCE
VALLADOLID
VANGUARDIA (LA)
VIGNOBLE
VIGO
YA

	1991	1992	1993	1994	1995	1996
millions de ESP	− 2 724,3	− 3 022,5	− 1 831,3	− 1 853,9	− 2 101,6	− 1 630,8
% du total	19,6	18,6	10,2	8,6	8,4	5,9

Balance commerciale (prix courants).

	nombre d'établissements	nombre d'enseignants	nombre d'élèves	nombre d'élèves par enseignant
primaire (6-11 ans)	16 540 [1]	132 566	2 364 910	17,8
secondaire (12-18 ans) et professionnel [2]	25 775 [2]	299 056	4 744 829	15,9
supérieur	1 415 [2]	80 563	1 398 113	17,3

1. 1992-1993. 2. 1993-1994.

Enseignement (1994-1995).

■ ***Communications***
Journaux quotidiens (1994) : diffusion totale 4 100 000 ; diffusion pour 1 000 hab. 104.
Radiodiffusion (1996) : 12 000 000 postes récepteurs ; 306 pour 1 000 hab.
Télévision (1995) : 19 200 000 postes récepteurs ; 490 pour 1 000 hab.
Téléphone (1995) : 15 095 400 lignes téléphoniques ; 385 pour 1 000 hab.

Éducation et santé

■ ***Niveau d'éducation*** (1996)
Proportion de la population économique active, âgée de 16 ans et plus : sans instruction scolaire 6,9 % ; ayant une éducation primaire 28,0 % ; éducation secondaire 57,2 % ; éducation supérieure 7,9 %.

■ ***Alphabétisation*** (1991) : personnes âgées de 10 ans et plus alphabétisées 33 338 300 (85,4 %) ; hommes 16 458 400 (85,1 %) ; femmes 16 879 900 (84,3 %).

■ ***Santé*** (1995) : 162 650 médecins (1 pour 241 hab.) ; 1991 : 168 514 lits d'hôpital (1 pour 234 hab.) ; taux de mortalité infantile : 5,6 ‰.

■ ***Alimentation*** (1995) : apport journalier en calories par habitant 3 338 (alimentation d'origine végétale 73 % ; d'origine animale 27 %) ; soit 136 % du niveau minimal recommandé par la F.A.O.

Défense nationale

■ ***Contingent*** (1996) : 206 800 (armée de terre 68,8 % ; marine 17,4 % ; armée de l'air 13,8 %).

■ ***Dépenses militaires*** (1995) : 1,6 % du P.N.B. (moyenne mondiale 2,8 %) ; soit 221 USD/hab.

a. 47 sénateurs sont indirectement élus par les communautés autonomes du Parlement.

b. La Constitution indique que le castillan est la langue officielle de l'État, mais que toutes les autres langues espagnoles ont aussi un caractère officiel dans les communautés autonomes correspondantes.

c. Population des *municipiós*, qui peuvent englober des zones rurales.

ESTONIE

- ***Nom officiel*** : République d'Estonie (Eesti Vabariik ; forme courte : Eesti). Code I.S.O. : EE.
- ***Forme de gouvernement*** : république à structure étatique unitaire et à régime multipartiste, avec un seul corps législatif (Riigikogu [101]).
- ***Chef de l'État*** : président.
- ***Chef du gouvernement*** : Premier ministre.
- ***Capitale*** : Tallinn.
- ***Langue officielle*** : estonien.
- ***Religion officielle*** : aucune.
- ***Unité monétaire***[a] : 1 couronne estonienne (kroon) [EEK] = 100 senti ; valeur (31 déc. 1997) : 100 EEK = 41,81 FRF.

régions	capitales	superficie (km²)	population (estim. janv. 1995)
Harju	Tallinn	4 333	559 106
Hiiwmaa	Kärdla	1 023	11 953
Ida-Viru	Jõhvi	3 364	206 418
Järva	Paide	2 623	43 639
Jõgeva	Jõgeva	2 604	42 146
Lääne	Haapsalu	2 383	32 586
Lääne-Viru	Rakvere	3 464	75 533
Pärnu	Pärnu	4 806	99 563
Põlva	Põlva	2 165	36 315
Rapla	Rapla	2 980	40 058
Saare	Kuressaare	2 922	40 759
Tartu	Tartu	3 089	154 483
Valga	Valga	2 047	40 014
Viljandi	Viljandi	3 589	64 377
Võru	Võru	2 305	44 633
total		**45 227**(•)	**1 491 583**

(•) Le total comprend 2 827 km² d'eaux intérieures et 4 133 km² d'îles de la mer Baltique non réparties par régions.

Territoire et population.

Démographie

- ***Population*** (estim. 1967) : 1 463 000.
- ***Densité***[b] (1997) : 32,3 hab./km².
- ***Répartition urbaine/rurale*** (1997) : population urbaine 69,4 % ; population rurale 30,6 %.
- ***Répartition par sexe*** (1996) : hommes 47,23 % ; femmes 52,77 %.
- ***Répartition par âge*** (1995) : moins de 15 ans 20,7 % ; de 15 à 29 ans 21,0 % ; de 30 à 44 ans 21,7 % ; de 45 à 59 ans 18,1 % ; de 60 à 74 ans 13,9 % ; 75 ans et plus 4,7 %.
- ***Projection démographique*** : 1 440 000 en 2000 ; 1 344 000 en 2010.
- ***Composition ethnique*** (1994) : Estoniens 63,9 % ; Russes 29,0 % ; Ukrainiens 2,7 % ; Biélorusses 1,6 % ; Finnois 1,0 % ; autres 1,8 %.
- ***Appartenances religieuses*** : orthodoxes 19,9 % ; luthériens 13,7 % ; autres 66,4 %.
- ***Principales villes*** (1996) : Tallinn 434 763 hab. ; Tartu 101 901 hab. ; Narva 75 211 hab. ; Kohtla-Järve 68 533 hab. ; Pärnu 51 807 hab.

→ ***Corpus*** : BALTES (PAYS)
→ ***Grand Atlas de Géographie*** (éd. 1992) : 80, 84
→ ***Grand Atlas de l'Histoire*** : 212, 213, 214, 218, 230-231 (L'Empire russe : expansion et modernisation de 1815 à 1917), 252, 253, 256, 257, 258-259 (La Révolution russe), 264, 265, 266, 267, 268, 269, 272, 273, 274, 275, 290-291 (Le développement de l'Union soviétique depuis 1926), 292, 293, 294, 295

Statistiques de l'état civil

- ***Taux de natalité*** (1996) : 9,0 ‰ (moyenne mondiale 25,0 ‰) ; taux (1994) de naissances légitimes 59,1 %, illégitimes 40,9 %.
- ***Taux de mortalité*** (1996) : 12,9 ‰ (moyenne mondiale 9,3 ‰).
- ***Taux d'accroissement naturel*** (1996) : – 3,9 ‰ (moyenne mondiale 15,7 ‰).
- ***Taux de fécondité*** (nombre moyen de naissances par femme en âge de procréer, 1995) : 1,3.
- ***Nombre de mariages*** (pour 1 000 hab., 1994) : 4,9.
- ***Nombre de divorces*** (pour 1 000 hab., 1994) : 3,7.
- ***Espérance de vie*** à la naissance (1993) : hommes 62,4 ans ; femmes 73,8 ans.
- ***Principales causes de décès*** (pour 100 000 hab., 1993) : maladies de l'appareil circulatoire 792,9, dont maladies de cœur ischémiques 485,6, maladies cérébro-vasculaires 255,6 ; tumeurs malignes (cancers) 225,3 ; accidents 110,5 ; suicides 38,2.

Économie nationale

- ***Budget de l'État*** (1995)

Recettes : 15 952 000 000 EEK (sécurité sociale et assistance sociale 31,7 % ; taxe à la valeur ajoutée 27,0 % ; impôts sur le revenu des particuliers 24,5 % ; impôts sur les entreprises 7,3 %).

Dépenses : 15 498 000 000 EEK (dépenses courantes 94,8 % ; dépenses en capital 5,2 %).

- ***Dette publique*** (extérieure, créances, 1995) : 181 700 000 USD.
- ***Tourisme*** (1995) : recettes touristiques 353 000 000 USD ; dépenses touristiques à l'étranger 90 000 000 USD.
- ***Production***

Agriculture, sylviculture, pêche (1996).
pommes de terre 500 000 t ; orge 273 000 t ; avoine 100 000 t ; blé 100 000 t ; seigle 70 000 t ; pommes 17 000 t.

Corpus : SOCIALISME – Mouvement communiste et question nationale (l'ère de la souveraineté limitée) ; U.R.S.S. – Histoire.

Universalia 1989 : 145 La crise de légitimité en U.R.S.S. ; ***Universalia 1990*** : 111 U.R.S.S. : la réforme politique et institutionnelle ; ***Universalia 1991*** : 111 Les conflits communautaires et ethniques ; 117 La Communauté européenne dans la nouvelle configuration Est-Ouest ; 317 Vers l'indépendance ? ***Universalia 1995*** : 204 États Baltes : l'espace économique balte ; ***Universalia 1997*** : Mer Baltique : géostratégies et nouveaux enjeux.

Thesaurus :
CINQ MERS (SYSTÈME DES)
TALLINN

	1994		1995	
	millions de EEK	% du total	effectifs	% des effectifs
agriculture, pêche	2 787	9,2	85 900	11,8
mines	540	1,8	10 300	1,4
industrie	5 059	16,7	137 400	18,9
entreprises publiques	883	2,9	19 600	2,7
bâtiment	1 666	5,5	47 900	6,6
commerce, restaurants	5 615	18,6	109 300	15,0
transports et communications	2 734	9,1	55 400	7,6
finance, immobilier	2 452	8,1	36 800	5,1
administration, défense nationale	1 216	4,0	36 500	5,0
services	2 418	8,0	123 900	17,0
autres	4 858 [1]	16,1	63 700	8,8
total	**30 228**	**100,0**	**726 700**	**100,0** [2]

1. Comprend les taxes moins les subventions. 2. Le total général ne correspond pas exactement au détail en raison des arrondis.

Structure du produit intérieur brut et effectifs.

	1994	1995	1996	1997
indice des prix à la consommation	100,0	127,0	156,3	172,3
indice des revenus mensuels	100,0	137,1	173,0	212,4

Indices des prix et des revenus (1994 = 100).

	nombre d'établissements	nombre d'enseignants	nombre d'élèves	nombre d'élèves par enseignant
primaire, secondaire	741	15 453	218 000	14,1
professionnel	84	1 585	27 806	17,5
supérieur	22	n.d.	23 169	n.d.

Enseignement (1994-1995).

	1992	1993	1994	1995	1996
millions de EEK	+ 79	− 1 309	− 4 594	− 8 287	− 8 061
% du total	0,8	5,8	12,0	16,4	16,1

Balance commerciale (prix courants).

Cheptel (sur pied) : porcs 449 000 ; bovins 370 400.
Bois (1996) : 3 901 000 m³.
Pêche (1995) : 212 000 t.
Industries extractives (valeur de la production en millions d'EEK, 1994) : huile de schiste 781 ; tourbe 121.
Industries manufacturières (valeur de la production en millions d'EEK, 1994) : viandes et dérivés 1 502 ; produits chimiques et dérivés 1 502 ; produits laitiers 1 368 ; poissons et dérivés 1 156 ; boissons 1 091 ; ciment, briques et tuiles 923 ; bois et produits du bois (sauf les meubles) 922 ; textiles 9,8.
Bâtiment (valeur de la construction en millions d'EEK, 1994) : résidentiel 295 ; non résidentiel : 1 836.
Énergie (production/consommation) : électricité (1994) 9 152 000 000/5 288 000 000 kWh ; huile de schiste (1994) 16 000 000/16 299 000 t ; charbon (1994) 0/97 000 t ; pétrole brut 0/n.d. ; gaz naturel (1994) 0/645 000 000 m³.

■ ***Produit national brut*** (1995) : 4 252 000 000 USD (2 860 USD/hab.).

■ ***Population active*** (1995) : 726 700 ; taux d'activité 54,7 % (taux de participation : 15-69 ans 68,5 % ; femmes 52,5 % ; sans-emploi 3,6 %).

■ ***Revenus et dépenses des ménages***
Taille moyenne des ménages (moyenne de déc. 1994) : 3,1.
Revenu moyen net par ménage (moyenne de déc. 1994) : 46 303 EEK (3 681 USD) ; sources des revenus : salaires et traitements 53,0 % ; transferts 12,8 % ; activités non salariées 5,7 % ; autres 28,5 %.
Dépenses (moyenne annuelle, 1994) : alimentation et boissons 41,0 % ; logement 9,6 % ; transports 9,2 % ; habillement 8,4 %.

■ ***Utilisation du sol*** (1994) : forêts 44,7 % ; terres cultivées et plantations 7,2 % ; prairies et pâturages 32,2 % ; autres 15,9 %.

Échanges extérieurs[c]

■ ***Importations*** (1996) : 3 209 000 000 USD ([1995] équipement électrique et non électrique 21,4 % ; produits alimentaires 14,1 % ; textiles et vêtements 12,8 % ; produits chimiques 12,4 % ; combustibles minéraux 11,4 %).
Principales sources des importations : Finlande 29,1 % ; Russie 13,4 % ; Allemagne 9,9 % ; Suède 8,1 % ; Italie 3,2 %.

■ ***Exportations*** (1996) : 2 077 000 000 USD ([1995] produits alimentaires 16,4 % ; bois, produits dérivés et papeterie 13,4 % ; équipement électrique et non électrique 13,1 % ; produits chimiques 10,2 %).
Principales destinations des exportations : Finlande 18,3 % ; Russie 16,4 % ; Suède 11,6 % ; Lettonie 8,2 % ; Allemagne 7,1 % ; Lituanie 5,7 %.

Transports et communications

■ ***Transports***
Chemins de fer (1996) : longueur 1 018 km ; trafic (1995) : 421 000 000 passagers-km ; 3 612 000 000 t-km.
Routes (1995) : longueur totale 14 992 km (54 % recouvertes).
Véhicules (1995) : voitures particulières 383 000 ; camions et autobus : 96 700.
Marine marchande (1992) : 234 navires (de 100 tjb et plus) ; (1994) 695 000 tonneaux de port en lourd.
Transports aériens (1996) : trafic 120 000 000 passagers-km ; 762 000 t-km. 1 aéroport desservi par des vols réguliers (1997).

■ ***Communications***
Journaux quotidiens (1995) : diffusion totale 373 000 ; diffusion pour 1 000 hab. 242.
Radiodiffusion : n.d.
Télévision (1995) : 610 000 postes récepteurs ; 411 pour 1 000 hab.
Téléphone (1995) : 412 000 lignes principales ; 277 pour 1 000 hab.

Éducation et santé

■ ***Niveau d'éducation*** (1989)
Proportion de la population âgée de 25 ans et plus : sans instruction scolaire 2,2 % ; ayant une éducation primaire 39,0 % ; éducation secondaire 45,1 % ; éducation supérieure 13,7 %.

■ ***Alphabétisation*** (1989) : personnes âgées de 15 ans et plus alphabétisées 99,7 % ; hommes 99,9 % ; femmes 99,6 %.

■ ***Santé*** (1994) : 4 680 médecins (1 pour 319 hab.) ; 12 521 lits d'hôpital (1 pour 119 hab.) ; taux de mortalité infantile (1996) : 12,1 ‰.

■ ***Alimentation*** (1995) : apport journalier en calories par habitant : 2 836 (alimentation d'origine végétale 65 % ; d'origine animale 35 % ; soit 111 % du niveau minimal recommandé par la F.A.O.

Défense nationale

■ ***Contingent*** (1997) : 3 510 (armée de terre 95,4 % ; marine 4,6 %) ; les derniers militaires russes ont quitté l'Estonie en août 1994.

■ ***Dépenses militaires*** (1995) : 1,1 % du P.N.B. (moyenne mondiale 2,8 %) ; soit 8 USD/hab.

---

a. La couronne estonienne a été introduite en juin 1992. Son cours est actuellement rattaché au deutsche Mark, au taux de 1 DEM = 8 EEK.

b. Sur la base de la surface terrestre.

c. Exportations F.O.B. ; importations C.I.F.

ÉTATS-UNIS

- ***Nom officiel*** : États-Unis d'Amérique (United States of America). Code I.S.O. : US.
- ***Forme de gouvernement*** : république fédérale avec un Congrès comprenant deux assemblées législatives (Sénat [100] et Chambre des représentants [435]).
- ***Chef de l'État et du gouvernement*** : président.
- ***Capitale*** : Washington D.C.
- ***Langue officielle*** : aucune.
- ***Religion officielle*** : aucune.
- ***Unité monétaire*** : 1 dollar des États-Unis (USD) = 100 cents ; valeur (31 déc. 1997) : 100 USD = 598,81 FRF ; 1 écu = 1,104 21 USD.

Démographie

■ *Population* (estim. 1997) : 267 839 000.

■ *Densité*[a] (1997) : 28,1 hab./km².

■ *Répartition urbaine/rurale* (1996) : population urbaine 76,4 % ; population rurale 23,6 %.

■ *Répartition par sexe* (1996) : hommes 48,93 % ; femmes 51,07 %.

■ *Répartition par âge* (1996) : moins de 15 ans 21,8 % ; de 15 à 29 ans 20,8 % ; de 30 à 44 ans 24,4 % ; de 45 à 59 ans 16,5 % ; de 60 à 74 ans 10,8 % ; 75 ans et plus 5,7 %.

■ *Projection démographique* : 274 898 000 en 2000 ; 297 980 000 en 2010.

■ *Temps de doublement* : sans objet.

■ *Population par race et d'origine hispanique* (1996) : Blancs non hispaniques 73,1 % ; Noirs non hispaniques 12,0 % ; Hispaniques 10,7 % ; Asiatiques et originaires des îles du Pacifique 3,5 % ; Amérindiens et Esquimaux 0,7 %.

■ *Appartenances religieuses* (1995) : chrétiens 85,3 %, dont protestants 57,9 %, catholiques 21,0 %, autres chrétiens 6,4 % ; juifs 2,1 % ; musulmans 1,9 % ; sans appartenance 8,7 % ; autres 2,0 %.

■ *Lieu de naissance* (1990) : nés aux États-Unis 227 078 000 (91,3 %) ; nés à l'étranger : Mexique 4 447 000 ; Allemagne (R.D.A. et R.F.A.) 1 163 000 ; Philippines 998 000 ; Canada 871 000 ; Royaume-Uni 765 000 ; Cuba 751 000 ; Corée du Sud 663 000 ; Italie 640 000 ; Vietnam 556 000 ; Chine 543 000 ; Inde 463 000 ; Japon 422 000 ; Pologne 397 000 ; U.R.S.S. 337 000 ; Portugal 219 000 ; Grèce 189 000 ; autres 8 208 000.

■ *Mobilité* (1996) : sans changement de résidence depuis 1995 84,0 % ; changement de résidence à l'intérieur d'un même comté 10,0 % ; entre différents comtés à l'intérieur d'un même État 3,0 % ; entre différents États 3,0 % ; retour de l'étranger 1,0 %.

■ *Immigration* (sept. 1995) : immigrants légaux permanents admis 720 500.
Lieux d'origine : Mexique 12,5 % ; Philippines 7,1 % ; Vietnam 5,8 ; République Dominicaine 5,3 % ; Chine 4,9 % ; Inde 4,8 % ; Cuba 2,5 % ; Ukraine 2,4 % ; Jamaïque 2,3 % ; Corée du Sud 2,2 % ; Russie 2,0 % ; Pologne 1,9 % ; Canada 1,8 % ; Haïti 1,8 % ; Royaume-Uni 1,7 % ; Salvador 1,6 % ; Colombie 1,5 %.
Réfugiés (sept. 1995) : 114 664.

■ *Principales villes* (1996) : New York 7 380 906 hab. ; Los Angeles 3 553 638 hab. ; Chicago 2 721 547 hab. ; Houston 1 744 058 hab. ; Philadelphie 1 478 002 hab. ; San Diego 1 171 121 hab. ; Phoenix 1 159 014 hab. ; San Antonio 1 067 816 hab. ; Dallas 1 053 292 hab. ; Detroit 1 000 272 hab. ; Indianapolis 746 737 hab. ; San Francisco 735 315 hab. ; Jacksonville 679 792 hab. ; Baltimore 675 401 hab. ; Columbus 657 053 hab. ; El Paso 599 865 hab. ; Memphis 596 725 hab. ; Milwaukee 590 503 hab. ; Boston 558 394 hab. ; Washington D.C. 543 213 hab. ; Austin 541 278 hab. ; Seattle 524 704 hab. ; Nashville 511 263 hab.

■ *Ménages* (1996) : nombre de ménages 99 627 000 (couples mariés 53,8 %).
Taille moyenne des ménages (1995) : 2,6 ; ménages d'une personne 25,0 % ; de 2 personnes 32,1 % ; de 3 personnes 17,0 % ; de 4 personnes 15,5 % ; de 5 personnes ou plus 10,4 %.
Ménages familiaux 69 594 000 (69,8 %) ; ménages non familiaux 30 030 000 (30,2 %, dont ménages d'une personne 82,9 %).

Statistiques de l'état civil

■ *Taux de natalité* (1996) : 14,9 ‰ (moyenne mondiale 25,0 ‰) ; taux (1994) de naissances légitimes 67,4 %, illégitimes 32,6 %.

■ *Taux de mortalité* (1996) : 9,2 ‰ (moyenne mondiale 9,3 ‰).

■ *Taux d'accroissement naturel* (1996) : 5,7 ‰ (moyenne mondiale 15,7 ‰).

■ *Taux de fécondité* (nombre moyen de naissances par femme en âge de procréer, 1996) : 2,1.

■ *Nombre de mariages* (pour 1 000 hab., 1996) : 8,8.

■ *Nombre de divorces* (pour 1 000 hab., 1996) : 4,3.

États	capitales	superficie (km²)	population (estim. 1996)
États :			
Alabama	Montgomery	133 915	4 273 084
Alaska	Juneau	1 530 693	607 007
Arizona	Phoenix	295 259	4 428 068
Arkansas	Little Rock	137 754	2 509 793
Californie (California)	Sacramento	411 047	31 878 234
Caroline du Nord (North Carolina)	Raleigh	136 412	7 322 870
Caroline du Sud (South Carolina)	Columbia	80 582	3 698 746
Colorado	Denver	269 594	3 822 676
Connecticut	Hartford	12 997	3 274 238
Dakota du Nord (North Dakota)	Bismarck	183 117	643 539
Dakota du Sud (South Dakota)	Pierre	199 730	732 405
Delaware	Dover	5 294	724 842
Floride (Florida)	Tallahassee	151 939	14 399 985
Georgie (Georgia)	Atlanta	152 576	7 353 225
Hawaii	Honolulu	16 760	1 183 723
Idaho	Boise (City)	216 430	1 189 251
Illinois	Springfield	149 885	11 846 544
Indiana	Indianapolis	94 309	5 840 528
Iowa	Des Moines	145 752	2 851 792
Kansas	Topeka	213 096	2 572 150
Kentucky	Frankfort	104 659	3 883 723
Louisiane (Louisiana)	Baton Rouge	123 677	4 350 579
Maine	Augusta	86 156	1 243 316
Maryland	Annapolis	27 091	5 071 604
Massachusetts	Boston	21 455	6 092 352
Michigan	Lansing	251 493	9 594 350
Minnesota	Saint Paul	224 329	4 657 758
Mississippi	Jackson	123 514	2 716 115
Missouri	Jefferson City	180 514	5 358 692
Montana	Helena	380 847	879 372
Nebraska	Lincoln	200 349	1 652 093
Nevada	Carson City	286 352	1 603 163
New Hampshire	Concord	24 032	1 162 481
New Jersey	Trenton	20 168	7 987 933
New York	Albany	136 583	18 184 774
Nouveau-Mexique (New Mexico)	Santa Fe	314 924	1 713 407
Ohio	Columbus	115 998	11 172 782
Oklahoma	Oklahoma City	181 185	3 300 902
Oregon	Salem	251 418	3 203 735
Pennsylvanie (Pennsylvania)	Harrisburg	119 251	12 056 112
Rhode Island	Providence	3 139	990 225
Tennessee	Nashville	109 152	5 319 654
Texas	Austin	691 027	19 128 261
Utah	Salt Lake City	219 887	2 000 494
Vermont	Montpelier	24 900	588 654
Virginie (Virginia)	Richmond	105 586	6 675 451
Virginie-Occidentale (West Virginia)	Charleston	62 758	1 825 754
Washington	Olympia	176 479	5 532 939
Wisconsin	Madison	171 496	5 159 795
Wyoming	Cheyenne	253 324	481 400
district fédéral :			
District de Columbia (District of Columbia, ou D.C.)	Washington	179	543 213
total		**9 529 063** [1]	**265 283 783** [2]

1. En excluant les Grands Lacs, la superficie totale est de 9 362 788 km². 2. Comprend le personnel militaire à l'étranger.

Territoire et population.

→ *Corpus* : ÉTATS-UNIS D'AMÉRIQUE – Géographie ; La puissance économique.
→ ***Grand Atlas de Géographie*** (éd. 1992) : 170, 180, 182, 184, 186, 188, 190, 192, 194, 196 ; 242 (New York), 244 (Chicago), 245 (Cleveland, Pittsburgh), 246 (Los Angeles), 247 (Detroit), 248 (San Francisco), 249 (Boston), 250 (Buffalo, Baltimore, Washington), 251 (Philadelphie) ; 14 (archipel des Marshall), 166a (Wake), 166g (Midway), 166n (îles Mariannes), 166p (île de Guam), 166q (Yap), 166r (Ponape), 166u,y, 167a (Samoa américaines), 167b (Belau), 167c (Truk), 198, 208m, 209n (îles Vierges américaines)
→ ***Grand Atlas de l'Histoire*** : 208, 209, 218, 219, 220-223 (La formation des États-Unis), 224-225 (Vie politique et société aux États-Unis de 1776 à 1930), 244, 245, 246-247 (L'accession des États-Unis au rang de puissance mondiale : 1867-1917), 252, 256, 257, 266, 267, 268, 269, 270, 271, 272, 273, 274, 275, 288-289 (Les États-Unis depuis 1945), 292, 293, 294, 295

Corpus : ACIER (ÉCONOMIE DE L') [la répartition mondiale de la production] ; AÉROSPATIALE (INDUSTRIE) ; ALASKA ; ALIMENTATION (ÉCONOMIE DE L') – Les grands produits alimentaires ; APPALACHES (les régions appalachiennes) ; ATLANTIQUE (ALLIANCE) ; ATLANTIQUE (PLAINE) ; AUTOMOBILE – Industrie (les stratégies) ; CARAÏBES (AIRE DES) [géopolitique de l'espace] ; CÉRÉALES ; CHARBONNAGES (les États-Unis) ; CHICAGO ; CHIMIE – Les industries chimiques ; CORPS GRAS (étude économique) ; ÉLECTRICITÉ – Électrotechnique ; Industries électriques ; ÉLECTRONIQUE (INDUSTRIE) [l'électronique dans le monde] ; ÉLEVAGE (l'élevage industriel) ; FAR WEST ; FORÊTS (richesse forestière du globe) ; GAZ NATUREL ; GRANDS LACS AMÉRICAINS ; HAWAII (ÎLES) ; HOUILLERS (BASSINS) [répartition et importance] ; INDIENS D'AMÉRIQUE (le XXe siècle) ; INDUSTRIE – Groupes industriels et financiers ; JEU – Le jeu dans la société (l'État partenaire) ; LOS ANGELES ; MACHINES-OUTILS (répartition géographique actuelle) ; MÉGALOPOLIS ; MIDDLE WEST ; MINERAIS (principaux producteurs) ; MONOCULTURE ET POLYCULTURE (la monoculture) ; NEW YORK ; NOIRS (États-Unis) ; NOUVELLE-ANGLETERRE ; NUCLÉAIRE (INDUSTRIE) ; PACIFIQUE (RÉGION) [la vitalité du Nord-Ouest] ; PÊCHE ; PÉTROLE – Géographie du pétrole ; PHARMACIE ET INDUSTRIE PHARMACEUTIQUE ; PHOSPHATES SÉDIMENTAIRES (gisements) ; POPULATION (GÉOGRAPHIE DE LA) [population et démographie] ; PORTS MARITIMES (les grands ports du monde) ; RECHERCHE SCIENTIFIQUE ; ROCHEUSES (MONTAGNES) [les richesses naturelles] ; SAN FRANCISCO ; SEL (l'économie du sel à la fin du XXe siècle) ; SIDÉRURGIQUE (INDUSTRIE) ; SUCRE (la production) ; TABAC (aspects socio-économiques) ; TÉLÉVISION ET RADIODIFFUSION – Les organismes dans les pays occidentaux ; TERTIAIRE (SECTEUR) [évolution] ; TEXAS ; TEXTILES (INDUSTRIES) ; TOURISME ; TRANSPORTS ; URANIUM (répartition géographique des gisements) ; VIANDE (production et consommation).

Universalia 1987 : 430 Le centenaire de Miss Liberty ; ***Universalia 1988 :*** 227 L'Irangate ou les malheurs du secret ; 418 Le bicentenaire de la Constitution ; ***Universalia 1989 :*** 255 Les élections ; ***Universalia 1990 :*** 105 Chine-U.R.S.S.-États-Unis : le triangle brisé ? ; 117 La puissance américaine ; déclin ou mutation ? ; 130 Les villes géantes ; 224 L'assimilation des Hispaniques ; ***Universalia 1991 :*** 97 La crise du Golfe ; 165 Le fardeau des déchets industriels ; 181 Le projet américain d'avion hypersonique ; 256 Les évolutions récentes de la Cour suprême ; ***Universalia 1992 :*** 188 L'autodétermination des Inuit : progrès et embûches ; 247 La présence économique et culturelle française ; 250 Les relations du président et du congrès ; 298 Miami : une ville cubaine ; ***Universalia 1993 :*** 132 Les États-Unis et l'intégration européenne ; 218 Élections à l'américaine ; 222 Entre l'Atlantique et les Grands Lacs : un paradis pour l'archéologie industrielle ; ***Universalia 1995 :*** 207 La déroute démocrate ; 210 La réforme du système de santé ; ***Universalia 1997 :*** 195 La réélection de Bill Clinton.

■ ***Espérance de vie*** à la naissance (1995) : hommes blancs 73,4 ans ; hommes noirs (1994) 67,5 ans ; femmes blanches 79,6 ans ; femmes noires (1994) 75,8 ans.

■ ***Principales causes de décès*** (pour 100 000 hab., février 1997) : maladies cardio-vasculaires 353,9, dont maladies de cœur ischémiques 177,3, maladies cérébro-vasculaires 60,0, athéro-sclérose 10,0 ; tumeurs malignes (cancers) 202,4 ; maladies de l'appareil respiratoire 72,0, dont pneumonie 31,2 ; accidents 34,1, dont accidents de la route 16,5 ; diabète 23,3 ; suicides 11,5 ; sida 10,6 ; maladies chroniques du foie et cirrhose 9,3.

Indicateurs sociaux

■ ***Niveau d'éducation*** (1996)
Proportion de la population âgée de 25 ans et plus : ayant une éducation primaire incomplète 9,3 % ; éducation secondaire incomplète 16,5 % ; éducation secondaire 35,1 % ; éducation postsecondaire 25,5 % ; niveau de la licence ou plus 13,6 %.

■ ***Qualité de la vie professionnelle*** (1996)
Durée moyenne de la semaine de travail : 39,2 heures.
Taux annuel (pour 100 000 actifs, 1995) : de blessures ou d'accidents 2 720 ; de décès 4,0.
Proportion d'effectifs assurés contre dommages ou pertes de revenus résultant de blessures, d'incapacité permanente ou de décès (1988) 56,6 %.
Nombre moyen (pour 1 000 journées-ouvriers) de journées perdues en raison d'arrêts de travail (1996) : 1,6.
Durée moyenne du trajet jusqu'au lieu de travail (1990) : 22,4 minutes (voitures particulières 94,7 % ; transports en commun 5,3 %).
Proportion (pour 1 000 actifs) de sans-emploi sans perspective d'emploi (1992) : 6,9.

■ ***Accès aux services*** (1995)
Proportion de logements équipés : de l'électricité 100,0 % ; raccordés à un système public d'eau potable 99,4 % ; raccordés à un réseau public de tout-à-l'égout 77,0 %.

■ ***Participation à la vie sociale***
Électeurs inscrits ayant participé au dernier scrutin présidentiel (1996) 48,9 % ; personnes âgées de 18 ans et plus participant au travail bénévole (1995) 48,8 % ; taux d'adhésion aux syndicats (1996) 14,5 % ; proportion de personnes pratiquantes parmi celles qui déclarent une appartenance religieuse (présence à l'église, 1987) : hebdomadaire 47 % ; 2 fois par an 67 % ; 1 fois par an 74 %.

■ ***Délinquance et/ou déviance sociale***
Délits pour 100 000 habitants (févr. 1995) : meurtres 8,2 ; viols 37,1 ; ivresse 202,2 ; vols qualifiés 221,0 ; autres actes de violence 418,0 ; infractions à la législation sur les stupéfiants 434,2 ; vols de véhicules 561,0 ; cambriolages et effractions 988,0 ; vols simples 3 045,0.
Utilisateurs de drogues et autres substances (26 ans et plus, 1994) : alcool 41,2 % ; tabac 33,5 % ; marijuana 16,6 % ; produits tranquillisants 1,3 % ; cocaïne 0,4 %.
Taux de suicide (pour 100 000 habitants, 1997) : 11,5.

■ ***Loisirs préférés*** (1992) ; pourcentage de la population ayant au moins une fois, au cours de l'année précédente : été au cinéma 59,0 %,

	1994		1996	
	milliards de USD	% du total	effectifs 1	% des effectifs
agriculture	117,3	1,7	3 443 000	2,6
mines	90,1	1,3	569 000	0,4
industrie	1 197,1	17,3	20 518 000	15,3
bâtiment	269,2	3,9	7 943 000	5,9
entreprises publiques	195,3	2,8	8 817 000	6,6
transports et communications	411,1	5,9		
commerce	1 071,8	15,5	26 497 000	19,8
finance	1 273,7	18,4	8 076 000	6,0
administration, défense nationale	931,3	13,4	5 802 000	4,3
services	1 342,7	19,4	45 043 000	33,6
autres	31,8 2	0,4	7 236 000 3	5,4
total	**6 931,4**	**100,0**	**133 943 000** 4	**100,0** 4

1. Personnel militaire à l'étranger non compris. 2. Écart statistique. 3. Sans-emploi. 4. Le total général ne correspond pas exactement au détail en raison des arrondis.

Structure du produit intérieur brut et effectifs.

	1991	1992	1993	1994	1995	1996	1997 (sept.)
indice des prix à la consommation	104,2	107,4	110,6	113,6	116,6	120,0	123,4
indice des revenus horaires*	103,3	105,8	108,5	111,4	114,2	118,0	122,4

(*) Dans l'industrie uniquement.

Indices des prix et des revenus (1990 = 100).

	nombre d'entreprises 1	nombre d'employés	salaire horaire en % de la moyenne de tous les salaires	valeur ajoutée (millions de USD)
industrie :				
produits chimiques et dérivés	12 109	839 000	135,2	196 906
équipement de transport	10 500	1 523 000	144,7	172 926
produits alimentaires	20 624	1 525 000	104,0	180 975
équipement non électrique	52 135	1 926 000	114,9	172 945
équipement électrique et électronique	15 962	1 534 000	101,1	173 920
instruments	10 326	809 000	111,2	92 534
produits métalliques usinés	36 105	1 465 000	105,3	102 672
papier et dérivés	6 342	630 000	125,5	79 836
plastiques et caoutchouc	14 515	1 018 000	95,8	73 023
métaux de base	6 771	688 000	127,8	69 594
habillement	22 872	950 100	66,3	39 519
pierre, argile et verre	16 166	503 000	108,4	42 424
bois, y compris bois d'œuvre	33 982	741 000	88,9	40 937
produits textiles	6 412	606 800	81,8	32 705
produits du tabac	138	31 300	191,6	24 715
produits pétroliers et houillers	2 254	110 000	167,5	31 580
ameublement	11 613	514 000	85,6	26 238
cuir et dérivés	2 193	86 000	69,7	4 126
imprimerie et édition	n.d.	1 534 000	n.d.	125 936
industries manufacturières diverses	16 544	397 000	87,2	25 672
mines :				
pétrole et gaz	20 891 2	320 700	127,9	79 700 2
charbon	3 060 2	105 300	159,9	17 283 2
produits non métalliques (sauf combustibles)	5 804 2	109 900	117,3	9 619 2
métaux	1 023 2	52 100	145,5	7 180 2
bâtiment :				
sous-traitants	367 800 2	3 383 500	134,6	122 422 2
entrepreneurs de construction lourde	37 300 2	814 200	129,5	49 066 2
fournisseurs généraux et constructeurs	168 200 2	1 251 100	123,4	63 743 2

1. 1987. 2. 1994.

Industrie, mines et bâtiment (1995).

	nombre d'entreprises 1	nombre d'employés 3	salaire horaire en % de la moyenne de tous les salaires 3	ventes ou recettes annuelles (millions de USD)
commerce de détail	**1 564 200**	**20 988 000**	**66,9**	**2 445 300**
concessionnaires d'automobiles	198 400	2 228 300	91,4	592 900
magasins d'alimentation	182 500	3 376 600	70,5	423 300
magasins généraux à succursales	36 700	2 466 200	65,8	312 800
débits de boissons et restauration	449 100	7 432 500	46,6	236 500
stations-service	99 300	647 100	60,5	155 000
commerce de gros	**495 500** 2	**6 367 000**	**107,7**	**2 420 700**
biens durables	313 500 2	3 693 000	111,5	1 245 800
machines, équipements et accessoires	73 900 2	774 300	112,5	187 300
véhicules à moteur, fournitures automobiles	47 300 2	498 000	98,1	211 100
biens périssables	182 000 2	2 674 000	102,3	1 174 900
épicerie et produits assimilés	42 900 2	890 700	105,4	315 400
pétrole et produits pétroliers	16 100 2	166 400	96,6	177 800
services 4	**2 342 300**	**33 106 000**	**98,4**	**1 826 200**
santé	476 200	9 280 900	108,0	382 600
affaires sauf informatique	273 500	6 628 100	92,9	272 100
matériel informatique	66 800	1 043 300	154,0	152 200
justice	161 600	946 200	140,0	114 400

1. 1994. 2. 1992. 3. 1995. 4. Recettes annuelles pour 1995

Commerce de détail et de gros, services (1996).

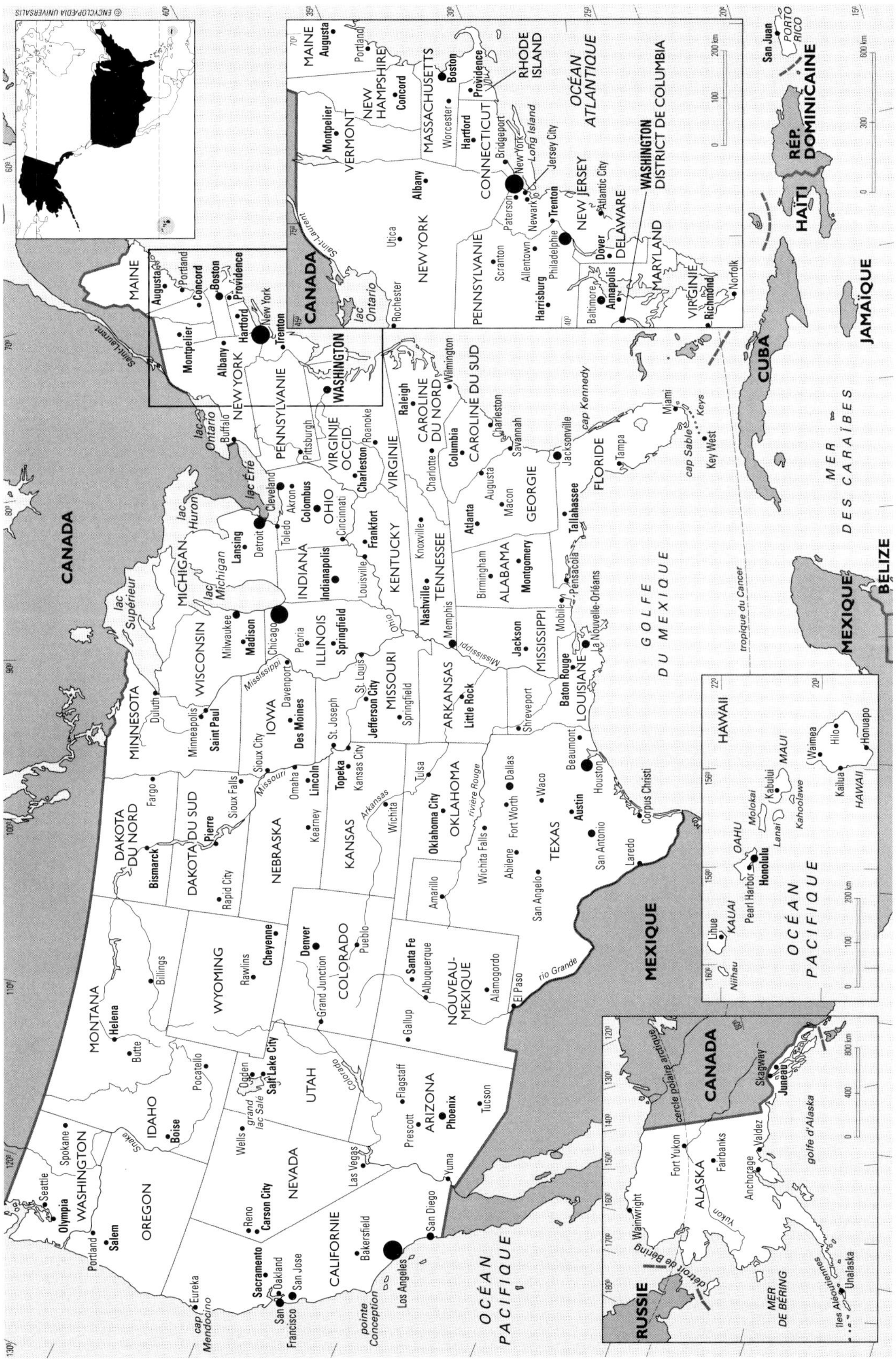
© ENCYCLOPÆDIA UNIVERSALIS
CANADA
MEXIQUE
OCÉAN PACIFIQUE
OCÉAN ATLANTIQUE
GOLFE DU MEXIQUE
MER DES CARAÏBES
CUBA
JAMAÏQUE
HAÏTI
RÉP. DOMINICAINE
PORTO RICO
San Juan
BELIZE
tropique du Cancer
WASHINGTON
OREGON
CALIFORNIE
NEVADA
IDAHO
MONTANA
WYOMING
UTAH
ARIZONA
COLORADO
NOUVEAU-MEXIQUE
DAKOTA DU NORD
DAKOTA DU SUD
NEBRASKA
KANSAS
OKLAHOMA
TEXAS
MINNESOTA
IOWA
MISSOURI
ARKANSAS
LOUISIANE
WISCONSIN
ILLINOIS
MICHIGAN
INDIANA
OHIO
KENTUCKY
TENNESSEE
MISSISSIPPI
ALABAMA
GEORGIE
FLORIDE
CAROLINE DU SUD
CAROLINE DU NORD
VIRGINIE
VIRGINIE OCCID.
PENNSYLVANIE
NEW YORK
MAINE
VERMONT
NEW HAMPSHIRE
MASSACHUSETTS
CONNECTICUT
RHODE ISLAND
NEW JERSEY
DELAWARE
MARYLAND
DISTRICT DE COLUMBIA
Olympia
Seattle
Spokane
Portland
Salem
Boise
Helena
Butte
Billings
Pocatello
Eureka
cap Mendocino
Sacramento
Oakland
San Francisco
San Jose
Reno
Carson City
Wells
grand lac Salé
Ogden
Salt Lake City
Bakersfield
Las Vegas
Los Angeles
San Diego
pointe Conception
Yuma
Prescott
Flagstaff
Phoenix
Tucson
Gallup
Albuquerque
Santa Fe
Alamogordo
El Paso
rio Grande
Grand Junction
Denver
Pueblo
Rawlins
Cheyenne
Rapid City
Bismarck
Pierre
Fargo
Sioux Falls
Sioux City
Omaha
Lincoln
Kearney
Topeka
Kansas City
Wichita
Arkansas
Missouri
Oklahoma City
Tulsa
rivière Rouge
Amarillo
Wichita Falls
Abilene
Fort Worth
Dallas
Waco
Austin
San Angelo
San Antonio
Laredo
Corpus Christi
Houston
Beaumont
Shreveport
Baton Rouge
La Nouvelle-Orléans
Mobile
Pensacola
Jackson
Memphis
Little Rock
Springfield
Jefferson City
St. Louis
St. Joseph
Des Moines
Davenport
Peoria
Chicago
Milwaukee
Madison
Minneapolis
Saint Paul
Duluth
lac Supérieur
lac Michigan
lac Huron
lac Érié
lac Ontario
Mississippi
Ohio
Lansing
Detroit
Toledo
Cleveland
Akron
Columbus
Cincinnati
Indianapolis
Louisville
Frankfort
Nashville
Knoxville
Birmingham
Montgomery
Atlanta
Macon
Augusta
Columbia
Charlotte
Raleigh
Wilmington
Charleston
Savannah
Jacksonville
Tallahassee
Tampa
cap Kennedy
Miami
Keys
cap Sable
Key West
Roanoke
Pittsburgh
Buffalo
Albany
Montpelier
Concord
Augusta
Portland
Boston
Providence
Hartford
New York
Trenton
Saint-Laurent
Rochester
Utica
Scranton
Allentown
Harrisburg
Philadelphie
Paterson
Newark
Jersey City
Bridgeport
Long Island
Worcester
Atlantic City
Dover
Baltimore
Annapolis
Richmond
Norfolk
HAWAII
KAUAI
Niihau
Lihue
OAHU
Pearl Harbor
Honolulu
Molokai
Lanai
Kahoolawe
MAUI
Kahului
Waimea
Hilo
Kailua
Honuapo
RUSSIE
ALASKA
Wainwright
Fort Yukon
Fairbanks
Anchorage
Valdez
Juneau
Skagway
Yukon
cercle polaire arctique
détroit de Béring
MER DE BÉRING
îles Aléoutiennes
Unalaska
golfe d'Alaska

Thesaurus :
AKRON
ALBANY
APACHE
ARAPAHO
BALTIMORE
BIRMINGHAM, Alabama
BOSTON
BRONX
BROOKLYN
BUFFALO
CALIFORNIE
CARIBBEAN BASIN INITIATIVE
CAROLINES (ARCHIPEL DES)
CHARLESTON
CHEROKEE
CHEYENNES
CINCINNATI
CLEVELAND
COAST SALISH
COLUMBUS
COMANCHES
CORN BELT
COTTON BELT
CREEK
CROW
CUMBERLAND
DAIRY BELT
DAKOTA
DALLAS
DENVER
DETROIT
FLORIDE
GRAND CANYON DU COLORADO
GRAND COULEE
GRANDE VALLÉE
GRAND LAC SALÉ
GREENWICH VILLAGE
GUAM (ÎLE DE)
HAIDA
HARLEM
HIDATSA
HONOLULU
HOPI
HOUSTON
HUDSON
IBM
INDIANAPOLIS
INTERNATIONAL HERALD TRIBUNE
KANSA
KANSAS CITY
KIOWA
KUTCHIN
LAS VEGAS
LONG ISLAND
LOUISIANE
MAÏS
MANDAN
MANHATTAN
MARIANNES (ÎLES)
MARSHALL (ARCHIPEL DES)
MEMPHIS, Tennessee
MIAMI
MILWAUKEE
MINNEAPOLIS
NANTUCKET
N.A.S.A.
NATCHEZ
NAVAHO
NEWARK
NEW YORK TIMES
NIAGARA (CHUTES DU)
NOUVELLE-ORLÉANS (LA)
OHIO (VALLÉE DE L')
OJIBWA
OMAHA
OMAHA, Nebraska
PAIUTE
PAPAGO
PARCS DE LOISIRS
PAWNEE
PENTAGONE
PHILADELPHIE
PHOENIX
PIMA
PITTSBURGH
PLAINES CENTRALES
PORTLAND
PUEBLO
QUEENS
RANCH
RENO
RICHMOND
SAINT LOUIS
SAINT PAUL
SALISH
SALT LAKE CITY
SAMOA (ARCHIPEL DES)
SAN ANTONIO
SAN DIEGO
SEATTLE
SÉMINOLES
SHOSHONE
SOJA
SORGHO
STATEN ISLAND
TIME
TOBACCO BELT

dans un parc de distraction 50,0 %, à une rencontre sportive 37,0 %, à un spectacle 31,0 %, dans un musée 27,0 %, fait de l'exercice 60,0 %, lu 54,0 %, pratiqué un sport 39,0 %.

■ ***Niveau de confort*** (1994)
Familles possédant : automobile 84,9 % (1988) ; poste téléphonique 93,9 % ; récepteur de radio 99,0 % ; récepteur de télévision 98,3 % ; air conditionné 68,4 % (1993) ; lave-linge 77,1 % (1993) ; magnétoscope 81,0 % ; télévision câblée 63,4 %.

Économie nationale

■ ***Budget de l'État*** (1997)
Recettes : 1 577 700 000 000 USD (impôts sur le revenu des particuliers 46,4 % ; taxes et cotisations de sécurité sociale 34,1 % ; impôts sur le revenu des sociétés 11,8 % ; autres 7,7 %).
Dépenses : 1 615 000 000 000 USD (sécurité sociale et assurance maladie 34,5 % ; défense nationale 16,6 % ; intérêts de la dette 15,2 % ; garantie des revenus 14,4 % ; santé 7,8 % ; autres 11,5 %).

■ ***Produit national brut*** (aux prix courants du marché, 1996) : 7 567 100 000 000 USD (28 495 USD/hab.).

■ ***Dette nationale totale*** (1997) : 5 376 000 000 000 USD.

■ ***Production***
Agriculture, sylviculture, pêche (valeur de la production en millions de USD, 1996).
Maïs 24 853 ; soja 16 276 ; blé 9 764 ; fibre de coton 6 524 ; tabac 2 938 ; pommes de terre 2 515 ; raisins 2 242 ; sorgho 2 053 ; oranges 1 895 ; pommes 1 840 ; riz 1 612 ; laitues 1 423 ; orge 1 091 ; betteraves à sucre 1 071 ; amandes 1 048 ; arachides 964 ; coton en graines 934 ; tomates 879 ; canne à sucre 860 ; fraises 770 ; haricots secs 680 ; oignons 590 ; poivrons 461 ; graines de tournesol 405 ; cantaloups 401 ; brocolis 396 ; pêches 378 ; carottes 347 ; pamplemousses 310 ; avoine 309 ; poires 297 ; pastèques 276 ; citrons 252 ; choux 245.
Cheptel (sur pied, 1997) : bovins 101 209 000 ; porcs 56 171 000 ; moutons 8 303 000 ; chevaux 6 150 000 ; poulets 1 553 000 000.
Bois (1996) : 495 305 000 m³.
Pêche (1995) : 3 770 000 000 USD.
Industries extractives (1996) : fer (métal contenu) 39 342 000 t ; cuivre (métal contenu) 1 910 000 t ; zinc (métal contenu) 620 000 t ; plomb (métal contenu) 430 000 t ; molybdène (métal contenu) 57 000 t ; vanadium (métal contenu) 2 700 t ; mercure (métal contenu) 550 t ; argent (métal contenu) 1 800 000 kg ; or (métal contenu) 325 000 kg ; hélium 101 000 000 m³ ; pierre concassée 1 300 000 000 t ; sable et gravier 992 000 000 t ; ciment 75 000 000 t ; argile 44 000 000 t ; phosphate minéral 43 000 000 t ; sel 40 000 000 t ; gypse 17 000 000 t ; chaux 18 900 000 t.
Industries manufacturières (1995) : véhicules automobiles 238 384 ; aéronefs 104 858 ; produits carnés 94 072 ; machines industrielles 79 439 ; composants électroniques 73 642 ; produits pharmaceutiques 67 792 ; ordinateurs et équipement de bureau 66 708 ; produits imprimés 56 229 ; instruments médicaux 39 535 ; cigarettes 29 745 ; missiles et véhicules spatiaux 29 508 ; matériel photographique 22 119 ; équipements domestiques 20 508 ; appareils ménagers 18 633 ; navires et bateaux 15 249 ; jouets et équipements de sport 12 123 ; équipements audio et vidéo 10 614.
Bâtiment (valeur des travaux achevés, 1996) : secteur privé 427 776 000 000 USD, dont constructions résidentielles 246 899 000 000 USD, non résidentielles 140 692 000 000 USD ; secteur public 141 132 000 000 USD.
Énergie (production/consommation) : électricité (1994) 3 268 250 000 000/3 312 888 000 000 kWh ; charbon (1994) 937 580 000/843 873 000 t ; pétrole brut (1994) 2 464 000 000/5 024 000 000 barils ; produits pétroliers (1994) 704 201 000/737 681 000 t ; gaz naturel (1994) 530 014 000 000/592 209 000 000 m³.

pourcentage du revenu familial disponible par quintile				
1	2	3	4	5 (le plus haut)
4,8	10,4	16,0	23,0	46,5

Répartition du revenu (1995).

■ ***Revenus et dépenses des ménages***
Taille moyenne des ménages (1995) : 2,6.
Revenu annuel moyen par ménage (1995) : 34 076 USD, dont Blancs 35 776 USD, Hispaniques 22 860 USD, Noirs 22 393 USD ; sources des revenus : traitements et salaires 55,8 % ; paiements de transfert 16,5 % ; activités non salariées 7,9 % ; autres 19,8 %.
Dépenses (1995) : transports 18,6 % ; logement 18,4 % ; alimentation 14,0 % ; carburant et services 6,8 % ; équipements domestiques 5,9 % ; loisirs 5,5 % ; santé 5,4 % ; habillement 5,3 % ; éducation 1,5 % ; autres 18,6 %.

■ ***Population active*** (personnel militaire outre-mer non compris, 1996) : 133 943 000 ; taux d'activité 50,4 % (taux de participation : 15-64 ans 79,4 % ; femmes 48,8 % ; sans-emploi 5,4 %).

■ ***Tourisme*** (1996) : recettes touristiques 84 133 000 000 USD ; dépenses touristiques à l'étranger 68 976 000 000 USD.

■ ***Utilisation du sol*** (1994) : forêts 32,3% ; prairies et pâturages 26,1 % ; terres cultivées et plantations 20,5 % ; autres 21,1 %.

Échanges extérieurs

■ ***Importations*** (1996) : 803 239 000 000 USD (équipement industriel et de transport 44,6 %, dont véhicules à moteur et pièces détachées 16,0 % ; machines de bureau et matériel informatique 15,8 % ; pétrole et produits pétroliers 9,0 % ; vêtements 5,8 % ; produits alimentaires et animaux sur pied 4,4 % ; produits chimiques et dérivés 3,3 %).
Principales sources des importations : Canada 19,8 % ; Japon 14,3 % ; Mexique 9,4 % ; Chine 6,4 % ; Allemagne 4,8 % ; Taïwan 3,7 % ; Royaume-Uni 3,6 % ; Corée du Sud 2,8 % ; Singapour 2,5 % ; France 2,3 % ; Malaisie 2,2 % ; Italie 2,2 % ; Thaïlande 1,4 % ; Hong Kong 1,2 % ; Brésil 1,1 %.

■ ***Exportations*** (1996) : 612 069 000 000 USD (machines et équipement de transport 46,6 %, dont véhicules automobiles et pièces détachées

	1990	1991	1992	1993	1994	1995	1996
milliards de USD	– 101,7	– 99,2	– 84,5	– 115,7	– 151,3	– 158,8	– 189,2
% du total	11,4	9,8	8,6	11,1	12,9	12,0	13,4

Balance commerciale (prix courants).

	1991	1992	1993	1994	1995	1996	1997 (sept.)
taux de change, USD pour 1 :							
D.T.S.[1]	1,37	1,41	1,40	1,43	1,52	1,45	1,36
réserves internationales (USD)[2] :							
total (sans l'or, milliards)	66,66	60,27	62,35	63,28	74,78	64,04	56,10
D.T.S. (milliards)	11,24	8,50	9,02	10,04	11,04	10,31	10,00
réserve éventuelle au F.M.I. (milliards)	11,76	11,80	12,03	14,65	15,43	15,43	14,04
devises (milliards)	45,93	40,01	41,53	41,22	49,10	38,29	32,06
or (onces, millions)	261,91	261,84	261,79	261,73	261,70	261,66	261,72
% des réserves mondiales	27,86	28,13	28,67	28,70	29,00	28,86	29,34
intérêts et prix :							
escompte de la Banque centrale (%)[2]	3,5	3,0	3,0	4,75	5,25	5,00	5,00
taux de rendement des bons du Trésor (%)[1]	6,81	5,31	4,44	6,26	6,26	6,44	6,21
cotation des actions des sociétés industrielles (1990 = 100)[1]	114,1	125,5	132,3	138,0	164,1	202,7	280,9
balance des paiements (USD, milliards) :							
balance commerciale	– 73,44	– 96,14	– 112,74	– 164,33	– 158,78	– 189,25	n.d.
importations F.O.B.	489,40	536,28	580,51	668,87	743,52	– 803,23	n.d.
exportations F.O.B.	415,96	440,14	467,77	504,54	584,71	613,98	n.d.
balance des transactions invisibles	+ 69,75	+ 29,84	+ 3,49	+ 162,83	+ 10,55	40,52	n.d.
balance des paiements, compte courant	– 3,69	– 66,3	– 109,25	– 1,50	– 148,23	– 148,73	n.d.

1. Moyenne de la période. 2. Fin d'année.

Agrégats financiers.

TOLEDO
TRUK
UMATILLA
U.S. NEWS AND WORLD REPORT
UTES
VIERGES (ÎLES)
VIGNOBLE
WASHINGTON
WASHINGTON POST
WASHO
WELFARE STATE
YAP
ZUÑI

groupes selon la C.T.C.I.	importations		exportations	
	millions de USD	%	millions de USD	%
00 produits alimentaires et animaux vivants	29 318 [1]	3,8	42 223 [1]	7,3
01 boissons et tabacs	5 674	0,7	8 086	1,4
02 matières premières à l'exclusion des combustibles	22 311	2,9	34 758	6,0
03 combustibles minéraux, lubrifiants et produits dérivés	63 052	8,2	10 720	1,8
04 huiles animales et végétales, graisses et cires	[1]	—	[1]	—
05 produits chimiques et dérivés N.D.A.	41 346	5,4	60 220	10,4
06 produits manufacturés de base	94 767	12,3	54 444	9,4
07 équipement industriel et de transport	357 625	46,5	281 184	48,4
08 articles manufacturés divers	129 077	16,8	62 106	10,7
09 produits non classifiés	26 204	3,4	26 793	4,6
total	**770 822** [2]	**100,0**	**582 965** [2]	**100,0**

1. Les huiles animales et végétales sont incluses dans les produits alimentaires et les animaux vivants. 2. Le total général ne correspond pas exactement au détail en raison d'écarts statistiques.

Échanges par groupes de produits (1995).

	importations		exportations	
	millions de USD	%	millions de USD	%
Afrique	**16 241**	**2,1**	**9 889**	**1,7**
Afrique du Sud	2 311	0,3	2 751	0,5
autres pays d'Afrique	13 930	1,8	7 138	1,2
Amérique	**256 349** ·	**33,2**	**221 455**	**38,0**
Canada	148 304	19,2	126 024	21,6
Caraïbes et Amérique centrale	15 552	2,0	17 364	3,0
Mexique	62 756	8,1	45 401	7,8
Amérique du Sud	29 747	3,9	32 666	5,6
Asie	**337 246**	**43,7** ·	**200 405**	**34,4** ·
Chine	48 521	6,3	11 749	2,0
Japon	127 195	16,5	64 298	11,0
autres pays d'Asie	161 530	21,0	124 358	21,3
Europe	**161 796**	**21,0** ·	**142 187**	**24,4**
Union européenne	136 872	17,8	123 615	21,2
Russie	4 270	0,6	2 826	0,5
autres pays d'Europe	20 654	2,7	15 746	2,7
Océanie	**5 356**	**0,7**	**12 690**	**2,2** ·
Australie	3 546	0,5	10 788	1,8
autres pays d'Océanie	1 810	0,2	1 902	0,3
autres	**– 6 041**	**– 0,8**	**– 4 100**	**– 0,7**
total	**770 947**	**100,0** ·	**582 526**	**100,0**

(·) Le total ne correspond pas exactement au détail en raison des arrondis.

Répartition du commerce extérieur (1995).

	nombre d'établissements	nombre d'enseignants	nombre d'élèves	nombre d'élèves par enseignant
primaire (5-13 ans) [1]	85 393 [2]	1 784 000	33 410 000	18,7
secondaire et professionnel (14-17 ans)		1 187 000	17 390 000	14,6
supérieur (incluant les collèges préparant à l'enseignement)	5 758 [2]	833 000	14 210 000	17,1

1. Comprend les maternelles. 2. 1992-1993.

Enseignement (1995-1996).

11,9 % ; produits chimiques et dérivés 7,2 % ; produits alimentaires et animaux sur pied 6,9 % ; équipement scientifique et matériel de précision 3,0 %).
Principales destinations des exportations : Canada 22,0 % ; Japon 10,8 % ; Mexique 9,3 % ; Royaume-Uni 4,9 % ; Corée du Sud 4,2 % ; Allemagne 3,8 % ; Taïwan 2,9 % ; Pays-Bas 2,7 % ; Singapour 2,6 % ; France 2,4 % ; Hong Kong 2,3 % ; Belgique 2,1 %.

Transports et communications

■ ***Transports***
Chemins de fer (1995) : longueur (1994) 222 000 km ; trafic : 22 365 000 000 passagers-km ; 1 906 268 000 000 t-km.
Routes (1995) : longueur totale 6 296 310 km (91 % recouvertes).
Véhicules (1995) : voitures particulières 134 803 000 ; camions et autobus 66 727 000.
Marine marchande (1996) : 509 navires (de 100 tjb et plus) ; 18 585 000 tonneaux de port en lourd.
Transports aériens (1995) ; trafic : 869 700 000 000 passagers-km ; 21 269 500 000 t-km. 834 aéroports desservis par des vols réguliers (1997).

■ ***Communications***
Journaux quotidiens (1995) : diffusion totale 62 600 000 ; diffusion pour 1 000 hab. 238.
Radiodiffusion (1994) : 558 440 000 postes récepteurs ; 2 122 pour 1 000 hab.
Télévision (1995) : 204 100 000 postes récepteurs ; 776 pour 1 000 hab.
Téléphone (1995) : 164 624 400 lignes téléphoniques ; 626 pour 1 000 hab.

Éducation et santé

■ ***Alphabétisation*** : à la fin des années 1980, des études font état d'une alphabétisation réelle ne dépassant pas 85 %.

■ ***Santé*** (1995) : 720 300 médecins (1 pour 365 hab.) ; 1 081 000 lits d'hôpital (1 pour 243 hab.), dont secteur non fédéral 92,9 %, secteur fédéral 7,1 % ; taux de mortalité infantile (1996) : 7,2 ‰.

■ ***Alimentation*** (1995) : apport journalier en calories par habitant 3 603 (alimentation d'origine végétale 72 % ; d'origine animale 28 %) ; soit 136 % du niveau minimal recommandé par la F.A.O.

Défense nationale

■ ***Contingent*** (1997) : 1 447 600 (armée de terre 34,2 % ; marine 27,3 % ; armée de l'air 26,4 % ; fusiliers marins 12,1 %).

■ ***Dépenses militaires*** (1995) : 3,8 % du P.N.B. (moyenne mondiale 2,8 %) ; soit 1 056 USD/hab.

■ ***Aide militaire*** (1993) : 4 143 000 000 USD (Moyen-Orient 76,2 %, dont Israël 43,4 %, Égypte 31,4 % ; Europe 20,8 %, dont Turquie 10,9 % ; Amérique latine 1,8 %).

a. Sur la base de la surface terrestre.

→ *Corpus* : PORTO RICO
→ *Grand Atlas de Géographie* (éd. 1992) : 198, 206, 208 m
→ *Grand Atlas de l'Histoire* : 227, 247

ÉTATS-UNIS : Porto Rico

• ***Noms officiels*** : Commonwealth of Puerto Rico ; Estado libre asociado de Puerto Rico. Code I.S.O. : PR.

• ***Statut politique*** : État libre associé aux États-Unis avec une assemblée législative comprenant deux chambres (Sénat [29] et Chambre des représentants [53]).

• ***Chef de l'État*** : président des États-Unis.

• ***Chef du gouvernement*** : gouverneur.

• ***Capitale*** : San Juan.

• ***Langues officielles*** : espagnol ; anglais.

• ***Religion officielle*** : aucune.

• ***Unité monétaire*** : 1 dollar des États-Unis (USD) = 100 cents ; valeur (31 déc. 1997) : 100 USD = 598,81 FRF.

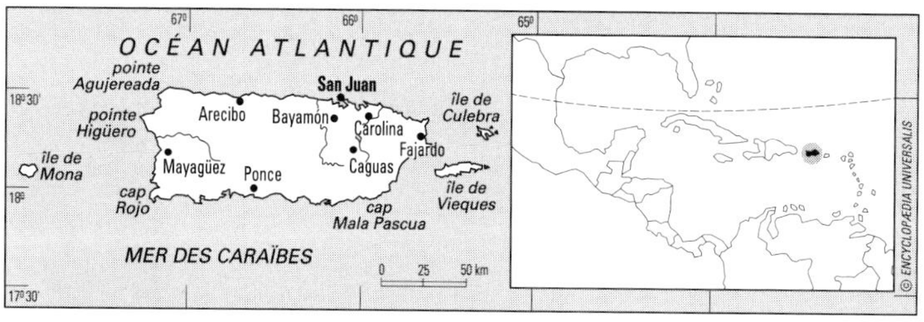

Démographie

■ ***Superficie*** : 9 104 km².

■ ***Population*** (estim. 1997) : 3 809 000.

■ ***Densité*** (1997) : 418,3 hab./km².

■ ***Répartition urbaine/rurale*** (1990) : population urbaine 71,2 %, rurale 28,8 %.

■ ***Répartition par sexe*** (1992) : hommes 48,43 % ; femmes 51,57 %.

■ ***Répartition par âge*** (1992) : moins de 15 ans 27,2 % ; de 15 à 29 ans 25,1 % ; de 30 à 44 ans 20,4 % ; de 45 à 59 ans 14,1 % ; de 60 à 74 ans 9,2 % ; 75 ans et plus 4,0 %.

■ ***Projection démographique*** : 4 438 000 en 2000 ; 3 945 000 en 2010.

■ ***Temps de doublement*** : 77 ans.

■ ***Composition ethnique*** (1980) : Blancs 80,0 % ; Noirs 20,0 %.

■ ***Appartenances religieuses*** (1984) : catholiques 85,3 % ; protestants 4,7 % ; autres 10,0 %.

■ ***Principales villes*** (1990) : San Juan 426 832 hab. ; Ponce 159 151 hab. ; Caguas 92 429 hab. ; Mayagüez 83 010 hab. ; Arecibo 49 545 hab.

Statistiques de l'état civil

■ ***Taux de natalité*** (1996) : 17,2 ‰ (moyenne mondiale 25,0 ‰) ; taux (1993) de naissances légitimes 59,6 %, illégitimes 40,4 %.

■ ***Taux de mortalité*** (1996) : 7,9 ‰ (moyenne mondiale 9,3 ‰).

■ ***Taux d'accroissement naturel*** (1996) : 9,3 ‰ (moyenne mondiale 15,7 ‰).

■ ***Taux de fécondité*** (nombre moyen de naissances par femme en âge de procréer, 1991) : 2,2.

■ ***Nombre de mariages*** (pour 1 000 hab., 1992) : 9,6.

■ ***Nombre de divorces*** (pour 1 000 hab., 1992) : 4,0.

■ ***Espérance de vie*** à la naissance (1991) : hommes 69,6 ans ; femmes 78,5 ans.

■ ***Principales causes de décès*** (pour 100 000 hab., 1993) : maladies de cœur 142,6 ; tumeurs malignes (cancers) 95,4 ; diabète 65,1 ; maladies cérébro-vasculaires 38,0 ; pneumonie et grippe 29,2.

Économie nationale

■ ***Budget de l'État***
Recettes (1995-1996) : 7 852 000 000 USD (impôts sur le revenu 43,1 % ; impôts indirects 17,3 % ; recettes non fiscales 5,0 % ; impôts fonciers 1,0 % ; autres recettes 33,6 %).
Dépenses (1992) : 5 607 000 000 USD (éducation 30,3 % ; protection et sécurité publiques 11,4 % ; assistance sociale 10,8 % ; santé 10,7 % ; service de la dette 6,2 %).

■ ***Dette publique*** (créances, 1995) : 15 993 600 000 USD.

■ ***Tourisme*** (1995) : recettes touristiques 1 826 100 000 USD ; dépenses touristiques à l'étranger 833 000 000 USD.

■ ***Production***
Agriculture sylviculture, pêche (1996).
Canne à sucre 404 500 t ; bananes plantains 76 100 t ; bananes 47 700 t ; ananas 18 500 t ; oranges 16 700 t ; courges et gourdes 16 300 t ; café 12 800 t ; mangues 11 100 t.
Cheptel (sur pied) : bovins 326 000 ; porcs 200 000.
Bois : n.d.
Pêche (1993) : 1 946 t.
Industries extractives (valeur de la production, 1995) : pierre 50 000 USD.
Industries manufacturières (valeur ajoutée, 1995) : produits chimiques, pharmaceutiques et assimilés 9 164 000 000 USD ; machines et produits métalliques 3 393 000 000 USD ; produits alimentaires 2 269 000 000 USD ; habillement 510 000 000 USD ; imprimerie et édition 179 000 000 USD ; pierre, argile et produits en verre 171 000 000 USD.
Bâtiment (constructions autorisées, 1985) : résidentiel 1 798 000 m² ; non résidentiel 41 000 m².
Énergie (production/consommation) : électricité (1994) 17 880 000 000/17 880 000 000 kWh ; charbon (1994) 0/172 000 t ; pétrole brut (1994) 0/43 980 000 barils ; produits pétroliers (1994) 6 256 000/7 540 000 t ; gaz naturel 0/0.

■ ***Produit national brut*** (1993) : 25 317 000 000 USD (6 700 USD/hab.).

■ ***Population active*** (1995) : 1 228 000 ; taux d'activité 32,2 % (taux de participation : 16-64 ans 52,9 % ; femmes 39,4 % ; sans-emploi 13,8 %).

■ ***Revenus et dépenses des ménages***
Taille moyenne des familles (1995) : 3,6.
Revenu annuel moyen par famille : 27 017 USD ; sources des revenus : salaires et traite-

municipio :		municipio :		municipio :	
Adjuntas	19 592	Fajardo	38 383	Naguabo	24 517
Aguada	37 651	Florida	8 434	Naranjito	29 016
Aguadilla	45 207	Guánica	21 596	Orocovis	24 075
Agunas Buenas	30 062	Guayama	41 994	Patillas	21 259
Aibonito	27 863	Guayanilla	27 316	Peñuelas	26 595
Añasco	27 007	Guaynabo	104 927	Ponce	189 988
Arecibo	100 755	Gurabo	32 003	Quebradillas	26 008
Arroyo	19 549	Hatillo	40 149	Rincón	13 589
Barceloneta	26 480	Hormigueros	16 121	Río Grande	48 997
Barranquitas	28 702	Humacao	57 643	Sabana Grande	23 244
Bayamón	231 845	Isabela	41 156	Salinas	29 962
Cabo Rojo	47 345	Jayuya	16 791	San Germán	36 925
Caguas	140 114	Juana Díaz	49 693	San Juan	433 705
Camuy	32 438	Juncos	41 424	San Lorenzo	36 435
Canóvanas	50 666	Lajas	26 704	San Sebastián	42 573
Carolina	188 427	Lares	32 282	Santa Isabel	19 546
Cataño	32 391	Las Marías	9 923	Toa Alta	58 240
Cayey	50 728	Las Piedras	30 111	Toa Baja	92 702
Ceiba	17 715	Loíza	27 904	Trujillo Alto	74 644
Ciales	19 447	Luquillo	18 407	Utuado	35 212
Cidra	49 326	Manatí	38 781	Vega Alta	35 828
Coamo	35 673	Maricao	5 979	Vega Baja	61 401
Comerío	20 914	Maunabo	13 503	Vieques	9 503
Corozal	36 304	Mayagüez	100 937	Villalba	22 695
Culebra	1 632	Moca	37 154	Yabucoa	40 602
Dorado	32 166	Morovis	33 388	Yauco	42 879
				total	**3 782 862**

Population (estim. 1995).

Corpus : CARAÏBES (AIRE DES) [géopolitique de l'espace] ; MIGRANTS.

Thesaurus :
SAN JUAN DE PORTO RICO

	1995-1996		1995	
	millions de USD	% du total	effectifs	% des effectifs
agriculture	306,5	0,7	42 000	3,4
industrie	18 860,7	41,4	205 000	16,7
mines	1 003,0 (mines et bâtiment)	2,2 (mines et bâtiment)	1 000	0,1
bâtiment			84 000	6,8
entreprises publiques	3 486,7 (entreprises publiques, transports et communications)	7,7 (entreprises publiques, transports et communications)	14 000	1,1
transports et communications			42 000	3,4
commerce	6 224,4	13,7	250 000	20,4
finance, immobilier	5 877,8	12,9	34 000	2,8
administration, défense nationale	4 871,4	10,7	550 000 (administration, défense nationale et services)	44,8 (administration, défense nationale et services)
services	4 991,0	11,0		
autres	– 116,5 [1]	– 0,3	7 000	0,6
total	**45 505,0**	**100,0**	**1 228 000** [2]	**100,0** [2]

1. Écart statistique. 2. Le total général ne correspond pas au détail en raison des arrondis.

Structure du produit intérieur brut et effectifs.

	1989	1990	1991	1992	1993	1994	1995
indice des prix à la consommation	96,1	100,0	105,3	108,1	111,3	114,5	119,1
indice des revenus horaires*	95,4	100,0	104,1	n.d.	n.d.	n.d.	n.d.

(•) Revenus dans l'industrie uniquement.

Indices des prix et des revenus (1990 = 100).

	1990	1991	1992	1993	1994	1995
millions de USD	+ 3 584	+ 5 419	+ 5 857	+ 3 405	+ 5 098	+ 4 995
% du total	10,2	14,6	16,2	9,4	13,3	11,7

Balance commerciale (prix courants).

	nombre d'établissements	nombre d'enseignants	nombre d'élèves	nombre d'élèves par enseignant
primaire (5-12 ans)	1 542	18 359	427 582	23,3
secondaire (13-18 ans)	395	13 612	334 661	24,6
professionnel et formation à l'enseignement	52	n.d.	149 191	n.d.
supérieur	45	9 045	156 818	17,3

Enseignement (1985-1986).

ments 56,3 % ; transferts 29,5 % ; activités non salariées 6,4 % ; loyers 5,2 % ; autres 2,6 %. *Dépenses* : alimentation et boissons 20,4 % ; transports 13,6 % ; santé 13,4 % ; équipements domestiques 13,4 % ; logement et énergie 12,2 % ; loisirs 8,9 % ; habillement 7,6 % ; éducation 3,1 % ; autres 8,7 %.

■ ***Utilisation du sol*** (1993) : forêts 16,5 % ; prairies et pâturages 26,2 % ; terres cultivées et plantations 8,9 % ; autres 48,4 %.

Échanges extérieurs

■ ***Importations*** (1995-1996) : 19 060 900 000 USD (produits chimiques 21,8 % ; équipement électrique 12,8 % ; produits alimentaires 11,3 % ; matériel de transport 9,3 % ; équipement non électrique 7,3 % ; pétrole et produits pétroliers 6,1 % ; instruments professionnels et scientifiques 4,5 % ; vêtements et textiles 4,4 %). *Principales sources des importations* : États-Unis 62,5 % ; Japon 6,4 % ; République Dominicaine 4,0 % ; Royaume-Uni 2,9 % ; Venezuela 2,7 % ; Îles Vierges 1,9 %.

■ ***Exportations*** (1995-1996) : 22 944 400 000 USD (produits chimiques et dérivés 43,3 % ; produits alimentaires 14,5 % ; équipement non électrique 14,2 % ; matériel électrique 9,6 %). *Principales destinations des exportations* : États-Unis 87,8 % ; République Dominicaine 2,9 % ; Allemagne 1,0 % ; Belgique 0,9 % ; Japon 0,8 % ; Royaume-Uni 0,7 %.

Transports et communications

■ ***Transports***

Chemins de fer (1988) : longueur 96 km (ligne privée pour le transport de la canne à sucre uniquement).

Routes (1994) : longueur totale 23 140 km (87 % recouvertes).

Véhicules (1994) : voitures particulières 1 432 000 ; camions et autobus 229 000.

Marine marchande : n.d.

Transports aériens (1990-1991) ; trafic : arrivées de passagers 4 245 137 ; départs de passagers 4 262 164 ; marchandises chargées et déchargées (manutention par l'aéroport international Luis Muñoz Marín uniquement) 222 172 t. 7 aéroports desservis par des vols réguliers (1997).

■ ***Communications***

Journaux quotidiens (1994) : diffusion totale 670 000 ; diffusion pour 1 000 hab. 182.

Radiodiffusion (1996) : 2 480 000 postes récepteurs ; 65,9 pour 1 000 hab.

Télévision (1995) : 1 160 000 postes récepteurs ; 322 pour 1 000 hab.

Téléphone (1995) : 1 195 900 lignes principales ; 329 pour 1 000 hab.

Éducation et santé

■ ***Niveau d'éducation*** (1990)

Proportion de la population âgée de 25 ans et plus : ayant une éducation primaire 26,8 % ; éducation secondaire imcomplète 23,5 % ; éducation secondaire 21,0 % ; éducation supérieure 28,7 %.

■ ***Alphabétisation*** (1990) : personnes âgées de 18 ans et plus alphabétisées 2 122 860 (89,7 %) ; hommes 1 001 878 (89,6 %) ; femmes 1 120 982 (89,7 %).

■ ***Santé*** : 9 422 médecins en 1988 (1 pour 349 hab.) ; 9 598 lits d'hôpital en 1993-1994 (1 pour 381 hab.) ; taux de mortalité infantile (1994) : 11,5 ‰.

Défense nationale

■ ***Contingent*** (1992) : 3 518 soldats américains.

→ *Corpus :* ÉTHIOPIE
→ *Grand Atlas de Géographie* (éd. 1992) : 134, 140
→ *Grand Atlas de l'Histoire :* 240, 241, 276, 277, 283, 295

ÉTHIOPIE

- ***Nom officiel*** : République démocratique fédérale d'Éthiopie (Ityop'iya). Code I.S.O. : ET.
- ***Forme de gouvernement*** : république[a] fédérale avec deux chambres législatives (Conseil fédéral [117] et Conseil des représentants du peuple [548]).
- ***Chef de l'État*** : président.
- ***Chef du gouvernement*** : Premier ministre.
- ***Capitale*** : Addis-Abéba (Addis Abeba).
- ***Langue officielle*** : amharique.
- ***Religion officielle*** : aucune.
- ***Unité monétaire*** : 1 birr éthiopien (ETB) : 100 cents ; valeur (31 déc. 1997) : 100 ETB = 87,24 FRF.

Démographie

- ***Population*** (estim. 1997) : 58 733 000.
- ***Densité*** (1997) : 51,8 hab./km^2.
- ***Répartition urbaine/rurale*** (1995) : population urbaine 11,5 % ; population rurale 88,5 %.
- ***Répartition par sexe*** (1996) : hommes 50,07 % ; femmes 49,93 %.
- ***Répartition par âge*** (1996) : moins de 15 ans 45,9 % ; de 15 à 29 ans 26,6 % ; de 30 à 44 ans 14,8 % ; de 45 à 59 ans 8,2 % ; de 60 à 74 ans 3,7 % ; 75 ans et plus 0,8 %.
- ***Projection démographique*** : 63 513 593 en 2000 ; 81 169 000 en 2010.
- ***Temps de doublement*** : 24 ans.
- ***Composition ethno-linguistique***[b] (1983) : Amharas 37,7 % ; Gallas 35,3 % ; Tigrignas 8,6 % ; Gouragués 3,3 % ; Ometos 2,7 % ; Sidamos 2,4 % ; Tigréens 1,9 % ; Afars 1,8 % ; Somalis 1,7 % ; autres 4,6 %.
- ***Appartenances religieuses***[b] (1980) : orthodoxes éthiopiens 52,5 % ; musulmans 31,4 % ; religions traditionnelles 11,4 % ; autres chrétiens 4,5 % ; autres 0,2 %.
- ***Principales villes*** (1994) : Addis-Abéba 2 112 737 hab. ; Diré Daoua 164 851 hab. ; Harar 131 139 hab., Nazareth 127 842 hab., Gondar 112 249 hab.

Statistiques de l'état civil

- ***Taux de natalité*** (1995-2000) : 48,2 ‰ (moyenne mondiale 25,0 ‰).
- ***Taux de mortalité*** (1995-2000) : 16,2 ‰ (moyenne mondiale 9,3 ‰).
- ***Taux d'accroissement naturel*** (1995-2000) : 32,0 ‰ (moyenne mondiale 15,7 ‰).
- ***Taux de fécondité*** (nombre moyen de naissances par femme en âge de procréer, 1995-2000) : 7,0.
- ***Espérance de vie*** à la naissance (1995) : hommes 45,9 ans ; femmes 48,2 ans.
- ***Principales causes de décès*** (1987-1988)[b, c] : maladies infectieuses et parasitaires 33,1 % ; maladies de l'appareil respiratoire 15,7 % ; maladies de l'appareil digestif 10,7 %.

Économie nationale[b]

- ***Budget de l'État*** (1995-1996)

Recettes : 6 817 300 000 ETB (taxes 69,3 %, dont droits d'importation 25,3 %, impôts sur les revenus et les bénéfices 23,9 %, impôts sur les ventes 14,0 %, droits d'exportation 1,7 % ; recettes non fiscales 30,7 %).
Dépenses : 8 573 200 000 ETB (services généraux 20,4 % ; services sociaux 15,9 %, dont éducation 10,6 %, santé publique 3,6 % ; paiement de la dette 9,8 %).

- ***Dette publique*** (extérieure, créances, 1995) : 4 958 000 000 USD.
- ***Tourisme*** (1995) : recettes touristiques 36 000 000 USD ; dépenses touristiques à l'étranger 25 000 000 USD.
- ***Production***

Agriculture, sylviculture, pêche (1996).
Maïs 3 250 000 t ; sorgho 1 980 000 t ; blé 1 970 000 t ; canne à sucre 1 600 000 t ; orge 1 570 000 t ; millet 360 000 t ; pommes de terre 350 000 t ; ignames 263 000 t ; café 230 000 t ; coton brut 45 500 t.
Cheptel (sur pied) : bovins 29 900 000 ; moutons 21 700 000 ; chèvres 16 700 000 ; chevaux, mulets et ânes 8 580 000 ; chameaux 1 000 000.
Bois (1995) : 48 454 000 m^3.
Pêche (1995) : 6 400 t.
Industries extractives (1994)[b] : ciment 400 000 t ; pierre à chaux 200 000 t ; sel 165 000 t ; or 128 603 onces ; platine 48 onces.
Industries manufacturières (1991-1992, valeur brute aux prix constants de 1978-1979)[b] : produits alimentaires et boissons 555 800 000 ETB ; textiles 251 400 000 ETB ; cuirs et chaussures 162 300 000 ETB ; cigarettes 106 000 000 ETB ; produits chimiques 53 400 000 ETB.
Bâtiment (constructions autorisées à Addis-Abéba uniquement, 1987-1988) : résidentiel 260 251 m^2 ; non résidentiel 63 346 m^2 (dont commercial 16 994 m^2).
Énergie (production/consommation)[b] : électricité (1994) 1 284 000 000/1 284 000 000 kWh ; charbon 0/n.d. ; pétrole brut (1994) n.d./5 637 000 barils ; produits pétroliers (1994) 746 000/899 000 t ; gaz naturel n.d./n.d.

- ***Produit national brut*** (1995) : 5 722 000 000 USD (100 USD/hab.).
- ***Population active*** (1995) : 24 606 100 ; taux d'activité 43,4 % (taux de participation : 15-64 ans 72,2 % ; femmes 41,5 % ; sans-emploi [1993] 62,9 %).
- ***Revenus et dépenses des ménages***[b]

Taille moyenne des ménages (1984) : 4,5.
Revenu annuel moyen par ménage (1981-1982) : 1 728 ETB (835 USD).
Dépenses (1988) : alimentation 66,7 % ; combustibles et énergie 15,9 % ; habillement 6,8 % ; santé 3,1 % ; éducation 2,5 % ; biens domestiques 2,1 %.

Corpus : AFRIQUE (Structure et milieu) – Géographie générale (données économiques) ; ALIMENTATION (ÉCONOMIE DE L') – Les grands produits alimentaires (le café) ; GALLA ET SOMALI ; NILOTIQUES (la société sans État des Nuer) ; ROUGE (MER) [les États riverains et la politique de neutralisation].

Universalia 1986 : 244 Éthiopie : dix ans de révolution ; *Universalia 1995 :* 197 Érythrée : un nouvel État.

Thesaurus :
ADDIS-ABEBA
AFAR
AFAR (DÉPRESSION DE L')
ASMARA
FALASHA-S
ISSA

régions*	chefs-lieux	superficie (km²)	population (estim. 1994)
Addis-Abêba	n.d.	n.d.	2 112 737
Affar	n.d.	n.d.	1 106 383
Amhara	n.d.	n.d.	13 834 297
Benishangul-Gumuz	n.d.	n.d.	460 459
Dire Dawa	n.d.	n.d.	251 864
Gambela	n.d.	n.d.	181 862
Harari	n.d.	n.d.	131 139
Oromiya	n.d.	n.d.	18 732 525
Peuples, nations et nationalités du Sud	n.d.	n.d.	10 377 028
Tigré	n.d.	n.d.	3 136 267
total			**50 324 561**

(•) L'Éthiopie a désormais 10 régions administratives depuis la réorganisation de 1995. Les surfaces et les chefs-lieux restaient indéterminés à la fin de 1997.

Territoire et population.

	1993-1994		1995	
	millions de ETB	% du total	effectifs	% des effectifs
agriculture	13 754,1	54,4	21 605 317	88,6
industrie, mines	1 932,3	7,6	401 535	1,6
bâtiment	736,0	2,9	61 232	0,3
entreprises publiques	254,8	1,0	17 066	0,1
transports et communications	1 163,5	4,6	103 154	0,4
commerce	2 551,3	10,1	935 937	3,8
finance	2 035,2	8,0	19 451	0,1
administration, défense nationale	1 792,7	7,1		
services	1 008,2	4,0	1 252 224	5,1
autres	66,6*	0,3		
total	**25 294,7**	**100,0**	**24 395 916**	**100,0**

(•) Moins les frais de service bancaire.

Structure du produit intérieur brut et effectifs.

	1990	1991	1992	1993	1994	1995	1996
indice des prix à la consommation	100,0	135,7	150,0	155,3	167,1	183,9	179,6

Indices des prix (1990 = 100).

	1989	1990	1991	1992	1993	1994
millions de ETB	− 747,6	− 1 271,6	− 433,1	− 1 360,5	− 2 325,1	− 2 708,3
% du total	29,1	50,8	55,5	60,3	53,9	39,6

Balance commerciale (prix courants).

	nombre d'établissements	nombre d'enseignants	nombre d'élèves	nombre d'élèves par enseignant
primaire (7-12 ans)	9 276	83 113	2 722 192	32,8
secondaire (13-18 ans)	1 209 [1]	22 779	747 142	32,8
professionnel et formation à l'enseignement	n.d.	826	9 103	11,0
supérieur	11 [2]	1 937	32 671	16,9

1. 1985-1986. 2. 1991. 3. 1983-1984.

Enseignement (1994-1995).

■ ***Utilisation du sol*** (1994) : forêts 19,3 % ; prairies et pâturages 20,0 % ; terres cultivées et plantations 11,0 % ; autres 49,7 %.

Échanges extérieurs[b]

■ ***Importations*** (1994-1995) : 6 543 274 000 ETB (véhicules automobiles 15,5 % ; produits pétroliers 15,2 % ; produits alimentaires et animaux sur pied 13,9 % ; machines (y compris aéronefs) 10,9 % ; produits en métal 8,6 % ; fertilisants 5,3 % ; textiles 3,5 % ; produits pharmaceutiques 3,0 % ; produits chimiques 2,7 %).

Principales sources des importations : Arabie Saoudite 15,1 % ; États-Unis 13,0 % ; Italie 11,1 % ; Allemagne 9,6 % ; Japon 6,1 % ; Royaume-Uni 4,9 %.

■ ***Exportations*** (1994-1996) : 2 834 844 000 ETB (café 63,5 % ; cuirs 13,2 % ; légumes secs 3,6 % ; produits pétroliers 3,4 %).

Principales destinations des exportations : Allemagne 30,8 % ; Japon 13,0 % ; Italie 7,6 % ; Djibouti 6,8 % ; États-Unis 6,0 % ; France 5,8 %.

Transports et communications[b]

■ ***Transports***

Chemins de fer[d] (1994-1995) : longueur 782 km ; trafic : 151 000 000 passagers-km ; 93 000 000 t-km.

Routes (1991) : longueur totale 27 972 km (15 % recouvertes).

Véhicules (1994) : voitures particulières 42 085 ; camions et autobus 29 619.

Transports aériens (1996) ; (Air-Éthiopie seulement) trafic : 1 889 029 000 passagers-km ; 118 093 000 t-km. 31 aéroports desservis par des vols réguliers (1997).

■ ***Communications***

Journaux quotidiens (1996) : diffusion totale 77 000 ; diffusion pour 1 000 hab. 1,3.

Radiodiffusion (1996) : 9 000 000 postes récepteurs ; 153 pour 1 000 hab.

Télévision (1995) : 230 000 postes récepteurs ; 4 pour 1 000 hab.

Téléphone (1995) : 142 500 lignes principales ; 2,5 pour 1 000 hab.

Éducation et santé

■ ***Alphabétisation*** (1995) : personnes âgées de 15 ans et plus alphabétisées 35,5 %.

■ ***Santé***[b] : 1 466 médecins en 1988 (1 pour 30 195 hab.) ; 11 745 lits d'hôpital en 1986-1987 (1 pour 3 873 hab.) ; taux de mortalité infantile (1995-2000) : 107,0 ‰.

■ ***Alimentation***[b] (1992) : apport journalier en calories par habitant 1 610 (alimentation d'origine végétale 93 % ; d'origine animale 7 %) ; soit 69 % du niveau minimal recommandé par la F.A.O. (1984).

Défense nationale

■ ***Contingent*** (1997) : les forces armées sont estimées à environ 120 000 hommes.

■ ***Dépenses militaires*** (1995) : 2,2 % du P.N.B. (moyenne mondiale 2,8 %) ; soit 2 USD/hab.

a. La nouvelle république a été officiellement proclamée le 22 août 1995.

b. Comprend l'Érythrée.

c. Proportion de maladies déclarées d'après un échantillon de personnes hospitalisées.

d. Comprend 100 km du Chemin de fer Djibouti-Éthiopie (C.D.E.) à Djibouti ; ne comprend pas 306 km de la ligne Nord-Éthiopie, désaffectée depuis 1978.

→ *Thesaurus :* FIDJI (ARCHIPEL DES)
→ *Grand Atlas de Géographie* (éd. 1992) : 16, 167g
→ *Grand Atlas de l'Histoire :* 277

FIDJI

- ***Nom officiel*** : République des Fidji (anglais : Republic of Fiji ; fidjien : Viti). Code I.S.O. : FJ.
- ***Forme de gouvernement***[a] : république avec deux chambres législatives (Sénat [34 nommés] et Chambre des représentants [70].
- ***Chef de l'État*** : président.
- ***Chef du gouvernement*** : Premier ministre.
- ***Capitale*** : Suva.
- ***Langues officielles*** : anglais ; fidjien.
- ***Religion officielle*** : aucune.
- ***Unité monétaire*** : 1 dollar des îles Fidji (FJD) = 100 cents ; valeur (31 déc. 1997) : 100 FJD = 387,73 FRF.

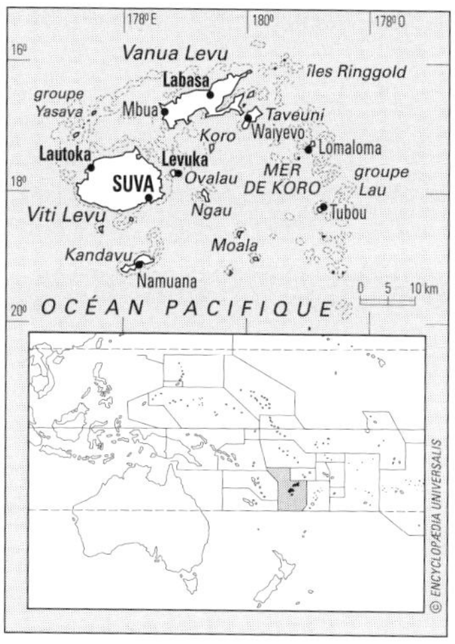

Démographie

- ***Population*** (estim. 1997) : 778 000.
- ***Densité*** (1997) : 42,6 hab./km².
- ***Répartition urbaine/rurale*** (1996) : population urbaine 46,4 % ; population rurale 53,6 %.
- ***Répartition par sexe*** (1990) : hommes 50,65 % ; femmes 49,35 %.
- ***Répartition par âge*** (1990) : moins de 15 ans 37,3 % ; de 15 à 29 ans 28,5 % ; de 30 à 44 ans 18,7 % ; de 45 à 59 ans 10,0 % ; de 60 à 74 ans 4,1 % ; 75 ans et plus 1,4 %.
- ***Projection démographique*** : 796 937 en 2000 ; 860 000 en 2010.
- ***Temps de doublement*** : 38 ans.
- ***Composition ethnique*** (1996) : Fidjiens 51,1 % ; Indiens 43,6 % ; autres 5,3 %.
- ***Appartenances religieuses*** (1986) : chrétiens 52,9 % ; hindous 38,1 % ; musulmans 7,8 % ; sikhs 0,7 % ; autres 0,5 %.
- ***Principales villes*** (1996) : Suva 67 421 hab. ; Lautoka 42 917 hab. ; Nadi 30 791 hab. ; Labasa 24 137 hab. ; Nausori 21 645 hab.

Statistiques de l'état civil

- ***Taux de natalité*** (1997) : 22,7 ‰ (moyenne mondiale 25,0 ‰) ; taux (1978) de naissances légitimes 82,7 %, naissances illégitimes 17,3 %.
- ***Taux de mortalité*** (1997) : 4,6 ‰ (moyenne mondiale 9,3 ‰).
- ***Taux d'accroissement naturel*** (1997) : 18,1 ‰ (moyenne mondiale 15,7 ‰).
- ***Taux de fécondité*** (nombre moyen de naissances par femme en âge de procréer, 1997) : 2,8.
- ***Nombre de mariages*** (pour 1 000 hab., 1988) : 9,6.
- ***Nombre de divorces*** (pour 1 000 hab., 1979) : 0,7.
- ***Espérance de vie*** à la naissance (1997) : hommes 70,0 ans ; femmes 75,0 ans.
- ***Principales causes de décès*** (pour 100 000 hab., 1987) : maladies de l'appareil circulatoire 153,4 ; tumeurs malignes (cancers) 35,5 ; accidents, empoisonnements et actes de violence 32,2 ; maladies de l'appareil respiratoire 31,7 ; diabète 27,3 ; maladies infectieuses et parasitaires 18,2 ; traumatismes liés à la naissance 16,5.

Économie nationale

- ***Budget de l'État*** (1994)
Recettes : 702 429 000 FJD (impôts sur le revenu et impôts fonciers 56,0 % ; droits de douane et de port 29,6 % ; redevances et ventes 6,4 %).
Dépenses : 681 048 000 FJD (dépenses générales 72,0 % ; service de la dette publique 23,7 % ; pensions et subventions 4,3 %).
- ***Dette publique*** (extérieure, créances, 1995) : 169 900 000 USD.
- ***Tourisme*** (1995) : recettes touristiques 312 000 000 USD ; dépenses touristiques à l'étranger 55 000 000 USD.
- ***Production***
Agriculture, sylviculture, pêche (1996).
Canne à sucre 4 110 000 t ; noix de coco 210 000 t ; manioc 25 600 t ; taro 21 900 t ; riz paddy 18 500 t ; bananes 6 300 t ; patates douces 4 000 t ; tomates 3 000 t ; ignames 2 700 t ; ananas 2 500 t.
Cheptel (sur pied) : bovins 354 000 ; chèvres 211 000 ; porcs 121 000.
Bois (1995) : 598 200 m³.
Pêche (1995) : 34 577 t.
Industries extractives (1995) : or 3 477 kg ; argent 1 572 kg.
Industries manufacturières (en millions d'USD, 1994) : produits alimentaires 84 ; vêtements 28 ; bois et dérivés 16 ; boissons 15 ; produits chimiques 13.
Bâtiment (1995) : résidentiel 97 000 m² ; non résidentiel 64 000 m².
Énergie (production/consommation) : électricité (1994) 520 000 000/520 000 000 kWh ; charbon (1994) 0/20 000 t ; pétrole brut 0/n.d. ; produits pétroliers (1994) 0/201 000 t ; gaz naturel 0/n.d.
- ***Produit national brut*** (aux prix courants du marché, 1995) : 1 895 000 000 USD (2 440 USD/hab.).
- ***Population active*** (1986) : 241 160 ; taux d'activité 33,7 % (taux de participation : 15-64 ans 56,0 % ; femmes 21,2 % ; sans-emploi [1990] 6,4 %).
- ***Revenus et dépenses des ménages***
Taille moyenne des ménages (1986) : 5,7.
Revenu annuel moyen par ménage (1980) : 2 837 FJD (3 546 USD) ; sources des revenus (1973) : traitements et salaires 81,5 % ; activités non salariées 9,1 % ; autres 9,4 %.
Dépenses (1991) : alimentation, boissons et tabac 41,5 % ; logement et énergie 21,4 % ; transports et communications 12,9 % ; équipements domestiques 6,5 % ; habillement 5,4 %.
- ***Utilisation du sol*** (1994) : forêts 64,9 % ; prairies et pâturages 9,5 % ; terres cultivées et plantations 14,2 % ; autres 11,4 %.

divisions et provinces*	capitales	superficie (km²)	population (estim. 1996)
Centre	**Suva Nausori**		
Naitasiri	Vunidawa	1 666	126 441
Namosi	—	570	5 893
Rewa	Nausori	272	101 193
Serua	Navua	830	15 495
Tailevu	Nausauri	955	48 233
Est	**Levuka**		
Kadavu	Vunisea	478	9 539
Lau	Lakeba	487	12 203
Lomaiviti	Levuka	411	16 203
Rotuma	—	46	2 810
Nord	**Labasa (Lambasa)**		
Bua	Labasa	2 004	14 977
Cakaudrove	Nabouwalu	2 816	43 626
Makuata	Savusavu	1 379	80 151
Ouest	**Lautoka**		
Mba (Ba)	Lautoka	2 634	211 080
Nadroga-Navosa	Sigatoka	2 385	54 049
Ra	Rakiraki	1 341	30 762
total		**18 274**	**772 655**

(*) Les provinces ne sont autonomes qu'en ce qui concerne les affaires locales.

Territoire et population.

Corpus : OCÉANIE – Géographie humaine ; Ethnographie.

Thesaurus :
AUSTRONÉSIENS
SUVA

	1995		1986	
	milliers de FJD [1]	% du total	effectifs	% des effectifs
agriculture	198 235	20,5	106 305	44,1
mines	1 544	0,2	1 345	0,5
industrie	116 148	12,0	18 106	7,5
bâtiment	45 782	4,7	11 786	4,9
entreprises publiques	13 924	1,4	2 154	0,9
transports et communications	156 688	16,2	13 151	5,4
commerce	211 696	21,8	26 010	10,8
finance	119 595	12,3	6 016	2,5
administration, défense nationale, services	138 699	14,3	36 619	15,2
autres	– 33 540 [2]	– 3,4	19 668 [3]	8,2
total	**968 771**	**100,0**	**241 160**	**100,0**

1. Aux prix constants de 1977. 2. Moins les frais de service bancaire. 3. Sans-emploi principalement.

Structure du produit intérieur brut et effectifs.

	1990	1991	1992	1993	1994	1995	1996
indice des prix à la consommation	100,0	106,5	111,7	117,5	118,2	120,8	124,5
indice des revenus	n.d.	n.d.	n.d.	n.d.	n.d.	n.d.	n.d.

Indices des prix et des revenus (1990 = 100).

	1991	1992	1993	1994	1995	1996
millions de FJD	– 279,6	– 275,53	– 521,42	– 409,36	– 454,45	– 225,26
% du total	20,1	20,9	30,7	20,4	22,9	10,9

Balance commerciale (prix courants).

	nombre d'établissements	nombre d'enseignants	nombre d'élèves	nombre d'élèves par enseignant
primaire (5-15 ans)	693	4 644	145 630	31,4
secondaire (16-19 ans)	142	3 045	60 237	19,8
professionnel et formation à l'enseignement	45	625	7 283	11,6
supérieur [1]	5 [2]	277	7 908	28,5

1. 1991. 2. 1983.

Enseignement (1992).

Échanges extérieurs

■ ***Importations*** (1996) : 1 380 071 000 FJD (produits manufacturés durables 25,9 % ; équipement industriel et de transport 23,8 % ; produits alimentaires, boissons et tabac 15,1 % ; combustibles minéraux 13,4 % ; biens de consommation divers 11,6 % ; produits chimiques 7,4 %).
Principales sources des importations : Australie 44,4 % ; Nouvelle-Zélande 14,8 % ; États-Unis 9,3 % ; Japon 5,2 % ; Singapour 5,0 % ; Taïwan 2,6 % ; Chine 2,5 % ; Royaume-Uni 1,8 % ; Hong Kong 1,7 %.

■ ***Exportations*** (1996) [a] : 790 960 000 FJD (sucre 34,5 % ; vêtement 23,7 % ; or 10,3 % ; poisson 7,6 % ; bois de construction 5,8 % ; mélasse 2,8 % ; huile de coprah 0,7 %).
Principales destinations des exportations (exportations d'origine locale uniquement) : Australie 33,4 % ; Royaume-Uni 18,1 % ; États-Unis 10,0 % ; Japon 8,6 % ; Nouvelle-Zélande 4,5 % ; Portugal 4,4 % ; Malaisie 3,8 %.

Transports et communications

■ ***Transports***
Chemins de fer (propriété de la Fiji Sugar Corp., 1995) : longueur 595 km.
Routes (1995) : longueur totale 5 100 km (20 % recouvertes).
Véhicules (1995) : voitures particulières 49 712 ; camions et autobus 33 928.
Marine marchande (1992) : 64 navires (de 100 tjb et plus) ; 60 444 tonneaux de port en lourd.
Transports aériens (Air Pacifique uniquement, 1996) ; trafic : 1 194 652 000 passagers-km ; 51 622 000 t-km. 13 aéroports desservis par des vols réguliers (1997).

■ ***Communications***
Journaux quotidiens (1995) : diffusion totale 54 000 ; diffusion pour 1 000 hab. 68.
Radiodiffusion (1996) : 450 000 postes récepteurs ; 561 pour 1 000 hab.
Télévision (1995) : 70 000 postes récepteurs ; 89 pour 1 000 hab.
Téléphone (1995) : 64 800 lignes principales ; 83 pour 1 000 hab.

Éducation et santé

■ ***Niveau d'éducation*** (1986)
Proportion de la population âgée de 25 ans et plus : sans instruction scolaire 28,3 % ; ayant une éducation primaire 19,1 % ; éducation secondaire incomplète 44,1 % ; éducation secondaire 4,1 % ; éducation postsecondaire 3,3 % ; sans précision 1,1 %.

■ ***Alphabétisation*** (1986) : personnes âgées de 15 ans et plus alphabétisées 87,0 % ; hommes 90,0 % ; femmes 84,0 %.

■ ***Santé*** (1994) : 295 médecins (1 pour 2 576 hab.) ; 1 747 lits d'hôpital (1 pour 438 hab.) ; taux de mortalité infantile (1997) : 20,0 ‰.

■ ***Alimentation*** (1995) : apport journalier en calories par habitant 3 078 (alimentation d'origine végétale 81 % ; d'origine animale 19 %) ; soit 135 % du niveau minimal recommandé par la F.A.O.

Défense nationale

■ ***Contingent*** (1997) : 3 600 (armée de terre 91,7 % ; marine 8,3 %).

■ ***Dépenses militaires*** (1995) : 1,9 % du P.N.B. (moyenne mondiale 2,8 %) ; soit 42 USD/hab.

a. Une nouvelle Constitution a été signée le 25 juillet 1997 et deviendra effective en juillet 1998.
b. Non compris les réexportations, évaluées à 226 438 000 FJD.

→ *Corpus* : FINLANDE
→ *Grand Atlas de Géographie* (éd. 1992) : 24, 26
→ *Grand Atlas de l'Histoire* : 215, 264, 265, 272, 273, 274, 275, 295

FINLANDE

• ***Noms officiels*** : République de Finlande (finn. : Suomen Tasavalta [forme courte : Suomi] ; suéd. : Republiken Finland [forme courte : Finland]). Code I.S.O. : FI.

• ***Forme de gouvernement*** : république à régime parlementaire multipartiste avec un Parlement (Eduskunta [200]).

• ***Chef de l'État*** : président.

• ***Chef du gouvernement*** : Premier ministre.

• ***Capitale*** : Helsinki ; Helsingfors.

• ***Langues officielles*** : finnois ; suédois.

• ***Religion officielle*** : aucune[a].

• ***Unité monétaire*** : 1 markka (mark finlandais), pl. markkaa (FIM) = 100 pennis, sing. pennia ; valeur (31 déc. 1997) : 100 FIM = 110,44 FRF ; 1 écu = 5,987 26 FIM.

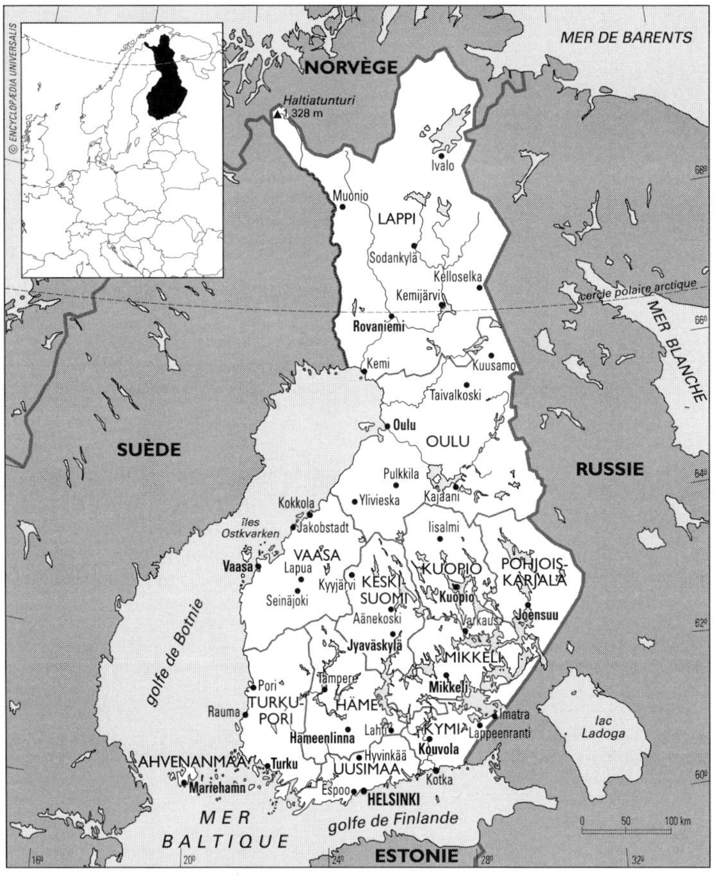

Corpus : EUROPE (Structure et milieu) – Géographie (répartition des populations) ; EUROPE OCCIDENTALE ; FORÊTS (richesse forestière du globe) ; LAPONS ; PÊCHE ; SCANDINAVIE (populations) ; TOURISME.

Universalia 1991 : 117 La Communauté européenne dans la nouvelle configuration Est-Ouest ; 165 Le fardeau des déchets industriels ; *Universalia 1997* : 229 Mer Baltique : géostratégies et nouveaux enjeux.

Thesaurus :
A.E.L.E.
ÅLAND (ÎLES)
CONSEIL NORDIQUE
HELSINKI

Démographie

■ ***Population*** (estim. 1997) : 5 145 000.

■ ***Densité***[b] (1997) : 7,9 hab./km^2.

■ ***Répartition urbaine/rurale*** (1997) : population urbaine 65,1 %, rurale 34,9 %.

■ ***Répartition par sexe*** (1997) : hommes 48,72 % ; femmes 51,28 %.

■ ***Répartition par âge*** (1997) : moins de 15 ans 18,9 % ; de 15 à 29 ans 18,9 % ; de 30 à 44 ans 22,6 % ; de 45 à 59 ans 20,4 % ; de 60 à 74 ans 13,2 % ; 75 ans et plus 6,0 %.

■ ***Projection démographique*** : 5 209 000 en 2000 ; 5 270 000 en 2010.

■ ***Temps de doublement*** : sans objet.

■ ***Composition linguistique*** (1997) : Finnois 92,9 % ; Suédois 5,7 % ; autres 1,4 %.

■ ***Appartenances religieuses*** (1997) : luthériens 85,7 % ; orthodoxes (grecs) finnois 1,1 % ; sans appartenance 12,2 % ; autres 1,0 %.

■ ***Principales villes*** (1997) : Helsinki 532 053 hab. (zone urbaine [1995] 875 000 hab.) ; Espoo 196 260 hab. ; Tampere 186 026 hab. ; Vantaa 168 778 hab. ; Turku 166 929 hab. ; Oulu 111 556 hab.

Statistiques de l'état civil

■ ***Taux de natalité*** (1996) : 11,8 ‰ (moyenne mondiale 25,0 ‰) ; taux (1995) de naissances légitimes 66,9 %, illégitimes 33,1 %.

■ ***Taux de mortalité*** (1996) : 9,6 ‰ (moyenne mondiale 9,3 ‰).

■ ***Taux d'accroissement naturel*** (1996) : 2,2 ‰ (moyenne mondiale 15,7 ‰).

■ ***Taux de fécondité*** (nombre moyen de naissances par femme en âge de procréer, 1996) : 1,7.

■ ***Nombre de mariages*** (pour 1 000 hab., 1995) : 4,6.

■ ***Nombre de divorces*** (pour 1 000 hab., 1995) : 2,7.

■ ***Espérance de vie*** à la naissance (1995) : hommes 72,8 ans ; femmes 80,2 ans.

■ ***Principales causes de décès*** (pour 100 000 hab., 1994) : maladies de cœur ischémiques 262,5 ; tumeurs malignes (cancers) 192,3 ; maladies cérébro-vasculaires 112,4 ; maladies de l'appareil respiratoire 71,8 ; accidents 50,8.

Économie nationale

■ ***Budget de l'État*** (1996)
Recettes : 192 989 000 000 FIM (recettes fiscales 63,7 %, dont taxes à la valeur ajoutée 23,6 %, impôts sur le revenu et impôts fonciers 20,1 %, taxes indirectes 12,7 % ; emprunts 20,4 %).
Dépenses : 192 985 000 000 FIM (sécurité sociale et santé 25,0 % ; dette nationale 15,2 % ; éducation 12,2 % ; administration générale 8,3 % ; agriculture 5,9 % ; défense 4,6 %).

■ ***Dette nationale*** (septembre 1996) : 88 873 000 000 USD.

■ ***Tourisme*** (1996) : recettes touristiques 1 674 000 000 USD ; dépenses touristiques à l'étranger 2 366 000 000 USD.

■ ***Production***
Agriculture, sylviculture, pêche (1995).
Plantes fourragères 5 633 000 t ; orge 1 763 000 t ; avoine 1 097 000 t ; betteraves à sucre 1 110 000 t ; pommes de terre 798 000 t ; navets 125 000 t.
Cheptel (sur pied) : porcs 1 295 000 ; bovins 1 185 000 ; rennes 208 000.
Bois : 50 217 000 m^3.
Pêche : 184 829 t.
Industries extractives (1995) : chromite (poids brut) 598 000 t.
Industries manufacturières (valeur ajoutée, millions de FIM, 1994) : pâte à papier et carton 19 818 ; équipement non électrique 12 091 ; machines électriques 9 390 ; produits alimentaires 9 193 ; imprimerie et édition 7 129 ; fer et acier 4 806 ; produits chimiques de base et industriels 4 611.
Bâtiment (constructions achevées, 1995) : résidentiel 8 700 000 m^3 ; non résidentiel 14 830 000 m^3.
Énergie (production/consommation) : électricité (1996) 66 756 000 000/65 420 000 000 (1994) kWh ; charbon (1994) 0/7 501 000 t ; pétrole brut (1994) 0/66 747 000 barils ; produits pétroliers (1994)/10 898 000/19 734 000 t ; gaz naturel (1994) 0/3 390 000 000 m^3.

■ ***Revenus et dépenses des ménages***
Taille moyenne des ménages (1994) : 2,2.

provinces [1]	capitales	superficie (km^2)	population (estim. 1er janv. 1997)
Ahvenanmaa (Åland)	Mariehamm (Maarianhamina)	1 527	25 200
Häme (Tavastehus)	Hämeenlinna (Tavastehus)	19 226	730 500
Keski-Suomi (Mellersta Finland)	Jyväskylä	16 249	258 100
Kuopio	Kuopio	16 510	258 300
Kymi (Kymmene)	Kouvola	10 783	331 900
Lappi (Lappland) [Laponie finnoise]	Rovaniemi	93 057	201 400
Mikkeli	Mikkeli	16 323	205 600
Oulu (Uleåborg)	Oulu (Uleåborg)	56 868	451 800
Pohjois-Karjala (Norra Karelen)	Joensuu	17 782	177 300
Turku-Pori (Åbo-Björneborg)	Turku (Åbo)	19 954	702 200
Uusimaa (Nyland)	Helsinki (Helsingfors)	9 898	1 326 600
Vaasa (Vasa)	Vaasa (Vasa)	26 418	447 900
total		**304 595**	**5 116 800**
surface des eaux intérieures		33 551	
superficie totale		**338 145** [2]	

1. Les noms entre parenthèses sont les noms suédois. 2. Le total général ne correspond pas exactement au détail en raison des arrondis.

Territoire et population.

	millions de FIM	% du total	effectifs	% des effectifs
agriculture, pêche	8 713	1,8	176 000 (agriculture, pêche et sylviculture)	7,0
sylviculture	12 933	2,7		
mines	1 852	0,4	5 000	0,2
industrie	128 186	26,8	486 000	19,3
entreprises publiques	13 261	2,8	26 000	1,0
bâtiment	27 812	5,8	174 000	6,9
transports et communications	41 813	8,8	177 000	7,0
commerce, restauration	52 590	11,0	353 000	14,0
finance, immobilier	90 157	18,9	198 000	7,8
administration, défense nationale	91 187	19,1	832 000 (administration, défense nationale et services)	33,0
services	13 187	2,8		
autres	−4 429	−0,9	96 000 [1]	3,9
total	**477 512**	**100,0**	**2 521 000** [2]	**100,0** [2]

1. Comprend 85 000 sans-emploi à la recherche de leur premier emploi. 2. Le total général ne correspond pas exactement au détail en raison des arrondis.

Structure du produit intérieur brut et effectifs (1995).

	1991	1992	1993	1994	1995	1996	1997*
indice des prix à la consommation	104,1	107,4	109,7	110,9	112,0	112,6	112,9
indice des revenus annuels	106,4	108,4	109,2	111,4	116,6	121,1	123,5

(*) Moyenne du premier trimestre

Indices des prix et des revenus (1990 = 100).

	1991	1992	1993	1994	1995	1996
millions de FIM	+ 5 098	+ 12 516	+ 30 849	+ 33 552	+ 47 465	+ 44 802
% du total	2,8	6,2	13,0	12,2	15,6	13,7

Balance commerciale (prix courants).

	nombre d'établissements	nombre d'enseignants	nombre d'élèves	nombre d'élèves par enseignant
primaire [1] (7-15 ans)	4 474	n.d.	588 162	n.d.
secondaire (16-18 ans)	477	n.d.	134 851	n.d.
professionnel	520	21 245 [2]	199 200	9,5 [2]
supérieur	21	7 790 [2]	133 359	16,4 [2]

1. Inclus le secondaire 1er cycle. 2. 1992-1993

Enseignement (1995-1996).

Revenu annuel moyen disponible par ménage : 129 000 FIM (24 700 USD) ; sources des revenus disponibles : salaires et traitements 70,1 % ; paiements de transferts 8,7 % ; activités non salariées 8,7 % ; autres 12,5 %.
Dépenses (1994) : logement et énergie 28,7 % ; alimentation et boissons 22,9 % ; communications et transports 20,0 %.

■ ***Produit national brut*** (aux prix courants du marché, 1995) : 105 174 000 000 USD (20 580 USD/hab.).

■ ***Population active*** (1995) : 2 521 000 ; taux d'activité 49,4 % (taux de participation : 15-64 ans 73,5 % ; femmes 47,0 % ; sans-emploi [mai 1996-avril 1997] 15,5 %).

■ ***Utilisation du sol*** (1994) : forêts 76,1 % ; prairies et pâturages 0,4 % ; terres cultivées et plantations 8,5 % ; autres 15,0 %.

Échanges extérieurs[c]

■ ***Importations*** (1996) : 140 996 000 000 FIM (matières premières 50,2 % ; biens de consommation 21,2 % ; combustibles minéraux 8,9 %).
Principales sources des importations : Allemagne 15,1 % ; Suède 11,9 % ; Royaume-Uni 8,8 % ; États-Unis 7,4 % ; Russie 7,3 % ; Japon 5,2 % ; France 4,5 %.

■ ***Exportations*** (1996) : 185 798 000 000 FIM (produits métalliques et machines 40,3 % ; papier et dérivés, édition 23,4 % ; produits chimiques et dérivés 9,7 %).
Principales destinations des exportations : Allemagne 12,1 % ; Suède 10,7 % ; Royaume-Uni 10,2 % ; États-Unis 7,9 % ; Russie 6,1 % ; France 4,2 % ; Pays-Bas 4,0 %.

Transports et communications

■ ***Transports***
Chemins de fer (1995) : longueur 5 854 km ; trafic : 2 616 000 000 passagers-km ; 9 564 000 000 t-km.
Routes (1996, non compris Ahvenanmaa) : longueur totale 77 722 km (63 % recouvertes).
Véhicules (1996) : voitures particulières 1 900 855 ; camions et autobus 260 115.
Marine marchande (1992) : 263 navires (de 100 tjb et plus) ; 989 270 tonneaux de port en lourd.
Transports aériens (Finnair, 1996) ; trafic : 10 709 000 000 passagers-km ; 241 302 000 t-km. 24 aéroports desservis par des vols réguliers (1996).

■ ***Communications***
Journaux quotidiens (1995) : diffusion totale 2 368 000 ; diffusion pour 1 000 hab. 464.
Radiodiffusion (1996) : 4 950 000 postes récepteurs ; 966 pour 1 000 hab.
Télévision (1995) : 1 900 000 postes récepteurs ; 372 pour 1 000 hab.
Téléphone (1995) : 2 796 000 lignes principales ; 547 pour 1 000 hab.

Éducation et santé

■ ***Niveau d'éducation*** (1995)
Proportion de la population âgée de 25 ans et plus : ayant une éducation secondaire du premier cycle incomplète 45,1 % ; éducation secondaire du second cycle ou professionnelle 41,5 % ; au-delà 13,4 %.

■ ***Alphabétisation*** : presque 100 %.

■ ***Santé*** (1995) : 13 711 médecins (1 pour 371 hab.) ; (1994) 49 877 lits d'hôpital[d] (1 pour 102 hab.) ; taux de mortalité infantile (1996) : 3,9 ‰.

■ ***Alimentation*** (1995) : apport journalier en calories par habitant 3 022 (alimentation d'origine végétale 59 % ; d'origine animale 41 %) ; soit 112 % du niveau minimal recommandé par la F.A.O.

Défense nationale

■ ***Contingent*** (1996) : 32 500 (armée de terre 80,0 % ; marine 7,7 % ; armée de l'air 12,3 %).

■ ***Dépenses militaires*** (1993) : 2,2 % du P.N.B. (moyenne mondiale 3,3 %) ; soit 338 USD/hab.

---

a. Les Églises luthérienne et orthodoxe finnoise ont une reconnaissance spéciale.
b. Sur la base de la surface terrestre.
c. Importations C.I.F. ; exportations F.O.B.
d. Ne comprend pas les lits des institutions spécialisées.

→ **Corpus :** FRANCE (FRANCE D'AUJOURD'HUI)
→ **Grand Atlas de Géographie** (éd. 1992) : 22, 32, 58, 64, 66, 68, 70, 72 (Corse) ; 227 (Paris)
→ **Grand Atlas de l'Histoire :** 208, 209, 210, 211, 212, 244, 245, 252, 253, 256, 257, 260, 261, 264, 265, 266, 267, 268, 269, 272, 273, 274, 275, 276, 277, 295, 300-301 (La France d'outre-mer au XIXe et au XXe siècle), 302-303 (Les familles politiques dans la France contemporaine), 304-305 (Paris).

FRANCE

• ***Nom officiel*** : République française. Code I.S.O. : FR.

• ***Forme de gouvernement*** : république avec un Parlement comprenant deux assemblées législatives (Assemblée nationale [577] et Sénat [321]).

• ***Chef de l'État*** : président.

• ***Chef du gouvernement*** : Premier ministre.

• ***Capitale*** : Paris.

• ***Langue officielle*** : français.

• ***Religion officielle*** : aucune.

• ***Unité monétaire*** : 1 franc français (FRF) = 100 centimes ; 1 écu[a] = 6,612 14 FRF (31 déc. 1997).

Démographie

■ ***Population*** (estim. 1997) : 58 616 000.

■ ***Densité*** (1997) : 107,8 hab./km².

■ ***Répartition urbaine/rurale*** (1996) : population urbaine 72,9 % ; population rurale 27,1 %.

■ ***Répartition par sexe*** (1996) : hommes 48,71 % ; femmes 51,29 %.

■ ***Répartition par âge*** (1995) : moins de 15 ans 19,7 % ; de 15 à 29 ans 21,4 % ; de 30 à 44 ans 22,2 % ; de 45 à 59 ans 16,9 % ; de 60 à 74 ans 13,6 % ; 75 ans et plus 6,2 %.

■ ***Projection démographique*** : 59 351 000 en 2000 ; 61 870 000 en 2010.

■ ***Temps de doublement*** : sans objet.

■ ***Composition ethno-linguistique*** (1990) : de langue maternelle française 93,6 %, dont bilingues en occitan 2,7 %, en allemand (alsacien) 2,3 %, en breton 1,0 %, en catalan 0,4 % ; Arabes 2,5 % ; autres 3,9 %.

■ ***Origines nationales*** (1990) : Français 93,6 %, dont Martiniquais 0,2 %, Guadeloupéens 0,2 %, Réunionais 0,2 % ; Portugais 1,1 % ; Algériens 1,1 % ; Marocains 1,0 % ; Italiens 0,4 % ; Espagnols 0,4 % ; Turcs 0,3 % ; autres 2,1 %.

■ ***Appartenances religieuses*** (1992) : catholiques 76,3 % ; musulmans 6,3 % ; protestants 2,9 % ; autres 14,5 %.

■ ***Principales villes*** (recens. 1990) : Paris 2 175 200 hab. (unité d'agglomération urbaine 9 318 821 hab.) ; Marseille 807 726 hab. (agglom. Marseille-Aix-en-Provence 1 230 936 hab.) ; Lyon 422 444 hab. (1 263 223 hab.) ; Toulouse 365 933 hab. (650 336 hab.) ; Nice 345 674 hab. (516 740 hab.) ; Strasbourg 255 937 hab. (agglom. internat. 348 483 hab.) ; Nantes 252 029 hab. (496 078 hab.) ; Bordeaux 213 274 hab. (696 364 hab.) ; Montpellier 210 886 hab. (248 303 hab.) ; Rennes 203 533 hab. (245 065 hab.) ; Saint-Étienne 201 569 hab. (313 338 hab.) ; Le Havre 197 219 hab. (253 627 hab.) ; Reims 185 164 hab. (206 437 hab.) ; Lille 178 301 hab. (agglom. internat. 959 234 hab.) ; Toulon 170 167 hab. (437 533 hab.) ; Grenoble 153 973 hab. (404 733 hab.) ; Brest 153 099 hab. (201 480 hab.) ; Dijon 151 636 hab. (230 451 hab.) ; Le Mans 148 465 hab. (189 107 hab.) ; Angers 146 163 hab. (208 282 hab.) ; Clermont-Ferrand 140 167 hab. (254 416 hab.) ; Limoges 136 407 hab. (170 065 hab.) ; Amiens 136 234 hab. (156 120 hab.) ; Nîmes 133 607 hab. (138 527 hab.) ; Tours 133 403 hab. (282 152 hab.) ; Aix-en-Provence 126 854 hab. (cf. Marseille) ; Metz 123 920 hab. (193 117 hab.) ; Villeurbanne 119 848 hab. (cf. Lyon) ; Besançon 119 194 hab. (122 623 hab.) ; Caen 115 624 hab. (191 490 hab.) ; Mulhouse 109 905 hab. (223 856 hab.) ; Perpignan 108 049 hab. (157 873 hab.) ; Orléans 107 965 hab. (243 153 hab.) ; Rouen 105 470 hab. (380 161 hab.) ; Nancy 102 410 hab. (329 447 hab.) ; Boulogne-Billancourt 101 971 hab. (cf. Paris).

■ ***Mobilité*** (1990) : population n'ayant pas changé de résidence depuis 1982 51,4 % ; population n'ayant pas changé de région 89,0 % ; migrations interrégionales 8,8 % ; migrations internationales 2,2 %.

■ ***Ménages*** (1993)
Taille moyenne des ménages 2,6 ; ménages d'une personne 27,7 % ; de 2 personnes 32,0 % ; de 3 personnes 17,4 % ; de 4 personnes 14,7 % ; de 5 personnes ou plus 8,2 %.
Ménages familiaux (1990) 14 118 940 (72,1 %) ; ménages non familiaux (1990) 5 471 460 (27,9 %, dont ménages d'une personne 24,6 %).

■ ***Immigration*** (1994)
Immigrants légaux permanents admis : 64 102. Lieux d'origine : Algérie 13,6 % ; Maroc 12,2 % ; Turquie 7,3 % ; Tunisie 3,4 % ; Sri Lanka 2,7 % ; Liban 1,3 % ; Vietnam 1,2 %.

Statistiques de l'état civil

■ ***Taux de natalité*** (1996) : 12,6 ‰ (moyenne mondiale 25,0 ‰) ; taux (1993) de naissances légitimes 63,9 %, illégitimes 36,1 %.

■ ***Taux de mortalité*** (1996) : 9,2 ‰ (moyenne mondiale 9,3 ‰).

■ ***Taux d'accroissement naturel*** (1996) : 3,4 ‰ (moyenne mondiale 15,7 ‰).

■ ***Taux de fécondité*** (nombre moyen de naissances par femme en âge de procréer, 1995) : 1,7.

■ ***Nombre de mariages*** (pour 1 000 hab., 1996) : 4,8.

■ ***Nombre de divorces*** (pour 1 000 hab., 1993) : 1,9.

■ ***Espérance de vie*** à la naissance (1994) : hommes 73,7 ans ; femmes 81,8 ans.

■ ***Principales causes de décès*** (pour 100 000 hab., 1993) : maladies de cœur et de l'appareil circulatoire 301,5 ; tumeurs malignes (cancers) 253,3 ; accidents et actes de violence 80,5 ; maladies de l'appareil respiratoire 69,9 ; maladies de l'appareil digestif 45,2.

Indicateurs sociaux

■ ***Niveau d'éducation*** (1990)
Proportion de la population âgée de 25 ans et plus : ayant une éducation primaire 22,1 % ; éducation secondaire (1er cycle) 7,8 % ; éducation secondaire (2e cycle) et professionnelle 29,4 % ; éducation supérieure 11,6 % ; non spécifié 29,1 %.

■ ***Qualité de la vie professionnelle***
Durée moyenne de la semaine de travail (1994) : 38,9 heures (heures supplémentaires n.d.).
Taux annuel (pour 100 000 actifs) : de blessures ou d'accidents 5 322 (décès 0,8) ; d'accidents du trajet 708 (décès 68,3) ; de maladies professionnelles (janv. 1989) 16,6 ; de décès (janv. 1989) 4,8.
Nombre moyen (pour 1 000 journées-ouvriers) de journées perdues en raison d'arrêts de travail (1993) : 23,0.
Longueur moyenne du trajet domicile-travail (région parisienne, 1990) : 14 km.

■ ***Accès aux services*** (1992)
Proportion de logements équipés : du chauffage central 86,0 % ; de l'eau courante 97,0 % ; d'installations sanitaires à l'intérieur du logement 95,8 %.

■ ***Participation à la vie sociale***
Électeurs inscrits ayant participé au dernier scrutin national (mai et juin 1997, élection présidentielle) : env. 78 % ; personnes âgées de plus de 15 ans participant aux associations bénévoles 28 %.

■ ***Délinquance et/ou déviance sociale***
Délits pour 100 000 habitants (1994) : meurtres 0,8 ; viols 11,3 ; autres actes de violence 290,8 ; vols (cambriolages et effractions compris) 5 204,2.
Taux (pour 100 000 habitants) : d'alcoolisme : n.d. ; décès liés à l'alcoolisme (1991) 5,0 ; de suicides (1993) 21,1.

■ ***Niveau de confort*** (1994)
Ménages possédant : automobile 79,5 % ; récepteur de télévision en couleurs 92,4 % ; magnétoscope 52,8 % ; réfrigérateur 99,0 % ; lave-linge 89,4 %.

Économie nationale

■ ***Produit national brut*** (1995) : 1 451 051 000 000 USD (24 990 USD/hab.).

■ ***Budget de l'État*** (1996)
Recettes : 1 552 100 000 000 FRF (taxe à la valeur ajoutée 49,1 % ; impôts directs 38,2 % ; droits de douane 10,2 %).
Dépenses : 1 541 300 000 000 FRF (éducation 22,5 %, défense nationale 15,6 % ; service de la dette 14,7 % ; assistance sociale 10,8 %).

■ ***Dette publique*** (1994) : 3 272 800 000 000 FRF (624 940 000 000 USD).

■ ***Tourisme*** (1996) : recettes touristiques 28 181 700 000 USD ; dépenses touristiques à l'étranger 17 505 400 000 USD.

■ ***Production***
Agriculture, sylviculture, pêche (1997).
Blé 34 070 000 t ; betteraves à sucre 32 171 000 t ; maïs 15 110 000 t ; orge 10 161 000 t ; raisins 7 000 000 t ; pommes de terre 6 500 000 t ; graines de colza 3 512 000 t ; pois secs 3 087 000 t ; graines de tournesol 2 193 000 t ; pommes 2 192 000 t ; tomates 785 000 t ; carottes 644 000 t ; petits

Corpus : ACIER (ÉCONOMIE DE L') [la répartition mondiale de la production] ; AÉROSPATIALE (INDUSTRIE) ; ALIMENTATION (ÉCONOMIE DE L') – Les grands produits alimentaires ; ALPES (les grandes divisions alpines) [les Alpes françaises du Sud] ; ALSACE ; AQUACULTURE ; AQUITAINE ; ARDENNES (géographie humaine) ; AUTOMOBILE – Industrie ; BASQUES ; BELFORT (TERRITOIRE DE) ; BOURGOGNE ; BRETAGNE ; CAPITALES RÉGIONALES ; CÉRÉALES ; CHARBONNAGES (l'Europe charbonnière) ; CHEMINS DE FER (les transports ferroviaires) ; CHIMIE – Les industries chimiques ; CINÉMA – Industrie du cinéma ; COOPÉRATIVES ; CORSE ; DÉFENSE (ÉCONOMIE DE LA) ; ÉLECTRICITÉ – Électrotechnique ; Industries électriques ; ÉLECTRONIQUE (INDUSTRIE) ; ENTREPRISES PUBLIQUES (développement) ; EUROPE (Structure et milieu) – Géographie (répartition des populations) ; EUROPE OCCIDENTALE ; FRUITS (aspects commerciaux) ; INDUSTRIE – Groupes industriels et financiers ; JURA (contrastes de la géographie humaine) ; LANGUEDOC ; LÉGUMES (importance économique) ; LOIRE (PAYS DE LA) ; LORRAINE ; MANCHE (zones économiques exclusives) ; MASSIF CENTRAL ; MÉDITERRANÉE (HISTOIRE DE LA) [époque contemporaine] ; MIGRANTS ; MILITAIRES (ÉQUIPEMENTS) ; MINORITÉS (HISTOIRE DES) ; NAVALES (CONSTRUCTIONS) [une industrie mondiale] ; NORD (France) ; NORMANDIE ; NUCLÉAIRE (INDUSTRIE) ; OUTRE-MER (DÉPARTEMENTS ET TERRITOIRES D') ; PARIS ; PARISIEN (BASSIN) [les subdivisions géographiques] ; PÊCHE ; PHARMACIE ET INDUSTRIE PHARMACEUTIQUE ; POPULATION (GÉOGRAPHIE DE LA) ; PORTS MARITIMES (les grands ports français) ; PRESSE – L'économie de la presse écrite ; PROVENCE ; PYRÉNÉES ; RECHERCHE SCIENTIFIQUE ; RECONVERSION ÉCONOMIQUE ; RÉGIONS ; RHIN ; SEL (l'économie du sel à la fin du XXe siècle) ; SIDÉRURGIQUE (INDUSTRIE) ; SUCRE (la production) ; TERTIAIRE (SECTEUR) ; TOURISME ; TRANSPORTS ; VIANDE ; URANIUM (répartition géographique des gisements) ; VILLE – Réseau urbain (les réseaux urbains nationaux).

Universalia 1988 : 239 L'année politique ; ***Universalia 1989 :*** 177 Les autorités administratives indépendantes ; 185 Les relations franco-allemandes ; 241 Les entreprises et leur histoire ; 245 La pollution du Rhin ; 260 L'année politique ; 264 L'élection présidentielle ; 274 Les élections législatives ; 284 Les élections présidentielle et législatives : les consé-

pois 575 000 t ; avoine 563 000 t ; choux-fleurs 530 000 t ; laitues 528 000 t ; pêches 474 000 t ; haricots verts 325 000 t ; oignons 324 000 t. Cheptel (sur pied) : bovins 20 300 000 ; porcs 14 968 000 ; moutons 10 126 000 ; chèvres 1 114 000.
Bois (1995) : 46 345 000 m^3.
Pêche (1995) : 793 413 t.
Industries extractives (1995) : minerai de fer 1 500 000 t ; sels de potasse 800 000 t ; bauxite 130 800 t ; uranium 840 t ; or 151 124 onces ; argent 48 231 onces.
Industries manufacturières (1995) : ciment 19 896 000 t ; acier brut 18 132 000 t ; fonte 12 876 000 t ; produits papetiers 8 700 000 t ; aluminium 586 000 t (1993) ; produits en caoutchouc 619 400 t, dont pneumatiques 59 268 000 unités ; automobiles 3 200 000.
Bâtiment (logements achevés, 1993) : 299 000.
Énergie (production/consommation)[c] : électricité (1994) 475 622 000 000/412 454 000 000 kWh ; charbon (1994) 8 039 000/21 809 000 t ; pétrole brut (1994) 20 297 000/562 907 000 barils ; produits pétroliers (1994) 69 078 000/66 994 000 t ; gaz naturel (1994) 2 517 200 000/33 449 900 000 m^3.

■ ***Population active*** (1995) : 25 260 300 ; taux d'activité 43,4 % (taux de participation : 15-64 ans [1993] 67,6 % ; femmes 45,0 % ; sans-emploi 11,7 %).

■ ***Revenus et dépenses des ménages***

Taille moyenne des ménages (1995) : 2,6.
Revenu annuel moyen par ménage (1995) : 302 560 FRF (60 610 USD) ; sources des revenus : traitements et salaires 70,0 % ; activités non salariées 24,4 % ; prestations de sécurité sociale 5,6 %.
Dépenses : logement 18,2 % ; alimentation 16,8 % ; transports 14,5 % ; santé 10,4 % ; loisirs 6,9 % ; habillement 5,4 %.

■ ***Utilisation du sol*** (1994) : forêts 27,3 % ; prairies et pâturages 19,3 % ; terres cultivées et plantations 35,4 % ; autres 18,0 %.

Échanges extérieurs

■ ***Importations*** (1994) : 1 279 663 000 000 FRF (équipement industriel et de transport 41,2 %, dont équipement de transport 14,3 %, équipement électrique 11,4 % ; produits agricoles 12,3 % ; produits chimiques 8,1 % ; combustibles 7,7 %).
Principales sources des importations : Allemagne

pourcentage du revenu familial par quintile				
1	2	3	4	5 (le plus haut)
7,1	12,3	17,1	23,2	40,3

Répartition du revenu (1984).

régions et départements	capitales régionales et chefs-lieux	superficie (km^2)	population (estim. 1995)
Alsace	**Strasbourg**	**8 280**	**1 689 800**
Rhin (Bas-)	Strasbourg	4 755	994 100
Rhin (Haut-)	Colmar	3 525	695 700
Aquitaine	**Bordeaux**	**41 309**	**2 866 300**
Dordogne	Périgueux	9 060	388 700
Gironde	Bordeaux	10 000	1 263 500
Landes	Mont-de-Marsan	9 243	318 300
Lot-et-Garonne	Agen	5 361	303 600
Pyrénées-Atlantiques [1]	Pau	7 645	592 200
Auvergne	**Clermont-Ferrand**	**26 013**	**1 315 400**
Allier	Moulins	7 340	352 500
Cantal	Aurillac	5 726	155 200
Loire (Haute-)	Le Puy	4 977	206 600
Puy-de-Dôme	Clermont-Ferrand	7 970	601 100
Bourgogne	**Dijon**	**31 582**	**1 623 900**
Côte-d'Or	Dijon	8 763	507 300
Nièvre	Nevers	6 817	230 400
Saône-et-Loire	Mâcon	8 575	554 800
Yonne	Auxerre	7 427	331 400
Bretagne	**Rennes**	**27 209**	**2 846 900**
Côtes-d'Armor (ex-Côtes-du-Nord)	Saint-Brieuc	6 878	536 600
Finistère	Quimper	6 733	840 600
Ille-et-Vilaine	Rennes	6 775	836 700
Morbihan	Vannes	6 823	633 000
Centre	**Orléans**	**39 151**	**2 433 200**
Cher	Bourges	7 235	321 100
Eure-et-Loir	Chartres	5 880	410 100
Indre	Châteauroux	6 791	234 400
Indre-et-Loire	Tours	6 127	545 800
Loiret	Orléans	6 775	609 300
Loir-et-Cher	Blois	6 343	312 500
Champagne-Ardenne	**Châlons-sur-Marne**	**25 606**	**1 352 500**
Ardennes	Charleville-Mézières	5 229	292 000
Aube	Troyes	6 004	293 100
Marne	Châlons-sur-Marne	8 162	567 300
Marne (Haute-)	Chaumont	6 211	200 100
Corse	**Ajaccio**	**8 680**	**259 800**
Corse (Haute-) [2]	Bastia	4 666	135 400
Corse-du-Sud [2]	Ajaccio	4 014	124 400
Franche-Comté	**Besançon**	**16 202**	**1 113 200**
Belfort (Territoire de) [3]	Belfort	609	137 100
Doubs	Besançon	5 234	494 100
Jura	Lons-le-Saulnier	4 999	229 900
Saône (Haute-)	Vesoul	5 360	252 100
Île-de-France	**Paris**	**12 011**	**1 977 700**
Essonne [4]	Évry	1 804	1 145 900
Hauts-de-Seine [5]	Nanterre	176	1 405 300
Paris (Ville de) [6]	Paris	105	2 130 900
Seine-et-Marne	Melun	5 915	1 179 300
Seine-Saint-Denis [5]	Bobigny	236	1 405 500
Val-de-Marne [5]	Créteil	245	1 234 700
Val-d'Oise [4]	Cergy-Pontoise	1 246	1 108 400
Yvelines [4]	Versailles	2 284	1 367 700
Languedoc-Roussillon	**Montpellier**	**27 376**	**2 221 300**
Aude	Carcassonne	6 139	305 300
Gard	Nîmes	5 853	607 100
Hérault	Montpellier	6 101	859 900
Lozère	Mende	5 167	72 800
Pyrénées-Orientales	Perpignan	4 116	376 200
Limousin	**Limoges**	**16 942**	**718 900**
Corrèze	Tulle	5 857	236 300
Creuse	Guéret	5 565	127 100
Vienne (Haute-)	Limoges	5 520	355 500
Loire (Pays de la)	**Nantes**	**32 082**	**3 139 800**
Loire-Atlantique [7]	Nantes	6 815	1 089 400
Maine-et-Loire	Angers	7 166	721 200
Mayenne	Laval	5 175	281 900
Sarthe	Le Mans	6 206	521 600
Vendée	La Roche-sur-Yon	6 720	525 700
Lorraine	**Metz**	**23 547**	**2 311 500**
Meurthe-et-Moselle	Nancy	5 241	716 200
Meuse	Bar-le-Duc	6 216	194 000
Moselle	Metz	6 216	1 015 900
Vosges	Épinal	5 874	385 400
Midi-Pyrénées	**Toulouse**	**45 349**	**2 494 200**
Ariège	Foix	4 890	136 600
Aveyron	Rodez	8 736	266 700
Garonne (Haute-)	Toulouse	6 309	990 700
Gers	Auch	6 257	172 300
Lot	Cahors	5 217	157 000
Pyrénées (Hautes-)	Tarbes	4 464	224 000
Tarn	Albi	5 758	341 700
Tarn-et-Garonne	Montauban	3 718	205 200
Nord–Pas-de-Calais	**Lille**	**12 413**	**3 994 800**
Nord	Lille	5 742	2 556 800
Pas-de-Calais	Arras	6 671	1 438 000
Normandie (Basse-)	**Caen**	**17 589**	**1 412 600**
Calvados	Caen	5 548	633 800
Manche	Saint-Lô	5 938	484 100
Orne	Alençon	6 103	294 700
Normandie (Haute-)	**Rouen**	**12 318**	**1 776 900**
Eure	Évreux	6 040	753 400
Seine-Maritime [8]	Rouen	6 278	1 241 500
Picardie	**Amiens**	**19 399**	**1 855 300**
Aisne	Laon	7 369	539 500
Oise	Beauvais	5 860	762 700
Somme	Amiens	6 170	553 100
Poitou-Charentes	**Poitiers**	**25 809**	**1 619 100**
Charente	Angoulême	5 956	341 200
Charente-Maritime [9]	La Rochelle	6 864	540 700
Deux-Sèvres	Niort	5 999	346 800
Vienne	Poitiers	6 990	390 400
Provence-Alpes-Côte d'Azur	**Marseille**	**31 400**	**4 428 200**
Alpes (Hautes-)	Gap	5 549	118 800
Alpes-de-Haute Provence [10]	Digne	6 925	138 800
Alpes-Maritimes	Nice	4 299	1 011 100
Bouches-du-Rhône	Marseille	5 087	1 797 000
Var	Toulon [11]	5 973	872 900
Vaucluse [12]	Avignon	3 567	489 600
Rhône-Alpes	**Lyon**	**43 698**	**5 569 200**
Ain	Bourg-en-Bresse	5 762	500 400
Ardèche	Privas	5 529	282 900
Drôme	Valence	6 530	426 800
Isère	Grenoble	7 431	1 064 600
Loire	Saint-Étienne	4 781	748 500
Rhône	Lyon	3 249	1 561 900
Savoie	Chambéry	6 028	366 800
Savoie (Haute-)	Annecy	4 388	617 300
total		**543 965** [13]	**57 899 657**

1. Ex-Basses-Pyrénées. 2. La Corse est dotée depuis mai 1992 d'un statut de collectivité territoriale. 3. A reçu le statut de département en 1922 ; ancienne partie du département du Haut-Rhin. 4. Créé en 1964, partie de l'ex-département de la Seine-et-Oise. 5. Créé en 1964, parties des deux anciens départements de la Seine et de la Seine-et-Oise. 6. Créé en 1964, partie de l'ex-département de la Seine. 7. Ex-Loire-Inférieure. 8. Ex-Seine-Inférieure. 9. Ex-Charente-Inférieure. 10. Ex-Basses-Alpes. 11. Ancien chef-lieu : Draguignan (de 1797 à 1974). 12. Y compris l'enclave de Valréas, située dans le département de la Drôme. 13. Les mesures géodésiques de l'Institut géographique national aboutissent à un total de 551 602 km^2. Quant au service du cadastre, qui prend en compte, commune par commune, toutes les surfaces, cadastrées ou non, des domaines public et privé, à l'exclusion des lacs, étangs et glaciers de plus d'un kilomètre carré, ainsi que des estuaires des fleuves, il aboutit à un chiffre global de 543 998,03 km^2. 14. Le total général ne correspond pas exactement au détail en raison des arrondis.

Territoire et population.

quences ; 345 La course aux technopoles ; ***Universalia 1990 :*** 130 Les villes géantes ; 247 Les élections municipales ; 251 La France en friche ? 240 L'année politique ; 305 Pays basque ; ***Universalia 1991 :*** La Communauté européenne dans la nouvelle configuration Est-Ouest ; 158 Transports internationaux et enjeux géopolitiques ; 165 Le fardeau des déchets industriels ; 194 L'introduction de l'informatique dans l'agriculture ; 207 L'architecture et les pouvoirs locaux ; 239 La vente du livre hors circuit des librairies ; 249 Les conservatoires du patrimoine naturel en France ; 268 L'année politique ; 270 L'eau, une ressource menacée ; 273 La réforme des P et T ; 276 Le système R.I.T.A. ; 322 Un nouveau *Monde* ? ; 341 Le réseau Numéris ; 345 Discours urbanistiques et développement des villes ; 348 Écoles et quartiers populaires ; 369 L'emploi atypique ; 378 Le soldat du contingent ; 386 Les animaux familiers des Français ; 432 Les musées de la mer ; ***Universalia 1992 :*** 122 L'Europe et l'Afrique : quelles perspectives ? ; 128 Langues françaises et francophonie ; 146 La société française : des mœurs aux modes de vie ; 153 La formation des enseignants ; 214 Les impératifs de production et les critères esthétiques dans le cinéma français ; 217 L'industrie française dans le contexte mondial ; 228 L'industrie du jouet ; 238 Les trente ans du Centre national d'études spatiales ; 247 La présence économique et culturelle française aux États-Unis ; 260 L'année politique ; 262 Dix années de présidence socialiste ; 264 La Réunion : émeutes du « mal-vivre » ou escarmouches pour l'indépendance ? ; 268 Villes et communication ; 307 Paris : les grands projets architecturaux ; 324 Les industriels du football ; ***Universalia 1993 :*** 228 Élections régionales et cantonales ; 232 Le référendum sur le traité de Maastricht ; 234 L'année politique ; 238 Développement culturel, développement social ; 298 Les jeux Olympiques d'Albertville : enjeux et investissements ; ***Universalia 1994 :*** 250 Les élections législatives ; ***Universalia 1995 :*** 215 L'année politique ; 221 Réalités et perspectives de la pêche en mer ; 224 La seconde vague de privatisations ; ***Universalia 1996 :*** 214 Les D.O.M.-T.O.M. : des entités fragiles ; 217 L'élection présidentielle ; 229 Monopoles et service public à l'heure européenne ; 231 Les trajectoires de l'exclusion ; ***Universalia 1997 :*** 208 L'année politique ; 215 Le Massif central et l'aménagement du territoire ; ***Universalia 1998 :*** 198 Les élections législatives ; 203 L'année politique ; 206 La réforme du service national.

Thesaurus :
AJACCIO
AMIENS
ANGERS
ANGOULÊME
ANNECY
ARGENTEUIL
ARLES
ARRAS
ARTOIS
AUBERVILLIERS
AUVERGNE
AUXERRE
AVIGNON

BASQUE (PAYS)
BASTIA
BEAUCE
BEAUJOLAIS
BANQUE FRANÇAISE DU COMMERCE EXTÉRIEUR
BANQUE NATIONALE DE PARIS
BORDEAUX
BOULOGNE & BOULONNAIS
BOURGES
BRESSE
BREST
BRIE
CAEN
CAHORS
CAISSE DES DÉPÔTS & CONSIGNATIONS
CAISSES D'ÉPARGNE
CALAIS
CAMARGUE
CARCASSONNE
CAUSSES
CERGY-PONTOISE
CÉVENNES
CHAMBÉRY
CHAMPAGNE POUILLEUSE
COMPAGNIE FINANCIÈRE DE SUEZ
CORNOUAILLE
CORTE
CRAU
CRÉDIT AGRICOLE
CRÉDIT COMMERCIAL DE FRANCE
CRÉDIT FONCIER DE FRANCE
CRÉDIT INDUSTRIEL ET COMMERCIAL
CRÉDIT LYONNAIS
CROIX (LA)
DAUPHINÉ
DIEPPE
DIJON
DORDOGNE
DOUAI
DUNKERQUE
DURANCE
FIGARO (LE)
FOS-SUR-MER
FRANCE-SOIR
FRANCHE-COMTÉ
GARONNE
GASCOGNE
GÂTINAIS
HAVRE (LE)
HUMANITÉ (L')
ÎLE-DE-FRANCE
ISÈRE
LANDES
LANGRES
LAURAGAIS
LENS
LÉON, Bretagne
LIBÉRATION
LILLE
LIMAGNE
LIMOGES
LIMOUSIN
LOIRE
LOT
LYONNAIS
MÂCON
MÂCONNAIS
MAÏS
MANS (LE)
MAURIENNE
MONDE (LE)
MONTPELLIER
MONTREUIL
MORVAN
MOSELLE
MULHOUSE
NANTES
NARBONNE
NICE
NÎMES
ORLÉANS
OVINS
PARCS DE LOISIRS
PARIBAS
PARISIEN (LE)
PICARDIE
POITIERS
PRIVATISATION
QUOTIDIEN DE PARIS (LE)
REIMS
RENNES
RHÔNE
RHÔNE (VALLÉE DU)
RIVIERA
ROCHELLE (LA)
ROUEN
ROUSSILLON
SAINT-DENIS
SAINT-MALO
SEINE
S.E.I.T.A.
SÉLESTAT
SOCIÉTÉ GÉNÉRALE
SOLOGNE

STRASBOURG
TARBES
TARENTAISE
TARN
TÉMOIGNAGE CHRÉTIEN
TOULON
TOURS
TRÉGORROIS
VALENCE
VALENCIENNES
VANNES
VANNETAIS
VENDÉE
VIGNOBLE
VITICULTURE
YONNE

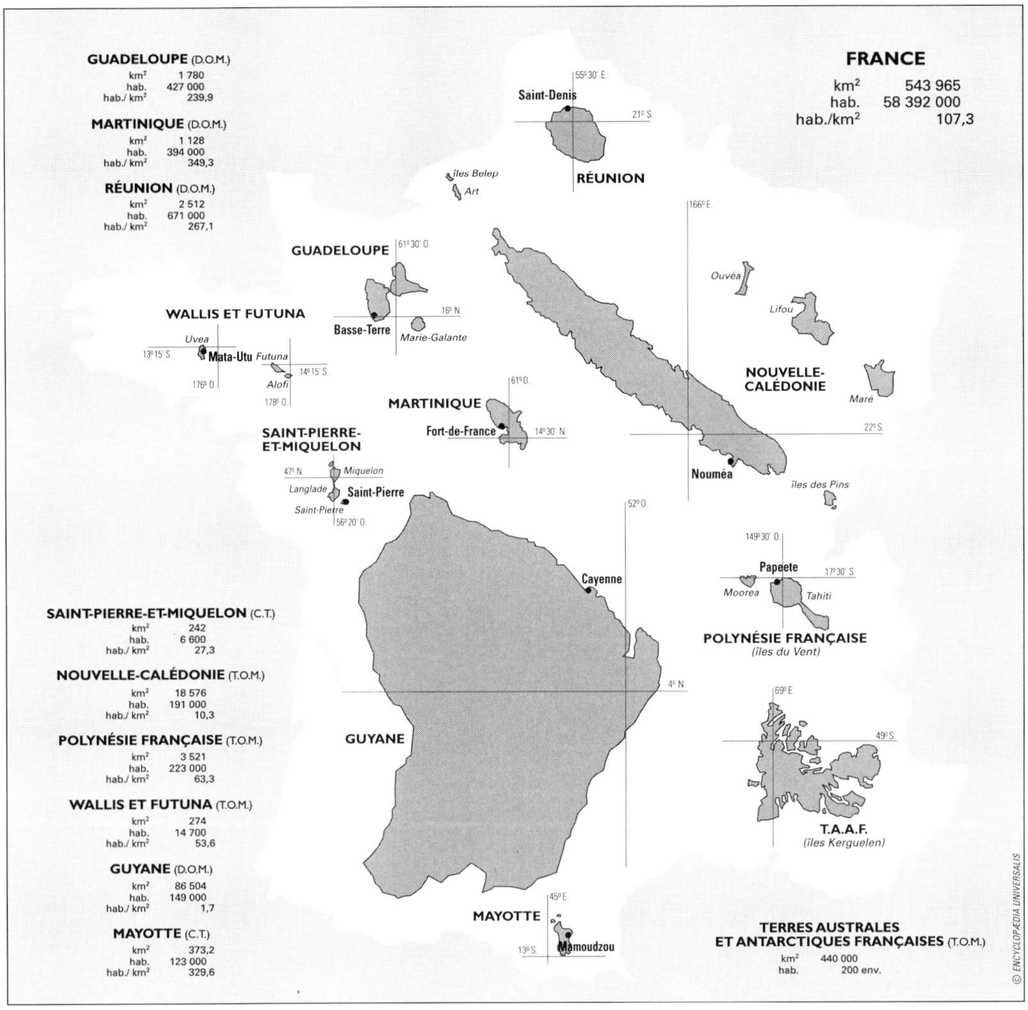

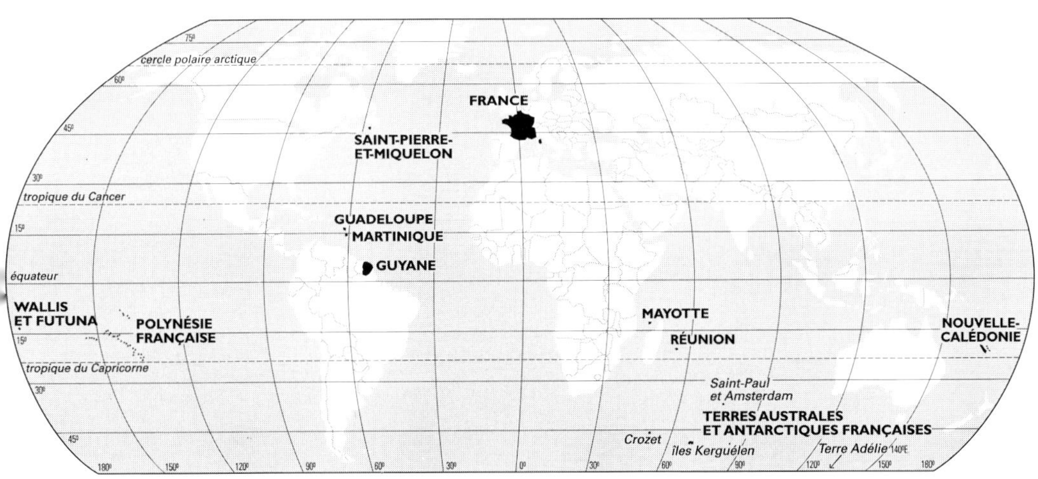

17,8 % ; États-Unis 10,1 % ; Italie 10,1 % ; Belgique et Luxembourg 9,2 % ; Royaume-Uni 8,0 % ; Espagne 6,1 % ; Pays-Bas 5,0 % ; Japon 4,4 %.

■ ***Exportations*** (1994) : 1 311 798 000 000 FRF (équipement industriel et de transport 45,4 %, dont équipement de transport 18,3 % équipement électrique 10,6 % ; produits agricoles 15,5 % ; produits chimiques 8,1 % ; produits pharmaceutiques 6,2 %).
Principales destinations des exportations : Allemagne 17,1 % ; Royaume-Uni 9,9 % ; Italie 9,4 % ; Belgique et Luxembourg 8,8 % ; États-Unis 8,4 % ; Espagne 7,1 % ; Pays-Bas 4,6 %.

Transports et communications

■ ***Transports***
Chemins de fer (1995) : longueur 31 940 km ; trafic : 55 470 000 000 passagers-km ; 47 400 000 000 t-km.
Routes (1995) : longueur totale 812 700 km (92 % recouvertes [1985]).
Véhicules (1995) : voitures particulières 25 100 000 ; camions et autobus 5 005 000.
Marine marchande (1992) : 729 navires (de 100 tjb et plus) ; 4 981 027 tonneaux de port en lourd.
Transports aériens (1994) ; trafic : 67 500 000 000 passagers-km ; 11 300 000 000 t-km. 61 aéroports desservis par des vols réguliers (1996).

■ ***Communications***
Journaux quotidiens (1994) : diffusion totale 13 685 000 ; diffusion pour 1 000 hab. 235.
Radiodiffusion (1995) : 50 000 000 postes récepteurs ; 860 pour 1 000 hab.
Télévision (1995) : 33 600 000 postes récepteurs ; 579 pour 1 000 hab.
Téléphone (1995) : 1 379 000 postes téléphoniques ; 558 pour 1 000 hab.

Éducation et santé

■ ***Alphabétisation*** (1980) : personnes alphabétisées 41 112 000 (98,8 %) ; hommes 19 933 000 (98,9 %) ; femmes 21 179 000 (98,7 %).

■ ***Santé*** : 160 235 médecins en 1994 (1 pour 361 hab.) ; 680 840 lits d'hôpital en 1993 (1 pour 85 hab.) ; taux de mortalité infantile (1996) : 4,9 ‰.

	millions de FRF	% du total	effectifs	% des effectifs
agriculture	183 444	2,6	1 026 000	4,1
mines	57 507	0,8	118 900	0,5
industrie	1 542 442	21,8	3 992 700	15,8
bâtiment	342 836	4,8	1 466 600	5,8
entreprises publiques	178 089	2,5	162 900	0,6
transports et communications	433 518	6,1	1 272 800	5,0
commerce [1]	1 012 441	14,3	3 482 000	13,8
finance	320 501	4,5	601 900	2,4
administration, défense nationale	1 323 570	18,7	6 248 100	24,7
services	1 290 922	18,2	3 953 800	15,7
autres	403 238 [2]	5,7	2 934 600 [3]	11,6
total	**7 088 488**	**100,0**	**25 260 300**	**100,0**

1. Comprend les hôtels. 2. Ne comprend pas les loyers et les frais de service bancaire. 3. Sans-emploi.

Structure du produit intérieur brut et effectifs (1995).

	nombre d'entreprises *	nombre d'employés	salaire annuel en % de la moyenne de tous les salaires *	valeur ajoutée annuelle (millions de FRF)
produits alimentaires	55 197	545 900	87	208 065
matériel électrique	15 620	433 600	118	156 221
raffineries de pétrole	180	46 200	174	117 041
matériel de transport	4 293	508 700	108	167 357
équipement mécanique	32 134	390 300	104	127 637
fer et acier	27 847	403 800	96	131 376
imprimerie et édition	30 359	231 900	125	83 083
produits caoutchouteux	5 875	204 200	94	57 758
textiles et habillement	29 701	281 500	78	63 633
produits chimiques	1 442	102 100	128	51 146
papier et dérivés	1 916	101 500	102	38 585
produits métalliques	442	43 700	103	28 115
produits en verre	1 536	52 400	104	16 638
chaussures	4 236	55 400	75	12 970

(•) 1991.

Industrie (1995).

	nombre d'entreprises	nombre d'employés	salaire hebdomadaire en % de la moyenne de tous les salaires	chiffre d'affaires annuel (millions de FRF)
grands magasins d'alimentation	4 373	385 402	n.d.	617 222
magasins d'habillement	51 873	195 535	n.d.	126 504
pharmacies	22 301	126 508	n.d.	121 980
petits commerces d'alimentation	64 565	163 474	n.d.	110 928
boucheries	21 548	59 962	n.d.	36 732
magasins d'ameublement	7 179	53 080	n.d.	54 390
magasins d'articles électroniques et électriques	10 990	55 560	n.d.	43 995
grands magasins	736	35 074	n.d.	27 741
édition et papeterie	15 083	40 375	n.d.	24 591
gaz, charbon et autres combustibles	6 042	25 375	n.d.	19 204

Commerce de détail (1992).

	1990	1991	1992	1993	1994	1995	1996
indice des prix à la consommation	100,0	103,2	105,7	107,9	109,7	111,6	113,9
indice des revenus	100,0	104,2	108,4	111,7	115,0	116,0	118,0

Indices des prix et des revenus (1990 = 100).

	1992	1993	1994	1996	1997 (août)
taux de change, FRF pour 1 :					
USD	5,51	5,90	5,35	5,24	6,5
D.T.S.	7,57	8,10	7,80	7,53	8,25
réserves internationales (USD) :					
total (sans l'or, millions)	27 028	22 649	26 257	26 796	29 011
D.T.S. (millions)	163	331	362	981	968
réserve éventuelle au F.M.I. (millions)	2 482	2 310	2 375	2 695	2 400
devises (millions)	24 384	20 008	23 520	23 120	25 643
or (onces, millions)	81,85	81,85	81,85	81,85	81,85
% des réserves mondiales	8,7	8,7	8,7	9,0	9,2
intérêts et prix :					
escompte de la Banque centrale (%)	9,50	9,50	9,50	n.d.	n.d.
taux de rendement des bons du Trésor (%)	8,6	6,91	8,52	6,39	5,58
cotation des actions des sociétés industrielles (1990 = 100)	107,8	116,2	n.d.	115,9	152,4
balance des paiements (USD, millions) :					
balance commerciale	+ 1 661	+ 8 418	+ 7 868	15 099	n.d.
importations F.O.B.	223 561	187 873	215 593	258 963	n.d.
exportations F.O.B.	225 222	196 291	223 461	274 062	n.d.
balance des transactions invisibles	+ 1 819	+ 3 503	+ 263	5 412	n.d.
balance des paiements, compte courant	+ 3 480	+ 11 921	+ 8 128	20 511	n.d.

Agrégats financiers.

	1990	1991	1992	1993	1994	1995	1996
milliards de FRF	– 49,6	– 29,6	+ 31,0	+ 101,7	+ 87,8	+ 107,0	+ 91,6
% du total	3,1	1,2	1,3	4,5	3,5	3,9	3,2

Balance commerciale (prix courants).

	importations (C.I.F.)		exportations (F.O.B.)	
	milliards de FRF	%	milliards de FRF	%
Union européenne	**751,5**	**59,5**	**782,3**	**60,6**
dont Allemagne	225,0	17,8	221,2	17,1
Italie	127,2	10,1	121,3	9,4
Belgique et Luxembourg	115,1	9,1	113,0	8,8
Royaume-Uni	100,9	8,0	127,9	9,9
autres pays de l'O.C.D.E.	**261,5**	**20,7** (•)	**227,2**	**17,6**
dont États-Unis	107,7	8,5	90,8	7,0
Japon	47,1	3,7	25,4	2,0
Suisse	31,8	2,5	48,7	3,8
autres pays	74,9	5,9	62,3	4,8
autres pays étrangers	**250,6**	**19,8**	**281,2**	**21,8**
total	**1 263,6**	**100,0**	**1 290,7**	**100,0**

(•) Le total ne correspond pas exactement au détail en raison des arrondis.

Répartition du commerce extérieur (1994).

	importations (•) (C.I.F.)		exportations (•) (F.O.B.)	
	milliards de FRF	%	milliards de FRF	%
agriculture, sylviculture, pêche	54,1	3,6	72,4	4,3
industries agricoles et alimentaires	103,8	6,8	131,2	7,8
énergie	99,9	6,6	33,9	2,0
biens intermédiaires	322,1	21,1	312,7	18,6
biens d'équipement professionnel	308,6	20,3	354,7	21,1
biens d'équipement ménager	32,1	2,1	22,7	1,3
matériel de transport terrestre	148,6	9,8	180,3	10,7
biens de consommation courante	210,5	13,8	203,9	12,1
transports et télécommunications	37,0	2,4	61,7	3,7
services marchands	62,9	4,1	106,3	6,3
services d'assurances et des organismes financiers	66,3	4,3	68,0	4,0
correction territoriale	77,0	5,1	136,1	8,1
total	**1 522,9**	**100,0**	**1 683,9**	**100,0**

(•) Y compris le matériel militaire.

Échanges par groupes de produits (1994).

	nombre d'établissements	nombre d'enseignants	nombre d'élèves	nombre d'élèves par enseignant
primaire (6-10 ans)	41 244	301 699 [1]	4 012 600	n.d.
secondaire (11-18 ans)	11 212	454 000 [2]	4 486 063	12,6 [2]
professionnel et formation à l'enseignement			1 251 295	
supérieur	1 062 [3]	52 663 [2]	2 107 600	n.d.

1. Comprend les enseignants des maternelles. 2. 1993-1994. 3. 1988-1989.

Enseignement (1994-1995).

■ ***Alimentation*** (1995) : apport journalier en calories par habitant 3 588 (alimentation d'origine végétale 62 % ; d'origine animale 38 %) ; soit 142 % du niveau minimal recommandé par la F.A.O.

Défense nationale

■ ***Contingent*** (1996) : 389 900 (armée de terre 59,3 % ; marine 15,9 % ; armée de l'air 22,2 % ; services communs 2,6 %).

■ ***Dépenses militaires*** (1995) : 3,1 % du P.N.B. (moyenne mondiale 2,8 %) ; soit 826 USD/hab.

a. L'écu (E.C.U. = European Currency Unit, code XEU) est la monnaie de compte du système monétaire européen. On trouvera sa valeur exprimée dans les autres unités monétaires du S.M.E. aux notices consacrées aux autres pays de l'Europe des Douze : Allemagne de l'Ouest (mark) ; Belgique (franc belge) ; Danemark (couronne danoise) ; Espagne (peseta) ; Grèce (drachme) ; Irlande (livre irlandaise) ; Italie (lire) ; Luxembourg (franc luxembourgeois) ; Pays-Bas (florin) ; Portugal (escudo) ; Royaume-Uni (livre sterling). Voir aussi à : Australie, Autriche, Canada, États-Unis, Finlande, Japon, Norvège, Nouvelle-Zélande, Suède et Suisse.

b. Monaco compris.

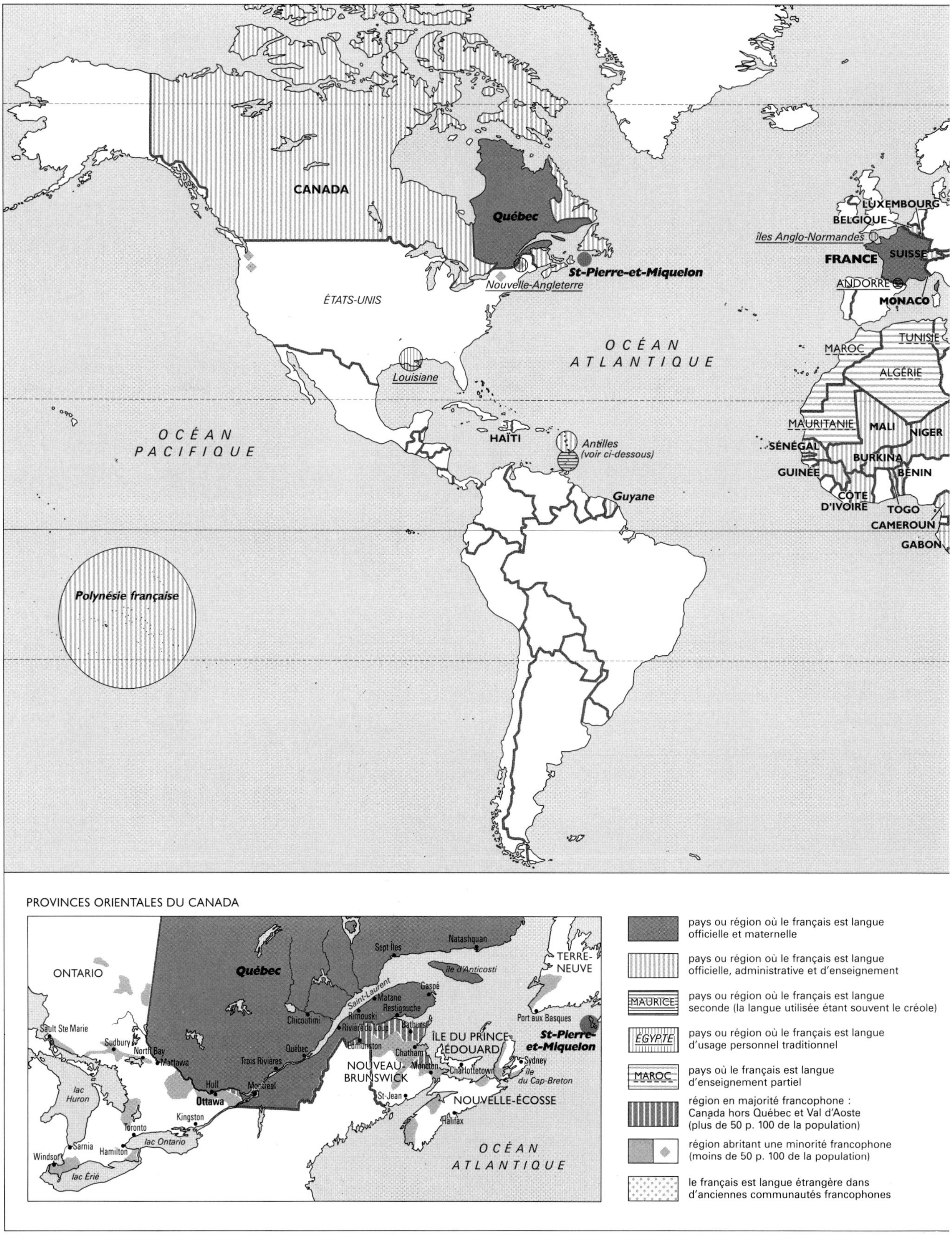
CANADA
Québec
LUXEMBOURG
BELGIQUE
îles Anglo-Normandes
FRANCE
SUISSE
St-Pierre-et-Miquelon
Nouvelle-Angleterre
ANDORRE
MONACO
ÉTATS-UNIS
OCÉAN
ATLANTIQUE
TUNISIE
MAROC
ALGÉRIE
Louisiane
MAURITANIE
MALI
NIGER
OCÉAN
PACIFIQUE
HAÏTI
Antilles
(voir ci-dessous)
SÉNÉGAL
BURKINA
GUINÉE
BENIN
Guyane
CÔTE
D'IVOIRE
TOGO
CAMEROUN
GABON
Polynésie française
PROVINCES ORIENTALES DU CANADA
ONTARIO
Québec
Sept Îles
Natashquan
TERRE-
NEUVE
Île d'Anticosti
Saint-Laurent
Gaspé
Matane
Rimouski
Restigouche
Chicoutimi
Port aux Basques
Sault Ste Marie
Rivière du Loup
Bathurst
Sudbury
North Bay
Mattawa
Québec
Edmundston
ÎLE DU PRINCE-
ÉDOUARD
Chatham
St-Pierre-
et-Miquelon
Trois Rivières
NOUVEAU-
BRUNSWICK
Moncton
Charlottetown
Sydney
Île
du Cap-Breton
Hull
Montréal
Ottawa
lac
Huron
St-Jean
NOUVELLE-ÉCOSSE
Kingston
Halifax
Toronto
lac Ontario
Sarnia
Hamilton
Windsor
lac Érié
OCÉAN
ATLANTIQUE
pays ou région où le français est langue officielle et maternelle
pays ou région où le français est langue officielle, administrative et d'enseignement
MAURICE
pays ou région où le français est langue seconde (la langue utilisée étant souvent le créole)
ÉGYPTE
pays ou région où le français est langue d'usage personnel traditionnel
MAROC
pays où le français est langue d'enseignement partiel
région en majorité francophone : Canada hors Québec et Val d'Aoste (plus de 50 p. 100 de la population)
région abritant une minorité francophone (moins de 50 p. 100 de la population)
le français est langue étrangère dans d'anciennes communautés francophones

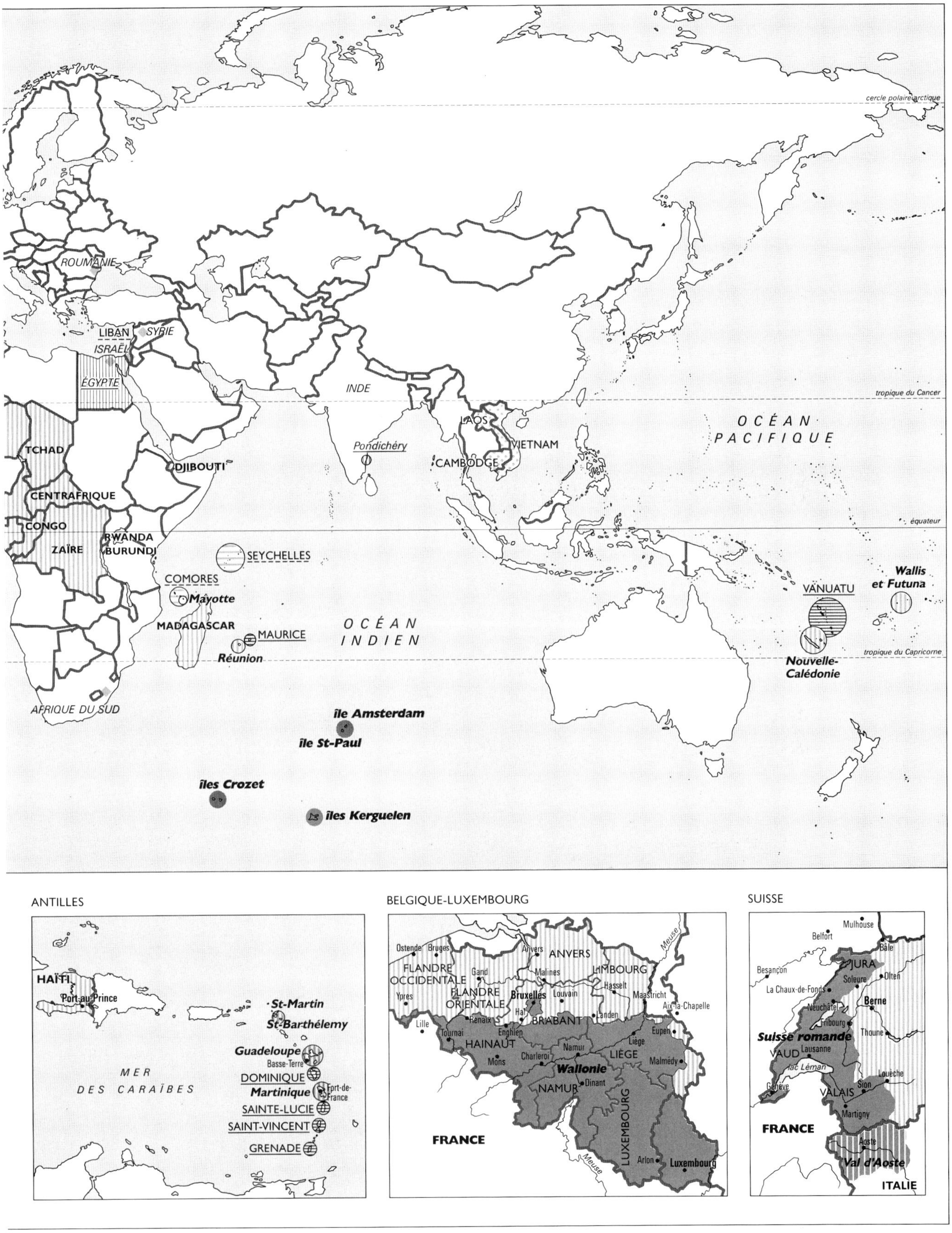
cercle polaire arctique
ROUMANIE
LIBAN
SYRIE
ISRAËL
ÉGYPTE
INDE
tropique du Cancer
OCÉAN PACIFIQUE
TCHAD
DJIBOUTI
Pondichéry
LAOS
VIETNAM
CAMBODGE
CENTRAFRIQUE
CONGO
ZAÏRE
RWANDA
BURUNDI
équateur
SEYCHELLES
COMORES
Mayotte
Wallis et Futuna
VANUATU
MADAGASCAR
MAURICE
Réunion
OCÉAN INDIEN
tropique du Capricorne
Nouvelle-Calédonie
AFRIQUE DU SUD
île Amsterdam
île St-Paul
îles Crozet
îles Kerguelen
ANTILLES
HAÏTI
Port-au-Prince
St-Martin
St-Barthélemy
Guadeloupe
Basse-Terre
MER DES CARAÏBES
DOMINIQUE
Martinique
Fort-de-France
SAINTE-LUCIE
SAINT-VINCENT
GRENADE
BELGIQUE-LUXEMBOURG
Ostende
Bruges
Anvers
ANVERS
FLANDRE OCCIDENTALE
Gand
Malines
LIMBOURG
Hasselt
Ypres
FLANDRE ORIENTALE
Bruxelles
Louvain
Maastricht
Aix-la-Chapelle
Renaix
Hal
BRABANT
Landen
Lille
Tournai
Enghien
Eupen
HAINAUT
Namur
Liège
LIÈGE
Mons
Charleroi
Malmédy
Wallonie
NAMUR
Dinant
LUXEMBOURG
Meuse
FRANCE
Arlon
Luxembourg
SUISSE
Mulhouse
Belfort
Bâle
JURA
Besançon
Soleure
Olten
La Chaux-de-Fonds
Berne
Neuchâtel
Fribourg
Thoune
Suisse romande
VAUD
Lausanne
lac Léman
Genève
Loèche
Sion
VALAIS
Martigny
FRANCE
Aoste
Val d'Aoste
ITALIE

→ *Corpus* : GUADELOUPE
→ *Grand Atlas de Géographie* (éd. 1992) : 206, 209o
→ *Grand Atlas de l'Histoire* : 227, 299

FRANCE : Guadeloupe

- ***Nom officiel*** : Guadeloupe. Code I.S.O. : GP.
- ***Statut politique*** : département français d'outre-mer avec deux assemblées locales (conseil général [43] et conseil régional [41]) ; la Guadeloupe est représentée au Parlement français par 4 députés et 2 sénateurs.
- ***Chef de l'État*** : président de la République française.
- ***Chefs de l'administration locale*** : préfet (pour la France), président du conseil général (pour la Guadeloupe), président du conseil régional (pour la Guadeloupe).
- ***Capitale*** : Basse-Terre.
- ***Langue officielle*** : français.
- ***Religion officielle*** : aucune.
- ***Unité monétaire*** : 1 franc français (FRF) = 100 centimes.

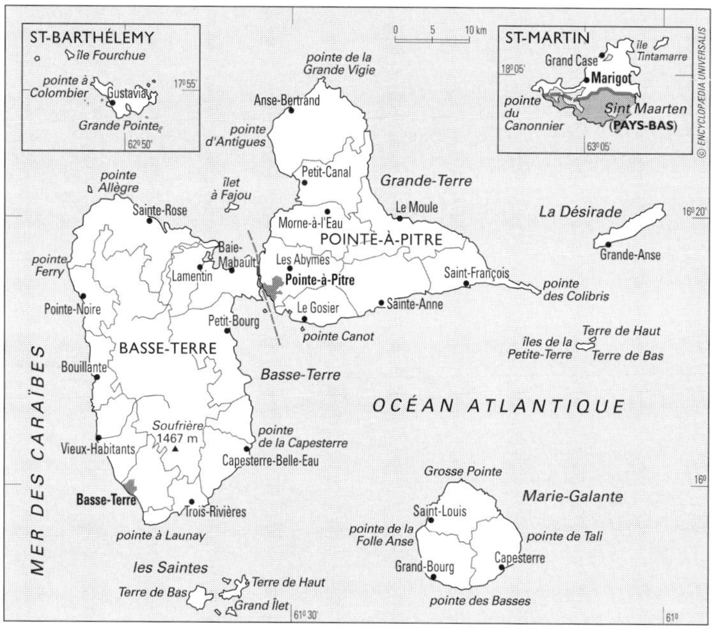

Démographie

■ ***Population*** (estim. 1997) : 433 000.

■ ***Densité*** (1997) : 243,3 hab./km².

■ ***Répartition urbaine/rurale*** (1995) : population urbaine 99,4 % ; population rurale 0,6 %.

■ ***Répartition par sexe*** (1995) : hommes 48,83 % ; femmes 51,13 %.

■ ***Répartition par âge*** (1995) : moins de 15 ans 26,1 % ; de 15 à 29 ans 27,5 % ; de 30 à 44 ans 22,3 % ; de 45 à 59 ans 13,1 % ; de 60 à 74 ans 7,7 % ; 75 ans et plus 3,3 %.

■ ***Projection démographique*** : 454 000 en 2000 ; 530 000 en 2010.

■ ***Temps de doublement*** : 58 ans.

■ ***Composition ethnique*** (1991) : Mulâtres 77,0 % ; Noirs 10,0 % ; Métis (Français-Asiatiques) 10,0 % ; Blancs 2,0 % ; autres 1,0 %.

■ ***Appartenances religieuses*** (1995) : catholiques 81,1 % ; témoins de Jéhovah 4,8 % ; protestants 4,7 % ; autres 9,4 %.

■ ***Principales communes*** (1990) : Les Abymes 62 605 hab. ; Saint-Martin 28 518 hab. ; Pointe-à-Pitre 26 029 hab. (agglomération urbaine, Les Abymes inclus, 141 000 hab.) ; Le Gosier 20 688 hab. ; Basse-Terre 14 003 hab. (agglomération urbaine 53 000 hab.).

Statistiques de l'état civil

■ ***Taux de natalité*** (1995) : 16,3 ‰ (moyenne mondiale 25,0 ‰) ; (1994) taux de naissances légitimes 38,7 %, naissances illégitimes 61,3 %.

■ ***Taux de mortalité*** (1995) : 5,7 ‰ (moyenne mondiale 9,3 ‰).

■ ***Taux d'accroissement naturel*** (1995) : 10,6 ‰ (moyenne mondiale 15,7 ‰).

■ ***Taux de fécondité*** (nombre moyen de naissances par femme en âge de procréer, 1990-1995) : 2,2.

■ ***Nombre de mariages*** (pour 1 000 hab., 1995) : 4,3.

■ ***Nombre de divorces*** (pour 1 000 hab., 1995) : 1,3.

■ ***Espérance de vie*** à la naissance (1990-1995) : hommes 71,1 ans ; femmes 78,0 ans.

■ ***Principales causes de décès*** (pour 100 000 hab., 1992) : maladies de l'appareil circulatoire 189,0 ; tumeurs malignes (cancers) 110,3 ; accidents, empoisonnements et actes de violence 66,3 ; maladies de l'appareil digestif 33,3 ; maladies parasitaires et infectieuses 29,3 ; troubles endocriniens et métaboliques 27,5.

Économie nationale

■ ***Budget de l'État*** (1994)
Recettes : 2 971 000 000 FRF (recettes fiscales 64,8 %, dont impôts directs 33,7 % ; crédits, emprunts et transferts 29,8 % ; recettes non fiscales 4,6 %).
Dépenses : 6 199 000 000 FRF (dépenses courantes 65,6 % ; dépenses en capital 17,2 % ; avances et prêts 17,1 %).

■ ***Dette publique*** (extérieure, créances, y compris la dette extérieure privée à long terme non garantie par le gouvernement, 1990) : 58 000 000 USD.

■ ***Tourisme*** (1995) : recettes touristiques 458 000 000 USD ; dépenses touristiques à l'étranger n.d.

■ ***Production***
Agriculture, sylviculture, pêche (1996).
Canne à sucre 376 000 t ; bananes 116 000 t ; ignames 7 000 t ; bananes plantains 6 000 t ; patates douces 5 000 t ; ananas 4 000 t ; concombres et cornichons 4 000 t ; tomates 3 000 t ; melons 3 000 t ; les fleurs sont également cultivées pour l'exportation.
Cheptel (sur pied) : bovins 60 000 ; porcs 14 000 ; chèvres 63 000.
Bois (1995) : 15 300 m³.
Pêche (1995) : 9 530 t.
Industries extractives (1993) : pierre ponce 210 000 t.
Industries manufacturières (1996) : ciment 282 571 t ; sucre brut 48 896 t ; rhum 66 483 hl ; parmi les autres produits, on peut citer les vêtements, les meubles, les poteaux en bois et les ustensiles en métal.
Bâtiment (constructions autorisées, 1992) : résidentiel 358 474 m² ; non résidentiel 160 084 m².
Énergie (production/consommation) : électricité (1996) 1 098 000 000/987 600 000 kWh ; charbon 0/0 ; pétrole brut 0/0 ; produits pétroliers (1994) 0/446 000 t ; gaz naturel 0/0.

■ ***Utilisation du sol*** (1992) : forêts 38,9 % ; prairies et pâturages 7,1 % ; terres cultivées et plantations 18,1 % ; autres 35,9 %.

■ ***Revenus et dépenses des ménages***
Taille moyenne des ménages (1990) : 3,4.
Revenu annuel moyen par ménage (1988) : 105 400 FRF (17 700 USD) ; sources des revenus : salaires et traitements 77,9 % ; activités non salariées 13,7 % ; paiements de transfert 8,4 %.
Dépenses (1990) : produits alimentaires et boissons 30,9 % ; transports et communications 20,5 % ; logement et éclairage 11,3 % ; habillement 9,3 % ; équipements domestiques durables 9,3 % ; énergie et combustible 7,7 %.

■ ***Produit national brut*** (aux prix courants du marché, 1990) : 1 170 000 000 USD (3 200 USD/hab.).

Corpus : CARAÏBES (AIRE DES) [géopolitique de l'espace] ; OUTRE-MER (DÉPARTEMENTS ET TERRITOIRES D').

Universalia 1996 : Les D.O.M.-T.O.M. : des entités fragiles.

Thesaurus :
BANANE
CRÉOLE (LANGUE)
POINTE-À-PITRE

arrondissements	chefs-lieux	superficie (km²)	population (recens. 1990)
Basse-Terre [1]	Basse-Terre	861	151 979
Pointe-à-Pitre [2]	Pointe-à-Pitre	769	192 643
Saint-Martin-Saint-Barthélemy [3]	Marigot	75	33 556
total		**1 780** [4]	**378 178** [5]

1. Regroupe Basse-Terre (848 km²) et les îles des Saintes (13 km², 2 036 hab.). 2. Regroupe Grande-Terre (590 km²), Marie-Galante (158 km², 13 463 hab.), La Désirade (20 km², 1 610 hab.) et les petites îles inhabitées de la Petite-Terre. 3. Regroupe la partie française de Saint-Martin (52 km², 28 518 hab.), Saint-Barthélemy (21 km², 5 038 hab.) et la petite île inhabitée de Tintamarre. 4. Le total comprend 75 km² non attribués aux arrondissements. 5. Résultats préliminaires ; le résultat final du recensement de 1990 donnait 386 987 habitants.

Territoire et population.

	1989		1993	
	millions de FRF	% du total	effectifs	% des effectifs
agriculture	1 177,4	9,2	9 079	5,2
mines et industrie	758,4	5,9	10 376	5,9
bâtiment	949,3	7,4	15 564	8,9
entreprises publiques	38,7	0,3	n.d.	n.d.
Transports et communications	773,3	6,1	54 474	31,0
commerce	2 499,6	19,6		
finance, immobilier	848,8	6,6		
administration, défense nationale	4 242,4	33,2	40 207	22,9
services	2 056,6	16,1		
autres	– 563,3 [1]	– 4,4	45 800 [2]	26,1
total	**12 781,2**	**100,0**	**175 500**	**100,0**

1. Moins les frais de service bancaire. 2. Sans-emploi.

Structure du produit intérieur brut et effectifs.

	1990	1991	1992	1993	1994	1995	1996 (mars)
indice des prix à la consommation	100,0	102,0	104,5	106,7	110,8	114,3	113,5
indice des revenus mensuels*	100,0	102,0	104,7	105,0	106,5	108,7	109,6

(*) Fondé sur les salaires minimums dans l'administration.

Indices des prix et des revenus (1990 = 100).

	1990	1991	1992	1993	1994	1995
millions de FRF	– 8 439	– 8 209	– 7 505	– 7 309	– 7 693	– 8 655
% du total	86,3	79,8	83,8	83,2	82,0	84,3

Balance commerciale (prix courants).

	nombre d'établissements	nombre d'enseignants	nombre d'élèves	nombre d'élèves par enseignant
primaire (6-10 ans)	344	3 167	38 092	12,0
secondaire (11-17 ans) / professionnel	84	3 834	51 366	13,4
supérieur*	1	121	4 673	3,6

(*) Université des Antilles et de la Guyanne française, campus de Guadeloupe.

Enseignement (1993-1994).

■ ***Population active*** (1993) : 175 500 ; taux d'activité 42,0 % (taux de participation : 15-64 ans 73,2 % ; [1990] femmes 45,5 % ; sans-emploi [1996] 27,8 %).

Échanges extérieurs

■ ***Importations*** (1995) : 9 459 415 000 FRF (biens de consommation 26,5 % ; produits alimentaires et agricoles 17,3 % ; machines et équipement 15,7 % ; véhicules automobiles et pièces détachées 11,2 %).

Principales sources des importations (1995) : France 63,8 % ; autres pays de l'Union européenne 13,5 % ; États-Unis 3,3 % ; Martinique 2,4 % ; Japon 2,2 %.

■ ***Exportations*** (1995) : 804 096 000 FRF (bananes 25,4 % ; sucre 11,4 % ; rhum 4,4 % ; melons 2,9 %).

Principales destinations des exportations (1995) : France 65,8 % ; Martinique 10,5 % ; autres pays de l'Union européenne 10,3 % ; Guyane française 2,1 %.

Transports et communications

■ ***Transports***

Chemins de fer : aucun.

Routes (1996) : longueur totale 3 200 km (80 % recouvertes [1986]).

Véhicules (1993) : voitures particulières 101 600 ; camions et autobus 37 500.

Marine marchande (1992) : 20 navires (de 100 tjb et plus) ; 4 430 tonneaux de port en lourd.

Transports aériens (1996) ; trafic : arrivées et départs de passagers 1 854 971 ; marchandises chargées 13 473 t ; marchandises déchargées 4 823 t. 7 aéroports desservis par des vols réguliers (1997).

■ ***Communications***

Journaux quotidiens (1995) : diffusion totale 35 000 ; diffusion pour 1 000 hab. 81.

Radiodiffusion (1995) : 93 000 postes récepteurs ; 226 pour 1 000 hab.

Télévision (1995) : 114 000 postes récepteurs ; 263 pour 1 000 hab.

Téléphone (1995) : 158 800 lignes principales ; 366 pour 1 000 hab.

Éducation et santé

■ ***Niveau d'éducation*** (1990)

Proportion de la population âgée de 25 ans et plus : éducation primaire incomplète ou non déclarée 59,8 % ; éducation primaire 14,5 % ; éducation secondaire 19,0 % ; éducation supérieure 6,7 %.

■ ***Alphabétisation*** (1982) : personnes âgées de 15 ans et plus alphabétisées 225 400 (90,1 %) ; hommes 108 700 (89,7 %) ; femmes 116 700 (90,5 %).

■ ***Santé*** (1991) : 590 médecins (1 pour 680 hab.) ; 3 230 lits d'hôpital (1 pour 122 hab.) ; taux de mortalité infantile (1994) : 7,9 ‰.

■ ***Alimentation*** (1995) : apport journalier en calories par habitant 2 732 (alimentation d'origine végétale 75 % ; d'origine animale 25 %) ; soit 129 % du niveau minimal recommandé par la F.A.O.

Défense nationale

■ ***Contingent*** (1994) : 535 soldats français.

→ *Corpus* : GUYANES
→ *Grand Atlas de Géographie* (éd. 1992) : 210, 218
→ *Grand Atlas de l'Histoire* : 208, 209, 227, 287, 294, 299

FRANCE : Guyane française

- ***Nom officiel*** : Guyane française. Code I.S.O. : GF.
- ***Statut politique*** : département français d'outre-mer avec deux assemblées locales (conseil général [19] et conseil régional [31]) ; la Guyane française est représentée au Parlement français par 2 députés et 1 sénateur.
- ***Chef de l'État*** : président de la République française.
- ***Chefs de l'administration locale*** : préfet (pour la France), président du conseil général (pour la Guyane française), président du conseil régional (pour la Guyane française).
- ***Capitale*** : Cayenne.
- ***Langue officielle*** : français.
- ***Religion officielle*** : aucune.
- ***Unité monétaire*** : 1 franc français (FRF) = 100 centimes.

Démographie

- ***Population*** (estim. 1997) : 152 000.
- ***Densité*** (1997) : 1,8 hab./km².
- ***Répartition urbaine/rurale*** (1990) : population urbaine 81,8 % ; population rurale 18,2 %.
- ***Répartition par sexe*** (1991) : hommes 52,08 % ; femmes 47,92 %.
- ***Répartition par âge*** (1991) : moins de 15 ans 33,4 % ; de 15 à 29 ans 27,3 % ; de 30 à 44 ans 23,2 % ; de 45 à 59 ans 10,2 % ; de 60 à 74 ans 4,4 % ; 75 ans et plus 1,5 %.
- ***Projection démographique*** : 163 000 en 2000 ; 206 000 en 2010.
- ***Temps de doublement*** : 28 ans.
- ***Composition ethnique*** (par nationalité, 1990) : Guyanais 70,4 % ; Surinamiens 11,6 % ; Haïtiens 7,8 % ; Brésiliens 5,9 % ; autres 4,3 %.
- ***Appartenances religieuses*** (1992) : catholiques 73,1 % ; autres 26,9 %.
- ***Principales villes*** (communes, 1990) : Cayenne 41 164 hab. ; Kourou 13 848 hab. ; Saint-Laurent-du-Maroni 13 606 hab. ; Rémire-Montjoly 11 709 hab. ; Matoury 10 131 hab.

Statistiques de l'état civil

- ***Taux de natalité*** (1993) : 29,9 ‰ (moyenne mondiale 25,0 ‰) ; taux de naissances légitimes 20,9 %, illégitimes 79,1 %.
- ***Taux de mortalité*** (1993) : 4,2 ‰ (moyenne mondiale 9,3 ‰).
- ***Taux d'accroissement naturel*** (1993) : 25,7 ‰ (moyenne mondiale 15,7 ‰).
- ***Taux de fécondité*** (nombre moyen de naissances par femme en âge de procréer, 1991) : 3,7.
- ***Nombre de mariages*** (pour 1 000 hab., 1993) : 5,0.
- ***Nombre de divorces*** (pour 1 000 hab., 1993) : 0,4.
- ***Espérance de vie*** à la naissance (1975-1979) : hommes 63,4 ans ; femmes 69,7 ans.
- ***Principales causes de décès*** (pour 100 000 hab., 1989) : maladies de l'appareil circulatoire 114,3 ; accidents 98,0 ; tumeurs malignes (cancers) 58,1 ; maladies infectieuses et parasitaires 61,7 ; maladies de l'appareil respiratoire 20,9.

Économie nationale

- ***Budget de l'État*** (1992)
Recettes : 767 000 000 FRF (recettes courantes 76,3 %, dont recettes fiscales 47,3 %, participation de l'État au fonctionnement des services 27,2 % ; recettes de développement 23,7 %, dont nouveaux emprunts 14,5 %).
Dépenses : 767 000 000 FRF (dépenses courantes 67,9 %, dont santé et assistance sociale 28,3 % ; dépenses en capital 32,1 %).
- ***Dette publique*** (extérieure, créances, y compris la dette extérieure privée à long terme non garantie par l'État, 1987) : 51 000 000 USD.
- ***Tourisme*** (1990) : 164 017 visiteurs.
- ***Production***
Agriculture, sylviculture, pêche (1992).
Racines et tubercules 29 000 t, dont manioc 11 000 t ; céréales (riz principalement) 24 200 t ; fruits 3 200 t, dont bananes 825 t, ananas 600 t, citrons 500 t ; canne à sucre 3 088 t.
Cheptel (sur pied, 1993) : bovins 12 000 ; porcs 10 000 ; moutons 4 000.
Bois : 254 000 m³.
Pêche : 7 654 t.
Industries extractives (1992) : or 1 600 kg ; pierre, sable et gravier 2 400 000 t.
Industries manufacturières (1993) : viande de bœuf et de veau 1 000 t ; viande de porc 1 000 t ; œufs 254 t ; cuir 50 t ; yaourt 2 400 000 pots (1989) ; bois scié 19 000 m³ ; produits finis en bois 3 161 m³ (1990) ; lait pasteurisé 1 281 hl (1988) ; rhum 1 265 hl ; les autres produits comprennent la maroquinerie, les vêtements, l'essence de bois de rose et la bière.
Bâtiment (1988) : résidentiel 64 050 m² ; non résidentiel autorisé 24 579 m².
Énergie (production/consommation) : électricité (1992) 450 000 000/450 000 000 kWh ; houille 0/0 ; pétrole brut 0/0 ; produits pétroliers (1992) 0/181 000 t ; gaz naturel 0/0.
- ***Revenus et dépenses des ménages***
Taille moyenne des ménages (1991) : 3,4.
Revenu annuel moyen par ménage (1980) : 75 762 FRF (16 776 USD) ; sources des revenus (1989) : salaires et traitements 64,4 % ; bénéfices industriels et commerciaux 15,4 % ; pensions et loyers 18,0 % ; autres 2,2 %.

Corpus : CARAÏBES (AIRES DES) [géopolitique de l'espace] ; OUTRE-MER (DÉPARTEMENTS ET TERRITOIRES D') ; INDIENS D'AMÉRIQUE (Amazonie et Guyanes).

Universalia 1996 : 214 Les D.O.M.-T.O.M. : des entités fragiles.

Thesaurus :
CAYENNE
CRÉOLE (LANGUE)
GALIBI

arrondissements	chefs-lieux	superficie (km²)	population (recens. 1990)
Cayenne	Cayenne	45 559	88 768
Saint-Laurent-du-Maroni	Saint-Laurent-du-Maroni	40 945	26 040
total		**86 504**	**114 808**

Territoire et population.

	1989		1990	
	millions de FRF	% du total	effectifs	% des effectifs
agriculture, sylviculture, pêche	602,5	10,6	4 177	8,7
industrie	471,8 [1]	8,3	2 727	5,6
bâtiment	761,7	13,4	4 440	9,2
entreprises publiques	– [1]	–	403	0,8
finance, immobilier	568,4	10,0	408	0,8
transports et communications	2 262,2	39,8	1 857	3,8
commerce			3 152	6,5
administration, défense nationale			12 068	25,0
services	1 017,4	17,9	7 352	15,2
autres	–	–	11 722 [2]	24,3
total	**5 684,0**	**100,0**	**48 306**	**100,0** [3]

1. L'industrie comprend les entreprises publiques. 2. Sans-emploi. 3. Le total général ne correspond pas exactement au détail en raison des arrondis.

Structure du produit intérieur brut et effectifs.

	1988	1989	1990	1991	1992	1993	1994
indice des prix à la consommation [1]	93,1	96,6	100,0	103,0	105,6	108,1	110,2
indice des revenus mensuels [1,2]	95,4	98,9	100,0	104,6	123,0	130,0	132,7

1. Les indices sont fondés sur les chiffres de fin d'année. 2. Fondé sur les salaires minimums dans l'administration.

Indices des prix et des revenus (déc. 1990 = 100).

	1989	1990	1991	1992	1993	1994
millions de FRF	−3 109	−3 557	−3 963	−3 270	−2 523	−2 919
% du total	81,5	78,4	83,4	75,1	68,4	63,8

Balance commerciale (prix courants).

	nombre d'établissements	nombre d'enseignants	nombre d'élèves	nombre d'élèves par enseignant
primaire (6-11 ans)	110 [1]	n.d.	18 024	n.d.
secondaire (12-18 ans)	22 [2]	n.d.	10 885	n.d.
professionnel [3]	8	n.d.	3 778	n.d.
supérieur	1	n.d.	324	n.d.

1. Comprend les maternelles. 2. 1990-1991. 3. 1987-1988.

Enseignement (1992-1993).

Dépenses (poids respectifs des éléments de l'indice des prix à la consommation, Cayenne uniquement 1984-1985) : alimentation et boissons 31,9 % ; logement 18,4 % ; transports et communications 10,7 % ; loisirs et éducation 9,2 % ; habillement 5,8 % ; équipements domestiques 5,3 % ; santé 4,3 % ; autres 14,4 %.

■ ***Produit national brut*** (aux prix courants du marché, 1989) : 266 000 000 USD (2 410 USD/hab.)

■ ***Population active*** (1990) : 48 306 ; taux d'activité 41,2 % (taux de participation : 15-64 ans 67,3 % ; femmes 38,2 % ; sans-emploi 24,3 %).

■ ***Utilisation du sol*** (1992) : forêts 82,8 % ; prairies et pâturages 0,1 % ; terres cultivées et plantations 0,1 % ; autres 17,0 %.

Échanges extérieurs

■ ***Importations*** (1994) : 3 745 888 000 FRF (équipement industriel et machines 44,5 % ; produits alimentaires 18,3 % ; biens de consommation 14,6 % ; métaux et produits en métal 8,1 % ; produits chimiques et dérivés 7,7 % ; combustibles minéraux 6,8 %.
Principales sources des importations : France 60,7 % ; autres pays de l'Union européenne 16,5 % ; Trinité et Tobago 6,6 % ; États-Unis 2,9 % ; Japon 1,7 %.

■ ***Exportations*** (1994) : 827 245 000 FRF (matériel professionnel et scientifique 42,8 % ; produits agricoles 29,7 % ; métaux et produits en métal 11,9 % ; biens de consommation 8,9 %).
Principales destinations des exportations : France 71,6 % ; Guadeloupe 6,9 % ; Martinique 5,1 % ; autres pays de l'Union européenne 5,1 % ; États-Unis 5,0 %.

Transports et communications

■ ***Transports***
Chemins de fer : aucun.
Routes (1989) : longueur totale 1 690 km (52 % recouvertes).
Véhicules (1987) : voitures particulières 27 010 ; camions et autobus 1 120.
Marine marchande : n.d.
Transports aériens (1992) ; trafic : arrivées de passagers 138 118 ; départs de passagers 149 024 ; marchandises déchargées 4 302 t ; marchandises chargées 1 169 t. 1 aéroport desservi par des vols réguliers (1997).

■ ***Communications***
Journaux quotidiens (1992) : 2 ; diffusion totale 6 500 ; diffusion pour 1 000 hab. 48.
Radiodiffusion (1987) : 65 000 postes récepteurs (1 pour 1,5 hab.).
Télévision (1993) : 6 500 postes récepteurs (1 pour 21 hab.).
Téléphone (1993) : 38 500 postes téléphoniques (1 pour 2,6 hab.).

Éducation et santé

■ ***Niveau d'éducation*** (1982)
Proportion de la population âgée de 25 ans et plus : sans instruction scolaire 20,8 % ; ayant une éducation primaire 40,4 % ; éducation secondaire incomplète 32,4 % ; éducation secondaire ou supérieure 6,4 %.

■ ***Alphabétisation*** (1982) : personnes âgées de 16 ans et plus alphabétisées 38 964 (82,0 %) ; hommes 21 021 (82,5 %) ; femmes 17 943 (81,3 %).

■ ***Santé*** (1992) : 200 médecins (1 pour 670 hab.) ; 837 lits d'hôpital (1 pour 160 hab.) ; taux de mortalité infantile : 15,4 ‰.

■ ***Alimentation*** (1987-1989) : apport journalier en calories par habitant 2 820 (alimentation d'origine végétale 70 % ; d'origine animale 30 %) ; soit 125 % du niveau minimal recommandé par la F.A.O.

Défense nationale

■ ***Contingent*** (1994) : 3 600 (troupes de la Légion étrangère française assurant la surveillance du Centre spatial guyanais de Kourou).

→ *Corpus* : MARTINIQUE
→ *Grand Atlas de Géographie* (éd. 1992) : 206, 208e
→ *Grand Atlas de l'Histoire* : 227, 299

FRANCE : Martinique

- ***Nom officiel*** : Martinique. Code I.S.O. : MQ.
- ***Statut politique*** : département français d'outre-mer avec deux assemblées locales (conseil général [45] et conseil régional [41]) ; la Martinique est représentée au Parlement français par 4 députés et 2 sénateurs.
- ***Chef de l'État*** : président de la République française.
- ***Chefs de l'administration locale*** : préfet (pour la France), président du conseil général (pour la Martinique), président du conseil régional (pour la Martinique).
- ***Capitale*** : Fort-de-France.
- ***Langue officielle*** : français.
- ***Religion officielle*** : aucune.
- ***Unité monétaire*** : 1 franc français (FRF) = 100 centimes.

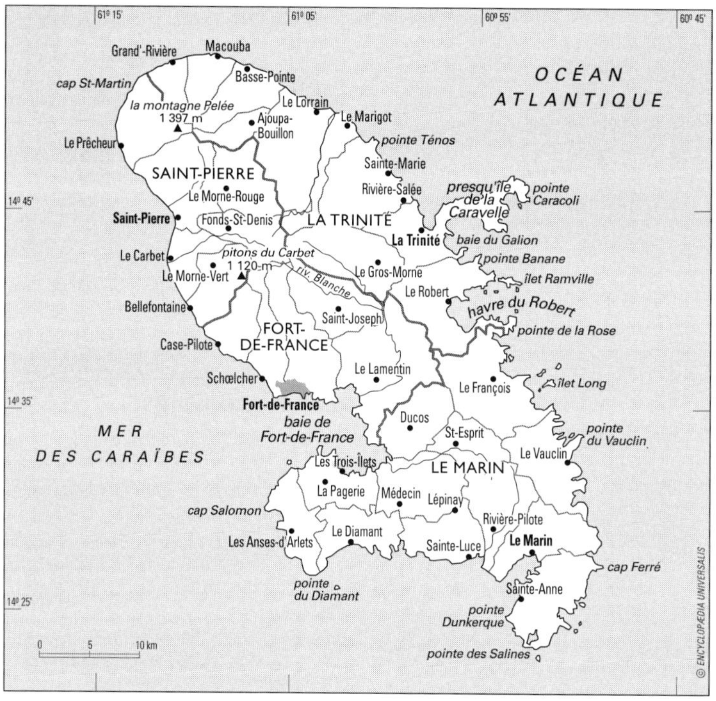

Démographie

■ ***Population*** (estim. 1997) : 399 000.

■ ***Densité*** (1997) : 353,7 hab./km².

■ ***Répartition urbaine/rurale*** (1995) : population urbaine 93,4 %, rurale 6,6 %.

■ ***Répartition par sexe*** (1995) : hommes 48,55 % ; femmes 51,45 %.

■ ***Répartition par âge*** (1995) : moins de 15 ans 24,0 % ; de 15 à 29 ans 25,8 % ; de 30 à 44 ans 22,2 % ; de 45 à 59 ans 14,0 % ; de 60 à 74 ans 9,8 % ; 75 ans et plus 4,2 %.

■ ***Projection démographique*** : 415 000 en 2000 ; 458 000 en 2010.

■ ***Temps de doublement*** : 77 ans.

■ ***Composition ethnique*** (1983) : Mulâtres 93,7 % ; Français de la métropole et Blancs Martiniquais 2,6 % ; Indiens (asiatiques) 1,7 % ; autres 2,0 %.

■ ***Appartenances religieuses*** (1997) : catholiques 86,5 % ; protestants 8,0 % (principalement adventistes du septième jour) ; témoins de Jéhovah 1,6 % ; autres 3,9 %, y compris hindous et syncrétistes.

■ ***Principales zones urbaines*** (1990) : Fort-de-France 100 080 hab. ; Le Lamentin 30 028 hab. ; Schœlcher 19 825 hab. ; Sainte-Marie 19 682 hab. ; Le Robert 17 713 hab.

Statistiques de l'état civil

■ ***Taux de natalité*** (1994) : 14,9 ‰ (moyenne mondiale 25,0 ‰) ; taux (1992) de naissances légitimes 34,1 %, illégitimes 65,9 %.

■ ***Taux de mortalité*** (1994) : 5,8 ‰ (moyenne mondiale 9,3 ‰).

■ ***Taux d'accroissement naturel*** (1994) : 9,1 ‰ (moyenne mondiale 15,7 ‰).

■ ***Taux de fécondité*** (nombre moyen de naissances par femme en âge de procréer, 1993) : 1,9.

■ ***Nombre de mariages*** (pour 1 000 hab., 1994) : 3,9.

■ ***Nombre de divorces*** (pour 1 000 hab., 1993) : 0,9.

■ ***Espérance de vie*** à la naissance (1993) : hommes 74,7 ans ; femmes 81,0 ans.

■ ***Principales causes de décès*** (pour 100 000 hab., 1993) : maladies de l'appareil circulatoire 192,7 ; tumeurs malignes (cancers) 137,7 ; accidents, empoisonnements et actes de violence 48,2 ; maladies de l'appareil digestif 32,2 ; maladies de l'appareil respiratoire 30,1 ; troubles endocriniens et du métabolisme 29,3.

Économie nationale

■ ***Budget de l'État*** (1994)
Recettes : 1 816 000 000 FRF (recettes provenant du gouvernement français et des corps administratifs locaux 45,0 % ; recettes fiscales 34,0 %, dont impôts indirects 19,5 %, impôts directs 14,5 %).
Dépenses : 1 816 000 000 FRF (santé et assistance sociale 42,0 % ; traitements et salaires 16,7 % ; autres services administratifs 7,2 % ; amortissement de la dette 5,0 %).

■ ***Dette publique*** (1994) : 186 700 USD.

■ ***Tourisme*** (1995) : recettes touristiques 384 000 000 USD ; dépenses touristiques à l'étranger n.d.

■ ***Production***
Agriculture, sylviculture, pêche (1996).
Canne à sucre 212 000 t ; bananes 210 000 t ; ananas 30 000 t ; bananes plantains 14 000 t ; ignames 7 000 t ; tomates 4 000 t ; concombres et cornichons 3 000 t ; melons 3 000 t ; patates douces 1 000 t.
Cheptel (sur pied) : moutons 42 000 ; porcs 33 000 ; bovins 30 000 ; chèvres 22 000.
Bois (1994) : 12 000 m³.
Pêche (1995) : 5 377 t.
Industries extractives (1992) : pierre ponce 140 000 t ; sable et gravier destinés à la construction locale.
Industries manufacturières (1996) : ciment 214 807 t ; ananas en conserve 15 715 t ; sucre 7 722 t ; rhum 45 326 hl ; parmi les autres produits, on peut citer les vêtements, les laminés, les yoles et les voiles.
Bâtiment (constructions autorisées, 1994) : permis de construire résidentiels 6 893 ; non résidentiel 113 279 m².
Énergie (production/consommation) : électricité (1996) 856 000 000/977 000 000 kWh ; charbon 0/0 ; pétrole brut (1994) 0/5 805 000 barils ; produits pétroliers (1994) 718 000/554 000 t ; gaz naturel 0/0.

■ ***Population active*** (comprend le personnel de réserve militaire, 1993) : 162 100 ; taux d'activité 43,0 % (taux de participation : 15-64 ans 73,8 % ; [1990] femmes 47,5 % ; sans-emploi [1996] 27,0 %).

Corpus : CARAÏBES (AIRE DES) [géopolitique de l'espace] ; OUTRE-MER (DÉPARTEMENTS ET TERRITOIRES D').

Universalia 1993 : 263 Société sans mémoire, société sans histoire : le patrimoine désincarné ; *Universalia 1996* : Les D.O.M.-T.O.M. : des entités fragiles.

Thesaurus :
BANANE
CRÉOLE (LANGUE)
FORT-DE-FRANCE

arrondissements	chefs-lieux	superficie (km²)	population (recens. 1990)
Fort-de-France	Fort-de-France	381	187 275
Le Marin	Le Marin	409	93 411
La Trinité	La Trinité	338	78 893
total		**1 128**	**359 579**

Territoire et population.

	1991		1990	
	millions de FRF	% du total	effectifs	% des effectifs
agriculture, pêche	1 152,2	5,5	8 445	5,2
mines et industrie	1 592,0	7,7	9 706	6,0
bâtiment	1 078,6	5,2	9 298	5,7
entreprises publiques	493,7	2,4		
transports et communications	1 282,3	6,2	6 673	4,1
commerce, restauration, hôtellerie	4 556,1	21,9	13 965	8,6
finance, immobilier, assurance	1 017,6	4,9	26 489	16,2
administration, défense nationale	305,8	1,5	35 541	21,8
services	3 424,5	16,4		
autres	5 883,2	28,3	52 900*	32,4
total	**20 786,0**	**100,0**	**163 017**	**100,0**

(*) Sans-emploi.

Structure du produit intérieur brut et effectifs.

	1990	1991	1992	1993	1994	1995	1996
indice des prix à la consommation[1]	100,0	104,3	108,4	109,6	114,0	115,9	118,1
indice des revenus mensuels[2]	100,0	103,0	105,7	107,5	109,1	111,3	112,3

1. Chiffres de fin d'année. 2. Fondé sur le salaire minimum dans l'administration.

Indices des prix et des revenus (1990 = 100).

	1990	1991	1992	1993	1994	1995
millions de FRF	−7 970	−7 934	−7 982	−7 744	−7 877	−8 604
% du total	72,7	78,4	75,6	78,0	76,4	78,2

Balance commerciale (prix courants).

	nombre d'établissements	nombre d'enseignants	nombre d'élèves	nombre d'élèves par enseignant
primaire (6-11 ans)	276	3 251	33 532	10,3
secondaire (12-18 ans) / professionnel	76	3 736	47 172	12,6
supérieur	1	99	4 486	45,3

Enseignement (1993-1994).

■ ***Produit intérieur brut*** (aux prix courants du marché, 1991) : 3 375 000 000 USD (9 210 USD/hab.).

■ ***Revenus et dépenses des ménages***
Taille moyenne des ménages (1990) : 3,3.
Revenu annuel moyen par ménage (1989) : 147 150 FRF (24 525 USD) ; sources des revenus : salaires et traitements 80,0 % ; autres 20,0 %.
Dépenses (1993) : alimentation et boissons 32,1 % ; transports et communications 20,7 % ; logement et énergie 10,6 % ; équipements domestiques 9,4 % ; habillement 8,0 % ; éducation et loisirs 5,4 % ; soins médicaux 5,2 % ; autres 8,6 %.

■ ***Utilisation du sol*** (1994) : forêts 45,3 % ; prairies et pâturages 13,2 % ; terres cultivées et plantations 17,0 % ; autres 24,5 %.

Échanges extérieurs[a]

■ ***Importations*** (1996) : 10 672 400 000 FRF (biens de consommation 23,9 % ; biens de consommation moyenne intermédiaires 15,9 % ; équipement professionnel 15,2 % ; automobiles 15,0 % ; produits énergétiques 8,3 %).
Principales sources des importations (1994) : France 61,6 % ; États-Unis 2,7 % ; autres pays des Caraïbes 1,9 % ; Guadeloupe 1,1 % ; Venezuela 0,7 %.

■ ***Exportations*** (1996) : 1 086 000 000 FRF ([1995] bananes 40,4 % ; pétrole raffiné 17,8 % ; rhum 9,8 % ; melons 1,7 %).
Principales destinations des exportations (1994) : France 47,5 % ; Guadeloupe 37,4 % ; Guyane française 3,3 %.

Transports et communications

■ ***Transports***
Chemins de fer : aucun.
Routes (1994) : longueur totale 2 091 km (75 % recouvertes [1988]).
Véhicules (1985) : voitures particulières 135 269 ; camions et autobus 7 328.
Marine marchande (1992) : 6 navires (de 100 tjb et plus) ; 1 121 tonneaux de port en lourd.
Transports aériens (1996) ; trafic : arrivées et départs de passagers 1 505 970 ; marchandises transportées 13 459 t. 1 aéroport desservi par des vols réguliers (1997).

■ ***Communications***
Journaux quotidiens (1995) : diffusion totale 32 000 ; diffusion pour 1 000 hab. 82,5.
Radiodiffusion (1995) : 77 000 postes récepteurs ; 198 pour 1 000 hab.
Télévision (1995) : 65 000 postes récepteurs ; 168 pour 1 000 hab.
Téléphone (1995) : 155 200 lignes principales ; 400 pour 1 000 hab.

Éducation et santé

■ ***Niveau d'éducation*** (1990)
Proportion de la population âgée de 25 ans et plus : instruction primaire incomplète ou non déclarée 54,3 % ; éducation primaire 18,0 % ; éducation secondaire 20,0 % ; éducation supérieure 7,7 %.

■ ***Alphabétisation*** (1982) : personnes âgées de 15 ans et plus alphabétisées 206 807 (92,5 %) ; hommes 97 538 (91,8 %) ; femmes 109 269 (93,2 %).

■ ***Santé*** (1991) : 625 médecins (1 pour 584 hab.) ; 3 747 lits d'hôpital (1 pour 97 hab.) ; taux de mortalité infantile (1993) : 4,0 ‰.

■ ***Alimentation*** (1995) : apport journalier en calories par habitant 2 865 (alimentation d'origine végétale 75 % ; d'origine animale 25 %) ; soit 118 % du niveau minimal recommandé par la F.A.O.

Défense nationale

■ ***Contingent*** (1994) : 1 542 soldats français.

a. Importations C.I.F. ; exportations F.O.B.

→ *Corpus* : COMORES
→ *Grand Atlas de Géographie* (éd. 1992) : 136, 153a
→ *Grand Atlas de l'Histoire* : 277, 299

FRANCE : Mayotte

- ***Nom officiel*** : Collectivité territoriale de Mayotte (arabe comorien : Mahoré). Code I.S.O. : YT.
- ***Statut politique*** : collectivité territoriale française d'outre-mer avec une assemblée locale (conseil général [17]) ; Mayotte est représentée au Parlement français par 1 député et 1 sénateur ; son statut définitif n'est pas déterminé, le territoire étant revendiqué par les Comores.
- ***Chef de l'État*** : président de la République française.
- ***Chefs de l'administration locale*** : préfet (pour la France), président du conseil général (pour Mayotte).
- ***Capitale*** : Mamoudzou.
- ***Langue officielle*** : français.
- ***Religion officielle*** : aucune.
- ***Unité monétaire*** : 1 franc français (FRF) = 100 centimes.

Démographie

- ***Population*** (estim. 1997) : 128 000.
- ***Densité*** (1997) : 341,3 hab./km².
- ***Répartition urbaine/rurale*** (1985) : population urbaine 59,7 % ; population rurale 40,3 %.
- ***Répartition par sexe*** (1991) : hommes 52,0 % ; femmes 48,0 %.
- ***Répartition par âge*** (1991) : moins de 15 ans 47,0 % ; de 15 à 29 ans 27,4 % ; de 30 à 44 ans 15,0 % ; de 45 à 59 ans 6,5 % ; de 60 à 74 ans 3,0 % ; 75 ans et plus 1,1 %.
- ***Projection démographique*** : 150 000 en 2000 ; 250 000 en 2010.
- ***Temps de doublement*** : 19 ans.
- ***Lieu de naissance*** (1991) : Mayotte 82,0 % ; Comores 13,1 % ; France métropolitaine 1,7 % ; autres 3,2 %.
- ***Appartenances religieuses*** (1993) : musulmans sunnites 97,1 % ; chrétiens (principalement catholiques) 2,9 %.
- ***Principales villes*** (1991) : Mamoudzou 20 274 hab. ; Dzaoudzi 8 268 hab. ; Koungou 6 030 hab.

Statistiques de l'état civil

- ***Taux de natalité*** (1991) : 43,7 ‰ (moyenne mondiale 25,0 ‰).
- ***Taux de mortalité*** (1991) : 6,0 ‰ (moyenne mondiale 9,3 ‰).
- ***Taux d'accroissement naturel*** (1991) : 37,7 ‰ (moyenne mondiale 15,7 ‰).
- ***Taux de fécondité*** (nombre moyen de naissances par femme en âge de procréer, 1994) : 6,8.
- ***Nombre de mariages*** : n.d.
- ***Nombre de divorces*** : n.d.

îles et communes	superficie (km²)	population (recens. 1991)
Grande Terre	**362,3**	**80 758**
Acoua	12,6	3 609
Bandraboua (Bandaboi)	32,4	5 171
Bandrele (Bandele)	36,5	3 773
Boueni	14,1	3 961
Chiconi	8,3	4 860
Chirongui	28,3	4 119
Dembeni	38,8	3 678
Kani-Keli (Kani-Kele)	20,5	3 414
Koungou	28,4	6 030
Mamoudzou (Mamutzu)	41,9	20 274
Mtsamboro (M'zamboro)	13,7	5 056
M'tsangamouji	21,8	4 116
Ouangani	19,0	3 196
Sada	11,2	5 558
Tsingoni (Chingoni)	34,8	3 943
Petite Terre	**11,0**	**13 627**
Dzaoudzi	6,7	8 268
Pamandzi	4,3	5 359
total	**373,2·**	**94 385**

(·) Le total général ne correspond pas exactement au détail en raison des arrondis.

Territoire et population.

- ***Situation de famille de la population adulte*** (1991) : mariages monogames 63,8 % ; célibataires 15,3 % ; mariages polygames 11,0 % ; divorcés 6,3 % ; veufs et veuves 3,6 %.
- ***Espérance de vie*** à la naissance (1994) : hommes 56,0 ans ; femmes 60,0 ans.
- ***Morbidité*** (nombre de cas enregistrés, 1985) : malaria 73 ; syphilis 63 ; blennorragie 61 ; tuberculose 14 ; fièvre typhoïde 14 ; lèpre 12.

Économie nationale

- ***Budget de l'État*** (1993)
Recettes : 551 700 000 FRF (dépenses courantes 68,8 %, dont subvention 40,0 %, impôts indirects 16,8 %, impôts directs 4,9 % ; recettes de développement 31,2 %, dont emprunts 11,6 %, subventions 7,9 %).
Dépenses : 551 700 000 FRF (dépenses courantes 68,8 % ; dépenses de développement 31,2 %).
- ***Dette publique*** : n.d.
- ***Tourisme*** (1992) : 6 081 visiteurs.
- ***Production***
Agriculture, sylviculture, pêche (1993).
Noix de coco 64 300 kg[a] ; ylang-ylang 20 300 kg[a] ; vanille 5 900 kg[a] ; les autres productions sont les mangues, les bananes, les fruits à pain, le manioc et les ananas.
Cheptel (sur pied, 1992) : bovins 7 500 ; moutons 5 500.
Bois : n.d..
Pêche (1989) : 1 700 t.
Industries extractives : production négligeable.
Industries manufacturières (1987) : transformation des produits agricoles pour l'exportation principalement.
Bâtiment (valeur, des travaux autorisés, 1992) : résidentiel 33 500 000 FRF ; non résidentiel 150 200 000 FRF.
Énergie (production/consommation) : électricité (1994) 27 000 000/27 000 000 kWh ; houille 0/0 ; pétrole brut 0/0 ; produits pétroliers 0/n.d. ; gaz naturel 0/0.
- ***Produit intérieur brut*** (aux prix courants du marché, 1992) : 154 900 000 USD (1 570 USD/hab.).
- ***Population active*** (1991) : 27 283 ; taux d'activité 28,9 % (taux de participation : 15-64 ans 56,4 % ; femmes 29,4 % ; sans-emploi 37,8 %).
- ***Revenus et dépenses des ménages***
Taille moyenne des ménages (1991) : 4,9.
Revenu annuel moyen par ménage : n.d. ; sources des revenus : n.d.
Dépenses (poids respectifs des éléments de l'indice des prix à la consommation, 1991) : alimentation 42,2 % ; habillement 31,5 % ; équipements domestiques 8,8 % ; énergie et eau 6,8 % ; transports 5,1 %.
- ***Utilisation du sol*** (1987) : forêts, prairies et pâturages 35,0 % ; terres cultivées et plantations 29,0 % ; autres 36,0 %.

Échanges extérieurs

- ***Importations*** (1993) : 573 000 000 FRF (produits alimentaires 18,5 % ; matériel de transport 17,6 % ; métaux et dérivés 16,9 % ; produits chimiques 6,8 % ; combustibles minéraux 4,5 %).

Corpus : OUTRE-MER (DÉPARTEMENTS ET TERRITOIRES D').

Universalia 1996 : 214 Les D.O.M.-T.O.M. : des entités fragiles.

	1992		1991	
	milliers de USD	% du total	effectifs	% des effectifs
agriculture, sylviculture, pêche	n.d.	n.d.	3 156	11,6
industrie	n.d.	n.d.	966	3,5
bâtiment	n.d.	n.d.	3 115	11,4
entreprises publiques	n.d.	n.d.	269	1,0
transports et communications	n.d.	n.d.	1 474	5,4
commerce	n.d.	n.d.	1 657	6,1
finance, assurance, immobilier	n.d.	n.d.	1 448	5,3
administration, défense nationale et services	n.d.	n.d.	4 708	17,3
autres	n.d.	n.d.	10 490*	38,4
total	**154 900**	**100,0**	**27 283**	**100,0**

(*) Comprend 10 309 sans-emploi.

Structure du produit intérieur brut et effectifs.

	1988	1989	1990	1991	1992	1993	1994
indice des prix à la consommation	n.d.	n.d.	n.d.	100,0 [1]	102,6 [1]	106,9 [2]	114,2 [3]
indice des revenus mensuels [4]	76,7	84,0	90,7	100,0	108,5	123,4	n.d.

1. Fin décembre. 2. Fin septembre. 3. Fin mars. 4. Fondé sur le salaire minimum des employés du service public.

Indices des prix et des revenus (1991 = 100).

	1988	1989	1990	1991	1992	1993
millions de FRF	−241	−303	−290	−347	−438	−558
% du total	69,4	81,0	79,4	86,6	89,6	94,9

Balance commerciale (prix courants).

	nombre d'établissements	nombre d'enseignants	nombre d'élèves	nombre d'élèves par enseignant
primaire (6-11 ans)	88*	555	21 579	38,9
secondaire (12-18 ans)	5	246	3 973	16,2
professionnel	2*	17*	839	n.d.
et formation à l'enseignement supérieur	–	–	–	–

(*) 1989-1990.

Enseignement (1992-1993).

Principales sources des importations (1992) : France 74,0 % ; Afrique du Sud 7,7 % ; Thaïlande 3,5 % ; Singapour 3,5 %.

■ ***Exportations*** (1993) : 15 000 000 FRF (exportations domestiques 80,6 %, dont ylang-ylang 61,3 %, vanille 13,2 %, cannelle 4,6 %; réexportations 19,4 %).

Principale destination des exportations domestiques (1992) : France 70,0 % ; Comores 17,0 % ; Réunion 9,0 %.

Transports et communications

■ ***Transports***

Chemins de fer : aucun.

Routes (1992) : longueur totale 233 km (93 % recouvertes).

Véhicules (1992) : 4 200.

Marine marchande : n.d.

Transports aériens (1993); trafic : arrivées et départs de passagers 55 043 ; marchandises déchargées et chargées 654 t. 1 aéroport desservi par des vols réguliers (1995).

■ ***Communications***

Journaux quotidiens (1992) : aucun (1 hebdomadaire avec une diffusion totale de 15 000).

Radiodiffusion (1993) : 30 000 postes récepteurs (1 pour 3,5 hab.).

Télévision (1993) : 3 500 postes récepteurs (1 pour 30 hab.).

Téléphone (1992) : 3 786 abonnés.

Éducation et santé

■ ***Niveau d'éducation*** (1991)

Proportion de la population âgée de 25 ans et plus : sans instruction scolaire 72,8 % ; ayant une éducation primaire 14,2 % ; éducation secondaire (premier cycle) 7,5 % ; éducation secondaire (second cycle) 3,2 % ; éducation supérieure 2,3 %.

■ ***Alphabétisation*** (1991) : personnes âgées de 15 ans et plus alphabétisées 45 954 (91,9 %).

■ ***Santé*** (1992) : 26 médecins (1 pour 3 804 hab.) ; 154 lits d'hôpital (1 pour 642 hab.) ; taux de mortalité infantile (1991) : 38,0 ‰.

■ ***Alimentation*** : apport journalier en calories par habitant n.d.

Défense nationale

■ ***Contingent*** (1994) : 4 000 soldats français.

a. Quantités exportées uniquement.

→ *Corpus* : NOUVELLE-CALÉDONIE
→ *Grand Atlas de Géographie* (éd. 1992) 16, 167f
→ *Grand Atlas de l'Histoire* : 271, 277, 299

FRANCE : Nouvelle-Calédonie

• ***Nom officiel*** : Nouvelle-Calédonie. Code I.S.O. : NC.

• ***Statut politique*** : territoire français d'outre-mer avec trois assemblées de province (32 + 15 + 7 = 54 membres) dont la réunion constitue le Congrès du territoire ; un comité économique et social ; un conseil consultatif coutumier du territoire.

• ***Chef de l'État*** : président de la République française.

• ***Chef du gouvernement local*** : haut-commissaire de la République, assisté par un comité consultatif composé du président et d'un vice-président de chacune des trois provinces et du président et d'un vice-président du Congrès [a].

• ***Capitale*** : Nouméa.

• ***Langue officielle*** : français.

• ***Religion officielle*** : aucune.

• ***Unité monétaire*** : 1 franc CFP (XPF) = 100 centimes ; valeur : 100 XPF = 5,50 FRF.

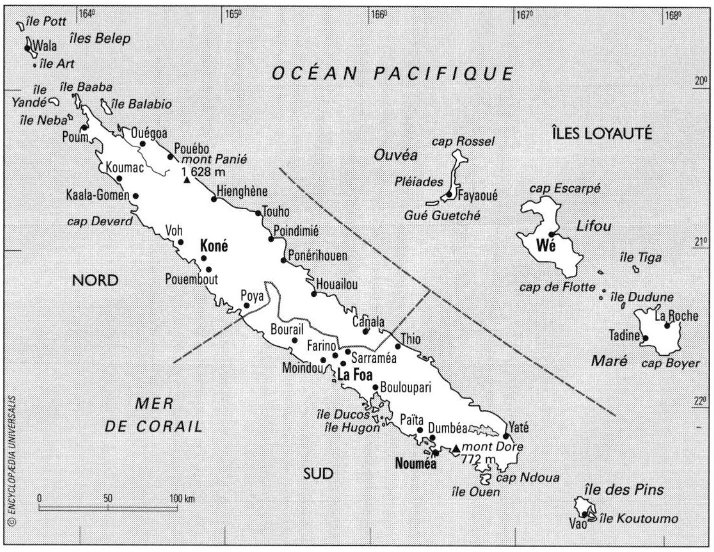

Démographie

■ ***Population*** (estim. 1997) : 201 000.

■ ***Densité*** (1997) : 10,8 hab./km².

■ ***Répartition urbaine/rurale*** (1994) : population urbaine 61,7 % ; population rurale 38,3 %.

■ ***Répartition par sexe*** (1989) : hommes 51,08 % ; femmes 48,92 %.

■ ***Répartition par âge*** (1989) : moins de 15 ans 32,6 % ; de 15 à 29 ans 28,5 % ; de 30 à 44 ans 19,8 % ; de 45 à 59 ans 12,1 % ; de 60 à 74 ans 5,4 % ; 75 ans et plus 1,6 %.

■ ***Projection démographique*** : 204 000 en 2000 ; 238 000 en 2010.

■ ***Temps de doublement*** : 40 ans.

■ ***Composition ethnique*** (1989) : Mélanésiens 44,8 % ; Européens 33,6 % ; Wallisiens 8,6 %, Indonésiens 3,2 % ; autres 9,8 %.

■ ***Appartenances religieuses*** (1989) : catholiques 59,2 % ; musulmans 3,0 % ; autres (protestants principalement) 37,8 %.

■ ***Principales villes*** (nombre d'habitants des communes, 1989) : Nouméa 65 110 hab. ; Mont-Doré 16 370 hab. ; Dumbéa 10 052 hab. ; Païta 6 049 hab.

provinces (nombre de communes) [1]	chefs-lieux	superficie (km²)	population (recens. 1989)
Nord (15)	Koné	16 596	146 261
Sud (14)	Nouméa		
îles Loyauté (3) [2]	Wé (Lifou)	1 980	17 912
total (32)		**18 576**	**164 173**

1. Provinces nouvelles créées par la loi adoptée par référendum du 6 novembre 1988, se substituant aux quatre régions (Est, Ouest, Sud et Loyauté) créées par la loi du 22 janvier 1988 ; antérieurement (décret du 1er octobre 1986), les 32 communes étaient réparties en cinq subdivisions : Centre (12 communes), Nord-Est (5), Nord-Ouest (8), Sud/Grand Nouméa (4) et îles Loyauté (3). 2. L'archipel des Loyauté comprend les îles de Lifou (1 196 km²), Maré (642 km²) et Ouvéa (132 km²).

Territoire et population.

Statistiques de l'état civil

■ ***Taux de natalité*** (1995) : 22,7 ‰ (moyenne mondiale 25,0 ‰) ; taux (1993) de naissances légitimes 40,5 %, illégitimes 59,3 %.

■ ***Taux de mortalité*** (1995) : 5,5 ‰ (moyenne mondiale 9,3 ‰).

■ ***Taux d'accroissement naturel*** (1995) : 17,2 ‰ (moyenne mondiale 15,7 ‰).

■ ***Taux de fécondité*** (nombre moyen de naissances par femme en âge de procréer, 1993) : 3,0.

■ ***Nombre de mariages*** (pour 1 000 hab., 1994) : 4,9.

■ ***Nombre de divorces*** (pour 1 000 hab., 1993) : 1,2.

■ ***Espérance de vie*** à la naissance (1992) : hommes 66,8 ans ; femmes 72,5 ans.

■ ***Principales causes de décès*** (pour 100 000 hab., 1992) : tumeurs malignes (cancers) 127,2 ; maladies de l'appareil circulatoire 113,7 ; accidents, empoisonnements et actes de violence 79,5 ; maladies de l'appareil respiratoire 44,8 ; maladies infectieuses et parasitaires 19,0 ; maladies de l'appareil digestif 15,1.

Économie nationale

■ ***Budget de l'État*** (1994)
Recettes : 64 268 000 000 XPF (recettes courantes 97,8 %, dont impôts indirects 51,2 %, impôts directs 28,4 %, recettes non fiscales 18,1 % ; recettes de développement 2,2 %).
Dépenses : 63 059 000 000 XFP (dépenses courantes 88,3 %, dont services sociaux et culturels 75,4 %, administration 8,6 %, dette publique 2,4 % ; dépenses de développement 11,7 %).

■ ***Dette publique*** (extérieure, créances, 1991) : 273 000 000 USD.

■ ***Tourisme*** (1993) : recettes touristiques 95 000 000 USD [b] ; dépenses touristiques à l'étranger n.d.

■ ***Production***
Agriculture, sylviculture, pêche (1994).
Ignames 11 000 t ; noix de coco 10 000 t ; fruits (sauf les melons) 4 000 t ; patates douces 3 000 t ; légumes et melons 3 000 t ; manioc 3 000 t ; pommes de terre 3 000 t ; bananes et bananes plantains 2 000 t ; taros 2 000 t.
Cheptel (sur pied) : bovins 125 000 ; porcs 39 000 ; chèvres 16 000 ; moutons 4 000 ; poulets 1 000 000.
Bois (1993) : 6 000 m³.
Pêche (1993) : 3 477 t.
Industries extractives (1994) : minerai de nickel 5 661 000 t (ferro-nickel [c] 39 488 t ; matte de nickel [c] 10 641 t) ; minerai de chrome (1990) 11 031 t (concentré 6 207 t).
Industries manufacturières (1988) : ciment 96 908 t (1994) ; savon 381 t ; huile végétale brute 164 t ; tourteaux de coprah 108 t ; bière 65 141 hl.
Bâtiment (travaux achevés, 1994) : résidentiel 820 ; non résidentiel 1 071.
Énergie (production/consommation) : électricité (1994) 1 326 000 000/1 310 000 000 kWh ; houille (1992) 0/170 000 t ; pétrole brut 0/0 ; produits pétroliers (1992) 0/412 000 t ; gaz naturel 0/0.

■ ***Produit intérieur brut*** (aux prix courants du marché, 1990) : 1 881 000 000 USD (11 180 USD/hab.).

■ ***Population active*** (1989) : 65 945 ; taux d'activité 40,2 % (taux de participation : plus de 20 ans 65,7 % ; femmes 37,5 % ; sans-emploi 7,9 %).

Corpus : NICKEL (les gisements de nickel) ; OCÉANIE – Géographie humaine ; OUTRE-MER (DÉPARTEMENTS ET TERRITOIRES D').

Universalia 1985 : 93 ; *Universalia 1986* : 311 Le devenir politique ; *Universalia 1996* : 214 Les D.O.M.-T.O.M. : des entités fragiles.

Thesaurus :
AUSTRONÉSIENS
LOYAUTÉ (ARCHIPEL DES)
NOUMÉA

	1990		1989	
	millions de XPF	% du total	effectifs	% des effectifs
agriculture	5 032	2,0	7 763	11,8
mines	9 049	3,6	910	1,4
industrie	32 861	13,1	4 668	7,1
bâtiment	14 151	5,7	4 476	6,8
entreprises publiques	6 357	2,5	576	0,9
transports et communications	13 957	5,6	3 087	4,7
commerce	57 566	23,0	9 454	14,3
finance	49 377	19,7	2 475	3,8
services			12 587	19,1
administration, défense nationale	62 076	24,8	9 429	14,3
autres	n.d.	n.d.	10 520	15,9
total	**250 427 ***	**100,0**	**65 945**	**100,0 ***

(*) Le total général ne correspond pas exactement au détail en raison des arrondis.

Structure du produit intérieur brut et effectifs.

	1988	1989	1990	1991	1992	1993	1994
indice des prix à la consommation [1]	88,6	92,2	93,5	97,6	100,0	102,9	105,0
indice des revenus [1, 2]	88,1	92,8	93,6	97,8	100,0	102,2	104,7

1. Chiffres de fin d'année. 2. Fondé sur le salaire horaire minimum.

Indices des prix et des revenus (1992 = 100).

	1989	1990	1991	1992	1993	1994
millions de XPF	− 10 708	− 42 998	− 42 881	− 48 959	− 48 216	− 51 096
% du total	6,4	32,9	31,8	37,8	37,8	42,0

Balance commerciale (prix courants ; importations C.I.F.).

	nombre d'établissements	nombre d'enseignants	nombre d'élèves	nombre d'élèves par enseignant
primaire (6-10 ans)	280	1 758	34 591	19,7
secondaire (11-17 ans)	46	1 669 [1]	15 664	n.d.
professionnel	16		7 543	
supérieur	6	141 [2]	1 207 [3]	n.d.

1. 1991. 2. 1989. 3. 1990.

Enseignement (1992).

■ ***Revenus et dépenses des ménages***
Taille moyenne des ménages (1989) : 4,0.
Revenu annuel moyen par ménage (1991) : 3 079 000 XPF (30 000 USD)[d] ; sources des revenus (1991) : salaires et traitements 68,2 % ; activités non salariées 18,1 % ; paiements de transfert 13,7 %.
Dépenses (1991) : alimentation 25,9 % ; logement 23,3 % ; transports 16,1 % ; loisirs 6,7 % ; habillement 3,5 % ; santé 3,2 % ; autres 21,3 %.

■ ***Utilisation du sol*** (1993) : forêts 38,7 % ; prairies et pâturages 11,8 % ; terres cultivées et plantations 0,7 % ; autres 48,8 %.

Échanges extérieurs

■ ***Importations*** (1994) : 87 305 000 000 XPF (produits alimentaires 18,9 % ; matériel électrique et machines 16,5 % ; équipement de transport 15,9 % ; produits minéraux 10,2 % ; produits chimiques et dérivés 7,4 % ; produits métalliques et dérivés 6,3 %).
Principales sources des importations : France 43,7 % ; autres pays de la C.E.E. 15,3 % ; Australie 11,9 % ; Nouvelle-Zélande 5,7 % ; Japon 4,8 % ; États-Unis 4,6 %.

■ ***Exportations*** (1994) : 36 209 000 000 XPF (ferro-nickel 58,8 % ; minerai de nickel 18,7 % ; matte de nickel 12,5 % ; produits non minéraux 10,1 %).
Principales destinations des exportations (1990) : France 33,1 % ; Japon 25,1 % ; Allemagne 9,3 % ; États-Unis 6,9 % ; Inde 2,5 %.

Transports et communications

■ ***Transports***
Chemins de fer : aucun.
Routes (1993) : longueur totale 5 762 km (52 % recouvertes).
Véhicules (1993) : voitures particulières 56 700 ; camions et autobus 21 200.
Marine marchande (1992) : 17 navires (de 100 tjb et plus).
Transports aériens (Air Calédonie uniquement, 1993) ; trafic : 147 000 000 passagers-km ; 1 535 000 t-km. 11 aéroports desservis par des vols réguliers (1995).

■ ***Communications***
Journaux quotidiens (1992) : 3 ; diffusion totale 23 000 ; diffusion pour 1 000 hab. 133.
Radiodiffusion (1992) : 97 000 postes récepteurs (1 pour 1,8 hab.).
Télévision (1992) : 47 000 postes récepteurs (1 pour 3,7 hab.).
Téléphone (1993) : 38 700 lignes principales (1 pour 4,6 hab.).

Éducation et santé

■ ***Niveau d'éducation*** (1989)
Proportion de la population âgée de 6 ans et plus : sans instruction scolaire 5,2 % ; ayant une éducation primaire 52,5 % ; éducation secondaire 37,8 % ; éducation supérieure 4,5 %.

■ ***Alphabétisation*** (1989) : personnes âgées de 15 ans et plus alphabétisées 57,9 % ; hommes 57,4 % ; femmes 58,3 %.

■ ***Santé*** (1992) : 334 médecins (1 pour 527 hab.) ; 1 298 lits d'hôpital (1 pour 136 hab.) ; taux de mortalité infantile (1993) : 7,6 ‰.

■ ***Alimentation*** (1992) : apport journalier en calories par habitant 2 829 (alimentation d'origine végétale 75 % ; d'origine animale 25 %) ; soit 124 % du niveau minimal recommandé par la F.A.O.

Défense nationale

■ ***Contingent*** (1994) : 3 900 soldats français.

a. Dispositions statutaires et préparatoires à l'autodétermination de la Nouvelle-Calédonie en 1998, adoptées par référendum du 6 novembre 1988 et prenant effet le 14 juillet 1989.

b. Nombre de visiteurs : 60 502 en 1988 ; 82 161 en 1989 ; 86 870 en 1990 ; 83 524 en 1991 ; 80 840 en 1992 ; 117 000 en 1993.

c. Métal contenu.

d. Ménages d'origine européenne.

→ *Corpus* : POLYNÉSIE FRANÇAISE
→ *Grand Atlas de Géographie* (éd. 1992) : 16 ; 166s (Tahiti), 166x (Hiva Oa)
→ *Grand Atlas de l'Histoire* : 299.

FRANCE : Polynésie française

- ***Nom officiel*** : Polynésie française. Code I.S.O. : PL.
- ***Statut politique*** : territoire français d'outre-mer avec une assemblée locale (Assemblée territoriale [41]) ; la Polynésie française est représentée au Parlement français par 2 députés et 1 sénateur.
- ***Chef de l'État*** : président de la République française.
- ***Chefs de l'administration locale*** : haut-commissaire de la République (pour la France), président de l'Assemblée territoriale (pour la Polynésie française).
- ***Capitale*** : Papeete (sur l'île de Tahiti).
- ***Langues officielles*** : français ; tahitien.
- ***Religion officielle*** : aucune.
- ***Unité monétaire*** : 1 franc CFP (XPF) = 100 centimes ; valeur : 100 XPF = 5,50 FRF.

Démographie

- ***Population*** (estim. 1997) : 227 000.
- ***Densité***[a] (1997) 69,5 hab./km².
- ***Répartition urbaine/rurale*** (1988) : population urbaine 55,0 % ; population rurale 45,0 %.
- ***Répartition par sexe*** (1988) : hommes 52,32 % ; femmes 47,68 %.
- ***Répartition par âge*** (1988) : moins de 15 ans 36,0 % ; de 15 à 29 ans 29,7 % ; de 30 à 44 ans 18,9 % ; de 45 à 59 ans 10,4 % ; de 60 à 74 ans 4,1 % ; 75 ans et plus 0,9 %.

archipels (subdivisions administratives) [1]	chefs-lieux	superficie (km²)	population (recens. 1988)
îles Australes [2]	Mataura	148	6 509
îles Marquises [3]	Taiohae	1 049	7 358
îles Sous-le-Vent [4]	Uturoa	404	22 232
îles Tuamotu et Gambier [5]	(Papeete)	726	12 374
îles du Vent [6]	Papeete	1 194	140 341
total		**4 000** [7]	**188 814** [8]

1. L'ensemble des îles du Vent et des îles Sous-le-Vent forme l'archipel de la Société. 2. Les îles Australes (5 communes, 12 communes associées) sont souvent appelées îles Tubuai, du nom de l'île principale (chef-lieu Mataura) ; les autres îles sont Raivavae, Rimatara et Rurutu ; l'île de Rapa, isolée plus au sud-est, y est rattachée administrativement. 3. Le groupe nord-ouest des Marquises comporte Nuku Hiva (chef-lieu Taiohae), Ua Huka et Ua Pou ; le groupe sud-est comporte Hiva Oa (Atuona), Fatu Hiva et Tahuata (au total 6 communes et 7 communes associées). 4. Les îles Sous-le-Vent (7 communes, 26 communes associées) sont composées de cinq îles hautes : Raiatea (chef-lieu Uturoa), Bora-Bora (Vaitape), Huahine (Fare), Maupiti, Tahaa ; et de quatre atolls : Motu One (Bellinghausen), Maupihaa (Mopelia), Manuae (Scilly) et Tupai (Motu Iti). 5. Les Tuamotu comportent 84 îles, îlots et atolls, dont une quarantaine sont habités ; les principaux sont : Anaa, Aratika, Arutua, Fakahina, Fakarava, (Rotoava), Hao (base arrière du Centre d'expérimentation du Pacifique), Napuka, Pukapuka, Rangiroa (Tiputa), Raroia, Takapoto, Takaroa, Tatakoto, Tikehau. Les Gambier, outre Mangareva (Rikitea), comportent quelques atolls, parmi lesquels Fangataufa et Moruroa [Mururoa], bases administrées par le C.E.P. (les Tuamotu-Gambier comptent en tout 17 communes et 34 communes associées ; les deux bases du C.E.P., relevant directement de la métropole, ne font pas partie de l'organisation administrative du territoire). 6. Les îles du Vent (13 communes, 19 communes associées) sont, outre trois îlots (Maiao, Mehetia et Tetiaroa), Moorea et Tahiti (Papeete), de loin la plus grande île du territoire (1 042 km²). 7. Total approximatif comprenant les eaux intérieures ; la surface terrestre totale est de 3 521 km², celle des seules îles habitées est de 3 265 km². 8. Avec 103 857 habitants, la zone urbaine de Papeete (Faaa, Papeete, Punaauia, Pirae, Mahina, Paea, Arue) englobe à elle seule 55 % de la population du territoire.

Territoire et population.

	1990		1988	
	millions de XPF	% du total	effectifs	% des effectifs
agriculture	13 849	4,6	7 350	11,3
mines et industrie	21 648	7,3	3 563	5,5
bâtiment	18 294	6,1	5 920	9,1
entreprises publiques	4 957	1,7		
transports et communications	n.d	n.d.	3 850	5,9
commerce	67 632	22,7	12 117	18,6
finance, immobilier	n.d.	n.d.	1 272	1,9
administration, défense nationale	85 949	28,9	22 420	34,4
services	85 425	28,7	5 433	8,3
autres	—	—	3 275	5,0
total	**297 754**	**100,0**	**65 200**	**100,0**

Structure du produit intérieur brut et effectifs.

	1987	1988	1989	1990	1991	1992	1993
indice des prix à la consommation *	97,5	100,0	101,5	103,0	104,5	105,9	108,1
indice des revenus mensuels *	96,7	100,0	102,0	102,0	104,2	106,5	108,7

(*) Les indices sont fondés sur les chiffres fin d'année.

Indices des prix et des revenus (1988 = 100).

- ***Projection démographique*** : 246 000 en 2000 ; 296 000 en 2010.
- ***Temps de doublement*** : 34 ans.
- ***Composition ethnique*** (1988) : Polynésiens 66,8 % ; Métis 18,6 % ; Européens (principalement Français) 10,2 % ; Chinois 3,8 % ; autres 0,6 %.
- ***Appartenances religieuses*** (1980) : protestants 46,6 %, dont Église évangélique de la Polynésie française 32,8 % ; catholiques 39,4 % ; autres chrétiens 8,2 %, dont mormons 3,5 % ; sans appartenance 5,0 % ; autres 0,8 %.
- ***Principales villes*** (communes, 1988) : Papeete 23 555 hab. (agglom. 103 857 hab.) ; Faaa 24 048 hab. ; Punaauia 15 781 hab. ; Pirae 13 366 hab. ; Mahina 10 323 hab.

Statistiques de l'état civil

- ***Taux de natalité*** (1994) : 23,5 ‰ (moyenne mondiale 25,0 ‰) ; taux (1990) de naissances légitimes 40,5 %, illégitimes 59,5 %.
- ***Taux de mortalité*** (1994) : 4,9 ‰ (moyenne mondiale 9,3 ‰).
- ***Taux d'accroissement naturel*** (1994) : 18,6 ‰ (moyenne mondiale 15,7 ‰).
- ***Taux de fécondité*** (nombre moyen de naissances par femme en âge de procréer, 1992) : 3,3.
- ***Nombre de mariages*** (pour 1 000 hab., 1992) : 5,7.
- ***Nombre de divorces*** (pour 1 000 hab., 1983) : 0,8.
- ***Espérance de vie*** à la naissance (1994) : hommes 68,0 ans ; femmes 71,0 ans.
- ***Principales causes de décès*** (estim. pour 100 000 hab., 1992) : maladies de l'appareil circulatoire 108,8 ; tumeurs malignes (cancers) 89,9 ; accidents, suicides et actes de violence 52,0 ; maladies de l'appareil respiratoire 50,0 ; maladies infectieuses et parasitaires 19,4.

Économie nationale

- ***Budget de l'État*** (1994)
Recettes : 64 858 000 000 XPF (impôts indirects 61,6 %, dont droits d'importation 49,1 % ; impôts directs 22,8 % ; recettes non fiscales 15,6%).
Dépenses : 80 386 000 000 XPF (1993 : participations et subventions 49,5 % ; frais de personnel 34,6 % ; frais financiers 9,2 %).
- ***Dette publique*** (extérieure, créances, 1991) : 382 000 000 USD.
- ***Tourisme*** (1993) : recettes touristiques 182 000 000 USD ; dépenses touristiques à l'étranger n.d.
- ***Production***
Agriculture, sylviculture, pêche (1993).
Noix de coco 86 000 t ; coprah 10 000 t ; manioc 6 000 t ; canne à sucre 3 000 t ; pommes de terre 3 000 t ; ananas 3 000 t ; pastèques 1 000 t ; choux 1 000 t ; bananes 1 000 t.
Cheptel (sur pied) : porcs 34 000 ; chèvres 12 000 ; bovins 5 000.

Corpus : OCÉANIE – Géographie humaine ; OUTRE-MER (DÉPARTEMENTS ET TERRITOIRES D') : PÊCHE.

Universalia 1996 : 214 Les D.O.M.-T.O.M. : des entités fragiles.

Thesaurus :
AUSTRONÉSIENS
GAMBIER (ÎLES)
MARQUISES (ÎLES)
MAUPITI
PAPEETE
SOCIÉTÉ (ARCHIPEL DE LA)
TUAMOTU (ÎLES)
TUBUAI

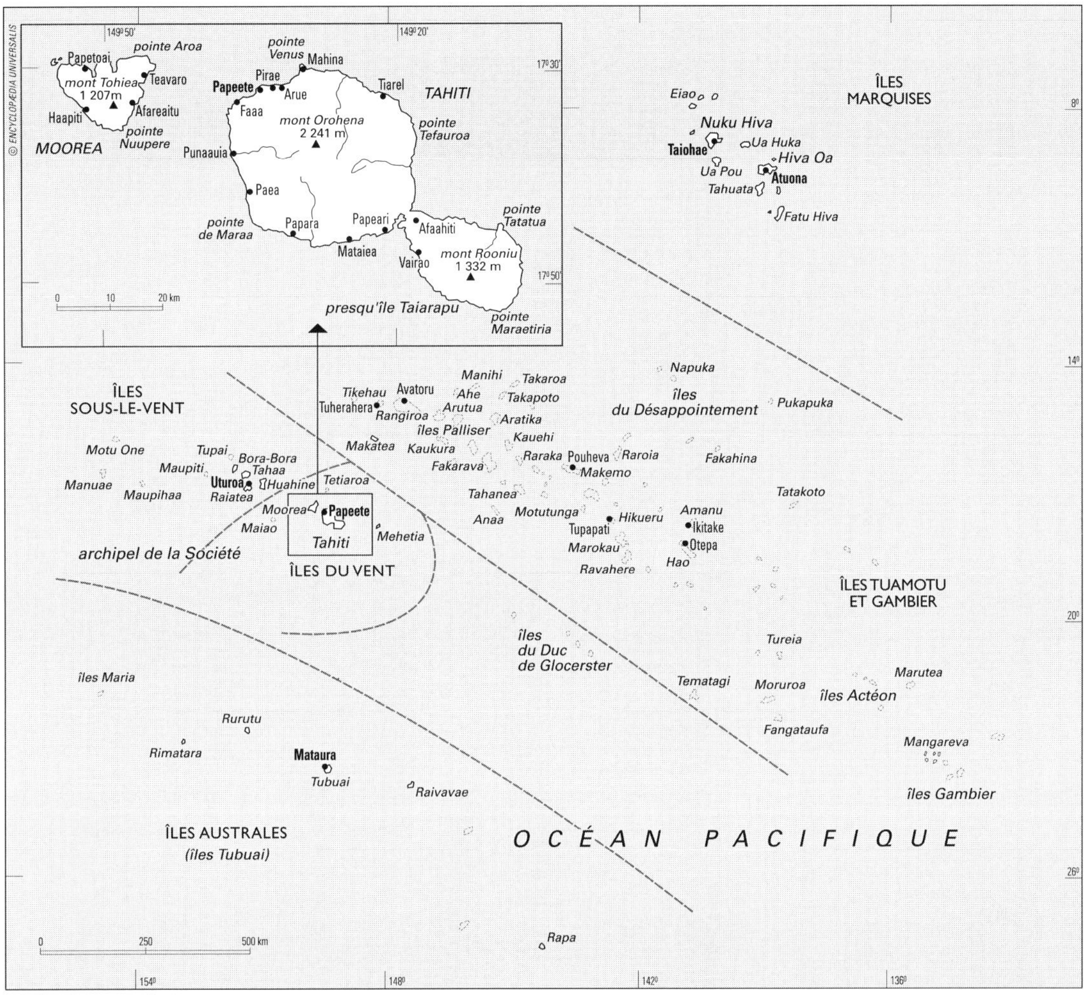

Bois : n.d.
Pêche (1992) : 1 850 t.
Industries extractives : la production annuelle de phosphates est estimée à 1 000 000-1 200 000 t.
Industries manufacturières (1993) : huile de coprah raffinée 224 t ; les autres productions importantes sont l'huile de monoï (principalement noix de coco raffinée et essence de santal), la bière, les tissus imprimés et les sandales.
Bâtiment (constructions achevées, 1994) : 102 305 m².
Énergie (production/consommation) : électricité (1994) 334 751 000/274 953 000 kWh ; houille 0/0 ; pétrole brut 0/0 ; produits pétroliers (1992) 0/203 000 t ; gaz naturel 0/0.

■ ***Produit intérieur brut*** (aux prix courants du marché, 1990) : 2 934 000 000 USD (14 890 USD/hab.).

■ ***Population active*** (1988) : 65 200 ; taux d'activité 40,6 % (taux de participation : 15-64 ans 65,7 % ; femmes 36,6 % ; sans-emploi 14,9 %).

■ ***Revenus et dépenses des ménages***
Taille moyenne des ménages (1988) : 4,5.
Revenu annuel moyen par ménage (1986) : 2 153 112 XPF (17 831 USD) ; sources des revenus (1986) : salaires 54,4 % ; activités non salariées 28,3 % ; paiements de transfert 15,3 %.
Dépenses (1986) : alimentation et boissons 32,1 % ; équipements domestiques 12,3 % ; transports 12,2 % ; énergie 8,1 % ; loisirs et éducation 6,9 % ; habillement 6,3 %.

■ ***Utilisation du sol*** (1992) : forêts 31,4 % ; prairies et pâturages 5,5 % ; terres cultivées et plantations 20,5 % ; autres 42,6 %.

	1988	1989	1990	1991	1992	1993
millions de XPF	– 507 397	– 81 355	– 80 915	– 80 698	– 75 843	– 71 719
% du total	83,8	79,8	78,6	75,4	78,8	70,3

Balance commerciale (prix courants).

	nombre d'établissements	nombre d'enseignants	nombre d'élèves	nombre d'élèves par enseignant
primaire (6-10 ans)	176	1 741	29 132	16,7
secondaire (11-17 ans)	32 [1]	1 276	18 636	14,6
professionnel	– [2]	316	3 730	11,8
supérieur [3]	4	70	701	10,0

1. 1989-1990. 2. Le secondaire comprend le professionnel. 3. 1988-1989.

Enseignement (1991-1992).

Échanges extérieurs[b]

■ ***Importations*** (1993) : 86 905 000 000 XPF (machines et appareils ménagers 29,5 % ; produits alimentaires 21,5 % ; produits manufacturés en métal 7,1 % ; produits pétroliers 5,9 % ; produits chimiques 5,9 %).
Principales sources des importations : France 46,1 % ; États-Unis 13,7 % ; autres pays de la C.E.E. 12,2 % ; Nouvelle-Zélande 7,3 % ; Australie 5,4 % ; Japon 4,8 %.

■ ***Exportations*** (1993) : 15 186 000 000 XPF (perles noires de culture 51,2 % ; réexportations 43,0 % ; nacre 1,3 % ; huile de coprah 1,2 % ; vanille 0,8 %).

Principales destinations des exportations : Japon 42,5 % ; France 34,0 % ; États-Unis 8,0 % ; Nouvelle-Calédonie 1,9 % ; autres pays de la C.E.E. 1,3 %.

Transports et communications

■ ***Transports***
Chemins de fer : aucun.
Routes (1991) : longueur totale 792 km (33 % recouvertes).
Véhicules automobiles (1993) : voitures particulières 37 000 ; camions et autobus 15 300.
Marine marchande (1992) : 41 navires (de 100 tjb ou plus) ; 16 547 tonneaux de port en lourd.
Transports aériens (1993) ; trafic : arrivées de passagers 440 580 ; départs de passagers 429 885 ; marchandises déchargées 6 824 t ; marchandises chargées 927 t. 17 aéroports (1995).
■ ***Communications***
Journaux quotidiens (1992) : 4 ; diffusion totale 24 000 ; diffusion pour 1 000 hab. 116.
Radiodiffusion (1994) : 105 000 postes récepteurs (1 pour 2,0 hab.).
Télévision (1994) : 26 500 postes récepteurs (1 pour 8,1 hab.).
Téléphone (1993) : 44 900 lignes principales (1 pour 4,5 hab.).

Éducation et santé

■ ***Niveau d'éducation*** (1988)
Proportion de la population âgée de 10 ans et plus : sans instruction scolaire 5,1 % ; ayant une éducation primaire 46,1 % ; secondaire 45,0 % ; supérieure 3,8 %.

■ ***Alphabétisation*** (1983) : personnes âgées de 15 ans et plus alphabétisées 98 314 (95,0 %) ; hommes 51 910 (94,9 %) ; femmes 46 404 (95,0 %).

■ ***Santé*** : 339 médecins en 1991 (1 pour 594 hab.) ; 1 341 lits d'hôpital en 1989 (1 pour 144 hab.) ; taux de mortalité infantile (1994) : 12,7 ‰

■ ***Alimentation*** (1988-1990) : apport journalier en calories par habitant 2 756 (alimentation d'origine végétale 76 % ; d'origine animale 24 %) ; soit 121 % du niveau minimal recommandé par la F.A.O.

Défense nationale

■ ***Contingent*** (1994) : 3 800 soldats français.

■ ***Dépenses militaires*** : n.d.

---

a. Sur la base de la surface terrestre.
b. Importations C.I.F. ; exportations F.O.B.

FRANCE : Réunion

• ***Nom officiel*** : Réunion. Code I.S.O. : RE.

• ***Statut politique*** : département français d'outre-mer avec deux assemblées locales (conseil général [47] et conseil régional [45]) ; la Réunion est représentée au Parlement français par 5 députés et 3 sénateurs.

• ***Chef de l'État*** : président de la République française.

• ***Chefs de l'administration locale*** : préfet (pour la France), président du conseil général (pour la Réunion), président du conseil régional (pour la Réunion).

• ***Capitale*** : Saint-Denis.

• ***Langue officielle*** : français.

• ***Religion officielle*** : aucune.

• ***Unité monétaire*** : 1 franc français (FRF) = 100 centimes.

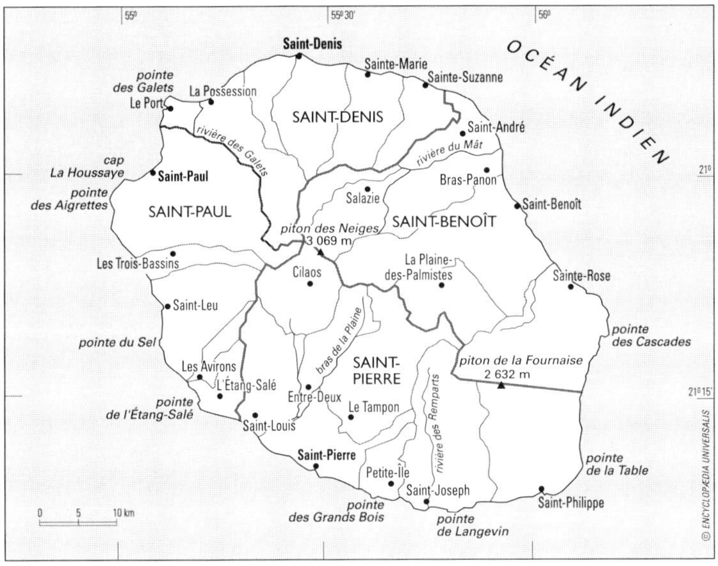

Démographie

■ ***Population*** (estim. 1997) : 681 000.

■ ***Densité*** (1997) : 271,6 hab./km².

■ ***Répartition urbaine/rurale*** (1995) : population urbaine 67,8 % ; population rurale 32,2 %.

■ ***Répartition par sexe*** (1995) : hommes 49,0 % ; femmes 51,0 %.

■ ***Répartition par âge*** (1995) : moins de 15 ans 29,4 % ; de 15 à 29 ans 27,7 % ; de 30 à 44 ans 21,7 % ; de 45 à 59 ans 12,2 % ; de 65 à 74 ans 6,9 % ; 75 ans et plus 2,1 %.

■ ***Projection démographique*** : 717 000 en 2000 ; 851 000 en 2010.

■ ***Temps de doublement*** : 49 ans.

■ ***Composition ethnique*** (1983) : Métis 63,5 % ; Indiens (asiatiques) 28,2 % ; Chinois 2,2 % ; Blancs 1,9 % ; Africains de l'Est 1,1 % ; autres 3,1 %.

■ ***Appartenances religieuses*** (1995) : catholiques 89,4 % ; pentecôtistes 2,7 % ; autres chrétiens 1,8 % ; autres (principalement musulmans) 11,7 %.

■ ***Principales villes*** (1990) : Saint-Denis (agglom.) 104 454 hab. ; Le Port 29 190 hab. ; Le Tampon 27 300 hab. ; Saint-André 25 237 hab. ; Saint-Pierre 23 899 hab.

Statistiques de l'état civil

■ ***Taux de natalité*** (1996) : 19,6 ‰ (moyenne mondiale 25,0 ‰) ; taux de naissances (1994) légitimes 44,1 %, illégitimes 55,9 %.

■ ***Taux de mortalité*** (1996) : 5,4 ‰ (moyenne mondiale 9,3 ‰).

■ ***Taux d'accroissement naturel*** (1996) : 14,2 ‰ (moyenne mondiale 15,7 ‰).

■ ***Taux de fécondité*** (nombre moyen de naissances par femme en âge de procréer, 1996) : 2,3.

■ ***Nombre de mariages*** (pour 1 000 hab., 1996) : 4,9.

■ ***Nombre de divorces*** (pour 1 000 hab., 1995) : 1,4.

■ ***Espérance de vie*** à la naissance (1996) : hommes 71,7 ans ; femmes 78,0 ans.

■ ***Principales causes de décès*** (pour 100 000 hab., 1993) : maladies de l'appareil circulatoire 170,1 ; tumeurs malignes (cancers) 99,7 ; accidents, suicides et actes de violence 65,3 ; maladies de l'appareil digestif 59,5 ; maladies de l'appareil respiratoire 41,5.

Économie nationale

■ ***Budget de l'État*** (1995)
Recettes : 4 067 000 000 FRF (recettes provenant du gouvernement français et des corps administratifs locaux 49,8 % ; subventions et recettes induites 12,8 % ; nouveaux emprunts 8,6 %).
Dépenses : 4 066 000 000 FRF (dépenses courantes 69,0 % ; dépenses de développement 31,0 %).

■ ***Dette publique*** (extérieure, créances) : n.d.

■ ***Tourisme*** (1995) : recettes touristiques 224 000 000 USD ; dépenses n.d.

■ ***Production***
Agriculture sylviculture, pêche (1996).
Canne à sucre 1 806 000 t ; maïs 18 000 t ; choux 16 000 t ; pommes de terre 15 000 t ; ananas 6 500 t ; bananes 6 000 t ; oignons verts et échalotes 5 800 t ; tomates 4 000 t ; aubergines 3 200 t ; piments 430 t ; gingembre 95 t ; tabac 20 t ; vanille 6 t ; essence de géranium 5,2 t (1995).
Cheptel (sur pied) : porcs 95 000 ; chèvres 32 000 ; bovins 26 500.
Bois (1995) : 36 100 m³.
Pêche (valeur de la production, millions de FRF, 1994) : homard 45 ; autres 47.
Industries extractives : gravier et sable destinés à l'usage local.
Industries manufacturières (valeur ajoutée en millions de FRF, 1994) : matériaux de construction [principalement ciment] 345 ; boissons alcoolisées et non alcoolisées (non compris le lait) 253 ; imprimerie et édition 129 ; sucre raffiné et produits dérivés 123.
Bâtiment (valeur des constructions publiques, 1994) : résidentiel 741 400 000 FRF ; non résidentiel n.d.
Énergie (production/consommation) : électricité (1996) 1 386 000 000/(1995) 1 143 000 000 kWh ;

arrondissements	chefs-lieux	superficie (km ²)	population (recens. 1990)
Saint-Benoît	Saint-Benoît	737	85 132
Saint-Denis (ou au Vent)	Saint-Denis	421	207 158
Saint-Paul	Saint-Paul	467	113 071
Saint-Pierre (ou Sous-le-Vent)	Saint-Pierre	883	192 462
total		**2 507** [1,2]	**597 823**

1. Le total général ne correspond pas exactement au détail en raison des arrondis. 2. Les îlots éloignés de l'océan Indien administrés par la France depuis la Réunion (Bassas de India, Europa, Glorieuses, Juan de Nova, Tromelin) ne sont pas compris dans les totaux.

Territoire et population.

→ ***Corpus :*** RÉUNION (ÎLE DE LA)
→ ***Grand Atlas de Géographie*** (éd. 1992) : 136, 153c
→ ***Grand Atlas de l'Histoire :*** 245, 299

Corpus : OUTRE-MER (DÉPARTEMENTS ET TERRITOIRES D').

Universalia 1992 : 264 La Réunion : émeutes du « mal-vivre » ou escarmouches pour l'indépendance ? ***Universalia 1996 :*** 214 Les D.O.M.-T.O.M. : des entités fragiles.

Thesaurus :
MASCAREIGNES (ARCHIPEL DES)
SAINT-DENIS

	1992		1994	
	millions de FRF	% du total	effectifs	% des effectifs
agriculture	1 200	3,6	12 015	5,0
industrie	3 100	9,2	9 854	4,1
bâtiment	2 100	6,2	16 711	7,0
entreprises publiques	1 300	3,9	n.d.	n.d.
transports et communications	2 000 [1]	6,0	5 495	2,3
commerce	6 000 [1]	17,9	22 587	9,4
finance, immobilier, services financiers	7 200	21,4	11 148	4,7
administration, défense nationale, services	10 700	31,8	137 891	31,2
autres	—	—	86 905 [2]	36,3
total	**33 600**	**100,0**	**239 379**	**100,0**

1. Les transports et communications comprennent les hôtels et restaurants. 2. Dont 84 284 sans-emploi.

Structure du produit intérieur brut et effectifs.

	1991	1992	1993	1994	1995	1996	1997 (mars)
indice des prix à la consommation	97,3	100,0	102,4	105,0	107,1	109,2	110,2
indice des revenus mensuels*	97,4	100,0	101,7	104,1	106,8	106,8	n.d.

(*) Fondé sur le salaire minimum.

Indices des prix et des revenus (déc. 1992 = 100).

	1991	1992	1993	1994	1995	1996
millions de FRF	– 11 975	– 11 542	– 10 859	– 12 109	– 12 458	– 13 143
% du total	87,6	83,9	84,5	86,4	85,7	86,0

Balance commerciale (prix courants).

	nombre d'établissements	nombre d'enseignants	nombre d'élèves	nombre d'élèves par enseignant
primaire (6-10 ans)	345	n.d.	73 702 [1]	n.d.
secondaire (11-17 ans)	104	4 591 [2]	71 694 [1]	16,3 [2]
professionnel et formation à l'enseignement		1 108 [2]	15 055	12,4 [2]
supérieur*	1	242	8 058	33,3

(*) Université uniquement. 1. 1995-1996. 2. 1993-1994.

Enseignement (1994-1995).

charbon 0/0 ; pétrole brut 0/0 ; produits pétroliers (1995) 0/507 000 t ; gaz naturel 0/0.

■ ***Produit national brut*** (aux prix courants du marché, 1992) : 5 500 000 000 USD (8 800 USD/hab.).

■ ***Population active*** (1993) : 234 576 ; taux d'activité 36,9 % (taux de participation : 15-64 ans 56,7 % ; femmes 41,7 % ; sans-emploi [juillet-septembre 1996] 39,7 %).

■ ***Revenus et dépenses des ménages***
Taille moyenne des ménages (1994) : 3,5.
Revenu annuel moyen par ménage (1994) : 114 900 FRF (20 695 USD) ; sources des revenus : salaires, traitements et activités non salariées 68,9 % ; paiements de transfert 16,0 % ; intérêts, dividendes et activités non salariées 15,1 %.
Dépenses (1994-1995) :
alimentation et boissons 22,0 % ; transports et communications 19,0 % ; logement et énergie 10,0 % ; équipements domestiques 8,0 % ; loisirs 6,0 %.

■ ***Utilisation du sol*** (1994) : forêts 35,2 % ; prairies et pâturages 4,8 % ; terres cultivées et plantations 19,6 % ; autres 40,4 %.

Échanges extérieurs

■ ***Importations*** (1995) : 13 494 000 000 FRF (biens de consommation 25,3 % ; produits alimentaires et agricoles 20,1 % ; équipement de transport 14,2 % ; produits manufacturés en métal 7,0 % ; combustibles minéraux 4,7 %).
Principales sources des importations : France 66,3 % ; Italie 3,5 % ; Bahreïn 3,1 %.

■ ***Exportations*** (1995) : 1 036 000 000 FRF (sucre 63,0 % ; machines et appareils 9,9 % ; matériel de transport 4,5 % ; homard 4,12 % ; rhum 2,4 %).
Principales destinations des exportations : France 71,4 % ; Japon 6,1 % ; Belgique 5,0 %.

Transports et communications

■ ***Transports***
Chemins de fer (il n'existe pas de chemin de fer public ; le chemin de fer est uniquement utilisé pour l'industrie sucrière).
Routes (1994) : longueur totale 2 754 km (79 % recouvertes [1991]).
Véhicules (1995) : voitures particulières 157 700 ; camions et autobus 38 600.
Marine marchande (1992) : 7 navires (de 100 tjb et plus) ; 33 476 tonneaux de port en lourd.
Transports aériens (1996) ; trafic : arrivées de passagers 629 034 ; départs de passagers 624 733 ; marchandises déchargées 13 678 t ; marchandises chargées 4 396 t. 1 aéroport desservi par des vols réguliers (1996).

■ ***Communications***
Journaux quotidiens (1994) : diffusion totale 55 000 ; diffusion pour 1 000 hab. 85.
Radiodiffusion (1996) : 170 000 postes récepteurs ; 254 pour 1 000 hab.
Télévision (1995) : 90 500 postes récepteurs ; 137 pour 1 000 hab.
Téléphone (1995) : 218 723 lignes principales ; 332 pour 1 000 hab.

Éducation et santé

■ ***Niveau d'éducation*** (1986-1987)
Proportion de la population âgée de 25 ans et plus : sans instruction scolaire 18,8 % ; ayant une éducation primaire 44,3 % ; une éducation secondaire de premier cycle 21,6 % ; une éducation secondaire de second cycle 11,0 % ; une éducation supérieure 4,3 %.

■ ***Alphabétisation*** (1996) : personnes âgées de 16 à 66 ans alphabétisées 91,3 % ; hommes 89,9 %, femmes 92,7 %.

■ ***Santé*** (1995) : (1996) 1 164 médecins (1 pour 571 hab.) ; 2 902 lits d'hôpital (1 pour 225 hab.) ; taux de mortalité infantile : 7,3 ‰.

■ ***Alimentation*** (1995) : apport journalier en calories par habitant 3 308 (alimentation d'origine végétale 79 % ; d'origine animale 21 %) ; soit 146 % du niveau minimal recommandé par la F.A.O.

Défense nationale

■ ***Contingent*** (1996) : 4 000 soldats français (y compris les troupes stationnées à Mayotte).

FRANCE : Saint-Pierre et Miquelon

- ***Nom officiel*** : Saint-Pierre et Miquelon. Code I.S.O. : PM.
- ***Statut politique*** : collectivité territoriale de la République française avec une assemblée locale (conseil général [14]) ; Saint-Pierre et Miquelon est représenté au Parlement français par 1 député et 1 sénateur.
- ***Chef de l'État*** : président de la République française.
- ***Chefs de l'administration locale*** : commissaire de la République (pour la France), président du conseil général (pour Saint-Pierre et Miquelon).
- ***Capitale*** : Saint-Pierre
- ***Langue officielle*** : français.
- ***Religion officielle*** : aucune.
- ***Unité monétaire*** : 1 franc français (FRF) = 100 centimes.

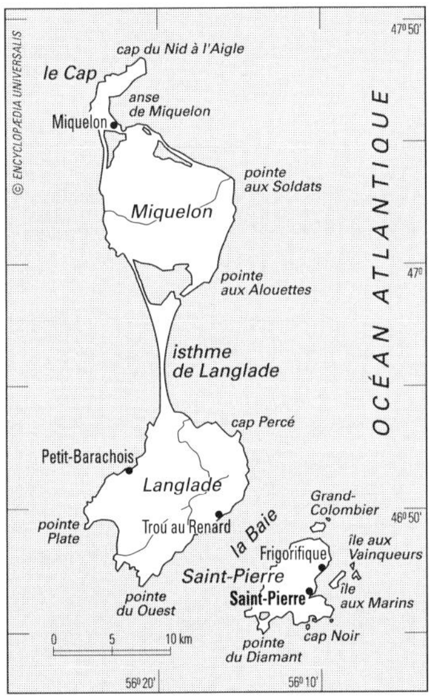

Démographie

■ ***Population*** (estim. 1997) : 6 600.

■ ***Densité*** (1997) : 27,3 hab./km².

■ ***Répartition par sexe*** (1982) : hommes 49,4 % ; femmes 50,6 %.

■ ***Répartition par âge*** (1990) : moins de 20 ans 30,0 % ; de 20 à 59 ans 56,8 % ; 60 ans et plus 13,2 %.

■ ***Composition ethno-linguistique*** (1989) : Français 98,4 % ; autres 1,6 %.

■ ***Appartenances religieuses*** (1990) : catholiques 98,3 % ; autres 1,7 %.

groupes d'îles	superficie (km²)	population (recens. 1990)
Miquelon-Langlade [1]	216	709
Saint-Pierre [2]	26	5 683
total	**242**	**6 392**

1. Constitué par la Grande-Miquelon et la Petite-Miquelon (ou Langlade), reliées par l'isthme de Langlade. 2. Composé de l'île Saint-Pierre et des îlots du Grand-Colombier, au Massacre, aux Marins, aux Pigeons, aux Vainqueurs.

Territoire et population.

	effectifs	% des effectifs
agriculture	80	3,1
mines / industrie	290	11,6
bâtiment	150	6,0
entreprises publiques	45	1,8
transports et communications	240	9,5
commerce	725	29,0
finance	55	2,3
administration, défense nationale, services, autres	925	36,8
total	**2 510**	**100,0 (•)**

(•) Le total général ne correspond pas exactement au détail en raison des arrondis.

Main-d'œuvre (1982).

Statistiques de l'état civil

■ ***Taux de natalité*** (1991) : 13,0 ‰ (moyenne mondiale 26,4 ‰) ; taux (1984) de naissances légitimes 83,0 %, illégitimes 17,0 %.

■ ***Taux de mortalité*** (1991) : 7,0 ‰ (moyenne mondiale 9,2 ‰).

■ ***Taux d'accroissement naturel*** (1991) : 6,0 ‰ (moyenne mondiale 17,2 ‰).

■ ***Nombre de mariages*** (pour 1 000 hab., 1988) : 4,3.

■ ***Espérance de vie*** à la naissance (1977) : hommes 65,8 ans ; femmes 71,6 ans.

■ ***Principales causes de décès*** (pour 100 000 hab., 1977) : maladies de l'appareil circulatoire 366,7 ; tumeurs malignes (cancers) 108,3 ; troubles endocriniens et du métabolisme 102,1 ; maladies infectieuses et parasitaires 72,9 ; maladies de l'appareil respiratoire 45,8.

Économie nationale

■ ***Budget de l'État*** (1994)
Recettes : 160 500 000 FRF (impôts directs 23,8 % ; octroi de mer et droits de consommation 20,8 % ; subventions de l'État pour travaux d'équipement 13,4 %).
Dépenses : 160 500 000 FRF (immobilisations et travaux 22,2 % ; interventions socio-économiques et culturelles 20,4 %).

■ ***Production***
Agriculture, sylviculture, pêche.
Pratiquement aucune production agricole.
Cheptel (sur pied) : moutons principalement.
Pêche (1992) : 3 238 t, dont pêche industrielle 3 108 t, artisanale 130 t.

	1989	1990	1991	1992
millions de FRF	− 332,3	− 244	− 211	− 205
% du total	45,3	35,0	29,8	33,9

Balance commerciale (prix courants).

Bâtiment (permis de construire accordés, 1992) : 129.
Énergie (production/consommation) : électricité (1992) 45 392 000/37 168 000 kWh.

■ ***Tourisme*** (1994) : 27 784 voyageurs entrés.

■ ***Dette publique*** (extérieure, créances 1983) : 5 000 000 USD.

■ ***Population active*** (1990) : 2 850 ; taux d'activité 44,6 % (taux de participation : 15-64 ans [1982] 60,6 % ; femmes [1982] 31,8 % ; sans-emploi 12,0 %).

■ ***Produit national brut*** (1987) : 19 800 000 USD (3 200 USD/hab.).

■ ***Ménages***
Taille moyenne des ménages (1984) : 3,3.

■ ***Utilisation du sol*** : les îles Saint-Pierre et Miquelon sont constituées principalement de terrains rocheux incultes.

Échanges extérieurs

■ ***Importations*** (1994) : 413 653 000 FRF (produits alimentaires 18,6 % ; produits pétroliers 9,4 %).
Principales sources des importations : France 47,1 % ; Canada 42,8 %.

■ ***Exportations*** (1994) : 82 721 000 FRF (provisions de bord et soutage 17,0 % ; produits de la pêche 3,0 %).
Principale destination des exportations : France 80,3 %.

Transports et communications

■ ***Transports***
Chemins de fer : aucun.
Routes (1988) : 120 km (42 % recouvertes).
Véhicules (1988) : voitures particulières 1 920 ; camions et autobus 774.
Marine (1992) : 1 283 entrées de navires ; 1 528 000 tonneaux de port en lourd.
Transports aériens (1994) ; trafic : arrivées de passagers 10 064, départs de passagers 10 280. 1 aéroport desservi par des vols réguliers (1995).

■ ***Communications***
Journaux quotidiens : aucun.
Radiodiffusion (1990) : 3 000 postes récepteurs (1 pour 2,1 hab.).
Télévision (1990) : 2 000 postes récepteurs (1 pour 3,2 hab.).
Téléphone (1989) : 4 500 postes téléphoniques (1 pour 1,4 hab.).

Éducation et santé

■ ***Enseignement*** (1990) : 14 établissements scolaires (maternel et primaire 10 ; secondaire et professionnel 4) ; 1 481 élèves (791 ; 690).

■ ***Alphabétisation*** (1985) : population âgée de 15 ans et plus alphabétisée 99,5 % ; hommes 99,5 % ; femmes 99,5 %.

■ ***Santé*** (1988) : 12 médecins (1 pour 515 hab.) ; 100 lits d'hôpital (1 pour 62 hab.) ; taux de mortalité infantile (1983) : 12,3 ‰.

→ ***Thesaurus*** : SAINT-PIERRE-&-MIQUELON
→ ***Grand Atlas de Géographie*** (éd. 1992) : 168, 178
→ ***Grand Atlas de l'Histoire*** : 244, 299

Corpus : OUTRE-MER (DÉPARTEMENTS ET TERRITOIRES D').

Universalia 1996 : 214 Les D.O.M.-T.O.M. : des entités fragiles.

→ *Thesaurus* : WALLIS & FUTUNA (ÎLES)
→ *Grand Atlas de Géographie* (éd. 1992) : 16
→ *Grand Atlas de l'Histoire* : 277, 299

FRANCE : Wallis et Futuna

- ***Nom officiel*** : Wallis et Futuna. Code I.S.O. : WF.
- ***Statut politique*** : territoire français d'outre-mer avec une assemblée locale (Assemblée territoriale [20]). Wallis et Futuna est représenté au Parlement français par 1 député et 1 sénateur.
- ***Chef de l'État*** : président de la République française.
- ***Chefs de l'administration locale*** : administrateur supérieur (pour la France), président de l'Assemblée territoriale (pour Wallis et Futuna).
- ***Capitale*** : Mata-Utu (Matâ'utu).
- ***Langue officielle*** : français.
- ***Religion officielle*** : aucune.
- ***Unité monétaire*** : 1 franc C.F.P. (XPF) = 100 centimes ; valeur : 100 XFP = 5,50 FRF.

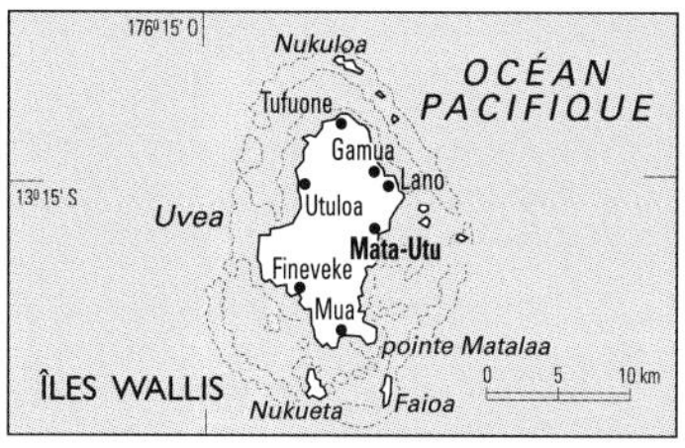

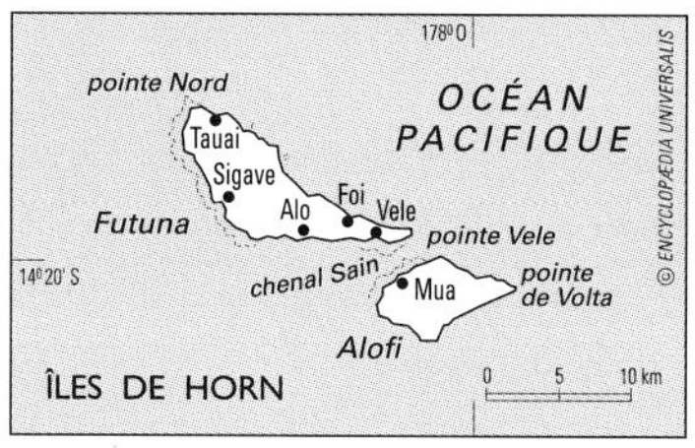

Démographie

■ ***Population*** (estim. 1997) : 14 700[a].

■ ***Densité*** (1997) : 53,6 hab./km².

■ ***Répartition par sexe*** (1990) : hommes 49,8 % ; femmes 50,2 %.

■ ***Répartition par âge*** (1990) : moins de 15 ans 41,9 % ; de 15 à 29 ans 25,8 % ; de 30 à 44 ans 15,2 % ; de 45 à 59 ans 9,9 % ; de 60 à 74 ans 5,8 % ; 75 ans et plus 1,4 %.

■ ***Projection démographique*** : 15 000 en 2000 ; 17 500 en 2010.

■ ***Temps de doublement*** : 35 ans.

■ ***Composition ethnique*** (1990) : Polynésiens 96,7 % ; Européens 3,0 % ; autres 0,3 %.

■ ***Appartenances religieuses*** (estim. janv. 1993) : catholiques 100,0 %.

■ ***Principale ville*** (1990) : Mata-Utu 1 222 hab.

Statistiques de l'état civil

■ ***Taux de natalité*** (1994) : 25,7 ‰ (moyenne mondiale 25,0 ‰).

■ ***Taux de mortalité*** (1994) : 5,3 ‰ (moyenne mondiale 9,3 ‰).

■ ***Taux d'accroissement naturel*** (1994) : 20,4 ‰ (moyenne mondiale 15,7 ‰).

■ ***Espérance de vie*** à la naissance (1990) : hommes 67,0 ans ; femmes 70,0 ans.

Économie nationale

■ ***Budget de l'État*** (1993)
Recettes : 1 385 000 000 XPF (recettes fiscales 54,4 % ; exploitations et services 26,9 % ; avances et emprunts 9,4 %).
Dépenses : 1 385 000 000 XPF (services et travaux publics 55,7 %).

■ ***Dette publique*** (extérieure, créances 1987) : 6 000 000 USD.

■ ***Production***
Agriculture, sylviculture, pêche (1994).
Bananes 4 000 t ; noix de coco 2 000 t ; taros 2 000 t ; manioc 2 000 t ; légumes et melons 1 000 t.
Cheptel (sur pied, 1989) : porcs 25 000 ; chèvres 7 000.
Pêche (1993) : 150 t.
Énergie (production/consommation) : électricité (1992) 8 964 000/7 379 000 kWh.

■ ***Population active*** (1990) : 3 006 ; taux d'activité 21,9 % (taux de participation : 15-64 ans 40,8 % ; femmes 34,9 % ; sans-emploi 39,9 %).

	effectifs	% des effectifs
agriculture, sylviculture, pêche	19	0,6
mines	–	–
industrie	12	0,4
entreprises publiques	40	1,3
bâtiment	299	9,9
transports et communications	72	2,4
commerce	198	6,6
finance	1	–
administration, défense nationale	522	17,4
services	645	21,5
autres	1 198 (•)	39,9
Total	**3 006**	**100,0**

(•) Sans-emploi uniquement.

Main-d'œuvre (1990).

■ ***Produit national brut*** (1991) : 20 550 000 USD (1 500 USD/hab.).

■ ***Ménages***
Taille moyenne des ménages (1990) : 5,8.

■ ***Utilisation du sol*** (1993) : prairies et pâturages 5,0 % ; terres cultivées et plantations 20,0 % ; autres 75,0 %.

Échanges extérieurs

■ ***Importations*** (1991) : 1 219 000 000 XPF (produits alimentaires 36,2 % ; produits pétroliers 21,2 % ; produits chimiques 10,0 % ; équipement industriel et de transport 9,9 %).
Principales sources des importations : n.d.

■ ***Exportations*** (estim., 1991) : 5 600 000 XPF (troques principalement).
Principales destinations des exportations : n.d.

Transports et communications

■ ***Transports***
Routes (1994) : 120 km.
Marine marchande : aucune.
Transports aériens : n.d. 2 aéroports desservis par des vols réguliers (1995).

■ ***Communications***
Journaux quotidiens : aucun.
Téléphone (1993) : 877 lignes principales (1 pour 16,0 hab.).

Éducation et santé

■ ***Alphabétisation*** (1983) : population âgée de 20 ans et plus alphabétisée 48,9 % ; hommes 51,4 % ; femmes 46,6 %.

■ ***Santé*** (1990) : 3 médecins (1 pour 4 568 hab.) ; 60 lits d'hôpital (1 pour 228 hab.) ; taux de mortalité infantile (1992) : 22,0 ‰.

a. En raison de la faiblesse des ressources de l'archipel, l'émigration est très importante (plus de 14 000 personnes en Nouvelle-Calédonie).

groupes d'îles et îles	superficie (km²)	population (recens. 1990)
îles de Horn (Hoorn)	**115**	**4 732**
Alofi	51	n.d.
Futuna	64	n.d.
archipel Wallis (Uvea et 22 îlots)	**159**	**8 973**
total	**274**	**13 705**

Territoire et population.

	nombre d'établissements	nombre d'enseignants	nombre d'élèves	nombre d'élèves par enseignant
primaire (6-10 ans)	13	171 (•)	3 624	n.d.
secondaire (11-17 ans)		9 (•)	1 665	n.d.
post-secondaire	–	–	–	–

(•) 1987.

Enseignement (1993).

Corpus : OCÉANIE – Géographie humaine ; OUTRE-MER (DÉPARTEMENTS ET TERRITOIRES D').

Universalia 1996 : 214 Les D.O.M.-T.O.M. : des entités fragiles.

GABON

- ***Nom officiel*** : République gabonaise. Code I.S.O : GA.
- ***Forme de gouvernement*** : république à structure étatique unitaire et à régime multipartiste avec un Parlement comprenant deux assemblées législatives (Sénat [91] ; Assemblée nationale [120]).
- ***Chef de l'État*** : président.
- ***Chef du gouvernement*** : Premier ministre.
- ***Capitale*** : Libreville.
- ***Langue officielle*** : français.
- ***Religion officielle*** : aucune.
- ***Unité monétaire*** : 1 franc CFA (XAF) = 100 centimes ; valeur : 100 XAF = 1,00 FRF[a].

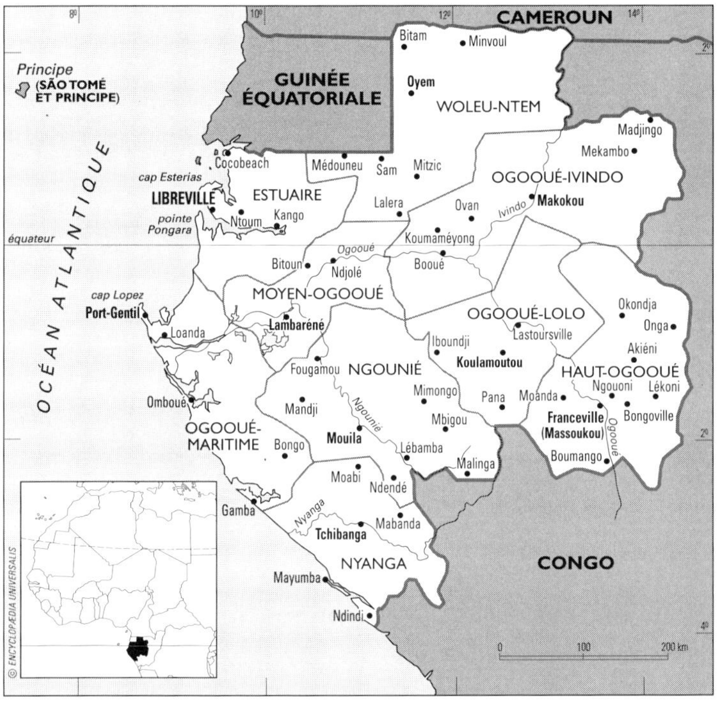

provinces	chefs-lieux	superficie (km²)	population (recens. 1993)*
Estuaire	Libreville	20 740	463 187
Ngounié	Mouila	37 750	77 781
Nyanga	Tchibanga	21 285	39 430
Ogooué (Haut-)	Franceville (Massoukou)	36 547	104 301
Ogooué (Moyen-)	Lambaréné	18 535	42 316
Ogooué-Ivindo	Makokou	46 075	48 862
Ogooué-Lolo	Koulamoutou	25 380	43 915
Ogooué-Maritime	Port-Gentil	22 890	97 913
Woleu-Ntem	Oyem	38 465	
total		**267 667**	**1 014 976**

(*) Population de jure ; non compris entre 100 000 et 150 000 étrangers.

Territoire et population.

	1990	1991	1992	1993	1994	1995	1996
indice des prix à la consommation	100,0	105,4	100,2	91,3	124,3	136,7	141,8
indice des revenus	n.d.	n.d.	n.d.	n.d.	n.d.	n.d.	n.d.

Indices des prix et des revenus (1990 = 100).

Démographie

- ***Population*** (estim. 1997) : 1 190 000.
- ***Densité*** (1997) : 4,4 hab./km².
- ***Répartition urbaine/rurale*** (1993) : population urbaine 73,1 % ; population rurale 26,7 %.
- ***Répartition par sexe*** (1995) : hommes 49,32 % ; femmes 50,68 %.
- ***Répartition par âge*** (1995) : moins de 15 ans 39,1 % ; de 15 à 29 ans 22,3 % ; de 30 à 44 ans 17,2 % ; de 45 à 59 ans 12,4 % ; de 60 à 74 ans 7,2 % ; 75 ans et plus 1,7 %.
- ***Projection démographique*** : 1 244 000 en 2000 ; 1 445 000 en 2010.
- ***Temps de doublement*** : 33 ans.
- ***Composition ethnique*** (1983) : Fangs 35,5 % ; Mpongwés 15,1 % ; M'Bédés 14,2 % ; Punus 11,5 % ; autres 23,7 %.
- ***Appartenances religieuses*** (1995) : chrétiens 79,9 %, dont catholiques 50,1 %, protestants 18,0 % ; croyances traditionnelles 19,3 % ; musulmans 0,8 %.
- ***Principales villes*** (1993) : Libreville 362 386 hab. ; Port-Gentil 80 841 hab. ; Franceville 30 246 hab.

Statistiques de l'état civil

- ***Taux de natalité*** (1990-1995) : 37,3 ‰ (moyenne mondiale 25,0 ‰).
- ***Taux de mortalité*** (1990-1995) : 15,5 ‰ (moyenne mondiale 9,3 ‰).
- ***Taux d'accroissement naturel*** (1990-1995) : 21,8 ‰ (moyenne mondiale 15,7 ‰).
- ***Taux de fécondité*** (nombre moyen de naissances par femme en âge de procréer, 1990-1995) : 5,3.
- ***Espérance de vie*** à la naissance (1990-1995) : hommes 51,9 ans ; femmes 55,2 ans.
- ***Principales causes de décès*** : n.d. ; toutefois, au début des années 1990, les principales causes de morbidité et de mortalité étaient la malaria, la shigellose (infection avec syndromes dysentériques), le tétanos, les maladies cardio-vasculaires, la trypanosomiase et la tuberculose.

Économie nationale

- ***Budget de l'État*** (1996)

Recettes : 755 100 000 000 XAF (recettes pétrolières 59,5 % ; droits de douane 16,6 % ; autres revenus 23,9 %).

Dépenses : 676 500 000 000 XAF (dépenses courantes 75,7 %, dont traitements et salaires 27,3 %, service de la dette publique 25,6 % ; dépenses en capital 22,8 %).

- ***Dette publique*** (extérieure, créances, 1995) : 4 099 000 000 USD.
- ***Tourisme*** (1995) : recettes touristiques 4 000 000 USD ; dépenses touristiques à l'étranger 112 000 000 USD.
- ***Production***

Agriculture, sylviculture, pêche (1996).

Racines et tubercules 408 000 t, dont manioc 220 000 t, ignames 120 000 t ; taros 65 000 t ;

→ ***Corpus*** : GABON
→ ***Grand Atlas de Géographie*** (éd. 1992) : 136, 148
→ ***Grand Atlas de l'Histoire*** : 240, 241, 276, 283, 295

Corpus : AFRIQUE NOIRE – Société et économie ; FANG ; MINERAIS (États producteurs) ; PÉTROLE – Géographie du pétrole ; PYGMÉES.

Universalia 1991 : 210 Le nouveau paysage audiovisuel en Afrique francophone ; ***Universalia 1992*** : 116 La difficile démocratisation des systèmes politiques africains ; 177 La seconde naissance de la presse indépendante en Afrique ; ***Universalia 1995*** : 157 Afrique : la dévaluation du franc CFA ou la fin d'un tabou.

Thesaurus :
BAKOTA
LIBREVILLE
MPONGWÉ
OROUNGOU

	1996		1993	
	millions de XAF	% du total	effectifs	% des effectifs
agriculture, sylviculture, pêche	198 700	7,1	156 000 [1]	41,6
mines	1 190 500	42,6		
industrie	166 300	6,0		
bâtiment	98 900	3,5	43 000 [1]	11,5
entreprises publiques	40 300	1,4		
transports et communications	147 600	5,3		
commerce	424 300	15,2		
finance	14 900	0,5	115 000 [1]	30,7
services	265 900	9,5		
administration, défense nationale	245 300	8,8	61 000 [1]	16,2
total	**2 792 800**	**100,0** [2]	**376 000** [2]	**100,0**

1. Valeurs dérivées. 2. Le total général ne correspond pas exactement au détail en raison des arrondis.

Structure du produit intérieur brut et effectifs.

	1991	1992	1993	1994	1995	1996
millions de XAF	+ 386 100	+ 362 800	+ 419 400	+ 882 000	+ 870 800	+ 1 095 800
% du total	44,3	43,6	46,6	50,6	49,3	52,5

Balance commerciale (prix courants).

	nombre d'établissements	nombre d'enseignants	nombre d'élèves	nombre d'élèves par enseignant
primaire	1 105	4 709	247 018	52,5
secondaire	51 [1]	1 897	56 451	29,8
professionnel et formation à l'enseignement	29 [1]	485	9 261	19,1
supérieur [2] [3]	2	299	3 000	10,0

1. 1984-1985. 2. Université uniquement. 3. 1991-1992.

Enseignement (1994-1995).

bananes plantains 250 000 t ; canne à sucre 220 000 t ; maïs 27 000 t ; arachides 15 000 t ; bananes 9 000 t ; huile de palme 3 000 t ; fèves de cacao 1 000 t.
Cheptel (sur pied) : moutons 172 000 ; porcs 164 000 ; chèvres 84 000 ; bovins 39 000 ; poulets 3 000 000.
Bois (1995) : 4 347 000 m³.
Pêche (1995) : 27 978 t.
Industries extractives (1996) : manganèse 1 983 000 t ; uranium 623 000 t.
Industries manufacturières (1994) : mazout 289 000 t ; gazole 240 000 t ; ciment 147 789 t ; kérosène 100 000 t ; farine de blé 31 000 t (1992) ; sucre raffiné 13 687 t ; bière (1995) 816 419 hl ; boissons non alcoolisées (1995) 415 613 hl ; cigarettes (1992) 399 000 000 unités ; contreplaqué 47 100 m³ ; les textiles sont également une production importante.
Bâtiment : n.d.
Énergie (production/consommation) : électricité (1995) 1 024 000 000/794 000 000 kWh ; pétrole brut (1995) 132 500 000/(1994) 11 600 000 barils ; produits pétroliers (1994) 776 000/633 000 t ; gaz naturel (1994) 129 000 000/129 000 000 m³ ; bois combustible (1994) 2 812 000/ 2 812 000 m³.

■ ***Produit national brut*** (aux prix courants du marché, 1995) : 3 759 000 000 USD (3 490 USD/hab.).

■ ***Population active*** (1993) : 375 944 ; taux d'activité 37,0 % (taux de participation [1985] : 15-64 ans 68,2 % ; femmes 38,4 % ; sans-emploi [1996] 20 %).

■ ***Revenus et dépenses des ménages***
Taille moyenne des ménages (1993) : 5,2.
Revenu annuel moyen par ménage : n.d. ; sources des revenus (1983) : secteur privé 73,4 % ; secteur public 26,6 %.
Dépenses : n.d.

■ ***Utilisation du sol*** (1994) : forêts 77,2 % ; prairies et pâturages 18,2 % ; terres cultivées et plantations 1,8 % ; autres 2,8 %.

Échanges extérieurs

■ ***Importations*** (1995) : 495 900 000 000 XAF ([1994] machines et équipement mécanique 32,1 % ; produits alimentaires et agricoles 17,5 % ; équipement de transport 15,1 % ; matériaux de construction 14,0 % ; produits chimiques 13,1 %.
Principales sources des importations : France 35,2 % ; Afrique 28,0 % ; autres pays de la C.E.E. 20,9 % ; États-Unis 4,8 % ; Japon 3,9 %.

■ ***Exportations*** (1995) : 1 591 700 000 000 XAF (pétrole brut et produits pétroliers 81,4 % ; bois 12,3 % ; minerai et concentré de manganèse 4,9 % ; minerai et concentré d'uranium 0,8 %).
Principales destinations des exportations (1995) : États-Unis 50,0 % ; France 16,3 % ; autres pays de l'Union européenne ; Japon 8,3 % ; Afrique 2,3 %.

Transports et communications

■ ***Transports***
Chemins de fer : longueur (1995) 683 km ; trafic 77 000 000 passagers-km ; 503 000 000 t-km.
Routes (1995) : longueur totale 7 800 km (10 % recouvertes).
Véhicules (1992) : voitures particulières 23 000 ; camions et autobus 17 000.
Marine marchande (1992) : 29 navires (de 100 tjb et plus) ; 30 186 tonneaux de port en lourd.
Transports aériens (1996, Air Gabon seulement) : 728 000 000 passagers-km ; 34 600 000 t-km. 17 aéroports desservis par des vols réguliers (1997).

■ ***Communications***
Journaux quotidiens (1996) : diffusion totale 40 000 ; diffusion pour 1 000 hab. 34,1.
Radiodiffusion (1995) : 200 000 postes récepteurs ; 173 pour 1 000 hab.
Télévision (1995) : 40 000 postes récepteurs ; 34,6 pour 1 000 hab.
Téléphone (1995) : 32 000 lignes principales ; 27,7 pour 1 000 hab.

Éducation et santé

■ ***Niveau d'éducation*** : n.d.

■ ***Alphabétisation*** (1995) : personnes âgées de 15 ans et plus alphabétisées 63,2 % ; hommes 73,7 % ; femmes 53,3 %.

■ ***Santé*** : 448 médecins en 1989 (1 pour 2 377 hab.) ; 5 156 lits d'hôpital en 1985 (1 pour 197 hab.) ; taux de mortalité infantile (1990-1995) : 94,0 ‰.

■ ***Alimentation*** (1995) : apport journalier en calories par habitant 2 511 (alimentation d'origine végétale 86 % ; d'origine animale 14 %) ; soit 107 % du niveau minimal recommandé par la F.A.O.

Défense nationale

■ ***Contingent*** (1997) : 4 700 (armée de terre 68,1 % ; marine 10,6 % ; armée de l'air 21,3 %), non compris 600 soldats français.

■ ***Dépenses militaires*** (1995) : 2,6 % du P.N.B. (moyenne mondiale 2,8 %) ; soit 90 USD/hab.

a. Dévaluation de 50 % du franc CFA le 12 janvier 1994.

GAMBIE

- ***Nom officiel*** : République de Gambie (Republic of The Gambia). Code I.S.O. : GM.
- ***Forme de gouvernement*** : république[a].
- ***Chef de l'État et du gouvernement*** : président[a].
- ***Capitale*** : Banjul.
- ***Langue officielle*** : anglais.
- ***Religion officielle*** : aucune.
- ***Unité monétaire*** : 1 dalasi (GMD) = 100 bututs ; valeur (31 déc. 1997) : 100 GMD = 57,20 FRF.

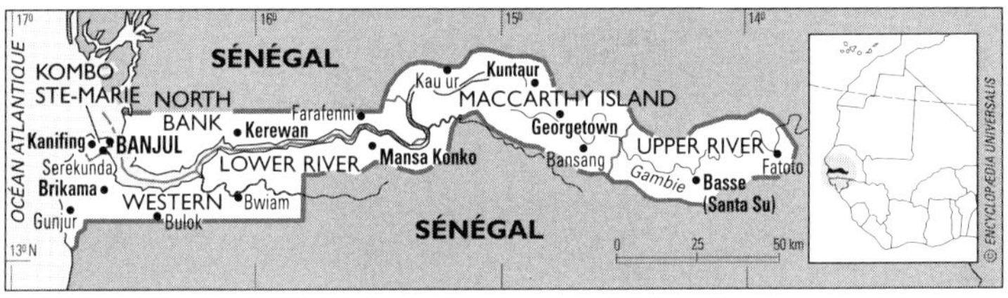

Démographie

■ ***Population*** (estim. 1997) : 1 248 000.

■ ***Densité***[b] (1997) : 144,9 hab./km^2.

■ ***Répartition urbaine/rurale*** (1993) : population urbaine 36,7 % ; population rurale 63,3 %.

■ ***Répartition par sexe*** (1993) : hommes 50,08 % ; femmes 49,92 %.

■ ***Répartition par âge*** (1993) : moins de 15 ans 43,8 % ; de 15 à 29 ans 27,7 % ; de 30 à 44 ans 15,1 % ; de 45 à 59 ans 6,8 % ; de 60 à 74 ans 3,5 % ; 75 ans et plus 1,4 % ; non spcifié 1,7 %.

■ ***Projection démographique*** : 1 381 000 en 2000 ; 1 864 000 en 2010.

■ ***Temps de doublement*** : 23 ans.

■ ***Composition ethnique*** (1993) : Malinkés 34,1 % ; Peuls 16,2 % ; Ouolofs 12,6 % ; Diolas 9,2 % ; Soninkés 7,7 % ; autres 20,2 %.

■ ***Appartenances religieuses*** (1993) : musulmans 95,0 % ; chrétiens 4,0 % ; croyances traditionnelles et autres 1,0 %.

■ ***Principales villes*** (zones urbaines, 1986) : Serekunda 102 600 hab. ; Banjul 42 300 hab. (1993) [grand Banjul 270 540 hab. (1993)] ; Brikama 24 300 hab. ; Bakau 23 600 hab. ; Farafenni 10 168 hab. (1983).

Statistiques de l'état civil

■ ***Taux de natalité*** (1997) : 43,9 ‰ (moyenne mondiale 25,0 ‰) ; taux de naissances légitimes n.d., illégitimes n.d.

■ ***Taux de mortalité*** (1997) : 13,3 ‰ (moyenne mondiale 9,3 ‰).

■ ***Taux d'accroissement naturel*** (1997) : 30,6 ‰ (moyenne mondiale 15,7 ‰).

■ ***Taux de fécondité*** (nombre moyen de naissances par femme en âge de procréer, 1997) : 5,8.

■ ***Nombre de mariages*** : n.d.

■ ***Nombre de divorces*** : n.d.

■ ***Espérance de vie*** à la naissance (1997) : hommes 51,2 ans ; femmes 55,8 ans.

divisions	chefs-lieux	superficie [1] (km^2)	population (recens. 1993 [2])
divisions :			
Kombo Sainte-Marie	Kanifing	76	228 214
Lower River	Mansa Konko	1 618	65 146
MacCarthy Island	Kuntaur/Georgetown	2 894	156 021
North Bank	Kerewan	2 256	156 462
Upper River	Basse (Santa Su)	2 069	155 059
Western	Brikama	1 764	234 917
ville :			
Banjul (ex-Bathurst)	—	12	42 326
total		**10 689**	**1 038 145**

1. Superficie totale (la surface terrestre est de 8 612 km^2). 2. Préliminaire.

Territoire et population.

	1990	1991	1992	1993	1994	1995	1996
indice des prix à la consommation	100,0	108,6	118,9	126,6	128,7	137,7	139,3
indice des revenus	n.d.	n.d.	n.d.	n.d.	n.d.	n.d.	n.d.

Indices des prix et des revenus (1990 = 100).

■ ***Principales causes de décès*** : n.d. ; toutefois, la malaria, la gastro-entérite et la dysenterie, la pneumonie et la bronchite, la rougeole, la bilharziose et la coqueluche sont parmi les principales maladies du pays.

→ ***Corpus*** : GAMBIE
→ ***Grand Atlas de Géographie*** (éd. 1992) : 132, 146
→ ***Grand Atlas de l'Histoire*** : 240, 241, 276, 282, 295

Économie nationale

■ ***Budget de l'État*** (1995-1996)
Recettes : 861 700 000 GMD (recettes fiscales 79,9 %, dont taxes et droits d'importation 31,8 %, impôts sur le revenu 15,8 %, impôts sur les ventes 7,6 % ; recettes non fiscales et subventions 20,1 %).
Dépenses : 877 700 000 GMD (dépenses administratives 24,9 % ; biens et services 17,4 % ; paiement des intérêts 15,8 % ; agriculture 11,2 % ; éducation et culture 9,2 % ; transports et communications 6,9 % ; services publics 2,2 %).

■ ***Dette publique*** (extérieure, créances, 1995) : 383 700 000 USD.

■ ***Tourisme*** : recettes touristiques (1995) 23 000 000 USD ; dépenses touristiques à l'étranger 16 000 000 USD.

■ ***Production***
Agriculture, sylviculture, pêche (1996).
Millet 61 500 t ; arachides 46 000 t ; riz paddy 19 600 t ; maïs 10 000 t ; coton brut 4 500 t ; manioc 6 000 t ; légumes secs 4 000 t ; huile de palme 2 500 t ; palmistes 2 000 t.
Cheptel (sur pied) : bovins 323 000 ; chèvres 224 000 ; moutons 159 000.
Bois (1995) : 1 220 700 m^3.
Pêche (1993) : 20 479 t.
Industries extractives : sable et gravier pour l'usage local.
Industries manufacturières (valeur de la production, 1982) : produits alimentaires (arachides et palmistes surtout) 62 878 000 GMD ; boissons 10 546 000 GMD ; tissus 3 253 000 GMD ; produits chimiques et dérivés 1 031 000 GMD ; non-métaux 922 000 GMD ; imprimerie et édition 358 000 GMD ; cuir 150 000 GMD.
Énergie (production/consommation) : électricité (1994) 75 000 000/75 000 000 kWh ; charbon 0/0 ; pétrole brut 0/0 ; produits pétroliers (1994) 0/75 000 t ; gaz naturel 0/0.

■ ***Produit national brut*** (aux prix courants du marché, 1995) : 354 000 000 USD (320 USD/hab.).

■ ***Population active*** (1992) : 412 000 ; taux d'activité 47,2 % (taux de participation [1983] : 15-64 ans 78,2 % ; femmes 46,3 % ; sans-emploi n.d.).

■ ***Revenus et dépenses des ménages***
Taille moyenne des ménages (1983) : 8,3.
Revenu annuel moyen par ménage : n.d.
Dépenses (population à faible revenu de Banjul et de Kombo Sainte-Marie uniquement, poids respectifs de l'indice des prix à la consommation, 1991) : alimentation et boissons 58,0 % ; habillement 17,5 % ; énergie et eau 5,4 % ; logement 5,1 % ; éducation, santé, transports et communications, loisirs et autres 14,0 %.

■ ***Utilisation du sol*** (1994) : forêts 10,0 % ; prairies et pâturages 19,0 % ; terres cultivées et plantations 17,2 % ; surfaces construites, terres incultes et autres 53,8 %.

Corpus : AFRIQUE (Structure et milieu) [géographie humaine et économique] ; PEULS ; SERER ET WOLOF.

Thesaurus :
DIOLA
MALINKÉ
SARAKHOLÉ

Échanges extérieurs

■ ***Importations*** (1995-1996) : 2 062 900 000 GMD (1993-1994 : produits manufacturés de

	1995-1996		1983	
	millions de GMD [1]	% du total	effectifs	% des effectifs
agriculture	120,9	21,3	239 940	73,7
mines	–	–	66	0,0
industrie	32,9	5,7	8 144	2,5
bâtiment	28,2	5,0	4 373	1,3
entreprises publiques	3,2	0,6	1 233	0,4
transports et communications	112,1	19,8	8 014	2,5
commerce	91,2	16,1	16 551	5,1
finance	36,3	6,4	4 577	1,4
administration	60,7	10,6	8 295	2,5
services	22,3	4,0	9 381	2,9
autres	59,7 [2]	10,5	25 049	7,7
total	**567,5**	**100,0**	**325 623**	**100,0**

1. Aux prix constants de 1976-1977. 2. Impôts indirects.

Structure du produit intérieur brut et effectifs.

	1992	1993	1994	1995	1996
millions de GMD	– 433,8	– 516,7	– 660,0	– 368,5	– 744,0
% du total	14,1	15,7	21,8	13,6	27,4

Balance commerciale (prix courants).

	nombre d'établissements	nombre d'enseignants	nombre d'élèves	nombre d'élèves par enseignant
primaire (8-14 ans)	250	3 158	105 471	33,4
secondaire (15-21 ans) [1]	32	1 126	27 120	24,1
postsecondaire [2]	9	155	1 591	10,3

1. Comprend la formation à l'enseignement et le professionnel. 2. 1984-1985.

Enseignement (1994).

base 25,4 % ; produits alimentaires 24,7 % ; équipement industriel et de transport 23,5 % ; combustibles minéraux et lubrifiants 6,0 % ; produits chimiques et dérivés 5,1 %).
Principales sources des importations : Chine 24,7 % ; Belgique et Luxembourg 10,1 % ; Royaume-Uni 8,5 % ; Hong Kong 7,7 % ; Sénégal 5,4 % ; Thaïlande 4,9 %.

■ ***Exportations*** (1995-1996) : 1 318 900 000 GMD (1993-1994 : réexportations 84,3 %[c] ; exportations domestiques 15,7 %, dont arachides 8,5 %).
Principales destinations des exportations : Belgique et Luxembourg 50,4 % ; Japon 21,5 % ; Guinée 6,7 % ; Hong Kong 4,3 % ; Royaume-Uni 3,6 % ; France 2,6 % ; Espagne 2,2 %.

Transports et communications

■ ***Transports***
Chemins de fer : aucun.
Routes (1995) : longueur totale 2 640 km (35 % recouvertes).
Véhicules (1995) : voitures particulières 7 950 ; camions et autobus 8 240.
Marine marchande (1992) : 11 navires (de 100 tjb et plus) ; 2 029 tonneaux de port en lourd.
Transports aériens (1992) ; trafic : 275 000 départs et arrivées de passagers ; 3 000 t de marchandises. 1 aéroport desservi par des vols réguliers (1997).

■ ***Communications***
Journaux quotidiens (1994) : 2 ; diffusion totale 2 000 ; diffusion pour 1 000 hab. 2,0.
Radiodiffusion (1995) : 140 000 postes récepteurs ; 126 pour 1 000 hab.
Télévision (1995) : 6 000 postes récepteurs ; 6,1 pour 1 000 hab.
Téléphone (1995) : 19 200 lignes principales ; 17 pour 1 000 hab.

Éducation et santé

■ ***Niveau d'éducation*** (1973)
Proportion de la population âgée de 20 ans et plus : sans instruction scolaire 90,8 % ; ayant une éducation primaire 6,2 % ; éducation secondaire 2,6 % ; éducation supérieure 0,4 %.

■ ***Alphabétisation*** (1995) : personnes âgées de 15 ans et plus alphabétisées 38,6 % ; hommes 52,8 % ; femmes 24,1 %.

■ ***Santé*** (1990-1991) : 61 médecins (1 pour 14 536 hab.) ; 601 lits d'hôpital (1 pour 1 475 hab.) ; taux de mortalité infantile (1997) : 79 ‰.

■ ***Alimentation*** (1994) : apport journalier en calories par habitant 2 157 (alimentation d'origine végétale 95 % ; d'origine animale 5 %) ; soit 91 % du niveau minimal recommandé par la F.A.O.

Défense nationale

■ ***Contingent*** (1997) : 875.

■ ***Dépenses militaires*** (1995) : 4,8 % du P.N.B. (moyenne mondiale 2,8 %) ; soit 13 USD/hab.

a. Instaurée par une nouvelle Constitution depuis janvier 1997. Les élections présidentielles de septembre 1996 n'ont pas obtenu la reconnaissance de la communauté internationale.

b. Sur la base de la surface terrestre.

c. La majorité des réexportations provient d'échanges non officiels avec le Sénégal.

GÉORGIE

• ***Nom officiel*** : République de Géorgie (forme courte locale : Sakartvelo). Code I.S.O. : GE.

• ***Forme de gouvernement*** : république à structure étatique unitaire et à régime multipartiste avec un seul corps législatif (Parlement [235]).

• ***Chef de l'État et du gouvernement*** : président.

• ***Capitale*** : Tbilissi (ex-Tiflis).

• ***Langue officielle*** : géorgien.

• ***Religion officielle*** : aucune (dominante : orthodoxe).

• ***Unité monétaire***[a] : 1 lari (GEL) ; valeur (31 déc. 1997) : 100 GEL = 453,49 FRF.

Démographie

■ ***Population*** (estim. 1997) : 5 377 000.

■ ***Densité*** (1997) : 77,4 hab./km².

■ ***Répartition urbaine/rurale*** (1995) : population urbaine 55,6 % ; population rurale 44,4 %.

■ ***Répartition par sexe*** (1994) : hommes 47,6 % ; femmes 52,4 %.

■ ***Répartition par âge*** (1989) : moins de 15 ans 24,8 % ; de 15 à 29 ans 24,1 % ; de 30 à 44 ans 19,2 % ; de 45 à 59 ans 17,5 % ; de 60 à 74 ans 10,8 % ; 75 ans et plus 3,6 %.

■ ***Projection démographique*** : 5 309 000 en 2000 ; 5 367 000 en 2010.

■ ***Composition ethnique*** (1989) : Géorgiens 70,1 % ; Arméniens 8,1 % ; Russes 6,3 % ; Azéris 5,7 % ; Ossètes 3,0 % ; Grecs 1,9 % ; Abkhazes 1,8 % ; autres 3,1 %.

■ ***Appartenances religieuses*** (1997) : chrétiens 46,1 %, dont orthodoxes géorgiens 36,6 %, orthodoxes arméniens 5,6 %, orthodoxes russes 2,7 %, autres chrétiens 1,2 % ; musulmans (sunnites) 11,0 % ; autres (principalement sans religion) 42,8 %.

■ ***Principales villes*** (1997) : Tbilissi 1 253 100 hab. ; Koutaisi 240 000 hab. ; Roustavi 158 000 hab. ; Batoumi 137 100 hab. ; Soukhoumi (1993) 112 000 hab.

Statistiques de l'état civil

■ ***Taux de natalité*** (1995) : 10,9 ‰ (moyenne mondiale 25,0 ‰) ; taux (1989) de naissances légitimes 82,3 % ; illégitimes 17,7 %.

■ ***Taux de mortalité*** (1995) : 8,1 ‰ (moyenne mondiale 9,3 ‰).

■ ***Taux d'accroissement naturel*** (1995) : 2,8 ‰ (moyenne mondiale 15,7 ‰).

■ ***Taux de fécondité*** (nombre moyen de naissances par femme en âge de procréer, 1995) : 2,1.

■ ***Nombre de mariages*** (pour 1 000 hab., 1995) : 4,0.

■ ***Nombre de divorces*** (pour 1 000 hab., 1995) : 0,5.

■ ***Espérance de vie*** à la naissance (1994) : hommes 69,0 ans ; femmes 76,0 ans.

■ ***Principales causes de décès*** (pour 100 000 hab., 1995) : maladies de l'appareil circulatoire 569,6 ; tumeurs malignes (cancers) 63,4 ; accidents, empoisonnements et actes de violence 44,7 ; maladies de l'appareil digestif 30,3 ; maladies infectieuses et parasitaires 12,2 ; maladies de l'appareil respiratoire 6,2.

Économie nationale

■ ***Budget de l'État*** (1997)
Recettes : 639 900 000 GEL (recettes fiscales 41,3 % ; dont taxe à la valeur ajoutée 8,1 %, taxes indirectes 8,1 %, droits de douane 6,7 %, impôts sur le revenu 5,4 %, impôts sur les profits des sociétés 3,8 %, autres taxes 0,2 % ; recettes non fiscales 23,5 % ; emprunts 9,3 % ; autres revenus 23,5 %).
Dépenses : 839 900 000 GEL (protection sociale 24,2 %, défense et police 20,9 %, biens et services 11,9 %, éducation 6,1 %, santé et soins 5,7 %, autres dépenses 31,2 %).

■ ***Dette publique*** : (extérieure, 1995) : 988 000 000 USD.

■ ***Tourisme*** : n.d.

■ ***Production***
Agriculture, sylviculture, pêche (1996).
Pastèques 750 000 t ; maïs 395 000 t ; pommes de terre 360 000 t ; raisins 350 000 t ; tomates 220 000 t ; pommes 140 000 t ; choux 90 000 t ; oranges 66 000 t.
Cheptel (sur pied) : bovins 980 000 ; moutons et chèvres 725 000 ; porcs 353 000 ; volailles 12 000 000.
Bois : n.d.
Pêche : 46 000 t.
Industries extractives (1996) : minerai de manganèse 97 000 t.
Industries manufacturières (valeur de la production, millions de GEL, 1995) : métallurgie 239 ; produits chimiques et bois d'œuvre 109.
Bâtiment (1994) ; 12 100 m².
Énergie (production/consommation) : électricité (1994) 6 803 000 000/7 603 000 000 kWh ; charbon (1994) 34 000/274 000 t ; pétrole brut (1994) 542 000/2 008 000 barils ; produits pétroliers (1994) 0/n.d. ; gaz naturel (1994) 8 969 000/2 797 000 000 m³.

■ ***Population active*** (1995) ; 1 730 000 ; taux d'activité 32,2 % (taux de participation [1993] : 16-59 ans [hommes], 16-54 ans [femmes] 72,9 % ; femmes [1989] 45,9 % ; sans-emploi [1995] 6,0 %).

■ ***Produit national brut***[b] (1995) : 2 358 000 000 USD (440 USD/hab.).

■ ***Revenus et dépenses des ménages***
Taille moyenne des ménages (1989) : 4,1.
Revenu annuel moyen par ménage : n.d. ; sources des revenus (1993) : salaires et traitements 34,5 % ; allocations 21,9 % ; revenus agricoles 21,6 % ; autres 22,0 %.
Dépenses (1993) : impôts 42,5 % ; produits de détail 32,3 % ; épargne 16,4 % ; transports 4,2 % ; soins médicaux 3,9 % ; logement 0,7 %.

■ ***Utilisation du sol*** (1994) : forêts 33,3 % ; prairies et pâturages 29,0 % ; terres cultivées et plantations 16,2 % ; autres 21,5 %.

Échanges extérieurs

■ ***Importations*** (1994) : (1995) 686 100 000 USD (pétrole et gaz 47,0 % ; textiles et habillement 28,5 % ; produits alimentaires 16,1 % ; électricité 3,1 % ; produits pétroliers 2,9 %).
Principales sources des importations : Turkménistan 71,1 % ; Turquie 12,6 % ; Russie 4,2 % ; Azerbaïdjan 3,4 % ; Ukraine 1,2 %.

■ ***Exportations*** (1994) : (1995) 347 200 000 USD (produits alimentaires 30,0 % ; métaux ferreux 29,7 % ; textiles 7,0 % ; produits chimiques 5,0 %).
Principales destinations des exportations : Russie 46,0 % ; Turquie 17,6 % ; Turkménistan 8,8 % ; Azerbaïdjan 5,8 %.

→ ***Corpus*** : GÉORGIE ; U.R.S.S.
→ ***Grand Atlas de Géographie*** (éd. 1992) : 80, 92
→ ***Grand Atlas de l'Histoire*** : 208, 209, 212, 213, 218, 230-231 (L'Empire russe : expansion et modernisation de 1815 à 1917), 244, 245, 250, 251, 252, 253, 256, 257, 258-259 (La Révolution russe), 264, 265, 266, 272, 273, 274, 290-291 (Le développement de l'Union soviétique depuis 1926), 292, 293, 294, 295

Corpus : ALIMENTATION (ÉCONOMIE DE L') — Les grands produits alimentaires ; ASIE (Géographie humaine) [l'Asie septentrionale] ; CAUCASE ; CÉRÉALES ; COOPÉRATIVES (extension du secteur coopératif) ; KOLKHOZ ; MINERAIS (principaux producteurs) ; NOIRE (MER) [l'activité économique] ; NUCLÉAIRE (INDUSTRIE) ; PÊCHE ; PÉTROLE — Géographie du pétrole ; POPULATION (GÉOGRAPHIE DE LA) [population et démographie] ; SOCIALISME — Économie des pays socialistes ; SOVKHOZ ; TOURISME (marchés, chaînes et réseaux) [l'insertion des pays collectivistes].

Universalia 1987 : 147 L'information en Union soviétique et dans les autres pays socialistes ; 356 Les Juifs en U.R.S.S ; ***Universalia 1989*** : 145 La crise de légitimité ; ***Universalia 1990*** : 111 La réforme politique et institutionnelle ; 358 La crise caucasienne ; 361 La revanche du secteur privé ; ***Universalia 1991*** : 136 L'U.R.S.S. et le désarmement ; 351 La présidentialisation du régime ; ***Universalia 1992*** : 139 La recomposition de l'espace stratégique soviétique ; ***Universalia 1995*** : 180 Caucase : le retour de la Russie. ***Universalia 1997*** : 96 Transition à l'Est et coopération européenne.

Thesaurus :
ABKHAZIE (RÉPUBLIQUE AUTONOME D')
ADJAR
AZERI
BALKAR
TBILISSI

républiques, régions	capitales	superficie (km²)	population (estim. janv. 1991)
Abkhazie (Abhazija/Abhazskaja Resp.) 1	Soukhoumi (Suhumi)	8 600	533 800
Adjarie (Adžarija/Adžarskaja Resp.)	Batoumi (Batumi)	3 000	381 500
Ossétie du Sud (Jugo-Osetija) 2	Tskhinval (Chinvali)	3 900	4 548 900
régions dépendant de la République	-	54 200	
total		**69 700**	**5 464 200**

1. L'Abkhazie a déclaré son indépendance le 26 novembre 1994 ; mais la Géorgie l'a rejetée. 2. En décembre 1990, le Soviet suprême de la République de Géorgie a aboli l'oblast autonome de l'Ossétie du Sud.

Territoire et population.

	1995			
	millions de GEL	% du total	effectifs 1	% des effectifs
agriculture	432	31,5	90 000	8,6
mines	401	13,5	251 700	24,0
industrie				
entreprises publiques				
bâtiment	67	4,9		
transports et communications	78	5,7	78 100	7,4
commerce	325	23,7	41 100	3,9
finance	-	-	44 100	4,2
administration, défense nationale	-	-		
services	-	-	211 100	20,1
autres	284	20,7	334 700 2	31,9
total	**1 587**	**100,0**	**1 050 800**	**100,0 3**

1. Secteur urbain seulement. 2. Y compris 65 450 sans-emplois. 3. Le total général ne correspond pas exactement au détail en raison des arrondis.

Structure du produit intérieur brut et effectifs (1995).

	1992	1993	1994	1995
indice des prix à la consommation	1,0	15,0	2 362,0	6 207,0
indice des revenus mensuels	1,0	14,0	3 100,0	7 850,0

Indices des prix et des revenus (1990 = 1).

	1992	1993	1994	1995
millions d'USD	−378	−448	−365	−339
% du total	41,5	32,9	32,4	32,8

Balance commerciale (prix courants).

	nombre d'établissements	nombre d'enseignants	nombre d'élèves	nombre d'élèves par enseignant
primaire (6-13 ans) / secondaire (14-17 ans)	3 788	n.d.	815 000	n.d.
professionnel et formation à l'enseignement	n.d.	n.d.	29 300	n.d.
supérieur	19	n.d.	93 000	n.d.

Enseignement (1993-1994).

Transports et communications

■ ***Transports***
Chemins de fer (1996) : longueur 1 583 km ; trafic (1989) : 17 000 000 passagers-km.
Routes (1995) : longueur totale 21 000 km (93,5 % recouvertes).
Véhicules (1995) : voitures particulières 441 828 ; camions et autobus : 50 220.
Marine marchande : 54 navires (de 100 tjb et plus) ; 1 108 068 tonneaux de port en lourd.
Transports aériens (1989) ; trafic : 5 295 600 000 passagers-km. 1 aéroport desservi par des vols réguliers (1997).

■ ***Communications***
Journaux quotidiens (1995) : n.d.
Radiodiffusion (1995) : n.d.
Télévision (1995) : 1 200 000 ; 220 pour 1 000 hab.
Téléphone (1995) : 554 000 lignes principales ; 103 pour 1 000 hab.

Éducation et santé

■ ***Niveau d'éducation*** (1989)
Proportion de la population âgée de 25 ans et plus : sans instruction scolaire ou ayant une éducation primaire 12,3 % ; éducation secondaire incomplète 15,2 % ; éducation secondaire ou postsecondaire 57,4 % ; éducation supérieure 15,1 %.

■ ***Alphabétisation*** (1995) : personnes âgées de 15 ans et plus alphabétisées 95,5 % ; hommes 99,7 % ; femmes 99,4 %.

■ ***Santé*** (1993) : 29 900 médecins (1 pour 182 hab.) ; 57 100 lits d'hôpital (1 pour 95 hab.) ; taux de mortalité infantile (1995) : 17,8 ‰.

■ ***Alimentation*** : n.d.

Défense nationale

■ ***Contingent*** (1997) : 17 600 (armée de terre 71,6 % ; marine[c] 11,4 % ; armée de l'air 17,1 %) ; environ 8 500 soldats russes demeuraient en Géorgie à la fin de 1997.

■ ***Dépenses militaires*** (1995) : 2,4 % du P.N.B. (moyenne mondiale 2,8 %) ; soit 37 USD/hab.

a. Le lari (GEL) a remplacé le 25 septembre 1995 le « coupon géorgien » (GEK), monnaie provisoire qui, depuis août 1993, avait cours légal en Géorgie.

b. Données incertaines.

c. Une partie de la flotte de la mer Noire de l'ex-U.R.S.S. a été accordée à la Géorgie.

GHANA

- ***Nom officiel*** : République du Ghana (Republic of Ghana). Code I.S.O. : GH.
- ***Forme de gouvernement*** : république à structure étatique unitaire et à régime multipartiste avec une chambre législative (Assemblée nationale [200]).
- ***Chef de l'État et du gouvernement*** : président.
- ***Capitale*** : Accra.
- ***Langue officielle*** : anglais.
- ***Religion officielle*** : aucune.
- ***Unité monétaire*** : 1 nouveau cedi (GHC) = 100 pesewas ; valeur (31 déc. 1997) : 100 GHC = 0,266 FRF.

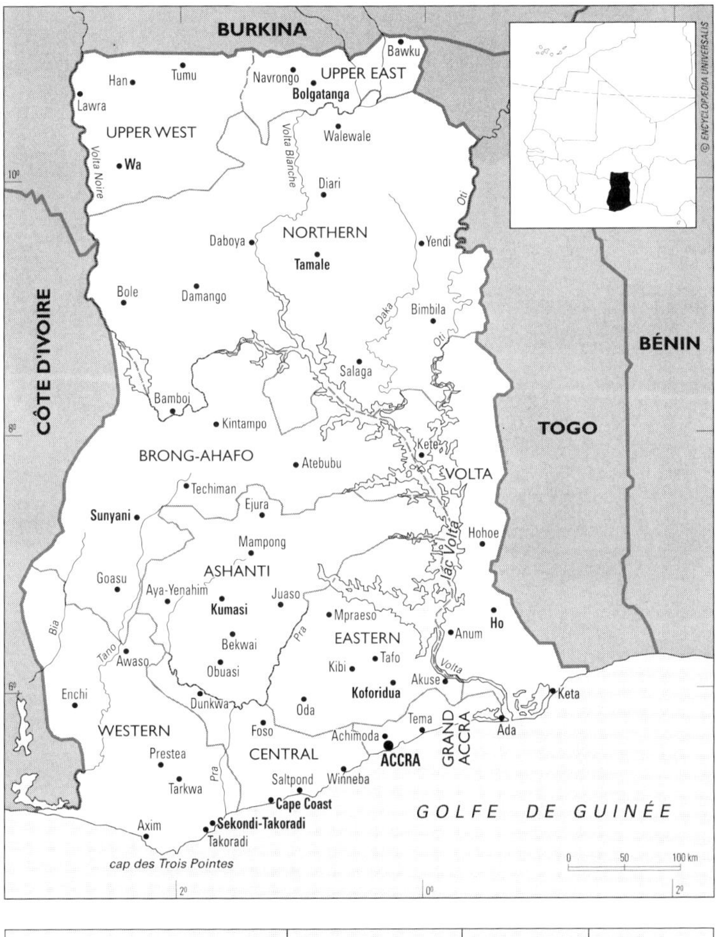

régions	capitales	superficie (km²)	population (estim. janv. 1991)
régions* :			
Ashanti	Kumasi	24 389	2 485 800
Brong-Ahafo	Sunyani	39 557	1 433 000
Central	Cape Coast	9 826	1 359 900
Eastern	Koforidua	19 323	2 003 200
Greater Accra	Accra	3 245	1 696 200
Northern	Tamale	70 384	1 389 100
Upper East	Bolgatanga	8 842	921 200
Upper West	Wa	18 476	526 400
Volta	Ho	20 570	1 433 000
Western	Sekondi-Takoradi	23 921	1 374 500
total		**238 533**	**14 622 300**

(*) L'administration gouvernementale a été décentralisée au niveau local en 103 assemblées de district, 4 assemblées municipales et 3 assemblées métropolitaines.

Territoire et population.

Démographie

- ***Population*** (estim. 1997) : 18 101 000.
- ***Densité*** (1997) : 75,9 hab./km².
- ***Répartition urbaine/rurale*** (1996) : population urbaine 36,8 % ; population rurale 63,2 %.
- ***Répartition par sexe*** (1996) : hommes 49,66 % ; femmes 50,34 %.
- ***Répartition par âge*** (1990) : moins de 15 ans 46,8 % ; de 15 à 29 ans 26,2 % ; de 30 à 44 ans 14,4 % ; de 45 à 59 ans 8,0 % ; de 60 à 74 ans 3,8 % ; 75 ans et plus 0,8 %.
- ***Projection démographique*** : 19 272 000 en 2000 ; 22 929 000 en 2010.
- ***Temps de doublement*** : 23 ans.
- ***Composition ethno-linguistique*** (1983) : Akans 52,4 % ; Mossis-Dagombas 15,8 % ; Éwés 11,9 % ; Gas-Adangmés 7,8 % ; Gourmantchés 3,3 % ; autres 8,8 %.
- ***Appartenances religieuses*** (1995) : croyances traditionnelles 38,0 % ; musulmans 30,0 % ; chrétiens 24 %, dont catholiques 12,1 %, protestants 4,9 % ; chrétiens africains 4,9 % ; anglicans 2,1 % ; autres 8,0 %.
- ***Principales villes*** (janv. 1988) : Accra 949 100 hab. ; Kumasi 385 200 hab. ; Tamale 151 100 hab. ; Tema 110 000 hab. ; Sekondi-Takoradi 103 600 hab.

Statistiques de l'état civil

- ***Taux de natalité*** (1990-1995) : 41,7 ‰ (moyenne mondiale 25,0 ‰).
- ***Taux de mortalité*** (1990-1995) : 11,7 ‰ (moyenne mondiale 9,3 ‰).
- ***Taux d'accroissement naturel*** (1990-1995) : 30,0 ‰ (moyenne mondiale 15,7 ‰).
- ***Taux de fécondité*** (nombre moyen de naissances par femme en âge de procréer, 1993) : 5,9.
- ***Espérance de vie*** à la naissance (1993) : hommes 53,3 ans ; femmes 57,2 ans.
- ***Principales causes de décès*** : n.d. ; toutefois, les principales maladies infectieuses pour 1989 sont la malaria 43,8 % ; les infections respiratoires (tuberculose comprise) 8,0 % ; la diarrhée 6,7 % ; l'helminthiase 3,1 %.

Économie nationale

- ***Budget de l'État*** (1995)
Recettes : 1 690 791 000 000 GHC (droits d'importation et d'exportation 29,6 % ; taxes indirectes et taxe à la valeur ajoutée 21,5 %, dont taxes pétrolières 13,2 % ; impôts sur le revenu 16,3 % ; vente des avoirs gouvernementaux 6,6 %).
Dépenses : 1 697 893 000 000 GHC (éducation 22,3 % ; service de la dette 20,1 % ; santé 6,9 % ; transports et communications 5,3 % ; sécurité et assistance sociales 3,6 % ; défense nationale 2,9 %).
- ***Dette publique*** (extérieure, créances, 1995) : 4 568 000 000 USD.
- ***Tourisme*** (1994) : recettes touristiques 228 000 000 USD ; dépenses touristiques à l'étranger 20 000 000 USD.

→ *Corpus* : GHÂNA
→ *Grand Atlas de Géographie* (éd. 1992) : 132, 146
→ *Grand Atlas de l'Histoire* : 276, 277, 282, 283, 295

Corpus : AFRIQUE NOIRE – Société et économie (population et richesse des nations) ; ALIMENTATION (ÉCONOMIE DE L') – Les grands produits alimentaires ; ASHANTI ; DIAMANT (les principaux pays producteurs) ; ÉWÉ ; MOOSE.

Thesaurus :
ACCRA
AKOSOMBO (BARRAGE D')
CACAO
KUMASI
SEKONDI-TAKORADI
TALLENSI
YORUBA

	1995		1984	
	millions de GHC	% du total	effectifs	% des effectifs
agriculture	3 325 912	44,0	3 310 967	59,4
mines	131 809	1,7	26 828	0,5
industrie	712 467	9,4	588 418	10,5
bâtiment	255 422	3,4	64 686	1,2
entreprises publiques	146 288	1,9	15 437	0,3
transports et communications	474 803	6,3	122 806	2,2
commerce	1 152 750	15,2	792 147	14,2
finance	292 073	3,9	27 475	0,5
administration, défense nationale	705 312	9,3	97 548	1,7
services			376 168	6,7
autres	360 331 [1]	4,8	157 624 [2]	2,8
total	**7 557 167**	**100,0** [3]	**5 580 104**	**100,0**

1. Droits d'importation et ajustements statistiques moins frais de service bancaire. 2. Sans-emploi. 3. Le total général ne correspond pas exactement au détail en raison des arrondis.

Structure du produit intérieur brut et effectifs.

	1990	1991	1992	1993	1994	1995	1996
indice des prix à la consommation	100,0	118,0	129,9	162,3	202,7	323,2	473,7
indice des revenus mensuels	100,0	117,2	n.d.	n.d.	n.d.	n.d.	n.d.

Indices des prix et des revenus (1990 = 100).

	1991	1992	1993	1994	1995	1996
millions de USD	−320,7	−470,2	−664,3	−353,1	−256,6	−366,0
% du total	13,8	19,2	23,8	12,6	4,6	10,4

Balance commerciale (prix courants).

	nombre d'établissements	nombre d'enseignants	nombre d'élèves	nombre d'élèves par enseignant
primaire (6-12 ans)	11 056	66 068	1 796 490	27,2
secondaire (13-20 ans)	5 540	43 367	816 578	18,8
professionnel et formation à l'enseignement	57 (•)	422 (•)	13 232 (•)	31,4
supérieur	16	700	9 274	13,2

(•) 1989-1990.

Enseignement (1991-1992).

■ ***Production***
Agriculture, sylviculture, pêche (1997).
Racines et tubercules 10 500 000 t, dont manioc 6 800 000 t, ignames 2 250 000 t, taros 1 450 000 t ; bananes et bananes plantains 1 804 000 t ; céréales 1 770 000 t, dont maïs 1 000 000 t, sorgho 350 000 t, riz 220 000 t, millet 200 000 t ; cacao 350 000 t ; noix de coco 240 000 t ; tomates 160 000 t ; arachides 135 000 t ; canne à sucre 110 000 t ; oranges 50 000 t ; palmistes 34 000 t ; citrons et limes 30 000 t ; légumes secs 20 000 t.
Cheptel (sur pied) : chèvres 2 200 000 ; moutons 2 100 000 ; bovins 1 150 000 ; porcs 395 000 ; poulets 13 300 000.
Bois (1996) : 26 473 000 m³.
Pêche (1995) : 344 460 t, dont anchois 65 497 t.
Industries extractives (1996) : bauxite 383 370 t ; minerai de manganèse 266 420 t ; or 50 079 kg ; diamants 773 126 carats.
Industries manufacturières (valeur ajoutée, 1993) : tabac 71 474 700 000 GHC ; chaussures 60 350 600 000 GHC ; produits chimiques 40 347 600 000 GHC ; boissons 36 167 000 000 GHC ; produits métalliques 35 121 700 000 GHC ; produits pétroliers 32 143 500 000 GHC ; textiles 18 278 600 000 GHC ; équipement industriel et de transport 9 525 700 000 GHC.
Bâtiment (valeur ajoutée, 1994) : 171 129 000 000 GHC.
Énergie (production/consommation) : électricité (1994) 6 167 000 000/5 857 000 000 kWh ; charbon (1994) 0/3 000 t ; pétrole brut (1994) 0/7 498 000 barils ; produits pétroliers (1994) 921 000/1 100 000 t ; gaz naturel 0/n.d.

■ ***Produit national brut*** (1995) : 6 719 000 000 USD (390 USD/hab.).

■ ***Population active*** (1984) : 5 580 104 ; taux d'activité 45,4 % (taux de participation : 15 ans et plus 82,5 % ; femmes 51,2 % ; sans-emploi 2,8 %).

■ ***Revenus et dépenses des ménages***
Taille moyenne des ménages (1984) : 4,9.
Revenu annuel moyen par ménage (1978) : 9 600 GHC (le taux de change non officiel [de 7,5 à 9,9 fois le taux officiel] ne permet pas de conversion directe en d'autres monnaies) ; sources des revenus : n.d.
Dépenses (1978) : alimentation et boissons 57,4 % ; habillement 14,3 % ; logement et énergie 11,5 % ; transports et communications 3,3 % ; soins médicaux 1,3 %.

■ ***Utilisation du sol*** (1994) : forêts 42,2 % ; prairies et pâturages 36,9 % ; terres cultivées et plantations 19,0 % ; autres 1,9 %.

Échanges extérieurs

■ ***Importations*** (1994) : 1 579 900 000 USD (1987 : équipement industriel et de transport 28,1 % ; combustibles minéraux et lubrifiants 14,0 % ; produits chimiques 12,0 % ; produits alimentaires et animaux sur pied 5,2 % ; boissons et tabac 0,4 %).
Principales sources des importations : Allemagne 13,7 % ; Royaume-Uni 12,1 % ; États-Unis 11,7 % ; France 5,4 % ; Italie 4,8 %.

■ ***Exportations*** (1994) : 1 226 800 000 USD (or 44,7 % ; produits alimentaires et animaux sur pied 26,3 %, dont cacao 26,1 % ; bûches et bois d'œuvre 13,5 % ; électricité 4,6 % ; diamants 1,7 %).
Principales destinations des exportations : Royaume-Uni 15,5 % ; Italie 7,9 % ; Japon 6,7 % ; États-Unis 6,6 % ; Allemagne 5,5 % ; France 4,0 % ; Pays-Bas 3,5 %.

Transports et communications

■ ***Transports***
Chemins de fer (1993) : longueur 953 km ; trafic : 1 177 000 passagers-km ; 137 100 000 t-km.
Routes (1994) : longueur totale 38 700 km (40 % recouvertes).
Véhicules (1994) : voitures particulières 86 200 ; camions et autobus 130 000.
Marine marchande (1992) : 155 navires (de 100 tjb et plus) ; 130 977 tonneaux de port en lourd.
Transports aériens (1996) : Ghana Airways uniquement 655 122 000 passagers-km ; 29 549 000 t-km. 1 aéroport desservi par des vols réguliers (1996).

■ ***Communications***
Journaux quotidiens (1993) : 4 ; diffusion totale 1 060 000 ; diffusion pour 1 000 hab. 64,4.
Radiodiffusion (1995) : 4 300 000 postes récepteurs ; 249 pour 1 000 hab.
Télévision (1995) : 265 000 postes récepteurs ; 15,3 pour 1 000 hab.
Téléphone (1995) : 60 000 lignes principales ; 3,5 pour 1 000 hab.

Éducation et santé

■ ***Niveau d'éducation*** (1984)
Proportion de la population âgée de 25 ans et plus : sans instruction scolaire 60,4 % ; ayant une éducation primaire 32,6 % ; éducation secondaire 3,5 % ; éducation professionnelle et technique 2,9 % ; éducation supérieure 0,6 %.

■ ***Alphabétisation*** (1995) : personnes âgées de 15 ans et plus alphabétisées 64,5 % ; hommes 75,9 % ; femmes 53,5 %.

■ ***Santé*** : 735 médecins en 1994 (1 pour 22 970 hab.) ; 26 455 lits d'hôpital en 1991 (1 pour 638 hab.) ; taux de mortalité infantile (1994) : 83 ‰.

■ ***Alimentation*** (1996) : apport journalier en calories par habitant 2 622 (alimentation d'origine végétale 96 % ; d'origine animale 4 %) ; soit 114 % du niveau minimal recommandé par la F.A.O.

Défense nationale

■ ***Contingent*** (1997) : 7 000 (armée de terre 71,4 % ; marine 14,3 % ; armée de l'air 14,3 %).

■ ***Dépenses militaires*** (1995) : 1,4 % du P.N.B. (moyenne mondiale 2,8 %) ; soit 5 USD/hab.

GRÈCE

- ***Nom officiel*** : République hellénique (Ellinikí Dhimokratía [forme courte : Ellas, var. Hellás]). Code I.S.O. : GR.
- ***Forme de gouvernement*** : république à structure étatique unitaire et à régime multipartiste avec une assemblée législative (Chambre des députés [300]).
- ***Chef de l'État*** : président.
- ***Chef du gouvernement*** : Premier ministre.
- ***Capitale*** : Athènes (Athína, var. Athínai).
- ***Langue officielle*** : grec.
- ***Religion officielle*** : Église orthodoxe grecque.
- ***Unité monétaire*** : 1 drachme (GRD) = 100 lepta (sing. lepton) ; valeur (31 déc. 1997) : 100 GRD = 2,119 FRF ; 1 écu = 312,039 GRD.

→ ***Corpus*** : GRÈCE (Grèce moderne)
→ ***Grand Atlas de Géographie*** (éd. 1992) : 22, 38 ; 233c (Athènes)
→ ***Grand Atlas de l'Histoire*** : 215, 228, 252, 253, 264, 265, 267, 272, 273, 274, 295

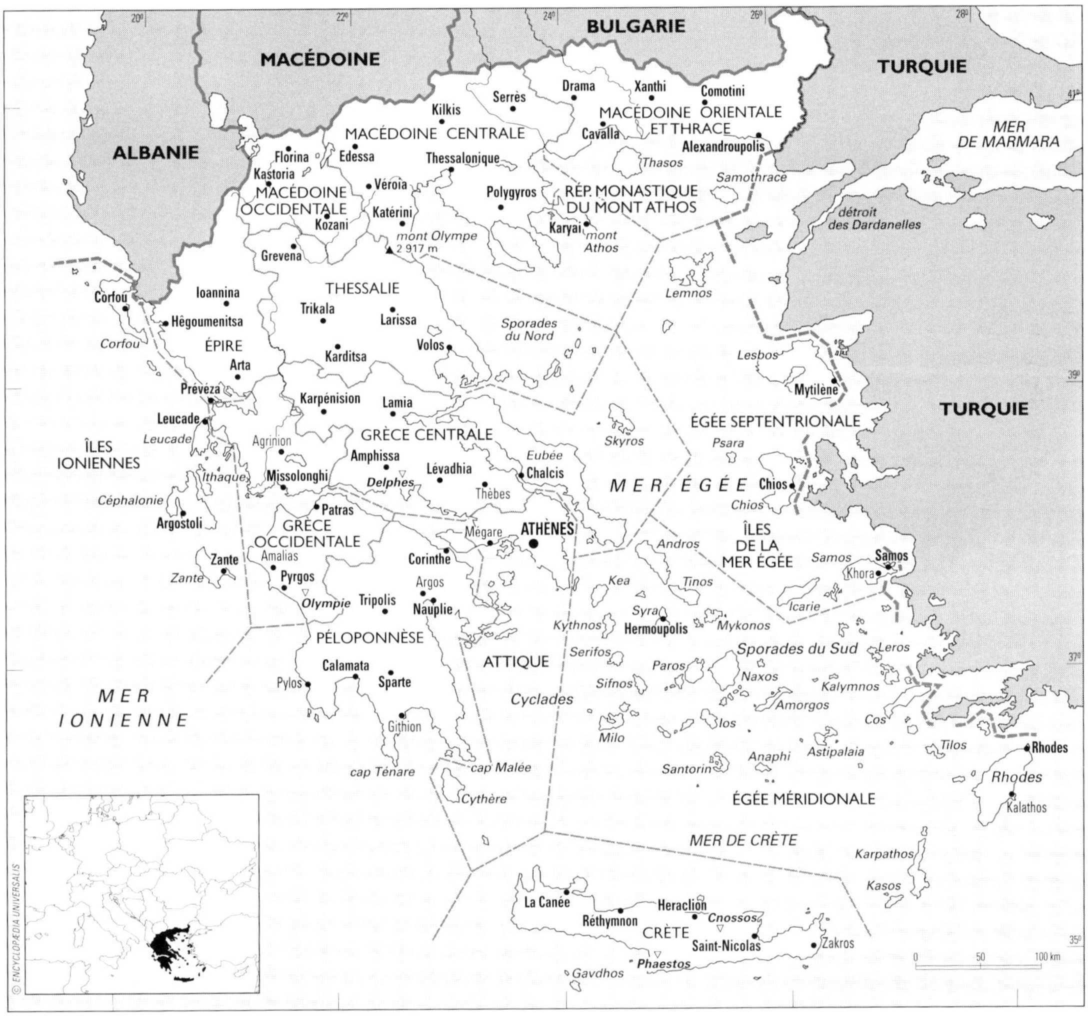

Démographie

- ***Population*** (estim. 1997) : 10 541 000.
- ***Densité*** (1997) : 79,9 hab./km².
- ***Répartition urbaine/rurale*** (1996) : population urbaine 65,7 % ; population rurale 34,3 %.
- ***Répartition par sexe*** (1996) : hommes 49,23 % ; femmes 50,77 %.
- ***Répartition par âge*** (1995) : moins de 15 ans 17,1 % ; de 15 à 29 ans 22,6 % ; de 30 à 44 ans 20,8 % ; de 45 à 59 ans 18,1 % ; de 60 à 74 ans 15,4 % ; 75 ans et plus 6,0 %.
- ***Projection démographique*** : 10 674 000 en 2000 ; 11 132 000 en 2010.
- ***Composition ethno-linguistique*** (1985) : Grecs 95,0 % ; Macédoniens 2,0 % ; Turcs 0,5 % ; Albanais 0,5 % ; autres 2,0 %.
- ***Appartenances religieuses*** (1982) : chrétiens 98,1 %, dont orthodoxes grecs 97,6 %,

Corpus : ATHÈNES ; BALKANIQUE (PÉNINSULE) ; CHYPRIOTE (QUESTION) ; ÉGÉE (MER) ; EUROPE (Structure et milieu) – Géographie (répartition des populations) ; EUROPE OCCIDENTALE – Communauté économique européenne ; MÉDITERRANÉE (HISTOIRE DE LA) [époque contemporaine] ; MÉDITERRANÉE (MER) [exploitation] ; MIGRANTS (ampleur du mouvement migratoire) ; RHODES (le retour à l'Occident) ; TABAC (aspects socio-économiques) ; TOURISME ; TRANSPORTS – Transport maritime.

Universalia 1985 : 280 La Grèce et le Marché commun ; ***Universalia 1986*** : 267 La Grèce de Papandréou ; ***Universalia 1988*** : 249 Les impasses de l'économie ; ***Universalia 1990*** : 265 Turbulences politiques ; ***Universalia 1991*** : 117 La Communauté européenne dans la nouvelle configuration Est-Ouest ; 158 Transports internationaux et enjeux géopolitiques ; 226 Les minorités turques ; 236 Les pavillons de complaisance ; ***Universalia 1992*** : 122 L'Europe et l'Afrique : quelles perspectives ? ; 201 Le retour des nationalités ; ***Universalia 1993*** : 188 Balkans, le retour de la question macédonienne ; ***Universalia 1995*** : 230 Le retour d'Andréas Papandréou ; ***Universalia 1997*** : 504 Papandréou (A.) ; ***Universalia 1998*** : 212 La politique étrangère à l'avant-scène.

régions administratives et départements[1]	**capitales** et chefs-lieux	superficie (km²)	population (recens. 1991 *)
Attique (Attikí)	**Athènes**	**3 808** [2]	**3 522 769**
Attique (Attikí)	Athènes (Athínai ; Athína)	3 808 [2]	3 369 424
Crète (Kríti)	**Héraclion**	**8 331**	**536 980**
La Canée (Chaniá ; Khaniá, Haniá)	La Canée (Chaniá)	2 376	125 856
Héraclion, ou Candie (Irákleion ; Iráklio)	Héraclion (Irákleion)	2 641	243 622
Lassithi (Lasíthion ; Lasíthi)	Saint-Nicolas (Ágios Nikólaos)	1 818	70 053
Réthymnon (Réthymnon ; Réthimni, Réthimno)	Réthymnon (Réthymnon)	1 496	62 634
Égée méridionale (Îles de la mer) [Nótio Aigaío]	**Hermoupolis**	**5 235**	**257 522**
Cyclades (Kykládes ; Kiklådhes)	Hermoupolis (Ermoúpolis)	2 572	88 458
Dodécanèse (Dodekánisos ; Dhodhekánisos)	Rhodes (Ródos ; Ródhos, anc. Rhódos)	2 663	145 071
Égée septentrionale (Îles de la mer) [Vóreio Aigaío]	**Mytilène**	**3 836**	**198 241**
Chios, ou Chio (Chíos ; Khíos, Híos)	Chios (Chíos)	904	49 865
Lesbos, ou Mytilène (Lésvos)	Mytilène (Mytilíni ; Mitilíni)	2 154	104 620
Samos (Sámos ; Sámo)	Samos (Sámos)	778	40 519
Épire (Ípeiros ; Ípiros)	**Ioannina**	**9 203**	**339 210**
Arta (Árta)	Arta (Árta)	1 612	80 044
Ioannina (Ioánnina ; Yannina, Janina)	Ioannina (Ioánnina)	4 990	147 304
Prévéza (Préveza)	Prévéza (Préveza)	1 086	55 915
Thesprotia (Thesprotía)	Hêgoumenitsa (Igoumenítsa)	1 515	41 278
Grèce centrale (Stereá Elláda)	**Lamia**	**15 653**	**578 876**
Béotie (Voiotía ; Viotía)	Lévadhia (Levádeia ; Livadhia)	3 211	117 175
Eubée (Évvoia ; Évia)	Chalcis (Chalkís ; Khalkís, Halkída)	3 908	188 410
Eurytanie (Evrytanía ; Evritanía)	Karpénision (Karpenísion ; Karpeníssi)	2 045	26 182
Phocide (Fokís ; Fokída)	Amphissa (Ámfissa ; Sálona)	2 121	44 222
Phthiotide (Fthiótis ; Fthiótida)	Lamia (Lamía)	4 368	161 995
Grèce occidentale (Dytikí Elláda)	**Patras**	**11 337**	**702 027**
Achaïe (Achaía ; Akhaía, Ahaía)	Patras (Pátrai ; Pátra)	3 209	275 193
Élide (Ileía ; Ilía, Ilís)	Pyrgos (Pýrgos ; Pírgos)	2 681	160 305
Étolie-Acarnanie (Aitolía-Akarnanía)	Missolonghi (Mesolóngion ; Mesolóngi)	5 447	219 764
Ioniennes (Îles) [Iónioi Nísoi ; Ionia Nissia]	**Corfou**	**2 307**	**191 003**
Céphalonie (Kefallinía ; Kephalonía)	Argostoli (Argostólion ; Argostóli)	935	31 297
Corfou (Kérkyra ; Kérkira)	Corfou (Kérkyra)	641	99 477
Leucade (Lefkás ; Levkás, Lefkáda)	Leucade (Lefkás)	325	21 863
Zante (Zákynthos ; Zákinthos)	Zante (Zákynthos)	406	30 014
Macédoine centrale (Kentrikí Makedonía)	**Thessalonique, ou Salonique**	**18 842**	**1 736 151**
Chalcidique (Chalkidikí ; Khalkidikí)	Polygyros (Polýgyros ; Polýghyros, Políyiros)	2 945	79 036
Émathie (Eimathía ; Imathía)	Véroia (Véroia ; Véria)	1 699	133 750
Kilkis (Kilkís)	Kilkis (Kilkís)	2 597	81 562
Pella (Pélla ; Péla)	Edessa (Édessa ; Édhesa)	2 506	132 386
Piérie (Piería)	Katérini (Kateríni)	1 548	106 859
Serrès (Sérrai ; Sérres, Séres)	Serrès (Sérrai)	3 987	196 247
Thessalonique, ou Salonique (Thessaloníki)	Thessalonique (Thessaloníki)	3 560	871 580
Macédoine occidentale (Dytikí Makedonía)	**Kozani**	**9 448**	**292 751**
Florina (Flórina)	Florina (Flórina)	1 863	52 430
Grevena (Grevená)	Grevena (Grevená)	2 338	36 421
Kastoria (Kastoriá)	Kastoria (Kastoriá)	1 685	53 169
Kozani (Kozáni)	Kozani (Kozáni)	3 562	147 051
Macédoine orientale et Thrace (Anatolikí Makedonía kai Thraki)	**Comotini**	**14 155**	**570 261**
Cavalla (Kaválla ; Kavála)	Cavalla (Kaválla)	2 109	135 218
Drama (Dráma)	Drama (Dráma)	3 468	94 772
Évros (Évros)	Alexandroupolis (Alexandroúpolis)	4 242	148 486
Rhodope, ou Rodope (Rodópi ; Rodhópi)	Comotini (Komotiní)	2 543	107 957
Xanthi, ou Xante (Xánthi)	Xanthi, ou Xante (Xánthi)	1 793	88 777
Péloponnèse (Pelopónnisos ; Peloponissos)	**Tripolis**	**15 549**	**605 663**
Arcadie (Arkadía ; Arkadhía)	Tripolis (Trípolis ; Trípoli)	4 419	107 932
Argolide (Argolís)	Nauplie (Náfplion ; Náfplio, Návplion)	2 214	93 020
Corinthie (Korinthía)	Corinthe (Kórinthos)	2 289	123 042
Laconie (Lakonía)	Sparte (Spárti)	3 636	93 218
Messénie (Messinía)	Calamata (Kalamáta ; Kalámai)	2 991	159 818
Thessalie (Thessalía)	**Larissa**	**13 904**	**731 230**
Karditsa, ou Carditsa (Kardítsa ; Kardhítsa)	Karditsa (Kardítsa)	2 576	124 930
Larissa (Lárisa ; Lárissa)	Larissa (Lárisa)	5 354	254 295
Magnésie (Magnisía ; Magnissía)	Volo, ou Volos (Vólos)	2 636	182 222
Trikala (Tríkala ; Tríkkala)	Trikala (Tríkala), anc. Tricca (Trikka)	3 338	134 207
République monastique du Mont Athos (Ágion Óros ; Ágio Óros, Hágion Óros, Áyion Óros, Ághion Óros)	Karyai (Karyaí ; Karyés ; Kariés)	**336**	**1 472**
total		**131 944**	**10 264 156**

1. Depuis 1989, la Grèce est divisée en treize régions administratives, cinquante et un départements et une république monastique. 2. Englobe le Grand Athènes (433 km², 3 027 331 hab.) et les 879 km² de la préfecture spéciale du Pirée.
Les noms locaux (entre parenthèses) sont ici translittérés en caractères latins selon la « norme grecque 1982 », mise au point par l'Organisation grecque de normalisation ; ils sont suivis, aussi souvent qu'il a été possible, d'autres variantes diversement en usage : formes littéraires ou démotiques, systèmes anciens, translittérations de la signalisation routière, translittérations adoptées par la C.E.E., etc. (•) Sauf pour le détail des départements (recensement de 1981).

Territoire et population.

Thesaurus :
ARCADIE
ATTIQUE
BÉOTIE
CHALCIDIQUE
CORFOU
CRÈTE CONTEMPORAINE
CYCLADES
ÉPIRE
EUBÉE
GRECQUES CONTEMPORAINES (POPULATIONS)
IONIENNES (ÎLES)
LACONIE
MACÉDOINE MODERNE ET CONTEMPORAINE
PÉLION
PÉLOPONNÈSE
PHTIOTIDE
PIRÉE (LE)
SALONIQUE
THESSALIE
THRACE

catholiques 0,4 %, protestants 0,1 % ; musulmans 1,5 % ; autres 0,4 %.

■ ***Principales villes*** (1995) : Athènes 748 110 hab. ; Thessalonique 377 951 hab. ; Le Pirée 169 622 hab. ; Patras 155 180 hab. ; Héraclion 117 167 hab.

Statistiques de l'état civil

■ ***Taux de natalité*** (1996) : 9,7 ‰ (moyenne mondiale 25,0 ‰).

■ ***Taux de mortalité*** (1996) : 9,6 ‰ (moyenne mondiale 9,3 ‰).

■ ***Taux d'accroissement naturel*** (1996) : 0,1 ‰ (moyenne mondiale 15,7 ‰).

■ ***Taux de fécondité*** (nombre moyen de naissances par femme en âge de procréer, 1993) : 1,4.

■ ***Nombre de mariages*** (pour 1 000 hab., 1995) : 6,1.

■ ***Nombre de divorces*** (pour 1 000 hab., 1994) : 0,7.

■ ***Espérance de vie*** à la naissance (1990) : hommes 74,6 ans ; femmes 79,4 ans.

■ ***Principales causes de décès*** (pour 100 000 hab., 1995) : maladies de l'appareil circulatoire 491,3 dont maladies cérébro-vasculaires 181,9, maladies de cœur ischémiques 121,3 ; tumeurs malignes (cancers) 210,6 ; maladies respiratoires 55,1.

Économie nationale

■ ***Budget de l'État*** (1996)
Recettes : 14 578 000 000 000 GRD[a] (impôts indirects 30,2 % ; impôts directs 16,6 % ; Communautés européennes 5,3 %).
Dépenses : 14 590 553 000 000 GRD (santé et assurances sociales 5,5 % ; défense 4,0 % ; éducation et culture 3,4 % ; police et secteur judiciaire 1,5 %).

■ ***Dette publique*** (1995) : 25 421 000 000 USD.

■ ***Tourisme*** (1996) : recettes touristiques 3 684 100 000 USD ; dépenses touristiques à l'étranger 1 176 800 000 USD.

■ ***Production***
Agriculture, sylviculture, pêche (1997).
Betteraves à sucre 3 500 000 t ; maïs 2 045 000 t ; blé 2 016 000 t ; tomates 1 903 500 t ; olives 1 600 000 t ; raisins 1 226 800 t ; pommes de terre 1 050 000 t ; oranges 950 000 t ; pêches et nectarines

530 000 t ; orge 357 000 t ; pommes 280 000 t ; choux 280 000 t ; riz 230 000 t ; concombres 170 000 t.
Cheptel (sur pied) : moutons 9 606 000 ; chèvres 5 847 000 ; porcs 951 000 ; bovins 600 000 ; ânes 110 000 ; poulets 28 500 000.
Bois (1996) : 2 006 000 m^3.
Pêche (1995) : 198 217 t.
Industries extractives (1996) : bauxite 1 881 000 t ; nickel 17 800 t (métal contenu) ; minerai de plomb 11 000 t (métal contenu) ; chrome 5 650 t (métal contenu, 1994).
Industries manufacturières (valeur ajoutée en millions de GRD, 1995) : produits alimentaires, boissons et tabac 694 431 ; produits chimiques 402 133 ; textiles 257 555 ; papier et imprimerie 208 696 ; équipement de transport 148 764 ; vêtements et chaussures 137 524.
Bâtiment (valeurs des constructions achevées, 1994) : résidentiel 801 300 000 GRD; non résidentiel 31 004 400 000 GRD.
Énergie (production/consommation) : électricité (1994) 40 623 000 000/41 005 000 000 kWh ; charbon (1994) 56 741 000/59 569 000 t ; pétrole brut (1994) 3 589 000/102 721 000 barils ; produits pétroliers (1994) 15 078 000/ 14 311 000 t ; gaz naturel (1994) 55 047 000/ 55 047 000 m^3.

■ ***Revenus et dépenses des ménages***
Taille moyenne des ménages (1993-1994) : 2,9.
Revenu annuel moyen par ménage : 3 900 000 GRD (15 660 USD) ; sources des revenus (1994) : revenus fonciers et des entreprises 54,5 % ; salaires et traitements 27,9 % ; paiements de transfert 19,6 %.
Dépenses : alimentation, boissons et tabac 35,7 % ; transports 14,7 % ; habillement 13 % ; logement 8,6 % ; éducation 6,5 % ; autres 21,5 %.

■ ***Produit national brut*** (1995) : 85 885 000 000 USD (8 210 USD/hab.).

■ ***Population active*** (1995) : 4 248 500 ; taux d'activité 40,6 % (taux de participation : 15-64 ans 60,7 % ; femmes 38,1 % ; sans-emploi 10,0 %).

■ ***Utilisation du sol*** (1994) : forêts 20,3 % ; prairies et pâturages 40,7 % ; terres cultivées et plantations 27,2 % ; autres 11,8 %.

Échanges extérieurs

■ ***Importations*** (1995) : 5 908 368 000 000 GRD (équipement industriel et de transport 32,5 %, dont équipement de transport 8,4 % ; produits alimentaires, boissons et tabac 14,0 %, dont produits à base de viande 4,0 %, produits laitiers 2,2 % ; produits chimiques 8,9 %, dont produits en plastique 1,2 % ; pétrole brut 5,1 %).
Principales sources des importations : Allemagne 17,9 % ; Italie 15,7 % ; États-Unis 9,0 % ; France 8,2 % ; Royaume-Uni 6,9 % ; Pays-Bas 6,6 % ; Belgique et Luxembourg 3,4 % ; Espagne 2,9 %.

■ ***Exportations*** (1995) : 2 540 891 000 000 GRD (textiles 25,8 % ; produits alimentaires, boissons et tabac 25,6 %, dont olives et huile d'olives 3,3 %, tabac 2,4 % ; textiles 23 8 % ; produits pétroliers 8,5 % ; minéraux et minerais 3,7 % ; coton 3,7 %).
Principales destinations des exportations : Allemagne 27,7 % ; États-Unis 17,7 % ; Italie 8,4 % ; Royaume-Uni 6,6 % ; France 6,6 % ; Canada 2,9 %.

	millions de GRD	% du total	effectifs	% des effectifs
agriculture	2 538 766	14,2	781 900	18,4
mines	213 615	1,2	15 600	0,4
industrie	2 483 098	13,4	577 700	13,6
bâtiment	1 102 673	6,2	252 300	5,9
entreprises publiques	433 992	2,4	41 500	1,0
transports et communications	1 309 314	7,4	248 000	5,8
commerce	2 455 455	13,8	848 700	20,0
finance	568 044	3,2	241 000	5,7
administration, défense nationale	3 347 139	18,0	817 200 [2]	19,2
services	1 932 091	10,8		
autres	1 432 478 [1]	8,0 [1]	424 700 [2]	10,0 [2]
total	**17 816 664** [3]	**100,0**	**4 248 500** [3]	**100,0** [3]

1. Revenus des propriétés bâties. 2. Sans-emploi. 3. Le total général ne correspond pas exactement au détail en raison des arrondis.

Structure du produit intérieur brut et effectifs (1995).

	1990	1991	1992	1993	1994	1995	1996
indice des prix à la consommation	100,0	119,5	138,4	158,4	175,7	197,0	207,1
indice des revenus horaires	100,0	116,7	132,8	146,7	165,9	187,9	n.d.

Indices des prix et des revenus (1990 = 100).

	1990	1991	1992	1993	1994	1995
milliards de GRD	– 1 613,3	– 1 886,1	– 2 113,5	– 2 536,2	– 2 331,9	– 3 367,5
% du total	44,3	37,3	36,8	39,6	33,9	39,8

Balance commerciale (prix courants).

	nombre d'établissements	nombre d'enseignants	nombre d'élèves	nombre d'élèves par enseignant
primaire (6-12 ans)	7 634	37 549	745 666	19,9
secondaire (13-17 ans)	2 988	45 794	700 488	15,3
professionnel et formation à l'enseignement	695	14 319	190 443	13,3
supérieur *	17	9 124	115 464	12,6

(*) 1991-1992.

Enseignement (1992-1993).

Transports et communications

■ ***Transports***
Chemins de fer (1994) : longueur 2 474 km ; trafic : 1 399 000 000 passagers-km ; 307 000 000 t-km.
Routes (1995) : longueur totale 116 440 km (92 % recouvertes).
Véhicules (1995) : voitures particulières 2 204 761 ; camions et autobus 908 423.
Marine marchande (1995) : 2 128 navires (de 100 tjb et plus) ; 29 863 000 tonneaux de port en lourd.
Transports aériens (1995) ; trafic : 7 945 008 000 passagers-km ; 117 338 000 t-km. 36 aéroports desservis par des vols réguliers (1996).

■ ***Communications***
Journaux quotidiens (1992) : diffusion 1 400 000 ; diffusion pour 1 000 hab. 135.
Radiodiffusion (1995) : 4 200 000 postes récepteurs ; 402 pour 1 000 hab.
Télévision (1995) : 4 630 000 postes récepteurs ; 442 pour 1 000 hab.
Téléphone (1995) : 5 162 800 postes téléphoniques ; 493 pour 1 000 hab.

Éducation et santé

■ ***Niveau d'éducation*** (1981)
Proportion de la population âgée de 25 ans et plus : sans instruction scolaire (personnes illettrées) 6,8 % ; ayant une éducation primaire incomplète 10,6 % ; éducation primaire 39,7 % ; éducation secondaire (premier cycle) 10,8 % ; éducation secondaire (second cycle) 20,6 % ; début d'éducation supérieure 4,9 % ; diplômée d'études supérieures 6,6 %.

■ ***Alphabétisation*** (1991) : personnes âgées de 15 ans et plus alphabétisées 95,2 % ; hommes 97,7 % ; femmes 93,0 %.

■ ***Santé*** : 40 487 médecins en 1994 (1 pour 258 hab.) ; 52 144 lits d'hôpital en 1993 (1 pour 199 hab.) ; taux de mortalité infantile (1996) : 8,1 ‰.

■ ***Alimentation*** (1995) : apport journalier en calories par habitant 3 815 (alimentation d'origine végétale 78 % ; d'origine animale 22 %) ; soit 142 % du niveau minimal recommandé par la F.A.O.

Défense nationale

■ ***Contingent*** (1997) : 162 300 (armée de terre 71,5 % ; marine 12,0 % ; armée de l'air 16,5 %).

■ ***Dépenses militaires*** (1995) : 5,5 % du P.N.B. (moyenne mondiale 2,8 %) ; soit 482 USD/hab.

a. Comprend 4 772 500 000 000 GRD d'emprunts intérieurs.

→ ***Thesaurus*** : GRENADE
→ ***Grand Atlas de Géographie*** (éd. 1992) : 206, 209k
→ ***Grand Atlas de l'Histoire*** : 227, 277

GRENADE

● ***Nom officiel*** : Grenade (Grenada). Code I.S.O. : GD.

● ***Forme de gouvernement*** : monarchie constitutionnelle avec deux assemblées législatives (Sénat [13] et Chambre des représentants [15]).

● ***Chef de l'État*** : reine d'Angleterre, représentée par un gouverneur général.

● ***Chef du gouvernement*** : Premier ministre.

● ***Capitale*** : Saint-Georges (St. George).

● ***Langue officielle*** : anglais.

● ***Religion officielle*** : aucune.

● ***Unité monétaire*** : 1 dollar des Caraïbes de l'Est (XCD) = 100 cents ; valeur (31 déc. 1997) : 100 XCD = 221,78 FRF.

Démographie

■ ***Population*** (estim. 1997) : 98 400.

■ ***Densité*** (1997) : 286,0 hab./km².

■ ***Répartition urbaine/rurale*** (1991) : population urbaine 33,5 % ; population rurale 66,5 %.

■ ***Répartition par sexe*** (1991) : hommes 49,20 % ; femmes 50,80 %.

■ ***Répartition par âge*** (1991) : moins de 15 ans 38,4 % ; de 15 à 29 ans 25,8 % ; de 30 à 44 ans 16,1 % ; de 45 à 59 ans 8,9 % ; de 60 à 74 ans 7,6 % ; 75 ans et plus 3,2 %.

Corpus : CARAÏBES (AIRE DES) [géopolitique de l'espace].

Thesaurus :
CARAÏBES (AIRE DE LIBRE COMMERCE DES)
CARIBBEAN BASIN INITIATIVE
WINDWARD ISLANDS

■ ***Projection démographique*** : 100 000 en 2000 ; 104 000 en 2010.

■ ***Temps de doublement*** : 52 ans.

■ ***Composition ethnique*** (1991) : Noirs 84,9 % ; Métis 11,0 % ; Indo-Pakistanais 3,0 % ; Blancs 0,7 % ; autres 0,4 %.

■ ***Appartenances religieuses*** (1995) : catholiques 57,8 % ; protestants 37,6 %, dont anglicans 14,4 %, pentecôtistes 8,2 %, adventistes du septième jour 7,0 %, autres 4,6 %, dont rastafaris env. 3,0 %.

■ ***Principale localité*** (1991) : Saint-Georges 4 621 hab.

Statistiques de l'état civil

■ ***Taux de natalité*** (1996) : 21,3 ‰ (moyenne mondiale 25,0 ‰) ; taux de naissances légitimes (1987) 18,1 %, illégitimes 81,9 %.

■ ***Taux de mortalité*** (1996) : 7,9 ‰ (moyenne mondiale 9,3 ‰).

■ ***Taux d'accroissement naturel*** (1996) : 13,4 ‰ (moyenne mondiale 15,7 ‰).

■ ***Taux de fécondité*** (nombre moyen de naissances par femme en âge de procréer, 1996) : 3,8.

■ ***Nombre de mariages*** (1991) : 4,3.

■ ***Nombre de divorces*** (1991) : 0,8.

■ ***Espérance de vie*** à la naissance (1996) : hommes 68,4 ans ; femmes 73,4 ans.

■ ***Principales causes de décès*** (pour 100 000 hab., 1987) : maladies de l'appareil circulatoire 264,3 ; tumeurs malignes (cancers) 82,8 ; troubles endocriniens et du métabolisme 57,3 ; maladies de l'appareil respiratoire 45,6 ; maladies de l'appareil digestif 38,2.

Économie nationale

■ ***Budget de l'État*** (1995).
Recettes : 226 480 000 XCD (impôts sur le revenu 19,0 % ; droits d'importation 15,2 % ; emprunts à l'extérieur 9,5 %).
Dépenses : 209 690 000 XCD (éducation 16,8 % ; transports et communication 14,1 % ; administration générale 12,3 % ; santé 10,4 %).

■ ***Dette publique*** (extérieure, créances, 1995) : 98 400 000 USD.

■ ***Tourisme*** (1995) : recettes touristiques 58 000 000 USD ; dépenses touristiques à l'étranger 4 000 000 USD.

■ ***Produit national brut*** (aux prix courants du marché, 1995) : 271 000 000 USD (2 980 USD/hab.).

■ ***Production***
Agriculture, sylviculture, pêche (1996).
Bananes 8 600 t ; noix de coco 6 800 t ; canne à sucre 6 500 t ; racines et tubercules 3 000 t ; noix muscade 1 920 t ; mangues 1 700 t ; avocats 1 900 t ; pamplemousses 1 900 t ; cacao 1 567 t ; macis 124 t ; le coton, le citron, la cannelle, les clous de girofle et le piment sont les autres productions importantes du pays.
Cheptel (sur pied) : moutons 13 052 ; chèvres 7 000 ; bovins 5 300.
Bois : n.d.
Pêche (1995) : 1 486 t.
Industries extractives : gravier destiné à l'usage local.
Industries manufacturières (valeur de la production, 1995) : farine de blé 10 174 000 XCD ; boissons non alcoolisées 8 558 000 XCD ; bière 7 172 000 XCD ; alimentation pour animaux 4 698 000 XCD ; rhum 4 520 000 XCD ; les autres productions sont les vêtements, l'huile de coprah, la peinture, les produits pharmaceutiques et les cigarettes.
Bâtiment : n.d.
Énergie (production/consommation) : électricité (1994) 70 000 000/70 000 000 kWh ; charbon 0/0 ; pétrole brut 0/0 ; produits pétroliers (1994) 0/52 000 t ; gaz naturel 0/0.

■ ***Revenus et dépenses des ménages***
Taille moyenne des ménages (1991) : 3,7.
Revenu annuel moyen par ménage (1988) : 7 097 XCD (2 629 USD) ; sources des revenus : n.d.
Dépenses (1987) : alimentation, boissons et tabac 40,7 % ; équipements domestiques et fonctionnement du foyer 13,7 % ; logement 11,9 % ; transports 9,1 % ; biens personnels et soins médicaux 8,6 %.

conseils locaux	superficie (km²)	population (recens. 1991)
Carriacou	26	5 726
Petite-Martinique	8	
Saint-André (St. Andrew)	99	24 135
Saint-David (St. David)	44	11 011
Saint-Georges (St. George)	65*	27 373
Saint-Jean (St. John)	35	8 752
Saint-Marc (St. Mark)	25	3 861
Saint-Patrick (St. Patrick)	42	10 118
ville		
Saint-Georges (St. George)	–*	4 621
total	**344**	**95 597**

(*) Le conseil local de Saint-Georges inclut la ville de Saint-Georges.

Territoire et population.

	1995		1991	
	millions de XCD [1]	% du total	effectifs [2]	% des effectifs
agriculture	61,7	11,9	4 223	17,1
exploitation de carrières	2,6	0,5	126	0,5
industrie	30,7	5,9	1 881	7,6
bâtiment	36,5	7,0	3 168	12,9
entreprises publiques	22,4	4,3	350	1,4
transports et communications	117,4	22,6	1 614	6,5
commerce, restaurants	109,5	21,1	5 149	20,9
finance, immobilier	67,6	13,0	866	3,5
administration, défense nationale	89,1	17,1	1 738	7,1
services	15,1	2,9	3 372	13,7
autres	– 32,7 [3]	– 6,3	2 163	8,8
total	**519,9** [4]	**100,0**	**24 650**	**100,0**

1. Au coût des facteurs aux prix de 1990. 2. Actifs occupés uniquement. 3. Moins les frais de service bancaire. 4. Le total général ne correspond pas exactement au détail en raison des arrondis.

Structure du produit intérieur brut et effectifs.

	1990	1991	1992	1993	1994	1995	1996
indice des prix à la consommation	100,0	102,6	106,5	109,5	112,4	115,8	118,0
indice des revenus annuels*	100,0	108,0	118,8	124,1	131,5	138,3	n.d.

(*) Secteur privé uniquement.

Indices des prix et des revenus (1990 = 100).

	1990	1991	1992	1993	1994	1995
millions de USD	– 82,6	– 102,6	– 94,5	– 111,7	– 123,1	– 112,7
% du total	61,2	67,3	68,7	72,2	71,4	72,3

Balance commerciale (prix courants).

	nombre d'établissements	nombre d'enseignants	nombre d'élèves	nombre d'élèves par enseignant
primaire (5-11 ans)	57	849	23 256	27,4
secondaire (12-16 ans)	19	381	7 260	19,1
professionnel	n.d.	n.d.	n.d.	n.d.
supérieur	1	66	651	9,9

Enseignement (1994-1995).

■ ***Population active*** (1988) 38 920 ; taux d'activité 39,9 % (taux de participation : 15-65 ans 72,7 % ; femmes 48,6 % ; sans-emploi [1996] 17,5 %).

■ ***Utilisation du sol*** (1994) : forêts 9,0 % ; prairies et pâturages 3,0 % ; terres cultivées et plantations 35,0 % ; autres 53,0 %.

Échanges extérieurs[a]

■ ***Importations*** (1995) : 134 300 000 USD (produits alimentaires 23,8 % ; équipement industriel et de transport 19,7 % ; produits manufacturés de base 17,3 % ; produits chimiques et dérivés 7,9 %).
Principales sources des importations (1995, estim.) : États-Unis 32 % ; Royaume-Uni 14 % ; Barbade 5 % ; Japon 4 % ; Saint-Vincent et les Grenadines 4 %.

■ ***Exportations*** (1995) : 21 600 000 USD (exportations domestiques 89,4 %, dont poisson 15,7 %, fèves de cacao 15,3 %, noix muscade 14,4 %, bananes 8,8 %, vêtements 6,0 % ; réexportations 10,6 %).
Principales destinations des exportations (1995, estim.) : États-Unis 18 % ; Allemagne 18,0 % ; Royaume-Uni 18,0 % ; Barbade 7,0 % ; Sainte-Lucie 7,0 %.

Transports et communications

■ ***Transports***
Chemins de fer : aucun.
Routes (1995) : longueur totale 1 127 km (51 % recouvertes).
Véhicules[b] (1991) : voitures particulières 4 739 ; camions et autobus 3 068.
Marine marchande (1992) : 3 navires (de 100 tjb et plus) ; 484 tonneaux de port en lourd.
Transports aériens (1995) ; trafic (aéroport de la pointe des Salines uniquement) : arrivées de passagers 158 646 et départs de passagers 161 232 ; marchandises chargées 1 680 t ; marchandises déchargées 555 t. 2 aéroports desservis par des vols réguliers (1997).

■ ***Communications***
Journaux quotidiens (1995) : aucun.
Radiodiffusion (1996) : 45 000 postes récepteurs ; 460 pour 1 000 hab.
Télévision (1995) : 15 000 postes récepteurs ; 154 pour 1 000 hab.
Téléphone (1995) : 23 200 lignes principales ; 238 pour 1 000 hab.

Éducation et santé

■ ***Niveau d'éducation*** (1991)
Proportion de la population âgée de 25 ans et plus : sans instruction scolaire 1,8 % ; ayant une éducation primaire 74,9 % ; éducation secondaire 15,5 % ; éducation supérieure 4,7 % ; autres ou inconnus 3,1 %.

■ ***Alphabétisation*** (1992) : personnes âgées de 15 ans et plus alphabétisées 50 000 (85,0 %).

■ ***Santé*** (1996) : 47 médecins en 1992 (1 pour 2 045 hab.) ; 434 lits d'hôpital en 1992 (1 pour 223 hab.) ; taux de mortalité infantile : 14,3 ‰.

■ ***Alimentation*** (1995) : apport journalier en calories par habitant 2 713 (alimentation d'origine végétale 77 % ; d'origine animale 23 %) ; soit 112 % du niveau minimal recommandé par la F.A.O.

Défense nationale

■ ***Contingent*** (1993) : la police (750 hommes) comprend une unité paramilitaire et une unité de garde-côtes.

■ ***Dépenses militaires*** : n.d.

a. Importations C.I.F. ; exportations F.O.B.
b. Véhicules enregistrés seulement.

→ ***Corpus*** : GUATEMALA
→ ***Grand Atlas de Géographie*** (éd. 1992) : 198, 204
→ ***Grand Atlas de l'Histoire*** : 226, 227, 286, 287, 294

GUATEMALA

- ***Nom officiel*** : République du Guatemala (República de Guatemala). Code I.S.O. : GT.
- ***Forme de gouvernement*** : république avec une assemblée législative (Congrès de la République [80]).
- ***Chef de l'État et du gouvernement*** : président.
- ***Capitale*** : Guatemala (Ciudad de Guatemala).
- ***Langue officielle*** : espagnol.
- ***Religion officielle*** : aucune.
- ***Unité monétaire*** : 1 quetzal (GTQ) = 100 centavos ; valeur (30 déc. 1997) : 100 GTQ = 97,41 FRF.

Corpus : ALIMENTATION (ÉCONOMIE DE L') – Les grands produits alimentaires ; AMÉRIQUE LATINE – Économie et société ; CARAÏBES (AIRE DES) [géopolitique de l'espace] ; INDIENS D'AMÉRIQUE (Méso-Amérique) ; MAYA (les Maya aujourd'hui) ; ZONES FRANCHES.

Universalia 1989 : 139 Lueurs de paix en Amérique centrale ; ***Universalia 1991*** : 151 Amérique latine : une nouvelle donne ; ***Universalia 1992*** : 185 Crise du marxisme et montée en force du néo-libéralisme ; ***Universalia 1995*** : 233 La paix entrevue.

Thesaurus :
CAFÉ
CAKCHIQUEL
CARIBBEAN BASIN INITIATIVE
CHIAPAS
CHORTI
GUATEMALA, ville
MAM
M.C.C.A.
PIPIL
POCOMAM
QUICHÉ

Démographie

■ ***Population*** (estim. 1997) : 11 242 000.

■ ***Densité*** (1997) : 103,2 hab./km².

■ ***Répartition urbaine/rurale*** (1995) : population urbaine 38,7 % ; population rurale 61,3 %.

■ ***Répartition par sexe*** (1995) : hommes 50,49 % ; femmes 49,51 %.

■ ***Répartition par âge*** (1994) : moins de 15 ans 44,0 % ; de 15 à 29 ans 26,1 % ; de 30 à 44 ans 15,8 % ; de 45 à 59 ans 8,3 % ; 60 ans et plus 5,8 %.

■ ***Projection démographique*** : 12 222 000 en 2000 ; 15 827 000 en 2010.

■ ***Temps de doublement*** : 24 ans.

■ ***Composition ethnique*** (1994) : Amérindiens 42,8 % ; non-Amérindiens 57,2 %.

■ ***Appartenances religieuses*** (1986) : catholiques env. 75 %, dont syncrétistes traditionnels env. 2,5 % ; protestants (principalement fondamentalistes) env. 25 %.

■ ***Principales villes*** (1995) : Guatemala 1 167 500 hab. ; Mixco 436 700 hab. ; Villa Nueva 165 600 hab. ; Chinautla 61 300 hab. ; Amatitlan 40 200 hab.

Statistiques de l'état civil

■ ***Taux de natalité*** (1994) : 35,4 ‰ (moyenne mondiale 25,0 ‰).

■ ***Taux de mortalité*** (1994) : 7,5 ‰ (moyenne mondiale 9,3 ‰).

■ ***Taux d'accroissement naturel*** (1994) : 27,9 ‰ (moyenne mondiale 15,7 ‰).

■ ***Taux de fécondité*** (nombre moyen de naissances par femme en âge de procréer, 1994) : 4,8.

■ ***Nombre de mariages*** (pour 1 000 hab., 1993) : 5,0

■ ***Nombre de divorces*** (pour 1 000 hab., 1993) : 0,2.

■ ***Espérance de vie*** à la naissance (1994) : hommes 61,9 ans ; femmes 67,1 ans.

■ ***Principales causes de décès*** (pour 100 000 hab., 1988) : maladies infectieuses et parasitaires 121,6 ; maladies de l'appareil respiratoire 110,8 ; causes liées à la grossesse 58,7 ; malnutrition 50,2 ; déshydratation 18,5.

Économie nationale

■ ***Budget de l'État*** (1996)
Recettes : 8 605 100 000 GTQ (recettes fiscales 94,5 %, dont taxes sur les biens et services 50,9%, impôts sur le revenu 23,3 %, droits de douane 18,0 % ; recettes non fiscales 5,5 %).
Dépenses : 8 378 500 000 GTQ (dépenses courantes 73,6 %, dont biens et services 38,7 %, paiements de transfert 23,3 % ; dépenses en capital 26,4 %).

■ ***Dette publique*** (extérieure, créances, 1995) : 2 493 000 000 USD.

■ ***Tourisme*** (1995) : recettes touristiques 277 000 000 USD ; dépenses touristiques à l'étranger 174 000 000 USD.

■ ***Production***
Agriculture, sylviculture, pêche (1996).
Canne à sucre 14 380 000 t ; maïs 1 135 896 t ; bananes 676 692 t ; café 207 000 t ; tomates 129 168 t ; huile de palme 126 000 t ; citrons et limes 123 377 t ; haricots secs 83 113 t.
Cheptel (sur pied) : bovins 2 291 440 ; porcs 950 408 ; moutons 551 087 ; poulets 21 000 000.
Bois (1995) : 14 123 400 m³.
Pêche (1995) : 11 927 t.
Industries extractives (1994) : gypse (1993) 60 000 t ; minerai de fer 3 498 t ; minerai d'antimoine 494 t.
Industries manufacturières (valeur ajoutée, millions de GTQ, 1995, aux prix de 1958) : produits alimentaires et boissons 273 ; habillement et textiles 111 ; machines et produits métalliques 51 ; produits du bois 20.
Bâtiment (constructions privées autorisées dans la ville de Guatemala, millions de GTQ, 1991) : résidentiel 170,2 ; non résidentiel 127,5.
Énergie (production/consommation) : électricité (1994) 3 161 000 000/3 161 000 000 kWh ; charbon 0/0 ; pétrole brut (1994) 2 632 000 /6 958 000 barils ; produits pétroliers (1994) 750 000/1 805 000 t.

■ ***Produit national brut*** (1995) : 14 225 000 000 USD (1 340 USD/hab.).

■ ***Population active*** (1996) : 3 183 173 ; taux d'activité 29,1 % (taux de participation [1994] : 15-64 ans 51,0 % ; femmes 19,5 % ; sans-emploi 0,5 %[a]).

■ ***Revenus et dépenses des ménages***
Taille moyenne des ménages (1994) : 5,2.
Revenu annuel moyen par ménage (1989) : 4 306 GTQ (1529 USD) ; sources des revenus : n.d.
Dépenses (1981) : alimentation 64,4 % ; logement et énergie 16,0 % ; transports et communications 7,0 % ; équipements domestiques 5,0 % ; habillement 3,1 %.

■ ***Utilisation du sol*** (1994) : forêts 53,6 % ; prairies et pâturages 24,0 % ; terres cultivées et plantations 17,6 % ; autres 4,8 %.

Échanges extérieurs[b]

■ ***Importations*** (1996) : 3 146 223 700 USD (machines 17,1 % ; produits minéraux 15,6 % ; produits chimiques 14,1 % ; matériel de trans-

départements	chefs-lieux	superficie (km²)	population (estim. 1995)
Alta Verapaz	Cobán	8 686	670 815
Baja Verapaz	Salamá	3 124	205 481
Chimaltenango	Chimaltenango	1 979	385 856
Chiquimula	Chiquimula	2 376	274 091
El Progreso	Guastatoya (El Progreso)	1 922	117 943
Escuintla	Escuintla	4 384	610 322
Guatemala	Ciudad de Guatemala	2 126	2 246 175
Huehuetenango	Huehuetenango	7 400	816 376
Izabal	Puerto Barrios	9 038	370 538
Jalapa	Jalapa	2 063	211 830
Jutiapa	Jutiapa	3 219	387 177
Petén (El Petén)	Flores	35 854	310 008
Quezaltenango	Quezaltenango	1 951	623 571
Quiché (El Quiché)	Santa Cruz del Quiché	8 378	652 022
Retalhuleu	Retalhuleu	1 856	268 996
Sacatepéquez	Antigua Guatemala	465	202 243
San Marcos	San Marcos	3 791	790 118
Santa Rosa	Cuilapa	2 955	291 611
Sololá	Sololá	1 061	274 356
Suchitepéquez	Mazatenango	2 510	403 618
Totonicapán	Totonicapán	1 061	333 634
Zacapa	Zacapa	2 690	174 450
total		**108 889**	**10 621 226**

Territoire et population.

	1996		1995	
	milliers de GTQ (•)	% du total	effectifs	% des effectifs
agriculture	1 035 227	24,0	1 798 227	58,1
mines	19 429	0,4	3 095	0,1
industrie	601 138	14,0	420 928	13,6
bâtiment	91 198	2,1	126 898	4,1
entreprises publiques	137 008	3,2	9 285	0,3
transports et communications	377 172	8,8	77 377	2,5
commerce	1 060 614	24,6	225 940	7,3
finance, immobilier	418 214	9,7		
administration, défense nationale	316 818	7,4	371 407	12,0
services	250 729	5,8		
autres	–	–	61 901	2,6
total	**4 307 547**	**100,0**	**3 095 058**	**100,0**

(•) Aux prix de 1958.

Structure du produit intérieur brut et effectifs.

	1990	1991	1992	1993	1994	1995	1996
indice des prix à la consommation	100,0	133,2	146,5	163,9	181,7	196,9	218,7
indice des revenus annuels (•)	100,0	126,6	162,3	203,8	232,7	291,1	349,9

(•) Sur la base des revenus des travailleurs affiliés à la Sécurité sociale.

Indices des prix et des revenus (1990 = 100).

	1991	1992	1993	1994	1995	1996
millions de USD	– 197,3	– 1 190,8	– 1 096,2	– 755,3	- 692,0	– 84,7
% du total	7,5	35,7	29,0	19,9	13,8	17,3

Balance commerciale (prix courants).

	nombre d'établissements	nombre d'enseignants	nombre d'élèves	nombre d'élèves par enseignant
primaire (7-12 ans)	10 770	44 220	1 393 921	31,5
secondaire (13-18 ans)	1 274 [2]	20 942	334 383	16,0
professionnel et formation à l'enseignement	626 [2]			
supérieur [1]	5	4 346	69 532	16,0

1. 1989. 2. 1991.

Enseignement (1993).

port 12,3 % ; produits alimentaires 7,7 % ; produits métalliques 7,4 % ; produits en plastique 5,8 %).
Principales sources des importations : États-Unis 43,9 % ; Mexique 10,3 % ; Venezuela 5,3 % ; Salvador 4,1 % ; Antilles néerlandaises 3,5 % ; Japon 3,2 % ; Allemagne 3,2 %.

■ ***Exportations*** (1995) : 1 935 516 600 USD (café 23,3 % ; sucre 9,9 % ; bananes 7,6 %).
Principales destinations des exportations : États-Unis 36,6 % ; Salvador 12,7 % ; Honduras 6,9 % ; Allemagne 5,1 % ; Costa Rica 4,9 % ; Nicaragua 3,9 % ; Mexique 3,9 %.

Transports et communications

■ ***Transports***
Chemins de fer (chemin de fer gouvernemental uniquement, 1996) : longueur 884 km ; trafic : 12 531 000 passagers-km (1991) ; 47 233 000 t-km.
Routes (1995) : longueur totale 12 795 km (28 % recouvertes).
Véhicules (1994) : voitures particulières 102 000 ; camions et autobus 96 800.
Marine marchande (1992) : 8 navires (de 100 tjb et plus) ; 3 530 tonneaux de port en lourd.
Transports aériens (compagnie Aviateca uniquement, 1993) ; trafic : 384 000 000 passagers-km ; 21 000 000 t-km. 2 aéroports desservis par des vols réguliers (1996).

■ ***Communications***
Journaux quotidiens (1994) : diffusion totale 240 000 ; diffusion pour 1 000 hab. 29.
Radiodiffusion (1996) : 570 000 postes récepteurs ; 52 pour 1 000 hab.
Télévision (1995) : 475 000 postes récepteurs ; 45 pour 1 000 hab.
Téléphone (1995) : 289 500 lignes principales ; 27 pour 1 000 hab.

Éducation et santé

■ ***Niveau d'éducation*** (1994)
Proportion de la population âgée de 25 ans et plus : sans instruction scolaire 45,2 % ; ayant une éducation primaire incomplète 20,8 % ; éducation primaire 18,0 % ; éducation secondaire incomplète 4,8 % ; éducation secondaire 7,2 % ; éducation supérieure 4,0 %.

■ ***Alphabétisation*** (1994) : personnes âgées de 15 ans et plus alphabétisées 2 809 000 (64,2 %) ; hommes 1 544 000 (71,7 %) ; femmes 1 265 000 (57,3 %).

■ ***Santé*** (1987) : 3 579 médecins (1 pour 2 356 hab.) ; 13 667 lits d'hôpital (1 pour 602 hab.) ; taux de mortalité infantile (1994) : 53,9 ‰.

■ ***Alimentation*** (1995) : apport journalier en calories par habitant 2 300 (alimentation d'origine végétale 92 % ; d'origine animale 8 %) ; soit 105 % du niveau minimal recommandé par la F.A.O.

Défense nationale

■ ***Contingent*** (1996) : 44 200 (armée de terre 95,0 % ; marine 3,4 % ; armée de l'air 1,6 %).

■ ***Dépenses militaires*** (1995) : 1,5 % du P.N.B. (moyenne mondiale 2,8 %) ; soit 18 USD/hab.

a. La majorité de la population active est sous-employée.
b. Importations : chiffres F.O.B. pour la balance commerciale et C.I.F. pour les marchandises et les partenaires commerciaux.

→ *Corpus :* GUINÉE
→ *Grand Atlas de Géographie* (éd. 1992) : 132, 146
→ *Grand Atlas de l'Histoire :* 240, 241, 276, 282, 295

GUINÉE

- ***Nom officiel*** : République de Guinée. Code I.S.O. : GN.
- ***Forme de gouvernement*** : structure étatique unitaire et à régime multipartiste avec une assemblée législative (Assemblée nationale [114])[a].
- ***Chef de l'État et du gouvernement*** : président assisté du Premier ministre[b].
- ***Capitale*** : Conakry.
- ***Langue officielle*** : français.
- ***Religion officielle*** : aucune.
- ***Unité monétaire*** : 1 franc guinéen (GNF) ; valeur (31 déc. 1997) : 100 GNF = 0,519 FRF.

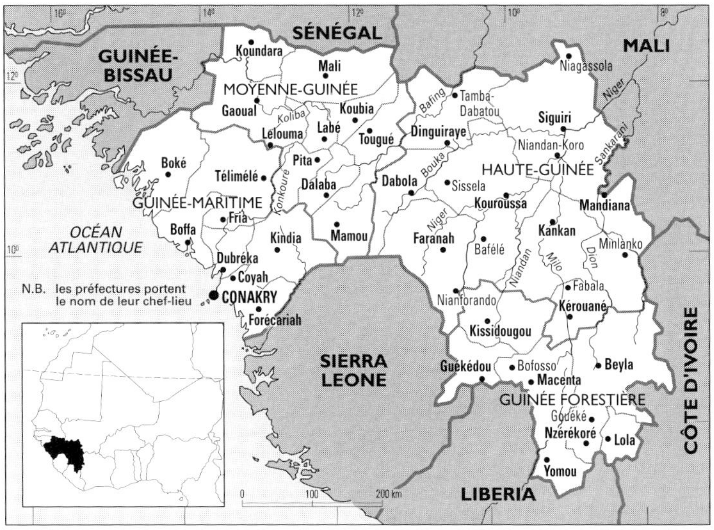

régions et préfectures [1]	superficie (km²)	population (recens. 1983)
Haute-Guinée (capitale : Kankan) ..	**100 485**	**1 193 551**
Dabola	6 000	97 986
Dinguiraye	11 000	133 502
Faranah [2]	12 400	142 923
Kankan	18 400	229 861
Kérouané	7 950	106 872
Kouroussa	12 035	136 926
Mandiana	12 950	136 317
Siguiri	19 750	209 164
Moyenne-Guinée (capitale : Labé)	**51 710**	**1 595 007**
Dalaba	3 400	132 802
Gaoual	11 500	135 657
Koubia	1 480	98 053
Koundara	5 500	94 216
Labé	2 520	253 214
Lélouma	2 150	138 467
Mali	8 800	210 889
Mamou	6 160	190 525
Pita	4 000	227 912
Tougué	6 200	113 272
Guinée-Forestière (capitale : Nzérékoré)	**49 374**	**1 139 875**
Beyla	17 452	161 347
Guékédou (Guéckédou)	4 157	204 757
Kissidougou	8 872	183 236
Lola	4 219	106 654
Macenta	8 710	193 109
Nzérékoré	3 781	216 355
Yomou	2 183	74 417
Guinée-Maritime (capitale : Kindia) ...	**43 980**	**1 147 301**
Boffa	5 003	141 719
Boké [2]	10 053	225 207
Coyah	5 576	134 190
Dubréka	n.d.	n.d.
Forécariah	4 265	116 464
Fria	2 175	70 413
Kindia	8 828	216 052
Télimélé	8 080	243 256
zone spéciale : Conakry (anc. Konakry)	**308**	**705 280**
total	**245 857**	**5 781 014**

1. Les préfectures guinéennes portent le nom de leur chef-lieu. 2. Les préfectures de Boké et Faranah ont été supprimées par un décret de janvier 1988.

Territoire et population.

Démographie

■ ***Population*** (estim. 1997) : 7 406 000.

■ ***Densité*** (1997) : 30,1 hab./km².

■ ***Répartition urbaine/rurale*** (1990) : population urbaine 25,6 % ; population rurale 74,4 %.

■ ***Répartition par sexe*** (1996) : hommes 48,80 % ; femmes 51,20 %.

■ ***Répartition par âge*** (1995) : moins de 15 ans 47,1 % ; de 15 à 29 ans 25,9 % ; de 30 à 44 ans 15,0 % ; de 45 à 59 ans 7,8 % ; de 60 à 74 ans 3,6 % ; 75 ans et plus 0,6 %.

■ ***Projection démographique*** : 7 611 000 en 2000 ; 9 440 000 en 2010.

■ ***Temps de doublement*** : 29 ans.

■ ***Composition ethnique*** (1990) : Peuls 40,3 % ; Malinkés 25,8 % ; Soussous 11,0 % ; Kissis 6,5 % ; Kpellés 4,8 % ; autres 11,6 %.

■ ***Appartenances religieuses*** (1983) : musulmans 86,9 % ; religions tribales 4,6 % ; chrétiens 4,3 % ; autres 4,2 %.

■ ***Principales villes*** (1983) : Conakry (1993) 1 090 610 hab. ; Kankan 55 000 hab. ; Nzérékoré 44 600 hab. ; Kindia 39 100 hab.

Corpus : AFRIQUE NOIRE – Société et économie ; ISLAM (Histoire) – Modernisme dans le monde musulman (Afrique noire) ; MINERAIS (principaux producteurs) ; PEULS ; SOCIALISME (les systèmes politiques nouveaux).

Universalia 1985 : 613 Ahmed Sékou Touré.

Thesaurus :
BAGA
CONAKRY
FOUTA-DJALON
MALINKÉ
MANDÉ
NIMBA (MONTS)
SÉNÉGAL, fleuve
SOUSSOU
TOUCOULEUR

Statistiques de l'état civil

■ ***Taux de natalité*** (1996) : 42,6 ‰ (moyenne mondiale 25,0 ‰).

■ ***Taux de mortalité :*** (1996) : 18,7 ‰ (moyenne mondiale 9,3 ‰).

■ ***Taux d'accroissement naturel*** (1996) : 23,9 ‰ (moyenne mondiale 15,7 ‰).

■ ***Taux de fécondité*** (nombre moyen de naissances par femme en âge de procréer, 1996) : 5,7.

■ ***Espérance de vie*** à la naissance (1996) : hommes 42,7 ans ; femmes 47,5 ans.

■ ***Principales causes de décès*** : n.d. ; toutefois la malaria, les maladies infectieuses respiratoires aiguës, les parasites intestinaux, la gastro-entérite et la malnutrition étaient parmi les principales maladies du pays au début des années 1990.

Économie nationale

■ ***Budget de l'État*** (1997)
Recettes : 628 600 000 000 GNF (recettes courantes 78,6 %, dont secteur minier 18,8 % ; autres 59,8 % ; aides extérieures 21,4 %).
Dépenses : 754 700 000 000 GNF (dépenses courantes 50,8 %, dont traitements et salaires 23,6 %, autres biens et services 7,9 % ; dépenses en capital 49,2 %).

■ ***Dette publique*** (extérieure, créances, 1995) : 2 995 000 000 USD.

■ ***Tourisme*** (1995) : recettes touristiques 1 000 000 USD ; dépenses touristiques à l'étranger 21 000 000 USD.

■ ***Production***
Agriculture, sylviculture, pêche (1996).
Fruits 990 000 t, dont bananes plantains 429 000 t, bananes 150 000 t, ananas 67 000 t ; racines et tubercules 691 000 t, dont manioc 440 000 t, patates douces 130 000 t, ignames 95 000 t ; riz paddy 668 000 t ; légumes et melons 420 000 t ; canne à sucre 220 000 t ; arachides 139 000 t ; maïs 90 000 t ; légumes secs 60 000 t ; huile de palme 55 000 t ; palmistes 52 000 t ; café 23 000 t ; œufs 7 000 t.
Cheptel (sur pied) : bovins 2 212 000 ; chèvres 760 000 ; moutons 618 000 ; porcs 45 000 ; poulets 7 000 000.
Bois (1995) : 5 223 000 m³.
Pêche (1995) : 68 766 t.
Industries extractives (1996) : bauxite 15 888 600 t ; alumine 564 237 t ; or 7 863 kg ; (l'exploitation a repris en 1996).
Industries manufacturières (valeur de la production, 1985) : tôles en feuilles et ondulées 571 081 000 GNF ; plastiques 462 242 000 GNF ; produits du tabac 375 154 000 GNF ; ciment 326 138 000 GNF ; imprimés 216 511 000 GNF ; jus de fruits 75 763 000 GNF ; bière 69 934 000 GNF.
Bâtiment : n.d.

	1994		1983	
	milliards de GNF	% du total	effectifs	% des effectifs
agriculture, sylviculture, pêche	415,7	24,1	1 423 615	78,2
mines	328,6	19,1	12 241	0,7
industrie	79,6	4,6	11 215	0,6
bâtiment	119,5	6,9	9 115	0,5
entreprises publiques	3,7	0,2	3 205	0,2
transports et communications	88,4	5,1	29 496	1,6
commerce, finance	448,7	26,0	37 309	2,0
administration, défense nationale	91,3	5,3	137 600	7,5
services	102,6	6,0		
autres	45,7	2,7	155 679	8,5
total	**1 723,6** (•)	**100,0**	**1 823 031**	**100,0**

(•) Le total général ne correspond pas exactement au détail en raison des arrondis.

Structure du produit intérieur brut et effectifs.

	1989	1990	1991	1992	1993	1994	1995
millions de USD	+ 64,0	+ 85,5	− 7,8	− 91,2	− 21,6	− 169,7	− 39,0
% du total	5,7	6,8	0,6	8,1	1,9	14,1	3,2

Balance commerciale (prix courants).

	1989	1990	1991	1992	1993	1994	1995
indice des prix à la consommation	83,8	100,0	119,7	139,5	149,5	155,6	163,2
indice des salaires annuels	n.d.	100,0	200,0	262,4	272,6	275,2	n.d.

Indice des prix et des revenus (1990 = 100).

	nombre d'établissements	nombre d'enseignants	nombre d'élèves	nombre d'élèves par enseignant
primaire (7-12 ans)	3 237	11 875	584 161	49,2
secondaire (13-18 ans)	225 [1]	4 690	127 517	27,2
professionnel et formation à l'enseignement [2]	35 [1]	1 302	9 278	7,1
supérieur	10 [1]	805 [3]	6 245 [3]	7,8 [3]

1. 1987-1988. 2. 1992-1993. 3. Universités uniquement.

Enseignement (1995-1996).

Énergie (production/consommation) : électricité (1995) 700 000 000/700 000 000 kWh ; produits pétroliers (1994) 0/355 000 t.

■ ***Produit national brut*** (1995) : 3 593 000 000 USD (550 USD/hab.).

■ ***Population active*** (1992) : 2 590 000 ; taux d'activité 42,3 % (taux de participation [1983] : 15-64 ans 63,5 % ; femmes 39,4 % ; sans-emploi n.d.).

■ ***Revenus et dépenses des ménages***
Taille moyenne des ménages (1983) : 6,7.
Revenu annuel moyen par habitant (1984) : 7 660 GNF (305 USD).
Dépenses (1985) : alimentation 61,5 % ; soins médicaux 11,2 % ; habillement 7,9 % ; logement et énergie 7,3 % ; transports 5,1 %.

■ ***Utilisation du sol*** (1994) : forêts 27,3 % ; prairies et pâturages 43,5 % ; terres cultivées et plantations 3,3 % ; autres 25,9 %.

Échanges extérieurs[c]

■ ***Importations*** (1994) : 687 000 000 USD (produits pour les compagnies minières 22,2 % ; produits pour le secteur public 20,1 % ; produits pétroliers 4,0 %).

Principales sources des importations : France 19,5 % ; Côte-d'Ivoire 16,0 % ; États-Unis 7,1 % ; Belgique et Luxembourg 6,9 % ; Hong Kong 6,3 % ; Chine 3,8 % ; Pays-Bas 3,8 % ; Italie 3,3 %.

■ ***Exportations*** (1994) : 625 900 000 USD (bauxite 43,4 % ; alumine 16,5 % ; or 13,3 % ; café 9,1 % ; diamants 6,4 % ; poisson 3,1 %).

Principales destinations des exportations : Belgique et Luxembourg 26,7 % ; États-Unis 15,1 % ; Irlande 10,0 % ; Espagne 9,6 % ; France 4,6 %.

Transports et communications

■ ***Transports***
Chemins de fer (1997) : longueur 662 km ; trafic : 41 500 000 passagers-km ; 7 300 000 t-km.
Routes (1997) : longueur totale 19 215 km (10 % recouvertes).
Véhicules (1992) : voitures particulières 23 155 ; camions et autobus 13 000.
Marine marchande (1992) : 23 navires (de 100 tjb et plus) ; 1 749 tonneaux de port en lourd.
Transports aériens (1994) : 32 842 000 passagers-km ; 1 241 000 t-km. 1 aéroport desservi par des vols réguliers (1997).

■ ***Communications***
Journaux quotidiens (1988) : diffusion totale 13 000 ; diffusion pour 1 000 hab. 2,0.
Radiodiffusion (1995) : 230 000 postes récepteurs ; 34,3 pour 1 000 hab.
Télévision (1995) : 65 000 postes récepteurs ; 9,7 pour 1 000 hab.
Téléphone (1995) : 109 000 lignes principales ; 1,6 pour 1 000 hab.

Éducation et santé

■ ***Niveau d'éducation*** : n.d.

■ ***Alphabétisation*** (1995) : personnes âgées de 15 ans et plus alphabétisées 35,9 % ; hommes 49,9 % ; femmes 21,9 %.

■ ***Santé*** : 773 médecins en 1990 (1 pour 7 680 hab.) ; 3 382 lits d'hôpital en 1988 (1 pour 1 652 hab.) ; taux de mortalité infantile (1996) : 134 ‰.

■ ***Alimentation*** (1995) : apport journalier en calories par habitant 2 161 (alimentation d'origine végétale 97 % ; d'origine animale 3 %) ; soit 94 % du niveau minimal recommandé par la F.A.O.

Défense nationale

■ ***Contingent*** (1997) : 9 700 (armée de terre 87,6 % ; marine 4,1 % ; armée de l'air 8,3 %).

■ ***Dépenses militaires*** (1995) : 1,5 % du P.N.B. (moyenne mondiale 2,8 %) ; soit 7 USD/hab.

a. L'Assemblée a tenu sa première session le 5 octobre 1995.

b. Le président a créé un poste de Premier ministre en juillet 1996.

c. Importations C.I.F. ; exportations F.O.B. pour les marchandises et les partenaires commerciaux.

→ *Corpus* : GUINÉE-BISSAU
→ *Grand Atlas de Géographie* (éd. 1992) : 132, 146
→ *Grand Atlas de l'Histoire* : 240, 241, 276, 282, 283, 295

GUINÉE-BISSAU

- ***Nom officiel*** : République de Guinée-Bissau (República da Guiné-Bissau). Code I.S.O. : GW.
- ***Forme de gouvernement*** : république à régime multipartiste avec une assemblée (Assemblée nationale du peuple ([100]).
- ***Chef de l'État*** : président.
- ***Chef du gouvernement*** : Premier ministre.
- ***Capitale*** : Bissau (var. Bissao).
- ***Langue officielle*** : portugais.
- ***Religion officielle*** : aucune.
- ***Unité monétaire***[a] : 1 franc CFA (XOF) = 100 centimes ; 100 XOF = 1,00 FRF.

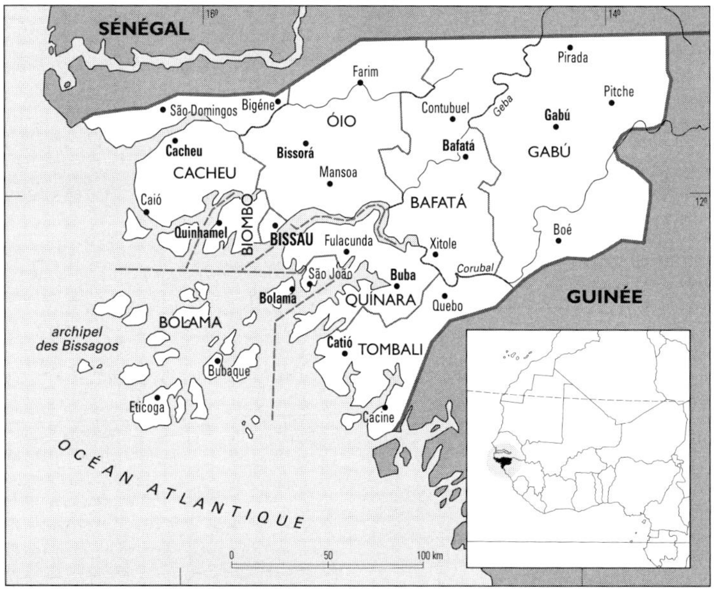

Démographie

■ ***Population*** (estim. 1997) : 1 179 000.

■ ***Densité*** (1997) : 41,9 hab./km².

■ ***Répartition urbaine/rurale*** (1996) : population urbaine 22,0 % ; rurale 78,0 %.

■ ***Répartition par sexe*** (1997) : hommes 48,52 % ; femmes 51,48 %.

■ ***Répartition par âge*** (1997) : moins de 15 ans 42,7 % ; de 15 à 29 ans 28,1 % ; de 30 à 44 ans 15,4 % ; de 45 à 59 ans 9,2 % ; de 60 à 74 ans 3,8 % ; 75 ans et plus 0,8 %.

■ ***Projection démographique*** : 1 263 000 en 2000 ; 1 579 000 en 2010.

■ ***Temps de doublement*** : 33 ans.

■ ***Composition ethnique*** (1979) : Balantes 27,2 % ; Peuls 22,9 % ; Malinkés 12,2 % ; Manjaks 10,6 % ; Papels 10,0 % ; autres 17,1 %.

■ ***Appartenances religieuses*** (1992) : croyances traditionnelles 54 % ; musulmans 38 % ; chrétiens 8 %.

régions	capitales	superficie (km²)	population (recens. 1991 [1])
régions :			
Bafatá	Bafatá	5 981	143 377
Biombo	Quinhamel	840	60 420
Bolama	Bolama	2 624	26 691
Cacheu	Cacheu	5 175	146 980
Gabú	Gabú	9 150	134 971
Óio	Bissorá	5 403	156 084
Quínara	Buba	3 138	44 993
Tombali	Catió	3 736	72 441
secteur autonome :			
Bissau	—	78	197 610
total		**36 125** [2]	**983 367**

1. Préliminaire. 2. Y compris 8 000 km² d'eaux intérieures.

Territoire et population.

■ ***Principales villes*** (1979) : Bissau 233 000 hab. (1995) ; Bafatá 13 429 hab. ; Gabú 7 803 hab.

Statistiques de l'état civil

■ ***Taux de natalité*** (1997) : 39,0 ‰ (moyenne mondiale 25,0 ‰) ; taux de naissances légitimes n.d., illégitimes n.d.

■ ***Taux de mortalité*** (1997) : 16,0 ‰ (moyenne mondiale 9,3 ‰).

■ ***Taux d'accroissement naturel*** (1997) : 23,0 ‰ (moyenne mondiale 15,7 ‰).

■ ***Taux de fécondité*** (nombre moyen de naissances par femme en âge de procréer, 1997) : 5,3.

■ ***Nombre de mariages*** : n.d.

■ ***Nombre de divorces*** : n.d.

■ ***Espérance de vie*** à la naissance (1997) : hommes 47,1 ans ; femmes 50,4 ans.

■ ***Principales causes de décès*** : n.d. ; toutefois, la tuberculose de l'appareil respiratoire, la coqueluche, la fièvre typhoïde, le choléra, la dysenterie bacillaire et l'amibiase, la malaria, la pneumonie, la malnutririon et les infections méningococciques sont parmi les principales maladies du pays.

Économie nationale

■ ***Budget de l'État*** (1996)
Recettes : 899 500 000 000 GWP (1995 : impôts directs 54,7 %, dont droits de douane 27,4 % ; taxes à la consommation 16,9 % ; impôts indirects 45,3 %, dont licences de pêches 37,7 %).
Dépenses : 2 188 200 000 000 GWP (1995 : dépenses courantes 50,3 %, dont biens et services 7,4 %, traitements et salaires 9,2 % ; dépenses en capital 49,7 %.

■ ***Dette publique*** (extérieure, créances, 1995) : 848 600 000 USD.

■ ***Tourisme*** : n.d.

■ ***Production.***
Agriculture, sylviculture, pêche (1997).
Riz 135 000 t ; fruits 65 400 t (1996) ; racines et tubercules (patates douces et manioc) 60 000 t ; noix d'acajou 35 000 t ; bananes plantains 29 000 t ; millet 25 000 t ; noix de coco 25 000 t ; légumes 20 000 t ; arachides 18 000 t ; sorgho 19 000 t ; maïs 14 000 t ; palmistes 8 000 t (1996) ; canne à sucre 5 500 t ; huile de palme 4 500 t (1996) ; bananes 4 000 t ; coton brut 3 400 t.
Cheptel (sur pied) : bovins 475 000 ; porcs 310 000 ; chèvres 270 000 ; moutons 255 000 ; poulets 850 000.
Bois (1995) : 579 000 m³.
Pêche (1995) : 5 595 t.
Industries extractives : extraction de matériaux de construction uniquement.
Industries manufacturières (1997) : viande de porc 9 720 t ; huile de palme (1993) 5 000 t ; coprah 5 000 t (1993) ; viande de bœuf 3 850 t ; savon 2 900 t (1995) ; poissons séchés et fumés 1 900 t (1993) ; peaux (1993) 1 227 t ; bois scié (1993) 40 000 m³ ; alcools 13 000 hl.
Bâtiment : n.d.

Corpus : AFRIQUE NOIRE – Société et économie ; PEULS.

Thesaurus : MALINKÉ

	1996		1994	
	millions de GWP [1]	% du total	effectifs	% des effectifs
agriculture	351 000	53,0	365 000	77,2
mines				
industrie	7 500	11,3	21 000	4,5
entreprises publiques				
bâtiments	2 100	3,2		
transports et communications	1 600	2,4		
commerce	14 900	22,5	87 000	18,3
finance, services	400	0,6		
administration, défense nationale	4 600	6,9		
total	**66 300** [2]	**100,0** [2]	**473 000**	**100,0**

1. Coût des facteurs aux prix constants de 1986. 2. Le total général ne correspond pas exactement au détail en raison des arrondis.

Structure du produit intérieur brut et effectifs.

	1992	1993	1994	1995	1996	1997 (juin)
indice des prix à la consommation	267,3	395,8	455,9	662,7	998,9	1 323,0
indice des revenus	n.d.	n.d.	n.d.	n.d.	n.d.	n.d.

Indices des prix et des revenus (1990 = 100).

	1991	1992	1993	1994	1995	1996
millions de XAF	−3 122	−9 491	−7 062	−2 940	−13 100	−17 216
% du total	57,6	87,3	58,8	29,8	50,0	50,5

Balance commerciale (prix courants).

	nombre d'établissements	nombre d'enseignants	nombre d'élèves	nombre d'élèves par enseignant
primaire (7-13 ans)	632 [1]	3 065 [1]	100 364 [3]	n.d.
secondaire (13-18 ans)	12 [2]	824 [2]	5 505	n.d.
professionnel et formation à l'enseignement	4 [1]	107	825	7,7

1. 1987. 2. 1986. 3. 1994-1995.

Enseignement (1988).

Énergie (production/consommation) : électricité (1994) 45 000 000/45 000 000 kWh ; charbon 0/0 ; pétrole brut 0/0 ; produits pétroliers (1994) 0/75 000 t ; gaz naturel 0/.

■ ***Produit national brut*** (aux prix courants du marché, 1995) : 265 000 000 USD (250 USD/hab.).

■ ***Population active*** (1992) : 471 000 ; taux d'activité 46,9 % (taux de participation [1991] : au-dessus de 10 ans 67,1 % ; femmes 4,5 % ; sans-emploi n.d.).

■ ***Revenus et dépenses des ménages***
Taille moyenne des ménages (1981) : 4,1.
Revenu annuel moyen par ménage : n.d. ; sources des revenus : n.d.

■ ***Utilisation du sol*** (1994) : forêts 38,1 % ; prairies et pâturages 38,4 % ; terres cultivées et plantations 12,1 % ; autres 11,4 %.

Échanges extérieurs

■ ***Importations*** (1996) : 63 000 000 USD (1995 : produits alimentaires 35,6 % ; équipement de transport 11,7 % ; combustibles et lubrifiants 11,5 % ; machines 10,7 % ; matériaux de construction 10,2 %).

Principales sources des importations (1995) : Portugal 36,9 % ; Pays-Bas 13,6 % ; Chine 8,3 % ; Japoon 8,0 % ; Espagne 4,3 % ; Royaume-Uni 3,8 % ; France 3,4 % ; États-Unis 3,2 %.

■ ***Exportations*** (1996) : 25 800 000 USD (1995 : noix d'acajou 85,8 % ; bois de construction 6,3 % ; coton 5,4 %).

Principales destinations des exportations (1995) : Inde 87,8 % ; Portugal 10,2 % ; France 1,0 % ; Espagne 0,8 %.

Transports et communications

■ ***Transports***
Chemins de fer : aucun.
Routes (1995) : longueur totale 4 350 km (9 % recouvertes).
Véhicules (1995) : voitures particulières 6 300 ; camions et autobus 4 900.
Marine marchande (1992) : 19 navires (de 100 tjb et plus) ; 1 846 tonneaux de port en lourd.
Transports aériens (1994) ; trafic : 6 000 000 passagers-km ; 1 000 000 t-km. 2 aéroports desservis par des vols réguliers (1997).

■ ***Communications***
Journaux quotidiens (1992) : 1 ; diffusion totale 6 000 ; diffusion pour 1 000 hab. 6.
Radiodiffusion (1995) : 40 000 postes récepteurs (1 pour 27 hab.).
Télévision : n.d.
Téléphone (1993) : 8 600 lignes principales (1 pour 122 hab.).

Éducation et santé

■ ***Niveau d'éducation*** (1979)
Proportion de la population âgée de 7 ans et plus : sans instruction scolaire ou ne sachant ni lire ni écrire 90,4 % ; ayant une éducation primaire 7,9 % ; éducation secondaire 1,0 % ; éducation technique 0,5 % ; éducation supérieure 0,2 %.

■ ***Alphabétisation*** (1995) : personnes âgées de 15 ans et plus alphabétisées 54,9 % ; hommes 68,0 % ; femmes 42,5 %.

■ ***Santé*** : 274 médecins en 1986 (1 pour 3 245 hab.) ; 1 300 lits d'hôpital en 1993 (1 pour 397 hab.) ; taux de mortalité infantile (1997) : 114 ‰.

■ ***Alimentation*** (1995) : apport journalier en calories par habitant 2 433 (alimentation d'origine végétale 93 % ; d'origine animale 7 %) ; soit 105 % du niveau minimal recommandé par la F.A.O.

Défense nationale

■ ***Contingent*** (1997) : 7 250 [b] (armée de terre 93,8 % ; marine 4,8 % ; armée de l'air 1,4 %).

■ ***Dépenses militaires*** (1995) : 2,8 % du P.N.B. (moyenne mondiale 2,8 %) ; soit 6 USD/hab.

a. La Banque centrale des États de l'Afrique de l'Ouest a annoncé le 31 décembre 1996 l'adhésion de la Guinée-Bissau à la zone franc à compter du 2 mai 1997, date à laquelle le franc CFA a remplacé le peso sur la base de 65 GWP = 1 XOF.

b. Non compris 2 000 gendarmes.

→ *Corpus* : GUINÉE ÉQUATORIALE
→ *Grand Atlas de Géographie* (éd. 1992) : 136, 148
→ *Grand Atlas de l'Histoire* : 240, 241, 276, 295

GUINÉE ÉQUATORIALE

- ***Nom officiel*** : République de Guinée équatoriale (República de Guinea ecuatorial). Code I.S.O. : GQ.
- ***Forme de gouvernement*** : république avec une chambre législative (Chambre des représentants du peuple [80][a]).
- ***Chef de l'État*** : président.
- ***Chef du gouvernement*** : Premier ministre.
- ***Capitale*** : Malabo.
- ***Langues officielles*** : espagnol et français.
- ***Religion officielle*** : aucune.
- ***Unité monétaire***[b] : 1 franc CFA (XAF) = 100 centimes ; valeur : 100 XAF = 1,00 FRF.

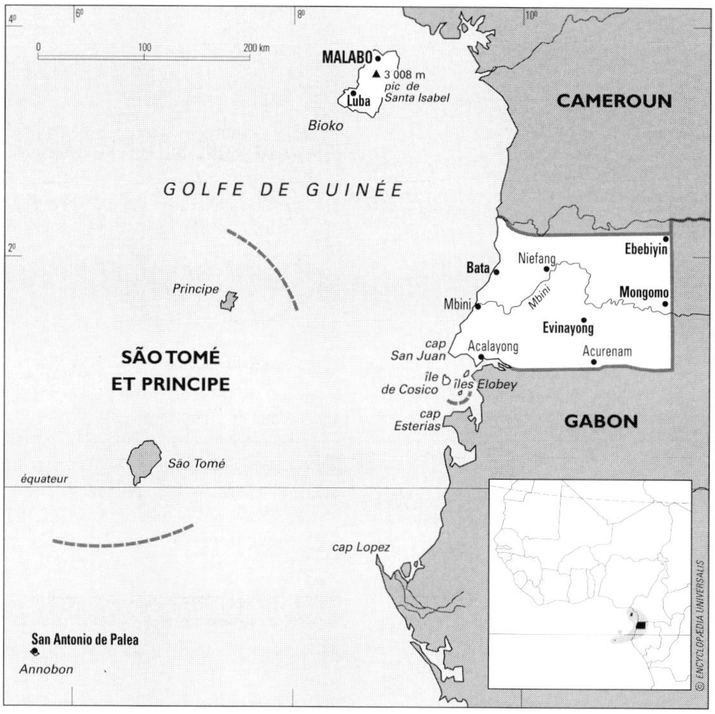

Démographie

■ ***Population*** (estim. 1997) : 443 000.

■ ***Densité*** (1997) : 15,8 hab./km^2.

■ ***Répartition urbaine/rurale*** (1992) : population urbaine 29,4 % ; population rurale 70,6 %.

■ ***Répartition par sexe*** (1995) : hommes 49,25 % ; femmes 50,75 %.

■ ***Répartition par âge*** (1995) : moins de 15 ans 43,2 % ; de 15 à 29 ans 25,5 % ; de 30 à 44 ans 15,6 % ; de 45 à 59 ans 9,3 % ; de 60 à 74 ans 5,3 % ; 75 ans et plus 1,1 %.

■ ***Projection démographique*** : 478 000 en 2000 ; 615 000 en 2010.

■ ***Temps de doublement*** : 27 ans.

■ ***Composition ethnique*** (1983) : Fangs 82,9 % ; Bubis 9,6 % ; Ndowes 3,8 % ; Annobonés 1,5 % ; Bujebas 1,4 % ; autres 0,8 %.

■ ***Appartenances religieuses*** (1980) : chrétiens (principalement catholiques) 88,8 % ; religions tribales 4,6 % ; musulmans 0,5 % ; autres 0,2 % ; sans appartenance et athées 5,9 %.

■ ***Principales villes*** (1983) : Malabo 30 418 hab. ; Bata 24 308 hab. ; Ela-Nguema 6 179 hab. ; Campo Yaunde 5 199 hab.

Statistiques de l'état civil

■ ***Taux de natalité*** (1994) : 40,7 ‰ (moyenne mondiale 25,0 ‰) ; taux de naissances légitimes n.d., illégitimes n.d.

■ ***Taux de mortalité*** (1994) : 14,7 ‰ (moyenne mondiale 9,3 ‰).

■ ***Taux d'accroissement naturel*** (1994) : 26,0 ‰ (moyenne mondiale 15,7 ‰).

■ ***Taux de fécondité*** (nombre moyen de naissances par femme en âge de procréer, 1994) : 5,3.

■ ***Nombre de mariages*** : n.d.

■ ***Nombre de divorces*** : n.d.

■ ***Espérance de vie*** à la naissance (1994) : hommes 50,0 ans ; femmes 54,3 ans.

■ ***Principales causes de décès*** : n.d. ; toutefois, la malaria (env. 24 % du total des décès), les infections respiratoires (env. 12 % du total des décès), le choléra, la lèpre, la trypanosomiase (maladie du sommeil) et les maladies (surtout gastro-intestinale) d'origine hydrique sont parmi les principales maladies du pays.

Économie nationale

■ ***Budget de l'État*** (1995)
Recettes : 27 468 000 000 XAF (recettes nationales 49,3 %, dont recettes fiscales 31,1 % ; recettes non fiscales 9,9 %, recettes pétrolières 7,3 % ; aides extérieures 50,7 %).
Dépenses : 29 452 000 000 XAF (dépenses en capital 64,2 % ; dépenses courantes 34,7 %, dont intérêts 12,0 %, traitements 9,0 %).

■ ***Dette publique*** (extérieure, créances, 1995) : 229 600 000 USD.

■ ***Tourisme*** : le tourisme n'est pas développé en Guinée équatoriale, mais il est l'une des priorités gouvernementales.

■ ***Produit national brut*** (aux prix courants du marché, 1995) : 152 000 000 USD (380 USD/hab.).

■ ***Production***
Agriculture, sylviculture, pêche (1996).
Racines et tubercules 88 000 t, dont manioc 49 000 t, patates douces 37 000 t ; bananes 17 000 t ; noix de coco 8 000 t ; café 7 000 t ; huile de palme 5 000 t ; fèves de cacao 4 500 t ; palmistes 3 000 t.
Cheptel (sur pied) : moutons 36 000 ; chèvres 8 100 ; porcs 5 300 ; bovins 4 800.
Bois (1995) : 714 000 m^3.
Pêche (1995) : 3 800 t.
Industries extractives : n.d. ; toutefois, les roches sédimentaires du pays contiennent du minerai de fer, du plomb, du zinc, du manganèse et du molybdène. Le nouveau champ de gaz naturel offshore d'Alba est entré en production en 1992 ; il produisait 7 000 barils par jour en 1994.
Industries manufacturières (1995) : feuilles de placage 9 300 t.
Bâtiment : n.d.
Énergie (production/consommation) : électricité (1994) 20 000 000/20 000 000 kWh ; charbon 0/n.d. ; pétrole brut[c] 0/n.d. ; produits pétroliers (1994) 0/41 000 t ; gaz naturel n.d./n.d.

■ ***Population active*** (1991) : 148 000 ; taux d'activité 41,0 % (taux de participation [1983] : 15-64 ans 66,7 % ; femmes 35,7 % ; sans-emploi 24,2 %).

■ ***Revenus et dépenses des ménages***
Taille moyenne des ménages (1980) : 4,5.
Revenu annuel moyen par ménage : n.d. ; sources des revenus (1988) : traitements et salaires 57,0 % ; revenus financiers 42,0 % ; autres 1,0 %.
Dépenses (1988) : alimentation et boissons 62,0 % ; habillement 10,0 % ; soins médicaux 6,0 %.

■ ***Utilisation du sol*** (1994) : forêts 65,2 % ; prairies et pâturages 3,7 % ; terres cultivées et plantations 8,2 % ; surfaces construites, terres incultes et autres 22,9 %.

Échanges extérieurs

■ ***Importations*** (1995) : 37 900 000 000 XAF (biens d'équipement 52,7 % ; produits pétroliers 4,5 % ; autres 42,8 %).

Corpus : AFRIQUE NOIRE – Société et économie ; FANG ; PÊCHE ; *Universalia 1995* : 157 Afrique : la dévaluation du franc CFA ou la fin d'un tabou.

Thesaurus :
BIOKO

régions et provinces	capitales régionales et chefs-lieux	superficie (km²)	population (estim. 1987)
Région continentale (Región Continental)*	**Bata**	**26 017**	**260 000**
Centre-Sud (Centro Sur)	Evinayong	9 931	56 000
Kie-Ntem	Ebebiyin	3 943	74 100
Littoral (Litoral)*	Bata	6 665	75 600
Wele-Nzás	Mongomo	5 478	54 300
Région insulaire (Región Insular)	**Malabo**	**2 034**	**70 300**
Annobón	San Antonio de Palea	17	2 400
Bioko-Nord (Bioko Norte)	Malabo	2 017	56 600
Bioko-Sud (Bioko Sur)	Luba		11 300
total		**28 051**	**330 300**

(*) Y compris, au large de l'estuaire du Muni, l'île de Corisco (15 km²) et les îles Elobey (2 km²).

Territoire et population.

	1995		1983	
	millions de XAF	% du total	effectifs	% des effectifs
agriculture, sylviculture	41 479	46,2	59 390	57,9
industrie et mines	23 494	26,2	1 616	1,6
bâtiment	3 724	4,1	1 929	1,9
entreprises publiques	2 680	3,0	224	0,2
transports et communications	1 606	1,8	1 752	1,7
commerce	7 404	8,2	3 059	3,0
finance	1 669	1,9	409	0,4
administration, défense nationale	4 080	4,5	8 377	8,2
services	2 270	2,5		
autres	1 409	1,6	25 809	25,2
total	**89 815**	**100,0***	**102 565**	**100,0***

(*) Le total général ne correspond pas exactement au détail en raison des arrondis.

Structure du produit intérieur brut et effectifs.

	1987	1988	1989	1990	1991	1992	1993
indice des prix à la consommation	92,3	93,4	98,9	100,0	96,8	89,9	93,5
indice des revenus	n.d.	n.d.	n.d.	n.d.	n.d.	n.d.	n.d.

Indices des prix et des revenus (1990 = 100)

	1990	1991	1992	1993	1994	1995
millions de XAF	− 8 522	− 6 017	− 10 932	+ 2 537	+ 16 104	+ 20 454
% du total	29,7	11,4	33,5	7,7	30,5	31,5

Balance commerciale (prix courants).

	nombre d'établissements	nombre d'enseignants	nombre d'élèves	nombre d'élèves par enseignant
primaire (6-11 ans)	781	1 381	75 751	54,9
secondaire (12-17 ans)	9 [2]	466	14 511	31,1
professionnel et formation à l'enseignement [1]	1 [2]	122	2 105	17,3
supérieur	4 [2]	58	578	10,0

1. Des efforts sont entrepris pour donner le niveau de formation nécessaire aux enseignants non diplômés en activité. De même, les établissements de formation des enseignants seront développés, pour permettre d'augmenter le nombre d'enseignants dans les écoles primaires. 2. 1987-1988.

Enseignement (1993-1994).

Principales sources des importations : Cameroun 40,6 % ; Espagne 18,2 % ; France 14,3 % ; États-Unis 7,8 % ; Belgique 6,5 % ; Pays-Bas 5,2 % ; Italie 3,9 %.

■ ***Exportations*** (1995) : 43 100 000 000 XAF (produits pétroliers 44,6 % ; bois 41,6 % ; produits alimentaires 5,9 %, dont cacao 5,8 %).
Principales destinations des exportations : États-Unis 34,0 % ; Japon 17,4 % ; Espagne 12,7 % ; Chine 12,7 % ; Portugal 4,6 % ; Pays-Bas 4,6 % ; France 4,6 % ; Nigeria 3,5 %.

Transports et communications

■ ***Transports***
Chemins de fer : aucun.
Routes (1993) : longueur totale 2 682 km (19 % recouvertes).
Véhicules (1994) : voitures particulières 6 500 ; camions et autobus 4 000.
Marine marchande (1992) : 3 navires (de 100 tjb et plus) ; 6 700 tonneaux de port en lourd.
Transports aériens (1990) ; trafic : 7 000 000 passagers-km ; 1 000 000 t-km (1985). 1 aéroport desservi par des vols réguliers (1997).

■ ***Communications***
Journaux quotidiens (1994) : diffusion totale 1 000 ; diffusion pour 1 000 hab. 2,4.
Radiodiffusion (1996) : 200 000 postes récepteurs ; 464 pour 1 000 hab.
Télévision (1995) : 37 000 postes récepteurs ; 88 pour 1 000 hab.
Téléphone (1995) : 2 500 lignes principales ; 5,9 pour 1 000 hab.

Éducation et santé

■ ***Niveau d'éducation*** (1983)
Proportion de la population âgée de 15 ans et plus : sans instruction scolaire 35,4 % ; ayant une éducation primaire incomplète 46,6 % ; éducation primaire 13,0 % ; éducation secondaire 2,3 % ; éducation postsecondaire 1,1 % ; sans précision 1,6 %.

■ ***Alphabétisation*** (1983) : personnes âgées de 15 ans et plus alphabétisées 62,2 % (hommes 77,8 %, femmes 48,6 %).

■ ***Santé*** (1990) : 99 médecins (1 pour 3 532 hab.) ; 992 lits d'hôpital (1 pour 350 hab.) ; taux de mortalité infantile (1994) : 102,6 ‰.

■ ***Alimentation*** : apport journalier en calories par habitant 2 230 ; soit 68 % du niveau minimal recommandé par la F.A.O.

Défense nationale

■ ***Contingent*** (1997) : 1 320 (armée de terre 83,3 % ; marine 9,1 % ; armée de l'air 7,6 %).

■ ***Dépenses militaires*** (1995) : 1,6 % du P.N.B. (moyenne mondiale 2,8 %) ; soit 5 USD/hab.

a. Le déroulement des élections législatives de novembre 1993 n'a pas été jugé régulier par les observateurs internationaux.

b. Dévaluation de 50 % du franc CFA le 12 janvier 1994.

c. La Guinée équatoriale a annoncé la mise en exploitation d'un gisement à Bioko en 1995 avec une capacité de production de 10 000 barils par jour.

→ *Corpus* : GUYANA
→ *Grand Atlas de Géographie* (éd. 1992) : 210, 214
→ *Grand Atlas de l'Histoire* : 227, 287, 294

GUYANA

● ***Nom officiel*** : République coopérative de Guyana (Co-operative Republic of Guyana). Code I.S.O. : GY.

● ***Forme de gouvernement*** : république à structure étatique unitaire et à régime multipartiste avec une assemblée législative (Assemblée nationale [65, dont 12 élus au suffrage indirect]).

● ***Chef de l'État et du gouvernement*** : président.

● ***Capitale*** : Georgetown.

● ***Langue officielle*** : anglais.

● ***Religion officielle*** : aucune.

● ***Unité monétaire*** : 1 dollar de Guyana (GYD) = 100 cents ; valeur (31 déc. 1997) : 100 GYD = 4,19 FRF.

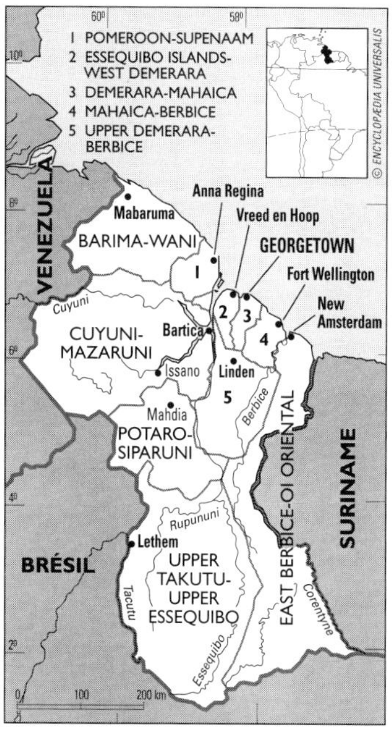

Démographie

■ ***Population*** (estim. 1997) : 773 000.

■ ***Densité***[a] (1997) : 3,9 hab./km².

■ ***Répartition urbaine/rurale*** (1995) : population urbaine 36,2 % ; population rurale 63,8 %.

■ ***Répartition par sexe*** (1995) : hommes 49,46 % ; femmes 50,54 %.

■ ***Répartition par âge*** (1995) : moins de 15 ans 32,2 % ; de 15 à 29 ans 30,1 % ; de 30 à 44 ans 22,2 % ; de 45 à 59 ans 9,5 % ; de 60 à 74 ans 4,8 % ; 75 ans et plus 1,2 %.

■ ***Projection démographique*** : 780 000 en 2000 ; 807 000 en 2010.

■ ***Temps de doublement*** : 73 ans.

■ ***Composition ethnique*** (1992-1993) : Indiens (Asiatiques) 49,4 % ; Noirs 35,6 % ; Métis 7,1 % ; Amérindiens 6,8 % ; Portugais 0,7 % ; Chinois 0,4 %.

■ ***Appartenances religieuses*** (1990) : chrétiens 52,0 %, dont protestants 34,0 % (anglicans 17,0 %), catholiques 18,0 % ; hindous 34,0 % ; musulmans 9,0 % ; autres 5,0 %.

■ ***Principales villes*** (1992) : Georgetown 248 500 hab. ; Linden 27 200 hab. ; New Amsterdam 17 700 hab.

Statistiques de l'état civil

■ ***Taux de natalité*** (1996) : 19,0 ‰ (moyenne mondiale 25,0 ‰).

■ ***Taux de mortalité*** (1996) : 9,5 ‰ (moyenne mondiale 9,3 ‰).

■ ***Taux d'accroissement naturel*** (1996) : 9,5 ‰ (moyenne mondiale 15,7 ‰).

■ ***Taux de fécondité*** (nombre moyen de naissances par femme en âge de procréer, 1996) : 2,2.

■ ***Espérance de vie*** à la naissance (1996) : hommes 57,5 ans ; femmes 62,8 ans.

■ ***Principales causes de décès*** (pour 100 000 hab., 1990) : maladies de l'appareil circulatoire 244,6, dont maladies cérébro-vasculaires 103,7 ; maladies cardiovasculaires 56,8 ; maladies de l'appareil respiratoire et autres formes de maladies de cœur 49,0 ; maladies de l'appareil digestif 39,0 ; troubles hormonaux et du métabolisme 37,3.

régions administratives	superficie (km²)	population (estim. 1986)
Région 1 (Barima/Waini)	20 339	18 500
Région 2 (Pomeroon/Supenaam)	6 195	42 000
Région 3 (Essequibo Islands/West Demerara)	3 755	102 800
Région 4 (Demerara/Mahaica)	2 233	310 800
Région 5 (Mahaica/Berbice)	4 170	55 600
Région 6 (East Berbice/Corentyne)	36 255	149 000
Région 7 (Cuyuni/Mazaruni)	47 213	17 900
Région 8 (Potaro/Siparuni)	20 052	5 700
Région 9 (Upper Takutu/Upper Essequibo)	57 790	15 300
Région 10 (Upper Demarara/Berbice)	17 081	38 600
total	**215 083** *	**756 200**

(*) Comprend environ 18 000 km² d'eaux intérieures.

Territoire et population.

Économie nationale

■ ***Budget de l'État*** (1996-1997)
Recettes : 36 293 000 000 GYD (recettes courantes 94,3 %, dont taxes à la consommation 29,5 %, impôts sur les sociétés 20,9 %, impôts sur le revenu 12,7 %, droits d'importation 10,2 % ; recettes de développement 5,7 %, dont aides extérieures 5,3 %).
Dépenses : 43 305 000 000 GYD (dépenses courantes 61,3 %, dont dépenses de développement 38,7 % ; charge de la dette 18,9 %, honoraires 17,4 %).

■ ***Dette publique*** (extérieure, créances, 1995) : 1 782 000 000 USD.

■ ***Tourisme*** (1995) : recettes touristiques 32 600 000 USD ; dépenses touristiques à l'étranger : 21 100 000.

■ ***Production***
Agriculture, sylviculture, pêche (1996).
Riz 334 515 t ; sucre brut 280 066 t ; noix de coco 72 800 t ; manioc 35 100 t ; bananes plantains 21 000 t ; bananes 17 000 t ; ananas 10 400 t.
Cheptel (sur pied) : bovins 190 000 ; moutons (1995) 130 000 ; poulets 7 500 000.
Bois : 526 725 m³.
Pêche : 58 446 t, dont crevettes et langoustes 17 792 t.
Industries extractives (1996) : bauxite 2 470 567 t ; or 386 031 onces ; diamants 46 730 carats (valeur déclarée).
Industries manufacturières (1996) : farine 36 600 t ; rhum 273 200 hl ; cigarettes 400 000 000 unités ; boissons non alcoolisées 4 253 000 caisses ; produits pharmaceutiques 20 300 000 comprimés ; les autres produits comprennent les tissus de coton et les tissus imprimés.
Bâtiment : n.d.
Énergie (production/consommation) : électricité (1996) 348 200 000/(1995) 217 200 000 kWh ; charbon 0/0 ; pétrole brut 0/0 ; produits pétroliers (1994) 0/343 000 t ; gaz naturel 0/0.

■ ***Produit national brut*** (aux prix courants du marché, 1995) : 536 000 000 USD (750 USD/hab.).

■ ***Population active*** (1987) : 270 074 ; taux d'activité 35,7 % (taux de participation : de 15 à 64 ans 60,4 % ; femmes 29,9 % ; sans-emploi n.d.

■ ***Revenus et dépenses des ménages***
Taille moyenne des ménages (1980) : 5,1.
Revenu annuel moyen par ménage : n.d. ; sources des revenus : n.d.
Dépenses : n.d.

■ ***Utilisation du sol*** (1994) : forêts 83,8 % ; prairies et pâturages 6,3 % ; terres cultivées et plantations 2,5 % ; autres 7,4 %.

Échanges extérieurs[b]

■ ***Importations*** (1995) : 536 800 000 USD (biens d'équipements 35,0 % ; biens de consommation 21,2 % ; combustibles et lubrifiants 16,7 %).
Principales sources des importations (estim.) : États-Unis 29,0 % ; Italie 18,0 % ; Antilles néer-

Corpus : BAUXITE (production-réserves) ; CARAÏBES (AIRE DES) [géopolitique de l'espace] ; GUYANES ; INDIENS D'AMÉRIQUE (Amazonie et Guyanes).

Universalia 1986 : 536 Forbes Burnham ; ***Universalia 1991*** : 151 Amérique latine : une nouvelle donne.

Thesaurus :
CARAÏBES (AIRE DE LIBRE COMMERCE DES)
CARIBBEAN BASIN INITIATIVE
GEORGETOWN

	1996		1980	
	millions de GYD [1]	% du total	effectifs	% des effectifs
sucre	16 277 [2]	19,4 [2]		
autres produits agricoles	15 530 [3]	18,5 [3]	50 316	20,4
pêche, sylviculture	7 429	8,8		
mines	15 567	18,5	9 669	3,9
industrie	3 078 [2]	3,7	28 980	11,8
bâtiment	3 747	4,4	7 024	2,8
entreprises publiques	— [4]	— [4]	2 850	1,2
transports et communications	4 486	5,3	9 412	3,8
commerce	3 534	4,2	15 231	6,2
finance, immobilier	5 854	7,0	2 944	1,2
administration, défense nationale	7 393	8,8	29 948	12,1
services	1 193	1,4	29 295	11,9
autres	—	—	61 002	24,7
total	**84 088**	**100,0**	**246 671**	**100,0**

1. Au coût des facteurs. 2. Y compris l'industrie du sucre. 3. Y compris l'industrie du riz. 4. L'industrie comprend les entreprises publiques.

Structure du produit intérieur brut et effectifs.

	1990	1991	1992	1993	1994	1995	1996
indice des prix à la consommation *	100,0	183,1	208,4	224,4	260,5	281,5	294,2
indice des revenus	n.d.	n.d.	n.d.	n.d.	n.d.	n.d.	n.d.

(•) Poids respectifs des éléments de l'indice des prix à la consommation pour Georgetown, New Amsterdam et Linden uniquement.

Indices des prix et des revenus (1990 = 100).

	1991	1992	1993	1994	1995	1996
millions de USD	– 40,7	– 61,0	– 68,3	– 40,6	– 40,8	– 14,2
% du total	7,1	7,4	7,6	4,2	4,0	1,3

Balance commerciale (prix courants).

	nombre d'établissements	nombre d'enseignants	nombre d'élèves	nombre d'élèves par enseignant
primaire (6-11 ans)	423 [1]	3 453	100 806	29,2
secondaire (12-17 ans)	93 [1]	1 828	67 039	36,7
professionnel et formation à l'enseignement	8	176	5 388	30,6
supérieur [2]	4	492	8 257	16,8

1. 1989-1990. 2. 1993-1994.

Enseignement (1994-1995).

landaises 17,0 % ; Royaume-Uni 11,0 % ; Japon 4,0 %.

■ ***Exportations*** (1996) : 574 800 000 USD (exportations domestiques 96,2 %, dont sucre 26,2 %, or 18,1 %, riz 16,3 %, bauxite 15,0 %, bois de construction 8,9 % ; réexportations 3,8 %).
Principales destinations des exportations (estim. 1995) : Canada 26,0 % ; États-Unis 25,0 % ; Royaume-Uni 22,0 % ; Allemagne 6,0 %.

Transports et communications

■ ***Transports***
Chemins de fer : il n'existe pas de chemins de fer publics.
Routes (1995) : longueur totale 7 820 km (74 % recouvertes).
Véhicules (1995) : voitures particulières 24 000 ; camions et autobus 9 000.
Marine marchande (1992) : 82 navires (de 100 tjb et plus) ; 13 509 tonneaux de port en lourd.
Transports aériens ; trafic : 224 000 000 passagers-km (1994) ; 23 000 000 t-km (1996). 1 aéroport international (1996).

■ ***Communications***
Journaux quotidiens (1995) : diffusion totale 44 500 ; diffusion pour 1 000 hab. 58.
Radiodiffusion (1996) : 350 000 postes récepteurs ; 454 pour 1 000 hab.
Télévision (1995) : 15 000 postes récepteurs ; 197 pour 1 000 hab.
Téléphone (1995) : 44 600 lignes principales ; 58 pour 1 000 hab.

Éducation et santé

■ ***Niveau d'éducation*** (1980)
Proportion de la population âgée de 25 ans et plus : sans instruction scolaire 8,1 % ; ayant une éducation primaire 72,8 % ; éducation secondaire 17,3 % ; éducation supérieure 1,8 %.

■ ***Alphabétisation*** (1995) : personnes âgées de 15 ans et plus alphabétisées env. 511 000 (98,1 %) ; hommes env. 254 000 (98,6 %) ; femmes env. 257 000 (97,5 %).

■ ***Santé*** : 244 médecins en 1993 (1 pour 3 148 hab.) ; 2 488 lits d'hôpital en 1989 (1 pour 305 hab.) ; taux de mortalité infantile (1996) : 51,4 ‰.

■ ***Alimentation*** (1995) : apport journalier en calories par habitant 2 460 (alimentation d'origine végétale 88 % ; d'origine animale 12 %) ; soit 108 % du niveau minimal recommandé par la F.A.O.

Défense nationale

■ ***Contingent*** (1996) : 1 717 (armée de terre 93,2 % ; marine 1,0 % ; armée de l'air 5,8 %).

■ ***Dépenses militaires*** (1994) : 1,5 % du P.N.B. (moyenne mondiale 3,0 %) ; soit 9 USD/hab.

a. Sur la base de la surface terrestre.
b. Importations C.I.F. ; exportations F.O.B.

→ *Corpus* : HAÏTI
→ *Grand Atlas de Géographie* (éd. 1992) : 198, 206
→ *Grand Atlas de l'Histoire* : 227, 294

HAÏTI

- ***Noms officiels*** : République d'Haïti ; Repiblik Dayti. Code I.S.O. : HT.
- ***Forme de gouvernement*** : république à régime multipartiste avec deux chambres législatives (Sénat [27] et Chambre des députés [83]).
- ***Chef de l'État*** : président.
- ***Chef du gouvernement*** : Premier ministre.
- ***Capitale*** : Port-au-Prince.
- ***Langues officielles*** : français, créole haïtien.
- ***Religion officielle*** : aucune[a].
- ***Unité monétaire*** : 1 gourde (HTG) = 100 centimes ; valeur (31 déc. 1997) : 100 HTG = 35,71 FRF.

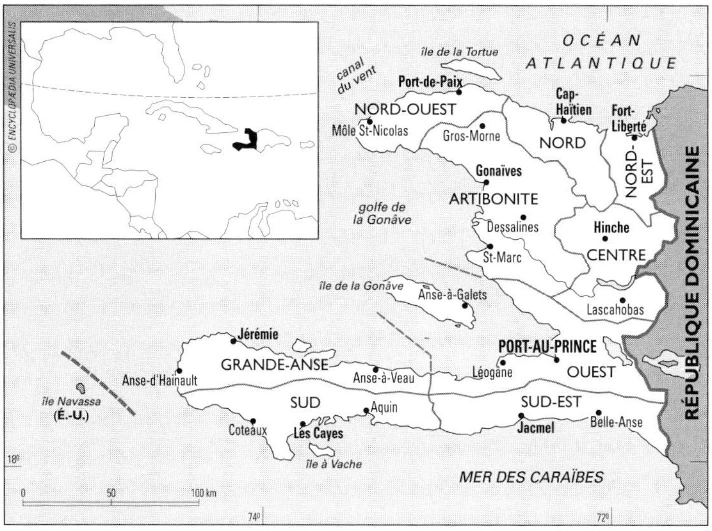

Démographie

■ ***Population*** (estim. 1997) : 6 611 000.

■ ***Densité*** (1997) : 238,7 hab./km².

■ ***Répartition urbaine/rurale*** (1995) : population urbaine 32,6 % ; population rurale 67,4 %.

■ ***Répartition par sexe*** (1995) : hommes 49,09 % ; femmes 50,91 %.

■ ***Répartition par âge*** (1995) : moins de 15 ans 40,2 % ; de 15 à 29 ans 27,3 % ; de 30 à 44 ans 17,0 % ; de 45 à 59 ans 9,5 % ; de 60 à 74 ans 4,8 % ; 75 ans et plus 1,2 %.

■ ***Projection démographique*** : 6 901 000 en 2000 ; 8 093 000 en 2010.

■ ***Temps de doublement*** : 39 ans.

■ ***Composition ethnique*** (1993) : Noirs 95,0 % ; Mulâtres ou autres 5,0 %.

■ ***Appartenances religieuses*** (1995) : catholiques[b] 68,5 % ; protestants 24,1 %, dont baptistes 5,9 %, pentecôtistes 5,3 % ; adventistes du septième jour 4,6 % ; autres 7,4 %.

■ ***Principales villes*** (1995) : Port-au-Prince 846 247 hab. (aire métropolitaine 1 425 594 hab.) ; Carrefour 277 662 hab. ; Delmas 232 142 hab. ; Cap-Haïtien 100 638 hab. ; Pétionville 69 543 hab.

Statistiques de l'état civil

■ ***Taux de natalité*** (1996) : 33,5 ‰ (moyenne mondiale 25,0 ‰).

■ ***Taux de mortalité*** (1996) : 15,5 ‰ (moyenne mondiale 9,3 ‰).

■ ***Taux d'accroissement naturel*** (1995) : 18,0 ‰ (moyenne mondiale 15,7 ‰).

■ ***Taux de fécondité*** (nombre moyen de naissances par femme en âge de procréer, 1996) : 4,8.

■ ***Nombre de mariages*** : n.d.

■ ***Nombre de divorces*** : n.d.

■ ***Espérance de vie*** à la naissance (1996) : hommes 47,3 ans ; femmes 51,3 ans.

■ ***Principales causes de décès*** (pour 100 000 hab., 1982)[c] : maladies infectieuses et parasitaires 46,0 ; maladies de l'appareil circulatoire 11,9 ; maladies liées à la sous-alimentation 8,5 ; maladies de l'appareil respiratoire 8,3 ; troubles endocriniens et du métabolisme 8,0 ; états et symptômes mal définis 115,2.

départements	chefs-lieux	superficie (km²)	population (estim. 1995)
Artibonite	Gonaïves	4 984	1 013 779
Centre	Hinche	3 675	490 790
Grande-Anse	Jérémie	3 310	641 399
Nord	Cap-Haïtien	2 106	759 318
Nord-Est	Fort-Liberté	1 805	248 764
Nord-Ouest	Port-de-Paix	2 176	420 971
Ouest	Port-au-Prince	4 827	2 494 862
Sud	Les Cayes	2 794	653 398
Sud-Est	Jacmel	2 023	457 013
total		**27 700**	**7 180 294**

Territoire et population.

Économie nationale

■ ***Budget de l'État*** (1996)
Recettes : 3 790 000 000 HTG (droits de douane 13,2 % ; aides 9,3 % ; autres taxes 71,0 %).
Dépenses : 4 120 000 000 HTG (dépenses courantes 83,6 % ; subventions 7,2 % intérêts de la dette publique 5,8 % ; dépenses de développement 3,4 %).

■ ***Dette publique*** (extérieure, créances, 1995) : 751 800 000 USD.

■ ***Tourisme*** (1995) : recettes touristiques 81 000 000 USD ; dépenses touristiques à l'étranger 35 000 000 USD.

■ ***Production***
Agriculture, sylviculture, pêche (1996).
Canne à sucre 1 200 000 t ; manioc 350 000 t ; bananes plantains 270 000 t ; bananes 239 200 t ; mangues 210 000 t ; maïs 204 100 t ; ignames 190 000 t ; patates douces 183 300 t ; riz 95 900 t ; sorgho 80 000 t ; haricots secs 49 200 t ; avocats 45 000 t ; café 27 000 t ; sisal 5 600 t ; cacao 4 200 t.
Cheptel (sur pied) : chèvres 1 657 000 ; bovins 1 246 000 ; porcs 500 000 ; chevaux 490 000.
Bois (1995) : 6 417 000 m³.
Pêche (1995) : 5 500 t.
Industries extractives : petite production de pierre à chaux, de calcaire, d'argile, de sel et de marbre.
Industries manufacturières (1995-1996) : ciment 84 400 t (1992-1993) ; huiles essentielles 227 t (1992-1993) ; cigarettes 837 900 000 unités ; alcool de malt 13 800 000 bouteilles ; bière 4 200 000 bouteilles ; articles assemblés pour la réexportation (valeur brute de l'exportation en millions de dollars) 104,3, dont vêtements 95,0, équipements sportifs et jouets 5,9, composants électroniques 2,7, bagages 0,7.
Bâtiment : n.d.
Énergie (production/consommation) : électricité (1995-1996) 575 000 000/257 300 000 kWh ; houille (1994) 0/n.d. ; pétrole brut 0/0 ; produits pétroliers (1994) 0/166 000 t ; gaz naturel 0/0.

■ ***Produit national brut*** (1995) : 1 777 000 000 USD (250 USD/hab.).

■ ***Population active*** (1990) : 2 679 140 ; taux d'activité 41,1 % (taux de participation : 15-64 ans 64,8 % ; femmes 40,0 % ; sans-emploi [chiffres non officiels, 1996] plus de 50,0 %).

■ ***Revenus et dépenses des ménages***
Taille moyenne des ménages (1982) : 4,4.
Revenu annuel moyen par salarié (1984) : zone urbaine 1 545 HTG (309 USD) ; zone rurale 629 HTG (126 USD).
Dépenses (fondé sur un échantillonnage de 3 120 ménages, 1986-1987) : alimentation,

Corpus : AFRO-AMÉRICAINES (RELIGIONS) ; AMÉRIQUE LATINE – Économie et société ; CARAÏBES (AIRE DES) [géopolitique de l'espace] ; VODOU (le vodou haïtien) ; ZONES FRANCHES.

Universalia 1987 : 284 L'année de la délivrance ; *Universalia 1989* : 298 Du pouvoir militaire au pouvoir civil ? ; *Universalia 1991* : 288 Les années du changement.

Thesaurus :
CARIBBEAN BASIN INITIATIVE
CRÉOLE (LANGUE)
HISPANIOLA
PORT-AU-PRINCE

	1995		1990	
	millions de HTG [1]	% du total	effectifs	% des effectifs
agriculture	1 395	32,2	1 535 444	57,3
mines	7	0,2	24 012	0,9
industrie	314	7,3	151 387	5,6
bâtiment	398	9,2	28 001	1,0
entreprises publiques	39	0,9	2 577	0,1
transports et communications	93	2,1	20 691	0,8
commerce, restauration	598	13,8	352 970	13,2
finance, immobilier	1 360	31,4	5 057	0,2
services			155 347	5,8
administration, défense nationale				
autres	127 [2]	2,9 [2]	403 654 [3]	15,1
total	**4 331**	**100,0**	**2 679 140**	**100,0**

1. Aux prix de 1975-1976. 2. Droits d'importation. 3. Comprend 339 679 sans-emploi déclarés.

Structure du produit intérieur brut et effectifs.

	1990	1991	1992	1993	1994	1995	1996 (mars)
indice des prix à la consommation	100,0	115,4	137,8	168,8	240,7	302,0	353,7
indice des revenus annuels [1 2]	100,0	100,0	100,0	100,0	100,0	240,0	n.d.

1. Salaire minimum. 2. La majorité des Haïtiens travaille dans l'agriculture de subsistance, secteur dans lequel le salaire minimum n'est pas appliqué.

Indices des prix et des revenus (1990 = 100).

	1990-1991	1991-1992	1992-1993	1993-1994	1994-1995	1995-1996
millions de USD	− 156,1	− 221,1	− 233,5	− 204,4	− 378,7	− 548,1
% du total	35,9	43,9	46,0	55,8	70,4	73,7

Balance commerciale (prix courants).

	nombre d'établissements	nombre d'enseignants	nombre d'élèves	nombre d'élèves par enseignant
primaire (6-12 ans)	7 306 [1]	27 607	787 553	28,5
secondaire (13-18 ans) professionnel et formation à l'enseignement	n.d.	10 174	193 624	19,0
supérieur [2 3]	2	777	11 546	14,9

1. 1990-1991. 2. Université de Port-au-Prince uniquement. 3. 1995-1996.

Enseignement (1992-1993).

boissons et tabac 51,1 % ; équipements domestiques 9,2 % ; habillement 8,7 % ; transports et communications 7,6 %.

■ ***Utilisation du sol*** (1994) : forêts 5,1 % ; prairies et pâturages 18,0 % ; terres cultivées et plantations 33,0 % ; autres 43,9 %.

Échanges extérieurs[e]

■ ***Importations*** (1995-1996) : 663 100 000 USD (produits alimentaires et animaux sur pied 33,1 % ; pétrole et dérivés 10,7 % ; huile animale et végétale 9,2 % ; produits chimiques et dérivés 8,1 %).
Principales sources des importations (1995) : États-Unis 65 % ; Japon 5 % ; France 4 % ; Allemagne 3 %.

■ ***Exportations***[f] (1995-1996) : 85 900 000 USD (produits artisanaux [y compris sculpture sur bois, peintures et sisal tissé] 15,4 % ; café 7,9 % ; huiles essentielles 6,6 %).

Principales destinations des exportations (1995) : États-Unis 76,0 % ; France 7 % ; Allemagne 5 % ; Italie 5 %.

Transports et communications

■ ***Transports***

Chemins de fer : aucun.
Routes (1994) : longueur totale 4 080 km (24 % recouvertes).

Véhicules (1995) : voitures particulières 32 000 ; camions et autobus 21 000.

Marine marchande (1992) : 4 navires (de 100 tjb et plus) ; 429 tonneaux de port en lourd.

Transports aériens (pour l'aéroport de Port-au-Prince uniquement, 1994) ; trafic : arrivées de passagers 167 882 ; départs de passagers 177 072 ; marchandises déchargées 11 967 t ; marchandises chargées 10 087 t. 2 aéroports desservis par des vols réguliers (1997).

■ ***Communications***
Journaux quotidiens (1994) : diffusion totale 45 000 ; diffusion pour 1 000 hab. 7,1.
Radiodiffusion (1996) : 270 000 postes récepteurs ; 41 pour 1 000 hab.
Télévision (1995) : 25 000 postes récepteurs ; 3,9 pour 1 000 hab.
Téléphone (1995) : 55 302 lignes téléphoniques ; 8,6 pour 1 000 hab.

Éducation et santé

■ ***Niveau d'éducation*** (1986-1987)
Proportion de la population âgée de 25 ans et plus : sans instruction scolaire 59,5 % ; ayant une éducation primaire 30,5 % ; éducation secondaire 8,6 % ; éducation professionnelle et formation à l'enseignement 0,7 % ; éducation supérieure 0,7 %.

■ ***Alphabétisation*** (1995) : personnes âgées de 15 ans et plus alphabétisées 1 930 000 (45,0 %) ; hommes 48,0 % ; femmes 42,2 %.

■ ***Santé*** (1993-1994) : 641 médecins du service de santé publique (1 pour 9 846 hab.) ; 6 473 lits d'hôpital (1 pour 975 hab.) ; taux de mortalité infantile (1996) : 103,8 ‰.

■ ***Alimentation*** (1992) : apport journalier en calories par habitant 1 706 (alimentation d'origine végétale 95 % ; d'origine animale 5 %) ; soit 75 % du niveau minimal recommandé par la F.A.O.

Défense nationale

■ ***Contingent*** : l'armée haïtienne a été dissoute en 1995. Une force des Nations unies a assuré la sécurité du pays d'avril 1995 à décembre 1997 et supervise la création d'une force de police nationale.

---

a. Le catholicisme romain bénéficie d'une reconnaissance spéciale.
b. Environ 80 % des catholiques pratiquent le vaudou.
c. Décès enregistrés dans les services publics de santé uniquement.
d. Non compris 900 000 HTG d'aides de l'étranger.
e. Importations C.I.F., exportations F.O.B. pour l'année fiscale au 31 mars..
f. Valeur ajoutée pour les produits domestiques.

→ *Corpus* : HONDURAS
→ *Grand Atlas de Géographie* (éd. 1992) : 198, 204
→ *Grand Atlas de l'Histoire* : 226, 227, 287, 294

HONDURAS

- ***Nom officiel*** : République du Honduras (República de Honduras). Code I.S.O. : HN.
- ***Forme de gouvernement*** : république à régime multipartiste avec une assemblée législative (Assemblée nationale [128]).
- ***Chef de l'État et du gouvernement*** : président.
- ***Capitale*** : Tegucigalpa [a].
- ***Langue officielle*** : espagnol.
- ***Religion officielle*** : aucune.
- ***Unité monétaire*** : 1 lempira (HNL) = 100 centavos ; valeur (31 déc. 1997) : 100 HNL = 45,36 FRF.

Démographie

■ ***Population*** (estim. 1997) : 5 666 000.

■ ***Densité*** (1997) : 50,4 hab./km².

■ ***Répartition urbaine/rurale*** (1994) : population urbaine 42,9 % ; population rurale 57,1 %.

■ ***Répartition par sexe*** (1990) : hommes 50,07 % ; femmes 49,93 %.

■ ***Répartition par âge*** (1990) : moins de 15 ans 44,6 % ; de 15 à 29 ans 28,3 % ; de 30 à 44 ans 14,4 % ; de 45 à 59 ans 7,8 % ; de 60 à 74 ans 3,9 % ; 75 ans et plus 1,0 %.

■ ***Projection démographique*** : 6 323 000 en 2000 ; 7 998 000 en 2010.

■ ***Temps de doublement*** : 24 ans.

■ ***Composition ethnique*** (1987) : Métis 89,9 % ; Amérindiens 6,7 % ; Noirs (Caraïbes noirs compris) 2,1 % ; Blancs 1,3 %.

■ ***Appartenances religieuses*** (1994) : catholiques 91,7 % ; protestants et autres 8,3 %.

départements	chefs-lieux	superficie (km²)	population (estim. 1991)
Atlántida	La Ceiba	4 251	255 000
Choluteca	Choluteca	4 211	309 000
Colón	Trujillo	8 875	164 000
Comayagua	Comayagua	5 196	257 000
Copán	Santa Rosa [de Copán]	3 203	226 000
Cortés	San Pedro Sula	3 954	706 000
El Paraíso	Yuscarán	7 218	277 000
Francisco Morazán	Tegucigalpa	7 946	878 000
Gracias a Dios	Puerto Lempira	16 630	37 000
Intibucá	La Esperanza	3 072	130 000
Islas de la Bahía	Roatán	261	24 000
La Paz	La Paz	2 331	112 000
Lempira	Gracias	4 290	180 000
Ocotepeque	Nueva Ocotepeque	1 680	77 000
Olancho	Juticalpa	24 351	309 000
Santa Bárbara	Santa Bárbara	5 115	291 000
Valle	Nacaome	1 565	121 000
Yoro	Yoro	7 939	355 000
total		**112 088 (•)**	**4 708 000**

(•) De nouvelles estimations (1993) donnent une superficie de 112 492 km².

Territoire et population.

■ ***Principales villes*** (1995) : Tegucigalpa 813 900 hab. ; San Pedro Sula 383 900 hab. ; La Ceiba 89 200 hab. ; El Progreso 85 400 hab. ; Choluteca 76 400 hab.

Statistiques de l'état civil

■ ***Taux de natalité*** (1993) : 35,8 ‰ (moyenne mondiale 25,0 ‰) ; taux de naissances légitimes n.d., illégitimes n.d.

■ ***Taux de mortalité*** (1993) : 6,4 ‰ (moyenne mondiale 9,3 ‰).

■ ***Taux d'accroissement naturel*** (1993) : 29,4 ‰ (moyenne mondiale 15,7 ‰).

■ ***Taux de fécondité*** (nombre moyen de naissances par femme en âge de procréer, 1993) : 4,9.

■ ***Nombre de mariages*** (pour 1 000 hab., 1983) : 4,9.

■ ***Nombre de divorces*** (pour 1 000 hab., 1983) : 0,4.

■ ***Espérance de vie*** à la naissance (1993) : hommes 64,8 ans ; femmes 69,2 ans.

■ ***Principales causes de décès*** : (pour 100 000 hab., 1983) : maladies de l'appareil circulatoire 48,4 ; maladies infectieuses et parasitaires 46,6 ; accidents et actes de violence 42,2 ; maladies de l'appareil respiratoire 26,3.

Économie nationale

■ ***Budget de l'État*** (1995)
Recettes : 9 900 900 000 HNL (recettes courantes 68,8 %, dont impôts sur la production et la consommation 23,3 %, impôts sur le revenu 19,6 %, droits d'importation 14,4 % ; revenus des domaines 31,2 %).
Dépenses : 9 289 600 000 HNL (dépenses courantes 50,4 % ; service de la dette publique 15,7 % ; dépenses en capital 15,3 %).

■ ***Dette publique*** (extérieure, créances, 1995) : 3 979 000 000 USD.

■ ***Tourisme*** (1995) : recettes touristiques 80 000 000 USD ; dépenses touristiques à l'étranger 57 000 000 USD.

■ ***Production***
Agriculture, sylviculture, pêche (1996).
Canne à sucre 3 237 000 t ; bananes 927 000 t ; maïs 580 000 t ; ananas 269 000 t ; bananes plantains 190 000 t ; café 131 000 t ; huile de palme 76 000 t ; sorgho 68 000 t ; haricots secs 55 000 t ; riz 41 000 t.
Cheptel (sur pied) : bovins 2 182 000 ; porcs 600 000 ; poulets 14 000 000.
Bois (1995) : 6 362 000 m³.
Pêche (1995) : 24 333 000 t.
Industries extractives (1995) : gypse 26 000 t ; sel 25 000 t ; zinc 14 500 t ; plomb 2 000 t ; cuivre 390 t.
Industries manufacturières (1995) : ciment 995 100 t ; sucre brut 406 000 t ; farine de blé 216 000 t ; bière 7 989 000 hl ; lait 672 260 hl ; cigarettes 2 388 500 000.
Bâtiment (valeur des constructions privées, millions de HNL, 1995) [b] : résidentiel 340,6 ; non résidentiel 533,5.
Énergie (production/consommation) : électricité (1994) 2 655 000 000/2 672 000 000 kWh ; charbon 0/0 ; pétrole brut (1992) 0/3 064 000

Corpus : AMÉRIQUE LATINE – Économie et société ; CARAÏBES (AIRE DES) [géopolitique de l'espace] ; INDIENS D'AMÉRIQUE (Méso-Amérique) ; ZONES FRANCHES.

Universalia 1991 : 151 Amérique latine : une nouvelle donne ; *Universalia 1992* : 185 Crise du marxisme et montée en force du néo-libéralisme.

Thesaurus :
CARIBBEAN BASIN INITIATIVE
CHORTI
LENCA
M.C.C.A.
MOSQUITO
PIPIL
TEGUCIGALPA

	millions de HNL*	% du total	effectifs	% des effectifs
agriculture	7 973	24,5	766 000	42,7
mines	655	2,0	4 200	0,2
industrie	5 440	16,7	211 500	11,8
bâtiment	1 853	5,7	118 500	6,6
entreprises publiques	1 481	4,6	14 400	0,8
transports et communications	1 715	5,3	50 100	2,8
commerce	3 453	10,6	194 000	10,8
finance, immobilier	4 759	14,6	36 700	2,0
administration, défense nationale	1 793	5,5	400 800	22,3
services	3 423	10,5		
total	**32 545**	**100,0**	**1 796 200**	**100,0**

(*) Au coût des facteurs.

Structure du produit intérieur brut et effectifs (1995).

	1990	1991	1992	1993	1994	1995	1996
indice des prix à la consommation	100,0	134,0	145,7	161,4	196,4	254,3	314,9
indice des revenus hebdomadaires*	100,0	132,9	151,1	170,3	180,3	232,0	n.d.

(*) Salaire minimum.

Indices des prix et des revenus (1990 = 100).

	1991	1992	1993	1994	1995	1996
millions de HNL	+ 11,9	− 129,3	− 208,6	− 113,1	− 42,1	− 348,5
% du total	0,7	7,5	11,4	6,3	1,9	11,7

Balance commerciale (prix courants).

	nombre d'établissements	nombre d'enseignants	nombre d'élèves	nombre d'élèves par enseignant
primaire (7-13 ans)	8 168	28 978	1 008 092	34,8
secondaire (14-19 ans) professionnel et formation à l'enseignement	661	12 480	184 589	14,8
supérieur	8	3 676	54 293	14,8

Enseignement (1995).

barils ; produits pétroliers (1994) 0/950 000 t ; gaz naturel 0/0.

■ ***Produit national brut*** (aux prix courants du marché, 1995) : 3 566 000 000 USD (600 USD/hab.).

■ ***Population active*** (1995) : 1 796 200 ; taux d'activité 32,6 % (taux de participation : 15 ans et plus [1992] 58,3 % ; femmes 31,7 % ; sans-emploi [1990] 40,0 %).

■ ***Revenus et dépenses des ménages***
Taille moyenne des ménages (1988) : 5,4.
Revenu annuel moyen par ménage : n.d. ; sources des revenus (1985) : salaires et traitements 58,8 % ; paiements de transfert 1,8 % ; autres 39,4 %.
Dépenses (1986) : alimentation 44,4 % ; services publics et logement 22,4 % ; habillement 9,0 % ; équipements domestiques 8,3 % ; soins médicaux 7,0 % ; transports et communications 3,0 % ; autres 5,9 %.

■ ***Utilisation du sol*** (1994) : forêts 53,6 % ; prairies et pâturages 13,8 % ; terres cultivées et plantations 18,1 % ; autres 14,5 %.

Échanges extérieurs[c]

■ ***Importations*** (1995) : 1 587 600 000 USD (machines et équipements électriques 17,1 % ; produits chimiques industriels 14,8 % ; combustibles minéraux 14,0 % ; produits métalliques 8,7 % ; matériel de transport 8,4 % ; plastiques et résines 7,3 %).
Principales sources des importations : États-Unis 42,8 % ; Japon 4,7 % ; Allemagne 3,6 % ; Brésil 1,8 % ; Espagne 1,8 % ; Pays-Bas 1,5 %.

■ ***Exportations*** (1995) : 1 092 900 000 USD (café 32,0 % ; bananes 19,6 % ; crevettes et langoustes 14,5 % ; zinc 2,5 % ; viande surgelée 1,2 %).
Principales destinations des exportations : États-Unis 54,2 % ; Allemagne 6,9 % ; Belgique 4,8 % ; Japon 3,6 % ; Espagne 3,6 % ; Pays-Bas 2,0 % ; Italie 1,9 %.

Transports et communications

■ ***Transports***
Chemins de fer : longueur (1993) 988 km ; trafic (1989) : 7 700 000 passagers-km ; 30 200 000 t-km.
Routes (1995) : longueur totale 15 100 km (20 % recouvertes).
Véhicules (1995) : voitures particulières 81 439 ; camions et autobus 170 006.
Marine marchande (1992) : 966 navires (de 100 tjb et plus) ; 1 437 321 tonneaux de port en lourd.
Transports aériens (1994) ; trafic : 289 000 000 passagers-km ; 38 000 000 t-km. 8 aéroports desservis par des vols réguliers (1996).

■ ***Communications***
Journaux quotidiens (1995) : diffusion totale 240 000 ; diffusion pour 1 000 hab. 45.
Radiodiffusion (1996) : 1 910 000 postes récepteurs ; 337 pour 1 000 hab.
Télévision (1995) : 160 000 postes récepteurs ; 29 pour 1 000 hab.
Téléphone (1995) : 160 800 lignes principales ; 29 pour 1 000 hab.

Éducation et santé

■ ***Niveau d'éducation*** (1988)
Proportion de la population âgée de 10 ans et plus : sans instruction scolaire 33,4 % ; ayant une éducation primaire 50,1 % ; éducation secondaire 13,4 % ; éducation supérieure 3,1 %.

■ ***Alphabétisation*** (1990) : personnes âgées de 15 ans et plus alphabétisées 2 082 000 (73,1 %) ; hommes 1 078 000 (75,5 %) ; femmes 1 004 000 (70,6 %).

■ ***Santé*** : 2 900 médecins en 1990 (1 pour 1 586 hab.) ; 4 737 lits d'hôpital en 1994 (1 pour 1 126 hab.) ; taux de mortalité infantile (1993) : 47,2 ‰.

■ ***Alimentation*** (1995) : apport journalier en calories par habitant 2 359 (alimentation d'origine végétale 88 % ; d'origine animale 12 %) ; soit 104 % du niveau minimal recommandé par la F.A.O.

Défense nationale

■ ***Contingent*** (1996) : 18 800 (armée de terre 85,1 % ; marine 5,3 % ; armée de l'air 9,6 %).

■ ***Dépenses militaires*** (1995) : 1,4 % du P.N.B. (moyenne mondiale 2,8 %) ; soit 8 USD/hab.

a. Selon la Constitution, la capitale est formée de Tegucigalpa et de la cité contiguë de Camayagüela.

b. Ne concerne que Tegucigalpa, San Pedro Sula et dix autres centres urbains.

c. Importations : chiffres F.O.B. pour la balance commerciale et C.I.F. pour les marchandises et les partenaires commerciaux.

→ *Corpus* : HONGRIE
→ *Grand Atlas de Géographie* (éd. 1992) : 30 ; 230c (Budapest)
→ *Grand Atlas de l'Histoire* : 210, 214, 215, 252, 253, 266, 267, 272, 273, 292, 295

HONGRIE

- ***Nom officiel*** : République de Hongrie (Magyar Köztársaság ; forme courte : Magyarország). Code I.S.O. : HU.
- ***Forme de gouvernement*** : république à structure unitaire et à régime multipartiste, avec une chambre législative (Assemblée nationale [386, dont 8 sièges réservés aux minorités ethniques]).
- ***Chef de l'État*** : président.
- ***Chef du gouvernement*** : Premier ministre.
- ***Capitale*** : Budapest.
- ***Langue officielle*** : hongrois.
- ***Religion officielle*** : aucune.
- ***Unité monétaire*** : 1 forint (HUF) = 100 fillér ; valeur (31 déc. 1997) : 100 HUF = 2,946 FRF.

Démographie

- ***Population*** (estim. 1997) : 10 157 000.
- ***Densité*** (1997) : 109,2 hab./km².
- ***Répartition urbaine/rurale*** (1996) : population urbaine 62,6 %, rurale 37,4 %.
- ***Répartition par sexe*** (1997) : hommes 47,79 % ; femmes 52,21 %.
- ***Répartition par âge*** (1997) : moins de 15 ans 17,7 % ; de 15 à 29 ans 22,8 % ; de 30 à 44 ans 20,9 % ; de 45 à 59 ans 19,1 % ; de 60 à 74 ans 14,3 % ; 75 ans et plus 5,2 %.
- ***Projection démographique*** : 10 056 000 en 2000 ; 9 727 000 en 2010.
- ***Composition ethnique*** (1993) : Hongrois 92,0 % ; Tsiganes 3,0 % ; Allemands 1,0 % ; Slovaques 1,0 % ; Juifs 1,0 % ; Slaves du Sud 1,0 % ; autres 1,0 %.
- ***Appartenances religieuses*** (1997) : chrétiens 88,6 %, dont catholiques 63,1 %, protestants 25,5 % ; autres (principalement non religieux et athées) 11,4 %.
- ***Principales villes*** (1997) : Budapest 1 885 000 hab. ; Debrecen 210 000 hab. ; Miskolc 178 000 hab. ; Szeged 166 000 hab. ; Pécs 161 000 hab.

Statistiques de l'état civil

- ***Taux de natalité*** (1996) : 10,4 % (moyenne mondiale 25,0 ‰) ; taux de naissances légitimes 77,6 %, illégitimes 22,4 %.
- ***Taux de mortalité*** (1996) : 14,1 ‰ (moyenne mondiale 9,3 ‰).
- ***Taux d'accroissement naturel*** (1996) : – 3,7 ‰ (moyenne mondiale 15,7 ‰).
- ***Taux de fécondité*** (nombre moyen de naissances par femme en âge de procréer, 1996) : 1,5.
- ***Nombre de mariages*** (pour 1 000 hab., 1996) : 4,9.
- ***Nombre de divorces*** (pour 1 000 hab., 1996) : 2,2.
- ***Espérance de vie*** à la naissance (1995) : hommes 65,3 ans ; femmes 74,5 ans.
- ***Principales causes de décès*** (pour 100 000 hab., 1996) : maladies de l'appareil circulatoire 680,4 ; tumeurs malignes (cancers) 320,0 ; accidents et blessures volontaires 106,2.

Économie nationale

- ***Budget de l'État*** (1997)
Recettes : 2 251 896 000 000 HUF (taxe à la valeur ajoutée 27,8 % ; impôts sur le revenu des particuliers 17,8 % ; versements des entreprises 16,5 % ; impôts indirects 11,8 %).
Dépenses : 2 561 608 000 000 HUF (service de la dette 32,3 % ; santé [1993] 15,9 % ; éducation 15,7 % [1993] ; défense nationale 11,3 % [1994] ; sécurité sociale 8,1 %).
- ***Dette publique*** (extérieure, créances, 1995) : 23 572 000 000 USD.
- ***Tourisme*** (1995) : recettes touristiques 1 723 000 000 USD ; dépenses touristiques à l'étranger 1 070 000 000 USD.
- ***Production***
Agriculture, sylviculture, pêche (1996).
Maïs 5 917 000 t ; betteraves à sucre 4 687 700 t ; blé 3 924 000 t ; orge 1 407 600 t ; pommes de terre 1 093 000 t ; orge 930 000 t ; graines de tournesol 866 000 t ; raisins 665 000 t ; pommes 552 000 t ; seigle 97 000 t.

comitats (megyék)	chefs-lieux	superficie (km²)	population (estim. janv. 1997)
comitats :			
Bács-Kiskun	Kecskemét	8 420	538 000
Baranya	Pécs	4 430	407 000
Békés	Békéscsaba	5 631	400 000
Borsod-Abaúj-Zemplén	Miskolc	7 247	742 000
Csongrád	Szeged	4 263	425 000
Fejér	Székesfehérvár	4 373	425 000
Győr-Sopron	Győr	4 062	425 000
Hajdú-Bihar	Debrecen	6 211	549 000
Heves	Eger	3 637	327 000
Jász-Nagykun-Szolnok	Szolnok	5 607	419 000
Komárom-Esztergom	Tatabánya	2 251	311 000
Nógrád	Salgótarján	2 544	221 000
Pest	Budapest [1]	6 393	996 000
Somogy	Kaposvár	6 036	336 000
Szabolcs-Szatmár-Bereg	Nyíregyháza	5 937	572 000
Tolna	Szekszárd	3 704	248 000
Vas	Szombathely	3 336	271 000
Veszprém	Veszprém	4 639	378 000
Zala	Zalaegerszeg	3 784	299 000
capitale :			
Budapest [1]	–	525	1 885 000
total		**93 030** [2]	**10 174 000**

1. Budapest a un statut de comitat séparé. 2. Le total général ne correspond pas exactement au détail en raison des arrondis.

Territoire et population.

Corpus : AGRAIRES (RÉFORMES) [démocraties populaires de l'Est européen] ; CARPATES (économies nationales des régions carpatiques) ; DANUBE ; EUROPE DE L'EST – Les économies des pays communistes ; SOCIALISME – Économie des pays socialistes.

Universalia 1988 : 105 Europe de l'Est : la diffusion de l'« effet Gorbatchev » ; 112 Europe centrale : le problème des minorités ethniques et nationales ; 307 La minorité hongroise de Transylvanie ; ***Universalia 1989*** : 331 Rôle et fonctions des élections dans les pays de l'Est ; ***Universalia 1991*** : 129 La fin de la satellisation de l'Europe de l'Est ? ; 263 De nouveaux défis pour le management des entreprises ; 354 La transformation du système des mass media ; ***Universalia 1992*** : 311 L'état de l'économie hongroise ; ***Universalia 1997*** : 96 Transition à l'Est et coopération européenne.

Thesaurus :
ALFÖLD
BALATON (LAC)
BANAT
BUDAPEST
DEBRECEN
GYŐR
HONGROISE (DORSALE)
KISAFÖLD
MISKOLC
PÉCS
SZEGED
TISZA
TRANSDANUBIE

	1995		1996	
	millions de HUF	% du total	effectifs	% des effectifs
agriculture	351 100	6,4	326 500	7,3
mines et industrie	1 125 000	20,5	943 400	21,1
bâtiment	238 700	4,3	218 300	4,9
entreprises publiques	166 900	3,0	100 200	2,2
transports et communications	480 700	8,8	334 000	7,5
commerce	522 900	9,5	559 400	12,5
finance, immobilier	904 700	16,5	279 300	6,3
administration publique et défense	340 200	6,2	277 600	6,2
services	731 100	13,3	767 600	17,2
autres	632 000	11,5	633 900 [1]	14,9
total	**5 493 800**	**100,0** [2]	**4 470 200**	**100,0** [2]

1. Y compris 495 900 sans-emploi. 2. Le total général ne correspond pas exactement au détail en raison des arrondis.

Structure du produit intérieur brut et effectifs.

	1990	1991	1992	1993	1994	1995	1996
indice des prix à la consommation	100,0	135,0	166,1	203,4	241,6	309,7	382,8
indice des revenus mensuels	100,0	133,4	165,8	202,1	252,4	289,3	348,3

Indices des prix et des revenus (1990 = 100).

	1991	1992	1993	1994	1995	1996
milliards de HUF	– 76,2	– 19,5	– 317,7	– 362,8	– 284,8	– 466,4
% du total	4,7	1,1	16,2	13,8	8,3	10,4

Balance commerciale (prix courants).

	nombre d'établissements	nombre d'enseignants	nombre d'élèves	nombre d'élèves par enseignant
primaire (6-13 ans)	3 765	83 658	966 000	11,5
secondaire (14-17 ans)	980	29 462	361 400	12,3
professionnel	363	5 292	143 800	27,2
supérieur	89	19 426	141 900	7,3

Enseignement (1996-1997).

Cheptel (sur pied) : porcs 5 032 000 ; moutons 977 000 ; bovins 928 000.
Bois (1996) : 4 415 000 m³.
Pêche (1995) : 27 406 t.
Industries extractives (1996) : bauxite 1 044 000 t ; sable pour la fabrication du verre 325 000 t.
Industries manufacturières (valeur de la production en millions d'HUF, 1996) : produits alimentaires, boissons et tabac 986 000 ; machines et équipement 981 000 ; produits chimiques 821 000 ; métaux de base et produits manufacturés en métal 419 000 ; papier et produits d'imprimerie 419 000 ; textiles et vêtements 192 000.
Bâtiment (valeur de la production en millions d'HUF, 1995) : résidentiel (y compris les hôtels en construction) 23 689 ; bureaux 21 213.
Énergie (production/consommation) : électricité (1994) 33 486 000 000/35 520 000 000 kWh ; charbon (1994) 14 111 000/15 369 000 t ; pétrole brut (1994) 10 537 000/47 138 000 barils ; produits pétroliers (1994) 6 356 000/7 044 000 t ; gaz naturel (1994) 4 334 000 000/9 350 000 000 m³.

■ ***Utilisation du sol*** (1994) : forêts 19,1 % ; prairies et pâturages 12,4 % ; terres cultivées et plantations 53,9 % ; autres 14,6 %.

■ ***Produit national brut*** (1995) : 42 129 000 000 USD (4 120 USD/hab.).

■ ***Population active*** (1er trimestre 1997) : 4 284 000 ; taux d'activité 42,2 % (taux de participation : de 15 à 74 ans 54,9 % ; femmes (1996) 49,8 % ; sans-emploi 8,6 %).

■ ***Revenus et dépenses des ménages***
Taille moyenne des ménages (1991) : 2,8.
Revenu annuel moyen par ménage (1990) : 376 195 HUF (5 900 USD) ; sources des revenus (1995) : salaires 59,4 % ; prestations sociales 15,0 % ; biens immobiliers 6,0 %.
Dépenses (1995) : alimentation et boissons 40,3 % ; transports, communications et réparations des automobiles 19,9 % ; logement 16,3 % ; équipements domestiques 7,1 % ; habillement 6,1 % ; culture et loisirs 6,2 %.

Échanges extérieurs [a]

■ ***Importations*** (1996) : 2 468 100 000 000 HUF (biens manufacturés 46,9 % ; équipement industriel et de transport 30,5 % ; combustibles et énergie électrique 13,6 % ; produits alimentaires et animaux sur pied 5,0 %.)
Principales sources des importations : Allemagne 23,6 % ; Russie 12,5 % ; Autriche 9,5 % ; Italie 8,1 % ; France 4,2 % ; États-Unis 3,5 % ; Royaume-Uni 3,3 %.

■ ***Exportations*** (1996) : 2 001 700 000 000 HUF (biens manufacturés 46,8 % ; équipement industriel et de transport 25,5 % ; produits alimentaires et animaux sur pied 18,4 % ; combustibles et énergie électrique 4,1 %).
Principales destinations des exportations : Allemagne 29,0 % ; Autriche 10,6 % ; Italie 8,0 % ; Russie 6,0 % ; France 3,7 % ; États-Unis 3,5 %.

Transports et communications

■ ***Transports***
Chemins de fer (1995) : longueur 13 181 km ; trafic (1996) : 9 358 000 000 passagers-km ; 7 600 000 000 t-km.
Routes (1996) : longueur totale 29 999 km (93 % recouvertes).
Véhicules (1996) : voitures particulières 2 264 165 ; camions et autobus 322 000).
Marine marchande (1992) : 15 navires (de 100 tjb et plus) ; 93 204 tonneaux de port en lourd.
Transports aériens (1996, compagnie Malév uniquement) ; trafic : 1 716 000 000 passagers-km ; 32 950 000 t-km. 1 aéroport desservi par des vols réguliers (1997).

■ ***Communications***
Journaux quotidiens (1995) : diffusion totale 2 321 000 ; diffusion pour 1 000 hab. 228.
Radiodiffusion (1996) : 6 250 000 postes récepteurs ; 590 pour 1 000 hab.
Télévision (1995) : 4 530 000 postes récepteurs ; 444 pour 1 000 hab.
Téléphone (1995) : 1 893 500 lignes principales ; 185 pour 1 000 hab.

Éducation et santé

■ ***Niveau d'éducation*** (1990)
Proportion de la population âgée de 10 ans et plus : sans instruction scolaire 1,2 % ; ayant une éducation primaire 78,1 % ; éducation secondaire 29,2 % ; éducation supérieure 10,1 %.

■ ***Alphabétisation*** (1984) : personnes âgées de 15 ans et plus alphabétisées 8 269 850 (98,9 %) ; hommes 3 934 250 (99,2 %) ; femmes 4 335 600 (98,6 %).

■ ***Santé*** (1995) : 42 489 médecins (1 pour 240 hab.) ; 92 603 lits d'hôpital (1 pour 110 hab.) ; taux de mortalité infantile (1996) : 10,9 ‰.

■ ***Alimentation*** (1995) : apport journalier en calories par habitant 3 302 (alimentation d'origine végétale 68 % ; d'origine animale 32 %) ; soit 125 % du niveau minimal recommandé par la F.A.O.

Défense nationale

■ ***Contingent*** (1997) : 49 100 (armée de terre 64,4 % ; armée de l'air 35,6 %).

■ ***Dépenses militaires*** (1995) : 1,5 % du P.N.B. (moyenne mondiale 2,8 %) ; soit 95 USD/hab.

a. Importations : chiffres F.O.B. pour la balance commerciale et C.I.F. pour les marchandises et les partenaires commerciaux.

→ *Corpus :* INDE
→ *Grand Atlas de Géographie* (éd. 1992) : 118, 120, 122 ; 238 (Delhi, Bombay, Calcutta)
→ *Grand Atlas de l'Histoire :* 209, 218, 234-235 (L'Inde anglaise de 1805 à 1931), 248, 249, 260, 261, 276, 277, 280, 281, 294, 295

INDE

- ***Noms officiels*** : République de l'Inde (angl. Republic of India ; hindi : Bhārat Ganarājiyá [forme courte : Bhārat]). Code I.S.O. : IN.
- ***Forme de gouvernement*** : république fédérale à régime multipartiste avec un Parlement comprenant deux chambres (Conseil des États ou Rajya Sabha [245 [a]] et Chambre du peuple ou Lok Sabha [545, dont 2 non-élus]).
- ***Chef de l'État*** : président.
- ***Chef du gouvernement*** : Premier ministre.
- ***Capitale*** : New Delhi ; Nī Dillī.
- ***Langues officielles*** : hindi ; anglais.
- ***Religion officielle*** : aucune.
- ***Unité monétaire*** : 1 roupie indienne (INR) = 100 paise (sing. paisa) ; valeur (31 déc. 1997) : 100 INR = 15,27 FRF.

Démographie

■ ***Population*** (estim. 1997) : 967 613 000.

■ ***Densité*** (1997)[b] : 305,7 hab./km².

■ ***Répartition urbaine/rurale*** (1995) : population urbaine 26,8 % ; population rurale 73,2 %.

■ ***Répartition par sexe*** (1995) : hommes 51,64 % ; femmes 48,36 %.

■ ***Répartition par âge*** (1995) : moins de 15 ans 35,2 % ; de 15 à 29 ans 27,2 % ; de 30 à 44 ans 19,1 % ; de 45 à 59 ans 11,2 % ; de 60 à 74 ans 5,9 % ; 75 ans et plus 1,4 %.

■ ***Projection démographique*** : 1 012 909 000 en 2000 ; 1 155 830 000 en 2010.

■ ***Temps de doublement*** : 43 ans.

■ ***Composition linguistique*** (langues maternelles, 1981) : hindī 45,0 % ; telugu 8,0 % ; bengali 7,6 % ; marāṭhī 7,3 % ; tamoul 6,6 % ; urdū 5,2 % ; gujarātī 4,9 %, autres 15,4 %.

■ ***Appartenances religieuses*** (1991) : hindous 80,3 % ; musulmans 11,0 %, dont sunnites 8,2 % et chiites 2,8 % ; chrétiens 3,8 %, dont protestants 1,9 %, catholiques 1,7 % et orthodoxes 0,2 % ; sikhs 2,0 % ; bouddhistes 0,7 % ; jains 0,5 % ; autres 1,7 %.

■ ***Principales villes*** [1991] (agglomérations urbaines, 1995) : Grand Mumbai (Bombay) 9 925 891 hab. (15 093 000 hab.) ; Delhi 7 206 704 hab. (9 882 000 hab) ; Calcutta 4 399 819 hab. (11 673 000 hab.) ; Chennai (Madras) 3 841 396 hab. (5 906 000 hab.) ; Bangalore 3 302 296 hab. (4 749 000 hab.) ; Hyderābād 3 145 939 hab. (5 343 000 hab.) ; Ahmadābād 2 954 526 hab. (3 688 000 hab.) ; Kānpur 1 879 420 hab. (2 356 000 hab.) ; Nāgpur 1 624 752 hab. (1 847 000 hab.) ; Lucknow 1 619 115 hab. (2 029 000 hab.) ; Pune 1 566 651 hab. (2 940 000 hab.).

■ ***Lieu de naissance*** (personnes nées à l'étranger, 1981) : autres pays d'Asie 7 875 399, dont Bangladesh 4 170 524, Pakistan 2 736 038, Népal 501 292, Sri Lanka 211 514, Birmanie 134 783 ; Afrique 42 726 ; Europe 13 046 ; États-Unis et Canada 5 923.

■ ***Ménages*** (Jammu et Cachemire non compris)
Taille moyenne des ménages (1991) : 5,6.
Composition des ménages : ménages de 1 et 2 personnes 12,1 % ; de 3 à 5 personnes 44,4 % ; de 6 à 8 personnes 30,5 % ; de 9 personnes ou plus 13,0 %.

■ ***Émigration*** (estim., 1987)
Personnes vivant à l'étranger 12 697 000 (ayant acquis la nationalité 8 200 000), dont Népal (1980) 3 800 000 (2 388 000) ; Malaisie 1 170 000 (1 029 000) ; Moyen-Orient 1 064 000 (102 000) ; Sri Lanka 1 028 000 (457 000) ; Afrique du Sud 850 000 (850 000) ; Royaume-Uni 789 000 (395 000) ; île Maurice 701 000 (700 000) ; États-Unis 500 000 (287 000) ; Trinité et Tobago 430 000 (430 000) ; Fidji 339 000 (339 000) ; Birmanie 330 000 (50 000) ; Canada 229 000 (129 000).

Statistiques de l'état civil

■ ***Taux de natalité*** (1996) : 25,9 ‰ (moyenne mondiale 25,0 ‰).

■ ***Taux de mortalité*** (1996) : 9,6 ‰ (moyenne mondiale 9,3 ‰).

■ ***Taux d'accroissement naturel*** (1996) : 16,3 ‰ (moyenne mondiale 15,7 ‰).

■ ***Taux de fécondité*** (nombre moyen de naissances par femme en âge de procréer, 1996) : 3,2.

■ ***Nombre de mariages*** : n.d.

■ ***Nombre de divorces*** : n.d.

■ ***Espérance de vie*** à la naissance (1996) : hommes 59,1 ans ; femmes 60,3 ans.

■ ***Principales causes de décès*** (d'après un échantillonnage de 317 392 décès enregistrés sur un total de 9 000 000, 1987) : maladies de l'appareil circulatoire 227 ; maladies infectieuses et parasitaires 215 ; maladies de l'appareil respiratoire 108 ; causes liées à la natalité 108 ; accidents, homicides et actes de violence 102 ; maladies de l'appareil digestif 48 ; troubles du système nerveux 43 ; tumeurs malignes (cancers) 41 ; troubles endocriniens, du métabolisme et nutritionnels 30 ; maladies du sang 25.

Indicateurs sociaux

■ ***Niveau d'éducation*** (Assam non compris, 1981)
Proportion de la population âgée de 25 ans et plus : sans instruction scolaire (illettrés) 64,8 % ; population sans instruction scolaire mais alphabétisée 1,0 % ; ayant une éducation primaire incomplète 7,1 % ; éducation primaire 10,9 % ; édu-

États et territoires de l'Union	capitales	superficie (km²)	population (recens. 1994)
États :			
Āndhra Pradesh	Haidarābād (Hyderābād)	275 045	71 800 000
Arunachal Pradesh	Itanagar	83 743	965 000
Assam	Dispur	78 438	24 200 000
Bengale occidental (West Bengal)	Calcutta	88 752	73 600 000
Bihār	Patna	173 877	93 080 000
Goa, Damān & Diu	Panaji (ex-Panjim)	3 814	1 235 000
Goudjerât (Gujrât, Gujarāt)	Gandhinagar	196 024	44 235 000
Haryana (Hariana)	Chandigārh	44 212	17 925 000
Himāchal Pradesh	Simla	55 673	5 530 000
Jammu et Cachemire (Jammu and Kashmir)	Srīnagar (capitale d'été), Jammu (capitale d'hiver)	100 569	8 435 000
Karnātaka (ex-Mysore [Maisur])	Bangalore	191 791	48 150 000
Kerala	Trivandrum	38 863	30 555 000
Madhya Pradesh	Bhopāl	443 446	71 950 000
Mahārāshtra	Mumbai (Bombay)	307 713	85 565 000
Manipour (Manipur)	Imphāl	22 327	2 010 000
Meghālaya	Shillong	22 429	1 960 000
Mizoram	Aizawl (Aijal)	21 081	775 000
Nāgaland	Kohīma	16 579	1 410 000
Orissā	Bhubaneshwar (Bhubaneswar)	155 707	33 795 000
Pendjab ou Penjab (Punjāb, Pañjāb)	Chandigārh	50 362	21 695 000
Rājasthān	Jaïpur (Jaipur)	342 239	48 040 000
Sikkim (tibét. Denjong)	Gangtok	7 096	444 000
Tamil Nādu (Tamilnād)	Chennai (Madras)	130 058	58 840 000
Tripura	Agartala	10 486	3 065 000
Uttar Pradesh [1]	Lucknow (hindī : Lakhnau)	294 411	150 695 000
territoires de l'Union :			
Andaman & Nicobar (îles)	Port Blair	8 249	322 000
Chandigārh	Chandigārh	114	725 000
Dādra & Nagar Haveli	Silvassa	491	153 000
Delhi (hindī : Dillī)	Delhi (Dillī)	1 483	10 865 000
Laquedives ou Laccadives (Lakshadweep, Lakshadivi)	Kavaratti	32	56 000
Pondichéry (Pondicherry)	Pondichéry	492	894 000
total		**3 165 596** [2]	**913 070 000** [3]

1. Estimation de 1989. 2. Non compris 121 667 km² revendiqués par l'Inde comme faisant partie du Jammu et Cachemire, mais sous administration militaire pakistanaise ou chinoise. 3. Le total général ne correspond pas au détail en raison des arrondis.

Territoire et population.

Corpus : AGRAIRES (RÉFORMES) [l'échec indien] ; ALIMENTATION (ÉCONOMIE DE L') – Les grands produits alimentaires ; ASIE – Géographie humaine (l'Asie méridionale) ; BOMBAY ; CACHEMIRE ; CALCUTTA ; CAOUTCHOUC ; DIAMANT (les principaux pays producteurs) ; GANGE ; HIMALAYA (aspects ethnographiques) ; HOUILLERS (BASSINS) [répartition et importance] ; INDIEN (HISTOIRE DE L'OCÉAN) [les transformations aux XIXe et XXe siècles] ; INDUS (Fleuve) [l'irrigation] ; ISLAM (Histoire) – Modernisme dans le monde musulman (Asie du Sud) ; MINERAIS (principaux producteurs) ; OLÉAGINEUX ; PARSIS ; PÊCHE ; PÉTROLE – Géographie du pétrole ; POPULATION (GÉOGRAPHIE DE LA) [population et démographie] ; SEL (l'économie du sel à la fin du XXe siècle) ; SIKHS ; SUCRE (la production) ; TABAC (aspects socio-économiques) ; TOURISME ; ZONES FRANCHES.

Universalia 1985 : 565 Indira Gandhi ; ***Universalia 1990 :*** 130 Les villes géantes ; 268 Le développement de la marine militaire ; ***Universalia 1991 :*** 228 Cachemire : la poussée séparatiste ; ***Universalia 1994 :*** 266 La politique étrangère indienne dans la nouvelle donne internationale ; ***Universalia 1996 :*** 240 Réformes économiques et instabilité politique ; ***Universalia 1997 :*** 169 Cachemire : entre guerre et règlement politique.

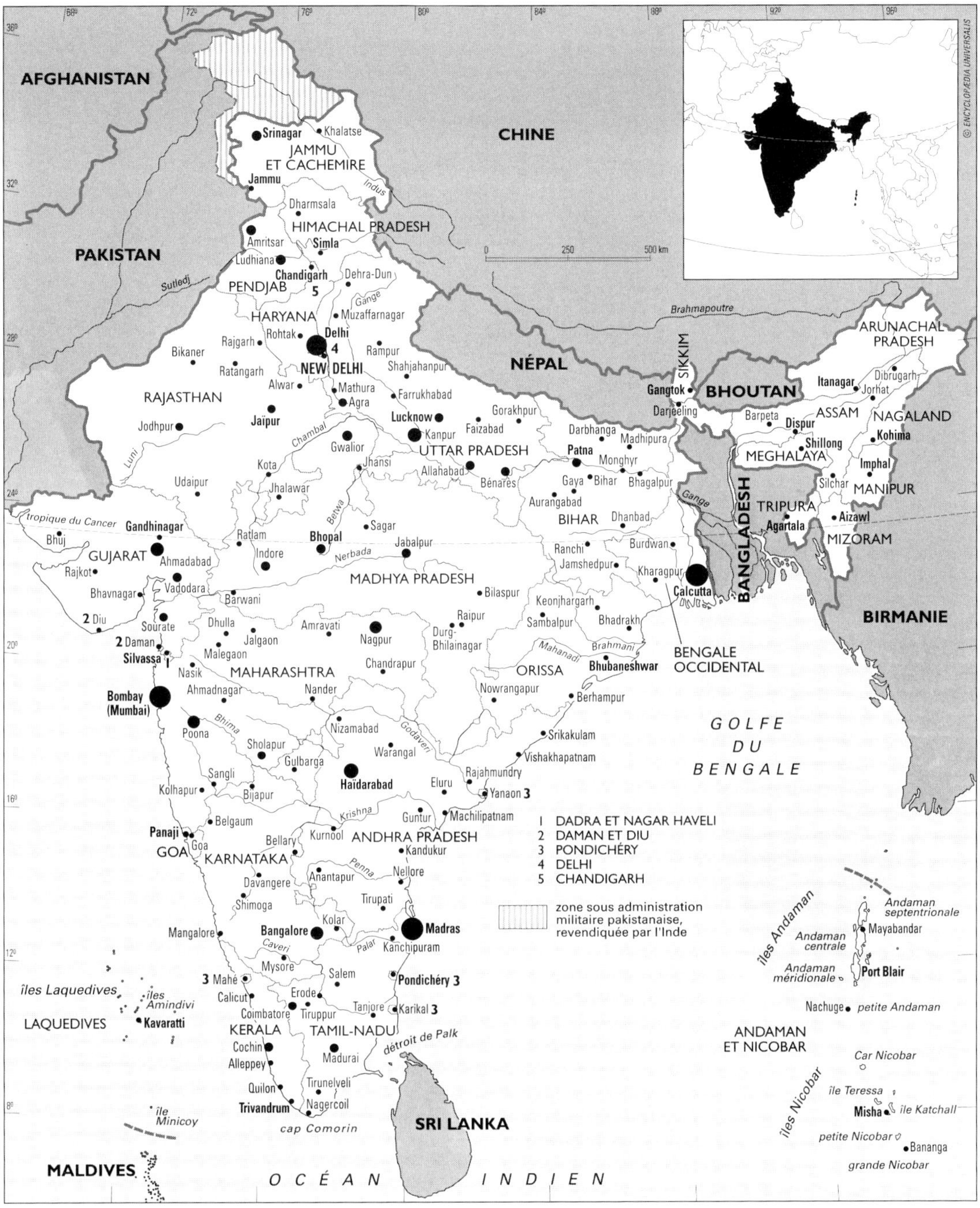

cation secondaire incomplète 6,2 % ; éducation secondaire 7,1 % ; éducation supérieure 2,9 %.

■ ***Qualité de la vie professionnelle*** (données s'appliquant au secteur formel [28 millions de travailleurs en 1994] ; certaines protections légales existent néanmoins pour les 348 millions de travailleurs du secteur informel)
Durée moyenne de la semaine de travail (1989) 42 h.
Taux annuel (pour 100 000 ouvriers) d'accidents (mortels/non mortels) : ouvriers de l'industrie (1989) 17/3 625 ; mineurs (1990) 32/172 ; cheminots (1989) 15/1 059.
Salariés assurés par le régime national (1991) : 6 070 000 ; nombre d'ayants droit 26 749 000.

■ ***Accès aux services*** (1991)
Pourcentage de la population (urbaine/rurale) ayant accès à l'éclairage électrique 42,4 (75,8/30,5).
Sources d'eau potable : conduite d'eau 32,3 % ; puits 62,2 % ; rivière 2,0 % ; citerne publique 1,3 % ; autres 2,2 %.

■ ***Participation à la vie sociale***
Électeurs inscrits ayant participé au dernier scrutin national (avril-mai 1996) 57,9 % ; adhérents aux syndicats (début 1990) : environ 9 000 000.

■ ***Délinquance et/ou déviance sociale***
Nombre de délits pour 100 000 habitants (1990) : meurtres 4,1 ; vols qualifiés 1,3 ; vols simples et cambriolages 56,6 ; émeutes 12,0.
Nombre de suicides (pour 100 000 hab., 1991) : 9,0.

■ ***Niveau de confort***
Ménages ayant : un téléviseur en noir et blanc 18,8 % ; un réfrigérateur 6,9 % ; un téléviseur

	1995-1996		1991	
	milliards de INR [1]	% du total	effectifs [2]	% des effectifs
agriculture, sylviculture	2 748	27,9	191 340 829	60,9
mines	197	2,0	1 751 275	0,6
industrie	1 560	15,8	28 671 479	9,1
bâtiment	566	5,7	5 543 205	1,8
entreprises publiques	265	2,7	n.d.	n.d.
transports et communications	764	7,8	8 017 746	2,5
commerce, restauration	1 408	14,3	21 296 337	6,8
finance, immobilier	861	8,7	n.d.	n.d.
administration, défense nationale	524	5,3	29 311 622	9,3
services	594	6,0		
autres	376	3,8	28 198 877	9,0
total	**9 858**	**100,0**	**314 131 370**	**100,0**

1. Au coût des facteurs. 2. Toute personne âgée de 5 ans ou plus désignée comme « travailleur » par le recensement de 1991.

Structure du produit intérieur brut et effectifs.

	nombre d'usines	nombre de personnes engagées	salaire en % de la moyenne de tous les salaires	valeur ajoutée annuelle (millions de INR)
produits chimiques et dérivés	7 886	640 400	155,6	107 519
textiles, sauf vêtements	14 789	1 397 300	86,7	59 140
produits alimentaires	21 397	1 240 200	60,3	48 462
machines et appareils électriques	5 120	402 600	145,6	49 161
fer et acier	3 388	490 200	147,0	48 123
machines et appareils non électriques	8 554	505 000	135,2	50 040
équipement de transport	5 552	718 300	137,9	50 284
pétrole raffiné	79	24 400	247,1	27 972
briques, plâtre et ciment	687	94 300	125,5	12 568
produits manufacturés en métal	7 038	239 900	96,1	13 468

Industrie (établissements de 10 personnes ou plus ; ne comprend pas Arunachal Pradesh, Mizoram, Sikkim et Laquedives ; 1992-1993).

	1991	1992	1993	1994	1995	1996	1997 (févr.)
indice des prix à la consommation	113,9	127,3	135,4	149,2	164,5	179,2	187,9
indice des revenus	n.d.	n.d.	n.d.	n.d.	n.d.	n.d.	n.d.

Indices des prix et des revenus (1990 = 100).

	1990-1991	1991-1992	1992-1993	1993-1994	1994-1995	1995-1996
millions de INR	– 106 400	– 38 100	– 96 870	– 33 500	– 72 970	– 151 820
% du total	14,1	4,1	8,3	2,3	4,2	6,7

Balance commerciale (prix courants).

	nombre d'établissements	nombre d'enseignants	nombre d'élèves	nombre d'élèves par enseignant
primaire (6-10 ans)	590 421	1 740 736	109 734 292	63,0
secondaire (11-17 ans)	265 869	2 657 985	63 521 637	23,9
supérieur*	8 407	286 000	5 007 000	17,5

(*) 1993-1994.

Enseignement (1995-1996).

pourcentage des dépenses familiales par quintile				
1	2	3	4	5 (le plus haut)
8,5	12,1	15,8	21,1	42,5

Répartition des dépenses (1992).

en couleurs 6,3 % ; une machine à laver 2,3 % ; un magnétoscope 1,3 %.

Économie nationale

■ ***Budget de l'État*** (1996-1997)
Recettes : 1 982 500 000 000 INR (recettes fiscales 59,9 %, dont impôts indirects 23,5 %, droits de douane 22,4 %, impôts sur les sociétés 9,9 % ; recettes non fiscales 40,1 %, dont services économiques 23,5 %, intérêts 10,8 %).

Dépenses : 2 297 300 000 000 INR (paiements d'intérêts et service de la dette 26,1 % ; transports 11,5 % ; aides aux gouvernements locaux 10,1 % ; défense nationale 8,6 % ; communications 6,1 % ; agriculture 4,9 % ; services sociaux 4,3 %).

■ ***Produit national brut*** (1995) : 319 660 000 000 USD (340 USD/hab.).

■ ***Dette publique*** (extérieure, créances, 1995) : 79 725 000 000 USD.

■ ***Production***
Agriculture, sylviculture, pêche (1996).
Canne à sucre 255 000 000 t ; céréales 214 082 000 t, dont riz 120 012 000 t, blé 62 620 000 t, sorgho 10 500 000 t, maïs 8 660 000 t ; fruits 40 197 000 t, dont mangues 10 000 000 t, bananes 9 935 000 t, oranges 2 000 000 t, citrons et limes 1 700 000 t, pommes 1 200 000 t ; graines oléagineuses 27 361 000 t, dont arachides 8 000 000 t, graines de colza 6 000 000 t, soja 4 200 000 t, graines de tournesol 1 450 000 t, graines de ricin 1 000 000 t ; graines de coton 5 101 000 t ; légumes secs 15 414 000 t, dont pois chiches 6 000 000 t ; noix de coco 8 700 000 t ; coton brut 7 651 000 t ; fibre de coton 2 550 000 t ; jute 1 500 000 t ; thé 715 000 t ; tabac 512 000 t ; caoutchouc naturel 435 000 t ; bétel 248 000 t ; gingembre 210 000 t ; poivre 46 000 t.

Cheptel (sur pied, 1996) : bovins 196 003 000 ; chèvres 120 270 000 ; zébus 80 102 000 ; moutons 45 390 000.

Bois (1995) : 299 163 000 m³.

Pêche (1995) : 4 903 659 t, dont poissons d'eau douce (1994) 2 197 000 t.

Industries extractives (1995-1996) : pierre à chaux 94 032 000 t ; minerai de fer 66 576 000 t ; bauxite 5 448 000 t ; manganèse (métal contenu, approxim.) 720 000 t ; chrome (métal contenu approxim.) 500 000 t ; minerai de zinc (métal contenu, approxim.) 171 000 t ; cuivre (métal contenu, approxim.) 57 000 t ; plomb (métal contenu, approxim.) 42 000 t ; or 65 600 onces ; diamants 29 900 carats.

Industries manufacturières (1995-1996) : ciment 69 032 000 t ; acier en lingots 14 533 000 t ; sucre raffiné 14 788 000 t ; engrais azotés 7 950 000 t (1994-1995) ; papier et carton 3 100 000 t (1994-1995) ; cendre de soude 1 450 000 t (1994-1995) ; tissus de jute 1 364 000 t (1994-1995) ; aluminium 527 000 t ; filés de nylon et de polyester 357 000 t (1994-1995) ; bicyclettes 9 426 000 ; motocyclettes et scooters 2 035 000 ; véhicules automobiles et jeeps 414 200 ; autobus et camions 259 100 ; tissus de coton 17 033 000 000 m ; les produits pharmaceutiques, les logiciels informatiques, les bijoux en or et les soieries sont également parmi les productions importantes.

Bâtiment (valeur des constructions neuves, 1989-1990) : 563 670 000 000 INR.

Énergie (production/consommation) : électricité 380 100 000 000 (1995-1996)/385 902 000 000 (1994) kWh ; charbon 287 676 000 (1995)/ 284 497 000 (1994) t ; pétrole brut 264 845 000 (1995-1996)/434 149 000 (1994) barils ; produits pétroliers (1993) 42 379 000/53 346 000 t ; gaz naturel 17 022 000 000 (1995)/ 20 388 000 000 (1995-1996) m³.

■ ***Population active*** (1991) : 314 131 370 ; taux d'activité 37,5 % (taux de participation : plus de 15 ans [1981] 60,7 % ; femmes 28,6 % ; sans-emploi : n.d. [36 040 000 personnes étaient officiellement enregistrées comme demandeurs d'emploi en mars 1994]).

■ ***Revenus et dépenses des ménages***
Taille moyenne des ménages (Jammu et Cachemire non compris, 1991) : 5,6.

Revenu annuel moyen par ménage : n.d. ; sources des revenus (1984-1985) : traitements et salaires 42,2 % ; activités non salariées 39,7 % ; intérêts 8,6 % ; bénéfices et dividendes 6,0 % ; loyers 3,5 %.

Dépenses (1993-1994) : alimentation et boissons 50,9 % ; transports et communications 13,0 % ; habillement 9,8 % ; logement 5,7 % ; énergie 4,2 % ; meubles de maison 4,2 %.

■ ***Tourisme*** : recettes touristiques (1995) 2 754 000 000 USD ; dépenses touristiques à l'étranger (1994) 408 000 000 USD.

	1991	1992	1993	1994	1995	1996	1997
taux de change [1], INR pour 1 :							
USD	25,83	26,20	31,38	31,38	35,18	35,93	35,91
D.T.S.	36,95	36,02	43,10	45,81	52,30	51,67	49,80
réserves internationales [1] (USD) :							
total (sans l'or, millions)	3 627	5 757	10 199	19 698	17 922	20 170	22 664
D.T.S. (millions)	46	4	100	2	139	122	2
réserve éventuelle au F.M.I. (millions)	–	292	292	310	316	306	295
devises (millions)	3 580	5 461	9 807	19 386	17 467	19 742	22 367
or (onces, millions)	11 282	11 348	11 457	11 800	12 780	12 781	12 781
% des réserves mondiales	1,2	1,2	1,3	1,3	1,4	1,4	1,4
intérêts et prix [1] :							
escompte de la Banque centrale (%)	12,0	12,0	12,0	12,0	12,0	12,0	12,0
taux d'intérêt	17,9	18,9	16,3	n.d.	n.d.	n.d.	n.d.
cotation des actions des sociétés industrielles (1990 = 100) [2]	134,8	247,3	202,9	322,1	270,0	246,6	n.d.
balance des paiements [1] (USD, millions) :							
balance commerciale	−2 992	−2 107	−522	n.d.	n.d.	n.d.	n.d.
importations F.O.B.	21 087	22 126	22 538	n.d.	n.d.	n.d.	n.d.
exportations F.O.B.	18 095	20 019	22 016	n.d.	n.d.	n.d.	n.d.
balance des transactions invisibles	−1 300	−2 378	−1 354	n.d.	n.d.	n.d.	n.d.
balance des paiements, compte courant	−4 028	−4 495	−1 876	n.d.	n.d.	n.d.	n.d.

1. Fin de période. 2. Moyenne annuelle.

Agrégats financiers.

■ ***Utilisation du sol*** (1994) : forêts 23,0 % ; prairies et pâturages 3,8 % ; terres cultivées et plantations 57,1 % ; autres 16,1 %.

Échanges extérieurs[c]

■ ***Importations*** (1995-1996) : 1 216 470 000 000 INR (combustibles minéraux et lubrifiants 20,7 % ; machines non électriques 18,1 % ; pierres précieuses et semi-précieuses 5,7 % ; objets électroniques 5,1 % ; produits chimiques organiques 4,7 %).
Principales sources des importations : États-Unis 10,5 % ; Allemagne 8,6 % ; Japon 6,6 % ; Arabie Saoudite 5,5 % ; Koweït 5,4 % ; Royaume-Uni 5,3 % ; Belgique 4,7 % ; Émirats arabes unis 4,4 % ; Russie 3,3 % ; Singapour 3,7 %).

■ ***Exportations*** (1995-1996) : 1 064 650 000 000 INR (produits agricoles et connexes 19,1 % ; diamants taillés et joaillerie 16,6 % ; vêtements de confection 11,6 % ; machines, équipement de transport, produits métalliques, fer et acier et composants électroniques 11,4 % ; filés et tissus de coton 8,1 % ; produits chimiques et dérivés 7,4 % ; cuirs et produits manufacturés en cuir 5,4 %).
Principales destinations des exportations : États-Unis 17,4 % ; Japon 7,0 % ; Royaume-Uni 6,3 % ; Allemagne 6,2 % ; Hong Kong 5,7 % ; Émirats arabes unis 4,5 % ; Belgique 3,5 % ; Russie 3,3 % ; Bangladesh 3,3 % ; Italie 3,2 %.

Transports et communications

■ ***Transports***
Chemins de fer (1994-1995) : longueur 62 660 km ; trafic : 319 400 000 000 passagers-km ; 252 967 000 000 t-km.
Routes (1993) : longueur totale 1 923 248 km (48 % recouvertes).
Véhicules (1994) : voitures particulières 3 446 000 ; camions et autobus 2 181 000.
Marine marchande (1992) : 888 navires (de 100 tjb et plus) ; 10 365 939 tonneaux de port en lourd.
Transports aériens (Air India, Jet Airways, Modiluft et Indian Airlines uniquement, 1994) : trafic : 20 219 000 000 passagers-km ; 639 280 000 t-km. 66 aéroports desservis par des vols réguliers (1996).

■ ***Communications***
Journaux quotidiens (1993) : diffusion totale 18 800 000 ; diffusion pour 1 000 hab. 21.
Radiodiffusion (1996) : 111 000 000 postes récepteurs ; 117 pour 1 000 hab.
Télévision (1995) : 20 000 000 postes récepteurs ; 21 pour 1 000 hab.
Téléphone (1995) : 10 600 000 lignes principales ; 11 pour 1 000 hab.

Éducation et santé

■ ***Alphabétisation*** (1995) : personnes âgées de 15 ans et plus alphabétisées 315 600 000 (52,0 %) ; hommes 65,5 % ; femmes 37,7 %.

■ ***Santé*** (1992) : 410 875 médecins (1 pour 2 173 hab.) ; 642 103 lits d'hôpital (1 pour 1 357 hab.) ; taux de mortalité infantile (1995) : 73,0 ‰.

■ ***Alimentation*** (1995) : apport journalier en calories par habitant 2 388 (alimentation d'origine végétale 93 % ; d'origine animale 7 %) ; soit 108 % du niveau minimal recommandé par la F.A.O.

Défense nationale

■ ***Contingent*** (1995) : 1 145 000 (armée de terre 85,6 % ; marine 4,8 % ; armée de l'air 9,6 %) ; force paramilitaires pour la sécurité intérieure ou frontalière : 282 000.

■ ***Dépenses militaires*** (1995) : 2,4 % du P.N.B. (moyenne mondiale 2,8 %) ; soit 8 USD/hab.

a. Le Conseil des États peut avoir un maximum de 250 membres ; au plus 12 d'entre eux peuvent être nommés par le président.

b. Non compris 121 667 km² revendiqués par l'Inde comme faisant partie du Jammu et du Cachemire, mais sous administration pakistanaise ou chinoise.

c. Importations : chiffres C.I.F. ; exportations : chiffres F.O.B.

Thesaurus :
ĀGRĀ
AHMEDĀBĀD
AMRITSAR
ĀNDHRA PRADESH
ASSAM
BADAGA
BANGALORE
BÉNARÈS
BHIL
BHOPAL
BIHAR
BRAHMAPOUTRE
DECCAN
DELHI
DOM
GOA
GOND
HARYANA
HYDERĀBĀD
INDORE
JAIPUR
KANPUR
KERALA
KHASI
KHOND
LADAKH
LEPCHA
LUCKNOW
MADHYA PRADESH
MADRAS
MAHĀRĀSHTRA
MAISŪR
MOUNDA
NĀGA
NĀGALAND
NAGPUR
NĀYĀR
OPIUM
ORISSA
PENDJAB
POONA
RĀJĀSTHĀN
SANTĀL
SAORA
SIKKIM
TAMILNADU
THÉ
UTTAR PRADESH

→ *Corpus* : INDONÉSIE
→ *Grand Atlas de Géographie* (éd. 1992) : 108 ; 235e (Djakarta)
→ *Grand Atlas de l'Histoire* : 248, 249, 270, 271, 277, 278, 279, 294, 295

INDONÉSIE

- ***Nom officiel*** : République d'Indonésie (Republik Indonesia). Code I.S.O. : ID.
- ***Forme de gouvernement*** : république à structure étatique unitaire et à régime multipartiste avec deux assemblées (Chambre des représentants du peuple [500, dont 100 militaires nommés] et Assemblée consultative du peuple [les 500 représentants et 500 membres nommés]).
- ***Chef de l'État et du gouvernement*** : président.
- ***Capitale*** : Jakarta ou Djakarta.
- ***Langue officielle*** : indonésien.
- ***Religion officielle*** : la Constitution fait du monothéisme un fondement de l'État.
- ***Unité monétaire*** : 1 rupiah, ou roupie indonésienne (IDR) = 100 sen ; valeur (30 déc. 1997) : 100 IDR = 0,113 FRF.

Corpus : ALIMENTATION (ÉCONOMIE DE L') – Les grands produits alimentaires ; AQUACULTURE ; ASIE – Géographie humaine (l'Asie méridionale) ; BALI ; CAOUTCHOUC ; GAZ NATUREL ; INDIEN (HISTOIRE DE L'OCÉAN) [les transformations aux XIXe et XXe siècles] ; ISLAM (Histoire) – Modernisme dans le monde musulman (Indonésie) ; JAVA ; KALIMANTAN ; MINERAIS (principaux producteurs) ; PÊCHE ; PÉTROLE – Géographie ; SULAWESI ; SUMATRA ; TABAC (aspects socio-économiques) ; TOURISME (l'aménagement) ; ZONES FRANCHES.

Universalia 1988 : 252 L'islam, force d'opposition ? ; ***Universalia 1990*** : 271 Résistances oubliées ? ; ***Universalia 1992*** : 283 Après la guerre du Golfe ; ***Universalia 1995*** : 166 Asie du Sud-Est : quel rôle pour l'A.S.E.A.N. ? ; ***Universalia 1996*** : 244 Autoritarisme et libéralisme ; ***Universalia 1997*** : 217 Les mouvements indépendantistes.

Démographie

- ***Population*** (estim. 1997) : 199 544 000.
- ***Densité*** (1997) : 104,0 hab./km^2.
- ***Répartition urbaine/rurale*** (1997) : population urbaine 37,0 % ; population rurale 63,0 %.
- ***Répartition par sexe*** (1990) : hommes 49,88 % ; femmes 50,12 %.
- ***Répartition par âge*** (1990) : moins de 15 ans 36,5 % ; de 15 à 29 ans 28,3 % ; de 30 à 44 ans 18,1 % ; de 45 à 59 ans 10,7 % ; de 60 à 74 ans 5,3 % ; 75 ans et plus 1,1 %.
- ***Projection démographique*** : 208 706 000 en 2000 ; 237 653 000 en 2010.
- ***Temps de doublement*** : 49 ans.
- ***Composition ethno-linguistique*** (1990) : Javanais 39,4 % ; Soundanais 15,8 % ; Malais Indonésiens 12,1 % ; Madurais 4,3 % ; autres 28,4 %.
- ***Appartenances religieuses*** (1990) : musulmans 87,2 % ; chrétiens 9,6 %, dont catholiques 3,6 % ; hindous 1,8 % ; bouddhistes 1,0 % ; autres 0,4 %.
- ***Principales villes*** (1990) : Jakarta 8 259 266 hab. ; Surabaya 2 421 016 hab. ; Bandung 2 026 893 hab. ; Medan 1 685 972 hab. ; Semarang 1 005 316 hab.

Statistiques de l'état civil

- ***Taux de natalité*** (1997) : 22,4 ‰ (moyenne mondiale 25,0 ‰).
- ***Taux de mortalité*** (1997) : 7,9 ‰ (moyenne mondiale 9,3 ‰).
- ***Taux d'accroissement naturel*** (1997) : 14,5 ‰ (moyenne mondiale 15,7 ‰).
- ***Taux de fécondité*** (nombre moyen de naissances par femme en âge de procréer, 1997) : 2,6.
- ***Nombre de mariages*** (pour 1 000 hab., 1993-1994) : 7,8 [a].
- ***Nombre de divorces*** (pour 1 000 hab., 1993-1994) : 0,7 [a].
- ***Espérance de vie*** à la naissance (1997) : hommes 63,0 ans ; femmes 66,0 ans.
- ***Principales causes de décès*** : n.d. ; toutefois, la tuberculose, la malaria, la dysenterie, le choléra et la peste sont parmi les principales maladies du pays.

Économie nationale

■ ***Budget de l'État*** (1997-1998)
Recettes : 88 061 000 000 000 IDR (impôts sur le revenu 33,1 % ; taxe à la valeur ajoutée 27,9 % ; recettes pétrolières et gazières 16,9 % ; recettes non fiscales 9,6 % ; impôts indirects 5,0 %).
Dépenses : 89 391 000 000 000 IDR (services publics généraux 33,7 % ; transferts et subventions 13,1 % ; remboursement de la dette 8,4 %).

■ ***Dette publique*** (extérieure, créances, 1995) : 65 347 000 000 USD.

■ ***Tourisme*** (1995) : recettes touristiques 5 228 000 000 USD ; dépenses touristiques à l'étranger 2 172 000 000 USD.

■ ***Production***
Agriculture, sylviculture, pêche (1996).
Riz 51 165 000 t ; canne à sucre 32 053 000 t ; manioc 16 000 000 t ; maïs 8 925 000 t ; huile de palme 4 998 000 t ; caoutchouc 1 578 000 t. Cheptel (sur pied) : chèvres 14 323 000 ; bovins 11 930 000 ; moutons 7 684 000 ; buffles 3 140 000.

Bois (1995) : 185 895 000 m³.

Pêche (1995) : 4 118 000 t.

Industries extractives (1996) : minerai de nickel 3 400 000 t ; concentrés de cuivre 1 760 000 t ; bauxite 820 000 t ; or 83 660 kg.

Industries manufacturières (valeur ajoutée en milliards d'IDR, 1994)[b] : textiles 8 055,4 ; équipements de transport 6 796,7 ; tabac 6 194,6 ; produits alimentaires 5 293,3 ; produits du bois 5 240,0 ; machines 3 185,5.

Énergie (production/consommation) : électricité (1994) 61 370 000 000/61 370 000 000 kWh ; charbon (1994) 28 549 000/3 461 000 t ; pétrole brut (1994) 561 265 000/308 820 000 barils ; produits pétroliers (1994) 44 888 000/36 428 000 t ; gaz naturel (1994) 59 532 000 000/23 191 000 000 m³.

■ ***Produit national brut*** (1995) : 190 105 000 000 USD (980 USD/hab.).

provinces, district métropolitain et districts autonomes spéciaux	capitales	superficie (km²)	population (estim. 1995)
provinces :			
Bali [1]	Denpasar	5 561	2 902 200
Bengkulu [2]	Bengkulu	21 168	1 415 000
Irian Jaya [1]	Jayapura (Jajapura, Sukarnapura)	421 981	1 956 300
Jambi (Djambi) [2]	Jambi (Djambi)	44 800	2 383 400
Jawa Barat (Java occidental) [3]	Bandung	46 300	39 336 500
Jawa Tengah (Java central) [3]	Semarang	34 206	29 688 100
Jawa Timur (Java oriental) [3]	Surabaya (Surabaja)	47 921	33 885 900
Kalimantan Barat (Ouest) [4]	Pontianak	146 760	3 651 800
Kalimantan Selatan (Sud) [4]	Banjarmasin (Bandjermasin)	37 660	2 900 400
Kalimantan Tengah (Centre) [4]	Palangkaraya	152 600	1 637 300
Kalimantan Timur (Est) [4]	Samarinda	202 440	2 331 000
Lampung [2]	Tanjung Karang	33 307	6 680 300
Maluku (Moluques) [1]	Ambon (Amboine)	74 505	2 094 700
Nusa Tenggara Barat (Ouest) [1]	Mataram	20 177	3 654 800
Nusa Tenggara Timur (Est) [1]	Kupang	47 876	3 582 800
Riau [2]	Pakanbaru	94 561	3 924 600
Sulawesi Selatan (Sud) [5]	Ujung Pandang (Udjungpandang) [ex-Makasar]	72 781	7 577 800
Sulawesi Tengah (Centre) [5]	Palu	69 726	1 947 500
Sulawesi Tenggara [Sud-Est] [5]	Kendari	27 686	1 594 000
Sulawesi Utara (Nord) [5]	Manado (Menado)	19 023	2 652 300
Sumatera Barat (Sumatra Ouest) [2]	Padang	49 778	4 328 200
Sumatera Selatan (Sumatra Sud) [2]	Palembang	103 688	7 232 700
Sumatera Utara (Sumatra Nord) [2]	Medan	70 787	11 145 300
Timor Timur (Timor oriental) [Loro Sae] [1•]	Dili	14 874	843 100
district métropolitain :			
Jakarta Raya [3]	Jakarta (Djakarta)	590	9 160 500
districts autonomes spéciaux :			
Aceh (Atjeh) [2]	Banda Aceh (Kutaradja)	55 392	3 860 000
Yogyakarta (Jogjakarta) [3]	Yogyakarta (Jogjakarta)	3 169	2 916 700
total		**1 919 317**	**195 283 200**

1. Une des six provinces du groupe Palau-Palau Lain, comportant l'île de Bali, la partie occidentale de l'île de Nouvelle-Guinée (Irian Jaya), l'archipel des Moluques (Maluku), les petites îles de la Sonde (Nusa Tenggara) et l'île de Timor. 2. Sur l'île de Sumatra (Sumatera : sept provinces et un district autonome spécial). 3. Sur l'île de Java (groupe Jawa-Madura : trois provinces, un district autonome spécial et le district métropolitain). 4. Une des provinces de l'île de Bornéo (Kalimantan indonésien). 5. Une des provinces de l'île des Célèbes (Sulawesi).
(•) La souveraineté indonésienne sur l'ancien Timor oriental portugais n'est pas reconnue par l'O.N.U.

Territoire et population.

	1996		1995	
	milliards de IDR	% du total	effectifs •	% des effectifs
agriculture	86 212,1	16,3	35 233 270	44,0
mines	43 893,2	8,3	643 332	0,8
industrie	193 088,5	25,2	10 127 047	12,7
bâtiment	42 279,2	8,0	3 768 080	4,7
entreprises publiques	6 561,0	1,2	216 128	0,3
transports et communications	35 553,7	6,7	3 458 155	4,3
commerce	88 451,2	16,7	13 883 682	17,3
finance, immobilier	46 839,6	8,9	658 497	0,8
administration, défense nationale	29 531,4	5,6	12 121 869 (administration, défense nationale et services)	15,1
services	16 546,5	3,1		
autres	n.d.	n.d.	n.d.	n.d.
total	**528 956,4**	**100,0**	**80 110 060**	**100,0**

(•) Actifs occupés uniquement.

Structure du produit intérieur brut et effectifs.

■ ***Population active*** (1995) : 86 361 300 ; taux d'activité 44,3 % (taux de participation : à partir de 10 ans 56,6 % ; femmes [1990] 38,2 % ; sans-emploi 7,2 %).

■ ***Revenus et dépenses des ménages***
Taille moyenne des ménages (1995) : 4,3.
Revenu annuel moyen par ménage : n.d. ; sources des revenus : n.d.
Dépenses (1995) : alimentation 49,8 % ; logement et services 21,3 % ; habillement 5,8 % ; biens durables 3,3 %.

■ ***Utilisation du sol*** (1994) : forêts 61,7 % ; prairies et pâturages 6,5 % ; terres cultivées et plantations 16,7 % ; autres 15,1 %.

Échanges extérieurs

■ ***Importations*** (1996) : 42 929 000 000 USD (équipement industriel et de transport 40,8 % ; produits manufacturés de base 15,4 % ; produits chimiques 14,0 % ; combustibles minéraux 8,5 % ; matières premières 8,1 %).
Principales sources des importations : Japon 19,8 % ; États-Unis 11,8 % ; Allemagne 7,0 % ; Singapour 6,7 %.

■ ***Exportations*** (1996) : 49 814 000 000 USD (pétrole brut 11,5 % ; gaz naturel 9,0 % ; contreplaqué 7,2 % ; vêtements 7,2 % ; produits en caoutchouc 4,5 %).
Principales destinations des exportations : Japon 25,9 % ; États-Unis 13,6 % ; Singapour 9,2 % ; Pays-Bas 3,3 %.

Transports et communications

■ ***Transports***
Chemins de fer (1994) : longueur 6 583 km ; trafic (1996) : 15 929 000 000 passagers-km ; 3 843 000 000 t-km.
Routes (1992) : longueur totale 372 414 km (47 % recouvertes).
Véhicules (1995) : voitures particulières 2 107 299 ; camions et autobus 2 024 702.
Marine marchande (1992) : 2 014 navires (de 100 tjb et plus) ; 3 130 175 tonneaux de port en lourd.
Transports aériens (1995) ; trafic : 14 330 000 000 passagers-km ; 606 848 000 t-km. 81 aéroports desservis par des vols réguliers (1996).

■ ***Communications***
Journaux quotidiens (1994) : diffusion totale 3 800 000 ; diffusion pour 1 000 hab. 132.
Radiodiffusion (1996) : 26 000 000 postes récepteurs ; 132 pour 1 000 hab.
Télévision (1995) : 28 000 000 postes récepteurs ; 145 pour 1 000 hab.
Téléphone (1995) : 3 290 000 lignes principales ; 17 pour 1 000 hab.

Éducation et santé

■ ***Niveau d'éducation*** (1990)
Proportion de la population âgée de 25 ans et plus : sans instruction scolaire 34,6 % ; ayant une éducation primaire incomplète 28,2 % ; éducation primaire 23,3 % ; éducation secondaire incomplète ou éducation secondaire 12,5 % ; éducation supérieure 1,4 %.

■ ***Alphabétisation*** (1995) : personnes âgées de 15 ans et plus alphabétisées 83,8 % ; hommes 89,6 % ; femmes 78,0 %.

Thesaurus :
ATJEH
AUSTRONÉSIENS
BANDJERMASIN
BANDUNG
BANGKA
BATAK
BATAK (PAYS)
BELITUNG
BOUGI
BRANTAS
CAFÉ
DAYAK
DJAKARTA
DJAMBI
FLORES
GARUT (PLAINE DE)
GAYO
GUNUNG SEWU
HALMAHERA
IBAN
JOGJAKARTA
KACHIN
KEBUN
KUBU
LAMPUNG
LOMBOK
MADURA
MAKASSAR (PRESQU'ÎLE DE)
MALANG
MEDAN
MERAPI (RÉGION DU)
MINAHASSA
MINANGKABAU
MOLUQUES (ÎLES)
PADANG
PALEMBANG
PAPOUS
PEKALONGAN (PLAINE DE)
PLANTATION (AGRICULTURE DE)
PONTIANAK
PORO
PUNAN
RIAU
SAWAH
SEMARANG
SERAM
SONDE (PETITES ÎLES DE LA)
SURABAYA
SURAKARTA
TEGALAN
THÉ
TIMOR (ÎLE DE)
TORADJA
UDJUNGPANDANG
URUT SEWU

	1990	1991	1992	1993	1994	1995	1996
indice des prix à la consommation ...	100,0	109,4	117,7	129,0	140,0	153,2	165,5
indice des revenus*	100,0	114,6	127,1	150,0	195,8	233,3	n.d.

(•) Fondés sur les salaires moyens dans l'industrie.

Indices des prix et des revenus (1990 = 100).

	1991	1992	1993	1994	1995	1996
millions de USD	+ 6 075	+ 4 937	+ 8 872	+ 11 496	+ 8 883	+ 5 285
% du total	11,6	9,2	13,4	16,8	10,8	5,6

Balance commerciale (prix courants).

	nombre d'établissements	nombre d'enseignants	nombre d'élèves	nombre d'élèves par enseignant
primaire (7-12 ans)	149 464	4 172 640	26 200 023	22,3
secondaire (13-18 ans)	27 177	595 962	8 864 001	14,9
professionnel et formation à l'enseignement*	3 502	102 114	1 405 220	13,8
supérieur	1 236	150 607	2 229 796	14,8

(•) 1993-1994.

Enseignement (1994-1995).

■ ***Santé*** (1994) : 28 989 médecins (1 pour 6 570 hab.) ; 116 847 lits d'hôpital (1 pour 1 630 hab.) ; taux de mortalité infantile (1997) : 5 ‰.

■ ***Alimentation*** (1995) : apport journalier en calories par habitant 2 732 (alimentation d'origine végétale 95 % ; d'origine animale 5 %) ; soit 126 % du niveau minimal recommandé par la F.A.O.

Défense nationale

■ ***Contingent*** (1997) : 284 000 (armée de terre 77,5 % ; marine 15,1 % ; armée de l'air 7,4 %).

■ ***Dépenses militaires*** (1995) : 1,8 % du P.N.B. (moyenne mondiale 2,8 %) ; soit 18 USD/hab.

---

a. Population musulmane uniquement.

b. Grandes et moyennes entreprises uniquement.

IRAK

- ***Nom officiel*** : République d'Irak (al-Jumhūrīyah al-'Irāqīyah ; forme courte : al-'Irāq). Code I.S.O. : IQ.
- ***Forme de gouvernement*** : république à structure étatique unitaire et à régime multipartiste avec une assemblée (Assemblée nationale [250]) [a].
- ***Chef de l'État et du gouvernement*** : président.
- ***Capitale*** : Bagdad (Baghdād).
- ***Langue officielle*** [b] : arabe.
- ***Religion officielle*** : islam.
- ***Unité monétaire*** : 1 dinar irakien (IQD) = 5 rials ou 20 dirhams = 1 000 fils ; valeur (31 déc. 1997) : 100 IQD = 1 926,36 FRF (cours officiel) [cours des entreprises 100 IQD = 1,331 FRF].

Démographie

- ***Population*** (estim. 1997) : 22 219 000.
- ***Densité*** (1997)[c] : 51,1 hab./km^2.
- ***Répartition urbaine/rurale*** (1997) : population urbaine 68,1 % ; population rurale 31,9 %.
- ***Répartition par sexe*** (1996) : hommes 51,23 % ; femmes 48,77 %.
- ***Répartition par âge*** (1994) : moins de 15 ans 41,1 % ; de 15 à 29 ans 30,5 % ; de 30 à 44 ans 16,0 % ; de 45 à 59 ans 7,6 % ; de 60 à 74 ans 3,7 % ; 75 ans et plus 1,1 %.
- ***Projection démographique*** : 24 731 000 en 2000 ; 34 545 000 en 2010.
- ***Temps de doublement*** : 29 ans.
- ***Composition ethnique*** (1983) : Arabes 77,1% ; Kurdes 19,0 % ; Azerbaïdjanais 1,7 % ; Assyriens 0,8 % ; autres 1,4 %.
- ***Appartenances religieuses*** (1994) : musulmans chiites 62,5 % ; musulmans sunnites 34,5 % ; chrétiens 2,7 % ; autres, principalement yazidis syncrétistes 0,3 %.
- ***Principales villes*** (1987) : Bagdad 4 478 000 hab. (agglomération urbaine, 1995) ; Mossoul 664 200 hab. ; Irbil 485 968 hab. ; Kirkouk 418 624 hab. ; Bassorah 406 296 hab. ;

Statistiques de l'état civil

- ***Taux de natalité*** (1994) : 34,1 ‰ (moyenne mondiale 26,0 ‰).
- ***Taux de mortalité*** (1994) : 9,8 ‰ (moyenne mondiale 9,2 ‰).
- ***Taux d'accroissement naturel*** (1994) : 24,3 ‰ (moyenne mondiale 16,8 ‰).
- ***Taux de fécondité*** (nombre moyen de naissances par femme en âge de procréer, 1996) : 4,9.
- ***Nombre de mariages*** (pour 1 000 hab., 1992) : 7,8.
- ***Espérance de vie*** à la naissance (1994) : hommes 57,3 ans ; femmes 60,4 ans.
- ***Principales causes de décès*** (1997) : privation de soins médicaux et malnutrition.

Économie nationale

- ***Budget de l'État*** (1992)
Recettes : 13 935 000 000 IQD.
Dépenses : 13 935 000 000 IQD.
- ***Dette publique*** (extérieure, créances, 1994) : 20 000 000 000 USD.
- ***Tourisme*** (1994) : recettes touristiques 12 000 000 USD ; dépenses touristiques à l'étranger n.d.
- ***Production***
Agriculture, sylviculture, pêche (1996).
Blé 1 000 000 t ; trèfle 820 000 t ; tomates 800 000 t ; dattes 550 000 t ; orge 500 000 t ; pommes de terre 380 000 t ; concombres et cornichons 340 000 t ; oranges 310 000 t ; raisins 300 000 t ; riz 270 000 t.
Cheptel (sur pied) : moutons 5 000 000 ; bovins 1 000 000.
Bois (1995) : 161 000 m^3.
Pêche (1995) : 22 550 t.
Industries extractives (1995) : soufre 475 000 t ; phosphate minéral 440 000 t.
Industries manufacturières (valeur ajoutée, millions de USD, 1994) : pétrole raffiné 127 ; briques, tuiles et ciment 100 ; produits chimiques 79 ; produits alimentaires 59 ; produits métalliques 28.
Bâtiment (constructions autorisées, 1991) : résidentiel 4 558 000 m^2 ; non résidentiel 410 000 m^2.
Énergie (production/consommation) : électricité (1994) 27 060 000 000/27 060 000 000 kWh ; charbon 0/0 ; pétrole brut 255 500 000 (1996)/207 200 000 (1994) barils ; produits pétroliers (1994) 22 180 000/21 215 000 t ; gaz naturel 3 170 000 000 (1994)/3 170 000 000 m^3.
- ***Produit intérieur brut*** (1996) : 11 500 000 000 USD (540 USD/hab.).
- ***Population active*** (1988) : 4 127 294 ; taux d'activité 24,7 % (taux de participation : 15-64 ans 45,3 % ; femmes 12,0 % ; sans-emploi n.d.).
- ***Revenus et dépenses des ménages***
Taille moyenne des ménages (1988) : 8,9.
Revenu annuel moyen par ménage : n.d. ; source des revenus (1988) : activités non salariées 33,9 % ; salaires et traitements 23,9 % ; transferts 23,0 % ; loyers 18,6 %.
Dépenses (1988) : alimentation et boissons 50,2 % ; logement et énergie 19,9 % ; habillement 10,6 %.
- ***Utilisation du sol*** (1994) : forêts 0,4 % ; prairies et pâturages 9,1 % ; terres cultivées et plantations 13,1 % ; surfaces construites, terres incultes et autres 77,4 %.

Échanges extérieurs[d,e]

- ***Importations*** (1995) : 2 500 000 000 USD (produits agricoles 42,7 %, dont céréales 9,9 %).

→ *Corpus* : IRAK
→ *Grand Atlas de Géographie* (éd. 1992) : 118, 126
→ *Grand Atlas de l'Histoire* : 228, 260, 261, 284, 285, 292, 293, 295

Corpus : ARABE – Les Arabes ; ASIE – Géographie humaine (l'Asie sud-occidentale) ; BAGDAD ; IRAK-IRAN (GUERRE) ; ISLAM (Histoire) – Modernisme dans le monde musulman ; KURDES (les Kurdes d'Irak) ; PÉTROLE – Géographie du pétrole (Moyen-Orient) ; PROCHE ET MOYEN-ORIENT CONTEMPORAIN (aspects d'histoire économique contemporaine) ; ROUGE (MER) [histoire].

Universalia 1986 : 272 La guerre des villes avec l'Iran ; ***Universalia 1988*** : 255 La montée des périls ; Les Kurdes dans le conflit Iran-Irak ; ***Universalia 1989*** : 334 L'eau : enjeux et stratégies ; ***Universalia 1991*** : 97 La crise du Golfe ; 111 Les conflits communautaires et ethniques dans le monde contemporain ; 357 U.R.S.S. et péninsule Arabique ; ***Universalia 1992*** : 133 Nouveau désordre régional et enjeux démocratiques au Moyen-Orient ; 270 Pour un nouvel ordre mondial ? ; ***Universalia 1993*** : 260 Les Kurdes, après la guerre contre l'Irak ; ***Universalia 1996*** : 255 Après la guerre du Golfe.

Thesaurus :
BAGDAD
BAṢRA
BÉDOUINS
CHATT AL-'ARAB
EUPHRATE
IRAK-EL-ARABI
KIRKOUK
MOSSOUL
PERSIQUE (GOLFE)
SINDJĀR (DJEBEL)
TIGRE

gouvernorats et régions autonomes	chefs-lieux	superficie [1] (km²)	population (estim. 1991)
gouvernorats :			
al-Anbār	ar-Ramādi	137 808	865 500
Bābil (Babel ; Babylone)	al-Ḥillah	5 603	1 221 100
Baghdād (Bagdad)	Bagdad	4 071	3 910 900
al-Baṣrah (Bassorah) [1]	Bassorah	19 070	1 168 800
Dhī Qār	an-Nāṣiriyah	12 900	1 030 900
Diyālā	Ba'qūbah	17 685	1 037 600
Karbalā'	Karbalā'	5 034	567 600
Maysān	al-'Amārah	16 072	524 200
al-Muthannā	as-Samāwah	51 740	350 000
an-Najaf	an-Najaf	28 824	666 400
Ninawā (Ninive)	Mosul (Mossoul)	37 323	1 618 700
al-Qādisiyah	ad-Diwāniyah	8 153	595 600
Ṣalāḥ ad-Din	Tikrīt	24 363	772 200
at-Ta'mim	Kirkūk (Kirkouk)	9 679	605 900
Wasiṭ	al-Kūt	17 153	605 700
régions autonomes kurdes [2] :			
Dahūk	Dahūk	6 553	309 300
Irbil	Irbil	15 074	928 400
as-Sulaymāniyah	as-Sulaymāniyah	17 023	1 124 200
total		**434 128**	**17 903 000**
autres [3]		924	
superficie totale		**435 052**	

1. Comprend le territoire cédé au Koweït le 15 janvier 1993 en conséquence de la résolution des Nations unies de mai 1992. 2. Régions autonomes de facto entre 1992 et 1996. La souveraineté iraquienne sur certaines régions a été réaffirmée vers la fin de 1996. 3. Eaux intérieures à l'embouchure du Chatt-el-Arab.

Territoire et population.

	1992		1988	
	millions de IQD (•)	% du total	effectifs	% des effectifs
agriculture	20 844	35,1	477 264	11,6
mines	230	0,4	60 701	1,5
industrie	5 620	9,5	337 293	8,2
bâtiment	2 259	3,8	460 788	11,2
entreprises publiques	181	0,3	41 200	1,0
transports et communications	5 947	10,0	266 233	6,4
commerce	15 190	25,6	281 877	6,8
finance, immobilier	4 692	7,9	41 532	1,0
administration, défense nationale et services	7 209	12,2	2 160 406	52,3
autres	− 2 824	− 4,8	–	–
total	**59 348**	**100,0**	**4 127 294**	**100,0**

(•) Au coût des facteurs.

Structure du produit intérieur brut et effectifs.

	1990	1991	1992	1993	1994	1995	1996
indice des prix à la consommation	100,0	287,0	860,0 (•)	2 600,0 (•)	10 000,0 (•)	50 000,0 (•)	275 000,0 (•)
indice des revenus	n.d.	n.d.	n.d.	n.d.	n.d.	n.d.	n.d.

(•) Estimation.

Indices des prix et des revenus (1990 = 100).

	1990 (•)	1991 (•)	1992 (•)	1993 (•)	1994 (•)	1995 (•)
millions de USD	+ 5 587	− 1 633	− 2 199	− 1 956	− 1 518	− 2 081
% du total	36,6	66,3	73,3	68,8	66,5	71,3

(•) Estimation.

Balance commerciale (prix courants).

	nombre d'établissements	nombre d'enseignants	nombre d'élèves	nombre d'élèves par enseignant
primaire (6-11 ans)	8 035	132 030	2 977 800	22,6
secondaire (12-17 ans)	2 635	48 961	1 062 204	21,7
professionnel et formation à l'enseignement	310	9 903	135 711	13,7
supérieur	12	11 847	201 984	17,0

Enseignement (1994-1995).

Principales sources des importations[f] : Jordanie 49,0 % ; Turquie 17,0 % ; Hongrie 15,0 % ; Suisse 8,0 %.

■ ***Exportations*** (1995) : 419 000 000 USD (pétrole brut et produits pétroliers principalement).
Principales destinations des exportations : Jordanie 98,0 %.

Transports et communications

■ ***Transports***
Chemins de fer (1995) : longueur 2 032 km ; trafic : 1 566 000 000 passagers-km (1993) ; 1 649 000 000 t-km (1993).
Routes (1995) : longueur totale 46 500 km (86 % recouvertes).
Véhicules (1995) : voitures particulières 672 000 ; camions et autobus 368 000.
Marine marchande (1992) : 131 navires (de 100 tjb et plus) ; 1 585 336 tonneaux de port en lourd (1995).
Transports aériens : il n'y a plus de transports aériens réguliers depuis juin 1992.

■ ***Communications***
Journaux quotidiens (1994) : diffusion totale 532 000 ; diffusion pour 1 000 hab. 27.
Radiodiffusion (1996) : 3 700 000 postes récepteurs ; 167 pour 1 000 hab.
Télévision (1995) : 1 000 000 postes récepteurs ; 48 pour 1 000 hab.
Téléphone (1995) : 675 000 lignes principales ; 33 pour 1 000 hab.

Éducation et santé

■ ***Alphabétisation*** (1995) : personnes âgées de 15 ans et plus alphabétisées 6 701 000 (58,0 %) ; hommes 4 138 000 (70,7 %) ; femmes 2 563 000 (45,0 %).

■ ***Santé*** (1993) : 8 787 médecins (1 pour 2 181 hab.) ; 27 202 lits d'hôpital (1 pour 704 hab.) ; taux de mortalité infantile (1994) : 91,9 ‰.

■ ***Alimentation*** (1995) : apport journalier en calories par habitant 2 268 (alimentation d'origine végétale 96 % ; d'origine animale 4 %) ; soit 94 % du niveau minimal recommandé par la F.A.O.

Défense nationale

■ ***Contingent*** (1997) : 387 500 (armée de terre 90,3 % ; marine 0,7 % ; armée de l'air 9 %).

■ ***Dépenses militaires*** (1994) : 18,0 % du P.I.B. (moyenne mondiale n.d.) ; soit 136 USD/hab.

---

a. Le multipartisme a été autorisé par une loi de septembre 1991 mais le pouvoir politique est en fait concentré dans un appareil de parti unique. À l'Assemblée nationale, 220 députés ont été élus en mars 1996 ; les 30 sièges restants, attribués à la région autonome kurde, ont été pourvus par désignation présidentielle.

b. Le kurde est la langue officielle de la région autonome kurde.

c. Sur la base de la surface terrestre.

d. Importations C.I.F. ; exportations F.O.B.

e. L'O.N.U. a imposé un embargo commercial d'août 1990 à octobre 1997.

f. Fondé sur l'estimation des importations d'une valeur de 608 000 000 USD.

IRAN

- ***Nom officiel*** : République islamique d'Iran (Jomhūrī-ye Eslāmī-ye Īrān). Code I.S.O. : IR.
- ***Forme de gouvernement*** : république islamique à structure étatique unitaire avec une chambre législative (Assemblée consultative islamique, ou Madjlis [270]).
- ***Guide de l'État*** : imām (chef religieux).
- ***Chef de l'État et du gouvernement*** : président.
- ***Capitale*** : Téhéran (Tehrān).
- ***Langue officielle*** : persan (farsī).
- ***Religion officielle*** : islam.
- ***Unité monétaire*** : 1 rial iranien (IRR) ; valeur (31 déc. 1997) : 100 IRR = 0,341 FRF (cours officiel) [cours commercial 100 IRR = 0,199 FRF].

→ ***Corpus*** : IRAN
→ ***Grand Atlas de Géographie*** (éd. 1992) : 118, 126 ; 233d (Téhéran)
→ ***Grand Atlas de l'Histoire*** : 228, 229, 248, 249, 260, 261, 284, 285, 294, 295

Démographie

- ***Population*** (estim. 1997) : 62 304 000 [a].
- ***Densité*** [b] (1997) : 37,9 hab./km².
- ***Répartition urbaine/rurale*** (1995-1996) : population urbaine 58,3 % ; population rurale 41,7 %.
- ***Répartition par sexe*** (1991) : hommes 51,52 % ; femmes 48,48 %.
- ***Répartition par âge*** (1991) : moins de 15 ans 44,3 % ; de 15 à 29 ans 26,6 % ; de 30 à 44 ans 15,1 % ; de 45 à 59 ans 8,2 % ; de 60 à 74 ans 4,8 % ; 75 ans et plus 1,0 %.
- ***Projection démographique*** : 65 730 000 en 2000 ; 78 567 000 en 2010.
- ***Temps de doublement*** : 26 ans.
- ***Composition ethnique*** (1995) : Perses 51 % ; Azéris 24 % ; Gilakis et Mazandaranis 8 % ; Kurdes 7 % ; Arabes 3 % ; Lurs 2 % ; Balouches 2 % ; Turkmènes 2 % ; autres 1 %.
- ***Appartenances religieuses*** (1994) : musulmans 99,1 %, dont chiites 93,4 %, sunnites

Corpus : ALIMENTATION (ÉCONOMIE DE L') – Les grands produits alimentaires ; ASIE – Géographie humaine (l'Asie sud-occidentale) ; CASPIENNE (MER) [ressources et activités] ; FAMILLE – Les communautés familiales (le cas iranien) ; IRAK-IRAN (GUERRE) ; ISLAM (Histoire) – Modernisme dans le monde musulman (Iran) ; ISPAHAN ; KURDES (les Kurdes d'Iran) ; PÉTROLE – Géographie du pétrole (Moyen-Orient) ; PROCHE ET MOYEN-ORIENT CONTEMPORAIN (aspects d'histoire économique contemporaine) ; SHĪ'ISME (Khomeyni et la politisation du shī'isme) ; TURKMÈNES.

Universalia 1986 : 272 La guerre des villes avec l'Irak ; ***Universalia 1988*** : 257 Les Kurdes dans le conflit Iran-Irak ; ***Universalia 1991*** : 97 La crise du Golfe ; 111 Les conflits communautaires et ethniques dans le monde contemporain ; ***Universalia 1992*** : 133 Nouveau désordre régional et enjeux démocratiques au Moyen-Orient ; 270 Pour un nouvel ordre mondial ?

Thesaurus :
ABADAN
AZERBAÏDJAN IRANIEN
BAKHTYÂRÎ
BÉLOUTCHES
BÉLOUTCHISTAN
CHAṬṬ AL-'ARAB
CHIRAZ
FÂRS
GILÂN
GORGÂN
ISPAHAN
KERMÂN
KERMÂNSHÂH
KHORÂSÂN
KHÛZISTAN
LUR
LURISTÂN
MAZANDERAN
MECHHED
NÎSHÂPÛR
ORMOUZ
PERSIQUE (GOLFE)
QASHQAI
QOM
RAY
SÎSTÂN
TABRÎZ
TADJIK
TÉHÉRAN

provinces	superficie (km²)	population (recens. 1991)
Ardabil	17 814	1 141 625
Azārbāijān-e Gharbi (Azerbaïdjan e Gharbi)	37 588	2 284 208
Azārbāijān-e Sharqi	49 297	3 278 718
Boyer Aḥmad-e Kohkilūyeh	14 261	496 739
Būshehr	25 357	694 252
Chahār Mahāl-e Bakhtiāri	14 820	747 297
Eṣfahān (Isfahan, Ispahan)	104 650	3 682 444
Fārs	126 489	3 543 828
Gilān	14 811	2 204 047
Hamadān	19 445	1 651 320
Hormozgān	68 476	924 433
Ilām (Elam)	19 086	440 693
Kermān	186 422	1 862 542
Kermānshāshān	23 667	1 622 159
Khorāsān (Khorazan)	313 335	6 013 200
Khūzestān (Kouzistan)	67 132	3 175 852
Kordestān (Kurdistan)	27 855	1 233 480
Lorestān	28 803	1 501 778
Markazi	29 530	1 182 611
Māzandarān	46 456	3 793 140
Qazvīn	— [1]	— [1]
Qom	10 930	757 147
Semnān	91 538	458 125
Sistān-e Balūchestān (Sistan e Baloutchistan)	181 471	1 455 102
Tehrān (Téhéran)	53 693 [1]	11 001 295 [1]
Yazd	72 342	691 119
Zanjān	— [1]	— [1]
total	**1 645 258**	**55 837 163**

1. La province de Téhéran comprend les provinces de Qazvīn et Zanjān. La province de Qazvīn a été créée en janvier 1997 à partir d'une partie de la province de Zanjān.

Territoire et population.

	1995-1996		1991	
	milliards de IRR[1]	% du total	effectifs	% des effectifs
agriculture	46 892	25,2	3 205 430	21,7
pétrole, gaz naturel	29 069	15,6	100 545	0,7
autres exploitations minières	884	0,5		
industrie	25 877	13,9	2 013 724	13,7
bâtiment	6 346	3,4	1 372 437	9,3
entreprises publiques	1 854	1,0	129 000	0,9
transports et communications	11 435	6,2	762 178	5,2
commerce, restauration	27 981	15,0	1 238 305	8,4
finance, immobilier	16 331	8,8	194 686	1,3
administration, défense nationale	16 832	9,0	3 517 897	23,9
services	3 283	1,8		
autres	− 659 [2]	− 0,4 [2]	2 202 502 [3]	14,9
total	**186 125**	**100,0**	**14 736 704**	**100,0**

1. Au coût des facteurs. 2. Moins les frais de service bancaire. 3. Dont 1 640 092 sans-emploi. 4. Le total général ne correspond pas exactement au détail en raison des arrondis.

Structure du produit intérieur brut et effectifs.

5,7 % ; béhaïs 0,6 % ; chrétiens 0,1 % ; zoroastriens 0,1 % ; juifs 0,1 %.

■ ***Principales villes*** (1994) : Téhéran 6 750 043 hab. ; Meshed 1 964 489 hab. ; Isfahan 1 220 595 hab. ; Tabriz 1 166 203 hab ; Chiraz 1 042 801 hab. ; Ahwaz 828 380 hab. ; Qom 780 453 hab.

Statistiques de l'état civil

■ ***Taux de natalité*** (1996) : 33,7 ‰ (moyenne mondiale 25,0 ‰).

■ ***Taux de mortalité*** (1996) : 6,6 ‰ (moyenne mondiale 9,3 ‰).

■ ***Taux d'accroissement naturel*** (1996) : 27,1 ‰ (moyenne mondiale 15,7 ‰).

■ ***Taux de fécondité*** (nombre moyen de naissances par femme en âge de procréer, 1996) : 4,7.

■ ***Nombre de mariages*** (pour 1 000 hab. 1993) : 7,9.

■ ***Espérance de vie*** à la naissance (1996) : hommes 66,1 ans ; femmes 68,7 ans.

■ ***Principales causes de décès*** (fondés sur environ 20 % du total des décès, pour 100 000 hab., 1990) : maladies de l'appareil circulatoire 304,0 ; accidents et actes de violence 108,0 ; tumeurs malignes (cancers) 61,0 ; maladies de l'appareil respiratoire 48,0.

Économie nationale

■ ***Budget de l'État*** (1996-1997)
Recettes : 54 369 000 000 000 IRR (recettes pétrolières 51,5 % ; taxes 19,6 % ; autres 28,9 %).
Dépenses : 54 619 000 000 000 IRR (dépenses courantes 58,5 % ; dépenses de développement 41,5 %).

■ ***Production***
Agriculture, sylviculture, pêche (1996).
Blé 11 200 000 t ; betteraves à sucre 4 000 000 t ; orge 3 000 000 t ; riz 2 300 000 t ; tomates 2 150 000 t ; pommes 2 000 000 t ; raisins 1 900 000 t ; sucre de canne 1 900 000 t ; oranges 1 600 000 t ; concombres et cornichons 1 250 000 t ; oignons 1 200 000 t ; dattes 795 000 t ; citrons et limes 655 000 t ; maïs 600 000 t ; coton brut 312 000 t ; pistaches 282 000 t.
Cheptel (sur pied) : moutons 51 499 000 ; bovins 8 492 000.
Bois (1995) : 7 463 000 m³.
Pêche (1995) : 368 300 t.
Industries extractives (1994-1995) : gypse (1995) 8 230 000 t ; minerai de fer (métal contenu, 1994) 4 300 000 t ; minerai de cuivre (métal contenu) 117 900 t ; minerai de zinc (métal contenu) 72 900 t ; chromite (métal contenu) 39 000 t.
Industries manufacturières (valeur ajoutée en millions d'USD, 1994) : fer et acier 890 ; produits alimentaires 755 ; textiles 635 ; équipement de transport 473 ; machines électriques 461 ; briques, tuiles et ciment 451.
Énergie (production/consommation) : électricité 84 969 000 000 (1995-1996)/79 128 000 000 (1994) kWh ; charbon 980 000 (1994)/ 1 280 000 t ; pétrole brut 1 318 000 000 (1995-1996)/343 300 000 (1994) barils ; produits pétroliers (1994) 45 500 000/47 180 000 t ; gaz naturel (1995-1996) 39 100 000 000/ 39 000 000 000 m³.

■ ***Dette publique*** (extérieure, créances, 1995) : 17 078 000 000 USD.

■ ***Tourisme*** (1995-1996) : recettes touristiques 67 000 000 USD ; dépenses touristiques à l'étranger 241 000 000 USD.

■ ***Produit national brut*** (1995-1996) : 60 792 000 000 USD (1 000 USD/hab.).

■ ***Population active*** (1995) : 14 736 704 ; taux d'activité 26,4 % (taux de participation : 15-64 ans 46,8 % ; femmes 11,1 % ; sans-emploi [1994] 30 %).

■ ***Revenus et dépenses des ménages***
Taille moyenne des ménages (1991) : 5,1.
Revenu annuel moyen par ménage urbain (1988) : 1 339 970 IRR (19 536 USD) ; sources des revenus urbains (1988) : salaires 37,4 % ; activités non salariées 30,5 % ; autres 32,1 %.
Dépenses (1991-1992) : alimentation, boissons, tabac et dépenses dans les cafés et les hôtels 42,6 % ; logement et énergie 24,9 % ; habillement 11,8 %.

■ ***Utilisation du sol*** (1994) : forêts 7,0 % ; prairies et pâturages 26,9 % ; terres cultivées et plantations 11,1 % ; autres 55,0 %.

Échanges extérieurs

■ ***Importations*** (1994-1995) : 11 795 000 000 USD (machines non électriques 34,4 % ; produits métallurgiques 5,9 % ; grains 5,8 % ; matériel de transport 5,4 %).
Principales sources des importations : Allemagne 18,7 % ; Italie 8,5 % ; Japon 7,6 % ; Belgique 5,5 % ; Émirats arabes unis 5,5 %.

■ ***Exportations*** (1994-1995) : 19 428 000 000 USD (pétrole et gaz naturel 75,2 % ; tapis 11 % ; pistaches 2,0 % ; produits métallurgiques 1,8 %).
Principales destinations des exportations : Japon 15,1 % ; États-Unis 13,9 % ; Royaume-Uni 9,2 % ; Allemagne 6,2 % ; Corée du Sud 4,8 %.

Transports et communications

■ ***Transports***
Chemins de fer : longueur (1995) 7 286 km ; trafic (1993) : 6 422 000 000 passagers-km ; 9 124 000 000 t-km.
Routes (1995) : longueur totale 158 000 km (59 % recouvertes [1989]).

	1990-1991	1991-1992	1992-1993	1993-1994	1994-1995	1995-1996
indice des prix à la consommation	100,0	120,7	150,2	184,5	249,3	372,5
indice des revenus quotidiens*	100,0	113,6	136,9	161,4	200,4	278,2

(•) Dans le bâtiment uniquement.

Indices des prix et des revenus (1990-1991 = 100).

	1990-1991	1991-1992	1992-1993	1993-1994	1994-1995	1995-1996
millions de USD	+ 975	− 11 016	− 10 002	− 1 927	+ 7 633	+ 6 160
% du total	2,6	22,8	20,1	5,1	24,4	20,1

Balance commerciale (prix courants).

	nombre d'établissements	nombre d'enseignants	nombre d'élèves	nombre d'élèves par enseignant
primaire (7-11 ans)	61 889	311 531*	9 745 600	31,7*
secondaire (12-18 ans)	30 389*	228 869	7 284 611	31,8
professionnel et formation à l'enseignement		20 418	368 218	18,0
supérieur		36 366	478 455	13,2

(•) 1993-1994.

Enseignement (1994-1995).

Véhicules (1994) : voitures particulières 1 630 000 ; camions et autobus 609 000.
Marine marchande (1992) : 403 navires (de 100 tjb et plus) ; 8 345 269 tonneaux de port en lourd.
Transports aériens (Iran Air, 1996) ; trafic : 6 128 000 000 passagers-km ; 109 600 000 t-km. 19 aéroports desservis par des vols réguliers (1996).

■ ***Communications***
Journaux quotidiens (1994) : diffusion totale 1 250 000 ; diffusion pour 1 000 hab. 20.
Radiodiffusion (1996) : 13 000 000 postes récepteurs ; 213 pour 1 000 hab.
Télévision (1995) : 7 000 000 postes récepteurs ; 117 pour 1 000 hab.
Téléphone (1995) : 5 090 400 lignes principales ; 85 pour 1 000 hab.

Éducation et santé

■ ***Niveau d'éducation*** (1986)
Proportion de la population âgée de plus de 25 ans : sans instruction scolaire 12,8 % ; ayant une éducation primaire 40,4 % ; éducation secondaire 38,0 % ; éducation supérieure 7,8 % ; sans précision 1,0 %.

■ ***Alphabétisation*** (1994) : personnes âgées de 15 ans et plus alphabétisées 25 300 000 (72,1 %) hommes 14 200 000 (78,4 %) ; femmes 11 100 000 (65,8 %).

■ ***Santé*** : 37 000 médecins en 1994 (1 pour 1 600 hab.) ; 93 000 lits d'hôpital en 1995 (1 pour 650 hab.) ; taux de mortalité infantile (1996) : 52,7 ‰.

■ ***Alimentation*** (1995) : apport journalier en calories par habitant 2 955 (alimentation d'origine végétale 91 % ; d'origine animale 9 %) ; soit 123 % du niveau minimal recommandé par la F.A.O.

Défense nationale

■ ***Contingent*** (1996) : 513 000 (Gardiens de la révolution 23,4 % ; armée de terre 67,3 % ; marine 3,5 % ; armée de l'air 5,8 %).

■ ***Dépenses militaires*** (1995) : 2,6 % du P.N.B. (moyenne mondiale 2,8 %) ; soit 65 USD/hab.

a. Estimation de jure excluant les réfugiés.
b. Sur la base de la surface terrestre.

→ *Corpus* : IRLANDE (RÉPUBLIQUE D')
→ *Grand Atlas de Géographie* (éd. 1992) : 28, 48
→ *Grand Atlas de l'Histoire* : 208, 209, 264, 267, 274, 295

IRLANDE

● ***Noms officiels*** : Irlande (angl. : Ireland ; gaél. : Eire). Code I.S.O. : IE.

● ***Forme de gouvernement*** : république à structure étatique unitaire et à régime multipartiste avec un Parlement (Oireachtas) comprenant deux chambres (Sénat ou Seanad [60 dont 11 nommés] et Chambre des représentants ou Dail Eireann [166]).

● ***Chef de l'État*** : président.

● ***Chef du gouvernement*** : Premier ministre.

● ***Capitale*** : Dublin (gaél. : Baile Átha Cliath).

● ***Langues officielles*** : anglais ; gaélique.

● ***Religion officielle*** : aucune.

● ***Unité monétaire*** : 1 livre irlandaise (IEP) = 100 nouveaux pence (sing. penny) ; valeur (31 déc. 1997) : 100 IEP = 856,55 FRF ; 1 écu = 0,771 961 IEP.

Démographie

■ ***Population*** (estim. 1997) : 3 644 000.

■ ***Densité*** (1997) : 51,8 hab./km².

■ ***Répartition urbaine/rurale*** (1996) : population urbaine 58,0 % ; rurale 42,0 %.

■ ***Répartition par sexe*** (1996) : hommes 49,64 % ; femmes 50,36 %.

■ ***Répartition par âge*** (1996) : moins de 15 ans 23,7 % ; de 15 à 24 ans 17,5 % ; de 25 à 44 ans 28 % ; de 45 à 59 ans 15,6 % ; de 60 à 74 ans 12,3 % ; 75 ans et plus 2,9 %.

■ ***Projection démographique*** : 3 702 000 en 2000 ; 3 904 000 en 2010.

■ ***Temps de doublement*** : sans objet.

■ ***Lieu de naissance*** (1991)
Proportion de la population née en Irlande 93,5 % ; en Angleterre et au pays de Galles 3,6 % ; en Irlande du Nord 1,0 % ; aux États-Unis 0,4 % ; en Écosse 0,4 % ; autres 1,1 %.

■ ***Appartenances religieuses*** (1991) : catholiques 91,6 % ; Église d'Irlande (anglicane) 2,3 % ; presbytériens 0,4 % ; autres 5,7 %.

■ ***Principales villes*** (communes, 1996) : Dublin 480 996 hab. ; Cork 127 092 hab. ; Galway 57 095 hab. ; Limerick 52 042 hab. ; Waterford 42 516 hab.

Statistiques de l'état civil

■ ***Taux de natalité*** (1996) : 13,9 ‰ (moyenne mondiale 26,0 ‰) ; taux de naissances légitimes 77,8 %, illégitimes 22,2 % (1995).

■ ***Taux de mortalité*** (1996) : 8,7 ‰ (moyenne mondiale 9,2 ‰).

■ ***Taux d'accroissement naturel*** (1996) : 5,2 ‰ (moyenne mondiale 16,8 ‰).

■ ***Taux de fécondité*** (nombre moyen de naissances par femme en âge de procréer, 1994) : 1,8.

■ ***Espérance de vie*** à la naissance (1990-1992) : hommes 72,3 ans ; femmes 77,9 ans.

■ ***Principales causes de décès*** (pour 100 000 hab., 1996) : maladies de cœur et de l'appareil circulatoire 385,2, dont maladies de cœur ischémiques 210,0 ; tumeurs malignes (cancers) 201,8 ; maladies de l'appareil respiratoire 131,6, dont pneumonie 42,7.

Économie nationale

■ ***Budget de l'État*** (1997)
Recettes : 13 584 100 000 IEP (impôts sur le revenu 36,3 % ; taxe à la valeur ajoutée 25,5 % ; impôts indirects 18,2 %).
Dépenses : 14 996 000 000 IEP (assistance sociale 30,6 % ; santé 16,5 % ; service de la dette 15,2 % ; éducation 14,7 %).

■ ***Dette publique*** (1995) : 48 449 000 000 USD.

■ ***Tourisme*** (1995) : recettes touristiques 2 688 000 000 USD ; dépenses touristiques à l'étranger 2 030 000 000 USD.

■ ***Production***
Agriculture, sylviculture, pêche (1996).
Betteraves à sucre 1 485 000 t ; orge 1 225 000 t ; blé 771 000 t ; pommes de terre 733 000 t ; avoine 146 000 t ; lait 51 900 000 hl (1995).
Cheptel (sur pied) : moutons 7 934 000 ; bovins 7 423 000 ; porcs 1 620 000.
Bois (1995) : 2 204 000 m³.
Pêche (1995) : 412 722 t.
Industries extractives (1994) : gypse 367 300 t ; minerai de zinc (métal contenu) 194 000 t ; minerai de plomb (métal contenu) 53 700 t.
Industries manufacturières (valeur ajoutée, 1990) : produits métalliques et mécaniques 3 237 500 000 IEP ; produits alimentaires 1 828 300 000 IEP ; produits chimiques 1 492 600 000 IEP ; papier, imprimerie et édition 452 900 000 IEP ; produits minéraux non métalliques 441 400 000 IEP ; textiles 192 400 000 IEP.
Bâtiment (1996) : résidentiel 4 167 000 m² ; non résidentiel 3 531 000 m².
Énergie (production/consommation) : électricité (1994) 17 105 000 000/17 105 000 000 kWh ; charbon (1994) 1 000/2 695 000 t ; pétrole brut (1994) 0/16 764 000 barils ; produits pétroliers (1994) 2 213 000/4 879 000 t ; gaz naturel (1994) 2 565 000 000/2 565 000 000 m³.

■ ***Produit national brut*** (1995) : 52 765 000 000 USD (14 710 USD/hab.).

■ ***Population active*** (1996) : 1 475 000 ; taux d'activité 40,7 % (taux de participation : 15-64 ans [1988] 59,2 % ; femmes [1988] 30,5 % ; sans-emploi [avril] 11,9 %).

■ ***Revenus et dépenses des ménages***
Taille moyenne des ménages (1996) : 3,3.
Revenu moyen par ménage (1994-1995) : 16 224 IEP.
Sources de revenus (1987) : salaires et traitements 58,6 % ; activités non salariées 13,3 % ; intérêts et dividendes 8,2 %.
Dépenses (novembre 1996) : alimentation 22,8 % ; transports 13,9 % ; loyers et biens ménagers 11,6 % ;

■ ***Utilisation du sol*** (1994) : forêts 8,3 % ; pâturages 44,6 % ; terres cultivées 19,1 % ; autres 28,0 %.

provinces et comtés	chefs-lieux	superficie (km²)	population (recens. 1996)
Connaught (Connacht)		**17 122**	**423 000**
Galway (Gaillimh)	Galway (Gaillimh)	5 940	189 000
Leitrim (Liatroim)	Carrick-on-Shannon (Cora Droma Rúisc)	1 525	25 000
Mayo (Maigh Eo)	Castlebar (Caisleán an Bharraígh)	5 398	111 000
Roscommon (Ros Comáin)	Roscommon (Ros Comáin)	2 463	52 000
Sligo (Sligeach)	Sligo (Sligeach)	1 796	56 000
Leinster (Laighean, Cúige Laighean, var. **Laigin)**		**19 633**	**1 922 000**
Carlow (Ceatharlach)	Carlow (Ceatharlach)	896	42 000
Dublin (Baile Átha Cliath)	Dublin (Baile Átha Cliath)	922	1 057 000
Kildare (Cill Dara)	Naas (Nás, var. An Nás)	1 694	135 000
Kilkenny (Cill Chainnigh ou Cill Choinnigh)	Kilkenny (Cill Chainnigh ou Cill Choinnigh)	2 062	75 000
Laois, var. Leix (Laois, var. Laoighis)	Port Laoise (Port Laoise, var. Port Laoighise)	1 719	53 000
Longford (Longford, var. An Longfort, Longphort)	Longford (Longfort)	1 044	30 000
Louth (Lúbhadh, var. Lughbhaidh, Lú)	Dundalk (Dún Dealgan)	823	92 000
Meath (An Mhí, var. Contae na Mí, Contae na Midhe)	Trim (Baile Átha Troim)	2 336	109 000
Offaly (Ua bhFáilí, var. Uíbh Fhailí)	Tullamore (An Tulach Mhór)	1 998	59 000
Westmeath (An Iarmhí)	Mullingar (An Muileann Cearr [ou gCearr])	1 763	63 000
Wexford (Loch Garman)	Wexford (Loch Garman)	2 351	104 000
Wicklow (Cill Mhantáin)	Wicklow (Cill Mhantáin)	2 025	102 000
Munster (An Mhumhain, var. **Cúige Mumhan)**		**24 127**	**1 033 000**
Clare (An Clár, var. Contae an Chláir)	Ennis (Inis)	3 188	94 000
Cork (Corcaigh)	Cork (Corcaigh)	7 460	420 000
Kerry (Ciarrái)	Tralee (Trá Lí, var. Tráighlí)	4 701	126 000
Limerick (Luimneach)	Limerick (Luimneach)	2 686	165 000
Tipperary North Riding	Clonmel (Cluain Meala)	1 996	58 000
Tipperary South Riding (Tiobraid Árann)	Clonmel (Cluain Meala)	2 258	75 000
Waterford (Port Láirge)	Waterford (Port Láirge)	1 838	95 000
Ulster (Ulaidh)		**8 012**	**234 000**
Cavan (An Cabhán)	Cavan (An Cabhán)	1 891	53 000
Donegal (Dún na nGall)	Lifford (Leifear)	4 830	129 000
Monaghan (Muineachán)	Monaghan (Muineachán)	1 291	51 000
total		**68 895** (•)	**3 622 000**
surface des eaux intérieures		1 390	
superficie totale		**70 285**	

Dans le présent tableau, les provinces d'Irlande, les comtés et leurs chefs-lieux sont présentés sous leur forme anglaise, suivie entre parenthèses de leur forme gaélique.
(•) Le total général ne correspond pas exactement au détail en raison des arrondis.

Territoire et population.

	millions de IEP [1]	% du total	effectifs	% des effectifs
agriculture	2 858	7,5	136 000	9,2
mines	14 480 (mines, industrie, bâtiment, entreprises publiques)	38,4	5 000	0,3
industrie			246 000	16,7
bâtiment			86 000	5,8
entreprises publiques			14 000	0,9
transports et communications	6 749 (transports et communications, commerce)	17,9	80 000	5,4
commerce			273 000 [2]	18,5
administration, défense nationale	1 931	5,1	76 000	5,2
services	11 729 (services, finance, autres)	31,1	369 000	25,0
finance			— [2]	—
autres			191 000 [3]	13,0
total	**37 747**	**100,0**	**1 475 000**	**100,0**

1. Au coût des facteurs. 2. Les effectifs de la finance sont compris dans ceux du commerce. 3. Sans-emploi.

Structure du produit intérieur brut et effectifs (1996).

	1990	1991	1992	1993	1994	1995	1996
indice des prix à la consommation	100,0	103,2	106,4	107,9	110,4	113,2	115,1
indice des revenus hebdomadaires	100,0	104,4	108,6	114,4	117,8	120,5	123,1 (•)

(•) Second quart.

Indices des prix et des revenus (1990 = 100).

	1991	1992	1993	1994	1995	1996
millions de IEP	+ 2 168	+ 3 549	+ 4 945	+ 5 470	+ 7 206	+ 7 750
% du total	7,7	11,8	14,2	13,7	14,9	14,8

Balance commerciale (prix courants).

Échanges extérieurs [a]

■ ***Importations*** (1995) : 20 347 300 000 IEP (équipement industriel et de transport 42,4 % ; produits chimiques 12,9 % ; produits manufacturés 11,5 % ; produits alimentaires 7,2 % ; pétrole et produits pétroliers 3,3 % ; matières premières non comestibles 2,0 % ; boissons et tabac 1,0 %).
Principales sources des importations : Royaume-Uni 35,5 % ; États-Unis 17,5 % ; Allemagne 7,1 % ; Japon 5,2 % ; Singapour 4,0 % ; France 3,8 % ; Pays-Bas 2,7 %.

■ ***Exportations*** (1995) : 22 680 900 000 IEP (équipement industriel et de transport 34,6 % ; produits chimiques 18,8 % ; produits alimentaires 17,5 % ; produits manufacturés 4,8 %).
Principales destinations des exportations : Royaume-Uni 25,7 % ; Allemagne 14,4 % ; France 9,4 % ; États-Unis 8,2 %.

Transports et communications

■ ***Transports***
Chemins de fer (1995) : longueur 1 947 km ; trafic : 1 331 900 000 passagers-km ; 573 000 000 t-km.
Routes (1995) : longueur totale 92 340 km (94 % recouvertes).
Véhicules (1995) : voitures particulières 990 384 ; camions et autobus 155 153.
Marine marchande (1992) : 189 navires (de 100 tjb et plus) ; 208 573 tonneaux de port en lourd.
Transports aériens (1996, Aer Lingus uniquement) ; trafic : 5 126 177 000 passagers-km ; 102 055 000 t-km. 9 aéroports desservis par des vols réguliers (1996).

■ ***Communications***
Journaux quotidiens (1996) : diffusion totale 542 000 ; diffusion pour 1 000 hab. 151.
Radiodiffusion (1996) : 2 150 000 postes récepteurs ; 597 pour 1 000 hab.
Télévision (1995) : 1 000 000 postes récepteurs ; 279 pour 1 000 hab.
Téléphone (1996) : 1 341 719 lignes principales ; 373 pour 1 000 hab.

Éducation et santé

■ ***Niveau d'éducation*** (1991)
Proportion de la population âgée de 15 ans et plus : non scolarisées et ayant une éducation primaire 33,7 % ; éducation secondaire 42,7 % ; début d'éducation postsecondaire 12,6 % ; supérieure 11,0 %.

■ ***Alphabétisation*** (1987) : presque 100 %.

■ ***Santé*** : 5 180 médecins en 1984 (1 pour 681 hab.) ; 11 853 lits d'hôpital (soins intensifs dans les hôpitaux publics uniquement) en 1994 (1 pour 301 hab.) ; taux de mortalité infantile (1994) : 5,9 ‰.

Corpus : EUROPE (Structure et milieu) – Géographie (l'expansion démograhique) ; EUROPE OCCIDENTALE – Communauté économique européenne ; IRLANDE ; TOURISME.

Universalia 1985 : 297 Les deux Irlandes dans la tourmente ; ***Universalia 1987 :*** 293 L'accord anglo-irlandais de 1985 ; ***Universalia 1991 :*** 117 La Communauté européenne dans la nouvelle configuration Est-Ouest ; ***Universalia 1995 :*** 241 Irlande du Nord : l'arrêt des combats.

Thesaurus :
CORK
DROGHEDA
DUBLIN
LIMERICK

	nombre d'établissements	nombre d'enseignants	nombre d'élèves	nombre d'élèves par enseignant
primaire (6-11 ans)	3 319	20 901	491 256	23,5
secondaire (12-18 ans)	452	12 635	225 490	17,8
professionnel et formation à l'enseignement	327	8 019	146 050	18,2
supérieur	29	4 889	88 925	18,2

Enseignement (établissements publics uniquement, 1994-1995).

■ ***Alimentation*** (1995) : apport journalier en calories par habitant 3 638 (alimentation d'origine végétale 61 % ; d'origine animale 39 %) ; soit 145 % du niveau minimal recommandé par la F.A.O.

Défense nationale

■ ***Contingent*** (1995) : 12 900 (armée de terre 84,5 % ; marine 7,7 % ; armée de l'air 7,8 %).

■ ***Dépenses militaires*** (1994) : 1,3 % du P.N.B. (moyenne mondiale 3,0 %) ; soit 172 USD/hab.

a. Importations : chiffres C.I.F. pour la balance commerciale.

ISLANDE

- ***Nom officiel*** : République d'Islande (Lýdhveldidh Ísland). Code I.S.O. : IS.
- ***Forme de gouvernement*** : république à structure étatique unitaire et à régime multipartiste avec un Parlement (Althing [63]).
- ***Chef de l'État*** : président.
- ***Chef du gouvernement*** : Premier ministre.
- ***Capitale*** : Reykjavik (Reykjavík).
- ***Langue officielle*** : islandais.
- ***Religion officielle*** : Église luthérienne évangélique.
- ***Unité monétaire*** : 1 couronne islandaise (króna, pl. krónur [ISK]) = 100 aurar (sing. eyrir); valeur (31 déc. 1997) : 100 ISK = 8,30 FRF.

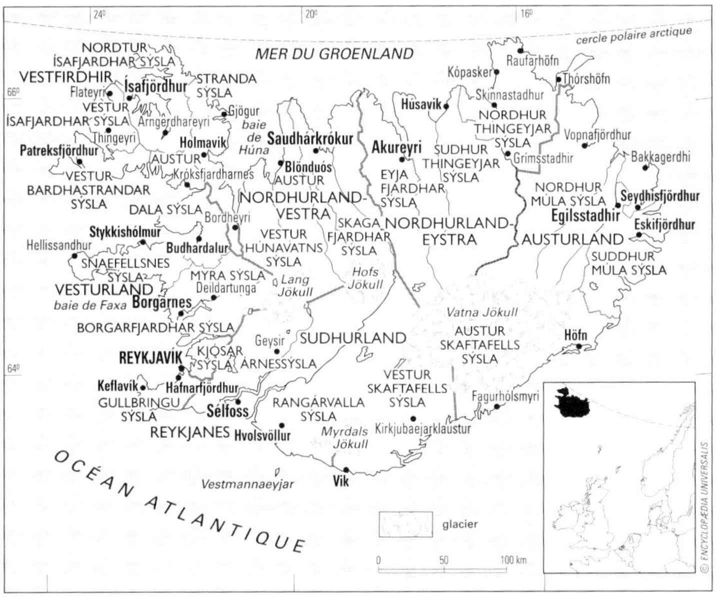

Démographie

■ ***Population*** (estim. 1997) : 271 000.

■ ***Densité*** (1997)[a] : 11,4 hab./km².

■ ***Répartition urbaine/rurale*** (1996) : population urbaine 91,9 %, rurale 8,1 %.

■ ***Répartition par sexe*** (1997) : hommes 50,11 % ; femmes 49,89 %.

■ ***Répartition par âge*** (1997) : moins de 15 ans 24,0 % ; de 15 à 29 ans 22,9 % ; de 30 à 44 ans 22,8 % ; de 45 à 59 ans 15,2 % ; de 60 à 74 ans 10,2 % ; 75 ans et plus 4,9 %.

■ ***Projection démographique*** : 277 000 en 2000 ; 298 000 en 2010.

■ ***Temps de doublement*** : 79 ans.

■ ***Composition ethnique*** (par lieu de naissance, 1995) : Islandais 95,9 % ; Danois 0,8 % ; Suédois 0,5 % ; Américains 0,5 % ; Allemands 0,3 % ; autres 2,0 %.

■ ***Appartenances religieuses*** (1996) : protestants 95,0 %, dont Église évangélique (luthériens) 90,5 %, autres luthériens 3,5 % ; catholiques 1,0 % ; sans appartenance 1,9 % ; autres 2,1 %.

■ ***Principales villes*** (1996) : Reykjavik 105 487 hab. (zone urbaine 160 629 hab.) ; Kópavogur 18 553 hab. ; Hafnarfjördhur 17 938 hab. ; Akureyri 15 009 hab.

Statistiques de l'état civil

■ ***Taux de natalité*** (1995) : 16,0 ‰ (moyenne mondiale 25,0 ‰) ; taux de naissances légitimes 39,1 %, illégitimes 60,9 %.

■ ***Taux de mortalité*** (1995) : 7,2 ‰ (moyenne mondiale 9,3 ‰).

■ ***Taux d'accroissement naturel*** (1995) : 8,8 ‰ (moyenne mondiale 15,7 ‰).

■ ***Taux de fécondité*** (nombre moyen de naissances par femme en âge de procréer, 1995) : 2,1.

■ ***Nombre de mariages*** (pour 1 000 hab., 1995) : 4,6.

■ ***Nombre de divorces*** (pour 1 000 hab., 1995) : 1,8.

■ ***Espérance de vie*** à la naissance (1994-1995) : hommes 76,5 ans ; femmes 80,6 ans.

■ ***Principales causes de décès*** (pour 100 000 hab., 1994) : maladies de l'appareil circulatoire 300,4, dont maladies de cœur ischémiques 175,6, maladies cérébro-vasculaires 69,2 ; tumeurs malignes (cancers) 166,5 ; maladies de l'appareil respiratoire 80,1.

Économie nationale

■ ***Budget de l'État*** (1995)
Recettes : 162 757 000 000 ISK (impôts indirects 50,6 %, dont taxe à la valeur ajoutée 26,4% ; impôts directs 41,8 % ; recettes non fiscale 7,6 %).
Dépenses : 178 997 000 000 ISK (santé et assistance sociale 40,2 % ; éducation 12,3 % ; communications 7,6 % ; administration générale 4,9 % ; agriculture 4,1 %).

■ ***Dette publique*** (extérieure, créances, déc. 1995) : 3 274 000 000 USD.

■ ***Tourisme*** (1996) : recettes touristiques 153 700 000 USD ; dépenses touristiques à l'étranger 309 700 000 USD.

■ ***Production***
Agriculture, sylviculture, pêche (1996).
Pommes de terre 11 200 t ; fourrage 1 554 000 m³ ; foin 1 338 000 m³.
Cheptel (sur pied) : moutons 463 900 ; chevaux 80 500 ; bovins 74 800.
Pêche (valeur en millions de ISK, 1995) : morues 14 390 ; crevettes 10 489 ; saumons 6 494 ; flétans 4 976 ; églefins 4 412.
Industries extractives (1995) : diatomite 28 100 t.
Industries manufacturières (valeur ajoutée, millions de ISK, 1993) : poisson en conserve 17 534 ; imprimerie et édition 5 020 ; produits métalliques usinés 3 996 ; viande 2 569 ; meubles 2 275.
Bâtiment (constructions achevées) : résidentiel (1995) 600 000 m³ ; non résidentiel (1994) 944 000 m³.
Énergie (production/consommation) : électricité (1996) 5 118 000 000/(1995) 4 653 000 000 kWh ; charbon (1994) 0/71 000 t ; pétrole brut 0/0 ; produits pétroliers (1994) 0/558 000 t ; gaz naturel 0/0.

■ ***Produit national brut*** (aux prix courants du marché, 1995) : 6 686 000 000 USD (24 950 USD/hab.).

■ ***Population active*** (avril 1997) : 145 200 ; taux d'activité 53,7 % (taux de participation : 16-74 ans 77,2 % ; femmes 46,3 % ; sans-emploi 3,9 %).

■ ***Revenus et dépenses des ménages***
Taille moyenne des ménages (1990) : 3,6.
Revenu annuel moyen par ménage (1990) : 2 605 563 ISK (44 712 USD) ; sources des revenus (1995) : salaires et traitements 74,1 % ; retraites 10,5 % ; activités non salariées 2,7 % ; autres 12,7 %.
Dépenses (1993) : alimentation et boissons 23,9 % ; logement 16,0 % ; transports et communications 14,5 % ; loisirs 9,6 % ; équipements domestiques 7,6 % ; habillement 7,5 % ; restaurants et hôtels 7,4 %.

■ ***Utilisation du sol*** (1994) : forêts 1,2 % ; prairies et pâturages 22,7 % ; terres cultivées et plantations 0,1 % ; autres 76,0 %[b].

→ ***Corpus*** : ISLANDE
→ ***Grand Atlas de Géographie*** (éd. 1992) : 22, 24
→ ***Grand Atlas de l'Histoire*** : 264, 295

Corpus : FORÊTS (richesse forestière du globe) ; PÊCHE ; SCANDINAVIE ; TOURISME.

Thesaurus :
A.E.L.E.
CONSEIL NORDIQUE
REYKJAVIK

circonscriptions [1]	centres principaux	superficie (km²)	population (estim. déc. 1996)
Austurland (Est)	Egilsstadhir	21 991	12 684
Nordhurland eystra (Nord-Est)	Akureyri	22 368	26 652
Nordhurland vestra (Nord-Ouest)	Saudhárkrókur	13 093	9 989
Reykjanes	n.d.	1 982 [2]	71 446
Reykjavík	Reykjavík	– [2]	105 487
Sudhurland (Sud)	Selfoss	25 214	20 626
Vestfirdhir (Péninsule occidentale)	Ísafjördhur	9 470	8 856
Vesturland (Ouest)	Borgarnes	8 701	13 995
total		**102 819**	**269 735**

1. Circonscriptions électorales. La véritable administration locale repose sur des circonscriptions locales ou urbaines.
2. Reykjanes comprend Reykjavík.

Territoire et population.

	1995		1997	
	millions de ISK [1]	% du total	effectifs	% des effectifs
agriculture	8 700	1,9	6 000	4,1
pêche	33 700	7,4	6 600	3,4
industrie de la pêche	19 600	4,3	7 700	5,3
industrie	41 900	9,2	16 300	11,2
bâtiment	26 900	5,9	9 500	6,5
entreprises publiques	14 600	3,2	1 000	0,7
transports et communications	26 900	5,9	9 900	6,8
commerce, restauration	47 400	10,4	23 600	16,3
finance, immobilier	67 900	14,9	12 700	8,8
administration	62 500	13,7	5 900	4,1
santé, éducation et autres services	21 900	4,8	40 200	27,7
autres	83 900 [2]	18,4	5 700 [3]	3,9
total	**455 900**	**100,0**	**145 200** [4]	**100,0**

1. Estimation. 2. Taxes indirectes, écart statistique, activités des associations moins les subventions. 3. Sans-emploi. 4. Le total général ne correspond pas exactement au détail en raison des arrondis.

Structure du produit national brut et effectifs.

	1991	1992	1993	1994	1995	1996	1997 (juill.)
indice des prix à la consommation	106,8	111,0	115,6	117,4	119,3	122,0	123,8
indice des revenus annuels	108,3	111,5	113,1	114,5	119,6	127,3	136,0

Indices des prix et des revenus (1990 = 100).

	1991	1992	1993	1994	1995	1996
millions de ISK	– 3 253	– 392	+ 12 188	+ 20 098	+ 13 068	+ 1 467
% du total	1,7	0,2	6,9	9,7	5,9	0,6

Balance commerciale (prix courants).

	nombre d'établissements	nombre d'enseignants	nombre d'élèves	nombre d'élèves par enseignant
primaire et secondaire 1er cycle (7-15 ans)	205	3 549	42 212	11,9
secondaire 2e cycle (16 ans et plus)	35	1 454	17 970	12,4
supérieur	14	508	7 972	15,7

Enseignement (1996-1997).

Échanges extérieurs[c]

■ ***Importations*** (1996) : 135 995 000 000 ISK (appareils et machines non électriques 14,4 % ; machines et appareils électriques 8,7 % ; produits alimentaires 8,7 % ; véhicules routiers 7,7 % ; pétrole brut et produits pétroliers 7,4 %).
Principales sources des importations : Norvège 13,5 % ; Allemagne 10,9 % ; Royaume-Uni 10,2 % ; États-Unis 9,4 % ; Danemark 8,4 % ; Suède 6,7 % ; Pays-Bas 6,0 %.

■ ***Exportations*** (1996) : 126 304 000 000 ISK (produits de la mer 73,3 %, dont poissons surgelés 28,7 %, crevettes surgelées 12,6 %, poisson salé 12,4 %, farine de poisson 7,0 % ; aluminium 9,6 %).
Principales destinations des exportations : Royaume-Uni 19,0 % ; Allemagne 12,8 % ; États-Unis 12,1 % ; Japon 9,8 % ; Danemark 7,2 % ; France 6,7 %.

Transports et communications

■ ***Transports***
Chemins de fer : aucun.
Routes (1996) : longueur totale 12 378 km (25 % recouvertes).
Véhicules (1996) : voitures particulières 124 909 ; camions et autobus 16 623.
Marine marchande (1992) : 394 navires (de 100 tjb et plus) ; 114 851 tonneaux de port en lourd.
Transports aériens (Icelandair uniquement, 1996) ; trafic : 2 977 000 000 passagers-km ; 52 950 000 t-km. 24 aéroports desservis par des vols réguliers (1996).

■ ***Communications***
Journaux quotidiens (1994) : diffusion totale 137 000 ; diffusion pour 1 000 hab. 515.
Radiodiffusion (1996) : 197 000 postes récepteurs ; 733 pour 1 000 hab.
Télévision (1995) : 76 250 postes récepteurs ; 285 pour 1 000 hab.
Téléphone (1995) : 148 675 lignes principales ; 556 pour 1 000 hab.

Éducation et santé

■ ***Niveau d'éducation*** : n.d.

■ ***Alphabétisation*** : presque 100 %.

■ ***Santé*** : 797 médecins en 1995 (1 pour 335 hab.) ; 2 798 lits d'hôpital en 1993 (1 pour 95 hab.) ; taux de mortalité infantile (1993-1995) : 4,6 ‰.

■ ***Alimentation*** (1995) : apport journalier en calories par habitant 3 159 (alimentation d'origine végétale 60 % ; d'origine animale 40 %) ; soit 119 % du niveau minimal recommandé par la F.A.O.

Défense nationale

L'Islande n'entretient aucune force militaire, sa défense étant assurée par l'Iceland Defence Force établie sous l'égide de l'O.T.A.N. et composée de 2 200 soldats américains. En 1996, l'Islande possédait une garde-côtière de 120 hommes et officiers.

a. Sur la base de la surface libre de glace (23 805 km²).
b. Glaciers recouverts de tourbières ou désert de lave.
c. Importations : chiffres F.O.B. pour la balance commerciale et C.I.F. pour les marchandises et les partenaires commerciaux.

ISRAËL

• ***Noms officiels*** : État d'Israël (Dawlat Isrā'īl ; Medīnat Yisra'el). Code I.S.O. : IL.

• ***Forme de gouvernement*** : république à régime multipartiste avec une chambre législative (Knesset [120]).

• ***Chef de l'État*** : président.

• ***Chef du gouvernement*** : Premier ministre.

• ***Capitale*** : Jérusalem (Al Quds ; Yerushalayim). Proclamée capitale le 23 janvier 1950, la ville de Jérusalem est le siège effectif du gouvernement. Toutefois, ce statut ne lui est pas reconnu par une grande partie de la communauté internationale, en attendant un règlement définitif des différends territoriaux et autres entre Israël et les parties arabes concernées (Jérusalem unifiée a été proclamée « capitale éternelle » le 30 juin 1980).

• ***Langues officielles*** : arabe ; hébreu.

• ***Religion officielle*** : aucune.

• ***Unité monétaire*** : 1 nouveau sheqel (ILS) = 100 nouveaux agorot (sing. : agoro) ; valeur (31 déc. 1997) : 100 ILS = 169,35 FRF.

Démographie

■ ***Population*** [a] (estim. 1997) : 5 652 000.

■ ***Densité*** [a] (1997) : 278,1 hab./km².

■ ***Répartition urbaine/rurale*** (janv. 1996) : population urbaine 91,0 % ; population rurale 9,0 %.

■ ***Répartition par sexe*** (1997) : hommes 49,68 % ; femmes 50,32 %.

■ ***Répartition par âge*** (1997) : moins de 15 ans 28,4 % ; de 15 à 29 ans 25,2 % ; de 30 à 44 ans 19,7 % ; de 45 à 59 ans 13,7 % ; de 60 à 74 ans 8,8 % ; 75 ans et plus 4,2 %.

■ ***Projection démographique*** : 5 717 000 en 2000 ; 6 403 000 en 2010.

■ ***Temps de doublement*** : 47 ans.

■ ***Composition ethnique*** (1997) : Juifs 80,5 % ; Arabes et autres 19,5 %.

■ ***Appartenances religieuses*** (1997) : juifs 80,5 % ; musulmans (principalement sunnites) 14,6 % ; chrétiens 3,2 % ; druzes 1,6 %.

■ ***Principales villes*** (1997) : Jérusalem 602 100 hab. ; Tel-Aviv-Jaffa 353 100 hab. ; Haïfa 255 300 hab. ; Ḫolon 163 900 hab. ; Petah Tiqwa 154 500 hab.

Statistiques de l'état civil

■ ***Taux de natalité*** (1997) : 20,0 ‰ (moyenne mondiale 25,0 ‰) ; taux (1994) de naissances légitimes 98,2 %, illégitimes 1,8 %.

■ ***Taux de mortalité*** (1997) : 6,0 ‰ (moyenne mondiale 9,3 ‰).

■ ***Taux d'accroissement naturel*** (1997) : 14 ‰ (moyenne mondiale 15,7 ‰).

■ ***Taux de fécondité*** (nombre moyen de naissances par femme en âge de procréer, 1997) : 2,7.

■ ***Nombre de mariages*** (pour 1 000 hab., 1996) : 6,7.

■ ***Nombre de divorces*** (pour 1 000 hab., 1996) : 1,7.

■ ***Espérance de vie*** à la naissance (1997) : hommes 76,3 ans ; femmes 80,2 ans.

■ ***Principales causes de décès*** (pour 100 000 hab., 1991) : maladies cardiaques 211,3 ; tumeurs malignes (cancers) 140,5 ; maladies cérébrovasculaires 59,5 ; accidents 25,5 ; diabète 15,6.

Économie nationale

■ ***Budget de l'État*** (1998)

Recettes : 156 800 000 000 ILS (impôts sur le revenu et impôts fonciers 39,0 % ; taxe à la valeur ajoutée 28,0 % ; impôts sur les ventes et les combustibles 9,5 % ; redevances et intérêts 2,7 %).

Dépenses : 164 400 000 000 ILS ([1996] défense 22,3 % ; travail et assistance sociale 16,8 % ; éducation et culture 16,2 % ; intérêts des emprunts 16,2 %).

■ ***Tourisme*** (1995) : recettes touristiques 2 784 000 000 USD ; dépenses touristiques à l'étranger 3 148 000 000 USD.

■ ***Production***

Agriculture, sylviculture, pêche (1997).
Pastèques 450 000 t ; tomates 440 000 t ; pamplemousses 390 400 t ; pommes de terre 260 000 t ; blé 140 000 t ; coton brut 131 000 t.
Cheptel (sur pied) : bovins 410 000 ; moutons 340 000 ; chèvres 94 000 ; poulets 23 000 000.
Bois (1995) : 113 000 m³.
Pêche (1995) : 20 564 t.

Industries extractives (1996) : potasse 2 500 000 t ; phosphate minéral 2 450 000 t ; chaux (1994) 210 000 t ; brome 180 000 t ; composés de brome (1994) 121 000 t.

Industries manufacturières (1996) : ciment 6 723 000 t ; polyéthylène (1993) 144 148 t ; acide sulfurique (1993) 130 000 t ; papier 114 403 t ; carton 113 278 t ; chlore 34 630 t ; sulfate d'ammonium (1993) 11 817 t ; vin (1993) 12 733 000 l.

Bâtiment (1996) : résidentiel 7 010 000 m² ; non résidentiel 2 380 000 m².

Énergie (production/consommation) : électricité (1994) 28 315 000/27 985 000 kWh ; charbon (1994) 0/6 026 000 t ; pétrole brut (1994) 29 000/88 682 000 barils ; produits pétroliers (1994) 10 589 000/8 122 000 t ; gaz naturel (1994) 22 025 000/22 025 000 m³.

■ ***Population active*** (forces armées non comprises, comprend les Israéliens des territoires occupés, 1996) : 2 157 000 ; taux d'activité 38,9 %

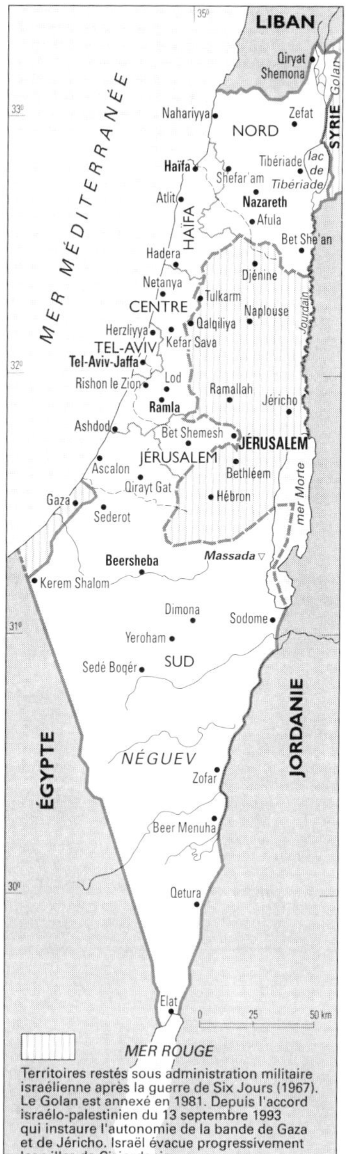

Territoires restés sous administration militaire israélienne après la guerre de Six Jours (1967). Le Golan est annexé en 1981. Depuis l'accord israélo-palestinien du 13 septembre 1993 qui instaure l'autonomie de la bande de Gaza et de Jéricho. Israël évacue progressivement les villes de Cisjordanie.

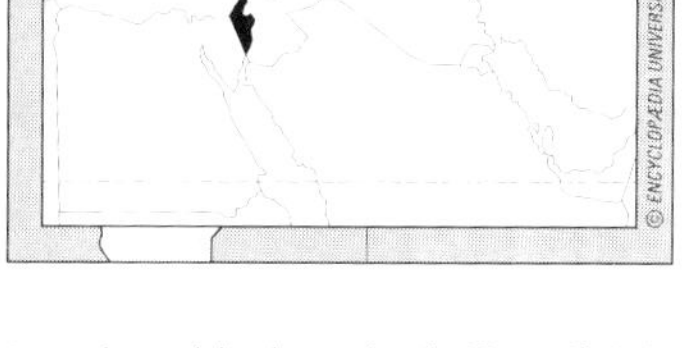

(taux de participation : plus de 15 ans 53,7 % ; femmes 43,5 % ; sans-emploi 6,7 %).

■ ***Dette publique*** (1994) : 71 069 000 000 USD.

■ ***Produit national brut*** (1995) : 87 875 000 000 USD (15 920 USD/hab.).

■ ***Utilisation du sol*** (1994) : forêts 6,1 % ; prairies et pâturages 7,0 % ; terres cultivées et plantations 21,1 % ; autres 65,8 %.

→ ***Corpus*** : ISRAËL
→ ***Grand Atlas de Géographie*** (éd. 1992) : 126, 130
→ ***Grand Atlas de l'Histoire*** : 276, 277, 284, 285, 292, 295

Corpus : ASIE – Géographie humaine (les transformations contemporaines) ; COOPÉRATIVES (coopératives ouvrières de production) ; DRUZES ; JÉRUSALEM ; JUDAÏSME – Sociologie du judaïsme contemporain (Israël et la Diaspora) ; KIBBOUTZ ET MOCHAV ; MÉDITERRANÉE (HISTOIRE DE LA) [époque contemporaine] ; MIGRANTS (ampleur du mouvement migratoire) ; PALESTINIENS (les Palestiniens et l'État d'Israël) ; PHOSPHATES SÉDIMENTAIRES (gisements) ; PROCHE ET MOYEN-ORIENT CONTEMPORAIN (aspects d'histoire économique contemporaine). ROUGE (MER) [histoire].

Universalia 1986 : 277 Un tournant dans la politique économique ; 279 La nouvelle alternance ; ***Universalia 1989*** : 288 La révolte palestinienne ; 334 L'eau : enjeux et stratégies,; ***Universalia 1990*** : 278 À l'heure de l'« intifada » ; 280 Les interprétations religieuses du sionisme ; ***Universalia 1991*** : La crise du Golfe ; 296 Une année charnière ; ***Universalia 1992*** : 133 Nouveau désordre régional et enjeux démocratiques au Moyen-Orient ; ***Universalia 1993*** : 258 Les élections et le processus de paix ; ***Universalia 1994*** : 169 L'accord israélo-palestinien : vers la fin du conflit israélo-arabe ; ***Universalia 1995*** : 268 Proche-Orient : l'accord Gaza-Jéricho ; ***Universalia 1997*** : 225 La société israélienne au miroir des élections ; 438 Nétanyhaou (B.).

Thesaurus :
AKABA (GOLFE D')
GAZA
GOLAN
HAÏFA
HÉBRON
JOURDAIN
JUDÉE
NEGUEV
TEL-AVIV

districts	chefs-lieux	superficie [1] (km²)	population (estim. janv. 1996) [2]
Centre (Ha Merkaz)	Ramla	1 242	1 213 000
Haïfa (Ḥefa)	Haïfa	854	740 300
Jérusalem (Yerushalayim)	Jérusalem	622	662 700
Nord (Ha Ẓafon)	Tiberias	3 325	952 100
Sud (Ha Darom)	Beersheba	14 107	770 200
Tel-Aviv	Tel-Aviv-Jaffa (Yafo)	170	1 141 900
total		**20 320**	**5 480 400**

1. Non compris la Cisjordanie (5 879 km²), la bande de Gaza (378 km²), le plateau du Golan (1 150 km²) et Jérusalem-Est (70 km²). 2. Comprend la population du plateau du Golan (31 500 hab.) et de Jérusalem-Est mais ne comprend pas les Israéliens vivant en Cisjordanie et dans la bande de Gaza (138 600).

Territoire et population.

	1993		1996	
	millions de ILS	% du total	effectifs	% des effectifs
agriculture	3 197	2,4	51 000	2,4
industrie et mines	29 007	21,5	405 100	18,8
bâtiment	9 678	7,2	150 000	6,9
entreprises publiques	2 263	1,7	18 500	0,9
transports et communications	10 238	7,6	124 300	5,8
commerce	15 581	11,6	331 200	15,3
finance	34 906	25,9	261 200 [1]	12,1 [1]
services publics et communautaires	5 683	4,2	625 800 [2]	29,0 [2]
services	30 482	22,6	33 800 [3]	1,6 [3]
autres	− 6 368 [4]	− 4,7	156 100 [5]	7,2 [5]
total	**134 667**	**100,0**	**2 157 000**	**100,0**

1. La finance comprend certaines activités liées aux affaires. 2. Comprend l'éducation, la santé et les services sociaux. 3. Comprend le personnel de maison. 4. Écart statistique moins les frais de service bancaire. 5. Dont 144 200 sans-emploi.

Structure du produit intérieur brut et effectifs.

	1991	1992	1993	1994	1995	1996	1997 (juin)
indice des prix à la consommation	119,0	133,2	147,8	166,0	182,7	203,3	222,0
indice des revenus journaliers	112,8	125,9	140,6	155,6	178,5	203,3	229,8

Indices des prix et des revenus (1990 = 100).

	1991	1992	1993	1994	1995	1996
millions de USD	− 5 000,9	− 5 654,8	− 5 656,4	− 6 676,4	− 9 239,7	− 9 438,8
% du total	17,4	17,7	16,0	16,4	19,5	18,7

Balance commerciale (prix courants).

	nombre d'établissements [2]	nombre d'enseignants	nombre d'élèves	nombre d'élèves par enseignant
primaire (6-13 ans)	1 937	57 618 [2]	691 800	n.d.
secondaire [1] (14-17 ans)	797	39 093 [3]	478 900	n.d.
professionnel	435	17 141 [3]	142 900	n.d.
supérieur	7	7 829 [4]	101 700	n.d.

1. Y compris les écoles internationales. 2. 1995-1996. 3. 1992-1993. 4. 1994-1995.

Enseignement (1996-1997).

■ ***Revenus et dépenses des ménages***
Taille moyenne des ménages (1996) : 3,6.
Revenu mensuel moyen par ménage (population urbaine uniquement, 1995) : 6 125 ILS (2 034 USD) ; sources des revenus : traitements et salaires 63,4 % ; rentes et assistance 18,9 % ; activités non salariées 14,6 % ; autres 3,1 %.
Dépenses (1996) : logement 22,6 % ; alimentation, boissons et tabac 21,8 % ; biens domestiques durables 7,3 % ; vêtements, chaussures et biens personnels 5,9 % ; transports 4,1 % ; énergie 4,0 %.

Échanges extérieurs

■ ***Importations*** (1996) : 29 949 000 000 USD (biens d'équipement 17,7 % ; diamants 14,1 % ; biens de consommation 13,2 % ; combustibles et lubrifiants 7,1 %).
Principales sources des importations : États-Unis 20,0 % ; Belgique 12,1 % ; Allemagne 9,4 % ; Royaume-Uni 8,8 % ; Italie 7,6 % ; Suisse 5,5 % ; France 3,9 % ; Japon 3,7 %.

■ ***Exportations*** (1996) : 20 510 200 000 USD (machines et équipements de transport 29,5 %, dont équipement électronique des communications 8,1 % ; diamants 25,6 % ; produits chimiques 11,8 % ; textiles et vêtements de cuir 4,9 % ; produits alimentaires, boissons et tabac 3,9 % ; plastiques et caoutchouc 3,9 %).
Principales destinations des exportations : États-Unis 30,6 % ; Royaume-Uni 6,7 % ; Japon 5,9 % ; Belgique 5,4 % ; Hong Kong 5,2 % ; Allemagne 5,1 % ; Pays-Bas 4,3 % ; France 3,3 % ; Italie 2,7 %.

Transports et communications

■ ***Transports***
Chemins de fer (1996) : longueur 610 km ; trafic (1995) : 267 000 000 passagers-km ; 1 176 000 000 t-km.
Routes (1997) : longueur totale 14 700 km (100 % recouvertes).
Véhicules (1997) : voitures particulières 1 174 000 ; camions et autobus 272 000.
Marine marchande (1992) : 58 navires (de 100 tjb et plus) ; 723 418 tonneaux de port en lourd.
Transports aériens (El Al uniquement, 1996) ; trafic : 11 511 000 000 passagers-km ; 1 113 000 000 t-km. 7 aéroports desservis par des vols réguliers (1997).

■ ***Communications***
Journaux quotidiens (1995) : diffusion totale 1 500 000 ; diffusion pour 1 000 hab. 271.
Radiodiffusion (1995) : 2 700 000 postes récepteurs ; 489 pour 1 000 hab.
Télévision (1995) : 1 600 000 postes récepteurs ; 290 pour 1 000 hab.
Téléphone (1993) : 2 342 600 lignes principales ; 417,7 pour 1 000 hab.

Éducation et santé

■ ***Niveau d'éducation*** (1991)
Proportion de la population âgée de 25 ans et plus : sans instruction scolaire 6,7 % ; ayant une éducation primaire 22,5 % ; éducation secondaire 39,6 % ; éducation post-secondaire, professionnelle ou supérieure 31,2 %.

■ ***Alphabétisation*** (1995) : personnes âgées de 15 ans et plus alphabétisées 95,6 % ; hommes 97,7 % ; femmes 93,6 %.

■ ***Santé*** (1997) : 27 000 médecins en 1996 (1 pour 206 hab.) ; 34 200 lits d'hôpital en 1996 (1 pour 165 hab.) ; taux de mortalité infantile : 8,0 ‰.

■ ***Alimentation*** (1995) : apport journalier en calories par habitant 3 271 (alimentation d'origine végétale 81 % ; d'origine animale 19 %) ; soit 127 % du niveau minimal recommandé par la F.A.O.

Défense nationale

■ ***Contingent*** (1997) : 175 000 (armée de terre 76,6 % ; marine 5,1 % ; armée de l'air 18,3 %).

■ ***Dépenses militaires*** (1995) : 9,6 % du P.N.B. (moyenne mondiale 2,8 %) ; soit 1 646 USD/hab.

a. Comprend la population du plateau du Golan (31 500 hab.) et de Jérusalem-Est mais ne comprend pas les Israéliens vivant en Cisjordanie et dans la bande de Gaza (138 600).

ITALIE

- ***Nom officiel*** : République italienne (Repubblica Italiana ; forme courte : Italia). Code I.S.O. : IT.
- ***Forme de gouvernement*** : république avec deux assemblées législatives (Sénat [325, dont 10 non-élus] et Chambre des députés [630]).
- ***Chef de l'État*** : président.
- ***Chef du gouvernement*** : Premier ministre.
- ***Capitale*** : Rome (Roma).
- ***Langue officielle*** : italien.
- ***Religion officielle*** : aucune. L'Église a été séparée de l'État en 1985.
- ***Unité monétaire*** : 1 lire (lira, plur. lire [ITL]) = 100 centesimi (sing. centesimo) ; valeur (31 déc. 1997) : 100 ITL = 0,340 45 FRF ; 1 écu = 1 942,03 ITL.

Démographie

- ***Population*** (estim. 1997) : 57 510 000.
- ***Densité*** (1997) : 191,9 hab./km².
- ***Répartition urbaine/rurale*** (janv. 1996) : population urbaine 67,0 % ; population rurale 33,0 %.
- ***Répartition par sexe*** (1996) : hommes 48,62 % ; femmes 51,38 %.
- ***Répartition par âge*** (janv. 1996) : moins de 15 ans 14,9 % ; de 15 à 29 ans 21,9 % ; de 30 à 44 ans 21,7 % ; de 45 à 59 ans 19,0 % ; de 60 à 74 ans 15,8 % ; 75 ans et plus 6,7 %.
- ***Projection démographique*** : 57 765 000 en 2000 ; 57 614 000 en 2010.

→ *Corpus* : ITALIE
→ ***Grand Atlas de Géographie*** (éd. 1992) : 36, 74, 76, 78 ; 72 (Sardaigne), 73 (Sicile) ; 232 b (Milan), 233 a (Rome)
→ ***Grand Atlas de l'Histoire*** : 208, 209, 210, 211, 216-217 (L'unification de l'Italie de 1815 à 1871), 244, 245, 252, 253, 256, 260, 261, 264, 265, 266, 268, 269, 272, 273, 274, 275, 295

Corpus : ACIER (ÉCONOMIE DE L') [La répartition mondiale de la production] ; ALPES (Les grandes divisions alpines) [le versant piémontais] ; APENNIN (données économiques) ; AUTOMOBILE – Industrie ; CHIMIE – Les industries chimiques ; ENTREPRISES PUBLIQUES (développement) ; EUROPE (Structures et milieu) – Géographie (l'expansion démographique) ; EUROPE OCCIDENTALE ; FRUITS (la production fruitière) ; INDUSTRIE – Groupes industriels et financiers ; MÉDITERRANÉE (HISTOIRE DE LA) époque contemporaine ; MÉDITERRANÉE (MER) [exploitation] ; MEZZOGIORNO ; MIGRANTS (ampleur du mouvement migratoire) ; PÔ (PLAINE DU) ; POPULATION (GÉOGRAPHIE DE LA) [les migrations] ; SEL (l'économie du sel à la fin du XXe siècle) ; SICILE (l'économie de la Sicile comtemporaine) ; SIDÉRURGIQUE (INDUSTRIE) ; TÉLÉVISION ET RADIODIFFUSION – Les organismes dans les pays occidentaux ; TEXTILES (INDUSTRIES) ; TOURISME ; TRANSPORTS ; VIANDE.

Universalia 1987 : 295 La nouvelle mafia ; *Universalia 1988 :* 261 Les conséquences du nouveau concordat ; *Universalia 1991 :* 117 La Communauté européenne dans la nouvelle configuration Est-Ouest ; 165 Le fardeau des déchets industriels ; 299 Un nouveau cycle ; *Universalia 1992 :* 122 L'Europe et l'Afrique : quelles perspectives ? ; 324 Les industriels du football ; *Universalia 1994 :* 268 Les convulsions italiennes ; *Universalia 1995 :* 244 Un séisme électoral ; *Universalia 1997 :* 202 Europe : la politique méditerranéenne de l'Union européenne.

Thesaurus :
ABRUZZES
AOSTE
BARI
BASILICATE
BOLOGNE
BRENNER
BRESCIA
CAGLIARI
CALABRE
CAMPANIE
CATANE
CORRIERE DELLA SERRA
ELBE (ÎLE D')
ÉMILIE-ROMAGNE
FLORENCE
FRIOUL-VÉNÉTIE JULIENNE
GÊNES
LATIUM
LIGURIE
LIVOURNE
LOMBARDIE
MARCHES
MESSINE
MILAN
NAPLES
OMBRIE
PADOUE
PALERME
PÉROUSE
PIÉMONT
PONTINE (PLAINE)
RIVIERA
ROME
SAINT-BERNARD (COL DU GRAND-)
SAINT-GOTHARD (COL DU)
SARDAIGNE
SPOLÈTE
TARENTE CONTEMPORAINE
TOSCANE
TRENTIN-HAUT-ADIGE
TRIESTE
TURIN
VÉNÉTIE
VENISE
VÉRONE
VIGNOBLE

■ ***Temps de doublement*** : sans objet.

■ ***Composition ethno-linguistique*** (1983) : Italiens 94,1 % ; Sardes 2,7 % ; autres 3,2 %.

■ ***Appartenances religieuses*** (1980) : catholiques 83,2 % ; sans appartenance et athées 16,2 % ; autres 0,6 %.

■ ***Principales villes*** (janv. 1996) : Rome 2 654 187 hab. ; Milan 1 306 494 hab. ; Naples 1 050 234 hab. ; Turin 923 106 hab. ; Palerme 689 301 hab. ; Gênes 659 116 hab. ; Bologne 386 491 hab. ; Florence 383 594 hab. ; Bari 336 560 hab. ; Catane 341 623 hab. ; Venise 298 915 hab.

■ ***Origines nationales*** (1991) : Italiens 99,3 % ; étrangers 0,7 %, dont Européens 0,3 %, Africains 0,2 %, Asiatiques 0,1 %, autres 0,1 %.

■ ***Mobilité*** (1991) : sans changement de commune depuis 1988 93,3 %.

■ ***Ménages***
Taille moyenne des ménages (1991) : 2,7.
Composition des ménages : ménages d'une personne 19,5 % ; de 2 personnes 21,9 % ; de 3 personnes 25,2 % ; de 4 personnes 21,4 % ; de 5 personnes ou plus 12,0 %.
Ménages familiaux (1991) : 15 538 335 (73,8 %) ; non familiaux : 5 527 105 (26,2 %, dont ménages d'une personne 19,5 %).

■ ***Immigration*** (1993) : immigrants légaux admis 100 401.
Lieux d'origine : Europe 54,2 %, dont pays de l'U.E. 17,6 % ; Asie 16,4 % ; Afrique 15,3 % ; Occident 13,4 %.

Statistiques de l'état civil

■ ***Taux de natalité*** (1996) : 9,2 ‰ (moyenne mondiale 25,0 ‰) ; taux (1994) de naissances légitimes 90,2 %, illégitimes 9,8 %.

■ ***Taux de mortalité*** (1996) : 9,5 ‰ (moyenne mondiale 9,3 ‰).

■ ***Taux d'accroissement naturel*** (1996) : – 0,3 ‰ (moyenne mondiale 15,7 ‰).

■ ***Taux de fécondité*** (nombre moyen de naissances par femme en âge de procréer, 1996) : 1,2.

■ ***Nombre de mariages*** (pour 1 000 hab., 1996) : 4,7.

■ ***Nombre de divorces*** (pour 1 000 hab., 1994) : 0,5.

■ ***Espérance de vie*** à la naissance (1993) : hommes 74,1 ans ; femmes 80,5 ans.

■ ***Principales causes de décès*** (pour 100 000 hab., 1993) : maladies de l'appareil circulatoire 423,7 ; tumeurs malignes (cancers) 270,5 ; maladies de l'appareil respiratoire 56,2 ; accidents et actes de violence 49,8 ; maladies de l'appareil digestif 49,8.

Indicateurs sociaux

■ ***Niveau d'éducation*** (1995)
Proportion de la main-d'œuvre âgée de 15 ans et plus : ayant une alphabétisation élémentaire ou une éducation primaire 40,4 % ; éducation secondaire 30,5 % ; éducation post-secondaire ou technique 5,1 % ; supérieure 23,5 %.

■ ***Qualité de la vie professionnelle***
Durée moyenne de la semaine de travail (1995) : 37,0 heures.
Taux annuel (pour 100 000 travailleurs, 1988) : de blessures ou d'accidents 3 697 ; de décès 5,7.
Proportion des effectifs assurés (1992) contre dommages ou pertes de revenus résultant : de blessures 100 % ; d'incapacité permanente 100 % ; de décès 100 %.
Nombre de journées perdues en raison d'arrêts de travail (pour 1 000 actifs, 1995) : 35.
Proportion (pour 1 000 actifs, 1990) de sans-emploi sans perspective d'emploi : 1,1.

■ ***Participation à la vie sociale***
Électeurs inscrits ayant participé au dernier scrutin national (avril 1996) : 91,0 % ; taux d'adhésion aux syndicats (1990) : env. 28 % des effectifs ; proportion de catholiques se rendant à l'église chaque semaine (début des années 1990) : 25,0 %.

■ ***Délinquance et/ou déviance sociale***
Délits pour 100 000 habitants (1995) : meurtres 2,5 ; viols 3,2 ; autres voies de fait 210,4 ; vols (cambriolages et effractions compris) 3 274.

■ ***Loisirs*** (proportion des dépenses des ménages pour les activités culturelles, 1992) : rencontres sportives 17,8 % ; cinéma 16,3 % ; théâtre 14,0 %.

■ ***Niveau de confort***
Proportion (1995) de personnes possédant : téléphone 434 ‰ ; véhicule automobile 550 ‰ ; récepteur de télévision 436 ‰.

Économie nationale

■ ***Budget de l'État*** (1995)
Recettes : 472 066 000 000 000 ITL (impôts sur le revenu 41,0 %, dont particuliers 35,1 %, entreprises 5,9 % ; taxe à la valeur ajoutée et taxes indirectes 30,6 %).
Dépenses : 696 860 000 000 000 ITL (service de la dette 27,5 % ; sécurité et assistance sociales 18,4 % ; éducation et culture 9,1 % ; transports 4,7 % ; défense nationale 2,8 %).

■ ***Produit national brut*** (1995) : 1 088 085 000 000 USD (19 020 USD/hab.).

■ ***Tourisme*** (1996) : recettes touristiques

	1996		1995	
	milliards de ITL	% du total	effectifs	% des effectifs
agriculture	53 302	2,9	1 490 000	6,6
mines	80 154	4,3		
industrie	302 074	16,4	4 622 000	20,3
bâtiment	92 943	5,0	1 615 000	7,1
entreprises publiques	107 653	5,8	257 000	1,1
transports et communications	118 754	6,4	1 061 000	4,7
commerce	345 357	18,7	4 221 000	18,6
finance	90 051	4,9	733 000	3,2
administration, défense nationale	411 507	22,3	4 138 000	18,2
services	244 895	13,7	1 873 000	8,2
autres	—	—	2 724 000 (•)	12,0
total	**1 846 690**	**100,0**	**22 734 000**	**100,0**

(•) Sans-emploi.

Structure du produit national brut et effectifs.

	1990	1991	1992	1993	1994	1995	1996
indice des prix à la consommation	100,0	106,3	111,8	116,8	121,5	127,8	132,8
indice des revenus	100,0	109,8	115,4	119,8	124,0	127,8	131,9

Indices des prix et des revenus (1990 = 100).

	1991	1992	1993	1994	1995	1996
milliards de ITL	– 1 913	+ 2 229	+ 50 789	+ 50 957	+ 65 841	+ 67 775
% du total	0,4	0,5	10,6	9,1	9,6	9,6

Balance commerciale (prix courants).

régions et provinces	capitales	superficie (km²)	population (estim. janv. 1996)
Abruzzes (Abruzzo, ou **Abruzzi)**	**L'Aquila**	**10 794**	**1 270 591**
L'Aquila	L'Aquila	5 034	303 879
Chieti	Chieti	2 587	388 276
Pescara	Pescara	1 225	292 202
Teramo	Teramo	1 948	286 234
Aoste (Val d') [Valle d'Aosta]	**Aoste (Aosta)**	**3 262**	**118 723**
Basilicate (Basilicata)	**Potenza**	**9 992**	**609 238**
Matera	Matera	3 447	208 154
Potenza	Potenza	6 545	401 084
Calabre (Calabria)	**Catanzaro**	**15 080**	**2 075 842**
Catanzaro	Catanzaro	2 392	384 496
Cosenza	Cosenza	6 650	753 815
Crotone	Crotone	1 716	179 336
Reggio de Calabre (Reggio di Calabria)	Reggio de Calabre	3 183	579 009
Vibo Valentia	Vibo Valentia	1 139	179 186
Campanie (Campania)	**Naples (Napoli)**	**13 595**	**5 762 518**
Avellino	Avellino	2 792	441 675
Bénévent (Benevento)	Bénévent	2 071	295 803
Caserte (Caserta)	Caserte	2 639	840 737
Naples (Napoli)	Naples	1 171	3 098 397
Salerne (Salerno)	Salerne	4 922	1 085 906
Émilie-Romagne (Emilia-Romagna)	**Bologne (Bologna)**	**22 123**	**3 924 456**
Bologne (Bologna)	Bologne	3 702	905 838

Ferrare (Ferrara)	Ferrare	2 632	355 341
Forli	Forli	2 510	350 158
Modène (Modena)	Modène	2 690	609 723
Parme (Parma)	Parme	3 449	392 018
Plaisance (Piacenza)	Plaisance	2 589	266 363
Ravenne (Ravenna)	Ravenne	1 859	349 992
Reggio d'Émilie (Reggio nell'Emilia)	Reggio d'Émilie	2 292	429 685
Rimini	Rimini	400	265 158
Frioul-Vénétie Julienne (Friuli-Venezia Giulia)	**Trieste**	**7 845**	**1 188 897**
Gorizia	Gorizia	467	138 041
Pordenone	Pordenone	2 273	276 010
Trieste	Trieste	212	254 746
Udine	Udine	4 893	520 100
Latium (Lazio)	**Rome (Roma)**	**17 203**	**5 202 098**
Frosinone	Frosinone	3 239	489 923
Latina	Latina	2 251	499 632
Rieti	Rieti	2 749	150 305
Rome (Roma)	Rome	5 352	3 774 987
Viterbe (Viterbo)	Viterbe	3 612	289 251
Ligurie (Liguria)	**Gênes (Genova)**	**5 418**	**1 658 513**
Gênes (Genova)	Gênes	1 836	933 127
Imperia	Imperia	1 155	216 996
Savone (Savona)	Savone	1 545	283 105
Spezia (La)	La Spezia	882	225 285
Lombardie (Lombardia)	**Milan (Milano)**	**23 857**	**8 924 870**
Bergame (Bergamo)	Bergame	2 722	936 667
Brescia	Brescia	4 782	1 065 172
Côme (Como)	Côme	1 288	531 160
Crémone (Cremona)	Crémone	1 771	330 946
Lecco	Lecco	816	302 575
Lodi	Lodi	783	190 196
Mantoue (Mantova)	Mantoue	2 339	368 725
Milan (Milano)	Milan	1 980	3 720 534
Pavie (Pavia)	Pavie	2 965	494 640
Sondrio	Sondrio	3 212	177 079
Varèse (Varese)	Varèse	1 199	807 176
Marches (Marche)	**Ancône (Ancona)**	**9 693**	**1 443 172**
Ancône (Ancona)	Ancône	1 940	440 239
Ascoli Piceno	Ascoli Piceno	2 087	365 826
Macerata	Macerata	2 774	298 295
Pesaro-et-Urbin (Pesaro e Urbino)	Pesaro	2 892	338 812
Molise	**Campobasso**	**4 438**	**331 227**
Campobasso	Campobasso	2 909	239 227
Isernia	Isernia	1 529	92 219
Ombrie (Umbria)	**Pérouse (Perugia)**	**8 456**	**825 910**
Pérouse (Perugia)	Pérouse	6 334	602 276
Terni	Terni	2 122	223 634
Piémont (Piemonte)	**Turin (Torino)**	**25 399**	**4 288 866**
Alexandrie (Alessandria)	Alexandrie	3 560	433 300
Asti	Asti	1 511	209 798
Biella	Biella	913	190 728
Coni (Cueno)	Coni	6 903	551 373
Novare (Novara)	Novare	1 373	339 375
Turin (Torino)	Turin	6 830	2 220 724
Verbano-Cusio-Ossola	Verbania	2 221	161 248
Verceil (Vercelli)	Verceil	2 088	182 320
Pouilles, ou **Pouille (Puglie,** ou **Puglia)**	**Bari**	**19 348**	**4 082 953**
Bari	Bari	5 129	1 560 347
Brindisi	Brindisi	1 838	413 334
Foggia	Foggia	7 185	699 214
Lecce	Lecce	2 759	817 524
Tarente (Taranto)	Tarente	2 437	592 534
Sardaigne (Sardegna)	**Cagliari**	**24 090**	**1 660 701**
Cagliari	Cagliari	6 895	769 993
Nuoro	Nuoro	7 044	272 985
Oristano	Oristano	2 631	158 131
Sassari	Sassari	7 520	459 592
Sicile (Sicilia)	**Palerme (Palermo)**	**25 709**	**5 094 734**
Agrigente (Agrigento)	Agrigente	3 042	475 669
Caltanissetta	Caltanissetta	2 128	282 999
Catane (Catania)	Catane	3 552	1 088 323
Enna	Enna	2 562	186 145
Messine (Messina)	Messine	3 248	683 315
Palerme (Palermo)	Palerme	4 992	1 240 252
Raguse (Ragusa)	Raguse	1 614	297 378
Syracuse (Siracusa)	Syracuse	2 109	406 566
Trapani	Trapani	2 462	434 088
Toscane (Toscana)	**Florence (Firenze)**	**22 992**	**3 523 238**
Arezzo	Arezzo	3 232	316 735
Florence (Firenze)	Florence	3 536	952 908
Grosseto	Grosseto	4 504	216 713
Livourne (Livorno)	Livourne	1 213	336 759
Lucques (Lucca)	Lucques	1 773	375 591
Massa-Carrare (Massa-Carrara)	Massa	1 157	201 242
Pise (Pisa)	Pise	2 448	384 550
Pistoia	Pistoia	965	265 995
Prato	Prato	344	221 528
Sienne (Siena)	Sienne	3 821	251 217
Trentin-Haut-Adige (Trentino-Alto Adige)	**Trente (Trento)**	**13 618**	**913 169**
Bolzano (all. Bozen)	Bolzano	7 400	451 563
Trente (Trento)	Trente	6 218	461 606
Vénétie (Veneto)	**Venise (Venezia)**	**18 364**	**4 433 060**
Belluno	Belluno	3 678	211 996
Padoue (Padova)	Padoue	2 142	835 029
Rovigo	Rovigo	1 789	245 314
Trévise (Treviso)	Trévise	2 477	757 864
Venise (Venezia)	Venise	2 460	817 597
Vérone (Verona)	Vérone	3 096	801 363
Vicence (Vicenza)	Vicence	2 722	763 897
total		**301 277**	**57 332 996**

Territoire et population.

pourcentage du revenu familial par quintile				
1	2	3	4	5 (le plus haut)
6,8	12,0	16,7	23,5	41,0

Répartition du revenu (1986).

28 245 200 000 USD ; dépenses touristiques à l'étranger 12 681 500 000 USD.

■ ***Production***
Agriculture, sylviculture, pêche (1997). Betteraves à sucre 13 000 000 t ; raisins 9 459 000 t ; maïs 8 500 000 t ; blé 7 610 000 t ; tomates 4 000 000 t ; olives 2 452 000 t ; pommes de terre 2 120 000 t ; pommes 2 071 000 t ; oranges 1 973 000 t ; pêches et brugnons 1 742 000 t ; riz 1 170 000 t ; orge 1 170 000 t ; laitues 999 000 t ; poires 991 200 t.
Cheptel (sur pied) : moutons 10 531 000 ; porcs 7 964 000 ; bovins 7 018 000 ; poulets 130 000 000.
Bois (1995) : 9 802 000 m³.
Pêche (1995) : 609 768 t.
Industries extractives (1995) : sel gemme 3 430 374 t ; feldspath 2 199 315 t ; potasse 1 438 850 t (1993) ; baryte 85 661 t ; zinc 43 669 t ; plomb 22 658 t.
Industries manufacturières (1995) : ciment 3 371 914 t ; acier brut 27 635 287 t ; fonte 11 677 789 t ; verre 3 981 104 t ; acide sulfurique 2 161 796 t ; textiles et fils de coton 1 172 916 t ; vin 62 618 000 hl (1993) ; bière 10 616 173 hl ; huile d'olive 6 290 000 hl ; lave-linge 5 908 224 ; réfrigérateurs 2 913 468 ; véhicules routiers, dont voitures 1 372 034, motocyclettes, scooters et vélomoteurs 824 597, camions et autobus 245 527 ; récepteurs de télévision 2 779 827.
Bâtiment (1995) : résidentiel 77 162 182 m³ ; commercial, industriel et autres 64 729 419 m³.
Énergie (production/consommation) : électricité (1994) 231 783 000 000/269 382 000 000 kWh ; charbon (1994) 267 000/16 672 000 t ; pétrole brut (1994) 33 422 000/582 644 000 barils ; produits pétroliers (1994) 83 049 000/89 500 000 t ; gaz naturel (1994) 20 209 000 000/48 326 000 000 m³.

■ ***Population active*** (1995) : 22 734 800 ; taux d'activité 39,7 % (taux de participation : 15-64 ans 57,3 % ; femmes 37,3 % ; sans-emploi 11,3 %).

■ ***Dette publique*** (1996) : 1 427 300 000 000 USD.

■ ***Revenus et dépenses des ménages***
Taille moyenne des ménages (1995) : 2,7.
Revenu annuel moyen par ménage (1984) : 19 692 000 ITL (11 208 USD) ; sources des revenus (1991) : traitements et salaires 41,7 % ; revenus fonciers et activités non salariées 38,0 % ; paiements de transfert 20,3 %.
Dépenses (1994) : alimentation et boissons 21,7 % ; logement 19,5 % ; transports et communications 16,8 % ; loisirs et éducation 6,4 %.

■ ***Utilisation du sol*** (1994) : forêts 23,0 % ; prairies et pâturages 15,4 % ; terres cultivées et plantations 37,9 % ; autres 23,7 %.

Échanges extérieurs

■ ***Importations*** (1995) : 332 409 083 000 000 ITL (équipement industriel et de transport 30,7 %, dont équipement de transport 11,3 %,

	1992	1993	1994	1995	1996	1997 (août)
taux de change, ITL pour 1 :						
USD	1 232,4	1 573,7	1 612,4	1 628,9	1 530,6	1 759,5
D.T.S.	2 022,4	2 340,5	2 379,2	2 355,7	2 200,9	2 399,2
réserves internationales (USD) :						
total (sans l'or, millions)	27 643	27 545	32 265	34 905	45 948	51 096
D.T.S. (millions)	238	241	125	53	29	55
réserve éventuelle au F.M.I. (millions)	2 439	2 164	2 033	1 963	1 855	1 728
devises (millions)	24 966	25 140	30 107	32 942	44 064	49 318
or (onces, millions)	66,67	66,67	66,67	66,67	66,67	66,67
% des réserves mondiales	7,1	7,3	7,3	7,3	7,3	7,5
intérêts et prix :						
escompte de la Banque centrale (%)	12,00	8,00	7,50	9,0	7,5	6,25
taux de rendement des bons du Trésor (%)	13,67	11,21	10,57	11,98	8,93	6,19
cotation des actions sociétés industrielles (1990 = 100)	70,5	83,5	104,1	95,4	96,0	138,3
balance des paiements (USD, millions) :						
balance commerciale	+ 3 088	+ 32 825	+ 35 497	+ 44 082	60 822	n.d.
importations F.O.B.	175 067	136 328	154 308	187 254	− 190 021	n.d.
exportations F.O.B.	178 155	169 153	189 805	231 378	250 843	n.d.
balance des transactions invisibles	− 31 082	− 21 763	− 19 875	− 18 378	− 19 782	n.d.
balance des paiements, compte courant	− 27 994	+ 11 062	+ 15 622	+ 25 704	+ 41 040	n.d.

Agrégats financiers.

	nombre d'entreprises	nombre d'employés *	salaire horaire en % de la moyenne de tous les salaires	valeur ajoutée annuelle (milliards de ITL)
industrie :				
équipement électrique	3 089	316 727	n.d.	23 639
équipement non électrique	4 650	367 990	n.d.	28 774
industries chimiques	1 215	199 279	n.d.	21 444
équipement de transport	1 180	301 859	n.d.	16 007
imprimerie et édition	1 383	90 998	n.d.	8 588
textiles	3 514	215 387	n.d.	14 335
poterie, céramique et verre	2 312	159 138	n.d.	13 332
habillement	4 063	185 072	n.d.	8 592
produits alimentaires	2 734	219 970	n.d.	22 116
caoutchouc et produits plastiques	1 677	112 839	n.d.	9 271
produits métalliques	993	114 301	n.d.	8 548
papier et dérivés	793	63 347	n.d.	5 494
pétrole et gaz	23	9 478	n.d.	3 898
industries extractives	384	24 952	n.d.	4 998
bâtiment	7 659	1 642 000	n.d.	86 824

(•) Nombre total de personnes engagées.

Industrie, mines et bâtiment (1993).

	nombre d'entreprises *	nombre d'employés	salaire en % de la moyenne de tous les salaires	valeur ajoutée annuelle (milliards de ITL)
entreprises publiques	379	257 000	n.d.	102 495
transports, communications	2 508	1 061 000	n.d.	115 512
finance	n.d.	733 000	n.d.	88 363
commerce de gros et de détail	9 173	4 221 000	n.d.	327 636
administration, services	n.d.	4 138 000	n.d.	208 858

(•) Entreprises de 20 salariés ou plus.

Services (1995).

	nombre d'établissements	nombre d'enseignants	nombre d'élèves	nombre d'élèves par enseignant
primaire (6-10 ans)	20 442	289 055	2 825 838	9,8
secondaire (11-18 ans)	9 278	214 861	1 907 024	8,9
professionnel et formation à l'enseignement	7 888	313 001	2 661 760	8,5
supérieur *	48	58 874	1 601 873	27,2

(•) Universités uniquement, 1994-1995.

Enseignement (1995-1996).

matériel de précision 5,7 % ; produits chimiques et dérivés 16,2 % ; métaux et produits métalliques semi-finis 9,9 % ; produits alimentaires et animaux sur pied 6,4 % ; pétrole brut 4,5 % ; textiles 4,0 %).

Principales sources des importations : Allemagne 19,2 % ; France 13,9 % ; Royaume-Uni 6,1 % ; Pays-Bas 5,5 % ; Belgique et Luxembourg 4,8 % ; États-Unis 4,8 %.

■ ***Exportations*** (1995) : 376 785 707 000 000 ITL (équipement industriel et de transport 42,0 %, dont équipement de transport 11,2 %, matériel électrique 5,2 %, matériel de précision 3,7 % ; produits chimiques et dérivés 10,3 % ; textiles 7,8 % ; articles d'habillement 7,3 %, dont chaussures 2,6 % ; métaux et dérivés 6,7 %).

Principales destinations des exportations : Allemagne 18,9 % ; France 13,1 % ; États-Unis 7,2 % ; Royaume-Uni 6,2 %.

Pour le Saint-Siège, cf. ***Corpus :*** VATICAN (CITÉ DU).

Transports et communications

■ ***Transports***

Chemins de fer (1995) : longueur 16 003 km ; trafic : 49 700 000 000 passagers-km ; 41 608 000 000 t-km.

Routes (1995) : longueur totale 314 360 km (100 % recouvertes).

Véhicules (1995) : voitures particulières 31 700 000 ; camions et autobus 5 127 000.

Marine marchande (1994) : 1 966 navires (de 100 tjb et plus) ; 7 149 453 tonneaux de port en lourd.

Transports aériens (1993) ; trafic : 29 658 600 000 passagers-km ; 1 334 900 000 t-km. 34 aéroports desservis par des vols réguliers (1997).

■ ***Communications***

Journaux quotidiens (1995) : diffusion totale 7 236 800 ; diffusion pour 1 000 hab. 126.

Radiodiffusion (1994) : 45 350 000 postes récepteurs ; 790 pour 1 000 hab.

Télévision (1995) : 25 000 000 postes récepteurs ; 436 pour 1 000 hab.

Téléphone (1995) : 24 854 000 postes téléphoniques ; 434 pour 1 000 hab.

Éducation et santé

■ ***Alphabétisation*** (1991) : personnes âgées de 14 ans et plus alphabétisées 47 376 663 (97,7 %) ; hommes 22 897 907 (98,8 %); femmes 24 478 756 (97,1 %).

■ ***Santé*** (1993) : 207 319 médecins (1 pour 193 hab.) ; 380 423 lits d'hôpital (1 pour 147 hab.) ; taux de mortalité infantile (1996) : 6,0 ‰.

■ ***Alimentation*** (1995) : apport journalier en calories par habitant 3 458 (alimentation d'origine végétale 74 % ; d'origine animale 26 %) ; soit 137 % du niveau minimal recommandé par la F.A.O.

Défense nationale

■ ***Contingent*** (1997) : 325 150 (armée de terre 57,9 % ; marine 13,5 % ; armée de l'air 19,6 % ; commandement général 9,0 %).

■ ***Dépenses militaires*** (1995) : 1,8 % du P.N.B. (moyenne mondiale 2,8 %) ; soit 338 USD/hab.

JAMAÏQUE

- ***Nom officiel*** : Jamaïque (Jamaica). Code I.S.O. : JM.
- ***Forme de gouvernement*** : monarchie constitutionnelle avec un Parlement comprenant deux chambres (Sénat [21] et Chambre des représentants [60]).
- ***Chef de l'État*** : reine d'Angleterre, représentée par un gouverneur général.
- ***Chef du gouvernement*** : Premier ministre.
- ***Capitale*** : Kingston.
- ***Langue officielle*** : anglais.
- ***Religion officielle*** : aucune.
- ***Unité monétaire*** : 1 dollar jamaïcain (JMD) = 100 cents ; valeur (31 déc. 1997) : 100 JMD = 17,23 FRF.

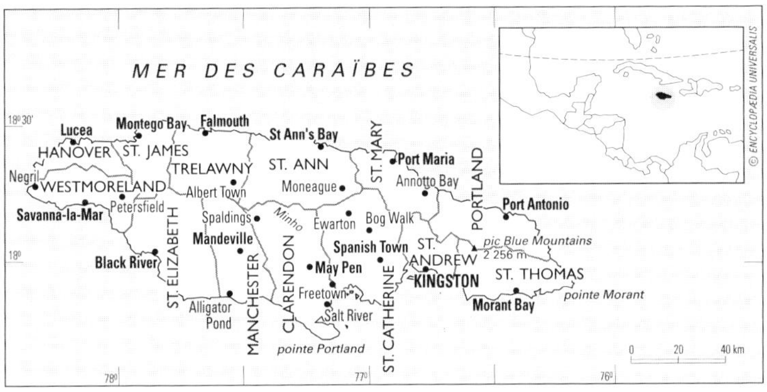

Démographie

■ ***Population*** (estim. 1997) : 2 536 000.

■ ***Densité*** (1997) : 230,7 hab./km².

■ ***Répartition urbaine/rurale*** (1991) : population urbaine 50,2 % ; rurale 49,8 %.

■ ***Répartition par sexe*** (1995) : hommes 49,74 % ; femmes 50,26 %.

■ ***Répartition par âge*** (1995) : moins de 15 ans 32,3 % ; de 15 à 29 ans 28,7 % ; de 30 à 44 ans 19,7 % ; de 45 à 59 ans 9,8 % ; 60 ans et plus 9,5 %.

■ ***Projection démographique*** : 2 589 000 en 2000 ; 2 814 000 en 2010.

■ ***Temps de doublement*** : 39 ans.

■ ***Composition ethnique*** (1982) : Noirs 74,7 % ; Métis 12,8 % ; Indiens (asiatiques) 1,3 % ; autres 11,2 %.

■ ***Appartenances religieuses*** (1995) : protestants 42,7 %, dont pentecôtistes 10,5 %, adventistes du septième jour 6,1 %, baptistes 5,3 %, anglicans 3,7 %, catholiques 10,4 % ; autres (sans appartenance inclus) 46,9 %, dont rastas env. 3,0 %.

■ ***Principales villes*** (1991) : Kingston [a] 103 771 hab. (aire métropolitaine 587 798 hab.) ; Spanish Town 92 383 hab. ; Portmore 90 138 hab. ; Montego Bay 83 446 hab. ; May Pen 46 785 hab.

Statistiques de l'état civil

■ ***Taux de natalité*** (1995) : 23,2 ‰ (moyenne mondiale 25,0 ‰) ; taux (1987) de naissances légitimes 14,9 %, illégitimes 85,1 ‰.

■ ***Taux de mortalité*** (1995) : 5,0 ‰ (moyenne mondiale 9,3 ‰).

■ ***Taux d'accroissement naturel*** (1995) : 18,2 ‰ (moyenne mondiale 15,7 ‰).

■ ***Taux de fécondité*** (nombre moyen de naissances par femme en âge de procréer, 1995) : 3,0.

■ ***Nombre de mariages*** (pour 1 000 hab., 1994) : 6,1.

■ ***Nombre de divorces*** (pour 1 000 hab., 1993) : 0,6.

■ ***Espérance de vie*** à la naissance (1990-1995) : hommes 71,4 ans ; femmes 75,8 ans.

■ ***Principales causes de décès*** (pour 100 000 hab., 1991) : maladies de l'appareil circulatoire 189,4 ; tumeurs malignes (cancers) 84,1 ; troubles endocriniens et du métabolisme 51,3 ; maladies de l'appareil respiratoire 30,1.

paroisses	chefs-lieux	superficie (km²)	population (estim. janv. 1994)
Clarendon	May Pen	1 196	222 500
Hanover	Lucea	450	66 600
Kingston [1]	Kingston	22	— [2]
Manchester	Mandeville	830	173 100
Portland	Port Antonio	814	78 500
Saint Andrew (Saint-Andrew) [1]	Half Way Tree	431	697 000 [2]
Saint Ann (Sainte-Anne)	Saint Ann's Bay	1 213	154 500
Saint Catherine (Sainte-Catherine)	Spanish Town	1 192	370 600
Saint Elizabeth (Sainte-Élisabeth)	Black River	1 212	146 600
Saint James (Saint-James)	Montego Bay	595	166 000
Saint Mary (Sainte-Marie)	Port Maria	611	113 700
Saint Thomas (Saint-Thomas)	Morant Bay	743	88 900
Trelawny	Falmouth	875	74 100
Westmoreland	Savanna-la-Mar	807	130 500
total		**10 991**	**2 482 600**

1. Les paroisses de Kingston et Saint Andrew sont administrées conjointement depuis le quartier Half Way Tree de Saint Andrew. 2. La population de Kingston est comprise dans celle de Saint Andrew.

Territoire et population.

Économie nationale

■ ***Budget de l'État*** (1995-1996)
Recettes : 39 642 300 000 JMD (recettes fiscales 85,6 %, dont taxes à la consommation 32,3 %, impôts sur le revenu 30,6 %, droits de timbre 3,9 % ; recettes non fiscales 14,4 %).
Dépenses : 48 334 200 000 JMD (dépenses courantes 62,8 %, dont intérêts de la dette 22,4 %).

■ ***Dette publique*** (extérieure, créances, 1995) : 3 409 000 000 USD.

■ ***Tourisme*** : recettes touristiques (1995) 1 069 000 000 USD ; dépenses touristiques à l'étranger 148 000 000 USD.

■ ***Production***
Agriculture, sylviculture, pêche (1996).
Canne à sucre 2 624 000 t ; ignames 240 371 t ; légumes 218 200 t ; agrumes 130 000 t ; bananes 130 000 t ; noix de coco 115 000 t ; courges 42 000 t ; bananes plantains 34 769 t ; patates douces 33 000 t ; choux 33 000 t ; carottes 26 000 t ; tomates 24 000 t.
Cheptel (sur pied) : chèvres 440 000 ; bovins 420 000 ; porcs 180 000.
Bois (1995) : 354 700 m³.
Pêche (1995) : 13 617 t.
Industries extractives (1996) : bauxite brute 3 924 800 t ; alumine 3 199 500 t (1995) ; gypse 208 000 t.
Industries manufacturières (1995 ; valeur ajoutée en prix constants de 1991 en millions de JMD) : machines et équipements 593,6 ; conserves alimentaires 580,3 ; produits pétroliers 351,3 ; produits en plastique et en caoutchouc 324 1 ; textiles et vêtements 257,0 ; tabac et produits du tabac 255,2 ; produits métalliques et non métalliques 223,6.
Bâtiment (1995) : constructions résidentielles achevées 7 067 (à 51 % dans le secteur public) ; locaux industriels achevés 6 989 m² (1990).
Énergie (production/consommation) : électricité (1994) 3 927 000 000/3 927 000 000 kWh ; charbon 0/0 ; pétrole brut (1994) 0/5 893 000 barils ; produits pétroliers (1994) 825 000/2 748 000 t ; gaz naturel 0/0.

■ ***Utilisation du sol*** (1994) : forêts 17,1 % ; prairies et pâturages 23,7 % ; terres cultivées et plantations 20,2 % ; autres 39,0 %.

■ ***Produit national brut*** (aux prix courants du marché, 1995) : 3 803 000 000 USD (1 510 USD/hab.).

→ ***Corpus*** : JAMAÏQUE
→ ***Grand Atlas de Géographie*** (éd. 1992) : 206, 209 q
→ ***Grand Atlas de l'Histoire*** : 227, 277, 294

Corpus : BAUXITE (productions-réserves) ; CARAÏBES (AIRE DES) ; ZONES FRANCHES.

Universalia 1992 : 286 Du socialisme démocratique au pragmatisme politique.

Thesaurus :
CARAÏBES (AIRE DE LIBRE COMMERCE DES)
CARIBBEAN BASIN INITIATIVE
KINGSTON

	millions de JMD	% du total	effectifs	% des effectifs
agriculture	15 323,1	9,4	223 200	19,4
mines	11 711,7	7,2	7 000	0,6
industrie	28 774,6	17,7	104 700	9,1
bâtiment	20 880,6	12,8	76 000	6,6
entreprises publiques	3 633,7	2,2	6 800	0,6
transports et communications	13 918,9	8,6	44 500	3,9
commerce	38 505,0	23,7	201 400	17,5
administration, défense nationale	13 960,2	8,6	298 700	26,0
finance, immobilier	21 501,3	13,2		
services	6 454,5	4,0		
autres	– 12 094,8 [1]	– 7,4	187 800 [2]	16,3
total	**162 568,8**	**100,0**	**1 150 000** [3]	**100,0**

1. Moins les frais de service bancaire. 2. Dont 186 700 sans-emploi. 3. Le total général ne correspond pas exactement au détail en raison des arrondis.

Structure du produit intérieur brut et effectifs (1995).

	1990	1991	1992	1993	1994	1995	1996
indice des prix à la consommation	100,0	151,1	267,8	327,0	441,6	529,5	669,3
indice des revenus	n.d.	n.d.	n.d.	n.d.	n.d.	n.d.	n.d.

Indices des prix et des revenus (1990 = 100).

	1991	1992	1993	1994	1995	1996
millions de USD	– 654	– 636	– 1 121	– 957,7	– 1 342,6	– 1 527,3
% du total	22,2	23,2	34,9	28,7	31,9	35,6

Balance commerciale (prix courants).

	nombre d'établissement	nombre d'enseignants	nombre d'élèves	nombre d'élèves par enseignant
primaire (6-11 ans) [1]	788 [2]	11 283	319 298	28,3
secondaire (12-16 ans)	126	8 377	207 035	24,7
professionnel et formation à l'enseignement	18	950	15 898	16,7
supérieur	15 [3]	1 047 [4]	24 200	n.d.

1. Comprend les étudiants du secondaire premier cycle. 2. 1991-1992. 3. 1988-1989. 4. 1987-1988.

Enseignement (public uniquement, 1994-1995).

■ ***Population active*** (1995) 1 150 000 ; taux d'activité 46,0 % (taux de participation : 14 ans et plus 58,7 % ; femmes 46,3 % ; sans-emploi 16,2 %).

■ ***Revenus et dépenses des ménages***
Taille moyenne des ménages (1991) : 4,2.
Revenu annuel moyen par ménage (1988) : 8 356 JMD (1 525 USD) ; sources des revenus (1989) : salaires et traitements 66,1 % ; activités non salariées 19,3 % ; transferts 14,6 %.
Dépenses (poids respectifs des éléments de l'indice des prix à la consommation, 1988) : alimentation et boissons 55,6 % ; logement 7,9 % ; combustible et fournitures domestiques 7,4 % ; soins médicaux 7,0 % ; transports 6,4 % ; habillement 5,1 % ; équipements domestiques 2,8 % ; autres 7,8 %.

Échanges extérieurs[b]

■ ***Importations*** (1996) : 2 906 679 000 USD (matières premières 55,7 %, dont combustibles 15,4 % ; biens de consommation 25,7 %, dont nourriture 7,6 % ; biens d'équipement 18,6 %, dont machines et appareils 9,5 %).
Principales sources des importations : États-Unis 60,2 % ; Royaume-Uni 4,3 % ; Japon 4,1 % ; Venezuela 3,2 % ; Mexique 3,1 % ; France 2,8 %.

■ ***Exportations*** (1996) : 1 379 421 000 USD (matières premières 49,7 % ; alimentation 20,2 % ; boissons et tabac 3,5 % ; produits chimiques 3,3 % ; équipement industriel et de transport 2,3 % ; produits manufacturés 1,4 %).
Principales destinations des exportations (1996) : États-Unis 42,4 % ; Royaume-Uni 11,1 % ; Canada 9,2 % ; Norvège 5,9 % ; France 4,6 % ; Allemagne 4,2 %.

Transports et communications

■ ***Transports***
Chemins de fer (1991) : longueur 208 km ; trafic (1990) : 19 516 000 passagers-km ; 2 482 000 t-km.
Routes (1995) : longueur totale 18 600 km (71 % recouvertes).
Véhicules (1994-1995) : voitures particulières 86 791 ; camions et autobus 41 312.
Marine marchande (1992) : 12 navires (de 100 tjb et plus) ; 16 207 tonneaux de port en lourd.
Transports aériens (Air Jamaïque uniquement, 1996) ; trafic : 1 937 655 000 passagers-km ; 198 577 000 t-km. 4 aéroports desservis par des vols réguliers (1997).

■ ***Communications***
Journaux quotidiens (1995) : diffusion totale 160 000 ; diffusion pour 1 000 hab. 65.
Radiodiffusion (1996) : 1 859 000 postes récepteurs ; 739 pour 1 000 hab.
Télévision (1995) : 773 000 postes récepteurs ; 306 pour 1 000 hab.
Téléphone (1995) : 291 800 lignes principales ; 116 pour 1 000 hab.

Éducation et santé

■ ***Niveau d'éducation*** (1982)
Proportion de la population âgée de 25 ans et plus : sans instruction scolaire 3,2 % ; ayant une éducation primaire incomplète 79,8 % ; éducation secondaire incomplète 15,0 % ; éducation secondaire ou supérieure 2,0 %.

■ ***Alphabétisation*** (1995) : personnes âgées de 15 ans et plus alphabétisées 85 % ; hommes 80,8 % ; femmes 89,1 %.

■ ***Santé*** : 417 médecins[c] en 1995 (1 pour 6 043 hab.) ; 5 023 lits d'hôpital en 1993 (1 pour 492 hab.) ; taux de mortalité infantile (1995) : 28,6 ‰.

■ ***Alimentation*** (1995) : apport journalier en calories par habitant 2 647 (alimentation d'origine végétale 85 % ; d'origine animale 15 %) ; soit 118 % du niveau minimal recommandé par la F.A.O.

Défense nationale

■ ***Contingent*** (1997) : 3 320 (armée de terre 90,4 % ; gardes-côtières 4,5 % ; armée de l'air 5,1 %).

■ ***Dépenses militaires*** (1995) : 0,8 % du P.N.B. (moyenne mondiale 2,8 %) ; soit 11 USD/hab.

a. L'agglomération de Kingston correspond à la paroisse de Kingston.

b. Importations C.I.F.

c. Dans les hôpitaux publics uniquement.

JAPON

- ***Nom officiel*** : Japon (Nihon Koku ; forme courte Nihon ou Nippon). Code I.S.O. : JP.
- ***Forme de gouvernement*** : monarchie constitutionnelle avec une diète comprenant deux assemblées législatives (Chambre des conseillers [500] et Chambre des représentants [500]).
- ***Chef de l'État*** : empereur (tennō).
- ***Chef du gouvernement*** : Premier ministre.
- ***Capitale*** : Tokyo (Tōkyō).
- ***Langue officielle*** : japonais.
- ***Religion officielle*** : aucune.
- ***Unité monétaire*** : 1 yen (JPY) = 100 sen ; valeur (31 déc. 1997) : 100 JPY = 4,602 0 FRF ; 1 écu = 143,680 JPY.

Démographie

■ ***Population*** (estim. 1997) : 126 110 000.

■ ***Densité*** (1997) : 333,8 hab./km^2.

■ ***Répartition urbaine/rurale*** (1995) : population urbaine 77,6 % ; population rurale 22,4 %.

■ ***Répartition par sexe*** (avril 1996) : hommes 49,30 % ; femmes 50,97 %.

■ ***Répartition par âge*** (avril 1996) : moins de 15 ans 15,8 % ; de 15 à 29 ans 21,8 % ; de 30 à 44 ans 19,6 % ; de 45 à 59 ans 21,9 % ; de 60 à 74 ans 15,0 % ; 75 ans et plus 5,9 %.

■ ***Projection démographique*** : 127 285 000 en 2000 ; 130 344 000 en 2010.

■ ***Temps de doublement*** : sans objet.

■ ***Nationalités*** (janv. 1995) : Japonais 98,9 % ; Coréens 0,5 % ; Chinois 0,2 % ; Brésiliens 0,1 % ; autres 0,3 %.

■ ***Appartenances religieuses*** (1992) : shintoïstes et religions dérivées 51,3 % ; bouddhistes 38,3 % ; chrétiens 1,2 % ; autres 9,2 %.

■ ***Lieu de naissance*** (1995) : Japon 99,3 % ; étranger (principalement Corée) 0,7 %.

■ ***Mobilité*** (oct. 1990) : sans changement de résidence depuis octobre 1985 74,7 % ; changement de résidence à l'intérieur d'une même ville 9,5 % ; changement de résidence à l'intérieur d'une même préfecture 7,9 % ; entre différentes préfectures 7,6 % ; à l'étranger 0,3 %.

■ ***Immigration*** (janv. 1995) : immigrants permanents/étrangers inscrits : 1 354 011.
Lieux d'origine : Corée du Sud et du Nord 50,0 % ; Taïwan, Hong Kong et Chine 16,1 % ; Brésil 11,8 % ; Philippines 6,3 % ; États-Unis 3,2 % ; Pérou 2,6 % ; Thaïlande 1,0 % ; Royaume-Uni 0,9 % ; Vietnam 0,6 % ; Iran 0,6 % ; Canada 0,5 % ; Indonésie 0,5 % ; autres 5,9 %.

■ ***Principales villes*** (oct. 1994) : Tōkyō 8 021 900 hab. ; Yokohama 3 300 500 hab. ; Ōsaka 2 575 000 hab. ; Nagoya 2 153 300 hab. ; Sapporo 1 744 800 hab. ; Kōbe 1 519 000 hab. ; Kyōto 1 448 400 hab. ; Fukuoka 1 275 200 hab. ; Kawasaki 1 202 100 hab. ; Hiroshima 1 106 400 hab. ; Kitakyūshū 1 019 400 hab. ; Sendai 958 700 hab. ; Chiba 853 900 hab. ; Sakai 803 600 hab. ; Kumamoto 642 800 hab. ; Okayama 608 100 hab. ; Sagamihara 567 100 hab. ; Hamamatsu 562 200 hab. ; Kagoshima 542 900 hab. ; Funabashi 540 300 hab. ; Higashiosaka 513 900 hab.

■ ***Ménages*** (1995)
Nombres de ménages : 43 447 100.
Taille moyenne des ménages : 2,9.
Composition des ménages : ménages d'une personne 24,7 % ; de 2 personnes 23,1 % ; de 3 personnes 18,6 % ; de 4 personnes 19,0 % ; de 5 personnes 8,2 % ; de 6 personnes ou plus 6,4 %.
Ménages familiaux 32 545 700 (74,9 %) ; ménages non familiaux 10 901 400 (25,1 %), dont ménages d'une personne 10 768 000 (24,7 %).

Statistiques de l'état civil

■ ***Taux de natalité*** (1995) : 9,5 ‰ (moyenne mondiale 25,0 ‰) ; taux (1985) de naissances légitimes 99,0 %, illégitimes 1,0 %.

■ ***Taux de mortalité*** (1995) : 7,4 ‰ (moyenne mondiale 9,3 ‰).

■ ***Taux d'accroissement naturel*** (1995) : 2,1 ‰ (moyenne mondiale 15,7 ‰).

■ ***Taux de fécondité*** (nombre moyen de naissances par femme en âge de procréer, 1995) : 1,4.

■ ***Nombre de mariages*** (pour 1 000 hab., 1995) : 6,4.

■ ***Nombre de divorces*** (pour 1 000 hab., 1995) : 1,6.

■ ***Espérance de vie*** à la naissance (1995) : hommes 76,4 ans ; femmes 82,8 ans.

■ ***Principales causes de décès*** (pour 100 000 hab., 1994) : maladies de l'appareil circulatoire 239,1, dont maladies cérébro-vasculaires 96,9 ; tumeurs malignes (cancers) 196,4 ; pneumonie et bronchite 68,4 ; accidents et séquelles 29,1, dont suicides 16,9 ; néphrites et néphroses 15,1 ; cirrhose 13,3 ; diabète 8,8.

Indicateurs sociaux

■ ***Niveau d'éducation*** (1990)
Proportion de la population âgée de 25 ans et plus : ayant une éducation primaire 34,3 % ; éducation secondaire 44,5 % ; éducation post-secondaire 21,2 %.

■ ***Qualité de la vie professionnelle***
Durée moyenne de la semaine de travail (1995) : 38,2 heures.
Taux annuel (pour 100 000 actifs, 1994) de décès résultant d'accidents du travail : 2,6.
Proportion des effectifs assurés contre dommages ou pertes de revenus résultant de blessures, d'incapacité permanente ou de décès (1991) : 50,1 %.
Nombre moyen (pour 1 000 000 journées-ouvriers) de journées perdues en raison d'arrêts de travail (1995) : 1,2.
Durée moyenne du trajet jusqu'au lieu de travail (1988) : 26,8 minutes (1983 : voitures particulières 26,7 %[a] ; transports en commun 67,4 %[a] ; taxis 5,5 %[a] ; autres 0,4 %[a]).
Proportion (pour 1 000 actifs, 1993) de sans-emploi sans perspective d'emploi : 87,8.

■ ***Accès aux services*** (1989)
Proportion de logements équipés du gaz 64,6 % ; raccordés à un système public d'eau potable 94,0 % ; raccordés à un système public de collecte des eaux usées 89,4 %.

■ ***Participation à la vie sociale***
Électeurs inscrits ayant participé au dernier scrutin national (oct. 1996) : 59,6 % ; personnes âgées de plus de 15 ans participant aux activités sociales bénévoles (1991) : 26,3 % ; taux d'adhésion aux syndicats (1995) : 18,9 %.

■ ***Délinquance et/ou déviance sociale***
Délits (pour 100 000 hab., 1995) : meurtres 1,0 ; viols 1,3 ; vols à main armée 2,2 ; vols simples 1 246,6.

■ ***Niveau de confort*** (1994)
Ménages possédant : automobile 79,7 % ; poste téléphonique presque 100 % ; récepteur de télévision en couleurs 99,3 % ; réfrigérateur 98,9 % ; air conditionné 72,3 % ; lave-linge 99,4 % ; aspirateur 98,7 % ; magnétoscope 82,8 % ; caméra 86,8 % ; four à micro-ondes 84,3 % ; lecteurs de disques compacts 53,8 %.

	1995		1996	
	milliards de JPY	% du total	effectifs	% des effectifs
agriculture, pêche	9 525,0	1,9	3 560 000	5,3
mines	1 019,9	0,2	60 000	0,1
industrie	119 294,3	24,7	14 450 000	21,5
bâtiment	49 692,9	10,3	6 700 000	10,0
entreprises publiques	13 649,7	2,8	370 000	0,6
transports et communications	31 468,9	6,5	4 110 000	6,1
commerce	61 199,6	12,7	14 630 000	21,8
finance	85 712,0	17,7		
administration, défense nationale	38 967,6	8,1	20 680 000	30,8
services	92 977,9	19,2		
autres	− 20 377,8 [1]	− 4,2 [1]	2 450 000 [2]	3,8 [2]
total	**482 930,0**	**100,0** [3]	**67 110 000**	**100,0**

1. Droits d'importation et écart statistique moins les frais de service bancaire. 2. Comprend 2 250 000 sans-emploi.
3. Le total général ne correspond pas exactement au détail en raison des arrondis.

Structure du produit intérieur brut et effectifs.

→ ***Corpus*** : JAPON
→ ***Grand Atlas de Géographie*** (éd. 1992) : 98, 100 ; 234 (Tōkyō, Yokohama), 236 (Ōsaka, Kōbe, Kyōto) ; 166f (Iōjima)., 166m (Okinawa-jima), 167d (Sakishima-shotō)
→ ***Grand Atlas de l'Histoire*** : 218, 219, 242-243 (La modernisation et l'expansion du Japon de 1868 à 1918), 245, 266, 268, 270, 271, 278-279, 295

Corpus : ACIER (ÉCONOMIE DE L') [la répartition mondiale de la production] ; AÉROSPATIALE (INDUSTRIE) [les puissances aérospatiales] ; AÏNOUS ; ALIMENTATION (ÉCONOMIE DE L') – Les grands produits alimentaires ; AQUACULTURE ; ASIE – Géographie humaine (l'Asie extrême-orientale) ; AUTOMOBILE – Industrie ; CHARBONNAGES (l'Asie) ; CHEMINS DE FER (les grandes vitesses) ; CHIMIE – Les industries chimiques ; ÉLECTRONIQUE (INDUSTRIE) ; INDUSTRIE – Groupes industriels et financiers ; KYŌTO ; MACHINES-OUTILS (répartition géographique actuelle) ; NAVALES (CONSTRUCTIONS) [une industrie mondiale] ; NUCLÉAIRE (INDUSTRIE) ; PÊCHE ; PHARMACIE ET INDUSTRIE PHARMACEUTIQUE ; POPULATION (GÉOGRAPHIE DE LA) [population et démographie] ; PORTS MARITIMES (les grands ports du monde) ; RECHERCHE SCIENTIFIQUE ; SEL ; SIDÉRURGIQUE (INDUSTRIE) ; TÉLÉVISION ET RADIODIFFUSION – Les organismes dans les pays occidentaux ; TEXTILES (INDUSTRIES) ; TŌKYŌ ; TOURISME ; TRANSPORTS.

Universalia 1986 : 117 La technologie des années 1985-1990 ; ***Universalia 1988 :*** 265 Élections et politique générale ; 268 La politique de défense ; ***Universalia 1989 :*** 105 Le jeu des entreprises japonaises entre yen et dollar ; 320 Les télécommunications de la zone Pacifique ; ***Universalia 1990 :*** 130 Les villes géantes ; 287 L'institution impériale ; ***Universalia 1991 :*** 158 Transports internationaux et enjeux géopolitiques ; 165 Le fardeau des déchets industriels ; ***Universalia 1992 :*** 288 L'aide aux pays en développement ; ***Universalia 1996 :*** 258 La forteresse des groupes industriels.

Thesaurus :
AMAGASAKI
ASAHI SHIMBUN
CHIBA
CHŪBU
CHŪGOKU
FUKUOKA
GIFU
HAKODATE
HAMAMATSU
HIMEJI
HIROSHIMA
KANAZAWA
KANTŌ
KAWASAKI
KINKI
KITAKYŪSHŪ
KUMAMOTO
KYŪSHŪ
MITSUBISHI
MITSUI
MURORAN
ŌSAKA
RYŪKYŪ
SAKAI
SAPPORO
SASEBO
SENDAI
SHIKOKU
SHIMONOSEKI
SHIZUOKA
SUMITOMO
TŌHOKU
YAHATA
YASUDA
YOKOHAMA
ZAIBATSU

Économie nationale

■ ***Budget de l'État*** (1996).
Recettes : 54 076 000 000 000 JPY ([1995] impôts sur le revenu 34,9 % ; impôts sur les sociétés 22,7 % ; taxe à la valeur ajoutée 10,3 % ; taxes sur les alcools et les tabacs 5,7 % ; taxes sur les carburants 4,4 % ; droits de timbre 3,1 % ; droits de douane 1,6 %).
Dépenses : 75 104 924 000 000 JPY (sécurité sociale 19,0 % ; service de la dette 21,8 % ; travaux publics 12,8 % ; culture, éducation et recherche scientifique 8,3 % ; défense nationale 6,4 % ; pensions 2,2 %).

■ ***Produit national brut*** (aux prix courants du marché, 1995) : 4 810 000 000 000 USD (38 420 USD/hab.).

■ ***Dette publique*** (1995) : 2 556 900 000 000 USD.

■ ***Population active*** (1996) : 67 110 000 ; taux d'activité 53,3 % (taux de participation : plus de 15 ans 63,4 % ; (1995) femmes 40,5 % ; sans-emploi 3,4 %).

■ ***Revenus et dépenses des ménages***
Taille moyenne des ménages (1995) : 2,8.
Revenu annuel moyen par ménage (1994) : 6 849 800 JPY (72 824 USD) ; sources des revenus (1992) : traitements et salaires 59,3 % ; paiements de transfert 19,5 % ; activités non salariées 10,1 % ; autres 11,1 %.
Dépenses (1994) : alimentation 22,6 % ; transports et communications 11,0 % ; loisirs 9,5 % ; logement 6,7 % ; habillement 6,0 % ; combustibles, éclairage et eau 5,6 % ; éducation 5,3 % ; équipements domestiques et meubles 3,7 % ; soins médicaux 2,7 %.

■ ***Tourisme*** (1996) : recettes touristiques 4 281 000 000 USD ; dépenses touristiques à l'étranger 37 977 400 000 USD.

■ ***Production***
Agriculture, sylviculture, pêche (1996).
Riz 13 000 000 t ; betteraves à sucre 3 686 000 t ; pommes de terre 3 400 000 t ; choux 2 600 000 t ; canne à sucre 1 624 000 t ; patates douces 1 264 000 t ; oignons 1 200 000 t ; pommes 900 000 t ; concombres 865 000 t ; tomates 760 000 t ; carottes 680 000 t ; pastèques 654 800 t ; blé 550 000 t ; laitues 540 000 t ; aubergines 420 000 t ; poires 395 000 t ; cantaloups 390 000 t ; raisins 250 000 t ; orge 220 000 t ; fraises 197 800 t ; pêches 162 000 t ; oranges 150 000 t ; soja 99 000 t ; thé 86 000 t ; haricots verts 75 000 t ; tabac en feuilles 60 000 t ; petits pois 47 000 t.
Cheptel (sur pied) : porcs 10 200 000 ; bovins 4 880 000 ; chèvres 31 000 ; chevaux 28 000 ; moutons 25 000 ; poulets 310 000 000.
Bois (1994) : 18 887 000 m³.
Pêche (1995) : 6 767 570 t, dont maquereau 794 580 t, sardines 661 390 t, lieu 338 507 t, calmars 358 574 t, huîtres 227 319 t, crabes 57 179 t, anguilles 30 030 t, carpes 19 217 t.
Industries extractives (1995) : pierre à chaux 201 089 000 t ; pierre de silice 18 334 000 t ; dolomite 3 773 000 t ; sable de silice 3 737 000 t ; pyrophyllite 648 000 t ; zinc 95 274 t ; plomb 9 659 t ; cuivre 2 376 t ; tungstène 578 t (janv.) ; argent 100 080 kg ; or 9 190 kg.

îles principales, régions et préfectures	capitales	superficie (km²)	population (estim. 1996)
îles principales et régions préfectures			
ÎLE DE HOKKAIDŌ	Sapporo	**83 520**	5 698 946
ÎLE DE HONSHŪ		**(230 935)**	
Chūbu (sous-région du Hokuriku)		**25 221**	
Fukui-ken	Fukui	4 192	828 971
Ishikawa-ken	Kanazawa	4 198	1 182 300
Niigata-ken	Niigata	12 579	2 492 352
Toyama-ken	Toyama	4 252	1 125 618
Chūbu (sous-région du Tōkai)		**12 912**	
Aichi-ken	Nagoya	5 139	6 897 481
Shizuoka-ken	Shizuoka	7 773	3 749 247
Chūbu (sous-région du Tōsan)		**28 644**	
Gifu-ken	Gifu	10 596	2 106 718
Nagano-ken	Nagano	13 585	2 206 290
Yamanashi-ken	Kōfu	4 463	886 010
Chūgoku		**31 789** [1]	
Hiroshima-ken	Hiroshima	8 467	2 882 074
Okayama-ken	Okayama	7 092	1 952 610
Shimane-ken	Matsue	6 629 [1]	769 941
Tottori-ken	Tottori	3 494 [1]	614 469
Yamaguchi-ken	Yamaguchi	6 107	1 550 982
Kantō		**32 383**	
Chiba-ken	Chiba	5 151	5 823 934
Gumma-ken	Maebashi	6 356	2 011 046
Ibaraki-ken	Mito	6 094	2 971 524
Kanagawa-ken	Yokohama	2 403	8 281 848
Saitama-ken	Urawa	3 799	6 809 303
Tochigi-ken	Utsunomiya	6 414	1 992 807
Tōkyō-to (métropole capitale)	Tōkyō	2 166	11 771 000
Kinki (ou Kansai)		**33 074**	
Hyōgo-ken	Kōbe	8 381	5 410 170
Kyōto-fu (préfecture urbaine)	Kyōto	4 613	2 631 374
Mie-ken	Tsu	5 778	1 848 617
Nara-ken	Nara	3 692	1 438 618
Ōsaka-fu (préfecture urbaine)	Ōsaka	1 869	8 803 792
Shiga-ken	Ōtsu	4 016	1 298 444
Wakayama-ken	Wakayama	4 725	1 079 579
Tōhoku		**66 912** [2]	
Akita-ken	Akita	11 613 [2]	1 209 970
Aomori-ken	Aomori	9 619 [2]	1 482 657
Fukushima-ken	Fukushima	13 784	2 136 181
Iwate-ken	Morioka	15 277	1 419 595
Miyagi-ken	Sendai	7 292	2 338 370
Yamagata-ken	Yamagata	9 327	1 255 863
ÎLE DE KYŪSHŪ		**42 164**	
Fukuoka-ken	Fukuoka	4 963	4 951 909
Kagoshima-ken [3]	Kagoshima	9 167	1 793 350
Kumamoto-ken	Kumamoto	7 408	1 861 916
Miyazaki-ken	Miyazaki	7 735	1 177 436
Nagasaki-ken	Nagasaki	4 113	1 541 327
Ōita-ken	Ōita	6 338	1 230 268
Saga-ken	Saga	2 440	885 566
ÎLE DE SHIKOKU		**18 808**	
Ehime-ken	Matsuyama	5 672	1 505 129
Kagawa-ken	Takamatsu	1 883	1 027 839
Kōchi-ken	Kōchi	7 107	815 003
Tokushima-ken	Tokushima	4 146	831 922
ARCHIPEL DES RYŪKYŪ [3]		**2 255**	
Okinawa	Naha	2 255	1 282 705
total		**377 832** [4,5]	**125 864 022** [5]

1. Sans le lac Naka (98 km²), du fait de l'incertitude des limites lacustres entre les préfectures de Shimane et de Tottori. 2. Sans le lac Towada (59 km²), du fait de l'incertitude des limites lacustres entre les préfectures d'Akita et d'Aomori. 3. Les îles situées entre Okinawa et Kyūshū ne font pas administrativement partie des Ryūkyū, mais dépendent de la préfecture de Kagoshima. 4. Ce total inclut les lacs Naka et Towada. Il convient d'y ajouter les 4 996 km² des Territoires du Nord, toujours occupés par l'U.R.S.S. mais que le Japon revendique comme faisant partie intégrante du territoire national ; il s'agit des îles Kunashiri (1 500 km²), Habomai (102 km²), Shikotan (255 km²) et Eterofu (3 139 km²). 5. Le total général ne correspond pas exactement au détail en raison des arrondis.

Territoire et population.

pourcentage du revenu familial moyen par quintile				
1	2	3	4	5 (le plus haut)
11,5	15,5	19,1	22,7	31,2

Répartition du revenu (1995).

	1991	1992	1993	1994	1995	1996	1997 (mai)
indice des prix à la consommation	103,3	105,1	106,4	107,1	107,0	107,2	109,6
indice des revenus mensuels	103,4	105,6	107,7	110,2	112,5	114,6	116,1

Indices des prix et des revenus (1990 = 100).

RUSSIE
MER D'OKHOTSK
Sakhaline
CHINE
RUSSIE
détroit de La Pérouse (Sōya-kaikyō)
Etorofu
Rebun
Rishiri
Kunashiri
Shikotan
Habomai
HOKKAIDŌ
Nayoro
Asahikawa
Sapporo
Obihiro
Kushiro
Nemuro
Tomakomai
CHINE
Okushiri
Hakodate
détroit de Tsugaru
AOMORI-KEN
Aomori
Hachinohe
CORÉE DU NORD
MER DU JAPON
Akita
Morioka
AKITA-KEN
IWATE-KEN
TŌHOKU
YAMAGATA-KEN
Yamagata
Ishinomaki
CHŪBU
Sado
Niigata
Sendai
MIYAGI-KEN
presqu'île Noto
NIIGATA-KEN
Fukushima
FUKUSHIMA-KEN
TOCHIGI-KEN
CORÉE DU SUD
TOYAMA-KEN
Kanazawa
Toyama
Nagano
Maebashi
Utsunomiya
Mito
ISHIKAWA-KEN
IBARAKI-KEN
Oki
Dōzen
Dōgo
Fukui
FUKUI-KEN
Kōfu
Urawa
TŌKYŌ
KANTŌ
CHŪGOKU
TOTTORI-KEN
HYOGO-KEN
GIFU-KEN
NAGANO-KEN
Matsue
Tottori
Gifu
Chiba
Kyōto
Nagoya
Shizuoka
Yokohama
CHIBA-KEN
SHIMANE-KEN
Hiroshima
Okayama
Kōbe
Ōtsu
AICHI-KEN
KANAGAWA-KEN
OCÉAN PACIFIQUE
détroit de Corée
YAMAGUCHI-KEN
Ōsaka
Nara
Tsu
Hamamatsu
Ōshima
Yamaguchi
Kure
Takamatsu
MIE-KEN
SHIZUOKA-KEN
les Sept Îles
Tsushima
Kitakyūshū
Matsuyama
Tokushima
Wakayama
Kōzu
Miyake
Fukuoka
EHIME-KEN
Kōchi
Mikura
Gotō
Saga
Ōita
KŌCHI-KEN
WAKAYAMA-KEN
Kumamoto
KINKI
Hachijō
Nagasaki
TOKUSHIMA-KEN
KUMAMOTO-KEN
MIYAZAKI-KEN
détroit de Bungo
SHIKOKU
Miyazaki
Kagoshima
zone contestée des « Territoires du Nord » occupés par la Russie depuis 1945 et dont le Japon réclame la restitution
0
150
300 km
KAGOSHIMA-KEN
Tanega
KYŪSHŪ
Kuchino
Yaku
îles Osumi
Nakano
Suwanose
archipel de Tokara
Amami
Naze
Kikai
Kakeroma
Tokuno
1 TŌKYŌ-TO
2 KYŌTO-FU
3 ŌSAKA-FU
4 FUKUOKA-KEN
5 GUMMA-KEN
6 HIROSHIMA-KEN
7 KAGAWA-KEN
8 NAGASAKI-KEN
9 NARA-KEN
10 OITA-KEN
11 OKAYAMA-KEN
12 SAGA-KEN
13 SAITAMA-KEN
14 SHIGA-KEN
15 YAMANASHI-KEN
archipel de Tokara
Yaku
Nakano
KYŪSHŪ
Suwanose
KAGOSHIMA-KEN
MER DE CHINE ORIENTALE
Naze
Amami
Kikai
Kakeroma
Tokuno
Okino-Erabu
Yoron
RYŪKYŪ
Nago
Okinawa
Naha
OKINAWA
îles Sakishima
Yonakuni
Miyako
Ishigaki
Iriomote
OCÉAN PACIFIQUE
© ENCYCLOPÆDIA UNIVERSALIS

groupes selon la C.T.C.I.	importations		exportations	
	millions de USD	%	millions de USD	%
00 produits alimentaires et animaux vivants 01 boissons et tabacs	45 748	13,6	1 612	0,4
02 matières premières à l'exclusion des combustibles [1]	34 268	10,2	3 086	0,7
03 combustibles minéraux, lubrifiants et produits dérivés	53 976	16,1	2 736	0,6
04 huiles animales et végétales, graisses et cires [1]	—	—	—	—
05 produits chimiques et dérivés N.D.A.	23 862	7,1	29 254	6,6
06 produits manufacturés de base	39 847	11,8	48 848	11,2
07 équipement industriel et de transport	75 722	22,5	310 707	70,1
08 articles manufacturés divers	49 365	14,7	37 661	8,0
09 produits non classifiés	13 306	3,9	10 032	2,3
total	**336 094**	**100,0** [2]	**442 937**	**100,0** [2]

1. Le groupe 04 est inclus dans le groupe 02. 2. Le total général ne correspond pas exactement au détail en raison des arrondis.

Échanges par groupes de produits (1995).

	importations		exportations	
	millions de USD	%	millions de USD	%
Afrique	**4 015**	**1,5**	**6 652**	**1,7**
Amérique du Sud	**7 055**	**2,6**	**5 596**	**1,4**
Amérique du Nord et centrale	**74 053**	**27,0**	**135 597**	**34,5**
États-Unis	63 067	23,0	118 693	30,0
autres pays d'Amérique du Nord et centrale	10 966	4,0	17 904	4,5
Asie	**124 955**	**45,6**	**167 966**	**42,5**
Europe	**48 469**	**17,7**	**68 256**	**17,3**
U.E.	36 168	13,2	60 056	15,2
ex-U.R.S.S.	3 481	1,3	1 167	0,3
autres pays d'Europe	8 820	3,2	7 033	1,8
Océanie	**16 771**	**6,1**	**10 676**	**2,7**
total	**274 123** •	**100,0** •	**395 201** •	**100,0** •

(•) Le total général ne correspond pas exactement au détail en raison des arrondis.

Répartition du commerce extérieur (1994).

	nombre d'établissements	nombre d'enseignants	nombre d'élèves	nombre d'élèves par enseignant
primaire (6-11 ans)	24 548	431 000	8 371 000	19,4
secondaire (12-17 ans)	16 775	552 000	9 296 000	16,8
supérieur	1 223	162 000	3 101 000	19,1

Enseignement (1995).

Industries manufacturières (1994) : produits semi-finis en acier 102 727 000 t (1991) ; acier brut 98 295 000 t ; ciment 91 624 000 t ; produits en acier laminé à chaud 87 982 000 t (1991) ; fonte 73 776 000 t ; acide sulfurique 6 594 000 t ; engrais 6 047 000 t ; produits en matières plastiques 5 055 000 t ; papier 2 971 800 t ; bitords 656 000 t ; tissus synthétiques 2 048 000 000 m² ; tissus de coton 1 180 000 000 m².
Produits finis : montres et horloges 442 352 000 ; climatiseurs 25 550 000 ; machines à calculer de bureau 20 171 000 ; magnétoscopes 19 202 000 ; caméras 11 842 000 ; postes récepteurs de télévision en couleurs 9 445 000 ; camescopes 7 997 000 ; voitures particulières 7 801 000 ; bicyclettes 6 702 000 ; télécopieurs 5 288 000 ; lave-linge automatiques 5 042 000 ; réfrigérateurs 4 952 000 ; ordinateurs 3 960 000 ; fours à micro-ondes 3 167 000 ; motocyclettes 2 725 000 ; photocopieuses 2 144 000.
Bâtiment (valeur en millions de JPY, 1994) : résidentiel 26 870 000 ; non résidentiel 54 559 000.

Énergie (production/consommation) : électricité (1994) 964 328 000 000/964 382 000 000 kWh ; charbon (1994) 6 949 000/123 099 000 t ; pétrole brut (1994) 3 958 000/1 647 000 000 barils ; produits pétroliers (1994) 18 561 000/193 545 000 t ; gaz naturel (1994) 2 276 600 000/61 101 700 000 m³.

■ ***Utilisation du sol*** (1994) : forêts 66,4 % ; prairies et pâturages 1,8 % ; terres cultivées et plantations 11,7 % ; autres 20,1 %.

Échanges extérieurs [b]

■ ***Importations*** (1995) : 31 534 000 000 000 JPY (équipement industriel et de transport 25,3 % ; produits alimentaires 15,2 % ; pétrole et produits pétroliers 8,9 % ; textiles 7,3 % ; produits chimiques et dérivés 7,3 %).
Principales sources des importations : États-Unis 22,4 % ; Chine 10,7 % ; Corée du Sud 5,1 % ; Australie 4,3 % ; Taïwan 4,3 % ; Indonésie 4,2 % ; Allemagne 4,1 % ; Canada 3,2 % ; Malaisie 3,1 % ; Thaïlande 3,0 %.

■ ***Exportations*** (1994) : 41 532 000 000 000 JPY (équipement électrique 25,6 % ; véhicules automobiles 12,0 % ; produits chimiques 6,8 % ; matériel scientifique et optique 4,7 % ; produits métallurgiques 4,0 % ; textiles et produits dérivés 2,0 %).
Principales destinations des exportations : États-Unis 27,3 % ; Corée du Sud 7,1 % ; Taïwan 6,5 % ; Hong Kong 6,3 % ; Singapour 5,2 % ; Chine 5,0 % ; Allemagne 4,6 % ; Thaïlande 4,5 % ; Malaisie 3,8 % ; Royaume-Uni 3,2 %.

Transports et communications

■ ***Transports***
Chemins de fer (1995) : longueur 20 134 km ; trafic : 400 058 000 000 passagers-km ; 25 101 000 000 t-km.
Routes (1994) : longueur totale 1 136 346 km (73 % recouvertes).
Véhicules (1995) : voitures particulières 44 680 000 ; camions 21 934 000 ; autobus 243 000.
Marine marchande (1994) : 7 165 navires (de 100 tjb et plus) ; 22 000 000 tonneaux de port en lourd.
Transports aériens (1995) ; trafic : 130 291 500 000 passagers-km ; 6 550 600 000 t-km. 73 aéroports desservis par des vols réguliers (1996).

	1991	1992	1993	1994	1995	1996	1997 (juin)
taux de change [1]**, JPY pour 1 :**							
USD	125,20	124,75	111,85	99,74	102,30	108,78	114,20
D.T.S.	179,09	171,53	153,63	145,61	152,86	166,80	158,80
réserves internationales (USD) :							
total (sans l'or, millions)	72 059	71 623	98 524	125 860	183 250	216 648	221 128
D.T.S. (millions)	2 579	1 094	1 543	2 083	2 707	2 648	2 510
réserve éventuelle au F.M.I. (millions)	7 722	8 641	8 261	8 631	8 100	6 671	6 051
devises (millions)	61 758	61 888	88 720	115 146	172 443	207 335	212 566
or (onces, millions)	24,23	24,23	24,23	24,23	24,23	24,23	24,23
% des réserves mondiales	2,6	2,6	2,6	2,7	2,7	2,7	2,7
intérêts et prix :							
escompte de la Banque centrale (%) [1]	4,50	3,25	1,75	1,75	0,50	0,50	0,50
taux de rendement des bons du Trésor (%)	6,53	4,94	3,69	3,71	2,27	2,23	2,03 [1]
cotation des actions des sociétés industrielles (1990 = 100)	84,5	62,6	76,5	73,3	63,3	75,2 [2]	n.d.
balance des paiements (USD, milliards) :							
balance commerciale	+ 103,1	+ 132,4	+ 141,6	+ 145,9	+ 132,1	+ 83,56	n.d.
importations F.O.B.	203,5	198,5	209,7	238,2	297,2	316,72	n.d.
exportations F.O.B.	306,6	330,9	351,3	384,2	429,3	400,28	n.d.
balance des transactions invisibles	− 17,7	− 14,8	− 10,1	− 16,7	− 20,9	− 17,68	n.d.
balance des paiements, compte courant	+ 72,9	+ 117,6	+ 131,5	+ 129,2	+ 111,2	+ 65,88	n.d.

1. Mai. 2. Septembre.

Agrégats financiers.

	1991	1992	1993	1994	1995	1996
milliards de JPY	+ 10 459	+ 13 484	+ 13 376	+ 12 419	+ 9 998	+ 6 737
% du total	14,1	18,6	20,0	18,1	13,7	8,1

Balance commerciale (prix courants).

	nombre d'établissements	nombre moyen d'employés	ventes annuelles (milliards de JPY)
commerce de détail	1 499 948	7 384 143	143 325
produits alimentaires et boissons	569 403	2 740 000	43 021
épiceries	65 174	715 000	16 986
marchandises générales	4 839	494 000	20 391
grands magasins	2 267	478 000	19 976
véhicules automobiles et bicyclettes	89 345	569 000	17 539
appareils et accessoires	225 714	789 000	14 269
meubles et équipements domestiques	144 368	563 000	11 557
stations-service	72 177	441 000	11 818
liqueurs	92 436	278 000	5 966
librairies et papeteries	72 007	679 000	5 158
commerce de gros	429 302	4 581 000	514 317
machines et équipement	97 691	1 165 000	110 808
équipement non électrique	41 618	425 000	30 991
véhicules à moteur et pièces détachées	17 942	225 000	29 308
marchandises générales	1 159	61 000	91 717
minéraux et métaux	19 809	242 000	47 281
produits de la ferme, animaux sur pied et produits de la pêche	42 537	445 000	56 954
produits alimentaires et boissons	53 687	573 000	47 381
textiles et vêtements	40 970	407 000	30 461
matériaux de construction	50 152	406 000	32 641
produits chimiques	17 011	172 000	21 486
produits pharmaceutiques et de toilette	19 710	288 000	21 048

Commerce et services (1994).

	nombre d'établissements	nombre moyen de personnes engagées	salaire annuel en % de la moyenne de tous les salaires	valeur ajoutée annuelle (milliards de JPY)
équipement électrique	34 389	1 773 000	100,1	18 382
équipement non électrique	40 320	1 074 000	116,6	11 090
équipement de transport	14 226	937 000	122,5	11 626
produits alimentaires, boissons et tabac	46 549	1 237 000	72,9	11 995
produits chimiques	5 160	398 000	136,4	11 379
produits métalliques usinés	46 214	813 000	100,6	7 748
imprimerie et édition	26 461	536 000	121,2	6 467
fer et acier	5 830	308 000	141,6	4 647
céramique, pierre et argile	19 326	433 000	100,5	5 031
plastiques	18 862	443 000	92,8	4 134
papier et dérivés	10 410	271 000	100,1	3 062
textiles	16 745	283 000	81,7	1 883
vêtements	34 230	634 000	51,9	2 538
instruments de précision	5 928	206 000	100,8	1 657
métaux non ferreux	3 709	161 000	120,1	1 756
meubles et accessoires	15 435	209 000	83,6	1 553
produits en caoutchouc	4 334	148 000	104,0	1 472
bois et dérivés	16 532	217 000	78,9	1 550
produits pétroliers et houillers	1 093	34 000	163,5	1 697
produits en cuir	4 810	64 000	69,0	378
mines	611	12 000	112,7	100

Industrie et mines (1994).

■ ***Communications***
Journaux quotidiens (1995) : 121 ; diffusion totale 72 518 000 ; diffusion pour 1 000 hab. 578.
Radiodiffusion (1995) : 100 000 000 postes récepteurs (1 pour 1,2 hab.).
Télévision (1995) : 100 000 000 postes récepteurs (1 pour 1,2 hab.).
Téléphone (1994) : 59 926 000 lignes principales (1 pour 2,1 hab.).

Éducation et santé

■ ***Alphabétisation*** : personnes âgées de 15 ans et plus alphabétisées presque 100 %.

■ ***Santé*** (1994) : 228 643 médecins (1 pour 546 hab.) ; (1992) 1 686 696 lits d'hôpital (1 pour 74 hab.) ; taux de mortalité infantile : 4,2 ‰.

■ ***Alimentation*** (1995) : apport journalier en calories par habitant 2 887 (alimentation d'origine végétale 79 % ; d'origine animale 21 %) ; soit 123 % du niveau minimal recommandé par la F.A.O.

Défense nationale

■ ***Contingent*** (1996) : 235 500 (armée de terre 62,9 % ; marine 18,2 % ; armée de l'air 18,9 %).

■ ***Dépenses militaires*** (1994) : 1,0 % du P.N.B. (moyenne mondiale 3,0 %) ; soit 366 USD/hab.

a. Chiffres pour les voyageurs transportés dans les zones métropolitaines.

b. Importations : chiffres F.O.B. pour la balance commerciale et C.I.F. pour les marchandises et les partenaires commerciaux.

→ *Corpus* : JORDANIE
→ *Grand Atlas de Géographie* (éd. 1992) : 126, 130
→ *Grand Atlas de l'Histoire* : 277, 284, 285, 292, 295

JORDANIE

• ***Nom officiel*** : Royaume hachémite de Jordanie (al-Mamlakah al-Urdunīyah al-Hāshimīyah ; forme courte : al Urdun). Code I.S.O. : JO.

• ***Forme de gouvernement*** : monarchie[a] constitutionnelle avec une Assemblée nationale comprenant deux chambres (Sénat [40 sénateurs nommés par le roi] et Chambre des députés [80 élus]).

• ***Chef de l'État et du gouvernement*** : roi assisté du Premier ministre.

• ***Capitale*** : Amman ('Ammān).

• ***Langue officielle*** : arabe.

• ***Religion officielle*** : islam.

• ***Unité monétaire*** : 1 dinar jordanien (JOD)[b] = 1 000 fils ; valeur (31 déc. 1997) : 100 JOD = 844,58 FRF.

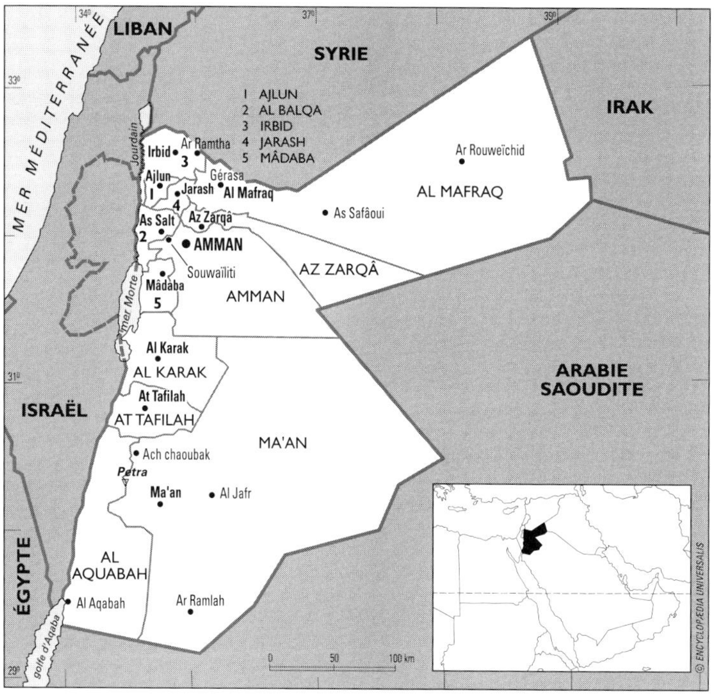

Démographie

■ ***Population*** (estim. 1997) : 4 522 000.

■ ***Densité*** (1997) : 50,8 hab./km².

■ ***Répartition urbaine/rurale*** (1994) : population urbaine 78,6 % ; population rurale 21,4 %.

gouvernorats	chefs-lieux	superficie (km²)	population (recens. 1994)[1]
'Ajlūn	'Ajlūn	n.d.	94 205
'Ammān	'Ammān	10 612[2]	1 567 908
al-'Aqabah	al-'Aqabah	n.d.	79 745
al-Balqā'	aṣ-Salt	1 100	273 489
Irbid	Irbid	2 551[3]	745 774
Jarash	Jarash	n.d.	123 195
al-Karak	al-Karak	4 010	169 552
Ma'ān	Ma'ān	36 141[4]	79 401
Mādabā	Mādabā	n.d.	106 308
al-Mafraq	al-Mafraq	27 129	170 903
aṭ-Ṭafīlah	aṭ-Ṭafīlah	2 202	61 156
az-Zarqā'	az-Zarqā'	5 201	623 943
total		**88 946**[5]	**4 095 579**

1. Préliminaire. 2. Comprend la superficie de Mādabā. 3. Comprend la superficie d''Ajlūn et Jarash. 4. Comprend la superficie d'al-'Aqabah. 5. Non compris 300 km² accordés par le traité israélo-jordanien d'octobre 1994.

Territoire et population.

■ ***Répartition par sexe*** (1994) : hommes 52,15 % ; femmes 47,85 %.

■ ***Répartition par âge*** (1994) : moins de 15 ans 41,4 % ; de 15 à 29 ans 31,6 % ; de 30 à 44 ans 14,8 % ; de 45 à 59 ans 8,0 % ; de 60 à 74 ans 3,5 % ; 75 ans et plus 0,7 %.

■ ***Projection démographique*** : 5 039 000 en 2000 ; 6 734 000 en 2010.

■ ***Temps de doublement*** : 23 ans.

■ ***Composition ethnique*** (1985) : Arabes 98,0 %, dont Palestiniens, env. 50,0 %; Circassiens 1,0 % ; Arméniens 1,0 % ; Turcs 1,0 %.

■ ***Appartenances religieuses*** (1995) : musulmans sunnites 92,0 % ; chrétiens 8,0 %.

■ ***Principales villes*** (1994) : Amman 963 490 hab. ; az-Zarqā 344 524 hab. ; Irbid 208 201 hab. ; aṣ-Ṣalt 187 014 hab.

Statistiques de l'état civil

■ ***Taux de natalité*** (1994) : 34,3 ‰ (moyenne mondiale 25,0 ‰).

■ ***Taux de mortalité*** (1994) : 3,0 ‰ (moyenne mondiale 9,3 ‰).

■ ***Taux d'accroissement naturel*** (1994) : 31,3 ‰ (moyenne mondiale 15,7 ‰).

■ ***Taux de fécondité*** (nombre moyen de naissances par femme en âge de procréer, 1995) : 5,9.

■ ***Espérance de vie*** à la naissance (1995) : hommes 64,4 ans ; femmes 69,9 ans.

■ ***Principales causes de décès*** : n.d. ; toutefois les maladies de l'appareil circulatoire, les maladies de l'appareil respiratoire, les tumeurs malignes (cancers), les blessures et empoisonnements étaient, en 1989, parmi les principales maladies du pays.

Économie nationale

■ ***Budget de l'État*** (1996)
Recettes : 1 777 600 000 JOD (recettes fiscales 49,3 %, dont impôts sur les ventes 22,2 %, droits de douane 12,7 %, impôts sur le revenu et les profits 9,8 % ; recettes non fiscales 37,7 %, dont droits et licences 13,4 %, poste, télégraphe et téléphone 10,5 % ; aide extérieure 12,9 %).
Dépenses : 1 785 500 000 JOD (dépenses courantes 81,2 %, dont défense et sécurité intérieure 23,4 % ; salaires et traitements 19,6 % ; biens de production 19,6 %.)

■ ***Dette publique*** (extérieure, créances, 1995) : 6 904 000 000 USD.

■ ***Tourisme*** (1995) : recettes touristiques 696 000 000 USD ; dépenses touristiques à l'étranger 420 000 000 USD.

■ ***Production***
Agriculture, sylviculture, pêche (1997).
Tomates 474 000 t ; raisins 84 267 t ; olives 82 117 t ; oranges et mandarines 81 204 t ; aubergines 73 500 t ; concombres 68 000 t ; choux-fleurs et choux 54 338 t ; blé 51 000 t ; orge 44 730 t ; citrons et limes 44 259 t ; bananes 38 889 t.
Cheptel (sur pied) : moutons 2 100 000 ; chèvres 550 000 ; bovins 43 000 ; chameaux 18 000 ; poulets 78 000 000.
Bois (1995) : 11 000 m³.
Pêche (1993) : 62 t.

	1996		1993	
	millions de JOD [1]	% du total	effectifs	% des effectifs
agriculture	232,6	5,5	54 995	6,4
mines	153,6	3,6	91 086	10,6
industrie	688,6	16,2		
bâtiment	341,1	8,0	60 151	7,0
entreprises publiques	98,2	2,3	6 015	0,7
transports et communications	591,8	13,9	57 573	6,7
commerce	480,1	11,3	129 754 [3]	15,1
finance	766,8	18,0	24 920	2,9
administration, défense nationale	792,7	18,6		
services [2]	201,9	4,7	434 806	50,6
autres	− 87,3 [4]	− 2,1		
total	**4 260,4**	**100,0**	**859 300**	**100,0**

1. Au coût des facteurs. 2. Comprend la restauration et l'hôtellerie. 3. Comprend les employés de maison. 4. Moins les frais de service bancaire.

Structure du produit intérieur brut et effectifs.

	1990	1991	1992	1993	1994	1995	1996
indice des prix à la consommation	100,0	108,2	112,5	116,2	120,3	123,1	131,1
indice des revenus quotidiens	100,0	100,0	n.d.	n.d.	n.d.	n.d.	n.d.

Indices des prix et des revenus (1990 = 100).

	1991	1992	1993	1994	1995	1996
millions de JOD	− 939,7	− 1 384,7	− 1 588,9	− 1 367,4	− 1 349,3	− 1 851,0
% du total	37,9	45,5	47,9	40,7	35,2	41,8

Balance commerciale (prix courants).

	nombre d'établissements	nombre d'enseignants	nombre d'élèves	nombre d'élèves par enseignant
primaire (6-14 ans)	2 482	48 158	1 036 079	21,5
secondaire (15-17 ans)	741	4 597	93 773	20,4
professionnel et formation à l'enseignement	54	2 553	30 052	11,8
supérieur	55 (•)	4 280	85 934	20,1

(•) 1988-1989.

Enseignement (1993-1994).

Industries extractives (1996) : phosphate minéral 5 360 000 t ; potasse 1 800 000 t.
Industries manufacturières (valeur ajoutée, milliers de JOD, 1994) : produits minéraux non métalliques, poteries et porcelaine 118 035 ; produits chimiques 94 295 ; produits alimentaire 78 075, dont produits de boulangerie 21 879 ; produits métalliques manufacturés, sauf machines 31 755 ; pétrole raffiné 30 458 ; produits en plastique 27 181 ; papiers et dérivés 23 798 ; textiles 19 132 ; meubles 18 780 ; habillement 17 069 ; fer et acier 16 317 ; machines électriques 14 704 ; imprimerie et édition 14 322 ; machines non électriques 13 612.
Bâtiment (1996) : 5 471 900 m².
Énergie (production/consommation) : électricité (1994) 5 075 000 000/5 075 000 000 kWh ; pétrole brut (1994) 14 400/22 056 000 barils ; produits pétroliers (1994) 2 856 000/3 641 000 t ; gaz naturel 0/n.d.

■ ***Produit national brut*** (aux prix courants du marché, 1995) : 6 354 000 000 USD (1 510 USD/hab.).

■ ***Population active*** (1993) : 859 000 ; taux d'activité 22,2 % (taux de participation : plus de 15 ans 43,6 % ; femmes 14,0 % ; sans-emploi (1996) 13,0 %).

■ ***Revenus et dépenses des ménages***
Taille moyenne des ménages (1995) : 6,1.
Revenu annuel moyen par ménage (1995) : 4 010 JOD (5 725 USD) ; sources des revenus (1995) : salaires et traitements 51,4 % ; loyers et revenus fonciers 23,8 % ; paiements de transferts 13,7 % ; activités non salariées 11,1 %.
Dépenses (1992) : alimentation et boissons 40,6 % ; logement et énergie 26,9 % ; transports 11,2 % ; habillement 8,2 % ; éducation 3,5 % ; santé 2,2 %.

■ ***Utilisation du sol*** (1994) : forêts 0,8 % ; prairies et pâturages 8,9 % ; terres cultivées et plantations 4,6 % ; terres incultes (désert principalement), surfaces construites et autres 85,7 %.

Échanges extérieurs[c]

■ ***Importations*** (1996) : 3 043 556 000 JOD (machines et équipements de transport 26,0 % ; produits alimentaires et animaux sur pied 22,5 % ; combustibles minéraux 12,2 % ; produits chimiques et dérivés 10,8 % ; produits métallurgiques 5,2 % ; divers articles manufacturés 5,1 %).
Principales sources des importations : Irak 11,8 % ; États-Unis 9,7 % ; Allemagne 8,0 % ; Italie 5,9 % ; France 4,9 % ; Royaume-Uni 4,4 % ; Japon 4,2 %.

■ ***Exportations*** (1996) : 1 288 171 000 JOD (exportations domestiques 80,7 %, dont produits chimiques et dérivés 25,7 %, potasse 9,8 %, engrais phosphatés 9,9 %, fruits, légumes et noix 6,4 %, équipement industriel et de transport 1,9 %).
Principales destinations des exportations : Arabie Saoudite 12,5 % ; Irak 9,2 % ; Inde 7,9 % ; Émirats arabes unis 5,7 % ; Syrie 3,9 % ; Indonésie 3,0 % ; Liban 2,3 %.

Transports et communications

■ ***Transports***
Chemins de fer (1995) : longueur 677 km ; trafic : trafic des passagers négligeable ; 1 336 000 000 t-km.
Routes (1995) : longueur totale 6 750 km (100 % recouvertes).
Véhicules (1995) : voitures particulières 167 828 ; camions et autobus 82 516.
Marine marchande (1995) : 1 navire (de 1 000 tjb et plus) ; 15 794 tonneaux de port en lourd.
Transports aériens (Royal Jordanian Airlines uniquement, 1995) ; trafic : 4 394 518 000 passagers-km ; 265 226 000 t-km. 2 aéroports desservis par des vols réguliers (1997).

■ ***Communications***
Journaux quotidiens (1994) : diffusion totale 250 000 ; diffusion pour 1 000 hab. 62.
Radiodiffusion (1996) : 980 000 postes récepteurs ; 224 pour 1 000 hab.
Télévision (1995) : 740 000 postes récepteurs ; 176 pour 1 000 hab.
Téléphone (1995) : 317 400 lignes principales ; 75 pour 1 000 hab.

Éducation et santé

■ ***Niveau d'éducation*** (1995)
Proportion de la population âgée de 25 ans et plus : sans instruction scolaire 31,8 % ; ayant une éducation primaire 34,5 % ; éducation secondaire 13,9 % ; postsecondaire et professionnel 8,4 % ; éducation supérieure 11,4 %.

■ ***Alphabétisation*** (1995) : personnes âgées de 15 ans et plus alphabétisées 85,8 %.

■ ***Santé*** (1995) : 6 839 médecins (1 pour 616 hab.) ; 7 440 lits d'hôpital (1 pour 567 hab.) ; taux de mortalité infantile (1994) : 34,0 ‰.

■ ***Alimentation*** (1995) : apport journalier en calories par habitant 2 734 (alimentation d'origine végétale 89 % ; d'origine animale 11 %) ; soit 111 % du niveau minimal recommandé par la F.A.O.

Défense nationale

■ ***Contingent*** (1997) : 104 050 (armée de terre 86,5 % ; marine 0,6 % ; armée de l'air 12,9 %).

■ ***Dépenses militaires*** (1995) : 7,7 % du P.I.B. (moyenne mondiale 2,8 %) ; soit 117 USD/hab.

a. Les partis politiques ont été autorisés en juillet 1992 ; des élections législatives multipartistes ont eu lieu en novembre 1993.

b. Cours lié au dollar depuis novembre 1995 (1 USD = 0,708 JOD)

c. Importations F.O.B. pour la balance commerciale, C.I.F. pour les marchandises et les partenaires commerciaux.

Corpus : ARABE – Les Arabes ; ASIE – Géographie humaine (l'Asie sud-occidentale) [Le monde arabe] ; ISLAM (Histoire) – Modernisme dans le monde musulman ; PALESTINIENS ; PHOSPHATES SÉDIMENTAIRES (gisements) ; PROCHE ET MOYEN-ORIENT CONTEMPORAIN (aspects d'histoire économique) ; ROUGE (MER) [histoire] ; ZONES FRANCHES.

Universalia 1989 : 334 L'eau : enjeux et stratégies ; ***Universalia 1991 :*** 97 La crise du Golfe ; ***Universalia 1992 :*** 133 Nouveau désordre régional et enjeux démocratiques au Moyen-Orient ; ***Universalia 1994 :*** 169 L'accord israélo-palestinien : vers la fin du conflit israélo-arabe.

Thesaurus :
AKABA (GOLFE D')
AMMAN
CHAMIYÉ
JOURDAIN

→ *Corpus* : KAZAKHSTAN, U.R.S.S.
→ *Grand Atlas de Géographie* (éd. 1992) : 80, 89, 93, 94
→ *Grand Atlas de l'Histoire* : 208, 209, 218, 230-231 (L'Empire russe : expansion et modernisation de 1815 à 1917), 244, 245, 258-259 (La Révolution russe), 266, 290-291 (Le développement de l'Union soviétique depuis 1926), 292, 293, 294, 295

KAZAKHSTAN

• ***Nom officiel*** : République du Kazakhstan (Qazaqstan Respublikasy). Code I.S.O. : KZ.

• ***Forme de gouvernement***[a] : république à structure étatique unitaire et à régime multipartiste avec un Parlement comprenant deux chambres législatives (Sénat [47, dont 7 non-élus] et Assemblée [67]).

• ***Chef de l'État*** : président.

• ***Chef du gouvernement*** : Premier ministre.

• ***Capitale*** : Akmola[b].

• ***Langue officielle*** : kazakh.

• ***Religion officielle*** : aucune (dominante : islam sunnite).

• ***Unité monétaire***[c] : 1 tengué (KZT) = 100 tyine ; valeur (31 décembre 1997) : 100 KZT = 7,90 FRF.

Démographie

■ ***Population*** (estim. 1997) : 16 554 000.

■ ***Densité*** (1997) : 6,1 hab./km².

■ ***Répartition urbaine/rurale*** (1996) : population urbaine 56,0 % ; population rurale 43,0 %.

■ ***Répartition par sexe*** (1994) : hommes 49,0 % ; femmes 51,0 %.

■ ***Répartition par âge*** (1991) : moins de 15 ans 31,4 % ; de 15 à 29 ans 25,1 % ; de 30 à 44 ans 21,3 % ; de 45 à 59 ans 12,2 % ; de 60 à 69 ans 6,1 % ; 70 ans et plus 3,9 %.

■ ***Projection démographique*** : 16 573 000 en 2000 ; 17 181 000 en 2010.

■ ***Temps de doublement*** : sans objet.

■ ***Composition ethnique*** (1995) : Kazakhs 46,0 % ; Russes 34,8 % ; Ukrainiens 4,9 % ; Allemands 3,1 % ; Ouzbeks 2,3 % ; Tatars 1,9 % ; autres 5,0 %.

■ ***Appartenances religieuses*** : musulmans (sunnites principalement) 47 % ; orthodoxes 8,2 % ; protestants 2,1 %.

■ ***Principales villes*** (1995) : Almaty (ex-Alma-Ata) 1 172 400 hab. ; Karaganda 573 700 hab. ; Tchimkent 397 600 hab. ; Oust-Kamenogorsk 326 300 hab.

Statistiques de l'état civil

■ ***Taux de natalité*** (1995) : 16,7 ‰ (moyenne mondiale 25,0 ‰) ; taux (1994) de naissances légitimes 86,6 % ; illégitimes 13,4 %.

■ ***Taux de mortalité*** (1995) : 10,2 ‰ (moyenne mondiale 9,3 ‰).

■ ***Taux d'accroissement naturel*** (1995) 6,5 ‰ (moyenne mondiale 15,7 ‰).

■ ***Taux de fécondité*** (nombre moyen de naissances par femme en âge de procréer, 1994) : 3,1.

■ ***Espérance de vie*** à la naissance (1994) : hommes 64,0 ans ; femmes 73,0 ans.

■ ***Principales causes de décès*** (pour 100 000 hab., 1994) : maladies de l'appareil circulatoire 459,0 ; tumeurs malignes (cancers) 134,3 ; accidents, empoisonnements et actes de violence 125,6 ; maladies de l'appareil respiratoire 87,9 ; maladies de l'appareil digestif 30,4 ; maladies infectieuses et parasitaires 30,5.

Économie nationale

■ ***Budget de l'État*** (1997)
Recettes : 270 492 000 000 KZT (recettes fiscales 80,6 %, dont taxes sur les biens et les services 32,6 %, taxes sur les revenus des profits et sur les gains du capital 31,7 %, taxes sur le commerce international 3,1 % ; autres taxes 13,2 % ; recettes non fiscales 19,4 %).
Dépenses : 325 469 000 000 KZT (éducation 18,3 % ; santé publique 14,5 % ; défense 5,9 % ; sécurité sociale 5,4 %).

■ ***Dette publique*** (extérieure, créances 1995) : 2 899 000 000 USD.

■ ***Production***
Agriculture, sylviculture, pêche (1996).
Blé 7 678 000 t ; orge 2 696 000 t ; pommes de terre 2 696 000 t ; fruits 411 090 t ; avoine 359 400 t ; betteraves à sucre 341 000 t ; coton brut 183 000 t.
Cheptel (sur pied) : moutons et chèvres 19 953 000 ; bovins 6 860 000 ; porcs 1 662 700 ; chevaux 1 700 000.
Bois (1991) : 1 974 000 m³.
Pêche (1995) : 69 716 t.
Industries extractives (1995) : minerai de fer 15 000 000 t ; chrome 2 400 000 t ; plomb 190 000 t ; zinc 40 000 t.
Industries manufacturières (valeur de la production en millions de KZT, 1996) : produits alimentaires 107 397 ; métaux non ferreux 89 052 ; métaux ferreux 81 026 ; machines

Corpus : ALIMENTATION (ÉCONOMIE DE L') — Les grands produits alimentaires ; ASIE (Géographie humaine) [l'Asie septentrionale] ; CASPIENNE (MER) [ressources et activités] ; CÉRÉALES ; CHARBONNAGES (géographie de l'exploitation charbonnière) ; COOPÉRATIVES (extension du secteur coopératif) ; FER (MINERAIS DE) [les pays producteurs] ; ISLAM — Modernisme dans le monde musulman ; KOLKHOZ ; MINERAIS (principaux producteurs) ; NUCLÉAIRE (INDUSTRIE) ; OURAL (la région économique) ; PÊCHE ; PÉTROLE — Géographie du pétrole ; POPULATION (GÉOGRAPHIE DE LA) [population et démographie] ; SOCIALISME — Économie des pays socialistes ; SOVKHOZ ; TOURISME (marchés, chaînes et réseaux) [l'insertion des pays collectivistes].

Universalia 1987 : 147 L'information en Union soviétique et dans les autres pays socialistes ; 356 Les Juifs en U.R.S.S ; *Universalia 1989* : 145 La crise de légitimité ; *Universalia 1990* : 111 La réforme politique et institutionnelle ; 361 La revanche du secteur privé ; *Universalia 1991* : 136 L'U.R.S.S. et le désarmement ; 351 La présidentialisation du régime ; *Universalia 1992* : 139 La recomposition de l'espace stratégique soviétique ; *Universalia 1997* : 157 Asie centrale : Caspienne, l'enjeu du pétrole.

Thesaurus :
ALMA-ATA
ARAL (MER D')
KARAGANDA
KAZAKHSTAN (R.S.S. DU)
SYR-DARIA

provinces	capitales	superficie (km²)	population (estim. 1995)
Almaty (ex-Alma-Ata)	Almaty	224 200 [1]	1 684 600
Aqmola	Aqmola	92 000	845 700
Aqtöbe	Aqtöbe	300 600	752 800
Atyraü	Atyraü	118 600	459 600
Batys Qazaqstan	Oral	151 300	669 800
Mangghystaü	Aqtaü	165 600	324 400
Ongtüstik Qazaqstan	Shymkent	117 300	1 987 800
Pavlodar	Pavlodar	124 800	943 600
Qaraghandy	Qaraghandy	428 000	1 754 500
Qostanay [2]	Qostanay	113 900	1 055 300
Qyzylorda	Qyzylorda	226 000	606 100
Shyghys Qazaqstan	Shyghys Qazaqstan	288 300	1 750 500
Soltüstik Qazaqstan	Petropavl	123 200	1 257 900
Torghay [2]	Arqalyq	111 800	305 900
Zhambyl	Zhambyl	144 300	1 039 600
villes			
Almaty	–	– [1]	1 172 400
Baykonur-Leninsk	–	– [3]	68 600
total		**2 724 900**	**16 679 100**

1. La superficie d'Almaty est comprise dans celle de la province d'Almaty. 2. La province de Torghay a été supprimé le 23 avril 1997 ; sa surface et sa population ont été réparties entre les provinces d'Aqmola et de Qostanay, mais les chiffres ne sont pas encore disponibles. 3. La superficie de Baykonur est comprise dans celle de la province de Qyzylorda.

Territoire et population.

	millions de KZT	% du total	effectifs	% des effectifs
agriculture	123 830	12,1	1 442 000	20,7
industrie, mines et entreprises publiques	238 733	23,4	1 372 000	19,7
bâtiment	62 459	6,1	364 000	5,2
transports et communications	108 203	10,6	507 000	7,3
commerce	164 481	16,1	1 035 000	14,8
finance	} 322 016	} 31,6	334 000	4,8
administration, défense nationale			1 664 000	23,9
services				
autres			258 000 [1]	3,7
total	**1 019 122**	**100,0 [2]**	**6 976 000**	**100,0 [2]**

1. Y compris 139 600 sans-emploi. 2. Le total général ne correspond pas exactement en raison des arrondis.

Structure du produit intérieur brut et effectifs (1995).

	1994	1995	1996
indice des prix à la consommation	100,0	286,6	389,5
indice des revenus mensuels	100,0	276,2	384,4

Indices des prix et des revenus (1994 = 100).

	1992	1993	1994	1995	1996
millions de USD	− 1 121	− 414	− 920	− 222	− 400
% du total	13,6	4,2	12,3	2,1	3,4

Balance commerciale (prix courants).

	nombre d'établissements	nombre d'enseignants	nombre d'élèves	nombre d'élèves par enseignant
primaire (7-13 ans)	} 8 700	} 262 000	} 3 060 000	} 11,7
secondaire (14-17 ans)				
professionnel et formation à l'enseignement*	3 504	n.d.	984 300	n.d.
supérieur*	69	n.d.	267 000	n.d.

(*) 1994-1995.

Enseignement (1995-1996).

52 168 ; produits chimiques 28 974 ; matériaux de construction 23 239.
Bâtiment (1994) : résidentiel 2 300 000 m².
Énergie (production/consommation) : électricité (1996) 58 657 000 000/(1994) 78 277 000 000 kWh ; charbon (1996) 76 597 000/(1994) 76 351 000 t ; pétrole brut (1996) 166 800 000/(1994) 87 004 000 barils ; produits pétroliers (1994) 13 372 000/14 306 000 t ; gaz naturel (1996) 6 397 000 000/(1994) 9 588 000 000 m³.

■ ***Population active*** (1995) : 6 976 000 ; taux d'activité 41,8 % (taux de participation : 16-59 ans [hommes], 16-54 ans [femmes] 80,1 % ; femmes [1994] 48,0 % ; sans-emploi 2,3 %).

■ ***Produit national brut*** (1995) : 22 143 000 000 USD (1 130 USD/hab.).

■ ***Revenus et dépenses des ménages***
Taille moyenne des ménages (1989) : 4,0.
Revenu annuel moyen par ménage (1991) : 5 290 RUR ; sources des revenus (1994) : traitements et salaires 67,7 % ; revenus sociaux 16,9 % ; revenus agricoles 5,8 % ; autres 9,6 %.
Dépenses (1994) : produits de détail 60,6 % ; impôts 16,8 % ; services 11,7 % ; autres 10,9 %.

■ ***Utilisation du sol*** (1994) : forêts 3,5 % ; prairies et pâturages 68,8 % ; terres cultivées et plantations 12,9 % ; autres 14,8 %.

Échanges extérieurs

■ ***Importations*** (1996) : 6 017 000 000 USD (outils d'équipement et mécaniques 8,7 % ; produits chimiques industriels 8,3 % ; produits alimentaires 7,4 % ; véhicules 6,0 % ; pétrole et gaz comprimé 5,2 % ; équipement électrique 4,9 % ; produits pétroliers raffinés 1,4 %).
Principales sources des importations (1995) : Russie 70,9 % ; Ouzbékistan 9,0 % ; Ukraine 7,3 % ; Turkménistan 4,7 % ; Biélorussie 3,0 %.

■ ***Exportations*** (1996) : 5 617 000 000 USD (pétrole et gaz comprimé 23,9 % ; métaux ferreux laminés 9,6 % ; cuivre affiné 9,5 % ; grains 8,0 % ; charbon 5,1 % ; ferro-alliages 3,3 % ; alumine 2,8 % ; zinc non raffiné 2,4 % ; fibres de coton 1,7 % ; minerai et concentrés de fer 1,4 % ; produits pétroliers raffinés 1,4 %).
Principales destinations des exportations (1995) : Russie 78,7 % ; Ouzbékistan 5,3 % ; Ukraine 5,2 % ; Biélorussie 2,6 % ; Azerbaïdjan 2,0 %.

Transports et communications

■ ***Transports***
Chemins de fer (1994) : longueur 21 600 km ; trafic (1995) : 13 200 000 000 passagers-km ; 124 500 000 000 t-km.
Routes (1994) : longueur totale 158 581 km (77,8 % recouvertes).
Véhicules (1994) : voitures particulières 940 656 ; camions et autobus : 541 760.
Transports aériens (1994) ; trafic : 4 600 000 000 passagers-km ; 100 000 000 t-km. 20 aéroports internationaux uniquement desservis par des vols réguliers (1997).

■ ***Communications***
Journaux quotidiens : n.d.
Radiodiffusion : n.d.
Télévision (1995) : 4 578 000 postes récepteurs ; 275 pour 1 000 hab.
Téléphone (1995) : 1 963 000 lignes principales ; 118 pour 1 000 hab.

Éducation et santé

■ ***Niveau d'éducation*** (1989)
Proportion de la population âgée de 25 ans et plus : sans instruction scolaire ou ayant une éducation primaire 16,2 % ; éducation secondaire incomplète 19,8 % ; éducation secondaire complète ou postsecondaire incomplète 54,1 % ; éducation supérieure 9,9 %.

■ ***Alphabétisation*** (1989) : personnes âgées de 15 ans et plus alphabétisées 97,5 % ; hommes 99,1 % ; femmes 96,1 %.

■ ***Santé*** (1995) : 62 000 médecins[d] (1 pour 267 hab.) ; 193 000 lits d'hôpital (1 pour 86 hab.) ; taux de mortalité infantile : 27,9 ‰.

Défense nationale

■ ***Contingent*** (1997) : 35 100 (armée de terre 57,0 % ; armée de l'air 43,0 %).

■ ***Dépenses militaires*** (1995) : 0,9 % du P.N.B. (moyenne mondiale 2,8 %) ; soit 25 USD/hab.

a. La nouvelle Constitution a été approuvée par référendum le 30 août 1995.

b. Depuis le 10 octobre 1997.

c. Le tengué a été introduit le 15 novembre 1993 pour remplacer le rouble russe (RUR). Il a, depuis le 1er janvier 1995, seul cours légal au Kazakhstan.

d. Comprend les dentistes.

→ *Corpus* : KENYA
→ *Grand Atlas de Géographie* (éd. 1992) : 150
→ *Grand Atlas de l'Histoire* : 240, 241, 277, 282, 283, 295

KENYA

- ***Noms officiels*** : République du Kenya (Republic of Kenya ; Jamhuri ya Kenya). Code I.S.O. : KE.
- ***Forme de gouvernement*** : république à structure étatique unitaire et à régime multipartiste avec une assemblée législative (Assemblée nationale [202, dont 14 non-élus]).
- ***Chef de l'État et du gouvernement*** : président.
- ***Capitale*** : Nairobi.
- ***Langues officielles*** : anglais ; swahili.
- ***Religion officielle*** : aucune.
- ***Unité monétaire*** : 1 shilling du Kenya (KES)[a] = 100 cents ; valeur (31 déc. 1997) : 100 KES = 9,55 FRF.

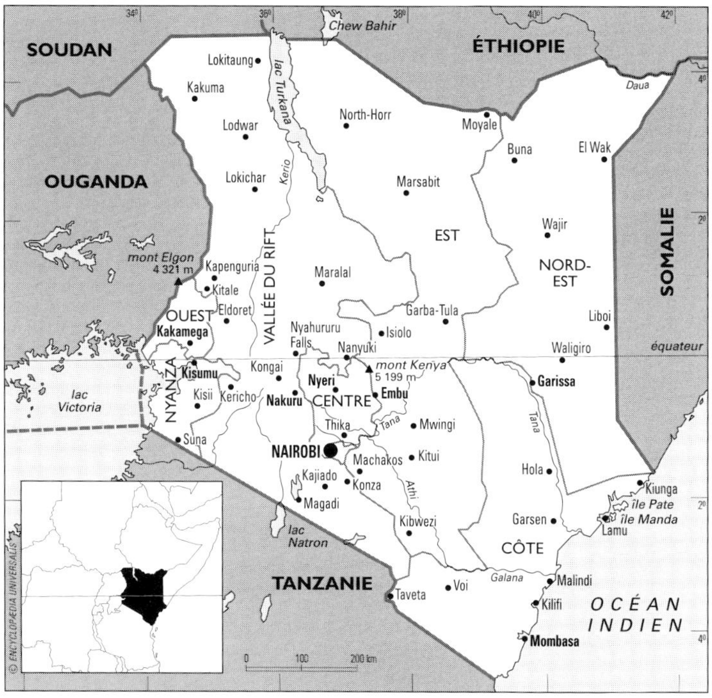

Démographie

- ***Population*** (estim. 1997) : 28 803 000.
- ***Densité***[b] (1997) : 49,4 hab./km².
- ***Répartition urbaine/rurale*** (1995) : population urbaine 20,4 % ; population rurale 79,6 %.
- ***Répartition par sexe*** (1997) : hommes 49,99 % ; femmes 50,01 %.
- ***Répartition par âge*** (1997) : moins de 15 ans 51,3 % ; de 15 à 29 ans 26,5 % ; de 30 à 44 ans 12,7 % ; de 45 à 59 ans 6,3 % ; de 60 à 74 ans 2,7 % ; 75 ans et plus 0,5 %.
- ***Projection démographique*** : 30 490 000 en 2000 ; 33 920 000 en 2010.
- ***Temps de doublement*** : 33 ans.
- ***Composition ethnique*** (1989) : Kikuyus 17,7 %, Luhyas 12,4 %, Luos 10,6 %, Kambas 9,8 %, Kalenjins 9,8 % ; autres 39,7 %.
- ***Appartenances religieuses*** (1987) : chrétiens 73,0 %, dont catholiques 27,0 %, protestants 19,0 %, autres chrétiens 27,0 % ; religions tribales 19,0 % ; musulmans 6,0 % ; autres 2,0 %.
- ***Principales villes*** (1989) : Nairobi 1 504 900 hab. (1990) ; Mombasa 465 000 hab. ; Kisumu 185 100 hab. ; Nakuru 162 800 hab. ; Machakos 92 300 hab. (1983).

provinces	capitales	superficie* (km²)	population (estim. 1993)
Centre (Central)	Nyeri	13 176	3 626 000
Côte (Coast)	Mombasa	83 603	2 155 000
Est (Eastern)	Embu	159 891	4 334 000
Nairobi	Nairobi	684	1 678 000
Nord-Est (North Eastern)	Garissa	126 902	408 000
Nyanza	Kisumu	16 162	4 041 000
Ouest (Western)	Kakamega	8 360	3 035 000
Vallée du Rift (Rift Valley)	Nakuru	173 868	5 690 000
total		**582 646**	**24 967 000**

(*) La superficie terrestre est de 571 416 km², les eaux intérieures représentant 11 230 km².

Territoire et population.

Statistiques de l'état civil

- ***Taux de natalité*** (1996) : 32,4 ‰ (moyenne mondiale 25,0 ‰).
- ***Taux de mortalité*** (1996) : 10,8 ‰ (moyenne mondiale 9,3 ‰).
- ***Taux d'accroissement naturel*** (1996) : 21,6 ‰ (moyenne mondiale 15,7 ‰).
- ***Taux de fécondité*** (nombre moyen de naissances par femme en âge de procréer, 1996) : 4,3.
- ***Espérance de vie*** à la naissance (1996) : hommes 54,2 ans ; femmes 54,6 ans.
- ***Principales causes de décès*** : n.d. ; toutefois, le sida, la malaria, la gastro-entérite, les maladies vénériennes, la diarrhée et la dysenterie, le trachome, l'amibiase et la bilharziose sont parmi les principales maladies du pays.

Économie nationale

- ***Budget de l'État*** (1995-1996)

Recettes : 151 316 000 000 KES[a] (biens et services 34,5 % ; impôts sur le revenu 31,7 % ; droits de douane et impôts indirects 14,0 %).
Dépenses : 152 555 000 000 KES[a] (dépenses cycliques 79,6 % ; dépenses de développement 20,4 %).

- ***Production***

Agriculture, sylviculture, pêche (1996).
Canne à sucre 4 810 000 t ; maïs 2 223 000 t ; manioc 860 000 t ; patates douces 635 000 t ; bananes plantains 370 000 t ; blé 350 000 t ; ananas 270 000 t ; légumes secs 270 000 t ; thé 255 000 t ; bananes 220 000 t ; pommes de terre 205 000 t ; sorgho 140 000 t ; café 98 000 t ; orge 65 000 t ; millet 59 000 t ; noix de coco 43 000 t ; sisal 34 000 t ; tomates 32 000 t ; noix d'acajou 15 000 t ; graines de tournesol 15 000 t ; coton brut 12 000 t ; tabac 10 000 t ; coton en graine 8 000 t.
Cheptel (sur pied) : bovins 13 800 000 ; chèvres 7 400 000 ; moutons 5 600 000.
Bois (1995) : 41 696 000 m³.
Pêche (1995) : 241 064 t, dont poissons d'eau douce 95,3 %.
Industries extractives (1995) : alcali minéral 218 450 t ; spath 80 230 t ; sel 71 400 t.
Industries manufacturières (valeur ajoutée, 1994) : produits alimentaires 639 000 000 KES ; équipement industriel et de transport 233 000 000 KES ; tabac et boissons 190 000 000 KES ; produits chimiques 168 000 000 KES ; produits métalliques 125 000 000 KES ; papier et dérivés 87 000 000 KES ; plastiques 65 000 000 KES ; vêtements et chaussures 55 000 000 KES.
Bâtiment (1990) : résidentiel 411 000 m² ; non résidentiel 182 000 m².
Énergie (production/consommation) : électricité (1994) 3 538 000 000/3 802 000 000 kWh ; charbon (1994) 0/109 000 t ; pétrole brut (1994)

	millions de KES	% du total	effectifs*	% des effectifs
agriculture	122 697	31,0	294 000	18,9
mines	724	0,2	5 000	0,3
industrie	43 185	10,9	205 000	13,1
bâtiment	18 353	4,6	76 000	4,9
entreprises publiques	5 441	1,4	23 000	1,5
transports et communications	30 407	7,8	79 000	5,1
commerce	60 501	15,3	135 000	8,7
finance	72 335	18,2	78 000	5,0
administration, défense nationale / services	42 514	10,7	663 000	42,6
autres	–	–	–	–
total	**396 157**	**100,0**	**1 558 000**	**100,0**

(*) Actifs occupés uniquement.

Structure du produit intérieur brut et effectifs (1995).

	1990	1991	1992	1993	1994	1995	1996
indice des prix à la consommation	100,0	119,8	155,2	226,3	292,0	294,3	320,2
indice des revenus mensuels	100,0	109,3	n.d.	n.d.	n.d.	n.d.	n.d.

Indices des prix et des revenus (1990 = 100).

	1991	1992	1993	1994	1995	1996
millions de KES	– 11 890	– 5 923	– 5 938	– 16 738	– 36 082	– 44 762
% du total	16,4	6,2	3,7	8,8	15,6	15,9

Balance commerciale (prix courants).

	nombre d'établissements	nombre d'enseignants	nombre d'élèves	nombre d'élèves par enseignant
primaire (5-11 ans)	15 804	173 002	5 428 600	31,4
secondaire (12-17 ans)	2 639	31 657	517 577	16,3
formation à l'enseignement	63	1 332 [1]	29 593	n.d.
supérieur	14	4 392 [2]	88 180	n.d.

1. 1987-1988. 2. Universités uniquement, 1990-1991.

Enseignement (1993).

0/15 928 000 barils ; produits pétroliers (1994) 1 949 000/1 680 000 t.

■ ***Population active*** (1992) : 10 633 000 ; taux d'activité 41,1 % (taux de participation [1985] : 15-64 ans 76,2 % ; femmes 40,9 % ; sans-emploi n.d.).

■ ***Produit national brut*** (aux prix courants du marché, 1995) : 7 583 000 000 USD (280 USD/hab.).

■ ***Dette publique*** (extérieure, créances, 1995) : 5 927 000 000 USD.

■ ***Tourisme*** (1995) : recettes touristiques 454 000 000 USD ; dépenses touristiques à l'étranger 135 000 000 USD.

■ ***Revenus et dépenses des ménages***
Taille moyenne des ménages (1980) : 6,2.
Revenu annuel moyen par ménage : n.d.
Dépenses (1980) : alimentation 46,5 % ; logement 10,0 % ; meubles et ustensiles 9,4 % ; transports 8,4 % ; habillement 7,7 % ; énergie 2,6 % ; santé 2,2 % ; éducation 1,0 %.

■ ***Utilisation du sol*** (1994) : forêts 29,5 % ; prairies et pâturages 37,4 % ; terres cultivées et plantations 8,0 % ; autres 25,1 %.

Échanges extérieurs[c]

■ ***Importations*** (1995) : 3 065 000 000 USD (équipement industriel et de transport 35,4 % ; produits chimiques 17,6 % ; produits pétroliers et dérivés 13,4 % ; alimentation et boissons 4,4 %.

Principales sources des importations : Royaume-Uni 12,4 % ; Émirats arabes unis 8,9 % ; Japon 8,6 % ; Inde 7,5 % ; Afrique du Sud 7,4 % ; Allemagne 6,0 % ; Italie 5,2 % ; États-Unis 3,6 % ; Arabie Saoudite 2,0 %.

■ ***Exportations*** (1995) : 1 873 000 USD (thé 17,6 % ; café non torréfié 15,1 % ; fruits et légumes 5,0 % ; produits pétroliers 5,0 % ; ciment 1,8 % ; cuirs et peaux 1,1 % ; alcali minéral 1,1 %).
Principales destinations des exportations : Royaume-Uni 11,9 % ; Allemagne 9,3 % ; Ouganda 8,7 % ; Tanzanie 7,1 % ; Pakistan 5,7 % ; Pays-Bas 5,2 % ; États-Unis 5,1 %.

Transports et communications

■ ***Transports***
Chemins de fer (1993) : longueur 3 034 km ; trafic : 464 000 000 passagers-km ; 1 312 000 000 t-km.
Routes (1995) : longueur totale 63 663 km (14 % recouvertes).
Véhicules (1995) : voitures particulières 271 000 ; camions et autobus 75 900.
Marine marchande (1992) : 29 navires (de 100 tjb et plus) ; 11 649 tonneaux de port en lourd.
Transports aériens (uniquement pour Kenya Airways, 1996) ; trafic : 1 837 553 000 passagers-km ; 47 809 000 t-km. 13 aéroports desservis par des vols réguliers (1996).

■ ***Communications***
Journaux quotidiens (1995) : diffusion (pour 4 quotidiens uniquement) 402 000 ; diffusion pour 1 000 hab. 14.
Radiodiffusion (1996) : 3 000 000 postes récepteurs ; 103 pour 1 000 hab.
Télévision (1995) : 462 000 postes récepteurs ; 18 pour 1 000 hab.
Téléphone (1995) : 239 600 lignes principales ; 9,0 pour 1 000 hab.

Éducation et santé

■ ***Niveau d'éducation*** (1979)
Proportion de la population âgée de 25 ans et plus : sans instruction scolaire 58,6 % ; ayant une éducation primaire 32,2 % ; éducation secondaire incomplète 7,9 % ; éducation secondaire ou supérieure 1,3 %.

■ ***Alphabétisation*** (1995) : personnes âgées de 15 ans et plus alphabétisées 78,1 % ; hommes 86,3 % ; femmes 70,0 %.

■ ***Santé*** (1994) : 4 558 médecins (1 pour 5 999 hab.) ; 37 271 lits d'hôpital (1 pour 734 hab.) ; taux de mortalité infantile (1996) : 55,2 ‰.

■ ***Alimentation*** (1995) : apport journalier en calories par habitant 1 991 (alimentation d'origine végétale 88 % ; d'origine animale 12 %) ; soit 86 % du niveau minimal recommandé par la F.A.O.

Défense nationale

■ ***Contingent*** (1996) : 24 200 (armée de terre 84,7 % ; marine 5,0 % ; armée de l'air 10,3 %).

■ ***Dépenses militaires*** (1995) : 2,3 % du P.N.B. (moyenne mondiale 2,8 %) ; soit 5 USD/hab.

a. La livre du Kenya (KEP) est une unité de compte valant 20 shillings (1 KEP = 20 KES).

b. Sur la base de la surface terrestre.

c. Importations : chiffres F.O.B. pour la balance commerciale et C.I.F. pour les marchandises et les partenaires commerciaux.

Corpus : AFRIQUE (Structure et milieu) – Géographie générale ; AFRIQUE NOIRE – Société et économie ; ALIMENTATION (ÉCONOMIE DE L') – Les grands produits alimentaires (produits tropicaux) ; INDIEN (HISTOIRE DE L'OCÉAN) [les transformations aux XIXe et XXe siècles] ; KIKUYU ; SWAHILI.

Universalia 1989 : 300 Le déclin ?

Thesaurus :
CHAGGA
KAMBA
KARAMOJONG
LUO
NAIROBI
TESO
TURKANA

→ *Corpus :* U.R.S.S.
→ *Grand Atlas de Géographie* (éd. 1992) : 80, 93
→ *Grand Atlas de l'Histoire :* 208, 209, 218, 230-231 (L'Empire russe : expansion et modernisation de 1815 à 1917), 244, 245, 258-259 (La Révolution russe), 266, 290-291 (Le développement de l'Union soviétique depuis 1926), 292, 293, 294, 295

KIRGHIZSTAN

● ***Nom officiel*** : République kirghize (forme courte locale : Kyrgyzstan). Code I.S.O. : KG.

● ***Forme de gouvernement*** : république à structure étatique unitaire et à régime multipartiste avec un Parlement bicaméral (Conseil suprême comprenant une Assemblée législative [35] et une Assemblée des représentants du peuple [70]).

● ***Chef de l'État et du gouvernement*** : président, assisté par un Premier ministre.

● ***Capitale*** : Bichkek (ex-Frounzé).

● ***Langues officielles*** : kirghiz, russe.

● ***Religion officielle*** : aucune (dominante : islam sunnite).

● ***Unité monétaire***[a] : 1 som (KGS) = 100 tyiyn ; valeur (31 déc. 1997) : 100 KGS = 34,41 FRF.

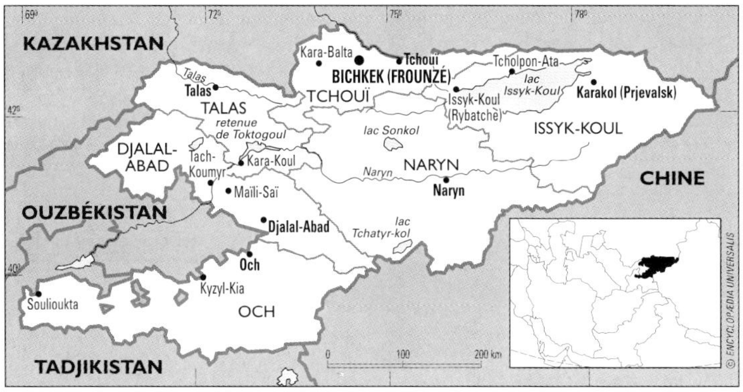

Démographie

■ ***Population*** (estim. 1997) : 4 595 000.

■ ***Densité*** (1997) : 23,1 hab./km².

■ ***Répartition urbaine/rurale*** (1996) : population urbaine 34,7 % ; population rurale 65,3 %.

■ ***Répartition par sexe*** (1996) : hommes 49,35 % ; femmes 50,65 %.

■ ***Répartition par âge*** (1989) : moins de 15 ans 37,5 % ; de 15 à 29 ans 27,0 % ; de 30 à 44 ans 16,3 % ; de 45 à 59 ans 10,9 % ; de 60 à 74 ans 6,2 % ; 75 ans et plus 2,1 %.

provinces, ville	capitales	superficie (km²)	population (estim. janv. 1993)
Djalal-Abad (Džalalabad)	Djalal-Abad (Džalalabad)	39 500	812 800
Issyk-Koul (Issyk-Kul')	Karakol (Prjevalsk)	43 500	429 300
Naryn	Naryn	47 300	267 900
Och (Oš)	Och (Oš)	38 100	1 360 900
Talas	Talas	11 400	203 000
Tchouï (Čuj)	Tchouï (Čuj)	18 700	774 000
ville dépendant de la République :			
Bichkek (Biškek), ex-Frounzé		n.d.	634 100
total		**198 500***	**4 482 000**

(•) Selon des données plus récentes, la superficie est estimée à 199 900 km².

Territoire et population.

	1994		1995	
	millions de KGS	% du total	effectifs	% des effectifs
agriculture / mines	4 611	38,4	776 000	45,9
industrie / entreprises publiques	2 462	20,5	205 000	12,1
bâtiment	409	3,4	66 000	3,9
transports et communications	547	4,6	88 000	5,2
commerce	1 210	10,1	152 000	9,0
finance	577	4,8	7 000	0,4
administration, défense nationale	n.d.	n.d.	65 000	3,8
services	1 443	12,0	278 000	16,4
autres	760	6,3	50 000	3,0
total	**12 019 ***	**100,0 ***	**1 692 000 ***	**100,0 ***

(•) Le total général ne correspond pas exactement au détail en raison des arrondis.

Structure du produit intérieur brut et effectifs.

■ ***Projection démographique*** : 4 697 000 en 2000 ; 5 442 000 en 2010.

■ ***Temps de doublement*** : 47 ans.

■ ***Composition ethnique*** (1996) : Kirghizes 59,7 % ; Russes 16,2 % ; Ouzbeks 14,1 % ; Ukrainiens 1,7 % ; Tatars 1,2 % ; Kazakhs 0,5 % ; autres 5,8 %.

■ ***Appartenances religieuses*** (1997) : musulmans (sunnites) 70 % ; orthodoxes russes 5,7 % ; autres 24,4 %.

■ ***Principales villes*** (1991) : Bichkek 631 300 hab. ; Och 218 700 hab. ; Djalal-Abad 74 200 hab. ; Tokmak 71 200 hab. ; Karakol (Prjevalsk) 64 300 hab. ; Issyk-Koul (Rybatche, Baloktche) 47 000 hab. ; Naryn 44 500 hab.

Statistiques de l'état civil

■ ***Taux de natalité*** (1995) : 25,9 ‰ (moyenne mondiale 25,0 ‰) ; (1994) taux de naissances légitimes 83,2 % ; illégitimes 16,8 %.

■ ***Taux de mortalité*** (1995) : 8,1 ‰ (moyenne mondiale 9,3 ‰).

■ ***Taux d'accroissement naturel*** (1995) : 17,8 ‰ (moyenne mondiale 15,7 ‰).

■ ***Taux de fécondité*** (nombre moyen de naissances par femme en âge de procréer, 1995) : 3,3.

■ ***Nombre de mariages*** (pour 1 000 hab., 1994) : 5,8.

■ ***Nombre de divorces*** (pour 1 000 hab., 1994) : 1,2.

■ ***Espérance de vie*** à la naissance (1994) : hommes 64,0 ans ; femmes 72,0 ans.

■ ***Principales causes de décès*** (pour 100 000 hab., 1993) : maladies de l'appareil circulatoire 290,0 ; maladies de l'appareil respiratoire 125,0 ; accidents, empoisonnements et actes de violence 91,2 ; tumeurs malignes (cancers) 67,3 ; maladies infectieuses et parasitaires 30,1 ; maladies de l'appareil digestif 29,7.

Économie nationale

■ ***Budget de l'État*** (1995)
Recettes : 2 671 000 000 KGS (recettes fiscales 93,4 %, dont taxe à la valeur ajoutée 27,7 %, impôts sur le revenu 11,9 %, impôts sur les bénéfices des entreprises 15,5 %, impôts indirects 10,8 % ; recettes non fiscales 6,6 %).
Dépenses : 4 579 800 000 KGS (éducation 18,0 % ; santé 11,0 % ; sécurité sociale 10,4 % ; services gouvernementaux 7,4 % ; développement industriel 6,3 % ; sécurité publique 4,8 % ; défense nationale 3,0 %).

■ ***Dette publique*** (extérieure, créances, 1995) : 474 300 000 USD.

■ ***Tourisme*** (1995) : recettes touristiques 5 000 000 USD ; dépenses à l'étranger 6 000 000.

■ ***Production***
Agriculture, sylviculture, pêche (1996)
Céréales 1 419 000 t ; pommes de terre 562 000 t ; légumes (sauf pommes de terre) 369 000 t ; fruits (sauf raisins) 81 000 t ; coton brut 73 000 t ; raisins 21 000 t.
Cheptel (sur pied) : moutons et chèvres 4 279 000 ; bovins 869 000 ; chevaux 250 000 ; porcs 114 000.

Corpus : ALIMENTATION (ÉCONOMIE DE L') — Les grands produits alimentaires ; ASIE : (Géographie humaine) [l'Asie septentrionale] ; CÉRÉALES ; COOPÉRATIVES (extension du secteur coopératif) ; ISLAM — Modernisme dans le monde musulman ; KOLKHOZ ; MINERAIS (principaux producteurs) ; NUCLÉAIRE (INDUSTRIE) ; OASIS (différents types d'oasis) ; PÉTROLE — Géographie du pétrole ; POPULATION (GÉOGRAPHIE DE LA) [population et démographie] ; SOCIALISME — Économie des pays socialistes ; SOVKHOZ ; TOURISME (marchés, chaînes et réseaux) [l'insertion des pays collectivistes].

Universalia 1987 : 147 L'information en Union soviétique et dans les autres pays socialistes ; 356 Les Juifs en U.R.S.S ; *Universalia 1989 :* 145 La crise de légitimité ; *Universalia 1990 :* 111 La réforme politique et institutionnelle ; 361 La revanche du secteur privé ; *Universalia 1991 :* 136 L'U.R.S.S. et le désarmement ; 351 La présidentialisation du régime ; *Universalia 1992 :* 139 La recomposition de l'espace stratégique soviétique.

Thesaurus :
FROUNZE (BICHKEK)
KIRGHIZISTAN (R.S.S. DU)

	1988	1989	1990	1991	1992	1993	1994
indice des prix à la consommation	95,2	97,1	100,0	185,0	1 766	23 122	89 534
indice des revenus mensuels	84,5	90,9	100,0	166,9	1 179	12 559	n.d.

Indices des prix et des revenus (1990 = 100).

	1993	1994	1995	1996
millions d'USD [a]	– 166,3	– 118,9	– 263,4	– 383,4
% du total	19,9	14,9	24,4	27,4

Balance commerciale (prix courants).

	nombre d'établissements	nombre d'enseignants	nombre d'élèves	nombre d'élèves par enseignant
primaire (6-13 ans)	1 885	24 086	473 077	19,7
secondaire (14-17 ans)	1 474·	38 915	498 849	12,8
professionnel et formation à l'enseignement	53·	3 371	32 005	9,5
supérieur	23·	3 691	49 744	13,5

(·) 1993-1994.

Enseignement (1995-1996).

Bois (1990) : 6 000 m³.
Pêche (1995) : 797 t.
Industries extractives (1995) : antimoine 1 400 t ; mercure 300 t ; or 850 kg.
Industries manufacturières (valeur de la production aux prix de 1989, millions de KGS, 1994) : textiles 1 112 ; conserves alimentaires 729 ; métaux ferreux et non ferreux 678 ; machines et métal usiné 650 ; matériaux de construction 258 ; chaussures et produits en cuir 89.
Bâtiment (1992) : résidentiel 1 232 000 m².
Énergie (production/consommation) : électricité (1994) 12 932 000 000/10 427 000 000 kWh ; charbon (1994) 298 000/5 950 000 t ; pétrole brut (1994) 645 000/154 000 barils ; produits pétroliers (1994) 0/256 000 t ; gaz naturel (1994) 33 930 000/1 008 000 000 m³.

■ ***Population active*** : 1 692 000 ; taux d'activité 37,2 % (taux de participation [1993] : 16-59 ans [hommes], 16-54 ans [femmes] 81,1 % ; femmes 49,0 % ; [1995] sans-emploi 1,1 %).

■ ***Produit national brut*** (aux prix courants du marché, 1995) : 3 158 000 000 USD (700 USD/hab.)[b].

■ ***Revenus et dépenses des ménages***
Taille moyenne des ménages (1990) : 4,7.
Revenu annuel moyen par ménage (1994) : 4 359 som (325,30 USD) ; sources des revenus : salaires et traitements 49,7 % ; pensions et retraites 11,1 % ; revenus de la vente des produits agricoles 3,5 % ; autres 35,7 %.
Dépenses : biens de consommation, alimentation et vêtements 48,0 % ; santé 13,1 % ; logement 5,9 % ; culture 5,2 % ; appareils électroménagers 4,4 %.

■ ***Utilisation du sol*** (1994) : forêts 3,7 % ; prairies et pâturages 45,4 % ; terres cultivées et plantations 7,2 % ; autres 43,7 %.

Échanges extérieurs

■ ***Importations*** (1996) : 889 800 000 USD (1995 : matériel de construction 32,2 % ; produits alimentaires 28,2 % ; pétrole et gaz 16,6 % ; produits chimiques 13,4 %).
Principales sources des importations : Russie 48,3 % ; Ouzbékistan 23,2 % ; Kazakhstan 20,8 % ; Turkménistan 2,5 % ; Ukraine 2,2 %.

■ ***Exportations*** (1995) : 506 400 000 USD (1995 : textiles 40,6 % ; métaux non ferreux 34,4 % ; produits minéraux 12,3 %).
Principales destinations des exportations : Kazakhstan 41,9 % ; Russie 27,8 % ; Ouzbékistan 19,4 % ; Ukraine 3,8 % ; Turkménistan 2,9 %.

Transports et communications

■ ***Transports***
Chemins de fer (1994) : longueur 400 km ; trafic (1992) : 131 200 000 passagers-km ; 1 588 900 000 t-km.
Routes (1995) : longueur totale 18 560 km (91 % recouvertes).
Véhicules (1995) : voitures particulières 164 000 ; camions et autobus : n.d.
Marine marchande : aucune.
Transports aériens (1996) ; trafic : 4 408 000 000 passagers-km ; 65 199 000 t-km. 2 aéroports desservis par des vols réguliers (1997).

■ ***Communications***
Journaux quotidiens (1994) : diffusion totale 53 000 ; diffusion pour 1 000 hab. 11.
Radiodiffusion : n.d.
Télévision (1995) : 1 110 000 postes récepteurs ; 238 pour 1 000 hab.
Téléphone (1995) : 357 400 lignes principales ; 77 pour 1 000 hab.

Éducation et santé

■ ***Niveau d'éducation*** (1989)
Proportion de la population âgée de 19 ans et plus : ayant une éducation primaire 4,7 % ; éducation secondaire incomplète 20,9 % ; éducation secondaire 44,4 % ; éducation postsecondaire 19,3 % ; éducation supérieure 10,7 %.

■ ***Alphabétisation*** (1989) : personnes âgées de 15 ans et plus alphabétisées 97,0 % ; hommes 98,6 % ; femmes 95,5 %.

■ ***Santé*** (1995) : 15 000 médecins (1 pour 303 hab.) ; 41 000 lits d'hôpital (1 pour 111 hab.) ; taux de mortalité infantile : 29,1 ‰.

■ ***Alimentation*** (1995) : apport journalier en calories par habitant 2 183 (alimentation d'origine végétale 76 % ; d'origine animale 24 %) ; soit 85 % du niveau minimal recommandé par la F.A.O.

Défense nationale

■ ***Contingent*** (1997) : 12 200 (armée de terre 80 % ; armée de l'air 20 %).

■ ***Dépenses militaires*** (1994) : 0,7 % du P.N.B. (moyenne mondiale 3,3) ; soit 12 USD/hab.

a. Le som a été introduit le 10 mai 1993. Certaines données peuvent continuer à être exprimées en roubles (RUR).

b. Données incertaines.

→ *Thesaurus* : GILBERT & ELLICE (ÎLES)
→ *Grand Atlas de Géographie* (éd. 1992) : 16 ; 166d (Banaba), 166h (Kanton), 166o (Kiritimati), 166t (Tarawa)
→ *Grand Atlas de l'Histoire* : 277

KIRIBATI

- ***Nom officiel*** : Kiribati (se prononce : Kribass). Code I.S.O. : KI.
- ***Forme de gouvernement*** : république à structure étatique unitaire avec une assemblée législative (Maneaba ni Maungatabu [41, dont 2 non-élus]).
- ***Chef de l'État et du gouvernement*** : président (Beretitenti).
- ***Capitale*** : Bairiki (sur l'atoll de Tarawa).
- ***Langue officielle*** : kiribati (la langue courante est l'anglais).
- ***Religion officielle*** : aucune.
- ***Unité monétaire*** : 1 dollar australien (AUD) = 100 cents ; valeur (31 déc. 1997) : 100 AUD = 391,23 FRF.

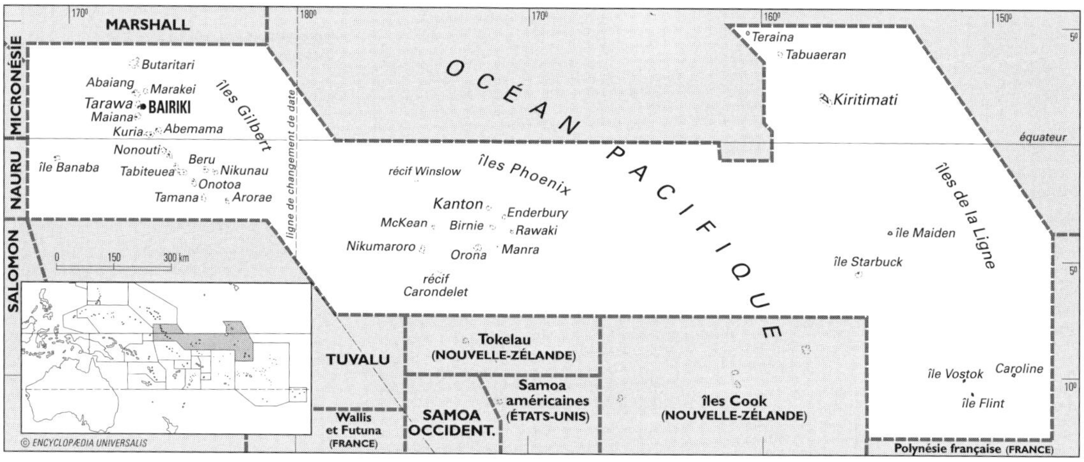

groupes d'îles et îles [1]	chefs-lieux	superficie [2] (km²)	population (recens. 1990)
groupe des îles Gilbert	**Bairiki Islet**	**286** [3]	**67 508**
Abaiang	Tuarabu	18	5 233
Abemama	Kariatebike	27	3 218
Aranuka	Takaeang	12	1 002
Arorae	Roreti	9	1 440
Banaba (Ocean Island)	Anteeren	6	284
Beru	Taubukinberu	18	2 909
Butaritari	Butaritari	13	3 774
Kuria	Tabontebike	16	990
Maiana	Tebangetua	17	2 180
Makin	Makin	8	1 762
Marakei	Rawannawi	14	2 863
Nikunau	Rungata	19	1 994
Nonouti	Teuabu	20	2 814
Onotoa	Buariki	16	2 100
Tabiteuea Nord	Utiroa	26	3 201
Tabiteuea Sud	Buariki	12	1 331
Tamana	Bakaka	5	1 385
Tarawa Nord	Abaokoro	15	3 648
Tarawa Sud	Bairiki	16	25 380
groupe des îles de la Ligne (Line Group)	**Kiritimati**	**496**	**4 782**
Nord [4]			
Kiritimati (Christmas)	London	388	2 537
Tabuaeran (Fanning)	Paelau	34	1 309
Teraina (Washington)	Washingon	10	936
Centre			
Maiden			
Starbuck			
Sud		64	–
Millennium			
Flint			
Vostok			
groupe des îles Phoenix	**Kanton**	**29**	**45**
Birnie			
Enderbury [5]			
Kanton (Canton) ou Abariringa [5]			
McKean			
Manra (Sydney)			
Nikumaroro (Gardner)			
Orona (Hull)			
Rawaki (Phoenix)			
total		**811**	**72 335**

1. Les noms entre parenthèses indiquent les anciennes dénominations anglaises. 2. La superficie comprend les îles inhabitées. 3. Le total général ne correspond pas exactement au détail en raison des arrondis. 4. Dans la zone nord du groupe des îles de la Ligne, Jarvis, l'atoll Palmyra et le récif Kingman sont des possessions non incorporées des États-Unis. 5. Canton et Enderbury, aujourd'hui partie intégrante de la République de Kiribati, étaient naguère un condominion américano-britannique.

Territoire et population.

Démographie

- ***Population*** (estim. 1997) : 82 400.
- ***Densité***[a] (1996) : 113,5 hab./km².
- ***Répartition urbaine/rurale*** (1997) : population urbaine 36,0 % ; population rurale 64,0 %.
- ***Répartition par sexe*** (1990) : hommes 49,45 % ; femmes 50,55 %.
- ***Répartition par âge*** (1990) : moins de 15 ans 40,3 % ; de 15 à 29 ans 27,5 % ; de 30 à 44 ans 17,3 % ; de 45 à 59 ans 9,2 % ; de 60 à 74 ans 4,8 % ; 75 ans et plus 0,9 %.
- ***Projection démographique*** : 87 000 en 2000 ; 94 700 en 2 010.
- ***Temps de doublement*** : 35 ans.
- ***Composition ethnique*** (1990) : Kiribatis 97,4 % ; Métis 1,5 % ; Tuvaluans 0,5 % ; Européens 0,2 % ; autres 0,4 %.
- ***Appartenances religieuses*** (1990) : catholiques 53,4 % ; protestants kiribatis (congrégationalistes) 39,2 % ; béhaïs 2,4 % ; adventistes du septième jour 1,9 % ; mormons 1,6 % ; autres 1,5 %.
- ***Principale ville*** (1990) : Tarawa 25 154 hab.

Statistiques de l'état civil

- ***Taux de natalité*** (1994) : 31,0 ‰ (moyenne mondiale 25,0 ‰) ; taux de naissances légitimes n.d., illégitimes n.d.
- ***Taux de mortalité*** (1994) : 11,0 ‰ (moyenne mondiale 9,3 ‰).

	1994		1990	
	milliers de AUD	% du total	effectifs	% des effectifs
agriculture, pêche	11 460	22,5	23 137 [1]	71,0
mines	–	–	–	–
industrie	379	0,7	622	1,9
bâtiment	1 100	2,2	339	1,0
entreprises publiques	860	1,7	301	0,9
transports et communications	5 917	11,6	921	2,8
commerce	8 195	16,1	1 341	4,1
finance	2 040	4,0	441	1,4
administration, défense nationale	14 775	29,0	2 123	6,5
services			2 286	7,0
autres	6 200	12,2	1 099 [2]	3,4
total	**50 926**	**100,0**	**50 926**	**100,0**

1. Dont 20 568 personnes pratiquant l'agriculture ou la pêche de subsistance. 2. Dont 900 sans-emploi.

Structure du produit intérieur brut et effectifs.

	1989	1990	1991	1992	1993	1994	1995
indice des prix à la consommation	120,8	126,9	131,7	138,3	146,7	154,2	164,2
indice des revenus	n.d.	n.d.	n.d.	n.d.	n.d.	n.d.	n.d.

Indices des prix et des revenus (1985 = 100).

	1989	1990	1991	1992	1993	1994
milliers de AUD	– 22 161	– 30 765	– 29 529	– 44 017	– 35 804	– 29 005
% du total	63,3	80,7	80,0	77,2	77,9	67,1

Balance commerciale (prix courants).

	nombre d'établissements	nombre d'enseignants	nombre d'élèves	nombre d'élèves par enseignant
primaire (6-13 ans)	92	537	16 316	30,4
secondaire (14-18 ans)	9 [1]	179	3 152	17,6
professionnel et formation à l'enseignement	6 [1]	43	297	7,4
supérieur [2]	–	–	–	–

1. 1990. 2. 54 étudiants outre-mer.

Enseignement (1993).

■ ***Taux d'accroissement naturel*** (1994) : 20,0 ‰ (moyenne mondiale 15,7 ‰).

■ ***Taux de fécondité*** (nombre moyen de naissances par femme en âge de procréer, 1997) : 3,3.

■ ***Nombre de mariages*** (pour 1 000 hab., 1988) : 5,2.

■ ***Espérance de vie*** à la naissance (1997) : hommes 62,0 ans ; femmes 67,0 ans.

■ ***Principales causes de décès*** (pour 100 000 hab., 1993) : sénilité 61,2 ; attaques 39,1 ; diarrhée 37,8 ; hépatite 32,5 ; diabète 28,6 ; malnutrition 23,4.

Économie nationale

■ ***Budget de l'État*** (1995)
Recettes : 42 200 000 AUD (recettes non fiscales 71,1 % ; recettes fiscales 28,9 %.
Dépenses : 70 600 000 AUD (dépenses courantes 68,1 % ; dépenses en capital 31,9 %).

■ ***Tourisme*** (1995) : recettes touristiques 1 000 000 USD ; dépenses touristiques à l'étranger (1994) 3 000 000 USD.

■ ***Dette publique*** (extérieure, créances 1993) : 18 000 000 USD.

■ ***Production***
Agriculture, sylviculture, pêche (1996).
Noix de coco 68 000 t ; racines et tubercules 8 100 t, dont taros 1 600 t ; coprah (1994) 8 000 t ; légumes et melons 5 000 t ; bananes 4 500 t ; algues (1994) 1 200 t.
Cheptel (sur pied) : porcs 9 500 ; poulets 300 000).
Pêche (1995) : 24 685 t.
Industries extractives : aucune.
Industries manufacturières (1991) : coprah 8 661 t ; les autres produits importants sont le poisson traité, les produits cuits au four, les vêtements et les produits artisanaux.
Énergie (production/consommation) : électricité (1993) 7 000 000/7 000 000 kWh ; charbon 0/n.d. ; pétrole brut 0/n.d. ; produits pétroliers (1993) 0/7 000 t ; gaz naturel 0/n.d.

■ ***Produit national brut*** (aux prix courants du marché, 1995) : 73 000 000 USD (920 USD/hab.).

■ ***Population active*** (1990) : 32 610 ; taux d'activité 45,1 % (taux de participation : plus de 15 ans 75,6 % ; femmes 46,4 % ; sans-emploi 2,8 %).

■ ***Revenus et dépenses des ménages***
Taille moyenne des ménages (1990) : 6,6.
Revenu annuel moyen par ménage : n.d. ; sources des revenus (1978) : salaires 69,7 % ; activités non salariées 21,4 % ; paiements de transfert 6,0 % ; autres 2,9 %.
Dépenses (1982) : alimentation 50,0 % ; tabac et alcool 14,0 % ; habillement 8,0 % ; transports 8,0 % ; logement, énergie et fonctionnement du foyer 7,5 %.

■ ***Utilisation du sol*** (1994) : forêts 2,7 % ; terres cultivées et plantations 50,7 % ; autres 46,6 %.

Échanges extérieurs

■ ***Importations*** (1994) : 36 115 000 AUD (produits alimentaires et animaux sur pied 31,6 % ; équipement industriel et de transport 17,4 % ; produits manufacturés de base 13,4 % ; combustibles minéraux 9,3 % ; boissons et tabac 8,7 % ; produits chimiques 6,4 % ; matières premières 2,1 %).
Principales sources des importations : France 27,6 % ; États-Unis 26,2 % ; Australie 16,3 % ; Fidji 8,3 % ; Japon 7,5 % ; Nouvelle-Zélande 2,5 %.

■ ***Exportations*** (1994) : 7 110 000 AUD (exportations domestiques 73,4 %, dont coprah 63,0 %, poisson et produits dérivés 6,2 % ; algues 4,2 % ; réexportations 26,6 %).
Principales destinations des exportations : Japon 32,9 % ; États-Unis 17,1 % ; Hong Kong 12,9 % ; Bangladesh 8,6 % ; Allemagne 8,6 % ; Malaisie 7,1 %.

Transports et communications

■ ***Transports***
Routes (1995) : longueur totale 655 km ([1991] 5 % recouvertes).
Véhicules (1982) : voitures particulières 307 ; camions et autobus 130.
Marine marchande (1992) : 7 navires (de 100 tjb et plus) ; 2 685 tonneaux de port en lourd.
Transports aériens (1993) ; trafic : 10 000 000 passagers-km ; 750 000 t-km. 17 aéroports desservis par des vols réguliers (1996).

■ ***Communications***
Journaux quotidiens : aucun.
Radiodiffusion (1996) : 6 050 postes récepteurs ; 75 pour 1 000 hab.
Télévision (1995) : 685 postes récepteurs ; 8,6 pour 1 000 hab.
Téléphone (1995) : 2 000 lignes principales ; 25 pour 1 000 hab.

Éducation et santé

■ ***Niveau d'éducation***[b] (1990)
Proportion de la population âgée de 15 ans et plus : sans instruction scolaire 6,9 % ; éducation primaire 67,8 % ; éducation secondaire 24,5 % ; éducation supérieure 0,6 % ; indéterminée 0,2 %.

■ ***Alphabétisation*** (1985) : personnes âgées de 15 ans et plus alphabétisées 90,0 %.

■ ***Santé*** (1993) : 10 médecins (1 pour 7 687 hab.) ; (1990) 283 lits d'hôpital (1 pour 253 hab.) ; taux de mortalité infantile (1996) : 54,0 ‰.

■ ***Alimentation*** (1995) : apport journalier en calories par habitant 2 772 (alimentation d'origine végétale 88 % ; d'origine animale 12 %) ; soit 122 % du niveau minimal recommandé par la F.A.O.

a. Sur la base de la surface des îles habitées (726 km²).
b. Natifs de Kiribati.

→ ***Corpus :*** KOWEIT
→ ***Grand Atlas de Géographie*** (éd. 1992) : 126
→ ***Grand Atlas de l'Histoire :*** 228, 229, 260, 261, 277, 284, 285, 295

KOWEÏT

• ***Nom officiel*** : État du Koweït (Dawlat al-Kuwayt). Code I.S.O. : KW.

• ***Forme de gouvernement*** : monarchie constitutionnelle avec une chambre législative (Assemblée nationale [64][a]).

• ***Chef de l'État et du gouvernement*** : émir, assisté par un Premier ministre.

• ***Capitale*** : Koweït (al-Kuwayt).

• ***Langue officielle*** : arabe.

• ***Religion officielle*** : islam.

• ***Unité monétaire*** : 1 dinar koweïtien (KWD) = 10 dirhams = 1 000 fils ; valeur (31 déc. 1997) : 100 KWD = 1 962,67 FRF.

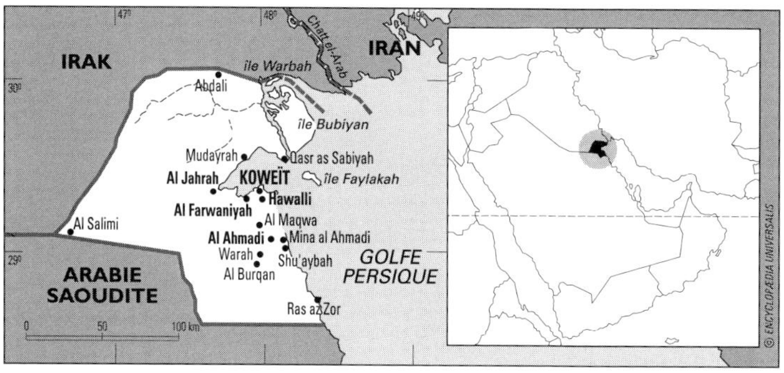

Démographie

■ ***Population*** (estim. 1997) : 1 809 000.

■ ***Densité*** (1997) : 101,5 hab./km².

■ ***Répartition urbaine/rurale*** (1995) : population urbaine 97,0 % ; population rurale 3,0 %.

■ ***Répartition par sexe*** (1995) : hommes 61,45 % ; femmes 38,55 %.

■ ***Répartition par âge*** (1994) : moins de 15 ans 29,4 % ; de 15 à 29 ans 28,3 % ; de 30 à 44 ans 30,5 % ; de 45 à 59 ans 9,5 % ; de 60 ans à 74 ans 2,0 % ; 75 ans et plus 0,3 %.

■ ***Projection démographique*** : 2 108 000 en 2000 ; 2 753 000 en 2010.

■ ***Temps de doublement*** : 22 ans.

■ ***Composition ethnique*** (par nationalité, 1995) : Koweïtiens 41,1 % ; non-Koweïtiens (Arabes du Sud, Asiatiques, Palestiniens, apatrides et immigrants) 58,9 %.

■ ***Appartenances religieuses*** (1995) : musulmans 85,0 % (dont sunnites 45,0 %, chiites 30,0 %, autres musulmans 10,0 %) ; autres (principalement chrétiens et hindous) 15,0 %.

■ ***Principales villes*** (1995) : as-Sālimīyah 130 215 hab. ; Qalīb ash-Shuyūkh 102 178 hab. ; Ḥawallī 82 238 hab. ; Abraq Khītān 63 628 hab. ; Koweït-Ville 28 859 hab.

Statistiques de l'état civil

■ ***Taux de natalité*** (1995) : 24,3 ‰ (moyenne mondiale 25,0 ‰) ; taux de naissances légitimes n.d., illégitimes n.d.

■ ***Taux de mortalité*** (1995) : 2,2 ‰ (moyenne mondiale 9,3 ‰).

■ ***Taux d'accroissement naturel*** (1995) : 22,1 ‰ (moyenne mondiale 15,7 ‰).

■ ***Taux de fécondité*** (nombre moyen de naissances par femme en âge de procréer, 1994) : 3,7.

■ ***Nombre de mariages*** (estim. pour 1 000 hab., 1993) : 8,0.

■ ***Nombre de divorces*** (estim. pour 1 000 hab., 1993) : 1,9.

■ ***Espérance de vie*** à la naissance (1994) : hommes 74,4 ans ; femmes 79,0 ans.

■ ***Principales causes de décès*** (pour 100 000 hab., 1995) : maladies de l'appareil circulatoire 87,5 ; accidents, empoisonnements et actes de violence 35,8 ; tumeurs malignes (cancers) 24,9 ; maladies de l'appareil respiratoire 12,3 ; anomalies congénitales 11,3 ; troubles endocriniens, nutritionnels et du métabolisme 8,2 ; maladies infectieuses et parasitaires 6,7 ; maladies de l'appareil uro-génital 6,0 ; maladies de l'appareil digestif 4,9.

gouvernorats*	chefs-lieux	superficie (km²)	population (estim. 1997)
capitale	Koweït-Ville	98	296 327
al-Aḥmadī	al-Aḥmadī	5 138	303 769
al-Farwānīyah	al-Farwānīyah	n.d.	483 501
al-Jahrah	al-Jahrah	11 324	244 552
Ḥawallī	Ḥawallī	358	481 121
îles (Būbīyān, Warba)	–	900	n.d.
total		**17 818**	**1 809 270**

(*) Les gouvernorats n'ont pas de fonction administrative.

Territoire et population.

Économie nationale

■ ***Budget de l'État*** (1996-1997)
Recettes : 3 000 000 000 KWD (recettes pétrolières 85,3 %).
Dépenses : 4 210 000 000 KWD (dépenses courantes 67,7 %, dont transferts 21,1 %, défense nationale 20,2 %, éducation 7,6 %, santé 6,3 % ; dépenses de développement 10,5 %).

■ ***Dette publique*** (extérieure, créances, 1991) : 792 000 000 USD (comprend la dette extérieure à long terme non garantie par le gouvernement).

■ ***Tourisme*** (1995) : recettes touristiques 107 000 000 USD ; dépenses touristiques à l'étranger 2 322 000 000 USD.

■ ***Production***
Agriculture, sylviculture, pêche (1997).
Concombres et cornichons 26 500 t ; oignons 20 500 t ; tomates 20 500 t ; aubergines 3 250 t ; ail 1 450 t.
Cheptel (sur pied) : moutons 320 000 ; chèvres 75 000 ; bovins 22 000 ; chameaux 8 600 ; poulets 22 000 000.
Pêche (1995) : 8 706 t.
Industries extractives (1994) : soufre 175 000 t ; chaux 35 000 t.
Industries manufacturières (valeur ajoutée, 1993) : produits pétroliers raffinés 383 525 000 KWD ; vêtements 35 722 000 KWD ; produits alimentaires 35 610 000 KWD ; produits manufacturés en métal 33 343 000 KWD ; ciment, briques et tuiles 31 302 000 KWD ; maubles et accessoires 15 103 000 KWD.
Bâtiment (constructions nouvelles, 1995) : résidentiel 2 018 600 m² ; non résidentiel 141 200 m².
Énergie (production/consommation) : électricité (1994) 23 152 000 000/23 152 000 000 kWh ; charbon 0/0 ; pétrole brut (1995) 657 000 000/(1994) 44 426 000 barils ; produits pétroliers (1994) 33 869 000/5 268 000 t ; gaz naturel (1994) 5 970 000 000/5 970 000 000 m³.

■ ***Produit national brut*** (aux prix courants du marché, 1995) : 28 491 000 000 USD (17 390 USD/hab.).

■ ***Population active*** (1995) : 746 408 ; taux d'activité 47,4 % (taux de participation : 15-59 ans 70,7 % ; femmes [1988] 18,8 % ; sans-emploi 0,7 %).

■ ***Revenus et dépenses des ménages***
Taille moyenne des ménages (1986) : 7,4.
Revenu annuel moyen par ménage (foyers koweïtiens uniquement, 1973) : 4 246 KWD (12 907 USD) ; sources des revenus : salaires et traitements 53,8 % ; activités non salariées 20,8 % ; autres 25,4 %.
Dépenses (1992) : alimentation, boissons et tabac 37,0 % ; logement et énergie 18,7 % ; transports 15,3 % ; équipements domestiques 11,1 % ; habillement 10,0 % ; éducation et santé 2,5 %.

■ ***Utilisation du sol*** (1994) : forêts 0,1 % ; prairies et pâturages 7,7 % ; terres cultivées et

Corpus : ARABE – Les Arabes ; ASIE – Géographie humaine (l'Asie sud-occidentale) ; ÉMIRATS ARABES DU GOLFE ; ISLAM (Histoire) – Modernisme dans le monde musulman (monde arabe) ; PÉTROLE – Géographie du pétrole ; PROCHE ET MOYEN-ORIENT CONTEMPORAIN (aspects d'histoire économique contemporaine).

Universalia 1991 : 97 La crise du Golfe ; 357 U.R.S.S. et péninsule Arabique ; ***Universalia 1992 :*** 133 Nouveau désordre régional et enjeux démocratiques au Moyen-Orient.

Thesaurus : PERSIQUE (GOLFE)

	millions de KWD [1]	% du total	effectifs	% des effectifs
agriculture	37,9	0,4	23 400	1,9
mines (secteur pétrolier)	4 127,4	44,5	8 600	0,7
industrie	1 036,0	11,2	83 600	6,8
bâtiment	243,7	2,6	136 500	11,1
entreprises publiques	2,0	0,0	8 600	0,7
transports et communications	397,1	4,3	44 300	3,6
commerce [2]	627,0	6,8	206 600	16,8
finance et affaires	950,6	10,3	43 100	3,5
administration, défense nationale / services	1 953,1	21,1	597 800	48,6
autres	− 97,7 [3]	− 1,1	77 500	6,3
total	**9 277,1**	**100,0 [4]**	**1 230 000**	**100,0**

1. Valeur de la production. 2. Le commerce comprend l'hôtellerie et la restauration. 3. Comprend les droits d'importation et les frais de service bancaire. 4. Le total général ne correspond pas exactement au détail en raison des arrondis.

Structure du produit intérieur brut et effectifs (1996).

	1989	1990	1991	1992	1993	1994	1995
indice des prix à la consommation	91,1	100,0	109,1	108,5	108,9	111,6	114,6
indice des revenus	n.d.	n.d.	n.d.	n.d.	n.d.	n.d.	n.d.

Indices des prix et des revenus (1990 = 100).

	1991	1992	1993	1994	1995	1996
millions de KWD	− 1 135	− 202	+ 962	+ 1 324	+ 1 635	+ 2 056
% du total	64,9	5,0	18,6	25,1	27,7	30,5

Balance commerciale (prix courants).

	nombre d'établissements	nombre d'enseignants	nombre d'élèves	nombre d'élèves par enseignant
primaire (6-9 ans)	251	9 414	140 979	15,0
secondaire (10-17 ans)	409	18 700	204 194	10,9
professionnel et formation à l'enseignement	36	717	3 604	5,0
supérieur *	1	960	16 767	17,5

(*) 1994-1995.

Enseignement (1995-1996).

plantations 0,3 % ; surfaces construites, terres incultes et autres 91,9 %.

Échanges extérieurs

■ ***Importations*** (1996) : 2 507 170 000 KWD (équipement industriel et de transport 41,6 % ; produits manufacturés 19,8 % ; produits alimentaires et animaux sur pied 14,0 % ; articles manufacturés 12,9 % ; produits chimiques 7,2 % ; boissons et tabac 1,1 %).
Principales sources des importations : États-Unis 16,7 % ; Japon 12,1 % ; Allemagne 7,0 % ; Italie 6,9 % ; Arabie Saoudite 6,7 % ; Royaume-Uni 6,0 % ; France 4,0 % ; Inde 3,2 %.

■ ***Exportations*** (1996) : 4 449 700 000 KWD (pétrole brut et produits pétroliers 94,9 %).
Principales destinations des exportations [b] : Inde 18,6 % ; Arabie Saoudite 16,9 % ; Émirats arabes unis 15,0 % ; États-Unis 5,7 % ; Chine 4,9 % ; Philippines 2,6 % ; Bahreïn 2,3 % ; Égypte 2,3 %.

Transports et communications

■ ***Transports***
Chemins de fer : aucun.
Routes (1995) : longueur totale 4 360 km (81 % recouvertes).
Véhicules (1995) : voitures particulières 545 000 ; camions et autobus 155 000.
Marine marchande (1992) : 209 navires (de 100 tjb et plus) ; 3 188 526 tonneaux de port en lourd.
Transports aériens (uniquement pour Kuwait Airways, 1993) ; trafic : 5 124 223 000 passagers-km ; 329 717 000 t-km. 1 aéroport desservi par des vols réguliers (1997).

■ ***Communications***
Journaux quotidiens (1995) : diffusion totale 671 672 ; diffusion pour 1 000 hab. 397.
Radiodiffusion (1995) : 1 000 000 postes récepteurs ; 592 pour 1 000 hab.
Télévision (1996) : 800 000 postes récepteurs ; 456 pour 1 000 hab.
Téléphone (1994) : 373 000 lignes principales ; 230 pour 1 000 hab.

Éducation et santé

■ ***Niveau d'éducation*** (1988)
Proportion de la population âgée de 25 ans et plus : sans instruction scolaire 44,8 % ; ayant une éducation primaire 8,6 % ; éducation secondaire incomplète 15,1 % ; éducation secondaire 15,1 % ; éducation supérieure 16,4 %.

■ ***Alphabétisation*** (estim. 1995) : proportion de la population âgée de 15 ans et plus alphabétisée 78,6 % ; hommes 82,2 % ; femmes 74,9 %.

■ ***Santé*** (1995) : 3 642 médecins (1 pour 464 hab.) ; 4 093 lits d'hôpital [c] (1 pour 357 hab.) ; taux de mortalité infantile : 11,1 ‰.

■ ***Alimentation*** (1995) : apport journalier en calories par habitant 3 160 (alimentation d'origine végétale 75 % ; d'origine animale 25 %) ; soit 131 % du niveau minimal recommandé par la F.A.O.

Défense nationale

■ ***Contingent*** (1997) : 15 300 (armée de terre 71,9 [d] % ; marine 11,8 % ; armée de l'air 16,3 %).

■ ***Dépenses militaires*** (1995) : 11,6 % du P.N.B. (moyenne mondiale 2,8 %) ; soit 1 919 USD/hab.

a. 50 sièges électifs, 14 non électifs.

b. La répartition par destination est fondée sur les exportations non pétrolières.

c. 1993, hôpitaux publics uniquement.

d. Comprend l'état-major central.

→ *Corpus* : LAOS
→ *Grand Atlas de Géographie* (éd. 1992) : 110
→ *Grand Atlas de l'Histoire* : 276, 277, 278, 279, 295

LAOS

- ***Nom officiel*** : République démocratique populaire lao (Sāthālanalat Paśathipathai Paśāson Lao ; forme courte : Laos ou Lao). Code I.S.O. : LA.
- ***Forme de gouvernement*** : république populaire à structure étatique unitaire et à régime de parti unique avec une chambre législative (Assemblée nationale a [85]).
- ***Chef de l'État*** : président.
- ***Chef du gouvernement*** : Premier ministre.
- ***Capitale*** : Vientiane (Vieng Chan).
- ***Langue officielle*** : lao.
- ***Religion officielle*** : aucune.
- ***Unité monétaire*** : 1 nouveau kip (LAK) = 100 at ; valeur (31 déc. 1997) : 100 LAK = 0,457 FRF.

Démographie

■ ***Population*** (estim. 1997) : 5 117 000.

■ ***Densité*** (1997) : 21,6 hab./km².

■ ***Répartition urbaine/rurale*** (1997) : population urbaine 23,0 % ; population rurale 77,0 %.

■ ***Répartition par sexe*** (1995) : hommes 49,46 % ; femmes 50,54 %.

■ ***Répartition par âge*** (1990) : moins de 15 ans 43,7 % ; de 15 à 29 ans 26,0 % ; de 30 à 44 ans 16,2 % ; de 45 à 59 ans 9,2 % ; de 60 à 74 ans 4,2 % ; 75 ans et plus 0,7 %.

■ ***Projection démographique*** : 5 557 000 en 2000 ; 7 168 000 en 2010.

■ ***Temps de doublement*** : 23 ans.

■ ***Composition ethnique*** (1983) : Lao-Lum (Laos) 67,0 % ; Lao-Theung (Mons-Khmers) 16,5 % ; Lao-Tai (Thaïs) 7,8 % ; Lao-Soung (Miaos et Yaos) 5,2 % ; autres 3,5 %.

■ ***Appartenances religieuses*** (1980) : bouddhistes 57,8 % ; religions tribales 33,6 % ; chrétiens 1,8 %, dont catholiques 0,8 %, protestants 0,2 % ; musulmans 1,0 % ; croyances populaires chinoises 0,9 % ; sans appartenance et athées 4,8 % ; autres 0,1 %.

■ ***Principales villes*** (1985) : Vientiane 178 200 hab. ; Savannakhet 96 700 hab. ; Louangphrabang 68 400 hab. ; Pakxe 47 300 hab.

Statistiques de l'état civil

■ ***Taux de natalité*** (1997) : 44,3 ‰ (moyenne mondiale 25,0 ‰).

■ ***Taux de mortalité*** (1997) : 13,7 ‰ (moyenne mondiale 9,3 ‰).

■ ***Taux d'accroissement naturel*** (1997) : 30,6 ‰ (moyenne mondiale 15,7 ‰).

■ ***Taux de fécondité*** (nombre moyen de naissances par femme en âge de procréer, 1997) : 6,2.

■ ***Nombre de mariages*** : n.d.

■ ***Nombre de divorces*** : n.d.

■ ***Espérance de vie*** à la naissance (1997) : hommes 51,0 ans ; femmes 54,0 ans.

■ ***Principales causes de décès*** : n.d. ; toutefois, la malaria, la pneumonie, la méningite, la diarrhée et la tuberculose étaient parmi les principales maladies du pays dans les années 1980.

Économie nationale

■ ***Budget de l'État*** (1996-1997)
Recettes : 321 200 000 000 LAK (recettes fiscales 66,2 % ; aides extérieures 21,2 % ; recettes non fiscales 12,6 %).
Dépenses : 404 100 000 000 LAK (dépenses courantes 47,9 % ; dépenses en capital 52,1 %).

■ ***Dette publique*** (extérieure, créances, 1995) : 2 091 000 000 USD.

■ ***Tourisme*** (1995) : recettes touristiques 51 000 000 USD ; dépenses touristiques à l'étranger, environ 30 000 000 USD.

■ ***Population active*** (1989) : 1 888 000 ; taux d'activité 49,0 % (taux de participation [1985] : 15-64 ans 84,2 % ; femmes 45,3 % ; [1994] sans-emploi 2,6 %).

■ ***Production***
Agriculture, sylviculture, pêche (1996).
Riz 1 414 000 t ; patates douces 111 000 t ; canne à sucre 87 000 t ; maïs 72 000 t ; manioc 69 000 t ; ananas 35 000 t ; melons 35 000 t ; pommes de terre 31 000 t ; oranges 25 000 t ; bananes 25 000 t ; coton brut 20 000 t ; café 10 000 t.
Cheptel (sur pied) : porcs 1 772 000 ; zébus 1 212 000 ; bovins 1 186 000 ; chèvres 159 000 ; chevaux 26 000 ; poulets 11 656 000.
Bois (1995) : 5 508 000 m³.
Pêche (1995) : 40 250 t.
Industries extractives (1995) : gypse 110 000 t ; sel gemme 12 000 t ; étain (métal contenu) 687 t.
Industries manufacturières (1995) : détergents 800 000 t ; produits en matière plastique 500 000 t ; clous 58 000 t ; vêtements 11 495 000 unités ; savon 550 000 unités ; cigarettes 45 000 000 paquets ; bière 126 300 hl ; boissons non alcoolisées 94 800 hl.

Corpus : ASIE – Géographie humaine (l'Asie méridionale) ; DROGUE ; MÉKONG (un grand projet d'aménagement) ; MIAO ET YAO ; THAI.

Thesaurus :
LUANG PRABANG
MÂN
OPIUM
VIENTIANE

provinces	capitales	superficie (km²)	population (estim. 1990)
provinces :			
Attapu (Attopeu)	Attapu (Attopeu)	10 320	87 700
Bokeo	Houayxay (Houei Sai)	6 196	114 900
Borikhamxay (Borikhane)	Pakxan (Paksane)	14 863	164 900
Champasak (Champassac)	Pakxe (Paksé)	15 415	503 300
Houaphan	Xam Nua (Sam Neua)	16 500	247 300
Khammouan (Khammouane)	Thakhek (ex-Khammouane)	16 315	275 400
Louang Namtha	Louang Namtha	9 325	115 200
Louangphrabang	Louangphrabang (Luang Prabang)	16 875	367 200
Oudomxay (Oudom Sai)	Xay (Muang Sai)	15 370	211 300
Phongsali	Phongsali (Phong Saly)	16 270	153 400
Région spéciale	–	7 105	54 200
Saravan	Saravan (Saravane)	10 691	258 300
Savannakhet	Savannakhet	21 774	674 900
Vientiane	Phonhong	15 927	286 800
Xaignabouri	Xaignabouri (Sayaboury)	16 389	293 300
Xekong (Sedone)	Xékong	7 665	64 200
Xiangkhoang (Xieng Khouang)	Phonsavan (Phone Savan)	15 880	201 200
municipalité :			
Vientiane [Vieng Chan, Viangchan]	Vientiane	3 920	531 800
total		**236 800**	**4 605 300**

Les noms entre parenthèses dans le présent tableau rendent compte de translittérations utilisées dans des cartographies plus anciennes.

Territoire et population.

	1996		1989	
	millions de LAK*	% du total	effectifs	% des effectifs
agriculture	463 900	52,0	1 359 000	72,0
industrie	138 300	15,5		
mines	2 400	0,3		
bâtiment	30 100	3,4		
entreprises publiques	12 900	1,4		
transports et communications	50 200	5,6	529 000	28,0
commerce	90 100	10,1		
finance	44 500	4,7		
administration, défense nationale et services	40 200	4,5		
autres	22 600	2,5		
total	**892 200**	**100,0**	**1 888 000**	**100,0**

(*) Aux prix constants de 1990.

Structure du produit intérieur brut et effectifs.

	1989	1990	1991	1992	1993	1994	1995
indice des prix à la consommation	73,7	100,0	113,4	124,6	132,4	141,4	169,1
indice des revenus	n.d.	n.d.	n.d.	n.d.	n.d.	n.d.	n.d.

Indices des prix et des revenus (1990 = 100).

	1990	1991	1992	1993	1994	1995
millions de USD	– 127,8	– 131,7	– 133,0	– 179,0	– 263,7	– 239,3
% du total	46,4	45,8	33,3	27,8	30,5	25,6

Balance commerciale (prix courants).

	nombre d'établissements	nombre d'enseignants	nombre d'élèves	nombre d'élèves par enseignant
primaire (6-10 ans)	7 591	24 600	724 100	29,4
secondaire (11-16 ans)	750 [1]	35 100	886 500	25,3
professionnel et formation à l'enseignement	139 [2]	1 600	9 400	5,9
supérieur	9 [1]	1 300	7 800	6,0

1. 1989-1990. 2. 1988-1989.

Enseignement (1995-1996).

Bâtiment : n.d.
Énergie (production/consommation) : électricité (1994) 905 000 000/294 000 000 kWh ; charbon (1994) 1 000/1 000 t ; pétrole brut n.d./n.d. ; produits pétroliers (1994) 0/95 000 t ; gaz naturel n.d./n.d.

■ ***Produit national brut*** (aux prix courants du marché, 1995) : 1 694 000 000 USD (350 USD/hab.).

■ ***Revenus et dépenses des ménages***
Taille moyenne des ménages (1985) : 6,0.
Revenu annuel moyen par ménage (1985) : 3 710 LAK (371 USD) ; sources des revenus : n.d.
Dépenses : n.d.

■ ***Utilisation du sol*** (1994) : forêts 54,4 % ; prairies et pâturages 3,5 % ; terres cultivées et plantations 3,9 % ; autres 38,2 %.

Échanges extérieurs[b]

■ ***Importations*** (1996) : 689 600 000 USD (biens de consommation 44,7 % ; biens d'investissement 40,2 %, dont équipement de construction et électrique 14,7 % ; véhicules automobiles 10,4 % ; machines et équipements 10,3 % ; matériel pour assemblage de vêtements 10,2 %).
Principales sources des importations : Thaïlande 45,0 % ; Japon 7,6 % ; Vietnam 3,7 % ; Chine 3,4 % ; Singapour 2,5 % ; Hong Kong 1,2 %.

■ ***Exportations*** (1996) : 320 700 000 USD (produits du bois 38,9 % ; vêtements 20,0 % ; électricité 9,3 % ; café 7,8 %).
Principales destinations des exportations : Vietnam 49,1 % ; Thaïlande 30,2 % ; France 2,6 % ; Royaume-Uni 2,1 % ; Allemagne 1,5 %.

Transports et communications

■ ***Transports***
Chemins de fer : aucun.
Routes (1995) : longueur totale 18 153 km (14 % recouvertes).
Véhicules (1995) : voitures particulières 17 200 ; camions et autobus 6 020.
Marine marchande (1992) : 1 navire de (100 tjb et plus) ; 1 469 tonneaux de port en lourd.
Transports aériens (1993) ; trafic : 46 000 000 passagers-km ; 4 000 000 t-km. 11 aéroports desservis par des vols réguliers (1996).

■ ***Communications***
Journaux quotidiens (1994) : diffusion totale 14 000 ; diffusion pour 1 000 hab. 3,0.
Radiodiffusion (1996) : 575 000 postes récepteurs ; 116 pour 1 000 hab.
Télévision (1995) : 80 000 postes récepteurs ; 17 pour 1 000 hab.
Téléphone (1995) : 20 400 lignes principales ; 4,2 pour 1 000 hab.

Éducation et santé

■ ***Niveau d'éducation*** (1985)
Proportion de la population âgée de 6 ans et plus : sans instruction scolaire 49,3 % ; ayant une éducation primaire 41,2 % ; éducation secondaire 9,1 % ; éducation supérieure 0,4 %.

■ ***Alphabétisation*** (1985) : personnes âgées de 15 ans et plus alphabétisées 83,9 % ; hommes 92,0 % ; femmes 75,8 %.

■ ***Santé*** (1990) : 1 173 médecins (1 pour 3 555 hab.) ; 10 364 lits d'hôpital (1 pour 402 hab.) ; taux de mortalité infantile (1997) : 87,0 ‰.

■ ***Alimentation*** (1995) : apport journalier en calories par habitant 2 117 (alimentation d'origine végétale 94 % ; d'origine animale 6 %) ; soit 95 % du niveau minimal recommandé par la F.A.O.

Défense nationale

■ ***Contingent*** (1996) : 37 000 (armée de terre 89,2 % ; marine 1,4 % ; armée de l'air 9,4 %).

■ ***Dépenses militaires*** (1995) : 4,2 % du P.N.B. (moyenne mondiale 2,8 %) ; soit 15 USD/hab.

---

a. La Constitution a renommé l'Assemblée suprême du peuple en Assemblée nationale.
b. Importations C.I.F. pour la balance commerciale et les marchandises.

→ *Corpus* : LESOTHO
→ *Grand Atlas de Géographie* (éd. 1992) : 136, 154
→ *Grand Atlas de l'Histoire* : 276, 277, 283, 295

LESOTHO

● ***Noms officiels*** : Royaume du Lesotho (Kingdom of Lesotho ; Sesotho). Code I.S.O. : LS.

● ***Forme de gouvernement*** : république à régime multipartiste [a] avec deux chambres législatives (Assemblée nationale [65] et Sénat [b] [33]).

● ***Chef de l'État*** : roi.

● ***Chef du gouvernement*** : Premier ministre.

● ***Capitale*** : Maseru.

● ***Langues officielles*** : anglais ; sesotho.

● ***Religion officielle*** : christianisme.

● ***Unité monétaire*** [c] : 1 loti (plur. : maloti [LSL]) = 100 lisente (sing. : sente) ; valeur (31 déc. 1997) : 100 LSL = 123,06 FRF.

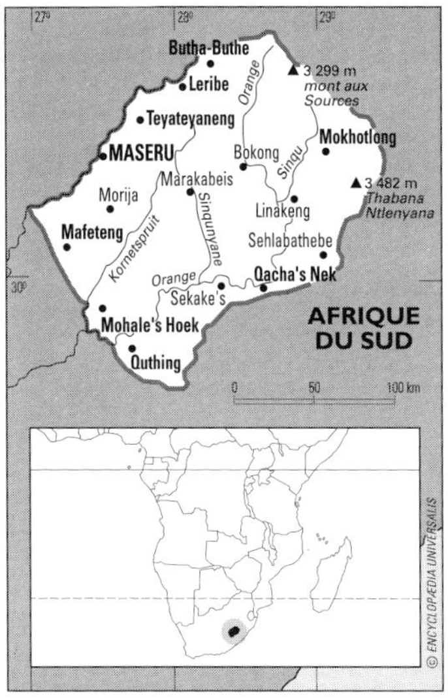

Démographie

■ ***Population*** (estim. 1997) : 2 008 000.

■ ***Densité*** (1997) : 66,2 hab./km².

■ ***Répartition urbaine/rurale*** (1992) : population urbaine 20,9 % ; rurale 79,1 %.

■ ***Répartition par sexe*** (1995) : hommes 49,23 % ; femmes 50,77 %.

■ ***Répartition par âge*** (1995) : moins de 15 ans 41,3 % ; de 15 à 29 ans 27,0 % ; 30 à 44 ans 16,0 % ; de 45 à 59 ans 9,1 % ; de 60 à 74 ans 5,0 % ; 75 ans et plus 1,6 %.

■ ***Projection démographique*** : 2 114 000 en 2000 ; 2 428 000 en 2010.

■ ***Temps de doublement*** : 28 ans.

■ ***Composition ethnique*** (1986) : Sothos 85,0 % ; Zoulous 15,0 %.

■ ***Appartenances religieuses*** (1992) : chrétiens 93,0 %, dont catholiques 42,8 %, protestants (de l'Église évangélique du Lesotho pour la plupart) 29,1 %, autres chrétiens 21,1 % ; autres (principalement religions tribales) 7,0 %.

■ ***Principaux centres urbains*** (1986) : Maseru 109 400 hab. ; Maputsoe 20 000 hab. ; Teyateyaneng 14 300 hab. ; Mafeteng 12 700 hab.

Statistiques de l'état civil

■ ***Taux de natalité*** (1995-2000) : 35,4 ‰ (moyenne mondiale 25,0 ‰).

■ ***Taux de mortalité*** (1995-2000) : 10,6 ‰ (moyenne mondiale 9,3 ‰).

■ ***Taux d'accroissement naturel*** (1995-2000) : 24,8 ‰ (moyenne mondiale 15,7 ‰).

■ ***Taux de fécondité*** (nombre moyen de naissances par femme en âge de procréer, 1995-2000) : 4,9.

■ ***Espérance de vie*** à la naissance (1990-1995) : hommes 58,0 ans ; femmes 63,0 ans.

■ ***Principales causes de décès*** : n.d. ; néanmoins, la malaria, la typhoïde et les maladies infectieuses et parasitaires sont parmi les principaux problèmes de santé.

Économie nationale

■ ***Budget de l'État*** (1995-1996)
Recettes : 1 790 300 000 LSL (1991-1992 : recettes fiscales 78,8 %, dont recettes de douane 53,5 %, taxes sur les ventes 10,1 %, impôts sur le revenu 7,3 %, impôts sur les sociétés 4,6 % ; aides et recettes non fiscales 21,2 %).
Dépenses : 1 608 800 000 LSL (dépenses périodiques 67,5 %, dont éducation 20,9 %, travaux publics [1994-1995] 12,8 %, santé 6,7 %, défense nationale 6,4 % ; dépenses en capital 32,5 %).

■ ***Production***
Agriculture, sylviculture, pêche (1996).
Maïs 199 000 t ; racines et tubercules 63 000 t ; sorgho 31 000 t ; blé 20 000 t ; légumes 20 000 t ; fruits 16 000 t ; haricots secs 4 500 t ; petits pois secs 1 075 t.
Cheptel (sur pied) : moutons 1 200 000 ; chèvres 750 000 ; bovins 590 000 ; ânes 152 000 ; chevaux 120 000 ; porcs 70 000 ; poulets 1 500 000.
Bois (1995) : 709 000 m³.
Pêche (1994) : 35 t.
Industries extractives (1988) : sable et graviers 50 000 m³.
Industries manufacturières (valeur ajoutée, 1994) : produits alimentaires 51 000 000 USD ; boisson 38 000 000 USD ; textiles 12 000 000 USD ; produits chimiques 8 000 000 USD ; produits métalliques 4 000 000 USD ; habillement 3 000 000 USD.
Bâtiment (permis délivrés en millions de LSL, 1996) : résidentiels 11,17 ; non résidentiels 165,97.
Énergie (production/consommation) : électricité (1988) 1 000 000 kWh/n.d. ; charbon 0/n.d. ; pétrole 0/n.d. ; gaz naturel 0/n.d.

■ ***Produit national brut*** (aux prix courants du marché, 1995) : 1 519 000 000 USD (770 USD/hab.).

■ ***Dette publique*** (extérieure, créances, 1995) : 611 000 000 USD.

■ ***Tourisme*** (1994) : recettes touristiques 17 000 000 USD ; dépenses touristiques à l'étranger 7 000 000 USD.

■ ***Population active*** (1993) : 617 871 ; taux d'activité 45,1 % (taux de participation : 15-64 ans [1986] 79,8 % ; femmes 23,7 % ; sans-emploi [1992] 35 %).

■ ***Revenus et dépenses des ménages***
Taille moyenne des ménages (1986) : 4,8.
Revenu annuel moyen par ménage (1986-1987) : 2 832 LSL (1 297 USD) ; sources des revenus (1986-1987) : paiements de transfert 44,7 % ; activités non salariées 27,8 % ; salaires et traitements 22,4 % ; autres 5,1 %.
Dépenses (1989) : alimentation 48,0 % ; habillement 16,4 % ; équipements domestiques 11,9 % ; logement et énergie 10,1 % ; transports 4,7 %.

■ ***Utilisation du sol*** (1994) : prairies et pâturages 65,9 % ; terres cultivées et plantations 10,5 % ; autres 23,6 %.

Échanges extérieurs [d]

■ ***Importations*** (1995) : 2 880 930 000 LSL (1990 : produits manufacturés [à l'exclusion des produits chimiques et de l'équipement industriel et de transport] 42,5 % ; produits alimentaires et animaux sur pied 19,1 % ; équipement industriel et de transport 15,3 % ; produits pétroliers 8,6 %).
Principales sources des importations : Union douanière d'Afrique australe 90,0 % ; Asie 5,9 % ; Europe 3,3 %, dont Union européenne 2,3 % ; Amérique 0,8 %.

■ ***Exportations*** (1995) : 395 110 000 LSL (1994 : produits manufacturés 87,5 %, dont vêtements 54,8 %, meubles 8,0 %, chaussures 6,9 %, équipement industriel et de transport 2,0 % ; produits alimentaires et animaux sur pied 5,5 %, dont céréales 1,5 %, bovins 1,2 %, légumes

districts	chefs-lieux	superficie (km²)	population (estim. 1995)
Berea	Teyateyaneng	2 222	206 200
Butha-Buthe	Butha-Buthe	1 767	135 400
Leribe	Hlotse	2 828	349 500
Mafeteng	Mafeteng	2 119	259 000
Maseru	Maseru	4 279	400 200
Mohale's Hoek	Mohale's Hoek	3 530	231 300
Mokhotlong	Mokhotlong	4 075	100 300
Qacha's Nek	Qacha's Nek	2 349	86 800
Quthing	Quthing	2 916	151 900
Thaba-Tseka	Thaba-Tseka	4 270	136 200
total		**30 355**	**2 056 800**

Territoire et population.

Corpus : AFRIQUE (Structure et milieu) – Géographie générale ; AFRIQUE DU SUD (RÉPUBLIQUE D') [relations économiques internationales].

Thesaurus : SOTHO

	1995		1986	
	millions de LSL	% du total	effectifs	% des effectifs
agriculture	395,5	10,5	474 171	66,2
mines	2,7	0,1	6 446	0,9
industrie	556,5	14,8	19 339	2,7
bâtiment	889,5	23,6	31 516	4,4
entreprises publiques	90,3	2,4	1 433	0,2
transports et communications	122,8	3,3	5 014	0,7
commerce	332,9	8,9	22 204	3,1
finance	440,9	11,7	3 581	0,5
administration, défense nationale	467,4	12,4	17 907	2,5
services	99,2	2,6	126 780	17,7
autres	366,4 [1]	9,7	7 879	1,1
total	**3 764,1**	**100,0**	**716 270** [2]	**100,0**

1. Taxes indirectes moins les frais de service bancaire. 2. Environ 40 % de la population adulte du Lesotho (117 600 personnes) étaient employés comme mineurs en Afrique du Sud en 1993.

Structure du produit intérieur brut et effectifs.

	1990	1991	1992	1993	1994	1995	1996
indice des prix à la consommation	100,0	117,7	137,9	156,0	168,9	184,5	201,8
indice annuel des revenus*	100,0	112,7	123,5	132,7	144,6	166,9	n.d.

(*) Fondé sur les salaires annuels, y compris les heures supplémentaires des mineurs.

Indices des prix et des revenus (1990 = 100).

	1990	1991	1992	1993	1994	1995
millions de LSL	– 1 523,0	– 1 976,0	– 2 374,7	– 2 435,9	– 2 384	– 2 867,4
% du total	83,3	84,2	79,3	73,8	70,1	71,2

Balance commerciale (prix courants).

	nombre d'établissements	nombre d'enseignants	nombre d'élèves	nombre d'élèves par enseignant
primaire (6-12 ans)	1 234	7 433	366 935	49,4
secondaire (13-17 ans)	187*	2 597	61 615	23,7
professionnel et formation à l'enseignement*	9	225	2 326	10,3
supérieur*	1	492	4 001	8,1

(*) 1. 1993-1994.

Enseignement (1994-1995).

0,7 % ; matières premières 6,3 %, dont laine 4,5 %, mohair 1,7 % ; produits chimiques 0,5 % ; diamants 0,2 %).
Principales destinations des exportations : Union douanière d'Afrique australe 51,6 % ; Amérique 37,6 % ; Europe 9,4 %, dont Union européenne 9,3 % ; Asie 0,2 %.

Transports et communications

■ ***Transports***
Chemins de fer (1996) : longueur 2,6 km ; trafic n.d.
Routes (1995) : longueur totale 4 955 km (18 % recouvertes).
Véhicules (1995) : voitures particulières 11 100 ; camions et autobus 22 200.
Marine marchande : aucun navire de 100 tjb ou plus.
Transports aériens (1996) ; trafic : 6 200 000 passagers-km ; 577 000 t-km. 1 aéroport desservi par des vols réguliers (1997).

■ ***Communications***
Journaux quotidiens (1994) : diffusion totale 14 000 ; diffusion pour 1 000 hab. 7,4.
Radiodiffusion (1996) : 1 100 000 postes récepteurs ; 558 pour 1 000 hab.
Télévision (1995) : 13 000 postes récepteurs ; 6,7 pour 1 000 hab.
Téléphone (1995) : 17 800 lignes principales ; 9,2 pour 1 000 hab.

Éducation et santé

■ ***Niveau d'éducation*** (1986-1987)
Proportion de la population âgée de 10 ans et plus : sans instruction scolaire 22,9 % ; ayant une éducation primaire 52,8 % ; éducation secondaire 23,2 % ; éducation supérieure 0,6 % ; sans précision 0,5 %.

■ ***Alphabétisation*** (1995) : personnes âgées de 15 ans et plus alphabétisées 849 700 (71,3 %) ; hommes 468 000 (81,1 %) ; femmes 381 700 (62,3 %).

■ ***Santé*** : 136 médecins en 1993 (1 pour 14 306 hab.) ; 2 400 lits d'hôpital en 1992 (1 pour 765 hab.) ; taux de mortalité infantile (1993) : 71,5 ‰.

■ ***Alimentation*** (1995) : apport journalier en calories par habitant 1 972 (alimentation d'origine végétale 93 % ; d'origine animale 7 %) ; soit 86 % du niveau minimal recommandé par la F.A.O.

Défense nationale

■ ***Contingent*** (1997) : 2 000, appartenant à la Royal Lesotho Defence Force.

■ ***Dépenses militaires*** (1995) : 1,9 % du P.N.B. (moyenne mondiale 2,8 %) ; soit 14 USD/hab.

a. La nouvelle Constitution en vigueur depuis avril 1993 a mis fin à sept ans de régime militaire.

b. Composé de 22 chefs et de 11 membres nommés.

c. Cours identique à celui du rand sud-africain (1 LSL = 1 ZAR).

d. Importations : chiffres F.O.B. pour la balance commerciale et C.I.F. pour les marchandises et les partenaires commerciaux.

→ **Corpus** : BALTES (PAYS)
→ **Grand Atlas de Géographie** (éd. 1992) : 80, 84
→ **Grand Atlas de l'Histoire** : 212, 213, 214, 218, 230-231 (L'Empire russe : expansion et modernisation de 1815 à 1917), 252, 253, 256, 257, 258-259 (La Révolution russe), 264, 265, 266, 267, 268, 269, 272, 273, 274, 275, 290-291 (Le développement de l'Union soviétique depuis 1926), 292, 293, 294, 295.

LETTONIE

- ***Nom officiel*** : République de Lettonie (Latvijas Republika ; forme courte : Latvija). Code I.S.O. : LV.
- ***Forme de gouvernement*** : république à structure étatique unitaire et à régime multipartiste, avec un seul corps législatif (Parlement [100]).
- ***Chef de l'État*** : président.
- ***Chef du gouvernement*** : Premier ministre.
- ***Capitale*** : Riga.
- ***Langue officielle*** : letton.
- ***Religion officielle*** : aucune.
- ***Unité monétaire***[a] : 1 lats (plur. lati) [LVL] = 100 santīmi ; valeur (31 déc. 1997) : 100 LVL = 1 016,12 FRF.

Démographie

- ***Population*** (estim. 1997) : 2 472 000.
- ***Densité*** (1997) : 38,2 hab./km².
- ***Répartition urbaine/rurale*** (1996) : population urbaine 69,0 % ; population rurale 31 %.
- ***Répartition par sexe*** (1996) : hommes 46,3 % ; femmes 53,7 %.
- ***Répartition par âge*** (1996) : moins de 15 ans 20,4 % ; de 15 à 29 ans 20,3 % ; de 30 à 44 ans 21,6 % ; de 45 à 59 ans 18,4 % ; de 60 à 74 ans 14,3 % ; 75 ans et plus 5,0 %.
- ***Projection démographique*** : 2 426 000 en 2000 ; 2 337 000 en 2010.
- ***Temps de doublement*** : sans objet, la croissance démographique étant négligeable.
- ***Composition ethnique*** (1996) : Lettons 55,1 % ; Russes 32,6 % ; Biélorusses 4,0 % ; Ukrainiens 2,9 % ; Polonais 2,2 % ; Lituaniens 1,3 % ; autres 1,9 %.
- ***Appartenances religieuses*** (1995) : chrétiens 39,5 %, dont protestants 16,7 % (dont luthériens 14,6 %), catholiques 14,9 % ; orthodoxes 8,0 % ; juifs 0,6 % ; autres (principalement non religieux) 59,9 %.
- ***Principales villes*** (1996) : Riga 826 508 hab. ; Daugavpils 118 530 hab. ; Liepāja 98 490 hab. ; Jelgava 70 957 hab. ; Jūrmala 59 002 hab.

Statistiques de l'état civil

- ***Taux de natalité*** (1996) : 7,9 ‰ (moyenne mondiale 25,0 ‰) ; taux (1994) de naissances légitimes 73,6 % ; illégitimes 26,4 %.
- ***Taux de mortalité*** (1996) : 13,8 ‰ (moyenne mondiale 9,3 ‰).
- ***Taux d'accroissement naturel*** (1996) : – 5,9 ‰ (moyenne mondiale 15,7 ‰).
- ***Taux de fécondité*** (nombre moyen de naissances par femme en âge de procréer, 1996) : 1,2.
- ***Nombre de mariages*** (pour 1 000 hab., 1995) : 4,4.
- ***Nombre de divorces*** (pour 1 000 hab., 1995) : 3,2.
- ***Espérance de vie*** à la naissance (1996) : hommes 60,8 ans ; femmes 73,2 ans.
- ***Principales causes de décès*** (pour 100 000 hab., 1994) : maladies de l'appareil circulatoire 917,0 ; accidents, empoisonnements et actes de violence 235,9 ; tumeurs malignes (cancers) 219,6 ; maladies de l'appareil respiratoire, 52,8.

Économie nationale

- ***Budget de l'État*** (1995)
Recettes : 686 500 000 LVL (contribution de sécurité sociale 34,1 % ; taxe à la valeur ajoutée 32,0 % ; recettes non fiscales 13,0 % ; taxes indirectes 7,5 % ; impôts sur les revenus des entreprises 6,9 %).
Dépenses : 756 390 000 LVL (sécurité sociale et assurance sociale 41,3 % ; éducation 13,0 % ; santé publique 6,8 % ; police 6,2 % ; défense 2,6 %).
- ***Production***
Agriculture, sylviculture, pêche (1996).
Pommes de terre 900 000 t ; orge 384 000 t ; blé 306 000 t ; betteraves à sucre 245 000 t ; légumes et melons 232 000 t ; fruits et baies 91 000 t.
Cheptel (sur pied) : porcs 553 000 ; bovins 537 000 ; moutons 72 100 ; volailles 3 500 000.
Bois (1995) : 6 907 000 m³.
Pêche (1995) : 149 719 t.
Industries extractives (1996) : tourbe 462 700 t ; gypse 77 226 t.
Industries manufacturières (valeur ajoutée en millions d'USD, 1994) : produits alimentaires 193 ; boissons 76 ; équipement de transports 59 ; bois et produits dérivés 56 ; machines électriques 42 ; textiles 41 ; machines non électriques 39.
Bâtiment (1995) : constructions résidentielles neuves 219 000 000 m².
Énergie (production/consommation) : électricité (1995) 3 984 000 000/(1994) 6 258 000 000 kWh ; charbon (1994) 0/425 000 t ; pétrole brut n.d./n.d. ; produits pétroliers (1994) 0/2 516 000 t ; gaz naturel (1994) 0/886 000 000.
- ***Produit national brut*** (1995) : 5 708 000 000 USD (2 270 USD/hab.).
- ***Population active*** (1995) : 1 276 000 ; taux d'activité 50,8 % (taux de participation : 15-64 ans n.d. ; femmes 49,1 % ; sans-emploi [1997] 7,5 %).
- ***Revenus et dépenses des ménages***
Taille moyenne des ménages (1989) : 3,1.
Revenu annuel moyen par ménage : n.d. ; sources des revenus (1994) : salaires et traitements 67,0 % ; retraites et transferts 17,4 % ; activités non salariées 5,4 % ; autres 10,2 %.
Dépenses (1995) : alimentation et boissons 44,2 % ; logement et énergie 14,1 % ; habillement 8,1 % ; transports et communications 7,8 % ; éducation et loisirs 6,3 %).
- ***Utilisation du sol*** (1994) : forêts 44,4 % ; prairies et pâturages 12,4 % ; terres cultivées et plantations 27,0 % ; autres 16,2 %.
- ***Tourisme*** (1995) : recettes touristiques 20 000 000 USD ; dépenses à l'étranger 24 000 000 USD.

Échanges extérieurs[b]

- ***Importations*** (1996) : 1 278 000 000 LVL (produits minéraux 22,2 % ; équipement industriel et machines 16,8 % ; produits chimiques 11 % ; textiles 8,0 % ; métal de base 6,4 %).

districts et villes (rayons)	chefs-lieux	superficie (km^2)	population (estim. 1995)
districts :			
Alūksne	Alūksne	2 246	27 670
Alzkraukle (Stučka)	Alzkraukle	2 558	44 046
Balvi	Balvi	2 384	32 715
Bauska	Bauska	1 884	53 890
Cēsis	Cēsis	3 062	62 043
Daugavpils	Daugavpils	2 526	45 125
Dobele	Dobele	1 680	41 513
Gulbene	Gulbene	1 876	29 797
Jēkabpils	Jēkabpils	2 998	58 469
Jelgava	Jelgava	1 613	37 473
Krāslava	Krāslava	2 288	39 438
Kuldīga	Kuldīga	2 503	41 047
Liepāja	Liepāja	3 589	51 677
Limbaži	Limbaži	2 602	41 258
Ludza	Ludza	2 566	40 128
Madona	Madona	3 348	48 725
Ogre	Ogre	1 816	63 870
Preiļi	Preiļi	2 042	43 656
Rēzekne	Rēzekne	2 654	42 485
Riga	Riga	3 094	145 499
Saldus	Saldus	2 134	39 831
Talsi	Talsi	2 748	50 406
Tukums	Tukums	2 457	56 748
Valka	Valka	2 444	36 215
Valmiera	Valmiera	2 377	61 901
Ventspils	Ventspils	2 471	14 363
villes :			
Daugavpils	—	72	120 152
Jelgava	—	60	71 129
Jūrmala	—	100	59 247
Liepāja	—	60	100 271
Rēzekne	—	17	42 081
Riga	—	295	839 670
Ventspils	—	46	47 005
total		**64 610**	**2 529 543**

Territoire et population.

	1996		1995	
	millions de LVL	% du total	effectifs	% des effectifs
agriculture, industries forestières	218,9	7,9	220 000	17,2
mines et carrières	5,6	0,2	3 000	0,2
industrie	529,9	19,1	208 000	16,3
bâtiment	117,0	4,2	71 000	5,6
entreprises publiques	134,5	4,9	17 000	10,3
transports et communications			105 000	8,3
commerce	1 403,5	5,7	191 000	15,0
finance, administration et défense nationale			77 000	6,0
services			56 000	4,4
autres			241 000	18,9
	359,1 [1]		87 000 [2]	6,8
total	**2 768,4 [3]**	**100,0**	**1 276 000**	**100,0**

1. Taxes indirectes moins les subventions. 2. Dont 81 000 sans-emploi. 3. Le total général ne correspond pas au détail en raison des arrondis.

Structure du produit intérieur brut et effectifs.

	1992	1993	1994	1995	1996	1997
indice des prix à la consommation	100,0	208,8	283,8	354,7	417,1	452,4 *
indice des revenus annuels	100,0	211,7	338,6	420,3	486,6	n.d.

(*) Moyenne des deuxième et troisième trimestres.

Indices des prix et des revenus (1992 = 100).

	1992	1993	1994	1995	1996
millions de LVL	– 158	+ 37	– 142	– 285	– 428
% du total	11,4	2,8	11,4	14,6	21,2

Balance commerciale (prix courants).

	nombre d'établissements	nombre d'enseignants	nombre d'élèves	nombre d'élèves par enseignant
primaire	643	23 779 *	98 694	n.d.
secondaire	376	41 029 *	235 952	n.d.
professionnel [2]	128	9 576 *	43 179	n.d.
supérieur	28	n.d.	55 434	n.d.

(*) 1995-1996.

Enseignement (1996-1997).

Principales sources des importations : Russie 20,2 % ; Allemagne 13,8 % ; Finlande 9,2 % ; Suède 7,9 % ; Lituanie 6,3 %.

■ ***Exportations*** (1996) : 795 000 000 LVL (produits forestiers 24,4 % ; textiles 16,9 % ; produits alimentaires et agricoles 16,4 % ; machines et appareils 9,7 %).

Principales destinations des exportations : Russie 22,8 % ; Allemagne 13,8 % ; Royaume-Uni 11,1 % ; Lituanie 7,4 % ; Suède 6,6 %.

Transports et communications

■ ***Transports***

Chemins de fer (1996) : longueur 2 413 km ; trafic : 1 182 000 000 passagers-km ; 12 412 000 000 t-km.

Routes (1993) : longueur totale 64 693 km (18,2 % recouvertes).

Véhicules (1996) : voitures particulières 379 894 ; camions et autobus 90 184.

Marine marchande (1992) : 261 cargos ; 1 436 899 tonneaux de port en lourd.

Transports aériens (1996) : trafic 301 500 000 passagers-km ; 5 201 000 t-km. 1 aéroport desservi par des vols réguliers (1996).

■ ***Communications***

Journaux (1995) : diffusion totale 590 000 ; diffusion pour 1 000 hab. 235.

Radiodiffusion (1996) : 1 396 000 postes récepteurs ; 560 pour 1 000 hab.

Télévision (1996) : 1 126 000 postes récepteurs ; 452 pour 1 000 hab.

Téléphone (1995) : 704 500 postes téléphoniques ; 280 pour 1 000 hab.

Éducation et santé

■ ***Niveau d'éducation*** (1989)

Proportion de la population âgée de 15 ans et plus : ayant une éducation primaire ou moins 18,7 % ; éducation secondaire incomplète 23,4 % ; éducation secondaire 46,4 % ; éducation supérieure incomplète 11,5 %.

■ ***Alphabétisation*** : population alphabétisée à 99,5 %.

■ ***Santé*** (1995) : 8 400 médecins (1 pour 298 hab.) ; 27 800 lits d'hôpital (1 pour 90 hab.) ; taux de mortalité infantile (1996) : 15,9 ‰.

■ ***Alimentation*** (1995) : apport journalier en calories par habitant 2 967 (alimentation d'origine animale 73 % ; d'origine végétale 27 %) ; soit 116 % du niveau minimal recommandé par la F.A.O.

Défense nationale

■ ***Contingent*** (1997) : 8 100 (gardes-frontière 44,4 % ; armée de terre 42,0 % ; marine 12,1 % ; armée de l'air 1,5 %).

■ ***Dépenses militaires*** (1995) : 0,9 % du P.N.B. (moyenne mondiale 2,8 %) ; soit 29 USD/hab.

a. Le lats, ancienne monnaie lettone, d'abord réintroduit en parallèle avec le rouble letton (LVR) le 5 mars 1993 (sur la base de 1 LVL = 200 LVR), l'a remplacé le 28 juin 1993. C'est depuis le 18 octobre 1993 la seule devise à avoir cours légal en Lettonie.

b. Importations : chiffres F.O.B. pour la balance commerciale et C.I.F. pour les marchandises et les partenaires commerciaux.

Corpus : SOCIALISME – Mouvement communiste et question nationale (l'ère de la souveraineté limitée) ; U.R.S.S. – Histoire.

Universalia 1989 : 145 La crise de légitimité en U.R.S.S. ; ***Universalia 1990 :*** 111 U.R.S.S. : la réforme politique et institutionnelle ; ***Universalia 1991 :*** 111 Les conflits communautaires et ethniques ; 117 La Communauté européenne dans la nouvelle configuration Est-Ouest ; 317 Vers l'indépendance ? ; ***Universalia 1995 :*** 204 États Baltes : L'espace économique balte ; ***Universalia 1997 :*** 229 Mer Baltique : géostratégies et nouveaux enjeux.

Thesaurus :
CINQ MERS (SYSTÈMES DES)
RIGA

→ *Corpus* : LIBAN
→ *Grand Atlas de Géographie* (éd. 1992) : 126, 128, 130
→ *Grand Atlas de l'Histoire* : 228, 229, 260, 261, 284, 285, 292, 293, 295

LIBAN

• ***Nom officiel*** : République libanaise (al-Jumhūriyah al-Lubnāiyah). Code I.S.O. : LB.

• ***Forme de gouvernement*** : république à structure étatique unitaire et à régime multipartiste avec une assemblée législative (Assemblée nationale [128] [a]).

• ***Chef de l'État*** : président.

• ***Chef du gouvernement*** : Premier ministre.

• ***Capitale*** : Beyrouth (Bayrūt).

• ***Langue officielle*** : arabe.

• ***Religion officielle*** : aucune.

• ***Unité monétaire*** : 1 livre libanaise (LBP) = 100 piastres ; valeur (31 déc. 1997) : 100 LBP = 0,392 FRF.

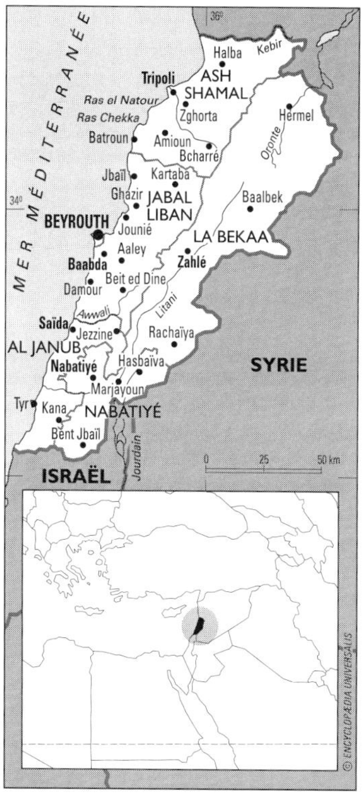

Démographie

■ ***Population*** (estim. 1997) : 3 112 000.

■ ***Densité*** (1997) : 299,2 hab./km².

■ ***Répartition urbaine/rurale*** (1995) : population urbaine 87,2 % ; population rurale 12,8 %.

■ ***Répartition par sexe*** (1995) : hommes 48,74 % ; femmes 51,26 %.

■ ***Répartition par âge*** (1995) : moins de 15 ans 34,2 % ; de 15 à 29 ans 29,9 % ; de 30 à 44 ans 18,3 % ; de 45 à 59 ans 9,3 % ; de 60 à 74 ans 6,7 % ; 75 ans et plus 1,6 %.

■ ***Projection démographique*** : 3 289 000 en 2000 ; 3 742 000 en 2010.

■ ***Temps de doublement*** : au cours de la période 1970-1975, le taux moyen d'accroissement démographique était de 2,6 % ; par la suite, entre 1976 et 1991, les mouvements de population dus à la guerre civile rendent les données statistiques extrêmement problématiques.

■ ***Composition ethnique*** (1996) : Arabes env. 93 %, dont Libanais env. 84 %, Palestiniens env. 9 % ; Arméniens env. 6 % ; Kurdes et autres env. 1 %.

■ ***Appartenances religieuses*** (1995) : musulmans 55,5 %, dont shiites 34,0 %, sunnites 21,3 % ; chrétiens 37,6 %, dont catholiques 25,1 % (maronites 19,0 %), melchites 4,6 %), orthodoxes 11,7 % (grecs orthodoxes 6,0 %, apostoliques arméniens 5,2 %), protestants 0,5 % ; druzes 7,1 %.

■ ***Principales villes*** (1991) : Beyrouth 1 100 000 hab. ; Tripoli 240 000 hab. ; Zahlé 45 000 hab. (estim. de 1988) ; Saïda 38 000 hab. (estim. de 1988) ; Tyr 14 000 hab. (estim. de 1988).

Statistiques de l'état civil

■ ***Taux de natalité*** (1990-1995) : 26,9 ‰ (moyenne mondiale 25,0 ‰).

■ ***Taux de mortalité*** (1990-1995) : 7,1 ‰ (moyenne mondiale 9,3 ‰).

■ ***Taux d'accroissement naturel*** (1990-1995) : 19,8 ‰ (moyenne mondiale 15,7 ‰).

■ ***Taux de fécondité*** (nombre moyen de naissances par femme en âge de procréer, 1990-1995) : 3,1.

■ ***Espérance de vie*** à la naissance (1990-1995) : hommes 66,6 ans ; femmes 70,5 ans.

■ ***Principales causes de décès*** : maladies cardio-vasculaires et gastro-intestinales, dont fièvre typhoïde et dysenterie en temps normal. Les actes de violence et de guerre constituent les principales causes de décès entre 1975 et 1991, mais depuis 1990 ces causes ont diminué de façon significative.

Économie nationale

■ ***Budget de l'État*** (1996).
Recettes : 4 022 000 000 000 LBP.
Dépenses : 6 458 000 000 000 LBP (dépenses courantes 86,0 % ; dépenses en capital 14,0 %).

■ ***Dette publique*** (extérieure, créances, 1995) : 3 200 000 000 USD.

■ ***Tourisme*** (1994) : 335 212 visiteurs [b].

■ ***Production***
Agriculture, sylviculture, pêche (1995).
Raisins 330 000 t ; pommes de terre 325 000 t ; tomates 236 000 t ; oranges 180 000 t ; concombres et cornichons 160 000 t ; pommes 135 000 t ; citrons et limes 99 000 t ; oignons 71 000 t ; olives 50 000 t.
Cheptel (sur pied) : chèvres 420 000 ; moutons 245 000 ; bovins 79 000 ; poulets 28 000 000.
Bois (1994) : 393 150 m³.
Pêche (1993) : 2 200 t.
Industries extractives (1994) : chaux 15 000 t ; sel 3 000 t ; gypse 2 000 t.
Industries manufacturières (1993) : ciment 1 000 000 t ; pétrole raffiné 85 000 t ; essence 70 000 t ; kérosène et combustible pour l'aviation 5 000 t.
Bâtiment (permis autorisés, 1996) : 1 040 251 m².
Énergie (production/consommation) : électricité (1994) 5 150 000 000/5 150 000 000 kWh ; charbon n.d./0 ; pétrole brut (1993) 0/2 602 000 barils ; produits pétroliers (1993) 323 000/2 787 000 t ; gaz naturel 0/n.d.

■ ***Produit national brut*** (1995) : 16 673 000 000 USD (2 660 USD/hab.).

■ ***Population active*** (1994) : 938 000 ; taux d'activité 32,2 % (taux de participation : plus de 15 ans [1988] 44,0 % ; femmes [1993] 27,8 % ; sans-emploi [1993] 35 %).

■ ***Revenus et dépenses des ménages***
Taille moyenne des ménages (1987) : 5,0.
Revenu annuel moyen par ménage (1994) : 2 400 000 LL ; sources des revenus : n.d.

■ ***Utilisation du sol*** (1994) : forêts 7,8 % ; prairies et pâturages 1,0 % ; terres cultivées et plantations 29,9 % ; terres incultes, surfaces construites et autres 61,3 %.

Échanges extérieurs

■ ***Importations*** (1995) : 8 178 000 000 USD (1982 : biens de consommation 40,0 % ;

gouvernorats	chefs-lieux	superficie (km²)	population (estim. 1970)
La Bekaa (al-Biqā')	Zahlé (Zaḥlah)	4 280	203 520
Beyrouth (Bayrūt)	Beyrouth	18	474 870
al-Janūb	Saïda (Ṣaydā)	943	249 945
Montagne libanaise (Jabal Lubnān)	Baabda (B'abdā)	1 950	833 055
Nabatiyé (an-Nabaṭiyah) *	Nabatiyé	1 058	n.d.
ash-Shamāl	Tripoli (Ṭarābulus)	1 981	364 935
total		**10 400**	**2 126 325**

(*) Créé en 1975 ; comprend les districts de Nabaṭīyah, Bint Jubayl, Marj 'Uyūn et Ḥāṣbayya, qui faisaient précédemment partie du gouvernorat de al-Janūb.

Territoire et population.

	millions d'USD	% du total	effectifs	% des effectifs
agriculture	380	4,0	143 900	14,0
mines	n.d.	n.d.		
industrie	1 235	13,0	277 600	27,0
bâtiment	950	10,0		
entreprises publiques / transports et communications	2 375*	25,0*		
finance	2 660	28,0	606 500	59,0
commerce / immobilier et affaires / services	1 900	20,0		
administration, défense nationale	–*	–*		
total	**9 500**	**100,0**	**1 028 000**	**100,0**

(*) Les entreprises publiques, les transports et les communications comprennent l'administration et la défense nationale.

Structure du produit intérieur brut et effectifs (1995).

	1989	1990	1991	1992	1993	1994	1995
indice des prix à la consommation	57,9	100,0	151,5	333,3	430,3	466,0	494,0
indice des revenus*	170,0	100,0	104,2	85,4	78,3	118,5	134,7

(*) Fondé sur le salaire minimum.

Indices des prix (1990 = 100).

	1991	1992	1993	1994	1995	1996
millions de USD	−3 202	−3 185	−4 222	−4 798	−5 770	−10 310
% du total	74,6	72,6	75,5	76,4	74,5	76,4

Balance commerciale (prix courants).

	nombre d'établissements	nombre d'enseignants	nombre d'élèves	nombre d'élèves par enseignant
primaire (5-9 ans)	2 100 [1]	22 810 [2]	365 174	n.d.
secondaire (10-16 ans)	1 405 [2]	21 344 [2]	277 646	n.d.
professionnel et formation à l'enseignement	275	6 065	45 776	7,5
supérieur	20	7 173	79 029	11,0

1. 1991-1992. 2. 1981-1982.

Enseignement (1994-1995).

équipement industriel et de transport 35,0 % ; produits pétroliers 20,0 %).
Principales sources des importations : Italie 12,0 % ; France 8,2 % ; États-Unis 7,9 % ; Allemagne 6,9 %.

■ ***Exportations*** (1995) : 1 111 000 000 USD (1993 : produits alimentaires et boissons 21,0 % ; machines et appareils ménagers 18,0 % ; textiles 17,0 % ; produits métalliques 10,0 %).
Principales destinations des exportations : Arabie Saoudite 7,7 % ; Suisse 6,7 % ; Émirats arabes unis 6,2 %.

Transports et communications

■ ***Transports***
Chemins de fer : longueur (1996) 222 km.
Routes (1996) : longueur totale 6 359 km (95 % recouvertes).
Véhicules (1995) : voitures particulières 1 197 521 ; camions et autobus 84 736.
Marine marchande (1992) : 163 navires (de 100 tjb et plus) ; 438 165 tonneaux de port en lourd.
Transports aériens (vols internationaux de Middle East Airlines (MEA) uniquement, 1996) ; trafic : 1 889 000 000 passagers-km ; 46 274 000 t-km. 1 aéroport desservi par des vols réguliers (1997).

■ ***Communications***
Journaux quotidiens (1994) : diffusion totale 500 000 ; diffusion pour 1 000 hab. 172.
Radiodiffusion (1995) : 2 247 000 postes récepteurs ; 608 pour 1 000 hab.
Télévision (1995) : 1 075 000 postes récepteurs ; 291 pour 1 000 hab.
Téléphone (1995) : 330 000 lignes principales ; 89 pour 1 000 hab.

Éducation et santé

■ ***Niveau d'éducation*** (1970)
Proportion de la population âgée de 25 ans et plus : sans instruction scolaire 45,6 %, dont sachant lire et écrire 35,6 % ; ayant une éducation primaire incomplète 28,5 % ; éducation primaire complète 10,8 % ; éducation secondaire incomplète 7,1 % ; éducation secondaire complète 4,9 % ; éducation supérieure 3,1 %.

■ ***Alphabétisation*** (1995) : personnes âgées de 15 ans et plus alphabétisées 1 829 000 (92,4 %) ; hommes 94,7 % ; femmes 90,3 %.

■ ***Santé*** (1995) : 6 987 médecins (1 pour 529 hab.) ; 11 596 lits d'hôpital (1 pour 319 hab.) ; taux de mortalité infantile (1990-1995) : 34,0 ‰.

■ ***Alimentation*** (1995) : apport journalier en calories par habitant 3 270 (alimentation d'origine végétale 85,6 % ; d'origine animale 14,4 %) ; soit 132 % du niveau minimal recommandé par la F.A.O.

Défense nationale

■ ***Contingent*** (1997) : 55 100 (armée de terre 96,7 % ; marine 1,8 % ; armée de l'air 1,5 %). Forces étrangères : F.I.N.U.L. 4 488 ; armée syrienne 30 000. La plupart des milices ont été dissoutes à la fin de la guerre civile en 1991.

■ ***Dépenses militaires*** (1995) : 3,7 % du P.I.B. (moyenne mondiale 2,8) ; soit 111 USD/hab.

a. L'assemblée a été élue entre août et octobre 1992 ; la moitié de ses membres sont chrétiens et l'autre moitié musulmans et druzes.

b. Ce qui représentait environ un quart du nombre de visiteurs au début des années 1970.

c. Aucune voie n'est actuellement exploitée, à l'exception d'un petit réseau autour de Beyrouth.

Corpus : ARABE – Les Arabes ; ASIE – Géographie humaine (l'Asie sud-occidentale) [le monde arabe] ; DROGUE ; DRUZES ; MÉDITERRANÉE (HISTOIRE DE LA) [mutations sociales et économiques] ; MÉDITERRANÉE (MER) [exploitation] ; PALESTINIENS ; PROCHE ET MOYEN-ORIENT CONTEMPORAIN (aspects d'histoire économique contemporaine).

Universalia 1986 : 282 Le réveil des chiites ; 285 L'économie : miracle ou désastre ? ; ***Universalia 1987*** : la F.I.N.U.L. ***Universalia 1988*** : 271 Le bilan social de la guerre du Liban ; ***Universalia 1989*** : 334 L'eau : enjeux et stratégies ; ***Universalia 1990*** : 290 La dégénérescence de l'État ; ***Universalia 1992*** : 133 Nouveau désordre régional et enjeux démocratiques au Moyen-Orient ; ***Universalia 1994*** : 271 Pacification ou répit ? ; 169 L'accord israélo-palestinien : vers la fin du conflit israélo-arabe ; ***Universalia 1996*** : 260 La reconstruction de Beyrouth ; ***Universalia 1998*** : 218 Vers une identité tout autre.

Thesaurus :
AKKAR (PLAINE DU)
BEKAA
BEYROUTH
CHOUF
CROISSANT FERTILE
ORONTE
TRIPOLI

→ *Corpus :* LIBERIA
→ *Grand Atlas de Géographie* (éd. 1992) : 132, 146
→ *Grand Atlas de l'Histoire :* 240, 241, 276, 282, 295

LIBERIA

• ***Nom officiel*** : République du Liberia (Republic of Liberia). Code I.S.O. : LR.

• ***Forme de gouvernement*** : république multipartiste avec deux chambres législatives (Sénat [26], Chambre des représentants [64]).

• ***Chef de l'État et du gouvernement*** : président assisté par le ministre d'État pour les affaires présidentielles.

• ***Capitale*** : Monrovia.

• ***Langue officielle*** : anglais.

• ***Religion officielle*** : aucune.

• ***Unité monétaire*** : 1 dollar libérien (LRD) = 100 cents ; valeur (31 déc. 1997) : 100 LRD = 598,81 FRF[a].

Démographie

■ ***Population*** (estim. 1997) : 2 602 000 (comprend les réfugiés libériens résidant dans les pays voisins, estimés autour de 750 000).

■ ***Densité*** (1997) : 26,6 hab./km².

■ ***Répartition urbaine/rurale*** (1995) : population urbaine 44,9 % ; population rurale 55,1 %.

■ ***Répartition par sexe*** (1995) : hommes 50,69 % ; femmes 49,31 %.

■ ***Répartition par âge*** (1995) : moins de 15 ans 44,5 % ; de 15 à 29 ans 25,6 % ; de 30 à 44 ans 15,6 % ; de 45 à 59 ans 9,0 % ; de 60 à 74 ans 3,9 % ; 75 ans et plus 1,4 %.

■ ***Projection démographique*** : 3 089 000 en 2000 ; 4 342 000 en 2010.

■ ***Temps de doublement*** : 23 ans.

■ ***Composition ethnique*** (1984) : Kpellés 19,4 % ; Bassas 13,8 % ; Grebos 9,0 % ; Gios 7,8 % ; Krus 7,3 % ; Manos 7,1 % ; autres 35,6 %.

■ ***Appartenances religieuses*** (1995) : croyances traditionnelles 63,0 % ; chrétiens 21,0 %, dont protestants 13,5 %, 5,1 %, catholiques 2,4 % ; musulmans 16,0 %.

■ ***Principales villes*** (1985) : Monrovia[b] 668 000 hab. ; Harper 60 000 hab. ; Gbarnga 30 000 hab. (1986) ; Buchanan 25 000 hab. ; Yekepa 16 000 hab.

Statistiques de l'état civil

■ ***Taux de natalité*** (1996) : 42,8 ‰ (moyenne mondiale 25,0 ‰).

■ ***Taux de mortalité*** (1996) : 11,9 ‰ (moyenne mondiale 9,3 ‰).

■ ***Taux d'accroissement naturel*** (1996) : 30,9 ‰ (moyenne mondiale 15,7 ‰).

■ ***Taux de fécondité*** (nombre moyen de naissances par femme en âge de procréer, 1996) : 6,2.

■ ***Nombre de mariages et de divorces*** : n.d.

■ ***Espérance de vie*** à la naissance (1996) : hommes 56,0 ans ; femmes 61,2 ans.

■ ***Principales causes de décès*** (taux de morbidité pour 100 000 personnes hospitalisées, 1985) : complications liées à la grossesse 632,6 (1984) ; malaria 79,8 ; pneumonie 64,2 ; anémie 50,2 ; malnutrition 23,4 ; rougeole 12,7. Depuis 1990, en raison de la guerre civile, les actes de violence constituent la cause principale de morbidité et de mortalité.

Économie nationale

■ ***Budget de l'État*** (1993)
Recettes : 249 825 000 LRD (1989 : impôts sur le revenu et les bénéfices 33,9 % ; droits d'importation et visas 29,6 % ; impôts indirects 12,7 % ; impôts fonciers 1,9 %).
Dépenses : 273 930 000 LRD (1988 : dépenses courantes 91,1 %, dont traitements et salaires 34,1 %, intérêt de la dette publique 28,9 %, biens et services 7,8 %, subventions et aides 5,1 % ; dépenses de développement 8,9 %).

■ ***Dette publique*** (extérieure, créances, 1995) : 1 161 000 000 USD.

■ ***Tourisme*** (1986) : recettes touristiques 6 000 000 USD.

■ ***Production***
Agriculture, sylviculture, pêche (1996).
Canne à sucre 235 000 t ; manioc 213 000 t ; huile de palme 155 000 t ; riz 94 000 t ; bananes 85 000 t ; caoutchouc naturel 25 000 t ; ignames 20 000 t ; café 3 000 t ; fèves de cacao 500 t.
Cheptel (sur pied) : chèvres 220 000 ; moutons 210 000 ; porcs 120 000 ; bovins 36 000 ; poulets 3 500 000.
Bois (1995) : 5 436 000 m³.
Pêche (1995) : 7 782 t.
Industries extractives : minerai de fer (à la fin de 1992, les mines ont fermé) ; diamants (1993) 150 000 carats ; or 16 000 onces.
Industries manufacturières (1996) : huile de palme 45 000 t ; ciment 8 300 t (1993) ; cigarettes (1995) 22 000 000 ; boissons non alcoolisées 171 000 hl (1988) ; bière 158 000 hl (1988).
Bâtiment : n.d.
Énergie (production/consommation) : électricité (1994) 485 000 000/485 000 000 kWh ; charbon 0/n.d. ; pétrole brut 0/0 ; produits pétroliers (1994) 0/101 000 t ; gaz naturel 0/0.

■ ***Produit national brut*** (1995) : 890 000 000 USD (390 USD/hab.).

■ ***Population active*** (1994) : 993 000 ; taux d'activité 43,5 % (taux de participation : 10-64 ans 64,0 % ; femmes 28,5 % ; sans-emploi [1996] n.d.).

■ ***Revenus et dépenses des ménages***
Taille moyenne des ménages (1983) : 4,3.
Revenu annuel moyen par ménage : n.d. ; sources des revenus : n.d.
Dépenses : n.d.

■ ***Utilisation du sol*** (1994) : forêts 47,8 % ; prairies et pâturages 20,8 % ; terres cultivées et plantations 3,8 % ; autres 27,6 %.

comtés	chefs-lieux	superficie (km²)	population (estim. 1986)
comtés :			
Bomi	Tubmanburg	1 955	67 300
Bong	Gbarnga	8 099	268 100
Grand Bassa	Buchanan	8 759	166 900
Grand Cape Mount	Robertsport	5 827	83 900
Grand Gedeh	Zwedru	17 029	109 000
Grand Kru	Barclayville	— [1]	— [1]
Lofa	Voinjama	19 360	261 000
Margibi	Kakata	3 263	104 000
Maryland	Harper	5 351 [1]	137 700 [1]
Montserrado	Bensonville	2 740	582 400
Nimba	Sanniquellie	12 043	325 700
Rivercess	Rivercess	4 385	39 900
Sinoe	Greenville	10 254	65 400
total		**99 067** [2]	**2 221 300** [3]

1. La superficie et la population du Grand Kru sont comprises dans celles du Maryland. 2. Selon des données plus récentes, la superficie serait de 97 754 km². 3. Comprend 10 000 personnes non réparties par région.

Territoire et population.

	1989		1994	
	millions de LRD	% du total	effectifs	% des effectifs
agriculture	410,7	34,4	676 000	68,1
mines	122,3	10,2		
industrie	81,6	6,8		
bâtiment	26,3	2,2		
entreprises publiques	19,0	1,6	77 000	7,7
transports et communications	79,1	6,6		
commerce	63,3	5,3		
finance	141,8	11,9		
administration, défense nationale	139,4	11,7		
services	35,5	3,0	240 000	24,2
autres	74,8 [1]	6,3		
total	**1 193,6** [2]	**100,0**	**993 000**	**100,0**

1. Droits d'importation moins les frais de service bancaire. 2. Le total général ne correspond pas exactement au détail en raison des arrondis.

Structure du produit intérieur brut et effectifs.

	1989	1990	1991	1992	1993	1994	1995
indice des prix à la consommation	79,8	100,0	110,0	121,0	133,1	146,4	161,0
indice des revenus	n.d.	n.d.	n.d.	n.d.	n.d.	n.d.	n.d.

Indices des prix et des revenus (1990 = 100).

	1991	1992	1993	1994	1995	1996
millions de USD	− 4 548	− 4 987	− 4 807	− 5 393	− 4 829	− 2 718
% du total	82,3	76,2	86,9	81,7	71,7	54,5

Balance commerciale (prix courants).

	nombre d'établissements	nombre d'enseignants	nombre d'élèves	nombre d'élèves par enseignant
primaire (6-12 ans)	1 651	9 099	167 000 [2]	n.d.
secondaire (13-18 ans)	419	1 129	51 666	45,8
professionnel et formation à l'enseignement	6	63	2 322	36,9
supérieur	3	472 [1]	5 716 [2]	n.d.

1. 1987. 2. 1993.

Enseignement (1980).

Échanges extérieurs

■ ***Importations*** (1996) : 3 854 000 000 USD (1990 : équipement industriel et de transport 26,9 % ; pétrole et produits pétroliers 23,5 % ; produits alimentaires et animaux sur pied 21,1 % ; produits manufacturés de base 13,9 % ; produits chimiques 5,8 %).
Principales sources des importations (1996) : Corée du Sud 25 % ; Japon 24 % ; France 9 % ; Singapour 9 % ; Croatie 8 %.

■ ***Exportations*** (1996) : 1 136 000 000 USD (1988 : minerai de fer 55,1 % ; caoutchouc 28,0 % ; bûches et bois d'œuvre 8,4 % ; diamants 2,1 % ; or 1,8 % ; café 1,5 %).
Principales destinations des exportations (1996) : Belgique et Luxembourg 48 % ; Singapour 12 % ; Ukraine 11 % ; Norvège 4 % ; Malaisie 5 %.

Transports et communications

■ ***Transports***
Chemins de fer (pour le transport du minerai de fer uniquement, 1993) : longueur 493 km ; trafic (1993) : 2 000 000 000 t-km.
Routes (1995) : longueur totale 10 300 km (6 % recouvertes).
Véhicules (1995) : voitures particulières 10 300 ; camions et autobus 28 300.
Marine marchande (1992) : 1 672 navires (de 100 tjb et plus) ; 97 373 965 tonneaux de port en lourd.
Transports aériens (1992) ; trafic 7 000 000 passagers-km ; 100 000 t-km. 2 aéroports desservis par des vols réguliers (1997).

■ ***Communications***
Journaux quotidiens (1994) : diffusion totale 35 000 ; diffusion pour 1 000 hab. 15.
Radiodiffusion (1995) : 600 000 postes récepteurs ; 263 pour 1 000 hab.
Télévision (1995) : 45 000 postes récepteurs ; 20 pour 1 000 hab.
Téléphone (1995) : 4 500 lignes principales ; 2 pour 1 000 hab.

Éducation et santé

■ ***Niveau d'éducation*** : n.d.

■ ***Alphabétisation*** (1995) : personnes âgées de 15 ans et plus alphabétisées 705 000 (38,3 %) ; hommes 523 000 (53,9 %) ; femmes 182 000 (22,4 %).

■ ***Santé*** (1992) : 257 médecins (1 pour 8 333 hab.) ; lits d'hôpital : n.d. ; taux de mortalité infantile (1996) : 108,1 ‰

■ ***Alimentation*** (1992) : apport journalier en calories par habitant 1 640 (alimentation d'origine végétale 96 % ; d'origine animale 4 %) ; soit 71 % du niveau minimal recommandé par la F.A.O.

Défense nationale

■ ***Contingent*** : tous les militaires ont été officiellement désarmés en février 1997. Les 10 000 membres de la force de paix (Ecomog) se retireront du Liberia en février 1998.

■ ***Dépenses militaires*** (1995) : 2,2 % du P.N.B. (moyenne mondiale 2,8 %) ; soit 21 USD/hab.

a. Cours officiel fixe vis-à-vis du dollar des États-Unis (1 LRD = 1 USD).

b. Estimation pour 1990. La population de Monrovia était estimée à plus d'un million de personnes en 1996, en raison de l'afflux de réfugiés dû à la guerre.

Corpus : AFRIQUE (Structure et milieu) – Géographie générale ; CAOUTCHOUC ; FER (MINERAIS DE) [les pays producteurs] ; MARINE MARCHANDE – La marine marchande après la Seconde Guerre mondiale ; TRANSPORTS – Transport maritime ; ZONES FRANCHES.

Universalia 1991 : 236 Les pavillons de complaisance.

Thesaurus :
KRU
MONROVIA
NIMBA (MONTS)
VAÏ

→ *Corpus* : LIBYE
→ *Grand Atlas de Géographie* (éd. 1992) : 134, 142
→ *Grand Atlas de l'Histoire* : 240, 241, 249, 260, 276, 283, 295

LIBYE

- ***Nom officiel*** : Jamahiriya arabe libyenne populaire et socialiste (al-Jamāhīrīyah al-'Arabīyah al-Lībīyah ash-Sha'bīyah al-Ishtirākiyah al'Ousma ; forme courte : Lībiyā). Code I.S.O. : LY.
- ***Forme de gouvernement*** : État socialiste avec un corps dirigeant (Congrès général du peuple [760]).
- ***Chef de l'État*** : leader de la révolution.
- ***Chef du gouvernement*** : secrétaire général du Comité populaire général (Premier ministre).
- ***Capitale*** : Tripoli.
- ***Langue officielle*** : arabe.
- ***Religion officielle*** : islam.
- ***Unité monétaire*** : 1 dinar libyen (LYD) = 1 000 dirhams ; valeur (31 déc. 1997) : 100 LYD = 1 561,43 FRF.

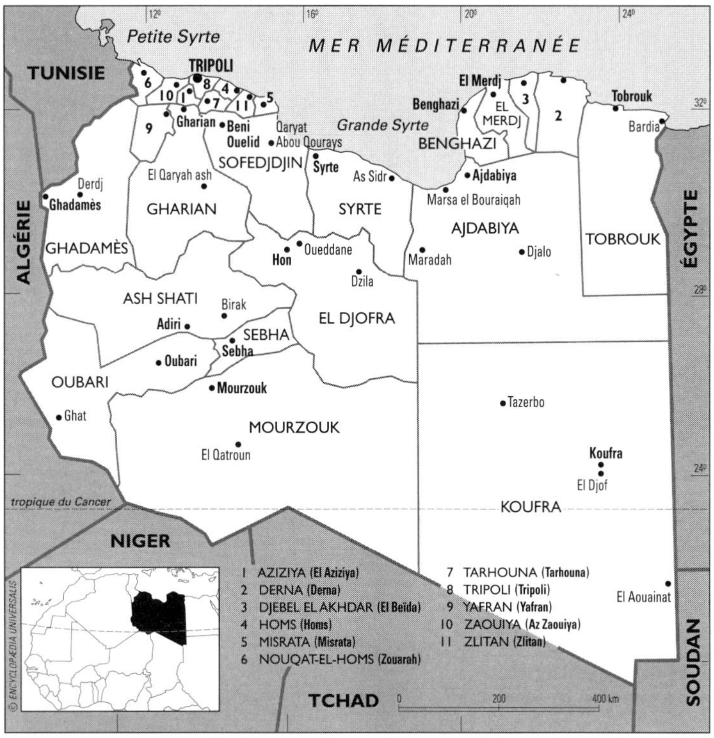

Démographie

■ ***Population*** (estim. 1997) : 5 648 000.

■ ***Densité*** (1997) : 3,2 hab./km².

■ ***Répartition urbaine/rurale*** (1995) : population urbaine 86,0 % ; population rurale 14,0 %.

■ ***Répartition par sexe*** (1996) : hommes 50,98 % ; femmes 49,02 %.

baladīyāt	chefs-lieux	superficie (km²)	population (estim. 1988)
Awbārī	Awbārī	105 000	49 600
Banghāzī	Banghāzī (Benghazi)	15 000	512 200
Gharyān	Gharyān	87 000	204 300
al-Jabal al-Akhḍar	al-Bayḍā' (Beida)	37 000	308 300
al-Khums	al-Khums (Homs)	29 000	408 900
al-Kufrah	al-Kufrah (al Koufrah)	484 000	23 800
Marzuq	Marzuq (Mourzouk)	350 000	45 200
Nigāt al-Khums	Zuwārah	101 000	196 000
Sabhā	Sabhā	82 000	121 700
Surt	Surt (Syrte)	376 000	382 100
Ṭarābulus	Ṭarābulus (Tripoli)	3 000	1 083 100
Ṭubruq	Ṭubruq (Tobrouk)	84 000	110 900
az-Zāwiyah	az-Zāwiyah	4 000	326 500
total		**1 757 000**	**3 772 600**

Territoire et population.

■ ***Répartition par âge*** (1995) : moins de 15 ans 45,4 % ; de 15 à 29 ans 26,4 % ; de 30 à 44 ans 14,7 % ; de 45 à 59 ans 9,1 % ; de 60 à 74 ans 3,7 % ; 75 ans et plus 0,6 %.

■ ***Projection démographique*** : 6 294 000 en 2000 ; 8 913 000 en 2010.

■ ***Temps de doublement*** : 19 ans.

■ ***Composition ethnique*** (1995) : Arabes et Berbères Libyens 79,0 % ; autres 21,0 % (principalement Égyptiens, Soudanais et Tchadiens).

■ ***Appartenances religieuses*** (1992) : musulmans sunnites 97,0 % ; autres 3,0 %.

■ ***Principales villes*** (1995) : Tripoli 1 682 000 hab. (zone urbaine) ; Benghazi 804 000 hab. (zone urbaine) ; Miṣrātah 121 700 hab. (1988) ; az-Zāwiyah 89 300 hab. (1988).

Statistiques de l'état civil

■ ***Taux de natalité*** (1996) : 44,4 ‰ (moyenne mondiale 25,0 ‰).

■ ***Taux de mortalité*** (1996) : 7,7 ‰ (moyenne mondiale 9,3 ‰).

■ ***Taux d'accroissement naturel*** (1996) : 36,7 ‰ (moyenne mondiale 15,7 ‰).

■ ***Taux de fécondité*** (nombre moyen de naissances par femme en âge de procréer, 1996) : 6,3.

■ ***Nombre de mariages*** (pour 1 000 hab., 1988) : 4,5.

■ ***Nombre de divorces*** (pour 1 000 hab., 1988) : 0,6.

■ ***Espérance de vie*** à la naissance (1995) : hommes 62,1 ans ; femmes 66,6 ans.

■ ***Principales causes de décès*** : n.d. ; toutefois, la pneumonie, la dysenterie et la diarrhée, les maladies cardiovasculaires, les accidents et les tumeurs malignes (cancers) étaient parmi les principales causes de décès au début des années 1990.

Économie nationale

■ ***Budget de l'État*** (1991-1992)
Recettes : 2 655 000 000 LYD (1990-1991 : recettes courantes 55,7 %, dont recettes pétrolières 17,7 %, impôts sur le revenu 13,7 %, droits de douane 9,7 %, droits de timbre 2,4 % ; revenu des domaines 44,3 %).
Dépenses : 2 846 000 000 LYD (1990-1991 : dépenses courantes 55,7 %, dont allocations aux comités populaires municipaux 39,4 %, éducation et recherche scientifique 4,3 %, santé 2,7 % ; dépenses en capital 44,3 %, dont agriculture et mise en valeur des terres 13,6 %, industrie 5,3 %).

■ ***Dette publique*** (à long terme, 1992) : 2 592 000 000 USD.

■ ***Tourisme*** (1994) : recettes touristiques 7 000 000 USD ; dépenses touristiques à l'étranger 210 000 000 USD.

■ ***Production***
Agriculture, sylviculture, pêche (1997).
Pastèques 179 000 t ; blé 168 000 t ; orge 150 000 t ; tomates 134 000 t ; pommes de terre 130 000 t ; oranges 79 000 t ; oignons 74 500 t ; dattes 67 000 t ; olives 55 000 t ; amandes 29 000 t ; citrons et limes 2 950 t.
Cheptel (sur pied) : moutons 4 400 000 ; chèvres 800 000 ; chameaux 129 000 ; bovins 100 000 ; poulets 16 600 000.

	1992		1993	
	millions de LYD*	% du total	effectifs	% des effectifs
agriculture	638	7,5	119 000	10,0
mines et carrières	2 173	25,4	–	–
industrie	720	8,4	381 000	32,0
bâtiment	1 070	12,5	–	–
entreprises publiques	193	2,3	–	–
transports et communications	539	6,3	–	–
commerce	770	9,0	–	–
finance, assurance	986	11,5	692 000	58,0
administration, défense nationale	885	10,4	–	–
services	574	6,7	–	–
total	**8 548**	**100,0**	**1 192 000**	**100,0**

(•) Au coût des facteurs.

Structure du produit intérieur brut et effectifs.

	1989	1990	1991	1992	1993	1994	1995
indice des prix à la consommation	88,5	100,0	111,7	128,5	154,1	200,4	260,5
indice des revenus	n.d.	n.d.	n.d.	n.d.	n.d.	n.d.	n.d.

Indices des prix et des revenus (1990 = 100).

	1991	1992	1993	1994	1995	1996
millions de USD	+ 5 873	+ 4 778	+ 2 165	+ 3 637	+ 3 615	+ 4 896
% du total	35,5	31,6	16,8	30,5	27,1	32,3

Balance commerciale (prix courants).

	nombre d'établissements	nombre d'enseignants	nombre d'élèves	nombre d'élèves par enseignant
primaire (6-12 ans)	2 744 [1]	103 791	1 254 242	12,1
secondaire (13-18 ans)	1 555 [1]	14 941 [3]	181 368 [3]	12,1 [3]
professionnel et formation à l'enseignement	195 [1]	7 072 [3]	94 961	10,8 [3]
supérieur	10 [2]	n.d	72 899 •	n.d.

1. 1982-1983. 2. 1988-1989. 3. 1991-1992.

Enseignement (1992-1993).

Bois (1995) : 660 000 m^3.
Pêche (1994) : 8 800 t.
Industries extractives (1996) : chaux 260 000 t (1993) ; sel 30 000 t ; gypse 4 000 t.
Industries manufacturières (1993) : pétrole distillé 4 470 000 t ; ciment 2 300 000 t (1994) ; essence 1 995 000 t ; combustible pour avions 1 664 000 t ; acier brut 920 000 t ; engrais 347 000 t (1994) ; viande 95 000 t.
Bâtiment (valeur brute, 1982) : résidentiel 127 051 000 LYD ; non résidentiel 200 877 000 LYD.
Énergie (production/consommation) : électricité (1994) 17 800 000 000/17 800 000 000 kWh ; charbon (1994) 0/5 000 t ; pétrole brut (1996) 525 600 000/(1994) 112 725 000 barils ; produits pétroliers (1994) 13 260 000/7 480 000 t ; gaz naturel (1996) 6 200 000 000/(1994) 4 910 000 000 m^3.

■ ***Produit intérieur brut*** (aux prix courants du marché, 1994) : 32 900 000 000 USD (6 510 USD/hab.).

■ ***Population active*** (1993) : 1 192 000 ; taux d'activité 23,6 % (taux de participation 10 ans et plus 35,2 % ; femmes 9,8 % ; sans-emploi n.d.).

■ ***Revenus et dépenses des ménages***
Taille moyenne des ménages (1980) : 5,1.
Revenu annuel moyen par ménage : n.d. ; sources des revenus : n.d.
Dépenses (1977) : alimentation 37,2 % ; logement et énergie 32,2 % ; transports 9,4 % ; éducation et loisirs 8,5 % ; habillement 6,9 % ; soins médicaux 3,3 %.

■ ***Utilisation du sol*** (1994) : forêts 0,5 % ; prairies et pâturages 7,6 % ; terres cultivées et plantations 1,2 % ; désert et surfaces construites 90,7 %.

Échanges extérieurs[a]

■ ***Importations***[b] (1996) : 5 137 000 000 USD (1991 : produits manufacturés 78,3 % ; produits agricoles 20,3 %).
Principales sources des importations : Italie 21,7 % ; Allemagne 13,9 % ; Royaume-Uni 8,4 % ; France 6,8 % ; Turquie 5,6 % ; Tunisie 4,2 % ; Espagne 3,7 %.

■ ***Exportations*** (1996) : 8 708 000 000 USD (1991 : pétrole brut 99,8 %).
Principales destinations des exportations : Italie 41,0 % ; Allemagne 18,0 % ; Espagne 10,0 % ; Turquie 4,1 % ; France 4,1 % ; Suisse 3,0 % ; Soudan 2,3 %.

Transports et communications

■ ***Transports***
Chemins de fer : aucun.
Routes (1995) : longueur totale 81 600 km (56 % recouvertes).
Véhicules (1995) : voitures particulières 904 000 ; camions et autobus 322 000.
Marine marchande (1992) : 150 navires (de 100 tjb et plus) ; 1 223 589 tonneaux de port en lourd.
Transports aériens (Jamahiriya Libyan Arab Airlines, 1996) ; trafic : 412 353 000 passagers-km ; 284 000 t-km. Le pays est sous embargo aérien.

■ ***Communications***
Journaux quotidiens (1992) : diffusion totale 71 000 ; diffusion pour 1 000 hab. 15.
Radiodiffusion (1995) : 1 000 000 postes récepteurs ; 191 pour 1 000 hab.
Télévision (1995) : 550 000 postes récepteurs ; 105 pour 1 000 hab.
Téléphone (1995) : 318 000 lignes principales ; 61 pour 1 000 hab.

Éducation et santé

■ ***Niveau d'éducation*** (1984)
Proportion de la population âgée de 25 ans et plus : sans instruction scolaire (analphabètes) 59,7 % ; ayant une éducation primaire incomplète 15,4 % ; éducation primaire 8,5 % ; éducation secondaire incomplète 5,2 % ; éducation secondaire 8,5 % ; éducation supérieure 2,7 %.

■ ***Alphabétisation*** (1995) : personnes âgées de plus de 15 ans alphabétisées 76,2 % ; hommes 87,9 % ; femmes 63,0 %.

■ ***Santé*** : 4 749 médecins en 1989-1991 (1 pour 948 hab.) ; 18 503 lits d'hôpital en 1990 (1 pour 246 hab.) ; taux de mortalité infantile (1995) : 61,4 ‰.

■ ***Alimentation*** (1995) : apport journalier en calories par habitant 3 126 (alimentation d'origine végétale 90 % ; d'origine animale 10 %) ; soit 132 % du niveau minimal recommandé par la F.A.O.

Défense nationale

■ ***Contingent*** (1997) : 65 000 (armée de terre 53,8 % ; marine 12,3 % ; armée de l'air 33,9 %).

■ ***Dépenses militaires*** (1995) : 6,0 % du P.N.B. (moyenne mondiale 2,8 %) ; soit 381 USD/hab.

a. Ces données peuvent être substantiellement incomplètes.
b. Importations F.O.B.

Corpus : AFRIQUE (Structure et milieu) – Afrique du Nord ; ARABE – Les arabes ; GAZ NATUREL ; ISLAM (Histoire) – Modernisme dans le monde musulman ; MAGHREB (les nécessités économiques) ; MÉDITERRANÉE (HISTOIRE DE LA) [époque contemporaine] ; MÉDITERRANÉE (MER) [exploitation] ; PÉTROLE – Géographie du pétrole ; PROCHE ET MOYEN-ORIENT CONTEMPORAIN (aspects d'histoire économique contemporaine) ; SURPOPULATION.

Universalia 1990 : 294 Perestroïka libyenne ; 302 La longue marche du Maghreb.

Thesaurus :
BENGHAZI
CYRÉNAÏQUE
FEZZAN
SYRTE (GRANDE)
TASSILI DES AJJER
TIBESTI
TOUBOU
TRIPOLI
TRIPOLITAINE

→ *Corpus :* LIECHTENSTEIN
→ *Grand Atlas de Géographie* (éd. 1992) : 62

LIECHTENSTEIN

- ***Nom officiel*** : Principauté de Liechtenstein (Fürstentum Liechtenstein). Code I.S.O. : LI.
- ***Forme de gouvernement*** : monarchie constitutionnelle avec un Parlement (Landtag [25]).
- ***Chef de l'État*** : prince.
- ***Chef du gouvernement*** : Premier ministre
- ***Capitale*** : Vaduz.
- ***Langue officielle*** : allemand.
- ***Religion officielle*** : aucune.
- ***Unité monétaire*** : 1 franc suisse (CHF) = 100 centimes ; valeur (31 déc. 1997) : 100 CHF = 411,84 FRF.

communes	superficie (km²)	population (estim. janv. 1997)
Balzers	19,6	3 972
Eschen	10,3	3 459
Gamprin	6,1	1 138
Mauren	7,5	3 088
Planken	5,3	326
Ruggell	7,4	1 642
Schaan	26,8	909
Schellenberg	3,5	5 130
Triesen	26,4	3 988
Triesenberg	29,8	2 467
Vaduz	17,3	5 017
total	**160,0**	**31 143**

Territoire et population.

Démographie

- ***Population*** (estim. 1997) : 31 300.
- ***Densité*** (1997) : 195,7 hab./km².
- ***Répartition urbaine/rurale*** : n.d.
- ***Répartition par sexe*** (1997) : hommes 48,73 % ; femmes 51,27 %.
- ***Répartition par âge*** (1997) : moins de 15 ans 18,8 % ; de 15 à 29 ans 22,3 % ; de 30 à 44 ans 25,4 % ; de 45 à 59 ans 19,4 % ; de 60 à 74 ans 9,6 % ; 75 ans et plus 4,5 %.
- ***Projection démographique*** : 32 000 en 2000 ; 35 900 en 2010.
- ***Composition ethnique*** (par nationalité, 1997) : natifs du Liechtenstein 62,4 % ; Suisses 14,8 % ; Autrichiens 6,9 % ; Allemands 3,4 % ; Italiens 2,8 % ; autres 9,7 %.
- ***Appartenances religieuses*** (1997) : catholiques 80,0 % ; protestants 7,5 % ; musulmans 3,8 % ; orthodoxes 0,7 % ; athées 0,6 % ; autres 7,9 %.
- ***Principales villes*** (janv. 1997) : Schaan 5 130 hab. ; Vaduz 5 017 hab.

Statistiques de l'état civil

- ***Taux de natalité*** (1996) : 13,0 ‰ (moyenne mondiale 25,0 ‰) ; (1995) taux de naissances légitimes 89,9 %, illégitimes 10,1 %.
- ***Taux de mortalité*** (1996) : 7,4 ‰ (moyenne mondiale 9,3 ‰).
- ***Taux d'accroissement naturel*** (1996) : 5,6 ‰ (moyenne mondiale 15,7 ‰).
- ***Taux de fécondité*** (nombre moyen de naissances par femme en âge de procréer, 1994) : 1,5.
- ***Nombre de mariages*** (pour 1 000 hab., 1996) : 14,1.
- ***Nombre de divorces*** (pour 1 000 hab., 1995) : 1,7.
- ***Espérance de vie*** à la naissance (1996) : hommes 66,5 ans ; femmes 77,8 ans.
- ***Principales causes de décès*** (pour 100 000 hab., 1996) : maladies de l'appareil circulatoire 283,6 ; tumeurs malignes (cancers) 183,7 ; accidents, empoisonnements et actes de violence 51,6 ; maladies de l'appareil respiratoire 51,6.

Économie nationale

- ***Budget de l'État*** (1996)
Recettes : 579 500 000 CHF (impôts directs et intérêts 71,3 % ; droits de douane et remboursement 17,9 % ; recettes d'équipement 8,9 % ; les autres sources de revenus comprennent les impôts fonciers, les taxes sur les plus-values ainsi que les droits de succession).
Dépenses : 530 900 000 CHF (activités financières 36,2 % ; éducation 15,3 % ; affaires sociales 14,9 % ; transports 12,9 % ; administration générale 7,9 %).
- ***Dette publique*** : aucune.
- ***Tourisme*** (1996) : entrées de touristes 119 264 ; recettes touristiques n.d. ; dépenses touristiques à l'étranger n.d.
- ***Population active*** (janv. 1997) : 16 181 ; taux d'activité 52,0 % (taux de participation : 15-64 ans 71,3 % ; femmes 40,3 % ; sans-emploi 2,7 %).
- ***Revenus et dépenses des ménages***
Taille moyenne des ménages (1990) : 2,7.
Revenu annuel moyen par ménage : n.d. ; sources des revenus (1987) : salaires et traitements 92,9 % ; activités non salariées 7,1 %.
Dépenses (1990) : loyers 20,9 % ; alimentation 17,7 % ; transports 11,0 % ; éducation et formation 9,7 % ; habillement 7,0 % ; santé 4,7 %.
- ***Production***
Agriculture, sylviculture, pêche (1996).
Maïs ensilé 27 880 t (1987) ; lait 12 801 t ; pommes de terre 1 040 t (1987) ; blé 460 t (1987) ; orge 416 t (1987) ; raisins 150 t.
Cheptel (sur pied) : bovins 5 902 ; moutons 3 352 ; porcs 2 392.
Bois commercial (1996) : 18 087 m³.
Industries extractives : n.d.
Industries manufacturières (1995) : lait concentré 2 654 t ; yaourt 122 t ; fromage 4 t ; vin (1993) 635,2 hl ; petite industrie de précision comprenant les lentilles optiques, les microscopes électroniques, le matériel électronique ; l'usinage des métaux, la construction de machines et la céramique tiennent aussi une place non négligeable.
Bâtiment (1995) : résidentiel 329 057 m³ ; non résidentiel 318 284 m³.
Énergie (production/consommation) : électricité (1996) 75 096 000/259 303 000 kWh ; charbon (1995) 0/26 t ; produits pétroliers (1995) 0/49 291 t ; gaz naturel (1994) 0/19 350 000 m³.
- ***Produit national brut*** (aux prix courants du marché, 1994) : env. 1 130 000 000 USD (env. 37 000 USD/hab.)
- ***Utilisation du sol*** : forêts 34,8 % ; prairies et pâturages 15,7 % ; terres cultivées et plantations 24,3 % ; autres 25,2 %.

Échanges extérieurs

- ***Importations*** (1995) : 1 071 796 000 CHF (équipement industriel et de transport 33,9 % ; autres produits finis 24,4 % ; produits métalli-

	1990	1991	1992	1993	1994	1995	1996
indice des prix à la consommation*	100,0	105,8	110,2	113,7	114,7	116,8	117,8
indice des revenus	100,0	n.d.	n.d.	n.d.	n.d.	129,0	128,2

(*) Indice pour la Suisse, qui est liée au Liechtenstein par une union douanière et monétaire.

Indices des prix et des revenus (1990 = 100).

Thesaurus :
A.E.L.E.

	1988		1997 (janv.)	
	milliers de CHF	% du total	effectifs	% des effectifs
agriculture	n.d.	n.d.	316	2,0
industrie	n.d.	n.d.	4 724	29,2
bâtiment	n.d.	n.d.	1 134	7,0
entreprises publiques	n.d.	n.d.	164	1,0
transports et communications	n.d.	n.d.	514	3,2
commerce	n.d.	n.d.	2 064	12,8
finance, assurance, immobilier	n.d.	n.d.	1 233	7,6
administration, défense nationale	n.d.	n.d.	1 029	6,4
services	n.d.	n.d.	4 563	28,2
autres	n.d.	n.d.	440 [1]	2,7 [1]
total	**1 700 000**	**100,0**	**16 181**	**100,0** [2]

1. Sans-emploi. 2. Le total général ne correspond pas exactement au détail en raison des arrondis.

Structure du produit intérieur brut et effectifs.

	1990	1991	1992	1993	1994	1995
millions de CHF	+ 757,1	+ 822,8	+ 947,1	+ 1 024,2	+ 1 043,3	+ 1 078,0
% du total	27,8	31,4	30,6	33,8	33,1	33,5

Balance commerciale (prix courants).

	nombre d'établissements	nombre d'enseignants [2]	nombre d'élèves	nombre d'élèves par enseignant
primaire (7-12 ans)	14	144	1 998	13,9
secondaire (13-19 ans)	8	164	1 887	11,5
professionnel [1]	2	247	2 515	10,2

1. 1994-1995. 2. Enseignants à plein temps uniquement.

Enseignement (1996-1997).

ques 14,1 % ; pierre à chaux, ciment et autres matériaux de construction 11,9 % ; métaux bruts et semi-usinés 5,8 % ; produits chimiques 4,6 %).
Principales sources des importations : n.d.

■ ***Exportations*** (1995) : 2 149 796 000 CHF (équipement industriel et de transport 46,9 % ; produits métalliques 16,9 % ; autres produits finis 12,1 % ; pierre à chaux, ciment et autres matériaux de construction 10,3 % ; produits chimiques 8,1 %).
Principales destinations des exportations (1994) : pays de l'Union européenne 39,6 % ; Suisse 14,0 % ; autres pays de l'Association européenne de libre-échange 6,0 % ; autres 40,5 %.

Transports et communications

■ ***Transports***
Chemins de fer (1996) : longueur 18,5 km ; trafic : n.d.
Routes (1994) : longueur totale 323 km.
Véhicules (1997) : voitures particulières 19 926 ; camions et autobus 2 684.
Marine marchande : aucune.
Transports aériens : aucun.

■ ***Communications***
Journaux quotidiens (1992) : diffusion totale 17 355 ; diffusion pour 1 000 hab. 564.
Radiodiffusion (1995) : 11 808 postes récepteurs ; 384 pour 1 000 hab.
Télévision (1995) : 11 421 postes récepteurs ; 371 pour 1 000 hab.
Téléphone (1995) : 19 632 postes téléphoniques ; 638 pour 1 000 hab.

Éducation et santé

■ ***Niveau d'éducation*** (1990).
Proportion de la population âgée de 25 ans et plus : sans instruction scolaire 0,3 % ; ayant une éducation primaire ou secondaire du premier cycle 39,4 % ; une éducation secondaire du second cycle ou professionnelle 47,6 % ; un début d'éducation post-secondaire 7,5 % ; une éducation universitaire 4,9 %.

■ ***Alphabétisation*** : population alphabétisée à presque 100 %.

■ ***Santé*** : 32 médecins en 1995 (1 pour 962 hab.) ; 100 lits d'hôpital[a] en 1985 (1 pour 269 hab.) ; taux de mortalité infantile (1996) : 7,4 ‰.

■ ***Alimentation*** (1996) : apport journalier en calories par habitant 3 440 (alimentation d'origine végétale 69 % ; d'origine animale 31 %) ; soit 129 % du niveau minimal recommandé par la F.A.O.

Défense nationale

■ ***Contingent*** : aucun.

■ ***Dépenses militaires*** : aucune.

a. Le Liechtenstein possède un hôpital. Une convention avec les cantons suisses de St-Gall et des Grisons et l'État autrichien de Vorarlberg permet d'utiliser certains hôpitaux.

→ *Corpus* : BALTES (PAYS)
→ *Grand Atlas de Géographie* (éd. 1992) : 80, 84
→ *Grand Atlas de l'Histoire* : 212, 213, 214, 218, 230-231 (L'Empire russe : expansion et modernisation de 1815 à 1917), 252, 253, 256, 257, 258-259 (La Révolution russe), 264, 265, 266, 267, 268, 269, 272, 273, 274, 275, 290-291 (Le développement de l'Union soviétique depuis 1926), 292, 293, 294, 295.

LITUANIE

● ***Nom officiel*** : République de Lituanie (Lietuvos Respublika ; forme courte : Lietuva). Code I.S.O. : LT.

● ***Forme de gouvernement*** : république à structure étatique unitaire et à régime multipartiste, avec une seule chambre législative (Seimas [141]).

● ***Chef de l'État*** : président.

● ***Chef du gouvernement*** : Premier ministre.

● ***Capitale*** : Vilnius (Vilnious).

● ***Langue officielle*** : lituanien.

● ***Religion officielle*** : aucune.

● ***Unité monétaire***[a] : 1 litas, plur. litai (LTL) = 100 centai ; valeur (31 déc. 1997) : 100 LTL = 149,70 FRF.

Démographie

■ ***Population*** (estim. 1997) : 3 706 000.

■ ***Densité*** (1997) : 67,8 hab./km².

■ ***Répartition urbaine/rurale*** (1996) : population urbaine 67,8 % ; population rurale 32,2 %.

■ ***Répartition par sexe*** (1996) : hommes 47,22 % ; femmes 52,78 %.

■ ***Répartition par âge*** (1996) : moins de 15 ans 21,6 % ; de 15 à 29 ans 22,0 % ; de 30 à 44 ans 22,1 % ; de 45 à 59 ans 16,9 % ; de 60 à 69 ans 9,7 % ; 70 ans et plus 7,7 %.

■ ***Projection démographique*** : 3 699 000 en 2000 ; 3 721 000 en 2010.

■ ***Composition ethnique*** (1996) : Lituaniens 81,4 % ; Russes 8,2 % ; Polonais 7,0 % ; Biélorusses 1,5 % ; Ukrainiens 1,0 % ; autres 0,9 %.

■ ***Appartenances religieuses*** (1994) : catholiques 78,6 %, orthodoxes russes, avec une quantité moindre de luthériens évangéliques.

	millions de LTL	% du total	effectifs	% des effectifs
agriculture, sylviculture	2 222,5	9,3	391 800	22,4
industrie, mines	6 180,9	25,9	306 200	17,5
bâtiment	1 590,5	6,7	114 700	6,5
entreprises publiques	723,3	3,0	42 300	2,4
transports et communications	1 813,8	7,6	95 100	5,4
commerce	5 698,0	23,9	229 600	13,1
finance	751,9	3,2	57 400	3,3
administration, défense nationale	n.d.	n.d.	67 600	3,9
services	n.d	n.d.	244 900	14,0
autres	4 848,2	20,4	203 000 [2]	11,6
total	**23 829,0** [1]	**100,0** [1]	**1 752 600**	**100,0** [1]

1. Le total général ne correspond pas exactement au détail en raison des arrondis. 2. Y compris 109 000 sans-emploi.

Structure du produit national brut et effectifs (1995).

■ ***Principales villes*** (1996) : Vilnious 573 200 hab. ; Kaunas 410 800 hab. ; Klaipeda 201 500 hab.

Statistiques de l'état civil

■ ***Taux de natalité*** (1996) : 10,6 ‰ (moyenne mondiale 25,0 ‰).

■ ***Taux de mortalité*** (1996) : 11,6 ‰ (moyenne mondiale 9,3 ‰).

■ ***Taux d'accroissement naturel*** (1996) : – 1,0 ‰ (moyenne mondiale 15,7 ‰).

■ ***Taux de fécondité*** (nombre moyen de naissances par femme en âge de procréer, 1995) : 1,5.

■ ***Espérance de vie*** à la naissance (1995) : hommes 63,6 ans ; femmes 75,2 ans.

■ ***Principales causes de décès*** (pour 100 000 hab., 1995) : maladies de l'appareil circulatoire 654 ; tumeurs malignes (cancers) 248 ; accidents 225 ; maladies de l'appareil respiratoire 89.

Économie nationale

■ ***Budget de l'État*** (1995)
Recettes : 5 758 000 000 LTL (taxes sur la valeur ajoutée 34,3 % ; impôts sur le revenu des particuliers 29,3 % ; impôts indirects 10,7 % ; impôts fonciers 2,8 %).
Dépenses : 6 197 000 000 LTL (économie 27,9 % ; éducation 21,8 % ; santé 14,3 % ; assurances sociales 8,3 %).

■ ***Production***
Agriculture, sylviculture, pêche (1996).
Pommes de terre 1 594 000 t ; orge 1 000 000 t ; betteraves à sucre 650 000 t ; blé 550 000 t. Cheptel (sur pied) : porcs 1 150 000 ; bovins 1 100 000 ; volailles 8 530 000.
Bois (1995) : 4 495 000 m³.
Pêche (1993) : 120 078 t.
Industries extractives (1995) : pierre à chaux 3 000 000 t ; tourbe 214 000 t.
Industries manufacturières (valeur de la production en milliers de LTL, 1995) : produits alimentaires en conserve 4 781 421 000 ; textiles et tricots 1 748 812 ; produits chimiques 1 066 200 ; bois et produits du bois 630 334.
Bâtiment (1996) : constructions résidentielles 2 000 900 000 LTL.
Énergie (production/consommation) : électricité (1994) 10 055 000 000/11 199 000 000 kWh ; charbon (1994) 0/482 000 t ; pétrole brut (1994) 682 000/27 000 000 barils ; produits pétroliers (1994) 3 819 000/3 606 000 t ; gaz naturel (1994) 0/1 871 000 000 m³.

■ ***Dette publique*** (1994) : 212 700 000 USD.

■ ***Produit national brut*** (1995) : 7 070 000 000 USD (1 900 USD/hab.).

■ ***Population active*** (1994) : 1 741 000 ; taux d'activité 46,8 % (taux de participation[b] 82,9 % ; femmes [1993] 48,5 % ; sans-emploi 3,8 %).

■ ***Revenus et dépenses des ménages***
Taille moyenne des ménages (1989) : 3,2.
Revenu annuel moyen par ménage : n.d. ; sources des revenus (1995) : salaires 71,4 % ; retraites et aides 14,0 % ; activités agricoles non salariées 6,6 % ; autres 7,0 %.
Dépenses (1993) : alimentation 45,1 % ; produits non alimentaires 17,6 % ; services 15,6 % ; impôts 14,4 % ; dépenses agricoles 4,3 %.

Corpus : SOCIALISME – Mouvement communiste et question nationale (l'ère de la souveraineté limitée) ; U.R.S.S. – Histoire.

Universalia 1989 : 145 La crise de légitimité en U.R.S.S. ; *Universalia 1990* : 111 U.R.S.S. : La réforme politique et institutionnelle ; *Universalia 1991* : 111 Les conflits communautaires et ethniques ; 117 La Communauté européenne dans la nouvelle configuration Est-Ouest ; 317 Vers l'indépendance ? *Universalia 1995* : 204 États Baltes : l'espace économique balte ; *Universalia 1997* : 229 Mer Baltique : géostratégies et nouveaux enjeux.

Thesaurus :
CINQ MERS (SYSTÈMES DES)
VILNIOUS

districts et villes	chefs-lieux	superficie (km²)	population (estim. 1996)
Provinces :			
Alytus	Alytus	5 425	202 600
Kaunas	Kaunas	8 170	756 300
Klaipéda	Klaipéda	5 746	415 800
Marijampolė	Marijampolė	4 463	198 500
Panevėžys	Panevėžys	7 880	323 600
Šiauliai	Šiauliai	8 751	401 700
Tauragė	Tauragė	3 874	130 100
Telšiai	Telšiai	4 139	182 800
Utena	Utena	7 201	202 600
Vilnius	Vilnius	9 651	897 900
total		**65 301**·	**3 711 900**

(·) Le total inclut 30 km² qui ne dépendent d'aucune subdivision administrative.

Territoire et population.

	1990	1991	1992	1993	1994	1995	1996
indice des prix à la consommation	0,76	1,65	11,4	58,1	100	139,7	174,0
indice des revenus mensuels	2,63	6,84	15,8	52,5	100	143,4	195,0

Indices des prix et des revenus (1994 = 100).

	nombre d'établissements	nombre d'enseignants	nombre d'élèves	nombre d'élèves par enseignant
primaire et secondaire	2 361	47 000	562 000	12,0
professionnel et formation à l'enseignement	106	4 671	49 000	10,5
supérieur	15	9 003·	54 000	7,3

(·) 1987-1988.

Enseignement (1995-1996).

■ ***Utilisation du sol*** (1994) : forêts 30,4 % ; prairies et pâturages 7,6 % ; terres cultivées et plantations 53,9 % ; autres 8,1 %.

Échanges extérieurs

■ ***Importations*** (1995) : 3 083 000 000 USD (pétrole et gaz 26,7 % ; machines 16,5 % ; textiles 9,3 % ; produits chimiques 9,0 % ; métaux de base 6,7 % ; aliments préparés 4,5 %).
Principales sources des importations : Russie 31,1 % ; Allemagne 15,2 % ; Royaume-Uni 4,3 % ; Pologne 4,1 % ; Danemark 3,9 % ; Finlande 3,9 %.

■ ***Exportations*** (1995) : 2 707 000 000 USD (textiles 14,7 % ; produits chimiques 12,2 % ; produits minéraux 11,9 % ; machines 10,8 % ; métaux de base 8,7 % ; animaux sur pied 8,4 % ; aliments préparés 5,6 %).
Principales destinations des exportations : Russie 20,4 % ; Allemagne 14,4 % ; Biélorussie 10,7 % ; Ukraine 7,5 % ; Lettonie 7,1 % ; Pays-Bas 4,9 % ; Pologne 3,9 %.

Transports et communications

■ ***Transports***
Chemins de fer (1995) : longueur 2 900 km ; trafic : 1 130 000 000 passagers-km ; 7 685 000 000 t-km.
Routes (1995) : longueur totale 61 442 km (86 % recouvertes).
Véhicules (1995) : voitures particulières 718 469 ; camions et autobus 110 696.
Marine marchande (1995) : 95 navires (de 100 tjb ou plus) ; 569 288 tonneaux de port en lourd.
Transports aériens (1995) ; trafic : 363 000 000 passagers-km ; 2 287 000 t-km. 3 aéroports desservis par des vols réguliers (1996).

■ ***Communications***
Journaux quotidiens (1994) : diffusion totale 506 000 ; diffusion pour 1 000 hab. 136.
Radiodiffusion (1995) : n.d.
Télévision (1995) : 1 350 000 postes récepteurs ; 364 pour 1 000 hab.
Téléphone (1995) : 941 000 lignes principales ; 254 pour 1 000 hab.

Éducation et santé

■ ***Niveau d'éducation*** (1989)
Proportion de la population âgée de 25 ans et plus : sans instruction scolaire 9,1 % ; ayant une éducation primaire 21,3 % ; éducation secondaire incomplète 57,0 % ; éducation postsecondaire 12,6 %.

■ ***Alphabétisation*** (1995) : personnes âgées de 15 ans et plus alphabétisées 99,5 %.

■ ***Santé*** (1995) : 14 737 médecins (1 pour 252 hab.) ; 40 262 lits d'hôpital (1 pour 92 hab.) ; taux de mortalité infantile (1995) : 12,4 ‰.

Défense nationale

■ ***Contingent*** (1996) : 5 100 (armée de terre 82,3 % ; marine 6,9 % ; armée de l'air 10,8 %).

■ ***Dépenses militaires*** (1995) : 0,5 % du P.N.B. (moyenne mondiale 2,8 %) ; soit 21 USD/hab.

---

a. Le litas a été introduit, le 20 juillet 1993, en remplacement de la monnaie provisoire qu'était depuis octobre 1991 le talonas. Le litas est, depuis le 20 juillet 1993, la seule devise à avoir cours légal en Lituanie ; son cours est rattaché au dollar depuis le 1er avril 1994 (1 LTL = 0,25 USD).

b. Hommes de 16 à 60 ans ; femmes de 16 à 55 ans.

→ *Corpus* : LUXEMBOURG
→ *Grand Atlas de Géographie* (éd. 1992) : 50, 60
→ *Grand Atlas de l'Histoire* : 274, 295

LUXEMBOURG

● ***Noms officiels*** : Grand-Duché de Luxembourg ; Grossherzogtum Luxemburg ; Groussherzogdem Lëtzebuerg. Code I.S.O. : LU.

● ***Forme de gouvernement*** : monarchie constitutionnelle avec deux chambres législatives (Conseil d'État [21] et Chambre des députés [60]).

● ***Chef de l'État*** : grand-duc.

● ***Chef du gouvernement*** : Premier ministre.

● ***Capitale*** : Luxembourg ; Luxemburg ; Lezebuurg.

● ***Langues officielles*** : français ; allemand (langue de culture) ; luxembourgeois (langue nationale).

● ***Religion officielle*** : aucune.

● ***Unité monétaire*** : 1 franc luxembourgeois[a] (LUF) = 100 centimes ; valeur (31 déc. 1997) : 100 LUF = 16,219 FRF ; 1 écu = 40,767 5 LUF.

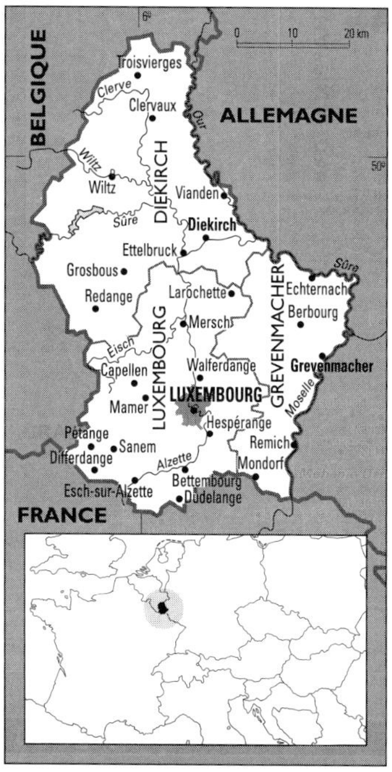

Démographie

■ ***Population*** (estim. 1997) : 420 000.

■ ***Densité*** (1997) : 162,4 hab./km².

■ ***Répartition urbaine/rurale*** (1993) : population urbaine 88,0 % ; population rurale 12,0 %.

■ ***Répartition par sexe*** (janv. 1995) : hommes 49,09 % ; femmes 50,91 %.

■ ***Répartition par âge*** (1996) : moins de 15 ans 18,5 % ; de 15 à 29 ans 19,6 % ; de 30 à 44 ans 24,8 % ; de 45 à 59 ans 18,0 % ; de 60 à 74 ans 13,5 % ; 75 ans et plus 5,6 %.

■ ***Projection démographique*** : 433 000 en 2000 ; 462 000 en 2010.

■ ***Temps de doublement*** : sans objet.

■ ***Composition ethnique*** (nationalités, janv. 1996) : Luxembourgeois 66,6 % ; Portugais 12,5 % ; Italiens 4,8 % ; Français 3,6 % ; Belges 2,6 % ; Allemands 2,3 % ; autres 7,6 %.

■ ***Appartenances religieuses*** (1990) : catholiques 94,9 % ; protestants 1,1 % ; autres 4,0 %.

■ ***Principales villes*** (janv. 1995) : Luxembourg 76 446 hab. ; Esch-sur-Alzette 24 255 hab. ; Differdange 16 196 hab. ; Dudelange 15 833 hab. ; Petange 13 066 hab.

Statistiques de l'état civil

■ ***Taux de natalité*** (1996) : 13,7 ‰ (moyenne mondiale 25,0 ‰) ; taux de naissances légitimes 87,3 %, illégitimes 12,7 %.

■ ***Taux de mortalité*** (1996) : 9,4 ‰ (moyenne mondiale 9,3 ‰).

■ ***Taux d'accroissement naturel*** (1996) : 4,3 ‰ (moyenne mondiale 15,7 ‰).

■ ***Taux de fécondité*** (nombre moyen de naissances par femme en âge de procréer, 1995) : 1,7.

■ ***Nombre de mariages*** (pour 1 000 hab., 1995) : 5,1.

■ ***Nombre de divorces*** (pour 1 000 hab., 1995) : 1,8.

■ ***Espérance de vie*** à la naissance (1990-1992) : hommes 72,6 ans ; femmes 79,1 ans.

■ ***Principales causes de décès*** (pour 100 000 hab., 1994) : maladies de l'appareil circulatoire 391,1, dont maladies de cœur ischémiques et infarctus du myocarde 128,3 ; tumeurs malignes (cancers) 234,6 ; maladies cérébro-vasculaires 118,6 ; accidents et suicides 62,7.

districts et cantons	superficie (km²)	population (estim. 1995 [1])
Diekirch	**1 157**	**60 900**
Clervaux	332	11 300
Diekirch	239	24 600
Redange	267	12 000
Vianden	54	2 900
Wiltz	265	10 100
Grevenmacher	**525**	**46 700**
Echternach	186	13 000
Grevenmacher	211	19 400
Remich	128	14 300
Luxembourg	**904**	**298 000**
Capellen	199	34 200
Esch	243	127 700
Luxembourg (ville et campagne)	238	120 500
Mersch	224	20 600
total	**2 586**	**406 600** [2]

1. Janvier. 2. Le total général ne correspond pas exactement au détail en raison des arrondis.

Territoire et population.

Économie nationale

■ ***Budget de l'État*** (1995)
Recettes : 145 150 800 000 LUF (impôts sur le revenu et impôts indirects 55,5 % ; droits de douane 16,8 %).
Dépenses : 146 433 000 000 LUF (sécurité sociale 20,9 % ; éducation 12,1 % ; transports 9,2 % ; administration 7,4 % ; défense 2,6 % ; service de la dette 1,3 %).

■ ***Dette publique*** (1995) : 541 240 000 USD.

■ ***Tourisme*** (1989) : recettes touristiques 286 000 000 USD.

■ ***Production***
Agriculture, sylviculture, pêche (1994).
Orge 58 900 t ; blé 45 200 t ; pommes de terre 23 000 t ; seigle 15 200 t ; avoine 12 400 t ; betteraves à sucre 11 600 t ; pommes 9 600 t.
Cheptel (sur pied, 1995) : bovins 213 887 ; porcs 76 640.
Bois (1992) : 372 000 m³.
Industries extractives (1987) : sable et gravier 956 810 t ; gypse 420 000 t ; pierre concassée 344 841 t.
Industries manufacturières (1994) : lingots et moulages en acier 3 073 268 t ; fonte 1 926 890 t ; lait 261 600 t ; viande de bœuf et de porc 23 120 t ; vin 179 998 hl.
Bâtiment (1993) : résidentiel et semi-résidentiel 618 754 m² ; non résidentiel 181 997 m².
Énergie (production/consommation) : électricité (1993) 1 067 000 000/5 118 000 000 kWh ; charbon (1993) 0/277 000 t ; pétrole brut 0/n.d. ; produits pétroliers (1993) 0/1 883 000 t ; gaz naturel (1993) 0/576 000 000 m³.

■ ***Produit national brut*** (aux prix courants du marché, 1995) : 16 876 000 000 USD (41 210 USD/hab.).

■ ***Population active*** (1991) : 164 714 ; taux d'activité 42,8 % (taux de participation : 15-64 ans 61,6 % ; femmes 35,9 % ; sans-emploi 1,5 %).

■ ***Revenus et dépenses des ménages***
Taille moyenne des ménages (1991) : 2,6.
Revenu annuel moyen par ménage (1992) : 1 438 000 LUF (44 700 USD) ; sources des revenus : salaires et traitements 67,1 % ; activités non salariées 4,8 % ; paiements de transfert 28,1 %.
Dépenses (1991) : transports et communications 19,1 % ; logement 13,7 % ; alimentation et boissons 12,9 % ; biens ménagers et ameublement 10,8 % ; santé 7,3 % ; habillement 5,9 %.

	1991		1995	
	millions de LUF	% du total	effectifs	% des effectifs
agriculture	4 477	1,4	1 378	0,7
mines	997	0,3	n.d.	n.d.
industrie	77 303	24,3	34 129	17,4
bâtiment	23 905	7,5	22 243	11,4
entreprises publiques	5 264	1,6	856	0,4
transports et communications	22 139	6,9	14 060	7,2
commerce	52 285	16,4	37 104	19,0
finance	44 236	13,9	34 751	17,8
administration, défense nationale	46 800	14,7	51 079	26,1
services	48 656	15,3		
autres	– 7 258 [a]	– 2,3	n.d.	n.d.
total	**318 804**	**100,0**	**195 600**	**100,0**

(a) Frais de service bancaire.

Structure du produit intérieur brut et effectifs.

	1990	1991	1992	1993	1994	1995
indice des prix à la consommation	100,0	103,1	106,4	110,2	112,6	114,8
indice des revenus horaires	100,0	105,3	112,0	116,5	n.d.	n.d.

Indices des prix et des revenus (1990 = 100).

	1989	1990	1991	1992	1993	1994
millions de LUF	– 31 900	– 43 100	– 60 500	– 56 300	– 55 400	– 56 300
% du total	6,8	9,3	12,4	11,9	11,9	11,6

Balance commerciale (prix courants).

	nombre d'établissements	nombre d'enseignants	nombre d'élèves	nombre d'élèves par enseignant
primaire (6-11 ans) [1]	n.d.	1 911	27 595	14,4
secondaire (12-18 ans)	n.d.	1 948	8 712 [2]	n.d.
professionnel et formation à l'enseignement	n.d.		12 662	6,5
supérieur	n.d.		4 957 [3]	n.d.

1. Écoles publiques uniquement. 2. 1992-1993. 3. 1990-1991.

Enseignement (1993-1994).

■ ***Utilisation du sol*** (1992) : forêts 34,2 % ; prairies et pâturages 25,6 % ; terres cultivées et plantations 23,2 % ; autres 17,0 %.

Échanges extérieurs

■ ***Importations*** (1994) : 271 582 000 000 LUF (produits métalliques, équipement industriel et de transport 43,3 %, dont équipement de transport 9,5 % ; produits alimentaires, boissons et tabac 12,1 % ; produits minéraux 11,7 % ; produits chimiques 8,8 %).
Principales sources des importations : Belgique 39,5 % ; Allemagne 28,7 % ; France 13,1 % ; Pays-Bas 4,4 % ; Italie 2,3 % ; États-Unis 2,2 %.

■ ***Exportations*** (1994) : 215 275 000 000 LUF (produits métalliques, équipement industriel et de transport 55,0 %, dont équipement de transport 4,4 % ; matières plastiques et produits en caoutchouc 13,7 % ; filés, tissus et autres produits textiles 7,4 % ; produits alimentaires, boissons et tabac 6,5 % ; produits chimiques 4,7 %).
Principales destinations des exportations : Allemagne 28,2 % ; France 18,9 % ; Belgique 13,8 % ; Royaume-Uni 6,1 % ; Pays-Bas 5,4 % ; Italie 5,1 % ; États-Unis 4,2 %.

Transports et communications

■ ***Transports***
Chemins de fer : longueur (1993) 275 km ; trafic : 284 000 000 passagers-km (1992) ; 646 997 000 t-km (1993).
Routes (janv. 1995) : longueur totale 5 134 km (99 % recouvertes).
Véhicules (janv. 1995) : voitures particulières 229 037 ; camions et autobus 29 868.
Marine marchande (1992) : 54 navires (de 100 tjb ou plus) ; 2 603 611 tonneaux de port en lourd.
Transports aériens (1994) : arrivées de passagers 584 698 ; départs de passagers 590 928 ; 886 062 000 t-km (1987) ; 1 aéroport desservi par des vols réguliers (1996).

■ ***Communications***
Journaux quotidiens (1994) : 5 ; diffusion totale 154 000 ; diffusion pour 1 000 hab. 381.
Radiodiffusion (1995) : 240 000 postes récepteurs (1 pour 1,7 hab.).
Télévision (1994) : 134 845 postes récepteurs (1 pour 2,9 hab.).
Téléphone (1994) : 221 898 lignes principales (1 pour 1,8 hab.).

Éducation et santé

■ ***Niveau d'éducation*** : n.d.

■ ***Alphabétisation*** (1995) : presque 100 %.

■ ***Santé*** : 848 médecins en janvier 1994 (1 pour 469 hab.) ; 4 560 lits d'hôpital (1 pour 87 hab.) ; taux de mortalité infantile : 5,3 ‰.

■ ***Alimentation*** (1992) : apport journalier en calories par habitant 3 681 (alimentation d'origine végétale 65 % ; d'origine animale 35 %) ; soit 139 % du niveau minimal recommandé par la F.A.O.

Défense nationale

■ ***Contingent*** (1995) : 800 (armée de terre 100,0 %).

■ ***Dépenses militaires*** (1994) : 0,8 % du P.N.B. (moyenne mondiale 3,0 %) ; soit 313 USD/hab.

a. La valeur du franc luxembourgeois est identique à celle du franc belge.

Corpus : ACIER (ÉCONOMIE DE L') [la répartition mondiale de la production] ; ARDENNES (géographie humaine) ; BENELUX ; EUROPE OCCIDENTALE ; TÉLÉVISION ET RADIODIFFUSION – Les organismes dans les pays occidentaux ; TOURISME ; ZONES FRANCHES.

Universalia 1989 : 245 La pollution du Rhin ; ***Universalia 1990*** : 297 L'affirmation internationale ; ***Universalia 1991*** : 117 La Communauté européenne dans la nouvelle configuration Est-Ouest ; ***Universalia 1992*** : 122 L'Europe et l'Afrique : quelles perspectives ?

Thesaurus : MOSELLE

→ ***Corpus*** : YOUGOSLAVIE
→ ***Grand Atlas de Géographie*** (éd. 1992) : 22, 38
→ ***Grand Atlas de l'Histoire*** : 215, 228, 252, 253, 264, 265, 267, 272, 273, 274, 275, 292, 294, 295

MACÉDOINE

- ***Nom officiel*** [a] : République de Macédoine (Makedonija). Code I.S.O. : MK.
- ***Forme de gouvernement*** : république à structure étatique unitaire et à régime multipartiste, avec une seule chambre législative (Sobranje [120]).
- ***Chef de l'État*** : président.
- ***Chef du gouvernement*** : Premier ministre.
- ***Capitale*** : Skopje.
- ***Langue officielle*** : macédonien.
- ***Religion officielle*** : aucune.
- ***Unité monétaire*** : 1 denar (MKD) = 100 deni ; valeur (30 déc. 1997) : 100 MKD = 10,91 FRF.

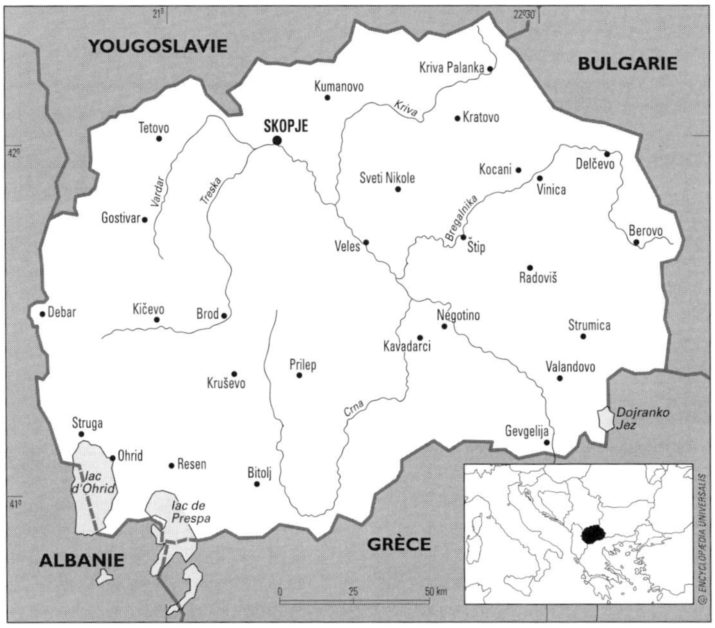

Démographie

■ ***Population*** (estim. 1997) : 1 984 000.

■ ***Densité*** (1996) : 77,2 hab./km².

■ ***Répartition urbaine/rurale*** (1994) : population urbaine 58,7 % ; population rurale 41,3 %.

■ ***Répartition par sexe*** (1994) : hommes 50,39 % ; femmes 49,61 %.

■ ***Répartition par âge*** (1994) : moins de 15 ans 24,8 % ; de 15 à 29 ans 24,1 % ; de 30 à 44 ans 22,3 % ; de 45 à 59 ans 15,8 % ; de 60 à 74 ans 10,6 % ; 75 ans et plus 2,4 %.

■ ***Projection démographique*** : 2 033 000 en 2000 ; 2 206 000 en 2010.

■ ***Temps de doublement*** : 89 ans.

■ ***Composition ethnique*** (1994) : Macédoniens 66,4 % ; Albanais 23,1 % ; Turcs 3,9 % ; Roumains 2,3 % ; Serbes 1,9 % ; autres 2,4 %.

■ ***Appartenances religieuses*** (1997) : orthodoxes 53,8 % ; musulmans (sunnites) 30,2 % ; autres 16,0 %.

■ ***Principales villes*** (1994) : Skopje 440 577 hab. ; Bitolj 75 386 hab. ; Prilep 67 371 hab. ; Kumanovo 66 237 hab. ; Tetovo 50 376 hab.

Statistiques de l'état civil

■ ***Taux de natalité*** (1995) : 14,9 ‰ (moyenne mondiale 25,0 ‰) ; taux de naissances légitimes 91,5 % ; illégitimes 8,5 %.

■ ***Taux de mortalité*** (1995) : 7,6 ‰ (moyenne mondiale 9,3 ‰).

■ ***Taux d'accroissement naturel*** (1995) : 7,3 ‰ (moyenne mondiale 15,7 ‰).

■ ***Taux de fécondité*** (nombre moyen de naissances par femme en âge de procréer, 1995) : 2,0.

■ ***Espérance de vie*** à la naissance (1995) : hommes 68,8 ans ; femmes 75,0 ans.

■ ***Principales causes de décès*** (pour 100 000 hab., 1993) : maladies de l'appareil circulatoire 385,8 ; accidents, actes de violence et empoisonnements 35,3 ; maladies de l'appareil respiratoire 34,5 ; maladies de l'appareil digestif 14,8 ; maladies infectieuses et parasitaires 12,9 ; tumeurs malignes (cancers) 6,2.

Économie nationale

■ ***Budget de l'État*** (1995)
Recettes : 64 254 000 000 MKD (contributions de sécurité sociale 32,6 % ; impôts indirects 19,1 % ; impôts sur les revenus et les profits 17,3 % ; impôts sur les ventes 12,3 %).
Dépenses : 66 032 000 000 MKD (pensions 24,1 % ; traitements et salaires 22,7 % ; santé 13,3 %).

■ ***Dette extérieure*** (1994) : 924 000 000 USD.

■ ***Tourisme*** (1994) ; recettes touristiques 21 000 000 USD ; dépenses touristiques à l'étranger 23 000 000 USD.

■ ***Production***
Agriculture, sylviculture, pêche (1996).
Blé 269 000 t ; raisins 215 000 t ; pommes de terre 157 000 t ; maïs 143 000 t ; prunes 17 221 t.
Cheptel (sur pied) : moutons 2 320 000 ; bovins 283 000 ; porcs 175 000 ; volailles 5 000 000.
Bois (1996) : 774 000 m³.
Pêche (1995) : 1 570 t.
Industries extractives (1995) : minerai de cuivre 2 000 000 t ; minerai de plomb et de zinc 430 000 t ; gypse 25 000 t ; chaux 20 000 t ; argent raffiné 10 000 kg.
Industries manufacturières (1995) : ciment 523 499 t ; plaques d'acier 40 878 t ; fils de laine 3 863 t ; réfrigérateurs 56 148 unités ; chaussures en cuir 1 120 000 paires ; tissus de coton 15 525 000 m² ; cigarettes 10 615 000 unités.
Bâtiment (résidentiel, 1994) : 348 004 m².
Énergie (production/consommation) : électricité (1994) 6 900 000 000/6 959 000 000 kWh ; charbon (1993) 7 300 000/7 450 000 t ; pétrole brut (1993) 0/8 063 000 barils ; produits pétroliers (1992) 556 000/823 000 t ; gaz naturel (1993) 0/269 100 000 m³.

■ ***Population active*** (1995) : 596 600 ; taux d'activité 30,8 % (taux de participation : 15-64 ans 98,1 % ; femmes [1994] 25,5 % ; sans-emploi [1994] 32,0 %).

■ ***Produit national brut*** (1995) : 1 813 100 000 USD (853 USD/hab.).

■ ***Revenus et dépenses des ménages***
Taille moyenne des ménages (1994) : 3,8.
Revenu annuel moyen par ménage (1994) : 49 635 MKD (1 223 USD) ; sources des revenus (1994) : salaires et traitements 59,9 % ; paiements de transfert 17,0 % ; transferts de l'étranger 13,4 % ; autres 9,7 %.
Dépenses (1994) : alimentation 42,2 % ; combustibles et éclairage 7,5 % ; habillement 7,4 % ; transports et communications 7,2 % ; boissons et tabac 7,0 % ; soins médicaux 4,7 % ; éducation et loisirs 3,2 %

■ ***Utilisation du sol*** (1994) : forêts 38,9 % ; prairies et pâturages 24,7 % ; terres cultivées et plantations 25,7 % ; autres 10,7 %.

Échanges extérieurs

■ ***Importations*** (1995) : 1 439 000 000 USD (équipement industriel et de transport 19,0 % ; produits alimentaires 17,0 % ; produits manufacturés 16,0 % ; produits chimiques 12,0 % ; produits pétroliers 12,0 %).

Corpus : AUTOGESTION (l'expérience autogestionnaire yougoslave) ; BALKANIQUE (PÉNINSULE) [le contexte humain] ; COGESTION (l'expérience yougoslave) ; DINARIDES (les hommes) ; EUROPE (Structure et milieu) — Géographie (répartition des populations) ; EUROPE DE L'EST ; MÉDITERRANÉE (HISTOIRE DE LA) [mutations sociales et économiques] ; MIGRANTS (ampleur du mouvement migratoire) ; SOCIALISME — Économie des pays socialistes.

Universalia 1988 : 112 Europe centrale : le problème des minorités ethniques et nationales ; ***Universalia 1989*** : 331 Rôle et fonctions des élections dans les pays de l'Est ; ***Universalia 1990*** : 366 Entre autogestion et libéralisme ; ***Universalia 1991*** : 111 Les conflits communautaires et ethniques dans le monde contemporain ; 354 La transformation du système des mass media ; ***Universalia 1992*** : 201 Le retour des nationalités ; 336 La dislocation dans l'affrontement ; ***Universalia 1993*** : 188 Balkans, le retour de la question macédonienne ; ***Universalia 1994*** : 162 Yougoslavie : l'implosion yougoslave.

Thesaurus :
MACÉDOINE MODERNE & CONTEMPORAINE
SKOPJE
TURQUES (POPULATIONS)
YOUGOSLAVES (POPULATIONS)

districts	superficie (km²)	population (recens. 1994)
Berovo	806	19 737
Bitolj	1 798	106 012
Brod	924	10 912
Debar	274	26 449
Delčevo	589	25 052
Demir Hisar	443	10 321
Gevgelija	757	34 767
Gostivar	1 341	108 189
Kavadarci	1 132	41 801
Kičevo	854	53 044
Kočani	570	48 105
Kratovo	376	10 855
Kriva Palanka	720	25 112
Kruševo	239	11 981
Kumanovo	1 212	126 543
Negotino	734	23 094
Ohrid	1 069	60 841
Prilep	1 675	93 248
Probištip	326	16 373
Radoviš	735	30 378
Resen	739	17 467
Skopje	1 818	541 280
Štip	815	50 531
Struga	507	62 305
Strumica	952	89 759
Sveti Nikole	649	21 391
Tetovo	1 080	174 748
Titov Veles	1 536	65 523
Valandovo	331	12 049
Vinica	432	19 010
total	**25 433**	**1 936 877**
surface des eaux intérieures	280	
superficie totale	**25 713**	

Territoire et population.

	1993		1995	
	millions de MKD	% du total	effectifs	% des effectifs
agriculture	5 795	10,0	53 700	9,0
mines et industrie	15 019	25,8	136 600	22,9
bâtiment	2 977	5,1	31 400	5,3
entreprises publiques	1 195	2,1	8 100	1,4
transports et communications	3 433	5,9	21 000	3,5
commerce	3 959	6,8	34 100	5,7
finance	3 201	5,5	10 900	1,8
administration, défense nationale	11 330	19,5	15 300	2,6
services	1 871	3,2	69 300	11,6
autres	9 363	16,1	216 200	36,2
total	**58 143**	**100,0**	**596 600**	**100,0**

Structure du produit intérieur brut et effectifs.

	1992	1993	1994	1995	1996
indice des prix à la consommation	100,0	461,9	1 054	1 153	1 155
indice des revenus*	100,0	595,7	1 221	1 352	1 388

(*) Fondé sur le revenu net des travailleurs.

Indices des prix et des revenus (1992 = 100).

—	1991	1992	1993	1994	1995
millions de USD	−225	−7	−172	−398	−232
% du total	8,9	0,3	7,5	15,5	8,7

Balance commerciale (prix courants).

	nombre d'établissements	nombre d'enseignants*	nombre d'élèves	nombre d'élèves par enseignant
primaire (7-14 ans)	1 050	13 102	258 955	19,9
secondaire (15-18 ans)	95	4 520	77 754	16,5
supérieur	27	1 122	26 959	24,0

(*) 1993-1994.

Enseignement (1994-1995).

Principales sources des importations : Allemagne 15,0 % ; Russie 8,0 % ; Bulgarie 7,0 % ; Italie 7,0 % ; Royaume-Uni 5,0 % ; Albanie 4,0 %.

■ ***Exportations*** (1995) : 1 204 000 000 USD (produits manufacturés 35,0 % ; équipement industriel et de transport 13,0 % ; produits alimentaires 11,0 % ; matières premières 8,0 % ; produits chimiques 6,0 %).

Principales destinations des exportations : Allemagne 13,0 % ; Royaume-Uni 7,0 % ; Italie 5,0 % ; Russie 4,0 %.

Transports et communications

■ ***Transports***
Chemins de fer (1994) : longueur 922 km ; trafic : 67 000 000 passagers-km ; 151 000 000 t-km.
Routes (1994) : longueur totale 8 422 km (62 % recouvertes).
Véhicules (1994) : voitures particulières 263 181 ; camions et autobus 22 825.
Marine marchande : n.d.
Transports aériens (Palair Macedonian uniquement, 1993) ; trafic : 292 372 000 passagers-km ; marchandises transportées 625 t. 2 aéroports desservis par des vols réguliers (1997).

■ ***Communications***
Journaux quotidiens (1995) : diffusion totale 44 000 ; diffusion pour 1 000 hab. 21.
Radiodiffusion (1995) : 350 000 postes récepteurs ; 179 pour 1 000 hab.
Télévision (1995) : 350 000 postes récepteurs ; 179 pour 1 000 hab.
Téléphone (1995) : 349 000 lignes principales ; 179 pour 1 000 hab.

Éducation et santé

■ ***Niveau d'éducation*** (1981)
Proportion de la population âgée de 15 ans et plus : ayant une éducation primaire incomplète 45,3 % ; éducation primaire 28,1 % ; éducation secondaire 21,2 % ; éducation postsecondaire ou supérieure 5,1 % ; niveau inconnu 0,3 %.

■ ***Alphabétisation*** (1981) : personnes âgées de 10 ans et plus alphabétisées 1 365 000 (89,1 %) ; hommes 729 000 (94,2 %) ; femmes 636 000 (83,8 %).

■ ***Santé*** (1994) : 4 505 médecins (1 pour 437 hab.) ; 10 664 lits d'hôpital (1 pour 195 hab.) ; taux de mortalité infantile (1995) : 27,3 ‰.

Défense nationale

■ ***Contingent*** (1997) : 15 400 (armée de terre 100 %).

■ ***Dépenses militaires*** (1995) : 3,3 % du P.N.B. (moyenne mondiale 2,8 %) ; soit 30 USD/hab.

a. Membre des Nations unies sous le nom d'ex-République yougoslave de Macédoine.

→ *Corpus :* MADAGASCAR
→ *Grand Atlas de Géographie* (éd. 1992) : 136, 153b
→ *Grand Atlas de l'Histoire :* 240, 241, 249, 277, 283, 295

MADAGASCAR

• ***Noms officiels*** : République de Madagascar ; Repoblikan'i Madagasikar. Code I.S.O. : MG.

• ***Forme de gouvernement*** : république à structure étatique unitaire et à régime multipartiste avec une chambre législative (Assemblée nationale [138]).

• ***Chef de l'État*** : président.

• ***Chef du gouvernement*** : Premier ministre.

• ***Capitale*** : Tananarive ; Antananarivo.

• ***Langues officielles***[a].

• ***Religion officielle*** : aucune.

• ***Unité monétaire*** : 1 franc malgache (MGF) = 100 centimes ; valeur (30 déc. 1997) : 100 MGF = 0,113 FRF.

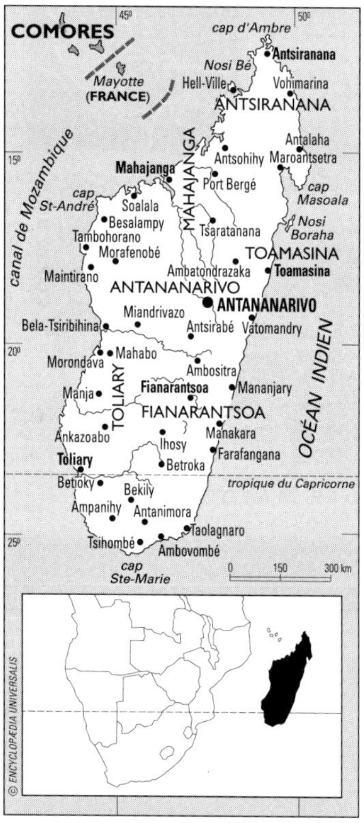

Démographie

▪ ***Population*** (estim. 1997) : 14 062 000.

▪ ***Densité*** (1997) : 24,0 hab./km².

▪ ***Répartition urbaine/rurale*** (1991) : population urbaine 24,4 % ; population rurale 75,6 %.

▪ ***Répartition par sexe*** (1993) : hommes 49,55 % ; femmes 50,45 %.

▪ ***Répartition par âge*** (1995) : moins de 15 ans 46,1 % ; de 15 à 29 ans de 26,2 % ; de 30 à 44 ans 15,2 % ; de 45 à 59 ans 8,0 % ; de 60 à 74 ans 3,8 % ; 75 ans et plus 0,7 %.

▪ ***Projection démographique*** : 15 295 000 en 2000 ; 20 096 000 en 2010.

▪ ***Temps de doublement*** : 25 ans.

▪ ***Composition ethnique*** (1983) : Malgaches 98,9 %, dont Merinas 26,6 %, Betsimisarakas 14,9 %, Betsiléos 11,7 %, Tsimihety 7,4 %, Sakalawas 6,4 %, Antandroy 5,3 % ; Comoriens 0,3 % ; Indiens et Pakistanais 0,2 % ; Français 0,2 % ; autres 0,4 %.

▪ ***Appartenances religieuses*** (1997) : croyances traditionnelles 52,0 % ; chrétiens 41,0 %, dont catholiques 21,3 %, protestants 19,7 % ; musulmans 7,0 %.

▪ ***Principales villes*** (1993) : Antananarivo 1 052 835 hab. ; Toamasina 127 441 hab. ; Antsirabé 120 239 hab. ; Mahajanga 100 807 hab. ; Fianarantsoa 99 005 hab.

Statistiques de l'état civil

▪ ***Taux de natalité*** (1996) : 42,6 ‰ (moyenne mondiale 25,0 ‰).

▪ ***Taux de mortalité*** (1996) : 14,4 ‰ (moyenne mondiale 9,3 ‰).

▪ ***Taux d'accroissement naturel*** (1996) : 28,2 ‰ (moyenne mondiale 15,7 ‰).

▪ ***Taux de fécondité*** (nombre moyen de naissances par femme en âge de procréer, 1996) : 5,9.

▪ ***Nombre de mariages*** : n.d.

▪ ***Nombre de divorces*** : n.d.

provinces et chefs-lieux	superficie (km²)	population (recens. 1993)*
Antananarivo (var. franç. Tananarive)	58 283	3 483 236
Antsiranana [ex-Diégo-Suarez]	43 046	942 410
Fianarantsoa	102 373	2 671 150
Mahajanga [ex-Majunga]	150 023	1 330 612
Toamasina [ex-Tamatave]	71 911	1 935 330
Toliary (var. Toliara) [ex-Tuléar]	161 405	1 729 419
total	**587 041**	**12 092 157**

(*) Préliminaire.

Territoire et population.

▪ ***Espérance de vie*** à la naissance (1996) : hommes 51,1 ans ; femmes 53,3 ans.

▪ ***Principales causes de décès*** : n.d. ; toutefois, les maladies infectieuses et parasitaires, les causes liées à la grossesse, la malaria, la malnutrition, la diarrhée et les maladies de l'appareil respiratoire sont parmi les principales causes de décès du pays au début des années 1990.

Économie nationale

▪ ***Budget de l'État*** (1995)
Recettes : 1 138 300 000 000 MGF (taxes 97,6 %, dont droits commerciaux 55 7 %, taxe à la valeur ajoutée 20,4 %, impôts sur le revenu 14,4 % ; recettes non fiscales 2,4 %).
Dépenses : 1 888 700 000 000 MGF (dépenses courantes 79,7 %, dont service de la dette 31,6 %, éducation 10,0 %, défense nationale 6,1 %, santé 3,9 %, agriculture 0,7 % ; dépenses en capital 20,3 %).

▪ ***Dette publique*** (extérieure, créances, 1995) : 3 691 000 000 USD.

▪ ***Tourisme*** : recettes touristiques (1995) 60 000 000 USD ; dépenses touristiques à l'étranger 59 000 000 USD.

▪ ***Production***
Agriculture, sylviculture, pêche (1996).
Riz paddy 2 600 000 t ; manioc 2 450 000 t ; canne à sucre 2 200 000 t ; patates douces 500 000 t ; pommes de terre 280 000 t ; bananes 230 000 t ; mangues 202 000 t ; maïs 180 000 t ; taro 140 000 t ; oranges 83 000 t ; noix de coco 83 000 t ; café 72 000 t ; haricots secs 70 000 t ; ananas 50 000 t ; arachides 37 000 t ; coton brut 30 000 t.
Cheptel (sur pied) : bovins 10 320 000 ; porcs 1 629 000 ; chèvres 1 329 000 ; moutons 756 000 ; poulets 16 000 000.
Bois (1994) : 9 151 000 m³.
Pêche (1995) : 120 140 t.
Industries extractives (1995) : sel 80 000 t ; concentré de chromite 74 000 t ; graphite 13 900 t ; mica 387 t ; or 200 kg ; des pierres semi-précieuses et des gemmes sont aussi extraites.
Industries manufacturières (1995) : tissus de coton 25 000 000 t ; sucre raffiné 89 474 t ; ciment 45 009 t ; savon 15 000 t ; tabac 1 936 t ; bière 318 842 hl ; combustible 177 329 m³ ; gazole 129 227 m³ ; kérosène 110 764 m³ ; essence 87 905 m³ ; chaussures 972 000 paires.
Bâtiment (Antananarivo uniquement, 1986) : résidentiel 19 700 m² ; non résidentiel 5 700 m².
Énergie (production/consommation) : électricité (1994) 605 000 000/605 000 000 kWh ; charbon (1994) 0/14 000 t ; pétrole brut (1994) 0/1 230 000 barils ; produits pétroliers (1994) 185 000/348 000 t ; gaz naturel 0/n.d.

▪ ***Produit national brut*** (1995) : 3 178 000 000 USD (240 USD/hab.).

▪ ***Population active*** (1993) : 5 914 000 ; taux d'activité 48,9 % (taux de participation [1985] : 15-64 ans 74,9 % ; femmes 39,3 % ; sans-emploi [1982] 0,6 %).

▪ ***Revenus et dépenses des ménages***
Taille moyenne des ménages (Antananarivo uniquement, 1993) : 4,6.
Revenu annuel moyen par ménage : n.d. ; sources des revenus : n.d.
Dépenses (poids respectifs des éléments de l'indice des prix à la consommation à Antananarivo uniquement, logement non inclus, 1983) : alimentation 60,4 % ; combustibles et éclairage

	1991		1993	
	millions de MGF [1]	% du total	effectifs	% des effectifs
agriculture	1 488 350	32,6	5 100 000	86,2
industrie	530 560	11,6	86 000	1,5
mines	14 800	0,3		
bâtiment	52 600	1,2	46 000	0,8
entreprises publiques	86 950	1,9		
transports et communications	747 920	16,4	42 000	0,7
commerce	497 990	10,9	149 000	2,5
finance	70 020	1,5		
services [2]	791 890	17,4	243 000	4,1
administration, défense nationale	284 430	6,2	208 000	3,5
autres	n.d.	n.d.	40 000	0,7
total	**4 565 510**	**100,0**	**5 914 000**	**100,0**

1. Au coût des facteurs. 2. Comprend les artisans.

Structure du produit intérieur brut et effectifs.

	1989	1990	1991	1992	1993	1994	1995	1996
indice des prix à la consommation	89,5	100,0	108,5	124,4	136,8	190,1	283,3	339,3
indice des revenus annuels*	91,7	100,0	127,1	134,5	146,1	189,0	264,6	n.d.

(*) Salaire minimum non agricole au 1er juillet.

Indices des prix et des revenus (1990 = 100).

	1989	1990	1991	1992	1993	1994	1995
milliards de MGF	− 20,4	− 327,9	− 93,0	− 175,1	− 244,3	− 77,7	− 2 082,3
% du total	2,0	25,6	7,7	14,5	19,6	3,2	37,7

Balance commerciale.

	nombre d'établissements	nombre d'enseignants	nombre d'élèves	nombre d'élèves par enseignant
primaire (6-13 ans)	13 624	37 676	1 504 668	39,9
secondaire (14-18 ans)	1 142 [1]	15 118	298 241	19,7
professionnel et formation à l'enseignement	61 [2]	1 484 [3]	17 419 [3]	11,7
supérieur	5 [1]	855 [4]	42 681 [4]	49,9

1. 1988-1989. 2. 1987-1988. 3. 1990-1991. 4. 1992.

Enseignement (1993-1994).

9,1 % ; habillement 8,6 % ; articles ménagers 2,4 %.

■ ***Utilisation du sol*** (1994) : forêts 39,9 % ; prairies et pâturages 41,3 % ; terres cultivées et plantations 5,3 % ; autres 13,5 %.

Échanges extérieurs

■ ***Importations*** (1994) : 1 150 780 000 000 MGF (biens d'équipement 20,2 % ; produits alimentaires 16,8 %, dont riz 6,9 % ; matières premières et pièces détachées 15,8 % ; biens de consommation non alimentaires 15,3 % ; pétrole brut 11,4 %).
Principales sources des importations (1995) : France 30,5 % ; Allemagne 10,3 % ; Iran 10,3 % ; Afrique du Sud 6,5 % ; Japon 6,1 %.

■ ***Exportations*** (1994) : 849 960 000 000 MGF (café 18,0 % ; vanille 16,7 % ; crevettes 13,2 % ; tissus de coton 2,9 % ; clous de girofle et essence de girofle 2,6 % ; sucre 2,2 %).
Principales destinations des exportations (1995) : France 29,2 % ; États-Unis 6,7 % ; Japon 6,4 % ; La Réunion 6,1 % ; Italie 5,6 % ; Belgique et Luxembourg 5,0 %.

Transports et communications

■ ***Transports***
Chemins de fer (1991) : longueur 1 030 km ; trafic : 245 000 000 passagers-km ; 132 000 000 t-km.
Routes (1995) : longueur totale 49 837 km (15 % recouvertes).
Véhicules (1992) : voitures particulières 47 711 ; camions et autobus 34 341.
Marine marchande (1992) : 85 navires (de 100 tjb et plus) ; 82 077 tonneaux de port en lourd.
Transports aériens (1996) ; trafic : 658 913 000 passagers-km ; 17 697 000 t-km. 44 aéroports desservis par des vols réguliers (1997).

■ ***Communications***
Journaux quotidiens (1995) : diffusion totale 59 000 ; diffusion pour 1 000 hab. 4.
Radiodiffusion (1995) : 2 850 000 postes récepteurs ; 193 pour 1 000 hab.
Télévision (1995) : 295 000 postes récepteurs ; 20 pour 1 000 hab.
Téléphone (1995) : 32 600 lignes principales ; 2,2 pour 1 000 hab.

Éducation et santé

■ ***Niveau d'éducation*** : n.d.

■ ***Alphabétisation*** (1995) : personnes âgées de 15 ans et plus alphabétisées 45,7 % ; hommes 59,8 % ; femmes 32,0 %.

■ ***Santé*** : 1 392 médecins en 1990 (1 pour 8 279 hab.) ; 10 900 lits d'hôpital en 1989 (1 pour 1 029 hab.) ; taux de mortalité infantile (1996) : 93,3 ‰.

■ ***Alimentation*** (1995) : apport journalier en calories par habitant 2 009 (alimentation d'origine végétale 91 % ; d'origine animale 9 %) ; soit 89 % du niveau minimal recommandé par la F.A.O.

Défense nationale

■ ***Contingent*** (1997) : 21 000 (armée de terre 95,2 % ; marine 2,4 % ; armée de l'air 2,4 %).

■ ***Dépenses militaires*** (1995) : 0,9 % du P.N.B. (moyenne mondiale 2,8 %) ; soit 2 USD/hab.

a. La Constitution de 1992 déclare le malgache langue « nationale », bien que ni le malgache ni le français n'apparaissent comme langues « officielles » dans les textes constitutionnels.

Corpus : AFRIQUE (Structure et milieu) – Géographie générale ; INDIEN (HISTOIRE DE L'OCÉAN) [les transformations aux XIXe et XXe siècles].

Universalia 1988 : 274 L'ouverture vers l'Occident ? ; ***Universalia 1990*** : 300 La crise de l'enseignement.

Thesaurus :
ANTANDROY
AUSTRONÉSIENS
BETSILEO
DIEGO-SUAREZ
TAMATAVE
TANANARIVE

→ *Corpus* : MALAISIE
→ *Grand Atlas de Géographie* (éd. 1992) : 108, 112
→ *Grand Atlas de l'Histoire* : 218, 219, 261, 270, 271, 277, 278, 279, 294, 295

MALAISIE

• ***Nom officiel*** : Malaisie (Persekutuan Malaysia). Code I.S.O. : MY.

• ***Forme de gouvernement*** : monarchie constitutionnelle fédérale avec deux chambres législatives (Sénat ou Dewan Negara [69 [a]], et Chambre des représentants ou Dewan Rakyat [192]).

• ***Chef de l'État*** : Yang di-Pertuan Agong (chef suprême).

• ***Chef du gouvernement*** : Premier ministre.

• ***Capitale*** : Kuala Lumpur.

• ***Langue officielle*** : malais.

• ***Religion officielle*** : islam.

• ***Unité monétaire*** : 1 ringgit ou dollar malais (MYR) = 100 son ; valeur (31 déc. 1997) : 100 MYR = 154,53 FRF.

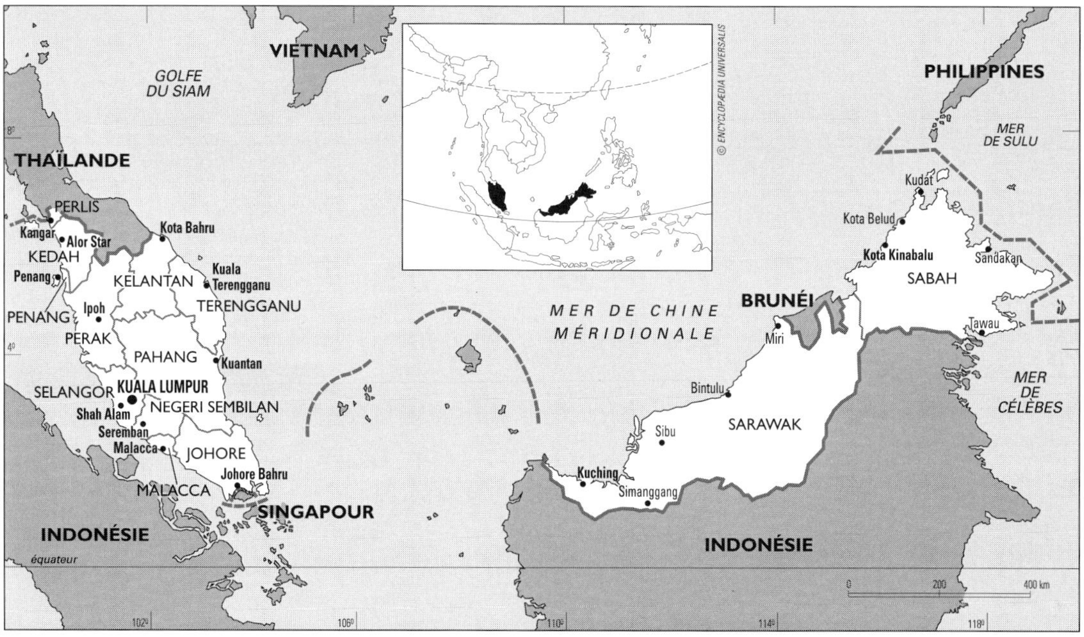

Démographie

■ ***Population*** (estim. 1997) : 21 767 000.

■ ***Densité*** (1997) : 66,0 hab./km^2.

■ ***Répartition urbaine/rurale*** (1997) : population urbaine 55,0 % ; population rurale 45,0 %.

■ ***Répartition par sexe*** (1996) : hommes 51,13 % ; femmes 48,87 %.

■ ***Répartition par âge*** (1996) : moins de 15 ans 34,9 % ; de 15 à 29 ans 28,0 % ; de 30 à 44 ans 20,7 % ; de 45 à 59 ans 10,6 % ; 60 ans et plus 5,8 %.

■ ***Projection démographique*** : 22 270 000 en 2000 ; 26 205 000 en 2010.

■ ***Temps de doublement*** : 34 ans.

■ ***Composition ethnique*** (1996) : Malais 57,7 % ; Chinois 25,4 % ; Indiens 7,2 % ; autres 3,2 % ; autres 6,5 %.

■ ***Appartenances religieuses*** (1980) : musulmans 52,9 % ; bouddhistes 17,3 % ; croyances populaires chinoises 11,6 % ; hindous 7,0 % ; chrétiens 6,4 % ; autres 4,8 %.

■ ***Principales villes*** (1991) : Kuala Lumpur 1 145 342 hab. ; Ipoh 382 853 hab. ; Johor Baharu 328 436 hab. ; Malaka 296 897 hab. ; Petaling Jaya 254 350 hab.

Statistiques de l'état civil

■ ***Taux de natalité*** (1997) : 25,6 ‰ (moyenne mondiale 25,0 ‰).

■ ***Taux de mortalité*** (1997) : 4,8 ‰ (moyenne mondiale 9,3 ‰).

■ ***Taux d'accroissement naturel*** (1997) : 20,8 ‰ (moyenne mondiale 15,7 ‰).

■ ***Taux de fécondité*** (nombre moyen de naissances par femme en âge de procréer, 1997) : 3,3.

■ ***Nombre de mariages*** : n.d.

■ ***Nombre de divorces*** : n.d.

■ ***Espérance de vie*** à la naissance (1997) : hommes 70,0 ans ; femmes 74,0 ans.

■ ***Principales causes de décès*** (pour 100 000 hab., 1994) : maladies de l'appareil circulatoire 54,0 ; accidents, homicides et actes de violence 20,0 ; tumeurs malignes (cancers) 20,4 ; accidents à la naissance 18,5 ; maladies infectieuses et parasitaires 15,4 ; maladies de l'appareil respiratoire 7,9 ; maladies du système disgestif 7,5.

Économie nationale

■ ***Budget de l'État*** (1997)
Recettes : 60 778 000 000 MYR (impôts sur le revenu 38,7 % ; taxes sur les biens et les services 22,0 % ; recettes non fiscales 18,0 % ; taxes sur le commerce international 12,6 %).
Dépenses : 44 413 000 000 MYR (éducation 24,6 % ; défense et sécurité intérieure 15,3 % ; administration générale 12,3 % ; santé 7,0 % ; commerce et industrie 3,0 % ; agriculture 3,0 %).

■ ***Tourisme*** (1995) : recettes touristiques 3 910 000 000 USD ; dépenses touristiques à l'étranger (1994) 1 737 000 000 USD.

régions et États	capitales	superficie (km^2)	population (recens. 1991)
Malaisie orientale :			
Sabah	Kota Kinabalu (ex-Jesselton)	73 619	1 734 685
Sarawak	Kuching	124 449	1 642 771
Malaisie occidentale :			
Johore (var. Johor)	Johore Bahru (Johor Baharu)	18 986	2 069 740
Kedah	Alor Star (Alor Setar)	9 426	1 302 241
Kelantan	Kota Bahru	14 920	1 181 315
Malacca (Melaka, var. Malaka)	Malacca	1 651	506 321
Negeri Sembilan (var. Negri Sembilan)	Seremban	6 643	692 897
Pahang	Kuantan	35 964	1 045 003
Perak	Ipoh	21 005	1 877 471
Perlis	Kangar	795	183 824
Pulau Pinang	Penang (George Town)	1 030	1 064 166
Selangor	Shah Alam	7 955	2 297 159
Terengganu (var. Trengganu)	Kuala Terengganu (Kuala Trengganu)	12 955	766 244
territoires fédéraux :			
Kuala Lumpur	–	243	1 145 342
Labuan	–	92	54 241
total		**329 733**	
surface des eaux intérieures		684	
superficie totale		**330 417**	**17 563 420**

Territoire et population.

	millions [1] de MYR	% du total	effectifs	% des effectifs
agriculture	16 489	12,7	1 375 900	16,4
mines	9 257	7,1	41 800	0,5
industrie	44 922	34,5	2 209 000	26,3
bâtiment	5 870	4,5	705 100	8,4
entreprises publiques	3 135	2,4	72 700	0,9
transports et communications	10 022	7,7	420 400	5,0
commerce	16 185	12,4	1 353 700	16,1
finance	14 231	10,9	394 500	4,7
administration, défense nationale	11 907	9,2	876 600	10,4
services	2 589	2,0	731 100	8,7
autres	– 4 420 [2]	– 3,4 [2]	217 400	2,6
total	**130 187**	**100,0**	**8 398 200**	**100,0**

1. Aux prix constants de 1978. 2. Frais de service bancaire nets.

Structure du produit intérieur brut et effectifs (1996).

	1990	1991	1992	1993	1994	1995	1996
indice des prix à la consommation	100,0	104,4	109,3	113,2	117,4	123,6	128,0

Indice des prix (1990 = 100).

	1990	1991	1992	1993	1994	1995
millions de MYR	+ 7 947	+ 3 165	+ 11 446	+ 15 095	+ 12 628	+ 8 794
% du total	5,3	1,7	5,9	6,6	4,3	2,4

Balance commerciale (prix courants).

	nombre d'établissements	nombre d'enseignants	nombre d'élèves	nombre d'élèves par enseignant
primaire (7-12 ans)	7 049	144 937	2 843 663	19,6
secondaire (13-19 ans)	1 427	86 891	1 694 243	19,5
professionnel et formation à l'enseignement	101	6 044	47 770	7,9
supérieur	48	12 247	191 290	15,6

Enseignement (1996).

■ ***Production***

Agriculture, sylviculture, pêche (1996).

Huile de palme 8 386 000 t ; riz 2 065 000 t ; canne à sucre 1 600 000 t ; caoutchouc 1 089 000 t ; bananes 530 000 t ; ananas 200 000 t ; fèves de cacao 125 000 t.

Cheptel (sur pied) : porcs 3 282 000 ; bovins 720 000 ; chèvres 312 000 ; moutons 269 000 ; buffles 157 000 ; poulets 100 000 000.

Bois (1995) : 45 573 000 m^3.

Pêche (1995) : 1 240 000 t.

Industries extractives (1996) : minerai de fer 325 114 t ; bauxite 218 680 t ; kaolin 209 562 t ; concentrés de cuivre 87 580 t ; concentrés d'étain 5 174 t.

Industries manufacturières (1995) : ciment 10 713 000 t ; sucre raffiné 1 052 000 t ; farine de blé 713 000 t ; engrais 269 000 t ; contreplaqué 3 506 000 m^3 ; récepteurs de radio 38 767 000 ; pneus 11 368 000.

Bâtiment (constructions achevées pour Kuala Lumpur, Shah Alam, Kelang et Seberang Pral, 1986) : résidentiel 8 809 100 m^2 ; non résidentiel 959 900 m^2.

Énergie (production/consommation) : électricité (1994) 39 975 000 000/40 027 000 000 kWh ; charbon (1994) 174 000/1 876 000 t ; pétrole brut (1994) 237 742 000/100 021 000 barils ; produits pétroliers (1994) 11 406 000/17 007 000 t ; gaz naturel (1994) 24 411 000 000/13 166 000 000 m^3.

■ ***Produit national brut*** (1995) : 78 321 000 000 USD (3 890 USD/hab.).

■ ***Dette publique*** (extérieure, créances, 1995) : 15 857 000 000 USD.

■ ***Population active*** (1996) : 8 398 200 ; taux d'activité 40,9 % (taux de participation : de 15 à 64 ans (1990) 66,9 % ; femmes (1990) 35,5 % ; sans-emploi 2,6 %).

■ ***Revenus et dépenses des ménages***
Taille moyenne des ménages (1991) : 4,9.
Revenu annuel moyen par ménage (1995) : 24 080 MYR (9 620 USD) ; sources des revenus : n.d.
Dépenses (1983) : alimentation 28,7 % ; transports 20,9 % ; loisirs et éducation 11,0 % ; logement 10,2 % ; équipements domestiques 7,7 % ; habillement 4,3 % ; santé 2,5 %.

■ ***Utilisation du sol*** (1994) : forêts 67,9 % ; prairies et pâturages 0,9 % ; terres cultivées et plantations 23,1 % ; autres 8,1 %.

Échanges extérieurs [b]

■ ***Importations*** (1995) : 194 517 000 000 MYR (équipement industriel et de transport 60,6 % ; produits manufacturés de base 13,9 % ; produits chimiques 6,9 % ; produits alimentaires 4,1 % ; matières premières non comestibles 2,4 % ; combustible minéral 2,3 %).
Principales sources des importations : Japon 28,1 % ; États-Unis 16,6 % ; Singapour 12,4 % ; Taïwan 5,1 % ; Allemagne 4,6 % ; Corée du Sud 4,0 % ; Royaume-Uni 2,6 % ; Thaïlande 2,7 % ; Australie 3,0 %.

■ ***Exportations*** (1995) : 184 827 000 000 MYR (équipement industriel et de transport 55,1 % ; produits manufacturés de base 8,9 % ; matières premières non comestibles 6,4 % ; combustible minéral 7,0 % ; huiles végétales et animales 6,8 % ; produits alimentaires 2,4 %).
Principales destinations des exportations : États-Unis 20,7 % ; Singapour 20,3 % ; Japon 12,7 % ; Hong Kong 5,3 % ; Royaume-Uni 4,0 % ; Thaïlande 3,9 % ; Allemagne 3,2 %.

Transports et communications

■ ***Transports***
Chemins de fer (1995) : longueur 1 791 km ; trafic (péninsule malaise et Singapour) : 1 284 000 000 passagers-km ; 1 416 000 000 t-km.
Routes (1995) : longueur totale 93 975 km (75 % recouvertes).
Véhicules (1995) : voitures particulières 2 588 641 ; camions et autobus 465 940.
Marine marchande (1992) : 552 navires (de 100 tjb et plus) ; 2 916 315 tonneaux de port en lourd.
Transports aériens (1995) : trafic : 22 558 000 000 passagers-km ; 1 160 036 000 t-km. 39 aéroports desservis par des vols réguliers (1997).

■ ***Communications***
Journaux quotidiens (1994) : diffusion totale 2 800 000 ; diffusion pour 1 000 hab. 139.
Radiodiffusion (1996) : 9 500 000 postes récepteurs ; 449 pour 1 000 hab.
Télévision (1995) : 9 400 000 postes récepteurs ; 454 pour 1 000 hab.

Corpus : ASIE – Géographie humaine (l'Asie méridionale) ; CAOUTCHOUC ; CORPS GRAS ; FER (MINERAIS DE) [les pays producteurs] ; GAZ NATUREL ; INDIEN (HISTOIRE DE L'OCÉAN) [les transformations aux XIXe et XXe siècles] ; MALAISIE ET INDONÉSIE (Langues et littératures) ; MINERAIS (principaux producteurs) ; PÊCHE ; ZONES FRANCHES.

Universalia 1995 : 166 Asie du Sud-Est : quel rôle pour l'A.S.E.A.N. ?

Thesaurus :
AUSTRONÉSIENS
DAYAK
IBAN
IPOH
KUALA LUMPUR
PENANG
PUNAN
SEMANG
SENOI

Téléphone (1995) : 3 332 400 lignes principales ; 161 pour 1 000 hab.

Éducation et santé

■ ***Niveau d'éducation*** (1980)
Proportion de la population âgée de 25 ans et plus : sans instruction scolaire 36,6 % ; ayant une éducation primaire 42,1 % ; éducation secondaire 19,4 % ; éducation supérieure 1,9 %.

■ ***Alphabétisation*** (1995) : personnes âgées de 15 ans et plus alphabétisées 83,5 % ; hommes 89,1 % ; femmes 78,1 %.

■ ***Santé*** (1995) : 9 608 médecins (1 pour 2 153 hab.) ; 40 780 lits d'hôpital (1 pour 507 hab.) ; taux de mortalité infantile (1997) : 11,0 ‰.

■ ***Alimentation*** (1995) : apport journalier en calories par habitant 2 807 (alimentation d'origine végétale 82 % ; d'origine animale 18 %) ; soit 126 % du niveau minimal recommandé par la F.A.O.

Défense nationale

■ ***Contingent*** (1997) : 111 500 (armée de terre 76,2 % ; marine 12,6 % ; armée de l'air 11,2 %).

■ ***Dépenses militaires*** (1995) : 3,0 % du P.N.B. (moyenne mondiale 2,8 %) ; soit 122 USD/hab.

a. Dont 43 non élus ; les 26 sièges restants sont pourvus au suffrage indirect à différents moments.

b. Importations : F.O.B. pour la balance commerciale.

→ *Corpus* : MALAŴI
→ *Grand Atlas de Géographie* (éd. 1992) : 136, 150
→ *Grand Atlas de l'Histoire* : 282, 283, 295

MALAWI

- ***Nom officiel*** : République du Malawi (Republic of Malaŵi). Code I.S.O. : MW.
- ***Forme de gouvernement*** : république à régime multipartiste avec une chambre législative (Assemblée nationale [177]).
- ***Chef de l'État et du gouvernement*** : président.
- ***Capitale***[a].
- ***Langue officielle*** : anglais.
- ***Religion officielle*** : aucune.
- ***Unité monétaire*** : 1 kwacha du Malawi (MWK) = 100 tambala ; valeur (29 déc. 1997) : 100 MWK = 29,03 FRF.

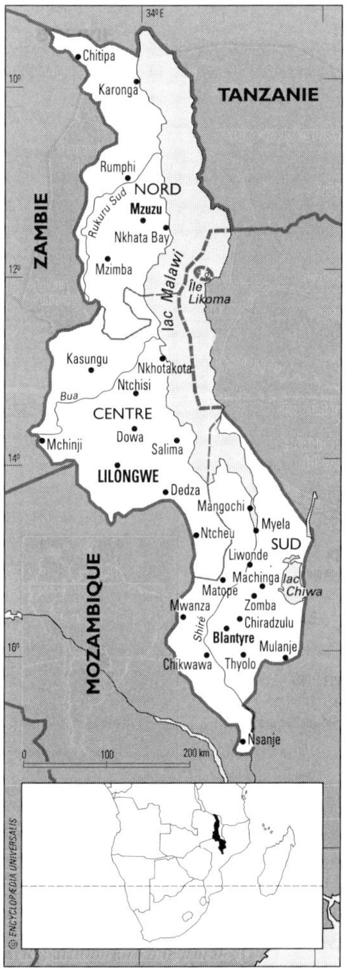

Démographie

■ ***Population*** (estim. 1997) : 9 609 000.

■ ***Densité***[b] (1997) : 101,9 hab./km².

■ ***Répartition urbaine/rurale*** (1987) : population urbaine 10,7 % ; population rurale 89,3 %.

■ ***Répartition par sexe*** (1987) : hommes 48,40 % ; femmes 51,60 %.

■ ***Répartition par âge*** (1987) : moins de 15 ans 46,0 % ; de 15 à 29 ans 25,4 % ; de 30 à 44 ans 14,5 % ; de 45 à 59 ans 8,1 % ; 60 ans et plus 6,0 %.

■ ***Projection démographique*** : 10 011 000 en 2000 ; 10 662 000 en 2010.

■ ***Temps de doublement*** : 41 ans.

■ ***Composition ethnique*** (1983) : Maraves (comprenant Nyanjas, Chewas, Tongas et Tumbukas) 58,3 % ; Lomwés 18,4 % ; Yaos 13,2 % ; Ngonis 6,7 % ; autres 3,4 %.

■ ***Appartenances religieuses*** (1995) : chrétiens 50,3 %, dont protestants 20,5 %, catholiques 18,0 % ; croyances traditionnelles 10,0 % ; musulmans 20,0 % ; autres 19,7 %.

■ ***Principales villes*** (1994) : Blantyre 446 800 hab. ; Lilongwe 395 500 hab. ; Mzuzu 62 700 hab.

régions et districts	capitales	superficie (km²)	population (recens. 1987)
Région centrale (Central)	**Lilongwe**	**35 592**	**3 110 986**
Dedza	Dedza	3 624	411 787
Dowa	Dowa	3 041	322 432
Kasungu	Kasungu	7 878	323 453
Lilongwe	Lilongwe	6 159	976 627
Mchinji	Mchinji	3 356	249 843
Nkhotakota	Nkhotakota	4 259	158 044
Ntcheu	Ntcheu	3 424	358 767
Ntchisi	Ntchisi	1 655	120 860
Salima	Salima	2 196	189 173
Région Nord (Northern)	**Mzuzu**	**26 931**	**911 787**
Chitipa	Chitipa	3 504	96 794
Karonga	Karonga	2 955	148 014
Mzimba	Mzimba	10 430	433 696
Nkhata Bay	Nkhata Bay	4 090	138 381
Rumphi	Rumphi	5 952	94 902
Région Sud (Southern)	**Blantyre**	**31 753**(•)	**3 965 734**
Blantyre	Blantyre	2 012	589 525
Chikwawa	Chikwawa	4 755	316 733
Chiradzulu	Chiradzulu	767	210 912
Machinga	Machinga	5 964	515 265
Mangochi	Mangochi	6 272	496 578
Mulanje	Mulanje	3 450	638 062
Mwanza	Mwanza	2 295	121 513
Nsanje	Nsanje	1 942	204 374
Thyolo	Thyolo	1 715	431 157
Zomba	Zomba	2 580	441 615
total		**94 276**	**7 988 507**
surface des eaux intérieures		24 208	
superficie totale		**118 484**	

(•) Le total ne correspond pas exactement au détail en raison des arrondis.

Territoire et population.

Statistiques de l'état civil

■ ***Taux de natalité*** (1996) : 41,6 ‰ (moyenne mondiale 25,0 ‰).

■ ***Taux de mortalité*** (1996) : 24,5 ‰ (moyenne mondiale 9,3 ‰).

■ ***Taux d'accroissement naturel*** (1996) : 17,1 ‰ (moyenne mondiale 15,7 ‰).

■ ***Taux de fécondité*** (nombre moyen de naissances par femme en âge de procréer, 1996) : 5,9.

■ ***Nombre de mariages*** (pour 1 000 hab., 1987) : 4,4.

■ ***Nombre de divorces*** (pour 1 000 hab., 1977) : 1,4.

■ ***Espérance de vie*** à la naissance (1996) : hommes 35,9 ans ; femmes 36,5 ans.

■ ***Principales causes de décès*** (décès signalés parmi les personnes hospitalisées, soit 8 % du total des décès, pour 100 000 hab., 1986) : maladies infectieuses et parasitaires 711, dont malaria 270, maladies diarrhéiques 148, rougeole 128 ; malnutrition 267 ; maladies de l'appareil respiratoire 265.

Économie nationale

■ ***Budget de l'État*** (1995-1996).
Recettes : 4 436 000 000 MWK (recettes fiscales 86,9 % ; recettes non fiscales 10,9 % ; autres 2,2 %).
Dépenses : 7 738 000 000 MWK (salaires et traitements 21,5 % ; services de la dette 20,9 %).

■ ***Dette publique*** (extérieure, créances, 1995) : 1 978 000 000 USD.

■ ***Tourisme*** (1995) : recettes touristiques 6 000 000 USD ; dépenses touristiques à l'étranger (1994) 15 000 000 USD.

■ ***Production***
Agriculture, sylviculture, pêche (1996).
Canne à sucre 1 860 000 t ; maïs 1 793 000 t ; pommes de terre 380 000 t ; manioc 220 000 t ; bananes plantains 200 000 t ; tabac 142 000 t ; bananes 91 000 t ; haricots secs 80 000 t ; sorgho 55 000 t ; arachides 40 000 t ; thé 37 000 t.
Cheptel (sur pied) : chèvres 1 257 000 ; bovins 700 000 ; porcs 220 000 ; moutons 196 000.

Corpus : AFRIQUE (Structure et milieu) [géographie humaine et économique] ; ALIMENTATION (ÉCONOMIE DE L') – Les grands produits alimentaires (produits tropicaux) ; AFRIQUE DU SUD (RÉPUBLIQUE D') [relations économiques internationales].

Thesaurus :
BLANTYRE
MARAVI
TUMBUKA
YAO

	1996		1987	
	millions de MWK[1]	% du total	effectifs	% des effectifs
agriculture	493,3	43,4	2 967 933	85,8
mines	n.d.	n.d.	7 164	0,2
industrie	131,3	11,5	97 776	2,8
bâtiment	46,1	4,1	46 875	1,4
entreprises publiques	29,8	2,6	8 833	0,2
transports et communications	57,2	5,0	24 863	0,7
commerce	128,8	11,3	94 445	2,7
finance	119,5	10,5	5 590	0,3
administration	146,5	12,9	147 039 (administration et services)	4,3
services	48,4	4,3		
autres	– 64,0[2]	– 5,6	57 235	1,6
total	**1 136,8[3]**	**100,0**	**3 457 753**	**100,0**

1. Aux prix constants de 1978. 2. Moins les frais de service bancaire. 3. Le total général ne correspond pas au détail en raison des arrondis.

Structure du produit intérieur brut et effectifs.

	1990	1991	1992	1993	1994	1995	1996
indice des prix à la consommation	100,0	112,6	138,2	163,7	222,6	408,2	561,6
indice des revenus mensuels	100,0	106,4	102,8	n.d.	n.d.	n.d.	n.d.

Indices des prix et des revenus (1990 = 100).

	1989	1990	1991	1992	1993	1994
millions de MWK	– 96,1	+ 180,1	+ 140,9	– 103,4	– 29,0	+ 247,3
% du total	6,1	8,7	5,6	3,4	1,0	4,6

Balance commerciale (prix courants).

	nombre d'établissements	nombre d'enseignants	nombre d'élèves	nombre d'élèves par enseignant
primaire (6-13 ans)[1]	3 425	45 775	2 860 819	62,5
secondaire (14-18 ans)	94	1 096	48 332[1]	26,8
professionnel et formation à l'enseignement	13	250	1 080[1]	14,7
supérieur	4	235	7 308[2]	11,4

1. 1994-1995. 2. 1993-1994.

Enseignement (1989-1990).

Bois (1995) : 10 475 000 m³.
Pêche (1995) : 45 427 t.
Industries extractives (1994) : pierre à chaux (1994) 173 800 t ; rubis, saphirs et aigues-marines 550 kg.
Industries manufacturières (valeur ajoutée milliers de MWK, 1986) : produits chimiques 30 805 ; textiles 19 630 ; boissons 11 988 ; produits alimentaires 11 988 ; tabac 9 480 ; imprimerie et édition 9 250.
Bâtiment (valeur, pour les villes de Blantyre, de Lilongwe et de Mzuzu uniquement, 1994) : 41 700 000 MWK.
Énergie (production/consommation) : électricité (1994) 802 000 000/802 000 000 kWh ; charbon (1994) 0/15 000 t ; produits pétroliers (1994) 0/190 000 t.

■ ***Produit national brut*** (1995) : 1 623 000 000 USD (170 USD/hab.).

■ ***Population active*** (1987) : 3 457 753 ; taux d'activité 43,3 % (taux de participation : 15-64 ans 84,6 % ; femmes 51,5 % ; sans-emploi 5,4 %).

■ ***Revenus et dépenses des ménages***
Taille moyenne des ménages (1987) : 4,3.
Revenu annuel moyen par ménage (1979-1980) : 1 934 MWK (2 419 USD) ; sources des revenus : salaires 83,3 % ; entreprises familiales 6,0 %.
Dépenses (poids respectifs de l'indice des prix à la consommation, villes de Blantyre et Lilongwe uniquement, 1990) : alimentation 55,5 % ; habillement 11,7 % ; logement 9,6 % ; équipements domestiques 8,4 % ; transports 6,5 %.

■ ***Utilisation du sol*** (1994) : forêts 39,3 % ; prairies et pâturages 19,6 % ; terres cultivées et plantations 18,1 % ; autres 23,0 %.

Échanges extérieurs[c]

■ ***Importations*** (1995) : 7 254 949 000 MWK (1990 : équipement de transport 9,2 % ; produits pétroliers 8,3 % ; vêtements 3,8 % ; produits pharmaceutiques 2,2 %).
Principales sources des importations : Afrique du Sud 44,4 % ; Allemagne 4,5 % ; Royaume-Uni 4,3 % ; États-Unis 3,0 %.

■ ***Exportations*** (1995) : 6 192 563 000 MWK (tabac 63,2 % ; thé 6,7 % ; sucre 6,5 % ; coton 0,9 %).
Principales destinations des exportations : Afrique du Sud 16,2 % ; Allemagne 14,7 % ; Japon 11,1 % ; États-Unis 10,9 % ; Mozambique 7,6 %.

Transports et communications

■ ***Transports***
Chemins de fer (1994) : longueur 789 km ; trafic : 18 995 000 passagers-km ; 56 778 000 t-km.
Routes (1995) : longueur totale 27 880 km (18 % recouvertes).
Véhicules (1995) : voitures particulières 25 400 ; camions et autobus 28 900.
Marine marchande (1991) : 1 navire (de 100 tjb et plus) ; 300 tonneaux de port en lourd.
Transports aériens (Air Malawi uniquement, 1994) ; trafic : 289 000 000 passagers-km ; 28 000 000 t-km. 5 aéroports desservis par des vols réguliers (1997).

■ ***Communications***
Journaux quotidiens (1996) : diffusion totale 22 000 ; diffusion pour 1 000 hab. 2,3.
Radiodiffusion (1996) : 1 060 000 postes récepteurs ; 112 pour 1 000 hab.
Télévision : aucune.
Téléphone (1995) : 32 800 lignes principales ; 3,5 pour 1 000 hab.

Éducation et santé

■ ***Niveau d'éducation*** (1987)
Proportion de la population âgée de 25 ans et plus : sans instruction scolaire 55,0 % ; ayant une éducation primaire 39,8 % ; éducation secondaire ou supérieure 5,2 %.

■ ***Alphabétisation*** (1995) : personnes âgées de 15 ans et plus alphabétisées 56,4 % ; hommes 71,9 % ; femmes 41,8 %.

■ ***Santé*** : 186 médecins en 1989 (1 pour 47 634 hab.) ; 12 617 lits d'hôpital en 1987 (1 pour 627 hab.) ; taux de mortalité infantile (1996) : 139,9 ‰.

■ ***Alimentation*** (1995) : apport journalier en calories par habitant 2 038 (alimentation d'origine végétale 97 % ; d'origine animale 3 %) ; soit 79 % du niveau minimal recommandé par la F.A.O.

Défense nationale

■ ***Contingent*** (1997) : 5 000 (armée de terre 100,0 %).

■ ***Dépenses militaires*** (1995) : 1,6 % du P.N.B. (moyenne mondiale 2,8 %) ; soit 2 USD/hab.

a. La Constitution de 1994 ne fait pas mention d'une capitale. Les activités de gouvernement courantes se répartissent entre Lilongwe, Blantyre et Zomba.

b. Sur la base de la surface terrestre.

c. Importations : chiffres F.O.B. pour la balance commerciale et C.I.F. pour les marchandises et les partenaires commerciaux.

MALDIVES

- ***Nom officiel*** : République des Maldives (Divehi Jumhuriyya). Code I.S.O. : MW.
- ***Forme de gouvernement*** : république avec une Assemblée (Majilis) des citoyens (48, dont 8 non-élus).
- ***Chef de l'État et du gouvernement*** : président.
- ***Capitale*** : Malé (Male).
- ***Langue officielle*** : maldivien (divehi).
- ***Religion officielle*** : islam.
- ***Unité monétaire*** : 1 rufiyaa (roupie) des Maldives (MVR) = 100 larees ; valeur (31 déc. 1997) : 100 MVR = 50,88 FRF.

Démographie

■ ***Population*** (estim. 1997) : 267 000.

■ ***Densité*** (1997) : 897,0 hab./km².

■ ***Répartition urbaine/rurale*** (1997) : population urbaine 27,0 % ; population rurale 73,0 %.

■ ***Répartition par sexe*** (1995) : hommes 51,16 % ; femmes 48,84 %.

■ ***Répartition par âge*** (1995) : moins de 15 ans 46,5 % ; de 15 à 29 ans 26,8 % ; de 30 à 44 ans 14,2 % ; de 45 à 59 ans 7,6 % ; de 60 à 74 ans 4,2 % ; 75 ans et plus 0,7 %.

■ ***Projection démographique*** : 286 000 en 2000 ; 349 000 en 2010.

■ ***Temps de doublement*** : 21 ans.

■ ***Composition ethnique*** : la majorité est de souche principalement singalaise et dravidienne avec, en plus, des influences arabe, africaine et négrito.

■ ***Appartenances religieuses*** : musulmans sunnites à presque 100 %.

■ ***Principale ville*** (1995) : Malé 62 973 hab.

Statistiques de l'état civil

■ ***Taux de natalité*** (1997) : 41,8 ‰ (moyenne mondiale 25,0 ‰) ; taux de naissance légitimes n.d., illégitimes n.d.

■ ***Taux de mortalité*** (1997) : 7,6 ‰ (moyenne mondiale 9,3 ‰).

■ ***Taux d'accroissement naturel*** (1997) : 34,2 ‰ (moyenne mondiale 15,7 ‰).

■ ***Taux de fécondité*** (nombre moyen de naissances par femme en âge de procréer, 1997) : 6,8.

■ ***Nombre de mariages*** (pour 1 000 hab., 1995) : 19,7.

■ ***Nombre de divorces*** (pour 1 000 hab., 1995) : 10,8.

■ ***Espérance de vie*** à la naissance (1997) : hommes 65,0 ans ; femmes 63,0 ans.

■ ***Principales causes de décès*** (pour 100 000 hab., 1988) : rhumatisme articulaire aigu 106,0 ; maladies de cœur ischémiques 65,0 ; bronchite, emphysème et asthme 61,0 ; tétanos 23,5 ; tuberculose 13,0 ; accidents et suicides 10,0.

Économie nationale

■ ***Budget de l'État*** (1996)
Recettes : 1 968 900 000 MVR (recettes fiscales 36,3 % ; recettes non fiscales 31,8 % ; emprunts pour le développement 20,2 % ; aides extérieures 11,1 %).
Dépenses : 1 968 900 000 MVR (services sociaux 34,8 % ; développement social 31,6 % ; développement économique 23,9 %).

■ ***Dette publique*** (extérieure, créances, 1995) : 151 900 000 USD.

■ ***Production***
Agriculture, sylviculture, pêche (1996).
Légumes et melons 24 300 t ; noix de coco

atolls administratifs	chefs-lieux	superficie* (km²)	population (recens. 1990)
Alifu (Alif)	Mahibadu (Mahibadhoo)	n.d.	9 027
Baa	Eidafushi (Eydafushi)	n.d.	7 716
Dhaalu	Kuda Huvadu (Kudahuvadhoo)	n.d.	4 199
Faafu	Magudu (Magoodhoo)	n.d.	2 614
Gaafu-Alifu (Gaaf Alif)	Wiringili (Viligili)	n.d.	7 295
Gaafu-Dhaalu (Gaaf Dhaal)	Tinadu (Thinadhoo)	n.d.	10 417
Gnyaviyani (Gnaviyani)	Fua Mula (Foah Mulah)	n.d.	6 160
Haa-Alifu (Haa Alif)	Deddu (Dedu, Dhidhdhoo)	n.d.	12 031
Haa-Dhaalu (Haa Dhaal)	Nolhivaranfaru (Noliwang Faro)	n.d.	12 890
Kaafu	Male	n.d.	61 856
Laamu	Hitadu (Hithadhoo)	n.d.	9 101
Lhaviyani (Laviyani)	Naifaru	n.d.	7 224
Meemu	Muli	n.d.	4 186
Noonu (Nun)	Manadu (Manadhoo)	n.d.	8 437
Raa	Ugufaru (Ugoofaaru)	n.d.	11 303
Seenu	Hitaddu (Hithadhdhoo)	n.d.	15 177
Shaviyani	Farukolu Funadu (Farukolhu Funadhoo)	n.d.	9 022
Thaa	Veimandu (Veymandhoo)	n.d.	8 189
Vaavu	Felidu (Felidhoo)	n.d.	1 579
total		**298**	**208 423**

(*) Non compris 89 702 km² d'eaux.

Territoire et population.

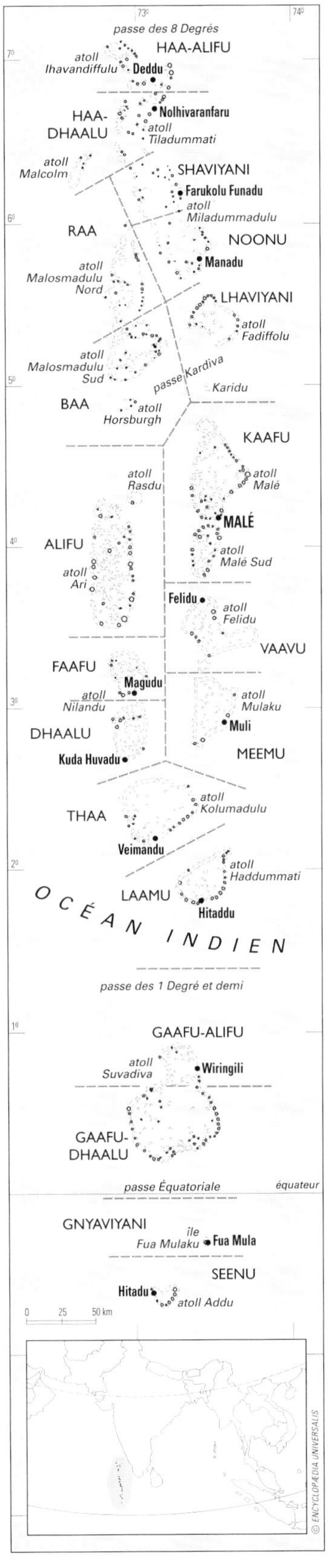

→ *Thesaurus* : MALDIVES (ÎLES)
→ *Grand Atlas de Géographie* (éd. 1992) : 14, 122.
→ *Grand Atlas de l'Histoire* : 277

Thesaurus : CAURI

	milliers de MVR [1]	% du total	effectifs	% des effectifs
agriculture et pêche [2]	104 500	7,7	14 117	25,0
mines	23 400	1,7	496	0,9
industrie	84 600	6,2	8 441	15,0
entreprises publiques			445	0,8
bâtiment	126 700	9,3	3 151	5,6
transports et communications	91 400	6,7	5 321	9,4
commerce	262 100	19,3	8 884	15,7
finance	n.d.	n.d.	1 058	1,9
administration, défense nationale	121 200	8,9	11 848	21,0
services	545 600 [3]	40,2		
autres			2 674	4,7
total	**1 359 500**	**100,0**	**56 435**	**100,0**

1. Aux prix de 1985. 2. Pêche principalement. 3. Y compris la finance.

Structure du produit intérieur brut et effectifs (1995).

	1991	1992	1993	1994	1995	1996
millions de USD	– 83,3	– 126,6	– 133,7	– 149,2	– 186,1	– 206,3
% du total	43,7	61,3	65,9	61,9	65,3	63,5

Balance commerciale (prix courants).

	nombre d'établissements	nombre d'enseignants	nombre d'élèves	nombre d'élèves par enseignant
primaire (6-11 ans)	134	1 138 •	45 333	36,7 •
secondaire (11-18 ans)	9 •	291 •	15 933	12,3 •
professionnel et formation à l'enseignement	10 •	52 •	452	8,9 •
supérieur	–	–	–	–

(•) 1986.

Enseignement (1992).

13 000 t ; fruits sauf melons 8 622 t ; racines et tubercules (manioc, patates douces et ignames) 7 731 t ; coprah (1994) 2 000 t.
Pêche (1995) : 104 566 t.
Industries extractives : corail pour la construction.
Industries manufacturières : n.d. ; toutefois la construction et la réparation de bateaux, la production de la fibre de coco et le tissage des nattes, le traitement de la noix de coco et du poisson, le travail de la laque, la fabrication des vêtements et l'artisanat sont parmi les principales activités industrielles de l'archipel.
Bâtiment : n.d.
Énergie (production/consommation) : électricité (1994) 46 000 000/46 000 000 kWh ; charbon 0/n.d. ; produits pétroliers (1994) 0/35 000 t ; gaz naturel 0/n.d.

■ ***Tourisme*** (1995) : recettes touristiques 210 000 000 USD ; dépenses touristiques à l'étranger (1994) 32 000 000 USD.

■ ***Revenus et dépenses des ménages***
Taille moyenne des ménages (1990) : 7,2.
Revenu annuel moyen par ménage (1990) : 2 616 MVR (274 USD) ; sources des revenus : n.d.
Dépenses (poids respectifs des éléments de l'indice des prix à la consommation, 1981) : alimentation et boissons 61,8 % ; équipements domestiques 17,0 % ; vêtements 8,0 % ; loisirs et éducation 5,9 % ; transports 2,6 % ; santé 2,5 % ; loyers 1,6 %.

■ ***Produit national brut*** (aux prix courants du marché, 1995) : 251 000 000 USD (990 USD/hab.).

■ ***Population active*** (1990) : 56 435 ; taux d'activité 26,5 % (taux de participation : 15-64 ans 50,2 % ; femmes 19,9 % ; sans-emploi 0,9 %).

■ ***Utilisation du sol*** (1994) : forêts 3,3 % ; prairies et pâturages 3,3 % ; terres cultivées et plantations 10,0 % ; surfaces construites, terres incultes et autres 83,4 %.

Échanges extérieurs [a]

■ ***Importations*** (1995) : 267 900 000 USD (équipement de transport et machines 26,4 % ; produits manufacturés de base, produits alimentaires et animaux sur pied 18,6 % ; produits pétroliers 11,4 %).
Principales sources des importations : Singapour 44,0 % ; Inde 10,3 % ; Sri Lanka 5,9 % ; Émirats arabes unis 5,0 % ; Thaïlande 4,8 % ; Malaisie 3,3 %.

■ ***Exportations*** (1995) : 49 500 000 USD (poisson en conserve 44,1 % ; vêtements 34,4 % ; thon séché 18,9 % ; requin séché 2,3 %).
Principales destinations des exportations : Sri Lanka 22,2 % ; Royaume-Uni 21,6 % ; États-Unis 20,1 % ; Allemagne 9,1 % ; Japon 6,2 % ; Thaïlande 5,0 %.

Transports et communications

■ ***Transports***
Chemins de fer : aucun.
Routes : n.d.
Véhicules (1995) : voitures particulières 938 ; camions et autobus 1 117.
Marine marchande (1992) : 44 navires (de 100 tjb et plus) ; 78 994 tonneaux de port en lourd.
Transports aériens (1994) ; trafic de passagers 38 000. 5 aéroports desservis par des vols réguliers (1997).

■ ***Communications***
Journaux quotidiens (1994) : diffusion totale 3 000 ; diffusion pour 1 000 hab. 12.
Radiodiffusion (1996) : 25 000 postes récepteurs ; 96 pour 1 000 hab.
Télévision (1995) : 4 750 postes récepteurs ; 19 pour 1 000 hab.
Téléphone (1995) : 13 900 postes téléphoniques ; 55 pour 1 000 hab.

Éducation et santé

■ ***Niveau d'éducation*** (1990)
Proportion de la population âgée de 15 ans et plus : sans instruction scolaire 25,6 % ; ayant une éducation primaire 37,2 % ; éducation secondaire 32,2 % ; éducation pré-universitaire 3,4 % ; éducation supérieure 0,4 % ; sans précision 1,2 %.

■ ***Alphabétisation*** (1995) : personnes âgées de 15 ans et plus alphabétisées 93,2 % ; hommes 93,0 % ; femmes 93,3 %.

■ ***Santé*** (1995) : 100 médecins (1 pour 5 297 hab.) ; 305 lits d'hôpital (1 pour 1 192 hab.) ; taux de mortalité infantile (1997) : 50 ‰.

■ ***Alimentation*** (1995) : apport journalier en calories par habitant 2 485 (alimentation d'origine végétale 82 % ; d'origine animale 18 %) ; soit 112 % du niveau minimal recommandé par la F.A.O.

Défense nationale

■ ***Contingent*** : les Maldives entretiennent une force de sécurité d'environ 700 à 1 000 hommes assurant les fonctions militaire et policière.

a. Importations : chiffres F.O.B. pour la balance commerciale et C.I.F. pour les marchandises et les partenaires commerciaux.

MALI

- ***Nom officiel*** : République du Mali. Code I.S.O. : ML.
- ***Forme de gouvernement*** : république à régime multipartiste[a] avec une assemblée législative (Assemblée nationale [147])[a].
- ***Chef de l'État*** : président.
- ***Chef du gouvernement*** : Premier ministre.
- ***Capitale*** : Bamako.
- ***Langue officielle*** : français.
- ***Religion officielle*** : aucune.
- ***Unité monétaire*** : 1 franc CFA (XOF) = 100 centimes ; valeur : 100 XOF = 1,00 FRF[b].

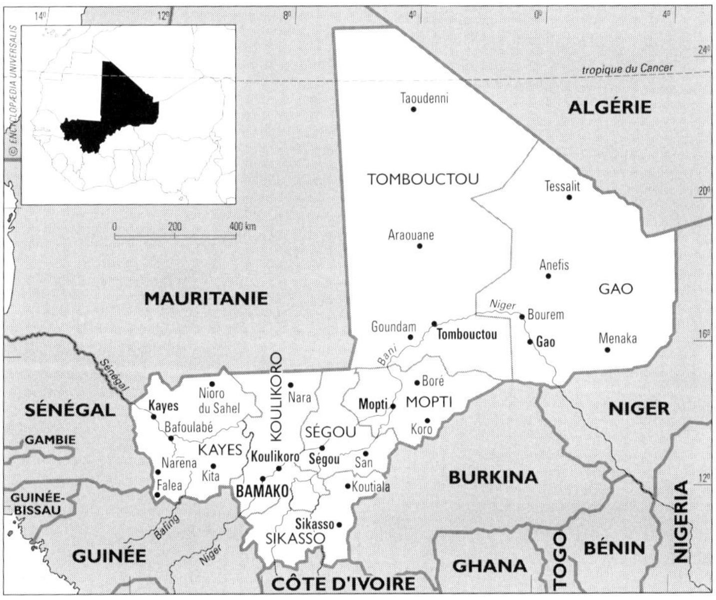

Démographie

- ***Population*** (estim. 1997) : 9 945 000.
- ***Densité*** (1997) : 8,0 hab./km².
- ***Répartition urbaine/rurale*** (1995) : population urbaine 26,1 % ; population rurale 73,9 %.
- ***Répartition par sexe*** (1997) : hommes 48,71 % ; femmes 51,23 %.
- ***Répartition par âge*** (1997) : moins de 15 ans 47,3 % ; de 15 à 29 ans 26,1 % ; de 30 à 44 ans 13,3 % ; de 45 à 59 ans 8,2 % ; de 60 à 74 ans 4,2 % ; 75 ans et plus 0,9 %.
- ***Projection démographique*** : 10 911 000 en 2000 ; 14 966 000 en 2010.
- ***Temps de doublement*** : 23 ans.
- ***Composition ethnique*** (1987) : Bambaras, Malinkés et Diolas 50,3 % ; Peuls et Foulfoulbés 10,7 % ; Dogons et Kados 6,9 % ; Songhaïs et Djermas 6,3 % ; Soninkés et Markas 6,3 % ; Tamasheks et Bellas (Berbères) 4,2 % ; Miniankas 3,9 % ; Sénoufos 2,4 % ; autres 9,0 %.
- ***Appartenances religieuses*** (1995) : musulmans 90 % ; croyances traditionnelles 9 % ; chrétiens 1 %.
- ***Principales villes*** (1987) : Bamako 800 000 hab. ; Ségou 88 900 hab. ; Mopti 74 000 hab. ; Sikasso 73 000 hab. ; Gao 54 900 hab.

Statistiques de l'état civil

- ***Taux de natalité*** (1997) : 50,0 ‰ (moyenne mondiale 25,0 ‰) ; taux de naissances légitimes n.d., illégitimes n.d.
- ***Taux de mortalité*** (1997) : 20,0 ‰ (moyenne mondiale 9,3 ‰).
- ***Taux d'accroissement naturel*** (1997) : 30,0 ‰ (moyenne mondiale 15,7 ‰).
- ***Taux de fécondité*** (nombre moyen de naissances par femme en âge de procréer, 1997) : 7,1.
- ***Nombre de mariages*** (Bamako uniquement, pour 1 000 hab., 1990) : 0,4.
- ***Nombre de divorces*** : n.d.
- ***Espérance de vie*** à la naissance (1995) : hommes 44,7 ans ; femmes 48,1 ans.
- ***Principales causes de décès*** : n.d. ; toutefois, la malaria, la syphilis, les infections gonococciques, la grippe, la rougeole, l'amibiase et les infections streptococciques sont parmi les principales maladies infectieuses du pays.

Économie nationale

- ***Budget de l'État*** (1996)

Recettes : 313 300 000 000 XOF (recettes fiscales 55,2 % ; recettes non fiscales 14,0 %).
Dépenses : 324 700 000 000 XOF (dépenses courantes 50,2 % dont salaires et traitements 15,6 %, intérêts de la dette publique 4,5 % ; dépenses en capital 49,8 %).

- ***Tourisme*** (1995) : recettes touristiques 17 000 000 USD ; dépenses touristiques à l'étranger 56 000 000 USD.
- ***Population active*** (1987) : 3 409 271 ; taux d'activité 44,7 % (taux de participation : 15-64 ans 67,4 % ; femmes 37,4 % ; sans-emploi 0,8 %).
- ***Production***

Agriculture, sylviculture, pêche (1997).
Millet 1 030 000 t ; sorgho 955 000 t ; riz 623 000 t ; coton brut 500 000 t ; maïs 335 000 t ; arachides 155 000 t ; patates douces 16 000 t.
Cheptel (sur pied) : chèvres et moutons 14 500 000 ; bovins 5 725 000 ; ânes 650 000 ; chameaux 135 000 ; chevaux 135 000 ; porcs 63 500.
Bois (1995) : 6 539 000 m³.
Pêche (1994) : 64 352 t.
Industries extractives (1995) : pierre à chaux 20 000 t ; phospates 3 000 t ; oxyde de fer 708 t ; gypse 700 t (1990) ; or 7 500 kg ; argent 200 kg (1990).
Industries manufacturières (1995) : sucre 34 213 t ; ciment 11 197 t ; savon 10 097 t ; boissons non alcoolisées 68 609 hl ; bière 41 690 hl ; chaussures 111 000 paires ; cigarettes 114 928 paquets.
Bâtiment : n.d.
Énergie (production/consommation) : électricité (1994) 289 000 000/289 000 000 kWh ; charbon 0/n.d. ; pétrole brut 0/n.d. ; produits pétroliers (1994) 0/149 000 t ; gaz naturel 0/n.d.

- ***Produit national brut*** (aux prix courants du marché, 1995) : 2 410 000 000 USD (250 USD/hab.).

régions et chefs-lieux	superficie (km²)	population (estim. 1995)
régions * :		
Gao	322 002	408 000
Kayes	119 743	1 245 000
Koulikoro	95 848	1 462 000
Mopti	79 017	1 423 000
Ségou	64 821	1 579 000
Sikasso	70 280	1 521 000
Tombouctou	496 611	462 000
district :		
Bamako	252	913 000
total	**1 248 574**	**9 013 000**

(*) Une nouvelle région (Kidal) a été créée le 15 mai 1991 ; aucune donnée la concernant n'est disponible.

Territoire et population.

→ *Corpus* : MALI
→ *Grand Atlas de Géographie* (éd. 1992) : 132, 146
→ *Grand Atlas de l'Histoire* : 276, 283, 295

Corpus : AFRIQUE NOIRE – Société et économie (dynamique des économies) ; BAMBARA ; DOGON ; ISLAM (Histoire) – Modernisme dans le monde musulman (Afrique noire) ; NIGER (Fleuve) ; PÊCHE ; SAHEL.

Universalia 1991 : 210 Le nouveau paysage audiovisuel en Afrique francophone ; ***Universalia 1992*** : 177 La seconde naissance de la presse indépendante en Afrique ; ***Universalia 1995*** : 157 Afrique : la dévaluation du franc CFA ou la fin d'un tabou.

Thesaurus :
ADRAR DES IFORAS
BAMAKO
MALINKÉ
MANDÉ
MAURES
SARAKHOLÉ
SÉNÉGAL, fleuve
SENOUFO
TOMBOUCTOU
TOUAREG

	1995		1987	
	millions de XOF	% du total	effectifs	% des effectifs
agriculture	440 950	40,5	2 802 722	82,2
mines	34 143	3,1	1 524	–
industrie	69 791	6,4	186 243	5,5
bâtiment	58 678	5,4	13 065	0,4
entreprises publiques	11 951	1,1	3 157	0,1
transports et communications	45 742	4,2	6 174	0,2
commerce	209 765	19,3	158 892	4,7
finance	9 222	0,9	320	–
administration, défense nationale	62 515	5,8	158 704	4,6
services	78 829	7,2	n.d.	n.d.
autres	66 378*	6,1	78 470	2,3
total	**1 087 964**	**100,0**	**3 409 271**	**100,0**

(*) Moins les frais de services bancaires.

Structure du produit intérieur brut et effectifs.

	1990	1991	1992	1993	1994	1995	1996
indice des prix à la consommation	100,0	101,8	95,4	95,2	117,3	133,0	142,1
indice des revenus horaires	100,0	100,0	100,0	100,0	100,0	n.d.	n.d.

Indices des prix et des revenus (1990 = 100).

	1991	1992	1993	1994	1995	1996
milliards de XOF	– 41,8	– 70,1	– 80,5	– 170,0	– 156,4	– 136,7
% du total	19,2	27,9	28,9	35,1	26,2	22,1

Balance commerciale (prix courants).

	nombre d'établissements	nombre d'enseignants	nombre d'élèves	nombre d'élèves par enseignant
primaire (6-14 ans)	1 996	8 738	608 444	69,6
secondaire (15-17 ans)	307 [2]	4 549	112 670	24,8
supérieur [2]	7 [1]	701	6 703	9,6

1. 1990-1991. 2. 1991-1992.

Enseignement (1995-1996).

■ ***Dette publique*** (extérieure, créances, 1995) : 2 840 000 000 USD.

■ ***Revenus et dépenses des ménages***
Taille moyenne des ménages (1987) : 5,6.
Revenu annuel moyen par ménage : n.d. ; sources des revenus : n.d.
Dépenses[c] (1986-1987) : alimentation 54,6 % ; habillement 14,2 % ; transports et communications 11,9 % ; logement et énergie 8,7 % ; équipements domestiques 4,2 %.

■ ***Utilisation du sol*** (1993) : forêts 5,7 % ; prairies et pâturages 24,6 % ; terres cultivées et plantations 2,0 % ; autres 67,7 %.

Échanges extérieurs [d]

■ ***Importations*** (1995) : 386 400 000 000 XOF (équipement industriel et de transport, appareils 33,1 % ; produits alimentaires 13,4 % ; matériel de construction 10,2 % ; produits chimiques 9,2 % ; produits pétroliers 8,5 %).
Principales sources des importations : Côte d'Ivoire 26,6 % ; France 17,3 % ; Royaume-Uni 3,8 % ; Belgique et Luxembourg 3,2 % ; Chine 2,5 % ; Allemagne 1,5 % ; Espagne 1,1 %.

■ ***Exportations*** (1995) : 234 700 000 000 XOF (coton brut et produits du coton 55,5 % ; animaux sur pied 19,8 % ; or 14,7 %).
Principales destinations des exportations : Chine 12,6 % ; Belgique et Luxembourg 8,7 % ; Espagne 3,3 % ; France 2,9 % ; Côte d'Ivoire 2,1 % ; Allemagne 1,6 %.

Transports et communications

■ ***Transports***
Chemins de fer (1994) : longueur 641 km ; trafic : 489 491 000 passagers-km ; 273 273 000 t-km.
Routes (1995) : longueur totale 14 776 km (12 % recouvertes).
Véhicules (1995) : voitures particulières 24 700 ; camions et autobus 17 100.
Marine marchande : aucune.
Transports aériens (1993) ; 124 736 000 passagers-km ; 16 420 000 t-km. 9 aéroports desservis par des vols réguliers (1997).

■ ***Communications***
Journaux quotidiens (1994) : diffusion totale 40 000 ; diffusion pour 1 000 hab. 4,4.
Radiodiffusion (1995) : 1 575 000 postes récepteurs ; 168 pour 1 000 hab.
Télévision (1995) : 110 000 postes récepteurs ; 12 pour 1 000 hab.
Téléphone (1995) : 17 000 lignes principales ; 1,8 pour 1 000 hab.

Éducation et santé

■ ***Niveau d'éducation*** (1987)
Proportion de la population âgée de 6 ans et plus : sans instruction scolaire 86,0 % ; ayant une éducation primaire 12,5 % ; éducation secondaire 1,2 % ; éducation postsecondaire ou supérieure 0,3 %.

■ ***Alphabétisation*** (1995) : personnes âgées de 15 ans et plus alphabétisées 1 760 000 (31,0 %) ; hommes 1 084 000 (39,4 %) ; femmes 676 000 (23,1 %).

■ ***Santé*** (1993) : 483 médecins (1 pour 18 376 hab.) ; 3 430 lits d'hôpital en 1987 (1 pour 2 253 hab.) ; taux de mortalité infantile (1997) : 124 ‰.

■ ***Alimentation*** (1995) : apport journalier en calories par habitant 2 149 (alimentation d'origine végétale 91 % ; d'origine animale 9 %) ; soit 91 % du niveau minimal recommandé par la F.A.O.

Défense nationale

■ ***Contingent*** (1996) : 7 350 (armée de terre 93,9 % ; marine 0,7 % ; armée de l'air 5,4 %).

■ ***Dépenses militaires*** (1995) : 1,8 % du P.N.B. (moyenne mondiale 3,0 %) ; soit 5 USD/hab.

---

a. Les élections législatives multipartistes de février-mars 1992 ont été boycottées par la plupart des partis d'opposition.

b. Dévaluation de 50 % du franc CFA le 12 janvier 1994.

c. Bamako uniquement ; poids respectifs de l'indice des prix à la consommation.

d. Importations : chiffres F.O.B. pour la balance commerciale et C.I.F. pour les marchandises et les partenaires commerciaux.

MALTE

- ***Noms officiels*** : République de Malte (angl. : Republic of Malta ; malt. : Repubblika ta' Malta). Code I.S.O. : MT.
- ***Forme de gouvernement*** : république à structure étatique unitaire et à régime multipartiste avec un Parlement (Chambre des représentants [69 [a]]).
- ***Chef de l'État*** : président.
- ***Chef du gouvernement*** : Premier ministre.
- ***Capitale*** : La Valette (Valletta).
- ***Langues officielles*** : anglais ; maltais.
- ***Religion officielle*** : catholicisme.
- ***Unité monétaire*** : 1 livre maltaise (MTL) = 100 cens = 1 000 mils ; valeur (31 déc. 1997) : 100 MTL = 1 522,14 FRF.

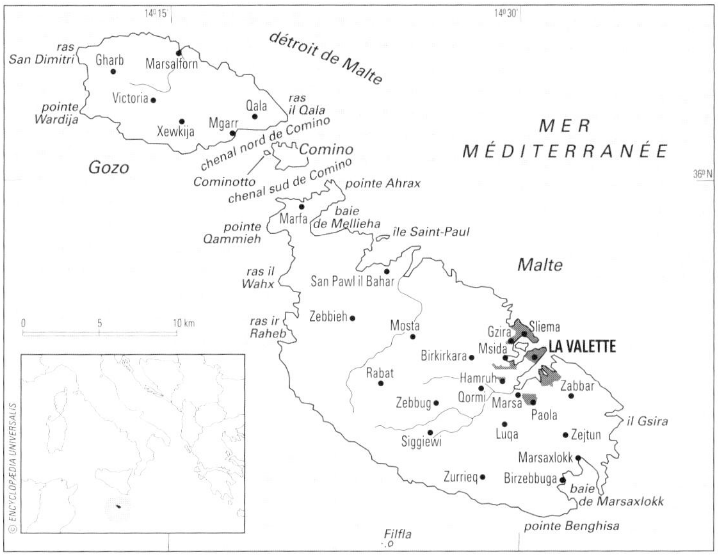

Démographie

- ***Population*** (estim. 1997) : 375 000 hab.
- ***Densité*** (1997) : 1 187 hab./km².
- ***Répartition urbaine/rurale*** (1996) : population urbaine 89,7 % ; population rurale 10,3 %.
- ***Répartition par sexe*** (janv. 1996) : hommes 49,53 % ; femmes 50,47 %.
- ***Répartition par âge*** (janv. 1996) : moins de 15 ans 21,6 % ; de 15 à 29 ans 21,3 % ; de 30 à 44 ans 22,7 % ; de 45 à 59 ans 18,8 % ; de 60 à 74 ans 11,5 % ; 75 ans et plus 4,1 %.
- ***Projection démographique*** : 380 000 en 2000 ; 393 000 en 2010.
- ***Temps de doublement*** : 136 ans.
- ***Composition ethnique*** (par nationalité, 1990) : Maltais 95,7 % ; Britanniques 2,1 % ; autres 2,2 %.
- ***Appartenances religieuses*** (1996) : catholiques 93,4 % ; autres 6,6 %.
- ***Principales villes*** (janv. 1995) : Birkirkara 21 903 hab. ; Qormi 20 055 hab. ; Hamrun 13 637 hab. ; Sliema 13 505 hab. ; La Valette 9 129 hab.

régions de recensement [1]	superficie (km²)	population (estim. 1995)
Gozo (Ghawdex) & Comino (Kemmuna)	70	27 545
Nord (Northern)	78	36 457
Ouest (Western)	69	48 333
Port extérieur (Outer Harbour)	32	107 108
Port intérieur (Inner Harbour)	15	102 571
Sud-Est (South Eastern)	53	47 437
total	**316** [2]	**369 451**

1. Régions de recensement en janvier 1993 ; à la fin de 1993, une nouvelle répartition administrative (conseils locaux) a été créée. 2. Le total général ne correspond pas exactement au détail en raison des arrondis.

Territoire et population.

Statistiques de l'état civil

- ***Taux de natalité*** (1996) : 12,2 ‰ (moyenne mondiale 25,0 ‰) ; taux de naissances légitimes 97,1 %, naissances illégitimes 2,9 %.
- ***Taux de mortalité*** (1996) : 7,5 ‰ (moyenne mondiale 9,3 ‰).
- ***Taux d'accroissement naturel*** (1996) : 4,7 ‰ (moyenne mondiale 15,7 ‰).
- ***Taux de fécondité*** (nombre moyen de naissances par femme en âge de procréer, 1995) : 1,8.
- ***Nombre de mariages*** (pour 1 000 hab., 1994) : 6,7.
- ***Nombre de divorces*** : n.d.
- ***Espérance de vie*** à la naissance (1994) : hommes 74,9 ans ; femmes 79,1 ans.
- ***Principales causes de décès*** (pour 100 000 hab., 1994) : maladies de l'appareil circulatoire 324,2 ; tumeurs malignes (cancers) 188,9 ; maladies de l'appareil respiratoire 63,6 ; maladies de l'appareil digestif 32,6 ; accidents, empoisonnements et actes de violence 25,5 ; troubles endocriniens, nutritionnels, du métabolisme et sanguins 25,5.

Économie nationale

- ***Budget de l'État*** (1996)
Recettes : 461 010 000 MTL (impôts indirects 42,5 % ; impôts directs 35,6 % ; recettes non fiscales 18,7 % ; aides extérieures 3,2 %).
Dépenses : 515 025 000 MTL (dépenses cycliques 84,3 %, dont sécurité sociale 23,9 %, santé 8,4 %, éducation 6,0 %, service de la dette 4,8 %, défense 2,0 % ; dépenses en capital 15,7 %).
- ***Dette publique*** (1996) : 1 429 300 000 USD.
- ***Tourisme*** (1994) : recettes touristiques 639 000 000 USD ; dépenses touristiques à l'étranger 176 000 000 USD.
- ***Production***
Agriculture (valeur des ventes), *sylviculture, pêche* (1994).
Légumes 5 768 176 MTL, dont tomates 920 476 MTL, melons 804 672 MTL, laitues 372 005 MTL, choux-fleurs 350 364 MTL, carottes 299 257 MTL, oignons 263 247 MTL ; fruits 765 537 MTL, dont fraises 239 944 MTL, raisins 113 448 MTL, pêches 104 108 MTL ; pommes de terre 465 488 MTL.
Cheptel (sur pied, 1996) : porcs 103 000 ; bovins 18 500 ; moutons 17 600 ; chèvres 9 183 ; poulets 810 000.
Pêche (valeur) : 1 089 188 MTL.
Industries extractives (valeur des ventes, 1992) : 4 344 000 MTL.
Industries manufacturières (valeur des ventes, 1994-1995) : équipement industriel et de transport 402 993 000 MTL, dont matériel de transport 3 171 000 MTL ; produits alimentaires et boissons 103 733 000 MTL ; textiles et habillement 80 813 000 MTL ; papier et édition 40 610 000 MTL ; produits chimiques 35 151 000 MTL ; produits manufacturés en métal 14 503 000 MTL.
Bâtiment (travaux achevés, 1995) : résidentiel 3 168 000 MTL ; non résidentiel 1 533 000 MTL.
Énergie (production/consommation) : électricité (1994) 1 500 000 000/1 500 000 000 kWh ; charbon (1994) 0/300 000 t ; pétrole brut

→ ***Corpus*** : MALTE
→ ***Grand Atlas de Géographie*** (éd. 1992) : 36
→ ***Grand Atlas de l'Histoire*** : 276

Corpus : MÉDITERRANÉE (HISTOIRE DE LA) [époque contemporaine].

	1994		1995	
	milliers de MTL	% du total	effectifs	% des effectifs
agriculture	25 100	2,8	2 834	2,0
industrie	215 100	24,0	35 063	24,5
mines	29 600	3,3		
bâtiment			5 874	4,1
entreprises publiques	69 000	7,7	n.d.	n.d.
transports et communications	62 700	7,0	11 509	8,0
commerce	—[1]	—	25 113[2]	17,6
finance	—[1]	—	3 616	2,5
administration, défense nationale	146 100	16,3	32 319	22,6
services	348 700	38,9	17 291	12,1
autres	n.d.	n.d.	9 383[3]	6,6
total	**896 300**	**100,0**	**143 002**	**100,0**

1. Le commerce et la finance sont inclus dans les services. 2. Comprend les hôtels et la restauration. 3. Dont 4 956 sans-emploi.

Structure du produit intérieur brut et effectifs.

	1989	1990	1991	1992	1993	1994	1995
indice des prix à la consommation	97,1	100,0	102,5	104,2	108,5	113,0	117,5
indice des revenus hebdomadaires	97,9	100,0	109,8	114,6	120,5	125,8	129,9

Indices des prix et des revenus (1990 = 100).

	1989	1990	1991	1992	1993	1994
millions de MTL	− 169,0	− 172,8	− 214,5	− 182,9	− 229,5	− 226,9
% du total	22,3	18,3	21,1	15,7	18,2	16,2

Balance commerciale (prix courants).

	nombre d'établissements	nombre d'enseignants	nombre d'élèves	nombre d'élèves par enseignant
primaire (5-10 ans)	111	1 990	35 479	17,8
secondaire (11-17 ans)	59	2 679	29 907	20,9
professionnel et formation à l'enseignement	22	541	4 539	8,4
supérieur*	1	284	3 679	13,0

(*) 1992-1993.

Enseignement (1995-1996).

0/n.d. ; produits pétroliers (1994) 0/320 000 t ; gaz naturel 0/n.d.

■ ***Produit national brut*** (1995) : 3 241 000 000 USD (8 712 USD/hab.).

■ ***Population active*** (1995) : 143 002 ; taux d'activité 38,6 % (taux de participation : 15-64 ans [1985] 45,9 % ; femmes 27,4 % ; sans-emploi 3,5 %).

■ ***Revenus et dépenses des ménages***
Taille moyenne des ménages (1985) : 3,3.
Revenu annuel moyen par ménage (1982) : 4 736 MTL (11 399 USD) ; sources des revenus (1993) : salaires et traitements 63,8 % ; activités libérales et autres activités non salariées 19,3 % ; loyers, dividendes et intérêts 16,9 %.
Dépenses (1993) : alimentation et boissons 27,9 % ; transports et communications 15,7 % ; ameublement et fonctionnement du foyer 9,5 % ; loisirs et éducation 7,2 % ; habillement 6,9 % ; logement 5,5 % ; santé 3,3 % ; tabac 2,6 %.

■ ***Utilisation du sol*** (1994) : terres cultivées et plantations 40,6 % ; autres (terres argileuses incultes avec sous-couche calcaire) 59,4 %.

Échanges extérieurs[b]

■ ***Importations*** (1995) : 1 042 516 000 MTL (équipement industriel et de transport 51,1 % ; produits finis et semi-finis 24,5 % ; produits alimentaires et animaux sur pied 8,4 % ; produits chimiques et dérivés 6,8 % ; combustibles minéraux 4,3 % ; matières premières non combustibles 1,4 % ; boissons et tabac 1,3 %).
Principales sources des importations (1994) : Italie 26,5 % ; Allemagne 17,6 % ; Royaume-Uni 15,3 % ; France 8,4 % ; États-Unis 5,1 %.

■ ***Exportations*** (1995) : 672 325 000 MTL (équipement industriel et de transport 63,0 % ; produits finis et semi-finis 26,7 % ; réexportations 6,9 % ; produits chimiques 1,8 % ; produits alimentaires et animaux sur pied 1,2 % ; boissons et tabac 0,2 %).
Principales destinations des exportations (1994) : Italie 37,5 % ; Allemagne 14,2 % ; France 9,9 % ; États-Unis 7,6 % ; Royaume-Uni 7,4 % ; Libye 3,6 %.

Transports et communications

■ ***Transports***
Chemins de fer : aucun.
Routes (1994) : longueur totale 1 064 km (94 % recouvertes).
Véhicules (1994) : voitures particulières 163 310 ; camions et autobus (1992) 27 978.
Marine marchande (1992) : 889 navires (de 100 tjb et plus) ; 17 073 207 tonneaux de port en lourd.
Transports aériens (1993) : trafic : 1 250 370 000 passagers-km ; 7 308 000 t-km. 1 aéroport desservi par des vols réguliers (1996).

■ ***Communications***
Journaux quotidiens (1993) : 3 ; diffusion totale 68 000 ; diffusion pour 1 000 hab. 186.
Radiodiffusion (1995) : 90 000 postes récepteurs (1 pour 4,1 hab.).
Télévision (1995) : 160 000 postes récepteurs (1 pour 2,3 hab.).
Téléphone (1993) : 157 500 lignes principales (1 pour 2,3 hab.).

Éducation et santé

■ ***Niveau d'éducation*** (1967)
Proportion de la population active : sans instruction scolaire 10,8 % ; ayant une éducation primaire 60,4 % ; éducation secondaire (premier cycle) 3,4 % ; éducation secondaire (second cycle) 17,6 % ; éducation secondaire technique 3,9 % ; éducation postsecondaire ou supérieure 3,9 %.

■ ***Alphabétisation*** (1985) : personnes âgées de 15 ans et plus alphabétisées 250 419 (96,0 %) ; hommes 121 899 (96,2 %) ; femmes 128 520 (95,9 %).

■ ***Santé*** (1995) : 910 médecins (1 pour 407 hab.) ; 2 152 lits d'hôpital (1 pour 172 hab.) ; taux de mortalité infantile (1994) : 9,1 ‰.

■ ***Alimentation*** (1992) : apport journalier en calories par habitant 3 468 (alimentation d'origine végétale 75 % ; d'origine animale 25 %) ; soit 140 % du niveau minimal recommandé par la F.A.O.

Défense nationale

■ ***Contingent*** (1996) : 1 950 (armée de terre 100 %).

■ ***Dépenses militaires*** (1993) : 0,9 % du P.N.B. (moyenne mondiale 3,3 %) ; soit 63 USD/hab.

a. En principe, la Chambre des représentants compte 65 membres ; cependant, à l'issue des élections d'octobre 1996, 4 sièges supplémentaires furent accordés au parti minoritaire en sièges mais majoritaire en voix.

b. Importations : chiffres F.O.B. pour la balance commerciale et C.I.F. pour les marchandises et les partenaires commerciaux.

MAROC [a]

- ***Nom officiel*** : Royaume du Maroc (al-Mamlakah al-Maghribīyah). Code I.S.O. : MA.
- ***Forme de gouvernement*** : monarchie constitutionnelle avec une chambre législative (Chambre des représentants [333]).
- ***Chef de l'État*** : roi.
- ***Chef du gouvernement*** : roi, assisté par un Premier ministre.
- ***Capitale*** : Rabat (Ar Ribat).
- ***Langue officielle*** : arabe.
- ***Religion officielle*** : islam.
- ***Unité monétaire*** : 1 dirham marocain (MAD) = 100 centimes ; valeur (31 déc. 1997) : 100 MAD = 61,69 FRF.

→ *Corpus* : MAROC
→ *Grand Atlas de Géographie* (éd. 1992) : 132, 144
→ *Grand Atlas de l'Histoire* : 240, 241, 260, 261, 276, 283, 294, 295

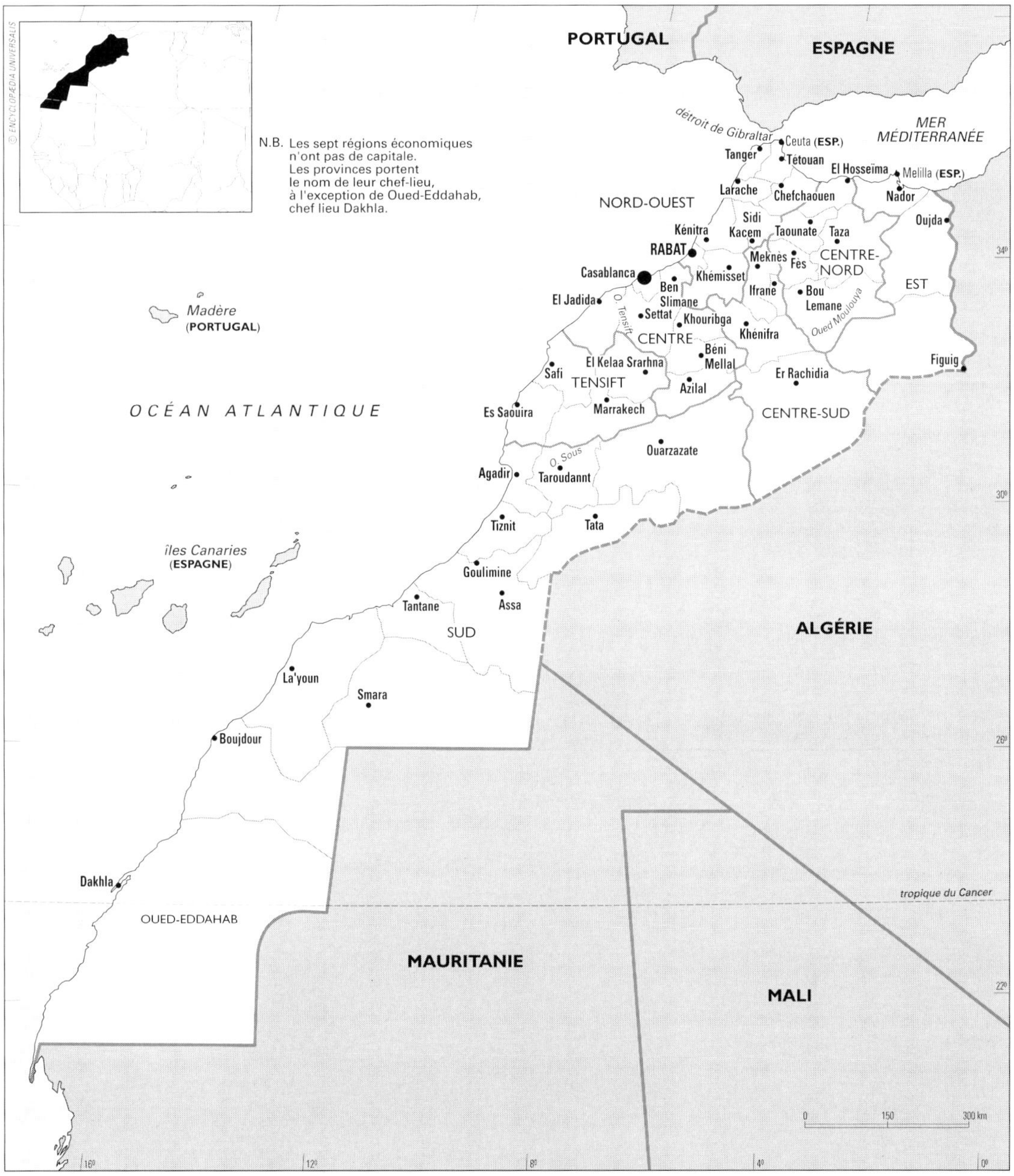

Corpus : AFRIQUE (Structure et milieu) – Afrique du Nord ; ALPHABÉTISATION ; ARABE – Les Arabes ; BERBÈRES ; FER (MINERAIS DE) [les pays producteurs] ; ISLAM (Histoire) – Modernisme dans le monde musulman (le Maghreb) ; MAGHREB ; MARRAKECH ; MÉDITERRANÉE (HISTOIRE DE LA) [mutations sociales et économiques] ; MÉDITERRANÉE (MER) [exploitation] ; PHOSPHATES SÉDIMENTAIRES (gisements).

Thesaurus :
AGADIR
ANTI-ATLAS
CASABLANCA
CHAOUÏA
DOUKKALA
FÈS
HAOUZ
HAUT ATLAS
KENITRA
KHAMMÈS
MAROCAINE (MESETA)
MARRAKECH
MAURES
MEKNÈS
MOYEN ATLAS
OUJDA
RABAT
RHARB
RIF
SAFI
SAHARA MAROCAIN
SAÏS
SALÉ
SOUSS
TADLA
TANGER
TÉTOUAN

régions provinces et préfectures [1]	superficie (km^2)	population (estim. 1990)
Centre	**41 500**	**6 998 000**
Azilal (Azîlâl)	10 050	425 000
Béni Mellal (Beni Mellâl)	7 075	906 000
Ben Slimane (Ben Slîmâne) [ex-Boulhaut]	2 760	203 000
el-Jadida (ej-Jdîda) [ex-Mazagan]	6 000	921 000
Khouribga (Khourîbga)	4 250	539 000
Settat (Seṭṭât)	9 750	794 000
préfectures de Casablanca (Dâr el-Beïḍa) – Aïn-Chock-Hay Hassani		428 000
– Aïn-Sebaâ-Hay Mohammadi		566 000
– Ben Msik (M'sick)-Sidi Othmane	1 615	933 000
– Casablanca-Anfa		1 073 000
– Mohammadia-Znata (Zenata)		210 000
Centre-Nord	**43 950**	**2 857 000**
Bou Lemane (Boûlemâne)	14 395	154 000
Fès (Fês, Fez, Fâs)	5 400	1 012 000
el-Hosseïma (al-Hoceïma)	3 550	369 000
Taounate (Tâounât)	5 585	607 000
Taza (Tâza)	15 020	715 000
Centre-Sud	**79 210**	**1 807 000**
Ifrane (Îfrane)	3 310	117 000
Khénifra (Khnîfra)	12 320	439 000
Meknès (Meknês)	3 995	750 000
er-Rachidia (Errachidia, er-Râchidiya) [ex-Ksar es Souk]	59 585	501 000
Est	**82 820**	**1 850 000**
Figuig (Figuîg)	55 990	113 000
Nador (en-Nâḍôr) [ex-Villa Nador]	6 130	775 000
Oujda (Oûjda, Oudjda)	20 700	962 000
Nord-Ouest	**29 955**	**5 224 000**
Chefchaouen (Chechaouèn, Châouene)	4 350	363 000
Kénitra (el-Quenîṭra) [ex-Port-Lyautey]	4 745	905 000
Khémisset (el-Khemîssât)	8 305	471 000
Larache [2]		
Sidi Kacem (Sîdi Qâssem) [ex-Petitjean]	4 060	603 000
Tanger (Ṭanja)	1 195	554 000
Tétouan (Teṭouâne, Tiṭṭâwîn)	6 025	856 000
préfectures de Rabat – Rabat (er-Ribât)		662 000
– Salé (Sala)	1 275	608 000
– Skhirate-Temara		202 000
Sud [3]	**394 970**	**2 993 000**
Agadir (Agâdîr)	5 910	779 000
* Boûjdoûr [ex-Bojador]	100 120	10 000
Goulimine (Guelmin, Goulimin)	28 750	165 000
* Laâyoune (el-,Ayoûn, La,youn) [ex-El-Aaiún]	39 360	140 000
Ouarzazate (Ouârzâzât, Warzazat)	41 550	645 000
* Oued-Eddahad (Oued-es-Sahab) [1] [ex-Tris-el-Gharbia, ex-Rio de Oro]	50 880	26 000
* es-Semara (Smâra)	61 760	24 000
Tantane (Ṭanṭâne, Tan-Tan)	17 295	57 000
Taroudannt (Târoûdânt)	16 460	658 000
Tata (Ṭâṭâ)	25 925	111 000
Tiznit (Tiznît)	6 960	378 000
Tensift	**38 445**	**3 480 000**
el-Kelâa Srarhna (Qel,at es-Srâghna)	10 070	682 000
Marrakech (Marrâkech) [ex-Maroc]	14 755	1 517 000
Safi (Âsfi)	7 285	845 000
Es-Saouira (Essaouira, eç-Çaouîra) [ex-Mogador]	6 335	436 000
total	**710 850**	**25 209 000**

1. Les provinces marocaines portent le nom de leur chef-lieu, sauf Oued-Eddahab dont le chef-lieu est Dâkhla [ex-Villa Cisneros). 2. La superficie et la population de Larache sont comprises dans celles de Tétouan. 3. En 1990, la densité générale moyenne du Maroc s'établissait à 35,5 hab./km^2 ; mais l'écart est considérable entre la région Sud (12 % de la population totale, 56 % de la superficie totale, soit 7,6 hab./km^2) et le reste du pays (70,3 hab./km^2). (*) Les quatre provinces sahariennes (Sahara occidental), avec 252 120 km^2 mais seulement 200 000 habitants, présentent de loin la densité la plus faible (0,8 hab./km^2).

Territoire et population.

Démographie

■ ***Population*** (estim. 1997) : 27 225 000.

■ ***Densité*** (1997) : 59,4 hab./km^2.

■ ***Répartition urbaine/rurale*** (1997) : population urbaine 48,9 %, rurale 51,1 %.

■ ***Répartition par sexe*** (1996) : hommes 50,06 % ; femmes 49,94 %.

■ ***Répartition par âge*** (1995) : moins de 15 ans 36,1 % ; de 15 à 29 ans 29,8 % ; de 30 à 44 ans 18,9 % ; de 45 à 59 ans 9,0 % ; de 60 à 74 ans 5,0 % ; 75 ans et plus 1,2 %.

■ ***Projection démographique*** : 28 748 000 en 2000 ; 33 170 000 en 2010.

■ ***Temps de doublement*** : 32 ans.

■ ***Composition ethnique*** (1986) : Arabes 70 % ; Berbères 30 % ; autres moins de 1 %.

■ ***Appartenances religieuses*** (1993) : musulmans (principalement sunnites) 98,7 % ; chrétiens 1,1 % ; autres 0,2 %.

■ ***Principales villes*** (1993) : Casablanca 2 943 000 hab. ; Rabat 1 220 000 hab. ; Fès 564 000 hab.

Statistiques de l'état civil

■ ***Taux de natalité*** (1995) : 27,9 ‰ (moyenne mondiale 25,0 ‰).

■ ***Taux de mortalité*** (1995) : 6,0 ‰ (moyenne mondiale 9,3 ‰).

■ ***Taux d'accroissement naturel*** (1995) : 21,9 ‰ (moyenne mondiale 15,7 ‰).

■ ***Taux de fécondité*** (nombre moyen de naissances par femme en âge de procréer, 1995) : 3,7.

■ ***Espérance de vie*** à la naissance (1995) : hommes 67,0 ans ; femmes 71,0 ans.

■ ***Principales causes de décès*** (population urbaine uniquement, 1989) : maladies infantiles 22,9 % ; maladies de l'appareil circulatoire 15,4 % ; accidents 7,3 % ; maladies infectieuses et parasitaires 6,3 % ; tumeurs malignes (cancers) 5,6 %.

Économie nationale

■ ***Budget de l'État*** (1995)
Recettes : 87 172 000 000 MAD (impôts 69,8 %, dont taxes à la valeur ajoutée 5,5 % ; droits de douane et de timbre 7,5 % ; revenus du capital 22,6 %).
Dépenses : 82 015 000 000 MAD (dépenses courantes 76,0 % ; remboursement de la dette 19,6 % ; dépenses de développement 24,0 %).

■ ***Dette publique*** (extérieure, créances, 1995) : 21 347 000 000 USD.

■ ***Tourisme*** (1995) : recettes touristiques 1 163 000 000 USD ; dépenses touristiques à l'étranger 302 000 000 USD.

■ ***Production***
Agriculture, sylviculture, pêche (1997).
Betteraves à sucre 2 595 000 t ; blé 2 316 500 t ; orge 1 324 000 t ; pommes de terre 1 145 000 t ; canne à sucre 900 000 t ; tomates 895 000 t ; oranges 794 800 t ; olives 450 000 t ; dattes 82 000 t.
Cheptel (sur pied) : moutons 16 500 000 ; chèvres 5 500 000 ; bovins 2 550 000 ; poulets 115 000 000.
Bois (1996) : 2 371 000 m^3.
Pêche (1995) : 846 201 t.
Industries extractives (valeur de la production, millions de MAD, 1994) : phosphate minéral 3 600,0 ; zinc 276,9 ; plomb 234,1 ; eau minérale 200,00 ; cuivre 140,6 ; spath fluor 55,9 ; manganèse 53,0 ; baryte 50,4 ; minerai de fer 10,0.
Industries manufacturières (valeur ajoutée en millions de MAD, 1993) : produits alimentaires et boissons 9 435 ; produits chimiques 4 039 ; textiles 3 528 ; poteries et porcelaines 3 353 ;

	1995		1993	
	millions de MAD	% du total	effectifs	% des effectifs
agriculture	39 723	14,4	2 906 000	34,0
mines	4 904	1,8	2 650 000 (mines à entreprises publiques)	31,0
industrie	51 629	18,6		
bâtiment	12 199	4,4		
entreprises publiques	22 370	8,1		
transports et communications	17 306	6,2	2 991 000 (transports à services, autres)	35,0
commerce	54 934	19,8		
finance	n.d.	n.d.		
administration, défense nationale	37 382	13,5		
services, autres	36 431	13,2		
total	**276 878**	**100,0**	**8 547 000**	**100,0**

Structure du produit intérieur brut et effectifs.

	1990	1991	1992	1993	1994	1995	1996
indice des prix à la consommation	100,0	108,0	114,2	120,1	126,3	134,0	138,0
indice des revenus mensuels*	100,0	110,0	130,0	130,0	140,0	n.d.	n.d.

(*) Salaire minimum.

Indice des prix et des revenus (1990 = 100).

	1991	1992	1993	1994	1995	1996
millions de MAD	− 13 576	− 23 192	− 28 740	− 23 353	− 26 071	− 16 856
% du total	15,4	25,5	31,1	24,1	24,5	12,3

Balance commerciale (prix courants).

	nombre d'établissements	nombre d'enseignants	nombre d'élèves	nombre d'élèves par enseignant
primaire (7-12 ans)	4 740	102 163	2 895 737	28,3
secondaire (13-17 ans)	1 172	73 726	1 247 608	16,9
professionnel	562 [1]	2 951	17 585	6,0
supérieur [2]	50	6 877	230 012	33,4

1. 1991-1992. 2. Universités seulement.

Enseignement (1994-1995).

vêtements 2 785 ; produits manufacturés en métal 1 865.
Bâtiment (constructions autorisées, zones urbaines, 1994) : résidentiel 7 069 557 m^2 ; non résidentiel 998 424 m^2.
Énergie (production/consommation) : électricité (1994) 10 773 000 000/11 693 000 000 kWh ; charbon (1994) 650 000/2 200 000 t ; pétrole brut (1994) 60 800/50 030 800 barils ; produits pétroliers (1994) 6 792 000/5 659 000 t ; gaz naturel (1994) 25 100 000/25 100 000 m^3.

■ **Produit national brut** (1995) : 29 545 000 000 USD (1 150 USD/hab.).

■ ***Population active*** (1994) : 8 694 000 ; taux d'activité 32,8 % (taux de participation [1993] : plus de 15 ans 52,4 % ; femmes 21,4 % ; sans-emploi 16,0 %).

■ ***Ménages***
Taille moyenne des ménages (1994) : 5,9.
Dépenses (poids respectifs des éléments de l'indice des prix à la consommation, 1994) : alimentation 45,2 % ; logement 12,5 % ; transports 7,6 ; habillement 7,5 %.

■ ***Utilisation du sol*** (1994) : forêts 20,1 % ; prairies et pâturages 47,1 % ; terres cultivées et plantations 20,8 % ; surfaces construites, terres incultes et autres 12,0 %.

Échanges extérieurs[b]

■ ***Importations*** (1995) : 72 869 000 000 MAD (biens d'équipement 22,3 % ; produits alimentaires, boissons et tabac 16,0 %, dont blé 5,5 % ; produits énergétiques et lubrifiants 13,8 %, dont pétrole brut 9,2 % ; biens de consommation 11,7).
Principales sources des importations : France 21 % ; Espagne 8,5 % ; États-Unis 6,5 % ; Allemagne 6,3 % ; Italie 5,7 %.

■ ***Exportations*** (1995) : 40 240 000 000 MAD (produits alimentaires 30,8 % ; biens de consommation 23,7 % ; produits minéraux 10,0 %).
Principales destinations des exportations : France 29,7 % ; Espagne 9,4 % ; Japon 7,7 % ; Inde 5,4 % ; Italie 5,2 % ; Allemagne 3,9 % ; Royaume-Uni 3,4 % ; États-Unis 3,2 %.

Transports et communications

■ ***Transports***
Chemins de fer (1994) : longueur 1 768 km ; trafic : 1 884 000 000 passagers-km ; 4 740 000 000 t-km.
Routes (1994) : longueur totale 59 790 km (50 % recouvertes).
Véhicules (1993) : voitures particulières 956 652 ; camions et autobus 321 381.
Marine marchande (1992) : 492 navires (de 100 tjb et plus) ; 586 221 tonneaux de port en lourd.
Transports aériens (Royal Air Maroc uniquement, 1996) ; trafic : 4 665 440 000 passagers-km ; 57 033 000 t-km. 12 aéroports (1997).

■ ***Communications***
Journaux quotidiens (1995) : diffusion 390 000 ; diffusion pour 1 000 hab. 14,5.
Radiodiffusion (1995) : 6 000 000 postes récepteurs ; 222 pour 1 000 hab.
Télévision (1995) : 2 500 000 postes récepteurs ; 92,7 pour 1 000 hab.
Téléphone (1995) : 1 158 000 lignes principales ; 42,9 pour 1 000 hab.

Éducation et santé

■ ***Niveau d'éducation*** (1982)
Proportion de la population âgée de de 25 ans et plus : sans instruction scolaire 47,8 % ; ayant une éducation primaire 47,8 % ; éducation secondaire 3,8 % ; éducation supérieure 0,6 %.

■ ***Alphabétisation*** (1995) : personnes âgées de 15 ans et plus alphabétisées 43,7 % ; hommes 56,6 % ; femmes 31,0 %.

■ ***Santé*** (1993) : 7 695 médecins (1 pour 3 361 hab.) ; 26 273 lits d'hôpital (1 pour 984 hab.) ; taux de mortalité infantile (1995) : 45,8 ‰.

■ ***Alimentation*** (1995) : apport journalier en calories par habitant 3 157 (alimentation d'origine végétale 93 % ; d'origine animale 7 %) ; soit 130 % du niveau minimal recommandé par la F.A.O.

Défense nationale

■ ***Contingent*** (1997) : 196 300 (armée de terre 89,1 % ; marine 4,0 % ; armée de l'air 6,9 %).

■ ***Dépenses militaires*** (1995) : 4,3 % du P.I.B. (moyenne mondiale 2,8 %) ; soit 47 USD/hab.

a. Non compris le territoire et la population du Sahara occidental (objet de contestations depuis 1979), sauf la population de la province septentrionale de La'youn (ou El-Aium).

b. Importations : chiffres F.O.B. pour la balance commerciale et C.I.F. pour les marchandises et les partenaires commerciaux.

→ *Thesaurus :* MARSHALL (ARCHIPEL DES)
→ *Grand Atlas de Géographie* (éd. 1992) : 9, 17
→ *Grand Atlas de l'Histoire :* 270, 271.

MARSHALL (îles)

• ***Nom officiel*** : République des îles Marshall (Republic of the Marshall Islands). Code I.S.O. : MH.

• ***Forme de gouvernement*** : république à structure étatique unitaire avec deux chambres législatives (Conseil de Iroij [12][a] et Nitijela [33]).

• ***Chef de l'État et du gouvernement*** : président.

• ***Capitale*** : Majuro sur l'atoll de Majuro.

• ***Langues officielles*** : marshallais ; anglais.

• ***Religion officielle*** : aucune.

• ***Unité monétaire*** : 1 dollar (USD) = 100 cents ; valeur (31 déc. 1997) : 100 USD = 598,81 FRF.

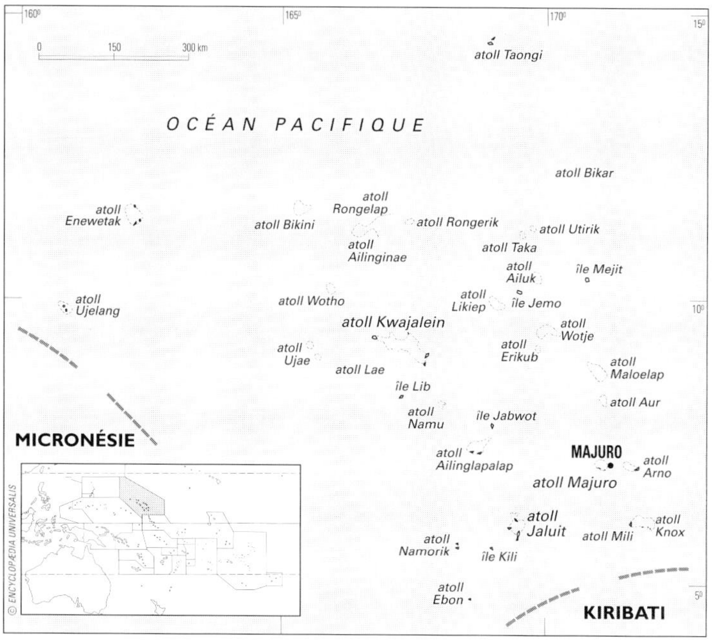

Démographie

■ ***Population*** (estim. 1997) : 60 300.

■ ***Densité*** (1997) : 333,1 hab./km².

■ ***Répartition urbaine/rurale*** (1988) : population urbaine 64,5 % ; population rurale 35,5 %.

■ ***Répartition par sexe*** (1997) : hommes 51,02 % ; femmes 48,98 %.

■ ***Répartition par âge*** (1997) : moins de 15 ans 50,2 % ; de 15 à 29 ans 26,0 % ; de 30 à 44 ans 13,9 % ; de 45 à 59 ans 6,5 % ; de 60 à 74 ans 2,6 % ; 75 ans et plus 0,8 %.

■ ***Projection démographique*** : 68 100 en 2000 ; 91 400 en 2010.

■ ***Temps de doublement*** : 18 ans.

■ ***Composition ethnique*** (par nationalité, 1988) : originaires des îles Marshall 96,9 % ; originaires des îles du Pacifique 1,7 % ; Philippins 0,5 % ; autres 0,9 %.

■ ***Appartenances religieuses*** (1995) : protestants 62,8 % ; catholiques 7,1 % ; mormons 3,1 % ; témoins de Jéhovah 1,0 % ; autres 26,0 %.

■ ***Principales villes*** (1995) : Majuro (Dalap-Uliga-Darrit) 28 000 hab. ; Ebeye 8 324 hab. (1998).

Statistiques de l'état civil

■ ***Taux de natalité*** (1997) : 46,0 ‰ (moyenne mondiale 25,0 ‰).

■ ***Taux de mortalité*** (1997) : 7,0 ‰ (moyenne mondiale 9,3 ‰).

■ ***Taux d'accroissement naturel*** (1997) : 39,0 ‰ (moyenne mondiale 15,7 ‰).

■ ***Taux de fécondité*** (nombre moyen de naissances par femme en âge de procréer, 1997) : 6,8.

■ ***Nombre de mariages*** : n.d.

■ ***Nombre de divorces*** : n.d.

■ ***Espérance de vie*** à la naissance (1997) : hommes 62,6 ans ; femmes 65,8 ans.

■ ***Principales causes de décès*** (pour 100 000 hab., 1990-1993, décès enregistrés uniquement) : maladies infectieuses et parasitaires 169,9 ; maladies de l'appareil circulatoire 155,1 ; maladies de l'appareil respiratoire 105,1 ; tumeurs malignes (cancers) 68,4 ; maladies de l'appareil digestif 63,3 ; accidents, blessures et actes de violence 36,7.

Économie nationale

■ ***Budget de l'État*** (1995)
Recettes : 80 100 000 USD (aides du gouvernement américain 59,7 % ; impôts sur le revenu 9,4 % ; taxes d'importation 8,5 % ; taxe à la valeur ajoutée et impôts indirects 6,1 % ; droits sur la pêche 3,0 % ; impôts sur les intérêts 2,7 %).
Dépenses : 77 400 000 USD (service de la dette 10,2 % ; éducation 9,9 % ; santé 8,8 % ; travaux publics et programmes sociaux 4,9 % ; sécurité intérieure 2,1 %).

■ ***Dette publique*** (extérieure, créances, 1994-1995) : 141 200 000 USD.

■ ***Tourisme*** (1994) : recettes touristiques 2 000 000 USD ; dépenses touristiques à l'étranger : n.d.

■ ***Production***
Agriculture, sylviculture, pêche (1991).
Coprah 5 545 t ; fruits 1 809 t, dont fruit à pain 645 t, bananes 264 t, papayes 64 t ; tubercules 1 500 t, dont taros 1 380 t ; légumes 136 t, dont choux 36 t, courges 36 t.
Cheptel (sur pied, 1994) : porcs 12 352 ; poulets 59 086.
Bois : n.d.
Pêche (1995) : 260 t.
Industries extractives : du phosphate à haute teneur est extrait sur l'atoll d'Ailinglapalap.
Industries manufacturières (1995) : coprah 7 728 t. Les produits artisanaux, les vêtements, les nattes et les canots ainsi que l'huile de noix de coco et la pêche sont parmi les productions les plus importantes du pays.
Bâtiment (valeur ajoutée, 1994) : 9 300 000 USD.
Énergie (production/consommation) : électricité (1991) 45 759 000/45 759 000 kWh ; charbon 0/n.d. ; essence, huiles et lubrifiants (importation uniquement, 1988) n.d./84 588 barils ; gaz naturel 0/n.d.

■ ***Produit intérieur brut*** (1995) : 105 300 000 USD (1 870 USD/hab.).

■ ***Population active*** (1988) : 11 488 ; taux d'activité 26,5 % (taux de participation : 14 ans et plus 54,1 % ; femmes 30,1 % ; sans-emploi 12,5 %).

■ ***Revenus et dépenses des ménages***
Taille moyenne des ménages (1988) : 8,7.
Revenu annuel moyen par ménage (1979) : 3 366 USD ; sources des revenus : n.d.
Dépenses (1982) : alimentation 57,7 % ; logement 15,6 % ; habillement 12,0 % ; effets personnels et autres 14,7 %.

■ ***Utilisation du sol*** (1989) : forêts 22,5 % ; prairies et pâturages 13,5 % ; terres cultivées et plantations 33,1 % ; autres 30,9 %.

Échanges extérieurs

■ ***Importations*** (1995) : 75 100 000 USD (produits alimentaires, boissons et tabac 28,2 % ; équipement industriel et de transport

Corpus : OCÉANIE – Géographie humaine ; Ethnographie (Micronésie).

Thesaurus : AUSTRONÉSIENS

districts électoraux	superficie (km²)	population (recens. 1988)
Ailinglaplap	14,68	1 715
Ailuk	5,36	488
Arno	12,95	1 656
Aur	5,62	438
Bikini	6,01	10
Ebon	5,75	741
Enewetak	5,85	715
Jabat	0,57	112
Jaluit	11,34	1 709
Kili	0,93	602
Kwajalein	16,39	9 311
Lae	1,45	319
Lib	0,93	115
Likiep	10,26	482
Majuro	9,71	19 664
Maloelap	9,71	796
Mejit	1,86	445
Mili	15,93	854
Namorik	2,77	814
Namu	6,27	801
Rongelap	7,95	0
Ujae	1,86	448
Ujelang	1,74	0
Utrik	2,43	409
Wotho	4,32	90
Wotje	8,18	646
autres atolls	10,62	0
total	**181,44**	**43 380**

Territoire et population.

	1990	1991	1992	1993	1994	1995
millions de USD	– 53,9	– 53,5	– 52,6	– 53,4	– 49,3	– 58,1
% du total	94,0	90,3	74,1	77,7	52,6	27,2

Balance commerciale (prix courants).

	1995		1988	
	milliers de USD	% du total	effectifs	% des effectifs
agriculture	15 700	14,9	2 150	18,7
mines	300	0,3	2	–
industrie	2 700	2,6	945	8,2
entreprises publiques	2 100	2,0	82	0,7
bâtiment	10 700	10,2	1 076	9,4
transports et communications	6 500	6,2	537	4,7
commerce, restauration et hôtellerie	17 900	17,0	1 394	12,1
finance, assurance, immobilier	17 200	16,3	833	7,3
administration services	32 000	30,4	3 035	26,4
autres	200 [1]	0,2	1 434 [2]	12,5
total	**105 300**	**100,0**	**11 488**	**100,0**

1. Droits d'importation moins les frais de service bancaire. 2. Comprend 1 432 sans-emploi.

Structure du produit intérieur brut et effectifs.

	1989	1990	1991	1992	1993	1994	1995
indice des prix à la consommation	99,4	100,0	103,4	116,8	119,5	125,6	134,4
indice des revenus	n.d.	n.d.	n.d.	n.d.	n.d.	n.d.	n.d.

Indices des prix et des revenus (1990 = 100).

	nombre d'établissements	nombre d'enseignants	nombre d'élèves	nombre d'élèves par enseignant
primaire (6-14 ans)	103	669	13 355	20,0
secondaire (15-18 ans)	12	144	2 400	16,7
professionnel et formation à l'enseignement	n.d.	n.d.	n.d.	n.d.
supérieur	n.d.	n.d.	n.d.	n.d.

Enseignement (1994-1995).

24,6 % ; combustibles minéraux et lubrifiants 24,0 % ; produits manufacturés 8,9 % ; produits chimiques 2,5 %).

Principales sources des importations : États-Unis 51,0 % ; Guam 14,5 % ; Japon 7,5 % ; Australie 1,9 % ; Hong Kong 1,7 %.

■ ***Exportations*** (1995) : 17 000 000 USD (poissons frais 38,8 % ; huile de noix de coco brute 18,2 % ; farine de poisson 2,4 %).

Principales destinations des exportations : États-Unis env. 80 %.

Transports et communications

■ ***Transports***
Chemins de fer : aucun.
Routes : n.d.
Véhicules (1994) : voitures particulières 1 418 ; camions et autobus 193.

Marine marchande (1992) : 35 navires (de 100 tjb et plus) ; 4 182 356 tonneaux de port en lourd.

Transports aériens (1990) ; trafic : 49 000 000 passagers-km (1993) ; 3 000 t-km. 25 aéroports desservis par des vols réguliers (1997).

■ ***Communications***
Journaux quotidiens : n.d.
Radiodiffusion : n.d.
Télévision : n.d.
Téléphone (1993) : 2 300 lignes principales ; 44,2 pour 1 000 hab.

Éducation et santé

■ ***Niveau d'éducation*** (1988)
Proportion de la population âgée de 25 ans et plus : sans instruction scolaire 5,1 % ; ayant une éducation primaire 43,2 % ; éducation secondaire 39,7 % ; éducation supérieure 11,4 % ; indéterminé 0,6 %.

■ ***Alphabétisation*** : personnes âgées de 15 ans et plus alphabétisées 91,2 % ; hommes 92,4 % ; femmes 90,0 %.

■ ***Santé*** : 17 médecins en 1995 (1 pour 3 269 hab.) ; 108 lits d'hôpital (1 pour 515 hab.) ; taux de mortalité infantile (1997) : 45,7 ‰.

■ ***Alimentation*** : n.d.

Défense nationale

■ ***Contingent*** : la défense des îles Marshall est assurée par les États-Unis.

a. Le Conseil de Iroij est uniquement consultatif.

→ **Corpus** : MAURICE (ÎLE)
→ **Grand Atlas de Géographie** (éd. 1992) : 136, 153 c
→ **Grand Atlas de l'Histoire** : 245

MAURICE

- ***Nom officiel*** : République de Maurice (Republic of Mauritius). Code I.S.O. : MU.
- ***Forme de gouvernement*** : République avec une assemblée (Assemblée nationale [66, dont 4 non-élus]).
- ***Chef de l'État*** : président.
- ***Chef du gouvernement*** : Premier ministre.
- ***Capitale*** : Port-Louis (Port Louis).
- ***Langues officielles*** (administration, banque, enseignement) : anglais ; langue véhiculaire : créole ; langue informative et culturelle : français.
- ***Religion officielle*** : aucune.
- ***Unité monétaire*** : 1 roupie mauricienne (MUR) = 100 cents ; valeur (31 déc. 1997) : 100 MUR = 27,03 FRF.

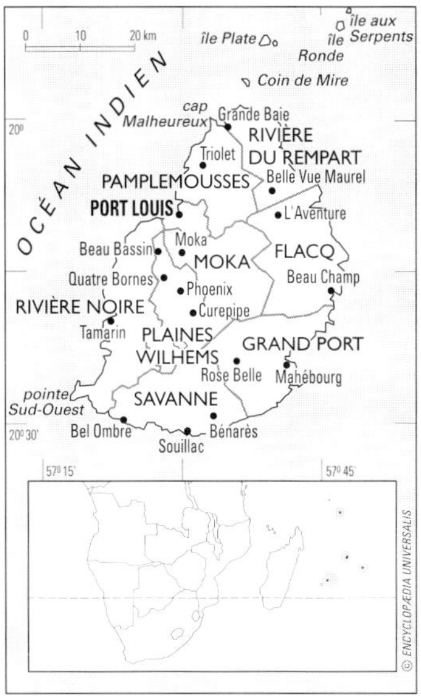

Démographie

- ***Population*** (estim. 1997) : 1 143 000.
- ***Densité*** (1997) : 560,5 hab./km².
- ***Répartition urbaine/rurale*** (1994) : population urbaine 43,6 % ; population rurale 56,4 %.
- ***Répartition par sexe*** (1995) : hommes 50,2 % ; femmes 49,98 %.
- ***Répartition par âge*** (1995) : moins de 15 ans 27,3 % ; de 15 à 29 ans 27,2 % ; de 30 à 44 ans 24,6 % ; de 45 à 59 ans 12,3 % ; de 60 à 74 ans 6,8 % ; 75 ans et plus 1,8 %.
- ***Projection démographique*** : 1 191 000 en 2000 ; 1 341 000 en 2010.
- ***Temps de doublement*** : 54 ans.
- ***Composition ethnique*** (1992) : Indo-Pakistanais 68,0 % ; Créoles 27,0 % ; Chinois 3,0 % ; Blancs 2,0 %.
- ***Appartenances religieuses*** (1990) : hindous 50,6 % ; catholiques 27,2 % ; musulmans 16,3 % ; protestants 5,2 % ; bouddhistes 0,3 % ; autres 0,4 %.
- ***Principales villes*** (1995) : Port-Louis 145 584 hab. ; Beau Bassin-Rose Hill 98 014 hab. ; Vacoas-Phoenix 95 600 hab. ; Curepipe 77 765 hab. ; Quatre-Bornes 74 636.

Statistiques de l'état civil

- ***Taux de natalité*** (1995)[a] : 18,3 ‰ (moyenne mondiale 25,0 ‰) ; taux (1985) de naissances légitimes 72,8 % ; illégitimes 27,2 %.
- ***Taux de mortalité*** (1995)[a] : 6,7 ‰ (moyenne mondiale 9,3 ‰).
- ***Taux d'accroissement naturel*** (1995)[a] : 11,6 ‰ (moyenne mondiale 15,7 ‰).
- ***Taux de fécondité*** (nombre moyen de naissances par femme en âge de procréer, 1995)[a] : 2,1.
- ***Nombre de mariages*** (pour 1 000 hab., 1995)[a] : 9,5.
- ***Nombre de divorces*** (pour 1 000 hab., 1995)[a] : 0,7.
- ***Espérance de vie*** à la naissance (1993-1995) : hommes 66,5 ans ; femmes 74,0 ans.
- ***Principales causes de décès*** (pour 100 000 hab., 1995) : maladies de l'appareil circulatoire 288,6 ; maladies de l'appareil respiratoire 63,4 ; tumeurs malignes (cancers) 60,2 ; homicides, suicides et accidents 49,9.

Économie nationale

- ***Budget de l'État*** (1995-1996)
Recettes : 14 250 100 000 MUR (recettes fiscales 86,3 %, dont droits d'importation 39,3 %, impôts sur le revenu 14,3 %, impôts sur les ventes 10,2 % ; impôts indirects 8,0 %).
Dépenses : 15 900 000 000 MUR (services sociaux 36,1 %, dont éducation, art et culture 14,6 %, sécurité sociale 12,1 %, santé 8,0 % ; service de la dette publique 27,6 %).
- ***Dette publique*** (extérieure, créances, 1995) : 1 182 000 000 USD.
- ***Tourisme*** (1995) : recettes touristiques 430 000 000 USD ; dépenses touristiques à l'étranger 159 000 000 USD.
- ***Production***
Agriculture, sylviculture, pêche (1995).
Canne à sucre 5 159 000 t ; thé vert 19 512 t ; pommes de terre 15 718 t ; tomates 13 486 t ; bananes 9 437 t ; choux 5 200 t ; thé noir 5 000 t ; ananas 4 199 t ; oignons 3 600 t ; arachides 1 049 t ; tabac 1 017 t ; maïs 289 t.
Cheptel (sur pied) : chèvres 98 000 ; bovins 34 000 ; porcs 17 000 ; moutons 7 000.
Bois : 12 400 m³.
Pêche (1995) : 16 023 t.
Industries extractives (1990) : sable 800 000 t ; sel 3 000 t.
Industries manufacturières (valeur ajoutée en milliers de MUR, 1994) : vêtements 5 065 000 ; boissons et tabac 1 995 800 ; produits alimentaires 1 580 400 ; métaux et produits métalliques 882 900 ; tissus 676 400 ; produits chimiques 505 600 ; produits minéraux non métalliques 444 400 ; produits de l'imprimerie et de l'édition 349 200.
Bâtiment (1994) : résidentiel 1 097 858 m² ; non résidentiel 210 755 m².
Énergie (production/consommation) : électricité (1995) 922 100 000/904 000 000 kWh ; charbon (1994) 0/65 000 t ; pétrole brut 0/0 ; produits pétroliers (1994) 0/476 000 t ; gaz naturel 0/0.
- ***Produit national brut*** (aux prix courants du marché, 1995) : 3 815 000 000 USD (3 380 USD/hab.).
- ***Population active***[a] (1994) : 503 346 ; taux d'activité 46,5 % (taux de participation : 15-64 ans : 67,0 % ; femmes 34,5 % ; sans-emploi 7,1 %).
- ***Revenus et dépenses des ménages***
Taille moyenne des ménages (1990) : 4,5[a].
Revenu annuel moyen par ménage (1979) : 15 540 MUR (2 430 USD) ; sources des revenus (1990) : traitements et salaires 48,4 % ; revenus des entreprises 41,2 % ; paiements de transfert 10,4 %.
Dépenses (poids respectif des éléments de l'indice des prix à la consommation, île Maurice

îles et districts	superficie (km²)	population (estim. janv. 1996)
districts indépendants		
Maurice (Mauritius)	**1 865** [1]	**1 094 430**
Flacq	298	119 845
Grand Port	260	103 068
Moka	231	70 801
Pamplemousses	179	111 328
Plaines Wilhems	203	344 958
Port Louis	43	136 638
Rivière du Rempart	148	93 850
Rivière Noire (Black River)	259	49 819
Savanne	245	64 123
dépendances de Maurice		
Agelega [2] / **Saint Brandon (Cargados Carajos Shoals)** [2]	**71**	**170**
Rodrigues [3]	**104**	**34 828**
total	**2 040**	**1 129 428**

1. Le total ne correspond pas exactement au détail en raison des arrondis. 2. Administré directement de Port Louis. 3. Administré par un commissaire résident assisté d'un conseil local.

Territoire et population.

Corpus : AFRIQUE (Structure et milieu) - Géographie générale ; INDIEN (HISTOIRE DE L'OCÉAN) [les transformations aux XIXe et XXe siècles] ; ZONES FRANCHES.

Thesaurus :
MASCAREIGNES (ARCHIPEL DES)
RODRIGUES (ÎLE)

	1996		1995	
	millions de MUR	% du total	effectifs [1]	% des effectifs
agriculture	6 410	8,6	39 700	13,7
mines	110	0,1	200	0,1
industrie	15 490	20,8	103 800	35,8
bâtiment	4 300	5,8	10 800	3,7
entreprises publiques	1 550	2,1	3 500	1,2
transports et communications	8 040	10,8	14 500	5,0
commerce	11 090	14,9	24 500	8,5
finance	10 870	14,5	n.d.	n.d.
administration, défense nationale	6 865	9,2	77,500	26,8
services	4 250	5,7		
autres	5 625 [2]	7,5 [2]	15 100	5,2
total	**74 600**	**100,0**	**289 600**	**100,0**

1. Actifs occupés dans des établissements de 10 personnes ou plus (mars). 2. Impôts indirects moins les frais de service bancaire.

Structure du produit intérieur brut et effectifs.

	1990	1991	1992	1993	1994	1995	1996
indice des prix à la consommation	100,0	107,0	112,0	123,7	132,8	140,8	150,0
indice des revenus mensuels *	100,0	115,8	128,5	135,6	164,2	n.d.	n.d.

(*) Mars.

Indices des prix et des revenus (1990 = 100).

	1989	1990	1991	1992	1993	1994
millions de USD	−211,1	−280	−222,6	−170,8	−254,2	−392,8
% du total	9,6	10,6	8,4	6,2	8,9	12,5

Balance commerciale (prix courants).

	nombre d'établissements	nombre d'enseignants	nombre d'élèves	nombre d'élèves par enseignant
primaire (5-12 ans)	279	6 381	122 895	19,3
secondaire (13-20 ans)	123	4 375	91 104	20,8
professionnel et formation à l'enseignement	19 [1]	69 [2]	2 052 [3]	n.d.
supérieur	2	526 [4]	2 344	7,7 [4]

1. 1992. 2. 1982. 3. 1993. 4. 1991.

Enseignement (1995).

uniquement, 1986-1987) : alimentation, boissons et tabac 49,1 % ; logement 13,5 % ; transports 9,3 % ; habillement 8,4 % ; loisirs et services culturels 6,0 % ; énergie 5,7 % ; santé 3,0 % ; autres 5,0 %.

■ ***Utilisation du sol*** (1994) : forêts 21,7 % ; prairies et pâturages 3,4 % ; terres cultivées et plantations 52,2 % ; autres 22,7 %.

Échanges extérieurs[b]

■ ***Importations*** (1995) : 34 363 000 000 MUR (produits manufacturés 34,4 % ; équipement industriel et de transport 25,8 % ; produits alimentaires 13,6 % ; produits chimiques 7,8 % ; combustibles minéraux et lubrifiants 7,0 % ; matières premières non comestibles, à l'exclusion des combustibles 3,5 % ; huiles et graisses animales et végétales 1,3 %).

Principales sources des importations : France 12,9 % ; Afrique du Sud 11,1 % ; Inde 8,4 ; Royaume-Uni 6,6 % ; Japon 4,8 % ; Hong Kong 4,8 % ; Allemagne 4,5 % ; Malaisie 2,9 %.

■ ***Exportations*** (1995) : 27 326 000 000 MUR (vêtements 54,2 % ; sucre 23,1 % ; filés de coton 2,9 % ; perles et pierres précieuses 1,7 %).

Principales destinations des exportations : Royaume-Uni 33,6 % ; France 20,7 % ; États-Unis 14,5 % ; Allemagne 5,7 % ; Italie 4,0 %.

Transports et communications

■ ***Transports***

Chemins de fer : aucun.

Routes (1991) : longueur totale 1 831 km (93 % recouvertes).

Véhicules (1995) : voitures particulières 37 766 ; camions et autobus 10 625.

Marine marchande (1992) : 35 navires (de 100 tjb et plus) ; 152 197 tonneaux de port en lourd.

Transports aériens (Air Mauritius uniquement, 1996) ; trafic : 3 403 889 000 passagers-km ; 136 344 000 t-km. 1 aéroport desservi par des vols réguliers (1997).

■ ***Communications***

Journaux quotidiens (1995) : diffusion (pour 5 quotidiens uniquement) 55 000 ; diffusion pour 1 000 hab. 49.

Radiodiffusion (1996) : 400 000 postes récepteurs ; 353 pour 1 000 hab.

Télévision (1995) : 168 300 postes récepteurs ; 150 pour 1 000 hab.

Téléphone (1995) : 148 228 lignes principales ; 132 pour 1 000 hab.

Éducation et santé

■ ***Niveau d'éducation*** (1990)

Proportion de la population âgée de 25 ans et plus : sans instruction scolaire 18,3 % ; ayant une éducation primaire incomplète 42,6 % ; éducation primaire 6,1 % ; éducation secondaire incomplète 18,0 % ; éducation secondaire 13,1 % ; éducation supérieure 1,9 %.

■ ***Alphabétisation*** (1995) : personnes âgées de 15 ans et plus alphabétisées 82,9 % ; hommes 87,1 % ; femmes 78,8 %.

■ ***Santé*** (1995) : 960 médecins (1 pour 1 182 hab.) ; 3 330 lits d'hôpital en 1993 (1 pour 351 hab.) ; taux de mortalité infantile[a] : 19,7 ‰.

■ ***Alimentation*** (1995) : apport journalier en calories par habitant 2 943 (alimentation d'origine végétale 84 % ; d'origine animale 16 %) ; soit 128 % du niveau minimal recommandé par la F.A.O.

Défense nationale

■ ***Contingent*** : aucun ; la sécurité intérieure est assurée par une force paramilitaire de 1 300 hommes.

■ ***Dépenses militaires*** (1994) : 0,3 % du P.N.B. (moyenne mondiale 3,0 %) ; soit 10 USD/hab.

a. Non compris Agalega et Saint Brandon. Île Maurice uniquement.

b. Importations : chiffres F.O.B. pour la balance commerciale et C.I.F. pour les marchandises et les partenaires commerciaux.

→ *Corpus* : MAURITANIE (RÉPUBLIQUE ISLAMIQUE DE)
→ *Grand Atlas de Géographie* (éd. 1992) : 132, 144
→ *Grand Atlas de l'Histoire* : 276, 283, 295

MAURITANIE

• ***Noms officiels*** : République islamique de Mauritanie ; el-Djoumhoûrîya el-Islâmîya el-Moûrîtânîya. Code I.S.O. : MR.

• ***Forme de gouvernement*** : république à structure étatique unitaire et à régime multipartiste avec deux chambres législatives (Sénat [56] et Assemblée nationale [79]).

• ***Chef de l'État et du gouvernement*** : président assisté du Premier ministre.

• ***Capitale*** : Nouakchott.

• ***Langue officielle***[a] : arabe.

• ***Religion officielle*** : islam.

• ***Unité monétaire*** : 1 ouguiya (MRO) = 5 khoums ; valeur (31 déc. 1997) : 100 MRO = 3,58 FRF.

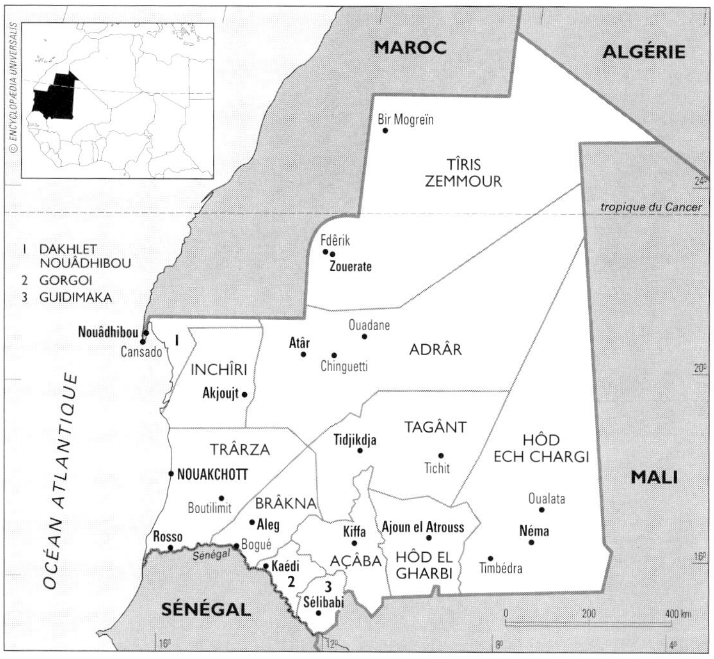

Démographie

■ ***Population*** (estim. 1997) : 2 411 000.

■ ***Densité*** (1997) : 2,3 hab./km².

■ ***Répartition urbaine/rurale*** (1995) : population urbaine 53,8 % ; population rurale 46,2 %.

■ ***Répartition par sexe*** (1995) : hommes 49,52 % ; femmes 50,48 %.

■ ***Répartition par âge*** (1995) : moins de 15 ans 43,1 % ; de 15 à 29 ans 27,3 % ; de 30 à 44 ans 16,1 % ; de 45 à 59 ans 8,3 % ; de 60 à 74 ans 4,3 % ; 75 ans et plus 0,9 %.

■ ***Projection démographique*** : 2 653 000 en 2000 ; 3 630 000 en 2010.

■ ***Temps de doublement*** : 22 ans.

■ ***Composition ethnique*** (1993) : Maures 70,0 % ; autres 30,0 %.

■ ***Appartenances religieuses*** (1994) : musulmans sunnites 99,5 % ; catholiques 0,2 % ; autres 0,3 %.

■ ***Principales villes*** (1992) : Nouakchott (1995) 735 000 hab. ; Nouâdhibou 72 300 hab. ; Kaédi 35 200 hab. ; Kiffa 29 300 hab. (1988) ; Rosso 27 800 hab. (1988).

Statistiques de l'état civil

■ ***Taux de natalité*** (1996) : 46,9 ‰ (moyenne mondiale 25,0 ‰) ; taux de naissances légitimes n.d., illégitimes n.d.

■ ***Taux de mortalité*** (1996) : 15,2 ‰ (moyenne mondiale 9,3 ‰).

■ ***Taux d'accroissement naturel*** (1996) : 31,7 ‰ (moyenne mondiale 15,7 ‰).

■ ***Taux de fécondité*** (nombre moyen de naissances par femme en âge de procréer, 1996) : 6,8.

■ ***Nombre de mariages*** : n.d.

■ ***Nombre de divorces*** : n.d.

■ ***Espérance de vie*** à la naissance (1996) : hommes 46,1 ans ; femmes 52,1 ans.

■ ***Principales causes de décès*** : n.d. ; toutefois, les causes principales de morbidité et de mortalité sont les maladies de l'appareil respiratoire, la malaria, la rougeole et la diarrhée.

Économie nationale

■ ***Budget de l'État*** (1996)
Recettes : 44 720 000 000 MRO (recettes fiscales 59,0 %, dont taxes d'importation 12,6 %, taxes à la valeur ajoutée 10,8 %, taxes sur les salaires 8,4 % ; recettes non fiscales 39,1 % dont amendes et droits de pêche 31,6 %).
Dépenses : 36 740 000 000 MRO (dépenses courantes 71,3 %, dont intérêts de la dette publique 13,4 %, défense nationale 10,0 % ; dépenses de développement 22,5 % ; autres 6,2 %).

■ ***Dette publique*** (extérieure, créances 1995) : 2 194 000 000 USD.

■ ***Tourisme*** (1996) : recettes touristiques 2 000 000 USD ; dépenses touristiques à l'étranger 13 600 000 USD.

■ ***Production***
Agriculture, sylviculture, pêche (1995).
Sorgho 144 900 t ; riz 52 800 t ; dattes 35 900 t ; légumes secs 12 000 t ; millet 7 500 t.
Cheptel (sur pied) : moutons 6 199 000 ; chèvres 4 133 000 ; bovins 1 312 000 ; chameaux 1 087 000.
Bois (1995) : 14 000 m³.
Pêche (1995) : 90 000 t, dont 31 700 t de poulpes.
Industries extractives (poids brut, 1996) : minerai de fer 11 363 000 t ; or 57 900 onces (1995).
Industries manufacturières (1994) : lait de vache 91 000 t ; lait de chèvre 77 000 t ; viande 61 000 t, dont viande fraîche de bœuf et de veau 18 000 t, cuirs et peaux 4 318 t ; ciment, tuiles et briques 5 900 000 USD[b] ; produits manufacturés en métal 5 400 000 USD[b] ; papier et produits dérivés 2 100 000 USD[b].
Bâtiment : n.d.
Énergie (production/consommation) : électricité (1993) 164 593 000/164 593 000 kWh ; charbon (1993) 0/6 000 t ; pétrole brut (1993) 0/7 315 000 barils ; produits pétroliers (1993) 827 000/909 000 t ; gaz naturel 0/n.d.

■ ***Produit national brut*** (aux prix courants du marché, 1995) : 1 049 000 000 USD (460 USD/hab.).

■ ***Population active*** (1994) : 687 000 ; taux d'activité 31,3 % (taux de participation : 10 ans et plus [1991] 45,5 % ; femmes 22,9 % ; sans-emploi n.d.).

■ ***Revenus et dépenses des ménages***
Taille moyenne des ménages : n.d.
Revenu annuel moyen par ménage : n.d. ; sources des revenus : n.d.
Dépenses (1990) : alimentation et boissons 73,1 % ; habillement 8,1 % ; énergie et eau 7,7 % ; transports et communications 2,0 %.

■ ***Utilisation du sol*** (1993) : forêts 4,3 % ; prairies et pâturages 38,3 % ; terres cultivées et plantations 0,2 % ; désert 57,2 %.

Échanges extérieurs

■ ***Importations*** (1996) : 435 400 000 USD (produits pétroliers 30,5 % ; produits alimentaires 22,4 % ; importations pour la Compagnie nationale de l'industrie et des mines 20,8 % ; aide alimentaire pour le secteur public 12,7 %).

Corpus : AFRIQUE (Structure et milieu) – Géographie générale ; ARABE – Les Arabes ; FER (MINERAIS DE) [les pays producteurs] ; MAGHREB ; PÊCHE ; SAHEL (les activités humaines).

Universalia 1990 : 302 La longue marche du Maghreb ; *Universalia 1992* : 295 Entre Afrique noire et monde arabe.

Thesaurus :
MAURES
NOUADHIBOU
NOUAKCHOTT
SARAKHOLÉ
SÉNÉGAL, fleuve

régions	chefs-lieux	superficie (km²)	population (estim. 1992)
régions :			
Adrar (Adrâr)	Atar (Aṭâr)	215 300	62 900
Assaba (el-'Açâba)	Kiffa (Kîfa)	36 000	185 600
Brakna (el-Brâkna)	Aleg (Alâg)	33 800	207 600
Dakhlet Nouâdhibou	Nouâdhibou [ex-Port-Étienne]	22 300	83 200
Gorgol	Kaédi	16 600	201 300
Guidimaka	Sélibabi (Sélibaby)	10 300	129 800
Hodh ech-Chargui (Ḥôḍ ech Chargi)	Néma (en-Na'ma)	182 700	234 000
Hodh el-Gharbi (Ḥôḍ el Gharbi)	Aïoun el-Atrouss ('Ayoûn el-'Atroûs)	53 400	175 100
Inchiri (Inchîri)	Akjoujt (Agjoujt)	46 800	13 600
Tagant (Tagânt)	Tidjikdja (Tijigja)	95 200	67 900
Tiris Zemmour (Tîris Zemmour)	Zouerate	252 900	37 500
Trarza (Trârza)	Rosso	67 800	217 900
district de la capitale :			
Nouakchott	Nouakchott	1 000	480 300
total		**1 030 700**	**2 096 700**

Territoire et population.

	1996		1988	
	millions de MRO	% du total	effectifs	% des effectifs
agriculture, bétail	32 232	22,1	225 238	38,5
mines	13 440	9,0	6 322	1,1
industrie	16 117	10,7	5 630	1,0
entreprises publiques	12 766	8,5	1 326	0,2
bâtiment			12 291	2,1
transports et communications	10 282	6,9	8 378	1,4
commerce et finance	22 287	14,8	73 451	12,5
services	10 210	6,8	86 807	14,8
administration, défense nationale	15 684	10,5		
autres	16 124 [1]	10,7	166 366 [2]	28,4
total	**150 142**	**100,0**	**585 809**	**100,0**

1. Taxes indirectes. 2. Sans-emploi principalement.

Structure du produit intérieur brut et effectifs.

	1990	1991	1992	1993	1994	1995	1996
indice des prix à la consommation *	100,0	105 6	116,3	127,2	132,4	140,9	147,6
indice des revenus mensuels	100,0	100,0	114,6	129,2	129,2	129,2	129,2

(*) Pour Nouakchott seulement.

Indices des prix et des revenus (1990 = 100).

	1991	1992	1993	1994	1995
millions de USD	+ 36,7	− 54,5	+ 2,6	+ 41,7	+ 75,8
% du total	4,4	6,3	0,3	5,6	8,3

Balance commerciale (prix courants).

	nombre d'établissements	nombre d'enseignants	nombre d'élèves	nombre d'élèves par enseignant
primaire (6-11 ans)	1 635	5 181 [2]	268 216 [2]	51,8 [2]
secondaire (12-17 ans)	56 [1]	1 776	43 861	24,7
professionnel et formation à l'enseignement	5 [1]	162	1 949	12,0
supérieur	4	72 [2,3]	2 850 [2,3]	39,6 [2,3]

1. 1991-1992. 2. 1994-1995. 3. Université de Nouakchott seulement.

Enseignement (1993-1994).

Principales sources des importations (1995) : France 24 % ; Espagne 8 % ; États-Unis 7 % ; Belgique 6 % ; Chine 5 %.

■ ***Exportations*** (1996) : 485 200 000 USD (produits de la mer 57,0 %, dont céphalopodes 28,8 % ; minerai de fer 42,7 %).
Principales destinations des exportations (1995) : Japon 27 % ; Italie 18 % ; France 12 % ; Espagne 11 % ; Côte d'Ivoire 6 %.

Transports et communications

■ ***Transports***
Chemins de fer (1995) : longueur 704 km ; trafic (1993) : 6 890 000 000 t-km.
Routes (1995) : longueur totale 7 600 km (11 % recouvertes).
Véhicules (1995) : voitures particulières 17 300 ; camions et autobus 9 210.
Marine marchande (1992) : 126 navires (de 100 tjb et plus) ; 23 875 tonneaux de port en lourd.
Transports aériens (1996) : trafic (Air Afrique uniquement) : 224 736 000 passagers-km ; 16 420 000 t-km. 9 aéroports desservis par des vols réguliers (1997).

■ ***Communications***
Journaux quotidiens (1994) : diffusion 1 000 ; diffusion pour 1 000 hab. 0,05.
Radiodiffusion (1996) : 1 000 000 postes récepteurs ; 428 pour 1 000 hab.
Télévision (1995) : 1 100 postes récepteurs ; 0,05 pour 1 000 hab.
Téléphone (1995) : 9 200 lignes principales ; 4,1 pour 1 000 hab.

Éducation et santé

■ ***Niveau d'éducation*** (1988)
Proportion de la population âgée de 25 ans et plus : sans instruction scolaire 60,8 % ; ayant une éducation primaire ou secondaire incomplète 34,1 % ; éducation secondaire 3,8 % ; éducation supérieure 1,3 %.

■ ***Alphabétisation*** (1995) : proportion de la population âgée de 15 ans et plus alphabétisée 37,7 % ; hommes 49,6 % ; femmes 26,3 %.

■ ***Santé*** : env. 200 médecins en 1994 (1 pour 11 085 hab.) ; 1 556 lits d'hôpital en 1988 (1 pour 1 217 hab.) ; taux de mortalité infantile (1996) : 81,7 ‰.

■ ***Alimentation*** (1995) : apport journalier en calories par habitant 2 592 (alimentation d'origine végétale 83 % ; d'origine animale 17 %) ; soit 112 % du niveau minimal recommandé par la F.A.O.

Défense nationale

■ ***Contingent*** (1995) : 15 650 (armée de terre 95,8 % ; marine 3,2 % ; armée de l'air 1,0 %).

■ ***Dépenses militaires*** (1995) : 3,2 % du P.N.B. (moyenne mondiale 2,8 %) ; soit 15 USD/hab.

a. La Constitution de 1991 institue l'arabe en tant que langue officielle et désigne l'arabe, le peul, le soninké et le ouolof comme langues nationales.

b. Valeur ajoutée, 1993.

→ *Corpus* : MEXIQUE
→ *Grand Atlas de Géographie* (éd. 1992) : 200, 202, 204 ; 252 a (Mexico)
→ *Grand Atlas de l'Histoire* : 219, 226, 227, 286, 287, 294

MEXIQUE

- ***Nom officiel*** : États-Unis du Mexique (Estados Unidos Mexicanos ; forme courte : México ou Méjico). Code I.S.O. : MX.
- ***Forme de gouvernement*** : république fédérale avec un Congrès de l'Union comprenant deux chambres (Sénat [128] et Chambre des députés [500]).
- ***Chef de l'État et du gouvernement*** : président.
- ***Capitale*** : Mexico (Ciudad de México).
- ***Langue officielle*** : espagnol.
- ***Religion officielle*** : aucune.
- ***Unité monétaire*** : 1 nouveau peso mexicain (MXN) = 100 centavos ; valeur (31 déc. 1997) : 100 MXN = 74,24 FRF[a].

Démographie

■ ***Population*** (estim. 1997) : 94 275 000.

■ ***Densité*** (1997) : 48,1 hab./km².

■ ***Répartition urbaine/rurale*** (1990) : population urbaine 71,3 % ; population rurale 28,7 %.

■ ***Répartition par sexe*** (1995) : hommes 49,88 % ; femmes 50,12 %.

■ ***Répartition par âge*** (1995) : moins de 15 ans 35,9 % ; de 15 à 29 ans 30,1 % ; de 30 à 44 ans 18,2 % ; de 45 à 59 ans 9,5 % ; de 60 à 74 ans 4,8 % ; 75 ans et plus 1,5 %.

■ ***Projection démographique*** : 98 881 000 en 2000 ; 112 891 000 en 2010.

■ ***Temps de doublement*** : 27 ans.

■ ***Composition ethnique*** (1990) : Métis 60,0 % ; Amérindiens 30,0 % ; autres 10,0 %.

■ ***Appartenances religieuses*** (1990) : catholiques 89,7 % ; protestants (évangéliques compris) 4,9 % ; juifs 0,1 % ; autres 2,1 % ; sans appartenance 3,2 %.

■ ***Principales villes*** (1990) : Mexico 9 815 795 hab. ; Guadalajara 1 650 042 hab. ; Netzahualcóyotl 1 255 456 hab. ; Monterrey 1 068 996 hab. ; Puebla 1 007 170 hab. ; Juárez 789 522 hab. ; León 758 279 hab. ; Tijuana 698 752 hab ; Mérida 523 422 hab. ; Chihuahua 516 153 hab.

■ ***Lieu de naissance*** (1990) : Mexique 93,1 % ; étranger et lieu inconnu 6,9 %.

■ ***Mobilité*** (1990)
Proportion de la population de 5 ans et plus vivant dans le même État depuis 1985 94,3 % ; ayant changé d'État 4,9 % ; non spécifié 0,8 %.

■ ***Ménages***
Nombre de ménages (1992) : 17 152 000.
1990 : ménages d'une personne 1,0 % ; de 2 personnes 4,3 % ; de 3 personnes 8,9 % ;

États	capitales	superficie* (km²)	population (estim. 1995)
États :			
Aguascalientes	Aguascalientes	5 471	862 720
Basse-Californie du Nord (Baja California Norte)	Mexicali	69 921	2 112 140
Basse-Californie du Sud (Baja California Sur)	La Paz	73 475	375 494
Campêche (Campeche)	Campeche	50 812	642 516
Chiapas	Tuxtla Gutiérrez	74 211	3 584 786
Chihuahua	Chihuahua	244 938	2 793 537
Coahuila	Saltillo	149 982	2 173 775
Colima	Colima	5 191	488 028
Durango	Durango (Victoria de Durango)	123 181	1 431 748
Guanajuato	Guanajuato	30 491	4 406 568
Guerrero	Chilpancingo [de los Bravos]	64 281	2 916 567
Hidalgo	Pachuca [de Soto]	20 813	2 112 473
Jalisco	Guadalajara	80 836	5 991 176
Mexico (México) [esp. Méjico]	Toluca [de Lerdo]	21 355	11 707 964
Michoacán de Ocampo	Morelia	59 928	3 870 604
Morelos	Cuernavaca	4 950	1 442 662
Nayarit	Tepic	26 979	896 702
Nouveau-Léon (Nuevo León)	Monterrey	64 924	3 550 114
Oaxaca	Oaxaca [de Juárez]	93 952	3 228 895
Puebla	Puebla [de Zaragoza]	33 902	4 624 365
Querétaro	Querétaro	11 449	1 250 476
Quintana Roo	Chetumal	50 212	703 536
San Luis Potosí	San Luis Potosí	63 068	2 200 763
Sinaloa	Culiacán	58 328	2 425 675
Sonora	Hermosillo	182 052	2 085 536
Tabasco	Villahermosa	25 267	1 748 769
Tamaulipas	Ciudad Victoria	79 384	2 527 328
Tlaxcala	Tlaxcala	4 016	883 924
Veracruz	Jalapa [Enríquez] (Xalapa)	71 699	6 737 324
Yucatán	Mérida	38 402	1 556 622
Zacatecas	Zacatecas	73 252	1 336 496
district fédéral :			
Distrito Federal	[Ciudad de] México	1 479	8 489 007
total		**1 958 201**	**91 158 290**

(•) Les superficies comprennent les terres et les eaux intérieures. La superficie terrestre totale est de 1 953 128 km².

Territoire et population.

	1996		1995 (2e trimestre)	
	millions de MXN	% du total	effectifs	% des effectifs
agriculture	74 959,1	5,8	8 378 000	23,6
mines	17 575,3	1,3	147 000	0,4
industrie	241 487,3	18,7	5 168 000	14,5
bâtiment	51 196,9	4,0	1 819 000	5,1
entreprises publiques	20 492,1	1,6	80 000	0,2
transports et communications	120 768,1	9,3	1 461 000	4,1
commerce	236 186,9	18,2	7 799 000	21,9
finance	195 310,4	15,1	1 104 000	3,1
administration, défense nationale; services	263 675,3	20,4	7 765 000	21,8
autres	71 966,2 [1]	5,6 [1]	1 886 400 [2]	5,2
total	**1 293 617,6**	**100,0**	**35 558 400** [3]	**100,0** [3]

1. Industries manufacturières seulement. 2. Comprend 1 677 400 sans-emploi. 3. Le total général ne correspond pas exactement au détail en raison des arrondis.

Structure du produit intérieur brut et effectifs.

de 4 personnes 14,9 % ; de 5 personnes 17,4 % ; de 6 personnes 15,3 % ; de 7 personnes et plus 38,2 %. Ménages (1990) familiaux (98,4 %) ; non familiaux (1,3 %) ; non spécifié 0,3 %.

■ ***Migrations***
Immigrants permanents admis au Mexique (1987) : 72 649.
Émigrants légaux aux États-Unis (1995) : 89 900.

Statistiques de l'état civil

■ ***Taux de natalité*** (1995) : 30,4 ‰ (moyenne mondiale 25,0 ‰) ; taux (1983) de naissances légitimes 72,5 %, illégitimes 27,5 %.

■ ***Taux de mortalité*** (1995) : 4,8 ‰ (moyenne mondiale 9,3 ‰).

■ ***Taux d'accroissement naturel*** (1995) : 25,6 ‰ (moyenne mondiale 15,7 ‰).

■ ***Taux de fécondité*** (nombre moyen de naissances par femme en âge de procréer, 1995) : 3,1.

■ ***Nombre de mariages*** (pour 1 000 hab., 1994) : 7,2.

■ ***Nombre de divorces*** (pour 1 000 hab., 1995) : 0,4.

■ ***Espérance de vie*** à la naissance (1994) : hommes 66,5 ans ; femmes 73,1 ans.

■ ***Principales causes de décès*** (pour 100 000 hab., 1995) : maladies de cœur 69,8 ; tumeurs malignes (cancers) 52,9 ; accidents 39,0 ; diabète 36,6 ; maladies cérébro-vasculaires 25,7 ; cirrhose 23,3 ; causes liées à la grossesse 22,5 ; pneumonie et grippe 21,6 ; homicides 17,1.

Indicateurs sociaux

■ ***Niveau d'éducation*** (1992)
Proportion de la population âgée de 15 ans et plus : sans instruction scolaire 14,1 % ; ayant une éducation primaire incomplète 22,3 % ; une éducation primaire 20,7 % ; éducation secondaire incomplète 10,4 % ; éducation secondaire 24,2 % ; éducation supérieure 8,3 %.

■ ***Qualité de la vie professionnelle***
Durée moyenne de la semaine de travail (dans l'industrie uniquement, 1995) : 43,4 heures.
Taux annuel (pour 100 000 actifs assurés, 1992) : d'incapacité temporaire 6 426 ; d'indemnisation pour incapacité permanente 239 ; de décès 18.
Arrêts de travail (1995) : 96 (impliquant 12 249 travailleurs).
Durée moyenne du trajet jusqu'au lieu de travail : n.d.

■ ***Accès aux services*** (1992)
Proportion de logements : disposant de l'électricité 89,3 % ; raccordés à un réseau public d'eau potable 81,0 % ; raccordés à un service public d'enlèvement des eaux usées 66,1 %.

■ ***Participation à la vie sociale***
Électeurs inscrits ayant participé au dernier scrutin national (1991) env. 60 % ; proportion de la population participant au travail bénévole n.d.
Personnes pratiquantes parmi celles qui déclarent une appartenance religieuse (présence à l'église, 1970) : une fois par semaine, 10 % de la population urbaine, 25 % de la population rurale ; une fois par an, 55 % de la population urbaine, 73 % de la population rurale. Moyenne nationale de présence à l'église (1993) : 11 %.

■ ***Délinquance et/ou déviance sociale***
Affaires criminelles jugées par les autorités locales (pour 100 000 hab., 1991) : meurtres 60,3 ; viols 22,4 ; autres voies de fait 301,0 ; vols 703,8. Taux (pour 100 000 hab.) : d'alcoolisme n.d. ; de toxicomanie n.d. [b] ; de suicide 1,72.

■ ***Loisirs*** (1985)
Loisirs préférés (nombre moyen d'entrées par jour) : cinéma 582 416 ; musées et sites archéologiques 12 169 ; théâtre 16 400 ; manifestations sportives 31 518 ; corridas 3 049.

■ ***Niveau de confort*** (1985)
Ménages possédant : récepteur de radio 96 % ; récepteur de télévision 73 % ; lave-linge 33 % ; automobile 29 % ; téléphone 27 % ; réfrigérateur 23 %.

Économie nationale

■ ***Budget de l'État*** (1994)
Recettes : 213 467 000 000 MXN [a] (recettes pétrolières 24,8 %).
Dépenses : 221 202 000 000 MXN [a] (transferts 53,7 % ; salaires et traitements 19,1 % ; intérêts de la dette publique 12,2 %).

■ ***Produit national brut*** (1995) : 304 596 000 000 USD (3 320 USD/hab.).

pourcentage du revenu familial par quintile				
1	2	3	4	5 (le plus haut)
4,8	8,6	12,8	19,5	54,3

Répartition du revenu (1994).

Corpus : AGRAIRES (RÉFORMES) [une réforme agraire « sabotée » au Mexique] ; ALIMENTATION (ÉCONOMIE DE L') – Les grands produits alimentaires ; AMÉRIQUE LATINE – Économie et société ; CARAÏBES (AIRE DES) [géopolitique de l'espace] ; FER (MINERAIS DE) [Les pays producteurs] ; GAZ NATUREL ; INDIENS D'AMÉRIQUE (Méso-Amérique) ; LATIFUNDIA ; MAYA (les Maya aujourd'hui) ; PÊCHE ; PÉTROLE – Géographie du pétrole (Amérique latine) ; POPULATION (GÉOGRAPHIE DE LA) [population et démographie] ; SEL (l'économie du sel à la fin du XXe siècle) ; SUCRE (la production) ; VILLAGEOISES (COMMUNAUTÉS) [de l'ejido traditionnel à l'ejido de conception moderne] ; ZONES FRANCHES.

Universalia 1985 : 308 Le Chiapas, porte ouverte sur l'Amérique centrale ; ***Universalia 1987 :*** 314 Nouveaux défis ; ***Universalia 1988 :*** 172 Les réfugiés ; ***Universalia 1989 :*** 132 L'épuisement du modèle national de développement en Amérique latine ; 314 La crise du régime présidentiel ; ***Universalia 1990 :*** 130 Les villes géantes ; ***Universalia 1991 :*** 151 Amérique latine : une nouvelle donne ; 307 Vers une nouvelle stature internationale ; ***Universalia 1996 :*** 267 La lente et inéluctable démocratisation du système politique.

Thesaurus :
BASSE-CALIFORNIE
CAFÉ
CHIAPAS
CHICHIMÈQUES
CHOL & CHONTALE
CIUDAD JUÁREZ
CORA
EXCELSIOR (EL)
GUADALAJARA
HUAXTÈQUES
HUICHOL
LACANDON
MAÏS
MESETA CENTRALE
MEXICAIN (ISTHME)
MEXICO
MIXTÈQUES
MONTERREY
NAHUA
OTOMI
PIMA
PIPIL
PUEBLA DE ZARAGOZA
TARAHUMARA
TARASQUE
TIJUANA
TLAPANÈQUES
TORREÓN
TOTONAQUE
TZELTAL
VERACRUZ
YAQUI
YUCATÁN (PRESQU'ÎLE DU)
ZAPOTÈQUES

	nombre de grandes entreprises	nombre d'employés (milliers)	salaire annuel en % de la moyenne de tous les salaires [1]	valeur ajoutée (millions de MXN) [1]
industrie :	**266 033**	**3 174,4**	**97,5**	**20 950 900**
produits métalliques	46 667	955,6	114,2	6 605 300 [2]
produits chimiques	7 321	371,2	152,3	4 228 000
alimentation, boissons et tabac	91 894	679,3	86,4	3 378 700
textiles et habillement	44 071	530,6	80,0	2 414 800
fer et acier	401	57,4	128,2	1 332 400
produits minéraux non métalliques	24 397	181,8	96,6	1 177 700
papier et imprimerie	15 022	193,2	100,0	1 127 900
bois et dérivés	31 549	162,6	62,8	497 000
équipement non électrique et de transport	— [2]	— [2]	— [2]	— [2]
équipement électrique	— [2]	— [2]	— [2]	— [2]
autres produits industriels	4 711	42,7	—	189 200
mines	**2 845**	**95,6**	**161,0**	**1 643 800**
bâtiment	**5 308** [1]	**342,4** [1]	**62,1**	**1 414 800**

1. 1988. 2. Compris dans les produits métalliques.

Industrie, mines et bâtiment (1993).

■ ***Dette publique*** (extérieure, créances, 1995) : 94 027 000 000 USD.

■ ***Tourisme*** (1995) : recettes touristiques 6 164 000 000 USD ; dépenses touristiques à l'étranger 3 153 000 000 USD.

■ ***Production***

Agriculture, sylviculture, pêche (1996).
Canne à sucre 46 980 000 t ; maïs 17 300 000 t ; sorgho 4 817 000 t ; blé 3 563 000 t ; oranges 3 556 000 t ; bananes 2 158 000 t ; tomates 2 145 000 t ; haricots secs 1 495 000 t ; mangues 1 420 000 t ; limes et citrons 1 001 000 t ; pommes 645 000 t ; orge 616 000 t ; coton en graines 596 000 t ; raisins 535 000 t ; riz 455 000 t ; soja 350 000 t ; ananas 181 000 t ; fraises 85 000 t ; noix 18 000 t.
Cheptel (sur pied) : bovins 28 141 000 ; porcs 15 405 000 ; chèvres 10 500 000 ; chevaux 6 250 000 ; moutons 5 987 000 ; dindons 3 550 000 ; mulets 3 270 000 ; ânes 3 250 000 ; poulets 386 000 000.
Bois (1995) : 22 034 000 m^3.
Pêche (1995) : 1 358 000 t.
Industries extractives.
Métaux (valeur de la production [a], métal contenu, 1993) : cuivre 2 236 437 000 MXN ; argent 1 339 057 000 MXN ; zinc 1 321 759 000 MXN ; or 605 850 000 MXN ; fer 530 658 000 MXN ; plomb 457 307 000 MXN ; soufre 219 833 000 MXN ; gypse 160 139 000 MXN ; dolomite 119 728 000 MXN ; fluorite 110 838 000 MXN ; molybdène 88 043 000 MXN ; manganèse 77 918 000 MXN ; silice 68 956 000 MXN ; bismuth 25 166 000 MXN ; célestine 25 045 000 MXN.
Industries manufacturières (valeur brute de la production [a], 1993) : équipement industriel et de transport 74 121 214 000 MXN ; produits alimentaires, boissons et tabac 57 872 995 000 MXN ; produits chimiques 44 689 596 000 MXN ; produits métalliques 21 770 185 000 MXN ; produits minéraux 15 449 730 000 MXN ; papier et dérivés 8 673 629 000 MXN ; textiles 8 467 903 MXN.
Bâtiment (valeur brute des constructions neuves, 1985) [a] : résidentiel 154 835 000 000 MXP ; non résidentiel 168 096 000 000 MXP.
Énergie (production/consommation) : électricité (1994) 144 276 000 000/143 447 000 000 kWh ; charbon (1994) 8 898 000/9 188 000 t ; pétrole brut (1990) 972 000 000/500 000 000 barils ; produits pétroliers (1994) 83 618 000/89 164 000 t ; gaz naturel (1994) 26 318 000 000/27 206 000 000 m^3.

■ ***Population active*** (1995) : 35 558 484 ; taux d'activité 39,4 % (taux de participation : 15-64 ans 61,8 % ; femmes 32,6 % ; sans-emploi 4,7 %).

■ ***Revenus et dépenses des ménages***
Taille moyenne des ménages (1992) : 4,8.
Revenu annuel moyen par ménage (1989) : 3 461 MXP [a] (1 384 USD) ; sources des revenus (1992) : salaires et traitements 61,5 % ; revenus fonciers et des entreprises 29,1 % ; paiements de transfert 7,8 % ; autres 1,6 %.
Dépenses (1992) : alimentation, boissons et tabac 36,9 % ; logement 25,2 % ; transports et communications 10,1 % ; habillement 8,5 % ; loisirs 5,5 % ; santé et services médicaux 3,5 %.

■ ***Utilisation du sol*** (1994) : forêts 25,5 % ; prairies et pâturages 39,0 % ; terres cultivées et plantations 13,0 % ; autres 22,5 %.

Échanges extérieurs

■ ***Importations*** (1996) : 89 468 800 000 USD (biens intermédiaires 80,4 % ; biens d'équipement 12,2 % ; biens de consommation 7,4 %). *Principales sources des importations* : États-Unis 75,6 % ; Japon 4,4 % ; Allemagne 3,5 % ; Canada 1,9 % ; Corée du Sud 1,3 % ; France 1,1 %.

■ ***Exportations*** (1996) : 97 922 700 000 USD (produits manufacturés 82,1 % ; pétrole brut 10,9 % ; produits agricoles 3,7 %).

	nombre d'établissements	nombre d'employés	salaire en % annuel de la moyenne de tous les salaires (•)	recettes annuelles (millions de MXN)
commerce	**1 208 779**	**2 969 786**	**n.d.**	**565 728 373**
commerce de gros	68 919	631 802	n.d.	249 597 035
commerce de détail	1 139 860	2 337 984	n.d.	316 131 338
boutiques (sauf alimentation)	422 299	922 890	n.d.	108 507 889
tabacs et magasins d'alimentation	671 050	991 911	n.d.	65 305 180
magasins d'automobiles, pneus et pièces détachées	32 138	152 821	n.d.	47 888 576
petits supermarchés et épiceries	8 719	168 752	n.d.	48 769 283
stations-service	3 042	35 340	n.d.	32 517 091
autres	2 612	66 270	n.d.	13 143 319
services	**711 843**	**2 766 750**	**85,2**	**200 001 682**
services professionnels	130 475	652 148	77,9	53 533 318
restaurants et débits de boisson	677	11 258	n.d.	1 012 369
agences de voyages	9 967	62 767	133,4	11 858 406
hébergement	9 913	151 445	n.d.	8 960 922
réparation automobile	112 293	252 950	n.d.	7 263 560
services éducatifs (privés)	20 622	247 086	134,3	10 815 238
assistance médicale et sociale	79 748	203 348	206,4	7 497 794
cinémas et théâtres	4 855	65 608	148,9	9 845 129
loisirs	20 973	65 936	n.d.	3 065 672
réparation non automobile	72 129	104 478	n.d.	2 625 370
organisations commerciales et professionnelles	1 946	11 946	77,9	264 770
autres services	248 245	937 780	49,9	83 259 134

(•) 1984.

Commerce et services (1993).

	1990	1991	1992	1993	1994	1995	1996
indice des prix à la consommation	100,0	122,7	141,7	155,5	166,3	224,5	301,7
indice des revenus mensuels	100,0	129,1	292,9	164,7	174,6	192,1	290,6 (•)

(•) Juin.

Indices des prix et des revenus (1990 = 100).

groupes selon la C.T.C.I.	importations		exportations	
	millions de USD	%	millions de USD	%
00 produits alimentaires et animaux vivants	3 225	4,4	5 434	6,8
01 boissons et tabac	144	0,2	585	0,7
02 matières premières à l'exclusion des combustibles	3 213	4,4	2 007	2,5
03 combustibles minéraux, lubrifiants et produits dérivés	1 585	2,1	8 186	10,3
04 huiles animales et végétales, graisses et cires	581	0,8	—	—
05 produits chimiques et dérivés N.D.A.	6 899	9,3	3 876	4,9
06 produits manufacturés de base	12 377	16,7	8 982	11,3
07 équipement industriel et de transport	31 693	42,8	41 634	52,4
08 articles manufacturés divers	9 318	12,6	8 507	10,7
09 produits non classifiés	4 958	6,7	218	0,3
total [1]	**73 993**	**100,0**	**79 489** [2]	**100,0** [2]

1. Le total comprend des ajustements. 2. Le total général ne correspond pas exactement au détail en raison des arrondis.

Échanges par groupes de produits (1995).

	1991	1992	1993	1994	1995	1996	1997 (7 mois)
taux de change*, MXN pour 1 :							
USD	3 018	3 095	3 116	3 375	6 419	7 599	7 886
D.T.S.	4 393	4 284	4 266	7 774	11 361	11 289	10 609
réserves internationales* (USD) :							
total (sans l'or, millions)	17 726	18 942	25 110	6 278	16 847	19 433	24 566
D.T.S. (millions)	586	548	223	177	1 597	257	568
réserve éventuelle au F.M.I. (millions)	–	–	–	–	–	–	–
devises (millions)	17 140	18 394	24 886	6 101	15 250	17 217	19 176
or (onces, millions)	0,92	0,69	0,48	0,43	0,51	0,26	0,22
% des réserves mondiales	0,10	0,07	0,05	0,05	0,06	0,03	0,02
intérêts et prix* :							
taux des bons du Trésor	19,28	15,62	15,03	14,10	48,44	31,39	18,80
balance des paiements (USD, millions) :							
balance commerciale	– 7 279	– 15 934	– 13 481	– 18 464	+ 7 089	+ 6 531	–
importations F.O.B.	49 966	62 130	65 366	79 347	– 72 454	– 89 409	–
exportations F.O.B.	42 687	46 196	51 885	60 882	79 543	96 000	–
balance des transactions invisibles	– 7 609	– 8 508	– 9 919	– 11 198	+ 8 665	– 8 454	–
balance des paiements, compte courant	– 14 888	– 24 442	– 23 400	– 29 662	– 1 576	– 1 923	–

(•) Les taux de change et des bons du Trésor sont exprimés en moyennes périodiques ; les réserves internationales sont exprimées aux taux de fin de période.

Agrégats financiers.

	1990	1991	1992	1993	1994	1995
milliards de MXP	– 7 494,0	– 27 746	– 57 138	– 53 615	– 80 166	+ 19 923
% du total	4,7	14,4	25,1	22,2	25,6	3,4

Balance commerciale (prix courants).

	importations		exportations	
	millions de USD	%	millions de USD	%
Afrique	**219**	**0,3**	**65**	**0,1**
Amériques	**71 590**	**80,0**	**87 742**	**91,4**
États-Unis	67 629	75,6	80 663	84,0
Amérique latine et Caraïbes	2 217	2,5	5 898	60,2
Canada	1 744	1,9	1 181	1,2
Asie	**8 587**	**9,6**	**2 457**	**2,5**
Japon	3 901	4,4	1 363	1,4
Europe	**8 423**	**9,4**	**4 798**	**5,0**
U.E.	7 733	8,7	4 190	4,4
Russie	–	–	–	–
autres pays d'Europe	690	0,7	608	0,6
autres	**645**	**0,7**	**929**	**1,0**
total	**89 464**	**100,0**	**95 991**	**100,0**

Répartition du commerce extérieur (1996).

	nombre d'établissements	nombre d'enseignants	nombre d'élèves	nombre d'élèves par enseignant
primaire (6-12 ans)	91 857	507 669	14 572 202	28,7
secondaire (12-18 ans)	22 255	256 831	4 493 173	17,5
professionnel et formation à l'enseignement*	6 571	77 347	1 076 700	13,9
supérieur	10 341	319 551	3 763 938	11,8

(•) 1992-1993.

Enseignement (1994-1995).

Principales destinations des exportations (1993) : États-Unis 84,0 % ; Japon 1,4 % ; Canada 2 % ; Italie 1,2 % ; Espagne 1,0 % ; Allemagne 0,7 %.

Transports et communications

■ ***Transports***

Chemins de fer (1995) : longueur (1996) 26 623 km ; trafic : 1 800 000 000 passagers-km ; 37 243 000 000 t-km.

Routes (1996) : longueur totale 312 301 km (36 % recouvertes [1993]).

Véhicules (1995) : voitures particulières 8 330 000 ; camions et autobus 4 221 000.

Marine marchande (1992) : 635 navires (de 100 tjb et plus) ; 1 495 311 tonneaux de port en lourd.

Transports aériens (1996) : trafic : 20 763 559 000 passagers-km ; 1 968 250 000 t-km. 83 aéroports (1996).

■ ***Communications***

Journaux quotidiens (1995) : diffusion totale 10 500 000 ; diffusion pour 1 000 hab. 115.

Radiodiffusion (1996) : 21 000 000 postes récepteurs ; 227 pour 1 000 hab.

Télévision (1995) : 17 600 000 postes récepteurs ; 192 pour 1 000 hab.

Téléphone (1995) : 8 736 000 lignes principales ; 96 pour 1 000 hab.

Éducation et santé

■ ***Alphabétisation*** (1995) : personnes âgées de 15 ans et plus alphabétisées 89,6 % ; hommes 91,8 % ; femmes 87,4 %.

■ ***Santé*** : 149 432 médecins en 1993 (1 pour 885 hab.) ; 83 757 lits d'hôpital en 1992 (1 pour 1 367 hab.) ; taux de mortalité infantile (1995) : 17,5 ‰.

■ ***Alimentation*** (1995) : apport journalier en calories par habitant 3 136 (alimentation d'origine végétale 84 % ; d'origine animale 16 %) ; soit 131 % du niveau minimal recommandé par la F.A.O.

Défense nationale

■ ***Contingent*** (1997) : 175 000 (armée de terre 74,3 % ; marine 21,1 % ; armée de l'air 4,6 %).

■ ***Dépenses militaires*** (1995) : 1,0 % du P.N.B. (moyenne mondiale 2,8 %) ; soit 25 USD/hab.

a. Depuis le 1er janvier 1993, un « nouveau peso » (MXN) remplace l'ancien (MXP), sur la base de 1 MXN = 1 000 MXP.

b. En 1982, le stupéfiant dont la consommation était la plus importante était le cannabis.

→ *Thesaurus* : CAROLINES (ARCHIPEL DES), MARIANNES (ÎLES), TRUK, YAP
→ *Grand Atlas de Géographie* (éd. 1992) : 16, 108, 166q, r, 167c
→ *Grand Atlas de l'Histoire* : 270, 271.

MICRONÉSIE

- ***Nom officiel*** : États fédérés de Micronésie (Federated States of Micronesia). Code I.S.O. : FM.
- ***Statut politique*** : république fédérale en libre association avec les États-Unis, à une chambre législative (Congrès national [14][a]).
- ***Chef de l'État et du gouvernement*** : président
- ***Capitale*** : Palikir (ex-Kolonia), sur l'île Pohnpei.
- ***Langue officielle*** : aucune.
- ***Religion officielle*** : aucune.
- ***Unité monétaire*** : 1 dollar (USD) = 100 cents ; valeur (31 déc. 1997) : 100 USD = 598,81 FRF.

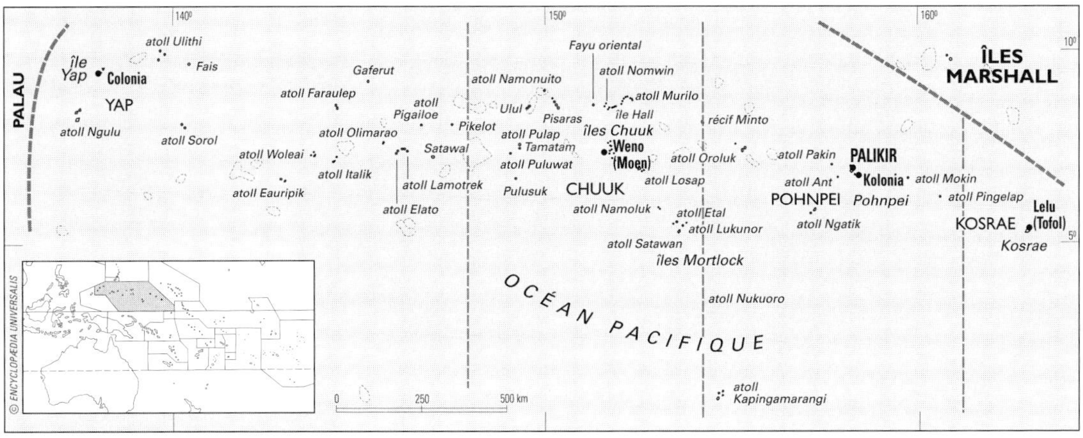

Démographie

■ ***Population*** (estim. 1997) : 107 000.

■ ***Densité*** (1997) : 152,6 hab./km².

■ ***Répartition urbaine/rurale*** (1992) : population urbaine 26,0 % ; population rurale 74,0 %.

■ ***Répartition par sexe*** (1994) : hommes 51,09 % ; femmes 48,91 %.

■ ***Répartition par âge*** (1994) : moins de 15 ans 42,7 % ; de 15 à 29 ans 27,4 % ; de 30 à 44 ans 17,1 % ; de 45 à 59 ans 7,6 % ; 60 ans et plus 5,2 %.

■ ***Projection démographique*** : 110 000 en 2000 ; 120 000 en 2010.

■ ***Temps de doublement*** : 36 ans.

■ ***Composition ethnique*** (1994) : Chuuks 46,7 % ; Pohnpeians 24,3 % ; Kosraeans 6,8 % ; Yaps 5,4 % ; Mortlocks 4,9 % ; Philippins 0,8 % ; autres 11,1 %.

■ ***Appartenances religieuses*** (1996) : le christianisme est la religion traditionnelle prédominante, dont catholiques 52,9 % et protestants 47,1 %, les Kosraeans, Pohnpeians et Truks étant protestants, la plupart des Yaps étant catholiques romains.

■ ***Principales villes*** (1989) : Moen (Wenn) 15 300 hab. ; Colonia 6 200 hab.

Statistiques de l'état civil

■ ***Taux de natalité*** (1995) : 23,7 ‰ (moyenne mondiale 25,0 ‰).

■ ***Taux de mortalité*** (1995) : 4,0 ‰ (moyenne mondiale 9,3 ‰).

■ ***Taux d'accroissement naturel*** (1995) : 19,7 ‰ (moyenne mondiale 15,7 ‰).

■ ***Taux de fécondité*** (nombre moyen de naissances par femme en âge de procréer, 1996) : 4,0.

États et îles principales	superficie (km²)	population (recens. 1994)
Chuuk (Truk)	**127,2**	**52 870**
îles Chuuk	18,1	15 253 [1]
Kosrae (Kusaie)	**109,6**	**7 354**
île Kosrae	109,6	7 354
Pohnpei (Ponape)	**345,2**	**33 372**
île Pohnpei	334,1	33 372
Yap	**119,0**	**11 128**
île Yap	100,2	6 650 [2]
total	**701,0**	**104 724**

1. Estimation de 1989. 2. Estimation de 1987.

Territoire et population.

■ ***Espérance de vie*** à la naissance (1994) : hommes 65,7 ans ; femmes 69,6 ans.

■ ***Principales causes de décès*** (décès déclarés uniquement, pour 100 000 hab., 1991) : maladies cérébro-vasculaires 89,6 ; maladies de l'appareil respiratoire 42,8, dont tuberculose 8,9 ; tumeurs malignes (cancers) 38,8 ; homicides, suicides et accidents 30,8 ; maladies infectieuses et parasitaires 22,9 (avec un taux particulièrement élevé de tuberculose et de lèpre).

Économie nationale

■ ***Budget de l'État*** (1994-1995)
Recettes : 172 500 000 USD (emprunts extérieurs 65,1 % ; recettes fiscales 12,2 % ; droits sur la pêche 12,1 %).
Dépenses : 169 100 000 USD (dépenses courantes 82,6 %, dont services gouvernementaux 74,4 %, paiements de transfert 7,0 %, service de la dette 3,0 % ; dépenses en capital 17,4 %).

■ ***Dette publique*** (extérieure, créances, 1994-1995) : 119 500 000 USD.

■ ***Tourisme*** (1990) : 23 171 visiteurs.

■ ***Production***
Agriculture, sylviculture, pêche (1989) : n.d. ; toutefois, les noix de coco, les fruits à pain, le manioc, les patates douces, les bananes et les fruits tropicaux sont parmi les principales cultures du pays.
Cheptel (sur pied) : principalement les porcs et les volailles.
Pêche (1995) : 21 150 t.
Industries extractives (1989) : sable pour la construction locale uniquement.

Corpus : OCÉANIE – Géographie humaine ; Ethnographie (Micronésie).

Thesaurus : AUSTRONÉSIENS

	1983		1990	
	millions de USD	% du total	effectifs	% des effectifs
agriculture et pêche	44,9	42,2	12 700	41,6
commerce	12,7	11,9	–[1]	–
administration	31,5	29,6	6 300	20,7
industrie			1 600	5,2
bâtiment			1 900	6,2
transports, communications et entreprises publiques	17,4	16,3	n.d.	n.d.
finance			n.d.	n.d.
services			3 700[1]	12,1
autres			4 400[2]	14,4
total	**106,5**	**100,0**	**30 500**[3]	**100,0**[3]

1. Les services comprennent le commerce. 2. Comprend 4 100 sans-emploi. 3. Le total général ne correspond pas exactement au détail en raison des arrondis.

Structure du produit intérieur brut et effectifs.

	1990	1991	1992	1993	1994	1995
indice des prix à la consommation	+ 91,6	+ 95,2	+ 100,0	+ 106,0	+ 110,2	+ 114,6
indice des revenus annuels *	n.d.	n.d.	100,0	109,4	110,3	115,8

(*) Secteur public uniquement.

Indices des prix et des revenus (1992 = 100).

	1989	1990	1991	1992	1993	1994
millions de USD	– 55,4	– 62,2	– 59,9	– 57,3	– 80,3	– 50,5
% du total	61,6	58,9	51,0	40,8	57,9	24,3

Balance commerciale (prix courants).

	nombre d'établissements	nombre d'enseignants	nombre d'élèves	nombre d'élèves par enseignant
primaire (6-12 ans)	177	1 051[1]	25 139	22,1[1]
secondaire (13-18 ans)	16	314[1]	5 385	13,2[1]
collèges	1	n.d.	861[2]	n.d.

1. 1984-1985. 2. 1986-1987.

Enseignement (1983-1984).

Industries manufacturières : n.d. ; toutefois, le coprah et l'huile de coprah sont les productions les plus importantes ainsi que les produits artisanaux, les vêtements, les tapis et les bateaux.
Bâtiment : n.d.
Énergie (production/consommation) : électricité (1990) 40 000 000/40 000 000 kWh ; charbon 0/n.d. ; pétrole brut 0/n.d. ; produits pétroliers (1992) 0/77 000 t ; gaz naturel 0/n.d.

■ ***Produit national brut*** (aux prix courants du marché, 1995) : 215 000 000 USD (2 040 USD/hab.).

■ ***Population active*** (1990) : 30 500 ; taux d'activité 60,6 % (taux de participation : 15-64 ans 60,6 % ; femmes 46,9 % ; sans-emploi 13,5 %).

■ ***Revenus et dépenses des ménages***
Taille moyenne des ménages (1988-1989) : 8,5.
Revenu annuel moyen par ménage (1989) : 3 435 USD ; sources des revenus (1994) : traitements et salaires 51,8 % ; opérations diverses 23,0 % ; sécurité sociale 2,1 %.
Dépenses (1985) : alimentation et boissons 73,5 %.

■ ***Utilisation du sol*** (1984) : forêts 22,5 % ; prairies et pâturages 13,5 % ; terres cultivées et plantations 33,5 % ; autres 30,5 %.

Échanges extérieurs

■ ***Importations*** (1994) : 129 060 000 USD (produits manufacturés 32,0 % ; alimentation, boissons et tabac 24,3 % ; équipement industriel et de transport 23,5 % ; combustibles minéraux 14,3 % ; produits chimiques 4,4 %).
Principales sources des importations : États-Unis et Guam 56,1 % ; Japon 32,0 % ; Australie 3,5 %.

■ ***Exportations*** (1994) : 78 570 000 USD (produits de la mer 94,3 % ; habillement et textile 2,8 % ; produits agricoles 2,1 %, dont bananes 0,6 %, coprah 0,5 %).
Principales destinations des exportations (1992) : Japon 80,0 % ; États-Unis 9,3 % ; Guam 8,3 % ; région du sud du Pacifique 2,4 %.

Transports et communications

■ ***Transports***
Chemins de fer : aucun.
Routes (1990) : longueur totale 226 km (17 % recouvertes).
Véhicules : n.d.
Marine marchande (1997) : 19 navires (de 100 tjb et plus) ; 9 200 tonneaux de port en lourd.
Transports aériens : 6 aéroports desservis par des vols réguliers (1996).

■ ***Communications***
Journaux quotidiens : il n'y a pas de journaux privés.
Radiodiffusion (1995) : 70 000 postes récepteurs ; 664 pour 1 000 hab.
Télévision (1995) : 2 000 postes récepteurs ; 19 pour 1 000 hab.
Téléphone (1995) : 7 900 lignes principales ; 74,9 pour 1 000 hab.

Éducation et santé

■ ***Niveau d'éducation*** (1994)
Proportion de la population âgée de 25 ans et plus : sans instruction scolaire 22,8 % ; ayant une éducation primaire incomplète 30,3 % ; éducation secondaire incomplète 15,1 % ; éducation secondaire 27,2 % ; bacheliers 3,1 % ; éducation supérieure 8,0 %.

■ ***Alphabétisation*** (1980) : personnes âgées de 15 ans et plus alphabétisées 30 074 (76,7 %) ; hommes 13 710 (67,0 %) ; femmes 16 364 (87,2 %).

■ ***Santé*** (1993) : 50 médecins (1 pour 2 069 hab.) ; 325 lits d'hôpital (1 pour 318 hab.) ; taux de mortalité infantile (1995) : 20,4 ‰.

■ ***Alimentation*** : n.d.

Défense nationale

■ ***Contingent*** : la défense est assurée par les États-Unis.

a. Le 3 novembre 1986, les États-Unis ont unilatéralement mis un terme à la tutelle qu'ils exerçaient avec l'accord de l'O.N.U. sur les États fédérés de Micronésie, amorçant ainsi officiellement leur statut politique de libre-association. Le 22 décembre 1990, le Conseil de sécurité a rejoint le Conseil de tutelle des Nations unies qui avait reconnu la fin de cette tutelle en mai 1986.

→ *Corpus* : U.R.S.S. ET EX-U.R.S.S.
→ *Grand Atlas de Géographie* (éd. 1992) : 38, 80, 86
→ *Grand Atlas de l'Histoire* : 208, 209, 210, 211, 212, 213, 218, 230-231 (L'Empire russe : expansion et modernisation de 1815 à 1917), 244, 245, 258-259 (La Révolution russe), 265, 266, 272, 273, 274, 290-291 (Le développement de l'Union soviétique depuis 1926), 292, 293, 294, 295

MOLDAVIE

• ***Nom officiel*** : République de Moldavie, ou Moldova (Republica Moldova). Code I.S.O. : MD.

• ***Forme de gouvernement*** : république à structure étatique unitaire et à régime multipartiste avec un seul corps législatif (Parlement [104]).

• ***Chef de l'État*** : président.

• ***Chef du gouvernement*** : Premier ministre.

• ***Capitale*** : Chişinău (ex-Kichinëv).

• ***Langue officielle*** : roumain.

• ***Religion officielle*** : aucune (dominante : orthodoxe).

• ***Unité monétaire***[a] : 1 leu moldave (MDL) = 100 bani, sing. ban ; valeur (30 déc. 1997) : 100 MDL = 128,64 FRF.

Corpus : ALIMENTATION (ÉCONOMIE DE L') — Les grands produits alimentaires ; CÉRÉALES ; COOPÉRATIVES (extension du secteur coopératif) ; EUROPE (Structure et milieu) — Géographie ; KOLKHOZ ; MINERAIS (principaux producteurs) ; NUCLÉAIRE (INDUSTRIE) ; PÉTROLE — Géographie du pétrole ; POPULATION (GÉOGRAPHIE DE LA) [population et démographie] ; SOCIALISME — Économie des pays socialistes ; SOVKHOZ ; TOURISME (marchés, chaînes et réseaux) [l'insertion des pays collectivistes].

Universalia 1987 : 147 L'information en Union soviétique et dans les autres pays socialistes ; *Universalia 1989* : 145 La crise de légitimité ; *Universalia 1990* : 111 La réforme politique et institutionnelle ; 361 La revanche du secteur privé ; *Universalia 1991* : 136 L'U.R.S.S. et le désarmement ; 351 La présidentialisation du régime ; *Universalia 1992* : 139 La recomposition de l'espace stratégique soviétique.

Thesaurus :
GAGAOUZES
MOLDAVIE ROUMAINE & MOLDAVIE SOVIÉTIQUE

Démographie

■ ***Population*** (estim. 1997) : 4 362 000.

■ ***Densité*** (1997) : 128,9 hab./km².

■ ***Répartition urbaine/rurale*** (1996) : population urbaine 46,8 % ; population rurale 53,2 %.

■ ***Répartition par sexe*** (1995) : hommes 47,76 % ; femmes 52,24 %.

■ ***Répartition par âge*** (1989) : moins de 15 ans 27,9 % ; de 15 à 29 ans 22,9 % ; de 30 à 44 ans 21,0 % ; de 45 à 59 ans 15,6 % ; de 60 à 74 ans 9,7 % ; 75 ans et plus 2,9 %.

■ ***Projection démographique*** : 4 420 000 en 2000 ; 4 688 000 en 2010.

■ ***Composition ethnique*** (1989) : Moldaves 64,5 % ; Ukrainiens 13,8 % ; Russes 13,0 % ; Gagaouz 3,5 % ; Juifs 2,0 % ; Bulgares 1,5 % ; autres 1,7 %.

■ ***Appartenances religieuses*** : principalement orthodoxes russes.

■ ***Principales villes*** (1993) : Chişinău (ex-Kichinëv) 657 775 hab. ; Tiraspol 184 852 hab. ; Bălţi (ex-Beltsy, Belts) 156 081 hab. ; Tighina (ex-Bendery) 128 881 hab. ; Rîbnitsa (Rybnitsa) 61 824 hab.

Statistiques de l'état civil

■ ***Taux de natalité*** (1997) : 14,3 ‰ (moyenne mondiale 25,0 ‰) ; (1995) taux de naissances légitimes 87,7 % ; illégitimes 12,3 %.

■ ***Taux de mortalité*** (1997) : 12,3 ‰ (moyenne mondiale 9,3 ‰).

■ ***Taux d'accroissement naturel*** (1997) : 2,0 ‰ (moyenne mondiale 15,7 ‰).

■ ***Taux de fécondité*** (nombre moyen de naissances par femme en âge de procréer, 1997) : 1,9.

■ ***Espérance de vie*** à la naissance (1994) : hommes 64,0 ans ; femmes 71,0 ans.

■ ***Principales causes de décès*** (pour 100 000 hab., 1994) : maladies de l'appareil circulatoire 500,7 ; tumeurs malignes (cancers) 136,1 ; accidents et actes de violence 113,3 ; maladies de l'appareil digestif 110,4 ; maladies de l'appareil respiratoire 75,1 ; maladies infectieuses et parasitaires 16,2.

Économie nationale

■ ***Budget de l'État*** (1995)
Recettes : 1 916 000 000 000 MDL (taxe à la valeur ajoutée 29,7 % ; impôts sur les bénéfices des entreprises 20,5 % ; impôts sur le revenu 10,5 % ; impôts indirects 9,7 % ; impôts fonciers 5,4 %).
Dépenses : 2 354 000 000 MDL (éducation 24,1 % ; soins médicaux 15,6 % ; paiement des intérêts 11,3 %).

■ ***Production***
Agriculture, sylviculture, pêche (1996).
Betteraves à sucre 1 807 000 t ; raisins 850 000 t ; maïs 750 000 t ; blé 614 000 t ; pommes de terre 331 000 t.
Cheptel (sur pied) : moutons 1 302 000 ; porcs 1 015 000 ; bovins 726 000 ; volailles 14 000 000.
Bois (1991) : 125 000 m³.
Pêche (1995) : 4 700 t.
Industries extractives (1995) : sable et gravier 376 000 t ; gypse 13 600 t.
Industries manufacturières (valeur en millions de MDL, 1995) : produits alimentaires 1 446 824 ; machines et produits métalliques usinés 383 153 ; matériaux de construction 164 198 ; textiles 57 283 ; vêtements 53 856.
Bâtiment (valeur, 1994) : 127 200 000 MDL.
Énergie (production/consommation) : électricité (1994) 8 228 000 000/8 579 000 000 kWh ; charbon (1994) 0/2 141 000 t ; pétrole brut (1990) 0/51 625 000 barils ; produits pétroliers (1994) 0/1 805 000 t ; gaz naturel (1994) 0/2 611 000 000 m³.

■ ***Population active*** (1994) : 1 693 000 (1995) ; taux d'activité 44,8 % (taux de participation : 16-59 ans [hommes], 16-54 ans [femmes] 85,2 % ; femmes 53,0 % ; sans-emploi 1,4 %).

■ ***Produit national brut***[b] (1995) : 3 996 000 000 USD (920 USD/hab.).

■ ***Dette publique*** (extérieure, créances, 1995) : 454 600 000 USD.

■ ***Revenus et dépenses des ménages***
Taille moyenne des ménages (1989) : 3,4.
Revenu annuel moyen par ménage (1990) : 4 000 RUR ; sources des revenus (1994) : salaires et traitements 41,2 % ; revenus sociaux 15,3 % ; revenus agricoles 10,4 % ; autres 33,1 %.

subdivisions administratives [1]	superficie (km²)	population (estim. 1993)	subdivisions administratives	superficie (km²)	population (estim. 1993)
villes			Dubăsari	670	53 962
Bălţi	—	156 081	Edineţ (Edinţy)	860	90 948
Cahul	—	43 259	Făleşti	1 070	95 025
Chişinău (Kichinëv)	160	735 229	Floreşti	830	76 987
Dubăsari (Dubosari)	—	24 243	Glodeni	760	65 781
Orhei (Orkheï)	—	37 887	Grigoriopol	820	52 326
Rîbniţa	—	61 824	Hînceşti	1 350	118 255
Soroca	—	41 461	Ialoveni	930	87 749
Tighina (Bender)	—	137 723	Leova	720	51 987
Tiraspol	—	203 865	Nisporeni	760	81 626
Ungheni	—	38 462	Ocniţa	660	63 073
districts ruraux			Orhei	1 100	95 523
Anenii Noi	830	77 468	Rezina	670	32 793
Basarabeasca	660	43 765	Rîbniţa	850	55 494
Brinceni	810	83 340	Rîşcani	1 000	83 456
Cahul	800	44 489	Sîngerei	1 020	91 684
Cainari	1 020	42 755	Slobozia	960	113 823
Călăraş (Kalaras)	760	84 442	Şoldăneşti	560	46 696
Camenca	820	59 356	Soroca	870	58 097
Cantemir	860	61 126	Ştefan-Vodă (Suvorovo)	1 030	76 702
Căuşeni	1 120	72 999	Straşeni	760	96 107
Ciadîr-Lunga	720	68 698	Taraclia	620	45 912
Cimişlia	1 170	61 089	Teleneşti	860	76 886
Comrat	840	71 273	Ungheni	1 070	79 525
Criuleni	850	91 783	Vulcăneşti	930	62 193
Donduşeni	890	66 483			
Drochia (Drokia)	780	80 828	**total**	**33 700** [2]	**4 345 577**

1. Divisions administratives lors de l'indépendance, en 1991. Les chiffres des surfaces et des populations incluent la région autonome des Gagauz – reconnue par la Moldavie – et la République séparatiste de Transnistrie – non reconnue par la Moldavie. Aucune donnée séparée n'est disponible pour ces deux régions. 2. C'est-à-dire 320 km² de plus que la superficie officielle. La raison de cette différence est inconnue.

Territoire et population.

	milliers de MDL	% du total	effectifs	% des effectifs
agriculture	1 877 607	43,3	767 000	45,1
mines industrie	1 402 883	32,3	232 000	13,7
entreprises publiques	n.d.	n.d.	39 000	2,2
bâtiment	429 551	9,9	91 000	5,4
transports et communications	350 028	8,1	73 000	4,3
commerce	253 969	5,8	107 000	6,3
finance	n.d.	n.d.	20 000	1,2
administration, défense nationale	986	20,0	32 000	1,9
services	8 176	0,2	305 000	18,0
autres	15 879	0,4	33 000	1,9
total	**4 339 079**	**100,0 ***	**1 699 000**	**100,0**

(*) Le total général ne correspond pas exactement au détail en raison des arrondis.

Structure du produit intérieur brut et effectifs (1994).

	1990	1991	1992	1993	1994	1995
indices des prix à la consommation	100,0	262,0	3 605	33 780	71 310	88 420
indices des revenus	100,0	183,0	40,2,0	353,0	192,0	244,0

Indices des prix et des revenus (1990 = 100).

	1992	1993	1994	1995
millions d'USD	– 37	– 180	– 54	– 32
% du total	2,1	16,6	4,2	2,1

Balance commerciale (prix courants).

	nombre d'établissements	nombre d'enseignants	nombre d'élèves	nombre d'élèves par enseignant
primaire (7-13 ans) secondaire (14-17 ans)	1 700	14 209 *	320 055	22,5 *
professionnel et formation à l'enseignement	64	33 752	412 679	
supérieur	18		27 943	

(*) 1991-1992.

Enseignement (1995-1996).

Dépenses (1995) : alimentation et boissons 49,1 % ; vêtements 9,7 % ; santé 4,1 %.

■ ***Utilisation du sol*** (1994) : forêts 10,6 % ; prairies et pâturages 10,9 % ; terres cultivées et plantations 75,9 % ; autres 2,6 %.

Échanges extérieurs

■ ***Importations*** (1995) : 773 000 000 USD (produits minéraux 46,0 % ; machines 16,0 % ; biens agricoles et produits alimentaires 9,0 % ; produits chimiques 8,0 % ; textiles et dérivés 5,0 % ; métal et produits métalliques 4,0 % ; autres 12,0 %).
Principales sources des importations (1995) : Russie 32,0 % ; Ukraine 26,0 % ; Roumanie 7,0 % ; Biélorussie 6,0 %.

■ ***Exportations*** (1995) : 741 000 000 USD (produits alimentaires et biens agricoles 72,0 % ; machines 8,0 % ; textiles et produits du textile 5,0 % ; métal et produits métalliques 4,0 % ; produits chimiques 1,0 % ; produits minéraux 1,0 % ; autres 9,0 %).
Principales destinations des exportations (1995) : Russie 47,0 % ; Roumanie 14,0 % ; Ukraine 8,0 % ; Biélorussie 4,0 %.

Transports et communications

■ ***Transports***
Chemins de fer (1995) : longueur 1 200 km ; trafic : 1 019 000 000 passagers-km ; 3 133 600 000 t-km.
Routes (1995) : longueur totale 12 259 km (87,2 % recouvertes).
Véhicules (1995) : voitures particulières 169 941 ; camions et autobus : 69 069.
Transports aériens (1994) ; trafic : 225 000 000 passagers-km ; 1 000 000 t-km. 1 aéroport desservi par des vols réguliers (1997).

■ ***Communications***
Journaux quotidiens (1994) : 4 ; diffusion totale 106 000 ; diffusion pour 1 000 hab. 24.
Radiodiffusion (1996) : 1 550 000 postes récepteurs ; 209 pour 1 000 hab.
Télévision (1995) : 130 000 postes récepteurs ; 30 pour 1 000 hab.
Téléphone (1995) : 566 500 lignes principales ; 131 pour 1 000 hab.

Éducation et santé

■ ***Niveau d'éducation*** (1989)
Proportion de la population âgée de 15 ans et plus : sans instruction scolaire ou ayant une éducation primaire incomplète 24,5 % ; éducation secondaire incomplète 20,4 % ; éducation secondaire ou postsecondaire 46,4 % ; éducation supérieure 8,7 %.

■ ***Santé*** (1995) : 17 200 médecins (1 pour 250 hab.) ; 53 000 lits d'hôpital (1 pour 82 hab.) ; taux de mortalité infantile : 22,6 ‰.

■ ***Alimentation*** (1995) : apport journalier en calories par habitant 2 525 (alimentation d'origine végétale 81 % ; d'origine animale 19 %) ; soit 99 % du niveau minimal recommandé par la F.A.O.

Défense nationale

■ ***Contingent*** (1997) : 11 030 (armée de terre 84,3 % ; armée de l'air 15,7 %) ; environ 2 800 soldats russes demeuraient en Moldavie à la fin de 1997.

■ ***Dépenses militaires*** (1995) : 0,1 % du P.N.B. (moyenne mondiale 2,8 %) ; soit 3 USD/hab.

a. Un « coupon » moldave avait été introduit le 22 septembre 1993 et circulait parallèlement au rouble russe (RUR). Le 29 novembre 1993, une nouvelle monnaie nationale, le leu moldave, a été introduite au taux de 1 pour 1 000 coupons.

b. Données incertaines.

→ *Corpus* : MONACO
→ *Grand Atlas de Géographie* (éd. 1992) : 70

MONACO

- ***Nom officiel*** : Principauté de Monaco[a]. Code I.S.O. : MC.
- ***Forme de gouvernement*** : monarchie héréditaire et constitutionnelle[b], avec une assemblée parlementaire (Conseil national [18 élus]).
- ***Chef de l'État*** : prince.
- ***Chef du gouvernement*** : ministre d'État (choisi par S.A.S. le prince sur une liste de trois noms soumise par le président de la République française).
- ***Capitale*** : Monaco.
- ***Langue officielle*** : français (autre langue pratiquée : monégasque).
- ***Religion officielle*** : catholicisme.
- ***Unité monétaire*** : 1 franc français (FRF) = 1 franc monégasque = 100 centimes (la Principauté frappe des pièces de monnaie divisionnaire).

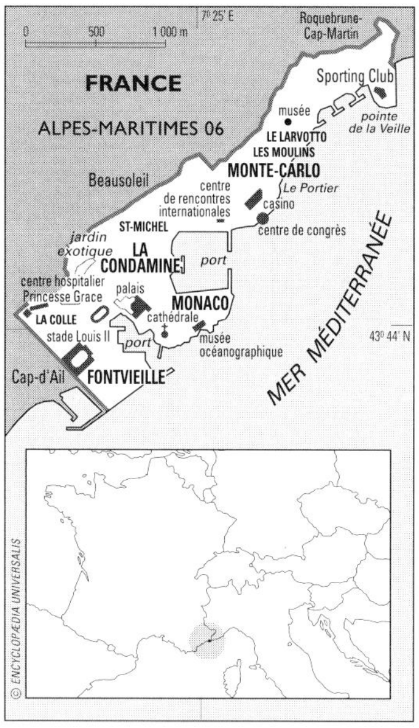

Démographie

■ ***Population*** (estim. 1997) : 31 900 (dont moins de 5 000 Monégasques).

■ ***Densité*** (1997) : 16 359,0 hab./km^2.

■ ***Répartition urbaine/rurale*** : population urbaine 100 %.

■ ***Répartition par sexe*** (1990) : hommes 47,5 % ; femmes 52,5 %.

■ ***Répartition par âge*** (1990) : moins de 15 ans 12,3 % ; de 15 à 29 ans 16,7 % ; de 30 à 44 ans 21,2 % ; de 45 à 59 ans 20,4 % ; de 60 à 74 ans 17,9 % ; 75 ans et plus 10,8 % ; indéterminé 0,7 %.

■ ***Projection démographique*** : 31 000 en 2000 ; 31 000 en 2010.

■ ***Temps de doublement*** : sans objet.

■ ***Composition ethno-linguistique*** (par nationalité, 1990) : Français 40,2 % ; Monégasques 16,9 % ; Italiens 16,7 % ; autres 26,2 %.

■ ***Appartenances religieuses*** (1993) : catholiques 90,3 % ; autres 9,7 %.

Statistiques de l'état civil

■ ***Taux de natalité*** (1989) : 7,0 ‰ (moyenne mondiale 25,0 ‰) ; taux (1983) de naissances légitimes 96,8 %, illégitimes 3,2 %.

■ ***Taux de mortalité*** (1989) : 7,0 ‰ (moyenne mondiale 9,3 ‰).

■ ***Taux d'accroissement naturel*** (1989) : 0,0 ‰ (moyenne mondiale 15,7 ‰).

■ ***Taux de fécondité*** (nombre moyen de naissances par femme en âge de procréer, 1989) : 1,2.

■ ***Nombre de mariages*** (pour 1 000 hab., 1987) : 7,5.

■ ***Nombre de divorces*** (pour 1 000 hab., 1987) : 2,2.

■ ***Espérance de vie*** à la naissance (1988) : hommes 72,0 ans ; femmes 80,0 ans.

■ ***Principales causes de décès*** : n.d.

Économie nationale

■ ***Budget de l'État*** (1991)
Recettes : 2 844 940 000 FRF (1986 : contributions[c] 67,5 % ; domaine immobilier, monopoles exploités par l'État ou concédés[d], domaine financier 30,9 % ; produits des services administratifs 1,6 %).
Dépenses : 2 840 040 000 FRF (1986 : dépenses ordinaires de fonctionnement et d'intervention [commune, action sociale, action culturelle...] 62,1 % ; dépenses d'équipement 37,9 %).

■ ***Production***
Agriculture, sylviculture, pêche : n.d.
Industries extractives : sans objet, aucune exploitation minière à Monaco.
Industries manufacturières : mécanique, électromécanique, électronique, construction électrique ; chimie (produits organiques, spécialités pharmaceutiques, produits vétérinaires, parfumerie, produits de beauté) ; transformation des matières plastiques ; papier et carton, édition, imprimerie ; alimentation ; textile ; caoutchouc ; verrerie ; céramique ; bijouterie, joaillerie ; orfèvrerie ; matériel de précision... ; outre ces industries non ou peu polluantes, laboratoires de recherche et bureaux d'études.
Bâtiment : n.d.
Énergie (production/consommation) : n.d.

■ ***Population active*** (1984) : 24 854, dont 3 266 fonctionnaires et agents du secteur public et 21 588 travailleurs du secteur privé (commerce, services 55,5 % ; tourisme 18,7 % ; industrie 16,9 % ; immobilier 8,9 %).
Ventilation des travailleurs du secteur privé par lieux de résidence : Monaco 33,3 % ; France 52,3 % ; Italie 14,4 %.

■ ***Tourisme*** (1990) : nombre de nuitées 726 561 ; nombre de touristes : 244 640.

■ ***Dette publique*** : n.d.

■ ***Produit national brut*** (1991) : 475 000 000 USD (16 000 USD/hab.).

■ ***Revenus et dépenses des ménages***
Taille moyenne des ménages (1981) : 2,3.
Revenu annuel moyen par ménage : n.d. ; sources des revenus : n.d.
Dépenses : n.d.

■ ***Utilisation du sol*** : n.d.

Échanges extérieurs[e]

■ ***Importations*** : n.d.

■ ***Exportations*** : n.d.

Transports et communications

■ ***Transports***
Chemins de fer : longueur 1,6 km (géré par la S.N.C.F.).
Routes (1991) : longueur totale 50 km (100 % recouvertes).
Véhicules (1987) : voitures particulières 19 185 ; camions et autobus 639.
Marine marchande (1985) : 1 navire (de 100 tjb et plus) ; 5 000 tonneaux de port en lourd.
Transports aériens : 1 héliport à Fontvielle ; l'aéroport international le plus proche est celui de Nice-Côte d'Azur (France).

■ ***Communications***
Journaux quotidiens (1982) : 2 ; diffusion totale 11 000 ; diffusion pour 1 000 hab. 408.
Radiodiffusion (1994) : 30 000 postes récepteurs (1 pour 1,0 hab.).
Télévision (1994) : 20 000 postes récepteurs (1 pour 1,5 hab.).
Téléphone (1993) : 14 000 lignes principales (1 pour 2,1 hab.).

Éducation et santé

■ ***Niveau d'éducation*** (1987-1988) : n.d. ; 414 enseignants ; 5 300 élèves (soit 12,8 élèves par enseignant) ; proportion de la population âgée de 25 ans et plus ayant une éducation supérieure 6,8 %.

■ ***Alphabétisation*** : population alphabétisée à presque 100 %.

■ ***Santé*** (1990) : 80 médecins (1 pour 366,0 hab.) ; 537 lits d'hôpital (1 pour 54 hab.) ; taux de mortalité infantile (1989) : 9,0 ‰.

■ ***Alimentation :*** apport journalier en calories par habitant n.d.

Défense nationale

■ ***Contingent*** : aucun ; la défense et la sécurité de la Principauté sont assurées par 400 policiers dont 250 en tenue (à 95 % français), ainsi que par 64 pompiers et les 80 carabiniers du prince.

■ ***Dépenses militaires*** : n.d.

Corpus : JEU – Le jeu dans la société [l'État partenaire] ; PROVENCE (la Côte d'Azur) ; TÉLÉVISION ET RADIODIFFUSION – Les organismes dans les pays occidentaux ; TOURISME.

Universalia 1991 : Les musées de la mer.

Thesaurus : RIVIERA

districts de recensement	superficie [1] (km²)	population (recens. 1982)
La Condamine	0,18	12 675
Fontvieille [2]	0,37	—
Monaco-Ville (Le Rocher)	0,18	1 234
Monte-Carlo	0,59	13 154
total	**1,95**	**27 063**

1. La superficie de la Principauté a pu être portée à son chiffre actuel grâce à diverses emprises sur la mer : terres-pleins du Portier (3,5 ha), du Larvotto (5,5 ha) et surtout de Fontvielle (22 ha, plus un port de plaisance de 5,5 ha). 2. En cours d'aménagement et d'urbanisation.

Territoire et population.

	nombre d'établissements	nombre d'enseignants	nombre d'élèves	nombre d'élèves par enseignant
préscolaire	9 (•)	735	5 523	7,5
primaire	6 (•)			
secondaire	n.d.			
technique	n.d.			

(•) 1982.

Enseignement (1990).

a. La Principauté constitue une encoche (et non une enclave) dans le territoire de la République française (département des Alpes-Maritimes).

b. La Constitution en vigueur est celle du 17 décembre 1962, qui stipule en son article premier que la Principauté est « un État souverain et indépendant dans le cadre des principes généraux du droit international et *des conventions particulières avec la France* ». Les accords franco-monégasques de 1963 comprennent six conventions (fiscalité, douane, voisinage, pharmacie, assurances, relations postales, télégraphiques et téléphoniques) et quatre échanges de lettres (réglementation bancaire, transports routiers, urbanisme, délimitation des eaux territoriales).

c. La T.V.A. à elle seule représente plus de la moitié (52 %) des recettes totales.

d. Les redevances des monopoles concédés atteignent 6 % du budget ; celle de la Société des Bains de mer sur les recettes de jeux n'apporte que 4 % des ressources de l'État.

e. Tout ou partie des chiffres de ces rubriques, inclus dans les statistiques économiques françaises, ne sont pas disponibles (la convention douanière de 1963 précise que « le territoire français et le territoire monégasque, y compris leurs eaux territoriales, forment une union douanière »).

→ *Corpus* : MONGOLIE (République mongole)
→ *Grand Atlas de Géographie* (éd. 1992) : 98
→ *Grand Atlas de l'Histoire* : 279, 295

MONGOLIE

● ***Nom officiel*** : Mongolie (Mongol). Code I.S.O. : MN.

● ***Forme de gouvernement*** : république à structure étatique unitaire et à régime multipartiste avec une assemblée législative (Grand Khural d'État [76]).

● ***Chef de l'État*** : président.

● ***Chef du gouvernement*** : Premier ministre.

● ***Capitale*** : Oulan-Bator (Ulaanbaatar).

● ***Langue officielle*** : mongol khalkha.

● ***Religion officielle*** : aucune.

● ***Unité monétaire*** : 1 tugrik (MNT) = 100 möngö ; valeur (29 déc. 1997) : 100 MNT = 0,732 FRF.

Démographie

■ ***Population*** (estim. 1997) : 2 370 000.

■ ***Densité*** (1997) : 1,5 hab./km².

■ ***Répartition urbaine/rurale*** (1995) : population urbaine 62,0 % ; population rurale 38,0 %.

■ ***Répartition par sexe*** (1997) : hommes 50,04 % ; femmes 49,96 %.

■ ***Répartition par âge*** (1997) : moins de 15 ans 37,7 % ; de 15 à 29 ans 29,7 % ; de 30 à 44 ans 19,1 % ; de 45 à 59 ans 7,9 % ; de 60 à 69 ans 4,3 % ; 70 ans et plus 1,3 %.

■ ***Projection démographique*** : 2 479 000 en 2000 ; 2 879 000 en 2010.

■ ***Temps de doublement*** : 47 ans.

■ ***Composition ethnique*** (1989) : Mongols Khalkhas 78,8 % ; Kazakhs 5,9 % ; Mongols Dörbeds 2,7 % ; Bayads 1,9 % ; Mongols Bouriates 1,7 % ; Mongols Darigangas 1,4 % ; autres 7,6 %.

■ ***Appartenances religieuses*** (1996) : bouddhistes (lamaïstes) 96,0 % ; musulmans 4,0 %.

■ ***Principales villes*** (1996) : Oulan-Bator 627 300 hab. ; Darkhan 87 100 hab. ; Choybalsan 79 900 hab. ; Erdenet 59 100 hab. ; Ölgiy 29 400 hab. (1991).

provinces et municipalités autonomes	capitales	superficie (km²)	population (estim. janv. 1997)
provinces (aimag) :			
Arhangay (Hangay septentrional)	Tsetserleg	55 000	105 000
Bayanhongor	Bayanhongor	116 000	91 200
Bayan-Ölgiy	Ölgiy	46 000	92 300
Bulgan	Bulgan	49 000	64 300
Darhan (Darkhan)	–	200	91 000
Dornod (Est)	Choybalsan	123 500	86 800
Dornogovĭ (Govi oriental)	Saynshand	111 000*	48 900
Dundgovĭ (Govi central)	Mandalgovĭ	78 000	53 700
Dzavhan	Uliastay	82 000	107 600
Govĭ-Altay	Altay	142 000	75 400
Govĭ-Sümber	Choyr	–*	12 600
Hentiy	Öndörhaan	82 000	76 500
Hovd	Hovd	76 000	92 700
Hövsgöl	Mörön	101 000	122 000
Ömnögovĭ (Govi méridional)	Dalandzadgad	165 000	45 800
Orhon	Erdenet	800	66 700
Övörhangay (Hangay méridional)	Arvayheer	63 000	115 100
Selenge	Sühbaatar	42 000	104 400
Sühbaatar	Baruun-urt	82 000	60 200
Töv (Centre)	Dzuunmod	81 000	112 200
Uvs	Ulaangom	69 000	104 300
municipalité autonome :			
Ulaanbaatar (Oulan-Bator)	–	2 000	627 300
total		**1 566 500**	**2 356 000**

(*) Dundgovĭ comprend Govĭ-Sümber.

Territoire et population.

Statistiques de l'état civil

■ ***Taux de natalité*** (1997) : 25,0 ‰ (moyenne mondiale 25,0 ‰) ; taux de naissances légitimes n.d, illégitimes n.d.

■ ***Taux de mortalité*** (1997) : 8,0 ‰ (moyenne mondiale 9,3 ‰).

■ ***Taux d'accroissement naturel*** (1997) : 17,0 ‰ (moyenne mondiale 15,7 ‰).

■ ***Taux de fécondité*** (nombre moyen de naissances par femme en âge de procréer, 1997) : 2,9.

■ ***Nombre de mariages*** (pour 1 000 hab., 1989) : 7,8.

■ ***Nombre de divorces*** (pour 1 000 hab., 1989) : 0,5.

■ ***Espérance de vie*** à la naissance (1996) : hommes 64,0 ans ; femmes 67,0 ans.

■ ***Principales causes de décès*** : n.d. ; toutefois, les maladies de l'appareil respiratoire, les maladies cardio-vasculaires, les tumeurs, les ma-

	millions de MNT [1]	% du total	effectifs	% des effectifs
agriculture	1 430	16,1	345 300	39,8
mines et industrie	2 404	27,0	101 300	11,7
bâtiment	208	2,3	27 700	3,2
transports et communications	366	4,1	32 000	3,7
commerce	1 569	17,6	85 800	9,9
services [2]	2 931 [3] (services + autres)	32,9 (services + autres)	110 800	12,8
autres			165 300 [4]	19,0
total	**8 908**	**100,0**	**868 200**	**100,0** [5]

1. Aux prix constants de 1986. 2. Comprend la finance, l'administration et la défense nationale. 3. Comprend la dépréciation du capital fixe. 4. Comprend 66 000 sans-emploi. 5. Le total général ne correspond pas exactement au détail en raison des arrondis.

Structure du produit intérieur brut et effectifs (1995).

	1990	1991	1992	1993	1994	1995	1996
indice des prix à la consommation	100,0	220,2	523,9	1 928,6	3 616,9	5 670,7	7 451,1
indice des revenus mensuels	100,0	184,0	260,1	991,4	2 071,6	2 781,3	n.d.

Indices des prix et des revenus (1990 = 100).

	1991	1992	1993	1994	1995	1996
millions de USD	– 101	– 29	– 21	+ 106	– 22	– 15
% du total	12,7	3,9	3,0	19,5	2,4	1,8

Balance commerciale (prix courants).

	nombre d'établissements	nombre d'enseignants	nombre d'élèves	nombre d'élèves par enseignant
primaire (6 à 12 ans)	650 (primaire + secondaire)	7 088	176 036	24,8
secondaire (13 à 16 ans)		12 323	227 811	18,5
professionnel (16 à 18 ans)	n.d.	495	7 987	16,1
supérieur	12 [1]	1 341 [2]	13 800 [1]	n.d.

1. 1994-1995. 2. 1991-1992.

Enseignement (1995-1996).

ladies cérébro-vasculaires et les blessures, accidents et empoisonnements étaient parmi les principales causes de décès dans les années 1990.

Économie nationale

■ ***Budget de l'État*** (1997)
Recettes : 157 802 100 000 MNT (impôts 69,7 %, dont impôts sur le revenu 18,9 %, cotisations de sécurité sociale 14,5 %, droits de douane 13,2 %, impôts sur les ventes 13,1 % ; recettes non fiscales 30,3 %).
Dépenses : 184 105 800 000 MNT (services sociaux et culturels, dont sécurité sociale, éducation et santé 58,6 % ; investissements en capital 11,0 % ; défense 8,1 % ; salaires des entreprises d'État 7,3 %).

■ ***Dette publique*** (extérieure, 1995) : 451 700 000 USD.

■ ***Tourisme*** (1994) : nombre de touristes 7 000.

■ ***Production***
Agriculture, sylviculture, pêche (1997).
Céréales 201 860 t, dont blé 198 060 t ; pommes de terre 47 047 t ; légumes et melons 25 000 t.
Cheptel (sur pied) : moutons 13 606 000 ; chèvres 9 134 900 ; bovins 3 476 300 ; chevaux 2 400 000 ; chameaux 390 000 ; porcs 19 085.
Bois (1995) : 883 500 m³.
Pêche (1995) : 130 t.
Industries extractives (1996) : spath fluor 565 900 t ; cuivre 351 500 t ; molybdène 4 684 t ; or 5 242 kg.
Industries manufacturières (valeur ajoutée en millions de MNT, 1994) : textiles 8 899,7 ; produits alimentaires 8 055,2 ; cuirs et chaussures 2 415,5 ; matériaux de construction 1 863,0 ; vêtements 1 259,8 ; produits en bois 1 209,4 ; boissons 944,5 ; imprimerie et édition 339,9.
Bâtiment (1994) : résidentiel 120 400 m² ; non résidentiel n.d.
Énergie (production/consommation) : électricité (1994) 3 265 000 000/3 472 000 000 kWh ; charbon (1994) 635 000/635 000 t ; pétrole brut 0/n.d. ; produits pétroliers (1994) 0/595 000 t ; gaz naturel 0/n.d.

■ ***Produit national brut*** (1995) : 767 000 000 USD (310 USD/hab.).

■ ***Population active*** (1995) : 868 200 ; taux d'activité 37,7 % (taux de participation : 16-59 ans [1989] 77,9 % ; femmes [1992] 46,0 % ; sans-emploi 7,6 %).

■ ***Revenus et dépenses des ménages***
Taille moyenne des familles (1993) : 4,4.
Revenu annuel moyen par ménage urbain (1992) : 5 500 MNT (140 USD) ; sources des revenus (1993) : salaires et traitements 72,1 % ; paiements de transfert 9,7 % ; activités non salariées 9,5 % [a] ; autres 8,7 %.
Dépenses (1991) : alimentation 48,6 % ; vêtements 21,9 % ; logement 10,5 % ; transports et communications 6,8 % ; biens ménagers 4,1 % ; éducation et loisirs 3,9 % ; soins médicaux 0,7 % ; autres 3,5 %.

■ ***Utilisation du sol*** (1994) : forêts 8,8 % ; prairies et pâturages 74,8 % ; terres cultivées et plantations 0,8 % ; autres 15,6 %.

Échanges extérieurs

■ ***Importations*** (1996) : 438 283 000 USD (machines et électronique 22,4 % ; produits minéraux 20,0 % ; véhicules à moteur et équipements de transport 17,2 % ; produits alimentaires, boissons et tabac 13,1 % ; métaux et produits finis 7,3 %).
Principales sources des importations : Russie 34,2 % ; Japon 17,5 % ; Allemagne 4,7 % ; Corée du Sud 4,0 % ; Singapour 2,9 % ; États-Unis 2,5 %.

■ ***Exportations*** (1996) : 422 897 000 USD (produits minéraux 59,2 % ; textiles 23,5 % ; métaux et produits finis 3,5 % ; animaux vivants 3,2 %).
Principales destinations des exportations : Suisse 25,4 % ; Russie 20,6 % ; Chine 17,7 % ; Japon 8,5 % ; Royaume-Uni 4,4 %.

Transports et communications

■ ***Transports***
Chemins de fer : longueur (1994) 2 083 km ; trafic (1993) : 789 600 000 passagers-km ; 2 131 700 t-km.
Routes (1996) : longueur totale 50 000 km (3 % recouvertes).
Véhicules (1994) : voitures particulières 28 000 ; camions et autobus 28 000.
Transports aériens (1994) ; trafic : 115 000 000 passagers-km ; 12 000 000 t-km. 1 aéroport desservi par des vols réguliers (1997).

■ ***Communications***
Journaux quotidiens (1995) : diffusion totale 211 830 ; diffusion pour 1 000 hab. 92.
Radiodiffusion (1995) : 170 460 postes récepteurs ; 74 pour 1 000 hab.
Télévision (1997) : 148 983 postes récepteurs ; 60,7 pour 1 000 hab.
Téléphone (1997) : 91 971 lignes principales ; 37,5 pour 1 000 hab.

Éducation et santé

■ ***Niveau d'éducation*** (1989)
Proportion de la population âgée de 10 ans et plus : ayant une éducation primaire 33,7 % ; éducation secondaire incomplète 31,9 % ; éducation secondaire complète 16,9 % ; éducation secondaire professionnelle 9,4 % ; début d'études supérieures et études supérieures complètes 8,1 %.

■ ***Alphabétisation*** (1995) : personnes âgées de 15 ans et plus alphabétisées 82,9 %.

■ ***Santé*** (1993) : 5 911 médecins (1 pour 401 hab.) ; 23 400 lits d'hôpital (1 pour 101 hab.) ; taux de mortalité infantile (1997) : 68,0 ‰.

■ ***Alimentation*** (1995) : apport journalier en calories par habitant 1 897 (alimentation d'origine végétale 60 % ; d'origine animale 40 %) ; soit 78 % du niveau minimal recommandé par la F.A.O.

Défense nationale

■ ***Contingent*** (1997) : 14 900 [b] (armée de terre 94 % ; armée de l'air 6 %).

■ ***Dépenses militaires*** (1995) : 2,4 % du P.N.B. (moyenne mondiale 2,8 %) ; soit 8 USD/hab.

a. Comprend les revenus des coopératives agricoles.
b. Dont force paramilitaire : 5 900.

Corpus : ASIE – Géographie humaine (l'Asie extrême-orientale) ; BOURIATES ; OÏRAT (le XXe siècle) ; SOCIALISME – Économie des pays socialistes.

Thesaurus :
CĂKHAR
GOBI (DÉSERT DE)
KHALKHA
ULĀN-BĀTOR

→ ***Corpus*** : MOZAMBIQUE (RÉPUBLIQUE DU)
→ ***Grand Atlas de Géographie*** (éd. 1992) : 136, 152
→ ***Grand Atlas de l'Histoire*** : 240, 241, 276, 277, 282, 283, 295

MOZAMBIQUE

• ***Nom officiel*** : République du Mozambique (República de Moçambique). Code I.S.O. : MZ.

• ***Forme de gouvernement*** [a] : république à régime multipartiste avec une Assemblée de la république (250).

• ***Chef de l'État et du gouvernement*** : président assisté du Premier ministre.

• ***Capitale*** : Maputo.

• ***Langue officielle*** : portugais.

• ***Religion officielle*** : aucune.

• ***Unité monétaire*** : 1 metical, plur. meticais (MZM) = 100 centavos ; valeur (31 déc. 1997) : 100 MZM = 0,050 9 FRF.

Démographie

▪ ***Population*** (estim. 1997) : 18 165 000.

▪ ***Densité*** [b] (1997) : 22,7 hab./km².

▪ ***Répartition urbaine/rurale*** (1990-1994) : population urbaine 32,7 %, rurale 67,3 %.

▪ ***Répartition par sexe*** (1997) : hommes 48,85 % ; femmes 51,15 %.

▪ ***Répartition par âge*** (1997) : moins de 15 ans 44,9 % ; de 15 à 29 ans 27,9 % ; de 30 à 44 ans 15,1 % ; de 45 à 59 ans 8,2 % ; de 60 à 74 ans 3,3 % ; 75 ans et plus 0,6 %.

▪ ***Projection démographique*** : 19 614 000 en 2000 ; 24 809 000 en 2010.

▪ ***Temps de doublement*** : 26 ans.

▪ ***Composition ethno-linguistique*** (1983) : Makuas 47,3 % ; Thongas 23,3 % ; Malawis 12,0 % ; Chonas 11,3 % ; Yaos 3,8 % ; Swahilis 0,8 % ; Makondés 0,6 % ; Portugais 0,2 % ; autres 0,7 %.

▪ ***Appartenances religieuses*** (1980) : religions tribales 47,8 % ; chrétiens 38,9 %, dont catholiques 31,4 % ; musulmans 13,0 % ; autres 0,3 %.

▪ ***Principales villes*** (1991) : Maputo 931 600 hab. ; Beira 298 800 hab. ; Nampula 250 500 hab.

Statistiques de l'état civil

▪ ***Taux de natalité*** (1997) : 44,0 ‰ (moyenne mondiale 25,0 ‰).

▪ ***Taux de mortalité*** (1997) : 18,0 ‰ (moyenne mondiale 9,3 ‰).

▪ ***Taux d'accroissement naturel*** (1997) : 26,0 ‰ (moyenne mondiale 15,7 ‰).

▪ ***Taux de fécondité*** (nombre moyen de naissances par femme en âge de procréer, 1997) : 6,1.

▪ ***Nombre de mariages*** (pour 1 000 hab., 1974) : 0,7.

▪ ***Nombre de divorces*** (pour 1 000 hab., 1973) : 0,01.

▪ ***Espérance de vie*** à la naissance (1995) : hommes 46,8 ans ; femmes 49,5 ans.

▪ ***Principales causes de décès*** : n.d. ; toutefois, les principales maladies infectieuses sont le choléra, la malaria, la diarrhée, les infections respiratoires aiguës, la tuberculose, les infections parasitaires et intestinales et le sida.

Économie nationale

▪ ***Budget de l'État*** (1997)
Recettes : 4 522 000 000 MZM (1995, impôts sur les ventes 47,8 % ; droits de douane 24,0 % ; impôts sur le revenu 16,6 %).
Dépenses : 8 196 000 000 MZM (dépenses en capital 47,8 % ; dépenses courantes 52,2 %, dont biens et services 23,6 %).

▪ ***Production.***
Agriculture, sylviculture, pêche (1997).
Manioc 5 342 000 t ; maïs 1 153 000 t ; noix de coco 440 000 t ; canne à sucre 500 000 t ; sorgho 263 000 t ; arachides 127 000 t ; bananes 86 000 t.
Cheptel (sur pied) : bovins 1 290 000 ; chèvres 386 000 ; porcs 175 000 ; moutons 122 000 ; poulets 23 000 000.
Bois (1995) : 18 390 000 m³.
Pêche (1995) : 26 870 t.
Industries extractives (1994) : sel marin 40 000 t ; bauxite 9 620 t ; cuivre 133 t (métal contenu, 1990) ; grenat 3 000 kg ; pierres gemmes 6 865 carats.
Industries manufacturières (valeur, millions de MZM, 1995) : aliments en conserve 696 611 ; boissons et tabac 395 871 ; textiles 207 378 ; produits minéraux non métalliques 140 193 ; produits en bois et en liège 134 951 ; produits chimiques 116 335 ; vêtements 82 123 ; produits du caoutchouc 80 227 ; équipement industriel et de transport 72 507 ; produits métallurgiques 51 207.
Bâtiment (valeur, 1994) : 157 700 000 MZM.
Énergie (production/consommation) : électricité (1994) 340 000 000/728 000 000 kWh ; charbon (1994) 40 000/60 000 t ; pétrole brut (1993) 0/0 [c] ; produits pétroliers (1994) 0 [c]/251 000 t ; gaz naturel 0/0.

▪ ***Population active*** (1980) : 5 671 290 ; taux d'activité 48,6 % (taux de participation : plus de 15 ans 87,3 % ; femmes 52,4 % ; sans-emploi 1,7 %).

▪ ***Revenus et dépenses des ménages***
Taille moyenne des familles (1992-1993) : 6,7 (ville de Maputo uniquement).
Revenu annuel moyen par ménage : n.d. ; sources des revenus (ville de Maputo uniquement, 1992-1993) : salaires et traitements

provinces	capitales	superficie (km²)	population (estim. 1991)
provinces :			
Cabo Delgado	Pemba	82 625	1 202 200
Gaza	Xai-Xai	75 709	1 401 500
Inhambane	Inhambane	68 615	1 157 000
Manica	Chimoio	61 661	609 500
Maputo	Maputo	25 756	840 800
Nampula	Nampula	81 606	2 841 400
Niassa	Lichinga	129 055	686 600
Sofala	Beira	68 018	1 427 500
Tete	Tete	100 724	734 600
Zambezia	Quelimane	105 008	2 619 300
ville :			
Maputo	—	602	931 600
total		**799 379**	**14 452 000** (•)
surface des eaux intérieures		13 000	
superficie totale		**812 379**	

(•) Ne comprend pas les réfugiés dans les pays voisins.

Territoire et population.

	1995		1980	
	millions de MZM	% du total	effectifs	% des effectifs
agriculture	5 018 000	25,5	4 754 831	83,8
mines	3 395 000 (mines et industrie)	17,2	73 425	1,3
industrie [1]			273 369	4,8
bâtiment	2 405 000	12,2	42 121	0,7
entreprises publiques	—	—	—	—
transports et communications	2 454 000	12,5	77 025	1,4
finance	n.d.	n.d.	n.d.	n.d.
commerce	2 049 000	10,4	112 244	2,0
administration, défense nationale	1 657 000	8,4	243 449 [3] (administration et services)	4,3
services	2 191 000	11,1		
autres	514 000	2,6	94 826 [4]	1,7
total	**19 685 000** [2]	**100,0** [2]	**5 671 290**	**100,0**

1. L'industrie comprend la pêche. 2. Le total général ne correspond pas au détail en raison des arrondis. 3. Les effectifs des entreprises publiques sont compris dans ceux des services. 4. Sans-emploi.

Structure du produit intérieur brut et effectifs.

	1990	1991	1992	1993	1994	1995	1996
indice des prix à la consommation	100,0	132,9	193,4	275,0	448,8	693,1	1 005,0
indice des revenus mensuels (•)	100,0	152,3	223,9	269,0	446,7	636,5	913,7

(•) Travailleurs agricoles uniquement.

Indices des prix et des revenus (1990 = 100).

	1990	1991	1992	1993	1994	1995
millions de USD	– 648	– 737	– 716	– 823	– 868	– 615
% du total	71,8	69,5	72,0	75,7	74,4	64,5

Balance commerciale (prix courants).

	nombre d'établissements	nombre d'enseignants	nombre d'élèves	nombre d'élèves par enseignant
primaire (5-9 ans)	4 167	24 575	1 415 428	57,6
secondaire (10-16 ans)	239 (•)	4 376	165 868	37,9
professionnel et formation à l'enseignement	31 (•)	1 239	19 313	15,6
supérieur	3 (•)	833 (•)	7 000	n.d.

(•) 1994.

Enseignement (1995).

51,6 % ; activités non salariées 12,5 % ; troc 11,5 % ; exploitations agricoles 7,7 %.
Dépenses (ville de Maputo uniquement, 1992-1993) : alimentation, boissons et tabac 74,6 % ; logement et énergie 11,7 % ; transports et communications 4,7 % ; habillement 3,7 % ; éducation et loisirs 1,4 % ; santé 0,8 %.

■ ***Produit national brut*** (aux prix courants du marché, 1995) : 1 353 000 000 USD (80 USD/hab.).

■ ***Dette publique*** (extérieure, créances, 1995) : 5 251 000 000 USD.

■ ***Tourisme*** : n.d.

■ ***Utilisation du sol*** (1994) : forêts 22,1 % ; prairies et pâturages 56,1 % ; terres cultivées et plantations 4,0 % ; autres 17,8 %.

Échanges extérieurs[d]

■ ***Importations*** (1995) : 783 600 000 USD (1990 : produits alimentaires 28,9 % ; équipements de base 22,9 % ; pétrole brut et produits dérivés 10,9 % ; machines et pièces détachées 9,5 %).
Principales sources des importations : Afrique du Sud 37,6 % ; États-Unis 6,7 % ; Japon 6,2 % ; Portugal 6,0 % ; Royaume-Uni 5,7 % ; France 5,6 %.

■ ***Exportations*** (1995) : 168 900 000 USD (crevettes 43,3 % ; coton 11,7 % ; noix d'acajou 5,6 % ; sucre 4,3 % ; coprah 3,6 % ; pétrole 1,9 %).
Principales destinations des exportations : Afrique du Sud 21,6 % ; Espagne 21,6 % ; Japon 13,0 % ; Portugal 10,4 % ; États-Unis 9,2 %.

Transports et communications

■ ***Transports***
Chemins de fer (1995) : longueur 3 123 km ; trafic : 312 000 000 passagers-km ; 893 000 000 t-km.
Routes (1995) : longueur totale 29 810 km (18,6 % recouvertes).
Véhicules (1995) : voitures particulières 84 000 ; camions et autobus 26 800.
Marine marchande (1992) : 107 navires (de 100 tjb et plus) ; 31 645 tonneaux de port en lourd.
Transports aériens (1995) ; trafic : 384 000 000 passagers-km ; 9 000 000 t-km. 7 aéroports desservis par des vols réguliers (1997).

■ ***Communications***
Journaux quotidiens (1995) : diffusion totale 130 000 ; diffusion pour 1 000 hab. 8.
Radiodiffusion (1995) : 660 000 postes récepteurs ; 38 pour 1 000 hab.
Télévision (1995) : 60 000 postes récepteurs ; 3,5 pour 1 000 hab.
Téléphone (1995) : 59 800 lignes principales ; 3,4 pour 1 000 hab.

Éducation et santé

■ ***Niveau d'éducation*** (1980)
Proportion de la population âgée de 25 ans et plus : sans instruction scolaire 80,7 % ; ayant une éducation primaire 18,2 % ; éducation secondaire 0,9 % ; éducation supérieure 0,2 %.

■ ***Alphabétisation*** (1995) : personnes âgées de 15 ans et plus alphabétisées 40,1 % ; hommes 57,7 % ; femmes 23,3 %.

■ ***Santé*** (1993) : 114 médecins[e] (1 pour 131 991 hab.) ; 13 280 lits d'hôpital (1 pour 1 133 hab.) ; taux de mortalité infantile (1997) : 123,0 ‰.

■ ***Alimentation*** (1995) : apport journalier en calories par habitant 1 678 (alimentation d'origine végétale 97 % ; d'origine animale 3 %) ; soit 72 % du niveau minimal recommandé par la F.A.O.

Défense nationale

■ ***Contingent*** (1997) : 5 100 à 6 100 estimés. Près de 80 % sont dans l'armée de terre.

■ ***Dépenses militaires*** (1995) : 5,4 % du P.N.B. (moyenne mondiale 2,8 %) ; soit 4 USD/hab.

a. Le Mozambique a adopté une nouvelle Constitution reconduisant le multipartisme qui a pris effet le 30 novembre 1990 ; les élections multipartistes se sont déroulées en octobre 1994.

b. Sur la base de la surface terrestre.

c. Les troubles internationaux et le manque d'échanges extérieurs ont stoppé la production de produits pétroliers et les importations de pétrole brut ont pratiquement chuté de moitié.

d. Importations C.I.F.

e. Médecins d'État uniquement.

Corpus : AFRIQUE (Structure et milieu) – Géographie générale (géographie humaine et économique ; AFRIQUE NOIRE – Société et économie ; AFRIQUE DU SUD (RÉPUBLIQUE D') [relations économiques internationales] ; ALIMENTATION (ÉCONOMIE DE L') – Les grands produits alimentaires (produits tropicaux) ; INDIEN (HISTOIRE DE L'OCÉAN) [les transformations aux XIXe et XXe siècles].

Universalia 1987 : 589 Samora Moises Machel.

Thesaurus :
CABORA BASSA (BARRAGE DE)
MAKONDÉ
MAPUTO
MARAVI
NAMPULA
SHONA
THONGA
YAO
ZAMBÈZE

→ *Corpus* : NAMIBIE
→ *Grand Atlas de Géographie* (éd. 1992) : 136, 152
→ *Grand Atlas de l'Histoire* : 276, 282, 283, 295

NAMIBIE

• ***Noms officiels*** : République de Namibie (Republiek van Namibië ; Republic of Namibia), ex-Sud-Ouest africain (Suidwes-Afrika ; South-West Africa). Code I.S.O. : NA.

• ***Forme de gouvernement*** : république avec deux chambres législatives (Conseil national [26] et Assemblée nationale [72, dont 6 non-élus]).

• ***Chef de l'État et du gouvernement*** : président.

• ***Capitale*** : Windhoek.

• ***Langue officielle*** : anglais.

• ***Religion officielle*** : aucune.

• ***Unité monétaire*** : 1 dollar namibien (NAD)[a] = 100 cents ; valeur (31 déc. 1997) : 100 NAD = 123,06 FRF.

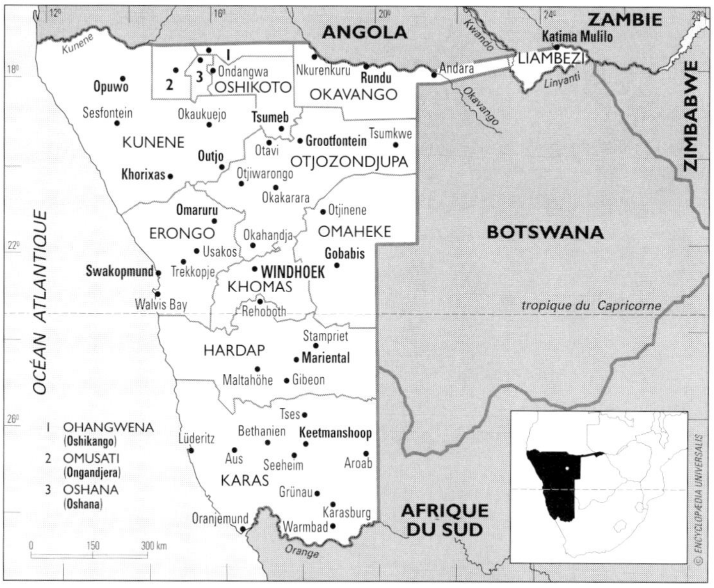

Démographie

■ ***Population*** (estim. 1997) : 1 727 000.

■ ***Densité*** (1997) : 2,1 hab./km².

■ ***Répartition urbaine/rurale*** (1996) : population urbaine 38,5 % ; population rurale 61,5 %.

■ ***Répartition par sexe*** (1996) : hommes 49,75 % ; femmes 50,25 %.

■ ***Répartition par âge*** (1991) : moins de 15 ans 41,7 % ; de 15 à 29 ans 28,8 % ; de 30 à 44 ans 14,7 % ; de 45 à 59 ans 7,8 % ; de 60 à 74 ans 5,3 % ; 75 ans et plus 1,7 %.

■ ***Projection démographique*** : 1 886 000 en 2000 ; 2 513 000 en 2010.

■ ***Temps de doublement*** : 27 ans.

■ ***Composition ethnique*** (1991) : Ovambos 50,7 % ; Kavangos 9,7 % ; Hereros 8,0 % ; Namas 12,5 % ; Sans (Bochimans) 1,9 % ; Tswanas 0,4 % ; autres 16,8 %.

■ ***Appartenances religieuses*** (1981) : luthériens 51,2 % ; catholiques 19,8 % ; Église calviniste néerlandaise 6,1 % ; anglicans 5,0 % ; autres 17,9 %.

■ ***Principales villes*** (1990) : Windhoek 125 000 hab. ; Swakopmund 15 500 hab. ; Rundu 15 000 hab. ; Rehoboth 15 000 hab.

Statistiques de l'état civil

■ ***Taux de natalité*** (1990-1995) : 37,5 ‰ (moyenne mondiale 25,0 ‰).

■ ***Taux de mortalité*** (1990-1995) : 11,9 ‰ (moyenne mondiale 9,3 ‰).

■ ***Taux d'accroissement naturel*** (1990-1995) : 25,6 ‰ (moyenne mondiale 15,7 ‰).

■ ***Taux de fécondité*** (nombre moyen de naissances par femme en âge de procréer, 1990-1995) : 5,7.

■ ***Nombre de mariages*** : n.d.

■ ***Espérance de vie*** à la naissance (1990-1995) : hommes 57,5 ans ; femmes 60,0 ans.

■ ***Principales causes de décès*** : n.d. ; toutefois, au début des années 1990, la tuberculose était devenue un problème majeur (spécialement dans les régions du Sud) ; les cas de sida avaient considérablement augmenté.

Économie nationale

■ ***Budget de l'État*** (1996-1997)
Recettes : 4 459 400 000 NAD (droits de douane 30,2 % ; impôts sur le revenu des particuliers 16,5 % ; taxes sur les ventes 14,3 % ; recettes non fiscales 10,5 % ; taxes sur l'exploitation minière 3,1 %).
Dépenses : 5 072 600 000 NAD : (éducation 23,2 % ; santé et assistance sociale 10,3 % ; transport 6,1 % ; défense 5,8 % ; sécurité sociale 5,4 %).

■ ***Dette publique*** (1993) : 118 500 000 USD.

■ ***Tourisme*** (1995) : recettes touristiques 263 000 000 USD ; dépenses touristiques à l'étranger : 82 000 000 USD.

■ ***Production***
Agriculture, sylviculture, pêche (1997).
Racines et tubercules 230 000 t ; céréales 168 000 t, dont millet 107 000 t, maïs 47 000 t ; sorgho 10 000 t ; fruits 10 000 t ; légumes et melons 9 000 t ; légumes secs 8 000 t ; laine (1994) 8 000 t.
Cheptel (sur pied, 1996) : moutons 2 136 545 ; bovins 2 084 396 ; chèvres 1 670 822.
Pêche (1995) : 285 980 t.
Industries extractives (1996) : zinc 69 689 t ; cuivre 20 705 t ; plomb 18 845 t ; uranium 2 886 t ; diamants 1 420 000 carats ; argent 1 350 500 onces ; or 70 417 onces.
Industries manufacturières : pierres précieuses (diamants principalement), produits alimentaires (poisson, viande et produits laitiers), textiles, sculptures sur bois, métaux raffinés (cuivre et plomb).
Bâtiment (valeur des constructions achevées, 1994) : résidentiel 347 700 000 NAD ; non résidentiel 160 400 000 NAD.
Énergie (production/consommation) : électricité (1992) 1 714 000 000/1 714 000 000 kWh ; charbon 0/n.d. ; pétrole brut 0/n.d. ; gaz naturel 0/n.d.

■ ***Produit national brut*** (1995) : 3 098 000 000 USD (2 000 USD/hab.).

■ ***Population active*** (1991) : 493 580 ; taux d'activité env. 34,9 % (taux de participation : 15-64 ans 61,3 % ; femmes 43,5 % ; sans-emploi 20,1 %).

■ ***Revenus et dépenses des ménages***
Taille moyenne des ménages (1991) : 5,2.
Revenu annuel moyen par ménage (1980) : 3 223 ZAR (4 143 USD) ; sources des revenus (1992) : salaires et traitements 69,0 % ; revenus fonciers 25,6 % ; paiements de transfert 5,4 %.
Dépenses : n.d.

■ ***Utilisation du sol*** (1994) : forêts 15,2 % ; prairies et pâturages 46,2 % ; terres cultivées et plantations 0,8 % ; autres 37,8 %.

Échanges extérieurs

■ ***Importations*** (1994) : 4 467 700 000 NAD (équipement industriel et de transport 27,1 % ; dont équipement de transport 16,2 % ; alimentation et animaux sur pied 22,3 % ; minéraux et combustibles 11,4 % ; produits chimiques 8,1 %).
Principale source des importations (1993) : Afrique du Sud 87,0 %[b] ; Allemagne 3,0 % ; France 2,0 % ; Japon 2,0 %.

■ ***Exportations*** (1994) : 4 692 000 000 NAD (minéraux 50,1 %, dont diamants 31,4 % ; nourriture et animaux sur pied 47,0 %, dont poisson et dérivés 28,6 %, bovins et produits à base de viande 12,6 %).
Principales destinations des exportations (1993) : Royaume-Uni 34,0 % ; Afrique du Sud 27,0 % ; Japon 10,0 % ; Espagne 6,0 %.

Corpus : AFRIQUE (Structure et milieu) – Géographie générale (géographie humaine et économique) ; AFRIQUE NOIRE – Typologie politique ; BOCHIMANS ; DIAMANT (les principaux pays producteurs) ; HOTTENTOTS ; URANIUM (répartition géographique des gisements).

Universalia 1991 : 186 La Namibie indépendante.

Thesaurus :
BERGDAMA
HERERO
KUNG
NAMIB
OVAMBO

régions	chefs-lieux	superficie * (km²)	population * (estim. 1992)
Liambezi	Katima Mulilo	19 532	92 000
Erongo *	Omaruru	63 719	98 500
Hardap	Mariental	109 888	80 000
Karas	Keetmanshoop	161 324	73 000
Khomas	Windhoek	36 804	161 000
Kunene	Opuwo	144 254	58 500
Ohangwena	Oshikango	10 582	178 000
Okavango	Rundu	43 417	136 000
Omaheke	Gobabis	84 731	55 600
Omusati	Ongandjera	13 637	158 000
Oshana	Oshakati	5 290	159 000
Oshikoto	Tsumeb	26 607	176 000
Otjozondjupa	Grootfontein	105 327	85 000
autres		6	1 000
total		**825 118**	**1 511 600**

(*) Comprend 1 124 km² du district de Walvis Bay qui a été administré conjointement avec l'Afrique du Sud de novembre 1992 à mars 1994.

Territoire et population.

	1995		1991	
	millions de NAD	% du total	effectifs [1]	% des effectifs
agriculture	1 502	15,4	189 929	38,5
mines	1 097	11,2	14 686	3,0
industrie	872	8,9	22 884	4,6
bâtiment	347	3,6	18 638	3,8
entreprises publiques	187	1,9	2 974	0,6
transports et communications	566	5,8	9 322	1,9
commerce [2]	1 043	10,7	37 820	7,7
finance	1 037	10,6	8 547	1,7
services	135	1,4	89 541 (services + administration, défense nationale)	18,1
administration, défense nationale	2 697	27,7		
autres	267	2,7	99 239 [3]	20,1
total	**9 750**	**100,0** [4]	**493 580**	**100,0**

1. Comprend plus de 140 000 travailleurs du secteur informel. 2. Comprend l'hôtellerie. 3. Sans-emploi. 4. Le total général ne correspond pas exactement au détail en raison des arrondis.

Structure du produit intérieur brut et effectifs.

	1990	1991	1992	1993	1994	1995	1996
indice des prix à la consommation	100,0	111,9	131,7	143,0	158,4	174,2	188,2
indice des revenus	n.d.	n.d.	n.d.	n.d.	n.d.	n.d.	n.d.

Indices des prix et des revenus (1990 = 100).

	1990	1991	1992	1993	1994	1995
millions de USD	– 2,8	+ 102	+ 79	+ 122	+ 165	– 98
% du total	0,8	4,3	3,0	5,0	6,6	3,5

Balance commerciale (prix courants).

	nombre d'établissements	nombre d'enseignants	nombre d'élèves	nombre d'élèves par enseignant
primaire (6-12 ans)	933	10 912 [1]	366 666	32,0 [5]
secondaire (13-19 ans)	114	2 534 [2]	101 838	29,3 [2]
professionnel et formation à l'enseignement	17	140 [3]	1 503	11,9 [3]
supérieur	7.	213 [4]	6 523	11,8 [4]

1. 1992. 2. 1990. 3. 1989. 4. 1991. 5. 1992.

Enseignement (1994).

Transports et communications

■ ***Transports***
Chemins de fer : longueur 2 382 km (1995) ; trafic : 34 700 000 000 passagers-km ; 1 077 000 000 t-km.
Routes (1994) : longueur totale 42 594 km (12 % recouvertes).
Véhicules (1991) : voitures particulières 54 000 ; camions et autobus 59 000.
Marine marchande (1992) : 30 navires (de 100 tjb et plus) ; 5 874 tonneaux de port en lourd.
Transports aériens (1996) : trafic (Namib Air seulement) : 756 000 000 passagers-km ; 23 000 000 t-km. 11 aéroports desservis par des vols réguliers (1997).

■ ***Communications***
Journaux quotidiens (1994) : diffusion totale 43 300 ; diffusion pour 1 000 hab. 27,4.
Radiodiffusion (1995) : 240 000 postes récepteurs ; 152 pour 1 000 hab.
Télévision (1995) : 45 000 postes récepteurs ; 27,6 pour 1 000 hab.
Téléphone (1995) : 78 500 lignes principales ; 48,2 pour 1 000 hab.

Éducation et santé

■ ***Niveau d'éducation*** (1991)
Proportion de la population âgée de 25 ans et plus : sans instruction scolaire 35,1 % ; ayant une éducation primaire 31,9 % ; éducation secondaire 28,5 % ; éducation supérieure 4,5 %.

■ ***Alphabétisation*** (1991) : personnes âgées de 15 ans et plus alphabétisées 622 436 (75,8 %) ; hommes 77,7 % ; femmes 73,9 %.

■ ***Santé*** : 324 médecins en 1992 (1 pour 4 594 hab.) ; 6 997 lits d'hôpital en 1989 (1 pour 216 hab.) ; taux de mortalité infantile (1993) : 63,8 ‰.

■ ***Alimentation*** (1995) : apport journalier en calories par habitant 2 107 (alimentation d'origine végétale 88 % ; d'origine animale 12 %) ; soit 92 % du niveau minimal recommandé par la F.A.O.

Défense nationale

■ ***Contingent*** (1997) : 5 800 (armée de terre 98,3 % ; marine[c] 1,7 %).

■ ***Dépenses militaires*** (1995) : 1,6 % du P.N.B. (moyenne mondiale 2,8 %) ; soit 39 USD/hab.

a. Introduction, le 14 septembre 1993, du dollar namibien, à parité avec le rand sud-africain (1 NAD = 1 ZAR), qui continue d'avoir cours légal dans ce pays.

b. Y compris des marchandises d'autres pays transitant par l'Afrique du Sud.

c. Garde-côtes pour la surveillance de la pêche.

→ *Thesaurus :* NAURU
→ *Grand Atlas de Géographie* (éd. 1992) : 16, 166b
→ *Grand Atlas de l'Histoire :* 277

NAURU

● ***Nom officiel*** : République de Nauru (Naoero). Code I.S.O. : NR.

● ***Forme de gouvernement*** : république avec une chambre législative (Parlement [18]).

● ***Chef de l'État et du gouvernement*** : président.

● ***Capitale*** : Yaren (centre administratif).

● ***Langue officielle*** : nauruan.

● ***Religion officielle*** : aucune.

● ***Unité monétaire*** : 1 dollar australien (AUD) = 100 cents ; valeur (31 déc. 1997) : 100 AUD = 391,23 FRF.

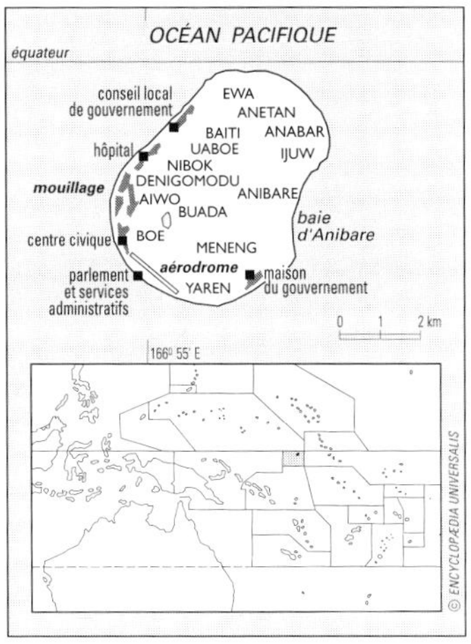

Démographie

■ ***Population*** (estim. 1997) : 10 400.

■ ***Densité*** (1997) : 490,6 hab./km².

■ ***Répartition urbaine/rurale*** (1992) : population urbaine 100 %.

■ ***Répartition par sexe*** (1992) : hommes 51,2 % ; femmes 48,8 %.

■ ***Répartition par âge*** (1992) : moins de 15 ans 41,8 % ; de 15 à 29 ans 25,0 % ; de 30 à 44 ans 20,7 % ; de 45 à 59 ans 8,2 % ; 60 ans et plus 2,8 % ; indéterminé 1,5 %.

■ ***Projection démographique*** : 11 000 en 2000 ; 13 000 en 2010.

■ ***Temps de doublement*** : 37 ans.

■ ***Composition ethnique*** (1983) : Nauruans 61,7 % (dont Eamwits, Irvwas, Eamwidamwits) ; autres peuples des îles du Pacifique 26,5 % ; Asiatiques 8,5 % ; européens 3,3 %.

■ ***Appartenances religieuses*** (1993) : Église protestante de Nauru (congrégationaliste) 55,0 % ; autres 45,0 %.

Statistiques de l'état civil

■ ***Taux de natalité*** (1996) : 24,0 ‰ (moyenne mondiale 25,0 ‰) ; taux de naissances légitimes n.d., illégitimes n.d.

■ ***Taux de mortalité*** (1996) : 5,0 ‰ (moyenne mondiale 9,3 ‰).

■ ***Taux d'accroissement naturel*** (1996) : 19,0 ‰ (moyenne mondiale 15,7 ‰).

■ ***Taux de fécondité*** (nombre moyen de naissances par femme en âge de procréer, 1989) : 2,5.

■ ***Nombre de mariages***[a] (pour 1 000 hab., 1977) : 6,3.

■ ***Nombre de divorces***[a] (pour 1 000 hab., 1977) : 0,3.

■ ***Espérance de vie*** à la naissance[a] (1976-1981) : hommes 64,0 ans ; femmes 69,0 ans.

■ ***Principales causes de décès***[a] (pour 100 000 hab., 1976-1981) : accidents, empoisonnements et actes de violence 116,0 ; maladies de l'appareil circulatoire 89,0 ; maladies de l'appareil digestif 53,0 ; tumeurs malignes (cancers) 38,0 ; maladies infectieuses et parasitaires 33,0 ; troubles endocriniens et du métabolisme 24,0 ; maladies de l'appareil respiratoire 16,0 ; maladies du système nerveux 13,0.

Économie nationale

■ ***Budget de l'État*** (1989)
Recettes : 57 350 000 AUD (exportations de phosphates principalement).
Dépenses : 59 230 000 AUD (éducation 5,9 % ; santé 5,3 %).

■ ***Dette publique*** (extérieure, créances y compris la dette privée à long terme non garantie par l'État, 1989) : 181 000 000 USD.

■ ***Tourisme*** : recettes touristiques n.d. ; dépenses touristiques à l'étranger n.d.

■ ***Production***
Agriculture, sylviculture, pêche (1986).
Noix de coco 2 000 t. Nauru produit aussi des quantités non commercialisées de bananes, d'ananas et de légumes, mais la plupart des produits alimentaires et des boissons sont importés.
Cheptel (sur pied, 1989) : porcs 2 000.
Bois : aucun.
Pêche : n.d. (pêche pour la consommation locale uniquement).
Industries extractives (1986) : phosphate minéral 1 600 000 t.
Industries manufacturières : aucune.
Bâtiment (1977) : 508 unités construites.
Énergie (production/consommation) : électricité (1988) 29 000 000/29 000 000 kWh ; charbon 0/n.d. ; pétrole brut 0/n.d. ; produits pétroliers (1985) 0/41 000 t ; gaz naturel 0/n.d.

■ ***Produit national brut*** (aux prix courants du marché, 1989) : 90 000 000 USD (10 000 USD/hab.).

■ ***Population active***[a] (1981) : 1 758 ; taux d'activité 35,2 % (taux de participation : plus de 15 ans 61,5 % ; femmes n.d. ; sans-emploi n.d.).

■ ***Indice des prix et des revenus*** : n.d.

■ ***Revenus et dépenses des ménages***
Taille moyenne des ménages (1977) : 8,0.
Revenu moyen par ménage : n.d., car la propriété foncière, la distribution de dividendes

districts	superficie (km²)	population (recens. 1983 [1])
Aiwo	1,1	812 [2]
Anabar	1,5	226
Anetan	1,0	265
Anibare	3,1	87
Baitsi (Baiti)	1,2	363
Boe	0,5	578
Buada	2,6	467
Denigomodu	0,9	2 600 [2]
Ewa	1,2	269
Ijuw	1,1	132
Meneng	3,1	1 024
Nibok	1,6	338
Uaboe	0,8	272
Yaren	1,5	559
total	**21,2**	**8 043** [3]

1. Préliminaire. 2. Comprend les expatriés et leurs dépendants. 3. Le total comprend 51 personnes incapables de remplir les formulaires de recensement ; elles ne sont pas réparties par district.

Territoire et population.

	1982		1981	
	millions de AUD	% du total	effectifs	% des effectifs
agriculture	n.d.	n.d.	n.d.	n.d.
mines	n.d.	n.d.	n.d.	n.d.
industrie	n.d.	n.d.	n.d.	n.d.
bâtiment	n.d.	n.d.	n.d.	n.d.
entreprises publiques	n.d.	n.d.	n.d.	n.d.
transports et communications	n.d.	n.d.	n.d.	n.d.
commerce	n.d.	n.d.	n.d.	n.d.
finance	n.d.	n.d.	n.d.	n.d.
administration, défense nationale	n.d.	n.d.	n.d.	n.d.
services	n.d.	n.d.	n.d.	n.d.
autres	n.d.	n.d.	n.d.	n.d.
total	**100**	**100,0**	**4 769** •	**100,0**

(•) L'économie de Nauru dépend fortement du travail contractuel des immigrants, prenant largement part à la production de phosphate. En 1981, les Nauruans ne représentaient que 36,9 % de la structure de l'emploi (la plupart dans le secteur de l'administration et du gouvernement). En pourcentage des effectifs, l'origine des immigrants était : Kiribati 26,7 % ; Tuvalu 17,0 % ; Chine 8,0 % ; Philippines 3,6 %. Le gouvernement employait 1 700 personnes, la Nauru Phosphates Corp. 2 832 personnes.

Produit intérieur brut et effectifs.

	1978	1979	1980	1981	1982	1983
millions de AUD	+ 42,9	+ 66,8	+ 81,6	+ 61,9	n.d.	+ 98,6
% du total	65,4	75,9	59,2	67,5	n.d.	57,4

Balance commerciale (prix courants).

	nombre d'établissements	nombre d'enseignants	nombre d'élèves	nombre d'élèves par enseignant
primaire (5-11 ans)	10	165	2 707	16,4
secondaire (12-18 ans)	2			
professionnel	1	4	88	22,0
supérieur	—	—	99 (•)	—

(•) Nauruans étudiant outre-mer.

Enseignement (1989).

pour l'exploitation du phosphate aux propriétaires et le travail discontinu sur les gisements de phosphate ont conduit à des inégalités importantes dans la répartition des revenus entre les Nauruans. Des inégalités semblables existent entre les Nauruans et les travailleurs étrangers, particulièrement les mineurs de phosphate de Kiribati et de Tuvalu. Le salaire minimum annuel d'un Nauruan était de 4 503 AUD en 1981 ; sources des revenus : n.d.
Dépenses : n.d.

■ ***Utilisation du sol***[b] (1983) : forêts 40 % ; surfaces construites, terres incultes et autres 60 %.

Échanges extérieurs

■ ***Importations*** (1986) : 43 300 000 AUD (produits alimentaires, combustibles, eau, matériel pour l'industrie phosphatière et matériaux de construction).
Principales sources des importations (1979) : Australie 58,0 % ; Royaume-Uni, Nouvelle-Zélande et Japon.

■ ***Exportations*** (1986) : 116 400 000 AUD (phosphate 100 %).
Principales destinations des exportations (1985) : Australie 61,3 % ; Nouvelle-Zélande 22,5 % ; Philippines 15,2 % ; Corée du Sud 1,0 %.

Transports et communications

■ ***Transports***
Chemins de fer : longueur (1985) 5 km ; trafic (1983-1984) : 6 820 000 t-km.
Routes (1985) : longueur totale 27 km (78 % recouvertes).
Véhicules (1984) : voitures particulières, camions et autobus 1 788.
Marine marchande (1992) : 2 navires ; 5 800 tonneaux de port en lourd.
Transports aériens (Air Nauru uniquement, 1982) ; trafic : 238 000 000 passagers-km ; 1 600 000 t-km. 1 aéroport desservi par des vols réguliers (1995).

■ ***Communications***
Journaux quotidiens : aucun ; 1 journal bimensuel ; diffusion totale 750 ; diffusion pour 1 000 hab. 95.
Radiodiffusion (1994) : 6 000 postes récepteurs (1 pour 1,7 hab.).
Télévision : aucune émission télévisée ; toutefois des enregistrements vidéo d'émissions télévisées sont couramment diffusés.
Téléphone (1989) : 2 000 postes téléphoniques (1 pour 4,6 hab.).

Éducation et santé

■ ***Niveau d'éducation*** : n.d.

■ ***Alphabétisation*** (1989) : personnes âgées de 15 ans et plus alphabétisées 99,0 %.

■ ***Santé*** (1980) : 11 médecins (1 pour 700 hab.) ; 200 lits d'hôpital (1 pour 40,0 hab.) ; taux de mortalité infantile (1996) : 26,0 ‰.

■ ***Alimentation*** (1978-1980) : apport journalier en calories par habitant 3 202 (alimentation d'origine végétale 64 % ; d'origine animale 36 %) ; soit 120 % du niveau minimal recommandé par la F.A.O.

Défense nationale

■ ***Contingent*** (1985) : Nauru ne possède pas d'organisation militaire. La défense du pays est assurée par l'Australie bien qu'il n'existe aucun accord formel à ce sujet. Nauru entretient une force de police de 57 hommes.

a. Population nauruane uniquement.

b. Environ 80 % de la surface émergée de Nauru est phosphatifère ; au début des années 1980, 60 % en avaient déjà été exploités.

Corpus : OCÉANIE – Géographie humaine ; Ethnographie (Micronésie) ; PHOSPHATES SÉDIMENTAIRES (gisements).

→ *Corpus* : NÉPAL
→ *Grand Atlas de Géographie* (éd. 1992) : 118, 124
→ *Grand Atlas de l'Histoire* : 281, 295

NÉPAL

- ***Nom officiel*** : Royaume du Népal (Nepāl Ādhirājya). Code I.S.O. : NP.
- ***Forme de gouvernement*** : monarchie constitutionnelle avec deux chambres législatives (Conseil national [60, dont 10 nommés par le roi] et Chambre des représentants [205]).
- ***Chef de l'État*** : roi.
- ***Chef du gouvernement*** : Premier ministre.
- ***Capitale*** : Katmandou (Kāthmāndu).
- ***Langue officielle*** : népalais (nepālī).
- ***Religion officielle*** : hindouisme.
- ***Unité monétaire*** : 1 roupie népalaise (NPR) = 100 pice ; valeur (31 déc. 1997) : 100 NPR = 9,55 FRF.

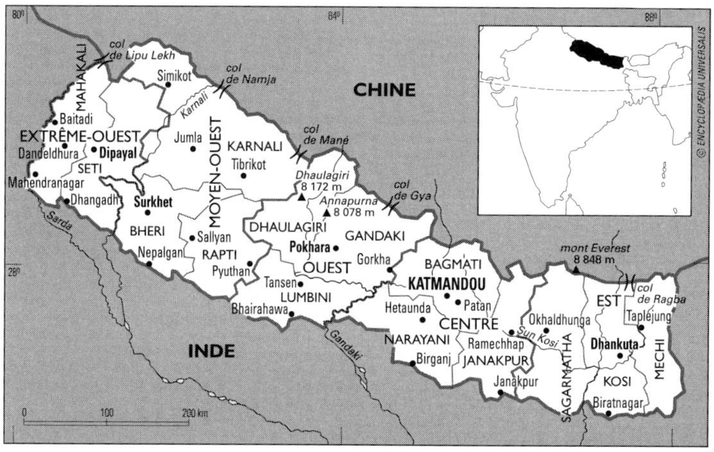

Démographie

■ ***Population*** (estim. 1997) : 21 424 000.

■ ***Densité*** (1997) : 145,6 hab./km².

■ ***Répartition urbaine/rurale*** (1997) : population urbaine 15,0 % ; population rurale 85,0 %.

■ ***Répartition par sexe*** (1997) : hommes 50,20 % ; femmes 49,80 %.

■ ***Répartition par âge*** (1991) : moins de 15 ans 42,3 % ; de 15 à 29 ans 25,7 % ; de 30 à 44 ans 16,7 % ; de 45 à 59 ans 9,7 % ; de 60 à 74 ans 4,7 % ; 75 ans et plus 0,9 %.

■ ***Projection démographique*** : 20 847 000 en 2000 ; 23 062 000 en 2010.

■ ***Temps de doublement*** : 25 ans.

■ ***Composition ethnique*** (1991) : Népalais 53,2 % ; Bihārīs (Maithilīs et Bhojpurīs) 18,4 % ; Tharus 4,8 % ; Tamangs 4,7 % ; Newārs 3,4 % ; Magars 2,2 % ; Abadhis 1,7 % ; autres 11,6 %.

■ ***Appartenances religieuses*** (1991) : hindous 86,5 % ; bouddhistes 7,8 % ; musulmans 3,5 % ; kirats 1,7 % ; chrétiens 0,2 % ; autres 0,3 %.

■ ***Principales villes*** (1993) : Katmandou 535 000 hab. ; Lalitpūr (Patan) 190 000 hab. ; Birātnagar (Morang) 132 000 hab. ; Bhaktapur 130 000 hab.

régions de développement et zones	chefs-lieux	superficie (km²)	population (recens. 1991)
Centre	**Kāthmāndu (Katmandou)**	**27 410**	**6 183 955**
Bāgmati	Bhaktapur	9 428	2 250 805
Janakpur	Sindhulimādī	9 669	2 061 816
Nārāyanī	Hetaudā	8 313	1 871 334
Est	**Dhankūtā**	**28 456**	**4 446 749**
Koshī	Dharān	9 669	1 728 247
Mechī	Ilam	8 196	1 118 210
Sāgarmāthā	Rājbiraj	10 591	1 600 292
Extrême-Ouest	**Dipāyal**	**19 539**	**1 679 301**
Mahākālī	Dadeldhurā	6 989	664 952
Setī	Silgadhī	12 550	1 014 349
Moyen-Ouest	**Surkhet**	**42 378**	**2 410 414**
Bhetī	Nepālganj	10 545	1 103 043
Karnālī	Mānma	21 351	260 529
Rāptī	Tulsipur	10 482	1 046 842
Ouest	**Pokharā**	**29 398**	**3 770 678**
Dhawalāgiri	Bagluri	8 148	490 877
Gandakī	Chāme	12 275	1 266 128
Lumbinī	Burtawal	8 975	2 013 673
total		**147 181**	**18 491 097**

Territoire et population.

Statistiques de l'état civil

■ ***Taux de natalité*** (1997) : 36,6 ‰ (moyenne mondiale 25,0 ‰).

■ ***Taux de mortalité*** (1997) : 11,2 ‰ (moyenne mondiale 9,3 ‰).

■ ***Taux d'accroissement naturel*** (1997) : 25,4 ‰ (moyenne mondiale 15,7 ‰).

■ ***Taux de fécondité*** (nombre moyen de naissances par femme en âge de procréer, 1996) : 5,0.

■ ***Nombre de mariages*** : n.d.

■ ***Nombre de divorces*** : n.d.

■ ***Espérance de vie*** à la naissance (1991) : hommes 57 ans ; femmes 57 ans.

■ ***Principales causes de décès*** : n.d. ; toutefois, les maladies infectieuses et parasitaires, les maladies du système respiratoire, les troubles du système nerveux, les maladies du système circulatoire et les blessures et empoisonnements sont parmi les principales causes de mortalité du pays.

Économie nationale

■ ***Budget de l'État*** (1996)
Recettes : 30 303 000 000 NPR (taxes sur les biens et les services 39,7 % ; taxes sur le commerce international 27,9 % ; impôts sur le revenu 12,9 % ; impôts fonciers de l'État 7,9 % ; impôts sur la propriété 3,6 %).
Dépenses : 49 485 000 000 NPR (éducation 13,9 % ; transport et communication 11,9 % ; logements agricoles 5,0 % ; défense 4,4 % ; ordre public 4,4 % ; services publics généraux 3,2 %).

■ ***Dette publique*** (extérieure, créances, 1995) : 2 328 000 000 USD.

■ ***Tourisme*** (1995) : recettes touristiques 117 000 000 USD ; dépenses touristiques à l'étranger 136 000 000 USD.

■ ***Production***
Agriculture, sylviculture, pêche (1996).
Riz 3 578 830 t ; canne à sucre 1 568 700 t ; maïs 1 331 060 t ; blé 1 012 930 t ; pommes de terre 898 350 t ; millet 282 440 t ; légumes secs 185 640 t ; orge 41 340 t ; jute 14 950 t ; tabac 5 510 t.
Cheptel (sur pied) : bovins 7 008 420 ; chèvres 5 783 140 ; buffles 3 302 200 ; moutons 859 000 ; porcs 670 340.
Bois (1995) : 20 822 000 m³.
Pêche (1995) : 21 148 t.
Industries extractives (1995) : pierre à chaux 350 000 t ; sel 7 000 t ; talc 1 500 t.
Industries manufacturières (valeur ajoutée en millions de dollars, 1994) : produits alimentaires 70 ; textiles 70 ; vêtements 50 ; produits du tabac 37 ; produits minéraux non métalliques 32 ; boissons 29.
Bâtiment : n.d.
Énergie (production/consommation) : électricité (1994) 908 000 000/940 000 000 kWh ; charbon

	1994-1995		1991	
	millions de NPR [1]	% du total	effectifs	% des effectifs
agriculture	87 072	41,9	5 961 788	81,2
mines	1 268	0,6	2 367	—
industrie	19 559	9,4	150 051	2,0
bâtiment	23 560	11,3	35 658	0,5
entreprises publiques	1 923	0,9	11 734	0,2
transports et communications	15 252	7,3	50 808	0,7
commerce	9 735	4,7	256 012	3,5
finance	20 673	10,0	20 847	0,3
services	19 563	9,4	752 019	10,3
autres	9 265 [2]	4,5	98 302	1,3
total	**207 870**	**100,0**	**7 339 586**	**100,0**

1. Estimation. 2. Comprend les taxes indirectes.

Structure du produit intérieur brut et effectifs.

	1990	1991	1992	1993	1994	1995	1996
indice des prix à la consommation	100,0	115,6	135,4	145,5	157,7	169,7	185,4
indice des revenus mensuels *	100,0	136,7	113,2	123,3	n.d.	n.d.	n.d.

(*) Niveaux réels des salaires des ouvriers non qualifiés de l'industrie à Katmandou.

Indices des prix et des revenus (1990 = 100).

	1990	1991	1992	1993	1994	1995
millions de NPR	− 13 037	− 17 059	− 16 255	− 21 781	− 37 402	− 49 843
% du total	51,4	46,5	33,7	36,5	51,0	58,0

Balance commerciale (prix courants).

	nombre d'établissements	nombre d'enseignants	nombre d'élèves	nombre d'élèves par enseignant
primaire (6-10 ans)	22 157	85 621	3 191 600	37,3
secondaire (11-15 ans) / professionnel	7 582	30 637	944 500	30,8
supérieur	3 [1]	4 925 [2]	102 018	22,4 [2]

1. 1993. 2. 1991.

Enseignement (1995).

(1994) 0/115 000 t ; produits pétroliers (1994) 0/343 000 t ; gaz naturel 0/0.

■ ***Produit national brut*** (aux prix courants du marché, 1995) : 4 391 000 000 USD (200 USD/hab.).

■ ***Population active*** (1991) : 7 339 586 ; taux d'activité 39,7 % (taux de participation : 10 ans et plus 57 % ; femmes 45,5 % ; sans-emploi [1980] 5,5 %).

■ ***Revenus et dépenses des ménages***
Taille moyenne des ménages (1991) : 5,6.
Revenu annuel moyen par ménage (1984-1985) : 14 796 NPR (853 USD) ; sources des revenus (1984-1985) : activités non salariées 63,4 % ; salaires et traitements 25,1 % ; loyers 7,5 % ; autres 4,0 %.
Dépenses (1984-1985) : alimentation et boissons 61,2 % ; logement 17,3 % ; habillement 11,7 % ; soins médicaux 3,7 % ; éducation et loisirs 2,9 % ; transports et communications 1,2 % ; autres 2,0 %.

■ ***Utilisation du sol*** (1994) : forêts 42,0 % ; prairies et pâturages 14,6 % ; terres cultivées et plantations 17,2 % ; autres 26,2 %.

Échanges extérieurs[a]

■ ***Importations*** (1994-1995) : 65 587 000 000 NPR (produits manufacturés de base 38,7 % ; équipement industriel et de transport 19,7 % ; produits chimiques 11,6 % ; produits alimentaires et animaux sur pied 7,9 % ; combustibles minéraux et lubrifiants 7,2 % ; matières premières à l'exclusion des combustibles 6,0 %).

Principales sources des importations : Asie 70,3 %, dont Inde 34,1 % ; (1993-1994) C.E.E. 15,3 % ; Océanie 5,3 %.

■ ***Exportations*** (1994-1995) : 17 940 000 000 NPR (produits manufacturés de base 51,6 % ; produits manufacturés divers 32,7 % ; produits alimentaires et animaux sur pied 9,1 % ; matières premières à l'exclusion des combustibles 2,9 % ; produits chimiques et pharmaceutiques 1,7 %).

Principales destinations des exportations : Allemagne 45,8 % ; États-Unis 36,0 % ; Inde (1993-1994) 13,3 % ; Suisse 3,3 %.

Transports et communications

■ ***Transports***
Chemins de fer (1993-1994) : longueur (1996) 101 km ; trafic : passagers 653 000 ; marchandises 9 151 t.
Routes (1995) : longueur totale 7 550 km (41 % recouvertes).
Véhicules (1990-1991) : voitures particulières 4 949 ; camions et autobus 3 363.
Marine marchande : aucune.
Transports aériens (1993-1994) ; trafic : 769 000 000 passagers-km ; 93 126 000 t-km. 24 aéroports desservis par des vols réguliers (1996).

■ ***Communications***
Journaux quotidiens (1994) : diffusion totale 162 000 ; diffusion pour 1 000 hab. 8,2.
Radiodiffusion (1996) : 625 000 postes récepteurs ; 30 pour 1 000 hab.
Télévision (1995) : 250 000 postes récepteurs ; 12 pour 1 000 hab.
Téléphone (1995) : 77 300 postes téléphoniques ; 3,8 pour 1 000 hab.

Éducation et santé

■ ***Niveau d'éducation*** (1981)
Proportion de la population âgée de 25 ans et plus : sans instruction scolaire 41,2 % ; ayant une éducation primaire 29,4 % ; éducation secondaire 22,7 % ; éducation supérieure 6,8 %.

■ ***Alphabétisation*** (1991) : personnes âgées de 15 ans et plus alphabétisées 4 255 000 (37,7 %) ; hommes 2 975 000 (51,7 %) ; femmes 1 280 000 (23,3 %).

■ ***Santé*** (1995) : 1 478 médecins (1 pour 13 777 hab.) ; 3 188 lits d'hôpital (1 pour 6 387 hab.) ; taux de mortalité infantile (1997) : 83 ‰.

■ ***Alimentation*** (1995) : apport journalier en calories par habitant 2 367 (alimentation d'origine végétale 94 % ; d'origine animale 6 %) ; soit 108 % du niveau minimal recommandé par la F.A.O.

Défense nationale

■ ***Contingent*** (1996) : 43 000 (armée de terre 99,5 % ; armée de l'air 0,5 %).

■ ***Dépenses militaires*** (1995) : 0,9 % du P.N.B. (moyenne mondiale 2,8 %) ; soit 2 USD/hab.

a. Importations : chiffres F.O.B. pour la balance commerciale et C.I.F. pour les marchandises et les partenaires commerciaux.

Corpus : HIMALAYA (aspects ethnographiques).

Thesaurus :
GURUNG
KĀTMĀNDU
LEPCHA
NEWAR
SHERPA

→ *Corpus* : NICARAGUA
→ *Grand Atlas de Géographie* (éd. 1992) : 198, 204
→ *Grand Atlas de l'Histoire* : 226, 227, 287, 294

NICARAGUA

- ***Nom officiel*** : République du Nicaragua (República de Nicaragua). Code I.S.O. : NI.
- ***Forme de gouvernement*** : république à structure étatique unitaire et à régime multipartiste avec une chambre législative (Assemblée nationale [92 [a]]).
- ***Chef de l'État et du gouvernement*** : président.
- ***Capitale*** : Managua.
- ***Langue officielle*** : espagnol.
- ***Religion officielle*** : aucune.
- ***Unité monétaire*** : 1 córdoba [b] (NIO) = 100 centavos ; valeur (31 déc. 1997) : 100 NIO = 59,91 FRF.

Démographie

■ ***Population*** (estim. 1997) : 4 632 000.

■ ***Densité*** [c] (1997) : 38,1 hab./km².

■ ***Répartition urbaine/rurale*** (1994) : population urbaine 54,4 % ; population rurale 45,6 %.

■ ***Répartition par sexe*** (1995) : hommes 49,28 % ; femmes 50,72 %.

■ ***Répartition par âge*** (1994) : moins de 15 ans 44,2 % ; de 15 à 29 ans 28,7 % ; de 30 à 44 ans 15,5 % ; de 45 à 59 ans 7,2 % ; de 60 à 74 ans 3,6 % ; 75 ans et plus 0,8 %.

■ ***Projection démographique*** : 4 993 000 en 2000 ; 6 192 000 en 2010.

■ ***Temps de doublement*** : 26 ans.

■ ***Composition ethnique*** (1991) : Métis (Espagnols/Indiens) 69,0 % ; Blancs 17,0 % ; Noirs 9,0 % ; Amérindiens 5,0 %.

■ ***Appartenances religieuses*** (1995) : catholiques 76,7 % ; protestants 15,2 %, dont pentecôtistes 10,7 % ; autres 8,1 %.

■ ***Principales villes*** (population des *municipes*, 1994) : Managua 864 201 hab. ; León 123 865 hab. ; Chinandega 97 387 hab. ; Masaya 88 971 hab. ; Granada 71 783 hab. ; Estelí 71 550 hab.

Statistiques de l'état civil

■ ***Taux de natalité*** (1996) : 33,8 ‰ (moyenne mondiale 25,0 ‰).

■ ***Taux de mortalité*** (1996) : 6,0 ‰ (moyenne mondiale 9,3 ‰).

■ ***Taux d'accroissement naturel*** (1996) : 27,8 ‰ (moyenne mondiale 15,7 ‰).

■ ***Taux de fécondité*** (nombre moyen de naissances par femme en âge de procréer, 1996) : 4,0.

■ ***Nombre de mariages*** (pour 1 000 hab., 1991) : 3,3.

■ ***Nombre de divorces*** (pour 1 000 hab., 1991) : 0,4.

■ ***Espérance de vie*** à la naissance (1996) : hommes 63,4 ans ; femmes 68,1 ans.

■ ***Principales causes de décès*** (taux fondé sur environ 45 % du total des décès, pour 100 000 hab., 1991) : maladies de l'appareil circulatoire 142,0 ; maladies infectieuses et parasitaires 100,0 ; accidents et actes de violence 93,0 ; maladies de l'appareil respiratoire 73,0 ; tumeurs malignes (cancers) 56,0.

Économie nationale

■ ***Budget de l'État*** (1995)
Recettes : 3 929 000 000 NIO (recettes fiscales 74,6 %, dont droits d'importation 17,3 %, impôts indirects sur les produits pétroliers 14,6 % ; aides 20,2 %).
Dépenses : 4 526 000 000 NIO (dépenses courantes 62,8 % ; dépenses de développement 33,6 % ; prêts nets 3,6 %).

■ ***Dette publique*** (extérieure, créances, 1995) : 7 937 000 000 USD.

■ ***Tourisme*** (1995) : recettes touristiques 54 600 000 USD ; dépenses touristiques à l'étranger 40 000 000 USD.

■ ***Production***
Agriculture, pêche (1996).

départements [1]	capitales	superficie (km²)	population (estim. 1995)
Boaco	Boaco	4 244	136 949
Carazo	Jinotepe	1 050	149 407
Chinandega	Chinandega	4 926	350 212
Chontales	Juigalpa	6 378	144 635
Estelí	Estelí	2 335	174 894
Granada	Granada	929	155 683
Jinotega	Jinotega	9 755	257 933
León	León	5 107	336 894
Madriz	Somoto	1 602	107 567
Managua	Managua	3 672	1 093 760
Masaya	Masaya	590	241 354
Matagalpa	Matagalpa	8 523	383 776
Nueva Segovia	Ocotal	3 123	148 492
Río San Juan	San Carlos	7 473	70 143
Rivas	Rivas	2 155	140 432
régions autonomes [2]			
Atlantique nord	—	32 159	192 716
Atlantique sud	Bluefields	27 407	272 252
total		**121 428**	**4 357 099**
surface des eaux intérieures [1]		10 384	
superficie totale		**131 812**	

1. Les lacs et les lagons ne sont pas compris dans la superficie des départements. 2. Remplacent l'ancien département de Zelaya.

Territoire et population.

	1996		1994	
	millions de NIO	% du total	effectifs	% des effectifs
agriculture, sylviculture	5 981	34,9	415 400	29,5
mines	133	0,8	7 300	0,5
industrie	2 677	15,6	155 500	11,0
bâtiment	614	3,6	28 600	2,0
entreprises publiques	186	1,1	10 600	0,8
transports et communications	612	3,6	30 000	2,1
commerce	4 184	24,4	189 000	13,4
finance, immobilier	859	5,0	16 200	1,2
administration, défense nationale	928	5,4	81 900	5,8
services	952	5,6	181 300	12,9
autres	–	–	291 900 [1]	20,7 [1]
total	**17 126**	**100,0**	**1 407 700**	**100,0** [2]

1. Sans-emploi. 2. Le total général ne correspond pas exactement au détail en raison des arrondis.

Structure du produit intérieur brut et effectifs.

	1992	1993	1994	1995	1996	1997 (avril)
indice des prix à la consommation	100,0	120,4	129,7	143,9	160,6	171,2
indice des revenus mensuels	100,0	111,8	126,7	142,9	n.d.	n.d.

Indices des prix et des revenus (1992 = 100).

	1991	1992	1993	1994	1995	1996
millions de USD	– 396,4	– 547,8	– 402,8	– 433,5	– 263,8	– 371,2
% du total	42,1	55,1	43,0	38,2	20,0	22,6

Balance commerciale (prix courants).

	nombre d'établissements	nombre d'enseignants	nombre d'élèves	nombre d'élèves par enseignant
primaire (7-12 ans)	4 993	20 626	765 972	37,1
secondaire (13-18 ans), professionnel et formation à l'enseignement	451	5 356	211 606	39,5
supérieur	10	2 005	22 120	11,0

Enseignement (1994).

Canne à sucre 2 948 000 t ; maïs 332 600 t ; riz 219 100 t ; sorgho 127 300 t ; haricots secs 102 900 t ; bananes 88 000 t ; oranges 72 000 t ; café 55 000 t ; soja 24 100 t ; sésame 14 800 t.
Cheptel (sur pied) : 1 807 000 bovins ; 410 000 porcs.
Bois (1995) : 3 809 000 m³.
Pêche (1995) : 13 503 t, dont crevettes 5 425 t.
Industries extractives (1995) : or 42 300 onces.
Industries manufacturières (1995, valeur[d] de la production en millions de NIO) : produits alimentaires, boissons et tabac 3 129 ; machines et produits métalliques 319 ; pétrole raffiné et produits du caoutchouc 231 ; produits chimiques et dérivés 124.
Bâtiment (constructions achevées, 1991) : 569 m³.
Énergie (production/consommation) : électricité (1995) 1 726 000 000/1 130 000 000 kWh ; charbon 0/0 ; pétrole brut (1993) 0/4 903 000 barils ; produits pétroliers (1993) 601 000/770 000 t ; gaz naturel 0/0.

■ ***Produit national brut*** (aux prix courants du marché, 1995) : 1 659 000 000 USD (380 USD/hab.).

■ ***Population active*** (1994) : 1 407 700 ; taux d'activité 34,8 % (taux de participation : 15 ans et plus 62,0 % [1991] ; femmes [1991] 33,2 % ; sans-emploi [1996] 16,6 %).

■ ***Revenus et dépenses des ménages***
Taille moyenne des ménages (1995) : 5,8.
Revenu annuel moyen par ménage : n.d. ; sources des revenus : n.d.
Dépenses : n.d..

■ ***Utilisation du sol*** (1994) : forêts 26,3 % ; prairies et pâturages 45,3 % ; terres cultivées et plantations 10,5 % ; autres 17,9 %.

Échanges extérieurs[e]

■ ***Importations*** (1996) : 1 119 900 000 USD (biens d'équipement 24,9 % ; biens de consommation 24,7 % ; pétrole 14,1 %).
Principales sources des importations (1995) : États-Unis 31,2 % ; Caricom 23,9 % ; Venezuela 11,6 % ; Japon 5,2 %.

■ ***Exportations*** (1996) : 634 800 000 USD (produits industriels 24,4 % ; café 17,5 % ; crustacés 10,9 % ; bœuf 6,9 % ; sucre non rafiné 6,0 %).
Principales destinations des exportations (estim.) : États-Unis 38,1 % ; Caricom 15,1,% ; Allemagne 10,4 % ; Espagne 7,2 % ; Pays-Bas 5,9 %.

Transports et communications

■ ***Transports***
Chemins de fer : le service des chemins de fer a été stoppé en janvier 1994.
Routes (1994) : longueur totale 15 286 km (10 % recouvertes).
Véhicules (1993) : voitures particulières 31 300 ; camions et autobus 43 600.
Marine marchande (1992) : 25 navires (de 100 tjb et plus) ; 1 295 tonneaux de port en lourd.
Transports aériens (Nica uniquement, 1994) ; trafic : 72 172 000 passagers-km ; 6 964 000 t-km. 10 aéroports desservis par des vols internationaux (1997).

■ ***Communications***
Journaux quotidiens (1994) : diffusion totale 130 000 ; diffusion pour 1 000 hab. 31.
Radiodiffusion (1996) : 925 000 postes récepteurs ; 206 pour 1 000 hab.
Télévision (1995) : 210 000 postes récepteurs ; 48 pour 1 000 hab.
Téléphone (1995) : 96 600 lignes principales ; 22 pour 1 000 hab.

Éducation et santé

■ ***Niveau d'éducation*** : n.d.

■ ***Alphabétisation*** (1995) : proportion de la population âgée de 15 ans et plus alphabétisée 65,7 % ; hommes 64,6 % ; femmes 66,6 %.

■ ***Santé*** (1994) : 2 577 médecins (1 pour 1 566 hab.) ; 4 413 lits d'hôpital (1 pour 914 hab.) ; taux de mortalité infantile (1996) : 45,8 ‰.

■ ***Alimentation*** (1995) : apport journalier en calories par habitant 2 311 (alimentation d'origine végétale 92 % ; d'origine animale 8 %) ; soit 103 % du niveau minimal recommandé par la F.A.O.

Défense nationale

■ ***Contingent*** (1995) : 12 000 (armée de terre 83,3 % ; marine 6,7 % ; armée de l'air 10,0 %).

■ ***Dépenses militaires*** (1995) : 2,2 % du P.N.B. (moyenne mondiale 2,8 %) ; soit 8 USD/hab.

Corpus : AMÉRIQUE LATINE – Économie et société ; CARAÏBES (AIRE DES) [géopolitique de l'espace) ; INDIENS D'AMÉRIQUE (Méso-Amérique) ; ZONES FRANCHES.

Universalia 1986 : La montée des périls ; ***Universalia 1989 :*** 139 Lueurs de paix en Amérique centrale ; ***Universalia 1991 :*** 151 Amérique latine : une nouvelle donne ; 310 Une paix fragile sortie des urnes ; ***Universalia 1992 :*** 185 Crise du marxisme et montée en force du néo-libéralisme.

Thesaurus :
MANAGUA
M.C.C.A.
MOSQUITO

a. Comprend les deux candidats battus lors de l'élection présidentielle de 1990.

b. Le nouveau córdoba (NIC) avait été créé le 24 févr. 1988 (1 nouveau córdoba = 1 000 anciens córdobas) ; il a été à son tour remplacé, à partir de juillet 1990, par le córdoba d'or (1 NIO = 5 000 000 NIC), ou cordoba.

c. Sur la base de la surface terrestre.

d. Aux prix de 1980.

e. Importations : chiffres F.O.B. pour la balance commerciale et C.I.F. pour les marchandises et les partenaires commerciaux.

→ *Corpus* : NIGER (RÉPUBLIQUE DU)
→ *Grand Atlas de Géographie* (éd. 1992) ; 132, 146
→ *Grand Atlas de l'Histoire* : 276, 283, 295

NIGER

• ***Nom officiel*** : République du Niger. Code I.S.O. : NE.

• ***Forme de gouvernement*** : république [a], avec un corps législatif unique (Assemblée nationale [b] [83 [c]]).

• ***Chef de l'État et du gouvernement*** : président assisté d'un Premier ministre.

• ***Capitale*** : Niamey.

• ***Langue officielle*** : français.

• ***Religion officielle*** : aucune.

• ***Unité monétaire*** : 1 franc CFA (XOF) = 100 centimes ; valeur : 100 XOF = 1,00 FRF [d].

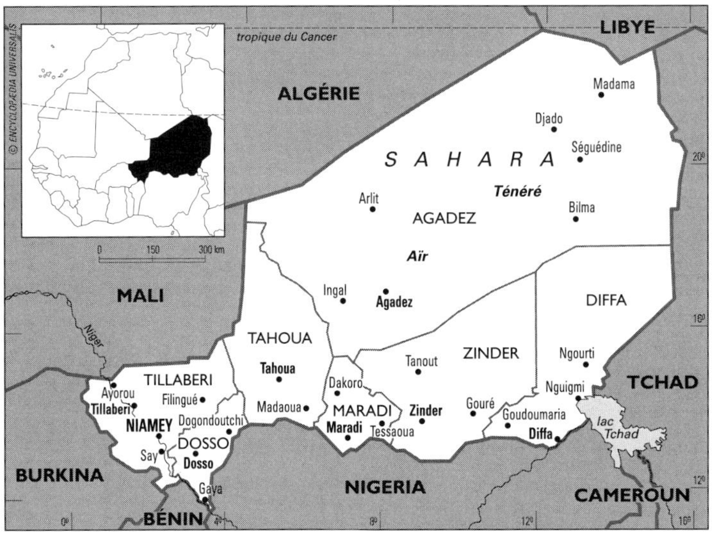

Démographie

■ ***Population*** (estim. 1997) : 9 389 000.

■ ***Densité*** (1997) : 7,4 hab./km².

■ ***Répartition urbaine/rurale*** (1995) : population urbaine 17,0 % ; population rurale 83,0 %.

■ ***Répartition par sexe*** (1995) : hommes 49,40 % ; femmes 50,60 %.

■ ***Répartition par âge*** (1995) : moins de 15 ans 48,4 % ; de 15 à 29 ans 25,7 % ; de 30 à 44 ans 14,4 % ; de 45 à 59 ans 7,5 % ; de 60 ans à 74 ans 3,4 % ; 75 ans et plus 0,6 %.

■ ***Projection démographique*** : 10 260 000 en 2000 ; 13 678 000 en 2010.

■ ***Temps de doublement*** : 23 ans.

■ ***Composition ethnique*** (1988) : Haoussas 53,0 % ; Djermas-Songhaïs 21,2 % ; Touareg 10,4 % ; Peuls 9,8 % ; Kanouris-Nangas 4,4 % ; Tédas 0,4 % ; autres 0,8 %.

■ ***Appartenances religieuses*** (1995) : musulmans, essentiellement sunnites, env. 89,0 % ; croyances traditionnelles env. 11,0 %.

■ ***Principales villes*** (1988) : Niamey 391 876 hab. ; Zinder 119 827 hab. ; Maradi 110 005 hab. ; Tahoua 49 948 hab. ; Agadez 32 272 hab.

Statistiques de l'état civil

■ ***Taux de natalité*** (1996) : 54,5 ‰ (moyenne mondiale 25,0 ‰).

■ ***Taux de mortalité*** (1996) : 24,6 ‰ (moyenne mondiale 9,3 ‰).

■ ***Taux d'accroissement naturel*** (1996) : 29,9 ‰ (moyenne mondiale 15,7 ‰).

■ ***Taux de fécondité*** (nombre moyen de naissances par femme en âge de procréer, 1996) : 7,4.

■ ***Nombre de mariages et de divorces*** : n.d.

■ ***Espérance de vie*** à la naissance (1996) : hommes 41,1 ans ; femmes 40,2 ans.

■ ***Principales causes de décès*** : n.d. ; toutefois, les principales causes enregistrées sont la rougeole, la diarrhée, la méningite, la malaria, la pneumonie, la diphtérie, le tétanos, l'hépatite virale et la poliomyélite.

Économie nationale

■ ***Budget de l'État*** (1996)
Recettes : 123 500 000 000 XOF (recettes fiscales 54,2 %, emprunts extérieurs et aides 38,8 % ; recettes non fiscales 7,0 %).
Dépenses : 120 200 000 000 XOF (dépenses courantes 73,0 %, dépenses de développement 27,0 %).

■ ***Dette publique*** (extérieure, créances, 1995) : 1 376 000 000 USD.

■ ***Tourisme*** (1995) : recettes touristiques 15 000 000 USD ; dépenses touristiques à l'étranger 21 000 000 USD.

■ ***Produit national brut*** (aux prix courants du marché, 1995) : 1 961 000 000 USD (220 USD/hab.).

■ ***Production***
Agriculture, sylviculture, pêche (1996).
Millet 1 832 000 t ; doliques 430 000 t ; sorgho 425 000 t ; manioc 225 000 t ; oignons 178 000 t ; canne à sucre 145 000 t ; riz 70 000 t ; arachides 57 000 t ; tomates 47 000 t ; tabac en feuilles 930 t.
Cheptel (sur pied) : chèvres 5 869 000 ; moutons 3 849 000 ; bovins 1 987 000 ; ânes 450 000 ; chameaux 380 000 ; chevaux 82 000.
Bois (1995) : 5 866 000 m³.
Pêche (1994) : 2 200 t.
Industries extractives (1996) : sel (1994) 3 000 t ; uranium 3 326 t.
Industries manufacturières (valeur ajoutée, 1993) : produits artisanaux 36 900 000 000 XOF ; viande et boissons 2 900 000 000 XOF ; savons et autres produits chimiques 2 100 000 000 XOF ; matériaux de construction 600 000 000 XOF.

départements et chefs-lieux	superficie (km²)	population (recens. 1990)
Agadez [1] (anc. Agadès)	634 209	189 000
Diffa	140 216	227 000
Dosso	31 002	982 000
Maradi	38 581	1 415 000
Tahoua	106 677	1 373 000
Tilabéry	90 293	1 818 000
Zinder	145 430	1 467 000
total	**1 186 408** [2]	**7 471 000**

1. L'accord de paix signé en octobre 1994 prévoit une éventuelle région autonome pour les Touaregs.
2. Les superficies des départements données sont périmées. Selon des données officielles, la superficie totale serait de 1 267 000 km², mais les superficies des départements ne sont pas connues.

Territoire et population.

Bâtiment (valeur ajoutée, 1994) : 16 100 000 000 XOF.
Énergie (production/consommation) : électricité (1994) 178 000 000/375 000 000 kWh ; charbon (1994) 133 500/174 000 t ; pétrole brut 0/0 ; produits pétroliers (1994) 0/211 000 t ; gaz naturel 0/0.

■ ***Population active*** (non compris les populations nomades, 1988) : 2 315 694 ; taux d'activité 31,9 % (taux de participation : 15-64 ans 55,2 % ; femmes 20,4 ; sans-emploi n.d.).

■ ***Revenus et dépenses des ménages***
Taille moyenne des ménages (1988) : 6,4.
Revenu annuel moyen par ménage : n.d. ; sources des revenus (1977) : activités non salariées 59,5 % ; sources familiales 30,1 % ; traitements et salaires 4,8 %.
Dépenses (1987) : alimentation et boissons 43,1 % ; logement 22,8 % ; habillement 10,0 %.

■ ***Utilisation du sol*** (1994) : forêts 2,0 % ; prairies et pâturages 8,2 % ; terres cultivées et plantations 2,9 % ; autres 86,9 %.

	1994		1988	
	millions de XOF	% du total	effectifs [1]	% des effectifs
agriculture	372 200	42,9	1 764 049	76,2
mines	34 700	4,0	5 295	0,2
industrie	56 900	6,6	65 793	2,8
bâtiment	16 100	2,1	13 742	0,6
entreprises publiques	18 400	2,3	1 778	0,1
transports et communications	47 200	5,4	14 764	0,6
commerce et finance	130 000	15,0	210 354	9,1
administration, défense nationale	94 700	10,9	59 271	2,6
services	87 400	10,1	63 991	2,8
autres	10 300	1,2	116 657	5,0
total	**867 800** [2]	**100,0** [2]	**2 315 694**	**100,0**

1. Non compris les populations nomades. 2. Le total général ne correspond pas exactement au détail en raison des arrondis.

Structure du produit intérieur brut et effectifs.

	1991	1992	1993	1994	1995	1996	1997
indice des prix à la consommation	92,2	88,1	87,0	118,4	130,9	137,8	141,4
indice des revenus annuels*	101,2	103,5	108,0	123,6	n.d.	n.d.	n.d.

(*) Secteur public uniquement.

Indices des prix et des revenus (1990 = 100).

	1990	1991	1992	1993	1994	1995
millions de XOF	– 39 900	– 19 500	– 12 700	– 2 200	– 11 000	+ 1 600
% du total	19,5	10,8	7,8	1,5	4,2	0,7

Balance commerciale (prix courants).

	nombre d'établissements	nombre d'enseignants	nombre d'élèves	nombre d'élèves par enseignant
primaire (7-12 ans)	2 656	12 216	414 296	33,9
secondaire (13-19 ans)	105 [1]	2 219 [2]	88 810	35,1 [2]
professionnel et formation à l'enseignement	7 [1]	175 [2]	2 110	12,1 [2]
supérieur [3]	2	315	4 060	12,9

1. 1989-1990. 2. 1992-1993. 3. Université de Niamey et École nationale d'administration du Niger uniquement.

Enseignement (1993-1994).

Échanges extérieurs

■ ***Importations*** (1994) : 135 600 000 000 XOF (produits de consommation 72,3 %, dont céréales 10,8 %, produits pétroliers 7,7 % ; biens intermédiaires et biens d'équipement 27,7 %). *Principales sources des importations* (estimations) : France 20,0 % ; Côte d'Ivoire 11,0 % ; Chine 4,0 % ; Belgique 4,0 %.

■ ***Exportations*** (1995) : 143 000 000 000 XOF (uranium 52,9 % ; cheptel [dont bovins, moutons et chèvres] 13,9 % ; doliques 5,2 %). *Principale destination des exportations* (estimations, 1994) : France 66 % ; Côte d'Ivoire 8,0 % ; Royaume-Uni 5,0 %.

Transports et communications

■ ***Transports***

Chemins de fer : aucun.

Routes (1995) : longueur totale 9 863 km (9 % recouvertes).

Véhicules (1995) : voitures particulières 37 500 ; camions et autobus 14 100.

Transports aériens (Air Afrique uniquement, 1996) ; trafic : 224 736 000 passagers-km ; 16 420 000 t-km. 6 aéroports desservis par des vols réguliers (1996).

■ ***Communications***

Journaux quotidiens (1994) : diffusion totale 11 000 ; diffusion pour 1 000 hab. 1,3.

Radiodiffusion (1996) : 440 000 postes récepteurs ; 48 pour 1 000 hab.

Télévision (1995) : 25 000 postes récepteurs ; 2,8 pour 1 000 hab.

Téléphone (1995) : 13 300 lignes principales ; 1,5 pour 1 000 hab.

Éducation et santé

■ ***Niveau d'éducation*** (1988)

Proportion de la population âgée de 25 ans et plus : sans instruction scolaire 85,0 % ; ayant une éducation coranique 11,2 % ; éducation primaire 2,5 % ; éducation secondaire 1,1 % ; éducation supérieure 0,2 %.

■ ***Alphabétisation*** (1995) : personnes âgées de 15 ans et plus alphabétisées 641 000 (13,6 %) ; hommes 482 000 (20,9 %) ; femmes 159 000 (6,6 %).

■ ***Santé*** : 242 médecins en 1993 (1 pour 35 141 hab.) ; env. 3 500 lits d'hôpital en 1987 (1 pour 2 000 hab.) ; taux de mortalité infantile (1996) : 117,6 ‰.

■ ***Alimentation*** (1995) : apport journalier en calories par habitant 2 136 (alimentation d'origine végétale 94 % ; d'origine animale 6 %) ; soit 91 % du niveau minimal recommandé par la F.A.O.

Défense nationale

■ ***Contingent*** (1996) : 5 300 (armée de terre 98,1 % ; armée de l'air 1,9 %).

■ ***Dépenses militaires*** (1995) : 1,2 % du P.N.B. (moyenne mondiale 2,8 %) ; soit 2 USD/hab.

---

a. L'organisateur du coup d'État militaire – aujourd'hui président – de janvier 1996 a promulgué une nouvelle Constitution le 22 mai 1996 ; en décembre 1996, le président a approuvé la dissolution du conseil militaire au pouvoir.

b. Les élections à l'Assemblée nationale de novembre 1996 ont été boycottées par les principaux partis d'opposition.

c. Sièges pourvus uniquement.

d. Dévaluation de 50 % du franc CFA le 12 janvier 1994.

Corpus : AFRIQUE (Structure et milieu) – Géographie générale (géographie humaine et économique) ; AFRIQUE NOIRE – Société et économie (population et richesse des nations) ; HAUSA ; NIGER (Fleuve) ; PEULS ; SAHEL ; URANIUM (répartition géographique des gisements).

Universalia 1988 : 575 Seyni Kountché ; ***Universalia 1991 :*** 210 Le nouveau paysage audiovisuel en Afrique francophone ; ***Universalia 1992 :*** 177 La seconde naissance de la presse indépendante en Afrique ; ***Universalia 1995 :*** 157 Afrique : la dévaluation du franc CFA ou la fin d'un tabou.

Thesaurus :
NIAMEY
TCHAD (LAC)
TIBESTI
TOUAREG
TOUBOU

→ ***Corpus*** *:* NIGERIA
→ ***Grand Atlas de Géographie*** (éd. 1992) : 132, 146 ; 239 a (Lagos)
→ ***Grand Atlas de l'Histoire*** *:* 240, 241, 276, 282, 283

NIGERIA

• ***Nom officiel*** : République fédérale du Nigeria (Federal Republic of Nigeria). Code I.S.O. : NG.

• ***Forme de gouvernement*** : régime militaire[a].

• ***Chef de l'État et du gouvernement*** : président assisté par un Conseil provisoire.

• ***Capitale*** : Abuja[b].

• ***Langue officielle*** : anglais.

• ***Religion officielle*** : aucune.

• ***Unité monétaire*** : 1 naira (NGN) = 100 kobo ; valeur (31 déc. 1997) : 100 NGN = 27,22 FRF (cours officiel) [cours autonome 100 NGN = 7,98 FRF].

Démographie

■ ***Population*** (estim. 1997) : 103 460 000.

■ ***Densité*** (1997) : 112,0 hab./km².

■ ***Répartition urbaine/rurale*** (1996) : population urbaine 40,1 % ; population rurale 59,9 %.

■ ***Répartition par sexe*** (1996) : hommes 49,57 % ; femmes 52,43 %.

■ ***Répartition par âge*** (1995) : moins de 15 ans 45,6 % ; de 15 à 29 ans 25,7 % ; de 30 à 44 ans 15,7 % ; de 45 à 59 ans 8,5 % ; de 60 ans à 74 ans 3,8 % ; 75 ans et plus 0,7 %

■ ***Projection démographique*** : 112 500 000 en 2000 ; 148 710 000 en 2010.

■ ***Temps de doublement*** : 23 ans.

■ ***Composition ethnique*** (1983) : Haoussas 21,3 % ; Yoroubas 21,3 % ; Ibos 18,0 % ; Peuls 11,2 % ; Ibibios 5,6 % ; Kanouris 4,2 % ; Edos 3,4 % ; Tivs 2,2 % ; Ijos 1,8 % ; Buras 1,7 % ; Noupés 1,2 % ; autres 8,1 %.

■ ***Appartenances religieuses*** (1985) : musulmans 50,0 % ; chrétiens 40,0 %, dont protestants 21,4 %, catholiques 9,9 %, sectes indigènes 8,7 % ; autres 10,0 %.

■ ***Principales villes*** (1992) : Lagos 1 347 000 hab. ; Ibadan 1 295 000 hab. ; Kano 699 900 hab. ; Ogbomosho 660 600 hab. ; Oshogbo 441 600 hab. ; Ilorin 430 600 hab.

Statistiques de l'état civil

■ ***Taux de natalité*** (1990-1995) : 45,4 ‰ (moyenne mondiale 25,0 ‰).

■ ***Taux de mortalité*** (1990-1995) : 15,4 ‰ (moyenne mondiale 9,3 ‰).

■ ***Taux d'accroissement naturel*** (1990-1995) : 30,0 ‰ (moyenne mondiale 15,7 ‰).

■ ***Taux de fécondité*** (nombre moyen de naissances par femme en âge de procréer, 1990-1995) : 6,4.

■ ***Nombre de mariages*** : n.d.

■ ***Espérance de vie*** à la naissance (1993) : hommes 53,5 ans ; femmes 55,9 ans.

■ ***Principales causes de décès*** : n.d..

Économie nationale

■ ***Budget de l'État*** (1995)
Recettes : 459 987 300 000 NGN (redevances pétrolières et loyers 60,8 % ; droits d'importation 8,1 % ; impôts sur le revenu des sociétés 4,8 % ; taxe à la valeur ajoutée 4,4 %).
Dépenses : 256 520 700 000 NGN (dépenses cycliques 52,8 %, dont service de la dette 19,9 %, éducation 4,7 %, santé 1,8 %, défense 0,5 % ; dépenses en capital 47,2 %).

■ ***Dette publique*** (extérieure, créances, 1995) : 28 701 000 000 USD.

■ ***Tourisme*** (1995) : recettes touristiques 54 000 000 USD ; dépenses touristiques à l'étranger [1994] 144 000 000 USD.

■ ***Production***
Agriculture, sylviculture, pêche (1996).
Manioc 31 500 000 t ; ignames 23 264 000 t ; sorgho 7 084 000 t ; millet 5 681 000 t ; maïs 5 667 000 t ; riz 3 122 000 t ; arachides 1 723 000 t ; bananes plantains 1 712 000 t ; taros 1 182 000 t ; poivre vert 970 000 t ; huile de palme 776 000 t.
Cheptel (sur pied) : chèvres 24 500 000 ; bovins 18 115 000 ; moutons 14 000 000.
Bois (1995) : 111 049 000 m³.
Pêche (1995) : 302 831 t.
Industries extractives (1995) : pierre à chaux 3 660 000 t ; marbre 22 460 t ; étain (métal contenu, 1996) 300 t.
Industries manufacturières (valeur en millions de NGN, 1995) : produits alimentaires et boissons 25 415 ; textiles 16 193 ; produits chimiques 11 181 ; équipement industriel et de transport 5 639 ; produits papetiers 2 828 ; produits du bois 996.
Bâtiment : n.d.
Énergie (production/consommation) : électricité (1994) 14 790 000 000/14 790 000 000 kWh ; charbon (1994) 50 000/50 000 t ; pétrole brut (1994) 665 994 000/84 452 000 barils ; produits pétroliers (1994) 5 234 000/5 974 000 t ; gaz naturel (1994) 9 798 000 000/9 798 000 000 m³.

■ ***Produit national brut*** (1995) : 28 411 000 000 USD (260 USD/hab.).

■ ***Population active*** (1993-1994) : 29 000 000 ; taux d'activité 31,0 % (taux de participation : 15-59 ans 64,4 % ; femmes 44,0 % ; sans-emploi [1992] 4,0 %).

■ ***Revenus et dépenses des ménages***
Taille moyenne des ménages (1995) : 4,7.
Revenu annuel moyen par ménage urbain (1992-1993) : 15 000 NGN (760 USD) ; sources des revenus (1979) : activités non salariées 49,4 % ; salaires et traitements 30,2 % ; intérêts 5,4 % ; loyers 4,7 % ; paiements de transfert 4,3 %.
Dépenses (1979) : alimentation 53,0 % ; combustibles et éclairage 11,4 % ; habillement 6,0 % ; transports 4,7 % ; articles ménagers 3,8 % ; autres 21,1 %.

■ ***Utilisation du sol*** (1994) : forêts 15,7 % ; prairies et pâturages 43,9 % ; terres cultivées et plantations 35,9 % ; autres 4,5 %.

Échanges extérieurs

■ ***Importations*** (1995) : 111 728 000 000 NGN (équipement industriel et de transport 42,0 % ; produits manufacturés 24,0 % [produits métallurgiques, textiles et papier principalement] ; produits chimiques 17,0 % ; produits alimentaires 8,4 %).
Principales sources des importations (1992) : Allemagne 18,9 % ; Royaume-Uni 17,8 % ; Belgique-Luxembourg 9,5 % ; États-Unis 9,2 % ; France 7,4 %.

États[1]	capitales	superficie (km²)	population (recens. 1991)
États :			
Abia	Umuahia	27 237 [1]	2 297 978
Adamawa (ex-Gongola)	Yola	91 390 [2]	2 124 049
Akwa Ibom	Uyo	— [1]	2 359 736
Anambra	Awka	17 675	2 767 903
Bauchi	Bauchi	64 605	4 294 413
Bénoué (Benue)	Makurdi	45 174 [3]	2 780 398
Bornou (Borno, ex-Bornu)	Maiduguri (var. anc. Maïdougari)	116 400 [4]	2 596 589
Cross River	Calabar	— [1]	1 865 604
Delta	Asaba	35 500 [5]	2 570 181
Edo (ex-Bendel)	Benin City	— [5]	2 159 848
Enugu	Enugu	— [1]	3 161 295
Imo	Owerri	11 850	2 485 499
Jigawa	Dutse	43 285 [6]	2 829 929
Kaduna	Kaduna	70 245 [7]	3 969 252
Kano	Kano	— [6]	5 632 040
Katsina	Katsina	— [7]	3 878 344
Kebbi	Birnin Kebbi	102 535 [8]	2 062 226
Kogi	Lokoja	— [3]	2 099 046
Kwara	Ilorin	66 869	1 566 469
Lagos	Ikeja	3 345	5 685 781
Niger	Minna	65 037	2 482 367
Ogun	Abeokuta	16 762	2 338 570
Ondo	Akure	20 959	3 884 485
Oshun (Osun)	Oshogbo (Osogbo)	37 705 [9]	2 203 016
Oyo	Ibadan	— [9]	3 488 789
Plateau	Jos	58 030	3 283 704
Rivières (Rivers)	Port-Harcourt	21 850	3 983 857
Sokoto	Sokoto	— [8]	4 392 391
Taraba	Jalingo	— [2]	1 480 590
Yobé (Yobe)	Damaturu	— [4]	1 411 481
territoire :			
territoire de la capitale fédérale (Federal Capital Territory)	Abuja (en construction)	7 315	378 671
total		**923 768**	**88 514 501**

1. Abia comprend Akwa Ibom, Cross River et Enugu. 2. Adamawa comprend Taraba. 3. Bénoué comprend Kogi. 4. Bornou comprend Yobé. 5. Delta comprend Edo. 6. Jigawa comprend Kano. 7. Kaduna comprend Katsina. 8. Kebbi comprend Sokoto. 9. Oshun comprend Oyo.

Territoire et population.

	1995		1986	
	millions de NGN	% du total	effectifs	% des effectifs
agriculture	619 807	31,6	13 259 000	43,1
mines	794 450 [1]	40,5	6 800	0,1
industrie	105 154	5,4	1 263 700	4,1
bâtiment	13 784	0,7	545 600	1,8
entreprises publiques	1 915	0,1	130 400	0,4
transports et communications	48 855	2,5	1 111 900	3,6
commerce	276 624 [2]	14,1	7 417 400	24,1
finance	67 714	3,4	120 100	0,4
administration, défense nationale	20 835	1,1	4 902 100 (administration, défense nationale et services)	15,9
services	11 547	0,6		
autres	n.d.	n.d.	2 008 500 [4]	6,5
total	**1 960 686** [3]	**100,0** [4]	**30 765 500**	**100,0**

1. Dont 792 372 000 000 NGN provenant du pétrole et du gaz naturel. 2. Comprend l'hôtellerie. 3. Le total général ne correspond pas exactement au détail en raison des arrondis. 4. Comprend 1 263 600 sans-emploi.

Structure du produit intérieur brut et effectifs.

	1990	1991	1992	1993	1994	1995	1996
indice des prix à la consommation	100,0	113,0	163,4	256,8	403,3	696,9	901,1
indice des revenus	n.d.	n.d.	n.d.	n.d.	n.d.	n.d.	n.d.

Indices des prix et des revenus (1990 = 100).

	1990	1991	1992	1993	1994	1995
millions de NGN	+ 68 587	+ 40 696	+ 76 298	+ 69 145	+ 76 677	+ 91 796
% du total	45,4	20,2	22,8	18,8	22,8	6,5

Balance commerciale (prix courants).

	nombre d'établissements	nombre d'enseignants	nombre d'élèves	nombre d'élèves par enseignant
primaire (6-12 ans)	38 649	435 210	16 191 000	37,2
secondaire (12-17 ans)	6 074	152 596	4 451 000	29,7
professionnel et formation à l'enseignement	376 [1]	16 738 [2]	391 583 [2]	24,9 [2]
supérieur	31	12 103	228 000	18,8

1. 1987-1988. 2. 1988-1989.

Enseignement (1994-1995).

■ ***Exportations*** (1995) : 220 408 900 000 NGN (pétrole brut 94,8 % ; fèves de cacao 0,7 % ; caoutchouc 0,3 % ; les autres exportations sont le cacao, les textiles et les noix d'acajou).
Principales destinations des exportations (1992) : États-Unis 48,1 % ; Espagne 16,6 % ; Italie 7,4 % ; Allemagne 7,2 % ; France 3,8 %.

Transports et communications

■ ***Transports***
Chemins de fer (1993) : longueur (1995) 3 505 km ; trafic : 555 000 000 passagers-km ; 2 185 000 000 t-km.
Routes (1995) : longueur totale 32 810 km (83 % recouvertes).
Véhicules (1995) : voitures particulières 663 000 ; camions et autobus 68 300.
Marine marchande (1992) : 271 navires (de 100 tjb et plus) ; 733 329 tonneaux de port en lourd.
Transports aériens (1994) : 985 000 000 passagers-km ; (1992) 11 484 000 t-km. 12 aéroports desservis par des vols réguliers (1996).

■ ***Communications***
Journaux quotidiens (1995) : diffusion 1 760 000 ; diffusion pour 1 000 hab. 18,0.
Radiodiffusion (1995) : 17 200 000 postes récepteurs ; 170,0 pour 1 000 hab.
Télévision (1995) : 4 000 000 postes récepteurs ; 38,0 pour 1 000 hab.
Téléphone (1995) : 405 100 lignes principales ; 3,6 pour 1 000 hab.

Éducation et santé

■ ***Niveau d'éducation*** : n.d.

■ ***Alphabétisation*** (1995) : personnes âgées de 15 ans et plus alphabétisées 34 696 000 (57,1 %) ; hommes 20 027 000 (67,3 %) ; femmes 14 669 000 (47,3 %).

■ ***Santé*** (1994) : 21 739 médecins (1 pour 4 496 hab.) ; 91 346 lits d'hôpital (1 pour 1 070 hab.) ; taux de mortalité infantile (1990-1995) : 84,2 ‰.

■ ***Alimentation*** (1995) : apport journalier en calories par habitant 2 508 (alimentation d'origine végétale 97 % ; d'origine animale 3 %) ; soit 106 % du niveau minimal recommandé par la F.A.O.

Défense nationale

■ ***Contingent*** (1996) : 77 100 (armée de terre 80,4 % ; marine 7,3 % ; armée de l'air 12,3 %).

■ ***Dépenses militaires*** (1994) : 0,8 % du P.N.B. (moyenne mondiale 3,0 %) ; soit 3 USD/hab.

a. Les militaires ont pris le pouvoir le 14 septembre 1995.

b. La capitale a été transférée de Lagos à Abuja en décembre 1991.

Corpus : AFRIQUE (Structure et milieu) – Géographie générale (géographie humaine et économique) ; AFRIQUE NOIRE – Société et économie (population et richesse des nations) ; ALIMENTATION (ÉCONOMIE DE L') – Les grands produits alimentaires ; CAOUTCHOUC ; FER (MINERAIS DE) [les pays producteurs] ; GAZ NATUREL (la prospective) ; HAUSA ; IBO ; ISLAM (Histoire) – Modernisme dans le monde musulman (Afrique noire) ; MINERAIS (principaux pays producteurs) ; NIGER (Fleuve) ; PEULS ; PÉTROLE – Géographie du pétrole (Afrique).

Universalia 1985 : 312 Le retour des militaires au pouvoir ; ***Universalia 1992*** : 177 La seconde naissance de la presse indépendante en Afrique.

Thesaurus :
BÉNOUÉ
CACAO
FON
IBADAN
JOS (PLATEAU DE)
JUKUN
KAINJI, barrage
KANO
KOTOKO
LAGOS
NUPÉ
PORT HARCOURT
TCHAD (LAC)
YAKO
YORUBA

→ *Corpus* : NORVÈGE
→ *Grand Atlas de Géographie* (éd. 1992) : 24, 26
→ *Grand Atlas de l'Histoire* : 215, 267, 295

NORVÈGE

- ***Nom officiel*** : Royaume de Norvège (bokmål : Kongeriket Norge ; nynorsk : Kongeriket Noreg). Code I.S.O. : NO.
- ***Forme de gouvernement*** : monarchie constitutionnelle avec un Parlement (Storting [165]) comprenant deux sections (Lagting et Odelsting).
- ***Chef de l'État*** : roi.
- ***Chef du gouvernement*** : Premier ministre.
- ***Capitale*** : Oslo.
- ***Langues officielles*** : bokmål (« langue des livres ») et nynorsk (néo-norvégien).
- ***Religion officielle*** : Église évangélique luthérienne.
- ***Unité monétaire*** : 1 couronne norvégienne (krone, plur. kroner [NOK]) = 100 øre ; valeur (31 déc. 1997) : 100 NOK = 81,50 FRF ; 1 écu = 8,732 34 NOK.

Démographie

■ ***Population*** (estim. 1997) : 4 405 000.

■ ***Densité*** (1997) : 13,6 hab./km².

■ ***Répartition urbaine/rurale*** (1990) : population urbaine 75,0 % ; population rurale 25,0 %.

■ ***Répartition par sexe*** (1996) : hommes 49,45 % ; femmes 50,55 %.

■ ***Répartition par âge*** (1996) : moins de 15 ans 19,4 % ; de 15 à 29 ans 21,6 % ; de 30 à 44 ans 21,8 % ; de 45 à 59 ans 17,0 % ; de 60 à 74 ans 12,8 % ; 75 ans et plus 7,4 %.

■ ***Projection démographique*** : 4 483 000 en 2000 ; 4 681 000 en 2010.

■ ***Temps de doublement*** : sans objet.

■ ***Composition ethnique*** (par nationalités, 1995) : Norvégiens 96,3 % ; Danois 0,4 % ; Suédois 0,3 % ; Britanniques 0,3 % ; Pakistanais 0,2 % ; Américains 0,2 % ; Yougoslaves 0,2 % ; Iraniens 0,1 % ; autres 2,0 %.

■ ***Appartenances religieuses*** (1980) : luthériens 87,9 % ; sans appartenance 3,2 % ; autres 8,9 %.

■ ***Principales villes*** (communes, 1997) : Oslo 493 973 hab. ; Bergen 224 130 hab. ; Trondheim 144 599 hab. ; Stavanger 105 573 hab. ; Baerum 98 378 hab.

Statistiques de l'état civil

■ ***Taux de natalité*** (1996) : 13,9 ‰ (moyenne mondiale 25,0 ‰) ; taux (1995) de naissances légitimes 52,4 %, illégitimes 47,6 %.

■ ***Taux de mortalité*** (1996) : 10,1 ‰ (moyenne mondiale 9,3 ‰).

■ ***Taux d'accroissement naturel*** (1996) : 3,8 ‰ (moyenne mondiale 15,7 ‰).

■ ***Taux de fécondité*** (nombre moyen de naissances par femme en âge de procréer, 1995) : 1,9.

■ ***Nombre de mariages*** (pour 1 000 hab., 1994) : 4,8.

■ ***Nombre de divorces*** (pour 1 000 hab., 1994) : 2,5.

■ ***Espérance de vie*** à la naissance (1994) : hommes 74,9 ans ; femmes 80,6 ans.

comtés	chefs-lieux	superficie [1] (km²)	population (estim. janv. 1997)
Akershus	Lillestrøm	4 917	446 385
Aust-Agder	Arendal	9 212	100 602
Buskerud	Drammen	14 927	230 763
Finnmark	Vadsø	48 637	75 643
Hedmark	Hamar	27 388	186 021
Hordaland	Bergen	15 634	426 896
Møre og Romsdal	Molde	15 104	241 493
Nordland	Bodø	38 327	240 304
Nord-Trøndelag	Steinkjer	22 463	127 236
Oppland	Lillehammer	25 260	182 443
Oslo	Oslo	454	493 973
Østfold	Moss	4 183	241 206
Rogaland	Stavanger	9 141	360 380
Sogn og Fjordane	Leikanger	18 634	108 032
Sør-Trøndelag	Trondheim	18 831	258 246
Telemark	Skien	15 315	163 467
Troms	Tromsø	25 954	151 191
Vest-Agder	Kristiansand	7 281	151 577
Vestfold	Tønsberg	2 216	206 108
total		**323 878**	**4 391 966** [2]

1. Ne comprend pas la superficie du Svalbard et de l'île Jan Mayen (63 080 km²). 2. Le total comprend la population norvégienne du Svalbard et de l'île Jan Mayen, enregistrée dans les municipalités du continent.

Territoire et population.

	millions de NOK	% du total	effectifs	% des effectifs
agriculture	22 029	2,4	106 000	4,8
mines	1 532	0,2	23 000	1,1
pétrole et gaz	102 660	11,1	n.d.	n.d.
industrie	116 608	12,6	308 000	14,1
bâtiment	33 897	3,7	126 000	5,8
entreprises publiques	23 938	2,6	22 000	1,0
transports et communications	90 257	9,7	170 000	7,8
commerce	100 419 [1]	10,8	357 000	16,3
finance	147 983	16,0	160 000	7,3
administration, défense nationale	144 418	15,6	803 000	36,7
services	45 442	4,9		
autres	96 682	10,4	107 000	4,9
total	**925 866** [3]	**100,0**	**2 186 000** [3]	**100,0** [3]

1. Comprend l'hôtellerie. 2. Sans-emploi. 3. Le total général ne correspond pas exactement au détail en raison des arrondis.

Structure du produit intérieur brut et effectifs (1995).

	1990	1991	1992	1993	1994	1995	1996
indice des prix à la consommation	100,0	103,4	105,8	108,2	109,8	112,5	113,9
indice des revenus horaires	100,0	105,1	108,5	111,6	114,8	118,8	123,5

Indices des prix et des revenus (1990 = 100).

■ ***Principales causes de décès*** (pour 100 000 hab., 1993) : maladies de cœur ischémiques 237,7 ; tumeurs malignes (cancers) 227,8 ; maladies cérébro-vasculaires 128,5.

Économie nationale

■ ***Budget de l'État*** (1995)
Recettes : 339 237 000 000 NOK (cotisations de sécurité sociale 24,6 % ; taxe à la valeur ajoutée 24,2 % ; impôts sur les intérêts et les dividendes 9,2 % ; taxes pétrolières 3,1 % ; impôts directs sur les revenus 2,8 %).
Dépenses : 339 144 000 000 NOK (sécurité sociale et assistance sociale 25,2 % ; santé 7,9 % ; service de la dette 6,0 %).

■ ***Dette publique*** (1994) : 39 044 000 000 USD.

■ ***Tourisme*** (1995) : recettes touristiques 2 386 000 000 USD ; dépenses touristiques à l'étranger 4 221 000 000 USD.

■ ***Production***
Agriculture, sylviculture, pêche (1996).
Orge 645 000 t ; pommes de terre 400 000 t ; avoine 380 000 t ; blé 295 000 t.
Cheptel (sur pied) : moutons 2 400 000 ; bovins 1 326 700 ; porcs 768 400.
Bois (1995) : 9 035 000 m³.
Pêche (1996) : 2 630 664 t, dont harengs 758 210 t, morues 360 328 t, saumons 160 701 t.
Industries extractives (métal contenu, 1996) : minerai de fer 1 554 599 t ; titane 758 711 t ; cuivre 31 736 t ; zinc 8 619 t.
Industries manufacturières (valeur ajoutée, millions de NOK, 1994) : équipement et machines 37 194 ; papier et produits dérivés 19 748 ; produits alimentaires 17 375 ; blocs et produits dérivés 8 133 ; produits chimiques 6 851.
Bâtiment (1996) : résidentiel 2 907 000 m² ; non résidentiel 3 545 000 m².
Énergie (production/consommation) : électricité (1994) 113 389 000 000/113 256 000 000 kWh ; charbon (1994) 301 000/914 000 t ; pétrole brut (1994) 977 367 000/110 386 000 barils ; produits pétroliers (1994) 14 512 000/7 703 000 t ; gaz naturel (1994) 31 347 000 000/4 051 000 000 m³.

■ ***Produit national brut*** (1995) : 136 077 000 000 USD (31 250 USD/hab.).

■ ***Population active*** (1995) : 2 186 000 ; taux d'activité 50,0 % (taux de participation 1994 : 16-64 ans 79,6 % ; femmes 43,6 % ; sans-emploi 4,9 %).

■ ***Revenus et dépenses des ménages***
Taille moyenne des ménages (1994) : 2,3.
Consommation moyenne des ménages (dépenses, 1994) : 269 620 NOK (38 203 USD) ; sources des revenus (1994) : salaires et traitements 69,2 % ; paiements de transfert 21,8 % ; activités non salariées et revenus fonciers 9,0 %.
Dépenses (1994) : logement 25,3 % ; transports 20,1 % ; alimentation 13,9 % ; loisirs et enseignement 11,0 % ; meubles et équipements domestiques 8,4 % ; habillement 6,5 % ; boissons et tabac 3,8 %.

■ ***Utilisation du sol*** (1994) : forêts 27,2 % ; prairies et pâturages 0,4 % ; terres cultivées et plantations 2,9 % ; surfaces construites et autres 69,5 %.

Corpus : ÉLECTRICITÉ – Industries électriques ; EUROPE (Structures et milieu) – Géographie (répartition des populations) ; EUROPE OCCIDENTALE ; FER (MINERAIS DE) [Les pays producteurs] ; FORÊTS (richesse forestière du globe) ; GAZ NATUREL ; LAPONS ; MINERAIS (principaux pays producteurs) ; NORD (MER DU) [le pétrole] ; PÊCHE ; PÉTROLE – Géographie du pétrole (Europe occidentale) ; SCANDINAVIE ; TOURISME ; TRANSPORTS.

Universalia 1985 : 315 La place des sociétés pétrolières françaises ; ***Universalia 1986 :*** 308 L'ouverture vers L'Europe ; ***Universalia 1988 :*** 314 La « longue marche » de la social-démocratie ; ***Universalia 1991 :*** 158 Transports internationaux et enjeux géopolitiques.

Thesaurus :
A.E.L.E.
BERGEN
CONSEIL NORDIQUE
FINNMARK
LOFOTEN (ÎLES)
OSLO
SPITZBERG & SVALBARD
VESTFOLD

	1990	1991	1992	1993	1994	1995
millions de NOK	+ 48 231	+ 59 565	+ 61 730	+ 55 635	+ 51 512	+ 62 656
% du total	12,9	15,9	16,4	14,9	11,8	11,9

Balance commerciale (prix courants).

	nombre d'établissements	nombre d'enseignants	nombre d'élèves	nombre d'élèves par enseignant
primaire (7-12 ans)	3 308	37 640	470 936	12,5
secondaire (13-18 ans) et professionnel	746	21 197	226 983	10,7
supérieur	86 [1]	10 366	169 306	16,3

1. Le nombre d'établissements est inférieur à celui des années précédentes en raison de leur réorganisation.

Enseignement (1994-1995).

Échanges extérieurs

■ ***Importations*** (1996) : 229 720 000 000 NOK (équipement industriel et de transport 37,8 %, dont véhicules routiers 10,0 %, navires 2,6 % ; métaux et produits métalliques 10,8 %, dont fer et acier 4,4 % ; produits alimentaires 6,1 %, dont fruits et légumes 1,4 % ; produits pétroliers 4,5 %).
Principales sources des importations (1995) : Suède 15,9 % ; Allemagne 14,0 % ; Royaume-Uni 9,8 % ; Danemark 7,6 %.

■ ***Exportations*** (1996) : 320 128 000 000 NOK (combustibles et produits dérivés 54,4 % ; équipement industriel et de transport 11,1 % ; métaux et produits métalliques 10,7 % ; produits alimentaires 7,6 %, dont poisson 6,7 %).
Principales destinations des exportations (1995) : Royaume-Uni 20,3 % ; Allemagne 12,2 % ; Suède 9,9 % ; Pays-Bas 9,6 %.

Transports et communications

■ ***Transports***
Chemins de fer (1995) : longueur 3 999 km ; trafic : 2 381 000 000 passagers-km ; 2 715 000 000 t-km.
Routes (1996) : longueur totale 90 262 km (74 % recouvertes).
Véhicules (1995) : voitures particulières 1 684 664 ; camions et autobus 382 017.
Marine marchande (1995) : 1 597 navires (de 100 tjb et plus) ; 20 834 000 tonneaux de port en lourd.
Transports aériens (1995) ; trafic : 8 753 444 000 passagers-km ; 933 439 000 t-km ; 50 aéroports (1996).

■ ***Communications***
Journaux quotidiens (1995) : diffusion totale 2 170 000 ; diffusion pour 1 000 hab. 498.
Radiodiffusion (1996) : 3 342 000 postes récepteurs ; 763 pour 1 000 hab.
Télévision (1995) : 2 000 000 postes récepteurs ; 459 pour 1 000 hab.
Téléphone (lignes principales, 1995) : 2 431 271 ; 558 pour 1 000 hab.

Éducation et santé

■ ***Niveau d'éducation*** (1994)
Proportion de la population âgée de 16 ans et plus : ayant une éducation secondaire (premier cycle) 28,7 % ; éducation secondaire (second cycle) 51,9 % ; supérieure 19,5 %.

■ ***Alphabétisation*** (1995) : presque 100 %.

■ ***Santé*** : 15 368 médecins en 1996 (1 pour 285 hab.) ; 21 967 lits d'hôpital en 1994 (1 pour 197 hab.) ; taux de mortalité infantile (1995) : 4,1 ‰.

■ ***Alimentation*** (1995) : apport journalier en calories par habitant 3 274 (alimentation d'origine végétale 65 % ; d'origine animale 35 %) ; soit 122 % du niveau minimal recommandé par la F.A.O.

Défense nationale

■ ***Contingent*** (1996) : 29 000 (armée de terre 50,7 % ; marine 22,1 % ; armée de l'air 27,2 %).

■ ***Dépenses militaires*** (1995) : 2,7 % du P.N.B. (moyenne mondiale 2,8 %) ; soit 804 USD/hab.

NOUVELLE-ZÉLANDE

- ***Nom officiel*** : Nouvelle-Zélande (New Zealand). Code I.S.O. : NZ.
- ***Forme de gouvernement*** : monarchie constitutionnelle avec une assemblée législative (Chambre des représentants [120, dont 5 sièges électoraux attribués aux Maoris]).
- ***Chef de l'État*** : reine d'Angleterre, représentée par un gouverneur général.
- ***Chef du gouvernement*** : Premier ministre.
- ***Capitale*** : Wellington.
- ***Langues officielles*** : anglais ; maori.
- ***Religion officielle*** : aucune.
- ***Unité monétaire*** : 1 dollar néo-zélandais (NZD) = 100 cents ; valeur (31 déc. 1997) : 100 NZD = 348,25 FRF ; 1 écu = 1,894 34 NZD.

Démographie

- ***Population*** (estim. 1997) : 3 653 000.
- ***Densité*** (1997) : 13,5 hab./km².
- ***Répartition urbaine/rurale*** (1996) : population urbaine 85,0 % ; population rurale 15,0 %.
- ***Répartition par sexe*** (1996) : hommes 49,15 % ; femmes 50,85 %.
- ***Répartition par âge*** (1996) : moins de 15 ans 23,0 % ; de 15 à 29 ans 22,7 % ; de 30 à 44 ans 23,1 % ; de 45 à 59 ans 15,9 % ; de 60 à 74 ans 10,6 % ; 75 ans et plus 4,7 %.
- ***Projection démographique*** : 3 749 000 en 2000 ; 4 013 000 en 2010.
- ***Composition ethnique*** (1996) : Européens 88,6 % ; Maoris 15,1 % ; autres Polynésiens 5,8 % ; Asiatiques 5,0 % ; autres 0,5 %.
- ***Appartenances religieuses*** (1991) : anglicans 21,4 % ; presbytériens 16,0 % ; catholiques 14,8 % ; méthodistes 4,1 % ; sans appartenance 19,7 % ; autres 24,0 %.
- ***Principales villes*** (1996) : Auckland 353 670 hab. ; Christchurch 313 969 hab. ; Manukau 254 577 hab. ; Northshore 170 913 hab. ; Wellington 158 275 hab.

Statistiques de l'état civil

- ***Taux de natalité*** (1997) : 15,4 ‰ (moyenne mondiale 25,0 ‰) ; taux (1996) de naissances légitimes 58,0 %, illégitimes 42,0 %, dont 25,0 % chez les Maoris.
- ***Taux de mortalité*** (1997) : 7,6 ‰ (moyenne mondiale 9,3 ‰).
- ***Taux d'accroissement naturel*** (1997) : 7,8 ‰ (moyenne mondiale 15,7 ‰).
- ***Taux de fécondité*** (nombre moyen de naissances par femme en âge de procréer, 1996) : 2,0.
- ***Nombre de mariages*** (pour 1 000 hab., 1997) : 5,9.
- ***Nombre de divorces*** (pour 1 000 hab., 1996) : 2,7.
- ***Espérance de vie*** à la naissance (1996) : hommes 74,0 ans ; femmes 80,0 ans.
- ***Principales causes de décès*** (pour 100 000 hab., 1994) : maladies de l'appareil circulatoire 328,4, dont maladies de cœur ischémiques 188,7 ; tumeurs malignes (cancers) 204,3 ; maladies de l'appareil respiratoire 78,2 ; accidents 34,7 ; diabète 13,3.

Économie nationale

- ***Budget de l'État*** (1995-1996)
Recettes : 35 059 000 000 NZD (recettes fiscales 60,4 % ; impôts sur les biens et les services 32,9 % ; recettes non fiscales 6,7 %).
Dépenses : 31 743 000 000 NZD (services sociaux 38,6 % ; santé 16,5 % ; éducation 15,6 % ; service de la dette 12,2 %).

→ *Corpus* : NOUVELLE-ZÉLANDE
→ ***Grand Atlas de Géographie*** (éd. 1992) : 164 ; 166k (Rarotonga), 166v (Niue)
→ ***Grand Atlas de l'Histoire*** : 208, 209, 219, 236-237 (Le développement de la Nouvelle-Zélande), 266, 295

Corpus : FER (MINERAIS DE) [Les pays producteurs] ; OCÉANIE – Histoire (de la Seconde Guerre mondiale à nos jours) ; Géographie humaine ; Ethnographie (Polynésie) ; TOURISME ; VIANDE (production et consommation).

Universalia 1997 : 232 Mutations économiques et politiques.

Thesaurus :
A.N.Z.U.S.
AUCKLAND
CANTERBURY (PLAINE DE)
CHRISTCHURCH
COOK (ÎLES)
DUNEDIN
EASTLAND
FJORDLAND
HAMILTON
MANAWATU (PLAINE DE)
MARLBOROUGH
NELSON
NIUE
NORTHLAND (PRESQU'ÎLE DE)
OTAGO
OVINS
SOUTHLAND
TARANAKI
WELLINGTON
WESTLAND

îles et conseils régionaux	superficie (km²)	population (recens. 1996)
North Island :	**115 777**	**2 749 788**
Auckland	n.d.	1 077 205
Bay of Plenty	n.d.	230 465
Gisborne	n.d.	46 089
Hawkes Bay	n.d.	144 292
Manawatu-Wanganui	n.d.	229 989
Northland	n.d.	141 865
Taranaki	n.d.	106 570
Waikato	n.d.	357 294
Wellington	n.d.	416 019
South Island	**151 215**	**930 824**
Canterbury	n.d.	478 912
Marlborough	n.d.	40 242
Nelson	n.d.	42 073
Otago	n.d.	193 132
Southland	n.d.	100 758
Tasman	n.d.	40 036
West Coast	n.d.	35 671
divers [1]	n.d.	934
Offshore Islands [2]	**833**	n.d.
île Stewart [3]	**1 746**	n.d.
îles Chatham [4]	**963**	n.d.
total	**270 534**	**3 681 546**

1. Comprend la population des îles Kermadec (34 km²) et le personnel des installations pétrolières ; comprend le conseil des îles Chatham et la population de l'île Campbell. 2. À l'exclusion des îles dépendant de conseils régionaux. 3. Dépend administrativement du conseil régional du Southland. 4. Le conseil des îles Chatham ne dépend d'aucun conseil régional.
N.B. Le présent tableau rend compte du nouveau découpage administratif du pays.

Territoire et population.

	1993-1994		1997	
	millions de NZD	% du total	effectifs	% des effectifs
agriculture	6 673	8,3	149 900	8,3
mines	1 121	1,4	4 500	0,2
industrie	15 486	19,3	285 200	15,8
bâtiment	2 289	2,8	111 200	6,2
entreprises publiques	2 228	2,8	11 700	0,6
transports et communications	6 433	8,0	101 600	5,6
commerce	12 675	15,8	355 200	19,7
finance	17 791	22,2	205 400	11,4
administration, défense nationale	8 716	10,8	458 600	25,4
services	4 656	5,8		
autres	2 229 [1]	2,8	122 700 [2]	6,8
total	**80 297**	**100,0**	**1 806 000**	**100,0**

1. Comprend les droits d'importations moins les frais de service bancaire. 2. Comprend 116 000 sans-emploi.

Structure du produit intérieur brut et effectifs.

	1991	1992	1993	1994	1995	1996	1997
indice des prix à la consommation	102,6	103,6	105,0	106,8	110,8	113,4	114,3
indice des revenus hebdomadaires	103,0	104,8	105,5	108,5	111,8	n.d.	n.d.

Indices des prix et des revenus (1990 = 100).

	1991	1992	1993	1994	1995	1996
millions de NZD	+ 443,3	+ 2 536,9	+ 1 638,5	+ 1358,2	− 337,6	− 809,5
% du total	1,4	7,1	4,5	3,5	0,8	1,9

Balance commerciale (prix courants).

	nombre d'établissements	nombre d'enseignants	nombre d'élèves	nombre d'élèves par enseignant
primaire (5-12 ans)	2 397	23 379	455 671	19,5
secondaire (13-17 ans)	339	15 246	227 934	14,9
professionnel et formation à l'enseignement	30	5 314	107 736	20,3
supérieur*	7	5 982	105 690	17,7

(*) Universités uniquement.

Enseignement (1996).

■ ***Dette publique*** (fin juin 1996) : 31 747 000 000 NZD.

■ ***Tourisme*** (1995) : recettes touristiques 2 163 000 000 USD ; dépenses touristiques à l'étranger 1 283 000 000 USD.

■ ***Production***
Agriculture, sylviculture, pêche (1997). Pommes 546 000 t ; orge 377 998 t ; blé 255 316 t ; maïs 229 185 t ; avoine 38 400 t. Cheptel (sur pied) : moutons 47 394 000 ; bovins 8 950 000 ; chèvres 228 000 ; porcs 400 000.
Bois (1995) : 17 155 000 m³.
Pêche (1995) : 612 243 t.
Industries extractives (1995) : pierre à chaux (1994) 3 930 000 t ; minerai de fer et concentré de sable 2 362 236 t ; serpentine 8 680 t ; argent 27 800 kg ; or 12 100 kg.
Industries manufacturières (1996-1997) : pâte de bois 1 405 300 t ; engrais chimiques 1 365 000 t ; filés de coton 21 302 t ; bière 343 457 000 l ; boissons gazeuses 261 463 000 l ; chaussures 2 840 000 paires (1994-1995) ; tapis 9 980 000 m² (1994-1995).
Bâtiment (valeur, 1996-1997) : résidentiel 3 564 700 000 NZD ; non résidentiel 2 339 500 000 NZD.
Énergie (production/consommation) : électricité (1994) 32 416 000 000/32 416 000 000 kWh ; charbon (1994) 2 991 000/2 191 000 t ; pétrole brut (1994) 14 401 000/36 823 000 barils ; produits pétroliers (1994) 5 029 000/4 504 000 t ; gaz naturel (1994) 4 442 300 000/4 442 300 000 m³.

■ ***Produit national brut*** (1995) : 51 655 000 000 USD (14 340 USD/hab.).

■ ***Population active*** (mars 1997) : 1 806 000 ; taux d'activité 49,4 % (taux de participation : 15 ans et plus 65,7 % ; femmes 44,6 % ; sans-emploi 6,4 %).

■ ***Revenus et dépenses des ménages***
Taille moyenne des ménages (1995-1996) : 2,7.
Revenu annuel brut moyen par ménage (1995-1996) : 46 282 NZD (32 140 USD) ; sources des revenus (1994-1995) : salaires et traitements 65,8 % ; paiements de transfert 15,2 % ; activités non salariées 9,8 % ; autres 9,2 %.
Dépenses (1996-1997) : logement 20,2 % ; transports 18,2 % ; alimentation 16,4 % ; équipements domestiques 13,7 % ; habillement 3,8 %.

■ ***Utilisation du sol*** (1994) : forêts 27,9 % ; prairies et pâturages 50,4 % ; terres cultivées et plantations 14,2 % ; autres 7,5 %.

Échanges extérieurs

■ ***Importations*** (1996) : 21 352 500 000 NZD (machines 26,0 % ; produits minéraux, chimiques et plastiques 21,7 % ; équipement de transport 13,6 % ; produits manufacturés de base 7,5 % ; alimentation, boissons et tabac 7,1 % ; métaux et produits dérivés 6,1 % ; textiles, vêtements et chaussures 5,2 %).
Principales sources des importations : Australie 21,8 % ; États-Unis 16,0 % ; Japon 12,3 % ; Royaume-Uni 5,0 % ; Allemagne 4,6 %.

■ ***Exportations*** (1996) : 20 543 000 000 NZD (produits alimentaires et animaux sur pied 45,9 % ; produits manufacturés de base 25,4 % ; produits minéraux, chimiques et plastiques 10,2 % ; métaux et produits dérivés 7,0 %).
Principales destinations des exportations : Australie 20,5 % ; Japon 16,1 % ; États-Unis 9,0 % ; Royaume-Uni 6,1 % ; Corée du Sud 5,0 % ; Hong Kong 3,3 % ; Taïwan 2,8 % ; Chine 2,5 %.

Transports et communications

■ ***Transports***
Chemins de fer : longueur (1996) 3 915 km ; trafic : 10 953 000 voyageurs ; 3 324 000 000 t-km.

Routes (1996) : longueur totale 91 864 km (73 % recouvertes).
Véhicules (1996) : voitures particulières 1 650 112 ; camions et autobus 351 494.
Marine marchande (1992) : 139 navires (de 100 tjb et plus) ; 279 805 tonneaux de port en lourd.
Transports aériens (1996, Air New Zealand uniquement) ; trafic : 17 848 000 000 passagers-km ; 648 092 000 t-km. 36 aéroports desservis par des vols réguliers (1997).

■ ***Communications***
Journaux quotidiens (1995) : diffusion totale 850 000 ; diffusion pour 1 000 hab. 239.
Radiodiffusion (1995) : 3 550 000 postes récepteurs ; 497 pour 1 000 hab.
Télévision (1995) : 1 830 000 postes récepteurs ; 514 pour 1 000 hab.
Téléphone (1996) : 1 719 000 lignes principales ; 477 pour 1 000 hab.

Éducation et santé

■ ***Niveau d'éducation*** (1991)
Proportion de la population âgée de 25 ans et plus : ayant une éducation primaire ou secondaire incomplète 54,9 % ; éducation secondaire 31,1 % ; éducation supérieure 6,9 % ; sans précision 7,1 %.

■ ***Alphabétisation*** : presque 100 %.

■ ***Santé*** : 11 557 médecins en 1996 (1 pour 318 hab.) ; 22 488 lits d'hôpital (1 pour 164 hab.) ; taux de mortalité infantile : 6,7 ‰.

■ ***Alimentation*** (1995) : apport journalier en calories par habitant 3 379 (alimentation d'origine végétale 64 % ; d'origine animale 36 %) ; soit 128 % du niveau minimal recommandé par la F.A.O.

Défense nationale

■ ***Contingent*** (1997) : 9 550 (armée de terre 46,1 % ; marine 31,9 % ; armée de l'air 22,0 %).

■ ***Dépenses militaires*** (1995) : 1,3 % du P.N.B. (moyenne mondiale 2,8) ; soit 211 USD/hab.

→ *Corpus* : OMAN
→ *Grand Atlas de Géographie* (éd. 1992) : 134
→ *Grand Atlas de l'Histoire* : 284, 285, 295

OMAN

- ***Nom officiel*** : Sultanat d'Oman (Sulṭanat 'Umān). Code I.S.O. : OM.
- ***Forme de gouvernement*** : monarchie (le Sultan est assisté par un Conseil consultatif de 80 membres).
- ***Chef de l'État et du gouvernement*** : sultan.
- ***Capitale*** : Mascate (Masqaṭ).
- ***Langue officielle*** : arabe.
- ***Religion officielle*** : islam.
- ***Unité monétaire*** : 1 rial d'Oman (OMR) = 1 000 baizas ; valeur (31 déc. 1997) : 100 OMR = 1 557,37 FRF.

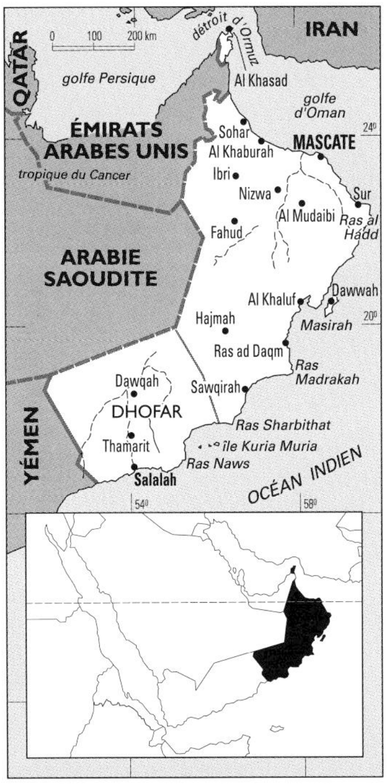

Démographie

■ ***Population*** (estim. 1997) : 2 265 000.

■ ***Densité*** (1997) : 7,4 hab./km².

■ ***Répartition urbaine/rurale*** (1993) : population urbaine 71,7 % ; population rurale 28,3 %.

■ ***Répartition par sexe*** (1993) : hommes 58,37 % ; femmes 41,63 %.

■ ***Répartition par âge*** (1993) : moins de 15 ans 41,0 % ; de 15 à 29 ans 25,5 % ; de 30 à 44 ans 21,9 % ; de 45 à 59 ans 7,8 % ; de 60 à 74 ans 2,9 % ; 75 ans et plus 0,9 %.

■ ***Projection démographique*** : 2 512 000 en 2000 ; 3 516 000 en 2010.

■ ***Temps de doublement*** : 20 ans.

■ ***Composition ethnique*** (1993) : Arabes d'Oman 73,5 % ; Indiens 13,3 % ; Bangladais 4,3 % ; Pakistanais (principalement Baloutches) 3,1 % ; Égyptiens 1,6 % ; autres 4,2 %.

■ ***Appartenances religieuses*** (1993) : musulmans 87,7 %, dont ibadites 75 % ; hindous 7,4 % ; chrétiens 3,9 % ; bouddhistes 0,5 % ; autres 0,5 %.

■ ***Principales villes*** (1990) : Mascate 51 969 hab. (recensement 1993) ; Nizwā 62 900 hab. ; Samā'il 44 700 hab. ; Salālah 10 000 hab. (1982).

Statistiques de l'état civil

■ ***Taux de natalité*** (1990-1995) : 43,7 ‰ (moyenne mondiale 25,0 ‰).

■ ***Taux de mortalité*** (1990-1995) : 4,8 ‰ (moyenne mondiale 9,3 ‰).

■ ***Taux d'accroissement naturel*** (1990-1995) : 38,9 ‰ (moyenne mondiale 15,7 ‰).

■ ***Taux de fécondité*** (nombre moyen de naissances par femme en âge de procréer, 1996) : 6,9.

■ ***Nombre de mariages*** : n.d.

■ ***Nombre de divorces*** : n.d.

■ ***Espérance de vie*** à la naissance (1990-1995) : hommes 67,7 ans ; femmes 71,8 ans.

■ ***Principales causes de décès*** (1989) : maladies de l'appareil circulatoire 25,7 % ; problèmes liés à la grossesse 11,4 % ; tumeurs malignes 7,6 % ; maladies de l'appareil respiratoire 7,1 % ; maladies infectieuses et parasitaires 7,1 %.

Économie nationale

■ ***Budget de l'État*** (1997)
Recettes : 2 003 000 000 OMR (recettes pétrolières 75,0 % ; autres 25,0 %).
Dépenses : 2 266 000 000 OMR (dépenses courantes 80,1 %, dont ministères civils 39,6 %, défense nationale 30,8 %, remboursement des intérêts des prêts 5,3 % ; projets de développement et subventions 17,6 %).

■ ***Dette publique*** (extérieure, créances, 1995) : 2 563 000 000 USD.

■ ***Tourisme*** : recettes touristiques (1995) 92 000 000 USD ; dépenses touristiques à l'étranger 47 000 000 USD.

■ ***Production***
Agriculture, sylviculture, pêche (1996). Légumes et melons 167 000 t, dont pastèques 30 000 t ; dattes 133 000 t ; bananes 26 000 t ; mangues 11 000 t ; oignons 9 000 t ; pommes de terre 6 000 t ; papayes 3 000 t ; tabac en feuilles 2 000 t ; blé 1 000 t.
Cheptel (sur pied) : chèvres 735 000 ; moutons 148 000 ; bovins 142 000 ; chameaux 94 000 ; poulets 3 000 000.
Pêche (1995) : 139 864 t.
Industries extractives (1994) : cuivre 6 500 t ; argent 3 300 kg ; or 75 kg.
Industries manufacturières (valeur de la production en milliers d'OMR, 1993) : textiles et vêtements 78 290 ; produits alimentaires et boissons 72 930 ; produits chimiques 40 950 ; bois 5 950 ; produits métalliques 4 200 ; produits papetiers 360.
Bâtiment (nombre de constructions autorisées, 1989) : résidentiel 3 408 ; non résidentiel 353.
Énergie (production/consommation) : électricité (1994) 7 856 000 000/7 856 000 000 kWh ; charbon 0/0 ; pétrole brut (1994) 294 380 000/26 615 000 barils ; produits pétroliers (1994) 3 884 000/1 589 000 t ; gaz naturel (1994) 6 665 890 000/6 665 890 000 m³.

■ ***Produit national brut*** (aux prix courants du marché, 1995) : 10 578 000 000 USD (4 820 USD/hab.).

■ ***Population active*** (1993)[a] : 704 798 ; taux d'activité 34,9 % (taux de participation : 15 ans et plus 60,9 % ; femmes 9,7 % ; sans-emploi [1994] env. 20 %).

■ ***Revenus et dépenses des ménages***
Taille moyenne des ménages (1993) : 8,0.
Revenu annuel moyen par ménage : n.d. ; sources des revenus : n.d.
Dépenses (1990) : logement et services 27,8 % ; alimentation, boissons et tabac 26,4 % ; transports 19,8 % ; vêtements 7,8 % ; équipements domestiques 6,1 % ; éducation, santé, loisirs et autres 12,1 %.

■ ***Utilisation du sol*** (1994) : prairies et pâturages 4,7 % ; terres cultivées et plantations 0,3 % ; autres (principalement désert) 95,0 %.

Échanges extérieurs[b]

■ ***Importations*** (1996) : 1 760 200 000 OMR (équipement industriel et de transport 41,5 % ; produits manufacturés de base 17,3 % ; produits alimentaires et animaux sur pied 12,9 % ; articles manufacturés divers 9,0 % ; boissons et tabac 4,2 %).
Principales sources des importations : Émirats arabes unis 23,7 % ; Japon 17,2 % ; Royaume-

régions [1]	centres [2]	superficie [3] (km²)	population (recens. 1993)
al-Bāṭinah	ar-Rustāq, Suḥār	13 770	538 763
al-Dākhilīyah	Nizwā, Samā'il	77 110	220 403
al-Janūbīyah	Salālah	117 510	174 888
Masqaṭ (Mascate)	Masqaṭ	3 670	622 506
Musandam	Khaṣab	1 530	27 669
ash-Sharqīyah	Ibrā,Sūr	41 920	247 551
aẓ-Ẓāhirah	al-Buraymī'Ibri	50 490	169 710
total		**306 000**	**2 017 591** [4]

1. Les régions sont divisées en 59 gouvernorats. 2. Les centres ne sont pas des capitales administratives. 3. Les superficies cadastrales des différentes zones n'ont jamais été calculées. 4. Comprend la population de Al Wosta (16 101 hab.) qui ne figure pas dans le tableau.

Territoire et population.

Corpus : ARABE – Les Arabes ; ASIE – Géographie humaine (l'Asie sud-occidentale) ; ÉMIRATS ARABES DU GOLFE ; INDIEN (HISTOIRE DE L'OCÉAN) [les transformations aux XIXe et XXe siècles] ; ISLAM (Histoire) – Modernisme dans le monde musulman (l'Asie arabe) ; PÉTROLE – Géographie du pétrole (Moyen-Orient) ; PROCHE ET MOYEN-ORIENT CONTEMPORAIN (aspects d'histoire économique contemporaine).

Universalia 1991 : 357 U.R.S.S. et péninsule Arabique.

Thesaurus :
MASCATE-MATRAH
PERSIQUE (GOLFE)

	1996		1993	
	millions de OMR [1]	% du total	effectifs	% des effectifs
agriculture [2]	133,9	2,3	64 161	9,1
mines	2 496,5	42,7	14 393	2,0
industrie	253,7	4,3	60 433	8,6
bâtiment	130,1	2,2	108 154	15,3
entreprises publiques	50,3	0,9	4 465	0,6
transports et communications	359,1	6,1	24 770	3,5
commerce	767,3 [3]	13,1	103 974	14,8
finance	448,6 [4]	7,7	17 372	2,5
administration, défense nationale	714,3	12,2	165 602	23,5
services	457,4 [5]	7,8	111 268	15,8
autres	43,1 [6]	0,7	30 114	4,3
total	**5 854,4**	**100,0**	**704 798**	**100,0**

1. Valeur des achats aux prix courants. 2. L'agriculture comprend la pêche. 3. Le commerce comprend les restaurants et hôtels. 4. La finance comprend les affaires. 5. Les services comprennent l'éducation et la santé. 6. Comprend les droits d'importation moins les frais de service bancaire.

Structure du produit intérieur brut et effectifs.

	1990	1991	1992	1993	1994	1995 *	1996
indice des prix à la consommation	100,0	104,6	105,6	106,9	106,1	104,7	105,0
indice des revenus	n.d.	n.d.	n.d.	n.d.	n.d.	n.d.	n.d.

(*) Deuxième trimestre.

Indices des prix et des revenus (1990 = 100).

	1990	1991	1992	1993	1994	1995
millions de OMR	+ 1 042	+ 594	+ 636	+ 411	+ 588	+ 648
% du total	32,6	18,8	17,5	11,1	16,0	16,1

Balance commerciale (prix courants).

	nombre d'établissements	nombre d'enseignants	nombre d'élèves	nombre d'élèves par enseignant
primaire (6-14 ans)	415	11 158	297 209	26,6
secondaire (15-17 ans)	128 [1]	9 188	160 654	17,5
professionnel et formation à l'enseignement	25 [1]	342	2 350	6,9
supérieur	5 [1]	732 [2]	7 322 [3]	n.d.

1. 1989-1990. 2. 1990. Universités et institutions équivalentes. 3. 1991-1992.

Enseignement (1993-1994).

Uni 8,8 % ; États-Unis 7,5 % ; Allemagne 5,2 % ; Inde 4,0 %.

■ ***Exportations*** (1996) : 2 822 000 000 OMR (exportations domestiques 86,3 %, dont pétrole 80,2 %, produits manufacturés 2,7 %, dont cuivre et produits dérivés 0,9 %, produits alimentaires et animaux sur pied 1,9 %, combustibles minéraux et lubrifiants 0,5 % ; réexportations 13,7 %, dont équipement industriel et de transport 8,9 %).
Principales destinations des exportations (exportations non pétrolières uniquement, réexportations comprises) : Émirats arabes unis 41,6 % ; Iran 9,3 % ; Hong Kong 7,8 % ; États-Unis 5,1 % ; Arabie Saoudite 4,5 % ; Tanzanie 4,4 %.

Transports et communications

■ ***Transports***
Chemins de fer : aucun.
Routes (1995) : longueur totale 30 830 km (env. 20 % recouvertes).
Véhicules : voitures particulières 202 741 (1995) ; camions et autobus 108 600 (1993).
Marine marchande (1992) : 26 navires (de 100 tjb et plus) ; 11 727 tonneaux de port en lourd.
Transports aériens (1995) ; trafic[c] : 2 758 750 000 passagers-km ; 105 753 500 t-km. 6 aéroports desservis par des vols réguliers (1997).

■ ***Communications***
Journaux quotidiens (1994) : diffusion totale 63 000 ; diffusion pour 1 000 hab. 31.
Radiodiffusion (1995) : 900 000 postes récepteurs ; 426 pour 1 000 hab.
Télévision (1995) : 1 500 000 postes récepteurs ; 711 pour 1 000 hab.
Téléphone (1995) : 169 900 lignes principales ; 81 pour 1 000 hab.

Éducation et santé

■ ***Niveau d'éducation*** (1993) : Proportion de la population âgée de 15 ans et plus : sans instruction scolaire (analphabète) 41,2 % ; sans instruction scolaire (alphabète) 14,9 % ; ayant une éducation primaire 18,9 % ; éducation secondaire 21,1 % ; éducation supérieure technique 2,0 % ; éducation supérieure à la licence 1,5 % ; niveau licence 0,1 % ; autres 0,3 %.

■ ***Alphabétisation*** (1993) : proportion de la population âgée de plus de 15 ans alphabétisée 422 417 (58,8 %) ; hommes 260 006 (71,1 %) ; femmes 163 421 (46,2 %).

■ ***Santé*** (1995) : 2 476 médecins (1 pour 852 hab.) ; 4 411 lits d'hôpital (1 pour 478 hab.) ; taux de mortalité infantile (1996) : 28,2 ‰.

■ ***Alimentation*** : apport journalier en calories par habitant n.d.

Défense nationale

■ ***Contingent*** (1996) : 43 500 (armée de terre 72,4 % ; marine 9,7 % ; armée de l'air 9,4 %) ; forces étrangères 3 700 hommes.

■ ***Dépenses militaires*** (1995) : 16,7 % du P.I.B. (moyenne mondiale 2,8 %) ; soit 822 USD/hab.

a. Les travailleurs étrangers représentent environ 61,3 % de la main-d'œuvre.
b. Importations C.I.F. ; exportations F.O.B.
c. Un quart des vols internationaux de la Gulf Air.

→ *Corpus* : OUGANDA
→ *Grand Atlas de Géographie* (éd. 1992) : 150
→ *Grand Atlas de l'Histoire* : 240, 241, 277, 283, 295

OUGANDA

- ***Nom officiel*** : République de l'Ouganda (Republic of Uganda). Code I.S.O. : UG.
- ***Forme de gouvernement*** : république avec une chambre législative (Assemblée nationale [279 [a]]) [b].
- ***Chef de l'État et du gouvernement*** : président.
- ***Capitale*** : Kampala.
- ***Langue officielle*** : anglais.
- ***Religion officielle*** : aucune.
- ***Unité monétaire*** : 1 shilling ougandais (UGX) = 100 cents ; valeur (29 déc. 1997) : 100 UGX = 0,527 FRF.

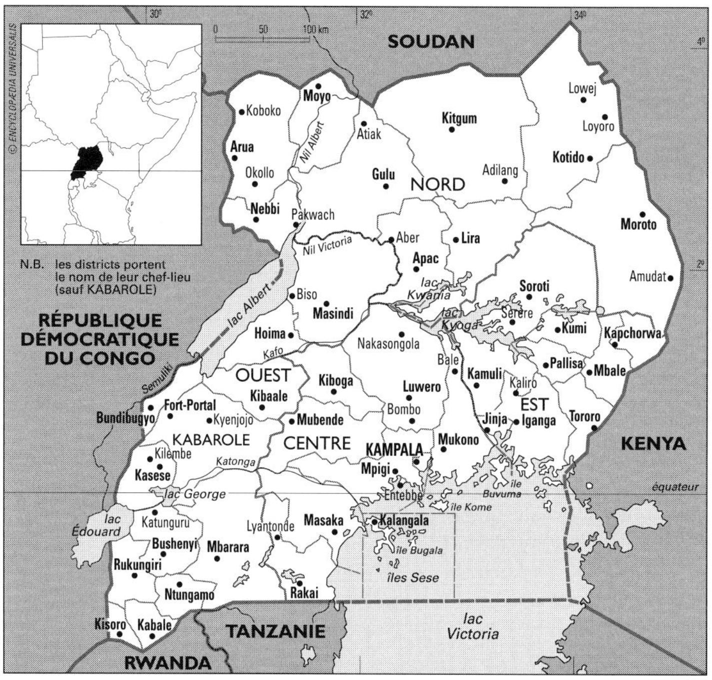

Démographie

■ ***Population*** (estim. 1997) : 20 605 000.

■ ***Densité*** [c] (1997) : 104,5 hab./km².

■ ***Répartition urbaine/rurale*** (1995) : population urbaine 12,5 % ; population rurale 87,5 %.

■ ***Répartition par sexe*** (1995) : hommes 49,63 % ; femmes 50,37 %.

■ ***Répartition par âge*** (1995) : moins de 15 ans 48,8 % ; de 15 à 29 ans 26,5 % ; 30 à 44 ans 14,0 % ; de 45 à 59 ans 6,9 % ; 60 à 74 ans 3,2 % ; 75 ans et plus 0,6 %.

■ ***Projection démographique*** : 21 891 000 en 2000 ; 26 355 000 en 2010.

■ ***Temps de doublement*** : 24 ans.

■ ***Composition ethnique*** (1983) : Gandas 17,8 % ; Tesos 8,9 % ; Nkolés 8,2 % ; Sogas 8,2 % ; Gisus 7,2 % ; Chigas 6,8 % ; Langos 6,0 % ; Rwandas 5,8 % ; autres 31,1 %.

■ ***Appartenances religieuses*** (1995) : chrétiens 65 %, dont catholiques 39 %, protestants 26 % (anglicans 22 %) ; croyances traditionnelles 19 % ; musulmans 15 % ; autres 1 %.

■ ***Principales villes*** (1991) : Kampala 773 000 hab. ; Jinja 61 000 hab. ; Mbale 54 000 hab.

Statistiques de l'état civil

■ ***Taux de natalité*** (1990-1995) : 50,8 ‰ (moyenne mondiale 25,0 ‰).

■ ***Taux de mortalité*** (1990-1995) : 21,8 ‰ (moyenne mondiale 9,3 ‰).

■ ***Taux d'accroissement naturel*** (1990-1995) : 29,0 ‰ (moyenne mondiale 15,7 ‰).

■ ***Taux de fécondité*** (nombre moyen de naissances par femme en âge de procréer, 1990-1995) : 7,3.

■ ***Espérance de vie*** à la naissance (1990-1995) : hommes 43,6 ans ; femmes 46,2 ans.

■ ***Principales causes de décès*** : n.d.

Économie nationale

■ ***Budget de l'État*** (1995-1996)
Recettes : 875 400 000 000 UGX (impôts 71,7 %, dont droits de douane 36,0 %, impôts sur les ventes 25,9 %, impôts sur le revenu 13,2% ; emprunts 28,3 %).
Dépenses : 992 000 000 000 UGX (1994-1995 ; dépenses courantes 54,4 %, dont sécurité 13,9 %, éducation 6,4 %, santé 2,4 % ; dépenses en capital 44,3 %).

■ ***Dette publique*** (extérieure, créances, 1995) : 3 054 000 000 USD.

■ ***Tourisme*** (1995) : recettes touristiques 79 000 000 USD ; dépenses touristiques à l'étranger 93 000 000 USD.

■ ***Production***
Agriculture, sylviculture, pêche (1996).
Bananes plantains 9 550 000 t ; manioc 2 650 000 t ; patates douces 2 250 000 t ; canne à sucre 1 145 000 t ; maïs 939 000 t ; millet 640 000 t ; sorgho 405 000 t ; pommes de terre 390 000 t ; café 257 000 t ; arachides 144 000 t ; riz 83 000 t.
Cheptel (sur pied) : bovins 5 200 000 ; chèvres 3 500 000 ; moutons 1 900 000.
Bois (1995) : 19 199 000 m³.
Pêche (1996) : 231 000 t.
Industries extractives (1996) : or [d] 162 900 onces.
Industries manufacturières (1993) : ciment 144 100 t ; sucre 78 500 t ; savon 58 300 t ; produits métalliques 31 300 t ; chaussures 1 786 000 paires ; bière 642 000 hl.
Énergie (production/consommation) : électricité (1994) 795 000 000/681 000 000 kWh ; charbon (1994) 0/0 ; pétrole brut (1994) 0/0 ; produits pétroliers (1994) 0/319 000 t.

■ ***Produit national brut*** (1995) : 4 668 000 000 USD (240 USD/hab.).

■ ***Population active*** (1991) : 8 365 000 ; taux d'activité 49,6 % (taux de participation : 15-64 ans [1985] 78,9 % ; femmes 35,2 %).

■ ***Revenus et dépenses des ménages***
Taille moyenne des ménages (1991) : 4,8.
Revenu annuel moyen par ménage : n.d.
Source des revenus (1992-1993) : salaires et traitements 86,4 % ; transferts 11,7 % ; pensions 1,9 %.
Dépenses (1992-1993) : alimentation et boissons 64,0 % ; combustibles et services 18,3 % ; éducation 5,0 % ; santé 4,2 %.

■ ***Utilisation du sol*** (1994) : forêts 31,5 % ; prairies et pâturages 9,1 % ; terres cultivées et plantations 34,0 % ; autres 25,4 %.

Échanges extérieurs

■ ***Importations*** (1995-1996) : 1 218 000 000 USD (équipement industriel et de transport 32,3 % ; produits manufacturés de base 11,0 % ; produits alimentaires et animaux sur pied 9,3 % ; produits chimiques 8,3 %).
Principales sources des importations (1992) : Kenya 22,6 % ; Royaume-Uni 10,0 % ; Japon 9,8 % ; Allemagne 5,5 % ; États-Unis 4,8 %.

■ ***Exportations*** (1995-1996) : 590 300 000 USD (café non torréfié 69,0 % ; coton 2,2 % ; thé 2,1 %).

régions géographiques, districts	capitales	superficie (km²)	population (recens. 1991)
Centre (Central)			**4 822 300**
Kalangala	n.d.	5 716	16 400
Kampala	Kampala	238	773 500
Kiboga	n.d.	3 774	140 800
Luwero	Luweno	9 198	449 200
Masaka	Kaswa Bukoto	10 611	831 300
Mpigi	Mpigi	6 222	915 400
Mubende	Bageza	6 536	497 500
Mukono	Kawuga Mukono	14 242	816 200
Rakai	Byakabanda	4 973	382 000
Est (Eastern)			**4 110 400**
Iganga	Bulamogi	13 113	944 000
Jinja	Jinja	734	284 900
Kamuli	Namwendwa	4 348	480 700
Kapchorwa	Kaptanya	1 738	116 300
Kumi	Kumi	2 861	237 000
Mbale	Bunkoko	2 546	706 600
Pallisa	n.d.	1 919	356 000
Soroti	Soroti	10 060	430 900
Tororo	Sukulu	2 634	554 000
Nord (Northern)			**3 129 200**
Apac	Apac	6 488	460 700
Arua	Olaki	7 830	624 600
Gulu	Bungatira	11 735	338 700
Kitgum	Labongo	16 136	350 300
Kotido	Kotido	13 208	190 700
Lira	Lira	7 251	498 300
Moroto	Katikekile	14 113	171 500
Moyo	Moyo	5 006	178 500
Nebbi	Nebbi	2 891	315 900
Ouest (Western)			**4 521 100**
Bundibugyo	Busaru	2 338	116 000
Bushenyi	Bumbaire	5 398	734 800
Hoima	Hoima	5 492	197 800
Kabale	Rubale	1 827	412 800
Kabarole	Karambe	8 361	741 400
Kasese	Rukoki	3 205	343 000
Kibaale	n.d.	4 718	219 300
Kisoro	n.d.	662.	184 900
Masindi	Nyangeya	9 326	253 500
Mbarara	Kakika	10 839	929 600
Ntungamo		n.d.	n.d.
Rukungiri	Kagunga	2 753	388 000
total		**241 038 ***	**16 582 000**

(•) Comprend 43 984 km² d'eaux intérieures.

Territoire et population.

	1995-1996		1991	
	millions de UGX	% du total	effectifs	% des effectifs
agriculture	2 519 382	41,5	6 724 000	80,4
mines	15 891	0,3		
industrie	397 874	6,5		
bâtiment	402 317	6,6	478 000	5,7
entreprises publiques	65 167	n.d.		
transports et communications	213 856	3,5		
commerce	742 024	12,2		
finance	410 500	6,8	1 163 000	13,9
administration, défense nationale	248 231	4,1		
services	293 394	4,8		
autres	763 398	12,6	n.d.	n.d.
total	**6 077 035 ***	**100,0**	**8 365 000**	**100,0**

(•) Le total général ne correspond pas exactement au détail en raison des arrondis.

Structure du produit intérieur brut et effectifs.

	1990	1991	1992	1993	1994	1995	1996
indice des prix à la consommation	100,0	128,0	195,0	207,0	227,0	247,0	264,0

Indices des prix (1990 = 100).

	1991	1992	1993	1994	1995	1996
millions de USD	− 369,6	− 278,6	− 416,1	− 463,8	− 504,1	− 627,7
% du total	51,3	44,7	57,0	47,7	31,9	34,0

Balance commerciale (prix courants).

	nombre d'établissements	nombre d'enseignants	nombre d'élèves	nombre d'élèves par enseignant
primaire (5-11 ans) ¹	8 531	76 111	2 912 473	38,3
secondaire (12-15 ans) ¹	n.d.	14 447	256 258	17,7
professionnel et formation à l'enseignement ¹	n.d.	1 788	36 063	20,2
supérieur ²	n.d.	2 029	27 586	13,6

1. Enseignement public uniquement. 2. 1994-1995.

Enseignement (1995).

Principales destinations des exportations (1992) : Royaume-Uni 20,7 % ; Espagne 9,2 % ; États-Unis 8,1 % ; France 6,4 % ; Allemagne 4,3 % ; Pays-Bas 4,3 %.

Transports et communications

■ ***Transports***

Chemins de fer (1993) : longueur 1 241 km ; trafic : (1996) 28 000 000 passagers-km ; (1996) 187 000 000 t-km.

Routes (1995) : longueur totale 26 800 km (7,7 % recouvertes).

Véhicules (1995) : voitures particulières 24 400 ; camions et autobus 25 300.

Marine marchande (1992) : 2 navires (de 100 tjb et plus) ; 8 600 tonneaux de port en lourd (1988).

Transports aériens (1994) ; trafic : 52 117 000 passagers-km ; 5 000 000 t-km. 1 aéroport desservi par des vols réguliers (1997).

■ ***Communications***

Journaux quotidiens (1994) : diffusion totale 35 000 ; diffusion pour 1 000 hab. 2.

Radiodiffusion (1997) : 10 000 000 postes récepteurs ; 485 pour 1 000 hab.

Télévision (1995) : 500 000 postes récepteurs ; 27 pour 1 000 hab.

Téléphone (1995) : 43 200 lignes principales ; 2,3 pour 1 000 hab.

Éducation et santé

■ ***Niveau d'éducation*** (1969)
Proportion de la population âgée de 25 ans et plus : sans instruction scolaire 46,9 % ; ayant une éducation primaire 42,1 % ; éducation secondaire 10,5 % ; éducation supérieure 0,5 %.

■ ***Alphabétisation*** (1995) : personnes âgées de 15 ans et plus alphabétisées 61,8 % ; hommes 73,7 % ; femmes 50,2 %.

■ ***Santé*** (1989) : 774 médecins (1 pour 20 720 hab.) ; 20 136 lits d'hôpital (1 pour 817 hab.) ; taux de mortalité infantile (1990-1995) : 122 ‰.

■ ***Alimentation*** (1995) : apport journalier en calories par habitant 2 268 (alimentation d'origine végétale 93 % ; d'origine animale 7 %) ; soit 97 % du niveau minimal recommandé par la F.A.O.

Défense nationale

■ ***Contingent*** (1997) : 40 000 à 55 000.

■ ***Dépenses militaires*** (1995) : 2,3 % du P.N.B. (moyenne mondiale 2,8 %) ; soit 6 USD/hab.

a. 62 sièges sont réservés aux représentants des handicapés, des femmes, des travailleurs, de l'armée et des jeunes.

b. La nouvelle Constitution a été promulguée le 8 octobre 1995.

c. Sur la base de la surface terrestre.

d. Production pour l'exportation uniquement.

Corpus : AFRIQUE NOIRE – Société et économie ; ALIMENTATION (ÉCONOMIE DE L') – Les grands produits alimentaires ; NILOTIQUES (le cas des Jie) ; PYGMÉES.

Universalia 1987 ; 326 La réconciliation nationale à l'épreuve.

Thesaurus :
BOUGANDA
CAFÉ
KAMPALA
KARAMOJONG
TESO

→ **Corpus :** U.R.S.S.
→ **Grand Atlas de Géographie** (éd. 1992) : 80, 94
→ **Grand Atlas de l'Histoire :** 208, 209, 218, 230-231 (L'Empire russe : expansion et modernisation de 1815 à 1917), 244, 245, 258-259 (La Révolution russe), 266, 290-291 (Le développement de l'Union soviétique depuis 1926), 292, 293, 294, 295

Corpus : ALIMENTATION (ÉCONOMIE DE L') — Les grands produits alimentaires ; ASIE : (Géographie humaine) [l'Asie septentrionale] ; CÉRÉALES ; COOPÉRATIVES (extension du secteur coopératif) ; ISLAM — Modernisme dans le monde musulman ; KOLKHOZ ; MINERAIS (principaux producteurs) ; NUCLÉAIRE (INDUSTRIE) ; OASIS (différents types d'oasis) ; PÉTROLE — Géographie du pétrole ; POPULATION (GÉOGRAPHIE DE LA) [population et démographie] ; SAMARKAND ; SOCIALISME — Économie des pays socialistes ; SOVKHOZ ; TOURISME (marchés, chaînes et réseaux) [l'insertion des pays collectivistes].

Universalia 1987 : 147 L'information en Union soviétique et dans les autres pays socialistes ; 356 Les Juifs en U.R.S.S. ; **Universalia 1989 :** 145 La crise de légitimité ; **Universalia 1990 :** 111 La réforme politique et institutionnelle ; 361 La revanche du secteur privé ; **Universalia 1991 :** 136 L'U.R.S.S. et le désarmement ; 351 La présidentialisation du régime ; **Universalia 1992 :** 139 La recomposition de l'espace stratégique soviétique.

Thesaurus :
AMOU-DARIA
ARAL (MER D')
BOUKHARA
FERGANA
KHÂREZM
OUZBEK
OUZBEKISTAN (R.S.S. D')
TACHKENT
ZERAVCHAN

OUZBÉKISTAN

- ***Nom officiel*** : République d'Ouzbékistan (Uzbekiston Respublikasi). Code I.S.O. : UZ.
- ***Forme de gouvernement*** : république à régime multipartiste avec un seul corps législatif (Assemblée du peuple, Oli Madjlis [250]).
- ***Chef de l'État*** : président.
- ***Chef du gouvernement*** : Premier ministre.
- ***Capitale*** : Tachkent (Tochkent).
- ***Langue officielle*** : ouzbek.
- ***Religion officielle*** : aucune (dominante : islam sunnite).
- ***Unité monétaire***[a] : 1 soum, plur. soumy (UZS) ; valeur (30 déc. 1997) : 100 UZS = 7,48 FRF.

Démographie

■ ***Population*** (estim. 1997) : 23 664 000.

■ ***Densité*** (1997) : 56,0 hab./km².

■ ***Répartition urbaine/rurale*** (1996) : population urbaine 38,38 % ; population rurale 61,62 %.

■ ***Répartition par sexe*** (1995) : hommes 49,50 % ; femmes 50,50 %.

■ ***Répartition par âge*** (1989) : moins de 15 ans 40,8 % ; de 15 à 29 ans 28,4 % ; de 30 à 44 ans 15,0 % ; de 45 à 59 ans 9,3 % ; de 60 à 74 ans 4,7 % ; 75 ans et plus 1,8 %.

■ ***Projection démographique*** : 25 035 000 en 2000 ; 30 282 000 en 2010.

■ ***Temps de doublement*** : sans objet.

■ ***Composition ethnique*** (1995) : Ouzbeks 75,8 % ; Russes 6,0 % ; Tadjiks 4,8 % ; Kazakhs 4,1 % ; Kirghizes 0,9 % ; Ukrainiens 0,6 % ; Turkmènes 0,6 % ; autres 7,2 %.

■ ***Appartenances religieuses*** (1997) : musulmans sunnites 88,0 % ; orthodoxes russes 1,0 % ; autres (sans appartenance principalement) 11,0 %.

république et régions	capitales	superficie (km²)	population (estim. 1993)
république autonome :			
Karakalpakstan	Noukous (Nukus)	164 900	1 343 000
régions (oblastlar) :			
Andijan (Andižan)	Andijan	4 200	1 899 000
Boukhara (Buhara)*	Boukhara	39 400	1 262 000
Djizak (Džizak)	Djizak	20 500	831 000
Fergana	Fergana	7 100	2 338 000
Kachkadaria (Kaškadar'ja)	Karchi (Karši)	28 400	1 812 000
Khorezm (Horezm)	Ourgentch (Urgenč)	6 300	1 135 000
Namangan	Namangan	7 900	1 652 000
Navoi	Navoi	110 800	715 000
Samarkand	Samarcande (Samarkand)	16 400	2 322 000
Sourkhandaria (Surhandar'ja)	Termez	20 800	1 437 000
Syrdaria (Syrdar'ja)	Goulistan (Gulistan)	5 100	600 000
Tachkent (Taškent) [Tochkent]	Tachkent [Tochkent]	15 600	4 357 000
total		**447 400**	**21 703 000**

(*) L'ancienne région de Boukhara a été remplacée par les régions de Boukhara et Navoi.

Territoire et population.

■ ***Principales villes*** (1995) : Tachkent 2 107 000 hab. ; Samarcande 362 000 hab. ; Namangan 362 000 hab. ; Andijan 313 000 hab. ; Boukhara 238 000 hab.

Statistiques de l'état civil

■ ***Taux de natalité*** (1994) : 29,5 ‰ (moyenne mondiale 25,0 ‰) ; taux (1994) de naissances légitimes 96,5 % ; illégitimes 3,5 %.

■ ***Taux de mortalité*** (1994) : 6,7 ‰ (moyenne mondiale 9,3 ‰).

■ ***Taux d'accroissement naturel*** (1994) : 22,8 ‰ (moyenne mondiale 15,7 ‰).

■ ***Taux de fécondité*** (nombre moyen de naissances par femme en âge de procréer, 1993) : 3,8.

■ ***Nombre de mariages*** (pour 1 000 hab., 1994) : 7,9.

■ ***Nombre de divorces*** (pour 1 000 hab., 1994) : 1,1.

■ ***Espérance de vie*** à la naissance (1994) : hommes 66,0 ans ; femmes 72,0 ans.

■ ***Principales causes de décès*** (pour 100 000 hab., 1993) : maladies de l'appareil circulatoire 303,6 ; maladies de l'appareil respiratoire 115,0 ; accidents, empoisonnements et actes de violence 50,0 ; tumeurs malignes (cancers) 48,7 ; maladies infectieuses et parasitaires 38,4 ; maladies de l'appareil digestif 31,8 ; troubles du système nerveux 10,3 ; troubles endocriniens et du métabolisme 10,3.

Économie nationale

■ ***Budget de l'État*** (1995)
Recettes : 89 914 000 000 UZS (impôts sur les revenus et sur les bénéfices 38,1 % ; impôts indirects 27,6 % ; taxe à la valeur ajoutée 19,2 % ; impôts fonciers 4,7 % ; autres 10,4 %.
Dépenses : 100 262 000 000 UZS (assistance sociale et culture 36,9 % ; investissements 18,8 % ; économie nationale 13,3 % ; intérêts 4,9 % ; administration 3,0 % ; autres 23,1 %).

■ ***Dette publique*** (extérieure, créances, 1995) : 1 260 000 000 USD.

■ ***Tourisme*** : n.d.

■ ***Production***
Agriculture, sylviculture, pêche (1996).
Coton brut 3 300 000 t ; légumes 2 916 000 t ; fruits (sauf raisins) 1 165 000 t ; raisins 580 000 t ; pommes de terre 490 000 t ; riz 480 000 t ; orge 230 000 t ; maïs 200 000 t ; seigle 10 000 t.
Cheptel (sur pied) : moutons 8 352 000 ; bovins 5 204 000 ; porcs 208 000 ; poulets 13 000 000.
Bois (1990) : 15 000 m³.
Pêche (1995) : 26 312 t.
Industries extractives (1995) : cuivre 100 000 t ; zinc 80 000 t ; or 85 t.
Industries manufacturières (valeur de la production en millions de UZS, 1993) : textiles 987 ; matériel de construction et machines d'usinage du métal 519 ; métaux ferreux et non ferreux 484 ; produits alimentaires 429 ; matériaux de construction 294 ; produits chimiques 270 ; viande et produits laitiers 206 ; vêtements 141.
Bâtiment (1992) : résidentiel 7 000 000 000 m².
Énergie (production/consommation) : électricité (1994) 47 800 000 000/47 400 000 000 kWh ;

	millions de UZS	% du total	effectifs	% des effectifs
agriculture	85 070	28,5	3 735 000	44,8
mines et industrie	49 068	16,4	1 010 000	12,1
bâtiment	23 228	7,8	493 000	5,9
transports et communications	25 119	8,4	218 000	2,6
commerce	16 821	5,6	566 000	6,8
finance administration, défense nationale services	58 864	19,7		
finance administration, défense nationale services autres			2 135 000	25,6
autres	40 360 [1]	13,5	188 000 [2]	2,2
total	**298 530**	**100,0** [3]	**8 345 700**	**100,0**

1. Inclut la taxe à la valeur ajoutée, les impôts indirects et les taxes d'importation nettes moins les subventions. 2. Sans-emploi. 3. Le total général ne correspond pas exactement au détail en raison des arrondis.

Structure du produit intérieur brut et effectifs (1995).

	1987	1988	1989	1990	1991	1992
milliards de RUR	– 3,9	– 1,2	– 3,5	– 3,7	– 0,6	– 4,1
% du total	20,8	8,5	17,0	18,4	1,5	12,0

Balance commerciale (prix courants).

	1991	1992	1993	1994	1995
indice des prix à la consommation	13,4	100,0	634,1	5 219	11 724
indice des revenus mensuels	11,8	100,0	1 196	10 791	41 952

Indices des prix et des revenus (1992 = 100).

	nombre d'établissements	nombre d'enseignants	nombre d'élèves	nombre d'élèves par enseignant
primaire (6-13 ans) secondaire (14-17 ans)	9 300	413 000 *	5 090 000	12,3
professionnel et formation à l'enseignement	252	22 164 *	194 800	11,0 *
supérieur	58	n.d.	192 100	n.d.

(•) 1992-1993.

Enseignement (1995-1996).

charbon 3 045 000 (1995)/4 200 000 (1994) t ; pétrole brut (1994) 25 655 000/43 980 000 barils ; produits pétroliers (1994) 7 880 000/ 7 880 000 t. ; gaz naturel 48 600 000 000 (1995)/38 564 000 000 (1994) m³.

■ ***Population active*** (1995) : 8 345 000 ; taux d'activité 36,8 % (taux de participation : 16-59 ans [hommes], 16-54 ans [femmes] 74,5 % ; femmes 43,0 % ; sans-emploi 2,2 %).

■ ***Produit national brut*** (1995) : 21 979 000 000 USD (970 USD/hab.).

■ ***Revenus et dépenses des ménages***
Taille moyenne des ménages (1989) : 5,5.
Revenu annuel moyen par ménage (1995) : 35 165 UZS (1 040 USD) ; sources des revenus : salaires et traitements 63,0 % ; subventions, aides et revenus non salariés 34,9 % ; autres 2,1 %.
Dépenses (1995) : alimentation et boissons 71,0 % ; habillement 14,0 % ; loisirs 6,0 % ; équipements domestiques 4,0 % ; logement 3,0 %.

■ ***Utilisation du sol*** (1994) : forêts 2,9 % ; prairies et pâturages 46,5 % ; terres cultivées et plantations 10,1 % ; autres 40,5 %.

Échanges extérieurs

■ ***Importations*** (1996) : 4 763 000 000 USD (produits pour l'usinage du métal et machines 29,1 % ; produits chimiques 13,6 % ; métaux ferreux et non ferreux 12,4 % ; produits alimentaires 5,5 % ; produits forestiers et papeteries 4,0 % ; produits de l'industrie légère 2,9 %).
Principales sources des importations : Russie 24,9 % ; Allemagne 11,0 % ; États-Unis 8,1 % ; Turquie 5,4 %.

■ ***Exportations*** (1996) : 2 649 000 000 USD ([1995] produits de l'industrie légère 34,7 % ; pétrole et gaz 15,1 % ; équipement de construction 5,9 % ; produits alimentaires 5,8 % ; électricité 5,4 %).
Principales destinations des exportations : Russie 22,4 % ; Italie 8,8 % ; Tadjikistan 6,8 % ; Chine 5,1 % ; Ukraine 5,1 %.

Transports et communications

■ ***Transports***
Chemins de fer (1996) : longueur 3 380 km ; trafic : 2 500 000 000 passagers-km (1995) ; 16 907 000 000 t-km (1995).
Routes (1995) : longueur totale 84 400 km (86 % recouvertes).
Véhicules (1994) : voitures particulières 865 300 ; camions et autobus : 14 500.
Marine marchande : n.d.
Transports aériens (1995) ; trafic : 3 000 000 000 passagers-km ; 105 000 000 t-km. 9 aéroports desservis par des vols réguliers (1996).

■ ***Communications***
Journaux quotidiens (1995) : diffusion totale 160 000 ; diffusion pour 1 000 hab. 7,0.
Radiodiffusion : n.d.
Télévision (1995) : 4 000 000 postes récepteurs ; 176 pour 1 000 hab.
Téléphone (1995) : 1 738 000 lignes principales ; 76 pour 1 000 hab.

Éducation et santé

■ ***Niveau d'éducation*** (1989)
Proportion de la population âgée de 25 ans et plus : sans instruction scolaire ou ayant une éducation primaire 13,3 % ; éducation secondaire incomplète 19,8 % ; éducation secondaire complète ou postsecondaire incomplète 57,7 % ; éducation supérieure 9,2 %.

■ ***Alphabétisation*** (1989) : personnes âgées de 15 ans et plus alphabétisées 97,2 % ; hommes 98,5 % ; femmes 96,0 %.

■ ***Santé*** (1995) : 76 000 médecins (1 pour 302 hab.) ; 192 000 lits d'hôpital (1 pour 120 hab.) ; taux de mortalité infantile (1996) : 25,7 ‰.

■ ***Alimentation*** : n.d.

Défense nationale

■ ***Contingent*** (1997) : 65 000 (armée de terre 69,2 % ; armée de l'air 6,2 % ; autres 24,6 %).

■ ***Dépenses militaires*** (1995) : 3,8 % du P.N.B. (moyenne mondiale 3,0 %) ; soit 90 USD/hab.

a. Une monnaie provisoire, le « soum-coupon », avait été introduite en novembre 1993 pour remplacer le rouble russe (RUR, qui est interdit de circulation en Ouzbékistan depuis la mi-avril 1994). Le 1er juillet 1994, elle a été remplacée par le soum, sur la base de 1 UZS = 1 000 soums-coupons.

→ *Corpus* : PAKISTAN
→ *Grand Atlas de Géographie* (éd. 1992) : 118, 120
→ *Grand Atlas de l'Histoire* : 276, 277, 280, 281, 294, 295

PAKISTAN

- ***Nom officiel*** : République islamique du Pakistan (Jamhūryat Islāmī Pākistān). Code I.S.O. : PK.
- ***Forme de gouvernement*** : république fédérale islamique à régime multipartiste avec deux assemblées législatives (Sénat [87] et Assemblée nationale [217]).
- ***Chef de l'État*** : président.
- ***Chef du gouvernement*** : Premier ministre.
- ***Capitale*** : Islamabad (Islāmābād).
- ***Langue officielle*** : ourdou (urdū).
- ***Religion officielle*** : islam.
- ***Unité monétaire*** : 1 roupie pakistanaise (PKR) = 100 paisa ; valeur (31 déc. 1997) : 100 PKR = 13,56 FRF.

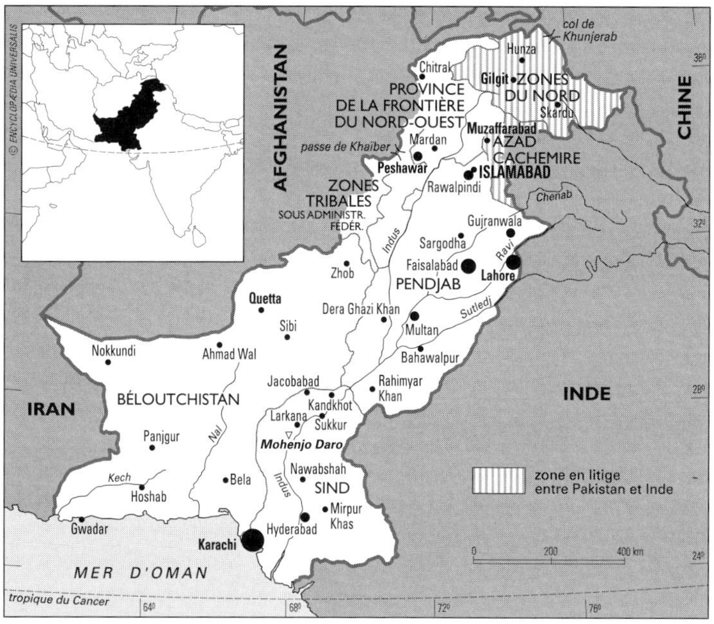

Démographie

■ ***Population*** (estim. 1997) : 136 200 000 [a].

■ ***Densité*** (1997) [b] : 154,8 hab./km².

■ ***Répartition urbaine/rurale*** (1996) : population urbaine 32,4 % ; population rurale 67,6 %.

■ ***Répartition par sexe*** (1996) : hommes 52,50 % ; femmes 47,50 %.

■ ***Répartition par âge*** (1995) : moins de 15 ans 41,3 % ; de 15 à 29 ans 25,1 % ; de 30 à 44 ans 17,1 % ; de 45 à 59 ans 10,5 % ; de 60 à 74 ans 4,9 % ; 75 ans et plus 1,1 %.

■ ***Projection démographique*** : 144 560 000 en 2000 ; 176 400 000 en 2010.

■ ***Temps de doublement*** : 25 ans.

■ ***Composition linguistique*** (1981) : panjābī 48,2 % ; pachtou 13,1 % ; sindhī 11,8 % ; saraiki 9,8 % ; urdū 7,6 % ; autres 9,5 %.

■ ***Appartenances religieuses*** (1993) : musulmans 95,0 % ; chrétiens 2,0 % ; hindous 1,8 % ; autres 1,2 %.

■ ***Principales villes*** (1981) : Karāchi 5 208 100 hab. ; Lahore 2 952 700 hab. ; Faisalābād 1 104 200 hab. ; Rāwalpindi 794 800 hab. ; Islāmābād 204 400 hab.

Statistiques de l'état civil

■ ***Taux de natalité*** (1997) : 36,4 ‰ (moyenne mondiale 25,0 ‰).

■ ***Taux de mortalité*** (1997) : 7,9 ‰ (moyenne mondiale 9,3 ‰).

■ ***Taux d'accroissement naturel*** (1997) : 28,5 ‰ (moyenne mondiale 15,7 ‰).

■ ***Taux de fécondité*** (nombre moyen de naissances par femme en âge de procréer, 1997) : 5,1.

■ ***Nombre de mariages*** (pour 1 000 hab., 1975-1980) : 10,7.

■ ***Nombre de divorces*** (pour 1 000 hab., 1975-1980) : 0,3.

■ ***Espérance de vie*** à la naissance (1997) : hommes 63,0 ans ; femmes 65,0 ans.

■ ***Principales causes de décès*** (pourcentage du total des décès, 1987) : malaria 18,2 % ; maladies infantiles 12,1 % ; maladies de l'appareil digestif 9,8 % ; maladies de l'appareil respiratoire 9,2 % ; infections intestinales 7,7 %.

Économie nationale

■ ***Budget de l'État*** (1995-1996)
Recettes : 378 030 000 000 PKR (droits de douane 24,4 % ; recettes non fiscales 23,8 % ; impôts sur le revenu 20,2 % ; taxes indirectes 13,6 % ; impôts sur les ventes 13,4 %).
Dépenses : 434 690 000 000 PKR (service de la dette publique 36,2 % ; défense 26,5 % ; développement 22,2 % ; administration générale 3,9 % ; services socio-économiques 3,6 %).

■ ***Dette publique*** (extérieure, créances, 1995) : 23 711 000 000 USD.

■ ***Tourisme*** (1995) : recettes touristiques 114 000 000 USD ; dépenses touristiques à l'étranger 449 000 000 USD.

■ ***Production***
Agriculture, sylviculture, pêche (1996).
Canne à sucre 45 230 000 t ; blé 16 907 000 t ; riz 5 551 000 t ; coton brut 4 597 000 t ; coton en graines 3 065 000 t ; maïs 1 300 000 t ; pommes de terre 1 064 000 t ; pois chiches 638 000 t ; colza 246 000 t.
Cheptel (sur pied) : chèvres 45 600 000 ; moutons 29 800 000 ; buffles 20 200 000 ; bovins 17 900 000 ; volailles 110 000 000.
Bois (1995) : 29 665 000 m³.
Pêche (1994) : 551 899 t.
Industries extractives (1994-1995) : pierre à chaux 9 682 000 t ; sel gemme 890 000 t ; gypse 624 000 t ; silice 152 000 t ; chromite 13 513 t.
Industries manufacturières (1994-1995) : ciment 7 913 000 t ; engrais chimiques 3 826 000 t, dont urée 3 000 000 t ; sucre raffiné 3 001 000 t ; filés de coton 1 370 000 t ; produits végétaux 678 000 t ; produits chimiques industriels 377 000 t ; papier et carton 215 000 t ; tissés de jute 67 300 t ; tissus de coton 321 841 000 m² ; cigarettes 32 747 000 000 unités ; pneus 1 912 000 unités ; bicyclettes 475 000 unités.

provinces et territoires	capitales	superficie [1] (km²)	population (estim. 1983 [2])
provinces :			
Béloutchistan (Baluchistān)	Quetta	347 190	4 611 000
Frontière du Nord-Ouest (North-West Frontier)	Peshāwar	74 521	11 658 000
Pendjab (Penjab, Punjab)	Lahore	205 344	50 460 000
Sind	Karāchi	140 914	20 312 000
territoires :			
capitale fédérale (Federal Capital Territory)	Islāmābād	906	359 000
zones tribales sous administration fédérale (Federally Administered Tribal Areas)	–	27 220	2 329 000
total		**796 095**	**89 729 000**

1. Non compris les 83 716 km² du Jammu et du Cachemire. 2. Réfugiés afghans et habitants du Jammu et Cachemire sous occupation pakistanaise non compris.

Territoire et population.

	millions de PKR	% du total	effectifs	% des effectifs
agriculture	510 775	23,5	17 470 000	47,6
mines	11 348	0,5	3 530 000	9,6
industrie	325 420	15,0		
bâtiment	69 271	3,2	2 260 000	6,2
entreprises publiques	64 022	2,9	n.d.	n.d.
transports et communications	190 409	8,8	1 730 000	4,7
commerce	324 364	14,9	4 460 000	12,1
finance	144 007	6,6	5 130 000	14,0
administration, défense nationale	156 607	7,2		
services	155 407	7,1		
autres	223 277	10,3	2 120 000*	5,8
total	**2 174 907**	**100,0**	**36 700 000**	**100,0**

(•) Comprend les sans-emploi.

Structure du produit intérieur brut et effectifs (1995-1996).

	1990	1991	1992	1993	1994	1995	1996
indice des prix à la consommation	100,0	111,8	122,4	134,6	151,3	170,0	187,6

Indices des prix (1990 = 100).

	1991	1992	1993	1994	1995	1996
millions de PKR	− 28 537	− 31 283	− 54 352	− 22 968	− 78 506	− 64 476
% du total	8,4	7,9	12,6	4,9	13,4	8,8

Balance commerciale (prix courants).

	nombre d'établissements	nombre d'enseignants	nombre d'élèves	nombre d'élèves par enseignant
primaire (5-9 ans)	115 744	337 400	11 484 000	34,0
secondaire (10-14 ans)	20 243	281 700	4 819 000	17,1
professionnel et formation à l'enseignement	687	7 459	94 000	12,6
supérieur	888	33 654	953 659	28,3

Enseignement (1995-1996).

Bâtiment (valeur, 1984) : résidentiel 8 490 000 000 PKR ; non résidentiel 14 579 000 000 PKR.
Énergie (production/consommation) : électricité (1994) 57 147 000 000/57 147 000 000 kWh ; charbon (1994) 3 534 000/4 628 000 t ; pétrole brut (1994) 20 805 000/50 063 000 barils ; produits pétroliers (1994) 5 778 000/13 511 000 t ; gaz naturel (1994) 16 668 000 000/16 668 000 000 m³.

■ ***Produit national brut*** (aux prix courants du marché, 1995) : 59 991 000 000 USD (460 USD/hab.).

■ ***Population active*** (1995-1996) : 36 700 000 ; taux d'activité 27,9 % (taux de participation : 15-64 ans [1992-1993] 50,4 % ; femmes [1992-1993] 14,2 % ; sans-emploi 4,9 %).

■ ***Revenus et dépenses des ménages***
Taille moyenne des ménages (1988) : 6,3.
Revenu annuel moyen par ménage (1988) : 25 572 PKR (1 420 USD) ; sources des revenus (1988) : activités non salariées 56,0 % ; traitements et salaires 22,0 % ; autres 22,0 %.
Dépenses (1988) : alimentation 47,0 % ; logement 12,0 % ; habillement 8,0 % ; autres 33,0 %.

■ ***Utilisation du sol*** (1994) : forêts 4,5 % ; prairies et pâturages 6,5 % ; terres cultivées et plantations 27,7 % ; surfaces construites, terres incultes et autres 61,3 %.

Échanges extérieurs[c]

■ ***Importations*** (1994-1995) : 332 835 000 000 PKR (produits pétroliers 15,3 % ; huiles et graisses végétales 9,8 % ; équipement industriel 9,1 % % ; équipement et machines générateurs de puissance 4,9 % ; véhicules automobiles 4,2 % ; produits chimiques organiques 4,2 % ; blé 4,0 % ; fer et acier 3,6 % ; machines pour l'industrie 3,4 %).
Principales sources des importations : Japon 9,2 % ; États-Unis 9,0 % ; Malaisie 8,5 % ; Allemagne 6,5 % ; Koweït 5,6 % ; Italie 5,0 % ; Royaume-Uni 4,9 % ; Arabie Saoudite 4,8 % ; Chine 4,2 % ; Corée du Sud 3,1 %.

■ ***Exportations*** (1994-1995) : 260 522 000 000 PKR (tissus 52,8 % ; vêtements de confection 20,5 % ; riz 5,6 % ; cuir et maroquinerie 3,5 % ; poisson frais 1,9 % ; coton 1,8 %).
Principales destinations des exportations : États-Unis 16,6 % ; Allemagne 6,8 % ; Royaume-Uni 6,8 % ; Japon 6,4 % ; Dubaï 3,9 % ; Corée du Sud 3,2 % ; France 3,2 % ; Pays-Bas 3,1 % ; Italie 2,8 %.

Transports et communications

■ ***Transports***
Chemins de fer (1994-1995) : longueur 8 775 km ; trafic (1994-1995) : 17 555 000 000 passagers-km ; 5 661 000 000 t-km.
Routes (1994-1995) : longueur totale 198 891 km (55 % recouvertes).
Véhicules (1994) : voitures particulières 955 098 ; camions et autobus 225 829.
Marine marchande (1992) : 73 navires (de 100 tjb et plus) ; 513 823 tonneaux de port en lourd.
Transports aériens (1996) ; trafic : 11 123 000 000 passagers-km ; 423 424 000 t-km. 34 aéroports desservis par des vols réguliers (1996).

■ ***Communications***
Journaux quotidiens (1994) : diffusion totale 2 840 000 ; diffusion pour 1 000 hab. 22.
Radiodiffusion (1996) : 10 200 000 postes récepteurs ; 76 pour 1 000 hab.
Télévision (1995) : 2 080 000 postes récepteurs ; 16 pour 1 000 hab.
Téléphone (1995) : 2 127 000 lignes principales ; 16 pour 1 000 hab.

Éducation et santé

■ ***Niveau d'éducation*** (1981)
Proportion de la population âgée de 25 ans et plus : sans instruction scolaire 78,9 % ; ayant une éducation primaire 8,7 % ; éducation secondaire 10,5 % ; éducation postsecondaire 1,9 %.

■ ***Alphabétisation*** (1993) : personnes âgées de 15 ans et plus alphabétisées 35 % ; hommes 47,3 % ; femmes 22,3 %.

■ ***Santé*** (1995) : 69 694 médecins (1 pour 1 863 hab.) ; 85 552 lits d'hôpital (1 pour 1 517 hab.) ; taux de mortalité infantile (1997) : 75 ‰.

■ ***Alimentation*** (1995) : apport journalier en calories par habitant 2 475 (alimentation d'origine végétale 86 % ; d'origine animale 14 %) ; soit 107 % du niveau minimal recommandé par la F.A.O.

Défense nationale

■ ***Contingent*** (1996) : 587 000 (armée de terre 88,6 % ; marine 3,7 % ; armée de l'air 7,7 %).

■ ***Dépenses militaires*** (1994) : 6,0 % du P.N.B. (moyenne mondiale 3,0 %) ; soit 24 USD/hab.

Corpus : ALIMENTATION (ÉCONOMIE DE L') – Les grands produits alimentaires ; ASIE – Géographie humaine (l'Asie méridionale) ; CACHEMIRE ; HIMALAYA (aspects ethnographiques) ; ISLAM – Modernisme dans le monde musulman (création du Pakistan) ; INDUS (Fleuve) [l'irrigation].

Universalia 1991 : 228 Cachemire : la poussée séparatiste ; ***Universalia 1992 :*** 304 La démocratie en sursis ; ***Universalia 1997 :*** 169 Cachemire : entre guerre et règlement politique ; ***Universalia 1998 :*** 228 La quête de stabilité politique et économique

Thesaurus :
BÉLOUTCHES
BÉLOUTCHISTAN
BRĀHUĪ
HUNZA
ISLĀMĀBĀD
KARACHI
LAHORE
PASHTAN
PENDJAB
PESHĀWAR
RĀWALPINDI
THÉ

a. Réfugiés afghans non compris ; comprend la population du Jammu et Cachemire (4,2 millions).

b. Territoire et population du Jammu et Cachemire compris.

c. Importations : chiffres F.O.B. pour la balance commerciale et C.I.F. pour les marchandises et les partenaires commerciaux.

PALAU [a]

- ***Nom officiel*** : République de Palau ou des Palaos (angl. : Republic of Palau ; palauan : Belu'u era Belau). Code I.S.O. : PW.
- ***Forme de gouvernement*** : république à structure étatique unitaire avec un Congrès national comprenant deux chambres législatives (Sénat [14] et Chambre des délégués [16]).
- ***Chef de l'État et du gouvernement*** : président.
- ***Capitale*** : Koror.
- ***Langues officielles*** : palauan ; anglais.
- ***Religion officielle*** : aucune.
- ***Unité monétaire*** : 1 dollar (USD) = 100 cents ; valeur (31 déc. 1997) : 100 USD = 598,81 FRF.

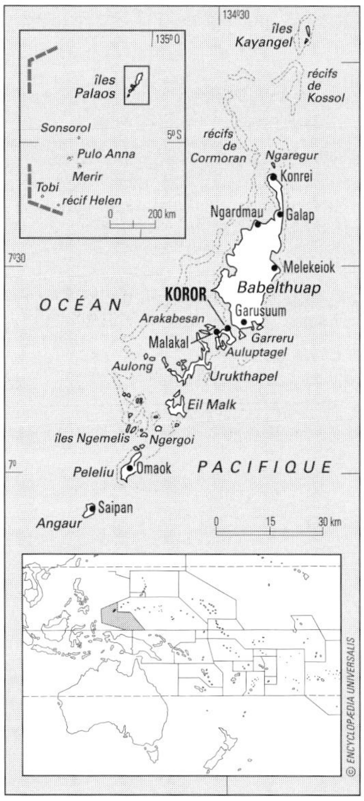

Démographie

- ***Population*** (estim. 1997) : 17 200.
- ***Densité*** (1997) : 35,2 hab./km².
- ***Répartition urbaine/rurale*** (1990) : population urbaine 59,6 % ; population rurale 40,4 %.
- ***Répartition par sexe*** (1995) : hommes 53,49 % ; femmes 46,51 %.
- ***Répartition par âge*** (1990) : moins de 15 ans 30,3 % ; de 15 à 29 ans 27,8 % ; de 30 à 44 ans 22,8 % ; de 45 à 59 ans 10,5 % ; de 60 à 74 ans 6,4 % ; 75 ans et plus 2,2 %.
- ***Projection démographique*** : 18 100 en 2000 ; 19 700 en 2010.
- ***Temps de doublement*** : 35 ans.
- ***Composition ethnique*** (1995) : Paluans 74,5 % ; Philippins 16,0 % ; Chinois 3,2 % ; autres 6,3 %.
- ***Appartenances religieuses*** (1995) : catholiques 38,4 % ; protestants 24,7 % ; religions traditionnelles 26,5 % ; autres 10,4 %.
- ***Principale ville*** (1995) : Koror 12 000 hab.

Statistiques de l'état civil

- ***Taux de natalité*** (1997) : 21,0 ‰ (moyenne mondiale 25,0 ‰).
- ***Taux de mortalité*** (1997) : 7,0 ‰ (moyenne mondiale 9,3 ‰).
- ***Taux d'accroissement naturel*** (1997) : 14,0 ‰ (moyenne mondiale 15,7 ‰).
- ***Taux de fécondité*** (nombre moyen de naissances par femme en âge de procréer, 1997) : 2,7.
- ***Nombre de mariages*** : n.d.
- ***Nombre de divorces*** : n.d.
- ***Espérance de vie*** à la naissance (1997) : hommes 69,1 ans ; femmes 73,0 ans.
- ***Principales causes de décès*** (pour 100 000 hab., 1993) : maladies de l'appareil circulatoire 192,9 ; tumeurs malignes (cancers) 136,9 ; accidents, empoisonnements et actes de violence 112,0 ; maladies de l'appareil respiratoire 43,6 ; maladies infectieuses et parasitaires 43,6.

États	superficie (km²)	population (recens. 1990)
Aimeliik	52	439
Airai	44	1 234
Angaur	8	206
Hatobohei	3	22
Kayangel	3	137
Koror	18	10 501
Melekeok	28	244
Ngaraard	36	310
Ngarchelong	10	354
Ngardmau	47	149
Ngatpang	47	62
Ngchesar	41	287
Ngeremlengui	65	281
Ngiwal	26	234
Peleliu	13	601
Sonsorol	3	61
autres		
îles rocheuses	47	0
total	**488** (•)	**15 122**

(•) Le total général ne correspond pas exactement au détail en raison des arrondis.

Territoire et population.

	1996		1995	
	milliers de USD	% du total	effectifs	% des effectifs
agriculture, pêche	9 890	6,8	724 (agriculture, pêche, mines)	8,7
mines, industrie	2 908	2,0		
industrie			1 165 [2]	14,0 [2]
entreprises publiques	1 998	1,4	– [3]	– [3]
bâtiment	13 102	9,0	– [2]	– [2]
transports et communications	21 608	14,9	435 [3]	5,2 [3]
commerces	58 663	40,4	1 448	17,3
finance	4 425	3,0	122	1,5
administration, défense nationale	24 984	17,2	2 292	27,5
services	6 430	4,4	1 573	18,8
autres	1 262 [1]	0,9 [1]	588 [4]	7,0 [4]
total	**145 270**	**100,0**	**8 347**	**100,0**

1. Droits d'importation et frais de services bancaires compris. 2. L'industrie comprend le bâtiment. 3. Les transports et les communications comprennent les entreprises publiques. 4. Comprend les sans-emploi.

Structure du produit intérieur brut et effectifs.

	nombre d'établissements [1]	nombre d'enseignants [1]	nombre d'élèves	nombre d'élèves par enseignant
primaire (6-13 ans)	26	289	2 635	n.d.
secondaire (14-18 ans)	6	– [2]	1 021	n.d.
supérieur	1	n.d.	509	n.d.

1. 1987. 2. Est compris dans le primaire.

Enseignement (1993).

Économie nationale

■ ***Budget de l'État*** (1997)
Recettes : 52 869 000 USD (aides du gouvernement américain 59,6 % ; recettes fiscales 33,7 %).
Dépenses : 59 867 000 USD (dépenses courantes 87,0 %, dont traitements et salaires 44,0 % ; dépenses en capital 13,0 %).

■ ***Dette publique*** (extérieure, créances, 1993) : 100 000 000 USD.

■ ***Tourisme*** (1996) : recettes touristiques 67 900 000 USD.

■ ***Indices des prix et des revenus*** : n.d.

■ ***Balance commerciale*** : n.d.

■ ***Production***
Agriculture (valeur des ventes), *sylviculture, pêche* (1993).
Œufs 262 701 USD ; fruits et légumes 126 325 USD ; noix de bétel 60 376 USD ; racines et tubercules 43 718 USD.
Cheptel (sur pied, 1984) : porcs 1 343 ; vaches 82 ; chèvres 52.
Bois : n.d.
Pêche (1995) : 1 450 t.
Industries extractives : n.d.
Industries manufacturières : comprend les produits artisanaux.
Bâtiment : n.d.
Énergie (production/consommation) : électricité (1994) 203 000 000/203 000 000 kWh ; charbon 0/n.d. ; pétrole brut 0/n.d. ; produits pétroliers 0/75 000 t ; gaz naturel 0/n.d.

■ ***Produit national brut*** (aux prix courants du marché, 1997) : 159 800 000 USD (8 806 USD/hab.).

■ ***Population active*** (1995) : 8 347 ; taux d'activité 48,5 % (taux de participation : 15 ans et plus 66,2 % ; femmes (1990) 36,9 % ; sans-emploi 7,0 %).

■ ***Revenus et dépenses des ménages***
Taille moyenne des ménages (1995) : 4,9.
Revenu annuel moyen par ménage (1989) : 8 882 USD ; sources des revenus : salaires 63,7 % ; sécurité sociale 12,0 % ; activités non salariées 7,4 % ; retraites 5,5 % ; intérêts, dividendes et loyers nets 4,3 % ; remise de fonds 4,1 % ; aides publiques 1,0 % ; autres 2,0 %.

■ ***Utilisation du sol*** : n.d.

Échanges extérieurs[b]

■ ***Importations*** (1996) : 72 400 000 USD (1984 : produits alimentaires et matières premières agricoles 28,9 % ; équipement industriel et de transport 24,5 % ; produits chimiques et dérivés 4,0 %).
Principales sources des importations (1984) : États-Unis 41,8 % ; Japon 38,2 %.

■ ***Exportations*** (1996) : 14 300 000 USD (1984 : produits alimentaires et matières premières agricoles 69,1 % ; produits manufacturés 30,9 %).
Principales destinations des exportations (1984) : Japon 58,8 % ; États-Unis 8,0 %.

Transports et communications

■ ***Transports***
Chemins de fer : aucun.
Routes (1993) : longueur totale 64 km (59 % recouvertes).
Véhicules (1994) : voitures particulières 4 271.
Marine marchande (1991) : 4 navires (de 100 tjb et plus) ; tonneaux de port en lourd : n.d.
Transports aériens (1993) : arrivées de passagers 50 366 ; départs de passagers 49 376. 1 aéroport desservi par des vols réguliers (1997).

■ ***Communications***
Journaux quotidiens : aucun.
Radiodiffusion (1994) : 9 000 postes récepteurs ; 550 pour 1 000 hab.
Télévision (1994) : 1 600 postes récepteurs ; 98 pour 1 000 hab.
Téléphone (1994) : 2 615 lignes principales ; 160 pour 1 000 hab.

Éducation et santé

■ ***Niveau d'éducation*** (1990)
Proportion de la population âgée de 25 ans ou plus : sans instruction scolaire 1,8 % ; ayant une éducation primaire incomplète 21,8 % ; éducation primaire 5,5 % ; éducation secondaire incomplète 13,3 % ; éducation secondaire 26,6 % ; éducation postsecondaire incomplète 11,1 % ; éducation supérieure 19,9 %.

■ ***Alphabétisation*** (1990) : personnes âgées de 15 ans et plus alphabétisées 10 288 (97,6 %) ; hommes 5 677 (98,3 %) ; femmes 4 611 (96,6 %).

■ ***Santé*** (1990) : 10[c] médecins (1 pour 1 518 hab.) ; 70 lits d'hôpital (1 pour 200 hab.) ; taux de mortalité infantile (1997) : 25,1 ‰.

■ ***Alimentation*** : n.d.

Défense nationale

■ ***Contingent*** : les États-Unis assurent la sécurité de Palau selon la libre-association du 1er octobre 1994.

---

a. Jusqu'alors république semi-autonome dépendant des États-Unis, Palau est devenu indépendant en 1994 sous le nom de République de Palau (Belu'u era Belau) et a été admis à l'O.N.U. le 15 décembre 1994.

b. Exportations et importations : chiffres F.O.B.

c. Médecins fonctionnaires uniquement.

→ *Corpus* : PANAMÁ
→ *Grand Atlas de Géographie* (éd. 1992) : 214, 204
→ *Grand Atlas de l'Histoire* : 226, 227, 287, 294

PANAMA

- ***Nom officiel*** : République du Panama (República de Panamá). Code I.S.O. : PA.
- ***Forme de gouvernement*** : république à régime multipartiste avec une chambre législative (Assemblée législative [72]).
- ***Chef de l'État et du gouvernement*** : président, assisté par un vice-président.
- ***Capitale*** : Panama (Ciudad de Panamá).
- ***Langue officielle*** : espagnol.
- ***Religion officielle*** : aucune.
- ***Unité monétaire*** : 1 balboa (PAB) = 100 centésimos ; valeur (31 déc. 1997) : 100 PAB = 598,81 FRF[a].

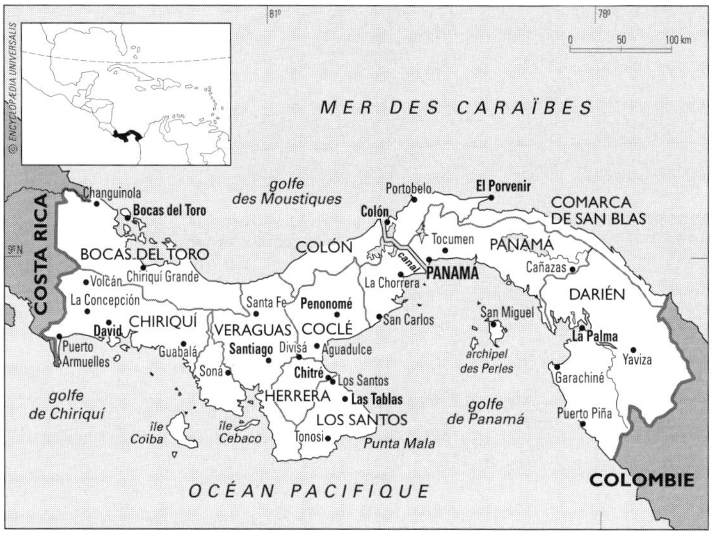

Démographie

- ***Population*** (estim. 1997) : 2 719 000.
- ***Densité*** (1997) : 36,0 hab./km².
- ***Répartition urbaine/rurale*** (1995) : population urbaine 53,3 % ; population rurale 46,7 %.
- ***Répartition par sexe*** (1995) : hommes 50,56 % ; femmes 49,44 %.
- ***Répartition par âge*** (1995) : moins de 15 ans 33,4 % ; de 15 à 29 ans 28,4 % ; de 30 à 44 ans 19,7 % ; de 45 à 59 ans 11,0 % ; de 60 à 74 ans 5,6 % ; 75 ans et plus 1,9 %.
- ***Projection démographique*** : 2 856 000 en 2000 ; 3 266 000 en 2010.
- ***Temps de doublement*** : 40 ans.
- ***Composition ethnique*** (1992) : Métis 64,0 % ; Noirs et Mulâtres 14,0 % ; Blancs 10,0 % ; Amérindiens 8,0 % ; Asiatiques 4,0 %.
- ***Appartenances religieuses*** (1992) : catholiques 80,0 % ; protestants (principalement évangéliques) 10,0 % ; musulmans 5,0 % ; béhaïs 1,0 % ; juifs 0,3 % ; autres 3,7 %.
- ***Principales villes*** (1990) : Panama 455 902 hab. (1994) ; San Miguelito 299 075 hab. (zone urbaine, 1996) ; David 65 800 hab. ; Colón 54 700 hab. ; Barú 46 100 hab.

Statistiques de l'état civil

- ***Taux de natalité*** (1996) : 22,5 ‰ (moyenne mondiale 25,0 ‰) ; taux (1991) de naissances légitimes 25,5 %, illégitimes 74,5 %.
- ***Taux de mortalité*** (1996) : 5,2 ‰ (moyenne mondiale 9,3 ‰).
- ***Taux d'accroissement naturel*** (1996) : 17,3 ‰ (moyenne mondiale 15,7 ‰).
- ***Taux de fécondité*** (nombre moyen de naissances par femme en âge de procréer, 1996) : 2,6.
- ***Nombre de mariages*** (pour 1 000 hab., 1994) : 5,6[b].
- ***Nombre de divorces*** (pour 1 000 hab., 1994) : 0,9[b].
- ***Espérance de vie*** à la naissance (1994) : hommes 71,4 ans ; femmes 76,9 ans.
- ***Principales causes de décès*** (pour 100 000 hab., 1994) : maladies de l'appareil circulatoire 118,4 ; tumeurs malignes (cancers) 57,3 ; accidents 35,3 ; maladies du système respiratoire 24,0 % ; homicides, suicides et actes de violence 22,7.

Économie nationale

- ***Budget de l'État*** (1996)
Recettes : 2 264 200 000 PAB (recettes courantes 73,6 %, dont recettes non fiscales 24,0 % ; recettes de développement 26,4 %, dont emprunts extérieurs 17,9 %).
Dépenses : 2 264 200 000 PAB (dépenses courantes 79,1 %, dont paiement de la dette publique 30,8 %, éducation 10,4 %, santé 5,9 % ; dépenses de développement 20,9 %).
- ***Dette publique*** (extérieure, créances, 1995) : 3 905 000 000 USD.
- ***Tourisme*** (1996) : recettes touristiques 343 100 000 USD ; dépenses touristiques à l'étranger 135 800 000 USD.
- ***Production***
Agriculture, sylviculture, pêche (1995).
Canne à sucre 1 669 000 t ; bananes 910 000 t ; riz 230 000 t ; bananes plantains 106 000 t ; maïs 108 000 t ; oranges 26 900 t ; ananas 14 300 t ; café 12 400 t ; tabac 2 200 t.
Cheptel (sur pied, 1996) : bovins 1 456 000 ; porcs 261 000.
Bois (1995) : 1 069 800 m³.
Pêche (valeur de la production, 1995) : crevettes 38 000 000 PAB ; poissons 29 000 000 PAB.
Industries extractives (1994) : pierre à chaux 757 000 t ; or 7 900 onces.
Industries manufacturières (valeur de la production en millions de PAB, 1995) : produits alimentaires 1 076, dont viande 276 ; pétrole raffiné 217 ; papier et dérivés 145 ; boissons 139 ; produits en plastique 94.
Bâtiment (valeur des constructions, millions de PAB, 1995) : résidentiel 237 ; non résidentiel 102.
Énergie (production/consommation) : électricité (1995) 3 519 000 000/2 870 000 000 kWh ;

provinces	capitales	superficie (km²)	population (estim. 1996)
provinces :			
Bocas del Toro	Bocas del Toro	8 745 [1]	123 655 [1]
Chiriquí	David	8 653 [1]	412 981 [1]
Coclé	Penonomé	4 927	191 677
Colón	Colón	4 890	190 697 [2]
Darién	La Palma	12 491 [2]	47 055
Herrera	Chitré	2 341	101 775
Los Santos	Las Tablas	3 806	79 849
Panamá	Panama	11 887	1 257 964
Veraguas	Santiago	11 239 [1]	220 110 [1]
districts indigènes :			
Emberá		4 180 [2]	10 459 [2]
Guaymí (Ngobe-Buglé)		— [1]	
Kuna Yala (San Blas)	El Porvenir	2 357	— [1]
total		**75 517** [3]	**2 674 490**

1. Le district des indigènes guaymís (7 000 km) a été créé en décembre 1996 avec une partie des provinces de Boras del Toro et de Veraguas. 2. Les chiffres sont susceptibles de changement avec l'annonce de la démarcation officielle des frontières d'Emberá. 3. Le total général ne correspond pas exactement au détail en raison des arrondis.

Territoire et population.

	1996 [1]		1995	
	millions de PAB	% du total	effectifs [2]	% des effectifs
agriculture, pêche	515,6	8,5	185 231	18,4
mines	8,1	0,1	2 618	0,3
industrie	620,3	10,2	105 821	10,5
bâtiment	240,7	3,9	66 015	6,6
entreprises publiques	310,5	5,1	10 514	1,0
transports et communications	782,2	12,8	68 210	6,8
commerce et restauration	1 276,1	20,9	208 598	20,7
finance, immobilier	1 573,8	25,8	52 039	5,2
administration	665,3	10,9	70 826	7,0
services	357,6	5,9	197 479	19,6
autres	− 251,8	− 4,1	38 796	3,9
total	**6 098,4**	**100,0**	**1 006 147**	**100,0**

1. Aux prix de 1982. 2. Population indigène non comprise.

Structure du produit intérieur brut et effectifs.

	1991	1992	1993	1994	1995	1996	1997
indice des prix à la consommation	101,3	103,1	103,6	104,9	105,9	107,3	108,6
indice des revenus annuels *	100,3	101,6	105,8	108,9	111,7	n.d.	n.d.

(*) Secteur public uniquement.

Indices des prix et des revenus (1990 = 100).

	1990	1991	1992	1993	1994	1995
millions de PAB	− 894	− 1 071	− 1 329	− 1 426	− 1 594	− 1 655
% du total	50,1	54,2	57,0	56,3	57,7	57,0

Balance commerciale (prix courants).

	nombre d'établissements	nombre d'enseignants	nombre d'élèves	nombre d'élèves par enseignant
primaire (6-11 ans)	2 845	14 998	362 142	24,1
secondaire (12-17 ans), professionnel et formation à l'enseignement	399	11 627	216 217	18,6
supérieur	9	4 689	76 839	16,4

Enseignement (1995).

charbon (1994) 0/52 000 t ; pétrole brut (1994) 0/8 554 000 barils ; produits pétroliers (1994) 1 480 000/1 842 000 t ; gaz naturel (1994) 0/59 967 000 m³.

■ ***Produit national brut*** (1995) : 7 235 000 000 USD (2 750 USD/hab.).

■ ***Population active*** (1995) : 1 006 147 [b] ; taux d'activité 42,0 % (taux de participation : 15-69 ans [1993] 62,8 % ; femmes [1993] 34,0 % ; sans-emploi [1994] 13,7 %).

■ ***Revenus et dépenses des ménages***
Taille moyenne des ménages (1990) : 4,4.
Revenu annuel moyen par ménage (1990) : 5 450 PAB (5 450 USD) ; sources des revenus (Panama uniquement, 1983-1984) : salaires et traitements 60,8 % ; paiements de transfert 13,2 % ; activités non salariées 12,8 % ; autres 13,2 %.
Dépenses (Panama uniquement, 1983-1984) : alimentation et boissons 34,9 % ; transports et communications 15,1 % ; logement et énergie 12,6 % ; éducation et loisirs 11,7 %.

■ ***Utilisation du sol*** (1994) : forêts 43,8 % ; prairies et pâturages 19,8 % ; terres cultivées et plantations 8,9 % ; autres 27,5 %.

Échanges extérieurs [c, d]

■ ***Importations*** (1995) : 2 511 000 000 PAB (machines et appareils 17,4 % ; combustible minéral 14,1 % ; matériel de transport 11,6 % ; produits chimiques et dérivés 11,5 %).
Principales sources des importations : États-Unis 39,1 % ; zone franche de Colón 14,5 % ; Équateur 5,3 % ; Japon 5,1 % ; Mexique 3,4 %.

■ ***Exportations*** (1995) : 571 000 000 PAB (bananes 33,3 % ; crevettes 14,2 % ; café 5,7 % ; vêtements 3,8 % ; poissons et dérivés 3,4 %).
Principales destinations des exportations : États-Unis 41,8 % ; Allemagne 12,5 % ; Costa Rica 7,2 % ; Suède 4,9 % ; Belgique 4,8 %.

Transports et communications

■ ***Transports***
Chemins de fer : longueur (1994) 354 km.
Routes (1995) : longueur totale 10 792 km (34 % recouvertes).
Véhicules (1995) : voitures particulières 140 900 ; camions et autobus 79 000.
Marine marchande (1992) : 5 217 navires (de 100 tjb et plus) ; 79 255 644 tonneaux de port en lourd.
Trafic sur le canal de Panama (1994-1995) : passages de longs-courriers 13 459 ; marchandises 193 357 000 t.
Transports aériens (Coppa, seulement) ; trafic : 871 500 000 passagers-km (1996) ; 9 338 000 t-km (1996). 10 aéroports desservis par des vols réguliers (1996).

■ ***Communications***
Journaux quotidiens (1994) : diffusion totale 160 000 ; diffusion pour 1 000 hab. 62.
Radiodiffusion (1996) : 527 000 postes récepteurs ; 5,1 pour 1 000 hab.
Télévision (1995) : 204 539 postes récepteurs ; 1,3 pour 1 000 hab.
Téléphone (1995) : 304 500 lignes principales ; 8,8 pour 1 000 hab.

Éducation et santé

■ ***Niveau d'éducation*** (1990)
Proportion de la population âgée de 25 ans et plus : sans instruction scolaire 11,6 % ; ayant une éducation primaire incomplète 20,0 % ; éducation primaire 21,6 % ; éducation secondaire 28,7 % ; universitaire premier cycle incomplète 5,4 % ; universitaire premier cycle 7,0 % ; niveau licence 0,7 % ; niveau inconnu 5,0 %.

■ ***Alphabétisation*** (1995) : personnes âgées de 15 ans et plus alphabétisées 1 590 000 (90,8 %) ; hommes 91,4 % ; femmes 90,2 %.

■ ***Santé*** (1995) : 3 074 médecins (1 pour 856 hab.) ; 7 138 lits d'hôpital (1 pour 369 hab.) ; taux de mortalité infantile (1996) : 25,3 ‰.

■ ***Alimentation*** (1995) : apport journalier en calories par habitant 2 490 (alimentation d'origine végétale 79 % ; d'origine animale 21 %) ; soit 108 % du niveau minimal recommandé par la F.A.O.

Défense nationale

■ ***Contingent*** (1996) : l'armée a été dissoute en 1991 et remplacée par une police nationale de 11 000 hommes. Forces américaines dans l'ancienne Zone du canal : 7 000.

Corpus : AMÉRIQUE LATINE – Économie et société ; CARAÏBES (AIRE DES) [géopolitique de l'espace] ; INDIENS D'AMÉRIQUE (Méso-Amérique) ; MARINE MARCHANDE – La marine marchande après la Seconde Guerre mondiale ; TRANSPORTS – Transport maritime ; ZONES FRANCHES.

Universalia 1989 : 139 Lueurs de paix en Amérique centrale ; 322 Crise ouverte avec les États-Unis ; ***Universalia 1991*** : 236 Les pavillons de complaisance.

Thesaurus :
CARIBBEAN BASIN INITIATIVE
CHOCÓ
CUNA
GUAYMI
PANAMÁ, ville

a. Cours fixe vis-à-vis du dollar des États-Unis (1 PAB = 1 USD), qui a cours légal au Panama.

b. Populations indigènes non comprises.

c. Importations : chiffres F.O.B. pour la balance commerciale et C.I.F. pour les marchandises et les partenaires commerciaux.

d. À l'exception de la zone franche de Colón (importations F.O.B., 1994 : 4 990 000 000 PAB ; réexportations F.O.B., 1994 : 5 735 000 000 PAB, dont textile et habillement 25,8 %, machines et appareils électriques et non électriques 22,3 %) non comprise.

→ *Corpus* : PAPOUASIE-NOUVELLE-GUINÉE
→ *Grand Atlas de Géographie* (éd. 1992) : 160 ; 167e (Bougainville)
→ *Grand Atlas de l'Histoire* : 277, 295

PAPOUASIE-NOUVELLE-GUINÉE

- ***Noms officiels*** : État indépendant de Papouasie-Nouvelle-Guinée (Papua New Guinea ; Papuaniugini). Code I.S.O. : PG.
- ***Forme de gouvernement*** : monarchie constitutionnelle avec une assemblée législative (Parlement national [109]).
- ***Chef de l'État*** : reine d'Angleterre, représentée par un gouverneur général.
- ***Chef du gouvernement*** : Premier ministre.
- ***Capitale*** : Port Moresby.
- ***Langue officielle*** : anglais [a].
- ***Religion officielle*** : aucune.
- ***Unité monétaire*** : 1 kina (PGK) = 100 tosa ; valeur (31 déc. 1997) : 100 PGK = 341,92 FRF.

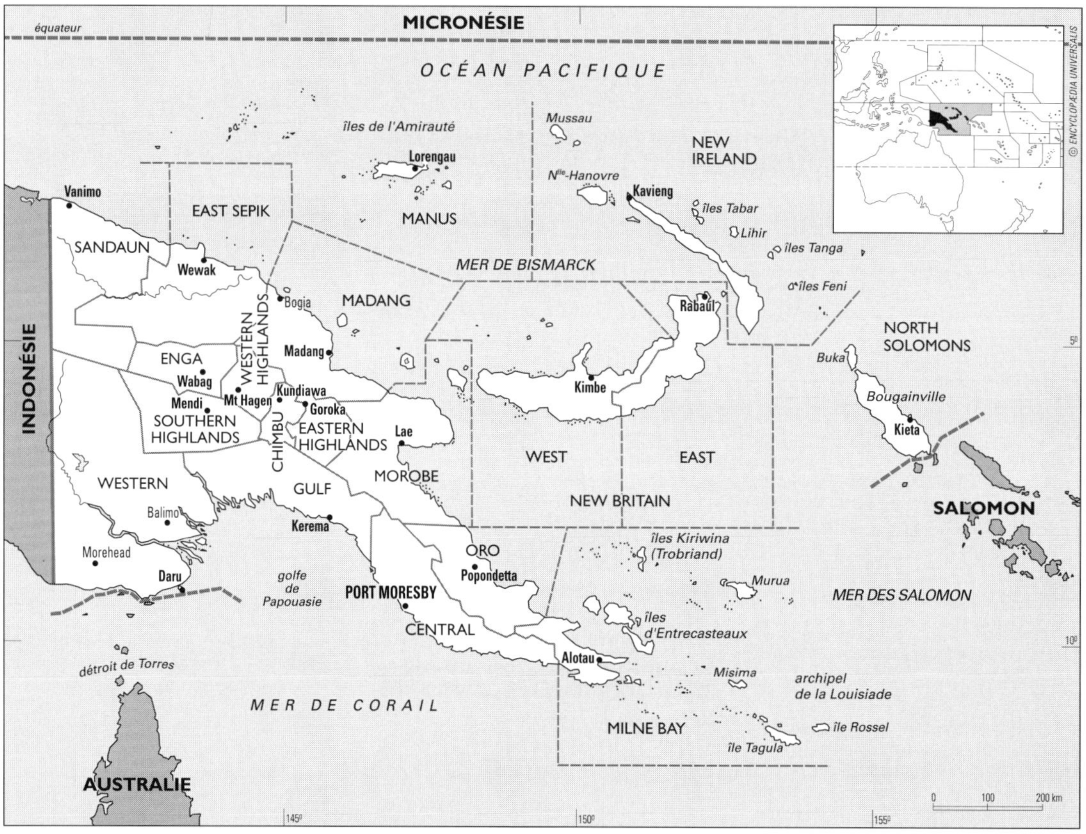

Démographie

- ***Population*** (estim. 1997) : 4 496 000.
- ***Densité*** (1997) : 9,7 hab./km².
- ***Répartition urbaine/rurale*** (1997) : population urbaine 17,0 % ; population rurale 83,0 %.
- ***Répartition par sexe*** (1990) : hommes 52,09 % ; femmes 47,91 %.
- ***Répartition par âge*** (1990) : moins de 15 ans 40,4 % ; de 15 à 29 ans 28,8 % ; de 30 à 44 ans 16,9 % ; de 45 à 59 ans 9,3 % ; de 60 à 74 ans 4,3 % ; 75 ans et plus 0,3 %.
- ***Projection démographique*** : 4 812 000 en 2000 ; 5 925 000 en 2010.
- ***Temps de doublement*** : 31 ans.
- ***Composition ethnique*** (1983) : Papous de Nouvelle-Guinée 84,0 % ; Mélanaisiens de Nouvelle-Guinée 15,0 % ; autres 1,0 %.
- ***Appartenances religieuses*** (1980) : protestants 58,4 % ; catholiques 32,8 % ; anglicans 5,4 % ; croyances traditionnelles 2,5 % ; béhaïs 0,6 % ; autres 0,3 %.
- ***Principales villes*** (1990) : Port Moresby 193 242 hab. ; Lae 80 655 hab. ; Madang 27 057 hab. ; Wewak 23 224 hab. ; Goroka 17 855 hab.

Statistiques de l'état civil

- ***Taux de natalité*** (1997) : 32,4 ‰ (moyenne mondiale 25,0 ‰).
- ***Taux de mortalité*** (1997) : 10,0 ‰ (moyenne mondiale 9,3 ‰).
- ***Taux d'accroissement naturel*** (1997) : 22,4 ‰ (moyenne mondiale 15,7 ‰).
- ***Taux de fécondité*** (nombre moyen de naissances par femme en âge de procréer, 1997) : 4,7.
- ***Espérance de vie*** à la naissance (1997) : hommes 57,0 ans ; femmes 59,0 ans.

provinces	centres administratifs	superficie (km²)	population (recens. 1990 [1])
Central	Port Moresby (Central)	29 500	140 584
Eastern Highlands	Goroka	11 200	299 619
East New Britain	Rabaul	15 500	184 408
East Sepik	Wewak	42 800	248 308
Enga	Wabag	12 800	238 357
Gulf	Kerema	34 500	68 060
Madang	Madang	29 000	270 299
Manus	Lorengau	2 100	32 830
Milne Bay	Alotau (Samarai)	14 000	157 288
Morobe	Lae	34 500	363 535
National Capital District	Port Moresby	240	193 242
New Ireland	Kavieng	9 600	87 194
North Solomons (Bougainville)	Arawa (Buka)	9 300	159 500 [2]
Oro (Northern)	Popondetta	22 800	96 762
Sandaun (West Sepik)	Vanimo	36 300	135 185
Simbu (Chimbu)	Kundiawa	6 100	183 801
Southern Highlands	Mendi	23 800	302 724
Western	Daru	99 300	108 705
Western Highlands	Mount Hagen	8 500	291 090
West New Britain	Kimbe	21 000	127 547
total		**462 840**	**3 689 038**

1. Résultats préliminaires. 2. Estimation.

Territoire et population.

■ ***Principales causes de décès*** (pour 100 000 hab., 1993) : infections respiratoires aiguës 34,6 ; pneumonie 27,8 ; méningite 7,6 ; problèmes liés à la grossesse 6,2 ; malaria 3,8.

Économie nationale

■ ***Budget de l'État*** (1997)
Recettes : 1 882 000 000 PGK (impôts directs 46,4 % ; impôts indirects 36,3 % ; recettes non fiscales 10,6 % ; aides extérieures 6,7 %).
Dépenses : 2 001 000 000 PGK (dépenses courantes 57,7 % ; transferts aux gouvernements provinciaux 28,4 % ; infrastructures 13,9 %).

■ ***Dette publique*** (extérieure, créances, 1995) : 1 614 000 000 USD.

■ ***Tourisme*** (1995) : recettes touristiques 60 000 000 USD ; dépenses touristiques à l'étranger 75 000 000 USD.

■ ***Production***
Agriculture, sylviculture, pêche (1996).

	1996		1980	
	millions de PGK	% du total	effectifs [1]	% des effectifs
agriculture	1 785	26,5	564 500	77,0
mines	1 851	27,5	4 300	0,6
industrie	551	8,2	14 000	1,9
bâtiment	271	4,0	21 600	2,9
entreprises publiques	88	1,3	2 800	0,4
transports et communications	348	5,2	17 400	2,4
commerce	576	8,6	25 100	3,4
finance	64	0,9	4 500	0,6
administration, défense nationale / services	888	13,2	77 100	10,5
autres	310	4,6	1 500	0,2
total	**6 732** [2]	**100,0**	**732 800**	**100,0** [3]

1. Population âgée de 10 ans et plus engagée dans les activités financièrement productives. 2. Estimations du Fonds monétaire international. 3. Le total général ne correspond pas exactement au détail en raison des arrondis.

Structure du produit intérieur brut et effectifs.

	1990	1991	1992	1993	1994	1995	1996
indice des prix à la consommation	100,0	107,0	111,6	117,1	120,5	141,3	157,7
indice des revenus hebdomadaires *	100,0	106,1	110,9	110,9	110,9	110,9	110,9

(*) Salaire minimum des travailleurs urbains.

Indices des prix et des revenus (1990 = 100).

	1991	1992	1993	1994	1995	1996
millions de PGK	− 52,7	+ 475,2	+ 1 318,9	+ 1 322,8	+ 1 769,9	+ 1 317,9
% du total	2,0	15,7	37,3	33,1	35,3	24,8

Balance commerciale (prix courants).

	nombre d'établissements	nombre d'enseignants	nombre d'élèves	nombre d'élèves par enseignant
primaire (7-12 ans)	2 790	13 652	525 995	38,5
secondaire (13-16 ans)	135 [1]	2 415 [2]	68 818	24,1 [2]
professionnel et formation à l'enseignement	117 [1]	878 [2]	9 941	12,9 [2]
supérieur	2 [1]	902 [3]	13 663	7,1 [3]

1. 1990. 2. 1992. 3. 1986.

Enseignement (1995).

Noix de coco 700 000 t ; bananes 650 000 t ; patates douces 450 000 t ; canne à sucre 300 000 t ; huile de palme 250 000 t ; ignames 222 000 t ; taros 220 000 t ; manioc 115 000 t ; coprah (1994) 100 000 t ; palmistes 62 000 t ; café 60 000 t ; cacao 30 000 t ; ananas 14 000 t ; thé 9 000 t.
Cheptel (sur pied) : porcs 1 030 000 ; bovins 110 000 ; poulets 3 250 000.
Bois (1995) : 8 772 000 m³.
Pêche (1995) : 26 000 t.
Industries extractives (1996) : cuivre 186 715 t ; argent 59 037 kg ; or 51 573 kg.
Industries manufacturières (valeur ajoutée, 1985) : produits alimentaires, boissons et tabac 162 558 000 PGK ; métaux, produits métalliques, machines et équipement 47 493 000 PGK ; bois et produits dérivés 29 807 000 PGK.
Bâtiment (valeur des constructions en cours, 1994) : 95 600 000 PGK.
Énergie (production/consommation) : électricité (1994) 1 790 000 000/1 790 000 000 kWh ; charbon (1994) 0/1 000 t ; pétrole brut 0/n.d. ; produits pétroliers (1994) 0/720 000 t.

■ ***Produit national brut*** (1995) : 4 976 000 000 USD (1 160 USD/hab.).

■ ***Population active***[b] (1980) : 732 800 ; taux d'activité 24,6 % (taux de participation : 10 ans et plus 35,2 % ; femmes 39,8 % ; sans-emploi 12,8 % [chiffre pour six centres urbains, 1977]).

■ ***Revenus et dépenses des ménages***
Taille moyenne des ménages (1980) : 4,6.
Revenu annuel moyen par ménage (1975-1976) : 2 771 PGK (3 483 USD).
Dépenses (poids respectifs de l'indice des prix de détail à la consommation, 1987) : alimentation et boissons 40,9 % ; transports et communications 13,0 % ; logement 12,5 % ; habillement 6,2 % ; chauffage et éclairage 4,9 % ; services et autres 22,5 %.

■ ***Utilisation du sol***(1994) : forêts 92,8 % ; terres cultivées et plantations 0,9 % ; prairies et pâturages 0,2 % ; autres 6,1 %.

Échanges extérieurs[c]

■ ***Importations*** (1996) : 1 996 000 000 PGK (1990 : équipement industriel et de transport 38,7 % ; produits manufacturés de base 20,4 % ; produits alimentaires et animaux sur pied 17,9 % ; produits chimiques 7,5 % ; combustibles minéraux et lubrifiants 2,7 %).
Principales sources des importations (1995) : Australie 52,2 % ; États-Unis 14,8 % ; Singapour 7,4 % ; Japon 5,6 % ; Nouvelle-Zélande 3,6 % ; Hong Kong 3,2 % ; Royaume-Uni 3,0 %.

■ ***Exportations*** (1996) : 3 313 900 000 PGK (pétrole brut 32,4 % ; or 23,3 % ; bois d'œuvre 14,0 % ; minerai et concentrés de cuivre 11,7 % ; café 5,7 % ; huile de palme 5,5 % ; fèves de cacao 1,4 %).
Principales destinations des exportations (1995) : Australie 30,0 % ; Japon 24,3 % ; Allemagne 10,0 % ; Royaume-Uni 8,2 % ; Corée du Sud 7,1 % ; États-Unis 4,0 %.

Transports et communications

■ ***Transports***
Chemins de fer : aucun.
Routes (1986) : longueur totale 19 736 km (6 % recouvertes).

Corpus : CUIVRE (économie du cuivre) ; OCÉANIE – Histoire (de la Seconde Guerre mondiale à nos jours) ; Géographie humaine ; Ethnographie (Mélanésie).

Thesaurus :
ARAPESH
AUSTRONÉSIENS
BOUGAINVILLE (ÎLE DE)
BUKA
DOBU
ENTRECASTEAUX (ÎLES D')
HULI
LOUISIADE
MADANG
MANUS
MUNDUGUMOR
NOUVELLE-BRETAGNE
NOUVELLE-IRLANDE
PAPOUS
PORT MORESBY
SALOMON (ARCHIPEL DES ÎLES)
SIUAI
TROBRIAND (ÎLES)

Véhicules (1994) : voitures particulières 13 000 ; camions et autobus 32 000.
Marine marchande (1992) : 87 navires (de 100 tjb et plus) ; 40 855 tonneaux de port en lourd.
Transports aériens (1993) ; trafic : 738 366 000 passagers-km ; 82 369 000 t-km.

■ ***Communications***
Journaux quotidiens (1994) : diffusion totale 65 000 ; diffusion pour 1 000 hab. 15.
Radiodiffusion (1996) : 300 000 postes récepteurs ; 68 pour 1 000 hab.
Télévision (1995) : 100 000 postes récepteurs ; 23 pour 1 000 hab.
Téléphone (1995) : 43 600 lignes principales ; 10 pour 1 000 hab.

Éducation et santé

■ ***Niveau d'éducation*** (1990)
Proportion de la population âgée de 25 ans et plus : sans instruction scolaire 82,6 % ; ayant une éducation primaire incomplète 8,2 % ; éducation primaire 5,0 % ; éducation secondaire 4,2 %.

■ ***Alphabétisation*** (estim. 1995) : personnes âgées de 15 ans et plus alphabétisées 72,2 % ; hommes 81,0 % ; femmes 62,7 %.

■ ***Santé*** : 736 médecins en 1993 (1 pour 5 584 hab.) ; 15 335 lits d'hôpital en 1989 (1 pour 234 hab.) ; taux de mortalité infantile (1997) : 62,0 ‰.

■ ***Alimentation*** (1992) : apport journalier en calories par habitant 2 613 (alimentation d'origine végétale 91 % ; d'origine animale 9 %) ; soit 115 % du niveau minimal recommandé par la F.A.O.

Défense nationale

■ ***Contingent*** (1997) : 4 300 (armée de terre 88,4 % ; marine 9,3 % ; armée de l'air 2,3 %).

■ ***Dépenses militaires*** (1995) : 1,4 % du P.N.B. (moyenne mondiale 2,8 %) ; soit 25 USD/hab.

---

a. Les langues nationales sont l'anglais, le tok pisin et le motu.

b. Population âgée de 10 ans et plus engagée dans les activités financièrement productives.

c. Importations : chiffres F.O.B. pour la balance commerciale et C.I.F. pour les marchandises et les partenaires commerciaux.

PARAGUAY

- ***Nom officiel*** : République du Paraguay (República del Paraguay ; Tetä Paraguáype). Code I.S.O. : PY.
- ***Forme de gouvernement*** : république à régime multipartiste avec deux assemblées législatives (Sénat [45] et Chambre des députés [80]).
- ***Chef de l'État et du gouvernement*** : président.
- ***Capitale*** : Assomption (Asunción).
- ***Langues officielles*** : espagnol, guarani.
- ***Religion officielle*** : aucune[a].
- ***Unité monétaire*** : 1 guaraní (PYG) = 100 centésimos ; valeur (31 déc. 1997) : 100 PYG = 0,264 FRF.

Démographie

- ***Population*** (estim. 1997) : 5 089 000.
- ***Densité*** (1997) : 12,5 hab./km^2.
- ***Répartition urbaine/rurale*** (1992) : population urbaine 50,5 % ; population rurale 49,5 %.
- ***Répartition par sexe*** (1992) : hommes 50,19 % ; femmes 49,81 %.
- ***Répartition par âge*** (1992) : moins de 15 ans 40,1 % ; de 15 à 29 ans 27,6 % ; de 30 à 44 ans 18,7 % ; de 45 à 59 ans 8,3 % ; de 60 à 74 ans 4,2 % ; 75 ans et plus 1,1 %.
- ***Projection démographique*** : 5 480 000 en 2000 ; 6 805 000 en 2010.
- ***Temps de doublement*** : 27 ans.
- ***Composition ethnique*** (1980) : Métis (Espagnols/Guaranis) 90,8 % ; Amérindiens 3,0 % ; Allemands 1,7 % ; autres 4,5 %.
- ***Appartenances religieuses*** (1995) : catholiques 92,9 % ; autres 7,1 %.
- ***Principales villes*** (1992) : Assomption 502 426 hab. ; Ciudad del Este 133 893 hab. ; San Lorenzo 133 311 hab. ; Lambaré 99 681 hab. ; Fernando de la Mora 95 287 hab.

Statistiques de l'état civil

- ***Taux de natalité*** (1995-2000) : 31,3 ‰ (moyenne mondiale 25,0 ‰) ; taux (1985) de naissances légitimes 68,7 %[b], illégitimes 31,3 %[b].
- ***Taux de mortalité*** (1995-2000) : 5,4 ‰ (moyenne mondiale 9,3 ‰).
- ***Taux d'accroissement naturel*** (1995-2000) : 25,9 ‰ (moyenne mondiale 15,7 ‰).
- ***Taux de fécondité*** (nombre moyen de naissances par femme en âge de procréer, 1995-2000) : 4,2.
- ***Nombre de mariages*** (pour 1 000 hab., 1992)[b] : 3,9.
- ***Nombre de divorces*** : n.d.
- ***Espérance de vie*** à la naissance (1995-2000) : hommes 67,5 ans ; femmes 72,0 ans.
- ***Principales causes de décès*** (pour 100 000 hab., 1993)[c] : maladies de l'appareil circulatoire 162,7 ; tumeurs malignes (cancers) 52,8 ; maladies de l'appareil respiratoire 38,1 ; maladies infectieuses et parasitaires 32,7.

Économie nationale

- ***Budget de l'État*** (1996)
Recettes : 2 937 992 000 000 PYG (taxes sur les biens et services 46,5 % ; droits de douane 15,1 % ; revenus du capital 14,3 % ; redevances 12,6 % ; caisses de retraite 7,2 %).
Dépenses : 3 335 481 000 000 PYG (éducation 21,3 % ; travaux publics 11,4 % ; agriculture 8,2 % ; défense nationale 8,1 % ; ministère de l'Intérieur 7,2 % ; santé publique 7,2 % ; logement 5,2 %).
- ***Dette publique*** (extérieure, créances, 1995) : 1 488 000 000 USD.
- ***Tourisme*** (1995) : recettes touristiques 213 000 000 USD ; dépenses touristiques à l'étranger 181 000 000 USD.
- ***Production***
Agriculture, sylviculture, pêche (1995).
Manioc 2 770 000 t ; canne à sucre 2 736 000 t ; soja 2 394 000 t ; maïs 654 000 t ; coton brut 330 000 t ; oranges 175 000 t ; fibre de coton 115 000 t ; patates douces 67 000 t ; bananes 67 000 t.
Cheptel (sur pied) : bovins 8 100 000 ; porcs 2 525 000 ; poulets 14 152 000.
Bois (1995) : 10 401 000 m^3.
Pêche (1995) : 16 000 t.
Industries extractives (1995) : pierre à chaux 600 000 t ; kaolin 74 000 t ; gypse 4 500 t.
Industries manufacturières (valeur ajoutée de la production en prix constants de 1982 ; millions de PYG ; 1995) : produits alimentaires 70 600 ; produits en bois et meubles 24 500 ; artisanat 11 400 ; textiles 10 200 ; imprimerie et édition 7 800 ; produits non métalliques 6 900 ; produits pétroliers 6 400 ; cuirs et peaux 5 700.
Bâtiment (1985) : résidentiel 60 800 m^2 ; non résidentiel 163 200 m^2.
Énergie (production/consommation) : électricité (1994) 35 862 000 000/3 090 000 000 kWh ; charbon 0/0 ; pétrole brut (1994) 0/1 986 000 barils ; produits pétroliers (1994) 293 000/1 011 000 t ; gaz naturel 0/0.
- ***Produit national brut*** (1995) : 8 158 000 000 USD (1 690 USD/hab.).
- ***Population active*** (1996) : 1 747 488 ; taux d'activité 35,3 % (taux de participation [1982] : 15-64 ans 57,5 % ; femmes 19,7 % ; sans-emploi [1996] 9,8 %).
- ***Revenus et dépenses des ménages***
Taille moyenne des ménages (1992) : 4,7.
Sources des revenus (1989) : salaires et traitements 33,9 % ; paiements de transfert 2,5 % ; autres 63,6 %.

→ ***Corpus*** : PARAGUAY
→ ***Grand Atlas de Géographie*** (éd. 1992) : 216, 220
→ ***Grand Atlas de l'Histoire*** : 226, 227, 286, 287, 294

Corpus : AMÉRIQUE LATINE – Économie et société ; CHACO ; GUARANI ; INDIENS D'AMÉRIQUE (Amazonie et Guyanes).

Universalia 1989 : 132 L'épuisement du modèle national de développement en Amérique latine ; 325 Des lézardes dans la dictature ; ***Universalia 1991*** : 151 Amérique latine : une nouvelle donne ; ***Universalia 1997*** : 150 Amérique latine : le Mercosur, pôle d'attraction pour l'intégration latino-américaine.

Thesaurus :
CHIQUITO
GUAYAKI
PARANÁ
TUPI

régions et départements	chefs-lieux	superficie (km^2)	population (recens. 1992)
région occidentale :		**246 925**	**105 633**
Boquerón	Mariscal Estigarribia	91 669	29 060
Haut-Paraguay (el Alto Paraguay)	Fuerte Olimpo (Olimpo)	82 349	12 156
Presidente Hayes	Pozo Colorado	72 907	64 417
région orientale :		**159 827**	**4 046 955**
Amambay	Pedro Juan Caballero	12 933	99 860
Caaguazú	Coronel Oviedo	11 474	386 412
Caazapá	Caazapá	9 496	129 352
Canindeyú (Canendiyú)	Salto del Guairá (Saltos del Guairá)	14 667	103 785
Centre (el Departement Central)	Assomption (Asunción)	2 465	866 856
Concepción	Concepción	18 051	167 289
Cordillère (la Cordillera)	Caacupé	4 948	198 701
Guairá (el Guairá)	Villarrica	3 846	161 991
Haut-Paraná (el Alto Paraná)	Ciudad del Este	14 895	406 584
Itapúa (ex-Encarnación)	Encarnación	16 525	377 536
Misiones (las Misiones)	San Juan Bautista	9 556	89 018
Ñeembucú (ex-Pilar)	[Villa del] Pilar	12 147	69 770
Paraguarí	Paraguarí	8 705	208 527
San Pedro	San Pedro	20 002	280 336
capitale (el Distrito Capital)	Assomption (Asunción)	117	500 938
total		**406 752**	**4 152 588**

Territoire et population.

	millions de PYG[1]	% du total	effectifs	% des effectifs
agriculture	291 745	26,5	559 042	32,0
mines	5 133	0,5	2 568	0,1
industrie	157 778	14,3	181 983	10,4
bâtiment	59 764	5,4	142 678	8,2
entreprises publiques	60 697	5,5	13 150	0,8
transports et communications	52 180	4,8	55 972	3,2
commerce, finance	279 758	25,4	224 210	12,8
administration, défense nationale	60 671	5,5	330 697	18,9
services, autres	133 432	12,1	237 188[2]	13,6[2]
total	**1 101 158**	**100,0**	**1 747 488**	**100,0**

1. Au prix de 1982. 2. Dont 171 312 sans-emploi.

Structure du produit intérieur brut et effectifs 1996.

	1990	1991	1992	1993	1994	1995	1996
indice des prix à la consommation	100,0	124,2	143,1	169,2	203,9	231,3	254,0
indice des revenus	100,0	115,1	131,8	158,0	n.d.	n.d.	n.d.

Indices des prix et des revenus (1990 = 100).

	1990	1991	1992	1993	1994	1995
millions de USD	− 234,7	− 538,3	− 580,6	− 752,3	− 1 323,6	− 1 877,6
% du total	10,9	26,7	30,7	34,2	44,8	50,5

Balance commerciale (prix courants).

	nombre d'établissements	nombre d'enseignants	nombre d'élèves	nombre d'élèves par enseignant
primaire (7-12 ans)	5 318	34 580	835 089	24,1
secondaire (13-18 ans)[1]	1 102	20 793[2]	235 914	10,3[2]
supérieur	2	742[2]	39 694	40,9[3]

1. Comprend le professionnel et la formation à l'enseignement. 2. 1993-1994. 3. 1992-1993.

Enseignement (1994-1995).

Transports et communications

■ ***Transports***
Chemins de fer (1994) : longueur 441 km ; trafic : 3 000 000 passagers-km ; 5 500 000 t-km.
Routes (1995) : longueur totale 28 900 km (9 % recouvertes).
Véhicules (1993) : voitures particulières 174 212 ; camions 76 565.
Marine marchande (1992) : 38 navires (de 100 tjb et plus) ; 38 513 tonneaux de port en lourd.
Transports aériens (1994) ; trafic : 1 235 000 000 passagers-km ; 11 700 000 t-km. 5 aéroports desservis par des vols réguliers (1997).

■ ***Communications***
Journaux quotidiens (1995) : diffusion totale 194 000 ; diffusion pour 1 000 hab. 40.
Radiodiffusion (1996) : 700 000 postes récepteurs ; 141 pour 1 000 hab.
Télévision (1995) : 710 000 postes récepteurs ; 144 pour 1 000 hab.
Téléphone (1995) : 166 900 lignes principales ; 34 pour 1 000 hab.

Éducation et santé

■ ***Niveau d'éducation*** (1992)
Proportion de la population âgée de 15 ans et plus : sans instruction scolaire 7,0 % ; ayant une éducation primaire 61,2 % ; éducation secondaire 23,2 % ; éducation supérieure 6,6 % ; sans précision 2,0 %.

■ ***Alphabétisation*** (1995) : personnes âgées de 15 ans et plus alphabétisées 92,1 % ; hommes 93 % ; femmes 90,6 %.

■ ***Santé*** (1993) : 3 341 médecins (1 pour 1 406 hab.) ; 5 435 lits d'hôpital (1 pour 864 hab.) ; taux de mortalité infantile (1995-2000) : 39,0 ‰.

■ ***Alimentation*** (1995) : apport journalier en calories par habitant 2 560 (alimentation d'origine végétale 77 % ; d'origine animale 23 %) ; soit 111 % du niveau minimal recommandé par la F.A.O.

Défense nationale

■ ***Contingent*** (1997) : 20 200 (armée de terre 73,8 % ; marine 17,8 % ; armée de l'air 8,4 %).

■ ***Dépenses militaires*** (1995) : 1,0 % du P.N.B. (moyenne mondiale 2,8 %) ; soit 23 USD/hab.

Dépenses (1980) : alimentation 48,7 % ; logement 16,4 % ; habillement 9,7 % ; équipements domestiques durables 6,2 % ; transports et communications 4,5 %.

■ ***Utilisation du sol*** (1994) : forêts 32,4 % ; prairies et pâturages 54,6 % ; terres cultivées et plantations 5,7 % ; autres 7,3 %.

Échanges extérieurs

■ ***Importations*** (1996) : 2 850 477 000 USD (équipement industriel et de transport 33,5 %, dont équipement de transport 11,6 % ; combustibles et lubrifiants 8,3 % ; produits chimiques et pharmaceutiques 4,6 %).

Principales sources des importations (1996) : Brésil 32,7 % ; Argentine 19,5 % ; États-Unis 10,7 % ; Japon 6,2 % ; Corée du Sud 3,4 % ; Allemagne 3,3 % ; Royaume-Uni 2,9 %.

■ ***Exportations*** (1996) : 1 043 446 000 USD (farine de soja 31,1 % ; fibre de coton 20,7 % ; bois d'œuvre 9,0 % ; tourteaux d'oléagineux 8,2 % ; huile végétale 7,4 %, dont huile d'abrasin 5,6 % ; viande en conserve 4,5 % ; cuirs et peaux 4,2 %.

Principales destinations des exportations (1996) : Brésil 49,9 % ; Pays-Bas 16,5 % ; Argentine 9,2 % ; Uruguay 4,2 % ; États-Unis 3,5 % ; Chili 2,4 % ; Italie 1,9 %.

a. Le catholicisme, bien que non officiel, bénéficie d'une reconnaissance spéciale par la Constitution de 1992.

b. Selon les enregistrements de l'état civil uniquement.

c. Fondé sur 75 % de la population.

PAYS-BAS

- ***Nom officiel*** : Royaume des Pays-Bas (Koninkrijk der Nederlanden). Code I.S.O. : NL.
- ***Forme de gouvernement*** : monarchie constitutionnelle avec des États généraux comprenant deux assemblées législatives (Première Chambre [75] et Deuxième Chambre [150]).
- ***Chef de l'État*** : reine.
- ***Chef du gouvernement*** : Premier ministre.
- ***Capitale*** : Amsterdam (La Haye [Den Haag, var. 's-Gravenhage] est la résidence de la cour, des pouvoirs publics et du corps diplomatique).
- ***Langue officielle*** : néerlandais.
- ***Religion officielle*** : aucune.
- ***Unité monétaire*** : 1 gulden (florin [NLG]) = 100 cents ; valeur (31 déc. 1997) : 100 NLG = 296,85 FRF ; 1 écu = 2,227 42 NLG.

Démographie

- ***Population*** (estim. 1997) : 15 619 000.
- ***Densité***[a] (1997) : 460,9 hab./km².
- ***Répartition urbaine/rurale*** (janv. 1996) : population urbaine 91,0 % ; population rurale 9,0 %.
- ***Répartition par sexe*** (janv. 1996) : hommes 49,45 % ; femmes 50,55 %.
- ***Répartition par âge*** (janv. 1996) : moins de 15 ans 18,4 % ; de 15 à 29 ans 21,3 % ; de 30 à 44 ans 23,9 % ; de 45 à 59 ans 18,6 % ; de 60 à 74 ans 12,1 % ; 75 ans et plus 5,7 %.
- ***Projection démographique*** : 15 921 000 en 2000 ; 16 738 000 en 2010.
- ***Temps de doublement*** : sans objet.
- ***Composition ethnique*** (par nationalité, janv. 1996) : Néerlandais 95,3 % ; Turcs 1,0 % ; Marocains 1,0 % ; Allemands 0,3 % ; autres 2,4 %.
- ***Appartenances religieuses*** (1995) : catholiques 33,0 % ; Église réformée hollandaise 14,0 % ; calvinistes 7,0 % ; musulmans 4,1 % ; hindouïsme 0,5 % ; autres 2,4 % ; sans appartenance 39,0 %.
- ***Principales villes*** (janv. 1996) : Amsterdam 718 119 hab. ; Rotterdam 592 745 hab. ; La Haye 442 503 hab. ; Utrecht 234 254 hab. ; Eindhoven 197 374 hab.

Statistiques de l'état civil

- ***Taux de natalité*** (1995) : 12,3 ‰ (moyenne mondiale 25,0 ‰) ; taux de naissances légitimes 84,5 %, illégitimes 15,5 %.
- ***Taux de mortalité*** (1995) : 8,8 ‰ (moyenne mondiale 9,3 ‰).
- ***Taux d'accroissement naturel*** (1995) : 3,5 ‰ (moyenne mondiale 15,7 ‰).
- ***Taux de fécondité*** (nombre moyen de naissances par femme en âge de procréer, 1995) : 1,5.
- ***Nombre de mariages*** (pour 1 000 hab., 1995) : 5,3.
- ***Nombre de divorces*** (pour 1 000 hab., 1995) : 2,2.
- ***Espérance de vie*** à la naissance (1995) : hommes 74,6 ans ; femmes 80,4 ans.
- ***Principales causes de décès*** (pour 100 000 hab., 1995) : tumeurs malignes (cancers) 233,1, dont cancer du poumon 55,3 ; maladies de cœur ischémiques 132,5 ; maladies cérébro-vasculaires 79,7 ; accidents, empoisonnements et actes de violence 31,8.

Économie nationale

- ***Budget de l'État*** (1995)

Recettes : 168 474 000 000 NLG (impôts sur le revenu et sur les sociétés 42,3 % ; taxe à la valeur ajoutée et impôts indirects 36,7 % ; impôts fonciers 0,9 %).
Dépenses : 225 262 000 000 NLG (sécurité sociale et santé publique 18,3 % ; éducation, recherche scientifique et culture 15,7 % ; défense 5,9 % ; transports 4,9 %).

- ***Dette publique*** (1995) : 249 208 000 000 USD.
- ***Tourisme*** (1996) : recettes touristiques 6 144 300 000 USD ; dépenses touristiques à l'étranger 11 112 000 000 USD.
- ***Production***

Agriculture, sylviculture, pêche (1996).
Betteraves à sucre 7 600 000 t ; pommes de terre 7 363 600 t ; blé 1 213 000 t ; pommes 570 000 t ; tomates 525 000 t ; concombres 500 000 t ; oignons 453 000 t ; orge 218 100 t.
Cheptel (sur pied) : porcs 13 958 000 ; bovins 4 557 000 ; moutons 1 674 000.
Bois (1995) : 1 103 000 m³.
Pêche (1995) : 521 377 t.
Industries manufacturières (valeur ajoutée, millions de NLG, 1994) : produits alimentaires 15 771 ; produits chimiques et dérivés 14 908 ; équipement industriel et de transport 10 284 ; matériel électrique 9 172 ; imprimerie et édition 7 513.
Bâtiment (valeur des travaux achevés, 1995) : résidentiel 14 300 000 000 NLG ; non résidentiel 9 800 000 000 NLG.
Énergie (production/consommation) : électricité (1994) 79 677 000 000/90 239 000 000 kWh ; charbon (1994) 0/14 240 000 t ; pétrole brut (1994) 23 554 000/403 458 000 barils ; produits pétroliers (1994) 59 758 000/29 130 000 t ; gaz naturel (1994) 87 810 000 000/48 841 000 000 m³.

- ***Produit national brut*** (aux prix courants du marché, 1995) : 371 039 000 000 USD (24 000 USD/hab.).

→ *Corpus* : PAYS-BAS
→ *Grand Atlas de Géographie* (éd. 1992) : 30, 50, 52 ; 224 (Amsterdam, Rotterdam, Utrech)
→ *Grand Atlas de l'Histoire* : 210, 244, 245, 256, 257, 260, 261, 266, 267, 274, 276, 277, 295

Corpus : AMSTERDAM ; BENELUX ; ÉLECTRONIQUE (INDUSTRIE) [l'électronique grand public] ; ÉLEVAGE (l'élevage industriel) ; EUROPE (Structure et milieu) – Géographie (répartition des populations) ; EUROPE OCCIDENTALE ; FRUITS (la production fruitière) ; GAZ NATUREL ; INDUSTRIE – Groupes industriels et financiers ; LÉGUMES (importance économique) ; NORD (MER DU) [le pétrole] ; POLDER ; PORTS MARITIMES (les grands ports du monde) ; RHIN ; ROTTERDAM ; SEL (l'économie du sel à la fin du XXe siècle) ; TÉLÉVISION ET RADIODIFFUSION – Les organismes dans les pays occidentaux ; TOURISME ; TRANSPORTS – Transport aérien ; VIANDE.

Universalia 1986 : 316 Euromissiles : la décision impossible ; *Universalia 1989 :* 245 La pollution du Rhin ; *Universalia 1991 :* 117 La Communauté européenne dans la nouvelle configuration Est-Ouest ; *Universalia 1992 :* 122 L'Europe et l'Afrique : quelles perspectives ?

Thesaurus :
AMSTERDAM
ARNHEIM
BRABANT
DORDRECHT
DRENTHE
EINDHOVEN
FRISE
GOOI
GRONINGUE
GUELDRE
HAARLEM
HAYE (LA)
HOLLANDE
IJMOND
LIMBOURG
MAESTRICHT
NIMÈGUE
OVERIJSSEL
RIJNMOND
TWENTE
UTRECHT
ZAANSTREEK
ZÉLANDE
ZUIDERZEE

provinces	chefs-lieux	superficie (km²)	population (estim. janv. 1996)
Brabant septentrional (Noordbrabant)	Bois-le-Duc (Den Bosch, 's-Hertogenbosch)	4 938	2 290 400
Drenthe	Assen	2 652	457 300
Flevoland	Lelystad	1 426	272 800
Frise (Friesland)	Leeuwarden	3 361	612 000
Groningue (Groningen)	Groningue (Groningen)	2 344	558 100
Gueldre (Gelderland)	Arnhem	4 995	1 876 300
Hollande méridionale (Zuidholland)	La Haye (Den Haag, 's-Gravenhage)	2 860	3 332 900
Hollande septentrionale (Noordholland)	Haarlem	2 660	2 468 400
Limbourg (Limburg)	Maastricht (anc. Maëstricht)	2 167	1 133 700
Overijssel	Zwolle	3 337	1 054 000
Utrecht	Utrecht	1 356	1 070 600
Zélande (Zeeland)	Middelbourg (Middelburg)	1 792	367 400
total		**33 889**·	**15 493 900**
surface des eaux intérieures		7 637	
superficie totale		**41 526**	

(·) Le total général ne correspond pas exactement au détail en raison des arrondis.

Territoire et population.

	millions de NLG	% du total	effectifs	% des effectifs
agriculture	19 988	3,5	244 000	3,3
mines	15 447	2,7	12 000	0,2
industrie	102 849	18,0	1 079 000	14,8
bâtiment	31 459	5,5	406 000	5,6
entreprises publiques	10 738	1,9	43 000	0,6
transports et communications	45 902	8,0	406 000	5,6
commerce	90 071	15,8	1 342 000	18,4
finance	– [1]	– [1]	880 000	12,1
administration, défense nationale	– [1]	– [1]	2 418 000	33,1
services	277 437 [1]	48,7		
autres	– 23 991 [2]	– 4,2	467 000 [3]	6,4
total	**569 910** [4]	**100,0** [4]	**7 297 000**	**100,0** [4]

1. Les services comprennent la finance, l'administration et la défense nationale. 2. Frais de service bancaire. 3. Comprend 462 000 sans-emploi 4. Le total général ne correspond pas exactement au détail en raison des arrondis.

Structure du produit intérieur brut et effectifs (1995).

	1990	1991	1992	1993	1994	1995	1996
indice des prix à la consommation	100,0	103,1	106,4	109,2	112,2	114,4	116,8
indice des revenus horaires	100,0	103,7	108,2	111,7	113,8	115,0	117,0

Indices des prix et des revenus (1990 = 100).

	1991	1992	1993	1994	1995	1996
millions de NLG	+ 26 131	+ 22 225	+ 38 995	+ 41 982	+ 46 132	+ 28 001
% du total	5,6	4,7	8,2	8,0	7,9	4,4

Balance commerciale (prix courants).

	nombre d'établissements	nombre d'enseignants·	nombre d'élèves	nombre d'élèves par enseignant
primaire (6-12 ans)	7 411	99 031	1 477 000	15,7
secondaire (12-18 ans)	1 124	89 370	808 000	7,7
professionnel et formation à l'enseignement	218	18 613	519 000	28,0
supérieur	20	n.d.	408 000	10,2

(·) 1990-1991.

Enseignement (1995-1996).

■ ***Population active*** (1995) : 7 297 000 ; taux d'activité 47,2 % (taux de participation : 15-64 ans 70,1 % ; femmes 41,9 % ; sans-emploi 6,3 %).

■ ***Revenus et dépenses des ménages***
Taille moyenne des ménages (1994) : 2,4.
Revenu annuel moyen par ménage (1994) : 59 739 NLG (32 824 USD) ; sources des revenus : salaires 81,6 % ; bénéfices 12,8 % ; revenus fonciers 5,6 %.
Dépenses : loyers 26,2 % ; alimentation, boissons et tabac 18,0 % ; éducation et loisirs 16,2 % ; transports et communications 13,4 % ; habillement 7,1 % ; équipements domestiques 6,6 % ; soins médicaux 5,7 % ; autres 6,8 %.

■ ***Utilisation du sol*** (1994) : forêts 10,3 % ; prairies et pâturages 31,0 % ; terres cultivées et plantations 28,0 % ; autres 30,7 %.

Échanges extérieurs

■ ***Importations*** (1995) : 282 384 000 000 NLG (équipement industriel et de transport 29,5 %, dont véhicules automobiles 6,8 % ; produits chimiques et dérivés 11,9 % ; produits alimentaires, boissons et tabac 10,7 % ; combustibles minéraux 6,9 %, dont pétrole 4,3 % ; vêtements 2,8 %).
Principales sources des importations : Allemagne 23,4 % ; Belgique et Luxembourg 11,8 % ; Royaume-Uni 10,1 % ; États-Unis 8,0 % ; France 7,4 %.

■ ***Exportations*** (1995) : 313 545 000 000 NLG (équipement industriel et de transport 24,2 %, dont véhicules automobiles 3,8 % ; produits alimentaires, boissons et tabac 17,2 % ; produits chimiques et dérivés 16,6 % ; combustibles minéraux 6,5 %, dont produits pétroliers 4,1 % ; fer et acier 2,2 % ; vêtements 1,4 %).
Principales destinations des exportations : Allemagne 28,6 % ; Belgique et Luxembourg 12,9 % ; France 11,1 % ; Royaume-Uni 9,7 % ; Italie 5,6 %.

Transports et communications

■ ***Transports***
Chemins de fer (1995) : longueur 2 739 km ; trafic : 13 977 000 000 passagers-km ; 3 097 000 000 t-km.
Routes (1996) : longueur totale 124 004 km (91 % recouvertes).
Véhicules (1995) : voitures particulières 5 740 000 ; camions et autobus 680 000.
Marine marchande (1993) : 399 navires (de 100 tjb et plus) ; 2 874 000 tonneaux de port en lourd.
Transports aériens (1995-1996) ; trafic : 45 531 000 000 passagers-km ; 3 635 218 000 t-km. 6 aéroports (1996).

■ ***Communications***
Journaux quotidiens (1994) : diffusion totale 4 600 000 ; diffusion pour 1 000 hab. 299.
Radiodiffusion (1993) : 13 400 000 postes récepteurs ; 877 pour 1 000 hab.
Télévision (1995) : 7 660 000 postes récepteurs ; 495 pour 1 000 hab.
Téléphone (1995) : 8 120 000 lignes principales ; 525 pour 1 000 hab.

Éducation et santé

■ ***Niveau d'éducation*** (1995)
Proportion de la population âgée de 15 à 64 ans : ayant une éducation primaire 14,9 % ; éducation secondaire 65,7 % ; éducation supérieure 19,4 %.

■ ***Alphabétisation*** : presque 100 %.

■ ***Santé*** (janv. 1995) : 37 493 médecins (1 pour 412 hab.) ; 88 579 lits d'hôpital en 1994 (1 pour 181 hab.) ; taux de mortalité infantile (1996) : 5,1 ‰.

■ ***Alimentation*** (1995) : apport journalier en calories par habitant 3 230 (alimentation d'origine végétale 66 % ; d'origine animale 34 %) ; soit 120 % du niveau minimal recommandé par la F.A.O.

Défense nationale

■ ***Contingent*** (1996) : 63 100 (armée de terre 51,3 % ; marine 22,2 % ; armée de l'air 19,6 % ; autres 6,9 %).

■ ***Dépenses militaires*** (1994) : 2,2 % du P.N.B. (moyenne mondiale 3,0 %) ; soit 464 USD/hab.

a. Sur la base de la surface terrestre.

PÉROU

- ***Nom officiel*** : République du Pérou (República del Perú). Code I.S.O. : PE.
- ***Forme de gouvernement***[a] : république à structure étatique unitaire et à régime multipartiste avec un Congrès ([80][b]).
- ***Chef de l'État et du gouvernement*** : président.
- ***Capitale*** : Lima.
- ***Langues officielles*** : espagnol (et, localement, quechua, aymara).
- ***Religion officielle*** : catholicisme romain (reconnu comme élément de la culture nationale).
- ***Unité monétaire***[c] : 1 nouveau sol (PEN) = 100 céntimos ; valeur (30 déc. 1997) : 100 PEN = 218,83 FRF.

Démographie

- ***Population*** (estim. 1997) : 24 371 000.
- ***Densité*** (1997) : 19,0 hab./km².
- ***Répartition urbaine/rurale*** (1995) : population urbaine 71,2 % ; rurale 28,8 %.
- ***Répartition par sexe*** (1995) : hommes 49,67 % ; femmes 50,33 %.
- ***Répartition par âge*** (1995) : moins de 15 ans 35,9 % ; de 15 à 29 ans 29,0 % ; de 30 à 44 ans 18,2 % ; de 45 à 59 ans 10,2 % ; de 60 à 74 ans 5,3 % ; 75 ans et plus 1,4 %.
- ***Projection démographique*** : 25 662 000 en 2000 ; 30 506 000 en 2010.
- ***Temps de doublement*** : 38 ans.
- ***Composition ethnique*** (1981) : Quechuas 47,1 % ; Métis 32,0 % ; Blancs 12,0 % ; Aymaras 5,4 % ; autres Amérindiens 1,7 % ; autres 1,8 %.
- ***Appartenances religieuses*** (1989) : catholiques 92,5 % ; protestants 5,5 % ; autres 2,0 %.
- ***Principales villes*** (1993) : Lima 6 022 213 hab. ; Arequipa 725 838 hab. ; Le Callao 684 135 hab. ; Chiclayo 668 066 hab. ; Trujillo 622 553 hab.

Statistiques de l'état civil

- ***Taux de natalité*** (1995-2000) : 24,9 ‰ (moyenne mondiale 25,0 ‰).
- ***Taux de mortalité*** (1995-2000) : 6,4 ‰ (moyenne mondiale 9,3 ‰).
- ***Taux d'accroissement naturel*** (1995-2000) : 18,5 ‰ (moyenne mondiale 15,7 ‰).
- ***Taux de fécondité*** (nombre moyen de naissances par femme en âge de procréer, 1995-2000) : 3,0.
- ***Espérance de vie*** à la naissance (1995-2000) : hommes 65,9 ans ; femmes 70,9 ans.
- ***Principales causes de décès*** (pour 100 000 hab., 1989) : maladies de l'appareil circulatoire 115,3 ; maladies de l'appareil respiratoire 100,2 ; maladies infectieuses 84,5 ; tumeurs malignes (cancers) 72,9 ; accidents, empoisonnements et actes de violence 53,6.

Économie nationale

- ***Budget de l'État*** (1995)

Recettes : 21 048 000 000 PEN (taxes sur les biens et les services 45,9 % ; impôts sur le revenu 15,9 % ; recettes non fiscales 11,2 % ; contribution à la Sécurité sociale 10,1 % ; droits d'importation 9,4 %).
Dépenses : 24 649 000 000 PEN (dépenses courantes 82,7 %, dont paiements de transfert 35,7 % ; dépenses en capital 15,4 % ; salaires et traitements 15,0 % ; paiement des intérêts 17,3 %).

- ***Dette publique*** (extérieure, créances, 1995) : 18 929 000 000 USD.
- ***Tourisme*** (1995) : recettes touristiques 520 000 000 USD ; dépenses touristiques à l'étranger 302 000 000 USD.
- ***Production***

Agriculture, sylviculture, pêche (1996).
Canne à sucre 6 600 000 t ; pommes de terre 2 265 000 t ; riz 1 203 000 t ; bananes plantains 1 060 000 t ; maïs 1 054 000 t ; manioc 545 000 t ; coton brut 269 000 t ; café 107 000 t.
Cheptel (sur pied) : moutons 12 502 000 ; bovins 4 629 000 ; porcs 2 490 000 ; poulets 79 089 000.
Bois (1995) : 12 580 000 m³.
Pêche (1994) : 11 587 339 t.
Industries extractives (1995) : minerai de fer 3 835 000 t ; zinc 689 600 t ; cuivre 405 000 t ; plomb 233 000 t ; argent 1 908 t.
Industries manufacturières (valeur en millions de PEN aux prix de 1979, 1995) : produits alimentaires en conserve 214,6 ; produits métalliques de base 164,6 ; produits chimiques industriels 114,2 ; produits en bois 77,6 ; textiles 71,8 ; produits minéraux usinés 65,4 ; boissons et tabac 62,8.
Bâtiment (valeur en millions de PEN aux prix de 1979, 1992) : résidentiel 22,4 ; non résidentiel 14,6.
Énergie (production/consommation) : électricité (1994) 15 163 000 000/15 163 000 000 kWh ; charbon (1994) 109 000/406 000 t ; pétrole brut (1994) 47 000 000/54 000 000 barils ; produits pétroliers (1994) 7 227 000/5 798 000 t ; gaz naturel (1994) 191 000 000/191 000 000 m³.

- ***Produit national brut*** (1995) : 55 019 000 000 USD (2 310 USD/hab.).

→ *Corpus* : PÉROU
→ *Grand Atlas de Géographie* (éd. 1992) : 210, 216 ; 252d (Lima)
→ *Grand Atlas de l'Histoire* : 219, 226, 227, 286, 287, 294

Corpus : AMAZONIE ; AMÉRIQUE LATINE – Économie et société ; ANDES (CORDILLÈRE DES) [les Andes aujourd'hui] ; AYMARAS ; CUIVRE (économie du cuivre) ; DROGUE ; FER (MINERAIS DE) [les pays producteurs] ; INDIENS D'AMÉRIQUE (Amazonie et Guyanes) ; MINERAIS (principaux pays producteurs) ; PÊCHE ; QUETCHUAS ; VILLAGEOISES (COMMUNAUTÉS) [de la comunidad indegena à la comunidad campesina au Pérou].

Universalia 1987 : 329 Le Pérou d'Alan García ; ***Universalia 1988*** : 296 Sentiéristes, tupacamaristes et cocaïne ; ***Universalia 1989*** : 132 L'épuisement du modèle national de développement en Amérique latine ; ***Universalia 1991*** : 151 Amérique latine : une nouvelle donne ; 320 D'Alan García à Alberto Fujimori.

Thesaurus :
ALTIPLANO
AREQUIPA
CHIMBOTE
COCA
COMERCIO (EL)
CUZCO
LIMA
PANO
PUNA
TITICACA
TRUJILLO
TUPINAMBA
WITOTO

départements	superficie (km²)	population (estim. 1991)
Amazonas	39 249	352 100
Ancash	35 041	1 006 200
Apurímac	20 896	376 400
Arequipa	63 345	939 900
Ayacucho	43 815	586 800
Cajamarca	34 023	1 250 100
Cuzco	71 892	1 056 600
Huánuco	37 722	629 200
Huancavelica	22 131	380 500
Ica	21 328	527 400
Junim	44 410	1 106 500
La Libertad	24 795	1 211 800
Lambayeque	14 231	902 900
Le Callao	34 949	7 004 100
Loreto	368 852	667 500
Madre de Dios	85 183	50 800
Moquegua	15 813	132 400
Pasco	25 320	298 900
Piura	35 892	1 413 800
Puno	72 012	1 032 500
San Martín	51 253	481 900
Tacna	15 983	209 300
Tumbes	4 669	143 900
Ucayali	102 411	236 800
	1 285 215	**21 998 300** (•)

(•) Le recensement de 1993 donne 22 639 443 hab.

Territoire et population.

	1995		1992	
	millions de PEN (•)	% du total	effectifs	% des effectifs
agriculture	608 488	14,4	2 658 000	33,0
mines	355 344	8,4	198 000	2,4
industrie	943 088	22,3	840 000	10,4
bâtiment	361 496	8,5	300 000	3,7
entreprises publiques	71 463	1,7	25 000	0,3
transports et communications	291 992	6,9	355 000	4,4
commerce	762 261	18,0	1 297 000	16,1
finance	608 070	14,4	192 000	2,4
aministration, services et autres	230 807	5,4	2 199 000	27,3
total	**4 233 069**	**100,0**	**8 064 000**	**100,0**

(•) Aux prix de 1979.

Structure du produit intérieur brut et effectifs.

	1990	1991	1992	1993	1994	1995	1996
indice des prix à la consommation	100,0	510	884	1 314	1 626	1 806	2 015
indice des revenus mensuels (•)	100,0	706	1 163	2 059	n.d.	n.d.	n.d.

(•) Estimation pour l'agglomération de Lima uniquement.

Indices des prix et des revenus (1990 = 100).

	1991	1992	1993	1994	1995	1996
millions de USD	– 165	– 566,7	– 623,9	– 1 095,2	– 2 111,6	– 1 996,5
% du total	2,4	7,5	8,2	10,8	15,9	14,5

Balance commerciale (prix courants).

	nombre d'établissements	nombre d'enseignants	nombre d'élèves	nombre d'élèves par enseignant
primaire (6-11 ans)	46 652	176 173	4 882 423	27,4
secondaire (12-16 ans)	8 085	104 476	2 023 830	19,4
professionnel et formation à l'enseignement	2 425	12 293	270 576	22,0
supérieur	886	49 249	714 512	14,5

Enseignement (1995).

■ ***Population active*** (1995) : 8 906 009 ; taux d'activité 37,8 % (taux de participation : plus de 15 ans 59,1 % ; femmes 34,7 % ; sans-emploi [1993] 7,1 %).

■ ***Revenus et dépenses des ménages***
Taille moyenne des ménages (1993) : 5,1.
Revenu annuel moyen par ménage (1988) : 1 086 620 PEI[c] (2 173 USD) ; source des revenus : revenus des affaires 65,1 % ; salaires 31,2 % ; transferts 3,7 %.
Dépenses (1990) : alimentation 29,4 % ; éducation et loisirs 13,2 % ; biens durables 10,1 % ; habillement 8,5 % ; transports 7,5 % ; santé 7,0 % ; autres 24,3 %.

■ ***Utilisation du sol*** (1994) : forêts 66,3 % ; pâturages 21,2 % ; terres agricoles 3,2 % ; autres 9,3 %.

Échanges extérieurs

■ ***Importations*** (1995) : 7 589 860 000 USD (matières premières et intermédiaires 31,2 % ; équipement industriel 22,7 % ; équipements de transport 14,8 % ; biens de consommation 12,1 %).
Principales sources des importations : États-Unis 25,2 % ; Colombie 8,1 % ; Japon 7,0 % ; Brésil 5,6 % ; Venezuela 5,1 % ; Argentine 4,6 % ; Chili 3,8 % ; Allemagne 3,4 %.

■ ***Exportations*** (1995) : 4 976 782 000 USD (cuivre et produits en cuivre 23,0 % ; farine de poisson 13,3 % ; produits en zinc 6,9 % ; café 5,3 % ; pétrole et dérivés 4,9 % ; produits en plomb 4,2 % ; vêtements et accessoires 3,7 % ; textiles, filés de coton et tissus 3,2 %).
Principales destinations des exportations : États-Unis 18,7 % ; Japon 9,2 % ; Chine 7,0 % ; Allemagne 6,4 % ; Pays-Bas 5,6 % ; Italie 5,0 % ; Brésil 4,0 % ; Belgique 3,1 % ; Royaume-Uni 2,9 %.

Transports et communications

■ ***Transports***
Chemins de fer (1993) : longueur 2 121 km ; trafic : 165 304 000 passagers-km ; 884 352 000 t-km.
Routes (1995) : longueur totale 71 400 km (11 % recouvertes).
Véhicules (1995) : voitures particulières 505 766 ; camions et autobus 338 871.
Marine marchande (1992) : 623 navires (de 100 tjb et plus) ; 615 582 tonneaux de port en lourd.
Transports aériens (1995) ; trafic : 2 470 000 000 passagers-km ; 259 000 000 t-km. 27 aéroports (1996).

■ ***Communications***
Journaux quotidiens (1994) : diffusion totale 2 000 000 ; diffusion pour 1 000 hab. 87.
Radiodiffusion (1996) : 5 300 000 postes récepteurs ; 221 pour 1 000 hab.
Télévision (1995) : 2 000 000 postes récepteurs ; 85 pour 1 000 hab.
Téléphone (1995) : 1 109 200 postes téléphoniques ; 47 pour 1 000 hab.

Éducation et santé

■ ***Alphabétisation*** (1993) : personnes âgées de 15 ans et plus alphabétisées 87,2 %.

■ ***Santé*** (1992) : 20 124 médecins (1 pour 1 116 hab.) ; 44 100 lits d'hôpital (1 pour 509 hab.) ; taux de mortalité infantile (1995-2000) : 50 ‰.

■ ***Alimentation*** (1995) : apport journalier en calories par habitant 2 277 (alimentation d'origine végétale 83 % ; d'origine animale 17 %) ; soit 97 % du niveau minimal recommandé par la F.A.O.

Défense nationale

■ ***Contingent*** (1996) : 125 000 (armée de terre 68,0 % ; marine 20,0 % ; armée de l'air 12,0 %).

■ ***Dépenses militaires*** (1995) : 1,7 % du P.N.B. (moyenne mondiale 2,8 %) ; soit 42 USD/hab.

---

a. Une nouvelle Constitution a été promulguée en décembre 1993, remplaçant celle de 1980 qui avait été suspendue en avril 1992.

b. Assemblée intérimaire élue en novembre 1992. La nouvelle Constitution prévoit une Assemblée de 120 sièges.

c. Création, le 3 janvier 1991, du nouveau sol = 1 000 000 d'intis (PEI).

→ *Corpus* : PHILIPPINES
→ *Grand Atlas de Géographie* (éd. 1992) : 108, 116 ; 235f (Manille)
→ *Grand Atlas de l'Histoire* : 218, 248, 270, 271, 277, 278, 279, 294, 295

PHILIPPINES

• ***Noms officiels*** : République des Philippines (Republic of the Philippines ; Republika ñg Pilipinas). Code I.S.O. : PH.

• ***Forme de gouvernement*** : république à structure étatique unitaire avec un Congrès comprenant deux assemblées législatives (Sénat [24] et Chambre des représentants [221 [a]]).

• ***Chef de l'État et du gouvernement*** : président.

• ***Capitale*** : Manille (Manila).

• ***Langues officielles*** : anglais ; tagalog (pilipino).

• ***Religion officielle*** : aucune.

• ***Unité monétaire*** : 1 peso philippin (PHP) = 100 centavos ; valeur (29 déc. 1997) : 100 PHP = 14,92 FRF.

Démographie

■ ***Population*** (estim. 1997) : 71 539 000.

■ ***Densité*** (1997) : 238,4 hab./km^2.

■ ***Répartition urbaine/rurale*** (1997) : population urbaine 56,0 % ; population rurale 44,0 %.

■ ***Répartition par sexe*** (1996) : hommes 50,29 % ; femmes 49,71 %.

■ ***Répartition par âge*** (1996) : moins de 15 ans 35,9 % ; de 15 à 29 ans 28,8 % ; de 30 à 44 ans 19,4 % ; de 45 à 59 ans 10,2 % ; de 60 à 74 ans 4,6 % ; 75 ans et plus 1,1 %.

■ ***Projection démographique*** : 76 320 000 en 2000 ; 86 423 000 en 2010.

■ ***Temps de doublement*** : 30 ans.

■ ***Composition ethnique*** (langue maternelle, 1995) : philippins (tagalog) 29,3 % ; cebuano 23,3 % ; ilokano 9,3 % ; hiligaynon 9,1 % ; bicolano 5,7 % ; waray 3,8 % ; pampangano 3,0 % ; pangasinan 1,8 % ; autres 14,7 %.

■ ***Appartenances religieuses*** (1990) : catholiques 82,9 % ; protestants 5,4 % ; musulmans 4,6 % ; aglipayans (Église indépendante des Philippines) 2,6 % ; autres 4,8 %.

■ ***Principales villes*** (1995) : Quezon 1 989 419 hab. ; Manille 1 654 761 hab. ; Caloocan 1 023 159 hab. ; Davao 960 910 hab. (1994) ; Cebu 688 196 hab. (1994) ; Zamboanga 464 466 hab. (1994).

régions (et nombre de provinces)	superficie (km^2)	population (recens. 1990) [1]
Bicol (6)	17 633	3 911 000
Cagayan (vallée du) (7)	26 838	2 342 000
Cordillera (–)	18 294	1 149 000
Ilocos (7)	12 840	3 548 000
Luçon central (5)	18 231	6 191 000
Mindanao central (4)	23 293	3 121 000
Mindanao Nord (8)	28 328	3 503 000
Mindanao Ouest (3)	18 685	3 145 000
Mindanao Sud (5)	31 693	4 453 000
Tagalog Sud (12)	46 924	8 261 000
Visayas central (4)	14 951	4 593 000
Visayas Est (5)	21 432	3 048 000
Visayas Ouest (5)	20 223	5 379 000
région de la capitale nationale	636	7 832 000
total	**300 000** [2]	**60 477 000** [2]

1. Résultat préliminaire. 2. Le total général ne correspond pas exactement au détail en raison des arrondis.

Territoire et population.

Statistiques de l'état civil

■ ***Taux de natalité*** (1997) : 28,7 ‰ (moyenne mondiale 25,0 ‰) ; taux (1982) de naissances légitimes 93,9 %, illégitimes 6,1 %.

■ ***Taux de mortalité*** (1997) : 5,8 ‰ (moyenne mondiale 9,3 ‰).

■ ***Taux d'accroissement naturel*** (1997) : 22,9 ‰ (moyenne mondiale 15,7 ‰).

■ ***Taux de fécondité*** (nombre moyen de naissances par femme en âge de procréer, 1997) : 3,7.

■ ***Nombre de mariages*** (pour 1 000 hab., 1991) : 6,7.

■ ***Espérance de vie*** à la naissance (1997) : hommes 66,0 ans ; femmes 70,0 ans.

■ ***Principales causes de décès*** (pour 100 000 hab., 1992) : maladies de cœur 64,3 ; pneumonie 57,9 ; tuberculose 25,0 ; accidents 19,6.

Économie nationale

■ ***Budget de l'État*** (1996)
Recettes : 417 216 000 000 PHP (taxes sur les biens et services 31,4 % ; impôts sur le revenu 31,2 % ; droits internationaux 24,7 % ; recettes non fiscales 12,7 %).
Dépenses : 415 557 000 000 PHP (éducation 18,3 % ; administration publique générale 17,2 % ; service de la dette 16,7 % ; services et infrastructures 10,9 % ; défense 8,8 % ; agriculture 5,9 %).

■ ***Dette publique*** (extérieure, créances, 1995) : 29 908 000 000 USD.

■ ***Tourisme*** (1995) : recettes touristiques 2 450 000 000 USD ; dépenses touristiques à l'étranger 422 000 000 USD.

■ ***Production***
Agriculture, sylviculture, pêche (1996).
Canne à sucre 26 000 000 t ; riz 11 283 570 t ; noix de coco 10 000 000 t ; maïs 4 151 332 t ; bananes 3 292 387 t ; manioc 1 956 580 t ; ananas 1 476 879 t ; patates douces 594 571 t ; mangues 480 000 ; caoutchouc 206 899 t ; café 148 960 t ; tabac 64 870 t.
Cheptel (sur pied) : porcs 9 025 950 ; chèvres 6 400 000 ; buffles 2 841 277 ; bovins 2 128 455 ; poulets 115 782 000 ; canards 10 000 000.
Bois (1995) : 39 857 000 m^3.
Pêche (1995) : 2 259 234 t.
Industries extractives (1996) : houille 1 047 336 t ; minerai de nickel 378 921 t ; cuivre concentré 188 442 t ; argent 19 202 kg ; or 10 605 kg.
Industries manufacturières (valeur ajoutée brute, en millions de PHP, 1995 [b]) : produits alimentaires 176 200 ; produits pétroliers et houillers 36 900 ; produits chimiques industriels 35 700 ; vêtements et chaussures 30 400 ; machines électriques 28 100 ; boissons 20 700 ; produits minéraux non métalliques 17 100 ; métaux de base 13 400.
Bâtiments privés (constructions autorisées, 1996) : résidentiel 31 162 071 PHP ; non résidentiel 63 128 161 PHP.
Énergie (production/consommation) : électricité (1993) 21 885 000 000/21 885 000 000 kWh ; charbon (1993) 1 678 000/2 368 000 t ; pétrole brut (1993) 3 643 000/98 785 000 barils ; produits pétroliers (1993) 10 900 000/11 958 000 t ; gaz naturel n.d./n.d.

■ ***Produit national brut*** (1995) : 71 865 000 000 USD (1 050 USD/hab.).

■ ***Population active*** (1995) : 28 382 000 ; taux d'activité 40,4 % (taux de participation : 15-64 ans 65,6 % ; femmes 37,4 % ; sans-emploi 9,5 %).

■ ***Revenus et dépenses des ménages***
Taille moyenne des ménages (1992) : 5,3.
Revenu annuel moyen par famille (1994) : 83 160 PHP (3 150 USD) ; sources des re-

	millions de PHP	% du total	effectifs	% des effectifs
agriculture	413 000	21,7	11 147	39,3
mines	18 000	0,9	107 000	0,4
industrie	438 000	23,0	2 617	9,2
bâtiment	107 000	5,6	1 302	4,6
entreprises publiques	49 000	2,6	114	0,4
transports et communications	89 000	4,7	1 477	5,2
commerce	262 000	13,7	3 767	13,3
finance	209 000	11,0	535	1,9
services	321 000	16,8	4 600	16,2
autres			2 716 (•)	9,5
total	**1 906 000**	**100,0**	**28 382**	**100,0**

(•) Sans-emploi principalement.

Structure du produit intérieur brut et effectifs (1995).

Corpus : ALIMENTATION (ÉCONOMIE DE L') – Les grands produits alimentaires (les oléagineux) ; AQUACULTURE ; ASIE – Géographie humaine (l'Asie méridionale) ; CUIVRE (économie du cuivre) ; MINERAIS (principaux pays producteurs) ; PÊCHE ; ZONES FRANCHES.

Universalia 1985 : 333 La crise ; ***Universalia 1987*** : 331 Le temps des miracles ; ***Universalia 1988*** : 616 Corazon Aquino ; ***Universalia 1991*** : 158 Transports internationaux et enjeux géopolitiques ; ***Universalia 1993*** : 183 Le retrait américain et ses conséquences en Asie du Sud-Est ; ***Universalia 1995*** : 166 Asie du Sud-Est : quel rôle pour l'A.S.E.A.N. ?

Thesaurus :
AUSTRONÉSIENS
BASILAN
BOHOL
CEBU
DAVAO
ILOILO
LEYTE
LUÇON
MANILLE
MASBATE
MINDANAO
MINDORO
NEGROS
PALAWAN
PANAY
QUEZÓN CITY
SAMAR
SULU (ARCHIPEL DES)
TAGALOG

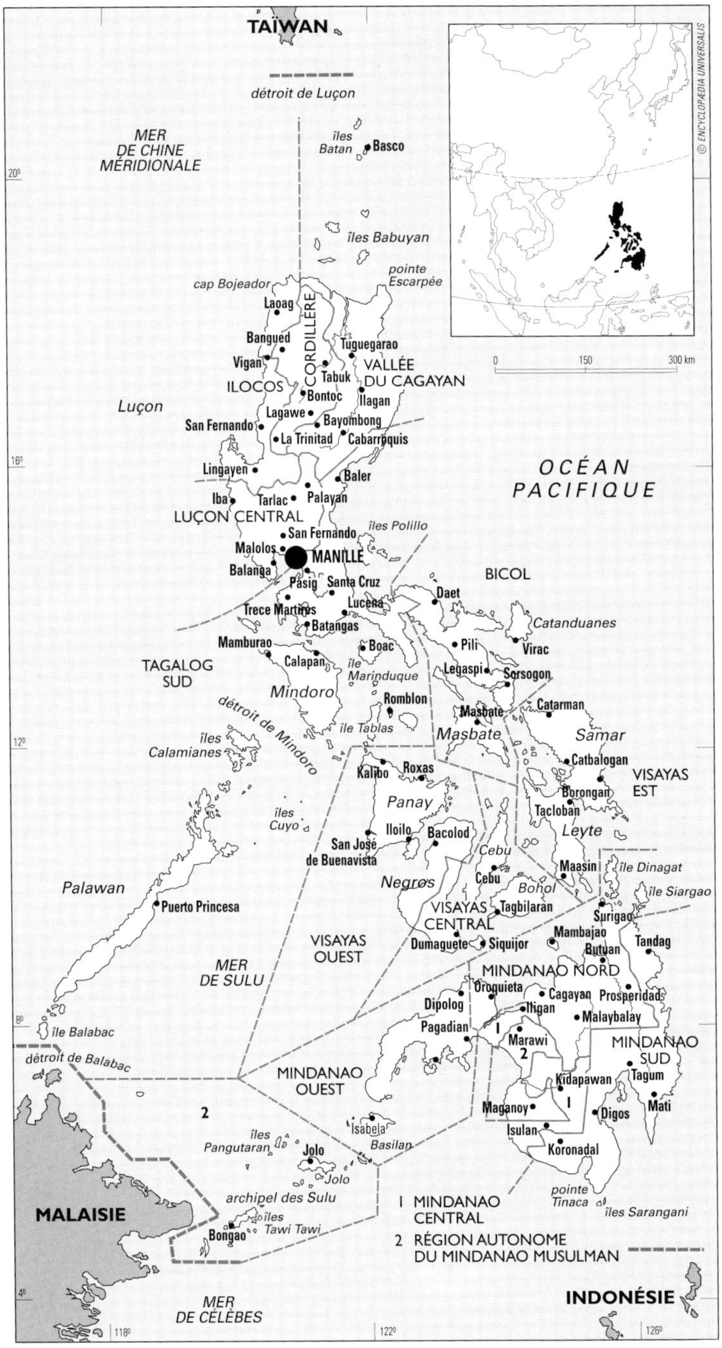

Échanges extérieurs[c]

■ ***Importations*** (1996) : 32 426 930 000 USD (équipement industriel et de transport 29,8 % ; matériaux et composants électroniques 19,8 % ; combustibles minéraux et lubrifiants 9,3 % ; fer et acier 4,4 % ; textiles, filés de coton et tissus 3,6 % ; céréales et préparations de céréales 2,6 %).
Principales sources des importations : Japon 22,0 % ; États-Unis 19,6 % ; Singapour 5,4 % ; Arabie Saoudite 5,2 % ; Corée du Sud 5,2 % ; Taïwan 4,9 % ; Allemagne 3,7 % ; Malaisie 2,5 %.

■ ***Exportations*** (1996) : 20 542 550 USD (électronique 39,9 % ; vêtements 11,8 % ; huile de noix de coco 2,8 % ; accessoires pour les ordinateurs 2,3 % ; meubles 2,2 %).
Principales destinations des exportations : États-Unis 33,9 % ; Japon 17,9 % ; Singapour 6,0 % ; Pays-Bas 5,4 % ; Hong Kong 4,2 % ; Thaïlande 4,6 % ; Allemagne 4,1 % ; Malaisie 3,3 % ; Taïwan 3,2 % ; Corée du Sud 1,8 %.

Transports et communications

■ ***Transports***
Chemins de fer (1996) : longueur 897 km ; trafic : 70 000 000 passagers-km ; 1 476 000 t-km.
Routes (1994) : longueur totale 161 035 km (17 % recouvertes).
Véhicules (1995) : voitures particulières 609 000 ; camions et autobus 221 900.
Marine marchande (1992) : 1 499 navires (de 100 tjb et plus) ; 13 807 113 tonneaux de port en lourd.
Transports aériens (Philippines Airlines uniquement, 1996) ; trafic : 12 854 000 000 passagers-km ; 328 817 000 t-km. 21 aéroports desservis par des vols réguliers (1996).

■ ***Communications***
Journaux quotidiens (1994) : diffusion totale 4 286 000 ; diffusion pour 1 000 hab. 65.
Radiodiffusion (1996) : 8 300 000 postes récepteurs ; 116 pour 1 000 hab.
Télévision (1996) : 9 000 000 postes récepteurs ; 125 pour 1 000 hab.
Téléphone (1996) : 1 787 000 lignes principales ; 25 pour 1 000 hab.

Éducation et santé

■ ***Niveau d'éducation*** (1990)
Proportion de la population âgée de 25 ans et plus : sans instruction scolaire 6,7 % ; ayant une éducation primaire 46,9 % ; éducation secondaire 24,3 % ; éducation postsecondaire

venus : salaires 45,7 % ; revenus financiers 42,5 % ; activités non salariées 8,4 % ; transferts 3,4 %.
Dépenses (1992) : alimentation, boissons et tabac 57,7 % ; équipements domestiques et fonctionnement du foyer 13,5 % ; transports 5,0 % ; combustibles et énergie 4,1 % ; habillement 3,7 %.

■ ***Utilisation du sol*** (1994) : forêts 45,6 % ; prairies et pâturages 4,3 % ; terres cultivées et plantations 30,8 % ; autres 19,3 %.

	1990	1991	1992	1993	1994	1995	1996
indice des prix à la consommation ...	100,0	118,7	129,3	139,1	151,7	164,0	177,8
indice des revenus journaliers*	100,0	126,5	126,5	147,0	155,2	157,9	n.d.

(*) Salaires dans les activités non agricoles.

Indice des prix et des revenus (1990 = 100).

	1991	1992	1993	1994	1995	1996
millions de PHP	– 89 465	– 121 250	– 176 298	– 212 086	– 229 214	– 311 291
% du total	15,6	19,6	22,5	23,2	20,3	22,5

Balance commerciale (prix courants).

	nombre d'établissements	nombre d'enseignants	nombre d'élèves	nombre d'élèves par enseignant
primaire (7-12 ans)	35 671	324 418	10 903 529	33,6
secondaire (13-16 ans)	5 880 [3]	131 831	4 762 877	36,1
professionnel et formation à l'enseignement	1 261 [1]			
supérieur	975	56 880 [2]	1 582 820 [3]	23,7 [2]

1. 1991-1992. 2. 1990-1991. 3. 1993-1994.

Enseignement (1994-1995).

11,0 % ; éducation universitaire 10,6 % ; sans précision 0,5 %.

■ ***Alphabétisation*** (1994) : personnes âgées de 15 ans et plus alphabétisées 34 215 672 (93,5 %) ; hommes 17 080 157 (93,0 %) ; femmes 17 135 515 (93,9 %).

■ ***Santé*** : 78 445 médecins en 1993 (1 pour 849 hab.) ; 77 434 lits d'hôpital en 1993 (1 pour 860 hab.) ; taux de mortalité infantile (1997) : 36 ‰.

■ ***Alimentation*** (1993) : apport journalier en calories par habitant 2 395 (alimentation d'origine végétale 85 % ; d'origine animale 15 %) ; soit 106 % du niveau minimal recommandé par la F.A.O.

Défense nationale

■ ***Contingent*** (1995) : 106 500 (armée de terre 63,8 % ; marine 21,6 % ; armée de l'air 14,6 %).

■ ***Dépenses militaires*** (1994) : 1,9 % du P.N.B. (moyenne mondiale 3,0 %) ; soit 19 USD/hab.

---

a. Comprend 17 membres nommés par le président.

b. Données concernant les établissements de 10 personnes ou plus uniquement.

c. Importations : chiffres F.O.B. pour la balance commerciale et C.I.F. pour les marchandises et les partenaires commerciaux.

→ *Corpus* : POLOGNE
→ *Grand Atlas de Géographie* (éd. 1992) : 22, 30
→ *Grand Atlas de l'Histoire* : 208, 210, 211, 213, 215, 264, 265, 266, 267, 269, 272, 273, 274, 275, 292, 294, 295

POLOGNE

• ***Nom officiel*** : République de Pologne (Rzeczpospolita Polska ; forme courte : Polska). Code I.S.O. : PL.

• ***Forme de gouvernement*** : république à structure étatique unitaire et à régime multipartiste avec deux assemblées législatives (Sénat [100] et Diète [460]).

• ***Chef de l'État*** : président.

• ***Chef du gouvernement*** : Premier ministre.

• ***Capitale*** : Varsovie (Warszawa).

• ***Langue officielle*** : polonais.

• ***Religion officielle*** : aucune.

• ***Unité monétaire*** : 1 nouveau złoty (PLN)[a] = 100 groszy (sing. grosz) ; valeur (31 déc. 1997) : 100 PLN = 170,21 FRF.

Démographie

■ ***Population*** (estim. 1997) : 38 802 000.

■ ***Densité*** (1997) : 124,1 hab./km².

■ ***Répartition urbaine/rurale*** (1996) : population urbaine 61,8 % ; population rurale 38,2 %.

■ ***Répartition par sexe*** (1997) : hommes 48,63 % ; femmes 51,37 %.

■ ***Répartition par âge*** (1997) : moins de 15 ans 21,4 % ; de 15 à 29 ans 22,9 % ; de 30 à 44 ans 22,6 % ; de 45 à 59 ans 17,0 % ; de 60 à 74 ans 12,2 % ; 75 ans et plus 3,9 %.

■ ***Projection démographique*** : 39 055 000 en 2000 ; 40 388 000 en 2010.

■ ***Temps de doublement*** : sans objet.

■ ***Composition ethnique*** (1990) : Polonais 98,7 % ; Ukrainiens 0,6 % ; autres 0,7 %.

■ ***Appartenances religieuses*** (1995) : catholiques 90,7 % ; orthodoxes 1,3 % ; autres 8,0 %.

■ ***Principales villes*** (1996) : Varsovie 1 638 300 hab. ; Łódź 825 600 hab. ; Cracovie 745 400 hab.

Statistiques de l'état civil

■ ***Taux de natalité*** (1997) : 10,0 ‰ (moyenne mondiale 25,0 ‰).

■ ***Taux de mortalité*** (1997) : 10,0 ‰ (moyenne mondiale 9,3 ‰).

■ ***Taux d'accroissement naturel*** (1997) : 0,0 ‰ (moyenne mondiale 15,7 ‰).

■ ***Taux de fécondité*** (nombre moyen de naissances par femme en âge de procréer, 1997) : 1,4.

■ ***Nombre de mariages*** (pour 1 000 hab., 1995) : 5,4.

■ ***Nombre de divorces*** (pour 1 000 hab., 1995) : 1,0.

■ ***Espérance de vie*** à la naissance (1997) : hommes 68,3 ans ; femmes 76,9 ans.

■ ***Principales causes de décès*** (pour 100 000 hab., 1994) : maladies de l'appareil circulatoire 512,7 ; tumeurs malignes (cancers) 201,0.

Économie nationale

■ ***Budget de l'État*** (1996)
Recettes : 100 171 200 000 PLZ (impôts sur le revenu 37,8 % ; taxe sur la valeur ajoutée 25,7 % ; impôts indirects 18,1 %).
Dépenses : 109 671 200 000 PLZ (dépenses courantes 50,6 % ; intérêts de la dette 16,4 % ; revenus sociaux 15,8 %).

■ ***Dette publique*** (extérieure, créances, 1995) : 41 073 000 000 USD.

■ ***Tourisme*** (1995) : recettes touristiques 6 700 000 000 USD ; dépenses touristiques à l'étranger 5 500 000 000 USD.

■ ***Production***
Agriculture (valeur de la production en milliards de PLZ), *sylviculture, pêche* (1995).
Pommes de terre 6 606 ; blé 3 055 ; seigle 1 421 ; betteraves à sucre 1 075.
Cheptel (nombre d'animaux sur pied, 1997) : porcs 18 152 000 ; bovins 7 306 000.
Bois (1995) : 334 000 m³.
Pêche (1995) : 451 346 t.
Industries extractives (1996) : cuivre électrolytique 425 000 t ; zinc 165 000 t ; plomb 66 000 t ; aluminium 52 100 t.
Industries manufacturières (valeur de la production, en millions de PLZ, 1995) : produits alimentaires et boissons 52 558 ; équipement industriel et de transport 33 372 ; produits chimiques 16 360.
Bâtiment (unités construites, 1995) : 61 000, dont unités résidentielles 31 100.
Énergie (production/consommation) : électricité (1994) 135 347 000 000/132 668 000 000 kWh ; charbon (1994) 200 900 000/171 000 000 t ; pétrole brut (1994) 2 107 000/99 757 000 barils ; produits pétroliers (1994) 12 625 000/13 807 000 t ; gaz naturel (1994) 4 099 000 000/10 908 000 000 m³.

■ ***Produit national brut*** (1995) : 107 829 000 000 USD (2 790 USD/hab.).

■ ***Population active*** (1995) : 17 004 000 ; taux d'activité 44,0 % (taux de participation : plus de 15 ans 66,9 % ; femmes 45,9 % ; sans-emploi [1996] 14,3 %).

■ ***Revenus et dépenses des ménages*** (1995)
Taille moyenne des ménages : 3,1.
Revenu annuel moyen par ménage : 8 431 000 PLZ (2 990 USD) ; sources des revenus : salaires 55,7 % ; prestations de sécurité sociale 32,5 %, dont pensions 26,6 % ; activités non salariées 6,9 % ; autres 4,9 %.
Dépenses : alimentation 39,7 % ; logement 20,6 % ; habillement 7,0 %.

■ ***Utilisation du sol*** (1994) : forêts 28,8 % ; prairies 13,3 % ; terres cultivées et plantations 47,0 % ; autres 10,9 %.

Échanges extérieurs

■ ***Importations*** (1996) : 100 231 000 000 PLZ (1995, équipement industriel et de transport 29,9 % ; produits manufacturés 21,6 % ; pro-

duits chimiques 15,0 % ; combustibles minéraux et lubrifiants 9,1 % ; articles divers manufacturés 9,3 % ; produits alimentaires 8,0 %).
Principales sources des importations (1995) : Allemagne 26,6 % ; Italie 8,5 % ; Russie 6,7 % ; Royaume-Uni 5,2 % ; France 4,9 % ; Pays-Bas 4,5 % ; États-Unis 3,9 %.

■ ***Exportations*** (1996) : 65 819 000 000 PLZ (1995, produits manufacturés 27,6 % ; équipement industriel et de transport 21,1 % ; articles divers manufacturés 20,9 % ; produits alimentaires 9,2 % ; combustibles minéraux et lubrifiants 8,2 % ; produits chimiques 7,7 %).
Principales sources des exportations (1995) : Allemagne 38,3 % ; Pays-Bas 5,6 % ; Russie 5,6 % ; Italie 4,9 % ; Royaume-Uni 4,0 %.

Transports et communications

■ ***Transports***
Chemins de fer (1996) : longueur 23 986 km ; trafic : 26 635 000 000 passagers-km ; 69 116 000 000 t-km.
Routes (1995) : longueur totale 372 479 km (65 % recouvertes).
Véhicules (1995) : voitures particulières 7 517 300 ; camions et autobus 1 472 300.
Marine marchande (1992) : 644 navires (de 100 tjb et plus) ; 4 314 308 tonneaux de port en lourd.
Transports aériens (1996) ; trafic : 4 633 000 000 passagers-km ; 74 000 000 t-km. 8 aéroports (1997).

■ ***Communications***
Journaux quotidiens (1995) : diffusion totale 5 404 000 ; diffusion pour 1 000 hab. 140.
Radiodiffusion (1996) : 10 193 000 postes récepteurs ; 263,3 pour 1 000 hab.
Télévision (1996) : 9 677 000 postes récepteurs ; 249,9 pour 1 000 hab.
Téléphone (1996) : 5 728 000 lignes principales ; 147,9 pour 1 000 hab.

Éducation et santé

■ ***Niveau d'éducation*** (1988)
Proportion de la population âgée de 15 ans et plus : sans instruction scolaire ou ayant une éducation primaire incomplète 6,4 % ; éducation primaire 38,8 % ; éducation secondaire 48,3 % ; éducation supérieure 6,5 %.

■ ***Alphabétisation*** (1988) : personnes âgées de 15 ans et plus alphabétisées 98,7 %.

■ ***Santé*** (1996) : 88 523 médecins (1 pour 436 hab.) ; 213 969 lits d'hôpital (1 pour 180 hab.) ; taux de mortalité infantile (1997) : 14,0 ‰.

■ ***Alimentation*** (1995) : apport journalier en calories par habitant 3 307 (alimentation d'origine végétale 72 % ; d'origine animale 28 %) ; soit 126 % du niveau minimal recommandé par la F.A.O.

Défense nationale

■ ***Contingent*** (1997) : 241 750 (armée de terre 69,7 % ; marine 7,0 % ; armée de l'air 23,2 %).

■ ***Dépenses militaires*** (1995) : 2,3 % du P.N.B. (moyenne mondiale 2,8 %) ; soit 127 USD/hab.

a. Introduction, le 1er janvier 1995, d'un « złoty lourd » ou nouveau złoty (code PLN), égal à 10 000 anciens (1 PLN = 10 000 PLZ).

provinces	capitales	superficie (km²)	population (estim. janv. 1996)
Biała Podlaska	Biała Podlaska	5 348	309 500
Białystok	Białystok	10 055	700 700
Bielsko Biała	Bielsko Biała	3 704	918 600
Bydgoszcz	Bydgoszcz	10 349	1 131 800
Chełm	Chełm	3 866	249 900
Ciechanów	Ciechanów	6 362	436 400
Częstochowa	Częstochowa	6 182	782 300
Elbląg	Elbląg	6 103	491 400
Gdańsk [Dantzig]	Gdańsk	7 394	1 455 900
Gorzów	Gorzów Wielkopolski	8 484	510 800
Jelenia Góra	Jelenia Góra	4 379	524 500
Kalisz	Kalisz	6 512	722 000
Katowice	Katowice	6 650	3 924 800
Kielce	Kielce	9 211	1 136 600
Konin	Konin	5 139	479 700
Koszalin	Koszalin	8 470	521 900
Kraków	Cracovie (Kraków)	3 254	1 241 400
Krosno	Krosno	5 702	506 600
Legnica	Legnica	4 037	523 600
Leszno	Leszno	4 154	397 200
Łódź	Łódź	1 523	1 116 200
Łomża	Łomża	6 684	353 800
Lublin	Lublin	6 792	1 026 800
Nowy Sącz	Nowy Sącz	5 576	733 100
Olsztyn	Olsztyn	12 327	771 700
Opole	Opole	8 535	1 025 200
Ostrołęka	Ostrołęka	6 498	408 400
Piła	Piła	8 205	494 000
Piotrków	Piotrków Trybunalski	6 266	644 200
Płock	Płock	5 117	522 000
Poznań	Poznań	8 151	1 353 700
Przemyśl	Przemyśl	4 437	414 600
Radom	Radom	7 294	763 800
Rzeszów	Rzeszów	4 397	746 300
Siedlce	Siedlce	8 499	661 700
Sieradz	Sieradz	4 869	412 900
Skierniewice	Skierniewice	3 960	424 000
Słupsk	Słupsk	7 453	425 900
Suwałki	Suwałki	10 490	485 500
Szczecin	Szczecin [Stettin]	9 982	990 500
Tarnobrzeg	Tarnobrzeg	6 283	609 300
Tarnów	Tarnów	4 151	693 500
Toruń	Toruń	5 348	671 100
Wałbrzych	Wałbrzych	4 168	739 400
Warszawa	Varsovie (Warszawa)	3 788	2 416 600
Włocławek	Włocławek	4 402	435 000
Wrocław [Breslau]	Wrocław	6 287	1 137 700
Zamość	Zamość	6 980	492 800
Zielona Góra	Zielona Góra	8 868	674 100
total		**312 685**	**38 609 400**

Territoire et population.

	millions de PLZ [1]	% du total	effectifs	% des effectifs
agriculture	18 965,9	6,6	4 045 900	23,8
mines et industrie	72 003,0	25,2	3 728 800	21,9
entreprises publiques	10 570,9	3,7		
bâtiment	14 806,5	5,2	827 400	4,9
transports et communications	17 260,8	6,0	838 100	4,9
commerce	39 003,0	13,6	2 089 000	12,3
finance	22 743,1	8,0	268 200	1,6
administration	13 875,9	4,8	381 300	2,2
services	38 806,5	13,6	2 234 900	13,1
autres	37 990,0 [2]	13,3	2 590 400 [3]	15,2
total	**286 025,6**	**100,0** [4]	**17 004 000**	**100,0** [4]

1. Valeurs des productions. 2. Comprend les droits d'importation et la taxe à la valeur ajoutée. 3. Dont 2 233 000 sans-emploi. 4. Le total général ne correspond pas exactement au détail en raison des arrondis.

Structure du produit intérieur brut et effectifs (1995).

	1991	1992	1993	1994	1995	1996	1997 (juill.)
indice des prix à la consommation	176,7	256,8	351,5	468,4	593,9	713,5	827,8
indice des revenus mensuels	167,1	228,5	320,0	421,4	595,9	752,7	912,5

Indices des prix et des revenus (1990 = 100).

	1991	1992	1993	1994	1995	1996
millions de PLZ	− 654	− 4 026	− 8 262	− 9 826	− 14 987	− 34 412
% du total	2,0	10,1	13,8	11,1	11,9	20,7

Balance commerciale (prix courants).

	nombre d'établissements	nombre d'enseignants	nombre d'élèves	nombre d'élèves par enseignant
primaire (7-14 ans)	19 823	323 500	5 104 200	15,8
secondaire (15-18 ans)	1 705	34 700	683 000	19,7
professionnel et formation à l'enseignement	8 887	88 700	1 729 300	19,5
supérieur	179	71 300	794 600	11,1

Enseignement (1995-1996).

Corpus : ACIER (ÉCONOMIE DE L') [la répartition mondiale de la production] ; ALIMENTATION (ÉCONOMIE DE L') – Les grands produits alimentaires (les céréales secondaires) ; CHARBONNAGES (l'Europe charbonnière) ; EUROPE (Structure et milieu) – Géographie (répartition des populations) ; EUROPE DE L'EST – Les économies des pays communistes ; FRUITS (la production fruitière) ; GAZ NATUREL (l'U.R.S.S. et les pays de l'Est) ; HOUILLERS (BASSINS) [répartition et importance] ; MINERAIS (principaux producteurs) ; SEL (l'économie du sel à la fin du XXe siècle) ; SOCIALISME – Économie des pays socialistes.

Universalia 1988 : 105 Europe de l'Est : la diffusion de l'« effet Gorbatchev » ; 112 Europe centrale : le problème des minorités ethniques et nationales ; ***Universalia 1989 :*** 331 Rôle et fonctions des élections dans les pays de l'Est ; ***Universalia 1990 :*** 315 Du monocentrisme vers le pluralisme ; ***Universalia 1991 :*** 129 La fin de la satellisation de l'Europe de l'Est ? ; 263 De nouveaux défis pour le management des entreprises ; 354 La transformation du système des mass media ; ***Universalia 1994 :*** 286 La voie du renouveau ; ***Universalia 1997 :*** 96 Transition à l'Est et coopération européenne ; 229 Mer Baltique : géostratégies et nouveaux enjeux.

Thesaurus :
BASSE-SILÉSIE
BYDGOSZCZ
CARPATIQUE (PIÉMONT)
CRACOVIE
CRACOVIEN (JURA)
CZESTOCHOWA
GDAŃSK-GDYNIA-SOPOT
HAUTE-SILÉSIE
KATOWICE
ŁODZ
LUBLIN
MARIENBURG
MAZOVIE
MAZURIE
ODER
POLOGNE (GRANDE)
POLOGNE (PETITE)
POMÉRANIE
POZNAŃ
SZCZECIN
VARSOVIE
VISTULE
WROCŁAW

→ *Corpus* : PORTUGAL
→ *Grand Atlas de Géographie* (éd. 1992) : 22, 34 ; 232c (Lisbonne)
→ *Grand Atlas de l'Histoire* : 244, 245, 267, 274, 276, 277, 295

PORTUGAL

- ***Nom officiel*** : République portugaise (República portuguesa). Code I.S.O. : PT.
- ***Forme de gouvernement*** : État parlementaire avec une chambre législative (Assemblée de la République [230]).
- ***Chef de l'État*** : président.
- ***Chef du gouvernement*** : Premier ministre.
- ***Capitale*** : Lisbonne (Lisboa).
- ***Langue officielle*** : portugais.
- ***Religion officielle*** : aucune.
- ***Unité monétaire*** : 1 escudo (PTE) = 100 centavos ; valeur (31 déc. 1997) : 100 PTE = 3,27 FRF ; 1 écu = 202,137 PTE.

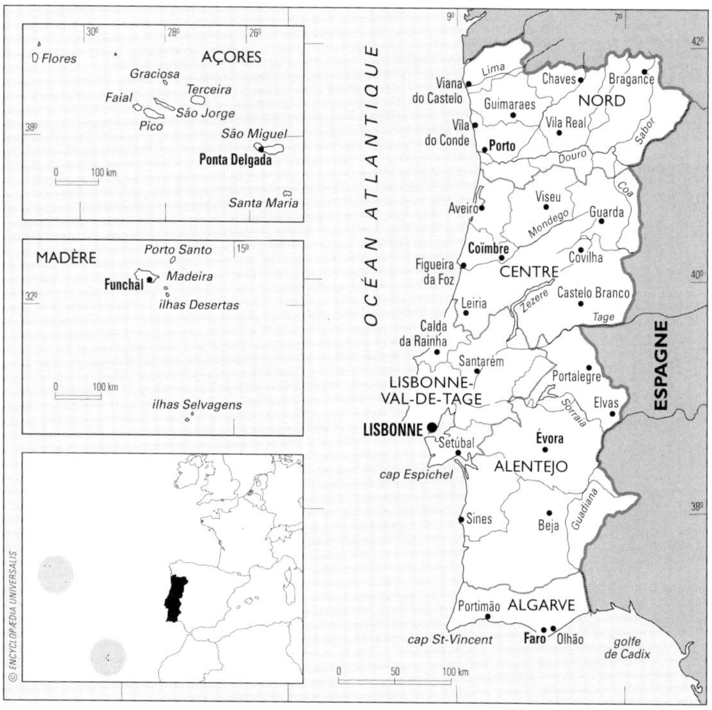

Démographie

- ***Population*** (estim. 1997) : 9 943 000.
- ***Densité*** (1997) : 108,3 hab./km².
- ***Répartition urbaine/rurale*** (1996) : population urbaine 36,0 % ; population rurale 64,0 %.
- ***Répartition par sexe*** (1996) : hommes 48,16 % ; femmes 51,84 %.
- ***Répartition par âge*** (1995) : moins de 15 ans 18,9 % ; de 15 à 29 ans 23,6 % ; de 30 à 44 ans 21,6 % ; de 45 à 59 ans 16,6 % ; de 60 à 74 ans 13,9 % ; 75 ans et plus 5,4 %.
- ***Projection démographique*** : 9 995 000 en 2000 ; 10 172 000 en 2010.
- ***Nationalités*** (1996) : Portugais 98,2 % ; Capverdais 0,4 % ; Brésiliens 0,2 % ; autres 1,2 %.
- ***Appartenances religieuses*** (1995) : chrétiens 94,8 %, dont catholiques 92,2 %, protestants 1,5 %, autres chrétiens (témoins de Jehovah 0,7 % ; mormons 0,4 %) 1,1 % ; musulmans 0,1 % ; autres et sans appartenance 5,1 %.
- ***Principales villes*** (1991) : Lisbonne 663 394 hab. ; Porto 302 467 hab. ; Amadora 181 774 hab. ; Funchal 115 403 hab. ; Setúbal 103 634.

Statistiques de l'état civil

- ***Taux de natalité*** (1996) : 11,1 ‰ (moyenne mondiale 25,0 ‰) ; taux (1990) de naissances légitimes 85,5 %, illégitimes 14,5 %.
- ***Taux de mortalité*** (1996) : 10,8 ‰ (moyenne mondiale 9,3 ‰).
- ***Taux d'accroissement naturel*** (1996) : 0,3 ‰ (moyenne mondiale 15,7 ‰).
- ***Taux de fécondité*** (nombre moyen de naissances par femme en âge de procréer, 1995) : 1,4.
- ***Nombre de mariages*** (pour 1 000 hab., 1996) : 6,4.
- ***Espérance de vie*** à la naissance (1995-1996) : hommes 71,3 ans ; femmes 78,6 ans.
- ***Principales causes de décès*** (pour 100 000 hab., 1994) : maladies de l'appareil circulatoire 431,2, dont maladies cérébro-vasculaires 231,0, maladies de cœur ischémiques 91,4 ; tumeurs malignes (cancers) 193,6 ; maladies de l'appareil respiratoire 71,5.

Économie nationale

- ***Budget de l'État*** (1995)
Recettes : 6 110 600 000 000 PTE (impôts indirects et droits d'importation 36,7 % ; contribution de sécurité sociale 29,0 % ; impôts sur le revenus et droits de succession 24,2 %).
Dépenses : 6 332 900 000 000 PTE (éducation 12,4 % ; santé 9,8 % ; défense nationale 6,6 % ; administration 5,3 % ; travaux publics 2,8 %).
- ***Dette publique*** (1992) : 39 922 000 000 USD.
- ***Tourisme*** (1996) : recettes touristiques 4 325 200 000 USD ; dépenses touristiques à l'étranger 2 321 500 000 USD.
- ***Production***
Agriculture, sylviculture, pêche (1997).
Pommes de terre 1 400 000 t ; raisins 1 240 000 t ; tomates 1 020 000 t ; maïs 867 000 t ; olives 300 000 t ; blé 289 000 t ; pommes 200 000 t ; oranges 160 000 t ; choux 140 000 t ; riz 140 000 t ; liège 91 870 t (1992) ; carottes 83 000 t ; avoine 58 000 t ; oignons 57 000 t.
Cheptel (sur pied) : moutons 6 200 000 ; porcs 2 344 000 ; bovins 1 311 000.
Bois (1996) : 9 447 800 m³.
Pêche (1995) : 265 508 t.
Industries extractives (1996) : sel 609 639 t ; cuivre 111 459 t ; kaolin 95 900 t (1992) ; étain 8 304 t ; zinc 5 675 t (1993) ; tungstène 1 343 t.
Industries manufacturières (valeur ajoutée en millions de PTE, 1994) : pétrole raffiné 361 511 ; matériel et équipement de transport 356 941 ; vêtements et chaussures 301 942 ; textiles 273 161 ; produits alimentaires et boissons 232 161 ; tabac 132 614 ; imprimerie et édition 114 839.
Bâtiment : résidentiel (1993) 4 793 000 m² ; non résidentiel (1990) 2 045 167 m².
Énergie (production/consommation) : électricité (1994) 31 380 000 000/32 268 000 000 kWh ; charbon (1994) 147 000/5 225 000 t ; pétrole brut (1994) 0/99 069 000 barils ; produits pétroliers (1994) 12 251 000/10 159 000 t ; gaz naturel 0/n.d.
- ***Produit national brut*** (1995) : 96 689 000 USD (9 740 USD/hab.).
- ***Population active*** (1994) : 4 561 400 ; taux d'activité 46,1 % (taux de participation : 15-64 ans 69,0 % ; (1995) femmes 44,5 % ; sans-emploi 6,8 %).
- ***Revenus et dépenses des ménages***
Taille moyenne des ménages (1991) : 3,1.
Revenu annuel moyen par ménage : n.d. ; sources des revenus (1994-1995) : salaires et traitements 45,8 % ; revenus fonciers et d'entreprises 32,4 % ; paiements de transferts 21,5 %.
Dépenses (1994-1995) : logement 20,6 % ; alimentation 34,7 % ; transports et communica-

tions 18,9 % ; habillement 6,3 % ; santé 4,6 % ; loisirs 4,2 % ; autres 21,5 %.

■ ***Utilisation du sol*** (1994) : forêts 35,9 % ; prairies et pâturages 10,9 % ; terres cultivées et plantations 31,5 % ; autres 21,7 %.

Échanges extérieurs

■ ***Importations*** (1994) : 4 595 200 000 000 PTE (équipement industriel et de transport 34,2 %, dont véhicules automobiles et pièces détachées 15,1 % ; produits alimentaires et animaux sur pied 11,6 % ; produits chimiques et dérivés 9,8 % ; combustibles minéraux 8,8 % ; textiles 6,5 % ; machines de bureau 3,2 %).
Principales sources des importations : Espagne 19,8 % ; Allemagne 13,8 % ; France 12,8 % ; Italie 8,5 % ; Royaume-Uni 6,6 % ; Pays-Bas 4,3 %.

■ ***Exportations*** (1994) : 3 057 600 000 PTE (textiles et habillement 25,9 % ; équipement industriel et de transport 21,2 %, dont équipement de transport 6,0 % ; chaussures 8,7 % ; liège et produits en bois 6,2 % ; produits chimiques et dérivés 4,7 %).
Principales destinations des exportations : Allemagne 18,7 % ; France 14,7 % ; Espagne 14,4 % ; Royaume-Uni 11,7 % ; États-Unis 5,2 %.

Transports et communications

■ ***Transports***
Chemins de fer (1995) : longueur 3 072 km ; trafic : 4 869 000 000 passagers-km ; 2 018 000 000 t-km.
Routes (1995) : longueur totale 68 732 km (88 % recouvertes).
Véhicules (1995) : voitures particulières 2 560 000 ; camions et autobus (1994) 219 696.
Marine marchande (1992) : 332 navires (de 100 tjb et plus) ; 1 129 382 tonneaux de port en lourd.
Transports aériens (1996) : trafic : 7 977 817 000 passagers-km ; 209 674 000 t-km. 16 aéroports (1997).

■ ***Communications***
Journaux quotidiens (1995) : diffusion totale 465 000 ; diffusion pour 1 000 hab. 47.
Radiodiffusion (1995) : 2 776 000 postes récepteurs ; 280 pour 1 000 hab.
Télévision (1995) : 3 300 000 postes récepteurs ; 333 pour 1 000 hab.
Téléphone (1995) : 3 586 000 lignes principales ; 362 pour 1 000 hab.

Éducation et santé

■ ***Niveau d'éducation*** (1991)
Proportion de la population âgée de 25 ans et plus : sans instruction scolaire 16,1 % ; ayant une éducation primaire incomplète 61,5 % ; éducation secondaire incomplète 10,6 % ; éducation postsecondaire 3,5 %.

■ ***Alphabétisation*** (1995) : personnes âgées de 15 ans et plus alphabétisées 89,6 %.

■ ***Santé*** (1996) : 29 902 médecins (1 pour 332 hab.) ; 39 210 lits d'hôpital (1 pour 253 hab.) ; taux de mortalité infantile (1996) : 6,9 ‰.

■ ***Alimentation*** (1996) : apport journalier en calories par habitant 3 639 (alimentation d'origine végétale 74 % ; d'origine animale 26 %) ; soit 148 % du niveau minimal recommandé par la F.A.O.

Défense nationale

■ ***Contingent*** (1997) : 59 300 (armée de terre 54,1 % ; marine 25,0 % ; armée de l'air 13,0 % ; garde nationale paramilitaire 7,9 %).

■ ***Dépenses militaires*** (1995) : 2,6 % du P.N.B. (moyenne mondiale 2,8 %) ; soit 273 USD/hab.

districts continentaux et régions autonomes insulaires	capitales	superficie (km^2)	population (recens. 1991)
districts continentaux et chefs-lieux :			
Aveiro		2 808	656 000
Beja		10 225	167 900
Braga		2 673	746 100
Bragance (Bragança)		6 608	158 300
Castelo Branco		6 675	214 700
Coïmbre (Coimbra)		3 947	427 600
Évora		7 393	173 500
Faro		4 960	340 100
Guarda		5 518	187 800
Leiria		3 515	427 800
Lisbonne (Lisboa)		2 761	2 063 800
Portalegre		6 065	134 300
Porto (Pôrto)		2 395	1 622 300
Santarém		6 747	442 700
Setúbal		5 064	713 700
Viana do Castelo		2 255	248 700
Vila Real		4 328	237 100
Viseu		5 007	401 000
régions autonomes insulaires :			
archipel des Açores (arquipélago dos Açores)	Ponta Delgada	2 247	236 700
archipel de Madère (arquipélago da Madeira)	Funchal	794	253 000
total		**92 389** [1]	**9 853 100** [2]

1. Le total général ne correspond pas au détail en raison des arrondis. 2. Le total comprend 304 km^2 d'eaux intérieures.

Territoire et population.

	1993		1994	
	millions de PTE	% du total	effectifs	% des effectifs
agriculture	489 476	3,7	490 200	10,8
mines	113 243	0,8	1 025 800	22,5
industrie	3 417 963	25,8		
bâtiment	699 267	5,3	330 800	7,2
entreprises publiques	551 164	4,2	36 700	0,8
commerce	2 474 801	18,6	1 442 300	31,6
transports et communications	1 246 248	9,4		
services	825 319	6,2		
administration, défense nationale	2 477 083	18,7		
finance	976 901	7,4	925 600	20,3
autres	n.d.	n.d.	310 000 [1]	6,8
total	**13 271 465**	**100,0** [2]	**4 561 400**	**100,0**

1. Sans-emploi. 2. Le total général ne correspond pas exactement au détail en raison des arrondis.

Structure du produit intérieur brut et effectifs.

	1990	1991	1992	1993	1994	1995	1996
indice des prix à la consommation	100,0	111,4	121,3	129,6	136,0	141,5	146,0
indice des revenus annuels	100,0	114,2	129,8	140,1	146,7	n.d.	n.d.

Indices des prix et des revenus (1990 = 100).

	1991	1992	1993	1994	1995	1996
millions de PTE	− 1 067,8	− 1 144,6	− 1 051,8	− 1 099,9	− 1 011,4	− 1 096,8
% du total	18,5	18,8	17,5	15,9	14,7	13,0

Balance commerciale (prix courants).

	nombre d'établissements	nombre d'enseignants	nombre d'élèves	nombre d'élèves par enseignant
primaire (5-11 ans)	12 069	73 221	910 650	12,4
secondaire (12-19 ans)	663	69 095 [1]	749 838	11,3 [1]
professionnel	214	— [1]	28 627	— [1]
supérieur [2]	273	30 998 [3]	236 537	6,9 [3]

1. Le secondaire comprend le professionnel. 2. Comprend les professeurs des collèges. 3. 1992-1993.

Enseignement (1993-1994).

Corpus : EUROPE (Structure et milieu) – Géographie (répartition des populations) ; EUROPE OCCIDENTALE ; FRUITS (la production fruitière) ; IBÉRIQUE (PÉNINSULE) [économie] ; LISBONNE ; MIGRANTS (ampleur du mouvement migratoire) ; TOURISME.

Universalia 1986 : 287 L'entrée dans le Marché commun ; ***Universalia 1990*** : 220 Les découpages territoriaux en question ; ***Universalia 1991*** : 117 La Communauté européenne dans la nouvelle configuration Est-Ouest ; ***Universalia 1992*** : 122 L'Europe et l'Afrique : quelles perspectives ? ; ***Universalia 1993*** : 280 À l'heure de l'Europe ; ***Universalia 1997*** : 205 Europe méditerranéenne : les enjeux de l'eau.

Thesaurus :
AÇORES (ARCHIPEL DES)
A.E.L.E.
LISBONNE
MADÈRE (ARCHIPEL DE)
PORTO
TAGE
VIGNOBLE

→ *Thesaurus* : MACAO
→ *Grand Atlas de Géographie* (éd. 1992) : 104
→ *Grand Atlas de l'Histoire* : 279, 295

PORTUGAL : Macao

- ***Nom officiel*** : Macao (port. : Macau ; chin. : Aomen). Code I.S.O. : MO.
- ***Statut politique*** : territoire autonome de la République portugaise[a] avec une Assemblée législative (23).
- ***Chef de l'État et du gouvernement*** : gouverneur (nommé).
- ***Capitale*** : Macao (Macau).
- ***Langue officielle*** : portugais (la langue majoritaire est le chinois).
- ***Religion officielle*** : catholicisme.
- ***Unité monétaire*** : 1 pataca[b] (MOP) = 100 avos ; valeur (31 déc. 1997) : 100 MOP = 74,80 FRF.

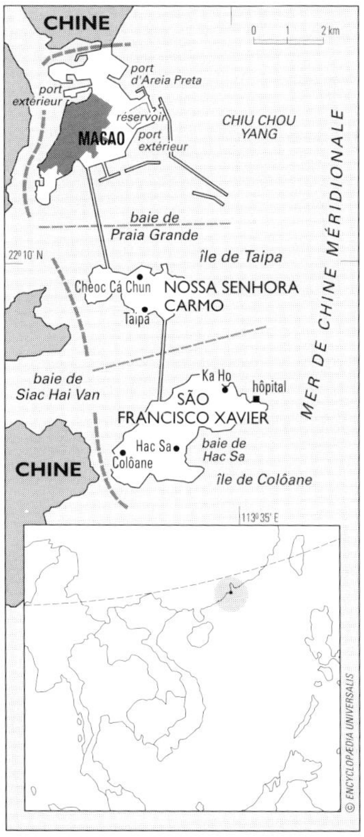

Démographie

■ ***Population*** (estim. 1997) : 421 000.

■ ***Densité*** (1997) : 20 085,9 hab./km^2.

■ ***Répartition urbaine/rurale*** (1991) : population urbaine presque 100 %[c].

■ ***Répartition par sexe*** (1993) : hommes 48,80 % ; femmes 51,20 %.

■ ***Répartition par âge*** (1993) : moins de 15 ans 23,9 % ; de 15 à 29 ans 24,7 % ; de 30 à 44 ans 31,7 % ; de 45 à 59 ans 10,6 % ; de 60 à 74 ans 6,8 % ; 75 ans et plus 2,3 %.

■ ***Projection démographique*** : 473 000 en 2000 ; 512 000 en 2010.

■ ***Temps de doublement*** : 58 ans.

■ ***Composition ethnique*** (1991) : Chinois 95,1 % ; Portugais 1,5 % ; Eurasiens 1,4 % ; autres 2,0 %.

■ ***Appartenances religieuses*** (1991) : bouddhistes 16,8 % ; chrétiens 8,5 %, dont catholiques 6,7 %, protestants 1,8 % ; sans appartenance 60,8 % ; autres 13,9 %.

■ ***Principale ville*** (1991) : Macao 326 460 hab.

Statistiques de l'état civil

■ ***Taux de natalité*** (1994) : 15,2 ‰ (moyenne mondiale 25,0 ‰) ; taux de naissances légitimes n.d., illégitimes n.d.

■ ***Taux de mortalité*** (1994) : 3,3 ‰ (moyenne mondiale 9,3 ‰).

■ ***Taux d'accroissement naturel*** (1994) : 11,9 ‰ (moyenne mondiale 15,7 ‰).

■ ***Taux de fécondité*** (nombre moyen de naissances par femme en âge de procréer, 1991) : 1,6.

■ ***Nombre de mariages*** (pour 1 000 hab., 1993) : 8,8.

■ ***Nombre de divorces*** (pour 1 000 hab., 1993) : 0,5.

■ ***Espérance de vie*** à la naissance (1991) : hommes 68,1 ans ; femmes 71,8 ans.

■ ***Principales causes de décès*** (pour 100 000 hab., 1992) : maladies de l'appareil circulatoire 151,8 ; tumeurs malignes (cancers) 82,7 ; maladies de l'appareil respiratoire 38,5 ; accidents, empoisonnements et actes de violence 27,3 ; maladies de l'appareil digestif 17,2 ; maladies de l'appareil génito-urinaire 14,2 ; troubles liés à la grossesse 11,1 ; maladies infectieuses et parasitaires 7,8 ; troubles endocriniens et du métabolisme 5,1.

Économie nationale

■ ***Budget de l'État*** (1993)
Recettes : 9 357 969 000 MOP (recettes cycliques 84,4 % ; recettes des agences autonomes 14,8 % ; recettes en capital 0,8 %).
Dépenses : 9 357 969 000 MOP (dépenses cycliques 62,6 % ; dépenses en capital 22,6 % ; dépenses des agences autonomes 14,8 %).

■ ***Dette publique*** (à long terme, extérieure, 1988) : 190 000 000 USD.

■ ***Tourisme*** (1993) : nombre de visiteurs 5 987 637 ; recettes touristiques 2 500 000 000 USD.

■ ***Production***
Agriculture, sylviculture, pêche (1992).
Raisins 3 000 t ; œufs 650 t.
Cheptel (sur pied) : porcs 1 000.
Pêche : 1 964 t.
Industries extractives (1982) : granite 656 920 t.
Industries manufacturières (valeur ajoutée, millions de MOP, 1992) : habillement 2 169 ; textiles 852 ; imprimerie et édition 110 ; produits métalliques 64 ; produits en plastique 53 ; machines électriques et équipement ménager 50 ; produits alimentaires 47 ; produits en cuir 44.
Bâtiment (1993) : résidentiel 932 100 m^2 ; non résidentiel 297 900 m^2.
Énergie (production/consommation) : électricité (1994) 1 227 000 000/1 417 000 000 kWh ; charbon 0/0 ; pétrole brut 0/0 barils ; produits pétroliers (1992) 0/352 000 t ; gaz naturel 0/n.d.

■ ***Produit national brut*** (aux prix courants du marché, 1994) : 6 627 000 000 USD (16 160 USD/hab.).

■ ***Population active*** (1993) : 175 003 ; taux d'activité 48,7 % (taux de participation : 15-64 ans 70,5 % ; femmes 41,8 % ; sans-emploi 2,1 %).

■ ***Revenus et dépenses des ménages***
Taille moyenne des ménages (1991) : 3,5.
Revenu annuel moyen par ménage : n.d. ; sources des revenus : n.d.
Dépenses (1981-1982) : alimentation 42,0 % ; logement 22,8 % ; éducation, santé et autres services 8,1 % ; habillement 7,3 % ; transports 4,9 % ; énergie 4,9 % ; équipements domestiques 2,9 %.

■ ***Utilisation du sol*** (1993) : surfaces construites, terres incultes et autres 100,0 %.

Échanges extérieurs[d]

■ ***Importations*** (1995) : 2 018 600 USD (1993 : matières premières 55,2 % ; biens d'équipement 12,6 % ; produits alimentaires 10,0 % ; combustibles et lubrifiants 4,6 %).
Principales sources des importations (1993) : Hong Kong 29,9 % ; Chine 21,2 % ; Japon 15,8 % ; C.E.E. 11,2 % ; États-Unis 5,8 %.

districts et paroisses	capitale	superficie (km^2)	population (recens. 1991)
zone maritime		—	**2 856**
îles		**11,8**	**10 148**
Nossa Senhora Carmo (Taipa)		4,3	7 037
São Francisco Xavier (Colôane)		7,5	3 111
Macao (Macau)	Nome de Deus de Macau	**6,9**	**326 460**
Nossa Senhora Fátima		2,9	120 445
Santo António		1,1	103 712
São Lázaro		0,6	30 813
São Lourenço		0,9	43 746
Sé		1,4	27 744
total		**18,7**	**339 464**

Territoire et population.

Corpus : CHINE (La République populaire) – Développement économique (le commerce extérieur) ; PORTUGAIS (EMPIRE COLONIAL) [les territoires asiatiques].

	effectifs	% des effectifs
agriculture	2 677	1,0
mines	54	-
industrie	62 380	23,2
bâtiment	15 112	5,6
entreprises publiques	1 211	0,5
transports et communications	9 351	3,5
commerce	42 774	15,9
finance	9 229	3,4
administration services	50 972	19,0
autres	74 600	27,8
total	**268 360**	**100,0** •

(•) Le total général ne correspond pas exactement au détail en raison des arrondis.

Structure de la main-d'œuvre (1991).

	1987	1988	1989	1990	1991	1992	1993
indice des prix à la consommation •	106,7	115,1	125,1	135,1	147,9	159,4	170,0
indice des revenus	n.d.	n.d.	n.d.	n.d.	n.d.	n.d.	n.d.

(•) Loyers non compris.

Indices des prix et des revenus (1985 = 100).

	1988	1989	1990	1991	1992	1993
millions de MOP	+ 1 632,0	+ 1 314,7	+ 1 295,1	− 1 506,4	− 1 604,6	− 1 901,7
% du total	7,2	5,2	5,0	5,3	5,4	6,3

Balance commerciale (prix courants).

	nombre d'établissements	nombre d'enseignants	nombre d'élèves	nombre d'élèves par enseignant
primaire (6-11 ans)	70	1 329	40 037	30,1
secondaire (12-18 ans)	20	951	19 461	20,5
formation à l'enseignement	2	13	353	27,2
supérieur	10	588	6 918	11,8

Enseignement (1992-1993).

■ ***Exportations*** (1995) : 2 017 300 USD (1993 : textiles et vêtements 72,9 % ; jouets 4,2 % ; matériel électronique 3,5 %).

Principales destinations des exportations (1993) : États-Unis 33,4 % ; C.E.E. 33,2 % ; Chine 13,2 % ; Hong Kong 12,5 % ; Japon 1,1 % ; Australie 0,3 %.

Transports et communications

■ ***Transports***

Chemins de fer : aucun.

Routes (1988) : longueur totale 97 km (100 % recouvertes).

Véhicules (1993) : voitures particulières 32 580 ; camions et autobus 5 914.

Marine marchande (1992) : 6 navires ; 3 512 tjb.

Transports aériens : aucun.

■ ***Communications***

Journaux quotidiens (1992) : 9 ; diffusion totale 250 000 ; diffusion pour 1 000 hab. 510.

Radiodiffusion (1994) : 115 000 postes récepteurs (1 pour 3,6 hab.).

Télévision (1994) : 70 300 postes récepteurs (1 pour 5,9 hab.).

Téléphone (1993) : 134 500 lignes principales (1 pour 3,0 hab.).

Éducation et santé

■ ***Niveau d'éducation*** (1991)

Proportion de la population active âgée de 15 ans et plus : sans instruction scolaire 4,9 % ; ayant une éducation primaire incomplète 13,9 % ; éducation primaire 31,5 % ; éducation secondaire incomplète 31,0 % ; éducation secondaire complète 12,1 % ; début d'éducation supérieure 2,2 % ; éducation supérieure 4,4 %.

■ ***Alphabétisation*** (1991) : personnes âgées de 15 ans et plus aphabétisées 240 101 (89,5 %) ; hommes 120 015 (94,1 %) ; femmes 120 086 (85,3 %).

■ ***Santé*** (1993) : 319 médecins (1 pour 1 239 hab.) ; 1 073 lits d'hôpital (1 pour 368 hab.) ; taux de mortalité infantile (1994) : 6,2 ‰.

■ ***Alimentation*** (1988-1990) : apport journalier en calories par habitant 2 294 (alimentation d'origine végétale 76 % ; d'origine animale 24 %) ; soit 100 % du niveau minimal recommandé par la F.A.O.

Défense nationale

■ ***Contingent*** (1990) : la garnison portugaise a été remplacée par une force paramilitaire de 1 800 hommes d'origine chinoise.

---

a. Jusqu'au 19 décembre 1999. À cette date, et par accord sino-portugais conclu le 26 mars 1987 et déclaration conjointe signée à Pékin le 13 avril suivant, la république populaire de Chine reprendra l'exercice de sa souveraineté sur Macao. À compter du 20 décembre 1999, il sera constitué une « région administrative spéciale » du nom de « Macao, Chine » (Zhongguo Aomen) où seront maintenus inchangés, pendant cinquante ans comme à Hong Kong, les systèmes économiques et sociaux et le mode de vie actuel du territoire.

Une nouvelle loi organique (Constitution) prenant effet le 10 mai 1990 a transformé le statut de territoire en « territoire spécial ».

b. Le cours du pataca est rattaché à celui du dollar de Hong Kong depuis avril 1977 (1 HKD = 1,03 MOP env.).

c. 0,8 % de la population vit sur des sampans et autres embarcations.

d. Importations C.I.F.

→ *Corpus* : QATAR
→ *Grand Atlas de Géographie* (éd. 1992) : 126
→ *Grand Atlas de l'Histoire* : 228, 229, 277, 284, 285, 295

QATAR

- ***Nom officiel*** : État du Qatar (Dawlat Qaṭar). Code I.S.O. : QA.
- ***Forme de gouvernement*** : monarchie ; le droit islamique constitue la base juridique de l'État.
- ***Chef de l'État et du gouvernement*** : émir assisté du Premier ministre.
- ***Capitale*** : Doha (al-Dawḥah).
- ***Langue officielle*** : arabe.
- ***Religion officielle*** : islam.
- ***Unité monétaire*** : 1 riyal du Qatar (QAR) = 100 dirhams ; valeur (31 déc. 1997) : 100 QAR = 164,51 FRF.

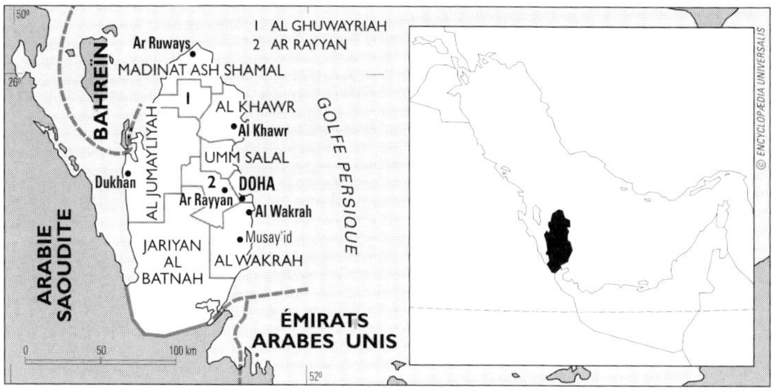

Démographie

■ ***Population*** (estim. 1997) : 561 000.

■ ***Densité*** (1997) : 49,1 hab./km².

■ ***Répartition urbaine/rurale*** (1995) : population urbaine 91,4 % ; population rurale 8,5 %.

■ ***Répartition par sexe*** (1995) : hommes 66,41 % ; femmes 33,59 %.

■ ***Répartition par âge*** (1994) : moins de 15 ans 26,2 % ; de 15 à 29 ans 21,5 % ; de 30 à 44 ans 38,5 % ; de 45 à 59 ans 11,7 % ; de 60 ans à 74 ans 1,7 % ; 75 ans et plus 0,3 %.

■ ***Projection démographique*** : 588 700 en 2000 ; 691 300 en 2010.

■ ***Temps de doublement*** : 42 ans.

■ ***Composition ethnique*** (1995) : Arabes 40 % ; autres (Pakistanais, Indiens et Iraniens) 60 %.

■ ***Appartenances religieuses*** (1995) : musulmans 95,0 % (principalement sunnites) ; autres 5,0 %.

■ ***Principales villes*** (1993) : Doha 339 471 hab. ; ar-Rayyān 143 046 hab. ; al-Wakrah 30 976 hab. ; Umm Salal 16 785 hab.

Statistiques de l'état civil

■ ***Taux de natalité*** (1990-1995) : 19,9 ‰ (moyenne mondiale 25,0 ‰).

■ ***Taux de mortalité*** (1990-1995) : 3,4 ‰ (moyenne mondiale 9,3 ‰).

■ ***Taux d'accroissement naturel*** (1990-1995) : 16,5 ‰ (moyenne mondiale 15,7 ‰).

■ ***Taux de fécondité*** (nombre moyen de naissances par femme en âge de procréer, 1990-1995) : 4,1.

■ ***Nombre de mariages*** (pour 1 000 hab., 1994) : 2,8.

■ ***Nombre de divorces*** (pour 1 000 hab., 1994) : 1,0.

■ ***Espérance de vie*** à la naissance (1990-1995) : hommes 68,8 ans ; femmes 74,2 ans.

■ ***Principales causes de décès*** (pour 100 000 hab., 1992) : maladies de l'appareil circulatoire 56,9 ; blessures et empoisonnements 36,0 ; tumeurs malignes et bénignes 21,4 ; causes liées à la grossesse 11,1 ; maladies de l'appareil respiratoire 7,5 ; troubles endocriniens, nutritionnels et du métabolisme, carences immunitaires 7,3 ; maladies de l'appareil digestif 3,4.

Économie nationale

■ ***Budget de l'État*** (1996-1997)
Recettes : 10 797 000 000 QAR (pétrole brut env. 90 %).
Dépenses : 13 741 000 000 QAR (1994-1995) (salaires et traitements 44,4 % ; projets de développement 41,7 % ; services sociaux et santé 8,1 % ; éducation 2,7 %).

■ ***Dette publique*** (extérieure, créances, 1995) : 3 900 000 000 USD.

■ ***Tourisme*** (1994) : recettes touristiques et dépenses à l'étranger n.d. ; touristes ayant séjourné à l'hôtel 241 000.

■ ***Production***
Agriculture (valeur de la production), *sylviculture, pêche* (1995).
Lait et produits laitiers 142 898 000 QAR ; fourrage 93 293 000 QAR ; légumes et autres cultures (sauf céréales) 73 172 000 QAR ; viande de bœuf 47 854 000 QAR ; fruits et dattes 29 413 000 QAR ; viande de volaille 28 036 000 QAR ; œufs 12 345 000 QAR ; céréales 1 748 000 QAR.
Cheptel (sur pied, 1997) : moutons 199 682 ; chèvres 172 071 ; chameaux 47 000 ; bovins 13 651.
Bois : n.d.
Pêche (1995) : 4 271 t.
Industries extractives (1993) : pierre à chaux 900 000 t ; sulfure 60 000 t ; les autres productions sont le gypse, le sable et gravier et l'argile.
Industries manufacturières (valeur ajoutée en millions de QAR, 1994) : pétrole raffiné 919 ; produits chimiques 887 ; fer et acier 319 ; poteries, porcelaine et faïence 219 ; vêtements et textiles 193 ; produits alimentaires, boissons et tabac 99 ; produits métalliques 89 ; produits en bois et meubles 79.
Bâtiment (1992) : résidentiel 12 420 unités ; non résidentiel 1 416 unités.
Énergie (production/consommation) : électricité (1993) 5 560 000 000/5 425 000 000 kWh ; charbon 0/n.d. ; pétrole brut (1996) 173 380 000 barils/(1993) 15 330 000 ; produits pétroliers (1992) 4 980 000/1 744 000 t ; gaz naturel (1996) 13 500 000 000/(1994) 13 500 000 000 m³.

■ ***Produit national brut*** (aux prix courants du marché, 1995) : 7 448 000 000 USD (11 600 USD/hab.).

■ ***Population active*** (1988) : 292 568 ; taux d'activité 53,7 % (taux de participation : plus de 15 ans 80,8 % ; femmes 11,2 % ; sans-emploi [1986] 0,5 %).

■ ***Revenus et dépenses des ménages***
Taille moyenne des ménages (1986) : 6,4.
Revenu annuel moyen par ménage : n.d. ; sources des revenus (1988) : salaires et traitements 80,8 % ; loyers et redevances 10,6 % ; activités non salariées 5,6 % ; autres 3,0 %.
Dépenses (1993) : alimentation 28,7 % ; transports 19,3 % ; logement 12,4 % ; habillement 10,6 % ; éducation 7,6 % ; santé 1,2 %.

municipalités	superficie (km²)	population (estim. 1992)
al-Dawḥah (Doha)	132	313 600
al-Guwayriyah	622	2 300
Jerīan al-Bajnah	3 715	3 900
al-Jumaylīyah	2 565	10 400
al-Khawr	996	13 000
ar-Rayyān	889	132 800
ash-Sharnāl	901	6 300
Umm Salal (Umm aṣ-Ṣilāl)	493	16 100
al-Wakrah	1 114	34 200
total	**11 427**	**532 600**

Territoire et population.

Corpus : ARABE – Les Arabes ; ASIE – Géographie humaine (l'Asie sud-occidentale) ; ÉMIRATS ARABES DU GOLFE ; GAZ NATUREL ; ISLAM (Histoire) – Modernisme dans le monde musulman (l'Asie arabe) ; PÉTROLE – Géographie du pétrole (Moyen-Orient) ; PROCHE ET MOYEN-ORIENT CONTEMPORAIN (aspects d'histoire économique contemporaine).

Universalia 1991 : 357 U.R.S.S. et péninsule Arabique.

Thesaurus : PERSIQUE (GOLFE)

	1995		1988	
	millions de QAR	% du total	effectifs	% des effectifs
agriculture	290	1,1	4 544	1,6
secteur pétrolier	8 900	32,5	7 657	2,6
industrie	3 120	11,4	10 627	3,6
bâtiment	1 850	6,8	64 213	21,9
entreprises publiques	403	1,5	3 672	1,3
transports	1 045	3,8	11 877	4,1
commerce	2 050	7,5	34 246	11,7
finance	3 070	11,2	6 172	2,1
administration, défense nationale / services / autres	6 627	24,2	149 560	51,1
total	**27 355**	**100,0**	**292 568**	**100,0**

Structure du produit intérieur brut et effectifs.

	1989	1990	1991	1992	1993	1994	1995
indice des prix à la consommation	97,1	100,0	104,4	107,5	110,9	114,2	117,6
indice des revenus	n.d.	n.d.	n.d.	n.d.	n.d.	n.d.	n.d.

Indices des prix et des revenus (1990 = 100).

	1990	1991	1992	1993	1994	1995
millions de QAR	+ 7 992	+ 5 423	+ 6 644	+ 5 154	+ 4 729	+ 1 714
% du total	39,3	30,2	31,2	29,6	27,9	8,1

Balance commerciale (prix courants).

	nombre d'établissements	nombre d'enseignants	nombre d'élèves	nombre d'élèves par enseignant
primaire (6-11 ans)	169	5 853	52 130	8,9
secondaire (12-17 ans)	123	3 738	36 964	9,9
professionnel	3*	120	671	5,6
supérieur	1*	637	7 794	12,2

(*) 1993-1994.

Enseignement (écoles publiques uniquement, 1994-1995).

■ ***Utilisation du sol*** (1994) : prairies et pâturages 4,5 % ; terres cultivées et plantations 0,7 % ; surfaces construites, désert et autres 94,7 %.

Échanges extérieurs

■ ***Importations*** (1994) : 7 015 600 000 QAR (équipement industriel et de transport 39,7 % ; produits manufacturés 21,8 % ; produits alimentaires et animaux sur pied 13,2 % ; produits chimiques et dérivés 7,0 % ; matières premières 3,4 %).

Principales sources des importations : Japon 13,4 % ; États-Unis 10,6 % ; Royaume-Uni 10,3 % ; Émirats arabes unis 6,9 % ; Allemagne 6,6 % ; Arabie Saoudite 5,0 % ; Italie 4,3 % ; France 3,9 %.

■ ***Exportations*** (1993) : 11 813 000 000 QAR (1992 : pétrole brut, produits pétroliers et gaz liquéfié 85,7 % ; exportations non pétrolières 14,3 %).

Principales destinations des exportations (1989) : Japon 54,4 % ; Thaïlande 5,0 % ; Singapour 4,0 % ; Corée du Sud 3,6 % ; Émirats arabes unis 3,4 % ; Italie 2,7 % ; Inde 2,7 % ; Arabie Saoudite 2,5 %.

Transports et communications

■ ***Transports***

Chemins de fer : aucun.
Routes (1995) : longueur totale 1 210 km (90 % recouvertes).
Véhicules (1994) : voitures particulières 125 700 ; camions et autobus 63 800.
Marine marchande (1992) : 65 navires (de 100 tjb et plus) ; 635 580 tonneaux de port en lourd.
Transports aériens (1995) : trafic (un quart des vols internationaux de la Gulf Air) : 2 766 000 000 passagers-km ; 113 000 000 t-km ; 1 aéroport desservi par des vols réguliers (1997).

■ ***Communications***

Journaux quotidiens (1994) : diffusion totale 80 000 ; diffusion pour 1 000 hab. 143.
Radiodiffusion (1995) : 180 000 postes récepteurs ; 322 pour 1 000 hab.
Télévision (1995) : 252 000 postes récepteurs ; 451 pour 1 000 hab.
Téléphone (1995) : 122 700 lignes principales ; 219 pour 1 000 hab.

Éducation et santé

■ ***Niveau d'éducation*** (1986)
Proportion de la population âgée de 25 ans et plus : sans instruction scolaire 53,3 % (dont illettrés 24,3 %) ; ayant une éducation primaire 9,8 % ; éducation secondaire (premier cycle) 10,1 % ; éducation secondaire (second cycle) 13,3 % ; éducation postsecondaire 13,3 % ; sans précision 0,2 %.

■ ***Alphabétisation*** (1994) : personnes âgées de 15 ans et plus alphabétisées 201 733 (75,7 %) ; hommes 149 980 (76,8 %) ; femmes 51 753 (72,5 %).

■ ***Santé*** (1993) : 693 médecins (1 pour 807 hab.) ; 1 103 lits d'hôpital (1 pour 507 hab.) ; taux de mortalité infantile (1990-1995) : 20,0 ‰.

■ ***Alimentation*** : n.d.

Défense nationale

■ ***Contingent*** (1997) : 11 800 (armée de terre 72,0 % ; marine 15,3 % ; armée de l'air 12,7 %).

■ ***Dépenses militaires*** (1995) : 4,4 % du P.N.B. (moyenne mondiale 2,8 %) ; soit 617 USD/hab.

→ *Corpus* : ROUMANIE
→ *Grand Atlas de Géographie* (éd. 1992) : 22, 38
→ *Grand Atlas de l'Histoire* : 215, 228, 252, 253, 264, 265, 266, 267, 272, 273, 292, 294, 295

ROUMANIE

• ***Nom officiel*** : Roumanie (România). Code I.S.O. : RO.

• ***Forme de gouvernement*** : république à structure étatique unitaire avec deux chambres législatives (Sénat [143] et Chambre des députés [343, dont 15 non-élus]).

• ***Chef de l'État*** : président.

• ***Chef du gouvernement*** : Premier ministre.

• ***Capitale*** : Bucarest (Bucureşti).

• ***Langue officielle*** : roumain.

• ***Religion officielle*** : aucune.

• ***Unité monétaire*** : 1 leu, plur. lei (ROL) = 100 bani, sing. ban ; valeur (31 déc. 1997) : 100 ROL = 0,074 6 FRF.

Démographie

■ ***Population*** (estim. 1997) : 22 572 000.

■ ***Densité*** (1997) : 95,0 hab./km².

■ ***Répartition urbaine/rurale*** (1995) : population urbaine 55,4 % ; population rurale 44,6 %.

■ ***Répartition par sexe*** (1993) : hommes 49,27 % ; femmes 50,73 %.

■ ***Répartition par âge*** (1995) : moins de 15 ans 20,4 % ; de 15 à 29 ans 25,0 % ; de 30 à 44 ans 20,5 % ; de 45 à 59 ans 16,9 % ; de 60 à 74 ans 13,6 % ; 75 ans et plus 3,6 %.

■ ***Projection démographique*** : 22 464 000 en 2000 ; 22 107 000 en 2010.

■ ***Composition ethnique*** (1992) : Roumains 89,4 % ; Hongrois 7,1 % ; Tsiganes 1,8 % ; Allemands 0,5 % ; Ukrainiens 0,3 % ; autres 0,9 %.

■ ***Appartenances religieuses*** (1992) : orthodoxes roumains 86,8 % ; catholiques 5,0 % ; orthodoxes grecs 3,5 % ; pentecôtistes 1,0 % ; musulmans 0,2 % ; autres 3,5 %.

■ ***Principales villes*** (1994) : Bucarest 2 080 363 hab. ; Constanţa 348 575 hab. ; Iaşi 339 889 hab. ; Timişoara 327 830 hab. ; Galaţi 326 728 hab. ; Cluj-Napoca 326 017 hab. ; Braşov 324 210 hab.

Statistiques de l'état civil

■ ***Taux de natalité*** (1995) : 10,4 ‰ (moyenne mondiale 25,0 ‰).

■ ***Taux de mortalité*** (1995) : 12,0 ‰ (moyenne mondiale 9,3 ‰).

■ ***Taux d'accroissement naturel*** (1995) : – 1,6 ‰ (moyenne mondiale 15,7 ‰).

■ ***Nombre de mariages*** (pour 1 000 hab., 1994) : 6,8.

■ ***Nombre de divorces*** (pour 1 000 hab., 1990) : 1,4.

■ ***Taux de fécondité*** (nombre moyen de naissances par femme en âge de procréer, 1993) : 1,5.

■ ***Espérance de vie*** à la naissance (1995) : hommes 69,3 ans ; femmes 75,4 ans.

■ ***Principales causes de décès*** (pour 100 000 hab., 1992) : maladies de l'appareil circulatoire 707,7 ; tumeurs bénignes et tumeurs malignes (cancers) 163,4 ; maladies de l'appareil respiratoire 94,0 ; maladies de l'appareil digestif 57,9.

Économie nationale

■ ***Budget de l'État*** (1996)
Recettes : 32 530 000 000 000 ROL (sécurité sociale 25,0 % ; impôts sur les revenus des particuliers 20,5 % ; taxe à la valeur ajoutée 16,5 %).
Dépenses : 36 820 000 000 000 ROL (sécurité sociale 27,3 % ; éducation 10,5 % ; santé 8,2 % ; logement 5,6 %).

■ ***Dette publique*** (extérieure, créances, 1995) : 3 896 000 000 USD.

■ ***Tourisme*** (1995) : recettes touristiques 574 000 000 USD ; dépenses touristiques à l'étranger 695 000 000 USD.

■ ***Production***
Agriculture, sylviculture, pêche (1995).
Maïs 11 500 000 t ; blé 7 100 000 t ; pommes de terre 2 800 000 t ; betteraves à sucre 2 800 000 t ; orge 1 500 000 t ; raisins 1 100 000 t ; graines de tournesol 1 200 000 t ; choux 800 000 t ; tomates 700 000 t.
Cheptel (sur pied) : moutons 9 663 000 ; porcs 8 235 000 ; bovins 3 435 000.
Bois (1996) : 12 616 000 m³.
Pêche (1995) : 85 101 t.
Industries extractives (1995) : fer 184 000 t ; bauxite 174 000 t ; zinc 35 000 t ; cuivre 24 000 t.
Industries manufacturières (valeur en millions d'USD, 1994) : produits alimentaires 1 415 ; boissons 499 ; textiles 472 ; fer et acier 387 ; poteries 370 ; produits métalliques 366 ; machines électriques 358.
Bâtiment (1995) : 9 300 unités construites.
Énergie (production/consommation) : électricité (1994) 55 136 000 000/55 861 000 000 kWh ; charbon (1994) 40 547 000/44 893 000 t ; pétrole brut (1994) 50 568 000/109 995 000 barils ; produits pétroliers (1994) 13 066 000/10 291 000 t ; gaz naturel (1994) 15 868 000 000/20 214 000 000 m³.

■ ***Produit national brut*** (1995) : 33 488 000 000 USD (1 480 USD/hab.).

■ ***Population active*** (1995) : 10 491 000 ; taux d'activité 46,2 % (taux de participation : de 15 à 64 ans 67,2 % [1992] ; femmes 44,2 % [1992] ; sans-emploi 7,4 %).

■ ***Utilisation du sol*** (1994) : forêts 29,0 % ; prairies et pâturages 21,2 % ; terres cultivées et plantations 43,1 % ; autres 6,7 %.

districts	chefs-lieux	superficie (km²)	population * (recens. janv. 1992)
districts :			
Alba	Alba Iulia	6 231	414 200
Arad	Arad	7 652	487 400
Argeş	Piteşti	6 801	680 600
Bacu	Bacu	6 606	736 100
Bihor	Oradea	7 535	634 100
Bistriţa-Nsud	Bistriţa	5 305	327 200
Botoşani	Botoşani	4 965	458 900
Brila	Brila	4 724	392 100
Braşov	Braşov	5 351	642 500
Buzu	Buzu	6 072	516 300
Calaraşi	Clraşi	5 074	338 800
Caraş-Severin	Reşiţa	8 503	375 800
Cluj	Cluj-Napoca	6 650	735 100
Constanţa	Constanţa	7 055	748 000
Covasna	Sfîntu-Gheorghe	3 705	232 600
Dîmboviţa	Tîrgovişte	4 036	559 900
Dolj	Craiova	7 413	761 100
Galaţi	Galaţi	4 425	639 900
Giurgiu	Giurgiu	3 511	313 100
Gorj	Tîrgu Jiu	5 641	400 100
Harghita	Miercurea-Ciuc	6 610	347 700
Hunedoara	Deva	7 016	548 000
Ialomiţa	Slobozia	4 449	304 000
Iaşi	Iaşi	5 469	806 800
Maramureş	Baia Mare	6 215	538 500
Mehedinţi	Drobeta-Turnu Severin	4 900	332 100
Mureş	Tîrgu Mureş	6 696	607 300
Neamţ	Piatra Neamţ	5 890	577 600
Olt	Slatina	5 507	521 000
Prahova	Ploieşti	4 694	873 200
Slaj	Zalu	3 850	266 300
Satu Mare	Satu Mare	4 405	400 100
Sibiu	Sibiu	5 422	452 800
Suceava	Suceava	8 555	700 800
Teleorman	Alexandria	5 760	482 300
Timiş	Timişoara (hongr. Temesvár)	8 692	700 300
Tulcea	Tulcea	8 430	270 200
Vaslui	Vaslui	5 297	457 800
Vîlcea	Rîmnicu Vîlcea	5 705	436 300
Vrancea	Focşani	4 863	392 600
municipalité :			
Bucarest (Bucureşti)	Bucarest	1 820	2 351 000
total		**237 500**	**22 760 500**

(•) Résultats préliminaires.

Territoire et population.

	milliards de ROL	% du total	effectifs	% des effectifs
agriculture	10 001	20,1	3 653 000	32,5
mines, industrie et entreprises publiques	16 091	32,3	2 881 700	25,6
bâtiment	3 010	6,0	562 700	5,0
transports et communications	4 934	9,9	556 000	4,9
commerce	5 806	11,7	772 300	6,9
finance			59 100	0,5
administration, services	8 263	16,6	1 526 800	13,6
autres	1 690	3,4	1 237 400•	11,0
total	**49 795**	**100,0**	**11 249 000**	**100,0**

(•) Sans-emploi.

Structure du produit intérieur brut et effectifs (1992).

	1990	1991	1992	1993	1994	1995	1996
indice des prix à la consommation	100,0	274,4	854,0	3 033,1	7 181,2	9 496,6	13 184,1
indice des revenus annuels	100,0	221,3	597,4	1 804,8	4 142,0	n.d.	n.d.

Indices des prix et des revenus (1990 = 100).

	1991	1992	1993	1994	1995	1996
millions de USD	− 1 182	− 1 420,5	− 1 127,8	− 411,1	− 1 150,5	− 2 130
% du total	12,5	14,0	10,3	3,2	7,1	10,3

Balance commerciale (prix courants).

	nombre d'établissements	nombre d'enseignants	nombre d'élèves	nombre d'élèves par enseignant
primaire (6-9 ans) [1]	13 963	168 702	2 532 169	15,0
secondaire (10-17 ans) [2]	1 276	60 514	757 673	12,5
professionnel et formation à l'enseignement	1 530	9 360	345 394	36,9
supérieur	63	20 452	255 162	12,5

1. Inclut le secondaire inférieur. 2. Secondaire deuxième cycle seulement.

Enseignement (1994-1995).

Échanges extérieurs

■ ***Importations*** (1996) : 10 368 000 000 000 ROL (combustible minéral 25,4 % ; équipement industriel et de transport 24,1 % ; textiles 12,0 % ; produits chimiques 8,4 %).
Principales sources des importations : Allemagne 16,5 % ; Italie 15,6 % ; Russie 13,1 % ; France 4,8 % ; États-Unis 3,8 % ; Autriche 3,1 %.

■ ***Exportations*** (1996) : 10 272 827 000 000 ROL (textiles 20,8 % ; produits minéraux 9,2 % ; produits chimiques 9,0 % ; machines 8,0 % ; chaussures 6,1 %).
Principales destinations des exportations : Allemagne 18,2 % ; Italie 16,6 % ; France 5,6 % ; Royaume-Uni 2,9 % ; États-Unis 2,2 %.

Transports et communications

■ ***Transports***
Chemins de fer (1995) : longueur 11 365 km (1994) ; trafic : 18 880 000 000 passagers-km ; 27 180 000 000 t-km.
Routes (1992) : longueur totale 153 014 km (51 % recouvertes).
Véhicules (1995) : voitures 2 197 777 ; camions et autobus 385 111.
Marine marchande (1992) : 439 navires (de 100 tjb et plus) ; 4 845 539 tonneaux de port en lourd.
Transports aériens (1994) ; trafic : 2 580 000 000 passagers-km ; 19 404 000 t-km. 8 aéroports (1997).

■ ***Communications***
Journaux quotidiens (1995) : diffusion totale 6 800 000 ; diffusion pour 1 000 hab. 297.
Radiodiffusion (1996) : 4 500 000 postes récepteurs ; 198 pour 1 000 hab.
Télévision (1995) : 4 580 000 postes récepteurs ; 201 pour 1 000 hab.
Téléphone (1995) : 2 968 000 lignes principales ; 131 pour 1 000 hab.

Éducation et santé

■ ***Niveau d'éducation*** (1992)
Proportion de la population âgée de 25 ans et plus : sans instruction scolaire 5,4 % ; ayant une éducation primaire incomplète 24,4 % ; éducation secondaire incomplète 63,2 % ; éducation post-secondaire 6,9 %.

■ ***Alphabétisation*** (1992) : population alphabétisée à 96,7 %.

■ ***Santé*** : 40 265 médecins en 1993 (1 pour 565 hab.) ; 215 629 lits d'hôpital en 1992 (1 pour 105 hab.) ; taux de mortalité infantile (1995) : 21,2 ‰.

■ ***Alimentation*** (1997) : apport journalier en calories par habitant 3 166 (alimentation d'origine végétale 78 % ; d'origine animale 12 %) ; soit 128 % du niveau minimal recommandé par la F.A.O.

Défense nationale

■ ***Contingent*** (1997) : 227 000 (armée de terre 57,0 % ; marine 7,7 % ; armée de l'air 21,0 % ; gardes-frontière paramilitaires et gendarmerie 14,3 %).

■ ***Dépenses militaires*** (1995) : 2,5 % du P.N.B. (moyenne mondiale 2,8 %) ; soit 115 USD/hab.

Corpus : CARPATES (économies nationales des régions carpatiques) ; DANUBE (développement du trafic) ; EUROPE (Structure et milieu) – Géographie (répartition des populations) ; EUROPE DE L'EST – Les économies des pays communistes ; FER (MINERAIS DE) [les pays producteurs] ; GAZ NATUREL (U.R.S.S. et pays de l'Est) ; NOIRE (MER) [l'activité économique] ; PÉTROLE – Géographie du pétrole (Europe orientale) ; SEL (l'économie du sel au XXe siècle) ; SOCIALISME – Économie des pays socialistes.

Universalia 1988 : 105 Europe de l'Est : la diffusion de l'« effet Gorbatchev » ; 112 Europe centrale : le problème des minorités ethniques et nationales ; 307 La minorité hongroise de Transylvanie ; ***Universalia 1990 :*** 332 La systématisation ; ***Universalia 1991 :*** 129 La fin de la satellisation de l'Europe de l'Est ? ; 354 La transformation du système des mass media ; ***Universalia 1992 :*** 201 Le retour des nationalités ; ***Universalia 1997 :*** 96 Transition à l'Est et coopération européenne ; ***Universalia 1998 :*** 240 La vraie sortie du communisme.

Thesaurus :
BANAT
BRASOV
BUCAREST
BUKOVINE
CONSTANŢA
DANUBE (DELTA DU)
DOBROUDJA
IASI
MOLDAVIE ROUMAINE
OLTÉNIE
PLOESTI
TRANSYLVANIE
VALACHIE

→ *Corpus* : GRANDE-BRETAGNE
→ *Grand Atlas de Géographie* (éd. 1992) : 28, 42, 44, 46, 48 ; 226 (Londres), 228 (Manchester, Liverpool) ; 166e (Pitcairn), 208a (Bermudes), 208m (îles Vierges britanniques)
→ *Grand Atlas de l'Histoire* : 200-201 (Les débuts de la révolution industrielle en Grande-Bretagne : 1760-1820), 208, 209, 210, 212, 244, 245, 252, 253, 256, 257, 260, 261, 264, 265, 266, 267, 268, 269, 270, 271, 272, 273, 274, 275, 276, 277, 295

ROYAUME-UNI

- ***Nom officiel*** : Royaume-Uni de Grande-Bretagne et d'Irlande du Nord (United Kingdom of Great Britain and Northern Ireland). Code I.S.O. : GB.
- ***Forme de gouvernement*** : monarchie constitutionnelle avec deux assemblées législatives (Chambre des lords [1 197] et Chambre des communes [651]).
- ***Chef de l'État*** : reine.
- ***Chef du gouvernement*** : Premier ministre.
- ***Capitale*** : Londres.
- ***Langue officielle*** : anglais.
- ***Religion officielle*** : Églises d'Angleterre et d'Écosse établies (Églises sous la protection de l'État mais non officielles) dans leurs pays respectifs ; pas d'Église établie en Irlande du Nord ni au pays de Galles.
- ***Unité monétaire*** : 1 livre sterling (GBP) = 100 nouveaux pence (sing. penny) ; valeur (31 déc. 1997) : 100 GBP = 991,70 FRF ; 1 écu = 0,666 755 GBP.

Statistiques de l'état civil

■ ***Taux de natalité*** (1996) : 12,5 ‰ (moyenne mondiale 25,0 ‰) ; (1994) taux de naissances légitimes 68,0 %, illégitimes 32,0 %.

■ ***Taux de mortalité*** (1996) : 10,9 ‰ (moyenne mondiale 9,3 ‰).

■ ***Taux d'accroissement naturel*** (1996) : 1,6 ‰ (moyenne mondiale 15,7 ‰).

■ ***Taux de fécondité*** (nombre moyen de naissances par femme en âge de procréer, 1994) : 1,7.

■ ***Nombre de mariages*** (pour 1 000 hab., 1995) : 5,5.

■ ***Nombre de divorces*** (pour 1 000 hab., 1995)[b] : 3,0.

■ ***Espérance de vie*** à la naissance (1995) : hommes 74,4 ans ; femmes 79,7 ans.

	millions de GBP	% du total	effectifs	% des effectifs
agriculture	11 790	1,8	278 000	1,0
mines	18 068	2,8	268 000	1,0
industrie	137 006	21,3	4 105 000	14,4
bâtiment	33 746	5,2	825 000	3,0
entreprises publiques	13 606	2,1	147 000	0,5
transports et communications	54 056	8,4	1 315 000	4,7
commerce	93 091	14,5	3 749 000	13,4
finance	164 282	25,6	984 000	3,5
administration, défense nationale	120 120	18,7	5 798 000	20,7
services	24 713	3,8	4 937 000	17,6
autres	– 27 562 [1]	– 4,3 [1]	5 653 000 [2]	20,2 [2]
total	**642 916**	**100,0**	**27 969 000**	**100,0**

1. Loyers moins les frais de service bancaire. 2. Dont 2 150 000 sans-emploi, 3 282 000 travailleurs indépendants et 221 000 militaires.

Structure du produit intérieur brut et effectifs (1996).

	nombre d'entreprises	nombre d'employés	salaire annuel en % de la moyenne de tous les salaires	valeur ajoutée annuelle (millions de GBP)
industrie :				
alimentation, boissons et tabac	9 463	554 700	n.d.	16 559
papier et dérivés, imprimerie et édition	26 825	430 400	n.d.	13 438
équipement électrique et informatique	13 902	512 800	n.d.	13 209
équipement de transport	3 704	414 200	n.d.	12 815
génie chimique	3 809	270 200	n.d.	12 538
équipement industriel et machines	11 636	387 500	n.d.	9 391
caoutchouc et plastiques	5 103	228 500	n.d.	5 679
produits manufacturés en métal	3 524	144 400	n.d.	4 197
textiles	7 256	171 800	n.d.	3 498
habillement	8 119	211 800	n.d.	2 176
huile minérale raffinée	148	13 100	n.d.	1 618
bois et produits dérivés	7 767	73 600	n.d.	1 292
mines :				
houille, huiles minérales et gaz naturel	358.	80 000 *	n.d.	10 261
minéraux non combustibles	921	30 200	n.d.	1 090
bâtiment	199 363	1 016 000 *	n.d.	19 274

(*) 1992.

Industrie, mines et bâtiment (1993).

Démographie

■ ***Population*** (estim. 1997) : 58 919 000.

■ ***Densité*** (1997)[a] : 241,4 hab./km².

■ ***Répartition urbaine/rurale*** (1996) : population urbaine 89,4 % ; population rurale 10,6 %.

■ ***Répartition par sexe*** (1996) : hommes 49,09 % ; femmes 50,91 %.

■ ***Répartition par âge*** (1996) : moins de 15 ans 19,5 % ; de 15 à 29 ans 20,1 % ; de 30 à 44 ans 21,9 % ; de 45 à 59 ans 18,0 % ; de 60 à 74 ans 13,3 % ; 75 ans et plus 7,2 %.

■ ***Projection démographique*** : 59 333 000 en 2000 ; 60 395 000 en 2010.

■ ***Temps de doublement*** : sans objet.

■ ***Composition ethnique***[b] (1992-1994) : Blancs 93,7 % ; Indiens 1,8 % ; Pakistanais 1,4 % ; Noirs 1,4 % ; autres et sans précision 1,7 %.

■ ***Appartenances religieuses*** (1990) : chrétiens env. 80,0 %, dont catholiques env. 21,0 %, anglicans env. 20,0 %, presbytériens env. 14,0 %, méthodistes env. 5,0 %, baptistes env. 3,0 % ; musulmans env. 11,0 % ; sikhs env. 4,0 % ; hindous env. 2,0 % ; juifs env. 1,0 % ; autres env. 2,0 %.

■ ***Principales villes*** (1995) : grand Londres 7 007 100 hab. ; Birmingham 1 017 500 hab. ; Leeds 725 000 hab. ; Glasgow 674 800 hab. ; Sheffield 528 500 hab. ; Bradford 482 700 hab. ; Liverpool 470 800 hab. ; Édimbourg 447 600 hab. ; Manchester 432 600 hab. ; Bristol 400 700 hab.

■ ***Lieu de naissance*** (1991) : nés au Royaume-Uni 93,2 % (52 721 000) ; nés à l'étranger 6,8 %, dont Inde 1,5 %, Irlande 1,1 %, pays des Caraïbes 0,9 %, Pakistan 0,9 % ; autres 2,2 %.

■ ***Mobilité*** (1991)[b] : sans changement de résidence depuis 1990 90,1 % ; changement de résidence à l'intérieur d'un même pays du Royaume-Uni 8,1 % ; changement de résidence entre différents pays du Royaume-Uni 1,2 % ; immigration 0,6 %.

■ ***Ménages***[b] (1994)
Taille moyenne des ménages : 2,4 ; ménages d'une personne 27 % ; de 2 personnes 34 % ; de 3 personnes 16 % ; de 4 personnes 15 % ; de 5 personnes 6 % ; de 6 personnes ou plus 2 %.

Ménages familiaux : 16 900 000 (72,0 %) ; ménages non familiaux 6 600 000 (28,0 %), dont ménages d'une personne 12,2 %.

■ ***Immigration*** (1995)

Résidents permanents admis : 245 000.

Lieux d'origine : États-Unis 11,0 % ; Australie 8,6 % ; Bangladesh, Inde et Sri Lanka 4,5 % ; Nouvelle-Zélande 4,1 % ; Afrique du Sud 3,7 % ; Canada 3,3 % ; autres 64,8 %, dont Union européenne 14,7 %.

■ ***Principales causes de décès*** (pour 100 000 hab., 1994) : maladies de l'appareil circulatoire 473,3, dont maladies de cœur ischémiques 265,2, maladies cérébro-vasculaires 116,8 ; tumeurs malignes (cancers) 275,4 ; maladies de l'appareil respiratoire 155,6, dont pneumonie 92,9 ; maladies de l'appareil digestif 36,4 ; troubles endocriniens 14,1, dont diabète 11,2 ; maladies de l'appareil génito-urinaire 13,4 ; suicide 7,5.

Indicateurs sociaux

■ ***Niveau d'éducation*** (1981)
Proportion de la population âgée de 25 ans et

© ENCYCLOPÆDIA UNIVERSALIS
0
50
100 km
Unst
Yell
Baltasound
Fetlar
Ulsta
Whalsay
SHETLAND
Foula
Lerwick
Bressay
Tolob
60°
Skroo
Sanday
Westray
ORCADES
Broughtown
Mainland
Stronsay
Hoy
Kirkwall
Portland Firth
South Ronaldsay
cap Wrath
cap Duncansby
Thurso
Lewis
Tongue
Stornoway
Helmsdale
58°
HÉBRIDES
Tarbert
the Minch
Lairg
Ullapool
Moray Firth
North Uist
Lochmaddy
HIGHLAND
ÉCOSSE
Fraseburgh
Uig
Elgin
Keith
Benbecula
Achnasheen
Peterhead
Portree
Inverness
South Uist
Kyle of Lochalsh
GRAMPIAN
Lochboisdale
Loch Ness
Skye
Invergarry
Carrbridge
Aberdeen
Barra
Don
Castlebay
Rhum
Spean Bridge
Salen
Montrose
Coll
Tay
TAYSIDE
Tiree
Tyndrum
Dundee
Mull
Oban
MER
DU NORD
Perth
CENTRE
FIFE
OCÉAN
ATLANTIQUE
Firth of Lorn
Stirling
Glenrothes
56°
Jura
LOTHIAN
STRATHCLYDE
Islay
Glasgow
EDIMBOURG
Motherwell
BORDERS
Berwick-upon-Tweed
Kilmarnock
Tweed
Newton-Saint-Boswells
canal du Nord
Arran
Ayr
Hawick
Coleraine
Ballycastle
Tyne
Dumfries
Derry
Ballymoney
Limavady
Newcastle
DUMFRIES & GALLOWAY
Carlisle
Strabane
IRLANDE
Ballymena
Stranraer
Durham
DU NORD
Antrim
NORD
Dungannon
BELFAST
Middlesbrough
Omagh
Whitehaven
ANGLETERRE
Banbridge
Enniskillen
Kendal
Northallerton
Armagh
Downpatrick
île de Man
YORKSHIRE & HUMBERSIDE
54°
Newry
Douglas
York
Beverley
Blackpool
Preston
Bradford
Leeds
MER D'IRLANDE
Kingston-upon-Hull
Wakefield
NORD-OUEST
Barnsley
Anglesey
Liverpool
Manchester
Sheffield
MIDLANDS DE L'EST
IRLANDE
Holyhead
Skegness
Mold
Chester
Matlock
Lincoln
the Wash
Carnarvon
CLWYD
Stoke-on-Trent
Nottingham
Derby
Trent
Grantham
GWYNEDD
Stafford
King's Lynn
Norwich
PAYS DE GALLES
Shrewsbury
Leicester
Severn
Birmingham
EST-ANGLIE
POWYS
MIDLANDS DE L'OUEST
Coventry
Aberystwyth
Northampton
Cambridge
canal Saint-Georges
Warwick
Worcester
Ipswich
52°
Llandrindod Wells
Bedford
DYFED
Wye
Ouse
Luton
Carnarthen
Hertford
Chelmsford
4
Oxford
Gloucester
Aylesbury
1
2
Cwmbran
LONDRES
Milford Haven
Tamise
Southend-on-Sea
Swansea
CARDIFF
3
Bristol
Reading
Maidstone
Trowbridge
Kingston
I GLAMORGAN DE L'OUEST
2 GLAMORGAN DU CENTRE
3 GLAMORGAN DU SUD
4 GWENT
Winchester
SUD-EST
Folkestone
Douvres
SUD-OUEST
Barnstaple
Southampton
Chichester
Lewes
Taunton
Hastings
pas de Calais
Exeter
Dorchester
Poole
Portsmouth
Newport
Weymouth
île de Wight
Torbay
Plymouth
Truro
Penzance
MANCHE
50°
Prawle Point
cap Land's end
Falmouth
îles Scilly
cap Lizard
FRANCE
8°
6°
4°
2°
0°

Corpus : ACIER (ÉCONOMIE DE L') [la répartition mondiale de la production] ; AÉROSPATIALE (INDUSTRIE) ; AQUACULTURE ; AUSTRALES (TERRES) ; AUTOMOBILE – Industrie ; BRITANNIQUE (EMPIRE) [la crise du Commonwealth et les survivances contemporaines] ; CHARBONNAGES (l'Europe charbonnière) ; CHEMIN DE FER (le transport des voyageurs) ; CHIMIE – Les industries chimiques ; ÉLECTRICITÉ – Électrotechnique (la Grande-Bretagne) ; ÉLECTRONIQUE (INDUSTRIE) ; EUROPE (Structure et milieu) – Géographie (l'expansion démographique) ; EUROPE OCCIDENTALE ; GAZ NATUREL (Europe occidentale) ; GIBRALTAR ; INDUSTRIE – Groupes industriels et financiers ; IRLANDE ('Irlande du Nord) ; LONDRES ; MANCHE (zones économiques exclusives) ; MIGRANTS (ampleur du mouvement migratoire) ; NORD (MER DU) [le pétrole] ; NUCLÉAIRE (INDUSTRIE) ; PÊCHE ; PÉTROLE – Géographie du pétrole (Europe occidentale) ; PHARMACIE ET INDUSTRIE PHARMACEUTIQUE ; POPULATION (GÉOGRAPHIE DE LA) [population et démographie] ; RECHERCHE SCIENTIFIQUE ; RECONVERSION ÉCONOMIQUE ; SEL (l'économie du sel à la fin du XXe siècle) ; TÉLÉVISION ET RADIODIFFUSION – Les organismes dans les pays occidentaux ; TERTIAIRE (SECTEUR) ; TEXTILES (INDUSTRIES) ; TOURISME ; TRANSPORTS ; VIANDE.

Universalia 1985 : 297 Les deux Irlandes dans la tourmente ; ***Universalia 1986 :*** 260 Le conflit des charbonnages ; ***Universalia 1987 :*** 281 Où va le thatchérisme ? ; 293 L'accord anglo-irlandais de 1985 ; ***Universalia 1988 :*** 246 La troisième victoire de Margaret Thatcher ; ***Universalia 1989 :*** 295 La crise de l'enseignement et le thatchérisme ; ***Universalia 1990 :*** 130 Les villes géantes ; 262 Où en sont les privatisations ? ; ***Universalia 1991 :*** 117 La Communauté européenne dans la nouvelle configuration Est-Ouest ; 158 Transports internationaux et enjeux géopolitiques ; 165 Le fardeau des déchets industriels ; 194 L'introduction de l'informatique dans l'agriculture ; 282 Le départ de Margaret Thatcher ; 284 La réutilisation du patrimoine architectural de l'industrie ; 438 Les institutions britanniques ; ***Universalia 1992 :*** 122 L'Europe et l'Afrique : quelles perspectives ? ; 274 La division Nord-Sud : historique et réalités contemporaines ; ***Universalia 1993 :*** 244 Une élection pour rien ? ; ***Universalia 1994 :*** 263 Grande-Bretagne, la crise urbaine ; ***Universalia 1995 :*** 241 Irlande du Nord : l'arrêt des combats ; ***Universalia 1996 :*** 237 Grande-Bretagne : vers un nouveau Labour ; ***Universalia 1998 :*** 243 De John Major à Tony Blair : les élections du 1er mai 1997.

régions et comtés	capitales et chefs-lieux	superficie (km^2)	population (recens. 1991)
Angleterre (England)	**Londres (London)**	**130 439** [1]	**46 161 500**
régions de programme économique comtés			
Est-Anglie (East Anglia)			
Cambridgeshire	Cambridge	3 409	640 700
Norfolk	Norwich	5 368	736 400
Suffolk	Ipswich	3 797	629 900
Midlands de l'Est (East Midlands)			
Derbyshire	Matlock	2 631	914 600
Leicestershire	Leicester	2 553	860 500
Lincolnshire	Lincoln	5 915	573 900
Northamptonshire	Northampton	2 367	572 900
Nottinghamshire	Nottingham	2 164	980 600
Midlands de l'Ouest (West Midlands)			
Hereford-et-Worcester	Worcester	3 927	667 800
Midlands de l'Ouest [2]	Birmingham	899	2 499 300
Shropshire (var. : Salop)	Shrewsbury	3 490	401 600
Staffordshire	Stafford	2 716	1 020 300
Warwickshire	Warwick	1 981	477 000
Nord (Northern Region ; anc. **Northern England**			
Cleveland	Middlesbrough	583	541 100
Cumbrie (Cumbria)	Carlisle	6 810	486 900
Durham	Durham	2 436	589 800
Northumberland	Newcastle upon Tyne	5 032	300 600
Tyne and Wear [2]	Newcastle upon Tyne	540	1 087 000
Nord-Ouest (North West)			
Cheshire	Chester	2 329	937 300
Grand Manchester (Greater Manchester) [2]	Manchester	1 287	2 454 800
Lancashire	Preston	3 064	1 365 100
Merseyside [2]	Liverpool	652	1 376 800
Sud-Est (South East)			
Bedfordshire	Bedford	1 235	514 200
Berkshire	Reading	1 259	716 500
Buckinghamshire	Aylesbury	1 883	619 500
Essex	Chelmsford	3 672	1 495 600
Grand Londres (Greater London) [2]	Londres (London)	1 579	6 377 900
Hampshire	Winchester	3 777	1 511 900
Hertfordshire	Hertford	1 634	951 500
Kent	Maidstone	3 731	1 485 100
Oxfordshire	Oxford	2 608	553 800
Surrey	Kingston upon Thames	1 679	998 000
Sussex occidental (West Sussex)	Chichester	1 989	692 800
Sussex oriental (East Sussex)	Lewes	1 795	670 600
Wight (Île de) [Isle of Wight]	Newport	381	126 600
Sud-Ouest (South West)			
Avon	Bristol	1 346	919 800
Cornouailles (Cornwall)	Truro	3 564	469 300
Devon	Exeter	6 711	998 200
Dorset	Dorchester	2 654	645 200
Gloucestershire	Gloucester	2 643	520 600
Somerset	Taunton	3 451	459 100
Wiltshire	Trowbridge	3 480	553 300
Yorkshire & Humberside			
Humberside	Beverley	3 512	835 200
Yorkshire de l'Ouest (West Yorkshire) [2]	Wakefield	2 039	1 984 700
Yorkshire du Nord (North Yorkshire)	Northallerton	8 309	698 700
Yorkshire du Sud (South Yorkshire) [2]	Barnsley	1 560	1 248 500
Écosse (anglais **Scotland**, gaélique **Alba)**	**Édimbourg (Edinburgh)**	**78 783**	**4 957 500**
régions :			
Borders	Newton Saint Boswells	4 698	102 600
Écosse du Centre (Central Scotland)	Stirling	2 700	268 000
Dumfries & Galloway	Dumfries	6 425	147 100
Fife, ou Fifeshire	Glenrothes	1 319	339 300
Grampian	Aberdeen	8 752	493 200
Highland	Inverness	26 137	209 400
Lothian	Édimbourg (Edinburgh)	1 770	723 700
Strathclyde	Glasgow	13 773	2 218 200
Tayside	Dundee	7 643	385 300
zones d'autorité insulaire :			
Hébrides (îles de l'Ouest ou) Hebrides or Western Islands	Sornoway		
Orcades (Orkney)	Kirkwall	5 566	70 700
Shetland	Lerwick		
Galles (pays de) [anglais Wales, gallois **Cymru]**	**Cardiff** (gallois **Caerdydd**)	**20 768**	**2 798 500**
comtés :			
Clwyd	Mold	2 427	401 900
Dyfed	Carmarthen (gall. Caerfyrddin)	5 768	341 600
Glamorgan (gall. Morgannwg)			
de l'Ouest (West Glamorgan)	Swansea	817	357 800
du Centre (Mid Glamorgan)	Cardiff (gall. Caerdydd)	1 018	526 500
du Sud (South Glamorgan)	Cardiff	416	383 300
Gwent	Cwmbran	1 376	432 300
Gwynedd	Carnarvon (gall. Caernarfon)	3 869	238 600
Powys	Landrindod Wells	5 077	116 500
Irlande du Nord (Northern Ireland) [4]	**Belfast**	**14 120**	**1 570 000**
total		**244 110** [3]	**55 487 500**

1. Le total ne correspond pas exactement au détail en raison des arrondis. 2. Entité géographique uniquement. Depuis le 1er avril 1986, les fonctions administratives des anciens conseils de comtés métropolitains ont été répartis aux autres autorités locales. 3. Ce grand total englobe 3 228 km^2 d'eaux intérieures (Angleterre 758, Écosse 1 702, pays de Galles 130, Irlande du Nord 638). Il exclut l'île de Man (572 km^2) et les îles Anglo-Normandes (194 km^2) qui, en tant que dépendances directes de la Couronne, ne font pas partie intégrante du Royaume-Uni stricto sensu. 4. Comprend 26 districts gouvernementaux locaux, non indiqués séparément.

Territoire et population.

pourcentage du revenu familial par quintile				
1	2	3	4	5 (le plus haut)
7,9	12,2	16,1	23,0	40,8

Répartition du revenu disponible (1994-1995).

plus : ayant une éducation primaire ou secondaire 89,7 % ; début d'éducation postsecondaire 4,8 % ; niveau de la licence 4,9 % ; éducation universitaire du second ou du troisième cycle 0,6 %.

■ ***Qualité de la vie professionnelle*** (1992)
Durée moyenne de la semaine de travail : hommes 43,3 heures, femmes 30,2 heures.
Taux annuel (pour 100 000 actifs) : de blessures ou d'accidents 752,6 ; de maladies professionnelles 1,3 (1993, maladies pulmonaires uniquement) ; de décès 1,5.
Proportion d'effectifs (salariés) assurés contre dommages ou pertes de revenus résultant : de blessures 100 % ; d'incapacité permanente 100 % ; de décès 100 %.
Nombre moyen (pour 1 000 journées-ouvriers) de journées perdues en raison d'arrêts de travail (1994) : 0,05.
Principaux moyens de transport jusqu'au lieu de travail (Londres uniquement, 1991) : transports en commun 81 % ; voiture particulière 15 % ; cyclomoteur et bicyclette 2 % ; autres 2 %.

■ ***Accès aux services***[b] (1991)
Proportion de logements équipés de : bains ou douche 98,7 % ; cabinet de toilette 99,8 % ; chauffage central 81,1 %.

■ ***Participation à la vie sociale***
Électeurs inscrits ayant participé au dernier scrutin national (mai 1997) : 71,3 % ; personnes âgées de plus de 16 ans participant au travail bénévole (1987)[b] 22 % ; taux d'adhésion aux syndicats (1992) 32,0 %.

■ ***Délinquance et/ou déviance sociale***[b]
Délits pour 100 000 hab. (1995) : vols et recel 4 944,2 ; cambriolages 2 431,0 ; voies de fait 406,2 ; fraude et contrefaçon 277,8 ; vols à main armée 135,8 ; violences sexuelles 58,5.
Nombre (pour 100 000 hab.) : de toxicomanes enregistrés (1994) 36,5 ; suicides 7,5.

■ ***Loisirs préférés*** (heures par semaine, 1994) : télévision 17,1 ; radio 10,3 ; lecture 8,8 ; jardinage 2,1.

■ ***Niveau de confort*** (1995)
Ménages possédant : voiture particulière 69,7 % ; téléphone 92,4 % ; récepteur de télévision 98,3 % (poste en couleurs 95 %) ; réfrigérateur (1992) 98,5 % ; chauffage central 85,3 % ; lave-linge 90,9 % ; magnétoscope 79,2 %.

Économie nationale

■ ***Budget de l'État*** (1996-1997)
Recettes : 280 900 000 000 GBP (impôts sur le revenu 33,5 % ; taxes sur la valeur ajoutée 16,9 % ; cotisations de sécurité sociale 16,6 %).
Dépenses : 308 500 000 000 GBP (prestations de sécurité sociale 24,9 % ; service public de santé 11,0 % ; défense 7,2 % ; intérêt de la dette 7,2 %).

■ ***Produit national brut*** (1995) : 1 094 734 000 000 USD (18 700 USD/hab.).

	1991	1992	1993	1994	1995	1996	1997 (avril)
taux de change :							
USD pour 1 GBP	1,77	1,76	1,50	1,53	1,58	1,56	1,60
D.T.S. pour 1 GBP	1,31	1,10	1,08	1,07	1,04	1,18	1,19
réserves internationales (USD) :							
total (sans l'or, milliards)	41,89	36,64	36,78	41,01	42,02	39,90	35,18 [1]
D.T.S. (milliards)	1,31	0,54	0,29	0,49	0,41	0,34	0,44
réserve éventuelle au F.M.I. (milliards)	1,85	2,01	1,86	1,99	2,42	2,43	2,18
devises (milliards)	38,73	34,09	34,63	38,53	39,18	37,12	32,65 [1]
or (onces, millions)	18,89	18,61	18,45	18,44	18,43	18,43	18,42 [1]
% des réserves mondiales	2,0	2,0	2,0	2,0	2,0	2,0	2,1 [1]
intérêts et prix :							
escompte de la Banque centrale (%)	n.d.	n.d.	n.d.	n.d.	n.d.	n.d.	n.d.
taux de rendement des bons du Trésor (%)	9,92	9,12	7,87	8,05	8,26	8,10	6,97 [2]
cotation des actions des sociétés industrielles (1990 = 100)	109,8	114,7	131,7	141,5	147,3	166,9	190,5 [2]
balance des paiements (USD, millions) :							
balance commerciale	– 17 990	– 24 618	– 20 570	– 16 127	– 18 266	– 18 870	n.d.
importations F.O.B.	201 081	212 058	201 802	222 263	259 154	278 400	n.d.
exportations F.O.B.	183 091	187 440	181 232	206 136	240 888	259 530	n.d.
balance des transactions invisibles	+ 6 768	+ 3 904	+ 4 179	+ 13 736	+ 7 697	+ 19 110	n.d.
balance des paiements, compte courant	– 11 222	– 20 714	– 16 391	– 2 391	– 10 569	+ 240	n.d.

1. Juin. 2. Juillet.

Agrégats financiers.

	1990	1991	1992	1993	1994	1995	1996
indice des prix à la consommation	100,0	105,9	109,8	111,5	114,3	118,2	121,1
indice des revenus mensuels	100,0	108,0	114,6	118,5	123,3	127,4	132,3

Indices des prix et des revenus (1990 = 100).

	1991	1992	1993	1994	1995	1996
millions de GBP	– 17 990	– 24 618	– 20 570	– 12 029	– 10 621	– 11 174
% du total	4,7	6,2	5,4	4,3	3,3	3,2

Balance commerciale (prix courants).

	nombre d'établissements	nombre d'enseignants	nombre d'élèves	nombre d'élèves par enseignant
primaire (5-10 ans)	32 385	231 659	4 906 439	21,2
secondaire (11-19 ans)		228 187	3 779 262	16,6
professionnel et formation à l'enseignement	n.d.	n.d.	586 000 [1]	n.d.
supérieur [2]	70	env. 48 000	env. 810 000	env. 17,0

1. 1992-1993. 2. Universités uniquement.

Enseignement (secteur public uniquement, 1994-1995).

	nombre d'entreprises	nombre d'employés	salaire hebdomadaire en % de la moyenne de tous les salaires	chiffre d'affaires annuel (millions de GBP) *
alimentation et épicerie	60 119	854 000	n.d.	51 462
dont grandes épiceries	71	579 000	n.d.	40 837
autres épiceries	18 557	95 000	n.d.	4 086
boucheries	12 149	58 000	n.d.	2 523
produits domestiques	45 532	299 000	n.d.	20 881
dont appareils électriques et musicaux	10 887	87 000	n.d.	7 270
meubles	11 927	60 000	n.d.	4 575
boissons, confiserie et tabac	46 671	254 000	n.d.	13 810
dont tabac et confiserie	41 502	215 000	n.d.	10 880
vêtements et chaussures	24 923	264 000	n.d.	12 428
dont vêtements pour femmes, jeunes filles et enfants	13 624	102 000	n.d.	4 771
chaussures	3 098	67 000	n.d.	2 589
vêtements pour hommes et jeunes gens	3 751	37 000	n.d.	2 063
produits pharmaceutiques	7 560	87 000	n.d.	5 231
vente par correspondance	129	33 000	n.d.	4 076

(•) Comprend la taxe à la valeur ajoutée.

Commerce de détail (1992).

■ ***Dette nationale totale*** (mars 1994) : 283 559 000 000 GBP.

■ ***Tourisme*** (1996) : recettes touristiques 20 019 700 000 USD ; dépenses touristiques à l'étranger 25 046 100 000 USD.

■ ***Production***
Agriculture, sylviculture, pêche (1996).
Blé 16 102 000 t ; betteraves à sucre 9 555 000 t ; orge 7 784 000 t ; pommes de terre 7 219 000 t ; graines de colza 1 448 000 t ; choux 769 000 t ; avoine 630 000 t ; carottes 574 000 t.

Cheptel (sur pied) : moutons 41 530 000 ; bovins 11 913 000 ; porcs 7 496 000.

Bois (1995) : 8 229 000 m^3.

Pêche (1995) : 1 003 740 t.

Industries extractives (1996) : pierre à chaux 97 000 000 t ; étain 1 920 t ; plomb 1 080 t.
Industries manufacturières (valeur ajoutée, en millions de GPB, 1995) : équipement électrique et optique 18 278 ; produits alimentaires et boissons 17 622 ; papier, imprimerie et édition 16 214 ; produits chimiques et dérivés 15 819 ; métaux et dérivés 15 149 ; matériel de transport 13 914 ; équipement industriel et machines 12 196 ; textiles et produits du cuir 7 186.
Bâtiment (valeur des constructions, 1995)[b] : résidentiel 7 135 000 000 GBP ; non résidentiel 13 877 000 000 GBP.
Énergie (production/consommation) : électricité (1993) 323 029 000 000/339 745 000 000 kWh ; charbon (1993) 74 604 000/94 191 000 t ; pétrole brut (1993) 701 420 000/626 110 000 barils ; produits pétroliers (1993) 88 796 000/76 657 000 t ; gaz naturel (1993) 71 899 000 000/76 310 000 000 m^3.

■ ***Population active*** (1996) : 27 969 000 ; taux d'activité 47,6 % (taux de participation : 15-64 ans 76,2 % [1993] ; femmes 44,3 % ; sans-emploi 7,7 %).

■ ***Revenus et dépenses des ménages***
Taille moyenne des ménages (1994-1995) : 2,4.
Revenu annuel moyen par ménage : 15 762 GBP (22 937 USD) ; sources des revenus (1995) : traitements et salaires 64,3 % ; prestations de sécurité sociale 13,7 % ; loyers, dividendes et intérêts 11,6 % ; activités non salariées 8,6 %.
Dépenses (1995) : alimentation et boissons 17,8 % ; transports et véhicules 15,8 % ; logement 14,2 % ; biens domestiques 6,9 % ; habillement 5,8 % ; énergie 3,6 %.

■ ***Utilisation du sol*** (1994) : forêts 10,4 % ; prairies et pâturages 45,9 % ; terres cultivées et plantations 24,8 % ; autres 18,9 %.

Échanges extérieurs

■ ***Importations*** (1996) : 184 305 000 000 GBP (équipement industriel et de transport 42,2 %, dont équipement électrique 19,8 % ; véhicules routiers 11,2 % ; produits chimiques et dérivés 10,0 %, dont produits chimiques organiques 2,6 %, plastiques 2,4 % ; produits alimentaires et animaux sur pied 7,9 %, dont fruits et légumes 2,3 %, viande et dérivés 1,2 % ; vêtements et chaussures 4,3 % ; pétrole et produits pétroliers 3,1 % ; filés et tissés 2,8 % ; papiers et cartons 2,7 % ; métaux non ferreux 2,1 % ; produits métallurgiques 2,0 % ; boissons et tabac 1,6 %).
Principales sources des importations : Allemagne 14,7 % ; États-Unis 12,4 % ; France 9,6 % ;

Thesaurus :
ABERDEEN
A.E.L.E.
BELFAST
BERMUDES
BERWICK ON TWEED
BIRMINGHAM
BLACK COUNTRY
BRADFORD
BRIGHTON
BRISTOL
CAMBRIDGE
CARDIFF
CAYMAN (ÎLES)
CLYDESIDE
CORNOUAILLES & DEVON
COVENTRY
CRAWLEY
CROYDON
DAILY EXPRESS
DAILY MAIL
DAILY MIRROR
DERBY
DUNDEE
EAST ANGLIA
ÉDIMBOURG
FALKLAND (ÎLES)
FENLAND
GALLES (PAYS DE)
GLASGOW
GREENWICH
GRIMSBY
GUARDIAN (THE)
HAMPSHIRE
HARROW
HÉBRIDES (ÎLES)
HIGHLANDS
KENT & SUSSEX
KINGSTON-UPON-HULL
LANCASHIRE & CHESHIRE
LEEDS
LEICESTER
LIVERPOOL
LONDONDERRY
LOWLANDS
MALOUINES (GUERRE DES)
MANCHESTER
MERSEYSIDE
MIDLANDS (EAST)
MIDLANDS (WEST)
NEWCASTLE UPON TYNE
NORTHUMBERLAND & DURHAM
NOTTINGHAM
ORCADES (ÎLES)
OVINS
OXFORD
PLYMOUTH
PORTSMOUTH
POTERIES (DISTRICT DES)
ROLLS-ROYCE
SAINTE-HÉLÈNE
SHEFFIELD
SHETLAND (ÎLES)
SOUTHAMPTON
STEVENAGE
STOKE-ON-TRENT
SUN (THE)
SUNDERLAND
SWANSEA
TEESSIDE
TIMES (THE)
TURKS & CAÏQUES (ÎLES)
TYNESIDE
VIERGES (ÎLES)
WEST RIDING
WOLVERHAMPTON
YORK, comté

Pays-Bas 6,8 % ; Japon 4,9 % ; Italie 4,8 % ; Belgique et Luxembourg 4,7 % ; Irlande 3,9 % ; Suisse 2,9 % ; Espagne 2,7 % ; Suède 2,6 %.

■ ***Exportations*** (1996) : 166 340 000 000 GBP (équipement industriel et de transport 44,1 %, dont équipement électrique 19,8 %, véhicules routiers 8,6 % ; produits chimiques et dérivés 13,3 %, dont produits chimiques organiques 3,1 % ; pétrole et produits pétroliers 6,2 % ; produits alimentaires et animaux sur pied 4,2 % ; instruments professionnels, scientifiques et de contrôle 4,0 % ; produits métallurgiques 2,4 %).
Principales destinations des exportations : Allemagne 12,3 % ; États-Unis 11,8 % ; France 10,2 % ; Pays-Bas 8,0 % ; Irlande 5,2 % ; Belgique et Luxembourg 5,1 % ; Italie 4,8 % ; Espagne 4,0 % ; Suède 2,6 % ; Japon 2,5 % ; Suisse 1,9 %.

Transports et communications

■ ***Transports***
Chemins de fer (chemins de fer britanniques uniquement, Irlande du Nord non comprise) : longueur (1990) 37 849 km ; trafic (1995-1996) : 29 216 000 000 passagers-km ; 2 916 000 000 t-km.
Routes (1995) : longueur totale 366 999 km (100 % recouvertes).
Véhicules[b] (1995) : voitures particulières 20 505 000 ; camions et autobus 2 712 000 (1993).
Marine marchande (1992) : 1 631 navires (de 100 tjb et plus) ; 4 355 063 tonneaux de port en lourd.
Transports aériens (1996) ; trafic : 124 846 500 000 passagers-km ; 2 831 900 000 t-km. 57 aéroports desservis par des vols réguliers (1997).

■ ***Communications***
Journaux quotidiens (1995) : diffusion totale 22 450 000 ; diffusion pour 1 000 hab. 383.
Radiodiffusion (1995) : 70 000 000 postes récepteurs ; 1 194 pour 1 000 hab.
Télévision (1995) : 35 800 000 postes récepteurs ; 612 pour 1 000 hab.
Téléphone (1995) : 29 408 700 lignes principales ; 502 pour 1 000 hab.

Éducation et santé

■ ***Alphabétisation*** (1990) : population alphabétisée à presque 100 %.

■ ***Santé*** (1993)[b] : 92 474 médecins (1 pour 629 hab.) ; 283 814 lits d'hôpital (1 pour 205 hab.) ; taux de mortalité infantile (1995) : 6,2 ‰.

■ ***Alimentation*** (1995) : apport journalier en calories par habitant 3 149 (alimentation d'origine végétale 67 % ; d'origine animale 33 %) ; soit 125 % du niveau minimal recommandé par la F.A.O.

Défense nationale

■ ***Contingent*** (1996) : 213 800 (armée de terre 52,5 % ; marine 21,0 % ; armée de l'air 26,5 %).

■ ***Dépenses militaires*** (1995) : 3,0 % du P.N.B. (moyenne mondiale 2,8 %) ; soit 572 USD/hab.

---

a. Sur la base de la surface terrestre.

b. Grande-Bretagne uniquement, Irlande du Nord non comprise.

→ *Grand Atlas de Géographie* : (éd. 1992) : 32, 43b

ROYAUME-UNI : îles Anglo-Normandes

• ***Noms officiels*** : îles Anglo-Normandes ; Channel Islands.

• ***Statut politique*** : dépendances de la Couronne d'Angleterre (bailliages), ne faisant pas partie du Royaume-Uni stricto sensu.

• ***Chef de l'État*** : reine d'Angleterre, représentée par deux lieutenants-gouverneurs nommés par la Couronne.

• ***Chefs du gouvernement local*** : deux baillis, nommés par la Couronne.

• ***Chefs-lieux*** : Saint-Hélier (sur Jersey) et Saint-Pierre-Port (sur Guernesey).

• ***Langues officielles*** : français (Jersey) et anglais (Guernesey) ; un dialecte normand français est parlé sur Sercq.

• ***Religion officielle*** : aucune.

• ***Unité monétaire*** : 1 livre sterling (GBP) = 100 pence ; valeur (31 déc. 1997) : 100 GBP = 991,70 FRF.

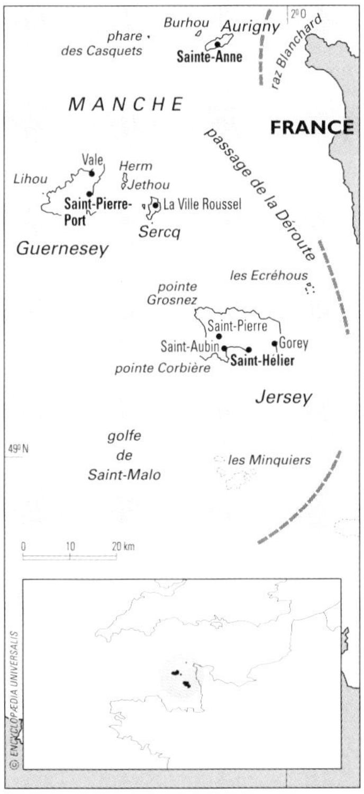

Démographie

■ ***Population*** (estim. 1997) : 147 100.

■ ***Densité*** (1997) : 755,5 hab./km².

■ ***Répartition par sexe*** (1991) : hommes 48,4 % ; femmes 51,6 %.

■ ***Répartition par âge*** (1991) : moins de 15 ans 16,1 % ; de 15 à 29 ans 24,2 % ; de 30 à 44 ans 23,2 % ; de 45 à 59 ans 16,9 % ; de 60 à 74 ans 12,6 % ; 75 ans et plus 7,0 %.

■ ***Projection démographique*** : 161 000 en 2000 ; 179 000 en 2010.

■ ***Appartenances religieuses*** (1990) : anglicans 62,1 % ; autres 37,9 %.

■ ***Principales villes*** (1991) : Saint-Hélier 28 100 hab. ; Saint-Pierre-Port 16 600 hab.

Statistiques de l'état civil[a]

■ ***Taux de natalité*** (1993) : 10,7 ‰ (moyenne mondiale 25,0 ‰).

■ ***Taux de mortalité*** (1993) : 9,5 ‰ (moyenne mondiale 9,3 ‰).

■ ***Taux d'accroissement naturel*** (1993) : 1,2 ‰ (moyenne mondiale 15,7 ‰).

■ ***Principales causes de décès*** (pour 100 000 hab., 1990) : maladies de l'appareil circulatoire 430,3 ; tumeurs malignes 314,3 ; maladies de l'appareil respiratoire 112,6.

Économie nationale

■ ***Budget de l'État***[a] (1989)
Recettes : 297 865 800 GBP.
Dépenses : 223 625 000 GBP.

■ ***Dette publique*** : n.d.

■ ***Tourisme***[b] : recettes touristiques (1989) 442 000 000 USD ; 880 000 visiteurs ; dépenses touristiques à l'étranger n.d.

■ ***Production***
Agriculture[c], *sylviculture, pêche* (valeur des exportations, 1989).
Fleurs et fougères 25 305 647 GBP ; tomates 6 510 319 GBP ; plantes 1 800 000 GBP ; poivrons doux 112 980 GBP ; autres légumes 1 337 436 GBP.
Cheptel : n.d.
Bois : n.d..
Pêche (1989) : 2 900 t, dont crustacés 2 400 t.
Industries extractives : n.d.
Industries manufacturières : industries légères, principalement biens électriques, textiles et vêtements.
Énergie[b] (production/consommation) : électricité (1992): 440 000 000/440 000 000 kWh.

■ ***Produit national brut***[a] (1992) 1 531 000 000 USD (26 000 USD/hab.).

■ ***Population active***[b] (1986) : 45 000 ; taux d'activité 55,6 % (taux de participation : plus de 15 ans 65,7 % ; femmes 41,6 % ; sans-emploi n.d.).

■ ***Utilisation du sol*** (1985) : prairies et pâturages 56,5 % ; terres cultivées et plantations 43,0 % ; autres 0,5 %.

Échanges extérieurs[d]

■ ***Importations*** (1980) : 230 500 000 GBP (équipement industriel et de transport 24,9 % ; produits manufacturés 18,8 % ; combustibles minéraux 9,3 % ; produits chimiques 6,6 %).
Principale source des importations : Royaume-Uni 84,9 %.

■ ***Exportations*** (1980) : 89 800 000 GBP (équipement industriel et de transport 31,2 % ; produits alimentaires 24,7 % ; produits manufacturés 17,4 %).
Principale destination des exportations : Royaume-Uni 67,3 %.

Transports et communications

■ ***Transports***
Chemins de fer : aucun.
Routes et véhicules : n.d. (un service d'omnibus assure la couverture totale des îles Jersey et Guernesey).
Marine (1987) : 5 420 navires et embarcations enregistrés, dont 490 bateaux de pêche à Guernesey ; arrivées de passagers[b] (1990) 491 145.
Transports aériens ; trafic[b] (1990) : 1 890 714 mouvements de passagers. 2 aéroports desservis par des vols réguliers (1995).

■ ***Communications***
Journaux quotidiens : 2 ; diffusion totale 39 000 ; diffusion pour 1 000 hab. 270.
Radiodiffusion : n.d.
Télévision : n.d.

bailliages et îles	chefs-lieux	superficie (km²)	population (recens. 1986[5])
Jersey (bailiwick of Jersey)[1]	**Saint-Hélier** (Saint Helier)	**116,3**	**80 212**
Guernesey (bailiwick of Guernsey)	Saint-Pierre-Port, ou Saint-Pierre (**Saint Peter Port**)	**78,4**	**58 262**
Guernesey	Saint-Pierre	63,4	55 482
Aurigny (Alderney)[2]	Sainte-Anne (Saint Anne's)	7,9	2 130
Brecquou, ou Brechou	–	0,3	–
Herm	–	1,3	100
Jethou	–	0,2	–
Lihou	–	0,2	–
Sercq (Sark)[3]	–	5,2	550
total		**194,7**[4]	**138 474**

1. Dépendent du bailliage de Jersey les îlots et écueils inhabités des Minquiers et des Écréhous, situés au sud-ouest et au nord-est de l'île ; la Cour internationale de justice, en 1953, a conclu à la souveraineté du Royaume-Uni sur ces archipels, objets de litige entre la France et l'Angleterre depuis 1204. 2. Y compris l'île de Burhou, à 2 km à l'ouest, actuellement inhabitée (réserve ornithologique). 3. Sercq est une seigneurie féodale ; l'actuel seigneur est le vingt-deuxième depuis 1565. 4. Le total général ne correspond pas exactement au détail en raison des arrondis. 5. Sauf pour Herm et Sercq (estimation 1986).

Territoire et population.

Corpus : MANCHE (zones économiques exclusives).

	1986		1981	
	millions de GBP	% du total	effectifs	% des effectifs
agriculture	40	4,0	2 180	5,9
mines	—	—	220	0,6
industrie				
bâtiment	20	2,0	6 360	17,2
entreprises publiques			590	1,6
transports et communications			2 550	6,9
commerce			5 850	15,8
finance			3 400	9,2
administration, défense nationale	938	94,0		
services			15 850	42,8
autres				
total	**998**	**100,0**	**37 000**	**100,0**

Structure du produit intérieur brut et effectifs (Jersey uniquement).

	nombre d'établissements	nombre d'enseignants	nombre d'élèves	nombre d'élèves par enseignant
primaire	32	n.d.	5 794	n.d.
secondaire	13	n.d.	4 405	n.d.
supérieur	1	n.d.	n.d.	n.d.

Enseignement (Jersey uniquement, 1990).

Téléphone[b] (1993) : 56 000 lignes principales (1 pour 1,5 hab.).

Éducation et santé

■ ***Niveau d'éducation*** : n.d.

■ ***Alphabétisation*** : population âgée de 15 ans et plus alphabétisée 100 %.

■ ***Santé*** : 165 médecins en 1991 (1 pour 860 hab.) ; 1 320 lits d'hôpital (1 pour 98 hab.) ; taux de mortalité infantile (1989)[b] : 6,0 ‰.

■ ***Alimentation*** : n.d..

a. Guernesey uniquement.

b. Jersey uniquement.

c. Guernesey uniquement. La valeur totale de la production agricole à Jersey était de 36 400 000 GBP (exportations 30 700 000 GBP) en 1988.

d. Jersey uniquement. Les principales importations de Guernesey en 1989 étaient les produits pétroliers, les principales exportations les produits agricoles.

RUSSIE

- ***Nom officiel*** : Fédération de Russie (Rossijskaja Federacija ; forme courte : Rossija)[a]. Code I.S.O. : RU.
- ***Forme de gouvernement*** : république fédérale à régime multipartiste avec une Assemblée fédérale comprenant deux chambres législatives (Douma d'État [450] et Conseil de la Fédération [178]).
- ***Chef de l'État*** : président.
- ***Chef du gouvernement*** : Premier ministre.
- ***Capitale*** : Moscou (Moskva).
- ***Langue officielle*** : russe.
- ***Religion officielle*** : aucune (dominante : orthodoxe).
- ***Unité monétaire*** : 1 rouble (RUR) = 100 kopecks ; valeur (31 déc. 1997) : 100 RUR = 0,100 47 FRF.

Démographie

■ *Population* (estim. 1997) : 147 231 000.

■ *Densité* (1997) : 8,6 hab./km².

■ *Répartition urbaine/rurale* (1996) : population urbaine 73,2 % ; population rurale 26,8 %.

■ *Répartition par sexe* (1996) : hommes 46,94 % ; femmes 53,06 %.

■ *Répartition par âge* (1996) : moins de 15 ans 21,0 % ; de 15 à 29 ans 20,8 % ; de 30 à 44 ans 24,5 % ; de 45 à 59 ans 17,0 % ; de 60 à 74 ans 12,9 % ; 75 ans et plus 3,8 %.

■ *Projection démographique* : 145 750 000 en 2000 ; 140 579 000 en 2010.

■ *Temps de doublement* : sans objet.

■ *Composition ethnique* (1996) : Russes 81,5 % ; Tatars 3,8 % ; Ukrainiens 3,0 % ; Tchouvaches 1,2 % ; Bachkirs 1,0 % ; Biélorusses 0,8 % ; Mordves 0,7 % ; Tchétchènes 0,6 % ; autres 7,4 %.

■ *Appartenances religieuses* (1995) : orthodoxes 16,3 % ; musulmans 10,0 % ; protestants 0,9 % ; juifs 0,4 % ; catholiques 0,3 % ; autres (principalement non-religieux) 72,1 %.

■ *Principales villes* (1996) : Moscou 8 400 000 hab. ; Saint-Pétersbourg (ex-Leningrad) 4 200 000 hab. ; Nijni-Novgorod (ex-Gorki) 1 400 000 hab. ; Novossibirsk 1 400 000 hab. ; Ekaterinbourg (ex-Sverdlovsk) 1 300 000 hab. ; Samara (ex-Kouïbychev) 1 200 000 hab. ; Omsk 1 200 000 hab. ; Tcheliabinsk 1 100 000 hab. ; Oufa 1 100 000 hab. ; Perm (ex-Molotov) 1 000 000 hab. ; Rostov-sur-le-Don 1 000 000 hab.

■ *Mobilité* (1989).
Sans changement de résidence depuis 1988 78,8 %. Changement de résidence à l'intérieur d'une même oblast 11,5 % ; entre différentes républiques 9,7 %.

■ *Ménages* (1994).
Nombre de ménages 52 930 000. Taille moyenne des ménages 2,8 ; ménages de 2 personnes 26,2 % ; de 3 personnes 22,6 % ; de 4 personnes 20,5 % ; de 5 personnes ou plus 11,5 %.

■ *Émigration* (1995) : 339 591.

Statistiques de l'état civil

■ *Taux de natalité* (1995) : 9,3 ‰ (moyenne mondiale 25,0 ‰) ; taux (1994) de naissances légitimes 80,4 %, illégitimes 19,6 %.

■ *Taux de mortalité* (1995) : 15,0 ‰ (moyenne mondiale 9,3 ‰).

■ *Taux d'accroissement naturel* (1995) : – 5,7 ‰ (moyenne mondiale 15,7 ‰).

■ *Taux de fécondité* (nombre moyen de naissances par femme en âge de procréer, 1995) : 1,3.

■ *Nombre de mariages* (pour 1 000 hab., 1995) : 7,3.

■ *Nombre de divorces* (pour 1 000 hab., 1995) : 4,5.

■ *Espérance de vie* à la naissance (1996) : hommes 58,3 ans ; femmes 71,7 ans.

■ *Principales causes de décès* (pour 100 000 hab., 1995) : maladies de l'appareil circulatoire 790,1 ; accidents, empoisonnements et actes de violence 236,6, dont suicides 41,4, meurtres 30,7 ; tumeurs malignes (cancers) 200,8 ; maladies de l'appareil respiratoire 73,9 ; maladies de l'appareil digestif 46,1 ; maladies infectieuses et parasitaires 20,7.

Indicateurs sociaux

■ *Niveau d'éducation* (1994)
Proportion de la population âgée de 15 ans et plus : ayant une éducation primaire 10,5 % ; éducation secondaire incomplète 21,1 % ; éducation secondaire ou postsecondaire 54,5 % ; éducation supérieure 13,9 %.

■ *Qualité de la vie professionnelle* (1990)
Durée moyenne de la semaine de travail 40,0 heures.
Taux annuel (pour 100 000 actifs) : de blessures ou d'accidents 569 ; de maladies professionnelles 5,3 ; de décès 11,2.
Proportion d'effectifs assurés contre dommages ou pertes de revenus résultant de blessures 100,0 % ; d'incapacité permanente 100,0 % ; de décès 100,0 %.
Nombre moyen (pour 1 000 journées-ouvriers) de journées perdues en raison d'arrêts de travail (1992) : 1,1.

■ *Accès aux services* (1990)
Proportion de logements équipés : de l'électricité pratiquement 100,0 % ; de l'eau courante 94,0 % ; du tout-à-l'égout 92,0 % ; du chauffage central 92,0 % ; d'une salle de bains 87,0 % ; du gaz 72,0 % ; de l'eau chaude 79,0 %.

■ *Participation à la vie sociale*
Électeurs inscrits ayant participé au dernier scrutin national (1996) 68,8 % ; personnes participant au travail bénévole : n.d. ; taux d'adhésion aux syndicats (1989) 100,0 % ; pourcentage de personnes pratiquantes parmi celles qui déclarent une appartenance religieuse (1991) : 32,0 %.

	millions de RUR	% du total	effectifs	% des effectifs
agriculture	143 282 300	8,8	10 500 000	14,4
mines et industries	511 393 000	31,4		
entreprises publiques	64 266 500	3,9	17 200 000	23,5
bâtiment	107 525 800	6,6	6 500 000	8,9
transports et communications	170 936 800	10,5	5 300 000	7,2
commerce	310 086 500	19,2	6 500 000	8,9
finance	145 000 900	8,9	900 000	1,2
services	122 601 300	7,5	17 100 000	23,4
administration, défense nationale	55 863 300	3,4	1 700 000	2,3
autres	n.d.	n.d.	7 440 000	10,2
total	**1 630 956 400**	**100,0**	**73 140 000**	**100,0**

Structure du produit intérieur brut et effectifs (1995).

	nombre d'entreprises	nombre d'employés	salaire mensuel en % de la moyenne de tous les salaires *	Valeur ajoutée (millions de RUR)
machines et produits métalliques	48 905	4 842 000	98,2	27 234
combustibles et énergie	1 758	1 554 000	133,3	44 211
métallurgie	2 158	1 248 000	124,3	26 437
produits chimiques, pétrochimiques et papier	23 027	2 432 000	94,1	17 934
industrie légère	23 007	1 368 000	80,0	2 931
produits alimentaires	14 713	1 514 000	100,1	12 886
autres industries *	19 073	2 085 000	n.d.	4 685
matériaux de construction	8 359	994 000	108,2	3 761

(*) 1990.

Industrie, mines et bâtiment (1995).

→ ***Corpus*** : RUSSIE ; U.R.S.S. ET EX-U.R.S.S.
→ ***Grand Atlas de Géographie*** (éd. 1992) : 80, 82, 84, 88, 90, 91, 92, 94, 96, 97 ; 231 (Saint-Pétersbourg, Moscou)
→ ***Grand Atlas de l'Histoire*** : 208, 209, 210, 211, 212, 213, 214, 218, 230-231 (L'Empire russe : expansion et modernisation de 1815 à 1917), 244, 245, 250, 251, 252, 253, 256, 257, 258-259 (La Révolution russe), 264, 265, 266, 272, 273, 274, 290-291 (Le développement de l'Union soviétique depuis 1926), 292, 293, 294, 295

Corpus : ACIER (ÉCONOMIE DE L') [la répartition mondiale de la production] ; AÉROSPATIALE (INDUSTRIE) [U.R.S.S.] ; ALIMENTATION (ÉCONOMIE DE L') — Les grands produits alimentaires ; AMOUR (Fleuve) ; ASIE (Géographie humaine) [l'Asie septentrionale] ; BAÏKAL (LAC) ; BOURIATES ; CASPIENNE (MER) [ressources et activités] ; CÉRÉALES ; CHARBONNAGES (géographie de l'exploitation charbonnière) ; COOPÉRATIVES (extension du secteur coopératif) ; DIAMANT (l'Union soviétique) ; ÉLECTRICITÉ — Électrotechnique (l'U.R.S.S.) ; ESQUIMAUX ; EUROPE (Structure et milieu) — Géographie ; FER (MINERAIS DE) [les pays producteurs] ; FORÊTS (richesse forestière du globe) ; GAZ NATUREL (U.R.S.S. et pays de l'Est) ; HOUILLERS (BASSINS) ; KALMOUKS ; KOLKHOZ ; LAPONS ; MINERAIS (principaux producteurs) ; MONGOLIE (Histoire) [la Mongolie Intérieure] ; MOSCOU ; NOIRE (MER) [l'activité économique] ; NUCLÉAIRE (INDUSTRIE) ; OURAL (la région économique) ; PÊCHE ; PÉTROLE — Géographie du pétrole (Europe orientale) ; POPULATION (GÉOGRAPHIE DE LA) [population et démographie] ; SIBÉRIE (le développement de l'espace sibérien) ; SOCIALISME — Économie des pays socialistes ; SOVKHOZ ; TOURISME (marchés, chaînes et réseaux) [l'insertion des pays collectivistes] ; TURKMÈNES ; VOLGA (PAYS DE LA).

Universalia 1985 : 103 Europe de l'Est : état de l'empire après Andropov ; ***Universalia 1986*** : 622 Mikhaïl Sergueïevitch Gorbatchev ; ***Universalia 1987*** : 147 L'information en Union soviétique et dans les autres pays socialistes ; 352 Le début d'un nouveau règne ; 356 Les Juifs en U.R.S.S ; ***Universalia 1989*** : 145 La crise de légitimité ; 331 Rôle et fonctions des élections dans les pays de l'Est ; 361 Le millénaire de la christianisation ; 365 U.R.S.S. et Tiers Monde : une nouvelle vision ; ***Universalia 1990*** : 105 Chine-U.R.S.S.-États-Unis : le triangle brisé ? ; 111 La réforme politique et institutionnelle ; 130 Les villes géantes ; 361 La revanche du secteur privé ; ***Universalia 1991*** : 97 La crise du Golfe ; 111 Les conflits communautaires et ethniques dans le monde contemporain ; 117 La Communauté européenne dans la nouvelle configuration Est-Ouest ; 129 La fin de la satellisation de l'Europe de l'Est ? ; 136 L'U.R.S.S. et le désarmement ; 351 La présidentialisation du régime ; 354 La transformation du système des mass media ; 357 U.R.S.S. et péninsule Arabique ; ***Universalia 1992*** : 139 La recomposition de l'espace stratégique soviétique ; 188 L'autodétermination des Inuit : progrès et embûches ; ***Universalia 1993*** : 288 La nation contre l'État ; ***Universalia 1994*** : 294 Le nouveau système politique ; ***Universalia 1995*** : 281 Le nouveau paysage politique ; 180 Caucase : le retour de la Russie ; ***Universalia 1996*** : 283 Démocratie et élections ; ***Universalia 1997*** : 89 Les accidents nucléaires en U.R.S.S. ; 96 Transition à l'Est et coopération européenne ; 244 Le second mandat présidentiel de Boris Eltsine.

Thesaurus :
ADYGUÉ
ALTAÏ
ANGARA
ARKHANGELSK
ASTRAKHAN
BACHKIRIE (R.S.S.A DE)
BAÏKALIE
BAM
BANQUE SOVIÉTIQUE DU COMMERCE EXTÉRIEUR
BOURIATES (R.S.S.A. DES)
BRATSK
CARÉLIE (R.S.S.A. DE)
CINQ MERS (SYSTÈME DES)
DAGHESTAN (R.S.S.A. DU)
DNIEPR
DON, fleuve
GOSBANK
IAKOUTES
IAKOUTIE (R.S.S.A. DE)
IAROSLAVL
IENISSEÏ
IRKOUTSK
IVANOVO
IZVESTIA
JUIFS (RÉGION AUTONOME DES)
KALININE (TVER)
KARATCHAÏ
KHABAROVSK
KOLA (PRESQU'ÎLE DE)
KOMI & PERMIAK
KÖNIGSBERG
KOUBAN
KOURSK (ANOMALIE MAGNÉTIQUE DE)
KOUZNETSK (BASSIN DE)
KRASNODAR
KRASNOÏARSK
LENA
LENINGRAD (SAINT-PÉTERSBOURG)
MAGNITOGORSK
MARI
MORDVE
MOURMANSK
NIJNI-NOVGOROD
NIVKHE
NOVOKOUZNETSK
NOVOSSIBIRSK
OB
OMSK
OUFA
PERM
PRAVDA
ROSTOV-SUR-LE-DON
RUSSIE (R.S.F.S. DE)
SAKHALINE (ÎLE DE)
SAMOYÈDES
SMOLENSK
SVERDLOVSK (EKATERINBOURG)
TATAR
TATARIE (R.S.S.A. DE)
TCHELIABINSK
TCHÉTCHÈNES
TCHOUKTCHES
TCHOUVACHIE (R.S.S.A. DE)
TOMSK
TOULA
TOUNGOUSES
TOUVA (R.S.S.A. DE)
VLADIVOSTOK
VORONEJ

■ ***Délinquance et/ou déviance sociale***
Délits pour 100 000 habitants (1995) : meurtres 21,4 ; viols 8,5 ; blessures corporelles 41,7 ; vols et larcins 1 020,0.
Taux (pour 100 000 hab., 1992) : d'alcoolisme 1 727,5 ; de toxicomanie 25,1 ; de suicides 26,5.

■ ***Niveau de confort*** (1994)
Nombre de biens durables (pour 100 ménages) : automobile 25 ; poste récepteur de radio 103 ; poste récepteur de télévision 116 ; réfrigérateur ou congélateur 95 ; lave-linge 81 ; caméra 37 ; cyclomoteur 23 ; bicyclette 54 ; magnétophone 62.

Économie nationale

■ ***Budget de l'État*** (1996)
Recettes : 329 000 000 000 000 RUR (recettes fiscales 84,5 %, dont impôts sur les bénéfices 19,5 % ; taxe à la valeur ajoutée 18,4 % ; impôts sur les revenus des particuliers 15,7 % ; impôts fonciers 11,2 % ; autres taxes 19,7 % ; recettes non fiscales 15,5 %).

Dépenses : 410 800 000 000 000 RUR (dépenses courantes 74,3 %, dont économie nationale 23,3 %, défense nationale 20,9 %, éducation 5,8 %, santé 3,0 %, intérêts de la dette extérieure 2,4 % ; dépenses de développement 25,7).

■ ***Produit national brut*** (1995) : 331 948 000 000 USD (2 240 USD/hab.).

■ ***Dette publique*** (extérieure, créances, 1996)[b] : 125 000 000 000 USD.

■ ***Tourisme*** : n.d.

■ ***Production***
Agriculture, sylviculture, pêche (1996).
Pommes de terre 38 529 000 t ; blé 34 900 000 t ; betteraves à sucre 16 132 000 t ; orge 15 900 000 t ; légumes sauf pommes de terre 11 099 000 t ; avoine 8 570 000 t ; graines de tournesol 2 764 900 t ; seigle 5 900 000 t ; maïs 1 700 000 t ; petits pois 1 000 000 t ; millet 500 000 t ; riz 500 000 t.
Cheptel (sur pied) : bovins 39 696 000 ; moutons 25 800 000 ; porcs 22 631 000 ; chevaux 2 300 000.
Bois : 96 250 000 m^3.
Pêche : 4 374 000 t.

Industries extractives (1995) : nickel 251 000 000 t ; minerai de chrome 107 700 000 t ; minerai de fer 78 300 000 t ; étain 10 000 000 t ; molybdène 8 800 000 t ; antimoine 7 000 000 t ; or 4 249 000 onces.

Industries manufacturières (1995) : acier brut 51 600 000 t ; fonte 39 800 000 t ; acier laminé 39 000 000 t ; ciment 36 400 000 t ; engrais minéraux 9 600 000 t ; acide sulfurique 6 900 000 t ; cellulose 4 193 000 t ; carton 1 298 000 t ; soude caustique 1 156 000 t ; détergents 296 000 t ; fibres synthétiques 216 000 t ; tissus de coton 1 235 000 000 m^2 ; soieries 197 000 000 m^2 ; tissus de lin 131 000 000 m^2 ; lainages 72 000 000 m^2 ; cigarettes 141 000 000 000 unités ; montres 29 800 000 ; récepteurs de télévision 1 888 000 ; réfrigérateurs 1 766 000 ; lave-linge 1 303 000 ; aspirateurs 911 000 ; véhicules automobiles 835 000 ; bicyclettes 759 000 ; magnétophones 671 000 ; caméras 296 000 ; machines à coudre 165 000 ; cyclomoteurs 82 100 ; magnétoscopes

républiques, régions (oblasts) et arrondissements (okrougs) autonomes [1] territoires (kraïs) et régions (oblasts)	capitales et chefs-lieux	superficie (km^2)	population (estim. janv. 1991) [2]
Républiques fédérées (21)			
Adyghés, ou Adyghea (Adygeja) [3]	**Maïkop (Majkop)**	**7 600**	**437 400**
Altaï [4]**, ex-Haut-Altaï (Gornyj Altaj)**	**Gorno-Altaïsk (Gorno-Altajsk)**	**92 600**	**196 600**
Bachkortostan (Baškortostan), ex-Bachkirie	**Oufa (Ufa)**	**143 600**	**3 983 900**
Bouriatie (Burjatija)	**Oulan-Oudè (Ulan-Udè)**	**351 300**	**1 056 000**
Carélie (Karelija)	**Petrozavodsk**	**172 400**	**799 400**
Daghestan (Dagestan)	**Makhatchkala (Mahačkala)**	**50 300**	**1 854 200**
Iakoutie (Jakutija), ou Sakha (Saha)	**Iakoutsk (Jakutsk)**	**3 103 200**	**1 108 600**
Kabardino-Balkarie (Kabardino-Balkarija)	**Naltchik (Nal'čik)**	**12 500**	**777 700**
Kalmoukie (Kalmykija [-Hal'mg Tangč])	**Èlista**	**76 100**	**328 600**
Karatchaïs-Tcherkesses (Karačaevo-Čerkesija) [6]	**Tcherkessk (Čerkessk)**	**14 100**	**427 100**
Khakassie (Hakasija) [7]	**Abakan**	**61 900**	**577 100**
Komis (Komi)	**Syktyvkar**	**415 900**	**1 264 700**
Maris (Marij Èl)	**Ïochkar-Ola (Joškar-Ola)**	**23 200**	**758 000**
Mordovie (Mordovija)	**Saransk**	**26 200**	**964 100**
Ossétie du Nord (Severnaja Osetija)	**Vladikavkaz, ex-Ordjonikidze**	**8 000**	**642 500**
Oudmourtie (Udmurtija)	**Ijevsk (Iževsk), ex-Oustinov**	**42 100**	**1 628 300**
Tatarstan, ex-Tatarie	**Kazan'**	**68 000**	**3 679 400**
Tchétchéno-Ingouchie (Čečeno-Ingušetija) [10]	**Grozny (Groznyj)**	**19 300**	**1 306 800**
Tchouvachie (Čuvašija)	**Tcheboksary (Čeboksary) [Čubakšar]**	**18 300**	**1 346 200**
Touva (Tuva)	**Kyzyl**	**170 500**	**306 600**
territoires administratifs (kraïs)			
Altaï (Altajskij kraj)	Barnaoul (Barnaul)	169 100	2 641 000
Khabarovsk (Habarovskij kraj)	Khabarovsk (Habarovsk)	824 600	1 840 000
→ région autonome des Juifs (Evrejskaja avtonomnaja oblast')	**Birobidjan (Birobižan)**	**36 000**	**220 200**
Krasnodar (Krasnodarskij kraj)	Krasnodar	76 000	4 699 000
Krasnoïarsk (Krasnojarskij kraj)	Krasnoïarsk (Krasnojarsk)	2 339 700	3 039 000
→ arrond. autonome des Evenks (Èvenkijskij avtonomnyi okrug)	**Toura (Tura)**	**767 600**	**25 100**
→ arrondissement autonome de Taïmyr (Tajmyrskij) ou des Dolgano-Nenets (Dolgano-Neneckij avtonomnyj okrug)	**Doudinka (Dudinka)**	**862 100**	**53 700**
Littoral, ou Primorié (Primorskij kraj)	Vladivostok	165 900	2 281 000
Stavropol (Stavropol'skij kraj)	Stavropol'	66 500	2 467 000
régions administratives (oblasts)			
Amour (Amurskaja oblast')	Blagovechtchensk (Blagoveščensk)	363 700	1 066 000
Arkhangelsk (Arhangel'skaja oblast')	Arkhangelsk (Arhangel'sk)	410 700	1 519 000
Astrakhan (Astrahanskaja oblast')	Astrakhan (Astrahan')	44 100	1 001 000
Belgorod (Belgorodskaja oblast')	Belgorod	27 100	1 391 000
Briansk (Brjanskaja oblast')	Briansk (Brjansk)	34 900	1 476 000
Iaroslavl (Jaroslavskaja oblast')	Iaroslavl (Jaroslavl')	36 400	1 474 000
Irkoutsk (Irkutskaja oblast')	Irkoutsk (Irkutsk)	767 900	2 847 000
→ arrond. autonome des Iamalo-Nenets (Jamalo-Nenec) [5]	**Salekhard (Salehard)**	**750 300**	**492 600**
→ arrond. autonome des Koriaks (Korjak) [8]	**Palana**	**301 500**	**39 600**
→ arrond. autonome des Nenets (Nenec) [9]	**Narian-Mar (Narj'an-Mar)**	**176 700**	**54 900**
→ arrond. autonome des Tchouktches (Čukčj) [11]	**Anadyr**	**737 700**	**153 700**
→ arrondissement autonome des Bouriates d'Oust-Ordynski (Ust'-Ordynskij Burjatskij avtonomnyj okrug)	**Oust-Ordynski (Ust'-Ordynskij)**	**22 400**	**138 300**
Ivanovo (Ivanovskaja oblast')	Ivanovo	23 900	1 318 000
Kaliningrad (Kaliningradskaja oblast')	Kaliningrad, ex-Königsberg	15 100	878 000
Kalouga (Kalužskaja oblast')	Kalouga (Kaluga)	29 900	1 074 000
Kamtchatka (Kamčatskaja oblast')	Petropavlovsk-Kamtchatski	170 800	431 000
Kemerovo (Kemerovskaja oblast')	Kemerovo	95 500	3 176 000
Kirov (Kirovskaja oblast')	Viatka, ex-Kirov	120 800	1 698 000
Kostroma (Kostromskaja oblast')	Kostroma	60 100	811 000
Kourgan (Kurganskaja oblast')	Kourgan (Kurgan)	71 000	1 108 000
Koursk (Kurskaja oblast')	Koursk (Kursk)	29 800	1 337 000
Leningrad (Leningradskaja oblast') [12]	Saint-Pétersbourg (Sankt Peterburg), ex-Leningrad, ex-Petrograd	85 900	6 698 000
Lipetsk (Lipeckaja oblast')	Lipetsk (Lipeck)	24 100	1 231 000
Magadan (Magadanskaja oblast')	Magadan	461 400	383 000
Moscou (Moskovskaja oblast')	Moscou (Moskva)	47 000	15 712 000
Mourmansk (Murmanskaja oblast')	Mourmansk (Murmansk)	144 900	1 155 000
Nijni-Novgorod (Nižegorodskaja oblast')	Nijni-Novgorod (Nižnij-Novgorod), ex-Gorki	74 800	3 717 000
Novgorod (Novgorodskaja oblast')	Novgorod	55 300	755 000
Novosibirsk (Novosibirskaja oblast')	Novonikolaïevsk, ex-Novosibirsk	178 200	2 789 000
Omsk (Omskaja oblast')	Omsk	139 700	2 151 000
Orel (Orlovskaja oblast')	Orel, ou Oriol (Orël)	24 700	897 000
Orenbourg (Orenburgskaja oblast')	Orenbourg (Orenburg), ex-Tchkalov	124 000	2 183 000
Penza (Penzenskaja oblast')	Penza	43 200	1 507 000
Perm (Permskaja oblast')	Perm, ex-Molotov	160 600	3 106 000
→ arrond. autonome des Komis-Permiaks (Komi-Permjackij avtonomnyj okrug)	**Koudymkar (Kudymkar)**	**32 900**	**161 100**
Pskov (Pskovskaja oblast')	Pskov	55 300	846 000
Riazan (Rjazanskaja oblast')	Riazan (Rjazan')	39 600	1 348 000

Rostov (Rostovskaja oblast')	Rostov-sur-le-Don (Rostov-na-Donu)	100 800	4 326 000
Sakhaline (Sahalinskaja oblast')	Ioujno-Sakhalinsk (Južno-Sahalinsk)	87 100	713 000
Samara (Samarskaja oblast')	Samara, ex-Kouïbychev	53 600	3 278 000
Saratov (Saratovskaja oblast')	Saratov	100 200	2 700 000
Simbirsk (Simbirskaja oblast')	Simbirsk, ex-Oulianovsk	37 300	1 416 000
Smolensk (Smolenskaja oblast')	Smolensk	49 800	1 163 000
Sverdlovsk (Sverdlovskaja oblast')[12]	Ekaterinbourg (Ekaterinbourg), ex-Sverdlovsk	194 800	4 728 000
Tambov (Tambovskaja oblast')	Tambov	34 300	1 317 000
Tcheliabinsk (Čeljabinskaja oblast')	Tcheliabinsk (Čeljabinsk)	87 900	3 637 000
Tchita (Čitinskaja oblast')	Tchita (Čita)	431 500	1 385 000
→ arrondissement autonome des Bouriates d'Aguinskoïe (Aginskij Burjatskij avtonomnyj okrug)	**Aguinskoïe (Aginskoe)**	**19 000**	**77 800**
Tioumen (Tjumenskaja oblast')	Tioumen (Tjumen')	684 900	2 640 000
→ arrondissement autonome des Khantys-Mansis (Hanty-Mansijskij avtonomnyj okrug)	**Khanty-Mansiïsk (Hanty-Mansijsk)**	**523 100**	**1 301 000**
Tomsk (Tomskaja oblast')	Tomsk	316 900	1 009 000
Toula (Tul'skaja oblast')	Toula (Tula)	25 700	1 862 000
Tver (Tverskaja oblast')	Tver, ex-Kalinine	84 100	1 674 000
Vladimir (Vladimirskaja oblast')	Vladimir	29 000	1 658 000
Volgograd (Volgogradskaja oblast')	Volgograd, ex-Stalingrad	113 900	2 615 000
Vologda (Vologodskaja oblast')	Vologda	145 700	1 359 000
Voronej (Voronežskaja oblast')	Voronej (Voronež)	52 400	2 475 000
grand total		**17 075 400**	**148 542 700**

Les translittérations figurant entre parenthèses sont celles du système GOST 83, pratiquement identique au système ISO/R9 (2e éd., 1968) de l'Organisation internationale de normalisation. Ce nouveau système russe de romanisation du cyrillique, présenté à la 5e Conférence des Nations unies sur la normalisation des noms géographiques (Montréal, 1987), y a été officiellement approuvé et recommandé à l'usage international.

1. Dans ce tableau, chacun des six okrougs et l'oblast autonome subsistant à ce jour (selon l'une de nos sources) a été placé à la suite du kraï ou de l'oblast de Russie dont il dépend et sur le territoire duquel il se trouve.
2. Seuls les nombres composés en caractères gras s'additionnent pour former les grands totaux du présent tableau. En effet, pour ce qui concerne la population, les nombres en maigre sont des estimations datant de janvier 1990.
3. Ex-oblast autonome, dans le kraï de Krasnodar.
4. Ex-oblast autonome, dans le kraï éponyme de l'Altaï.
5. Ex-okroug autonome, dans l'oblast de Tioumen.
6. Ex-oblast autonome, dans le kraï de Stavropol.
7. Ex-oblast autonome, dans le kraï de Krasnoïarsk.
8. Ex-okroug autonome, dans l'oblast du Kamtchatka.
9. Ex-okroug autonome, dans l'oblast d'Arkhangelsk.
10. Cette ancienne R.S.S.A. serait désormais divisée en deux entités distinctes : la république d'Ingouchie (Ingušskaja) et la république de Tchétchénie (Čečenskaja) [loi du 4 juin 1992].
11. Ex-okroug autonome, dans l'oblast de Magadan.
12. On notera qu'en dépit du changement de nom de son chef-lieu, cette oblast a gardé son ancien nom de la période soviétique.

N.B. Les indications données dans le présent tableau quant au statut de certaines entités administratives de la Fédération de Russie sont indiquées sous toutes réserves, en raison du grand flottement, des incertitudes qui règnent au sein des diverses sources d'information consultées et des changements intervenus depuis lors.

Territoire et population.

20 900 ; chaussures en cuir 67 300 000 paires ; bière 19 800 000 hl ; vodka et alcool 12 200 000 hl ; champagne 8 200 000 hl ; vin 1 460 000 hl ; cognac 1 717 400 hl.
Bâtiment (1995) : résidentiel 14 600 000 m² ; non résidentiel 26 400 000 m².
Énergie (production/consommation) : électricité (1994) 875 914 000 000/855 418 000 000 kWh ; charbon (1994) 176 754 000/180 988 000 t ; pétrole brut (1994) 2 265 000 000/1 375 000 000 barils ; produits pétroliers (1994) 162 085 000/126 758 000 t ; gaz naturel (1994) 498 995 000 000/327 275 000 000 m³.

■ ***Population active*** (1995) : 73 140 000 ; taux d'activité 49,5 % (taux de participation : 16-59 ans [hommes], 16-54 ans [femmes] 72,6 % ; femmes 46,7 % ; sans-emploi [1996] 9,1 %).

■ ***Revenus et dépenses des ménages***
Taille moyenne des ménages (1994) : 2,8.
Revenu annuel moyen par ménage : n.d. ; sources des revenus (1994) : salaires 78,6 % ; retraites et pensions 11,2 % ; autres 10,2 %.
Dépenses (1994) : alimentation 46,8 % ; habillement 13,6 % ; impôts et frais financiers 10,1 % ; meubles et appareils ménagers 8,7 % ; transports 6,1 % ; culture 5,1 % ; boissons alcoolisées 2,9 %.

■ ***Utilisation du sol*** (1994) : forêts 44,9 % ; prairies et pâturages 5,2 % ; terres cultivées et plantations 7,7 % ; autres 42,2 %.

Échanges extérieurs

■ ***Importations*** (1996) : 31 347 000 000 USD (équipement industriel et de transport 37,8 % ; produits alimentaires 35,2 % ; produits chimiques 19,6 % ; métaux ferreux et non ferreux 11,8 % ; textiles 6,2 % ; combustibles et lubrifiants 5,4 %).
Principales sources des importations : Allemagne 11,8 % ; Italie 5,3 % ; États-Unis 5,2 % ; Finlande 3,8 % ; France 2,9 % ; Royaume-Uni 2,6 %.

■ ***Exportations*** (1995) : 68 715 000 000 USD (combustibles minéraux et lubrifiants 55,8 % ; métaux ferreux et non ferreux 22,7 % ; équipement industriel et de transport 10,9 % ; produits chimiques 10,0 % ; métaux précieux 5,7 % ; produits forestiers 5,0 %).
Principales destinations des exportations : Allemagne 8,2 % ; Chine 5,7 % ; États-Unis 5,6 % ; Suisse 4,8 % ; Italie 5,0 % ; Pays-Bas 4,1 % ; Royaume-Uni 3,8 %.

Transports et communications

■ ***Transports***
Chemins de fer (1995) : longueur 151 000 km ; trafic : 192 200 000 000 passagers-km ; 1 213 000 000 t-km.
Routes (1995) : longueur totale 949 000 km (79 % recouvertes).
Véhicules (1993) : voitures particulières 10 499 000 ; camions et autobus 407 000.
Marine marchande (1993) : 24 navires (de 100 tjb et plus) ; 91 000 000 tonneaux de port en lourd.
Transports aériens (1995) ; trafic : 71 700 000 000 passagers-km ; 1 800 000 000 t-km. 75 aéroports desservis par des vols réguliers (1996).

■ ***Communications***
Journaux quotidiens (1994) : diffusion totale 39 301 000 ; diffusion pour 1 000 hab. 267.
Radiodiffusion (1995) : 50 600 000 postes récepteurs ; 341 pour 1 000 hab.
Télévision (1995) : 56 244 000 postes récepteurs ; 379 pour 1 000 hab.
Téléphone (1995) : 25 019 000 lignes principales ; 170 pour 1 000 hab.

Éducation et santé

■ ***Alphabétisation*** : n.d.

■ ***Santé*** (1995) : 630 000 médecins (1 pour 235 hab.) ; 1 860 000 lits d'hôpital (1 pour 80 hab.) ; taux de mortalité infantile : 18,0 ‰.

■ ***Alimentation*** (1995) : apport journalier en calories par habitant 2 926 (alimentation d'origine végétale 74 % ; d'origine animale 26 %) ; soit 114 % du niveau minimal recommandé par la F.A.O.

Défense nationale

■ ***Contingent*** (1997) : 1 240 000 (armée de terre 71,8 % ; marine 17,7 % ; armée de l'air 10,5 %).

■ ***Dépenses militaires*** (1995) : 11,4 % du P.N.B. (moyenne mondiale 2,8 %) ; soit 513 USD/hab.

	1991	1992	1993	1994	1995	1996
indice des prix à la consommation	192,7	2 800	27 900	112 100	221 300	269 500
indice des revenus mensuels	180,9	1 978	19 361	71 494	101 700	264 000

Indices des prix et des revenus (1990 = 100).

	1991	1992	1993	1994	1995	1996
millions de USD	+ 6 438	+ 4 986	+ 17 490	+ 21 800	+ 32 879	+ 37 368
% du total	6,8	6,7	24,6	27,9	33,2	37,3

Balance commerciale (prix courants ; hors C.E.I.).

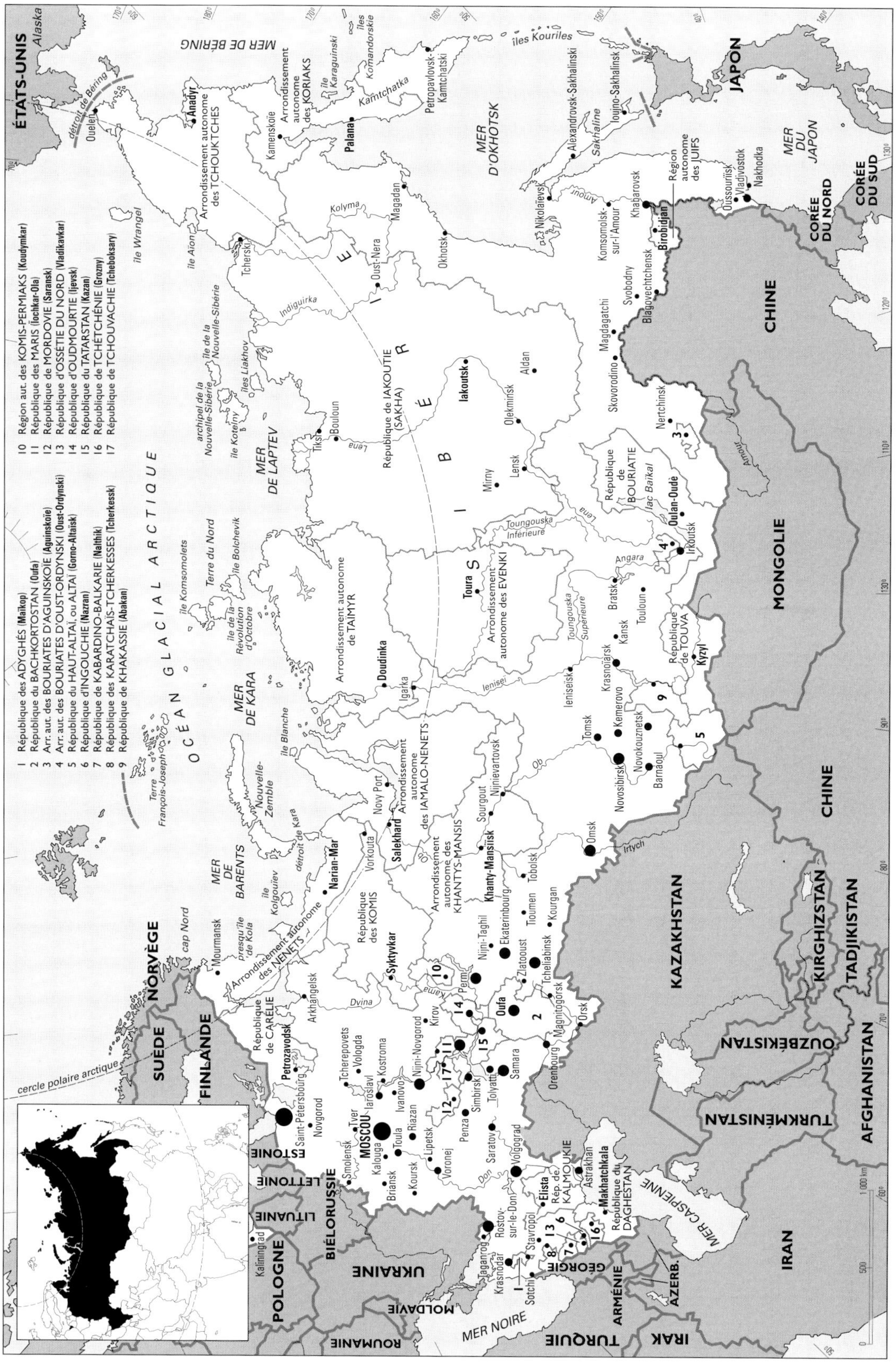
1 République des ADYGHÉS (Maïkop)
2 République du BACHKORTOSTAN (Oufa)
3 Arr. aut. des BOURIATES D'AGUINSKOÏE (Aguinskoïe)
4 Arr. aut. des BOURIATES D'OUST-ORDYNSKI (Oust-Ordynski)
5 République du HAUT-ALTAÏ, ou ALTAÏ (Gorno-Altaïsk)
6 République d'INGOUCHIE (Nazran)
7 République de KABARDINO-BALKARIE (Naltchik)
8 République des KARATCHAÏS-TCHERKESSES (Tcherkessk)
9 République de KHAKASSIE (Abakan)
10 Région aut. des KOMIS-PERMIAKS (Koudymkar)
11 République des MARIS (Iochkar-Ola)
12 République de MORDOVIE (Saransk)
13 République d'OSSÉTIE DU NORD (Vladikavkar)
14 République d'OUDMOURTIE (Ijevsk)
15 République du TATARSTAN (Kazan)
16 République de TCHÉTCHÉNIE (Grozny)
17 République de TCHOUVACHIE (Tcheboksary)
ÉTATS-UNIS
Alaska
détroit de Béring
MER DE BÉRING
OCÉAN GLACIAL ARCTIQUE
MER DE BARENTS
MER DE KARA
MER DE LAPTEV
MER D'OKHOTSK
MER DU JAPON
MER NOIRE
MER CASPIENNE
SIBÉRIE
NORVÈGE
SUÈDE
FINLANDE
ESTONIE
LETTONIE
LITUANIE
POLOGNE
BIÉLORUSSIE
UKRAINE
MOLDAVIE
ROUMANIE
TURQUIE
GÉORGIE
ARMÉNIE
AZERB.
IRAK
IRAN
TURKMÉNISTAN
OUZBÉKISTAN
KAZAKHSTAN
KIRGHIZSTAN
TADJIKISTAN
AFGHANISTAN
CHINE
MONGOLIE
CORÉE DU NORD
CORÉE DU SUD
JAPON
cercle polaire arctique
MOSCOU
Saint-Pétersbourg
Arrondissement autonome des NENETS
République de CARÉLIE
République des KOMIS
Arrondissement autonome des IAMALO-NENETS
Arrondissement autonome des KHANTYS-MANSIS
Arrondissement autonome de TAÏMYR
Arrondissement autonome des EVENKI
République de IAKOUTIE (SAKHA)
Arrondissement autonome des TCHOUKTCHES
Arrondissement autonome des KORIAKS
République de BOURIATIE
République de TOUVA
Région autonome des JUIFS
Rép. de KALMOUKIE
République du DAGHESTAN
0
500
1 000 km

NORVÈGE
MER DE BARENTS
île Kolgouiev
Mourmansk
Vorkouta
Salekhard
Narian-Mar
cercle polaire arctique
presqu'île de Kola
Kandalakcha
Arrondissement autonome des NENETS
Arrondissement autonome des IAMALO-NENETS
SUÈDE
MER BLANCHE
République des KOMIS
FINLANDE
Bielomorsk
Arkhangelsk
Severodvinsk
République de CARÉLIE
Oukhta
Arrondissement autonome des KOMIS-PERMIAKS
Petchora
Dvina du Nord
Petrozavodsk
lac Onega
Syktyvkar
Serov
lac Ladoga
Konocha
Kotlas
Solikamsk
Berezniki
MER BALTIQUE
golfe de Finlande
Saint-Pétersbourg (Léningrad)
Kolpino
République des MARIS
Koudymkar
ESTONIE
Tcherepovets
Vologda
Kirov (Viarka)
Perm
Novgorod
République de TCHOUVACHIE
réservoir de Rybinsk
République d'OUDMOURTIE
Pskov
Rybinsk (Andropov)
Kostroma
Ijevsk (Oustinov)
Sarapoul
LETTONIE
Iaroslav
Tver (Kalinine)
Kinechma
Iochkar-Ola
Velikie Louki
Volga
Serguiev-Posad (Zagorsk)
Ivanovo
Dzerjinsk
Naberejnye Tchelny
République du BACHKORTOSTAN
LITUANIE
Vladimir
Kazan
Nijniekamsk
Kaliningrad
Khimki
Kovrov
Nijni-Novgorod (Gorki)
Tcheboksary
Oufa
MOSCOU
Orekhovo-Zouïevo
République de TATARIE
Almelievsk
Oktiabrski
Podolsk
Lioubertsy
Mourom
Smolensk
Viazma
Sterlitamak
Kalouga
Kolomna
Riazan
Dimitrovgrad
Salavat
Simbirsk (Oulianovsk)
Tolyatti
POLOGNE
Toula
Novomoskovsk
Saransk
BIÉLORUSSIE
Samara (Kouïbychev)
Penza
Syzran
Novosamara (Novokouïbychevsk)
Orenbourg
Briansk
Mitchourinsk
République de MORDOVIE
Orel
Elets
Lipetsk
Tambov
Balakovo
Koursk
Saratov
Engels
Voronej
Stary Oskol
Belgorod
Kamychine
Don
KAZAKHSTAN
Volgograd (Stalingrad)
Voljski
UKRAINE
MOLDAVIE
Chakhty
Volgodonsk
Taganrog
Novotcherkassk
Novochakhtinsk
Elista
Astrakhan
ROUMANIE
Rostov-sur-le-Don
République de KALMOUKIE
MER D'AZOV
Krasnodar
Armavir
Stavropol
Nevinnomyssk
0 200 400 km
BULGARIE
Novorossiisk
Piatigorsk
MER CASPIENNE
Sotchi
MER NOIRE
Makhatchkala
République du DAGHESTAN
GÉORGIE
AZERBAÏDJAN
ARMÉNIE
AZERB.
TURQUIE
IRAN
© ENCYCLOPÆDIA UNIVERSALIS
1 République des ADYGHÉS (Maïkop)
2 République d'INGOUCHIE (Nazran)
3 République de KABARDINO-BALKARIE (Naltchik)
4 République des KARATCHAÏS-TCHERKESSES (Tcherkessk)
5 République d'OSSÉTIE DU NORD (Vladikavkaz)
6 République de TCHÉTCHÉNIE (Grozny)

	importations		exportations	
	millions de USD	%	millions de USD	%
Afrique	**239**	**0,8**	**519**	**1,0**
Amérique du Sud	**864**	**3,1**	**1 047**	**2,1**
Amérique du Nord et centrale	**2 239**	**8,0**	**3 668**	**7,3**
États-Unis	2 052	7,3	3 442	6,9
Asie	**4 837**	**17,2**	**10 303**	**20,6**
Japon	1 104	3,9	2 165	4,3
Europe	**19 655**	**69,9**	**34 358**	**68,9**
C.E.E.	11 334	40,3	18 561	37,2
A.E.L.E.	3 546	12,6	7 426	14,9
autres pays d'Europe	4 775	17,0	8 371	16,8
Océanie	**301**	**1,0**	**40**	**0,1**
total	**28 135**	**100,0**	**49 935**	**100,0**

Répartition du commerce extérieur (1994).

groupes selon la C.T.C.I.	importations		exportations	
	millions de USD	%	millions de USD	%
00 alimentation et animaux vivants	11 028	24,3	1 654	1,9
02 matières premières à l'exclusion des combustibles	5 614	12,4	20 843	24,7
03 combustibles minéraux, lubrifiants et produits dérivés	1 703	3,6	38 365	45,5
05 produits chimiques et dérivés	6 140	13,5	6 899	8,2
65 textiles, tissus et matériaux dérivés	894	2,0	555	0,7
07 matériel de transport et machines	11 859	26,1	7 477	8,8
08 articles manufacturés divers	8 200	18,1	8 594	10,2
09 produits non classifiés	n.d.	n.d.	n.d.	n.d.
total	**45 438**	**100,0**	**84 387**	**100,0**

Échanges par groupes de produits (1996).

	nombre d'établissements	nombre d'enseignants	nombre d'élèves	nombre d'élèves par enseignant
primaire (6-13 ans) / secondaire (14-17 ans)	70 200	1 705 000	22 000 000	12,9
professionnel et formation à l'enseignement	2 612	n.d.	1 923 000	n.d.
supérieur	569	n.d.	2 655 000	n.d.

Enseignement (1995-1996).

a. À l'exception du Tatarstan et de la Tchétchénie, toutes les républiques, ainsi que les kraïs et les oblasts, ont signé le traité de fondation de la nouvelle Fédération de Russie.

b. La Russie assure aussi les dettes publique et commerciale des anciennes républiques de l'Union soviétique (estimées à 88 000 000 000 USD).

RWANDA

- ***Noms officiels*** : République rwandaise ; Republika y'u Rwanda. Code I.S.O. : RW.
- ***Forme de gouvernement*** : régime intérimaire avec une assemblée législative (Assemblée nationale de transition[a] [70]).
- ***Chef de l'État et du gouvernement*** : président en accord avec un Premier ministre et un vice-président, ministre de la Défense.
- ***Capitale*** : Kigali.
- ***Langues officielles*** : anglais ; français ; kinyarwanda.
- ***Religion officielle*** : aucune.
- ***Unité monétaire*** : 1 franc rwandais (RWF) = 100 centimes ; valeur (31 déc. 1997) : 100 RWF = 1,97 FRF.

Démographie

- ***Population*** (estim. 1997) : 7 738 000.
- ***Densité***[b] (1997) : 293,8 hab./km².
- ***Répartition urbaine/rurale*** (1991) : population urbaine 5,4 % ; population rurale 94,6 %.
- ***Répartition par sexe*** (1996) : hommes 49,56 % ; femmes 50,44 %.
- ***Répartition par âge*** (1996) : moins de 15 ans 46,1 % ; de 15 à 29 ans 27,9 % ; de 30 à 44 ans 15,1 % ; de 45 à 59 ans 6,6 % ; de 60 à 74 ans 3,5 % ; 75 ans et plus 0,8 %.
- ***Projection démographique*** : 8 900 000 en 2000 ; 10 080 000 en 2010.
- ***Temps de doublement*** : 33 ans.
- ***Composition ethnique*** (1991) : Hutus 85 % ; Tutsis 14 % ; Twas 1 %.
- ***Appartenances religieuses*** : en 1991, la principale religion était le catholicisme (env. 44 %), suivi de l'islam (env. 8-9 %) ; le reste était constitué d'Églises protestantes africaines ou de croyances traditionnelles.
- ***Principales villes*** (1991) : Kigali 237 782 hab.[c] ; Ruhengeri 29 578 hab. ; Butare 28 645 hab. ; Gisenyi 21 918 hab.

Statistiques de l'état civil

- ***Taux de natalité*** (1996) : 39,1 ‰ (moyenne mondiale 25,0 ‰) ; taux (1978) de naissances légitimes 94,9 %, illégitimes 5,1 %.
- ***Taux de mortalité*** (1996) : 18,0 ‰ (moyenne mondiale 9,3 ‰).
- ***Taux d'accroissement naturel*** (1996) : 21,1 ‰ (moyenne mondiale 15,7 ‰).
- ***Taux de fécondité*** (nombre moyen de naissances par femme en âge de procréer, 1996) : 6,0.
- ***Nombre de mariages*** (pour 1 000 hab., 1984) : 2,5 (à l'exclusion des mariages non inscrits devant les instances publiques).
- ***Nombre de divorces*** : n.d.
- ***Espérance de vie*** à la naissance (1996) : hommes 42,9 ans ; femmes 43,6 ans.
- ***Principales causes de décès*** : n.d. ; toutefois, les principales causes de décès en 1991 étaient la malaria, la broncho-pneumonie, la diarrhée, le sida, les maladies pulmonaires, la méningite cérébro-spinale, le kwashiorkor, les accidents de la route et les cyrrhoses. Durant le génocide de 1994, occasionnant une mortalité trois fois supérieure à celle des autres années, la malnutrition, le choléra et les actes de violence furent les principales causes de décès.

Économie nationale

- ***Budget de l'État*** (1995)
Recettes : 61 500 000 000 RWF (recettes fiscales 62,4 %, dont taxes sur les biens et les services 16,1 %, droits sur les importations et les exportations 14,5 %, impôts sur le revenu 4,6 %).
Dépenses : 69 400 000 000 RWF (dépenses en capital 39,3 % ; biens et services 25,1 % ; traitements et salaires 19,6 % ; paiement de la dette 11,2 % ; paiements de transfert 4,8 %).
- ***Dette publique*** (extérieure, créances, 1995) : 949 000 000 USD.
- ***Tourisme*** : recettes touristiques (1993) 2 000 000 USD ; dépenses touristiques à l'étranger (1992) 17 000 000 USD.
- ***Production***
Agriculture, sylviculture, pêche (1996).
Bananes plantains 2 105 000 t ; racines et tubercules 1 435 000 t, dont patates douces 1 100 000 t, manioc 250 000 t, pommes de terre 150 000 t ; céréales 168 000 t, dont sorgho 85 000 t, maïs 71 000 t ; café 21 000 t ; thé 6 000 t ; tabac 4 000 t.
Cheptel (sur pied) : chèvres 920 000 ; bovins 465 000 ; moutons 250 000 ; porcs 80 000.
Bois (1995) : 5 660 000 m³.
Pêche (1995) : 3 349 t.
Industries extractives (1993) : cassitérite (minerai d'étain) 400 t ; wolframite (minerai de tungstène) 175 t ; or 1 000 kg.
Industries manufacturières (1994) : ciment 21 000 t ; savon 2 200 t ; sucre 600 t (1990) ; bière 45 800 000 bouteilles ; boissons non alcoolisées 21 900 000 bouteilles ; textiles 2 800 000 mètres ; tôles ondulées 2 200 plaques.
Bâtiment : n.d.
Énergie (production/consommation) : électricité (1994) 166 000 000/177 000 000 kWh ; charbon 0/n.d. ; produits pétroliers (1994) 0/155 000 t ; gaz naturel (1994) 179 389/179 389 m³.
- ***Produit national brut*** (1995) : 1 128 000 000 USD (180 USD/hab.).
- ***Population active*** (1991) : 3 649 000 ; taux d'activité 50,2 % (taux de participation : de 14 à 74 ans [1989] 46,3 % ; femmes 53,5 % ; sans-emploi n.d.).
- ***Revenus et dépenses des ménages***
Taille moyenne des ménages (1991) : 4,7.
Revenu annuel moyen par ménage (1983) : 122 870 RWF (1 300 USD) ; sources des revenus (1977) : activités non salariées (bénéfices, intérêts, etc.) 71,0 % ; traitements et salaires 16,5 % ; paiements de transfert 9,5 %.
Dépenses (poids respectifs des éléments de l'indice des prix à la consommation, 1982) : alimentation 44,2 % ; logement 13,2 % ; habillement 11,4 % ; transports 10,3 % ; équipements domestiques 8,4 %.
- ***Utilisation du sol*** (1994) : forêts 10,1 % ; prairies et pâturages 28,4 % ; terres cultivées et plantations 47,4 % ; autres 14,1 %.

préfectures et chefs-lieux	superficie (km²)	population (recens. 1991)
Butare (var. Butaré)	1 837	766 839
Byumba	4 761	783 350
Cyangugu (var. anc. Shangugu)	1 845	515 129
Gikongoro	2 057	464 585
Gisenyi (var. anc. Kisenyi)	2 050	734 697
Gitarama	2 189	851 516
Kibungo	4 046	655 368
Kibuye	1 705	470 747
Kigali *	3 118	1 156 651
Ruhengeri	1 663	766 112
total	**25 271**	**7 164 994**
surface des eaux intérieures	1 067	
superficie totale	**26 338**	

(*) La population de Kigali a diminué d'environ 100 000 à 120 000 personnes en raison de la guerre civile en 1994

Territoire et population.

→ *Corpus* : RWANDA
→ *Grand Atlas de Géographie* (éd. 1992) : 136, 150
→ *Grand Atlas de l'Histoire* : 277, 283, 295

Corpus : AFRIQUE NOIRE – Société et économie ; PYGMÉES.

Universalia 1995 : 284 Les dessous d'un génocide ; *Universalia 1998* : 140 Afrique : la crise de l'Afrique des Grands Lacs.

Thesaurus :
HUTU
TUTSI

	1995		1989	
	millions de RWF	% du total	effectifs	% des effectifs
agriculture	114 622	35,0	2 832 557	90,1
mines	81	–	4 691	0,2
industrie	46 841	14,3	45 089	1,4
bâtiment	5 034	1,5	38 237	1,2
entreprises publiques	1 382	0,4	2 562	0,1
transports et communications	17 055	5,2	7 333	0,2
commerce	58 251	17,8	80 026	2,6
administration, défense nationale	16 508	5,0	123 147	3,9
services	48 882	14,9		
autres	18 831	5,8	9 414	0,3
total	**327 485**•	**100,0**•	**3 143 056**	**100,0**

(•) Le total général ne correspond pas au détail en raison des arrondis.

Structure du produit intérieur brut et effectifs.

	1990	1991	1992	1993	1994	1995	1996
indice des prix à la consommation	100,0	119,6	131,1	147,3	n.d.	293,0	314,7
indice des revenus	100,0	100,0	100,0	100,0	100,0	100,0	120,0

Indices des prix et des revenus (1990 = 100).

	1989	1990	1991	1992	1993	1994
millions de RWF	– 10 918	– 6 834	– 15 181	– 17 729	– 23 934	– 3 068
% du total	41,7	27,0	39,6	49,9	55,9	14,6

Balance commerciale (prix courants).

	nombre d'établissements	nombre d'enseignants	nombre d'élèves	nombre d'élèves par enseignant
primaire (7-12 ans)	1 710	18 937	1 104 902	58,3
secondaire (13-19 ans)[1]	n.d.	3 413	94 586	27,7
supérieur[2]	3[3]	646	3 389	5,2

1. Comprend le professionnel et la formation à l'enseignement. 2. 1989-1990. 3. 1985.

Enseignement (1991-1992).

Échanges extérieurs[d]

■ ***Importations*** (1995) : 291 500 000 USD (produits alimentaires 35,2 % ; biens d'équipement 17,6 % ; biens intermédiaires 11,1 % ; produits énergétiques 7,3 %).
Principales sources des importations (1991) : Belgique et Luxembourg 17,1 % ; Kenya 13,4 % ; France 6,8 % ; Allemagne 6,0 % ; Italie 2,8 % ; Pays-Bas 2,7 % ; Royaume-Uni 2,1 % ; États-Unis 1,0 % ; Zaïre 0,7 %.

■ ***Exportations*** (1995) : 51 200 000 USD (café 74,4 % ; thé 10,0 % ; cuirs et peaux 4,9 %).
Principales destinations des exportations (1991) : Allemagne 21,3 % ; Pays-Bas 18,8 % ; Belgique et Luxembourg 11,8 % ; Royaume-Uni 6,4 % ; États-Unis 5,8 % ; Italie 1,7 %.

Transports et communications

■ ***Transports***
Chemins de fer : aucun.
Routes (1995) : longueur totale 14 565 km (10 % recouvertes).
Véhicules (1995) : voitures particulières 11 900 ; camions et autobus 15 900.
Marine marchande : aucune.
Transports aériens (1993) ; trafic : 2 000 000 passagers-km; (1991) marchandises chargées 2 674 t ; marchandises déchargées 4 794 t. 2 aéroports desservis par des vols réguliers (1997).

■ ***Communications***
Journaux quotidiens (1995) : 500 ; diffusion pour 1 000 hab. 0,07
Radiodiffusion (1995) : 525 000 postes récepteurs ; 78,4 pour 1 000 hab.
Télévision : aucune.
Téléphone (1995) : 15 000 lignes principales ; 2,2 pour 1 000 hab.

Éducation et santé

■ ***Niveau d'éducation*** (1978)
Proportion de la population âgée de 25 ans et plus : sans instruction scolaire 76,9 % ; ayant une éducation primaire incomplète 16,8 % ; éducation primaire complète 4,0 % ; éducation secondaire 2,0 % ; début d'éducation postsecondaire, professionnelle ou supérieure 0,3 %.

■ ***Alphabétisation*** (1995) : personnes âgées de 15 ans et plus alphabétisées 60,5 % ; hommes 69,8 % ; femmes 51,6 %.

■ ***Santé*** : 150 médecins en 1992 (1 pour 50 000 hab.) ; 12 152 lits d'hôpital en 1990 (1 pour 588 hab.) ; taux de mortalité infantile (1996) : 114,2 ‰.

■ ***Alimentation*** (1992) : apport journalier en calories par habitant 1 821 (alimentation d'origine végétale 97 % ; d'origine animale 3 %) ; soit 78 % du niveau minimal recommandé par la F.A.O.

Défense nationale

■ ***Contingent*** (1997) : 62 000 (armée de terre 100 %).

■ ***Dépenses militaires*** (1995) : 5,2 % du P.N.B. (moyenne mondiale 2,8 %) ; soit 20 USD/hab.

a. L'Assemblée nationale de transition a été désignée le 25 novembre 1994 pour une période de cinq ans.

b. Sur la base de la surface terrestre.

c. La population de Kigali a diminué d'environ 100 000 à 120 000 personnes en raison de la guerre civile en 1994.

d. Importations : chiffres F.O.B. pour la balance commerciale et C.I.F. pour les marchandises et les partenaires commerciaux.

SAINT-CHRISTOPHE ET NIÉVÈS

- ***Nom officiel*** : Fédération de Saint-Christophe et Niévès (Federation of Saint Kitts [var. Saint Christopher] and Nevis[a]). Code I.S.O. : KN.
- ***Forme de gouvernement*** : monarchie constitutionnelle avec une assemblée législative (Assemblée nationale [15, dont 4 non-élus]).
- ***Chef de l'État*** : reine d'Angleterre, représentée par un gouverneur général.
- ***Chef du gouvernement*** : Premier ministre.
- ***Capitale*** : Basseterre.
- ***Langue officielle*** : anglais.
- ***Religion officielle*** : aucune.
- ***Unité monétaire*** : 1 dollar des Caraïbes de l'Est (XCD) = 100 cents ; valeur (31 déc. 1997) : 100 XCD = 221,78 FRF.

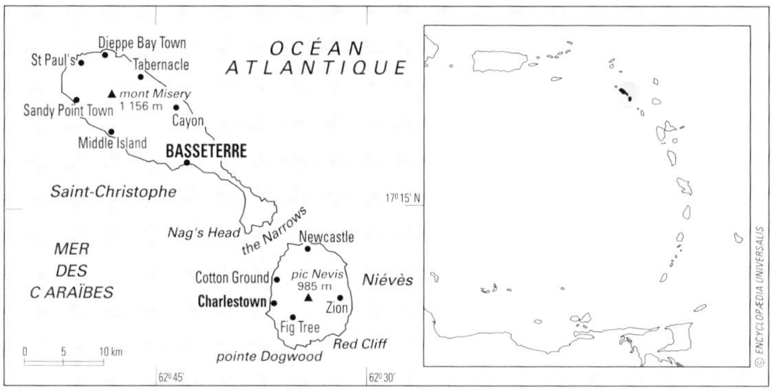

Démographie

■ ***Population*** (estim. 1997) : 41 800.

■ ***Densité*** (1997) : 155,2 hab./km².

■ ***Répartition urbaine/rurale*** (1995) : population urbaine 42,9 % ; rurale 57,1 %.

■ ***Répartition par sexe*** (1990) : hommes 51,56 % ; femmes 48,44 %.

■ ***Répartition par âge*** (1990) : moins de 15 ans 32,5 % ; de 15 à 29 ans 25,6 % ; de 30 à 44 ans 18,9 % ; de 45 à 59 ans 10,1 % ; de 60 à 74 ans 8,9 % ; 75 ans et plus 4,0 %.

■ ***Projection démographique*** : 43 000 en 2000 ; 50 000 en 2010.

■ ***Temps de doublement*** : 50 ans.

■ ***Composition ethnique*** (1991) : Noirs 94,9 % ; Métis, Blancs et Indo-Pakistanais 5,1 %.

■ ***Appartenances religieuses*** (1995) : protestants 84,6 %, dont anglicans 25,2 %, méthodistes 25,2 %, pentecôtistes 8,4 %, moraves 7,6 % ; catholiques 6,7 % ; autres 8,7 %.

■ ***Principales villes*** (1994) : Basseterre 12 605 hab. ; Charlestown 1 411 hab. (1990).

Statistiques de l'état civil

■ ***Taux de natalité*** (1995) : 20,2 ‰ (moyenne mondiale 25,0 ‰) ; taux (1983) de naissances légitimes 19,2 %, illégitimes 80,8 %.

■ ***Taux de mortalité*** (1995) : 9,8 ‰ (moyenne mondiale 9,3 ‰).

■ ***Taux d'accroissement naturel*** (1995) : 10,4 ‰ (moyenne mondiale 15,7 ‰).

■ ***Taux de fécondité*** (nombre moyen de naissances par femme en âge de procréer, 1996) : 2,5.

■ ***Nombre de mariages*** : n.d.

■ ***Nombre de divorces*** : n.d.

■ ***Espérance de vie*** à la naissance (1996) : hommes 63,8 ans ; femmes 70,1 ans.

■ ***Principales causes de décès*** (pour 100 000 hab., 1985) : maladies de l'appareil circulatoire 443,2, dont maladies cérébro-vasculaires 220,5, maladies de la circulation pulmonaire et autres maladies de cœur 122,7 ; tumeurs malignes (cancers) 95,5.

Économie nationale

■ ***Budget de l'État*** (1996)
Recettes : 208 300 000 XCD (recettes fiscales 68,9 %, dont impôts sur les transactions internationales 37,4 % ; impôts sur le revenu 15,7 %, taxes à la consommation 14,4 % ; recettes non fiscales 26,7 %).
Dépenses : 231 700 000 XCD (dépenses courantes 85,9 % ; dépenses de développement 14,1 %).

■ ***Dette publique*** (extérieure, créances, 1995) : 54 000 000 USD.

■ ***Production***
Agriculture, sylviculture, pêche (1995).
Canne à sucre 203 740 t ; noix de coco 1 700 t ; fruits tropicaux 1 500 t ; patates douces 250 t ; oignons 141 t.
Cheptel (sur pied, 1996) : moutons 17 000 ; chèvres 13 000 ; cochons 3 000.
Bois : n.d.
Pêche (1995) : 220 t.
Industries extractives : sable destiné à l'usage local.
Industries manufacturières (1996) : sucre brut 20 249 t ; mélasse (1994) 6 000 t ; boissons gazeuses 47 000 hl (1991) ; bières 17 200 hl (1991) ; les autres productions importantes sont les vêtements, les composants électroniques, les chaussures et le batik.
Bâtiment (valeur ajoutée) : 57 000 000 XCD.
Énergie (production/consommation) : électricité (1994) 86 000 000/86 000 000 kWh ; charbon 0/0 ; pétrole brut 0/0 ; produits pétroliers (1994) 0/32 000 t ; gaz naturel 0/0.

■ ***Revenus et dépenses des ménages***
Taille moyenne des ménages (1980) : 3,7.
Revenu annuel moyen par ménage : n.d. ; sources des revenus : n.d.
Dépenses (poids respectifs des éléments de l'indice des prix à la consommation, 1978) : alimentation, boissons et tabac 55,6 % ; équipements domestiques 9,4 % ; logement 7,6 % ; habillement 7,5 % ; combustibles et éclairage 6,6 % ; transports 4,3 % ; autres 9,0 %.

■ ***Produit national brut*** (aux prix courants du marché, 1994) : 195 000 000 USD (4 760 USD/hab.).

■ ***Population active*** (1980) : 17 125 ; taux d'activité 39,5 % (taux de participation : 15-64 ans 69,5 % ; femmes 41,0 % ; sans-emploi [1995] env. 12 %).

■ ***Tourisme*** (1995) : recettes touristiques 63 000 000 USD ; dépenses touristiques à l'étranger 5 100 000 USD.

■ ***Utilisation du sol*** (1994) : forêts 17,0 % ; prairies et pâturages 3,0 % ; terres cultivées et plantations 39,0 % ; autres 41,0 %.

Échanges extérieurs[b]

■ ***Importations*** (1995) : 359 000 000 XCD (produits manufacturés de base 35,3 % ; machines 27,7 % ; produits alimentaires 17,1 % ; produits chimiques et dérivés 8,3 %).
Principales sources des importations : États-Unis 42,4 % ; Caricom 17,2 %, dont Trinité et Tobago 9,8 % ; Royaume-Uni 11,3 %.

■ ***Exportations*** (1995) : 99 000 000 XCD (matériels et équipements électroniques de transport [principalement biens électriques] 47,1 % ; sucre 39,3 %).

États	capitales	superficie (km²)	population (estim. 1995)
Saint-Christophe (Saint Kitts ; var. Saint Christopher ; caraïbe Liamuiga)	Basseterre	176,2	35 340
Niévès (Nevis ; var. Nièves ; esp. Nieves)	Charlestown	93,2	8 010
total		**269,4**	**43 350**

Territoire et population.

→ ***Thesaurus*** : LEEWARD ISLANDS
→ ***Grand Atlas de Géographie*** (éd. 1992) : 206
→ ***Grand Atlas de l'Histoire*** : 227, 277

Corpus : CARAÏBES (AIRE DES) [géopolitique de l'espace] ; ZONES FRANCHES.

Thesaurus :
CARAÏBES (AIRE DE LIBRE COMMERCE DES)
CARIBBEAN BASIN INITIATIVE

	1995		1994	
	millions de XCD	% du total	effectifs [1]	% des effectifs
canne à sucre [2]	13,4	2,0	1 525	9,2
agriculture, pêche	18,0	2,7	914	5,5
mines	1,9	0,3	29	0,2
industrie	59,7	8,9	1 290 [3]	7,8 [3]
bâtiment	67,0	10,0	1 745	10,5
entreprises publiques	9,3	1,4	416	2,5
transports et communications	87,4	13,1	534	3,2
commerce, restauration	131,2	19,6	3 367	20,3
finance, immobilier	87,7	13,1	3 708 [4]	22,3 [4]
administration, défense nationale	101,9	15,3	2 738	16,5
services	24,1	3,6	– [4]	– [4]
autres	66,1 [5]	9,9 [5]	342	2,1
total	**667,7**	**100,0 [6]**	**16 608**	**100,0 [6]**

1. Actifs occupés uniquement. 2. Y compris l'industrie sucrière. 3. Non compris l'industrie sucrière. 4. La finance et l'immobilier comprennent les services. 5. Moins les frais de service bancaire. 6. Le total général ne correspond pas exactement au détail en raison des arrondis.

Structure du produit intérieur brut et effectifs.

	1990	1991	1992	1993	1994	1995	1996
indice des prix à la consommation	100,0	104,2	107,1	109,0	112,6	113,9	116,2
indice des revenus	n.d.	n.d.	n.d.	n.d.	n.d.	n.d.	n.d.

Indices des prix et des revenus (1990 = 100).

	1992	1993	1994	1995	1996
millions d'XCD	– 120	– 177	– 221	– 217	– 242
% du total	36,1	46,2	53,3	52,4	55,8

Balance commerciale (prix courants).

	nombre d'établissements	nombre d'enseignants	nombre d'élèves	nombre d'élèves par enseignant
primaire (5-12 ans) [1]	31	366	7 101	19,4
secondaire (13-17 ans)	7	326	4 541	13,9
supérieur [2]	1	51	394	7,7

1. 1993-1994. 2. 1992-1993.

Enseignement (1994-1995).

Principales destinations des exportations (1994) : États-Unis 46,6 % ; Royaume-Uni 26,4 % ; Caricom 9,8 %, dont Antigua et Barbuda 2,6 %.

Transports et communications

■ ***Transports***
Chemins de fer (1995) : longueur 36 km (petit réseau desservant l'industrie sucrière à Saint-Christophe).

Routes (1995) : longueur totale 310 km (43 % recouvertes).

Véhicules (1991) : voitures particulières 3 700 ; camions et autobus 2 200.

Marine marchande (1992) : 1 navire (de 100 tjb et plus) ; 550 tonneaux de port en lourd.

Transports aériens ; trafic : arrivées de passagers 123 195 (1992, aéroport de Saint-Christophe uniquement). 2 aéroports desservis par des vols réguliers (1997).

■ ***Communications***
Journaux quotidiens (1992) : aucun.
Radiodiffusion (1995) : 26 000 postes récepteurs ; 659 pour 1 000 hab.
Télévision (1995) : 9 500 postes récepteurs ; 241 pour 1 000 hab.
Téléphone (1994) : 14 000 lignes principales ; 355 pour 1 000 hab.

Éducation et santé

■ ***Niveau d'éducation*** (1980)
Proportion de la population âgée de 25 ans et plus : sans instruction scolaire 1,1 % ; ayant une éducation primaire 29,6 % ; éducation secondaire 67,2 % ; éducation supérieure 2,1 %.

■ ***Alphabétisation*** (1990) : personnes âgés de 15 ans et plus alphabétisées 25 500 (90,0 %) ; hommes 13 100 (90,0 %) ; femmes 12 400 (90,0 %).

■ ***Santé*** (1995) : 39 médecins en 1992 (1 pour 1 057 hab.) ; 276 lits d'hôpital (1 pour 142 hab.) ; taux de mortalité infantile : 25,1 ‰.

■ ***Alimentation*** (1995) : apport journalier en calories par habitant 2 234 (alimentation d'origine végétale 76 % ; d'origine animale 24 %) ; soit 92 % du niveau minimal recommandé par la F.A.O.

Défense nationale

■ ***Contingent*** : en juillet 1997, l'Assemblée nationale a approuvé la création d'une armée de cinquante hommes.

a. Un référendum doit se tenir à Niévès en vue d'une possible indépendance.

b. Importations : chiffres F.O.B. pour la balance commerciale et C.I.F. pour les marchandises et les partenaires commerciaux.

SAINTE-LUCIE

- ***Nom officiel*** : Sainte-Lucie (Saint Lucia). Code I.S.O. : LC.
- ***Forme de gouvernement*** : monarchie constitutionnelle avec un Parlement comprenant deux chambres législatives (Sénat [11] et Assemblée [18]).
- ***Chef de l'État*** : reine d'Angleterre, représentée par un gouverneur général.
- ***Chef du gouvernement*** : Premier ministre.
- ***Capitale*** : Castries.
- ***Langue officielle*** : anglais.
- ***Religion officielle*** : aucune.
- ***Unité monétaire*** : 1 dollar des Caraïbes de l'Est (XCD) = 100 cents ; valeur (31 déc. 1997) : 100 XCD = 221,78 FRF.

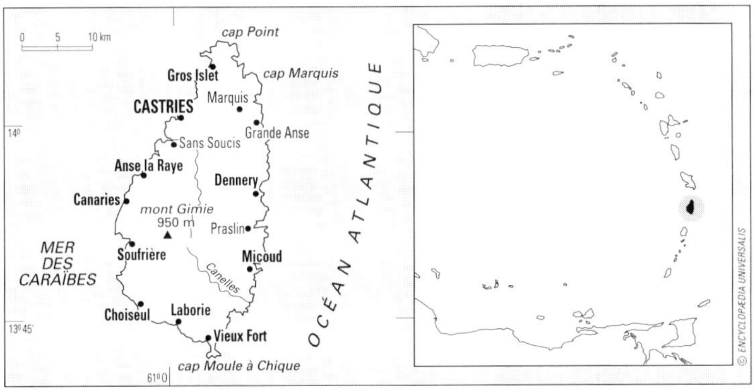

Démographie

- ***Population*** (estim. 1997) : 148 000.
- ***Densité*** (1997) : 239,9 hab./km².
- ***Répartition urbaine/rurale*** (1995) : population urbaine 48,1 % ; population rurale 51,9 %.
- ***Répartition par sexe*** (1992) : hommes 48,49 % ; femmes 51,51 %.
- ***Répartition par âge*** (1992) : moins de 15 ans 36,7 % ; de 15 à 29 ans 29,4 % ; de 30 à 44 ans 16,3 % ; de 45 à 59 ans 8,8 % ; de 60 à 74 ans 6,3 % ; 75 ans et plus 2,5 %.
- ***Projection démographique*** : 153 000 en 2000 ; 170 000 en 2010.
- ***Temps de doublement*** : 37 ans.
- ***Composition ethnique*** (1990) : Noirs 90,5 % ; Métis 5,5 % ; Indiens (Asiatiques) 3,2 % ; Blancs 0,8 %.

régions administratives et chefs-lieux	superficie (km²)	population (estim. 1992)
Anse la Raye	47	5 128
Canaries		1 864
Castries	79	53 883
Choiseul	31	6 638
Dennery	70	11 574
Gros Islet	101	13 996
Laborie	38	7 763
Micoud	78	15 636
Soufrière	51	7 962
Vieux Fort	44	13 617
total	**617***	**138 151**

(*) Comprend les 78 km² inhabités de Central Forest Reserve.

Territoire et population.

- ***Appartenances religieuses*** (1995) : catholiques 79,2 % ; protestants 19,4 %, dont pentecôtistes 5,4 %, adventistes du septième jour 5,2 % ; autres 1,4 %.
- ***Principale ville*** (1992) : Castries 2 063 hab. (agglomération 13 615).

Statistiques de l'état civil

- ***Taux de natalité*** (1995) : 25,2 ‰ (moyenne mondiale 25,0 ‰) ; taux de naissances légitimes 14,2 %, illégitimes 85,8 %.
- ***Taux de mortalité*** (1995) : 5,9 ‰ (moyenne mondiale 9,3 ‰).
- ***Taux d'accroissement naturel*** (1995) : 19,3 ‰ (moyenne mondiale 15,7 ‰).
- ***Taux de fécondité*** (nombre moyen de naissances par femme en âge de procréer, 1996) : 2,5.
- ***Nombre de mariages*** (pour 1 000 hab., 1995) : 3,4.
- ***Nombre de divorces*** (pour 1 000 hab., 1995) : 0,2.
- ***Espérance de vie*** à la naissance (1996) : hommes 67,5 ans ; femmes 75,0 ans.
- ***Principales causes de décès*** (pour 100 000 hab., 1992) : maladies de l'appareil circulatoire 205,6, dont maladies de cœur ischémiques 133,2 ; tumeurs malignes (cancers) 64,4 ; maladies de l'appareil respiratoire 48,5 ; maladies infectieuses et parasitaires 31,1.

Économie nationale

- ***Budget de l'État*** (1996-1997)
Recettes : 418 600 000 XCD (droits à la consommation sur les marchandises importées 24,3 % ; impôts sur le revenu et les profits 23,3 % ; droits d'importation 15,9 % ; recettes non fiscales 10,2 % ; emprunts 6,5 %).
Dépenses : 456 900 000 XCD (dépenses courantes 69,7 % ; dépenses de développement et prêts nets 30,3 %).
- ***Dette publique*** (extérieure, créances, 1995) : 111 000 000 USD.
- ***Tourisme*** (1995) : recettes touristiques 229 500 000 USD ; dépenses touristiques à l'étranger 25 100 000 USD.
- ***Production***
Agriculture, sylviculture, pêche (1996).
Bananes 135 000 t ; mangues 27 000 t ; noix de coco 18 000 t ; ignames 4 300 t ; poivre 160 t ; gingembre 60 t.
Cheptel (sur pied, 1996) : porcs 14 700 ; moutons 12 500 ; bovins 12 450.
Bois : n.d.
Pêche (1995) : 1 023 t.
Industries extractives : sable pour la construction locale, pierre ponce.
Industries manufacturières (valeur de la production, 1995) : produits papetiers et cartonnages 50 173 000 XCD ; boissons alcoolisées et tabac 30 893 000 XCD ; composants électriques et électroniques 14 125 000 XCD ; vêtements 8 903 000 XCD ; huile de coprah raffinée 6 335 000 XCD ; produits alimentaires 4 165 000 XCD.
Bâtiment (constructions autorisées, 1992) : résidentiel 91 900 m² ; non résidentiel 43 300 m².
Énergie (production/consommation) : électricité (1994) 112 000 000/112 000 000 kWh ; charbon 0/0 ; pétrole brut 0/0 ; produits pétroliers (1994) 0/61 000 t ; gaz naturel 0/0.
- ***Produit national brut*** (aux prix courants du marché, 1995) : 532 000 000 USD (3 370 USD/hab.).
- ***Population active*** (1992) : 57 797 ; taux d'activité 41,8 % (taux de participation : 15-64 ans 72,7 % ; femmes 46,5 % ; sans-emploi [1995] 15 %).
- ***Revenus et dépenses des ménages***
Taille moyenne des ménages (1991) : 4,0.
Revenu annuel moyen par ménage : n.d. ; sources des revenus : n.d.
Dépenses (zone administrative de Castries uniquement, 1982) : alimentation 46,8 % ; logement 13,5 % ; habillement 6,5 % ; transports et communications 6,3 % ; équipements domestiques 5,8 % ; autres 21,1 %.
- ***Utilisation du sol*** (1994) : forêts 13,0 % ; prairies et pâturages 5,0 % ; terres cultivées et plantations 30,0 % ; autres 52,0 %.

Échanges extérieurs[a]

- ***Importations*** (1995) : 306 000 000 USD (produits alimentaires 22,5 % ; équipement industriel et de transport 19 % ; produits chimiques et dérivés 9,5 % ; pétrole brut et produits pétroliers 7,5 %).
Principales sources des importations : États-Unis 36,2 % ; Caricom, dont Trinité et Tobago 12,4 % ; Royaume-Uni 11,1 % ; Japon 4,6 % ; Canada 3,9 %.

→ *Thesaurus* : WINDWARD ISLANDS
→ *Grand Atlas de Géographie* (éd. 1992) : 206, 209f
→ *Grand Atlas de l'Histoire* : 227, 277

Corpus : CARAÏBES (AIRE DES) [géopolitique de l'espace] ; ZONES FRANCHES.

Thesaurus :
CARAÏBES (AIRE DE LIBRE COMMERCE DES)
CARIBBEAN BASIN INITIATIVE

	1995		1992	
	millions de XCD [1]	% du total	effectifs [2]	% des effectifs
agriculture	135	10,5	2 824	8,9
mines	7	0,5	n.d.	n.d.
industrie	88	6,8	4 360	13,8
bâtiment	99	7,7	2 197	6,9
entreprises publiques	56	4,3	832	2,6
transports et communications	218	16,9	2 551	8,0
commerce, restauration	334	25,9	8 714	27,5
finance, immobilier	212	16,5	3 488	11,0
administration, défense nationale	180	14,0	6 758	21,3
services	45	3,5	n.d.	n.d.
autres	− 86 [3]	− 6,7 [3]	–	–
total	**1 288** [4]	**100,0** [4]	**31 724**	**100,0**

1. Prix courants au coût des facteurs. 2. Les données ne comprennent pas les travailleurs ne cotisant pas à la Sécurité sociale ni les sans-emploi. 3. Moins les frais de service bancaire. 4. Le total ne correspond pas exactement au détail en raison des arrondis.

Structure du produit intérieur brut et effectifs.

	1990	1991	1992	1993	1994	1995	1996
indice des prix à la consommation	100,0	106,2	112,1	113,0	116,1	122,9	126,8
indice des revenus*	100,0	103,0	n.d.	n.d.	n.d.	n.d.	n.d.

(*) Dans le secteur public uniquement.

Indices des prix et des revenus (1990 = 100).

	1991	1992	1993	1994	1995
millions de USD	− 182	− 179	− 180	− 202	− 191
% du total	44,6	41,0	42,9	50,2	44,8

Balance commerciale (prix courants).

	nombre d'établissements	nombre d'enseignants	nombre d'élèves	nombre d'élèves par enseignant
primaire (5-11 ans)	84	1 181*	32 204	n.d.
secondaire (12-16 ans)	14	466*	7 612	n.d.
professionnel et formation à l'enseignement supérieur	1	113*	1 125	n.d.

(*) 1991-1992.

Enseignement (1992-1993).

■ ***Exportations*** (1995) : 115 000 000 USD (bananes 40,8 % ; vêtements 12,1 % ; papier et carton 6,2 % ; bière 3,8 %).
Principales destinations des exportations : Royaume-Uni 50,4 % ; États-Unis 24,2 % ; pays du Caricom 15,8 %.

Transports et communications

■ ***Transports***
Chemins de fer : aucun.
Routes (1994) : longueur totale 820 km (88 % recouvertes).
Véhicules (1993) : voitures particulières 10 000 ; camions et autobus 9 200.
Marine marchande (1992) : 7 navires (de 100 tjb et plus) ; 2 070 tonneaux de port en lourd.
Transports aériens (1994) ; trafic : arrivées de passagers 573 000 ; départs de passagers 581 000 ; marchandises déchargées 2 002 t ; marchandises chargées 3 918 t. 2 aéroports desservis par des vols réguliers (1997).

■ ***Communications***
Journaux quotidiens : aucun.
Radiodiffusion (1995) : 90 000 postes récepteurs ; 619 pour 1 000 hab.
Télévision (1995) : 25 000 postes récepteurs ; 172 pour 1 000 hab.
Téléphone (1995) : 30 600 lignes principales ; 211 pour 1 000 hab.

Éducation et santé

■ ***Niveau d'éducation*** (1980)
Proportion de la population âgée de 25 ans et plus : sans instruction scolaire 17,5 % ; ayant une éducation primaire 74,4 % ; éducation secondaire 6,8 % ; éducation supérieure 1,3 %.

■ ***Alphabétisation*** (1995) : environ 82 %.

■ ***Santé*** (1995) : 64 médecins (1992) (1 pour 2 159 hab.) ; 541 lits d'hôpital (1 pour 269 hab.) ; taux de mortalité infantile : 18,0 ‰.

■ ***Alimentation*** (1995) : apport journalier en calories par habitant 2 801 (alimentation d'origine végétale 73 % ; d'origine animale 27 %) ; soit 116 % du niveau minimal recommandé par la F.A.O.

Défense nationale

■ ***Contingent*** (1994) : la police (plus de 500) comprend un corps paramilitaire et une unité de garde-côtes.

a. Importations C.I.F. ; exportations F.O.B.

SAINT-MARIN

- ***Nom officiel*** : République de Saint-Marin (Repubblica di San Marino). Code I.S.O. : SM.
- ***Forme de gouvernement*** : république à structure étatique unitaire et à régime multipartiste avec un Parlement (Grand Conseil général [60]).
- ***Chefs de l'État*** : capitaines-régents (2), élus pour 6 mois.
- ***Tête du gouvernement*** : Congrès d'État.
- ***Capitale*** : Saint-Marin (San Marino).
- ***Langue officielle*** : italien.
- ***Religion officielle*** : aucune.
- ***Unité monétaire*** : 1 lire italienne (ITL) = 100 centesimi (sing. centesimo) ; valeur (31 déc. 1997) : 100 ITL = 0,340 45 FRF.

Démographie

■ ***Population*** (estim. 1997) : 25 600 hab.

■ ***Densité*** (1997) : 418,4 hab./km².

■ ***Répartition urbaine/rurale*** (janv. 1997) : population urbaine 89,3 % ; population rurale 10,7 %.

■ ***Répartition par sexe*** (janv. 1997) : hommes 48,70 % ; femmes 51,30 %.

■ ***Répartition par âge*** (janv. 1997) : moins de 15 ans 14,9 % ; de 15 à 29 ans 20,9 % ; de 30 à 44 ans 25,0 % ; de 45 à 59 ans 18,8 % ; de 60 à 74 ans 14,0 % ; 75 ans et plus 6,4 %.

■ ***Projection démographique*** : 26 900 en 2000 ; 31 500 en 2010.

■ ***Temps de doublement*** : sans objet, la croissance démographique étant négligeable.

■ ***Composition ethnique*** (janv. 1997) : Sammarinesi 83,1 % ; Italiens 12,0 % ; autres 3,7 %.

■ ***Appartenances religieuses*** (1980) : catholiques 95,2 % ; sans appartenance 3,0 % ; autres 1,8 %.

■ ***Principales villes*** (janv. 1997) : Serravalle/Dogano 4 802 hab. ; Borgo Maggiore 2 394 hab. ; Saint-Marin 2 294 hab. ; Murata 1 549 hab. ; Domagnano 1 048 hab.

Statistiques de l'état civil

■ ***Taux de natalité*** (1992-1996) : 10,5 ‰ (moyenne mondiale 25,0 ‰) ; taux (1985) de naissances légitimes 95,2 %, illégitimes 4,8 %.

■ ***Taux de mortalité*** (1992-1996) : 7,1 ‰ (moyenne mondiale 9,3 ‰).

■ ***Taux d'accroissement naturel*** (1992-1996) : 3,4 ‰ (moyenne mondiale 15,7 ‰).

■ ***Taux de fécondité*** (nombre moyen de naissances par femme en âge de procréer, 1996) : 1,2.

■ ***Nombre de mariages*** (pour 1 000 hab., 1992-1996) : 8,1.

■ ***Nombre de divorces*** (pour 1 000 hab., 1991-1995) : 1,0.

■ ***Espérance de vie*** à la naissance (1995) : hommes 77,2 ans ; femmes 85,3 ans.

■ ***Principales causes de décès*** (pour 100 000 hab., 1991-1995) : maladies de l'appareil circulatoire 324,8 ; tumeurs malignes (cancers) 229,4 ; accidents, actes de violence et suicides 45,2 ; maladies de l'appareil respiratoire 10,7.

Économie nationale

■ ***Budget de l'État*** (1995)
Recettes : 374 900 000 000 ITL (impôts indirects 44,9 % ; impôts directs 28,9 % ; Sécurité sociale 17,8 %).
Dépenses : 377 300 000 000 ITL (dépenses courantes 46,8 % ; Sécurité sociale 39,9 % ; traitements et salaires 30,8 % ; dépenses en capital 6,7 % ; autres 46,5 %).

■ ***Tourisme*** : 3 345 381 visiteurs (1996) ; recettes touristiques (1994) 252 500 000 USD ; dépenses touristiques à l'étranger n.d.

■ ***Dette publique*** : n.d.

■ ***Production***
Agriculture, sylviculture, pêche (début des années 1980).
Blé env. 4 400 t ; raisins env. 700 t ; orge env. 500 t.
Cheptel (sur pied, 1995) : bovins 954 ; porcs 694 ; moutons 12.
Industries manufacturières (1995) : viande en conserve 366 170 kg, dont viande de bœuf 273 515 kg, viande de porc 85 688 kg, viande de veau 6 902 kg ; fromage 78 803 kg ; beurre 13 739 kg ; lait 1 097 890 l ; yaourt 5 722 l ; les autres produits importants sont les tuiles, les timbres-poste, les bijoux en or et en argent, les peintures, les meubles, les instruments de musique, les cosmétiques, les vêtements, le matériel électrique.
Bâtiment (nombre d'unités neuves achevées, 1995) : résidentiel 145 ; non résidentiel 123.
Énergie (production/consommation) : l'énergie électrique est entièrement importée d'Italie par réseau de distribution/consommation n.d. ; charbon 0/n.d. ; pétrole brut 0/n.d. ; produits pétroliers 0/n.d. ; gaz naturel 0/n.d.

■ ***Produit national brut*** (aux prix courants du marché, 1993) : 380 000 000 USD (15 800 USD/hab.).

■ ***Population active*** (janv. 1996) : 16 073 ; taux d'activité 63,5 % (taux de participation : 15-64 ans 88,4 % ; femmes 40,2 % ; sans-emploi 3,1 %).

■ ***Revenus et dépenses des ménages***
Nombre de ménages (janv. 1997) : 10 093.
Taille moyenne des ménages (janv. 1995) : 2,5.

	effectifs	% des effectifs
agriculture	249	1,6
industrie	5 256	32,7
bâtiment et entreprises publiques	1 440	9,0
transports et communications	311	1,9
commerce	2 641	16,4
finance et assurance	417	2,6
services	1 432	8,9
administration et défense nationale	3 832	23,8
autres	495*	3,5
total	**16 073**	**100,0**

(*) Sans-emploi.

Main-d'œuvre (janv. 1996).

circonscriptions	chefs-lieux	superficie (km²)	population (estim. janv. 1997)
Acquaviva	Acquaviva	4,86	1 264
Borgo Maggiore	Borgo	9,01	5 358
Chiesanuova	Chiesanuova	5,46	866
Città	San Marino (Saint-Marin)	7,09	4 350
Domagnano	Domagnano	6,62	2 207
Faetano	Faetano	7,75	870
Fiorentino	Fiorentino	6,56	1 798
Montegiardino	Montegiardino	3,31	717
Serravalle/Dogano	Serravalle	10,53	8 085
total		**61,19**	**25 515**

Territoire et population.

→ *Corpus* : SAINT-MARIN
→ *Grand Atlas de Géographie* (éd. 1992) : 76

	1989	1990	1991	1992	1993	1994	1995
indice des prix à la consommation	94,0	100,0	108,0	115,7	121,9	128,0	134,3
indice des revenus	n.d.	n.d.	n.d.	n.d.	n.d.	n.d.	n.d.

Indices des prix et des revenus (1990 = 100).

	nombre d'établissements	nombre d'enseignants	nombre d'élèves	nombre d'élèves par enseignant
primaire (6-10 ans)	13	217	1 134	5,2
secondaire (11-18 ans)	3	134	771	5,8
professionnel et formation à l'enseignement*	n.d.	44	428	6,2
supérieur	n.d.	n.d.	n.d.	n.d.

(*) 1993-1994.

Enseignement (1995-1996).

Revenu annuel moyen par ménage : n.d. ; sources des revenus : n.d.
Dépenses (1991) : alimentation, boissons et tabac 22,1 % ; transports et communications 17,6 % ; logement, combustibles et électricité 20,9 % ; habillement 8,0 % ; éducation 7,1 % ; ameublement, appareils ménagers, biens et services domestiques 7,2 % ; santé et services sanitaires 2,6 % ; autres biens et services domestiques 14,5 %.

■ ***Utilisation du sol*** (1985) : terres cultivées et plantations 74 % ; prairies et pâturages 22 % ; forêts, surfaces construites, terres incultes et autres 4 %.

Échanges extérieurs

■ ***Balance commerciale*** : n.d. ; Saint-Marin et l'Italie forment une union douanière.

■ ***Importations*** (1995) : produits manufacturés, huile et or.
Principale source des importations : Italie.

■ ***Exportations*** (1995) : vin, blé, lainages, meubles, bois, céramique, pierre de construction, produits laitiers, viande et timbres-poste.
Principale destination des exportations : Italie.

Transports et communications

■ ***Transports***
Chemins de fer : aucun (le terminus ferroviaire le plus proche se trouve à Rimini, en Italie, à 27 km au nord-est du pays).
Routes (1987) : longueur totale 237 km.
Véhicules (janv. 1996) : voitures particulières 23 561 ; camions et autobus 4 013.
Marine marchande : aucun navire de 100 tjb ou plus.
Transports aériens : aucun aéroport desservi par des vols réguliers ; toutefois, un héliport sert au transport de passagers et de marchandises entre Saint-Marin et Rimini (Italie) pendant l'été.

■ ***Communications***
Journaux quotidiens (1995) : 2 000 (diffusion pour 1 000 hab. 82).
Radiodiffusion (1995) : 12 600 postes récepteurs ; 514 pour 1 000 hab.
Télévision (1994) : 9 000 postes récepteurs ; 367 pour 1 000 hab.
Téléphone (1994) : 14 000 postes téléphoniques ; 571 pour 1 000 hab.

Éducation et santé

■ ***Niveau d'éducation*** (janv. 1997)
Proportion de la population âgée de plus de 14 ans ayant une éducation primaire 35,6 % ; éducation secondaire 30,7 % ; début d'éducation supérieure 27,9 % ; diplômée d'études supérieures 5,8 %.

■ ***Alphabétisation*** (janv. 1997) : personnes âgées de 15 ans et plus alphabétisées 21 885 (99,1 %) ; hommes 10 546 (99,4 %) ; femmes 11 339 (98,8 %).

■ ***Santé*** (1987) : 60 médecins (1 pour 375 hab.) ; 149 lits d'hôpital (1 pour 151 hab.) ; taux de mortalité infantile (1990-1994) : 7,1 ‰.

■ ***Alimentation*** (données pour l'Italie, 1995) : apport journalier en calories par habitant 3 458 (alimentation d'origine végétale 74 % ; d'origine animale 26 %) ; soit 137 % du niveau minimal recommandé par la F.A.O.

Défense nationale

■ ***Contingent*** (1995) : aucun. La défense nationale est assurée par une force de sécurité publique de 50 personnes environ ; tous les hommes valides de 16 à 55 ans constituent une milice.

■ ***Dépenses militaires*** (1992) : 1,0 % du budget national (moyenne mondiale 3,6 %) ; soit 155 USD/hab.

SAINT-VINCENT et les Grenadines

- **Nom officiel** : Saint-Vincent et les Grenadines (Saint Vincent and the Grenadines). Code I.S.O. : VC.
- **Forme de gouvernement** : monarchie constitutionnelle avec une chambre législative (Assemblée [21 a, dont 6 non-élus]).
- **Chef de l'État** : reine d'Angleterre, représentée par un gouverneur général.
- **Chef du gouvernement** : Premier ministre.
- **Capitale** : Kingstown (paroisse de Saint-Georges).
- **Langue officielle** : anglais.
- **Religion officielle** : aucune.
- **Unité monétaire** : 1 dollar des Caraïbes de l'Est (XCD) = 100 cents ; valeur (31 déc. 1997) : 100 XCD = 221,78 FRF.

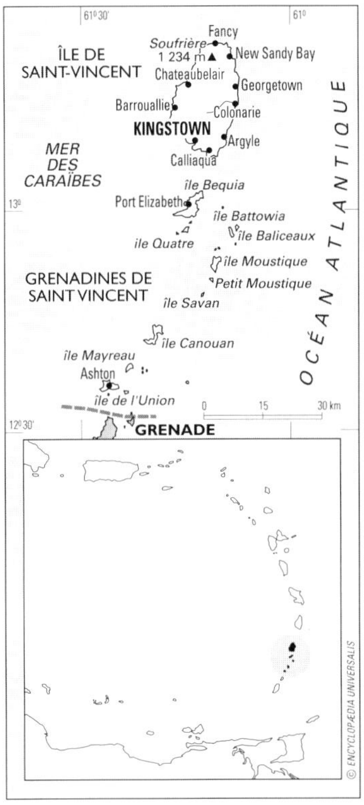

Démographie

■ ***Population*** (estim. 1997) : 112 000.

■ ***Densité*** (1997) : 287,7 hab./km^2.

■ ***Répartition urbaine/rurale*** (1995) : population urbaine (Kingstown et sa banlieue) 24,6 % ; population rurale 75,4 %.

■ ***Répartition par sexe*** (1994) : hommes 49,90 % ; femmes 50,10 %.

■ ***Répartition par âge*** (1991) : moins de 15 ans 37,2 % ; de 15 à 29 ans 29,5 % ; de 30 à 44 ans 16,1 % ; de 45 à 59 ans 8,3 % ; de 60 à 74 ans 6,4 % ; 75 ans et plus 2,5 %.

■ ***Projection démographique*** : 115 000 en 2000 ; 126 000 en 2010.

■ ***Temps de doublement*** : 44 ans.

■ ***Composition ethnique*** (1995) : Noirs 82,0 % ; Métis 13,9 % ; autres 4,1 %.

■ ***Appartenances religieuses*** (1995) : protestants 57,0 %, dont anglicans 17,9 %, pentecôtistes 14,9 %, méthodistes 10,5 % ; catholiques 10,7 % ; sans appartenance et autres 32,3 %.

■ ***Principale ville*** (1995) : Kingstown 15 908 hab.

Statistiques de l'état civil

■ ***Taux de natalité*** (1995) : 22,5 ‰ (moyenne mondiale 25,0 ‰) ; taux de naissances légitimes n.d., illégitimes n.d.

■ ***Taux de mortalité*** (1995) : 6,6 ‰ (moyenne mondiale 9,3 ‰).

■ ***Taux d'accroissement naturel*** (1995) : 15,9 ‰ (moyenne mondiale 15,7 ‰).

■ ***Taux de fécondité*** (nombre moyen de naissances par femme en âge de procréer, 1996) : 2,0.

■ ***Nombre de mariages*** (pour 1 000 hab., 1992) : 3,7.

■ ***Nombre de divorces*** (pour 1 000 hab., 1992) : 0,8.

■ ***Espérance de vie*** à la naissance (1996) : hommes 71,4 ans ; femmes 74,5 ans.

■ ***Principales causes de décès*** (pour 100 000 hab., 1994) : maladies de l'appareil circulatoire 237,2, dont maladies cérébro-vasculaires 75,7, maladies de cœur ischémiques 72,1 ; tumeurs malignes (cancers) 94,0 ; troubles endocriniens et du métabolisme 68,4 ; maladies parasitaires et infectieuses 44,7.

Économie nationale

■ ***Budget de l'État*** (1995)
Recettes : 194 800 000 XCD (taxes à la consommation sur les produits importés 28,9 % ; impôts sur le revenu 24,6 % ; recettes non fiscales 12,4 % ; taxes sur les biens et les services 11,7 % ; droits d'importation 11,4 %).
Dépenses : 191 300 000 XCD (dépenses courantes 87,0 % ; dépenses de développement 13,0 %).

■ ***Dette publique*** (extérieure, créances, 1995) : 85 700 000 USD.

■ ***Tourisme*** (1995) : recettes touristiques 47 200 000 USD ; dépenses touristiques à l'étranger 5 600 000 USD.

■ ***Production***
Agriculture, sylviculture, pêche (1996).
Bananes 55 000 t ; noix de coco 23 000 t ; racines de taro et choux caraïbes 6 252 t (1993) ; patates douces 1 700 t ; mangues 1 400 t ; ignames 1 100 t ; oranges 960 t ; citrons et limes 870 t ; gingembre 799 t (1993) ; arrow-root 635 t (1992-1993).
Cheptel (sur pied) : moutons 13 000 ; porcs 9 400 ; bovins 6 200.
Bois : n.d.
Pêche (1995) : 1 480 t.
Industries extractives : sable et gravier destinés à l'usage local.
Industries manufacturières (valeur à l'exportation en millions d'USD, 1995) : farine en sac 8,7 ; riz en sac 6,4 ; autres biens (principalement vêtements, équipements sportifs et biens électroniques) 8,1.
Bâtiment (surface au sol brute, 1994) : 104 878 m^2.
Énergie (production/consommation) : électricité (1995) 73 200 000/64 100 000 kWh ; charbon 0/0 ; pétrole brut 0/0 ; produits pétroliers (1994) 0/39 000 t ; gaz naturel 0/0.

■ ***Produit national brut*** (1995) : 253 000 000 USD (2 120 USD/hab.).

■ ***Population active*** (1991) : 41 682 ; taux d'activité 39,1 % (taux de participation : de 15 à 64 ans 67,5 % ; femmes 35,9 % ; sans-emploi [1996] plus de 30 %).

circonscriptions [1]	superficie (km^2)	population (estim. janv. 1995)
île de Saint-Vincent :		
Barrouallie	36,8	5 346
Bridgetown	18,6	7 746
Calliaqua	30,6	20 868
Chateaubelair	80,0	6 217
Colonarie	34,7	8 115
Georgetown	57,5	7 511
Kingstown (ville)	4,9	15 908
Kingstown (banlieue)	16,6	11 063
Layou	28,7	6 164
Marriaqua	24,3	9 117
Sandy Bay	13,7	2 873
Grenadines de Saint-Vincent :		
Grenadines du Nord	23,3	5 672
Grenadines du Sud	19,4	2 934
total	**389,3** [2]	**109 534**

1. Les circonscriptions ne servent seulement que pour les élections à l'Assemblée et les études statistiques. 2. Le total ne correspond pas exactement au détail en raison des arrondis.

Territoire et population.

→ *Thesaurus* : WINDWARD ISLANDS
→ *Grand Atlas de Géographie* (éd. 1992) : 206, 209h
→ *Grand Atlas de l'Histoire* : 227, 277

Corpus : CARAÏBES (AIRE DES) [géopolitique de l'espace] ; ZONES FRANCHES.

Thesaurus :
CARAÏBES (AIRE DE LIBRE COMMERCE DES)
CARIBBEAN BASIN INITIATIVE

	1995		1991	
	millions de XCD	% du total	effectifs	% des effectifs
agriculture, sylviculture, pêche	80,1	11,4	8 377	20,1
mines	2,0	0,3	98	0,2
industrie	50,5	7,2	2 822	6,8
bâtiment	67,9	9,7	3 535	8,5
entreprises publiques	29,7	4,2	586	1,4
transports et communications	120,9	17,2	2 279	5,5
commerce, restaurants	105,5	15,0	6 544	15,4
finance, immobilier	61,2	8,7	1 418	3,4
administration, défense nationale	102,6	14,6	7 696	18,5
services	10,3	1,5		
autres	71,0[1]	10,2[1]	8 327[2]	20,0
total	**702,0**[3]	**100,0**[3]	**41 682**	**100,0**[3]

1. Net d'impôts indirects et moins les frais de service bancaire. 2. Sans-emploi. 3. Le total général ne correspond pas exactement au détail en raison des arrondis.

Structure du produit intérieur brut et effectifs.

	1989	1990	1991	1992	1993	1994	1995
indice des prix à la consommation	92,9	100,0	106,1	110,1	114,8	115,3	118,1
indice des revenus quotidiens*	100,0	100,0	100,0	100,0	100,0	100,0	n.d.

(*) Salaire minimum dans le secteur privé.

Indices des prix et des revenus (1990 = 100).

	1990	1991	1992	1993	1994	1995
millions d'USD	− 82,7	− 57,2	− 42,9	− 62,6	− 64,2	− 63,7
% du total	18,3	30,3	22,6	36,0	39,1	36,3

Balance commerciale (prix courants).

	nombre d'établissements	nombre d'enseignants	nombre d'élèves	nombre d'élèves par enseignant
primaire (5-11 ans)	65	1 080	21 386	19,8
secondaire (12-18 ans)	21*	395	9 870	25,0
professionnel et formation à l'enseignement	2*	49	414	8,4

(*) 1991-1992.

Enseignement (1993-1994).

■ ***Revenus et dépenses des ménages***
Taille moyenne des ménages (1991) : 3,9.
Revenu annuel moyen par ménage (1988) : 4 579 XCD (1696 USD) ; sources des revenus : n.d.
Dépenses (1975-1976) : alimentation et boissons 59,8 % ; habillement 7,7 % ; équipements domestiques 6,6 % ; logement 6,3 % ; énergie 6,2 % ; autres 13,4 %.

■ ***Utilisation du sol*** (1994) : forêts 36,0 % ; prairies et pâturages 5,0 % ; terres cultivées et plantations 28,0 % ; autres 31,0 %.

Échanges extérieurs

■ ***Importations*** (1995) : 119 500 000 USD (produits manufacturés de base 37,5 % ; produits alimentaires 20,1 % ; équipement industriel et de transport 17,6 % ; produits chimiques 13,8 %).
Principales sources des importations : États-Unis 36,5 % ; Caricom 27,9 %, dont Trinité et Tobago 17,0 % ; Royaume-Uni 12,9 %.

■ ***Exportations*** (1995) : 55 800 000 USD (exportations domestiques 93,1 %, dont bananes 47,4 %, farine ensachée 15,6 % ; riz ensaché 11,5 % ; variétés de racines de taro 2,7 % ; réexportations 6,9 %).
Principales destinations des exportations : Caricom 48,6 %, dont Sainte-Lucie 12,7 %, Trinité et Tobago 9,0 % ; Royaume-Uni 16,1 % ; États-Unis 9,7 %.

Transports et communications

■ ***Transports***
Chemins de fer : aucun.
Routes (1995) : longueur totale 1 020 km (31 % recouvertes).
Véhicules (1994) : voitures particulières 5 753 ; camions et autobus 3 042.
Marine marchande (1992) : 881 navires (de 100 tjb et plus) ; 7 044 189 tonneaux de port en lourd.
Transports aériens (1994) ; trafic : arrivées de passagers 111 234 ; départs de passagers 116 536. 5 aéroports desservis par des vols réguliers (1997).

■ ***Communications***
Journaux quotidiens (1995) : aucun.
Radiodiffusion (1995) : 65 000 postes récepteurs ; 591 pour 1 000 hab.
Télévision (1995) : 17 700 postes récepteurs ; 161 pour 1 000 hab.
Téléphone (1995) : 18 200 lignes principales ; 165 pour 1 000 hab.

Éducation et santé

■ ***Niveau d'éducation*** (1980)
Proportion de la population âgée de 25 ans et plus : sans instruction scolaire 2,4 % ; ayant une éducation primaire 88,0 % ; éducation secondaire 8,2 % ; éducation supérieure 1,4 %.

■ ***Alphabétisation*** (1991) : personnes âgées de 15 ans et plus alphabétisées 64 000 (96,0 %).

■ ***Santé*** (1995) : 55 médecins en 1992 (1 pour 2 000 hab.) ; 444 lits d'hôpital (1 pour 248 hab.) ; taux de mortalité infantile : 19,0 ‰.

■ ***Alimentation*** (1995) : apport journalier en calories par habitant 2 427 (alimentation d'origine végétale 83 % ; d'origine animale 17 %) ; soit 100 % du niveau minimal recommandé par la F.A.O.

Défense nationale

■ ***Contingent*** (1992) : force de police comprenant 634 hommes, une unité de gardes-côtes et des forces paramilitaires.

a. Ne comprend pas le président de l'Assemblée qui peut ne pas être un membre élu de l'Assemblée.

SALOMON (îles)

- ***Nom officiel*** : îles Salomon (Solomon Islands). Code I.S.O. : SB.
- ***Forme de gouvernement*** : monarchie constitutionnelle avec une assemblée législative (Parlement national [47]).
- ***Chef de l'État*** : reine d'Angleterre, représentée par un gouverneur général.
- ***Chef du gouvernement*** : Premier ministre.
- ***Capitale*** : Honiara.
- ***Langue officielle*** : anglais.
- ***Religion officielle*** : aucune.
- ***Unité monétaire*** : 1 dollar des îles Salomon (SBD) = 100 cents ; valeur (26 déc. 1997) : 100 SBD = 125,27 FRF.

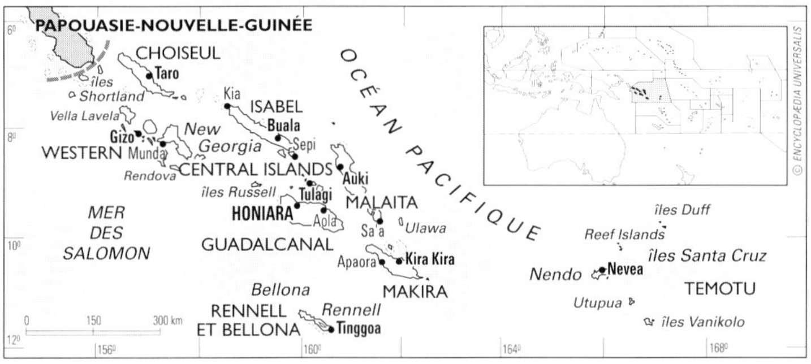

Démographie

- ***Population*** (estim. 1997) : 411 000.
- ***Densité*** (1997) : 14,5 hab./km².
- ***Répartition urbaine/rurale*** (1997) : population urbaine 18,0 % ; population rurale 82,0 %.
- ***Répartition par sexe*** (1996) : hommes 51,65 % ; femmes 48,35 %.
- ***Répartition par âge*** (1996) : moins de 15 ans 43,7 % ; de 15 à 29 ans 28,7 % ; de 30 à 44 ans 15,2 % ; de 45 à 59 ans 8,1 % ; de 60 ans à 74 ans 3,6 % ; 75 ans et plus 0,7 %.
- ***Projection démographique*** : 459 000 en 2000 ; 600 000 en 2010.
- ***Temps de doublement*** : 22 ans.
- ***Composition ethnique*** (1986) : Mélanésiens 94,2 % ; Polynésiens 3,7 % ; Micronésiens 1,4 % ; Européens 0,4 % ; Asiatiques 0,2 % ; autres 0,1 %.
- ***Appartenances religieuses*** (1986) : chrétiens 96,7 %, dont protestants 77,5 %, catholiques 19,2 % ; béhaïs 0,4 % ; croyances traditionnelles 0,2 % ; sans appartenance et autres 2,7 %.
- ***Principales villes*** (habitants des circonscriptions, 1986) : Honiara 43 643 hab. (1996) ; Gizo 3 727 hab. ; Auki 3 262 hab. ; Kira Kira 2 585 hab. ; Buala 1 913 hab.

Statistiques de l'état civil

- ***Taux de natalité*** (1997) : 36,2 ‰ (moyenne mondiale 25,0 ‰).
- ***Taux de mortalité*** (1997) : 4,1 ‰ (moyenne mondiale 9,3 ‰).
- ***Taux d'accroissement naturel*** (1997) : 32,1 ‰ (moyenne mondiale 15,7 ‰).
- ***Taux de fécondité*** (nombre moyen de naissances par femme en âge de procréer, 1997) : 5,0.
- ***Nombre de mariages*** : n.d.
- ***Nombre de divorces*** : n.d.
- ***Espérance de vie*** à la naissance (1997) : hommes 69,0 ans ; femmes 74,0 ans.
- ***Principales causes de décès*** (pour 100 000 hab., 1990) : maladies de l'appareil respiratoire 22,4 ; maladies diarrhéiques 13,6 ; malaria 10,0.

Économie nationale

- ***Budget de l'État*** (1994)
Recettes : 484 900 000 SBD (aides étrangères 30,6 % ; taxes sur les biens et les services 25,1 % ; taxes sur les échanges extérieurs 20,5 % ; recettes non fiscales 15,1 % ; impôts sur le revenu 8,7 %).
Dépenses : 540 100 000 SBD (administration 40,8 % ; dépenses en capital 38,1 % ; paiement des intérêts 11,3 % ; subventions et transferts 9,8 %).
- ***Dette publique*** (extérieure, créances, 1995) : 99 000 000 USD.
- ***Tourisme*** : recettes touristiques (1993) 6 000 000 USD ; dépenses touristiques à l'étranger (1992) 11 000 000 USD.
- ***Production***
Agriculture, sylviculture, pêche (1996).
Noix de coco 225 000 t ; patates douces 63 000 t ; huile de palme et palmistes 33 000 t ; taro 27 000 t ; ignames 20 500 t ; légumes et melons 5 900 t ; fèves de cacao 2 700 t.
Cheptel (sur pied) : porcs 55 000 ; bovins 10 000 ; poulets 145 000.
Bois (1995) : 872 000 m³.
Pêche (1995) : 46 462 t.
Industries extractives (1994) : or 997 onces.
Industries manufacturières (1993) : poisson traité 34 700 t ; bois scié 16 000 m³ ; les autres activités importantes sont le brassage de la bière, la fabrication du savon et la transformation du tabac, les vêtements, le tissage, la sculpture sur bois, la fabrication d'articles en fibre de verre, la construction de bateaux et la maroquinerie.
Bâtiment (valeur brute, à Honiara, 1994) : résidentiel 9 508 000 SBD ; non résidentiel 11 151 000 SBD.
Énergie (production/consommation) : électricité (1994) 30 000 000/30 000 000 kWh ; charbon 0/n.d. ; produits pétroliers (1994) 0/50 000 t ; gaz naturel 0/n.d.
- ***Produit national brut*** (aux prix courants du marché, 1995) : 341 000 000 USD (910 USD/hab.).
- ***Population active*** (1993) : 29 577 (personnes employées dans le secteur monétaire uniquement) ; taux d'activité 8,3 % (taux de participation : 15-60 ans [1986] 98,6 ; femmes 22,6 % ; sans-emploi n.d.).
- ***Revenus et dépenses des ménages***
Taille moyenne des ménages (1996) : 5,8.
Revenu annuel moyen par ménage (1983) : 1 010 SBD[a] (1 160 USD) ; sources des revenus : traitements et salaires 74,1 % ; activités non salariées, remises, cadeaux et autres formes d'assistance 25,9 %.
Dépenses (indice des prix de détail à la consommation, 1992) : alimentation 46,8 % ; logement 11,0 % ; fonctionnement du foyer, 10,9 % ; transports 9,9 % ; loisirs et santé 7,9 % ; habillement 5,7 % ; boissons et tabac 5,0 %.

provinces	capitales	superficie (km²)	population (estim. janv. 1997)
provinces :			
Central Islands	Tulagi	615	30 071
Choiseul	Taro	3 837	—[1]
Guadalcanal	Honiara	5 336	61 243
Isabel	Buala	4 136	22 653
Makira (Makula)	Kira Kira	3 188	29 110
Malaita	Auki	4 225	105 882
Rennell et Belloma	Tinggoa	671	—[2]
Temotu	Santa Cruz	865	21 159
Western	Gizo	5 475	95 193
territoire de la capitale :			
Honiara	—	22	45 610
total		**28 370**	**410 921**

1. La population de Choiseul est incluse dans celle de Western. 2. La population de Rennell et Belloma est incluse dans celle de Central Islands.

Territoire et population.

→ *Thesaurus* : SALOMON (ARCHIPEL DES ÎLES)
→ *Grand Atlas de Géographie* (éd. 1992) : 16, 167e
→ *Grand Atlas de l'Histoire* : 277, 295

Corpus : OCÉANIE – Histoire (de la Seconde Guerre mondiale à nos jours) ; Géographie humaine ; Ethnographie.

Thesaurus :
AUSTRONÉSIENS
BUKA
TIKOPIA

	1995		1993	
	milliers de SBD [1]	% du total	effectifs [2]	% des effectifs
agriculture	115 600	35,6	8 106	27,4
mines	200	0,1	2 844	9,6
industrie	12 200	3,7		
bâtiment	7 600	2,3	977	3,3
entreprises publiques	4 800	1,5	245	0,8
transports et communications	18 800	5,8	1 723	5,8
commerce	27 200	8,4	3 390	11,5
finance	13 500	4,1	1 144	3,9
administration, défense nationale	72 300	22,2	4 303	14,6
services			6 845	23,1
autres	52 900	16,2	n.d.	n.d.
total	**325 100**	**100,0**	**29 577**	**100,0**

1. Au coût des facteurs de 1985. 2. Personnes employées dans le secteur monétaire uniquement.

Structure du produit intérieur brut et effectifs.

	1990	1991	1992	1993	1994	1995	1996
indice des prix à la consommation	100,0	115,1	118,3	138,7	157,6	172,7	193,0
indice des revenus annuels*	216,9	262,8	304,8	309,7	n.d.	n.d.	n.d.

(•) Personnes employées dans le secteur monétaire uniquement.

Indices des prix et des revenus (1990 = 100).

	1990	1991	1992	1993	1994
milliers de SBD	– 21 030	– 23 770	+ 59 150	+ 33 520	– 246
% du total	5,6	5,0	11,0	5,9	0,0

Balance commerciale (prix courants).

	nombre d'établissements	nombre d'enseignants	nombre d'élèves	nombre d'élèves par enseignant
primaire (7-12 ans)	520	2 510	73 120	29,1
secondaire (13-18 ans)	23	618	7 981	12,9
professionnel et formation à l'enseignement	1	n.d.	n.d.	n.d.
supérieur	1	n.d.	n.d.	n.d.

Enseignement (1994).

■ ***Utilisation du sol*** (1994) : forêts 87,5 % ; prairies et pâturages 1,4 % ; terres cultivées et plantations 2,0 % ; autres 9,1 %.

Échanges extérieurs[b]

■ ***Importations*** (1994) : 468 121 000 SBD (équipement industriel et de transport 38,2 % ; produits manufacturés 19,9 % ; produits alimentaires 13,1 % ; combustibles minéraux et lubrifiants 8,2 %).

Principales sources des importations : Australie 37,2 % ; Japon 17,1 % ; Nouvelle-Zélande 9,6 % ; Singapour 8,4 % ; États-Unis 2,8 % ; Thaïlande 2,7 %.

■ ***Exportations*** (1994) : 467 875 000 SBD (bois d'œuvre 59,2 % ; poissons et dérivés 21,2 % ; huile de palme et dérivés 9,5 % ; coprah 4,2 % ; fèves de cacao 2,7 %).

Principales destinations des exportations : Japon 41,1 % ; Corée du Sud 14,1 % ; Royaume-Uni 13,1 % ; Pays-Bas 8,5 % ; Thaïlande 4,5 % ; Singapour 3,4 % ; Australie 1,5 %.

Transports et communications

■ ***Transports***

Chemins de fer : aucun.
Routes (1995) : longueur totale 1 330 km (2 % recouvertes).
Véhicules (1993) : voitures particulières 2 052 ; camions et autobus 2 574.
Marine marchande (1992) : 33 navires (de 100 tjb et plus) ; 4 985 tonneaux de port en lourd.
Transports aériens (1994) ; trafic : 65 000 000 passagers-km ; 5 000 000 t-km. 21 aéroports desservis par des vols réguliers (1997).

■ ***Communications***

Journaux quotidiens : aucun[c].
Radiodiffusion (1996) : 38 000 postes récepteurs ; 96 pour 1 000 hab.
Télévision (1995) : 6 000 postes récepteurs ; 16 pour 1 000 hab.
Téléphone (1995) : 6 500 lignes principales ; 17 pour 1 000 hab.

Éducation et santé

■ ***Niveau d'éducation*** (natifs des îles Salomon uniquement, 1986)
Proportion de la population âgée de 25 ans et plus : sans instruction scolaire 44,4 % ; ayant une éducation primaire 46,2 % ; éducation secondaire 6,8 % ; éducation supérieure 2,6 %.

■ ***Alphabétisation*** (1976) : personnes âgées de 15 ans et plus alphabétisées 55 500 (54,1 %) ; hommes 33 600 (62,4 %) ; femmes 21 900 (44,9 %).

■ ***Santé*** (1990) : 52 médecins (1 pour 6 154 hab.) ; 265 lits d'hôpital (1 pour 1 208 hab.) ; taux de mortalité infantile (1997) : 23,0 ‰.

■ ***Alimentation*** (1995) : apport journalier en calories par habitant 2 131 (alimentation d'origine végétale 93 % ; d'origine animale 7 %) ; soit 93 % du niveau minimal recommandé par la F.A.O.

Défense nationale

■ ***Contingent*** : aucune force militaire ; la sécurité intérieure est assurée par une force de police de 475 hommes.

a. Revenus des fonctionnaires.
b. Importations F.O.B.
c. En 1988, il y avait 3 journaux hebdomadaires avec une diffusion globale de 10 000.

SALVADOR

- ***Nom officiel*** : République du Salvador (República de El Salvador). Code I.S.O. : SV.
- ***Forme de gouvernement*** : république avec une assemblée (Assemblée législative [84]).
- ***Chef de l'État et du gouvernement*** : président.
- ***Capitale*** : San Salvador.
- ***Langue officielle*** : espagnol.
- ***Religion officielle*** : aucune[a].
- ***Unité monétaire*** : 1 colón du Salvador (SVC) = 100 centavos ; valeur (31 déc. 1997) : 100 SVC = 68,44 FRF.

Démographie

■ ***Population*** (estim. 1997) : 5 662 000.

■ ***Densité*** (1997) : 269,1 hab./km².

■ ***Répartition urbaine/rurale*** (1994) : population urbaine 54,8 % ; population rurale 45,2 %.

■ ***Répartition par sexe*** (1993) : hommes 47,53 % ; femmes 52,47 %.

■ ***Répartition par âge*** (1993) : moins de 15 ans 39,9 % ; de 15 à 29 ans 27,1 % ; de 30 à 44 ans 15,4 % ; de 45 à 59 ans 9,7 % ; de 60 ans et plus 7,9 %.

■ ***Projection démographique*** : 5 931 000 en 2000 ; 6 850 000 en 2010.

■ ***Temps de doublement*** : 33 ans.

■ ***Composition ethnique*** (1993) : Métis (Blancs et Indiens) 89,0 % ; Amérindiens 10,0 % ; Blancs 1,0 %.

■ ***Appartenances religieuses*** (1995) : catholiques 78,2 % ; protestants 17,1 %, dont pentecôtistes 13,3 % ; autres chrétiens 1,9 % ; autres 2,8 %.

■ ***Principales villes*** (population des *municipes* 1992) : San Salvador 422 570 hab. (aire métropolitaine 1 522 126 hab.) ; Soyapango (contiguë à l'aire métropolitaine de San Salvador) 251 811 hab. ; Santa Ana 202 337 hab. ; San Miguel 182 817 hab. ; Mejicanos (contiguë à l'aire métropolitaine de San Salvador) 145 000 hab.

Statistiques de l'état civil

■ ***Taux de natalité*** (1996) : 27,7 ‰ (moyenne mondiale 25,0 ‰) ; taux (1990) de naissances légitimes 30,6 %, illégitimes 69,4 %.

■ ***Taux de mortalité*** (1996) : 6,6 ‰ (moyenne mondiale 9,3 ‰).

■ ***Taux d'accroissement naturel*** (1996) : 21,1 ‰ (moyenne mondiale 15,7 ‰).

■ ***Taux de fécondité*** (nombre moyen de naissances par femme en âge de procréer, 1996) : 3,2.

■ ***Nombre de mariages*** (pour 1 000 hab., 1992) : 4,3.

■ ***Nombre de divorces*** (pour 1 000 hab., 1992) : 0,5.

départements	chefs-lieux	superficie (km²)	population (recens. 1992)
Ahuachapán	Ahuachapán	1 240	261 188
Cabañas	Sensuntepeque	1 104	138 426
Chalatenango	Chalatenango	2 017	177 320
Cuscatlán	Cojutepeque	756	178 502
La Libertad	Nueva San Salvador	1 653	513 866
La Paz	Zacatecoluca	1 224	245 915
La Unión	La Unión	2 074	255 565
Morazán	San Francisco	1 447	160 146
San Miguel	San Miguel	2 077	403 411
San Salvador	San Salvador	886	1 512 125
Santa Ana	Santa Ana	2 023	458 587
San Vicente	San Vicente	1 184	143 003
Sonsonate	Sonsonate	1 226	360 183
Usulután	Usulután	2 130	310 362
total		**21 041**	**5 118 599**

Territoire et population.

■ ***Espérance de vie*** à la naissance (1996) : hommes 65,5 ans ; femmes 72,4 ans.

■ ***Principales causes de décès*** (pour 100 000 hab., 1991, taux fondé sur env. 80 % du total des décès) : maladies de l'appareil circulatoire 109 ; actes de violence 66 ; accidents 62 ; tumeurs malignes (cancer) 44 ; maladies infectieuses et parasitaires 39 ; causes indéfinies 74.

Économie nationale

■ ***Budget de l'État***
Recettes : 10 535 000 000 SVC (impôts sur les ventes 43,5 % ; impôts sur le revenu 26,6 % ; droits d'importation 16,9 % ; recettes non fiscales 5,5 %).
Dépenses (1994) : 10 264 300 000 SVC (services publics généraux 13,2 % ; éducation 13,2 % ; police 9,8 % ; combustibles et énergie 9,1 % ; santé 8,3 % ; défense 8,1 %).

■ ***Dette publique*** (extérieure, créances, 1995) : 2 055 000 000 USD.

■ ***Tourisme*** (1995) : recettes touristiques 75 000 000 USD ; dépenses touristiques à l'étranger 72 000 000 USD.

■ ***Production***
Agriculture, sylviculture, pêche (1996).
Canne à sucre 3 900 000 t ; maïs 639 600 t ; sorgho 198 600 t ; café 126 000 t ; bananes 62 700 t ; riz 50 500 t ; haricots secs 50 500 t ; oranges 41 500 t ; tabac 1 240 t.
Cheptel (sur pied) : bovins 1 286 000 ; porcs 400 000.
Sylviculture (1994) : 6 504 000 m³.
Pêche (1995) : 15 812 t, dont crustacés (1994) 4 844 t.
Industries extractives (1993) : pierre à chaux 2 600 000 t.
Industries manufacturières (valeur ajoutée, en millions de SVC[b], 1995) : produits alimentaires 2 807 ; produits chimiques 854 ; boissons 837 ; textiles 738 ; produits pétroliers 668 ; produits minéraux non métalliques 493 ; produits métalliques 471.
Bâtiment (travaux achevés, 1993) : résidentiel 650 000 m² ; non résidentiel 296 000 m².
Énergie (production/consommation) : électricité (1994) 3 324 000 000/3 415 000 000 kWh ; charbon 0/0 ; pétrole brut (1994) 0/7 469 000 barils ; produits pétroliers (1994) 985 000/1 343 000 t ; gaz naturel 0/0.

■ ***Produit national brut*** (aux prix courants du marché, 1995) : 9 057 000 000 USD (1 610 USD/hab.).

■ ***Population active*** (1995) : 2 136 400 ; taux d'activité 39,1 % (taux de participation : 15-64 ans 62,9 % ; femmes 37,1 % ; sans-emploi 7,6 %).

■ ***Revenus et dépenses des ménages***
Taille moyenne des ménages (1992-1993) : 4,8.
Revenu annuel moyen par ménage (1992-1993) : 22 930 SVC (2 562 USD) ; sources des revenus : n.d.
Dépenses (1990-1991)[c] : alimentation et boissons 37,0 % ; logement 12,1 % ; transports et communications 10,2 % ; habillement 6,7 % ; équipements ménagers 5,7 %.

■ ***Utilisation du sol*** (1994) : forêts 5,0 % ; prairies et pâturages 29,5 % ; terres cultivées et plantations 35,2 % ; autres 30,3 %.

→ ***Corpus*** : SALVADOR (EL)
→ ***Grand Atlas de Géographie*** (éd. 1992) : 198, 204
→ ***Grand Atlas de l'Histoire*** : 226, 227, 287, 294

Corpus : ALIMENTATION (ÉCONOMIE DE L') – Les grands produits alimentaires ; AMÉRIQUE LATINE – Économie et société ; CARAÏBES (AIRE DES) [géopolitique de l'espace] ; INDIENS D'AMÉRIQUE (Méso-Amérique) ; ZONES FRANCHES.

Universalia 1989 : 139 Lueurs de paix en Amérique centrale ; ***Universalia 1990*** : 334 L'extrême droite à la tête d'un pays exsangue ; ***Universalia 1991*** : 151 Amérique latine : une nouvelle donne ; ***Universalia 1992*** : 185 Crise du marxisme et montée en force du néo-libéralisme.

Thesaurus :
CARIBBEAN BASIN INITIATIVE
SAN SALVADOR

	millions de SVC	% du total	effectifs	% des effectifs
agriculture	11 683	13,8	584 900	27,4
mines	389	0,5	1 100	0,1
industrie	18 598	21,9	402 900	18,9
bâtiment	3 851	4,5	146 900	6,9
entreprises publiques	920	1,1	8 300	0,4
transports et communications	6 258	7,4	86 400	4,0
commerce	16 592	19,5	413 800	19,4
finance, immobilier	9 384	11,0	21 800	1,3
administration, défense nationale	4 721	5,6	432 600	20,2
services	12 568	14,8		
autres	—	—	31 600	1,5
total	**84 962 ***	**100,0 ***	**2 136 400 ***	**100,0 ***

(*) Le total général ne correspond pas au détail en raison des arrondis.

Structure du produit intérieur brut et effectifs (1995).

	1991	1992	1993	1994	1995	1996	1997 (juin)
indice des prix à la consommation	100,0	111,2	131,8	145,8	160,4	176,0	184,5
indice des revenus mensuels *	100,0	110,1	127,5	143,4	n.d.	n.d.	n.d.

(*) Salaire minimum dans l'industrie et les services, aire métropolitaine de San Salvador uniquement.

Indices des prix et des revenus (1990 = 100).

	1991	1992	1993	1994	1995	1996
millions de USD	− 518,2	− 982,3	− 1 141,9	− 1 448,9	− 1 855,3	− 1 646,5
% du total	41,4	46,9	44,4	47,1	48,2	44,6

Balance commerciale (prix courants).

	nombre d'établissements	nombre d'enseignants	nombre d'élèves	nombre d'élèves par enseignant
primaire (7-15 ans)	3 961	26 259 [1]	1 042 256	39,7 [1]
secondaire (16-18 ans)	n.d.	n.d.	29 527	n.d.
professionnel et formation à l'enseignement	n.d.	n.d.	88 588	n.d.
supérieur [2]	n.d.	4 643	77 359	16,7

1. Établissements publics uniquement. 2. Universités uniquement.

Enseignement (1993).

Échanges extérieurs[d]

■ ***Importations*** (1994) : 2 261 600 000 USD (produits chimiques et dérivés 16,5 % ; matériel de transport 12,4 % ; produits alimentaires et boissons 11,7 % ; matériel et équipement non électriques 11,6 %).

Principales sources des importations : États-Unis 41,5 % ; Guatemala 18,7 % ; Japon 6,3 % ; Venezuela 6,1 % ; Mexique 4,7 %.

■ ***Exportations*** (1994) : 812 700 000 USD (café 32,5 % ; papier et dérivés 7,0 % ; vêtements 4,6 % ; produits pharmaceutiques 4,2 % ; sucre brut 4,2 %).

Principales destinations des exportations : États-Unis 22,6 % ; Guatemala 21,9 % ; Allemagne 14,9 % ; Honduras 6,9 % ; Costa Rica 8,9 %.

Transports et communications

■ ***Transports***
Chemins de fer : longueur (1995) 562 km ; trafic (1994) : 5 540 000 passagers-km ; 29 640 000 t-km.
Routes (1995) : longueur totale 12 320 km (14 % recouvertes).
Véhicules (1995) : voitures particulières 102 000 ; camions et autobus 159 700.
Marine marchande (1992) : 15 navires (de 100 tjb et plus).
Transports aériens (1994) ; trafic (Taca Airlines seulement) : 1 978 000 000 passagers-km ; 14 333 000 t-km. 1 aéroport desservi par des vols réguliers (1997).

■ ***Communications***
Journaux quotidiens (1994) : diffusion totale 284 000 ; diffusion pour 1 000 hab. 53.
Radiodiffusion (1996) : 2 080 000 postes récepteurs ; 373 pour 1 000 hab.
Télévision (1995) : 500 700 postes récepteurs ; 91 pour 1 000 hab.
Téléphone (1995) : 284 800 lignes principales ; 52 pour 1 000 hab.

Éducation et santé

■ ***Niveau d'éducation*** (1992)
Proportion de la population âgée de 25 ans et plus : sans instruction scolaire 34,7 % ; ayant une éducation primaire incomplète 37,6 % ; éducation primaire 10,8 % ; éducation secondaire 9,4 % ; éducation supérieure technique 2,4 % ; éducation universitaire premier cycle incomplète 1,1 % ; éducation universitaire premier cycle 2,9 % ; autres ou niveau inconnu 1,1 %.

■ ***Alphabétisation*** (1992) : personnes âgées de 15 ans et plus alphabétisées 74,1 % ; hommes 77,4 % ; femmes 71,3 %.

■ ***Santé*** (1993) : 4 525 médecins (1 pour 1 219 hab.) ; 9 379 lits d'hôpital (1 pour 588 hab.) ; taux de mortalité infantile (1996) : 31,5 ‰.

■ ***Alimentation*** (1995) : apport journalier en calories par habitant 2 577 (alimentation d'origine végétale 89 % ; d'origine animale 11 %) ; soit 113 % du niveau minimal recommandé par la F.A.O.

Défense nationale

■ ***Contingent*** (1996) : 28 400 (armée de terre 90,5 % ; marine 3,9 % ; armée de l'air 5,6 %).

■ ***Dépenses militaires*** (1995) : 1,1 % du P.N.B. (moyenne mondiale 2,8 %) ; soit 18 USD/hab.

a. S'il n'est pas nominalement religion officielle, le catholicisme bénéficie d'une reconnaissance constitutionnelle.

b. Aux prix constants de 1990.

c. Ménages urbains uniquement.

d. Importations C.I.F. ; exportations F.O.B.

SAMOA[a]

- **Noms officiels** : État indépendant de Samoa (Independent State of Samoa ; Malo Sa'oloto Tuto'atasi o Samoa). Code I.S.O. : WS.
- **Forme de gouvernement** : monarchie constitutionnelle[b] avec une assemblée législative (Assemblée législative ou Fono [49]).
- **Chef de l'État** : le titre officiel est O le Ao o le Malo.
- **Chef du gouvernement** : Premier ministre.
- **Capitale** : Apia.
- **Langues officielles** : anglais ; samoan.
- **Religion officielle** : aucune.
- **Unité monétaire** : 1 talá (WST) = 100 sene (sing. sena) ; valeur (31 déc. 1997) : 100 WST = 217,20 FRF.

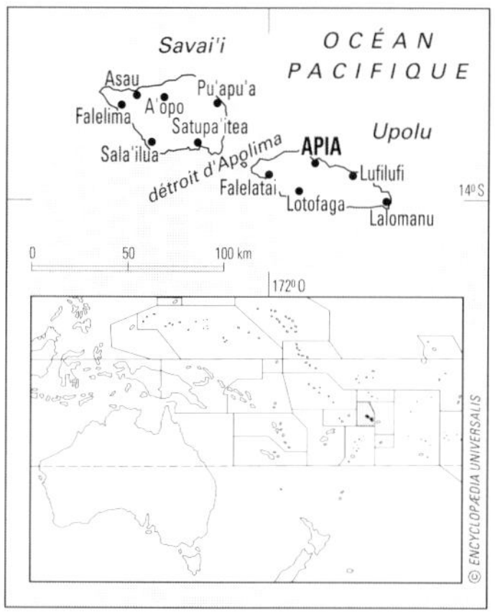

Démographie

■ ***Population*** (estim. 1997) : 169 100.

■ ***Densité*** (1997) : 59,7 hab./km².

■ ***Répartition urbaine/rurale*** (1997) : population urbaine 21,0 % ; rurale 79,0 %.

■ ***Répartition par sexe*** (1991) : hommes 52,45 % ; femmes 47,55 %.

■ ***Répartition par âge*** (1991) : moins de 15 ans 40,6 % ; de 15 à 29 ans 29,9 % ; de 30 à 44 ans 14,6 % ; de 45 à 59 ans 8,8 % ; de 60 à 74 ans 5,0 % ; 75 ans et plus 1,1 %.

■ ***Projection démographique*** : 174 200 en 2000 ; 192 500 en 2010.

■ ***Temps de doublement*** : 34 ans.

■ ***Composition ethnique*** (1982) : Samoans (Polynésiens) env. 88 % ; Euronésiens env. 10 % ; Européens env. 2 %.

■ ***Appartenances religieuses*** (1991) : congrégationalistes 43,0 % ; catholiques 21,0 % ; méthodistes 17,0 % ; mormons 10,0 % ; adventistes du septième jour 3,0 % ; autres 6,0 %.

■ ***Principale ville*** (1991) : Apia 34 100.

Statistiques de l'état civil

■ ***Taux de natalité*** (1997) : 26,7 ‰ (moyenne mondiale 25,0 ‰) ; taux (1978) de naissances légitimes 43,5 %, illégitimes 56,5 %.

■ ***Taux de mortalité*** (1997) : 6,0 ‰ (moyenne mondiale 9,3 ‰).

■ ***Taux d'accroissement naturel*** (1997) : 20,7 ‰ (moyenne mondiale 15,7 ‰).

■ ***Taux de fécondité*** (nombre moyen de naissances par femme en âge de procréer, 1997) : 3,8.

■ ***Nombre de mariages***[c] (pour 1 000 hab., 1989) : 5,3.

■ ***Nombre de divorces***[c] (pour 1 000 hab., 1989) : 0,2.

■ ***Espérance de vie*** à la naissance (1997) : hommes 67,0 ans ; femmes 71,0 ans.

■ ***Principales causes de décès***[a] (1992) : maladies cardiaques 14,0 % ; cancers 11,0 % ; maladies cérébro-vasculaires 8,0 % ; accidents et empoisonnements 8 % ; pneumonie 6,0 % ; septicémie 6,0 % ; diabète 4,0 % ; maladies infectieuses intestinales 2,0 %.

îles et districts politiques	superficie (km²)	population (recens. 1991)
Savai'i	**1 707**	**45 050**
Fa'aseleleaga		n.d.
Gaga'emauga		n.d.
Gaga'ifomauga		n.d.
Palauli		n.d.
Satupa'itea		n.d.
Vaisigano		n.d.
Upolu	**1 119**	**116 248**
A'ana		n.d.
Aiga-i-le-Tai		n.d.
Aleipata		n.d.
Anoama'a		n.d.
Fagaloa		n.d.
Falealili		n.d.
Faleata		n.d.
Gaga'emauga		n.d.
Lefaga		n.d.
Lepa et Lotofaga		n.d.
Safata		n.d.
total	**2 831** (•)	**161 298**

(•) Comprend 5 km² d'îles inhabitées.

Territoire et population.

Économie nationale

■ ***Budget de l'État*** (1996-1997)
Recettes : 230 700 000 WST (recettes fiscales 55,4 % ; emprunts 30,3 % ; recettes non fiscales 14,3 %).
Dépenses : 243 800 000 WST (dépenses courantes 62,2 %, dont administration et prêts nets 2,3 % ; dépenses de développement 37,8 %).

■ ***Dette publique*** (extérieure, créances, 1995) : 159 600 000 USD.

■ ***Production***
Agriculture, sylviculture, pêche (1996).
Noix de coco 130 000 t ; taros 36 900 t ; bananes 10 000 t ; papayes 10 000 t ; ananas 5 700 t ; mangues 4 900 t ; avocats 1 700 t ; graines de cacao 400 t.
Cheptel (sur pied) : porcs 178 800 ; bovins 26 000 ; poulets 350 000.
Bois (1995) : 131 000 m³.
Pêche (1994) : 1 500 t.
Industries extractives : n.d.
Industries manufacturières (valeur, 1990) : bière 8 708 000 WST ; cigarettes 6 551 000 WST ; crème de coco 5 576 000 WST ; bois scié 3 662 000 WST ; huile de coprah 3 442 000 WST ; viande en conserve 2 905 000 WST ; savon 1 487 000 WST ; peintures 1 457 000 WST.
Bâtiment (valeur des permis, 1995) : résidentiel 7 749 000 WST ; commercial, industriel et autres 30 867 000 WST.
Énergie (production/consommation) : électricité (1994) 64 000 000/64 000 000 kWh ; charbon 0/n.d. ; pétrole brut 0/n.d. ; produits pétroliers (1994) 0/40 000 t.

■ ***Produit national brut*** (aux prix courants du marché, 1995) : 184 000 000 USD (1 120 USD/hab.).

■ ***Population active*** (1994) : 47 207 ; taux d'activité 28,7 % (taux de participation : 15-64 ans [1981] 48,6 % ; femmes [1986] 18,8 %).

■ ***Revenus et dépenses des ménages***
Taille moyenne des ménages (1981) : 5,1.
Revenu annuel moyen par ménage (1972) : 1 518 WST (2 200 USD) ; sources des revenus : salaires 49,4 % ; activités non salariées 22,8 % ; remises, cadeaux et autres formes d'assistance 18,0 % ; fermages 8,7 % ; autres 1,1 %.

→ *Thesaurus* : SAMOA (ARCHIPEL DES)
→ *Grand Atlas de Géographie* (éd. 1992) : 16, 167a
→ *Grand Atlas de l'Histoire* : 277

Corpus : OCÉANIE – Histoire (de la Seconde Guerre mondiale à nos jours) ; Géographie humaine ; Ethnographie.

Thesaurus : AUSTRONÉSIENS

	1996		1986	
	milliers de WST	% du total	effectifs	% des effectifs
agriculture	172 000	39,9	29 023	63,6
mines	n.d.	n.d.	1 587	3,5
industrie	77 300	17,9		
bâtiment	8 300	1,9	62	0,1
entreprises publiques	27 500	6,4	855	1,9
transports et communications	11 800	2,7	1 491	3,3
commerce	45 000	10,4	1 710	3,7
finance	n.d.	n.d.	842	1,8
administration, défense nationale	48 100	11,2	9 436	20,7
services	41 500	9,6		
autres	n.d.	n.d.	629	1,4
total	**431 500**	**100,0**	**45 635**	**100,0**

Structure du produit intérieur brut et effectifs.

	1990	1991	1992	1993	1994	1995	1996
indice des prix à la consommation	100,0	98,2	107,0	108,9	128,9	130,2	140,0
indice des revenus	n.d.	n.d.	n.d.	n.d.	n.d.	n.d.	n.d.

Indices des prix et des revenus (1990 = 100).

	1991	1992	1993	1994	1995	1996
milliers de WST	– 196 994	– 238 965	– 228 318	– 178 638	– 192 293	– 199 996
% du total	83,9	89,3	87,4	90,7	81,5	80,1

Balance commerciale (prix courants).

	nombre d'établissements	nombre d'enseignants	nombre d'élèves	nombre d'élèves par enseignant
primaire (5-11 ans)	164 [1]	1 511 [2]	40 755	27,0
secondaire (12-18 ans)	38 [3]	492	11 395	23,2
professionnel et formation à l'enseignement	4 [1]	37	228	6,2
supérieur	6	25	271	10,8

1. 1983. 2. Comprend des enseignants du secondaire. 3. 1982.

Enseignement (1986-1987).

Dépenses (composants de l'indice des prix à la consommation, 1987) : alimentation 58,8 % ; transports 9,0 % ; logement et équipements ménagers 5,1 % ; combustibles et éclairage 5,0 % ; habillement 4,2 % ; autres biens et services 1,9 % ; autres 16,0 %.

■ ***Tourisme*** : recettes touristiques (1993) 21 000 000 USD ; dépenses touristiques à l'étranger 2 000 000 USD.

■ ***Utilisation du sol*** (1994) : forêts 47,3 % ; prairies et pâturages 0,4 % ; terres cultivées et plantations 43,1 % ; autres 9,2 %.

Échanges extérieurs[d]

■ ***Importations*** (1995) : 235 353 000 WST (produits alimentaires 29,5 % ; fournitures industrielles 26,4 % ; machines 21,6 % ; biens de consommation 11,7 % ; produits pétroliers 10,1 % ; équipement de transport 5,0 %).
Principales sources des importations : Nouvelle-Zélande 36,6 % ; Australie 20,9 % ; Fidji 12,0 % ; États-Unis 11,9 % ; Japon 10,7 % ; Singapour 1,5 % ; Hong Kong 1,4 % ; Allemagne 1,0 %.

■ ***Exportations*** (1995) : 21 859 000 WST (huile de noix de coco 37,5 % ; crème de coco 22,6 % ; coprah 10,2 % ; bière 5,3 % ; cigarettes 3,2 %).
Principales destinations des exportations : Nouvelle-Zélande 44,2 % ; Australie 22,2 % ; Samoa américaine 9,8 % ; Allemagne 4,3 % ; États-Unis 1,7 %.

Transports et communications

■ ***Transports***
Chemins de fer : aucun.
Routes (1995) : longueur totale 781 km (42 % recouvertes).
Véhicules (1994) : voitures particulières 1 000 ; camions et autobus 900.
Marine marchande (1992) : 7 navires (de 100 tjb et plus) ; 6 501 tonneaux de port en lourd.
Transports aériens ; trafic : n.d. 3 aéroports desservis par des vols réguliers (1997).

■ ***Communications***
Journaux quotidiens : aucun.
Radiodiffusion (1996) : 75 000 postes récepteurs ; 448 pour 1 000 hab.
Télévision (1995) : 5 000 postes récepteurs ; 30 pour 1 000 hab.
Téléphone (1995) : 7 800 lignes principales ; 4,7 pour 1 000 hab.).

Éducation et santé

■ ***Niveau d'éducation*** (1981)
Proportion de la population âgée de 25 ans et plus : ayant une éducation primaire incomplète 16,5 % ; ayant une éducation primaire complète 24,5 % ; éducation secondaire incomplète 52,1 % ; éducation secondaire complète 3,1 % ; éducation supérieure 2,0 % ; inconnus 1,8 %.

■ ***Alphabétisation*** (1981) : presque 100 %.

■ ***Santé*** : 60 médecins en 1992 (1 pour 2 682 hab.) ; 863 lits d'hôpital en 1991 (1 pour 255 hab.) ; taux de mortalité infantile (1997) : 59,0 ‰.

■ ***Alimentation*** (1992) : apport journalier en calories par habitant 2 828 (alimentation d'origine végétale 74 % ; d'origine animale 26 %) ; soit 124 % du niveau minimal recommandé par la F.A.O.

Défense nationale

■ ***Contingent*** : les Samoa n'ont pas d'armée ; la Nouvelle-Zélande assure leur défense.

a. En juillet 1997, l'Assemblée législative a approuvé la suppression du mot « occidentales » du nom du pays. Le pays sera officiellement reconnu comme Samoa dès que le chef d'État aura signé l'amendement.

b. D'après la Constitution, le chef d'État, le souverain chef HH Malietoa Tanumafili II, le restera à vie. À sa mort, la monarchie cessera d'exister et le futur chef d'État sera élu par l'Assemblée législative.

c. Mariages, divorces et décès enregistrés uniquement.

d. Importations : chiffres F.O.B. pour la balance commerciale et C.I.F. pour les marchandises et les partenaires commerciaux.

SAO TOMÉ ET PRINCIPE

- ***Nom officiel*** : République démocratique de Sao Tomé et Principe [Saint-Thomas et île du Prince] (República démocrática de São Tomé e Príncipe). Code I.S.O. : ST.
- ***Forme de gouvernement*** : république à régime multipartiste avec une assemblée législative (Assemblée nationale [55]).
- ***Chef de l'État*** : président.
- ***Chef du gouvernement :*** Premier ministre.
- ***Capitale*** : São Tomé [Saint-Thomas].
- ***Langue officielle*** : portugais.
- ***Religion officielle*** : aucune.
- ***Unité monétaire*** : 1 dobra (STD) = 100 centavos ; valeur (31 déc. 1997) : 100 STD = 0,251 FRF.

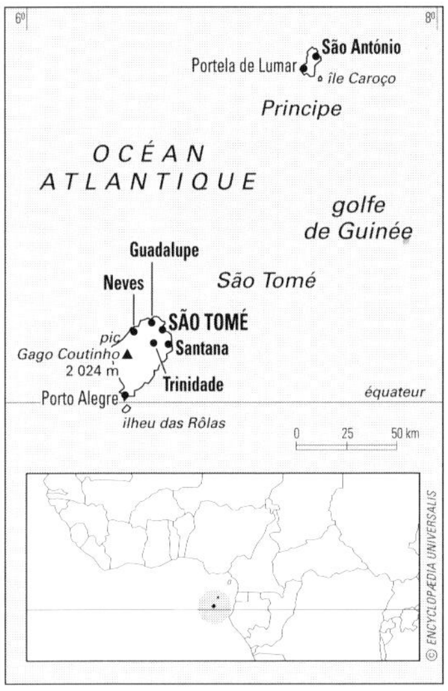

Démographie

- ***Population*** (estim. 1997) : 137 000.
- ***Densité*** (1997) : 136,6 hab./km².
- ***Répartition urbaine/rurale*** (1994) : population urbaine 44,1 % ; rurale 55,9 %.
- ***Répartition par sexe*** (1997) : hommes 49,24 % ; femmes 50,76 %.
- ***Répartition par âge*** (1997) : moins de 15 ans 47,5 % ; de 15 à 29 ans 27,1 % ; de 30 à 44 ans 12,5 % ; de 45 à 59 ans 6,7 % ; de 60 ans à 74 ans 4,9 % ; 75 ans et plus 1,3 %.
- ***Projection démographique*** : 146 000 en 2000 ; 182 000 en 2010.
- ***Temps de doublement*** : 27 ans.
- ***Composition ethnolinguistique*** : Métis, Angolares (descendants des esclaves angolais), Forros (descendants des esclaves affranchis), Serviçais (travailleurs contractuels d'origine étrangère), Tongas (enfants des Serviçais), lusophones et Européens.
- ***Appartenances religieuses*** (1991) : catholiques env. 80,8 % ; le reste est composé en grande partie de protestants, surtout adventistes du septième jour, et de fidèles d'une Église évangéliste indigène.
- ***Principale ville*** (1991) : São Tomé 43 420 hab.

Statistiques de l'état civil

- ***Taux de natalité*** (1995) : 34,9 ‰ (moyenne mondiale 25,0 ‰) ; taux (1977) de naissances légitimes 9,8 % ; illégitimes 90,2 %.
- ***Taux de mortalité*** (1995) : 8,7 ‰ (moyenne mondiale 9,3 ‰).
- ***Taux d'accroissement naturel*** (1995) : 26,2 ‰ (moyenne mondiale 15,7 ‰).
- ***Taux de fécondité*** (nombre moyen de naissances par femme en âge de procréer, 1995) : 4,4.
- ***Nombre de mariages*** : n.d.
- ***Nombre de divorces*** : n.d.
- ***Espérance de vie*** à la naissance (1995) : hommes 61,8 ans ; femmes 65,6 ans.
- ***Principales causes de décès*** (pour 100 000 hab., 1987) : malaria 160,6 ; causes liées à la grossesse 76,7 ; pneumonie 74,0 ; grippe 61,5 ; anémie 47,3 ; hypertension 32,1.

îles et districts	chefs-lieux	superficie (km²)	population (recens. 1991)*
Príncipe :		**142**	**5 639**
Paguê	São António	142	5 639
São Tomé :		**859**	**114 507**
Aqua Grande	São Tomé	17	43 420
Cantagalo	Santana	119	11 421
Caué	São João Angolares	267	5 541
Lemba	Neves	229	9 448
Lobata	Guadalupe	105	13 101
Mé-zóchi	Trinidade	122	31 576
total		**1 001**	**120 146**

(*) Préliminaire.

Territoire et population.

Économie nationale

- ***Budget de l'État*** (1996)
Recettes : 35 547 000 000 STD (emprunts 63,7 % ; impôts indirects 16,7 %, dont taxes à l'importation 7,0 %, impôts sur les ventes 6,0 % ; recettes non fiscales 12,0 % ; impôts directs 7,7 %).
Dépenses : 68 387 000 000 STD (dépenses en capital 60,8 % ; dépenses cycliques 39,2 %, dont service de la dette 14,3 %, frais de personnel 6,1 %, biens et services 5,0 %).
- ***Dette publique*** (extérieure, créances, 1995) : 260 800 000 USD.
- ***Tourisme*** (1990) : recettes touristiques 2 000 000 USD ; dépenses touristiques à l'étranger 2 000 000 USD.
- ***Production***
Agriculture, sylviculture, pêche (1996).
Noix de coco 26 000 t ; bananes 14 000 t ; taros 7 000 t ; légumes et melons 3 300 t ; maïs 3 200 t ; cacao 3 000 t ; céréales 3 000 t ; palmistes 3 000 t ; manioc 2 600 t ; fruits sauf melons 1 900 t ; coprah (1994) 1 000 t.
Cheptel (sur pied) : chèvres 4 600 ; bovins 3 900 ; moutons 2 400 ; porcs 2 000.
Bois (1995) : 9 000 m³.
Pêche (1995) : 2 200 t.
Industries extractives : quelques exploitations de carrières pour la construction locale.
Industries manufacturières (valeur, 1995) : bière 880 000 STD ; vêtements 679 000 STD ; produits de la boulangerie 350 000 STD ; huile de palme 228 000 STD ; savon 133 000 STD ; céramiques 87 000 STD.
Bâtiment (1972) : constructions autorisées 44 (5 561 m², dont constructions résidentielles 3 698 m², mixtes résidentielles/commerciales 1 361 m², commerciales 502 m²).
Énergie (production/consommation) : électricité (1995) 18 664 000/11 931 000 kWh ; charbon 0/n.d. ; pétrole brut 0/n.d. ; produits pétroliers (1994) 0/25 000 t ; gaz naturel 0/n.d.
- ***Produit national brut*** (aux prix courants du marché, 1995) : 45 000 000 USD (350 USD/hab.).
- ***Population active*** (1991) : 49 216 ; taux d'activité 41,0 % (taux de participation : 15-64 ans [1981] 61,1 % ; femmes [1981] 32,4 % ; sans-emploi [dix premiers mois de 1994] 22,0 %).
- ***Revenus et dépenses des ménages***
Taille moyenne des ménages (1981) : 4,0.
Revenu annuel moyen par ménage : n.d. ; sources des revenus : n.d.
Dépenses (poids respectifs des éléments de l'indice des prix à la consommation, 1995) : alimentation 71,9 % ; logement et énergie 10,2 % ; transports et communications 6,4 % ; habillement 11,4 % ; biens domestiques durables 2,8 % ; éducation et santé 1,7 %.
- ***Utilisation du sol*** (1994) : prairies et pâturages 1,3 % ; terres cultivées et plantations 54,0 % ; forêts, surfaces construites, terres incultes et autres 44,7 %.

Échanges extérieurs[a]

- ***Importations*** (1996) : 24 800 000 USD (biens d'équipement 29,8 % ; produits alimentaires et agricoles 23,8 % ; produits pétroliers 15,4 %).
Principales sources des importations : Portugal 29,0 % ; Angola 13,3 % ; Belgique 10,1 % ;

→ *Thesaurus* : SÃO TOMÉ & PRÍNCIPE
→ *Grand Atlas de Géographie* (éd. 1992) : 148
→ *Grand Atlas de l'Histoire* : 276, 283

Corpus : AFRIQUE NOIRE – Société et économie.

Universalia 1992 : 116 La difficile démocratisation des systèmes politiques africains.

	1996		1991	
	millions de STD	% du total	effectifs	% des effectifs
agriculture	24 583	24,9	13 592	27,6
mines	n.d.	n.d.	n.d.	n.d.
industrie	5 250	5,3	1 510	3,1
entreprises publiques			269	0,6
bâtiment	12 487	12,6	2 866	5,8
transports et communications	18 754	19,0	2 186	4,4
commerce			4 451	9,0
finance	7 484	7,6	176	0,4
administration, défense nationale	21 788	22,0	5 592	11,4
services	8 554	8,0	2 369	4,8
autres	n.d.	n.d.	16 205 (•)	32,9
total	**98 900**	**100,0**	**49 216**	**100,0**

(•) Comprend 15 148 sans-emploi.

Structure du produit intérieur brut et effectifs.

	1990	1991	1992	1993	1994	1995
indice des prix à la consommation	100,0	152,7	194,4	236,8	326,2	406,3
indice des revenus	n.d.	n.d.	n.d.	n.d.	n.d.	n.d.

Indice des prix et des revenus (1990 = 100).

	1991	1992	1993	1994	1995	1996
millions de USD	– 24,6	– 22,7	– 25,4	– 23,9	– 24,2	– 19,9
% du total	67,2	67,8	65,8	64,8	70,3	67,0

Balance commerciale (prix courants).

	nombre d'établissements	nombre d'enseignants	nombre d'élèves	nombre d'élèves par enseignant
primaire (6-13 ans)	64	559	19 822	35,5
secondaire (14-18 ans)	11 [1]	318	7 446	23,4
professionnel et formation à l'enseignement	2 [1]	18 [2]	289	n.d.
supérieur	n.d.	n.d.	700 [3]	n.d.

1. 1984-1985. 2. Professionnel uniquement. 3. Étudiants à l'étranger, 1982-1983.

Enseignement (1989).

Japon 10,1 % ; France 8,1 % ; Royaume-Uni 4,4 % ; Italie 2,8 % ; Allemagne 1,2 % ; Pays-Bas 0,8 % ; Gabon 0,4 %.

■ ***Exportations*** (1996) : 4 900 000 USD (cacao 96,4 %).
Principales destinations des exportations : Pays-Bas 63,9 % ; Allemagne 20,9 % ; Portugal 2,0 %.

Transports et communications

■ ***Transports***
Chemins de fer : aucun.
Routes (1994) : longueur totale 380 km (66 % recouvertes).
Véhicules (1994) : voitures particulières 4 581 ; camions et autobus 561.
Marine marchande (1992) : 4 navires (de 100 tjb et plus) ; 2 277 tonneaux de port en lourd.
Transports aériens (1994) ; trafic : 8 000 000 passagers-km ; 1 000 000 t-km. 2 aéroports desservis par des vols réguliers (1997).

■ ***Communications***
Journaux quotidiens : aucun.
Radiodiffusion (1996) : 31 000 postes récepteurs ; 232 pour 1 000 hab.
Télévision (1995) : 21 000 postes récepteurs ; 154 pour 1 000 hab.
Téléphone (1995) : 2 500 lignes principales ; 19 pour 1 000 hab.

Éducation et santé

■ ***Niveau d'éducation*** (1981)
Proportion de la population âgée de 25 ans et plus : sans instruction scolaire 56,6 % ; ayant une éducation primaire incomplète 18,0 % ; éducation primaire complète 19,2 % ; éducation secondaire incomplète 4,6 % ; éducation secondaire complète 1,3 % ; éducation post-secondaire 0,3 %.

■ ***Alphabétisation*** (1981) : personnes âgées de 15 ans et plus alphabétisées 28 114 (54,2 %) ; hommes 17 689 (70,2 %) ; femmes 10 425 (39,1 %).

■ ***Santé*** : 61 médecins en 1989 (1 pour 1 881 hab.) ; 640 lits d'hôpital en 1983 (1 pour 158 hab.) ; taux de mortalité infantile (1995) : 62,1 ‰.

■ ***Alimentation*** (1995) : apport journalier en calories par habitant 2 156 (alimentation d'origine végétale 96 % ; d'origine animale 4 %) ; soit 92 % du niveau minimal recommandé par la F.A.O.

Défense nationale

■ ***Contingent*** : une force de gendarmerie de 900 hommes environ a été mise en place au début des années 1990.

■ ***Dépenses militaires*** (1980) : 1,6 % du P.N.B. (moyenne mondiale 5,4 %) ; soit 6 USD/hab.).

a. Importations C.I.F.

SÉNÉGAL

- ***Nom officiel*** : République du Sénégal. Code I.S.O. : SN.
- ***Forme de gouvernement*** : république à régime multipartiste avec une assemblée législative (Assemblée nationale [120]).
- ***Chef de l'État*** : président.
- ***Chef du gouvernement*** : Premier ministre.
- ***Capitale*** : Dakar.
- ***Langue officielle*** : français.
- ***Religion officielle*** : aucune.
- ***Unité monétaire*** : 1 franc CFA (XOF) = 100 centimes ; valeur : 100 XOF = 1,00 FRF[a].

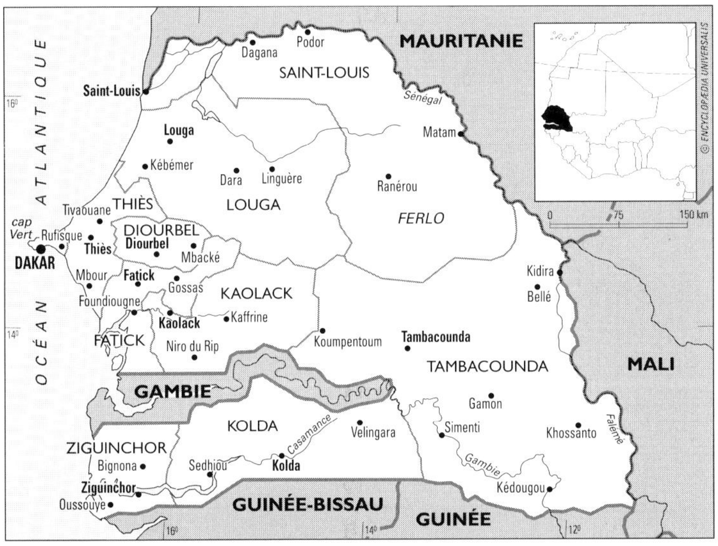

Démographie

- ***Population*** (estim. 1997) : 9 404 000.
- ***Densité*** (1997) : 47,8 hab./km².
- ***Répartition urbaine/rurale*** (1995) : population urbaine 42,3 % ; population rurale 57,7 %.
- ***Répartition par sexe*** (1995) : hommes 50,05 % ; femmes 49,95 %.
- ***Répartition par âge*** (1995) : moins de 15 ans 44,6 % ; de 15 à 29 ans 26,9 % ; de 30 à 44 ans 15,5 % ; de 45 à 59 ans 8,3 % ; de 60 à 74 ans 3,9 % ; 75 ans et plus 0,8 %.
- ***Projection démographique*** : 10 390 000 en 2000 ; 14 362 000 en 2010.
- ***Temps de doublement*** : 23 ans.
- ***Composition ethnique*** (1988) : Ouolofs 42,7 % ; Sérères 14,9 % ; Peuls 14,4 % ; Tukulors 9,3 % ; Dioulas 5,3 % ; Malinkés 3,6 % ; autres 9,8 %.
- ***Appartenances religieuses*** (1996) : musulmans sunnites 92,0 % ; religions tribales et autres 6,0 % ; chrétiens (principalement catholiques) 2,0 %.
- ***Principales villes*** (1994) : Dakar 785 071 (agglomération urbaine 1 869 323) hab. ; Thiès 216 381 hab. ; Kaolack 193 115 hab. ; Ziguinchor 161 680 hab ; Rufisque 138 837 hab. ; Saint-Louis 132 444 hab.

régions et chefs-lieux	superficie (km²)	population (estim. 1994)
Dakar (ouolof : Ndakârou)	550	1 869 000
Diourbel (ouolof : Ndjarèm)	4 359	750 000
Fatick	7 935	569 000
Kaolack (Kaolakh)	16 010	948 000
Kolda	21 011	689 000
Louga	29 188	525 000
Saint-Louis (ouolof : Ndar)	44 117	749 000
Tambacounda	59 602	449 000
Thiès	6 601	1 115 000
Ziguinchor (anc. Casamance)	7 339	467 000
total	**196 712**	**8 127 000**(•)

(•) Le total général ne correspond pas exactement au détail en raison des arrondis.

Territoire et population.

→ *Corpus* : SÉNÉGAL (RÉPUBLIQUE DU)
→ *Grand Atlas de Géographie* (éd. 1992) : 132, 146
→ *Grand Atlas de l'Histoire* : 240, 241, 276, 282, 295

Statistiques de l'état civil

- ***Taux de natalité*** (1996) : 45,5 ‰ (moyenne mondiale 25,0 ‰).
- ***Taux de mortalité*** : (1996) : 11,8 ‰ (moyenne mondiale 9,3 ‰).
- ***Taux d'accroissement naturel*** (1996) : 33,7 ‰ (moyenne mondiale 15,7 ‰).
- ***Taux de fécondité*** (nombre moyen de naissances par femme en âge de procréer, 1996) : 6,3.
- ***Nombre de mariages***[b] : n.d.
- ***Nombre de divorces*** : n.d.
- ***Espérance de vie*** à la naissance (1996) : hommes 53,7 ans ; femmes 59,3 ans.
- ***Principales causes de décès*** (données uniquement pour les maladies infectieuses, confirmées par les sources officielles, 1988) : malaria 44,8 % ; tétanos 17,8 % ; méningite 15,3 % ; tuberculose 10,4 %.

Économie nationale

- ***Budget de l'État*** (1996)
Recettes : 452 600 000 000 XOF (recettes fiscales 80,7 % ; emprunts 11,1 % ; recettes non fiscales 8,2 %).
Dépenses : 452 000 000 000 XOF (dépenses courantes 71,8 % ; dépenses de développement 28,2 %).
- ***Production***
Agriculture, sylviculture, pêche (1996).
Canne à sucre 883 000 t ; arachides 816 000 t ; millet 650 000 t ; riz paddy 160 000 t ; sorgho 125 000 t ; maïs 110 000 t ; huile de palme 70 000 t ; manioc 56 000 t ; coton brut 37 000 t.
Cheptel (sur pied) : moutons 4 800 000 ; chèvres 3 250 000 ; bovins 2 900 000 ; chevaux 502 000.
Bois (1995) : 5 220 000 m³.
Pêche (1995) : 261 000 t.
Industries extractives (1996) : phosphate 1 376 000 t ; sel (1994) 87 600 t.
Industries manufacturières (1993) : ciment (1994) 590 000 t ; acide phosphorique (1996) 258 000 t ; engrais 147 900 t ; farine de blé (1995) 110 000 t ; sucre 46 100 t ; savon 35 700 t ; poisson en conserve 22 476 t ; cigarettes (1992) 3 350 000 000 unités ; chaussures en plastique 507 500 paires.
Bâtiment (travaux autorisés dans la capitale et ses environs uniquement, 1993) : résidentiel 357 000 m² ; non résidentiel 235 000 m².
Énergie (production/consommation) : électricité (1993) 765 000 000/408 000 000 kWh ; charbon 0/0 ; pétrole brut (1993) 0/6 377 000 barils ; produits pétroliers (1993) 849 000/895 000 t ; gaz naturel 0/0.
- ***Dette publique*** (extérieure, créances, 1995) : 3 191 000 000 USD.
- ***Population active*** (1988) : 2 347 556 ; taux d'activité 34,0 % (taux de participation : de 15 à 60 ans 53,1 % ; femmes 25,6 % ; sans-emploi (1992) 24,4 %).
- ***Revenus et dépenses des ménages***
Taille moyenne des ménages (1991) : 8,7.
Revenu annuel moyen par ménage : n.d. ; sources des revenus : n.d.

Corpus : AFRIQUE NOIRE – Société et économie (cadre post-colonial) ; ALIMENTATION (ÉCONOMIE DE L') – Les grands produits alimentaires ; FER (MINERAIS DE) [les pays producteurs] ; ISLAM (Histoire) – Modernisme dans le monde musulman (Afrique noire) ; PÊCHE ; PEULS ; PHOSPHATES SÉDIMENTAIRES (gisements) ; SAHEL ; SERER ET WOLOF ; ZONES FRANCHES.

Universalia 1989 : 353 La démocratie à l'épreuve ; ***Universalia 1991 :*** 210 Le nouveau paysage audiovisuel en Afrique francophone ; ***Universalia 1992 :*** 177 La seconde naissance de la presse indépendante en Afrique ; ***Universalia 1995 :*** 157 Afrique : la dévaluation du franc CFA ou la fin d'un tabou.

Thesaurus :
ARACHIDE
DAKAR
DIOLA
MALINKÉ
MANDÉ
MAURES
SAINT-LOUIS
SARAKHOLÉ
SÉNÉGAL, fleuve
TOUCOULEUR

	1996		1991	
	milliards de XOF*	% du total	effectifs	% des effectifs
agriculture	360,8	21,4	1 789 467	65,3
mines	2,6	0,2	1 998	0,1
industrie	228,3	13,6	161 124	5,9
entreprises publiques	36,8	2,2	n.d.	n.d.
bâtiment	66,5	4,0	60 935	2,2
transports et communications	159,0	9,4	58 081	2,1
commerce	355,4	21,1	378 241	13,8
finance	n.d.	n.d.	4 623	0,2
services	190,6	11,3	n.d.	n.d.
administration, défense nationale	281,9	16,8	268 721	9,8
autres	–	–	16 286	0,6
total	**1 681,9**	**100,0**	**2 739 476**	**100,0**

(*) Aux prix constants de 1987.

Structure du produit intérieur brut et effectifs.

	1991	1992	1993	1994	1995	1996	1997
indice des prix à la consommation*	98,2	98,1	97,6	129,1	139,2	143,1	144,4
indice des revenus horaires	100,0	100,0	100,00	n.d.	n.d.	n.d.	n.d.

(*) Au 1er janvier ; fondé sur le salaire minimum interprofessionnel garanti.

Indices des prix et des revenus (1990 = 100).

	1990	1991	1992	1993	1994	1995
millions de USD	– 553	– 447	– 489	– 630	– 522	– 664
% du total	27,1	25,5	26,4	35,5	29,2	32,8

Balance commerciale (prix courants).

	nombre d'établissements	nombre d'enseignants	nombre d'élèves	nombre d'élèves par enseignant
primaire (6-12 ans)	2 454	12 711	738 550	58,1
secondaire (13-18 ans)	359	5 509	182 140	33,1
professionnel	19	182	7 301	40,1
supérieur*	2	7,4	16 733	21,3

(*) Universités uniquement (1994-1995).

Enseignement (1992-1993).

Dépenses (début des années 1980) : alimentation 49,0 % ; habillement et chaussures 11,0 % ; logement 7,0 % ; éducation 6,0 %.

■ ***Produit national brut*** (aux prix courants du marché, 1995) : 5 070 000 000 USD (600 USD/hab.).

■ ***Tourisme*** (1995) : recettes touristiques 130 000 000 USD ; dépenses touristiques 75 000 000 USD.

■ ***Utilisation du sol*** (1994) : forêts 35,9 % ; prairies et pâturages 29,6 % ; terres cultivées et plantations 12,2 % ; autres 18,7 %.

Échanges extérieurs[c]

■ ***Importations*** (1995) : 1 344 000 000 USD (produits agricoles 34,5 %, dont riz 7,1 %, huile végétale 5,2 % ; biens d'équipement 15,0 % ; pétrole raffiné 11,0 %.
Principales sources des importations : France 37,8 % ; Cameroun 7,9 % ; Nigeria 6,9 % ; Italie 5,4 % ; Thaïlande 4,6 %.

■ ***Exportations*** (1995) : 680 000 000 USD (poissons et crustacés 28,0 % ; produits chimiques 12,7 % ; huile d'arachide 11,0 % ; phosphates 3,0 %).
Principales destinations des exportations : France 30,0 % ; Italie 13,0 % ; Mali 7,0 % ; Espagne 5,0 % ; Inde 4,0 %.

Transports et communications

■ ***Transports***
Chemins de fer : longueur (1995) 904 km ; trafic (1993) : 206 000 000 passagers-km ; 695 000 000 t-km.
Routes (1995) : longueur totale 14 580 km (29 % recouvertes).
Véhicules (1995) : voitures particulières 80 600 ; camions et autobus 32 410.
Marine marchande (1992) : 183 navires (de 100 tjb et plus) ; 27 473 tonneaux de port en lourd.
Transports aériens (Air Afrique uniquement, 1996) ; 224 736 000 passagers-km ; 16 420 000 t-km. 7 aéroports desservis par des vols réguliers (1996).

■ ***Communications***
Journaux quotidiens (1992) : diffusion totale 50 000 ; diffusion pour 1 000 hab. 5,9.
Radiodiffusion (1996) : 850 000 postes récepteurs ; 93 pour 1 000 hab.
Télévision (1995) : 61 000 postes récepteurs ; 6,9 pour 1 000 hab.
Téléphone (1995) : 82 000 lignes principales ; 9,3 pour 1 000 hab.

Éducation et santé

■ ***Niveau d'éducation*** (1988)
Proportion de la population âgée de 6 à 34 ans : sans instruction scolaire 62,6 % ; ayant une éducation primaire 25,7 % ; éducation secondaire 8,4 % ; éducation supérieure 0,8 % ; autres 2,5 %.

■ ***Alphabétisation*** (1995) : personnes âgées de 15 ans et plus alphabétisées 1 523 000 (33,1 %) ; hommes 43,0 % ; femmes 23,2 %.

■ ***Santé*** (1992) : 520 médecins (1 pour 14 825 hab.) ; 7 408 lits d'hôpital (1 pour 1 041 hab.) ; taux de mortalité infantile (1996) : 64,0 ‰.

■ ***Alimentation*** (1995) : apport journalier en calories par habitant 2 416 (alimentation d'origine végétale 91 % ; d'origine animale 9 %) ; soit 102 % du niveau minimal recommandé par la F.A.O.

Défense nationale

■ ***Contingent*** (1996) : 13 400[d] (armée de terre 89,9 % ; marine 5,2 % ; armée de l'air 4,9 %).

■ ***Dépenses militaires*** (1995) : 1,6 % du P.N.B. (moyenne mondiale 2,8 %) ; soit 9 USD/hab.

a. Dévaluation de 50 % du franc CFA le 12 janvier 1994.
b. En 1996, à peu près la moitié des femmes vivaient en polygamie.
c. Importations : F.O.B. ; exportations C.I.F.
d. Non compris 1 500 militaires français.

SEYCHELLES

• ***Noms officiels*** : Repiblik Sesel ; République des Seychelles ; Republic of Seychelles. Code I.S.O. : SC.

• ***Forme de gouvernement*** : république à régime multipartiste avec une assemblée législative (Assemblée nationale [33][a]).

• ***Chef de l'État et du gouvernement*** : président.

• ***Capitale*** : Victoria.

• ***Langues officielles***[b] : créole ; français ; anglais.

• ***Religion officielle*** : aucune.

• ***Unité monétaire*** : 1 roupie des Seychelles (SCR) = 100 cents ; valeur (31 déc. 1997) : 100 SCR = 116,73 FRF[c].

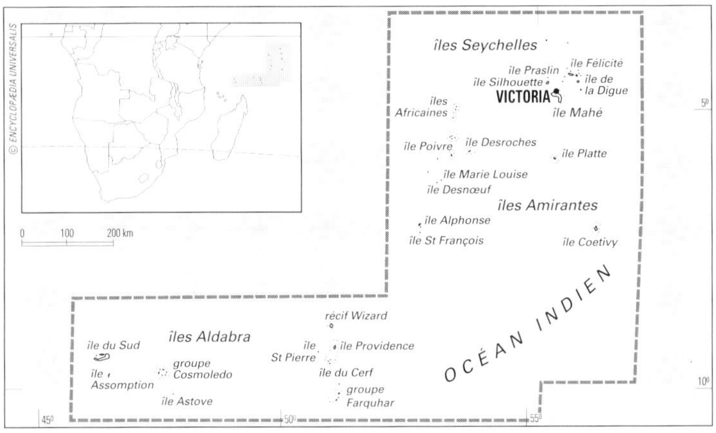

Démographie

■ ***Population*** (estim. 1997) : 77 300.

■ ***Densité*** (1997) : 169,9 hab./km².

■ ***Répartition urbaine/rurale*** (1990) : population urbaine 59,3 % ; population rurale 40,7 %.

■ ***Répartition par sexe*** (1997) : hommes 48,37 % ; femmes 51,63 %.

■ ***Répartition par âge*** (1997) : moins de 15 ans 30,2 % ; de 15 à 29 ans 31,1 % ; de 30 à 44 ans 21,9 % ; de 45 à 59 ans 8,2 % ; de 60 à 74 ans 6,0 % ; 75 ans et plus 2,6 %.

■ ***Projection démographique*** : 80 900 en 2000 ; 94 100 en 2010.

■ ***Temps de doublement*** : 47 ans.

■ ***Composition ethnique*** (1983) : Créoles des Seychelles 89,1 % ; Indiens 4,7 % ; Malgaches 3,1 % ; Chinois 1,6 % ; Anglais 1,5 %.

■ ***Appartenances religieuses*** (1996) : catholiques 88,6 % ; autres chrétiens [principalement anglicans] 7,7 % ; hindous 0,7 % ; autres 3,0 %.

■ ***Principale ville*** (1993) : Victoria 25 000 hab.

Statistiques de l'état civil

■ ***Taux de natalité*** (1997) : 20,0 ‰ (moyenne mondiale 25,0 ‰) ; taux (1993) de naissances légitimes 21,6 %, illégitimes 78,4 %.

■ ***Taux de mortalité*** (1997) : 7,0 ‰ (moyenne mondiale 9,3 ‰).

■ ***Taux d'accroissement naturel*** (1997) : 13,0 ‰ (moyenne mondiale 15,7 ‰).

■ ***Taux de fécondité*** (nombre moyen de naissances par femme en âge de procréer, 1997) : 2,0.

■ ***Nombre de mariages*** (pour 1 000 hab., 1993) : 11,3.

■ ***Nombre de divorces*** (pour 1 000 hab., 1993) : 1,1.

■ ***Espérance de vie*** à la naissance (1997) : hommes 65,7 ans ; femmes 75,6 ans.

■ ***Principales causes de décès*** (pour 100 000 hab., 1993) : maladies de l'appareil circulatoire 239,4, dont maladies cérébro-vasculaires 72,0 ; tumeurs malignes (cancers) 141,2 ; maladies de l'appareil respiratoire 87,2, dont pneumonie 23,5 ; maladies infectieuses et parasitaires 49,8 ; maladies de l'appareil digestif 47,1 ; accidents et séquelles 45,7.

Économie nationale

■ ***Budget de l'État*** (1997)
Recettes : 1 377 900 000 SCR (droits et taxes de douane 40,9 % ; dividendes et intérêts 10,8 % ; taxes sur les affaires 10,6 % ; transferts du fonds de sécurité sociale 7,3 % ; droits administratifs 7,0 % ; droits et amendes 4,1 % ; emprunts 2,9 %).
Dépenses : 1 363 100 000 SCR (service de la dette 18,6 % ; projets de développement 11,0 % ; éducation 10,6 % ; santé 8,6 % ; sécurité sociale 7,3 % ; tourisme et transports 6,7 % ; défense nationale 3,7 %).

■ ***Dette publique*** (extérieure, créances, 1995) : 151 100 000 USD.

■ ***Tourisme*** : recettes touristiques (1996) 531 400 000 SCR ; dépenses touristiques à l'étranger (1995) 24 000 000 USD.

■ ***Production***
Agriculture, sylviculture, pêche (1997).
Noix de coco 3 600 t ; bananes 1 850 t ; coprah (1993) 1 000 t ; cannelle 650 t ; thé 250 t.
Cheptel (sur pied) : porcs 18 200 ; chèvres 4 900 ; bovins 2 100 ; poulets 540 000.
Pêche (1996) : 4 508 t.
Industries extractives (1994) : guano 5 000 t.
Industries manufacturières (1996) : thon en conserve 12 708 t ; boissons non alcoolisées 78 520 hl ; bière 63 650 hl ; cigarettes 62 000 000 unités.
Énergie (production/consommation) : électricité (1994) 126 000 000/126 000 000 kWh ; charbon 0/n.d. ; pétrole 0/n.d. ; produits pétroliers (1994) 0/55 000 t ; gaz naturel 0/n.d.

■ ***Produit national brut*** (aux prix courants du marché, 1995) : 487 000 000 USD (6 620 USD/hab.).

■ ***Population active*** (1993) : 28 100 ; taux d'activité 38,9 % (taux de participation [1989] : 15-64 ans 74,3 % ; femmes 42,5 % ; sans-emploi 11,5 %).

■ ***Revenus et dépenses des ménages***
Taille moyenne des ménages (1987) : 4,5.
Revenu annuel moyen par ménage (1978) : 18 480 SCR (2 658 USD) ; sources des revenus : salaires et traitements 77,2 % ; activités non salariées 3,8 % ; paiements de transfert 3,2 %.
Dépenses (1991-1992) : alimentation et boissons 47,6 % ; logement 15,1 % ; habillement 8,6 % ; transports 8,0 % ; énergie et eau 7,4 % ; loisirs 6,7 % ; biens ménagers et articles personnels 6,6 %.

■ ***Utilisation du sol*** (1994) : forêts 11,1 % ; terres cultivées et plantations 15,6 % ; surfaces construites, terres incultes et autres 73,3 %.

Échanges extérieurs

■ ***Importations*** (1996) : 1 882 419 000 SCR

groupe central et îlots extérieurs	capitale	superficie (km²)	population (recens. 1987)
groupe central (granitique) :			
La Digue et satellites		15	1 926
Mahé et satellites	Victoria	158	61 183
Praslin et satellites		42	5 002
Silhouette		20	191
autres îles		4	–
îlots extérieurs (coralliens)*		214	296
total		**453**	**68 598**

(*) Ces îles (Alphonse, Amirante, Coetivy, Desroches, Platte ; et, plus loin au sud-ouest, Aldabra, Assumption, Astove, Cerf, Cosmoledo, Farquar, Providence, Saint Pierre...) ont leur autonomie postale et sont désignées sous le nom d'« îles éloignées des Seychelles » (créole : « Zil Eloigne [Elwagne, Elwannyen] Sesel »).

Territoire et population.

→ *Corpus* : SEYCHELLES
→ *Grand Atlas de Géographie* (éd. 1992) : 136
→ *Grand Atlas de l'Histoire* : 245

Corpus : INDIEN (HISTOIRE DE L'OCÉAN) [les années 1970-1983] ; TOURISME.

	millions de SCR	% du total	effectifs [1]	% des effectifs
agriculture	104,0	4,1	1 717	6,5
mines, industrie et bâtiment	571,0	22,5	5 153	19,6
tourisme	240,0	9,4	4 846	18,4
transports et communications	726,5	28,6	4 076	15,5
finance	255,0	10,0		
administration, défense nationale	351,9	13,8	10 484	39,9
autres	293,3	11,5		
total	**2 541,7**	**100,0** [2]	**26 276**	**100,0** [2]

1. Ne comprend pas les travailleurs indépendants et les domestiques. 2. Le total général ne correspond pas exactement au détail en raison des arrondis.

Structure du produit intérieur brut et effectifs (1996).

	1991	1992	1993	1994	1995	1996	1997 (juin)
indice des prix à la consommation	102,0	105,3	106,7	108,7	108,4	107,2	107,4
indice des revenus mensuels	100,6	117,3	115,0	115,4	120,2	n.d.	n.d.

Indices des prix et des revenus (1990 = 100).

	1991	1992	1993	1994	1995	1996
millions de SCR	− 652,2	− 735,2	− 969,8	− 786,7	− 855,7	− 1 188,7
% du total	55,8	59,9	64,7	60,6	62,8	46,1

Balance commerciale (prix courants).

	nombre d'établissements	nombre d'enseignants	nombre d'élèves	nombre d'élèves par enseignant
primaire (6-15 ans)	27 [1]	633	9 825	15,5
secondaire (16-18 ans)	20 [2]	440	6 548	14,9
professionnel et formation à l'enseignement	1 [2]	134	1 338	10,0

1. 1995. 2. 1994.

Enseignement (1997).

(équipement industriel et de transport 44,7 %, dont aéronefs et pièces détachées 24,6 %, matériel électrique 7,9 %, réacteurs nucléaires, chaudières et autre machinerie lourde 6,9 % ; produits manufacturés 18,7 %, dont produits manufacturés métalliques 5,0 %, papiers et produits du bois 3,6 % ; produits alimentaires, boissons et tabac 18,3 % ; combustibles minéraux (y compris le pétrole), lubrifiants et dérivés 11,2 %, produits chimiques 4,8 %).

Principales sources des importations : États-Unis 26,5 % ; Royaume-Uni 11,3 % ; Yémen 10,6 % ; Afrique du Sud 10,4 % ; Singapour 9,2 % ; France 7,0 % ; Italie 3,6 % ; Inde 2,4 % ; Japon 2,2 % ; Allemagne 2,1 % ; Espagne 1,8 % ; Thaïlande 1,8 % ; Pays-Bas 1,3 %.

■ ***Exportations*** (1996) : 693 744 000 SCR [d] (produits pétroliers [e] 21,8 % ; thon en conserve 24,5 % ; autres poissons, y compris requin séché, 2,1 % ; crevettes surgelées 1,6 % ; cannelle 0,7 %.

Principales destinations des exportations (exportations d'origine nationale uniquement) [f] : Chine 15 % ; Royaume-Uni 12,4 % ; Thaïlande 11,5 % ; Inde 3,5 % ; Allemagne 2,6 % ; États-Unis 1,8 % ; Japon 1,8 %.

Transports et communications

■ ***Transports***

Chemins de fer : aucun.

Routes (1996) : longueur totale 345 km (80 % recouvertes).

Véhicules (1995) : voitures particulières 5 100 ; camions et autobus 2 000.

Marine marchande (1992) : 9 navires (de 100 tjb et plus) ; 3 337 tonneaux de port en lourd.

Transports aériens (1996) ; trafic : arrivées de passagers 151 000 ; départs de passagers 151 000 ; marchandises déchargées 3 390 t ; marchandises chargées 1 112 t. 2 aéroports desservis par des vols réguliers (1997).

■ ***Communications***

Journaux quotidiens (1995) : diffusion totale 3 000 ; diffusion pour 1 000 hab. 41.

Radiodiffusion (1995) : 50 000 postes récepteurs ; 666,9 pour 1 000 hab.

Télévision (1995) : 13 000 postes récepteurs ; 173,4 pour 1 000 hab.

Téléphone (1996) : 15 712 lignes principales ; 206,4 pour 1 000 hab.

Éducation et santé

■ ***Niveau d'éducation*** (1987)

Proportion de la population âgée de 12 ans et plus : sans instruction scolaire 7,8 % ; ayant une éducation primaire 51,5 % ; éducation secondaire incomplète 12,2 % ; éducation secondaire 13,4 % ; éducation professionnelle 9,9 % ; éducation postsecondaire 3,1 % ; non spécifié 2,1 %.

■ ***Alphabétisation*** (1987) : personnes âgées de 15 ans et plus alphabétisées 37 984 (84,2 %) ; hommes 18 427 (82,9 %) ; femmes 19 557 (85,7 %).

■ ***Santé*** [g] (1996) : 84 médecins (1 pour 906 hab.) ; 414 lits d'hôpital (1 pour 184 hab.) ; taux de mortalité infantile (1997) : 17,0 ‰.

■ ***Alimentation*** (1995) : apport journalier en calories par habitant 2 428 (alimentation d'origine végétale 83 % ; d'origine animale 17 %) ; soit 104 % du niveau minimal recommandé par la F.A.O.

Défense nationale

■ ***Contingent*** (1997) : 400 (tous les services sont rattachés à l'armée de terre).

■ ***Dépenses militaires*** (1995) : 3,9 % du P.N.B. (moyenne mondiale 2,8 %) ; soit 192 USD/hab.

a. Comprend 11 sièges non électifs répartis à la proportionnelle entre les partis.

b. Le créole, le français et l'anglais sont reconnus comme langues nationales par la Constitution de 1993.

c. Cours indexé sur le DTS depuis mars 1981 (1 XDR = 7,234 5 SCR).

d. Y compris les 488 711 000 SCR de réexportations.

e. Produits réexportés.

f. Exportations d'origine nationale uniquement.

g. Secteur étatique uniquement.

SIERRA LEONE

- ***Nom officiel*** : République de Sierra Leone (Republic of Sierra Leone). Code I.S.O. : SL.
- ***Forme de gouvernement*** : régime militaire[a].
- ***Chef de l'État et du gouvernement*** : président.
- ***Capitale*** : Freetown.
- ***Langue officielle*** : anglais.
- ***Religion officielle*** : aucune.
- ***Unité monétaire*** : 1 leone (SLL) = 100 cents ; valeur (31 déc. 1997) : 100 SLL = 0,630 FRF.

Démographie

- ***Population*** (estim. 1997) : 4 424 000.
- ***Densité*** (1997) : 61,7 hab./km².
- ***Répartition urbaine/rurale*** (1996) : population urbaine 37,0 %, rurale 63,0 %.
- ***Répartition par sexe*** (1996) : hommes 49,02 % ; femmes 50,98 %.
- ***Répartition par âge*** (1995) : moins de 15 ans 44,2 % ; de 15 à 29 ans 26,2 % ; de 30 à 44 ans 15,7 % ; de 45 à 59 ans 9,0 % ; de 60 à 74 ans 4,2 % ; 75 ans et plus 0,7 %.
- ***Projection démographique*** : 5 069 000 en 2000 ; 6 366 000 en 2010.
- ***Temps de doublement*** : 29 ans.
- ***Composition ethnique*** (1983) : Mendés 34,6 % ; Temnés 31,7 % ; Limbas 8,4 % ; Konos 5,2 % ; Buloms 3,7 % ; Peuls 3,7 % ; Korankos 3,5 % ; Yalunkas 3,5 % ; Kissis 2,3 % ; autres 3,4 %.
- ***Appartenances religieuses*** (1993) : musulmans sunnites 60,0 % ; croyances traditionnelles 30,0 % ; chrétiens 10,0 %.
- ***Principales villes*** (1985) : Freetown 469 776 hab. ; Koidu-New Sembehun 80 000 hab. ; Bo 26 000 hab. ; Kenema 13 000 hab. ; Makeni 12 000 hab.

Statistiques de l'état civil

- ***Taux de natalité*** (1990-1995) : 49,1 ‰ (moyenne mondiale 25,0 ‰) ; taux de naissances légitimes n.d., illégitimes n.d.
- ***Taux de mortalité*** (1990-1995) : 25,1 ‰ (moyenne mondiale 9,3 ‰).
- ***Taux d'accroissement naturel*** (1990-1995) : 24,0 ‰ (moyenne mondiale 15,7 ‰).
- ***Taux de fécondité*** (nombre moyen de naissances par femme en âge de procréer, 1990-1995) : 6,5.
- ***Nombre de mariages*** : n.d.
- ***Nombre de divorces*** : n.d.
- ***Espérance de vie*** à la naissance (1990-1995) : hommes 41,4 ans ; femmes 44,6 ans.
- ***Principales causes de décès*** : n.d. ; toutefois, la malaria, la tuberculose, la lèpre, la coqueluche, la rougeole, le tétanos et la diarrhée sont parmi les principales maladies du pays.

Économie nationale

- ***Budget de l'État*** (1995-1996)
Recettes : 69 700 000 000 SLL (droits de douane 49,0 % ; impôts indirects 20,2 % ; impôts sur le revenu des particuliers 7,7 % ; impôts sur les entreprises 6,8 %).
Dépenses : 141 941 000 000 SLL (dépenses courantes 81,5 %, dont défense 34,0 % ; dépenses en capital 18,5 % ; service de la dette 11,3 % ; éducation 8,0 % ; santé 4,3 % ; sécurité sociale 1,6 %).
- ***Dette publique*** (extérieure, créances, 1995) : 968 000 000 USD.
- ***Tourisme*** (1995) : recettes touristiques 6 000 000 USD ; dépenses touristiques à l'étranger 2 000 000 USD.
- ***Production***
Agriculture, sylviculture, pêche (1996).
Riz 391 700 t ; manioc 281 400 t ; patates douces 46 400 t ; arachides 35 800 t ; tomates 32 000 t ; palmistes 29 160 t ; bananes plantains 26 000 t ; café 25 000 t ; canne à sucre 21 000 t ; millet 20 700 t ; sorgho 20 500 t ; fèves de cacao 10 000 t.
Cheptel (sur pied) : bovins 360 200 ; moutons 301 900 ; chèvres 165 800 ; porcs 50 000 ; poulets 6 000 000.
Bois (1995) : 3 327 600 m³.
Pêche (1995) : 62 568 t.
Industries extractives (1995-1996) : bauxite (1994-1995)[b] 728 000 t ; rutile (minerai de titane) 203 000 t (1994-1995)[b] ; diamants 216 000 carats ; or 3 949 onces.
Industries manufacturières (valeur de la production en millions de SLL, 1993) : produits alimentaires, boissons et tabac 36 117 ; produits chimiques 10 560 ; faïence 1 844 ; imprimerie et édition 1 171 ; produits métalliques 1 073 ; meubles 647 ; vêtements 502.
Bâtiment (valeur ajoutée, 1994-1995) : 15 788 200 000 SLL.
Énergie (production/consommation) : électricité (1994) 237 000 000/237 000 000 kWh ; charbon 0/n.d. ; pétrole brut (1994) 0/2 148 000 barils ; produits pétroliers (1994) 168 000/138 000 t ; gaz naturel 0/n.d.
- ***Produit national brut*** (aux prix courants du marché, 1995) : 762 000 000 USD (180 USD/hab.).
- ***Population active*** (1991) : 1 532 000 ; taux d'activité 35,9 % (taux de participation : 10-64 ans 53,3 % ; femmes 32,4 % ; sans-emploi [inscrits, 1992] 10,6 %).
- ***Revenus et dépenses des ménages***
Taille moyenne des ménages (1985) : 6,6.
Revenu annuel moyen par ménage (1984) : 320 USD ; sources des revenus : activités non salariées 61,6 % ; salaires et traitements 27,9 % ; autres 10,5 %.
Dépenses (1989) : alimentation, boissons et tabac 66,2 % ; habillement 9,9 % ; logement 5,8 % ; transports et communications 4,4 % ;

provinces et districts	chefs-lieux	superficie (km²)	population (recens. 1985 [1])
province de l'Est	**Kenema**	**15 553**	**960 551**
Kailahun	Kailahun	3 859	233 839
Kenema	Kenema	6 053	337 055
Kono	Sefadu	5 641	389 657
province du Nord	**Makeni**	**35 936**	**1 259 641**
Bombali	Makeni	7 985	317 729
Kambia	Kambia	3 108	186 231
Koinaduga	Kabala	12 121	183 286
Port Loko	Port Loko	5 719	329 344
Tonkolili	Magburaka	7 003	243 051
province du Sud	**Bo**	**19 694**	**741 377**
Bo	Bo	5 219	268 671
Bonthe (avec Sherbro)	Bonthe	3 468	105 007
Moyamba	Moyamba	6 902	250 514
Pujehun	Pujehun	4 105	117 185
zone occidentale [2]	**Freetown**	**557**	**554 243**
total		**71 740**	**3 515 812**

1. Préliminaire. 2. Province non officielle ; son administration est répartie entre Freetown et les autres corps administratifs.

Territoire et population.

→ ***Corpus :*** SIERRA LEONE
→ ***Grand Atlas de Géographie*** (éd. 1992) : 132, 146
→ ***Grand Atlas de l'Histoire :*** 240, 241, 276, 282, 295

Corpus : AFRIQUE NOIRE – Société et économie ; DIAMANT (les principaux pays producteurs) ; FER (MINERAIS DE) [les pays producteurs].

Thesaurus :
FREETOWN
SOUSSOU
VAI

	1994-1995		1991	
	millions de SLL	% du total	effectifs [1]	% des effectifs
agriculture	275 327,5	38,8	945 000	.61,7
mines	119 229,2	16,8		
industrie	61 475,3	8,6	275 000	18.0
bâtiment	15 788,2	2,2		
entreprises publiques	2 816,8	0,4		
transports et communications	61 267,5	8,6		
commerce	98 270,1	13,8		
finance	14 732,2	7,1	312 000	20,3
administration, défense nationale	19 844,9	2,8		
services	12 308,9	1,7		
autres	29 329,7 [1]	4,2		
total	**710 389,3** [2]	**100,0**	**1 532 000**	**100,0**

1. Droits d'importation moins frais de service bancaire. 2. Le total général ne correspond pas exactement au détail en raison des arrondis.

Structure du produit intérieur brut et effectifs.

	1990	1991	1992	1993	1994	1995	1996
indice des prix à la consommation	100,0	202,7	335,4	409,9	509,1	641,5	790,4

Indice des prix (1990 = 100).

	1991	1992	1993	1994	1995	1996
millions de SLL	+ 1 542	+ 2 142	− 16 553	− 20 742	− 85 743	− 150 930
% du total	1,7	1,4	11,0	13,3	70,4	63,7

Balance commerciale (prix courants).

	nombre d'établissements	nombre d'enseignants	nombre d'élèves	nombre d'élèves par enseignant
primaire (5-11 ans)	1 643	10 595	267 425	25,2
secondaire (12-18 ans)	167	4 313	70 900	16,4
professionnel et formation à l'enseignement	44	709	7 756	10,9
supérieur *	2	257	2 571	10,0

(•) 1990-1991.

Enseignement (1992-1993).

meubles, équipements domestiques et articles ménagers durables 4,0 % ; loisirs et éducation 3,8 % ; santé 3,5 %.

■ ***Utilisation du sol*** (1994) : forêts 28,5 % ; prairies et pâturages 30,7 % ; terres cultivées et plantations 7,5 % ; autres 33,3 %.

Échanges extérieurs [c]

■ ***Importations*** (1995-1996) : 114 896 500 000 SLL (produits alimentaires et animaux sur pied 51,6 % ; combustibles et lubrifiants 11,6 % ; produits chimiques 10,2 % ; équipement industriel et de transport 8,9 % ; boissons et tabac 2,7 % ; minéraux bruts 2,5 %).
Principales sources des importations (1994-1995) : États-Unis 42,7 % ; Pays-Bas 14,2 % ; Royaume-Uni 5,7 % ; Indonésie 3,7 % ; Allemagne 3,0 %.

■ ***Exportations*** (1995-1996) : 39 935 100 000 SLL (exportation de minéraux 56,4 %, dont rutile [minerai de titane] 5,7 % ; diamants 50,6 % ; cacao 5,0 % ; réexportations 4,8 % ; café 3,7 %).
Principales destinations des exportations (1994-1995) : États-Unis 44,8 % ; Royaume-Uni 17,3 % ; Belgique 16,8 % ; Pays-Bas 4,1 % ; Allemagne 2,0 %.

Transports et communications

■ ***Transports***
Chemins de fer (1990) : longueur 84 km.
Routes (1995) : longueur totale 11 674 km (11 % recouvertes).
Véhicules (1995) : voitures particulières 20 860 ; camions et autobus 11 014.
Marine marchande (1992) : 62 navires (de 100 tjb et plus) ; 18 384 tonneaux de port en lourd.
Transports aériens (vols internationaux uniquement, 1985) : 109 903 000 passagers-km ; 2 044 000 t-km. 1 aéroport desservi par des vols réguliers (1997).

■ ***Communications***
Journaux quotidiens (1995) : diffusion totale 9 200 ; diffusion pour 1 000 hab. 2.
Radiodiffusion (1995) : 330 000 postes récepteurs ; 72 pour 1 000 hab.
Télévision (1995) : 1 600 postes récepteurs ; 0,3 pour 1 000 hab.
Téléphone (1995) : 16 600 lignes principales ; 4 pour 1 000 hab.

Éducation et santé

■ ***Niveau d'éducation*** (1974)
Proportion de la population âgée de 5 ans et plus : sans instruction scolaire 81,3 % ; ayant une éducation primaire 12,1 % ; éducation secondaire 5,9 % ; éducation supérieure 0,7 %.

■ ***Alphabétisation*** (1995) : personnes âgées de 15 ans et plus alphabétisées 791 000 (31,4 %) ; hommes 555 000 (45,4 %) ; femmes 236 000 (18,2 %).

■ ***Santé*** : 404 médecins en 1992 (1 pour 10 832 hab.) ; 4 025 lits d'hôpital en 1988 (1 pour 980 hab.) ; taux de mortalité infantile (1990-1995) : 166 ‰.

■ ***Alimentation*** (1995) : apport journalier en calories par habitant 2 029 (alimentation d'origine végétale 96 % ; d'origine animale 4 %) ; soit 88 % du niveau minimal recommandé par la F.A.O.

Défense nationale

■ ***Contingent*** (1996) : 14 200 (armée de terre 98,6 % ; marine 1,4 %).

■ ***Dépenses militaires*** (1995) : 4,6 % du P.N.B. (moyenne mondiale 2,8 %) ; soit 9 USD/hab.

a. Les militaires ont pris le pouvoir en mai 1997 ; la Constitution a été suspendue.

b. La production est interrompue depuis janvier 1995 en raison de la conquête des mines par les forces rebelles.

c. Importations C.I.F. ; exportations F.O.B.

SINGAPOUR

- ***Nom officiel*** : République de Singapour (Republic of Singapore ; Xīnjiāpō Gònghéguó ; Republik Singapura ; Singapore Kudiyarasu). Code I.S.O. : SG.
- ***Forme de gouvernement*** : république à structure étatique unitaire et à régime multipartiste avec un Parlement (83).
- ***Chef de l'État*** : président.
- ***Chef du gouvernement*** : Premier ministre.
- ***Capitale*** : Singapour (Singapore ; Xīnjiāpō ; Singapura ; Singapur).
- ***Langues officielles*** : anglais ; chinois ; malais ; tamoul.
- ***Religion officielle*** : aucune.
- ***Unité monétaire*** : 1 dollar de Singapour (SGD) = 100 cents ; valeur (31 déc. 1997) : 100 SGD = 355,90 FRF.

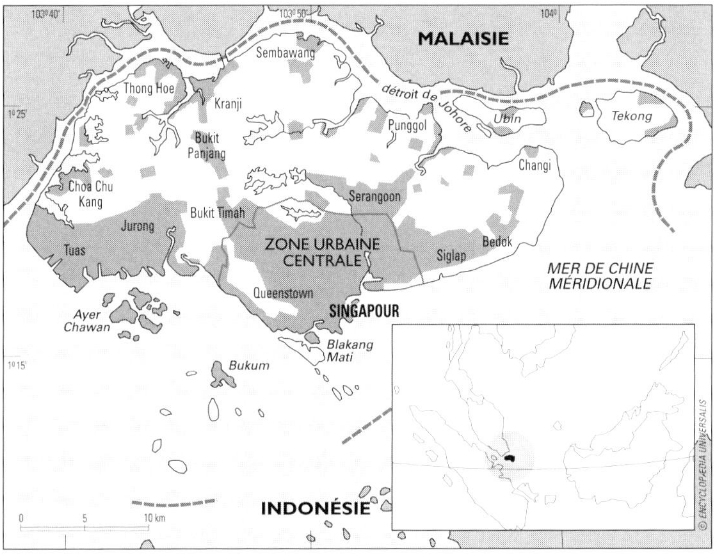

Démographie

■ ***Superficie*** : 646 km².

■ ***Population*** (estim. 1997) : 3 104 000 [a].

■ ***Densité*** (1997) : 4 804 hab./km².

■ ***Répartition urbaine/rurale*** : population urbaine 100 %.

■ ***Répartition par sexe*** (1996) : hommes 50,29 % ; femmes 49,71 %.

■ ***Répartition par âge*** (1996) : moins de 15 ans 22,8 % ; de 15 à 29 ans 22,8 % ; de 30 à 44 ans 28,9 % ; de 45 à 59 ans 15,5 % ; de 60 à 74 ans 7,4 % ; 75 ans et plus 2,6 %.

■ ***Projection démographique*** : 3 289 000 en 2000 ; 3 988 000 en 2010.

divisions*		divisions*		divisions*		divisions*	
Alexandra	27 245	Chua Chu Kang	43 465	Kampong Ubi	40 682	Sembawang	28 039
Aljunied	51 669	Clementi	37 635	Kebun Baru	36 878	Serangoon	
Ang Mo Kio	35 814	Eunos	52 976	Kim Keat	28 538	Gardens	44 702
Ayer Rajah	44 977	Fengshan	27 285	Kim Seng	23 683	Siglap	36 022
Bedok	22 032	Geylang Serai	36 800	Kolam Ayer	22 420	Tampines East	41 474
Boon Lay	39 249	Geylang West	34 560	Kreta Ayer	29 631	Tampines North	73 634
Boon Teck	22 652	Henderson	18 445	Kuo Chuan	26 968	Tampines West	38 833
Braddell Heights	47 738	Hong Kah Central	48 379	Leng Kee	28 886	Tanah Merah	32 314
Brickworks	10 593	Hong Kah North	33 265	Macpherson	23 764	Tanglin	43 544
Bukit Batok	44 918	Hong Kah South	37 900	Marine Parade	31 003	Tanjong Pagar	29 217
Bukit Gombak	46 149	Hougang	36 774	Moulmein	33 872	Teck Ghee	26 622
Bukit Merah	18 666	Jalan Besar	28 298	Mountbatten	23 891	Telok Blangah	29 157
Bukit Panjang	95 827	Jalan Kayu	34 907	Nee Soon Central	47 032	Thomson	71 345
Bukit Timah	47 056	Joo Chiat	35 777	Nee Soon East	58 651	Tiong Bahru	27 468
Buona Vista	23 873	Jurong	74 696	Nee Soon South	49 771	Toa Payoh	22 811
Cairnhill	48 445	Kaki Bukit	32 782	Pasir Panjang	35 824	Ulu Pandan	42 923
Changi	50 003	Kallang	34 178	Paya Lebar	41 903	West Coast	46 052
Changkat	41 995	Kampong Chal Chee	33 928	Potong Pasir	32 992	Whampoa	18 285
Chang San	27 821	Kampong Glam	29 481	Punggol	68 270	Yio Chu Kang	28 589
Chong Boon	32 174	Kampong		Queenstown	19 676	Yuhua	32 733
Chong Pang	38 613	Kembangan	33 510	Radin Mas	35 730	**total**	**3 016 379**

(•) Les zones de recensement n'ont pas de fonction administrative.

Population (recens. 1990).

■ ***Temps de doublement*** : 64 ans.

■ ***Composition ethnique*** (1996) : Chinois 77,3 % ; Malais 14,1 % ; Indiens 7,3 % (y compris Sri Lankais) ; autres 1,3 %.

■ ***Appartenances religieuses*** (1995) : bouddhistes 31,9 % ; taoïstes 22,0 % ; musulmans 14,9 % ; chrétiens 12,9 % ; hindous 3,3 % ; religions traditionnelles 0,5 % ; sans appartenance 14,5 %.

Statistiques de l'état civil

■ ***Taux de natalité*** (1996) : 16,0 ‰ (moyenne mondiale 25,0 ‰).

■ ***Taux de mortalité*** (1996) : 5,1 ‰ (moyenne mondiale 9,3 ‰).

■ ***Taux d'accroissement naturel*** (1996) : 10,9 ‰ (moyenne mondiale 15,7 ‰).

■ ***Taux de fécondité*** (nombre moyen de naissances par femme en âge de procréer, 1996) : 1,7.

■ ***Nombre de mariages*** (pour 1 000 hab., 1996) : 7,9.

■ ***Nombre de divorces*** (pour 1 000 hab., 1995) : 1,3.

■ ***Espérance de vie*** à la naissance (1996) : hommes 74,4 ans ; femmes 78,9 ans.

■ ***Principales causes de décès*** (pour 100 000 hab., 1994) : maladies de l'appareil circulatoire 185,3 ; tumeurs malignes (cancers) 128,9 ; maladies de l'appareil respiratoire 87,0 ; accidents, empoisonnements et actes de violence 32,5 ; maladies de l'appareil génito-urinaire 15,1.

Économie nationale

■ ***Budget de l'État*** (1996)
Recettes : 28 038 000 000 SGD (impôts sur le revenu 34,0 % ; recettes non fiscales 21,8 % ; taxes sur les véhicules automobiles 8,7 % ; taxes sur les biens et services 6,4 % ; droits de douane et impôts indirects 5,9 % ; autres taxes 5,8 %).
Dépenses : 19 175 000 000 SGD (sécurité 36,5 % ; éducation 18,2 % ; services généraux 9,1 % ; communications 5,6 % ; santé 5,5 % ; commerce et industrie 4,3 %).

■ ***Dette publique*** (extérieure, créances, 1995) : aucune.

■ ***Tourisme*** (1995) : recettes touristiques 8 212 000 000 USD ; dépenses touristiques à l'étranger 5 134 000 000 USD.

■ ***Production***
Agriculture, sylviculture, pêche (1996).
Légumes et fruits 5 310 t.
Cheptel (sur pied) : poulets 2 000 000.
Pêche : 9 665 t.
Industries extractives (valeur en production, 1994) : granite 758 000 000 SGD.
Industries manufacturières (valeur ajoutée en millions de SGD, 1995) : machines et appareils ménagers 18 752,6 ; produits chimiques 3 113,2 ; produits métalliques usinés 2 355,4 ; équipement de transport 2 322,4 ; produits de papeterie 2 064,1 ; produits pétroliers 1 777,4 ; alimentation, boissons et tabac 1 436,1.

→ *Corpus* : SINGAPOUR
→ ***Grand Atlas de Géographie*** (éd. 1992) : 108,110 ; 237c (Singapour)
→ ***Grand Atlas de l'Histoire*** : 277, 278, 279, 295

Corpus : ASIE - Géographie humaine (l'Asie méridionale) ; MALAISIE (le milieu et les ressources) ; PÉTROLE - Le transport ; PORTS MARITIMES (les grands ports du monde) ; TRANSPORTS - Transport aérien ; ZONES FRANCHES.

Universalia 1991 : 158 Transports internationaux et enjeux géopolitiques ; 236 Les pavillons de complaisance ; **Universalia 1995** : 166 Asie du Sud-Est : quel rôle pour l'A.S.E.A.N. ?

	millions de SGD[1]	% du total	effectifs[2]	% des effectifs
agriculture	192,2	0,2	3 700	0,2
exploitation de carrières	28,0	n.d.		
industrie	29 485,5	26,9	406,300	23,2
bâtiment	8 982,8	8,2	115 000	6,6
entreprises publiques	1 868,6	1,7	7 200	0,4
transport et communications	14 500,7	13,2	195 300	11,2
commerce	19 834,9	18,1	405 900	23,2
finance	29 905,2	27,2	246 000	14,1
services	11 454,6	10,4	367 700	21,0
autres	– 6 465,4[3]	– 5,9	1 000	0,1
total	**109 787,1**	**100,0**	**1 748 100**	**100,0**

1. Aux prix de 1990. 2. Actifs occupés uniquement. 3. Sans les frais de service bancaire.

Structure du produit intérieur brut et effectifs (1996).

	1990	1991	1992	1993	1994	1995	1996
indice des prix à la consommation	100,0	103,4	105,8	108,3	112,2	113,5	115,0
indice des revenus mensuels	100,0	109,3	117,4	125,5	n.d.	144,8	153,2

Indices des prix et des revenus (1990 = 100).

	1991	1992	1993	1994	1995	1996
millions de SGD	– 5 770	– 7 490	– 10 338	– 216	+ 1 178	+ 1 631
% du total	2,7	3,5	4,1	0,1	0,4	0,5

Balance commerciale (prix courants).

	nombre d'établissements	nombre d'enseignants	nombre d'élèves	nombre d'élèves par enseignant
primaire (6-11 ans)	199	10 356	261 648	25,3
secondaire (12-18 ans)	178	9 777	203 662	20,8
professionnel et formation à l'enseignement	11	1 382	9 476	6,9
supérieur	7	6 902	83 914	12,2

Enseignement (1995).

Bâtiment (achevés 1994) : résidentiel 3 999 000 m²; non résidentiel 2 213 000 m².
Énergie (production/consommation) : électricité (1994) 20 676 000 000/20 585 000 000 kWh ; pétrole brut (1994) 0/408 800 000 barils ; produits pétroliers (1994) 47 760 000/18 989 000 t.

■ ***Produit national brut*** (1995) : 79 831 000 000 USD (26 730 USD/hab.).

■ ***Population active*** (1995) : 1 748 200 ; taux d'activité 58,5 % (taux de participation : 15 ans et plus 64,3 % ; femmes 38,7 % ; sans-emploi 2,7 %).

■ ***Revenus et dépenses des ménages***
Taille moyenne des ménages (1990) : 4,2.
Revenu annuel moyen par ménage (1993) : 45 948 SGD (28 437 USD) ; sources des revenus : salaires 81,2 % ; activités non salariées 16,8 % ; paiements de transfert et autres 2,0 %.
Dépenses (1992-1993) : produits alimentaires 30,0 % ; loyers et meubles 23,4 % ; transports et communications 15,8 % ; loisirs et éducation 9,0 % ; habillement 6,1 % ; santé 2,8 % ; autres 12,9 %.

■ ***Utilisation du sol*** (1994) : forêts 4,9 % ; terres cultivées et plantations 1,6 % ; surfaces construites et autres 93,5 %.

Échanges extérieurs[b]

■ ***Importations*** (1996) : 185 183 400 000 SGD (machines de bureau 11,7 % ; pétrole brut 6,1 % ; équipement de télécommunications 5,5 % ; équipement électrique générateur de puissance 3,7 % ; produits pétroliers 3,3 % ; instruments scientifiques 3,0 % ; machines industrielles 2,5 %).
Principales sources des importations : Japon 18,2 % ; États-Unis 16,3 % ; Malaisie 15,0 % ; Thaïlande 5,5 % ; Taïwan 4,0 % ; Arabie Saoudite 3,8 % ; Allemagne 3,7 %.

■ ***Exportations*** (1996) : 176 271 900 000 SGD (machines de bureau 26,5 % ; équipement de télécommunications 8,0 % ; produits pétroliers 7,7 % ; instruments optiques 2,1 % ; circuits électriques 2,0 % ; équipement industriel 1,6 % ; vêtements 1,1 %).
Principales destinations des exportations : États-Unis 18,4 % ; Malaisie 18,0 % ; Hong Kong 8,9 % ; Japon 8,2 % ; Thaïlande 5,7 % ; Taïwan 4,0 % ; Allemagne 3,1 % ; Corée du Sud 3,0 %.

Transports et communications

■ ***Transports***
Chemins de fer (1996) : longueur 83 km.
Routes (1995) : longueur totale 3 035 km ([1994] 97 % recouvertes).
Véhicules (1996) : voitures particulières 384 450 ; camions et autobus 139 113.
Marine marchande (1992) : 946 navires (de 100 tjb et plus) ; 14 929 172 tonneaux de port en lourd.
Transports aériens (1996) ; trafic : 53 640 000 000 passagers-km ; 4 191 000 000 t-km. 1 aéroport desservi par des vols réguliers (1997).

■ ***Communications***
Journaux quotidiens (1995) : diffusion totale 1 015 100 ; diffusion pour 1 000 hab. 340.
Radiodiffusion (1996) : 822 000 postes récepteurs ; 270 pour 1 000 hab.
Télévision (1995) : 650 000 postes récepteurs ; 218 pour 1 000 hab.
Téléphone (1995) : 1 429 000 lignes principales ; 478 pour 1 000 hab.

Éducation et santé

■ ***Niveau d'éducation*** (1990)
Proportion de la population âgée de 25 ans et plus : sans instruction scolaire 64,0 % ; ayant une éducation primaire 31,3 % ; éducation postsecondaire 4,7 %.

■ ***Alphabétisation*** (1990) : personnes âgées de 10 ans et plus alphabétisées 90,7 % ; hommes 95,7 % ; femmes 85,6 %.

■ ***Santé*** (1996) : 4 566 médecins (1 pour 667 hab.) ; 10 668 lits d'hôpital (1 pour 281 hab.) ; taux de mortalité infantile : 3,8 ‰.

■ ***Alimentation*** (1988-1990) : apport journalier en calories par habitant 3 121 (alimentation d'origine végétale 76 % ; d'origine animale 24 %) ; soit 136 % du niveau minimal recommandé par la F.A.O.

Défense nationale

■ ***Contingent*** (1996) : 53 900 (armée de terre 83,5 % ; marine 5,4 % ; armée de l'air 11,1 %).

■ ***Dépenses militaires*** (1995) : 4,7 % du P.N.B. (moyenne mondiale 2,8 %) ; soit 329 USD/hab.

a. Population de jure.
b. Importations : F.O.B. pour la balance commerciale et C.I.F. pour les marchandises et les partenaires commerciaux.

SLOVAQUIE

- ***Nom officiel*** : République slovaque (Slovenská Republika). Code I.S.O. : SK.
- ***Forme de gouvernement*** : république à structure étatique unitaire et à régime multipartiste avec une assemblée législative (Conseil national [150]).
- ***Chef de l'État*** : président.
- ***Chef du gouvernement*** : Premier ministre.
- ***Capitale*** : Bratislava.
- ***Langue officielle*** : slovaque.
- ***Religion officielle*** : aucune.
- ***Unité monétaire*** : 1 koruna ou couronne slovaque (SKK) = 100 haléřu (sing. haléř) ; valeur (30 déc. 1997) : 100 SKK = 17,25 FRF.

districts [1]	superficie (km^2)	population (estim. 1996)
Banska Bystrica	2 075	178 992
Bardejov	1 014	82 527
Bratislava	368	451 587
Bratislava-vidiek	1 261	148 606
Čadca	934	125 008
Dolný Kubín	1 659	125 719
Dunajská Streda	1 075	111 100
Galanta	965	144 023
Humenné	1 909	114 657
Komárno	1 100	109 027
Košice	244	240 915
Košice-vidiek	1 533	101 630
Levice	1 551	120 995
Liptovský Mikuláš	1 968	134 187
Lučenec	1 304	95 741
Martin	1 128	114 740
Michalovce	1 310	113 434
Nitra	1 443	212 879
Nové Zámky	1 347	152 380
Poprad	1 963	161 192
Prešov	1 418	209 292
Priedvidza	960	141 184
Provažská Bystrica	1 196	173 566
Rimavská Sobota	1 823	99 080
Rožňava	1 621	87 625
Senica	1 691	148 095
Spišská Nová Ves	1 529	149 878
Stará L'ubovňa	624	49 004
Svidnik	862	45 010
Topoľčany	1 361	161 399
Trebišov	1 322	119 390
Trenčin	1 310	181 314
Trnava	1 390	236 007
Vel'ky Krtiš	848	46 876
Vranov nad Topl'ou	847	76 521
Ziar nad Hronom	1 264	94 475
Žilina	1 097	185 711
Zvolen	1 721	123 558
total	**49 036** [2]	**5 367 324**

1. Les districts portent le nom de leur chef-lieu. 2. Le total général ne correspond pas exactement au détail en raison des arrondis.

Territoire et population.

Démographie

- ***Population*** (estim. 1997) : 5 404 000.
- ***Densité*** (1997) : 110,2 hab./km^2.
- ***Répartition urbaine/rurale*** (1991) : population urbaine 56,8 % ; population rurale 43,2 %.
- ***Répartition par sexe*** (1995) : hommes 48,69 % ; femmes 51,31 %.
- ***Répartition par âge*** (1995) : moins de 15 ans 22,3 % ; de 15 à 29 ans 23,8 % ; de 30 à 44 ans 22,9 % ; de 45 à 59 ans 15,9 % ; de 60 à 74 ans 11,5 % ; 75 ans et plus 3,6 %.
- ***Projection démographique*** : 5 466 000 en 2000 ; 5 676 000 en 2010.
- ***Composition ethnique*** (1994) : Slovaques 85,7 % ; Hongrois 10,6 % ; Tsiganes 1,6 % ; Tchèques 1,1 % ; Ruthènes 0,3 % ; Ukrainiens 0,3 % ; Allemands 0,1 % ; autres 0,3 %.
- ***Appartenances religieuses*** (1995) : catholiques 60,3 % ; sans appartenance et athées 9,7 % ; protestants 7,9 %, dont Église évangéliste slovaque 6,2 %, Église réformée 1,6 % ; Église grecque catholique 3,4 % ; Église orthodoxe 0,7 % ; autres 18,0 %.
- ***Principales villes*** (1996) : Bratislava 452 053 hab. ; Košice 240 915 hab. ; Prešov 92 687 hab ; Nitra 87 357 hab. ; Zilina 86 685 hab. ; Banská Bystrica 84 919 hab.

Statistiques de l'état civil

- ***Taux de natalité*** (1996) : 11,1 ‰ (moyenne mondiale 25,0 ‰) ; taux de naissances légitimes 86,0 %, illégitimes 14,0 %.
- ***Taux de mortalité*** (1996) : 9,5 ‰ (moyenne mondiale 9,3 ‰).
- ***Taux d'accroissement naturel*** (1996) : 1,6 ‰ (moyenne mondiale 15,7 ‰).
- ***Taux de fécondité*** (nombre moyen de naissances par femme en âge de procréer, 1996) : 1,5.
- ***Nombre de mariages*** (pour 1000 hab., 1996) : 5,1.
- ***Nombre de divorces*** (pour 1000 hab., 1996) : 1,8.
- ***Espérance de vie*** à la naissance (1996) : hommes 68,8 ans ; femmes 76,7 ans.
- ***Principales causes de décès*** (pour 100 000 hab., 1995) : maladies de l'appareil circulatoire 541,1 ; tumeurs malignes (cancers) 206,5 ; accidents, empoisonnements et autres morts violentes 67,9 % ; maladies de l'appareil respiratoire 67,9 ; maladies de l'appareil digestif 42,1 ; troubles endocriniens et du métabolisme 13,7.

Économie nationale

- ***Budget de l'État*** (1995)

Recettes : 163 138 000 000 SKK (recettes fiscales 80,3 % ; recettes non fiscales 16,3 % ; douanes 3,3 % ; assurances 0,1 %).
Dépenses : 171 437 000 000 SKK (éducation, santé, assistance sociale et culture 39,7 % ; service de la dette 6,8 %).

- ***Dette publique*** (extérieure, créances, 1995) : 3 570 000 000 USD.
- ***Tourisme*** (1995) : recettes touristiques 620 000 000 USD ; dépenses touristiques à l'étranger 330 000 000 USD.

→ *Corpus* : TCHÉCOSLOVAQUIE
→ *Grand Atlas de Géographie* (éd. 1992) : 30, 54, 56
→ *Grand Atlas de l'Histoire* : 215, 264, 265, 266, 267, 269, 275, 292, 295

Corpus : ACIER (ÉCONOMIE DE L') [la répartition mondiale de la production] ; CARPATES (économies nationales des régions carpatiques) ; DANUBE ; EUROPE (Structure et milieu) – Géographie (répartition des populations) ; EUROPE DE L'EST – Les économies des pays communistes ; FRUITS (la production fruitière) ; MINERAIS (principaux producteurs) ; PRAGUE ; SOCIALISME – Économie des pays socialistes.

Universalia 1988 : 105 Europe de l'Est : la diffusion de l'« effet Gorbatchev » ; 112 Europe centrale : le problème des minorités ethniques et nationales ; ***Universalia 1989 :*** 331 Rôle et fonctions des élections dans les pays de l'Est ; ***Universalia 1991 :*** 129 La fin de la satellisation de l'Europe de l'Est ? ; 263 De nouveaux défis pour le management des entreprises ; 338 La démocratie retrouvée ; 354 La transformation du système des mass media : ***Universalia 1992 :*** 327 Les conditions de la culture ; ***Universalia 1993 :*** 307 Les pionniers divorcent ; ***Universalia 1997 :*** 96 Transition à l'Est et coopération européenne.

Thesaurus :
BOHÊME
BRATISLAVA
BRNO
ELBE
KOŠICE
OSTRAVA
PLZEŇ
PRAGUE
RUDÉ PRAVO
SILÉSIE TCHÈQUE
SLOVAQUIE

	millions de SKK	% du total	effectifs [1]	% des effectifs
agriculture	32 634	6,3	208 000	9,7
mines et industries	140 378	27,1	582 000	27,2
bâtiment	26 418	5,1	158 000	7,4
entreprises publiques	24 346	4,7	51 000	2,4
transports et communications	48 174	9,3	158 000	7,4
commerce	116 550	22,5	303 000	14,2
finance	29 526	5,7	33 000	1,5
administration, défense nationale	34 188	6,6	381 000	17,8
services	65 786	12,7	184 000	8,6
autres	–	–	80 000	3,7
total	**518 000**	**100,0**	**2 138 000**	**100,0** [2]

1. Non inclus les femmes en congé de maternité ; inclus les travailleurs ayant un second emploi. 2. Le total général ne correspond pas exactement au détail en raison des arrondis.

Structure du produit intérieur brut et effectifs (1995).

	1990	1991	1992	1993	1994	1995	1996
indice des prix à la consommation	100,0	156,0	171,7	218,5	247,7	272,3	288,1
indice des revenus annuels	100,0	115,0	136,5	161,1	190,8	228,3	261,7

Indices des prix et des revenus (1990 = 100).

	1993	1994	1995
million de SKK	– 27 310	+ 2 858	– 5 695
% du total	7,5	1,0	1,1

Balance commerciale (prix courants).

	nombre d'établissements	nombre d'enseignants	nombre d'élèves	nombre d'élèves par enseignant
primaire (6-14 ans)	2 485	39 224	661 082	16,7
secondaire (15-18 ans)	190	5 457	76 380	14,0
professionnel et formation à l'enseignement	364	9 558	119 853	12,5
supérieur	14	8 014	74 322	9,3

Enseignement (1995-1996).

■ ***Production***

Agriculture, sylviculture, pêche (1996).

Céréales 3 941 000 t, dont blé 2 112 000 t, orge 960 000 t, maïs 650 000 t, seigle 105 600 t ; betteraves à sucre 1 684 000 t ; pommes de terre 567 900 t.

Cheptel (sur pied) : porcs 2 076 000 ; bovins 929 000 ; moutons 430 000 ; volailles 13 479 000.

Bois (1995) : 4 887 000 m³.

Pêche (1993) : 2 773 t.

Industries extractives (1995) : minerai de fer 820 000 t ; minerai de plomb et de zinc 300 000 t ; minerai de cuivre 280 000 t.

Industries manufacturières (1995) : acier brut 3 958 000 t ; fonte 3 207 000 t ; ciment 2 981 000 t ; matières plastiques et résines 449 900 t ; farine 375 000 t ; engrais azotés 229 300 t ; bière 4 369 000 hl ; réfrigérateurs et congélateurs 330 200.

Bâtiment (1991) : résidentiel 1 147 000 m².

Énergie (production/consommation) : électricité 24 740 000 000 (1994)/25 898 000 000 (1993) kWh ; charbon 3 725 000 (1995)/14 390 000 (1993)t ; pétrole brut (1994) 492 850/32 866 000 barils ; produits pétroliers 3 603 000/2 323 000 t ; gaz naturel 288 000 000 (1994)/5 037 986 000 (1993) m³.

■ ***Produit national brut*** (1995) : 15 848 000 000 USD (2 950 USD/hab.).

■ ***Population active*** (1995) : 2 586 300 ; taux d'activité 48,2 % (taux de participation 15-64 ans : 76,4 % ; femmes 66,0 % ; sans-emploi 6,1 %).

■ ***Revenus et dépenses des ménages***

Taille moyenne des ménages (1995) : 4,0.

Revenu annuel moyen par ménage (foyers d'employés avec deux enfants où l'épouse ne travaille pas, 1994) : 48 190 SKK (1 545 USD) ; sources des revenus (1995) : salaires et traitements 78,9 % ; paiements de transfert 8,1 % ; autres 13,0 %.

Dépenses (1995) : alimentation et boissons 26,4 % ; impôts 18,7 % ; habillement 8,7 % ; logement 7,7 % ; équipements domestiques 3,5 % ; autres 35,0 %.

■ ***Utilisation du sol*** (1994) : forêts 40,6 % ; prairies et pâturages 17,0 % ; terres cultivées et plantations 32,9 % ; autres 9,5 %.

Échanges extérieurs

■ ***Importations*** (1995) : 260 791 000 000 SKK (équipement industriel et de transport 28,9 % ; produits semi-finis 17,8 % ; produits pétroliers et dérivés 17,5 % ; produits chimiques 13,6 % ; produits manufacturés 8,0 %).

Principales sources des importations : République tchèque 27,8 % ; Russie 16,6 % ; Allemagne 14,3 % ; Autriche 5,1 % ; Italie 4,6 % ; Pologne 2,8 %.

■ ***Exportations*** (1995) : 255 096 000 000 SKK (produits semi-finis 40,4 % ; équipement industriel et de transport 18,8 % ; produits chimiques 13,2 % ; produits manufacturés 12,2 % ; produits alimentaires, boissons et tabac 5,9 %).

Principales destinations des exportations : République tchèque 35,3 % ; Allemagne 18,8 % ; Autriche 5,0 % ; Italie 4,8 % ; Hongrie 4,6 % ; Pologne 4,4 %.

Transports et communications

■ ***Transports***

Chemins de fer (1995) : longueur 2 611 km ; trafic : 4 202 000 000 passagers-km ; 13 674 000 000 t-km.

Routes (1995) : longueur totale 17 869 km.

Véhicules (1995) : voitures particulières 1 015 794 ; camions et autobus 97 516.

Transports aériens : 60 283 000 passagers-km ; 5 557 000 t-km. 2 aéroports desservis par des vols réguliers (1996).

■ ***Communications***

Journaux quotidiens (1994) : diffusion totale 1 363 000 ; (1995) diffusion pour 1 000 hab. 256.

Radiodiffusion : n.d.

Télévision (1995) : 1 157 000 postes récepteurs ; 216 pour 1 000 hab.

Téléphone (1995) : 1 119 000 lignes principales ; 208 pour 1 000 hab.

Éducation et santé

■ ***Niveau d'éducation*** (1991)

Proportion de la population adulte : ayant une éducation primaire incomplète 0,5 % ; éducation primaire complète ou éducation secondaire incomplète 30,6 % ; éducation secondaire complète 58,6 % ; éducation supérieure 9,4 % ; niveau inconnu 0,9 %.

■ ***Alphabétisation*** (1990) : personnes âgées de 15 ans et plus alphabétisées 100 %.

■ ***Santé*** (1995) : 14 081 médecins (1 pour 381,2 hab.) ; 62 634 lits d'hôpital (1 pour 86 hab.) ; taux de mortalité infantile (1996) : 10,2 ‰.

■ ***Alimentation*** (1995) : apport journalier en calories par habitant 2 892 (alimentation d'origine végétale 74 % ; d'origine animale 26 %) ; soit 117 % du niveau minimal recommandé par la F.A.O.

Défense nationale

■ ***Contingent*** (1996) : 47 000 (armée de terre 70,2 % ; armée de l'air 29,8 %).

■ ***Dépenses militaires*** (1994) : 2,4 % du P.N.B. (moyenne mondiale 3,0 %) ; soit 160 USD/hab.

SLOVÉNIE

- ***Nom officiel*** : République de Slovénie (Republika Slovenija). Code I.S.O. : SI.
- ***Forme de gouvernement*** : république à régime multipartiste avec une assemblée législative à deux chambres (Conseil d'État [40] et Assemblée d'État [90]).
- ***Chef de l'État*** : président.
- ***Chef du gouvernement*** : Premier ministre.
- ***Capitale*** : Ljubljana.
- ***Langue officielle*** : slovène.
- ***Religion officielle*** : aucune.
- ***Unité monétaire*** : 1 tolar, plur. tolarji (SIT) = 100 stotin ; valeur (31 déc. 1997) : 100 SIT = 3,54 FRF.

Démographie

■ ***Population*** (estim. 1997) : 1 955 000.

■ ***Densité*** (1997) : 97,3 hab./km².

■ ***Répartition urbaine/rurale*** (1991) : population urbaine 50,5 % ; population rurale 49,5 %.

■ ***Répartition par sexe*** (1995) : hommes 48,59 % ; femmes 51,41 %.

■ ***Répartition par âge*** (1995) : moins de 15 ans 18,1 % ; de 15 à 29 ans 22,3 % ; de 30 à 44 ans 23,8 % ; de 45 à 59 ans 17,9 % ; de 60 à 74 ans 13,6 % ; 75 ans et plus 4,3 %.

■ ***Projection démographique*** : 1 963 000 en 2000 ; 2 002 000 en 2010.

■ ***Composition ethnique*** (1991) : Slovènes 87,8 % ; Croates 2,8 % ; Serbes 2,4 % ; Bosniaques 1,4 % ; Hongrois 0,4 % ; autres 5,2 %.

	1992		1994	
	millions de SIT	% du total	effectifs	% des effectifs
agriculture	49 631	4,9	12 690	1,4
mines	17 156	1,7	244 883 (mines et industrie)	26,2
industrie	298 095	29,7		
bâtiment	38 621	3,8	34 427	3,7
entreprises publiques	24 362	2,4	8 415	1,0
transports et communications	65 818	6,5	32 642	3,5
commerce	129 433	12,9	125 179	13,4
finance	129 823	12,4	35 807	3,8
administration, défense nationale	40 405	4,0	38 042	4,1
services	139 875	13,9	115 251	12,3
autres	72 043 [1]	7,3	288 664 [2]	30,6
total	**1 005 261** [3]	**100,0**	**936 000**	**100,0**

1. Comprend les frais de service bancaire, les droits d'importation, les impôts indirects et d'autres ajustements. 2. Comprend 85 000 personnes sans emploi et 203 664 travailleurs divers. 3. Le total général ne correspond pas exactement au détail en raison des arrondis.

Structure du produit intérieur brut et effectifs.

■ ***Appartenances religieuses*** (1995) : catholiques 86,0 % ; autres 14,0 %.

■ ***Principales villes*** (1995) : Ljubljana 276 119 hab. ; Maribor 134 979 hab. ; Kranj 51 602 hab. ; Celje 50 155 hab.

Statistiques de l'état civil

■ ***Taux de natalité*** (1996) : 9,3 ‰ (moyenne mondiale 25,0 ‰).

■ ***Taux de mortalité*** (1996) : 4,8 ‰ (moyenne mondiale 9,3 ‰).

■ ***Taux d'accroissement naturel*** (1996) : 4,5 ‰ (moyenne mondiale 15,7 ‰).

■ ***Taux de fécondité*** (nombre moyen de naissances par femme en âge de procréer, 1994) : 1,3.

■ ***Espérance de vie*** à la naissance (1992-1993) : hommes 69,4 ans ; femmes 77,3 ans.

■ ***Principales causes de décès*** (pour 100 000 hab., 1994) : maladies de l'appareil circulatoire 434,1 ; tumeurs malignes (cancers) 224,3 ; accidents 98,7 ; maladies de l'appareil respiratoire 59,1 ; maladies de l'appareil digestif 58,4 ; troubles endocriniens et du métabolisme 22,9.

Économie nationale

■ ***Budget de l'État*** (1994)
Recettes : 424 654 000 000 SIT.
Dépenses : 416 818 000 000 SIT (activités sociales 29,6 % ; organisations des fournisseurs 27,4 % ; investissements bruts 25,3 % ; communautés 4,6 % ; obligations financières 2,2 %).

■ ***Tourisme*** (1994) : recettes touristiques 932 000 000 USD ; dépenses touristiques à l'étranger 312 000 000 USD.

■ ***Production***
Agriculture, sylviculture, pêche (1995).
Pommes de terre 430 000 t ; maïs 330 000 t ; betteraves à sucre 190 000 t ; blé 182 000 t ; raisins 130 000 t ; prunes 6 000 t.
Cheptel (sur pied) : porcs 592 000 ; bovins 504 000 ; moutons 20 000 ; volailles 9 900 000.
Bois (1994) : 1 709 000 m³.
Pêche (1993) : 2 969 t.
Industries extractives (1994) : minerai de plomb et de zinc 25 000 t ; sel marin 11 230 t ; alumine 3 000 t ; mercure 6 t.
Industries manufacturières (1994) : ciment 898 000 t ; acier brut 424 000 t ; aluminium en lingots 84 809 t ; savons et détergents 39 015 t ; filés de coton 15 394 t ; chaussures en cuir 8 913 000 paires ; réfrigérateurs 797 000 ; postes téléphoniques 316 000 ; bicyclettes 182 000.
Bâtiment (1993) : résidentiel 1 287 000 m² ; non résidentiel 210 000 m².
Énergie (production/consommation) : électricité (1994) 12 616 000 000/9 376 000 000 kWh ; charbon (1994) 4 854 000/4 915 000 t ; pétrole brut 12 578 (1994)/3 540 000 (1993) barils ; produits pétroliers (1993) 452 000/1 966 000 t ; gaz naturel (1994) 12 595 000/396 000 000 m³.

■ ***Population active*** (1994) : 936 000 ; taux d'activité 47,0 % (taux de participation : 15-64 ans : 66,3 % ; femmes 46,3 % ; sans-emploi 9,0 %).

■ ***Produit national brut*** (1995) : 16 326 000 000 USD (8 200 USD/hab.).

■ ***Revenus et dépenses des ménages***
Taille moyenne des ménages (1994) : 3,1.

→ ***Corpus*** : YOUGOSLAVIE
→ ***Grand Atlas de Géographie*** (éd. 1992) : 22, 36
→ ***Grand Atlas de l'Histoire*** : 215, 228, 252, 253, 264, 265, 267, 272, 273, 274, 275, 292, 294, 295

Corpus : ALPES (la terminaison orientale des Alpes) ; AUTOGESTION (l'expérience autogestionnaire yougoslave) ; BALKANIQUE (PÉNINSULE) [le contexte humain] ; COGESTION (l'expérience yougoslave) ; DINARIDES (les hommes) ; EUROPE (Structure et milieu) — Géographie (répartition des populations) ; EUROPE DE L'EST : FER (MINERAIS DE) [les pays producteurs] ; MÉDITERRANÉE (HISTOIRE DE LA) [mutations sociales et économiques] ; MIGRANTS (ampleur du mouvement migratoire) ; SOCIALISME — Économie des pays socialistes.

Universalia 1988 : 112 Europe centrale : le problème des minorités ethniques et nationales ; ***Universalia 1989*** : 331 Rôle et fonctions des élections dans les pays de l'Est ; ***Universalia 1990*** : 366 Entre autogestion et libéralisme ; ***Universalia 1991*** : 111 Les conflits communautaires et ethniques dans le monde contemporain ; 354 La transformation du système des mass media ; ***Universalia 1992*** : 201 Le retour des nationalités ; 336 La dislocation dans l'affrontement ; ***Universalia 1994*** : 162 Yougoslavie : l'implosion yougoslave ; ***Universalia 1997*** : 96 Transition à l'Est et coopération européenne.

Thesaurus :
CARNIOLE
ISTRIE
LJUBLJANA
SLOVÉNIE
YOUGOSLAVES (POPULATIONS)

municipalités*	superficie (km^2)	population (estim. 1995)
Ajdovščina	352	22 736
Brežice	268	24 530
Celje	230	64 360
Çerknica	482	15 434
Črnomelj	486	18 527
Domžale	240	46 676
Dravograd	105	8 602
Gornja Radgona	210	21 614
Grosuplje	421	29 420
Hrastnik	58	10 778
Idrija	425	17 157
Ilirska Bistrica	480	14 518
Izola	28	14 340
Jesenice	375	31 801
Kamnik	289	29 172
Kočevje	766	18 852
Koper	271	46 288
Kranj	453	73 766
Krško	344	28 683
Lasko	250	19 130
Lenart	204	17 608
Lendava	256	26 018
Litija	328	18 879
Ljubljana-Bežigrad	46	58 257
Ljubljana-Centre	5	27 670
Ljubljana-Moste Polje	152	73 412
Ljubljana-Šiška	156	85 417
Ljubljana-Vič Rudnik	544	82 840
Ljutomer	179	18 895
Logatec	173	10 131
Maribor	357	152 326
Metlika	108	8 258
Mozirje	507	16 745
Murska Sobota	692	63 340
Nova Gorica	605	59 292
Novo Mesto	760	60 102
Ormož	212	17 845
Pesnica	172	18 544
Piran	45	17 463
Postojna	492	19 498
Ptuj	645	69 676
Radlje ob Dravi	346	17 221
Radovljica	641	34 777
Ravne na Koroškem	304	27 175
Ribnica	256	12 898
Ruše	209	15 506
Sevnica	293	18 795
Sežana	698	23 544
Slovenj Gradec	286	21 359
Slovenska Bistrica	369	33 631
Slovenske Konjice	222	22 306
Šentjur pri Celju	240	19 605
Škofja Loka	512	39 376
Šmarje pri Jelšah	400	32 429
Tolmin	940	20 643
Trbovlje	58	18 906
Trebnje	308	17 917
Tržič	155	15 087
Velenje	182	42 841
Vrhnika	169	19 676
Zagorje ob Savi	147	17 013
Žalec	349	40 172
total	**20 256**	**1 989 477**

(•) Le tableau donne la liste des 62 municipalités existant à la fin de 1994 ; 58 nouvelles entités administratives ont été créées au début de 1995.

Territoire et population.

	1989	1990	1991	1992	1993	1994	1995
indice des prix à la consommation	15	100	215	659	867	1 040	1 172
indice des revenus	21	100	165	546	826	1 059	1 256

Indices des prix et des revenus (1990 = 100).

	1990	1991	1992	1993	1994	1995
millions de USD	− 609	− 257	+ 540	− 410	− 509	− 1 166
% du total	6,9	3,2	4,2	3,3	3,6	6,5

Balance commerciale (prix courants).

	nombre d'établissements	nombre d'enseignants	nombre d'élèves	nombre d'élèves par enseignant
primaire (7-14 ans)	846	15 341	214 632	14,0
secondaire (15-18 ans)	221	9 579	110 426	11,5
professionnel et formation à l'enseignement	n.d.	n.d.	n.d.	n.d.
supérieur	28	2 783	40 239	14,5

Enseignement (1993-1994).

Revenu annuel moyen par ménage (1994) : 1 418 405 SIT (10 191 USD) ; sources des revenus : salaires 52,4 % ; transferts 23,4 % ; activités non salariées 13,0 % ; autres 11,2 %.
Dépenses (1994) : alimentation 26,1 % ; transports 13,3 % ; logement 9,4 % ; loisirs et éducation 6,8 % ; santé 6,5 % ; habillement 6,3 % ; énergie 5,8 % ; équipements domestiques 4,2 %.

■ ***Utilisation du sol*** (1994) : forêts 54,0 % ; prairies et pâturages 24,8 % ; terres cultivées et plantations 11,6 % ; autres 9,6 %.

Échanges extérieurs

■ ***Importations*** (1994) : 937 878 000 000 SIT (équipement industriel et de transport 31,8 % ; produits manufacturés de base 10,9 % ; produits chimiques 12,2 % ; produits alimentaires 7,6 % ; combustibles minéraux 7,1 %).
Principales sources des importations : Allemagne 23,7 % ; Italie 17,2 % ; Autriche 10,3 % ; France 8,3 % ; Croatie 6,8 %.

■ ***Exportations*** (1994) : 876 800 000 000 SIT (équipement industriel et de transport 30,3 % ; produits manufacturés de base 24,0 % ; produits chimiques 10,3 % ; produits alimentaires 4,0 % ; combustibles minéraux 1,1 %).
Principales destinations des exportations : Allemagne 30,3 % ; Italie 13,5 % ; Croatie 10,1 % ; France 8,6 % ; Autriche 5,5 %.

Transports et communications

■ ***Transports***
Chemins de fer (1994) : longueur 1 201 km ; trafic : 590 000 000 passagers-km ; 2 448 000 000 t-km.
Routes (1994) : longueur totale 14 739 km (79 % recouvertes).
Véhicules (1994) : voitures particulières 657 287 ; camions et autobus 36 607.
Marine (1993) : 13 navires (de 100 tjb et plus) ; 586 680 tonneaux de port en lourd.
Transports aériens (1993) ; trafic : 548 000 000 passagers-km ; 3 549 000 t-km (1996). 1 aéroport desservi par des vols réguliers (1996).

■ ***Communications***
Journaux quotidiens (1992) : 6 ; diffusion totale 308 000 ; diffusion pour 1 000 hab. 154.
Radiodiffusion (1992) : 732 000 postes récepteurs (1 pour 2,7 hab.).
Télévision (1992) : 571 000 postes récepteurs (1 pour 3,5 hab.).
Téléphone (1993) : 516 300 lignes principales (1 pour 3,9 hab.).

Éducation et santé

■ ***Alphabétisation*** (1991) : presque 100 %.

■ ***Santé*** (1994) : 2 110 médecins et dentistes des hôpitaux (1 pour 943 hab.) ; 11 496 lits d'hôpital (1 pour 173 hab.) ; taux de mortalité infantile : 5,5 ‰.

Défense nationale

■ ***Contingent*** (1996) : 9 550 (armée de terre 100 %).

■ ***Dépenses militaires*** (1994) : 1,2 % du P.N.B. (moyenne mondiale 3,0 %) ; soit 93 USD/hab.

SOMALIE [a]

- ***Noms officiels*** : Somalie (arabe : aṣ-Ṣūmāl ; somali : Soomaaliya). Code I.S.O. : SO.
- ***Forme de gouvernement*** : république [b].
- ***Chef de l'État et du gouvernement*** [b].
- ***Capitale*** : Muqdisho (ou Mogadishu ; Mogadiscio).
- ***Langues officielles*** : somali ; arabe.
- ***Religion officielle*** : islam.
- ***Unité monétaire*** : 1 shilling de Somalie (SOS) = 100 centesimi ; valeur (31 déc. 1997) : 100 SOS = 0,100 FRF.

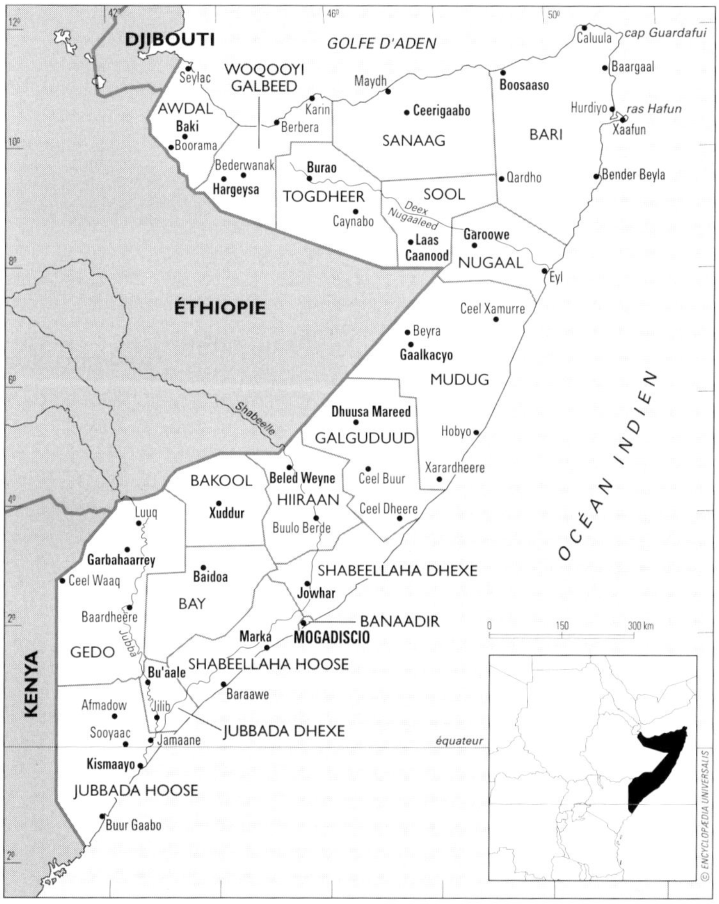

Démographie

■ ***Population*** (estim. 1997) : 6 870 000 [c].

■ ***Densité*** (1997) : 10,8 hab./km^2.

■ ***Répartition urbaine/rurale*** (1991) : population urbaine 37,2 % ; population rurale 62,8 %.

■ ***Répartition par sexe*** (1996) : hommes 51,21 % ; femmes 48,79 %.

■ ***Répartition par âge*** (1996) : moins de 15 ans 44,4 % ; de 15 à 29 ans 27,1 % ; 30 à 44 ans 16,1 % ; de 45 à 59 ans 6,9 % ; de 60 à 74 ans 4,0 % ; 75 ans et plus 1,4 %.

■ ***Projection démographique*** : 7 079 000 en 2000 ; 7 823 000 en 2010.

■ ***Temps de doublement*** : 27 ans.

■ ***Composition ethnique*** (1983) : Somaliens 98,3 % ; Arabes 1,2 % ; Bantous 0,4 % ; autres 0,1 %.

■ ***Appartenances religieuses*** (1995) : musulmans sunnites 99,9 % ; autres 0,1 %.

■ ***Principales villes*** (1990) : Mogadishu 900 000 hab. ; Hargeysa 90 000 hab. ; Kismaayo 90 000 hab. ; Berbera 70 000 hab. ; Marca 62 000 hab.

Statistiques de l'état civil

■ ***Taux de natalité*** (1996) : 44,3 ‰ (moyenne mondiale 25,0 ‰) ; taux de naissances légitimes n.d., illégitimes n.d.

■ ***Taux de mortalité*** (1996) : 18,2 ‰ (moyenne mondiale 9,3 ‰).

■ ***Taux d'accroissement naturel*** (1996) : 26,1 ‰ (moyenne mondiale 15,7 ‰).

■ ***Taux de fécondité*** (nombre moyen de naissances par femme en âge de procréer, 1996) : 6,5.

■ ***Nombre de mariages*** : n.d.

■ ***Nombre de divorces*** : n.d.

■ ***Espérance de vie*** à la naissance (1996) : hommes 44,6 ans ; femmes 47,8 ans.

■ ***Principales causes de décès*** : n.d. ; toutefois, la lèpre, la malaria, le tétanos et la tuberculose, les violences liées à la guerre civile, la malnutrition sont parmi les principales causes de décès au milieu des années 1990.

Économie nationale

■ ***Budget de l'État*** (1991)
Recettes : 151 453 000 000 SOS (ressources internes [principalement taxes indirectes et droits d'importation] 60,4 % ; transferts de l'extérieur 39,6 %).
Dépenses : 141 141 000 000 SOS (services généraux 46,9 % ; services économiques et sociaux 31,2 % ; service de la dette 7,0 %).

■ ***Tourisme*** : recettes touristiques (1986) 8 000 000 USD ; dépenses touristiques à l'étranger (1983) 13 000 000 USD.

■ ***Production***
Agriculture, sylviculture, pêche (1996).
Fruits sauf melons 210 000 t ; canne à sucre 210 000 t ; sorgho 145 000 t ; maïs 142 000 t ; bananes 47 000 t ; manioc 40 000 t ; graines de sésame 25 000 t ; haricots 14 000 t ; dattes 9 500 t ; coton brut 6 000 t.
Cheptel (sur pied) : moutons 13 500 000 ; chèvres 12 500 000 ; chameaux 6 100 000 ; bovins 7 818 000.
Bois (1995) : 9 025 000 m^3.
Pêche (1995) : 14 850 t.
Industries extractives (1992) : sépiolite 2 000 kg.
Industries manufacturières (valeur ajoutée, 1988) : produits alimentaires 794 000 000 SOS ; cigarettes et allumettes 562 000 000 SOS ; cuirs et peaux 420 000 000 SOS ; papier et imprimerie 328 000 000 SOS ; plastiques 320 000 000 SOS ; produits chimiques 202 000 000 SOS ; boissons 144 000 000 SOS.
Bâtiment (valeur ajoutée, 1991) : 51 100 000 000 SOS.
Énergie (production/consommation) : électricité (1994) 259 000 000/259 000 000 kWh ; charbon 0/n.d. ; pétrole brut (1991) n.d./ 806 000 barils ; produits pétroliers (1991) 0/59 000 t ; gaz naturel 0/n.d.

■ ***Revenus et dépenses des ménages***
Taille moyenne des ménages (1980) : 4,9.
Revenu annuel moyen par ménage : n.d. ; sources des revenus : n.d.
Dépenses (dans la capitale uniquement, 1983) : alimentation et tabac 62,3 % ; logement 15,3 % ; habillement 5,6 % ; énergie 4,3 % ; autres 12,5 %.

■ ***Dette publique*** (extérieure, créances, 1995) : 1 961 000 000 USD.

→ *Corpus* : SOMALIE
→ ***Grand Atlas de Géographie*** (éd. 1992) : 140
→ ***Grand Atlas de l'Histoire*** : 240, 241, 249, 276, 277, 283, 295

Corpus : AFRIQUE NOIRE – Société et économie ; GALLA ET SOMALI ; INDIEN (HISTOIRE DE L'OCÉAN) [les transformations aux XIXe et XXe siècles] ; PÊCHE ; ROUGE (MER) [histoire].

Universalia 1994 : 304 Un échec pour la communauté internationale.

Thesaurus : ISSA

régions	capitales	superficie (km²)	population (estim. 1980)
Bakool	Xuddur (Oddur)	27 000	148 700
Bari	Boosaaso (Bander Cassim)	70 000	222 300
Banaadir (Benadir)	Mogadishu (ou Muqdisho)	1 000	520 100
Bay	Baydhabo (Baidoa)	39 000	451 000
Galguduud	Dhuusa (Dusa) Mareeb	43 000	255 900
Gedo	Garbahaarrey	32 000	235 000
Hiiraan (Hiran)	Beled Weyne	34 000	219 300
Jubbada Dhexe	Bu'aale	23 000	147 800
Jubbada Hoose	Kismaayo (Chisimayu)	61 000	272 400
Mudug (Mudugh)	Gaalkacyo (Galcaio)	70 000	311 200
Nugaal	Garoowe (Garoe)	50 000	112 200
Sanaag	Ceerigaabo (Erigavo)	54 000	216 500
Shabeellaha Dhexe	Jowhar (Giohar)	22 000	352 000
Shabeellaha Hoose	Marka (Merca)	25 000	570 700
Togdheer	Burko (Burao)	41 000	383 900
Woqooyi Galbeed	Hargeysa	45 000	655 000
total		**637 000** (•)	**5 074 000**

(•) Le total général ne correspond pas au détail en raison des arrondis.

Territoire et population.

	millions de SOS	% du total	effectifs	% des effectifs
agriculture	867 500	64,5	2 275 000	70,8
mines	2 700	0,2		
industrie	59 200	4,4	336 000	10,4
bâtiment	51 100	3,8		
entreprises publiques	9 400	0,7		
transports et communications	80 700	6,0		
commerce	125 000	9,3		
finance	45 700	3,4	604 000	18,8
administration, défense nationale	80 700	6,0		
services	30 900	2,3		
autres	−8 100	−0,6		
total	**1 344 900** (•)	**100,0**	**3 215 000**	**100,0**

(•) Le total général ne correspond pas exactement au détail en raison des arrondis.

Structure du produit intérieur brut et effectifs (1991).

	1989	1990	1991	1992	1993	1994	1995
indice des prix à la consommation	100,0	240,0	372,2	507,4	630,7	749,8	872,1
indice des revenus	n.d.	n.d.	n.d.	n.d.	n.d.	n.d.	n.d.

Indices des prix et des revenus (1989 = 100).

	1991	1992	1993	1994	1995	1996
millions de USD	−69	−99	−146	−133	−48	−95
% du total	27,5	29,6	38,4	32,8	14,2	21,0

Balance commerciale (prix courants).

	nombre d'établissements	nombre d'enseignants	nombre d'élèves	nombre d'élèves par enseignant
primaire (6-14 ans)	1 125	8 208	171 830	20,9
secondaire (15-18 ans)	82	2 109	42 764	20,3
professionnel et formation à l'enseignement	21	498	4 809	9,7
supérieur	1	n.d.	1 692	n.d.

Enseignement (1986-1987)

■ ***Produit national brut*** (aux prix courants du marché, 1995) : 1 010 000 000 USD (150 USD/hab.).

■ ***Population active*** (1991) : 3 215 000 ; taux d'activité 40,9 % (taux de participation [1987] : plus de 10 ans 63,1 % ; femmes 48,7 % ; sans-emploi n.d.).

■ ***Utilisation du sol*** (1994) : forêts 25,5 % ; prairies et pâturages 68,6 % ; terres cultivées et plantations 1,6 % ; autres 4,3 %.

Échanges extérieurs[d]

■ ***Importations*** (1995) : 193 000 000 USD (produits agricoles 38,0 %, dont sucre brut 16,1 %, riz 7,8 %, blé 5,0 % ; non spécifié 62,0 %).

Principales sources des importations (1996) : Kenya 28,0 % ; Djibouti 21,0 % ; Arabie Saoudite 6,0 % ; Brésil 6,0 %.

■ ***Exportations*** (1995) : 145 000 000 USD (produits agricoles 51,4 %, dont chèvres et moutons sur pied 40,0 %, bananes 6,9 %, chameaux et bovins sur pied 4,3 % ; autres 48,6 %).

Principales destinations des exportations (1996) : Arabie Saoudite 55,0 % ; Yémen 19,0 % ; Italie 11,0 % ; Émirats arabes unis 9,0 %.

Transports et communications

■ ***Transports***

Chemins de fer : aucun.

Routes (1995) : longueur totale 23 000 km (12 % recouvertes).

Véhicules (1995) : voitures particulières 11 800 ; camions et autobus 12 200.

Marine marchande (1992) : 28 navires (de 100 tjb et plus) ; 18 496 tonneaux de port en lourd.

Transports aériens (1991) ; trafic : 131 000 000 passagers-km ; 5 000 000 t-km. 1 aéroport desservi par des vols réguliers (1997).

■ ***Communications***

Journaux quotidiens (1995) : 1 ; diffusion n.d.

Radiodiffusion (1995) : 300 000 postes récepteurs ; 45 pour 1 000 hab.

Télévision (1995) : 118 000 postes récepteurs ; 18 pour 1 000 hab.

Téléphone (1995) : 15 000 lignes principales ; 2,2 pour 1 000 hab.

Éducation et santé

■ ***Niveau d'éducation*** : n.d.

■ ***Alphabétisation*** (1995) : personnes âgées de 15 ans et plus alphabétisées 24,0 % ; hommes 36,0 % ; femmes 14,0 %.

■ ***Santé*** : 323 médecins en 1987 (1 pour 19 071 hab.) ; 5 536 lits d'hôpital en 1985 (1 pour 1 053 hab.) ; taux de mortalité infantile (1996) : 126 ‰.

■ ***Alimentation*** (1993-1994) : apport journalier en calories par habitant 1 545 ; soit 67 % du niveau minimal recommandé par la F.A.O.

Défense nationale

■ ***Contingent*** (1997) : guerre tribale depuis 1991.

■ ***Dépenses militaires*** (1990) : 0,9 % du P.N.B. (moyenne mondiale 4,3 %) ; soit 1 USD/hab.

a. La proclamation par le Mouvement national somali en mai 1991 d'une « République du Somaliland » sur le territoire correspondant à l'ancien Somaliland britannique a reçu une reconnaissance internationale en décembre 1997. L'entité représente environ le quart du territoire somalien et environ 60 % de la population.

b. Il n'y a pas de gouvernement central effectif, toutefois.

c. Non compris les 450 000 réfugiés somaliens dans les pays voisins. Y compris 4 200 000 résidents de la République de Somalie.

d. Importations C.I.F.

SOUDAN

- ***Nom officiel*** : République du Soudan (Jumhūrīyat as-Sūdān). Code I.S.O. : SD.
- ***Forme de gouvernement*** : régime militaire islamique avec une chambre législative (Assemblée nationale [400][a]).
- ***Chef de l'État et du gouvernement*** : président.
- ***Capitales*** : Khartoum (Al Khurṭūm [siège de l'exécutif]) et Omdurman (siège du législatif).
- ***Langue officielle*** : arabe.
- ***Religion officielle*** : indéterminée [b].
- ***Unité monétaire*** : 1 dinar soudanais (SDD) = 100 piastres ; valeur (31 déc. 1997) : 100 SDD = 3,71 FRF [c].

Démographie

- ***Population*** (estim. 1997) : 32 594 000.
- ***Densité*** (1997) : 13,0 hab./km².
- ***Répartition urbaine/rurale*** (1995) : population urbaine 24,6 % ; population rurale 75,4 %.
- ***Répartition par sexe*** (1995) : hommes 50,20 % ; femmes 49,80 %.
- ***Répartition par âge*** (1995) : moins de 15 ans 43,9 % ; de 15 à 29 ans 27,0 % ; de 30 à 44 ans 15,6 % ; de 45 à 59 ans 8,8 % ; de 60 à 74 ans 3,9 % ; 75 ans et plus 0,8 %.
- ***Projection démographique*** : 35 530 000 en 2000 ; 46 573 000 en 2010.
- ***Temps de doublement*** : 24 ans.
- ***Composition ethnique*** (1983) : Arabes Soudanais 49,1 % ; Dinkas 11,5 % ; Noubas 8,1 % ; Bedjas 6,4 % ; Nuers 4,9 % ; Zandés 2,7 % ; Baris 2,5 % ; Furs 2,1 % ; autres 12,7 %.
- ***Appartenances religieuses*** (1992) : musulmans sunnites env. 72 % ; croyances traditionnelles env. 17 % ; chrétiens env. 11 %, dont catholiques romains env. 6 %, protestants env. 4 %.
- ***Principales villes*** (1983) : Omdurman 1 267 077 hab. ; Khartoum 924 505 hab. ; Khartoum-Nord 879 105 hab. ; Port-Soudan 305 385 hab. ; Kassal 234 270 hab. ; Nyala 228 778 hab.

Statistiques de l'état civil

- ***Taux de natalité*** (1996) : 41,1 ‰ (moyenne mondiale 25,0 ‰).
- ***Taux de mortalité*** (1996) : 11,5 ‰ (moyenne mondiale 9,3 ‰).
- ***Taux d'accroissement naturel*** (1996) : 29,6 ‰ (moyenne mondiale 15,7 ‰).
- ***Taux de fécondité*** (nombre moyen de naissances par femme en âge de procréer, 1996) : 5,9.
- ***Espérance de vie*** à la naissance (1996) : hommes 54,2 ans ; femmes 56,1 ans.
- ***Principales causes de décès*** : les causes principales de mortalité et de morbidité au début des années 1990 étaient la malaria, la dysenterie, la tuberculose, la bilharziose, la trypanosomiase, la violence et le sida.

Économie nationale

- ***Budget de l'État*** (1996)
Recettes : 679 600 000 000 SDP [c] (droits d'importation 20,5 % ; impôts sur les bénéfices des entreprises 19,1 % ; recettes non fiscales 17,4 % ; impôts indirects 16,7 %).
Dépenses : 2 377 100 000 SDP [c] (intérêts de la dette 58,5 % ; dépenses courantes 31,9 % ; dépenses de développement 4,1 %).
- ***Dette publique*** (extérieure, créances, 1995) : 9 779 000 000 USD.
- ***Tourisme*** (1994) : recettes touristiques 3 000 000 USD ; dépenses touristiques à l'étranger 30 000 000 USD.
- ***Production***
Agriculture, sylviculture, pêche (1996).
Canne à sucre 4 900 000 t ; sorgho 4 104 000 t ; blé 550 000 t ; millet 491 000 t ; arachides 430 000 t ; coton brut 325 000 t ; coton en graines 210 000 t ; graines de sésame 160 000 t ; dattes 145 000 t ; fibre de coton 106 000 t ; gomme arabique 40 000 t (1994-1995).
Cheptel (sur pied) : bovins 23 500 000 ; moutons 23 400 000 ; chèvres 16 900 000 ; chameaux 2 950 000.
Bois (1995) : 25 409 000 m³.
Pêche (1995) : 45 000 t.
Industries extractives : sel (1994) 75 000 t ; or (1996) 96 000 onces.
Industries manufacturières (1995) : sucre brut 450 000 t ; farine de blé 350 000 t ; ciment 199 000 t ; huile végétale 70 000 t ; peaux 38 000 t (1992) ; chaussures 6 000 000 paires.
Énergie (production/consommation) : électricité (1994) 1 333 000 000/1 333 000 000 kWh ; charbon 0/0 ; pétrole brut (1994) 0/7 601 000 barils ; produits pétroliers (1994) 864 000/1 051 000 t ; gaz naturel 0/0.
- ***Produit national brut*** (1992) : 8 176 000 000 USD (300 USD/hab.).
- ***Population active*** (1993) : 8 866 000 ; taux d'activité 32,3 % (taux de participation : 15-64 ans [1983] 57,4 % ; femmes 22,3 % ; sans-emploi env. 30,0 %).

→ *Corpus* : SOUDAN
→ *Grand Atlas de Géographie* (éd. 1992) : 134, 138
→ *Grand Atlas de l'Histoire* : 240, 241, 248, 249, 260, 277, 283, 294, 295

Corpus : AFRIQUE NOIRE – Société et économie ; ARABE – Les Arabes ; NILOTIQUES ; ROUGE (MER) [histoire] ; SAHEL.

Universalia 1985 : 371 D'une guerre à l'autre ; ***Universalia 1986 :*** 348 L'après-Nimeiry ; ***Universalia 1991 :*** 332 La dictature islamiste.

Thesaurus :
BÉDOUINS
DINKA
KHARTOUM
KORDOFAN
NUBA
NUBIE
SHILLUK
ZANDÉ

États [1]	capitales	superficie (km²)	population (recens. 1983)
A'ālī an-Nīl (Nil supérieur)	Malakāl	238 792	1 599 605
Baḥr al-Ghazāl (Bahr el-Ghazal)	Wāu (Wāw)	200 894	2 265 510
Dārfūr (Darfur)	al-Fāshir	508 684	3 093 699
al-Istiwā'īyah (Equatoria)	Jūbā	197 969	1 406 181
al-Kharṭūm	(Khartoum)	28 165	1 802 299
Kurdufān (Kordofan)	al-Ubayyiḍ	380 255	3 093 294
ash-Shamālīyah (Nord)	ad-Dāmir	476 040	1 083 024
ash-Sharqīyah (Est)	Kassalā	334 074	2 208 209
al-Wastā (Centre)	Wad Madanī	139 017	4 012 543
total		**2 503 890** [2]	**20 564 364** [3]

1. Une réorganisation administrative en 26 nouveaux États a été officiellement annoncée en février 1994. Un vingt-septième État a été annoncé en février 1995. 2. Comprend environ 130 000 km² d'eaux intérieures. 3. Les résultats préliminaires du recensement de 1993 donnent une population de 24 941 000 hab. comprenant une estimation de 3 850 000 hab. au Sud-Soudan.

Territoire et population.

	1996		1983	
	millions de SDP [1]	% du total	effectifs [2]	% des effectifs
agriculture	3 659	42,0	4 028 705	63,5
mines	72	0,8	6 534	0,1
industrie	698	8,0	266 693	4,2
bâtiment	548	6,3	139 282	2,2
entreprises publiques	206	2,4	43 728	0,7
transports et communications			215 474	3,4
commerce et finance	2 960 (transports et communications, commerce et finance, services)	34,0	314 676	5,0
services			550 409 (services, administration, défense nationale)	8,7
administration, défense nationale	571	6,5		
autres	n.d.	n.d.	777 480 [3]	12,2
total	**8 714**	**100,0**	**6 342 981**	**100,0**

1. Au coût des facteurs aux prix constants de 1981-1982. 2. Non compris les nomades, les sans-domicile fixe et les personnes internées. 3. Comprend 592 759 sans-emploi à la recherche de leur premier emploi.

Structure du produit intérieur brut et effectifs.

	1991-1992	1992-1993	1993-1994	1994-1995	1995-1996	1996-1997
indice des prix à la consommation [1]	100	218,3	448,7	511,7	832,3	1 609,1 [2]
indice des revenus	n.d.	n.d.	n.d.	n.d.	n.d.	n.d.

1. Moyenne de l'année fiscale du 1er juillet au 30 juin pour les résidants à revenu moyen de Khartoum et de son agglomération. 2. Septembre 1996.

Indice des prix et des revenus (1991-1992 = 100).

	1990-1991	1991-1992	1992-1993	1993-1994	1994-1995	1995-1996
millions de USD	– 1 193	– 941	– 715	– 463	– 657	– 673
% du total	63,6	57,4	50,3	29,8	42,5	36,4

Balance commerciale (prix courants).

	nombre d'établissements	nombre d'enseignants	nombre d'élèves	nombre d'élèves par enseignant
primaire (7-12 ans)	12 187	83 306	3 023 955	36,3
secondaire (13-18 ans)*	2 578	29 208	683 962	23,4
professionnel	n.d.	6,2	15 443	24,9
supérieur*	24	1 943	54 345	28,0

(*) 1991-1992.

Enseignement (1994-1995).

■ ***Revenus et dépenses des ménages***
Taille moyenne des ménages : n.d.
Revenu annuel moyen des travailleurs salariés (1992) : 216 USD.
Dépenses (1983) : alimentation et boissons 63,6 % ; logement 11,5 % ; équipements domestiques 5,5 % ; habillement 5,3 % ; santé 4,1 % ; énergie 3,8 %.

■ ***Utilisation du sol*** (1994) : forêts 18,1 % ; prairies et pâturages 46,3 % ; terres cultivées et plantations 5,5 % ; désert et autres 30,1 %.

Échanges extérieurs

■ ***Importations*** (1994-1995) : 1 101 000 000 USD (produits pétroliers 17,2 % ; produits alimentaires 17,0 %, dont farine de blé 3,9 % ; équipement électrique 13,6 % ; matériel de produits chimiques et dérivés 10,0 % ; transport 8,7 %).

Principales sources des importations : Arabie Saoudite 13,5 % ; Royaume-Uni 12,1 % ; Égypte 5,8 % ; Allemagne 4,4 % ; États-Unis 3,6 %.

■ ***Exportations*** (1994-1995) : 444 000 000 USD (coton 18,7 % ; viande de mouton et d'agneau 14,0 % ; graines de sésame 12,8 % ; gomme arabique 11,6 % ; or 8,0 % ; arachides 5,1 %).

Principales destinations des exportations : Arabie Saoudite 19,7 % ; Royaume-Uni 9,7 % ; Italie 9,0 % ; Chine 7,5 % ; Japon 5,3 % ; Suisse 4,7 %.

Transports et communications

■ ***Transports***
Chemins de fer : longueur (1995) 4 764 km ; trafic (1993) : 1 183 000 000 passagers-km ; 2 240 000 000 t-km.
Routes (1995) : longueur totale 11 610 km (36 % recouvertes).
Véhicules (1995) : voitures particulières 263 000 ; camions et autobus 47 800.
Marine marchande (1992) : 16 navires (de 100 tjb et plus) ; 62 244 tonneaux de port en lourd.
Transports aériens (Sudan Airways uniquement, 1996) ; trafic : 650 049 000 passagers-km ; 30 706 000 t-km. 3 aéroports desservis par des vols réguliers (1997).

■ ***Communications***
Journaux quotidiens (1995) : diffusion totale 630 000 ; diffusion pour 1 000 hab. 21.
Radiodiffusion (1996) : 5 755 000 postes récepteurs ; 182 pour 1 000 hab.
Télévision (1995) : 250 000 postes récepteurs ; 8,2 pour 1 000 hab.
Téléphone (1995) : 75 000 lignes principales ; 2,5 pour 1 000 hab.

Éducation et santé

■ ***Alphabétisation*** (1995) : personnes âgées de 15 ans et plus alphabétisées 46,1 % ; hommes 57,7 % ; femmes 34,6 %.

■ ***Santé*** : 2 600 médecins en 1994 (1 pour 11 300 hab.), estim. ; 18 571 lits d'hôpital en 1986 (1 pour 1 222 hab.) ; taux de mortalité infantile (1996) : 76,0 ‰.

■ ***Alimentation*** (1995) : apport journalier en calories par habitant 2 313 (alimentation d'origine végétale 82 % ; d'origine animale 18 %) ; soit 98 % du niveau minimal recommandé par la F.A.O.

Défense nationale

■ ***Contingent*** (1996) : 89 500 (armée de terre 95,5 % ; marine 1,1 % ; armée de l'air 3,4 %).

■ ***Dépenses militaires*** (1994) : 6,6 % du P.N.B. (moyenne mondiale 3,0 %) ; soit 15 USD/hab.

a. De nombreux partis d'opposition ont boycotté les élections de mars 1996. L'assemblée comprend 8 sièges non électifs, attribués par le chef de l'État, réservés aux représentants des unités administratives locales contrôlées par les forces d'opposition du Sud-Soudan.

b. L'islam a été imposé en 1997.

c. Le dinar soudanais (SDD), introduit en mai 1992 pour remplacer la livre soudanaise (SDP) sur la base de 1 SDD = 10 SDP, circule conjointement avec la livre soudanaise. Certaines données économiques de la présente notice sont exprimées en livres soudanaises (SDP).

SRI LANKA

• ***Nom officiel*** : République démocratique socialiste de Sri Lanka (singhalais : Srī Lankā Prajātāntrika Camajavāti Janarajya ; tamoul : Ilaṅkaic Çananāyaka Çoçalicāk Kuṭiyarçu [forme courte : Ilangai]). Code I.S.O. : LK.

• ***Forme de gouvernement*** : république à structure étatique unitaire et à régime multipartiste avec un Parlement (225).

• ***Chef de l'État et du gouvernement*** : président.

• ***Capitales***[a] : Colombo ; Sri Jayawardenapura.

• ***Langues officielles*** : singhalais ; tamoul.

• ***Religion officielle*** : aucune.

• ***Unité monétaire*** : 1 roupie de Sri Lanka (LKR) = 100 cents ; valeur (31 déc. 1997) : 100 LKR = 9,70 FRF.

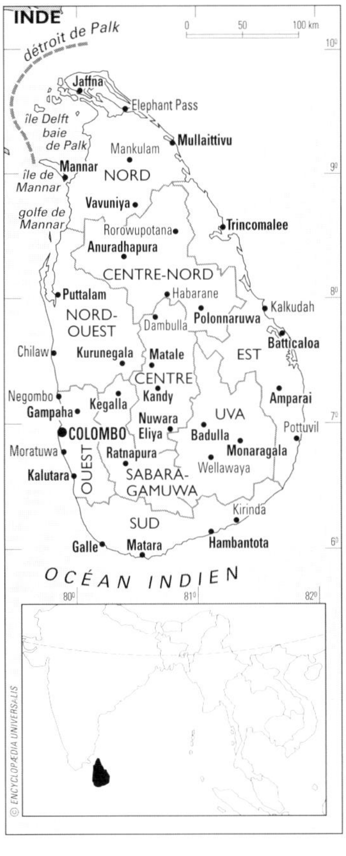

Démographie

■ ***Population*** (estim. 1997) : 18 089 000.

■ ***Densité***[b] (1997) : 275,7 hab./km².

■ ***Répartition urbaine/rurale*** (1997) : population urbaine 23,0 % ; population rurale 77,0 %.

■ ***Répartition par sexe*** (1994) : hommes 50,98 % ; femmes 49,02 %.

■ ***Répartition par âge*** (1994) : moins de 15 ans 35,2 % ; de 15 à 29 ans 29,7 % ; de 30 à 44 ans 17,9 % ; de 45 à 59 ans 10,6 % ; de 60 à 74 ans 5,2 % ; 75 ans et plus 1,4 %.

■ ***Projection démographique*** : 18 779 000 en 2000 ; 20 691 000 en 2010.

■ ***Temps de doublement*** : 58 ans.

■ ***Composition ethnique*** (1991) : Singhalais 82,7 % ; Tamouls 8,9 % ; Maures de Sri Lanka 7,7 % ; autres 0,7 %.

■ ***Appartenances religieuses*** (1981) : bouddhistes 69,3 % ; hindous 15,5 % ; musulmans 7,6 % ; chrétiens 7,5 % ; autres 0,1 %.

■ ***Principales villes*** (1990) : Colombo 615 000 hab. ; Dehiwala-Mount Lavinia 196 000 hab. ; Moratuwa 170 000 hab. ; Jaffna 129 000 hab. ; Sri Jawardenapura 109 000 hab.

Statistiques de l'état civil

■ ***Taux de natalité*** (1997) : 17,9 ‰ (moyenne mondiale 25,0 ‰) ; taux (1986) de naissances légitimes 96,3 %, illégitimes 3,7 %.

■ ***Taux de mortalité*** (1997) : 5,9 ‰ (moyenne mondiale 9,3 ‰).

■ ***Taux d'accroissement naturel*** (1997) : 12,0 ‰ (moyenne mondiale 15,7 ‰).

■ ***Taux de fécondité*** (nombre moyen de naissances par femme en âge de procréer, 1997) : 2,1.

■ ***Nombre de mariages*** (pour 1 000 hab., 1992) : 9,2.

■ ***Nombre de divorces*** (pour 1 000 hab., 1988) : 0,2.

■ ***Espérance de vie*** à la naissance (1997) : hommes 71,0 ans ; femmes 75,0 ans.

■ ***Principales causes de décès*** (pour 100 000 hab., 1989) : maladies de l'appareil circulatoire 47,8 ; actes de violence et empoisonnements 38,6 ; tumeurs malignes 26,7 ; maladies de l'appareil respiratoire 24,4 ; maladies infectieuses et parasitaires 21,8.

Économie nationale

■ ***Budget de l'État*** (estim. 1999)
Recettes : 148 206 000 000 LKR (impôts généraux sur les ventes et sur les chiffres d'affaires 27,5 % ; droits d'importation 19,4 % ; impôts indirects 14,8 % ; impôts sur le revenu 11,6 % ; recettes non fiscales 10,5 %).
Dépenses : 212 894 000 000 LKR (dépenses courantes 79,7 %, dont biens et services 35,8 %, subventions et transferts courants 22,6 %, intérêts 21,3 %).

■ ***Dette publique*** (extérieure, créances, 1995) : 7 010 000 000 USD.

■ ***Tourisme*** (1995) : recettes touristiques 224 000 000 USD ; dépenses touristiques à l'étranger 186 000 000 USD.

■ ***Production***
Agriculture, sylviculture, pêche (1996).
Riz 2 241 000 t ; noix de coco 2 000 000 t ; canne à sucre 1 273 000 t ; bananes plantains 560 000 t ; manioc 290 000 t ; thé 246 000 t ; courges 165 000 t ; caoutchouc 107 000 t ; mangues 105 000 t.
Cheptel (sur pied) : bovins 1 701 700 ; buffles 764 200 ; chèvres 591 100.
Bois (1995) : 9 624 700 m³.
Pêche (1995) : 235 829 t.
Industries extractives (1995) : quartz 1 100 000 t ; pierre à chaux 700 000 t ; concentré de titane 62 400 t ; gemmes 61 000 000 USD.

→ *Corpus* : SRI LANKA
→ *Grand Atlas de Géographie* (éd. 1992) : 118, 122
→ *Grand Atlas de l'Histoire* : 277, 280, 281, 295

districts et chefs-lieux	superficie (km²)	population (estim. 1994)
Amparai	4 415	512 000
Anuradhapura	7 179	750 000
Badulla	2 861	735 000
Batticaloa	2 854	443 000
Colombo	699	2 062 000
Galle	1 652	983 000
Gampaha	1 387	1 568 000
Hambantota	2 609	537 000
Jaffna	1 025	896 000
Kalutara	1 598	969 000
Kandy	1 940	1 286 000
Kegalle	1 693	763 000
Kilinochchi	1 279	110 000
Kurunegala	4 816	1 481 000
Mannar	1 996	140 000
Matale	1 993	434 000
Matara	1 283	810 000
Monaragala	5 639	367 000
Mullaitivu	2 617	98 000
Nuwara Eliya	1 741	541 000
Polonnaruwa	3 293	336 000
Puttalam	3 072	626 000
Ratnapura	3 275	972 000
Trincomalee	2 727	327 000
Vavuniya	1 967	119 000
total	**65 610**(•)	**17 865 000**

(•) Ce total comporte 959 km² d'eaux intérieures.

Territoire et population.

Corpus : ALIMENTATION (ÉCONOMIE DE L') – Les grands produits alimentaires (produits tropicaux) ; ASIE – Géographie humaine (l'Asie méridionale) ; CAOUTCHOUC ; INDIEN (HISTOIRE DE L'OCÉAN) [les transformations aux XIXe et XXe siècles] ; ISLAM – Modernisme dans le monde musulman (Asie du Sud) ; POPULATION (GÉOGRAPHIE DE LA) [population et démographie] ; ZONES FRANCHES.

Universalia 1991 : 111 Les conflits communautaires et ethniques dans le monde contemporain.

Thesaurus :
COLOMBO
THÉ

	1995			
	millions de LKR	% du total	effectifs	% des effectifs
agriculture	124 854	18,8	1 935 300	32,7
mines	8 042	1,2	56 400	0,9
industrie	116 048	17,5	864 000	14,2
bâtiment	48 440	7,3	300 400	5,0
entreprises publiques	14 663	2,2	24 700	0,4
transports et communications	62 325	9,4	244 700	4,0
commerce	142 836	21,6	557 100	9,2
finance	47 383	7,2	91 500	1,5
administration, défense nationale / services	72 211	10,9	893 500	14,7
autres	25 562	3,9	1 057 500	17,4
total	**662 364**	**100,0**	**6 075 100**	**100,0**

(•) Comprend les sans-emploi.

Structure du produit intérieur brut et effectifs.

	1990	1991	1992	1993	1994	1995	1996
indice des prix à la consommation	100,0	112,2	125,0	139,6	151,4	163,1	189,0
indice moyen des salaires*	100,0	111,7	128,4	155,4	158,8	160,7	175,6

(•) Taux minimums dans l'agriculture.

Indices des prix et des revenus (1990 = 100).

	1991	1992	1993	1994	1995	1996
millions de LKR	– 29 612	– 27 128	– 36 037	– 53 894	– 44 594	– 42 709
% du total	14,9	11,0	11,5	14,5	10,3	8,6

Balance commerciale (prix courants).

	nombre d'établissements	nombre d'enseignants	nombre d'élèves	nombre d'élèves par enseignant
primaire (5-10 ans)	9 648	70 108	1 960 495	28,0
secondaire (11-17 ans)	5 771 [2]	105 916	2 315 541	21,9
professionnel et formation à l'enseignement [1]	23	437	8 908	20,4
supérieur	8 [1]	1 937 [1]	59 790	16,2 [1]

1. 1991. 2. 1992.

Enseignement (1994).

Industries manufacturières (valeur ajoutée en millions de LKR, 1993) : produits alimentaires, boissons et tabac 23 832 ; textiles et vêtements 17 350 ; produits pétrochimiques 5 264 ; produits minéraux non métalliques 2 860 ; produits papetiers et imprimerie 2 214.
Bâtiment (nombre de constructions achevées, 1993) : résidentiel 1 128 ; non résidentiel 96.
Énergie (production/consommation) : électricité (1994) 4 386 000 000/4 386 000 000 kWh ; pétrole brut (1994) 0/14 601 000 barils ; produits pétroliers (1994) 1 807 000/1 647 000 t.

■ ***Produit national brut*** (1995) : 12 616 000 000 USD (700 USD/hab.).

■ ***Population active*** (1995) : 6 102 154 ; taux d'activité 40,5 % (taux de participation : 15 ans et plus 54,9 % ; femmes 32,2 % ; sans-emploi 12,5 %).

■ ***Revenus et dépenses des ménages***
Taille moyenne des ménages (1994) : 4,6.
Revenu annuel moyen par ménage (1992) : 116 100 LKR (2 600 USD) ; sources des revenus : salaires 48,5 % ; revenus fonciers et activités non salariées 41,8 % ; transferts 9,7 %.
Dépenses (1992) : alimentation et boissons 58,6 % ; transports 16,0 % ; habillement 8,4 % ; logement et énergie 4,6 % ; équipements domestiques 3,5 %.

■ ***Utilisation du sol*** (1994) : forêts 32,5 % ; prairies et pâturages 6,8 % ; terres cultivées et plantations 29,1 % ; autres 31,6 %.

Échanges extérieurs

■ ***Importations*** (1995) : 272 201 000 000 LKR (fournitures industrielles 54,6 % % ; équipement industriel et de transport 19,1 % ; produits alimentaires et animaux vivants 11,1 % ; combustibles minéraux 7,9 % ; biens de consommation 7,3 %).
Principales sources des importations : Japon 10,5 % ; Inde 9,8 % ; Singapour 5,2 % ; Royaume-Uni 5,1 % ; États-Unis 3,6 % ; Allemagne 3,5 %.

■ ***Exportations*** (1995) : 195 117 000 000 LKR (vêtements et accessoires 48,6 % ; thé 12,6 % ; gemmes 6,3 % ; produits en caoutchouc 4,0 % ; caoutchouc naturel 2,9 % ; produits pétroliers 2,2 %).
Principales destinations des exportations : États-Unis 35,5 % ; Royaume-Uni 9,1 % ; Allemagne 6,7 % ; Japon 5,3 % ; Pays-Bas 3,7 % ; France 2,2 % ; Singapour 1,9 %.

Transports et communications

■ ***Transports***
Chemins de fer (1994) : longueur 1 493 km ; trafic : 3 264 000 000 passagers-km ; 144 000 000 t-km.
Routes (1995) : longueur totale 102 600 km (11 % recouvertes).
Véhicules (1995) : voitures particulières 220 000 ; camions et autobus 248 900.
Marine marchande (1992) : 66 navires (de 100 tjb et plus) ; 472 625 tonneaux de port en lourd.
Transports aériens (1996) ; trafic : 3 868 000 000 passagers-km ; 159 054 000 t-km. 1 aéroport desservi par des vols réguliers (1997).

■ ***Communications***
Journaux quotidiens (1994) : diffusion totale 450 000 ; diffusion pour 1 000 hab. 25.
Radiodiffusion (1996) : 3 300 000 postes récepteurs ; 182 pour 1 000 hab.
Télévision (1995) : 700 000 postes récepteurs ; 39 pour 1 000 hab.
Téléphone (1995) : 204 400 lignes principales ; 11 pour 1 000 hab.

Éducation et santé

■ ***Niveau d'éducation*** (1981)
Proportion de la population âgée de 25 ans et plus : sans instruction scolaire 15,5 % ; ayant une éducation primaire incomplète 12,1 % ; éducation primaire 52,3 % ; éducation secondaire incomplète 14,7 % ; éducation secondaire 3,0 % ; éducation supérieure 1,1 % ; sans précision 1,3 %.

■ ***Alphabétisation*** (1991) : proportion de la population âgée de 10 ans et plus alphabétisée 86,9 % ; hommes 90,1 % ; femmes 83,8 %.

■ ***Santé*** (1993) : 3 713 médecins (1 pour (4 745 hab.) ; 48 963 lits d'hôpital (1 pour 360 hab.) ; taux de mortalité infantile (1997) : 15,0 ‰.

■ ***Alimentation*** (1995) : apport journalier en calories par habitant 2 334 (alimentation d'origine végétale 95 % ; d'origine animale 5 %) ; soit 102 % du niveau minimal recommandé par la F.A.O.

Défense nationale

■ ***Contingent*** (1996) : 112 300 (armée de terre 81,9 % ; marine 9,2 % ; armée de l'air 8,9 %).

■ ***Dépenses militaires*** (1994) : 4,5 % du P.N.B. (moyenne mondiale 3,0 %) ; soit 29 USD/hab.

a. Colombo est le siège administratif ; Sri Jayawardenapura le siège législatif.

b. Sur la base de la surface terrestre.

SUÈDE

- ***Nom officiel*** : Royaume de Suède (Konungariket Sverige). Code I.S.O. : SE.
- ***Forme de gouvernement*** : monarchie constitutionnelle et État parlementaire avec un Parlement (Riksdag [349]).
- ***Chef de l'État*** : roi.
- ***Chef du gouvernement*** : Premier ministre.
- ***Capitale*** : Stockholm.
- ***Langue officielle*** : suédois.
- ***Religion officielle*** : Église de Suède (luthérienne).
- ***Unité monétaire*** : 1 couronne suédoise (krona, plur. kronor [SEK]) = 100 öre ; valeur (31 déc. 1997) : 100 SEK = 75,72 FRF ; 1 écu = 8,732 34 SEK.

Démographie

■ ***Population*** (estim. 1997) : 8 863 000.

■ ***Densité***[a] (1997) : 21,6 hab./km².

■ ***Répartition urbaine/rurale*** (1996) : population urbaine 83,1 % ; population rurale 16,9 %.

■ ***Répartition par sexe*** (janv. 1996) : hommes 49,41 % ; femmes 50,59 %.

■ ***Répartition par âge*** (janv. 1997) : moins de 15 ans 18,8 % ; de 15 à 29 ans 19,0 % ; de 30 à 44 ans 20,6 % ; de 45 à 59 ans 19,6 % ; de 60 à 74 ans 13,4 % ; 75 ans et plus 8,6 %.

■ ***Projection démographique*** : 8 976 000 en 2000 ; 9 243 000 en 2010.

■ ***Composition ethnique*** (janv. 1997) : Suédois 89,3 % ; Finlandais 2,3 % ; Yougoslaves 0,8 % ; Bosniaques 0,5 % ; Iraniens 0,6 % ; autres 6,5 %.

■ ***Appartenances religieuses*** (janv. 1995) : Église de Suède 86,1 % (dont env. 30 % non pratiquants) ; catholiques 1,9 % ; pentecôtistes 1,0 % ; autres 11,0 %.

■ ***Principales villes*** (janv. 1997) : Stockholm 718 462 hab. ; Göteborg 454 016 hab. ; Malmö 248 007 hab. ; Uppsala 184 507 hab. ; Linköping 131 898 hab.

Statistiques de l'état civil

■ ***Taux de natalité*** (1996) : 10,8 ‰ (moyenne mondiale 25,0 ‰) ; taux (1995) de naissances légitimes 47,0 %, illégitimes 53,0 %.

■ ***Taux de mortalité*** (1996) : 10,6 ‰ (moyenne mondiale 9,3 ‰).

■ ***Taux d'accroissement naturel*** (1996) : 0,2 ‰ (moyenne mondiale 15,7 ‰).

■ ***Taux de fécondité*** (nombre moyen de naissances par femme en âge de procréer, 1995) : 1,7.

■ ***Nombre de mariages*** (pour 1 000 hab., 1996) : 3,4.

■ ***Nombre de divorces*** (pour 1 000 hab., 1996) : 2,4.

■ ***Espérance de vie*** à la naissance (1995-1996) : hommes 75,6 ans ; femmes 81,0 ans.

■ ***Principales causes de décès*** (pour 100 000 hab., 1994) : maladies de cœur 428,7 ; tumeurs malignes (cancers) 229,8 ; maladies cérébro-vasculaires 113,8.

Économie nationale

■ ***Budget de l'État*** (1995-1996)

Recettes : 816 978 000 000 SEK (taxe à la valeur ajoutée et impôts indirects 37,4 % ; cotisations de sécurité sociale 34,8 % ; impôts sur le revenu et sur les plus-values 15,1 % ; recettes non fiscales 5,6 % ; impôts fonciers 3,2 %).

Dépenses : 957 248 000 000 SEK (santé et affaires sociales 20,5 % ; intérêts de la dette nationale 12,9 % ; défense nationale 4,7 % ; éducation et culture 4,7 %).

■ ***Dette publique*** (1996) : 108 500 000 000 USD.

■ ***Tourisme*** (1996) : recettes touristiques 3 674 000 000 USD ; dépenses touristiques à l'étranger 6 236 800 000 USD.

■ ***Production***

Agriculture, sylviculture, pêche (1996).
Betteraves à sucre 2 430 000 t ; orge 2 113 000 t ; blé 2 030 000 t ; pommes de terre 1 211 000 t ; avoine 987 000 t.
Cheptel (sur pied) : porcs 2 348 800 ; bovins 1 790 200 ; moutons 469 000.
Bois (1995) : 59 924 000 m³.
Pêche (1995) : 395 721 t.
Industries extractives (1996) : minerai de fer 21 020 000 t ; zinc 292 000 t ; cuivre 269 000 t ; plomb 136 000 t.
Industries manufacturières (valeur ajoutée, 1994) : équipement industriel et de transport 119 630 000 000 SEK ; papier et dérivés 42 503 000 000 SEK ; produits alimentaires et boissons 24 145 000 000 SEK ; bois et dérivés 12 359 000 000 SEK ; textiles et habillement 3 767 000 000 SEK.
Bâtiment (logements terminés, 1995) : 12 678.
Énergie (production/consommation) : électricité (1994) 142 889 000 000/150 000 000 000 kWh ; charbon (1994) 0/3 305 000 t ; pétrole brut (1994) 36 200/128 773 000 barils ; produits pétroliers (1994) 16 616 000/13 961 000 t ; gaz naturel (1994) 0/763 223 000 000 m³.

■ ***Produit national brut*** (1995) : 209 720 000 000 USD (23 750 USD/hab.).

comtés	chefs-lieux	superficie (km²)	population (estim. 1er janv. 1997)
Älvsborg	Vänersborg	11 395	448 074
Blekinge	Karlskrona	2 941	151 972
Dalarna	Falun	28 194	288 171
Gävleborg	Gävle	18 191	286 789
Göteborg och Bohus	Göteborg	5 141	775 638
Gotland	Visby	3 140	57 971
Halland	Halmstad	5 454	270 060
Jämtland	Ostersund	49 443	134 561
Jönköping	Jönköping	9 944	311 765
Kalmar	Kalmar	11 170	241 896
Kronoberg	Växjö	8 458	179 655
Norrbotten	Luleå	98 913	264 320
Örebro	Örebro	8 519	275 855
Östergötland	Linköping	10 562	415 659
Skåne	Malmö	11 025	1 114 368
Skaraborg	Mariestad	7 937	278 263
Södermanland	Nyköping	6 060	257 383
Stockholm	Stockholm	6 488	1 744 330
Uppsala	Upsal (Uppsala)	6 989	289 153
Värmland	Karlstad	17 584	282 147
Västerbotten	Umeå	55 401	259 895
Västernorrland	Härnösand	21 678	256 587
Västmanland	Västerås	6 302	259 987
total		**410 929**	**8 844 499**
surface des eaux intérieures		39 035	
superficie totale		**449 964**	

Territoire et population.

	millions de SEK	% du total	effectifs	% des effectifs
agriculture	34 770	2,4	124 000	2,9
mines	4 525	0,3	8 000	0,2
industrie	352 301	24,3	761 000	17,6
entreprises publiques	42 283	2,9	33 000	0,8
bâtiment	77 575	5,3	230 000	5,3
transports et communications	94 824	6,5	261 000	6,0
commerce	169 339	11,6	609 000	14,1
finance	343 791	23,6	415 000	9,6
administration, défense nationale / services	392 817	27,0	1 506 000	34,9
autres	– 58 806 [1]	– 400	372 000 [2]	8,6
total	**1 453 419**	**100,0** [3]	**4 319 000**	**100,0**

1. Écart statistique moins les frais de service bancaire. 2. Dont 330 000 sans-emploi. 3. Le total général ne correspond pas exactement au détail en raison des arrondis.

Structure du produit intérieur brut et effectifs (1995).

→ *Corpus* : SUÈDE
→ *Grand Atlas de Géographie* (éd. 1992) : 24, 26, 40, 41
→ *Grand Atlas de l'Histoire* : 209, 213, 215, 266, 267, 295

Corpus : COOPÉRATIVES ; ÉLECTRICITÉ – Industries électriques ; EUROPE (Structure et milieu) – Géographie (l'expansion démographique) ; EUROPE OCCIDENTALE ; FER (MINERAIS DE) [les pays producteurs] ; FORÊTS (richesse forestière du globe) ; LAPONS ; NUCLÉAIRE (INDUSTRIE) ; SCANDINAVIE ; TOURISME ; TRANSPORTS – Transport aérien.

Universalia 1988 : 314 La « longue marche » de la social-démocratie ; ***Universalia 1991*** : 165 Le fardeau des déchets industriels ; ***Universalia 1996*** : 289 La fin du modèle suédois ?

Thesaurus :
A.E.L.E.
BERGSLAG
CONSEIL NORDIQUE
DALÉCARLIE
EXPRESSEN
FALUN (CUIVRE DE)
GÖTEBORG
GOTLAND (ÎLE DE)
MALMÖ
NORRBOTTEN
SCANIE
STOCKHOLM
SVEALAND
VÄSTERBOTTEN

■ ***Population active*** (1995) : 4 319 000 ; taux d'activité 48,9 % (taux de participation : 16-64 ans 78,2 % ; femmes 47,9 % ; sans-emploi 7,7 %).

■ ***Revenus et dépenses des ménages***

Taille moyenne des ménages (1990) : 2,1.

Revenu annuel moyen par ménage (1994) : 396 100 SEK (51 330 USD) ; sources des revenus (1992) : salaires et traitements 58,9 % ; paiements de transfert 25,8 % ; activités non salariées 15,3 %.

Dépenses (1995) : logement et énergie 29,6 % ; alimentation 20,9 % ; transports 16,1 % ; éducation et loisirs 9,2 %.

■ ***Utilisation du sol*** (1994) : forêts 68,0 % ; prairies et pâturages 1,4 % ; terres cultivées et plantations 6,8 % ; autres 23,8 %.

Échanges extérieurs

■ ***Importations*** (1996) : 447 600 000 000 SEK (équipement industriel et de transport 40,4 %, dont matériel électrique 17,8 %, équipement de transport 9,8 % ; produits chimiques 10,4 % ; produits alimentaires 6,6 % ; habillement 1,7 %).

Principales sources des importations : Allemagne 18,8 % ; Royaume-Uni 10,2 % ; Norvège 7,8 % ; Danemark 7,5 % ; États-Unis 5,8 % ; Finlande 5,6 % ; France 5,6 %.

■ ***Exportations*** (1996) : 567 300 000 000 SEK (équipement industriel et de transport 47,4 %, dont matériel électrique 17,2 %, équipement de transport 14 % ; produits papetiers 9,1 % ; produits chimiques 8,7 % ; fer et acier 5,5 % ; bois et pâte de bois 4,9 %).

Principales destinations des exportations : Allemagne 11,7 % ; Royaume-Uni 9,6 % ; Norvège 8,4 % ; États-Unis 8,3 % ; Danemark 6,3 % ; Finlande 5,2 %.

Transports et communications

■ ***Transports***

Chemins de fer (1995) : longueur 10 853 km ; trafic : 6 344 000 000 passagers-km ; 19 388 000 000 t-km.

Routes (1996) : longueur totale 136 223 km (72 % recouvertes).

Véhicules (1996) : voitures particulières 3 630 760 ; camions et autobus 322 286.

Marine marchande (1996) : 430 navires (de 100 tjb et plus) ; 2 881 000 tonneaux de port en lourd.

Transports aériens (1994) ; trafic : 8 426 647 000 passagers-km ; 249 528 000 t-km. 48 aéroports (1997).

■ ***Communications***

Journaux quotidiens (1995) : 174 ; diffusion totale 4 544 000 ; diffusion pour 1 000 hab. 515.

Radiodiffusion (1995) : 7 450 000 postes récepteurs ; 844 pour 1 000 hab.

Télévision (1995) : 4 202 000 postes récepteurs ; 476 pour 1 000 hab.

Téléphone (1993) : 6 010 000 lignes principales ; 681 pour 1 000 hab.

	1990	1991	1992	1993	1994	1995	1996
indice des prix à la consommation ...	100,0	109,4	112,0	117,1	120,0	123,0	123,0
indice des revenus horaires	100,0	105,0	110,0	113,0	118,0	123,0	132,0

Indices des prix et des revenus (1990 = 100).

Éducation et santé

■ ***Niveau d'éducation*** (1995)

Proportion de la population âgée de 16 à 64 ans : ayant une éducation primaire 30,7 % ; éducation secondaire (premier cycle) 32,2 % ; éducation secondaire (second cycle) 14,3 % ; éducation postsecondaire incomplète 22,8 %.

■ ***Alphabétisation*** (1995) : presque 100 %.

■ ***Santé*** : 23 000 médecins en 1995 (1 pour 384

	1991	1992	1993	1994	1995	1996
millions de SEK	+ 38 343	+ 42 062	+ 63 285	+ 82 735	+ 82 735	+ 120 000
% du total	6,1	6,9	8,9	9,6	8,1	11,8

Balance commerciale (prix courants).

	nombre d'établissements	nombre d'enseignants	nombre d'élèves	nombre d'élèves par enseignant
primaire (7-12 ans)	4 900	89 275	916 661	10,3
secondaire (13-18 ans)	629	29 563	309 952	10,5
supérieur	n.d.	29 487	268 448	9,1

Enseignement (1994-1995).

hab.) ; 45 537 lits d'hôpital en 1995 (1 pour 194 hab.) ; taux de mortalité infantile (1996) : 3,5 ‰.

■ ***Alimentation*** (1995) : apport journalier en calories par habitant 3 117 (alimentation d'origine végétale 65 % ; d'origine animale 35 %) ; soit 117 % du niveau minimal recommandé par la F.A.O.

Défense nationale

■ ***Contingent*** (1996) : 62 600 (armée de terre 68,8 % ; marine 16,0 % ; armée de l'air 15,2 %).

■ ***Dépenses militaires*** (1995) : 2,8 % du P.N.B. (moyenne mondiale 2,8 %) ; soit 683 USD/hab.

a. Sur la base de la surface terrestre.

→ *Corpus* : SUISSE
→ *Grand Atlas de Géographie* (éd. 1992) : 32, 62
→ *Grand Atlas de l'Histoire* : 266, 267, 295

SUISSE

● ***Noms officiels*** : Confédération suisse (var. Confédération helvétique) ; Schweizerische Eidgenossenschaft (forme courte : Schweiz) ; Confederazione Svizzera (forme courte : Svizzera). Code I.S.O. : CH.

● ***Forme de gouvernement*** : État fédéral avec une Assemblée fédérale comprenant deux assemblées législatives (Conseil des États [46] et Conseil national [200]).

● ***Chef de l'État*** : président du Conseil fédéral (élu pour un an).

● ***Tête du gouvernement*** : Conseil fédéral (7).

● ***Capitales*** : Berne ; Bern ; Berna (siège administratif) ; Lausanne (siège judiciaire).

● ***Langues officielles*** : français ; allemand ; italien (et romanche).

● ***Religion officielle*** : aucune.

● ***Unité monétaire*** : 1 franc suisse (CHF) = 100 centimes ; valeur (31 déc. 1997) : 100 CHF = 411,84 FRF ; 1 écu = 1,605 53 CHF.

Démographie

■ ***Population*** (estim. 1997) : 7 116 000 hab.

■ ***Densité*** (1997) : 172,4 hab./km².

■ ***Répartition urbaine/rurale*** (1996) : population urbaine 67,7 %, rurale 32,3 %.

■ ***Répartition par sexe*** (1996) : hommes 48,84 % ; femmes 51,16 %.

■ ***Répartition par âge*** (1995) : moins de 15 ans 17,6 % ; de 15 à 29 ans 19,8 % ; de 30 à 44 ans 23,9 % ; de 45 à 59 ans 19,1 % ; de 60 à 74 ans 12,9 % ; 75 ans et plus 6,7 %.

■ ***Projection démographique*** : 7 225 000 en 2000 ; 7 438 000 en 2010.

■ ***Composition linguistique*** (1990) : Allemands 63,6 % ; Français 19,2 % ; Italiens 7,6 % ; Espagnols 1,7 % ; Portugais 1,4 % ; Romanches 0,6 % ; autres 5,9 %.

■ ***Appartenances religieuses*** (1990) : catholiques 46,2 % ; protestants 40,0 % ; musulmans 2,2 % ; orthodoxes 1,0 % ; juifs 0,3 % ; autres 10,3 %.

■ ***Principales villes*** (1996) : Zurich 343 869 hab. ; Bâle 174 007 hab. ; Genève 173 559 hab. ; Berne 127 469 hab. ; Lausanne 115 878 hab.

Statistiques de l'état civil

■ ***Taux de natalité*** (1996) : 11,7 ‰ (moyenne mondiale 25,0 ‰).

■ ***Taux de mortalité*** (1996) : 8,9 ‰ (moyenne mondiale 9,3 ‰).

■ ***Taux d'accroissement naturel*** (1996) : 2,8 ‰ (moyenne mondiale 15,7 ‰).

■ ***Taux de fécondité*** (nombre moyen de naissances par femme en âge de procréer, 1995) : 1,5.

■ ***Nombre de mariages*** (pour 1 000 hab., 1995) : 5,9.

■ ***Espérance de vie*** à la naissance (1994-1995) : hommes 75,3 ans ; femmes 81,7 ans.

■ ***Principales causes de décès*** (pour 100 000 hab., 1994) : maladies de cœur 256,3, dont maladies de cœur ischémiques 146,8 ; tumeurs malignes (cancers) 238,7.

Économie nationale

■ ***Budget de l'État*** (1996 ; au niveau de la Confédération uniquement)
Recettes : 39 924 000 000 CHF (impôts sur les chiffres d'affaires 29,1 % ; impôts fédéraux directs 23,5 % ; taxes sur les carburants 11,5 %).
Dépenses : 43 972 000 000 CHF (services sociaux 27,3 % ; transports 14,3 % ; défense nationale 12,9 %).

■ ***Dette nationale*** (fin 1995) : 82 152 000 000 CHF.

■ ***Tourisme*** (1995) : recettes touristiques 9 459 000 000 USD ; dépenses touristiques à l'étranger 7 713 000 000 USD.

■ ***Production***
Agriculture, sylviculture, pêche (1996).
Lait (1995) 3 900 000 t ; betteraves à sucre 1 000 000 t ; blé 626 000 t ; pommes de terre 610 000 t ; orge 362 000 t ; pommes 262 000 t ; raisins 155 000 t.
Cheptel (sur pied) : bovins 1 755 000 ; porcs 1 580 000.
Bois (1994) : 4 974 000 m³.
Pêche (1994) : 2 716 t.
Industries extractives (1995) : sel 400 000 t.
Industries manufacturières (valeur ajoutée, millions de CHF, 1993) : machines non électriques et véhicules de transport 13 570 ; produits chimiques 13 088 ; matériel électrique, électronique et optique 12 306 ; métaux de base et produits métalliques 8 241.
Bâtiment (valeur, millions de CHF, 1995) : résidentiel 20 855 ; non résidentiel 25 821.
Énergie (production/consommation) : électricité 60 358 000 000 (1994)/53 793 000 000 (1995)

	1994		1995	
	millions de CHF	% du total	effectifs	% des effectifs
agriculture	9 230	2,6	154 400	3,9
industrie	80 997	23,0	782 000	19,9
mines	n.d.	n.d.	27 000	0,7
entreprises publiques	7 741	2,2		
bâtiment	24 749	7,0	286 000	7,3
transports et communications	22 173	6,3	227 000	5,8
commerce	61 092	17,3	733 000	18,6
finance, assurance [1]	84 744	24,0	485 000	12,3
administration, défense nationale	45 647	12,9	160 000	4,0
services	27 769	7,9	928 000	23,6
autres	– 11 218 [2]	– 3,2	154 000 [3]	3,9
total	**352 924**	**100,0**	**3 936 000** [4]	**100,0**

1. Comprend les services de conseil. 2. Comprend les droits d'importation moins les frais de service bancaire. 3. Sans-emploi. 4. Comprend 976 000 travailleurs étrangers.

Structure du produit intérieur brut et effectifs.

cantons et demi-cantons	chefs-lieux	superficie (km²)	population (estim. janv. 1996)
Appenzell Rhodes-Extérieures	Herisau		
Appenzell Ausserrhoden [1]	Herisau		
Appenzello Esterno	Herisau	243	54 104
Appenzell Rhodes-Intérieures	Appenzell		
Appenzell Innerrhoden [1]	Appenzell		
Appenzello Interno	Appenzello	173	14 750
Argovie *Aargau* Argovia	Aarau Aarau Aarau	1 404	528 887
Bâle-Campagne	Liestal		
Basel-Landschaft [1]	Liestal		
Basilea Campagna	Liestal	517	252 331
Bâle-Ville *Basel-Stadt* [1] Basilea Città	Bâle Basel Basilea	37	195 759
Berne Bern Berna	Berne Bern Berna	5 961	941 952
Fribourg Freiburg			
Friburgo (var. Friborgo)	Fribourg Freiburg Friburgo	1 671	224 552
Genève Genf Ginevra	Genève Genf Ginevra	282	395 466
Glaris *Glarus* Glarona	Glaris Glarus Glarona	685	39 410
Grisons *Graubünden*	Coire Chur		
Grigioni (romanche : *Grishun*)	Coira (romanche : Cuera)	7 105	185 063
Jura Jura Giura	Delémont Delsberg Delémont	836	69 188
Lucerne *Luzern* Lucerna	Lucerne Luzern Lucerna	1 493	340 536
Neuchâtel Neuenburg Neuchâtel	Neuchâtel Neuenburg Neuchâtel	803	165 258
Saint-Gall *Sankt Gallen* San Gallo	Saint-Gall Sankt Gallen San Gallo	2 026	442 350
Schaffhouse *Schaffhausen* Sciaffusa	Schaffhouse Schaffhausen Sciaffusa	299	74 035
Schwyz *Schwyz* Svitto	Schwyz Schwyz Svitto	908	122 409
Soleure *Solothurn* Soletta	Soleure Solothurn Soletta	791	239 264
Tessin Tessin	Bellinzona Bellinzona (ou Bellenz)		
Ticino	Bellinzona	2 812	305 199
Thurgovie *Thurgau* Turgovia	Frauenfeld Frauenfeld Frauenfeld	991	223 372
Uri *Uri* Uri	Altdorf Altdorf Altdorf	1 077	35 876
Valais Wallis Vallese	Sion Sitten Sion	5 225	271 291
Vaud	Lausanne		
Waadt (var. Waadtland)	Lausanne		
Vaud	Losanna	3 212	605 677
Zoug *Zug* Zugo	Zoug Zug Zugo	239	92 392
Zurich *Zürich* Zurigo	Zurich Zürich Zurigo	1 729	1 175 457
Unterwald Nidwald	Stans		
Unterwalden Nidwalden [1]	Stans		
Unterwaldo Nidwaldo	Stans	276	36 466
Unterwald Obwald	Sarnen		
Unterwalden Obwalden [1]	Sarnen		
Unterwaldo Obwaldo	Sarnen	490	31 310
total		**41 285**	**7 062 354** [2]

Dans le présent tableau, les cantons sont désignés successivement dans leurs dénominations française, allemande et italienne. On a composé en italique la dénomination dans la (ou les) langue(s) officielle(s) de chaque canton. 1. Demi-cantons (fonctionnent comme les cantons et ont les mêmes prérogatives légales). 2. Comprend 1 363 590 résidents étrangers.

Territoire et population.

kWh ; charbon (1994) 0/229 000 t ; pétrole brut (1994) 0/34 796 000 barils ; produits pétroliers (1994) 4 694 000/11 108 000 t ; gaz naturel (1994) 1 050 000/2 374 000 000 m³.

■ ***Produit national brut*** (1995) : 286 014 000 000 USD (40 630 USD/hab.).

■ ***Population active*** (1995) : 3 936 000 ; taux d'activité 55,9 % (taux de participation : 15 ans et plus [1993] 60,8 % ; femmes 40,7 % ; sans-emploi [1996] 4,7 %).

■ ***Revenus et dépenses des ménages***
Taille moyenne des ménages (1993) : 2,2.
Revenu annuel moyen par ménage (1993) : 70 700 CHF (47 850 USD) ; sources des revenus : salaires 62,9 % ; paiements de transfert 17,9 %.
Dépenses (1993) : alimentation 18,8 % ; logement 16,4 % ; transports 11,8 % ; santé 11,6 %.

■ ***Utilisation du sol*** (1994) : forêts 31,6 % ; prairies et pâturages 29,0 % ; terres cultivées et plantations 11,0 % ; autres 28,4 %.

Échanges extérieurs[a]

■ ***Importations*** (1996) : 91 967 000 000 CHF (équipement industriel et électronique 22,6 % ; produits chimiques 14,7 % ; véhicules 12,2 % ; produits alimentaires 9,0 %).
Principales sources des importations : Allemagne 32,7 % ; France 12,0 % ; Italie 11,2 % ; États-Unis 6,6 % ; Royaume-Uni 4,9 %.

	1990	1991	1992	1993	1994	1995	1996	1997 (février)
indice des prix à la consommation	100,0	105,8	110,1	113,8	114,7	116,8	117,5	118,6
indice des revenus annuels	100,0	106,9	111,9	114,8	116,6	117,6	n.d.	n.d.

Indices des prix et des revenus (1990 = 100).

	1991	1992	1993	1994	1995	1996
millions de CHF	− 6 144	+ 268	+ 3 721	+ 3 798	+ 1 169	+ 3 118
% du total	3,4	0,2	3,2	2,2	0,9	1,7

Balance commerciale (prix courants).

■ ***Exportations*** (1996) : 94 137 000 000 CHF (équipement industriel et électronique 29,8 % ; produits chimiques 27,6 % ; instruments de précision, montres et bijoux 15,6 % ; métaux de base et produits métalliques finis 8,7 %).
Principales destinations des exportations : Allemagne 23,3 % ; France 9,4 % ; États-Unis 9,0 % ; Italie 7,7 % ; Royaume-Uni 5,7 %.

Transports et communications

■ ***Transports***
Chemins de fer (chemin de fer fédéral uniquement) : longueur (1994) 5 030 km ; trafic (1995) : 11 400 000 000 passagers-km ; 8 156 000 000 t-km.
Routes (1995) : longueur totale 71 055 km.
Véhicules (1995) : voitures particulières 3 229 169 ; camions et autobus 277 399.
Marine marchande (1992) : 24 navires (de 100 tjb et plus) ; 602 084 tonneaux de port en lourd.
Transports aériens (Swissair uniquement, 1995) ; trafic : 19 725 000 000 passagers-km ; 1 508 000 000 t-km. 5 aéroports (1996).

■ ***Communications***
Journaux quotidiens (1994) : diffusion totale 2 920 000 ; diffusion pour 1 000 hab. 448.
Radiodiffusion (1996) : 5 600 000 postes récepteurs ; 791 pour 1 000 hab.
Télévision (1995) : 2 602 000 postes récepteurs ; 370 pour 1 000 hab.
Téléphone (1995) : 4 318 500 lignes principales ; 613 pour 1 000 hab.

Éducation et santé

■ ***Niveau d'éducation*** (1993)
Proportion de la population âgée de 25 à 64 ans : ayant une éducation secondaire du premier cycle ou moins 18 % ; éducation professionnelle 50 % ; éducation secondaire du second cycle 11 % ; éducation supérieure technique 13 % ; universitaire 8 %.

■ ***Enseignement*** (1995-1996) : 1 161 545 élèves (primaire 452 789 ; secondaire 369 036 ; professionnel 191 696 ; supérieur 148 024).

■ ***Santé*** (1994) : 11 814 médecins hospitaliers avec une clientèle privée (1 pour 592 hab.) ; 48 539 lits d'hôpital (1 pour 144 hab.) ; taux de mortalité infantile (1995) : 5,0 ‰.

■ ***Alimentation*** (1992) : apport journalier en calories par habitant 3 379 (alimentation d'origine végétale 62 % ; d'origine animale 38 %) ; soit 126 % du niveau minimal recommandé par la F.A.O.

Défense nationale

■ ***Contingent*** (1996) : 3 300 (plus 396 000 réservistes).

■ ***Dépenses militaires*** (1994) : 1,9 % du P.N.B. (moyenne mondiale 3,0 %) ; soit 712 USD/hab.

a. Importations : chiffres F.O.B. pour la balance commerciale et C.I.F. pour les marchandises et les partenaires commerciaux.

Corpus : ALPES (les grandes divisions alpines) [Alpes italo-suisses] ; CHIMIE – Les industries chimiques ; ÉLECTRICITÉ – Industries électriques ; EUROPE (Structure et milieu) – Géographie (répartition des populations) ; EUROPE OCCIDENTALE ; FORÊTS (richesses forestière du globe) ; INDUSTRIE – Groupes industriels et financiers ; JURA (contrastes de la géographie humaine) ; MIGRANTS ; PHARMACIE ET INDUSTRIE PHARMACEUTIQUE ; RHIN (l'utilisation du fleuve) ; TÉLÉVISION ET RADIODIFFUSION – Les organismes dans les pays occidentaux ; TOURISME ; TRANSPORTS – Transport aérien.

Universalia 1989 : 245 La pollution du Rhin ; ***Universalia 1991*** : 165 Le fardeau des déchets industriels ; ***Universalia 1994*** : 311 La naturalisation des étrangers.

Thesaurus :
A.E.L.E.
APPENZELL
BÂLE
BERNE
GENÈVE
GLARIS
GRISONS
JOURNAL DE GENÈVE (LE)
LAUSANNE
LUCERNE
NEUE ZÜRCHER ZEITUNG
RHEINTAL
SAINT-BERNARD (COL DU GRAND-)
SAINT-GOTHARD (COL DU)
SION
TESSIN
VALAIS
VAUD (CANTON DE)
WALDSTÄTTEN
ZURICH

→ *Corpus* : SURINAME
→ *Grand Atlas de Géographie* (éd. 1992) : 210, 218
→ *Grand Atlas de l'Histoire* : 227, 287, 294

SURINAME

• ***Nom officiel*** : République du Suriname (Republiek van Suriname). Code I.S.O. : SR.

• ***Forme de gouvernement*** : république à régime multipartiste avec une chambre législative (Assemblée nationale [51]).

• ***Chef de l'État et du gouvernement*** : président.

• ***Capitale*** : Paramaribo.

• ***Langue officielle*** : néerlandais.

• ***Religion officielle*** : aucune.

• ***Unité monétaire*** : 1 florin du Suriname (SRG) = 100 cents ; valeur (31 déc. 1997) : 100 SRG = 1,512 FRF.

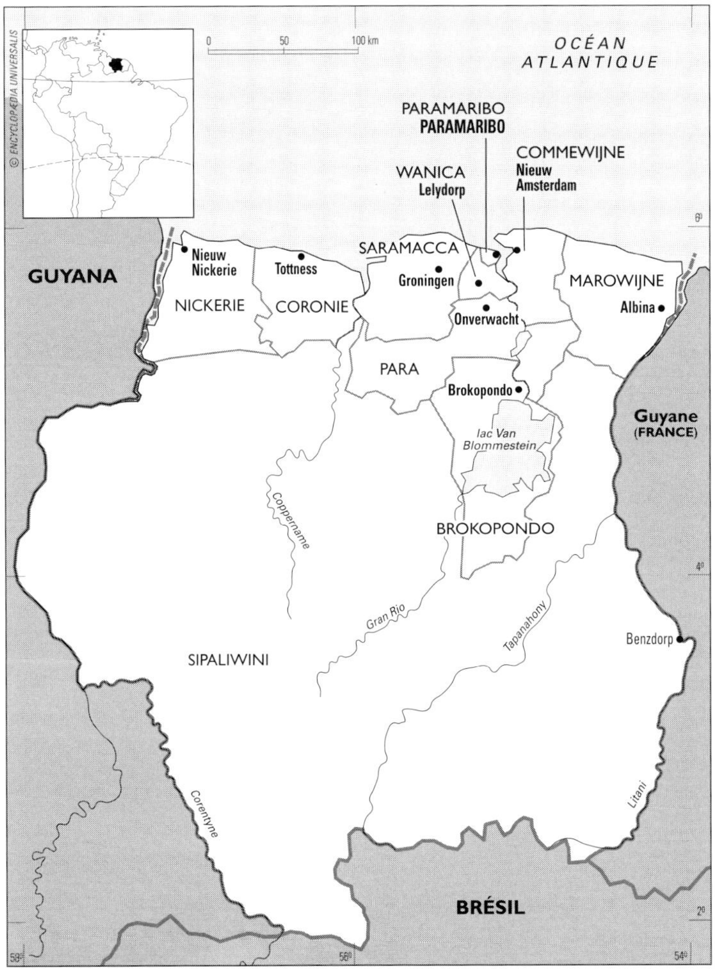

Démographie

■ ***Population*** (estim. 1997) : 424 000.

■ ***Densité*** (1997) : 2,6 hab./km².

■ ***Répartition urbaine/rurale*** (1996) : population urbaine 51,0 % ; rurale 49,0 %.

■ ***Répartition par sexe*** (1996) : hommes 49,54 % ; femmes 50,46 %.

■ ***Répartition par âge*** (1995) : moins de 15 ans 35,2 % ; de 15 à 29 ans 29,7 % ; de 30 à 44 ans 19,0 % ; de 45 à 59 ans 8,8 % ; de 60 à 74 ans 5,9 % ; 75 ans et plus 1,4 %.

■ ***Projection démographique*** : 445 000 en 2000 ; 511 000 en 2010.

■ ***Temps de doublement*** : 47 ans.

■ ***Composition ethnique*** (1991) : Créoles du Suriname 35,0 % ; Indo-Pakistanais 33,0 % ; Javanais 16,0 % ; Saramaccas (*bushnegroes*) 10,0 % ; Amérindiens 3,0 % ; autres 3,0 %.

■ ***Appartenances religieuses*** (1986) : hindous 27,4 % ; catholiques 22,8 % ; musulmans 19,6 % ; protestants (principalement frères moraves) 18,8 % ; autres 11,4 %.

■ ***Principales villes*** (1980) : Paramaribo 200 970 hab. (1993) ; Nieuw Nickerie 6 078 hab. ; Meerzorg 5 355 hab. ; Marienburg 3 633 hab.

Statistiques de l'état civil

■ ***Taux de natalité*** (1995) : 21,5 ‰ (moyenne mondiale 25,0 ‰).

■ ***Taux de mortalité*** (1995) : 6,6 ‰ (moyenne mondiale 9,3 ‰).

■ ***Taux d'accroissement naturel*** (1995) : 14,9 ‰ (moyenne mondiale 15,7 ‰).

■ ***Taux de fécondité*** (nombre moyen de naissances par femme en âge de procréer, 1997) : 2,6.

■ ***Nombre de mariages*** (pour 1 000 hab., 1991) : 4,9.

■ ***Nombre de divorces*** (pour 1 000 hab., 1991) : 2,5.

■ ***Espérance de vie*** à la naissance (1990-1995) : hommes 67,8 ans ; femmes 72,8 ans.

■ ***Principales causes de décès*** (pour 100 000 hab., 1992) : maladies non transmissibles 769,0 ; autres causes externes 608,1 ; maladies transmissibles et périnatales 232,8.

Économie nationale

■ ***Budget de l'État*** (1995)
Recettes : 94 096 600 000 SRG (emprunts 29,2 % ; impôts sur le revenu des entreprises 26,6 % ; droits de douane 13,4 % ; taxes sur le revenu des particuliers 9,4 % ; taxes à la valeur ajoutée 6,8 %).
Dépenses : 88 973 500 000 SRG (dépenses courantes 87,2 %, dont assistance et assurance sociale 3,6 %, défense nationale 2,7 %, éducation 2,1 %, service de la dette 2,0 %, santé 1,9 % ; dépense en capital 12,8 %).

■ ***Dette publique*** (extérieure, créances, 1996) : 216 500 000 USD.

■ ***Tourisme*** (1995) : recettes touristiques 14 000 000 USD ; dépenses touristiques à l'étranger (1994) 3 000 000 USD.

■ ***Production***
Agriculture, sylviculture, pêche (1997).
Riz 218 000 t ; canne à sucre 84 500 t ; bananes 41 000 t ; bananes plantains 19 000 t ; oranges 14 200 t ; noix de coco 11 000 t ; pastèques 6 000 t ; manioc 6 000 t ; concombres 5 500 t ; tomates 1 700 t ; choux 1 400 t.
Cheptel (sur pied) : bovins 104 000 ; porcs 20 000.
Bois (1996) : 122 000 m³.
Pêche (1995) : 13 000 t.
Industries extractives (1996) : bauxite 3 708 000 t ; or (1993) 9 645 onces.
Industries manufacturières (valeur de la production au coût des facteurs, 1993) : produits

Corpus : BAUXITES (productions-réserves) ; CARAÏBES (AIRE DES) [géopolitique de l'espace] ; INDIENS D'AMÉRIQUE (Amazonie et Guyanes).

Universalia 1990 : 343 Le retour à la démocratie et les difficultés de la paix ; *Universalia 1991* : 151 Amérique latine : une nouvelle donne.

Thesaurus :
CARIBBEAN BASIN INITIATIVE
GALIBI
PARAMARIBO

districts	capitales	superficie* (km²)	population (recens. 1980)
districts :			
Brokopondo	Brokopondo	7 364	6 621
Commewijne	Nieuw Amsterdam	2 353	20 063
Coronie	Tottness	3 902	2 777
Marowijne	Albina	4 627	16 125
Nickerie	Nieuw Nickerie	5 353	32 690
Para	Onverwacht	5 393	12 827
Saramacca	Groningen	3 636	10 808
Sipallwini	—	130 566	23 226
Wanica	Lelydorp	443	60 725
district urbain :			
Paramaribo	Paramaribo	183	167 798
total		**163 820**	**353 660**

(*) La superficie ne comprend pas 17 635 km² en litige avec le Guyana.

Territoire et population.

	millions de SRG	% du total	effectifs	% des effectifs
agriculture, sylviculture	8 733,5	13,7	19 940	20,3
mines	8 574,6	13,4	3 181	3,2
industrie	6 548,9	10,3	4 432	4,5
bâtiment	2 360,3	3,7	1 656	1,7
entreprises publiques	2 885,2	4,5	1 288	1,3
transports et communications	11 129,7	17,5	2 112	2,1
commerce	12 877,3	20,2	4 383	4,5
finance, immobilier	13 257,3	20,8	1 954	2,0
administration, défense nationale	3 441,7	5,4	38 552	39,2
services	77,3	0,1	2 010	2,0
autres	− 6 181,8 [1]	− 9,7	18 732 [2]	19,1
total	**63 709,1** [3]	**100,0** [3]	**98 240**	**100,0** [3]

1. Taxes indirectes moins les subventions et les frais de service bancaire. 2. Comprend 11 300 sans-emploi. 3. Le total général ne correspond pas exactement au détail en raison des arrondis.

Structure du produit intérieur brut et effectifs (1994).

	1990	1991	1992	1993	1994	1995	1996
indice des prix à la consommation	100,0	126,0	181,0	440,7	2 064,5	6 927,7	6 878,1
indice des revenus	n.d.	n.d.	n.d.	n.d.	n.d.	n.d.	n.d.

Indices des prix et des revenus (1990 = 100).

	1989	1990	1991	1992	1993	1994	1995	1996
millions de USD	+ 143,5	− 7,7	− 117,9	− 110,8	− 77,2	− 99,3	+ 38,3	+ 18,8
% du total	13,1	0,6	11,3	10,2	8,0	20,4	4,6	2,2

Balance commerciale (prix courants).

	nombre d'établissements	nombre d'enseignants	nombre d'élèves	nombre d'élèves par enseignant
primaire (6-11 ans)	280	3 447	62 613	18,2
secondaire (12-18 ans)	100	2 506	29 554	14,4
professionnel et formation à l'enseignement	64 [2]	n.d.	12 307	n.d.
supérieur [1]	1	155	1 478	9,5

1. 1995-1996. 2. 1988-1989.

Enseignement (1994-1995).

alimentaires 992 000 000 SRG ; boissons 558 000 000 SRG ; tabac 369 000 000 SRG ; produits chimiques 291 000 000 SRG ; poteries et faïences 258 000 000 SRG ; bois 180 000 000 SRG.

Bâtiment (valeur des constructions autorisées, 1985) : résidentiel 46 500 000 SRG ; non résidentiel 8 100 000 SRG.

Énergie (production/consommation) : électricité (1994) 1 683 000 000/1 683 000 000 kWh ; charbon 0/n.d. ; pétrole brut (1994) 1 686 000/1 370 000 barils ; produits pétroliers (1992) 0/461 000 t ; gaz naturel 0/0.

■ ***Population active*** (1994) : 98 240 ; taux d'activité 24,3 % ([1992] taux de participation [a] : 15-64 ans 56,0 % ; femmes 37,5 % ; sans-emploi 11,3 %).

■ ***Produit national brut*** (aux prix courants du marché, 1994) : 360 000 000 USD (880 USD/hab.).

■ ***Revenus et dépenses des ménages***

Taille moyenne des ménages (1980) : 3,9.

Revenu annuel moyen par ménage : n.d. ; sources des revenus (1975) : salaires et traitements 74,6 % ; paiements de transfert 3,2 % ; autres 22,2 %.

Dépenses (1968-1969) : alimentation et boissons 40,0 % ; fournitures domestiques 12,3 % ; habillement 11,0 % ; transports et communications 9,5 % ; éducation et loisirs 8,4 % ; énergie 6,9 % ; logement 4,4 % ; autres 7,5 %.

■ ***Utilisation du sol*** (1994) : forêts 96,2 % ; prairies et pâturages 0,1 % ; terres cultivées et plantations 0,4 % ; autres 3,3 %.

Échanges extérieurs

■ ***Importations*** (1994) : 350 200 000 USD (combustibles et lubrifiants 18,2 % ; équipement industriel et de transport 13,3 % ; produits alimentaires et animaux sur pied 7,3 % ; appareils ménagers 4,2 %).
Principales sources des importations : États-Unis 39,8 % ; Pays-Bas 24,1 % ; Trinité et Tobago 11,2 % ; Japon 3,3 % ; Brésil 3,0 %.

■ ***Exportations*** (1994) : 339 800 000 USD (alumine 63,6 % ; crevettes et poissons 9,7 % ; riz 9,6 % ; aluminium 9,3 % ; pétrole 3,0 % ; bananes 2,9 %).
Principales destinations des exportations : Norvège 32,6 % ; Pays-Bas 26,9 % ; États-Unis 13,1 % ; Japon 6,6 % ; Brésil 6,3 % ; France 2,9 %.

Transports et communications

■ ***Transports***
Chemins de fer (1991) : longueur 301 km ; trafic n.d.
Routes (1995) : longueur totale 4 470 km (26 % recouvertes).
Véhicules (1995) : voitures particulières 44 300 ; camions et autobus 17 050.
Marine marchande (1992) : 24 navires (de 100 tjb et plus) ; 15 721 tonneaux de port en lourd.
Transports aériens (S.L.M. uniquement, 1995) ; trafic : 883 347 000 passagers-km ; 25 818 000 t-km. 3 aéroports desservis par des vols réguliers (1997).

■ ***Communications***
Journaux quotidiens (1993) : diffusion totale 43 000 ; diffusion pour 1 000 hab. 107.
Radiodiffusion (1993) : 290 300 postes récepteurs ; 719 pour 1 000 hab.
Télévision (1994) : 59 000 postes récepteurs ; 146 pour 1 000 hab.
Téléphone (1995) : 53 200 lignes principales ; 130 pour 1 000 hab.

Éducation et santé

■ ***Niveau d'éducation*** : n.d.

■ ***Alphabétisation*** (1995) : personnes âgées de 15 ans et plus alphabétisées 271 700 (93,0 %) ; hommes 137 700 (95,1 %) ; femmes 134 000 (91,0 %).

■ ***Santé*** : 331 médecins en 1990 (1 pour 1 222 hab.) ; 1 901 lits d'hôpital en 1989 (1 pour 212 hab.) ; taux de mortalité infantile (1994) : 27,9 ‰.

■ ***Alimentation*** (1995) : apport journalier en calories par habitant 2 556 (alimentation d'origine végétale 87 % ; d'origine animale 13 %) ; soit 113 % du niveau minimal recommandé par la F.A.O.

Défense nationale

■ ***Contingent*** (1997) : 1 800 [b] (armée de terre 77,8 % ; marine 13,3 % ; armée de l'air 8,9 %).

■ ***Dépenses militaires*** (1995) : 3,0 % du P.N.B. (moyenne mondiale 2,8 %) ; soit 90 USD/hab.

a. Districts de Wanica et Paramaribo uniquement.

b. Tous les corps sont rattachés à l'armée de terre.

→ *Corpus* : SWAZILAND
→ *Grand Atlas de Géographie* (éd. 1992) : 136, 154
→ *Grand Atlas de l'Histoire* : 277, 283, 295

SWAZILAND

● ***Noms officiels*** : Royaume du Swaziland (Kingdom of Swaziland ; Umbuso weSwatini). Code I.S.O. : SZ.

● ***Forme de gouvernement*** [a] : monarchie avec un Parlement (Libandia) comprenant deux chambres (Sénat [30 [b]] et Chambre basse [65 [c]]).

● ***Chef de l'État et du gouvernement*** : roi, assisté par un Premier ministre.

● ***Capitales*** : Mbabane (capitale administrative) ; Lobamba (capitale royale et législative).

● ***Langues officielles*** : anglais ; swazi.

● ***Religion officielle*** : aucune

● ***Unité monétaire*** : 1 lilangeni [d], plur. emalangeni (SZL) = 100 cents ; valeur (31 déc. 1997) : 100 SZL = 123,06 FRF.

Démographie

■ ***Population*** (estim. 1997) : 1 032 000.

■ ***Densité*** (1997) : 59,3 hab./km².

■ ***Répartition urbaine/rurale*** (1991) : population urbaine 34,3 % ; population rurale 65,7 %.

■ ***Répartition par sexe*** (1996) : hommes 48,53 % ; femmes 51,47 %.

■ ***Répartition par âge*** (1996) : moins de 15 ans 45,7 % ; de 15 à 29 ans de 27,9 % ; de 30 à 44 ans 14,9 % ; de 45 à 59 ans 7,6 % ; de 60 à 74 ans 3,3 % ; 75 ans et plus 0,6 %.

■ ***Projection démographique*** : 1 137 000 en 2000 ; 1 566 000 en 2010.

■ ***Temps de doublement*** : 22 ans.

■ ***Composition ethnique*** (1983) : Swazis 84,3 % ; Zoulous 9,9 % ; Tsongas 2,5 % ; Indiens 0,8 % ; Pakistanais 0,8 % ; Portugais 0,2 % ; autres 1,5 %.

■ ***Appartenances religieuses*** (1980) : chrétiens 77,0 %, dont protestants 37,3 %, catholiques 10,8 %, religions africaines 28,9 % ; croyances traditionnelles 20,9 % ; autres 2,1 %.

■ ***Principales villes*** (1986) : Manzini 52 000 hab. ; Mbabane 38 290 hab. ; Nhlangano 4 108 hab. ; Pigg's Peak 3 223 hab. ; Siteki 2 271 hab.

Statistiques de l'état civil

■ ***Taux de natalité*** (1996) : 42,9 ‰ (moyenne mondiale 25,0 ‰).

■ ***Taux de mortalité*** (1996) : 10,6 ‰ (moyenne mondiale 9,3 ‰).

■ ***Taux d'accroissement naturel*** (1996) : 32,3 ‰ (moyenne mondiale 15,7 ‰).

■ ***Taux de fécondité*** (nombre moyen de naissances par femme en âge de procréer, 1996) : 6,0.

■ ***Nombre de mariages*** (1989) : 4,3.

■ ***Nombre de divorces*** : n.d.

■ ***Espérance de vie*** à la naissance (1996) : hommes 53,2 ans ; femmes 61,4 ans.

■ ***Principales causes de décès*** [e] (1992) : accidents et blessures 15,8 % ; maladies infectieuses intestinales 13,8 % ; tuberculose 10,3 % ; malnutrition 6,2 % ; maladies de l'appareil respiratoire 5,3 % ; maladies de l'appareil circulatoire 5,0 % ; troubles digestifs 4,6 %.

Économie nationale

■ ***Budget de l'État*** (1995-1996)
Recettes : 1 422 000 000 SZL (recettes provenant de l'Union douanière de l'Afrique australe 52,3 % ; impôts sur le revenu et sur les bénéfices 26,9 % ; impôts sur les ventes 12,6 % ; aides étrangères 1,8 % ; impôts fonciers 1,5 % ; redevances, services et amendes 0,8 %).
Dépenses : 1 506 000 000 SZL (dépenses cycliques 75,1 %, dont administration générale 21,7 %, éducation 18,0 %, services économiques 9,6 %, justice et police 8,0 %, santé 6,5 %, défense 6,6 %, remboursement de la dette publique 2,1 %).

■ ***Dette publique*** (extérieure, créances, 1995) : 236 800 000 USD.

■ ***Tourisme*** (1995) : recettes touristiques 35 000 000 USD ; dépenses touristiques à l'étranger 37 000 000 USD.

■ ***Production***
Agriculture, sylviculture, pêche (1996).
Canne à sucre 3 846 000 t ; maïs 135 600 t ; pamplemousses et pomelos 35 100 t ; oranges 32 874 t ; coton brut 14 000 t ; ananas 8 000 t ; racines et tubercules 8 000 t, dont pommes de terre 6 000 t, patates douces 2 000 t ; fibre de coton 5 000 t ; arachides 5 000 t.
Cheptel (sur pied) : bovins 646 000 ; chèvres 438 000 ; porcs 31 000 ; moutons 27 000 ; poulets 1 000 000.
Bois : 1 424 000 m³.
Pêche (1995) : 115 t.
Industries extractives (1996) : amiante 26 000 t ; diamants (1994) 64 000 carats.
Industries manufacturières (valeur ajoutée, 1990) : alimentation et boissons 451 200 000 SZL, dont boissons conditionnées 260 500 000 SZL, papier et dérivés 103 500 000 SZL ; textiles et vêtements 49 800 000 SZL ; bois et dérivés 15 700 000 SZL ; machines et équipement 12 700 000 SZL ; produits minéraux non métalliques 6 700 000 SZL.
Bâtiment (valeur, 1994) [f] : résidentiel 37 800 000 SZL ; non résidentiel 8 600 000 SZL.
Énergie (production/consommation) : électricité (1991) 387 000 000/815 000 000 kWh ; charbon 100 220 (1992)/28 454 (1989) t ; pétrole brut n.d./n.d. ; produits pétroliers n.d./n.d. ; gaz naturel n.d./n.d.

■ ***Produit national brut*** (aux prix courants du marché, 1995) : 1 051 000 000 USD (1 170 USD/hab.).

■ ***Population active*** (1986) : 160 355 ; taux d'activité 23,5 % (taux de participation : 15 ans et plus 44,1 % ; femmes 34,2 % ; sans-emploi 27,0 %).

■ ***Revenus et dépenses des ménages***
Taille moyenne des ménages (1986) : 5,7.
Revenu annuel moyen par ménage (1985) : 332 SZL (151 USD) ; sources des revenus : salaires et traitements 44,4 % ; activités non salariées 22,2 % ; transferts 12,2 % ; autres 21,2 %.
Dépenses (1985) : alimentation et boissons 33,5 % ; loyers et combustibles 13,4 % ; équipements domestiques 12,8 % ; transports et communications 8,8 % ; habillement 6,0 % ; loisirs 3,3 %.

■ ***Utilisation du sol*** (1994) : forêts 7,0 % ; prairies et pâturages 62,2 % ; terres cultivées et plantations 11,1 % ; autres 19,7 %.

districts	chefs-lieux	superficie (km²)	population (recens. 1986 •)
Hhohho	Mbabane	3 569	178 936
Lubombo	Siteki	5 947	153 958
Manzini	Manzini	4 068	192 596
Shiselweni	Nhlangano	3 780	155 569
total		**17 364**	**681 059**

(•) Préliminaire.

Territoire et population.

Corpus : AFRIQUE (Structure et milieu) – Géographie générale (l'économie moderne) ; AFRIQUE NOIRE – Société et économie ; AFRIQUE DU SUD (RÉPUBLIQUE D') [relations économiques internationales].

Thesaurus : SWAZI

	1995-1996		1986	
	milliers de SZL	% du total	effectifs	% des effectifs
agriculture	383 800	9,2	30 197	18,8
mines	45 200	1,1	5 245	3,3
industrie	1 092 600	26,3	14 742	9,2
bâtiment	157 100	3,8	7 661	4,8
entreprises publiques	68 100	1,6	1 315	0,8
transports et communications	209 800	5,0	7 526	4,7
commerce	316 600	7,6	12 348	7,7
finance	250 800	6,0	1 931	1,2
administration, défense nationale	704 600	16,9	32 309	20,1
services	67 600	1,7		
autres	864 800 [1]	20,8	47 081 [2]	29,4
total	**4 161 000**	**100,0**	**160 355**	**100,0**

1. Comprend les taxes indirectes moins les frais de service bancaire et les subventions. 2. Comprend 43 925 sans-emploi.

Structure du produit intérieur brut et effectifs.

	1990	1991	1992	1993	1994	1995	1996
indice des prix à la consommation	100,0	110,8	119,9	140,3	160,4	184,0	207,1
indice des revenus	n.d.	n.d.	n.d.	n.d.	n.d.	n.d.	n.d.

Indices des prix et des revenus (1990 = 100).

	1989	1990	1991	1992	1993	1994
millions de SZL	−56,7	−77,5	−98,6	−362,7	−406,9	−943,4
% du total	2,1	2,6	2,9	9,1	8,7	16,8

Balance commerciale (prix courants).

	nombre d'établissements	nombre d'enseignants	nombre d'élèves	nombre d'élèves par enseignant
primaire (6-13 ans)	535	5 887	192 599	32,7
secondaire (14-18 ans)	165	2 872	52 571	18,3
professionnel et formation à l'enseignement *	5	228	2 958	13,0
supérieur *	1	190	2 132	9,1

(*) 1993-1994.

Enseignement (1994).

Échanges extérieurs

■ ***Importations*** (1995) : 907 700 000 USD (équipement industriel et de transport 25,1 % ; produits manufacturés 17,5 % ; produits alimentaires 16,4 % ; produits chimiques 13,2 % ; minéraux, combustibles et lubrifiants 5,1 %).
Principales sources des importations (1993) : Afrique du Sud 81,7 % ; Royaume-Uni 2,5 % ; Pays-Bas 0,4 % ; Suisse 0,3 % ; France 0,1 %.

■ ***Exportations*** (1995) : 798 000 000 USD (bois et produits dérivés 18,4 % ; sucre 15,3 % ; réfrigérateurs 6,6 % ; filés de coton 6,6 % ; papier et produits dérivés 2,3 % ; agrumes 1,9 % ; amiante 1,6 %).
Principales destinations des exportations (1991) : Afrique du Sud 47,0 % ; États-Unis 3,6 % ; Royaume-Uni 3,3 % ; Mozambique 2,4 % ; Corée du Sud 2,2 % ; Zimbabwe 2,2 %.

Transports et communications

■ ***Transports***
Chemins de fer : longueur (1995) 301 km ; trafic (1988) : 1 210 000 000 passagers-km ; 2 910 000 000 t-km.
Routes (1994) : longueur totale 2 885 km (28 % recouvertes).
Véhicules (1994) : voitures particulières 27 135 ; camions et autobus 8 162.
Marine marchande : n.d.
Transports aériens (Royal Swazi National Airways uniquement, 1995) ; trafic : 49 423 000 passagers-km ; 127 000 t-km. 1 aéroport international desservi par des vols réguliers (1996).

■ ***Communications***
Journaux quotidiens (1995) : diffusion totale 36 000 ; diffusion pour 1 000 hab. 40.
Radiodiffusion (1995) : 117 000 postes récepteurs ; 129 pour 1 000 hab.
Télévision (1995) : 90 000 postes récepteurs ; 96 pour 1 000 hab.
Téléphone (1995) : 19 800 lignes principales ; 21 pour 1 000 hab.

Éducation et santé

■ ***Niveau d'éducation*** (1986)
Proportion de la population âgée de 25 ans et plus : sans instruction scolaire 42,1 % ; ayant une éducation primaire incomplète 23,9 % ; éducation primaire 10,5 % ; éducation secondaire incomplète 19,2 % ; éducation secondaire ou supérieure 4,3 %.

■ ***Alphabétisation*** (1995) : personnes âgées de 15 ans et plus alphabétisées 76,7 % ; hommes 78,0 % ; femmes 75,6 %.

■ ***Santé*** : 83 médecins en 1990 (1 pour 9 265 hab.) ; 1 608 lits d'hôpital en 1984 (1 pour 396 hab.) ; taux de mortalité infantile (1996) : 88,4 ‰.

■ ***Alimentation*** (1995) : apport journalier en calories par habitant 2 658 (alimentation d'origine végétale 90 % ; d'origine animale 10 %) ; soit 115 % du niveau minimal recommandé par la F.A.O.

Défense nationale

■ ***Contingent*** (1983) : 2 657.

■ ***Dépenses militaires*** (1995) : 2,6 % du P.N.B. (moyenne mondiale 2,8 %) ; soit 28 USD/hab.

a. Le gouvernement a annoncé en octobre 1992 qu'une nouvelle Constitution était en préparation ; les élections législatives se sont déroulées le 25 septembre et le 11 octobre 1993.

b. Comprend 20 sièges non électifs.

c. Comprend 10 sièges non électifs.

d. Le cours du lilangeni est lié au rand sud-africain, au taux paritaire de 1 SZL = 1 ZAR.

e. Décès dont les causes sont connues, survenant dans les hôpitaux publics, missionnaires et privés.

f. Uniquement dans les zones urbaines soumises à la juridiction des conseils urbains de Manzini et de Mbabane.

→ *Corpus* : SYRIE
→ *Grand Atlas de Géographie* (éd. 1992) : 126, 130
→ *Grand Atlas de l'Histoire* : 218, 228, 229, 260, 261, 284, 285, 292, 293, 295

SYRIE

- ***Nom officiel*** : République arabe syrienne (al-Jumhūrīyah al-ʿArabīyah as-Sūrīyah). Code I.S.O. : SY.
- ***Forme de gouvernement*** : république à structure étatique unitaire et à régime théoriquement multipartiste[a] avec une assemblée (Conseil du peuple, ou Majlis al-Sha'ab [250]).
- ***Chef de l'État et du gouvernement*** : président.
- ***Capitale*** : Damas (Dimashq).
- ***Langue officielle*** : arabe.
- ***Religion officielle*** : aucune[b].
- ***Unité monétaire*** : 1 livre syrienne (SYP) = 100 piastres ; valeur (31 déc. 1997) : 100 SYP = 53,35 FRF (cours officiel) [cours d'aviation 100 SYP = 13,31 FRF].

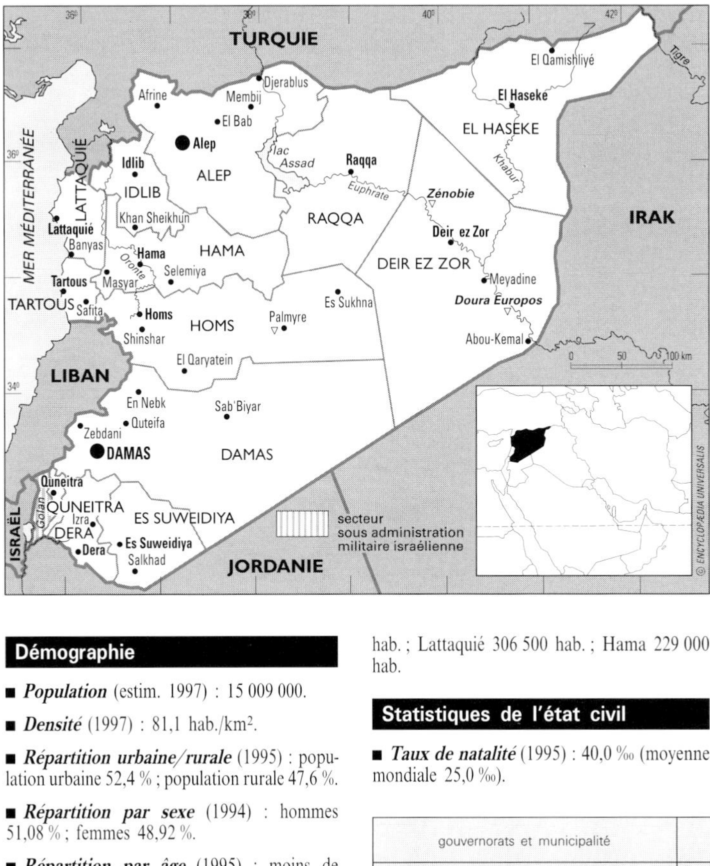

Démographie

■ ***Population*** (estim. 1997) : 15 009 000.

■ ***Densité*** (1997) : 81,1 hab./km².

■ ***Répartition urbaine/rurale*** (1995) : population urbaine 52,4 % ; population rurale 47,6 %.

■ ***Répartition par sexe*** (1994) : hommes 51,08 % ; femmes 48,92 %.

■ ***Répartition par âge*** (1995) : moins de 15 ans 47,3 % ; de 15 à 29 ans 27,5 % ; de 30 à 44 ans 14,3 % ; de 45 à 59 ans 6,5 % ; de 60 à 74 ans 3,6 % ; 75 ans et plus 0,8 %.

■ ***Projection démographique*** : 16 392 000 en 2000 ; 21 990 000 en 2010.

■ ***Temps de doublement*** : 21 ans.

■ ***Composition ethnique*** (1981) : Arabes 88,8 % ; Kurdes 6,3 % ; autres 4,9 %.

■ ***Appartenances religieuses*** (1992) : musulmans 86,0 %, dont sunnites 74,0 %, alawites (chiites) 12,0 % ; chrétiens 8,9 % ; druzes 3,0 % ; autres 2,1 %.

■ ***Principales villes*** (1994) : Alep 1 591 400 hab. ; Damas 1 549 900 hab. ; Homs 644 200 hab. ; Lattaquié 306 500 hab. ; Hama 229 000 hab.

Statistiques de l'état civil

■ ***Taux de natalité*** (1995) : 40,0 ‰ (moyenne mondiale 25,0 ‰).

■ ***Taux de mortalité*** (1995) : 6,0 ‰ (moyenne mondiale 9,3 ‰).

■ ***Taux d'accroissement naturel*** (1995) : 34,0 ‰ (moyenne mondiale 15,7 ‰).

■ ***Taux de fécondité*** (nombre moyen de naissances par femme en âge de procréer, 1995) : 6,1.

■ ***Nombre de mariages*** (pour 1 000 hab., 1995) : 8,4[c].

■ ***Nombre de divorces*** (pour 1 000 hab., 1995) : 0,7[c].

■ ***Espérance de vie*** à la naissance (1994) : hommes 68,4 ans ; femmes 71,3 ans.

■ ***Principales causes de décès*** (pour 100 000 hab.) : n.d. Cependant les principales causes de mortalité étaient en 1989 : maladies de l'appareil circulatoire 39,6 % ; blessures et empoisonnements 9,1 % ; maladies du système nerveux 7,4 % ; maladies de l'appareil respiratoire 7,4 %.

Économie nationale

■ ***Budget de l'État*** (1992)
Recettes : 125 718 000 000 SYP (recettes courantes 81,3 % ; revenus des domaines 18,7 %).
Dépenses : 162 040 000 000 SYP (dépenses courantes 54,3 % ; dépenses en capital 45,7 %).

■ ***Dette publique*** (extérieure, créances, 1995) : 16 757 000 000 USD.

■ ***Tourisme*** (1995) : recettes touristiques 1 325 000 000 USD ; dépenses touristiques à l'étranger 398 000 000 USD.

■ ***Production***
Agriculture, sylviculture, pêche (1995).
Blé 4 300 000 t ; orge 1 800 000 t ; coton brut 765 000 t ; raisin 455 000 t ; tomates 425 000 t ; pommes 240 000 t ; aubergines 160 000 t.
Cheptel (sur pied) : moutons 13 609 000 ; chèvres 1 137 000 ; bovins 818 000.
Bois (1995) : 54 600 m³.
Pêche (1994) : 7 500 t.
Industries extractives (1994) : phosphate minéral 1 600 000 t ; gypse 235 000 t ; sel 130 000 t ; marbre 18 000 000 m³.
Industries manufacturières (valeur de la production en millions de SYP, 1994) : alimentation, boissons et tabac 48 395 ; textiles, habillement et cuir 47 372 ; produits chimiques et dérivés

gouvernorats et municipalité	chefs-lieux	superficie (km²)	population (estim. 1994)
gouvernorats :			
Dar'ā (Dera)	Dera	3 730	616 000
Dayr az-Zawr (Deir ez Zor)	Deir ez Zor	33 060	599 000
Dimashq (Damas)	Damas	18 032	1 451 000
Ḥalab (Alep)	Alep	18 500	2 856 000
Ḥamāh (Hama)	Hama	8 883	1 116 000
al-Ḥasakah (El Haseke)	El Haseke	23 334	1 030 000
Ḥimṣ (Homs)	Homs	42 223	1 301 000
Idlib	Idlib	6 097	937 000
al-Lādhiqiyah (Lattaquié)	Lattaquié	2 297	834 000
al-Qunayṭirah (Quneitra)	Quneitra (Kounaïtra)	1 861 (•)	45 000
ar-Raqqah (Raqqa)	Raqqa	19 616	518 000
as-Suwaydā' (Es Suweidiya)	Es Suweidiya	5 550	300 000
Ṭarṭūs (Tartous)	Tartous	1 892	689 000
municipalité :			
Dimashq (Damas)	–	105	1 552 000
total		**185 180 (•)**	**13 844 000**

(•) Comprend le territoire du plateau du Golan internationalement reconnu comme faisant partie de la Syrie (situé entre la ligne d'armistice Israël-Syrie de 1949 à l'ouest et la zone de désengagement des forces des Nations unies de 1974 à l'est) qui est occupé par Israël depuis 1967. L'annexion n'a pas reçu la reconnaissance de la communauté internationale.

Territoire et population.

	1996		1991	
	millions de SYP [1]	% du total	effectifs	% des effectifs
agriculture	171 354	27,7	916 952	26,3
mines	43 780	7,1	6 651	0,2
industrie	35 212	5,7	456 162	13,1
bâtiment	27 633	4,5	340 779	9,8
entreprises publiques	5 041	0,8	8 422	0,2
transports et communications	65 873	10,6	166 965	4,8
commerce	157 816	25,5	378 250	10,9
finance	28 206	4,6	24 651	0,7
administration	62 838	10,2	951 104	27,3
services	12 072	1,9		
autres	8 441 [3]	1,4	235 432 [1]	6,8
total	**618 266**	**100,0**	**3 485 368**	**100,0** [2]

1. Sans-emploi. 2. Le total général ne correspond pas exactement au détail en raison des arrondis. 3. Droits d'importation moins frais de service bancaires.

Structure du produit intérieur brut et effectifs.

	1990	1991	1992	1993	1994	1995	1996
indice des prix à la consommation	100,0	109,0	121,0	137,0	158,0	170,6	184,7
indice des revenus *	100,0	107,9	140,8	152,2	n.d.	n.d.	n.d.

(*) Indice des salaires annuels dans l'industrie.

Indices des prix et des revenus (1990 = 100).

	1991	1992	1993	1994	1995	1996
millions de SYP	+ 7 430	− 4 458	− 11 149	− 21 550	− 7 260	− 13 970
% du total	10,7	6,0	13,6	21,3	7,5	13,5

Balance commerciale (prix courants).

	nombre d'établissements	nombre d'enseignants	nombre d'élèves	nombre d'élèves par enseignant
primaire (6-11 ans)	10 564	113 530	2 672 960	23,5
secondaire (12-18 ans)	2 526 [1]	51 483 [2]	846 778	16,4
professionnel et formation à l'enseignement	292 [1]	12 200 [2]	94 204	7,7
supérieur	4 [1,3]	4 869 [1]	161 185	46,6 [4]

1. 1994-1995. 2. Nombre estimé ou provisoire. 3. Établissements publics seulement. 4. 1993-1994.

Enseignement (1995-1996).

35 300 ; produits métalliques usinés 20 558 ; produits minéraux non métalliques 13 750 ; bois et dérivés 9 116 ; produits métalliques manufacturés de base 2 151 ; papier, produits dérivés du papier et imprimerie 2 094.
Bâtiment (1993) : résidentiel 628 000 m^2 ; non résidentiel 209 000 m^2.
Énergie (production/consommation) : électricité (1994) 14 800 000 000/14 800 000 000 kWh ; charbon 0/n.d. ; pétrole brut (1994) 198 244 000 barils/85 450 000 ; produits pétroliers (1994) 11 438 000/10 044 000 t ; gaz naturel (1994) 2 050 000 000/2 050 000 000 m^3.

■ ***Produit national brut*** (1995) : 15 780 000 000 USD (1 120 USD/hab.).

■ ***Population active*** (1991) : 3 485 368 ; taux d'activité 27,8 % (taux de participation : 15 ans et au-delà 49,0 % ; femmes 10,2 % ; sans-emploi 6,8 %).

■ ***Revenus et dépenses des ménages***
Taille moyenne des ménages (1986) : 5,7.
Revenu annuel moyen par ménage : n.d.
Dépenses[d] (1987) : alimentation 58,8 % ; loyer, combustible et éclairage 16,0 % ; habillement et chaussures 7,5 % ; équipements domestiques 5,8 % ; transports et communications 2,4 % ; éducation et loisirs 2,1 %.

■ ***Utilisation du sol*** (1994) : forêts 2,6 % ; steppes et pâturages 45,2 % ; terres cultivables 30,1 % ; autres 22,1 %.

Échanges extérieurs[e]

■ ***Importations*** (1994) : 61 370 000 000 SYP (machines et équipement 25,2 % ; produits alimentaires et boissons 15,7 % ; équipement de transport 12,0 % ; fer et acier 10,8 % ; produits chimiques et dérivés 8,5 % ; textiles 6,9 %).
Principales sources des importations : Japon 10,1 % ; Italie 8,7 % ; Allemagne 8,5 % ; États-Unis 5,8 % ; France 5,0 % ; Turquie 4,8 % ; Roumanie 3,8 %.

■ ***Exportations*** (1994) : 39 820 000 000 SYP (pétrole brut et produits pétroliers 56,2 % ; légumes et fruits frais 10,7 % ; coton brut 5,5 % ; textiles 4,2 % ; animaux sur pied et viande 2,2 %).
Principales destinations des exportations : Italie 27,7 % ; France 12,4 % ; Liban 11,0 % ; Espagne 6,8 % ; Arabie Saoudite 5,5 % ; Royaume-Uni 5,3 %.

Transports et communications

■ ***Transports***
Chemins de fer : longueur (1996) 1 766 km ; trafic (1995) : 498 000 000 passagers-km ; 1 285 000 000 t-km.
Routes (1993) : longueur totale 36 255 km (77 % recouvertes).
Véhicules (1994) : voitures particulières 119 400 ; camions et autobus 160 500.
Marine marchande (1992) : 94 navires (de 100 tjb et plus) ; 210 369 tonneaux de port en lourd.
Transports aériens (1996) ; trafic : 1 113 614 000 passagers-km ; 117 638 000 t-km. 5 aéroports desservis par des vols réguliers (1997).

■ ***Communications***
Journaux quotidiens (1994) : diffusion totale 261 000 ; diffusion pour 1 000 hab. 19.
Radiodiffusion (1995) : 3 000 000 postes récepteurs ; 211 pour 1 000 hab.
Télévision (1995) : 700 000 postes récepteurs ; 49 pour 1 000 hab.
Téléphone (1995) : 930 000 lignes principales ; 66 pour 1 000 hab.

Éducation et santé

■ ***Niveau d'éducation*** (1984)
Proportion de la population âgée de 10 ans et plus : sans instruction scolaire 32,0 % ; sachant lire et écrire 28,4 % ; ayant une éducation primaire 31,3 % ; éducation secondaire 4,9 % ; éducation supérieure 3,4 %.

■ ***Alphabétisation*** (1995) : personnes âgées de 15 ans et plus alphabétisées 70,8 % ; hommes 85,7 % ; femmes 55,8 %.

■ ***Santé*** (1995) : 15 391 médecins (1 pour 953 hab.) ; 17 623 lits d'hôpital (1 pour 832 hab.) ; taux de mortalité infantile : 29,6 ‰.

■ ***Alimentation*** (1995) : apport journalier en calories par habitant 3 296 (alimentation d'origine végétale 90 % ; d'origine animale 10 %) ; soit 133 % du niveau minimal recommandé par la F.A.O.

Défense nationale

■ ***Contingent*** (1997) : 320 000 (armée de terre 67,2 % ; marine 1,6 % ; armée de l'air 31,2 %).

■ ***Dépenses militaires*** (1995) : 7,2 % du P.N.B. (moyenne mondiale 2,8 %) ; soit 236 USD/hab.

a. Ne sont en fait autorisés que les partis dont l'idéologie est compatible avec celle du parti baath.

b. L'islam doit être obligatoirement la religion du chef de l'État et constitue la base du système de droit syrien.

c. Arabes uniquement.

d. Poids respectifs de l'indice des prix à la consommation, pour Damas uniquement.

e. Importations : chiffres F.O.B. pour la balance commerciale et C.I.F. pour les marchandises et les partenaires commerciaux.

Corpus : ARABE – Les Arabes ; ASIE – Géographie humaine (l'Asie sud-occidentale) ; DRUZES ; ISLAM (Histoire) – Modernisme dans le monde musulman (l'Asie arabe) ; MÉDITERRANÉE (HISTOIRE DE LA) [mutations sociales et économiques] ; MÉDITERRANÉE (MER) [exploitation] ; PALESTINIENS ; PHOSPHATES SÉDIMENTAIRES (gisements) ; PROCHE ET MOYEN-ORIENT CONTEMPORAIN (aspects d'histoire économique contemporaine) ; ZONES FRANCHES.

Universalia 1988 : 334 Au carrefour des problèmes du Proche-Orient ; ***Universalia 1989 :*** 334 L'eau : enjeux et stratégie ; ***Universalia 1992 :*** 133 Nouveau désordre régional et enjeux démocratiques au Moyen-Orient ; ***Universalia 1993 :*** 302 La nouvelle configuration régionale ; ***Universalia 1994 :*** 169 L'accord israélo-palestinien : vers la fin du conflit israélo-arabe.

Thesaurus :
AKKAR (PLAINE DU)
ALEP
ANSARIEH (DJEBEL)
ANTI-LIBAN
BĀNYĀS
BÉDOUINS
BOSRĀ
CHAMIYÉ
CHOMBOL
CROISSANT FERTILE
DAMAS
DAMASCÈNE
DJEZIREH
DRUZE (DJEBEL)
EUPHRATE
GHAB
GHOUTA
GOLAN
ḤAMĀ
HAMAD
HAROUÂN
HOMS
LATTAQUIÉ
MAAMOURA
MANADER
ORONTE
SINDJĀR (DJEBEL)
TARTOUS
ZOR

→ ***Corpus :*** U.R.S.S. ET EX-U.R.S.S.
→ ***Grand Atlas de Géographie*** (éd. 1992) : 80, 93
→ ***Grand Atlas de l'Histoire :*** 208, 209, 218, 230-231 (L'Empire russe : expansion et modernisation de 1815 à 1917), 244, 245, 258-259 (La Révolution russe), 266, 290-291 (Le développement de l'Union soviétique depuis 1926), 292, 293, 294, 295

TADJIKISTAN

- ***Nom officiel*** : République du Tadjikistan (Jumhurii Tojikistan). Code I.S.O. : TJ.
- ***Forme de gouvernement*** : république parlementaire avec une chambre législative (Conseil suprême [181]).
- ***Chef de l'État*** : président.
- ***Chef du gouvernement*** : Premier ministre.
- ***Capitale*** : Douchanbé (Dušanbe).
- ***Langue officielle*** : tadjik (tojik).
- ***Religion officielle*** : aucune (dominante : islam sunnite).
- ***Unité monétaire*** : 1 rouble tadjik (TJR) ; valeur (31 déc. 1997) : 100 TJR = 0,803 FRF[a].

Démographie

- ***Population*** (estim. 1997) : 6 054 000.
- ***Densité*** (1997) : 42,3 hab./km².
- ***Répartition urbaine/rurale*** (1995) : population urbaine 28,3 % ; population rurale 71,6 %.
- ***Répartition par sexe*** (1996) : hommes 51,22 % ; femmes 48,78 %.
- ***Répartition par âge*** (1989) : moins de 15 ans 42,9 % ; de 15 à 29 ans 28,1 % ; de 30 à 44 ans 13,8 % ; de 45 à 59 ans 9,0 % ; de 60 à 74 ans 4,6 % ; 75 ans et plus 1,6 %.
- ***Projection démographique*** : 6 409 000 en 2 000 ; 8 051 000 en 2010.
- ***Temps de doublement*** : 35 ans.
- ***Composition ethnique*** (1991) : Tadjiks 63,8 % ; Ouzbeks 24,0 % ; Russes 6,5 % ; Tatars 1,4 % ; Kirghizes 1,3 % ; Ukrainiens 0,7 % ; Allemands 0,3 % ; autres 2,0 %.
- ***Appartenances religieuses*** (1997) : musulmans sunnites 80 % ; musulmans shiites 5,0 % ; orthodoxes russes 1,5 % ; juifs 0,8 % ; autres (en majorité sans religion) 13,5 %.
- ***Principales villes*** (1989) : Douchanbé 582 400 hab. ; Khoudjand 164 500 hab. ; Kouliab 79 300 hab. ; Kourgan-Tioubé 58 400 hab. ; Oura-Tioubé 47 700 hab.

Statistiques de l'état civil

- ***Taux de natalité*** (1996) : 33,8 ‰ (1994 ; moyenne mondiale 25,0 ‰) ; taux (1994) de naissances légitimes 90,8 % ; illégitimes 9,2 %.

provinces, régions et ville	capitales	superficie (km²)	population (estim. 1991)
Haut-Badakhchan (Gorno-Badahšan)	Khorog (Horog)	63 700	167 100
Khoudjand (Hudžand)	Khoudjand, ex-Leninabad	26 100	1 635 900
Kouliab (Kuljab)	Kouliab (Kuljab)	12 000	668 100
Kourgan-Tioubé (Kurgan-Tjube)	Kourgan-Tioubé (Kurgan-Tjube)	12 600	1 113 500
régions dépendant de la République	—	28 400	1 181 800
ville :			
Douchanbé (Dušanbe), ex-Stalinabad		300	591 900
total		**143 100**	**5 358 300**

Territoire et population.

- ***Taux de mortalité*** (1996) : 8,4 ‰ (1994 ; moyenne mondiale 9,3 ‰).
- ***Taux d'accroissement naturel*** (1996) : 25,4 ‰ (1994 ; moyenne mondiale 15,7 ‰).
- ***Taux de fécondité*** (nombre moyen de naissances par femme en âge de procréer, 1996) : 4,4.
- ***Nombre de mariages*** (pour 1 000 hab., 1994) : 6,8.
- ***Nombre de divorces*** (pour 1 000 hab., 1994) : 0,8.
- ***Espérance de vie*** à la naissance (1995) : hommes 64,4 ans ; femmes 70,4 ans.
- ***Principales causes de décès*** (pour 100 000 hab., 1993) : maladies de l'appareil circulatoire 225,5 ; actes de violence, empoisonnements et accidents 184,0 ; maladies de l'appareil respiratoire 160,6 ; maladies infectieuses et parasitaires 129,9 ; tumeurs malignes (cancers) 42,3 ; maladies de l'appareil digestif 20,9.

Économie nationale

- ***Budget de l'État*** (1994)
Recettes : 772 243 000 000 TJR (recettes fiscales 94,0 %, dont impôts domestiques 47,5 %, impôts sur les profits et les recettes 35,8 %, impôts fonciers 8,7 %, droits 7,5 % ; autres 6,0 %).
Dépenses : 945 245 000 000 TJR (économie nationale 43,0 % ; assistance sociale et culture 30,0 % ; défense nationale 4,0 %).
- ***Dette publique*** (1995) : 612 400 000 USD.
- ***Tourisme*** : n.d.
- ***Production***
Agriculture, sylviculture, pêche (1995).
Céréales 206 200 t ; légumes 156 200 t ; lait 76 100 t ; œufs 31 100 t ; pommes de terre 24 700 t.
Cheptel (sur pied) : moutons et chèvres 2 930 000 ; bovins 1 147 000 ; porcs 6 000 ; volailles 1 200 000.
Bois : n.d.
Pêche (1995) : 3 900 t.
Industries extractives (1995) : aluminium 500 000 t ; plomb 2 500 t ; antimoine 2 000 t.
Industries manufacturières (valeur de la production en millions de TJR, 1994) : métaux ferreux et non ferreux 604 705 ; textiles 496 481 ; énergie 330 078 ; produits alimentaires 163 559 ; machines 77 331 ; produits chimiques 68 892 ; matériaux de construction 66 306.
Énergie (production/consommation) : électricité 17 000 000 000 (1994)/17 200 000 000 (1993) kWh ; charbon (1994) 150 000/59 000 t ; pétrole brut 219 900 (1994)/729 000 (1992) barils ; produits pétroliers (1994) n.d./305 500 t ; gaz naturel (1994) 40 000 000/994 500 m³.
- ***Population active*** (1995) : 1 783 000 ; taux d'activité 30,7 % (taux de participation : 16-59 ans [hommes], 16-54 ans [femmes] 67,8 % ; femmes [1994] 38,0 % ; sans-emploi [1994] 27,0 %).
- ***Produit national brut*** (aux prix courants du marché, 1995) : 1 976 000 000 USD (340 USD/hab.).
- ***Revenus et dépenses des ménages***
Taille moyenne des ménages (1989) : 6,1.
Revenu annuel moyen par ménage (1995) : 18 744 TJR (114 USD) ; sources des revenus (1995) : salaires et traitements 34,5 % ; activités

Corpus : ALIMENTATION (ÉCONOMIE DE L') — Les grands produits alimentaires ; ASIE (Géographie humaine) [l'Asie septentrionale] ; CÉRÉALES ; COOPÉRATIVES (extension du secteur coopératif) ; ISLAM — Modernisme dans le monde musulman ; KOLKHOZ ; MINERAIS (principaux producteurs) ; NUCLÉAIRE (INDUSTRIE) ; OASIS (différents types d'oasis) ; PÉTROLE — Géographie du pétrole ; POPULATION (GÉOGRAPHIE DE LA) [population et démographie] ; SOCIALISME — Économie des pays socialistes ; SOVKHOZ ; TOURISME (marchés, chaînes et réseaux) [l'insertion des pays collectivistes].

Universalia 1987 : 147 L'information en Union soviétique et dans les autres pays socialistes ; ***Universalia 1989 :*** 145 La crise de légitimité ; ***Universalia 1990 :*** 111 La réforme politique et institutionnelle ; 361 La revanche du secteur privé ; ***Universalia 1991 :*** 136 L'U.R.S.S. et le désarmement ; 351 La présidentialisation du régime ; ***Universalia 1992 :*** 139 La recomposition de l'espace stratégique soviétique.

Thesaurus :
DOUCHANBE
TADJIK
TADJIKISTAN (R.S.S. DU)

	millions de RUR	% du total	effectifs	% des effectifs
agriculture	326 040	19,0	1 004 800	50,7
mines	595 219	34,7	205 400	10,4
industrie	—	—	—	—
entreprises publiques	206 527	12,0	26 900	1,4
bâtiment	58 393	3,4	104 900	5,3
transports et communications	51 979	3,0	63 000	3,2
commerce	—	—	112 000	5,7
finance	—	—	—	—
administration, défense nationale	—	—	21 000	1,1
services	56 933	3,3	299 500	15,1
autres	422 887 [1]	24,6	146 100	7,4
total	**1 717 978**	**100,0**	**1 983 600**	**100,0** [2]

1. Comprend 91 587 000 000 RUR du produit intérieur brut non distribués et 331 300 000 000 RUR d'impôts indirects. 2. Le total général ne correspond pas exactement au détail en raison des arrondis.

Structure du produit intérieur brut et effectifs (1994).

	1993	1994	1995
indice des prix à la consommation*	100,0	107,2	1 428,8
indice des revenus mensuels	100,0	169,2	321,6

(*) Décembre.

Indices des prix et des revenus (1993 = 100).

	1993	1994	1995
millions de USD	− 100,0	− 400,0	+ 29,0
% du total	14,3	33,0	2,3

Balance commerciale (prix courants).

	nombre d'établissements	nombre d'enseignants	nombre d'élèves	nombre d'élèves par enseignant
primaire (6-13 ans) / secondaire (14-17 ans)	3 400	84 000	1 289 000	15,3
professionnel et formation à l'enseignement	75	n.d.	35 000	n.d.
supérieur	n.d.	n.d.	10 000	n.d.

Enseignement (1994-1995).

non salariées 34,0 % ; emprunt 2,4 % ; retraite 2,0 % ; autres 27,1 %.
Dépenses (1993) : alimentation 81,5 % ; habillement 10,2 % ; transports 2,5 % ; combustible 2,1 % ; autres 3,7 %.

■ ***Utilisation du sol*** (1994) : forêts 3,8 % ; prairies et pâturages 24,8 % ; terres cultivées et plantations 6,0 % ; autres 65,4 %.

Échanges extérieurs

■ ***Importations*** (1995) : 628 000 000 USD (alumine 29,0 % ; produits pétroliers 13 % ; produits agricoles 12 % ; gaz naturel 11 %).
Principales sources des importations (1993) : Russie 42,1 % ; Ouzbékistan 32,9 % ; Kazakhstan 32,9 % ; Turkménistan 13,1 % ; Biélorussie 3,4 %.

■ ***Exportations*** (1995) : 657 000 000 USD (aluminium 59,0 % ; fibres de coton 32 %).
Principales destinations des exportations (1993) : Russie 42,0 % ; Ouzbékistan 20,6 % ; Lituanie 12,4 % ; Kazakhstan 9,2 % ; Ukraine 4,6 %.

Transports et communications

■ ***Transports***
Chemins de fer (1995) : longueur 474 km ; trafic : 9 808 000 000 passagers-km ; 11 121 000 000 t-km.
Routes (1994) : longueur totale 13 034 km (28 % recouvertes).
Véhicules (1994) : voitures particulières 184 900 ; camions et autobus : 3 600.
Marine marchande : n.d.
Transports aériens (1989) ; trafic : 5 173 400 000 passagers-km ; 32 300 000 t-km. 1 aéroport desservi par des vols réguliers (1997).

■ ***Communications***
Journaux quotidiens (1994) : diffusion totale 80 000 ; diffusion pour 1 000 hab. 13,7.
Radiodiffusion : n.d.
Télévision (1995) : 1 500 000 postes récepteurs ; 259 pour 1 000 hab.).
Téléphone (1995) : 262 700 lignes principales ; 45,3 pour 1 000 hab.

Éducation et santé

■ ***Niveau d'éducation*** (1989)
Proportion de la population âgée de 25 ans et plus : sans instruction scolaire ou ayant une éducation primaire 16,3 % ; éducation secondaire incomplète 21,1 % ; éducation secondaire ou postsecondaire incomplète 55,1 % ; éducation supérieure 7,5 %.

■ ***Alphabétisation*** (1989) : personnes âgées de 15 ans et plus alphabétisées 97,7 % ; hommes 98,8 % ; femmes 96,6 %.

■ ***Santé*** (1995) : 13 084 médecins (1 pour 443 hab.) ; 50 637 lits d'hôpital (1 pour 115 hab.) ; taux de mortalité infantile (1994) : 42,7 ‰.

■ ***Alimentation*** (milieu des années 1990) : apport journalier en calories par habitant 1 400 (alimentation d'origine végétale 88 % ; d'origine animale 12 %) ; soit 55 % du niveau minimal recommandé par la F.A.O.

Défense nationale

■ ***Contingent*** (1997) : 7 000 (armée de terre 100 %) ; plus de 6 000 soldats russes demeuraient au Tadjikistan à la fin de 1997.

■ ***Dépenses militaires*** (1995) : 1,0 % du P.N.B. (moyenne mondiale 2,8 %) ; soit 11 USD/hab.

a. Le rouble tadjik (TJR) a été introduit le 11 mai 1995.

→ *Corpus* : TAIWAN
→ *Grand Atlas de Géographie* (éd. 1992) : 98, 104 ; 235d (T'aipei)
→ *Grand Atlas de l'Histoire* : 278, 279

TAÏWAN

- ***Nom officiel*** : Taïwan, Chine (Zhongguo Taiwan)[a]. Code I.S.O. : TW.
- ***Forme de gouvernement*** : république à régime multipartiste avec deux assemblées se répartissant le pouvoir législatif (Assemblée nationale [402] et Yuan législatif [164][b].
- ***Chef de l'État*** : président.
- ***Chef du gouvernement*** : Premier ministre.
- ***Capitale*** : Tai-pei ou Taïpeh (Taibei).
- ***Langue officielle*** : chinois.
- ***Religion officielle*** : aucune.
- ***Unité monétaire*** : 1 nouveau dollar de Taïwan (TWD) = 100 cents ; valeur (31 déc. 1997) : 100 TWD = 18,35 FRF.

Démographie

- ***Population*** [c] (estim. 1997) : 21 616 000.
- ***Densité*** [c] (1997) : 597,5 hab./km².
- ***Répartition urbaine/rurale*** [d] (1991) : population urbaine 74,7 %, rurale 25,3 %.
- ***Répartition par sexe*** [d] (fin mars 1997) : hommes 51,40 % ; femmes 48,60 %.
- ***Répartition par âge*** [d] (1996) : moins de 15 ans 23,8 % ; de 15 à 29 ans 26,5 % ; de 30 à 44 ans 25,7 % ; de 45 à 59 ans 13,0 % ; de 60 à 69 ans 6,5 % ; 70 ans et plus 4,5 %.
- ***Projection démographique*** : 22 183 000 en 2000 ; 24 180 000 en 2010.
- ***Temps de doublement*** : 79 ans.
- ***Composition ethnique*** (1986) : Taïwanais 84,0 % ; Chinois du continent 14,0 % ; aborigènes 2,0 %.
- ***Appartenances religieuses*** (1980) : croyances populaires chinoises 48,5 % ; bouddhistes 43,0 % ; chrétiens 7,4 % ; musulmans 0,5 % ; autres 0,6 %.
- ***Principales villes*** [d] (fin mars 1997) : Taipei (Taibei) 2 595 699 hab. ; Kao-hsiung (Gaoxiong) 1 434 907 hab. ; T'ai-chung (Taizhong) 881 870 hab. ; T'ai-nan (Tainan) 712 172 hab. ; Chi-lung (Jilong) 374 874 hab.

Statistiques de l'état civil

- ***Taux de natalité*** (fin mars 1997) : 14,7 ‰ (moyenne mondiale 25,0 ‰) ; taux [d] (1995) de naissances légitimes 97,2 %, illégitimes 2,8 %.
- ***Taux de mortalité*** (fin mars 1997) : 6,1 ‰ (moyenne mondiale 9,3 ‰).
- ***Taux d'accroissement naturel*** (fin mars 1997) : 8,6 ‰ (moyenne mondiale 15,7 ‰).
- ***Taux de fécondité*** [d] (nombre moyen de naissances par femme en âge de procréer, 1995) : 1,8.
- ***Nombre de mariages*** (pour 1 000 hab., 1993) : 7,6.
- ***Nombre de divorces*** (pour 1 000 hab., 1993) : 1,5.
- ***Espérance de vie*** à la naissance (1994) : hommes 71,8 ans ; femmes 77,7 ans.
- ***Principales causes de décès*** [d] (pour 100 000 hab., 1996) : tumeurs malignes (cancers) 130,2 ; maladies cérébro-vasculaires 64,9 ; accidents et suicides 57,8 ; maladies de cœur 52,5 ; diabète 35,0 ; maladies de foie 21,5 ; maladies des reins 16,5 ; pneumonie 14,9.

Économie nationale

- ***Budget de l'État*** (1995)
Recettes : 2 102 737 000 000 TWD (impôts sur le revenu 15,2 % ; impôts fonciers 11,9 % ; impôts sur les entreprises 10,2 % ; taxes sur les denrées 7,4 % ; bénéfices des entreprises publiques 6,7 % ; droits de douane 5,5 %).
Dépenses : 2 074 929 000 000 TWD (administration et défense nationale 23,7 % ; développement économique 21,1 % ; éducation 17,2 %).
- ***Dette publique*** (1994) : 638 575 000 000 TWD.
- ***Tourisme*** (1995) : recettes touristiques 3 286 000 000 USD ; dépenses touristiques à l'étranger n.d.
- ***Production***
Agriculture, sylviculture, pêche (1996).
Canne à sucre 4 190 000 t ; riz 1 577 000 t ; agrumes 463 710 t ; maïs 321 322 t (1991) ; ananas 274 113 t ; patates douces 204 000 t ; bananes 140 997 t.
Cheptel (sur pied) : porcs 10 698 366 ; chèvres 401 197 ; bovins 164 270.
Bois d'œuvre : 36 118 m³.
Pêche : 1 231 834 t.
Industries extractives (1990) : argent 3 926 kg.
Industries manufacturières (1996) : ciment 21 535 037 t ; acier en lingots 12 471 722 t ; carton 3 209 458 t ; engrais 2 197 742 t ; fibres

comtés et municipalités	chefs-lieux	superficie (km²)	population (estim. 1996)
comtés :			
Chang-hua (Zhanghua)	Chang-hua (Zhanghua)	1 074	1 289 554
Chia-i (Jiayi)	Chia-i (Jiayi)	1 902	565 099
Hsin-chu (Xinzhu)	Hsin-chu (Xinzhu)	1 428	410 985
Hua-lien (Hualian)	Hua-lien (Hualian)	4 629	358 679
I-lan (Yilan)	I-lan (Yilan)	2 137	464 793
Kao-hsiung (Gaoxiong)	Feng-shan	2 793	1 199 876
Miao-li	Miao-li	1 820	559 674
Nan-t'ou (Nantou)	Nan-t'ou (Nantou)	4 106	545 370
P'eng-hu (Penghu)	Ma-kung (Magong)	127	90 142
P'ing-tung (Pingdong)	P'ing-tung (Pingdong)	2 776	912 360
T'ai-chung (Taizhong)	Feng-yüan (Fengyuan)	2 051	1 415 659
T'ai-nan (Tainan)	Hsin-ying (Xinying)	2 016	1 084 168
T'ai-pei (Taibei)	Pan-ch'iao (Banqiao)	2 052	3 324 210
T'ai-tung (Taidong)	T'ai-tung (Taidong)	3 515	253 932
T'ao-yüan (Taoyuan)	T'ao-yüan (Taoyuan)	1 221	1 543 914
Yün-lin (Yunlin)	Tou-liu (Duliu)	1 291	752 859
Quemoy et Matsu (•)		179	53 826
municipalités :			
Chia-i (Jiayi)	—	60	262 300
Chi-lung (Jilong) [Keelung]	—	133	371 431
Hsin-chu (Xinzhu)	—	104	342 575
Kao-hsiung (Gaoxiong)	—	154	1 428 694
T'ai-chung (Taizhong)	—	163	864 363
T'ai-nan (Tainan)	—	176	709 440
T'ai-pei (Taibei) [Taipeh]	—	272	2 620 716
total		**36 179**	**21 424 079**

N.B. Dans le présent tableau, on a utilisé la transcription en usage à Taiwan (système anglais Wade), en mentionnant entre parenthèses la transcription chinoise actuellement (pinyin).

(•) Une réforme constitutionnelle du 7 novembre 1992 a rendu l'administration de Quemoy et Matsu aux autorités civiles.

Territoire et population.

de polyester 1 199 470 t ; P.V.C. 1 105 287 t ; téléphones 4 796 800 unités ; calculatrices électroniques 2 951 086 unités.

Bâtiment (1995) : total (résidentiel et non résidentiel) 46 221 000 m².

Énergie (production/consommation) : électricité (1996) 124 973 000 000/111 140 000 000 kWh ; charbon 328 000 (1993)/16 500 000 (1992) t ; pétrole brut 400 000 (1993)/215 400 (1992) barils ; gaz naturel (1992) 767 000 000 m³/n.d.

■ ***Produit national brut*** (1997) : 298 368 000 000 USD (13 819 USD/hab.).

■ ***Population active*** (1990) : 10 236 324 ; taux d'activité 50,5 % (taux de participation : 15-64 ans 72,5 % ; femmes 38,5 % ; sans-emploi [1997] 2,7 %).

■ ***Revenus et dépenses des ménages***
Taille moyenne des ménages (1996) : 3,6.
Revenu annuel moyen par ménage (1995) : 965 890 TWD (36 470 USD) ; sources des revenus : salaires 65,6 % ; activités non salariées et autres 29,2 % ; paiements de transfert 5,2 %.
Dépenses (1995) : alimentation 27,1 % ; loyers, combustibles et énergie 19,7 % ; éducation 17,5 % ; transports 11,6 % ; soins médicaux 7,6 % ; habillement 4,7 % ; meubles 2,9 %.

■ ***Utilisation du sol*** (1980) : forêts 55,0 % ; terres cultivées et plantations 25,2 % ; autres 19,8 %.

Échanges extérieurs

■ ***Importations*** (1996) : 2 815 720 000 000 TWD (matériel électronique 15,8 % ; matériel non électrique 10,9 % ; produits chimiques 10,7 % ; fer et acier 5,6 % ; pétrole brut 4,7 % ; véhicules routiers 4,4 %).
Principales sources des importations : Japon 26,8 % ; États-Unis 19,5 % ; Allemagne 4,9 % ; Corée 4,1 % ; Malaisie 3,5 % ; Singapour 2,7 %.

■ ***Exportations*** (1996) : 3 176 625 000 000 TWD (matériel non électrique 24,3 % ; matériel électrique 21,5 % ; articles en plastique 6,6 % ; fibres artificielles 5,0 % ; matériel de transport 4,5 %).
Principales destinations des exportations : États-Unis 23,2 % ; Hong Kong 23,1 % ; Japon 11,8 % ; Singapour 3,9 % ; Allemagne 3,1 %.

Transports et communications

■ ***Transports***
Chemins de fer (1996) : longueur 3 879 km ; trafic : 8 975 200 000 passagers-km ; 1 584 800 000 t-km.
Routes (1994) : longueur totale 19 038 km (89 % recouvertes).
Véhicules (1996) : voitures particulières 4 146 500 ; camions et autobus 799 600.
Marine marchande (1992) : 649 navires (de 100 tjb et plus) ; 9 241 283 tonneaux de port en lourd.
Transports aériens (1996) ; trafic : 40 603 500 000 passagers-km ; 3 567 900 000 t-km. 13 aéroports desservis par des vols réguliers (1997).

■ ***Communications***
Journaux quotidiens (1988) : diffusion totale 4 000 000 ; diffusion pour 1 000 hab. 202.
Radiodiffusion (1996) : 8 620 000 postes récepteurs ; 402 pour 1 000 hab.
Télévision (1995) : 7 000 000 postes récepteurs ; 327 pour 1 000 hab.
Téléphone (1996) : 10 010 600 lignes principales ; 467 pour 1 000 hab.

Éducation et santé

■ ***Niveau d'éducation*** (1995)
Proportion de la population âgée de 25 ans et plus : sans instruction scolaire 9,1 % ; ayant une éducation primaire incomplète 6,9 % ;

	millions de TWD	% du total	effectifs [1]	% des effectifs
agriculture	246 538	3,3	918 000	9,9
mines	20 483	0,3	14 000	0,1
industrie	2 104 338	28,1	2 422 000	26,0
bâtiment	359 927	4,8	928 000	10,0
entreprises publiques	188 298	2,5	35 000	0,4
transports et communications	509 259	6,8	472 000	5,1
commerce	1 218 045	16,2	1 976 000	21,2
finance	1 627 624	21,7	567 000	6,1
administration, défense nationale	790 389	10,5	1 736 000	18,6
services	626 373	8,4		
autres	– 193 597 [2]	– 2,6	242 000 [3]	2,6
total	**7 497 677**	**100,0**	**9 310 000**	**100,0**

1. Actifs civils occupés uniquement. 2. Droits d'importation moins les frais de service bancaire. 3. Sans-emploi.

Structure du produit intérieur brut et effectifs (Quemoy et Matsu non compris, 1996).

	1990	1991	1992	1993	1994	1995	1996 (oct.)
indice des prix à la consommation	100,0	103,6	108,3	111,4	116,0	120,3	125,6
indice des revenus mensuels (•)	100,0	111,0	122,3	130,7	139,4	147,1	n.d.

(•) Dans l'industrie.

Indices des prix et des revenus (1990 = 100) [Quemoy et Matsu non compris].

	1991	1992	1993	1994	1995	1996
millions de TWD	+ 350 013	+ 231 668	+ 199 604	+ 194 360	+ 206 730	+ 361 505
% du total	9,4	6,0	4,7	4,1	3,6	6,0

Balance commerciale (prix courants).

	nombre d'établissements	nombre d'enseignants	nombre d'élèves	nombre d'élèves par enseignant
primaire (6-12 ans)	2 523	87 934	1 971 439	22,4
secondaire (13-18 ans)	920	76 562	1 412 201	18,4
professionnel	203	19 660	523 412	26,6
supérieur	134	36 348	751 347	20,7

Enseignement (1995-1996).

Corpus : AQUACULTURE ; ASIE – Géographie humaine (l'Asie extrême-orientale) ; ISLAM (Histoire) – Modernisme dans le monde musulman (les islams extrême-orientaux peu connus) ; TEXTILES (INDUSTRIES) ; ZONES FRANCHES.

Universalia 1986 : 350 Énigmes taiwanaises ; ***Universalia 1988*** : 337 Les grands travaux d'aménagement ; ***Universalia 1991*** : 158 Transports internationaux et enjeux géopolitiques ; 236 Les pavillons de complaisance ; ***Universalia 1993*** : 304 L'ouverture vers la Chine continentale.

Thesaurus :
AUSTRONÉSIENS
GAOXIONG
JILONG
QUEMOY & MATSU
TAIBEI
TAINAN
TAIZHONG
THÉ

éducation primaire 23,9 % ; éducation secondaire incomplète 26,0 % ; éducation secondaire 20,5 % ; éducation postsecondaire 8,2 % ; éducation supérieure 5,4 %.

■ ***Alphabétisation*** (1995) : personnes âgées de 15 ans et plus alphabétisées 93,7 % ; hommes 97,6 % ; femmes 90,2 %.

■ ***Santé*** (1995) : 24 465 médecins (1 pour 867 hab.) ; 112 379 lits d'hôpital (1 pour 189 hab.) ; taux de mortalité infantile : 6,4 ‰.

■ ***Alimentation*** (1990) : apport journalier en calories par habitant 3 020 (1988 : alimentation d'origine végétale 77 % ; d'origine animale 23 %) ; soit 118 % du niveau minimal recommandé par la F.A.O.

Défense nationale

■ ***Contingent*** (1996) : 376 000 (armée de terre 63,8 % ; marine 18,1 % ; armée de l'air 18,1 %).

■ ***Dépenses militaires*** (1994) : 4,8 % du P.N.B. (moyenne mondiale 3,0 %) ; soit 542 USD/hab.

---

a. Restituée à la Chine après la Seconde Guerre mondiale, l'île de Formose (Taïwan) est redevenue province chinoise à statut spécial (25 oct. 1945) puis ordinaire (1947). Refuge des nationalistes depuis 1949 sous le nom de Chung-hua Min-kuo (R.O.C., Republic of China), Taïwan est considérée par la Chine – mais aussi par l'Organisation des Nations unies (depuis 1971) – comme une des provinces chinoises.

b. L'Assemblée nationale fonctionne comme un collège électoral ou un corps constitué ; le corps législatif est chargé de la rédaction des lois.

c. Quemoy et Matsu compris.

d. Données excluant Quemoy et Matsu.

TANZANIE

• ***Noms officiels*** : République unie de Tanzanie (United Republic of Tanzania ; Jamhuri ya Muungano wa Tanzania). Code I.S.O. : TZ.

• ***Forme de gouvernement*** : république à structure étatique unitaire[a] et à régime multipartiste avec une chambre législative (Assemblée nationale [232, dont 43 non élus]).

• ***Chef de l'État et du gouvernement*** : président.

• ***Capitale*** : Dodoma[b].

• ***Langues officielles*** : anglais ; swahili.

• ***Religion officielle*** : aucune.

• ***Unité monétaire*** : 1 shilling tanzanien (TZS) = 100 cents ; valeur (26 déc. 1997) : 100 TZS = 0,944 FRF.

Démographie

■ ***Population*** (estim. 1997) : 29 461 000.

■ ***Densité***[c] (1997) : 31,2 hab./km².

■ ***Répartition urbaine/rurale*** (1995) : population urbaine 24,4 % ; population rurale 75,6 %.

■ ***Répartition par sexe*** (1996) : hommes 49,17 % ; femmes 50,83 %.

■ ***Répartition par âge*** (1996) : moins de 15 ans 44,8 % ; de 15 à 29 ans 28,6 % ; 30 à 44 ans 14,2 % ; de 45 à 59 ans 7,8 % ; de 60 à 74 ans 3,7 % ; 75 ans et plus 0,9 %.

■ ***Projection démographique*** : 31 045 000 en 2000 ; 36 076 000 en 2010.

■ ***Temps de doublement*** : 29 ans.

■ ***Composition ethno-linguistique*** (1987) : Nyamwezis et Sukumas 26,3 % ; Swahilis 8,8 % ; Hayas 5,3 % ; Héhés et Bénas 5,0 % ; autres 54,6 %.

■ ***Appartenances religieuses*** (1984) : musulmans 35 % ; religions traditionnelles 35 % ; chrétiens 30 %.

■ ***Principales villes*** (1988) : Dar es-Salaam 1 360 850 hab. ; Mwanza 223 000 hab. ; Dodoma 203 800 hab. ; Tanga 187 155 hab ; Zanzibar 157 600 hab.

Statistiques de l'état civil

■ ***Taux de natalité*** (1996) : 41,0 ‰ (moyenne mondiale 25,0 ‰).

■ ***Taux de mortalité*** (1996) : 17,0 ‰ (moyenne mondiale 9,3 ‰).

■ ***Taux d'accroissement naturel*** (1996) : 24,0 ‰ (moyenne mondiale 15,7 ‰).

■ ***Taux de fécondité*** (nombre moyen de naissances par femme en âge de procréer, 1996) : 5,6.

■ ***Nombre de mariages*** : n.d.

■ ***Espérance de vie*** à la naissance (1995) : hommes 41,5 ans ; femmes 45,0 ans.

■ ***Principales causes de décès*** (pour 100 000 hab.) : n.d. ; toutefois, la malaria, la bilharziose, la tuberculose et la maladie du sommeil sont parmi les principales maladies du pays.

Économie nationale

■ ***Budget de l'État*** (1996-1997)
Recettes : 564 000 000 000 TZS (droits de douane 29,7 % ; impôts indirects et impôts sur les ventes 25,0 % ; impôts sur le revenu 24,1 %).
Dépenses : 673 000 000 000 TZS (administration publique 27,4 % ; intérêts de la dette 14,8 % ; autres 57,8 %).

■ ***Dette publique*** (extérieure, créances, 1996) : 8 164 000 000 USD.

■ ***Tourisme*** (1995) : recettes touristiques 259 000 000 USD ; dépenses touristiques à l'étranger (1993) 360 000 000 USD.

■ ***Production***
Agriculture, sylviculture, pêche (1996).
Manioc 5 912 000 t ; maïs 2 638 000 t ; canne à sucre 1 560 000 t ; riz 681 700 t ; bananes 631 000 t ; bananes plantains 631 000 t ; sorgho 609 000 t ; noix de coco 375 000 t ; patates douces 358 000 t ; millet 338 000 t ; pommes de terre 245 000 t.
Cheptel (sur pied) : bovins 13 360 000 ; chèvres 9 682 000 ; moutons 3 955 000 ; porcs 335 000 ; poulets 27 000 000.
Bois (1995) : 35 577 000 m³.
Pêche (1993) : 345 000 t.
Industries extractives (1994) : pierres précieuses (comprend les émeraudes, les saphirs et les rubis) 33 000 kg ; or 3 370 kg ; diamants 15 700 carats.
Industries manufacturières (1995) : ciment 796 000 t ; viande et volailles 291 000 t (1993) ; sucre 88 000 t (1993) ; cuirs et peaux 48 325 t (1993) ; farine de blé 3 000 t (1991) ; savon 23 900 t (1992) ; textiles 12 000 000 m².
Bâtiment : n.d.
Énergie (production/consommation) : électricité (1994) 912 000 000/912 000 000 kWh ; charbon (1994) 4 000/4 000 t ; pétrole brut (1994) 0/4 288 000 barils ; produits pétroliers (1994) 579 000/657 000 t.

■ ***Produit national brut*** (Tanzanie continentale uniquement, 1995) : 3 703 000 000 USD (120 USD/hab.).

■ ***Population active*** (1994) : 13 852 000 ; taux d'activité 48,0 % (taux de participation [1991] : plus de 10 ans 87,8 % ; femmes 40,0 %).

■ ***Revenus et dépenses des ménages***
Taille moyenne des ménages (1988) : 5,2.
Revenu annuel moyen par ménage : n.d. ; sources des revenus : n.d.
Dépenses (1994) : alimentation 64,2 % ; habillement 9,9 % ; logement 8,3 % ; énergie 7,6 % ; transports 4,1 %.

■ ***Utilisation du sol*** (1995) : forêts 37,0 % ; prairies et pâturages 39,6 % ; terres cultivées et plantations 4,2 % ; autres 19,2 %.

Échanges extérieurs[d]

■ ***Importations*** (1996) : 804 949 000 000 TZS (1995 : machines et équipement de transport 31,3 % ; biens de consommation 27,1 % ; produits chimiques 4,7 % ; produits alimentaires 2,3 %).

→ *Corpus* : TANZANIE
→ *Grand Atlas de Géographie* (éd. 1992) : 136, 150
→ *Grand Atlas de l'Histoire* : 277, 283, 295

Corpus : AFRIQUE NOIRE – Société et économie ; DIAMANT (les principaux pays producteurs) ; INDIEN (HISTOIRE DE L'OCÉAN) [les transformations aux XIXe et XXe siècles] ; MASAÏ ; SWAHILI ; ZANZIBAR.

Universalia 1988 : 341
L'après-Nyerere.

Thesaurus :
CHAGGA
DAR ES SALAM
MAKONDÉ
SISAL
YAO

régions	chefs-lieux	superficie (km²)	population (estim. 1994)
Arusha	Arusha	82 306	1 596 000
Dar es-Salaam	Dar es-Salaam (Dar-es-Salam)	1 393	1 606 000
Dodoma	Dodoma	41 311	1 461 000
Iringa	Iringa	56 864	1 427 000
Kagera	Bukoba	28 388	1 607 000
Kigoma	Kigoma	37 037	1 015 000
Kilimanjaro	Moshi	13 309	1 308 000
Lindi	Lindi	66 046	763 000
Mara	Musoma	19 566	1 146 000
Mbeya	Mbeya	60 350	1 742 000
Morogoro	Morogoro	70 799	1 483 000
Mtwara	Mtwara	16 707	1 050 000
Mwanza	Mwanza	19 592	2 217 000
Pemba North	Wete	574	163 000
Pemba South	Chake Chake	332	151 000
Pwani	Dar es-Salaam	32 407	753 000
Rukwa	Sumbawanga	68 635	820 000
Ruvuma	Songea	63 498	924 000
Shinyanga	Shinyanga	50 781	2 092 000
Singida	Singida	49 341	934 000
Tabora	Tabora	76 151	1 223 000
Tanga	Tanga	26 808	1 546 000
Zanzibar North	Mahonda	470	115 000
Zanzibar South and Central	Koani	854	83 000
Zanzibar West	Zanzibar	230	246 000
total		**883 749**	**27 471 000**
surface des eaux intérieures		59 050	
superficie totale		**942 799** (•)	

(•) 945 000 km² selon une étude récente.

Territoire et population.

Principales sources des importations (1995) : Royaume-Uni 9,7 % ; Kenya 9,1 % ; Japon 7,2 % ; Chine 4,9 % ; Inde 4,7 % ; États-Unis 4,4 % ; Afrique du Sud 4,2 % ; Belgique 3,8 %.

■ ***Exportations*** (1996) : 441 344 000 000 TZS (café 21,6 % ; coton 18,2 % ; noix d'acajou 9,7 % ; tabac 4,1 %).
Principales destinations des exportations : Allemagne 9,6 % ; Japon 8,5 % ; Inde 8,4 % ; Royaume-Uni 5,7 % ; Rwanda 5,0 % ; Pays-Bas 5,2 % ; Belgique 2,2 % ; Hong Kong 2,2 %.

Transports et communications

■ ***Transports***
Chemins de fer : longueur (1995) 3 569 km ; trafic (Chemins de fer tanzaniens uniquement ; 1994) : 1 517 000 passagers ; 1 160 000 000 t-km.
Routes (1995) : longueur totale 88 100 km (4,2 % recouvertes).
Véhicules (1994) : voitures 47 500 ; camions et autobus 38 000.
Marine marchande (1992) : 43 navires (de 100 tjb et plus) ; 48 465 tonneaux de port en lourd.
Transports aériens (Air Tanzania uniquement, 1995) ; trafic : 184 383 000 passagers-km ; 2 904 000 t-km. 11 aéroports desservis par des vols réguliers (1996).

■ ***Communications***
Journaux quotidiens (1994) : diffusion totale 220 000 ; diffusion pour 1 000 hab. 8,0.
Radiodiffusion (1995) : 565 000 postes récepteurs ; 20 pour 1 000 hab.
Télévision (1995) : 80 000 postes récepteurs ; 2,8 pour 1 000 hab.
Téléphone (1995) : 90 300 lignes principales ; 3,2 pour 1 000 hab.

Éducation et santé

■ ***Niveau d'éducation*** (1978)
Proportion de la population âgée de 10 ans et plus : sans instruction scolaire 48,6 % ; ayant une éducation primaire incomplète 40,8 % ; éducation primaire 8,7 % ; éducation secondaire ou supérieure 1,9 %.

■ ***Alphabétisation*** (1995) : personnes âgées de 15 ans et plus alphabétisées 67,8 % ; hommes 79,4 % ; femmes 56,8 %.

■ ***Santé*** (1993) : 1 365 médecins (1 pour 20 511 hab.) ; 26 820 lits d'hôpital (1 pour 1 000 hab.) ; taux de mortalité infantile (1995) : 107 ‰.

■ ***Alimentation*** (1995) : apport journalier en calories par habitant 2 024 (alimentation d'origine végétale 93 % ; d'origine animale 7 %) ; soit 81 % du niveau minimal recommandé par la F.A.O.

Défense nationale

■ ***Contingent*** (1996) : 34 600 (armée de terre 86,7 % ; marine 2,9 % ; armée de l'air 10,4 %).

■ ***Dépenses militaires*** (1995) : 1,8 % du P.N.B. (moyenne mondiale 3,0 %) ; soit 2 USD/hab.

	1995		1991	
	millions de TZS	% du total	effectifs	% des effectifs
agriculture	1 209 622	50,7	10 540 000	80,3
mines	29 526	1,2		
industrie	142 576	6,0	614 000 (mines à bâtiment)	4,7
bâtiment	75 245	3,2		
entreprises publiques	46 365	1,9		
transports et communications	153 690	6,4		
commerce	315 273	13,2		
finance	51 901	2,2	1 969 000 (entreprises publiques à services)	15,0
administration, défense nationale / services	106 355	4,5		
autres	256 157	10,7	n.d.	n.d.
total	**2 386 710**	**100,0**	**13 123 000**	**100,0**

Structure du produit intérieur brut et effectifs.

	1990	1991	1992	1993	1994	1995	1996
indice des prix à la consommation	100,0	128,7	156,8	196,4	261,4	339,3	406,1

Indices des prix (1990 = 100).

	1991	1992	1993	1994	1995	1996
millions de TZS	– 213 549	– 258 245	– 342 654	– 385 977	– 433 525	– 363 605
% du total	58,8	51,0	48,6	42,1	35,7	29,2

Balance commerciale (prix courants).

	nombre d'établissements	nombre d'enseignants	nombre d'élèves	nombre d'élèves par enseignant
primaire (7-13 ans)	10 891	103 900	3 736 734 [2]	n.d.
secondaire (14-19 ans)	491	10 612	180 899 [2]	n.d.
formation à l'enseignement	40	1 167 [2]	15 824 [2]	13,6
supérieur	4 [1]	1 206 [1]	4 289	n.d.

1. 1989. 2. 1993.

Enseignement (1994 ; non compris Pemba et Zanzibar).

a. Un gouvernement fédéral, une Constitution et une Chambre des représentants existent au Zanzibar ; la législation de 1993 a autorisé une représentation similaire pour le Tanganyika.

b. Le siège du gouvernement demeure à Dar es-Salaam mais est progressivement transféré à Dodoma ; l'appareil législatif siège à Dodoma.

c. Sur la base de la surface terrestre.

d. Importations : chiffres F.O.B. pour la balance commerciale et C.I.F. pour les marchandises et les partenaires commerciaux.

TCHAD

- ***Nom officiel*** : République du Tchad. Code I.S.O. : TD.
- ***Forme de gouvernement*** : structure étatique unitaire avec un corps législatif (Assemblée nationale [125]).
- ***Chef de l'État*** : président.
- ***Chef du gouvernement*** : Premier ministre.
- ***Capitale*** : Ndjamena.
- ***Langues officielles*** : arabe, français.
- ***Religion officielle*** : aucune.
- ***Unité monétaire*** : 1 franc CFA (XAF) = 100 centimes ; valeur : 100 XAF = 1,00 FRF[a].

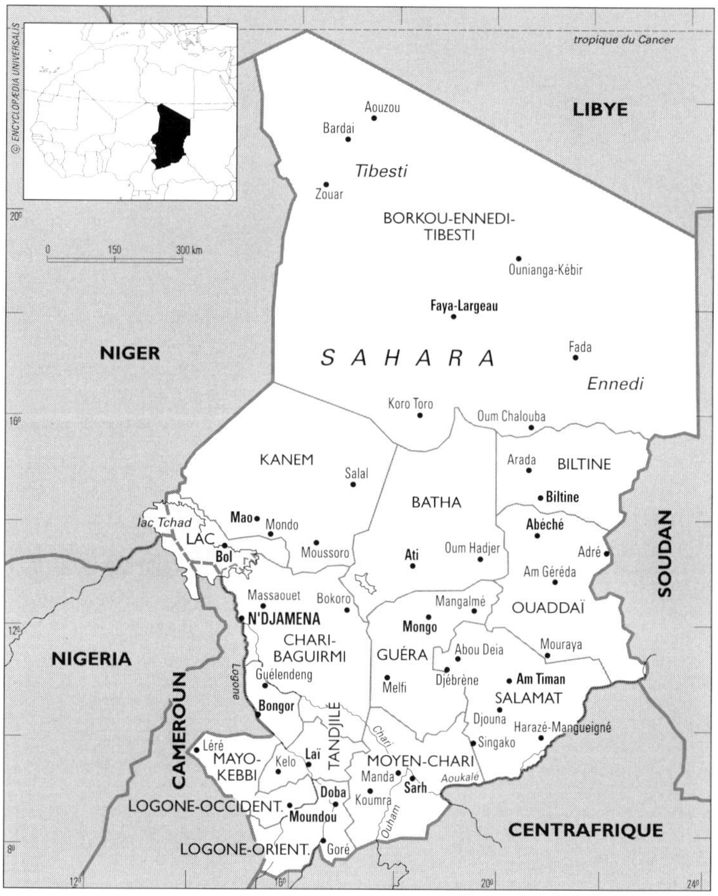

préfectures	chefs-lieux	superficie (km²)	population (recens. 1993)
Batha	Ati	88 800	288 458
Biltine	Biltine	46 850	184 807
Borkou-Ennedi-Tibesti	Faya-Largeau (var. Faya) [ex-Largeau]	600 350	73 185
Chari (Moyen-)	Sarh [ex-Fort-Archambault]	45 180	738 595
Chari-Baguirmi	Ndjamena	82 910	1 251 906
Guéra	Mongo	58 950	306 253
Kanem	Mao	114 520	279 927
Lac	Bol	22 320	252 932
Logone-Occidental	Moundou	8 695	455 489
Logone-Oriental	Doba	28 035	441 064
Mayo-Kebbi (Mayo-Kabbi)	Bongor	30 105	825 158
Ouaddaï	Abéché (var. anc. Abécher)	76 240	543 900
Salamat	Am Timan	63 000	184 403
Tandjilé	Laï	18 045	453 854
total		**1 284 000**	**6 279 931**

Territoire et population.

Démographie

- ***Population*** (estim. 1997) : 7 166 000.
- ***Densité*** (1997) : 5,6 hab./km².
- ***Répartition urbaine/rurale*** (1995) : population urbaine 21,4 % ; population rurale 78,6 %.
- ***Répartition par sexe*** (1993) : hommes 48,46 % ; femmes 51,54 %.
- ***Répartition par âge*** (1993) : moins de 15 ans 47,9 % ; de 15 à 29 ans 24,5 % ; de 30 à 44 ans 14,6 % ; de 45 à 59 ans 7,1 % ; de 60 à 74 ans 4,2 % ; 75 ans et plus 1,3 %.
- ***Projection démographique*** : 7 760 000 en 2000 ; 10 055 000 en 2010.
- ***Temps de doublement*** : 27 ans.
- ***Composition ethnolinguistique*** (1993) : Sara 27,7 % ; Arabes Soudanais 12,3 % ; Mayo-Kebbi 11,5 % ; Kanem-Bornau 9,0 % ; Ouaddaï 8,7 % ; Hadjaraï 6,7 % ; Tandjilé 6,5 % ; Gorane 6,3 % ; Fitri-Batha 4,7 % ; Peul 2,4 % ; Bagirmi 1,5 % ; autres 2,7 %.
- ***Appartenances religieuses*** (1993) : musulmans 53,9 % ; chrétiens 34,7 %, dont catholiques 20,3 %, protestants 14,4 % ; croyances traditionnelles 7,3 % ; autres 4,0 %.
- ***Principales villes*** (1993) : Ndjamena 530 965 hab. ; Moundou 282 103 hab. ; Bongor 196 713 hab. ; Sarh 193 753 hab. ; Abéché 187 936 hab ; Doba 185 461 hab.

Statistiques de l'état civil

- ***Taux de natalité*** (1995) : 44,6 ‰ (moyenne mondiale 25,0 ‰) ; taux de naissances légitimes n.d., illégitimes n.d.
- ***Taux de mortalité*** (1995) : 17,7 ‰ (moyenne mondiale 9,3 ‰).
- ***Taux d'accroissement naturel*** (1995) : 26,9 ‰ (moyenne mondiale 15,7 ‰).
- ***Taux de fécondité*** (nombre moyen de naissances par femme en âge de procréer, 1995) : 5,9.
- ***Nombre de mariages*** : n.d.
- ***Nombre de divorces*** : n.d.
- ***Espérance de vie*** à la naissance (1995) : hommes 44,9 ans ; femmes 49,6 ans.
- ***Principales causes de décès*** : n.d.

Économie nationale

- ***Budget de l'État*** (1996)

Recettes : 110 170 000 000 XAF (impôts 89,1 %, dont impôts sur les revenus et les bénéfices 36,1 %, taxes sur le commerce international 31,2 %, taxes sur les biens et les services 18,6 % ; recettes non fiscales 10,9 %).
Dépenses : 151 794 000 000 XAF (dépenses courantes 50,9 %, dont traitements des fonctionnaires 20,3 % ; matériel pour l'administration 11,2 %, défense 8,4 % ; service de la dette 5,5 %, paiements de transfert 2,5 % ; dépenses en capital 49,1 %).

- ***Dette publique*** (extérieure, créances, 1995) : 839 600 000 USD.

→ *Corpus* : TCHAD
→ *Grand Atlas de Géographie* (éd. 1992) : 134, 142
→ *Grand Atlas de l'Histoire* : 276, 283, 295

Corpus : AFRIQUE NOIRE – Société et économie ; PEULS ; SAHEL (les activités humaines).

Universalia 1995 : 157 Afrique : la dévaluation du franc CFA ou la fin d'un tabou.

Thesaurus :
BAGUIRMI (ROYAUME DE)
CHARI-LOGONE
KOTOKO
N'DJAMENA
OUADDAÏ
SARA
TCHAD (LAC)
TIBESTI
TOUAREG
TOUBOU

	1996		1993	
	millions de XAF	% du total	effectifs	% des effectifs
agriculture	98 931	43,2	1 903 492	83,0
industrie	29 019	12,7	33 670	1,5
bâtiment	1 909	0,8	10 885	0,5
mines	1 833	0,8	756	–
entreprises publiques			2 026	0,1
transports et communications	63 176	27,6	13 252	0,6
commerce et finance			179 169	7,8
administration, défense nationale	22 257	9,7	61 875	2,7
services			79 167	3,4
autres	11 843	5,2	9 311	0,4
total	**229 058**	**100,0**	**2 293 603**	**100,0**

Structure du produit intérieur brut et effectifs.

	1990	1991	1992	1993	1994	1995	1996
indice des prix à la consommation	100,0	104,2	100,9	93,8	131,7	143,6	161,4
indice des revenus	n.d.	n.d.	n.d.	n.d.	n.d.	n.d.	n.d.

Indices des prix et des revenus (1990 = 100).

	1992	1993	1994	1995	1996
milliards de XAF	– 16,6	– 15,1	– 42,6	– 13,9	– 21,2
% du total	14,8	14,9	22,1	5,3	7,4

Balance commerciale (prix courants).

	nombre d'établissements	nombre d'enseignants	nombre d'élèves	nombre d'élèves par enseignant
primaire (6-12 ans)	2 447	9 404[4]	591 784[4]	62,9
secondaire (13-19 ans)	66[1]	2 046	82 559	40,4
professionnel et formation à l'enseignement	25[2]	157	3 277	20,9
supérieur[3]	4	311	3 049	9,8

1. 1988-1989. 2. 1987. 3. Universités et établissements équivalents. 4. 1995-1996.

Enseignement (1994-1995).

■ ***Tourisme*** : recettes touristiques (1994) 743 600 000 USD ; dépenses touristiques à l'étranger 26 000 000 USD.

■ ***Production***

Agriculture, sylviculture, pêche (1996).

Sorgho (1996-1997) 444 146 t ; canne à sucre (1996-1997) 330 000 t ; millet (1996-1997) 251 631 t ; ignames 240 000 t ; coton brut (1996-1997) 213 000 t ; manioc 195 000 t ; riz (1996-1997) 97 728 t ; maïs (1996-1997) 74 631 t ; arachides 64 400 t ; patates douces 58 000 t ; légumes secs 34 000 t ; mangues 32 000 t ; dattes 18 000 t ; oignons 14 000 t ; graines de sésame 13 088 t ; pommes de terre 8 000 t.

Cheptel (sur pied) : bovins 4 959 000 ; chèvres 3 271 000 ; moutons 2 219 000 ; chameaux 656 946 ; poulets 4 400 000.

Bois (1995) : 4 512 000 m³.

Pêche (1995) : 60 000 t.

Industries extractives (1996) : agrégat (gravier) 170 000 t ; production commerciale limitée de natron (10 000 t) et de sel ; production artisanale d'or.

Industries manufacturières (1996) : fibre de coton 61 700 t ; sucre raffiné 27 455 t ; savon 2 958 t ; cotonnades tissées 881 000 m ; huiles comestibles 125 491 hl ; bière 117 100 hl ; cigarettes 35 000 000 paquets ; bicyclettes 3 444.

Bâtiment : n.d.

Énergie (production/consommation) : électricité (1996) 92 066 000/68 638 000 kWh ; charbon 0/n.d. ; pétrole brut 0/n.d. ; produits pétroliers (1994) 0/31 000 t ; gaz naturel 0/n.d.

■ ***Produit national brut*** (aux prix courants du marché, 1995) : 1 144 000 000 USD (180 USD/hab.).

■ ***Population active*** (1993) : 2 293 603 ; taux d'activité 43,9 % (taux de participation : 15 ans et plus 72,0 % ; femmes 47,9 % ; sans-emploi 0,6 %).

■ ***Revenus et dépenses des ménages***

Taille moyenne des ménages (1993) : 5,0.
Revenu annuel moyen par ménage (1993) : 96 806 XAF (458 USD) ; sources des revenus (1995-1996 ; villes) : secteur informel des employés et des entrepreneurs[b] 36,7 % ; transferts 24,8 % ; salaires et traitements 23,6 % ; propriété immobilière 8,6 %.
Dépenses (uniquement pour la capitale, 1983) : alimentation 45,3 % ; santé 11,9 % ; énergie 5,8 % ; habillement 3,3 %.

■ ***Utilisation du sol*** (1994) : forêts 25,7 % ; prairies et pâturages 35,7 % ; terres cultivées et plantations 2,6 % ; autres 36,0 %.

Échanges extérieurs

■ ***Importations*** (1996) : 153 900 000 000 XAF (1983 : produits pétroliers 16,8 % ; produits céréaliers 16,8 % ; produits pharmaceutiques et chimiques 11,5 % ; équipement industriel et de transport 8,5 %, dont équipement de transport 7,3 %, équipement électrique 5,7 % ; textiles 2,9 % ; sucre brut et raffiné 2,3 %).
Principales sources des importations (1996[c]) : France 34,7 % ; Cameroun 24,1 % ; Belgique et Luxembourg 7,4 % ; Nigeria 6,5 % ; Portugal 5,6 %.

■ ***Exportations*** (1996[c]) : 132 700 000 000 XAF (1995 : fibre de coton 59,4 % ; bovins sur pied 10,9 % ; moutons et chèvres sur pied 4,9 %).
Principales destinations des exportations (1996) : Portugal 34,7 % ; Allemagne 11,3 % ; Costa Rica 6,5 % ; France 5,6 % ; États-Unis 5,6 %.

Transports et communications

■ ***Transports***

Chemins de fer : aucun.
Routes (1995) : longueur totale 32 700 km (1 % recouvertes).
Véhicules (1995) : voitures particulières 9 630 ; camions et autobus 14 360.
Marine marchande : aucune.
Transports aériens (1/11 du trafic d'Air Afrique, qui est assuré par 11 États ouest-africains, 1996) ; trafic : 224 736 000 passagers-km ; 16 420 000 t-km. 1 aéroport desservi par des vols réguliers (1997).

■ ***Communications***

Journaux quotidiens (1995) : diffusion totale 1 500 ; diffusion pour 1 000 hab. 0,2.
Radiodiffusion (1995) : 1 310 000 postes récepteurs ; 205,9 pour 1 000 hab.
Télévision (1995) : 50 000 postes récepteurs ; 7,9 pour 1 000 hab.
Téléphone (1993) : 5 300 lignes principales ; 0,8 pour 1 000 hab.

Éducation et santé

■ ***Niveau d'éducation*** (1993) : proportion de la population adulte n'ayant pas de formation scolaire 81,1 % ; éducation coranique 4,2 % ; éducation primaire 11,2 % ; éducation secondaire 2,7 % ; éducation supérieure 0,3 % ; éducation professionnelle 0,5 %.

■ ***Alphabétisation*** (1995) : personnes âgées de 15 ans et plus alphabétisées 48,1 % ; hommes 62,1 % ; femmes 34,7 %.

■ ***Santé*** (1993) : 217 médecins (1 pour 27 765 hab.) ; 3 962 lits d'hôpital (1 pour 1 521 hab.) ; taux de mortalité infantile (1995) : 122 ‰.

■ ***Alimentation*** (1995) : apport journalier en calories par habitant 913 (alimentation d'origine végétale 94 % ; d'origine animale 6 %) ; soit 80 % du niveau minimal recommandé par la F.A.O.

Défense nationale

■ ***Contingent*** (1997) : 30 350 (armée de terre 82,4 % ; armée de l'air 1,2 % ; paramilitaire 16,4 %).

■ ***Dépenses militaires*** (1995) : 3,1 % du P.N.B. (moyenne mondiale 2,8 %) ; soit 5 USD/hab.

a. Dévaluation de 50 % du franc CFA le 12 janvier 1994.
b. Revenus non déclarés au fisc.
c. Nos chiffres sont fondés sur les déclarations des partenaires commerciaux plutôt que sur les données de l'administration tchadienne.

TCHÈQUE (RÉPUBLIQUE)

• ***Nom officiel*** : République tchèque (Ceská Republika). Code I.S.O. : CZ.

• ***Forme de gouvernement*** : république à structure étatique unitaire et à régime multipartiste avec deux assemblées législatives (Sénat [81] et Chambre des députés [200]).

• ***Chef de l'État*** : président.

• ***Chef du gouvernement*** : Premier ministre.

• ***Capitale*** : Prague (Praha).

• ***Langue officielle*** : tchèque.

• ***Religion officielle*** : aucune.

• ***Unité monétaire***[a] : 1 koruna ou couronne tchèque (CZK) = 100 haléřu (sing. haléř) ; valeur (31 déc. 1997) : 100 CZK = 17,388 FRF.

Démographie

■ ***Population*** (estim. 1997) : 10 307 000.

■ ***Densité*** (1997) : 130,7 hab./km².

■ ***Répartition urbaine/rurale*** : n.d.

■ ***Répartition par sexe*** (1995) : hommes 48,60 % ; femmes 51,40 %.

■ ***Répartition par âge*** (1995) : moins de 15 ans 18,3 % ; de 15 à 29 ans 23,3 % ; de 30 à 44 ans 21,1 % ; de 45 à 59 ans 19,3 % ; de 60 à 74 ans 13,4 % ; 75 ans et plus 4,6 %.

■ ***Projection démographique*** : 10 290 000 en 2000 ; 10 377 000 en 2010.

■ ***Temps de doublement*** : sans objet (la population décline).

■ ***Composition ethnique*** (1991) : Tchèques 81,2 % ; Moraves 13,2 % ; Slovaques 3,1 % ; Polonais 0,6 % ; Allemands 0,5 ; Silésiens 0,4 % ; Tsiganes 0,3 % ; Hongrois 0,2 % ; Ukrainiens 0,1 % ; autres 0,4 %.

■ ***Appartenances religieuses*** (1991) : catholiques 39,0 % ; protestants 4,3 %, dont Église évangélique des frères tchèques 2,0 %, hussites 1,7 %, évangélistes silésiens 0,3 % ; Église orthodoxe 0,2 % ; Église grecque catholique 0,1 % ; autres chrétiens 0,3 % ; sans appartenance et athées 39,9 % ; autres 16,2 %.

■ ***Principales villes*** (1996) : Prague 1 210 000 hab. ; Brno 388 900 hab. ; Ostrava 324 800 hab. ; Plzeň 171 200 hab. ; Olomouc 104 800 hab.

régions	capitales	superficie (km²)	population (estim. janv. 1996)
Jihočeský	České Budějovice	11 346	700 831
Jihomoravský	Brno	15 028	2 057 239
Severočeský	Usti nad Labem	7 799	1 178 208
Severomoravský	Ostrava	11 068	1 972 336
Středočeský	Prague	11 014	1 106 738
Východočeský	Hradec Králové	11 240	1 235 641
Západočeský	Plzeň	10 875	860 496
capitale :			
Prague	—	496	1 209 855
total		**78 846**	**10 321 344**

Territoire et population.

Statistiques de l'état civil

■ ***Taux de natalité*** (1996) : 8,8 ‰ (moyenne mondiale 25,0 ‰) ; taux (1995) de naissances légitimes 84,4 %, illégitimes 15,6 %.

■ ***Taux de mortalité*** (1996) : 10,9 ‰ (moyenne mondiale 9,3 ‰).

■ ***Taux d'accroissement naturel*** (1996) : – 2,1 ‰ (moyenne mondiale 15,7 ‰).

■ ***Taux de fécondité*** (nombre moyen de naissances par femme en âge de procréer, 1995) : 1,4.

■ ***Nombre de mariages*** (pour 1 000 hab., 1996) : 5,2.

■ ***Nombre de divorces*** (pour 1 000 hab., 1996) : 3,2.

■ ***Espérance de vie*** à la naissance (1995) : hommes 70,0 ans ; femmes 76,9 ans.

■ ***Principales causes de décès*** (pour 100 000 hab., 1995) : maladies de l'appareil circulatoire 638,4 ; tumeurs malignes (cancers) 277,1 ; accidents, empoisonnements et autres morts violentes 82,3 % ; maladies de l'appareil respiratoire 49,1 ; maladies de l'appareil digestif 41,9 ; maladies de l'appareil génito-urinaire 15,3 ; troubles endocriniens et du métabolisme 9,0.

Économie nationale

■ ***Budget de l'État*** (1996)
Recettes : 482 800 000 000 CZK[a] ; (impôts 55,6 %, dont taxes sur la valeur ajoutée 22,6 %, taxes à la consommation 12,7 %, impôts sur le revenu 10,1 %, taxes sur le commerce extérieur 4,1 %, autres impôts 6,1 % ; sécurité sociale 36,1 % ; autres revenus 8,3 %).
Dépenses : 484 400 000 000 CZK[a] (dépenses courantes 83,2 %, dont sécurité sociale 31,2 %, subventions à des organisations 26,1 %, défense 9,7 %, transferts aux budgets locaux 3,5 %, subventions aux entreprises 5,6 %, santé 3,6 %, éducation 3,5 % ; dépenses en capital 11,8 % ; autres dépenses 5,0 %).

■ ***Dette publique*** (extérieure, créances, 1995) : 9 610 000 000 USD.

■ ***Tourisme*** (1996) : recettes touristiques 672 800 000 USD ; dépenses touristiques à l'étranger 482 800 000 USD.

■ ***Production***
Agriculture, sylviculture, pêche (1996).
Céréales 6 683 000 t, dont blé 3 732 000 t, orge 2 305 000 t, seigle 220 000 t, maïs 143 000 t ; betteraves à sucre 4 317 000 t ; pommes de terre 1 758 000 t.
Cheptel (sur pied) : porcs 4 016 000 ; bovins 1 989 000 ; volailles 26 600 000.

→ *Corpus* : TCHÉCOSLOVAQUIE
→ *Grand Atlas de Géographie* (éd. 1992) : 30, 54, 56
→ *Grand Atlas de l'Histoire* : 215, 264, 265, 266, 267, 269, 275, 292, 295

Corpus : ACIER (ÉCONOMIE DE L') [la répartition mondiale de la production] ; CARPATES (économies nationales des régions carpatiques) ; DANUBE ; EUROPE (Structure et milieu) - Géographie (répartition des populations) ; EUROPE DE L'EST - Les économies des pays communistes ; FRUITS (la production fruitière) ; MINERAIS (principaux producteurs) ; PRAGUE ; SOCIALISME - Économie des pays socialistes.

Universalia 1988 : 105 Europe de l'Est : la diffusion de l'« effet Gorbatchev » ; 112 Europe centrale : le problème des minorités ethniques et nationales ; ***Universalia 1989*** : 331 Rôle et fonctions des élections dans les pays de l'Est ; ***Universalia 1991*** : 129 La fin de la satellisation de l'Europe de l'Est ? ; 263 De nouveaux défis pour le management des entreprises ; 338 La démocratie retrouvée ; 354 La transformation du système des mass media : ***Universalia 1992*** : 327 Les conditions de la culture ; ***Universalia 1993*** : 307 Les pionniers divorcent ; ***Universalia 1997*** : 96 Transition à l'Est et coopération européenne.

Thesaurus :
BOHÊME
BRATISLAVA
BRNO
ELBE
KOŠICE
OSTRAVA
PLZEŇ
PRAGUE
RUDÉ PRAVO
SILÉSIE TCHÈQUE
SLOVAQUIE

	1995		1997	
	millions de CSK	% du total	effectifs	% des effectifs
agriculture	60 500	5,0	284 000	5,2
mines et industries	340 000	28,1	1 471 900	26,9
bâtiment	71 600	5,9	470 600	8,6
entreprises publiques	63 700	5,3	94 900	1,7
transports et communications	72 600	6,0	384 700	7,0
commerce	133 700	11,0	822 500	15,0
finance	116 100	9,6	345 500	6,3
administration, défense nationale	118 100	9,7	317 500	5,8
services	183 900	15,2	743 200	13,6
autres	51 800	4,3	534 700	9,8
total	**1 212 000**	**100,0**[2]	**5 469 500**	**100,0**[2]

1. Comprend 213 100 employés ayant un deuxième travail et 188 300 handicapés. 2. Le total général ne correspond pas exactement au détail en raison des arrondis.

Structure du produit intérieur net et effectifs.

	1991	1992	1993	1994	1995	1996
indice des prix à la consommation	170,0	174,7	210,3	231,6	252,6	274,9
indice des revenus annuels	116,6	127,3	177,7	209,9	248,7	295,0

Indices des prix et des revenus (1990 = 100).

	1993	1994	1995	1996
millions de CZK	+ 10 100	− 20 600	− 93 892	− 157 715
% du total	1,3	2,4	7,6	11,7

Balance commerciale (prix courants).

	nombre d'établissements	nombre d'enseignants	nombre d'élèves	nombre d'élèves par enseignant
primaire (6-14 ans)	4 212	63 019	1 004 565	15,9
secondaire (15-18 ans)	361	10 903	133 093	12,2
professionnel et formation à l'enseignement	832	18 458	229 909	12,5
supérieur	23	12 892	139 774	9,4

Enseignement (1995-1996).

Bois (1995) : 12 060 000 m³.
Pêche (1995) : 22 579 t.
Industries extractives (1996) : pierre à chaux 13 100 t ; kaolin 3 320 t.
Industries manufacturières (valeur de la production en millions de CZK[a], 1995) : équipement industriel et de transport 71 885 ; produits métalliques 49 076 ; produits alimentaires 36 568 ; produits chimiques 17 786 ; textiles 16 262.
Bâtiment (valeur en millions de CZK[a], 1994) : résidentiel 6 889 ; non résidentiel 26 416.
Énergie (production/consommation) : électricité (1994) 58 705 000 000/58 260 000 000 kWh ; charbon (1994) 10 886 000 t/6 907 ; pétrole brut (1994) 938 000 barils/48 312 000 ; produits pétroliers (1994) 4 384 000/5 514 000 ; gaz naturel (1994) 242 000 000/7 339 000 000 m³.

■ ***Produit national brut*** (1995) : 39 990 000 000 USD (3 870 USD/hab.).

■ ***Population active*** (1996) : 5 642 700 ; taux d'activité 54,7 % (taux de participation [1992] : 15-59 ans [hommes], 15-54 ans [femmes] 86,3 % ; femmes 44,4 % ; sans-emploi [1995] 3,3 %).

■ ***Revenus et dépenses des ménages***
Taille moyenne des ménages (1996) : 2,9.
Revenu annuel moyen par ménage (1996) : 243 043 CZK[a] (8 942 USD) ; sources des revenus : salaires et traitements 66,7 % ; paiements de transfert 27,6 % ; autres 5,7 %.
Dépenses (1996) : alimentation et boissons 25,6 % ; logement et services 11,3 % ; équipements domestiques 7,3 % ; habillement 7,2 % ; autres 51,3 %.

■ ***Utilisation du sol*** (1993) : forêts 33,3 % ; prairies et pâturages 11,3 % ; terres cultivées et plantations 43,0 % ; autres 12,4 %.

Échanges extérieurs

■ ***Importations*** (1996) : 755 278 000 000 CZK[a] (équipement industriel et de transport 38,2 % ; produits manufacturés 19,3 % ; produits chimiques 11,8 % ; combustibles et lubrifiants 8,7 %).
Principales sources des importations : Allemagne 29,8 % ; Slovaquie 9,6 % ; Russie 7,4 % ; Italie 5,9 % ; Autriche 5,8 %.

■ ***Exportations*** (1996) : 594 952 000 000 CZK[a] (équipement industriel et de transport 32,7 % ; produits manufacturés 28,8 % ; produits chimiques 9,1 % ; divers objets manufacturés 14,8 % ; matières premières non comestibles, sauf combustibles 4,7 % ; combustibles minéraux et lubrifiants 4,7 %).
Principales destinations des exportations : Allemagne 36,0 ; Slovaquie 14,2 % ; Autriche 6,4 % ; Italie 3,3 % ; Russie 3,2 %.

Transports et communications

■ ***Transports***
Chemins de fer (1995) : longueur 9 430 km ; trafic : 8 023 000 000 passagers-km ; 25 468 000 000 t-km.
Routes (1995) : longueur totale 124 770 km (recouvertes 13 %).
Véhicules (1995) : voitures particulières 2 967 253 ; camions et autobus 238 554.
Marine marchande (1993) : 18 navires (transocéaniques) ; 514 126 tonneaux de port en lourd.
Transports aériens (1995) ; trafic : 2 555 062 passagers-km ; 33 473 000 t-km ; 2 aéroports desservis par des vols réguliers (1997).

■ ***Communications***
Journaux quotidiens (1994) : diffusion totale 2 259 000 ; diffusion pour 1 000 hab. 219.
Radiodiffusion : n.d.
Télévision (1995) : 4 200 000 postes récepteurs ; 407 pour 1 000 hab.
Téléphone (1995) : 2 444 200 lignes principales ; 237 pour 1 000 hab.

Éducation et santé

■ ***Niveau d'éducation*** (1991)
Proportion de la population adulte : n'ayant pas fréquenté l'école ou ayant une éducation primaire incomplète 31,7 % ; éducation secondaire complète 58,6 % ; éducation supérieure 8,5 %.

■ ***Alphabétisation*** (1990) : personnes âgées de 15 ans et plus alphabétisées 100 %.

■ ***Santé*** (1995) : 38 462 médecins (1 pour 268 hab.) ; 74 510 lits d'hôpital (1 pour 138 hab.) ; (1996) taux de mortalité infantile : 6,0 ‰.

■ ***Alimentation*** (1995) : apport journalier en calories par habitant 3 175 (alimentation d'origine végétale 71 % ; d'origine animale 29 %) ; soit 128 % du niveau minimal recommandé par la F.A.O.

Défense nationale

■ ***Contingent*** (1996) : 44 000 (armée de terre 63,6 % ; armée de l'air 36,4 %).

■ ***Dépenses militaires*** (1995) : 2,3 % du P.N.B. (moyenne mondiale 2,8 %) : soit 229 USD/hab.

a. Création de la couronne tchèque (CZK) et fin de l'union monétaire avec la Slovaquie à compter du 8 février 1993. Par ailleurs, il a été introduit une « couronne de compensation » (clearing koruna [CSX], monnaie de transition destinée au règlement des dettes antérieures à cette date. Certaines données de la présente notice sont encore exprimées en CSK tchécoslovaques.

THAÏLANDE

- ***Nom officiel*** : Royaume de Thaïlande (Ratcha Anachak Thai ; formes courtes : Prathet Thai, ou Muang Thai). Code I.S.O. : TH.
- ***Forme de gouvernement*** : monarchie constitutionnelle avec deux Chambres législatives (Sénat [260 [a]] et Chambre des représentants [391]).
- ***Chef de l'État*** : roi.
- ***Chef du gouvernement*** : Premier ministre.
- ***Capitale*** : Bangkok (Krung Thep).
- ***Langue officielle*** : thaï.
- ***Religion officielle*** : bouddhisme.
- ***Unité monétaire*** : 1 baht (THB) = 100 satang ; valeur (31 déc. 1997) : 100 THB = 12,73 FRF.

Démographie

- ***Population*** (estim. 1997) : 60 602 000.
- ***Densité*** (1997) : 118,1 hab./km².
- ***Répartition urbaine/rurale*** (1995) : population urbaine 18,3 % ; rurale 81,7 %.
- ***Répartition par sexe*** (1995) : hommes 49,91 % ; femmes 50,09 %.
- ***Répartition par âge*** (1996) : moins de 15 ans 27,4 % ; de 15 à 29 ans 28,4 % ; de 30 à 44 ans 22,8 % ; de 45 à 59 ans 13,2 % ; de 60 à 74 ans 6,6 % ; 75 ans et plus 1,6 %.
- ***Projection démographique*** : 61 909 000 en 2000 ; 67 130 000 en 2010.
- ***Temps de doublement*** : 67 ans.
- ***Composition ethnique*** (1983) : Thaïs 79,5 %, dont Siamois 52,6 %, Laos 26,9 % ; Chinois 12,1 % ; Malais 3,7 % ; Khmers 2,7 % ; autres 2,0 %.
- ***Appartenances religieuses*** (1992) : bouddhistes 94,8 % ; musulmans 4,0 % ; chrétiens 0,6 % ; autres 0,6 %.
- ***Principales villes*** (1991) : Bangkok 5 620 600 hab. ; Nonthaburi 264 200 ; Nakhon Ratchasima 202 500 hab. ; Chiang Mai 161 500 hab. ; Khon Kaen 131 500 hab.

Statistiques de l'état civil

- ***Taux de natalité*** (1997) : 17,8 ‰ (moyenne mondiale 25,0 ‰).
- ***Taux de mortalité*** (1997) : 7,4 ‰ (moyenne mondiale 9,3 ‰).
- ***Taux d'accroissement naturel*** (1997) : 10,4 ‰ (moyenne mondiale 15,7 ‰).
- ***Taux de fécondité*** (nombre moyen de naissances par femme en âge de procréer, 1997) : 2,0.
- ***Espérance de vie*** à la naissance (1997) : hommes 67,0 ans ; femmes 72,0 ans.
- ***Principales causes de décès*** (1993) : accidents, homicides et empoisonnements 13,7 % ; maladies de cœur 10,7 % ; tumeurs malignes (cancers) 9,1 % ; hypertension et maladies cérébro-vasculaires 3,3 % ; pneumonie et autres maladies pulmonaires 2,8 % ; maladie du foie et du pancréas 2,6 % ; néphrites 2,0 %.

Économie nationale

- ***Budget de l'État*** (1995)
Recettes : 760 755 000 000 THB (impôts 91,7 % ; recettes des entreprises d'État 4,9 % ; ventes d'avoirs et services 1,0 %).
Dépenses : 643 283 000 000 THB (dépenses courantes 67,7 %, dont achats de biens et de

régions	superficie (km²)	population (estim. 1995)
Bangkok (métropole de)	7 758	8 896 506
Centre	16 594	2 877 458
Est	36 503	3 922 078
Nord	169 644	11 896 331
Nord-Est	168 854	20 663 191
Ouest	43 047	3 498 610
Sud	70 715	7 706 208
total	**513 115**	**59 460 382**

Territoire et population.

→ *Corpus* : THAÏLANDE
→ *Grand Atlas de Géographie* (éd. 1992) : 110 ; 235a (Bangkok)
→ *Grand Atlas de l'Histoire* : 278, 279, 281, 295

Corpus : ALIMENTATION (ÉCONOMIE DE L') – Les grands produits alimentaires ; ASIE – Géographie humaine (l'Asie méridionale) ; CAOUTCHOUC ; DROGUE ; MÉKONG (un grand projet d'aménagement) ; MIAO ET YAO ; MINERAIS (principaux producteurs) ; MÔN ; PÊCHE ; THAI ; ZONES FRANCHES.

Universalia 1993 : 310 La démocratie à l'épreuve ; *Universalia 1995 :* 166 Asie du Sud-Est : quel rôle pour l'A.S.E.A.N. ?

Thesaurus :
BANGKOK
CHIENG MAI
OPIUM
SEMANG

	1994		1995	
	millions de THB	% du total	effectifs [1]	% des effectifs
agriculture	369 053	10,3	13 418 100	42,8
mines	48 599	1,5	64 000	0,2
industrie	1 014 952	28,2	4 839 500	15,4
bâtiment	267 999	7,5	2 649 100	8,5
entreprises publiques	83 923	2,3	194 000	0,6
transports et communications	267 933	7,4	1 025 800	3,3
commerce	592 016	16,4	4 274 500	13,6
finance	374 795	10,4		
administration, défense nationale	127 436	3,5	4 142 800	13,2
services	454 201	12,6		
autres	n.d.	n.d.	740 100 [2]	2,4
total	**3 600 907**	**100,0**	**31 347 900**	**100,0**

1. Février ; actifs de 13 ans et plus. 2. Sans-emploi principalement.

Structure du produit intérieur brut et effectifs

	1990	1991	1992	1993	1994	1995	1996
indice des prix à la consommation	100,0	105,7	110,1	113,7	119,5	126,4	133,8
indice des revenus mensuels	100,0	116,8	132,8	144,7	133,8	n.d.	n.d.

Indices des prix et des revenus (1990 = 100).

	1990	1991	1992	1993	1994	1995
millions de USD	– 6 750	– 5 990	– 4 161	– 4 297	– 3 726	– 7 968
% du total	12,9	9,6	6,1	5,6	4,0	6,7

Balance commerciale (prix courants).

	nombre d'établissements	nombre d'enseignants	nombre d'élèves	nombre d'élèves par enseignant
primaire (7-12 ans)	34 412	445 542	8 583 525	19,3
secondaire (13-18 ans)	2 318	107 025	2 118 767	19,8
professionnel et formation à l'enseignement	679	40 116	795 186	19,8
supérieur	102	27 239	809 856	29,7

Enseignement (1993).

services 58,1 %, paiements de transfert 9,6 % ; dépenses en capital 32,3 %).

■ ***Dette publique*** (extérieure, créances, 1995) : 17 231 000 000 USD.

■ ***Tourisme*** (1995) : recettes touristiques 7 664 000 000 USD ; dépenses touristiques à l'étranger 3 372 000 000 USD.

■ ***Production***
Agriculture, sylviculture, pêche (1996).
Canne à sucre 62 422 000 t ; riz 21 800 000 t ; tapioca 17 340 000 t (1995) ; maïs 4 361 000 t ; caoutchouc naturel 2 257 000 t ; ananas 2 031 000 t ; bananes 1 750 000 t ; soja 412 000 t ; huile de palme 400 000 t ; tabac 69 900 t.
Cheptel (sur pied) : bovins 8 000 000 ; buffles 4 807 000 ; porcs 4 023 000 ; poulets 110 000 000.
Bois (1995) : 39 288 000 m^3.
Pêche (1994) : 3 432 000 t.
Industries extractives (1995) : pierre à chaux 45 559 000 t ; gypse 8 553 000 t ; kaolin 461 000 t ; minerai de zinc 135 198 t ; fluorite 24 114 t ; minerai de plomb 22 786 t ; concentrés d'étain 2 201 t.
Industries manufacturières (1995) : ciment 33 445 000 t ; sucre raffiné 5 201 800 t ; fibres synthétiques 540 800 t.
Bâtiment (1990) : résidentiel 16 343 000 m^2 ; non résidentiel 13 449 000 m^2.
Énergie (production/consommation) : électricité (1994) 74 452 000 000/75 278 000 000 kWh ; charbon (1994) 17 095 000/17 198 000 t ; pétrole brut (1994) 9 583 000/137 883 000 barils ; produits pétroliers (1994) 21 291 000/28 850 000 t ; gaz naturel (1994) 9 513 000 000/9 513 000 000 m^3.

■ ***Produit national brut*** (1995) : 159 630 000 000 USD (2 740 USD/hab.).

■ ***Population active*** (1995) : 31 347 900 ; taux d'activité 53,0 % (taux de participation : plus de 13 ans 69,8 % ; femmes 44,1 % ; sans-emploi 2,3 %).

■ ***Revenus et dépenses des ménages***
Taille moyenne des ménages (1994) : 3,8.
Revenu annuel moyen par ménage (1994) : 99 912 THB (3 973 USD) ; sources des revenus : salaires et traitements 41,2 % ; activités non salariées 30,2 % ; paiements de transfert 7,1 % ; autres 21,5 %.
Dépenses (1994) : alimentation, tabac et boissons 36,5 % ; logement 15,7 % ; transports et communications 14,8 % ; soins médicaux et personnels 6,0 % ; habillement 5,4 % ; éducation 4,0 %.

■ ***Utilisation du sol*** (1994) : forêts 29,0 % ; prairies et pâturages 1,6 % ; terres cultivées et plantations 40,0 % ; autres 29,4 %.

Échanges extérieurs [b]

■ ***Importations*** (1995) : 1 766 142 000 000 THB (équipement électrique 19,1 % ; équipement non électrique 18,9 % ; véhicules 7,7 % ; fer et acier 7,1 % ; combustibles minéraux et lubrifiants 6,8 % ; produits chimiques organiques 3,7 %).
Principales sources des importations : Japon 30,5 % ; États-Unis 12,0 % ; Singapour 5,9 % ; Allemagne 5,3 % ; Taïwan 4,8 % ; Malaisie 4,6 % ; Corée du Sud 3,5 % ; Chine 3,0 % ; France 2,7 %.

■ ***Exportations*** (1995) : 1 407 996 000 000 THB (équipement électrique 17,2 % ; équipement non électrique 14,0 % ; produits en caoutchouc 5,8 % ; poisson frais 5,1 % ; vêtements 4,6 % ; plastiques 4,4 % ; pierres précieuses 3,9 % ; chaussures 3,8 %).
Principales destinations des exportations : États-Unis 17,8 % ; Japon 16,8 % ; Singapour 14,0 % ; Hong Kong 5,2 % ; Pays-Bas 3,2 % ; Chine 3,0 % ; Allemagne 2,9 % ; Royaume-Uni 2,9 % ; Malaisie 2,8 %.

Transports et communications

■ ***Transports***
Chemins de fer (1995) : longueur 3 976 km ; trafic : 12 975 000 000 passagers-km ; 3 242 000 000 t-km.
Routes (1995) : longueur totale 62 000 km (97 % recouvertes).
Véhicules (1995) : voitures particulières 1 440 000 ; camions et autobus 2 969 000.
Marine marchande (1992) : 351 navires (de 100 tjb et plus) ; 1 194 470 tonneaux de port en lourd.
Transports aériens (1996) ; trafic : 29 226 000 000 passagers-km ; 1 320 300 000 t-km. 25 aéroports (1997).

■ ***Communications***
Journaux quotidiens (1994) : diffusion totale 2 766 ; diffusion pour 1 000 hab. 47.
Radiodiffusion (1996) : 10 000 000 postes récepteurs ; 167 pour 1 000 hab.
Télévision (1995) : 3 300 000 postes récepteurs ; 56 pour 1 000 hab.
Téléphone (1995) : 3 482 000 lignes principales ; 59 pour 1 000 hab.

Éducation et santé

■ ***Niveau d'éducation*** (1990)
Proportion de la population âgée de 25 ans et plus : sans instruction scolaire 11,8 % ; ayant une éducation primaire 71,3 % ; éducation secondaire 9,5 % ; éducation postsecondaire 6,6 % ; inconnu 0,8 %.

■ ***Alphabétisation*** (1990) : personnes âgées de 15 ans et plus alphabétisées 93,3 %.

■ ***Santé*** : 14 098 médecins en 1994 (1 pour 4 165 hab.) ; 93 852 lits d'hôpital en 1991 (1 pour 599 hab.) ; taux de mortalité infantile (1996) : 32,0 ‰.

■ ***Alimentation*** (1995) : apport journalier en calories par habitant 2 296 (alimentation d'origine végétale 90 % ; d'origine animale 10 %) ; soit 103 % du niveau minimal recommandé par la F.A.O.

Défense nationale

■ ***Contingent*** (1996) : 254 000 (armée de terre 59,1 % ; marine 25,2 % ; armée de l'air 15,7 %).

■ ***Dépenses militaires*** (1995) : 2,5 % du P.N.B. (moyenne mondiale 2,8 %) ; soit 68 USD/hab.

a. Tous les membres sont désignés par le Premier ministre.
b. Importations : chiffres F.O.B. pour la balance commerciale et C.I.F. pour les marchandises et les partenaires commerciaux.

TOGO

- ***Nom officiel*** : République togolaise. Code I.S.O. : TG.
- ***Forme de gouvernement*** : république[a] à régime multipartiste avec une Assemblée nationale (81).
- ***Chef de l'État*** : président[a].
- ***Chef du gouvernement*** : Premier ministre.
- ***Capitale*** : Lomé.
- ***Langue officielle*** : français.
- ***Religion officielle*** : aucune.
- ***Unité monétaire*** : 1 franc CFA (XOF) = 100 centimes ; valeur : 100 XOF = 1,00 FRF[b].

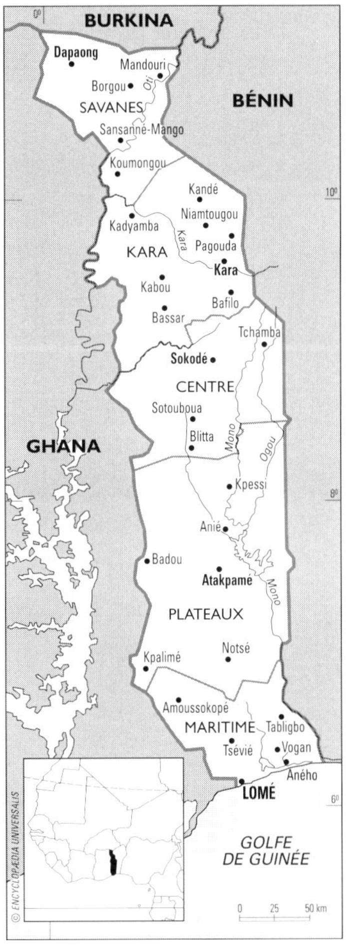

Démographie

- ***Population*** (estim. 1997) : 4 736 000.
- ***Densité*** (1997) : 83,4 hab./km².
- ***Répartition urbaine/rurale*** (1995) : population urbaine 30,8 % ; population rurale 69,2 %.
- ***Répartition par sexe*** (1995) : hommes 49,54 % ; femmes 50,46 %.
- ***Répartition par âge*** (1995) : moins de 15 ans 45,7 % ; de 15 à 29 ans 25,9 % ; de 30 à 44 ans 14,9 % ; de 45 à 59 ans 8,5 % ; de 60 à 74 ans 4,1 % ; 75 ans et plus 0,9 %.
- ***Projection démographique*** : 5 263 000 en 2000 ; 7 401 000 en 2010.
- ***Temps de doublement*** : 22 ans.
- ***Composition ethnique*** (1983) : Éwés 45,4 % ; Kabrés 23,9 % ; Gourmantchés 10,5 % ; Tems 7,3 % ; autres ethnies africaines 12,1 % ; Européens 0,8 %.
- ***Appartenances religieuses*** (1993) : religions traditionnelles 50,0 % ; chrétiens 35,0 %, dont catholiques 23 % ; musulmans 15,0 %.
- ***Principales villes*** : Lomé 366 476 hab. (1983) ; Sokodé 48 098 hab. (1981) ; Kpalimé 27 669 hab. (1981).

Statistiques de l'état civil

- ***Taux de natalité*** (1990-1995) : 44,5 ‰ (moyenne mondiale 25,0 ‰) ; taux de naissances légitimes n.d., illégitimes n.d.
- ***Taux de mortalité*** (1990-1995) : 12,8 ‰ (moyenne mondiale 9,3 ‰).
- ***Taux d'accroissement naturel*** (1990-1995) : 31,7 ‰ (moyenne mondiale 15,7 ‰).
- ***Taux de fécondité*** (nombre moyen de naissances par femme en âge de procréer, 1990-1995) : 6,6.
- ***Nombre de mariages*** (pour 1 000 hab., 1979) : 2,3.
- ***Espérance de vie*** à la naissance (1990-1995) : hommes 53,2 ans ; femmes 56,8 ans.
- ***Principaux problèmes de santé*** (morbidité, 1989) : malaria 730 162 ; blessures 218 949 ; diarrhée 153 074 ; maladies de l'appareil respiratoire 90 061 ; parasites intestinaux 52 064.

Économie nationale

- ***Budget de l'État*** (1995)
Recettes : 97 100 000 000 XOF (recettes fiscales 91,4 %, dont taxes sur le commerce international 37,3 %, impôts sur les entreprises publiques 18,6 % ; recettes non fiscales 8,6 %).
Dépenses : 147 200 000 000 XOF (dépenses courantes 70,6 %, dont éducation 16,2 %, défense 10,5 %, santé 4,0 % ; dépenses de développement et dépenses non définies 15,6 % ; service de la dette 13,9 %).
- ***Dette publique*** (extérieure, créances, 1995) : 1 297 000 000 USD.
- ***Tourisme*** (1995) : recettes touristiques 8 000 000 USD ; dépenses touristiques à l'étranger (1994) 23 000 000 USD.
- ***Production***
Agriculture, sylviculture, pêche (1996).
Manioc 469 000 t ; maïs 414 000 t ; ignames 375 000 t ; sorgho 144 000 t ; coton en graines 140 000 t ; millet 78 000 t ; riz 59 000 t ; arachides 42 000 t ; légumes secs 34 000 t ; bananes 16 000 t ; café 16 000 t ; noix de coco 14 000 t ; huile de palme 14 000 t.
Cheptel (sur pied) : chèvres 1 900 000 ; moutons 1 200 000 ; porcs 850 000 ; bovins 202 000 ; poulets 6 000 000.
Bois (1995) : 2 387 000 m³.
Pêche (1993) : 13 723 t.
Industries extractives (1995) : phosphate minéral 2 650 000 t.
Industries manufacturières (valeur ajoutée, millions de XOF, 1995) : produits alimentaires, boissons et tabac 36 393 ; textiles, vêtements et cuir 3 833 ; bois et dérivés 3 020 ; produits non

régions et préfectures	chefs-lieux	superficie (km²)	population (estim. 1989)
région du Centre	**Sokodé**	**13 183**	**339 000**
Sotouboua	Sotouboua	7 491	162 500
Tchamba	Tchamba	3 143	54 500
Tchaoudjo	Sokodé	2 549	122 000
région de la Kara	**Kara (ex-Lama-Kara)**	**11 630**	**531 500**
Assoli	Bafilo	938	41 000
Bassar	Bassar	6 330	152 000
Binah	Pagouda	465	61 000
Doufelgou	Niamtougou	1 120	75 000
Kéran	Kandé	1 085	49 500
Kozah	Kara	1 692	153 000
région Maritime	**Lomé**	**6 395**	**1 299 500**
Golfe	Lomé	345	560 000
Lacs	Aného	713	172 500
Vo	Vogan	750	125 000
Yoto	Tabligbo	1 250	187 000
Zio	Tsévié	3 337	255 000
région des Plateaux	**Atakpamé**	**16 975**	**810 500**
Amou	Amlamé	2 003	98 500
Haho	Notsé	3 641	139 000
Kloto	Kpalimé	2 777	233 500
Ogou	Atakpamé	6 083	204 000
Wawa	Badou	2 471	135 500
région des Savanes	**Dapaong (ex-Dapango)**	**8 602**	**410 500**
Oti	Sansanné-Mango	3 762	98 500
Tône	Dapaong	4 840	312 000
total		**56 785**	**3 391 000**

Territoire et population.

→ ***Corpus*** : TOGO
→ ***Grand Atlas de Géographie*** (éd. 1992) : 132, 146
→ ***Grand Atlas de l'Histoire*** : 240, 241, 276, 283, 295

Corpus : AFRIQUE NOIRE – Société et économie ; ÉWÉ ; PHOSPHATES SÉDIMENTAIRES (gisements).

Universalia 1991 : 210 Le nouveau paysage audiovisuel en Afrique francophone ; ***Universalia 1992*** : 177 La seconde naissance de la presse indépendante en Afrique ; ***Universalia 1995*** : 157 Afrique : la dévaluation du franc CFA ou la fin d'un tabou.

Thesaurus :
LOMÉ
VODU AFRICAIN

	1995		1994	
	milliards de XOF	% du total	effectifs	% des effectifs
agriculture	210,5	33,9	1 041 000	67,7
mines	36,6	5,9		
industrie	62,6	10,1		
bâtiment	20,0	3,2	177 000	11,5
entreprises publiques	23,7	3,8		
transports et communications	39,7	6,4		
commerce et finance	131,6	21,2		
administration, défense nationale	49,4	7,9	318 000	20,7
services	47,4	7,6		
total	**630,3** [1]	**100,0**	**1 538 000**	**100,0** [2]

1. Le total comporte un écart statistique de 8 800 000 000 XOF. 2. Le total général ne correspond pas exactement au détail en raison des arrondis.

Structure du produit intérieur brut et effectifs.

	1990	1991	1992	1993	1994	1995
indice des prix à la consommation	100,0	100,4	101,8	101,8	137,7	159,3
indice des revenus horaires *	100,0	100,0	100,0	100,0	100,0	n.d.

(*) Janvier.

Indices des prix et des revenus (1990 = 100).

	1991	1992	1993	1994	1995
milliards de XOF	– 16,7	– 21,8	– 10,2	+ 7,8	+ 8,8
% du total	7,0	11,2	7,7	3,2	2,6

Balance commerciale (prix courants).

	nombre d'établissements	nombre d'enseignants	nombre d'élèves	nombre d'élèves par enseignant
primaire (6-11 ans)	3 283	16 217	824 626	50,8
secondaire (12-18 ans)	314 [1]	4 736	161 672	34,1
professionnel	18 [2]	586	7 631	13,0
supérieur [3]	1	650	11 000	16,9

1. 1990. 2. 1987. 3. Université uniquement, 1994-1995.

Enseignement (1995-1996).

métalliques 6 099 ; produits chimiques 3 625 ; papier, imprimerie et édition 3 125 ; acier 330.
Bâtiment (valeur ajoutée, 1995) : 19 958 000 000 XOF.
Énergie (production/consommation) : électricité (1994) 93 000 000/408 000 000 kWh ; pétrole brut 0/n.d. ; produits pétroliers (1994) 0/184 000 t.

■ ***Produit national brut*** (1995) : 1 266 000 000 USD (310 USD/hab.).

■ ***Population active*** (1994) : 1 538 000 ; taux d'activité 33,8 % (taux de participation : plus de 15 ans 50,7 % ; femmes 35,6 % ; sans-emploi 16-18 %).

■ ***Revenus et dépenses des ménages***
Taille moyenne des ménages (1980) : 5,6.
Revenu annuel moyen par ménage (1980) : 102 000 XOF (452 USD) ; sources des revenus : n.d.
Dépenses (1987) : alimentation 45,9 % ; services 20,5 % ; biens ménagers durables et entretien 13,9 % ; habillement 11,4 % ; logement 5,9 %.

■ ***Utilisation du sol*** (1994) : forêts 16,5 % ; prairies et pâturages 3,7 % ; terres cultivées et plantations 44,7 % ; autres 35,1 %.

Échanges extérieurs[c]

■ ***Importations*** (1995) : 177 300 000 000 XOF (biens de consommation 45,3 % ; biens d'équipement 23,2 % ; biens intermédiaires 21,0 % ; produits énergétiques 10,4 %).
Principales sources des importations (1994) : France 24,0 % ; Allemagne 9,9 % ; Côte-d'Ivoire 6,3 % ; États-Unis 5,5 % ; Pays-Bas 5,2 %.

■ ***Exportations*** (1995) : 173 200 000 000 XOF (exportations nationales 73,3 %, dont coton 29,8 %, phosphate 23,8 %, café 5,5 % ; réexportations 26,7 %).
Principales destinations des exportations (1994) : Canada 17,7 % ; Bolivie 7,6 % ; Indonésie 5,7 % ; Philippines 5,4 % ; France 5,0 %.

Transports et communications

■ ***Transports***
Chemins de fer : longueur (1995) 395 km ; trafic : 14 000 000 passagers-km ; 5 600 000 t-km.
Routes (1995) : longueur totale 12 040 km (14 % recouvertes).
Véhicules (1994) : voitures particulières 67 936 ; camions et autobus 31 986.
Marine marchande (1992) : 8 navires (de 100 tjb et plus) ; 20 633 tonneaux de port en lourd.
Transports aériens (représente un onzième du trafic d'Air Afrique, qui est assuré par onze pays ouest-africains, 1996) : 224 736 000 passagers-km ; 16 420 000 t-km. 2 aéroports desservis par des vols réguliers (1997).

■ ***Communications***
Journaux quotidiens (1995) : diffusion totale 10 000 ; diffusion pour 1 000 hab. 2,4.
Radiodiffusion (1995) : 880 000 postes récepteurs ; 212 pour 1 000 hab.
Télévision (1995) : 150 000 postes récepteurs ; 36 pour 1 000 hab.
Téléphone (1995) : 21 700 lignes principales ; 5,2 pour 1 000 hab.

Éducation et santé

■ ***Niveau d'éducation*** (1981)
Proportion de la population âgée de 25 ans et plus : sans instruction scolaire 76,5 % ; ayant une éducation primaire 13,5 % ; éducation secondaire 8,7 % ; éducation supérieure 1,3 %.

■ ***Alphabétisation*** (1995) : personnes âgées de 15 ans et plus alphabétisées 51,7 % ; hommes 67,0 % ; femmes 37,0 %.

■ ***Santé*** : 319 médecins en 1991 (1 pour 11 967 hab.) ; 5 307 lits d'hôpital en 1990 (1 pour 694 hab.) ; taux de mortalité infantile (1990-1995) : 85,0 ‰.

■ ***Alimentation*** (1995) : apport journalier en calories par habitant 1 754 (alimentation d'origine végétale 95 % ; d'origine animale 5 %) ; soit 67 % du niveau minimal recommandé par la F.A.O.

Défense nationale

■ ***Contingent*** (1997) : 6 950 (armée de terre 93,5 % ; marine 2,9 % ; armée de l'air 3,6 %).

■ ***Dépenses militaires*** (1995) : 2,3 % du P.N.B. (moyenne mondiale 2,8 %) ; soit 6 USD/hab.

a. Le régime militaire en place depuis 1967 continue, suivant la Constitution approuvée par référendum en septembre 1992.

b. Dévaluation de 50 % du franc CFA le 12 janvier 1994.

c. Importations : chiffres F.O.B. pour la balance commerciale et C.I.F. pour les marchandises et les partenaires commerciaux.

TONGA

- ***Noms officiels*** : Royaume des Tonga (Kingdom of Tonga ; Pule'anga Fakatu'i 'o Tonga). Code I.S.O. : TO.
- ***Forme de gouvernement*** : monarchie constitutionnelle avec une assemblée (Assemblée législative [30, dont 21 non-élus]).
- ***Chef de l'État et du gouvernement*** : roi, assisté par un Conseil privé.
- ***Capitale*** : Nuku'alofa.
- ***Langues officielles*** : anglais ; tongan.
- ***Religion officielle*** : aucune.
- ***Unité monétaire*** : 1 pa'anga (TOP) = 100 seniti ; valeur (26 déc. 1997) : 100 TOP = 437,48 FRF.

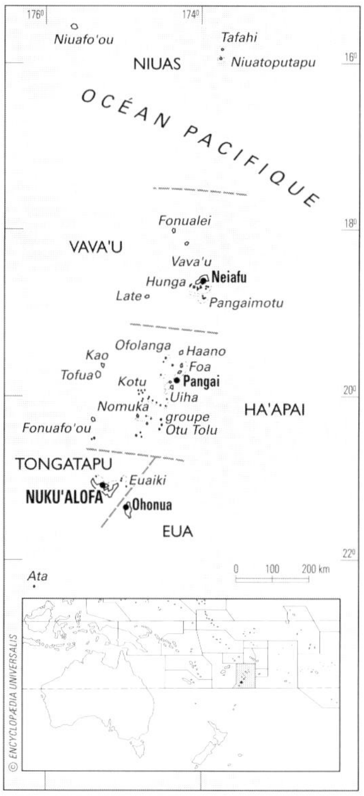

Démographie

■ ***Population*** (estim. 1997) : 103 100.

■ ***Densité***[a] (1996) : 140,6 hab./km^2.

■ ***Répartition urbaine/rurale*** (1997) : population urbaine 43,0 % ; population rurale 57,0 %.

■ ***Répartition par sexe*** (1992) : hommes 50,28 % ; femmes 49,72 %.

■ ***Répartition par âge*** (1986) : moins de 15 ans 40,6 % ; de 15 à 29 ans 29,0 % ; de 30 à 44 ans 13,8 % ; de 45 à 59 ans 10,2 % ; de 60 à 74 ans 5,0 % ; 75 ans et plus 1,4 %.

■ ***Projection démographique*** : 103 000 en 2000 ; 105 000 en 2010.

■ ***Temps de doublement*** : 32 ans.

■ ***Composition ethnique*** (1986) : Tongans 95,5 % ; autres 4,5 %.

■ ***Appartenances religieuses*** (1986) : méthodistes wesleyens 43,0 % ; catholiques 16,0 % ; mormons 12,1 % ; Église libre des Tonga 11,0 % ; Église des Tonga 7,3 % ; autres 10,6 %.

■ ***Principale ville*** (1986) : Nuku'alofa 21 383 hab.

Statistiques de l'état civil

■ ***Taux de natalité*** (1997) : 27,0 ‰ (moyenne mondiale 25,0 ‰).

■ ***Taux de mortalité*** (1997) : 5,8 ‰ (moyenne mondiale 9,3 ‰).

■ ***Taux d'accroissement naturel*** (1997) : 21,2 ‰ (moyenne mondiale 15,7 ‰).

■ ***Taux de fécondité*** (nombre moyen de naissances par femme en âge de procréer, 1997) : 3,4.

■ ***Nombre de mariages*** (pour 1 000 hab., 1992) : 8,2.

■ ***Nombre de divorces*** (pour 1 000 hab., 1992) : 1,1.

■ ***Espérance de vie*** à la naissance (1996) : hommes 67,0 ans ; femmes 72,0 ans.

■ ***Principales causes de décès*** (concerne les décès de patients dans les hôpitaux ; pour 100 000 hab., 1993) : maladies de l'appareil circulatoire 58,1 ; maladies du système nerveux 51,0 ; sénilité 27,8 ; diabète 17,3 ; urémie 10,2.

Économie nationale

■ ***Budget de l'État*** (1995-1996)
Recettes : 58 210 000 TOP (taxes sur les échanges extérieurs 48,7 % ; recettes des services gouvernementaux 19,6 % ; impôts directs 11,7 % ; impôts indirects 11,4 % ; intérêts et loyers 7,3 %).
Dépenses : 58 190 000 TOP (administration 20,3 % ; éducation 16,2 % ; justice et sécurité 12,0 % ; santé 11,9 % ; travaux publics et communications 9,7 % ; dette publique 6,6 % ; agriculture 5,6 %).

■ ***Tourisme*** (1994) : recettes touristiques 9 000 000 USD ; dépenses touristiques à l'étranger (1993) 3 000 000 USD.

■ ***Production***
Agriculture, sylviculture, pêche (1995).
Ignames 31 000 t ; manioc 28 000 t ; taros 27 200 t ; noix de coco 24 500 t ; patates douces 13 900 t ; fruits 12 500 t ; légumes 7 600 t ; coprah (1994) 2 000 t.
Cheptel (sur pied) : porcs 93 500 ; chèvres 15 500 ; chevaux 11 400 ; bovins 9 500.
Bois (1994) : 4 600 m^3.
Pêche (1993) : 2 481 t.
Industries extractives (1982) : corail 150 000 t ; sable 25 000 t.
Industries manufacturières (valeur de la production, 1993) : produits alimentaires et boissons 7 673 000 TOP ; produits chimiques 4 674 000

divisions et districts	chefs-lieux	superficie (km^2)	population (recens. 1986)
Eua	**Ohonua**	**87,4**	**4 393**
Eua Fo'ou			1 993
Eua Proper			2 400
Ha'apai	**Pangai**	**110,0**	**8 919**
Foa			1 410
Haano			891
Lulunga			1 584
Muomua			885
Pangai			2 850
Uiha			1 299
Niuas	**Hihifo**	**71,7**	**2 368**
Niuafo'ou [1]			763
Niuatoputapu			1 605
Tongatapu	**Nuku'alofa**	**260,5**	**63 794**
Kolofo'ou			15 903
Kolomotua			13 115
Kolovai			4 031
Lapaha			7 005
Nukunuku			5 863
Tatakamotonga			6 773
Vaini			11 104
Vava'u	**Neiafu**	**119,2**	**15 175**
Hahake			2 299
Hihifo			2 093
Leimatua			2 884
Motu			1 384
Neiafu			5 268
Pangaimotu			1 247
total		**720,3** [2]	**94 649**
surface des eaux intérieures		29,6	
superficie totale		**749,9** [2]	

1. Niuafo'ou, aujourd'hui dotée d'une administration postale autonome (1983) et d'un terrain d'atterrissage, reste traditionnellement surnommée Tin Can Island (île de la Boîte de conserve), allusion à l'ancien mode de transit postal maritime en boîte métallique. 2. Comprend 71,5 km^2 d'îles inhabitées.

Territoire et population.

→ ***Thesaurus*** : TONGA (ARCHIPEL & FOSSE DES)
→ ***Grand Atlas de Géographie*** (éd. 1992) : 16, 166w
→ ***Grand Atlas de l'Histoire*** : 277

Corpus : OCÉANIE — Géographie humaine ; Ethnographie (Polynésie).

	1993-1994		1990	
	milliers de TOP	% du total	effectifs	% des effectifs
agriculture	72 700	33,3	11 682	36,5
mines	n.d.	n.d.	4 665 (mines et industrie)	14,6
industrie	9 000	4,1		
bâtiment	8 000	3,7	1 257	3,9
entreprises publiques	n.d.	n.d.	408	1,3
transports et communications	25 800	11,8	1 821	5,7
commerce	27 000	12,4	2 597	8,1
finance	n.d.	n.d.	1 188	3,7
administration, défense nationale, services	26 900	12,3	7 052	22,0
autres	49 100	22,5	1 343	4,2
total	**218 500**	**100,0 (•)**	**32 013**	**100,0**

(•) Le total général ne correspond pas exactement au détail en raison des arrondis.

Structure du produit intérieur brut et effectifs.

	1989	1990	1991	1992	1993	1994	1995
indice des prix à la consommation	91,1	100,0	110,6	119,4	120,5	121,8	123,5
indice des revenus trimestriels (•)	100,7	100,0	114,3	124,6	n.d.	n.d.	n.d.

(•) Dans l'industrie.

Indices des prix et des revenus (1990 = 100).

	1990	1991	1992	1993	1994	1995
millions de TOP	− 64,5	− 59,4	− 67,7	− 61,5	− 72,8	− 79,6
% du total	69,0	63,0	67,1	56,8	66,5	68,3

Balance commerciale (prix courants).

	nombre d'établissements	nombre d'enseignants	nombre d'élèves	nombre d'élèves par enseignant
primaire (6-11 ans)	115	754	16 792	22,3
secondaire (12-18 ans)	40[1]	847	15 573	18,4
professionnel et formation à l'enseignement	8[1]	65[2]	358	13,4[2]
supérieur	1	19	226	11,9

1. 1992. 2. 1990.

Enseignement (1993).

TOP ; textile et habillement 2 231 000 TOP ; bois 1 562 000 TOP ; produits papetiers 1 294 000 TOP ; produits métalliques 1 153 000 TOP.
Bâtiment (valeur, 1984) : résidentiel 9 552 300 TOP ; non résidentiel 11 377 100 TOP.
Énergie (production/consommation) : électricité (1993) 27 000 000/27 000 000 kWh ; charbon 0/n.d. ; pétrole (1989) 0/154 000 barils ; produits pétroliers (1993) n.d./23 000 t ; gaz naturel 0/n.d.

■ ***Dette publique*** (extérieure, créances, 1995) : 68 700 000 USD.

■ ***Produit national brut*** (1995) : 170 000 000 USD (1 630 USD/hab.).

■ ***Population active*** (1990) : 32 013 ; taux d'activité 33,6 % (taux de participation : 10 ans et plus 46,7 % ; femmes 33,0 % ; sans-emploi 4,2 %).

■ ***Revenus et dépenses des ménages***
Taille moyenne des ménages (1986) : 6,3.
Revenu annuel moyen par ménage : n.d. ; sources des revenus : n.d.
Dépenses[b] (1984) : alimentation 49,3 % ; articles ménagers 13,3 % ; logement 10,5 % ; boissons et tabac 7,0 % ; transports 5,8 % ; habillement 5,6 %.

■ ***Utilisation du sol*** (1994) : forêts 11,1 % ; prairies et pâturages 5,6 % ; terres cultivées et plantations 66,7 % ; autres 16,6 %.

Échanges extérieurs[c]

■ ***Importations*** (1995) : 98 050 000 TOP (produits alimentaires et animaux sur pied 27,4 % ; équipement industriel et de transport 21,0 % ; produits manufacturés de base 19,5 % ; combustibles minéraux 12,7 % ; produits chimiques 7,0 %).
Principales sources des importations : Nouvelle-Zélande 38,1 % ; Australie 27,8 % ; États-Unis 10,5 % ; Fidji 7,6 % ; Japon 5,8 %.

■ ***Exportations*** (1995) : 18 020 000 TOP (gourdes 46,7 % ; poissons 24,1 % ; vanille 15,6 % ; racines alimentaires 5,0 % ; produits à base de noix de coco 0,4 %).
Principales destinations des exportations : Japon 49,2 % ; États-Unis 26,7 % ; Nouvelle-Zélande 8,4 % ; Australie 4,0 % ; Fidji 0,9 %.

Transports et communications

■ ***Transports***
Chemins de fer : aucun.
Routes (1993) : longueur totale 386 km (76 % recouvertes).
Véhicules (1993) : voitures particulières 3 400 ; véhicules utilitaires 3 900.
Marine marchande (1992) : 15 navires (de 100 tjb et plus) ; 13 740 tonneaux de port en lourd.
Transports aériens (1994) ; trafic : 9 397 000 passagers-km ; 16 000 t-km. 6 aéroports desservis par des vols réguliers (1996).

■ ***Communications***
Journaux quotidiens (1992) : 1 ; diffusion totale 7 000 ; diffusion pour 1 000 hab. 72.
Radiodiffusion (1995) : 52 000 postes récepteurs (1 pour 1,9 hab.).
Télévision[d] : n.d.
Téléphone (1993) : 5 900 lignes principales (1 pour 16 hab.).

Éducation et santé

■ ***Niveau d'éducation*** (1986)
Proportion de la population âgée de 25 ans et plus : ayant une éducation primaire 38,3 % ; éducation secondaire premier cycle 30,3 % ; éducation secondaire 23,4 % ; éducation postsecondaire 4,9 % ; éducation supérieure 1,0 % ; indéterminé 2,1 %.

■ ***Alphabétisation*** (1976) : personnes âgées de 15 ans et plus alphabétisées 46 456 (92,8 %) ; hommes 23 372 (92,9 %) ; femmes 23 084 (92,8 %).

■ ***Santé*** : (1993) 45 médecins (1 pour 2 201 hab.) ; (1992) 307 lits d'hôpital (1 pour 320 hab.) ; taux de mortalité infantile (1996) : 160 ‰.

■ ***Alimentation*** (1992) : apport journalier en calories par habitant 2 946 (alimentation d'origine végétale 82 % ; d'origine animale 18 %) ; soit 129 % du niveau minimal recommandé par la F.A.O.

Défense nationale

■ ***Contingent*** (1991) : les Tonga ont une police nationale d'environ 300 hommes.

■ ***Dépenses militaires*** (1989) : 4,9 % du P.N.B. (moyenne mondiale 4,9 %) ; soit 21 USD/hab.

a. Sur la base de la surface terrestre.
b. Poids respectifs des éléments de l'indice des prix à la consommation.
c. Importations C.I.F. pour la balance commerciale.
d. Il n'y a pas de service officiel de télévision aux Tonga ; une station pirate émet depuis 1984.

TRINITÉ ET TOBAGO

- ***Nom officiel*** : République de Trinité et Tobago (Republic of Trinidad and Tobago). Code I.S.O. : TT.
- ***Forme de gouvernement*** : république à régime multipartiste avec deux assemblées législatives (Sénat [31] et Chambre des représentants [36 [a]]).
- ***Chef de l'État*** : président.
- ***Chef du gouvernement*** : Premier ministre.
- ***Capitale*** : Port-d'Espagne (Port of Spain).
- ***Langue officielle*** : anglais.
- ***Religion officielle*** : aucune.
- ***Unité monétaire*** : 1 dollar de Trinité et Tobago (TTD) = 100 cents ; valeur (31 déc. 1997) : 100 TTD = 96,58 FRF.

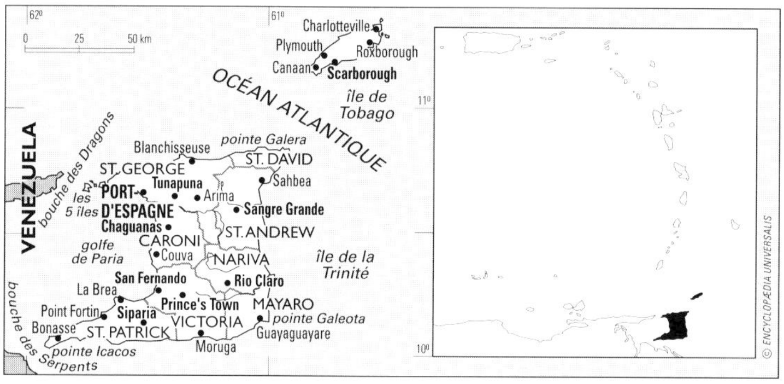

Démographie

■ ***Population*** (estim. 1997) : 1 276 000.

■ ***Densité*** (1997) : 248,8 hab./km².

■ ***Répartition urbaine/rurale*** (1995) : population urbaine 71,8 % ; population rurale 28,2 %.

■ ***Répartition par sexe*** (1995) : hommes 49,46 % ; femmes 50,54 %.

■ ***Répartition par âge*** (1995) : moins de 15 ans 31,7 % ; de 15 à 29 ans 26,6 % ; de 30 à 44 ans 22,1 % ; de 45 à 59 ans 11,5 % ; de 60 à 74 ans 6,0 % ; 75 ans et plus 2,1 %.

■ ***Projection démographique*** : 1 264 000 en 2000 ; 1 314 000 en 2010.

■ ***Temps de doublement*** : 71 ans.

■ ***Composition ethnique*** (1990) : Indiens (asiatiques) 40,3 % ; Noirs 39,6 % ; Métis 18,4 % ; Blancs 0,6 % ; Chinois 0,4 % ; autres ou indéterminés 0,7 %.

■ ***Appartenances religieuses*** (1990) : protestants 29,7 %, dont anglicans 10,9 %, pentecôtistes 7,5 % ; catholiques 29,4 % ; hindous 23,7 % ; musulmans 5,9 % ; autres 11,3 %.

■ ***Principales villes*** (1990) : Chaguanas 56 601 hab. ; Port-d'Espagne (1992) 52 451 hab. ; San Fernando 30 092 hab. ; Arima 29 695 hab. ; Point Fortin 20 025 hab. ; Scarborough 4 000 hab.

Statistiques de l'état civil

■ ***Taux de natalité*** (1996) : 16,3 ‰ (moyenne mondiale 25,0 ‰).

■ ***Taux de mortalité*** (1996) : 6,9 ‰ (moyenne mondiale 9,3 ‰).

■ ***Taux d'accroissement naturel*** (1996) : 9,4 ‰ (moyenne mondiale 15,7 ‰).

■ ***Taux de fécondité*** (nombre moyen de naissances par femme en âge de procréer, 1996) : 2,0.

■ ***Nombre de mariages*** (pour 1 000 hab., 1993) : 5,6.

■ ***Nombre de divorces*** (pour 1 000 hab., 1993) : 0,9.

■ ***Espérance de vie*** à la naissance (1995) : hommes 67,8 ans ; femmes 72,6 ans.

■ ***Principales causes de décès*** (pour 100 000 hab., 1992) : maladies de l'appareil circulatoire 263,6, dont maladies de cœur ischémiques 120,6, maladies cérébro-vasculaires 81,4 ; tumeurs malignes (cancers) 87,6 ; diabète 84,6.

Économie nationale

■ ***Budget de l'État*** (1995)
Recettes : 8 409 000 000 TTD (impôts sur les sociétés 26,4 %, dont secteur pétrolier 17,5 % ; impôts sur le revenu 17,8 % ; taxe à la valeur ajoutée 14,8 % ; recettes non fiscales 9,0 % ; redevances pétrolières 6,3 %).
Dépenses : 8 284 000 000 TTD (dépenses courantes 92,1 % ; dépenses de développement 7,9 %).

■ ***Dette publique*** (extérieure, créances, 1995) : 1 759 000 000 USD.

■ ***Tourisme*** (1994) : recettes touristiques 80 000 000 USD ; dépenses touristiques à l'étranger 90 000 000 USD.

■ ***Production***
Agriculture, sylviculture, pêche (1995).
Canne à sucre 1 326 000 t ; noix de coco 20 000 t ; oranges 14 906 t ; riz 10 000 t ; raisins et pamplemousses 7 297 t ; bananes 6 000 t ; maïs 5 000 t ; concombres 2 550 t ; cacao 1 865 t ; café 831 t.
Cheptel (sur pied) : poulets 9 500 000 ; chèvres 59 000 ; porcs 45 000.
Bois (1994) : 55 600 m³.
Pêche (1993) : 10 565 t.
Industries extractives (1994) : asphalte naturel 21 000 t.
Industries manufacturières (1995) : ammoniac anhydre et urée (engrais azotés) 2 630 900 t ; méthanol 963 000 t ; billettes d'acier 676 100 t ; ciment 558 500 t ; tubes d'acier 594 400 ; sucre brut 117 200 t ; bière (1994) 481 600 hl ; rhum 86 400 hl.
Bâtiment (constructions autorisées, 1992) : résidentiel 253 600 m² ; non résidentiel 50 700 m².
Énergie (production/consommation) : électricité 4 229 000 000 (1995)/3 817 000 000 (1993) kWh ; charbon 0/0 ; pétrole brut 47 817 000 (1995)/38 303 000 (1993) barils ; produits pétroliers (1993) 5 274 000/1 523 000 t ; gaz naturel 5 214 000 000 (1994)/5 194 000 000 (1993) m³.

■ ***Produit national brut*** (aux prix courants du marché, 1995) : 4 851 000 000 USD (3 840 USD/hab.).

■ ***Population active*** (1993) 504 500 ; taux d'activité 40,5 % (taux de participation : 15-64 ans 63,2 % ; femmes 37,0 % ; sans-emploi [1995] 17,2 %).

■ ***Revenus et dépenses des ménages***
Taille moyenne des ménages (1990) : 4,1.
Revenu moyen par ménage (1988) : 17 083 TTD (4 444 USD).

comtés, ville et bourgs	chefs-lieux	superficie (km²)	population (recens. 1990)
comtés :			
Caroni	Chaguanas	494,7	120 508
Nariva/Mayaro	Rio Claro	903,9	36 781
St. Andrew/St. David	Sangre Grande	932,4	62 944
St. George	Tunapuna	916,9	445 620
St. Patrick	Siparia	652,7	120 129
Tobago	Scarborough	300,4	50 282
Victoria	Prince's Town	815,9	210 833
villes :			
Port-d'Espagne (Port of Spain)	—	10,4	50 878
San Fernando	—	7,8	30 092
bourgs :			
Chaguanas	—	59,6	56 601
Arima	—	10,4	29 695
Point Fortin	—	23,3	20 025
total		**5 128,4**	**1 234 388**

Territoire et population.

→ *Corpus :* TRINIDAD ET TOBAGO
→ *Grand Atlas de Géographie* (éd. 1992) : 206, 209r
→ *Grand Atlas de l'Histoire :* 227, 277

Corpus : CARAÏBES (AIRE DES) [géopolitique de l'espace] ; GAZ NATUREL ; PÉTROLE – Géographie du pétrole (Amérique latine).

Thesaurus :
CARAÏBES (AIRE DE LIBRE COMMERCE DES)
CARIBBEAN BASIN INITIATIVE
PORT OF SPAIN

	1995		1993	
	millions de TTD	% du total	effectifs	% des effectifs
agriculture	646	2,1	50 700	10,1
pétrole [1], gaz naturel et exploitation de carrières	8 603	27,9	18 900	3,7
industrie	2 644	8,6	50 100	9,9
bâtiment	2 599	8,4	79 400	15,7
entreprises publiques	495	1,6	7 800	1,5
transports et communications	2 641	8,6	33 800	6,7
commerce	4 446	14,4	87 000	17,3
finance, immobilier	3 594	11,7	32 200	6,4
administration, défense nationale	2 994	9,7	143 900	28,5
services	1 695	5,5		
autres	435 [2]	1,4	500	0,1
total	**30 792**	**100,0 [3]**	**504 500 [3]**	**100,0 [3]**

1. Comprend les raffineries. 2. Valeur ajoutée nette moins les frais de service bancaire. 3. Le total général ne correspond pas exactement au détail en raison des arrondis.

Structure du produit intérieur brut et effectifs.

	1989	1990	1991	1992	1993	1994	1995
indice des prix à la consommation	90,1	100,0	103,9	110,6	122,4	133,2	140,5 [1]
indice des revenus hebdomadaires [2]	94,5	100,0	100,1	103,0	104,6	100,9	n.d.

1. Moyenne des 2e et 3e trimestres. 2. Secteur industriel uniquement.

Indices des prix et des revenus (1990 = 100).

	1990	1991	1992	1993	1994	1995
millions de TTD	+ 4 089	+ 2 147	+ 4 720	+ 2 055	+ 5 426	+ 5 436
% du total	32,5	16,6	23,3	13,2	31,1	22,9

Balance commerciale (prix courants).

	nombre d'établissements	nombre d'enseignants	nombre d'élèves	nombre d'élèves par enseignant
primaire (5-11 ans)	475	7 210	195 013 [1]	27,0
secondaire (12-16 ans)	101 [1]	4 882 [3]	100 609 [3]	20,6 [3]
supérieur [2]	1	438	5 191	11,9

1. 1991-1992. 2. Université des Caraïbes, campus de Saint-Augustin. 3. Sans l'enseignement professionnel.

Enseignement (1993-1994).

Dépenses (1993) : alimentation, boissons et tabac 25,5 % ; logement 21,6 % ; transports 15,2 % ; équipements domestiques 14,3 % ; habillement 10,4 % ; autres 13,0 %.

■ ***Utilisation du sol*** (1994) : forêts 45,8 % ; prairies et pâturages 2,1 % ; terres cultivées et plantations 23,8 % ; autres 28,3 %.

Échanges extérieurs [b]

■ ***Importations*** (1994) : 6 732 000 000 TTD (machines non électriques 17,7 % ; produits alimentaires et animaux sur pieds 15,0 % ; produits chimiques et dérivés 13,5 %).
Principales sources des importations : États-Unis 48,3 % ; Royaume-Uni 8,3 % ; Canada 5,7 % ; Brésil 5,3 % ; Japon 4,6 %.

■ ***Exportations*** (1994) : 11 295 000 000 TTD (pétrole raffiné 29,2 % ; pétrole brut 18,1 % ; azote 12,4 % ; ammoniac anhydre 11,8 % ; méthanol 10,7 % ; fer et acier 8,3 %).
Principales destinations des exportations : États-Unis 46,4 % ; Jamaïque 6,1 %, Canada 3,8 % ; Barbade 3,6 % ; Guyane française 3,1 %.

Transports et communications

■ ***Transports***
Chemins de fer : aucun.
Routes (1993) : longueur totale 8 000 km (50 % recouvertes).
Véhicules (1994) : voitures particulières 123 500 ; camions et autobus 24 500.
Marine marchande (1992) : 53 navires (de 100 tjb et plus) ; 17 533 tonneaux de port en lourd.
Transports aériens (1993) : trafic : 3 232 000 000 passagers-km ; 17 200 000 t-km. 2 aéroports desservis par des vols réguliers (1996).

■ ***Communications***
Journaux quotidiens (1993) : 3 ; diffusion totale 96 000 ; diffusion pour 1 000 hab. 76.
Radiodiffusion (1995) : 550 000 postes récepteurs (1 pour 2,3 hab.).
Télévision (1995) : 250 000 postes récepteurs (1 pour 5,1 hab.).
Téléphone (1993) : 192 500 lignes principales (1 pour 6,5 hab.).

Éducation et santé

■ ***Niveau d'éducation*** (1990)
Proportion de la population âgée de 25 ans et plus : sans instruction scolaire 4,5 % ; ayant une éducation primaire 56,4 % ; éducation secondaire 32,1 % ; éducation supérieure 3,4 % ; autres ou indéterminés 3,6 %.

■ ***Alphabétisation*** (1995) : personnes âgées de 15 ans et plus alphabétisées 886 000 (97,9 %).

■ ***Santé*** : 1 051 médecins en 1993 (1 pour 1 191 hab.) ; 3 653 lits d'hôpital en 1992 (1 pour 340 hab.) ; taux de mortalité infantile (1995) : 18,5 ‰.

■ ***Alimentation*** (1992) : apport journalier en calories par habitant 2 585 (alimentation d'origine végétale 85 % ; d'origine animale 15 %) ; soit 107 % du niveau minimal recommandé par la F.A.O.

Défense nationale

■ ***Contingent*** (1996) : 2 100 (armée de terre 66,6 % ; gardes-côtes 33,4 %).

■ ***Dépenses militaires*** (1994) : 1,7 % du P.N.B. (moyenne mondiale 3,0 %) ; soit 60 USD/hab.

a. Non compris le président qui peut ne pas être un membre élu de la Chambre des représentants.

b. Importations C.I.F. ; exportations F.O.B.

TUNISIE

- ***Nom officiel*** : République tunisienne (al-Jumhūrīyah at-Tūnisīyah ; forme courte : Tūnis). Code I.S.O. : TN.
- ***Forme de gouvernement*** : république à régime multipartiste avec une chambre législative (Assemblée nationale [163]).
- ***Chef de l'État*** : président.
- ***Chef du gouvernement*** : Premier ministre.
- ***Capitale*** : Tunis (Tūnis).
- ***Langue officielle*** : arabe.
- ***Religion officielle*** : islam.
- ***Unité monétaire*** : 1 dinar tunisien (TND) = 1 000 millimes ; valeur (31 déc. 1997) : 100 TND = 523,85 FRF.

→ *Corpus* : TUNISIE
→ *Grand Atlas de Géographie* (éd. 1992) : 132, 144
→ *Grand Atlas de l'Histoire* : 209, 228, 240, 241, 248, 249, 260, 261, 276, 283

Démographie

- ***Population*** (estim. 1997) : 9 218 000.
- ***Densité*** (1997) : 56,2 hab./km².
- ***Répartition urbaine/rurale*** (1985) : population urbaine 61,0 % ; population rurale 39,0 %.
- ***Répartition par sexe*** (1994) : hommes 50,53 % ; femmes 49,47 %.
- ***Répartition par âge*** (1994) : moins de 15 ans 34,8 % ; de 15 à 29 ans 28,5 % ; de 30 à 44 ans 18,8 % ; de 45 à 59 ans 9,6 % ; de 60 à 74 ans 6,4 % ; 75 ans et plus 1,9 %.
- ***Projection démographique*** : 9 694 000 en 2000 ; 11 209 000 en 2010.
- ***Temps de doublement*** : 39 ans.
- ***Composition ethnique*** (1983) : Arabes 98,2 % ; Berbères 1,2 % ; Français 0,2 % ; Italiens 0,1 % ; autres 0,3 %.
- ***Appartenances religieuses*** (1980) : musulmans sunnites 99,4 % ; chrétiens 0,3 % ; juifs 0,1 % ; autres 0,2 %.
- ***Principales villes*** (communes, 1994) : Tunis 674 100 hab. ; Sfax 230 900 hab. ; L'Ariana 152 700 hab. ; Ettadhamen 149 200 hab. ; Sousse 125 000 hab.

Statistiques de l'état civil

- ***Taux de natalité*** (1995-2000) : 23,9 ‰ (moyenne mondiale 25,0 ‰).
- ***Taux de mortalité*** (1995-2000) : 5,9 ‰ (moyenne mondiale 9,3 ‰).
- ***Taux d'accroissement naturel*** (1995-2000) : 18,0 ‰.
- ***Taux de fécondité*** (nombre moyen de naissances par femme en âge de procréer, 1995-2000) : 2,9.
- ***Nombre de mariages*** (pour 1 000 hab., 1995) : 6,0.
- ***Nombre de divorces*** (pour 1 000 hab., 1993-1994) : 0,9.
- ***Espérance de vie*** à la naissance (1995-2000) : hommes 68,4 ans ; femmes 70,7 ans.
- ***Principales causes de décès*** : n.d. ; toutefois, sur environ 12 000 décès constatés en 1992 (en zones urbaines), les complications liées à la grossesse et à l'accouchement représentaient 31,6 %, les maladies de l'appareil circulatoire 22,4 %, les accidents et empoisonnements 14,9 %, les maladies de l'appareil respiratoire 7,2 % ; les troubles endocriniens et du métabolisme 5,2 %, les maladies infectieuses et parasitaires 4,8 %.

Économie nationale

- ***Budget de l'État*** (1996)

Recettes : 5 710 000 000 TND (recettes fiscales 83,0 %, dont biens et services 32,5 %, sécurité sociale 16,8 %, impôts sur le revenu 15,6 %, droits d'importation 13,3 % ; revenus non fiscaux 15,8 % ; emprunts 0,7 % ; revenus des domaines 0,5 %).
Dépenses : 6 484 000 000 TND (éducation 15,8 % ; services économiques 15,7 % ; sécurité sociale 13,7 % ; services publics généraux 7,3 % ; santé 6,0 % ; police 5,8 % ; défense 5,0 %).

- ***Dette publique*** (extérieure, créances, 1995) : 8 814 000 000 USD.
- ***Tourisme*** (1995) : recettes touristiques 1 325 000 000 USD ; dépenses touristiques à l'étranger 251 000 000 USD.
- ***Production***

Agriculture, sylviculture, pêche (1996).
Blé 2 018 000 t ; olives 1 250 000 t ; orge 834 000 t ; tomates 700 000 t ; betteraves à sucre 306 000 t ; pastèques 273 000 t ; pommes de terre 270 000 t ; oranges 148 000 t ; raisins 107 000 t ; oignons secs 93 000 t ; dattes 74 000 t.
Cheptel (sur pied) : moutons 6 400 000 ; chèvres 1 250 000 ; bovins 700 000.
Bois (1995) : 3 600 000 m³.
Pêche (1995) : 84 000 t.

gouvernorats et chefs-lieux [1]	superficie (km²)	population (recens. 1994)
L'Ariana (L'Ariânah, Al Ariānah)	1 558	570 700
Béja (Béjah, Bājah)	3 558	306 500
Ben Arous (Ben 'Aroûs, Bin 'Arūs)	761	372 900
Bizerte (Binzart, Banzart)	3 685	485 800
Gabès (Gâbès, Gābis, Qābis)	7 175	311 300
Gafsa (Gafsah, Gafṣah, Qafṣaf)	8 990	308 700
Jendouba (Jendoûbah, Jundūbah) [ex-Souk el Arba (Sūq al Arba')]	3 102	405 100
Kairouan (Qairouân, Al Qīrwān, Al Qayrawān)	6 712	532 500
Kasserine (Al Gaṣrīn, Al Qaṣrayn)	8 066	388 500
Kebili (Kebilli, Qibilī)	22 084	132 000
Le Kef (Le Kêf, El Kef, Al Kāf)	4 965	273 200
Mahdia (Mahdiâh, Al Mahdīyah)	2 966	335 200
Médenine (Medenîne, Madanīn, Madanīyīn)	8 588	386 900
Monastîr (Al Munastīr)	1 019	364 600
Nabeul (Nâbeul, Nābul)	2 788	581 800
Sfax (Ṣafāqis, Ṣfāqis)	7 545	735 300
Sidi Bou Zid	6 994	379 300
Siliana (Siliânah, Siliānah)	4 631	246 500
Sousse (Soûsse, Sūsah)	2 621	436 500
Tataouine (Tatahouine, Taṭâouîne, Taṭāwīn)	38 889	135 600
Tozeur (Tôzeur, Tūzar, Tawzar)	4 719	89 300
Tunis (Toûnis, Tūnis, Tūnus)	346	893 000
Zaghouan (Zaghouân, Zaghwān)	2 768	143 400
total	**164 150** [2]	**8 814 500** [3]

1. Les nombreuses formes indiquées entre parenthèses sont des variantes de translittération française ou locale.
2. Le total comprend 9 620 km² situés dans le sud-ouest de la Tunisie et non répartis dans les gouvernorats.
3. Le total général ne correspond pas exactement au détail en raison des arrondis.

Territoire et population.

Corpus : AFRIQUE (Structure et milieu) – Afrique du Nord ; ARABE – Les Arabes ; FER (MINERAIS DE) [les pays producteurs] ; ISLAM (Histoire) – Modernisme dans le monde musulman (le Maghreb) ; MAGHREB ; MÉDITERRANÉE (HISTOIRE DE LA) [mutations sociales et économiques] ; TOURISME ; ZONES FRANCHES.

Universalia 1989 : 359 La démocratie en marche ; ***Universalia 1990*** : 302 La longue marche du Maghreb ; ***Universalia 1991*** : 210 Le nouveau paysage audiovisuel en Afrique francophone ; ***Universalia 1992*** : 122 L'Europe et l'Afrique : quelles perspectives ?

Thesaurus :
BIZERTE
DJERBA
DJÉRID
GABÈS
GAFSA
KAIROUAN
KERKENA (ÎLES)
KROUMIRIE
MATMATA
MEDJERDA
SFAX
SOUSSE
TUNIS

	1996		1994	
	millions de TND	% du total	effectifs	% des effectifs
agriculture	2 630	13,9	501 000	21,6
mines	111	0,6	36 800 (mines, entreprises publiques)	1,6
entreprises publiques	927	4,9[2]		
industrie	3 453	18,2	455 700	19,6
bâtiment	874	4,6	305 800	13,2
transports et communications	1 424	7,5	—[3]	—
commerce	4 588	24,2	315 600 (commerce, finance)	13,6
finance	2 624 (finance, administration, services)	13,8		
administration, défense nationale			667 100[3] (administration, services)	28,7
services				
autres	2 340[1]	12,3	38 600	1,7
total	**18 971**	**100,0**	**2 320 600**	**100,0**

1. Impôts indirects moins les subventions. 2. Comprend les hydiocarbures. 3. Les transports et les communications sont compris dans les services.

Structure du produit intérieur brut et effectifs.

	1990	1991	1992	1993	1994	1995	1996
indice des prix à la consommation	100,0	107,8	113,8	118,7	124,7	132,5	137,4
indice des revenus horaires *	100,0	101,6	105,5	113,3	n.d.	n.d.	n.d.

(•) Fin d'année ; les indices sont fondés sur le salaire minimum interprofessionnel garanti.

Indices des prix et des revenus (1990 = 100).

	1991	1992	1993	1994	1995	1996
millions de TND	– 1 371,9	– 2 139,1	– 2 419,1	– 1 950,7	– 914,2	– 2 170,7
% du total	16,7	23,2	24,1	17,2	7,2	12,9

Balance commerciale (prix courants).

	nombre d'établissements	nombre d'enseignants	nombre d'élèves	nombre d'élèves par enseignant
primaire (6-11 ans)	4 384	59 887	1 468 998	24,5
secondaire (12-18 ans)	712	41 885	794 394	19,0
formation à l'enseignement [1]	n.d.	237	3 839	16,2
supérieur [2]	n.d.	5 655	96 101	17,0

1. 1987-1988. 2. 1993-1994.

Enseignement (1995-1996).

Industries extractives (1995) : phosphate minéral 6 301 598 t ; minerai de fer 224 949 t ; zinc 80 446 t.
Industries manufacturières (1995) : ciment 3 033 200 t ; acide phosphorique 1 365 200 t ; farine 473 600 t ; acier brut 192 000 t (1989).
Bâtiment (constructions résidentielles autorisées, 1982) : 2 679 000 m².
Énergie (production/consommation) : électricité (1994) 6 714 000 000/5 701 000 000 kWh ; charbon (1994) 9 000/31 000 t ; pétrole brut (1994) 33 662 000/12 994 000 barils ; produits pétroliers (1994) 1 591 000/3 565 000 t ; gaz naturel (1994) 286 000 000/786 000 000 m³.

■ ***Produit national brut*** (1995) : 16 369 000 000 USD (1 820 USD/hab.).

■ ***Population active*** (1989) : 2 360 600 ; taux d'activité 28,8 % (taux de participation : 15-64 ans 42,2 % ; femmes 20,9 % ; sans-emploi 9,2 %).

■ ***Revenus et dépenses des ménages***
Taille moyenne des ménages (1994) : 5,2.
Revenu annuel moyen par ménage : n.d. ; sources des revenus : n.d.
Dépenses (1985) : alimentation et boissons 39,0 % ; équipements domestiques 11,2 % ; logement 10,7 % ; transports 9,0 % ; loisirs 7,1 % ; habillement 6,0 % ; énergie 5,1% ; santé 3,0 % ; éducation 1,8 %, autres 7,1 %.

■ ***Utilisation du sol*** (1994) : forêts 4,3 % ; prairies et pâturages 20,0 % ; terres cultivées et plantations 31,9 % ; autres 43,8 %.

Échanges extérieurs[a]

■ ***Importations*** (1996) : 7 542 700 000 TND (1995 : équipement électrique et machines 35,0 % ; textiles 25,2 % ; produits alimentaires 12,8 % ; produits chimiques 9,4 %).
Principales sources des importations (1995) : France 25,6 % ; Italie 15,4 % ; Allemagne 12,5 % ; États-Unis 5,0 % ; Belgique 4,4 % ; Espagne 4,2 % ; Libye 2,6 %.

■ ***Exportations*** (1996) : 5 372 000 000 TND (articles d'habillement 49,9 % ; équipement électrique et machines 13,7 % ; produits phosphatés 9,0 % ; énergie 8,4 %).
Principales destinations des exportations (1995) : France 28,1 % ; Italie 18,7 % ; Allemagne 15,7 % ; Belgique 6,5 % ; Espagne 4,0 %.

Transports et communications

■ ***Transports***
Chemins de fer (1994) : longueur 2 152 km ; trafic : 1 038 000 000 passagers-km ; 2 225 000 000 t-km.
Routes (1995) : longueur totale 22 490 km (79 % recouvertes).
Véhicules (1995) : voitures particulières 248 000 ; camions et autobus 283 000.
Marine marchande (1992) : 77 navires (de 100 tjb et plus) ; 443 290 tonneaux de port en lourd.
Transports aériens (Tunis Air uniquement, 1996) ; trafic : 2 120 989 000 passagers-km ; 18 352 000 t-km. 5 aéroports desservis par des vols réguliers (1997).

■ ***Communications***
Journaux quotidiens (1995) : diffusion totale 400 000 ; diffusion pour 1 000 hab. 45.
Radiodiffusion (1996) : 1 700 000 postes récepteurs ; 188 pour 1 000 hab.
Télévision (1995) : 1 400 000 postes récepteurs ; 156 pour 1 000 hab.
Téléphone (1995) : 521 700 lignes principales ; 58 pour 1 000 hab.

Éducation et santé

■ ***Niveau d'éducation*** (1989)
Proportion de la population âgée de 25 ans et plus : sans instruction scolaire 54,9 % ; éducation primaire 26,9 % ; éducation secondaire 14,3 % ; éducation supérieure 3,4 % ; sans précision 0,5 %.

■ ***Alphabétisation*** (1995) : personnes âgées de 15 ans et plus alphabétisées 66,7 %.

■ ***Santé*** (1994) : 5 344 médecins (1 pour 1 640 hab.) ; 15 759 lits d'hôpital (1 pour 556 hab.) ; taux de mortalité infantile (1995-2000) : 37,0 ‰.

■ ***Alimentation*** (1995) : apport journalier en calories par habitant 3 187 (alimentation d'origine végétale 91 % ; d'origine animale 9 %) ; soit 133 % du niveau minimal recommandé par la F.A.O.

Défense nationale

■ ***Contingent*** (1997) : 35 000 (armée de terre 77,1 % ; marine 12,9 % ; armée de l'air 10,0 %).

■ ***Dépenses militaires*** (1995) : 2,0 % du P.N.B. (moyenne mondiale 2,8 %) ; soit 39 USD/hab.

a. Importations : C.I.F. pour la balance commerciale.

TURKMÉNISTAN

- ***Nom officiel*** : Turkménistan (Turkmenistan). Code I.S.O. : TM.
- ***Forme de gouvernement*** : république avec une chambre législative (Majlis [50]).
- ***Chef de l'État et du gouvernement*** : président assisté du Conseil du peuple[a].
- ***Capitale*** : Achkhabad (Achgabat).
- ***Langue officielle*** : turkmen.
- ***Religion officielle*** : aucune (dominante : islam sunnite).
- ***Unité monétaire***[b] : 1 manat du Turkménistan (TMM) ; valeur (31 déc. 1997) : 100 TMM = 0,144 FRF.

provinces	capitales	superficie (km^2)	population (estim. 1996)
Ahal	Achgabat (Achkhabad)	n.d.	548 500
Akhal	-	97 100	677 700
Balkan	Nebit-Dag	138 600	389 700
Lebap	Tchardjoou (Tchardjev)	93 200	947 700
Mary	Mary	86 400	1 046 700
Tachaouz	Tachaouz	72 700	956 500
total		**488 100**(•)	**4 566 800**

(•) Le total général ne correspond pas exactement au détail en raison des arrondis.

Territoire et population.

	1995		1996	
	millions de TMM	% du total	effectifs	% des effectifs
agriculture	325 156	30,3	746 000	44,4
mines / industrie / entreprises publiques	559 761	52,2	165 000	9,8
bâtiment	68 285	6,4	155 000	9,2
transports et communications	26 199	2,4	83 000	4,9
commerce	31 796	3,0	106 700	6,4
finance	n.d.	n.d.	8 000	0,5
administration, défense nationale	n.d.	n.d.	25 000	1,5
services	3 075	0,3	347 000	20,7
autres	57 639	5,4	44 000	2,6
total	**1 071 911**	**100,0**	**1 679 700**	**100,0**(•)

(•) Le total général ne correspond pas exactement au détail en raison des arrondis.

Structure du produit intérieur brut et effectifs.

	1994	1995	1996
indice des prix à la consommation	100	1 362	7 431
indice des revenus mensuels	100	739	6 334

Indices des prix et des revenus (déc. 1994 = 100).

Démographie

- ***Population*** (estim. 1997) : 4 695 000.
- ***Densité*** (1997) : 9,6 hab./km^2.
- ***Répartition urbaine/rurale*** (1996) : population urbaine 44,8 % ; population rurale 55,2 %.
- ***Répartition par sexe*** (1996) : hommes 49,59 % ; femmes 50,41 %.
- ***Répartition par âge*** (1989) : moins de 15 ans 40,5 % ; de 15 à 29 ans 28,8 % ; de 30 à 44 ans 15,5 % ; de 45 à 59 ans 9,1 % ; de 60 à 74 ans 4,7 % ; 75 ans et plus 1,4 %.
- ***Projection démographique*** : 4 961 000 en 2000 ; 5 956 000 en 2010.
- ***Temps de doublement*** : 39 ans.
- ***Composition ethnique*** (1996) : Turkmènes 77,0 % ; Russes 6,7 % ; Ouzbeks 9,2 % ; Kazakhs 2,0 % ; Tatars 0,8 % ; autres 4,3 %.
- ***Appartenances religieuses*** : musulmans (sunnites principalement) 87,0 % ; orthodoxes russes 6,4 % ; autres 6,6 %.
- ***Principales villes*** (1991) : Achkhabad (Achgabat) 416 400 hab. ; Tchardjoou (Tchardjev) 166 400 hab. ; Tachaouz 117 000 hab. ; Mary 94 900 hab. ; Nebit-Dag 89 100 hab.

Statistiques de l'état civil

- ***Taux de natalité*** (1994) : 32,1 ‰ (moyenne mondiale 25,0 ‰) ; taux (1994) de naissances légitimes 96,2 % ; illégitimes 3,8 %.
- ***Taux de mortalité*** (1994) : 7,9 ‰ (moyenne mondiale 9,3 ‰).
- ***Taux d'accroissement naturel*** (1994) : 24,2 ‰ (moyenne mondiale 15,7 ‰).
- ***Taux de fécondité*** (nombre moyen de naissances par femme en âge de procréer, 1995) : 4,0.
- ***Nombre de mariages*** (pour 1 000 hab., 1994) : 8,7.
- ***Nombre de divorces*** (pour 1 000 hab., 1994) : 1,5.
- ***Espérance de vie*** à la naissance (1994) : hommes 61,5 ans ; femmes 68,5 ans.
- ***Principales causes de décès*** (pour 100 000 hab., 1994) : maladies de l'appareil circulatoire 337,1 ; maladies de l'appareil respiratoire 150,3 ; maladies infectieuses et parasitaires 75,6 ; accidents, empoisonnements et actes de violence 60,1 ; tumeurs malignes (cancers) 56,8 ; maladies de l'appareil digestif 31,1.

Économie nationale

- ***Budget de l'État*** (1996)
Recettes : 1 251 105 000 000 TMM (recettes fiscales 76,6 % ; taxe à la valeur ajoutée 35,0 % ; taxes sur les bénéfices des entreprises 23,0 % ; cotisations de sécurité sociale 13,0 % ; impôts sur les ressources naturelles 12,0 %).
Dépenses : 1 314 895 000 000 TMM (investissements de capitaux 19,9 % ; assistance sociale 15,0 % ; éducation 13,0 % ; santé 12,0 % ; défense 7,0 % ; subventions aux prix 4,0 %).

→ ***Corpus :*** U.R.S.S. ET EX-U.R.S.S.
→ ***Grand Atlas de Géographie*** (éd. 1992) : 80, 127
→ ***Grand Atlas de l'Histoire :*** 208, 209, 218, 230-231 (L'Empire russe : expansion et modernisation de 1815 à 1917), 244, 245, 258-259 (La Révolution russe), 266, 290-291 (Le développement de l'Union soviétique depuis 1926), 292, 293, 294, 295

Corpus : ALIMENTATION (ÉCONOMIE DE L') — Les grands produits alimentaires ; ASIE ; (Géographie humaine) [l'Asie septentrionale] ; CASPIENNE (MER) [ressources et activités] ; CÉRÉALES ; COOPÉRATIVES (extension du secteur coopératif) ; ISLAM — Modernisme dans le monde musulman ; KOLKHOZ ; MINERAIS (principaux producteurs) ; NUCLÉAIRE (INDUSTRIE) ; PÉTROLE — Géographie du pétrole ; POPULATION (GÉOGRAPHIE DE LA) [population et démographie] ; SOCIALISME — Économie des pays socialistes ; SOVKHOZ ; TOURISME (marchés, chaînes et réseaux) [l'insertion des pays collectivistes].

Universalia 1987 : 147 L'information en Union soviétique et dans les autres pays socialistes ; 356 Les Juifs en U.R.S.S. ; ***Universalia 1989 :*** 145 La crise de légitimité ; ***Universalia 1990 :*** 111 La réforme politique et institutionnelle ; 361 La revanche du secteur privé ; ***Universalia 1991 :*** 136 L'U.R.S.S. et le désarmement ; 351 La présidentialisation du régime ; ***Universalia 1992 :*** 139 La recomposition de l'espace stratégique soviétique.

Thesaurus :
ACHKHABAD
AMOU-DARIA
KARA-KOUM
KHĀREZM
MARV
TURKMENISTAN (R.S.S. DU)

	1994	1995	1996
millions d'USD	+ 485	+ 536	+ 329
% du total	12,5	15,4	10,8

Balance commerciale (prix courants).

	nombre d'établissements	nombre d'enseignants	nombre d'élèves	nombre d'élèves par enseignant
primaire (6-13 ans) / secondaire (14-17 ans)	1 900	72 900 •	940 600	12,9
professionnel et formation à l'enseignement	78	n.d.	26 100	n.d.
supérieur	15	n.d.	29 435 •	n.d.

(•) 1995-1996.

Enseignement (1994-1995).

■ ***Dette publique*** (extérieure, créances, 1995) : 374 700 000 USD.

■ ***Tourisme*** : n.d.

■ ***Production***
Agriculture, sylviculture, pêche (1996).
Légumes 643 500 t ; coton brut 450 000 t ; céréales 385 000 t ; fruits 206 000 t.
Cheptel (sur pied) : moutons et chèvres 6 574 000 ; bovins 1 199 000 ; porcs 82 000 ; volailles 3 500 000.
Bois (1990) : 4 000 000 m³.
Pêche (1995) : 40 013 t.
Industries extractives (1995) : sulfate de sodium 400 000 t ; soufre 240 000 t.
Industries manufacturières (valeur de la production en millions de TMM, 1994) : métaux ferreux et non ferreux 278 ; machines et produits métalliques usinés 223 ; produits alimentaires 129 ; équipement de construction 52 ; produits en bois 31.
Bâtiment (1994) : 1 700 000 m².
Énergie (production/consommation) : électricité (1994) 10 496 000 000/7 846 000 000 kWh ; charbon (1994) 0/0 t ; pétrole brut (1994) ; 30 053 000/30 053 000 barils ; produits pétroliers (1994) 2 765 000/2 765 000 t ; gaz naturel (1994) 30 891 000 000/8 332 000 000 m³.

■ ***Population active*** (1996) : 1 680 000 ; taux d'activité 36,8 % (taux de participation [1995] : 16-59 ans [hommes], 16-54 ans [femmes] 81,0 % ; femmes 41,0 % ; sans-emploi[e] env. 3 %).

■ ***Produit national brut*** (aux prix courants du marché, 1993) : 4 898 390 000 USD (1 270 USD/hab.)[c].

■ ***Revenus et dépenses des ménages***
Taille moyenne des ménages (1989) : 5,6.
Revenu annuel moyen par ménage : 3 853 TMM ; sources des revenus (1996) : traitements et salaires 70,6 % ; pensions et allocations 20,9 % ; revenus des travailleurs indépendants 2,3 %[d].
Dépenses (1996) : marchandises 26,8 % ; services 13,5 % ; impôts et autres paiements 9,4 %.

■ ***Utilisation du sol*** (1994) : forêts 8,2 % ; prairies et pâturages 61,6 % ; terres cultivées et plantations 3,0 % ; autres 27,2 %.

Échanges extérieurs[c]

■ ***Importations*** (1996) : 1 532 000 000 USD (équipement industriel et machines 37,4 % ; produits alimentaires 22,3 % ; médicaments 2,5 % ; produits chimiques 3,4 %).
Principales sources des importations (1995) : États-Unis 25,8 % ; Ukraine 17,4 % ; Turquie 13,1 % ; Russie 10,1 % ; Chypre 3,9 %.

■ ***Exportations*** (1996) : 1 691 000 000 USD (gaz naturel et produits pétroliers 69,2 % ; coton 19,6 %).
Principales destinations des exportations (1995) : Russie 62,5 % ; Suisse 6,5 % ; Hong Kong 6,2 % ; Turquie 4,7 % ; Kazakhstan 3,2 %.

Transports et communications

■ ***Transports***
Chemins de fer (1995) : longueur 2 120 km (1996) ; trafic : 1 773 000 passagers transportés ; 8 766 000 t-km.
Routes (1995) : longueur totale 13 600 km (88,9 % recouvertes).
Véhicules (1995) : voitures particulières 220 000 ; camions et autobus : 58 200.
Marine marchande : n.d.
Transports aériens (1989) ; trafic : 3 253 000 000 passagers-km ; 324 200 000 t-km. 1 aéroport desservi par des vols réguliers (1997).

■ ***Communications***
Journaux quotidiens : n.d.
Radiodiffusion (1995) : 850 000 postes récepteurs ; 189 pour 1 000 hab.
Télévision (1995) : 850 000 postes récepteurs ; 189 pour 1 000 hab.
Téléphone (1995) : 320 000 lignes principales ; 71 pour 1 000 hab.

Éducation et santé

■ ***Niveau d'éducation*** (1989)
Proportion de la population âgée de 25 ans et plus : sans instruction scolaire ou ayant une éducation primaire 13,6 % ; éducation secondaire incomplète 21,3 % ; éducation secondaire ou postsecondaire 56,8 % ; éducation supérieure 8,3 %.

■ ***Alphabétisation*** (1989) : personnes âgées de 15 ans et plus alphabétisées 97,7 % ; hommes 98,8 % ; femmes 96,6 %.

■ ***Santé*** (1995) : 13 500 médecins (1 pour 330 hab.) ; 46 000 lits d'hôpital (1 pour 97 hab.) ; taux de mortalité infantile (1994) : 46,4 ‰.

Défense nationale

■ ***Contingent*** (1997) : 18 000 (armée de terre 100 %).

■ ***Dépenses militaires*** (1995) : 1,7 % du P.N.B. (moyenne mondiale 2,8 %) ; soit 48 USD/hab.

---

a. Le Conseil du peuple est l'organe représentatif suprême de supervision du gouvernement. Il est composé du président, de membres du Majlis, de membres élus et de divers membres de droit exerçant des responsabilités aux niveaux national, provincial ou local. Il a un rôle d'examen et de décision dans les domaines de la Constitution, du développement, des frontières et des traités.

b. Le manat, lors de son introduction le 1er septembre 1993, était au taux de 1 pour 1 000 roubles russes (RUR) et circulait parallèlement avec eux. Le 1er novembre 1993, le manat est devenu l'unique monnaie légale au Turkménistan.

c. Les données concernant le P.N.B. et les échanges sont incertaines.

d. Revenus agricoles principalement.

e. Un emploi est garanti à chaque citoyen du pays, si bien que le chômage n'existe pas officiellement. Cependant, une étude de 1995 sur les ménages indique un taux de chômeurs – définis comme les personnes sans travail cherchant activement un emploi – d'environ 3 % de la population active.

TURQUIE

- ***Nom officiel*** : République turque (Türkiye Cumhuriyeti). Code I.S.O. : TR.
- ***Forme de gouvernement*** : république multipartiste avec une chambre législative (Grande Assemblée nationale [550]).
- ***Chef de l'État*** : président.
- ***Chef du gouvernement*** : Premier ministre.
- ***Capitale*** : Ankara.
- ***Langue officielle*** : turc.
- ***Religion officielle*** : aucune.
- ***Unité monétaire*** : 1 livre turque (TRL) = 100 kurus ; valeur (31 déc. 1997) : 100 TRL = 0,002 912 FRF.

→ ***Corpus*** : TURQUIE
→ ***Grand Atlas de Géographie*** (éd. 1992) : 22, 128
→ ***Grand Atlas de l'Histoire*** : 215, 218, 228, 229, 248, 249, 252, 253, 260, 261, 264, 265, 267, 284, 292, 293, 294, 295

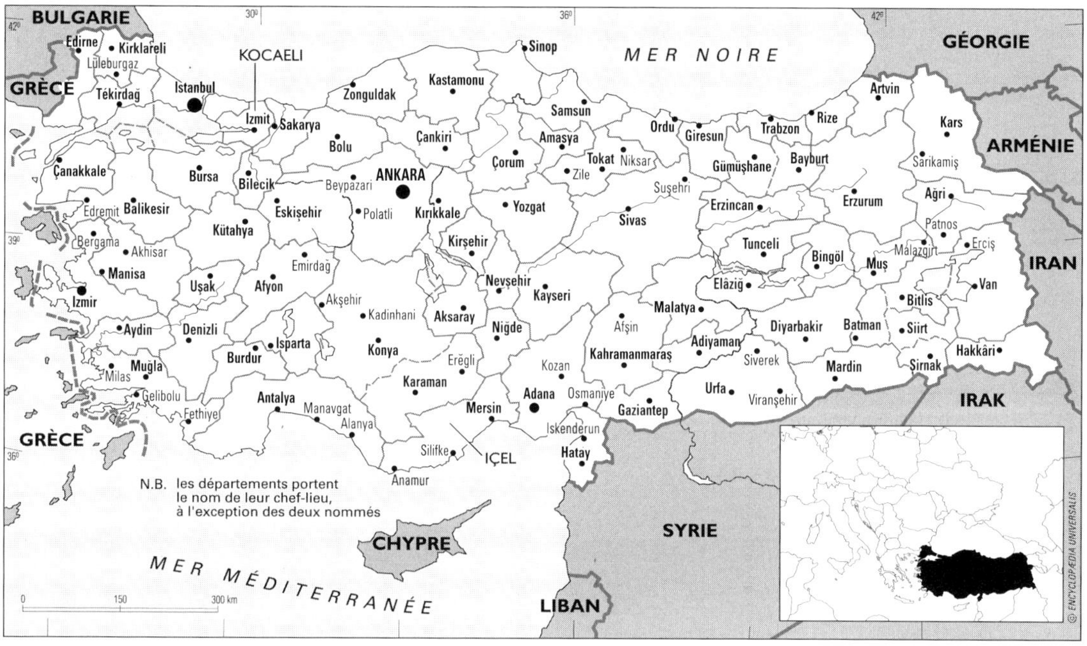

Démographie

- ***Population*** (estim. 1997) : 63 528 000.
- ***Densité*** (1997) : 81,5 hab./km².
- ***Répartition urbaine/rurale*** (1995) : population urbaine 68,8 % ; rurale 31,2 %.
- ***Répartition par sexe*** (1995) : hommes 50,57 % ; femmes 49,43 %.
- ***Répartition par âge*** (1995) : moins de 15 ans 32,3 % ; de 15 à 29 ans 28,8 % ; de 30 à 44 ans 20,3 % ; de 45 à 59 ans 11,0 % ; de 60 à 74 ans 6,4 % ; 75 ans et plus 1,2 %.
- ***Projection démographique*** : 66 618 000 en 2000 ; 76 570 000 en 2010.
- ***Temps de doublement*** : 44 ans.
- ***Composition ethnique*** (1994) : Turcs (Turkmènes inclus) 80-88 % ; Kurdes 10-20 % ; Arabes 1,5 % ; autres 0,3 %.
- ***Appartenances religieuses*** (1994) : musulmans sunnites env. 80,0 % ; schiites env. 19,8 %, dont Alevi (secte chiite non orthodoxe), env. 14,7 %.
- ***Principales villes*** (1995) : Istanbul 7 774 169 hab. ; Ankara 2 837 937 hab. ; Ismir 2 017 699 hab. ; Adana 1 066 544 hab. ; Bursa 1 016 700 hab. ; Gaziantep 730 435 hab. ; Konya 584 785 hab.

Statistiques de l'état civil

- ***Taux de natalité*** (1996) : 22,3 ‰ (moyenne mondiale 25,0 ‰).
- ***Taux de mortalité*** (1996) : 5,5 ‰ (moyenne mondiale 9,3 ‰).
- ***Taux d'accroissement naturel*** (1996) : 16,8 ‰ (moyenne mondiale 15,7 ‰).
- ***Taux de fécondité*** (nombre moyen de naissances par femme en âge de procréer, 1996) : 2,6.
- ***Nombre de mariages*** (pour 1 000 hab., 1993) : 7,7.
- ***Nombre de divorces*** (pour 1 000 hab., 1993) : 0,5.

	1996		1995	
	milliards de TRL [1]	% du total	effectifs [2]	% des effectifs
agriculture	2 408 532	18,0	10 227 000	44,7
mines	160 096	1,2	131 000	0,6
industrie	2 417 651	18,0	2 948 000	12,9
bâtiment	764 339	5,7	1 228 000	5,4
entreprises publiques	393 968	2,9	111 000	0,5
transports et communications	1 955 042	14,6	854 000	3,7
commerce	2 539 687	19,0	2 612 000	11,4
finance, immobilier	987 244	7,4	487 000	2,1
administration, défense nationale	1 238 527	9,2	2 779 000 (administration et services)	12,1
services	553 546	4,0		
autres	—	—	1 522 000 [3]	6,6
total	**13 398 632**	**100,0**	**22 899 000**	**100,0**

1. Au coût des facteurs. 2. Population civile uniquement. 3. Sans-emploi.

Structure du produit intérieur brut et effectifs.

Corpus : ALIMENTATION (ÉCONOMIE DE L') – Les grands produits alimentaires ; ASIE – Géographie humaine (l'Asie sud-occidentale) ; CHYPRIOTE (QUESTION) ; ISLAM (Histoire) – Modernisme dans le monde musulman (en Turquie) ; KURDES (les Kurdes de Turquie) ; MÉDITERRANÉE (HISTOIRE DE LA) [mutations sociales et économiques] ; MÉDITERRANÉE (MER) [exploitation] ; MIGRANTS (ampleur du mouvement migratoire) ; MINERAIS (principaux producteurs) ; NOIRE (MER) [l'activité économique] ; PROCHE ET MOYEN-ORIENT CONTEMPORAIN (aspects d'histoire économique contemporaine) ; TABAC (aspects socio-économiques) ; TOURISME ; TURCS ; TURKMÈNES.

Universalia 1988 : 348 La politique extérieure : des équilibres fragiles ; ***Universalia 1989*** : 303 Vers une décrispation de la question kurde ? ; 334 L'eau : enjeux et stratégies ; ***Universalia 1991*** : 226 Bulgarie, Grèce : les minorités turques ; ***Universalia 1992*** : 133 Nouveau désordre régional et enjeux démocratiques au Moyen-Orient ; 201 Le retour des nationalités ; ***Universalia 1997*** : Entre Europe et islamisme.

Thesaurus :
ADANA
ADYGUÉ
ANATOLIE
ANKARA
ARMÉNIE TURQUE
BITHYNIE
BROUSSE
CAPPADOCE
CILICIE
ESKIŞEHIR
EUPHRATE
GAZIANTEP
ISAURIE
ISTANBUL
IZMIR
KARABÜK
KONYA
LAZE
LYCIE
MYSIE
OPIUM
ORONTE
PAMPHYLIE
PHRYGIE
PISIDIE
PONT
THRACE
TRÉBIZONDE
TURQUES (POPULATIONS)
YÖRÜK

départements (*iller*) [1]	chefs-lieux	superficie (km²)	population (recens. 1990)
Adana	Adana	17 562	1 945 565
Adıyaman	Adıyaman	7 423	522 439
Afyonkarahisar (Afyon)	Afyonkarahisar	14 295	748 882
Ağri	Ağri (Karaköse)	11 066	440 390
Aksaray [2]	Aksaray	7 626	329 383
Amasya	Amasya	5 452	357 860
Ankara	Ankara (anc. Angora)	25 614	3 235 687
Antalya	Antalya (anc. Adalia)	20 815	1 146 465
Artvin	Artvin	7 436	212 226
Aydın	Aydın	7 870	826 233
Balıkesir	Balıkesir	14 456	978 883
Batman [2]	Batman	4 694	345 070
Bayburt [2]	Bayburt	3 652	107 962
Bilecik	Bilecik	4 321	174 169
Bingöl	Bingöl	8 319	249 881
Bitlis	Bitlis	8 010	328 728
Bolu	Bolu	10 575	537 278
Burdur	Burdur	7 167	255 215
Bursa (Brousse)	Bursa (Brousse, anc. Pruse)	10 990	1 602 613
Çanakkale [3]	Çanakkale	9 950	433 091
Çankırı	Çankırı	8 659	281 724
Çorum	Çorum	12 729	621 934
Denizli	Denizli	11 874	764 740
Diyarbakır	Diyarbakır	14 908	1 086 293
Edirne	Edirne (anc. Andrinople)	6 174	403 522
Elâzığ	Elâzığ	9 455	500 712
Erzincan	Erzincan	11 413	306 863
Erzurum	Erzurum	25 133	848 840
Eskişehir	Eskişehir	13 477	642 383
Gaziantep	Gaziantep	8 015	1 225 863
Giresun	Giresun	6 965	520 117
Gümüşhane	Gümüşhane	6 748	169 554
Hakkâri	Hakkâri (Çölemerik)	7 121	175 430
Hatay	Antakya (anc. Antioche)	5 570	1 133 801
İçel	Mersin	15 448	1 271 705
Isparta	Isparta	8 847	435 224
İstanbul [3]	İstanbul (anc. Byzance et Constantinople)	5 591	7 433 585
İzmir	İzmir (Smyrne)	12 263	2 700 121
Kahramanmaraş (Maraş)	Kahramanmaras (anc. Markasi)	14 680	893 819
Karaman [2]	Karaman	9 163	219 990
Kars	Kars	18 841	666 167
Kastamonu	Kastamonu	12 982	432 143
Kayseri	Kayseri (anc. Césarée)	16 537	934 757
Kırıkkale [2]	Kırıkkale	4 365	368 716
Kırklareli	Kırklareli	6 378	313 344
Kırşehir	Kırşehir	6 501	258 321
Kocaeli	İzmit (anc. Nicomédie)	3 578	930 702
Konya	Konya (anc. Ikonion)	40 451	1 754 980
Kütahya	Kütahya	11 661	595 821
Malatya	Malatya (anc. Mélitène)	11 752	674 903
Manisa	Manisa	13 237	1 151 799
Mardin	Mardin	8 594	558 947
Muğla	Muğla	12 504	564 143
Muş	Muş	8 413	381 219
Nevşehir	Nevşehir	5 540	288 926
Niğde	Niğde	7 831	303 750
Ordu	Ordu	6 142	838 453
Rize	Rize	3 920	356 720
Sakarya	Adapazarı	4 821	675 140
Samsun	Samsun (anc. Amisos)	9 739	1 169 418
Şanlıurfa (Urfa)	Şanlıurfa (Urfa, anc. Édesse)	19 271	1 009 084
Siirt	Siirt	6 176	244 461
Sinop	Sinop (Sinope)	5 657	269 877
Şırnak [2]	Şırnak	7 172	282 557
Sivas	Sivas	28 568	799 644
Tekirdağ	Tekirdağ	6 333	468 090
Tokat	Tokat	9 869	724 801
Trabzon (Trébizonde)	Trabzon (Trébizonde, anc. Trapezous)	4 498	809 720
Tunceli	Tunceli (Kalan)	7 954	133 368
Uşak	Uşak	5 389	290 247
Van	Van	21 095	642 099
Yozgat	Yozgat	13 597	582 839
Zonguldak	Zonguldak	8 560	1 079 713
total		**779 452**	**56 969 109**

1. La Turquie est en général divisée en sept grandes régions géographiques, qui sont les suivantes : région de Marmara (Marmara Bölgesi), région d'Égée (Ege Bölgesi), région de l'Anatolie centrale (İç Anadolu Bölgesi), région de l'Anatolie de l'Est (Dogu Anadolu Bölgesi), région de l'Anatolie du Sud-Est (Güneydoğu Anadolu Bölgesi), région de la mer Noire (Karadeniz Bölgesi) et région de la Thrace (Trakya Bölgesi).
La Thrace constitue la partie européenne de la Turquie (3 % de la superficie totale du pays, 14 % de sa population totale).
2. Un des six nouveaux départements, qui portent à 73 le nombre total de départements turcs.
3. Les territoires des départements de Çanakkale et d'İstanbul sont partagés entre la Thrace (Europe) et l'Anatolie (Asie).

Territoire et population.

■ ***Espérance de vie*** à la naissance (1996) : hommes 69,5 ans ; femmes 74,4 ans.

■ ***Principales causes de décès*** (pour 100 000 hab., 1993 ; fondés sur environ 35 % du total des décès) : maladies de l'appareil circulatoire 369 ; tumeurs malignes (cancers) 80 ; accidents et actes de violence 33,0 ; maladies infectieuses et parasitaires 24.

Économie nationale

■ ***Budget de l'État*** (1996)
Recettes : 2 738 148 000 000 000 TRL (impôts indirects 49,8 % ; impôts directs 32,3 % ; recettes non fiscales 16,2 %).
Dépenses : 3 955 888 000 000 000 TRL (paiement d'intérêts 37,9 % ; personnel 24,6 % ; investissements 6,5 %).

■ ***Dette publique*** (extérieure, créances, déc. 1995) : 50 128 000 000 USD.

■ ***Tourisme*** (1996) : recettes touristiques 5 650 000 000 USD ; dépenses touristiques à l'étranger 1 265 000 000 USD.

■ ***Production***
Agriculture, sylviculture, pêche (1996).
Blé 18 515 000 t ; betteraves à sucre 14 455 000 t ; orge 8 000 000 t ; pommes de terre 4 950 000 t ; raisins 3 550 000 t ; pommes 2 100 000 t ; coton brut 2 089 000 t ; maïs 2 000 000 t ; olives 1 500 00 t ; coton en graines 1 200 000 t ; fibre de coton 802 000 t ; graines de tournesol 780 000 t ; oranges 700 000 t ; lentilles 615 000 t ; abricots 460 000 t ; noisettes 410 000 t ; poires 410 000 t ; tabac 230 000 t ; raisins secs (1995) 179 000 t ; thé 124 000 t ; miel (1995) 69 000 t ; essence de roses 800 kg (1993).
Cheptel (sur pied) : moutons 33 791 000 ; bovins 11 789 000.
Bois (1995) : 19 279 000 m³.
Pêche (1995) : 652 193 t.
Industries extractives (1995) : bore concentré (1994) 1 200 000 t ; chromite (1994) 800 000 t ; bauxite 440 000 t ; minerai de cuire (métal contenu) 34 200 t.
Industries manufacturières (valeur ajoutée, 1992) : pétrole raffiné 5 450 000 000 000 USD ; textiles 4 150 000 000 000 USD ; produits alimentaires 4 150 000 000 000 USD ; véhicules à moteur 3 200 000 000 USD ; fer et acier 2 600 000 000 000 USD ; briques, ciment et tuiles 1 950 000 000 USD.
Bâtiment (constructions autorisées, 1996) : résidentiel 56 863 000 m² ; non résidentiel 18 047 000 m².
Énergie (production/consommation) : électricité (1996) 94 863 000 000/94 787 000 000 kWh ; anthracite 2 424 000 (1996)/8 192 000 (1994) t ; lignite 52 503 000 (1996)/52 167 000 (1994) t ; pétrole brut 25 018 000 (1996)/180 663 000 (1994) barils ; produits pétroliers (1994) 22 219 000/25 417 000 t ; gaz naturel (1994) 184 500 000/4 185 000 000 m³.

■ ***Revenus et dépenses des ménages***
Taille moyenne des ménages (1993) : 4,5.
Revenu annuel moyen par ménage (1987) : 3 680 500 TRL (4 294 USD) ; sources des revenus : activités non salariées 51,4 % ; salaires et traitements 24,1 % ; loyers et intérêts 13,7 % ; paiments de transferts 10,8 %.
Dépenses (1994) : alimentation, tabac et café 38,5 % ; logement 22,8 % ; habillement 9,7 %.

■ ***Produit national brut*** (aux prix courants du marché, 1995) : 169 452 000 000 USD (2 780 USD/hab.).

■ ***Population active*** (population civile uniquement, 1995) : 22 899 000 ; taux d'activité 37,1 % (taux de participation : 15-64 ans 57,8 % ; femmes 30,4 % ; sans-emploi [1996] 5,8 %).

■ ***Utilisation du sol*** (1994) : forêts 26,2 % ; prairies et pâturages 16,1 % ; terres cultivées et plantations 36,1 % ; autres 21,6 %.

Échanges extérieurs [a]

■ ***Importations*** (1996) : 42 464 000 000 USD (équipement non électrique 19,3 % ; pétrole brut 8,1 % ; matériel électrique et électronique 7,0 % ; véhicules automobiles et pièces détachées 6,2 % ; fer et acier 6,10 %).
Principales sources des importations : Allemagne 17,6 % ; Italie 9,8 % ; États-Unis 7,5 % ; France 6,3 % ; Royaume-Uni 5,8 %.

	1991	1992	1993	1994	1995	1996	1997 (avril)
indice des prix à la consommation ...	166,0	282,3	468,8	967,0	1 872,5	3 258,9	5 328,3
indice des revenus quotidiens*	202,1	395,2	666,0	1 007,0	n.d.	n.d.	n.d.

(•) Fondé sur la moyenne de juin.

Indices des prix et des revenus (1990 = 100).

	1991	1992	1993	1994	1995	1996
millions de USD	− 7 454	− 8 156	− 14 080	− 5 164	− 14 073	− 19 382
% du total	21,5	21,7	31,4	12,5	24,5	29,6

Balance commerciale (prix courants).

	nombre d'établissements	nombre d'enseignants	nombre d'élèves	nombre d'élèves par enseignant
primaire (6-10 ans)	49 240	232 000	6 403 000	27,6
secondaire (11-16 ans)	10 689	138 000	3 498 000	25,3
professionnel et formation à l'enseignement	3 678	71 000	1 309 000	18,4
supérieur	817	50 000	1 161 000	23,2

Enseignement (1995-1996).

■ ***Exportations*** (1996) : 23 082 000 000 USD (textiles et vêtements 24,8 % ; fer et acier 7,6 % ; matériel électrique et électronique 5,7 % ; fruits 4,9 %).
Principales destinations des exportations : Allemagne 22,4 % ; États-Unis 7,0 % ; Russie 6,4 % ; Italie 6,3 % ; Royaume-Uni 5,4 % ; France 4,5 %.

Transports et communications

■ ***Transports***
Chemins de fer (1994) : longueur 8 452 km ; trafic : 6 385 000 000 passagers-km ; 8 254 000 000 t-km.
Routes (1995) : longueur totale 381 300 km (23 % recouvertes).
Véhicules (1995) : voitures particulières 3 231 562 ; camions et autobus 809 361.
Marine marchande (1992) : 880 navires (de 100 tjb et plus) ; 7 114 289 tonneaux de port en lourd.
Transports aériens (Turkish Airlines uniquement, 1996) ; trafic : 12 305 000 000 passagers-km ; 214 201 000 t-km. 26 aéroports desservis par des vols réguliers (1997).

■ ***Communications***
Journaux quotidiens (1994) : diffusion totale 2 679 000 ; diffusion pour 1 000 hab. 44.
Radiodiffusion (1996) : 8 800 000 postes récepteurs ; 141 pour 1 000 hab.
Télévision (1995) : 10 530 000 postes récepteurs ; 171 pour 1 000 hab.
Téléphone (lignes principales ; 1995) : 13 227 700 ; 215 pour 1 000 hab.

Éducation et santé

■ ***Niveau d'éducation*** (1993)
Proportion de la population âgée de 25 ans et plus : sans instruction scolaire 30,5 % ; ayant une éducation primaire incomplète 6,6 % ; éducation primaire 40,4 % ; éducation secondaire incomplète 3,1 % éducation secondaire ou supérieure 19,1 % ; niveau inconnu 0,3 %.

■ ***Alphabétisation*** (1995) : personnes âgées de 15 ans et plus alphabétisées 33 605 000 (82,3 %) ; hommes 91,7 % ; femmes 72,4 %.

■ ***Santé*** : 51 000[b] médecins en 1995 (1 pour 1 200 hab.) ; 134 665 lits d'hôpital en 1994 (1 pour 450 hab.) ; taux de mortalité infantile (1996) : 43,2 ‰.

■ ***Alimentation*** (1995) : apport journalier en calories par habitant 3 593 (alimentation d'origine végétale 89 % ; d'origine animale 11 %) ; soit 143 % du niveau minimal recommandé par la F.A.O.

Défense nationale

■ ***Contingent*** (1996) : 639 000 (armée de terre 82,2 % ; marine 8,0 % ; armée de l'air 9,8 %).

■ ***Dépenses militaires*** (1994) : 4,1 % du P.N.B. (moyenne mondiale 3,0 %) ; soit 87 USD/hab.

a. Importations C.I.F. ; exportations F.O.B.
b. Estimation.

→ *Corpus* : OCÉANIE – Histoire (de la Seconde Guerre mondiale à nos jours) ; Géographie humaine ; Ethnographie
→ *Grand Atlas de Géographie* (éd. 1992) : 16, 167a
→ *Grand Atlas de l'Histoire* : 277

TUVALU

● ***Nom officiel*** : Tuvalu. Code I.S.O. : TV.

● ***Forme de gouvernement*** : monarchie constitutionnelle avec un Parlement (12).

● ***Chef de l'État*** : reine d'Angleterre, représentée par un gouverneur général.

● ***Chef du gouvernement*** : Premier ministre.

● ***Capitale*** : le siège du gouvernement est à Vaiaku, îlot de Fongafale (sur l'atoll de Funafuti).

● ***Langue officielle*** : aucune (le tuvaluan et l'anglais sont couramment parlés).

● ***Religion officielle*** : aucune.

● ***Unité monétaire*** : 1 dollar de Tuvalu[a] (TVD) = 100 cents ; valeur (31 déc. 1997) : 100 TVD = 391,23 FRF.

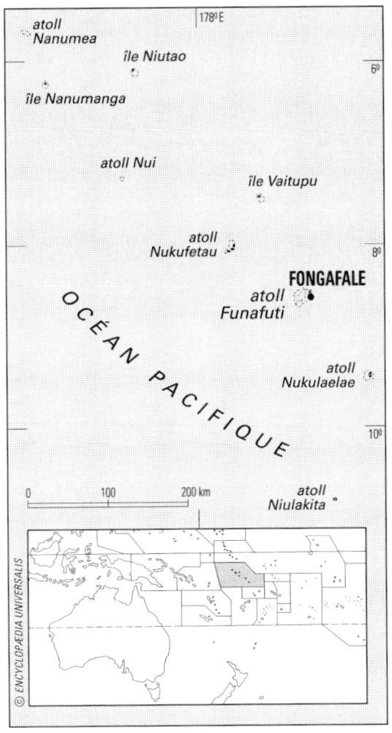

Démographie

■ ***Population*** (estim. 1997) : 10 130.

■ ***Densité*** (1997) : 401,9 hab./km².

■ ***Répartition urbaine/rurale*** (1995) : population urbaine 46,0 % ; population rurale 54,0 %.

■ ***Répartition par sexe*** (1997) : hommes 48,59 % ; femmes 51,41 %.

■ ***Répartition par âge*** (1991) : moins de 15 ans 34,7 % ; de 15 à 29 ans 24,1 % ; de 30 à 44 ans 20,7 % ; de 45 à 59 ans 11,4 % ; 60 ans et plus 9,2 %.

■ ***Projection démographique*** : 9 900 en 2000 ; 10 900 en 2010.

■ ***Temps de doublement*** : 43 ans.

■ ***Composition ethnique*** (1979) : Tuvaluans (Polynésiens) 91,2 % ; Métis 7,2 % ; Européens 1,0 % ; autres 0,6 %.

■ ***Appartenances religieuses*** (1979) : Église de Tuvalu (congrégationaliste) 96,9 % ; adventistes du septième jour 1,4 % ; béhaïs 1,0 % ; catholiques 0,2 % ; autres 0,5 %.

■ ***Principale ville*** (1990) : Fongafale, sur l'atoll de Funafuti, 3 432 hab.

Thesaurus : AUSTRONÉSIENS

Statistiques de l'état civil

■ ***Taux de natalité*** (1997) : 23,0 ‰ (moyenne mondiale 25,0 ‰) ; taux (1989) de naissances légitimes 82,2 %, illégitimes 17,8 %.

■ ***Taux de mortalité*** (1997) : 9,0 ‰ (moyenne mondiale 9,3 ‰).

■ ***Taux d'accroissement naturel*** (1997) : 14,0 ‰ (moyenne mondiale 15,9 ‰).

■ ***Taux de fécondité*** (nombre moyen de naissances par femme en âge de procréer, 1995) : 3,1.

■ ***Nombre de mariages*** : n.d.

■ ***Nombre de divorces*** : n.d.

■ ***Espérance de vie*** à la naissance (1995) : hommes 61,9 ans ; femmes 64,3 ans.

■ ***Principales causes de décès*** (pour 100 000 hab., 1985) : maladies de l'appareil digestif 170,0 ; maladies de l'appareil circulatoire 150,0 ; maladies de l'appareil respiratoire 120,0 ; maladies du système nerveux 120,0 ; tumeurs malignes (cancers) 70,0 ; maladies infectieuses et parasitaires 40,0 ; troubles endocriniens et du métabolisme 20,0 ; en 1992, les principales causes de décès comprennent les maladies de foie, la méningite, la tuberculose et les causes liées à la grossesse ; les autres problèmes de santé comprennent les infections respiratoires aiguës, la diarrhée, la filariose, la conjonctivite, les empoisonnements, le diabète, les rhumatismes et l'hypertension.

Économie nationale

■ ***Budget de l'État*** (1990)
Recettes cycliques : 5 301 000 AUD (sources locales 77,4 % [comprend les permis de pêche, les droits d'importation, les impôts sur les ventes et les impôts sur le revenu et sur les sociétés] ; Tuvalu Trust Fund 22,6 %).
Dépenses : 10 826 000 AUD (1987 : dépenses en capital 68,9 %, dont transports maritimes 20,7 %, éducation 13,0 %, pêcheries 5,6 %, santé 3,1 % ; dépenses courantes 31,1 %).

■ ***Dette publique*** : n.d.

■ ***Tourisme*** (1993) : recettes touristiques 300 000 USD ; dépenses touristiques à l'étranger : n.d.

■ ***Production***
Agriculture[b], *sylviculture, pêche* (1995).
Noix de coco 1 800 t ; fruits 1 040 t ; œufs 12 t ; les autres produits agricoles sont les fruits de l'arbre à pain, les taros, les bananes, les fruits du pandanus, les patates douces et les papayes.
Cheptel (sur pied) : porcs 12 600[c].
Pêche (1993) : 1 460 t (dont thon 15,0 %).
Industries extractives : n.d.
Industries manufacturières (1988) : coprah 90 t ; produits artisanaux ; produits cuits au four.
Bâtiment : n.d.
Énergie (production/consommation) : électricité (1992) 1 300 000/1 300 000 kWh ; charbon 0/0 ; pétrole brut 0/n.d. ; produits pétroliers 0/n.d. ; gaz naturel 0/0.

■ ***Produit national brut*** (aux prix courants du marché, 1995) : 7 800 000 USD (800 USD/hab.).

■ ***Population active*** (1991) : 5 910 ; taux d'activité 65,3 % (taux de participation : de 15 à 64 ans 85,5 % ; femmes [1979] 51,3 % ; sans-emploi [1979] 4,0 %).

■ ***Revenus et dépenses des ménages***
Taille moyenne des ménages (1979) : 6,4.
Revenu annuel moyen par ménage (1979) : 2 575 AUD ; sources des revenus : n.d.
Dépenses (poids respectifs des éléments de l'indice des prix à la consommation, 1992) : alimentation 45,5 % ; logement et fonctionnement du foyer 11,5 % ; transports 10,5 % ; alcools et tabac 10,5 % ; habillement 7,5 % ; autres 14,5 %.

■ ***Utilisation du sol*** (1987) : terres cultivées et plantations[d] 73,6 % ; brousailles 16,1 % ; autres 10,3 %.

Échanges extérieurs

■ ***Importations*** (1994) : 17 600 000 USD (1989 : produits alimentaires 29,3 % ; produits

îles [1]	capitale	superficie (km²)	population [2] (estim. 1987)
Funafuti	Fongafale	2,36	2 718
Nanumanga		2,59	717
Nanumea		3,57	965
Niulakita		0,41	75
Niutao		2,12	867
Nui		3,29	622
Nukufetau		3,06	722
Nukulaelae		1,66	335
Vaitupu		4,90	1 437
total		**23,96** [3]	**8 458** [4]

1. Des conseils de gouvernement locaux existent dans toutes les îles, à l'exception de Niulakita. 2. Population *de facto*. 3. Un récent levé de terrain donne une superficie de 24,4 km². 4. Le recensement de 1991 donne 9 043 hab.

Territoire et population.

	1994		1991	
	milliers de AUD [1]	% du total	effectifs	% des effectifs
agriculture, pêche, sylviculture	2 974	22,2	4 020	68,0
mines	299	2,2	–	–
industrie [2]	427	3,2	60	1,0
bâtiment	1 852	13,9	240	4,1
entreprises publiques	320	2,4	–	–
transports et communications	549	4,1	60	1,0
commerce, hôtels et restaurants	1 892	14,2	240	4,1
finance	1 323	9,9	–	–
administration, défense nationale / services	3 735	27,9	1 290	21,8
total	**13 371**	**100,0**	**5 910**	**100,0**

1. Au coût des facteurs de 1988. 2. Comprend l'industrie artisanale.

Structure du produit intérieur brut et effectifs.

	1987	1988	1989	1990	1991	1992	1993
indice des prix à la consommation	86,5	93,8	96,4	100,0	106,2	100,0	102,1
indice des revenus*	91,1	93,3	97,8	100,0	n.d.	n.d.	n.d.

(*) Moyenne du salaire minimum.

Indices des prix et des revenus (1990 = 100).

	1989	1990	1991	1992	1993	1994
milliers de AUD	– 5 894	– 5 909	– 6 200	– 6 595	– 9 129	– 9 498
% du total	86,6	90,2	86,8	91,7	93,3	93,4

Balance commerciale (prix courants).

	nombre d'établissements	nombre d'enseignants	nombre d'élèves	nombre d'élèves par enseignant
primaire (6-11 ans)	9	72	1 485	20,6
secondaire (12-18 ans)	1	21	314	15,0
professionnel	1	10	31	3,1
supérieur	–	–	–	–

Enseignement (1990).

manufacturés 28,2 % ; pétrole et produits pétroliers 12,8 % ; équipement industriel et de transport 12,2 % ; produits chimiques 7,1 % ; boissons et tabac 3,9 %).
Principales sources des importations : Australie 38,1 % ; Nouvelle-Zélande 4,0 % ; Japon 1,7 % ; Royaume-Uni 1,7 % ; États-Unis 0,6 %.

■ ***Exportations*** (1994) : 700 000 USD (1989 : habillement 29,5 % ; coprah 21,5 % ; fruits et légumes 8,0 %).
Principales destinations des exportations : Allemagne 28,6 % ; France 14,3 %.

Transports et communications

■ ***Transports***
Chemins de fer : aucun.
Routes (1995) : longueur totale 8 km (non recouvertes).
Véhicules : n.d. [e]
Marine marchande (1992) : 6 navires (de 100 tjb et plus) ; 16 005 tonneaux de port en lourd.
Transports aériens (1977) ; trafic : arrivées de passagers (Funafuti) 1 443 ; marchandises n.d.
1 aéroport desservi par des vols réguliers (1996).

■ ***Communications***
Journaux quotidiens (1996) : aucun. 1 périodique gouvernemental publié tous les quinze jours ; diffusion totale 260 ; diffusion pour 1 000 hab. 28.
Radiodiffusion (1995) : 3 000 postes récepteurs (1 pour 3,1 hab.).
Téléphone (1993) : 120 lignes principales (1 pour 77 hab.).

Éducation et santé

■ ***Niveau d'éducation*** (1979)
Proportion de la population âgée de 25 ans et plus : sans instruction scolaire 0,4 % ; ayant une éducation primaire 93,0 % ; éducation secondaire 6,1 % ; éducation supérieure 0,5 %.

■ ***Alphabétisation*** (1990) : personnes alphabétisées en tuvaluan 8 593 (95,0 %) ; en anglais (estim.) 45,0 %.

■ ***Santé*** : 8 médecins en 1993 (1 pour 1 152 hab.) ; 30 lits d'hôpital en 1990 (1 pour 302 hab.) ; taux de mortalité infantile (1995) : 27,9 ‰.

■ ***Alimentation*** : n.d.

Défense nationale

■ ***Contingent*** (1987) : force de police de 32 hommes.

a. Le dollar de Tuvalu est à parité avec le dollar australien (1 TVD = 1 AUD), qui a également cours à Tuvalu.

b. En raison de la pauvreté des sols, seule une agriculture de subsistance est possible sur les îles.

c. Plus quelques chèvres.

d. Permettant la culture de cocotiers, de pandanus et d'arbres à pain.

e. On compte quelques voitures particulières, tracteurs, remorques et camions légers à Funafuti ; il y a des motocyclettes sur la plupart des îles.

→ *Corpus* : UKRAINE ; U.R.S.S. ET EX-U.R.S.S.
→ *Grand Atlas de Géographie* (éd. 1992) : 80, 86
→ *Grand Atlas de l'Histoire* : 208, 209, 210, 211, 212, 213, 214, 218, 230-231 (L'Empire russe : expansion et modernisation de 1815 à 1917), 244, 245, 250, 251, 252, 253, 256, 257, 258-259 (La Révolution russe), 264, 265, 266, 272, 273, 274, 290-291 (Le développement de l'Union soviétique depuis 1926), 292, 293, 294, 295

UKRAINE

- *Nom officiel* : Ukraine (Ukraina). Code I.S.O. : UA.
- *Forme de gouvernement* : république à structure étatique unitaire et à régime multipartiste à un seul corps législatif (Conseil suprême [450]).
- *Chef de l'État* : président.
- *Chef du gouvernement* : Premier ministre.
- *Capitale* : Kyyiv [Kiev].
- *Langue officielle* : ukrainien.
- *Religion officielle* : aucune.
- *Unité monétaire* : 1 krynia (UAH) ; valeur (25 avr. 1997) : 100 UAH = 315,33 FRF.

Démographie

- *Population* (estim. 1997) : 50 668 000.
- *Densité* (1997) : 83,9 hab./km².
- *Répartition urbaine/rurale* (1994) : population urbaine 68,0 % ; population rurale 32,0 %.
- *Répartition par sexe* (1994) : hommes 46,45 % ; femmes 53,55 %.
- *Répartition par âge* (janv. 1995) : moins de 15 ans 19,5 % ; de 15 à 29 ans 21,7 % ; de 30 à 44 ans 22,3 % ; de 45 à 59 ans 18,2 % ; de 60 à 69 ans 10,3 % ; 70 ans et plus 8,0 %.
- *Projection démographique* : 50 785 000 en 2000 ; 50 320 000 en 2010.
- *Composition ethnique* (1991) : Ukrainiens 72,6 % ; Russes 22,2 % ; Biélorusses 0,9 % ; Juifs 0,7 % ; Moldaves 0,6 % ; Tatars 0,4 % ; autres 2,6 %.
- *Appartenances religieuses* : orthodoxes ukrainiens du patriarcat de Moscou 30,7 % ; orthodoxes ukrainiens du patriarcat de Kiev 19,5 % ; autres 49,8 %.
- *Principales villes* (janv. 1995) : Kiev 2 635 000 hab. ; Kharkov 1 576 000 hab. ; Dniepropetrovsk 1 161 000 hab. ; Donetsk 1 102 000 hab. ; Odessa 1 060 000 hab.

Statistiques de l'état civil

- *Taux de natalité* (1996) : 9,1 ‰ (moyenne mondiale 25,0 ‰).
- *Taux de mortalité* (1996) : 15,2 ‰ (moyenne mondiale 9,3 ‰).
- *Taux d'accroissement naturel* (1995) : – 6,1 ‰ (moyenne mondiale 15,7 ‰).
- *Taux de fécondité* (nombre moyen de naissances par femme en âge de procréer, 1994) : 1,5.
- *Espérance de vie* à la naissance (1994) : hommes 62,0 ans ; femmes 73,0 ans.
- *Principales causes de décès* (pour 100 000 hab., 1995) : maladies de l'appareil circulatoire 874,0 ; tumeurs malignes (cancers) 199,0 ; accidents 160,0.

Économie nationale

- *Budget de l'État* (1996)
Recettes : 30 142 000 000 UAH (taxe à la valeur ajoutée 20,9 % ; impôts sur les sociétés 18,1 % ; impôts sur le revenu 8,8 %, impôts indirects 2,2 %, autres 50,0 %).
Dépenses : 24 486 000 000 UAH (dépenses sociales, culturelles et d'éducation 34,9 % ; économie nationale 10,2 % ; dépenses liées à Tchernobyl 4,9 % ; défense 3,6 %).
- *Dette publique* (extérieure, 1995) : 6 585 000 000 USD.
- *Production*
Agriculture, sylviculture, pêche (1996).
Betteraves à sucre 23 009 000 t ; pommes de terre 18 410 000 t ; blé 13 547 000 t ; orge 5 726 000 t ; maïs 1 837 000 t.
Cheptel (sur pied) : bovins 17 557 000 ; porcs 13 144 000 ; moutons et chèvres 4 098 000.
Bois (1993) : 4 888 200 m³.
Pêche (1995) : 607 707 t.
Industries extractives (1995) : minerai de fer 51 000 000 t ; manganèse 3 200 000 t.
Industries manufacturières (valeur en milliers de UAH, 1994) : métaux ferreux et non ferreux 2 783 065 ; machines et équipement d'usinage du métal 2 225 093 ; aliments en conserve 1 285 328 ; produits chimiques 898 635 ; maté-

Corpus : ACIER (ÉCONOMIE DE L') [la répartition mondiale de la production] ; ALIMENTATION (ÉCONOMIE DE L') – Les grands produits alimentaires ; CÉRÉALES ; CHARBONNAGES (géographie de l'exploitation charbonnière) ; COOPÉRATIVES (extension du secteur coopératif) ; DANUBE ; EUROPE (Structure et milieu) – Géographie ; FER (MINERAIS DE) [les pays producteurs] ; HOUILLERS (BASSINS) ; KOLKHOZ ; MINERAIS (principaux producteurs) ; NOIRE (MER) [l'activité économique] ; NUCLÉAIRE (INDUSTRIE) ; PÉTROLE – Géographie du pétrole (Europe orientale) ; POPULATION (GÉOGRAPHIE DE LA) [population et démographie] ; SOCIALISME – Économie des pays socialistes ; SOVKHOZ ; TOURISME (marchés, chaînes et réseaux) [l'insertion des pays collectivistes].

Universalia 1987 : 147 L'information en Union soviétique et dans les autres pays socialistes ; 317 La catastrophe de Tchernobyl ; 356 Les Juifs en U.R.S.S ; *Universalia 1989* : 145 La crise de légitimité ; 361 Le millénaire de la christianisation ; *Universalia 1990* : 111 La réforme politique et institutionnelle ; 361 La revanche du secteur privé ; *Universalia 1991* : 136 L'U.R.S.S. et le désarmement ; 351 La présidentialisation du régime ; *Universalia 1992* : 139 La recomposition de l'espace stratégique soviétique ; *Universalia 1993* : 322 L'émergence d'une nouvelle puissance ? ; *Universalia 1997* : 87 Les accidents nucléaires en U.R.S.S. ; 96 Transition à l'Est et coopération européenne.

Thesaurus :
BUKOVINE
BULGARES (POPULATIONS)
DNIEPR
DNIEPROGUES
DNIEPROPETROVSK
DONETSK
DONETZ (BASSIN DU)
GALICIE
KIEV
KRIVOÏ ROG
ODESSA
POLÉSIE
ZAPOROJIE

république autonome et régions	capitales	superficie (km²)	population (estim. 1996)
république autonome :			
Krym (franç. Crimée)	Simferopol	27 000 [1]	2 205 600
villes :			
Kyyiv [Kiev]	—	[2]	2 638 700
Sevastopol [Sébastopol]	—	[1]	406 900
régions (oblasts) :			
Dniepropetrovsk [Dnepropetrovsk]	Dniepropetrovsk	31 900	3 852 000
Donetsk [Doneck]	Donetsk (ex-Stalino)	26 500	5 198 500
Ivano-Frankivsk [Ivano-Frankovsk]	Ivano-Frankivsk	13 900	1 467 100
Jytomyr [Žitomir]	Jytomyr	29 900	1 480 600
Kharkov [Har'kov]	Kharkov	31 400	3 088 400
Kherson [Herson]	Kherson	28 500	1 265 700
Khmelnytsky [Hmel'nickij]	Khmelnytsky (ex-Proskourov)	20 600	1 508 800
Kirovohrad [Kirovograd]	Kirovohrad	24 600	1 224 800
Kyyiv [Kiev]	Kyyiv	28 900 [2]	1 895 800
Louhansk [Lugansk]	Louhansk (ex-Vorochilovgrad)	26 700	2 788 500
Lviv [L'vov]	Lviv	21 800	2 761 500
Mykolayiv [Nikolaev]	Mykolayiv	24 600	1 343 300
Odesa [Odessa]	Odesa	33 300	2 586 500
Poltava	Poltava	28 800	1 739 100
Rivne [Rovno]	Rivne	20 100	1 194 200
Soumy [Sumy]	Soumy	23 800	1 397 900
Tcherkasy [Čerkassy]	Tcherkasy	20 900	1 504 600
Tchernihiv [Černigov]	Tchernihiv	31 900	1 349 500
Tchernivtsi [Černovcy]	Tchernivtsi	8 100	943 600
Ternopil [Ternopol']	Ternopil	13 800	1 175 400
Vinnytsya [Vinnica]	Vinnytsya	26 500	1 876 000
Volyn (franç. Volhynie)	Volodymyr-Volynsky	20 200	1 075 200
Zakarpatija (franç. Transcarpatie ou Subcarpatie)	Oujhorod [Užgorod]	12 800	1 288 100
Zaporijjya [Zaporojie]	Zaporijjya	27 200	2 077 800
total		**603 700**	**51 334 100**

1. La République de Krym inclut Sevastopol. 2. La région de Kyyiv inclut la ville de Kyyiv.
N.B. Les toponymes sont désormais translittérés à partir de l'orthographe ukrainienne. On a toutefois, à titre transitoire, indiqué entre crochets l'ancienne graphie russe, officielle pendant la période soviétique (translittérations selon le système GOST 83, très proche du système ISO/R9 de l'Organisation internationale de normalisation). Seules les graphies russes (translittérées « à la française ») ont été portées sur la carte de la présente édition.

Territoire et population.

	1993		1995	
	millions de UAH	% du total	effectifs	% des effectifs
agriculture	31 939	21,5	5 300 000	22,4
mines / industrie	45 826	30,9	5 800 000	24,5
entreprises publiques	1 303	0,9		
bâtiment	10 282	6,9	1 500 000	6,3
transports et communications	17 425	11,8	1 400 000	5,9
commerce	16 482	11,1	1 600 000	6,8
finance	17 784	12,0	200 000	0,8
administration, défense nationale	5 304	3,6	700 000	3,0
services	13 162	8,9	4 900 000	20,7
autres	– 11 254 [1]	– 7,6	2 427 000 [2]	9,7
total	**148 273**	**100,0**	**23 827 000**	**100,0** [3]

1. Taxes indirectes nettes et taxes sur la production moins les frais de service bancaire. 2. Dont 126 900 sans-emploi. 3. Le total général ne correspond pas exactement au détail en raison des arrondis.

Structure du produit intérieur brut et effectifs.

	1993	1994	1995	1996
indice des prix à la consommation	100,0	991,2	4 725	8 519
indice des revenus mensuels	100,0	886,6	4 736	n.d.

Indice des prix et des revenus (1993 = 100).

	1995	1996
milliards de UAK	+ 187,0	– 2 702
% du total	0,5	8,7

Balance commerciale (prix courants).

	nombre d'établissements	nombre d'enseignants	nombre d'élèves	nombre d'élèves par enseignant
primaire (6-13 ans) / secondaire (14-17 ans)	21 900	576 000*	7 007 000	12,4*
professionnel et formation à l'enseignement	782	n.d.	618 000	n.d.
supérieur	255	n.d.	922 800	n.d.

(*) 1994-1995.

Enseignement (1995-1996).

riaux de construction 520 339 ; produits en bois 4 847.
Bâtiment (1996) : résidentiel 6 500 000 m².

Énergie (production/consommation) : électricité (1994) 209 100 000 000/208 100 000 000 kWh ; charbon (1994) 91 800 000/94 267 000 000 t ; pétrole brut (1994) 30 786 000/137 900 000 barils ; produits pétroliers (1994) 10 678 000/12 180 000 t ; gaz naturel (1994) 18 600 000 000/18 800 000 000 m³.

■ ***Population active*** (1995) : 23 627 000 ; taux d'activité 46,0 %.

■ ***Produit national brut*** (1995) : 84 084 000 000 USD (1 630 USD/hab.)[a].

■ ***Utilisation du sol*** (1994) : forêts 17,1 % ; prairies et pâturages 12,4 % ; terres cultivées et plantations 57,0 % ; autres 13,5 %.

Échanges extérieurs

■ ***Importations*** (1996) : 12 567 400 000 USD (1995 : pétrole brut et gaz naturel 55,2 % ; machines et équipement pour l'usinage du métal 14,8 % ; produits chimiques 5,4 %).
Principales sources des importations : Russie 42,5 % ; Allemagne 6,7 % ; Turkménistan 4,9 % ; États-Unis 3,7 %.

■ ***Exportations*** (1996) : 13 413 700 000 USD (1995 : métaux ferreux 36,2 % ; machines et équipement pour l'usinage du métal 11,8 %).
Principales destinations des exportations : Russie 39,8 % ; Chine 5,3 % ; Biélorussie 4,7 % ; Turquie 2,9 %.

Transports et communications

■ ***Transports***
Chemins de fer (1997) : longueur 22 600 km ; trafic : 120 500 000 000 passagers-km ; 518 500 000 000 t-km.
Routes (1995) : longueur totale 172 257 km (94,8 % recouvertes).
Véhicules (1995) : voitures particulières 4 510 000 ; camions et autobus : n.d.
Transports aériens (1996) ; trafic : 2 014 000 000 passagers-km ; 44 205 000 t-km. 12 aéroports desservis par des vols réguliers (1997).

■ ***Communications***
Journaux quotidiens (1995) : diffusion totale 6 083 000 ; diffusion pour 1 000 hab. 118.
Radiodiffusion (1996) : 18 000 000 postes récepteurs ; 346 pour 1 000 hab.
Télévision (1995) : 12 000 000 postes récepteurs ; 233 pour 1 000 hab.
Téléphone (1995) : 8 311 000 lignes principales ; 161 pour 1 000 hab.

Éducation et santé

■ ***Niveau d'éducation*** (1989)
Proportion de la population âgée de 15 ans et plus : ayant une éducation primaire incomplète 6,8 % ; éducation primaire 13,7 % ; éducation secondaire incomplète 18,3 % ; éducation secondaire 31,6 % ; éducation postsecondaire 19,4 % ; éducation supérieure 10,3 %.

■ ***Santé*** (1995) : 230 000 médecins (1 pour 224 hab.) ; 639 000 lits d'hôpital (1 pour 81 hab.) ; taux de mortalité infantile : 14,4 ‰.

Défense nationale

■ ***Contingent*** (1997) : 400 800 (armée de terre 41,7 % ; marine 4,1 % ; armée de l'air 32,1 % ; autres 22,1 %). À la fin de 1997, il restait encore à répartir la flotte de la mer Noire de l'ex-U.R.S.S. entre la Russie, l'Ukraine et la Géorgie.

■ ***Dépenses militaires*** (1995) : 2,9 % du P.N.B. (moyenne mondiale 2,8 %) soit 70 USD/hab.

a. Données incertaines.

→ *Corpus* : URUGUAY (RÉPUBLIQUE ORIENTALE DE L')
→ *Grand Atlas de Géographie* (éd. 1992) : 212, 220
→ *Grand Atlas de l'Histoire* : 219, 226, 227, 286, 287, 294

URUGUAY

● ***Nom officiel*** : République orientale de l'Uruguay (República oriental del Uruguay). Code I.S.O. : UY.

● ***Forme de gouvernement*** : république avec une Assemblée générale comprenant deux chambres (Sénat [31] et Chambre des représentants [99]).

● ***Chef de l'État et du gouvernement*** : président.

● ***Capitale*** : Montevideo.

● ***Langue officielle*** : espagnol.

● ***Religion officielle*** : aucune.

● ***Unité monétaire*** : 1 peso uruguayen (UYU)[a] = 100 céntimos ; valeur (31 déc. 1997) : 100 UYU = 59,91 FRF.

Démographie

■ ***Population*** (estim. 1997) : 3 185 000.

■ ***Densité***[b] (1997) : 18,2 hab./km².

■ ***Répartition urbaine/rurale*** (1996) : population urbaine 88,7 % ; population rurale 11,3 %.

■ ***Répartition par sexe*** (1996) : hommes 48,47 % ; femmes 51,53 %.

■ ***Répartition par âge*** (1995) : moins de 15 ans 24,5 % ; de 15 à 29 ans 23,7 % ; de 30 à 44 ans 19,5 % ; de 45 à 59 ans 15,3 % ; de 60 à 74 ans 12,2 % ; 75 ans et plus 4,8 %.

■ ***Projection démographique*** : 3 274 000 en 2000 ; 3 453 000 en 2010.

■ ***Temps de doublement*** : 91 ans.

■ ***Composition ethnique*** (1990) : Blancs (principalement Espagnols, Italiens et sang-mêlé Espagnols/Italiens) 86,0 % ; Métis 8,0 % ; Mulâtres ou Noirs 6,0 %.

■ ***Appartenances religieuses*** (1997) : catholiques[c] 78,5 % ; protestants 3,0 % ; juifs 0,9 % ; autres 12,6 %.

■ ***Principales villes*** (1985) : Montevideo (1996) 1 378 707 hab. ; Salto 80 823 hab. ; Paysandú 76 191 hab. ; Las Piedras 58 288 hab. ; Rivera 57 316 hab.

Statistiques de l'état civil

■ ***Taux de natalité*** (1995) : 17,8 ‰ (moyenne mondiale 25,0 ‰) ; taux (1983) de naissances légitimes 73,8 % ; illégitimes 26,2 %.

■ ***Taux de mortalité*** (1995) : 10,0 ‰ (moyenne mondiale 9,3 ‰).

■ ***Taux d'accroissement naturel*** (1995) : 7,8 ‰ (moyenne mondiale 15,7 ‰).

■ ***Taux de fécondité*** (nombre moyen de naissances par femme en âge de procréer, 1994) : 2,4.

■ ***Nombre de mariages*** (pour 1 000 hab., 1992) : 6,2.

■ ***Nombre de divorces*** (pour 1 000 hab., 1991) : 3,1.

■ ***Espérance de vie*** à la naissance (1994) : hommes 70,9 ans ; femmes 77,5 ans.

■ ***Principales causes de décès*** (pour 100 000 hab., 1990) : maladies de l'appareil circulatoire 378,4 ; tumeurs malignes (cancers) 222,8 ; maladies de l'appareil respiratoire 76,3 ; accidents 47,0 ; maladies de l'appareil digestif 39,1.

Économie nationale

■ ***Budget de l'État*** (1996)
Recettes : 29 157 875 000 UYU (impôts directs 78,0 % ; recettes du commerce extérieur 5,4 %).
Dépenses : 32 151 841 000 UYU (1995 : sécurité sociale et assistance sociale 60,8 % ; services publics généraux 14,3 % ; investissements 7,7 % ; intérêts de la dette publique 7,1 % ; subventions 4,5 %).

■ ***Dette publique*** (extérieure, créances, 1995) : 3 823 000 000 USD.

■ ***Tourisme*** (1994) : recettes touristiques 632 000 000 USD ; dépenses touristiques à l'étranger 190 000 000 USD.

■ ***Production***
Agriculture, sylviculture, pêche (1996).
Riz 868 000 t ; blé 628 000 t ; orge 374 000 t ; canne à sucre 160 000 t ; pommes de terre 145 000 t ; oranges 133 000 t ; maïs 119 000 t ; graines de tournesol 112 000 t.
Cheptel (sur pied) : moutons 19 865 000 ; bovins 10 677 000 ; chevaux 480 000.
Bois (1995) : 4 093 000 m³.
Pêche (1995) : 120 737 t.
Industries extractives (1995) : ciment hydraulique 1 000 000 t ; gypse 145 000 t.
Industries manufacturières (valeur ajoutée, millions d'USD, 1994) : produits alimentaires (sauf boissons) 792 ; boissons 393 ; produits chimiques et dérivés 313 ; textiles 253 ; tabac 170 ; imprimerie et édition 159 ; matériel de transport 121.
Bâtiment (constructions autorisées, 1993) : résidentiel 338 674 m² ; non résidentiel 153 040 m².
Énergie (production/consommation) : électricité (1993) 7 989 000 000/5 675 000 000 kWh ; charbon 0/n.d. ; pétrole brut (1993) 0/2 875 000 barils ; produits pétroliers (1993) 340 000/1 384 000 t ; gaz naturel 0/n.d.

■ ***Produit national brut*** (1995) : 16 458 000 000 USD (5 170 USD/hab.).

■ ***Population active*** (1994) : 1 307 600 ; taux d'activité 45,9 % (taux de participation : 14 ans et plus 58,1 % ; femmes 42,4 % ; sans-emploi [1993] 2,4 %).

■ ***Revenus et dépenses des ménages***
Taille moyenne des ménages (1985) : 3,3.
Revenu annuel moyen par ménage (1985) : 266 261 UYP[a] (2 625 USD) ; sources des revenus : salaires 53,5 % ; activités non salariées 17,0 % ; pensions, paiements de transfert et autres 29,5 %.
Dépenses (poids respectifs des éléments de l'indice des prix à la consommation, Montevideo uniquement 1982-1983) : alimentation 39,9 % ; logement 17,6 % ; transports et communications 10,4 % ; santé 9,3 % ; habillement 7,0 % ; équipements domestiques 6,3 % ; loisirs 3,1 % ; éducation 1,3 % ; autres 5,1 %.

■ ***Utilisation du sol*** (1994) : forêts 5,3 % ; prairies et pâturages 77,3 % ; terres cultivées et plantations 7,5 % ; autres 9,9 %.

Corpus : AMÉRIQUE LATINE – Économie et société ; LATIFUNDIA (les latifundios latino-américains) ; VIANDE (production et consommation).

Universalia 1986 : 357 Démocratie et crise économique ; *Universalia 1991* : 151 Amérique latine : une nouvelle donne ; *Universalia 1997* : 150 Amérique latine : le Mercosur, pôle d'attraction pour l'Amérique latine.

Thesaurus :
MONTEVIDEO
PLATA (RÍO DE LA)
URUGUAY, fleuve

départements	chefs-lieux	superficie (km²)	population (estim. 1996)
Artigas	Artigas	11 928	75 786
Canelones	Canelones	4 536	410 524
Cerro Largo	Melo	13 648	81 218
Colonia	Colonia [del Sacramento]	6 106	117 380
Durazno	[San Pedro del] Durazno	11 643	56 966
Flores	Trinidad	5 144	25 348
Florida	Florida	10 417	68 257
Lavalleja	Minas	10 016	60 618
Maldonado	Maldonado	4 793	113 884
Montevideo	Montevideo	530	1 378 705
Paysandú	Paysandú	13 922	107 706
Río Negro	Fray Bentos	9 282	48 730
Rivera	Rivera	9 370	97 959
Rocha	Rocha	10 551	71 492
Salto	Salto	14 163	115 244
San José	San José [de Mayo]	4 992	91 874
Soriano	Mercedes	9 008	83 741
Tacuarembó	Tacuarembó	15 438	84 078
Treinta y Tres	Treinta y Tres	9 529	49 846
total		**175 016**	**3 139 376**
surface des eaux intérieures		1 199	
superficie totale		**176 215**	

Territoire et population.

	1996		1993	
	milliers de UYU	% du total	effectifs	% des effectifs
agriculture	15 057 460	10,0	47 700	3,8
mines	248 752	0,2	2 100	0,2
industrie	26 970 003	17,8	254 300	20,2
bâtiment	6 696 290	4,4	86 400	6,9
entreprises publiques	5 565 933	3,7	16 900	1,3
transports et communications	10 401 852	6,9	67 900	5,4
commerce	18 695 930	12,4	231 300	18,3
finance	13 000 875	8,6	68 400	5,4
administration, défense nationale	14 706 486	9,7	455 800	36,1
services	18 039 814	11,9		
autres	21 784 311 [1]	14,4	30 200 [2]	2,4
total	**151 167 706**	**100,0**	**1 261 000**	**100,0**

1. Comprend les taxes indirectes moins les subventions. 2. Comprend les sans-emploi à la recherche de leur premier emploi.

Structure du produit intérieur brut et effectifs.

	1991	1992	1993	1994	1995	1996
millions de USD	+ 44,9	− 248,9	− 536,7	− 732,2	− 647,2	− 773,4
% du total	1,4	6,8	14,0	16,1	13,4	13,9

Balance commerciale (prix courants).

	1990	1991	1992	1993	1994	1995	1996
indice des prix à la consommation	100,0	202,0	340,2	524,3	758,9	1 079,5	1 385,4
indice des revenus mensuels*	100,0	212,0	363,7	588,1	858,3	1 185,5	1 364,5

(*) Salariés uniquement.

Indices des prix et des revenus (1990 = 100).

	nombre d'établissements	nombre d'enseignants	nombre d'élèves	nombre d'élèves par enseignant
primaire (6-11 ans)	2 423	16 821	337 889	20,1
secondaire (12-17 ans)	348	20 061	184 083	9,2
professionnel	104	n.d.	56 879	n.d.
supérieur	2	7 157	61 367	8,6

Enseignement (1994).

Échanges extérieurs[d]

■ ***Importations*** (1996) : 3 322 798 000 USD (machines et appareils 21,3 % ; produits chimiques 13,6 % ; produits minéraux 11,5 % ; équipement de transport 11,2 % ; matières plastiques synthétiques, résines et caoutchouc 6,5 % ; conserves alimentaires 6,4 % ; textiles 5,8 %).
Principales sources des importations : Brésil 22,4 % ; Argentine 20,8 % ; États-Unis 12,0 % ; Italie 5,2 % ; France 3,5 % ; Espagne 3,1 %.

■ ***Exportations*** (1996) : 2 397 224 000 USD (animaux sur pied et produits animaux 26,3 % ; textiles et dérivés 19,5 % ; produits végétaux 17,0 % ; cuirs et peaux 11,5 % ; aliments en conserve 3,8 % ; matières plastiques synthétiques, résines et caoutchouc 3,5 %).

Principales destinations des exportations : Brésil 34,7 % ; Argentine 11,3 % ; États-Unis 7,0 % ; Allemagne 4,7 % ; Royaume-Uni 3,6 % ; Italie 3,5 %.

Transports et communications

■ ***Transports***
Chemins de fer[e] : longueur (1996) 2 073 km ; trafic : 189 000 000 t-km (1994).
Routes (1995) : longueur totale 50 900 km (14 % recouvertes).
Véhicules (1995) : voitures particulières 444 835 ; camions et autobus 46 245.
Marine marchande (1992) : 93 navires (de 100 tjb et plus) ; 172 520 tonneaux de port en lourd.
Transports aériens (1994) ; trafic : 645 000 000 passagers-km ; 62 000 000 t-km. 1 aéroport desservi par des vols réguliers (1997).

■ ***Communications***
Journaux quotidiens (1994) : diffusion totale 750 000 ; diffusion pour 1 000 hab. 241.
Radiodiffusion (1996) : 1 850 000 postes récepteurs ; 586 pour 1 000 hab.
Télévision (1995) : 600 000 postes récepteurs ; 191 pour 1 000 hab.
Téléphone (1995) : 622 000 lignes principales ; 198 pour 1 000 hab.

Éducation et santé

■ ***Niveau d'éducation*** (1985)
Proportion de la population âgée de 25 ans et plus : sans instruction scolaire 7,5 % ; ayant une éducation primaire incomplète 26,6 % ; éducation primaire 31,2 % ; éducation secondaire 19,9 % ; éducation supérieure 14,8 %.

■ ***Alphabétisation*** (estim. 1995) : proportion de la population âgée de 15 ans et plus alphabétisée 97,3 % ; hommes 96,9 % ; femmes 97,7 %.

■ ***Santé*** : 11 021 médecins en 1993 (1 pour 286 hab.) ; 14 133 lits d'hôpital en 1987 (1 pour 215 hab.) ; taux de mortalité infantile (1995) 19,6 ‰.

■ ***Alimentation*** (1992) : apport journalier en calories par habitant 2 750 (alimentation d'origine végétale 63 % ; d'origine animale 37 %) ; soit 103 % du niveau minimal recommandé par la F.A.O.

Défense nationale

■ ***Contingent*** (1997) : 25 600 (armée de terre 68,8 % ; marine 19,5 % ; armée de l'air 11,7 %).

■ ***Dépenses militaires*** (1995) : 2,4 % du P.N.B. (moyenne mondiale 2,8 %) ; soit 131 USD/hab.

a. Nouvelle unité monétaire à compter du 1er mars 1993 (1 UYU = 1 000 UYP).

b. Sur la base de la surface terrestre.

c. 30 à 40 % des catholiques ne sont pas pratiquants.

d. Importations : chiffres F.O.B. pour la balance commerciale et C.I.F. pour les marchandises et les partenaires commerciaux.

e. Le trafic de voyageurs a cessé en 1988.

→ *Thesaurus* : VANUATU
→ *Grand Atlas de Géographie* (éd. 1992) : 16, 167f
→ *Grand Atlas de l'Histoire* : 277

VANUATU

- ***Noms officiels*** : République de Vanuatu ; Republic of Vanuatu ; Ripablik blong Vanuatu. Code I.S.O. : VU.
- ***Forme de gouvernement*** : république avec un Parlement (50).
- ***Chef de l'État*** : président.
- ***Chef du gouvernement*** : Premier ministre.
- ***Capitale*** : Port-Vila (Vila).
- ***Langues officielles*** : français ; anglais ; bislama.
- ***Religion officielle*** : aucune.
- ***Unité monétaire*** : 1 vatu (VUV) ; valeur (31 déc. 1997) : 100 VUV = 4,82 FRF.

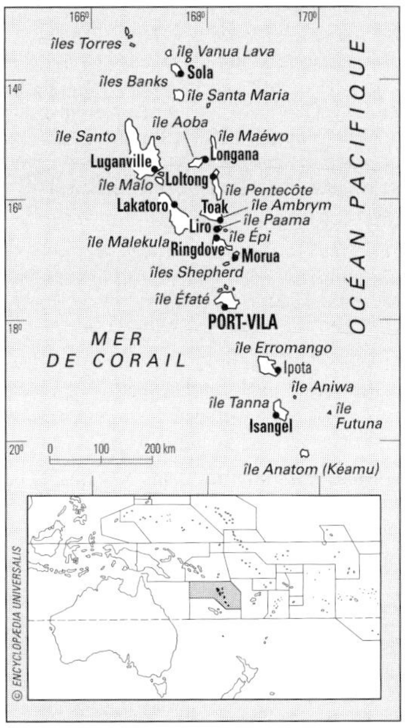

Démographie

■ ***Population*** (estim. 1997) : 176 300.

■ ***Densité*** (1997) : 14,5 hab./km².

■ ***Répartition urbaine/rurale*** (1997) : population urbaine 20,0 %[a] ; population rurale 80,0 %.

■ ***Répartition par sexe*** (1989) : hommes 51,60 % ; femmes 48,40 %.

■ ***Répartition par âge***[b] (1989) : moins de 15 ans 45,5 % ; de 15 à 29 ans 26,6 % ; de 30 à 44 ans 15,2 % ; de 45 à 59 ans 8,4 % ; de 60 à 74 ans 3,7 % ; 75 ans et plus 0,6 %.

■ ***Projection démographique*** : 189 000 en 2000 ; 231 000 en 2010.

■ ***Temps de doublement*** : 27 ans.

■ ***Composition ethnique*** (1989) : Vanuatus 97,9 % ; Européens 1,0 % ; autres originaires des îles du Pacifique 0,4 % ; autres 0,7 %.

■ ***Appartenances religieuses*** (1989) : chrétiens 77,2 %, dont presbytériens 35,8 %, catholiques 14,5 %, anglicans 14,0 %, adventistes du septième jour 8,2 % ; croyances traditionnelles 4,6 % ; appartenances inconnues 5,7 % ; autres 12,5 %.

■ ***Principales villes*** (1989) : Vila (Port-Vila) 19 400 hab. ; Luganville 6 900 hab. ; Port Olry 884 hab. (1979) ; Isangel 752 hab. (1979).

Statistiques de l'état civil

■ ***Taux de natalité*** (1997) : 33,0 ‰ (moyenne mondiale 25,0 ‰).

■ ***Taux de mortalité*** (1997) : 6,2 ‰ (moyenne mondiale 9,3 ‰).

■ ***Taux d'accroissement naturel*** (1997) : 26,8 ‰ (moyenne mondiale 15,7 ‰).

■ ***Taux de fécondité*** (nombre moyen de naissances par femme en âge de procréer, 1997) : 4,4.

■ ***Nombre de mariages*** (pour 1 000 hab., 1985) : env. 7,4.

■ ***Nombre de divorces*** (pour 1 000 hab., 1985) : moins de 0,7.

■ ***Espérance de vie*** à la naissance (1996) : hommes 65,0 ans ; femmes 69,0 ans.

■ ***Principales causes de décès*** (décès enregistrés par le ministère de la Santé uniquement, pour 100 000 hab., 1994) : maladies de l'appareil circulatoire 39,0 ; maladies de l'appareil respiratoire 30,4 ; tumeurs malignes (cancers) 29,2 ; maladies infectieuses et parasitaires 25,0 ; maladies de l'appareil digestif 9,7.

Économie nationale

■ ***Budget de l'État*** (1994)
Recettes : 5 475 000 000 VUV (taxes sur le commerce international 53,8 % ; recettes non fiscales 20,7 % ; taxes sur les biens et services 18,2 %).
Dépenses : 8 554 000 000 VUV (services et affaires économiques 22,6 % ; services publics généraux 20,4 % ; éducation 14,3 % ; santé 7,2 % ; police et sécurité publique 5,5 %).

■ ***Dette publique*** (extérieure, créances, 1995) : 43 200 000 USD.

■ ***Tourisme*** (1994) : recettes touristiques 55 000 000 USD ; dépenses touristiques à l'étranger 1 000 000 USD.

■ ***Production***
Agriculture, sylviculture, pêche (1995).
Noix de coco 280 000 t ; racines et tubercules 50 000 t ; coprah (1994) 30 000 t ; bananes 12 500 t ; légumes et melons 8 200 t ; fèves de cacao 1 783 t ; arachides 1 750 t ; maïs 700 t.
Cheptel (sur pied) : bovins 151 000 ; porcs 60 000 ; chèvres 12 000.
Bois (1994) : 63 200 m³.
Pêche (1993) : 2 925 t.
Industries extractives : petites quantités de calcaire corallien, de pierre concassée, de sable et de gravier.
Industries manufacturières (valeur ajoutée, millions de VUV, 1993) : produits alimentaires, boissons et tabac 568 ; produits du bois 287 ; produits manufacturés en métal 153 ; produits chimiques, en caoutchouc, en plastique et non métalliques 118 ; produits papetiers 68 ; textiles, vêtements et cuir 48.
Bâtiment (permis à Vila et Luganville, 1992) : résidentiel 20 386 m² ; non résidentiel 19 876 m².
Énergie (production/consommation) : électricité (1993) 29 000 000/29 000 000 kWh ; charbon 0/0 ; pétrole brut 0/0 ; produits pétroliers (1993) 0/20 000 t ; gaz naturel 0/0.

■ ***Produit national brut*** (aux prix courants du marché, 1995) : 202 000 000 USD (1 200 USD/hab.).

■ ***Population active*** (1989) : 66 957 ; taux d'activité 47,0 % (taux de participation : 15-64 ans 85,0 % ; femmes 46,3 % ; sans-emploi 0,5 %.).

■ ***Revenus et dépenses des ménages***
Taille moyenne des ménages (1989) : 5,1.
Revenu[a] annuel moyen par ménage (1985) : 11 299 USD ; sources des revenus : salaires et traitements 59,0 % ; activités non salariées 33,7 %.
Dépenses[a] (poids respectifs des éléments de l'indice des prix à la consommation, 1990) : alimentation et boissons non alcoolisées 30,5 % ; logement 20,7 % ; transports 13,2 % ; santé et loisirs 12,3 % ; tabac et alcool 10,4 %.

■ ***Utilisation du sol*** (1994) : forêts 75,0 % ; prairies et pâturages 2,0 % ; terres agricoles 11,8 % ; autres 11,2 %.

régions de gouvernement local	chefs-lieux	superficie (km²)	population (recens. 1989)
Ambrym	Eas	666	7 191
Ambae/Maéwo	Longana	699	10 958
Banks/Torres	Sola	882	5 985
Éfaté (Vaté)	Port-Vila (Vila)	923	30 868
Épi	Ringdove	446	3 628
Malekula (Malakula)	Lakatoro	2 053	19 298
Paama	Liro	60	1 696
Pentecôte (Pentecost)	Loltong	499	11 341
Santo/Malo	Luganville	4 248	25 581
Shepherd	Morua	86	3 975
Tanna (Taféa)*	Isangel	1 628	22 423
total		**12 190**	**142 944**

(*) Avec les îles d'Erromango et d'Aneytium (ou Anetchom, Anatom, Kéamu).

Territoire et population.

Corpus : OCÉANIE – Histoire (de la Seconde Guerre mondiale à nos jours) ; Géographie humaine ; Ethnographie.

Thesaurus : AUSTRONÉSIENS

	1993		1989	
	millions de VUV 1	% du total	effectifs	% des effectifs
agriculture	2 783	20,8	49 811	74,4
mines	n.d.	n.d.	1	–
industrie	863	6,5	891	1,3
bâtiment	697	5,2	1 302	1,9
entreprises publiques	326	2,4	109	0,2
transports et communications	939	7,0	1 031	1,5
commerce	4 128	30,9	2 713	4,1
finance	1 465	11,0	646	1,0
administration, défense nationale	1 597	11,9	7 892	11,8
services	899	6,7		
autres	–331 2	–2,5	2 561	3,8
total	**13 365** 3	**100,0**3	**66 957**	**100,0**

1. Aux prix de 1983. 2. Frais de service bancaire. 3. Le total général ne correspond pas exactement au détail en raison des arrondis.

Structure du produit intérieur brut et effectifs.

	1989	1990	1991	1992	1993	1994	1955
indice des prix à la consommation	95,5	100,0	106,5	108,8	114,7	117,4	120,0
indice des revenus	n.d.	n.d.	n.d.	n.d.	n.d.	n.d.	n.d.

Indices des prix et des revenus (1990 = 100).

	1990	1991	1992	1993	1994	1995
millions de VUV	–8 566	–7 364	–6 689	–6 409	–7 493	–7 486
% du total	66,0	67,0	56,8	53,7	56,3	54,1

Balance commerciale (prix courants).

	nombre d'établissements	nombre d'enseignants	nombre d'élèves	nombre d'élèves par enseignant
primaire 1 (6-11 ans)	272	852	26 267	30,8
secondaire (11-18 ans)	21 2	220	4 269	19,4
professionnel et formation à l'enseignement	n.d.	n.d.	444	n.d.
supérieur	1	n.d.	124 3	n.d.

1. Non compris les écoles privées indépendantes. 2. 1986. 3. 1991.

Enseignement (1992).

Échanges extérieurs[c]

■ ***Importations*** (1994) : 10 043 000 000 VUV (équipement industriel et de transport 30,5 % ; produits manufacturés de base 19,5 % ; produits alimentaires et animaux sur pied 15,6 % ; combustibles minéraux 6,7 % ; produits chimiques 6,7 % ; boissons et tabac 4,7 %).

Principales sources des importations (1993) : Japon 35,4 % ; Australie 21,9 % ; Espagne 13,0 % ; Italie 10,9 % ; Nouvelle-Zélande 4,2 % ; France 2,6 %.

■ ***Exportations*** (1994) : 2 911 000 000 VUV (coprah 30,7 %, viande de bœuf et de veau 15,5 %, bois d'œuvre 10,6 %, fèves de cacao 7,8 % ; réexportations [1993] 22,4 %).

Principales destinations des exportations (1993, d'origine nationale uniquement) : Union européenne 32,0 % ; Japon 29,0 % ; Australie 11,0 % ; Nouvelle-Calédonie 7,0 %.

Transports et communications

■ ***Transports***

Chemins de fer : aucun.

Routes (1993) : longueur totale 1 130 km (21 % recouvertes).

Véhicules (1994) : voitures particulières 4 000 ; camions et autobus 2 300.

Marine marchande (1992) : 280 navires (de 100 tjb et plus) ; 3 259 594 tonneaux de port en lourd.

Transports aériens (1993) : 142 000 000 passagers-km ; 14 000 000 t-km. 29 aéroports desservis par des vols réguliers (1996).

■ ***Communications***

Journaux quotidiens : aucun.

Radiodiffusion (1995) : 55 000 postes récepteurs (1 pour 3,1 hab.).

Télévision (1993) : 2 000 postes récepteurs (1 pour 80 hab.).

Téléphone (1993) : 4 100 lignes principales (1 pour 40 hab.).

Éducation et santé

■ ***Niveau d'éducation*** (1989)

Proportion de la population âgée de 6 ans et plus : sans instruction scolaire ou moins d'un an de scolarité 22,3 % ; ayant une éducation primaire incomplète 52,6 % ; éducation secondaire (premier cycle) 18,3 % ; éducation secondaire (second cycle) ou supérieure 4,8 % ; indéterminé 2,0 %.

■ ***Alphabétisation*** (1979) : personnes âgées de 15 ans et plus alphabétisées 32 120 (52,9 %) ; hommes 18 550 (57,3 %) ; femmes 13 570 (47,8 %).

■ ***Santé*** (1995) : 12 médecins (1 pour 14 025 hab.) ; 374 lits d'hôpital (1 pour 450 hab.) ; taux de mortalité infantile (1996) : 41,0 ‰.

■ ***Alimentation*** (1992) : apport journalier en calories par habitant 2 739 (alimentation d'origine végétale 85 % ; d'origine animale 15 %) ; soit 120 % du niveau minimal recommandé par la F.A.O.

Défense nationale

■ ***Contingent*** : le Vanuatu entretient une force paramilitaire d'environ 300 hommes.

a. Population de Vila et Luganville uniquement.

b. Natifs de Vanuatu uniquement.

c. Importations C.I.F. ; exportations F.O.B.

→ *Corpus* : VENEZUELA
→ *Grand Atlas de Géographie* (éd. 1992) : 210, 214 ; 252c (Caracas)
→ *Grand Atlas de l'Histoire* : 226, 227, 286, 287, 294

VENEZUELA

• ***Nom officiel*** : République du Venezuela (República de Venezuela). Code I.S.O. : VE.

• ***Forme de gouvernement*** : république fédérale et à régime multipartiste avec un Congrès national comprenant deux chambres (Sénat [52[a]] et Chambre des députés [199]).

• ***Chef de l'État et du gouvernement*** : président.

• ***Capitale*** : Caracas.

• ***Langue officielle*** : espagnol.

• ***Religion officielle*** : aucune.

• ***Unité monétaire*** : 1 bolívar, pl. bolívares (VEB) = 100 céntimos ; valeur (31 déc. 1997) : 100 VEB = 1,1875 FRF.

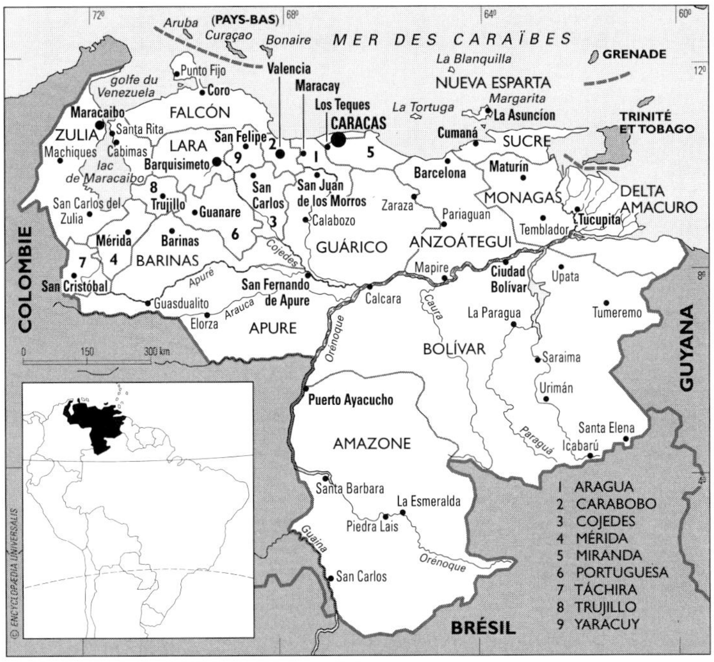

États et autres entités fédérales	capitales	superficie (km^2)	population (estim. 1995)
États :			
Amazone (Amazonas)	Puerto Ayacucho	175 750	66 700
Anzoátegui	Barcelona	43 300	1 028 100
Apure	San Fernando (de Apure)	76 500	376 200
Aragua	Maracay	7 014	1 335 300
Barinas	Barinas	35 200	516 800
Bolívar	Ciudad Bolívar	238 000	1 123 000
Carabobo	Valencia	4 650	1 807 500
Cojedes	San Carlos	14 800	226 700
Delta Amacuro	Tucupita	40 200	110 800
Falcón	Coro	24 800	684 100
Guárico	San Juan de los Morros	64 986	585 400
Lara	Barquisimeto	19 800	1 423 700
Mérida	Mérida	11 300	686 700
Miranda	Los Teques	7 950	2 326 100
Monagas	Maturín	28 900	551 000
Nueva Esparta	La Asunción	1 150	325 900
Portuguesa	Guanare	15 200	719 500
Sucre	Cumaná	11 800	771 600
Táchira	San Cristóbal	11 100	944 300
Trujillo	Trujillo	7 400	549 900
Yaracuy	San Felipe	7 100	463 900
Zulia	Maracaibo	63 100	2 752 400
autres entités fédérales :			
dépendances fédérales (Dependencias federales de Alta Mar)	—	120	n.d.
district fédéral (Distrito federal)	Caracas	1 930	2 268 500
total		**912 050**	**21 644 100**

Territoire et population.

Démographie

■ ***Population*** (estim. 1997) : 22 777 000.

■ ***Densité*** (1997) : 25,0 hab./km^2.

■ ***Répartition urbaine/rurale*** (1992) : population urbaine 84,6 % ; population rurale 15,4 %.

■ ***Répartition par sexe*** (1994) : hommes 50,40 % ; femmes 49,60 %.

■ ***Répartition par âge*** (1992) : moins de 15 ans 37,4 % ; de 15 à 29 ans 28,0 % ; de 30 à 44 ans 19,0 % ; de 45 à 59 ans 9,7 % ; 60 ans et plus 5,9 %.

■ ***Projection démographique*** : 24 170 000 en 2000 ; 28 716 000 en 2010.

■ ***Temps de doublement*** : 32 ans.

■ ***Composition ethnique*** (1993) : Métis 67 % ; Blancs 21 % ; Noirs 10 % ; Indiens 2 %.

■ ***Appartenances religieuses*** (1996) : catholiques 92,7 % ; autres 7,3 %.

■ ***Principales villes*** (1992) : Caracas 1 964 846 hab. ; Maracaibo (1990) 1 249 700 hab. ; Valencia 1 034 033 hab. ; Barquisimeto 692 599 hab.

Statistiques de l'état civil

■ ***Taux de natalité*** (1996) : 26,7 ‰ (moyenne mondiale 25,0 ‰) ; taux (1974) de naissances légitimes 47,0 %, illégitimes 53,0 %.

■ ***Taux de mortalité*** (1996) : 4,7 ‰ (moyenne mondiale 9,3 ‰).

■ ***Taux d'accroissement naturel*** (1996) : 22,0 ‰ (moyenne mondiale 15,7 ‰).

■ ***Taux de fécondité*** (nombre moyen de naissances par femme en âge de procréer, 1996) : 2,9.

■ ***Nombre de mariages*** (pour 1 000 hab., 1992) : 5,4.

■ ***Nombre de divorces*** (pour 1 000 hab., 1992) : 0,9.

■ ***Espérance de vie*** à la naissance (1996) : hommes 69,1 ans ; femmes 75,3 ans.

■ ***Principales causes de décès*** (pour 100 000 hab., 1992) : maladies de cœur 79,9 ; tumeurs malignes (cancers) 53,7 ; accidents 43,6 ; maladies liées à la grossesse 33,0 ; maladies cérébro-vasculaires 29,7 ; pneumonie 17,3.

Économie nationale

■ ***Budget de l'État*** (1994)
Recettes : 1 635 864 000 000 VEB (recettes fiscales 78,3 % ; recettes pétrolières 18,2 % ; recettes non fiscales 3,5 %).
Dépenses : 1 627 732 000 000 VEB (subventions 32,0 % ; biens et services 29,9 % ; transfert de paiement des intérêts 20,7 % ; transfert de capitaux 9,5 %).

■ ***Dette publique*** (extérieure, créances, 1995) : 28 494 000 000 USD.

■ ***Tourisme*** (1995) : recettes touristiques 811 000 000 USD ; dépenses touristiques à l'étranger 1 865 000 000 USD.

■ ***Production***
Agriculture, sylviculture, pêche (1996).
Canne à sucre 6 844 000 t ; bananes 1 365 000 t ; maïs 1 050 000 t ; riz 733 000 t ; bananes plantains 516 086 t ; oranges

	millions de VEB	% du total	effectifs	% des effectifs
agriculture	707 000	5,3	1 012 300	11,8
pétrole, gaz naturel et mines	1 927 000	14,5	73 000	0,9
industrie	2 282 000	17,2	1 046 800	12,3
bâtiment	534 000	4,0	623 900	7,3
entreprises publiques	340 000	2,6	66 000	0,8
transports et communications	1 143 000	8,6	477 400	5,6
commerce	2 449 000	18,5	1 738 800	20,3
finance	2 355 000	17,8	434 900	5,1
administration, défense nationale	588 000	4,4	2 186 600 (administration, défense nationale et services)	25,6
services	150 000	1,1		
autres	791 000	6,0	885 000 [1]	10,4
total	**13 266 000**	**100,0**	**8 544 600** [2]	**100,0** [2]

1. Sans-emploi principalement. 2. Le total général ne correspond pas exactement au détail en raison des arrondis.

Structure du produit intérieur brut et effectifs (1995).

	1990	1991	1992	1993	1994	1995	1996
indice des prix à la consommation	100,0	134,2	176,4	243,6	391,8	626,5	1 252,3
indice des revenus mensuels *	100,0	n.d.	n.d.	n.d.	n.d.	n.d.	n.d.

(*) Travailleurs manuels uniquement.

Indices des prix et des revenus (1990 = 100).

	1991	1992	1993	1994	1995	1996
millions de VEB	+ 286 500	+ 154 700	+ 274 600	+ 1 159 400	+ 1 407,7	+ 5 996,8
% du total	20,1	9,3	12,1	32,7	27,2	44,3

Balance commerciale (prix courants).

	nombre d'établissements	nombre d'enseignants	nombre d'élèves	nombre d'élèves par enseignant
primaire (7-12 ans)	15 984 [2]	185 748	4 217 283	22,7
secondaire (13-17 ans) [1]	1 621 [3]	33 692	311 209	9,2
supérieur	99 [4]	43 833 [3]	550 783 [3]	12,6 [3]

1. Le secondaire comprend le professionnel et la formation à l'enseignement. 2. 1992-1993. 3. 1991-1992. 4. 1990-1991.

Enseignement (1993-1994).

493 028 t ; sorgho 300 000 t ; manioc 299 233 t ; café 83 000 t ; cacao 19 000 t.
Cheptel (sur pied) : bovins 14 584 500 ; chèvres 3 182 000 ; porcs 3 150 000 ; poulets 100 000 000.
Bois (1995) : 2 267 000 m³.
Pêche (1995) : 504 791 t.
Industries extractives (1996) : minerai de fer 20 840 000 t ; pierre à chaux 15 130 000 t ; bauxite 5 600 000 t ; or 12 127 kg ; diamants 160 000 carats.
Industries manufacturières (valeur ajoutée, 1994) : raffinage de pétrole 2 718 000 000 USD ; produits alimentaires 1 282 000 000 USD ; produits chimiques 1 163 000 000 USD ; boissons 760 000 000 USD ; matériel de transport 691 000 000 USD ; fer et acier 458 000 000 USD ; métaux non ferreux 386 000 000 USD ; produits métalliques 382 000 000 USD ; tabac 368 000 000 USD ; imprimerie et édition 284 000 000 USD.
Bâtiment (valeur, 1992) : résidentiel 77 648 000 000 VEB ; non résidentiel 356 982 000 000 VEB.
Énergie (production/consommation) : électricité (1994) 73 116 000 000/72 796 000 000 kWh ; charbon (1994) 4 741 000/354 000 t ; pétrole brut (1994) 986 468 000/380 271 000 barils ; produits pétroliers (1994) 54 575 000/24 229 000 t ; gaz naturel (1994) 24 675 000 000/24 675 000 000 m³.

■ ***Produit national brut*** (1995) : 65 382 000 000 USD (3 020 USD/hab.).

■ ***Population active*** (1995) : 8 544 600 ; taux d'activité 39,1 % (taux de participation : 15 ans et plus 57,9 % (1993) ; femmes 31,2 % (1993) ; sans-emploi 10,2 %).

■ ***Revenus et dépenses des ménages***
Taille moyenne des ménages (1990) : 5,1.
Revenu annuel moyen par ménage (1981) : 42 492 VEB (9 899 USD) ; sources des revenus : n.d.
Dépenses (1990) : alimentation 37,1 % ; loyers et services publics 9,4 % ; habillement 8,3 % ; transports et communications 5,1 % ; éducation et loisirs 4,9 % ; équipements domestiques et produits d'entretien ménager 2,8 %.

■ ***Utilisation du sol*** (1994) : forêts 34,0 % ; prairies et pâturages 20,2 % ; terres cultivées et plantations 4,4 % ; autres 41,4 %.

Échanges extérieurs

■ ***Importations*** (1995) : 10 791 261 000 USD (produits industriels d'équipement 34,9 % ; machines 24,7 % ; matériel de transport 12,4 % ; biens de consommation manufacturés 11,6 % ; produits alimentaires 11,2 %).
Principales sources des importations : États-Unis 42,6 % ; Colombie 7,6 % ; Allemagne 4,8 % ; Japon 4,4 % ; Canada 4,2 % ; Brésil 3,9 % ; Mexique 3,3 %.

■ ***Exportations*** (1995) : 18 814 219 000 USD (pétrole brut et produits pétroliers 76,8 % ; produits métalliques manufacturés de base 8,2 %).
Principales destinations des exportations : États-Unis 51,3 % ; Brésil 9,0 % ; Colombie 7,6 % ; Antilles néerlandaises 4,9 % ; Surinam 2,1 % ; Allemagne 1,8 % ; Pays-Bas 1,7 % ; Japon 1,6 %.

Transports et communications

■ ***Transports***
Chemins de fer (1994) : longueur 627 km ; trafic : 31 400 000 passagers-km ; 46 800 000 t-km.
Routes (1995) : longueur totale 89 700 km (39 % recouvertes).
Véhicules (1995) : voitures particulières 1 485 221 ; camions et autobus 511 809.
Marine marchande (1992) : 271 navires (de 100 tjb et plus) ; 1 355 419 tonneaux de port en lourd.
Transports aériens (1994) ; trafic : 7 372 000 000 passagers-km ; 210 300 000 t-km. 20 aéroports desservis par des vols réguliers (1997).

■ ***Communications***
Journaux quotidiens (1994) : diffusion totale 4 600 000 ; diffusion pour 1 000 hab. 215.
Radiodiffusion (1996) : 8 300 000 postes récepteurs ; 372 pour 1 000 hab.
Télévision (1995) : 4 000 000 postes récepteurs ; 183 pour 1 000 hab.
Téléphone (1995) : 2 463 200 lignes principales ; 113 pour 1 000 hab.

Éducation et santé

■ ***Niveau d'éducation*** (1990)
Proportion de la population âgée de 25 ans et plus : sans instruction scolaire 23,5 % ; ayant une éducation primaire ou moins 47,2 % ; éducation secondaire incomplète ou éducation secondaire 22,3 % ; éducation postsecondaire 7,0 %.

■ ***Alphabétisation*** (estim. 1995) : personnes âgées de 15 ans et plus alphabétisées 91,1 % ; hommes 91,8 % ; femmes 90,3 %.

■ ***Santé*** : 32 616 médecins en 1989 (1 pour 576 hab.) ; 52 786 lits d'hôpital en 1992 (1 pour 382 hab.) ; taux de mortalité infantile (1996) 16,8 ‰.

■ ***Alimentation*** (1995) : apport journalier en calories par habitant 2 442 (alimentation d'origine végétale 83 % ; d'origine animale 17 %) ; soit 99 % du niveau minimal recommandé par la F.A.O.

Défense nationale

■ ***Contingent*** (1997) : 79 000 (armée de terre 72,1 % ; marine 19,0 % ; armée de l'air 8,9 %).

■ ***Dépenses militaires*** (1995) : 1,1 % du P.N.B. (moyenne mondiale 2,8 %) ; soit 39 USD/hab.

a. Y compris trois anciens présidents, membres à vie (l'ex-président Perez a été privé de son siège pour crime à la mi-1996).

Corpus : AGRAIRES (RÉFORMES) [deux tentatives réformistes du Venezuela au Chili] ; AMAZONIE ; AMÉRIQUE LATINE – Économie et société ; ANDES (CORDILLÈRE DES) ; CARAÏBES (AIRE DES) [géopolitique de l'espace] ; FER (MINERAIS DE) [les pays producteurs] ; GAZ NATUREL ; PÉTROLE – Géographie du pétrole (Amérique latine).

Universalia 1989 : 132 L'épuisement du modèle national de développement en Amérique latine ; ***Universalia 1990*** : 362 Ajustements et réformes ; ***Universalia 1991*** : 151 Amérique latine : une nouvelle donne.

Thesaurus :
CARACAS
GUYANE VÉNÉZUÉLIENNE
LARA-FALCÓN
MARACAIBO
MARACAIBO (BASSIN DE)
SANTO TOMÉ DE GUYANA
VALENCIA-MARACAY
YANOMANI

→ *Corpus* : VIETNAM
→ *Grand Atlas de Géographie* (éd. 1992) : 108, 110 ; 235 (Saigon)
→ *Grand Atlas de l'Histoire* : 248, 249, 276, 277, 278, 279, 292, 295

VIETNAM

• ***Nom officiel*** : République socialiste du Viêt Nam (Nu'ó'c Cộng Hòa Xã Hội Chủ Nghĩa Việt Nam). Code I.S.O. : VN.

• ***Forme de gouvernement*** : république socialiste avec une assemblée (Assemblée nationale [450]).

• ***Chef de l'État*** : président.

• ***Chef du gouvernement*** : Premier ministre.

• ***Capitale*** : Hanoi (Hà Nội).

• ***Langue officielle*** : vietnamien.

• ***Religion officielle*** : aucune.

• ***Unité monétaire*** : 1 dông (VND) = 10 hàõ ou 100 xu ; valeur (31 déc. 1997) : 100 VND = 0,0488 FRF.

Démographie

■ ***Population*** (estim. 1997) : 75 124 000.

■ ***Densité*** (1997) : 226,9 hab./km².

■ ***Répartition urbaine/rurale*** (1995) : population urbaine 20,8 % ; population rurale 79,2 %.

■ ***Répartition par sexe*** (1997) : hommes 49,03 % ; femmes 50,97 %.

■ ***Répartition par âge*** (1997) : moins de 15 ans 35,5 % ; de 15 à 29 ans 28,3 % ; de 30 à 44 ans 20,2 % ; de 45 à 59 ans 8,5 % ; de 60 à 74 ans 5,8 % ; 75 ans et plus 1,7 %.

■ ***Projection démographique*** : 78 350 000 en 2000 ; 88 602 000 en 2010.

■ ***Temps de doublement*** : 38 ans.

■ ***Composition ethnique*** (1989) : Vietnamiens 87,1 % ; Thaïs 1,8 % ; Chinois (Hoas) 1,5 % ; Tais 1,5 % ; Khmers 1,4 % ; Muongs 1,4 % ; Nungs 1,1 % ; autres 4,2 %.

■ ***Appartenances religieuses*** (1992) : bouddhistes env. 67,0 % ; catholiques env. 8,0 % ; autres 25,0 %.

■ ***Principales villes*** [a] (1996) : Ho Chi Minh-Ville 3 600 000 hab. ; Hanoi 1 300 000 hab.

Statistiques de l'état civil

■ ***Taux de natalité*** (1997) : 22,0 ‰ (moyenne mondiale 25,0 ‰).

■ ***Taux de mortalité*** (1997) : 7,0 ‰ (moyenne mondiale 9,3 ‰).

■ ***Taux d'accroissement naturel*** (1997) : 15,0 ‰ (moyenne mondiale 15,7 ‰).

■ ***Taux de fécondité*** (nombre moyen de naissances par femme en âge de procréer, 1997) : 2,6.

■ ***Espérance de vie*** à la naissance (1997) : hommes 65,0 ans ; femmes 69,9 ans.

■ ***Principales causes de morbidité*** (cas enregistrés de maladies infectieuses pour 100 000 hab., 1990) : malaria 2 564 ; trachome 241 ; diarrhée 183.

Économie nationale

■ ***Budget de l'État*** (1996)
Recettes : 60 500 000 000 000 VND (recettes fiscales 86,7 %, dont transferts des entreprises d'État 35,8 % ; recettes non fiscales 13,3 %).
Dépenses : 66 417 000 000 000 VND (dépenses courantes 71,5 %, dont services sociaux 28,4 %).

■ ***Dette publique*** (extérieure, créances, 1995) : 22 962 000 000 USD.

■ ***Tourisme*** (1994) : recettes touristiques 85 000 000 USD.

■ ***Production***
Agriculture, sylviculture, pêche (1997).
Riz 26 396 700 t ; canne à sucre 9 000 000 t ; manioc 2 067 300 t ; noix d'acajou 96 000 t.
Cheptel (sur pied) : porcs 17 500 000 ; bovins 3 700 000 ; buffles 2 953 700.
Bois (1995) : 35 033 000 m³.
Pêche (1995) : 1 200 000 t.
Industries extractives (1994) : phosphate minéral 470 000 t ; or 10 000 kg.
Industries manufacturières (1995) : ciment 5 731 000 t ; acier 280 000 t ; sauce de poisson 131 700 000 l (1992).
Bâtiment : n.d.
Énergie (production/consommation) : électricité (1994) 12 020 000 000/12 020 000 000 kWh ; charbon (1994) 5 600 000/4 000 000 t ; pétrole brut (1994) 50 282 000/283 300 barils ; produits pétroliers (1994) 38 000/3 848 000 t.

■ ***Produit national brut*** [b] (1995) : 17 634 000 000 USD (240 USD/hab.).

■ ***Population active*** (1989) : 30 521 019 ; taux d'activité 47,4 % (taux de participation : 15-64 ans 79,9 % ; femmes 51,7 % ; sans-emploi 5,8 %).

■ ***Revenus et dépenses des ménages***
Taille moyenne des ménages (1989) : 4,8.
Revenu [b] annuel moyen par ménage (1990) : 577 008 VND (93 USD).
Dépenses (1990) : alimentation et boissons 62,4 % ; habillement 5,0 % ; biens ménagers 4,6 % ; éducation et loisirs 2,9 % ; logement 2,5 %.

■ ***Utilisation du sol*** (1994) : forêts 29,6 % ; prairies et pâturages 1,0 % ; terres cultivées et plantations 21,5 % ; autres 47,9 %.

Échanges extérieurs

■ ***Importations*** (1996) : 13 668 000 000 USD (1995 : machines et pièces détachées 28,9 % ; produits pétroliers 8,6 % ; engrais 6,6 % ; acier 4,6 %).
Principales sources des importations : Singapour 13,8 % ; Corée du Nord et Corée du Sud 12,9 % ; Taïwan 9,5 %.

■ ***Exportations*** (1996) : 6 933 000 000 USD (1995 : pétrole brut 19,7 % ; poissons et dérivés 11,9 % ; café 10,9 % ; riz 9,5 % ; caoutchouc 3,1 %).
Principales destinations des exportations : Japon 26,4 % ; Allemagne 8,1 % ; Singapour 5,7 %.

Transports et communications

■ ***Transports***
Chemins de fer (1995) : longueur 2 605 km ; trafic (1994) : 2 100 000 000 passagers-km ; 1 062 000 000 t-km.

	milliards de VND	% du total	effectifs	% des effectifs
agriculture, sylviculture, pêche	61 387	27,5	24 765 000	71,6
mines et industrie	67 075	30,1	3 395 000	9,8
bâtiment			1 099 000	3,2
transports et communications	8 747	3,9	568 000	1,6
commerce, restauration	30 284	13,6	2 290 000	6,6
finance, assurance	5 580	2,5	1 431 000	4,1
administration	22 600	10,1		
services				
autres	27 167 [1]	12,2	1 052 000	3,0
total	**222 840**	**100,0** [2]	**34 600 000**	**100,0** [2]

1. Comprend le logement et le tourisme. 2. Le total général ne correspond pas exactement au détail en raison des arrondis.

Structure du produit intérieur brut et effectifs (1994).

	1991	1992	1993	1994	1995	1996
millions de USD	– 294	– 109	– 939	– 1 772	– 5 983	– 6 735
% du total	6,3	1,8	13,6	17,9	34,4	32,7

Balance commerciale (prix courants).

	nombre d'établissements	nombre d'enseignants	nombre d'élèves	nombre d'élèves par enseignant
primaire (7-12 ans)	13 092 •	298 856	10 228 800	34,2
secondaire (13-18 ans)	6 298 •	193 814	5 332 400	27,5
professionnel	451 •	9 425	197 500	21,0
supérieur	104 •	22 750	297 900	13,1

(•) 1993-1994.

Enseignement (1995-1996).

tropique du Cancer
104°
108°
22°
18°
14°
10°
CHINE
BIRMANIE
LAOS
THAÏLANDE
CAMBODGE
GOLFE DU TONKIN
MER DE CHINE MÉRIDIONALE
Ha Giang
HA GIANG
CAO BANG
Cao Bang
Lao Cai
LAI CHAU
Lai Chau
LAO CAI
BAC THAI
LANG SON
Lang Son
Thai Nguyen
Dien Bien Phu
Son La
SON LA
VINH PHU
Viet Tri
HANOI
QUANG NINH
Hong Gai
archipel Fai Tsi Long
Haiphong
Hoa Binh
HA SON BINH
THANH HOA
Thanh Hoa
île Bach Long Vi
Ky Son
NGHÊ AN
Do Luong
Vinh
Ha Tinh
HA TINH
Mui Dao
Dong Hoi
QUANG BINH
Dông Ha
QUANG TRI
Quang Tri
Khe Sanh
Huê
THUA THÎ EN-HUÊ
Da Nang
QUANG NAM-DA NANG
cap Batangan
Quang Ngai
QUANG NGAI
Dac To
Kon Tum
BINH DINH
An Nhon
Qui Nhon
Play Cu
GIA LAI
Tuy Hoa
PHU YÊN
cap Varella
DAC LAC
Buon Me Thoat
Ninh Hoa
KHANH HOA
Nha Trang
Da Lat
Cam Ranh
SONG BE
LAM DONG
NINH THUÂN
Chon Thanh
Bao Loc
Phan Rang Thap Cham
TAY NINH
Tay Ninh
Thu Dau Mo
DONG NAI
cap Padaran
BINH THUAN
DONG THAP
Bien Hoa
Phan Thiet
AN GIANG
LONG AN
Tan An
Ho Chi Minh-Ville (Saigon)
Cu Lao Thu
Cao Lamh
My Tho
Vung Tau
Long Xuyen
BEN TRE
île de Phu Quoc
Rach Gia
Tra Vinh
Mékong
KIEN GIANG
Ca Mau
Bac Lieu
bouches du Mékong
MINH HAI
pointe de Ca Mau
Con Dao
fleuve Rouge
rivière Noire
1 HA BAC (Bac Giang)
2 HAI HUNG (Hai Duong)
3 HANOI
4 HAI PHONG
5 HATÂY (Ha Dông)
6 NAM HA (Nam Dinh)
7 NINH BINH (Ninh Binh)
8 THAI BINH (Thai Binh)
9 TUYÊN QUANG (Tuyên Quang)
10 YÊN BAI (Yên Bai)
11 BA RIA-VUNG TAU (Vung Tau)
12 BEN TRE (Ben Tre)
13 CÂN THO (Cân Tho)
14 HÔ CHI MINH
15 TIEN GIÂNG (My Tho)
16 VINH LONG (Vinh Long)
17 SOC TRANG (Soc Trang)
0
150
300 km
© ENCYCLOPÆDIA UNIVERSALIS

Corpus : ASIE – Géographie humaine (l'Asie méridionale) ; CÉRÉALES (le riz) ; MÉKONG (un grand projet d'aménagement) ; MIAO ET YAO ; PÊCHE ; SOCIALISME – Économie des pays socialistes ; THAI.

Universalia 1989 : 368 Les réformes.

Thesaurus :
DA NANG
HAIPHONG
HANOI
HUÊ
JARAÏ
MÂN
MNONG
MUONG
RHADÉ
SAIGON

régions et provinces [1]	capitales	superficie (km²)	population (estim. 1993)
Dong bang song Cuu Long		**39 575** [2]	**15 531 600**
An Giang	Long Xuyen	3 424	1 933 800
Ben Tre	Ben Tre	2 247	1 309 400
Can Tho	Can Tho	3 054	1 780 600
Dong Thap	Cao Lanh	3 276	1 462 900
Kien Giang	Rach Gia	6 243	1 326 600
Long An	Tan An	4 338	1 224 800
Minh Hai	Ca Mau	7 689	1 719 100
Soc Trang	Soc Trang	3 107	1 172 600
Tien Giang	My Tho	2 339	1 622 000
Tra Vinh	Tra Vinh	2 369	938 500
Vinh Long	Vinh Long	1 487	1 041 300
Dong bang song Hong		**12 457** [2]	**13 808 800**
Hanoi	Hanoi	920	2 154 900
Ha Tay	Ha Dong	2 153	2 217 800
Hai Hung	Hai Duong	2 552	2 658 000
Haiphong	Haiphong	1 503	1 583 900
Nam Ha	Nam Dinh	2 419	2 585 900
Ninh Binh	Ninh Binh	1 387	839 900
Thai Binh	Thai Binh	1 524	1 768 400
Dong Nam Bo		**23 481**	**8 692 900**
Ba Ria-Vung Tau	Vung Tau	1 957	657 100
Dong Nai	Bien Hoa	5 864	1 762 900
Ho Chi Minh-Ville	Ho Chi Minh-Ville	2 090	4 322 300
Song Be	Thu Dan Mot	9 546	1 081 700
Tay Ninh	Tay Ninh	4 024	868 900
Duyen hai mien Trung		**45 823**	**7 374 700**
Binh Dinh	Quy Nhon	6 076	1 373 100
Binh Thuan	Phan Thiet	7 992	858 700
Khanh Hoa	Nha Trang	5 258	923 700
Ninh Thuan	Phan Rang Thap Cham	3 430	449 100
Phu Yen	Tuy Hoa	5 223	708 900
Quang Nam-Da Nang	Da Nang	11 988	1 911 700
Quang Ngai	Quang Ngai	5 856	1 149 500
Khu Bon cu		**51 187**	**9 516 900**
Ha Tinh	Ha Tinh	6 054	1 293 600
Nghe An	Vinh	16 381	2 680 600
Quang Binh	Dong Hoi	7 983	736 700
Quang Tri	Dong Ha	4 592	520 900
Thanh Hoa	Thanh Hoa	11 168	3 311 900
Thua Thien-Hue	Hue	5 009	973 200
Mien nui va Trung du		**102 949**	**12 109 300**
Bac Thai	Thai Nguyen	6 503	1 144 500
Cao Bang	Cao Bang	8 445	624 700
Ha Bac	Bac Giang	4 614	2 262 800
Ha Giang	Ha Giang	7 831	520 400
Hoa Binh	Hoa Binh	4 612	712 900
Lai Chau	Lai Chau	17,140	501 200
Lang Son	Lang Son	8 167	671 900
Lao Cai	Lao Cai	8 049	535 400
Quang Ninh	Hong Gai	5 939	889 600
Son La	Son La	14 210	776 000
Tuyen Quang	Tuyen Quang	5 801	628 500
Vinh Phu	Viet Tri	4 836	2 203 200
Yen Bai	Yen Bai	6 802	638 200
Tay Nguyen		**55 569**	**2 903 500**
Dac Lac	Buon Ma Thuot	19 800	1 173 300
Gia Lai	Play Ku	15 662	737 700
Kon Tum	Kon Tum	9 934	249 600
Lam Dong	Da Lat	10 173	742 900
total		**331 041**	**70 982 500** [3]

1. À la suite du recensement de 1989, plusieurs réorganisations partielles des provinces du Vietnam ont eu lieu. 2. Le total ne correspond pas exactement au détail en raison des arrondis. 3. Le total comprend 1 044 800 personnes non réparties par province et par région.

Territoire et population.

Routes (1995) : longueur totale 106 048 km (26 % recouvertes).
Véhicules (1994) : voitures particulières, camions et autobus 200 000.
Marine marchande (1992) : 230 navires (de 100 tjb et plus) ; 872 752 tonneaux de port en lourd.
Transports aériens (1994) ; trafic : 209 000 000 passagers-km ; 19 000 000 t-km. 12 aéroports desservis par des vols réguliers (1997).

■ ***Communications***
Journaux quotidiens (1995) : diffusion totale 570 000 ; diffusion pour 1 000 hab. 8,0.
Radiodiffusion (1995) : 7 800 000 postes récepteurs ; 106,0 pour 1 000 hab.
Télévision (1995) : 3 200 000 postes récepteurs ; 43,0 pour 1 000 hab.
Téléphone (1996) : 1 050 000 lignes principales ; 14,2 pour 1 000 hab.

Éducation et santé

■ ***Niveau d'éducation*** (1989)
Proportion de la population âgée de 25 ans et plus : sans instruction scolaire (illettrés) 16,6 % ; ayant une éducation primaire incomplète 46,6 % ; éducation primaire 23,5 % ; éducation secondaire 6,5 % ; éducation post-secondaire ou supérieure 6,8 %.

■ ***Alphabétisation*** (1995) : personnes âgées de 15 ans et plus alphabétisées 93,7 % ; hommes 96,5 % ; femmes 91,2 %.

■ ***Santé*** (1994) : 29 700 médecins (1 pour 2 444 hab.) ; 191 000 lits d'hôpital (1 pour 380 hab.) ; taux de mortalité infantile (1997) : 37,0 ‰.

■ ***Alimentation*** (1995) : apport journalier en calories par habitant 2 463 (alimentation d'origine végétale 91 %, d'origine animale 9 %) ; soit 114 % du niveau minimal recommandé par la F.A.O.

Défense nationale

■ ***Contingent*** (1997) : 492 000 (armée de terre 85,4 % ; marine 8,5 % ; armée de l'air 6,1 %).

■ ***Dépenses militaires*** (1995) : 2,6 % du P.N.B. (moyenne mondiale 3,0 %).

a. Agglomérations urbaines.
b. Selon la Banque mondiale.
b. Revenus des salariés et des fonctionnaires uniquement.

YÉMEN

• ***Nom officiel*** : République du Yémen (al-Jumhūrīyah al-Yamanīyah ; forme courte : al-Yaman). Code I.S.O. : YE.

• ***Forme de gouvernement*** : république à régime multipartiste avec une chambre législative (Conseil des représentants [301]).

• ***Chef de l'État*** : président[a].

• ***Chef du gouvernement*** : Premier ministre.

• ***Capitale*** : Sanaa (Ṣan'ā').

• ***Langue officielle*** : arabe.

• ***Religion officielle*** : islam.

• ***Unité monétaire*** : 1 rial yéménite (YER)[b] = 40 bugshahs ; valeur (31 déc. 1997) : 100 YER = 4,52 FRF.

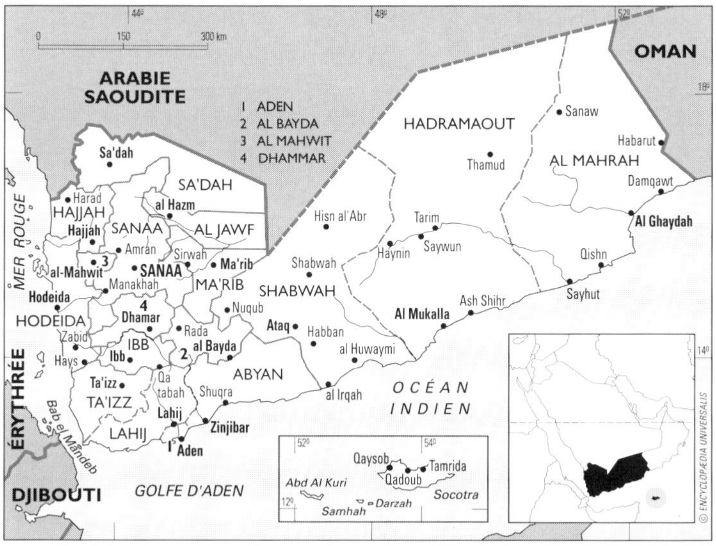

Démographie

■ ***Population*** (estim. 1997) : 16 496 000.

■ ***Densité***[c] (1997) : 29,7 hab./km².

■ ***Répartition urbaine/rurale*** (1994) : population urbaine 23,5 % ; population rurale 76,5 %.

■ ***Répartition par sexe*** (1994) : hommes 51,23 % ; femmes 48,77 %.

■ ***Répartition par âge*** (1994) : moins de 15 ans 51,3 % ; de 15 à 29 ans 22,9 % ; de 30 à 44 ans 12,8 % ; de 45 à 59 ans 7,7 % ; de 60 à 74 ans 4,0 % ; 75 ans et plus 1,3 %.

■ ***Projection démographique*** : 18 400 000 en 2000 ; 25 800 000 en 2010.

■ ***Temps de doublement*** : 21 ans.

■ ***Composition ethnique*** (1986) : Arabes principalement.

■ ***Appartenances religieuses*** (1980) : musulmans 99,9 %, dont sunnites 53,0 %, chiites 46,9 % ; autres 0,1 %.

■ ***Principales villes*** (1995) : Sanaa 972 000 hab. ; Aden 562 000 hab. ; Ta'izz 290 107 hab. (1993) ; Hodeida 246 068 hab. (1993).

Statistiques de l'état civil

■ ***Taux de natalité*** (1994) : 45,1 ‰ (moyenne mondiale 25,0 ‰).

■ ***Taux de mortalité*** (1994) : 11,8 ‰ (moyenne mondiale 9,3 ‰).

■ ***Taux d'accroissement naturel*** (1994) : 33,3 ‰ (moyenne mondiale 15,7 ‰).

■ ***Taux de fécondité*** (nombre moyen de naissances par femme en âge de procréer, 1995) : 7,2.

■ ***Espérance de vie*** à la naissance (1994) : hommes 55,9 ans ; femmes 59,1 ans.

■ ***Principales causes de décès*** : n.d. ; toutefois, la mortalité du nourrisson, de l'enfant et de la mère est très élevée (respectivement 130 ‰, 190 ‰ et 100 ‰). Les maladies recensées par les hôpitaux pour l'ensemble de la population sont les complications de la grossesse, de l'accouchement et les maladies de la puerpéralité 19,6 % ; les maladies infectieuses ou parasitaires 18,4 % ; les blessures et les empoisonnements 13,9 % ; les maladies de l'appareil digestif 12,9 % ; les maladies de l'appareil respiratoire 8,6 % ; les maladies du système circulatoire 6,5 %.

Économie nationale

■ ***Budget de l'État*** (1995)
Recettes : 87 951 000 YER (dépenses courantes 75,7 %, dont revenus de la propriété d'État 26,9 %, commerce international 18,4 %, impôts sur les revenus et sur les bénéfices 15,6 % ; recettes de développement 19,7 % ; emprunts et aides 4,7 %).
Dépenses : 124 140 409 YER (défense nationale 25,2 % ; éducation 17,6 % ; ordre public et sécurité 8,1 % ; santé 4,7 %).

■ ***Dette publique*** (extérieure, créances, 1994) : 5 306 000 USD.

■ ***Production***
Agriculture, sylviculture, pêche (1997).
Sorgho 450 000 t ; tomates 250 000 t ; pommes de terre 185 000 t ; blé 170 000 t ; raisins 153 000 t ; pastèques 95 000 t ; bananes 79 000 t ; oignons 68 000 t ; papayes 57 500 t ; millet 56 000 t.
Cheptel (sur pied) : moutons 4 000 000 ; chèvres 3 600 000 ; bovins 1 190 000 ; ânes 500 000 ; chameaux 180 000 ; chevaux 3 000 ; poulets 21 900 000.
Bois (1995) : 324 000 m³.
Pêche (1994) : 86 811 t.
Industries extractives (1994) : sel 280 000 t ; gypse 80 000 t.
Industries manufacturières (1995, valeur de la production en millions de YER) : produits alimentaires, boissons et tabac 41 733,2 ; produits chimiques et dérivés 13 654,3 ; produits minéraux non métalliques 7 539,6 ; produits papetiers 2 601,8 ; produits industriels métalliques de base 2 182,8 ; vêtements, textiles et cuirs 1 710,3 ; produits en bois 373,1.
Bâtiment : n.d.
Énergie (production/consommation) : électricité (1994) 1 958 000 000/1 958 000 000 kWh ; charbon 0/n.d. ; pétrole brut 135 050 000 (1996)/25 945 000 (1994) barils ; produits pétroliers (1994) 3 330 000/3 100 000 t.

■ ***Population active*** (1994) : 3 320 950 ; taux d'activité 24,4 % (taux de participation : 15 ans et plus 45,8 % ; femmes 18,2 % ; sans-emploi env. 50 %).

■ ***Revenus et dépenses des ménages***
Taille moyenne des ménages (1986) : 5,6.
Revenu annuel moyen par ménage : n.d. ; sources des revenus : n.d.
Dépenses : n.d.

■ ***Tourisme*** (1995) : recettes touristiques n.d. ; dépenses touristiques à l'étranger 76 000 000 USD.

■ ***Produit national brut*** (aux prix courants du marché, 1995) : 4 044 000 000 USD (260 USD/hab.).

■ ***Utilisation du sol*** (1994) : forêts 3,8 % ; prairies et pâturages 30,4 % ; terres cultivées et plantations 2,9 % ; autres 62,9 %.

Échanges extérieurs[d]

■ ***Importations*** (1995) : 1 537 800 000 USD (équipement industriel et de transport 23,1 % ; produits manufacturés de base 23,0 % ; produits alimentaires et animaux sur pied 22,1 % ; produits chimiques 8,2 % ; combustibles minéraux 7,9 % ; boissons et tabac 2,1 %).
Principales sources des importations : monde arabe 32,3 % ; Asie 28,1 %, Europe 25,9 %, dont

→ ***Corpus*** : YÉMEN (RÉPUBLIQUE ARABE DU) ; YÉMEN (RÉPUBLIQUE DÉMOCRATIQUE DU)
→ ***Grand Atlas de Géographie*** (éd. 1992) : 134, 140
→ ***Grand Atlas de l'Histoire*** : 228, 229, 276, 277, 284, 295

Corpus : ARABE – Les Arabes ; ASIE – Géographie humaine (le monde arabe) ; INDIEN (HISTOIRE DE L'OCÉAN) ; ISLAM (Histoire) – Modernisme dans le monde musulman ; PROCHE ET MOYEN-ORIENT CONTEMPORAIN (aspects d'histoire économique contemporaine) ; ROUGE (MER) [Les États riverains].

Universalia 1987 : 360 Lutte pour le pouvoir à Aden ; ***Universalia 1991*** : 97 La crise du Golfe ; 358 U.R.S.S. et péninsule Arabique ; ***Universalia 1992*** : 133 Nouveau désordre régional et enjeux démocratiques au Moyen-Orient ; ***Universalia 1993*** : 328 Bilan d'une réunification.

Thesaurus :
BĀB AL MANDAB (DÉTROIT DE)
HADRAMAOUT
SANAA
SOCOTRA (ÎLE DE)

gouvernorats	chefs-lieux	superficie (km²)	population (estim. 1994)
Yémen du Nord :			
al-Bayḍā'	al-Bayḍā'	11 170	509 265
Hodeida (al-Ḥudaydah)	Hodeida	13 580	1 749 944
al-Maḥwīt	al-Maḥwīt	2 160	403 465
Dhamār (Dhammar)	Dhamār	8 870	1 050 346
Ḥajjah	Ḥajjah	9 590	1 262 590
Ibb	Ibb	6 430	1 959 313
al-Jawf	al-Ḥazm	n.d.	157 096
Ma'rib	Mar'ib	39 890	167 388
Ṣa'dah	Sa'dah	12 810	486 059
Sanaa (Ṣan'ā')	Sanaa	20 310	1 910 286
Ta'izz	Ta'izz	10 420	2 205 947
Yémen du Sud :			
Abyān	Zinjibār	21 489	414 543
'Adan (Aden)	Aden	6 980	562 162
Ḥadramawt (Hadramaout)	al-Mukallā	155 376	870 025
Laḥij	Lahij	12 766	634 652
al-Mahrah	al-Ghaydah	66 350	112 512
Shabwah	'Atāq	73 908	377 080
total		**472 099** (•)	**14 832 673**

(•) Le Yémen revendique une partie importante de la zone frontalière orientale avec l'Arabie Saoudite, qui porterait sa superficie à 555 000 km².

Territoire et population.

	1996		1986	
	millions de YER [1]	% du total	effectifs	% des effectifs
agriculture	132 945	23,9	1 151 348	56,3
mines	91 941	16,6	11 771	0,6
industrie	56 778	10,2	94 913	4,6
entreprises publiques	11 488	2,1	160 952	7,9
bâtiment	20 647	3,7	32 852	1,6
transports et communications	39 254	7,1	107 611	5,3
commerce	79 724	14,4	248 979	12,2
finance, immobilier	31 306	5,6	8 757	0,4
administration, défense nationale	79 218	14,3	226 054	11,1
services	12 715	2,2	n.d.	n.d.
autres	– 475 [2]	– 0,1	n.d.	n.d.
total	**555 341**	**100,0**	**2 043 237**	**100,0**

1. Valeur des ventes aux prix courants. 2. Comprend les droits d'importation de 18,5 millions de YER moins les frais de service bancaire.

Structure du produit intérieur brut et effectifs.

	1990	1991	1992	1993	1994	1995
indice des prix à la consommation	100,0	174,9	223,2	295,0	412,5	654,0

Indice des prix (1990 = 100).

	1992	1993	1994	1995
millions d'USD	– 1 506,9	– 1 508,7	– 623,8	+ 242,8
% du total	77,4	66,9	25,1	7,3

Balance commerciale.

	nombre d'établissements	nombre d'enseignants	nombre d'élèves	nombre d'élèves par enseignant
primaire (7-12 ans)	11 013 [1]	78 646 [2]	2 493 017 [2]	31,7 [2]
secondaire (13-18 ans) [2]	1 224	11 130	232 506	20,9
professionnel et formation à l'enseignement [2]	125	369	15 074	40,9
supérieur [2]	2	1 991	90 826	45,6

1. 1993-1994. 2. Écoles publiques seulement, c'est-à-dire la grande majorité des écoles du pays.

Enseignement (1994-1995).

Union européenne 23,2 % ; continent américain 11,6 %, dont États-Unis 7,7 %, Canada 0,3 % ; Afrique 1,1 % ; Océanie 0,4 %.

■ ***Exportations*** (1995) : 1 780 600 USD (combustibles minéraux 95,3 % ; produits alimentaires et animaux sur pied 2,5 %, minéraux bruts 1,2 %).

Principales destinations des exportations : Asie 85,4 %, dont Japon 12,7 %, Inde 0,1 % ; monde arabe 9,8 % ; Afrique 3,3 % ; Europe 0,6 %, dont Union européenne 0,6 % ; continent américain 0,3 %, dont États-Unis 0,1 %.

Transports et communications

■ ***Transports***

Chemins de fer : aucun.

Routes (1995) : longueur totale 64 605 km (7,9 % recouvertes).

Véhicules (1995) : voitures particulières 229 084 ; camions et autobus 282 615.

Marine marchande (1992) : 40 navires (de 100 tjb et plus) ; 13 653 tonneaux de port en lourd.

Transports aériens (1994) ; trafic : 1 183 000 000 passagers-km ; 119 000 000 t-km. 11 aéroports desservis par des vols réguliers (1997).

■ ***Communications***

Journaux quotidiens (1994) : diffusion totale 230 000 ; diffusion pour 1 000 hab. 16.

Radiodiffusion (1995) : 665 000 postes récepteurs ; 43 pour 1 000 hab.

Télévision (1995) : 100 000 postes récepteurs ; 6,5 pour 1 000 hab.

Téléphone (1995) : 187 000 lignes principales ; 12 pour 1 000 hab.

Éducation et santé

■ ***Niveau d'éducation*** [e] (1986)

Proportion de la population âgée de 10 ans et plus : sans instruction scolaire 74,2 % ; sachant lire et écrire 19,8 % ; ayant une éducation primaire 4,0 % ; éducation secondaire 0,6 % ; éducation supérieure 0,6 % ; sans précision 0,8 %.

■ ***Alphabétisation*** (1994) : personnes âgées de 15 ans et plus alphabétisées 43,2 % ; hommes 68,6 % ; femmes 23,1 %.

■ ***Santé*** (1995) : 3 220 médecins (1 pour 4 530 hab.) ; 9 169 lits d'hôpital (1 pour 1 582 hab.) ; taux de mortalité infantile (1994) 80,9 ‰.

■ ***Alimentation*** (1995) : apport journalier en calories par habitant 2 025 (alimentation d'origine végétale 94 % ; d'origine animale 6 %) ; soit 84 % du niveau minimal recommandé par la F.A.O.

Défense nationale

■ ***Contingent*** (1997) : 66 300 (armée de terre 92,0 % ; marine 2,7 % ; armée de l'air 5,3 %).

■ ***Dépenses militaires*** (1993) : 15,7 % du P.N.B. (moyenne mondiale 5,3 %) ; soit 100 USD/hab.

a. Le Conseil de la présidence a été dissous par un amendement constitutionnel de septembre 1994.

b. Depuis mai 1990, les deux monnaies (rial nord-yéménite et dinar sud-yéménite) avaient cours dans le Yémen unifié, sur la base de 26 YER = 1 YDD. Depuis le 2 juin 1996, le dinar de l'ex-Yémen du Sud (YDD) n'a plus court légal dans le pays.

c. Fondée sur le plus haut total estimé : 555 000 km².

d. Importations C.I.F.

e. République arabe du Yémen (Yémen du Nord) seulement.

YOUGOSLAVIE [a]

• ***Nom officiel*** : République fédérative de Yougoslavie (Republika Jugoslavija) [Serbie-Monténégro]. Code I.S.O. : YU.

• ***Forme de gouvernement*** : république fédérale à régime multipartiste avec deux chambres législatives (Chambre des républiques [40] et Chambre des citoyens [138]).

• ***Chef de l'État*** : président fédéral.

• ***Chef du gouvernement*** : Premier ministre.

• ***Capitale*** : Belgrade (Beograd).

• ***Langue officielle*** : serbe.

• ***Religion officielle*** : aucune [b].

• ***Unité monétaire*** : 1 nouveau dinar yougoslave [c] (YUM) = 100 para ; valeur (30 déc. 1997) : 100 YUM = 101,37 FRF.

Démographie

■ ***Population*** (estim. 1997) : 10 632 000.

■ ***Densité*** (1997) : 104,1 hab./km².

■ ***Répartition urbaine/rurale*** (1991) : population urbaine 51,2 % ; population rurale 48,8 %.

■ ***Répartition par sexe*** (1996) : hommes 49,53 % ; femmes 50,47 %.

■ ***Répartition par âge*** (1991) : moins de 15 ans 22,8 % ; de 15 à 29 ans 21,6 % ; de 30 à 44 ans 21,7 % ; de 45 à 59 ans 17,1 % ; de 60 à 74 ans 12,2 % ; 75 ans et plus 3,5 % ; inconnus 1,1 %.

■ ***Projection démographique*** : 10 808 000 en 2000 ; 11 171 000 en 2010.

■ ***Temps de doublement*** : sans objet.

■ ***Composition ethnique*** (1991) : Serbes 62,6 % ; Albanais 16,5 % ; Monténégrins 5,0 % ; Hongrois 3,3 % ; Musulmans 3,2 % ; Rom 1,4 % ; Croates 1,1 % ; autres 6,9 %.

■ ***Appartenances religieuses*** (1996) : orthodoxes serbes 64,0 % ; musulmans 19,3 % ; catholiques 6,0 % ; autres, principalement sans religion, 10,7 %.

■ ***Principales villes*** (1991) : Belgrade 1 087 915 hab. ; Novi Sad 170 020 hab. ; Niš 161 376 hab. ; Priština 108 083 hab. ; Subotica 100 516 hab.

Statistiques de l'état civil

■ ***Taux de natalité*** (1996) : 12,9 ‰ (moyenne mondiale 25,0 ‰).

■ ***Taux de mortalité*** (1996) : 10,5 ‰ (moyenne mondiale 9,3 ‰).

■ ***Taux d'accroissement naturel*** (1996) : 2,4 ‰ (moyenne mondiale 15,7 ‰).

■ ***Espérance de vie*** à la naissance (1995) : hommes 69,9 ans ; femmes 74,7 ans.

■ ***Principales causes de décès*** (pour 100 000 hab., 1995) : maladies de l'appareil circulatoire 573,6 ; tumeurs malignes (cancers) 167,6 ; accidents, empoisonnements et actes de violence 42,2 ; maladies de l'appareil respiratoire 40,9.

Économie nationale

■ ***Budget de l'État*** (1997)
Recettes : 28 745 000 000 YUM (contribution de sécurité sociale 39,1 % ; impôt sur les chiffres d'affaires 16,6 % ; impôts sur le revenu 16,5 %).
Dépenses : 28 745 000 000 YUM (sécurité sociale 39,1 % ; transferts courants et autres 60,9 %).

■ ***Tourisme*** (1994) : recettes touristiques 31 000 000 USD.

■ ***Production***
Agriculture, sylviculture, pêche (1996).
Maïs 5 367 000 t ; betteraves à sucre 2 418 000 t ; blé 1 507 000 t ; raisins 433 000 t ; graines de tournesol 390 000 t.
Cheptel (sur pied) : porcs 4 446 000 ; moutons 2 656 000 ; bovins 1 926 000 ; volailles 26 457 000.
Bois : 3 503 000 m³.
Pêche : 7 461 t.
Industries extractives (1996) : minerai de cuivre 20 206 000 t ; minerai de plomb et de zinc 856 000 t ; magnésite 89 000 t ; aluminium et lingots 37 000 t ; sel 21 646 t ; minerai d'amiante 18 000 t ; argent raffiné 69 000 kg.
Industries manufacturières (1996) : farine de blé 798 000 t ; acier brut 679 000 t ; acide sulfurique 231 000 t ; acide nitrique 229 000 t ; cuivre produit par électrolyse 104 000 t ; fruits en conserve 42 300 t ; plomb raffiné 30 000 t ; tissus de laine 11 850 000 m² ; alcool 18 388 000 hl ; chaussures en cuir 6 372 000 paires ; meubles 894 000.
Bâtiment (1995) : unités résidentielles construites 11 847.
Énergie (production/consommation) : électricité (1994) 35 328 000 000/35 328 000 000 kWh ; charbon (1994) 38 351 000/38 401 000 t ; pétrole brut (1994) 7 997 000/10 222 000 barils ; produits pétroliers (1994) 781 000/881 000 t ; gaz naturel (1994) 787 222 000/630 200 000 m³.

→ *Corpus* : YOUGOSLAVIE
→ *Grand Atlas de Géographie* (éd. 1992) : 22, 38
→ *Grand Atlas de l'Histoire* : 215, 228, 252, 253, 264, 265, 267, 272, 273, 274, 275, 292, 294, 295

Corpus : AUTOGESTION (l'expérience autogestionnaire yougoslave) ; BALKANIQUE (PÉNINSULE) [le contexte humain] ; COGESTION (l'expérience yougoslave) ; DANUBE ; DINARIDES (les hommes) ; EUROPE (Structure et milieu) — Géographie (répartition des populations) ; EUROPE DE L'EST ; MÉDITERRANÉE (HISTOIRE DE LA) [mutations sociales et économiques] ; MIGRANTS (ampleur du mouvement migratoire) ; SERBIE ; SOCIALISME — Économie des pays socialistes.

Universalia 1988 : 112 Europe centrale : le problème des minorités ethniques et nationales ; *Universalia 1989* : 331 Rôle et fonctions des élections dans les pays de l'Est ; *Universalia 1990* : 366 Entre autogestion et libéralisme ; *Universalia 1991* : 111 Les conflits communautaires et ethniques dans le monde contemporain ; 354 La transformation du système des mass media ; *Universalia 1992* : 201 Le retour des nationalités ; 336 La dislocation dans l'affrontement ; *Universalia 1994* : 162 L'implosion ; *Universalia 1997* : 96 Transition à l'Est et coopération européenne.

Thesaurus :
BELGRADE
CHOPES
KOSSOVO
MONTÉNÉGRO
SERBIE
VOÏVODINE
YOUGOSLAVES (POPULATIONS)

républiques et provinces autonomes	capitales	superficie (km²)	population (estim. 1996)
républiques :			
Monténégro (Črna Gora ; var. anc. Tzerna-Gora, Tchernagore)	Podgorica	13 812	640 000
Serbie (Srbija)	Belgrade (Beograd)	55 968	5 800 000
provinces autonomes *			
Kosovo-Metohija	Prichtina (Priština)	10 887	2 151 000
Voïvodine (Vojvodina)	Novi Sad	21 506	1 983 000
total		**102 173**	**10 574 000**

(*) Les provinces autonomes font administrativement partie de la République de Serbie.

Territoire et population.

	millions de YUM	% du total	effectifs	% des effectifs
agriculture	8 495,7	22,3	104 000	3,2
mines et industrie	14 806,3	38,9	848 000	26,2
bâtiment	2 124,3	5,6	130 000	4,0
entreprises publiques	498,6	1,3	55 000	1,7
transports et communications	3 045,4	8,0	142 000	4,4
commerce	5 421,2	14,2	469 000	14,5
finance	n.d.	n.d.	n.d.	n.d.
administration, défense nationale / services	2 045,5	5,4	665 000	20,6
autres	1 664,5	4,4	819 000 [1]	25,3
total	**38 101,5** [2]	**100,0** [2]	**3 232 000**	**100,0** [2]

1. Sans-emploi. 2. Le total général ne correspond pas exactement au détail en raison des arrondis.

Structure du produit matériel brut et effectifs (1995).

	1991	1992 *	1993	1994	1995	1996
indice des prix à la consommation	100,0	9 026	222	103	179	192
indice des revenus annuels	100,0	151	211	158	205	187

(*) En « nouveaux dinars » d'après l'hyperinflation.

Indices des prix et des revenus (1991 = 100).

	1987	1988	1989	1990	1991	1992
millions de YUN *	− 1 431	− 1 027	− 1 716	− 2 647	− 1 356	− 2 105
% du total	8,9	6,3	9,3	12,3	8,0	20,8

(*) En « nouveaux dinars » d'avant l'hyperinflation.

Balance commerciale (prix courants).

	nombre d'établissements	nombre d'enseignants	nombre d'élèves	nombre d'élèves par enseignant
primaire (7-14 ans)	4 441	51 728	914 532	17,7
secondaire (15-18 ans)	570	26 954	352 346	13,1
supérieur	93	10 554	131 689	12,5

Enseignement (1995-1996).

■ ***Produit national brut*** (1995) : 15 910 000 000 USD (1 510 USD/hab.).

■ ***Population active*** (1996) : 3 232 000 ; taux d'activité 30,4 % (taux de participation : au-dessus de 15 ans 59,0 % [1995] ; femmes 43,7 % [1995] ; sans-emploi 7,8 %).

■ ***Revenus et dépenses des ménages***
Taille moyenne des ménages (1993) : 3,9.
Revenu annuel moyen par ménage (1996) : 20 073 YUM (3 515 USD) ; sources des revenus (1996) : salaires et traitements 43,0 % ; retraites 15,7 % ; activités non salariées 13,5 % ; autres 21,1 %.
Dépenses (1996) : alimentation 47,1 % ; combustible et éclairage 11,0 % ; boissons et tabac 7,9 % ; habillement 6,5 % ; transports et communications 5,3 % ; soins médicaux 4,7 % ; logement 2,7 % ; éducation et loisirs 2,3 % ; équipements domestiques 1,4 %.

■ ***Utilisation du sol*** (1994) : forêts 17,3 % ; prairies et pâturages 20,7 % ; terres cultivées et plantations 40,0 % ; autres 22,0 %.

Échanges extérieurs

■ ***Importations*** (1996) : 20 395 000 000 YUN (produits manufacturés 19,8 % ; équipement industriel et de transport 19,4 % ; produits chimiques 14,3 % ; combustibles minéraux et lubrifiants 13,9 % ; produits alimentaires et animaux sur pied 12,2 %).

Principales sources des importations : Allemagne 12,8 % ; Italie 10,6 % ; ex-U.R.S.S. 5,5 % ; Macédoine 5,2 %.

■ ***Exportations*** (1996) : 9 156 000 000 YUN (produits manufacturés 33,1 % ; produits alimentaires et animaux sur pied 22,0 % ; équipement industriel et de transport 12,2 % ; produits chimiques 9,1 %).

Principales destinations des exportations : Macédoine 11,5 % ; Russie 8,5 % ; Allemagne 8,0 % ; Grèce 5,1 % ; Suisse 4,5 %.

Transports et communications

■ ***Transports***
Chemins de fer (1996) : 4 031 km ; trafic (1994) : 1 830 000 000 passagers-km ; 2 062 000 000 t-km.
Routes (1996) : longueur totale 49 620 km (58,4 % recouvertes).
Véhicules (1994) : voitures particulières 1 400 000 ; camions et autobus 132 000.
Marine marchande (1992) : 12 bateaux de pêche.
Transports aériens (1996) : trafic : 963 000 000 passagers-km ; 4 921 000 000 t-km ; 4 aéroports desservis par des vols réguliers (1997).

■ ***Communications***
Journaux quotidiens (1995) : diffusion totale 1 363 000 ; diffusion pour 1 000 hab. 256.
Radiodiffusion (1996) : 630 000 postes récepteurs ; 118 pour 1 000 hab.
Télévision (1995) : 290 000 postes récepteurs ; 27 pour 1 000 hab.
Téléphone (1995) : 155 000 lignes principales ; 14 pour 1 000 hab.

Éducation et santé

■ ***Niveau d'éducation*** (1991)
Proportion de la population âgée de 15 ans et plus : ayant une éducation primaire incomplète 33,5 % ; éducation primaire complète 25,0 % ; éducation secondaire 32,2 % ; éducation post-secondaire ou supérieure 9,3 %.

■ ***Alphabétisation*** (1991) : personnes âgées de 10 ans et plus alphabétisées 93,0 % ; hommes 97,2 % ; femmes 88,9 %.

■ ***Santé*** (1995) : 21 313 médecins (1 pour 495 hab.) ; 56 107 lits d'hôpital (1 pour 188 hab.) ; taux de mortalité infantile (1996) : 14,3 ‰.

■ ***Alimentation*** (1990)[d] : apport journalier en calories par habitant 3 545 (1988-1990 : alimentation d'origine végétale 93 % ; d'origine animale 7 %) ; soit 140 % du niveau minimal recommandé par la F.A.O.

Défense nationale

■ ***Contingent*** (1997) : 142 200 (armée de terre 78,8 % ; marine 6,6 % ; armée de l'air 14,6 %).

■ ***Dépenses militaires*** (1991) : 3,9 % des dépenses de l'État (moyenne mondiale 2,8 %) ; soit 167 USD/hab.

a. La Yougoslavie est réduite à deux républiques et deux provinces autonomes, les quatre autres républiques de l'ex-Fédération yougoslave ayant accédé à l'indépendance en 1991-1992 (voir, à leur place alphabétique, les notices consacrées à la Bosnie-Herzégovine, à la Croatie, à la Macédoine et à la Slovénie).

b. Selon les *Country Reports on Human Rights Practices for 1996* du Département d'État américain, l'Église orthodoxe de Serbie bénéficie d'un « traitement privilégié » de la part de l'État serbe.

c. Après une cascade de dévaluations successives pendant trois ans (voir détail in *Chiffres du monde 1994*), la Yougoslavie a adopté le 24 janvier 1994 un n-ième nouveau dinar, ou « super-dinar », à parité cette fois avec le mark allemand (1 YUN = 1 DEM) ; il a été dévalué de 69,7 % le 26 novembre 1995 (1 YUM = 0,3 DEM env.).

d. Les données se réfèrent à l'ancienne Yougoslavie.

ZAMBIE

- ***Nom officiel*** : République de Zambie (Republic of Zambia). Code I.S.O. : ZM.
- ***Forme de gouvernement*** : république à régime multipartiste avec une assemblée législative (Assemblée nationale [155, dont 5 sièges non électifs]).
- ***Chef de l'État et du gouvernement*** : président.
- ***Capitale*** : Lusaka.
- ***Langue officielle*** : anglais.
- ***Religion officielle*** : aucune.
- ***Unité monétaire*** : 1 kwacha zambien (ZMK) = 100 ngwee ; valeur (30 déc. 1997) : 100 ZMK = 0,425 FRF.

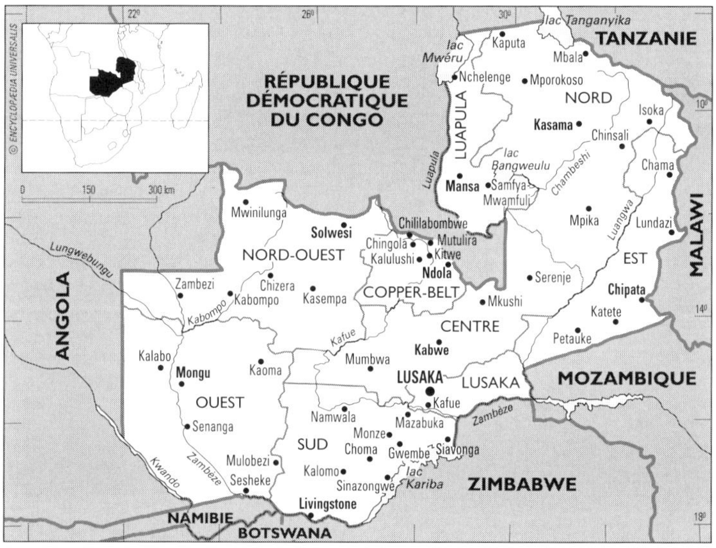

Démographie

■ ***Population*** (estim. 1997) : 9 350 000.

■ ***Densité*** (1997) : 12,4 hab./km².

■ ***Répartition urbaine/rurale*** (1995) : population urbaine 43,1 %, rurale 56,9 %.

■ ***Répartition par sexe*** (1997) : hommes 49,56 % ; femmes 50,44 %.

■ ***Répartition par âge*** (1997) : moins de 15 ans 49,4 % ; de 15 à 29 ans 28,0 % ; de 30 à 44 ans 12,6 % ; de 45 à 59 ans 6,2 % ; 60 à 74 ans 3,1 % ; 75 ans et plus 0,7 %.

■ ***Projection démographique*** : 9 899 000 en 2000 ; 11 471 000 en 2010.

■ ***Temps de doublement*** : 24 ans.

■ ***Composition ethno-linguistique*** (1980) : Bembas 36,2 % ; Nyanjas 17,6 % ; Tongas 15,1 % ; tribus du Nord-Ouest 10,1 % ; Rotsés 8,2 % ; Mambwés 4,6 % ; Tumbukas 4,6 % ; autres 3,6 %.

■ ***Appartenances religieuses*** (1980) : chrétiens 72,0 %, dont protestants 34,2 %, catholiques 26,2 %, sectes chrétiennes africaines 8,3 % ; croyances traditionnelles 27,0 % ; musulmans 0,3 % ; autres 0,7 %.

provinces	capitales	superficie (km²)	population (recens. 1990)
Central	Kabwe	94 395	725 611
Copperbelt	Ndola	31 328	1 579 542
Eastern	Chipata	69 106	973 818
Luapula	Mansa	50 567	526 705
Lusaka	Lusaka	21 896	1 207 980
Northern	Kasama	147 826	867 795
North-Western	Solwezi	125 827	383 146
Southern	Livingstone	85 283	946 353
Western	Mongu	126 386	607 497
total		**752 614**	**7 818 447**

Territoire et population.

■ ***Principales villes*** (1990) : Lusaka 982 362 hab. (aire métropolitaine, estim. 1996, 1 400 000 hab.) ; Ndola 376 311 hab. ; Kitwe 348 571 hab. ; Mufulira 175 025 hab.

→ *Corpus* : ZAMBIE
→ *Grand Atlas de Géographie* (éd. 1992) : 136, 148, 150
→ *Grand Atlas de l'Histoire* : 276, 277, 282, 283

Statistiques de l'état civil

■ ***Taux de natalité*** (1997) : 45,0 ‰ (moyenne mondiale 25,0 ‰).

■ ***Taux de mortalité*** (1997) : 23,0 ‰ (moyenne mondiale 9,3 ‰).

■ ***Taux d'accroissement naturel*** (1997) : 22,0 ‰ (moyenne mondiale 15,7 ‰).

■ ***Taux de fécondité*** (nombre moyen de naissances par femme en âge de procréer, 1997) : 6,5.

■ ***Espérance de vie*** à la naissance (1995) : hommes 46,7 ans ; femmes 48,0 ans.

■ ***Principales causes de décès*** (pour 100 000 hab.) : n.d. ; cependant, les principales causes de morbidité sont les infections de l'appareil respiratoire, les maladies diarrhéiques, la malaria, la malnutrition, la rougeole, le sida et les accidents.

Économie nationale

■ ***Budget de l'État*** (1997)
Recettes : 1 489 100 000 000 ZMK (1995 : valeur ajoutée et impôts indirects 26 % ; droits de douane 22,1 % ; emprunts 21,1 % ; impôts sur le revenu des personnes 18,2 % ; impôts sur le revenu des sociétés 5,2 %).
Dépenses : 1 427 100 000 000 ZMK (1995 : dépenses courantes 86,2 %, dont service de la dette 34,7 %, santé 9,5 %, défense nationale 5,3 % ; dépenses en capital 13,8 %).

■ ***Dette publique*** (extérieure, créances 1995) : 5 078 000 000 USD.

■ ***Tourisme*** : recettes touristiques (1995) 47 000 000 USD ; dépenses touristiques à l'étranger (1992) 56 000 000 USD.

■ ***Production***
Agriculture, sylviculture, pêche (1997).
Canne à sucre 1 420 000 t ; maïs 963 000 t ; manioc 540 000 t ; fruits et légumes 358 450 t, dont oignons 26 000 t, tomates 23 000 t, oranges 3 500 t ; millet 61 000 t ; blé 60 000 t ; patates douces 52 000 t ; arachides 50 000 t ; coton brut 35 000 t ; sorgho 30 756 t ; soja 29 292 t ; graines de tournesol 7 983 t ; tabac 3 500 t.
Cheptel (sur pied) : bovins 2 600 000 ; chèvres 580 000 ; porcs 290 000 ; moutons 65 000 ; poulets 20 000 000.
Bois (1995) : 14 613 000 m³.
Pêche (1995) : 69 081 t.
Industries extractives[a] (1996) : cuivre 307 071 t ; cobalt 3 577 t ; argent 8 676 kg ; or 2 926 onces.
Industries manufacturières (valeur ajoutée, 1994) : produits alimentaires 39 765 100 000 ZMK ; boissons 36 596 500 000 ZMK ; produits chimiques et pharmaceutiques 32 141 500 000 ZMK ; textiles 15 538 500 000 ZMK ; tabac 14 060 200 000 ZMK ; fer, acier, métaux non ferreux et produits métalliques usinés 13 874 600 000 ZMK.
Bâtiment (valeur ajoutée, 1995) : 45 663 000 000 ZMK.
Énergie (production/consommation) : électricité (1994) 7 785 000 000/6 305 000 000 kWh ; charbon (1994) 380 000/375 000 t ; pétrole brut (1994) 0/4 032 000 barils ; produits pétroliers (1994) 496 000/435 000 t ; gaz naturel 0/n.d.

Corpus : AFRIQUE NOIRE – Société et économie (population et richesse des nations) ; AFRIQUE DU SUD (RÉPUBLIQUE D') [relations économiques internationales] ; BOCHIMANS ; CUIVRE (économie du cuivre) ; MINERAIS (principaux pays producteurs) ; SWAHILI.

Thesaurus :
BEMBA
KITWE
LOZI
LUSAKA
MARAVI
NDOLA
ZAMBÈZE

	1995		1990	
	millions de ZMK	% du total	effectifs	% des effectifs
agriculture	581 164	16,5	1 872 000	68,9
mines	318 438	9,0	56 800	2,1
industrie	1 286 745	36,5	50 900	1,9
bâtiment	65 335	1,9	29 100	1,1
entreprises publiques	45 663	1,3	8 900	0,3
transports et communications	172 969	4,9	25 600	0,9
commerce	338 513	9,6	30 700	1,1
finance	251 767	7,1	24 200	0,9
administration, défense nationale / services	371 801	10,6	111 600	4,1
autres	– 89 328 [1]	– 2,5	506 100	18,6
total	**3 521 723**	**100,0** [2]	**2 716 000** [2]	**100,0** [2]

1. Moins les frais de service bancaire. 2. Le total général ne correspond pas exactement au détail en raison des arrondis.

Structure du produit intérieur brut et effectifs.

	1991	1992	1993	1994	1995	1996	1997 (juillet)
indice des prix à la consommation	193,2	519,8	1 497,4	2 300,4	3 086,8	4 440,7	5 554,9
indice des revenus	120,6	110,9	74,8	n.d.	n.d.	n.d.	n.d.

Indices des prix et des revenus (1990 = 100).

	1991	1992	1993	1994	1995	1996
millions de USD	+ 420	– 85	+ 202	+ 63	– 8,8	+ 120
% du total	21,8	5,3	12,6	3,3	3,6	6,3

Balance commerciale (prix courants).

	nombre d'établissements	nombre d'enseignants	nombre d'élèves	nombre d'élèves par enseignant
primaire (7-13 ans)	3 883	38 528 *	1 506 349	39,1
secondaire (14-18 ans)	480 [1]	5 786 [2]	199 081 [3]	n.d.
professionnel et formation à l'enseignement	26 [1]	846 [1]	7 982 [4]	n.d.
supérieur	2 [1]	481 [3]	5 270 [3]	11,0

1. 1989. 2. 1988. 3. 1994. 4. 1991.

Enseignement (1995).

■ ***Population active*** (1991) : 2 928 000 ; taux d'activité 33,4 % (taux de participation : plus de 10 ans 52,6 % ; femmes 29,6 % ; sans-emploi [1987] 17,4 %).

■ ***Produit national brut*** (1995) : 3 605 000 000 USD (400 USD/hab.).

■ ***Revenus et dépenses des ménages***
Taille moyenne des ménages (1990) : 5,6.
Revenu annuel moyen par ménage (1981) : 1 041 ZMK (908 USD) ; sources des revenus : salaires et traitements 94,0 % ; autres 6,0 %.
Dépenses (1977) : alimentation 37,7 % ; logement 11,0 % ; vêtements 8,3 % ; transports 4,3 % ; éducation 2,1 % ; santé 1,0 %.

■ ***Utilisation du sol*** (1994) : forêts 43,0 % ; prairies et pâturages 40,4 % ; terres cultivées et plantations 7,1 % ; autres 9,5 %.

Échanges extérieurs

■ ***Importations*** (1996) : 890 000 000 USD (1988 : équipement industriel et de transport 38,3 % ; produits manufacturés de base 19,8 % ; produits chimiques 16,9 % ; combustibles minéraux, lubrifiants et électricité 12,3 % ; produits alimentaires 3,8 %).
Principales sources des importations (1995) : Afrique du Sud 27,7 % ; Royaume-Uni 11,3 % ; Zimbabwe 9,2 % ; Japon 8,6 % ; États-Unis 7,0 % ; Inde 4,9 % ; Allemagne 4,3 %.

■ ***Exportations*** (1996) : 1 010 000 000 USD (1995 : cuivre 70,6 % ; cobalt 11,3 %).
Principales destinations des exportations (1995) : Japon 17,9 % ; Arabie Saoudite 12,9 % ; Thaïlande 12,8 % ; Taïwan 7,2 % ; Inde 5,3 % ; Belgique et Luxembourg 5,0 % ; France 4,5 %.

Transports et communications

■ ***Transports***
Chemins de fer[b] (1995) : longueur 1 273 km ; trafic : 267 000 000 passagers-km ; 462 000 000 t-km.
Routes (1995) : longueur totale 38 898 km (18 % recouvertes).
Véhicules (1995) : voitures particulières 142 000 ; camions et autobus 73 500.
Marine marchande : aucun navire de 100 tjb ou plus.
Transports aériens[c] (1995 ; trafic : arrivées et départs de passagers 294 000 ; 6 900 t chargées ou déchargées. 4 aéroports desservis par des vols réguliers (1997).

■ ***Communications***
Journaux quotidiens (1995) : diffusion totale 107 000 ; diffusion pour 1 000 hab. 13,0.
Radiodiffusion (1995) : 800 000 postes récepteurs ; 99,0 pour 1 000 hab.
Télévision (1995) : 260 000 postes récepteurs ; 32,0 pour 1 000 hab.
Téléphone (1995) : 76 800 lignes principales ; 8,2 pour 1 000 hab.

Éducation et santé

■ ***Niveau d'éducation***[d] (1993)
Proportion de la population âgée de 14 ans et plus : sans instruction scolaire 18,6 % ; ayant une éducation primaire incomplète 54,8 % ; éducation secondaire incomplète 25,1 % ; éducation supérieure 1,5 %.

■ ***Alphabétisation*** (1995) : personnes âgées de 15 ans et plus alphabétisées 3 890 000 (78,2 %) ; hommes 2 060 000 (85,6 %) ; femmes 1 830 000 (71,3 %).

■ ***Santé*** : 786 médecins en 1993 (1 pour 10 915 hab.) ; 22 461 lits d'hôpital en 1989 (1 pour 349 hab.) ; taux de mortalité infantile (1997) : 93 ‰.

■ ***Alimentation*** (1995) : apport journalier en calories par habitant 1 931 (alimentation d'origine végétale 95 % ; d'origine animale 5 %) ; soit 84 % du niveau minimal recommandé par la F.A.O.

Défense nationale

■ ***Contingent*** (1997) : 21 600 (armée de terre 92,6 % ; armée de l'air 7,4 %).

■ ***Dépenses militaires*** (1995) : 2,8 % du P.N.B. (moyenne mondiale 2,8 %) ; soit 11 USD/hab.

a. Les mines de plomb et de zinc de Kabwe ont été fermées en 1994.

b. Non compris la société Tazara (Tanzania-Zambia Railway Authority).

c. Aéroport de Lusaka seulement.

d. Fondé sur une enquête auprès de 35 502 personnes.

ZIMBABWE

- ***Nom officiel*** : République du Zimbabwe (Republic of Zimbabwe). Code I.S.O. : ZW.
- ***Forme de gouvernement*** : république à régime multipartiste avec une chambre législative (Assemblée nationale [150, dont 30 non-élus]).
- ***Chef de l'État et du gouvernement*** : président.
- ***Capitale*** : Harare.
- ***Langue officielle*** : anglais.
- ***Religion officielle*** : aucune.
- ***Unité monétaire*** : 1 dollar du Zimbabwe (ZWD) = 100 cents ; valeur (31 déc. 1997) : 100 ZWD = 32,28 FRF.

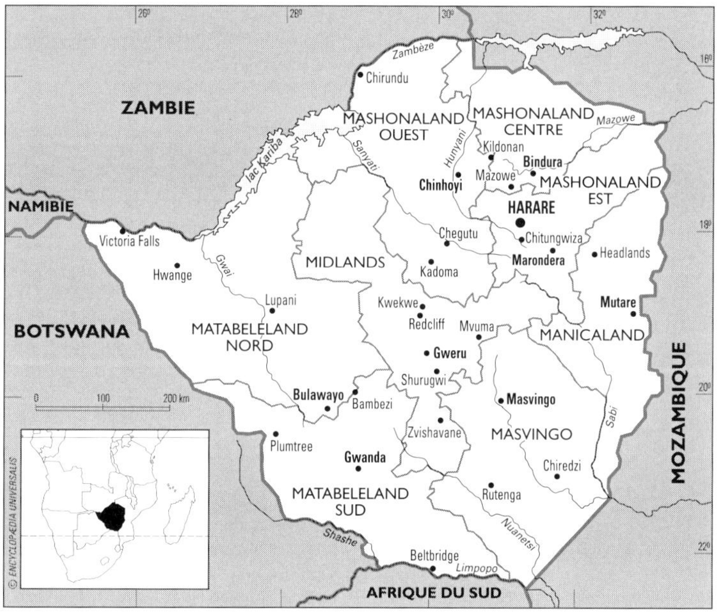

Démographie

- ***Population*** (estim. 1997) : 11 423 000.
- ***Densité*** (1997) : 29,2 hab./km².
- ***Répartition urbaine/rurale*** (1988) : population urbaine 26,4 %, rurale 73,6 %.
- ***Répartition par sexe*** (1992) : hommes 48,80 % ; femmes 51,20 %.
- ***Répartition par âge*** (1997) : moins de 15 ans 43,6 % ; de 15 à 29 ans 31,5 % ; de 30 à 44 ans 13,8 % ; de 45 à 59 ans 6,8 % ; de 60 à 74 ans 3,4 % ; 75 ans et plus 0,9 %.
- ***Projection démographique*** : 11 777 000 en 2000 ; 11 905 000 en 2010.
- ***Temps de doublement*** : 50 ans.
- ***Composition ethno-linguistique*** (1982) : Africains 97,6 %, dont Bantous de langue chona 70,8 %, Bantous de langue ndébélé 15,8 % ; Européens 2,0 % ; autres 0,4 %.
- ***Appartenances religieuses*** (1980) : chrétiens 44,8 %, dont protestants (anglicans compris) 17,5 %, sectes chrétiennes africaines 13,6 %, catholiques 11,7 % ; animistes 40,4 % ; autres 14,8 %.
- ***Principales villes*** (1992) : Harare 1 184 169 hab. ; Bulawayo 620 936 hab. ; Chintungwiza 274 035 hab. ; Mutare 131 808 hab. ; Gweru 124 735 hab.

Statistiques de l'état civil

- ***Taux de natalité*** (1997) : 31,6 ‰ (moyenne mondiale 25,0 ‰).
- ***Taux de mortalité*** (1997) : 19,0 ‰ (moyenne mondiale 9,3 ‰).
- ***Taux d'accroissement naturel*** (1997) : 12,6 ‰ (moyenne mondiale 15,7 ‰).
- ***Taux de fécondité*** (nombre moyen de naissances par femme en âge de procréer, 1997) : 3,9.
- ***Nombre de mariages*** : n.d.
- ***Nombre de divorces*** : n.d.
- ***Espérance de vie*** à la naissance (1992) : hommes 58,0 ans ; femmes 62,0 ans.
- ***Principales causes de décès*** (pour 100 000 hab., 1990) : maladies infectieuses et parasitaires 64,7 ; accidents et empoisonnements 44,4 ; maladies de l'appareil circulatoire 40,9 ; maladies de l'appareil respiratoire 39,5 ; tumeurs malignes (cancers) 28,4 ; maladies de l'appareil digestif 12,1 ; troubles du système nerveux 9,4 ; troubles endocriniens et du métabolisme 4,9.

Économie nationale

- ***Budget de l'État*** (1996-1997)
Recettes : 23 350 355 000 ZWD (impôts sur le revenu 36,4 % ; taxes sur les ventes 20,5 % ; droits de douane 16,5 % ; impôts indirects 4,8 % ; recettes des investissements et revenus des domaines 4,2 % ; droits de timbres 1,0 %).
Dépenses : 30 173 080 000 ZWD (dépenses cycliques 85,8 %, dont biens et services 46,4 %, paiements de transfert 39,4 %).
- ***Dette publique*** (extérieure, créances, 1995) : 3 360 000 000 USD.
- ***Tourisme*** (1995) : recettes touristiques 154 000 000 USD ; dépenses touristiques à l'étranger 106 000 000 USD.
- ***Production***
Agriculture, sylviculture, pêche (1996).
Canne à sucre 2 826 000 t ; maïs 2 609 000 t ; blé 280 000 t ; coton brut 242 000 t ; tabac 209 000 t ; coton en graines 153 000 t ; manioc 150 000 t ; légumes, dont melons, 147 000 t ; millet 118 000 t ; soja 110 000 t ; sorgho 108 000 t ; bananes 83 000 t ; arachides 80 000 t.
Cheptel (sur pied) : bovins 5 436 000 ; chèvres 2 705 000 ; moutons 530 000 ; porcs 267 000 ; poulets 15 000 000.
Bois : 8 102 000 m³.
Pêche (1993) : 21 800 t.
Industries extractives (valeur de la production, 1995) : or 2 567 100 000 ZWD ; nickel 738 900 000 ZWD ; amiante 586 500 000 ZWD ; charbon 557 100 000 ZWD ; chrome 197 400 000 ZWD ; cuivre 188 700 000 ZWD.
Industries manufacturières (valeur de la production, 1993) : produits alimentaires 5 329 600 000 ZWD ; métaux et produits métal-

provinces	capitales	superficie (km²)	population (recens. 1992)*
Bulawayo	–	479	620 936
Harare	–	872	1 478 810
Manicaland	Mutare	36 459	1 537 676
Mashonaland Central	Bindura	28 347	857 318
Mashonaland East	Marondera	32 230	1 033 336
Mashonaland West	Chinhoyi	57 441	1 116 928
Masvingo	Masvingo	56 566	1 221 845
Matabeleland North	–	75 025	640 957
Matabeleland South	Gwanda	54 172	591 747
Midlands	Gweru	49 166	1 302 214
total		**390 757**	**10 401 767**

(*) Résultat préliminaire.

Territoire et population.

→ *Corpus* : ZIMBABWE
→ *Grand Atlas de Géographie* (éd. 1992) : 136, 150
→ *Grand Atlas de l'Histoire* : 276, 282, 283, 295

Corpus : AFRIQUE NOIRE – Société et économie (population et richesse des nations) ; AFRIQUE DU SUD (RÉPUBLIQUE D') [relations économiques internationales] ; NICKEL (les gisements de nickel).

Thesaurus :
HARARE
NDEBELE
SHONA
ZAMBÈZE

	1993		1994	
	millions de ZWD	% du total	effectifs [1]	% des effectifs
agriculture	3 881	14,9	328 700	25,7
mines	1 880	7,2	50 500	3,9
industrie	7 620	29,2	200 800	15,7
bâtiment	1 047	4,0	89 200	7,0
entreprises publiques	570	2,2	13 200	1,0
transports et communications	1 852	7,1	51 800	4,1
commerce	2 844	10,9	104 300	8,2
finance	1 755	6,7	22 400	1,8
administration, défense nationale	1 282	4,9	416 700	32,6
services	2 603	10,0		
autres	731 [2]	2,9	n.d.	n.d.
total	**26 065**	**100,0**	**1 277 600**	**100,0**

1. Salariés uniquement. 2. Moins les frais de service bancaire.

Structure du produit intérieur brut et effectifs.

	1990	1991	1992	1993	1994	1995	1996
indice des prix à la consommation	100,0	123,3	175,2	223,6	273,3	335,1	406,9
indice des revenus	n.d.	n.d.	n.d.	n.d.	n.d.	n.d.	n.d.

Indices des prix et des revenus (1990 = 100).

	1989	1990	1991	1992	1993	1994
millions de ZWD	277,6	− 296,8	− 1 867,4	− 2 475,6	− 95,3	− 522,8
% du total	4,4	3,4	14,4	14,4	0,5	1,7

Balance commerciale (prix courants).

	nombre d'établissements	nombre d'enseignants	nombre d'élèves	nombre d'élèves par enseignant
primaire (7-13 ans)	4 633	63 475	2 655 564	41,8
secondaire (14-19 ans)	1 535	27 320	711 094	26,0
professionnel et formation à l'enseignement	25	1 479	27 431	18,5
supérieur*	28	3 581	46 492	13,0

(*) 1992.

Enseignement (1995).

liques 4 107 100 000 ZWD ; produits chimiques et pétroliers 3 153 600 000 ZWD ; boissons et tabac 2 523 400 000 ZWD ; textiles 2 584 000 000 ZWD ; vêtements et chaussures 1 394 600 000 ZWD ; équipement de transport 1 387 500 000 ZWD ; papier, imprimerie et édition 1 132 900 000 ZWD ; produits minéraux non métalliques 740 200 000 ZWD ; meubles et produits en bois 691 500 000 ZWD ; autres produits manufacturés 261 300 000 ZWD.
Bâtiment (valeur, 1995) : résidentiel 794 054 000 ZWD ; commercial 248 794 000 ZWD ; industriel 136 358 000 ZWD.
Énergie (production/consommation) : électricité (1992) 9 000 000 000/10 520 000 000 kWh ; charbon (1992) 6 000 000/5 880 000 t ; pétrole brut 0/0 ; produits pétroliers (1991) 0/836 000 t ; gaz naturel 0/0.

■ ***Population active*** (1986-1987) : 3 260 000 ; taux d'activité 38,3 % (taux de participation : plus de 15 ans 76,5 % ; femmes 36,6 % ; sans-emploi [ouvriers saisonniers communaux non compris] 7,2 %).

■ ***Revenus et dépenses des ménages***
Taille moyenne des ménages (1992) : 4,8.
Revenu annuel moyen par ménage (1992) : 1 689 ZWD (2 628 USD) ; sources des revenus : n.d.
Dépenses (1987) : alimentation, boissons et tabac 30,1 % ; équipements domestiques 11,1 % ; vêtements et tissus 10,3 % ; énergie 7,3 % ; logement 6,5 % ; transports 6,1 % ; éducation 6,0 % ; santé 3,8 % ; loisirs 0,6 %.

■ ***Produit national brut*** (1994) : 5 933 000 000 USD (540 USD/hab.).

■ ***Utilisation du sol*** (1994) : forêts 23,0 % ; prairies et pâturages 44,3 % ; terres cultivées et plantations 7,4 % ; autres 25,3 %.

Échanges extérieurs

■ ***Importations*** (1995) : 23 048 100 000 ZWD (équipement industriel et de transport 42,3 %, dont équipement de transport 10,5 % ; produits manufacturés 17,1 %, dont textiles 3,0 %, papier et carton 1,9 % ; combustibles 9,0 %, dont produits pétroliers 8,8 %).
Principales sources des importations : Afrique du Sud 38,1 % ; Royaume-Uni 8,1 % ; Japon 6,3 % ; Allemagne 5,1 % ; États-Unis 4,5 % ; France 3,8 % ; Botswana 2,1 % ; Italie 1,9 % ; Pays-Bas 1,7 %.

■ ***Exportations*** (1995) : 18 389 000 000 ZWD (exportations domestiques 87,3 %, dont tabac 22,8 %, or 11,7 %, ferro-alliages 10,1 % ; nickel 4,1 % ; amiante 3,3 % ; coton 2,1 % ; fleurs coupées 1,5 % ; maïs 1,3 %).
Principales destinations des exportations[a] : Royaume-Uni 12,9 % ; Afrique du Sud 12,6 % ; Allemagne 8,2 % ; Japon 6,8 % ; Zambie 5,0 % ; Botswana 4,9 % ; Italie 4,7 % ; États-Unis 4,7 % ; Pays-Bas 3,5 % ; Chine 3,1 % ; Belgique et Luxembourg 2,9 % ; Mozambique 2,8 % ; Malawi 2,7 %.

Transports et communications

■ ***Transports***
Chemins de fer (1995) : longueur 2 759 km ; trafic : 547 977 000 passagers-km ; 4 754 000 t-km.
Routes (1993) : longueur totale 91 099 km (17 % recouvertes).
Véhicules (1992) : voitures particulières 310 412 ; camions et autobus 30 182.
Marine marchande : aucune.
Transports aériens (Air Zimbabwe uniquement, 1995) ; trafic : 839 553 000 passagers-km ; 39 442 000 t-km. 7 aéroports desservis par des vols réguliers (1996).

■ ***Communications***
Journaux quotidiens (1995) : diffusion totale 192 000 ; diffusion pour 1 000 hab. 17.
Radiodiffusion (1996) : 1 300 000 postes récepteurs ; 113 pour 1 000 hab.
Télévision (1995) : 137 090 postes récepteurs ; 12 pour 1 000 hab.
Téléphone (1995) : 154 600 lignes principales ; 14 pour 1 000 hab.

Éducation et santé

■ ***Niveau d'éducation*** (1986-1987)
Proportion de la population active âgée de 15 ans et plus : sans instruction scolaire 24,5 % ; éducation primaire 42,9 % ; éducation secondaire et tertiaire 31,7 % ; indéterminé 0,9 %.

■ ***Alphabétisation*** (1995) : personnes âgées de 15 ans et plus alphabétisées 85,1 % ; hommes 90,4 % ; femmes 79,9 %.

■ ***Santé*** : 1 551 médecins en 1993 (1 pour 6 909 hab.) ; 21 923 lits d'hôpital en 1995 (1 pour 514 hab.) ; taux de mortalité infantile (1996) : 72,8 ‰.

■ ***Alimentation*** (1995) : apport journalier en calories par habitant 1 965 (alimentation d'origine végétale 92 % ; d'origine animale 8 %) ; soit 82 % du niveau minimal recommandé par la F.A.O.

Défense nationale

■ ***Contingent*** (1995) : 45 000 (armée de terre 91,1 % ; armée de l'air 8,9 %).

■ ***Dépenses militaires*** (1994) : 3,7 % du P.N.B. (moyenne mondiale 3,0 %) ; soit 17 USD/hab.

a. Ventes d'or et réexportations non comprises.

Les drapeaux des nations du monde

Dans la 9e édition de ces planches en couleurs, et mis à part un certain nombre de rectifications mineures (reprises de détails, couleurs, proportions...), on relèvera quelques modifications sensibles intervenues au cours de l'année 1997 : drapeaux des Comores, du Turkménistan, de Tuvalu, notamment, le changement le plus marquant concernant le drapeau de l'ex-Zaïre, devenu République démocratique du Congo.
Chiffres du monde présente ci-dessous les cent quatre-vingt-douze drapeaux nationaux des pays souverains de la planète, ainsi que le détail agrandi (armoiries, emblème, motif central...) d'une trentaine d'entre eux ; viennent à la suite les drapeaux de quatre institutions internationales et de trois organisations régionales.
Dans les onze pages suivant les planches, le lecteur curieux de vexillologie trouvera un petit glossaire, suivi de notes et commentaires précisant, drapeau par drapeau, la date de création et donnant, avec une description sommaire, la symbolique des couleurs et des meubles.

N.B. Les drapeaux sont représentés ici de façon traditionnelle, c'est-à-dire côté avers, hampe à gauche pour le lecteur. On s'est efforcé de respecter leurs diverses proportions, telles qu'elles sont fixées par le protocole ou consacrées par l'usage.

Source iconographique : S.H.O.M.
(Service hydrographique et océanographique de la Marine, Brest)

mise à jour selon données disponibles au 1er janvier 1998

Afghanistan 1 : 2

détail

Afrique du Sud 2 : 3

Albanie 5 : 7

Algérie 2 : 3

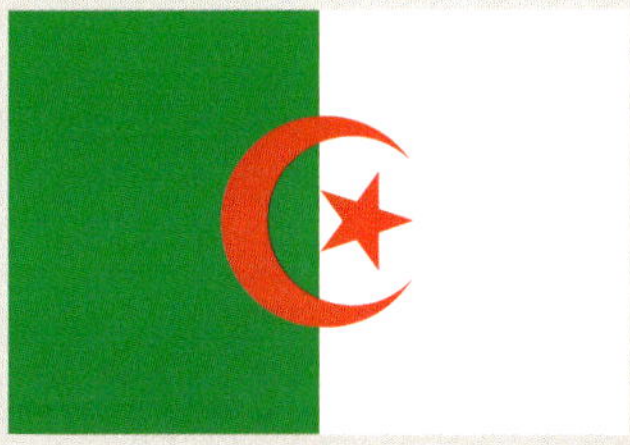

Allemagne 3 : 5

Andorre 2 : 3

détail

Angola 2 : 3

Antigua et Barbuda 2 : 3

Arabie Saoudite 2 : 3

Argentine 1 : 2

Arménie 1 : 2

Australie *1 : 2*

Autriche *2 : 3*

Azerbaïdjan *1 : 2*

Bahamas *1 : 2*

Bahreïn *3 : 5*

Bangladesh *3 : 5*

Barbade *2 : 3*

Belgique *13 : 15*

Belize *2 : 3*

détail

Bénin *2 : 3*

Bhoutan *2 : 3*

Biélorussie *1 : 2*

Birmanie (Myanma) *5 : 9*

détail

Bolivie *2 : 3*

Bosnie-Herzégovine *1 : 2*

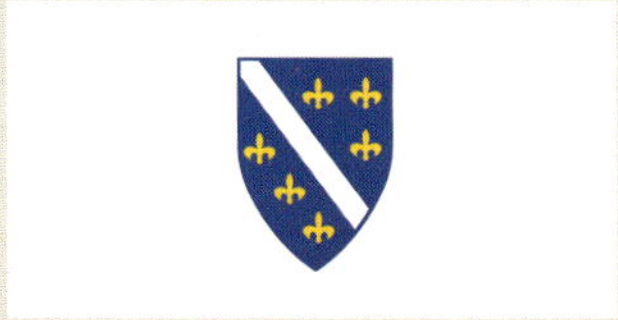

Botswana *2 : 3*

Brésil *7 : 10*

Brunéi *1 : 2*

Bulgarie *2 : 3*

Burkina *2 : 3*

Burundi *3 : 5*

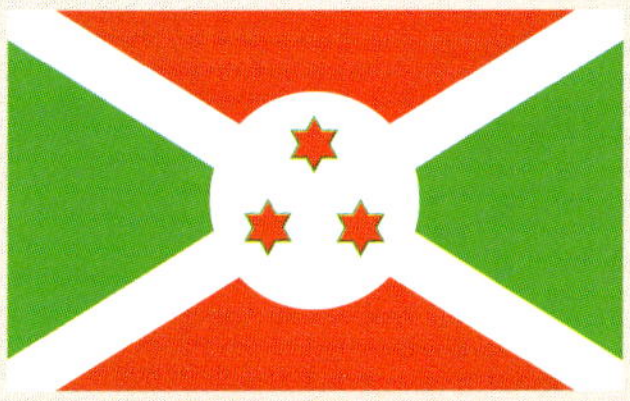

Cambodge *2 : 3*

Cameroun *2 : 3*

Canada *1 : 2*

Cap-Vert *4 : 7*

Centrafricaine (République) *2 : 3*

Chili *2 : 3*

Chine *2 : 3*

Taïwan (Chine) *2 : 3*

Chypre *3 : 5*

Colombie *2 : 3*

Comores *2 : 3*

Congo (Rép. du) *2 : 3*

Congo (Rép. dém. du) *2 : 3*

Corée du Nord *1 : 2*

Corée du Sud *2 : 3*

Costa Rica *2 : 3*

Côte d'Ivoire *2 : 3*

Croatie *1 : 2*

détail

Cuba *1 : 2*

Danemark *28 : 37*

Djibouti *2 : 3*

Dominicaine (République) *2 : 3*

détail

Dominique *1 : 2*

Égypte *2 : 3*

Émirats arabes unis *1 : 2*

Équateur *1 : 2*

détail

Érythrée *1 : 2*

Espagne *2 : 3*

détail

Estonie *7 : 11*

États-Unis *10 : 19*

Éthiopie *1 : 2*

Fidji *1 : 2*

détail

Finlande *11 : 18*

France *2 : 3*

Gabon *3 : 4*

Gambie *2 : 3*

Géorgie *3 : 5*

Ghana *2 : 3*

Grèce *2 : 3*

Grenade *3 : 5*

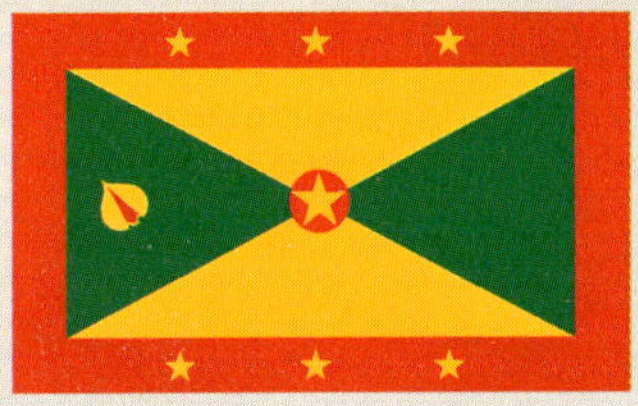

Guatemala *5 : 8*

détail

Guinée *2 : 3*

Guinée-Bissau *1 : 2*

Guinée équatoriale *2 : 3*

détail

Guyana *1 : 2*

Haïti 3 : 5

détail

Honduras 1 : 2

78 Hongrie 2 : 3

Inde 2 : 3

Indonésie 2 : 3

Irak 2 : 3

Iran 4 : 7

Irlande 1 : 2

Islande 18 : 25

Israël 8 : 11

Italie 2 : 3

Jamaïque 1 : 2

Japon 2 : 3

Jordanie 1 : 2

Kazakhstan 1 : 2

Kenya 2 : 3

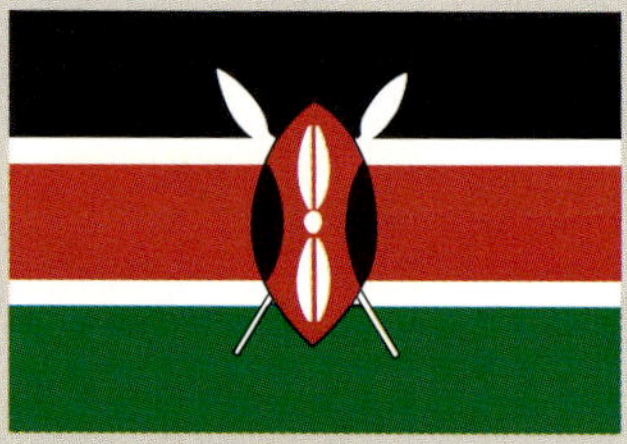

Kirghizstan 3 : 5

Kiribati 1 : 2

Koweït *1 : 2*

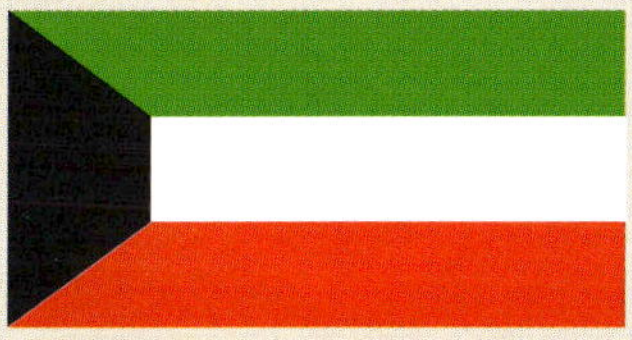

Laos *2 : 3*

Lesotho *2 : 3*

Lettonie *1 : 2*

Liban *2 : 3*

Liberia *10 : 19*

Libye *1 : 2*

Liechtenstein *3 : 5*

détail

Lituanie *1 : 2*

Luxembourg *3 : 5*

Macédoine *1 : 2*

Madagascar *2 : 3*

Malaisie *1 : 2*

Malawi *2 : 3*

Maldives *2 : 3*

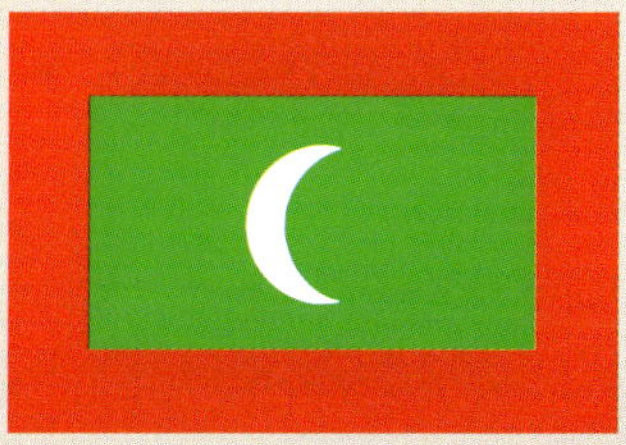

Mali *2 : 3*

Malte *2 : 3*

détail

Maroc *2 : 3*

Marshall (îles) *10 : 19*

Maurice *2 : 3*

Mauritanie *2 : 3*

Mexique *4 : 7*

détail

Micronésie *10 : 19*

Moldavie *1 : 2*

détail

Monaco *4 : 5*

Mongolie *2 : 3*

Mozambique *2 : 3*

Namibie *2 : 3*

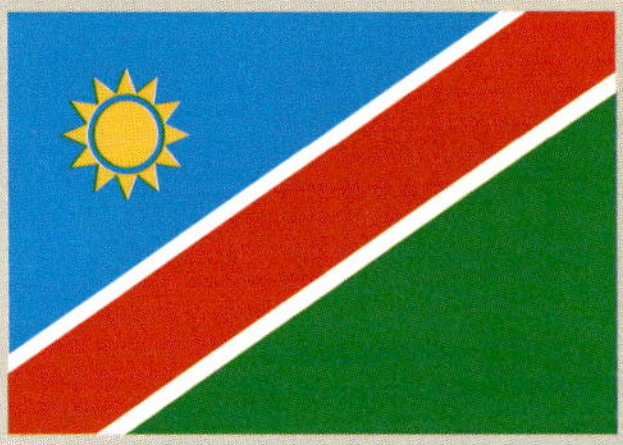

Nauru *1 : 2*

Népal *4 : 3*

Nicaragua *3 : 5*

détail

Niger *6 : 7*

Nigeria *1 : 2*

Norvège *8 : 11*

Nouvelle-Zélande *1 : 2*

Oman *1 : 2*

détail

Ouganda *2 : 3*

Ouzbékistan *1 : 2*

Pakistan *2 : 3*

Palau *5 : 8*

Panama *2 : 3*

Papouasie-N.-Guinée *3 : 4*

détail (écusson avers)

Paraguay *3 : 5*

détail (écusson revers)

Pays-Bas *2 : 3*

Pérou *2 : 3*

détail

Philippines *1 : 2*

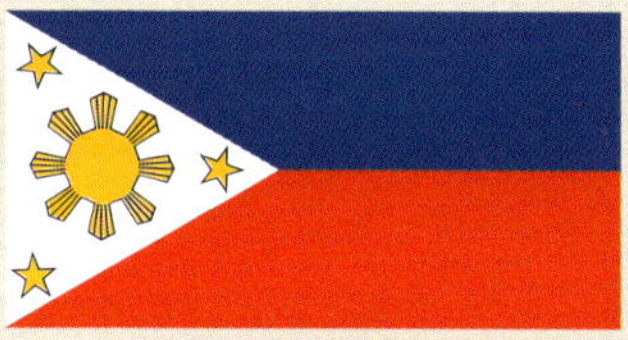

Pologne *5 : 8*

Portugal *2 : 3*

détail

Qatar *11 : 28*

Roumanie *2 : 3*

Royaume-Uni *1 : 2*

Russie *2 : 3*

Rwanda *2 : 3*

Saint-Christophe et Niévès *2 : 3*

Sainte-Lucie *1 : 2*

Saint-Marin *3 : 4*

détail

St-Vincent et les Grenadines *2 : 3*

Salomon (îles) *1 : 2*

Salvador *38 : 67*

détail

Samoa *1 : 2*

Sao Tomé et Principe *1 : 2*

Sénégal *2 : 3*

Seychelles *1 : 2*

Sierra Leone *2 : 3*

Singapour *2 : 3*

Slovaquie *2 : 3*

Slovénie *1 : 2*

Somalie *2 : 3*

Soudan *1 : 2*

Sri Lanka *5 : 9*

Suède *5 : 8*

Suisse *1 : 1*

Suriname *2 : 3*

Swaziland *2 : 3*

Syrie *2 : 3*

Tadjikistan *1 : 2*

Tanzanie *2 : 3*

Tchad *2 : 3*

Tchèque (République) *2 : 3*

Thaïlande *2 : 3*

Togo *2 : 3*

Tonga *1 : 2*

Trinité et Tobago *3 : 5*

Tunisie *2 : 3*

Turkménistan *1 : 2*

détail

Turquie *2 : 3*

Tuvalu *1 : 2*

Ukraine *2 : 3*

Uruguay *2 : 3*

Vanuatu *3 : 5*

Vatican *1 : 1* *détail*

Venezuela *2 : 3* *détail*

Vietnam *2 : 3*

Yémen *2 : 3*

Yougoslavie *1 : 2*

Zambie *2 : 3*

Zimbabwe *1 : 2*

Organisation des Nations unies

Croix-Rouge

Croissant-Rouge

Jeux Olympiques

Organisation des États américains

Union européenne et Conseil de l'Europe

Organisation de l'unité africaine

Petit glossaire vexillologique

Armoiries : ensemble des signes figurés sur l'écu d'un État, d'une province, d'une ville...

Attribut : désigne toute marque distinctive, tout emblème figurant sur un drapeau.

Avers : côté du drapeau ou du pavillon visible par le spectateur lorsque la hampe est à sa gauche. Les planches de cet ouvrage présentent les drapeaux côté avers. (cf. ***Revers***)

Bande ou ***Raie*** : dans la description des drapeaux, on énumère les bandes horizontales de haut en bas, les bandes verticales en partant de la hampe, de dextre à senestre, c'est-à-dire de gauche à droite pour le spectateur.
Dans un sens plus strictement héraldique, la bande est une pièce qui traverse (ou tranche) l'écu (ou le drapeau) de l'angle dextre supérieur (chef) à l'angle senestre inférieur (pointe).
(cf. ***Dextre, Senestre, Tricolore ; Barre***)

Barre : pièce traversant (taillant) le drapeau – tout comme l'écu en héraldique – de l'angle senestre supérieur à l'angle dextre inférieur. (cf. ***Bande***)

Battant : longueur d'un pavillon ou drapeau, mesurée de la hampe à l'extrémité de l'étamine.
Désigne aussi la partie du pavillon qui flotte librement, qui bat au vent ; dans cette acception, *battant supérieur* ou *inférieur* : quartier supérieur ou inférieur droit (à senestre) du côté avers. (cf. ***Guindant***)

Berne (En) : se dit d'un drapeau, d'un pavillon hissé à mi-mât en signe de deuil ; peut signifier aussi, et pour le même motif : non déployé, roulé autour de la hampe.

Besant : cf. ***Tourteau.***

Blason : ensemble des pièces qui constituent des armoiries.

Bordure : motif déterminé par une ligne courant parallèlement aux contours d'un drapeau (voir Grenade, Maldives...).

Canton : pièce rectangulaire située au guindant supérieur d'un drapeau (côté hampe, en haut à gauche pour un spectateur regardant l'avers ; voir, par exemple, Australie, États-Unis, Malaisie, Samoa, Tonga, Uruguay).

Champ : couleur de fond d'un écu, d'un drapeau.

Chef : pièce à la partie haute (souvent le tiers) du drapeau.

Couleurs : adoptées par chaque nation pour son drapeau, elles en sont la marque distinctive ; d'où les expressions : arborer les couleurs nationales, les trois couleurs (cf. aussi ***Tricolore***). Dans la marine et dans l'armée, le terme pluriel de « couleurs », pris absolument, désigne un pavillon, un drapeau : hisser, envoyer, baisser, amener, rentrer les couleurs.
Il existe en vexillologie toute une symbolique des couleurs, dont on s'efforcera de rendre compte, drapeau par drapeau, dans les notes qui suivent ce glossaire. Certaines de ces valeurs symboliques sont généralement admises et souvent rencontrées : ainsi, paix ou pureté pour le *blanc* ; ciel ou mer pour le *bleu* ; sable, soleil ou richesses minières pour le *jaune* ou l'*orange* ; sang versé pour l'indépendance ou révolution pour le *rouge* ; espérance, fertilité, végétation, ou encore islam, pour le *vert*. Le groupe *vert-jaune-rouge* forme les couleurs panafricaines, que l'on retrouvera, seules ou associées avec d'autres, diversement disposées, sur une quinzaine de drapeaux. Le groupe *rouge-blanc-noir* constitue les couleurs panarabes (voir Égypte, Yémen) ; elles sont le plus souvent associées au *vert* islamique : c'est le cas pour les drapeaux des Émirats arabes unis, de l'Irak, de la Jordanie, du Koweït, du Soudan, de la Syrie.
N.B. On ne s'étonnera pas de certaines disparités de teintes pour un même drapeau, selon les reproductions qui en sont faites, ici ou ailleurs : rares sont les pays qui, dans leurs textes officiels, indiquent de façon scientifique les nuances précises qu'ils souhaitent pour leur emblème national. (cf. aussi ***Émaux***)

Croix : parmi les croix figurant sur des drapeaux, on citera :
– la croix de Saint-Georges : croix dont les deux branches verticales sont plus courtes que les deux autres (voir république Dominicaine ; Royaume-Uni, en combinaison avec une croix de Saint-André) ;
– la croix scandinave : croix dont la branche senestre est la plus longue (voir Danemark, Finlande, Islande, Norvège, Suède) ;
– la croix grecque : croix dont les quatre branches sont d'égale longueur (par opposition à la croix latine, par exemple, où la branche inférieure est la plus longue) : voir les drapeaux grec, suisse, tongan, de la Croix-Rouge (dans les trois derniers cas, la croix grecque est dite alésée, c'est-à-dire que ses branches ne touchent pas les bords du drapeau ou du canton) ;
– la croix de Saint-André : croix en sautoir, aux branches en X (voir Jamaïque, Royaume-Uni).

Dentelure : séparation en dents de scie (voir Bahreïn, Qatar).

Dextre : en terme héraldique, le côté dextre d'un écu est le côté droit par rapport à celui qui le porte. En vexillologie, partie du drapeau ou pavillon proche de la hampe ; se trouve donc à gauche pour le spectateur regardant l'avers. (cf. ***Senestre***)

Drapeau : pièce d'étoffe attachée à une hampe et portant les couleurs, les emblèmes d'une nation, d'une région, d'une ville, d'un groupement, d'un organisme... (cf. ***Pavillon***)

Drapeau civil ou ***national*** : drapeau hissé, à terre, par les citoyens d'un pays (à noter qu'il y a parfois confusion entre drapeau national et drapeau d'État quant à la présence ou à l'absence d'un emblème ou d'armoiries ; les planches de cet ouvrage présentent par principe les drapeaux nationaux).

Drapeau d'État ou ***du gouvernement*** : drapeau officiel, celui qui flotte sur les édifices publics.

Drisse : cordage mince utilisé pour hisser pavillons et drapeaux.

Écartelé : comme pour l'écu des héraldistes, se dit d'un drapeau partagé, par deux lignes (ou bandes) horizontale et verticale, en quatre quartiers, ou écartelures (voir Panama, et aussi Dominique et république Dominicaine). Le premier quartier est au guindant supérieur, le deuxième au battant supérieur, le troisième au guindant inférieur, le quatrième au battant inférieur. Parfois, pris absolument, le mot « quartier » désigne le premier quartier.

Écusson : terme d'héraldique désignant un emblème, un motif décoratif où figurent des armoiries, une devise...

Émaux : noms des couleurs héraldiques, souvent utilisés en vexillologie. Stricto sensu, les émaux, au nombre de sept, se divisent en *couleurs* (azur [bleu], gueules [rouge], pourpre [violet], sable [noir] et sinople [vert]) et en *métaux* (argent [blanc] et or [jaune]).

Emblème : figure héraldique ou marque distinctive représentant une famille, une organisation, une nation..., et souvent accompagnée d'une devise.

Enseigne : pavillon national hissé à la poupe d'un navire.

Enseigne navale : pavillon national hissé à la poupe d'un bâtiment de guerre.

Étamine : étoffe peu serrée servant à la fabrication des drapeaux et pavillons. Désigne parfois le drapeau lui-même.

Fanion : petit drapeau terminé en pointe, servant à divers usages, notamment à la signalisation ; insigne particulier d'un chef d'État, d'un personnage officiel.

Flamme : banderole longue et étroite allant en diminuant en pointe jusqu'à son extrémité, qui est la marque distinctive des bâtiments de guerre (flamme nationale ou flamme de guerre) ou qui sert de signal (flammes numériques du Code international de signaux).

Giron : pièce en forme de triangle rectangle (ou simplement isocèle) placée dans le guindant d'un drapeau, la base contre la hampe (voir Bahamas, Cuba, Djibouti, Guinée équatoriale, Jordanie, Mozambique, Philippines, Sao Tomé et Principe, Soudan, République tchèque, Tuvalu, Vanuatu, Zimbabwe).

Guindant : dimension de la gaine d'un drapeau (dans laquelle passe la drisse), c'est-à-dire hauteur (largeur) de celui-ci. Désigne aussi la moitié du drapeau la plus proche de la hampe ; dans cette acception, *guindant supérieur* ou *inférieur* : quartier supérieur ou inférieur gauche (à dextre) du côté avers. (cf. ***Battant***)

Hampe : long manche de bois auquel est fixé le drapeau.

Marque distinctive : pavillon carré, guidon (pavillon à deux pointes) ou triangle d'étoffe indiquant la présence à bord du bâtiment de guerre qui l'arbore d'une haute autorité, d'un officier général ou, dans certains cas, d'un officier supérieur. En France, on distingue les *marques de commandement* attribuées au président de la République, au Premier ministre, au ministre chargé des Armées, au chef d'état-major des Armées, aux amiraux ainsi qu'aux officiers supérieurs commandant un groupe de bâtiments ; et les *marques honorifiques* attribuées au ministre chargé des D.O.M.-T.O.M. et aux généraux des armées de terre et de l'air. Lorsqu'une marque de commandement est arborée, elle remplace la flamme de guerre. (cf. ***Flamme***)

Meuble : terme héraldique désignant tout objet figurant sur un écu, et par extension sur un drapeau : astre, plante ou fruit, représentation humaine, animale ou mythique, tour ou édifice, ou toute autre figure symbolique.

Ondé : désigne une séparation de couleurs onduleuse, en forme de vagues (voir Kiribati, Slovénie).

Partitions ou ***Pièces*** : termes d'héraldique (mais qui peuvent également s'appliquer aux drapeaux) désignant, selon Larousse, « les divisions de l'écu engendrées par des lignes verticales, horizontales, diagonales ou courbes, ou par leurs combinaisons, et qui le séparent en un nombre pair (ou impair) de sections d'émaux alternés ». (cf. ***Émaux***)

Pavillon (terme en usage dans la marine, où il est systématiquement préféré à celui de drapeau) : pièce d'étoffe hissée sur un mât, pour indiquer la nationalité ou la compagnie d'un navire, ou pour servir de signal.

Pavillon de beaupré : hissé à la proue d'un navire, sur le mât de beaupré, sert, tout comme l'enseigne de poupe, à indiquer la nationalité du bâtiment.

Pavillon de compagnie : porte l'emblème distinctif de la compagnie d'un navire de commerce (le plus souvent peint, aujourd'hui, sur la cheminée).

Pavillon de courtoisie : pavillon marchand du pays d'accueil, hissé par tout navire étranger se présentant dans un port.

Pavillon d'État : drapeau d'État hissé par les bâtiments de l'État n'appartenant pas à la marine de guerre, les vedettes de la douane par exemple. (cf. ***Drapeau d'État***)

Pavillon marchand : déployé par les navires de commerce pour indiquer leur nationalité (les navires qui se présentent dans un port étranger hissent le pavillon marchand du pays d'accueil en signe de courtoisie).

Pavois : nom donné à la garniture de pavillons dont on orne les navires, selon des règles établies, les jours de solennités nationales ou maritimes. On distingue : le *petit pavois*, obtenu en hissant des pavillons nationaux en tête des mâts ; le *grand pavois*, qui ajoute au précédent des pavillons de signaux disposés sur une ligne allant de l'avant à l'arrière du bâtiment en passant par le haut du ou des mâts.
Le grand pavois n'est arboré qu'au mouillage. Le petit pavois est arboré à la mer ; il peut l'être au port dans certaines circonstances (par exemple : bâtiment échoué dans un bassin). Le pavoisement peut être ordonné : pour les fêtes nationales françaises ; pour les fêtes nationales étrangères (dans ce cas, le pavillon de la nation concernée est arboré en tête du mât le plus haut) ; pour une visite du président de la République ; pour une revue navale...

Pièces : cf. ***Partitions***.

Plain : en héraldique, se dit d'un écu d'un seul émail (cf. ***Émaux***), sans pièce ni meuble ; en vexillologie, se dit d'un drapeau nu, d'une seule couleur et sans aucun motif (des 192 drapeaux nationaux, seul celui de la Libye est plain).

Proportions d'un drapeau, d'un pavillon : dans la présente étude, ces proportions sont indiquées sous la forme d'une fraction *g/b* (*guindant* sur *battant* : voir ces mots).
Des 192 drapeaux nationaux figurant cette année sur nos planches, 47 p. 100 (92) sont de proportion 2/3 et 29 p. 100 (54) de proportion 1/2. Les 46 restants se partagent une gamme de 19 proportions diverses allant du rectangle le plus allongé (le drapeau du Qatar, dont g/b = 11/28) jusqu'au carré parfait (1/1 : Suisse, Vatican) ; le curieux drapeau du Népal s'inscrit même dans un rectangle *vertical* (g/b = 4/3). Toutes ces proportions sont indiquées dans nos planches, au-dessus de chaque drapeau, à droite du numéro d'ordre et du nom de pays.
N.B. Dans les ouvrages et chez les fabricants de drapeaux ne respectant pas ces diverses proportions, c'est en général la proportion de 2/3 qui est uniformément adoptée. C'est le cas des 185 drapeaux qui flottent devant le siège des Nations unies à New York et qui, pour des raisons diplomatiques sans doute, *ont tous la même taille* ; en les contemplant, le vexillologue avisé ne tarde pas à constater que, du coup, certains sont identiques (ainsi, l'Indonésie et Monaco, le Luxembourg et les Pays-Bas).

Quartier : comme pour l'écu en héraldique, l'une des quatre parties d'un drapeau écartelé. (cf. ***Écartelé***)

Raie : cf. ***Bande***.

Revers : côté du drapeau ou du pavillon visible par le spectateur lorsque la hampe est à sa droite. (cf. ***Avers***)

Sautoir (En) : en forme de croix de Saint-André, par combinaison de la « barre » et de la « bande » (voir Jamaïque, et aussi Grenade). (cf. ***Bande, Barre***)

Senestre : en terme héraldique, le côté senestre d'un écu est le côté gauche par rapport à celui qui le porte. En vexillologie, partie du drapeau ou pavillon opposée à la hampe ; se trouve donc à droite pour le spectateur regardant l'avers. (cf. ***Dextre***)

Taillé : écu, drapeau divisé en deux par une diagonale courant de l'angle dextre inférieur à l'angle senestre supérieur (voir Bhoutan, et aussi Congo, Lesotho, Namibie, Saint-Christophe et Niévès, Salomon, Tanzanie). (cf. ***Tranché***)

Tourteau : pièce de couleur de forme circulaire (voir Bangladesh, Colombie, Dominique, Japon, Palau...) ; s'il s'agit de métal (or ou argent), le terme héraldique approprié est *besant*.

Tranché : écu, drapeau divisé en deux par une diagonale courant de l'angle dextre supérieur à l'angle senestre inférieur (voir Papouasie-Nouvelle-Guinée, Trinité et Tobago). (cf. ***Taillé***)

Tricolore : la forme substantivée de cet adjectif, qui date du XVIIIe siècle, désigne un drapeau à trois bandes de couleurs. Parmi les 192 drapeaux nationaux présentés ici, on relèvera 77 tricolores, dont 21 à bandes verticales et 56 à bandes horizontales. (cf. ***Bande***)

Vexillologie (du latin *vexillum*, enseigne, étendard) : discipline qui englobe l'histoire, le symbolisme, la signification, la description et l'utilisation des divers drapeaux et pavillons nationaux, internationaux, provinciaux, religieux, etc.

Sources et bibliographie sommaire

Documentation et actualisations diverses fournies par le Service hydrographique et océanographique de la Marine : *Album des pavillons et marques distinctives des États et des principales organisations internationales*, Brest, 7e édition, 1990 ; addenda et vingt-neuf jeux de corrections de circonstance, de septembre 1990 à décembre 1997 / The Flag Research Center, Winchester, Mass. 01890, U.S.A. (mise à jour permanente) / Ambassades étrangères en France et ambassades de France à l'étranger.
W. CRAMPTON, *The Complete Guide to Flags*, Gallery Books, New York, 1989 / L. DOUBLET, *L'Aventure des drapeaux*, préf. P. Guth, Cherche-Midi, Paris, 1987 / *Emblèmes et pavillons*, bulletin de la Société française de vexillologie / *Flags of All Nations*, Her Majesty's Stationery Office, Londres, 1989 / E. INGLEFIELD, *Les Drapeaux*, Solar, 1979 / W. SMITH, *Flags through the Ages and across the World*, McGraw-Hill, 1975 (trad. *Les Drapeaux à travers les âges et dans le monde entier*, Fayard, 1976) / *The Statesman's Year-Book*, 132 d edition, ed. B. Hunter, The Macmillan Press Ltd, Londres, 1995 / M. TALOCCI, *Guide to the Flags of the World*, éd. et révis. W. Smith, Sidgwick & Jackson, Londres, 1989.

NOTES

Afghanistan (1992) Le drapeau radicalement adopté par l'Afghanistan islamique en mai 1992 a, dès le mois de décembre, été déjà modifié. Les bandes verte et noire ont été interverties. Quant aux deux seules inscriptions horizontales en caractères arabes, elles ont fait place à des armoiries d'or fort complexes : deux sabres croisés encerclent deux gerbes de blé liées par des rubans, à la base desquels on lit l'inscription « État islamique d'Afghanistan » ; au centre, une mosquée stylisée, flanquée de deux petits drapeaux à trois bandes horizontales ; au-dessus de la mosquée, l'inscription « Dieu est Tout-Puissant », surmontée de rayons de soleil stylisés ; à la partie supérieure s'inscrit la traditionnelle profession de foi islamique ; enfin, sous la mosquée, on lit la date 1371 (1412 du calendrier musulman régulier, soit 1992 du calendrier grégorien).

Afrique du Sud (1994) L'ancien drapeau flottait depuis le 31 mai 1928, date du dix-huitième anniversaire de l'Union sud-africaine. Le nouveau drapeau, décrit ci-dessous, a été hissé pour la première fois dans la nuit du 26 au 27 avril 1994, à minuit une minute.
Il présente un grand motif vert en forme d'Y couché – un pairle en langage héraldique –, s'étendant des coins supérieur et inférieur du guindant jusqu'au milieu du battant, bordé de blanc à l'extérieur et d'or (jaune orange) à l'intérieur (côté hampe) ; les bras de l'Y déterminent ainsi un triangle isocèle noir au guindant et sa jambe deux trapèzes, rouge (piment) au sommet et bleu à la base. L'aspect général n'est pas sans rappeler celui du drapeau du Vanuatu. On notera que ce drapeau du renouveau a été choisi parmi 7 000 propositions émanant de la population sud-africaine ; il a remplacé l'ancien drapeau à l'occasion des élections générales du 27 avril 1994.
Ce nouveau drapeau sud-africain réunit les six couleurs le plus souvent rencontrées dans les anciens drapeaux du pays, ainsi que dans les emblèmes de l'Afrique moderne et des divers mouvements de libération. Toutefois, comme le souligne l'historien sud-africain Graham Dominy, « on ne peut prétendre y attacher un symbolisme précis, les couleurs [en vexillologie comme ailleurs] n'ayant pas une signification universellement univoque : par exemple, et selon le contexte culturel d'un pays à l'autre, le noir peut désigner le peuple africain ou signifier l'anarchie, ou la mort et le deuil ; le bleu peut représenter l'eau ou la paix, le vert une expansion nouvelle, un renouveau, ou encore l'islam ; le rouge peut signifier les souffrances, le martyre religieux, ou au contraire la révolution athée ; le jaune peut désigner tout aussi bien la richesse que la maladie ; quant au blanc, il peut ici ou là signifier la race blanche, ou la pureté, la paix, la capitulation, ou bien même, dans la culture japonaise, le deuil de la mort » (voir aussi « Couleurs » in Glossaire vexillologique). Selon ce même auteur, la clé pour comprendre ce drapeau serait plutôt dans son dessin, où l'Y symbolise la transformation et l'unité, un concept de convergence et de mouvement en avant.

Albanie (1912) Sur champ rouge sombre, une aigle noire bicéphale (le nom du pays en albanais signifie « Pays des aigles ») : couleur et motif ont été choisis dès le XVe siècle par Georges Castriota, dit Skander-beg, héros national de la résistance albanaise contre les Turcs. L'étoile silhouettée d'or, ajoutée en 1945, a été supprimée en avril 1992.

Algérie (1962) Le vert du guindant tout comme le croissant et l'étoile rouges évoquent l'islam, le blanc du battant la paix et la pureté (drapeau vraisemblablement dessiné par Messali Hadj en 1928).

Allemagne (1949) L'une des racines des trois couleurs allemandes remonte à l'uniforme (veste noire à revers rouges et à boutons dorés) du corps franc prussien de Lützow, une association d'étudiants volontaires lors des guerres de libération contre Napoléon en 1813-1814. Le drapeau noir-rouge-or fut déclaré drapeau de la Confédération allemande par l'Assemblée fédérale après la révolution de 1848. Ces couleurs nationales furent reprises par la Constitution de Weimar en 1919 et, plus tard, à nouveau par le conseil parlementaire en 1949. Seul le drapeau d'État est orné d'un écusson doré contenant une aigle noire, symbole de l'État depuis 1950.

Andorre (1866) Les armoiries d'État sont constituées d'un écu écartelé, souligné de la devise « Virtus unita fortior ». Au premier quartier figurent, sur fond de gueules, la mitre et la crosse dorées du Coprince épiscopal ; au deuxième quartier, les trois barres du Comté de Foix, de gueules sur fond d'or ; de même, au troisième, les quatre barres des Maisons catalanes ; au quatrième enfin, sur fond d'or, les vaches du Vicomté de Béarn, de gueules avec collier et clochette d'azur.

Angola (1975) L'emblème est celui du M.P.L.A. (Mouvement populaire pour la libération de l'Angola) pendant la guerre d'indépendance contre le Portugal : la machette représente les agriculteurs, la demi-roue dentée les ouvriers et l'étoile à cinq branches le communisme.

Antigua et Barbuda (1967) D'un dessin extrêmement original, ce drapeau est composé de trois triangles, délimités par deux droites partant du milieu de la base et aboutissant respectivement aux angles supérieurs dextre et senestre ; le triangle central est lui-même divisé en trois bandes, noire avec soleil levant jaune, bleue et blanche. Les valeurs symboliques sont : vigueur et dynamisme pour le rouge, héritage africain pour le noir, espoir pour le bleu ; ainsi que tourisme pour l'ensemble du triangle central (soleil, mer et plage de sable blanc).

Arabie Saoudite (1973) La devise centrale – sur champ vert, couleur traditionnelle de la dynastie des Fatimides – se lit de droite à gauche « La illaha illa llah wa Muhammad rasul Allah » et se traduit littéralement « Il n'y a de Dieu que Dieu et Mahomet est le prophète de Dieu » (cette devise ne doit pas transparaître à travers le tissu, et doit être reproduite de chaque côté du drapeau). Le sabre symbolise l'esprit militant et justicier des Wahhabites.

Argentine (1816) Bleu pâle et blanc étaient déjà les couleurs du régiment « Patricios » au début du XIXe siècle, ainsi que de la cocarde portée le 25 mai 1810 par les manifestants pour l'indépendance ; c'est depuis cette date que le « soleil de Mai » est considéré comme l'emblème national (d'or, il doit réglementairement compter 32 rayons de même, alternativement droits et flamboyants). Symboles de liberté, couleurs et soleil du drapeau argentin ont été repris par certains États d'Amérique du Sud également libérés du joug espagnol (cf. Uruguay).
N.B. Selon l'Ambassade, s'il fut un temps où seul le drapeau de guerre pouvait porter le « soleil de Mai », il ne reste plus aujourd'hui qu'un seul pavillon national, qui comporte toujours le soleil flamboyant sur sa bande blanche.

Arménie (1991) La République d'Arménie, indépendante depuis septembre 1991, arbore un simple drapeau tricolore horizontal rouge-bleu-orange.

Australie (1953) L'« Australian Blue Ensign », première version de l'actuel drapeau national australien, date du début du siècle et présentait déjà l'Union Jack britannique au guindant supérieur (ou canton) et les étoiles, mais la grande étoile du guindant inférieur ne comportait alors que six branches ; c'est en 1908 qu'il fut décidé de la remplacer par une étoile à sept branches, symbolisant les six États et les territoires, c'est-à-dire l'ensemble du Commonwealth d'Australie ; quant aux cinq étoiles du battant, elles représentent la constellation de la Croix du Sud, ou Crux (Alpha Crucis en bas, Beta Crucis à dextre, Gamma Crucis en haut et Delta Crucis à senestre, également à sept branches ; Epsilon Crucis, plus petite, à cinq branches).
N.B. Le Premier ministre australien, rappelant en décembre 1992 qu'il souhaitait instaurer la République, a proposé que le pays change son drapeau, en supprimant l'Union Jack qui figure en son canton.

Autriche (1919 ; 1945) C'est en fait un des plus vieux drapeaux du monde : la légende affirme que ses couleurs rappellent la tunique de Léopold V, duc de Babenberg, blessé à la IIIe croisade lors de la bataille de Ptolémaïs (Saint-Jean-d'Acre) en 1191 : le rouge symbolise le sang, le blanc la partie de la tunique protégée par son large ceinturon. Avec ses trois bandes horizontales rouge, blanche et rouge, le pavillon est nu ; c'est pourquoi nous cessons de présenter les armoiries de l'État (l'aigle noire du Saint Empire romain germanique aux chaînes rompues), qui ne doivent figurer que sur le pavillon du président de la République (voir nos premières éditions).

Azerbaïdjan (févr. 1991) La République d'Azerbaïdjan, indépendante depuis août 1991, arbore un drapeau à trois bandes horizontales bleu, rouge et verte, avec en son centre un emblème d'argent constitué d'un croissant de lune et d'une étoile à huit pointes.

Bahamas (1973) Le jaune d'or évoque les plages de sable fin, le bleu turquoise les eaux limpides de l'Atlantique. Le triangle noir inscrit dans le guindant symbolise l'unité nationale.

Bahreïn (1972) À l'origine drapeau rouge, de la couleur traditionnelle des kharidjites de l'Arabie orientale ; le guindant blanc dentelé a été imaginé vers 1932 (c'est à la demande des Britanniques que les États arabes du golfe Persique avaient ajouté du blanc à leur drapeau, chacun à sa convenance de façon à les distinguer).

Bangladesh (1971) Champ vert bouteille orné en son centre d'un large disque rouge (plus exactement, le disque est légèrement décalé vers la hampe, afin d'apparaître centré lorsque le drapeau flotte). Les couleurs symbolisent respectivement la fertilité du sol et le sang versé pour l'indépendance.

Barbade (1966) Les couleurs évoquent les plages entre ciel et océan. La tête de trident noir fait référence au passé colonial et à l'indépendance nouvelle.

Belgique Un tricolore noir, jaune et rouge à raies horizontales était né à la faveur de la Révolution brabançonne de 1789 contre les Autrichiens. L'actuel dessin, à raies verticales, fut adopté en 1830, date de la séparation d'avec les Pays-Bas. Les Belges ont donné à leur drapeau une forme presque carrée.

Belize Le champ bleu est meublé en son centre d'une couronne végétale brochant un tourteau (disque) blanc qui contient les armes du pays : deux bûcherons – un blanc à dextre, un noir à senestre – , un outil à l'épaule, tiennent un écu ; derrière, un acajou (*Swietenia mahagony*) rappelle que l'exploitation forestière fut la principale richesse du pays aux XVIIIe et XIXe siècles ; sous l'écu, une banderole porte la devise « Sub umbra floreo » (à l'ombre je fleuris). L'écu est divisé en trois parties par un Y à l'envers (tiercé en pairle inversé) : le tiers inférieur représente un navire toutes voiles dehors sur les vagues de l'océan, et les deux autres tiers des outils de bûcherons de Belize (merlin et pagaie à dextre, scie à bûches et hache à senestre). C'est à l'indépendance (1981) que les deux minces bandes rouges ont été ajoutées, en souvenir du sang versé.

Bénin (août 1990) Le drapeau précédent – champ vert sombre avec étoile rouge au guindant supérieur –, qui datait de la proclamation de la République populaire, a été remplacé par un tricolore où l'on retrouve les traditionnelles couleurs panafricaines : bandes horizontales jaune et rouge, interrompues par une bande verticale verte au guindant.

Bhoutan Drapeau taillé de jaune safran (autorité séculière du Roi) et de rouge orangé (force spirituelle du bouddhisme). Un terrifiant dragon blanc et noir aux ailes rognées s'inscrit sur la diagonale : en effet, le nom du pays en dzongkha, Druk-Yul, signifie « Terre du Dragon » ; *druk* signifie également « tonnerre », et une légende locale affirme que les coups de tonnerre seraient les rugissements des dragons qui peuplent les sommets de l'Himalaya.

Biélorussie, ou **Belarus** (juin 1995) Le drapeau de Biélorussie, République issue de l'ex-Union soviétique, indépendante depuis août 1991 mais membre de l'O.N.U. depuis 1945, était d'une grande simplicité : trois bandes horizontales d'égale largeur, blanche, rouge et blanche.
Depuis juin 1995, deux bandes d'inégale largeur (deux tiers rouge et un tiers vert) sont flanquées au guindant d'une mince bande verticale blanche ornée d'un motif traditionnel de broderie rouge.

Birmanie, ou **Myanma** (1948) Drapeau rouge (courage, solidarité, ténacité) dont le canton bleu (paix et calme) contient des symboles blancs (honnêteté, pureté, vérité). Ceux-ci, depuis 1974, reflètent l'idéologie socialiste : un anneau de 14 étoiles (le nombre de divisions et d'États membres de l'Union birmane) encerclant une roue dentée de 14 dents (industrie) et un plant de riz (agriculture).

Bolivie (1888) Un premier drapeau, datant de 1825, présentait trois bandes horizontales verte, rouge vif et verte ; dès l'année suivante, la bande verte supérieure était remplacée par une bande jaune. L'actuel drapeau s'inspire des couleurs choisies en 1851 par le président Isidoro Belzu : rouge, jaune et vert, symbolisant respectivement la vaillance militaire, les richesses du sous-sol et la fertilité du sol.
N.B. Les armoiries d'État, qui ne figurent sur le pavillon national que dans certaines circonstances, ne sont plus présentées sur nos planches (voir nos éditions antérieures).

Bosnie-Herzégovine (mai 1992) Cette République, qui a proclamé son indépendance en mars 1992, arbore un drapeau blanc avec, en son centre, un écusson bleu tranché d'une bande blanche séparant six fleurs de lis d'or en deux groupes de trois.

Botswana (1966) Champ bleu pâle, coupé par une bande horizontale médiane, noire bordée de blanc. Les couleurs ont une portée symbolique bien précise : le bleu appelle l'eau de pluie nécessaire au bétail, les raies noire et blanches (comme celles du zèbre) marquent « la volonté de vaincre l'inégalité des races ».

Brésil (1822) Drapeau au champ vert (forêts amazoniennes) marqué d'un grand losange jaune (richesse du sous-sol) au centre duquel se trouve un globe bleu représentant la voûte étoilée (en mai 1992, quatre nouvelles étoiles ont été ajoutées, ce qui porte leur nombre à vingt-six sous l'équateur, et une au-dessus, nombre qui est celui des États constituant la République fédérative). Le globe est barré d'un ruban blanc (l'équateur) sur lequel est inscrite une devise inspirée par Auguste Comte : « Ordem e progresso ». C'est en 1889 qu'on remplaça les armoiries royales par le globe bleu étoilé ; la forme actuelle du drapeau brésilien date de 1968 (l'avers et le revers sont identiques ; l'inscription est lisible des deux côtés).

Brunéi (1906) Champ jaune (couleur du Sultan) tranché de deux bandes blanche et noire. Les armes d'État, apparues en 1959 au centre du drapeau, sont constituées du *bendera,* le drapeau ; du *payong ubor-ubor*, l'ombrelle royale ; du *sayap*, les ailes à quatre rémiges (protection de la justice, sérénité, prospérité et paix dans le pays) ; du *tangan* ou *kimhap*, les mains (gage du gouvernement en vue du bien-être, de la paix et de la prospérité) ; du *bulan* ou croissant (symbole de l'islam, religion nationale). Les caractères arabes inscrits dans le croissant signifient « Ceux qui accomplissent de bonnes actions seront à jamais conduits et bénis par Dieu ». La banderole sous les armoiries porte les mots « Brunei Darussalam », c'est-à-dire « Brunéi, asile de paix », forme longue du nom du pays.

Bulgarie (1878) Drapeau influencé par le drapeau impérial russe. Les couleurs panslaviques ont de longue date été choisies pour leur charge symbolique : le blanc pour la paix et la liberté, le vert pour la richesse de la terre, le rouge pour la puissance de l'armée (les armoiries qui occupaient le canton depuis 1947 ont été supprimées en novembre 1990).

Burkina (1984) Le drapeau de la Haute-Volta, qui datait de 1960, évoquait, par les couleurs de ses trois bandes horizontales, les rivières du pays : la Volta Noire, la Volta Blanche et la Volta Rouge. En changeant de nom, le pays a changé de drapeau, qui à présent ne comporte plus que deux bandes, rouge et verte, avec au centre une étoile dorée à cinq branches.

Burundi (1967) Ce drapeau est divisé en quatre par des bandes blanches en sautoir, délimitant un chef et une base rouges, un guindant et un battant verts. Au centre est ménagé un cercle blanc portant trois étoiles rouges bordées de vert, à six branches, qui symbolisent les trois ethnies du pays (Hutu, Tutsi et Twa), ainsi que les trois mots de la devise nationale : « Unité, travail, progrès ».

Cambodge (1993) Le Cambodge contemporain a connu de nombreux drapeaux. Celui du Kampuchea démocratique était, depuis 1975, un simple champ rouge, avec au centre la silhouette jaune à trois tours du temple d'Angkor Vat ; en 1979, le nombre de tours avait été porté à cinq ; un amendement de la Constitution de 1989 avait créé deux bandes horizontales rouge et bleue, et précisé le dessin du temple (voir notre édition de 1990).
Depuis février 1990 et sur demande du prince Sihanouk, le Cambodge est revenu au drapeau de l'après-indépendance, à savoir trois bandes horizontales inégales bleue, rouge et bleue, avec au centre le dessin de *trois* tours d'Angkor aux filets d'architecture rouges (voir notre édition de 1991).
En juin 1991 avait été adopté le drapeau du Conseil national suprême du Cambodge, créé pour la durée de la tutelle transitoire des Nations unies (sur fond « bleu O.N.U. », la silhouette blanche de la carte du Cambodge portant en son centre le nom du pays en caractères khmers : voir éditions 1992 et 1993).
En juin 1993, retour au drapeau des périodes 1948-1970 et 1990-1991, mais avec filets d'architecture noirs.

Cameroun (1957, modif. 1975) Ce drapeau arbore en trois bandes verticales les couleurs panafricaines, symbolisant ici l'indépendance, entourée de la forêt et de la savane. Au centre, l'étoile d'or de l'unité et de la liberté.

Canada (1965) Les précédents drapeaux étaient le Royal Union (ou Union Jack), déployé pour la première fois en 1621, et le Red Ensign canadien, qui aurait été utilisé depuis 1870 environ. Le nouveau drapeau, adopté le 22 octobre 1964 et déployé pour la première fois le 15 février 1965, est rouge, blanc, rouge, avec, au centre de la large bande blanche, une grande feuille d'érable rouge, stylisée à onze pointes ; cette dernière, confirmée comme symbole national depuis le 15 octobre 1965, est depuis longtemps pour les Canadiens l'emblème de leur terre natale. Le blanc du drapeau évoque les neiges arctiques, et les bandes rouges sont l'image du Pacifique et de l'Atlantique.

Cap-Vert (1992) Un nouveau drapeau a été adopté en septembre 1992 : trois étroites bandes horizontales rouge, blanche et rouge sur un champ bleu foncé, avec, brochant sur le tout, un anneau de dix étoiles d'or à cinq rais.

Centrafricaine (République) (1958) Pas moins de cinq couleurs pour ce drapeau, qui réunit les trois couleurs panafricaines et celles du tricolore français, en quatre bandes horizontales bleue, blanche, verte et jaune, et une bande verticale médiane de même largeur pour la couleur commune, le rouge ; au guindant supérieur, une étoile jaune (liberté, unité, indépendance). Ici encore, la symbolique est riche : vert et jaune pour les habitants des forêts et des savanes ; mais surtout, espoir de relations amicales entre l'Europe et l'Afrique (quatre couleurs, quatre races), scellées par le sang commun de l'humanité (bande rouge).

Chili (1817) Deux bandes horizontales blanche et rouge (neige de la cordillère des Andes et rouge du sang des patriotes), avec, dans le canton bleu (pureté du ciel chilien), une étoile blanche (guide sur la voie du progrès et de l'honneur).

Chine Le dragon impérial bleu sur fond jaune a disparu en janvier 1912. Disparues aussi les cinq couleurs des armées d'autrefois (jaune, rouge, bleu, blanc, noir), qui avaient constitué des drapeaux monochromes, puis les bandes horizontales d'un même emblème. Le premier drapeau communiste chinois, celui de la République populaire du Jiangxi en 1932, était chargé d'une étoile dorée, d'un marteau et d'une faucille. Le drapeau actuel, adopté par la Chine de Mao Zedong en 1949, est, en dépit de sa simplicité, riche de symboliques diverses. Le rouge, couleur du communisme, était depuis longtemps déjà la couleur traditionnelle des Han. Les étoiles du canton sont au nombre de cinq ; ce nombre, cher aux Chinois, peut être interprété de deux façons différentes : sous l'autorité du Parti (la grande étoile), les quatre principales classes sociales (ouvriers, paysans, petits bourgeois et « capitalistes patriotes ») ; et l'union des cinq principales nationalités du pays (Han, ouïghoure, mandchoue, tibétaine et mongole).

Taïwan (Chine) L'emblème du « soleil blanc dans un ciel bleu », qui figure à présent dans le canton, avait été choisi en 1895 par Sun Yat-sen à l'usage de sa société secrète pour la Régénération de la Chine (Xingzhonghui) ; le fond rouge fut ajouté en 1914 par le nouveau parti nationaliste de Sun, le Guomindang. La « Chine nationaliste » le reprit comme drapeau officiel en 1949. Le nombre de rayons du soleil évoque les douze périodes de deux heures qui rythment la journée dans le calendrier chinois (progrès) ; les couleurs synthétisent la doctrine des « trois principes du peuple » chère à Sun Yat-sen : le bleu la démocratie, le blanc le bien-être du peuple et le rouge le nationalisme.
N.B. On rappelle que Taïwan, pays souverain *de facto*, est considérée par la Chine depuis 1945 — mais aussi par l'O.N.U. depuis 1971 — comme une province chinoise.

Chypre (1960) Un des rares drapeaux nationaux à présenter un fond blanc (voir aussi Corée du Sud, Finlande et Japon). Cette couleur blanche et les deux rameaux d'olivier verts expriment le désir de paix entre les deux communautés grecque et turque. Quant à la couleur dorée de la carte de l'île, elle évoque le cuivre extrait depuis l'époque romaine, et qui a d'ailleurs donné son nom au pays.

Colombie (1861) Trois bandes horizontales jaune, bleue et rouge – la jaune occupant toute la moitié supérieure – , couleurs et disposition que l'on retrouve dans le drapeau de l'Équateur. Il s'agit des couleurs choisies en 1806 par le général vénézuélien Francisco Miranda, en lutte aux côtés de Simon Bolivar pour libérer du joug hispanique la Bolivie, la Colombie, l'Équateur, le Pérou et le Venezuela. On a attribué ultérieurement à ces couleurs la portée symbolique suivante : l'Amérique centrale (jaune) séparée par l'océan Atlantique (bleu) de l'Espagne (rouge). Parfois confondu avec le pavillon national, celui de la présidence de la République porte en son centre les armoiries de l'État : un tourteau blanc comprenant de nombreux symboles et l'inscription "Libertad y orden".

Comores (1975, modif.) Le drapeau adopté à l'indépendance en 1975 était horizontalement rayé de rouge (2 : 3) et de vert (1 : 3) avec, dans le guindant supérieur, un croissant et quatre étoiles entre ses pointes, blancs et verticaux ou penchés vers le bas. Trois ans plus tard, le rouge disparaissait et il n'est plus resté que le vert de l'islam, avec le croissant et les étoiles disposés au centre. Ces dernières représentent les principales îles de l'archipel : Ngazidja (Grande Comore), Ndzouani (Anjouan), Moili (Mohéli) et Mahoré (Mayotte, qui a choisi de rester sous la tutelle française).
En 1995, les proportions du drapeau comorien ont été modifiées, passant de 3 : 5 à 2 : 3 ; quant à l'ensemble croissant-étoiles, il a basculé, les quatre étoiles occupant une position horizontale supérieure.
En 1997, l'ensemble a retrouvé la position verticale.

Congo (1991) C'est en août 1991 que le Congo, abandonnant le drapeau rouge marqué des symboles du communisme (voir nos anciennes éditions), retrouve le drapeau en usage de septembre 1959 à décembre 1969 : une barre jaune taillant le champ en deux triangles vert et rouge.

Congo (République démocratique du) (1997) Le drapeau du nouveau régime institué en 1997 marque une franche rupture avec celui de l'ex-Zaïre, qui avait adopté les couleurs de l'unité panafricaine et se signalait en son centre par la silhouette d'un bras brandissant une torche enflammée : sur fond bleu, sept étoiles jaunes à cinq branches, dont une de grande taille au centre et six plus petites disposées verticalement au guindant.

Corée du Nord (1948) Bandes horizontales bleue, rouge, bleue (paix et socialisme), séparées par de fines bandes blanches (couleur traditionnelle de la Corée). Dans le rouge, côté guindant, un disque blanc (*taeguk*, symbole de l'univers) frappé de l'étoile rouge du parti ouvrier.

Corée du Sud (1882 ; off. 1950) Sur champ blanc, au centre un large disque rouge et bleu (*yang-ûm*) et, aux angles, quatre des huit trigrammes (*kwae*) du « Livre des mutations ». Le rouge et le bleu du disque, de part et d'autre d'une ligne en forme de S, représentent les forces antagonistes et complémentaires de l'univers : le *yang* (mâle, lumière, chaleur, force, Ciel) et le *yin* (femelle, ombre, froid, inertie, Terre). Les trigrammes noirs sont des combinaisons de trois lignes soit continues (impaires, *yang*) soit brisées (paires, *yin*) ; chacun des quatre trigrammes du drapeau coréen désigne un point cardinal, une saison, un élément cosmologique (énumérés dans l'ordre héraldique : sud-été-air, ouest-automne-eau, est-printemps-feu, nord-hiver-terre).

Costa Rica (1848) Plusieurs fois remanié, l'actuel drapeau costaricien se compose de cinq bandes horizontales bleu marine, blanc, rouge (plus large), blanc, bleu marine. Le bleu et le blanc rappellent l'emblème des cinq pays qui se soulevèrent en 1821 contre le joug hispanique et fondèrent la Fédération d'Amérique centrale (cf. Guatemala) ; le rouge rend hommage à la Révolution française. Les armes d'État (voir éditions antérieures) ne devant pas figurer sur le pavillon national, elles ont cessé d'être présentées sur nos planches.

Côte d'Ivoire (1960) Les trois bandes verticales sont orange (savanes du Nord), blanche (paix et unité) et verte (forêts du Sud) ; elles scandent également les trois mots de la devise nationale : « Union, discipline, travail ».

Croatie (déc. 1990) Cette République, qui a proclamé son indépendance en juin 1991, présente un drapeau à trois bandes horizontales rouge, blanche et bleue. En son centre, un écu de vingt-cinq carrés alternativement rouges et blancs, surmonté d'une couronne stylisée, elle-même constituée de cinq écus : de dextre à senestre, sur fond bleu une étoile d'or à six rais surmontant un croissant d'argent (Vieille Croatie) ; cinq bandes horizontales, dont trois bleu profond et deux rouges (Dubrovnik) ; sur fond bleu, trois têtes de lion d'or couronnées (Dalmatie) ; sur fond bleu sombre, une chèvre d'or aux cornes et sabots de gueules (Istrie) ; enfin, sur fond bleu, une bande horizontale rouge bordée de blanc et portant une martre noire et blanche, le tout surmonté d'une étoile d'or à six rais (Slavonie).

Cuba (1849 ; off. 1902) Surnommé « la bannière de l'Étoile solitaire », le drapeau cubain présente cinq bandes horizontales bleue, blanche, bleue, blanche et bleue, avec, inscrit dans le guindant, un triangle rouge frappé d'une étoile blanche à cinq branches. Les trois bandes bleues symbolisent les provinces qui se soulevèrent en 1849, le blanc la pureté de la cause révolutionnaire, le rouge le sang versé et la séparation d'avec l'Espagne, l'étoile l'indépendance.

Danemark (1219 ?) Simple « croix scandinave d'argent sur champ de gueules », le *Dannebrog* est sans conteste le plus vieux drapeau du monde... même si l'on n'ajoute pas totalement foi à la légende qui affirme que, le 15 juin 1219, au plus dur de la bataille qu'il livrait aux païens d'Estonie, le roi Valdemar II vit une croix blanche apparaître dans le ciel embrasé.

Djibouti (1977) Ancien « territoire des Afars et des Issas », ce pays a mis dans son drapeau le bleu du ciel et le vert de l'espoir, en y inscrivant au guindant un triangle blanc (en signe de paix) chargé d'une étoile rouge à cinq branches (unité et indépendance).

Dominicaine (République) [1844] L'influence du drapeau bleu et rouge de la voisine Haïti est très nette. Mais à sa proclamation en 1844, la république Dominicaine ajouta une grande croix blanche divisant son nouveau drapeau en quatre quartiers, puis inversa les couleurs bleue et rouge des deux quartiers senestres.
N.B. Seuls le pavillon national et celui de la Marine de guerre portent au centre de la croix les armes d'État, avec la fière devise « Dios patria libertad » ; les pavillons marchands et les drapeaux civils en sont dépourvus.

Dominique (1978) Champ vert marqué d'une large croix de Saint-Georges aux bandes jaunes, noires et blanches (l'ancienne disposition était jaune-blanc-noir). Au centre de la croix s'inscrit un disque rouge, orné de dix étoiles vertes et occupé par un perroquet perché sur une ramille et regardant depuis peu vers le guindant (vers le battant jusqu'en 1989). Le perroquet sisserou est l'oiseau national, et les dix étoiles représentent les dix paroisses de l'île.

Égypte (1972) Quand naquit l'ébauche d'une Union des Républiques arabes entre l'Égypte, la Libye et la Syrie, un drapeau aux couleurs du panarabisme fut créé pour sceller cette union : bandes horizontales rouge, blanche et noire, avec au centre un faucon doré posé sur un listel portant en arabe les mots « Fédération des Républiques arabes ». La Libye quitta la Fédération peu après, mais l'Égypte et la Syrie hissent toujours ce drapeau, presque inchangé (cf. Syrie). La république arabe d'Égypte, pour sa part, a remplacé en 1948 le faucon quraychite par l'aigle de Saladin, héros musulman du XIIe siècle contre les Croisés.

Émirats arabes unis (1971) Ce drapeau présente trois bandes horizontales aux couleurs traditionnelles panarabiques : le vert des Fatimides, le blanc des Omeyyades et le noir des Abbasides ; brochant sur le tout au guindant, une bande verticale rouge, couleur traditionnelle des émirats du Golfe, symbolise l'unité du pays.

Équateur (1900) Inspiré lui aussi de la bannière de Miranda lors des luttes d'indépendance des colonies espagnoles, seules les proportions de ce drapeau permettent de le différencier de celui de la Colombie (1 : 2 au lieu de 2 : 3) ; au centre du pavillon national, les armes d'État (voir également Venezuela).

Érythrée (mai 1993) Nouveau pays, nouveau membre de l'O.N.U, nouveau drapeau : un grand triangle rouge isocèle, basé sur le guindant et dont le sommet touche le battant, délimitant ainsi un triangle supérieur vert sombre et un triangle inférieur bleu. Au centre du champ de gueules, un motif d'or représente un rameau d'olivier dressé, encerclé d'une guirlande d'autres rameaux d'oliviers.
Ce drapeau reprend celui du Front populaire de libération de l'Érythrée, où toutefois le motif du champ de gueules était une étoile d'or à cinq branches.

Espagne (1938) Ce drapeau, dont les couleurs « sang et or » remontent au XIIe siècle, présente aujourd'hui une raie centrale jaune aussi large que les deux bandes rouges supérieure et inférieure réunies. Depuis 1981, on y rencontre souvent le blason d'État (inscrit à mi-hauteur, décentré vers le guindant).

Estonie (1918) Cette république balte, qui a proclamé son retour à l'indépendance le 20 août 1991, a repris tout naturellement son drapeau tel qu'il fut en usage de 1918 à l'occupation soviétique en 1940 : trois simples bandes horizontales d'égale largeur, bleue, noire et blanche.

États-Unis (1777) C'est la fameuse bannière étoilée *(Star-spangled banner)*, le drapeau aux étoiles et aux raies *(Stars and stripes)*, né lors de la guerre d'Indépendance. Le nombre de raies, immuable (sept rouges alternant avec six blanches), célèbre les treize premières colonies à s'être libérées de la tutelle européenne : Massachusetts, New Hampshire, Rhode Island, Connecticut, New York, New Jersey, Pennsylvanie, Delaware, Maryland, Virginie, les deux Carolines et la Georgie. Dans le canton bleu du tout premier drapeau, treize étoiles remplaçaient l'Union Jack ; les autres étoiles furent ajoutées au fur et à mesure de l'entrée de nouveaux territoires dans la Fédération ; la dernière date de 1959, année de l'admission de Hawaii comme cinquantième État de l'Union (actuelle disposition des étoiles : cinq rangées horizontales de six étoiles, alternant avec quatre rangées de cinq).
En 1997, les proportions des étoiles ont été agrandies.

Éthiopie (1996) Ce drapeau ancien (1897, modif. 1941) comporte trois bandes horizontales verte, jaune et rouge, couleurs panafricaines traditionnelles en Éthiopie. C'est en février 1996 qu'a été ajouté un écu central, chevauchant les trois bandes, et dont voici la description officielle : « un disque bleu portant en jaune cinq barres en équerre non contiguës, arrangées en étoile ; des angles intérieurs de l'étoile émergent cinq rayons jaunes effilés ».
La symbolique de ce pentagramme se veut « un espoir brillant de paix et d'union entre les divers peuples, nationalités et religions d'Éthiopie ».

Fidji (1970) L'Union Jack figurant encore dans le canton rappelle les anciens liens coloniaux avec le Royaume-Uni. Les armoiries d'État, créées en 1908, s'inscrivent dans le champ bleu ciel : un blason d'argent à la croix de Saint-Georges (les quatre quartiers sont meublés respectivement de

canne à sucre, d'un cocotier, d'une colombe tenant en son bec une branche d'olivier et d'un régime de bananes), au chef de gueules chargé d'un léopard d'or serrant entre ses pattes une noix de coco.
N.B. Sous les armoiries, la devise nationale (qui ne figure pas sur le drapeau) se lit « Rerevaka na Kalou ka doka na Tui », ce qui signifie « Crains Dieu et honore la Reine ». (Un projet de nouveau drapeau serait à l'étude.)

Finlande (off. 1918) Proposé en 1860 par le poète Zachris Topelius, et évoquant les lacs et la neige, le drapeau national – qui possède des cotes réglementaires très précises – porte une croix scandinave bleu outremer sur champ blanc. Seul le pavillon d'État porte en plus, au cœur de la croix, les armes de la Finlande (XVIe s.) dont la description héraldique précise est la suivante : « De gueules au lion d'or rampant brandissant une épée d'argent à poignée d'or dans sa patte droite de devant revêtue d'une armure d'or et d'argent, et piétinant de ses pattes de derrière un cimeterre d'argent à poignée d'or. Le lion porte une couronne ducale d'or et est entouré de neuf roses d'argent – symboles des neuf anciennes provinces finlandaises » (cf. édition 1993 et antérieures).

France (1789 ; off. 1794) Sans aller jusqu'à remonter aux couleurs du manteau de saint Martin, de l'oriflamme de saint Denis et de la robe de la Vierge Marie, on peut dire que depuis fort longtemps le blanc était la couleur de la royauté, le bleu et le rouge celles de Paris (dès 1358, l'écu de la Ville portait « un bateau d'argent sur champ de gueules sous un chef d'azur fleurdelisé d'or »). Aussi, lorsque le 17 juillet 1789, Louis XVI reçu à l'Hôtel de Ville se voit remettre par Lafayette, commandant de la Garde nationale parisienne, une cocarde où l'on vient d'adjoindre la couleur du roi et de la nation à celles de Paris, cette toute première cocarde tricolore ne veut que sceller la bonne entente d'alors entre le roi et la capitale du royaume.
Et puis les trois couleurs deviennent drapeau. Mais la Révolution, le Consulat et l'Empire les disposeront de diverses manières, y compris en bandes horizontales bleu-blanc-rouge ou rouge-blanc-bleu. Un décret du 24 octobre 1790 atteste déjà que dorénavant le pavillon des gens de mer serait bleu, blanc et rouge ; mais le rouge est alors près de la hampe et l'ensemble du dessin est fort complexe. On peut dater du 27 pluviôse an II (15 février 1794) la véritale naissance de l'actuel pavillon français simplement tricolore : la Convention nationale décrète qu'à compter du 1er prairial (20 mai) « le pavillon sera formé des trois couleurs nationales disposées en trois bandes égales posées verticalement, de manière que le bleu soit attaché à la gaule du pavillon, le blanc au milieu et le rouge flottant dans les airs ».
Mais le drapeau français subira encore bien des avatars. Si sur mer le pavillon est désormais bien réglementé, sur terre, les bandes verticales ne sont officiellement adoptées que par décision napoléonienne de 1812 ; la Restauration fait flotter le drapeau blanc sur le pays ; le tricolore réapparaît brièvement sous les Cent Jours ; en juillet 1830, Louis-Philippe le « roi-citoyen » décrète qu'à nouveau « le drapeau de la nation française sera bleu, blanc, rouge » (avec un coq gaulois et les mots « Honneur et Patrie ») ; en 1848, c'est Lamartine qui défend vigoureusement le tricolore contre le drapeau rouge ; un court moment, l'ordre des bandes verticales sera cette fois bleu-rouge-blanc ; on reviendra bien vite à l'ordre définitif, mais avec la devise « Liberté Égalité Fraternité Unité » encadrant les lettres R F.
N.B. Le bleu réglementaire du drapeau français est un bleu marine profond, piresque noir ; dans le pavillon de marine (représenté ici), les bandes ne sont pas d'égale largeur, mais de proportions 30-33-37, afin que le battant rouge soit toujours bien visible malgré les plis dus au vent.

Gabon (1960) Les trois bandes horizontales symbolisent les forêts, le soleil (ou l'équateur) et l'océan Atlantique.

Gambie (1965) Bandes horizontales rouge, bleue et verte, séparées par deux fines raies blanches. Parmi la symbolique habituelle des couleurs, le bleu ici représente plus particulièrement le fleuve Gambie, artère vitale du pays.

Géorgie (nov. 1990) La République de Géorgie, indépendante depuis avril 1991, arbore un drapeau uni de couleur rouge cornaline, avec un canton divisé en deux bandes horizontales noire et blanche.

Ghana (1957) Trois bandes horizontales aux couleurs panafricaines rouge-jaune-vert, avec au centre une étoile noire à cinq branches. Selon la symbolique officielle, « la couleur rouge commémore ceux qui ont œuvré pour l'indépendance du pays, l'or représente la richesse du Ghana [dont l'ancien nom signifiait « Côte de l'Or »], le vert évoque la forêt et les plantations » ; quant au motif central, c'est « l'étoile conduisant la liberté de l'Afrique ».

Grèce (1970) Neuf bandes horizontales bleues et blanches, avec une croix blanche (symbole de la foi chrétienne) inscrite dans le canton carré bleu. Les couleurs sont celles de la Bavière, dont le prince Otton fut premier roi de Grèce en 1832. Quant au nombre de bandes, ce serait en grec celui des syllabes du cri de guerre « la Liberté ou la Mort » poussé lors du soulèvement contre les Turcs en 1821.

Grenade (1974) D'un dessin fort original, ce drapeau est taillé et tranché de deux diagonales délimitant quatre triangles jaunes (chef et base) et verts (guindant et battant) ; au centre, un disque rouge porte une étoile jaune ; dans le triangle dextre, une noix de muscade, principale ressource de l'île. Une large bordure rouge court tout autour du drapeau, meublée au chef et à la base de six étoiles jaunes représentant, avec l'étoile centrale, les six paroisses et les Grenadines.

Guatemala (1871, off. 1968) En 1821, cinq pays – Costa Rica, Guatemala, Honduras, Nicaragua et Salvador – se libèrent de la tutelle espagnole et s'unissent en une Fédération d'Amérique centrale, qui adopte aussitôt un drapeau aux bandes horizontales bleue, blanche et bleue. Quand la Fédération est dissoute en 1839, chacun des cinq pays se choisit un drapeau national plus ou moins fortement inspiré du drapeau fédéral (cf. notes, 46, 77, 124 et 152) ; le Guatemala, quant à lui, est le seul à convertir les bandes horizontales en bandes verticales.
N.B. Seuls le drapeau d'État et le pavillon de guerre portent au centre l'écusson de l'État, représentant, sur fond de couronne végétale et d'armes entrecroisées, un quetzal perché sur un parchemin proclamant l'indépendance nationale (« Libertad, 15 de setiembre de 1821 »).

Guinée (1958) Bandes verticales aux trois couleurs panafricaines, qui étaient déjà celles du Parti démocratique de Guinée avant l'indépendance ; outre la symbolique traditionnelle, elles sous-tendent les trois termes de la devise nationale : Travail (rouge), Justice (jaune) et Solidarité (vert).

Guinée-Bissau (1973) On reconnaît ici encore les trois couleurs panafricaines : le battant se partage deux bandes horizontales jaune et verte ; le guindant est occupé par une bande verticale rouge frappée d'une grande étoile noire, celle du P.A.I.G.C. (Partido da independência da Guiné e Cabo Verde) qui mena contre le Portugal la guerre d'indépendance.

Guinée équatoriale (1968, off. 1978) Trois bandes horizontales verte, blanche et rouge, avec un triangle bleu clair basé au guindant, symbole de l'intégrité territoriale (le bleu de la mer qui unit les parties continentale et insulaires du pays). Seul le drapeau d'État est chargé en son centre des armes nationales : un baobab, surmonté de six étoiles d'or et souligné d'un listel portant la devise de la République : « Unidad, Paz, Justicia ».

Guyana (1966) Un bien curieux dessin que celui de ce drapeau où l'on peut distinguer quatre triangles, dont deux isocèles basés au guindant : un triangle rouge bordé de noir, brochant sur (i.e. cachant partiellement) un triangle jaune bordé de blanc, qui de ce fait ressemble à une tête de flèche ; la pointe du triangle jaune touche le côté senestre du drapeau, déterminant deux triangles rectangles vert sombre.
N.B. À noter que le pavillon représenté sur la planche V (proportions 1 : 2) est hissé à la mer ; le drapeau utilisé à terre, quant à lui, est de proportions 3 : 5.

Haïti Le tout premier drapeau haïtien aurait été conçu par Jean-Jacques Dessalines en 1803, au début de la guerre d'indépendance : un drapeau français auquel il avait ôté le blanc, symbole de l'oppression, et dont le bleu représentait les Noirs et le rouge les mulâtres ; puis on substitua le noir au bleu dès 1806. L'actuel dessin, à nouveau bleu et rouge, à bandes horizontales cette fois, est assez récent ; au centre du drapeau d'État, les armoiries figurent dans un rectangle blanc, et l'on peut y lire la devise en français « L'union fait la force ».

Honduras Ce drapeau, dont le dessin actuel date de 1949, est directement inspiré par celui que hissèrent dès 1821 les cinq pays de la Fédération d'Amérique centrale (cf. Guatemala). Seul le motif central – ici, cinq étoiles bleues représentant les cinq États et exprimant l'espoir d'une nouvelle union – le distingue des drapeaux nicaraguayen et salvadorien (outre les proportions différentes). En raison de la configuration géographique du pays, la bande bleue supérieure peut évoquer l'océan Atlantique, la bande inférieure le Pacifique.

Hongrie (1848 ; off. 1957) Drapeau tricolore à bandes horizontales rouge, blanche et verte, dont l'origine des couleurs est fort ancienne : le rouge viendrait, selon la légende, de l'emblème du duc Arpad, fondateur de la première dynastie hongroise au IXe siècle ; le blanc est celui de la croix introduite par le roi saint Étienne à la fin du Xe siècle, époque à laquelle les Magyars embrassèrent la religion chrétienne ; le vert, qui évoque les montagnes du pays, s'inspirerait d'un blason hongrois du XVe siècle.

Inde (1947) Tricolore à bandes horizontales safran foncé ou *kesari* (hindouisme), blanche (désir d'entente mutuelle) et vert foncé (islam), avec au centre la roue d'Asoka ou *chakra*, inscrite en bleu marine. Le chakra rappelle la « roue de la Connaissance » (la loi du Bouddha et son enseignement) ; ses rayons évoquent aussi le disque solaire de Vichnou (les 24 heures de la journée).

Indonésie (1945) Avec ses deux bandes rouge et blanche, ce drapeau est l'un des plus simples du monde. L'origine de ces couleurs remonte à la fin du XIIIe siècle, à la fondation de Mojapahit par le prince Radén Wijaya. À noter que le drapeau indonésien ne se distingue du drapeau monégasque que par ses proportions différentes (g : b = 2 : 3, au lieu de 4 : 5).

Irak (1963) On retrouve ici les couleurs panarabiques de l'Égypte et de la Syrie. Quand ces deux pays lui firent en 1963 une proposition d'union, l'Irak adopta leur drapeau, mais en le chargeant d'une troisième étoile. L'union projetée ne put finalement se réaliser, mais l'Irak ne modifia pas son nouveau drapeau à trois étoiles vertes. Dans la première semaine de la guerre du Golfe, le 22 janvier 1991, Saddam Hussein a fait ajouter, entre les trois étoiles du drapeau irakien et dans la même couleur verte, les deux mots arabes *Allahu Akbar* (« Dieu est Tout-Puissant »).

Iran (1905, modif. 1980) Le vert, le blanc et le rouge des bandes horizontales sont les couleurs traditionnelles du pays ; le beau motif central n'est autre que le nom d'Allah écrit en caractères arabes stylisés. L'arabesque en caractères blancs qui court au bord des bandes y répète, deux fois onze fois, les mots par lesquels commence la prière des musulmans : *Allahu akbar*, c'est-à-dire « Dieu est grand ».

Irlande (1830, off. 1922) Les couleurs de ce drapeau ont une valeur hautement symbolique : le vert, outre la riche végétation, pour les catholiques (souche gaélique et anglo-normande), l'orange pour les protestants (les colons orangistes soutenant Guillaume III d'Orange) ; au milieu, le blanc du désir de paix entre les deux communautés.

Islande (1919, off. 1944) Simple croix scandinave rouge bordée de blanc, inscrite dans un champ bleu marine (toutefois, certains textes officiels mentionnent un « bleu ciel » ?). Le bleu et le blanc seraient inspirés par l'ordre du Faucon d'argent ; la croix rouge rappelle à la fois les liens avec le Danemark et les volcans de l'île.

Israël (fin XIXe s., off. 1948) Le blanc et les bandes bleues évoquent un châle de prière (*tallith*) ; posée dessus, l'« étoile » de David (*Magen David*) à six branches, bleue également. Le dessin de ce drapeau, créé au cours du Congrès sioniste de Boston en 1891, fut officiellement adopté à la proclamation de l'indépendance.

Italie (1796 ; version actuelle 1946) On trouve l'origine des couleurs de ce drapeau dans l'uniforme de la milice urbaine de Milan, surnommée « les petits navets » du fait de son costume blanc et vert agrémenté d'accessoires rouges. En 1796, la nouvelle Garde nationale républicaine établie par les Français adopte un étendard rayé verticalement de vert, blanc et rouge. La République cisalpine fondée l'année suivante modifie la disposition des bandes qu'elle arrange à l'horizontale (le blason qui s'inscrivait au centre avait été dessiné par Napoléon en personne)... Cet emblème connaît encore de nombreuses transformations au cours d'un XIXe siècle mouvementé. Peu après 1870, c'est le drapeau à bandes verticales, symbole de liberté et d'unification, qui est adopté comme emblème national.
N.B. Ce n'est que depuis 1954 que le tricolore vert-blanc-rouge est à la fois drapeau civil et drapeau d'État.

Jamaïque (1962) Un sautoir doré partage le champ en quatre triangles : deux noirs à dextre et à senestre, deux vert sombre au chef et à la base. Selon des sources officielles, le symbole de ce drapeau peut se résumer ainsi : « En dépit des épreuves, la terre est verte et le soleil brille » (noir = tribulations passées et présentes ; vert = agriculture, espoir ; jaune d'or = soleil, trésors naturels).

Japon (1854 ; off. 1870) « Large disque rouge vermillon au centre d'un champ blanc », telle est la définition de ce drapeau simple et beau. Le *Hi[no]maru* (littéralement « disque du Soleil ») rappelle la position géographique du Japon par rapport au continent asiatique (*Hi[no]moto* ou *Nihon, Nippon* : « Terre du Soleil levant »). Certains des clans les plus connus se réclamaient jadis de la bannière surmontée du soleil, dont on retrouve mention dans des chroniques datant d'environ six siècles ; c'est le chef du puissant clan Satsuma, Shimazu Nariakira, qui proposa en 1854 de l'adopter comme pavillon national. La « bannière revêtue du soleil » fit son apparition officielle comme emblème national en 1860, lors du voyage aux États-Unis de la toute première délégation diplomatique japonaise à l'étranger ; et c'est seulement en 1872 que le Hinomaru figura pour la première fois au cours d'une cérémonie nationale, à l'occasion de l'inauguration par l'empereur Meiji du chemin de fer au Japon.

Jordanie (1918) Ce drapeau fut l'emblème de la révolte arabe contre les Turcs. Légèrement modifié, son dessin actuel date de 1921 : trois bandes horizontales noire, blanche et verte, avec au guindant un triangle rouge chargé d'une étoile blanche ; les sept branches de cette dernière représentent les sept premiers versets du Coran, base de la foi islamique.

Kazakhstan (juin 1992) Le drapeau du Kazakhstan, République indépendante depuis décembre 1991, présente un champ d'azur, au centre duquel brille un soleil d'or (disque entouré de trente-deux courts rayons) sous lequel vole une aigle de même. Au guindant court de haut en bas un motif ornemental national, rouge à l'origine, mais auquel une loi ultérieure a attribué la couleur du soleil et de l'aigle.

Kenya (1963) Le dessin de ce drapeau fut proposé, dès avant l'indépendance, par la Kenya African National Union : trois bandes horizontales noire (peuple africain), rouge cramoisi (fraternité) et verte (fertilité du sol) scandées de deux fines bandes blanches (paix) ; l'emblème central est un bouclier masaï posé sur deux lances (défense de la liberté).

Kirghizstan (mars 1992) Le drapeau du Kirghizstan, République indépendante depuis août 1991, présente un champ uni rouge, au centre duquel brille un soleil d'or, disque frangé de rouge, portant deux faisceaux de trois bandes curvilignes rouges, entrecroisés et dardant quarante courtes flammes.

Kiribati (1979) Ce drapeau à fond rouge, au dessin très figuratif, montre une frégate d'or volant vers dextre au-dessus d'un soleil de même qui se lève à l'horizon, avec au premier plan les flots du Pacifique (six bandes ondées bleues et blanches).

Koweït (1961) On reconnaît ici les couleurs panarabes sur les trois bandes horizontales et sur le trapèze au guindant, forme rare qui rappelle l'influence de l'ancien drapeau du tout proche voisin irakien.

Laos (1975) Ce dessin fort simple a été choisi par le Pathet Lao pour remplacer le drapeau royal aux trois éléphants. La symbolique officielle y exprime la force populaire (rouge sang), les ressources naturelles et la pureté de cœur du peuple lao ; on peut y voir aussi le disque blanc de la lune et le bleu des eaux du Mékong.

Lesotho (1987) Une barre bleue taille ce drapeau en deux champs blanc et vert. La symbolique officielle des couleurs indique le blanc de la paix, le bleu de la pluie et le vert de la prospérité agricole du pays. Le triangle blanc est frappé de l'emblème national : la silhouette d'un bouclier traditionnel sotho, avec sagaie et massue à boule entrecroisées (« préservation de la souveraineté nationale et de l'intégrité territoriale »).

Lettonie (1918) Cette république balte, qui a proclamé son retour à l'indépendance le 21 août 1991, a retrouvé du même coup son drapeau national de la période 1918-1940 (de la création de la république à l'occupation soviétique) : deux bandes horizontales marron, séparées par une bande blanche de moindre largeur.

Liban (1943) Sur la bande médiane blanche, de largeur double de celle des deux bandes rouges qui l'encadrent, un cèdre du Liban, symbole de la Montagne pérenne. La loi constitutionnelle du 7 décembre 1943 précise bien que, le drapeau ne comptant que trois couleurs – le rouge, le blanc et le vert –, le cèdre national doit être entièrement vert ; l'usage ultérieur qui, pour plus de réalisme sans doute, colore souvent de brun le tronc et les branches est donc fautif.

Liberia (1847) Dessiné par un groupe de militantes pour l'indépendance, ce drapeau présente onze raies horizontales rouges et blanches, avec, dans le franc-canton bleu, une étoile blanche ; cette étoile solitaire indique que le Liberia a longtemps été la seule nation africaine indépendante ; quant au nombre de raies, il évoque les onze signataires de la déclaration d'indépendance, ainsi que les onze comtés que compte actuellement le pays. Peut-être parce que celui-ci a été fondé (dès 1821) sous l'égide de la philanthropique American Colonization Society, pour y accueillir les esclaves libérés désireux de rejoindre l'Afrique, le dessin du drapeau libérien est très inspiré par celui du Stars and Stripes américain, dont il reprend même les proportions (g : b = 10 : 19).

Libye Ce drapeau a remplacé en 1977 celui de la Fédération des Républiques arabes (cf. Égypte). C'est assurément le plus simple du monde, et sa couleur unie évoque tout à la fois l'islam, « religion d'État », et le *Livre vert* du colonel Kadhafi, « guide et maître » du pays.

Liechtenstein Les couleurs bleue et rouge des bandes horizontales s'inspirent de celles de la livrée du Prince. La couronne princière, d'or aux perles d'argent, a été ajoutée à ce drapeau en 1937 pour le distinguer de celui d'Haïti (on signale que certains documents consultés présentent une couronne entièrement dorée, perles comprises).
N.B. Si le drapeau est suspendu verticalement, le bleu doit être vu à gauche.

Lituanie (1918) La Lituanie, qui avait proclamé son retour à l'indépendance dès le 11 mars 1990 et l'a pleinement recouvrée en août 1991, a retrouvé en même temps le drapeau qui fut le sien déjà de 1918 (création de la république) à 1940 (occupation soviétique) : trois bandes horizontales jaune, vert sombre et rouge.

Luxembourg Les couleurs sont celles des armoiries grand-ducales, qui remontent au XIIIe siècle. On notera que ce drapeau est pratiquement identique à celui des Pays-Bas, à deux détails près toutefois : la nuance plus claire de son bleu et sa plus grande longueur.

Macédoine (oct. 1995) Le drapeau de cette République, qui a proclamé son indépendance en septembre 1991, présentait, sur fond de gueules, un disque d'or entouré de seize rayons de même, dont huit courts et huit longs ; mais ce « soleil de Vergina », symbole de la dynastie macédonienne antique, avait provoqué une querelle avec le gouvernement grec, qui y avait vu une « provocation sacrilège » et qui, en réaction, a adopté ce symbole de Vergina comme emblème de la République hellénique et de la préfecture de Salonique, capitale de la Macédoine (centrale) grecque.
Depuis octobre 1995, le nouveau drapeau de l'« ex-République yougoslave de Macédoine » présente, au centre d'un champ de gueules, un grand disque jaune d'or cerclé de gueules, d'où émanent huit larges rayons du même jaune d'or allant jouxter les marges extérieures du drapeau.

Madagascar (1958) Le blanc du guindant et le rouge du chef sont les couleurs mêmes des bannières des tout premiers occupants de l'île (Africains et Indonésiens du Ier millénaire avant notre ère) ; c'est beaucoup plus tard et pour représenter les habitants de la côte que le vert a été rajouté à la base.

Malaisie (1963) Les quatorze raies rouges et blanches, ainsi que les quatorze pointes de la grande étoile, représentent l'union des treize États fédérés et du territoire fédéral. Dans le très grand canton bleu (plus du quart de la surface : toute la moitié dextre sur les neuf quatorzièmes de la hauteur) sont inscrits le croissant et l'étoile de l'islam, dont la couleur jaune est celle du sultan.

Malawi (1964) Ce drapeau s'inspire de l'emblème adopté dès 1953 par le parti du Congrès. Les couleurs noire, rouge et verte sont porteuses de l'habituelle symbolique ; le soleil levant, ajouté en 1964 dans la bande supérieure, marque le début d'une ère nouvelle.

Maldives (1965) Au début du siècle, c'était sur simple fond vert un croissant blanc, symboles de l'islam. La large bordure rouge, couleur traditionnelle de nombre d'États musulmans de l'océan Indien et du golfe Persique, n'a été ajoutée qu'en 1965, date de l'indépendance.

Mali (1960) Drapeau dont le dessin s'inspire du tricolore français, mais avec les couleurs panafricaines.

Malte (1964) Le blanc et le rouge étaient les couleurs du comte normand Roger de Hauteville, qui en 1090 libéra l'île du joug musulman ; ces couleurs furent reprises par les Hospitaliers de Saint-Jean, devenus plus tard Chevaliers de Malte (croix blanche sur champ rouge), qui en 1530 avaient reçu de Charles Quint « Malte en fief perpétuel, noble et franc ». Quant à la George Cross, située au guindant supérieur, elle a été décernée par le roi d'Angleterre George VI, en hommage à la bravoure des habitants durant la Seconde Guerre mondiale.

Maroc Simple champ rouge, couleur de la dynastie royale depuis trois siècles, frappé en son centre, depuis 1915, de l'étoile chérifienne verte, en forme de pentacle (ou pentagramme, ou pentagone étoilé), qui n'est autre que l'emblème du sceau de Salomon.

Marshall (îles) (1979) Ce pays d'Océanie, admis à l'O.N.U. en septembre 1991 en même temps que la Micronésie, les trois républiques baltes et les deux Corées, présente un drapeau au champ bleu soutenu, sur lequel deux barres superposées orange et blanche progressent de largeur de dextre à senestre. Dans le guindant supérieur, une grosse étoile blanche (soleil ?) brille de quatre longs rayons (aux quatre points cardinaux) et de vingt rayons plus courts.

Maurice (1968) Bien que non définies dans les textes officiels, les quatre couleurs du drapeau mauricien possèdent une riche symbolique, puisque trois interprétations peuvent en être données. Selon l'hymne national : fraternité, fidélité, prospérité, fertilité ; selon les historiens, le rouge (couleur du Parti travailliste) symbolise la lutte pour l'indépendance, le bleu l'océan Indien (la devise de Maurice est *Stella clavisque Maris Indici*), le jaune le soleil de la liberté et le vert la canne à sucre, principale richesse de l'île. Enfin l'opinion publique, très marquée par les problèmes de rapport entre les diverses ethnies qui peuplent le pays, attribue le rouge à la communauté indo-mauricienne, le bleu à la communauté franco-mauricienne et créole, le jaune à la communauté sino-mauricienne et le vert à la communauté musulmane.

Mauritanie (1959) Au centre d'un champ vert émeraude, un croissant d'or curieusement disposé en berceau, surmonté d'une étoile du même métal. Tous deux ainsi que le vert sont symboles de l'islam, religion dominante du pays ; le jaune est la couleur panafricaine qui rappelle la minorité noire.

Mexique (1821, off. 1968) Les trois couleurs verte, blanche et rouge symbolisent respectivement l'indépendance mexicaine, la pureté de la religion et l'unité nationale. L'écusson central évoque la légende de la fondation de la capitale en 1325 : cette année-là, en effet, les Aztèques découvrirent au milieu d'un lac un rocher surmonté d'un vigoureux cactus sur lequel se tenait un aigle serrant en son bec un serpent ; obéissant au vœu formulé douze siècles plus tôt par leur dieu Huitzolopochtli, ils construisirent là Tenochtitlan, la future Mexico.

Micronésie (1978) Sur un champ bleu clair, le drapeau de ce nouveau pays membre de l'O.N.U. présente quatre étoiles blanches à cinq pointes disposées en cercle, chacune à un point cardinal.

Moldavie (nov. 1990) Cette République, indépendante depuis août 1991, arbore un drapeau tricolore à bandes verticales bleu-gris, jaune et rouge, avec en son centre les armes de Moldavie : un écu à deux bandes horizontales rouge et bleu-gris, orné d'une tête de taureau d'or stylisée et entourée d'une étoile d'or à huit rais, d'une fleur à cinq pétales d'or et d'un croissant de lune d'or. Cet écu est tenu par une aigle orangé portant une branche verte d'olivier dans ses serres dextres, un sceptre d'or dans ses serres senestres et une croix d'or en son bec ; le bec et les pattes de l'aigle sont rouges, ses yeux noir et blanc.

Monaco (1881) Drapeau fort simple de forme presque carrée, dont les couleurs rouge et blanche sont celles des losanges des armoiries des Grimaldi, qui gouvernent la principauté depuis 1297.

Mongolie (1940) Dans le guindant de ce drapeau rouge, bleu très pâle et rouge, un *soyonbo* jaune. Sur ce très ancien symbole mongol, on peut reconnaître de haut en bas la flamme du progrès, le soleil et la lune de la vie éternelle, puis deux triangles (avertissement à l'ennemi) et deux barres verticales (honnêteté et force) enserrant le *yin-yang* de la vigilance.

Mozambique (1975 ; modif. 1983 et 1993) Les cinq couleurs étaient déjà celles du Frelimo (Front de libération du Mozambique), mais le premier drapeau de l'État indépendant les présentait sous forme de rayons vert, rouge, noir et jaune partant de l'angle dextre supérieur et séparés par de fines rayures blanches. Le nouveau drapeau adopte trois bandes horizontales verte, noire et jaune séparées par deux fines bandes blanches, avec au guindant un triangle rouge frappé d'une étoile jaune à cinq pointes sur laquelle est posé un livre blanc ouvert, avec, brochant sur le tout, les silhouettes noires entrecroisées d'un fusil et d'une houe.

Namibie (1990) Sur le drapeau de ce jeune État, qui a accédé à l'indépendance le 21 mars 1990, une large barre rouge bordée de blanc taille deux triangles rectangles, bleu à dextre, vert à senestre. Dans le triangle bleu, un disque jaune est bordé d'un anneau bleu et entouré de douze triangles isocèles jaunes.

Nauru (1968) Drapeau extrêmement original, où le bleu marine représente l'océan Pacifique et la mince bande jaune l'équateur : ne marque-t-il pas la position géographique de ce minuscule État insulaire, juste en dessous de la ligne de l'équateur (0°32' S) et un peu à l'ouest (166°55' E) de la ligne internationale de changement de date (180°). Les douze rayons de l'étoile blanche rappellent les douze tribus locales originelles.

Népal (1962) Réunies au XIXe siècle, les deux bannières triangulaires qui composent cet original drapeau marquent la pérennité nationale de la famille royale (croissant de lune en berceau) et de la famille Rana (soleil). Le rouge cramoisi représente le dynamisme du Népal, le bleu du cadre la paix de l'Univers ; les deux pointes évoquent les sommets de l'Himalaya. C'est bien le seul drapeau au monde à n'être pas rectangulaire... et à être, de surcroît, plus haut que large !

Nicaragua (1821 ; off. 1971) Les bandes horizontales bleu-blanc-bleu furent choisies en 1821 par les cinq États de la Fédération d'Amérique centrale (voir Guatemala). Le drapeau nicaraguayen est très semblable à ceux du Honduras et du Salvador, dont il ne se distingue – outre l'écusson central – que par ses proportions et surtout par son bleu plus clair. On notera qu'ici les armoiries du drapeau national sont réglementairement portées *en noir*. Mais il n'est pas rare de voir, sur certains drapeaux, une représentation *en couleurs* du graphisme et des inscriptions de l'écusson central.

Niger (1960) Trois bandes horizontales orange, blanche et verte, avec au centre un disque orange représentant le soleil. Les symboles chromatiques sont : Sahara au nord, bonté et pureté, prairies du sud.

Nigeria (1960) Le vert des forêts du Nigeria, scandé par la bande verticale blanche de la paix.

Norvège (1821) Avec sa croix scandinave, ce drapeau est directement inspiré du drapeau suédois et surtout du *Dannebrog* (cf. Danemark) auquel la couleur bleue a été rajoutée en signe d'indépendance. Ces trois couleurs ont également été choisies en hommage à la France, qui y avait renoncé sous la Restauration (cf. France).

Nouvelle-Zélande (1902) L'Union Jack dans le canton rappelle que ce pays reconnaît la reine d'Angleterre comme chef d'État. Les quatre étoiles rouges à cinq branches bordées de blanc représentent les étoiles principales de la constellation de la Croix du Sud.

Oman (1995) Sur le simple drapeau rouge de l'ancien sultanat de Mascate et Oman (le rouge est la couleur traditionnelle des États kharidjites du Golfe) ont été ajoutées en 1970 les armes d'État – un poignard et deux épées entrecroisées – , ainsi que deux panneaux blanc et vert (paix et fertilité) au chef et à la base du battant.
Les proportions du drapeau omanais ont été légèrement modifiées en novembre 1995 : les panneaux blanc, rouge et vert sont désormais d'égale largeur ; quant aux dimensions extérieures, elles passent de 2 : 3 à 1 : 2.

Ouganda (1962) Les couleurs noire, jaune et rouge étaient déjà celles de l'U.P.C. (Uganda People's Congress) et symbolisent le peuple africain, le soleil et la fraternité. Dans le disque blanc central, l'emblème du pays, une grue couronnée.

Ouzbékistan (oct. 1991) Le drapeau de cette République, indépendante depuis août 1991, est constitué de trois bandes horizontales bleu clair, blanche et vert clair ourlées de minces bandes rouges. Au canton, un croissant de lune blanc et douze étoiles de même, se présentant en trois rangées superposées de trois, quatre et cinq (à noter qu'une version précédente de ce drapeau présentait trois rangées de quatre, cinq et six étoiles).

Pakistan (1947) Le dessin actuel s'inspire de celui du drapeau de la Ligue musulmane créé en 1906 : sur champ vert, une étoile et un large croissant de lune blancs, trois symboles de l'islam. Au guindant, la bande verticale blanche représente les minorités religieuses chrétienne, bouddhiste et hindoue.

Palau (1981) Ce pays, qui a accédé à l'indépendance le 1er octobre 1994 et qui est devenu dès le 15 décembre suivant le 185e État membre de l'O.N.U., possède depuis 1981 un drapeau d'une grande simplicité : sur un champ uniformément bleu clair, un large disque jaune légèrement décentré vers la hampe.

Panama (1903) Drapeau bien équilibré en quatre quartiers : champ blanc chargé d'une étoile bleue (honnêteté publique) ; champ rouge plain (libéraux) ; champ bleu plain (conservateurs) ; champ blanc chargé d'une étoile rouge (loi et ordre public). La balance entre bleu et rouge suggère le principe d'alternance politique.

Papouasie-Nouvelle-Guinée (1971, off. 1975) Drapeau tranché en deux triangles rouge et noir. Le triangle supérieur, qui représente la Papouasie, porte la silhouette jaune d'un paradisier prenant son essor ; le triangle inférieur, qui représente la Nouvelle-Guinée, est chargé des cinq étoiles blanches de la Croix du Sud, toutes à cinq branches (voir Australie).

Paraguay (1811, modifié 1842, modifié 1988) Horizontalement rayé de rouge, de blanc et de bleu, ce drapeau est le seul au monde à présenter un revers différent de l'avers : celui-ci porte en son centre l'« étoile de mai » (évoquant la date de l'indépendance : 14 mai 1811) ; le revers, quant à lui, est chargé des armes d'État, un lion montant la garde près d'une pique coiffée d'un bonnet phrygien, avec la devise « Paz y justicia ». La symbolique officielle des éléments du drapeau paraguayen est particulièrement riche : pour ne citer ici que celle des couleurs, le *rouge* signifie patriotisme, bravoure, héroïsme, égalité et justice, le *blanc* pureté, fermeté, union et paix, le *bleu* quiétude, amour, savoir, vérité et liberté.

Pays-Bas Au XVIe siècle, les Gueux, partisans de Guillaume Ier d'Orange-Nassau, arboraient le *Prinsenvlag*, bannière du Prince aux couleurs orange, blanche et bleue. Ce sera le drapeau des états généraux des Provinces-Unies en lutte contre Philippe II d'Espagne. Depuis 1945, la bande supérieure orange était de plus en plus souvent remplacée par du rouge ; dimensions et couleurs (vermillon clair et bleu cobalt) du drapeau national néerlandais ont été légalement fixées en 1951, par décret du ministre de la Marine en date du 17 décembre.
N.B. En certaines circonstances, les citoyens peuvent hisser au-dessus du drapeau tricolore une banderole orange, en signe d'attachement à la Maison royale.

Pérou (1825) Selon la légende, les couleurs de ce drapeau auraient été choisies dès 1820 par le général San Martín, pour rappeler le signe de bon augure d'un vol de flamants roses au-dessus de ses troupes en campagne contre les Espagnols. Dans l'écusson central s'inscrivent, en chef, une vigogne à dextre et un kina (quinquina) à senestre, et à la base une corne d'abondance d'où coulent des pièces d'or.

Philippines (1898) Drapeau à deux bandes horizontales bleue et rouge, occupé au guindant par un triangle blanc chargé d'un grand soleil d'or stylisé et, aux angles, de trois étoiles de même. Ces dernières représentent les trois principaux territoires de l'archipel ; les huit rayons du soleil symbolisent les huit provinces qui en 1898 se soulevèrent contre le joug espagnol ; quant au triangle blanc lui-même, il rappelle l'organisation révolutionnaire secrète du Katipunan.
N.B. En temps de guerre et sur le pavillon militaire, les couleurs bleue et rouge sont inversées.

Pologne (1831, repris en 1919 puis 1952) Les couleurs du drapeau polonais proviennent des armes d'État qui, dès le XIIIe siècle, portaient un aigle blanc sur un fond rouge garance. Très aimé des Polonais, cet aigle traditionnel éployé orne toujours, avec ou sans couronne, les enseignes civiles et navales.

Portugal (1911) À la jonction des deux couleurs nationales, le vert et le rouge, est posée la sphère armillaire manuéline, jaune rehaussé de noir, qui représente la Terre et a été choisie par le roi Manuel Ier (1495-1521) comme symbole de l'épopée maritime des Portugais. Cette sphère est chargée des armoiries d'État, riches elles aussi de symboles historiques : au centre un écusson blanc, lui-même chargé de cinq écussons bleus portant chacun cinq points blancs (les plaies du Christ), le tout commémorant la victoire d'Afonso Henriques, premier roi du Portugal, sur cinq rois maures à Ourique en 1139. Le grand écusson blanc est cerné d'une bordure rouge émaillée de sept châteaux jaunes : ils figurent les sept places fortes reconquises sur les Maures et qui permirent à Afonso III le Boulonnais (1248-1279) de fixer définitivement les limites du Portugal : Albufeira, Aljezur, Cacela, Faro, Loulé, Porches et Tavira.

Qatar (modif. 1949) On remarquera la grande ressemblance avec le drapeau de Bahreïn : à l'origine rouge et blanc lui aussi, le drapeau du Qatar a opté en 1949 pour cette typique teinte brun chocolat, obtenue par l'exposition au soleil des pigments naturels des étoffes de fabrication locale. À noter que c'est là le drapeau aux proportions les plus allongées du monde (g : b = 11 : 28).

Roumanie (1848, modif. 1866 et 1989) La révolution de 1848 avait donné au drapeau roumain ses trois couleurs, réplique des couleurs héraldiques de la Moldavie et de la Valachie sous la férule ottomane ; la disposition de ces couleurs à la verticale date de 1866. L'avènement de Nicolae Ceausescu y avait ajouté en 1965 les armes d'État portant les symboles des richesses naturelles du pays : forêt, derrick, épis de blé, montagne et soleil, surmontés de l'étoile rouge du communisme. C'est cet écusson abhorré que les manifestants arrachèrent de tous les drapeaux dès le 22 décembre 1989. Par décret du 28 décembre, le drapeau roumain redevient un simple tricolore bleu-jaune-rouge ; mais le fameux « drapeau troué » restera pour longtemps le symbole historique de la révolution de 1989.
N.B. De nouvelles armoiries auraient été adoptées en septembre 1992, sous la forme d'une aigle d'or tenant une croix dans son bec, un sceptre en ses serres senestres et une épée en ses serres dextres ; mais, à ce jour, elles n'ont encore été vues sur aucun drapeau d'État.

Royaume-Uni (1801) En 1606, trois ans après la réunion des couronnes d'Angleterre et d'Écosse sous le seul sceptre du roi Jacques Ier (Jacques VI d'Écosse), ce monarque décide, pour emblème de la nouvelle union britannique, de superposer la *croix* écossaise *de Saint-André* (sautoir blanc sur champ bleu) et la *croix* anglaise *de Saint-Georges* (rouge sur fond blanc). C'est en 1801, à l'annexion de l'Irlande par la Grande-Bretagne, que fut insérée la *croix de Saint-Patrick* d'Irlande (X rouge sur le sautoir blanc), ce qui aboutit au dessin final de l'*Union Jack*.
N.B. À noter que, l'Union Jack étant en fait une bannière royale, le Royaume-Uni est de ces rares pays à ne pas disposer officiellement de drapeau national à usage des citoyens ; l'Union Jack ne tient qu'officieusement lieu de drapeau d'État, et si les citoyens sont autorisés par le Parlement à le hisser, c'est exclusivement à terre.

Russie (août 1991) Le drapeau de la nouvelle Fédération de Russie est un simple tricolore horizontal blanc-bleu-rouge. Ce n'est autre que le pavillon officiel de l'Empire de Russie (1699-1918), de même que le drapeau civil dudit Empire (1883-1914).

Rwanda (1961-62) C'était à l'origine un simple tricolore vertical rouge-jaune-vert (couleurs panafricaines), donc rigoureusement identique au drapeau guinéen. C'est pour l'en différencier qu'on y a ajouté un grand R majuscule noir : R comme Rwanda, révolution, référendum, république.

Saint-Christophe et Niévès (1983) Ces deux îles de la mer des Caraïbes s'étaient unies en 1967 avec leur voisine Anguilla pour former un État associé au Royaume-Uni, dont le drapeau était un tricolore vertical vert-jaune-bleu, avec pour motif central un palmier noir à trois palmes représentant les trois îles. Anguilla ayant peu après fait sécession pour redevenir colonie de la Couronne, Saint-Christophe et Niévès, qui avaient accédé à l'indépendance en 1983, ont modifié le dessin de leur emblème national : une large barre diagonale noire frangée de jaune et taillant le drapeau en deux triangles vert et rouge ; les deux étoiles blanches – espoir et liberté – représentent aussi les deux États. Si la symbolique chromatique est conforme aux normes habituelles, la barre noire souligne plus spécialement l'héritage africain.

Sainte-Lucie (1979) Ce drapeau offre un aspect peu commun : au centre d'un champ bleu (l'océan), deux triangles isocèles superposés, le plus petit, jaune d'or (soleil et plages), cachant partiellement le plus grand, noir bordé de blanc (sol volcanique).

Saint-Marin (1797) Deux bandes horizontales égales, évoquant la neige sur le mont Titan et la lumière du ciel ; au centre, les complexes armoiries d'État, couronnées, et accompagnées d'un listel portant le seul mot « Libertas ».

Saint-Vincent et les Grenadines (1985) Depuis l'indépendance en 1979, le drapeau de cet État insulaire était bleu, avec pour emblème central deux femmes vêtues de bleu et symbolisant l'une la paix – debout, un rameau d'olivier à la main – et l'autre, agenouillée devant un autel, la justice, le tout souligné d'un listel portant la devise « Pax et Justitia ». C'est le drapeau de l'opposition qui, depuis 1985, est devenu nouveau drapeau d'État : trois bandes verticales bleue, jaune et verte, avec au centre un V formé de trois losanges verts.

Salomon (îles) (1978) Une étroite barre dorée taille ce drapeau en deux panneaux triangulaires bleu et vert. Dans le guindant supérieur, cinq étoiles blanches représentent les plus grandes îles de l'archipel.

Salvador (1821, puis 1912) Se libérant de la tutelle espagnole, ce pays adopta le drapeau de la Fédération d'Amérique centrale : trois bandes horizontales bleue, blanche et bleue (voir Guatemala). L'actuel drapeau salvadorien peut présenter trois variantes : nu, ou marqué de la devise nationale (« Dios, union, libertad »), ou encore frappé du complexe écusson d'État (représenté ici).

Samoa (1948) Champ rouge (courage) avec, dans le canton bleu (liberté), les cinq étoiles blanches (pureté) de la Croix du Sud. Cette constellation, on l'a vu, est le symbole du Pacifique Sud et, à ce titre, figure également sur les drapeaux de l'Australie, de la Nouvelle-Zélande et de la Papouasie-Nouvelle-Guinée.

Sao Tomé et Principe (1975) Trois bandes horizontales verte, jaune et verte, un triangle rouge basé sur le guindant et, dans la bande médiane, deux étoiles noires représentant les deux îles.

Sénégal (1960) Un tricolore vertical aux couleurs panafricaines, avec l'étoile verte de l'islam au centre. Les instances officielles dotent ces éléments de leur drapeau d'une symbolique particulièrement morale, voire œcuménique : « le vert, couleur du Prophète, est aussi signe d'espérance pour les chrétiens et de fécondité pour les animistes ; le jaune d'or rappelle que la richesse doit être le fruit du travail et non le privilège de la naissance ; le rouge comme le sang évoque la vie ; quant à l'étoile à cinq branches, qui symbolise la fusion des partis au cœur d'un même idéal, elle est aussi, dans le fonds mythique négro-africain, signe céleste porteur des valeurs spirituelles ».

Seychelles (1996) Le tout nouveau drapeau du pays (janvier 1996) consiste en cinq rayons bleu, jaune, rouge, blanc et vert, jaillissant de la base du guindant (angle inférieur dextre).

Sierra Leone (1961) Selon la symbolique officielle du pays, dans ce tricolore horizontal, « le vert signifie l'agriculture et les ressources naturelles de la Sierra Leone, ainsi que ses montagnes, le blanc l'union et la justice, le bleu l'espoir que la mer puisse contribuer à la paix à travers le monde pour les années à venir ».

Singapour (1959, off. 1965) Deux bandes horizontales rouge et blanche, au guindant supérieur chargé d'un croissant de lune blanc tourné vers cinq étoiles blanches disposées en cercle. L'interprétation officielle de ces éléments est la suivante : « le rouge symbolise la fraternité universelle, le blanc signifie la pureté et la vertu, la lune et les étoiles représentent la croissance d'une nation jeune éclairée par les idéaux de démocratie, de paix, de progrès, de justice et d'égalité ».

Slovaquie (1993) À la suite de la partition de la Tchécoslovaquie en deux républiques indépendantes le 31 décembre 1992, la Slovaquie a adopté un drapeau composé de trois bandes horizontales blanc-bleu-rouge ; brochant sur le tout, mais s'en détachant par une fine bordure blanche, un blason rouge avec à la base une triple colline bleue d'où émerge une croix blanche à deux branches.

Slovénie (juin 1991) Cette République, qui a proclamé son indépendance en juin 1991, arbore un drapeau à trois bandes horizontales blanche, bleu marine et rouge. Brochant au canton sur les deux bandes supérieures, l'écusson national présente sur fond bleu une montagne blanche à trois pics et deux lignes ondées bleues, le tout surmonté de trois étoiles d'or à six rais.

Somalie (1954) Une étoile blanche sur un champ bleu ciel, s'inspirant de celui du drapeau des Nations unies, organisme qui assista le pays durant la décennie précédant l'indépendance. L'étoile est hautement symbolique, puisque ses cinq branches marquent les composantes de la « Grande Somalie » : l'ancien Somaliland britannique et l'ancienne Somalia italienne (qui fusionnèrent le 1er juillet 1960 pour donner naissance à la République), ainsi que trois autres territoires peuplés de Somalis : Djibouti (ex-Côte française des Somalis), l'Ogaden éthiopien et la province Nord-Est du Kenya.

Soudan (1971) Bandes horizontales rouge, blanche et noire, avec triangle vert basé au guindant. Les trois couleurs des bandes se retrouvent sur les drapeaux de nombreux autres pays arabes (voir Yémen) ; de plus, le noir est la couleur même du pays, puisque *sūdān* signifie « noir ».

Sri Lanka (1951) Drapeau curieusement formé de deux panneaux juxtaposés et bordés de jaune. Le plus petit, à dextre, est lui-même composé de deux bandes verticales représentant les minorités de l'île : les musulmans (vert) et les Tamouls hindouistes (orange). Le grand panneau reproduit l'antique bannière du royaume de Kandy, avec son lion « passant armé », mais où les quatre sabres ont été remplacés plus pacifiquement par quatre feuilles de pipul.

Suède (XVIe s., off. 1906) Champ bleu azur écartelé d'une croix scandinave jaune d'or. Les couleurs de ce drapeau sont celles des armoiries d'État datant de 1364, composées de trois couronnes jaunes inscrites sur un fond bleu. Sa lointaine origine est une bannière moyenâgeuse dite « croix », portée par les seigneurs du continent à la troisième croisade (fin du XIIe s.).

Suisse (XIVe s., off. 1899) Selon les termes mêmes du décret de l'Assemblée fédérale en date du 12 novembre 1899, « les armoiries de la Confédération consistent en une croix blanche, droite et alésée [croix grecque], placée sur fond rouge et dont les branches, égales entre elles, sont d'un sixième plus longues que larges ». La bannière rouge des montagnards du canton de Schwyz (qui a donné son nom plus tard au pays tout entier) portait déjà, lors de la bataille de Morgarten en 1315, un crucifix à l'angle supérieur du champ. Quant à la croix blanche, on la voit apparaître, comme signe de ralliement des Confédérés, dès le XVe siècle : lorsque au mois d'août 1480 eut lieu le départ de la première levée de troupes suisses officiellement accordée au roi de France Louis XI, la Diète de Lucerne décida « que chaque contingent partirait sous le drapeau de son canton, comme par le passé, mais que chacun y mettrait la croix blanche, qui a jusqu'ici toujours été pour les Confédérés une promesse de victoire ».
N.B. Si le drapeau d'État est un des rares au monde de forme carrée (voir aussi Vatican), le pavillon marchand, lui, tel qu'il est hissé sur les lacs suisses et sur le Rhin, est rectangulaire (g : b = 2 : 3).

Suriname (1975) Cinq bandes horizontales (vert, blanc, rouge, blanc, vert) de largeurs inégales ; la bande médiane rouge porte en son centre une grande étoile jaune à cinq branches.

Swaziland (1967) Le champ bleu est chargé d'une large bande horizontale pourpre (rouge cramoisi), elle-même bordée de fines bandes jaunes. L'emblème central expose les armes traditionnelles du guerrier emasotja : un bouclier en cuir de bœuf, deux sagaies et un bâton de commandement orné de plumes. Le bleu, le jaune et le rouge symbolisent respectivement la paix, les ressources naturelles et les batailles du temps passé.

Syrie (1972) Ce drapeau aux couleurs panarabes chargé de deux étoiles vertes (à la place du faucon d'antan) avait été créé pour la République arabe unie, qui de 1958 à 1961 réunit l'Égypte et la Syrie. En dépit du caractère éphémère de cette union, la Syrie a conservé ce drapeau inchangé, avec ses *deux* étoiles (voir Égypte, et aussi Irak).

Tadjikistan (nov. 1992) Cette République d'Asie centrale, indépendante depuis septembre 1991, était la dernière des républiques de l'ex-Union soviétique à avoir gardé, au canton de son drapeau (champ rouge avec bandes horizontales inégales blanche et verte), la faucille, le marteau et l'étoile d'or du communisme.
Le nouveau drapeau comporte trois bandes horizontales rouge-blanc-vert (de largeurs 2-3-2) ; au centre, sur la bande blanche, un emblème d'or constitué d'une sorte de couronne très stylisée, surmontée d'un arc de sept étoiles à cinq rais.

Tanzanie (1964) La large barre noire bordée de jaune qui taille ce drapeau détermine dans son champ deux triangles rectangles, vert à dextre, bleu à senestre, le tout doté de la symbolique habituelle. Il s'agit là de la combinaison des deux anciens drapeaux du Tanganyika et de l'insulaire Zanzibar, qui ont fusionné en 1964 pour former la République unie de Tanzanie.

Tchad (1959) De ce drapeau, manifestement inspiré du tricolore français dont il ne diffère que par le jaune de la bande médiane, on peut dire aussi qu'il présente les couleurs panafricaines, sauf le vert remplacé par le bleu marine de France.

Tchèque (République) [1993] À la suite de la partition de la Tchécoslovaquie en deux républiques indépendantes le 31 décembre 1992, la République tchèque a repris le drapeau de l'ancienne Tchécoslovaquie : deux simples bandes horizontales blanche et rouge ; brochant sur celles-ci, un triangle équilatéral bleu basé au guindant.

Thaïlande (1917) La Thaïlande – qui s'est appelée Siam jusqu'en 1939 et à nouveau de 1945 à 1949 – est connue depuis des siècles sous le surnom de « Terre de l'Éléphant blanc », et son ancien drapeau portait d'ailleurs un éléphant blanc sur fond rouge. Le roi, ayant aperçu en 1916 dans un village qu'il traversait un drapeau hissé à l'envers – l'éléphant sur le dos, pattes tendues vers le ciel –, fit promptement modifier le drapeau national, qui aujourd'hui n'est constitué que de cinq bandes horizontales symétriques (rouge-blanc-bleu-blanc-rouge).
N.B. L'éléphant figure toujours sur l'actuel pavillon de la marine de guerre thaïlandaise.

Togo (1960) Couleurs panafricaines ici encore, mais disposées comme suit : cinq bandes horizontales égales vertes et jaunes, avec, au guindant supérieur et sur une hauteur de trois bandes, un carré rouge chargé d'une étoile blanche à cinq branches.

Tonga (1875) Champ rouge avec un canton blanc chargé d'une croix grecque rouge ; le dessin de ce drapeau est dû à un prince tongan et à un pasteur méthodiste. L'Archipel des Amis ayant opté pour la foi chrétienne en 1831, le rouge symbolise ici le sang du Christ.

Trinité et Tobago (1962) Sur un champ rouge, une large bande noire bordée de blanc court du chef dextre à la base senestre, déterminant deux triangles rectangles.

Tunisie (1835 env.) Quand cet emblème apparut, le pays était encore *de jure* dans des liens de vassalité vis-à-vis de la Turquie, et c'est ce qui explique qu'on donnât au drapeau beylical un aspect fort semblable à celui de la Sublime-Porte (voir Turquie) : mais ici, le croissant de lune et l'étoile, *rouges*, meublent un tourteau blanc.

Turkménistan (févr. 1992) Cette République d'Asie centrale, indépendante depuis octobre 1991, arbore un drapeau d'un charme tout oriental, remanié en 1997 : champ vert sombre, éclairé d'un croissant de lune et de cinq étoiles ; de haut en bas, non loin de la hampe, court une bande couverte de cinq tapis à motifs différents noirs, blancs, marron, verts et orange surmontant une couronne de lauriers.

Turquie (1793, modif. 1844, off. 1936) Le croissant et l'étoile à cinq branches, symboles constants de l'islam, figurent en blanc sur le champ rouge du drapeau turc, créé en 1793 par le sultan Selim III (mais l'étoile n'a été ajoutée qu'en 1844). Toutefois, si l'on en croit diverses légendes, ces astres étaient honorés ici bien avant que la Turquie embrassât la foi musulmane. Dès le VIIIe siècle avant notre ère, le croissant de lune aurait symbolisé la déesse protectrice de Byzance. Lorsque en 339 av. J.-C. le roi Philippe de Macédoine tenta de s'emparer de la ville en faisant creuser de nuit des tunnels sous les remparts, la lune brilla avec tant d'éclat que les assaillants furent surpris et Byzance sauvée. Selon une légende plus tardive, le sultan Osman Ier (1259-1326 ?) aurait vu dans une lune immense apparue en rêve le signe d'Allah lui donnant l'ordre de partir à la conquête du monde païen. Quant à l'étoile, son origine est tout aussi énigmatique et controversée : si elle représente pour certains l'étoile du matin citée dans le Coran, elle est pour d'autres le symbole chrétien que l'empereur Constantin de Rome aurait fait apposer au IVe siècle sur l'emblème de Constantinople.

Tuvalu (1978) Ce minuscule État insulaire, indépendant depuis 1978, était membre du Commonwealth, d'où l'Union Jack inscrit au canton de son premier drapeau (voir aussi Australie, Fidji, Nouvelle-Zélande), où sont jetées en diagonale huit étoiles jaunes à cinq pointes représentant schématiquement les huit îles de l'archipel (on rappelle que « Tuvalu » signifie « les huit unies ensemble »).
Le nouveau drapeau adopté en 1995 présentait cinq bandes horizontales d'inégale largeur rouge, blanc, bleu ciel, blanc, rouge.
En 1997, Tuvalu est revenu au drapeau de 1978.

Ukraine (janv. 1992) Cette République issue de l'ex-Union soviétique, indépendante depuis août 1991 mais membre de l'O.N.U. depuis 1945, présente un drapeau d'une simplicité extrême : deux bandes horizontales bleu clair et jaune.

Uruguay (1828, modif. 1830) Neuf raies blanches et bleues, alternées, se partagent la surface du drapeau uruguayen, dont le canton est occupé par un carré blanc chargé d'un soleil jaune à seize rayons. Tout comme les teintes choisies, le soleil, symbole d'indépendance, est inspiré du drapeau argentin. Quant au nombre de raies, c'est celui des départements qui composaient à son origine, en 1828, la République orientale de l'Uruguay.

Vanuatu (1980) Au temps du régime de condominium franco-britannique, les Nouvelles-Hébrides hissaient conjointement le tricolore français et l'Union Jack. Dès son indépendance, le Vanuatu choisit son propre pavillon, partagé en trois couleurs, celles du parti politique dominant, le VAP (Vanuaaku Pati) : rouge au chef, vert à la base, avec triangle noir basé au guindant ; ces trois secteurs sont séparés par une mince bordure noire soulignée de jaune ; dans le triangle, en jaune également, une défense (canine éversée) de sanglier, encerclant deux feuilles de fougère entrecroisées. On peut remarquer que la bordure noire détermine un grand Y schématisant la géographie de l'archipel.

Vatican (1929) Drapeau carré divisé en deux bandes verticales jaune et blanche, cette dernière chargée de l'emblème pontifical, qui se compose de la tiare aux trois couronnes et des deux clés de saint Pierre entrecroisées et attachées par un cordonnet rouge ; cet emblème est attesté depuis le XIIIe siècle. Le drapeau du Vatican, dont les couleurs étaient depuis 1808 celles de la cocarde de la gendarmerie pontificale, a été créé par le cardinal Gatoffi en 1825 et rendu officiel aux accords de Latran de février 1929. Ses divers symboles sont les suivants : la première couronne (1130) marque la souveraineté du pape sur les États de l'Église, la deuxième (1300) son autorité spirituelle sur les âmes et la troisième (1340) son ascendant moral sur les rois ; la clé d'argent indique son pouvoir temporel et la clé d'or son pouvoir spirituel.

Venezuela (1811, modif. 1954) Les couleurs des trois bandes horizontales (jaune-bleu-rouge) sont celles du drapeau de l'armée de libération du général Miranda, qui avec Bolivar affranchit son pays du joug espagnol (voir aussi Colombie et Équateur). Au centre du drapeau vénézuélien sont disposées en arc de cercle sept étoiles blanches, symbolisant les sept provinces qui formèrent en 1811 la toute nouvelle Fédération vénézuélienne. Au guindant supérieur apparaissent les armoiries d'État : l'écu portant une gerbe de blé (unité nationale), deux épées et deux drapeaux (victoire et indépendance), ainsi qu'un cheval blanc galopant à la base (liberté) ; dans le listel inférieur, on peut lire, outre le nom de la République, les mots « 19 de abril de 1810 Independencia – 20 de febrero de 1859 Federación ».

Vietnam (off. 1976) Ce drapeau extrêmement simple – grande étoile jaune or à cinq branches sur champ rouge vermillon – est celui du Vietnam réunifié depuis 1976. C'était déjà l'emblème de la résistance Viet Minh contre l'occupant japonais pendant la Seconde Guerre mondiale ; puis il devint dès 1945 le drapeau officiel de la république démocratique du Vietnam du Nord.

Yémen (1962, modif. 1990) Le Yémen unifié a adopté en mai 1990 le drapeau de l'ex-Yémen du Nord, d'où l'étoile verte a toutefois disparu. On notera que ces trois bandes horizontales rouge, blanche et noire se retrouvent dans les drapeaux égyptien, irakien, soudanais et syrien.

Yougoslavie (juill. 1992) La nouvelle Fédération de Yougoslavie (réduite à la Serbie et au Monténégro) a repris le drapeau de l'ex-République fédérative de Yougoslavie (un tricolore horizontal bleu-blanc-rouge), *mais sans l'étoile rouge*.
N.B. Ne pas confondre ce nouveau drapeau *fédéral* avec les drapeaux *nationaux* de la Serbie et du Monténégro, tous deux des tricolores horizontaux rouge-bleu-blanc.

Zambie (1964) Drapeau au dessin singulier : sur un champ vert, trois bandes verticales rouge, noire et orange occupent les deux tiers inférieurs du battant ; au-dessus d'elles, une aigle jaune orange prend son essor, symbole évident de la liberté. Les couleurs de ce drapeau étaient déjà celles de l'U.N.I.P. (United National Independence Party).

Zimbabwe (1980) Ce sont les couleurs du Z.A.N.U., disposées en sept bandes horizontales : le vert-jaune-rouge du panafricanisme, entourant la large bande noire de l'ethnie majoritaire. Au guindant, un triangle blanc frappé d'une étoile rouge devant laquelle est posé un oiseau jaune, le *soapstone bird*, emblème national du Zimbabwe.

Organisation des Nations unies (1947) Cette organisation, qui a pour vocation de maintenir la paix et la sécurité internationales, ainsi que d'encourager la coopération pour le progrès économique et social de tous les peuples, a choisi pour son drapeau un emblème symbolique, dont voici la définition officielle exacte : « Une carte du monde figurée en projection azimutale équidistante, le pôle Nord servant de centre ; autour de la carte, une couronne [ouverte] de branches d'olivier stylisées et croisées ; le tout en or sur champ gris-bleu, les mers en blanc [à noter que ces prescriptions de couleurs sont ignorées par l'usage, qui ne connaît que le blanc sur fond uniforme bleu ciel]. La projection atteint le 60e degré de latitude sud et comprend cinq cercles concentriques. » (Assemblée générale, 1re session, 2e partie, annexe 48, document A/204).

Croix-Rouge (1863) **et Croissant-Rouge** (1876) La Croix-Rouge a été fondée en 1863 par le Genevois Henri-Dunant (1828-1910), premier prix Nobel de la paix en 1901. Son drapeau, de forme carrée, est une croix grecque rouge sur fond blanc, donc obtenu « par interversion des couleurs fédérales suisses ».
Le Croissant-Rouge est, en terre d'islam, l'équivalent de la Croix-Rouge chrétienne. Son emblème est un croissant rouge sur fond blanc ; c'est la Turquie qui la première l'adopta en 1876, suivie en 1929 par la Syrie, l'Irak et la Transjordanie ; il fut officiellement reconnu en 1949 par la conférence de Genève (en Russie et dans la C.E.I., la croix et le croissant rouges sont inscrits côte à côte sur le drapeau). Le nom complet de l'organisme central de Genève est « Mouvement international de la Croix-Rouge et du Croissant-Rouge », et il existe une « Ligue des sociétés de la Croix-Rouge et du Croissant-Rouge », fondée en 1919, dont le siège est également Genève.

Jeux Olympiques (1914) Dessiné en 1913 par le baron Pierre de Coubertin, le pavillon des jeux Olympiques a été solennellement inauguré à Paris en juin 1914 ; c'est aux Jeux d'Anvers, en 1920, qu'il fut hissé pour la première fois. Sur un champ blanc immaculé, il présente cinq anneaux entrelacés de couleurs différentes, qui symbolisent l'union des races des cinq continents : bleu pour l'Europe, jaune pour l'Asie, noir pour l'Afrique, vert pour l'Océanie et rouge pour l'Amérique. Prônant l'amitié entre les peuples et la primauté de l'esprit mondial sur les nationalismes, il flotte tous les deux ans sur des rencontres qui, selon les termes mêmes du serment olympique, doivent se dérouler « dans un esprit chevaleresque, pour la gloire du sport et l'honneur de nos équipes ».

Organisation des États américains (1965, modifié 1991) Cette organisation, qui regroupe la totalité des trente-cinq États du continent américain, a été créée à Bogota en avril 1948, à la 9e Conférence internationale des États américains ; c'est l'héritière de l'Union internationale des Républiques américaines, fondée à Washington par la 1re Conférence. C'est aujourd'hui une organisation régionale des Nations unies « pour le maintien de la paix et de la sécurité ».
Ce drapeau devrait ravir les vexillologues, puisque à lui seul il en contient beaucoup d'autres, partiellement visibles certes, mais identifiables. La version simplifiée que l'on présente ici regroupe de gauche à droite, dans le sens des aiguilles d'une montre, les couleurs de vingt-quatre États membres de l'O.E.A. : Argentine, Barbade, Bolivie, Brésil, Chili, Colombie, Costa Rica, Cuba, Équateur, (El) Salvador, États-Unis, Guatemala, Haïti, Honduras, Jamaïque, Mexique, Nicaragua, Panama, Paraguay, Pérou, République Dominicaine, Trinité et Tobago, Uruguay, Venezuela.

Union européenne et Conseil de l'Europe (1955) D'une grande beauté, ce drapeau présente sur fond bleu outremer clair un cercle de douze étoiles d'or à cinq branches ; « ces étoiles, disposées comme les heures sur le cadran d'une montre, symbolisent la perfection, la plénitude et l'union des peuples » (L. Doublet).
Attention ! ce nombre de douze date de l'origine et il est invariable ; il convient donc de ne pas le confondre avec le nombre de pays membres de la Communauté européenne de 1986 à 1995 (« l'Europe des Douzes »). On rapelle que les membres étaient six à la fondation (1958), neuf depuis 1973, dix depuis 1981... et ils sont aujourd'hui quinze, depuis l'admission en 1995 de l'Autriche, de la Finlande et de la Suède...
Et le drapeau conserve immuablement ses *douzes* étoiles.

Organisation de l'unité africaine (1963) Cette organisation, qui à sa création en 1963 comportait trente-trois pays membres, en compte aujourd'hui cinquante, soit la quasi-totalité des États africains. Son drapeau présente trois bandes horizontales verte, blanche et verte séparées par des raies dorées, avec pour emblème central la silhouette dorée du continent africain dans un cercle entouré de feuillage.

Pierre DELIGNY

Chefs d'État et de gouvernement

pays	chefs d'État	chefs de gouvernement
Afghanistan	N.B. Le pays est dépourvu d'autorité légale (depuis septembre 1996)	(N.B. La situation de guerre qui règne actuellement dans le pays ne permet pas d'établir avec certitude la composition du gouvernement.)
Afrique du Sud	Nelson Mandela (depuis mai 1994)	←
Albanie	Sali Berisha (depuis avril 1992) ; Rexhep Mejdani (depuis juillet 1997)	Alexandre Meksi (depuis avril 1992) ; Fatos Nano (depuis juillet 1997)
Algérie	Liamine Zeroual (depuis novembre 1995)	Ahmed Ouyahia (depuis décembre 1995)
Allemagne	Roman Herzog (depuis juillet 1994)	Helmut Kohl (depuis octobre 1982)
Andorre	Jacques Chirac (depuis mai 1995) et Mgr Joan Marti y Alanis (depuis décembre 1970)	Marc Forne-Molne (depuis décembre 1994)
Angola	José Eduardo Dos Santos (depuis septembre 1979)	Franca Van-Dunem (depuis juin 1996)
Antigua et Barbuda	Élisabeth II ; gouverneur général sir James Beethoven Carlisle (depuis juin 1990)	Lester Bryant Bird (depuis mars 1994)
Arabie Saoudite	Fahd ibn Abdulaziz al-Saoud (depuis juin 1982)	←
Argentine	Carlos Saúl Menem (depuis mai/juillet 1989, réélu mai 1995)	← Jorge Alberto Rodriguez (depuis mars 1996)
Arménie	Levon Ter-Petrossian (depuis octobre 1991, réélu septembre 1996)	Armen Sarksian (depuis novembre 1996) ; Robert Kotcharian (depuis mars 1997)
Australie	Élisabeth II ; gouverneur général sir William Deane (depuis février 1996)	John Howard (depuis mars 1996)
Autriche	Thomas Klestil (depuis mai 1992, prise des fonctions août 1992)	Viktor Klima (depuis janvier 1997)
Azerbaïdjan	Haidar Alirezaoglou Aliev (depuis octobre 1993)	Arthur Tahiroglou Rassizade (depuis novembre 1996)
Bahamas	Élisabeth II ; gouverneur général sir Orville Alton Turnquest (depuis janvier 1995)	Hubert Alexandre Ingraham (depuis août 1992)
Bahreïn	Issa ben Salman al-Khalifa (depuis novembre 1961)	Cheikh ben Salman al-Khalifa (depuis janvier 1970)
Bangladesh	Shahabuddin Ahmed (depuis octobre 1996)	Mme Sheikh Hassina Wajed (depuis juin 1996)
Barbade	Élisabeth II ; gouverneur général sir Clifford Straughn Husbands (depuis juin 1996)	Owen Arthur (depuis septembre 1994)
Belgique	Albert II (depuis août 1993)	Jean-Luc Dehaene (depuis mars 1992)
Belize	Élisabeth II ; gouverneur général sir Colville Norbert Young (depuis novembre 1993)	Manuel Esquivel (depuis juillet 1993)
Bénin	Mathieu Kerekou (depuis avril 1996)	← Adrien Houngbédji (depuis avril 1996) C
Bhoutan	Jigme Singye Wangchuk (depuis juillet 1972, confirmé, juin 1974)	←
Biélorussie	Aleksandr Loukachenko (depuis juillet 1994)	Mikhail Tchiguir (depuis juillet 1994) ; Serguei Ling (intérim depuis janvier 1997, confirmé février 1997)
Birmanie	général Than Shwe (depuis avril 1992)	←
Bolivie	Gonzalo Sánchez de Lozada (depuis juin/août 1993) ; Hugo Banzer Suarez (depuis août 1997)	←
Bosnie-Herzégovine	Alija Izetbegović, Momcilo Krajisnik et Kresmir Zubak (présidence collégiale depuis septembre 1996)	Haris Silajdzić (depuis novembre 1993) et Boro Basic (depuis janvier 1997)
Botswana	Ketumile Joni Masire (depuis juillet 1980, réélu 1984)	←
Brésil	Fernando Henrique Cardoso (octobre 1994/janvier 1995)	←
Brunéi	Haji Hassanal Bolkiah Mu'izzaddin Waddaulah (depuis janvier 1984)	←
Bulgarie	Jeliou Jelev (depuis août 1990) ; Petar Stoïanov (depuis janvier 1997)	Nikolaï Dobrev (depuis février 1997) ; Ivan Kostov (depuis mai 1997)
Burkina	capitaine Blaise Compaoré (depuis octobre 1987)	Kadre Ouedraogo (depuis février 1996)
Burundi	Pierre Buyoya (depuis juillet 1996)	Pascal Firmin Ndimira (depuis août 1996)
Cambodge	Norodom Sihanouk (depuis septembre 1993)	Norodom Ranariddh et Hun Sen (depuis octobre 1993) ; Ung Hust et Hun Sen (depuis août 1997)
Cameroun	Paul Biya (depuis novembre 1982)	Peter Mafany Musonge (depuis septembre 1996)
Canada	Élisabeth II ; gouverneur général Roméo Leblanc (depuis février 1995)	Jean Chrétien (depuis octobre/novembre 1993)
Cap-Vert	António Mascarenhas Monteiro (depuis février 1991)	Carlos Wahnon Veiga (depuis janvier 1991)
Centrafricaine (République)	Ange-Félix Patassé (depuis septembre/octobre 1993)	Gabriel Koyambounou (depuis avril 1995) ; Michel Gbezera-Bria (depuis janvier 1997)
Chili	Eduardo Frei (depuis décembre 1993/mars 1994)	←

pays	chefs d'État	chefs de gouvernement
Chine	Jiang Zemin (depuis mars 1993)	Li Peng (depuis novembre 1987 par intérim, confirmé avril 1988)
Chypre	Glafcos Kliridis (depuis février 1993)	←
Colombie	Ernesto Samper Pizano (depuis juin-août 1994)	←
Comores	Mohamed Taki Abdoulkarim (depuis mars 1996)	Ahmed Abdou (depuis janvier 1997) ; Nourdine Bourhane (depuis décembre 1997)
Congo	Pascal Lissouba (depuis août 1992) ; Denis Sassou Nguesso (depuis octobre 1997)	David Charles Ganao (depuis août 1996)
Congo (République démocratique du) [ex-Zaïre]	maréchal Mobutu Sese Seko Kuku Ngbendu Wa Zabanga (depuis novembre 1965) ; Laurent-Désiré Kabila (depuis mai 1997)	Léon Kengo Wa Dondo (de juin 1994 à mai 1997)
Corée du Nord	Kim Jong-Il (« chef suprême » depuis octobre 1994)	Kang Song-San (depuis décembre 1992)
Corée du Sud	Kim Young-Sam (depuis décembre 1992/février 1993)	Lee Soo-Sung (depuis décembre 1995)
Costa Rica	José María Figueres-Olsen (depuis février/mai 1994)	←
Côte d'Ivoire	Henri Konan Bédié (depuis décembre 1993)	Daniel Kablan Duncan (depuis décembre 1993)
Croatie	Franjo Tudjman (depuis mai 1990, réélu août 1992 et juin 1997)	Zlatko Matesa (depuis novembre 1995)
Cuba	commandant en chef Fidel Castro Ruz (depuis décembre 1976)	←
Danemark	Margrethe II (depuis janvier 1972)	Poul Nyrup Rasmussen (depuis janvier 1993)
Djibouti	Hassan Gouled Aptidon (depuis juin 1977, réélu 1981 et mai 1993)	Barkat Gourad Hamadou (depuis octobre 1978)
Dominicaine (République)	Leonel Fernandez Reyna (depuis août 1996)	← ←
Dominique	Crispin Anselm Sorhaindo (depuis octobre 1993)	Edison James (depuis juin 1995)
Égypte	général Mohamed Hosni Moubarak (depuis octobre 1981)	Kamal Ahmed al-Ganzouri (depuis janvier 1996)
Émirats arabes unis	Zayed ben Sultan al-Nahyan (depuis déc. 1971, réélu déc. 1996)	Maktoum ben Rached al-Maktoum (depuis juin 1979)
Équateur	Abdala Bucaram (depuis août 1996) ; Fabian Alarcon (depuis février 1997)	← ←
Érythrée	Issaias Afeworki (depuis mai 1993)	←
Espagne	Juan Carlos Ier de Bourbon (depuis novembre 1975)	José Maria Aznar Lopez (depuis mai 1996)
Estonie	Lennart Meri (depuis octobre 1992, réélu septembre 1996)	Tiit Vahi (depuis avril 1995) ; Mart Siimann (depuis mars 1997)
États-Unis	William Jefferson Clinton (depuis novembre 1992/janvier 1993)	secrétaire d'État : Madelaine Albright (depuis décembre 1996)
Éthiopie	Negasso Guidada (depuis août 1995)	Meles Zenawi (depuis août 1995)
Fidji	Ratu Kamisese Mara (depuis janvier 1994)	général Sitiveni Rabuka (depuis juin 1992)
Finlande	Martti Ahtisaari (depuis février/mars 1994)	Paavo Lipponen (depuis avril 1995)
France	Jacques Chirac (depuis mai 1995)	Alain Juppé (depuis mai 1995) ; Lionel Jospin (depuis juin 1997)
Gabon	Omar Bongo (depuis novembre/décembre 1967)	Paulin Obame Nguema (depuis octobre 1994)
Gambie	Yahya Jammeh (depuis juillet 1994, élu en octobre 1996)	←
Géorgie	Edouard Chevardnadze (depuis mars 1992)	Nikoloz Lékichvili (depuis décembre 1995)
Ghana	capitaine Jerry John Rawlings (depuis déc. 1981, réélu déc. 1996)	←
Grèce	Constantinos Stephanopoulos (depuis mars 1995)	Constantin Simitis (depuis janvier 1996)
Grenade	Élisabeth II ; gouverneur général sir Daniel Charles Williams (depuis août 1996)	Keith Claudius Mitchell (depuis juin 1995)
Guatemala	Álvaro Arzu Irigoyen (depuis janvier 1996)	←
Guinée	général Lansana Conte (depuis avril 1984)	Sidya Toure (depuis juillet 1996)
Guinée-Bissau	général João Bernardo Vieira (depuis novembre 1980)	Manuel Saturnino Da Costa (depuis octobre 1994) ; Carlos Correia (depuis mai 1997)
Guinée équatoriale	colonel Teodoro Obiang Nguema Mbasogo (depuis octobre 1982)	Angel Serafin Seriche-Dougan (depuis avril 1996)
Guyana	Cheddi Jagan (depuis octobre 1992)	Samuel Hinds (depuis octobre 1992)
Haïti	Janet Jagan (depuis décembre 1997) ; René Préval (depuis février 1996)	
Honduras	Carlos Roberto Reina (depuis novembre 1993/janvier 1994)	←
Hongrie	Arpád Göncz (depuis août 1990)	Gyula Horn (depuis juillet 1994)
Inde	Shankar Dayal Sharma (depuis juillet 1992) ; Kocheril Raman Narayanan (depuis juillet 1997)	Dewe Gowda (depuis juin 1996) ; Inder Kumar Gujral (depuis avril 1997, démissionnaire en novembre 1997)
Indonésie	général Suharto [Soeharto] (depuis mars 1968)	←
Irak	Saddam Hussein at-Takriti (depuis juillet 1979)	← (depuis mai 1994)
Iran	Ali Akbar Hachemi Rafsandjani (depuis août 1989) ; Mohammad Khatami (depuis août 1997)	←
Irlande	Mary Robinson (depuis novembre 1990) ; Mary McAleese (depuis novembre 1997)	John Bruton (depuis décembre 1994) ; Bertie Ahern (depuis juin 1997)

pays	chefs d'État	chefs de gouvernement
Islande	Olafur Ragnar Grimsson (depuis août 1996)	David Oddsson (depuis avril 1991)
Israël	Ezer Weizman (depuis mars/mai 1993	Benjamin Netanyahou (depuis juin 1996)
Italie	Oscar Luigi Scalfaro (depuis mai 1992)	Romano Prodi (depuis mai 1996)
Jamaïque	Élisabeth II ; gouverneur général Howard Cooke (depuis août 1991)	Percival James Patterson (depuis mars 1992)
Japon	Kinjō Heika [Akihito] (depuis janvier 1989, intronisation novembre 1990)	Ryutaro Hashimoto (depuis janvier 1996)
Jordanie	Hussein ibn Talal (depuis mai 1953)	Abdel Karim Kabariti (depuis février 1996) ; Abdel-Salam Majali (depuis mars 1997)
Kazakhstan	Noursoultan Nazarbaev (depuis décembre 1991)	Akidjan Kojegueldine (depuis octobre 1994) ; Nourlan Balguimbaev (depuis octobre 1997)
Kenya	Daniel T. Arap Moi (depuis octobre 1978)	←
Kirghizstan	Askar Akaevitch Akaev (depuis octobre 1991)	Apas Djoumagoulov (depuis décembre 1993)
Kiribati	Teburoro Tito (depuis octobre 1994)	←
Koweït	Cheikh Jaber al-Ahmad al-Jaber al-Sabah (depuis décembre 1977)	Cheikh Saad al-Abdallah al-Salem al-Sabah (depuis février 1978)
Laos	Nouhak Phoumsavanh (depuis novembre 1992)	général Khamtay Siphandone (depuis novembre 1992)
Lesotho	Letsie III (depuis février 1996)	Ntsu Mokhehle (depuis avril 1993)
Lettonie	Guntis Ulmanis (depuis juillet 1993, réélu juin 1996)	Andris Skele (depuis décembre 1995) ; Guntar Krasts (depuis août 1997)
Liban	Elias Hraoui (depuis novembre 1989, réélu octobre 1995)	Rafik Hariri (depuis octobre 1992)
Liberia	Wilton Sankawulo (depuis septembre 1995 ; présidence collégiale de transition) ; Charles Taylor (depuis août 1997)	Mme Ruth Perry (depuis septembre 1996)
Libye	guide de la Grande Révolution : colonel Mu'ammar al-Kadhafi [Muamer Gaddafi] (depuis septembre 1969)	← Mohamad Ahmad al Mangouche (depuis décembre 1997)
Liechtenstein	Hans Adam II (depuis août 1990)	Mario Frick (depuis décembre 1993)
Lituanie	Algirdas Brazauskas (depuis février 1993)	Gediminas Vagnorius (depuis décembre 1996)
Luxembourg	grand-duc Jean de Luxembourg (depuis novembre 1964)	Jean-Claude Juncker (depuis janvier 1995)
Macédoine	Kiro Gligorov (depuis janvier 1991, réélu octobre 1994)	Branko Crvenkovski (depuis septembre 1992)
Madagascar	Amiral Didier Ratsiraka (depuis février 1997)	← Pascal Rakotomavv (depuis février 1997) ←
Malaisie	Tuanku Ja'afar Tuanku Abdul Rahman (depuis février 1994)	Datuk Seri Mahathir Mohamad (depuis juillet 1981)
Malawi	Bakili Muluzi (depuis mai 1994)	←
Maldives	Maumoon Abdul Gayoom (depuis novembre 1978)	←
Mali	Alpha Oumar Konaré (depuis avril/juin 1992)	Ibrahim Boubacar Keita (depuis février 1994)
Malte	Ugo Mifsud Bonnici (depuis avril 1994)	Alfred Sant (depuis octobre 1996)
Maroc	Hassan II ben Mohammed (depuis février/mars 1961)	Abdellatif Filali (depuis mai 1994)
Marshall (îles)	Imata Kabua (depuis janvier 1997)	←
Maurice	Cassam Uteem (depuis juin/juillet 1992)	Navin Ramgoolam (depuis décembre 1995)
Mauritanie	colonel Maaouya Ould Sid'Ahmed Taya (depuis janvier 1992)	Cheik Alavia Ould Mohamed Khouna (depuis janvier 1996) Mohamed Lemine Ould Guig (depuis décembre 1997)
Mexique	Ernesto Zedillo Ponce de León (depuis août/décembre 1994)	←
Micronésie	Bailey Olter (depuis mai 1991) ; Jacob Nena (depuis mai 1997)	←
Moldavie	Petru Lucinschi (depuis janvier 1997)	Andrei Sangheli (depuis mars 1994) ; Ion Ciubuc (depuis janvier 1997)
Monaco	Rainier III (depuis mai 1949)	Michel Lévêque (depuis février 1997)
Mongolie	Punsalmaguiin Otchirbat (depuis avril 1990) ; Natsagiin Bagabandi (depuis mai 1997)	Mendsaikhani Enkhsaikhan (depuis juillet 1996)
Mozambique	Joaquim Alberto Chissano (depuis nov. 1986, réélu déc. 1994)	Pascoal Manuel Mocumbi (depuis décembre 1994)
Namibie	Sam Shafiishuna Nujoma (depuis mars 1990, réélu en mars 1995)	Hage Geingob (depuis mars 1990)
Nauru	Kinza Clodumar (depuis février 1997)	←
Népal	Birendra Bir Bikram Shah Dev (depuis janvier 1972)	Bahadur Deuba (depuis septembre 1995) ; Surya Bahadur Thapa (depuis octobre 1997)
Nicaragua	Arnoldo Aleman (depuis janvier 1997)	
Niger	Ibrahim Barre Mainassara (depuis août 1996)	Amadou Boubacar Cisse (depuis décembre 1996) ; Ibrahim Assane Mayaki (depuis novembre 1997)
Nigeria	général Sani Abacha (depuis novembre 1993)	←
Norvège	Harald V (depuis janvier 1991)	Thorbjoern Jagland (depuis octobre 1996) ; Kjell Magne Bondevik (depuis octobre 1997)

pays	chefs d'État	chefs de gouvernement
Nouvelle-Zélande	Élisabeth II ; gouverneur général sir Michael Hardie Boys (depuis mars 1996)	Jim B. Bolger (depuis octobre 1990) ; Jenny Shipley (depuis décembre 1997)
Oman	Qabous bin Saïd al-Saïd (depuis juillet 1970)	←
Ouganda	Yoweri Kaguta Museveni (depuis janvier 1986, réélu mai 1996)	Kintu Musoke (depuis novembre 1994)
Ouzbékistan	Islam Abdouganievitch Karimov (depuis décembre 1991)	Outkour Toukhtamouradovitch Soultanov (depuis décembre 1995)
Pakistan	Farooq Leghari (depuis novembre 1993) ; Mohamed Rafiq Tarar (depuis décembre 1997)	Malik Meraj Khalid (par intérim depuis nov. 1996) ; Muhammad Nawaz Sharif (depuis février 1997)
Palau	Kuniwo Nakamura (depuis octobre 1994)	←
Panamá	Ernesto Pérez Balladares (depuis mai/septembre 1994)	←
Papouasie-Nouvelle-Guinée	Élisabeth II ; gouverneur général Wiwa Korowi (depuis novembre 1991) ; Silas Atopane (depuis novembre 1997)	Julius Chan (depuis septembre 1994) ; Bill Skate (depuis juillet 1997)
Paraguay	Juan Carlos Wasmosy (depuis juin/août 1993)	←
Pays-Bas	Beatrix Ire (depuis avril 1980)	Wim Kok (depuis mai/août 1994)
Pérou	Alberto Fujimori (depuis juillet 1990)	Alberto Pandolfi Arbulu (depuis avril 1996)
Philippines	général Fidel V. Ramos (depuis juin 1992)	←
Pologne	Aleksander Kwaśniewski (depuis décembre 1995)	Włodzimierz Cimoszewicz (depuis janvier 1996) ; Jerzy Buzek (depuis octobre 1997)
Portugal	Jorge Sampaio (depuis mars 1996)	António Manuel de Oliveira Guterres (depuis octobre 1995)
Qatar	Cheikh Hamad ben Khalifa al-Thani (depuis juin 1995)	Abdallah ben Khalifa al-Thani (depuis octobre 1996)
Roumanie	Emil Constantinescu (depuis novembre 1996)	Victor Ciorbea (depuis décembre 1996)
Royaume-Uni	Élisabeth II (depuis février 1952)	John Major (depuis novembre 1990) ; Tony Blair (depuis mai 1997)
Russie	Boris Eltsine (depuis juin 1991, réélu août 1996)	Viktor Tchernomyrdine (depuis décembre 1992)
Rwanda	Pasteur Bizimungu (depuis juillet 1994)	Pierre Célestin Rwigema (depuis août 1995)
Saint-Christophe et Niévès	Élisabeth II ; gouverneur général sir Cuthbert Montraville Sebastian (depuis janvier 1996)	Denzil Douglas (depuis juillet 1995)
Sainte-Lucie	Élisabeth II ; gouverneur général sir Stanislaus Anthony James (depuis octobre 1988) ; Pearlette Louisy (depuis septembre 1997)	Vaughan Lewis (depuis mai 1996) ; Kenny D. Anthony (depuis mai 1997)
Saint-Marin[1]	Giancarlo Venturini et Maurizio Rattini (d'octobre 1996 à mars 1997) ; Pier Marino Mulanoni et Baride Andreoli (d'avril à septembre 1997) ; Luigi Mazza et Marino Zanotti (d'octobre 1997 à mars 1998)	Gabriele Gatti (depuis juillet 1986)
Saint-Vincent et les Grenadines	Élisabeth II ; gouverneur général sir Charles Antrobus (depuis octobre 1996)	James Fitz-Allen Mitchell (depuis février 1985)
Salomon (îles)	Élisabeth II ; gouverneur général sir Moses Pitakaka (depuis juillet 1994)	Salomon Mamaloni (depuis novembre 1994) ; Bartholomew Ulafa'alu (depuis août 1997)
Salvador	Armando Calderón Sol (depuis juin 1994)	←
Samoa	Malietoa Tanumafili II (depuis janvier 1962)	Tofilau Eti Alesana (depuis avril 1988)
São Tomé et Príncipe	Miguel Trovoada (depuis mars/avril 1991)	Raul Vagner da Conçeição Bragança (depuis novembre 1996)
Sénégal	Abdou Diouf (depuis janvier 1981)	Habib Thiam (depuis mars 1991)
Seychelles	France-Albert René (depuis juin 1977)	←
Sierra Leone	Ahmad Tejan Kabbah (depuis mars 1996)	← ←
Singapour	Ong Teng Cheong (depuis septembre 1993)	Go Chok Tong (depuis novembre 1990)
Slovaquie	Michal Kováč (depuis février/mars 1993)	Vladimír Mečiar (depuis octobre/décembre 1994)
Slovénie	Milan Kucan (depuis avril 1990)	Janez Drnovsek (depuis avril 1992)
Somalie	N.B. Le pays est dépourvu d'autorité légale (depuis janvier 1991)	←
Soudan	général Omar Hassan Ahmed el-Béchir (depuis juillet 1989)	←
Sri Lanka	Mme Chandrika Bandaranaike Kumaratunga (depuis novembre 1994)	Mme Sirimavo Bandaranaike (depuis novembre 1994)
Suède	Carl XVI Gustav (depuis septembre 1973)	Göran Persson (depuis mars 1996)
Suisse[2]	Arnold Koller (en 1997) ; Flavio Cotti (en 1998)	[Conseil fédéral de sept membres]
Suriname	Jules Wijdenbosch (depuis septembre 1996)	← Shawn Radhecheran Radhakishun (depuis septembre 1996) C
Swaziland	Mswati III (depuis avril 1986)	Sibusiso Barnabas Dlamini (depuis juillet 1996)
Syrie	général Hafez al-Assad (depuis mars 1971)	Mahmoud al-Zoubi (depuis novembre 1987)
Tadjikistan	Emomali Charipovitch Rakhmonov (depuis novembre 1994)	Iakhio Nouriddinovitch Azimov (depuis mai 1996)
[Taïwan, Chine][3]	[Lee Teng-hui (depuis janvier 1988)]	[Lien Chan (depuis février 1993) ; Vincent Siew (depuis août 1997)]

pays	chefs d'État	chefs de gouvernement
Tanzanie	Benjamin Mkapa (depuis novembre 1995)	Frederick Tulway Sumaye (depuis novembre 1995)
Tchad	Idriss Déby (depuis décembre 1990)	Djimasta Koibla (depuis avril 1995) ; Nassour Ouaidou (depuis mai 1997)
Tchèque (République)	Václav Havel (depuis février 1993)	Václav Klaus (depuis juillet 1992) ; Josef Tosovsky (depuis décembre 1997)
Thaïlande	Rama IX [Bhumibol Adulyadej] (depuis juin 1946)	général Chavalit Yangchaiyudh (depuis décembre 1996) ; Chuan Leekpai (depuis novembre 1997)
Togo	général Gnassingbé Eyadéma (depuis avril 1967)	Kwassi Klutse (depuis août 1996)
Tonga	Taufa'ahau Tupou IV (depuis décembre 1965)	Vaea of Houma (depuis août 1991)
Trinité et Tobago	Noor Mohammed Hassanali (depuis février/mars 1987) ; Arthur Napoléon Raymond Robinson (depuis mars 1997)	Basdeo Panday (depuis novembre 1995)
Tunisie	général Zine el-Abidine ben Ali (depuis nov. 1987, réélu mars 1994)	Hamed Karoui (depuis septembre 1989)
Turkménistan	Saparmourad Ataievitch Nyazov (depuis octobre 1990)	←
Turquie	Süleyman Demirel (depuis mai 1993)	Necmettin Erbakan (depuis juillet 1996) ; Mesut Yilmar (depuis juin 1997)
Tuvalu	Élisabeth II ; gouverneur général Tulaga Manuella (depuis juin 1994)	Bikenibeu Paeniu (depuis décembre 1996)
Ukraine	Leonid Danilovitch Koutchma (depuis juillet 1994)	Pavlo Ivanovitch Lazarenko (depuis septembre 1996) ; Valeri Pavlovitch Poustovoitenko (depuis juillet 1997)
Uruguay	Julio María Sanguinetti (depuis mars 1995)	←
Vanuatu	Jean-Marie Leye Lenelgau Manatawai (depuis mars 1994)	Serge Vohor (depuis décembre 1995)
Vatican (Saint-Siège)	Jean-Paul II [Karol Wojtyla] (pape depuis octobre 1978)	Angelo Sodano (pro-secrétaire d'État depuis décembre 1990)
Venezuela	Rafael Caldera (depuis décembre 1993/février 1994)	←
Vietnam	Lê Duc Anh (depuis septembre 1992) ; Tran Duc Luong (depuis septembre 1997)	Vo Van Kiet (depuis août 1991) ; Phan Van Khai (depuis septembre 1997)
Yémen	général Ali Abdallah Saleh (depuis mai 1990)	Abdul Aziz Abdul Ghani (depuis octobre 1994) ; Farj Said Ben Ghanem (depuis mai 1997)
Yougoslavie	Zoran Lilić (depuis juin 1993) ; Slobodan Milosevic (depuis juillet 1997)	Radoje Kontić (depuis décembre 1992)
Congo (République démocratique du) [ex-Zaïre]	maréchal Mobutu Sese Seko Kuku Ngbendu Wa Zabanga (depuis novembre 1965) ; Laurent-Désiré Kabila (depuis mai 1997)	Léon Kengo Wa Dondo (de juin 1994 à mai 1997)
Zambie	Frederick J. Titus Chiluba (depuis novembre 1991)	←
Zimbabwe	Robert Gabriel Mugabe (depuis décembre 1987)	←

1. **Saint-Marin** : deux capitaines-régents sont élus tous les six mois. 2. **Suisse** : le président est élu pour un an par le Conseil fédéral (généralement le vice-président de l'année précédente). 3. **Taïwan [Chine]** n'est plus reconnu comme pays par l'O.N.U. (résolution du 25 octobre 1971).

N.B. La présente liste, bien qu'établie selon des sources officielles sûres, est donnée avec les réserves d'usage. Elle est, sauf exceptions ponctuelles, arrêtée à janvier 1998.

États membres de l'O.N.U. (liste chronologique d'admission)

au 1er janvier 1997

États membres * (formes courtes ou usuelles)	dates d'indépendance [1]	dates d'admission	nombres totaux de membres
Arabie Saoudite		24 oct. 1945	
Argentine		"	
Biélorussie (Belarus) [9]		"	
Brésil		"	
Chili		"	
Chine [2]		"	
Cuba		"	
Danemark		"	
Dominicaine (République)		"	
Égypte [3]		"	
États-Unis		"	
France		"	
Haïti		"	
Iran (ex-Perse)		"	
Liban		"	
Luxembourg		"	
Nicaragua		"	
Nouvelle-Zélande		"	
Paraguay		"	
Philippines		"	
Pologne		"	
Royaume-Uni		"	
Salvador		"	
Syrie [3]		"	
Tchécoslovaquie [10]		"	
Turquie		"	
Ukraine [9]		"	
[*U.R.S.S.*] → Russie [9]		"	
Yougoslavie		"	29
Grèce		25 oct. 1945	30
Inde		30 oct. 1945	31
Pérou		31 oct. 1945	32
Australie		1er nov. 1945	33
Costa Rica, Liberia		2 nov. 1945	35
Colombie		5 nov. 1945	36
Afrique du Sud, Mexique		7 nov. 1945	38
Canada		9 nov. 1945	39
Éthiopie, Panama		13 nov. 1945	41
Bolivie		14 nov. 1945	42
Venezuela		15 nov. 1945	43
Guatemala		21 nov. 1945	44
Norvège		27 nov. 1945	45
Pays-Bas		10 déc. 1945	46
Honduras		17 déc. 1945	47
Uruguay		18 déc. 1945	48
Équateur, Irak		21 déc. 1945	50
Belgique		27 déc. 1945	51

N.B. Au nombre de cinquante et un, tous les pays admis en 1945, à des dates diverses s'échelonnant du 24 octobre (date d'entrée en vigueur de la Charte des Nations unies) au 27 décembre, sont considérés comme « membres originaires » ou « fondateurs ».

Afghanistan		19 nov. 1946	
Islande		"	
Suède		"	54
Thaïlande (ex-Siam)		16 déc. 1946	55
Pakistan (ex-Pakistan occidental)	14.08.1947	30 sept. 1947	
Yémen [du Nord] [7]		"	57
Birmanie (Myanmar)	4.01.1948	19 avr. 1948	58
Israël (création)	14.05.1948	11 mai 1949	59
Indonésie [4]	17.08.1945	28 sept. 1950	60
Albanie		14 déc. 1955	
Autriche		"	
Bulgarie		"	
Cambodge	9.11.1953	"	
Espagne		"	
Finlande		"	
Hongrie		"	
Irlande		"	
Italie		"	
Jordanie (création)	22.03.1946	"	
Laos	15.10.1953	"	
Libye	24.12.1951	"	
Népal		"	
Portugal		"	
Roumanie		"	
Sri Lanka (ex-Ceylan)	4.02.1948	"	76

États membres * (le cas échéant, anciens noms)	dates d'indépendance [1]	dates d'admission	nombres totaux de membres
Maroc	2.03.1956	12 nov. 1956	
Soudan	1.01.1956	"	
Tunisie	20.03.1956	"	79
Japon		18 déc. 1956	80
Ghana (ex-Côte-de-l'Or)	6.03.1957	8 mars 1957	81
Malaisie [5]	31.08.1957	17 sept. 1957	82
Guinée (ex-Guinée française)	2.10.1958	12 déc. 1958	83
Bénin (ex-Dahomey)	1.08.1960	20 sept. 1960	
Burkina Faso (ex-Haute-Volta)	5.08.1960	"	
Cameroun	1.01.1960	"	
Centrafrique (ex-Oubangui-Chari)	13.08.1960	"	
Chypre	16.08.1960	"	
Congo (ex-Moyen-Congo)	15.08.1960	"	
Côte d'Ivoire	7.08.1960	"	
Gabon	17.08.1960	"	
Madagascar	26.06.1960	"	
Niger	3.08.1960	"	
Somalie	1.07.1960	"	
Tchad	11.08.1960	"	
Togo	27.04.1960	"	
Zaïre (ex-Congo belge)	30.06.1960	"	97
Mali (ex-Soudan français)	22.09.1960	28 sept. 1960	
Sénégal	20.08.1960	"	99
Nigeria	1.10.1960	7 oct. 1960	100
Sierra Leone	27.04.1961	27 sept. 1961	101
Mauritanie	28.11.1960	27 oct. 1961	
Mongolie (ex-Mongolie-Extérieure)		"	103
Tanzanie [6] (ex-Tanganyika et Zanzibar)	9.12.1961	14 déc. 1961	104
Burundi (ex-part du Ruanda-Urundi)	1.07.1962	18 sept. 1962	
Jamaïque	6.08.1962	"	
Rwanda (ex-part du Ruanda-Urundi)	1.07.1962	"	
Trinité et Tobago	31.08.1962	"	108
Algérie	5.07.1962	8 oct. 1962	109
Ouganda	9.10.1962	25 oct. 1962	110
Koweït	19.06.1961	14 mai 1963	111
Kenya	12.12.1963	16 déc. 1963	112
Malawi (ex-Nyassaland)	6.07.1964	1er déc. 1964	
Malte	21.09.1964	"	
Zambie (ex-Rhodésie du Nord)	24.10.1964	"	115
Gambie	18.02.1965	21 sept. 1965	
Maldives	26.07.1965	"	
Singapour [5]	9.08.1965	"	118
Guyana (ex-Guyane britannique)	26.05.1966	20 sept. 1966	119
Botswana (ex-Bechuanaland)	30.09.1966	17 oct. 1966	
Lesotho (ex-Basutoland)	4.10.1966	"	121
Barbade	30.11.1966	9 déc. 1966	122
[*Yémen du Sud*] [7]	30.11.1967	14 déc. 1967	123
Maurice (ex-Île de France)	12.03.1968	24 avr. 1968	124
Swaziland	6.09.1968	24 sept. 1968	125
Guinée équatoriale (ex-Guinée espagnole)	12.10.1968	12 nov. 1968	126
Fidji	10.10.1970	13 oct. 1970	127
Bahreïn	15.08.1971	21 sept. 1971	
Bhoutan		"	
Qatar	3.09.1971	"	130
Oman (ex-Mascate-et-Oman)		7 oct. 1971	131
Émirats arabes unis (ex-États de la Trêve)	2.12.1971	9 déc. 1971	132
[*Allemagne de l'Est (R.D.A.)*] [8]	11.10.1949	18 sept. 1973	
Allemagne [*de l'Ouest*] (R.F.A.) [8]	23.05.1949	"	
Bahamas (ex-îles Lucayes)	10.07.1973	"	135
Bangladesh (ex-Pakistan oriental)	26.03.1971	17 sept. 1974	
Grenade	7.02.1974	"	
Guinée-Bissau (ex-Guinée portugaise)	10.09.1974	"	138
Cap-Vert	5.07.1975	16 sept. 1975	
Mozambique	25.06.1975	"	
Sao Tomé et Principe	12.07.1975	"	141

États membres * (le cas échéant, anciens noms)	dates d'indépendance [1]	dates d'admission	nombres totaux de membres
Papouasie-Nouvelle-Guinée	16.09.1975	10 oct.1975	142
Comores	6.07.1975	12 nov. 1975	143
Suriname (ex-Guyane néerlandaise)	25.11.1975	4 déc. 1975	144
Seychelles	29.06.1976	21 sept. 1976	145
Angola	11.11.1975	1er déc. 1976	146
Samoa occidentales	1.01.1962	15 déc. 1976	147
Djibouti (ex-territoire français des Afars et des Issas, ex-Côte française des Somalis)	27.06.1977	20 sept. 1977	
Vietnam (ex-Annam, Cochinchine et Tonkin)	réunification 2.07.1976	"	149
Salomon	7.07.1978	19 sept. 1978	150
Dominique	3.11.1978	18 déc. 1978	151
Sainte-Lucie	22.02.1979	18 sept. 1979	152
Zimbabwe (ex-Rhodésie du Sud)	18.04.1980	25 août 1980	153
Saint-Vincent et Grenadines	27.10.1979	16 sept. 1980	154
Vanuatu (ex-Nouvelles-Hébrides)	30.07.1980	15 sept. 1981	155
Belize (ex-Honduras britannique)	21.09.1981	25 sept. 1981	156
Antigua et Barbuda	1.11.1981	11 nov. 1981	157
Saint-Christophe et Niévès	19.09.1983	23 sept. 1983	158
Brunéi	1.01.1984	21 sept. 1984	159
Namibie	21.03.1990	23 avr. 1990	160 [159][7]
Liechtenstein		18 sept. 1990	160 [159][8]

États membres * (le cas échéant, anciens noms)	dates d'indépendance [1]	dates d'admission	nombres totaux de membres
Corée du Nord	9.09.1948	17 sept. 1991	
Corée du Sud	15.08.1948	"	
Estonie	20.08.1991	"	
Lettonie	21.08.1991	"	
Lituanie	11.03.1990	"	
Marshall	21.10.1986	"	
Micronésie	3.11.1986	"	166[9]
Arménie	23.09.1991	2 mars 1992	
Azerbaïdjan	30.08.1991	"	
Kazakhstan	16.12.1991	"	
Kirghizstan	31.08.1991	"	
Moldavie (Moldova)	27.08.1991	"	
Ouzbékistan	31.08.1991	"	
Saint-Marin		"	
Tadjikistan	9.09.1991	"	
Turkménistan	27.10.1991	"	175
Bosnie-Herzégovine	03.1992	22 mai 1992	
Croatie	25.06.1991	"	
Slovénie	25.06.1991	"	178
Géorgie	9.04.1991	31 juill. 1992	179
Slovaquie	1.01.1993	19 janv. 1993	
Tchèque (République)	1.01.1993	"	180[10]
Macédoine[11]	1993	8 avr. 1993	181
Érythrée	24.05.1993	28 mai 1993	
Monaco		"	183
Andorre		28 juill. 1993	184
Palau	1.10.1994	15 déc. 1994	**185**[12]

* Les États sont classés par ordre de dates d'admission ; en cas d'admissions multiples à la même date, les États concernés sont présentés ici dans l'ordre alphabétique français.

1. N'ont été mentionnées que les dates d'indépendance postérieures à la Seconde Guerre mondiale.

2. Par sa résolution 2758 (XXVI) du 25 octobre 1971, l'Assemblée générale a décidé « le rétablissement de la République populaire de Chine dans tous ses droits et la reconnaissance des représentants de son gouvernement comme les seuls représentants légitimes de la Chine à l'Organisation des Nations unies ».

3. Entrées à l'Organisation des Nations unies le 24 octobre 1945, l'Égypte et la Syrie étaient Membres fondateurs de l'Organisation. Après le plébiscite du 21 février 1958, l'Égypte et la Syrie s'unirent pour former la République arabe unie, qui continua à être représentée à l'Organisation avec une voix unique. Le 13 octobre 1961, la Syrie recouvra son statut d'État indépendant et reprit son siège à l'Organisation des Nations unies. Le 2 septembre 1971, la République arabe unie changea son appellation en République arabe d'Égypte.

4. Dans une lettre du 20 janvier 1965, l'Indonésie annonça sa décision, « à ce stade et dans les circonstances actuelles », de se retirer de l'O.N.U. Dans un télégramme du 19 septembre 1966, elle annonça sa décision « de coopérer à nouveau avec l'Organisation des Nations unies et de reprendre sa participation aux activités de l'Organisation ». Le 28 septembre 1966, l'Assemblée générale prit acte de la décision et le Président invita les représentants de l'Indonésie à occuper leurs sièges à l'Assemblée.

5. La Fédération de Malaisie entra à l'Organisation des Nations unies le 17 septembre 1957. Le 16 septembre 1963, elle prit le nom de Malaisie à la suite de l'admission de la nouvelle Fédération de Singapour, Sabah (Bornéo septentrional) et Sarawak. Singapour devint un État indépendant le 9 août 1965 et entra à l'O.N.U. le 21 septembre 1965.

6. C'est le Tanganyika qui entra à l'Organisation des Nations unies le 14 décembre 1961. Le 26 avril 1964, à la suite de la ratification du traité d'union entre le Tanganyika et Zanzibar (ce dernier était entré à l'O.N.U. le 16 décembre 1963), la République-Unie du Tanganyika et de Zanzibar continua à être représentée à l'Organisation avec un siège unique. Le 1er novembre 1964, elle prit le nom de République-Unie de Tanzanie [Zanzibar n'a été compté ni dans le numérotage de la liste, ni dans les statistiques ci-dessous].

7. Les deux Yémen ont fusionné le 22 mai 1990 pour ne plus former qu'un seul État, qui est dès lors représenté comme tel, avec un seul siège, à l'Organisation (c'est la date d'admission la plus ancienne, c'est-à-dire le 30 septembre 1947, qui est considérée comme date d'admission du Yémen à l'O.N.U.) : le nombre des membres de l'O.N.U. était donc ramené à 159 à la date du 22 mai 1990.

8. Compte tenu de la réunification de l'Allemagne le 3 octobre 1990, le nombre des membres de l'O.N.U. se trouvait à cette date ramené à nouveau à 159.

9. L'U.R.S.S. ayant obtenu à la création de l'O.N.U. de disposer de trois sièges (le sien propre, un pour la *Biélorussie* et un pour l'*Ukraine*), le nombre d'États *souverains* membres de l'Organisation n'était, à la fin septembre 1991, que de *164*. À noter toutefois que l'Ukraine et la Biélorussie avaient proclamé leur indépendance dès les 24 et 25 août 1991.
Puis, l'Union soviétique ayant « cessé d'exister en tant que sujet du droit international et entité géopolitique » (préambule à la déclaration de Minsk du 8 décembre 1991 créant la C.E.I.) la Fédération russe a aussitôt pris le siège de l'ex-U.R.S.S. à l'O.N.U. et assume également son rôle de membre permanent du Conseil de sécurité des Nations unies.

10. La Tchécoslovaquie, membre fondateur de l'O.N.U. (cf. octobre 1945), ayant fait partition en deux États indépendants le 1er janvier 1993, l'Assemblée générale des Nations unies, dès le 19 janvier, a accueilli comme nouveaux membres les Républiques tchèque et slovaque. Le nombre total d'États membres de l'O.N.U. se trouve donc, à cette dernière date, porté à : 179 − 1 + 2 = 180.

11. Cet État est reconnu à l'O.N.U. sous la dénomination (provisoire) d'« ex-République yougoslave de Macédoine », en attendant que soit réglé avec la Grèce le différend qui a surgi au sujet de son nom.

12. Depuis décembre 1994, sur 191 pays souverains (indépendants), seuls six d'entre eux *ne sont pas États membres de l'Organisation des nations unies* : la *Suisse* et le *Vatican*, en Europe ; et, en Océanie, *Kiribati* (ex-îles Gilbert), *Nauru*, *Tonga* (ex-île des Amis) et *Tuvalu* (ex-îles Ellice).

N.B. À la fin de 1945, année de sa fondation, l'O.N.U. comptait 51* membres (« fondateurs ») sur 75 États souverains (indépendants), soit 68 %. Ces chiffres d'origine n'ont cessé d'évoluer, d'année en année, ainsi que le montrent succinctement ces quelques *jalons statistiques décennaux ou annuels* :

– fin 1950, 60* États membres sur 85 États souverains, soit 71 % ;
– fin 1960, 99* " " " 112 " " , soit 88 % ;
– fin 1970, 127* " " " 141 " " , soit 90 % ;
– fin 1980, 154* " " " 165 " " , soit 93 % ;
– fin 1990, 159* " " " 168 " " , soit 95 % ;

– fin 1991, 166* " " " 173 " " , soit 96 % ;
– fin 1992, 179 " " " 188 " " , soit 95 % ;
– fin 1993, 184 " " " 190 " " , soit 97 % ;
– fin 1996, 185 " " " 191 " " , soit 97 %[12].

* il convient, jusqu'à fin 1991, d'ôter 2 à tous ces chiffres (*Biélorussie* et *Ukraine*) pour obtenir les totaux successifs des États *souverains* membres de l'O.N.U. (cf. note 9).

Liste des entités secondaires (pays non indépendants)

renvois au *Thesaurus* ou au *Corpus* [folios des cartes du *Grand Atlas de Géographie*]	noms des pays [formes locales]	codes de localisation	chefs-lieux, centres administratifs	pays d'appartenance ou de rattachement (statuts politico-administratifs)	superficies (km²)	populations (estim. 1997 ou approx.)
Corpus : ANTARCTIQUE [11]	**Adélie (Terre)** [1]	AAR	Dumont-d'Urville (île des Pétrels)	France (T.A.A.F.)	432 000 [2]	p.p.p. [1]
	Anglo-normandes (îles) [Channel Islands]	NEU	St-Pierre-Port (Guernesey) St-Hélier (Jersey)	dépendances de la Couronne d'Angleterre (bailliages) ne faisant pas partie du Royaume-Uni	194,7	147 100
Thes. : LEEWARD ISLANDS [206]	**Anguilla**	Car	The Valley	Royaume-Uni (territoire dépendant)	91	9 000
[206, 209 s]	**Antilles néerlandaises** [Nederlandse Antillen]	Car	Willemstad (île de Curaçao)	Pays-Bas (partie autonome du royaume)	800	214 000
[206, 209s]	**Aruba**	Car	Oranjestad	Pays-Bas (partie autonome du royaume)	193	84 200
[12]	**Ascension (île de l')** [Wideawake Island]	OAF	George Town	Royaume-Uni (territoire dépendant)[3]	88	1 200
[156]	**Ashmore et Cartier (îles)**	Aus	–	Australie (territoire extérieur)[4]	5	0
[16]	**Baker (île)**	Mic	–	États-Unis (possession non incorporée)[5]	1,5	0
Thes. : BERMUDES [199, 208 a]	**Bermudes** [Bermuda]	NAM	Hamilton	Royaume-Uni (territoire dépendant)	54 [7]	61 700
[11]	**Bouvet (île)** [Bouvetøya]	SAA	–	Norvège (dépendance)[8]	59	0
[206]	**Caïmanes (îles)** [Cayman Islands]	Car	Georgetown (Grande Caïmane)	Royaume-Uni (territoire dépendant)	264	31 000
[16, 112]	**Christmas (île)**	Aus	Flying Fish Cove	Australie (territoire extérieur)	135	1 350
[8, 198]	**Clipperton (atoll)**	Pol	–	France (possession)[9]	6	0
[16]	**Cocos ou Keeling (îles)**	Aus	West Island	Australie (territoire extérieur)	14,4	700
Thesaurus : COOK (ÎLES) [16, 166 k]	**Cook (archipel de)** [Cook Islands]	Pol	Avarua (île de Rarotonga)	Nouvelle-Zélande (État autonome associé)	236	20 000
[160]	**Corail (territoire des îles de la mer de)** [Territory of Coral Sea Islands]	Aus	–	Australie (territoire extérieur)[10]	5	p.p.p.
[8]	**Crozet (îles)** [1]	SAA	Alfred-Faure (île de la Possession)	France (T.A.A.F.)	325	p.p.p. [1]
Thesaurus : FÉROÉ (ÎLES) [22]	**Féroé (îles)** [dan. Færøerne, fér. Føroyar]	NEU	Thorshavn [Tórshavn]	Danemark (communauté autonome au sein du royaume)	1 399	43 800
[11, 212]	**Géorgie du Sud** [South Georgia]	SAA	Grytviken[11]	Royaume-Uni (territoire dépendant)[12]	3 592	p.p.p.
Corpus : GIBRALTAR [34]	**Gibraltar**	SEU	–	Royaume-Uni (territoire dépendant)	5,8	27 100
	Groenland [dan. Grønland, esk. Kalaalit Nunaat]	NAM	Godthaab [Godthåb, Nuuk]	Danemark (communauté autonome au sein du royaume)	2 175 600	56 000
	Guadeloupe	Car	Basse-Terre	France (département d'outre-mer)	1 780	433 000
Thes. : GUAM [16, 108, 166 p]	**Guam**	Mic	Agaña	États-Unis (territoire non incorporé)[13]	541	156 000
	Guyane française	SAM	Cayenne	France (département d'outre-mer)	86 504	152 000
[8]	**Heard et MacDonald (îles)**	SAA	–	Australie (territoire extérieur)	409	0
	Hong Kong [Xianggang]	EAS	Victoria	Chine (région administrative spéciale)	1 075,7	6 491 000
[16]	**Howland (île)**	Mic	–	États-Unis (possession non incorporée)[5]	2,6	0
[136]	**Indien (îles éparses de l'océan)**	EAF	–	France (possessions)[14]	30,5	p.p.p.
[14]	**Indien (territoire britannique de l'océan)** [British Indian Ocean Territory]	EAF	–	Royaume-Uni (territoire dépendant)[15]	78	p.p.p.
[14]	**Jan Mayen (île)**	NEU	–	Norvège (dépendance du royaume)[16]	380	p.p.p.
[16]	**Jarvis (atoll)**[17]	Pol	–	États-Unis (possession non incorporée)[5]	4,3	0
[16]	**Johnston (atoll)**	Pol	–	États-Unis (possession non incorporée)[18]	1,4	500
[8]	**Kerguelen (archipel de)** [1]	SAA	Port-aux-Français (Grande Terre)	France (T.A.A.F.)	7 215	p.p.p. [1]
[16]	**Kingman (récif)** [17] [Kingman Reef]	Pol	–	États-Unis (possession non incorporée) [18]	0,02	0
	Macao [port. Macau, chin. Aomen]	EAS	Macao [Macau, Aomen]	Portugal (territoire spécial de la république)	18,7	421 000
[8, 11]	**Macquarie (île)**	SAA	–	Australie (dépendance) [19]	175	p.p.p.
Thes. : FALKLAND (ÎLES) [11, 222]	**Malouines (îles)** [Falkland Islands ; esp. Islas Malvinas]	SAM	Stanley, ou Port Stanley	Royaume-Uni (territoire dépendant)	12 173	4 000
[44]	**Man (île de)** [Isle of Man ; manx Mannin ou Ellan Vannin]	NEU	Douglas	dépendance de la Couronne d'Angleterre ne faisant pas partie du Royaume-Uni	572	72 200
Thesaurus : MARIANNES (ÎLES) [16, 108, 166 n]	**Mariannes du Nord (îles)** [20] [Northern Mariana Islands]	Mic	Garapan (île de Saipan)	États-Unis (État associé autonome [Commonwealth]) [6]	477	53 600
	Martinique	Car	Fort-de-France	France (département d'outre-mer)	1 128	399 000
	Mayotte [comorien Mahoré, Maoré]	EAF	Dzaoudzi	France (collectivité territoriale)	373,2	128 000
[16, 166 g]	**Midway (îles)**	Mic	–	États-Unis (possession non incorporée) [18]	5,2	500
Thes. : LEEWARD ISLANDS [206]	**Montserrat**	Car	Plymouth	Royaume-Uni (territoire dépendant)	102	n.d.
[206]	**Navassa (île)**	Car	–	États-Unis (possession non incorporée) [21]	5,2	p.p.p.
Thesaurus : NIUE [16, 166 v]	**Niue** (ex-île Sauvage [Savage Island])	Pol	Alofi	Nouvelle-Zélande (État autonome associé)	259	2 300

noms des pays [formes locales]	codes de localisation	chefs-lieux, centres administratifs	pays d'appartenance ou de rattachement (statuts politico-administratifs)	superficies (km²)	populations (estim. 1996 ou approx.)	renvois au *Thesaurus* ou au *Corpus* [folios des cartes du *Grand Atlas de Géographie]*
Norfolk (île) [22]	Aus	Kingston	Australie (territoire extérieur)	35	2 100	
Nouvelle-Calédonie	Mel	Nouméa	France (territoire d'outre-mer)	18 576	201 000	[16, 166 c]
Orcades du Sud (îles) [South Orkney Islands]	SAA	–	Royaume-Uni (territoire dépendant) [23]	622	p.p.p.	[11, 20]
Palmyra (île) [17]	Pol	–	États-Unis (possession non incorporée) [5]	10,3	p.p.p.	[16]
Pierre Ier (île) [Peter I Øy]	SAA	–	Norvège (dépendance)	249	0	[11]
Pitcairn (île) [24]	Pol	Adamstown	Royaume-Uni (territoire dépendant)	47	70	[8, 166 e]
Polynésie française	Pol	Papeete (île de Tahiti)	France (territoire d'outre-mer)	4 000	227 000	
Porto Rico [Puerto Rico]	Car	San Juan	États-Unis (État libre associé [Commonwealth])	9 104	3 809 000	
Réunion	EAF	Saint-Denis	France (département d'outre-mer)	2 512	681 000	
Sainte-Hélène [Saint Helena]	OAF	Jamestown	Royaume-Uni (territoire dépendant)	122	6 000	*Thesaurus* : SAINTE-HÉLÈNE [12]
Saint-Paul et Amsterdam (îles) [1]	SAA	Martin-de-Viviès (île Amsterdam)	France (T.A.A.F.)	61	p.p.p. [1]	[8]
Saint-Pierre et Miquelon	NAM	Saint-Pierre	France (collectivité territoriale)	242	6 600	
Samoa américaines [25] [American Samoa]	Pol	Pago Pago (Tutuila)	États-Unis (territoire non incorporé)	199	61 800	*Thes.* : SAMOA (ARCHIPEL DES) [16, 166 u + y, 167 a]
Sandwich du Sud (îles) [South Sandwich Islands]	SAA	–	Royaume-Uni (territoire dépendant) [12]	311	p.p.p.	[11, 20]
Shetland du Sud (îles) [South Shetland Islands]	SAA	–	Royaume-Uni (territoire dépendant) [23]	4 622	p.p.p.	[11, 20]
Svalbard [26]	NEU	Longyearbyen (Spitsbergen)	Norvège (dépendance du royaume)	62 000	p.p.p.	*Thes.* : SPITZBERG & SVALBARD [14]
Tokelau (îles) [27]	Pol	Fale (Fakaofo)	Nouvelle-Zélande (territoire d'outre-mer)	12,2	1 750	[16]
Tristan da Cunha [28]	OAF	Edinburgh	Royaume-Uni (territoire dépendant) [3]	200	400	[12]
Turks et Caïques (îles) [29] [Turks and Caicos Islands]	Car	Cockburn Town (île Grand Turk)	Royaume-Uni (territoire dépendant)	500	12 600	*Thes.* : TURKS & CAÏQUES (ÎLES) [206]
Vierges américaines (îles) [30] [United States Virgin Islands]	Car	Charlotte Amalie (St. Thomas)	États-Unis (territoire non incorporé)	352	97 200	*Thesaurus* : VIERGES (ÎLES) [206, 208 m, 209 n]
Vierges britanniques (îles) [31] [Bristish Virgin Islands]	Car	Road Town (Tortola)	Royaume-Uni (territoire dépendant)	153	17 800	*Thesaurus* : VIERGES (ÎLES) [206, 208 m]
Wake (île) [32]	Mic	–	États-Unis (possession non incorporée) [21]	7,8	250	
Wallis et Futuna (îles)	Pol	Mata-Utu (Uvea)	France (territoire d'outre-mer)	274	14 700	[16, 166 a]

N.B. Codes de localisation par sous-continent utilisés dans la présente liste : AAR (continent antarctique), Aus (Australasie), Car (Caraïbes), EAF (Afrique orientale), EAS (Asie extrême-orientale), Mel (Mélanésie), Mic (Micronésie), NAM (Amérique du Nord), NEU (Europe septentrionale), OAF (Afrique occidentale), Pol (Polynésie), SAA (îles subantarctiques et australes), SAM (Amérique du Sud), SEU (Europe méridionale).

p.p.p. : pas de population permanente.

1. Un des quatre districts constituant le territoire des Terres australes et antarctiques françaises. La 47e campagne antarctique (TA 47) des Expéditions polaires françaises (Missions Paul-Émile Victor) comporte un vingt-huit hivernants en 1997, auxquels s'ajoutent 72 personnes pour les travaux de la campagne d'été, entre décembre 1996 et mars 1997 (source I.F.R.T.P.). Les effectifs des bases australes sont d'environ 40 personnes à Alfred-Faure (Crozet), 80 à Port-aux-Français (Kerguelen) et 40 à Martin-de-Viviès (Amsterdam) [source D.O.M.-T.O.M.].

2. Superficie approchée du secteur angulaire de calotte glaciaire compris entre 136° et 142° de longitude Est, ayant pour sommet le pôle géographique Sud et pour base la portion de côte d'environ 350 km baignée par la mer Dumont-d'Urville.

3. Administré par le territoire de Sainte-Hélène.

4. Administré par le territoire du Nord.

5. Administrée par le département de l'Intérieur.

6. Depuis 1947, Mariannes du Nord, Marshall, Micronésie et Palau (Belau) constituaient le « Territoire sous tutelle des îles du Pacifique » (Trust Territory of the Pacific Islands, ou T.T.P.I.). En 1976, les Mariannes du Nord ont formé un État associé autonome. En octobre et novembre 1986, la république des îles Marshall et les États fédérés de Micronésie (voir notices particulières) ont signé avec les États-Unis un « Accord de libre-association » (Compact of Free Association) et sont devenus membres de l'O.N.U. en septembre 1991. Enfin, la république de Palau (ou des Palaos) [voir notice particulière], qui n'a ratifié cet accord qu'en avril 1994, a accédé à l'indépendance le 1er octobre suivant (membre de l'O.N.U. depuis le 16 décembre 1994).

7. Dont 5,4 km² loués à bail aux États-Unis (base aéronavale).

8. Station météorologique automatique.

9. Cet atoll inhabité, isolé à 4 500 km au nord-est de Tahiti, est administrativement rattaché à la Polynésie française.

10. Administré par le territoire extérieur de Norfolk (station météorologique sur Willis, l'île principale).

11. Aujourd'hui inhabité ; une base scientifique (environ 20 personnes) est installée à King Edward Point.

12. Administré par le territoire des îles Falkland (voir Malouines) ; partie des South Georgia and South Sandwich Islands, ex-Falkland Islands Dependencies.

13. Deux bases y sont implantées (U.S. Navy et U.S. Air Force).

14. Administrées par le département de la Réunion ; comportent l'île Europa (20,2 km²), l'île Juan de Nova (4,9 km²), les trois Glorieuses (4,4 km²), l'île Tromelin (0,8 km² ; station météo.) et l'atoll des Bassas da India (0,2 km²).

15. Constitué par l'archipel des Chagos ; la plus grande île et la plus au sud, Diego Garcia (40 km²), abrite une importante base militaire américaine.

16. Administrée par l'Institut de recherche polaire ; la population (environ 40 personnes) est recensée avec celle de la Norvège ; station radio et météo.

17. Jarvis, Kingman et Palmyra, dépendances américaines inhabitées, sont trois des onze îles de la Ligne (Line Islands), les huit autres constituant une partie du territoire de la république de Kiribati.

18. Administrée par le département de la Défense ; des expérimentations nucléaires ont été menées sur l'atoll Johnston de 1958 à 1962.

19. Administrée par la Tasmanie ; base de recherche et station météo.

20. Saipan (122 km²), Tinian (101 km²), Rota et onze îlots.

21. Administrée par le département des Transports.

22. Population partiellement issue de deux cents des descendants des mutins de la *Bounty*, transférés de Pitcairn en 1856.

23. Fait partie du territoire de l'Antarctique britannique (British Antarctic Territory).

24. Trois îlots aujourd'hui déserts lui ont été annexés en 1902 : Henderson (31 km²), Ducie (6,5 km²) et Oeno (5 km²) ; Pitcairn proprement dite (4,5 km²) est habitée par les derniers descendants des neuf mutins de la *Bounty* (1789) et de Tahitiennes : c'est actuellement sur la planète « le plus petit groupement humain ayant un statut constitutionnel ».

25. Comportent sept îles : Tutuila et Aunu'u (138 km²), Ta'u (44 km²), Ofu et Olosega (11 km²), Swain's (5 km²) et Rose (1 km²) ; le siège du gouvernement est Fagatogo.

26. Comprend notamment l'archipel du Spitzberg (Spitsbergen) et l'île aux Ours (Bjørnøya) ; en 1984, la population, employée aux quatre mines de charbon en activité, comportait 1 200 Norvégiens et 2 300 Soviétiques, recensés dans leur pays d'origine.

27. Atolls de Fakaofo, Atafu et Nukunonu ; ce sont les anciennes îles de l'Union.

28. Outre Tristan da Cunha elle-même (98 km²), comprend les îles Gough (90 km², base scientifique), Inaccessible (10 km², déserte) et Nightingale (2 km², déserte).

29. Trente petits récifs dont huit habités ; deux bases militaires américaines sont implantées, sur Grand Turk et Grand Caicos.

30. Trois îles principales : Saint Croix (207 km²), Saint Thomas (83 km²) et Saint John (52 km²), et une cinquantaine d'îlots ou cayes, pour la plupart inhabités.

31. Une quarantaine d'îles et îlots, dont 16 habités ; les îles principales sont : Tortola (54 km²), Anegada (39 km²), Virgin Gorda (21 km²) et Jost Van Dyke (9 km²).

32. Atoll comprenant trois îlots : Wake, Wilkes et Peale ; base et station météo.

Sources

La liste qui suit indique les principales sources utilisées par les responsables du département de géographie de l'*Encyclopædia Britannica* pour l'établissement des *Britannica World Data*, d'où est directement issue, avec les actualisations et les adaptations nécessaires, la partie « Atlas statistique des pays » des présents *Chiffres du monde*. Cette liste n'est en rien exhaustive, qu'il s'agisse des sources internationales ou nationales, mais elle donne une assez juste idée de l'étendue des documents qui ont été consultés. C'est ainsi qu'ont été pris en compte pour chaque pays, outre les types d'ouvrages cités ci-après, les textes constitutionnels, les résultats des derniers recensements nationaux, les publications des banques centrales ou commerciales ainsi que d'autres sources plus spécialisées. En ce qui concerne plus précisément les données monétaires, elles ont été tirées du mensuel *Natexis Multidevises* de janvier 1998, publié par la Banque Natexis. Enfin, de nombreuses précisions toponymiques ont été fournies par les services et les *Bulletins d'information* de l'Institut géographique national.

Remerciements

Nos meilleurs remerciements vont au département de géographie de l'*Encyclopædia Britannica*, qui a mis à notre disposition son exceptionnelle base de données.

Sources internationales

A.I.T.A. (Association internationale des transporteurs aériens), *World Air Transport Statistics*.

Banque asiatique de développement, *Asian Development Outlook* ; *Key Indicators of Developing Member Countries of ADB*.

Billboard Ltd., *World Radio TV Handbook*.

B.I.R.D. (Banque internationale pour la reconstruction et le développement) / Banque mondiale, *Statistical Handbook* ; *States of the Former USSR* ; *World Bank Atlas* ; *World Debt Tables* ; *World Development Report*.

British Petroleum, *BP Statistical Review of World Energy*.

Caribbean Development Bank, *Annual Report*.

C.E.I., *Demographic Yearbook* ; *Strany-Chleny SNG : Statistichesky Yezhegodnik*.

Comité monétaire de la zone franc, *La Zone franc : rapport*.

Conseil nordique, *Yearbook of Nordic Statistics*.

Eastern Caribbean Central Bank, *Report and Statement of Accounts*.

Europa Publications Ltd., *Africa South of the Sahara* ; *The Europa Year Book* ; *The Far East and Australasia* ; *The Middle East and North Africa*.

F.A.O. (Food and Agriculture Organization), *Food Balance Sheets* ; *Production Yearbook* ; *Trade Yearbook* ; *Yearbook of Fishery Statistics* ; *Yearbook of Forest Products*.

F.M.I. (Fonds monétaire international), *Annual Report on Exchange Arrangements and Exchange Restrictions* ; *Direction of Trade Statistics Yearbook* ; *Government Finance Statistics Yearbook* ; *IMF Economic Reviews* ; *IMF Staff Country Reports* ; *International Financial Statistics*.

F.T. Caribbean, *The Caribbean Handbook*.

Her Majesty's Stationery Office, *The Commonwealth Yearbook*.

Institut géographique national (Commission de toponymie), *Pays et capitales du monde*.

Instituts d'émission d'outre-mer et des départements d'outre-mer, *Bulletin trimestriel* ; *Rapport annuel*.

Inter-American Development Bank, *Economic and Social Progress in Latin America*.

International Institute for Strategic Studies, *The Military Balance*.

International Road Federation, *World Road Statistics*.

International Telecommunication Union, *World Telecommunication Indicators*.

Inter-Parliamentary Union, *Chronicle of Parliamentary Elections and Developments* ; *World Directory of Parliaments*.

Jane's Publishing Co. Ltd., *Jane's World Railways*.

Lloyd's Register of Shipping, *Lloyd's Register of Shipping : Statistical Tables*.

Longman Group U.K. Ltd., *Keesing's Record of World Events*.

Macmillan Press Ltd., *The Statesman's Year-Book*.

Middle East Economic Digest Ltd., *Africa Economic Digest* ; *Middle East Economic Digest*.

Mining Journal, *Mining Annual Review*.

O.A.C.I. (Organisation de l'aviation civile internationale), *Civil Aviation Statistics of the World* ; *Digest of Statistics*.

O.C.D.E. (Organisation de coopération et de développement économiques), *Economic Surveys* ; *Financing and External Debt of Developing Countries*.

O.E.C.S. (Organization of Eastern Caribbean States), *Satistical Pocket Digest*.

Official Airline Guides Inc., *Official Airline Guide*.

O.I.T. (Organisation internationale du travail), *Year Book of Labour Statistics* ; *The Cost of Social Security : Basic Tables*.

O.M.S. (Organisation mondiale de la santé), *World Health Statistics Annual* ; *World Health Statistics Quaterly*.

O.N.U., *Demographic Yearbook* ; *International Trade Statistics Yearbook* ; *Energy Statistics Yearbook* ; *Monthly Bulletin of Statistics* ; *Population Studies* ; *National Accounts Statistics* ; *Population and Vital Statistics Report* ; *Statistical Yearbook* ; *World Population Prospects*.

O.N.U. (C.N.U.C.E.D.), *Handbook of International Trade and Development Statistics*.

O.N.U. (Commission économique et sociale pour l'Asie et le Pacifique), *Foreign Trade Statistics of Asia and the Pacific* ; *Statistical Indicators for Asia and the Pacific* ; *Statistical Yearbook for Asia and the Pacific*.

O.N.U. (Commission économique et sociale pour l'Asie occidentale), *Demographic and Related Socio-Economic Data Sheets* ; *National Accounts Studies for the E.S.C.W.A. Region* ; *Population Bulletin* ; *The Population Situation in the E.S.C.W.A. Region* ; *Prices and Financial Statistics in the E.S.C.W.A. Region* ; *Statistical Abstract of the Region of the Economic and Social Commission for Western Asia*.

O.N.U. (Commission économique pour l'Afrique), *African Socio-Economic Indicators* ; *African Statistical Yearbook* ; *Demographic and Related Socio-Economic Data Sheets for E.C.A. Member States* ; *Survey of Economic and Social Conditions in Africa*.

O.N.U. (Commission économique pour l'Amérique latine), *Economic Survey of Latin America and the Caribbean* ; *Statistical Yearbook for Latin America and the Caribbean*.

O.N.U. (Commission économique pour l'Europe), *Annual Bulletin of Housing and Building Statistics for Europe* ; *Annual Bulletin of Transport Statistics for Europe*.

O.N.U. (Organisation pour le développement industriel), *Industrial Development Review Series* ; *Industry and Development : Global Report* ; *International Yearbook of Industrial Statistics*.

Organisation internationale de l'aviation civile, *Civil Aviation Statistics of the World* ; *Digest of Statistics*.

Oxford University Press, *World Christian Encyclopedia*.

Pan American Health Organization, *Health Conditions in the Americas*.

Penn Well Publ. Co., *International Petroleum Encyclopedia*.

P.N.U.D., *Human Development Report*.

René Moreux et Cie, *Marchés tropicaux et méditerranéens*.

South Pacific Commission, *Key Economic Indicators* ; *South Pacific Economies : Statistical Summary*.

U.N.E.S.C.O., *Statistical Yearbook*.

Vatican (Central Statistics Office of the Church), *Statistical Yearbook of the Church*.

World Energy Conference, *Survey of Energy Resources*.

W.T.O. (World Tourism Organization), *World Tourism Statistics*.

Données statistiques internationales publiées aux États-Unis : Central Intelligence Agency, *The World Factbook* / Dept. of Commerce, *World Population Profile* / Dept. of Energy, *International Energy Annual* / Dept. of Health and Human Services, *Social Security Programs Throughout the World* / Dept. of Interior, *Minerals Yearbook* / Dept. of State, *Background Notes*.

Sources nationales

Afghanistan. *First Seven-Year Economic and Social Development Plan, 1355-1361 (March 1976-March 1983)*.

Afrique du Sud. *South Africa : Official Yearbook of the Republic of South Africa* ; *South African Statistics*.

Albanie. *IMF Economic Reviews : Albania* ; *Statistical Yearbook of Albania*.

Algérie. *Annuaire statistique*.

Allemagne. *Statistisches Jahrbuch für die Bundesrepublik Deutschland*.

Andorre. *Estadístiques* ; *Recull Estadístic general de la Població Andorra 90*.

Angola. *Angola : an Introductory Economic Review* ; *Informação Estatística* ; *Perfil estatìstico de Angola*.

Antigua et Barbuda. *Statistical Yearbook*.

Arabie Saoudite. *The Statistical Indicator* ; *Statistical Summary* ; *Statistical Year Book*.

Argentine. *Anuario estadístico de la República Argentina* ; *Encuesta permanente de hogares*.

Arménie. *Economic Reviews : Armenia* ; *Statisticheskii Yezhegodnik Armenii*.

Australie. *Foreign Trade Australia : Comparative and Summary Tables ; Monthly Summary of Statistics, Australia ; National Income and Expenditure ; Social Indicators ; Year Book of Australia.*

Autriche. *Österreichisches Jahrbuch ; Sozialstatistiche Daten ; Statistisches Jahrbuch für die Republik Österreich.*

Azerbaïdjan. *A World Bank Country Study : Azerbaijan, from ousis to Sustained Growth ; Economic Reviews : Azerbaijan ; Narodnoye Khozyaystvo Azerbaydzhanskoy.*

Bahamas. *Quarterly Statistical Summary ; Statistical Abstract ; Vital Statistics Report.*

Bahreïn. *Statistical Abstract.*

Bangladesh. *Population of Bangladesh ; Statistical Yearbook of Bangladesh.*

Barbade. *Barbados Economic Report ; Monthly Digest of Statistics ; 1993-2000 Development Plan.*

Belgique. *Annuaire statistique de la Belgique.*

Belize. *Abstract of Statistics ; Belize Economic Survey ; Belize Today : Development Plan 1990-1994 ; Labour Force Survey (1983-1984).*

Bénin. *Annuaire statistique.*

Bhoutan. *Bhutan : Development Planning in a Unique Environment ; Statistical Yearbook of Bhutan.*

Biélorussie. *Economic Reviews : Belarus ; Narodnoye Kozyaystvo Belorusskoy S.S.R.*

Birmanie. *Report to the Pyithu Hluttaw on the Financial, Social and Economic Conditions* (annuel).

Bolivie. *Anuario Estadístico ; Bolivia en cifras ; Compendio estadístico ; Estadísticas socioeconómicas ; Estrategia de desarrollo económico y social 1989-2000 ; Resumen estadístico.*

Botswana. *National Development Plan 1991-1997.*

Brésil. *Anuário Estatístico do Brasil ; Comercio exterior do Brasil.*

Brunéi. *Brunei Statistical Yearbook ; Population Survey 1986 : Demographic Report.*

Bulgarie. *Statisticheskii godishnikna Republika Bŭlgariya.*

Burkina. *Annuaire statistique.*

Burundi. *Annuaire statistique.*

Cambodge. *Cambodia : a Country Study ; Intersectoral Basic Needs Assessment Mission to Cambodia ; Report of the Kampuchea Needs Assessment Study.*

Cameroun. *Note annuelle de statistique.*

Canada. *Canada Year Book.*

Cap-Vert. *Boletím anual de estatística.*

Centrafricaine (République). *Annuaire statistique ; Economic and Social Development Plan 1986-1990.*

Chili. *Compendio estadístico ; Plan nacional indicativo de desarrollo.*

Chine. *A Statistics Survey ; People's Republic of China Year-Book ; Statistical Yearbook of China.*

Hong Kong. *Annual Digest of Statistics ; Hong Kong ; Hong Kong in Figures ; Hong Kong Social and Economic Trends.*

Chypre. *Economic Report ; Statistical Abstract.*

Colombie. *Colombia estadística.*

Comores. *Plan intérimaire de développement économique et social (1983-1986).*

Congo. *Annuaire statistique.*

Congo (République démocratique du) [ex-Zaïre]. *Annuaire statistique ; Conjoncture économique.*

Corée du Nord. *North Korea : a Country Study (1994) ; The Population of North Korea.*

Corée du Sud. *Korea Statistical Yearbook ; Social Indicators in Korea ; Social Indicators in Korea.*

Costa Rica. *Anuario estadístico ; Plan nacional de desarrollo, 1986-1990.*

Côte d'Ivoire. *Annuaire statistique ; La Côte-d'Ivoire en chiffres ; L'Économie ivoirienne.*

Croatie. *Statistical Yearbook.*

Cuba. *Anuario estadístico ; Compendio estadístico de Cuba ; Cuba Half Yearly Economic Report.*

Danemark. *Statistisk årbog.*

Groenland. *Grønland ; Grønlands befolkning.*

Djibouti. *Annuaire statistique de Djibouti.*

Dominicaine (République). *República Dominicana en cifras.*

Dominique. *Statistical Digest.*

Égypte. *Statistical Yearbook.*

Émirats arabes unis. *Statistical Yearbook.*

Équateur. *Serie estadística.*

Érythrée. *Recent Economic Developments ; Ethiopia and Eritrea : A Documentary Study.*

Espagne. *Anuario estadístico.*

Estonie. *Eesti Statistika Aastaraamat ; Estonia ; the Transition to a Market Economy (1993).*

États-Unis. *Agricultural Statistics ; Annual Energy Review ; Current Population Reports ; Digest of Education Statistics ; Minerals Yearbook ; National Transportation Statistics ; Statistical Abstract ; U.S. Exports : SIC-Based Products ; U.S. Imports : SIC-Based Products ; Vital and Health Statistics.*

Porto Rico. *Anuario estadístico ; Estadísticas socioeconómicas ; Informe económico al gobernador.*

Éthiopie. *Ethiopia Statistical Abstract.*

Fidji. *Annual Employment Survey ; Current Economic Statistics.*

Finlande. *Annual Statistics of Agriculture ; Economic Survey ; Statistical Yearbook of Finland.*

France. *Annuaire statistique de la France ; Données sociales ; Tableaux de l'économie française.*

Guadeloupe. *Tableaux économiques régionaux ; Rapport d'activité de l'Institut d'émission des départements d'outre-mer.*

Guyane française. *Tableaux économiques régionaux ; Rapport d'activité de l'I.E.D.O.M.*

Martinique. *Bulletin de statistiques ; Tableaux économiques régionaux ; Rapport d'activité de l'I.E.D.O.M.*

Mayotte. *Rapport d'activité de l'Institut d'émission d'outre-mer.*

Nouvelle-Calédonie. *Annuaire statistique ; Tableaux de l'économie calédonienne ; Rapport d'activité de l'I.E.O.M.*

Polynésie française. *Tableaux de l'économie polynésienne ; Te avei'a : Bulletin d'information statistique ; Rapport d'activité de l'I.E.O.M.*

Réunion. *Tableau économique de la Réunion ; Rapport d'activité de l'I.E.D.O.M.*

Saint-Pierre et Miquelon. *Rapport d'activité de l'I.E.D.O.M.*

Wallis et Futuna. *Rapport d'activité de l'I.E.O.M.*

Gabon. *Situation économique, financière et sociale de la République gabonaise.*

Gambie. *Statistical Abstract.*

Géorgie. *Economic Review : Georgia ; Narodnoye Khozyaystvo Gruzinskoy S.S.R.*

Ghana. *Quarterly Digest of Statistics.*

Grèce. *Statistical Yearbook of Greece.*

Grenade. *Abstract of Statistics.*

Guatemala. *Annuario estadistica.*

Guinée. *Statistical Annex (IMF Staff Country Report 1995).*

Guinée-Bissau. *Boletim Trimestral de Estatística.*

Guinée équatoriale. *Guinea en cifras.*

Guyana. *Annual Statistical Abstract ; Guyana from Economic Recovery to Sustained Growth ; Guyana and Belize : Country Studies.*

Haïti. *Bulletin trimestriel de statistique ; Dominican Republic and Haiti : Country Studies.*

Honduras. *Anuario estadístico ; Honduras en cifras ; Plan nacional de desarrollo 1987-1990.*

Hongrie. *Statisztikai évkönyv.*

Inde. *Economic Survey ; India : a Reference Annual ; Statistical Abstract.*

Indonésie. *Indonesia : an Official Handbook ; Statistical Yearbook of Indonesia.*

Irak. *Iraq : a Country Study ; Annual Abstract of Statistics.*

Iran. *A Statistical Reflection of the Islamic Republic of Iran ; Iran Statistical Yearbook.*

Irlande. *National Income and Expenditure ; Statistical Abstract.*

Islande. *Hagtidhindi ; Landshagir ; Verslunarskýrslur.*

Israël. *Statistical Abstract.*

Italie. *Annuario di statistica agraria ; Annuario di statistiche demografiche ; Annuario di statistiche industriali ; Annuario statistico dell'istruzione ; Annuario statistico Italiano.*

Jamaïque. *Economic and Social Survey ; Statistical Abstract ; Statistical Yearbook of Jamaica.*

Japon. *Japan Statistical Yearbook ; Statistical Indicators on Social Life.*

Jordanie. *Family Expenditure Survey ; National Accounts ; Statistical Yearbook.*

Kazakhstan. *Economic Reviews : Kazakhstan ; Statistichesky Yezhegodnik.*

Kenya. *Economic Survey ; Statistical Abstract.*

Kirghizstan. *Economic Reviews : Kyrgyz Republic ; Statistichesky Yezhegodnik, kyrgyzstana.*

Kiribati. *Annual Abstract of Statistics ; Sixth National Development Plan, 1987-1991.*

Koweït. *Annual Statistical Abstract ; Economic Report.*

Laos. *Lao People's Democratic Republic : Industrial Transition.*

Lesotho. *Statistical Yearbook.*

Lettonie. *Latvia : the Transition to a Market Economy (1993) ; Statistical Yearbook of Latvia.*

Liban. *Lebanon : a Country Study.*

Liberia. *Economic Survey.*

Libye. *The Five-Year Development Plan 1981-1985 ; Statistical Abstract for Libya.*

Liechtenstein. *Statistisches Jahrbuch.*

Lituanie. *Lithuania : the Transition to a Market Economy ; Lithuania's Statistics Yearbook.*

Luxembourg. *Annuaire statistique ; Bulletin du Statec.*

Macédoine. *Basic Statistical Data ; Former Yugoslav Republic of Macedonia. Recent Economic Developments.*

Madagascar. *Situation économique.*

Malaisie. *Fifth Malaysia Plan, 1986-1990 ; Malaysia Official Year Book ; Malaysian Annual Statistical Bulletin.*

Malawi. *Malawi Statistical Yearbook ; Malawi Yearbook.*

Maldives. *National Development Plan, 1991-1993 ; Statistical Yearbook of Maldives.*

Mali. *Annuaire statistique du Mali ; Comptes économiques du Mali.*

Malte. *Annual Abstract of Statistics ; Malta Year Book.*

Maroc. *Annuaire statistique du Maroc ; Economic and Social Development Report.*

Marshall. *Marshall Islands Statistical Abstract.*

Maurice. *Annual Digest of Statistics.*

Mauritanie. *Annuaire statistique ; Mauritania : a Country Study.*

Mexique. *Anuario estadístico ; La Economia mexicana en cifras ; Informe de Gobierno : estadístico.*

Micronésie. *Micronesia. Second National Development Plan (1992-1996).*

Moldavie. *Economic Reviews : Moldova ; Republica Moldova in Cifre.*

Monaco. *Institutions et organisation politiques, économiques et sociales (Histoire de Monaco) ; Annuaire officiel de la principauté.*

Mongolie. *Background Paper ; The Mongolian People's Republic : Towards a Market Economy (1991).*

Mozambique. *Informação Estatística.*

Namibie. *Budget annuel ; Statistical Economic Review.*

Népal. *Economic Survey ; Population Monograph of Nepal ; The Seventh Plan (1985-1990) ; Statistical Pocket Book ; Statistical Yearbook of Nepal.*

Nicaragua. *Compendio estadístico ; Anuario estadístico de Nicaragua ; Nicaragua : a Country Study ; Plan económico 1987.*

Niger. *Annuaire statistique ; Les Comptes économiques de la nation ; Plan de développement économique et social du Niger 1987-1991.*

Nigeria. *Annual Abstract of Statistics ; Fourth National Development Plan ; Nigeria : a Country Study.*

Norvège. *Industristatistikk ; Statistisk årsbok.*

Nouvelle-Zélande. *New Zealand Official Yearbook.*

Oman. *Statistical Year Book ; Fourth Five-Year Development Plan (1991-1995).*

Ouganda. *Uganda : a Country Study ; Uganda : Background Paper.*

Ouzbékistan. *Economic Review : Uzbekistan ; Narodnoye Khozyaystvo Respubliki Uzbekistan.*

Pakistan. *Economic Survey ; Pakistan Statistical Yearbook ; Some Socio-Economic Trends.*

Palau. *Abstract of Statistics.*

Panama. *Indicadores económicos y sociales ; Panama en cifras ; Situación económica : Cuentas nacionales ; Situación económica : Industria.*

Papouasie-Nouvelle-Guinée. *Abstract of Statistics ; National Accounts Statistics-Statistical Bulletin ; Social Indicators of Papua New Guinea, 1980-1985 ; Summary of Statistics.*

Paraguay. *Anuario estadístico del Paraguay.*

Pays-Bas. *Statistical Yearbook of the Netherlands.*

Pérou. *Compendio estadístico ; Informe estadístico.*

Philippines. *Philippine Statistical Yearbook ; Philippine Yearbook.*

Pologne. *Rocznik statystyczny.*

Portugal. *Anuário Estatístico ; Estatística Agricolas ; Estatísticas do Comercio Externo ; Estatísticas Demograficas ; Estatísticas Industriais.*
Macao. *Anuário Estatístico ; Inquerito Industrial.*

Qatar. *Annual Statistical Abstract ; Economic Survey of Qatar ; Qatar Year Book.*

Roumanie. *Anuarul statistic al României ; Romania Yearbook.*

Royaume-Uni. *Annual Abstract of Statistics ; Britain : an Official Handbook ; United Kingdom National Accounts.*
Anglo-Normandes (îles). *Statistical Digest.*

Russie. *Economic Reviews : Russian Federation ; Rossiyskaya Federatsiya 1992 godu : statisticheskiy yezhegodnik.*

Rwanda. *Bulletin de statistiques ; IIIe Plan de développement économique, social et culturel (1982-1986).*

Saint-Christophe et Niévès. *Annual Digest of Statistics ; St. Christopher and Nevis : Economic Report.*

Sainte-Lucie. *Annual Statistical Digest.*

Saint-Marin. *Annuario statistico.*

Saint-Vincent et les Grenadines. *Digest of Statistics.*

Salomon (îles). *Statistical Bulletin.*

Salvador. *Anuario estadístico ; El Salvador en cifras ; Indicadores económicos sociales* (annuel) ; *Plan de Desarrollo Economico y Social 1989-1994.*

Samoa occidentales. *Annual Statistical Abstract ; Seventh Development Plan 1992-1994.*

Sénégal. *Le Sénégal en chiffres ; Situation économique du Sénégal.*

Seychelles. *National Development Plan, 1990-1994 ; Statistical Abstract.*

Sierra Leone. *Sierra Leone : 12 Years of Economic Achievement and Political Consolidation under the A.P.C. and Dr. Siaka Stevens, 1968-1980.*

Singapour. *Singapore Yearbook ; Yearbook of Statistics Singapore.*

Slovaquie. *Statistical Yearbook of the Slovak Republic.*

Slovénie. *Satističn Letopis Republike Slovenija.*

Somalie. *Statistical Abstract.*

Sri Lanka. *Sri Lanka Year Book ; Statistical Pocketbook of the Democratic Socialist Republic of Sri Lanka.*

Suède. *Statistisk årsbok för Sverige.*

Suisse. *Statistisches Jahrbuch.*

Suriname. *Statistisch Jaarboek van Suriname.*

Swaziland. *Annual Statistical Bulletin ; Fourth Five-Year Development Plan (1986/1987-1990/1991 Fiscal Years).*

Syrie. *Statistical Abstract.*

Tadjikistan. *Economic Reviews ; Tajikistan ; Narodnoye Khozyaystvo Tadzhikskoy S.S.R.*

Taïwan. *Industry of Free China ; Social Indicators of the Republic of China ; Statistical Abstract ; Statistical Yearbook of the Republic of China ; Taiwan Statistical Data Book ; Yearbook of Labor Statistics.*

Tanzanie. *Tanzania Statistical Abstract.*

Tchad. *Annuaire statistique ; Chad : a Country Study ; Chad, Background Issues and Statistical Update.*

Tchèque (République). *Statistická ročenka České Republiky.*

Thaïlande. *Report of the Survey of Business Trade and Services ; Foreign Trade Statistics ; Report of the Industrial Survey, Whole Kingdom ; Report of the Labor Force Survey : Whole Kingdom ; Statistical Handbook of Thailand ; Statistical Yearbook.*

Togo. *Annuaire statistique ; Eurostat Country Profile ; Plan de développement économique et social, 1981-1985.*

Tonga. *Sixth Development Plan 1991-1995 ; Statistical Abstract.*

Trinité et Tobago. *Annual Statistical Digest.*

Tunisie. *Annuaire statistique de la Tunisie.*

Turkménistan. *Economic Reviews : Turkmenistan ; Narodnoye Khozyaystvo Turkmanskoy S.S.R.*

Turquie. *Diş Ticaret İstatistikleri ; İnşaat İstatistikleni ; Türkiye İstatistik Yilliği.*

Tuvalu. *1992-1994 Medium-Term Economic Framework Programme.*

Ukraine. *Economic Reviews : Ukraine.*

Uruguay. *Anuario estadístico.*

Vanuatu. *Second National Development Plan 1987-1991 ; Vanuatu Statistical Yearbook.*

Venezuela. *Anuario estadístico ; Encuesta de hogares por muestreo ; Encuesta industrial.*

Vietnam. *IMF Economic Reviews : Vietnam ; Nien Giam Thong Ke ; Vietnam : a Country Study.*

Yémen. *Country Presentation : Republic of Yemen (1990) ; The Yemens : Country Studies (1986).*

Yougoslavie. *Statistički godišnjak Jugoslavije.*

Zambie. *Country Profile : Zambia 1985 ; Monthly Digest of Statistics ; National Development Plan, 1989-1993.*

Zimbabwe. *Statistical Yearbook.*

Le présent volume,
achevé d'imprimer
le quatre mai mil neuf cent quatre-vingt-dix-huit
sur satimat club 115 g des papeteries Arjo Wiggins,
a été composé et imprimé par Maury à Malesherbes
et relié par Brun à Malesherbes.

Printed in France

dépôt légal : mai 1998
N° de série d'éditeur : 104 ; n° de série d'imprimeur : 62817

ISBN 2-85229-241-6